ספר

הלכתא ברורה

מסכת פסחים

כולל כל הלכות פסח

ושאר ההלכות הנמצאות על הדף

שבשו"ע ובמשנה ברורה

בשילוב תמצית דברי הביאור הלכה והשער הציון

מסודרות על הדף ע"פ ציוני ה'עין משפט'

בתוספת מקורות של הבאר הגולה

לאסוקי שמעתתא אליבא דהלכתא

ספר הלכתא ברורה על מסכת סוכה
וכן ספרי חזרה ברורה: ג' כרכים על כל ו' חלקי משנה ברורה
ניתן להשיג ע"י:
"עם הספר" י. לעוויץ 0047 -377- 718
יעקב בלוי 05-266-6245

ספר זה
ספר הלכתא ברורה על מסכת ברכות
ספר הלכתא ברורה על מסכת שבת
ספר הלכתא ברורה על מסכת ר"ה ויומא
ספר הלכתא ברורה על מסכת ביצה ומועד קטן
ספר הלכתא ברורה על מסכת תענית מגילה וחנוכה
ספרי חזרה ברורה על יורה דעה: ב' כרכים
ספר חזרה ברורה על דיני חושן משפט ע"פ הסדר של הקשו"ע
עם שאר הספרים המוזכרים למעלה
ניתן להשיג ע"י: www.chazarahmp3.com

1139 East 12th St.
Brooklyn, NY 11230
718 - 646 - 1243
info@chazarahmp3.com

ביד"צ שע"י העדה החרדית שליט"א

בית דין צדק
לכל מקהלות האשכנזים
שע"י "העדה החרדית"
פעיה"ק ירושלם תובב"א
רח' שטראוס 26/א

BETH DIN TZEDEK
OF THE ORTHODOX
JEWISH COMMUNITY
26\A STRAUSS ST.
JERUSALEM

ת.ד. 5006 P.O.B טל. TEL 02-6236550 פאקס FAX 02-6221317

ב"ה

הסכמת הביד"צ שליט"א

נודע בשערים המצוינים בהלכה גודל ענין החזרה והשינון לדעת את הדרך ילכון בה ואת המעשה אשר יעשון בפרט בהלכתא רברבתא כהלכות שבת וכדו' אשר לפעמים נצרך להם ואין פנאי לחפש מקורו בספר, וע"כ באו ונחזיק טובה להאי גברא יקירא הרה"ג ר' אהרן זליקוביץ שליט"א מעיר נ"י, אשר ערך ספר "חזרה ברורה" לפי סדר המשנה ברורה לחזור ולשנן הלכות שבת תחומין ועירובין שבמשנ"ב חלק ג' וד'.

והנה עבר על הספר ידידינו הגאון רבי חיים יוסף בלויא שליט"א מו"צ פעיה"ק רב שכו' פאג"י ומרבני ועד השחיטה דעדתינו, ומעיד כי הספר בנוי לתלפיות לתועלת ללומדים לשינון וחזרה, ע"כ אף ידינו תכון עמו לחלקו ביעקב ולהפיצו בישראל, והרוצים לידע את המעשה אשר יעשון עליהם לעיין בפנים הספר משנה ברורה ובהלכה, וכידוע מפי הפוסקים שאין לסמוך על ספרי הקיצורים ללא לימוד מקור הדברים בעיון כדת של תורה.

מי יתן וחפץ ה' בידיו של המחבר יצליח להגדיל תורה ולהאדירה מתוך שמחה ונחת וברכת ה' מלא, עדי נזכה לביאת גוא"צ אשר אליו מייחלים עינינו בקרוב הימים בב"א.

וע"ז באעה"ח ביום ז"ך לחודש תמוז - בין המצרים יהיה לששון ולשמחה - תשע"ה לפ"ק הביד"צ דפעיה"ק ת"ו

נאם
משה שטרנבוך – ראב"ד

נאם
יצחק טוביה ווייס – גאב"ד

נאם
נפתלי ה' פרנקל

נאם
אברהם יצחק אולמאן

בלנו בעד ספר "חזרה ברורה" על משנה ברורה

הרה"ג רב עזריאל אוירבאך שליט"א

בס"ד

הרב עזריאל אוירבאך
רב בית הכנסת "חניכי הישיבות", בית וגן
רח' הפסגה 53, בית וגן, ירושלים

Rabbi Azriel Auerbach
Rabbi of "Chaniche Hayeshivot"
53 Hapisga St., Bayit Vegan, Jerusalem

בס"ד

ראיתי את הספר "חזרה ברורה" הנועד לאלו אשר כבר עסקו בעיון בשו"ע ובמ' משנה ברורה - לקיים ושננתם ובפרט בדברי הלכה בעניני או"ח אשר יום יום ידרשון לדעת את הדרך ילכו בה. והנה המחבר עשה עבודה יפה ומתוקנת ערוך ומסודר במעשה אומן לשם שינון הלכה בבחינת נר לרגלי דבריך ואור לנתיבתי.
וברכה להמשך זיכוי הרבים להחדרת ההלכה היום יומית מתוך הרחבת הדעת.

עזריאל אויערבאך

בס"ד

ראיתי את הספר "חזרה ברורה" הנועד לאלו אשר כבר עסקו בעיון בשו"ע ובס' משנה ברורה - לקיים ושננתם ובפרט בדבר הלכה בעניני או"ח אשר יום יום ידרשון לדעת את הדרך ילכו בה, והנה המחבר עשה עבודה יפה ומתוקנת ערוך ומסודר במעשה אומן לשם שינון הלכה בבחינת נר לרגלי דבריך ואור לנתיבתי.

וברכה להמשך זיכוי הרבים להחדרת ההלכה היום יומית מתוך הרחבת הדעת.

עזריאל אוירבאך

קיבלנו בעד ספר "חזרה ברורה" על משנה ברורה

הרה"ג רב ישראל גנס שליט"א

הרב ישראל גנס
רח' פנים מאירות 2
קרית מטרסדורף, ירושלים 94423

בס"ד

בס"ד א' אלול תשע"ב

ראיתי את הספר "חזרה ברורה" אשר הפליא לעשות האברך היקר הרב אהרן זליקוביץ שליט"א. בספר הזה יש עמל רב, יגיעה רבה, סדר נפלא, ובעיקר תועלת גדולה ללימוד המשנה ברורה שיוכלו לזכור את דבריו, הן המ"ב הן הבה"ל והן השעה"צ. ולא נצרכה אלא לברכה שיוסיף המחבר תת תנובה לזכות הרבים בעוד ספרים מועילים.

הכו"ח לכבוד התורה ועמליה פה עיה"ק ירושלים תובב"א
ישראל גנס

יבלנו בעד ספר "חזרה ברורה" על משנה ברורה

הרה"ג רב שמואל פירסט שליט"א

Rabbi Shmuel Fuerst
6100 North Drake Avenue
Chicago, Illinois 60659
(773) 539-4241
Fax (773) 539-1208

בס"ד

הרב שמואל פירסט
דיין ומו"ץ אגודת ישראל
שיקאגא, אילינאי

ה' מנחם אב תשע"ב

ראיתי הספר "חזרה ברורה" שחיברו הר"ר אהרן זליקוביץ שליט"א
שכתוב בתוכו כל דברי המחבר והרמ"א וכמעט כל דברי המ"ב ושע"צ
וב"ה והכל ערוך בסדר נאה. והתועלת מהספר יהי' להלומדי המ"ב
שיוכלו לחזור על ספר מ"ב באופן קל להבין אותו על בורי'
ובודאי ספר הנ"ל יהי' תועלת גדולה להרבה לומדי משנה ברורה שיהא להם
קל לחזור על דבריו כדי שיהיו בקיאין בדבריו ועי"ז יזכו לשמור ולעשות
ולקיים את דבר הלכה.
יהי רצון שיזכה המחבר שיתקבל הספר "חזרה ברורה" לפני כל הלומדים
הלכות אלו ויזכה לסיים כל שאר חלקים של המ"ב, ויזכה לשבת באהלה של
תורה כל ימי חייו.

הכו"ח לכבוד התורה,
בידידות,
שמואל פירסט

ה' מנחם אב תשע"ב

ראיתי הספר "חזרה ברורה" שחיברו הר"ר אהרן זליקוביץ שליט"א שכתוב בתוכו כל דברי המחבר והרמ"א וכמעט כל דברי המ"ב ושע"צ וב"ה, והכל ערוך בסדר נאה. והתועלת מהספר יהיה להלומדי המ"ב שיוכלו לחזור על ספר מ"ב באופן קל להבין אותה על בוריה.

ובודאי ספר הנ"ל יהיה תועלת גדולה להרבה לומדי משנה ברורה שיהא להם קל לחזור על דבריו כדי שיהיו בקיאין בדבריו ועי"ז יזכו לשמור ולעשות ולקיים את דבר הלכה.

יהי רצון שיזכה המחבר שיתקבל הספר "חזרה ברורה" לפני כל הלומדים הלכות אלו ויזכה לסיים כל שאר חלקים של המ"ב, ויזכה לשבת באהלה של תורה כל ימי חייו.

הכו"ח לכבוד התורה,
בידידות, שמואל פירסט

קיבלנו בעד ספר "חזרה ברורה" על משנה ברורה

הרה"ג רב שמואל פעלדער שליט"א

RABBI SHMUEL FELDER
BETH MEDRASH GOVOAH
LAKEWOOD N.J.08701

שמואל יצחק פעלדער
דיין ומו"ץ בית מדרש גבוה
לייקואוד נוי זשערזי

בעזהי"ת יום א' כ"א אייר תשע"ב לפ"ק

הן הובא לפני קונטרוס שחיברו ר' אהרן זליקוביץ שליט"א על משנה ברורה אשר בשם "חזרה ברורה" יקבנו המכיל בתוכו כל דברי המחבר והרמ"א ומ"ב, וגם תמצית דברי הביאור הלכה ושער הציון, הכל עורך בצורה מסודרת ומאירת עינים, באופן ששייך לחזור על ספר משנה ברורה עם תמצית בה"ל ושעה"צ באופן קל ובהיר בלא בלבול ועירבוביא.

ובודאי שיש בחיבור זה תועלת גדולה ללומדי משנה ברורה לחזור ולשנן הדברים בצורה מועילה ביותר למען תהיה תורתם בלבם ערוכה ושמורה להיות בקיאין בדבר הלכה ללמוד וללמד לשמור ולעשות ולקיים.

ועל כן אברך הרב המחבר שיזכה שיתקבלו הדברים באהבה ובשמחה לפני הלומדים ויזכה לחבר עוד חיבורים כזה ואחרים בתורה הקדושה ולשבת באהלה של תורה כל ימי חייו מתוך מנוחת הנפש והרחבת הדעת.

הכו"ח לכבוד התורה
שמואל יצחק פעלדער

הרה"ג רב יחזקאל רוטה שליט"א

RABBI Y. ROTH
1556-53RD STREET
BROOKLYN, N. Y. 11219
TEL:(718) 435-1502

יחזקאל רוטה
אבדק"ק קארלסבורג
בארא פארק ברוקלין, נ.י. יע"א

להי"ו

תפארת שבנצח למב"י לסדר כללותיה ופרטותיה ודיקדוקיה מסיני תשע"ד לפ"ק

בימי הספירה שמסוגלים מאד ללמוד הלכה ברורה, כמבואר בתשו' המפורסמת לכ"ק זקיני זי"ע בשו"ת מראה יחזקאל סי' ק"ד בשם רבו הרה"ק מרימנאב זי"ע, שכל ההלכות שנשתכחו בימי אבלו של משה והחזירן עתניאל בן קנז כדאיתא בתמורה ט"ז, היתה בימי העומר, ועי"כ מסוגל מאד בימים הקדושים הללו לעשות חזרה על הלימוד שלא ישתכח, ועי"ז רומז לשון והחזירן מלשון חזרה, ועי"כ מאד מתאים כעת לחזק את ידי הרב המופלג צמ"ס כמוהר"ר **אהרן זליקוביץ** שליט"א שאיתמחי מכבר לערוך חיבור **חזרה ברורה** על המ"ב או"ח, ונתעטר בהמלצות והסכמות מגדולי הרבנים שיחי', ועל של עכשיו באתי מה שהוציא עתה חדש מן הישן על הלכות או"ה שביו"ד, ובוודאי יועיל להלומדים לחזור על לימודם, ודבר גדול עשה בזה שיהי' מוכן ומזומן לפני הלומד הלכות שירוץ בהם בלי גימגום וחיפוש, ובזה יתרבה יודעי דת ודין לזכור הלכה המביא לידי מעשה, והמחבר יהי' נמנה בין מזכי הרבים להגדיל תורה ולהאדירה, ויזכה להמשיך בעבוה"ק על מי מנוחות מתוך הרחבה וכט"ס עדי שיתרומם קה"ת וישראל ב"ב אמן.

הכו"ח לחיזוק תוה"ק ולומדיה

הק' יחזקאל רוטה

קיבלנו בעד ספר "חזרה ברורה" על יו"ד הלכות איסור והיתר

הקדמה

בעזה"י. תנא דבי אליהו: "כל השונה הלכות בכל יום מובטח לו שהוא בן עולם הבא, שנאמר 'הליכות עולם לו', אל תקרי הליכות אלא הלכות". **ואיתא** בגמ' (סוטה כא.) "משל לאדם שהיה מהלך באישון לילה ואפילה, ומתיירא מן הקוצים ומן הפחתים ומן הברקנים ומחיה רעה ומן הלסטין, ואינו יודע באיזה דרך מהלך, נזדמנה לו אבוקה של אור, ניצל מן הקוצים ומן הפחתים ומן הברקנים, (פירש רש"י: כך זכה לקיים מצוה ניצל ממקצת פורעניות), ועדיין מתיירא מחיה רעה ומן הליסטין ואינו יודע באיזה דרך מהלך, כיון שעלה עמוד השחר ניצל מחיה רעה ומן הליסטין, (פי' רש"י: זכה לתורה ניצול מיצה"ר ומן החטא), ועדיין אינו יודע באיזה דרך מהלך, הגיע לפרשת דרכים ניצל מכולם; מאי פרשת דרכים, מר זוטרא אמר: זה ת"ח דסלקא ליה שמעתתא אליבא דהלכתא" (פי' רש"י: כלומר זכה לכך ניצול מכולם). מבואר דהמעלה הגבוהה ביותר בלימוד התורה, היא לאסוקי שמעתתא אליבא דהלכתא.

וכך מצינו גם בדברי הרמב"ם באגרת לתלמידו: "ואין המטרה העיקרית אלא ידיעת מה שצריך לעשות וממה להמנע". **וכתב** הטור לבניו (נדפס בדף האחרון בספר ארחות חיים לרא"ש - ירושלים תשכ"ב): "והוי זהיר בתלמוד תורה לשמה, כדי שתדע המצות ותשמור עצמך מן העבירות וכו', והוי זהיר להאריך ולהעמיק ולחפש אחר כל הספרים בדרך פסק ההלכה בדבר הצריך לעולם וכו', ובכל מסכתא שתלמוד תכתוב מעט בכל מן הפוסקים, ומן ההלכות המעורבבות כתוב הכללים, כדי שיהיו בידך, ואם תספק באחד מהם, תמצאם בפעם אחרת, ובזה יצאו דבריך לאור ותתקיים תורתך".

כתב הדרישה (יו"ד סי' רמ"ו סק"ב, הובא בש"ך שם סק"ה ובט"ז שם סק"ב): "יש בעלי בתים נוהגין ללמוד בכל יום גפ"ת ולא שאר פוסקים, ומביאים ראיה מהא דאמרינן סוף פרק בתרא דנדה: 'תנא דבי אליהו כל השונה הלכות בכל יום מובטח לו שהוא בן העולם הבא'. אבל לי נראה כי לא זאת המרגוע ולא בזאת יתהלל המתהלל, כי אם בזאת יתהלל השכל וידוע בספרי פוסקים דיני תורה כגון האלפסי והמרדכי והרא"ש ודומיהם, דזהו שורש ועיקר לתורתנו, ואינם יוצאים כלל בלימוד גפ"ת, דהא דתנא דבי אליהו וכו', כבר כתב רש"י שם: כל השונה הלכות, פירוש הלכות פסוקות". **וכתב** המשנ"ב (סי' קנה סק"ט): "וכשלומד רק מעט, נכון שעיקר למודו יהיה בהלכות, שידע איך להתנהג למעשה וכנ"ל, ואמרו חז"ל (ברכות ח.) על הפסוק (תהלים פז, ב): 'אוהב ה' שערי ציון מכל משכנות יעקב', אוהב ה' שערים המצוינים בהלכה יותר מכל בתי כנסיות וכו', וגם אמרו (נדה עג.): 'כל השונה הלכות בכל יום מובטח לו שהוא בן עוה"ב". **בנוסף** לאמור לעיל הובא בשם החזו"א זצ"ל: "שהמפרש היותר טוב של הגמרא הוא השלחן ערוך".

מטרת הספר שלפנינו 'הלכתא ברורה' היא, לאפשר לכל לומד - גם ללומד גמרא ורש"י בלבד - לראות מיד את ההלכה למעשה, ע"פ המראה מקומות שציין ה"עין משפט".

כדי להימנע מאריכות יתר, ברוב מקומות שהציון ב"עין משפט" הוא גם לרמב"ם וגם השו"ע, לא הבאתי את פסק הרמב"ם אלא רק את דברי השו"ע, אליהם חיברתי גם את דברי המשנה ברורה, וכן את הנקודות העיקריות שבדברי הביאור הלכה והשער הציון. במקומות שבהם ציין ה"עין מפשט" רק לדברי הרמב"ם, הבאתי רק את דברי הרמב"ם ללא הוספת דברי נושאי כליו, מלבד במקומות שבהם יש בנושאי הכלים פירוש נוסף לעצם הסוגיא.

הוספתי בשולי הדף גם את כל ציוני ה"באר הגולה", בהן מבוארת מקורה של כל הלכה בדברי הראשונים. במקומות שבהם פוסק השו"ע שלא כפי' רש"י בגמ', הוספתי את עיקר דברי הנושאי כלים והמפרשים, כדי שהסוגיא תובן ע"פ השיטה שכמותה פסק.

כידוע רבים נוהגים ללמוד את מסכת החג לפני החג, במקביל ללימוד הלכות החג, וא"כ התועלת בספר זה רבה, שבאמצעותו יוכל הלומד לדעת את כל ההלכות בסמיכות למקורותיהם בגמ', ובנוסף, במקומות שלהלכה נפסק אחרת מכפי הנראה מפירוש רש"י, יוכל הלומד לראות מיידית לפי איזו שיטה בראשונים פוסק השו"ע, ואיך מתפרשת הסוגיא לפי אותה שיטה. **להשלמת** הענין הוספתי את כל הלכות פסח - גם אלו שאינן מובאות ב"עין משפט" - אותן סדרתי על הדף ע"פ דברי הבית יוסף, הביאור הגר"א ו"באר הגולה". את ההלכות שאינן מוזכרות בגמ', סדרתי ליד ההלכות השייכות להן, שהוזכרו בסוגיא, או בשער המילואים.

הקדמה

גם בספר זה סדרתי את דברי השו"ע והמשנ"ב משולבים זה בזה - כפי שעשיתי בס"ד בספר "חזרה ברורה" - כך שניתן לקרוא את כל הענין ברציפות, כדי להקל על הלומד. **כיון** שבמקומות רבים נצרכים מאד גם דברי הביאור הלכה ושער הציון, הן מחמת חידושים להלכה שמופיעים בהם והן מחמת תוספת הסבר בסוגיות הגמ' או בפסקי השו"ע, לקטתי את עיקרי דבריהם והצבתי אותם בתוך דברי השו"ע והמשנ"ב.

וזאת למודעי שדברי השו"ע והרמ"א וסידורם לא שונו על ידי בשום אופן. גם דברי המשנ"ב הובאו בדרך כלל כלשונם ממש ללא שום שינוי, מלבד במקומות מועטים בלבד, שבהם נאלצתי לשנות מעט למען הסדר הטוב. גם את לשונות הביאור הלכה והשער הציון שהוצבו בתוך דברי השו"ע והמשנ"ב השתדלתי כמיטב יכולתי שלא לשנות, מלבד במקומות שהיה הכרחי לעשות זאת, הן מחמת צורך ההבנה והן מחמת סידור הדברים.

כדי שלא יצטרך ללומד, לבדוק בכל הלכה האם הוא מדברי השו"ע, הרמ"א, או המשנ"ב, הבאתי את דבריהם בצורת "פונטים" שונים: דברי השו"ע המחבר הובאו באותיות גדולות ברורות ב"פונט" זה: **מחבר**. ודברי הרמ"א הובאו באותיות כתב רש"י גדולות וברורות ב"פונט" זה: **רמ"א**. הציטוטים מהמשנ"ב נעשו באותיות רגילות ב"פונט" זה: משנה ברורה. את הליקוט מדברי הביאור הלכה הכנסתי לסוגריים עגולים ב"פונט" זה: (ביאור הלכה). ואת תמצית השער הציון הצגתי בסוגריים מרובעים וב"פונט" שונה: [שער הציון]. במעט המקומות בהן היה צורך בהוספה כלשהי, הודפסו הדברים באופן זה: ‹באופן זה›. **ולמטה** בחלק ה"באר הגולה", דברי הבאר הגולה עצמו הובאו כזה:(באר הגולה). וכל שאר הדברים המובאים שם בשם הפוסקים, נכתבים באופן זה: ‹באופן זה›.

יתן ה' שספר זה יהיה לתועלת הרבים להגדיל תורה ולהאדירה, שנוכל להיות בקיאים בדבר ה' זו הלכה, ללמוד וללמד לשמור ולעשות ולקיים, ושלא אכשל ח"ו בדבר הלכה, ושאזכה להיות ממזכי הרבים, ולראות בבנין בית המקדש בב"א.

לוח ה"פונטים"

מחבר	**רמ"א**	משנה ברורה	(ביאור הלכה/באר הגולה)	[שער הציון]	‹הוספה›

מפתח הלכות

לוח המפתח

- האותיות שהם תוך רבוע כזה א הם אותיות הסעיפים.
- כשהסעיף אינו נכתב במקום א' בשלימותה, אלא נחלקה לחלקים, אז נרשם בהמפתח אצל כל חלק וחלק מספר כזה (1) או (2) וכדו'.
- כשהעין משפט מביא הלכה אחת בכמה מקומות, בקצת המקומות לא הבאנו את ההלכה בשלימותה, ובמפתח רשמנו את המקומות האלו כזה [יא.]

הלכות פסח

תכט: שאין נופלין על פניהם כל ניסן, ובו ב' סעיפים.

א - ו. ב - יג:(2) מילואים

תל: ובו סעיף אחד.

א - מילואים

תלא: זמן בדיקת החמץ, ובו ב' סעיפים.

א - ב. ב - ד.

תלב: דין ברכת בדיקת חמץ, ובו ב' סעיפים.

א - ז: ב - מילואים

תלג: בדיקת חמץ, ובו י"א סעיפים.

א - ז:(1) ח.(2) ב - ז: ג - ח. ח:(2) ד - ח. ה - ח. ו - ח.(2)(1) ז - ח.(1) ח:(2) ח - ח. לא:(2) ט - ח:
י – יא - מילואים

תלד: דינים הנוהגים תכף אחר הבדיקה, ובו ד' סעיפים.

א - ט.(2) ט: י: ב - ו:(1)(2) ג - ו: ד - מילואים

תלה: דין מי שלא בדק בליל י"ד, ובו סעיף אחד.

א - י:

תלו: דין המפרש בים והיוצא בשיירא, ובו ג' סעיפים.

א - ו. ב - ו. ג - ו.

תלז: המשכיר בית לחבירו על מי חל חובת ביעור, ובו ד' סעיפים.

א - ד. ב - ד.(1) ד:(2) ג - ד: ד - ד:

תלח: עכבר שנכנס למקום בדוק וככר בפיו, ובו ב' סעיפים.

א - י: ב - י:

תלט: דין מי שבדק ולא מצא מספר ככרות שהניח, ובו ד' סעיפים.

א - ט: ב - ט:(1) י.(2)(3) ג - ט:(2) י. ד - י:

מפתח הלכות

תמ: דין חמצו של נכרי שהופקד אצל ישראל, ובו ד' סעיפים.

[א] - ה: ו.(2) [ב] - ה:(1) ו.(2) [ג] - ו. [ד] - לא.

תמא: דיני מי שהלוה על חמץ, ובו ב' סעיפים.

[א] - ל: לא:(1) [ב] - ל:

תמב: דין תערובת חמץ, ובו י"א סעיפים.

[א] - מב.(1) מה:(2) [ב] - מה: [ג – ו] - מילואים [ז] - מה. [ח] - מה: [ט] - כא:(2) מה:(1)(2) [י] - כא: [יא] - מה:

תמג: דין חמץ בערב פסח לאחר שש, ובו ג' סעיפים.

[א] - ה.(1) יא:(1) כא. (2)(3) כא:(4) [ב] - יג. [ג] - כא.

תמד: דין ערב פסח שחל להיות בשבת, ובו ח' סעיפים.

[א] - יג. מט. [ב – ו] - מילואים [ז] - מט. [ח] - ז.

תמה: דין ביעור חמץ, ובו ג' סעיפים.

[א] - יב:(2) כא. כח. [ב] - כא.(3,1) כא:(2) כו:(4,3) [ג] - מילואים

תמו: דין מי שמוצא חמץ בתוך המועד, ובו ד' סעיפים.

[א] - ו. [ב] - ו. [ג] - ו. [ד] - ז.

תמז: דיני תערובת חמץ בתוך הפסח, ובו י"ב סעיפים.

[א] - ל. [ב – י] - מילואים [יא] - ל. [יב] - מילואים

תמח: דין חמץ שעבר עליו הפסח, ובו ז' סעיפים.

[א] - כח. [ב] - [ג] - כח.(1) מילואים(2) [ד – ז] - מילואים

תמט: דין חמץ שנמצא בחנות ישראל והפועלים אינם יהודים או בהפך, ובו סעיף אחד.

[א] - לא:

תנ: דין ישראל ואינו יהודי שיש להם שותפות, ובו ז' סעיפים.

[א – ד] - מילואים [ה] - מילואים(1) ו.(2) [ו – ז] - מילואים

תנא: דיני הגעלת כלים, ובו כ"ז סעיפים.

[א] - ל.(1) ל:(2) [ב] - ל: [ג] - ל: [ד – יא] - מילואים [יב] - ל: [יג] - ל: [יד – טו] - מילואים [טז] - ל: [יז] - ל:
[יח – כ] - מילואים [כא] - ל: [כב] - ל: [כג] - ל: [כד – כז] - מילואים

תנב: דין זמן הגעלת הכלים, ובו ז' סעיפים.

[א – ז] - מילואים

תנג: דיני החטים וטחינתם למצות, ובו ט' סעיפים.

[א] - לה. [ב – ג] - מילואים [ד] - מ. [ה] - מ. [ו] - מילואים

מפתח הלכות

תעד: באיזה מצה אינו יוצא ידי חובתו, ובו ד׳ סעיפים.

א - לו: לז.(1) ב - לח: ג - לו: לט:(1) ד - לח.

תעה: דין מים שלנו, ובו ו׳ סעיפים.

א – ד - מב. ה – ו - מילואים

תעו: דין שיעור כמות לישת המצות, ובו ג׳ סעיפים.

א – ג - מח:

תעז: דין הנהגת החלה בעיסת מצה, ובו ב׳ סעיפים.

א - מח: ב - מו.

תעח: דין מצוה ללוש המצה בע״פ, ובו סעיף אחד.

א - מילואים

תעט: דין מקום וסדר לישת המצות, ובו ו׳ סעיפים.

א - מב. ב - מב.(1) מו.(3)(4) מח:(1)(2)(5) קטז.(1) ג - מב. ד - מב. ה - מב. ו - מילואים

תס: דיני מצת המצוה, ובו ז׳ סעיפים.

א - מ. ב - קטז. ג - ז. ד - לז. ה - לז. ו - לט: ז - לט:

תסא: דיני אפיית המצה, ובו ה׳ סעיפים.

א - מילואים ב - לז. ג - לז. ד - מא. ה - מילואים

תסב: דין מי פירות אם מחמיצין, ובו ז׳ סעיפים.

א - לה. לה: לו. ב - לו. ג - מילואים ד - לו. ה – ז - מילואים

תסג: אם מותר לחרוך שני שבלים יחד ודיני כרמל, ובו ג׳ סעיפים.

א - מ. ב - לט: ג - לט: מ:

תסד: חרדל שנתערב בתוכו קמח, ובו סעיף אחד.

א - מ:

תסה: דיני מורסן בפסח, ובו ג׳ סעיפים.

א - לט: ב - לט: ג - מילואים

תסו: אם הרוק ומי רגלים ודומיו מחמיצים, ובו ו׳ סעיפים.

א - לט: ב – ה - מילואים ו - לט:

תסז: דין חטים שנפל עליהם מים ותבשיל שנמצא לתוכו חטה, ובו ט״ז סעיפים.

א - מ: ב – ד - מילואים ה - לג. ו - מילואים ז - לא: ח - מילואים ט - מ. י – טז - מילואים

מפתח הלכות

תסח: שלא לעשות מלאכה בערב פסח אחר חצות, ובו י׳ סעיפים.

[א] - נ: [ב] - נ: [ג] - ב: נ. [ד] - נ. [נא.] נא:(2) [ה] - נה. [ו] - נה: [ז] - נה: [ח] - נה: [ט] - נה: [י] - נה:

תסט: שלא ליחד בשר לפסח, ובו סעיף אחד.

[א] - נג.(1) נג:(2)

תע: שהבכורות מתענין בע״פ, ובו ג׳ סעיפים.

[א – ג] - קח.

תעא: בערב פסח אחר שעה עשירית אסור לאכול פת, ובו ג׳ סעיפים.

[א] - צט: קז: קח.(2) [ב] - צט: קז:(1) [ג] - ק.

תעב: דיני הסיבה וארבע כוסות, ובו ט״ז סעיפים.

[א] - צט:(2) קט.(1) [ב] - צט: [ג] - קח. [ד] - קח. [ה] - קח. [ו] - קח. [ז] - קח. [ח] - קח: [ט] - קח: [י – יב] - מילואים [יג] - צט: [יד] - מג: קח. [טו] - קח: [טז] - קח:

תעג: דיני כוס ראשון וסדר הפסח עד כוס השני, ובו ז׳ סעיפים.

[א] - קג. קיד.(1) [ב] - קח. [ג] - קיז: [ד] - קיד. קטו:(1) [ה] - לט.(1) לט:(2) קטז.(3) [ו] - קיד.(2) קטו.(2,1) קטו:(4) קטז.(3) [ז] - קטו:(2) קטז.(2,1) קטז:(3)

תעד: על כוס ב׳ אין מברכין, ובו סעיף אחד.

[א] - קט:

תעה: יתר דיני הסדר, ובו ז׳ סעיפים.

[א] - לט:(3) [קח.] קטו.(5) קטו:(4,1) קטז.(2) [ב] - קטו. [ג] - קטו: [ד] - קיד: [ה] - מילואים [ו] - קיד: [ז] - צא:(1) קכ.(1) מילואים(2)

תעו: מנהג אכילת צלי בליל פסח, ובו ב׳ סעיפים.

[א] - נג.(1) עד.(2) קכ.(3) [ב] - נג.(1) מילואים(2)

תעז: דיני אכילת האפיקומן, ובו ב׳ סעיפים.

[א] - קיט:(1) קכ: [ב] - מילואים

תעח: שלא לאכול אחר אכילת האפיקומן, ובו ב׳ סעיפים.

[א] - קיט: [ב] - קכ.

תעט: ברכת המזון על כוס שלישי, ובו סעיף אחד.

[א] - קח.(1) קיז:(2,1) מילואים(3)

תפ: סדר כוס רביעי, ובו סעיף אחד.

[א] - קח.(3) קיז:(2,1) קיח.(4,2) פו.(5)

מפתח הלכות

§ מסכת פסחים דף ב. §

אות א'

אור לארבעה עשר בודקין את החמץ לאור הנר

סימן תל"א ס"א - [א]בתחלת ליל י"ד בניסן - פי' תיכף אחר יציאת הכוכבים, שיש עדיין קצת מאור היום, כדי שלא יתרשל או שלא ישכח, **בודקים את החמץ לאור הנר, בחורין ובסדקין** - [ב]ומפני שצריך לבדוק בחורין ובסדקין, ואור היום לא יועיל לזה, ‹לכן תקנו לבדוק לאור הנר›, **וכיון** שצריך שתהיה לאור הנר, קבעוה בלילה, מפני שאז אורו מבהיק יותר מביום ואפי' במקום האפל, **וגם** היא שעה שבני אדם מצויים בבתיהם.

וגם צריך לבטל אז את החמץ, וכדלקמן בסימן תל"ד ס"ב, **ומן** התורה באחד מהן סגי, דכשמבטלו בלבו ומפקירו שוב אינו שלו, ואינו עובר עליו, וכ"ש כשבודקו ומחפש אחריו ומבערו מן העולם, **אלא** שחז"ל החמירו דלא סגי באחד מהן אלא בשניהם דוקא, לפי שחששו אחר שהבטול תלוי במחשבתן של בני אדם ובדעותיהן, אולי ירע בעיני האדם שיש לו חמץ בעד כמה אלפים להפקיר, ואף שבפיו יאמר שיהיה בטל והפקר וחשיב כעפרא, מ"מ לבו לא כן יחשוב, ולא יבטלנו בלב שלם, והרי הוא עובר בבל יראה, שהרי לא הוציא מביתו, **ועוד** שמא מתוך שרגילין בו כל השנה, אם יהיה בביתו ורשותו גזרינן שישכח ויבוא לאכול, **ולכן** תקנו חז"ל שאע"פ שמבטל, לא סגי, אלא צריך לבדוק לבערו מן העולם, **ומ"מ** צריך לבטל ג"כ, שמא לא יבדוק יפה וימצא חמץ בפסח ויעבור עליו.

בכל המקומות שדרך להכניס שם חמץ - לאו דוקא, אף שאין דרך להכניס שם חמץ, רק במקום שמשתמשים שם לפרקים בחמץ, חיישינן שמא הכניס שם חמץ ולאו אדעתיה.

באר הגולה

[א] **משנה ריש פסחים** [ב] ‹עיין רש"י דף ד. ד"ה ואור הנר כו'. וז"ל: ואם תאמר יבדוק לאור היום, הא ילפינן לקמן מחיפוש שמצותו בנר, ע"כ. **וכתב** הראש יוסף וז"ל: הא יליף לאו ג"ש גמור, אלא להכניס לחורין›

עין משפט נר מצוה

א א מיי' פ"ב מהלכות חמץ ומצה הלכה ג סמג עשין לט טור וש"ע א"ח סי' תלא סעיף א:

מסורת הש"ס

אור

אור לארבעה עשר בודקין את החמץ לאור הנר כל מקום שאין מכניסין בו חמץ אין צריך בדיקה ובמה אמרו ב' שורות במרתף מקום שמכניסין בו חמץ בית שמאי אומרים ב' שורות על פני כל המרתף ובית הלל אומרים שתי שורות החיצונות שהן העליונות:

גמ' מאי אור רב הונא אמר נגהי ורב יהודה אמר לילי קא סלקא דעתך דמאן דאמר נגהי נגהי ממש ומאן דאמר לילי לילי ממש מיתיבי הבקר אור והאנשים שולחו אלמא אור יממא הוא מי כתיב האור בקר הבקר אור כתיב כמאן דאמר צפרא נהר וכדרב יהודה אמר רב דאמר רב יהודה אמר רב לעולם יכנס אדם בכי טוב ויצא בכי טוב מיתיבי וכאור בקר יזרח שמש אלמא אור יממא הוא מי כתיב אור בקר וכאור בקר כתיב והכי קאמר וכאור בקר בעולם הזה כעין זריחת שמש לצדיקים לעולם הבא מיתיבי ויקרא אלהים לאור יום אלמא אור יממא הוא הכי קאמר למאיר ובא קראו יום אלא מעתה ולחשך קרא לילה למחשיך ובא קרא לילה והא קיימא לן דעד צאת הכוכבים יממא הוא אלא הכי קאמר קרייה רחמנא לנהורא ופקדיה אמצותא דיממא וקרייה רחמנא לחשוכא ופקדיה אמצותא דלילה מיתיבי הללוהו כל כוכבי אור אלמא אור אורתא הוא הכי קאמר הללוהו כל כוכבים המאירים אלא מעתה כוכבים המאירים הוא דבעו שבוחי שאינן מאירין לא בעו שבוחי והא כתיב הללוהו כל צבאיו אלא הא קמ"ל דאור דכוכבים נמי אור הוא למאי נפקא מינה לנודר מן האור (דתנן) א] הנודר מן האור אסור באורן של כוכבים מיתיבי לאור יקום רוצח יקטל עני ואביון ובלילה יהי כגנב

הא

רש"י

אור לארבעה עשר גרסי': לאור הנר. בגמרא (דף ז:) מפרש טעמא: בודקין. שלא יעבור עליו בבל יראה ובבל ימצא: ובמה אמרו. לקמן במתניתין: שתי שורות. של חביות הסדורות במרתף של יין צריך לבדוק ביניהם אחרי שאמרנו כל מקום שאין מכניסין בו חמץ אין צריך לבדוק למה הוצרכו לבודקן ומפרש לא אמרו אלא במרתף שמכניסין בו חמץ כגון מרתף שמסתפק ממנו יין לשולחנו ופעמים שהשמש עומד למזוג יין ופתו בידו וכשהיין כלה נכנס למרתף להביא יין: שתי שורות על פני כל המרתף. בגמ' (דף ח:) מפרש מאי היא: שתי שורות החיצונות כו'. מפרש בגמ' (שם): גמ' ה"ג קא סלקא דעתך מאן דאמר נגהי נגהי ממש. כשיאיר השחר שחרית של י"ד: מאן דאמר לילי לילי ממש לא גרסי' דהא ודאי לילי הוא ממש: הבקר אור. קס"ד דה"ק ולבקר דהיינו אור כלומר שמשו אור האנשים שולחו: מי כתיב האור בקר. דלשמעו ולאור דהיינו בקר דתימצי לומר דאור שם דבר הוא וקרי לבקר אור: הבקר אור כתיב. האי אור לאו שם דבר הוא אלא הבקר האיר והאנשים שולחו כמאן דאמר צפרא נהר ולפי דרכו לימדך הכתוב דרך ארץ מאחי יוסף שהמתינו עד שהאיר המזרח כדרב יהודה אבל אור שהוא שם דבר אינו אלא לילה: היוצא לדרך: בכי טוב. יכנס ערבית לבית מלון בעוד החמה זורחת ולמחר ימתין עד הנץ החמה ויצא ואז טוב לו שהאור טוב לו שנאמר בקר כי טוב ומה היא טובתו מפני החיות ומפני הלסטים: וכאור בקר. הבקר משמע לן דשם דבר הוא והכי קאמר דוד וכאור זה דהיינו בקר כן יזרח שמש לצדיקים שיאיר מאפילתן לעולם הבא: מי כתיב אור בקר. דהיינו שם דבר ונימא אור הוא בקר וכן יזרח שמש: וכאור בקר כתיב. ואין זה שם דבר אלא כמאיר של בקר יזרח שמש כשמתחיל הבקר להאיר בעולם הזה והוא חשך ואפי' בעלות השחר נוגה כזריחת השמש של עכשיו תהיה אותה שעה לצדיקים לעתיד לבא לפי שיהא אור החמה גדול מאד ואפילו עלות השחר שלה יאיר כהנץ החמה של עכשיו: למאיר ובא קראו יום. משעה שמתחיל להאיר והאי אור לאו שם דבר הוא: והא קיימא לן. במשנה קמייתא דברכות: עד צאת הכוכבים יממא. כדכתיב מעלות השחר ועד צאת הכוכבים דעזרא (נחמיה ד): אלא. תריץ הכי: קריה רחמנא לנהורא כו'. האי ויקרא לאו קריאת שם הוא דתימא שקרא את שם האור יום אלא קרא לבריאה המאירה שבראה מהוד מעטה לבושו: ופקדיה אמצותא דיממא. צוהו לשמש ביום ולחושך צוה לשמש בלילה קרא כמלך שקרא לעבדו שיבא לפניו: הא קמ"ל דאור כוכבים נמי אור הוא. לעולם כוכבים המאירים קאמר ודקא קשיא לך הא שאינן מאירין לא הא דנקט כוכבי אור לאו למעוטי כוכבים שאינן מאירין דכל כוכבים יש להם אור וליכא למעוטי מידי וקרא אשמעינן דאור כוכבים קרוי אור ונפקא מינה לנודר הנאה מן האור שיאסר באורן של כוכבים:

תוספות

אור לארבעה עשר בודקין את החמץ. פ"ה שלא לעבור עליו בבל יראה ובבל ימצא וקשה לר"י כיון דצריך ביטול כדאמר בגמ' (דף ו:) הבודק צריך שיבטל ומדאורייתא בביטול בעלמא סגי אמאי הצריכו חכמים בדיקה כלל ונראה לר"י דאע"ג דסגי בביטול בעלמא החמירו חכמים לבדוק חמץ ולבערו שלא יבא לאכלו וכן משמע לקמן (דף י:) דבעי רבא ככר בשמי קורה וכו' או דלמא זימנין דנפל ואתי למיכליה והטעם שהחמירו כאן טפי מבשאר איסורי הנאה שלא הצריכו לבערם משום דחמץ מותר כל השנה ולא נאסר רק בפסח ולא בדילי מיניה כדאמר לקמן (דף יא.) ולא דמי לבשר בחלב וערלה וכלאי הכרם שאיסורם נוהג איסור עולם *ונזיר כמי איסוריה שרי לאחריני אי נמי שאני חמץ שהחמירה בו תורה לעבור בבל יראה ובל ימצא החמירו חכמים לבדוק ולבערו אפילו היכא דביטלו משום דילמא אתי למיכליה ונראה לרשב"א דאפילו לפי טעם האחרון צ"ל דהחמירו חכמים בכל חמץ אפי' בחמץ נוקשה ועל ידי תערובת אף על גב דליכא בל יראה לפר"ת בריש אלו עוברין (דף מג.) דהא תמר שיאור ישרף והיינו חמץ נוקשה כדמוכח התם ואיכא למ"ד נמי התם דכ"ש חמץ גמור על ידי תערובת משמע דאסור להשהותו דאי מותר להשהותו אמאי ישרף ישהה אותו עד אחר הפסח ויהא מותר אפילו לרבי יהודה דלא אסר רבי יהודה חמץ אחר הפסח אלא בחמץ גמור דאיכא ג' קראי לתוך זמנו ולפני זמנו ולאחר זמנו (לקמן דף כח:) אבל בנוקשה דליכא אלא חד קרא אפי' ר' יהודה מודה:

קא סלקא דעתך מ"ד נגהי וכו'. לא נקט קס"ד אלא משום מאן דאמר נגהי דלא קאי הכי ואגב אורחיה נקט נמי לילי ממש ומש"ה אין לשבש הספרים:

וכדרב יהודה. לא קאי אמאי דמשני כדאמר צפרא נהר אלא מילתא באפי נפשה היא ומפרש מה השמיענו הפסוק לכ"ע:

יכנס בכי טוב. אור"י דבפרק הכונס (דף ס ושם:) משמע דטעם הוי משום מזיקין דמפיק ליה התם מלא תצאו איש מפתח ביתו וקרא משום מזיקין קא מזהיר דמפקינן מיניה התם כיון שניתן רשות למשחית וכו' ולפי זה אפילו מעירו אדם צריך ליזהר שילא בכי טוב והא דנקט כניסה תחלה היינו משום דאורחא דגמרא למינקט הכי כמו מספס ועולה ומטפס ויורד בפרק עושין פסין (דף כא.) דנקט עליה תחלה ובפ' במה מדליקין (דף לד:) בין השמשות כהרף עין זה נכנס וזה יוצא וקשה הא דריש רב יהודה הא דרשה גופה מקרא אחרינא דלא תצאו בפרק הכונס (דף ס. ושם:) ואומר רשב"א דצריכי תרי קראי הבקר אור צריך לעיר אחרת ואפי' היכא דליכא למיחש למזיקין כגון אחי יוסף דהוו י"א והטעם מפני הפחתים וקרא דלא תצאו איצטריך לעירו ומפני המזיקין:

וכאור בקר בעולם הזה. פי' ר"ת דהיינו עד חצי היום כדמוכח בפ' תמיד נשחט (דף נח.) דעד ו' שעות נקרא בקר כעין זה יהיה תחלת זריחת השמש דהיינו הנץ החמה לצדיקים לעתיד לבא:

והא קיימא לן עד צאת הכוכבים יממא הוא. אומר ר"י דפשיטא ליה לגמרא דעד צאת הכוכבים יממא משום דמסקינן בספ"ב דמגילה (דף כ:) דמעלות השחר יום הוא דכתיב ואנחנו עושים במלאכה מעלות השחר עד צאת הכוכבים ואומר והיה לנו הלילה משמר והיום מלאכה ומהתם נמי מוכח דעד צאת הכוכבים יום הוא ולא קשה מההוא קרא לתנאי דפרק במה מדליקין (דף לד: ולה.) דקאמר ר' יהודה משתשקע החמה כל זמן שפני מזרח מאדימין ואיכא למאן דאמר התם שני חלקי מיל שהוא לפי הנראה שעה גדולה לפני צאת הכוכבים דאין אנו בקיאין בצאת הכוכבים כדאמר התם לא כוכבים גדולים הנראין ביום ולא כוכבים קטנים הנראין בלילה אלא בינונים:

(כדתנן) הנודר מן האור. מיהו היכא דלשון בני אדם אינו כלשון המקרא אזלינן אחר לשון בני אדם כדאמרינן בערכין (ד' יט:) גבי האומר משקל ידי עלי מדאורייתא קיבורת כולה בנדרים הלך אחר לשון בני אדם דהיינו עד האציל:

אי

רבינו חננאל

(אור ל) ארבעה עשר בודקין את החמץ לאור הנר כו' [מאי אור] רב הונא אמר נגהי רב יהודה אמר לילי. אף על גב דאסיקנא לדברי הכל אור אורתא הוא קס"ד דמאן דאמר נגהי קסבר האי אור צפרא הוא ומאן דאמר לילי קסבר לילי הוא. ואותבינן עליה והכתיב הבקר אור ואיך תאמר האור לילי הוא ופריק מי כתיב האור בקר דשמעת מינה שהאור בקר הוא הבקר אור כתיב ופי' הבקר האיר ולא כי האור הוא הבקר: מיתיבי וכאור בקר יזרח שמש אלמא אור יממא הוא ושנינן וכאור בקר כתיב. כלומר כאור בקר קודם זריחת שמש לצדיקים לעתיד לבוא הוא כעין זריחת שמש בעולם הזה נמצא זריחת שמש בעולם הזה כעין אור בקר קודם זריחת שמש לצדיקים לעתיד לבוא: ויקרא אלהים לאור יום ושני' למאיר ובא קראו יום. כלומר משיאיר היום [בבקר] קרא יום: הללוהו כל כוכבי אור. פי' בא הכתוב להודיע דאפילו זוהר הכוכבים נקרא אור נפקא מינה לנודר דאמר מר הנודר מן האורה אסור באורן של כוכבים:

הגהות מהר"י לנדא

א] גמרא דתנן הנודר מן האור. אין זה משנה ולא בברייתא (ועי' נצ"מ):

גליון הש"ס

גמ' ור"י אומר לילי. עי' ר"ש תרומות פ"ח מ"ג: רש"י ד"ה בכי טוב ומפני החיות ומפני הלסטים. עיין יומא דף כא ע"א ברש"י ד"ה ביוצא יחידי: תוס' ד"ה אור ליד וכו' שלא יבא לאכלו. עי' לקמן י ע"ב תוס' ד"ה ואם לא בדק:

[ופ"ש תוס' יבמות מא. ד"ה וסבי טובין]

גמרא

הא מדקאמר ובלילה יהי כגנב אלמא אור יממא הוא התם הכי קאמר אי פשיטא לך מילתא כנהורא דאנפשות קאתי רוצח הוא וניתן להצילו בנפשו ואי מספקא לך מילתא כליליא יהי בעיניך כגנב ולא ניתן להצילו בנפשו מיתיבי °יחשכו כוכבי נשפו יקו לאור (איוב ג) ואין ואל יראה בעפעפי שחר מדקאמר יקו לאור ואין אלמא אור יממא הוא התם מילט הוא דקא לייט ליה איוב למזליה אמר יהא רעוא דליצפיה הך גברא לנהורא ולא לישכחיה מיתיבי °ואומר אך חשך ישופני (תהלים קלט) ולילה אור בעדני אלמא אור יממא הוא התם הכי קאמר דוד אני אמרתי אך חשך ישופני לעוה"ב שהוא דומה ליום עכשיו *העולם הזה שהוא דומה ללילה אור בעדני מיתיבי *ר' יהודה אומר בודקין אור (לארבעה) עשר ובארבעה עשר שחרית [תוספתא] ובשעת הביעור מדקאמר רבי יהודה בודקין אור ארבעה עשר ובארבעה עשר שחרית אלמא אור אורתא הוא ש"מ מיתיבי *מאימתי ארבעה עשר אסור בעשיית מלאכה ר' אליעזר בן יעקב אומר משעת האור רבי יהודה אומר ^א משעת הנץ החמה אמר ליה ר"א בן יעקב לרבי יהודה וכי היכן מצינו יום שמקצתו אסור בעשיית מלאכה ומקצתו מותר בעשיית מלאכה [לקמן נה.] אמר ליה הוא עצמו יוכיח שמקצתו מותר באכילת חמץ ומקצתו אסור באכילת חמץ מדקאמר רבי יהודה משעת הנץ החמה אלמא אור דקאמר ר"א בן יעקב אורתא הוא לא מאי אור עמוד השחר אי הכי דקאמר ליה היכן מצינו יום שמקצתו מותר בעשיית מלאכה ומקצתו אסור בעשיית מלאכה [לקמן נט:] *נימא איהו לנפשיה הא איכא לילה דקא שרי ר"א בן יעקב ה"ק בשלמא לדידי אשכחנא דקא פלגי רבנן בין יממא ללילא (דתנן) [דתניא] *גבי תענית צבור ^ב עד מתי אוכל ושותה עד שיעלה עמוד השחר דברי ר' אליעזר בן יעקב ר' שמעון אומר עד קרות הגבר אלא לדידך היכא אשכחנא יממא גופיה דפלגי ביה רבנן אמר ליה הוא עצמו יוכיח שמקצתו מותר באכילת חמץ ומקצתו אסור באכילת חמץ שפיר קאמר ליה ר' יהודה לר"א הכי קאמר ליה רבי אליעזר אמינא לך אנא מלאכה דרבנן ואת אמרת לי חמץ דאורייתא דעד הכא אסר רחמנא ועד הכא שרא רחמנא ואידך שעות דרבנן ואידך הרחקה הוא דעבוד רבנן לדאורייתא *מיתיבי אין משיאין משואות אלא על החדש שנראה בזמנו לקדשו ואימתי משיאין משואות לאור עבורו אלמא אור אורתא הוא ש"מ מיתיבי *^ג היה עומד כל הלילה ומקריב על המזבח לאורה טעון קידוש ידים ורגלים דברי רבי אורה שאני: מיתיבי מר זוטרא

המפלת

רש"י

מדקאמר ובלילה יהי כגנב · מכלל דאור דרישיה דקרא יממא הוא והכי קאמר ביום כשעוברי דרכים הולכים עומד רוצח באם הדרכים והורגן ונוטל את ממונם ובלילה הוא נעשה כגנב לחתור בתים ולגנוב : **הכי קאמר** · מה שנתנה לך תורה רשות על הבא במחתרת להורגו כדכתיב (שמות כב) אם במחתרת ימצא הגנב והוכה ומת אין לו דמים אם ברור לך הדבר כאור שהוא בא על עסקי נפשות דהיינו כל אדם חוץ מאב על הבן וכיוצא בו שמכיר בו שהוא אוהבו מאד אבל שאר כל אדם אם היה בעל הממון עומד כנגדו להציל ממנו ממונו זה עומד עליו והורגו רוצח הוא וניתן רשות לכל הקודם להציל את בעל הממון בנפשו של בא במחתרת ובלילה אם מספקא לך כלילה כגון שאדם אוהבך שהוא אביך ורחמיו עליך ואם היית עומד כנגדו להציל ממונך אינו הורגך יהי בעיניך כגנב ולא ניתן להורגו והכי אמרינן בסנהדרין (דף עב:) דאב על הבן אינו נהרג במחתרת: **כוכבי נשפו** · כוכבי לילו : **יקו לאור** · יצפה ליום : **עפעפי** . זיהור : **לנהורא** . לדבר המאיר ולא שיהיה שם היום אור ולא קאמר יקו ליום אלא יקו שיאיר ואין: **ואומר אך חשך ישופני** . ואומר סבור הייתי בעוניי כשהייתי נרדף אך בחשך זה אמות והוא ישופני והוא יחשיך תמיד עלי לשון נשף ולילה ותשך שהייתי שרוי בו נעשה אור בעדני אלי וגבי לילה שייך למימר יום אלמא הכי קאמר דוד הלילה נעשה לי יום : **אני אמרתי** · מפני חטאי שאף מן העולם הבא אטרד ועכשיו שמחל לי על אותו עון אף מן העולם הזה שהייתי שרוי בו בחשך ובחרפה האיר בעדני שהודיע הקב"ה לשונאי דוד בימי שלמה שמחל לדוד כשבקש להכניס ארון לבית קדשי הקדשים ודבקו שערים זה בזה במועד קטן (דף ט.*): **בודקין** . חמץ : **מדקאמר ובי"ד שחרית מכלל דאור אורתא הוא** . וטעמא דר' יהודה מפרש לקמן בפירקין: **אסור בעשיית מלאכה** · במקום שנהגו בו לנהוג איסור דאמרינן לקמן (דף נ.) מקום שנהגו שלא לעשות מלאכה אין עושין: **משעת האור** . אבל קודם לכן אפילו נהגו בטלה דעתן : **מותר באכילת חמץ** . עד שש שעות כדלקמן בפרקין (ד' יא:) : **אורתא הוא** . משחשיכה ושקעה חמה של שלשה עשר : **נימא איהו לנפשיה** . היכן מצינו שהיום אסור והלילה מותר : **הכי קאמר ליה** . הך איסורא דרבנן היא ולאו דאורייתא ובשלמא לדידי דאמינא משעת עמוד השחר אשכחן בעלמא במידי דרבנן דהלילה מותר והיום אסור : **דפלגי ביה רבנן** · שנתנו חילוק בשיעורים זה לאיסור וזה להיתר : **אמינא לך אנא דרבנן** · היכן הורגלו לעשות כן דנימא דהכא נמי כך גזרו : **ואת אמרת לי** . ראיה במילי דאורייתא שגזירת הכתוב כך היא ואין זו מדת חכמים : **שעות דרבנן** · לבד איסור של תורה שהוא משש שעות. ולמעלה כדלקמן (ד' יא:) הוסיפו חכמים שתי שעות כדתנן אוכלין כל ארבע ותולין כל חמש ושורפין בתחלת שש הרי לך בשל דבריהם שתי שעות אסורות והארבע ראשונות לא אסרו : **ואידך** · ההוא לא דמי להכא דהרחקה עבוד רבנן לדאורייתא משום יום המעונן ובני אדם שאינן בקיאין בשעות ויטעו בין שש לשבע אבל באיסור זה כוליה דרבנן אחר שגזרו איסור כל היום גזרו : **אין משיאין משואות** . אבוקות בראשי הרים היו שלוחי בית דין עושין להודיע שהיום קידשו בית דין את החדש : **אלא על החדש שנראה בזמנו לקדשו** . ביום שלשים שנראה לקדש דאילו כשהחדש מעובר ועושין ראש חדש ביום שלשים ואחד אין מקדשין אותו שכבר קדשוהו שמים ואשמעינן האי תנא דאתסר עבדינן משואות ואמלא לא עבדינן משואות וכשאין רואין משואות יודעין שהחדש מעובר : **לאור עבורו** . ליל שעבר שלשים להודיע שהיום נתקדש (ליל) שלשים [ואחד] קרי (אור) עבורו על שם שבו נעשה החדש מעובר כשאין קובעין בו את ראש חדש : **אלמא אור אורתא הוא** . דהא ביום אין משואות של אור נראין מרחוק : **עומד ומקריב כל הלילה לאורה טעון קידוש ידים ורגלים** . דקסבר רבי לינה פוסלת בקידוש ידים ורגלים וטעמא מפרש בזבחים : **אורה שאני** . היכא דתני אורה לא פליג רב יהודה דהוא לשון יום :

המפלת

תוספות

אי פשיטא לך דאנפשות קאתי · אומר ר"י וריב"א דהאי קרא בא"ב על הבן מיירי דסתם אב מרחם על הבן ולא יהרגנו אם יעמוד כנגדו להציל ממונו ולכך לא ניתן להצילו בנפשו אלא כשיודע בברור שלהורגו בא כדמוכח בפרק בן סורר (דף עב: ושם) דמוקי הברייתא דתניא אם זרחה עליו השמש וכי עליו בלבד זרחה אלא אם ברור לך כשמש שאין לו שלום עמך הרגהו ואם לאו אל תהרגהו באב על הבן והניא דתניא אם ברור לך שיש לו שלום עמך אל תהרגהו מוקי בבן על האב:

מאימתי י"ד אסור בעשיית מלאכה · פירש רש"י אסור בעשיית מלאכה במקום שנהגו ואין נראה לר"י דבפ' מקום שנהגו (דף נה.) מוכח בהדיא דרבי יהודה אית ליה איסורא ולא מנהגא ועוד תני *תנא איסורא ואת אמרת מנהגא ועוד ניחזי היכי נהוג לכך נראה דבאיסור ודאי פליגי ובגליל כי היכי דפליגי התם במתני' ב"ש וב"ה:

רבי אליעזר ב"י אומר משעת האור · לאו דמסקינן אור ממש נקט ר' אליעזר בן יעקב שיעור למילתיה בתחלת היום ור' יהודה נקט הנץ החמה משעת כניסת פועלים למלאכה שהוא אחר זריחת השמש כדאמר בהשוכר את הפועלים (דף פג: ושם) פועל בכניסתו משלו ביציאתו משל בעה"ב פי' ביציאתו מביתו למלאכה כדכתיב (תהלים קד) תזרח השמש יאספון וגו' יצא אדם לפעלו ולא הוי ר"א בן יעקב לא כב"ש ולא כב"ה דבית שמאי אוסרין *הלילה וב"ה מתירין עד הנץ ולמאי [לקמן נה.] דס"ד דאור אורתא כב"ש יאמר רבי אליעזר בן יעקב לא נחלקו ב"ש וב"ה בדבר הזה:

היכן מצינו יום שמקצתו מות' ומקצתו אסו' . פי' היכא דליכא סברא כי הכא וכן חמץ דאקשי ליה מיניה אבל היכא דאיכא סברא כגון *לא יאכל אדם מן המנחה ולמעלה [לקמן נט:] משום תיאבון וכיוצא בו לא מיירי:

אם

עין משפט נר מצוה

ב א מיי' פ"ח מהלכות יו"ט הלכה יח : [סמג לאוין עה]

ג ב מיי' פ"א מהלכות תענית הלכה ח סמג עשין דרבנן ג טוש"ע א"ח סי' תקסד :

ד ג מיי' פ"ט מהלכות ביאת מקדש הל' ח :

[ר"ה טו: ועי' תוס' שם ד"ה וכי]

מסורת הש"ס

[חגיגה יב: ב"מ פג:] [לקמן י: מנחות סו:]

תוספתא פ"ג

[*שבת ל.]

[כ"ק מב:]

[תענית יב. ע"ש]

ר"ה כב:

זבחים יט: תוספתא יומא פ"א ומנחות פ"א

[יום שלשים קרי יום עבורו כצ"ל עי' רש"י]

ר"ה כב:

רבינו חננאל

תא שמע בודקין אור ארבעה עשר ובארבעה עשר שחרית ובשעת הביעור מדקתני ובארבעה עשר שחרית מכלל דאור אורתא הוא ש"מ. וכיון שנתברר כי זה האור ששנינו במשנתנו אורתא הוא למה לי למימר עוד ת"ש . יש לומר כי לא מזו המשנה לבדה שמענו כי אור אורתא הוא אלא גם יש לנו ללמוד מזו האחרת : **מאימתי** ארבע' עשר אסור בעשיית מלאכה ר' אליעזר בן יעקב אומר משעת האור ר' יהודה אומר משעת הנץ החמה ש"מ מדקאמר ר"י משעת הנץ החמה מכלל דאור דקאמר ר' אליעזר בן יעקב אורתא הוא ודחי' מאי משעת האור דקאמר ר' אליעזר בן יעקב משיעלה עמוד השחר ויאיר אור היום והכי קאמר ליה בשלמא לדידי דאמינא בלילי י"ד שרי למיעבד מלאכה וביממא אסור אשכחן דשרו בליליא ואסרו ביממא כי האי גונא בתענית דתניא עד מתי אוכל ושותה עד שיעלה עמוד השחר אלא לדידך היכא אשכחן משיעלה עמוד השחר עד הנץ החמה מותר ושאר היום אסור אמר ליה ר' יהודה הוא עצמו ערב הפסח יוכיח שהוא מותר באכילת חמץ עד ארבע שעות ומכאן ולהלן אסור ודחי ר' אליעזר שאני חמץ דהוא מדאורייתא והתורה התירה מקצת היום ואסרה מקצת היום ולא שמעי' אסור מדרבנן [דהיינו] המלאכה בארבעה עשר שהיא מדרבנן מן אכילת חמץ שהיא מןהתורה אסורה ור' יהודה אמר לך אנא נמי לא אמרי אלא בשעה ששית שאיסורה מדרבנן שמן התורה אכילת חמץ מותר עד חצי היום דקיימא לן אך ביום הראשון אך חלק והנה מצאנו לרבנן ביום אחר שאסרו מקצתו ודחי ר' אליעזר לאו משום איסורא הוא אלא הרחקה עבוד כו' : **תא** שמע אין משיאין משואות אלא על החדש שנראה בזמנו לקדשו ואימתי משיאין עליו לאור עבורו ש"מ אור אורתא הוא ועוד יש משנה אחרת כי אור אורתא הוא

§ מסכת פסחים דף ב: §

אות א'

משעת הנץ החמה

רמב"ם פ"ח מהל' יום טוב הי"ח - לפיכך יום ארבעה עשר בניסן אסור בעשיית מלאכה מדברי סופרים כמו חולו של מועד; והוא קל מחולו של מועד, ואינו אסור אלא מחצי היום ולמעלה שהוא זמן השחיטה; אבל מהנץ החמה עד חצי היום תלוי במנהג, מקום שנהגו לעשות, עושין, מקום שנהגו שלא לעשות, אין עושין.

[ג]סימן תסח ס"ג- [ד]קודם חצות, מקום שנהגו לעשות מלאכה, עושין - ואפי' בשכר, ובס"ה יבואר סעיף זה, עי"ש במחבר ורמ"א.

מקום שנהגו שלא לעשות, אין עושין - היינו מנץ החמה ולמעלה, וכל הלילה מותר. **ואפילו** בניהם אחריהם עד סוף כל הדורות, אין רשאין לעשות, משום "אל תטוש תורת אמך", **ואפילו** התרה אין מועיל בזה.

הגה: ולדידן מקום שנהגו שלא לעשות (מהרי"ו) - עיין בלבוש ובשארי אחרונים, שאין זה מוסכם, כי יש הרבה מקומות שנוהגין לעשות עד חצות, וע"כ תלוי כל אחד לפי מנהג מקומו.

ודוקא מלאכות גמורות, אבל שאר מלאכות אפילו מנהג ליכא (מהרי"ב) - כנ"ל בס"ב בהג"ה בלאחר חצות.

אות ב'

עד מתי אוכל ושותה, עד שיעלה עמוד השחר

סימן תקסד ס"א- [ה]כל תענית שאוכלים בו בלילה, בין צבור בין יחיד, הרי זה אוכל ושותה עד שיעלה עמוד השחר - היינו אפי' אם גמר סעודתו מכבר, ורוצה קודם אור היום לחזור ולאכול, רשאי.

אות ג'

היה עומד כל הלילה ומקריב על המזבח, לאורה טעון קידוש ידים ורגלים

רמב"ם פ"ה מהל' ביאת המקדש ה"ח - קידש ידיו היום, צריך לחזור ולקדש למחר, אף על פי שלא ישן כל הלילה, שהידים נפסלות בלינה; קידש בלילה והקטיר החלבים כל הלילה, צריך לחזור ולקדש ביום לעבודת היום.

באר הגולה

[ג] ‹מילואים› [ד] משנה נ' [ה] ברייתא תענית י"ב וכרבי

§ מסכת פסחים דף ג. §

אות א'

המפלת אור לשמונים ואחד, בית שמאי פוטרין מקרבן, ובית הלל מחייבים

רמב"ם פ"א מהל' מחוסרי כפרה ה"ח - אחת היולדת ואחת המפלת ולד אחד או ולדות הרבה, הרי זו מביאה קרבן אחד לכולן; והוא שתלד כולן בתוך ימי מלאת, אבל אם הפילה אחר ימי מלאת, מביאה אף על השני; כיצד, ילדה נקבה, כל נפלים שתפיל מיום הלידה עד סוף יום שמונים, הרי הן נחשבין עם הולד הראשון, וכאילו ילדה תאומים זה אחר זה, ואינה מביאה אלא קרבן אחד; הפילה נפל [א]ביום שמונים ואחד, ומיום אחד ושמונים והלאה, אם היא ראויה לקרבן, הרי זו מביאה עליו בפני עצמו.

אות ב'

בעוד יום הוא נאכל ואינו נאכל לאור שלישי

רמב"ם פ"י מהל' מעשה הקרבנות ה"ו - השלמים נאכלים ביום הזביחה, וכל הלילה, וכל יום המחרת עד שתשקע החמה, שנאמר: ביום הקריבו את זבחו יאכל וממחרת וגו', ואם האכל יאכל מבשר זבח שלמיו ביום השלישי וגו', נמצאת למד שהן נאכלין לשני ימים ולילה אחד, בין חלק הכהנים בין חלק הבעלים; והוא הדין לבכור ומעשר, שהרי הן קדשים קלים כשלמים.

אות ג'

ביום אתה שורפו ואי אתה שורפו בלילה

רמב"ם פי"ט מהל' פסולי המוקדשין ה"ד - אין שורפין את הנותר אלא ביום, שנאמר: ביום השלישי באש ישרף.

אות ד'

אור של יום הכפורים מתפלל שבע ומתודה

טור סימן תריט - ערבית נכנסין לבית הכנסת... ומתפללין הצבור ז' ברכות... ואומר הוידוי כמו שאמר באשמורת.

אות ה'

מתפלל שמונה עשר שלימות, מפני שצריך לומר הבדלה בחונן הדעת

סימן תרכד ס"א - [ב]מתפללים תפלת ערבית, ואומר הבדלה בחונן הדעת.

באר הגולה

א ‹וה"ה ליל שמונים ואחד, דהלכה כב"ה דאית ליה בפ"ק דכריתות דמפלת לאור פ"א חייב מקרא, דולדות הרבה ריבה הכתוב, וכן פסק רבינו ז"ל לקמן בפ"ג - לחם משנה› ב **הרי"ף והרא"ש מהא דרב יומא פ"ז**

אם שויה לו לטומאה. חזרו ב"ה מזה הטעם מתשובתם של ב"ש וטעמייהו כדתניא פ"ק דכריתות (דף ח.) או לבת לרבות אור לשמונים ואחד: **תלמוד** לומר ביום. תימה מאי איצטריך עד יום תיפוק ליה דהיינו נאכל אור לשלישי מדאיצטריך ביום דאי ס"ד דנאכל פשיטא דאינה נשרפת באותו לילה דתיכף לאכילה שריפה ויש לומר דאי לאו עד יום ה"א נאכל ואיצטריך ביום למעוטי שלא ישרף בלילה של אחרי כן: **שהרי** בזב קראו מרכב וכו'. מרכב ומושב אין דינו שוה דנוגע במרכב אין טעון כבוס בגדים כדמוכח בתורת כהנים ובריש מסכת כלים* והשתא קשה לר"י היכי קאמר דבאשה קרוי מושב אם ר"ל אפי' אותו שיש לו דין מרכב אף באשה שינה הכתוב לקרותו מושב לדבר דרך כבוד דהא לקמן משני משום ביעתותא דגמלא אורחא הוא אלמא לשנות הדבר ממה שהוא אין לכתוב דרך כבוד ונראה לר"י דה"פ ובאשה קראו מושב מרכבי' דקרא דמושב דהכי איתא בתורת כהנים אשר היא יושבת עליו זה מושב כלי זה מרכב לימדנו הכתוב לספר בלשון נקיה שלא כתבו בהדיא כמו בזב: דכל

*המפלת אור לשמונים ואחד בית שמאי פוטרין מקרבן ובית הלל מחייבים אמרו (להן) בית הלל לבית שמאי מאי שנא אור שמנים ואחד מיום שמנים ואחד אם שויה לו לטומאה לא ישוה לו לקרבן מדקאמר ב"ה לב"ש מאי שנא אור שמונים ואחד מיום שמונים ואחד שמע מינה אור אורתא הוא שמע מינה מיתיבי *יכול יהא נאכל אור לשלישי ודין הוא זבחים נאכלים ליום אחד ושלמים נאכלים לשני ימים מה להלן לילה אחר היום אף כאן לילה אחר היום ת"ל ביום זבחכם יאכל וממחרת והנותר עד יום בעוד יום הוא נאכל ואינו נאכל לאור שלישי יכול ישרף מיד ודין הוא זבחים נאכלין ליום ולילה אחד ושלמים נאכלין לשני ימים ולילה אחד מה להלן תיכף לאכילה שריפה אף כאן תיכף לאכילה שריפה תלמוד לומר והנותר מבשר הזבח ביום השלישי באש ישרף ביום אתה (שורף) ואי אתה שורפו בלילה מדקאמר יהא נאכל אור לשלישי אלמא אור אורתא הוא תא שמע מינה תא שמע *אור של יום הכפורים מתפלל שבע ומתודה שחרית מתפלל שבע ומתודה במוסף מתפלל שבע ומתודה במנחה מתפלל שבע ומתודה *בערבית מתפלל מעין שמונה עשר ר' חנינא בן גמליאל אומר משום אבותיו *מתפלל שמונה עשר שלימות מפני שצריך לומר הבדלה בחונן הדעת אלמא אור אורתא הוא שמע מינה תא שמע *דתני דבי שמואל לילי ארבעה עשר בודקין את החמץ לאור הנר אלמא אור אורתא הוא אלא בין רב הונא ובין רב יהודה דכולי עלמא אור אורתא הוא ולא פליגי *מר כי אתריה ומר כי אתריה באתריה דרב הונא קרו *נגהי ובאתריה דרב יהודה קרו לילי ותנא דידן מאי טעמא לא קתני לילי *לישנא מעליא הוא דנקט וכדר' יהושע בן לוי דאמר ר' יהושע בן לוי לעולם אל יוציא אדם דבר מגונה מפיו שהרי עקם הכתוב שמונה אותיות ולא הוציא דבר מגונה מפיו שנאמר מן הבהמה הטהורה ומן הבהמה אשר איננה טהורה רב פפא אמר תשע שנאמר כי יהיה בך איש אשר לא יהיה טהור מקרה לילה רבינא אמר עשר וי"ו דטהור רב אחא בר יעקב אמר שש עשרה שנאמר כי אמר מקרה הוא בלתי טהור הוא כי לא טהור תניא דבי רבי ישמעאל לעולם יספר אדם בלשון נקיה שהרי בזב קראו מרכב ובאשה קראו מושב ואומר ותבחר לשון ערומים ואומר ודעת שפתי ברור מללו מאי ואומר וכי תימא הני מילי בדאורייתא אבל בדרבנן לא תא שמע ואומר ותבחר לשון ערומים וכי תימא הני מילי בדרבנן אבל במילי דעלמא לא *ואומר ודעת שפתי ברור מללו ובאשה לא כתיב בה מרכב והכתיב ותקם רבקה ונערותיה ותרכבנה על הגמלים התם משום ביעתותא דגמלים אורחא היא והכתיב ויקח משה את אשתו ואת בניו וירכיבם על החמור התם משום

ספלה אור לשמונים ואחד. בכריתות בפרק קמא דקיימא לן זאת תורת היולדת מלמד שמביאה קרבן אחד על ולדות הרבה יכול שתביא על הלידה שלפני מלאות ועל הלידה שלאחר מלאות קרבן אחד ולא יותר תלמוד לומר זאת שאם ילדה לאחר מלאות כגון שטבלה לסוף שבועיים של נקבה ונתעברה והפילה אם תוך מלאות הפילה נפטרת בקרבן אחד ואם לאחר מלאות הפילה כבר נתחייב' בקרבן הראשון קודם לידה שניה ולכסוף מלאות של לידה שניה תביא שתי קרבנות ואם הפילה ליל של כניסת שמונים ואחד שכבר עברה מלאות שלה אבל עדיין אינה ראויה להבאת קרבן שאין קרבן נשחט בלילה: **בית הלל מחייבי.** שתי קרבנות דלאחר מלאות קרינא ביה ובית שמאי פוטרין אותה בקרבן אחד כדמפרש טעמייהו: **מאי שנא אור שמונים ואחד מיום שמונים ואחד.** הלא אתם מודים לנו שאם לא הפילה הלילה והפילה למחר שחייבת אף כשהפילה אור לשמונים ואחד התחייב' שהרי לכל דבר זמן היום והלילה שוים: **אם שויה לו לטומאה לא ישוה לו לקרבן.** בתמיה ועוד ראיה אחרת דהואיל ושוה לו לטומאה שעד שקיעת החמה של שמונים דמיה טהורים ואם ראתה לאחר שקיעת החמה דמיה טמאין כאילו היא רואה למחר ולמה לא ישוה לו אף לקרבן שכשם שאם תפיל למחר תתחייב כך תתחייב על הוולד של לילו ותשובת בית שמאי במסכת כריתות היא שנויה לא אם אמרתם ביום שמונים ואחד שכן יצאתה לשעה הראויה להביא בה קרבן לפיכך נתחייבה בקרבן הראשון ושוב אין לידה השניה נפטרת בו תאמרו במפלת אור לשמונים ואחד שלא יצאתה מידי וולד הראשון לשעה הראויה לקרבן והדמים שאתם אומרים אין מוכיחים שהרי הפילה תוך מלאות דמיה של לידה טמאין ופטורה מן הקרבן: **אור לשלישי.** לאור כניסתו של שלישי ה"ג גרסינן אור לשלישי ושלמים קאי דכתיב בהו ביום זבחכם יאכל וממחרת ולוה לשורפו לבוקרו של שלישי יכול יהא נאכל ליל שלפניו: **זבחים נאכלים ליום אחד.** תודה דכתיב ביום קרבנו יאכל ושלמים נאכלים לשני ימים מה להלן לילה אחר היום דכתיב בגופיה דקרא לא יניח ממנו עד בוקר הא כל הלילה אוכל וכן פסח לא תותירו ממנו עד בוקר אף כאן לילה אחר הימים הכתובים בה: **ת"ל וממחרת והנותר עד יום.** בעוד שהוא יום ממחרת אכול ולא משתחשך: **מה להלן תיכף לאכילה שריפה.** כשכלה זמן אכילתן מתחיל זמן שריפתו כדכתיב והנותר ממנו עד בקר באש תשרופו: **אף כאן.** זמן אכילתו כלה ערבית כדאמר וישרף בלילה: **תלמוד לומר.** בצו את אהרן ביום השלישי באש ישרף כאן לא נאמר עד יום אלא ביום משום דהאי קרא לא איירי בזמן אכילה אלא בשריפה להורות שביום הוא נשרף ולא בלילה וקרא דלעיל בקדושים תהיו: **באתריה דרב הונא קרו.** לאורתא נגהי: **מאי טעמא לא תני לילי.** כדתנא דבי שמואל ומשני אלישנא מעליא קא מיהדר שמלוה ודרך נקיי הדעת לספר בלשון נקיה: **דבר מגונה.** לאו משום דלילי דבר מגונה הוא והא דר' יהושע בן לוי בעלמא איתמר ומיהו שמעינן מינה לשון חכמים לחזור אחר לשון לח וכקי: **אשר איננה טהורה.** ולא כתיב הבהמה הטמאה כי אורחיה הרי שמונה אותיות עקם הטמאה חמש אותיות הן אשר איננה טהורה שלש עשרה אותיות ואע"ג דבאורייתא כתיב טמא שני אורחיה בחד דוכתא ללמדך לחזור על לשון נקיה: **אשר לא יהיה טהור.** הוה ליה למיכתב איש טמא וכי נמי משוית לטהור חסר ו' היכא עיקום תשע שהרי שתים עשרה יש וטמא אינו אלא שלש: **ו' דטהור.** דהא לא חסר הוא: **כי אמר מקרה.** טמא הוא לכתוב ולשתוק ויש כאן עיקום י"ו אותיות: **בזב** כתיב (ויקרא טו) וכל המרכב אשר ירכב ובאשה כתיב (שם) או על הכלי אשר היא יושבת לפי שאין הגון להזכיר רכיבה ופיסוק רגלים באשה ואע"פ שהמרכב והמושב שוין בשניהם: **ותבחר לשון ערומים.** מלוה עליך כך: **ברור מללו.** ל' נקי ומבורר: **מאי ואומר.** למה לו ואומר הא נפקא ליה מקמא: **ס"ק וכי תימא ה"מ בדאורייתא.** תורה הקפידה בלשונה שילתה מפי הגבורה אבל חכמים במשנה ובברייתא אין להקפיד על לשונם: **ת"ש ותבחר לשון ערומים.** שמענו שהערומים בוחרי לשון הם: **משום ביעתותא דגמלים.** שהוא גבוה ומתיירא שלא תפול אורחה דאשה לרכוב כדי שתהא מחזקת בו בידים ורגלים:

מסורת הש"ס: כריתות ז: עדיו' פ"ד מ"י [להם] | זבחים טו: [ע"ש כמה שינוים] | [שורש] | יומא פז: נדה ח: | ברכות ובנדה סג' בנעילה מתפלל שבע ומתודה | [לקמן ז: ע"ש] | [שבת קנ. ביצה לב. יומא נה. נדרים מט. נב: ב"מ קיז. ב"ב יב. מנחות קו: בכורות נב. חולין סו.] | *[ברכות יא. יומא עט. יבמות יא: קד. כתובות יב. כב: גיטין פו: פ: ב"מ לד. מכילתא נד. תמורה ו.] | [ת"ש ואומר כצ"ל]

גליון הש"ס: גמ' שהרי עקם הכתוב. עי' מדרש רבה ריש פ' אמור:

עין משפט נר מצוה

ה א מיי' פ"א מהלכות מחוסרי כפרה הלכה ח*: סמ"ג עשין רי"ח

ו ב מיי' פ"י מהלכות מעשה הקרבנות הל' ו:

ז ג מיי' פי"ט מהלכות פסולי המוקדשין הלכה ד:

ח ד מיי' פ"ב מהלכות תפלה הלכה ז [ופ"ב מהל' תשובה ה"ז טור או"ח סי' תרי"ט]:

ט ה מיי' שם הלכה ד טוש"ע א"ח סי' תרכד סעיף א:

[משנה ג]

[פי' כנוי הוא כמו שקורין לסומא סגי נהור והעיקר כה מן ולא יגה שביב אשו (איוב יח) ערוך]

רבינו חננאל

דתנן בכריתות פ' המפלת לאור שמונים ואחד ב"ש פוטרין מן הקרבן וב"ה מחייבין כו' פי' יולדת נקבה שטבלה לאחר י"ד ששמשה ונתעברה והפילה לילי פ"א כלומר שלמו פ' יום ימי טוהר ובמוצאי פ' בלילה לילי פ"א הפילה ב"ש פוטרין מן הקרבן על זה הנפל שהיו אומרים הקרבן שהיא מביאה על הלידה פוטר זה הנפל שהרי ביום פ"א נתחייבת בקרבן הלידה וכל מה שהיה מקודם אותו הקרבן פוטרם זה הקרבן וב"ה [מחייבין דהלילה] כיום פ"א הוא חשוב הלא אם ראת דם לילי פ"א דם נדה הוא ולא דם טוהר פירוש הנה הלילה והיום שוין לטומאה כי ראיתה לילי פ"א וראיתה יום פ"א שוין לטומאת נדה היא בין ביום בין בלילה כך אם הפילה לילי פ"א כאלו יום פ"א הפילה וכשם שחייבת קרבן אחר המפלת יום פ"א כך חייבת קרבן המפלת לילי פ"א ומדקאמרי ב"ה מאי שנא [אור] פ"א מיום פ"א ש"מ אור אורתא הוא ש"מ: [ועוד] ת"ש דתניא יכול יהא זבח השלמים נאכל לאור שלישי ודין הוא וכו' ונסיב ליה תלמודא ת"ל והנותר מבשר הזבח ביום השלישי באש ישרף ביום אתה שורפו ואי אתה שורפו בלילה ש"מ אור אורתא הוא ש"מ. פשטה היא מיהו אנו מפרשי' ראש דברים התודה נאכלת ביום שנשחטת ובלילה והנותר בבקר נשרף שנאמר ובשר זבח תודת שלמיו ביום קרבנו יאכל וגו' דינה להאכל יום שנשחטה וכל הלילה ובקר שהוא תכף לאכילתה כלומר עכשיו כשנאסר באכילתה תהיה שרפתה וזהו זבחים נאכלין ליום אחד כך זבח השלמים נאכלין לשני ימים ולילה אחד שנאמר ביום הקריבו את זבחו יאכל וממחרת נאכלין בו ביום שנשרפין ובלילה ומחר וכיון שחשך נאסר באכילתן הייתי אומר ישרפו אותה הלילה ותהא שריפתן תיכף לאיסור אכילתן ת"ל והנותר ביום השלישי באש ישרף ביום ישרף ולא בלילה ש"מ אור אורתא הוא ש"מ: ת"ש אור יום הכפורים מתפלל שבע ומתודה וכו' ועוד תא שמע לילי ארבעה עשר בודקין את החמץ לאור הנר ש"מ אור אורתא הוא שמע מינה. ותנא דידן אמאי קרי ללילה אור ואמרינן לישנא מעליא כלומר לא בעי למיתנא לילה שהוא חשך אלא קראו לחשך אור כגון דקרו לסמיא סגיא נהורא וכדאמרינן אל יוציא אדם דבר מגונה מפיו שהרי עקם הכתוב שמונה אותיות שנאמר ומן הבהמה אשר איננה טהורה שהן י"ג אותיות ואלו כתב בה"א הטמאה היה די לו ומפני מה הוסיף שמונה אותיות משום שלא להזכיר שם טומאה. ודברי רב פפא ורבינא ורב אחא כענין הזה ופשוטין הן: **בזב** קראו מרכב שנאמר וכל המרכב אשר ירכב עליו יטמא ובאשה כתיב (ויקרא טו כ) וכל אשר תשב עליו יטמא ומפני מה לא הזכיר באשה מרכב שהמרכב הוא בפיסוק רגלים והוא דרך גנאי באשה הזכרת פיסוק רגלים במקום שאפשר לו להזכירו בלשון שבח אבל ברכיבת הגמל ויוצא בה משום פחד שמתיראה לרכוב דרך ישיבה שלא תפול אי אפשר שלא להזכיר רכיבה אין עליו כלום. ואקשינן אמר

משום בניו אורחא הוא והכתיב °והיא רוכבת על החמור התם משום ביעתותא דליליא אורחא הוא ואיבעית אימא משום ביעתותא דליליא ליכא משום ביעתותא דדוד איכא ואיבעית אימא ביעתותא דדוד נמי ליכא משום ביעתותא דהר איכא ובאורייתא מי לא כתיב טמא אלא כל היכא דכי הדדי נינהו משתעי בלשון נקיה כל היכא דנפישין מילי משתעי בלשון קצרה כדאמר רב הונא אמר רב ואמרי לה אמר רב הונא אמר רב משום ר"מ °לעולם *ישנה אדם לתלמידו דרך קצרה וכל היכא דכי הדדי נינהו משתעי בלשון כבוד והא רוכבת ויושבת דכי הדדי נינהו וקאמר רוכבת רכבת כתיב הנהו תרי תלמידי דהוו יתבי קמיה דרב חד אמר שויתינן האי שמעתא כדבר אחר מסנקן וחד אמר שויתינן האי שמעתא כגדי מסנקן ולא אישתעי רב בהדי דהאיך הנהו תרי תלמידי דהוו יתבי קמיה דהלל וחד מינייהו רבן יוחנן בן זכאי ואמרי לה קמיה דרבי וחד מינייהו רבי יוחנן חד אמר מפני מה בוצרין בטהרה ואין מוסקין בטהרה וחד אמר מפני מה בוצרין בטהרה ומוסקין בטומאה אמר מובטח אני בזה שמורה הוראה בישראל ולא היה ימים מועטים עד שהורה הוראה בישראל הנהו תלתא כהני חד אמר להו הגיעני כפול וחד אמר הגיעני כזית וחד אמר הגיעני כזנב הלטאה בדקו אחריו ומצאו בו שמץ פסול והא (תניא) *ג אין בודקין מן המזבח ולמעלה לא תימא שמץ פסול אלא אימא שחץ פסול ואי בעית אימא שאני התם דאיהו דארע נפשיה ההוא ארמאה דהוה סליק ואכיל פסחים בירושלים אמר כתיב °כל בן נכר לא יאכל בו °כל ערל לא יאכל בו ואנא הא קאכילנא משופרי שופרי אמר ליה רבי יהודה בן בתירא מי קא ספו לך מאליה אמר ליה לא כי סלקת להתם אימא להו ספו לי מאליה כי סליק אמר להו מאליה ספו לי אמרו ליה *אליה לגבוה סלקא אמרו ליה מאן אמר לך הכי אמר להו רבי יהודה בן בתירא אמרו מאי האי דקמן בדקו בתריה ואשכחוהו דארמאה הוא וקטלוהו שלחו ליה לרבי יהודה בן בתירא שלם לך ר' יהודה בן בתירא דאת בנציבין ומצודתך פרוסה בירושלים רב כהנא חלש שדרוה רבנן לר' יהושע בריה דרב אידי אמרו ליה זיל בדוק מאי דיניה אתא אשכחיה דנח נפשיה קרעיה ללבושיה ואהדריה לקרעיה לאחוריה ובכי ואתי אמרו ליה נח נפשיה אמר להו אנא לא קאמינא °ומוציא דבה הוא כסיל יוחנן חקוקאה נפק לקרייתא כי אתא אמרו ליה חיטין נעשו יפות אמר להם שעורים נעשו יפות אמרו ליה צא ובשר לסוסים ולחמורים דכתיב °השעורים והתבן לסוסים ולרכש מאי הוי ליה למימר אשתקד נעשו חיטין יפות אי נמי עדשים נעשו יפות: רב

(שמואל א כה; שמות יב; שם; משלי י; מלכים א ה)

רש"י

משום בניו. שהן זכרים כתב לשון רכיבה: **דכי הדדי נינהו.** שאין אורך בלשון לא מן המגונה משתעי בלשון כבוד: **וכל היכא כו'.** והכי דלעיל עיקר ללמדך שצריך לחזור אחר לשון נקי ובשאר מקומות כתיב לשון מגונה וקצר ללמדך שישנה אדם לתלמידו לשון קצרה לפי שמתקיימת גירסא שלה יותר מן הארוכה: **רכבת כתיב.** ואע"ג דמלי למיכתב נמי ישבת חסר מיהו כל חסירות שבתורה לדרוש הן באין וכאן ללמדך בחסרון זה שתתפוס לשון קצרה ואפילו הוא מגונה שהרי כאן תפס לשון מגונה וקצר: **כגדי מסנקן.** °כגדי עייף סינוק לשון עייפות ודומה לו גד גדי וסינק לא בגמרא דשבת בפרק במה אשה יוצאה (דף סז:) התגבר מזלי ואל תהי עייף: **מפני מה בוצרים בטהרה.** בכלים טהורים: **ואין מוסקין בטהרה.** בזיתים קא קרי מסיקה ואין צריך למוסקן בטהרה כדאמר במסכת שבת בילאות שבת (ד' יז.) דלא חשיב מוהל היוצא מהן להכשיר שאינו שמן גמור אלא היוצא ע"י הכבד אבל יין הזב על הענבים מכשירן דניחא ליה ביה: **הגיעני כפול.** מלחם הפנים לחלקי: **שמץ פסול.** פסול כהונה חלל: **אין בודקין.** לענין יוחסין לישא אשה: **מן המזבח ולמעלה.** אם שימש במזבח אין צריך לבדוק למעלה הימנו דאם לא היה ראוי לכהונה לא היו מניחין אותו לשמש כדתנן במסכת מדות (פ"ה מש"ה ד) לשכת הגזית שם היו יושבים ב"ד מיחסי כהונה ולויה כל כהן שנמצא בו פסול כשהיה רוצה להתחנך לעבודה לובש שחורים ויוצא: **שמץ פסול.** הוא עצמו היה גס רוח ומבזה קדשי שמים ואין ראוי לשמש כדקיימא לן [במנחות] (דף יח:) עבודה המסורה לבני אהרן כהן שאינו מודה בכולן אף במגונה שבהן אין לו חלק בכהונה: **דארע לנפשיה.** והצריך בדיקה אחריו וגלה שלא בדקוהו יפה מתחלה: **מי קא ספו לך.** כלום נותנין לך מן האליה לאכול אין נותנין לך אלא מן הכחוש שבו ונתכוון להטעותו לכשילך עוד ישאל מן האליה וביד ר' יהודה בן בתירא לא היה להורגו: **ספו לי מאליה.** הלעיטוני מן האליה וכבש היה ואלייתה קריבה לגבוה דכתיב בכבש (ויקרא ג) האליה תמימה: **ר' יהודה בן בתירא.** קאמר לי שאין אתם נותנים לי חלק יפה אלא מן הכחוש ואני נתתי דמים כמו כן: **מאי דקמן.** מה הדבר הזה שבא לפנינו: **נציבין.** שם עירו האי עובדא נקט הכא משום ההוא דלעיל דגרמו שניהם לבדוק אחריהם וההוא נקט משום לשון מגונה: **בדוק מאי דיניה.** בדוק ודע מה נהייתה בו: **לאחורי לקרעיה לאחוריה.** שלא יבינו מהר להדיא שהוא לבש: **חקוקאה.** כינוי השם: **לקרייתא.** לכפרים לראות בתבואות: **שעורין נעשו יפות.** ומכלל דבריו משמע שהחטים לא נעשו יפות ולא היה רוצה להוציא דבר קללה מפיו: **עדשים נעשו יפות.** מאכל אדם: רב

תוספות

כל היכא דכי הדדי וכו' · ולכך עקם הכתוב ללמדו שלעולם יספר אדם בלשון נקיה ואם לא היה עוקם אם כן מהיכא תיתי אפילו היכא דכי הדדי נינהו: **רכבת** כתיב · וא"ת לכתוב נמי ישבת ואומר ר"י דלא מצי למיכתב ישבת דכל היכא דכתב ישב בלא וי"ו אתא לדרשה כדדרשינן ולוט ישב בשער סדום אותו היום מינוהו שופט (בראשית רבה פרשה נ):

אין מוסקין בטהרה. מפרש ה"ר יוסף דטעמא דבצירה דפ"ק דשבת (ד' יז· ושם) לא שייכי במסיקה דשמא יבצרנו בקופה מזופפת והיא כמי פעמים שאדם הולך לכרמו ורואה אשכול שביכרה סוחטו ומזלפו ע"ג ענבים ובשעת בצירה עדיין משקה טופח עליהן דבזיתים אינו רגיל לעשות כן שאינו משקה ואינו חשוב כדאמר התם ואינו רוצה בקיומה:

שמץ פסול. פירש רבינו חננאל דבר עבודת כוכבים כדכתיב (שמות לב) לשמצה בקמיהם ופסול לכהונה כדתנן במסכת מנחות (דף קט·) כהנים ששמשו בבית חוניו לא ישמשו במקדש ואין נ"ל לדבר אחר פירוש לע"ז שנאמר אך לא יעלו כהני הבמות אל מזבח ה':

ואנא אכילנא משופרי שופרי. מכאן אין ראיה שנאמין לכל הבא לפנינו ואומר ישראל אני דשאני הכא דרוב ישראל היו ואזלינן בתר רובא אך יש להביא ראיה מפרק החולץ (דף מה· ושם) דאמר ליה זיל גלי או נסיב בת מינך וכן *מההוא דאתא לקמיה דרבי יהודה ואמר נתגיירתי ביני לבין עצמי אמר ליה נאמן אתה לפסול את עצמך ואי אתה נאמן לפסול את בניך והיינו משום דמצי למימר ישראל אני והא דאמר בהחולץ (דף מו:) מי שבא ואמר גר אני יכול נקבלנו תלמוד לומר אתך במוחזק לך התם מיירי במוחזק לן באבהתיה שהם נכרים דאי לאו הכי נאמן במיגו דאי בעי אמר ישראל אני*: **מאליה** מי קספו לך. אע"ג דגדי *אין אליתו קריבה רוב פסחיהם היה טלה או שמא הגיד לו ורבי יהודה בן בתירא שלא עלה לרגל (א) י"ל שלא היה לו קרקע או זקן היה שאינו יכול להלך ברגליו דפטור מפסח כמו מראיה א"נ נציבין חו"ל היא כדמוכח בסיפרי בפ' ראה ועוד בתרגום ירושלמי (בראשית י) וארך ואכד וכלנה בארץ שנער מתרגם והדס ונציבין וקטיספי*:

חקוקאה. פי' רבינו חננאל סופר ור"י פירש מעיר חקוקה היא בספר יהושע (יט): אבא

עין משפט נר מצוה

י א מיי' פ"ב מהלכות דעות הלכה ד:
יא ב מיי' פ"כ מהלכות א"ב הלכה כ טוש"ע אה"ע סי' ב:
יב ג מיי' פ"א מהלכות מעשה הקרבנות הלכה יח:

רבינו חננאל

טמא מי לא כתיב בתורה ופרקינן אלא כל היכא דכי הדדי נינהו משתעי דרך כבוד אלא במקום טמא שצריך לומר לא טהור שזה שלש אותיות וזה שש אותיות משתעי דרך קצרה. ואשרינן וכל היכא דכי הדדי נינהו · משתעי בלשון כבוד והא רוכבת ויושבת דכי הדדי נינהו ולא משתעי דרך כבוד ופרקינן רכבת כתיב פי' ואם י"ל נכתוב ישבת חסר וי"ו כל יושבת מלא נכתב כגון (איכה ד כא) יושבת בארץ עוץ (שופטי' ד' ה) והיא יושבת תחת תומר וכשמחסירו למדרש מחסירו ואין שם מדרש: **כגדי** מסנקן. פי' כגדי שמן מלא בכל אבריו כלומר נתמלאו מלא מעים שלנו מזו ההלכה שבעטנו ממנה כדתנן בתמיד (ד' כח) האברים והפדרים שלא נתאכלו מערב מנקין אותן בצדי המזבח וי"א כדי שנתפשם במים ומתחבם לצאת משם ואינו יכול וזה שאמר כדבר אחר מסנק ולא אשתעי בהדיה רב לפי שדבר על עצמו גנאי ופי' דבר אחר כמו חזיר: **בוצרין** בטהרה. כלומר נזהרין על בצירת ענבים וטפקי במסיקת זיתים אינן נזהרין כל כך פי' הענבים עלולים לקבל טומאה מפני שהמשקה שבהן מצוי להיות שותת בשעתו מה שאינו כן בזיתים ואע"פ שאינן מכשירין כדתנן בשבעה משקין הן הטל והמים והיין והשמן והדם והחלב ודבש דבורים. ושבח לזה שאמר מפני מה אין מוסקין בטהרה ולא הוציא טומאה מפיו: וזה שאמר הוא כזנב הלטאה שהוא שרץ: ומצא בו. שמץ פסול פי' כדכתיב (שמות לב כה) לשמצה בקמיהם* שיצא פסולין כדתנן בסוף מנחות הכהנים ששמשו בבית חוניו לא ישמשו במקדש בירושלים ואין צריך לומר לדבר אחר שנאמר (מלכים ב כג ט) אך לא יעלו כהני הבמות אל מזבח ה' בירושלים כלומר בבית חוניו פסול וכל שכן ע"ז עצמה ואקשינן והתנן במסכת קדושין אין בודקין לא מן המזבח ולמעלה ולא מן הדוכן ולמעלה כלומר כל כהן שהוחזק להקריב למזבח ובן לוי שהוחזק לדוכן אין צריכין לבדוק אחריו שלא עלה למזבח ולא לדוכן עד שבדקו והכשירוהו לישב בלשכת הגזית כדתנן בסוף מדות לשכת הגזית שם היתה סנהדרי גדולה יושבת ודנה את הכהונה כהן שנמצא בו פסול כו' ושנינן לא תימא שמץ פסול אלא שחץ פסול פי' שחץ פסול פסולות גסות הרוח ולעיגת לשון כדאמרינן במסכת שבת פרק במה אשה אנשי ירושלים אנשי שחץ היו: רבי יהושע בריה דרב אידי לא בקש לומר דנח נפשיה דרב כהנא דאמר ומוציא דבה הוא כסיל: חקוקאה פי' סופר כדכתיב (ישעיה י' א) הוי החוקקים:
*) עיין בערוך ערך שחץ

מסורת הש"ס

חולין סג: · [תנן] קדושין עו. · [לקמן סד:]

גליון הש"ס

רש"י ד"ה כגדי מסנקן. כגדי עיף. פי' בכרכ"ב רס"ב דמסכת תמיד:

(א) [עי' מ"ש במשנה למלך בפ"א מהל' ק"פ וסיים בזה"ל סוף דבר דברי תוס' לאו מתחלתם ועד סופם צריכים אלף תלמוד]

§ מסכת פסחים דף ג: §

אות א'

לעולם ישנה אדם לתלמידו דרך קצרה

רמב"ם פ"ב מהל' דעות ה"ד - וכן בדברי תורה ובדברי חכמה, יהיו דברי האדם מעטים ועניניהם מרובים, והוא שצוו חכמים ואמרו: לעולם ישנה אדם לתלמידיו דרך קצרה; אבל אם היו הדברים מרובין והענין מועט, הרי זו סכלות, ועל זה נאמר: כי בא החלום ברוב ענין וקול כסיל ברוב דברים.

אות ב'

אין בודקין מן המזבח ולמעלה

רמב"ם פ"כ מהל' איסורי ביאה ה"ב - אי זהו כהן מיוחס, כל שהעידו לו שני עדים שהוא כהן בן פלוני הכהן, ופלוני בן פלוני הכהן, עד איש שאינו צריך בדיקה, והוא הכהן ששימש על גבי המזבח, שאילו לא בדקו בית דין הגדול אחריו, לא היו מניחין אותו לעבוד, לפיכך אין בודקין מהמזבח ומעלה; ולא מן הסנהדרין ומעלה, שאין ממנין בסנהדרין אלא כהנים לויים וישראלים מיוחסין.

אות ג'

אליה לגבוה סלקא

רמב"ם פ"א מהל' מעשה הקרבנות הי"ח - האיברים ששורפין אותן ע"ג המזבח מן החטאות הנאכלות ומן האשמות ומן השלמים, הן הנקראין אימורין, ואלו הן האימורין של שור או של עז: החלב אשר על הקרב, ובכללו חלב שעל גבי הקבה, ושתי הכליות וחלב שעליהן עם החלב אשר על הכסלים ויותרת הכבד, ונוטל מן הכבד מעט עם היותרת; ואם היה הקרבן ממין הכבשים מוסיף על אלו: האליה תמימה עם החוליות מן השדרה עד מקום הכליות, שנאמר: לעומת העצה יסירנה; וכל האימורין נשרפין על מזבח החיצון.

§ מסכת פסחים דף ד. §

אות א׳

<u>אמר ליה אימא קיימת</u>

יו״ד סימן תב ס״ב - [א]מי שמת לו מת ולא נודע לו, אינו חובה שיאמרו לו, ואפילו באביו ואמו, ועל זה נאמר: מוציא דבה הוא כסיל; [ב]ומותר להזמינו לסעודת אירוסין ונישואין וכל שמחה, כיון שאינו יודע.

[ג]מיהו אם שואל עליו, אין לו לשקר ולומר: חי הוא, שנאמר: מדבר שקר תרחק – [נראה דיש לומר בלשון דמשתמע לתרי אפי, דהיינו שאין מבואר בפירוש בדבריו שהוא מת, אלא הלשון סובל לחיים ולמיתה, וראיה מדאיתא ברבי חייא ששאל לרב: אבא קיים, א״ל אימא קיימת, ופירש רש״י דבלשון בתמיה אמר, עד שאתה שואלני על אבי שאלני על אמי, ומתוך זה הבין ר׳ חייא שמת אביו, שמע מיניה שלא אמר בפירוש שמת – ט״ז].

הגה: ומכל מקום בבנים זכרים, נהגו להודיע, כדי שיאמרו קדיש; אבל בבנות, אין מנהג כלל להודיעם (מהרי״ו) - ‹עיין בתשו׳ אא״ז פמ״א שכתב, דבמועד שצריך לנהוג דברים שבצנעא, אסור להודיע משום מניעת שמחת יום טוב, ומביא ראיה מגמרא מו״ק דף ז׳ ע״ש. **והורה** ג״כ בפורים כן, שאין להגיד לו עד אחר פורים, ע״ש›.

אות ב׳

<u>חלוץ לי מנעלי והוליך כלי אחרי לבית המרחץ</u>

יו״ד סימן תב ס״ב - [ד]השומע שמועה רחוקה, אין צריך לנהוג כל דין אבלות, אלא דיו בחליצת מנעל, ואין צריך לא עטיפה ולא כפיית המטה, ומותר במלאכה, רחיצה וסיכה ותשמיש המטה ובתלמוד תורה; ואם אין לו מנעלים ברגליו, צריך שיכפה מטתו או יעטוף ראשו, שצריך שיעשה מעשה שניכר בו שעושה משום אבלות.

אות ג׳

<u>אבל אסור בנעילת הסנדל</u>

יו״ד סימן שפב ס״א - (אבל) אסור בנעילת הסנדל, דוקא של עור; אבל באנפליא של בגד או של גמי או של שער או של עץ, מותר, שאין מנעל אלא של עור. ואם הוא של עץ ומחופה עור, אסור.

אות ד׳ – ה׳

<u>שמועה רחוקה אינה נוהגת אלא יום אחד</u>

<u>מקצת היום ככולו</u>

יו״ד סימן תב ס״א - ואם שמע מיום ל׳ ואילך - ‹אפילו בלילה השייך ליום ל״א – ערוה״ש›, **א״צ לנהוג אלא שעה אחת** - ‹ולאו דווקא שעה שהוא אחד מכ״ד במעת לעת, אלא איזה עת – ערוה״ש›. ‹דאע״ג שאמרנו שמועה רחוקה דינה יום אחד, כבר אמרנו ג״כ דלענין אבילות קיימא לן מקצת היום ככולו, לפיכך סגי בשעה אחת – לבוש›, **לא שנא שמע ביום לא שנא שמע בלילה, שאם שמע בלילה ונהג מקצת אבלות בלילה שעה אחת, עולה לו.**

אות ו׳

<u>כל היום כולו כשר למילה אלא שזריזין מקדימים למצות</u>

יו״ד סימן רסב ס״א - [ה]אין מלין עד שתנץ החמה ביום השמיני ללידתו – [הטעם, שאז יצא ודאי מספק לילה – ט״ז], **(ומטעלה עמוד השחר יצא) (ב״י ממשנה פ״ב דמגילה).**

[ו]וכל היום כשר למילה, אלא שזריזין מקדימים למצות ומלין מיד בבקר - ‹עיין בתשובת שבות יעקב, שכתב דיש למחות בחזנים שמאריכין בשבת ויו״ט כשיש מילה בבהכ״נ עד אחר חצות, והם מבטלין מצות זריזין, ע״ש עוד. **ועיין** בנ״צ לענין אם האב והמוהלין מותרים לאכול קודם המילה, מ״ש בזה - פת״ש›.

‹**ועיין** בתשובת נו״ב, ע״ד תינוק שלא נימול בזמנו מחמת חולי, ושוב חזר לבריאותו, ואביו רוצה לעכב למולו עד שיגיע ערב פסח, כדי שיאכלו הבכורים על הסעודה, **וכתב** דזה מעשה מגונה מאד, חדא שעובר מצות זריזין, גם יש לחוש אולי ח״ו ימות הולד ונדחית המצוה לגמרי, **ולכן** יש לאסור אף אם כבר לא מלוהו והגיע ע״פ, שלא למולו, שזה עצת חטאים, ויש לגזור משום פעם אחרת שמא ישהה, **ועוד** מהיכי תיתי להתיר לכתחלה לשהות מילה שלא בזמנה למול בע״ש, שיש לחוש שיבא לידי חילול שבת, **ועוד** מי התיר לבכורים לאכול בע״פ בסעודת מילה שלא בזמנה, ע״ש - פת״ש›.

באר הגולה

[א] ג״ז שם מעובדא דרבי חייא שציינתיו לעיל בסעיף ב׳ [ב] שם בהגהמיי׳ בשם רש״י [ג] שם במרדכי והגהמיי׳ וכ״כ התוס׳ בעובדא דרבי חייא שם, ונלע״ד שיש ללמוד מעובדא זו כפי גירסת ר״ח וכמ״ש התוס׳ שם, שלא ישיב להדיא מת, אלא ישיב לו שקרובו אחר קיים, כדי שיבין מעצמו וכדי להשמיעו חדשות טובות גם כן [ד] שם בשם הרמב״ן בספר ת״ה מעובדא דרבי חייא דאתיא ליה שמועה רחוקה וכו׳, ש״מ תלת וכו׳, שם (מו״ק) דף כ׳ ע״ב [ה] משנה מגילה דף כ׳ ע״א ושבת דף קל״ב ע״א ודרש לה מקרא [ו] ברייתא פסחים דף ד׳ ע״א

*רב בר אחוה דר' חייא ובר אחתיה כי סליק להתם אמר ליה איבו קיים *אמר ליה אימא קיימת אמר ליה אימא קיימת אמר ליה *איבו קיים אמר ליה לשמעיה °חלוץ לי מנעלי והוליך כלי אחרי לבית המרחץ שמע מינה תלת ש"מ ׳אבל אסור בנעילת הסנדל ושמע מינה ׳שמועה רחוקה אינה נוהגת אלא יום אחד ושמע מינה *°מקצת היום ככולו ההוא דאמר דונו דיני אמרי שמע מינה מדן קאתי דכתיב °דן ידין עמו כאחד שבטי ישראל ההוא דהוה קא אזיל ואמר אכיף ימא אסיסני ביראתא בדקו ואשכחוהו דמזבולן קאתי דכתיב °זבולן לחוף ימים ישכון: והשתא דקיימא לן דלכולי עלמא אור אורתא הוא מבדי בין לרבי יהודה ובין לר' מאיר חמץ אינו אסור אלא משש שעות ולמעלה ונבדוק בשית *וכי תימא *זריזין מקדימין למצות נבדוק מצפרא דכתיב °וביום השמיני ימול בשר ערלתו ותניא *כל היום כולו כשר למילה אלא שזריזין מקדימים למצות שנאמר °וישכם אברהם בבקר אמר רב נחמן בר יצחק בשעה שבני אדם מצויין בבתיהם ואור הנר יפה לבדיקה אמר אביי ׳הילכך האי צורבא מרבנן לא לפתח בעידניה באורתא דתליסר דנגהי ארבסר דלמא משכא ליה שמעתיה ואתי לאימנועי ממצוה בעו מיניה מרב נחמן בר יצחק המשכיר בית לחברו בארבעה עשר על מי לבדוק על המשכיר לבדוק דחמירא דידיה הוא או דלמא על השוכר לבדוק דאיסורא ברשותיה קאי *ת"ש המשכיר בית לחברו על השוכר לעשות לו מזוזה התם הא אמר רב משרשיא *מזוזה חובת הדר היא הכא מאי אמר להו רב נחמן בר יצחק תנינא °המשכיר בית לחברו אם עד שלא מסר לו מפתחות חל ארבעה עשר על המשכיר לבדוק ואם משמסר לו מפתחות חל ארבעה עשר על השוכר לבדוק בעו מיניה מרב נחמן בר יצחק המשכיר בית לחברו בארבעה עשר חזקתו בדוק או אין חזקתו בדוק למאי נ"מ ׳לישייליה דליתיה להאי דלשייליה לאטרוחי להאי מאי אמר להו רב נחמן בר יצחק תניתוה הכל נאמנים על ביעור חמץ אפילו נשים אפילו עבדים אפילו קטנים מאי טעמא מהימני לאו

[מראי מקומות בגליון: דברים לד | בראשית מט | שם | ויקרא יב | בראשית כב | יומא דף כח:]

רש"י

רב °**בר אחוה ובר אחתיה דר' חייא הוה**. איבו אביו של רב אחיו של ר' חייא היה מן האב כדאמרינן בפ"ק דסנהדרין (דף ה.) איבו וחנה ושילא ומרתא ור' חייא כולהו בני דר' אחא מכפרי הוו ואימא שהיתה אמו של רב אחותו של רבי חייא היתה מן האם: **כי סליק**. רב מעירו מבבל לארץ ישראל שהיה ר' חייא שם: **אמר**. ר' חייא לרב איבו אביך הוא קיים: **א"ל**. רב: **אימא קיימא**. בלשון שאלה כלומר עד שאתה משאיל על אבי שאל על אמי שאף היא אחותך: **אמר לו**. עוד ר' חייא לרב ואימא אחותי קיימת: **אמר ליה**. רב: **איבו קיים**. ואבי כלום קיים הוא עדיין לא השיבותך עליו ומתוך הבין ר"ח בניחותא היה משיבו רב על מי שאינו שואל כדי שיבין מן הכלל וקשה בעיני לומר שיוציא רב דבר שקר מפיו: **חלוץ לי מנעלי**. להתאבל על אחי ואחותי: **והולך כלי אחרי לבית המרחץ**. ללמד הלכה לתלמידים נתכוון שאין שמועה רחוקה שלאחר שלשים יום נוהגת אלא יום אחד ומקצתו ככולו ואינו צריך לישב כל היום כולו מדאמר ליה והולך לי כלי אחרי לבית המרחץ ולא המתין עד למחר אלמא שעה אחת די: **מסוף דסוף קאמר דונו דיני**. בכל דבר משא ומתן שהיה לו עם אדם היה אומר תמיד בא לדין ולא נשמע לדבר אדם אלא על פי דיין: **אכיף ימא אסיסני ביראתא**. אתקן בירותות אם היו לי פלטין לבנות לא הייתי קובעם אלא על שפת הים ותמיד היה משתבח בשפת הים ובתשובות הגאונים מלאתי אכיף ימא אסנא בראתא ופירוש כך היה משתבח בשפת הים ואומר תמיד סנאים שעל שפת הים ברושים הם במקומות אחרים ולשון זה הגון סנה בלשון ארמי אסנא ברוש ברותא: **בין לר' מאיר בין לרבי יהודה**. דאיפלגו במתניתין *בהרחקה דעבוד רבנן לאורייתא חמץ אינו אסור מן התורה בבל יראה ובאכילה אלא משש שעות משעברו שש שעות כדיליף לקמן* מן אך חלק ומן לא תשחט על חמץ: **נבדוק**. חמץ בתחלת שש וקודם איסורו יבערנו ומה לי לאקדומי כולי האי דבשלמא אי אור יממא הוא איכא לתרוצי דמתניתין נמי בשש קאמר אבל השתא קשה: **נבדוק מצפרא**. דאיכא הקדמה לזריזים כדאשכחן גבי מילה בזריזותיה דאברהם שנאמר וישכם אברהם בבקר שלא המתין עד הנץ החמה ומכל מקום בלילה לא הקדים: **ואור נר יפה לבדיקה**. בלילה אבל ביום מחשיך ואם תאמר יבדוק לאור היום הא ילפינן לקמן* מחיפוש שמצותו בנר: **לא יפתח בעידנא**. לא יתחיל בגירסא אם קבע עת להורה בלילות לא יתחיל להתעסק בשמעתתא: **באורתא דתליסר נגהי ארבסר**. ליל יציאת שלשה עשר שהוא כניסת ארבעה עשר והוא ליל בדיקת חמץ: **דחמירא דידיה הוא**. החמץ שבבית שלו הוא: **ברשותיה קאי**. שהרי עתה הבית שלו: **לעשות לו מזוזה**. אלמא מידי דמצוה עליה רמיא: **חובת הדר**. לפי שהיא משמרתו וכתיב ביתך ביאתך נכנס ויוצא בה אבל הכא בדיקת חמץ דרבנן דאי משום בל יראה ובל ימצא הא אמר לקמן דסגי ליה בבטול בעלמא אי מסיח דעתיה מיניה זמשוי ליה כעפרא ואמר כל חמירא דבביתא הדין כו' ורבנן הוא דהצריך בדיקה והשתא כי האי גוונא מיבעיא לן טורח זה על מי מוטל: **מסירת מפתח**. הוא קנין השכירות ואם עד שלא מסר המפתח נכנס ליל ארבעה עשר חלה חובת הבדיקה על המשכיר שעדיין היתה ברשותו ואף על פי שמסר לו ביום כבר חלה חובה עליו: **בארבעה עשר**. שחרית מי מחזקינן ליה להאי משכיר דודאי בדקו אמש כמצות חכמים אי לא: **למאי נפקא מיניה לישייליה**. להאי אם בדקו אם לאו: **כגון דליתיה להאי**. משכיר למישייליה ומיבעי לן לאטרוחי להאי שוכר לבדוק מספק מאי: **נאמנין על ביעור חמץ**. להעיד בארבעה עשר שבדקו בעליו אמש: **מאי טעמא נאמנין**. הא לאו בני אסהודי נינהו לאו משום דבלאו אמירה דידהו נמי מחזקינן ליה בדוק דודאי לא עבר זה על דברי חכמים ואפי' הוא עם הארץ לשאר דברים חבר הוא לענין בדיקה דהכל זריזין: דקסבר

תוספות

אבא קיים א"ל אבא קיים אימא קיימא א"ל אימא קיימא. זאת גירסת פר"ח פי' ר' חייא שאל על אביו אם הוא קיים ורב השיב לו שאביו של רב קיים וכן בא"ם ולפי גירסת הספרים ר' חייא שאל על אביו אם הוא קיים והשיב לו רב אימא קיימת פי' אימא של רב היא קיימת ולא רצה להשיב אבא קיים שלא יטעה רבי חייא ויסבור שמשיבו על מה ששאלו דקרי איכשי לאבי אבא אבא לכך פירש הגמרא דרב בר אחוה ובר אחתיה דר' חייא הוה לפרש טעמא למה משיב כן: **שנאמר** וישכם אברהם בבקר. ואם תאמר והיכי מוכח מהאי קרא דזריזין מקדימין למצות ואין מקדימין טפי מצפרא והא בפרק גיד הנשה (חולין צא. ושם) יליף ר' אבהו מהאי קרא דתלמיד חכם לא יצא יחידי בלילה ויש לומר דהכא מוכח מקרא דעקידה דלא היה נמנע אברהם מללאת יחידי בלילה דשלוחי מצוה אינן נזוקין ועוד דשני נעריו היו עמו והתם מוכח מוישכם אברהם בבקר דכתיב גבי סדום דלא היה מצוה ויחידי היה שלא רצה שירלו במפלתן של סדום*:

על המשכיר לבדוק דחמירא דידיה הוא. אין לפרש הטעם כיון דשלו הוא ואין אדם יכול לבטל אלא הוא חייב לבדוק דא"כ אמאי נקט *משכיר לחברו בי"ד אפילו בי"ג יתחייב המשכיר מהאי טעמא לבדוק לכך מפרש ר"י דחמירא דידיה הוא וחל עליו חיוב בדיקה שעה אחת קודם שהשכירה ומייתי ראיה ממזוזה דאע"פ דחל חיוב קודם שהשכיר על השוכר לעשות מזוזה ולאו דמזוזה חובת הדר הוא כלומר אפי' לא היה משכירה היה יכול ליפטר ממזוזה שלא היה דר ומשתמש בבית אבל גבי חמץ [אילו] לא ישכיר לאחר יצטרך לבדוק: **אם** משמסר המפתח. פירש"י דמסירת המפתחות קונה ואין נראה לר"י דהא אמר במרובה (ב"ק עט.) כשם שקרקע נקנית בכסף בשטר ובחזקה כך שכירות [קרקע] נקנה בכסף וכו' ולא אמרי' דמהני מסירת המפתח אלא כמאן דאמר לך חזק וקני כדאמרינן בהפרה (ב"ק נב. ושם) ומפרש ר"י דהכא שמסר לו המפתח ולא החזיק ומי שיש בידו מפתח כשחל י"ד חייב לבדוק דאותו שאין בידו מפתח איך יכנס ויבדוק מיהו אם הפקיד אדם מפתח בידו אצל אדם אחר אינו חייב הנפקד לבודקו אלא דוקא כשרוצה להחזיק בבית ולקנותו*:

[וע"ע תוס' ב"ק נב. ד"ה כיון ותוס' ב"ב נב: ד"ה נעל]

לאו

רבינו חננאל

רבי חייא שאל לרב בן אחיו שהוא בן אחותו כשעלה לארץ ישראל אמר ליה אבא קיים כלומר אבי חי הוא לא בקש רב לומר לו כי מת או לא אמר לו אבי שלי חי כלומר אביך אינו חי וכן השיב לו על אמו כענין הזה: **ולמדנו** ממנו שלשה דברים שאבל אסור בנעילת הסנדל וכי מקצת היום ככולו וכי שמועה רחוקה אינה נוהגת אלא יום אחד: **ולמה** שנינו אור ארבעה עשר בודקין את החמץ. כלומר למה אין בודקין ביום אלא בלילה ואוקימנא בשעה שבני אדם מצויין בבתיהם מפני שביום מרודין הן בשוק ובערב באין לבתיהן וכן בלילה יפה אור הנר לבדוק בו כי ביום אינו מאיר וכן אמר רב הונא בתלמוד ארץ ישראל כדהוינן ערקין באלין בתותת דסדרא רובא היינו מדליקין כשהוו כחים הוינו יודעין שהוא יום וכד הוו מכהיקין היינו יודעין שהוא לילה: **המשכיר** בית לחברו השוכר חייב במזוזה שהמזוזה חובת הדר היא: **המשכיר** בית בארבעה עשר בניסן על מי לבדוק ופשטנא על המשכיר לבדוק דתניא המשכיר בית לחברו אם עד שלא חל י"ד מסר לו המפתח על השוכר לבדוק ואם משחל י"ד מסר לו המפתח על המשכיר לבדוק שכבר נתחייב מבערב. ועלה בעינן המשכיר בית לחבירו בי"ד והלך חזקתו בדוק או לא ופשטינן לה מהא דתניא הכל נאמנין על ביעור חמץ אפי' נשים ואפילו עבדים ואפילו קטנים מאי טעמיה

עין משפט נר מצוה

יב א טור ש"ע יו"ד סי' תב סעיף ב:
יג ב שם סעיף ג:
יד ג מיי' פ"ה מהלכות אבל הלכה א סמג עשין מדרבנן סב טוש"ע יו"ד סי' שפ סעיף א:
טו ד ה מיי' פ"ו שם הל' א סמג שם טור ש"ע יו"ד סי' תב סעיף א:
טז ו מיי' פ"א מהלכות מילה הל' ח סמג עשין כח טוש"ע יו"ד סי' רסב סעיף א:
יז ז מיי' פ"ב מהל' חמץ ומצה הל' ג סמג עשין לט טוש"ע או"ח סימן תלג סעיף ב:
יח ח מיי' פ"ה מהלכות מזוזה הל' יא סמג עשין כג טוש"ע יו"ד סי' רצא סעיף ב:
יט ט מיי' פ"ב מהלכות חמץ ומצה הלכה יח סמג שם טוש"ע או"ח סי' תלז סעיף א:
כ י טור ש"ע או"ח שם סעיף ב:

[וע"ע תוס' יומא כח. ד"ה אמר ותוס' ב"ק פ: ד"ה לשלם ותוס' נזיר ג. ד"ה יכנום]

מסורת הש"ס

[סנהדרין ה.] | מ"ק כ. | [כתו' יח: ע"ש] | [נזיר מ"ק כ: ע"ש] | [לקמן נה. מ"ק טו: יז: כ: נזיר ו: ע"ז לד: בכורות מח: כח.] | [ר"ה לב:] | [ב"מ קב.] | [לקמן יא:] | [ע"ז מא: ב"מ קא:] | [דף ה.] | [דף ז:]

גליון הש"ס

רש"י ד"ה רב בר אחוה כו'. בני דר"א מכפרי. בסנהדרין שם איתא בני אבא בר אחא כרסלא מכפרי:

אות ז'

הילכך האי צורבא מרבנן לא לפתח בעידניה באורתא דתליסר דנגהי ארבסר, דלמא משכא ליה שמעתיה ואתי לאימנועי ממצוה

סימן תל"א ס"ב - יזהר כל אדם שלא יתחיל בשום מלאכה [ז]ולא יאכל, עד שיבדוק - ואפילו חצי שעה שקודם הזמן אסור, דלמא אתי לאמשוכי, **וה"ה** דאסור לכנוס למרחץ, ובכל הדברים הנזכרים לעיל בסימן רל"ב, **ומי** ששכח לבדוק בלילה, אסור ביום בכל הדברים עד שיבדוק.

וטעימה בעלמא שרי, והיינו פת כביצה ולא יותר, או פירות אפילו הרבה, **ועיין** בבה"ל, דפירות הרבה אינו מותר רק בהחצי שעה שקודם הבדיקה, אבל משהגיע זמן הבדיקה, גם ע"י פירות אין נכון לשהות הרבה, (**דהא אין דומה זה לשאר דברים**, ק"ש ותפלה, **שאין מצותה דוקא בתחלת הזמן, ולכן לא גזרו אלא בסעודה קבועה, שאפשר להמשך וישכח לגמרי, משא"כ בזה דקבעו חכמים הזמן לכתחלה תיכף בתחלת הלילה, וא"כ השהייה גופא אף בלא אכילה אסור כשיגיע הזמן).**

[ח]**ואפילו אם יש לו עת קבוע ללמוד, לא ילמוד עד שיבדוק** - גם בזה יש אוסרין אף בחצי שעה שמקודם, דלמא אתי לאמשוכי הרבה, אם לא שביקש לאחד שיזכירנו כשיבוא הזמן, **ויש** מתירין לענין לימוד מקודם, ורק בהגיע הזמן של צה"כ אסור, **ואף** להאוסרין, אינו אסור אלא בלומד בביתו, אבל הלומדין שיעור הלכה בביהמ"ד אחר התפלה, מותר, דהלא יהא מוכרח בודאי לבא לביתו, **ומ"מ** אף זה אינו מותר אלא הלומד בלא פלפול, אבל בפלפול חיישינן בכל גווני דלמא אתי לאמשוכי.

[ט]**ואם התחיל ללמוד** - וה"ה שאר מלאכות, **מבעוד יום** - היינו בזמן ההיתר, **אין צריך להפסיק** - דאפילו בק"ש שהיא דאורייתא, קיי"ל דאם התחיל בהיתר אינו מפסיק.

[י]**(ויש אומרים שצריך להפסיק, וכן נראה לי עיקר)** - ואף דהתחיל בהיתר, **וה"ה** לשאר מלאכות, **וטעמם**, דעיקר מצוה לכתחלה קבעו חכמים בתחלת הלילה, וע"כ צריך להפסיק כדי שיתקיים המצוה כתקונה, **ומ"מ** נראה דא"צ להפסיק אלא כשיגיע הזמן של צה"כ.

ואם התחיל בזמן האיסור, לכו"ע פוסק, דבדיקת חמץ הוי דאורייתא כל זמן שלא ביטל, ובדאורייתא פוסק, [**ואף** דמדאורייתא אין החיוב לבדוק ולבער רק דוקא סמוך לחצות היום, כיון דעיקר חיובו מדאורייתא, אלא שחכמים הקדימו לשעה שבני אדם מצויין בבתיהם, כדאורייתא דמיא].

ולענין תפלת מעריב, אותן המתפללים מעריב בזמנו בצבור, יתפללו מקודם, דטורח לקבצן אח"כ, וגם אין לחוש כ"כ שישכח לבדוק, שהרי תפלה היא דבר קבוע, ואין שייך בו שמא ימשוך, **והמתפלל** בביתו, יתן לאחר לבדוק והוא יתפלל, דעי"ז יקיים שניהם בזמנם, **ואי** ליכא אחר, יתפלל תחלה, **אכן** אם הוא רגיל להתפלל לעולם ביחידי, יבדוק תחלה, דכיון דרגיל בכך לא חיישינן כ"כ שמא ישכח, **והח"י** כתב, דלעולם יתפלל תחלה, דתדיר ושאינו תדיר תדיר קודם, [**ודעביד** כמר עביד וכו'].

אות ח'

המשכיר בית לחבירו, על השוכר לעשות לו מזוזה

יו"ד סימן רצ"א ס"ב - [יא]השוכר בית מחבירו, השוכר חייב לקבוע בה מזוזה, [יב]ולתקן מקום קביעותה - (עיין בתשובת רעק"א, שכתב במי שיצא מדירתו לבית אחר לדור שם, ויש שם מזוזה מכבר שהניח הדר הראשון, דמחוייב הוא לברך על המזוזה, דזהו מצוה חדשה לו בבית זה, [**נ"ל** דכונתו שיברך לדור בבית שיש בו מזוזה, דברכת לקבוע ל"ש בזה, עמש"ל סימן רפ"ט סק"ג בשם מג"א], **ועוד** נ"ל דגם ההולך מביתו על איזה ימים, דלכאורה הדין דכשחוזר לביתו יברך על המצוה, דהא בנתיים שלא היה בדירת ביתו לא היה עליו חובת מזוזה, ומתחיל עתה חיוב חדש כו', **ושוב** הביא בשם ספר ברכי יוסף באו"ח סימן י"ט, שכתב בפשיטות בדין הראשון דשוכר בית שיש בו מזוזה, דאינו מברך, דלא תקנו הברכה רק על שעת קביעת המזוזה. **וממילא** גם בדין הב' בנוסע מעירו ואח"כ חוזר לביתו, אינו מברך, וסיים דצ"ע לדינא, - פת"ש).

[יג]**(ואפילו שכר הבית בחזקת שיש לה מזוזה, לא הוי מקח טעות) (ב"י בשם הרב רבינו המנוח)** - (עיין ברכי יוסף מש"כ בענין אם הוא להיפך, שכר בחזקת שאין לה מזוזה, כדי לקיים מצוה זו, ואח"כ מצא שקבע המשכיר את המזוזה, אי הוי מקח טעות, ע"ש, **ולשיטתו** אזיל עיין בס"ק הקודם - פת"ש).

אות ט'

המשכיר בית לחבירו, אם עד שלא מסר לו מפתחות חל ארבעה עשר, על המשכיר לבדוק; ואם משמסר לו מפתחות חל ארבעה עשר, על השוכר לבדוק

סימן תל"ז ס"א - [יד]המשכיר בית לחבירו לצורך י"ד - ר"ל שהשכיר לו בי"ג לצורך י"ד, **וממנו ואילך, [טו]וקנהו בא' מהדרכים ששכירות קרקע נקנה בו** - היינו בכסף או בשטר או

באר הגולה

[ז] **הרב המגיד בשם התוס'** ‹וז"ל: וכתבו בתוס', מכאן נראה שאסור לאכול בליל י"ד קודם בדיקה, דילמא אתי לאימשוכי, עד כאן. **ונראין** דבריהם, דכ"ש הוא, ע"כ. **ובתוס'** שלנו ליתא, אמנם נמצא כן בתוס' רבינו פרץ› [ח] **מימרא דאביי שם** [ט] **רבינו יונה שם מלישנא דאביי** ‹דקאמר לא ליפתח אינש, דמשמע אפתיחה דוקא קפיד - ט"ז› [י] ‹הוא הטור, ונ"ל לשון לא ליפתח אליביה, דרבותא קמ"ל - ט"ז. אע"ג דפותח בין השמשות ונותן לב על הבדיקה אסור, מכ"ש אם פתח כבר ולא עלה על דעתו הבדיקה, פשיטא שפוסק - פמ"ג› [יא] **ברייתא ב"מ דף ק"א ע"ב ק"ב ע"א** [יב] **שם בעיא דאיפשטא** [יג] **מהא דאמרינן ניחא ליה לאינש למעבד מצוה בממוניה פסחים דף ד' ע"ב** [יד] **ברייתא פסחים ד' וכפי' הר"ן** [טו] **ב"י וכ"כ הרב המגיד** ‹ודלא כפי' רש"י שכתב דמסירת המפתח קונה - כסף משנה›

בחזקה או בקנין סודר, **אם עד שלא מסר לו המפתח חל י"ד** - ר"ל שבתחלת ליל י"ד, שהוא אז זמן חיוב הבדיקה, היה הבית סגור והמפתח ביד המשכיר, **על המשכיר לבדוק** - חל עליו חובת הבדיקה, כיון שהחמץ שלו, והבית עדיין מעוכב אצלו, **ואפילו** אם השוכר נכנס לדור בה בתוך הלילה, (**ומ"מ אם המשכיר אינו בעיר, על השוכר לבדוק**).

ואם הבית אין לו מנעול, על השוכר לבדוק, כיון שהחזיק בו באחד מדרכי הקנין, והוא פתוח לפניו לכנוס בו.

ודוקא במשכיר שגוף הבית עדיין שלו, לכן אם גם המפתח בידו, עליו מוטל לבדוק, **משא"כ** במכר והחזיק הלוקח, כיון שאין למוכר שום זכיה בקרקע, אף שהמפתח בידו, אינו אלא כמופקד אצל אחר, והחיוב מוטל על הלוקח.

ואם משמסר לו המפתח חל י"ד - דהיינו שמסר לו ביום י"ג, אף שאין דעתו לכנוס לדור שם עד אחר הפסח, **על השוכר לבדוק.**

וכתבו האחרונים דצריך לבטל ג"כ, דהמשכיר הפקיר חמצו כשיצא מן הבית, וזכה בו השוכר, **ומ"מ** המשכיר יבטל ג"כ בהדיא.

ואם חזר והפקיד המפתח אצל המשכיר, על המשכיר לבדוק, כיון שעכ"פ בתחלת ליל י"ד היה בידו, **והפר"ח** כתב דעל השוכר לבדוק, כיון שהמשכיר כבר מסר לו המפתח, ובידו לחזור וליטול מידו.

אבל כשעדיין לא קנאו באחד מהקנינים, אע"פ שהמפתח ביד השוכר, אין צריך לבדוק, דהו"ל כמו שהפקיד מפתחו ביד אחר, דאין הנפקד צריך לבדוק, אלא חיוב בדיקה הוא על המשכיר.

ודע דהמחבר סתם דבריו כדעת הר"ן והרה"מ, דלא מחייבינן לשוכר לבדוק, אא"כ יש בו תרתי לטיבותא, דהיינו שקנהו באחד מהקניינים קודם התחלת י"ד, וגם מסירת מפתח, **ודעת** התוס' וסייעתם, דבמסירת מפתח לבד קודם התחלת י"ד, חל חובת הבדיקה על השוכר, משום דאין המשכיר יכול לכנוס בו שאין המפתח בידו, ולכן הטילו החיוב על השוכר, **ויש** מאחרונים שכתבו, שנכון להחמיר כשניהם, וא"כ חיוב בדיקה בזה על השוכר והמשכיר, **והפר"ח** כתב, דעיקר כדעה הראשונה, **מיהו** לכו"ע יכול האחד לעשות שליח לחבירו, ויוצא ידי הכל.

אות י'

__לישייליה__

סימן תלז ס"ב - [טז]**"השוכר בית מחבירו בי"ד** - ר"ל ביום י"ד או בתוך ליל י"ד, לאחר שכבר עבר זמן שהיה יכול המשכיר לבדוק ביתו באותו זמן, **ואינו יודע אם הוא בדוק, אם הוא בעיר, שואלו אם בדקו** - וה"ה אם אשתו ובני ביתו בעיר, יכול למשאל להו, דהרי הם נאמנים אפילו נגד החזקה, כמ"ש ס"ד.

דאע"פ שדרך הכשרים לבדוק בתחלת ליל י"ד כתיקון חכמים, וכל אחד מישראל בחזקת כשר הוא, ומן הסתם בדק כבר, (לצד אחד בגמ', עיין לקמן בבה"ל דהוי בעיא דלא איפשטא), **אעפ"כ** צריך לשאלו, לפי שכל השנה היה הבית בחזקת שיש בו חמץ, ובחזקה זו שמן הסתם בדקו אתה בא להוציאו מחזקת חמץ, אין אנו סומכין על החזקה לכתחלה במקום שאפשר לברר.

(**ונראה** לכאורה דהכא כשאומר לו שבדקו, אין צריך שוב לבטל, דכיון דקי"ל הבודק צריך שיבטל, מסתמא עשה כן, ומדוקדק בזה לשון המחבר, שכתב דהשאלה אם בדקו, ולא אם בטלו, **אבל** באמת זה אינו מוכרח, דלכתחלה צריך לשאול ע"ז, פן לא קיים כדין, דומיא שצריך לשאלו על הבדיקה, אף שחזקתו בדוק מן הדין, ומ"מ בדיעבד אם לא שאלו על הביטול, וליתיה עוד קמן דלישייליה, נראה דיכול לסמוך ולומר דמסתמא בטלו, דכיון שבדק, תו הביטול הוי מדרבנן, ויש לסמוך להקל, **ולהכי** לא הזכיר המחבר השאלה על הביטול, משום דאינו כ"כ לעיכובא).

באר הגולה

טז שם בגמרא

לאו משום דחזקתו בדוק דקסבר הכל חברים הם אצל בדיקת חמץ *דתניא *חבר שמת והניח מגורה מליאה פירות אפי' הן בני יומן הרי הן בחזקת מתוקנים וממאי דילמא שאני הכא משום דקאמרי הני אטו אמירה דהני מידי מששא אית ביה אלא מאי דחזקתו בדוק האי הכל נאמנים כל הבתים בחזקת בדוקין בארבעה עשר מיבעי ליה אלא מאי משום אמירה דהני הא לא אמרי הני לא תפשוט מיניה דאין חזקתו בדוק לא לעולם אימא לך ¹חזקתו בדוק והכא במאי עסקינן ²דמוחזק לן דלא בדק וקאמרי הני בדקיניה מהו דתימא לא להימנינהו רבנן קמ"ל כיון דבדיקת חמץ מדרבנן הוא *דמדאורייתא בביטול בעלמא סגי ליה הימנוהו רבנן בדרבנן: איבעיא להו המשכיר בית לחבירו בחזקת בדוק ומצאו שאינו בדוק מהו מי הוי כמקח טעות או לא תא שמע דאמר אביי ³לא מיבעיא באתרא דלא יהבי אגרא ובדקו דניחא ליה לאיניש לקיומי מצוה בגופיה אלא אפילו באתרא דיהבי אגרא ובדקו *°דניחא ליה לאיניש לקיומי מצוה בממוניה: *תנן התם ר"מ אומר אוכלין כל חמש ושורפין בתחלת שש ר' יהודה אומר אוכלין כל ארבע ותולין כל חמש ושורפין בתחלת שש דכולי עלמא מיהא חמץ משש שעות ולמעלה אסור מנלן אמר אביי תרי קראי כתיבי כתיב °שבעת ימים שאור לא ימצא בבתיכם (שמות יב) וכתיב °אך ביום הראשון (שם) תשביתו שאור מבתיכם הא כיצד *לרבות ארבעה עשר לביעור ואימא לרבות לילי חמשה עשר לביעור דסלקא דעתך אמינא ימים כתיב ימים אין לילות לא קא משמע לן אפילו לילות ההוא לא איצטריכא ליה
דהא

רש"י

דקסבר. האי תנא: **הכל חבירין אצל בדיקה.** ואפילו עם הארץ ובדבר שהוא מוחזק חבר מחזקינן ליה שלא עבר זמנו עד שעשאוהו: **דתניא חבר.** הנאמן על המעשרות ומת והניח מגורה מליאה פירות אפילו הן בני יומן שנתמרחו היום הרי הן בחזקת (תורה אור) מתוקנים דודאי לא ילא מתחת ידו עד שגמר כל מלותו והכא נמי כיון דאף עמי הארץ חבירין הן על הבדיקה חזקתן שבדקוהו: **וממאי.** דהא דקתני נאמנין טעמא משום דהכל חבירים הם אצל בדיקה דלמא אין עמי הארץ חבירים על כך וטעמא משום דקאמרי הני אנו ראינו שבדקו: **כל הבתים בחזקת בדוקים מיבעי ליה למיתני.** ולא הוה למיתליה באמירה דהני ומקשינן אלא מדתלה באמירה ודאי איכא למידק הא לא אמרי לא אם כן מאי קא מיבעיא לך תיפשוט מינה דאין חזקתו בדוק ומשני מהא ליכא למידק דהא למפשט מידי דאיכא לאוקמה להא כגון דמוחזק לן בהאי דלא בדק כגון שראינוהו טרוד או ילא מבעוד יום לדרך ואמרי הני אנחנו בדקינוהו: **בביטול בעלמא.** דכתיב תשביתו ולא כתיב תבערו והשבתה דלב היא השבתה: **בדרבנן.** הימנוהו רבנן בחובה דליתא אלא מדרבנן דהם הלריכו והם התירו לסמוך באמירתן של אלו וכח בידיהם להאמינם במידי דלאו דאורייתא: **מי הוי מקח טעות.** ואם בא השוכר לחזור בו על ידי עלילותיו ולומר לא כך שכרתי ואין תנאי שלנו קיים מהו לחזור: **לא מבעיא היכא דלא יהבי אגרא.** לאחרים ובדקי אלא כל איש ואיש בודק את ביתו דלא מלי למימר ליה מקח טעות דאם הייתי יודע שאינו בדוק לא הייתי שוכרו דודאי ניחא לאינש למעבד מלוה בגופיה ואי נמי הוה ידע דלא בדיק לא היה מניחו בכך: **אלא אפילו באתרא.** דנהיגי כל בני העיר לשכור בודקין כל איש בביתו דאיכא השתא חסרון כיס אפילו הכי אי ידע ביה אתמול דלא בדיק לא הוי הדר ביה דניחא ליה כו' והאי דקא הדר ביה משום מלתא אחריתי היא דאשכח ביתא אחריתי דשפירא מינה: תנן התם גרסינן ואף על גב דבפירקין היא: **ושורפין בתחלת שש.** ולא ימתין עד תחלת שבע שהוא אסור מן התורה לפי שאדם טועה *בשעות: **ר' יהודה אומר.** טועה אדם יותר מכאן וצריך להתרחק מן העבירה יותר ולא יאכל מסוף ארבע ולמעלה: **תולין.** לא אוכלין ולא שורפין כלומר אין צריך לשרוף ומאכיל הוא לבהמתו כל חמש אבל הוא לא יאכל: **דכולי עלמא מיהא חמץ משש שעות ולמעלה אסור.** מן התורה דאי לא מיתסר עד אורתא לא הוו גזרי ביה דבין יממא לליליא לא טעו אינשי: **שבעת ימים שאור לא ימצא בבתיכם.** אפילו שעה אחת בתוך השבעת ימים וכתיב אך ביום הראשון תשביתו הרי שהה בו שעה אחת: **הא כיצד לרבות כו'.** דעל כרחיך האי הראשון ראשון קודם לכל שבעה קאמר דהיינו ארבעה עשר: **ואימא לרבות ליל חמשה עשר.** שלא ימתין עד הבוקר והכי קאמר אך בכניסת יום הראשון מיד תשביתו דאי משבעת ימים הוה אמינא ימים אין לילות לא:
השבתת

תוספות

לאו משום דחזקתו בדוק. תימה מאי ס"ד דאי בחזקתו בדוק אם כן מה צריך לאמירה דהכי כלל ואומר ר"י דמיירי כגון שבעל הבית בעיר אע"ג דחזקתו בדוק כיון דאיתיה בעיר צריך לישאל הימנו ולהכי מהני אמירה דהני דלא שאלינן אע"ג דגבי טבל סמכינן אחזקת חבר ואין צריך אפילו לישאל היינו משום דכיון שטבולה לו לאכול מסתמא תיקנה שלא יבא לידי מכשול אבל גבי בדיקה אפילו לא יהיה בדוק לא יהיה כל כך מכשול לכך צריך לישאל אם הוא בעיר ומסיק אי חזקתו בדוק כל הבתים בחזקת בדוקין מיבעי ליה וממילא ידעינן לאמירה דהני מהני ואין צריך לישאל הימנו אפילו אם הוא בעיר ועוד פירש ר"י דס"ד דאיירי דאמרי הני לא היה בדוק ולכן בדקנו דאי חזקתו בדוק מהימני מגו דאי בעי שתקי אבל אי אין חזקתו בדוק אמאי מהימני ופריך אי הכי כל הבתים בחזקת בדוקין מיבעי ליה דממילא ידעינן דמהימני במגו: **מדאורייתא** בביטול בעלמא סגי. פי' בקונטרס מדכתיב תשביתו ולא כתיב תבערו אלמא השבתה בלב שרי וקשה לר"י דהא השבתה הבערה היא ולא ביטול דתנן בשמעתין רע"א אין צריך הרי הוא אומר תשביתו ומלינו להבערה שהיא אב מלאכה ועוד דתשביתו אמרינן לקמן מאך חלק שהוא משש שעות ולמעלה ואחר איסורא לא מהני ביטול ואומר ר"י דמדאורייתא בביטול בעלמא סגי מטעם דמאחר שביטלו הוי הפקר ויצא מרשותו ומותר מדקאמרינן אבל אתה רואה של אחרים ושל גבוה והא דאמרינן בנדרים (דף מה.) הפקר בפני שלשה מדאורייתא אין צריך: **הימנוהו** רבנן בדרבנן. אף על גב דכל דבר שהוא בידם מהימנינן להו לנשים ועבדים ואפילו מדאורייתא דמעשים בכל יום שאנו מאמינים לאשה ועבד על השחיטה ועל הניקור ובפ' המדיר (כתובות עב. ושם) גבי מאכילתו שאינו מעושר משמע שסומך עליה לענין חלה ומעשר מכל מקום גבי בדיקת חמץ אע"ג דבידם מ"מ אי הוי מדאורייתא לא מהימנינן להו משום דאיכא טירחא יתירא וצריך דקדוק גדול כדמוכח בירושלמי שמפרש מפני שנשים עצלניות הן ותחומין דרבנן מהימנינן להו לאשה ועבד ולא קטן מדתניא בפ' כיצד מעברין (עירובין נח: ושם) אפילו עבד ואפילו שפחה נאמנת לומר עד כאן תחום שבת אבל קטנים לא דגריעי טפי מדחשיב להו בשמעתין בסוף ובפרק שני דכתובות (דף כח: ושם) אלו נאמנים להעיד בגודלן מה שראו בקוטנן עד כאן היינו מהלכין בשבת משמע אבל בקוטנן לא היינו משום דתחומין אין בידם כלל לכך אין נאמנים כמו בבדיקת חמץ:* **המשכיר** בית לחבירו בחזקת שהוא בדוק. נראה לרשב"א דבשלשה עשר איירי דבארבעה עשר על המשכיר לבדוק: **וכתיב** אך ביום הראשון תשביתו. פי' הקונטרס מדמחייב ביום הראשון להשבית מכלל דמקמתו מותר ואין נראה לר"י דהא תשביתו הבערה היא ולא צוה הכתוב לשורפו אלא לאחר איסורו ועוד אי ממשמעות דיום ראשון משמע מקמת מותר מה צריך לאך חלק מיהו ללישנא שני שפירש הקונטרס דא"ד ח"ן באח"ם בט"ע אתי שפיר ונראה לר"י דמייתורא דקרא קדריש ועוד מדכתיב אך ודרשינן לקמן אך חלק פריך: **ואימא** לרבות ליל חמשה עשר לביעור. *הוי מצי לשנויי ביום כתיב כדמשני בסמוך וכי נמי משני דאיתקש השבתת שאור לאכילת חמץ לא צריך לקרא דמייתי שבעת ימים שאור לא ימצא דמדאיתקש השבתת שאור לאכילת חמץ יכול לדרוש הכל כמו שדורש רבי יוסי (הגלילי) לקמן*:
דהא

עין משפט נר מצוה

כא א מיי' פ"י מהלכות מעשר הל' ג:

כב ב מיי' פ"ב מהל' חמץ ומלה הל' יז סמג עשין לט טוש"ע א"ח סי' תלז סעיף ב:

כג ג מיי' שם הל' יח טוש"ע א"ח שם סעיף ד:

כד ד מיי' שם הלכה יח טוש"ע א"ח שם סעי' ג:

רבינו חננאל

לאו משום דחזקתו בדוק וקסבר הכל חברין אצל ביעור חמץ ותניא חבר שמת והניח מגורה מליאה פירות אפילו הן בני יומן הרי הן בחזקת מתוקנין ודחי' לא אלא משום דאמרי הני והדרינן ומוקמינן לעולם כי האי גונא חזקתו בדוק והא דתניא הכל נאמנין על ביעור חמץ כגון דמוחזק לן בהאי ביתא דלא בדיק ואמרי הני דבדיק (נימני') [צ"ל נאמנין] כיון דבדיקת חמץ מדרבנן היא דאי מדאורייתא בביטול בעלמא סגי לה הימנינהו רבנן להני נשי ועבדים וקטנים במילתא דהיא מדרבנן ונדחית: המשכיר בית לחבירו בחזקת בדוק ונמצא שאינו בדוק כי האי גונא מקח טעות הוא או לא ופשטה אביי דלא הוי מקח טעות דניחא ליה לאיניש למעבד מצוה בממוניה וכל שכן בגופיה: וכולי עלמא חמץ בי"ד משש שעות ולמעלה אסור מדאוריית' מנא לן ופשיט לה אביי הכן בהאי טעמא והאי דאביי שייכא בדר' יוסי הגלילי כדבעינן למימר קמן שנאמר (שמות יב) שבעת ימים מצות תאכלו וגו' ואי אפשר לומר זה ביום הראשון ביום טוב הראשון הוא וביום ההוא אתה אוכל מצה ומשבית שאור שנאמר שבעת ימים שאור לא ימצא בבתיכם ואי אפשר לומר נמי השבתת שאור לילי ט"ו הוא משום דביום הראשון תשביתו שאור כתיב ולא בלילה שמעי' דזה ביום הראשון קודם יום טוב הראשון הוא ותוב איתקש השבתת שאור לאכילת (מצה) [נ"ל חמץ] שנאמר שבעת ימים שאור לא ימצא בבתיכם וגו' ומשעה שנאסר באכילת חמץ [ביום] הוזהר לאכילת מצה שנאמר כל מחמצת לא תאכלו וכו' וכתיב בערב תאכלו מצות וגו' ש"מ דבענין השבתת שאור ביום קודם חיוב אכילת מצה וכיון דחיוב אכילת מצה ליל ט"ו הוא נמצא חיוב השבתת שאור שהוא בי"ד:

מסורת הש"ס

לקמן ס. ע"ז מא: נדה עו:

[לקמן י:]

[כ"מ כט: בכורו' יח.ע"ש] לקמן יא: ודף כא.

[בשעה:]

[וע"ע תוספות עירובין לא: ד"ה כאן ועוד שם נט. ד"ה ותחומין]

עיין מהרש"ל

[דף ה.]

גליון הש"ס גמ' דניחא ליה לאינש לקיומי מלוה בממוניה. עי' לקמן דף י ע"ב תוס' ד"ה בממוניה: שם לרבות י"ד לביעור. עי' תשובת הר"ן סימן נ"ג:

§ מסכת פסחים דף ד: §

אות א'

חבר שמת והניח מגורה מליאה פירות, אפילו הן בני יומן, הרי הן בחזקת מתוקנים

רמב"ם פ"י מהל' מעשר ה"ב - כל תלמיד חכם לעולם נאמן ואינו צריך בדיקה אחריו, ובניו ובני ביתו ועבדיו [ואשתו] הרי הם כמוהו; ת"ח שמת והניח פירות, אפילו כנסם באותו היום, הרי הן בחזקת מתוקנין.

אות ב'

חזקתו בדוק

סימן תל"ז ס"ב - [א]ואם אינו בעיר, חזקתו בדוק, ומבטלו בלבו ודיו – (דבגמרא הוא בעיא דלא איפשטא לענין בדיקה, ולהכי כתב הרא"ש, דיבטל בלבו כדי שיצא ידי חובתו מדאורייתא, דתו הוי הבדיקה רק מדרבנן, וסומכין להקל בספיקא).

ואע"פ שהחמץ אינו שלו, מסתמא הפקירו המשכיר כשיצא ממנו, וזכה בו השוכר.

(הנה ידוע שיש דעות אי ביטול סגי בלב, או דוקא בפה, ועיין בביאור הגר"א שהסכים להלכה כלשון המחבר, דבלב סגי).

אות ג'

דמוחזק לן דלא בדק וקאמרי הני בדקיניה

סימן תל"ז ס"ד - [ב]בית שהוחזק שלא בדקו המשכיר - קאי אדלעיל, שהשכירו לאחר שכבר נכנס יום י"ד, דהחיוב על המשכיר לבדוק, אלא שידוע לנו שלא בדק, כגון שהלך לדרכו ואינו בעיר, **ואמרו** - אחד מבני ביתו, כגון **אשה או עבד או קטן: אנו בדקנוהו, הרי אלו נאמנים** - וא"צ השוכר שוב לבדוק, ואפילו היה שם ודאי חמץ, ג"כ נאמנים אלו שאמרו שבדקו וביערו אותם, **והטעם**, משום דבדיקת חמץ דרבנן, דמן התורה בבטול סגי, וע"כ האמינום חכמים גם לאלו, [גמרא]. [**וה"ה** אם שלח לקטן למקום אחר לבדוק, נאמן, דעיקר מה שהאמינום משום דבידם לבדוק].

ולפי"ז אין להקל בזה אלא קודם שהגיע שעה ששית, שיכול השוכר לבטל, **אבל** לאחר שהגיע שעה ששית, שאין בידו לבטל, שוב אין לסמוך על אלו, וצריך לבדוק.

ואף דבדיעבד אם אמרו שבדקו א"צ לחזור ולבדוק, מ"מ לכתחלה אין נכון לצוות לאלו לבדוק, שהבדיקה יש בה טורח גדול, ויש לחוש שמא יתעצלו.

[ג]והוא שיהא קטן שיש בו דעת לבדוק - היינו שהגיע לחינוך.

אות ד'

לא מיבעיא באתרא דלא יהבי אגרא ובדקו, דניחא ליה לאיניש לקיומי מצוה בגופיה; אלא אפילו באתרא דיהבי אגרא ובדקו, דניחא ליה לאיניש לקיומי מצוה בממוניה

סימן תל"ז ס"ג - [ד]המשכיר בית לחבירו בחזקת בדוק - [ה]היינו בי"ד שמסתמא היא בחזקת בדוקה, וכנ"ל, וה"ה כשאמר לו המשכיר בפירוש שהיא בדוקה, **ונמצא שאינו בדוק, על השוכר לבדוק** - אף דבודאי ביום י"ד החיוב על המשכיר לבדוק, [ואי אמר לא בעינא למעבד מצוה, אי איתא במתא כייפינן ליה ע"ז], מ"מ אי ליתא קמן, מוטל על השוכר לבדוק, **ואינו מקח טעות** - דהא שכרו בחזקת בדוק, **ואפי' במקום שבודקים בשכר, שהרי מצוה הוא עושה** - משום דניחא ליה לאינש להתעביד מצוה בממונו, ואמרינן דאפילו הוי ידע שאין הבית בדוק, והוא מקום שדרך לשכור לבדוק, אפ"ה היה קונה הבית, **ומה** שהוא מצווח עתה, הוא מחמת דבר אחר, דאשכח ביתא דשפירא מזה וכה"ג, [רש"י].

ולדעה זו, אין צריך המשכיר להחזיר לו הדמים שהוציא בעד הבדיקה, שהרי לא ההנהו למשכיר כלל, דמצוה בלחוד הוא דרמיא עליה, וליכא חיובא דממונא עליה כלל.

הגה: וי"א דצריך להחזיר לו שכר הבדיקה, הואיל והתנה בהדיא שיהיה בדוק [ו](המגיד) - היינו במקום שבודקין בשכר, והוציא מעות ע"ז, **וגם** לדעה זו לא הוי מקח טעות, אפילו כשהתנה בהדיא שיהא בדוק, ואינו בדוק, **אלא** דס"ל, דאף שדעתו היה שאפילו אם לא יהיה בדוק לא יתבטל המקח, מ"מ לא היה בדעתו למחול על המעות שיוציא על הבדיקה.

ודוקא שהתנה, אבל בסתמא, אף בשכרו ביום י"ד שחזקתו בדוק, לכו"ע אינו צריך לשלם לו.

(**ועיין בפר"ח שכ', דהמחבר וגם הג"ה לא מיירי כי אם בסתמא, או שאמר המשכיר שהוא בדוק, והשוכר שתק, אבל אם התנה השוכר עמו בהדיא: ע"מ שיהא בדוק, הוי בטול מקח לכו"ע, ומה שכ' בהג"ה, הואיל והתנה עמו בהדיא, לאו דוקא קאמר, אלא ר"ל שהמשכיר אמר שהוא בדוק, ומסתמא גם דעת השוכר היה באופן זה לשכור, וצ"ע לדינא**).

ולדינא פסקו האחרונים כדעה קמייתא, דבכל גווני אינו צריך לשלם לו, דיכול לומר לו: קים לי כדעה זו, והמוציא מחבירו עליו הראיה.

באר הגולה

[א] בעיא שם וכדפשט רב נחמן בר יצחק, אע"ג דדחי לה בגמרא, וכ"כ הרמב"ם והרא"ש, כיון דמדרבנן הוא, דמדאורייתא בביטול בעלמא סגי **[ב] שם בגמרא** **[ג] טור בשם הרמב"ם** **[ד] שם בעיא ונפשטא** [ה] ‹הר"ן, ודלא כתוס' ע"ש› [ו] ‹דניחא ליה לאיניש לקיומי מצוה בנפשיה ואפילו בממוניה, כיון דסוף סוף אתי לאשתלומי מיניה, הא לאו הכי לא אמרינן להאי טעמא – שם›

§ מסכת פסחים דף ה. §

אות א'

<u>מהכא, לא תשחט על חמץ דם זבחי, לא תשחט הפסח ועדיין חמץ קיים</u>

רמב"ם פ"א מהל' חמץ ומצה ה"ח - אסור לאכול חמץ ביום ארבעה עשר מחצות היום ולמעלה, שהוא מתחלת שעה שביעית ביום; וכל האוכל בזמן הזה [א]לוקה מן התורה, שנאמר: לא תאכל עליו חמץ, כלומר על קרבן הפסח, כך למדו מפי השמועה בפירוש דבר זה: לא תאכל חמץ משעה שראויה לשחיטת הפסח, שהוא בין הערבים והוא חצי היום.

השגת הראב"ד: וכל האוכל בזמן הזה לוקה מן התורה. א"א מלקות מחצות ואילך אינו מחוור, דכיון דקי"ל כר"ש בלפני זמנו ואחר זמנו, דלא דריש הכך קראי "לא תאכל" "לא תאכלו" בלפני זמנו ולאחר זמנו, נהי דאסור [ב]באכילה מן התורה מ"ביום הראשון תשביתו שאור", או מ"לא תשחט על חמץ" כדרבא, אבל איסור הנאה ליכא מן התורה, ומלקות נמי ליכא.

[ג]רמב"ם פ"ב מהל' חמץ ומצה ה"א - מצות עשה מן התורה להשבית החמץ [ד]קודם זמן איסור אכילתו, שנאמר: ביום הראשון תשביתו שאור מבתיכם, ומפי השמועה למדו שראשון זה הוא יום ארבעה עשר; [ה]וראיה לדבר זה מה שכתוב בתורה: לא תשחט על חמץ דם זבחי, כלומר לא תשחט הפסח ועדיין החמץ קיים, ושחיטת הפסח הוא יום ארבעה עשר אחר חצות.

[ו]סימן תמג ס"א - [ז]חמץ מו' שעות ולמעלה ביום י"ד, אסור בהנאה - מדאורייתא, ויליף בגמרא מדכתיב: לא תאכל עליו חמץ, כלומר על קרבן הפסח, וקבלו חז"ל, דר"ל לא תאכל חמץ משעה שראויה לשחיטת הפסח, דהיינו מחצות היום ואילך, שהוא בין הערבים, **ומשעה** שאסור באכילה אסור בהנאה, **אכן** עדיין אין על אכילתו חיוב כרת עד הלילה, [**ודע**, דמ"מ לאו פסיקא היא, דלכמה פוסקים אין עובר על זמן זה בלאו, כי אם בעשה ד"תשביתו", ולפי"ז אין ברור אם אסור אז בהנאה מדאורייתא].

וכן לענין בל יראה ובל ימצא, הסכימו כמה פוסקים דאין עובר במה שמשהה החמץ משש שעות ומעלה, כל זמן שלא הגיע ימי הפסח גופא, מדכתיב: שבעת ימים שאור לא ימצא בבתיכם וגו', ולא יראה לך שאור בכל גבולך שבעת ימים, [**ומ"מ** לא ברירא היא, דדעת רש"י בב"ק דף כ"ט, ובפסחים דף ד. בד"ה בין לר' מאיר, שמשש ולמעלה עובר בבל יראה], **ומ"מ** אף שאינו עובר בבל יראה, עובר בכל רגע ורגע שמשהה החמץ בביתו, על מצות עשה ד"תשביתו שאור מבתיכם", דקאי על ערב פסח משש שעות ולמעלה, כמבואר בש"ס.

באר הגולה

א ‹ומש"כ רבינו שיש בו מלקות, הוא לדעת ר' יהודה, דאמר בפרק כל שעה (פסחים כ"ח:), ומנין לאוכל חמץ משש שעות ולמעלה שהוא בלא תעשה, שנאמר: לא תאכל עליו חמץ, ושעה שאסור באכילה אסור בהנאה, וכן דעתו בלאחר זמנו כנזכר שם, ור' שמעון חולק בזה ואומר שחמץ בין לפני זמנו בין לאחר זמנו אינו עובר עליו, וכבר כתבתי למעלה שהלכה כר' שמעון בלאחר זמנו. **ודעת** רבינו שאין הלכה כמותו אלא לאחר זמנו, דסתם מתניתין אתיא כותיה, אבל לפני זמנו הדרינן לכללין דקי"ל כר' יהודה, דרבי יהודה ורבי שמעון הלכה כר"י, דשני מחלוקת הן, ומתרי קראי נפקי לה לר"י חד לפני זמנו וחד לאחר זמנו, הילכך קי"ל כר"ש בחדא דהיינו לאחר, וכר"י בלפני, **וזהו** שאמרו פ"ק (דף ד' ה') דכו"ע חמץ משש שעות ולמעלה אסור, מנא לן, ושקלו וטרו בהא, ואמר רבא לא תשחט על חמץ דם זבחי, לא תשחט את הפסח ועדיין חמץ קיים, ורבא גופיה הוא דפסק כר"ש בפ' כל שעה (דף כ"ט), ושמע מינה דהלכה כר"ש דוקא בלאחר, אבל בלפני הלכה כר"י וכדאמרן, ושיטה נכונה היא. {**מה** ראיה היא זו, הא לעולם אפשר דס"ל דהלכתא כר"ש, ומאי דמפקיה מהתם דלא תשחט וכו', לא הוי אלא עשה או איסורא, אבל לאו לא הוי, דהא לא אמר קרא אלא לא תשחט הפסח בעוד החמץ קיים, אבל לא הזהיר על החמץ שלא יאכלוהו - לחם משנה}. **אבל** הר"א ז"ל בהשגות וקצת מפרשים אחרונים סוברין שהלכה כר"ש בכל דבריו, ואומרין שמחצות ואילך אין בו מן התורה אלא איסור עשה, דהיינו שמצוה לבער מאך ביום הראשון, כדאיתא פ"ק (דף ה') מדרבא דאמר לא תשחט על חמץ כדאיתא לעיל, אבל מלקות ואיסור הנאה מן התורה ליכא, אלו דבריהם, ודברי רבינו והגאונים נראין עיקר - מגיד משנה›

ב ‹לכאורה ר"ל מצד החיוב תשביתו דמבטל, אבל לא איסור אכילה ממש›   ג ‹ע"פ מהדורת נהרדעא›   ד ‹קצת קשה, דלעיל סוף פ"א כתב: דהאוכל חמץ מתחילת שעה שביעית לוקה, ע"כ. ואז גם כן הוא שעת הביעור, א"כ איך כתב כאן קודם, **וצ"ל** דכיון דבסוף שש ברגע אחרון הוא חייב לבטלו, ואיסור אכילתו הוי ברגע ראשון של תחילת שבע, קדימה מיהא איכא, אף שהיא בצמצום גמור, מפני זה כתב רבינו קודם זמן איסור אכילתו - מעשה רוקח›   ה ‹עיין בתוס' ד"ה זמן שחיטה›   ו ‹מילואים›   ז **ברייתא פסחים כ"ח וכרבי יהודה, טור בשם הרמב"ם והרא"ש ושארי פוסקים**

דהא איתקש השבתת שאור לאכילת חמץ ואכילת חמץ לאכילת מצה השבתת שאור לאכילת חמץ דכתיב °שבעת ימים שאור לא ימצא בבתיכם כי כל אוכל מחמצת ונכרתה ואכילת חמץ לאכילת מצה דכתיב °כל מחמצת לא תאכלו בכל מושבותיכם תאכלו מצות (וגו') וכתיב ביה במצה °בערב תאכלו מצות ואימא לרבות ליל י"ד לביעור ביום כתיב ואימא מצפרא *אך חלק דבי רבי ישמעאל תנא מצינו י"ד שנקרא ראשון שנאמר °בראשון בארבעה עשר יום לחדש רב נחמן בר יצחק אמר ראשון דמעיקרא משמע דאמר קרא °הראשון אדם תולד אלא מעתה °ולקחתם לכם ביום הראשון הכי נמי ראשון דמעיקרא משמע שאני התם דכתיב ושמחתם לפני ה' אלהיכם שבעת ימים מה שביעי שביעי לחג אף ראשון ראשון לחג הכי נמי כתיב °אך ביום הראשון תשביתו שבעת ימים מצות תאכלו אם כן נכתוב קרא ראשון הראשון למה לי שמע מינה לכדאמרן אי הכי התם נמי הראשון למה לי ותו התם דכתיב °ביום הראשון שבתון וביום השמיני שבתון אימר ראשון דמעיקרא משמע שאני התם דאמר קרא וביום השמיני שבתון מה שמיני שמיני דחג אף ראשון ראשון דחג הראשון למה לי למעוטי חולו של מועד חולו של מועד מראשון ושמיני נפקא איצטריך סד"א הואיל דכתב רחמנא וביום השמיני *וי"ו מוסיף על ענין ראשון דאפילו בחולו של מועד קמ"ל ולא לכתוב רחמנא לא וי"ו ולא ה"א ותו התם דכתיב °ביום הראשון מקרא קדש יהיה לכם ראשון דמעיקרא משמע אלא הני שלשה ראשון מיבעי ליה לכדתני דבי רבי ישמעאל דתנא דבי ר' ישמעאל בשכר שלשה ראשון זכו לשלשה ראשון להכרית זרעו של עשו לבנין בית המקדש ולשמו של משיח להכרית זרעו של עשו דכתיב °ויצא הראשון אדמוני כולו כאדרת שער ולבנין בית המקדש דכתיב °כסא כבוד מרום מראשון מקום מקדשנו ולשמו של משיח דכתיב °ראשון לציון הנה הנם רבא אמר *מהכא °לא תשחט על חמץ דם זבחי לא תשחט הפסח ועדיין חמץ קיים ואימא כל חד וחד כי שחיט זמן שחיטה אמר רחמנא תניא נמי הכי אך ביום הראשון תשביתו שאור מבתיכם מערב יום טוב או אינו אלא ביום טוב עצמו ת"ל לא תשחט על חמץ דם זבחי לא תשחט את הפסח ועדיין חמץ קיים דברי רבי ישמעאל רבי עקיבא אומר אינו צריך הרי הוא אומר °אך ביום הראשון תשביתו שאור מבתיכם וכתיב כל מלאכה לא (תעשו) ומצינו להבערה שהיא אב מלאכה [א] רבי יוסי אומר אינו צריך הרי הוא אומר אך ביום הראשון תשביתו שאור מבתיכם מערב יום טוב או אינו אלא בי"ט תלמוד לומר אך חלק ואי ביום טוב עצמו מי שרי הא איתקש השבתת שאור לאכילת חמץ ואכילת חמץ לאכילת מצה אמר רבא שמע

רש"י

השבתת שאור לאכילת חמץ. משעה שהוזהר שלא לאכול חמץ הוזהר להשבית השאור דכתיב שאור לא ימצא בבתיכם כי כל אוכל (חמץ): **ואכילת חמץ לאכילת מצה.** משעה שחייב לאכול מצה הוזהר שלא לאכול חמץ דכתיב כל מחמצת לא תאכלו בכל מושבותיכם תאכלו מצות וכתיב בערב תאכלו מצות אלמא זמן אכילת מצה ואיסור חמץ והשבתת שאור משתיכה: **אך חלק.** אכין ורקין מיעוטין אלמא מקצת היום מותר ומקצתו אסור ומעתה יש לנו לחלק חציו לאיסור וחציו להיתר והיכא דאמר אך הוא חצי בגימטריא* דאח"ס בט"ע ג"ף דכ"ן ותופס ח' תחת אל"ף וד' במקום כ': **ראשון דמעיקרא משמע.** בלאו רומיא דקרא אהדדי משמע ראשון במשמעות דקרא שהוא יום קודם לכל שבעה דקרא כיון דכתיב שבעת ימים מצות תאכלו אך ביום הראשון ראשון קודם למעשה קאמר: **הראשון אדם תולד.** הקודם לאדם הראשון נולדת: **הכא נמי הא כתיב.** בהאי קרא גופיה שבעת ימים ודרוש נמי ראשון דומיא דשביעי: **הכא נמי.** גבי לולב ה' דהראשון למה לי: **מראשון ושמיני נפקא.** מדכתיב בהנהו שבתון מכלל דאידך לאו שבתון נינהו: **על ענין ראשון.** על ימים הקדומים לו דהיינו חולו של מועד: **לא לכתוב רחמנא לא וי"ו.** דמשמע ריבויא דהו אילטריך ה"א למיעוט: **אלא מהני שלשה ראשון.** דכתיב במקרא קודש דפסח ומקרא קודש דסוכות ומצות לולב לא תותב לרב נחמן דהני ראשון דכתיב בהו לאו למשמעותייהו קאתו אלא שמא בעלמא הוא דנקראו ראשון וכדתנא דבי ר' ישמעאל: **בשכר ג' ראשון.** שביתת הרגל דפסח ושביתת הרגל דחג ונטילת לולב שנקראו ראשונים זכו לשלשה ראשון: **לא תשחט על חמץ וגו'.** ושחיטת פסח זמנה מתחלת שבע שהוא בין הערבים שכבר נוטה חמה לצד שקיעתה והכי אמרינן בפ' אמר להן הממונה (יומא כח:) לצותיה דאברהם מכי משחרי כותלי דהיינו מחצות ואילך וגמרינן מינה דשחיטת התמיד מתחלת שבע וקשיא לן התם מתני' דתמיד נשחט בשמנה ומחצה ומשני לן שאני כותלי בית המקדש דלא מכווני רחבין מתתיהן מאד ולא משתחרי עד שש ומחצה: **ואימא כל חד וחד.** יבער סמוך לשחיטתו מעט ואם שהה עד תשע יבערנו בתשע: **זמן שחיטה קאמר רחמנא.** לא חלקה תורה לישראל לזה זמנו ולזה זמנו הואיל וקבע לו זמן ואיסורו שוה בכל לכולם זמן אחד קבע: **שהיא אב מלאכה.** וזו הבערה שלא לצורך היא והכתוב אסר מלאכה ביו"ט הלכך האי ראשון בארבעה עשר קאמר: **אך חלק.** התיר לך הכתוב לשהותו מקצת יום ביעורו ואי יום ביעורו ביום טוב מי שרי לשהוייה כלל הא איתקש כו' ואכילת מצה משתיכה ועל כרחך השבתת שאור כשתחשך ואם כן לא משכחת אך חלק דאי לאו אך איכא למימר ביום הראשון בין השמשות שהוא התחלת היום אבל השתא על כרחך בתוך יום ביעורו שרי ליה קרא לשהוייה:

תוספות

דהא איתקש השבתת שאור לאכילת חמץ וכו'. בפרק כל שעה (לקמן כח:) יליף ר' יהודה לאוכל חמץ מו' שעות ולמעלה שהוא בלא תעשה ור' שמעון פליג עליה ומהכא לא מצי למילף מידי דלא הוקשה אכילת חמץ להשבתת שאור משש שעות ולמעלה אלא להשבתת שאור של שבעת ימים וקשה לרשב"א אמאי לא יליף כרת להשבתת שאור מדאיתקש לאכילת חמץ: **למעוטי** חולו של מועד. אתרווייהו קאי דלולב אינו ניטל במדינה אלא יום אחד: **כדתנא** דבי ר' ישמעאל. אע"ג דכתיבי טובא בהנך ג' מצות כתיבי כולהו וכל הכתוב במצוה אחד חשיבי חדא ואין להקשות מנלן דמהני ג' ראשון דרשינן ואך ביום הראשון לכדדרשינן דילמא ההוא איכתיב להך דרשא דמסתברא דמהני דכתיבי במקרא קודש דרשי' כולהו להך דרשא: **לא** תשחט את הפסח ועדיין חמץ קיים. הקשה רשב"א היכי יליף מהכא דחמץ אסור מו' שעות ולמעלה והא זמן שחיטת הפסח אחר התמיד הוי ותמיד ששחטו לפני חצות פסול וא"כ זמן שחיטה לא הוי מיד אחר חצות עד כדי שהיית הקרבת תמיד וי"ל כיון דדיעבד אם שחט הפסח קודם תמיד כשר כדתנן התם *חשיב זמן שחיטה מחצות ואילך: **זמן** שחיטה קאמר רחמנא. אע"ג דאמת הוא דלא תשחט על חמץ כל חד וחד כי שחיט דאמרינן בפרק תמיד נשחט (לקמן סג. וסם) השוחט את הפסח על החמץ עובר בלאו מ"מ כיון דאשכחן דהזהיר על ההשבתה והזהיר שלא לשחוט פסח על חמץ סברא הוא שבזמן שחיטה הזהיר על השבתה: **דברי** ר' ישמעאל. תימה לר"י דתנא דבי רבי ישמעאל נפקא ליה מקרא אחרינא ובכמה דוכתין* פריך מר' ישמעאל אתנא דבי רבי ישמעאל: **(ואומר)** כל מלאכה לא תעשו. אע"ג דכשירף ויעשה גחלים הנאתו מותר כדאמר בפרק כל שעה (לקמן כו:) גבי ערלה בישלה על גבי גחלים דברי הכל הפת מותר וה"ה חמץ והא דתנן בפ' כל שעה (ד כח.) לא יסיק בו תנור וכירים היינו מדרבנן אור"י דסברא הוא דקרא דתשביתו מיירי בכל ענין אפילו אינו צריך לגחלתו אי נמי כיון דמתחלת הבערה אינו יכול להנות ממנו אע"ג שיהא לו הנאה ממנו אחר כך אסור כמו נדרים ונדבות שאין קריבין בי"ט למ"ד (ביצה דף יט כ.) אף על פי שיש בהן מאכל הדיוט לבסוף ומאן דשרי שרי מלאכות:

לחלק

ש"מ

עין משפט נר מצוה

כה א מיי' פ"א מהל' חמץ ומצה הל' ח:

רבינו חננאל

ואימא מצפרא בי"ד ופרקינן אך חלק כדקיימא לן אכין ורקין למעט ובא זה אך וחלק גם י"ד חציו מותר וחציו אסור: **רב** נחמן בר יצחק אמר אך ביום הראשון של יום טוב הראשון משמע כלומר קודם יום טוב ודייק מהא דכתיב הראשון אדם תולד (איוב טו ז) כלומר הראשון של אדם הראשון נולדת ולפני גבעות חוללת ואקשי' עליה אלא מעתה ולקחתם לכם ביום הראשון הכי נמי וכו': **רבא** אמר מהכא לא תשחט על חמץ דם זבחי וגו' לא תשחט את הפסח ועדיין חמץ קיים ושחיטת הפסח מן התורה וזמן שחיטת הפסח שהיא משעה ששית ולמעלה קאמר: **תניא** כרבא ואליבא דר' ישמעאל ר"ע אומר הרי הוא אומר כל מלאכה לא יעשה ומצינו הבערה שהיא אב מלאכה לפיכך כיון שטעון שרפה אי אפשר להשבתת שאור ביו"ט אלא מערב יו"ט:

הגהות מהר"י לנדא

א] גמ' רבי יוסי אומר אינו צריך וכו'. נ"ל רבי יוסי הגלילי:

גליון הש"ס

תוס' ד"ה וכתיב כל מלאכה בסוף הדבור שרי מלאכות. ע"ל מלא':

מסורת הש"ס

[מחמצת] [עי' שבת קה.] [לקמן מח. עירובין קה. יומא סה: סוכה מג. ב"ק יא: שבועות י. מנחות נז: בכורות מו: כריתות ז. תמורה כה.] [יבמות מ. קדושין יד: ב"מ נג. שבועות י. זבחים מח. חולין פח. כריתות כב:] [לקמן סה:] [מגילה כג. זבחים נב.] [וכתיב] [יעשה בהם]

עין משפט נר מצוה

כו א מיי' פ"ג מהלכות חמץ ומצה הלכה ב ופ"ד הלכה א ב סמג לאוין עט:

כז ב ג ד מיי' פ"ד שם הלכה א ג ד סמג שם טוש"ע א"ח סי' תמ סעיף א:

מסורת הש"ס

שמע מינה מדרבי עקיבא תלת שמע מינה *אין ביעור חמץ אלא שריפה ושמע מינה *הבערה לחלק יצאת ושמע מינה לא אמרינן הואיל והותרה הבערה לצורך הותרה נמי שלא לצורך: ת"ר °שבעת ימים שאור לא ימצא בבתיכם מה ת"ל והלא כבר נאמר °לא יראה לך שאור [ולא יראה לך *חמץ] בכל גבולך לפי שנא' לא יראה לך שאור *שלך אי אתה רואה אבל אתה רואה של אחרים ושל גבוה *יכול יטמין ויקבל פקדונות מן הנכרי ת"ל לא ימצא אין לי אלא בנכרי שלא כיבשתו ואין שרוי עמך בחצר נכרי שכיבשתו ושרוי עמך בחצר מנין ת"ל לא ימצא בבתיכם אין לי *אלא שבבתיכם בבורות בשיחין ובמערות מנין ת"ל בכל גבולך ועדיין אני אומר בבתים עובר משום בל יראה ובל ימצא ובל יטמין ובל יקבל פקדונות מן הנכרי בגבולין שלך אי אתה רואה אבל אתה רואה של אחרים ושל גבוה מנין ליתן את האמור של זה בזה ושל זה בזה ת"ל שאור שאור לגזרה שוה נאמר שאור בבתים לא ימצא בבתיכם ונאמר שאור בגבולין לא יראה לך שאור מה שאור האמור בבתים עובר משום בל יראה ובל ימצא ובל יטמין ובל יקבל פקדונות מן הנכרי אף שאור האמור בגבולין עובר משום בל יראה ובל ימצא ובל יטמין ובל יקבל פקדונות מן הנכרי ומה שאור האמור בגבולין שלך אי אתה רואה אבל אתה רואה של אחרים ושל גבוה אף שאור האמור בבתים שלך אי אתה רואה אבל אתה רואה של אחרים ושל גבוה: אמר מר אין לי אלא בנכרי שלא כיבשתו ואין שרוי עמך בחצר נכרי שכיבשתו ושרוי עמך בחצר מנין ת"ל לא ימצא כלפי *לייא אמר אביי איפוך רבא אמר לעולם לא תיפוך ורישא קאי שלך אי אתה רואה אבל אתה רואה של אחרים ושל גבוה אין לי אלא בנכרי שלא כיבשתו ואין שרוי עמך בחצר נכרי שכיבשתו ושרוי עמך בחצר מנין ת"ל לא ימצא והאי תנא מיהדר אהיתירא ונסיב לה קרא לאיסורא *משום שנאמר לך לך תרי זימני: אמר מר יכול יטמין ויקבל פקדונות מן הנכרים תלמוד לומר לא ימצא הא אמרת רישא שלך אי אתה רואה אבל אתה רואה של אחרים ושל גבוה לא קשיא *הא דקביל עליה אחריות הא דלא קביל עליה אחריות כי הא דאמר להו רבא לבני מחוזא *בעירו חמירא דבני חילא מבהתייכו כיון דאילו *מיגנב ואילו מיתביד ברשותייכו קאי ובעיותו לשלומי כדילכון דמי ואסור הניחא למאן דאמר *דבר הגורם לממון כממון דמי אלא למאן דאמר לאו כממון דמי מאי איכא למימר שאני הכא דאמר לא ימצא איכא דאמרי הניחא למאן דאמר דבר הגורם לממון לאו כממון דמי היינו

רש"י

ש"מ. מדלא נפקא ליה דהאי יום הראשון ערב יום טוב הוא אלא משום דאסור להבעיר ביום טוב שמע מינה סבירא ליה כר' יהודה דאמר לקמן בפרק כל שעה [כא. וכז:] אין ביעור חמץ אלא שריפה ויליף לה מנותר דאי השבתתו בכל דבר סבירא ליה נוקמיה ביו"ט ויבערנו בדבר אחר יאכילנו לכלבים או ישליכנו לים: וש"מ. מדקאמר שהוא אב מלאכה סבירא ליה כר' נתן דאמר הבערה לחלק יצאתה דתניא (שבת דף ע.) הבערה ללאו יצאת שהיתה בכלל לא תעשה כל מלאכה חזר והוציאה מכללו ופרט בה לאו לעצמה לומר לך שאינה במיתת בית דין כשאר מלאכות אלא בלאו זה להדי רבי נתן אומר לחלק יצאתה שלא תאמר העושה ארבעה או חמשה אבות מלאכות בשוגג בשבת אינו חייב אלא אחת דהא חד לאו איכא בכולהו וחד כרת לפיכך פרט בה בפני עצמה להקיש אליה מה היא מיוחדת שהיא אב מלאכה וחייבין עליה לעצמה כו' אלמא לר' יוסי ללאו אב מלאכה היא: והלא כבר נאמר ולא יראה לך שאור בכל גבולך. הרי בתים במשמע: לפי שנאמר ולא יראה לך. דמדכתב לך משמע מינה שלך אי אתה רואה אבל אתה רואה בגבולין של אחרים כגון נכרי ושל גבוה אם הקדישם לבדק הבית: יכול. נלמוד ממקרא זה שיטמין את שלו *כיד שלא יראנו ודיו דהא לא יראה כתיב: ויקבל פקדונות מן הנכרי. דהא כתיב לך: ת"ל לא ימלא. אסר לך הטמנה שאף היא בכלל מציאה ואסר לך של אחרים דהכא לא כתיב לך: אין לי. מלא ימלא דאסור אלא נכרי שלא כבשתו תחת ידיך ולינו שרוי עמך בחצר ולקמיה פריך איפכא מסתברא: נכרי שכיבשתו תחת ידך. דהוי ממונו כממונך או שלא כיבשתו אבל שרוי בחצרך מנין תלמוד לומר לא ימלא לקמיה מפרש לה: ואין לי אלא בבתים. כלומר ואם לא נאמר זה ולא נאמר ולא יראה לך שאור בכל גבולך הייתי אומר אין לי שאסור להיות חמץ אלא בבתים מפני שהוא מצוי אללו תמיד דהא קרא בתים הוא דכתיב: תלמוד לומר בכל גבולך. בקרא דלא יראה כתיב: ועדיין. אע"פ שנאמר שניהם יש לי לומר בבתים עובר בכל אלו דהא לא ימלא דמשמע אפילו הטמנה לא כתב אלא בבתים ולא כתב בהו נמי לך להוליא של אחרים אבל בגבולין בורות שיחין ומערות כתב לך ולאו לאומר אבל אתה רואה כהן של אחרים מנין ליתן קולו של זה בזה וחומרו של זה בזה ת"ל כו' ולקמיה פריך מאי קאמר דמייתי לה של אחרים ושל גבוה לאיסורא ולהתירא הכא והכא: כלפי לייא. שתי מלות כלפי היכן נוטה דבר זה הא איפכא מסתברא נכרי שכבשתו מסתברא דאסור טפי: לייא. היכן וחבירו בברכות בפרק הרואה (דף נח.) אלבי לנהרא כגני לייא חרסים שבורים להיכן הולכין: איפוך. אין לי דאסור אלא בנכרי שכיבשתו דהוי דומיא דשלך נכרי שלא כיבשתו מניין תלמוד לומר לא ימלא ולא כתב לא תמלא אבל לא ימלא לגמרי משמע: ורישא קאי. להיתירא אין לי דמותר לראות של אחרים בדלא קביל עליה אחריות כדלקמיה אלא שלא כיבשתו נכרי שכיבשתו מנין דמותר ת"ל לא ימלא: ופרכינן לרבא תנא מהדר אהיתירא ונסיב לה למילתיה קרא לאיסורא ומשני להיתירא קא נסיב לה משום שנאמר בגבולין בשאור לך לך תרי זימני לא יראה לך שאור בכל גבולך שבעת ימים בפרשת ראה וכתיב לא יראה לך חמץ ולא יראה לך שאור בכל גבולך בפרשת בא ואם אינו ענין להאי לך בגבולין גבי ראייה דהא כבר אמור תניהו ענין ללא ימלא ודרוש ביה לא ימלא לך אף במלוי אלנך והיינו שרוי עמך קאמינא לך דאין חמץ אסור אלא אם כן שלך אבל אתה מולא את שלו והיא לך דחמץ לא קחשיב דשאור וחמץ מילרך לריכי כדאמר בבילה (דף ז:) דחד מחבריה לא יליף: מחוזא. עירו של רבא: דבני חילא. גיים של בית המלך ומטילין תיקון טורח מזונותיהן על העיירות: הניחא. הא דאמרינן דמשום אחריות אסור: למאן דאמר כו'. רבי שמעון קאמר ליה בבבא קמא (דף עא:) קדשים שחייב באחריותן חייב: להכי

תוספות

לחלק יצאת. מדקרי לה אב מלאכה ועוד אומר ריב"א דלמ"ד ללאו יצאת מלאכה שלא היה אסור ביו"ט כיון דאין שם מלאכה עליה: לא אמרינן מתוך. דאי אמרינן מתוך שרי אע"ג דבעינן לורך היום קצת כמה שמתעבר הוי לורך: אבל אתה רואה של אחרים ושל גבוה. הקשה הרב ר' יעקב דאורליינ"ש דהכא לא מלריך תרי קראי למעוטי נכרי וגבוה דמחד לך ממעטינן תרוייהו אע"ג דהתם לך כתיבי וכפ' כל שעה (לקמן כג.) משמע דלריכי כולהו ובמנחות בפרק רבי ישמעאל (דף סז. ושם) קאמר תרי עריסותיכם כתיבי חד למעוטי נכרי וחד למעוטי הקדש ומיהו בספרים מדויקים גרס חד כדי עריסותיכם פירוש כשיעור עיסת מדבר וחד לעיסת הקדש וכן נראה דבראשית הגז (חולין קלה:) דרשינן מעריסותיכם כדי עיסתכם: משום דכתיב לך לך תרי זימני. פ"ה כיון דמייתר לך שדייה אלא ימלא וקשה לרשב"א דמיתורא דלך גופיה אפילו בלא [לא] ימלא מלינו למעוטי נכרי שכיבשתו ואור"י דאי לאו לא ימלא מלך לא ממעטינן נכרי שכיבשתו דההוא נמי לך חשיבא וה"א דאתי לדרשה אחריתא אבל השתא דשדינא אלא ימלא ממשמעותיה ממעטינן נכרי שכיבשתו דלא ימלא לך משמע אפילו במלוי בעינא לך אבל עוד קשה לו כיון דשדינא אלא ימלא אמאי אילטריך ליה לעיל למדרש מה שאור האמור בגבולים וכו' אף שאור האמור בבתים שלך אי אתה רואה וכו' ותירץ ר"י דאי לאו דרשה דשאור שאור הוה מוקי לה למעוטי של אחרים ושל גבוה בבתים כמו בגבולים ולא למעוטי נכרי שכיבשתו ודוחק הקשה רבינו תם דבשום דוכתא לא מלריכנא תרי קראי לכיבשתו ושלא כיבשתו בראשית הגז (חולין קלה:) גבי שדך דגנך ועובך דמייתי התם בכולהו לא מלריך אלא חד קרא לכיבשתו ושלא כיבשתו ותי' רשב"א דכיון דגלי לן הכא נכרי שכיבשתו לא חשיב שלך בשום דוכתא תו לא לריך תרי קראי וממעטינן תרוייהו מחד קרא וכן יש לתרץ מה שהקשה ה"ר יעקב דאורליינ"ש מעריסותיכם: התם

[שבת ע. וש"נ]

[ולא יראה לך שאור כצ"ל וכ"ה בילקוט]

רבינו חננאל

אמר רבא ש"מ מדר"ע תלת ש"מ אין ביעור חמץ אלא שרפה דאי ס"ד בלא שרפה ישביתהו אפילו ביו"ט שלא בשרפה ושמעי' מינה הבערה לחלק יצאתה דאי ס"ד ללאו יצאתה תיתי עשה דהשבתת חמץ לידחי לאו דהבערה וש"מ לא אמרינן מתוך שהותרה הבערה לצורך הותרה נמי שלא לצורך: ת"ר שבעת ימים שאור לא ימצא בבתיכם מה ת"ל והלא כבר נאמר לא יראה לך שאור בכל גבולך שבעת ימים וכו' עד מנין ליתן את האמור של זה בזה ואת האמור של זה בזה ת"ל שאור שאור לגזרה שוה נאמר שאור בבתים שבעת ימים שאור לא ימצא בבתיכם ונאמר שאור בגבולין לא יראה לך שאור בכל גבולך מה שאור האמור בבתים כיון שהוא מצוי בביתו עובר בבל יראה ובבל ימצא ובבל יטמין ובבל יקבל פקדונות מן הנכרי' שאילו כולן נכנסין בכלל דבר המצוי בביתו שאין אדם רואה בביתו אלא דבר המצוי בביתו וכן כלם אף שאור האמור בגבולין כן ומה שאור האמור בגבולין כתיב ביה לא יראה לך שלך אי אתה רואה אבל אתה רואה של אחרים ושל גבוה אף שאור האמור בבתים של אחרים ושל גבוה מותר: אמר מר יכול יטמין ויקבל פקדונו' מן הנכרי' ת"ל לא ימצא אין לי אלא נכרי שלא כבשתו ואין שרוי עמך בחצר הוא שלא ימצא אצלך לא טמון ולא פקדון נכרי שכבשתו ושרוי עמך מנין ת"ל לא ימצא ואקשי' [כלפי לייא] כלומר דברים שהתפכו הן כמו שהשאלה הפוך מן הראש שכל המהלך בדרך המהלכים הולך ראשו לפנים וזנבו לאחריו והמהפך הולך זנבו לפנים והראש אחריו כך גם זה כלומר אם אסרה לך התורה בנכרי שלא כבשתו אע"פ שאין בכל כחך כמו שלך הוא נכרי שכבשתו ושרוי עמך: אמר אביי איפוך. כלומ' נכרי שכבשתו ושרוי עמך בחצר כמו שלך הוא חשוב ואסור אלא מנין שאף נכרי שלא כבשתו ואינו שרוי עמך בחצר שהוא אסור ת"ל לא ימצא כלל: רבא אמר לעולם לא תיפוך ורישא קאי. כלומר בתחלת הענין הדברים אמורים שלך אי אתה רואה אבל אתה רואה של אחרים ושל גבוה אין לי אלא שמותר לך לראות חמצו של נכרי אלא בנכרי שלא כבשתו ואין שרוי עמך שאין בך יכולת למנעו נכרי שכבשתו ושרוי עמך בחצר מנין שאע"פ שיש בך יכולת למנעו שמותר שנא' לא יראה לך שלך אי אתה רואה אבל אתה רואה של אחרים ואקשי' האי תנא מהדר אהתירא כלומר מטשמע הני קראי מראין הדברים שמותר לראות חמצו של נכרי שלא כבשתו ונסיב לה קרא לא ימצא בבתיכם דמשמע לאיסורא ופרקי' הייתה אומר אסור שנא' לא ימצא מכל מקום קמ"ל לא יראה לך חמץ ולא יראה לך שאור לך לך תרי זימני דאפי' נכרי שכבשתו שרי דקרינא ביה שלך אי אתה רואה אבל אתה רואה של אחרים ושל גבוה והני מילי דלא קביל עליה אחריות אבל קבל עליה אחריות אסור כדרבא דאמר לבני מחוזא בערו חמירא דבני חילא פי' הנכרים בני החיילות היו מפקידין את החמץ שלהן בבתי ישראל והיו נותנין להם קמח ואומרין להם עשו לנו לחם ואפילו אם אבד אותו הלחם באונס אין משגיחין אלא מעונשין אותם נמצא אותו לחם כל זמן שהוא אצלם כאלו שלהם הוא ואע"ג דאמרינן דבר הגורם לממון הוא כלומר לכשיאבד אני אשלם ואתה העת נמצא כאלו ממונו אבד אבל כל זמן שהוא טמון הו"א דנכרי הוא קמ"ל דבין כך ובין כך אסור:

גליון הש"ס

גמ' משום שנאמר לך לך תרי זימני. [illegible]

§ מסכת פסחים דף ה: §

אות א'

יכול יטמין ויקבל פקדונות מן הנכרי, ת"ל לא ימצא

רמב"ם פ"א מהל' חמץ ומצה ה"ב - והמניח חמץ ברשותו בפסח, אע"פ שלא אכלו, עובר בשני לאוין, שנאמר: לא יראה לך שאור בכל גבולך, ונאמר: שאור לא ימצא בבתיכם, ואיסור החמץ ואיסור השאור שבו מחמצין, אחד הוא.

רמב"ם פ"ד מהל' חמץ ומצה ה"א - כתוב בתורה: לא יראה לך חמץ, [א]יכול אם טמן אותו [ב]או הפקיד אותו ביד גוים לא יהיה עובר, תלמוד לומר: שאור לא ימצא בבתיכם, אפילו הטמינו או הפקידו; יכול לא יהיה עובר אלא אם כן היה החמץ בביתו, אבל אם היה רחוק מביתו בשדה או בעיר אחרת לא יהיה עובר, תלמוד לומר: בכל גבולך, בכל רשותך; יכול יהא חייב לבער מרשותו חמץ של גוי או של הקדש, תלמוד לומר: לא יראה לך, שלך אי אתה רואה, אבל אתה רואה של אחרים ושל גבוה.

רמב"ם פ"ד מהל' חמץ ומצה ה"ב - הא למדת שחמץ של ישראל אם הניחו ברשותו אפילו טמון, ואפילו בעיר אחרת ואפילו מופקד ביד גוים, הרי זה עובר משום לא יראה ולא ימצא; וחמץ של הקדש או של גוי שהיה אצל ישראל, אפילו היה עמו בבית, הרי זה מותר, מפני שאינו שלו; ואפילו היה של גר תושב שיד ישראל שולטת עליו, אין כופין אותו להוציא החמץ מרשותו בפסח; אבל צריך לעשות מחיצה גבוהה עשרה טפחים בפני חמצו של גוי, שמא יבוא להסתפק ממנו; אבל של הקדש אינו צריך, מפני שהכל פורשין מן ההקדש כדי שלא יבואו לידי מעילה.

אות ב' - ג' - ד'

נכרי שכיבשתו ושרוי עמך בחצר מנין, ת"ל לא ימצא

הא דקביל עליה אחריות, הא דלא קביל עליה אחריות

בעירו חמירא דבני חילא מבתייכו, כיון דאילו מיגנב ואילו מיתביד ברשותייכו קאי ובעיתו לשלומי, כדילכון דמי ואסור

סימן תמ ס"א - [ג]א"י שהפקיד חמצו אצל ישראל, אם הוא חייב באחריותו מגניבה ואבידה - ומיירי שקיבל עליו אחריות בהדיא, וקנו מידו, דאל"ה אין דין שומרים לעכו"ם, כדמבואר בחו"מ סימן ש"א, [**ובחי'** רעק"א מצדד, דאפשר לענין פשיעה סגי בקבלה בעלמא בלא קנין].

ואם דין המלכות שמתחייב באחריות אפילו בסתמא, משעה שנעשה שומר אף בלא קנין, נמי הוי ברשותא דישראל, ואפילו לא התנה שיהא חייב באחריות גניבה.

בין שהוא בביתו בין שהוא בכל מקום ברשותו, חייב לבערו - בשעה שהגיע זמן הביעור, אם אין העכו"ם כאן שיחזירו לו, **דכתיב**: שאור לא ימצא בבתיכם, משמע אפילו השאור אינו שלו לגמרי, ג"כ אסור מן התורה, **מיהו** עכ"פ מיירי בשקיבל עליו אחריות, ואחשביה קרא כשלו עי"ז, **דבפקדון** בעלמא שלא באחריות, ליכא איסורא להשהות, מדכתיב קרא אחרינא: לא יראה לך, ודרשינן: שלך אי אתה רואה, אבל אתה רואה של אחרים.

ואפילו השכיר או השאיל לו מקום בפני עצמו לחמצו בביתו או בחצירו, נמי לא מהני אם קיבל עליו אחריות, דקיי"ל שכירות לא קניא, וא"כ הרי מונח החמץ בביתו של ישראל, [ד][רש"י].

מ"מ בדיעבד אם השהה אצלו החמץ עד לאחר הפסח, יש לסמוך על הפוסקים דס"ל, דהיכא שמיחד לו מקום לחמצו, אינו עובר בבל יראה, אף שקיבל עליו אחריות, דבעינן שיהא החמץ מצוי תחת ידו של ישראל, כפקדון בעלמא שהוא תחת רשותו, לטלטל ולהניח בכל פנה שרוצה, ובייחד לו מקום בפני עצמו, לא מיקרי מצוי, ומותר החמץ לאכול וליהנות ממנו, [**והיינו** אפי' לדעת הפוסקים דס"ל, דחמץ של עכו"ם שהוא מופקד ביד ישראל ובאחריותו, אסור לאחר הפסח].

ויחוד מקום מיקרי, כשמיחד לו בפניו בית או חדר או זוית בתוך ביתו, בשכירות או בשאלה, [**ואף** שבא"ר הכריע, דבדיעבד מותר אפי' באומר לו: הא ביתא קמך, מ"מ קשה להקל כולי האי]. **אבל** אם קיבל ממנו פקדון בלי יחוד מקום, ואח"כ יחד לו מקום שלא מדעת העכו"ם בעל הפקדון, לא מהני, דשמא העכו"ם אינו חפץ שיהיה מונח חמצו אלא ברשות ישראל, **ואפילו** עשה מחיצה, ג"כ לא מהני.

הגה: ואפי' חזר והפקידו ביד אינו יהודי אחר (הגהות אלפסי) - שהרי הוא כשלו מכיון שקיבל עליו אחריות, וא"כ הו"ל כמפקיד חמצו ביד נכרי, דאסור כמבואר בס"ד, **ואפי'** אם הנכרי האחר קיבל עליו כל האחריות שהיה על הישראל, אעפ"כ אסור, דהא לא נפקע עי"ז האחריות מן הישראל לגבי עכו"ם ראשון, **ודוקא** לא"י שאינו בעליו, לאפוקי כשחזר והפקידו ביד בעליו דשרי, דהו"ל כמקבל אחריות על

באר הגולה

[א] ‹כלומר דמדכתיב לא יראה, משמע שריותא דטמן, ומדכתיב לך, משמע דוקא כשהוא בידך אבל אם הפקיד אותו ביד עכו"ם שרי, ת"ל: שאור לא ימצא בבתיכם, דמדכתיב לא ימצא, אסור אפילו טמון, דהא אם יחפשו אחריו וכמטמונים יבקשוהו אז ימצאוהו, ומדכתיב בבתיכם, משתמע איסורא להפקידו ביד עכו"ם, שהרי המקום שמניח בו חמצו ביד עכו"ם הרי הוא ביתו - כסף משנה› [ב] ‹אע"פ שאינו מבואר בברייתא, דבר פשוט הוא וק"ו, ומה חמץ של עכו"ם שחייב ישראל באחריותו חייב לבערו, זה שהוא של ישראל לגמרי לא כ"ש - מגיד משנה. ‹לכאורה מעוניין, דהביא הברייתא, ולא הביא הציור של קבלת פקדון מן הנכרי הכתוב שם, ורק בהלכה ג', ותחתיו מביא הציור איפכא, נתינת פקדון לנכרי, שלמד מק"ו› [ג] **ברייתא וגמרא פסחים ה'** [ד] ‹דף ו. ד"ה יחד לו בית - כלומר: לא קיבלו עליו, אלא אמר ליה הרי הבית לפניך, הנח באחת מן הזויות, אין זקוק לבער. **וכתב** הפנ"י וז"ל: ממה שהוכרח לרש"י לפרש "לא קיבלו עליו", משמע להדיא דס"ל, דאי קיבל עליו אחריות, אפילו בייחד לו בית חייב לבער›

חמצו של עכו"ם בבית עכו"ם, דשרי, [**ואף** דבעליו לא קיבלו עליהן שמירה רק בתורת שומר חנם, והוא קיבל עליו אחריות דגניבה ואבידה, מ"מ שרי].

ויש מקילין בזה, (כשהנכרי האחר קיבל אחריות), כיון דמ"מ גוף החמץ אינו שלו, וגם אינו בביתו, ואי משום דקיבל עליו אחריות דגניבה ואבידה, הרי כנגדו קיבל העכו"ם השני על עצמו - [מ"א]. **ולדעתם** הוא הדין כשמכר החדר שהחמץ מונח בו לעכו"ם, ג"כ שרי, אם העכו"ם זה קיבל עליו אחריות של גניבה ואבידה.

(**עיין בשאגת אריה, דבקבל עליו אחריות של חמץ נכרי, והפקידו אצל נכרי אחר, אף שהשני לא קבל עליו אחריות, שרי בהנאה אחר פסח**).

[ה]וי"א שאפי' אינו עליו אלא שומר חנם שחייב בפשיעה, חייב לבערו - ולכתחלה יש לחוש לדעה זו, לפיכך אם העכו"ם בעל הפקדון לפניו, צריך להחזיר לו, **ואם** אין העכו"ם כאן, יעשה מכירת חמץ, ויבטל ג"כ, **ואף** דלהרבה פוסקים אין מועיל מכירה וביטול בחמץ שאין הגוף שלו, מ"מ בכגון זה יש לסמוך על המקילין.

אך בדיעבד כשכבר הגיע שעה ששית, שאי אפשר למוכרו לעכו"ם, יש לסמוך אסברא ראשונה, ואין הישראל חייב לבערו מן העולם, אלא מותר להשהות חמץ זה עד שיבוא בעליו העכו"ם לעיר, **אפילו** בא בתוך הפסח יחזיר לו חמצו מיד בבואו, כדי לצאת מחשש איסור של תורה שיש בשהייה זו לפי סברת הי"א, **רק** שיזהר שלא יגע בידיו, **ואחר** הפסח מותר לאכול ממנו, אפילו לא החזירו לבעליו.

[ו]ואפי' אם אינו חייב באחריותו בדין, אלא שיודע שהא"י אלם ויכפהו לשלם אם יאבד, חייב לבערו; [ז]ויש חולקים - דכיון שהישראל לא קיבל עליו אחריות, והוא פטור מדין התורה ומדין המלכות, [דאם היה חייב מדין המלכות, לכו"ע חייב לבער], אין החמץ נחשב כשלו ע"י כפיית העכו"ם. **ומ"מ** העיקר כדעה הראשונה, **ומ"מ** אם עבר עליו ולא ביערו, ועבר עליו הפסח, אין להחמיר, ואפי' באכילה מותר.

ואם מהני בזה (בחמץ של א"י) ביטול ומכירה כמו בחמץ שלו, יש דעות באחרונים, דהרבה מהם ס"ל דלא מהני, כיון שאין גוף החמץ שלו, **והרבה** מהם מקילין בדבר, **ולפי** דעת מ"א, יש תקנה שיחזור ויפקידו ביד עכו"ם אחר, או שימכור הבית שהחמץ מונח בו לעכו"ם, והעכו"ם יקבל עליו אחריות של גניבה ואבידה, **והנכון** שיעשה שניהם, דהיינו מכירת הבית, וגם מכירת החמץ.

ואם עבר ולא ביערו ועבר עליו הפסח, דעת הרבה פוסקים דאסור באכילה ובהנאה, כמו חמץ של ישראל שעבר עליו הפסח, **ומכל** מקום אם בא אותו הנכרי אחר הפסח, רשאי להחזיר לו החמץ, ולא איכפת לן במה שנהנה מזה שפורע חובו, **ובמקום** דיש לחוש שיחזור העכו"ם וימכרנו לישראל, ויכשל ישראל באיסור חמץ שעבר עליו הפסח, י"ל דאסור להחזיר לו.

ויש מקילין בעיקר דין זה, ולדידהו לא גזרו חכמים בחמץ שעבר עליו הפסח אלא בחמצו של ישראל, ולא בחמצו של עכו"ם המופקד ביד ישראל, **ויש** לסמוך עלייהו עכ"פ לענין היתר הנאה.

[ח]סימן תמ ס"ב - [ט]ואם אינו חייב באחריותו, אינו חייב לבערו - אבל בפסח אינו רשאי לכתחלה לקבל כלל פקדון חמץ, אפי' בלא אחריות, ואפילו בחנם.

אפילו אם כבוש תחת ידו, כגון שהוא גר תושב - ר"ל שנתיישב בארצך, ויד ישראל שולטת עליו, **ושרוי עמו בחצר** - והו"א שממונו כממונך, [רש"י], וצריך אתה להוציא פקדונו מרשותך, קמ"ל דלא.

---

§ מסכת פסחים דף ו. §

אות א'

בהמת ארנונא פטורה מן הבכורה

יו"ד סימן שכ ס"ה - [א]עדר שהמלך נוטל ממנה מעשר, כיון שעישור של המלך בתוכו, חשיבא יד עובד כוכבים באמצע ופטור מהבכורה. הגה: ואפילו יכול לסלק העובד כוכבים במעות, הואיל יד עובד כוכבים באמצע, מאחר שעיקר שיעבוד העובד כוכבים על הבהמות (ב"י להרי"ף ורא"ש ופסקי מהר"י סי' ק"ל). אבל אם התנו מתחלה שיתנו לו דמים בעד הולדות, חייב בבכורה (גם זה שם).

אות ב'

עיסת ארנונא חייבת בחלה

יו"ד סימן של ס"ג - ישראל שהוא שותף עם העובד כוכבים, אם אין בחלק הישראל כשיעור, פטורה - דוקא בשיש לה שותפות, **אבל** עיסת ארנונית חייבת בחלה, אע"ג דלא מצי מסלק ליה בזוזי, אפי' אין בו שיעור חלה בשל ישראל, דשמא ימלוך העובד כוכבים שלא ליטלה, כן פסק הב"ח. (**וטעמא** הוי, כיון דעיסה ארנונא לית לה קלא דלגוי היא, וכשיאכלנה בלא הפרשת חלה, הרואה אומר שלו היא ואוכלה, הילכך משום מראית העין חייבת בחלה, **אבל** גבי שותפות הגוי, אפי' ימלך הגוי ולא יטלנה, מ"מ היא של גוי, הילכך אין בשל ישראל כשיעור פטורה, והכי איתא בירושלמי, והכי נקטינן - ב"ח). (**ומפריש** חלה בברכה, רשב"א בתשובה - רעק"א). **ואם יש בה כשיעור, חייבת** - ומשמע דביש בה שיעור לעולם חייבת, אפילו העובד כוכבים עומד עליו, ומפורסם שיד העובד כוכבים באמצע, ואפילו קנו הקמח ביחד, וכן פסק הב"ח עיין שם.

באר הגולה

[ה] **טור בשם בה"ג והרא"ש** [ו] **שם בשם רמב"ם** (וכתב ה"ה, שכתב כן מפני שהוא מפרש דהא דאמר רבא לבני מחוזא וכו', תשלומים אלו היו שלא מן הדין אלא באונס, ואעפ"כ נקרא החמץ שלהם - ב"י) [ז] (ובהשגות כתוב, שאין אחריות מן האונס אחריות שיתחייב לבערו בשביל כך, שזה האחריות מדין ומחוק המלכות היה, שהיה עליהם לפרנס אנשי החיל שהיו שומרים העיר - ב"י. וכן משמע מרש"י) [ח] (ע"פ הבאר הגולה) [ט] **שם בברייתא ובגמרא** [א] **מימרא דרבא פסחים דף ו.**

היינו דאיצטריך לא ימצא אלא למאן דאמר כממון דמי לא ימצא למה לי איצטריך סלקא דעתך אמינא הואיל וכי איתיה הדר בעיניה לאו ברשותיה קאי קמשמע לן בעו מיניה מרבא בהמת ארנונא חייבת בבכורה או אין חייבת בבכורה כל היכא דמצי מסלק ליה בזוזי לא קא מיבעיא לן דחייב כי קא מיבעיא לן היכא דלא מצי מסלק ליה בזוזי מאי אמר להו פטורה והתניא חייבת התם דמצי מסלק ליה איכא דאמרי אמר רבא *בהמת ארנונא פטורה מן הבכורה ואע"ג דמצי מסלק ליה 'עיסת ארנונא חייבת בחלה ואע"ג דלא מצי מסלק ליה מאי טעמא בהמה אית לה קלא עיסה לית לה קלא: תנו רבנן *נכרי שנכנס לחצירו של ישראל ובציקו בידו אין זקוק לבער הפקידו אצלו זקוק לבער יחד לו בית אין זקוק לבער שנא' לא ימצא מאי קאמר אמר רב פפא ארישא קאי והכי קאמר הפקידו אצלו זקוק לבער שנאמר לא ימצא רב אשי אמר לעולם אסיפא קאי והכי קאמר 'יחד לו בית אין זקוק לבער שנאמר לא ימצא בבתיכם והא לאו דידיה הוא דנכרי כי קא מעייל לביתא דנפשיה קא מעייל למימרא דשכירות קניא *והתנן 'אף במקום שאמרו להשכיר לא לבית דירה אמרו מפני *שמכניסין לתוכו ע"ג ואי סלקא דעתך דשכירות קניא כי קא מעייל לביתיה דנפשיה קא מעייל שאני הכא דאפקיה רחמנא בלשון לא ימצא מי שמצוי בידך יצא זה שאינו מצוי בידך אמר רב יהודה אמר רב 'המוצא חמץ בביתו ביום טוב *כופה עליו את הכלי אמר רבא אם של הקדש הוא אינו צריך מאי טעמא מיבדל בדילי מיניה ואמר רב יהודה אמר רב 'חמצו של נכרי עושה לו מחיצה עשרה טפחים משום היכר ואם של הקדש הוא אינו צריך מאי טעמא מיבדל בדילי אינשי מיניה ואמר רב יהודה אמר רב *'המפרש והיוצא בשיירא קודם שלשים יום אין זקוק לבער תוך שלשים יום זקוק לבער אמר אביי הא דאמרת תוך שלשים יום זקוק לבער לא אמרן אלא שדעתו לחזור אבל אין דעתו לחזור אין זקוק לבער אמר ליה רבא ואי דעתו לחזור אפילו מראש השנה נמי אלא אמר רבא 'הא דאמרת קודם שלשים יום אין זקוק לבער לא אמרן אלא שאין דעתו לחזור אבל דעתו לחזור אפילו מראש השנה זקוק לבער ואזדא רבא לטעמיה דאמר רבא 'העושה ביתו אוצר קודם שלשים יום אין זקוק לבער תוך שלשים יום זקוק לבער וקודם שלשים נמי לא אמרן אלא שאין דעתו לפנותו אבל דעתו לפנותו אפילו קודם שלשים יום נמי זקוק לבער הני שלשים יום מאי עבידתייהו *כדתניא 'שואלין ודורשין בהלכות הפסח קודם הפסח שלשים יום ר' שמעון בן גמליאל אומר שתי שבתות מאי טעמא דתנא קמא שהרי

הכי איצטריך לא ימצא. משום דבעלמא לאו כממון דמי איצטריך קרא למימר דגבי חמץ מיהא מחסר: **הואיל וכי איתיה הדר**. הוא גופיה למ"ה בעיניה וזה עדיין לא נאבד להוות היכא דאיתו בעין כגון גבי גונב קדשים שהיו הבעלים חייבין באחריותן אמר רבי שמעון אף על פי שאין כפל להקדש דכתיב לרעהו ולא להקדש הכא חייב דכיון דזה חייב באחריותן רעהו קרינא ביה דהא גרם לו להתחייב ממון: **ארנונא**. המלך נוטל עישור מן הבהמה ומן התבואה: **חייבת בבכורה**. דקיימא לן *כל שיד נכרי באמצע פטורה מן הבכורה שנאמר (במדבר ג) לי כל בכור בישראל אבל לא באחרים ועדר זה שעישורו של מלך בתוכו חייבת בבכורה לתת לכהן הבכורות שלהם או לא: **דמצי מסלק ליה**. לנכרי במעות: **לא מיבעי לן**. כיון דאכתי לא זכה נכרי בהן ודינו אינו קבוע בהן יותר ממעות איכא למימר לא יתן לו בהמות אלא מעות: **ואע"ג דמצי מסלק ליה**. דכל כמה דלא סלקיה ידו שייכא בבהמות: **עיסת ארנונא חייבת**. ואע"ג דעיסת נכרי פטורה ואוכל ישראל בלא חלה דהא עריסותיכם כתיב זו חייבת דלית לה קלא והרואה אומר שלו היא ואוכלה בלא חלה אבל בבהמה אית לה קלא והדתניא חייבת בעיסה הוא דתניא: **אין זקוק לבער**. לא הזקיקוהו להוציא את הנכרי מן הבית כדאמרן אבל אתה רואה של אחרים: **הפקידו אצלו**. וקביל עליה אחריות כדמפרש ואזיל זקוק לבער: **יחד לו בית**. כלומר לא קיבלו עליו אלא אמר ליה הרי הבית לפניך הנח באחת מן הזוויות אין זקוק לבער: **מאי קאמר**. היכי יליף מלא ימצא: **לעולם אסיפא**. ולא ימצא משמע המצוי בידך לכל חפצך היינו דקביל עליה אחריות דהוי כדידיה: **אף במקום שאמרו להשכיר**. בפ"ק דע"א תנן אין משכירין בתים לנכרים בארץ ישראל אבל בסוריא משכירין וכל שכן בחוצה לארץ ואף במקום שהתירו להשכיר לא לבית דירה התירו אלא להעמיד בו בהמות ועצים ולא שידור הוא בה: **שאין מצוי בידך**. שהרי אותה זוית מסורה לנכרי: **כופה עליו את הכלי**. דהא לא חזי לטלטולי ואפוקי ומיהו בבל יראה לא עבר דהא בטליה בליביה מאתמול כדאמרינן לקמן הבודק צריך שיבטל בלבו אלא משום שלא ישכח ויאכלנו צריך כפיית כלי: **מיבדל בדילי מיניה**. אפילו בחול למוד הוא לפרוש ממנו: **חמצו של נכרי**. המופקד אצלו ולא קיבל עליו אחריות דמותר לשהותו: **עושה לו מחיצה**. בארבעה עשר משום היכר שלא ישכח ויאכלנו ולא סגי ליה בכפיית כלי כל שבעה שהכלי ניטל לצורך ומיהו ההוא דלעיל לא אפשר ליה במחיצה ומשום חד יומא סגי ליה בכפיית כלי ובלילה יבערנו: **המפרש**. מן היבשה לים: **בשיירא**. למקום רחוק: **קודם שלשים יום**. לפסח ולקמן מפרש כנגד ששואלין בהלכות הפסח קודם הפסח שלשים יום ומאז חל עליו להיזהר בצרכי הפסח: **דעתו לחזור**. בימי הפסח: **אפילו מראש השנה נמי**. דכי הדר ביה בימי הפסח עבר עליה וההיא שעתא לאו ברשותיה היא דליבטליה שהרי איסור הנאה הוא ואינו שלו וכברא הוא עובר עליה: **אוצר**. שהכניס שם תבואה ותחתיה חמץ ואמרינן לקמן *חמץ שנפלה עליו מפולת הרי הוא כמבוער: **תוך שלשים זקוק לבער**. לכתחלה לא זהו ביעורו: **קודם שלשים**. לא חלה חובת ביעור עליו וכי מטי ההיא שעתא לא מחייב כדאמרן דהא נפלה עליו מפולת הרי שהרי

התם דמלי מסלק ליה.הק' ר"י דבפ' איזהו נשך (ב"מ דף ע: ושם) אמר דהמקבל צאן ברזל מן הנכרי הוולדות פטורים מן הבכורה אף על גב דמלי מסלק ליה לנכרי בזוזי כדאמר התם כיון דאלו בעי נכרי זוזי ולא משכח שקול בהמה ותי' ר"י דשאני התם *שמתחלה היתה הבהמה של נכרי וכיון דאי בעי זוזי ולא משכח שקיל בהמה לא נפקא מרשותיה אבל כשהבהמה של ישראל ומלי מסלק ליה לנכרי בזוזי לא נכנסה לרשותו: **בהמת** ארנונא פטורה מן הבכורה אע"ג דמלי מסלק ליה. והא דתניא חייבת פ"ה דגבי עיסה תניא וק' לרשב"א דהא גבי בהמה תניא בהדיא בתוספתא *דחייבת בבכורה וכן גבי עיסה תניא* עיסת ארנונא חייבת בחלה אע"ג דלא מלי מסלק ליה ואית ספרים דגרסי בהמת ארנונא פטורה והוא דלא מלי מסלק ליה ולפי זה מתיישבות שתי הברייתות: **יחד** לו בית. פ"ה דלא קיבל עליו אחריות אלא אמר ליה הרי הבית לפניך וק' לר"י מאי איריא יחד אפילו לא יחד נמי והכי נמי מסיק בסמוך למימר דשכירות קניא ופר"ת דאפילו באחריות מיירי ומשום הכי מפיק מלא ימצא דלא חשיב מצוי כיון שיחד לו בית ורב פפא אית ליה מסברא כיון שיחד לו בית הוי כאלו קיבל עליו אחריות על חמצו של נכרי בביתו של נכרי*: **כופה** עליו כלי. אע"ג דאיכא למ"ד בפ' כירה (שבת מג.) אין כלי ניטל אלא לדבר הניטל איכא לאוקמי בצריך למקומו אי נמי הכא שרי משום דילמא אתי למיכליה: שנאמר

רבינו חננאל

בהמת ארנונא. פי' בהמה שיש בה שותפות לנכרי פטורה מן הבכורה דבהדיא ק"ל כל יד נכרי באמצע פטור מן הבכורה ואע"ג דמצי מסלק ליה לנכרי בדמי מ"ט בהמה אית לה קלא כלומר דהאי בהמת דנכרי היא ולא אתי למיסר דישראל היא וקא אכיל בוכרי אבל עיסת ארנונא אע"ג דלא מצי מסלק ליה לנכרי מינה חייבת בחלה דהא לית לה קלא: ת"ר נכרי שנכנס לחצרו של ישראל ובצק בידו אין זקוק ישראל להוציאו מידו של נכרי ולבערו הפקידו אצלו חייב לבער אלא אם יחד ליה בית הלאו ברשותיה דישראל קאי; למימרא דשכירות קניא והתנן בע"ז פ"ק אף במקום שאמרו להשכיר לא לבית דירה אמרו מפני שמכניס לתוכו עבודת כוכבים וכתיב (דברים ז כו) לא תביא תועבה אל ביתך ואי ס"ד דשכירות קניא לאו ביתו הוא ושני' לעולם שכירות לא קניא ושאני הכא דכתיב לא ימצא כל חמץ שמצוי בידך אסרה תורה והאי כיון דיחד לו בית יצא מידו זה החמץ ואינו מצוי בידו: אמר רב המוצא חמץ ביו"ט שאינו יכול לבערו כופה עליו את הכלי חיישינן שמא יאכלהו בנוו ואם של הקדש אינו צריך מ"ט מיבדל בדילי אינשי מיניה מקמי הכי ולא אתו למיכליה דחמיר עלייהו איסורייהו. וחמץ של נכרי צריך מחיצה עשרה טפחים כדי שיצא מרשות ישראל לגמרי: וכן המפרש בים או היוצא בשיירא תוך שלשים יום זקוק לבער (לאחרי כן יבערו) קודם שלשים יום אין זקוק לבער בד"א כשאין דעתו לחזור אבל כשדעתו לחזור אפי' מתחלת השנה חייב לבער וכן דין העושה את ביתו אוצר תוך שלשים יום זקוק לבער קודם שלשים יום אין זקוק לבער במה דברים אמורים בשאין דעתו לפנותו קודם הפסח אבל דעתו לפנותו חייב לבער; והני שלשים יום מאי עבידתייהו דתניא

עין משפט נר מצוה

כח א מיי' פ"ד מהל' בכורות הלכה א סמג עשין מח טוש"ע יו"ד סי' שכ סעיף ס:
כט ב מיי' פ"ו מהלכות ביכורים הל' ט סמג עשין קמא טוש"ע יו"ד סי' של סעיף ג:
ל ג ד מיי' פ"ד מהל' חמץ ומצה הלכה ג טוש"ע או"ח סימן תמ סעיף ג:
לא ה מיי' פ"ו מהלכות ע"ז הל' ד סמג לאוין מח טוש"ע יו"ד סי' קנא סעיף י:
לב ו מיי' פ"ג מהלכות חמץ ומצה הלכה ח סמג לאוין עט טוש"ע או"ח סי' תמו סעיף א:
לג ז מיי' פ"ד שם הל' ב סמג שם טוש"ע א"ח סי' תמ סעיף ג:
לד ח ט מיי' פ"ב שם הלכה יג סמג שם טוש"ע או"ח סימן תלו סעיף א ב:
לה כ טור ש"ע א"ח סי' תכט סעיף א:

מסורת הש"ס

[בכורות ג.] [תוספתא פ"ב] [בכורות פ"ב] תוספתא דחלה פ"א [ועי' תוס' ב"מ סא: ד"ה והא] עי' כח. ומו. [נ"ל שמכניס] [עי' תוספות שבועות ז. ד"ה מתון] [תוספתא פ"א] מגילה כט: סנהדרין יב: [ר"ה ז. בכורות נח.] תוספתא מגילה פ"ג [דף ח.]

גליון הש"ס

גמ' בהמת ארנונא. עיין נדרים סב ע"ב ברש"י ד"ה והלך לו ארנונא: תוס' ד"ה התם. שמתחלה היתה הבהמה. עי' ב"ב נ ע"א תוס' ד"ה קסבר:

אות ג' - ד'

נכרי שנכנס לחצירו של ישראל ובציקו בידו, אין זקוק לבער; הפקידו אצלו, זקוק לבער

יחד לו בית, אין זקוק לבער

טור סימן תמ - עכו"ם שנכנס בבית ישראל בפסח וחמץ בידו, אינו זקוק להוציאו; הפקידו אצלו וקיבל עליו אחריות, חייב לבערו; ואם ייחד לו מקום, שאמר לו: הנה הבית לפניך הניחו במקום שתרצה, אין זקוק לבערו, ופירש"י בשלא קיבל עליו אחריות; ור"ת פירש אפי' קיבל עליו אחריות, דכיון דייחד לו מקום אינו מצוי בביתו, ולזה הסכים א"א ז"ל - ‹אבל אין נראה כן מדברי הרמב"ם, **וזה** לשון הרשב"א בתשובה: נראה בגמרא שאם יחד לו בית אפילו בקבלת אחריות מותר, אלא שהרי"ף השמיטה להחמיר בדבר, וכן ראוי להחמיר, עכ"ל - ב"י›.

ואפילו השכיר או השאיל לו מקום בפני עצמו לחמצו בביתו או בחצירו, נמי לא מהני אם קיבל עליו אחריות, דקיי"ל שכירות לא קניא, [כן מוכח מגמרא לשיטה זו], וא"כ הרי מונח החמץ בביתו של ישראל, [ב][רש"י] - מ"ב סימן תמ ס"א.

מ"מ בדיעבד אם השהה אצלו החמץ עד לאחר הפסח, יש לסמוך על הפוסקים דס"ל, דהיכא שמיחד לו מקום לחמצו, אינו עובר בבל יראה, אף שקיבל עליו אחריות, דבעינן שיהא החמץ מצוי תחת ידו של ישראל, כפקדון בעלמא שהוא תחת רשותו, לטלטל ולהניח בכל פנה שרוצה, וביחד לו מקום בפני עצמו, לא מיקרי מצוי, ומותר החמץ לאכול וליהנות ממנו, [**והיינו** אפי' לדעת הפוסקים דס"ל, דהחמץ של עכו"ם שהוא מופקד ביד ישראל ובאחריותו, אסור לאחר הפסח] - שם.

ויחוד מקום מיקרי, כשמיחד לו בפניו בית או חדר או זוית בתוך ביתו, בשכירות או בשאלה, [**ואף** שבא"ר הכריע, דבדיעבד מותר אפי' באומר לו: [ג]הא ביתא קמך, מ"מ קשה להקל כולי האי, מאחר שהרבה ראשונים פליגי על עיקר דינא דייחד לו מקום], **אבל** אם קיבל ממנו פקדון בלי יחוד מקום, ואח"כ יחד לו מקום שלא מדעת העכו"ם בעל הפקדון, לא מהני, דשמא העכו"ם אינו חפץ שיהיה מונח חמצו אלא ברשות ישראל, **ואפי'** עשה מחיצה, ג"כ לא מהני - שם.

סימן תמ ס"ג - [ד]א"י שנכנס לבית ישראל וחמצו בידו, אינו זקוק להוציאו, אעפ"י שהישראל רואה חמץ של א"י, אין בכך כלום - דשלך אי אתה רואה, אבל אתה רואה של אחרים, **ולשמא** יבא לאוכלו ליכא למיחש, כמו שחששו במופקד בידו, והצריכוהו משום זה לעשות מחיצה, דהא החמץ הוא תחת יד העכו"ם והוא משמרו.

[**וכ"ז** באין העכו"ם עבדו, דבעבדו שמזונותיו עליו, אין להניחו שיכנס לבית לאכול חמצו, אף אם החמץ הוא של עכו"ם, משום מראית עין, שיחשדו אותו שהוא מאכיל חמץ לעבדו].

[ה]אבל אסור להעלותו עמו על השלחן, ואפי' בהפסק מפה - ואע"פ דאם א' אוכל בשר וא' אוכל חלב על שלחן א', שרי אם מפה מפסקת, **חמץ** שאני שהוא במשהו, ורחוק הדבר שלא יתערב פרור א' של העכו"ם בשל ישראל, ואסור, **והסכימו** האחרונים, דאפי' אם אין לו היכרות עם עכו"ם זה, דאין לחוש שמא ישכח ויאכל מחמצו, ג"כ אסור ומטעם הנ"ל, שמא מתערב פרור חמץ מעצמו במאכלו של ישראל.

וכ"ז שאוכלים בשעה א', אבל בשעה שאינו אוכל, מותר לו להניח לא"י לאכול על שלחנו, רק שיזהר הישראל לנקות השלחן ולהדיחו יפה אחר אכילת הא"י, שלא ישארו שם פרורין מחמצו, **וכן** צריך ליזהר כשילך הא"י מביתו, שיטול כל חמצו ולא ישתייר ממנו מאומה.

[ו]סימן תנ ס"ה - [ז]הגה: וכן מותר להשכיר לו בית לדור בו, ואע"פ שמכניס בו אחר כך חמץ, שרי (אגור) - היינו אע"ג שמשכירו סתמא, לדור בו הוא, **ולא** אתי לאפוקי אלא היכי שמשכירו בפירוש לשום בו חמץ, ומשום דמשתכר באיסורי הנאה.

ומשמע מדברי אחרונים, דאין לאסור משום משתכר באיסורי הנאה, אלא דוקא היכי שהגיע זמן איסורו, כגון בפסח או ע"פ ‹מו' שעות ולמעלה - בה"ט›, אבל קודם אינו אסור אפי' לכתחלה, [האגור, **ומוכח** מגר"א, דה"ה לשאר דברים שאיסורן משום משתכר באיסורי הנאה], **ויש** מחמירין בזה אפי' תוך ל' קודם לפסח.

אות ה'

אף במקום שאמרו להשכיר, לא לבית דירה אמרו וכו'

יו"ד סימן קנא ס"י - אף במקום שהתירו להשכיר, לא התירו אלא לאוצר וכיוצא בו, אבל לא לדירה, מפני שמכניס לתוכו עבודת כוכבים בקבע - כתב ב"י, ונראה דלמכור אפילו לדירה שרי, כיון שקנאו העובד כוכבים ואין לישראל זכות בו, אע"פ שמכניס בו העובד כוכבים אלילים, לית לן בה, ע"כ, וכתב הב"ח ופשוט הוא, שכן מוכח לשון המשנה, ע"כ, וכן משמעות הפוסקים, וכן מבואר בדברי הרא"ש שבס"ק שאח"ז - ש"ך.

באר הגולה

[ב] ‹ד"ה יחד לו בית - כלומר: לא קיבלו עליו, אלא אמר ליה הרי הבית לפניך, הנח באחת מן הזויות, אין זקוק לבער. **וכתב** הפנ"י וז"ל: ממה שהוכרח לרש"י לפרש "לא קיבלו עליו", משמע להדיא דס"ל, דאי קיבל עליו אחריות, אפילו בייחד לו בית חייב לבער, ע"כ. **ועיין** בתוס' שס"ל, דאם יחד לו בית אפי' קבל עליו אחריות שפיר דמי, **וכתב** הרב ט"ז ז"ל דלשיטת ר"ת ז"ל צריך לפרש, הא דאמר רבא לבני מחוזא בעירו חמירא דבני חילא מבתייכו, דלאו דוקא, אלא ר"ל שיוציאו מבית המיוחד להם ויניחוהו במקום המיוחד לבני החיל - מאמ"ר› [ג] ‹ומחולקין ג"כ בפירוש "יחד", לרש"י, הנה הבית כו', **ולתוס'**, יחד זוית דוקא - פמ"ג› [ד] **ברייתא שם** [ה] **הרשב"א בתשובה** [ו] ‹ע"פ הגר"א› [ז] ‹אבל להשכיר לו שיכניס חמץ לתוכו, אסור, כמ"ש בירושלמי פ"ב ה"ב, לא ישכיר ישראל את ביתו לא"י ליתן בתוכו חמץ, **ואע"ג** שאמרו בפ"ק דפסחים ייחד לו בית כו', **כאן** איירי בתוך הפסח או בע"פ, שכבר נאסר בהנאה, והו"ל משתכר באיסורי הנאה, כנ"ל, וכן משמע בירושלמי שם דבתוך הפסח מיירי. **ול"נ** דגם ההיא דפסחים פ"ק מיירי בתוך הפסח, כמ"ש שם ת"ר א"י שנכנס כו', וע"כ בתוך הפסח, ועלה קאמר הפקידו כו' ייחד כו' למימרא כו', אלא דשם מיירי שייחד לו בית שלא להכניס לו חמץ, ומותר אף כשמכניס בתוכו, כנ"ל - גר"א›

הגה: והאידנא נהגו להשכיר אף לדירה, כיון שאין נוהגים להכניס עבודת כוכבים בבתיהם - קשה דהא חזינן דמכניסים עבודת כוכבים בבתיהן אפי' בקבע, **ודוחק** לומר דכיון דבזמן הזה לאו עובדי ע"ז הן, לא מיקרי אליל שלהם עבודת כוכבים, **ואפשר** בזמן הרב לא היו נוהגים להכניס עבודת כוכבים בבתיהם בקבע, כמו שכתבו הרא"ש וטור בזמניהם, **אבל** לפעד"נ דסמכינן אאידך שנויא שכתב הרא"ש, וז"ל, ועוד נהי דלדידן שכירות לא קניה, כיון שיד האומות תקיפא, ובדיניהם שכירות אלימא כמכר, ואף אם נפל ביתו של משכיר אינו יכול להוציאו, הוי כמכר, עכ"ל, **וכ"כ** ראב"ן, דאפי' מכניסים עבודת כוכבים לבתיהם שרי, משום דכיון דאותן ישראלים נותנים מס מקרקעות להעובד כוכבים, אינו מיוחד הבית לישראל - ש"ך.

השוכר בית מעכו"ס, יש להחמיר שלא להניח שם דמות עבודת כוכבים של העובד כוכבים.

אות ו'

המוצא חמץ בביתו ביום טוב, כופה עליו את הכלי

סימן תמו ס"א - [ח]**המוצא חמץ בביתו, אם הוא בחול המועד, יוציאנו ויבערנו מיד** - ר"ל יוציאנו מרשותו מיד, שלא יבוא לידי מכשול אכילה קודם הביעור.

ואם צריך לברך "על ביעור חמץ", היכא שכבר בדק וביטל כדינו קודם פסח, עיין בסוף סימן תל"ה במ"ב.

ואם הוא יו"ט, יכפה עליו כלי עד הלילה - דדלמא אתי למיכליה, **ואז יבערנו. (לפי שלא יוכל לטלטלו ביו"ט) (ריב"ש)** - דמוקצה הוא, דהא אסור באכילה ובהנאה, (**ואפילו** בחמץ דרבנן ג"כ אסור בטלטול, וכ"כ האחרונים).

ור"ל דאם היה מותר לטלטל, היה צריך להוציאו לחוץ או לשורפו, ולא היו מתירין להשהות בבית ע"י כפיית כלי, [מוכח מרש"י ור"ן].

(**ואם מטלטל תבשיל ומוליכו למורה הוראה לשאול עליו איזה שאלת חמץ, והמורה הורה לאיסור, דברו בזה האחרונים, אם מותר לו להוליכו לביתו כדי לכפות עליו כלי, או צריך לזרוק אותו תיכף מידו, עיין בח"י ובא"ר ובב"מ, והנראה דאפילו אם נימא דמותר לו לטלטל בחזרה, כיון שהוא כבר בידו, ושמתחלה טלטלה בהיתר וברשות, מ"מ אין לו להוליכה לביתו אלא לבית הכסא, ולא התירו בכפיית כלי אלא משום דלא אפשר לטלטל, משא"כ הכא שבלא"ה מטלטלה**).

(גם לשרפו במקומו אסור) (ר"ן) - אפילו אינו מזיז החמץ כלל, מפני שהוא הבערה שלא לצורך היום.

והנה מסתימת השו"ע משמע, דאפילו בחמץ שלא ביטלו, כגון שנתחמץ ביו"ט, דא"א לבטלו ועובר על בל יראה, אפ"ה אין תקנה רק בכפיית כלי, **אבל** הרבה פוסקים סוברים, [רש"י ‹ד"ה כופה›, דדוקא בחמץ שביטלו קודם יו"ט, דאינו עובר בבל יראה, רק מדרבנן צריך ביעור כדי שלא יבוא לאכול, סגי בכפיית כלי, **אבל** בחמץ שלא ביטל, אתי לאו דבל יראה ודחי עכ"פ טלטול דרבנן, וע"כ מותר לטלטלו ולהשליכו לנהר או לביה"כ, או לפררו ולזרוק לרוח, [דאינו מלאכה דאורייתא], ‹**מיהו** לשרוף ביו"ט אסור לרש"י ‹דף ל"ו. ד"ה אין לשין›, דהבערה שלא לצורך היא, דאזיל לטעמיה דמתחלת שבע השבתתו בכל דבר - ב"ח›, **ואפי'** לשרוף מותר לכמה פוסקים, דמתוך שהותרה הבערה לצורך הותרה נמי שלא לצורך, בכגון זה שהוא צורך היום קצת, **וכתבו** האחרונים, שנהגו העולם כדעה הראשונה וכסתימת השו"ע, ובכל גווני כופין עליו כלי, [**ומטעם**, דהעמידו חכמים דבריהם בשב ואל תעשה, וממילא אינו עובר בבל יראה, כיון דהוא אנוס בתקנת חכמים], **מ"מ** היכי דנהוג כסברא האחרונה, נהוג, ואין להם לבטל מנהגם.

וכ"ז דוקא בחמץ גמור, ומשום לתא דבל יראה ובל ימצא, אבל בתבשיל שנאסר משום שמצא בו חטה, וכדומה, אפי' לסברא אחרונה אסור לבערו ביו"ט, אלא יכפה עליו כלי וישהנו עד חוה"מ, **והסכימו** הרבה אחרונים, דאפילו נמצא החטה בתבשיל בשביעי של פסח, דאם ישהנו עד שנכנס יום האחרון, יהיה מותר להשהותו, וכדמבואר בסימן תס"ז ס"י, ונמצא כמשהה החמץ ע"מ לקיימו, אפ"ה אין לו לבערו בפסח, ואפי' ע"י עכו"ם, אלא כופה עליו כלי, ואחר יו"ט שורף החטה ואוכל התבשיל.

וכתבו האחרונים, דאם יש נכרי לפניו, יכול להטילו לים או לבית הכסא על ידו, ואפילו בחמץ שכבר ביטלו, דאינו צריך ביעור רק מדרבנן, משום דטלטול ע"י נכרי הוא שבות דשבות, ומותר במקום מצוה, **ומ"מ** אין העולם נוהגין כן, ובכל גווני כופין עליו כלי, [מג"א, ומשום דחיישינן שיאמר העכו"ם כשפים אנו עושים, **וא"ר** כתב, דחיישינן שיאכלנו הכותי, משום דרוב פעמים אין הולכים עמו לנהר].

(**כתב הריב"ש, מצא חמץ בר"ה אסור לו להגביהו, דמשעה שהגביהו קנאו, ועובר עליו בבל יראה, ואפי' אין דעתו לזכות בו, אלא מגביהו כדי לסלקו ממקום שרבים עוברים עליו כדי שלא יכשלו בו, נמי אסור, ע"ש טעמו, ולא דמי להא דשרינן לסלק קוץ בשבת בכרמלית משום היזק רבים, דקוץ הוא דבר הבלתי נראה, משא"כ הכא לא שכיח הזיקא כהתם**).

[ט]**סימן תמו ס"ב** - [י]**ויש מי שאומר, דיו"ט שני דינו כחול המועד לענין זה** - ר"ל דאם מצא חמץ ביו"ט שני, אינו כופה עליו את הכלי, אלא יוציאנו ויבערנו מיד, **וה"ה** אם מצא ביו"ט ראשון, שצריך לכפות עליו כלי, יעמוד כן עד הלילה, וכשיגיע יו"ט שני יבערנו.

ועיין בשכנה"ג והובא בא"ר, שכמה פוסקים חולקים ע"ז, דיו"ט שני שוינהו רבנן כיו"ט ראשון לכל דבר, **ולהלכה** הסכימו האחרונים, דאם כבר ביטל חמצו, יו"ט שני כראשון, **רק** אם לא ביטל חמצו, או נתחמץ תוך הפסח דאינו בכלל ביטול, והיה בזה שיעור כזית, דלכו"ע עובר בזה על בל יראה ובל ימצא, יש לסמוך בזה על סברת היש מי שאומר, ולטלטל בעצמו החמץ להשליכו לים או לבית הכסא, מאחר שלדעת רוב ראשונים מותר בזה גם ביו"ט הראשון.

באר הגולה

ח מימרא דרב פסחים ו' | ט ‹ס"ב וג' מילואים› | י ארחות חיים

סימן תמ ס"ג - "[יא]**גגו של אינו יהודי שהיה סמוך לגגו של ישראל, ונתגלגל החמץ מגגו של א"י לגגו של ישראל, הרי זה דוחפו בקנה** - וליגע בו בידים אסור, דלמא אתי למיכל מיניה, **ואע"ג** דחמץ שלו מטלטלו ושורפו בחוה"מ, התם שאני, דכיון שהוא מחזר עליו לשורפו, לא חיישינן שמא ישכח ויאכלנו.

ואף דאין החמץ שלו ואינו עובר בבל יראה, מ"מ אסור להשהותו ברשותו, דלמא אתי למיכל מיניה בשעה שעולה על הגג להשתמש בו.

ואם היה בשבת או ביו"ט, כופה עליו כלי, (דאסור לטלטלו ביו"ט ושבת) - היינו אף ע"י דחיפה בקנה, דטלטול מן הצד שמיה טלטול, וישהנו עד חוה"מ, ואח"כ ידחפנו לגגו של עכו"ם או לר"ה.

אות ז'

חמצו של נכרי, עושה לו מחיצה עשרה טפחים משום היכר; ואם של הקדש הוא, אינו צריך

סימן תמ ס"ב - "[יב]**וצריך לעשות לפניו מחיצה גבוה י' טפחים, כדי שלא ישכח ויאכלנו** - ואע"ג דבשאר איסורי אכילה והנאה לא בעינן מחיצה, **הכא** שאני, משום דלא בדילי מיניה כולי שתא, חיישינן שלא יבא לאכלו, להכי בעינן מחיצה להיכרא, **ובכפיית** כלי ע"ג החמץ לא סגי, דדילמא ינטל הכלי לצורך תשמישו ויתגלה החמץ, **ולא** התירו כפיית כלי, אלא במוצא חמץ בביתו ביו"ט, שא"א לעשות מחיצה, וגם שאינו אלא לזמן מועט, דבלילה יבערנו.

ומחיצה של סדין לא סגי, לפי שהולכין ובאין תחתיו, [**ואם** היה קשור למטה ואינו נד, שפיר דמי].

(מסתימת הפוסקים משמע, דלאו דוקא פת שאפשר לאכלו תיכף בנטילתו כמו שהוא, אלא אפילו מיני חמץ שא"א לאוכלם כי אם אחרי אפיה ובישול, ג"כ חיישינן שמא ישכח ויקחו ויבשלו וצריך מחיצה, ולא אמרינן דאדהכי והכי יזכור שהוא חמץ, **ועיין** בספר אשל אברהם להגאון מבוטשאטש, שכתב להקל בכגון זה, אם הקמחים אינם ודאי חמץ רק חשש חמץ, עיי"ש שמגבב איזה קולות בזה).

(**ודע עוד**, דאפילו במקום שנוהגין איסור בפת עכו"ם, ג"כ צריך מחיצה, ולא אמרינן דבלא"ה בדילי מיניה, דלא אמרו כן בש"ס אלא בחמץ של הקדש, ומשום דהקדש חמירא דאית ביה מעילה, וכולי עלמא זהירי ביה, ולא כן בפת גוי שאינו אלא חומרא בעלמא).

הגה: וא"י שהניח חמץ בבית ישראל בלא רשותו, כופה עליו כלי (ריב"ש) - אשמעינן דגם בעכו"ם שהניח בלי רשותו כלל, ג"כ דינא כמו בחמצו, או בחמץ של נכרי שהופקד תחת ידו, **והטעם**, דגם בזה חיישינן שמא יבא לאכלו, **ודוקא בי"ט, אבל אם הוא קודם י"ט צריך לעשות מחילה** - וה"ה במוצאי יו"ט, דהיינו בלילה הראשון של חול המועד, מכיון שאפשר לו בעשיית מחיצה, צריך לעשות מחיצה, **וכן** אם הניח העכו"ם בחול המועד, ג"כ צריך מחיצה עשרה, אפילו יודע שהעכו"ם יחזור ויקחהו אחר יום או יומים, **מיהו** אם יודע שהעכו"ם יחזור ויקחהו באותו יום גופא, יש להקל דדי בכפיית כלי.

[**ודע** דדעת ח"י הוא, דכ"ז דוקא אם ירא שיתחייב לשלם לעכו"ם אם יבער חמצו, אבל אם לא יצטרך לשלם, אין לו לעשות מחיצה בחוה"מ, דהוא טירחא יתירא, אלא יזרוק אותו לחוץ, **וא"ר** הביאו, והסכים שלא כדבריו, ואינו מחוייב לאבד חמצו של עכו"ם, אפי' לא יתחייב לשלם, ויעשה מחיצה אפי' בחוה"מ]. **(ע"ל סימן תמ"ו סעיף א').**

אות ח' - ט' - י'

המפרש והיוצא בשיירא, קודם שלשים יום אין זקוק לבער, תוך שלשים יום, זקוק לבער

הא דאמרת קודם שלשים יום אין זקוק לבער, לא אמרן אלא שאין דעתו לחזור; אבל דעתו לחזור, אפילו מראש השנה זקוק לבער

העושה ביתו אוצר, קודם שלשים יום אין זקוק לבער, תוך שלשים יום זקוק לבער

סימן תלו ס"א - "המפרש מיבשה לים או יוצא בשיירא, ואינו מניח בביתו מי שיבדוק - ר"ל שלא צוה לאחד קודם נסיעתו, שיבדוק כשיגיע זמנו, **דאם** מינה לאחד ע"ז, שוב א"צ בעצמו לבדוק, דשלוחו של אדם כמותו, **וכבר** נתבאר לעיל, דלכתחלה טוב יותר למנות אנשים לבדיקה, ואם אין לו, יוכל למנות גם אשה לזה.

תוך שלשים יום, זקוק לבדוק - בלילה שלפני יציאתו לאור הנר, וגם צריך אז לבטל החמץ שלא ראה, כמו בליל י"ד, [**אבל** נראה שיאמר: כל חמירא וחמיעא דאיכא בביתא הדין וכו'], **ואם** שכח לבדוק בלילה, יבדוק ביום.

ואפי' אין דעתו לחזור כלל עד אחר הפסח, ולא יראה החמץ שבביתו, משום דמאז והלאה חל עליו חובת הבדיקה, [דשואלין בהלכות פסח קודם לפסח ל' יום].

ואם יש לו בנים קטנים בביתו, וצריך הוא להניח להם חמץ לאכול, ואין לו מי למנות על הבדיקה, יוציאם מביתו לבית אדם אחר, ושם יניח עבורם, ויסגור את ביתו הבדוק, שלא יכניס שם שום אדם עוד חמץ, דאל"ה מה מועיל בדיקתו, **ואם** מניח בביתו אשתו ובניו ובני ביתו הגדולים שיש בהן דעת ויכולין לבדוק, אין צריך לבדוק כלום קודם יציאתו, אלא יצוה לאחד מהם שיבדוק ויבטל החמץ כשיגיע הזמן, **ועיין** בסימן תל"ד, שנכון הדבר שיבטל גם הוא בעצמו במקום שהוא כשמגיע זמן הביטול.

באר הגולה

[יא] הריב"ש בתשובה בשם הרי"ץ גיאות [יב] מימרא דרב שם ו' [יג] מימרא דרב פסחים ו'

(ואם שכח ולא בדק, עיין מג"א שכתב, דאפשר דצריך לחזור לביתו, או לשלוח שליח שיבדוק, ועיין בבית מאיר שדעתו, דאם שכח מלבדוק והלך תוך ל', מיד שנזכר דלאו שפיר עבד מבטל חמצו ודי, אכן כ"ז בספק חמץ, אבל אם יודע שיש שם חמץ ידוע, כביצה ויותר, משמע מהב"מ דמסכים עם המ"א, אכן אם נוגע לו דבר זה להפסד מרובה כשיחזור לביתו, או שישלח שליח, כתב בספר מגן האלף דאין מחויב ודי בביטול, דדמי להולך לדבר מצוה בסי' תמ"ו, וכן בהולך להציל מן הנהר או מן הדליקה שרי ליה לבטל בלבו, והכא נמי כה"ג).

(ולא יברך אז על ביעור חמץ) (כל בו) - דכשבודק בליל י"ד תקנו לברך "על ביעור חמץ", לפי שמה שהוא מוצא בבדיקתו הוא מצניעו כדי לבערו למחר, נמצא דהבדיקה הוא התחלת הביעור, **משא"כ** כאן, שלא יבערו מן העולם, וישתמש בו כשאר הימים, אלא שהוא מפנהו מבית זה, (**אמנם** דעת הב"ח, דבתוך ל' יום צריך לברך, ורק היכי שצריך לבדוק קודם ל' יום א"צ לברך, **ודעת** הפר"ח דלעולם צריך לברך, כיון דחייבוהו חכמים לבדוק, **ומסתימת** המ"א והט"ז וש"א **משמע**, דתפסו כדעת הג"ה דלעולם א"צ לברך, **אכן** מצאתי דדעת הרא"ה כהפר"ח, ודעת הריטב"א להכריע כהב"ח, וצ"ע למעשה).

קודם שלשים יום אינו צריך לבדוק - דלא חל עליו תקנת חכמים, **(וכשמגיע פסח יבטלנו) (טור)** - במקום שהוא, דאף דאין רואה החמץ, עובר משום בל יטמין, דהא לא בטליה מעיקרא.

[יד] **ואם** יש שם חמץ ידוע, י"א דחייב לבער קודם שיצא, ויש מקילין בדבר.

[טו]**ואם דעתו לחזור קודם הפסח, צריך לבדוק ואח"כ יצא, דחיישינן שמא יחזור ערב פסח ביהש"מ ולא יהיה לו פנאי לבער** - ר"ל וביו"ט לא יוכל לבערו, מפני שאין מבערין החמץ ביו"ט, ונמצא מקיים החמץ בביתו, **וכ"ש** אם דעתו לחזור בתוך הפסח.

ואפי' יצא מתחלת השנה צריך לבדוק, ואפילו ביטל כבר, מ"מ צריך לבדוק, שמא יחזור וימצא ויאכלנו.

ודוקא במפרש לים או יוצא בשיירא לדרך רחוקה, אפי' דעתו לחזור זמן רב קודם פסח, חיישינן שמא ישתהא, אבל יוצא לדרך קרובה, אפי' בתוך ל' יום לא חיישינן, **ומ"מ** הכל לפי הענין, דלפעמים אפי' בדרך קרובה, אם מגביל זמן ביאתו בצמצום קרוב לזמן הבדיקה, חיישינן שמא ישתהא, וצריך לבדוק מקודם, **ויש** מקילין בזה, **ולמעשה** יש לדון לפי קירוב וריחוק המקום.

[טז]**וכן העושה ביתו אוצר תוך שלשים יום, זקוק לבדוק ואח"כ כונס אוצרו לתוכו** - ואפילו אין דעתו לפנותו עד אחר הפסח, שלא יראה החמץ בפסח, אפ"ה חל עליו חובת הבדיקה מקודם כיון שהוא תוך ל', [יז]**ואם** לא בדק קודם, צריך לפנות האוצר ולבדוק.

ואפילו אין שם חמץ ידוע, אלא שהוא מקום שנשתמש שם חמץ, ועתה רוצה להניח שם תבואה לאיזה זמן, או עצים וכה"ג.

קודם שלשים יום, אם דעתו לפנותו קודם הפסח, צריך לבדוק ואח"כ עושהו אוצר - שחששו חכמים שמא יתחיל לפנותו קודם ליל י"ד, ולא יגמור לפנותו אלא ישאר ממנו פחות מגובה ג"ט מכוסה על החמץ, דשוב לא הוי כמבוער, [דאי הוי ג"ט, הוא בכלל מפולת על החמץ, דהוי כמבוער], ואח"כ כשיגיע ליל י"ד ישכח על החמץ שתחת האוצר, כיון שמכוסה מן העין.

ואם אין דעתו לפנותו קודם הפסח - אלא דעתו לפנותו לאחר הפסח, **אינו צריך לבדוק** - דקודם ל' יום אין חל עליו חובת הבדיקה, ואח"כ כשנעשה האוצר הרי הוא כמבוער, כמו חמץ שנפלה עליו מפולת, וסגי בביטול כשיגיע פסח.

וכתב במ"א, וכ"ז בחמץ שאינו ידוע, אבל בחמץ ידוע צריך לבערו מתחלה, [**ואף** דבחמץ שנפלה עליו מפולת מקילינן, אף דהוא ידוע, שאני הכא דמניח האוצר עליו בידים, והוי כמטמין לכתחילה], **ויש** מקילין אפילו בחמץ ידוע, וכנ"ל (בענין היוצא בשיירא).

הגה: והאוצר חטים שיש חטים מחומצים בקרקעית הבור - היינו שהיו שם חטים מחומצים ואח"כ הניח האוצר עליהם, **אם נעשה האוצר שלשים יום קודם הפסח, אינו זקוק לבער** - כיון שנעשה האוצר קודם שלשים יום, **אלא מבטלו בלבו** - קודם הפסח, **ודיו** - [דאפי' למאי דנסבור לן, דבידוע אסור אפי' קודם ל' יום, הכא דנעשה כבר האוצר אין להחמיר - מ"א].

ומיהו לאחר פסח כשמפנה האוצר, אסור ליהנות מאותן חטים - דאף דחמץ שנפלה עליו מפולת מותר ליהנות מהן לאחר פסח, הכא גרע טפי, דהתם אין בדעתו לפנות הגל ולחטט אחר הפסח, **אבל** כאן הלא דעתו לפנות בורו אחר הפסח, והרי הוא כמבטל ומכוין לחזור ולזכות בו, (**ולכאורה צריך טעם, דא"כ גם מתחלה קודם הפסח, למה לא נחייבו לפנות, דמה דשרינן במפולת הוא ע"י ביטול דוקא, ובלא ביטול מחויב לכתחלה לפנות המפולת, ומאי נ"מ שהוא נעשה קודם ל', כיון שהחמץ קיים שם ואינו מבטלו, אכן י"ל דאמנם אם לא היה אסור בהנאה, הביטול אינו ביטול גמור, שהרי טורח הוא לו לברור החטים המחומצים, וכשימכור ימכר הכל ביחד, א"כ אף שאומר שהוא מבטל אינו מועיל, שהרי כונתו למכור אח"כ, ולא יברור זה מזה, ולכן אסרו בהנאה אחר הפסח, וכיון דאסור בהנאה ויהיה מחויב לברור אח"כ המחומצים, א"כ שוב ביטולו ביטול גמור הוא, שהלא שוב לא יזכה בהמחומצים מחמת איסור הנאה, ולכן א"צ לפנות מתחלה).**

ופשוט דיכול למכרו לכל האוצר קודם הפסח לעכו"ם, ויהיה מותר אח"כ ליהנות ממנו.

באר הגולה

[יד] (ובההיא דעושה ביתו אוצר, מפרש לה רש"י בחמץ ודאי, שכתב וז"ל: ותחתיה חמץ - נהר שלום) [טו] **מימרא דרבא וכפי' הר"ן בשם אחרים וכ"כ הטור בשם הרמב"ם והרי"ץ גיאות** [טז] **גם זה שם בגמ'** [יז] [מג"א בשם מהרי"ל, והביאוהו האחרונים, **אכן** בבית מאיר ומאמ"ר מפקפקים בזה, דמרש"י משמע דרק לכתחלה לא זהו ביעורו, אבל בדיעבד הרי הוא כמפולת וסגי בביטול, **ולמעשה** כתב גם המאמ"ר דאין לזוז מדברי המהרי"ל, שכן מוכח גם כן מהרמ"א לקמיה בשם תשובת הרשב"א, **גם** יש לומר דרש"י לשיטתו דכמבוער מן התורה, והלא יש דס"ל דמפולת מן התורה אינו כמבוער]

ואם אין שם חמץ ידוע אלא ספק - ר"ל בעת שהניח מלמעלה האוצר, אינו ידוע אם היה אז בקרקעיתו חטים מחומצים בודאי, **מותר למכור האוצר** - אחר הפסח **כך ביחד (תשובת הרשב"א)** – (ר"ל שא"צ לבדוק אם ישנן שם מחומצים, כדי להשליכם שלא ליהנות מהם), וליכא למיחש למידי, דאף אם מצא עכשיו מחומצים (מותר משום ס"ס), שמא לאחר הפסח נעשה, ועוד דשמא אין זו אלא עיפוש והפסד, ולא חמץ נחשבת.

אבל אם הניח החטים ואח"כ נתחמצו החטים מלחות הבור, אפילו היה הנחתו תוך ל' א"צ לפנותו, דבשעה שהניח החטים עדיין לא היה שם חמץ, ועכשיו הוי כחמץ שנפלה עליו מפולת, וכ"ש כשיש ספק אם נתחמצו, ויבטלנו קודם פסח, (מ"א, **ובא"ר** מפקפק עליו, דגרע ממפולת, מפני שדעתו למכור בורו לאחר הפסח, ובטולו אינו בטול גמור, וע"כ צריך לפנותו, **ובבית מאיר משמע כהמ"א**), [**ומ"מ** לאחר הפסח מסתברא דאסור ליהנות מהן, אם הן ודאי חמץ, כיון שדעתו לפנותו אחר הפסח].

(**ובתוך** שלשים יום אם רוצה להניח אוצר של חטים, אפילו אם אינו ידוע לו אם יש שם חטים של חמץ בקרקעיתו של הבור, כיון שרגיל להמצא שם חטים לחים, דינו כעושה את ביתו אוצר, וצריך לכבד אותו מקום ולבדוק לאור הנר קודם שמניח האוצר שם).

סימן תלו ס"ב - [יח]**וי"א דקודם ל' יום שא"צ לבדוק, היינו כשאין דעתו לחזור בתוך הפסח, ואע"פ שדעתו לחזור קודם הפסח או אחריו, אינו צריך לבדוק כיון שהוא קודם ל'** - דעה זו בא להקל, ולשונו מגומגם קצת, ור"ל דמה שאמרנו דקודם שלשים יום א"צ לבדוק, הוא אף כשדעתו לחזור קודם הפסח, ורק שלא יהיה דעתו לחזור בתוך הפסח, **דדעה** זו לא ס"ל מה שכתב לעיל, דחיישינן שמא יבא בע"פ בין השמשות וכו'. **(וכשיגיע פסח יבטלנו)** - פי' כשלא בא לביתו קודם הפסח.

אבל אם דעתו לחזור בתוך הפסח, צריך לבדוק אפילו מראש השנה - דכשיבוא בפסח לאו ברשותיה קיימא דליבטליה, ועובר על בל יראה ובל ימצא, [**ואף** דיוכל לבטל קודם פסח, כיון שהוא בדרך על הים או בשיירא, חיישינן שמא ישכח לבטל. [יט]ע"ש במהרש"א ומהרש"ל ומג"א כאן מה שבארו בכונת רש"י].

ודע דלדעה זו, ה"ה העושה ביתו אוצר, דלדעה ראשונה תלוי חובת הבדיקה באם דעתו לפנותו קודם הפסח, ולדעה זו דוקא באם דעתו לפנותו תוך הפסח.

[כ]**ואם שכח ולא בדק, יבטל כשיגיע הפסח** - דאם בדק היה צריך לבטל ג"כ בשעת הבדיקה, כמש"כ בריש הסימן.

ולא יברך על הבטול - דכיון דעיקר הביטול בלב, דאפילו מחשב בלבו סגי, אין מברכין על דברים שבלב, [**ואפי'** למ"ד דצריך להוציא הביטול בפה, מ"מ אין לברך על הביטול, שלא מצינו בחז"ל שתקנו נוסח ברכה על הביטול]. **הגה: גם אשתו תבדוק ותבטל בביתו, דילמא ישכח לבטל במקום שהוא (כל בו).**

(וכ"ז קודם ל' יום, אבל תוך ל', שחל עליו חובת בדיקה, אף שדעתו לחזור לביתו קודם פסח, חיישינן שמא ישתהא ולא יבוא, וע"כ צריך בדיקה, [**וכ"ש** אם אין דעתו לחזור כלל עד אחר הפסח, בודאי צריך בדיקה לכו"ע].

וכבר נתבאר לעיל בס"א, דכ"ז במפרש לים ויוצא בשיירא לדרך רחוקה, אבל בדרך קרובה, ודעתו לחזור קודם הפסח, לא חיישינן וסמכינן דיבדוק כשיבוא.

ולענין דינא פסקו הרבה אחרונים, דיש להחמיר כדעה ראשונה, **ומ"מ** במקום הדחק, כגון שיצא מביתו עם השיירא וכה"ג, יש לסמוך אדעה אחרונה, ואינו צריך לחזור אם אין דעתו לבוא תוך הפסח.

[כא]**סימן תלו ס"ג** - [כב]**ישראל היוצא מבית א"י תוך ל' יום ונכנס בבית אחר בעיר זו, או הולך לעיר אחרת, א"צ לבער בית הא"י** - ואפי' אם לא יכנוס לתוכה העכו"ם קודם פסח, **שהרי יקיים מצות ביעור באותו בית אחר** - או הוא או בעה"ב שדר אצלו, דהוי כשלוחו לבער חמצו, ושלוחו של אדם כמותו.

ואין זה עיקר הטעם, דכי מי שיש לו כמה בתים אינו מחוייב לבדוק רק בית אחד, **אלא** משום דכיון שיוצא מבית העכו"ם שלא ע"מ לחזור, מסתמא מפקיר הוא לחמצו הנשאר שם, והרי הוא כמשליך אותו ברחוב, ותו אין החמץ שלו, ואינו עובר עליו בבל יראה, **אלא** דמ"מ אם לא היה נכנס לבית אחר קודם פסח, כגון שהוא מפרש לים או יוצא בשיירא, דעת היש מי שאומר, דכיון שהוא תוך ל', מצוה עליו לקיים מצות בדיקה קודם שיצא מהבית בעוד שהחמץ שלו, כיון שלא יקיים מצוה זו במקום אחר, **משא"כ** כאן שיכנס לבית אחר ויקיים שם מצות ביעור, אין שום טעם לחייבו.

אבל אם הוא מפרש או יוצא בשיירא ולא יכנס בפסח בבית, [כג]**יש מי שאומר שחל עליו חובת הביעור כיון שהוא תוך ל' יום, וצריך לבער בית הא"י שהוא יוצא ממנו כדי לקיים מצות ביעור.**

(אע"פ שהא"י יכנס לבית בפסח) - ויביא שם חמצו בלא"ה, אפ"ה צריך הישראל לבדוק חמץ שלו, וכ"ש כשלא יכנס בו הנכרי.

ואם יוצא מבית ישראל, וישראל אחר נכנס בו, לכו"ע א"צ לבדוק, כי על ישראל השני חל חובת ביעור, **וה"ה** כשיוצא מבית עכו"ם, וישראל

באר הגולה

יח טור וכפי' רש"י שם (ד"ה דעתו לחזור) יט (פירש"י בד"ה אפי' מראש השנה: וכשראהו עובר עליה, עכ"ל. **וכתב** מהרש"ל, משמע דעל מה שמצא אינו עובר עליו כל זמן שלא ראה אותה כו', ודבר תימה הוא, נהי שלא היה בידו לבער, מ"מ חמץ שלו בביתו הוא ועובר עליו בבל יראה כו', **ותירץ** דאיירי בספק אם יש לו חמץ בביתו, ולפיכך אינו עובר אלא לכשיבוא לביתו ויראה שיש לו, ולא יבערו מתוך עצלות, **ומהרש"א** כתב, דאיירי אף בחמץ ידוע, וכל זמן שאינו בביתו, אינו עובר משום שדינו כחמץ שנפלה עליו מפולת, **ובמג"א** כתב, דאף בחמץ שהיה ידוע לו לפני הליכתו, אינו עובר קודם שראהו מונח בביתו, ואף אם כבר בא לביתו, ודלא כמהרש"א, משום שיש להסתפק שמא כבר נאכל או נאבד וכו', ע"ש) כ טור כא (ע"פ הגר"א) כב טור בשם אבי העזרי (דקדק מדאמרינן המפרש ויוצא בשיירא, שאין נכנס בבית – גר"א. **משמע** דוקא כשלא יקיים מצות ביעור בע"פ ויקיים באיזה מקום, שוב א"צ לבדוק כשיצא, אבל כשיהיה בעיר בע"פ אם אין דעתו לחזור – דמשק אליעזר) כג שם ושם

אחר נכנס תחתיו לדור שם, א"צ לבדוק, ועל ישראל השני חל החיוב, [ואף דמ"מ הוא לא יקיים מצות בדיקה, י"ל דבזה הישראל השני שנכנס שם הוי כשלוחו].

(וי"א שאינו צריך כשנכנס בו הא"י) (טור) - עיין בח"י דלאו דוקא, דאפי' אם אין נכנס בו, גם כן אינו מחויב, דהא הביעור אינו חובת הגוף, אלא למי שיש לו חמץ צריך לבדוק ולבער, וכאן שאין לו חמץ, דהרי הוא מפקירו וכנ"ל, אין עליו שום חיוב.

ולדינא יש דעות בין האחרונים, אי כדעת המחבר, או כהי"א שהובא ברמ"א, **ונראה** דאם נכנס בו הנכרי יש להקל.

ולענין אם מחויב לבדוק בליל י"ד, החדרים שבדעתו למכרן למחר לנכרי עם החמץ שלהם, יש דעות בין האחרונים, **שדעת** המקור חיים והחיי אדם, שצריך לבדקן, מאחר שלעת עתה החדרים לא נמכרו והם ברשות ישראל, ואפילו אם נמכרו, עדיין לא החזיק בהם הנכרי, וגם המפתח הוא ברשות בעה"ב עדיין, **אמנם** בתשובת בנין עולם חולק, ודעתו דא"צ בדיקה, דבזה עצמו שמוכר למחר לעכו"ם, מקיים תשביתו וביעור, ולא גרע מחמץ שמוצא אחר הבדיקה שמשייר למאכלו למחר, ואינו מחויב לבער הכל, ואף בזה בעת שמקיים בדיקה בביתו, הוא משייר לאלו החדרים למוכרו למחר לעכו"ם, **וכן** בתשובת חתם סופר, דעתו להקל כשמקיים מצות בדיקה בשאר חדרים, וכן בספר אשל אברהם כתב דמסתברא להקל, וכן פשוט המנהג, עי"ש, **אך** שצריך ליזהר שיבאר בעת המכירה, שמוכר לו החדר וכל החמץ הנמצא בו, כדי לכלול בזה גם החמץ הנמצא בחורין ובסדקין, ולא יאמר לו בסתמא שמוכר לו החדר והיי"ש והשכר הנמצא בו. **ומ"מ** אף דאין למחות ביד המקילין, המוכר ביום י"ג שפיר עדיף טפי.

כתבו האחרונים, כל שלשים יום צריך לעיין בכל דבר העושה, שלא ישאר בו חמץ באופן שלא יוכל להסירו בנקל.

אות כ'

שואלין ודורשין בהלכות הפסח קודם הפסח שלשים יום

סימן תכט ס"א - [כד]שואלין בהלכות פסח קודם לפסח שלשים יום - ומתחילין מיום הפורים עצמו, שהרי משה עומד בפסח ראשון ומזהירן על כל הלכות פסח שני, **וה"ה** בשאר יו"ט נמי דורשין קודם לכן ל' יום בהלכותיהן, [**ומ"מ** משמע מכמה אחרונים, דלענין שאר יו"ט הוא רק מצד מנהגא, **אכן** בביאור הגר"א משמע, דיו"ט הוא כפסח]. **ועיין** בביאור הגר"א שדעתו, דבעצרת סגי מיום א' בסיון.

וי"א דהחיוב שלשים יום הוא רק בפסח, משום דיש בהן הלכות רבות, כגון טחינת חטים ואפיית המצות והגעלת כלים וביעור חמץ, שאלו אם אין עושין אותן כהלכותיהן קודם פסח, לית להו תקנה בפסח, משא"כ בשאר יו"ט, די באיזה ימים קודם.

ועכ"פ ביו"ט גופא, לכו"ע צריך לשאול ולדרוש בכל יו"ט בהלכותיה, וכדאיתא בסוף מגילה: משה תיקן להם לישראל, שיהו שואלין ודורשין בענינו של יום, הלכות פסח בפסח, הלכות עצרת בעצרת, והלכות חג בחג, (**ואפי' אם למד ל' יום קודם, צריך ג"כ ללמוד בחג עצמו**), [**והנה** האחרונים רצו לומר, דלכך העולם מקילין בדבר, משום דסומכין על קריאת התורה בענינו של יום, **ובאמת** מלשון "הלכות פסח בפסח", משמע דהלכות ממש קאמר, מה שאסור ומה שמותר].

ועכשיו נוהגין לדרוש בשבת הגדול, {כשאין ערב פסח חל בו, דאז צריך להקדים בשבת הקודם}, ובשבת שובה, **והעיקר** להורות לעם דרכי ה', ללמד המעשה אשר יעשון, דהיינו דיני הגעלה וביעור חמץ ואפיית המצה, ושאר הלכות פסח, וכן בשבת שובה, לדרוש לפניהם הלכות יוה"כ וחג הסוכות, לבד מה שדורש מענין התשובה, **אבל** אם יהיה הדרשה רק בפלפול או דרוש בעלמא, אין יוצאין בזה ידי חובתן, **ומ"מ** מצוה לכל אחד לעסוק בהל' פסח ל' יום קודם, וכן בחג עצמו.

הגה: ומנהג לקנות חטים לחלקן לעניים לצורך פסח - הוא מנהג קדום מזמן הגמרא, והובא דבר זה בירושלמי, ויכולין בני העיר לכפות זה לזה לענין זה, ואפילו ת"ח הפטור ממס, [**וכבר** תמה בספר בית דוד על לשון הרמ"א, שכתב "ומנהג", הלא מדינא דגמר' דירושלמי הוא, ע"ש מש"כ בזה, **ולענ"ד** אפשר לומר, דמן הדין היה יוצא במצות צדקה אם היו נותנין להעניים מעות שיקחו בעצמם חטים או קמח למצה, להכי קאמר דמנהג לחלק חטים, שיהיה מקרב הנייתא]. **ובמדינותינו** המנהג לחלק להן קמח, שעי"ז מקרבא הנייתה טפי.

(**ונותנין זה אף למי שיש לו מזון י"ד סעודות, אף שלאיש כזה אין נותנין מקופה). ושיעור** הנתינה הוא כפי צרכו לכל ימי הפסח, ופשוט דאם הוא עני גדול ואין לו במה לאפות המצה, צריך ליתן לו גם דמי האפיה, דהוא בכלל "די מחסורו אשר יחסר לו".

ושיעור הנתינה, צריך להעריך על כל אחד לפי ממונו, **ואלה** המשתמטים עצמם מליתן קמח עניים, יש עון בידם, והנה ידוע שעיני העניים נשואות לזה, וכשהם ישארו בדוחק וברעבון, והוא יעלים עין בזה, ידוע מה שאמר הגמרא סנהדרין ל"ה "כל תענית" וכו', ע"ש בפירש"י, והוא ג"כ כעין זה. [**ואפשר** דמשום זה תקנו קדמונינו בפסח יותר משארי רגלים, שהוא זמן חירות ויושבין מסובין, וכל אחד הוא וביתו ברוב שמחה, אין זה כבוד לד' שהעניים יהיו אז רעבים וצמאים, וע"כ נותנין לו קמח על כל ימי הפסח, שיוכל גם הוא לספר יציאת מצרים בשמחה, **ועוד** טעם פשוט, דחמץ אינו רשאי לאכול, ומצה אינו מצוי כ"כ להשיג לקנות, ואם לא יכינו לו על כל ימי הפסח, אפשר שישאר ברעב, או יוכל לבוא לידי קלקול].

וכל מי שדר בעיר י"ב חודש צריך ליתן לזה (א"ז) - ואם אנו רואין שנכנס בעיר על דעת להשתקע שם, לאלתר חייב, **ודין** זה די"ב חודש שייך גם לעני, שאז חייבים ליתן לו כשאר עניי העיר, [**ופמ"ג** מסתפק קצת בזה]. **ואם** דעתו להשתקע, לאלתר חייבים ליתן לו, **והאידנא** נוהגים בכל הצדקות, בין לענין בעה"ב בין לענין העניים, בשלשים יום - אחרונים.

ואפילו העני שאין דר פה ל' יום, אף שאין מחויבים ליתן לו קמח לכל ימי הפסח בבת אחת, מ"מ חייבים ליתן לו מצה בפסח, כדרך שחייבים ליתן לו פת כל ימות השנה, מזון ב' סעודות לכל יום ויום מימות החול שהוא שוהה בעיר, ובשבת מזון ג' סעודות.

באר הגולה

כד פסחים ו'

שהרי משה עומד בפסח ראשון ומזהיר על הפסח שני שנאמר °ויעשו בני ישראל את הפסח במועדו וכתיב °ויהי אנשים אשר היו טמאים לנפש אדם ור' שמעון בן גמליאל אמר לך איידי דאיירי במילי דפסחא מסיק להו לכל מילי דפסחא מאי טעמא דרשב"ג שהרי משה עומד בראש החדש ומזהיר על הפסח שנאמר °החדש הזה לכם ראש חדשים וכתיב דברו אל כל עדת ישראל לאמר בעשור לחדש הזה ויקחו להם איש שה לבית אבות וגו' ממאי דבריש ירחא קאי דילמא בארבעה בירחא או בחמשה בירחא קאי אלא אמר רבה בר שימי משמיה דרבינא מהכא °וידבר ה' אל משה במדבר סיני בשנה השנית בחדש הראשון וכתיב °ויעשו בני ישראל את הפסח במועדו הבא נמי ממאי דבריש ירחא קאי דילמא בארבעה בירחא או בחמשה בירחא קאי אמר רב נחמן בר יצחק אתיא מדבר ממדבר כתיב הכא במדבר סיני וכתיב התם °וידבר ה' אל משה במדבר סיני באהל מועד באחד לחדש השני מה להלן בראש חדש אף כאן בראש חדש וניכתוב דחדש ראשון והדר ניכתוב דחדש שני אמר רב מנשיא בר תחליפא משמיה דרב *זאת אומרת אין מוקדם ומאוחר בתורה אמר רב פפא לא אמרן אלא בתרי ענייני אבל בחד עניינא מאי דמוקדם מוקדם ומאי דמאוחר מאוחר דאי לא תימא הכי כלל ופרט אין בכלל אלא מה שבפרט דילמא פרט וכלל הוא ותו פרט וכלל נעשה כלל מוסף על הפרט דילמא כלל ופרט הוא אי הכי אפילו בתרי ענייני נמי הניחא למאן דאמר *כלל ופרט המרוחקין זה מזה אין דנין אותו בכלל ופרט שפיר אלא למאן דאמר דנין מאי איכא למימר אפילו למ"ד דנין הני מילי בחד עניינא אבל בתרי ענייני אין דנין: אמר רב יהודה אמר רב *הבודק צריך שיבטל מאי טעמא אי נימא משום פירורין הא לא חשיבי וכי תימא כיון דמינטר להו אגב ביתיה חשיבי *והתניא °סופי תאנים ומשמר שדהו מפני ענבים סופי ענבים ומשמר שדהו מפני מקשאות ומפני מדלעות בזמן שבעל הבית מקפיד עליהן אסורין משום גזל וחייבין במעשר בזמן שאין בעל הבית מקפיד עליהן מותרין משום גזל ופטורין משום מעשר אמר רבא גזירה שמא ימצא גלוסקא יפה ודעתיה עילויה °וכי משכחת ליה לבטליה °דילמא משכחת ליה לבתר איסורא ולאו ברשותיה קיימא ולא מצי מבטיל דא"ר אלעזר *שני דברים אינן ברשותו של אדם ועשאן הכתוב כאילו *ברשותו ואלו הן בור ברשות הרבים וחמץ משש שעות ולמעלה °וניבטליה בארבע וניבטליה בחמש כיון דלאו זמן איסורא הוא ולאו זמן ביעורא הוא דילמא פשע ולא מבטל ליה וניבטליה

רש"י

שהרי משה רבינו עומד בפסח ראשון. ודורש להן בהלכות פסח שני דהיינו שלשים יום שהוא בארבעה עשר באייר: **מה להלן ראש חדש.** דכתיב ביה באחד לחדש השני: **וניכתוב ברישא כו'.** לא לשמעתין פריך אלא אסדר פרשיות קפריך מכדי פרשת פסח נאמרה תחלה שהרי בחדש הראשון נאמר כדכתיב בחדש הראשון לאמר ופרשה פקודים נאמרה באייר ומאי טעמא אקדמה להאי בראש הספר ופרשת זו בפרשת בהעלותך: **אין מוקדם ומאוחר בתורה.** לא הקפידה תורה על סדר מוקדם ומאוחר ופרשיות דנאמרו תחלה הקדימו המאוחרות לה: **בתרי ענייני.** בשתי פרשיות: **בחד עניינא.** במקראות הסדורות בפרשה אחת: **דאי לא תימא הכי.** דבסדר כתיבתן נאמרו הא דקיימא לן כל כלל ופרט אין בכלל אלא מה שהוא בפרט לפי שבא הפרט ופרט שזהו הכלל היכי סמכינן עלה דילמא פרט וכלל הוא: **נעשה כלל מוסף על הפרט.** שלא תאמר אין כאן אלא פרט או כיוצא בו כגיא בדיט בבנין אב לכן הוסיף הכתוב כלל אחריו להביא כל דבר ואפילו אינו דומה לפרט: **אי הכי.** קשיא לך אפילו בתרי ענייני תיקשי לך דהא דיינינן כלל ופרט כשנאמר אחד מהן בפרשה זו ואחד מהן בפרשה אחרת: **הא ניחא.** דלא קשיא לך: **למאן דאמר כלל ופרט המרוחקין אין דנין כו'.** ופלוגתא היא במנחות בפרק כל המנחות באות מצה (דף נה:) ובבבא קמא בהחובל (דף פה.): **הבודק צריך שיבטל.** בלבו סמוך לבדיקה מיד ואומר כל חמירא דאיכא בביתא הדין ליבטיל: **מאי טעמא.** הרי מבער כל הנמצא: **וכי תימא כיון דמנטר להו אגב ביתיה.** עם שאר ממונו הוא משמרן שכשהוא נועל ביתו לשומרו נמצא משמר כל מה שבתוכו הלכך חשיבי ושימור דלאו אדעתא דידיה הוא מי מחשיב ליה: **והתניא סופי תאנים.** סוף לקיטת תאנים כשנלאים בתאנה תאנים שאינן מתבשלות כל צרכן עולמית: **ומשמר שדהו מפני ענבים.** ובעל הבית זה משמר שדה זו שלא יכנסו בני אדם לתוכה ואין דעתו מפני התאנים אלא מפני שיש בה ענבים שעדיין לא הגיע עת הבציר או סופי ענבים שלא יתבשלו עולמית ובעל הבית משמר שדהו זו שהן בתוכה ולא בשבילן אלא מפני מדלעות ומקשאות שבה. קשואין ודלועין שם הפרי עצמו. מקשאות ומדלעות קרי כל האילנות: **וחייבין במעשר.** אם ליקטן בעל הבית או נתנן לאחר: **ופטורין מן המעשר.** דהפקר פטור מן המעשר: **ודעתו עליה.** חשובה היא בעיניו ותס עליה לשורפה ומשהה אפילו רגע אחד ונמצא עובר עליה בבל יראה ובבל ימצא אבל משבטלה אינו עובר דלא כתב אלא תשביתו: **דלאו ברשותיה הוא.** אינו שלו: **דאמר ר' אלעזר ב' דברים אינן שלו ועשאן הכתוב כאילו הן ברשותו.** להתחייב עליהן: **בור ברשות הרבים.** הפותחו חייב בנזקין ואין הבור שלו אלא של הפקר שהרי ברשות הרבים הוא ואף על פי שכרהו אין רשות הרבים קנויה לו: **וניבטליה בארבע.** כלומר למה הוצרכנו לבטל בלילה ליבטל בשעה שבודקו בבדיקתו: **פשע.** ישכח ויבא לידי פשיעה שעל ידי מה יזכר אבל עכשיו שעסוק בבדיקתו יזכור: **וניבטליה**

תוספות

שנאמר ויהי אנשים. והא דאמר בהניזקין (גיטין ד' ס. ושם) שמונה פרשיות נאמרו ביום שהוקם המשכן והיינו בראש חדש ניסן פרשת טמאים לא כפ"ה דפי' פרשת טמאים ויהי אנשים דזו הפרשה נאמרה בערב הפסח כדמשמע הכא אלא פרשת טמאים טומאת תרומה וקדשים:

ומזהיר על פסח שני. אע"ג שעל ידי שאילתו הוזקק לומר להן מ"מ לא היה צריך להאריך אלא אל תעשו פסח ותו לא:

ממאי דבריש ירחא קאי. תימה דבשבת בפ"ר עקיבא (דף פז: ושם) קאמר *(רבה) דכ"ע [רבא] בר"ח אתו למדבר סיני כתיב הכא ביום הזה באו מדבר סיני וכתיב התם החדש הזה וגו' מה להלן ר"ח אף כאן ראש חדש אלמא פשיטא דהחדש הזה נאמר לו בר"ח והיינו משום דאמר בהקומץ רבה (מנחות כט.) שנתקשה משה רבינו בראיית הלבנה עד שאמר לו הקב"ה כזה ראה וקדש ותי' ר"ת אע"ג שאמר הקב"ה למשה בריש ירחא דילמא משה לא אמר להם לישראל אלא בג' או בד' בירחא ומסיק דיליף מדבר ממדבר דבההיא דבאחד לחדש השני אמירת הקב"ה ואמירת משה הוי בריש ירחא דכתיב *באחד לחדש השני ויתילדו וגו' ור"י מפרש אע"ג דהחדש הזה הוה בריש ירחא מיהו דילמא הא דקאמר דברו אל כל עדת ישראל לא הוה בריש ירחא ואם תאמר אמאי לא יליף התם מדבר ממדבר כי הכא וי"ל דמדבר ממדבר לא ילפינן:

אבל בחד עניינא מאי דמוקדם מוקדם. היינו דוקא היכא דליכא דרשה וטעם דהא תנן בפ' נגמר הדין (סנהדרין מה. ושם) דדחיית הנסקל קודם לסקילתו אע"ג דסקילה כתיב ברישא דכתיב כי סקל יסקל או ירה יירה היינו משום דכתיב במקום אחר סקילה בגמר מיתה דכתיב וסקלתם באבנים ומתו:

אבל בתרי ענייני אין דנין. והא דפריך בסוף הפרה (ב"ק ד' נד: ושם) ולימא בהמתך דדברות ראשונות כלל שור וחמור פרט *בהמתך דדברות האחרונות חזר וכלל אע"ג דמרוחקין טובא היינו משום דעשרת הדברות חשיבי כחד עניינא דבדיבור אחד נאמרו:

ודעתיה עילויה. פירוש ולא בטל מאליו כמו פירורין ועל פ"ה קשה מאי פריך כי משכחת ליה ניבטלה הא פי' ודעתיה עילויה שחס עליה לבטלה:

***משש** שעות ולמעלה. פ"ה מתחלת שש ולא נהירא לר"ת דע"כ הא דאמר לעיל חמץ מו' שעות ולמעלה אסור היינו מסוף שש ופר"ת דמסוף שש קאמר ומייתי ראיה מחיטי קורדנייתא שהן קשין והוה חמץ נוקשה שאינו אסור כמי אלא *) מדרבנן:

לפני

*) [ועי' תוס' חולין ד' [illegible] ד"ה מתור מיד וכו' [illegible]]

עין משפט נר מצוה

לז א מיי' פ"ג מהלכות חמץ ומצה הלכה ו סמג עשין לט טוש"ע א"ח סי' תלו סעיף ג:

לז ב מיי' פ"א מהלכות מעשר הלכה יב:

לח ג מיי' פ"ב מהלכות חמץ ומצה הלכה ז ח סמג עשין לט טוש"ע א"ח סימן תלד סעיף ב:

רבינו חננאל

שואלין בהלכות הפסח קודם לפסח שלשים יום שנאמר ויהי אנשים אשר היו טמאים לנפש אדם וגו' דהא עומד בפסח ראשון ומזהיר על פסח שני רשב"ג אמר שתי שבתות שנאמר וידבר ה' אל משה במדבר סיני בשנה השנית לצאתם מארץ מצרים בחדש הראשון לאמר ויעשו בני ישראל את הפסח במועדו [illegible]

מסורת הש"ס

נ"ל ויעשו את הפסח בראשון

[ב"ק פה. מנחות נה: נדה נ.]

לקמן כא. פ"א תד"ס ולאי אמעי': שם וניבטליה כד'. ברי"ף הגי' תחלה וניבטליה בשית ואח"כ וניבטליה בד' וה':

*[אין כן נכון לפירוש וכ"ה בב"ק וכ"ה בשאילתות]

גליון הש"ס

גמ' זאת אומרת אין מוקדם [illegible]

[illegible]

§ מסכת פסחים דף ו: §

אות א'

הבודק צריך שיבטל

סימן תל"ד ס"ב - [א]אחר הבדיקה מיד בלילה יבטלנו - הטעם הוא, דאע"ג דמדאורייתא בבדיקה לבד סגי, דמן התורה סגי באחד מהן, או בביעור או בביטול, **דאפילו** אם ישאר שם חמץ בבית אינו עובר עליו כל זמן שלא נודע לו, כיון שבדק היטב ועשה כל מה שמוטל עליו, **מ"מ** חכמים חששו, שמא ימצא גלוסקא יפה שאינה נבטלת מעצמה כמו פירורין, וישהה מעט קודם שישרפנו, ויעבור עליו בבל יראה, **אבל** אם יבטלנו, שוב אינו עובר בכל גווני בבל יראה, דהוי הפקר ולאו דיליה הוא, [רש"י].

ויאמר: כל חמירא דאיתיה ברשותי דלא חזיתיה ודלא ביערתיה, ליבטיל וליהוי כעפרא דארעא - אבל מה שראה וביער אינו מבטל עכשיו, שהרי רוצה לאכול עוד מה שמשייר, **וגם** כדי לקיים מצות שריפה בחמץ שלו למחר, ולכך אינו מבטל הכל עד למחר, אחר אכילה ואחר ששרף החמץ.

ונכון שיאמר: וליהוי הפקר כעפרא דארעא, ולכו"ע מהני לשון זה של הפקר, אף שאמר לשון זה בינו לבין עצמו, ולא בפני אנשים.

הגה: ויאמר הביטול בלשון שמבין (מהרי"ו בר"ן) - שהרי הבטול הוא מתורת הפקר, ואם אינו יודע, מה מהני הבטול, **וע"כ** טוב ללמוד לעמי הארץ שאינם מבינים בלשון הקודש, או אשה מבטלת, שתאמר בלשון שמבין, דהיינו: אללען חמץ אדער זויער טייג, וואס עס איז אין מיין רשות, זאל זיין הפקר, אונד זאל ניט זיין גירעכינט נאר אזוי וויא ערד אין גאס, **ואם** אמר עם הארץ בלשון הקודש, אם יודע לפחות ענין הבטול, שיודע שמפקיר חמצו, יצא בדיעבד, **אבל** אם אינו מבין כלל, וסובר שאומר איזה תחנה, לא יצא אפילו בדיעבד.

ואם אמרו בלשון הקודש: כל חמירה, כולל חמץ ושאור (ת"ה), אבל בשאר לשונות צריך להזכיר כל אחד בפני עצמו (ד"ע) - "לשון הקודש" לאו דוקא, ור"ל בלשון תרגום כמו שאנו אומרים, (ולפי"ז ה"ה אם אומר לשון הקודש ממש, צריך להזכיר חמץ ושאור, דשני דברים הן, דרק לשון "חמירא" כולל שניהם, וכמבואר בב"י, **ובביאור הגר"א** מפקפק על כל זה, דבירושלמי אמר, דצריך שיאמר: כל חמץ שיש לי בתוך ביתי ואיני יודע בו יבטל, הרי שלא הצריך לומר גם שאור). ‹ולשון חמירא כולל שניהם, ובנוסחתינו בסידורים הוא: כל חמירא וחמיעא – ערוה"ש›.

אות ב'

סופי תאנים ומשמר שדהו מפני ענבים, סופי ענבים ומשמר שדהו מפני מקשאות ומפני מדלעות: בזמן שבעל הבית מקפיד עליהן, אסורין משום גזל וחייבין במעשר; בזמן שאין בעל הבית מקפיד עליהן, מותרין משום גזל ופטורין משום מעשר

רמב"ם פ"א מהל' מעשר הי"ב - המשמר שדהו מפני ענביו, ובא אחר ואסף את התאנים הנשארות באותה שדה; או שהיה משמר שדהו מפני המקשאות והמדלעות, ובא אחד ואסף את הענבים הנשארים שם המפוזרים בשדה: בזמן שבעל השדה מקפיד עליהן, אסורין משום גזל ולפיכך חייבין במעשר ובתרומה; אין בעל הבית מקפיד עליהן, מותרין משום גזל ופטורין מן המעשר.

אות ג'

דילמא משכחת ליה לבתר איסורא ולאו ברשותיה קיימא ולא מצי מבטיל

סימן תל"ד ס"ב - [ב]וטוב לחזור ולבטלו פעם אחרת ביום י"ד - לפי שרגילין לקנות פת ביום י"ד למאכל, וגם בפת ששייר בלילה למאכלו לא נתכוין לבטלו, **ואף** אם כוון לבטלו, הלא חוזר וזוכה בו, ויש לחוש שמא ישאר ממנו כזית, ויעבור עליו, לכך חוזר ומבטלו, **סוף שעה חמישית קודם שתגיע שעה ששית, שמשתגיע שעה ששית נאסר ואין בידו לבטלו** - ומ"מ אין לסמוך על בטול היום לבד, ושלא לבטל בלילה, דחיישינן שישכח לבטל עד שעה ששית, דאז לא מהני בטול, [דאסור בהנאה, **ואף** דאז זמן שריפה לפי המנהג, וא"כ ממילא יזכור גם לבטלו, מ"מ כיון דמעיקר הדין כל אחד יכול לשרוף מתי שירצה, לא מקרי זמן מסויים, ט"ז]. ‹דבשלמא בגמ' [ז. ע"ש] היה מקשה שפיר, כיון דזה זמן המסוים לכל, דהיינו תחלת שעה ששית, יזכור אגב שריפה, אבל למנהג דידן שכל א' שורף [קודם זמן איסורו] מתי שירצה, א"כ לא הוי זמן מסוים – שם בט"ז›.

הגה: ואין לבטלו ביום אלא לאחר ששרף החמץ, כדי לקיים מצות שריפה בחמץ שלו (מהרי"ו) - וא"כ צריך לשרוף קודם שעה ששית, ואח"כ יבטלנו ג"כ תיכף קודם שיותחל שעה ששית.

[ג]סימן תל"ד ס"ג - [ד]בביטול היום יאמר: דחזיתיה ודלא חזיתיה, דביערתיה ודלא ביערתיה - דבטול היום אינו אלא משום הנשאר.

באר הגולה

א מימרא דרב יהודה ו', הרי"ף והרא"ש שם | ב טור בשם אביו הרא"ש | ג ‹מילואים› | ד טור בשם הר"ר פרץ וכ"כ רבינו ירוחם

§ מסכת פסחים דף ז. §

אות א'

המקדש משש שעות ולמעלה, אפילו בחיטי קורדניתא, אין חוששין לקידושין

טור סימן תמג - ואם קידש בו אשה, אינה מקודשת, כיון שאסרוהו בהנאה לכל ישראל.

אה"ע סימן כח סכ"א - [א]המקדש באיסורי הנאה דרבנן לגמרי, שאין לו עיקר בדאורייתא, מקודשת. ואם [ב]בחמץ דאורייתא ושעות דרבנן, או בחמץ דרבנן ושעות דאורייתא, [ג]ספק מקודשת.

{**דין** זה נובע ממימרא דרב גידל ריש פסחים, דאמר המקדש בחמץ קורדנייתא, היינו חמץ נוקשה, בשעה ששית, אין חוששין לקדושין, ופליגי רש"י ותוס' בזה, לרש"י איירי בשעה ו', והוי תרי דרבנן, שעות דרבנן וחמץ דרבנן, ומ"מ אינה מקודשת, **ולתוס'** בתרי דרבנן מקודשת, אלא איירי בחד דרבנן, והיינו סוף שעה ו' ותחילת שעה ז', וחמץ דרבנן, והוי חמץ דרבנן ושעות דאורייתא, ומזה ילפינן דבשעות דרבנן וחמץ דאורייתא אינה מקודשת, דהוי ג"כ חד דרבנן. **והרמב"ן** ס"ל ג"כ דבחמץ דרבנן ושעות דאורייתא אינה מקודשת, אבל בחמץ דאורייתא ושעות דרבנן איכא חשש קדושין, משום דחיישינן דאתי למטעי ויקדש בשעה ד' וה'. **נמצא** לרש"י אינה מקודשת אפילו בתרי דרבנן, ולתוס' בחד דאורייתא אינה מקודשת, ולרמב"ן איכא חילוק בין שעות דאורייתא לבין שעות דרבנן. **ובעל** המאור כתב לית הלכתא כרב גידל, כי רב גידל ס"ל כרבי יהודה דס"ל דאיכא לאו באכילת חמץ עד לילה, אבל לר"ש דס"ל דעד לילה ליכא לאו באכילה, א"כ מקודשת, והלכתא כר"ש. **והמחבר** פסק דבחמץ דאורייתא ושעות דרבנן או להיפוך, הוי ספק קידושין, ודבריו תמוהים מה שפסק חמץ דרבנן ושעות דאורייתא ספק קדושין, מנ"ל פסק זה, דהא לרש"י אפילו בתרי דרבנן ליכא חשש קדושין, ולתוס' בחד דאורייתא ליכא קידושין והיינו דרב גידל, **ובשלמא** בחמץ דאורייתא ושעות דרבנן י"ל דחושש לדעת הרמב"ן, דס"ל דמקודשת משום שמא אתי למיטעי ויקדש בשעה ד' וה', אבל בחמץ דרבנן ושעות דאורייתא, לכל הני דיעות אינה מקודשת. **ואין** לומר דחושש לדעת בעל המאור דס"ל דלית הלכתא כרב גידל, א"כ אפילו בחמץ דאורייתא ושעות דאורייתא עד לילה מקודשת, וכן הקשה בחלקת מחוקק ובתשו' אמונת שמואל, **והמעיין** בדברי המאור לא קשה מידי, כי שם כתב דאליבא דר"ש, אע"ג דליכא לאו עד לילה, מ"מ אסור מדרבנן משעה ו' עד לילה, גם נשמע מדרב גידל דבחד דרבנן וחד דאורייתא לא הוי קידושין, אף על גב דלדעת המאור לית הלכתא כרב גידל, היינו מטעם דרב גידל ס"ל כר"י ואנן קי"ל כר"ש, אבל בזה הלכתא כוותיה, דבחד דאורייתא אינה מקודשת, א"כ עד לילה אם מקדש אותה בחמץ דאורייתא, הוי חמץ דאורייתא ושעות דרבנן, ולא הוי קדושין, ולא נ"מ מזה דלית הלכתא כרב גידל, אלא אם מקדש אותה בחמץ דרבנן עד לילה, לר"ש הוי תרי דרבנן ומקודשת, ולרב גידל דפוסק כר"י הוי חד דאורייתא ולא הוי קידושין, אבל אם מקדש אותה בחמץ דאורייתא עד לילה אינה מקודשת, אע"ג דלית הלכתא כרב גידל, **לפי"ז** י"ל דחושש לדעת הבעל המאור, לכן אם קידש בחמץ דרבנן ושעות דאורייתא היינו עד לילה, הוי ספק, כי לר"ש ליתא איסור דאורייתא עד לילה, נמצא דהוי תרי דרבנן ומקודשת, לכן הוי ספק קידושין, **ואם** מקדש בחמץ דאורייתא ושעות דרבנן, חושש לדעת הרמב"ן דאמר שמא אתי למטעי ויקדש בשעות ד' ה', **אבל** בחמץ דאורייתא ושעות דאורייתא, היינו שעה ז', אינה מקודשת, דהא אפילו לר"ש דס"ל דלית איסור דאורייתא עד לילה, מכל מקום הוי חד דאורייתא ואינה מקודשת - בית שמואל}.

אות ב'

בתלמיד יושב לפני רבו עסקינן, ונזכר שיש עיסה מגולגלת בתוך ביתו, ומתיירא שמא תחמיץ, קדים ומבטיל ליה מיקמי דתחמיץ

סימן תמד ס"ח - [ד]היתה לו עיסה בביתו, והוא טרוד במקום אחר - (וה"ה כשאין לו מקום לאפותה), **ויירא שמא תחמיץ** - קודם שיבוא לביתו, **מבטלה בלבו קודם שתחמיץ** - פי' אפילו אחר זמן איסורו די בביטול, כיון שבאותה שעה עדיין לא החמיץ, הוי דינו כמו קודם זמן איסורו.

והוא טרוד - ר"ל שמחמת זה א"א לו לבוא לביתו מיד לאפותה, [**ור"ל** דאל"ה בודאי אין נכון להניח לעיסה שתתחמץ, על סמך שיבטלנה מקודם, **אלא** גם בטרוד קשה לכאורה, דהא לעיל מבואר דבדבר הרשות חוזר מיד לבער, ואינו יכול לפטור בבטולו, **ובש"ס** איתא בזה ביושב לפני רבו, וכדמפרש רש"י דמפני אימתא דרביה אינו יכול לקום ולילך לביתו, **אבל** השו"ע שלא הזכיר זה, משמע דבכל גווני דינא הכי, **ובע"כ** צ"ל דהכא הקילו משום דמבטלה קודם שתחמיץ, א"כ לא חל עליה כלל תקנתא דרבנן דביעור, **ומ"מ** נראה, דתיכף משפסק טרדתו, צריך לילך לביתו לבער החמץ, דעב"פ איכא חשש שמא יבוא לאכול, דשייך אפי' בחמץ שאינו שלו].

אבל אם החמיצה, אין הביטול מועיל אם הוא אחר זמן איסורו - ועובר בכל שעה על בל יראה, וצריך לילך תיכף לביתו ולבער, **ואם** שהה העיסה שיעור מיל, בודאי החמיצה ולא מהני ביטול.

<המשך ההלכות בעמוד הבא>

באר הגולה

[א] שם בשם אביו הרא"ש בפסקיו בפ"ב דקידושין, וכתב בב"י ובכ"מ שאף דעת הרמב"ם שם בריש פ"ה כן, הוא מימרא דרב גידל אמר רב פסחים דף ז. וכמ"ש התוספת שם בשם ר"ת [ב] כדעת הרמב"ן דחייש לגזירת הרואים וכו' [ג] לדעת הרז"ה שכתב דליתא לדרב גידל וכו', אף על פי שכתב בב"י שאין דבריו נכונים, מ"מ פסק להחמיר [ד] ברייתא ז' וכדמפרש לה רב אחא בר יעקב שם

וניבטליה בשית כיון דאיסורא דרבנן עילויה כדאורייתא דמיא ולאו ברשותיה קיימא ולא מצי מבטיל *דאמר רב גידל אמר ר' חייא בר יוסף אמר רב "המקדש משש שעות ולמעלה אפילו בחיטי קורדניתא אין חוששין לקידושין ולבתר איסורא לא מצי מבטיל ליה והא תניא היה יושב בבית המדרש ונזכר שיש חמץ בתוך ביתו מבטלו בלבו אחד שבת ואחד יום טוב בשלמא שבת משכחת לה כגון שחל ארבעה עשר להיות בשבת אלא יום טוב בתר איסורא הוא אמר רב אחא בר יעקב הכא "בתלמיד יושב לפני רבו עסקינן ונזכר שיש עיסה מגולגלת בתוך ביתו ומתיירא שמא תחמיץ קדים ומבטיל ליה מיקמי דתחמיץ דיקא נמי דקתני היה יושב בתוך בית המדרש שמע מינה: אמר רבה בר רב הונא אמר רב הפת שעיפשה כיון שרבתה מצה מותרת היכי דמי אילימא דידע בה דחמץ היא כי רבתה מצה מאי הוי אלא דלא ידעינן בה אי חמץ הוא אי מצה הוא מאי איריא כי רבתה מצה אפילו כי לא רבתה מצה נמי ניזיל בתר בתרא מי לא תנן *"מעות שנמצאו לפני סוחרי בהמה לעולם מעשר בהר הבית חולין בירושלים בשעת הרגל מעשר בשאר ימות השנה חולין ואמר רב שמעיה בר זירא מאי טעמא הואיל ושוקי ירושלים עשויין להתכבד בכל יום אלמא אמרי' קמאי קמאי אזלי ליה והני אחריני נינהו "הכא נמי נימא קמא קמא אזיל והאי דהאידנא הוא שאני הכא דעיפושה מוכיח עילויה אי עיפושה מוכיח עילויה כי רבתה מצה מאי הוי אמר רבה לא תימא שרבתה מצה אלא אימא "שרבו ימי מצה עילויה אי הכי פשיטא לא צריכא דעיפושה מרובה מהו דתימא כיון דעיפושה מרובה אינגליא מילתא דודאי חמץ מעליא הוא קא משמע לן כיון שרבו ימי מצה עילויה אמרינן כל יומא ויומא נהמא חמימא אפה ושדא עילויה ועפשא טפי ומי אזלינן בתר בתרא והא תניא ר' יוסי בר יהודה אומר "תיבה שנשתמשו בה מעות חולין ומעות מעשר אם רוב חולין חולין אם רוב מעשר מעשר ואמאי ליזיל בתר בתרא אמר רב נחמן בר יצחק הכא במאי עסקינן כגון שנשתמשו בה מעות חולין ומעות מעשר ואין יודע איזה מהן בסוף רב זביד אמר כגון שנשתמשו בה ציבורין ציבורין רב פפא אמר כגון דאשתכח *בגומא: אמר רב יהודה הבודק צריך שיברך מאי מברך רב פפי אמר משמיה דרבא (אומר*) לבער חמץ רב פפא אמר משמיה דרבא על ביעור חמץ בלבער כולי עלמא לא פליגי דודאי להבא משמע כי

וניבטליה בשית. ליתקנו רבנן לכל אדם ליבטל בלבו בתחלת שש דהשתא לא פשע דאיכא זכרון טובא שהרי עסוק בשריפתו: **כיון דאיסורא דרבנן.** דמשעברו חמש אסור בחמץ לדברי הכל כדאורייתא דמי ואינו שלו ולא מצי מבטל ליה בלבו וכיון דהם עליה ומשוי ליה פורתא עבר עליה: **המקדש.** אשה: **משש שעות ולמעלה.** מתחלת שש דאיסורא דרבנן הוא: **אפילו בחיטי קורדניתא.** הגומחים בהרי אררט קשין הם מאד ואפילו הכי אין חוששין לקדושין אם באו עליהם מים ואף על גב דלאו איסור הנאה חמץ דרבנן דשש ומפקע קידושי תורה ושרי אשת איש לעלמא הא מתרלינן* בכמה דוכתין כל דמקדש אדעתא דרבנן מקדש והפקר ב"ד הפקר והם הפקירו ממונו: **עיסה מגולגלת.** שלא החמיצה ומפני אימת כבוד רבו אין יכול לקום ולילך ולאפותה: **דקדים ומבטל לה.** בלבו דעדיין היא ברשותו שלא נאסרה עליו: **דיקא נמי.** דעדיין לא החמיצה דקתני היה יושב בבית המדרש דמשמע מפני שאין יכול לקום ולילך משם הוא מבטלה בלבו ואי בחמץ גמור למה לי יושב בבית המדרש ואפילו אם היה פנוי מה בידו לעשות יותר השבתה בלב זהו ביעורו אלא ודאי כשיש בידו לתקן קאי ובידו לאפותה אם היה פנוי הואיל ולא החמיצה עדיין ומשום יום טוב נקט יושב בבית המדרש ודשבת מתוקמא בחמץ גמור ובארבעה עשר שחל להיות בשבת: **כיון שרבתה מצה.** קס"ד אם נשתמשו בתיבה זו מצה יותר מחמץ אזלינן בתר רובא ומותרת: **רוב אוכלי בשר בירושלים** כל ימות השנה ממעות מעשר שני הן לפי שלא היו מספיקין לאכול כל מעות מעשר שני שלהן ברגל ומוליכין אותם לבני העיר במוכת הגאה והן אוכלים אותם בקדושתן ועיקר אכילת מעות מעשר שלמים היו מביאין מהן כדקיימא לן במנחות (דף פב.) הלכך לוקחין מהן בהמות דכל זמן שיש לו מעות מעשר אינו מוציא מעות חולין ואע"ג דאיכא למימר שמא מיד המוכר נפלו ומעות חולין הן ספק איסורא לחומרא: **בהר הבית לעולם חולין.** ואפילו בשעת הרגל שיש מעות מעשר מרובין בירושלים ממעות חולין לא מספקינן להו במעשר דאזלינן בתר רובא דשתא ואמרינן לאו האידנא נפול אלא קודם הרגל ובירושלים בשאר ימות השנה חולין דרוב מעות העיר חולין ובשעת הרגל מעשר כדמפרש טעמא מה טעם בשעת הרגל מעשר ולא אמרי' קודם הרגל נפול כדאמרן בנמצאין בהר הבית הואיל ושוקי ירושלים עשויים להתכבד בכל יום מפני הטיט ואי נפול קודם הרגל הוו משתכחי בשעת כיבוד אבל הר הבית מתוך שהוא משופע והרוח מכבדתו מעפרו ועוד שאין אדם נכנס בהבק שעל גבי רגליו ואינו עשוי להתכבד אלמא בכל דבר העשוי להתכבד אמרינן קמאי קמאי אזדו וסתם תיבות שמשתמשין בהן אוכלין נוטלין ראשון ראשון כדי שלא יתעפשו וכל שכן דמסתמא בדקה זה אור לארבעה עשר והאי דבתרא היא ומצה היא: **מוכיח עליה.** שהרי הוא זה ימים רבים וחמץ הוא: **שרבו ימי מצה.** ורגילין להיות מעופש משנכנס הפסח: **אי הכי פשיטא.** אפי' ספק ליכא דמסתמא ודאי בדקה והא מצה היא: **אם רוב חולין.** נשתמשו בה חולין אלמא בתר רובא אזלינן ולא בתר בתרא: **ציבורין ציבורין.** של מעשר בזוית זו ושל חולין בזוית זו וביום א': **בגומא.** דליכא למימר זיל בתר בתרא דקמאי הא שקלינהו משום דיש לחוש שמא בגומא נטמן ולא ראוהו: **בלבער כולי עלמא לא פליגי דלהבא משמע.** ושפיר דמי דברכה קודם עשיית המצוה בעינן כדלקמן:

לפני סוחרי בהמה לעולם מעשר. פ"ה אע"פ דאיכא למתלי במוכר כמו בלוקח מספיקא תלינן לחומרא ואין נראה לר"י דסמוך מיעוטא דחולין דשאר מעות לפלגא דמוכר וה"ל רובא להיתר ואור"י דלוקחים הוו רובא דכמה בני אדם עומדים על בהמה אחת לקנות: **בהר** הבית לעולם חולין. מקשה ר"י היאך כמלאו שם הא אמר בפ' הרואה (ברכות סב:) לא יכנס בהר הבית במעות הצרורות בסדינו ואור"י דאינו אסור אלא היכא דטעון בפרהסיא בסדינו דגנאי הוא דנראה כהולך שם לסחורה אבל בצינעא לא*: **עשויין** להתכבד בכל יום. קשה לר"י דמסקי' בפרק דם הנדה (נדה נו: ושם) גבי שרץ שנמצא במבוי אין חזקתו מתכבד אלא על ידי בדיקה ותירץ דשרץ שהוא בכעדשה אין חזקתו כל כך מתכבד כמו במעות*: **בלבער** כ"ע לא פליגי דלהבא משמע. מכאן היה מצריך רשב"א לברך לפני המילה להכניסו דאי לאחר המילה ישקר בברכתו דלהכניסו להבא משמע ועוד שצריך לברך עובר לעשייתו ולא נראה לר"ת דבפרק ר' אליעזר דמילה (שבת דף קלז: ושם) תניא המל אומר אקב"ו על המילה אבי הבן אומר להכניסו משמע לאחר המילה מקומו אע"ג דלהכניסו משמע להבא לא קשה דלא על זאת הנעשה עכשיו מברך אלא משבח ומודה להקב"ה שצונו על המילה כשתבא לידו ותיקנוה כאן לגלות ולהודיע שזו המילה נעשה לשם יוצרנו ולא לשם ע"ג ולא לשם מורגא ולא לשם הר גרזים ואין צריך לברך עובר לעשייתו אלא במקום שהעושה המצוה הוא מברך אבל כשמברך אחר לא ותדע שהרי ברכת אירוסין אינו מברך אלא אחר אירוסין: כי

מעיקרא

עין משפט נר מצוה

לט א מיי' פ"ט מהל' אישות הלכה א סמג עשין מח טוא"ח סי' תמג טוש"ע אה"ע סי' כח סעיף כא:

מ ב מיי' פ"ג מהלכות חמץ ומצה הלכה י טוש"ע או"ח סי' תמד סעיף ח:

מא ג מיי' פ"ו מהלכות מ"ש ונ"ר הלכה י:

מב ד ה טוש"ע או"ח סי' תמו סעיף ד:

מג ו מיי' פ"ו מהלכות מ"ש ונ"ר הלכה יא:

[וע"ע תוס' ב"מ כו. ד"ה בהר]

רבינו חננאל

וניבטליה בשעה ששית למה בזמן הביעור כו' פשוט' היא. פי' קורדניאתא חטים חזקים ואין מחמיצין (היא) אפי' אלו כיון שהוכשרו במים איסורי הנאה הן כחמץ גמור ואקשי' וכי בתר איסורא לא מצי מבטל ליה והתניא היה יושב בבית המדרש ונזכר שיש לו חמץ בבית מבטלו בלבו אחד שבת ואחד יום טוב והנה יום טוב לא משכחת לה אלא בתר איסורא וקתני דמבטל ושנינן לא בתלמיד חכם שיש לו עסה מגולגלת בביתו ביום טוב ומתיירא שמא תחמיץ שמקדים ומבטלה קודם שתחמי"ץ דיקא נמי מדקתני היה יושב בבית המדרש ש"מ: פת שעיפשה ולא ידע אי מצה אי חמץ הוא אם רבו ימי מצה מותרת היא פי' אחר הפסח: ואקשי' וניזל בתר בתר'. כלומר כמעו' מעשר כיון שעכשיו כל הפת שעושין מצה היא [גם זו] מצה היא שהחמץ כבר עבר מי לא תנן [בפ"ז דשקלי'] מעות שנמצא לפני סוחרי בהמה לעולם מעשר כלומר במעות מעשר שני קונין בהמה כדכתיב (דברים יד כו) ונתתה הכסף בכל אשר תאוה נפשך וגו' ואמרי' מה טעם הואיל ושוקי ירושלים עשוין להתכבד בכל יום אלמא אמרי' אינהו אזלו והני אחריני נינהו וכו' אקשי' ומי אזלינן אחר האחרון והתניא ר' יוסי אומר תיבה שנשתמש בה חולין ומעשר אם רוב חולין חולין ואם רוב מעשר מעשר ולא קתני אחר אחרון ופרקי' בדלא ידעינן איזה מהן אחרון או כגון שנשתמשו צבורין כלומר צבור מכאן וצבור מכאן ושניהן כאחד ואין אחר מהן אחרון או נמצא בגומא דאיכא למימר לא ראה אותה:

מסורת הש"ס

לקמן כח: [ע"ש]

[יבמו' נ: ושי"נ]

ב"מ כו. שקלים פ"ז מ"ב

[פ' סו' נדה מ: ד"ה בגומא]

[ברי"ף וברא"ש ליתא וברי"ף א"י רב פפי משמיה דרבא אמר על ביעור חמץ רב פפא משמיה דרבא אמר לבער*וברא"ש א"י קמא בנ"א]

*לפנינו איתא ברא"ש ממש בני' ברי"ף בלי שום שינוי.

[ה]סימן תס ס"ג - [ו]הלש אחר זמן איסור חמץ, יאמר בשעת לישה: כל פרורים שיפלו בשעת לישה ועריכה, [ז]וכן בצק הנדבק בכלים, אני מבטל אותם, כדי שנמצא שמבטלן קודם חימוצן - דקודם זמן איסור, אפילו היה ביום י"ד שכבר בדק שאר חמץ, מ"מ א"צ לבטל בשעת לישה, ודי לו שיבטל סמוך לזמן איסורו, ובלא"ה הוא אומר "כל חמירא", וגם פירורים אלו בכלל, **אבל** לאחר זמן איסורו, משנעשה חמץ אינו ברשותו לבטל, ויש לחוש שמא לא יבערם מן העולם מיד, ויעבור על בל יראה ובל ימצא, וע"כ צריך לבטל קודם שיתחמץ, וממילא אף שיתחמצו אח"כ, אינו עובר בבל יראה, דאינו שלו, **ואף** אם אינו עומד שם, יכול לבטלם בביתו.

או יאמר: אני מפקיר אותם, אבל לא יאמר: פירורין הפקר, דאינו לשון מבורר שמפקירן, דאפשר לומר במשמעות הלשון, שמעצמן הן הפקר, ואינו כן, [**ואף** דלעיל סי' תל"ד ביארנו, דפירורין אינם צריכים ביטול דממילא בטילי, היינו פירורי לחם, דכל פירור הוא בפני עצמו, משא"כ בבצק אפשר דע"י כיבוד הבית יתקבצו יחד לכשיעור כזית, ושיעור כזה אינו מתבטל מאליו. **ואף** שיש שמישבין המנהג שנהגו לומר: פירורין הפקר, מ"מ לכתחילה בודאי יותר טוב לצאת כל הדיעות]. **וכתבו** האחרונים, דלשונות של ביטול והפקר צריך לומר דוקא בלשון שמבין.

ומ"מ אחר האפיה יכבד הבית, וכן השולחן שערכו עליו המצות, אע"פ שביטל, ומה שימצא מן העיסה ישרפנו, [**דכל** חמץ אע"פ שביטלו צריך ביעור, דקימ"ל דלכתחילה בעינן שריפה]. **ויש** שכתבו, דמטעם זה טוב שידרוס הפירורים ברגליו בעפר, תיכף משנפלו קודם שיבאו לידי חימוץ, דאם יבואו לידי חימוץ צריך לשורפן.

ועיין לעיל בסימן תנ"ט ס"ד בהגה, דאם לש ביו"ט, מה יעשה בהכלים אח"כ, **והכא** מיירי בלש בע"פ אחר זמן איסורו, דיכול לגרר החמץ מעליהן אח"כ ולהדיחן, וכן צריך לעשות באמת אח"כ, אע"פ שביטלן, **אך** שאנו חוששין שמא ישהה קצת ויעבור על בל יראה.

אות ג'

מעות שנמצאו לפני סוחרי בהמה לעולם מעשר וכו'

רמב"ם פ"ו מהל' מע"ש ונ"ר ה"י - מעות הנמצאות לפני סוחרי בהמה בירושלים, לעולם מעשר, שחזקת רוב העם מביאין מעות מעשר וקונין בו בהמות; והנמצאות בהר הבית, לעולם חולין, [ח]שחזקתן מתרומת הלשכה שחללום הגזברין על בהמה.

אות ד' – ה'

הכא נמי נימא קמא קמא אזיל והאי דהאידנא הוא שרבו ימי מצה עילויה

סימן תמו ס"ד - [ט]מצא פת בפסח בביתו, ואינו יודע אם הוא חמץ או מצה, מותר אפי' באכילה, דאזלינן בתר בתרא - והרי משתמשין כעת רק במצה בכל הבית, [וסתם תיבות שמשתמשין בהן אוכלין, נוטלין ראשון ראשון כדי שלא יתעפשו - רש"י], **ועוד** שהרי בדק את הבית כדין קודם פסח, ולא נשאר מחמץ כלום, ובודאי היא ממצה שמשתמשין באחרונה.

וכתבו האחרונים, דאפי' מצא הפת בגומא או בחור, אין חוששין שמא לא ראה אותה בשעת הבדיקה, שמן הסתם בדק כדינו בחורין ובסדקין, **ודוקא** כשהגומא מגולה, אבל אם מצא פת בגומא שאינה נראית לכל, כגון שמצא בחריץ ובשולי התיבה, ומכוסה בקרשי שולי התיבה ואינו נראה לכל, יש לחוש שמא פת זו היא חמץ, וחייב לבערה מיד - (מ"א בשם תוס').

ודין זה הוא לפי מנהג זמנם, שהיו אופין מצות עבה קצת, ולא היו חלוקין בתארם מככרות של חמץ.

(**הרי"ף** והרמב"ם והרא"ש השמיטו דין זה לגמרי, ועיין באחרונים שנדחקו בזה, **והנה** בפיר"ח שבידינו שיצא כעת לאור בעזה"י, כתב להדיא בהאי סוגיא, שכל עיקר דין זה הוא רק אלאחר הפסח, **ומובן** טעמו, דעל תוך הפסח שהוא בכרת לא הוי מקילינן כולי האי, לאכול דבר שהוא חשש חמץ גמור, רק בלאחר הפסח שהוא מדרבנן, ואפילו למ"ד שהוא מדאורייתא, עכ"פ אין בו כרת לכו"ע, **ואפשר** דמשום טעם זה השמיטו הראשונים, דלא היה ברירא להו דבר זה, **ולמעשה** בודאי אין להקל בתוך הפסח כנגד הר"ח, שכל דבריו הם דברי קבלה).

באר הגולה

[ה] (ע"פ הב"י והגר"א) [ו] **טור וכ"כ המרדכי ושאר פוסקים** [ז] **שם במרדכי ושאר פוסקים** [ח] (והטעם שנתן רבינו, שם בירושלמי - כסף משנה) (וז"ל: לא צורכה דלא בהר הבית קודש, רבי בא ר' חייה בשם רבי יוחנן, חזקה שאין הכהן מוציא מן הלשכה מעות עד שהוא מחללן על הבהמה. (**אמנם** לתוס' [ולכאורה גם לרש"י דלא הזכיר סברת הירושלמי, ורק כתב דאזלינן בתר רובא דשתא], תלינן הכא שהן מעות חולין ממש, שהכניסום הבאים בעזרה, ואפילו נמצא שם ברגל שרוב המעות שבירושלים מעשר, עכ"פ אזלינן בתר רובא ימי דשתא, ואמרינן דמקמי הרגל נאבד שם מעות חולין, **ואע"ג** דאסור להכניס מעות חולין לעזרה, היינו בפרהסיא דמחזי כמוליכן שם לסחורה, אבל בצנעא שרי. **ולפי** דבריהם צ"ל דהא דלא תלינן שהן ממעות של לשכה, משום דמעות חולין רובא ניהו נגד מעות הלשכה. **אמנם** ק"ל דלדבריהם א"כ מה מקשי הירושלמי: הרי מעות שקלים קודש הן, עכ"פ מעות חולין שהכניסו רובא נינהו - תפארת ישראל מס' שקלים פ"ז מ"ב) [ט] **שם בגמרא ז'** [י] (בנדה. שהקשה אמאי דאמרינן מאן דבדיק בגומא נמי בדיק, מהא דמשני רב פפא בפסחים דף ז', דמיירי בנמצא בגומא, אלמא לא בדוק בגומא, ותירצו התוס' דמיירי שמצא בחריץ המכוסה בקרשי התיבה, דכה"ג אינה נבדקת - מחה"ש)

ואם הוא מעופש הרבה, שאי אפשר לו להתעפש כל כך משנכנס הפסח, אז ודאי הוא חמץ – (משמע שאם הוא מעופש מעט, תלינן להקל שנתעפש ביום ויומים מימי הפסח, [יא] ועיין היטב בגמרא), **ואם עברו מימי הפסח** – (ר"ל שעברו ימים הרבה מימי הפסח), **שנוכל לתלות שנתעפש משנכנס הפסח עד עתה, אם אנו נוהגים לאפות בפסח פת חם בכל יום, תולין להקל אפילו הוא מעופש הרבה, שאנו תולים לומר בכל יום אפה פת חם ונתנו עליו, ולפיכך הרבה להתעפש.**

אות ו'

<u>תיבה שנשתמשו בה מעות חולין ומעות מעשר, אם רוב חולין חולין, אם רוב מעשר מעשר</u>

רמב"ם פ"ו מהל' מע"ש ונ"ר הי"א - תיבה שנשתמש בה חולין ומע"ש, [יב] ונמצא בתוכה מעות, אם רוב מניחין מעשר, הרי המעות מעשר; ואם רוב מניחין חולין, חולין; מחצה למחצה חולין.

באר הגולה

[יא] ‹דאף קודם שהעמידו דאיירי שעיפושה מרובה, כבר אמרו שרבו ימי מצה עליה, שלכאורה היה מקום לדקדק מזה דאם לא רבו הימים, אין להקל אף בעיפוש מעט, ודלא כמשמעות השו"ע – מ"ב המבואר› [יב] ‹והתם מוקי לה בשאינו יודע איזה מהן בסוף, א"נ שנשתמשו בה צבורין צבורין, אי נמי כגון דאשתכח בגומא, וצריך טעם למה השמיט רבינו אוקימתות אלו – כסף משנה›

כי פליגי בעל ביעור מר סבר מעיקרא משמע ומ"ס להבא משמע מיתיבי ברוך *אשר קדשנו במצותיו וצונו על המילה התם היכי נימא נימא למול לא סגיא דלאו איהו מהיל אבי הבן מאי איכא למימר אין הכי נמי מיתיבי ברוך אשר קדשנו במצותיו וצונו על השחיטה התם נמי היכי נימא נימא לשחוט לא סגיא דלאו איהו שחט פסח וקדשים מאי איכא למימר אין הכי נמי מיתיבי *העושה לולב לעצמו מברך שהחיינו וקימנו והגיענו לזמן הזה נטלו לצאת בו אומר אשר קדשנו במצותיו וצונו על נטילת לולב שאני התם דבעידנא דאגבהה נפק ביה אי הכי לצאת בו יצא בו מיבעי ליה אין הכי נמי *ומשום דקא בעי למיתנא סיפא לישב בסוכה תנא רישא נמי לצאת בו דקתני סיפא *העושה סוכה לעצמו אומר ברוך אתה ה' שהחיינו וקימנו והגיענו לזמן הזה נכנס לישב בה אומר ברוך אשר קדשנו במצותיו וצונו לישב בסוכה *והלכתא על ביעור חמץ דכולי עלמא מיהא מעיקרא בעינן לברוכי מנלן דאמר רב יהודה אמר שמואל *כל המצות מברך עליהן עובר לעשייתן מאי משמע דהאי עובר לישנא דאקדומי הוא אמר ר"נ בר יצחק דאמר קרא °וירץ אחימעץ דרך הככר ויעבר את הכושי אביי אמר מהכא °והוא עבר לפניהם ואבע"א מהכא °ויעבר מלכם לפניהם וה' בראשם בי רב אמרי חוץ מן הטבילה ושופר בשלמא טבילה דאכתי גברא לא חזי אלא שופר מ"ט וכי תימא משום דילמא מיקלקלא תקיעה אי הכי אפילו שחיטה ומילה נמי אלא אמר רב חסדא 'חוץ מן הטבילה בלבד איתמר תניא נמי הכי *טבל ועלה בעלייתו אומר ברוך אשר קדשנו במצותיו וצונו על הטבילה: לאור הנר וכו': מנא הני מילי אמר רב חסדא למדנו מציאה ממציאה ומציאה מחיפוש וחיפוש מחיפוש וחיפוש מנרות ונרות מנר מציאה ממציאה כתיב הכא °שבעת ימים שאור לא ימצא בבתיכם וכתיב התם °ויחפש בגדול החל ובקטן כלה וימצא ומציאה מחיפוש דידיה וחיפוש מנרות דכתיב °בעת ההיא אחפש את ירושלים בנרות ונרות מנר דכתיב °נר (אלהים) [ה'] נשמת אדם חופש כל חדרי בטן *תנא דבי ר' ישמעאל לילי י"ד בודקים את החמץ לאור הנר אף על פי שאין ראיה לדבר זכר לדבר שנאמר שבעת ימים שאור לא ימצא ואומר ויחפש בגדול החל ובקטן כלה* ואומר בעת ההיא אחפש את ירושלים בנרות ואומר נר (אלהים) [ה'] נשמת אדם חופש מאי ואומר וכי תימא האי בעת ההיא קולא הוא דקאמר רחמנא לא בדיקנא לה לירושלים בנהורא דאבוקה דנפיש נהורא טובא אלא בנהורא דשרגא דזוטר נהורא טפי דעון רבה משתכח ועון זוטר לא משתכחת תא שמע נר ה' נשמת אדם: תנו רבנן 'אין בודקין לא לאור החמה ולא לאור הלבנה 'ולא לאור האבוקה אלא לאור הנר מפני

רש"י

מעיקרא משמע. על ביעור שביערתי והרי עדיין לא בדיק דהא ברכה קודם בדיקה היא ביעור היינו נמי בדיקה: **נימא למול.** בתמיה משמע דאותו רופא המל את כל בני העיר (צוה) למול את התינוק הזה: **וכי לא סגי דלאו איהו מהיל.** עליו המצוה מוטלת והלא על אביו מוטל כדאמרן בקדושין פרק קמא (*קרוב לסופו) אבל ביעור מצוה על בעל החמץ מוטלת וכל איש ואיש בודק ביתו והיכא דיכול לומר לבער לא נימא על ביעור: **ופרכינן אבי הבן מאי איכא למימר.** אי על המילה לשעבר משמע וזה אפשר לו לומר למול מאי איכא למימר היכי שרינן ליה למימר על המילה: **אין הכי נמי.** צריך לומר למול: **פסח וקדשים.** הבעלים גלמוו דכתיב (ויקרא א) וסמך ידו ושחט: **נפק ביה.** ומברך על שעבר: **והלכתא על ביעור.** כמי להבא משמע וגבי מילה נמי לא שנא אבי הבן מאיכא דעלמא דהא להבא משמע ועל מילה נמי כלמול דמי: **עובר.** קודם כמו ויעבר את הכושי קדמו במיתת אבשלום: **ויעבר מלכם לפניהם.** יקדים לילך בראש: **דאכתי גברא לא חזי.** כגון טבילת בעלי קרי דקיימא לן בברכות (ד' כ:) שאסור בדברי תורה ובברכה דעזרא תיקן טבילה לבעלי קריין לדברי תורה ומשום ההוא טבילה תקון בכל הטבילות ברכתן לבסוף: **למדנו מציאה.** האמורה בחמץ ממציאה האמורה בגביע דבנימין: **ומציאה מחיפוש.** כלומר ואותה מציאה של בנימין מחיפוש האמור אצלה דמה מציאה של גביע ע"י חיפוש אף מציאת חמץ ע"י חיפוש: **וחיפוש מחיפוש וחיפוש מנרות.** לאחר שלמדת שהיא ע"י חיפוש חזור ולמוד זה החיפוש מחיפוש שכתוב בירושלים שהוא בנרות כדכתיב בעת ההיא אחפש את ירושלים בנרות: **ונרות מנר.** דכתיב בנר יחידי נר (אלהים) נשמת אדם חופש כל חדרי בטן ולקמיה מפרש הא למה לי: **זכר לדבר.** כדפרשינן והשתא מפרש קראי היכא וראיה ממש ליתא אלא אסמכתא בעלמא °דדברי תורה מדברי קבלה ניהו: **קולא הוא.** דאקיל רחמנא גבי ירושלים דלא נבדקיה באבוקה אלא באור קטן הילכך לא ילפינן חמץ מיניה להקל: **הא שמע.** מהאי קרא דבדיקה מעלייתא היא דכתיב חופש כל חדרי בטן:

תוספות

כי פליגי בעל ביעור מר סבר לשעבר משמע. פירש ר"ת לשעבר משמע טפי מלהבא אבל מ"מ משמע נמי קצת להבא דאי לא משמע כלל להבא אלא לשעבר א"כ היכי קאמר בסמוך נימא למול לא סגי דלאו איהו מהיל וכי בשביל שאין אנו יודעין לתקן יאמר שקר:

לא סגי דלאו איהו מהיל. דעל האב מוטל כדפירש הקונטרס אבל המל גריס מברך למול את הגרים *שהמברך חייב למול כמו האב המל: **בעידנא** דאגבהה נפיק ביה. וא"ת כיון דנפק היאך יברך והלא צריך לברך עובר לעשייתו *ואומר ר"י אע"ג דנפק אכתי עוסק במצוה שצריך לנענע בקריאת הלל (סוכה לז:): **לצאת** יצא מיבעי ליה. לצאת משמע שלא יצא עדיין באותה נטילה ומשכחת לה כשהפכו כדאמרי' בסוכה (ד' מב.) דאינו יוצא אלא דרך גדילתו או שנטלו שלא לצאת בו באותה נטילה וכשאדם נוטל לולב אין צריך להופכו כדפי' ר"י כיון שצריך לנענע בהלל או משום שאינו רוצה לצאת באותה נטילה: **והלכתא** על ביעור חמץ. יכול הוא לומר כן שאף זה הלשון משמע להבא או שמא דוקא על ביעור חמץ ויש טעם בברכות ור"י לא מצא טעם לכל הברכות: **על** הטבילה. אומר ר"ח בשם הגאון דוקא בטבילת גר דלא חזי קודם טבילה דלא מצי למימר וצונו דאכתי נכרי הוא אבל שאר חייבי טבילה כגון בעל קרי וכיוצא בו מותר לברך כדאמרינן בפ' מי שמתו (ד' כב.) נהוג עלמא כתלתא סבי כר' יהודה* בבעל קרי שיכול להתפלל ולברך וללמוד קודם טבילה *אעפ"כ אומר ר"י דאין לגעור בנשים שמברכות אחר הטבילה כיון דאיכא טבילת גר דלא מצי לברך לא חילקו וכן בנטילת ידים לא חילקו בין נטילה של אחר בית הכסא דלא מצי לברך קודם מיהו בנטילה יש טעם אחר לברך אחר נטילה קודם ניגוב כדאמרינן (סוטה ד' ד:) האוכל לחם בלא ניגוב ידים כאילו אוכל לחם טמא וי"מ דבכל טבילות קאמר דגברא לא חזי דקודם שירד למים אינו צריך לברך דילמא משום ביעתותא דמיא מימנע ולא טביל ואחר שיורד אז הוא ערום ואסור לברך משום דלבו רואה את הערוה*: **ונרות** מנר. וקשה דהוה ליה למימר חיפוש מנר ולא נרות מנר וי"ל דחיפוש לא קאי אנר לכך יש לפרש דיליף חיפוש דנר מחיפוש דירושלים שהיא בנרות ואותן נרות מנר ואתי שפיר דהשתא צריך לאתויי קרא דחיפוש נרות ולא סגי בקרא דנר ה' נשמת אדם וגו':

רבינו חננאל

אמר רב יהודה הבודק צריך שיברך קודם שיתחיל לבדוק מאי מברך ואסיקנא והלכתא אקב"ו על ביעור חמץ וכל המצות כולן מברך עליהן קודם עשייתן חוץ מן הטבילה בלבד כדתניא טבל ועלה בעלייתו אומר אקב"ו על הטבילה יש מי שאומר דבטבילה דגר בלבד הוא זה הדבר דתנן עלה וב"ה אמ' הפורש מן הערלה כפורש מן הקבר אבל שאר חייבי טבילות מברכין ואחר כך טובלין דגרס' נדה קוצה לה חלה ויש אומרין כל טמא אינו מברך אלא אחר הטבילה דתנן בתרומות פ"א חמשה לא יתרומו ואם תרמו תרומתן תרומה האלם והשכור והערום והסומא ובעל קרי ואמרי' בגמ' הללו חמשה אין תורמין לכתחלה יש מהם מפני הברכה והוא האלם והערום ובעל קרי מפני שאינן יכולין לברך ולתרום ויש מהן שאין מכוונים את המובחר והן הסומא והשכור: **שתוי** אל יתפלל ואם התפלל תפלתו תחנונים כלומר ידי תפלה יצא שכור אל יתפלל ואם התפלל תפלתו גידופין איזהו שתוי זה ששתה רביעית שכור ששתה יותר מרביעית. ר' זירא בעי קמיה דר' אסי שכור מהו לברך א"ל ואכלת ושבעת אפי' מדומדם וגו': **אמר** רב חסדא למדנו מציאה ממציאה הכא כתיב שאור לא ימצא והתם כתיב ויחפש בגדול החל וגו' והכא כתיב מציאה בחפוש וכתיב קרא אחרינא בעת ההיא אחפש את ירושלים בנרות נמצאת זו המציאה בשאור כאלו כתיב בה חפוש בנר ואם [תאמר] חפוש ירושלים בנרות קולא הוא כלומר שבנר אינו חפוש יפה הנה הפסוק אמר נר ה' נשמת אדם וגו' כלומר הנר חופש כל מה שבחדרים: **ת"ר** אין בודקין לא לאור החמה ולא לאור הלבנה ולא לאור האבוקה אלא לאור

עין משפט נר מצוה

מד א מיי' פ"ג מהלכות חמץ ומצה הלכה ו סמג לאוין עו טוש"ע א"ח סי' תלב סעיף א:

מה ב מיי' פ"א מהלכות ברכות הל' ג ופי"א הלכה ג ופ"ד מהלכות תפילין הלכה ו סמג עשין כג [טוש"ע או"ח סימן כה סעיף ח וסי' קנח בהג"ה רב אלפס בהל' תפילין דף עג:]:

מו ג מיי' פי"א מהלכות ברכות הל' ז סמג עשין כז טוש"ע י"ד סי' רסח סעיף ב:

מז ד מיי' פ"ב מהלכות חמץ ומצה הלכה ד סמג עשין לט טוש"ע או"ח סי' תלג סעיף א:

מח ה מיי' שם טוש"ע א"ח שם סעיף ב:

גליון הש"ס

רש"י ד"ה זכר לדבר. דד"ת מד"ק ניהו כדאי' בחגיגה י ע"ב:

§ מסכת פסחים דף ז: §

אות א'

והלכתא על ביעור חמץ

סימן תלב ס"א - [א]קודם שיתחיל לבדוק יברך - כדי שתהא הברכה עובר לעשייתן, **אשר קדשנו במצותיו וצונו על ביעור חמץ** - אע"ג דאינו מבער עד למחר, מ"מ כיון דבדיקה זו לצורך ביעור, הוי מעין הביעור, **ואין** מברכין "על בדיקת חמץ", דאין זה סוף מצותו, **וגם** אין מברכין "על ביטול חמץ", כיון דעיקר הביטול תלוי בלב, ואין מברכין על דברים שבלב. [ב]**ואם** בירך "לבער" יצא.

י"א שטוב שיטול ידיו קודם הברכה, והוא רק משום נקיות.

(ואם התחיל לבדוק בלא ברכה, יברך כל זמן שלא סיים בדיקתו) (כל בו) - דכל זמן שלא סיים מקרי עדיין עובר לעשייתו, **ואם** כבר סיים הבדיקה, לא יברך עכשיו, אלא יברך למחר בשעת שריפה, דהא מברכין: על ביעור חמץ, **ואע"פ** שבטלו אתמול בשעת בדיקה, מ"מ חייב לשרפו מתקנת חכמים, **ועוד** דהא אז אמר: כל חמירא דלא חזיתיה, והחמץ שראה לא ביטל, **ויש** מאחרונים דס"ל, דלא נתקנה הברכה כי אם בעת הבדיקה, ולדעתם יברך בשעת שריפה בלא שם ומלכות, **ונראה** שהרוצה לסמוך ולברך אין מוחין בידו, דיש לו על מי לסמוך.

ויזהר שלא ידבר בין הברכה לתחלת הבדיקה - ובדיעבד אם שח בדברים שאין צורך הבדיקה, יחזור ויברך, דהפסיק בין הברכה להמצוה.

[ג]וטוב שלא ידבר בדברים אחרים עד שיגמור כל הבדיקה, כדי שישים אל לבו לבדוק בכל המקומות שמכניסים בו חמץ - ובזה א"צ לחזור ולברך, כיון שכבר התחיל המצוה, **ובדברים** שהם צורך הבדיקה, גם לכתחלה יוכל לדבר, שזה אין חשיב הפסק כלל.

אות ב'

כל המצות מברך עליהן עובר לעשייתן

סימן כה ס"ח - כל המצות מברך עליהם עובר לעשייתן, (פי' קודם, "ויעבר את הכושי", פירושו: רץ והקדים לפניו).

סימן קנח סי"א - [ד]מברך קודם נטילה, שכל המצות מברך עליהם עובר לעשייתן - קודם וסמוך להעשייה.

[ה]ונהגו שלא לברך עד אחר נטילה, משום דפעמים שאין ידיו נקיות - כגון שיצא מבהכ"ס, או שנגע במקומות המכוסות בגופו, שאינו ראוי לברך קודם שנטל ידיו, ומפני זה נהגו בכל הנטילות, [כגון לתפלה], לברך אחר הנטילה.

(**ומסתברא** דאין למחות ביד מי שירצה לברך קודם הנטילה, **אם** יודע שידיו נקיות, **ואף** שיזהר שיהא המקום נקי שראוי לברך שם).

אות ג'

חוץ מן הטבילה

יו"ד הלכות גרים סימן רסח ס"ב - ויברך על הטבילה אחר שיעלה מן המים.

אות ד'

אין בודקין לא לאור החמה ולא לאור הלבנה

סימן תלג ס"א - [ו]הבדיקה צריך שתהיה לאור הנר ולא לאור הלבנה - ובליל י"ד, שאז בני אדם מצויים בבתיהם, ואור הנר יפה אז לבדיקה, [גמ' ד.], משא"כ ביום אין האור מנהיר כבלילה, [רש"י שם], **ותקנו** הבדיקה דוקא על ידי אור הנר, שעל ידה יוכל לבדוק גם בחורין וסדקין.

ואם הקדים ובדק יום י"ג לאור הנר, צריך לחזור ולבדוק ליל י"ד כתקנת חכמים, **ומ"מ** נראה דאין לברך אז בלילה על הבדיקה, דיש פוסקים דבדיעבד יצא בבדיקה ראשונה, [הגר"א בביאורו בסוף הסימן], **אכן** אם בדק בליל י"ג לאור הנר, שבלילה אור הנר יפה לבדיקה, ונזהר היטב שלא להכניס חמץ, א"צ לחזור ולבדוק, כן הסכימו רוב אחרונים, **והרוצה** להחמיר על עצמו לחזור ולבדוק, עכ"פ לא יברך אז. [**והח"י** משמע, דאפי' לכתחילה יכול לבדוק בליל י"ג לאור הנר, אם רק מתכוון לשם בדיקה, **אכן** בספר חק יוסף פקפק ע"ז, דאף דמצד הבדיקה אין קפידה בזה, מ"מ יש למנוע מזה, דיפסיד אז הברכה, לפי מה דקימ"ל כרמ"א בסי' תל"ו, דהבודק קודם הזמן לא יוכל לברך].

[ז]ואם עבר ולא בדק ליל י"ד, כשבודק ביום י"ד, לא יבדוק לאור החמה אלא לאור הנר - שעל ידה יוכל לחפש היטב במחבואות בחורים ובסדקים.

אבל לכתחלה אסור לדחות הבדיקה על יום י"ד, [**ולא** מיבעיא במקום שיש אור היום, דאין לדחות, דשרגא בטיהרא מאי מהני, **אלא** אפי' אם הוא בית אפל, דנר מאיר יותר בלילה מביום, **וגם** דהתקנה לכתחילה הוא דוקא בלילה, בשעה שבני אדם מצויין].

באר הגולה

א **מסקנא דגמרא פסחים ז'** ב ‹וכן כתב הרא"ש, ד"לבער" כולי עלמא לא פליגי, אך דלכך יש לברך "על", לאשמעינן חידוש, דכהאי גוונא מותר לברך, וכדאמרינן ברכות נ. מברכותיו של אדם ניכר אם תלמיד חכם הוא – חק יעקב. ועיין בתוס'› ג **טור בשם אביו הרא"ש וכ"כ הרשב"א בתשובה** ד **ב"י בפי' דברי הטור** ה **תוס' בברכות נ"א ובפסחים ז' והרא"ש שם** ו **ברייתא פסחים ז' וח'** ז **שם בירושלמי** ‹בפרק קמא דפסחים (ז:) תנו רבנן אין בודקין לא לאור החמה ולא לאור הלבנה ולא לאור האבוקה, אלא לאור הנר. ומקשו בירושלמי: וכי יש חמה בלילה, ומשני תפתר בשלא בדק, כדתנן (י:) אם לא בדק אור לארבעה עשר בודק ארבעה עשר שחרית, הדא אמרה, אפילו ביום צריך בדיקה לאור הנר – ב"י›

אות ה'

ולא לאור האבוקה

סימן תל"ג ס"ב - [ה]אין בודקין לאור האבוקה - שאין יכול להכניסו לחורין ולסדקין, וגם שהוא מתיירא שמא ישרוף הבית, ולא יוכל לבדוק יפה, [גמרא ח. וע"ש עוד טעמים]. **אלא לאור הנר** - ואין בודקים בעצים דמשחא, שקורין קי"ן, שאורו ג"כ גדול כעין אבוקה, **ובדיעבד** אם בדק לאור האבוקה, אינו חל הבדיקה, וצריך לחזור ולבדוק לאור נר יחידי.

[ט]ולא בנר של חלב, ולא של שומן - שהוא מתיירא שמא יטיף על הכלים ויפסידם, **ובדיעבד** חל הבדיקה.

ולא של שמן - שהוא מתיירא להכניסו לחורין ולסדקין, פן ישפוך השמן, **ויש** דעות בין האחרונים אי חל הבדיקה בדיעבד.

אלא בנר של שעוה. (הגה: והוא יחידי, אבל שתי נרות ביחד, אפי' קלועים, דינם כאבוקה) (מהרי"ל בשם אגודה) - ר"ל וכ"ש אם דבקן ביחד דחשיב אבוקה, אלא אפילו קלועים, סלקא דעתך דכחד נר דמי, קמ"ל - מ"א. **ומפמ"ג** משמע, דכל שאוחזן בידו יחד ואין מפרידן זה מזה, חשיב אבוקה.

ונר שיש לו שתי פתילות, כמו שעושין עתה בנר של חלב לפעמים, דיש הפרש בין פתילה לפתילה, חשיב אבוקה.

ואם אין לו נר של שעוה, יכול לבדוק באותן נרות שבדיעבד יוצא בהן.

---

§ מסכת פסחים דף ח. §

אות א'

חצר אינה צריכה בדיקה, מפני שהעורבין מצויין שם

סימן תל"ג ס"ו - וכן [א]אמצעה של חצר אינו צריך בדיקה, שאם היה שם חמץ, העורבים ושאר עופות המצוים שם יאכלוהו - לאו דוקא אמצעה, דהוא הדין לצדדי החצר, ואתי לאפוקי רק חורין שבצדדי החצר, דצריך בדיקה.

[ב]והני מילי מספק חמץ, אבל ודאי חמץ לא - דבודאי חמץ לא סמכינן ע"ז, וצריך בדיקה, דאין ספק מוציא מידי ודאי, **וכ"ש** במקום שמעמידין אווזים בלול שלהן, ומניחין לפניהם בחוץ כלי עם שבולת שועל ושעורין, שע"י אכילתם נופלים הגרעינים בחוץ, וא"א להם לאכול משם, דבודאי צריך בדיקה, דהרי זה חמץ גמור ששורין הגרעינים במים.

עיין במ"א שדעתו, דמה שהכניסו שם חמץ זמן רב קודם פסח, וסמוך לפסח נשמר שלא יפול שם חמץ, א"צ לבדוק, ואפשר דכל שלשים יום מקרי סמוך לפסח, **אבל** דעת המקור חיים, דדוקא מה שהיה בליל י"ד אחר שהגיע זמן הבדיקה, דאז לא סמכינן שיאכלוהו עופות, אבל מה שהיה ודאי קודם לזה, לא מקרי ודאי חמץ, וא"צ בדיקה.

הגה: אבל לקמן סימן תמ"ה סעיף ג' מבואר, [ג]דמותר להשליך חמץ במקום שהעופות מצויים, כל שכן שאין צריך לבער משם אפילו חמץ ודאי, עד לאחר זמן איסורו - הנה האחרונים האריכו ליישב הסתירה, ולדינא הסכימו כמה אחרונים, דלחצר שלו או של שותפין, אסור לזרוק חמץ על סמך שיאכלוהו עורבים ועופות, וגם בדיעבד אם זרק צריך לבדוק ולבער, **אבל** למקום מופקר לרבים, כגון רחוב, מותר להשליך שם חמצו ולהפקירו קודם זמן איסורו, **ואם** לא אכלוהו העורבים ונשאר עד אחר זמן איסורו לא איכפת לן, כיון שכבר יצא מרשותו, דומיא דמוכר לעכו"ם קודם זמן איסורו.

אות ב' – ג'

אכסדרה לאורה נבדקת

אי לבהדי ארובה היינו אכסדרה

סימן תל"ג ס"א - [ד]ואכסדרה - הוא מקום שיש לה ג' דפנות וקירוי, **שאורה רב** - ע"י דופן רביעית שפתוחה לגמרי, **אם בדקה לאור החמה, דיו** - גם זה מיירי כשעבר ולא בדק ליל י"ד, ובודק ביום י"ד, דבאכסדרה שאורה רב א"צ לנר, ודי באור החמה, **ומה** שכתב לשון דיעבד, משום [ה]דלכתחלה גם באכסדרה צריך לבדוק בליל י"ד, [ט"ז].

ומבואר בש"ס, (דף ד.) דמי שלא בדק בלילה ובודק ביום, יבדוק בצפרא משום דזריזין מקדימין למצות, ולא יאכל מקודם שיבדוק.

ולענין אם מותר לבדוק ביום י"ג לאורה, לכתחלה אסור, אלא צריך להמתין על ליל י"ד, **ובדיעבד** נראה דאין צריך לבדוק שנית, [**דלדעת** רש"י והרי"ף אפי' לכתחלה מותר ביום י"ג, וי"ל דדמיא יום י"ג לאור החמה באכסדרה, לליל י"ג לאור הנר, דשם יש הרבה מקילין אפילו לכתחלה, **ולרבנו** ירוחם דאוסר, שפיר י"ל דהוא רק לכתחלה, אח"כ מצאתי שכ"כ לדינא בחמד משה]. **ועיין** במ"א שכתב, שמ"מ יחזור ויבדוק עכ"פ חדר אחד בלילה.

<המשך ההלכות בעמוד הבא>

באר הגולה

[ח] בברייתא שם [ט] טור בשם אביו הרא"ש למנהג אשכנז [א] שם מימרא דרבא [ב] ב"י בשם סמ"ק [ג] ולענ"ד נראה, דכאן איירי בחצר המשתמרת שדרין בו, ולקמן איירי במקום הפקר כנזכר שם [ד] מימרא דרבא שם בבלי [ה] ומפרש"י משמע אפי' לכתחלה א"צ לאור הנר אלא ביום, וכן דעת הרי"ף – ט"ז

מפני שאור הנר יפה לבדיקה ואע"פ שאין ראיה לדבר זכר לדבר שנאמר °שבעת ימים שאור לא ימצא בבתיכם ואומר °ויחפש בגדול החל ואומר °בעת ההיא אחפש את ירושלים בנרות ואומר °נר ה' נשמת אדם חופש כל חדרי בטן האי אור החמה היכי דמי אי נימא בחצר האמר רבא *חצר אינה צריכה בדיקה מפני שהעורבין מצויין שם אלא באכסדרה האמר רבא *אכסדרה לאורה נבדקת לא צריכא לארובה דבחדר והיכא אי לבהדי ארובה היינו אכסדרה אלא לצדדין ואבוקה לא והאמר רבא מאי דכתיב °ונוגה כאור תהיה קרנים מידו לו ושם חביון עוזו *למה צדיקים דומין בפני שכינה כנר בפני האבוקה ואמר רבא *אבוקה להבדלה מצוה מן המובחר אמר רב נחמן בר יצחק זה יכול להכניסו לחורין ולסדקין וזה אינו יכול להכניסו לחורין ולסדקין רב זביד אמר זה אורו לפניו וזה אורו לאחריו רב פפא אמר האי בעית והאי לא בעית רבינא אמר האי משך נהורא והאי מיקטף איקטופי: כל מקום שאין מכניסין כו': כל מקום לאתויי מאי לאתויי הא דתנו רבנן ׳חורי בית העליונים והתחתונים ׳גג היציע וגג המגדל ׳ורפת בקר ולולין ומתבן ׳ואוצרות יין ואוצרות שמן אין צריכין בדיקה רשב"ג אומר מטה החולקת בתוך הבית ומפסקת צריכה בדיקה ורמינהו ׳חור שבין אדם לחבירו זה בודק עד מקום שידו מגעת וזה בודק עד מקום שידו מגעת והשאר מבטלו בלבו ר' שמעון בן גמליאל אומר מטה החולקת בתוך הבית ועצים ואבנים סדורים תחתיה ומפסקת אינה צריכה בדיקה קשיא מטה אמטה קשיא חורין אחורין חורין אחורין לא קשיא הא בעילאי ובתתאי והא במיצעי מטה אמטה לא קשיא הא דמידליא הא דמיתתאי ואוצרות יין אין צריך בדיקה והתניא אוצרות שמן אין צריך בדיקה הכא במאי עסקינן במסתפק אי הכי שמן נמי שמן יש קבע לאכילה יין אין קבע לשתיה תני רבי חייא עשו אוצרות שכר בבבל כאוצרות יין בארץ ישראל במסתפק אמר רב חסדא בי דגים אין צריך בדיקה והתניא צריכין בדיקה לא קשיא הא ברברבי הא בזוטרי אמר רבה בר רב הונא בי מילחי ובי קירי צריך בדיקה אמר רב פפא בי ציבי ובי תמרי צריך בדיקה תנא אין מחייבין אותו להכניס ידו לחורין ולסדקין לבדוק מפני הסכנה מאי סכנה אי נימא מפני סכנת עקרב כי משתמש היכי אישתמש °לא צריכא דנפל אי נפל למה לי בדיקה והתנן *חמץ שנפלה עליו מפולת הרי הוא כמבוער התם שאין הכלב יכול לחפש אחריו הכא כשהכלב יכול לחפש אחריו והא אמר ר' אלעזר *שלוחי מצוה אינן ניזוקין אמר רב אשי שמא תאבד לו מחט ואתי לעיוני בתרה וכה"ג לאו מצוה הוא והתניא *האומר סלע זו לצדקה בשביל שיחיה בני או שאהיה בן העוה"ב
הרי

רש"י

מפני שאור הנר יפה לבדיקה. לקמיה מפרש מאי מעליותא: **מאבוקה: לאורה נבדקת.** אור שלה נבדקת ואין צריך להביא לה אור הנר בלילה אלא בודקה ביום: **ודכולא.** באיזה מקום בחדר לא מגיע לה לאור הארובה: **אי נימא לצדדי ארובה.** נגד החור ממש אמאי לא הייתי אכסדרה: **לצדדין.** של חור: **ונוגה.** של עתיד לצדיקים כאור של שבעת ימי בראשית יהיה: **קרנים.** מלשון כי קרן עור פניו (שמות לד) והזוהרין מיד הקב"ה לו לצדיקים: **חביון** של הקב"ה ילכו והזוהרין להקרין פני הצדיקים ולא יהיה אורם שוה לאורו אלא כנר בפני האבוקה: **אורו לאחריו.** ואדם האוחזו לפניו הוא בודק הלכך אין יפה לבדיקה: **בעית.** מתיירא שלא יבעיר את הבית ואין לבו על הבדיקה יפה: **האי משיך נהורא.** אור הנר נמשך ומאריך במקומו ואינו דולק בקפיצות אלא נח במקום אחד: **מיקטף איקטופי.** נפסק וקופץ תמיד לשון הקוטפים מלוח (איוב ל): **כל לאיתויי מאי.** דלא תנא מקום שמכניסין בו ט': **חורי.** שבכותל: **העליונים והתחתונים.** הגבוהים יותר מדאי והנמוכים יותר מדאי ואין נוחין להשתמש אין צריך לבדוק: **וגג היציע.** אע"פ שהוא נמוך הואיל ומשופע אין צריך לבדוק אבל שאר גגין שלהן לא היו משופעין: **יציע.** אנפריי"ן: **גג המגדל.** משטי"ר של עץ שנותנים לתוכו כלים ואוכלים תוכו צריך בדיקה ולא גגו: **ורפת בקר.** שאם היה שם חמץ בהמות אכלוהו: **ולולין.** מקום דירת תרנגולין: **ומתבן.** בית התבן דמה דרכו של חמץ שם וכן אוצרות יין ושמן: **החולקת.** מעמידין אותה במקום מחילה לחלק תשמישי הבית ואורחא דמילתא נקט: **ומפסקת.** יש הפסק בין שוליה לקרקע כגון שרגליה גבוהים למטה: **עד מקום שידו מגעת.** כגון שהכותל עב הרבה: **ומפסקת.** יש אויר בין שוליה לעצים: **קשיא חורין אחורין.** דקא תנא הכא חורין צריכין בדיקה: **הא.** דקתני לעיל אין צריכין בעילאי ותתאי שאין נוחה תשמישתן כדקתני בהדיא והא באמצעי שנוחים להשתמש: **דמדליא.** שגבוהה הרבה ויש אויר תחתיה הרבה נוחה תשמישתה: **דמיתתאי.** אף על פי שיש קצת אויר אין נוחה תשמישתה: **במסתפק.** אוצר שמסתפק הימנו יין לשולחנו צריך בדיקה פעמים שהשמש נכנס להביא יין כשהוא כלה על השולחן ופתו בידו: **יש קבע לאכילה.** יודע הוא כמה שמן צריך לכך וכך בני אדם ומביאו קודם סעודה ואין צריך לעמוד מן השלחן ולהביא אבל יין אין קבע לשתיה פעמים ששתיית סעודה [זו] מרובה משל אתמול ואין השמש בקי בדבר: **עשו אוצרות שכר בבבל.** להצריך בדיקה במסתפק כאוצרות יין בארץ ישראל דכיון דרגילין בו אין קבע לשתייתו: **הא ברברבי.** אין צריך בדיקה שיש להם קבע ואומד ואין צריך לעמוד ולהביא באמצע הסעודה: **זוטרי.** אין להם קבע ואומד וצריך לעמוד ולהביא: **בי מלחי.** בית המלח: **ובי קירי.** שעוה צריך בדיקה לפי שעומד מתוך הסעודה להביא מלח ונרות: **דנפל.** אם נפל הבנין אין מחייבין אותו לבדוק את גל אבנים אלא למראית העין אבל לא להכניס ידו בניקין ומחילה כשהיה הכותל קיים נשתמש בחוריו ועכשיו נפל ויש שם סכנת עקרבים שדרכן לימצא באשפות ובגלין: **כשאין הכלב יכול לחפש אחריו.** הכי מפרש לה *ר"ש בפ"ב *ותניא כמה חפישת הכלב שלשה טפחים: **שמא תאבד לו מחט.** קודם לכן ואתי השתא לעיוני בתרה וכיון דמתכוין אף למחט לאו שליח מצוה הוא וניזוק: **וכה"ג.** דמתכוין למצוה ולצרכו לאו שליח מצוה הוא בתמיה:
הרי

תוספות

מטה החולקת בתוך הבית ומפסקת. פרש"י דלענין תחתיה מיירי וקשה דלפי' לא ה"ל למימר החולקת אלא מפסקת ותו לא אלא י"ל חולקת בתוך הבית ומפסקת היינו שמונחת באמצע הבית וחולקת היינו שמגעת מכותל לכותל ואינו יכול לעבור מצד אחר אלא על גבי המטה או ישוח ויעבור תחתיה וקאמר דאין צריך בדיקה לצד הפנימי וכן משמע בירושל' [פ"א] ובתוספתא* דקאמר רשב"ג אומר מטה שהיא חוצצת החולקת בתוך הבית ועצים ואבנים מונחים תחתיה בודק לצד החיצון ואינו בודק לצד הפנימי ומתוך הירושלמי משמע דברייתא דקתני בה עצים ואבנים גרס אין צריך בדיקה והא דלא משני הכא שיש עצים ואבנים משום דלא משמע ליה שבשביל כך אין צריך בדיקה [אלא] משום דאין דרך לשוח ולעבור תחת המטה ומשני הא דמידליא התם צריך בדיקה לפי שרגליה גבוהין ויכול לעבור תחתיה בלא שחייה אי נמי במידליא א"נ דלא ניחא לעלות על גבה ולעבור וי"ס דגרסי אין צריך בקמייתא ובבתרייתא צריך ולפי גירסא זו נקט עצים ואבנים סדורים תחתיה לרבותא ור"ח גרס בתרוייהו אין צריך ופריך מהא דבקמייתא לא בעינן עצים סדורים ובבתרייתא בעינן: **הכא** כשהכלב יכול לחפש אחריו. ולכך אינו פטור אלא מפני הסכנה והא דמשמע גבי מפולת דאם הכלב יכול לחפש אינו כמבוער וצריך לבערו ולא מיפטר מפני סכנת עקרב אור"י שאני התם דודאי איכא חמץ הטריחוהו חכמים *להשכיר פועלים במרא וחצינא אבל הכא שאין החמץ ידוע לא הטריחוהו:
שיזכה

[פי' אורה מידו של הקב"ה לו לצדיק כמו כי קרן עור פניו משה ושם חביון עוזו אפס"כ שם אלא במקום עוזו כלומר תוקף האור הגדול אלא הקב"ה יותר מאלו הצדיקים ערוך בערך קרן]

עין משפט נר מצוה

מט א מיי' שם הל' ד טוש"ע שם סעיף ו:
נ ב ג מיי' שם טוש"ע שם סעיף ח:
נא ד מיי' שם הלכה ו טוש"ע שם סעיף ד:
נב ה מיי' שם טוש"ע שם סעיף ה:
נג ו מיי' שם טוש"ע שם סעיף ו:
נד ז מיי' שם טוש"ע שם סעיף ג:
נה ח מיי' שם הלכה ה טוש"ע שם ס"ז:
נו ט מיי' שם טוש"ע שם סעיף ח:

מסורת הש"ס

ב"ה שאין לקמן קג: | לקמן לא: ב"מ מב. | [לקמן: וש"נ] | י: ר"ס ד. | [לקמן לא:] [ע"ל רשב"ג]

רבינו חננאל

הנר מפני שאור הנר יפה לבדיקה. ואע"ג דקי"ל חצר אין צריכה בדיקה הואיל ועורבין מצויין שם ואכסדרה לאורה נבדקת (אתא) ולא לאור החמה [אתא] לאשמעינן שהבודק ביום בזמן שהחמה מצויה בעולם כשהוא בודק בבית אינו בודק אלא בנר וכן באבוקה אע"ג שהאבוקה להבדלה מצוה מן המובחר אין בודקין אלא בנר דמשיך נהוריה ואורו לפניו ויוכל להכניסו בחורין ובסדקין: תנו רבנן חורי הבית העליונים כו'. פי' העליונים שאין יד מגעת להשתמש בהן וכן התחתונים עם הקרקע והגג שאין בני אדם משתמשין בו וכן היציע וזה היציע יש לו שלש שמות יציע צלע ותא יציע דכתיב (מ"א ו ו) היציע התחתונה וגו' ומפרש בפ' המוכר את הבית בתחלתו וכן הרפת דכתיב (חבקוק ג יז) ואין בקר ברפתים ולולין דכתי' (מ"א ו ח) ובלולים יעלו. ומתבן כמשמעו. ואוצרות יין ושמן שאין מסתפקין מהן ואין נכנסין בהם בכל שעה דליכא למיחש שמא נכנס אדם שם בפת בידו ושכחו כל אלו אין צריכין בדיקה וכן מטה החולקת בבית אם היא מוטלת בקרקעית הבית ומפסקת כלומר היא מיושבת מן הכותל של בית עד הכותל שכנגדו ואין אדם יכול לעבור לא מתחתיה ולא מצדדיה כל הבית שהוא אחורי המטה אין צריך בדיקה ואם מטה זו מידליא עד שיהיו עצים ואבנים סדורין תחתיה שאין מי שיכול לעבור תחתיה ואם הם אוצרות יין ושמן במסתפק מהן וכן אוצרות שכר בבבל ובי דגים קטנים ובי ציבי ובי תמרי ובי מלחי ובי קירי כולן צריכין בדיקה. פי' קירי שעוה: תנא אין מחייבין אותו להכניס ידו לחור שנפל עכשיו ואע"ג שהכלב יכול לחפש אחריו דחיישינן לסכנת עקרב ואע"ג דאמר ר' אלעזר שלוחי מצוה אינן ניזוקין חיישינן שמא יתכוין לחפש אגב חיפוש החמץ על מחט שאבדה לו קודם לכן
לכן

[ו]וה"ה **כנגד ארובה שבחדר** - ארובה מקרי מה שבאמצע הגג, וה"ה נגד החלונות שבכתלים, **ודוקא** נגד ארובה ונגד החלון ממש, ששם אורן רב, משא"כ מן הצדדין, אף ששם יש ג"כ אור, אין דומה לאכסדרה, [גמרא]. **ואפילו** נגד החלון ממש, דוקא כשאין בו זכוכית, אבל כשיש בו זכוכית, דינו כמן הצדדין.

אות ד'

חורי בית העליונים והתחתונים

סימן תל"ג ס"ד - [ז]חורי הבית, וזיזין הבולטים מהכתלים, שאינם גבוהים הרבה ולא נמוכים הרבה, צריכים בדיקה - לפי שדרך להשתמש בהן, ויש לחוש שמא נשאר שם מעט חמץ.

אבל הגבוהים [ח]שאין יד האדם מגעת שם, והנמוכים פחות משלשה טפחים, אינם צריכים בדיקה - שמן הסתם לא נשתמשו בו, **אבל** אם ידוע לו שנשתמש בהן חמץ באותה שנה אפילו פעם אחת, הרי הן צריכין בדיקה.

ובבית שהתינוקות מצויין בו, בכל גוונא צריכין בדיקה, שמא הניחו שם התינוקות מעט חמץ.

ועל גבי התנורים שרגילין להשתמש שם, צריך בדיקה, ופשוט דגם בכל החורים שסביבותיהן צריך בדיקה.

אות ה'

וגג היציע וגג המגדל

סימן תל"ג ס"ה - [ט]גג היציע - הוא בנין נמוך, **והמגדל** - שקורין אלמע"ר או שאפ"ע, **[י]שגגיהם משופעים** - כך היה דרכן, **ומפני כך אין גגיהם ראויין לשום תשמיש, אינם צריכין בדיקה אפילו הם בתוך הבית** - אבל כגון שלנו שגגיהן שוה, והדרך להשתמש שם, צריך בדיקה, **וכ"ש** תוך המגדל אם משתמש בהם חמץ לפעמים, או דברים שדרך ליטלם בתוך הסעודה, [כן מוכח מרש"י ד"ה גג המגדל], בודאי צריך בדיקה.

וגגי הבתים שלהם היו שוין, ורגיל להשתמש עליהן, וצריך בדיקה, [רש"י ד"ה וגג]. **ותקרות** שלנו שתחת גג המשופע, אם דרך להשתמש שם, צריך בדיקה, שפעמים הולך שם באמצע סעודתו ופתו בידו, **ובאשר** שטרחא מרובה היא, נראה שיש להקל, ע"י שימכור לנכרי אותו המקום ג"כ עם החמץ שיש שם.

אות ו'

ורפת בקר ולולין

סימן תל"ג ס"ו - [יא]רפת של בקר אינו צריך בדיקה, שאם היה שם חמץ הבהמות יאכלוהו; וכן לול של תרנגולים אינו צריך בדיקה, מפני שאם היה שם חמץ התרנגולים יאכלוהו.

וה"ה קרקע הבית שהתרנגולים מצויים שם א"צ בדיקה, **ומ"מ** צריך לכבד תחת המטות, כי לפעמים נגרר שם ע"י התרנגולים חתיכה גדולה של חמץ, שא"א להם לאכלה, או לסיבה אחרת.

ובמקום שאוכלין כל השנה וליכא שם תרנגולין, לכו"ע צריך לבדוק תחת הספסלין והשלחנות, שמצוי ליפול שם חמץ.

וי"א דאף בדאיכא תרנגולין בבית, כל שאכלו שם חמץ סמוך לפסח, הוי כמו חמץ ודאי, דאי אפשר שלא יפול חמץ על הקרקע, ואין ספק אכילת תרנגולים מוציא מידי ודאי חמץ, וצריך בדיקה כדין, [**אבל** מסתימת לשון הרשב"א ור' ירוחם שכתבו, דבבית שהתרנגולין מצויין א"צ בדיקה, משמע בפשיטות דהוא אף במקום שאוכלים, דבית שדרין בו בודאי אוכלין שם ג"כ, **והטעם** י"ל, משום דלא חשיב זה לודאי, דאף אם נימא דא"א שלא יפלו שם מהשלחן, דלמא רק פירורין דממילא בטילי, וגם אולי כבר כבדו אותו, ואין שם עתה].

אות ז'

ומתבן ואוצרות יין ואוצרות שמן, אין צריכין בדיקה

סימן תל"ג ס"ג - [יב]בודק כל המקומות שיש לחוש שמא הכניסו בהם חמץ - ר"ל לא מיבעיא מקומות שמשתמשין בהן חמץ, פשיטא דצריך בדיקה, **אלא** אפילו מקום שאין רגיל להשתמש בו חמץ כל השנה, רק שיש לחוש שמא הכניס שם חמץ באקראי, ג"כ צריך בדיקה, וכדמפרש לקמיה.

[יג]ולכן כל חדרי הבית והעליות צריכים בדיקה, שפעמים אדם נכנס בהם ופתו בידו - היינו אפילו חדרים שמחזיקים בהם משכונות, שלפעמים נכנס לתוכו באמצע הסעודה להחזיר המשכון לבעליו, ויש לחוש שמא שכח שם פתו, **וה"ה** כל כיוצא בו, כגון מרתפות שמונחים שם פירות וכבושים וגבינות וכיו"ב, שדרך ליכנס שם בתוך הסעודה ליטלם, **וכן** בית העצים ונרות, ג"כ דרך השמש ליכנס בתוך הסעודה, ליקח נרות להאיר, ועצים לצורך התבשילין, [גמ'].

אבל אוצרות יין שאין מסתפק מהם, וכן מתבן וכיוצא בו, אינם צריכים בדיקה - שמסתמא אין מכניסין בהן חמץ, אלא א"כ יודע שהכניס בהם חמץ.

באר הגולה

ו שם בגמ' | ז שם בברייתא | ח טור ורבינו ירוחם וכ"כ הרא"ש בתשובה | ט שם בברייתא | י וכן פי' רש"י - ב"י | יא שם בברייתא | יב משנה ריש פסחים | יג והם דברי [הטור] עצמו - ב"י

שאין מסתפק מהם - דבמסתפק בהן, פעמים אדם נכנס בתוך הסעודה ופתו בידו, להביא עוד יין לסעודתו, **וה"ה** אוצרות של שאר משקין, במקום שרגילין בשתייתו, צריכין בדיקה, [גמרא לענין שכר].

ואוצרות שמסתפק ממנו, ויש לו קבע, שנוטל בפעם א' מה שצריך לסעודה, א"צ בדיקה, כיון שאין רגילים ליכנס בו באמצע הסעודה. [**ואוצרות** של שמן משמע בגמרא דאין צריך בדיקה, משום דהוא דבר שיש לו קבע, **ויש** שמחמירין בזה, דיש מהגאונים שהיה להם [יד] גרסא אחרת בגמרא עיין ב"ח].

אות ח'

חור שבין אדם לחבירו, זה בודק עד מקום שידו מגעת, וזה בודק עד מקום שידו מגעת, והשאר מבטלו בלבו

סימן תל"ג ס"ז - [טו]**חור שבין יהודי לחבירו, כל אחד בודק עד מקום שידו מגעת, והשאר מבטל בלבו** - דשמא נתגלגל שם בחור, **ודיו** - ואפילו אם היה שם בודאי חמץ, מהני ג"כ הבטול, דלא הוי כמטמין בבור, כיון דלא עביד בידים, **וע"ל** סימן תל"ו, אם מותר ליהנות מחמץ כזה אחר הפסח.

אות ט'

לא צריכא דנפל

סימן תל"ג ס"ח - [טז]**כותל שנשתמש בו חמץ בחורין** - ר"ל שרגיל להשתמש, ואינו ידוע שיש שם עכשיו חמץ, **ונפל ונעשה גל, אפילו אינו גבוה ג' טפחים כדי חפישת הכלב** - ר"ל שהוא עודנו בכדי חפישת הכלב, שמריח הריח עד ג' טפחים, והיה לנו לחוש שמא הכלב יחפש אחריו תוך הפסח ויגלהו, אפ"ה **אין צריך לבדוק תחתיו, כיון שיש בו סכנת עקרב שמצויים בגלים, חיישינן שמא אחר שישלים בדיקתו שאינו עוסק במצוה, יחפש אחר מחט שנאבד לו ויבא לידי סכנה** - דבשעת בדיקה, אפילו מחפש אחר מחט ג"כ, הו"ל שלוחי מצוה ואין ניזוקין, וכמו האומר: סלע זו לצדקה בשביל שיחיה בני, דהוי צדיק גמור אע"פ שמכוין גם להנאתו, [גמרא].

ומ"מ צריך לבטל בלבו, דשמא יש שם חמץ ויעבור עליו, [**ודלא** כחק יעקב שכתב, דיש בזה ס"ס, שמא אין כאן חמץ, ושמא לא יפקח הגל, **דכיון** שהוא פחות מג"ט הרי הוא כמו שנפקח הגל, וליכא אלא ספק אחד].

ואם לא ביטל עד לאחר זמן איסורו, דעת העולת שבת, דצריך לחפש במרא וחצינא, [יז]**ועיין** בבית מאיר שכתב, דלדעת רש"י ור"ן הדין עמו, **אך** לדעת התוספות יש להסתפק.

ודוקא במקום שמצויים עקרבים, **ואפשר** דבמקום שמצויים נחשים צריך לבדוק, דלא שכיח סכנתא כ"כ, **ובמקום** שהנחשים ממיתין, דינו כמו עקרבים.

והני מילי בסתם, [יח]אבל בידוע שיש תחתיו חמץ, אם אין עליו גובה ג' טפחים, צריך להוציאו משם במרא וחצינא בענין שאין בו סכנה - ואם לא עשה כן, ועבר עליו הפסח, אסור אע"פ שביטלו, ככל חמץ שעבר עליו הפסח, כמ"ש סי' תמ"ה ס"ה.

ואם יש עליו גובה שלשה טפחים, מבטלו בלבו ודיו - ואם לאחר הפסח נתפקח הגל ונתגלה החמץ, הרי הוא מותר אף באכילה, שחמץ שעבר עליו הפסח אינו אסור אלא משום קנס, שקנסוהו חכמים משום שעבר על בל יראה ובל ימצא מן התורה או מד"ס, **והכא** בענינינו לא עבר עליו כלום, ואין ראוי לקונסו.

והבטול הוא מדרבנן, שמא יפקח הגל במועד ויעבור על בל יראה, אבל מדאורייתא אינו עובר כלל, דדוקא להטמין בידים אסור מדאורייתא, אבל הכא כיון שממילא נפל עליו הגל אינו עובר, [**רש"י** ‹דף לא: ד"ה צריך שיבטל בלבו› ור"ן, **ועיין** בנהר שלום שכתב, שכן דעת רוב גדולי הפוסקים, ועיין בפר"ח שכתב לעיקר כדעה זו, **ואם** לא בטלו עד לאחר זמן איסורו, א"צ לפקח הגל לבערו, **ויש** לעיין, לדעת רש"י ור"ן אי כדאי להחמיר לפקח הגל, דעתה כשמכוסה הוא כמבוער מדאורייתא, וכשיגלהו אפשר דעובר בבל יראה טרם שיבער].

וי"א דמדאורייתא מחויב לבטלו, דאל"כ אע"פ שאין דעתו כלל לפקח הגל במועד, מ"מ עובר משום "לא ימצא", כמו במטמין לכתחלה, ‹ס"ל דאין החמץ נחשב כמבוער מן התורה אף שנפלה עליו מפולת גבוה ג"ט›, [**ועיין** בחמד משה שמצדד, דאפי' אם הוא גבוה ג' טפחים, והיה ספק חמץ, ג"כ צריך לבטל לדעה זו], **ולדידהו** אם לא בטלו עד לאחר זמן איסורו, חייב לפקח הגל לבערו, כיון שאינו ברשותו לבטלו, **אכן** אם נפל עליו גל גדול שא"א לפקח, והוא אבוד ממנו ומכל אדם, לכו"ע מותר, דלא קרינן ביה "שלך", [ואינו מחוייב לשכר פועלים לפקח הגל, **ועיין** בגר"ז שכתב, דבכגון זה א"צ לבטלו אפי' לכתחילה].

באר הגולה

יד ‹שאין גורס "אוצרות שמן" בברייתא דאקשינן מינה {והתניא אוצרות יין צריך בדיקה}, אלא בברייתא קמייתא דאקשינן עלה {ואוצרות יין אין צריך בדיקה}, דמוקי לה בשאין מסתפק, כלומר שידוע בודאי שאינו מסתפק, ולכך אין צריך בדיקה כלל לגבי שמן, ולגבי יין הקשה בלבד, {ולא גרסו קושיית הגמ' ותירוצו על אוצרות שמן} – מגדל עוז. **ולכן** פסק הרמב"ם: ואוצרות יין ואוצרות שמן שאינו מסתפק מהן› **טו** **שם בברייתא** **טז** **משנה ל"א וברייתא ח' ובגמרא שם**
יז ‹וז"ל: לשיטת רש"י {תחילת המסכת} כפי שפירשו הר"ן ריש פסחים, דמן התורה נאמר תשביתו, או בביטול, ואם לאו, מן התורה מחויב לבדוק ולבער, ע"ש, א"כ נהי דתניא אין מחייבין אותו וכו', היינו כשביטל, דהבדיקה אינה אלא דרבנן, אבל בלא ביטל שהבדיקה דאורייתא, ודאי מחויב לטרוח באופן דליכא סכנה כדי לקיים החיוב דאורייתא, וק"ו הוא מחמץ ידוע וביטל. **משא"כ** לשיטת תוס' {שם}, י"ל דמדאורייתא אינו אלא או ביטול או ביעור לחמץ ידוע, אבל הבדיקה מספק במקום שהשתמש, אפשר כולו אך דרבנן, וי"ל דהכא מפני הסכנה לא אטרחוהו בספק, ודו"ק› **יח** **בתוס' שם ח'**

עין משפט נר מצוה

נז א מיי' פ"ב מהלכות חמץ ומצה הל' ה סמג עשין לט טוש"ע או"ח סי' תלג סעיף ז: נח ב מיי' שם טוש"ע שם סעיף ג: נט ג מיי' שם הלכה ו טוש"ע שם סעיף ט:

רבינו חננאל

לכן. ואמרינן וכה"ג לאו מצוה היא והתניא האומר סלע זו לצדקה בשביל שיחיה בני בשביל שאזכה לעולם הבא הרי זה צדיק גמור ופרקי' חיישינן דלמא מסח דעתיה מבדיקת המשלגמרי ואינו מחפש אלא על הפתח שאין שם מצות להגן עליו: רב נחמן בר יצחק אמר משום סכנת שכני נכרי שלא יחשדוהו ויאמר היהודי שכני כשפים עושה לי בכותל ויסכנהו ואע"ג דקי"ל שלוחי מצוה אינן ניזוקין היכא דקביעא היזקא שאני דכתיב איך אלך ושמע שאול והרגני והא שמואל לקיים דבר ה' שהיא מצוה היה הולך אלא במקום שיש היזק קבוע לא סמכינן א"אי שנא' ויאמר ה' עגלת בקר תקח בידך: בעו מרב הני בי רב ששוכנים בשדות מהו שיבאו בלילה בשחר ליכנס לבהמ"ד ויחזרו משחשך והשיבן מהיזק או לא אמר להם יבאו עלי ועל צוארי כלומר יבואו ואני ערב להם שלא יהיה בהם היזק לא בביאתן ולא בחזירתן כמאן כי האי תנא דתניא איסי בן יהודה אומר כלפי שאמרה תורה ולא יחמוד איש את ארצך בעלותך: מפני מה אין פירות גינוסר בירושלים שלא יאמרו עולי רגלים אלו לא עלינו אלא לאכול פירות הללו דיינו ונמצאת עלייה שלא לשמה ומפני מה אין חמי טבריא בירושלים וכו': למה אמרו שתי שורות. אקשי' מי הזכיר בכאן מרתף כלל עד שיאמר למה אמרו שתי שורות במרתף ופרקי' כיון דתנא כל מקום שאין מכניסין בו חמץ אין צריך בדיקה מסילא שמעי' דמרתף אין צריך בדיקה אם כן למה אמרו שתי שורות במרתף מקום שמכניסין בו חמץ היכי דמי במסתפק ממנו: אמר רב יהודה שתי שורות שאמרו מן הארץ ועד שמי קורה ר' יוחנן אמר שורה א' כמין גמא כלומר ממשש המרתף השורה החיצונה הרואה את הפתח והעליונות הרואות את הקורות זהו כמין גמא יווני ותניא כתרוייהו: ב"ה אומר שתי שורות החיצונות שהן העליונות. פי' כל השורות שבמרתף ראשיהם של כלם רואות את הקורות וצדי כל השורות רואות את הפתח לפיכך אמר רב עליונה ושלמטה הימנה דדייק חיצונות ואע"פ שבל השורות ראשיהם שכנגד הפתח כלן חיצונות אינך מוצא שתים חיצונות כאחת אלא אם תפשים ותקח השורה העליונה ושלמטה הימנה כי אם תקח שורה אחת מן הארץ ועד שמי קורה שבפנים ממנה פנימית נקראת ודייק רב היצונית ראשי השורות הרואות פני הפתח היצונית ממש ומשום זה קתני שהן עליונות ללמדך כי ממעלה מתחיל ושמואל חיצונה דייק עליונות כלומר העליונות דוקא ולא תמצא שתים עליונות אלא כי האי גונא ומפני מה קתני חיצונות למעוטי בן השורה השלישית ולפנים שדברי הכל אין צריך בדיקה. תאני ר' חייא כוותיה שמואל ואע"ג דקיימא לן הלכתא כרב באיסורי וזו איסור היא כאן דכולהו תנאי תנו כשמואל הלכתא כוותיה הלכך בית שהוא מלא חביות של יין מן הקצה אל הקצה ומקרקע הבית עד שמי קורה זהו מרתף בודק השורה הרואה את הפתח ושלפנים הימנה אלו שניהן בודק משמי קורה ועד הקרקע ודיו:

גמרא

הרי זה צדיק גמור דילמא בתר דבדק אתי לעיוני בתרה ר"נ בר יצחק אמר משום סכנת הנכרים ופלימו היא דתני' חור שבין יהודי לארמאי בודק עד מקום שידו מגעת והשאר מבטלו בלבו פלימו אמר *כל עצמו אינו בודק מפני הסכנה מאי סכנה אי נימא סכנת כשפים כי אישתמיש היכי אישתמיש התם כי אישתמיש יממא ונהורא ולא מסיק אדעתיה הכא ליליא ושרגא הוא ומסיק אדעתיה והאמר רבי אלעזר *שלוחי מצוה אינן ניזוקין היכא דשכיח היזיקא שאני שנאמר °ויאמר שמואל איך אלך ושמע שאול והרגני ויאמר ה' עגלת בקר תקח בידך וגו' בעו מיניה מרב הני בני בי רב דדיירי בבאגא מהו למיתי קדמא וחשוכא לבי רב אמר להו *ניתו עלי ועל צוארי ניזיל מאי אמר להו לא ידענא איתמר א"ר אלעזר שלוחי מצוה אינן ניזוקין לא בהליכתן ולא בחזירתן כמאן כי האי תנא דתניא איסי בן יהודה אומר כלפי שאמרה תורה °ולא יחמוד איש את ארצך מלמד שתהא פרתך רועה באפר ואין חיה מזיקתה תרנגולתך מנקרת באשפה ואין חולדה מזיקתה והלא דברים ק"ו ומה אלו שדרכן לזוק אינן ניזוקין בני אדם שאין דרכן לזוק על אחת כמה וכמה אין לי אלא בהליכה בחזרה מנין תלמוד לומר °ופנית בבקר והלכת לאהליך מלמד שתלך ותמצא אהלך בשלום וכי מאחר דאפילו בחזירה בהליכה למה לי לכדר' אמי דא"ר אמי כל אדם שיש לו קרקע עולה לרגל °ושאין לו קרקע אין עולה לרגל א"ר אבין בר רב אדא אמר ר' יצחק מפני מה אין פירות גינוסר בירושלים כדי שלא יהו עולי רגלים אומרים *אלמלא לא עלינו אלא לאכול פירות גינוסר בירושלים דיינו נמצאת עלייה שלא לשמה כיוצא בו אמר ר' דוסתאי בר' ינאי מפני מה אין חמי טבריא בירושלים כדי שלא יהו עולי רגלים אומרים *אלמלא לא עלינו אלא לרחוץ בחמי טבריא דיינו ונמצאת עלייה שלא לשמה: ובמה אמרו ב' שורות וכו': מרתף מאן דכר שמיה °הכי קאמר כל מקום שאין מכניסין בו חמץ אין צריך בדיקה ואוצרות יין ואוצרות שמן נמי אין צריך בדיקה ובמה אמרו שתי שורות במרתף מקום שמכניסין בו חמץ ובמסתפק: בש"א שתי שורות וכו': אמר רב יהודה שתי שורות שאמרו מן הארץ ועד שמי קורה ורבי יוחנן אמר שורה אחת כמין *גאם תניא כוותיה דרב יהודה תניא כוותיה דרבי יוחנן תניא כוותיה דרב יהודה בית שמאי אומרים שתי שורות על פני כל המרתף ושתי שורות שאמרו מן הארץ ועד שמי קורה תניא כוותיה דרבי יוחנן שתי שורות על פני כל המרתף חיצונה רואה את הפתח ועליונה רואה את הקורה שלפנים הימנה ושלמטה הימנה אין צריך בדיקה: בית הלל אומרים שתי שורות החיצונות שהן העליונות: אמר רב °עליונה ושלמטה הימנה ושמואל אמר עליונה ושלפנים הימנה מאי טעמא דרב דייק חיצונות והא עליונות קתני למעוטי תתאי דתתייתא ושמואל אמר עליונה ושלפנים הימנה מאי טעמא דייק עליונות והא חיצונה קתני למעוטי גוייאתא דגוייאתא רבי חייא תני כוותיה דרב וכולהו תנאי תנו כוותיה *דשמואל והלכתא כוותיה *דשמואל:

מתניתין

תורה אור: שמואל א טז — שמות לד — דברים טז

תוספות

שיזכה לעולם הבא הרי זה צדיק גמור. והדתנן (אבות פ"א מ"ג) אל תהיו כעבדים המשמשין את הרב על מנת לקבל פרס היינו בכה"ג שאם לא תבוא לו אותה הטובה שהוא מצפה תוהא ומתחרט על הצדקה שעשה אבל מי שאינו תוהא ומתחרט ה"ז צדיק גמור וכן משמע בריש מסכת ר"ה (דף ד.) ובפ"ק דב"ב (דף י:*):

מלמד שתהא פרתך רועה באפר. ומאת קדרים את ארצך הטפל לארצך:

לכדרבי אמי. ואם תאמר ולא יחמוד איש את ארצך למה לי והפסוק את למה לי למידרש בהליכה ובחזרה ואור"י דלא נכתב אלא °משום דבר שנתחדש בה משום תדוש דארצך כתב כמו את לא למדרש אע"ג דלא איצטריך: **רב** דייק חילונות. נראה לר"י דרב סבר דאיכא למידק טפי מחילונות משום דתנן ברישא ושמואל סבר דמעליונות איכא למידק כיון דעליונות אחילונות קאי ומפרש מה הן חילונות:

רש"י

הרי זה צדיק גמור. בדבר זה ולא אמרינן שלא לשמה עושה אלא קיים מצות בוראו שצוהו לעשות צדקה ומתכוין אף להנאת עצמו שיזכה בה לעולם הבא או שיחיו בניו: **בתר דבדק.** וגמר את כל המצוה אתי לעיוני בתרה: **כל עצמו אינו בודק.** כל עצמו של חור אינו בודק שלא יאמר הנכרי כשפים עשה לי: **ולאו אדעתיה.** דנכרי לשום אל לבו עלילה זו: **איך אלך.** למשוח את דוד ואע"פ שלוחו של מקום היה הרי היה ירא: **בני בי רב.** תלמידים הצריכים לרבם עדיין קרו בני רב: **דדיירו בבאגי.** בכפרים שבבקעה ובלע"ז קנפי"א: **מהו למיתי קדמא וחשוכא.** השכם והערב קודם עלות השחר ומשתחשך כלום יש להם לירא מן המזיקים: **ועל צוארי.** יהא עונש הזיקן דודאי לא יוזקו שהמצוה מגינה עליהם: **ניזיל.** לאושפיזא משתחשך מאי כלום יכולין לסמוך על המצוה אף בחזרה או לא: **כלפי שאמרה תורה.** מתוך שאמרה תורה כך אנו למדין שהבטיחו הכתוב שלא יוזק ממונו וכל שכן גופו דאין דרכו לזוק דאדם אית ליה מזלא ואינו מהיר להיות ניזק בגופו: **כדרבי אמי.** קרא קמא לכדר' אמי אתא: **פירות גינוסר.** מתוקין מאד כדאמרי' בברכות (דף מד.) והיינו כינרת שם מדינה בארץ ישראל: **מרתף מאן דכר שמיה.** לפוטרו מן הבדיקה דקא מתמה תנא קמא ואמר ובמה אמרו: **הכי קאמר.** דקתני רישא כל מקום שאין מכניסין כו' ואמרי' לעיל כל מקום לאיתויי מאי לאיתויי אוצרות יין ושמן ומשום הכי אמרי' ובמה אמרו לקמן צריך בדיקה ומפרש במקום שמכניסין בו חמץ והיכי דמי כגון במסתפק: **שתי שורות שאמרו.** בית שמאי (אומרים) מן הארץ ועד שמי קורה דרך האוצרי יין לסדר חביותיהן שורות שורות עד שממלאין כל קרקע המרתף וחוזרין ומניחין חבית על חבית כשורות התחתונות עד הקורה ואמרי בית שמאי שאותן שתי שורות חיצונות אותה שרואה את הפתח על פני רוחב כל המרתף והשורה שלאחריה צריך לבדוק מן הארץ עד התקרה: **שמי קורה.** כמו שמי השמים (תהלים קמח): **ור' יוחנן אמר.** שתי שורות שאמרו בית שמאי היא שורה חיצונה מן הארץ ועד תקרה וחוזר ובודק כל החביות העליונות על פני כל ארכו ורחבו של מרתף שאף היא נקראת שורה אם באת למנות מלמעלה למטה: **גאם.** היא *גימ"ל יוונית ועשויה כמין כף שלנו פתוחה שורה אחת כמין גאם היינו שורה בזקיפה ושורה עליונה בשכיבה כאדם הבודק כותל הבית מבחוץ והגג: **הרואה את הקורה.** דהיינו כל גג השורות: **שלפנים הימנה.** של חיצונה: **ושלמטה הימנה.** של עליונה אינה צריכה בדיקה: **בית הלל אומרים כו'.** מתני' קא נסיב: **עליונה ושלמטה הימנה.** האי עליונה לא כל גג השורות באורך המרתף קאמר כדאמר רבי יוחנן אליבא דבית שמאי אלא שורת חבית אחת על פני רוחב כל המרתף ולא מן הארץ ועד הקורה אלא אותה שורה הרואה את הפתח ואת הקורה: **ושלמטה הימנה.** ועוד שורת חבית אחת למטה מן העליונה היא משורה הזקופה כנגד הפתח והאי פתח לאו כנגדו ממש קאמר אלא הכותל שהפתח בו קרי הכי: **עליונה ושלפנים הימנה.** בגג החבית בודק שתי שורות על פני כל המרתף: **מאי טעמא רב.** דלא בעי למימר עליונה ושלפנים הימנה כמשמעותיה דמתניתין עליונות קתני: **דייק חילונות.** ואותה שלפנים לאו חילונה היא וקא סבר רב דתנא דמתני' בחילונות דק בלישניה אבל בעליונות לא דק בלישניה: **תתאי דתתייתא.** כגון שלישית ושתחתיה: **ושמואל דייק עליונות.** והא של מטה לאו עליונה היא:

מתני'

מסורת הש"ס

יומא יא. קידושין לט: חולין קמב.

[פ"ז ל.]

[עי' תו' מגילה כח. ד"ה אלמלא]

[ערוך ערך גם סי' כמו ד' הפוכה]

[מכל הפוסקים ראשונים ואחרונים דפסקו כרב מוכח דלא היה בגירסתם והלכתא כוותי' דשמואל. וכ"כ התוי"ט ד"ה שתי']

גליון הש"ס

גמ' ושאין לו קרקע וכן איתא בירושלמי סס"ג דפאה: תוס' ד"ה לכדר"א וכו' משום דבר שנתחדש. כדאיתא שבועות יט ע"א כל פרשה שנאמרה ונשנית לא נשנית אלא בשביל דבר שנתחדש בה:

§ מסכת פסחים דף ח: §

אות א׳

כל עצמו אינו בודק מפני הסכנה

סימן תלג ס״ז - [א]ושבין יהודי לא״י אינו צריך בדיקה כלל, שמא יאמר: כשפים הוא עושה לי - במה שהוא מחפש בלילה לאור הנר בחורין, **ונמצא בא לידי סכנה** - ואע״ג דשלוחי מצוה אינן ניזוקין, היכא דשכיח הזיקא שאני, **ואף** שפטרוהו מטעם זה מבדיקה בלילה, מ״מ בטול צריך, **ומ״מ** למחר ביום ארבעה עשר יבדוק לאור היום, שבזה לא יבוא עכו״ם לחשדו.

וכתבו האחרונים, דגם בודאי חמץ א״צ בדיקה בלילה, אלא ביום לאור היום, **ובטול** בודאי בעינן בזה.

אות ב׳

הכי קאמר, כל מקום שאין מכניסין בו חמץ אין צריך בדיקה, ואוצרות יין ואוצרות שמן נמי אין צריך בדיקה

סימן תלג ס״ג - [ב]אבל אוצרות יין שאין מסתפק מהם, וכן מתבן וכיוצא בו, אינם צריכים בדיקה - שמסתמא אין מכניסין בהן חמץ, אלא א״כ יודע שהכניס בהם חמץ.

שאין מסתפק מהם - דבמסתפק בהן, פעמים אדם נכנס בתוך הסעודה ופתו בידו, להביא עוד יין לסעודתו, **וה״ה** אוצרות של שאר משקין, במקום שרגילין בשתייתו, צריכין בדיקה, [גמרא לענין שכר].

אות ג׳

עליונה ושלמטה הימנה

סימן תלג ס״ט - [ג]מרתף שמסדרין בו שורות של חביות זו אצל זו עד שנתמלא כולו, וחוזרין ומסדרין שורות אחרות על התחתונות עד הקורה, אין צריך לבדוק אלא שורה העליונה ואחרת למטה ממנה; דהיינו שורה על פני רוחב המרתף, ולא על כל שטח המרתף - ר״ל שא״צ לבדוק כל העליונות הרואות את התקרה, באורך ורוחב של כל המרתף, **אלא העליונה הרואה את הקורה ואת הפתח** - שורה אחת האחרונה שהיא נגד הפתח, שהיא רואה את התקרה ואת הפתח ביחד, **ואחרת למטה ממנה** - ועוד שורת חביות אחת למטה הימנה, שהיא רואה רק את הפתח לבד.

[ד](**דע** כי המחבר סתם כהרמב״ם והרא״ש, שפסקו כדעת רב בגמ׳, **אמנם** באמת לאו מילתא ברירא היא, שדעת כמה ראשונים כשמואל, דס״ל שצריך לבדוק השורה עליונה הרואה את הפתח ואת הקורה, כרב, והשניה שלפנים הימנה הרואה את התקרה לבד, וגם הרמב״ם גופא בפי׳ המשנה פסק כשמואל, וכן הגר״א משמע ג״כ שמצדד כשיטה זו, וקשה לדחות דעת כל הני רבוותא, ובפרט שהרמב״ם גופא לא ברירא ליה דבר זה כולי האי).

ודוקא מרתף שמסתפק ממנו לצורך סעודה, שפעמים הולך השמש באמצע סעודה ופתו בידו להביא עוד יין לשלחן, ושוכח שם את פתו.

באר הגולה

[א] ברייתא שם וכפלימו [ב] ברייתא וגמרא שם [ג] משנה ריש פסחים וכב״ה וכדמפרש לה רב שם בגמר׳ ח׳, וכן פסקו הרמב״ם ושאר פוסקים [ד] ‹ואע״ג דבספרי גמ׳ גרסינן "והלכתא כוותיה דשמואל", דמפרש עליונה ושלפנים הימנה, אל תתמה על החפץ, דגירסא זו דידן לא נמצאת להפוסקים, שכן הרמב״ם והרא״ש והטור פוסקים כרב, ומשום דהלכתא כרב באיסורי, וכן מצאתי בכ״מ – תוס׳ יו״ט›

§ מסכת פסחים דף ט. §

אות א'

אין חוששין שמא גיררה חולדה מבית לבית וממקום למקום

סימן תלד ס"א - אבל בסתם, שאינו יודע אם חסר ממנו אם לאו, לא.

אות ב'

מדורות הנכרים טמאים

רמב"ם פי"א מהל' טומאת מת ה"ז - מקום ששכנו בו עכו"ם בא"י, הרי זה מטמא כארץ העכו"ם, עד שיבדק, שמא קברו בו נפלים.

אות ג'

וכמה ישהה במדור ויהא המדור צריך בדיקה, ארבעים יום, ואף על פי שאין לו אשה

רמב"ם פי"א מהל' טומאת מת ה"ח - וכמה ישהו במקום ויהיה צריך בדיקה, ארבעים יום כדי שתתעבר אשה ותפיל נפל שמטמא; אפילו איש שאין עמו אשה, אם שהה ארבעים יום, מדורו טמא עד שיבדק, [א]גזירה משום מדור שתהיה בו אשה; אפילו עבד וסריס או אשה או קטן בן תשע שנים ויום אחד, עושה מדור העכו"ם.

אות ד'

וכל מקום שחולדה וחזיר יכולין להלוך אין צריך בדיקה

רמב"ם פי"א מהל' טומאת מת ה"ט - וכל מקום שהחזיר והחולדה יכולין להוליך משם הנפל, אינו צריך בדיקה, מפני שהן גוררין אותם משם.

אות ד'* [ב]

חזקה על חבר שאין מוציא מתחת ידו דבר שאינו מתוקן

רמב"ם פ"י מהל' מעשר ה"י - ע"ה שאמר לחבר צא ולקט לי תאנים מתאנתי, אוכל מהן החבר עראי ומעשרן דמאי. ואם אמר החבר לע"ה ללקוט לו, ושמע חבר אחר, זה האחר אוכל ואינו צריך לעשר, שאין החבר מוציא דבר שאינו מתוקן מתחת ידו, וחזקתו שהפריש עליה ממקום אחר; אעפ"י שלא נחשדו חברים לתרום שלא מן המוקף, כדי לסלק המכשול מלפני ע"ה, תורמין.

אות ה'

מערים אדם על תבואתו ומכניסה במוץ שלה, כדי שתהא בהמתו אוכלת ופטורה מן המעשר

יו"ד סי' שלא סע"ד - מותר להערים על התבואה להכניסה במוץ, כדי שתהיה בהמתו אוכלת ופטורה מן המעשר; וזורה מעט מעט אחר שהכניס לבית, ופטור לעולם מן התרומה ומן המעשרות, [ג]שהרי אינו מתחיל לגמור הכל.

באר הגולה

[א] ‹לא ידעתי למה נקט לה מטעם גזרה, תיפוק לי משום דאף דאין עמו אשה, יביאיה בלילה כדרך המנאפים, וכן כתבו הרע"ב והר"ש ז"ל {ורש"י}, **וי"ל** דרבינו קשיתיה, דאם איתא למה אסרו {בתוספתא} בסריס ואשה, והר"ש והרע"ב ז"ל פי', בסריס שתזנה אשתו ותתלה בבעלה, ואשה ג"כ אף שאין דרכה לכבוש [להביא איש אליה], מ"מ יש לחוש, ולפ"ז בסריס צ"ל באשתו עמו, וזה לא נתבאר, ומכח כל זה המציא רבינו טעם משום גזרה, דבהכי הכל מתיישב - מעשה רוקח› [ב] ‹ע"פ מהדורת נהרדעא› [ג] ‹ומשמע, שאם יעשה גמר מלאכה בבית יתחייב במעשר. **ובמאירי** כתב, שטעם החיוב באופן זה, הוא משום שהמירוח בבית מצטרף עם ראיית פני הבית דמעיקרא. **ושלא** כרוב הראשונים {ורש"י} שנקטו, כי אין ראיית הבית שקודם מירוח קובעת למעשר - חברותא›

מתני׳ *אין חוששין שמא גיררה חולדה מבית לבית וממקום למקום דא״כ מחצר לחצר ומעיר לעיר אין לדבר סוף: גמ׳ טעמ׳ דלא חזינא דשקל הא חזינא דשקל חיישינן ובעי בדיקה ואמאי נימא אכלתיה מי לא תנן *מדורי העכו״ם טמאים וכמה ישהה במדור ויהא המדור צריך בדיקה ארבעים יום ואע״פ שאין לו אשה *וכל מקום שחולדה וחזיר יכולין להלוך א״צ בדיקה א״ר זירא לא קשיא הא בבשר והא בלחם בבשר לא משיירא בלחם משיירא אמר רבא האי מאי בשלמא התם אימור הוה אימור לא הוה ואם תמצא לומר הוה אימור אכלתיה אבל הכא דודאי דחזינא דשקל מי יימר דאכלתיה הוי ספק וודאי *ואין ספק מוציא מידי ודאי ואין ספק מוציא מידי ודאי והא *תניא חבר שמת והניח מגורה מליאה פירות ואפילו הן בני יומן הרי הן בחזקת מתוקנין והא הכא דודאי טבילי הני פירי וספק מעושרין וספק לא מעושרין וקאתי ספק ומוציא מידי ודאי התם ודאי וודאי הוא דודאי מעשרי כדר׳ חנינא חוזאה *דא״ר חנינא חוזאה חזקה על חבר שאין מוציא מתחת ידו דבר שאינו מתוקן ואי בעית אימא ספק וספק הוא דילמא מעיקר׳ אימור דלא טבילי כר׳ אושעיא דא״ר אושעיא *מערים אדם על תבואתו ומכניסה במוץ שלה כדי שתהא בהמתו אוכלת ופטורה מן המעשר ואין ספק מוציא מידי ודאי והתניא אמר ר׳ יהודה *מעשה בשפחתו של מציק אחד ברימון שהטילה נפל לבור ובא

רש״י

מתני׳ אין חוששין שמא גיררה חולדה כו׳. אין חוששין כשבדק זוית זו ובא לבדוק זו שמא בתוך שבא לבדוק זו גיררה חולדה חמץ למקום הבדוק וצריכא לחזור ולבדוק: שאם כן. שבאת לחוש לכך הרי גם מחצר לחצר יש לומר כך אני בדקתי קודם לחבירי ולאחר בדיקתי הביאה חולדה חמץ מחצר חבירי לחצרי ואין לדבר סוף ולאו חצר ממש קאמר אלא כל בתי החצר קרוי חצר: גמ׳ הא חזינן. שהביאתו לכאן חיישינן שמא עדיין הוא כאן וצריך לבדוק ואמאי נימא אכלתיה: מי לא תנן. במסכת אהלות מדורות העובדי כוכבים טמאין מפני שקוברין נפליהם בבתיהם והעכו״ם מטמאין במיתתן אף באהל לרבנן *ולר״ש בן יוחי נמי דאמר קברי העובדי כוכבים אינם מטמאין במגע ומשא מודה הוא דלא אימעוט אלא מטומאת אהל דלא מקרו אדם: וכמה ישהה העכו״ם במדור ויהא המדור צריך בדיקה לכשיצא העכו״ם וירצה ישראל לדור בו: מ׳ יום. כדי יצירת הולד: ואע״פ שאין עמו אשה. לפי שחשוד הוא על הזנות: וכל מקום שחזיר וחולדה יכולין להלוך אין צריכין בדיקה. שאם הושלך שם חטטוהו ואכלוהו: הא. דאהלות בבשרא מיירי הלכך ודאי אכלוה דלא משתיירא: כלי מאי. כלומר מאי קושיא א״כ אורחא דמשייר׳ בבישרא ליכא לן למיחש התם מידי דהתם חששא בעלמא הוא אימור הוה אימור לא הוה הלכך היכא דשכיחא חולדה תלינן לקולא ואמרי׳ אם תמצא לומר הוה אימור אכלתיה וספק אכילה יכול להוציאו מידי ספק השלכה אבל הכא גבי חמץ דקשיא לך היכא דחזינן דגררה כמי נימא אכלתיה ודאי הוה. מי יימר דאכלתיה. הוי ספק ביעור ודאי חמץ היה כאן ואין ספק היתר מוציא את הבית הזה מידי ודאי איסור: מגורה. גורן: בני יומן. דנכרין הן שהיום נתמרחו: והא הכא. דכיון דממורחין הן והרי הן בבית דכל מגורה בבית היא: ודאי טבילי. דהא נגמרה מלאכתן ולאו פני הבית וחל שם טבל עליהן משעה שראה פני הבית ספק עישרן חבר זה ספק לא עישרן ואתי ספק זה ומוציא פירות הללו מידי ודאי טבל משום דרוב חברים מעשרין הם מיד קודם שיניחם מתחת ידו: התם ודאי וודאי הוא. כי היכי דפשיטא לן דטבילי מעיקרא הכי נמי פשיטא לן דעשרינהו ואין גמגום והילוך אחר הרוב בדבר אלא חזקה ודאי על כל החברים: ואי בעית אימא ספק וספק הוא. כי היכי דמספקא לן אי עשרינהו אי לא עשרינהו הכי נמי איכא לספוקי אי חל עלייהו שם טבל מעולם אי לא ומעיקרא אימור לא טבול ואע״פ שהן ממורחין ובתוך הבית אימור עבד להו כדר׳ אושעיא שהכניסה לבית במוץ שלה ואחר כך דש וממרח וחובת הטבל חלה בראיית פני הבית בבבא מציעא בהשוכר (דף פח:) וזה בראיית פני הבית לא נגמרה מלאכתן לחול עליו שם טבל וכשגמר מלאכתן כבר בתוך הבית הוא ואין אלו פני הבית אלא כשנכנס דרך פתחים כדתניא *חסידים הראשונים היו מכניסים פירותיהן דרך טרקסמון כדי לחייבן במעשר עכשיו מכניסין דרך גגות דרך חצירות וקרפיפות לבית כדי לפוטרן הלכך לא חייל עלייהו שם טבל ומותר היורש הזה לאוכלן אכילת קבע ולא תימא נהי דלא חייל עלייהו טיבלא לאכילת עראי אכילת קבע מיהא ליתסרו דהא דמיתסרא אכילת קבע קודם קביעות גורן וגמר מלאכה מדרבנן הוא וגבי איסור דרבנן סמכינן אחזקת חבר שעישרן: כדי שתהא בהמתו אוכלת. ואפילו קבע דכל זמן שאין שם גורנו של טבל עליו אינו אוסר באכילת עראי וכל אכילת בהמה לא גזרו עלה משום אכילת קבע דתנן במסכת פאה (פ״א מ״ו) מאכיל לבהמה ולחיה ולעופות ופטור מן המעשרות עד שימרח אבל למאכל אדם נהי דלא טביל מדאורייתא מיהו אפילו קודם מירוח אסרו לאכול קבע בכולי גמרא: מציק. אינש אלמא וישראל הוה:

ובא

תוספות

אין חוששין שמא גיררה חולדה. ולא תאמר והא מרישא שמעי׳ דקתני כל מקום שאין מכניסין בו חמץ אין צריך בדיקה תריץ דהוה מוקמינן בשאין חולדה וברדלס יכולין להלך שם:

כל מקום שחולדה וברדלס וחזיר מצויין שם אין צריך בדיקה. אומר ר״י דהכהנים מותרין ליכנס בבתי עובדי כוכבים אפי׳ אין חזיר וחולדה מצויין שם משום דתניא בתוספתא *דאין מדורות העובדי כוכבים בחוצה לארץ:

בבשר לא משיירא. אומר ר״ת דהיינו דוקא בשר נפלים דרכיך דהא בפרק [שני] דב״ק (דף יט: ושם) חשיב חזיר שאכל בשר אכילה על ידי הדחק: ואם תמצא לומר הוה אימור אכלתיה. ול״ת והא מדורות העובדי כוכבים רשות היחיד הן ותנן במסכת טהרות (פ״ו מ״ד) כל מקום שאתה יכול להרבות ספיקות וספיקי ספיקות ברשות היחיד טמא וי״ל דלא דמי הך ספיקא לשאר ספיקי דלמאי אית לן למימר שיהא בו נפל ודמי לספק ביאה א״נ אימר אכלתיה עדיף משאר ספיקות דספק הרגיל הוא וקרוב לודאי ותדע דאפילו מידי ודאי בעי למימר שיוצא זה הספק: כדי שתהא בהמה אוכלת. ותימה דמ״מ הוי ודאי טבל מדרבנן לענין אכילת קבע אפי׳ הכניסה במוץ שלה כדאמר כדי שתהא בהמה אוכלת משמע אבל הוא עצמו אסור ובתוספתא׳ תניא ומייתי לה בפ״ק דביצה (דף יג.) הכניס לבית שבולין לעשות מהן עיסה אוכל מהן עראי ופטור וקאתי ספק ומוציא מידי ודאי דרבנן ותשיב להו בחזקת מתוקנים גבי חמץ אמאי לא אתי ספק ומוציא מידי ודאי בדיקה דרבנן דמדאורייתא בביטול בעלמא סגי ואומר ר״י דמתני׳ איירי בשלא ביטלו דהוי ודאי דאוריי׳ ועוד אומר ר״י דהא דקאמר הרי הן בחזקת מתוקנין היינו בהכך דלא חזו אלא לבהמה והא דפריך במנחות בפרק רבי ישמעאל (דף סז: ושם) אמאי דקאמר מירוח הנכרי אינו פוטר משום בעלי כיסין פירוש עשירים שמוכרין תבואתן לנכרי קודם מירוח וחוזרין וקונין מהן אחרי מירוח תרומה כמי אפשר דעביד כרבי אושעיא וכו׳ משמע דלגמרי פטור ה״פ עביד להו כרבי אושעיא ובמידי דמאכל בהמה מה הועילו חכמים בתקנתן: כדי שתהא בהמה אוכלת. משמע דבטבל שראה פני הבית אפילו בהמה נמי לא אכלה ותימה לר״י מאי שנא משאר הנאה דשרי דלא מצינו טבל שהוא אסור בהנאה ויש לומר דדרשינן בבמה מדליקין (שבת כו. ושם) גבי אין מדליקין בטבל טמא משום דכתיב את משמרת תרומותי בשתי תרומות הכתוב מדבר אחת טהורה ואחת טמאה מה טהורה אין לך בה אלא משעת הרמה ואילך אף טמאה כן והיינו הדלקה והדר גמר טהורה מטמאה מה טמאה דמיתסר בהדלקה קודם הרמה אף טהורה וכן להאכיל לבהמה וכל הנאה של כילוי ומהכא נמי ידעינן דאין ישראל מאכיל לבהמתו כרשיני תרומה ורש״י לא פי׳ כן בשבת*:

בשפחתו של מציק ובא כהן והציץ לידע אם זכר אם נקבה. מכאן אין להוכיח דשפחה מטמאה בלידה דשמא של גבירתה היה מיהו בת״כ אמרינן בהדיא דבר אל בני ישראל אין לי אלא בני ישראל מנין לרבות גיורת ושפחה משוחררת ושאין משוחררת ת״ל אשה והא דפריך בפ׳ הערל (יבמות עד: ושם) מי מלית אמרת תרומה כתיב הכא והתניא דבר אל בני ישראל גיורת ושפחה משוחררת מנין ת״ל אשה הא דנקט התם משוחררת לאו למעוטי שאין משוחררת אלא קיצר הברייתא משום דלא פריך אלא ממשוחררת כדמסיק ולאו ס״ד לתרומה משוחררת בנות מיכל תרומה נינהו ושאין משוחררת אכלה שפיר אם היא של *כהן ואומר ר״י דכהן שוטה היה דאפילו אם נאמר של גבירתה היה וכהן זה קרוב היה לא היה לו ליטמא דאמרינן בתורת כהנים דאין כהן מטמא לנפלים דדומיא דאביו ואמו בעינן בני קיימא ועוד דכאן לא היה לצורך המת:

ספק

עין משפט נר מצוה

ס א מיי׳ פ״ב מהלכות חמץ ומצה הלכה ז סמג עשין לט טוש״ע א״ח סי׳ תלד סעיף א:

סא ב מיי׳ פי״א מהל׳ טומאת מת הלכה ז:

סב ג שם הלכה ח:

סג ד שם הלכה ט:

סד ה מיי׳ פ״ג מהלכות מעשר הלכה ו סמג עשין קלו טוש״ע י״ד סי׳ שלא סעיף סד:

רבינו חננאל

אין חוששין שמא גררה חולדה מבית לבית. חששא הוא דלא חיישי׳ הא אי חזינן לחולדה דשקלא נחמא קטן צריך לבדוק עד דמשכח לה ואמאי נימא אכלתיה כדתנן בסוף אהלות בענין מדורות העובדי כוכבים טמאים וכו׳ כ״מ שחולדה וחזיר יכולין להלך אין צריך בדיקה דאמרי׳ כל (שרץ) שהיה שם הללו אכלוהו ופריק ר׳ זירא מתני׳ דאהלות בבשר (שרץ) דלא משיירא לפיכך לא חיישי׳ מתני׳ דהכא בלחם משום דמשיירי רבא אומר התם באהלות ספק וספק הוא אמרינן שמא שרץ היה שם [שמא לא היה] ואם היה שמא אכלוהו הכא ודאי היה שם פת ומשמא אכלוהו לא שרינן ליה דאין ספק דוחה הודאי ותמהי׳ ולא והתניא חבר שמת והניח מגורה מלאה פירות וכו׳ ודחי׳ התם נמי ודאי הוא שעשרן דחזקה הוא על החבר שאין דבר יוצא מתחת ידו שאינו מתוקן ירושל׳ ובלבד שמת ביישוב הדעת אי נמי דלמא [לא] טבילי וכר׳ אושעיא עביד דאמר מערים אדם על התבואה ואינו עושה אותה גורן אלא מכניסה במוץ שלה כדי שתהא בהמתו אוכלת המוץ ופטור מן המעשר לפיכך אמר בחזקת מתוקן אבל אלו נתברר דודאי טבילי לא אמרינן בחזקת מתוקנין: ולא והתניא מעשה בשפחתו של מציק אחד ברימון. פי׳ שם מקום שהטילה נפל לבור

[ועי׳ תוספות לקמן לד. ד״ה ממאן]

[ועי׳ בתוספות יבמות עד: ד״ה ושפחה מנין]

מסורת הש״ס

אהלות פי״ח מ״ז

[שם מ״ח]

[יבמות סא.]

[יבמו׳ יט: לח. ע״ז מא: חולין ...]

לעיל ד: ע״ש מה: נדה טו:

[ערובין נג.]

ברכות לה. מנחות סז: נדה טו:

שם ע״ז מב. [תוספתא דאהלות פט״ו]

[ברכות לה:]

ובא כהן והציץ בו לידע אם זכר הוא אם נקבה היא ובא מעשה לפני חכמים וטיהרוהו מפני שחולדה וברדלס מצויין שם והא הכא דודאי הטילה וספק גררוהו וספק לא גררוהו ההיא שעתא וקאתי ספק ומוציא מידי ודאי *לא תימא שהטילה נפל לבור אלא אימא שהפילה כמין נפל לבור והוי ספק וספק והא לידע אם זכר הוא אם נקבה היא קתני הכי קאמר לידע אם רוח הפילה אם נפל הפילה ואם תמצא לומר נפל הפילה לידע אם זכר הוא ואם נקבה היא ואיבעית אימא התם ודאי וודאי הוא כיון דחולדה וברדלס מצויין שם ודאי גררוהו בההיא שעתא נהי דשיורי משיירא מיגרר מיהת ודאי גרום בההיא שעתא (לישנא אחרינא נהי דודאי אכלום לא אמרינן ודאי גררוהו לחורייהו אמרינן) ומי אמרינן אין חוששין שמא גררה חולדה והא קתני סיפא *מה שמשייר יניחנו בצנעה שלא יהא צריך בדיקה אחריו אמר אביי לא קשיא הא בארבעה עשר הא בשלשה עשר דשכיח ריפתא בכולהו בתי לא מנטרא בארבעה עשר דלא שכיחא ריפתא בכולהו בתי מנטרא אמר רבא וכי חולדה נביאה היא דידעא דהאידנא ארביסר ולא אפי עד לאורתא ומשיירא ומטמרא אלא אמר רבא מה שמשייר *יניחנו בצנעה שמא תטול חולדה בפנינו ויהא צריך בדיקה אחריו תניא כוותיה דרבא הרוצה לאכול חמץ אחר בדיקה כיצד יעשה מה שמשייר יניחנו בצנעה שלא תבוא חולדה ותיטול בפנינו ויהא צריך בדיקה אחריו רב מרי אמר גזירה *שמא יניח עשר וימצא תשע: *תשע ציבורין של מצה ואחד של חמץ ואתא עכבר ושקל ולא ידעינן אי מצה שקל אי חמץ שקל היינו תשע חנויות פירש ואתא עכבר ושקל היינו סיפא *דתנן *תשע חנויות *כולן מוכרין בשר שחוטה ואחת מוכרת בשר נבלה ולקח מאחת מהן ואינו יודע מאיזה מהן לקח ספיקו אסור ובנמצא הלך אחר הרוב *שני ציבורין אחד של מצה ואחד של חמץ ולפניהם שני בתים אחד בדוק ואחד שאינו בדוק ואתו שני עכברים אחד שקל מצה ואחד שקל חמץ ולא ידעינן הי להאי עייל והי להאי עייל היינו שתי קופות *)דתנן *שתי קופות אחת של חולין ואחת של תרומה ולפניהם שני סאין אחד של חולין ואחד של תרומה ונפלו אלו לתוך אלו מותרין שאני אומר חולין לתוך חולין נפלו ותרומה לתוך תרומה נפלה אימור דאמרינן שאני אומר

בתרומה

ובא כהן והציץ. על שפת הבור: **לידע אם זכר אם נקבה.** וכהן קרוב לא מבני הבית היה ושלחוהו שם להגיד לאמו מה טיבו ותבחין בין טומאת וטהרת זכר לימי טומאת וטהרת נקבה ולא נזכר* אותו כהן על אזהרת לנפש לא יטמא והציץ בו בבור והאפל לא ראהו וטיהרוהו ממאהיל על המת: **שחולדה וברדלס מצויין שם.** ושמא חור חולדה וברדלס פותח טפח הוא וגיררוהו לחורן ולא האהיל: **רוח הפילה.** שפיר קאמר רוח ואם תמצא לומר נפל היה כלומר לכל אלה הוצרך שמא רוח הוא ואגיד ואין כאן לא טומאת זכר ולא טומאת נקבה ואם אראה שהוא וולד צריכני לראות אם זכר אם נקבה: **ודאי גררוהו.** מוחזקין הן בכך ולא דמי למתניתין דקתני הא חזינא חיישינן דנהי דודאי אכלה לא אמר אבל גיררוהו לחור שלהן אמר: **ברדלס.** בלעז פוטוייש"ו: **ומה שמשייר.** אחר בדיקה *מאכילתו יניחנו בצנעה: **בשלשה עשר.** רישא דקתני אין חוששין בבודק בשלשה עשר שמצוי פת הרבה לחולדה בתוך הבתים ואינה חוששת לשייר וסיפא בהדיא תנן בה בי"ד וכיון דלא חזיא החולדה פת הרבה בבתים כמות שהיא רגילה משיירא: **וכי חולדה נביאה היא.** לתת לב על כך ולראות את הנולד ויודעת שלא יאפו עוד היום: **ותיטול בפנינו.** והיכא דחזינן על כרחיך חיישינן: **וימצא תשע.** דהכא ודאי איכא למיחש דהא מוכחא מילתא שנטלה פרוסה אחת: **תשע ציבורין כו'.** פיסקי הלכות הן: **ואתא עכבר ושקל.** ונכנס לבית בפנינו ולא ידעינן אי חמץ שקל וכיון דחזינא צריכין אנו לבדוק או דילמא מצה שקל: **היינו תשע חנויות.** דקיימא לן בהו לקמיה דכל קבוע שנטלו ממקום קבוע אין הולכין בו אחר הרוב אלא הרי הוא כמחצה על מחצה וספק איסורא לחומרא: **פירש.** פרוסה אחת מן הציבורין לאחד מן הזויות ולא ידענא מהי מינייהו פירש ואתא עכבר ושקליה ונכנס לבית: **היינו סיפא.** *דמתני' דתשע חנויות דהיכא דלא לקחו במקום קבועו הולכין בו אחר הרוב: **ולקח מאחת מהם.** בתוך החנות ספקו אסור דכל קבוע כמחצה על מחצה כידון דנפקא לן מן וארב לו וקם עליו (*בפ' בתרא דיומא) (פד:) ובפ"ק דכתובות (טו:): **ובנמצא.** בשר הנמצא בקרקע בין החנויות הלך אחר הרוב דכל דפריש מרובה פריש דכיון דפריש אין כאן תורת קבוע: **שתי קופות.** דבר זה אנו יכולין ללמדו ממשנת שתי קופות דתלינן לקולא: **ולפניהן שני סאין.** של פירות: **ונפלו אלו לתוך אלו.** הסאין לתוך אלו הקופות וידוע לנו שהאחד נפל בזו ואחד בזו ואין ידוע אי זה בזו ואי זה בזו: **הרי אלו מותרין.** פירות של קופות החולין מותרין לזר כבתחלה אפי' אין בקופה כדי להעלות הסאה באחד ומאה שאנו אומרים חולין לתוך חולין נפלו אלמא תלינן לקולא היתר בהיתר ואיסור באיסור ואע"ג דאיכא למימר איפכא הכא נמי לקולא תלינן ואמרינן החמץ נכנס לשאינו בדוק והמצה לבדוק:

הלך

ספק גררוהו ההיא שעתא. ואם תאמר הא בור היכא קאי אי ברשות הרבים אפי' בספיקא אחת טהור ואי ברשות היחיד מאי משני שהטילה כמין נפל לבור והתנן (טהרות פ"ו מ"ד) כל ספיקות וספיקי ספיקות שאתה יכול להרבות ברשות היחיד טמא ויש לומר דגבירת חולדה וברדלס הוי ספק הרגיל כדפי' לעיל אומר ר"י דל"ל דרגלי הכהן היו ברשות הרבים דע"כ בחורייהו ליכא פותח טפח דאי איכא פותח טפח (מפני) מה מועלת גרירה והא פותח טפח מביא את הטומאה ואי רגליו ברשו' היחיד ניחוש שמא גררוהו נגד רגליו וטומאה בוקעת ועולה ועוד י"ל דרגלי כהן ברשות היחיד היו וגררוהו ואכולהו הוי ספק הרגיל: **ולא** חיישינן לחולדה. הא לא פריך דניחוש לחולדה אפילו מבית לבית דא"כ אין לדבר סוף דאי אפשר שלא יבדוק אחד קודם חבירו ואיכא למיחש שמא הביאה חולדה מבית שאין בדוק לבדוק אלא ממקום למקום פריך דהיינו באותו הבית עצמו כלומר ולא חיישינן לחולדה באותו בית עצמו:

בשלשה עשר לא משיירא. פי' פעם שאינה משיירת ולהכי היכא דלא חזינן לא חיישינן כיון דאפי' גררה פעם שאין משיירה אבל היכא דחזינן חיישינן כיון דפעמים משיירת ובי"ד לעולם משיירת ואפי' לא חזינן חיישינן ובני בשר אפילו חזינן לא חיישינן דלעולם לא משיירת וא"ש אביי כרבי זירא: **היינו** תשע חנויות. לפי מה שפי' לענין בדיקה לא נהירא לר"י דהיכי מייתי ראיה מתשע חנויות דהוי ספיקא דאורייתא ואזלינן לחומרא והכא ספיקא דרבנן הוא כדאמרינן בסמוך מיהו י"ל דאיירי כגון שלא ביטל ועוד קשה דגבי תשע חנויות ליכא חזקת היתר אבל הכא אוקמא אחזקת בדוק דהא בבדוק מיירי דאי לאו הכי פשיטא דבעי בדיקה ונראה לר"י דלענין שהביא עכבר לבית ונמצא קבעי אי שרי לאכילה אי לאו ואם תאמר כי אתא עכבר ושקל מהכי ציבורין אמאי חשיב ליה קבוע מאי שנא נמצא בפי עכבר מנמצא ביד נכרי דבפ' גיד הנשה (חולין צה. ושם) פריך לרב דאמר בשר שנתעלם מן העין אסור מבנמצא הלך אחר הרוב ומשני שנמצא ביד נכרי ואומר ר"י דהכא מיירי כשראוהו שלקח מן הקבוע שנולד הספק במקום קביעות אבל אם לא ראוהו הוה ליה כפירש ואזלינן בתר רובא והא דפריך בתערובות (זבחים דף עג:) גבי זבחים שנתערבו בחטאות המתות או בשור הנסקל אמאי ימותו כולם נכבשינהו ונייידינהו וניזיל כל דפריש מרובה פריש אע"פ שכבר נולד הספק במקום קביעות שאני התם דלא הוי קבוע גמור שהאיסור מעורב בהיתר ואינו ניכר ומדרבנן אסרו בקבוע זה דמדאורייתא לא חשיב קבוע אלא כשהאיסור ידוע במקומו ולהכי נמי גזרינן התם טפי שמא יקח מן הקבוע מבנמצא כיון שאין האיסור ידוע: **היינו** שתי קופות. הך סוגיא דמדמה בדיקת חמץ לשתי קופות לא אתי כר"ל דמוקי בשילהי הערל (יבמות פב.) להך דשתי קופות כשרבו חולין על התרומה אלא כר' יוחנן דלא בעי התם רבייה דלדידיה א"ש דמדמי חמץ להאי וכולה שמעתא מיירי שהככר כל כך גדול דליכא למימר אכלתיה:

עין משפט נר מצוה

סה א מיי' פ"ט מהל' טומאת מת הל"א:
סו ב מיי' פ"ב מהלכות חמץ ומצה הלכה ז וט"ב הלכה ג סמג עשין לט טוש"ע או"ח סי' תלד סעיף א וסי' תלט ס"ג:
סז ג מיי' שם פ"ב הל"י וסמג שם טוש"ע או"ח סי' תלט סעיף א:
סח ד מיי' פ"ח מהל' מאכלות אסורות הל' יא סמג לאוין קמא טור שו"ע י"ד סי' קי סעיף ג:
סט ה מיי' פ"ב מהל' חמץ ומצה הל' יא סמג עשין לט טוש"ע או"ח סי' תלט סעיף ג:
ע ו מיי' פי"ג מהלכות תרומות הל' יד טוש"ע יו"ד סי' קיא סעיף א:

רבינו חננאל

ובא כהן והציץ בו לידע מה הפילה וטהרוהו חכמים מפני שחולדה וברדלס מצוין בבור דאמרינן שמא גררוהו בחור שלהם ולא היה שם בעת שהציץ ולא האהיל עליו ופרקי' לא תימא שהטילה נפל אלא אימא כמין נפל דהוה ספק וספק ס' ושמא גררה חולדה לא חיישי' והתנן מה שמשייר יניחנו במקום מוצנע מאי לאו דחיישי' כי האי גונא וקתני שלא יהיה צריך בדיקה מכלל שאם לא יניח במקום מוצנע צריך בדיקה אמר רבא הכי תנן במתניתין יניחנו במקום מוצנע שמא תטול חולדה בפנינו ויהא צריך בדיקה אחריו תניא כותיה וכן הלכה: תשע צבורין של מצה ואחד של חמץ ושקל עכבר חד מינייהו היינו תשע חנויות דתניא תשע חנוי' כלן מוכרו' בשר שחוטה ואחת מוכרת בשר נבל' [ולקח] ואינו יודע מאיזה מהן לקח ספקו אסור: פירש אם נפל ככר ונטלו עכבר והכניסו לבית היינו סיפא ובנמצא הלך אחר הרוב הלכך אם הרוב מצה מן הבית אינו צריך בדיקה ואם הרוב חמץ צריך בדיקה וכן סוגיא דהדין שמעתא כולה: [היינו] דתנן שתי קופות אחת של חולין וא' של תרומה ולפניהם שני סאין א' חולין [ואחד תרומה] ונפלו אלו לתוך אלו מותרות שאני אומר חולין לתוך חולין נפלו כו' כך בזאן העכבר שנטל המצה הוא שנכנס בבית הבדוק ואינו צריך בדיקה אחרת ואמרי' איסור דאסרי' שאני אומר חולין לתוך חולין

מסורת הש"ס

[נ"ל מאכילתו] [לקמן י:] [דתניא כל"ל] כתובות טו. חולין צה. נדה יח. [בפ"ס דסנהד' עט: כל"ל] לקמן מד. יבמות' פב. נזיר נו: תוספתא דתרומות פ"ה

*) [נ"ל דתניא והא דלא מייתי משנה דתרומות פ"ז מ"ה עי' פי' ר"ש שם וכן בתוס' יבמות פב. ד"ה שתי]

§ מסכת פסחים דף ט: §

אות א'

לא תימא שהטילה נפל לבור, אלא אימא שהפילה כמין נפל לבור, והוי ספק וספק

רמב"ם פ"ט מהל' טומאת מת הי"א - בור שמטילין לתוכו נפלים, המאהיל עליו טמא דין תורה, אף ע"פ שחולדה וברדלס מצויין שם, [א]אין ספק מוציא מידי ודאי; אבל אם הפילה שם אשה נפל, ואין ידוע אם הפילה דבר המטמא או לא הפילה, הואיל וחולדה וברדלס מצויין שם, הרי ספקו טהור.

אות ב'

[ב]שמא יניח עשר וימצא תשע

סימן תלד ס"א - [ג]אחר הבדיקה יהא נזהר בחמץ שמשייר - לאכילתו, וה"ה החמץ שמוצא בבדיקתו, ומניחו כדי לבער למחר, **להצניע, כדי שלא יצטרך בדיקה אחרת, כגון אם יטלנו עכבר בפניו** – (ולא אמרינן דעכבר אכלתו, דספק אכילה אינו מוציא מידי ודאי חמץ), **או אם יחסר לחמו, כגון שיניח עשר ככרות וימצא תשע.**

וה"ה בשעת הבדיקה יצניע החמץ שרוצה לאכול, דיש לחוש דלאחר שהשלים לבדוק זוית אחת, וילך לבדוק זוית אחרת, יטול עכבר לפנינו ויגררנו לזוית שכבר בדק.

ומ"מ א"צ לברך שנית על בדיקה זו, **ואם** בדק ולא מצאו, צריך לבטל פעם אחרת, דזה החמץ שגרר העכבר אחר הבדיקה, לא היה בכלל הביטול, שהרי שייר אותו למאכלו, או כדי לבערו למחר, **ומיהו** אנו נוהגין בלא"ה לבטל שנית בשעת השריפה.

והעולם אין מצניעים אלא החמץ שמוצאין בשעת בדיקה, אבל שאר החמץ אין נזהרין בהן, ומוליכין אנה ואנה, **ולא** שפיר עבדי, [ועי"ז שוב אין שם בדיקה כלל, אחרי שלא השגיח שיהיה החמץ מונח משומר במקום אחד].

אבל בסתם, שאינו יודע אם חסר ממנו אם לאו, לא. [ד]ואם כפה עליו כלי ולא מצאו, א"צ לבדוק, שודאי אדם נטלו - ודוקא בהניח במקום גבוה שאין יד התינוקות ממשמשין שם.

לכך יכפה עליו כלי - וליתן החמץ בכלי ולכסותו אסור, מפני שדרכן של שרצים לגלות, אבל כשכופה עליו כלי רחב, אין יכולין לגלות,

או יתלנו באויר, או יניחנו בתיבה מקום שאין עכבר יכול לבא – (דסתם תיבות חתורות הן אצל עכברים, ולכן דקדק וכתב מקום שאין וכו', היינו שיזהר להניח שם באופן שהעכבר לא יוכל להגיע לשם).

סימן תלט ס"ג - [ה]וכן אם הניח י' ומצא ט', צריך לבדוק אחר כל הי', שאנו אומרים מה שהניח נטל, ואלו אחרים הם - גם זה אפילו ביטל מקודם.

אות ג'

תשע ציבורין של מצה וא' של חמץ, ואתא עכבר ושקל, ולא ידעינן אי מצה שקל אי חמץ שקל... פירש ואתא עכבר ושקל

סימן תלט ס"א - [ו]ט' צבורין של מצה ואחד של חמץ, ובא עכבר ונטל, ולא ידענו אם נטל חמץ או אם נטל מצה, ונכנס לבית בדוק, צריך לחזור ולבדקו, שכל הקבוע כמחצה על מחצה - ודוקא שנטל העכבר בפנינו ממקום קביעות, דאי נטלו שלא בפנינו, הוי דינו כאילו פירש שלא בפנינו, דאמרינן כל דפריש מרובא פריש.

מדסתם המחבר משמע, דאפילו כבר ביטל החמץ, דתו הוי בדיקה מדרבנן, אפ"ה לא אמרינן בזה ספיקא דרבנן לקולא, **והטעם** לזה, משום דתחלת תקנתם היה בבדיקה על הספק, לכן החמירו בספיקו יותר משאר ספיקות של דבריהם.

ואם נתערבו הצבורים זה בזה, תו לא מקרי קבוע, כיון שאינו עומד החמץ בפני עצמו.

[ז]**(מיהו אם הככר קטן שיכול העכבר לאכול, תלינן להקל שאכלו ואין צריך לבדוק) (טור)** - דהוי ס"ס, שמא נטל מצה, ואת"ל חמץ שמא אכלו, וא"צ לחזור ולבדוק הבית אפילו אם עדיין לא ביטלו, **ויש** דעות באחרונים אם גם המחבר מודה לזה, או לא, **ולדינא** יש לסמוך על הכרעת הרמ"א, ובפרטות כשביטלו, **ועיין** בפמ"ג שכתב, דלכתחלה בודאי מהנכון שיבטל, ולא לסמוך על ס"ס לבד.

ואם פירש הככר ממקום קביעתו, ונטלו העכבר משם, א"צ לחזור ולבדוק, דכל דפריש מרובא פריש - ודוקא כשלא פירש לפנינו. **ומ"מ** אין לסמוך ע"ז, רק לענין שא"צ לחזור ולבדוק הבית, אפילו לא ביטל, אבל לא שיהא מותר מחמת זה לאכול בפסח, דלענין אכילה לא אזלינן בתר רובא בחמץ, וכ"כ בחק יוסף.

באר הגולה

[א] ‹ודלא כתירוץ שני להחמיר – כסף משנה› [ב] ‹העין משפט ציין רק על אוקימתא דרב מרי, הגם דמביא הרמב"ם והשו"ע שפסקו גם כאוקימתא דרבא› ‹**ובשער** הכולל מביא בשם ספר ברית הלוי למהר"ש אלקבץ, דיש להניח דוקא עשרה פתיתין, {עיין סי' תלב ס"ב}, והרמז לזה בדברי הגמ' כאן: שמא יניח עשר וכו' ע"כ – דף על דף› [ג] **משנה פסחים י' וכדמפרש לה רבא ורב מרי שם דף ט'** [ד] **ירושלמי כתבו הרא"ש** [ה] **שם י' בגמרא וכחכמים שם בתוספתא** ‹ובגמ' דמשני: גזרה שמא יניח עשר וימצא ט', דמשמע דלא בעינן לחפש אלא אחר הא', {עיין רש"י}, ע"כ מיירי כשאינם קשורים {עיין לקמן דף י. ובאות ז' – ח'} – פר"ח› [ו] **גמ' פסחים ט'** [ז] ‹תוס' שם ד"ה היינו שתי קופות: וכולא שמעתא מיירי שהככר כל כך גדול דליכא למימר אכלתיה. **ולמדו** ממש"כ שם: טעמא דלא חזינא כו', אמר רבא האי מאי התם ספק וספק הוא, הכא ודאי וספק, וא"כ בכל הנך ספיקות {דהוי ספק אם יש בהבית חמץ, וגם ספק שמא אכל העכבר}, אמאי חיישינן, הא ספק וספק הוא, {להכי מוקי התוס' בככר גדול, דבזה חשוב לודאי דלא אכל העכבר בשלימות, ולא הוי רק ספק א', וצריך בדיקה} – גר"א›

אות ד'

תשע חנויות כולן מוכרין בשר שחוטה, ואחת מוכרת בשר נבלה, ולקח מאחת מהן ואינו יודע מאיזה מהן לקח, ספיקו אסור; ובנמצא הלך אחר הרוב

יו"ד סימן קי ס"ג - [ח]ט' חנויות מוכרות בשר שחוטה, ואחת מוכרת בשר נבילה, ולקח מאחת מהן ואין ידוע מאיזה מהן לקח, הרי זה אסור, שכל קבוע כמחצה על מחצה דמי; אבל בשר הנמצא בשוק, או ביד עכו"ם, מותר, כיון שרוב החנויות מוכרות בשר שחוטה, דכל דפריש מרובא פריש.

אות ה'

שני ציבורין אחד של מצה ואחד של חמץ, ולפניהם שני בתים אחד בדוק ואחד שאינו בדוק, ואתו שני עכברים אחד שקל מצה ואחד שקל חמץ, ולא ידעינן הי להאי עייל והי להאי עייל

סימן תלט ס"ב - [ט]ב' צבורין, אחד של חמץ ואחד של מצה, וב' בתים, אחד בדוק ואחד שאינו בדוק, ובאו שני עכברים, זה נטל חמץ וזה נטל מצה, ואין ידוע לאיזה בית נכנס זה שנטל החמץ, ‹אינו צריך לחזור ולבדוק› - מיירי כשבטלו, [גמרא], וא"כ אינו אלא ספיקא דרבנן, לכן אינו צריך לחזור ולבדוק כדמסיים, **ולפי** דעת רמ"א לעיל בס"א בהגה"ה, ה"ה בענינו, דאם הככר קטן שיכול העכבר לאוכלו, אף אם לא ביטל, ג"כ א"צ לחזור ולבדוק.

אות ו'

שתי קופות אחת של חולין ואחת של תרומה, ולפניהם שני סאין אחד של חולין ואחד של תרומה, ונפלו אלו לתוך אלו, מותרין

יו"ד סימן קיא ס"א - [י]שתי קדרות אחת של היתר ואחת של איסור, ולפניו שתי חתיכות אחת של היתר ואחת של איסור: אם החתיכה היא מאיסור דרבנן, כגון שומנו של גיד, ונפלו אלו לתוך אלו, מותרים, שאנו תולים לומר האיסור נפל לתוך האיסור וההיתר לתוך של היתר.

---

§ מסכת פסחים דף י. §

אות א'

צבור אחד של חמץ, ולפניו שני בתים בדוקין, ואתא עכבר ושקל, ולא ידעינן אי להאי על אי להאי על

סימן תלט ס"ב - וכן שני בתים בדוקים, וצבור אחד של חמץ, ובא עכבר ונטל ואין ידוע לאיזה בית נכנס, ‹אינו צריך לחזור ולבדוק› - ואפילו אם באו שניהם לשאול בבת אחת, אמרינן לכל אחד דא"צ לחזור ולבדוק, דמוקמינן לכל אחד אחזקתו שהיה בדוק, [**ומה** שמוכח בגמרא לכאורה הפוך מזה, [א]תירץ במשנה למלך והעתיקו הגר"א דהוא על פי סוגיא דכתובות], **ומיירי** כשביטל דאינו אלא ספיקא דרבנן, **וע"ז** מסיים הרמ"א בסמוך, דמסקנת הפוסקים אינו כן, דאפילו ביטול לא מהני אלא כשבאו לשאל בזה אחר זה, ולא בבת אחת, דכיון דבודאי נכנס החמץ לבית אחד מהם, א"א להתירן בבת אחת, אלא צריך לחזור ולבדוק.

‹המשך ההלכות בעמוד הבא›

באר הגולה

[ח] ברייתא פסחים דף ט: נדה י"ח. כתובות דף ט"ו. [ט] שם בגמרא ולשון הרמב"ם, ואיירי כשביטל וסגי מדאורייתא וכמו שאמרו שם בגמרא, וכ"כ ה"ה שם [י] טור בשם סה"ת מברייתא דשתי קדרות אחת של תרומה וכו', פסחים דף ט: ודף מ"ד. ויבמות דף פ"ב. וכדמפרש שם [א] ‹וז"ל: דינו של רבינו ז"ל ברור הוא בגמרא פ"ב דכתובות (דף כ"ז), עלה דההיא דעיר שכבשוה כרכום, דאמר ר' יצחק אם יש מחבואה אחת מצלת על כל הכהנות, והיכא דאינה מחזקת אלא אחת, הוה בעי תלמודא לדמויי לההיא דשני שבילין, ודחינן הכי השתא התם ודאי איכא טומאה, הכא מי יימר דאיטמא. **אלמא** דכל דבר שאיסורו מחמת ספק, אפילו בבת אחת תולין להקל, ה"נ דבדיקה זו אין חיובה אלא משום ספק חמץ, ואפילו ראינו שנכנס עכבר לבית, אימור אכלתיה, וכיון שכן כל הבתים בחזקת בדוקים הם, ובכולה תלינן להקל, דומיא דעיר שכבשוה כרכום דתלינן להקל היכא דאיכא מחבואה אחת אף שאינה מחזקת אלא אחת, **וטעמא** דמילתא הוא, משום דבשלמא בדבר הודאי, מיחזי כשקרא כשבאו לישאל בבת אחת אם אנו מטהרים שניהם, אבל בדבר שהוא משום ספק, לא מיחזי כשקרא, דאמרי קים להו לרבנן שלא נטמאת אחת מהם, וכן גבי בתים דליכא חמץ בשום אחת מהם, ומשום הכי אוקמוה בהני אדינא דאורייתא, דאפילו באו לישאל כאחת שניהם טהורים. **וכל** כך פשוט נראה בעיני דין זה, עד שאני תמיה על החולקים על רבינו, ומשום דין הבדיקה לדין הטומאה, איך לא השגיחו בסוגיא דכתובות, דמוכח מינה דהכא גבי בדיקה אפילו בבת אחת כולם בחזקת בדוקים הם. **ומיהו** אפשר לחלק, דשאני התם דלהחמיר צריך לומר שהיה שם מעשה, משום הכי תלינן לקולא ואמרינן שלא נטמאת אחת מהן, אבל הכא גבי בדיקה דאדרבה להקל צריך לומר שהיה שם מעשה, דאימור העכברים אכלוהו, אפשר דלא דמי, והדבר צריך אצלי תלמוד›

מסורת הש״ס

*בתרומה דרבנן בחמץ דאורייתא מי אמרינן אטו בדיקת חמץ דאורייתא דרבנן היא *דמדאורייי' בביטול בעלמא סגי ליה "צבור אחד של חמץ ולפניו ב' בתים בדוקין ואתא עכבר ושקל ולא ידעינן אי להאי על אי להאי על היינו שני שבילין *דתנן שני שבילין א' טמא וא' טהור והלך באחד מהן ועשה טהרות ובא חבירו והלך בשני ועשה טהרות רבי יהודה אומר אם נשאלו זה בפני עצמו וזה בפני עצמו מטהרין שניהן בבת אחת טמאין רבי יוסי אומר בין כך ובין כך טמאין אמר רבא ואיתימא רבי יוחנן "בבת אחת דברי הכל טמאין בזה אחר זה דברי הכל טהורין לא נחלקו אלא בבא להשאל עליו ועל חבירו רבי יוסי "מדמי ליה לבת אחת ורבי יהודה מדמי ליה לזה אחר זה ספק על ספק לא על היינו בקעה ובפלוגתא דר"א ורבנן *דתנן הנכנס לבקעה בימות הגשמים וטומאה בשדה פלונית ואמר אחד הלכתי במקום הלז ואיני יודע אם נכנסתי באותה שדה ואם לא נכנסתי ר"א מטהר וחכמים "מטמאין שהיה ר"א אומר ספק ביאה טהור ספק מגע טומאה טמא על ובדק ולא אשכח פלוגתא דר"מ ורבנן *דתנן היה ר"מ אומר כל דבר שבחזקת טומאה לעולם הוא בטומאתו עד שיודע לך הטומאה היכן היא "וחכמים אומרים בודק עד שמגיע לסלע או לקרקע בתולה "על ובדק ואשכח פלוגתא דר' ורשב"ג *דתניא שדה שנאבד בה קבר הנכנס לתוכה טמא נמצא בה קבר הנכנס לתוכה טהור שאני אומר קבר שאבד הוא קבר שנמצא דברי ר' רשב"ג אומר תיבדק כל השדה כולה הניח ט' ומצא י' פלוגתא דר' ורבנן *דתניא הניח מנה ומצא מאתים חולין ומעשר שני מעורבין זה בזה דברי ר' וחכ"א "הכל חולין הניח י' ומצא תשע היינו סיפא *דתניא הניח מאתים ומצא מנה מנה מונח ומנה מוטל דברי ר' וחכ"א "הכל חולין

הניח

רש"י

בתרומה דרבנן. בזמן הזה: **ולא ידעינן אי להאי על ואי להאי על.** אי מצרכינן בדיקה לתרוייהו אי לא: **היינו שני שבילין.** מהא דתנן גבי שני שבילין מצינו למיפשט: **אחד טמא.** קבר מוטל בו לרחבו וממלא את כולו ואין עובר בו שלא יאהיל: **והלך באחד. ועשה טהרות.** נגע בטהרות אח"כ: **והלך בשני.** יודעין הן שבשביל שהלך זה לא הלך זה דהשתא ודאי אחד מהן טמא: **אם נשאלו.** כל א' לחכם ספקו בפני עצמו טהור ואין ב"ד יכול לטמאו דקיימא לן בספק טומאה ברה"ר ספקו טהור ואם באו בבת אחת הואיל ובהוראה אחת יש לנו לומר טמאין או טהורין אי אפשר לנו לומר להם טהורים אתם שהרי האחד ודאי טמא רבי יוסי אומר בין כך ובין כך טמאין גרס: **בזה אחר זה דברי הכל טהורין.** אע"פ שכל אחד אומר לפניהו כך היה המעשה שלי ושל חבירי אבל איני נשאל אלא על עצמי מה תהא עלי: **עליו ועל חבירו.** מה תהא על שנינו ר' יוסי מדמי להו לבת אחת ואע"פ שאין שניהן לפניך צריך אתה הוראה אחת לשניהם או טמאין אתם או טהורין אתם והרי אין אתה יכול לומר טהורין אתם: **ור' יהודה מדמי להו לזה אחר זה.** הואיל ואין כאן שואל אלא אחד משיבין לו טהור אתה שהרי ספק ביאה הוא ומעצמו יבין שאף חבירו כמוהו אבל כששניהן שואלין בתוך כדי דיבור צריך אתה להשיב לשניהן כאחד וגבי בתים נמי אם באו לשאול זה לעצמו וזה בפני עצמו אמרינן ליה לכל חד אי אתה צריך לבדוק דכיון דבדיקת חמץ דרבנן תלינן לקולא ואמרינן ספקו מותר ואי בבת אחת באו שניהן צריכין בדיקה: **ספק על ספק לא על.** ראה עכבר שנטל חמץ בחצר והבית בדוק ואין יודע אם נכנס או לא נכנס: **בקעה.** הרבה שדות הסמוכים יחד קרי בקעה: **בימות הגשמים.** הויא בקעה רשות היחיד לטומאה מפני שכבר צמח הזרע ואין רשות לכל אדם ליכנס לה וקי"ל ספק טומאה ברשות היחיד ספקו טמא: **בשדה פלונית.** כלומר באחת השדות ויודעין אנו באיזו היא וכל שדה ושדה מסויימת במצריה: **במקום הלז.** בבקעה זו: **וחכמים מטמאין.** דהויא ליה ספק טומאה ברה"י ור"א לא חשיב לה ספק טומאה אא"כ נכנס לשדה אבל אינו יודע אם האהיל אם לא אבל השתא הוה ליה ספק ספיקא וגבי בתים אפילו רבנן מודו דכיון דבדיקת חמץ דרבנן תלינן לקולא: **על.** העכבר נכנס לבית לפניו ובדק בעל הבית אחריו ולא אשכח: **כל דבר שבחזקת טומאה.** במסכת נדה גל טמא שנתערב עם שני גלין טהורין בדקו אחד מהן ומצאו טהור הוא טהור ושנים טמאים שנים ומצאן טהורין הן טהורין והשלישי טמא שלשתן ומצאן טהורים כולן טמאים שהיה ר"מ אומר כל דבר שבחזקת טומאה לעולם היא בטומאתה עד שיודע לך טומאה היכן היא וחכמים אומרים בודק בקרקע וחופר עד שיגיע לסלע או לקרקע בתולה שלא זזה ממקומה לעולם ואם לא מצא תולין ואומרים בא עורב ונטלה בא עכבר ונטלה וגבי בדיקת חמץ אפילו לר"מ אמרינן עכבר אכלה דבדיקת חמץ דרבנן: **על ובדק ואשכח.** נכנס העכבר בפניו ובדק בעל הבית אחריו ואשכח פרוסה ואינו יודע אם זו היא אם לאו: **אבד בה קבר.** אין ידוע היכן מקומו: **נמצא בה קבר.** לאחר זמן ואין ידוע אי זהו קבר האבוד בה: **הניח מנה.** של מעשר שני: **מעורבין.** ומביא סלעים בשוה מנה ואומר כ"מ שהן מעות מעשר שני הרי הן מחוללים על הסלעים הללו ומעלה הסלעים לירושלים: **הכל חולין.** שהמנה נטל ואלו הובאו אחרי כן וגבי חמץ נמי לרבנן הט' (נמי) שהניח אינן כאן וצריך לבדוק כל הבית שמא גררום חולדות והעשר הנמצאות איש אחר הביאן כאן: **היינו סיפא.** לרבי (מאיר) [דאמר] זה הנמצא זהו א' מן הראשונים הכא נמי א"צ לבדוק ולחזור אלא על הפרוסה האבודה ולרבנן צריך לחזור אחר כולן שאין כאן א' מן הראשונים:

הבית

[עי' תוס' ביצה י: ד"ה הכל] [לעיל ד:] כתובות כז. טהרות פ"ה [מ"ה] בכל נזיר נז: ע"ש. טהרות פ"ו [מ"ה] בכורות כב: נדה סח. בכורות כב: ביצה י: [תוספתא מ"ש פ"ד] ביצה שם

תוספות

הלך באחד מהן ועשה טהרות. הא דנקט טהרות ולא קאמר אדם טהור משום דלגברי אע"ג דמוקמינן לה בחזקת טהורים מצריכין להו טבילה והזאה שלא יגעו שניהם בתרומה דאז התרומה טמאה ודאית והאוכל במיתה ואם נגעו שניהם באחד ונכנס למקדש חייב*: **בבת** אחת ד"ה טמאים. נראה דהיינו מדרבנן דמדאורייתא' אפי' בבת אחת טהורים: **ספק** על ספק לא על היינו בקע'. תימה לר"י מה שייך לדמויי לבקעה דהכא אפי' ליכא אלא ספק אחד אוקמא אחזקת בדוק כדאמרינן לעיל ולעיל דימה אותו לספק טומאה ברשות הרבים והכא מדמי לספק טומאה ברשות היחיד: **ספק** ביאה טהור. פר"י דבספק ספיקא פליגי וכן פר"ת במסכת ע"ז פרק בתרא (ד' ע.) אבל רש"י פירש שם בע"א ונראה לר"י דטעמא דרבי אליעזר דמטהר בספק ספיקא משום דלא גמרינן מסוטה לטמא ברשות היחיד אלא ספיקא אחת כסוטה אבל תרי ספיקי לא ורבנן סברי כיון דמן הדין אפי' בספיקא אחת היה לטהר דאוקמא אחזקת טהרה ואפ"ה טמא הוא הדין אפילו בתרי ספיקי*: **על** ובדק ולא אשכח פלוגתא דר' מאיר ורבנן. תימה אפי' לר"מ דאמר לעולם היא בחזקת טומאה וכו' ונפקא מינה לטהרות שנעשו על גביו הכא גבי בדיקה כיון שבדק ולא מצא מה יעשה אם יצריכוהו לבדוק פעם שניה נמי לא ימצא ורש"י פירש דאפי' לר' מאיר אמר אימר עכבר אכליה דבדיקת חמץ אינו אלא מדרבנן וקשה דהא בהדיא אמר פלוגתא דר' מאיר ורבנן וי"ל דמיירי בשלא בטלה וקאמר דלר' מאיר לא סגי בבדיקה כיון דלא אשכח והוי בספק לאו דלא ימצא וצריך לבטלו וסגי אפילו לרבי מאיר דלא איירי אלא בספק טומאה דאורייתא אבל הכא דבדיקת חמץ דרבנן שרי: **חולין** ומעשר שני מעורבים זה בזה. פ"ה שיביא סלעים בשוה מנה ואומר כל מקום שהוא מעות מעשר שני יהיו מחוללים על מעות הללו ובחנם פירש כן דמינייהו גופייהו היה יכול ליקח שיעור מעות מעשר ואומר אם אלו מעות מעשר הרי טוב ואם לאו כל מקום שהן הרי הן מחוללין על אלו וריב"א הקשה לפרש"י דאיך יכול לחלל אסלעים ובפרק הזהב (ב"מ ד' מה.) אמר טיבעא אטיבעא לא מחללין (ושם פי' *): **הניח** עשר ומצא תשע פלוגתא דרבי ורבנן. דר' לטעמיה דאמר הוא קבר שאבד הוא קבר שנמצא וכיון שמצא אחד א"צ לבדוק ולרבנן עד שמצא עשר כדפ"ה ומיירי שכל הככרות קשורים זה בזה דומיא דפלוגתא דרבי ורבנן דכפ"ק דביצה (דף י:) אמר מחלוקת בכיסים קשורים אבל כשאין קשורים דברי הכל חולין ומע"ש מעורבין זה בזה ואף על גב דהשתא אין לתלות בעכברים תלינן בקטנים:

הניח

(* [עי' תוס' ב"מ מה. ד"ה ליפלוג ותוס' ביצה י: ד"ה חולין ועי' שם היטב גם כרש"י דהתליפו שיטתייהו]

עין משפט נר מצוה

עא א מיי' פ"ב מהל' חמץ הל' יא סמג לאוין עט טוש"ע או"ח סי' תלט סעיף ב:

[וע"ע תוס' כתובות כז. ד"ה והלך]

עב ב ג מיי' פי"ט מהל' אבות הטומאה הלכה ב:

עג ד מיי' שם פ"כ הל' ט וס"ב מהל' חמץ הלכה יב:

עד ה ו מיי' שם הלכה יא ופ"ט מהלכות טומאת מת הל' י טוש"ע או"ח סי' תלט ס"ב:

עה ז ח מיי' פ"ו מהל' מעשר שני הלכה ג וס"ב מהל' חמץ ומצה הלכה יב טוש"ע או"ח סי' תלט סעיף ג:

רבינו חננאל

נפלו בדרבנן [וכן] אוקמי' להא בהדיא בפ' ואלו עוברין [דף מד.] בפסח בתרומה בזמנהזה שהיא מדרבנן: **צבור** אחד חמץ ושני בתים בדוקין ושקל עכבר ככר אחד מהן ולא ידעינן בהי מינייהו על פשטינן להא משני שבילין וקיי"ל כר' יוחנן דאמר הכל מודים שאם נשאלו לחכם שניהם ביחד דברי הכל טמאים נשאלו בזה אחר זה דברי הכל טהורין לא נחלקו אלא בבא לשאול עליו ועל חברו רבי יהודה מדמה ליה לבת אחת ושניהם טמאים ור' יוסי מדמה לה לזה אחר זה ושניהן טהורין וכן אם באו אלו הבעלי בתים ושאלו שניהם ביחד צריכין בדיקה בזה אחר זה אין אחד מהן צריך בדיקה בא אחד [מהם] לשאל על ביתו ועל בית חברו הלכה כר' יוסי ואליבא דר' יוחנן: **ספק** על ספק לא על פשטי' לה מבקעה בימות הגשמים שהיא רשות היחיד ונחלקו בו ר' אליעזר וחכמים והלכה כחכמים שמטמאין כן בכאן צריך לבדוק על בדק ולא אשכח פשטי' לה מדרבנן דאמרי בודק עד שמגיע לסלע או לבתולה פי' ארץ בתולה על בדק ואשכח פשטי' לה חלוקת ר' ורשב"ג ר' אומר הקבר שנמצא הוא הקבר שאבד רשב"ג אומר תבדק כל השדה כולה: **הניח** תשע ומצא עשר חלוקת ר' ורבנן דתניא הניח מנה ומצא מאתים חולין ומעשר שני מעורבין כלומר המנה שהניח היה מעשר שני ובא אחר והוסיף עליו מנה אחר של חולין וחכמים אומרים הכל חולין כלומר אותו המנה של מעשר ניטל ואלו אדם אחר הניחם וכולן חולין הם: **הניח** עשר ומצא תשע חלוקת ר' ורבנן דתניא הניח מאתים ומצא מנה מנה מונח ומנה מוטל דברי רבי כלומר אדם בא ונטל חצים והניח חצים והמנה הנמצא מעשר שני הוא וחכמים

אות ב׳ – ג׳

בבת אחת דברי הכל טמאין, בזה אחר זה דברי הכל טהורין בבא להשאל עליו ועל חבירו... מדמי ליה לבת אחת

רמב"ם פי"ט מהל׳ שאר אבות הטומאה ה"ב - שני שבילין אחד טמא ואחד טהור, הלך באחד מהן ועשה טהרות, ובא חבירו והלך בשני ועשה טהרות: אם באו ונשאלו זה אחר זה, מורין לכל אחד מהן בפני עצמו שהוא טהור; באו שניהן כאחד, או שבא האחד ושאל עליו ועל חבירו, ואמר: שנים היינו ובשני השבילים הלכנו ושתי טהרות עשינו, הרי שניהם טמאין, וטהרות שעשו נשרפות.

אות ד׳

הלכתי במקום הלז ואיני יודע אם נכנסתי באותה שדה ואם לא נכנסתי... מטמאין

רמב"ם פ"כ מהל׳ שאר אבות הטומאה ה"ט - וכן בקעה בימות הגשמים שיש בה שדות הרבה, ובה שדה אחת טמאה ואחת טהורה, ואמר: נכנסתי לבקעה זו ואיני יודע אם נכנסתי לאותה שדה או לא נכנסתי, ספיקו טמא, שספק טומאה ברה"י, אפילו ספק ביאה, טמא.

רמב"ם פ"ב מהל׳ חמץ ומצה הי"ב - [ב]או שבא עכבר ונטל החמץ, וספק נכנס לבית זה או לא נכנס, [ג]בכל אלו צריך לבדוק.

[ד]טור סימן תלד - [ה]צבור א׳ של חמץ, ואתא עכבר ושקל ונכנס לחצר שלפני הבית, ואין ידוע אם נכנס לבית אם לאו, אף על פי שקרוב לבית מאד, תלינן להקל וא"צ לבדוק, אם ביטל או שאין הככר גדול.

אות ה׳ – ו׳

וחכמים אומרים בודק עד שמגיע לסלע או לקרקע בתולה

על ובדק ואשכח

סימן תלט ס"ב - או שידע שנכנס לאחד מהם ונכנס אחריו ובדק ולא מצא כלום - וס"ד שצריך לחפש כמה פעמים שמא ימצאנו, ‹קמ"ל דאין צריך לחזור ולבדוק›, [ו]**ועיין** בטור דזה הוא אפילו בלא ביטל, והיינו דתלינן שהעכבר אכלו.

או שבדק קצת מהבית ומצא ככר, א"צ לחזור ולבדוק - ר"ל ולא אמרינן דזה הככר אפשר שהוא אחר, וצריך לבדוק כל הבית.

ודעה זו אינה מחלקת בין ביטל ללא ביטל, דבכל גווני תלינן להקל, [כן מוכח במגיד משנה, וכ"כ בביאור הגר"א, משום דפסק כרבי], **והטור** חולק וס"ל, דלא מקילינן לומר שזהו הככר שהכניס העכבר, אלא בביטל שהוא ספיקא דרבנן, אבל בלא ביטל צריך לבדוק כל הבית דוקא, [שפסק כר׳ שמעון בן גמליאל, ולא כרבי], **וזהו** נכלל במה שסיים הרמ"א, אבל מסקנת הפוסקים אינו כן.

ודע דכל מה שכתבנו בסעיף זה, דלא מקילינן אלא כשביטל, אם הוא עדיין קודם ו׳ שעות, אף שלא ביטל עדיין, יכול לבטל, ואין צריך לחזור ולבדוק.

(כך הם דברי הרמב"ם, אבל מסקנת הפוסקים אינו כן) - לפי מה שנתבאר לעיל, אין הרמ"א חולק אלא על דין זה האחרון, **ועל** דין דצבור אחד של חמץ, ואין ידוע לאיזה בית נכנס.

אות ו׳*[ז]

שדה שנאבד בה קבר הנכנס לתוכה טמא

רמב"ם פ"ח מהל׳ טומאת מת ה"א - שדה שאבד קבר בתוכה, עפרה מטמא במגע ובמשא כבית הפרס, שמא נדוש הקבר בה ויהיו עצמות כשעורה בתוך עפרה; וכל השדה כולה המאהיל עליה נטמא; ואם העמיד בתוכה אהל, נטמא כל מה שיש באהל, שמא האהל שהעמיד באותה שדה על הקבר הוא מאהיל.

באר הגולה

[ב] ‹והרמב"ם כתב עוד דין מה שלא העתיק כאן בשו"ע – ט"ז. **וצריך** להבין למה לא› [ג] ‹שם ספק על ספק לא על, היינו בקעה דתנן וכו׳, וקיי"ל כחכמים דמטמאין, וצריך בדיקה, זהו דעת רבינו והגאונים וקצת מן האחרונים, **ויש** מי שפירש דגבי חמץ אפילו רבנן מודו דאין צריך בדיקה, וכן פירש"י ז"ל, וזה דעת העיטור. **וקשה** לי לדעת רבינו, שכבר נתבאר למעלה שאם ודאי נכנס בבית אחד אלא שאין ידוע באי זה בית משני בתים נכנס, אין אחד מהם צריך בדיקה, א"כ נראה שכ"ש בשאין ידוע אם נכנס כלל שלא יהא צריך בדיקה. **ויש** לי לתרץ, דהתם ודאי איכא חד בית שלא נכנס שם, הלכך כל חד תלינן זהו שלא נכנס בו ובאחר הוא שנכנס, ואי אתה יכול להצריך בדיקה לשניהם כיון דאיכא חד דודאי לא נכנס בו, **אבל** הכא הספק בבית אחד הוא, ומפני שבדיקת חמץ תחלתה על הספק, דנו ספק זה לחומרא, כמו שכתבתי למעלה, כנ"ל – מגיד משנה› [ד] ‹מילואים› [ה] ‹רש"י פירש וחכמים מטמאים, דהויא ליה ספק טומאה ברשות היחיד, וגבי בתים אפילו רבנן מודו, דכיון דבדיקת חמץ דרבנן, תלינן לקולא. **ורבינו** סובר דאי אתי למיפשט לחומרא וכדברי הרמב"ם, היינו בלא ביטל והככר גדול, דהוי מידי דאורייתא, וליכא אלא חד ספיקא, ואי אתינן למיפשט לקולא וכדברי רש"י, היינו בביטל דהוי מידי דרבנן, ואפילו הככר גדול דליכא אלא חד ספיקא, כיון דמידי דרבנן הוא אזלינן לקולא – ב"י› [ו] ‹ופירש רש"י, וגבי בדיקת חמץ אפילו לרבי מאיר אמרינן עכבר אכלה, דבדיקת חמץ דרבנן, **וכתב** רבינו דאפילו לא ביטל אין צריך לבדוק, משום דחכמים דקיימא לן כוותייהו מטהרים בטומאה דאורייתא, ואם כן ה"ה דשרו בחמץ אפילו בדאורייתא – ב"י› [ז] ‹ע"פ מהדורת נהרדעא›

אות ז' – ח'

<u>הניח תשע ומצא עשר... הכל חולין</u>

<u>הניח עשר ומצא תשע... הכל חולין</u>

סימן תל"ט ס"ג- [ח]הניח ט' ככרות חמץ ומצא י', צריך לבדוק אחר כל הט' - דאמרינן הני אחריני שאיש אחר הביאם כאן, כיון שאין מכירן, והנך ט' שהניח חולדות גררום, וצריך לבדוק אחריהם, ואפי' ביטל מקודם.

[ט]וכן אם הניח י' ומצא ט', צריך לבדוק אחר כל הי', שאנו אומרים מה שהניח נטל, ואלו אחרים הם - גם זה אפילו ביטל מקודם.

[י]ויש אומרים דהני מילי בקשורים יחד - אסיפא קאי, דודאי מי שלקחם לקחם כולם, ושמא קטנים או עכבר וחולדה לקחום, וצריך לבדוק אחריהם, והני אחריני נינהו.

אבל אם אינם קשורים יחד, אין צריך לבדוק אלא אחר האחד - וכן פסקו האחרונים, דאמרינן שרק אחד ניטל, והאחרים נשארו במקומן, **ונראה** דאין להקל בזה אלא כשביטל, או שיש שהות עדיין לבטל.

ובהניח ט' ומצא י', אין נ"מ בין שהניח הט' מקושר, ומצא עתה י' מקושרין, או שהניחן נפרדין, ומצא א' נוסף עליהן, בכל גווני צריך לבדוק עתה אחר כל הט' שהניח.

באר הגולה

[ח] שם י' וכחכמים תוספתא ספ"ד דמעשר שני **[ט] שם בגמרא וכחכמים שם בתוספתא** **[י] תוס' שם מהא דביצה י'** ‹ונראה שסוברים התוס' ורבינו, דהלכה כמ"ד מחלוקת בכיס אחד, **ומיהו** הרמב"ם בפ"ו מהלכות מעשר שני ה"ג, פסק כמ"ד בשני כיסים מחלוקת, אבל בכיס אחד ד"ה חולין, ולדבריו תו ליכא לאוקמה בכיסים קשורים, אלא אפילו אינם קשורים נמי, וא"כ הכי נמי אפילו אין הככרות קשורים יחד, אם הניח עשר ומצא תשע, צריך לבדוק – ב"י›

עין משפט נר מצוה

עו א מיי' פי"ב מהל' משכב ומושב הל' טו ופ"ג מהל' חמץ הל' יג טוש"ע או"ח סי' תלט סעיף ד:

עז ב ג מיי' ש"ב מהל' חמץ הל' ח ט טוש"ע או"ח סי' תלח סעיף א:

עח ד ה ו ז מיי' שם הל' יג וטור שם:

עט ח ט מיי' שם הל' יד וטוש"ע שם ס"ב:

פ י מיי' שם הל' יג:

פא כ מיי' פ"ג מהל' חו"מ הל' ה סמג עשין לט טוש"ע או"ח סי' תלה:

פב ל מיי' שם הל' ג וסמג שם טוש"ע או"ח סי' תלד סעיף א:

גמרא

הניח בזוית זו ומצא בזוית אחרת פלוגתא דרשב"ג ורבנן דתניא קרדום שאבד בבית הבית טמא שאני אומר אדם טמא נכנס לשם ונטלו רשב"ג אומר הבית טהור שאני אומר השאילו לאחר ושכח או שנטלו מזוית זו והניח בזוית האחרת ושכח זוית מאן דכר שמיה חסורי מחסרא והכי קתני *קרדום שאבד בבית הבית טמא שאני אומר אדם טמא נכנס לשם ונטלו או שהניחו בזוית זו ומצאו בזוית אחרת הבית טמא שאני אומר אדם טמא נכנס לשם ונטלו מזוית זו והניחו בזוית אחרת רשב"ג אומר הבית טהור שאני אומר השאילו לאחר ושכח או שנטלו מזוית זו והניח בזוית זו ושכח אמר רבא עכבר נכנס וככר בפיו ונכנס אחריו ומצא פירורין צריך בדיקה מפני שאין דרכו של עכבר לפרר ואמר רבא תינוק נכנס וככר בידו ונכנס אחריו ומצא פירורין א"צ בדיקה מפני שדרכו של תינוק לפרר בעי רבא עכבר נכנס וככר בפיו ועכבר יוצא וככר בפיו מהו מי אמרינן היינו האי דעל והיינו האי דנפק או דילמא אחרינא הוא אם תמצא לומר היינו האי דעל והיינו האי דנפק עכבר לבן נכנס וככר בפיו ועכבר שחור יוצא וככר בפיו מהו האי ודאי אחרינא הוא או דילמא ארמויי ארמיה מיניה ואת"ל עכברים לא שקלי מהדדי עכבר נכנס וככר בפיו וחולדה יוצאה וככר בפיה מהו חולדה ודאי מעכבר שקלתיה או דילמא אחרינא הוא דאם איתא דמעכבר שקלתיה עכבר בפיה הוה משתכח ואת"ל אם איתא דמעכבר שקלתיה עכבר בפיה הוה משתכח עכבר נכנס וככר בפיו וחולדה יוצאה וככר ועכבר בפי חולדה מהו הכא ודאי איהו הוא או דילמא אם איתא דאיהו ניהו ככר בפי עכבר הוה בעי אישתכוחי או דילמא משום ביעתותא הוא נפל ושקלתיה תיקו בעי רבא ככר בשמי קורה צריך סולם להורידה או אין צריך מי אמרינן כולי האי לא אטרחוהו רבנן כיון דלא נחית מנפשיה לא אתי למיכלה או דילמא זימנין דנפל ואתי למיכלה ואם תמצי לומר זימנין דנפל ואתי למיכלה ככר בבור צריך סולם להעלותה או אין צריך הכא ודאי דלא עבידא דסלקה מנפשה או דילמא זימנין דנחות למעבד צורכיה ואתי למיכליה את"ל זימנין דנחות לצורכיה ואתי למיכלה ככר בפי נחש צריך חבר להוציא או אין צריך בגופיה אטרחוהו רבנן בממוניה לא אטרחוהו רבנן או דילמא לא שנא תיקו: **מתני'** *ר' יהודה אומר בודקין אור י"ד ובי"ד שחרית ובשעת הביעור וחכ"א לא בדק אור י"ד יבדוק בי"ד לא בדק בי"ד יבדוק בתוך המועד לא בדק בתוך המועד יבדוק לאחר המועד *ומה *)שמשייר יניחנו בצינעא כדי שלא יהא צריך בדיקה אחריו: **גמ'** מ"ט דרבי יהודה רב חסדא ורבה בר רב הונא דאמרי תרוייהו כנגד שלש השבתות שבתורה לא יראה לך חמץ ולא יראה לך שאור שבעת ימים שאור לא ימצא בבתיכם אך ביום הראשון תשביתו שאור מבתיכם מתיב רב יוסף רבי יהודה אומר כל שלא בדק בשלשה פרקים הללו שוב אינו בודק אלמא במכאן ואילך הוא דפליגי מר זוטרא מתני הכי מתיב רב יוסף רבי יהודה אומר כל שלא בדק באחד משלשה פרקים הללו שוב אינו בודק אלמא בשוב אינו בודק הוא דפליגי אלא רבי יהודה נמי אם לא בדק קאמר והכא בהא קמיפלגי מר סבר מקמי איסורא אין בתר איסורא לא גזירה דילמא אתי למיכל מיניה ורבנן סברי לא גזרינן ומי גזר ר' יהודה דילמא אתי למיכל מיניה והא *תנן משקרב העומר יוצאין ומוצאין שוקי ירושלים שהם מלאים קמח וקלי שלא

*) [לשון הר"ן הניחו תוי"ע ומה שמשייר בלילה לצרכו שיאכל בלילה גם בבוקר]

רש"י

הבית טמא. כל כלי הבית טמאין שאני אומר אדם טמא נכנס לשם ומשמש בכל כלי הבית: זוית מאן דכר שמיה. פתח באבדו וסיים בנמצא בזוית אחרת: חסורי מיחסרא והכי קתני. שאני אומר אדם טמא נכנס לשם ולקחו לאבוד וגבי מצא בזוית אחרת שמא אדם טמא הניחו שם רבן שמעון כו' וגבי חמץ נמי לרבנן חוששין שמא עכבר עשה וכיון דחוששין לעכבר יש לחוש נמי לא זהו אלא אחר ולרבן שמעון תולין באדם עצמו שהוא עשה ושכח וא"צ בדיקה: ונכנס אחריו ומצא פירורין צריך בדיקה. ואין תולין הככר בו שאין דרכו של עכבר לפרר ולא זהו ככר שהכניס העכבר: אם תמצא לומר היינו האי כו'. דאי פשטת ליה דחיישינן דילמא אחרינא הואי תו לא צריכא למיבעי שחור ולבן אבל אי פשטת ליה דלא חיישינן אכתי שחור ולבן מיבעיא לן: ארמויי. השליכו ממנו ונטלו הוא וחבירו בחגיגה (ד' טו:) אי נקטיה ביד מאן מרמי ליה מן ידי: לדידיה הוה שקיל ליה. את העכבר עצמו היה מביא: ככר ועכבר בפי חולדה. עכבר נכנס וככר בפיו וחולדה יוצא' כשנכנס בו לבדוק ובפיה ככר מכאן ועכבר מכאן: ככר בפי נחש. בעיא באנפי נפשה היא ולא דמי להנך דלעיל ול"ג את"ל: לא אטרחוהו. ויבטל בלבו: בממוניה. לשכור חבר: **מתני'** בתוך המועד. בשעה ששית שהוא מועד הביעור: לאחר המועד. משש שעות ולמעלה עד שתחשך*: **גמ'** שלש השבתות. שלש לשונות של השבתה ראייה מציאה והשבתה: אלמא במכאן ואילך הוא דפליגי. ולאו במידי אחרינא דרבי יהודה לא מצריך שלש בדיקות אלא הכי קאמר או אור לארבעה עשר או שחרית או בשעה ששית ורבנן אמרי אם לא בדק בתוך המועד יבדוק לאחריו: ומר זוטרא מתני. בהדיא באחד משלשה פרקים: לבתר איסורא. לא יבדוק דגזרינן דילמא איידי דעסיק ביה אתי למיכל מיניה: משקרב העומר. בו ביום יוצאים ומוצאים שוקי ירושלים מלאים קמח וקלי מן החדש למכור וקודם י"ט נקטף ונטחן ונתייבש הקלי בתנור:

שלא

תוספות

הניח בזוית זו ומצא בזוית אחרת פלוגתא דרבן שמעון בן גמליאל ורבנן. דלרבנן צריך בדיקה דחוששין שמא עכבר עשה ולא זהו שהניח וליח להו לרבנן הוא שאבד הוא שנמצא אלא כרשב"ג דאמר תיבדק כל השדה כולה אי נמי אתי אפי' כר' ומיירי כגון שאין יודע כמה ככרות הניח וצריך בדיקה שמא לא מצא כולם:

שאני אומר אדם טמא נכנס לשם. וא"ת דהכא ובפרק קמא דחולין (דף ט:) גבי צלוחית תלינן באדם טמא ובפרק קמא דנדה (דף ו.) גבי ככר הנתון על גבי הדף ומדף טמא מונח תחתיה תלינן באדם טהור ותירץ ר"ת דאמר בפ"ק דשבת (דף טו:) גזרו על ספק כלים הנמצאים ולא גזרו על ספק אוכלין הנמצאים אי נמי גבי ככר רגלים לדבר שטהור הסירו שלא יפול על המדף ויטמא*: [ועי' תוס' חולין ט: ד"ה שאלו]

מפני שדרכו של תינוק לפרר. ומיירי שיש פירורין כדי כל הככר ולכך אין צריך בדיקה ואפי' לרבן שמעון בן גמליאל דאמר תיבדק כל השדה כולה הכא רגלים לדבר יש שהפירורים מן הככר שהרי מיד נכנס אחריו:

מי אמרינן היינו הא דעל היינו הא דנפק. ואפילו לרשב"ג דאמר תיבדק כל השדה כולה הכא רגלים לדבר שהרי הוא עם הככר:

או דילמא אחרינא הוא. ואפי' לר' דאמר הוא שנמצא הוא שנאבד הכא חיישינן דמסתמא הראשונה נשאר בבית וזהו אחר שיצא:

בממוניה לא אטרחוהו רבנן. פי' הכא דוק' דשמא יוציאנה או יאכלנה אבל היכא דאיכא חמץ אמר לעיל (דף ד:) דניחא ליה לאינש דליעבד מצוה בממוניה:

ואם לא בדק בתוך המועד. פי' הקונטרס בשעה ששית וקשה דלרבי יהודה קרי ליה שעת הביעור ולמה שינה לשונו אלא בתוך המועד היינו מתחלת שבע עד סוף הפסח ולאחר המועד יבדוק כדי שלא יתערב לו חמץ של איסור בשל היתר ויאכלנו ורש"י לא רצה לפרש כן מפני שפירש במשנה דבודקים שלא יעבור בבל יראה:

קולרין

רבינו חננאל

אומרים הכל חולין כלומר אותם המאתים של מעשר שני נלקחו וזה המנה אחר הניחו ותולין הן הניח בזוית זו ומצא בזוית אחרת חלוקת רשב"ג ורבנן וקיימא לן כרבנן דאמרי הבית טמא שאני אומר אדם טמא נכנס לבית ונטלו מזוית זו והניחו בזוית אחרת: **אמר** רבא עכבר נכנס וככר בפיו נכנס אחריו ומצא פירורין צריך בדיקה שאין דרך עכבר לפרר אלא העכבר עם הככר שנטל הלך לו ואלו הפירורין אינן ממנו לפיכך צריך לבדוק אבל אם נטל תינוק ככר ונכנס לבית ונכנס אחריו ומצא פירורין אין צריך בדיקה שכן דרך התינוק לפרר: **בעי** רבא עכבר נכנס וככר בפיו ועכבר יוצא וככר בפיו כו' בעי רבא ככר בשמי קורה צריך סולם להורידו או לא כו' בעי רב אשי ככר בפי נחש צריך חבר להוציאו או לא כו' אלו כולן עלו בתיקו: **מתני'** ר' יהודה אומר בודקין אור ארבעה עשר ובארבעה עשר בשעת הביעור. ירושלמי בשעת הביעור שעה חמישית וחכמי' אומרים לא בדק באור ארבעה עשר יבדוק בי"ד כו' כלומר אין צריך [אלא] לבדוק שחרית בי"ד אם לא בדק באור י"ד אבל אם בדק אור י"ד אין צריך אחרי כן בדיקה כלל. פריש רב חסדא טעמא דר' יהודה דבעי שלש בדיקות כנגד שלש אזהרות שהזהירה תורה על השבתת חמץ ומותבינן עליה מהא דר' יהודה אומר כל שלא בדק אחד משלשה פרקים הללו שוב אינו בודק אלמא ר' יהודה חדא זימנא בעי ואוקימנא לעולם חדא זימנא בעי ובהא פליגי ר' יהודה סבר עד שעת ביעור בודק שאם ימצא חמץ ישרפנו אבל אחר זמן ביעורו אינו בודק חיישינן דילמא אתי למיכל מיניה פי' כגון שהיה במדינת הים ובא במועד ולאחר המועד שחייב כל זמן

מסורת הש"ס

[עי' פירש"י מנחות סו: ד"ה ובשעת]

הגהות מהר"ב רנשבורג

א] מתני' לא בדק כו' לאחר המועד. עי' ערוך ערך מעד ודו"ק

[לעיל ב:] מנחות סו:

[לעיל ט: ושם] שמות יג

שם יב שם

מנחות סו:

§ מסכת פסחים דף י: §

אות א'

קרדום שאבד בבית, הבית טמא

רמב"ם פי"ב מהל' מטמאי משכב ומושב הט"ז - קורדום שאבד בבית, או שהניחו בזוית זו ובא ומצאו בזוית אחרת, הבית טמא, שאני אומר אדם טמא נכנס לשם ונטלו.

סימן תלט ס"ד - [א]הניח חמץ בזוית זו ומצאו בזוית אחרת, צריך לחזור ולבדוק - את הבית כולו, [ב]דשמא חמץ אחר הוא, והראשון נטלו קטן או עכבר והניחו במקום אחר.

[**ולדעת** הטור דוקא בככר גדול, אבל בקטן תלינן שאף שזה החמץ אחר הוא, י"ל דהחמץ הראשון העכבר אכלו, והוי ס"ס].

[ג]**והאחרונים** הסכימו, דאם כבר ביטל או שיש עדיין שהות לבטלו, אין צריך לחזור ולבדוק, דכיון שהבדיקה הוא מדברי סופרים, תלינן להקל שזהו החמץ שהניח.

אות ב' - ג'

עכבר נכנס וככר בפיו, ונכנס אחריו ומצא פירורין, צריך בדיקה, מפני שאין דרכו של עכבר לפרר

תינוק נכנס וככר בידו, ונכנס אחריו ומצא פירורין, אין צריך בדיקה, מפני שדרכו של תינוק לפרר

סימן תלח ס"א - [ד]עכבר שנכנס לבית בדוק וככר בפיו, ונכנס אחריו ומצא פירורין אפילו כדי כל הככר, צריך לחזור לבדוק הבית אחר הככר שהכניס, לפי שאין דרכו של עכבר לפרר - וה"ה כלב או תרנגול, אין דרכן לפרר, **והני פירורין מעלמא אתו ולא מאותו ככר.**

וכ"ש אם מצא רק מעט פירורין, בודאי לא תלינן שאכלו, ונפל ממנו הפירורין בעת אכילתו.

ואפילו אם היה הככר קטן, שיוכל עכבר לאכלו, ואפילו ביטל החמץ, אפ"ה לא תלינן לקולא מטעם ספיקא דרבנן, **משום** דכיון דידעינן בודאי שהעכבר גרר החמץ לפנינו, אין ספק מוציא מידי חזקת ודאי איסור.

עיין מ"א, ד"בית" פירושו חדר, וא"צ בדיקה אלא אותו חדר שראינו שנכנס לשם, [ה]אבל שאר חדרים הפתוחים לאותו חדר תלינן להקל, וא"צ לבודקם, אם ביטל החמץ, או שהיה הככר קטן, **ואם** לא ידענו כלל לאיזה חדר נכנס, עיין סי' תל"ט ס"ב בהג"ה, ובמש"כ שם.

ודוקא שראינו שעכבר נכנס עם חמץ, אבל מצא סתם חמץ בבית אחר בדיקתו, א"צ לחזור ולבדוק כל הבית בשביל זה.

ודוקא שמצא פירורין, אבל אם מצא ככר שלם, אין צריך בדיקה, דתלינן דזהו הככר שהכניס העכבר, **ודוקא** בביטל, אבל בלא ביטל דהוא מלתא דאורייתא, לא תלינן להקל, וצריכין לבדוק עדיין כל הבית, [**עיין** בחמד משה, דזהו דוקא בככר גדול, אבל בקטן הוי ס"ס ושרי אף בלא ביטל, **מיהו** הפמ"ג מצדד להחמיר בכל ענין]. **אם** לא שהכירו שזהו שנטל העכבר.

אבל אם תינוק נכנס לבית בדוק וככר בידו, ונכנס אחריו ומצא פירורין, אינו צריך לחזור ולבדוק - ואפילו לא ביטלו, **שחזקתו שאכלו, ואלו הפירורין שנפלו ממנו בשעת אכילה, שדרך התינוק לפרר.**

ודוקא באופן זה שמצא פירורין, שרגלים לדבר שאכלו, אבל לא מצא פירורין, אין לתלות שאכלו, דאין ספק מוציא מידי ודאי חמץ, וצריך לחזור ולבדוק אותו חדר שראה שנכנס שם התינוק, **ודוקא** בתינוק שאין בו דעת, אבל ביש בו דעת, נאמן לומר שאכלו כולו.

ולדעה זו אין נ"מ בין אם היו רק מעט פירורין, בין אם היו כדי כל הככר.

[ו]**וי"א שאם אין בפירורין כדי כל הככר, צריך לחזור ולבדוק** - דחיישינן שמא שייר התינוק.

והעיקר כסברא ראשונה, אך אם לא ביטל, וכבר עבר הזמן שאין יכול לבטל, יש להחמיר לחזור ולבדוק.

כתב המקור חיים, דעכו"ם שנכנס עם חמץ בבית הבדוק, א"צ לחזור ולבדוק הבית, דדוקא בעכבר ותינוק חיישינן, שדרכן להטמין, משא"כ בעכו"ם אין דרכן בכך, אלא או לאכלו, או להוליכו לביתו.

אות ד' - ה' - ו' - ז'

היינו האי דעל והיינו האי דנפק

עכברים לא שקלי מהדדי

אם איתא דמעכבר שקלתיה, עכבר בפיה הוה משתכח

משום ביעתותא הוא נפל ושקלתיה

טור סימן תלח - ואם עכבר נכנס וככר בפיו, ועכבר יוצא וככר בפיו; או עכבר לבן נכנס וככר בפיו, ושחור יוצא

באר הגולה

[א] **שם בגמרא וכחכמים** [ב] ‹עיין ברש"י דקמסביר החשש, "חוששין שמא עכבר עשה, וכיון דחוששין לעכבר, יש לחוש נמי לא זהו"› [ג] ‹דלא חשו חכמים לכך אלא בלא ביטל, דהוי ספיקא דאורייתא, אבל לא בביטל דהוי ספיקא דרבנן - ב"י› [ד] **מימרא דרבא פסחים י'** [ה] ‹אבל שאר חדרים היינו בעיא דגמ', בנכנס לחצר ואינו יודע אם נכנס לבית, ומסקינן אע"פ שקרוב לבית מאד תלינן להקל, וא"צ לבדוק אם ביטל או שאין הככר גדול, וכמ"ש סי' תל"ט {ט: אות ד'}, ה"ה כאן - מ"א› ‹**דלא** כהב"ח דס"ל, דשאר חדרים אין צריכים בדיקה בכל ענין - מחה"ש› [ו] **כן כתבו שם התוס' והר"ן וכ"כ הטור**

וככר בפיו; או עכבר נכנס וככר בפיו, וחולדה יוצאה וככר בפיה; או שחולדה יוצאה ועכבר וגם הככר בפיה, מיבעיא בכולהו אם צריך לבדוק אם לאו, ורבו בהן הדיעות, והמחוור שבכולם, [ז]אם לא ביטל צריך לחזור ולבדוק, דהוי ספק דאורייתא, ואם ביטל הוי ספיקא דרבנן וא"צ לבדוק.

סימן תלח ס"א - (דיני עכבר נכנס ויוצא הסמיה הרב, הוא"ל ולא סכיה).

אות ח' – ט'

זימנין דנפל ואתי למיכלה

הכא ודאי דלא עבידא דסלקה מנפשה

סימן תלח ס"ב - [ח]כזית חמץ למעלה על הקורה, מחייבים אותו להביא סולם להורידו, מפני שפעמים יפול מהקורה - אפילו נודע לו קודם זמן איסורו, דאז מהני ביטול שלא יעבור בבל יראה, אפ"ה הצריכוהו רבנן להורידו ולבערו, שמא יפול בתוך הפסח מן הקורה, ויבא לאכלו, **וכ"ש** אם נודע לו לאחר זמן איסורו, ולא ביטל מקודם, ואז שוב לא מהני ביטול, דבודאי צריך להורידו ולבערו.

משמע אבל בפחות מכזית א"צ סולם להורידו, וסגי בביטול, (חק יעקב, דחצי שיעור לא גזרינן דלמא אתי למיכל, כיון דליכא כרת – פמ"ג), **ויש** מפקפקין בזה.

[ט]אבל אם היה חמץ בבור - ואפילו אין בו מים, **אין מחייבים אותו להעלותו, אלא [י]מבטלו בלבו ודיו** - ואם נודע לו אחר זמן איסורו, דאז לא מהני ביטול, צריך להוציאו ולבערו, [**ודוקא** כשלא ביטל חמצו מקודם, אבל אם ביטל בזמנו כנהוג, מהני אף לזה, אף דאז לא ידע מזה].

ואם דרכו להשתמש שם כל השנה, מחויב להעלותו ולבערו.

ודוקא שנפל שם מאליו, דחשבינן לו כחמץ שנפל עליו מפולת, אבל להטמין בידים על דעת שישאר שם עד אחר הפסח, אסור, ואפילו ביטול לא יועיל, אלא צריך להוציא ולבערו בי"ד.

אות י'

בגופיה אטרחוהו רבנן

רמב"ם פ"ב מהל' חמץ ומצה הי"ג - נחש שנכנס לחור ופת בפיו, [יא]אינו חייב להביא חבר להוציאו.

אות כ'

לא בדק אור י"ד יבדוק בי"ד, לא בדק בי"ד יבדוק בתוך המועד, לא בדק בתוך המועד יבדוק לאחר המועד

סימן תלה ס"א - [יב]לא בדק בליל י"ד, יבדוק ביום י"ד באיזו שעה שיזכור מהיום - [ואפי' אם נזכר אחר שכבר הגיע שעה ששית, ונאסר בהנאה, אפ"ה מחוייב לבדוק, **ולא** גזרינן שמא יבוא לאכלו כשימצא החמץ, דכיון שהוא עצמו מחזר לבדוק אחריו ולבערו, לא חיישינן לזה].

ולאחר שנזכר, מחויב לבדוק תיכף, שמא ישכח עוד הפעם.

וכל הבדיקות צריך להיות בנר ובחורין ובסדקין, ואפילו כשבודק ביום.

ואחר הבדיקה יבטל אם עדיין לא הגיע שעה ששית, דאח"כ אין בידו לבטלו, וכדלעיל בסימן תל"ד, רק בדיקה וביעור לבד.

לא בדק כל יום י"ד, יבדוק בתוך הפסח - ואפילו כבר ביטל, [**אף** דאז אינו עובר בבל יראה אפי' אם יש חמץ בביתו, מ"מ גזרינן דלמא אתי למיכל מיניה כשיראהו באקראי].

ואפילו ביו"ט עצמו בודק, אע"פ שאינו יכול לשרפו ביו"ט, מ"מ יוכל לכפות עליו כלי עד מוצאי יו"ט, כדלקמן בסימן תמ"ו, **ויש** חולקין וסוברין, דביו"ט לא יבדוק, רק בחולו של מועד, **והפר"ח** הכריע, דאם לא ביטל חמצו קודם הפסח, אפשר שיבדוק אף ביו"ט, [**היינו** דתלוי בפלוגתת הפוסקים לקמן בסי' תמ"ו, אם הא דאמרינן המוציא חמץ ביו"ט, כופה עליו כלי דוקא ולא יטלטלנו, מיירי רק בבטלו, אבל בלא בטלו יוכל לטלטלו ולבערו, **ממילא** בענינינו בלא ביטלו, יבדוק אפי' ביו"ט, **ולהפוסקים** דסברי, דאפי' בלא בטלו לא יטלטלנו, ה"נ בכל גווני אין לו לבדוק], **ואם** כבר ביטל, בודאי לא יבדוק רק בחוה"מ.

[**אכן** אם בודק ביו"ט, אפי' לדעת המתירין, [יג]צ"ע אם מותר להדליק נר בשביל זה ביום, אפי' היכא שלא בטלו, ובבטלו בודאי אין להדליק נר, **וע"כ** טוב לדחות הבדיקה על חוה"מ].

מי שלא בדק קודם זמן איסורו ומת, אם כוונו היורשים לזכות בהחמץ, וחצרם קונה להם, פשיטא דעברו בבל יראה, וצריכין מדינא לבדוק ולבערו, **ואם** לא עשו כן ועבר הפסח, אסור כדין חמץ שעבר עליו הפסח, **אך** אם לא כוונו לזכות, אין צריכין לבער, דאין אדם מוריש

באר הגולה

ז ‹יש לדקדק, דיבטל ותו ליכא ספיקא דאורייתא, ונראה לפרש, ד"אם ביטל" "אם לא ביטל" דקאמר, היינו אם נודע לו בזמן שיכול לבטל, או אם נודע לו בזמן שאינו יכול לבטל – ב"י. {וכמ"ש המ"ב סי' תלט ס"ב}. **ויש** להרמב"ם דרך אחרת בפשיטות בעיות אלו, {ע"ש במגיד משנה דפסק כהאת"ל, וכשעלה בתיקו פסק לקולא}, ולפי שאינו דבר מצוי לא כתבתי – ב"י› ח **בעיא שם בגמרא ולא נפשטא, וכתב רמב"ם דצריך להורידו וכו'** ‹בעיא שם באם תמצא לומר – מגיד משנה› ט ‹בעיא שם, ולפי גירסת ספרינו יש שם אם תמצא לומר. ונראה שרבינו לא היה גירסתו כך, אלא בעיא דלא איפשיטא היא ולקולא, וכן מצאתי בקצת פירושי רש"י ז"ל דלא גרסי בה את"ל – מגיד משנה› י ‹דהוי כחמץ שנפלה עליו מפולת, עסי' תל"ג סס"ח – מ"א› יא ‹בעיא דלא איפשיטא, ופסק רבינו ג"כ לקולא – מגיד משנה› יב **משנה פסחים י' וכפי' התוס' וכן פסקו הרי"ף והרמב"ם** יג ‹לא ביאר אמאי לא נחשב כנר של מצוה, שמותר גם ביום, וכדאיתא בשו"ע סי' תקי"ד – אטר החמה›

איסורא לבריה, **אם** לא שמשתמשין שם באותו חדר, דאז בכל גווני צריכין לבער, משום דלמא אתי למיכל מיניה, [יז]**ויש** חולקין וסוברין דבכל גווני מחוייבין היורשין לבדוק ולבער.

לא בדק בתוך הפסח, יבדוק לאחר הפסח, כדי שלא יכשל בחמץ שעבר עליו הפסח שהוא אסור בהנאה; [טו]ועל הבדיקה שלאחר הפסח לא יברך - כיון שמותר להשהותו, ואף באכילה אינו אסור אלא משום קנסא שהשהה החמץ בפסח, ואינו בודק אלא להבדיל בין חמץ זה לחמץ המותר, לכן לא יברך.

אבל על הבדיקה שבתוך הפסח צריך לברך, אע"פ שביטלו קודם הפסח, **וכ"ש** אם נתחמץ לו חמץ גמור בפסח, דבודאי מברך בשעת הביעור, שהרי זה לא היה כלל בכלל הביטול, **אבל** דבר שאינו חמץ גמור, כגון שנמצא חטה בתבשיל וכיוצא בו, אינו מברך.

ואם כבר בדק וביטל כדינו קודם פסח, ומצא חמץ בפסח, יש דעות בין האחרונים אם צריך לברך, כיון שכבר בדק וביטל כדינו, וקיים תקנת חכמים, אפשר דברכה ראשונה שבירך אז קאי על כל מה שימצא אף בתוך הפסח, **וספק** ברכות להקל.

אות ל'

ומה שמשייר יניחנו בצינעא כדי שלא יהא צריך בדיקה אחריו

סימן תל"ד ס"א - [טז]**אחר הבדיקה יהא נזהר בחמץ שמשייר** - לאכילתו, וה"ה החמץ שמוצא בבדיקתו, ומניחו כדי לבער למחר, **להצניע, כדי שלא יצטרך בדיקה אחרת, כגון אם יטלנו עכבר בפניו** - (ולא אמרינן דעכבר אכלתו, דספק אכילה אינו מוציא מידי ודאי חמץ), **או אם יחסר לחמו, כגון שיניח עשר ככרות וימצא תשע.**

וה"ה בשעת הבדיקה יצניע החמץ שרוצה לאכול, דיש לחוש דלאחר שהשלים לבדוק זוית אחת, וילך לבדוק זוית אחרת, יטול עכבר לפנינו ויגררנו לזוית שכבר בדק.

ומ"מ א"צ לברך שנית על בדיקה זו, **ואם** בדק ולא מצאו, צריך לבטל פעם אחרת, דזה החמץ שגרר העכבר אחר הבדיקה, לא היה בכלל הביטול, שהרי שייר אותו למאכלו, או כדי לבערו למחר, **ומיהו** אנו נוהגין בלא"ה לבטל שנית בשעת השריפה.

והעולם אין מצניעים אלא החמץ שמוצאין בשעת בדיקה, אבל שאר החמץ אין נזהרין בהן, ומוליכין אנה ואנה, **ולא** שפיר עבדי, [ועי"ז שוב אין שם בדיקה כלל, אחרי שלא השגיח שיהיה החמץ מונח משומר במקום אחד].

אבל בסתם, שאינו יודע אם חסר ממנו אם לאו, לא. [יז]ואם כפה עליו כלי ולא מצאו, א"צ לבדוק, שודאי אדם נטלו - ודוקא בהניח במקום גבוה שאין יד התינוקות ממשמשין שם.

לכך יכפה עליו כלי - וליתן החמץ בכלי ולכסותו אסור, מפני שדרכן של שרצים לגלות, אבל כשכופה עליו כלי רחב, אין יכולין לגלות, **או יתלנו באויר, או יניחנו בתיבה מקום שאין עכבר יכול לבא** - (דסתם תיבות חתורות הן אצל עכברים, ולכן דקדק וכתב מקום שאין וכו', היינו שיזהר להניח שם באופן שהעכבר לא יוכל להגיע לשם).

באר הגולה

יד (פסקו כרי"ף, דאדם מוריש איסורא לבריה - א"ר) | טו טור וכ"כ הרמב"ם | טז משנה פסחים י' וכדמפרש לה רבא ורב מרי שם דף ט' | יז ירושלמי כתבו הרא"ש

§ מסכת פסחים דף יא. §

אות א'

<u>לא יקוב אדם שפופרת של ביצה וימלאנה שמן ויתננה בצד הנר בשביל שתהא מנטפת, ואפילו היא של חרס</u>

סימן רסה ס"א - אין נותנין כלי מנוקב מלא שמן על פי הנר, כדי שיהא נוטף בתוכו, גזירה שמא יסתפק ממנו ויתחייב משום מכבה - דכיון שהוא בכלי אחר שאין הנר בתוכו, לא בדיל מיניה, וכיון שהקצהו לנר, המסתפק חייב משום מכבה.

ואפילו להפוסקים שסוברין דעל סתם כיבוי אין בו חיוב חטאת, רק איסורא בעלמא, מלבד כשהוא מכבה כשצריך להפחמים, וכדלקמן בסימן של"ד סכ"ז, אפ"ה גזרו ביה רבנן הך גזירה.

ואם חברו לו בסיד או בחרסית, מותר, דכיון שהוא כלי אחד בדיל מיניה משום איסור שבת.

אות ב'

<u>קושרין דלי בפסקיא אבל לא בחבל</u>

סימן שיז ס"ד - קושרין דלי במשיחה או באבנט וכיוצא בו - דהוא חשיב ואינו מבטלו שם, והוי קשר שאינו של קיימא.

אבל לא בחבל - אפילו חבל דגרדי דהוא חשיב, ג"כ אסור, דגזרינן אטו חבל דעלמא דאינו חשיב ודרכו לבטלו שם, והוי של קיימא.

סעיף זה איירי כשקושר דלי לבאר שיהיה לשאוב בו מים, **וה"ה** כשנפסק חבל שעל הדלי גופא, דבמשיחה ואבנט מותר, ובחבל אסור, אם לא בעניבה וכדלקמיה, **ואפי'** אם יחשוב לקשרו שם רק לפי שעה, ג"כ אסור.

וה"מ בדליים הקבועים בבור, אבל דליים שלנו שאינם קבועים בבור - ר"ל ועתיד לחזור וליטול את הדלי משם, **אינו קשר של קיימא.**

(עיין מ"א שהעתיק בשם התוס', "שאינו עשוי לעמוד שם זמן מרובה", והנה משמע לפי"ז, דלדעת הכלבו שהובא בס"א בהג"ה, דיותר מיום א' מקרי של קיימא קצת, ואסור לכתחלה, גם בזה אסור, ומ"מ למעשה אין להחמיר בזה, דלשון "שאינם קבועים בבור" הועתק גם בהרבה ראשונים, ומזה סעד גדול להקל במקום הצורך, דאפילו יותר מיום אחד לא מקרי של קיימא כלל עדיין).

אות ג'

<u>יקיז, ובלבד שלא יטיל בו מום</u>

יו"ד סימן שיד ס"ו - [א]בכור שאחזו דם, יקיז, ובלבד שלא יתכוין לעשות מום; ואם נעשה בו מום בהקזה זו, הרי זה נשחט עליו.

באר הגולה

[א] (ע"ש דמהט"ז והגר"א מבואר דהשו"ע פסק כר"ש ולא כחכמים, ודלא כשיטת תוס' דסבר דבתרתי פליגי ובדין ראשון הלכה כחכמים, אבל בבאר הגולה כתב דרישא הוא כשיטת חכמים, וסיפא כר"ש)

שלא ברצון חכמים (הן עושין) דברי ר"מ רבי יהודה אומר ברצון חכמים היו עושין ולא קא גזר ר' יהודה דילמא אתי למיכל מיניה אמר (א) *רבא שאני חדש מתוך שלא התרת לו אלא על ידי קטוף הוא זכור א"ל אביי תינח בשעת קטיפה טחינה והרקדה מאי איכא למימר הא לא קשיא טחינה ברחיא דידא הרקדה ע"ג נפה אלא הא דתנן *קוצרין בית השלחים ושבעמקים אבל לא גודשין ואוקימנא כרבי יהודה מאי איכא למימר אלא אמר אביי חדש בדיל מיניה חמץ לא בדיל מיניה אמר רבא ודרבי יהודה אדרבי יהודה קשיא דרבנן אדרבנן לא קשיא (ב) דר' יהודה אדר' יהודה לא קשיא כדשנינן דרבנן אדרבנן נמי לא קשיא הוא עצמו מחזר עליו לשורפו מיכל קאכיל מיניה רב אשי אמר דר' יהודה אדר' יהודה לא קשיא קמח וקלי תנן (ג) הא דרב אשי *בדותא היא התינח מקלי ואילך מעיקרא עד קלי מאי איכא למימר וכ"ת על ידי קיטוף כדרבא אלא קוצרין בית השלחין ושבעמקים ואוקימנא כרבי יהודה מא"ל אלא דרב אשי בדותא היא וכל היכא דלא בדיל מיניה מי גזר רבי יהודה *והתנן "לא יקוב אדם שפופרת של ביצה וימלאנה שמן ויתננה בצד הנר בשביל שתהא מנטפת ואפי' היא של חרס ור' יהודה מתיר התם משום חומרא דשבת מבדל בדילי ורמי דשבת אשבת *דתניא חבל דלי שנפסק לא יהא קושרו אלא עונבו רבי יהודה אומר כורך עליו פונדא או פסקיא ובלבד שלא יענבנו קשיא דרבי יהודה אדרבי יהודה קשיא דרבנן אדרבנן דרבנן אדרבנן לא קשיא שמן בשמן מיחלף עניבה בקשירה לא מיחלף דרבי יהודה אדר' יהודה לא קשיא טעמא דרבי יהודה לאו משום דגזר עניבה אטו קשירה אלא משום דקסבר עניבה גופה קשירה היא ורמי רבנן אדרבנן *דתנן "קושרין דלי בפסקיא אבל לא בחבל ורבי יהודה מתיר חבל דמאי אילימא חבל דעלמא ורבי יהודה מתיר קשר של קיימא הוא ודאי אתי לבטולי אלא פשיטא דגרדי וגזרו רבנן חבל דגרדי אטו חבל דעלמא אין חבל בחבל מיחלף עניבה בקשירה לא מיחלפא וכל היכא דבדיל מיניה לא גזר רבי יהוד' (ד) והתניא *בכור שאחזו דם אפי' הוא מת אין מקיזין לו דם דברי ר' יהודה וחכ"א "יקיז ובלבד שלא יטיל בו מום התם מתוך שאדם בהול

על

שלא ברצון חכמים. דאיכא למיגזר דילמא כי מעסקי ביה אתי למיכל מיניה: **ר' יהודה אומר כו' מתוך שלא התרתי לו.** קצירה כדרך כל השנה אלא בידים קוטפין המלילות מן הקרקע דהא אסור לקצור לפני העומר דכתיב (ויקרא כג) עומר ראשית קצירכם אל הכהן שהוא תחלה לקצירה זכור הוא את איסור החדש על ידי שינוי המעשה ולא אתי למיכל: **טחינה והרקדה.** שהרי קמח תניא דהיה בידים וכשטחנוהו והרקידוהו איזה שינוי היה שם דלא ליתי למיתב לפומיה הסיא שעתא: **ומשנינן טחינה.** לא היו טוחנין אותו ברחים של מים אלא ברחים של יד דהוי שינוי לזכרון: **על גבי נפה.** לצד תחתון של נפה הופך הנפה על פניה: **אלא הא דתנן.** במנחות קוצרין בית השלחין כדרך חול קודם לעומר: **ושל בית העמקים.** תבואה הגדילה בין העמקים וטעמא מפרש התם כתוב אחד אומר וקצרתם את קצירה והבאתם אלמא מותר לקצור קודם לעומר וכתוב אחד אומר עומר ראשית קצירכם דמשמע שהוא קודם לכל קציר הא כיצד ממקום שאתה מביא עומר אי אתה קוצר קודם לו וממקום שאי אתה מביא עומר אתה קוצר ותנן בפרק כל הקרבנות (מנחות פה.) אין מביאין סולת למנחה לא מבית הזבלין ולא מבית השלחין ולא מבית העמקים מפני שתבואה שלהן אינה מן המובחר: **מאי איכא למימר.** הא ליכא התם שינויא דהא קוצרין קתני ובמגל ולא גזרינן דילמא אתי למיכל ואוקמיה להיא כר' יהודה במסכת מנחות בפרק ר' ישמעאל (דף עא.) מדקתני סיפא אנשי יריחו קוצרין לפני העומר כו' ולא מיחו בידם חכמים ואמרינן מאן שמעת ליה דאמר מיחו ולא מיחו ר' יהודה: **חדש מבדל בדילי מיניה.** שהרי לא הורגלו לאוכלו כל השנה ואין למודין לפשוט יד להושיט לפיהם אבל חמץ למודין הן בכך כל השנה: **דרבנן אדרבנן לא קשיא.** בתמיה דלא משנית אלא לר' יהודה והא דרבנן נמי קשיא דבמתני' לא גזרינן והתם קתני שלא ברצון חכמים דמשמע דגזר ר' מאיר דהוא מבני פלוגתיה דילמא אתי למיכל: **הוא עצמו מחזר עליו לשורפו.** אע"ג דבעלמא גזרינן בדבר שעסוק בו שלא יושיט לפיו הכא בבדיקת חמץ ליכא למיגזר דהוא עצמו כל עסקו זה בחמץ אינו אלא מחזר עליו לשורפו אין לך זכרון לאיסור גדול מזה: **ומיכל קא אכיל מיניה.** בתמיה: **קמח וקלי תנן.** ואין אלו ראויין לאכילה: **מקלי ואילך.** לאחר שנתייבש בתנור אין ראוי לאכול: **מעיקרא.** בעודו רך בקליות קודם שיתיבש מאי איכא למימר: **וכי תימא.** זכור הוא ע"י הקיטוף כדשני רבא לעיל בית השלחים דליכא קיטוף מאי איכא למימר: **אלא בדותא.** וטעמא דרבי יהודה משום דבדילי מיניה וחמץ לא בדיל מיניה שרגיל בו כל שעה: כל נר שבגמ' היינו הכלי קרוויישי"ל: **מנטפת.** טיפין דקות כשהפתילה מבערת: **ואפי' היא של חרס.** אותה שפופרת דמאיסה אפ"ה אסור דילמא אתי למיכל מינה ותניא *הנותן שמן לנר חייב משום מבעיר והמסתפק ממנו חייב משום מכבה: **ורבי יהודה מתיר.** ואע"ג דשמן הכל תדירין בו ודרבנן אדרבנן ליכא לאקשויי דהא אוקימנא טעמא בחמץ משום דהוא עצמו מחזר עליו לשורפו: **קשר של קיימא.** שהוא עשוי שלא להתירו לעולם הוי אב מלאכה במסכת שבת: **לא יהא קושרו.** דהוי קשר של קיימא אלא עונבו ולא גזרי' עניבה אטו קשירה: **כורך.** כריכה בעלמא: **פונדא.** אזור חלול: **פסקייא.** פיישל"א שכורכין סביבות שוקיים: **שלא יענבנו.** גזירה משום קשירה הואיל ועסוק בכך: **קשיא דרבנן.** דשפופרת אדרבנן דחבל: **שמן.** זה בשמן דכל שנה מיחלף ואתי למיכליה: **קושרין דלי בפסקייא.** דלאו קשר שעשוי להתקיים הוא דאינו מפסיד פסיקייא שלו בכך: **אבל לא בחבל.** שמא יניחנו שם עולמית: **אי נימא חבל דעלמא.** שתשמישו לכך ואיכא למיחש שמא יניחנו שם: **חבל דגרדי.** שאינו ראוי למילוי מים תמיד ורבי יהודה מתיר ולא גזר גבי שבת כדאוקימנא טעמא דמשום חומרא דשבת פרשי אינשי מאיסורא דיליה ונזכרין הן אבל דרבנן דהכא אדרבנן דעניבה קשיא: **ומשנינן חבל בחבל מיחלף כו'.** והשתא איתרצו כולהו דרבנן גזרו כל היכא דמיחלף בין בשבת בין בשאר איסורי הילכך בחדש לפני העומר גזרו וכן בשפופרת וכן בחבל אבל (ה) בחמץ לא משום דמוזהר עליו לשורפו ובעניבה נמי לא משום דלא מיחלפא ורבי יהודה גזר בכל מילי דלא בדילי מיניה ובמידי דבדילי מיניה לא גזר הילכך בחמץ גזר אבל בחדש בדילי מיניה ובכל הנך דשבת משום דבדילי מינייהו ודקא מחמיר בעניבה משום דקסבר היא גופא קשירה היא: **בכור.** אסור להטיל בו מום ואפי' לגרום כדתניא מום לא יהיה בו אין לי אלא שלא יטיל בו מום מניין שלא יגרום לו ת"ל כל מום במסכת ביצה (ד' כז:): **אין מקיזין דם.** אפי' במקום שאינו עושה בו מום דהיינו בכל מקום שבו אם אינו חותך ממנו עלם או פוגם שפתו או אזנו וכל דבר שאינו חוזר לקדמותו הוי מום אידך לא הוי מום וקא גזר רבי יהודה אטו מקום שעושה בו מום ואע"ג דקדשים הכל בדילין מהן מחלוקת רבי שמעון ורבי יהודה בתורת כהנים*:

על

קוצרין בית השלחין. פירש רש"י ממקום שאי אתה מביא אתה קוצר וכו' ובית השלחין וכל הנהו אע"ג דתניא בפרק כל הקרבנות (מנחות דף פה.) אם הביא כשר כיון דלכתחלה לא יביא חשבינן ליה ממקום שאי אתה מביא ואין לתמוה מי איכא מידי דמדאורייתא לכתחלה אסור ובדיעבד שרי דאיכא מילי טובא דבעינן שישנה הכתוב עליו לעכב כגון קדשים: **אבל** לא גודשין. דבגדישה ליכא פסידא אם ימתין אחר העומר דדוקא משום פסידא התירו קצירה שממהרין ליקצר מאחר פירות ואי לא קצרי להו פסדי והא דשרי רבי יהודה קמח וקלי לעיל יש לומר משום עולי רגלים הקילו ור' מאיר אוסר בקמח ושרי קצירה לקמן בפ' מקום שנהגו (דף נו.) דקתני במילתיה קוצרין ברצון חכמים והיינו משום פסידא וכן פי' הקונטרס במנחות ואם תאמר א"כ מאי פריך דילמא הכא שרי רבי יהודה משום פסידא אבל גבי חמץ גזרינן ויש לומר משום מצות ביעור יש להתיר כמו משום פסידא: **כורך** עליו פונדא. לאו דוקא כורך דאפילו לקשור יכול דלא מבטל ליה ובלבד שלא יענבנו אחבל קאי:

כל היכא דבדיל מיניה לא גזר ר' יהודה. דר' מאיר אדר"מ לא רצה להקשות דלעיל גזר גבי חדש וגבי בכור לא גזר דבפרק כל פסולי המוקדשין (בכורות לג: ושם) תניא בכור שאחזו דם מקיזין לו במקום שאין עושין לו מום דברי ר' מאיר ורבי יהודה אומר וכו' משום דאיכא לשנויי שאני בכור דאיכא פסידא:

זה

פג א מיי' פ"ט מהל' שבת הלכה יב סמג לאוין סה טוש"ע או"ח סי' רסה סעיף א: פד ב מיי' פ"י מהלכות שבת הלכה ג סמג לאוין סה טוש"ע או"ח סי' שיז סעיף ד: פה ג מיי' פ"ב מהלכות בכורות הל' יג סמג לאוין שמג טוש"ע י"ד סי' שיג סעיף ו:

רבינו חננאל

שבא לדלוק. ואקשי' ומי גזר ר' יהודה והתנן במנחות פ'[ר"י] משקרב העומר יוצאין ומוצאין שוקי ירושלים מלאין קמח וקלי שלא ברצון חכמים דברי ר' מאיר ר' יהודה אומר ברצון חכמים היו עושין דאלמא מתעסקין היו בחדש בזמן איסורו ולא גזר ר' יהודה שלא יאכל ממנו ופריק רבא שאני חדש הואיל ולא התירו חכמים לקצור כדרכו אלא בקטוף כדכתיב (דברים כג כו) וקטפת מלילות זכור הוא כי אסור לאכול מן החדש וכן בטחינה לא תתירו לטוחנו אלא ברחים של יד והרקדה ע"ג נפה כיון דחזי כל הני שינויי אתי למדכר ולאימנועי. ואקשי' בית השלחין דתנן קוצרין בית השלחין מה איכא למימר הנה קוצרין בלא שינוי ופריק אביי חדש בדיל מיניה פי' מובדל הוא ממנו ואינו אוכלו אלא עד שיראה שהותר אבל החמץ שאינו מובדל ממנו כלל אלא אוכלו יתראה לו כי בהתירו עומד ויבא לאכול ממנו לפיכך גזרו עליו. אמרי' עלה והא דקשיא ר' יהודה אדר' יהודה שנינן כאביי והא דתנינן במתני' בלשון חכמים הוא ר' מאיר קשיא דר' מאיר אדר' מאיר אמאי בחמץ לא גזר ובחדש גזר משנינן (הנה נמי) [הוא עצמו] מחזר על (הפסח) [החמץ] לשרפו יאכל אותו לפיכך לא גזרו אבל החדש דלא מתעסק ביה כדי לשרפו אלא כדי לאכלו מתעסק ביה גזרינן ביה ובא רב אשי לפרש שאני חדש דקמח וקלי תנן כלומר לא התירו לו אלא על ידי קליה ודחי' לה הכי הא ברותא היא ולא נשנת חיצונה היא ולא נשנת בין החכמים ואקשי' אפירוקא דאביי וכללא הוא דכל היכא דלא בדיל מינה גזר ביה ר' יהודה והתנן לא יקוב אדם שפופרת של ביצה כו' ור' יהודה מתיר הנה השמן לא בדיל מיניה ולא גזר ר' יהודה שמא יסתפק מן השמן שבשפופרת של ביצה ושנינ' שאני שבת דחמיר ליה: איני והא קשירות דלי בחבל דבשבת היא וחכמים מתירין לענבו ור' יהודה אוסר קשיא דרבנן אדרבנן ודר' יהודה אדר' יהודה ושני' רבנן אסרי בשפופרת דכיון דלא מאיסא אתי לאסתפוקי מיניה דשמן בשמן מיחלף כלומר [הרואה] אותך אוכל שמן יאכל הוא גם זה לפיכך גזרו לעשות שפופרת על פי הנר אבל הרואה

ענב בשבת לא יקשור דאתי למימר אלו היתה קשירה מותרת לא היה עונב אלא קושר לפיכך לא גזרו בו ור' יהודה לא משום דגזר עניבה אטו קשירה אלא משום דאמר העניבה קשירה מעליא היא והא אדרבנן קושרין דלי בפסקיא אבל לא בחבל כו' ור' יהודה אומר בהדיא כל קשר שאינו של קיימא מותר וכן הא דרשינן אדר' יהודה והתניא בכור שאחזו דם כו' דברים פשוטין הן:

[במנחות סו: איתא רבה]

מנחות עא.

[וכן אי' בשבת כו. יבמות כח. גיטין פח: כ"ב קמה. זבחים ק: איתא בדותא כד'. גרס ב"מ פ. פא: כ"ב קא: מנחות סח. לה: כריתות יד. אי' ברותא ברי"ף וכערוך ערך בר ד' כתב פי' במקום שטעו חכמי' ולא דברו בהלכה לא רצו לגנותם ולומר טעו אלא אמרו ברותא כלומר דעת חיצונית היא]

[ביצה כב.]

[וכן בבכורות לג:]

הגהות הב"ח

(א) גמ' אמר רבה שאני חדש: (ב) שם דרבנן אדרבנן לא קשיא אלא אמר רבא דר' יהודה אדרבי יהודה: (ג) שם וקלי תנן והא דר' אשי וכו' על ידי קטוף כדרבה אלא: (ד) שם והתנן בכור שאחזו דם: (ה) רש"י ד"ה ומשנינן וכו' בחמץ לא משום דמחזר עליו לשורפו:

על ממונו אמרינן אי שרית ליה במקום שאין עושין בו מום אתי למעבד במקום שעושין בו מום ורבנן כל שכן דאי לא שרית ליה כלל אתי למעבד ומי אמרינן לרבי יהודה אדם בהול על ממונו *והתנן ר' יהודה אומר אין ° *(מקדרין) הבהמה בי"ט מפני שהוא עושה חבורה אבל מקרצפין וחב"א אין מקדרין אף אין מקרצפין *ותניא איזהו קידור ואיזהו קרצוף קידור קטני' ועושין חבור' קרצוף גדולים ואין עושין חבורה התם דאי שביק לי' מיית אמרינן אדם בהול על ממונו הכא אי שביק לי' צערא בעלמא הוא לא אמרי' אדם בהול על ממונו ור' יהודה מאי שנא גבי חמץ דגזר *ומאי שנא גבי קרצוף דלא גזר לחם בלחם מיחלף קידור בקרצוף לא מיחלף:

מתני' *ר"מ אומר אוכלים כל חמש ושורפין בתחלת שש ורבי יהודה אומר *אוכלין כל ארבע ותולין כל חמש ושורפין בתחלת שש ועוד א"ר יהודה שתי חלות של תודה פסולות מונחות על *גב האיצטבא כל זמן שמונחות כל העם אוכלין ניטלה אחת תולין לא אוכלין ולא שורפין ניטלו שתיהן התחילו כל העם שורפין *ר"ג אומר חולין נאכלין כל ארבע ותרומה כל חמש ושורפין בתחלת שש:

גמ' *תנן התם אחד אומר בשנים בחדש ואחד אומר בשלשה (א) עדותן קיימת שזה יודע בעבורו של חדש וזה אינו יודע בעבורו של חדש אחד אומר בשלשה ואחד אומר בה' עדותן בטלה אחד אומר בשתי שעות ואחד אומר בשלש שעות עדותן קיימת אחד אומר בשלש ואחד אומר בחמש עדותן בטלה (ב) דברי רבי מאיר רבי יהודה אומר עדותן קיימת אחד אומר בחמש ואחד אומר בשבע עדותן בטלה שבחמש חמה במזרח ובשבע חמה במערב אמר אביי כשתמצא לומר לדברי רבי מאיר אין אדם טועה ולא כלום לדברי רבי יהודה אדם טועה חצי שעה לדברי מאיר *אין אדם טועה ולא כלום מעשה כי הוה במיפק תרתי ומעייל תלת והא דקאמר שתים בסוף שתים והא דקאמר שלש בתחלת שלש לדברי רבי יהודה אדם טועה חצי שעה מעשה כי הוה בפלגא דארבע הוה והאי דקאמר שלש בסוף שלש וקטעי פלגא דשעתא לקמיה והאי דקאמר חמש בתחלת חמש וקטעי פלגא דשעתא לאחוריה איכא דאמרי אמר אביי כשתמצא לומר לדברי רבי מאיר אדם טועה משהו לדברי רבי יהודה אדם טועה שעה ומשהו לדברי ר"מ אדם טועה משהו מעשה כי הוה או בסוף שתים הוה או בתחלת שלש וחד מינייהו טועה משהו לדברי רבי יהודה אדם טועה שעה ומשהו מעשה כי הוה או בסוף שלש או בתחלת חמש וחד

על ממונו. כהן זה בהול על הבכור שלא ימות: **כ"ש.** הואיל ובהול הוא אי לא שרית ליה במקום שאינו עושה בו מום עובר על דבריך ועושה ושוב אין זהיר בין מקום מום לשלא במקום מום דסבור שהכל שוה: **מקדרין.** אשטרלי"ד: **מקרצפין.** כדפרשינן בכלי שעיניו גסות ואינו עושה חבורה דחובל בבעלי חיים אב מלאכה היא קתני מיהת אבל מקרצפין אלמא לא גזר מחוך שאדם בהול אי שרית ליה קירצוף עביד קידור לפי שהטיט מכחיש את הבהמה ומצערה: **לא מיחלף.** ורבנן סברי מיחלף: **מתני' ושורפין בתחלת שש.** ולא"ג דכל שעה ששית מדאורייתא שריא גזור רבנן עלה דילמא טעי וסבור על השביעי' שהיא ששית אבל אחמישי' לא טעי למימר על השביעית שהיא חמישית ומותר: **תולין כל חמש.** ואינו אוכל דטעי וסבור על שביעית שהיא חמישית ומיהו לשרוף אינו צריך ומאכיל לבהמתו אבל ששית אף בהנאה אסור מדרבנן גזירה משום שביעית: **שתי חלות.** של חמץ: **של תודה פסולות.** ובגמרא מפרש מאן פסלינהו: **היו מונחות.** בכל ערב פסח: **על גב האיצטבא.** סטיו שהיה בהר הבית ששם מתקבלין ויושבים בני אדם והיו רואין אותן לסימן: **ניטלה אחת מהן.** בתחלת חמש בא שליח בית דין ונוטל האחת: **ותרומה כל חמש.** דאסור להפסיד קדשים בידים כל זמן שיכול לאוכלן: **ושורפין בתחלת שש.** דהא ודאי רובא טעו בין שש לשבע: **גמ' אחד אומר בשנים בחדש.** הרג זה את הנפש ואחד מן העדים אומר בשלשה בחדש עדותן קיימת ובית דין היו בודקין אותן בשבע חקירות כדלקמן וכיון דהושוו שניהן לומר בשלישי או ברביעי וכשבדקום איזה יום בחדש אמר זה בשני וזה אמר בשלישי שניהן על יום אחד העידו אלא שזה ידע בעיבורו של חודש שחודש שעבר מלא והוקבע ר"ח ביום שלשים ואחד וזה שאמר בשנים בחדש ידע בו וזה שאמר שלשה סבור שהוקבע החדש ביום שלשים והואיל ויש טועין בכך אע"פ שמצווין אנו לחלק את עדותן כדי שתבטל להציל את הנפש אין בידינו כח לחלקו: **עדותן בטלה.** דבהא ליכא למטעי וקרא כתיב (דברים יג) ודרשת וחקרת והנה אמת נכון שתהא עדותן מכוונת ואי לא לא קטלינן והוא והן פטורים דאין עדים נהרגין אלא על ידי הזמה: **אחד אומר בשתי שעות כו' עדותן קיימת.** דטועה אדם בכך: **אחד אומר בחמש ואחד אומר בשבע עדותן בטלה.** אפילו לרבי יהודה דבחמש חמה במזרחו של רקיע ויכול להבין על ידי הצל כשנותן ידו כנגד המזרח הוה הצל לצד מערב: **ובשבע חמה במערב.** והצל לצד מזרח: **כשתמצא לומר.** כשתדקדק בדבריהם ותעמוד על מוטו תמצא לדברי רבי מאיר דמקיים עדות דב' וג' ומבטל של ג' ושל ה' אין אדם טועה ולא כלום ולדברי רבי יהודה דמקיים אף של שלש וחמש אדם טועה חצי שעה לרבי מאיר אין אדם טועה (ג) כלום והטועה שקרן הוא והאי דמקיים רבי מאיר עדות של שתים ושלש משום שכיוון העידו על רגע אחד דמעשה כי הוה במיפק תרתי ומעייל תלת ביציאתה של שניה כשהשלישית נכנסת ושניהן כך העידו והאי דאמר שתים בסוף שניה קאמר והאי דקאמר כו' ולקמן פריך מי יודע שכוונתן לכך היתה דילמא האי דקאמר שתים בתחלת שתים קאמר ויש חילוק ביניהן והואיל ולר"מ אין תולין בטעות הרי הן שקרנין: **ולדברי רבי יהודה טועה חצי שעה.** הילכך כי אמר האי בשלש והאי בחמש עדותן קיימת דמעשה כי הוה בפלגא דארבע כו' וזה אמר בסוף שלש וזה בתחלת חמש וכל אחד מהן טעה מן המעשה חצי שעה ולקמיה פריך ליה היכי מהדרינן לצרופי עדותן הוה לן למימר דהאי בתחלת ג' קאמר והאי בסוף חמש קאמר ויש חילוק גדול ביניהן וכולי האי לא טעו ותחלק עדותן ונציל את הנפש: **וחד מינייהו קא טעי משהו.** אם בסוף שתים הוה האי דקאמר שלש בתחלת שלש וקא טעי משהו ואי בתחלת שלש האי דקאמר שתים בסוף שתים וקא טעי משהו: **לדברי רבי יהודה.** מעשה הוה בסוף שלש

זה ידע בעיבורו של חדש. וה"ה דה"מ למימר זה ידע בחסרונו של חדש וזה לא ידע דחדש שעבר חסר היה והקשה ריב"א ומה אלו דייקינן בהני סהדי דתרוייהו ידעי בעיבורו של חדש וליהוי עדות מוכחשת ולידייקינן וניקטול מספיקא דהכי פריך בסמוך לע"ג דבפ' בן סורר (סנהד' סט.) דייק מהכא דרובא דאינשי עבידי דטעי בעיבורא דירחא מ"מ מה נפסיד אם נדקדק בהם וי"ל דהכא דייקינן בהו שפיר כיון דשיילי להו באיזה יום וקמיכווני ליום אחד ש"מ שזה לא ידע ומ"מ שפיר מוכיח בבן סורר (שם) מהכא דאזלינן בתר רובא בדיני נפשות דרובא טעי בעיבורא דירחא דאי לא אזלי' בתר רובא כיון שזה אומר בשנים וזה אומר בשלשה מיד ה"ל מוכחשין וכי הדר מכוונים ליום אחד ה"ל חוזר ומגיד תדע דהא אחד אומר בג' ואחד אומר בה' עדותן בטלה אע"פ שמכוונים ליום אחד ולא אמרינן דטעו בשני עיבורים דבתרי עיבורי לא טעו אינשי וחשבינן להו חוזר ומגיד: **אחד** אומר בשתי שעות. וא"ת אמאי עדותן קיימת אילו דייקינן בהני סהדי הא דקאמר שתים בתחילת שתים וה"ל קודם הנץ החמה ועדותן בטלה כדאמר לקמן דתחילת שעה שניה קודם הנץ החמה הוא דמהלך אדם ביום עשר פרסה שהן מ' מילין ומעלות השחר עד הנץ החמה מהלך ה' מילין כדאמר במי שהיה טמא (לקמן צג:) וזה עולה לשעה ומחצה וי"ל כשזה אומר קודם הנץ החמה וזה אומר לאחר הנץ החמה דמדקדקין בהנץ לא טעו אינשי אבל הכי לא דקדקו אלא בשעות ואין בני אדם בקיאין בשעות וסבורין שהשניה התחילה אחר הנץ החמה:

אח"ז מצאתי בכת"י שהקשו כן בתוס' ישנים יומא דף לד ע"ב:

עין משפט נר מצוה

פו א מיי' פ"א מהל' חמץ ומצה הלכה ט סמג לאוין עו טוש"ע או"ח סי' תמג סעיף א:

פז ב מיי' פ"ב מהלכות עדות הל' ד טוש"ע ח"מ סי' ל סעיף ז:

פח ג שם הלכה ה:

[נ"ל מקדרין וכ"א בעדות פ"ג מ"ה וכן בביצה כג. במשנה ובגמ' וכן בנמוקי וכ"א בתוספת' דביצה פ"ב וכ"כ בתוי"ט]

רבינו חננאל

ולרבי יהודה מי אמרינן אדם בהול על ממונו דאי שרית ליה בהדא אתי למעבד טובא והתנן ביום טוב בפ"ג ר' יהודה אומר אין מקדרין ביום טוב מפני שעושה חבורה אבל מקרצפין וחכמים אומרים אין מקדרין ואף לא מקרצפין והתניא איזהו קידור קטנים ועושין חבורה ואיזהו קרצוף גדולים ואין עושין חבורה פי' קידור כמו תולעים והן רמש כגון אינבא שנושכין בבשר הבהמה ואין מפרידין הקטנים מבשר הבהמה אלא בעשיית חבורה כגון האלקא שאין מפרידין אותה מן השער אלא בקושי אבל הפרפרת הגדולים נקראת קרצוף והנה התיר ר' יהודה הקרצוף ולא (התיר) [חשש] מתוך שזה בהול על ממונו כיון שתתיר לו הקרצוף שמא יעשה הוא קידור ופרקי' התם גבי קידור לא פתח הבהמה מנשיכות הרמש הוה אבל צערא בעלמא הוא דאית ליה לא גזר רבי יהודה הקרצוף אטו קידור דקידור נמי אשר דעביד ליה לאותא אבל הכא גבי בכור אי שרית ליה במקום שאין עושין בו מום כיון שהוא בהול על ממונו אתי למעבד במקום שעושין בו מום וחמץ נמי דמיחלף במצה דכולה פת היא גזר ר' יהודה קרצוף בקידור דלא מיחלף דהני גדולי והני קטנים לא גזר: מתני' ר' יהודה אומר אוכלין כל ארבע ותולין כל חמש ושורפין בתחלת שש. פי' חייש ר' יהודה דילמא אתי למטעי בין שעה רביעית לששית: תנן התם בסנהדרין (ה"ג) אחד אומר בשנים בחדש ואחד אומר בשלשה עדותן קיימת פי' שניהם ביום אחד מעידין אלא שהאומר בשנים יודע שהחדש שיצא מעובר היה והאומר שלשה לא היה יודע שהחדש שיצא מעובר היה אלא מחשב לו יום שלשים מן החדש שנכנס ולפיכך אומר שלשה אחד אומר בשתי שעות ואחד אומר בשלש ביום ואתי' עדותן קיימת אחד אומר בשלש ואחד אומר בחמש עדותן בטלה ר' יהודה אומר עדותן קיימת ואתי אביי ואוקמינהו ללישנא קמא דידיה לדברי ר"מ אין אדם טועה ולא כלום לדברי ר' יהודה אדם טועה חצי שעה וללישנא בתרא דיליה לדברי

מסורת הש"ס

ביצה כג. [עדיות פ"ג מי"ב]

ביצה שם. [תוספתא דביצה פ"ב]

לעיל ד: לקמן כא.

[במשנה שבמשניות איתא גג וכן גרס בתוי"ט]

סנהדרין מ.

[סנהדרין מ:]

הגהות הב"ח

(א) גמ' בשלשה בחדש עדותן קיימת: (ב) שם ואחד אומר בחמש עדותן בטלה ר' יהודה אומר בג"ל ותיבות דברי ר' מאיר נמחק: (ג) רש"י ד"ה כשתמצא לומר וכו' טועה ולא כלום והטועה שקרן:

גליון הש"ס

גמ' ומ"ש גבי קרצוף. ק"ל הא קידור הוא רק דרבנן דהא איט מתכוין ולא הוי פ"ר כמבואר בתוס' בביצה דאמר ר"י לטעמיה דדבר שאין מתכוין אסור וא"כ הוי רק איסור דרבנן דהא מה ע"כ כתוב' ד"ה מית' כתבו דלר"י דבר שאינו מתכוין בשבת הוי דרבנן וכ"כ תוס' ביומא דף לד ע"ב וכ"כ תוס' בשבת דף קכא ע"ב ד"ה לפי תומו וא"כ קשיא אמאי לא גזר קירצוף אטו קידור דגופיה הא דרבנן אבל כמתן גזירין שמא יאכל דכור דאורייתא ודו"ק:

§ מסכת פסחים דף יא: §

אות א'

אוכלין כל ארבע, ותולין כל חמש, ושורפין בתחלת שש

סימן תמג ס"א - [ב]**חמץ מו' שעות ולמעלה ביום י"ד, אסור בהנאה** - מדאורייתא, ויליף בגמרא מדכתיב: לא תאכל עליו חמץ, כלומר על קרבן הפסח, וקבלו חז"ל, דר"ל לא תאכל חמץ משעה שראויה לשחיטת הפסח, דהיינו מחצות היום ואילך, שהוא בין הערבים, **ומשעה** שאסור באכילה אסור בהנאה, **אכן** עדיין אין על אכילתו חיוב כרת עד הלילה, [**ודע**, דמ"מ לאו פסיקא היא, דלכמה פוסקים אין עובר על זמן זה בלאו, כי אם בעשה ד"תשביתו", ולפי"ז אין ברור אם אסור אז בהנאה מדאורייתא].

וכן לענין בל יראה ובל ימצא, הסכימו כמה פוסקים דאין עובר במה שמשהה החמץ משש שעות ומעלה, כל זמן שלא הגיע ימי הפסח גופא, מדכתיב: שבעת ימים שאור לא ימצא בבתיכם וגו', ולא יראה לך שאור בכל גבולך שבעת ימים, [**ומ"מ** לא ברירא היא, דדעת רש"י בב"ק דף כ"ט, ובפסחים דף ד. בד"ה בין לר' מאיר, שמשש ולמעלה עובר בבל יראה]. **ומ"מ** אף שאינו עובר בבל יראה, עובר בכל רגע ורגע שמשהה החמץ בביתו, על מצות עשה ד"תשביתו שאור מבתיכם", דקאי על ערב פסח משש שעות ולמעלה, כמבואר בש"ס.

(אפי' חמצו של א"י אסור ליהנות ממנו) (טור וריב"ש) - דהא באורייתא לא כתיב "חמצך", אלא "חמץ" סתמא, בין דישראל ובין דעכו"ם, **והאי** דינא עיקרו הובא בפוסקים לענין פסח, והרמ"א העתיקו הכא להשמיענו, דה"ה דאסור גם משש שעות ולמעלה.

(**כתבו האחרונים** בסי' תמ"ח, דלפי"ז אסור להריח גם פת חמה של עכו"ם, ובח"מ מפקפק בעיקר דינא דריח פת חמץ, ואפילו בישראל, לפי מה דקי"ל ביו"ד, דדבר שאינו עומד לריח מותר להריח בו, וכמו כן לענין פת, **אכן** באמת לא ברירא עיקר דבר זה, אם פת אינו עומד לריח, ע"ל סי' רי"ד בהג"ה ב' דעות בזה, **גם** ביו"ד גופא איתא לחד מ"ד, דבחמץ בפסח דאיסורא במשהו, אמרינן ריחא מילתא, **ובר** מן דין, יש לאסור מטעם אחר, דשמא יבא לאכלו, ולעיל סי' רט"ז ס"ב בביה"ל, כתבנו בכגון זה לאיסור, ובפרט בחמץ דלא בדילא מיניה כולא שתא).

[ג]**ואסרוהו חכמים שתי שעות קודם, דהיינו מתחלת שעה חמישית** - הטעם משום יום המעונן, דאדם עשוי לטעות אז שתי שעות, כיון שאין שמש זורחת, **ואפילו** חמץ נוקשה שהוא חמץ דרבנן, ג"כ אסור באלו השתי שעות, וכ"ש חמץ ע"י תערובות, **ובתשובת** נודע ביהודה מיקל באכילת נוקשה בשעה חמישית.

ומיהו כל שעה חמישית מותר בהנאה; ורשאי למוכרו לא"י, אפילו הרבה ביחד שודאי לא יאכלנו קודם פסח; ויכול להאכילו לבהמה חיה ועוף, ובלבד שיעמוד עליהם לראות שלא יצניעו ממנו, ויבער מה ששיירו ממנו

ומתחלת שעה ששית ולמעלה, אסרוהו גם בהנאה - גזירה אטו שעה שביעית דאסור מן התורה בהנאה, וע"כ אסור אז למוכרו לעכו"ם, ולא ליתן לו במתנה, ולא להאכילו לבהמה חיה ועוף.

(**אכן בדיעבד אם מכר, מצדד הפמ"ג דמהני עכ"פ, דלאחר הפסח לא יהא נקרא חמץ שעבר עליו הפסח, ויש מאחרונים שמצדדין, דאפילו אחר שש נמי, בדיעבד אם מכר לא נקרא אח"כ חמץ שעבר עליו הפסח, מאחר דלכמה פוסקים לא עבר על בל יראה עד הלילה).**

אות ב'

אחד אומר בשנים בחדש ואחד אומר בשלשה, עדותן קיימת

חו"מ סימן ל' ס"ז - הא דהלואה אחר הלואה מצטרפין, כשתבע ממנו ב' מנים, אחד שהלוה לו בא' בשבת והמנה השני בשני בשבת; אבל אם המלוה מודה שלא הלוה לו אלא מנה אחד, חזינן אי איכא למימר דטעי חד מנייהו בזימנא דהלואה, כגון שאמר האחד: בב' בחדש, והאחד אומר: בג' בחדש, דאיכא למימר דתרוייהו אחד יומא מסהדי וטעו בעיבורא דירחא, מצטרפי, דאימור אחד מנה מסהדין.

אות ג'

אחד אומר בשלשה ואחד אומר בחמשה, עדותן בטלה

רמב"ם פ"ב מהל' עדות ה"ה - אמר האחד בשלשה, והשני אומר בחמשה, עדותן בטלה.

באר הגולה

ב | ברייתא פסחים כ"ח וכרבי יהודה, טור בשם הרמב"ם והרא"ש ושארי פוסקים
ג | משנה דף י"א וכרבי יהודה גמרא שם

§ מסכת פסחים דף יב. §

אות א'

תנן היו בודקין אותו בשבע חקירות

רמב"ם פ"א מהל' עדות ה"ד - מצות עשה לדרוש את העדים ולחקרן ולהרבות בשאלתן, ומדקדקין עליהן ומסיעין אותן מענין לענין בעת השאלה כדי שישתקו או יחזרו בהן אם יש בעדותן דופי, שנאמר: ודרשת וחקרת ושאלת היטב. וצריכין הדיינים להזהר בעת חקירת העדים, [שמא מתוכה ילמדו לשקר. ובשבע חקירות בודקין אותם]: באי זו שבוע, באי זו שנה, באי זה חדש, בכמה בחדש, באי זה יום מימי השבת, ובכמה שעות ביום, ובאי זה מקום; אפילו אמר היום הרגו או אמש הרגו, שואלין להן באי זה שבוע באי זו שנה באי זה חדש בכמה בחדש באי זה יום באי זו שעה. [א]ומכלל החקירות יתר על השבע השוות בכל, שאם העידו עליו שעבד ע"ז, שואלין להן את מה עבד ובאי זו עבודה עבד; העידו שחילל את השבת, שואלין אותן אי זו מלאכה עשה והיאך עשה; העידו שאכל ביום הכפורים, שואלין אותן אי זה מאכל אכל וכמה אכל; העידו שהרג את הנפש, שואלין אותן במה הרגו, וכן כל כיוצא בזה, הרי הוא מכלל החקירות.

אות ב'

מה בין חקירות לבדיקות, חקירות אמר אחד מהן איני יודע, עדותן בטילה; בדיקות אפילו שניהם אומרים אין אנו יודעין, עדותן קיימת

רמב"ם פ"ב מהל' עדות ה"א - מה בין חקירות ודרישות לבדיקות: בחקירות ודרישות אם כיון האחד את עדותו והשני אומר איני יודע, עדותן בטלה; אבל בבדיקות אפילו שניהן אומרין אין אנו יודעין, עדותן קיימת; ובזמן שהן מכחישין זה את זה, אפילו בבדיקות עדותן בטלה. כיצד, העידו שהרג זה את זה, ואמר האחד כשנחקר: בשבוע פלוני, בשנה פלונית, בחדש פלוני, בכך וכך בחדש, ברביעי בשבת, בשש שעות ביום, במקום פלוני הרגו, וכן כשדרשו במה הרגו אמר הרגו בסייף, וכן העד השני כיון עדותו בכל חוץ מן השעות, שאמר איני יודע בכמה שעות היה ביום, או שכיון את השעות, ואמר איני יודע במה הרגו ולא הבנתי בכלי שהיה בידו, הרי עדותן בטלה; אבל אם כיוונו הכל, ואמרו להן הדיינים כליו היו שחורים או לבנים, ואמרו אין אנו יודעים ולא שמנו לבנו לדברים אלו שאין להן ממש, הרי עדותן קיימת.

השגת הראב"ד: וכן העד השני וכו' עד הרי עדותן בטלה. א"א [ב]טעה בזה, כי הבדיקות אם אמר איני יודע אין עדותן בטלה.

באר הגולה

[א] ‹עיין בהערה שאחר זה› [ב] ‹ואני אומר שלא טעה בכך, אלא שהוא ז"ל סובר שהכוונה בכלי שבידו הוא מכלל החקירות, וכמבואר בדבריו בפרק שקודם זה. **אבל** אי קשיא על דברי רבינו הא קשיא, שכתב בפ"א ומכלל החקירות יתר על השבע השוות בכל, שאם העידו עליו שעבד ע"ז וכו', ומנ"ל הא, דהא בין חקירות בין בדיקות מדאורייתא נינהו, וטעמא דחקירות פסלי כשאומר איני יודע, נתבאר בפרק היו בודקין, משום דהוי עדות שאי אתה יכול להזימה, ובשלמא בשבע חקירות השוות בכל, העדים נזומין על ידן, אבל במ"ש רבינו שהם מכלל החקירות, אם אמר איני יודע למה עדותו בטלה, הא אין העדים נזומין על ידן, וצ"ע - כסף משנה›

פט א מיי' פ"א מהלכות עדות הלכה ד סמג עשין קט :
צ ב מיי' פ"ב מהלכות עדות הלכה א

תורה אור

וחד מינייהו קטעי שעה ומשהו אזל רב הונא בריה דרב יהודה אמרה לשמעתתא קמיה דרבא אמר ומה אילו דייקינן בהני סהדי דהאי דקאמר שלש בתחילת שלש והאי דקאמר חמש בסוף חמש והויא עדות מוכחשת ולא קטלינן ואנן ניקום ונקטיל מספקא ורחמנא אמר °ושפטו העדה והצילו העדה אלא אמר רבא לדברי רבי מאיר אדם טועה שתי שעות חסר משהו לדברי רבי יהודה אדם טועה שלש שעות חסר משהו לדברי רבי מאיר אדם טועה שתי שעות חסר משהו מעשה כי הוה או בתחלת שתים או בסוף שלש וחד מינייהו קטעי ב' שעות חסר משהו לדברי רבי יהודה אדם טועה שלש שעות חסר משהו מעשה כי הוה או בתחלת שלש או בסוף חמש וחד מינייהו קטעי שלש שעות חסר משהו *תנן היו בודקין (א) אותו בשבע חקירות באיזו שבוע באיזו שנה באיזה חדש בכמה בחדש באיזה יום באיזו שעה באיזה מקום *(ותניא) *מה בין חקירות לבדיקות חקירות אמר אחד מהן איני יודע עדותן בטילה בדיקות אפילו שניהם אומרים אין אנו יודעים עדותן קיימת והוינן בה מאי שנא חקירות ומאי שנא בדיקות ואמרינן חקירות אמר אחד מהן איני יודע עדותן בטילה דהויא לה עדות שאי אתה יכול להזימה בדיקות עדות שאתה יכול להזימה היא ואי אמרת טעי איניש כולי האי חקירות דאיזו שעה נמי עדות שאי אתה יכול להזימה היא דאמרי מטעי קטעינן דיהבינן להו כולי טעותייהו לרבי מאיר יהבינן להו מתחילת שעה ראשונה עד סוף חמש ובדין הוא דניתיב להו מעיקרא טפי אלא בין יממא לליליא לא טעו אינשי ולרבי יהודה יהבינן להו מתחילת שעה ראשונה ועד סוף ששית ובדין הוא דניתיב להו מעיקרא טפי אלא

רש"י

שלש . והאי דאמר בתחילת חמש קטעי שעה רביעית ומשהו של סוף שלש או נמי בתחילת חמש הוה והאי דאמר בסוף שלש טעה שעה רביעית ומשהו : **לשמעתתא** . דלאביי : **אמר** . רבא וכי אפשר לומר שאין תולין טעות אלא משהו לר' מאיר ושעה ומשהו לר' יהודה א"כ היאך אתה מגרף עדותן מי אמר לך שזה המקדים נתכוין לסוף השעה והמאחר נתכוין לתחילת השעה כדי לקרבן זה אלא זה ולגרף עדותן שלא תהא ביניהן אלא שיעור טעות האדם ומה אילו דייקת בהני סהדי לחלק עדותן מלית למימר האי דאמר שלש בתחלת שלש והאי דאמר חמש בסוף חמש ויש חילוק ביניהן שלש שעות חסר משהו וכיון דאין אדם טועה כל כך נחלקת עדותן והויא מוכחשת ולא קטלינן ליה להאי ואנן ניקום ונקרב עדותן כדי שיהרג זה(ב): **והא רחמנא אמר והצילו העדה** . את הרוצח דמחפשין לזכות אלא ודאי מדקאמר עדותן קיימת ש"מ דסבירא להו דאפי' אתה מחלקן כמו אשר תוכל ולומר שהמוקדם נתכוין לתחלת השעה והמאוחר לסופה יש לך לתלות בטעות ואיך יכול להכחיש שאדם טועה בכל זאת : **אלא אמר רבא לר' מאיר (ג) אדם טועה** . כל מה שאתה יכול לחלק את אלו שהיה מקיים עדותן דהיינו שתי שעות חסר משהו ומשום הכי עדותן קיימת דכי נמי אמרת זה שאמר שתים בתחלת שתים וזה שאמר שלש בסוף שלש כל רגעים שביניהם שאירע המעשה בהן יש לאלו לטעות ולומר כמו שאמרו : **מעשה כי הוה אי בסוף שלש אי בתחילת שתים** . כלומר לא מיבעיא אם היה המעשה בסוף שתים או בתחילת ג' דטעות מועטת הוא דלאי נמי *נאמר האי בתחילת שתים אין כאן טעות אלא שעה והאי אי נמי אמר בסוף שלש אין כאן טעות אלא שעה אלא אפילו הוה מעשה בתחילת שתים והאי דאמר שלש בסוף שלש ויש כאן טעות שתי שעות חסר משהו אפי' הכי אין כח לנו לבטלן שאף בכך אדם טועה (ד) ולר' יהודה נמי כו' ובהאי עניינא דפרישית דכי נמי מרחקת להו בכל היכולת אכתי טעו בהכי דהיינו שלש שעות חסר משהו מעשה כי הוה כו' כלומר בכל מה שאתה יכול להרחיק אפי' האחד אמר שבאותה שעה היה המעשה אין עד הרחוק ממנו מוכחש דטעו בהכי : **היו בודקין אותו** (ה) . לעדי נפשות : **בשבע חקירות** . מקראי נפקא לן בסנהדרין בההוא פירקא (ד' מ.) : **שבוע** . שמיטה באיזו שמיטה של יובל שיש בו שבע שמיטות : **באיזו שנה** . של שמיטה : **באיזה חודש** . בשנה : **בכמה ימים** . בחודש : **באיזה יום** . בשבת באחד בשבת או בשני בשבת או בשלישי בשבת או א' מן האחרים: **(ותניא) מה בין חקירות לבדיקות** . דקתני התם מכירין אתם אותו התריתם בו במה הרגו בסייף הרגו או בארירן הרגו כליו שחורים או לבנים וכל המרבה בבדיקות הרי זה משובח ומה בין חקירות הנך שבע קמייתא לבדיקות אוחרנייתא : **חקירות אמר אחד** (ו) **איני יודע** . באחת מהן ואפי' *בשעות אומר איני יודע עדותן בטילה : **דהויא ליה עדות שאי אתה יכול להזימה** . דרחמנא אמר *ודרשו השופטים היטב והנה עד שקר העד וגו' ועשיתם לו כאשר זמם לעשות וגו' עדות שאתה יכול לקיים בה תורת הזמה הוי עדות ואי לא לא והזמה אינה אלא בעמנו הייתם באותו היום ובאותה שעה שאתם אומרין שראיתם עדות זו במקום זה הייתם עמנו במקום פלוני וכי אמרי באחת מהן אפי' בחקירות דאיזו שעה איני יודע שוב איך יכול לומר לו עמי היית באותה שעה וא"ת אתה יכול להזימה ע"י היום אם יבואו עדים ויאמרו כל היום הייתם עמנו מיהא בלרה להו תורת הזמה מן חקירות השעות ורחמנא רבי שבע חקירות בגזרה שוה דהיטב בסנהדרין : **בדיקות** . כי אמרי אין אנו יודעין עדות שאתה יכול להזימה היא שאין ההזמה תלויה בהן אלא בחקירות דמה עמנו הייתם יש לומר בכלים שחורים או לבנים : **ואי אמרת טעי איניש כולי האי חקירות דאיזו שעה נמי** . אין לך בה הזמה אפי' כי לא אמר איני יודע דהא כי אמר בחמש ואמרי ליה בחמש עמנו הייתם יכול לומר בארבע היה אבל טעיתי : **ומשני דיהבינן להו כולי טעותייהו** . ואם יש מזימין כאן יכולין להזים ע"י שעה וטעותה ולומר לו כל השעה וטעותה היית עמנו : **לרבי מאיר** . דאמר אדם טועה ב' שעות יהבינן להו להני דשתים וג' מתחילת שעה ראשונה עד סוף חמש בין שניהן להאי דשתים יהבינן ליה שעה ראשונה ושניה ושלישית ורביעית ולהאי דג' יהבינן ליה עוד חמישית ותו לא דכי אמרי ליה להאי דשתים בשניה עמנו היית יש לומר טעיתי שתי שעות לאחוריי ומעשה היה בראשונה ועוד היה לו לומר מעשה היה קודם לראשונה שעה אחת אלא בין יממא לליליא לא טעו אינשי וכי אמרי ליה ראשונה ושניה עמנו היית יש לו לומר טעיתי ב' שעות לפני שלישית ורביעית ואי אמרי ליה כל ארבע שעות עמנו היית הרי הוזם ולבעל שלש נמי יהבינן לקמיה ראשונה ושניה ולבתריה יהבינן רביעית וחמישית ואי מזמי ליה לכולהו חמש הרי הוזם : **ולרבי יהודה** . דאמר אדם טועה ג' שעות יהבינן להו להנך דשלש וחמש לאיירי ר' יהודה בהן מתחילת שעה ראשונה ועד סוף שית ולבעל שלש יהבינן לקמיה ראשונה ושניה ודין הוא דניתיב ליה טפי : אלא

תוספות

אלא אמר רבא לדברי ר' מאיר אדם טועה ב' שעות חסר משהו. ואם תאמר א"כ אחד אומר בג' ואחד אומר בה' אמאי עדותן בטילה נימא דמעובדא ברביעית הוה וי"ל דסבר רבא דאין לתלות הטעות בשניהם אך יש להקשות אחד אומר בב' ואחד אומר בה' אמאי עדותן בטילה אילו דייקת בהני סהדי דילמא האי דקאמר בב' בסוף ב' ויש לומר להחמיר ולקיים עדותן לא בדקינן להו :

באיזה יום. תימה כיון דכבר כיוונו יום אחד לחדש למה למשיילינהו באיזה יום והלא אפי' לא כיוונו איזה יום הו"ל חוזרין ומגידין ואין יכולין לחזור בהם אחר כדי דבור ויש לומר כיון דו' חקירות ילפינן מקראי בפרק היו בודקים (סנהדרין דף מ'.) לר"י שלא יכחישו זה את זה ושלא יכחישו את עצמן א"כ נפקא מינה לאחד אומר בב' בחודש ולאחד אומר בג' כדפרישית:

לרבי מאיר יהבינן להו מתחילת שעה ראשונה עד סוף ה'. הקשה ריב"א אמאי לא נתלה הטעות במזימים וכשאומרים המזימים עמנו הייתם עד סוף ה' נאמר שטעו וקרו לד' ה' והמעשה היה בה' ולא יהיו מוזמים בכך ונהי שהעדות מוכחשת היא שהרי אותו שאמר שתים לא היה יכול לטעות עד ה' מ"מ מוזמים לא יהיו ותור"י דלא תלינן הטעות כלל בשני עדים כדפרישית לעיל : ניכול

רבינו חננאל

לדברי ר' מאיר אדם טועה משהו ולדברי ר' יהודה אדם טועה שעה ומשהו ובא רבא ודחה להני תרי לישני דאביי ושבשתות נינהו ואוקמי' רבא הכי לדברי ר' מאיר אדם טועה שתי שעות חסר משהו ומעשה כי הוה פירוש השעה שראו העדות אי בתחלת שעה שניה היה וזה שאמר שנים שפיר אמר והאי דאמר שלש טעה שתי שעות חסר משהו לפיכך אמר עדותן קיימת אי בסוף שלש היה המעשה והאי דקאמר בשתי שעות טעה שתי שעות חסר משהו והאי דקאמר שלש שפיר קאמר לדברי ר' יהודה אדם טועה ג' שעות חסר משהו מעשה כי הוה בתחלת שעה ג' והאי דקאמר ה' טועה ג' שעות חסר משהו או בסוף ה' היה המעשה והאי דקאמר ג' טעה ג' שעות חסר משהו ואקשי' על הא דרבא תנן היו בודקין אותן בשבע חקירות אחת מהן באיזו שעה וקתני סיפא מה בין חקירות לבדיקות אמר אחד בחקירות איני יודע עדותן בטלה בבדיקות אמר אחד איני יודע ואפי' שנים אומרים אין אנו יודעין עדותן קיימת והוינן בה מכדי חקירות ובדיקות תרווייהו מדאורייתא נינהו דכתיב (דברים יג טו) ודרשת וחקרת ומתרגמי' ותבדוק מה לי חקירות מה לי בדיקות ואמרי' חקירות כי אמר איני יודע הויא לה עדות שאי אתה יכול להזימה וכל עדות שאינך יכול להזימה אינה עדות ואי ס"ד טעי איניש כולי האי חקירות דאיזו שעה עדות שאינך יכול להזימה היא שאם יכונו שני העדים ויעידו בשעה ג' ויזימום בשעה ג' יאמרו טעינו שעה ה' היה המעשה וכיון שאמרת יתכן שיטעו זה השיעור הדין עמהם (על זה הדין) נמצא כי בטלה תורת חקירות ואיזה שעה היא לדברי הכל בין לת"ק דאמר שבע חקירות הן בין לר' יוסי דאמר שלש חקירות הן ואלו הן איזה יום איזו שעה איזה מקום מ"מ לדברי הכל איזו שעה הכל מודים שהוא מן החקירות ופריק רבא דיהבינן להו כולהי טעותייהו פי' כל עדות שיעיד אדם משעה שנית של יום עד שעה ששית ומשעה שביעית עד שעה י"א של יום יהבינן להו לר' מאיר שתי שעות חסר

הגהות הב"ח

(א) גמ' בודקין אותו בשבע: (ב) רש"י ד"ה אמר רבא וכו' וד"ה והא רחמנא הד"א: (ג) ד"ה אלא אמר רבא לר' מאיר שהיה מקיים עדותן אדם טועה וכו' את אלו דהיינו שתי שעות כצ"ל: (ד"ה מעשה וכו' אדם טועה סה"ד ואח"כ מ"ה ולר' יהודה כו' משהו הס"ד: (ה) ד"ה היו אותו: (ו) ד"ה חקירות אחד מהן איני:

[ותנן]

[נ"א בשעה אומ' אני יודע]

משהו ולר' יהודה שלש שעות חסר משהו כיצד לר' יהודה אם יעידו בשעה שנית של יום צריכין המזימין להעיד בו עמנו הייתם משעה שניה עד שעה רביעית ואם יעידו בשלישית יאמרו עמנו הייתם משעה שניה עד ה' ואם יעידו בשעה ד' יאמרו עמנו הייתם משעה שניה עד שעה ששית כשם שיש לומר לפניהם ג' שעות חסר משהו כך י"ל שטעו לאחור וכל היכא דאיכא למתלי בטעות תלינן ולא קטלינן אלא אם יעידו המזימין

עין משפט נר מצוה

צא א מיי' פ"א מהל' חמץ הלכה ט:

צב ב טוש"ע או"ח סי' תמג:

צג ג מיי' פ"ב מהלכות עדות הלכה ב סמג לאוין טו:

ניכול כולה שית. לאו דוקא כולה שית דהא לריך לשרוף תוך שש: **ולהך** לישנא דאדם טועה שעה ומשהו ניכול עד סוף חמש. אפי' טעה בשתי שעות היה יכול להקשות ניכול עד סוף חמש שבחמש חמה במזרח ובשבע חמה במערב:

בשית חמה בי קרנתא קאי. הקשה ריב"א לאביי דאמר לר' יהודה דאמר אדם טועה חצי שעה ותלינן הטעות בשניהן אם כן אחד אומר בה' ואחד אומר בשבע אמאי עדותן בטלה כיון דאין הכירא בתחילת שש לז' נימא האי דקאמר ה' בסוף ה' והאי דקאמר ז' בתחילת ז' ועובדא הוה בפלגא דשית וטעה כל אחד חצי שעה וי"ל דהא דקאמר שית חמה בי קרנתא קאי וטעו בין תחילת שש לז' היינו חמץ דלכל מסור אבל עדות מסורה לזריזין אי נמי הך שינויא דקאמר בי קרנתא קאי לית ליה לאביי:

אימתי שלא בשעת ביעורו. פירש הקונטרס שלא בשעת ביעורו בשש ובשעת ביעורו מכאן ואילך ופריך הואיל ובשעת ביעורו השבתתו בכל דבר ימתין עד שבע וקשה לר"ת היכי ימתין עד שבע לבערו הא אסקינן לעיל (ד' י:) דגזר ר' יהודה בשעת איסורו לבדוק דילמא אתי למיכל מיניה ועוד שעת ביעורו דמתני' היינו בשש ועוד למותר יליף ר' יהודה *דחמץ בשריפה ונותר אחר שיעורו טעון שריפה וכמו כן חמץ ומפר"ת דשלא בשעת ביעורו היינו אחר שש שרוב העולם מבערין בשש כתיקון חכמים (ד) וטעם משום דיליף מנותר *והיינו לאחר איסורו אבל בשעת ביעורו דהיינו בשש כיון שאינה מלוה לבערו אלא מדרבנן השבתתו בכל דבר וכן איתא בירושלמי פ"ק כל שעה:

ארבע זמן סעודה לכל היא. לא שייך האי טעמא אלא לענין אכילה אבל לענין עדות לא:

ר"ג

אלא בין יממא ללייא לא טעו אינשי ובדין הוא דניתיב לקמיה טפי אלא שבה' חמה במזרח ובז' חמה במערב תנן ר"מ אומר אוכלין כל ה' ושורפין בתחילת ו' רבי יהודה אומר אוכלין כל ד' ותולין כל ה' ושורפין בתחילת ו' לאביי אליבא דר"מ דאמר אין אדם טועה ולא כלום ניכול כולה שית ולהך לישנא נמי דאמר אדם טועה משהו ניכול עד סוף שית ואביי אליבא דר' יהודה דאמר אדם טועה חצי שעה ניכול עד פלגא דשית ולהך לישנא נמי דאמרת אדם טועה שעה ומשהו ניכול עד סוף ה' (אלא) אמר אביי עדות מסורה לזריזים חמץ לכל מסור ורבא אליבא דר"מ דאמר אדם טועה שתי שעות חסר משהו מתחילת ה' לא ניכול ה' חמה במזרח וז' חמה במערב אי הכי בשית נמי ניכול אמר רב אדא בר אהבה שית יומא בקרנתא קאי ורבא אליבא דר' יהודה דאמר אדם טועה ג' שעות חסר משהו מתחילת ד' לא ניכול ה' חמה במזרח ושבע חמה במערב וכל שכן ד' אי הכי בה' נמי ניכול *תרגמה אביי אליבא דרבא עדות מסורה לזריזים חמץ לכל מסור ורבא אמר לאו היינו טעמא דרבי יהודה אלא רבי יהודה לטעמי' דאמר *אין ביעור חמץ אלא שריפה ויהבו ליה רבנן שעה אחת ללקוט בה עצים איתיביה רבינא לרבא א"ר יהודה אימתי שלא בשעת ביעורו אבל בשעת ביעורו השבתתו בכל דבר אלא אמר רבא *גזירה משום יום המעונן אי הכי אפילו בארבע שעות נמי לא ניכול אמר רב פפא ד' זמן סעודה לכל היא ת"ר *שעה ראשונה מאכל לודים שניה מאכל ליסטין שלישית מאכל יורשין רביעית מאכל פועלין חמישית מאכל תלמידי חכמים ששית מאכל כל אדם והאמר רב פפא רביעית זמן סעודה לכל היא אלא איפוך [ו]רביעית מאכל כל אדם חמישית מאכל פועלים ששית מאכל תלמידי חכמים מכאן ואילך כזורק אבן לחמת אמר אביי לא אמרן אלא דלא טעים מידי בצפרא אבל טעים מידי בצפרא לית לן בה אמר רב אשי כמחלוקת בעדות כך מחלוקת בחמץ פשיטא היינו הך דאמרינן הא קא משמע לן *שינויי דשנינן שינויא הוא ולא תימא תנאי היא *אמר רב שימי בר אשי לא שנו אלא בשעות אבל אחד אומר קודם הנץ החמה ואחד אומר אחר הנץ החמה עדותן בטילה פשיטא אלא [ז]אחד אומר קודם הנץ החמה ואחד אומר בתוך הנץ החמה עדותן בטילה הא נמי פשיטא מהו דתימא תרווייהו חדא מילתא קאמרי והאי דקאמר בתוך

אלא בין יממא ללייא לא טעו אינשי. ולבתריה יהבינן ליה רביעית חמישית וששית ולבעל חמש יהבינן לקמיה רביעית ושלישית ושניה ולבתריה ששית ואכתי הוה לן למיתב ליה אלא הא פריש רבי יהודה בהדיא דבין חמש לשבע לא טעו שבחמש חמה במזרח ובשבע במערב וכל הנך טעותא דיהבינן להו ה"מ לאגוליגהו ולמפטריגהו מקטלא אבל מ"מ משפה כשהוזס אחד מהן כאותה שעה לבדה ובטל אחריה מיד בטלה העדות ואפי' לא הוזס בטעות שלפניו דהא כי אמרו ליה לבעל ג' שלישית ורביעית וחמישית עמנו היית והולרך לומר בשניה היה אלא שטעיתי הרי נחלקה עדותן שאם בשניה היה המעשה אין כאן אלא עד אחד דהא חבירו אמר בחמש ובין שנייה לחמישית לא טעו: **ניכול עד סוף שית**. דהא מן התורה אינו אסור אלא משעברו שש ורבנן למה(א) הוא דעבוד הרחקה במידי דלא טעו אינשי ביה: **עדות מסורה לזריזים**. אין אדם בא להעיד על הנפש אא"כ בקי בשעות לפי שיודע הוא שסופו להדרש בדרישה וחקירה אבל חמץ על הכל מוטל ושאינו בקי בשעות טועה בהן: **בחמש חמה במזרח ובשבע במערב**. וחמץ אינו אסור אלא בשבע ואין טעות בין חמש לשבע: **אי הכי בשש נמי ניכול**. דהא בשש עדיין לא נטתה חמה לצד מערב אלא באמצע הרקיע וזריחתה תחתיה בראש כל אדם ואין צל נוטה לא לכאן ולא לכאן אלא תחתיו: **יומא**. חמה: **בי קרנתא קאי**. באמצע הרקיע קרובה לנטות למזרח וקרובה לנטות למערב ואין עומדין עליה ולהכי נקט לישנא דבי קרנתא ולא נקט בי מילעי דדרום קאי לפי שגלגל חמה שחמה סובבת בו עגול הוא ודבר עגול אין חילוק ארבע רוחות ניכר בו ומזרחו מתעגל עד חצי דרומו וחצי לפונו ומיחזי פלגי דרום בסוף מזרח וראש מערב: **מתחילת ארבע לא ניכול**. דהא טעי שש וחמש וארבע: ומשני שמעי' ליה לרבי יהודה דאמר בין חמש לשבע לא טעו וכ"ש ארבע: **עדות מסורה לזריזין**. והילכך מודי בה רבי יהודה דלא טעו בין חמש לשבע אבל חמץ לכל מסור וטעו מיהו כולי האי לא טעו ואע"ג דטעו בין תחילת שלש לסוף חמש דהיינו שלש שעות לא טעו בין סוף ארבע לתחילת שבע לאסריגהו בד' משום שבע אע"ג דאיכא בציר משלש משום דאיכא היכירא בחמה: **ורבא אמר**. טעמא דר' יהודה בחמץ לאו משום טעותא היא דלא טעו איגשי בין חמש לשבע כדקאמר חמש חמה במזרח כו' והאי דקאמר תולין כל חמש ר' יהודה לטעמיה דאמר באידך פירקין (דף כא.) אין ביעור חמץ אלא שריפה הילכך אסרו רבנן באכילתו כדי שיהא לו פנאי ללקט עצים בינתיים ואי שריא ליה כל חמש אינו נזכר אבל עכשיו דאסר ליה רמי אנפשיה ומדכר ללקט: **אימתי**. אני אומר אין ביעור חמץ אלא שריפה: **שלא בשעת ביעורו**. בתחילת שש וכל שש דלאו מדאורייתא שרי (ג) אבל בשעת ביעורו בשבע שהוא מוזהר מן התורה השבתתו בכל דבר ותורה זה למה אם לא עליו ימתין עד שעת ביעורו ושביתתו בכל דבר: **יום המעונן**. שאין חמה זורחת ואין יכולין לבדוק בחמה: **זמן סעודה לכל היא**. והכל בקיאים בה: לודים ולסטים רעבתנים הן אלא שהליסטים נעורין כל הלילה וישנים שחרית שעה ראשונה ואוכלין בשניה: **יורשין**. לא משום רעבתנות אלא הואיל ולא עמלו בו: **כמחלוקת**. דרבי מאיר ור' יהודה בעדות משום דלרבי יהודה טעי איניש טפי כך מחלוקת במתניתין נמי בחמץ משום דלר' מאיר וכן לר' יהודה דלא מרחקי כולי טעותא כדאמרן לעיל לר' מאיר שתי שעות ולר' יהודה שלש שעות (ג): **משום שינויא דשנינן**. חמץ לכל מסור דלא תימא תנאי היא כי קשיא לך מתני' דסנהדרין ומתני' דהכא אליבא דר' מאיר ור' יהודה דהכא לר' יהודה מתני' סבר לר' מאיר אדם טועה שעה אחת ולר' יהודה אדם טועה שתים והכא דסנהדרין סבר לר"מ אדם טועה שתים ולר' יהודה שלש אלא ודאי כאותו מחלוקת של שם כך מחלוקת כאן דכי קשה לך לר' יהודה דאמר התם לא טעו בין חמש לשבע משום חמה והכא אמר טעו לא תימא תנאי היא אלא כטעמו שם כך טעמו כאן לכל מסור אי נמי משום יום המעונן: **לא שנו**. הך דסנהדרין אלא שהעידו על השעות אבל הוציאו בפיהם שם הנץ החמה אין כאן טעות אלא כזב: **בתוך הנץ**. כשמתחיל הנץ הלכה

מסורת הש"ס

[שבת נב: וש"נ]

[לקמן כא. כז: תמורה לג:]

שבת י. [וש"נ]

[כתובות לח:] סנהדרין מב.

הגהות הב"ח

(א) רש"י ד"ה ניכול וכו' למה להו דעבוד: (ב) ד"ה אימתי וכו' מדאורייתא שרי כס"ד: (ג) ד"ה כמחלוקת וכו' ד"ה: (ד) תוס' ד"ה אימתי וכו' חכמים וטעמא משום:

רבינו חננאל

המזמין שיהו עמהן [כרי] שיתכן שישנו אבל אם יעידו בשעה ה' אין נותנין שלש שעות שהן ה' וששית ושביעית בטעותם למה שבחמש חמה במזרח ובשבע חמה במערב ואין אדם טועה בזה וכענין הזה נותנין למעיד בשעה שביעית לא יזומו אלא אם כן יעידו עליהם כי עמנו הייתם משעה שביעית עד שעה עשירית ואם יעידו בשעה ט' לא יזומו אלא עד שיעידו שהיו עמהם משעה שביעית עד שעה י"א ולמה שנינו אחד אומר ראשון שעות ולא שנינו אחד אומר בשעה ראשונה לפי שעה ראשונה שהוא שחרית ושעה י"ב שהוא ערבית אין אדם טועה בהן ודייקי' הני מילי מדקתני ר' יהודה אחד אומר בב' ואחד אומר בה' עדותן קיימת ואמר רבא מעשה כי הוה בתחלת ג' שעות והוה ומעי האי דאמר ה' שעות(הוה ומעי האי ה' ב' שעות)חסר משהו אי בסוף ה' הוה מעשה והאי(דקתני)[דקאמר]ג' טעי ב' שעות חסר משהו לפניו ומפרשי' ש"מ דפעמי אדם זה השיעור לפניו ולאחריו וכשנקיהוה אליבא דר' מאיר שתי שעות חסר משהו ולתי השעות שאין בן אדם טועה בהן שעה ראשונה שאין אדם טועה בה שהיא א' וב' שי' ויוצא בה: ואקשינן מתני' אמאי תאני ר' מאיר אוכלין כל חמש ושורפין בתחלת שש לאביי דאמר אין אדם טועה ולא כלום יאכל עד סוף שש דהא קיימא לן אך חלק מחצי היום איסורו של חמץ וללישנא אחרינ' דאביי בה' ולרבא אליבא דר' מאיר דאמר אדם טועה שתי שעו' מתחלת חמש לא יאכל למה אמר רבי מאיר אוכלין כל ה' וכן לר' יהודה מתחלת ד' פרוק' בהא אליבא דר' יהודה הא אוקים' לגבי עדות דלא טעי' איניש בין שעה ה' לז' דבה' חמה במזרח ובז' חמה במערב וכל שכן ד' ודוא' לא טעי בו' ואוקמא תרגמה אביי בין לדידיה בין אליבא דרבא עדות מסורה לזריזין חמץ לכל מסור והלכך עבדו רבנן הרחקה ואתא רבא לאוקימ' טעמא דר' יהודה משום דקסבר אין ביעור חמץ אלא שריפה ונדחו דבריו ואוקמה גזרה משום יום המעונן ואסקינן במחלוקת דר' מאיר ור' יהודה בעדות דמשום מחלוקת בחמץ קאמר כך מחלוקת לן דשנויא דשנינן שנויי נינהו ומסקינן עליהו:

אמר רב שימי בר אשי לא שנו דמינו אלא בשעו' כלומר אחד [אומר] בשעה פלו' והך שעה ביום אבל אחד אומר קודם הנץ החמה ואחד אומר אחר הנץ החמה עדותן בטלה כי עדות מכחשת היא וכענין הזה פירשנו למעלה כי בכל מקום שהכחשת העדות בעדות ניכרת העדות בטלה היא:

§ מסכת פסחים דף יב: §

אות א'* [א]

אימתי, שלא בשעת ביעורו, אבל בשעת ביעורו השבתתו בכל דבר

סימן תמה ס"א - [ב]כיצד ביעור חמץ, שורפו, או פוררו וזורה לרוח, או זורקו לים - וה"ה לנהר, [גמרא] ‹דף כ"ח.›. **והטעם** בכל זה, משום דכתיב: תשביתו שאור מבתיכם, בכל דבר שאתה יכול להשביתו, [גמרא] ‹דף כ"ז:›. **ואם היה החמץ [ג]קשה ואין הים מחתכו במהרה, הרי זה מפררו ואחר כך זורקו לים.**

הגה: והמנהג לשורפו - דחוששין לדעת הפוסקים שפסקו כר' יהודה, דאמר אין ביעור חמץ אלא שריפה, דילפינן מנותר שהוא בשריפה, **ומנהג** זה הוא אפילו אם שורפו בזמן הראוי, דהיינו בסוף שעה ה' כמנהגנו, [**אף** [ד]שלהרא"ש, גם להני פוסקים דביעור חמץ הוא בשריפה, מודו בשעה חמישית דהשבתתו לכתחילה בכל דבר, **מ"מ** נהגו ע"פ דעת הטור, שהשיג על הרא"ש בזה, והוכיח דכל הני פוסקים שפסקו דביעור חמץ הוא בשריפה, אפי' ל' יום קודם פסח נמי בשריפה], **או** בכל שעה ששית, [הוא רק דעת רש"י ‹ד"ה שלא בשעת ביעורו›, וכמעט כל הפוסקים פליגי עליו], **וכ"ש** במצא חמץ לאחר שש או בפסח גופא, דבודאי יש לנהוג לכתחלה לבערו ע"י שריפה דוקא, [דבזה אדרבה, כמעט כל הפוסקים העומדים בשיטת ר' יהודה מחמירין, וכפי' ר"ת ‹תוס' ד"ה אימתי› על הא דאמרינן בש"ס י"ב, אימתי אמר ר' יהודה שלא בשעת ביעורו, דהיינו לאחר שש ואילך].

אות א'

גזירה משום יום המעונן

רמב"ם פ"א מהל' חמץ ומצה ה"ט - ואסרו חכמים לאכול חמץ מתחלת שעה ששית, כדי שלא יגע באיסור תורה, ומתחלת שעה ששית יהיה החמץ אסור באכילה ובהנייה כל שעה ששית מדברי סופרים, ושאר היום משביעית ולמעלה מן התורה. שעה חמישית אין אוכלין בה חמץ גזרה משום יום המעונן, שמא יטעה בין חמישית [ה]לששית; ואינו אסור בהנייה בשעה חמישית, לפיכך תולין בה [ו]תרומה ולחם תודה וכיוצא בהן מחמץ שהוא קדש, לא אוכלין ולא שורפין, עד שתגיע שעה ששית ושורפין הכל.

אות ב'

רביעית מאכל כל אדם

סימן קנז ס"א - [ז]כשיגיע שעה רביעית, יקבע סעודתו - כשקם בעמוד השחר, חשבינן השעות מתחלת היום, **וכשקם** ממטתו אח"כ, חשבינן הזמן מעת שקם ממטתו.

והיינו לכל אדם, אבל פועלים אמרינן בגמרא, דזמן סעודתן הוא בשעה חמישית.

אות ב'* [ח]

ששית מאכל תלמידי חכמים

סימן קנז ס"א - ואם הוא ת"ח ועוסק בלימודו, ימתין עד שעה ו' - היינו תחלת שעה ו', ולא יאחר יותר עכ"פ מסוף שעה ו', **והאי** שעה רביעית ושעה ששית, ר"ל זמניות הן.

אות ג'

א' אומר קודם הנץ החמה, וא' אומר בתוך הנץ החמה וכו'

רמב"ם פ"ב מהל' עדות ה"ה - אמר עד א' קודם הנץ החמה, וא' אומר בהנץ החמה, עדותן בטלה, אע"פ שהיא שעה א', שהדבר ניכר לכל; וכן אם נחלקו בשקיעתה.

באר הגולה

[א] ‹ע"פ השעה"צ› [ב] **משנה פסחים כ"א וכחכמים** [ג] **הרמב"ם בפ"ג וכרב יוסף** [ד] ‹לשון הטור: ואף רבי יהודה לא קאמר דוקא בשריפה אלא שלא בשעת ביעורו, אבל בשעת ביעורו השבתתו בכל דבר. **ופירש"י** שלא בשעת ביעורו, הוא שעה ששית, אז הוא דוקא בשריפה, ובשעת ביעורו, הוא מכאן ואילך. **ור"ת** פירש איפכא, שעת ביעורו הוא שעה ששית, ואז השבתתו בכל דבר, ומשם ואילך דוקא בשריפה, **ולפי"ז** אפילו לרבי יהודה א"צ לשורפו, שרוב העולם מבערין קודם סוף שש. **כתב** א"א הרא"ש ז"ל, דאפילו לרש"י בשעה חמישית השבתתו בכל דבר, כיון שמותר בהנאה. {**ונראה** שדקדק כן ממה שכתב רש"י, שלא בשעת ביעורו בתחלת שש וכל שש דאכתי מדאורייתא שרי, ומדלא כתב שלא בשעת ביעורו קודם שבע, משמע דלא קאמר אלא בשעה ששית דוקא, אבל קודם לכן שמותר בהנאה ואפילו מדרבנן, השבתתו בכל דבר - ב"י}. **ואינו** נראה כן מפירושו, שהוא פי' דלר' יהודה אפילו יוצא בשיירא הוא דוקא בשריפה, ע"כ. ‹**שהרי** כתב בפרק כל שעה ‹כז:› אהא דאמרו לו לרבי יהודה לא מצא עצים לשרפו יהא יושב ובטל. **"ואע"ג** דאמרינן בפ"ק לרבי יהודה אבל בשעת ביעורו השבתתו בכל דבר, גבי פלוגתייהו מיהא קולא היא, במי שהוא רוצה לצאת לשיירא או בתוך ל', דזקוק לבער ‹ו›, וכשאין לו עצים לשרפו יהא יושב ובטל ולא יבערנו". **ובאמת** שהיא קושיא על דברי הרא"ש, ואפשר לדחוק ולומר דכל שהוא יוצא בשיירא, כיון שאחר שיצא לשיירא אין בידו לבערו, חשיב לדידיה כשעה ששית - ב"י› [ה] ‹כתב הרב מהר"ר אליה מזרחי ז"ל בתוספותיו על סמ"ג, ה"ג שמא יטעה בין חמישית וששית, ול"ג בין חמישית לששית, דהא בגמ' מסיק בהדיא דטעות דיום המעונן בין חמישית לשביעית הוא, ולא בין חמישית לששית, **ועוד** דששית גופא לא נאסרה אלא גזירה משום שביעית, והיאך ניקום ונגזור גזירה לגזירה, **אלא** הכי פירושו בין חמישית וששית לשביעית, ולא הוצרך להזכיר לשביעית משום דעלה קאי, שכבר כתב למעלה מזה שמתחלת שעה שביעית אסור מן התורה, עכ"ל. **והרב** מהר"ר משה אלאשקאר ז"ל כתב וז"ל: שמא יטעה בין חמישית וששית, ואילו בגמ' מוכח דרבא דאסיק גזירה משום יום המעונן, היינו לומר שאין יכולין לבדוק בחמה וטועה בין שביעית לחמישית. **וכבר** השיב הוא ז"ל בתשובה וז"ל, מ"ש בהלכות בין חמישית לשביעית הוא האמת, והוא מאמר הגמ' כפי מה שהקשו שם, וזכרתי אני הדרך המצוי יותר, שמא יטעה בין שעה לשעה שלאחריה, כי כיוונתי בכל זה החיבור לקרב הדברים אל המצוי יותר, עכ"ל - כסף משנה› [ו] ‹ודוקא חמץ שהוא קדש כגון אלו תולין, שאין שורפין אותן משום בזיון קדשים עד שיגיע זמן איסור תורה, {וצ"ע אמאי קרי ליה זמן איסור תורה}, אבל שאר חמץ של חולין לא איכפת לן אם נשרף אותו בשעה חמישית, אבל לגבי אכילה, חולין וקדשים אחד לאסר באכילה שעה חמישית - רבינו מנוח› [ז] **פסחים י"ב ושבת י'** [ח] ‹ע"פ מהדורת נהרדעא›

§ מסכת פסחים דף יג, §

אות א'

דתניא ארבעה עשר שחל להיות בשבת מבערין את הכל מלפני השבת

סימן תמד ס"א - [א]**י"ד שחל להיות בשבת, בודקין ליל שלשה עשר** - שלמחר בע"ש א"א לבדוק, דאין בודקין לאור החמה. **וצריך** לברך על הבדיקה, וגם לבטל, כמו בשאר שנים בליל י"ד.

[ב]**ומבערים הכל לפני השבת, ומשיירין מזון שתי סעודות לצורך השבת** - וצריך ליזהר להניחו במקום מוצנע. **ובשבת** זה משכימים להתפלל, ולא יאריכו הרבה, כדי שיהיה להם שהות, ולא יבואו לידי מכשול.

(נקט "שתי", משום דמדינא אינו מחוייב לבערו עד סמוך לשבת, וא"כ אינו מניח בשעת הביעור רק שתי סעודות לצורך השבת, ולפי מנהגינו בס"ב דמבער הכל קודם חצות כמו בשאר השנים, יכול להניח יותר משתי סעודות, אם רוצה לאכול עוד קודם הלילה).

דסעודה שלישית זמנה אחר המנחה, ואז אינו יכול לעשותה לא במצה - דהא אסור לאכול מצה בע"פ, **ולא בחמץ,** [ג]**אלא במצה עשירה,** [ד]**וצריך לעשותה קודם שעה עשירית** - דמשם ואילך אפילו מצה עשירה אסור לאכול, כדי שיאכל מצה לתאבון, **ומצה** עשירה היינו שנילושה במי פירות לבד.

הגה: ובמדינות אלו שאין נוהגין לאכול מצה עשירה, כדלקמן סימן תס"ב ס"ד בהגה, יקיים סעודה שלישית במיני פירות או בשר ודגים, כדלעיל סימן רצ"א ס"ה בהגה - דיש דעות בפוסקים אם צריך לעשותה דוקא בפת, או דסגי ג"כ בשאר דברים, ולזה אמר דבשעת הדחק כזה, יכול לסמוך על המקילין, **וע"ש** דיותר טוב בבשר ודגים מבפירות.

וה"ה דיכול לקיים בתבשיל, כגון קניידליך, [ובח"א מתיר ג"כ בחרעמזלי"ך, ובדה"ח אוסר], (דדוקא בתבשיל כגון קניידלך, ולא בדבר שהוא מטוגן בכלי – שם), **אך** יש נ"מ, דזה אינו מותר רק קודם שעה עשירית, והיכא שמקיים בפירות או בבשר ודגים, יוכל לקיים אפי' אחר שעה עשירית, **אך** בכ"ז יזהר שיאכל רק מעט ולא למלא כריסו, כדי שיאכל מצה לתיאבון.

[**והנה** בח"א הביא, דיכול לקיים במצה מבושלת, **ועיין** במ"א שכתב דאין נוהגין כן, **ובביאור** הגר"א מצדד, דלדעת הרמב"ם אסור לאכול מצה עשירה, וכן מצה מבושלת בע"פ, אפי' קודם שעה עשירית, ומשמע שם שדעתו נוטה לשיטה זו, (והיינו שלהרמב"ם האיסור של הירושלמי לאכול מצה בע"פ, כולל גם מצה שאין יוצאין בזה יד"ח, דהיינו מבושלת או עשירה).

ועיין באחרונים שכתבו, דטוב ג"כ שיחלק סעודת שחרית של פת לשנים, דהא י"א דיוצא בזה ידי סעודה ג', וכ"כ בביאור הגר"א דנכון לעשות כן, **אך** כ"ז אם יש לו שהות לברך בינתים, ולהפסיק איזה שהות, כדי שלא יהיה בכלל ברכה שאינה צריכה.

(עיין בשע"ת לענין מי ששכח להפריש חלה מן הפת של חמץ בע"ש זו, דדעת המ"א לקמן בסי' תק"ו, דאותו הפת אין לו תקנה לאכול, (שא"א לאכול ולשייר ולהניח עד למחר), **והוא הביא בשם תשו' פמ"א להקל**, וכדבריו מצאתי בספר בגדי ישע ובנתיב חיים ובחי' רע"א, וכולם מסכימים שבמקום הדחק יכול להפריש אפי' בשבת בחלת חו"ל, (דסמכינן בדיעבד אהני פוסקים, דבחלת חו"ל שרי להפריש אפילו בשבת ויו"ט), **והחלה** יתן לכהן קטן פחות מבן ט' שנים, או לגדול שטבל לקירויו, **ואף** שהרבה אחרונים העתיקו דברי המ"א להלכה, מ"מ יש לסמוך על הגדולים הנ"ל להקל כשאין לו פת אחר לאכול, ושלא לבטל עונג שבת דחיובו בפת).

אות ב' - ג'

מעשה באדם אחד שהפקיד דיסקיא מלאה חמץ לנכרים

סימן תמג ס"ב - [ה]**ישראל שהיה בידו חמצו של ישראל אחר בפקדון, יעכבנו עד שעה חמישית** - ר"ל בתחלתו, [כן משמע [ו]מרש"י י"ג ד"ה המתן], ולא ימכרנו מקודם שמא יבוא בעליו ויקחנו, **ואם לא בא בעליו, ימכרנו לא"י** - דהו"ל כמשיב אבידה, דהא אח"כ יאסר בהנאה, **ואם** הוא מסתפק שבשעה חמישית אפשר שלא ימצא קונים כלל, מותר למכרו מקודם, (אבל משום חשש שמא יוזל, אינו מותר למכור מקודם). **עוד** כתב המ"א וש"א, דבמקום שיכול למוכרו לעכו"ם, ויחזיר לו העכו"ם אחר פסח, כמנהג מכירת חמץ שלנו, אסור למוכרו מכירה חלוטה.

(ומ"מ המפקיד ג"כ בכל מקום שהוא, יראה למכרו לעכו"ם, ולא יסמוך על הנפקד, דשמא ישכח).

ואם לא מכרו, חייב לבערו בזמן איסורו - בשעה ששית, ואע"ג דאפשר שבעל החמץ מכרו לעכו"ם במקום שהוא, באחד מדרכי הקנינים, מ"מ כיון שיש כאן ודאי חמץ, וספק מכרו בעליו לעכו"ם, וספק לא מכרו, אין ספק מוציא מידי ודאי, וחייב לבערו.

אפי' אם אינו חייב באחריותו - ואפילו אם לא קיבל עליו שמירה כלל, ואע"ג דהוא אינו עובר עליו, מ"מ צריך לבערו כדי שלא יעבור עליו המפקיד, דכל ישראל ערבים זה בזה, **ודעת** הגר"א דיש עליו חיוב מן התורה לבער, אף שהחמץ אינו שלו, כיון שהחמץ בביתו והוא של ישראל.

(המשך ההלכות בעמוד הבא)

באר הגולה

א רמב"ם ב משנה פסחים מ"ט וכרבי אלעזר ברבי צדוק, וכרבי אליעזר איש ברתותא בברייתא י"ג ג טור בשם ר"ת ד ב"י ולקמן סי' תנ"א ה שם י"ג בעובדא דיוחנן חקוקא ו (לכאורה ר"ל, דמשמע מרש"י זה וכן מרש"י ד"ה חמישית, דמיד שבא הזמן דהבעלים לא יכלו לאוכלו הוא מוכרו, והיינו תחילת חמישית)

בתוך הנץ החמה בגילויי' הוה קאי וזהרורי בעלמא הוא דחזא קא משמע לן אמר רב נחמן אמר רב הלכה כרבי יהודה אמר ליה רבא לרב נחמן ונימא מר הלכה כר' מאיר דסתם לן תנא כוותיה דתנן *כל שעה שמותר לאכול מאכיל ההיא לאו סתמא הוא משום דקשיא *מותר ונימא מר הלכה כרבן גמליאל דהוה ליה מכריע א"ל רבן גמליאל לאו מכריע הוא טעם דנפשיה קאמר ואיבעי' אימא רב דאמר כי האי תנא **דתני' ארבעה עשר שחל להיות בשבת מבערין את הכל מלפני השבת ושורפין תרומות טמאות תלויות וטהורו' ומשיירין מן הטהורו' מזון שתי סעודות כדי לאכול עד ד' שעות דברי רבי אלעזר בן יהודה איש ברתותא שאמר משום ר' יהושע אמרו לו טהורות לא ישרפו שמא ימצאו להן אוכלין אמר להן כבר בקשו ולא מצאו אמרו לו שמא חוץ לחומה לנו אמר להם לדבריכם אף תלויות לא ישרפו שמא יבא אליהו ויטהרם אמרו לו *כבר מובטח להן לישראל שאין אליהו בא *לא בערבי שבתות ולא בערבי ימים טובים מפני הטורח אמרו לא זזו משם עד שקבעו הלכה כרבי אלעזר בן יהודה איש ברתותא שאמר משום רבי יהושע מאי לאו אפילו לאכול *אמר רב פפא משמיה דרבא לא לבער ואף ר' סבר להא דרב נחמן דאמר רבין בר רב אדא *מעשה באדם אחד שהפקיד דיסקיא מלאה חמץ אצל יוחנן *חקוקאה ונקבוה עכברי' והיה חמץ מבצבץ ויוצא ובא לפני רבי שעה ראשונה אמר לו המתן שניה אמר לו המתן שלישית אמר לו המתן רביעית אמר לו המתן חמישית א"ל צא ומוכרה בשוק מאי לאו *לנכרים כרבי יהודה אמר רב יוסף לא לישראל כרבי מאיר אמר ליה אביי אי לישראל נישקלי' לנפשיה משום חשדא *דתניא *גבאי צדקה שאין להם עניים לחלק פורטין לאחרים ואין פורטין לעצמן גבאי תמחוי שאין להם עניים לחלק מוכרין לאחרים ואין מוכרין לעצמן משום שנאמר *והייתם נקיים מה' ומישראל אמר ליה רב אדא בר מתנה לרב יוסף בפירוש אמרת לן צא ומכרן לנכרים כרבי יהודה אמר רב יוסף כמאן אזלא הא שמעתא דרבי כרשב"ג *דתנן *המפקיד פירות אצל חבירו אפילו הן אבודין לא יגע בהן רשב"ג אומר מוכרן בב"ד מפני השבת אבידה אמר ליה אביי ולאו איתמר עלה אמר רבה בר בר חנה א"ר יוחנן *לא שנו אלא בכדי

תורה אור [במדבר לב]

רש"י

הלכה כר' יהודה. דתולין כל חמש: **ונימא הלכה כר' מאיר.** דאוכלין כל חמש דהא סתם לן תנא כוותיה דתנן כל שעה שמותר לאכול מאכיל לבהמה לחיה ולעופות דמשמע כשאינו מותר לאכול אינו מאכיל ואי רבי יהודה הא איכא חמש דאינו אוכל ומאכיל אלא ר' מאיר היא דאמר אוכל עד תחלת שש ומשעה שאינו אוכל אין מאכיל: **משום דקשיא מותר.** בפרק כל שעה מקשינן כל שעה שאוכל מאכיל מיבעי ליה ומותר משמע כל שעה שמותר אדם אחר לאכול מאכיל זה האסור לאכול ומדוחקא דהא קושיא אוקימנא כרבן גמליאל והכי קאמר כל שעה שמותר כהן לאכול בתרומה מאכיל ישראל חולין לבהמה אלמא סתמא לא כר"מ היא: **כרבן גמליאל.** במתני': **לאו מכריע הוא.** כדפרישית לקמן בפירקין (ד' כא.) דאין הכרעה דעת שלישית מכרעת והא הכרעה דעת שלישית היא דהא ר"מ ורבי יהודה לא איירי דניהוי שייך חילוק בין זמן תרומה לזמן חולין כלל דאי הוה תנן ר"מ אומר אחד חולין ואחד תרומה כל חמש ר' יהודה אומר א' חולין ואחד תרומה כל ארבע ורבן גמליאל אומר חולין כל ארבע תרומה כל חמש הויא הכרעה אבל השתא דאינהו לא אדכור תרומה וחולין כלל ולא גלו דעתם שיהא שום רמז דין לחלק ביניהם לאו הכרעה היא אלא דעת שלישית: **ס"ג ואיבעית אימא רב דאמר כי האי תנא.** דקבעו הלכתא כרבי אלעזר ברבי יהודה דאמר אפי' תרומה כל ארבע והו לא דקתני דקבעו הלכה כמותו: **תלויות.** ספק טומאות ספק טהורות: **מזון שתי סעודות.** ולא שלש דכל שלש סעודות דשבת ערבית שחרית ומנחה וערב פסח אסור לאכול מן המנחה ולמעלה: **טהורות לא ישרפו.** כלל הואיל ולא הגיע זמנן לבער ואע"פ שיש לו שיור (א) כדי לאנשי ביתו של כהן שמא ימצא כהנים אורחים שיאכלום ולא נפסיד תרומה בידים ואם לא ימצא יאכלום למחר לכלבי כהנים או יבטלם בלבו: **כבר בקשו ולא מצאו.** כלומר כל מה שיש לו לבקש כבר ביקש דהא בשבת לא יבואו אורחים וכבר יודע ובקי הוא באותן שבעיר מי יבוא אצלו: **לנו.** לשון מלון שמא בתוך התחום לנים כהנים אורחים הלילה ויבואו למחר: **אף לדבריכם.** דחיישינן לשמא אתי לא פלגיתו אלא בטהורות אף תלויות לא ישרפו קודם זמן שמא יבוא אליהו היום או מחר קודם זמן ביעורן ויטהרם ויאמר לא נגע בהן טומאה ויאכלום: **לא בערבי שבתות כו'.** והיום ערב שבת ולמחר ערב יום טוב: **מפני הטורח.** שיש להן לעסוק בסעודות שבת ויטרדו בו: **מאי לאו אפי' לאכול.** ככל דבריו קבעו כמותו ואף במה שקבע זמן האכילה עד ד' שעות ואפי' בתרומה: **לא לבער.** הא דקבעו כמותו לא איירי באכילה אלא בביעור שהיו חביריו חלוקין עליו שלא יבערו טהורות עד למחר קבעו דשורפין מערב שבת בשלשה עשר בשיור לעולם אימא לך כדי לאכול עד חמש שעות והיא בכלל: **דיסקיא.** שתי מלות מורכבות שני שקים אמתחת של עור: **ונקבוה עכברים.** והיה נחסר ולארבעה עשר בניסן היה וחמץ זה נמכר בזול ובא לפני רבי לידע אם ימכרהו מפני שמירתו של מפקיד: **המתן.** שמא יבא ויאכל בעליו: **חמישית.** דמהשתא תו לא חזי ליה: **אמר לו צא ומכרן בשוק.** בעוד שהוא מותר בהנאה: **לא לישראל.** וכרבי מאיר והכי קאמר ליה אי שהייתו הא שעתא לא משכחת ישראל דזבין ליה: **נישקליה לנפשיה.** ויאכלנו ויתן דמיו לבעלים למה לו לטרוח ולילך בשוק אחרי שנותן לו רשות למכור: **פורטין.** פרוטות של נחשת שגבו לצדקה וכשמעפשין אותם מחלידות צריך לפורטן בכסף: **תמחוי.** מאכל לחם ומיני מאכל שגובין לחלק: **ואין מוכרין לעצמן.** שמא יחשדום שלוקחים בזול: **בפירוש אמרת לן כו'.** *רב יוסף חלה ושכח תלמודו ולאחר זמן כשהיה מחליף דבריו היו מזכירין אותו תלמידיו כך לימדתנו ברבנותך. שהורה למכור פקדון מפני שאבד: **כמאן אזלא הא דרבי:** **אבודין.** נחסרין והולכין:

תוספות

רבן גמליאל לאו מכריע הוא. וקשה לר"י דלימא הלכה כר"ג דסתם לן תנא כוותיה בפ' כל שעה (לקמן כא.) מדקתני מותר ואפי' אם מספקא ליה אם יש לדקדק בלשון מותר אם לאו מ"מ נימא הלכה כר' מאיר או כרבן גמליאל דמחה כפסק ההיא דכל שעה כחד מינייהו אתו וי"ל דאאיבעית אימא סמיך ודין הכרעה אפרש בסוף פירקין בע"ה:

ושורפין תרומות טמאות ותלויות וטהורות. אפילו אם נאמר דאסור לשרוף טהורות משום דכתיב (במדבר יח) את משמרת תרומותי כמו שאסור לטמאם הכא שרי אע"ג דמדאורייתא בביטול בעלמא סגי ואין צריך לשורפה מכל מקום כיון דסופה ליאסר ולילך לאיבוד שרי לשורפה כמו לטמאותה דשרי ר' מאיר בסוף פירקין לשרוף טמאה עם הטהורה:

ומשיירין מזון שתי סעודות. וכ"ש בחולין שאוכליהן מרובין דמשיירין כדמשמע בתוספתא[פ"ג]*:

מאי לאו לנכרים. להכי משמע לנכרים דאי לישראל ליסקול לנפשיה כדפריך אביי בסמוך. בירושלמי גרס לא ומוכרה בבית דין בשוק משמע אע"פ שנתן לו רשות רבי שהיה אב"ד למכור אפי' הכי צריך ב"ד בשעת מכירה כדי לשומן ואת"ת מ"ש מאלמנה דמוכרת לאחרים שלא בב"ד ובב"ד יכולה לעכב אפילו לעצמה דאמר בכתובות (ד' נח. ושם) אלמנה ששמה לעצמה לא עשתה ולא כלום דאמר מאן שם ליך משמע דבבית דין יכולה לשום וקאמרינן נמי התם ההוא גברא דאפקידו גביה כיסתא דיתמי אזל שמה לנפשיה לסוף אייקר אמר ליה מאן שם ליך וי"ל דמוכרת שלא בבית דין משום חינא וגבי כיסתא דיתמי דיכול לעכב לעצמו היינו דוקא בדיעבד א"נ גבי יתמי בית דין עצמן הן המפקידים ולכך יכול לעכב לעצמו על פיהם אבל פקדון של אחרים לא והא דאמר באלו מציאות (ב"מ כח:*) שם דמיהם ומניחן (ב) גבי מציאה התם ליכא חשד שהרי הוא מחזיר אבידה:

בכדי

מסורת הש"ס

[לקמן כא.] [שם] (לקמן כ: מט.) עירובין מג. [עי' תוס' עירובין מג: ד"ה כלו תנא וכו' מבואר דלא הוכחה] [עי' תוס' לעיל ג: ד"ה חקוקאה] ב"מ לח. ב"ב ח: ב"מ שם [מגילה טו.]

עין משפט נר מצוה

צד א מיי' פ"ג מהל' חמץ ומצה הל' ג ד סמג עשין לט טוש"ע או"ח סי' תמד סעיף א:

צה ב ג מיי' פ"ז מהל' שאלה הל' ג' טוש"ע או"ח סי' תמג סעיף ב וטוש"ע ח"מ סי' רלב סעיף יט: [רב אלפס ב"מ פ"ג דף פ"א]:

צו ד מיי' פ"ט מהלכות מתנות עניים הלכה יא סמג עשין קסב טוש"ע י"ד סי' רנז סעיף ב:

צז ה ו מיי' פ"ז מהל' שאלה הלכה א סמג עשין פח טוש"ע ח"מ סי' רלב סעיף טז:

רבינו חננאל

אמר רב נחמן אמר רב הלכה כר' [יהודה] ואע"ג דלאכילת חמץ משמע כיון דאמרי' כמחלוקת בעדות כך מחלוקת בחמץ ושינויא דשנינן שינויא הוא ממילא שמעי' דהלכתא נמי כר' יהודה בעדות: **אמר** ליה רבא ונימא מר הלכה כר' מאיר שהרי שנינו סתמא כל שעה שמותר לאכול מאכיל טותיה דר' מאיר אמר ליה לא עמדה ההיא סתמא כר' מאיר דאי הות כר' מאיר כל שעה שאוכל מאכיל מבעי לי' למיתנא ונדחת ור"ג נמי לאו מכריע הוא דהא ר"ג קדים טובא ואין ראשון מכריע לדברי אחרון ועוד איך ר"ג יגזור מדבריהם שירן דהא ר"ג לא התיר בחמץ אלא (התרו) [התרומה] הלכך לא אמרינן מכריע הוא לדחות דברי ר' יהודה ולקיים דברי ר' מאיר אלא טעמא דנפשי' קאמר: **איבעית** אימא רב דאמר כי האי תנא דתאני ארבעה עשר שחל להיות בשבת כו' ומשיירין בטהורות מזון שתי סעודות כדי לאכול עד ארבע שעות דברי ר' אלעזר בן יהודה איש ברתותא וכו' ודחה רב פפא משמא דרבא ואמר לא קבעו הלכה כמותו אלא בלבער בלבד שאמר מבערין את הכל מלפני השבת. ואמרי' אף רבי סבר דהלכתא כר' יהודה מההוא מעשה דאפקיד ההוא גברא דיסקיא מלאה חמץ אצל ר' יוחנן חקוקה ולא התיר לו ר' למכרה אלא שעה חמישית ואסקינן משמא דרב יוסף כי שעה החמישית התיר לו למכרה לגוים כר' יהודה: **והא** דרבי כרשב"ג הוא דתנן המפקיד פירות אצל חבירו אפילו הן אובדין לא יגע בהן רשב"ג אומר ימכרם בב"ד מפני השב אבדה לבעלים ודחי' לא כי

הגהות הב"ח

(א) רש"י ד"ה טהורות וכו' שיור לאנשי ביתו של כהן דשמא כצ"ל ותיבת כדי נמחק: (ב) תוס' ד"ה מאי לאו וכו' שם גבי מציאה ליכא חשד כצ"ל:

גליון הש"ס

גמ' אמר ר"פ משמיה דרבא לא לבער. עיין זה תענית י"ח ע"א מנחות ל"ב ע"א:

עין משפט נר מצוה

צח א מיי' פ"ט מהל' בית הבחירה הל' ח: צט ב ג מיי' פ"ב מהל' חגיגה הל' יג: ק ד מיי' פי"ג מהלכות פסולי מוקדשין הל"ח: קא ה מיי' פי"א שם הלכה יח: קב ו (מיי' פ"ב שם הל' יח ופ"ו מהל' איסורי מזבח הל' ד ה):

בבכדי חסרונן אבל יותר מבכדי חסרונן מוכרן בבית דין וכל שכן הכא דהא פסידי לגמרי: ועוד אמר ר' יהודה שתי חלות כו': תני תנא קמיה דרב יהודה על גב האיצטבא א"ל וכי להצניען הוא צריך תני על גג האיצטבא *אמר רחבא אמר ר' יהודה "הר הבית סטיו כפול היה* תניא נמי הכי הר הבית סטיו כפול היה רבי יהודה אומר איסטווינית היתה נקראת סטיו לפנים מסטיו: פסולות וכו': אמאי פסולות אמר רבי חנינא מתוך שהיו מרובות נפסלות בלינה דתניא* "אין מביאין תודה בחג המצות מפני חמץ שבה פשיט' אמר רב אדא בר אהבה הכא "בי"ד עסקינן וקסבר *אין מביאין קדשים לבית הפסול וכולי עלמא בשלשה עשר מייתי להו ומתוך שהן מרובות נפסלות בלינה משום ר' ינאי אמרו כשירות היו ואלא אמאי קרי להו פסולות שלא נשחט עליהן הזבח ונשחוט שאבד הזבח ונייתי זבח אחד ונשחוט דאמר זו תודה וזו לחמה וכדרבה דאמר רבה* "אבד הלחם מביא לחם אחר אבדה תודה אין מביא תודה אחרת מ"ט לחם גלל תודה ואין תודה גלל לחם ונפרקינהו ונפקינהו לחולין אלא לעולם שנשחט עליהן הזבח ונשפך הדם וכמאן כרבי דאמר רבי *שני דברים המתירין מעלין זה בלא זה דתניא *"כבשי עצרת אין מקדשין את הלחם אלא בשחיטה כיצד שחטן לשמן וזרק דמן לשמן קידש הלחם שחטן שלא לשמן וזרק דמן שלא לשמן לא קידש הלחם שחטן לשמן וזרק דמן שלא לשמן לחם קדוש ואינו קדוש דברי רבי ר' אלעזר בר"ש אומר לעולם אינו קדוש הלחם עד שישחוט לשמן ויזרוק דמן לשמן אפי' תימא ר' אלעזר ברבי שמעון הכא במאי עסקינן כגון 'שנתקבל הדם בכוס ונשפך ור"א בר"ש סבר ליה כאבוה *דאמר כל העומד לזרוק כזרוק דמי תנא משום רבי אלעזר אמרו כשירות היו כל זמן שמונחות כל העם אוכלין ניטלה אחת מהן תולין לא אוכלין ולא שורפין ניטלו שתיהן התחילו כולן שורפין תניא אבא שאול אומר

שתי

[סטיו לפנים מסטיו כצ"ל]

בבכדי חסרונן. פי' כדרך חסרונם של פירות וקשה לר"י א"כ מ"ט דרשב"ג דאמר מוכרן בב"ד ואור"י דמיירי דנחסר בחדש אחד יותר ממה שחסרון שוה לחדש וקרי בכדי חסרונן לפי שעדיין לא נתחסרו יותר מכדי חסרון העולה לשנה כדמפר' בהמפקיד (ב"מ מ.) לחטין ולאורז תשעה חצאי קבין לכור אבל אם נחסרו יותר ד"ה מוכרן בב"ד:

אמר רחבא אמר רבי יהודה. לפי שהיה רבו מובהק קרי ליה ר':

אין מביאין תודה אחרת. פ"ה ואותו לחם פודים ויוצא לחולין ויקח בדמים תודה אחרת או לחם לתודה אחרת ואין נראה דאין לחם גופיה לא חזי לתודה אחרת דמים נמי לא חזו לתודה אחרת דמאי שנא ובפרק התודה (מנחות פ.) אמר בהדיא הפרים מעות ללחמי תודה ונותרו אין מביא בהן תודה אחרת וא"כ הדמים אסורים פריך שפיר ונפרקינהו דשמא תמלא תודה שאבדה א"כ ניפרקינהו בשוה פרוטה דלכתחלה יכול לחלל שוה מנה על פרוטה כשאין הפסד להקדש כדמוכח בערכין (ד' כט.):

אלא לעולם שנשחט עליהן הזבח. אומר ריב"א דהשתא הדר ביה ממה שאמר כשירות היו דבי"ג איירי שנשחט הזבח כדאמר לעיל אין מביאין תודה בי"ד והשתא מיפסלו ספי שנשפך הדם וגם נפסלו בלינה ולכך מעמיד בנשפך הדם שהטעם הראשון שאמר רבי חנינא מתוך שהן מרובות נפסלות בלינה נראה לו דוחק דאיך יתכן דמפני ריבוי שלהן לא ימלא אוכלים אלא מותרין לזרים ובירושלמי רבי חנינא גופיה מקשי האי שינויא דגרס התם רבי חנינא אומר פסולות היו מפני שהיו ממהרים להביא תודותיהן מפני חמץ שבתודות ואי אפשר שלא ישפך דמה של אחת מהן והן נפסלות מדקאמר מפני שממהרין משמע דבי"ג מיירי דכולם היו מביאין:

שחטן שלא לשמן וזורק דמן שלא לשמן. נראה דזורק דמן שלא לשמן לאו דוקא דהוא הדין אם זורק לשמן:

הלחם קדוש. בהתכלת (מנחות ד' מז:) איכא מאן דאמר קדוש לתפוס פדיונו ולא בעי למימר שילא לחולין אלא תופס פדיונו ואינו יוצא לחולין דאל"כ אכתי תיקשי וליפרקינהו:

כל העומד ליזרק כזרוק דמי. וא"ת זרק דמן שלא לשמן נימא נמי כזרוק דמי ואמאי קאמר רבי אלעזר ב"ר שמעון דאינו קדוש וי"ל כיון שעקרן מלשמן גרע מנשפך הדם ואיגלאי מלתא דלא הוי כזרוק בשעת קבלה וקשה דבפרק המנחות והנסכים (מנחות קב.) אמר פיגל בזריקה מטמא טומאת אוכלים לר"ש משום דכל העומד ליזרוק כזרוק דמי ודוחק לחלק בין פיגול לשלא לשמו וי"ל דלגביה גופיה דזבח חשיב כזרוק אע"ג דפיגל בזריקה אבל לגבי דברים המתקדשים עם הזבח כגון לחם לא חשיב כזרוק כשנעשה הזריקה שלא בהכשר:

כשירות היו. וא"ת מאחר דכשירות היו אמאי משהין אותן עד שעת איסור וי"ל דהיינו (כרשב"ג) דאמר לעיל (ד' יא:) תרומה כל חמש ולחמי תודה כתרומה והיו נוטלים האחרונה בסוף חמש וכן משמע בירושלמי:

שתי

בבכדי חסרונן. כשאין נחסרין אלא כדרך חסרון של פירות הקצוב בב"מ בהמפקיד (ד' מ.) לחטין ולאורז תשעה חצאי קבין לכור: **דקא פסיד לגמרי.** שנאסרים בהנאה: **על גב האיצטבא.** על הכסא ממש: **וכי להצניעם הוא צריך.** והלא למראה העין הם ניתנות שם: **גג האיצטבא.** גג היה בנוי למעלה מפני הגשמים: **סטיו כפול היה.** האיצטבא סביב סביב מקפת ובתוך אותו הקף עוד אחר: **מתוך שהן מרובות.** לחמי תודה בשלשה עשר בניסן שכל מי שיש לו להביא תודה ברגל מביאה בשלשה עשר: **נפסלות בלינה.** לבוקרו של י"ד לחמי תודה מ' חלות וי' מהן חמץ שנא' (ויקרא ז) על חלות לחם חמץ: **אין מביאין קדשים לבית הפסול.** אין מביאין קרבן ביום שיתמעט זמן אכילתו שקבעה לו תורה ונמצא בא לידי נותר ותודה נאכלת ליום ולילה ואם יביאום בי"ד אין נאכלות של חמץ אלא עד שש שעות: **וכולי עלמא בי"ג מייתי להו.** כל מי שעליו תודה מביאה בי"ג לפי שלא יקריבנה למחר וכ"ש בפסח: **נפסלות בלינה.** שאין להם אוכלין כל כך ומשום דפסולות ועומדו' היו ניתנין שם דאם היו כשירות לא היו נותנין אותן שם כדי לפוכלן בידים שמונחות שם עד זמן הביעור ונשרפות: **כשירות היו.** כלומר אפילו לא היה להן פסול גדול כלינה שהן כבר לשריפה אפ"ה מאחר שאין להם תקנה ליאכל ואפילו הן עדיין טעונות עיבור צורה יהבינן להו התם והיכי דמי כגון שלא נשחט עליהן הזבח ויש להן קדושת דמים משהוקדשו ואין להן היתר עד שישחט עליהן הזבח ויזרק הדם דלחמי תודה אין קדושין קדושת הגוף אלא בשחיטת הזבח כדתניא במנחות על חלות לחם חמץ יקריב קרבנו על זבח מלמד שאין הלחם קדוש אלא בזביחת התודה והאי קדוש קדושת הגוף קאמר דהא משעה שאמר הרי (עלי*) לתודתי חל עליהם שם הקדש אבל אין קדושות ליפסל בלינה ובטבול יום ואם נטמאו נפדין ויוצאין לחולין עד שישחט הזבח עליהן וכשם שהזבח מקדשן כך בזריקת הדם ניתרין הם לאכילה כבשר התודה עצמו דהואיל ותלויין בה הרי היא כמוה וזריקת הדם מתרת קדשים דכתיב ודם זבחיך ישפך והדר והבשר תאכל: **אין מביא תודה אחרת.** על אותו לחם ופודין אותו ויוצא לחולין דלחם גלל תודה וכיון דהוקבע לזו פסול לאחרת אבל בדמים יקח תודה או לחם תודה אחרת: **ואין תודה גלל לחם.** שהיא עיקר: **ונפרקינהו.** דכל זמן שלא קידשו לגופן יש להם פדיון והואיל ויש להם תקנה בכך למה אנו מפסידין קדשים: **אלא לעולם שנשחט עליהן הזבח.** דשוב אין להן תקנה: **וכגון שנשפך הדם.** ומיהו עדיין אינן טעונות שריפה וצריכות לעבר צורתן דתנן בכילד צולין (לקמן פב.*) כל שפסולו בגופו ישרף מיד בדם ובבעלים תעובר צורתו ויצא לבית השריפה ואפ"ה מזלזלינן בהו ויהבינן להו התם: **כמאן.** קאמרת דבשחיטה לחודה קדוש גופו שלא לפדות עוד: **שחיטה וזריקה.** הן מתירין את הזבח ואת התלוי בו: **מעלין.** מעלין אותו מעלה אחת ליקדש בגופו ואע"פ שאינו ניתר עד שתבוא השניה: שתי הלחם של עצרת תלויין בשני כבשי שלמים דכתיב (ויקרא כג) ושני כבשים בני שנה לזבח השלמים והניף הכהן אותם על לחם הבכורים תנופה לפני ה' וגמרינן להו מלחמי תודה שאין קדושים אלא בזביחתה במנחות בפרק התכלת*: **קדוש.** ליפסל ביוצא ושלא יפדה עוד: **ואינו קדוש.** ואינו ניתר באכילה ואף על פי שהכבשים עצמן מותרין דקיימא לן כל הזבחים שנזבחו שלא לשמן כשירין אלא שלא עלו לבעלים לשם חובה ותניא בפרק שני דבילה (ד' כ:) כבשי עצרת ששחטן שלא לשמן הדם יזרק והבשר יאכל איהו הוא דמתאכלי כשלמים בעלמא אבל לחם כיון דכבשים אין שמן עליהן דהא לא עלו לשם חובה אלא לשם שלמי נדבה עליהן מי יתירנו: **כאבוה.** בב"ק בפרק מרובה (ד' עו:): **העומד ליזרוק.** שאינו מחוסר אלא זריקה: **כזרוק דמי.** לחול עליו כל שם פסול קדשי קדשים אבל לאישתרויי לא מישתרי עד דזריק:

שתי

רבינו חננאל

אמרו רבנן לא ינע בהן כו' יוחנן דאמר מחלוקת אם אבד בכדי חסרונן אבל יתר מכדי חסרונן אפי' רבנן מודו שמוכרין אותן וכל שכן הכא בפסח שאם ישארו יפסדו לגמרי וכבר פרשנוה בגמ' במקומו באר היטב: מתני' ועוד אמר ר' יהודה שתי חלות של תודה פסולות כו' תאני תנא ע"ג האצטבא אמר ליה רב יהודה וכי להצניען היא צריך שמניחן בתוך הבית תני על גג האצטבא שיהו הכל רואין עליהן: למה פסולות מפני שיש בחלות של תודה חמץ לפיכך אין מביאין תודה בחג המצות ואפילו בארבעה עשר אין מביאין שכיון שאין התודה נאכלת אלא ליום ולילה ובארבעה עשר אין מותר לאכלן אפילו בו ביום כלו אין מביאין אותו להפסל לפיכך מקדימין ומביאין הכל ביום שלשה עשר ומפני שהיו באות הרבה היו נותרות ונפסלות. והאי דר' ינאי דאמר כשרות היו נדחו ואוקימנא בשנשחט עליהן תובה ועדיין לא נזרק הדם וכדר' דאמר שני דברים המתירין והן שחיטה וזריקה שמתירין חלבים למזבח והבשר לאכילה מועלין זה בלא זה כלומר מקדיש האחד בלא חבירו והנהנה ממנו כנהנה מן ההקדש שחייב קרבן מעילה ור' (מאיר) [מאי] היא דתניא כבשי עצרת אין מקדשין אלא בשחיטה כיצד שחטן לשמן וזרק דמן (שלא) לשמן קדש הלחם שחטן שלא לשמן וזרק דמן שלא לשמן לא קדש הלחם שחטן לשמן וזרק דמן שלא לשמן הלחם קדוש ואינו קדוש דברי רבי ר' אלעזר בר' שמעון אומר לעולם אינו קדוש עד שישחוט לשמן ויזרוק דמן לשמן ואמרי' אפי' תימא רבי אלעזר בר' שמעון כגון דקבליה לדם ואשתפך וסבר לה כר' שמעון אבוה דאמר כל העומד לזרוק כזרוק דמי: משום ר' אלעזר אמרו כשרות היו כל זמן ששתיהן מונחות הכל אוכלין וכו' תניא אבא

מסורת הש"ס

לקמן נב: סוכה מה. ברכות לג:

ביצה יט:

[ביצה שם: [לקמן נח:] זבחים עה: בכורות ט: נדה ע:]

מנחות פ. ופ"ש

[מנחות עג.]

יבמות קד: מנחות מח. ודף עב: (יבמות קה:)

אלו

ב"ק עו: [מנחו' עט: קב: כריתות כד: תמורה כג:]

[ולקמן לד:]

דף מח.

דעת מ"א, דאם היה באפשר להשומר למכרו, ונתעצל ולא מכרו עד שהוצרך לבערו, חייב לשלם אח"כ דמי הפקדון למפקיד, אף שהוא שומר חנם, דפשיעה הוא, דהו"ל למוכרו קודם זמן איסורו, **ובח"י** מחלק בזה, בין אם הוא ש"ח או שומר שכר, [**וגם** ע"ז מפקפק שם, דהו"ל להמפקיד למוכרו במקומו, ואע"ג דהנפקד לא היה יכול לסמוך ע"ז, והיה מחוייב לבערו, מ"מ הו"ל להודיע בכתב או ע"י שליח להנפקד שמכרו, ואם לא מכרו והודיע להנפקד, איהו דאפסיד אנפשיה ואבידה מדעת היא, והנפקד מחוייב לבערו כדי שלא יעבור המפקיד על ב"י וב"י, **אם** לא שהיה המפקיד במדינת הים, בענין שא"א לו להודיעו, וא"כ אף אם היה מוכרו במקומו, על הנפקד לבערו, ע"כ מחוייב למכרו, וחייב בש"ש אם לא מכרו, **ואי** לא מצא מקום למכור, פשיטא דפטור לכו"ע, וגדולה מזו כתב בנהר שלום לדעת מ"א, דאם טען שכחתי למכרו, פטור דאנוס הוא, **וכן** כשטען סבור הייתי שאוכל לסמוך על המפקיד, שבודאי ימכרנו במקום שהוא ע"י קנין, ולכך לא מכרתי בשעה ה', וכשהגיע זמן איסורו צוו לו ב"ד לשרפו, מטעם שאין אנו סומכין ע"ז שהמפקיד מכר במקום שהוא, פטור דאנוס הוא, דלאו כו"ע דיני גמירי].

ורוב אחרונים מסכימים, דבין שומר חנם ובין שומר שכר פטור, דזה לא נכנס בכלל שמירה, שלא קיבל עליו אלא לשמור את החפץ, שיהא ברשות בעליו ושיחזירנו לו בשלימות, **אבל** לא קיבל עליו למוכרו, שהרי אדרבה במכירה זו מוציאו מרשות בעליו, **ואינו** צריך למוכרו אלא מטעם מצות השבת אבידה, ולא מצינו שמחוייב לשלם מי שאינו משיב אבידה.

מיהו אם החמץ הוא ממושכן אצלו, ועבר שעה ה' ולא מכרו, ואח"כ כשהגיע זמן איסורו הוכרח לשרפו, בזה מסתברא דהפסיד חובו עכ"פ, וכדעת המ"א, **דדעת** כל ממשכן הוא בודאי, שכל זמן שלא יחזיר לו המלוה משכונו, לא יוכל לתבוע ממנו חובו, אא"כ יהיה המלוה אנוס באבדת המשכון, כגון שיגזלו ממנו לסטים, וכיו"ב משאר אונסים, **אבל** כאן שהיה אפשר להמלוה למכרו קודם הפסח ולא מכרו, הרי עצלותו גרמה הפסד המשכון שנאסר בהנאה, ואין זה אונס, [**ואם** היה המשכון שוה יותר מכדי חובו, אין המלוה מחוייב לשלם לו מכיסו, דלענין המותר אינו אלא בכלל שומר כפקדון דעלמא], **ופשוט** דאם מכרו בע"פ, אע"פ שמכרו בזול, אין עליו כלום, וההפסד הוא על הלוה, **מיהו** אם המשכון הוא בעין, כגון שלא בערו המלוה לאחר זמן הביעור, והשהה אותו עד לאחר הפסח, אפשר דיכול לומר לו: הרי שלך לפניך, אע"פ שאינו שוה עכשיו כלום, דחסרון שאין ניכר הוא, ולא הפסיד חובו.

חו"מ סימן רצב [י]סי"ז - [ח]המפקיד חמץ אצל חבירו והגיע פסח, הרי זה לא יגע בו עד שעה חמישית ביום י"ד - {שאז אסור באכילה מדרבנן - סמ"ע}, **מכאן ואילך יוצא ומוכר בשוק לשעתו, מפני השבת אבידה לבעלים** - (עיין באו"ח סימן תמ"ג במג"א ס"ק ד' שכתב שם, מיהו אם הוא במקום דיכול למוכרו לעובד כוכבים שיודע שיחזיר לו אחר הפסח, אסור למוכרו מכירה חלוטה ע"ש, ואפשר שזהו שמרמז כאן בתיבת "לשעתו" - פת"ש).

אות ד'

גבאי צדקה שאין להם עניים לחלק וכו'

יו"ד סימן רנז ס"ב - גבאי צדקה שאין להם עניים לחלק, מצרפים המעות דינרים לאחרים, אבל לא לעצמם; וכן אם צריכים למכור מה שגבו מהתמחוי, ימכרו לאחרים אבל לא לעצמם, מפני החשד - (אם ידוע שאין בקופה של צדקה רק דבר מועט, מותר, דבדבר מועט ליכא חשדא, תשו' בית יעקב - פת"ש).

אות ה' – ו'

המפקיד פירות אצל חבירו, אפילו הן אבודין, לא יגע בהן

לא שנו אלא בכדי חסרונן, אבל יותר מכדי חסרונן וכו'

חו"מ סימן רצב [ט]סט"ו - אף על פי שחסרים ומתמעטים והולכים, לא יגע בהם. בד"א, כשחסרו חסרון הראוי להם בכל שנה; אבל אם חסרו יותר מכדי חסרונן, אם בעל הפקדון בעיר, יודיענו; ואם אינו בעיר, מוכרן בב"ד.

---

§ מסכת פסחים דף יג: §

אות א'

הר הבית סטיו כפול היה

רמב"ם פ"ה מהל' בית הבחירה ה"א - הר הבית, והוא הר המוריה, היה ת"ק אמה על ת"ק אמה, והיה מוקף חומה; וכיפין על גבי כיפין היו בנויות מתחתיו, מפני אהל הטומאה; [א]וכולו היה מקורה, סטיו לפנים מסטיו.

אות ב' – ג'

אין מביאין תודה בחג המצות | בי"ד עסקינן

רמב"ם פ"ב מהל' חגיגה הי"ג - לא יביא אדם תודה ביום ארבעה עשר מפני החמץ שבה, שאין מביאין קדשים לבית הפסול.

[ב]סימן נא ס"ט - הגה: וא"א "מזמור לתודה" בשבת ויו"ט - שאין תודה קריבה אז, **לא בימי פסח, שאין תודה קריבה בהם משום חמץ** - כי עם התודה היו צריכין להביא עשרה לחמי חמץ, **ולא בערב פסח** - שמא לא יוכלו לאכלו עד זמן איסור חמץ, ויצטרכו לשרפו, ואסור לגרום לקדשים שיבואו לידי שריפה, **וע"ל סי' תכ"ט.**

באר הגולה

[ז] ‹כצ"ל, ע"פ מהדורת נהרדעא› [ח] **שם דין ג' עובדא דיוחנן חקוקאה לקמיה דרבי בפ"ק דפסחים דף י"ג.** [ט] ‹לכאורה כצ"ל› [א] ‹אע"פ שמשמע כל הת"ק אמות היה מקורה, אך כוונתו על ההר הבית בלבד, ולא על העזרה, שהרי המזבח עמד שם שעשנו עולה למעלה – ערוה"ש› [ב] ‹ע"פ הגר"א›

[ג]סימן תרט ס"ב - ואין אומרים "מזמור לתודה" ו"אל ארך אפים" ו"למנצח" בערב פסח, ולא ביום טוב.

ואין אומרים מזמור לתודה וכו' - שלחמי תודה היו חמץ, ואפילו בער"פ אסור להקריבה, שיבוא לידי נותר.

אות ג* [ד]

אין מביאין קדשים לבית הפסול

רמב"ם פ"ו מהל' פסולי המוקדשין ה"ה - נתערבו מין בשאינו מינו, כגון עולה בשלמים, לא יקרבו אפילו כחמורה שבהן, שאין מביאין קדשים לבית הפסול.

רמב"ם פ"ו מהל' פסולי המוקדשין הי"ב - בכור שנתערב בפסח, שניהם ירעו עד שיפול בהם מום ויאכלו כבכור; ולמה לא יקרבו, לפי שהפסח נאכל לכל אדם עד חצות, והבכור לשני ימים ואינו נאכל אלא לכהנים, ואין מביאין קדשים לבית הפסול, ואין ממעטין באכילתן. **השגת הראב"ד: בכור שנתערב ויאכלו כבכור. [ה]א"א והבכור בעל מום אי זה אכילה חמורה שבו, ועוד מה תיקן לבעל הפסח, והיה צריך לפרש תיקונו.**

אות ד'

אבד הלחם מביא לחם אחר, אבדה תודה וכו'

רמב"ם פי"ב מהל' פסולי המוקדשין הי"א - האומר הרי זו תודה והרי זה לחמה, אבד הלחם מביא לחם אחר, אבדה התודה אינו מביא תודה אחרת, מפני שהלחם בא בגלל התודה, ואין התודה באה בגלל הלחם.

אות ה'

כבשי עצרת אין מקדשין את הלחם אלא בשחיטה

רמב"ם פי"ז מהל' פסולי המוקדשין הי"ח - שני כבשי עצרת אין מקדשין את הלחם אלא בשחיטה; כיצד, שחטם וזרק דמם במחשבת שינוי השם, לא קדש הלחם; שחטן לשמן וזרק דמם שלא לשמן, הלחם קדוש ואינו קדוש; שחטן שלא לשמן, אע"פ שזרק לשמן, לא קדש הלחם.

אות ו' [ו]

שנתקבל הדם בכוס ונשפך

רמב"ם פ"ג מהל' פסולי המוקדשין הי"ח - מזבח הפנימי מקדש פסולים בין ראויין לו בין שאינן ראויין לו, אבל מזבח החיצון אינו מקדש אלא פסולין הראויין לו כמו שביארנו; כיצד, מזבח החיצון שעלו לו זבחים שנפסלו, לא ירדו, עלתה לו קטרת זרה, תרד, שאין הקטרת זרה ראויה למזבח החיצון; אבל מזבח הפנימי שעלה לו קומץ מנחה בין כשר בין פסול, לא ירד, וכן כל כיוצא בזה. כשם שהמזבח מקדש את הראוי לו, כך הכבש ושאר כלי השרת מקדשין את הראוי להם, שהרי נאמר בכלים: כל הנוגע בהם יקדש, משיגיע לכבש דבר הראוי לו, לא ירד, ואף על פי שנפסל, וכן כשיגיע לכלי שרת כל דבר הראוי לו, מתקדש ולא יפדה לעולם, ואף על פי שנפסל, כמו שביארנו באיסורי המזבח.

רמב"ם פ"ו מהל' איסורי מזבח ה"ד - הסולת והיין והשמן והלבונה והעופות והעצים וכלי שרת שנפסלו או שנטמאו, אין פודין אותן, שנאמר: והעמיד והעריך, כל שישנו בהעמדה נערך, ואלו אינן בכלל העמדה, לפיכך אין נפדין לעולם.

רמב"ם פ"ו מהל' איסורי מזבח ה"ה - בד"א בשנפסלו או שנטמאו אחר שנתקדשו בכלי שרת, אבל קודם שיתקדשו בכלי, אם נטמאו או נפסלו פודין אותן; אבל טהורין אע"פ שעדיין לא קדשו בכלי, אין פודין אותן; חוץ ממנחת חוטא שנאמר בה: מחטאתו על חטאתו, לומר שמביא חטאתו מדמי חטאתו, לפיכך קודם שתתקדש בכלי שרת הרי היא כקדושת דמים ופודין אותה אע"פ שהיא טהורה. וכל הנסכים שנטמאו, עושה להם מערכה בפני עצמן ושורפן במזבח.

---

§ מסכת פסחים דף יד. §

אות א'

מימיהם של כהנים לא נמנעו מלשרוף את הבשר וכו'

רמב"ם פי"ט מהל' פסולי המוקדשין ה"ו - ומימיהם של כהנים לא נמנעו מלשרוף את הבשר שנטמא באב הטומאה, שהרי הוא ראשון לטומאה, עם הבשר שנטמא בולד הטומאה, שהרי הוא שלישי, אף על פי שמוסיפין לו טומאה על טומאתו, שהשלישי שנגע בראשון יחזור שני כמו שיתבאר במקומו. ‹המשך ההלכות בעמוד הבא›

באר הגולה

[ג] ‹ע"פ הגר"א› [ד] ‹ע"פ מהדורת נהרדעא› [ה] ‹ואני תמה על מה שהשיג על רבינו, שאין תלונתו על רבינו, דרבינו לישנא דגמ' נקט, דקאמר דאכיל להו בתורת בכור בעל מום, כ"ש שלפי האמת אין כאן תלונה כלל, שהרי פירש"י ואכיל להו לכל התערובת בתורת בכור בעל מום, ואי זו היא תורתו, אינו נשחט באיטליז ואינו נמכר באיטליז ואינו נשקל בליטרא, ואם היה מכיר בפסח שנפדה היה שוחטו ומוכרו באיטליז אם ירצה, עכ"ל. **ומ"ש** מה תיקן לבעל הפסח והיה צריך לפרש תיקונו, י"ל שרבינו סמך על מש"כ בפ"ד מקרבן פסח – כסף משנה› [ו] ‹הציונים שבאות זה של העין משפט נכתבים בסוגריים, ובאמת אינו מובן השייכות להגמ'›

שתי פרות היו חורשות בהר המשחה כל זמן ששתיהן חורשות כל העם אוכלין ניטלת אחת מהן תולין לא אוכלין ולא שורפין ניטלו שתיהן התחילו כל העם שורפין: **מתני׳** *רבי חנינא סגן הכהנים אומר *מימיהם של כהנים לא נמנעו מלשרוף את הבשר שנטמא בוולד הטומאה עם הבשר שנטמא באב הטומאה אע״פ שמוסיפין טומאה על טומאתו הוסיף ר׳ עקיבא *ואמר מימיהם של כהנים לא נמנעו מלהדליק את השמן שנפסל בטבול יום בנר שנטמא בטמא מת אף על פי שמוסיפין טומאה על טומאתו אמר רבי מאיר מדבריהם למדנו ששורפין תרומה טהורה עם הטמאה בפסח א״ר יוסי °אינה היא המדה ומודים ר׳ אליעזר ורבי יהושע ששורפין זו לעצמה וזו לעצמה על מה נחלקו על התלויה ועל הטמאה שר׳ אליעזר אומר °תשרף זו לעצמה וזו לעצמה ור׳ יהושע אומר שתיהן כאחת: **גמ׳** מכדי בשר שנטמא בוולד הטומאה מאי הוי שני כי שריף ליה בהדי בשר שנטמא באב הטומאה מאי הוי שני ושני הוא מאי מוסיף לו טומאה על טומאתו איכא אמר רב יהודה הבא °בוולד וולד עסקינן דהוי ליה שלישי וקסבר שלישי מותר לעשותו שני והא אין אוכל מטמא אוכל דתניא יכול יהא אוכל מטמא אוכל ת״ל °וכי יותן מים על זרע ונפל מנבלתם עליו טמא הוא הוא טמא ואין עושה כיוצא בו טמא הניחא לאביי דאמר לא שנו אלא בחולין אבל בתרומה וקדשים עושה כיוצא בו ולרב אדא בר אהבה משמיה דרבא נמי דאמר לא שנו אלא חולין ותרומה אבל בקדשים עושה כיוצא בהן שפיר אלא לרבינא משמיה דרבא דאמר מקרא מלא דיבר הכתוב לא שנא חולין לא שנא תרומה לא שנא קדשים אינו עושה כיוצא בו מאי איכא למימר הכא במאי עסקינן דאיכא משקין בהדי בשר דקא מיטמא מחמת משקין אי הכי האי עם הבשר שנטמא באב הטומאה עם הבשר ומשקין מיבעי ליה אלא °נהי דאין אוכל מטמא אוכל מדאורייתא מדרבנן מיהו מטמא: הוסיף ר׳ עקיבא מימיהן של כהנים לא נמנעו מלהדליק כו׳: מכדי שמן שנפסל בטבול יום שלישי הוי וכי מדליק ליה בנר שנטמא בטמא מת מאי הוי שני מאי קמ״ל שלישי מותר לעשותו שני היינו הך אמר רב יהודה הבא °בנר של מתכת עסקינן דרחמנא אמר בחלל

עדיות פ״ב [מ״א] | נ״ז שם | ויקרא יא

רש״י

שתי פרות היו חורשות. אותו היום לסימן: **בהר המשחה.** הוא הר הזיתים: **מתני׳ מימיהם של כהנים.** הכא נקט לה משום סיפא דקתני מדבריהם למדנו ששורפין תרומה כו׳: **מלשרוף את הבשר שנטמא בוולד הטומאה.** שנגע בשר קודש זה בראשון לטומאה וה״ל איהו שני ולא נמנעו מלשורפו עם חמור ממנו ממי שנגע באב הטומאה דהואיל ואף זה הקל לשריפה עומד לא חשו אם מטמאין אותו יותר ממה שהי׳ ובגמרא פריך מאי תוספת טומאה איכא הלא גם בראשונה בוולד טומאה נגע ועכשיו חוזר ונוגע בוולד הטומאה: **מלהדליק שמן.** של תרומה: **שנפסל בטבול יום.** והוא שלישי דטבול יום פוסל את התרומה מן התורה ביבמות פרק הערל (דף עה.) מבכל קודש לא תגע ויולדת מטבלת לסוף ימי טומאה עד מלאת ימי טהרה שלה טבולת יום ארוך היא שהרי אינה ראויה להביא כפרה עד יום שמונים ואחד אלמא לא הוי הערב שמש דילה עד שקיעת החמ׳ דשמוני׳: **בנר שנטמא בטמא מת.** טמא מת אב הטומא׳ הוא ומטמא כלים דכתיב (במדבר יט) וכל אשר יגע בו הטמא יטמא והנפש הנוגעת תטמא עד הערב בפרשת פרה גבי טומאת מת אלמא טמא מת מטמא אדם ועשאו הכתוב אב הטומאה כשרץ ונבילה שמטמאין אדם ולא כנוגע בהן שאין מטמא אלא אוכלין ומשקין כדכתיב בשרצים (ויקרא יא) כל אשר בתוכו יטמא מכל האוכל אשר יאכל אשר יבוא עליו מים יטמא וכל משקה אשר ישתה בכל כלי יטמא אלמא לא מקבל טומאה מן הכלי שקיבל טומאה מן השרץ אלא אוכל ומשקה בלבד ולא אדם וכלים והאי נר הוי ראשון ועכשיו יש כאן תוספת טומאה שמתחלה היה שמן זה שלישי וחוזר ונעשה שני ע״י הנר דהואיל ויש טומאה עליו לא חיישינן ליה ומותר להוסיף בידים: **מדבריהן למדנו ששורפין תרומה טהורה עם הטמאה בפסח.** עם זמן הביעור דהואיל והולכת לאיבוד אף הטהורה ואסורה מדאורייתא לא חיישינן לטמויה ואע״ג שמוזהרין אנו לשומרה בטהרה דכתיב (במדבר יח) את משמרת תרומותי: **אינה היא המדה.** לא אתה יכול ללמוד את זו מדבריהן ובגמרא מפרש אמאי אינה היא המדה: **ומודים ר״א כו׳.** רבי יוסי קאמר לה דאע״ג דאיפלוג ר״א ורבי יהושע בשריפת תרומה בהא כולה מודו ששורפין זו לעצמה וזו לעצמה: **גמ׳ שני ושני הוא.** מתחלה היה שני ועדיין שני הוא: **בוולד וולד עסקינן.** האי בוולד הטומאה דקתני מתני׳ וולד וולד קאמר דהיינו שני ובשר שנגע בו הוה שלישי וכי הדר שרפי ליה בהדי בשר שנטמא באב הטומאה שהוא ראשון חוזר ונעשה שלישי זה שני: **והא אין אוכל מטמא אוכל.** וכיון דלא מטמא ליה מאי תוספת איכא: **ואין עושה כיוצא בו.** ואין מטמא אוכל כיוצא בו: **הוא טמא.** משמע מיעוטא: **אבל תרומה וקדשים עושה כיוצא בה.** דילפינן מנבואת חגי לחם וכזיד יין ושמן (חגי ב): **שפיר.** דמתני׳ בקדשים קיימי׳: **מקרא מלא.** לא הוציא ממשמעו לא תרומה ולא קדשים אלא דבר שלם דיבר דאין אוכל מטמא אוכל לעולם ונבואת חגי טומאות דרבנן נינהו וכבר נגזרו כדלקמן אבל דאורייתא לא מטמא אלא אוכל משקה ומשקה אוכל לקמן בפירקין (דף יח.) יליף לה דאוכל מטמא משקה ומשקה אוכל: **דאיכא משקין בהדי בשר.** כשנגע באב הטומאה היה משקה טופח עליה ונטמא עמה והוה אף המשקה ראשון וכשנשרפה עדיין הוא עליה ומטמא הבשר שנשרף עם זה מחמת המשקין ונעשה שלישי שני: **מדרבנן מטמא.** וקא מוספי ליה טומאה מדרבנן: **מאי הוי שני.** דנר הוי ראשון: **היינו הך.** דר׳ חנינא דתרוייהו בהכי ומאי הוסיף ר״ע דמשמע דהוסיף עדות על עדות חידוש:

תוספות

שתי פרות היו חורשות. בירושלמי דייק ירושלים לא מקום שנהגו בו שלא לעשות מלאכה כלומר סברא הוא לנהוג שם איסור כיון שמתקבצין שם אף ממקומות שנהגו בהן איסור ומשני נראות כחורשות: **אבל** תרומה וקדשים עושין כיוצא בהן. פירש בקונטרס דנפיק מקרא דחגי אל הלחם ואל הנזיד ולר״ת דמפרש לקמן [ד׳ יז.] או אל הנזיד אור״י דנפקא ליה מוהבשר אשר יגע בכל טמא לא יאכל (ויקרא ז׳) אפי׳ באוכל ותרומה נפקא לן כיון דלא מצינו למימר מקרא מלא דבר הכתוב דהא איכא קדשים דעושין כיוצא בהן נוקי קרא בדדמי טפי דהיינו חולין:

דאיכא משקין בהדי בשר. מכאן מדקדק ריב״א *דמשקין מטמא בפחות מרביעית דסתם משקין דבהדי בשר לית בהן רביעית ולקמן (דף יז:) נמי אמרו גבי מים אבל פחות מרביעית טמאים והא דאמר בפרק אין מעמידין (ע״ז דף לח. ושם) גבי יין נסך דמטמא טומאת משקין ברביעית ובפ״ב דנדה (דף יט:) גבי דם הירוק וכמה דוכתין אומר ריב״א דבפסול גוויה איירי דשיעורו ברביעית כדאמר במעילה בפרק קדשי מזבח (דף יז:) דכל המשקים מצטרפין לפסול הגוויה ברביעית ור״י מפרש דהא דבעינן רביעית היינו בהכך דעיקר טומאה לאו דאורייתא כגון סתם יין כותים ודם הירוק דלפי׳ ביותר מרביעית לא מטמא מדאורייתא אבל שאר משקין מדאורייתא בכל שהוא ור״ת אומר דמדאורייתא בעינן רביעית לטמא אחרים אבל מדרבנן מטמא אחרים בכל שהוא ולפי׳ נ״ל דהשתא לא מסיק אדעתיה שאוכל יטמא אוכל אפילו מדרבנן מדאיצטריך לאוקמא במשקין ומדרבנן ולא מוקי כמסקנא דאוכל מטמא אוכל מדרבנן ואף על גב דאין אוכל מטמא אוכל אפילו מדרבנן מכל מקום משכחנא שלישי ע״י עגים ולבונה או על ידי משקין דהכתי לא גזרו דכל הפוסל את התרומה מטמא משקין להיות תחלה:

עם בשר ומשקין מיבעי ליה. וא״ת אמאי לא פריך מאי איריא שנטמא באב הטומאה אפי׳ בראשון ושני נמי כדפריך לקמן על ר״ע וי״ל משום דרבי חנינא קאמר מימיהם של כהנים משמע שמעולם כך הוא אף קודם י״ח דבר דגזרו דכל הפוסל התרומה מטמא משקין להיות תחלה דבפ״ק דשבת (דף יד: ושם) מוקי האוכלין והכלים שנטמאו במשקין במשקין הבאים מחמת ידים ולפי שגזרו דידים פוסלין התרומה עושין המשקין שנגעו בהן תחלה:

מאי קא משמע לן דשלישי מותר לעשותו שני היינו הך. למ״ד אין אוכל מטמא אוכל מדאורייתא לא פריך דלדידיה הוסיף דמותר לעשות אף שני דאורייתא: ואילו בחלל

עין משפט נר מצוה

קג א מיי׳ פי״ט מהל׳ פסולי מוקדשין הי״ו:
קד ב ג מיי׳ פ״ג מהל׳ חמץ ומצה הל׳ ד:
קה ד מיי׳ פי״ט מהל׳ פסולי מוקדשין הי״ו:
קו ה מיי׳ פ״ו מהלכות אבות הטומאה הל׳ א סמג עשין רמז:
קז ו מיי׳ פי״ט מהלכות פסולי מוקדשין הל״ו:

[ועי׳ תוס׳ עירובין נט. ד״ה היה אוכל ותוי״ומא פ: ד״ה ותלה ובחולין פו: ד״ה כל משקה וכריתות יג: ד״ה והלב]

גליון הש״ס

תוס׳ ד״ה דאיכא. דמשקין מטמא בפחות מרביעית כו׳ עי׳ ברש״י לקמן דף יז ע״ב ד״ה אבל לית בהו רביעית:

רבינו חננאל

שאול אומר שתי פרות היו חורשו׳ בהר המשחה כו׳: מתני׳ אמר רבי חנניה סגן הכהנים מימיהן של כהנים לא נמנעו מלשרוף הבשר שנטמא בוולד הטומאה עם הבשר שנטמא באב הטומאה כו׳ נקוט האי כללא בידך השרץ וכיוצא בו הוא אב הטומאה כדתנן אבות הטומאות השרץ ושכבת זרע וטמא מת כו׳ והנוגע בהן נקרא ולד ראשון והנוגע בולד נקרא ולד שני והנוגע בולד [שני] נקרא ולד שלישי אקשי׳ אמתני׳ מכדי בשר שנטמא בולד הטומאה ולד שני הוא כי שריף ליה בהדי בשר שנטמא באב הטומאה הלא נעשה הנוגע באב הטומאה ולד ראשון כי נגע באחר משוי ליה ולד שני כי בבשר שהיה ולד שני לא הוסיף לו טומאה ולד שני היה וגם עתה כשנגע בו הולד הראשון נעשה ולד שני מה הוסיף לו דקתני במתני׳ אע״פ שמוסיף לו טומאה על טומאתו ופריק רב יהודה ולד דמתני׳ ולד שני שעשה הבשר שנגע בו ולד שלישי עשאו שני הנה הוסיף לו טומאה שעד עתה היה ולד שלישי ועכשיו נעשה שני ואקשי׳ היאך הבשר שהוא אוכל יטמא אוכל כיוצא בו והתניא יכול יהא אוכל מטמא אוכל ת״ל וכי יותן מים על זרע וגו׳ הוא טמא ואין עושה טמא כיוצא בו הניחא למאן דאמר בחולין אינו עושה ולמאן דאמר בחולין ובתרומה נמי אין עושה אבל בקדשים עושה טומאה כיוצא בה שפיר דהני קדשים נינהו אלא לרבינא דאמר אפילו קדשים אין עושה אוכל טמא כיוצא בו מאי איכא למימר ופריק רב נחמן בר יצחק מהא דתנן [פרה פ״ח] אין כלי חרס מטמא (חבית) [חבירו] אלא במשקה נטמא המשקה מטאהו הכא נמי כגון דאיכא משקין בהדי האי בשרא דמטמ׳ הבשר מחמת משקין ונדחת (ואפי׳) [אלא נהי] דאין אוכל מטמא אוכל מדאורייתא ומתני׳ דקתני בשר מטמא בשר אחר מדרבנן: מתני׳ הוסיף ר׳ עקיבא מימיהם של כהנים כו׳. אקשי׳ מכדי שמן שנפסל בטבול יום מאי הוא שלישי כי הטבול יום פוסל ואינו מטמא והשלישי פוסל ואינו מטמא דתנן בתרומות פ״ב הראשון והשני שבתרומות טמא ומטמא והשלישי פסול ולא מטמא דתנן בטבול יום פ״ב המקפה של תרומה והשום והשמן של חולין ונגע טבול יום במקצתו פסל את כלן נמצא זה השמן פסול והוא כמו שלישי כדנגע בית בזה השמן הנר שנטמא מת שני הוא כי הנר הוא ולד ראשון והשמן שנגע בנר נעשה ולד שני מאי קמ״ל ר׳ עקיבא שלישי מותר לעשותו שני היינו דר׳ חנניה סגן

עין משפט נר מצוה

קח א מיי' פ"ז מהלכות אבות הטומאה הלכה ה:
קט ב מיי' פ"י שם הלכה ג:

[דהוי ליה לכתוב בחלל כמו למעל' הנוגע בעצם או בחלל אלא הכי כתב חרב מיותר להורות דהחרב הרי הוא כחלל ערוך ערך חל]

°בחלל חרב * *חרב הרי הוא כחלל והויא ליה אב הטומאה וקסבר שלישי מותר לעשותו ראשון ומאי דוחקיה דרב יהודה לאוקמיה בנר של מתכת נוקמיה בנר של חרס ומאי הוסיף דאילו התם טמא וטמא ואילו הכא פסול וטמא אמר רבא מתניתין קשיתיה מאי איריא דתני נר שנטמא בטמא מת ניתני שנטמא בשרץ אלא איזהו דבר שחלוקה טומאתו בין טומאת מת לשרץ הוי אומר זה מתכת *אמר רבא ש"מ קסבר ר"ע *טומאת משקין לטמא אחרים דאורייתא דאי ס"ד דרבנן מכדי האי נר מאי קא מהניא להאי שמן אי לאיפסולי גופי' הא פסול וקאי ממאי דילמא לטמא אחרים מדרבנן אי מדרבנן מאי איריא באב הטומאה אפילו בראשון ושני נמי תחלה הוי *דתנן *כל הפוסל את התרומה מטמא משקין להיות תחלה *חוץ מטבול יום אלא ש"מ דאורייתא היא: א"ר מאיר מדבריהם למדנו וכו': מדבריהם דמאן אילימא מדברי ר' חנינא סגן הכהנים מי דמי התם טמא וטמא הכא טהור וטמא ואלא מדברי ר"ע מי דמי התם פסול וטמא הכא טהור וטמא נימא קסבר רבי מאיר מתניתין באב הטומאה דאורייתא וולד הטומאה דרבנן דמדאורייתא טהור מעליא ומאי

בחלל חרב. הקיש חרב לחלל מתכת שנגע במת הרי הוא אבי אבות הטומאה כמת עצמו ושנגע בטמא מת הרי הוא אב הטומאה כמוהו גזירת הכתוב הוא במתכת אצל טומאת מת ולא אצל שאר טומאות: **וס"ל**. נר אב הטומאה וכשנותן שמן שלישי לתוכו נעשה ראשון: **נוקמה בנר של חרס**. דאינו אלא ראשון כנוגע בטמא מת ואשמעינן ר"ע דשלישי מותר לעשותו שני ודקאמרי לך מאי הוסיף אדר' חנינא הוסיף טובא דאילו התם גבי בשר קדשים כי שריף שלישי בהדי ראשון ועשאו שני טמא היה מתחלה לטמא אחרים שהשלישי עושה רביעי בקודש ועכשיו כשהוא שני הוי טמא כלומר לא נשתנה שמו לקלקול יותר מבראשונה ואילו גבי עדותו של ר"ע גבי תרומה קאי דאילו שמן קודש אינו אלא של מנחות ונאכל הוא ואינו ראוי להדליק נר ואם נטמא אינו קודש שנתנו במנחה משקדש בכלי אין לו היתר לכהנים ונשרף בקודש בבית הדשן כשאר פסולי קדשי קדשים אבל שמן תרומה שנטמא הכהנים מדליקין בו דכתיב נתתי לך את משמרת תרומותי בשתי תרומות הכתוב מדבר אחת תרומה טהורה ואחת תרומה טמאה ואמר רחמנא שלך הוא להסיק' תחת תבשילך ביבמות בפ' הערל (דף עג.) ושמן שלישי של תרומה אינו טמא לטמא אחרים אלא פסול דאין שלישי עושה רביעי בתרומה וכי הדר עביד ליה שני ה"ל טמא: **מפני' קשיתיה**. לרב יהודה מאי איריא דתני טמא מת אי בנר של חרס קאי ובראשון עסקינן למה לי דנקט שקיבל טומאה זו מאב הטומאה' של מת ליתני שנטמ' בשרץ ואנן קי"ל דאין כלי מקבל טומאה אלא מאב הטומאה ומה לי אב הטומאה דמת מה לי אב הטומאה דשרץ אלא מדנקט מת ש"מ בנר של מתכת עסקינן דיש חילוק בו בין נגיעת אב הטומאה דמת לאב הטומאה דעלמא ואשמעי' דבנר שהוא עצמו אב הטומאה קאמר: **ש"מ**. מדקאמר הוסיף ר"ע קסבר טומאת משקים לטמא אחרים דאורייתא היא ודלא כהני תנאי דפירקין דאמרי לקמן* שאין משקין מטמא אוכל מן התורה אלא מדרבנן דאי ס"ד דאין משקין מטמאין אחרים אלא מדרבנן מאי תוספת דאוסיף ר"ע דאמר שהשמן שהיה שלישי עשאוהו ראשון ומה בכך האי נר אב הטומאה כי עשאו ראשון להאי שמן מאי מהני ליה אחרי שלא יטמא אחרים: **לאפסולי גופיה**. הוא דמהני ליה הא פסול וקאי: **דילמא**. אהני ליה שיטמא אחרים מעכשיו מדרבנן: **אי**. תוספת דרבנן אתא לאשמעי' מאי איריא דנקט שמדליקין אותו בנר אב הטומאה שעושין אותו להאי שמן ראשון דאורייתא א"כ אשמעינן שמדליקין אותו בראשון לטומאה או בשני לטומאה נמי תחלה הוי כלומר איכא נמי תוספת מדרבנן כי ההיא שנעשה ראשון מדרבנן ומטמא עוד שני ושלישי דהא גזור רבנן על המשקין שאפילו נגעו משקין בשני יעשו ראשונים: **דתנן כל הפוסל את התרומה**. כל הני דמייתינן בפ' יציאות השבת (דף יג:) גבי שמונה עשר דבר שגזרו עליהם תורת שניים לפסול את התרומה מטמאין משקין אפילו חולין להיות תחלה חוץ מטבול יום שפוסל לתרומה מן התורה וגזירת הכתוב היא ומ"מ איקלישא טומאה דידיה ולא גזרו ביה לעשות משקין תחלה דאין דברי תורה צריכין חיזוק ומשום דמשקין עלולים לקבל טומאה ומה היא עלילתן שמקבלין טומאה שלא בהכשר גזרו עליהן חומר הרבה שיהו כהנים נזהרין לשומרן: **אלא ש"מ**. מדמהדר למעבדיה ראשון דאורייתא ש"מ לטמויי אחרים ולעשותן שני דאורייתא קאמר כל סדר טומאה דאב עושה ראשון ראשון שני בחולין ותו לא ושני שלישי בתרומה ושלישי רביעי בקודש כולה מדאורייתא הוא בפירקין: **נימא קסבר ר"מ**. מדליף מדבריהן קסבר מתני' דר' חנינא בשר שנטמא באב הטומאה דקתני באב הטומאה דאורייתא דכל אב הטומאה דאורייתא הוא אבל בשר שנטמא בוולד הטומאה דקתני כגון שנטמא בוולד הטומאה דרבנן כגון כלי שנטמא במשקין דמדאורייתא אין אוכלין ומשקין מטמאין כלי שאין אוכל נעשה אב הטומאה ורבנן גזרו שיהיו משקין מטמאין כלי משום משקה זב וזבה שהן אב הטומאה כגון רוקו ומימי רגליו בפ"ק דנדה (דף ז:) והאי בשר נטמא בתוכו כלי דהוי וולד וולד הטומאה והכלי היא וולד וולד דרבנן שהמשקין היו וולד דרבנן ומדאורייתא טהור הוא והאי בשר שנעשה שלישי על ידו טהור גמור מן התורה הוא ואשמעינן ר' חנינא דכיון דאיכא עלה טומאה דרבנן מטמאין לה בראשון דאורייתא: ומאי

ואילו הכא פסול וטמא °אע"ג דשלישי של תרומה מטמא הקודש כמו שלישי דקודש דתנן במסכת טהרות (פ"ב משנה ז) שלישי שבכולן מטמא משקה קודש ופוסל אוכלי קודש והתרומה קאי °מ"מ אור"י דמגע טבול יום לא חשיב כשלישי דאפילו בקודש גופיה לא מטמא דבמעילה בפ' חטאת העוף (דף ח.) תנן חטאת העוף מועלין בה משהוקדשה נמלקה הוכשרה ליפסל בטבול יום ודייק בגמרא לאיפסולי אין לטמויי לא והכי סבר רבי עקיבא לקמן (דף יט.) בסולת והקטורת והלבונה וכו' מיהו תימה דשלישי דטבול יום יעשה רביעי מק"ו ממחוסר כפורים כדמסיק רבי יוסי שלישי דעלמא ונימא מה מחוסר כפורים שמותר בתרומה פסול בקודש שלישי דטבול יום שפסול בתרומה אינו דין שיעשה רביעי בקודש ואם יש שום מיעוט בשלישי דטבול יום א"כ כי עביד לקמן ק"ו נימא שלישי לטבול יום יוכיח ובירושלמי במסכת חגיגה פריך לה:

אפילו בראשון ושני נמי תחלה הוי. מכאן משמע דשמן חשוב משקה ולקמן (דף יז.) גבי משקה בית מטבחיא וכן בכמה דוכתי והא דתנן (טהרות פ"ג משנה ב) ר"מ אומר שמן תחלה לעולם וחכ"א אף הדבש ור"ש שזורי אומר היין פירוש דווקא יין אבל הכך לא ופסקינן בהקומץ רבה (מנחות לא.) דהלכתא כוותיה אור"ת דהתם מיירי בנקרש ואחר כך נימוח כדמשמע בתוספתא* דקאמר התם במה אמרו שמן תחלה לעולם בנקרש ואחר כך נימוח ובלא נקרש משמע דכ"ע מודו וכן משמע בריש פ"ג דמסכת טהרות (משנה א) דקתני התם הרוטב והגריסין וחלב ושמן שהן משקה טופח הרי הן תחלה קרשו ואח"כ נימוחו הרי הן שניים ובתר הכי קתני ר"מ אומר השמן תחלה לעולם והיינו לעולם אפי' קרשו והא קאי ר"ש שזורי והכא משמע ליה בלא נקרש*: **הכא** טהור וטמא. הקשה ר"י לוקמ' בז' דאסור מדאורייתא והיינו מדבריהם כי היכי דשלישי דאורייתא מותר לעשותו שני ה"נ איסור דאורייתא ורבי יוסי דאמר אינה היא המדה אית ליה דלית לן למילף איסור מטומאה כמו שמפרש לקמן לר"ל משום בר קפרא דלא ילפינן איסור מטומאה ואור"י דלא בעי לאוקמא בשבע דשורפין תרומה טהורה עם הטמאה משמע ליה כדרך שבני אדם רגילין לשרוף והיינו בשש: **התם** פסול וטמא והכא טהור וטמא. וקשה לר"י בשלמא למ"ד אוכל מטמא אוכל א"ש דלא יליף איסורא דרבנן בשעה ששית מפסול דאורייתא אבל למ"ד אין אוכל מטמא אוכל מדאורייתא אמאי לא יליף שפיר כמו שמותר לעשות מפסול דאורייתא ראשון דאורייתא ה"נ מותר לעשות מאיסורא דרבנן שני דרבנן כדקמדמי בסמוך דקאמר נימא דקסבר ר"מ כו' ואור"י דלא דמי דמקלקול דאורייתא שיכול לקלקלו עוד יותר אין ללמוד שיוכל לקלקל קלקול דרבנן יותר אפי' בקלקול דרבנן אבל בסמוך מדמי שפיר קלקול איסור דרבנן לקלקול שלישי דרבנן תדע דהא ר' יוסי דס"ל לקמן (טז.) טומאת משקין לטמא אחרים דאורייתא וה"ל וולד טומאה דר' חנינא דאורייתא לא יליף מיניה איסורא דרבנן שיהא מותר לעשותו שני דרבנן דלמ"ד אין אוכל מטמא אוכל כששורפו עם טמאה לא הוי אלא שני דרבנן וא"ת למאי דמוקים לה בולד טומאה דרבנן °ר' חנינא נמי מוסיף אדר' עקיבא דמר"ע דאמר פסול מדאורייתא מותר לעשותו ראשון לא שמעינן שיהא שלישי דרבנן מותר לעשותו שני ובירושלמי פריך לה וקאמר למ"ד בולד טומאה דרבנן לא בא ר"ע אלא לפחות תיפתר בטבול יום דבית הפרס שהוא מדבריהם אך שמחליף דברי רבי יוחנן לבר קפרא: בלא

רבינו חננאל

מגן הכותים וטוקים רב יהודה למתני' בנר של מתכת דרחמנא אמר בחלל חרב ודייקי' מדהו' ליה למכתב בחלל כדכתי' [במדבר יט יח] ועל הנוגע בעצם או בחלל וכתי' וכל אשר יגע על פני השד' בחלל חרב או במת שמעי' מינ' דלא כתבו אלא ללמד כי החרב הרי הוא כחלל ותניא בספרי דבי רב בחלל חרב בא הכתוב ולמד על החרב שמטמא טומאת שבעה והנוגע בו טמא טומאת שבעה הא למדנו לכלים ולאדם וגו' וגרסי' בתחלת שחיטת חולין בענין טמא השוחט בקדשים האי טמא דאיטמי במאי אי נימא דאיטמי במת בחלל חרב כתיב וילפינן חרב הרי הוא כחלל אב הטומאה [הוא] מטייה לסכין תיול סכין תטמיה לבשר נתברר כי כל כלי מתכת הנוגעים בטמא מת הן אב והשמן שהיה שלישי עכשיו בנגיעתו בנר שנטמא בטמא מת נעשה ולד ראשון וקאמ' לן ר' עקיב' שלישי מותר לעשותו ראשון וכבר פרשנוהו בתחלת שחיט' חולין. וראינו לרבותינו הגאונים שהעמידו זה הנר שנהרג בו אדם הוא מכלל שאם לא נהרג בו אינו זה הרין עליו ונתקש'

אות ב' - ג'

<u>אינה היא המדה</u>

<u>תשרף זו לעצמה וזו לעצמה</u>

רמב"ם פ"ג מהל' חמץ ומצה ה"ד - היו לו ככרות רבות של תרומה [א]וצריך לשרפה ערב שבת, לא יערב טהורה עם הטמאה וישרוף, אלא שורף טהורה לעצמה וטמאה לעצמה ותלויה לעצמה, ומניח מן הטהורה כדי לאכול עד ארבע שעות ביום השבת בלבד.

אות ד'

<u>בוולד וולד עסקינן</u>

רמב"ם פי"ט מהל' פסולי המוקדשין ה"ו - ע"ל אות א'.

אות ה'

<u>נהי דאין אוכל מטמא אוכל מדאורייתא, מדרבנן מיהו מטמא</u>

רמב"ם פ"ז מהל' שאר אבות הטומאה ה"א - דבר מפורש בתורה שהאוכלין והמשקין מתטמאין, שנאמר: מכל האוכל אשר יאכל אשר יבא עליו מים יטמא וכל משקה אשר ישתה בכל כלי יטמא. ואין האוכל שנטמא מטמא אוכל אחר מן התורה, ולא המשקין שנטמאו מטמאין דבר אחר מן התורה. אבל מד"ס גזרו על האוכל הטמא שאם נגע באוכל אחר, טימאהו, [ב]וכן אם נגע אוכל הטמא במשקין, טמאן. ואין אוכל מטמא כלי שנגע בו לעולם ואפילו מדבריהם. וכן גזרו על המשקין הטמאים שיטמאו אוכלין או משקין או כלים שנגעו בהן.

אות ו'

<u>בנר של מתכת עסקינן</u>

רמב"ם פי"ט מהל' פסולי המוקדשין ה"ו - ולא עוד אלא אפילו שמן שנפסל בטבול יום שהוא שלישי, מותר להדליקו בנר של מתכת שנגע בה טמא מת, שהנר אב הטומאה, אף על פי שזה השמן נעשה ראשון כשיגע בנר, הואיל ויש שם שום טומאה אין מקפידין על תוספתה, ואין נזהרין אלא מן הטהור שלא יפסל.

---

§ מסכת פסחים דף יד: §

אות א'*[ו]

<u>חרב הרי הוא כחלל</u>

רמב"ם פ"ה מהל' טומאת מת ה"ג - כלים שנטמאו במת בין במגע בין [ד]באהל, הרי הן לנוגע בהן כנוגע במת עצמו, מה המת מטמא הנוגע בו בין אדם בין כלים טומאת שבעה, אף כלים שנטמאו במת, הם והכלים או האדם שיגע בהן, טמאין טומאת שבעה, שנאמר: בחלל חרב או במת, מפי השמועה למדו שהחרב כמת, והוא הדין לשאר כלים, בין כלי מתכות [ה]בין כלי שטף ובגדים. הרי הוא אומר: כל הורג נפש וכל נוגע בחלל, וכי תעלה על דעתך שזה ירה חץ והרג או זרק אבן והרג נטמא שבעת ימים, אלא הורג נפש בחרב וכיוצא בה, שנטמא בנגיעתו בכלי שהרג בו, שהרי נגע הכלי במת; ומנין שאף הכלים הנוגעין באדם שנגע שטמאים טומאת שבעה, שהרי הוא אומר: וכבסתם בגדיכם ביום השביעי וטהרתם, הא למדת שכל אדם הטמא טומאת שבעה מטמא בגדים טומאת שבעה.

הגהת הראב"ד: והוא הדין לשאר כלים וכו'. א"א אנו אין לנו אלא [ג]בחרב, או בחבורין בשאר כלים, וכל המקראות אינן אלא בחבורין.

אות א'

<u>כל הפוסל את התרומה מטמא משקין להיות תחלה</u>

רמב"ם פ"ז מהל' שאר אבות הטומאה ה"ה - כבר ביארנו שהאוכלין והמשקין שנגעו באב מאבות הטומאות, הרי הן ראשון לטומאה, וכן אם נגע אוכל באדם או בכלי שנטמא באב, הרי אותו האוכל שני לטומאה, ואוכל שנגע בזה השני, נקרא שלישי לטומאה, ואם נגע השלישי באוכל

באר הגולה

א ‹תימה דמשמע דדוקא היכא דצריך לשרפה ערב שבת, וכגון שחל להיות ערב פסח בשבת, דאכתי לא מטא זמן איסורא, אבל אי הוה מטא זמן איסורא, וכגון שחל להיות ערב פסח בשאר ימי השבוע, אפילו יערב טהורה עם טמאה או תלויה לית לן בה, ובגמרא דברו בסתם ולא חלקו, וצ"ע - כסף משנה› ב ‹משמע דגם זה גזרה מד"ס, ומש"כ ברישא גבי אוכל שנגע באוכל אחר, י"ל דגם משקה בכלל אוכל, ומש"כ גבי משקין שנטמאו אין מטמאין דבר אחר, היינו משום דבעי לסיים בסיפא דמדרבנן מטמאין אפי' כלים, לכן הקדים ברישא שמה"ת אין מטמאין שום דבר, אבל אוכלין שגם מדרבנן אין מטמאין כלים, לכן כ' ברישא שאין מטמאין אוכל מה"ת, ומשקה בכלל אוכל, אבל כלים פשיטא שהרי אפי' מדרבנן אין מטמאין - דרך אמונה, ודלא כמו שלומד החזו"א ע"ש› ג ‹ע"פ מהדורת נהרדעא› ד ‹והיינו לענין אם נגע באחרים, אבל אם האהיל עליהם לא - כסף משנה› ה ‹וכדעת ר"י ולא כר"ת ורש"י - כסף משנה› ו ‹הדבר מבואר שרבינו והראב"ד פליגי בפלוגתא דר"י ור"ת - כסף משנה›

רביעי, ה"ז נקרא רביעי לטומאה; בד"א באוכלין, אבל המשקין, אחד משקה שנגע באב הטומאה או שנגע בראשון או שנגע בשני, הרי אותו המשקה תחלה לטומאה, ומטמא את חבירו וחבירו את חבירו אפילו הן מאה, שאין מונין במשקין; כיצד, יין שנגע באב הטומאה או בראשון או בשני, הרי יין זה כראשון לטומאה, וכן אם נגע יין זה בשמן, ושמן בחלב, וחלב בדבש, ודבש במים, ומים ביין אחר, וכן עד לעולם, כולן ראשון לטומאה, וכאילו כל אחד מהן נטמא באב תחלה; וכולן מטמאין את הכלים; וכן כלי שנטמאו אחוריו במשקין, ונגעו משקין אחרים באחורי הכלים הטמאין, אפילו היו משקין חולין, נעשו המשקין האחרים תחלה לטומאה, ומטמאין כלים אחרים ועושין אותן שניים, ואין צ"ל שהן מטמאין אוכלין ומשקין אחרים.

אות ב'

חוץ מטבול יום

רמב"ם פ"י מהל' שאר אבות הטומאה ה"ג - טבול יום פוסל אוכלי תרומה ומשקה תרומה ואוכלי הקדש ומשקה הקדש, פוסל הכל; כיצד, טבול יום שנגע באוכלין של תרומה, עשאן שלישי לטומאה, מפני שהוא שני, וכן אם נגע במשקין של תרומה, טמאין והרי הן שלישי לטומאה; נגע טבול יום במשקין של קדש, טימאן והרי הן [ז]רביעי לטומאה, וכן אם נגע באוכלי הקדש, עשאן רביעי; אבל אם נגע באוכלין חולין ומשקה חולין, הרי הן טהורין; ודין מחוסר כפורים וטבול יום בנגיעת הקודש אחד הוא; הרי נתבאר לך מכל אלו הדברים, שאין שם משקין שניות לעולם, אלא המשקין תחילה לעולם, חוץ ממשקין שנגע בהן טבול יום, שהן שלישי אם היו תרומה, או רביעי אם היו קדש.

---

§ מסכת פסחים דף טו. §

אות א' – ב'

שאם יכול להציל ממנה רביעית בטהרה יציל

ואם לאו... אף יטמאנה ביד

רמב"ם מהל' תרומות פי"ב ה"ד - חבית שנשברה בגת העליונה והתחתונה טמאה, אם יכול להציל ממנה רביעית בטהרה, יציל; [ח]ואם לאו, יציל בידיו בלא נט"י, ואף על פי שהוא מטמאה, כמו שיתבאר בענין טהרות.

באר הגולה

[ז] ‹כתב מרן בכ"מ, דרבינו פסק כחכמים שאמרו, כשם שהוא פוסל משקה תרומה ואוכלי תרומה כך הוא פוסל משקה קדש ואוכלי קדש וכו'. **וקשה** לי, דמשמע מזה דדין הקדש כדין התרומה, ורבינו כתב דבתרומה עשאן שלישי אבל לקדש עשאן רביעי, **אבל** לפי מה שכתב רבינו בפ' שאחר זה, שבתרומה השלישי פסול ולא מטמא, ובקדש הרביעי פסול ואינו מטמא, א"כ מה שאמרו כשם שהוא פוסל משקה ואוכלי תרומה כך הוא פוסל משקה קדש ואוכלי קדש, הכוונה שכל אחד בדינו לפיסול, שהתרומה בשלישי והקדש ברביעי - נאם דוד›

[ח] ‹ס"ל להרמב"ם דלטמא בטומאה דאורייתא, וכגון לקבלה בכלים טמאים {כמו שפי' רש"י}, אסור, ורק בידיו בלא נט"י דמטמאות תרומה מדרבנן, מותר. **והנה** להלן בהל' ה' שם כתב הרמב"ם וז"ל, וכן חבית שמן שנשפכה, אם יכול להציל רביעית בטהרה יציל, ואם לאו יציל בטומאה, שכיון שנשברה החבית אינו מוזהר שלא להציל בטומאה מפני שהוא בהול, עכ"ל. **ומדלא** נקט הרמב"ם גם התם דיציל בידיו בלא נט"י כדלעיל, רק כתב בסתמא יציל בטומאה, משמע דהתם שרי לטמאותה גם בטומאה דאורייתא, וצ"ע מ"ש דין חבית יין שנשברה מדין חבית שמן שנשפכה. **אכן** לפי מה שנתבאר בדעת הרמב"ם, דס"ל דגם בתרומה טמאה איכא קיום דין ומצוה ליהנות בשריפתה, א"כ הא נמצא דחבית שמן שנשפכה וחבית יין שנשברה חלוקים הם מהדדי ביסודם, דחבית שמן שנשפכה הרי ראוי להדלקה, וא"כ חייב להצילו לקיום מצותו, וכמו ביכול להציל ממנה בטהרה, דחייב להציל התרומה לקיום מצותה, ה"ה באינו יכול להציל בטהרה דכוותה, דחייב להציל בטומאה, כיון דגם בטמאה איכא קיום מצות תרומה, **משא"כ** בחבית יין שנשברה, הרי ליכא שום קיום מצוה ביין טמא, דהא דעת הרמב"ם דאין מזלפין ביין שנטמאו, יעו"ש בדברי הכ"מ, וא"כ אין חיוב כלל להציל היין, אלא משום הפסד החולין התירו להציל בידיו בטומאה דרבנן, אבל ליכא חיוב להציל כלל, כיון דאין בו שום קיום דין ומצוה, ומשו"ה אינו מותר לטמאותו בטומאה דאורייתא, ומיושבים היטב דברי הרמב"ם. וכדברינו הוא באור שמח יסוד הדברים בדעת הרמב"ם לחלק בין שמן ליין, אבל מבאר באופן אחר קצת - חידושי הגרי"ד›

ומאי מדבריהם מדברי ר' חנינא סגן הכהנים אמר ריש לקיש משום בר קפרא מתניתין באב הטומאה דאורייתא וולד הטומאה דאורייתא ומאי מדבריהם מדברי ר"א ורבי יהושע הי ר' יהושע אילימא הא רבי יהושע דתנן *חבית של תרומה שנולד לה ספק טומאה רבי אליעזר אומר אם היתה מונחת במקום התורפה יניחנה במקום המוצנע ואם היתה מגולה יכסנה רבי יהושע אומר אם היתה מונחת במקום המוצנע יניחנה במקום התורפה ואם היתה מכוסה יגלנה מי דמי התם גרמא בעלמא הכא בידים אלא הא ר' יהושע דתנן *חבית של תרומה שנשברה בגת העליונה ותחתונה חולין טמאין מודה ר"א ורבי יהושע *שאם יכול להציל ממנה רביעית בטהרה יציל ואם לאו ר"א אומר תרד ותטמא ואל יטמאנה ביד *רבי יהושע אומר ׳אף יטמאנה ביד אי הכי האי מדבריהם מדבריו מיבעי ליה ה"ק ממחלוקתן של ר"א ור"י למדנו דיקא נמי דקתני מודה ר"א ור' יהושע ש"מ וכן א"ר נחמן אמר רבה בר אבוה מתני' באב הטומאה דאורייתא וולד הטומאה דאורייתא ומאי מדבריהם מדברי ר"א ורבי יהושע איתיביה רבא לרב נחמן *אמר רבי יוסי אין הנדון דומה לראיה שכשהעידו רבותינו על מה העידו אם על הבשר שנטמא בוולד הטומאה ששורפין אותו עם הבשר שנטמא באב הטומאה זה טמא וזה טמא אם על השמן שנפסל בטבול יום שמדליקין אותו בנר שנטמא בטמא מת זה פסול וזה טמא אף אנו מודים בתרומה שנטמאת בוולד הטומאה ששורפין אותה עם התרומה שנטמאת באב הטומאה אבל היאך נשרף התלויה עם הטמאה שמא יבא אליהו ויטהרנה

הפיגול

רש"י

ומאי מדבריהם. דר' מאיר: **מדברי ר' חנינא.** דתרומה טהורה בשש שעות דמיא להוא דשלישי דטהור דאורייתא וטמא דרבנן והא נמי שריפה מדאוריי' עד תחלת שבע ואסורה מדרבנן וכיון דאשמעינן ר' חנינא דמטמאין טומאה דרבנן בטומאה דאורייתא דמטמאה ליה מדרבנן אוכל את אוכל מטמאין נמי תרומה טהורה דאסורה מדרבנן בטומאה דתרומה טמאה דאורייתא דלא מטמיא לה אלא מדרבנן דאין אוכל מטמא אוכל אלא מדרבנן: **ר"ל.** לא מדחק לאוקמה הכי דמאי מדבריהם דקאמר מדברי רבי אליעזר ורבי יהושע קאמר ולאו אמתני' קאי ר"מ אלא בעלמא קאי והכי קאמר מדברי סופרים שמענו ששורפין כו' ומאן נינהו סופרים רבי אליעזר ור' יהושע והאי עדות דר' חנינא ורבי עקיבא לא שייך גבי פסח ואיידי דבעי לאוריי ששורפים קדש טהור עם הטמא נקט לה: **שנולד.** שאירע כגון שנכנס אדם לשם ספק נגע בה ספק לא נגע: **התורפה.** הפקר: **יניחנה במקום המוצנע.** עדיין מוזהר על שמירתה וטעמא מפרש בבכורות בפ' (*עד כמה) את משמרת תרומותי שתים במשמע אחת תרומה טהורה ואחת תלויה ואמר רחמנא עביד לה שימור: **יניחנה במקום התורפה.** כלומר אם רצה יכול לגרום לה טומאה דקסבר יש אם למסורת ותרומותי כתיב אלמא ממעטינן ליה לרבי יהושע דכיון דאינה ראויה אלא להדלקה יכול לגרום לה טומאה והא נמי אפי' טהורה בת ביעור היא ומטמאינן אותה: **חבית של תרומה בגת העליונה.** היינו עדשים של גת שקורין מייט"ש שהמכבי' בתוכה: **ותחתונה.** היינו בור שהיין יורד לתוכו: **טמאין.** חולין טמאין יש בה ורגליים לו בימי טומאתו או למי שאינו אוכל חולין בטהרה ואם תפול תרומה זו לתוכו ה"ל מדומע טמא ולא חזי לישראל משום תרומה ואפי' טהורה ולא למכור לכהן דכיון דטמאה היא אסורה ביבמות בהערל (דף עג:) נפקא לן שהאוכל תרומה טמאה עובר בעשה בעשריך תאכלנו לזה הטמא והטהור יחדו ולא לאחר: **מודה ר"א ור' יהושע.** אע"פ שנחלקו באין יכול בספיקה מודין ושוין הן בכך שאם יכול להציל ממנה רביעית בטהרה אם יכול לחזר אחר כלים טהורין ולקבל קודם שתרד כולה לתוך הטמאין ויקבל הימנה רביעית הלוג: **יציל.** יחזר אחריהן ואל יקבלנה בכלים טמאין כדי להציל את החולין שלא יתערב ממנה בהן ויאסרו ואע"פ שבתוך כך ירד ממנה לתוכם ויפסדו לא מטמאינן לה לתרומה משום הצלת חולין: **ואם לאו.** שלא ימצא כלי טהור וסוף סוף לטומאה אזלא כולה בזו נחלקו רבי אליעזר ור' יהושע דר' אליעזר אומר אעפ"כ תרד ותטמא מאליו ויפסיד החולין ואל יטמאנה ביד כדי להצילן ר' יהושע אומר יטמאנה ביד אלמא לרבי יהושע כיון דסופה לאיבוד שרי לטמוייה ביד ובפסח נמי לא שנא ור' מאיר מדברי יהושע יליף: **ממחלוקתן למדנו.** שהרי הלכה כרבי יהושע בטהרות דרבי אליעזר שמותי הוא שלא לקבוע הלכה כמותו מפני תנורו של עכנאי בב"מ (דף נט:): **דיקא נמי.** דר"מ מדרבי יהושע יליף מדקא מהדר ליה רבי יוסי אינה היא מן המדה דמודה ר"א ורבי יהושע בזו ש"מ מינייהו הוה יליף לה ולקמיה פריך אמאי אינה היא המדה: **א"ר יוסי.** לר"מ אין הנדון דומה לראיה כגון שריפת חמץ בפסח שאתה דן ולמד מאלו אינו דומה לדברים שאתה מביא ראיה מהן עליו על מה העידו שתוכל ללמוד מהן: **זה טמא וזה טמא.** שלישי בקודש טמא הוא והראשון שהוא נשרף עמו טמא הוא: **שמא יבא אליהו.** לאחר זמן ויאמר טהורה היתה ונמצא למפרע שטימאנו תרומה בידים אף על פי שהיא טעונה שריפה מפני איסור חמץ אסור לטמאה בידים:

הפיגול

תוספות

באב הטומאה דאורייתא. נראה לר"י דלהכי נקט דאורייתא משום דאיכא אב הטומאה דרבנן כגון מגע נעת שבכרה ובית הפרס וארץ העמים והרבה כיוצא בהן והא דנקט דאורייתא לא נפקא מינה מידי למ"ד אין אוכל מטמא אוכל דמ"מ לא מטמא אלא מדרבנן ולא נקט דאורייתא אלא משום דבעי למימר ולד טומאה דרבנן דהוי דוחק דרבנן: **ולד** טומאה דרבנן. פ"ה כגון כלי שנטמא במשקין והק' ה"ר יעקב דאורליינ"ש א"כ היכי יליף רבי מאיר מדברי ר' חנינא הא בשר קודש שנטמא מכלי שנטמא במשקין אינו נשרף אלא בעיבור צורה כדמוכח במס' חגיגה (דף כג. ושם) ובפ' על אלו מומין (בכורות דף לח. ושם) דקאמר כלי שנטמא במשקין אחוריו טמא ותוכו ואוגנו וידיו טהורין דעבוד בהו רבנן היכרא דלא לישרוף עליה תרומה וקדשים ומאחר שנעש' נותר אפי' היה טהור לגמרי מותר לשורפו עם הטמא' כדמוכח לקמן (ע"ב) מיהו אי עיבור צורה היינו לינה בעלמא אע"ג דלא הוי נותר לא קשה מידי ולפרש"י איכא היא מן המדה דר' יוסי היינו דלא מדמינן איסור דרבנן לטומאה דרבנן ונראה לר"י דוולד טומאה דרבנן היינו כדמפרש ר' ירמיה הכא בבשר שנטמא במשקין ור' מאיר לטעמיה וכו' ור' יוסי לטעמיה דאמר טומאת משקים לטמא אחרים דאורייתא אע"ג דבכלי שנטמא במשקין אין שורפין קדשים אלא בעיבור צורה בבשר טומאה דרבנן שורפין דלא כל הטומאות שוות ואור"י דלמ"ד אוכל מטמא אוכל לא איצטריך לאוקמא לעיל בולד ולד אלא לרבי יוסי דאמר (א) משקין לטמא אחרים דאורייתא והוי ולד טומאה דאורייתא אבל לרבי מאיר דהוי ולד טומאה דרבנן בלא ולד ולד איכא תוספת טומאה דמעיקרא טמא דרבנן והשתא כששורפין טמא דאורייתא הקשה ר"י למ"ד אין אוכל מטמא אוכל מדאוריי' א"כ לר' יוסי לא משכחת שלישי דאורייתא אלא שנגע שלישי במשקין שנגעו באוכל ראשון א"כ מאי תוספת טומאה איכא כששורפו עם הבשר שנטמא באב הטומאה דכיון דאין אוכל מטמא אוכל לא הוי שני אלא מדרבנן ובלאו הכי הוי שני דרבנן כיון שנטמא מן המשקין דהוי תחלה ואור"י דאכתי לא נגזרה גזירה דכל הפוסל התרומה מטמא משקין להיות תחלה כדפי' לעיל א"כ דהאי שלישי נטמא בעלים ולבונה כדפירש ר"ת לקמן גבי רביעי בקדש וסבירא ליה השתא דחיבת הקודש מהני למימני ביה ראשון ושני אע"ג דר"ל בעי לה (לקמן דף כ.) ולא איפשיט: **דמדאורייתא** טהור מעליא הוא. הקשה ר"י היכא למ"ד אוכל מטמא אוכל יליף שפיר איסור דרבנן לעשותו שני משלישי מדרבנן אע"ג דאיסור הוי כמו פסול ולעיל משמע דטמא ופסול איכא שוין דחשיב ליה הוסיף מ"מ בטומאה דרבנן לא משמע ליה לחלק אלא למאן דסבר אין אוכל מטמא אוכל מדאורייתא מאי קסבר אי קסבר דיש להשוותם א"כ בלא שום ראיה יהא איסור דרבנן מותר לעשותו שני דרבנן ואי קסבר דאין להשוותם אם כן היכי יליף משלישי וי"ל דלא יליף טפי אלא מכיון דחזינא דשלישי שהוא מקולקל דרבנן מותר לעשותו שני א"כ אין לחלק בין דרבנן לדאורייתא וילפינן איסורא דרבנן מפסול דאורייתא לרבי עקיבא דמותר לעשותו טמא ואור"י דהא דשרי ר' יהושע במתני' לשרוף תלויה עם הטמאה לר' יוסי היינו תלויה דאורייתא דלדידיה שלישי דרבנן אסור לעשות שני:* **ולד** טומאה דאורייתא. הכא דקיימינן אליבא דר"ל לא אשכחן שלישי דאורייתא למ"ד אין אוכל מטמא אוכל אלא ע"י משקין והא הוי שני דרבנן ומאי תוספת איכא וי"ל דלא נגזרה גזרה עדיין דכל הפוסל וכו' כדפי' וע"י עלים ולבונה ליכא לאוקמה דר"ל הוא דבעי בפ"ב דחולין (דף לו.) אי מהני חיבת הקודש למימני ביה ראשון ושני והא דנקט ר"ל ולד טומאה דאורייתא כלומר אפי' אם נאמר בולד טומאה דאורייתא איכא לפרושי מדבריהם דר' אליעזר ור' יהושע א"נ נקט דאורייתא לאוקמא אפי' לר"א אבל לר' יהושע אפי' שלישי דרבנן מותר לעשותו שני וכן חמץ בשש שעות שהוא איסור דרבנן יליף ר"מ מדבריו של רבי יהושע: **מדברי** ר"א ור' יהושע. והא דתני במתני' מילתיה דר' חנינא ור"ע משום דר' יוסי קטעי וסבר דר"מ מר' חנינא סגן הכהנים קאמר כדקאמר בסמוך: **חבית** שנולד לה ספק טומאה. פירש הקונטרס כגון שנכנס שם אדם טמא ולא

עין משפט נר מצוה

קי א ב מיי' פי"ב מהל' תרומות הלכה ד :

רבינו חננאל

דמתני' סבר שיש לאדם לטמא התרומה הטהורה בידים לא שנא אב הטומאה ולא שנא ולד הטומאה הכל מדאוריי' ומאי מדבריהם מדברי ר' יהושע דחבית של תרומה שנולד בה ספק טומאה ואמר ר' יהושע אם היתה מונחת במקום מוצנע יניחנה במקום תורפה ואם היתה מכוסה ינלנה כלומ' יעשה אלו הדברים אולי יפול בה שרץ או יבא אדם טמא ויגע בה ותטמא כדי לידעת ממנה דכתיב (במדבר יח ח) ואני הנה נתתי לך את משמרת תרומותי בשתי תרומות הכתוב מדבר אחת תרומה טהורה ואחת תרומה טמאה וכתיב ונתתי לך בשתיהן הכתו' מדבר ומפורש ביבמות בפ' הערל דאמר ר' אבהו כתיב לא בערתי ממנו בטמא ממנו אי אתה מבעיר אבל אתה מבעיר בשמן של תרומה שנטמא ודחי' אימור דאמר ר' יהושע לגרום לו טומאה בעלמ' אבל לטמא' בידים מי אמר אלא הא רבי יהושע דתני בחבית של תרומה שנשברה בגת העליונה והתחתונה טמאה [רבי יהושע אומר] אף יטמאנה ביד ודחי אי הכי מדבריו היה צריך לשנות התנא כלומר שהוא ר' יהושע לבד למה שנה מדבריה' וקשיא לן ולמה לא דחה בזו התשובה בתיובתא דאתב"ל למעלה מזו(אלא פרק לו כגון שנולד בה ספק טומאה) ואית לן לשנויי לפי שכך דרך התלמוד כל מקום שיש ראיות לדחות דברי המקשה שתים שלש דוחה באחת מהן ואע"פ שיש אחרות וכששתבר את ישיב אחרת ופרקי' עכשיו בזו הכי קאמר ממחלוקתן של ר' אליעזר ור' יהושע שמעי' הכי ואמרי' דיקא נמי דקתני מודה ר' אליעזר ורבי יהושע ש"מ : וכן אמר רב נחמן מתני' באב הטומאה דאורייתא ולד הטומאה דאורייתא ותרוויהו טמאה דאורייתא היא ומאי מדבריהם מדברי ר' אליעזר ור' יהושע : איתיביה רבא אמר ר' יוסי אין הנדון דומה לראיה שכשהעידו רבותינו לא העידו אלא על הבשר שנטמא בולד הטומאה ששורפין אותו עם הבשר שנטמא באב

הגהות הב"ח

(א) תוס' ד"ה ולד טומאה דרבנן וכו' לר' יוסי דאמר טומאת משקין :

ע"כ שייך לעיל ע"ב

מסורת הש"ס

לקמן כ: בכורו' לג: [תרומות פ"ח מ"ח]

[בכורות לג:]

תרומות שם [מ"ט] [לקמן כ: מנחות מח.]

[עי' דר' יהושע ליתא במשנה ע' בתרומות ופי' ר"ש שם]

לקמן כ: תוספתא פסחים פ"א ע"ס

הפיגול והנותר והטמא בית שמאי אומרים אין נשרפין כאחת וב"ה אומרים *נשרפין כאחת ואי סלקא דעתך ר"מ מדברי רבי יהושע קאמר אמאי מהדר ליה ר' יוסי מדר' חנינא סגן הכהנים א"ל רב נחמן רבי יוסי לאו אדעתיה דהוא סבר ר"מ מדברי חנינא סגן הכהנים קא"ל וא"ל אנא מדר' יהושע קאמינ' וא"ל ואפילו לרבי יהושע נמי אינה היא המדה דהא מודה ר"א ורבי יהושע ששורף זו בפני עצמה וזו בפני עצמה ואמאי אינה היא המדה מדה ומדה היא שאני התם דאיכא הפסד חולין מתקיף לה רב ירמיה מתניתין נמי איכא הפסד דעצים א"ל ההוא סבא *להפסד מרובה חששו להפסד מועט לא חששו א"ר אסי א"ר יוחנן מחלוקת בשש אבל בשבע דברי הכל שורפין א"ל רבי זירא לר' אסי נימא קסבר רבי יוחנן מתני' באב הטומאה דאורייתא וולד הטומאה דרבנן ומאי מדבריהם מדברי רבי חנינא סגן הכהנים א"ל אין איתמר נמי אמר רבי יוחנן מתניתין באב הטומאה דאורייתא וולד הטומאה דרבנן ומאי מדבריהם מדברי רבי חנינא סגן הכהנים ומחלוקת בשש אבל בשבע דברי הכל שורפין לימא מסייע ליה הפיגול והנותר והטמא ב"ש אומרים אין נשרפין כאחת וב"ה אומרים נשרפין כאחת שאני התם דאית להו טומאה מדרבנן *דתנן הפיגול והנותר מטמאין את הידים לימא מסייע ליה *הפת שעיפשה ונפסלה מלאכול לאדם והכלב יכול לאכלה מטמאה טומאת אוכלין בכביצה ונשרפת עם הטמאה בפסח שאני התם דעפרא בעלמא הוא אי הכי מאי מודה הכי קא"ל ר' יוסי לר"מ אפי' לר' יהושע דמיקל כי מיקל בתלויה וטמאה אבל בטהורה וטמאה לא אי הכי אמאי אינה היא המדה מדה ומדה היא א"ר ירמיה הכא בבשר שנטמא במשקין שנטמאו מחמת שרץ ואזדא ר"מ לטעמיה ורבי יוסי לטעמיה ר"מ לטעמיה דאמר גטומאת משקין לטמא אחרים דרבנן ור' יוסי לטעמיה דאמר *טומאת משקין לטמא אחרים דאוריי' דתניא

ספק

ספיגול. לא צריך הכא אלא מסיים הברייתא : **הפיגול והנותר.** של קדשים : **והטמא.** בשר קודש שנטמא דקיימא לן בפ' אחרון (ד' קכ:) דגזרו עליהן שיטמאו את הידים ואע"פ שאין אוכל מטמא אדם גזרו עליהן לטמא מיהא את הידים ולא לטמא את הגוף משום חשדי כהונה ועללי כהונה כדמפרשין התם ואפילו הכי דלית עלייהו טומאה דרבנן אמרי ב"ש דאין שורפין פיגול ונותר שאין טמאים מן התורה עם הטמאה שהוא טמא מן התורה וכ"ש בתרומה טהורה וטמאה ואפי' ב"ה לא קשרו אלא משום דלית לפיגול ונותר טומאה דרבנן : **וא"ל.** רבי יוסי לרבי מאיר כי ילפת ליה מדברי יהושע נמי אינה היא המדה דמודין הן בזו ולקמן פריך אמאי אינה היא המדה : **מדה ומדה היא.** דהא טהורה גמורה היא החבית הואיל ומשום דסופה לאיבוד שרי לטמויי בידים : **דעצים.** שצריך להסיק שתי היסקות : **מחלוקת בשש.** שעדיין אין על הטהורה אלא איסור דרבנן אבל בשבע שנאסרה כבר מן התורה אין לך טומאה גדולה מזו ודברי הכל אף לר' יוסי שורפין : **נימא קסבר ר' יוחנן.** דמתני' דרבי חנינא בולד הטומאה דרבנן ור"מ מיניה יליף ודווקא נקט שש רבי יוחנן ומשום דלית עליה איסור דרבנן הוא טעמיה דר' מאיר אבל אם בא לשרוף' בחמש ובארבע מודה רבי מאיר דאין שורפין ואע"ג דסופה לאיבוד דלאו מדברי יהושע קא יליף דטעמי' דרבי יהושע התם משום הפסד חולין הוא דילמא לר' יוחנן נמי ר' מאיר מדברי יהושע יליף וטעמא דרבי מאיר לאו משום איסורא דרבנן הוא דהוא הדין נמי לחמש ולארבע והאי דקאמר ר' יוחנן שש אורחא דמילתא נקט : **א"ל אין.** ודווקא שש קאמר ולקמיה פריך אמאי קאמר ר' יוסי אינה היא המדה : **נימא מסייע ליה.** דבשבע מודה ר' יוסי : **הפיגול והנותר כו'.** רבי יוסי א"ל לעיל וקאמר ליה לר' מאיר בהא דאמרי בית הלל נשרפין כאחת משום דפיגול ונותר אסורי מדאורייתא אבל באיסורא דרבנן לא שרו לטמויי בידים שמעינן מינה מיהא דבאיסור דאורייתא מודה רבי יוסי ואע"ג דליכא שם טומאה עליה : **שאני התם כו'.** מהא לא מסייעא לר' יוחנן ואפי' בשבע איכא לך דפליג ר' יוסי ואע"ג דאסירא הואיל ואין עליה שם טומאה לא מטמינן ליה והא דמודה בפיגול ונותר משום דאית עלייהו שם טומאה דרבנן : **מטמאה טומאת אוכלין.** הואיל ומתחלה נראית לאדם ירדה לה תורת טומאה ואין עולה ממנה עד שתפסל מאכילת כלב : **ונשרפת עם הטמאה בפסח.** ואפילו היא תרומה טהורה והא ודאי ר' יוסי קאמר לה דאי ר' מאיר אפילו פת מעלייתא שרי וש"מ דמודה ר' יוסי היכא דלאו בת אכילה היא והוא הדין לפת מעלייתא בשבע שעות : **אי הכי.** דרבי מאיר מדרבי חנינא יליף מאי מודה ר' אליעזר דקאמר ליה ר' יוסי הא קא יליף רבי מאיר מדרבי חנינא מהדר ליה איהו מדרבי אליעזר ורבי יהושע : **הכי קאמר ליה.** הא דקא ילפת מדרבי חנינא אינה היא מן המדה כדמפרש לקמיה ואפילו לרבי יהושע נמי דשמעינן ליה דמיקל טפי גבי חבית דקאמר יטמאנה ביד מודה בשריפה בפסח דאין שורפין דהתם משום הפסד חולין הוא וכי איכא למימר דמיקל בשריפה בתלויה וטמאה הוא דאיכא למימר דמיקל כדשמען ליה גבי חבית שנולד לה ספק טומאה דאמר יגלגנה ותגא גרמא והוא הדין בידים אבל בטהורה ליכא למימר דמיקל : **אי הכי.** דרבי מאיר מדרבי חנינא יליף אמאי אינה היא המדה מדה ומדה היא דהא בשש איכא איסורא דרבנן על הטהורה כי התם דאיכא טומאה דרבנן והא ר' יוסי לא שני ליה בין שם טומאה לשם איסור דהא אמרת דמודה רבי יוסי בשבע הואיל ואיכא איסור דאורייתא ואע"פ דליכא עלה שם טומאה אלמא לא שני ליה וכיון דלא שני ליה שפיר יליף רבי מאיר מדרבי חנינא דאמר דמטמאינן טומאה מדרבנן בטומאה דאורייתא הכא נמי מטמינן איסור דרבנן בטמא טומאה דאורייתא : **א"ר ירמיה הכא.** בבשר שנטמא בוולד הטומאה דקתני כגון שנטמא במשקין שנטמאו בשרץ : **ואזדא ר' מאיר לטעמיה.** דאמר משקין אין מטמאין אחרים ואפילו אוכלין אלא מדרבנן והוה ליה מדאורייתא טהור מעליא ושרפי ליה בהדי בשר שנטמא באב הטומאה דטמא מדאורייתא וגבי תרומה טהורה בשש דאיכא נמי איסור דרבנן עלה לא שנא : **ורבי יוסי לטעמיה.** דמשקין טימאוהו לבשר זה מדאורייתא הלכך אינה היא מן המדה דטמא וטמא הוא ולר' ירמיה איכא לאקשויי א"כ בין לר"מ בין לר' יוסי מאי מוסיפין לו טומאתו קא מסהיד ר' חנינא מעיקרא בראשון נגע וה"ל שני והשתא נמי בהדי ראשון שרפינן להו ונראה בעיני דרבי ירמיה אוולד דקאמר רב יהודה סמיך ולא חש למידק כולי האי ונקט מילתיה בתר לישנא דמתני' דתני בוולד הטומאה ולעולם בבשר שנטמא במשקין שנטמאו בכלי שנטמא בשרץ דהוו להו משקין שניים והוא שלישי ואשמעינן דשלישי מותר לעשותו שני והכי איכא לאקשויי סוף סוף כיון דאין אוכל מטמא אוכל אלא מדרבנן מאי קא מהני ליה האי בשר ראשון לבשר שלישי אי לשוויה שני מדרבנן מעיקרא נמי שני מדרבנן הוה דאילו משקין שנגע בהן תחלה היו מדרבנן דהא נגע בראשון ואפי' ע"י שני הן נעשין תחלה אלא על כרחך ר' ירמיה כרב אדא אי כאביי ס"ל דאמרי קדשים עושין טומאה כיוצא בהן ואשמעינן ר' חנינא דשני דרבנן עבדינן ליה שני דאורייתא ולר' מאיר שמעינן מינה דשני דרבנן דהוא טהור מעליא דאורייתא מותר לעשותו שני דאורייתא והוא הדין לתרומה טהורה שנשרפת עם הטמאה ולר' יוסי אשמעינן דשני דרבנן דהוא שלישי דאורייתא עבדינן שני דאורייתא הלכך אינה היא מן המדה ורבינא דאית ליה מקרא מלא דבר הכתוב לא ס"ל דרבי ירמיה ומוקי לה לתוספת טומאה דרבנן דמתניתין כדאוקימנא ברישא ומאי מדבריהן מדברי ר' אליעזר ורבי יהושע :

ספק

ולא ידעינן אי נגע אי לא נגע וקשה לריב"א בר"ה ספיקו טמא ואי בר"ה ספיקו טהור ונראה לר"י לפרש כגון שתי חביות בר"ה ונגע באחת מהן ואינו יודע באיזה מהן נגע דהשתא שתיהן תלויות דבר תורה דלא ילפינן מסוטה דברשות היחיד ספקו טמא אלא דבר שיכול לשיול לאמת כעין סוטה אבל הכא דודאי אחת מהן טהורה אין לטמאות שתיהן מספק כדתנן בפרק שני נזירים (נזיר ד' נז.) ב' נזירים שאמר להם אחד ראיתי אחד מכם שנטמא ומפרש בגמ' דהוי ספק טומאה ברה"ר ואפ"ה לא אמרי' לכל אחד יביא קרבן טומאה משום דודאי לא נטמא רק אחד מהן : **נימא** קסבר ר' יוחנן כו' מדברי ר' חנינא. פ"ה דמשמע ליה מדקאמר מחלוקת בשש דאי מדברי יהושע מאי איריא בשש אפי' בד' וה' נמי כיון דאזיל לאיבוד ואין נראה לר"י דדילמא הא דנקט שש לאו למעוטי ד' וה' אלא משום דבעי למימר אבל בז' ד"ה שורפין ועוד דבד' וה' לא אזיל לאיבוד כיון דשרי באכילה יאכלה להן אוכלין הרבה ונראה לר"י דדייק מדקאמר אבל בז' ד"ה שורפין ואי מדברי רבי יהושע קאמר א"כ מנלן דבז' שורפין לרבי יוסי כיון דסבירא ליה דהתם שאני דאיכא הפסד חולין אבל בעלמא לא אע"ג דאזיל לאיבוד א"כ אפי' בז' לא ישרפו עם הטמאה וא"ת הא דבז' שורפין אפילו לרבי יוסי משום דיליף מדברי רבי עקיבא דשרי לשרוף פסול עם הטמאה וי"ל כיון דלמדרי יהושע יליף ולא מלינו דר"מ יליף אלא איסור טומאה מסברא אין לנו ללמוד איסור מטומאה אבל אי מדבריהם היינו מדברי רבי חנינא ויליף ר"מ איסור מטמא ורבי יוסי דאמר אינה היא המדה משום דסבירא ליה ולד טומאה דאורייתא ולא ילפינן מיניה איסור דרבנן דהיינו בשש אבל בז' איסור דאורייתא ילפינן מיניה : **ונשרפת** עם הטמאה. נראה לו דלמוד האי דאית לאיבוד לו' אבל כו' אין שורפין כיון דלא אזיל לאיבוד אלא משום גזירה דרבנן : **רבי** יוסי לטעמיה. קשה רבי יוסי גופיה אית ליה לקמן (דף יז:) טומאת משקין לטמא אחרים דרבנן והא דאית ליה הכא דאורייתא בשיטת ר' עקיבא רבו אמר *ואין זה לטעמיה ועוד קשה

מסורת הש"ס

[שבת קכד:] לקמן כ: נה: ביצה לו. ב"ק קיז. ב"מ לח:]

לקמן סט. קכ:

לקמן מה:

[לעיל יד:]

ומיהו י"ל דר"מ מר' חנינא ור"ש יליף שפיר שייך לטעמיה כיון דעלייהו קיימי ועוד כו'

עין משפט נר מצוה

קיא א מיי' פ"ט מהל' פסולי המוקדשין הלכה ה :

קיב ב מיי' פ"ג מהל' חמץ ומצה ה"ד :

קיג ג מיי' פ"ז מהל' אבות הטומאה ה"א:

רבינו חננאל

הטומאה כו' ואי ס"ד ר' מאיר מדברי ר' יהושע קאמר היכי מהדר ליה ר' יוסי מדברי ר' חנניה סגן הכהנים גבו' ופרקי' טעה ר' יוסי דהוה סבר דר' מאיר מדברי ר' חנניה דייק ואמר ליה ר' מאיר מדברי ר' יהושע קאמינא והדר אמר ליה ר' יוסי גם לדברי ר' יהושע אינה היא המדה [ופריך הרי] מדה אחת היא שהרי ר' יהושע בתרייא אמר יטמאנה ביד ודחי' שאני התם דאיכא הפסד חולין כלומר כיון שרבת התחתונה יש בה יין שהוא חולין ואם תרד התרומה חוו עליהן תפסד לגמרי שאינו שמן שראוי להדלקה לפיכך אמר ר' יהושע יטמאנה ביד ואקשי' מתני' נמי אית בה הפסד כי אם תשרף כל אחת במדורה בפני עצמה צריכות עצים הרבה ודחי' הפסד של חולין שהוא מרובה חששו להפסד מועט כגון הפסד של עצים לא חששו : **אמר** ר' אסי אמר ר' יוחנן מחלוקת בשעה ששית שהיא גזירה מדרבנן דמדאורייתי' שעה ששית שרי באכילה אבל בשבע שהיא אסור מן התורה דברי הכל שורפין הכל כאחת לפי שהכל איסורא מדאורייי' היא ומאי מדבריהם מדברי ר' חנניה סגן הכהנים ומתני' באב הטומאה דאורייתא ולד הטומאה דאורייתא : **נימא** מסייע לי' הפיגול הנותר והטמא ב"ש אומרי' אין נשרפין כאחת וב"ה אומרים נשרפין כאחת דייקי' מדברי ב"ה כיון דמאחר דכולן השתא אסורין מדאוריי' הן אע"ג דהפיגול והנותר טהורין הן נשרפין כאחד אף הני בעידן איסורא מדאוריי' והיא משעה שביעית ולמעלה נשרפין כאחד ודחי' לעולם לא מסייע ליה ושאני פיגול ונותר דאית בהו מיהו טומאה מדרבנן דתנן הפיגול והנותר מטמאין הידים . ואתינן תוב לסיועיה מן הפת שעפשה שהיא טהורה ונשרפת עם תרומה טמאה בפסח ודחי' שאני פת שעפש' דכעפרא בעלמא היא : **ואקשי'** לר' יוחנן דאמר ר' מאיר מדברי ר' חנניה סגן הכהנים קאמר אי הכי אמאי אומר לו ר' יוסי לר' מאיר מודה ר' אליעזר ור' יהושע נימא ליה אנא אמינא לר' חנניה סגן הכהנים ואת אמרת לי מדברי ר' יהושע ושנינן הכי קאמר לו ר' מאיר לר' יוסי לא סבעי' הני דמחמיר אלא אפי' ר' יהושע דמיקל לא מיקל אלא בתלויה וטמאה אבל טמאה וטהורה לא: **אי** הכי כי ר' מאיר מדברי ר' חנניה סגן הכהנים אמר לר' יוחנן דאמר אב הטומאה דאורייתא ולד הטומאה מדרבנן הוא טמא אבל מדאורייתא טהור הוא אמאי אמר ר' יוסי אינה היא המדה הלא האב טמא [דאורייתא] והולד מדאורייתא טהור ואמר ר' חנניה לא נמנעו לשורפן כאחת

§ מסכת פסחים דף טו: §

אות א'

נשרפין כאחת

רמב"ם מהל' פסולי המוקדשין פי"ט ה"ה - ומותר לשרוף טמא ונותר ופגול כאחד.

אות ב'

אבל בשבע דברי הכל שורפין

רמב"ם פ"ג מהל' חמץ ומצה ה"ד - היו לו ככרות רבות של תרומה וצריך לשרפה ערב שבת, [א]לא יערב טהורה עם הטמאה וישרוף, אלא שורף טהורה לעצמה וטמאה לעצמה ותלויה לעצמה, ומניח מן הטהורה כדי לאכול עד ארבע שעות ביום השבת בלבד.

אות ג'

טומאת משקין לטמא אחרים דרבנן

רמב"ם פ"ז מהל' שאר אבות הטומאה ה"א - דבר מפורש בתורה שהאוכלין והמשקין מתטמאין שנאמר: מכל האוכל אשר יאכל אשר יבא עליו מים יטמא וכל משקה אשר ישתה בכל כלי יטמא. ואין האוכל שנטמא מטמא אוכל אחר מן התורה, ולא המשקין שנטמאו מטמאין דבר אחר מן התורה. אבל מד"ס גזרו על האוכל הטמא שאם נגע באוכל אחר, טימאהו, [ב]וכן אם נגע אוכל הטמא במשקין, טמאן. ואין אוכל מטמא כלי שנגע בו לעולם ואפילו מדבריהם. וכן גזרו על המשקין הטמאים שיטמאו אוכלין או משקין או כלים שנגעו בהן.

באר הגולה

א ‹אמרו שם בגמרא, מחלוקת בשש, אבל בשבע דברי הכל שורפין, כלומר בשבע שנאסרה מן התורה אין לך טומאה גדולה מזו, ודברי הכל שורפין. ולא נתבאר בדברי רבינו - לחם משנה› ‹**וקצת** מן המפרשים מתרצים, דלהכי נקט ערב שבת, {עיין לעיל י"ד. אות ב'-ג' דהבאנו שם הערת הכסף משנה בזה}, מלתא פסיקתא דכל היום לא יערבם, ומינה, דבחול יש חלוק, ודלמא על זה סמך העין משפט› **ב** ‹משמע דגם זה גזרה מד"ס, ומש"כ ברישא גבי אוכל שנגע באוכל אחר, י"ל דגם משקה בכלל אוכל, ומש"כ גבי משקין שנטמאו אין מטמאין דבר אחר, היינו משום דבעי לסיים בסיפא דמדרבנן מטמאין אפי' כלים, לכן הקדים ברישא שמה"ת אין מטמאין שום דבר, אבל אוכלין שגם מדרבנן אין מטמאין כלים, לכן כ' ברישא שאין מטמאין אוכל מה"ת, ומשקה בכלל אוכל, אבל כלים פשיטא שהרי אפי' מדרבנן אין מטמאין - דרך אמונה, ודלא כמו שלומד החזו"א ע"ש›

§ מסכת פסחים דף טז. §

אות א'

ספק משקין ליטמא טמא, לטמא אחרים טהור

רמב"ם פי"ד מהל' שאר אבות הטומאה ה"ז - ספק משקין לטמא אחרים, טהור, לטומאת עצמן, טמא; כיצד, היה מקל בידו ובראשו משקין טמאים, וזרקן לתוך ככרות טהורות, ספק נגעו המשקין בככרות ספק לא נגעו, טהורות; וכן אם נסתפק לו אם נגעו משקין טמאין בכלי זה או לא נגעו, הרי הכלי טהור; וכן אם נסתפק לו אם נגעו משקין אלו הטמאין במשקין אחרים או לא נגעו, הרי המשקין האחרים טהורין. אבל טמא שפשט ידו או רגלו לבין משקין טהורין, או שזרק ככר טמא לבין משקין טהורין, ספק נגע במשקין ספק לא נגע, הרי אלו טמאין בספק, וכן כל כיוצא בזה.

אות ב' - ג' - ד'

ועל משקין בית מטבחיא דכן

דכן ממש

משקין בית מטבחיא לא דיין שהן דכן אלא שאין מכשירין

רמב"ם פ"י מהל' טומאת אוכלין הט"ז - משקה בית מטבחיים שבעזרה, והוא דם הקדשים והמים שמשתמשין בהן שם, טהורין לעולם, ואינן מתטמאין ולא מכשירין, [א]ודבר זה הלכה מפי הקבלה; לפיכך כל דמי הזבחים אינו מקבל טומאה ואינו מכשיר, והואיל ודם הקדשים אינו מכשיר, קדשים שנשחטו בעזרה לא הוכשרו בדם שחיטה, ואין לבשר הקדשים הכשר אלא במשקין שיפלו על הבשר חוץ למשקה בית המטבחיים.

אות ה'

מנין לדם קדשים שאינו מכשיר

רמב"ם פ"א מהל' פסולי המוקדשין הל"ו - [ב]וכל דם הקדשים אינו מקבל טומאה כלל, שנאמר בדם: על הארץ תשפכנו כמים, דם שנשפך כמים הוא הנחשב כמים ומקבל טומאה, אבל דם קדשים שאינו נשפך כמים אינו מקבל טומאה.

באר הגולה

א ‹פסק דמשקים טומאת עצמן מן התורה, כמבואר בדבריו ריש פרק ז' מהלכות אבות הטומאות, שכתב דבר מפורש בתורה שהאוכלין והמשקין מתטמאין, שנאמר מכל האוכל וגו' וכל משקה וגו'. ופסק כרב פפא {דף י"ז:} שמשקי מטבחיא הלכתא גמירי לה. **והדבר** צ"ע, שהרי דברי רב פפא נשארו בקשיא, ואף שזה גופיה, במקום דמסיק קשיא ולא קאמר תיובתא, הוא מחלוקת הפוסקים אם נדחו מפסק הלכה, ודעת ר"ח הובאו דבריו ברשב"ם במס' בבא בתרא דף נ"ב [ע"ב ד"ה קשיא], שמשום קשיא לא דחינן מהלכה, והרשב"ם חולק עליו, **ואמנם** הנלע"ד שהנך קושיות שנשארו כאן בקושיא, הוא רק על רב פפא דאיהו מרא דשמעתתא, אבל גוף הדבר שזה הלכה מפי הקבלה, ניחא, ומוצל מקושיות הללו שהקשו רב הונא בר נתן ורבינא, כאשר יתבאר לפנינו בס"ד, ע"ש - צל"ח›, ‹**ועיין** בהערה הסמוך›

ב ‹בלח"מ תמה מהא דכתב הרמב"ם בפרק י' מהל' טומאת אוכלין הט"ז, ודבר זה הלכה מפי הקבלה וכו', עכ"ל, ומבואר שם בדעת הרמב"ם דפסק כרב פפא דאמר בפסחים דף י"ז: דאפי' למ"ד טומאת משקין דאורייתא, משקי בית מטבחייא הלכתא גמירי לה, **וא"כ** צ"ע אמאי הוצרך הרמב"ם הכא לילפותא דקרא דדם קדשים אינו מקבל טומאה, הא ס"ל התם דמה דאינו מתטמא הוא נמי מהלכה, וא"כ קרא למה לי, **עוד** תמה הלח"מ, כיון דגמ' אסיק בקשיא לרב פפא, אמאי פסק הרמב"ם כוותיה דרב פפא, ע"ש, **עוד** צ"ע, כיון דבגמ' לא נזכר בדברי רב פפא אלא דהלכה דאינן מקבלין טומאה, מנ"ל להרמב"ם {שם} דגם מה שאינן מכשירין הוא מהלכה, **עוד** צ"ע, דבגמ' ילפינן מקרא דעל הארץ תשפכנו כמים, דדם קדשים שאינו נשפך כמים אינו מכשיר, עיין פסחים דף ט"ז. והרמב"ם נקט לילפותא דקרא שאינו מקבל טומאה, וצ"ע - אבן ישראל›

מסורת הש"ס

עין משפט נר מצוה

קיד א מיי' פי"ד מהל' אבות הטומאה הלכה ז: [לקמן יח]

קטו ב ג ד מיי' פ"י מהלכות טומאת אוכלין הלכה טז: קטז ה מיי' פ"א מהל' פסולי המוקדשין הלכה לו:

*ספק משקין ליטמא טמא ולטמא אחרים טהור דברי ר"מ וכן היה רבי אלעזר אומר כדבריו רבי יהודה אומר לכל טמא רבי יוסי ור"ש אומרים לאוכלין טמאין לכלים טהורין וסבר רבי אלעזר משקין אית להו טומאה בעולם והתניא *ר"א אומר אין טומאה למשקין כל עיקר תדע שהרי *העיד (*יוסף) בן יועזר איש צרידה על איל קמצא דכן ועל משקין בית מטבחיא דכן הניחא לשמואל דאמר דכן מלטמא טומאת אחרים אבל טומאת עצמן יש להן שפיר אלא לרב דאמר דכן ממש מאי איכא למימר אמר ר"נ בר יצחק אחדא והא כדבריו קאמר דנפישי ועוד והא וכן קתני קשיא גופא *רב אמר דכן ממש ושמואל אמר דכן מלטמא טומאת אחרים אבל טומאת עצמן יש להן רב אמר דכן ממש קסבר טומאת משקין דרבנן וכי גזרו רבנן במשקין דעלמא ובמשקין בית מטבחיא לא גזור ושמואל אמר דכן מלטמא טומאת אחרים אבל טומאת עצמן יש להן קסבר טומאת משקין עצמן דאורייתא לטמא אחרים דרבנן וכי גזור רבנן במשקין דעלמא במשקין בית מטבחיא לא גזור וכי לא גזור רבנן לטמויי אחרים אבל טומאת עצמן יש להן א"ל רב הונא בר חיננא לבריה כי עיילת לקמיה דרב פפא רמי ליה מי אמר שמואל דכן מלטמא טומאת אחרים אבל טומאת עצמן יש להן קרי כאן °והבשר אשר יגע בכל טמא לא יאכל אמר רב שישא בריה דרב אידי מידי דהוה ארביעי בקדש מתקיף לה רב אשי רביעי בקדש לא איקרי טמא האי איקרי טמא קשיא ת"ש °וכל משקה אשר ישתה בכל כלי יטמא מאי יטמא הכשר מרישא דקרא שמעת ליה מכל האוכל אשר יאכל וגו' חד בתלושין וחד *במחוברין וצריכי דאי אשמעינן בתלושין משום דאחשבינהו אבל מחוברין אימא לא ואי תנא מחוברין משום דקיימי בדוכתייהו חשיבי אבל תלושין אימא לא צריכי ת"ש °אך מעין ובור מקוה מים יהיה טהור מאי יהיה טהור מטומאתו ותלושין מי מכשירין *והאמר ר' יוסי בר' חנינא משקין בית מטבחיא לא דיין שהן דכן אלא שאין מכשירין תירגמא על דם דאמר ר' חייא בר אבא א"ר יוחנן *מנין לדם קדשים שאינו מכשיר שנא' °על הארץ תשפכנו כמים דם שנשפך כמים מכשיר דם

ספק משקין ליטמא טמא ולטמא אחרים טהור. כשנולד ספק במשקה בתחילת טומאתו כגון טמא שפשט רגלו במשקין טהורין ספק נגע ספק לא נגע וזהו ספק משקה ליטמא שנולד לו ספק טומאה טמא מן הספק דקסבר טומאת משקין להיות עצמן טמאין דאורייתא היא דכתיב וכל משקה אשר ישתה וגו' הלכך הויא ליה ספיקא דאורייתא ולחומרא ספק משקה לטמא אחרים כגון (א) היה מקל בידו וכו' משקין טמאין וזרקה לבין הככרות טהורין ספק נגעה ספק לא נגעה זה הוא ספק משקה לטמא אחרים כך היה שנויה במסכת טהרות: **טהור.** אותן הככרות טהורות הן דקסבר משקין לטמא אחרים מדרבנן הוא ולא מדאורייתא ולא דורש יטמא דכתיב גבי משקין בלשון יטמא הלכך הויא ליה ספיקא דרבנן ולקולא וגירסה הכי איתא ספק משקה ליטמא טמא לטמא אחרי' טהור: רבי אלעזר גרסי': **לכל טמא.** אספק משקה לטמא אחרים קאי כשנולד ספק נגיעת שום דבר טהור במשקין טמאין בין שנולד ספק זה בכלים בין שנולד באוכלין הרי הוא טמא מספק דקסבר משקין מטמאין כלים מן התורה ויליף טומאה מאשר ישתה בכל כלי יטמא ודריש יטמא יטמא ומדסמכיה לכלי משמע יטמא את הכלי והכי דרשינן ליה בתורת כהנים הלכך כי הוי ספק הוי ליה ספיקא דאורייתא וכרה"ג ספיקו טמא: **ר' יוסי ור' שמעון אומרים לאוכלין טמאין.** אם נולד ספק זה באוכלים כגון משקין טמאין שנשפכו לבין הככרות ספק נגעו ספק לא נגעו טמאין דקא סברי משקין מטמאין אוכלין מדאורייתא הלכך ספק נמי ברשות היחיד טמא: **לכלים טהורים.** אבל אם נולד ספק זה בכלים כגון משקין טמאין שנשפכו לבין הכלים ספק נגעו ספק לא נגעו טהורין דקסברי משקין אין מטמאין כלי אלא מדרבנן ועל ספיקו לא גזרו ור' יוסי ור"ש דרשי יטמא יטמא כרבי יהודה ומיהו כלים לא כדיליף בפירקין יטמא לטמא. את האוכלים או אינו אלא לטמא את הכלי אמרת לא כך היה: **טומאה בעולם.** מדאורייתא ואפילו לטומאת עצמן: **ר' אלעזר אומר אין טומאה למשקין.** מן התורה כל עיקר ואפילו לטומאת עצמן והאי כל משקה אשר ישתה מוקי לה לקמן לענין הכשר בשמעתין: **תדע.** דאין להם טומאה מן התורה כל עיקר ואפילו לטומאת עצמן: **שהרי העיד יוסף בן יועזר על איל קמצא דכן.** מין חגב שמו איל קמצא דכן שהוא טהור וכשר לאכילה: **ועל משקה בית מטבחיא דכן.** על משקין של בית המטבחים שבעזרה כגון הדם והמים שהן דכן שאינן מקבלין טומאה אלמא טומאת משקין דרבנן ובהני לא גזרו משום הפסד קדשים דאי דאורייתא היכי מצו רבנן לטהרינהו: **הא ניחא.** הא דאמרת לר' אלעזר יש להן טומאה לשמואל דאמר האי דכן דיוסף בן יועזר דכן מלטמא אחרים קאמר אבל טומאת עצמן יש בהן מליא לתרוצי דהאי אין טומאה למשקין דקאמר רבי אלעזר לטמא אחרים קאמר דהא מעדותו דיוסף בן יועזר מביא ראיה לדבריו ויוסף בן יועזר לטמא אחרים קאמר: **אלא לרב דאמר דכן ממש.** קאמר יוסף בן יועזר ואפי' מטומאת עצמן על כרחך רבי אלעזר נמי מטומאת עצמן קאמר: **אחדא.** הא דקאמר ר' אלעזר כדבריו דרבי מאיר אלטמא אחרים טהור דרבי מאיר קאי אבל ליטמא טמא לא סבירא ליה כוותיה: **ה"ג והא כדבריו דנפישי קאמר ועוד הא וכן קתני קשיא.** דנפישי כלומר כדבריו לשון דברים רבים משמע: **קסבר.** יוסף בן יועזר טומאת משקין אפילו לטומאת עצמן דרבנן: **ושמואל אמר כו'.** קסבר יוסף בן יועזר טומאת משקין דאורייתא לעצמן מן וכל משקה אשר ישתה אבל לטמא אחרים דרבנן וכי גזור רבנן לטמא אחרים במשקין בעלמא אבל משקין בית מטבחיא לא גזור לטמא אחרים אבל טומאת עצמן יש בהן דהא מדאורייתא רמיא עלייהו ולא מצו רבנן למשקליה: **קרי כאן והבשר אשר יגע כו'.** וכהי דמשקין לא מטמאו אוכלין דחולין מיהו גבי קדשים אשר יגע בכל טמא כתיב וכיון דאמר משקין מטמאין מדאורייתא לעצמן בשר קודש הנוגע בהן הרי נגע בטמא: **מידי דהוה ארביעי בקודש.** דהוא עצמו פסול ואינו מטמא קודש: **רביעי בקודש לא איקרי טמא.** ומק"ו הוא דנפיק לן ביה פסולה לקמן* הלכך כי נגע ביה קודש לא קרינן ביה הבשר אשר יגע בכל טמא: **ת"ש וכל משקה אשר ישתה כו'.** דקא משתעי בכלי חרס שקיבל טומאה מן השרץ וכתב כל אשר בתוכו יטמא מכל האוכל וגו' וכל משקה אשר ישתה בכל כלי יטמא וגו' וקס"ד דהכי קאמר אחד אוכלין שבתוכו ואחד משקין שבתוכו יטמאו ונהי דלא דרשת יטמא יטמא מיהו טומאת עצמן מיהא מיטמו: **מאי יטמא הכשר.** והכי קאמר כל אשר בתוכו יטמא מכל האוכל אשר יבא עליו מים או סיבא עליו כל המשקה אשר ישתה בכל כלי הוו הכשר ויטמא האוכל מחמת אויר כלי חרס טמא: **בכל כלי.** היינו משקין תלושין: **דאחשבינהו.** הואיל ותלאן גילה דעתו שהוא צריך להם וזהו חשיבתן: **אך מעין ובור יהיה טהור.** דאשמעינן הואיל ומחוברין נינהו לא מיטמו הא תלושין מקבלין טומאה וקשיא לרב: **יהיה טהור מטומאתו.** והכי קאמר אם יבא הטמא במעין ובור מקוה מים יהיה טהור הואיל וטבל הא שאובין לא מטהרי ליה: **ותלושין מי מכשרי.** אמים הוא דמתמה משום דמים תלושין לא חשיבי אבל אשאר משקין לא מתמה דכולהו תלושין נינהו: **אלא שאין מכשירים.** אלמא הכשר תלושין דרבנן הוא דאי מדאורייתא מאן שקליה ממשקי בית מטבחיא דלא ליכשרו: **תירגמא.** להא דקתני אין מכשירין אדם דמשקה בית מטבחיא ולא אמים ודם קדשים רחמנא אפקיה דלא ליכשר כדרבי חייא: **שנשפך כמים.** דם חולין שאין חשין לקבלו בכלי מכשיר דאיתקש למים אבל דם קדשים מתקבל בכלי וצריך ממנו למזבח ואינו נשפך לאיבוד כמים אינו מכשיר דלא איתקש למים: דם

קשה כמה חולקין כיון דר' יוסי אליבא דרבי עקיבא אומר וכי איתו מודה ר' מאיר לר' עקיבא משקין לטמא אחרים דאורייתא הא ר' עקיבא דריש בהדיא יטמא יטמא בההיא דבו ביום דרש ר' עקיבא* ותי' ס"ר יוסף מירושלים דסבירא לי' לר' מאיר דיטמא דכתיב גבי משקין היינו הכשר ומשקה דמקבל טומאה נפקא ליה מדדריש ר' עקיבא גבי חולין יטמא בשלישי דאין עושה שלישי והחולין לכ"ע אין אוכל טמא אוכל שלישי ע"כ היינו משקין:

בשלמא לשמואל דאמר דכן מלטמא אחרים. אע"ג דרבי אלעזר קאמר אין להן טומאה כל עיקר היינו משום דקאי [נ"ג רבי יוסי] בת"כ אמילתיה דר' שמעון דאמר לאוכלין טמא לכלים טהור:

חד בתלושין וחד במחוברין. והא דכתיב (ויקרא יא) וכי יותן מים על זרע הא אמרינן בפ"ב דחולין (ד' לו: ושם) דחד במת וחד בשרץ וצריכי וכיון דגלי לן קרא בחד מינייהו דאין חילוק בין תלושין ובין מחוברים ה"ה באידך ומחוברים פי' ריב"א דבשעת חיבורן נדבקו באוכל והעלה האוכל מן המים אבל אם נגע בעודו במים אינו מוכשר דתנן במסכת מכשירין (פ"ד מ"ו) לגון במערה נדה מדיתתו והוא טהור העלתו כל שהוא מן המים טמא:

תירגמא אדם. בפ"ב דחולין (דף לו:) פריך אהא שיטויא והא משקי קאמר ביו"ד דמשמע ב' משקין והכא לא חייש אהאי פירכא משום דמצי לשנויי מאי משקי משקה דעלמא כדאמר (קדושין ד' סד:) בוגרות דעלמא והתם פריך משום דאית ליה שינויא אחרינא: דם

הגהות הב"ח

(א) רש"י ד"ה ספק משקה וכו' כגון היה מקל בידו:

רבינו חננאל

היא היא הטהרה ששורפין תרומה טהורה עם הטמאה ופריק ר' ירמיה הכי קתני בבשר שנטמא בספק משקין הבא מחמת שרץ [illegible]

[illegible] שמאין אחרים מדאורייתא והכתיב והבשר אשר יגע בכל טמא לא יאכל הנה כלל המקרא כל מגע טמא לא יאכל ואיך אמר שמואל הן עצמן טמאין והן דכן מלטמא אחרים ושני' עשאוהו כרביעי [illegible] בו שהוא ודחי' רביעי לא איקרי טמא הא איקרי טמא פסול איקרי טמא ועלתה בקשיא לשמואל: וחזרנו להקשות לרב דאמר דכן ממש ת"ש וכל משקה אשר ישתה בכל כלי יטמא הנה משמע [illegible] דכתיב בהאי קרא יכשיר והאוכל זה המשקה שנפל עליו לקבל טומאה ודחי' ההכשרה של אוכלין כבר לסדרנו מרישיה דקרא דכתיב מכל האוכל אשר יאכל אשר יבוא עליו מים יטמא ושני' לעולם תרוייהו להכשר [illegible]

עין משפט נר מצוה

קיז א מיי' פ"י מהל' טומאת אוכלין ה"ג:

דם שאינו נשפך כמים אינו מכשיר מתקיף לה רב שמואל בר אמי הרי דם התמצית דנשפך כמים ואינו מכשיר אמר ליה ר' זירא הנח לדם התמצית *דאפי' בחולין נמי לא מכשיר קבלה מיניה רב שמואל בר אמי דאמר רחמנא °רק חזק לבלתי אכול הדם כי הדם הוא הנפש דם שהנפש יוצאה בו קרוי דם דם שאין הנפש יוצאה בו אינו קרוי דם תא שמע *דם שנטמא וזרקו בשוגג הורצה במזיד לא הורצה (א) מדרבנן ודלא כר' יוסי בן יועזר איש צרידה ת"ש *על מה הציץ מרצה על הדם ועל הבשר ועל החלב שנטמא בין בשוגג בין במזיד בין באונס בין ברצון בין ביחיד בין בצבור מדרבנן ודלא (כיוסף) בן יועזר איש צרידה ת"ש °ונשא אהרן את עון הקדשים *וכי איזה עון הוא נושא אם עון פיגול הרי כבר נאמר °לא ירצה אם עון נותר הרי כבר נאמר °לא יחשב הא אינו נושא אלא עון טומאה שהותרה מכללה בציבור מאי לאו טומאת דם אמר רב פפא לא טומאת קמצים תא שמע °הן ישא איש בשר קדש בכנף בגדו ונגע בכנפו אל הלחם ואל הנזיד ואל היין ואל שמן ואל כל מאכל היקדש ויענו הכהנים ויאמרו לא (יקדש) ואמר

דם התמצית. אינו ראוי לזריקה דכתיב* כי הדם הוא (הנפש) בנפש יכפר דם שהנפש יוצאה בו מכפר ושאין הנפש יוצאה בו אינו מכפר אלמא נשפך כמים אינו מכשיר כדרבי יוסי בר חנינא: **דאפי' בחולין לא מכשיר.** כדמפרש טעמא: **קיבלה מיניה ר' שמואל.** לפירושא דהאי טעמא מרבי זירא אמאי לא מכשיר דם התמצית לפי שאינו קרוי דם והקרוי דם קרוי משקה דכתיב (במדבר כג) ודם חללים ישתה ומכשיר כדכתיב וכל משקה וגו' ואוקימנא אהכשר ושאינו קרוי דם אינו קרוי משקה: **הורצה.** קרבן לבעלים דמרצה ציץ כדלקמן: **במזיד לא הורצה.** להיות בשר קרבן נאכל לכהנים דקנסא הוא אבל בעלים נתכפרו כדאמרינן ביבמות בהאשה רבה (ד' צ.) דכיון דמדאורייתא מרצי נמי אמזיד לא מצו רבנן למימר ליה זיל אייתי חולין לעזרה קתני מיהת דם שנטמא אלמא דם קדשים שהוא משקין בית מטבחיא מקבל טומאה אלמא משקין טומאת עצמן דאורייתא ודלא כיוסף בן יועזר מלטמא אחרים הוא וקשיא לרב: **ומשני לעולם טומאת משקין דרבנן.** והך טומאת דם דרבנן היא ודקשיא לך הא העיד יוסף בן יועזר דגזירת רבנן לא אגזור אמשקי בית מטבחיא האי תנא לית ליה דיוסף בן יועזר: **על הדם ועל הבשר ועל החלב.** בין שנטמא הדם בין שנטמא הבשר בין שנטמא החלב הציץ מרצה ולא שיהא בשר טמא נאכל דאין ציץ מטהר ודוחה לא תעשה דוהבשר אשר יגע בכל טמא לא יאכל אלא לר' יהושע איצטריך דאמר בכילד צולין (לקמן עז:) אם אין בשר אין דם וקאמר הכא ה"מ כשיצא בשר חוץ למחיצתו שאין ציץ מרצה על היוצא או שאבד הבשר אבל נטמא בשר קודם זריקת דם הציץ מרצה עליו להתיר דם לזריקה: **בין בשוגג בין במזיד.** והאי דתני לעיל בשוגג הורצה במזיד לא הורצה בכילד צולין* פליגי בה אמוראי חד אמר טומאתו בין בשוגג בין במזיד אבל זריקתו בשוגג אין במזיד לא וחד אמר איפכא: **בין ביחיד.** בקרבן יחיד מזיד ורצון אחד הוא אבל גבי שוגג שייך מזיד וגבי אונס שייך רצון ושוגג ואונס תרי מילי נינהו וקתני מיהת על הדם אלמא דם קדשים מקבל טומאה וש"מ טומאת משקין דאורייתא ולא רצו רבנן לטהר משקי בית מטבחיא וקשיא לרב: **מדרבנן.** וקסבר האי תנא דאמשקי בית מטבחיא נמי גזור ודלא כיוסף: **ונשא אהרן.** בציץ כתיב: **את עון הקדשים.** פסול הקרבן יכשיר וירצה ואינו מכפר על האוכלין אותו טמא דעון הקדשים כתיב ולא עון הכהנים: **איזה עון הוא נושא.** איזה פסול הוא מכשיר אם עון פיגול הרי כבר נאמר לא ירצה גרסי' בת"כ ואם עון נותר הרי כבר נאמר לא יחשב והכי פי' אם עון פיגול והוא מחשבת חוץ למקומו שנקראת פיגול כדכתיב בקדושים תהיו ואם האכל יאכל ביום השלישי פגול הוא לא ירצה ומוקמינן לה בזבחים בפ"ב (דף כח:)

דם שאינו נשפך כמים אינו מכשיר. הקשה ה"ר יעקב דאורלינ"ש א"כ דם חיה ועוף דטעונים כיסוי לא יהיו מכשירים דכיון דטעונים כיסוי לא חשיב נשפך כמים דאמרינן בפ' כיסוי הדם (חולין פד: ושם) אמריתו חיה בכלל בהמה לסימנים אימא נמי בהמה בכלל חיה לכיסוי ומשני אמר קרא על הארץ תשפכנו כמים אלמא דם חיה לא חשיב נשפך כמים ולאו פירכא היא דכל דם הנשפך כמים לארץ ואין צריך לקבלו בכלי כגון דם חיה הוקש למים לענין הכשר וגם לענין כיסוי היה ראוי להקישו למים אי לאו דגלי קרא להדיא: **מדרבנן** ודלא כרבי יוסי בן יועזר. ה"מ לאוקמא מדאורייתא וכמ"ד טומאת משקין דאורייתא אלא ניחא לאוקמא מדרבנן וסבר האי תנא מאי נטמא הבשר כמו שאמר רב: **על** הבשר. בפ' כילד צולין (לקמן עח.) אמרינן לר"א דאמר יש דם אע"פ שאין בשר הציץ מרצה על האכילות למאי הלכתא לאקבועי בפגול ולאפוקי מידי מעילה ודלא כפ"ה דפי' דלא את' אלא כר' יהושע: **ה"ג** ר"ת אם עון פיגול הוא נושא הרי כבר נאמר לא יחשב ואם עון נותר הרי כבר נאמר לא ירצה. דהכי איתא במסקנא בהדיא בפ"ב דזבחים *דדריש תרוייהו מחד קרא אריכא דפרשת צו ורישיה דקרא דכתיב ביום השלישי מוקי למחשב לאוכלו חוץ לזמנו וסיפא במחשב לאוכלו חוץ למקומו וכת"כ אהאי קרא דצו איתא האי גירסא ורש"י הגיה איפכא על פי ת"כ דפרש' קדושים דהתם ודאי דריש מקרא זוטא ואותה ברייתא נשנית לפי מה שרצה הגמרא בזבחים בתחל' ללמוד חוץ למקומו מקרא זוטא דקדושים ולכל הפי' ק"ק אמאי נקט עון פיגול ברישא*: **הא** אינו נושא אלא עון טומאה שהותרה מכללה. תימה לר"ת למ"ל שהותרה מכללה תיפוק ליה דליכא לאוקמא לקרא אלא בהכי כדמפרש אי עון פיגול וכו' ואור"ת משום דקרא משמע דלא מרצה אלא דבר שיש לו היתר בשום מקום דכתיב בסיפא דקרא לרצון להם ופיגול ונותר נמי הותרו מכללם במנחת כהנים ובמנחת נסכים דתנן בפ' ב"ש (זבחים מג: ושם) דאין חייבים עליהם משום פיגול ועוד דפיגול חוץ למקומו הותר מכללו בבמה וכן משמע בהקומץ רבה (מנחות כה.) דפריך אימא עון שמאל שהותר מכללו ביום הכפורים אמר קרא עון שהיה בו ודחיתיו והיינו משום דאלרצון סמיך וה"ק עון שהוא לרצון וא"ת דהתם פריך נמי ואימא עון יוצא דהותר מכללו בבמה ומשני לרצון להם לפני ה' עון דלפני השם הוא נושא ולא יוצא וא"כ בפיגול דחוץ למקומו נמי נימא הכי ומאי קאמר אם עון פיגול וכו' וי"ל דיוצא ודאי אינו לפני ה' אבל מחשב להוציא לפני השם קרינן ביה:

רביעי

אם אינו ענין לחוץ לזמנו תנהו ענין לחוץ למקומו הרי כבר נאמר לא ירצה בקדושים תהיו כדפרשינן ואם עון נותר מחשבת נותר ששחטו על מנת להותיר ולאכלו חוץ לזמנו הרי כבר נאמר לא יחשב ואם האכל יאכל מבשר זבח שלמיו ביום השלישי וגו' בפרשת צו את אהרן ואמרינן בזבחים ובתורת כהנים במחשב לאכול שלא בזמנו ביום השלישי הכתוב מדבר וכתיב לא יחשב לו אלמא לית ליה תקנתא ורובא גרסי איפכא אם עון פיגול הרי כבר נאמר לא יחשב ומוקמינן ליה לפיגול חוץ לזמנו שכן לשונו בכל הגמרא ואם עון נותר הרי כבר נאמר לא ירצה ומוקמי' ליה בנותר ממש ולא יתכן חדא דלא כתב לא ירצה אלא במחשבת חוץ למקומו וחוץ לזמנו ועוד אי נותר ממש למאי לא ירצה אי לאכשורי קרבן הרי כשר ועומד הוא משעה שנעשו עבודות דמו בהכשר כדאמרינן בתורת כהנים *או אינו אלא באוכל מזבחו ביום השלישי הכתוב מדבר וכי אפשר לומר כן מאחר שהוכשר חוזר ויפסל ואם לא ירצה לא יתכפר האוכל נותר קאמר וכי יש כפרה לחייבי כריתות ועוד לא ירצה הקרבן משמע ותו מי איצטריך למימר דציץ לא מכפר על המחייב כרת והא עון הקדשים כתיב ולא עון האוכלים וכלישנא קמא גרסי' בתורת כהנים ועיקר הוא והאי דקרי ליה להאי פיגול והאי נותר משום דתורת כהנים מדרש הוא ונקט לישנא דקרא: **הא.** כמו הרי כלומר הרי יש לך להבין על כרחך שאין לך עון הקדשים שיוכל ציץ לרצות עליו אלא עון טומאה ומאי שנא טומאה מפסול יוצא ושאר הפסולין: **שהותרה מכללה בצבור.** דנדחית מפני קרבן צבור דכתיב במועדו ואפי' בשבת ואפי' בטומאה וכיון דהיקלתה אצלה לכך היקלתה אף ביחיד שלא הותרה אצלו לכתחלה בלא ציץ ירצה הציץ עליה: **מאי עון טומאה.** לאו טומאת דם דאין מצריך רצוי אלא א"כ נטמא דם שהכפרה תלויה בו אלמא דם מקבל טומאה: **לא טומאת קמצין.** שהקומץ מתיר את המנחה כדם המתיר את הזבח וכל הכפרה תלויה בו והוא הדין דמצי לשנויי לא בטומאת בשר וחלב ואליבא דר' יהושע בעי ציץ דאמר אם אין בשר אין דם אלא ניחא ליה לאוקמיה כדברי הכל: **בשר קדש.** שרץ לשון קדש היה בארץ (מלכים א יד) טומאה והיה חגי הנביא בודק את הכהנים בשנת שתים לדריוש שהיה בבנין בית שני לידע אם בקיאין בהלכות טומאה לפי שנשתכח מהן בגולה שלא נתעסקו בה בקדשים: **ונגע בכנפו.** באותו כנף שהשרץ בו כלומר השרץ עצמו ועל כרחך הכי הוא דאי משום כנף שהוא ראשון כוליה בגד נמי ראשון הוי ומאי איריא דנקיט כנף אלא משום שרץ שהשרץ עצמו נגע אל הלחם והלחם אל הנזיד והנזיד אל היין והיין אל השמן או אל כל מאכל היקדש כלום נטמא האחרון הזה שהוא רביעי בקודש דלחם ראשון ונזיד שני ויין שלישי ושמן רביעי נזיד תבשיל כמו ונזיד עדשים (בראשית כה) יין ושמן של נסכים:

ואמר

מסורת הש"ס

ויקרא יז

יומא ז. יבמות צ. גיטין נד. זבחים מה. מנחות כה.

[יומא ויבמות שם] לקמן פ: [מנחות כה:]

[נ"ל כר' יוסי]

יומא ז. זבחים פג. מנחות כה.

[זבחים כח.]

[וכן בזבחים כט.]

רבינו חננאל

הגהות הב"ח

§ מסכת פסחים דף טז: §

אות א'

דאפילו בחולין נמי לא מכשיר

רמב"ם פ"י מהל' טומאת אוכלין ה"ג - הדם המנוי מן המשקין, הוא הדם השותת בשעת שחיטה מן הבהמה והחיה והעופות הטהורין; אבל דם הקילוח אינו מכשיר, שעדיין חיים הן, והרי הוא דומה לדם מכה או לדם הקזה... ותמצית הבשר, כל אלו אינן מתטמאין ולא מכשירין.

אות א*[א]

על מה הציץ מרצה, על הדם ועל הבשר ועל החלב שנטמא

רמב"ם פ"א מהל' פסולי המוקדשין הל"ד - כל הזבחים של יחיד, בין שנטמא בשר והחלב קיים, בין שנטמא חלב והבשר קיים, זורק את הדם; נטמאו שניהן לא יזרוק, ואם זרק הורצה, שהציץ מרצה על הטומאה; וכן אימורין או איברי עולה שנטמאו והקטירן, הציץ מרצה כמו שביארנו; וכל קרבנות הצבור שנטמא הבשר והחלב כולו, הרי זה זורק את הדם.

באר הגולה

א (ע"פ מהדורת נהרדעא)

§ מסכת פסחים דף יז: §

‹הלכות אלו שייכים לעמוד ב'›

אות (א')

הלכתא גמירי לה

רמב"ם פ"י מהל' טומאת אוכלין הט"ז - **משקה בית מטבחיים שבעזרה, והוא דם הקדשים והמים שמשתמשין בהן שם, טהורין לעולם, ואינן מתטמאין ולא מכשירין, [א]ודבר זה הלכה מפי הקבלה; לפיכך כל דמי הזבחים אינו מקבל טומאה ואינו מכשיר, והואיל ודם הקדשים אינו מכשיר, קדשים שנשחטו בעזרה לא הוכשרו בדם שחיטה, ואין לבשר הקדשים הכשר אלא במשקין שיפלו על הבשר חוץ למשקה בית המטבחיים.**

אות [א']

אלא מים אבל דם לא

רמב"ם פט"ו מהל' טומאת אוכלין ה"ה - **שמן ושאר המשקין [ב]חוץ מן המים, הרי הן בקרקע כמות שהן בכלים, דין אחד הוא.**

אות א'

לא הוי רביעית טמאין

רמב"ם פ"ד מהל' טומאת אוכלין ה"ב - **המשקין מתטמאין כל שהן [ג]ומטמאין בכל שהן, אפילו טיפת משקין טמאים כחרדל שנגעה באוכלין או בכלים או במשקין אחרים, נטמאו; ואף על פי כן אין השותה משקין טמאין נפסל, עד שישתה רביעית כמו שביארנו.**

אות ב' – ג'

כל הכלים שיש להן אחורים ותוך, כגון הכרים והכסתות והשקין והמרצופין, נטמא תוכו נטמא גבו, נטמא גבו לא נטמא תוכו

במה דברים אמורים שנטמאו מחמת משקין

רמב"ם פכ"ח מהל' כלים ה"א - **כל הכלים שיש להן בית קיבול שנטמאו אחוריהן במשקין, לא נטמא תוכן לתרומה, ולא אוגניהן ולא אזניהן ולא מקום אצבע השוקע בשפת הכלי; נטמא תוך הכלי, נטמאו כולן.**

רמב"ם פכ"ח מהל' כלים ה"ב - **אחד כלי השק כגון השקין והמרצופין, או כלי העור כגון הכרים והכסתות, ואחד כלי עץ אפילו קופות ומשפלות, אם נטמאו אחוריהן במשקין, לא נטמא תוכן.**

אות ד'

רבי יהודה אומר בטלו במעיה

רמב"ם פט"ו מהל' פרה אדומה ה"ז - **[ד]פרה ששתת מי חטאת, אף ע"פ שנשחטה בתוך כ"ד שעות, בשרה טהור, שנאמר: למשמרת למי נדה, בזמן שהן שמורין אינן בטלין, אבל בזמן ששתאתן פרה, בטלו, שהרי אינם שמורין.**

באר הגולה

[א] ‹פסק דמשקים טומאת עצמן מן התורה, כמבואר בדבריו ריש פרק ז' מהלכות אבות הטומאות, שכתב דבר מפורש בתורה שהאוכלין והמשקין מתטמאין, שנאמר מכל האוכל וגו' וכל משקה וגו'. ופסק כרב פפא {דף י"ז:} שמשקי מטבחיא הלכתא גמירי לה. **והדבר** צ"ע, שהרי דברי רב פפא נשארו בקשיא, ואף שזה גופיה, במקום דמסיק קשיא ולא קאמר תיובתא, הוא מחלוקת הפוסקים אם נדחו מפסק הלכה, ודעת ר"ח הובאו דבריו ברשב"ם במס' בבא בתרא דף נ"ב [ע"ב ד"ה קשיא] שמשום קשיא לא דחינן מהלכה, והרשב"ם חולק עליו, **ואמנם** הנלע"ד שהנך קושיות שנשארו כאן בקושיא, הוא רק על רב פפא דאיהו מרא דשמעתתא, אבל גוף הדבר שזה הלכה מפי הקבלה, ניחא, ומוצל מקושיות הללו שהקשו רב הונא בר נתן ורבינא, כאשר יתבאר לפנינו בס"ד, ע"ש – צל"ח› [ב] ‹דמדאוריתא אין מים מחוברין לקרקע מקבלין טומאה, כדכתיב: אך מעין ובור מקוה מים יהיה טהור, אבל שאר משקין הרי הן בקרקע כמו שהן בכלים, דין אחד הוא ליטמא מדאוריתא ומדרבנן – קרית ספר› [ג] ‹ודלא כרש"י› [ד] ‹וסבר רב אשי בפרק קמא דפסחים, דלרבי יהודה בטלו לגמרי, דאפילו טומאה קלה לא מטמאה, ופסק רבינו כרבי יהודה, משום דאמרינן בספרי ובפירקא בתרא דמקואות דל"ח זקנים ור"י הגלילי ור"ט כולם סוברים כרבי יהודה – כסף משנה› ‹**והקשה** הצל"ח, דהא בגמ' מבואר דאפי' אי בטלו במעיה ובטל מהן דין מי חטאת, אכתי צריך שיהיה בהם טומאה קלה דטומאת משקין, ומשו"ה מסיק משום דהו"ל משקה סרוח, ואמאי לא הזכיר הרמב"ם גם טעם זה דהוי משקה סרוח, דמשו"ה לא מטמא אפי' טומאת משקין. **ותירץ** דרב אשי הוצרך לטעם זה רק לר' יהודה לטעמיה, דסובר דמשקין מטמא אוכל מדאורייתא, ולכן בעינן להטעם דהו"ל משקה סרוח דאינו מטמא, אבל לדידן דקי"ל דמשקין לטמא אחרים אפי' אוכלין, לאו דאורייתא, א"כ אף בלא טעם זה דהוי משקה סרוח נמי בשרה טהור. **וכדמוכח** בגמ', דאי גם מאוכלין הדר ביה, דאין משקין מטמאין אוכלין מדאורייתא, הוי ניחא ליה דבטלו במעיה ובשרה טהור לגמרי, וכדמפרש רש"י (דף י"ח. ד"ה בטלו במעיה), דכיון דלא מטמאו משקין אוכלין אלא מדרבנן, הכא דמילתא דלא שכיחא לא גזור, ע"כ – שיעורי ר' דוד›

ואמר רב אישתבש כהני מידי הוא טעמא
אלא לרב רב משקי בית מטבחיא תני
אבל משקי בי מדבחיא מטמא גופא רב
אמר אישתבש כהני ושמואל אמר לא
אישתבש כהני רב אמר אישתבש כהני
רביעי בקדש בעא מינייהו ואמרו ליה טהור
ושמואל אמר לא אישתבש כהני חמישי
בקדש בעא מינייהו ואמרו ליה טהור
בשלמא לרב היינו דכתיב ארבעה לחם
ונזיד ויין ושמן אלא לשמואל חמשה מנא
ליה מי כתיב ונגע כנפו ונגע בכנפו כתיב
במה שנגע בכנפו תא שמע ויאמר חגי אם
יגע טמא נפש בכל אלה היטמא ויענו
הכהנים ויאמרו יטמא בשלמא לשמואל
מדהכא לא אישתבש התם נמי לא אישתבש
אלא לרב מאי שנא הכא דאישתבש ומאי
שנא התם דלא אישתבש אמר רב נחמן
אמר רבה בר אבוה בקיאין הן בטומאת מת
ואין בקיאין הן בטומאת שרץ רבינא אמר התם רביעי הבא שלישי
ת"ש ויען חגי ויאמר כן העם הזה וכן הגוי הזה לפני נאם ה' וגו'
בשלמא לרב היינו דכתיב טמא אלא לשמואל אמאי טמא איתמוהי קא
מתמה והא וכן כל מעשה ידיהם כתיב אמר מר זוטרא ואיתימא רב
אשי מתוך שקלקלו את מעשיהם מעלה עליהם הכתוב כאילו הקריבו
בטומאה גופא רב תני משקי בית מטבחיא ולוי תנא משקי בי מדבחיא
ללוי הניחא אי סבירא ליה כשמואל דאמר *דכן מלטמא טומאת אחרים
אבל טומאת עצמן יש להן משכחת לה דנגעי כולהו בראשון אלא אי
סבר לי' כרב דאמר דכן ממש היכי משכחת לה על ברחך כשמואל סבירא ליה
ולשמואל הניחא אי סבר לה כרב דתני משקי בית מטבחיא אבל משקי בי
מדבחיא אחריני נמי מיטמאו רביעי הוא דלא עביד חמישי הא שלישי עביד
רביעי אלא אי סבר ליה כלוי דתני משקי בי מדבחיא מאי איריא רביעי דלא
עביד חמישי אפילו שני ושלישי נמי לא עבדי על ברחך כרב סבירא ליה
תניא כוותיה דרב תניא כוותיה דלוי הדם והיין והשמן
והמים משקי בי מדבחיא שנטמאו בפנים והוציאן לחוץ טהורין נטמאו
בחוץ והכניסן בפנים טמאין איני והאמר רבי יהושע בן לוי משקי בי
מדבחיא לא אמרו דכן אלא במקומן מאי לאו למעוטי נטמאו בפנים
והוציאן לחוץ לא למעוטי נטמאו בחוץ והכניסן בפנים והא במקומן
קאמר הכי קאמר לא אמרו דכן אלא שנטמאו במקומן תניא כוותיה דרב
הדם והמים משקי בית מטבחיא שנטמאו בין בכלים בין בקרקע טהורין
רבן

רש"י

ואמר רב. לקמן: **אישתבש כהני.** שטהרו רביעי בקודש אלמא יין ושמן דמשקי בית מטבחיא ניהו ומיטמאו ואי טומאה משקין דרבנן הא אמרת דלא גזור עלייהו ואי נמי בטומאות דרבנן קא בדיק להו חגי לכהני וכבר נגזר טומאה על המשקין בימי חגי הנביא שהיה מאנשי כנסת הגדולה קשיא לרב דהא אמר דכן ממש וכ"ש אי בדאורייתא קא משתעי קשיא לרב והא ליכא למימר מדרבנן ודלא כיוסף בן יועזר דאקרא לא פליג דמשמע דאית עלייהו טומאה אי דאורייתא אי דרבנן: **מידי הוא טעמא אלא לרב.** כלום אתה מקשה אלא לרב רב לא קשיא ליה האי לעולם חגי בדרבנן בדיק להו וכבר נגזרה גזירת טומאה על המשקין ולרב אליבא דיוסף בן יועזר לא תיקשי דרב משקי בי מטבחיא תני בעדותו של יוסף משקה המטבחים דם ומים אבל משקה מדבחיא היין והשמן שהם משקה המזבח גזרו רבנן טומאה עלייהו והיינו דבסדר טומאות דהאי קרא איכא אוכל מטמא אוכל ומשק' מטמא משקה דמדרבנן טומאה עושה כיוצא בה: **מי כתיב ונגע כנפו.** אל הלחם דמשמע שהשרץ נגע בלחם דלחם הוי ראשון מה שנגע בכנפו נגע ללחם דה"ל לחם שני: **טמא נפש.** קס"ד טמא מת שהוא אב הטומאה כשרץ: **בכל אלה.** כסדר שפירשנו טמא מת בלחם ולחם בנזיד וכו': **מדהכא לא אישתבש.** דאמרו ליה רביעי טמא כדכתיב ויאמרו יטמא הכא נמי לא אישתבש ואיהו במה שנגע בכנפו אמר להו דה"ל שמן חמישי ומשום הכי אמרי ליה טהור אלא לרב דאמר גבי שרץ נמי רביעי בעא מינייהו מאי שנא דאמרו ליה טהור: **בקיאין הן בטומאת מת.** ויודעים שהשלישי עושה בה רביעי ולא היו בקיאין בטומאת שרץ וסבורין שאין שלישי עושה בה רביעי: **רבינא אמר.** לא היו בקיאין ברביעי בקודש כלל וגבי מת שלישי בקודש בעא מינייהו דהאי טמא נפש דקרא לאו טמא מת אלא מת ממש כלומר טומאת נפש ומת אבי אבות ולחם אב ונזיד ראשון ויין שני ושמן שלישי: **ויען חגי ויאמר וגו'.** סיפיה דקרא וכן כ' מעשה ידיהם ואשר יקריבו שם טמא הוא: **בשלמא לרב.** דאמר אישתבש כהני היינו דקרי למעשה ידיהם טמא: **איתמוהי קא מתמה.** מאחר שבקיאין הן בהלכות טומאה וכי כל מעשה ידיהם טמא הוא: **וכן.** לאו תמיהא משמע: **שקלקלו מעשיהם.** לאחר זמן היה מתנבא שיקלקלו מעשיהן בבית שני באחר עבירות: **וללוי.** דתני מדבחיא והכא כתיב יין ושמן דמטמאו הא ניחא אי סבר ליה בהא מילתא כשמואל דדכן דיוסף בן יועזר דכן מלטמא אחרים הן אבל טומאת עצמן יש בהן משכחת לה להאי דכתיב אם יגע טמא נפש בכל אלה דקאמר יטמא דנגעו כולהו בראשון ולאו אסדרא קמא נקט ולא אישתבש כהני שבתחלה שאלם על הסדר ואמרו לו על האחרון לא יטמא מפני שהיין לא יכול לטמאו לשמן שאין משקין בי מדבחיא מטמאין שום דבר ולבסוף שאלם אם יגע הטמא עצמו בכל אלה כלומר או בזה או בזה ואמרו ליה יטמא: **אלא אי סבר ליה כרב דאמר דכן ממש היכי משכחת לה.** להאי יטמא דקרא בשלמא לרב גופיה לא קשיא דאיהו תני מטבחיא אלא ללוי קשיא: **ולשמואל.** דאמר לא אישתבש ופריש למילתיה משום דחמישי הוה השמן דמה שנגע בכנפו כתיב הא אי רביעי הוה האי שמן הוה טמא ואע"ג דמן היין קבלה אלמא משקין מטמאין אחרים: **הא ניחא.** אי תנא בעדותו של יוסף משקה מטבחיא אבל משקה מדבחיא אפי' אחריני נמי מטמאו היינו דפריש למילתיה לעיל ואמר האי דלא הוי שיבוש משום דחמישי הוה והיין שהוא רביעי לא עביד ליה חמישי הא אי הוה יין שלישי הוה עביד ליה רביעי אלא אי תנא מדבחיא כלוי מאי איריא דפריש לעיל משום דחמישי הוה אפילו אי הוה יין שני שלישי לשמן לא עביד: **משקי בי מדבחיא.** כלומר כל אלו של קודש נקראין על שם מזבח כגון דם לזריקה ומים ויין לנסך ושמן למנחות: **שנטמאו בפנים.** בעזרה והוליאן לחוץ ונפסלו ביוצא שאין ראויין עוד למזבח: **טהורין.** מלטמא אחרים שהרי לא ירדה להן תורת טומאה מתחלה לטמא אחרים והן עצמן ודאי טמאין כנבואת חגי: **אבל נטמאו בחוץ.** קודש שיצא שם מדבחיא עליהן והכניסן לפנים טמאין ואפילו לטמא אחרים דטומאתן כבר ירדה בהן ומי הפקיעה: **איני.** ארישא פריך דקתני הוליאן לחוץ טהורין ולא אמרינן תחול טומאתן למפרע: **אלא במקומן.** בפנים: **לא למעוטי נטמאו בחוץ והכניסן לפנים.** כדמתרץ ליישנא בסיפא דמילתא דהכי משמע אלא כשנטמאו במקומן ומשום דלא סיימיה לפרושא דמילתא פריך ליה והא במקומן קאמר דמשמע כל זמן שהן במקומן טהורין ותו לא:

תוספות

רביעי בקודש בעא מינייהו. פ"ה דנגע בכנפו היינו שרץ אל הלחם והלחם אל הנזיד וכו' וקשה לר"ת דנהי שנא דוקא אל כל מאכל יהיה פירוש או אל כל מאכל יותר מכולם ועוד למה דחק שמואל לתרץ במה שנגע בכנפו לימא אל כל מאכל דוקא ועוד למה קורא הכתוב לשרץ כנף ועוד דמפרש רבינא התם רביעי בקדש הכא שלישי שהלחם נעשה אב הטומאה כשנוגע במת והא קיימא לן בהמפלת (נדה כח:*) דכל דבר שאין לו טהרה במקוה אינו נעשה אב הטומאה מיהו יש לומר דאין נעשה אב הטומאה היינו דווקא לטמא אדם וכלים אבל לאוכלין ומשקין נעשה אב הטומאה ומפר"ת דהשרץ נגע בכנף ונעשה ראשון והכנף אל הלחם או אל הנזיד וחד מהנך אל היין או אל השמן הרי שלשה ואל כל מאכל הרי ארבעה ונקט סדר כנף מאכל משקה מאכל דלא בעי למינקט שיעשה כיוצא בו ולשמואל דייק מדכתיב בכנפו הרי חמש והשתא אתי שפיר לרבינא דאמר הכא שלישי שהכנף הנוגע במת נעשה אב הטומאה כדין כל הכלים: אבל

רבינו חננאל

וגו' ואמר רב (אשי) אשתבוש כהני כלומר טעו הכהנים באמרם כי אלו כולם הזכורים לא נטמאו מכלל דמטמאין הן מכלל דרב סבר כי היין והשמן שהן משקין ומטמ' ואיך אמר דכן ממש ופרקי' מידי הוא טעמא אלא לרב(כלומר) [כלום] תקשה אלא דרב אדרב הא בהדיא תני רב משקה בית מטבחיא דכן והן המים והדם כדבעינן למימר קמן אבל משקה בית מדבחי' כגון היין שמנסכין על המזבח והשמן שמקריבין עם הקמצין (מטמא) לא אמר רב שהן דכן אלא מטמא וטעו הכהני' שאמרו אין מטמא וכשהזכרנו דברי רב דאמר אשתבש כהני הוצרכנו לבאר טעמו לפיכך אמרנו גופא רב אמר אשתבוש כהני שהשיבו על מגע רביעי בשלישי בקדשים שהוא טהור ואינו אלא פסול ושמואל אמר חמישי בקדש בעא מינייהו חגי הנביא והשיבו כהלכה טהור: בשלמא לרב משכחת לה מן המקרא כי רביעי שאל חגי הנביא מן הכהנים שנאמר הן ישא איש בשר קדש בכנף בגדו שנגע בו שרץ ונגע הבשר בכנף בגדו הטמא ונגע עוד הבשר בלחם או בנזיד או ביין או בשמן ונגעו אלו אל כל מאכל נמצא הכנף [illegible]

[לעיל טו.]

(נדה כח:)

גליון הש"ס תוס' ד"ה רביעי בקודש וכו' והא קיי"ל בהמפלת [illegible]

[illegible]

עין משפט נר מצוה

קיח א מיי' פ"י מהל' טומאת אוכלין הלכה טו [א עי' מיי' שם פט"ו הל' ה. ובהגמון מכריח לגלה וז"ל] א מיי' פ"ד מהלכות טומאת אוכלין הלכה ב: קיט ב ג מיי' פכ"ח מה' כלים הל' א ג: קכ ד מיי' פט"ו מהל' פרה אדומה הל' ג:

(רבן) שמעון אומר בכלים טמאין בקרקע טהורין א"ר פפא אפילו למ"ד טומאת משקין דאורייתא משקי בית מטבחיא (א) הלכתא גמירי לה א"ל רב הונא בריה דרב נתן לרב פפא ואלא הא דאמר ר"א *אין טומאה למשקין כל עיקר תדע שהרי העיד (יוסף) בן יועזר איש צרידה על משקי בית מטבחיא דכן ואי הלכתא גמירי לה מי גמרינן מינה א"ל רבינא לרב אשי והא ר"ש דאמר טומאת משקין דאורייתא *דתניא ר' יוסי ור' שמעון אומרים לכלים טהורין לאוכלין טמאין והכא קאמר (רבן) שמעון בכלים טמאין בקרקע טהורין ואי הלכתא היא מה לי בכלים מה לי בקרקע קשיא אמר רב פפא הא דאמרת בקרקע טהורין לא שנו [א] אלא מים אבל דם לא ומים נמי לא אמרן אלא דהוי רביעית *דחזי להטביל ביה מחטין וצינורות אבל *לא הוי רביעית טמאין: אמר מר רבי יהודה אומר לכל טמא למימרא דסבר רבי יהודה טומאת משקין לטמא כלים דאורייתא *והתנן *כל הכלים שיש להן אחורים ותוך *כגון הכרים והכסתות והשקין והמרצופין נטמא תוכו נטמא גבו נטמא גבו לא נטמא תוכו א"ר יהודה *במה דברים אמורים שנטמאו מחמת משקין אבל נטמאו מחמת שרץ נטמא תוכו נטמא גבו נטמא גבו נטמא תוכו ואי סלקא דעתך טומאת משקין לטמא כלים דאורייתא מה לי נטמא מחמת משקין מה לי נטמא מחמת שרץ אמר רב יהודה אמר שמואל חזר בו ר' יהודה רבינא אמר לעולם לא הדר הא במשקין הבאין מחמת ידים הא במשקין הבאין מחמת שרץ אי הכי אדתני במה דברים אמורים שנטמאו מחמת משקין ליפלוג וליתני בדידה במה דברים אמורים במשקין הבאין מחמת ידים אבל במשקין הבאין מחמת שרץ נטמא תוכו נטמא גבו נטמא גבו נטמא תוכו אלא מחוורתא כדשנין מעיקרא חזר בו רבי יהודה איבעיא להו מכלים הוא דהדר ביה אבל באוכלין כרבי יוסי ורבי שמעון סבירא ליה או דילמא לגמרי הדר ביה כרבי מאיר אמר רב נחמן בר יצחק תא שמע *פרה ששתתה מי חטאת בשרה טמא* רבי יהודה אומר בטלו

אבל דם לא. וא"ת אדרבה בדם יש לטהר טפי אפי' בכלים דהא דם קדשים לא איתקש למים כדאמרי' לעיל שאינו כשפך כמים אין מכשיר וי"ל דהכי פי' אבל דם היכא דמטמא כגון דם חולין או בעלי מומין או זבח שנפסל בו: **אלא** דהוי רביעית דחזי להטביל בהו מחטין וצינורות. מכאן אומר ר"י שיש לדקדק דמקוה שכולו שאוב אינו פסול אלא מדרבנן דמשקין בית מטבחיא שהן דכן ע"כ הן שאובין מדמפליג בין דם למים ולא מפליג בין שאובין למחוברין ואמר דחזי להטביל בהו מחטין וצינורות ועוד תניא בתוספתא דמסכת מקוואות (פ"ב) מקוה שהניחו ריקן ומצאו מלא כשר והיינו משום דספיקא דרבנן לקולא וריקן נמי משמע שלא היה בו כלום מדלא קאמר שהניחו חסר והא דתניא בת"כ אך מעין ובור יכול אפילו מלא בכתף תלמוד לומר מעין מה מעין בידי שמים אף מקוה בידי שמים י"ל דאסמכתא בעלמא הוא ואם תאמר כיון דכולו שאוב כשר מדאורייתא אמאי גזרו רבנן בשאיבה כלל ויש לומר דגזרו שאיבה אטו דילמא אתי לאטבולי במנא דבתוך הכלי ודאי אסור לטבול מדאורייתא *ואור"י דכי נמי בטלו רביעית דמקוה *מכל מקום כל שהוא למעין לא בטלו מדהכא בת"כ דמעין מטהר בכל שהוא והמקוה בארבעים סאה והא דמקוה במ' סאה היינו לבתר דביטלו רביעית ואפילו הכי קתני למעין מטהר בכל שהוא הקשה ר"י בשם הרב רבינו שלמה דאמר בפרק חומר בקודש (חגיגה כג.) גבי מקוה שחלקו בכשל חדע דבעי' כשפופרת הנוד דהא לדעת אלחולי מחלוקת ובעינן ארבעים סאה במקום אחד ולדעת אלחולי מחלוקת לא שייך אלא במעין ובעינן ארבעים סאה במקום אחד והתם מיירי בדבר שכל גופו עולה בפחות דהא לא כן מה לאיה לגריך*: **נטמא** תוכו נטמא גבו לא נטמא תוכו. וכן גרס רש"י ואף על גב דכל כלי שטף נמי דינו כן מכל מקום נקט כרים וכסתות ושקין ומרצופין משום דרבי מאיר פליג בהכי דבתוספתא קתני סיפא רבי מאיר אומר כל שיש לו תוברואות יש לו אחורים ותוך ושאין לו תוברואות וכו' תוברואות פירושו תפירות שפה לפיכן סביב כעין מכנסים דאז אין מהפכין אותן להשתמש בצד אחר ויש לו דין אחורים ותוך לענין שאם נטמא גבו לא נטמא תוכו כמו שאר כלי שטף הא:

(רבן) שמעון אומר בכלים טמאין. (רבן) שמעון לטעמיה דאמר לעיל טומאת משקין דאורייתא ואפי' לטמא אחרים כדתניא גבי ספק משקה לטמא אחרים (רבן) שמעון אומר באוכלין טמא הלכך במשקי בית מטבחיא לא מצו רבנן לטהורינהו: **בקרקע טהורין.** ולקמן מתרגם ליה אמים ודאיכא רביעית דאיכא תורת מקוה עלה למחטין ולינורות מדאורייתא לא מקבלי טומאה כדכתיב (ויקרא יא) מקוה מים יהיה טהור ורביעית הויא מקוה מדאורייתא דכי כתיב ארבעים סאה באדם הוא דכתיבי דנפקא לן *מאת כל בשרו מים שכל גופו עולה בהן אבל לכלים קטנים אין צריך אלא כדי שיתכסו במים וביציר מרביעית גמרא גמירי לה דלא חשיב למיהוי מקוה וכיון דבעלמא מדאורייתא לא מיטמו ורבנן הוא דבטלו רביעית דמקוה שלא יטבילו כלים בפחות מארבעים סאה כדאמרינן בנזיר (דף לח.) עשר רביעיות הן ופרכינן והא איכא רביעית למקוה ומשנינן בר מינה דהיא דבטלו רבנן בפרק שלשה מינין ותניא נמי* זה הכלל כל שאדם טובל בו ידים וכלים טובלי' בו וגזרו טומאה אף על המשקין שבקרקע כל כמה דהוי בציר מארבעים סאה והכא גבי מטבחיא אוקמוה אדאורייתא וטהורים: **הלכתא גמירי לה.** מסיני דלא מיטמאו: **מי גמרינן מינה.** דטומאת שאר משקין לאו דאורייתא הא אמרת אפילו היא דאורייתא גמירי בהני דטהורין והיכי מייתי רבי אליעזר טעם למילתיה מהכא: **והא רבי שמעון.** דמשום דסבירא ליה טומאת משקין דאורייתא קאמר הכא בכלים טמאין משום דבשאר משקין דאורייתא ובקרקע הוא דטהורין משום דגבי שאר משקין דרבנן אלמא לאו הלכה למשה מסיני הוא וקשיא לרב פפא דאי הלכתא היא מה לי בכלים דגבי שאר משקין דאורייתא מה לי בקרקע: **קשיא** גרסינן הא דרב פפא לאו מילתא היא וכי אמרה לאו אדעתיה ולא היה זכור למשניות הללו: **א"ר פפא הא דאמרת.** לרבי שמעון בקרקע טהורין לא שנו אלא מים דאיכא שם מקוה עליהן במחובר: **אבל דם.** אין בו חילוק בין קרקע לכלים דטומאה דידיה דאורייתא אף בקרקע ולר"ש כי איתמר דכן דיוסף בן יועזר אמים לחודייהו איתמר דהוי רביעית כדפרשינן: **צינורות.** שטווין בהם זהב: **אבל ליכא בהו רביעית.** דמדאורייתא לא חזו למקוה ומדאוריי' טמאין אף במחובר ה"נ טמאין ודקיימא לן שיעור טומאת משקין ברביעית *הני מילי לטמא אחרים אבל לעצמן טמאין בכל שהן כדתנן בטהרות (פ"ג מ"ג) ומייתינן לה בגמרא דכל שעה (דף לג:) טמא מת שסחט כו' כיון שיצתה טפה ראשונה נטמאת בכביצה: **אמר מר רבי יהודה אומר.** גבי ספק משקה לטמא אחרים לכל טמא ואפילו לכלים אלמא ודאי נגיעתן מטמא כלים מדאורייתא מדמטמינן ספק דידהו: **שיש להם אחורים ותוך.** שראויין להשתמש בהן בתוכן ובאחוריהן: **מרצופין.** של עור: **שנטמאו (א) במשקין.** דטומאתן לאו דאורייתא לכלים ורבנן הוא דגזור בהו משום משקה זב וזבה שהן אב הטומאה ועבדי בהו רבנן היכירא שאם נטמא גבו לא נטמא תוכו כי היכי דלידעו דהך טומאה לאו דאורייתא דלא לשרפו עליה תרומה וקדשים כדאמרינן בבכורות (דף לח.) בעדותו של חזקיה אבי עקש: **אבל מחמת שרץ.** דטומאתן דאורייתא: **חזר בו ר' יהודה.** מההיא דלעיל: **הא במשקין הבאין מחמת ידים.** שגזרו חכמים טומאות שניות על ידים סתם וגזרו עליהן שיטמאו משקין להיות תחלה והיא דרבנן הוא: **אי הכי.** הא דתני אבל נטמאו מחמת שרץ וכו' דלא אשכח נטמא גבו נטמא תוכו אלא בנגעו בשרץ עצמו לישמעינן אפילו משקין: **אבל באוכלין.** כרבי יוסי ורבי שמעון סבירא ליה דמשקין מטמאין אוכלין מדאורייתא: **כרבי מאיר.** דאמר לא מיטמא אפי' אוכלין אלא מדרבנן: **פרה.** של זבח או של חולין: **ששתתה מי חטאת.** ושחטוה בעודן במעיה: **בשרה טמא.** שמקבלת טומאה מהן דמי חטאת מטמאין אפי' אדם וכלים כדכתיב (במדבר יט) והנוגע במי הנדה וגו': **בטלו**

מסורת הש"ס

[נ"ל רבי] [גי' רבי] [נ"ל רבי] [לקמן קט.] [נ"ל ר' יוסי] [לעיל טו.] [נ"ל רבי] תוספתא מקוואות פ"א [עי' תוס' ע"ז סט: ד"ה מים שהכניס כו'] כלים פכ"ה משנה ה עי' ר"ש שם פרה פ"ט משנה ה [מעילה יח.]

הגהות הב"ח

(א) רש"י ד"ה מרצופין של עור שנטמאו מחמת משקין:

גליון הש"ס

ברש"י ד"ה אבל ליכא בהו רביעית וכו' הכ"נ לטמא אחרים. עי' לעיל יד ע"א תוד"ה אלא משקין: תוס' ד"ה אבל דם לא וכו' קשה לי במה דמצינו להו לתוספת דבדם ליכא טומא' דאוריי' ומדוע לאכשר והא לעיל דף טז ע"ב אמרינן ת"ש ונבאר אחרן וכו' אלא לאו טומאה דם סרי דרבנן מדאורייתא מבואר מדברי תוס' שם ד"ה מדרבנן מני לאוקמי מדאורייתא וכמ' דם ד"ה דלמ"ד דטומאת משקין דאורייתא גם דם קדשים טמא דאורייתא ולפ"ג:

רבינו חננאל

נטמאו בכלים טמאין [בקרקע טהורין]. סוגיא דשמעתא רב פפא עיקר טומאת משקה מדרבנן ומשקה בית מטבחיא אוקימנה אדאורי' והכא כמו כן משום דלא גזרו בהו כלל ושמואל אמר טומאת משקין לעצמן מדאורייתא לטמא אחרים מדרבנן ובמשקה בית מטבחיא לא גזרו לטמא אחרים: אמר רב פפא אפילו למאן דאמר טומאת משקין דאורייתא משקה בית מטבחיא דכן הלכתא גמירי לה הכי ואקשי' עליה רב הונא בריה דר' נתן מדר' אליעזר דאמר אין טומאה למשקין כל עיקר תדע שהרי העיד כו' ואי הלכתא היא מהלכתא לא גמרינן ולא מצא רב פפא תשובה ולא דחינן לה דהא לא עלתה בתיובתא אבל הא דא"ל רבינא דאמר ר' שמעון דאמר טומאת משקין דאורייתא דתנ' ר' יוסי ור' שמעון אומר לאוכלין טמאים לכלים טהורין וקתני הכא בכלים טמאים בקרקע טהורים ואי הלכתא נינהו מה לי בכלים מה לי בקרקע הא רב פפא ואמר הא דאמר ר' שמעון בקרקע טהורין לא אמרן אלא במים שיש בהן כדי רביעית דחזו לאטבולי בהו מחטין וצינורות כגון מקוה מים שהוא מטהר אבל אין בהן כדי רביעית טמאין: אמר מר ר' יהודה אומר לכל טמא כלומר בין לטמא בין לכלים בין לאוכלין ואקשי' וכי ר' יהודה אית ליה טומאה למשקין מדאורייתא והא תניא כל הכלים שיש להם אחורי' ותוך כגון הכרים והכסתות והשקין והמרצופין שיש להם אחורים שפעמים ישן עליהם ויש להם תוך שפעמים טוען בתוכם כגון אלו נטמא גבן לא נטמא תוכם נטמא תוכם נטמא גבן אמר ר' יהודה במה דברים אמורים בטומאת משקין כלומר שהוא מדרבנן ואין טומאה מן התורה אבל טומאת שרץ נטמא תוכו נטמא גבו נטמא גבו [נטמא תוכו] הא אשכחן לר' יהודה דשני ליה בין טומאת משקה לטומאת שרץ ואי טומאת משקין מדאורייתא היא מה לי טומאת משקין מה לי טומאת שרץ כולה טומאה דאורייתא היא ואמרינן חזר בו ר' יהודה ואמר אין למשקין טומאה מדאורייתא ואע"ג דאמר רבינא לעולם לא הדר ביה ואוקמ' להאי דתני ר' יהודה לכל טמא במשקין הבאין מחמת שרץ והא דתני נטמא גבו לא נטמא תוכו במשקין הבאים מחמת ידים ש"מ חזר ביה ואמר המשקין אין מטמאין את הכלים מן התורה אבל באוכל כר' יוסי ור' שמעון סבירא ליה דאמר לאוכלין טמאין או דלמא לגמרי הוא דהדר כר' מאיר דאמר לטמא אחרים טהור: ת"ש פרה ששתתה מי חטאת בשרה טמא טעת לעת ר' יהודה אומר בטלו במעית ואי ס"ד סבר ר' יהודה יש טומאה למשקין

* מדברי רבינו נראה דלא גרס בגמ' קשיא והאסבר דלזה רמז רש"י קשיא גרסינן לאפוקי מגי' הכ"ת.
** כ"ל נטמא את הכלים וכן במסקנא דאמר דחזר בו ר"י ואמר דאין למשקין טומאה דאורייתא ר"ל לטמא את הכלים.

‹ההלכות הן מול עמוד א'›

בטלו במעיה ואי סלקא דעתך מכלים הוא דהדר ביה אבל באוכלין כר' יוסי ור' שמעון סבירא ליה אמאי בטלו במעיה לגמרי נהי דטומאה חמורה לא מטמאו טומאה קלה מיהא ניטמאו מאי בטלו במעיה נמי בטלו מטומאה חמורה אבל טומאה קלה מטמאו מכלל דתנא קמא סבר טומאה חמורה נמי מטמאו הא בשרה טמא קתני כולה ר' יהודה היא וחסורי מיחסרא והכי קתני פרה ששתתה מי חטאת בשרה טמא בד"א טומא' קלה אבל טומאה חמורה לא שרבי יהודה אומר בטלו במעיה רב אשי אמר לעולם בטלו במעיה לגמרי *משום דהוה ליה משקה סרוח ר' יוסי ורבי שמעון אומרים לאוכלין טמאין לכלים טהורים אמר רבה בר בר חנה אמר ריש לקיש רבי יוסי בשיטת ר"ע רבו אמרה דדריש יטמא יטמא *דתנן בו ביום דרש ר"ע °וכל כלי חרש אשר יפול מהם וגו' אינו אומר טמא אלא יטמא יטמא אחרים לימד על ככר שני שעושה שלישי בחולין והבא היכי דריש °וכל משק' אשר ישתה בכל כלי יטמא לטמא טומאת אוכלין אתה אומר לטמא טומאת אוכלין או אינו אלא לטמא טומאת משקין אמרת לא כך היה מאי לא כך היה אמר רב פפא לא מצינו טומאה שעושה כיוצא בה רבינא אמר מגופיה דקרא נמי לא מצית אמרת יטמא לטמא טומאת משקין דאי סלקא דעתך יטמא דסיפא לטמא טומאת משקין יטמא דרישא נמי לטמא טומאת משקין ניערבינהו וניכתבינהו °מכל האוכל אשר יאכל אשר יבא עליו מים וכל משקה אשר ישתה בכל כלי יטמא תרי יטמא למה לי אלא יטמא דרישא לטמא טומאת משקין יטמא דסיפא לטמא טומאת אוכלין ואימא לטמא את הכלים ולאו ק"ו הוא ומה כלי שמטמא משקה אין מטמא כלי משקין הבאין מחמת כלי אינו דין שלא יטמאו את הכלים ואימא כי לא מטמאו משקין הבאין מחמת כלי אבל משקין הבאין מחמת שרץ ה"נ דמטמאו משקין הבאין מחמת שרץ מי כתיבי ולאו

רש"י

בטלו במעיה. דאיכן ראויין למי חטאת ואין שמן עליהן ולא אית ליה לרבי יהודה משקין בעלמא מטמאו אוכל נהי דבטלי מתורת מי חטאת לענין דלא הוי טמא אב הטומאה לטמא אדם וכלים הא משקה טמא מי ליכא עלייהו כשאר משקין לטמא בשר זה שהוא אוכל ואמאי בטלו במעיה לגמרי אפילו מלטמא בשר זה דהיינו טומאת אוכלין קלה נהי דטומאה חמורה לא מטמאו אם נגעו אדם וכלים בהן בתוך המעים דהא אין שם מי חטאת עליהן טומאה קלה כגון את הבשר לטמאו דהא משקין בעלמא נינהו וגם טומאה לא פקע מינייהו דניטמאו מחמת עצמן דאין נגיעה גדולה ממה שהן נוגעין בעצמן וכי אזיל שם מי חטאת מינייהו הוו להו משקין שנגעו במי חטאת אלא ש"מ מכולהו הדר ביה וכיון דבתוך לא מטמאו משקין אוכלין אלא מדרבנן הכא דמילתא דלא שכיחא לא גזור: **טומאה חמורה.** אדם וכלים טומאה קלה אוכלין: **והא בשרה טמא קאמר.** דלא טימא אלא את הבשר ולא תנא אדם וכלים הנוגעין בהן טמאין: **אבל טומאה חמורה.** שהיה עדיין שמן עליהן לטמא אדם הנוגע בהן לא מטמאו שר' יהודה אומר בטלו במעיה מתורת מי חטאת: **רב אשי אמר לעולם לגמרי.** דאפי' שם משקה בעלמא ליכא עלייהו דה"ל משקה סרוח ותנינא בת"כ וכל משקה אשר ישתה בכל כלי יטמא פרט למשקה סרוח: **ר' יוסי** תלמידו של ר' עקיבא היה כדתניא ביבמות בהבא על יבמתו (דף סב:) והיה העולם שמם עד שבא ר"ע אצל רבותינו שבדרום ושנאה להם ואלו הן ר"מ ורבי יהודה ור' יוסי ור"ש ור"א בן שמוע: **דדריש יטמא.** דכתיב גבי אוכלין טמאין יטמא ואיהו נמי דריש יטמא דכתיב גבי משקין טמאין יטמא: **בו ביום.** ביום שמינו את ר"א בן עזריה לנשיאות: **אשר יפול מהם אל תוכו.** והיינו בהכל שוחטין (חולין כד:) אע"פ שלא נגע אלא נתלה באוירו ה"ל כלי ראשון וכתיב כל אשר בתוכו יטמא מחמת הכלי ה"ל אוכל שני ואינו אומר טמא אלא יטמא לדרוש ביה יטמא: **לימד על ככר שני.** דהא קרא משתעי באוכלין כדכתיב בתריה מכל האוכל אשר יאכל והוא היה בתוך הכלי יטמא אלמא ככר שני עושה שלישי ואף בחולין דקרא סתמא כתיב והא ליכא למימר דאוכלין שבו מקבלין טומאה מן השרץ דליהוי אויר כלי כמאן דמלי טומאה וניהוו אוכל ראשון דא"כ אף כלים שבאוירו יטמאו ובפרקין מפרשינן לה בהדיא דעל כרחך שני הוא ומן הכלי הוא מקבלה שמטמא את השלישי ואני שמעתי ככר עושה כיוצא בו ואית ליה לר"ע אוכל מטמא אוכל וא"א לומר כן משום דלא אשכחן לה בהדיא וע"י הדחק נאמר וא"כ כי אקשי לעיל והא אין אוכל מטמא אוכל ודחיק נפשיה ואוקמה מדרבנן טמא כימא כר"ע ס"ל דהא ר"ע גופיה איירי ביה והוסיף עדות על עדותו ולקמן דקאמר לא כך היה ולא מני לדחויה אלא ע"י טעם זה לא מצינו טומאה עושה כיוצא בה הרי מצינו לר"ע ועוד בהדיא אמר לקמן בההוא יטמא לטמא את המשקין ולא אוכל כיוצא בו: **והכא.** גבי יטמא דמשקין דקאמר רבי יוסי דמטמא אוכל היכי דריש ליה רבי יוסי דמוקי ליה לטמא אוכל ולא לטמא משקה כיוצא בו ולא כלי: **וכל משקה אשר ישתה בכל כלי.** אם היה המשקה הזה בתוכו של כלי חרס דהא עלה קאי יטמא ודריש ביה יטמא לטמא את האוכל: **לא מצינו טומאה שעושה כיוצא בה.** כדאמרינן לקמן דלהכי קרינא יטמא למימר דהוא טמא ואין עושה כיוצא בו: **ואי ס"ד.** האי יטמא דכתיב במשקה בסיפיה דקרא לטמא משקים קאמר ויטמא דרישא דכתיב גבי אוכל ע"כ לטמא משקין מוקמי ליה לקמיה [א] דהכתיב לעיל מהאי קרא טמא הוא ואמרינן הוא טמא ואין עושה כיוצא בו ומדאיצטריך למעוטי אוכל מכלל דמשקין מטמאי א"כ יטמא יטמא למה לי ליערבינהו וכתבינהו כו': **ואימא.** יטמא דסיפא לטמא את הכלים ואמאי קאמר רבי יוסי לכלים טהור: **ומה כלי.** שטימא את המשקה הזה לא יוכל לטמא את הכלי כדאמר לקמן כל אשר בתוכו יטמא מכל האוכל אוכלין ומשקין מיטמאים מאויר כלי חרס ואין כלים מיטמאים מאויר כלי חרס משקין אלו שבאין מחמת כלי אינו דין כו': **ואימא כי לא מטמאו משקין הבאים מחמת כלי.** דבהאי קל וחומר הוא דנפקא לן דאין משקה מטמא כלי *(אימא כי לא מטמאו משקין כלי) הני מילי משקין הבאין מחמת כלי אבל משקין שנגעו בשרץ יטמאוהו:

ומשני

תוספות

הא בשרה טמא קתני. משמע דוקא בשרה אבל אדם וכלים לא והיינו משום דנפסלו בהיסח הדעת ואם תאמר כיון דפרחה מהן טומאה חמורה אפי' טומאה קלה לא לטמאו דהא אמרי' בפ' בא סימן (נדה נא.) ובפ' טבול יום (זבחים קה.) כל שסופו לטמא טומאה חמורה לא בעי הכשר ותשיב כאילו נגע בשרץ והיינו דוקא בעוד שסופו לטמא טומאה חמורה אבל כשאין ראוי כבר לטמא טומאה חמורה בעי הכשר כדאמרינן בפרק בהמה המקשה (חולין עג:) גבי בשר הפורש מאבר מן החי דלא מהני ליה *מה שסופו לטמא טומאה חמורה כשהיה עם אביו לשויה מוכשר כיון דלאחר שפירש ממנו אין ראוי לטמא טומאה חמורה וי"ל דשאני התם כששימש מעשה עץ שימש כדאמרינן בהעור והרוטב (שם דף קכט.) ולכך כשפירש מאביו בעי הכשר אבל מי חטאת לריך שיהו ראויין מתחלה לשתיה ונולא טומאה חמורה שלהן אינו מעשה עץ אלא מטעם שיהיו ראוין לשתיית אדם הלכך דבע"א לא היו ראוין להזאה ולכך אף כשנפסלו לא פרחה טומאת משקין:

בטלו במעיה. אבל בעודם בפיה לא בטלו וא"ת דאמרינן במסכת פרה (פ"ט מ"ג) דכל העופות פוסלין מי חטאת אור"י דהתם מיירי קודם קדוש ונפסלים כדפ"ה*(בהמוקין) (גיטין נג) דבעינן שהמים חיותן בכלי או משום מלאכה **והכא איירי לאחר קידוש מדחשיב להו סופו לטמא טומאה חמורה ומלאכה אינה פוסלת אחר קידוש כדתנן במסכת פרה (פ"ד מ"ד) מים מלאכה פוסלת בהן עד שיתן לתוך אפר (*ובסיפא) יליף לה מדכתיב למי נדה וכבר הם למי נדה ובטלו במעיה משום היסח הדעת ותוספת (דמקוואות פ"ח) מפרש טעמ' דר"י משום דכוונה למשמרת יצאו אלו שלוגם לאו למשמרת הוא שמתחה מהן הפרה:

לא מצינו טומאה עושה כיוצא בה. פי' הקונט' כדדרשינן לקמן יטמא שאין טומאה עושה כיוצא בה ולית ספרים דל"ג לקמן ולשון לא מצינו לא משמע כן דמשמע דמעלמא נפקא לן ממשמעות ומפר"י לא מצינו טומאה עושה כיוצא בה כדדרשינן לעיל (דף יד.) מטמא הוא:

*רבינא אמר מגופיה דקרא לא מצית אמרת דהאי ס"ד לטומאת משקין לא לכתוב אלא חד יטמא תרי זימני למה לי למעוטי שאין טומאה עושה כיוצא בה:

ומה כלי שמטמא משקין. וא"ת משקין הבאין מחמת אוכל לא יטמאו אוכל מהאי ק"ו וכן אוכל הבא מחמת משקין לא יטמא משקין וי"ל דהכא עביד שפיר ק"ו דמה כלי שאין מטמא כלי משום שהוא קל שאינו אב הטומאה דכשהוא אב הטומאה מטמא כלי וכ"ש משקין הבאים מחמת כלי דקילי טפי אבל מה שאין אוכל מטמא אוכל היינו לפי שאין עושה כיוצא בו וא"ת משקין הבאים מחמת כלי שנגע במת מנלן דלא מטמאו כלי דמק"ו דכלי לא אתי דכלי שנגע במת מטמא כלי וי"ל דהאי קרא בשרץ כתיב אבל משקין שנגעו בכלי שנגע במת לא כתיב:

ולאו

רבינו חננאל

למשקין באוכלין וכי בהאי כר' יוסי ור' שמעון סבירא ליה נהי דלא מטמא טומאה חמורה כאב לטמא במשא כאשר עקר מי חטאת ותורתם שהן מאבות הטומאה מטמא אדם וכלים כדתנן למעלה מהן נבלה ומי חטאת שיש בהן כדי הזיה שמטמא האדם במשא לטמא בגדים טומאה קלה מטמא: והא ת"ק נמי בשרה טמא קתני ולא (היא) טומאת מי חטאת עצמן שהן טומאה חמורה אלא טומאה קלה והיא טומאת אוכלין הוא דמטמאה ואי הכי מאי בינייהו ואמרינן חסורי מחסרי והכי קתני בשרה טמא טומאה קלה אבל טומאת מי חטאת שהיא חמורה שמטמ' במשא לא דברי ר' יהודה שר' יהודה אומר בטלו במעיה ולעולם באוכלין ר' יהודה כר' יוסי ור' שמעון סבירא ליה: רב אשי אמר לעולם בטלו לגמרי משום דהוי משקה סרוח: אמר מר ר' יוסי ור"ש אומרים [לאוכלים טמאים] כו'. אמרי' ר' יוסי ור"ש בשטת ר' עקיבא אמרה שהמשק' מטמ' האוכלין דדרש יטמא יטמא הנוגע בו דתנן בסוטה פ"ה בו ביום דרש ר' עקיבא וכל כלי חרש וגו' וכוותיה דרש הכא ר' יוסי וכל משקה אשר ישתה בכל כלי יטמא האוכל הנוגע במשקה הזה יטמא אתה אומר אוכל מטמא מן המשקה או אינו אלא המשקה מטמא מן המשקה ולא האוכל מן המשקה אמרת לא כך היה כלומר אין טומאה עושה כיוצא בה ומאי היא אין מטמא משקה ממשקה אלא האוכל הוא מטמא מן המשקה: רבינא אמר אין טומאה עושה כיוצא בה מרישא דקרא נפקא מכל האוכל אשר יאכל אשר יבא עליו מים יטמא טמא לא אמר אלא יטמא ללמדך כי הוא טמא וגם הנוגע בו יטמא ואי ס"ד כל האוכלין לעולם אין מטמאין (את) [מן] המשקין וכי יטמא דכתיב הכא במשקה אשר ישתה שיהן לטמא את המשקין כאו הוה לי' לקרא למכתב חד יטמא תרי למה לי אלא יטמא דכתיב באוכל לטומאת משקין וטומאה דכתיב במשקין אשר ישתה לטמא' אוכלין: ואימא יטמא דכתיב במשקה אשר ישתה לטמא' כלי' הוא דאתי ולא לטומאת אוכלין ודחי' ומה כלי המטמא את המשקה אינו מטמא כלי שאין כלי מטמא כלי דקיימא לן שאין טומאה עושה כיוצא בה משקין הבאין מחמת כלי דתנינן בספרא שהכלי' מטמאין את המשקין שנאמר וכל משקה אשר ישתה בכל כלי יטמא: התינח משקין הבאין

מסורת הש"ס

[לקמן כ.]

חולין לג: וסוטה כז:

הגהות מהר"ב רנשבורג

[א] רש"י ד"ה ואי ס"ד וכו' דהכתיב לעיל מהאי קרא. מלת לעיל נמחק וצ"ל כתר האי קרא:

[מכות אם מ"ז]

*) [לא מצאתי שם רק בהמעשר פו: רש"י ד"ה מפני שמוצצת מטמא כן. אמנם ברש"י חולין ע: ד"ה אם מבואר כן להדיא]

**) [וע"ע תוספות גיטין סו: ד"ה כל ותוס' חולין ע: ד"ה אם יכולה]

ולאו מקל וחומר קאתי ומה משקין הבאין
מחמת כלי מטמאין משקין הבאין מחמת
שרץ לא כל שכן דיו לבא מן הדין להיות
כנדון יטמא דרישא היכי דריש מכל האוכל
אשר יאכל אשר יבא עליו מים יטמא יטמא
לטמא את המשקין אתה אומר לטמא את
המשקין או אינו אלא לטמא את הכלי אמרת
ק"ו ומה משקה שמטמא אוכל אינו מטמא
כלי אוכל שאין מטמא אוכל אינו דין שלא
יטמא כלי הא מה אני מקיים יטמא לטמא
את המשקין שהן עלולין לקבל טומאה מאי
איריא משקין משום דעלולין לקבל טומאה
תיפוק ליה משום דליכא מידי אחרינא ה"ק
וכ"ת אוכל חמור דמטמא משקין ניטמייה
לכלי ההוא חומרא דמשקין הוא משום
דמשקין עלולין לקבל טומאה ומה היא
עלילתן שמקבלין טומאה שלא בהכשר יטמא
דאין עושה כיוצא בה מהכא נפקא מהתם
נפקא* °וכי יותן מים על זרע ונפל מנבלתם [ויקרא יא]
עליו טמא הוא טמא ואין עושה טומאה
כיוצא בה חד במשקין הבאין מחמת שרץ
וחד במשקין הבאין מחמת כלי וצריכי דאי
אשמועינן במשקין הבאין מחמת כלי משום
דלא חמירי אבל במשקין הבאין מחמת שרץ
דחמירי אימא עושה טומאה כיוצא בה
ולשמעינן משקין הבאין מחמת שרץ וכ"ש
משקין הבאין מחמת כלי *מילתא דאתיא
בקל וחומר טרח וכתב לה קרא א"ל רבינא
לרב אשי והא אמר רבא לא ר' יוסי סבר
כר' עקיבא ולא ר"ע סבר כר' יוסי אמר ליה
רבי יוסי בשיטת ר"ע רבו אמרה וליה לא
ס"ל אמר ליה רב אשי לרב כהנא בשלמא
ר' יוסי לא סבר לה כר"ע *דתניא א"ר יוסי
מניין לרביעי בקודש שהוא פסול ודין הוא
ומה מחוסר כפורים שמותר בתרומה פסול
בקודש שלישי שפסול בתרומה אינו דין
שיעשה רביעי בקודש ולמדנו שלישי
בקודש מן התורה ורביעי מקל וחומר
שלישי מן התורה דכתיב °והבשר אשר יגע [שם ז]
בכל

ולאו מק"ו קאתי ומה משקין הבאין מחמת כלי. וא"ת נילף מק"ו דאוכל ומה אוכל הבא מחמת שרץ מטמא משקין שרץ גופיה לא כל שכן והשתא נימא דבין משקין ובין אוכל מטמא כלי וי"ל דע"כ אין אוכל מטמא כלי אפילו בא מחמת שרץ מק"ו דמשקין הבאין מחמת כלי שמטמא אוכל ואין מטמא כלי אוכל הבא מחמת שרץ שאין מטמא אוכל [מהוא טמא] אינו דין שלא יטמא כלי: **דיו** לבא מן הדין להיות כנדון. הקשה הרב רבי יעקב דאורליינ"ש אם כן יהיו משקין הבאין מחמת שרץ שניים כמשקין הבאין מחמת כלי והכי קל וחומר דמטמו והכי דיו דהוו שניים דכה"ג אמרינן בכילד הרגל (ב"ק כה:) גבי קל וחומר דמפץ במת לימא הכי קל וחומר לטומאת ערב והכי דיו לאפוקי מטומאת ז' וגבי קרן בחצר הניזק* אמרינן נמי הכי קל וחומר לנזק שלם והכי דיו לחצי נזק ור"י דלא קשה דהכא לא אשכחן מידי שנגע בשרץ שלא יהיה ראשון הלכך אין לחלק אבל גבי מת אשכחן דבר הנוגע בו שלא יהיה אלא ראשון כגון אוכלים וכלי חרס ונזק שלם מגופו הוי מילי ניכהו אבל אין לתרץ משום דליכא למימר ק"ו הכי ומה אדם וכלים שאין מיטמא מאויר כלי חרס מיטמאה משרץ משקין שמיטמא מאויר כלי חרס לא כל שכן שמיטמא משרץ השתא נמי איכא למימר דיו כדמוכח בכילד הרגל (שם): **וכי** תימא אוכל חמור דמטמא משקין. הוי מצי למיפרך דאין אוכל מטמא כלי מקל וחומר ומה כלי שמטמא אוכל אין מטמא כלי אוכל שאינו מטמא אוכל אינו דין שלא יטמא כלי: **ומהו** עלילותן שמקבלין טומאה שלא בהכשר. תימה לר"י דהכתי לא הוי קל וחומר דהא עלילותן לא מהני להו לקבל טומאה ממשקין ולענין אוכל מהני להו א"כ אוכל חמור ולעיל דיליף דמשקה לא מטמא כלי לא מצי למיפרך בק"ו מאוכל שמטמא משקה ואין מטמא כלי משקה דלא מטמא משקה לא כ"ש דהיא גופה מנלן דאוכל לא מטמא כלי ועוד דמשקין חמור מאוכל דמטמא אוכל והכא לא מצי למיעבד ק"ו כדלעיל דמה כלי שמטמא אוכל אין מטמא כלי אוכל הבא מחמת כלי לא כ"ש דמ"מ אוכל הבא מחמת שרץ מנלן: **ומה** מחוסר כפורים. אפי' מאן דלית ליה דיו אפילו היכא דמיפרך קל וחומר הכא מודה דבמה מצינו ילפינן שלישי ממחוסר כפורים דמחוסר כפורים כשלישי הוא שאינו עושה כלום בתרומה ופוסל בקודש והוא הדין בכל שלישי הלכך אליס קל וחומר דהכא ולא שייך למימר דיו מה התם שלישי ותו לא אף כאן שלישי ותו לא:

למדנו שלישי מן התורה. ניחא ליה להביא מקרא וה"מ למידרש שלישי לקודש קל וחומר מטבול יום ורש"י פירש דלהכי אילטריך למימר למדנו שלישי מן התורה דלא תימא דיו אבל השתא דלמדנו מן התורה לא אמרינן דיו משום דמיפרך קל וחומר:
ניתני

ומשני משקין הבאין מחמת שרץ מי כתיבי. באורייתא ממשקין מחמת כלי הוא דאתו ומה כו' וכיון דמינייהו הוא דילפי דיו למשקין שנגעו בשרץ הבאין מן הדין דמשקין שנגעו בכלי להיות כנדון מה אלו אין מטמאין כלי אף אלו אין מטמאין כלי: **יטמא דרישא.** גבי אוכל היכי דריש ליה ר"ע: **משקה שמטמא אוכל.** כדאמרן לעיל אינו מטמא כלי כדאמרן אוכל שאין מטמא אוכל דאין טומאה עושה כיוצא בה אינו דין כו' והוא הדין דמצי למימר נמי קל וחומר מיניה וביה כדאמרן גבי משקין דנימא הכי מה כלי שמטמא את האוכל הזה אינו מטמא כלי אוכל שבא מחמת כלי כו' אלא משום דהדר מצטריך ליה למימר כדלעיל ואימא הני מילי אוכל הבא מחמת כלי אבל אוכל הבא מחמת שרץ לטמא כלי וניחא ליה למילף ממשקה דאוקימנא בהו דלא שנא נגעו בשרץ לא שנא נטמאו מן הכלי לא מטמאו כלי: **וכי תימא אוכל חמור.** ממשקה דאילו משקה אין מטמא משקה ואילו אוכל קאמרת מטמא משקה הלכך אע"ג דאין משקה מטמא כלי יהא אוכל מטמא כלי: **הכי.** דאוקימנא האי יטמא דאוכל לטמא משקה חומרא דמשקין היא דעלולין לקבל טומאה: **יטמא דאין עושה כיוצא בה.** כלומר השתא דדרשינן יטמא והאי דקרינן בתרוייהו (א) יטמא ללמדך מיעוט דאין מטמא כיוצא בו כגון אוכל אוכל ומשקה משקה: **הוא.** מיעוטא ואוכל דכוותיה קא ממעט: **חד.** (ב) למעוטי משקין הבאין מחמת שרץ אע"ג דלא כתיבי בהאי קרא משקין דכי יותן מים על זרע וגו' דמשמע אפילו שנגע בהן שרץ לאחר שניגבו מיהו גלי באוכל והוא הדין למשקה: **וחד במשקין הבאין מחמת כלי.** ההוא יטמא דלעיל איירי בבאין מחמת כלי: **והא אמר רבא לא רבי יוסי.** לקמן דדריש ק"ו ממחוסר כפורים סבר לה כר' עקיבא שיהא שני עושה שלישי בחולין ולא רבי עקיבא סבר לה כרבי יוסי במאי דמייתי לקמן רביעי בקודש מקל וחומר ממחוסר כפורים ומילתיה דרבא פרשוה רב אשי ורב כהנא לקמן בסמוך וכיון דאית ליה לרבי יוסי משקין מטמאין אחרים דאורייתא לא משכח ראיה אלא מיטמא דדריש יטמא על כרחך אית ליה שני עושה שלישי בחולין דהא בין יטמא דאוכלין בין יטמא דמשקין אשני כתיבי: **בשיטת רבי עקיבא רבו אמרה.** להא דאמר טומאת משקין לטמא אחרים דאורייתא מיבעי ליה למדרש יטמא יטמא אליבא דר"ע אמרה דדריש ליה גבי אוכלין וקא"ר יוסי הואיל ודריש ר"ע יטמא יטמא אית ליה דמשקין מטמאין אחרים דאורייתא אבל רבי יוסי לא סבירא ליה טומאת משקין לטמא אחרים דאורייתא ולא דריש יטמא יטמא: **בשלמא רבי יוסי לא סבר ליה כר"ע.** דשני עושה שלישי בחולין: **דתניא אמר רבי יוסי מניין לרביעי בקודש שפסול ודין הוא מה מחוסר כפורים שמותר בתרומה.** כדילפינן ביבמות פרק הערל (ד' עד:) מקראי טבל ועלה אוכל במעשר העריב שמשו אוכל בתרומה כדכתיב ובא השמש וטהר ואחר יאכל מן הקדשים: **אסור בקודש.** כדיליף התם מוכפר עליה הכהן וטהרה מכלל שהיא טמאה עד עכשיו: **שלישי שפסול בתרומה.** לרבנן דפליגי אדר' עקיבא ונפקא לן בקל וחומר מטבול יום ומה טבול יום דמותר בחולין אסור בתרומה שני שפסול בחולין אינו דין שיעשה שלישי בתרומה במסכת סוטה בפרק כשם שהמים בודקין* ובקודש דין הוא שיעשה בה רביעי מקל וחומר ממחוסר כפורים: **ולמדנו שלישי בקודש מן התורה.** ודלא תימא דיו לבא מן הדין להיות כנדון מה תרומה עושה שלישי ותו לא אף זה קודש יעשה שלישי ותו לא דמשום שלישי לא אצטריך לן קל וחומר דמן התורה למדנו שלישי וכי אתא ק"ו לרביעי הוא דאתא דקיימא לן בב"ק פ' שני (ד' כה.) דהיכא דמיפרך ק"ו לא אמרינן דיו:
בכל

רבינו חננאל

מחמת הכלי אין מטמאין את הכלי כדקאמרת משקין הבאין מחמת שרץ אמאי לא יטמא את הכלי ודחי' וכי תמצא מן התורה בפי' כתוב שהשרץ מטמא משקין מק"ו מייתינן ליה הכי ומה כלי הבא מחמת שרץ מטמא את המשקין דתנינן בתורת כהנים אם כן למה נאמר משקה בכל כלי יטמא מלמד שהכלים מטמאין את המשקה שרץ שמטמא את הכלי אינו דין שיטמא משקין וכיון דטומאת משקין מחמת שרץ בק"ו נמר מן הכלי אמרי' דיו לבא מן הדין הן משקין הבאין מחמת שרץ להיות כנדון והוא הכלי מה כלי אין מטמא כלי שאין טומאה עושה כיוצא בה אף משקין הבאין מחמת שרץ לא יטמאו את הכלי: יטמא דרישא לטמא האוכל את המשקה ואימא לטמא האוכל את הכלי אמרת ק"ו ומה משקה המטמא אוכל אין מטמא אוכל שאין מטמא אוכל כיוצא בו אינו דין שלא יטמא כלי הא מה אני מקיים יטמא דרישא דקרא לטמא את המשקין שהן עלולים לקבל טומאה ואמרינן לא צריכ' לכולי האי חדא דליכא מידי אחרינא לרבוייה כי (מה יטמא) [שיטמאו] כלים מן אוכל הרי דחינום מק"ו שלא יטמאו מן האוכל וכל שכן אדם לא נשאר אלא אוכלין ומשקין אוכלין ליכא למימר דהא אין טומאה עושה כיוצא בה לא נשארו אלא המשקין ותו מפני שהן עלולין לקבל טומאה שלא בהכשר ואין טומאה עושה כיוצא בה מהתם נפקא וכי יתן מים על זרע וגו' הוא טמא ואין עושה כיוצא בה ואוקמ' חד למשקין הבאין מחמת שרץ וחד למשקין הבאין מחמת כלי וצריכא וכו' וזה כל לדברי ר' יוסי ור' שמעון דאמרי לאוכלין משקין לכלים מטהרין ואפי' ר' יוסי בשיטת ר' עקיבא אמרה ולא סבירא ליה כוותיה דריש טומאה שלישית בחולין כמו שדרש ר' עקיבא בו ביום ובן ר' עקיבא לא סבירא ליה כר' יוסי דתניא ר' עקיבא אומר עושה שלישי בחולין ור' יוסי תני בתוספתא בסוף חגיגה מנין לרביעי בקודש שפסול ודין הוא ומה מחוסר כפורים שמותר בתרומה ופסול בקדש תלה אבל במעשר העריב שמש אוכל בתרומה הביא כפרתו אוכל בקדשים נמצא מעורב שמש שמותר בתרומה פסול בקדש שלישי שפסל בתרומה אינו דין שיעשה רביעי בקדש למדנו שלישי לקדש מן התורה שנאמר והבשר אשר יגע בכל טמא לא יאכל בטמא לא נאמר אלא בכל טמא אלו נאמר [בטמא] הייתי אומר זה טמא ראשון אלא נאמר בכל טמא להוסיף טמא אחר זה טמא שני

מסורת הש"ס

לעיל יד.

[לקמן טז: יומא מג. יבמות כב: קדושין ד: סוטה כט. ב"מ לז: סנהדרין מה: זבחים סב: קי: חולין קיח:]

סוטה כט: חגיגה כד. [תוספתא דחגיגה פ"ג]

דף כט.

הגהות הב"ח

(א) רש"י ד"ה יטמא דאין וכו' דקרינן בתרוייהו יטמא. נ"ב כלומר מדלא קרינן יִטְמָא: (ב) ד"ה חד למעוטי משקין וכו' מטמא אפילו:

מסורת הש"ס

חגיגה כ: [מנחות כד.]

חגיגה כג: יומא מה. עדיות פ"ח מ"א

[חגיגה שם]

[עדיות פ"ב משנה ג]

בכל טמא לא יאכל *מי לא עסקינן דנגע בשני רביעי מקל וחומר כדאמרינן ואי ס"ד סבר כר"ע ניתני נמי רביעי בתרומה וחמישי בקודש אלא ר"ע לא סבר כר' יוסי מנלן א"ל דלא לישתמיט תנא וליתני רביעי בתרומה וחמישי בקודש ונימא ר"ע היא ואנן אהכי ניקום ונסמוך נפק רב אשי ואי תימא רב כהנא דק ואשכח הא *דתנן *הכלי מצרף את מה שבתוכו לקודש אבל לא לתרומה והרביעי בקודש פסול והשלישי בתרומה ואמר רבי חייא בר אבא א"ר יוחנן מעדותו של ר"ע נשנית משנה זו (*דתניא) *הוסיף ר"ע הסולת והקטורת והלבונה והגחלים שאם נגע טבול יום במקצתן פסל את כולן רביעי אין חמישי לא שלישי אין רביעי לא אלמא קסבר *צירוף דרבנן ופליגא דרבי חנין דאמר *צירוף דאורייתא שנאמר *כף אחת עשרה זהב מלאה קטרת הכתוב עשה *כל מה שבכף אחת *תנן התם *על מחט שנמצאת בבשר שהסכין והידים טהורות והבשר טמא נמצאת בפרש הכל טהור אמר רבי עקיבא *זכינו שאין טומאת ידים במקדש ונימא

בכל טמא מי לא משמע נמי דאי נגע בשני. דהא שני נקרא טמא כל אשר בתוכו יטמא והשתא דשמעינן ליה לר' יוסי שלישי לתרומה ולא רביעי ורביעי לקודש ולא חמישי על כרחיך לית ליה שני עושה שלישי בחולין ולא דריש יטמא יטמא דאי אית ליה לייתיה לרביעי בתרומה בק"ו מטבול יום ומה טבול יום שמותר בחולין פסול בתרומה שלישי שפסול בחולין אין דין שיעשה רביעי בתרומה ודיו ליכא למימר דא"כ מפריך ק"ו דהא שלישי לתרומה נפקא לן מקרא כי היכי דנפקא לן שלישי בחולין ורביעי בקל וחומר וחמישי בקודש בק"ו ממחוסר כפורים אלא ודאי לית ליה לרבי יוסי שני עושה שלישי בחולין: **אלא רבי עקיבא לא סבר לה כר' יוסי מנלן.** דילמא ר"ע אית ליה נמי ק"ו דר' יוסי ומייתי ליה בהאי ק"ו רביעי בתרומה וחמישי בקודש: **א"ל.** אם איתא דיש חולקים בדבר הזה וכי לא לישתמיט שום תנא וליתני רביעי בתרומה בחד דוכתא וכי תיקשי לך מני נימא ר"ע היא אלא ודאי לית ליה לר"ע ק"ו דר"י משום פירכא דדור אחרון כדאמר במסכ' סוטה (דף כז:) עתיד דור אחרון לטהר את השלישי בתרומה שאינו מטמאין אותו בקל וחומר מטבול יום כדאמרן ודור אחרון פריך מה לטבול יום שכן אב הטומאה הלכך לר"ע נמי דאית ליה שלישי בחולין לא מייתי שום מעלה טפי לתרומה בק"ו מטבול יום משום הא פירכא ושלישי בין בתרומה בין בחולין נפקא לן מקרא בהדיא דדריש יטמא יטמא ורביעי בקודש נמי מוהבשר אשר יגע בכל טמא מי לא עסקינן דנגע בשלישי דהא לר"ע הואיל ודריש יטמא יטמא אשכחן שלישי דאיקרי טמא ומשכחת לה דאתי קודש לידי רביעי הכי שרץ טימא כלי וה"ל ראשון וכלי אוכל ואוכל משקה ומשקה אוכל דהא לר"ע טומאת משקין דאורייתא וחמישי בקודש לא מייתי בק"ו ממחוסר כפורים דאיכא למיפרך מה למחוסר כפורים שכן אב הטומאה ומבעיא לן לר"מ ור"א דאמרו בהדיא דמשקין אין מטמאין דבר אחר מן התורה ולרבי יוסי נמי דאוקימנא דליה לא ס"ל היכי משכחת קודש בא לידי רביעי שרץ כלי הוי ראשון וכלי אוכל הוי שני ואוכל משקה הוי שלישי והיאך יבא לידי רביעי וכ"ל דעל כרחיך לא משכחת לה אלא מדרבנן ותדע דקתני לה גבי מעלות דחומר בקודש (חגיגה כ:) דקי"ל התם דכולהו מדרבנן נינהו וזהו מחמש מעלות האחרונות היא ואמר התם ה' אחרונות לית להו דררא דטומאה דאורייתא ובמסכת סוטה נמי סוגיא דשמעתא דרבי יוסי מדרבנן אולא ואוכל שלישי לר' יוסי בקודש דקאמר לעיל ולמדנו שלישי בקודש מן התורה מהיכן קיבלה הואיל ואין משקה מטמא אוכל על כרחיך מאוכל קיבלה וס"ל טומאה עושה כיוצא בה בקדשים ואוכל דמטמא משקה כיון דלא דרשי יטמא יטמא לא ידענא מהיכא נפקא להו אי לאו מהאי קרא וכי יותן מים על זרע וגו' ודרשינן הוא טמא ואינו עושה כיוצא בו ומדאיצטריך קרא למעוטי כיוצא בו מכלל דמטמא אחרים וכ"ת טמא הוא הרי הוא טמא ואינו מטמא אחרים א"כ לשתוק קרא מיניה ולכתוב טמא ומהיכא תיתי לן טומאה לאחרים ואי קשיא הואיל ומשקין לא מטמאי אחריני לרבי יוסי תו לא מיתוקמא מתני' כתרלתא דתריץ ר' ירמיה לעיל ואזדא ר' יוסי לטעמיה והדר קושיין לדוכתה אמאי איכא היא המדה מדה ומדה היא לא תיקשי דכי אוקימנא ואזדא רבי יוסי לטעמיה בתר טעמא דהא מתני' דר' יוסי אליבא דר"ע אוקימנא דדריש יטמא יטמא דהא מהא מייתינן סייעתא עליה ואני שמעתי דר' יוסי אית ליה יטמא יטמא גבי משקין והא דאמר לא ס"ל בההיא דאוכלין דר"ע אמרן לענין טומאה עושה כיוצא בה ועכשיו אתה בא לידי רביעי שרץ כלי כלי אוכל ואוכל משקה ומשקה אוכל ואי אפשר להעמידו מפני כמה תשובות ומיהו לר"מ דאמר בהדיא טומאת משקין לטמא אחרים לאו דאורייתא לא משכחת לה רביעי אלא מדרבנן: **ואנן אהכי נסמוך.** משום דלא אשכחן תנא כימא דר"ע לית ליה ק"ו: **דק ואשכח.** בהדיא דאמר ר"ע רביעי ולא חמישי: **הכלי מצרף מה שבתוכו.** עריבה ארוכה ובה אוכלי קודש מכאן ואוכלי קודש מכאן ואין נוגעין זה בזה ונגע טמא באוכלין שבראש אחד ובכלי לא נגע ואוכל אין מטמא כלי אפי' מדרבנן ואפ"ה האוכלין שבשני ראשיה טמאים שהכלי מצרפן: **מעדותו.** ע"י עדותו: **הוסיף ר"ע.** בעדות: **לבונה וגחלים.** אע"ג דלאו אוכלין נינהו חיבת הקודש מכשרתן ומשויא להו אוכל בפ' כל שעה (לה.): **פסל את כולן.** אלמא מצרף כלי מה שבתוכו דאי משום דנגעי אהדדי כהי דגחלת שנגע בה מטמא את חברתה אבל חברתה תו לא מטמיא דא"כ ה"ל ששי ושביעי עד ק' ומאותו עדות נשנית משנה זו דהכלי מצרף וקתני בהדיא רביעי בקודש פסול אלמא דר"ע חמישי לית ליה שלישי בתרומה אין רביעי לא אלמא לית ליה לר"ע ק"ו דר' יוסי בלשון אחר שמעתי יורד לעמקי תהום וא"א להעמידו: **אלמא קסבר צירוף דרבנן.** מילתא באנפי נפשה היא מדא"ר יוחנן מעדותו של ר"ע נשנית אלמא קסבר ר' יוחנן צירוף דכלי לקודש דקתני גבי מעלות לאו דאורייתא הוא אלא מדרבנן מעדותו של ר"ע דמדרבנן הוא דגחלים ולבונה לאו בני קבולי טומאה נינהו אלא מדרבנן ואע"ג דאמר מר והבשר לרבות עצים ולבונה אמרי' בכל שעה (שם) דמעלה מדרבנן היא: **ופליגא.** דר' יוחנן אדר' חנין: **כף אחת.** בקטורת כתיב דקודש הוא: **תנן התם.** בעדיות ועל המחט העיד עם שאר עדיות שאם נמצאת בבשר קודש שהסכין שנגע בה והידים של כהן שנגעו בה טהורין והבשר טמא ולקמיה מפרש האי מחט מאי טומאה הוה ביה: **זכינו.**

ניתני נמי רביעי בתרומה. וה"ה דהוה מצי למימר אי סבר לה כר"ע אמאי איצטריך לאיתויי בקל וחומר רביעי בקודש ממחוסר כפורים מגופיה דקרא שמעינן ליה כיון דשלישי טמא בחולין קרי כאן והבשר אשר יגע בכל טמא וגו' כי היכי דדרשינן השתא לענין שלישי: **לא** לישתמיט תנא וליתני רביעי בתרומה וחמישי בקודש. פ"ה דלמ"ד טומאת משקין לטמא אחרים דרבנן לא משכחת רביעי בקודש אלא מדרבנן ועל ידי עלים ולבונה משכחת לה שפיר כדפי' לעיל ור"ל דמיבעיא ליה אי מהני חיבת הקודש למימני ביה ראשון ושני ויסבור דאוכל מטמא אוכל ומה שפ"ה מדקתני לה גבי מעלות בפרק חומר בקודש (חגיגה כ: ושם) אם כן דרבנן היא אין נראה לר"י דהא אוקמא כר"ע ולהוי דריש יטמא יטמא ע"כ רביעי בקודש דאורייתא דקרי כאן והבשר אשר יגע וגו' וליכא נמי דאורייתא לרבי חנין והא דאמר בחגיגה (שם כה:) חמש מעלות אחרונות לית להו דרבא טומאה דאורייתא רבינו חננאל לא גרס דאורייתא ואפילו אי גרס ליה פ"ה לית להו דררא טומאה דאורייתא שלא היה לכתוב לטומאה לפי שהן רחוקין מן הטומאה דמן הדין היה להם להיות טהורים ועוד פ"ה דמאן דלא דריש יטמא יטמא נפקא ליה דאוכל מטמא אחרים מדאיצטריך טמא הוא למעוטי שאין טומאה עושה כיוצא בה אור"י הניחא לאביי ולרב אדא בר אהבה אבל לרבינא דאמר מקרא מלא דבר הכתוב דילמא אתא הוא לקדשים דה"א עושין כיוצא בהן מוהבשר אשר יגע בכל טמא: **אלמא** קסבר צירוף דרבנן. יש פי' מרש"י שמפרש דדייק לר"ע דצירוף דרבנן דמדאורייתא' אין טומאה ללבונה וגחלים דהא לאו אוכל נינהו דמעלה דרבנן היא מה שמקבלין טומאה ובפ' כל שעה (לקמן לה.) קרי לה מעלה ואין זה ראיה דהתם נמי קרי לה מעלה להביא כפרתו אוכל בקדשים אף על גב דהוי דאורייתא כדדריש בפרק הערל (יבמות עד:) ועוד דבהדיא מוכח בפרק שני דחולין (דף לו:) דוהבשר לרבות עצים ולבונה לאו אסמכתא היא דמוכח התם מינה דחיבת הקודש מכשר דאורייתא*) ונראה לר"י כמו שהוגה בפי' דדייק דצירוף דרבנן מהא דקתני רישא על אפר חטאת שאם נגע טמא במקצת טימא את כולו וזהו מדרבנן שאפר חטאת אינו קודש אלא חול כדמוכח בפרק התכלת (מנחות מג. ושם) שאין מועלין באפר פרה וקתני הוסיף ר"ע משמע דהוי דרבנן כמו רישא: **שאין** טומאת ידים במקדש. תימה לר"י אמאי היה להם להיות טמא הא אין בהן היסח הדעת ואי משום דאמר בפ' בתרא דחגיגה (דף כד. ושם) כל הפוסל התרומה מטמא ידים להיות שניות א"כ מאי קא פריך תרווייהו בו ביום גזרו והא הנהו ידים שפוסלות התרומה איירי

בסתם

זכות

*) [וע"ע תוס' חגיגה כג: ד"ה וסא ותוס' זבחים לו. ד"ה ואפי' הכי ותוס' מנחות כא. ד"ה ילאו ותוס' חולין לס: ד"ה אין לך]

עין משפט נר מצוה

קכא א מיי' פי"א מהל' אבות הטומאה הלכה ד :

קכב ב ג מיי' פי"ב מהלכות אבות הטומאה הלכה ו :

קכג ד מיי' פ"י מהל' טומאת אוכלין הלכה יז :

קכד ה מיי' פ"א מהל' אבות הטומאה הלכה ו :

רבינו חננאל

וכתיב לא יאכל הנוגע בזה הטמא. הנה שלישי מן התורה רביעי מקל וחומר כדאמרן ומה מחוסר כפורים שמותר בתרומה כו' ואי ס"ד דר' יוסי סבר לה כר' עקיבא דאית ליה שלישי בחולין ליתני רביעי בתרומה וחמישי בקדש דהא מעלה לכל אחד ואחד נינהו מכאן למדנו דר' יוסי לית ליה הא דר"ע ותו אשכחנן בהדיא במסכת סוטה דר' יוסי סבר אין (שלישי) [שני] עושה שלישי בחולין ור' עקיבא נמי לית ליה הא דר' יוסי דתאני ר' יוסי שלישי שפסול בתרומה אינו דין שיעשה רביעי בקדש דאי ס"ד דאית ליה כיון דאית ליה לר' עקיבא דשני עושה שלישי בחולין כמפורש בתורת כהנים נימא שלישי שפסול בחולין אינו דין שיעשה רביעי בתרומה וכי האי דינא ניתי חמישי בקדש ולימא ר' יוסי אליבא דר' עקיבא דרביה אמרת מדלא אשכחן תנא דתני הכי ש"מ דאפילו ר' עקיבא לית ליה רביעי בתרומה ולא חמישי בקדש ולית ליה האי דינא דדיין ר' יוסי ומתמהי' וכי אהא סברא נסמוך ודק רב כהנא ואשכח הא דתניא במס' חגיגה הכלי מצרף מה שבתוכו לקדש אבל לא לתרומה הרביעי בקדש והשלישי בתרומ' ואמרי'. מעדותו של ר' עקיבא נשנית משנה זו דתנן הוסיף ר' עקיבא הסלת והקטורת והלבונ' והגחלים שנגע טבול יום במקצת פסל את כולן כלומר אם נגע טבול יום במקצת הסלת נפסלה כולה וכן הלבונה והקטורת כיוצא בה. ויש אומרים פי' אחר אם נגע טבול יום בסלת נעשה תחלת חסלת ראשון והקטורת שני והלבונה שלישי והגחלי' רביעי עד כאן של תורה פי' והוא דנגעי אהדדי אבל אי לא נגעי אהדדי או אם יש שם עוד חמישי והכלי הוא דמצרפן מדרבנן הוא דפסלו: ופליגא דר' חנן דאמר צרוף דאורייתא דכתיב כף אחת עשרה זהב עשה הכתוב כל מה שבכף אחד וקתני סיפא דהא דדייקינן עלה מעדותו של ר' עקיבא נשנית הרביעי בקדש פסול רביעי ולא חמישי: תנן התם בעדיות פ"ב ועל המחט שנמצאת בבשר שהסכין והידים טהורות מכלל שלא גזרו

גליון הש"ס

גמ' כל מה שבכף אחת. עי' חולין נו ע"א תוס' ד"ה צריך :

ונימא שאין טומאת ידים וכלים במקדש אמר רב יהודה אמר רב ואיתימא ר' יוסי בר' חנינא ידים קודם גזירת כלים נשנו אמר רבא והא תרוייהו בו ביום גזרו *דתנן הספר והידים והטבול יום והאוכלין והכלים שנטמאו במשקין אלא אמר רבא הנח לטומאת סכין דאפי' בחולין נמי לא מטמא האי סכין דנגע במאי אילימא דנגע בבשר הא אין אוכל מטמא כלי ואלא דנגע במחט והא *אין כלי מטמא כלי האי מחט מאי עבידתיה אי נימא ספק מחט והא איתמר ר' אלעזר ור' יוסי בר' חנינא חד אמר לא גזרו על ספק הרוקין שבירושלים וחד אמר לא גזרו על ספק הכלים שבירושלים אמר רב יהודה אמר רב כגון שאבדה לו מחט טמא מת והבירה בבשר ר' יוסי ברבי אבין אמר כגון שהיתה פרה חסומה ובאה מחוץ לירושלים: גופא ר' אלעזר ור' יוסי בר' חנינא חד אמר לא גזרו על ספק הרוקין שבירושלים וחד אמר לא גזרו על ספק הכלים שבירושלים רוקין תנינא כלים תנינא רוקין תנינא *דתנן כל הרוקין הנמצאין בירושלים טהורין חוץ משל שוק העליון לא צריכא אף על גב דאיתחזק זב בכלים תנינא *דתנן כל הכלים הנמצאים בירושלים דרך ירידה לבית הטבילה טמאין הא דעלמא טהורין ולטעמיך אימא סיפא דרך עליה טהורין הא דעלמא טמאין אלא רישא דוקא וסיפא לאו דוקא ולאפוקי גזייתא ולרב דאמר כגון שאבדה לו מחט טמא מת והבירה בבשר כיון דאמר מר *בחלל חרב חרב הרי הוא כחלל אדם וכלים נמי ליטמא אמר רב אשי זאת אומרת *עזרה רשות הרבים היא והוה ליה ספק טומאה ברשות הרבים וכל ספק טומאה ברשות הרבים ספיקו טהור הא ברשות היחיד ספיקו טמא הוא מכדי האי מחט דבר שאין בו דעת לישאל הוא *וכל דבר שאין בו דעת לישאל בין ברה"ר בין ברה"י ספיקו טהור משום דהוי ספק טומאה הבאה בידי אדם ואמר רבי יוחנן *ספק טומאה הבאה בידי אדם נשאלין

זכות וטובה וריוח ותקנה היא לנו מהפסד קדשים שלא נגזרה גזרת ידים במקדש ליטמא בדבר שאין מטמא אדם דהאי מחט מוקמי ליה דלאו בר טמויי אדם הוא דאילו חוץ למקדש מטמאים ידים בטומאה כל דהו אפילו סתמן משום ידים עסקניות: **ונימא**. נמי זכינו שאין טומאת כלים במקדש מדרבנן בדבר שאין מטמא מן התורה דאילו בחולין גזור רבנן ביה טומאה ואף על גב דמדאורייתא טהור כדתנן גבי י"ח דבר והאוכלים והכלים שנטמאו במשקין והכא קתני סכין טהור: **ידים קודם גזירת כלים נשנו**. ליטמא מדרבנן וכשהעידו עדות זו עדיין לא נגזרה גזירת חכמים על טומאת כלים דרבנן לפיכך לא יוכל לומר זכינו שאין טומאת כלים במקדש דההיא שעתא אפי' בעלמא נמי לא הואי: **בו ביום**. בעליית חנניה בן חזקיה בן גרון כשעלו לבקרו ביליאות השבת דתנן אלו פוסלין את התרומה: **הספר**. והתם מפרש טעמא משום תקנת ספרים שהיו מניחין את הספרים עם התרומה ועכברים אוכלים אותם: **והידים**. אפילו סתמן אם נגע בתרומה בלא נטילת ידים: **והטבול יום**. והתם פריך הא דאורייתא היא ומשני שמי מכאן טבול יום: **אלא אמר רבא**. ודאי כבר נגזרה על הכלים מדרבנן שיטמאו במשקין ומיהו הכא ליכא משקין והנח לטומאת סכין דאפילו בחולין שלא חשו להפסידן לא שייכא בהו הכא טומאה לסכין דהאי סכין דנגע במאי שיטמאוהו לא בשר ולא מחט אין יכולין לטמאו דאין אוכל ולא כלי שאינו אב הטומאה מטמאין כלים אפילו מדרבנן ולא גזרו חכמים מדבריהם טומאה על הכלים אלא שיטמאו מן המשקין ומשום משקה זב וזבה: **מאי עבידתיה**. דמטמא בשר: **ספק מחט**. לא ידעינן אי טמא אי טהור ושל מי היתה: **על ספק הרוקין**. לומר שמא של זב או של נדה הן ורוקין אב הטומאה הן לטמא אדם דכתיב (ויקרא טו) וכי ירוק הזב: **מחט של טמא מת**. שהוא אב הטומאה והמחט עצמו אב הטומאה דחרב הרי הוא כחלל ולקמיה פריך אמאי הסכין והידים טהורין אף גופו של כהן טמא הוא וצריך טבילה והערב שמש דאורייתא: **רבי יוסי בר' אבין אמר**. לעולם ספק מחט וכגון שהיתה פרה חסומה ובאה מחוץ לירושלים דודאי מעלמא אתי דמשנכנסה לשם לא בלעתה דהוו להו ספק כלים של מקומות אחרים: **של שוק העליון**. שם היו מתקבלין טמאין שלא לטמא את חביריהם: **ואע"ג דאיתחזק זב**. שראיתו עובר בשוק זה שנמלא בו רוק אשמעינן דלא גזרו דכולי האי לא שמעינן ממתני': **בדרך אחרת היו יורדין לבית הטבילה**. ועולין בדרך אחרת הנמצאין בדרך הירידה טמאין דמאי בעו התם אלא טמאין היו והיה רוצה להטבילן ונפלו ממנו: **דרך עליה טהורים**. שהטבילן: **ולטעמיך אימא סיפא כו'**. ומהא ליכא למשמע מינה דאיכא למידק מרישא הכי ומסיפא הכי ואשמעינן הנך אמוראי דלעיל דאמרי לא גזרו דרישא דוקא דקתני בדרך ירידה הוא דמטמאין הא דכל העיר טהור וסיפא דקתני דרך עליה טהורין לא תידוק מינה הא דכל העיר טמאין אלא לאפוקי גזייתא מבואות קטנים שהיו סמוך לדרך ירידה ועליה ופעמים שהיו יורדין דרך אותן מבואות ופעמים עולין והנהו טמאין מספק שהרי מתחלה טמאין היו ספק נפלו בירידה ספק בעליה ומספקא לא נפקי מטומאה אבל שאר כלים ספק נטמאו ספק לא נטמאו לא גזרו עליהן מספק: **כיון דאמר מר חרב הרי הוא כחלל**. וזו נגעה בטומאת מת שהוא אב הטומאה ונעשה גם המחט אב הטומאה ואמאי הסכין והידים טהורות: **אדם וכלים נמי ליטמא**. דכל אב הטומאה מטמא אדם וכלים בין כלי את כלי בין אדם את אדם בין אדם כלי וכלי אדם בפרשה זאת חקת התורה בספרי: **עזרה רשות הרבים היא**. לטומאה ואדם וסכין ספק נגעו במחט זה ספק לא נגעו והויא לה ספק טומאה ברה"ר דספיקו טהור: **ופרכינן הא רה"י הוי ספיקו טמא**. הא דבר שאין בו דעת לישאל הוא הסכין ול"ג האי מחט אלא מכדי דבר שאין בו דעת לישאל הוא ואי גרסי' ליה הכי מפרשינן מכדי האי עדות דמחט דבר שאין בו דעת לישאל הוא הסכין וכל מי שאין בו דעת לישאל כו' דכל ספק טומאה מסוטה גמרי' מה סוטה רה"י ועל הספק טמאה אף כל ספק טומאות ברשות היחיד ספיקו טמא ומינה מה סוטה יש בה דעת לישאל אם נטמאה אם לאו אף כל שיש בו דעת לישאל כגון אדם ספק נגע בשרץ ספק לא נגע דיש בו דעת שיכולין לשואלו אם נגע והוא אינו יודע ספיקו טמא: **הבאה בידי אדם**. אדם היה עסוק בה ואם נגע בו הסכין במחט על ידי אדם הלכך אם עזרה רשות היחיד ספיקו טמא: נשאלין

בפסח ידים והנהו ידים דכל הפוסל התרומה מטמא ידים להיות שניות אינו אלא לקדשים כדמוכח בחגיגה ופירש ר"י דהך גזירה ודאי איכא היא דחגיגה אלא מסתמא כשגזרו אפסח ידים שיהיו שניות (א) גזרו כמו כן מסתמא על ידים הנוגעות בראשון שיהיו שניות הלכך הני ידים שנגעו במחט שהוא ראשון היה להם להיות שניות אלא דאין טומאת ידים במקדש: **ונימא** אין טומאת ידים וכלים במקדש. תימה לר"י ממה היה לו לכלי ליטמא אי ממשקין הא משקין בית מטבחיא דכן וי"ל דר"ע היא דאמר טומאת משקין לטמא אחרים דאורייתא א"כ לית ליה שיהא דכן וזה אין נראה לו דלר' עקיבא יהיו דכן מלטמא כלים וא"ת דילמא כי אמר ר"ע זכינו עדיין לא נגזרה גזירה דכלים וגזירה דידים לקדש כבר נגזרה כדאמרינן בפ"ק דשבת (ד' טו. ושם) דשלמה גזר לקודש ואיכהו גזרו לתרומה וי"ל דגזירה דכלים היינו בי"ח דבר וי"ח דבר קדמו לר"ע וא"ת מנא ליה לגמרא שאין טומאת כלים במקדש דילמא בי"ח דבר גזרו על כלים אף במקדש והא דקתני שהסכין טהור ההיא נשנית קודם י"ח דבר שהיה מעדותו של ר' חנינא סגן הכהנים וי"ל דאם איתא דגזרו בי"ח דבר טומאה על הכלים במקדש ה"ל למיתני בהדיא בשום מקום לאשמעינן דההיא דקתני שהסכין טהור קודם גזירה נשנית: **תרוייהו** בו ביום גזרו. תימה דידים לקודש *שלמה גזר וי"ל דר"ע אי"ח דבר קאי שהיתה מחדש וה"ק בי"ח דבר כשעסקו בדיני ידים לא רצו לגזור טומאת ידים במקדש*: **האי** סכין דנגע במאי. וס"ל דמיירי בלא משקין: **אין** כלי מטמא כלי. ולית ליה דרב יהודה דמוקי לה במחט טמא מת דההוא כלי מטמא כלי אלא כרבי יוסי דאמר כגון שהיתה פרה חסומה: **הא** ברשות היחיד ספיקו טמא. תימה הא איצטריך לאוקמא ברשות הרבים משום ידים דספיקו ברה"י טמא: **מכדי** האי מחט דבר שאין בו דעת לישאל הוא. פי' האי מחט כלי שנגע במחט דבטומאה לא בעינן שיהא בו דעת לישאל אלא המיטמא לחודיה דאם לא כן כל טומאת מת ושרץ אפילו ברה"י יהא ספיקו טהור: **ואמר** רבי יוחנן וכו'. ה"מ לאתויי דזעירי דמשני (נדה ד' ה:) דמעת לעת שבנדה עושה משכב ומושב אע"ג דמשכב ומושב אין בו דעת לישאל כשחברותיה עושאות אותה במטה: לא

עין משפט נר מצוה

קכה א מיי' פ"ב מהל' אבות הטומאה הלכה ג:

קכו ב מיי' שם פי"ט הלכה ג:

קכז ג שם הלכה ו:

רבינו חננאל

על הידים טומאה במקדש אקשי' עלה והא על הסכין נמי קתני טהור ליתני ר"ע זכינו שאין טומאה במקדש לא לידים ולא לכלים ודחי' בעת שנשנית משנה זו לא גזרו רבותינו טומאה על הכלים ואפילו בחוץ והכלים בכל מקום טהורים היו אם נגעו במשקין טמאין וכל שכן במקדש אבל הידים שבחוץ טמאות הוצרך ר"ע לומר כי במקדש לא גזרו עליהן טומאה ואתקיף עלה רבא והא אשכחן דידים וכלים כאחת גזרו עליהן דתנינן (י"ד) [י"ח] דבר גזרו בו ביום ומהן הידים וטבול יום והאוכלין והכלים שנטמאו במשקין ומשני רבא הנח לסכין דאפי' בחולין לא מטמא כי מאין תרד טומאה בסכין בו אם מנגעת הבשר בסכין הא קיימא לן אין אוכל מטמא כלי והסכין כלי הוא ואם נאמר כיון שנגע בה המחט נטמא הסכין מן המחט המחט כלי ואין כלי מטמ' כלי ועמדו דברי רבא: **ובאנו** לחקור על זה המחט מאיזה דרך טמאת הבשר ואמרנו אם המחט עצמה מטמאתה מספק דחיישי' שמא מחט זו טמאה היתה הא אמרי' לא גזרו על ספק כלים הנמצאים בירושלים ואוקמא רב יהוד' במחט ידועה שנטמאת טמא מת ונמצא עכשיו בבשר שאינה ספק אלא ודאי ור' יוסי בר אבין אוקמא בפרה חסומ' ובאה מחוץ לירושלים שנתברר כי זו המחט מחוץ לירושלים בלעתה וכי לא גזרו טומאה על ספק כלים הני מילי בירושלים אבל חוץ לירושלים גזרו וזו המחט מחוץ לירושלים היא. וחזרנו לדקדק על מי שאמר לא גזרו על ספק הרוקין שבירושלים למה הוצרך לומר זה והלא שנינו כל הרוקין הנמצאים בירושלים כו' ופשוטה היא ועוד הא דאמרי' לא גזרו על ספק כלים הנמצאים בירושלים למה הוצרך לאמרו והרי משנה שלימה שנינו בשקלים פ"ח כל הכלים הנמצאין בירושלים דרך ירידה לבית הטבילה טמאים ודייקינן הני ודאי מ"מ דמוכחא מילתא דלאטבולינהו בעי הא ספק טהורין ואמרינן אדרבה דייק סיפא דקתני דרך עליה טהורין דמוכחא מילתא דודאי הטבילן הא אחרים כולהו דאיכא למיחש שמא טמאין הן טמאין ואסקינן לעולם רישא דוקא וסיפא למעוטי גזייתא פי' הכלים הנמצאים דרך מעבר בית הטבילה דלא ידיע דרך עליה או דרך ירידה ואתיא סיפא לאשמעינן שהן טמאים וכי אינן טהורין אלא הנמצאין דרך עליה בלבד. ופי' גזייתא כדכתיב (נחום א' י"ב) וכן נגוזו ועבר וכדמתרגמינן עברו גזו והני מילי בבית הטבילה בלבד אבל בירושלים הכל טהור וגם מי שאמר לא גזרו על ספק כלים שבירושלים דוקא דהא מתניתין קמ"ל: **וחזרנו** להקשות כי מחט זו אם מחט טמא מת היא ודאי אי הכי אדם וכלים נמי תטמא דהא קיימא לן בחלל חרב הרי הוא כחלל וכבר פי' למעלה בענין נר של מתכת שהוא טמא מת ודחי' רב אשי עזרה כרשות הרבים היא בטהרות פ"ו ספק טומאה ברשות הרבים טהור עד שיאמר נגעתי ואקשינן עלית מכלל דברשות היחיד כי האי גונא טמא והתנן בפ"ג חרש שוטה וקטן שנמצאו במבוי שיש בו טומאה הרי זו בחזקת טהרה וכל ה[illegible] טומאה וכל שאין בו דעת לישאל ספקו טהור והא חרש שוטה וקטן מפני שאין בו דעת להשאיל ספקו טהור וכל שכן מחט ומשני כיון שהיא ספק טומאה הבאת בידי אדם פי' שהתעסק בבשר הרי פקח הוא כמי שיש בו דעת

מסורת הש"ס

שבת יג: [זבים פ"ה מ"ב]

[ברכות נב: חגיגה כ.]

שקלים פ"ח [מ"א]

שם [מ"ב]

[לעיל יד: וש"נ]

[סוטה כח: נדה ד: ה:]

נדה ה:

הגהות הב"ח

(א) תוס' ד"ה אלין וכו' אפסח ידים שיהיו שניות לתרומה גזרו כמו כן מסתמא על ידי הנוגעות' בראשון שיהיו שניות הלכך הני ידים שנגעו במחט שהוא ראשון:

§ מסכת פסחים דף יט. §

אות א'

מי לא עסקינן דנגע בשני

רמב"ם פ"א מהל' שאר אבות הטומאה ה"ד - הראשון והשני והשלישי בקדש טמאין ומטמאין, הרביעי פסול ואינו מטמא, ואין רביעי עושה חמישי לעולם; ומנין לשלישי בקדש שהוא טמא, שנאמר: והבשר אשר יגע בכל טמא לא יאכל, וכבר קרא הכתוב לשני טמא, שנאמר: כל אשר בתוכו יטמא, הא למדת שבשר הקדש שנגע בשני נטמא וישרף; ומנין לרביעי בקדש שהוא פסול, מק"ו, ומה מחוסר כיפורים שהוא מותר בתרומה אסור בקדש עד שיביא כפרתו, השלישי שהוא פסול בתרומה אינו דין שיעשה רביעי בקדש, אבל החמישי טהור.

אות ב' - ג'

הכלי מצרף את מה שבתוכו לקודש אבל לא לתרומה

צירוף דרבנן

רמב"ם פי"ב מהל' שאר אבות הטומאה ה"ז - אחר שנגמר הכלי, מצרף מה שבתוכו לקדש אבל לא לתרומה; כיצד, כלי שהוא מלא פירות פרודין זה מזה, כגון צימוקין וגרוגרות, ונגעה טומאה באחד מהן, נטמא כל מה שבכלי לקדש אבל לא לתרומה, וכל המעלות של דבריהם הם; [א]ורמז יש למעלה זו בתורה, כף אחת עשרה זהב מלאה קטרת, אמרו חכמים כל מה שבכף הרי הוא כגוף אחד. אפילו שאין לו תוך, מצרף מה שעליו לקדש, כגון שהיו צבורין ע"ג הלוח או ע"ג העור, אף על פי שאין הפירות נוגעין זה בזה.

אות ג'* [ב]

הסולת והקטורת והלבונה והגחלים, שאם נגע טבול יום במקצתן, פסל את כולן

רמב"ם פ"ח מהל' טומאת אוכלין ה"ט - הסולת של מנחות והלבונה והקטורת והגחלים שנגע טבול יום במקצתן, פסל את כולו; בד"א בגחלים שחותה במחתה ביום הכפורים, שהמחתה שחותה בה נכנס להיכל, אבל גחלים [ג]שחותה בכל יום, כשהוא מערה ממחתה של כסף לשל זהב אם נתפזרו מן הגחלים, אין בהן קדושה אלא מכבדן לאמה.

השגת הראב"ד מכבדן לאמה. א"א אמת הוא שכך אמרו בירושלמי במס' חגיגה, [ד]אבל סוף השמועה עלתה אפי' בגחלים דכל יום, מפני שנזקקו לכלים מתחלה קודם שעירה אותן, וכל זמן שלא עירה אותן אם נגע במקצתן פסל את כולן.

אות ד'

על מחט שנמצאת בבשר, שהסכין והידים טהורות, והבשר טמא

רמב"ם פי"ו מהל' טומאת אוכלין הי"ז - פרת קדשים שהעבירה בנהר ושחטה ועדיין משקה טופח עליה, ה"ז מוכשרת; לפיכך אם נמצאת מחט טמאה בבשרה, הרי הבשר טמא; וכן אם היתה הפרה חסומה מחוץ לירושלים, אף על פי שאין המחט ידועה, הרי הבשר טמא, מפני שנגע בכלים הנמצאין מחוץ לירושלים; נמצאת המחט בפרש, הבשר טהור; ובין כך ובין כך הידים טהורות, שאין טומאת ידים במקדש כמו שביארנו.

אות ה'

זכינו שאין טומאת ידים במקדש

רמב"ם פ"ח מהל' שאר אבות הטומאה ה"ו - אין טומאת ידים במקדש, שבשעה שגזרו טומאה על הידים לא גזרו במקדש, אלא הנוגע באוכלין טמאים וכיוצא בהן, בין שנגע במקדש [ה]בין שנגע חוץ למקדש, ונגע בקדשים במקדש, לא טמאן; ואם נגע חוץ למקדש, ה"ז מטמא את הקדש ופוסל את התרומה כמו שיתבאר.

---

§ מסכת פסחים דף יט: §

אות א'

עזרה רשות הרבים היא

רמב"ם פ"כ מהל' שאר אבות הטומאה ה"ג - יש שם מקומות שאף ע"פ שהן רה"י לשבת, הרי הן כרה"ר לענין טומאה, ואלו הן... וכן כל העזרה כרה"ר לטומאה.

‹המשך ההלכות בעמוד הבא›

באר הגולה

א ‹ופסק רבינו כרבי יוחנן, משום דהוא מריה דגמרא טפי מרבי חנין, ומ"מ קרא דאייתי רבי חנין כתבו רבינו לרמז בעלמא - כסף משנה› ב ‹ע"פ מהדורת נהרדעא› ג ‹אבל בגחלים שבכל יום, לא, כההיא דתנינן נתפזר ממנו וכו', ירושלמי - כס"מ› ד ‹רבינו יפרש שאינו מסקנא אלא פלוגתא, ופסק כמאן דמיקל בדרבנן - כסף משנה› ה ‹צ"ע מנא ליה לרבינו זה, דבגמרא לא אמרו אלא כשנגע בטומאה במקדש, דמחט נמצאת במקדש, אבל אם נגע חוץ למקדש ונטמאו, אח"כ כשנכנס למקדש טומאה שבהן להיכן הלכה, **ונראה** דס"ל לרבינו, דהאי דקאמר דידים טהורות, ר"ל מלטמא, אבל לעולם ודאי ירדה להם טומאה - אברהם יגל›

אות ב׳

וכל דבר שאין בו דעת לישאל, בין ברשות הרבים בין ברשות היחיד, ספיקו טהור

רמב״ם פט״ז מהל׳ שאר אבות הטומאה ה״ב - בד״א כשהיה זה שנטמא בספק יש בו דעת להשאל ולדרוש ממנו מה אירע לו, כסוטה, אבל אם היה חרש או שוטה או קטן שאינו יודע להשיב על הענין כששואלין אותו, הרי ספיקו טהור; כיצד, חרש או שוטה או קטן שאין בו דעת להשאל שנמצאו בחצר או במבוי שיש שם טומאה, וספק נגעו וספק לא נגעו, הרי אלו טהורין, וכן כל שאין בו דעת להשאל, אע״פ שנולד לו הספק ברה״י, ספיקו טהור.

אות ג׳

ספק טומאה הבאה בידי אדם, נשאלין עליה אפילו בכלי המונח על גבי קרקע כדבר שיש בו דעת לישאל

רמב״ם פט״ז מהל׳ שאר אבות הטומאה ה״ו - היו טמאות וטהרות בצדו או למעלה ממנו, ונתעטף בטליתו, וספק נגעו ספק לא נגעו בעת שנתעטף, אם היו ברשות היחיד ספיקו טמא, שספק טומאה הבאה בידי אדם, נשאלין עליה אפילו בכלי המונח על גבי קרקע, הרי הוא כמי שיש בו דעת לישאל; ואם היו ברשות הרבים ספיקו טהור; ואם אי אפשר שלא יגע, ספיקו טמא.

---

§ מסכת פסחים דף כ. §

אות א׳

מונין בו ראשון ושני או לא

רמב״ם פ״ח מהל׳ שאר אבות הטומאה ה״ג - הפיגול והנותר וצריד של מנחות, הרי הן כראשון לטומאה, ומונין בהן ראשון ושני.

השגת הראב״ד: הפיגול והנותר. א״א כמה דבריו מבולבלין, ומה ענין ערבוב צריד של מנחות עם פיגול ונותר, שהם מטמאין מעלמן, וצריד של מנחות אינו מטמא עד שיקבל טומאה ממקום אחר, ועוד דהא בעיא היא ולא איפשיטא ולקולא.

אות ב׳ - ג׳

כגון שהיתה פרה של זבחי שלמים והעבירה בנהר ושחטה ועדיין משקה טופח עליה

אפילו תימא בפרש רכה, משום דהוי משקה סרוח

רמב״ם פ״י מהל׳ טומאת אוכלין הי״ז - פרת קדשים שהעבירה בנהר ושחטה ועדיין משקה טופח עליה, ה״ז מוכשרת; לפיכך אם נמצאת מחט טמאה בבשרה, הרי הבשר טמא; וכן אם היתה הפרה חסומה מחוץ לירושלים, אע״פ שאין המחט ידועה, הרי הבשר טמא, מפני שנגע בכלים הנמצאין מחוץ לירושלים; נמצאת המחט בפרש, הבשר טהור; ובין כך ובין כך הידים טהורות, שאין טומאת ידים במקדש כמו שביארנו. בד״א להיות הבשר טמא בדין תורה, אבל להתטמא מדבריהן, אין הקדש צריך הכשר, אלא חיבת הקדש מכשרת הבשר, ואם נגע בה טומאה בין קלה בין חמורה, נפסלה אע״פ שלא הוכשר במשקה כמו שביארנו. השגת הראב״ד: אבל להתטמא מדבריהם. א״א והלא במסכת חולין למדו לחיבת הקדש שמכשרתן ׳מן התורה, אלא שהוא ספק אם מונין בו ראשון ושני או לא.

אות ד׳

שרץ שנמצא בתנור, הפת שבתוכו שניה, מפני שהתנור תחלה

רמב״ם מהל׳ שאר אבות הטומאה פי״א ה״ב - הראשון שבחולין טמא ומטמא, השני פסול ולא מטמא, ואין שני עושה שלישי בחולין; ומנין לאוכל שני שהוא פסול בחולין, שנאמר: וכלי חרש אשר יפול מהן אל תוכו כל אשר בתוכו יטמא, נמצא השרץ אב, וכלי חרס שנפל השרץ לאוירו ראשון, והאוכל שבכלי שני, והרי הוא אומר: יטמא; וכן שרץ שנפל לאויר התנור, הפת שנייה, שהתנור ראשון.

באר הגולה

ו ‹בפרק המנחות והנסכים (דף ק״ב ע״ב) אמרו דלא מיבעיא ליה אלא מדאורייתא, דאילו מדרבנן פשיטא ליה דמונין ראשון ושני - כסף משנה› ז ‹ובאמת השגתו חזקה על דברי רבינו, שבפרק השוחט (דף ל״ו) אהא דבעי ר״ל צריד של מנחות מונין בו ראשון ושני או לא, כי מהני חיבת הקדש למפסליה גופיה, למימני ביה ראשון ושני לא, או דילמא לא שנא, אסיקנא אטו ר״ל לתלות קא מיבעיא ליה לשרוף, מכלל דחיבת הקדש דאורייתא, מנ״ל, אילימא מדכתיב והבשר אשר יגע בכל טמא וכו׳, אלא מסיפא, והבשר לרבות עצים ולבונה, עצים ולבונה בני אכילה נינהו, אלא חיבת הקדש מכשרא להו ומשויא להו אוכל, ה״נ חיבת הקדש מכשרתן, **ואפשר** שטעמו של רבינו, משום דהתם סבר רב יוסף דחיבת הקדש הויא דרבנן, ומאי דאמרינן מכלל דחיבת הקדש דאורייתא מנא ליה וכו׳, אליבא דריש לקיש הוא דקא מיבעיא לה, אבל רב יוסף סבר שאין חיבת הקדש מכשרת אלא מדרבנן, ופסק כותיה משום דבתרא הוא - כסף משנה›

נשאלין עליה אפילו בכלי המונח על גבי קרקע כדבר שיש בו דעת לישאל והבשר טמא האי בשר דאיתכשר במאי אי נימא דאיתכשר בדם והא *א"ר חייא בר אבא א"ר יוחנן מנין לדם קדשים שאינו מכשיר שנאמר לא תאכלנו על הארץ תשפכנו כמים דם שנשפך כמים מכשיר ושאינו נשפך כמים אינו מכשיר ואלא דאיתכשר במשקי בית מטבחיא והא א"ר יוסי בר' חנינא *משקי בית מטבחיא לא דיין שהן דכן אלא שאין מכשירין ואלא דאיתכשר בחיבת הקודש אימור דמהניא ליה חיבת הקודש לאיפסולי גופיה למימנא ביה ראשון ושני נמי תיפשוט *דבעי ריש לקיש צריד של מנחות *מונין בו ראשון ושני או לא *אמר רב יהודה אמר שמואל כגון שהיתה פרה של זבחי שלמים והעבירה בנהר ושחטה ועדיין משקה טופח עליה נמצאת בפרש הכל טהור וניהדר פרש וניטמייה לבשר אמר רב אדא בר אהבה בפרש עבה רב אשי אמר אפי' תימא בפרש רכה *משום דהוי משקה סרוח חני תנא קמיה דרב ששת שרץ מטמא את המשקין ומשקין מטמאין את הכלי וכלי מטמא את האוכלין והאוכלין מטמאין את המשקין ולמדנו שלש טומאות בשרץ הני ארבעה הן גוז משקין דרישא אדרבה גוז משקין דסיפא לא אשכחן תנא דאמר משקין מטמאין כלי אלא רבי יהודה והדר ביה וסימניך נזייתא *תנן התם שרץ שנמצא בתנור הפת שבתוכו שניה מפני שהתנור תחלה אמר ליה רב אדא בר אהבה לרבא וניחזי להאי תנור כמאן דמלי טומאה דמי ותיהוי האי פת ראשונה אמר ליה לא סלקא דעתך *דתניא יכול יהו כל הכלים מטמאין מאויר כלי חרס ת"ל

רש"י

נשאלין עליה. כלומר חשבינן לה לטמא אותה כאילו יש בה דעת לישאל לשון אחר נשאלין לב"ד מה תהא עליו (א) וזו עיקר נשאלין עליה בעלים יהו נשאלין בעל כרחן בשבילה לב"ד מה תהא עלה: **ואפילו הוא כלי מונח על גבי קרקע.** כלומר אע"ג דכלי טהור זה שנולד בו הספק אין בו דעת לישאל וגו לא היה אדם עוסק שיהא מוליכו ומביאו בידו אלא אדם עסוק בטומאה שהיה נושא שרץ בידו ספק נגע בכלי ספק לא נגע אם רה"י הוא ספיקו טמא: **האי בשר דאיתכשר במאי.** ה"ל מאי בעי אקרא והבשר אשר יגע בכל טמא במאי איתכשר ואיכא למימר בשר דקרא פשיטא דאיכא הכשר טובא דבשר של שלמים נאכל בכל העיר ולכל אדם ושם מדיחין אותו ומבשלין אותו ואיכא הכשר טובא אבל בהמה זו שנמצאת בבשרה מחט בעזרה במקום שחיטה ומהיכן קבל הבשר הכשר דמה אינו מכשיר מדר' חייא בר אבא א"ר יוחנן כו': **משקה בית מטבחיא.** שבעזרה כהן אינו מכשיר: **אלא דאיתכשר בחיבת הקודש.** חיבת הקודש מכשרתה לבוא לידי טומאה דקיימא לן בפרק שני דשחיטת חולין חיבת הקודש משווה לה אוכל לקבולי טומאה: **למימני ביה ראשון ושני.** שיהא הוא מטמא אחרים דקתני הבשר טמא ולא קתני הבשר פסול: **נמי.** בתמיה א"כ תיפשוט מדקתני טמא משמע מטמא אחרים משום הבשר חיבת הקודש תיפשוט דבעי ריש לקיש בשחיטת חולין: **צריד של מנחות.** יבש של מנחות מקום שלא נגע לשם שמן: **צריד.** לשון יבש ודומה לו גבי שופר (ר"ה ד' כז:) היה קולו דק או עבה או צריד. להכי נקט פרה של זבחי שלמים לפי שהעור והבשר לבעלים ומתעסק ליפות העור והבשר ומעבירה בנהר סמוך לשחיטה ומשקין אותה כדי שתהא נוחה להפשיט כדאמרינן בסוטה דבילה*: **ועדיין משקה טופח עליה.** ואי אפשר שלא יפול מן המשקה על הבשר כל שהוא בשעת הפשט: **וניהדר פרש.** דקא סלקא דעתך הורת משקה עליו שהרי בשעה זו השקה אותה: **בפרש עבה.** דלאו משקה הוא: **שרץ מטמא את המשקין.** מקל וחומר מכלי כדלעיל ומשקין שבאו מחמת שרץ מטמאין כלי כדיליף מבכל כלי יטמא וקא סבר יטמא הכלי מן המשקה כדהוה דריש לה ר' יהודה מיקמי דהדר ביה ודריש ביה נמי להאי יטמא יטמא ויליף מיניה לחוזר כלי זה ומטמא את האוכלין כדאשכחן בהו דכלים מטמאין (ב) מכל אשר בתוכו יטמא מכל האוכל משמע שנטמא האוכל מאויר כלי חרס והאוכלין את המשקין כו' ומיהו לא מיתרצא היא דהאי אוכל הבא מחמת כלי דקאמר קרא דמטמא משקה לאו מכלי הבא מחמת משקה קאי אלא בבא מחמת שרץ ותנא תני למדנו שלש טומאות בשרץ דמשמע דטומאה הולכת מזה לזה ומזה לזה ומהכא הוה מלינו למיפרכיה למילתיה אלא דאקשי ליה קושיא אחריתי מפורשת טפי דקתני שלש וקא חשיב ארבע והיא היא: **והאוכלין מטמאין את המשקין.** דדריש יטמא דגבי אוכלין יטמא לטמא אוכלין המשקין כדדריש ליה ר"ע והוא הדין דמלי למיתני וכלי מטמא את המשקין ומשקין מטמאין אוכלין כיון דאית ליה יטמא יטמא אלא חדא מינייהו נקט ותרווייהו לא מצי למיתני דנימא כלי מטמא את האוכלין ואוכלין את המשקין ומשקין שבאו מן האוכלין מטמאין את האוכלין דהא ליתא בקרא אפי' לר' עקיבא דהוה ליה שלישי עושה רביעי דוכל משקה אשר ישתה אתוכו דכלי חרס קאי שקיבל המשקה הזה טומאה מן הכלי וכי דרשת יטמא יטמא אהכי שני עושה שלישי משכחת מיניה אבל שלישי עושה רביעי לא ילפת מיניה: **הני ארבעה הויין.** שלישי עושה רביעי לא משכחת ליה בקרא דכי כתיב אוכל הבא מחמת כלי מטמא משקה לאו בכלי הבא מחמת משקה כתיב אלא בכלי הבא מחמת שרץ ותנא גופיה חשיב ארבע ותני שלש: **גוז משקין דרישא.** תחוך משקין הראשונים ואימא שרץ מטמא את הכלי והכלי את האוכל ואוכל את המשקה וכן הן סדורין במקרא ור' עקיבא הוא דדריש יטמא יטמא ושני עושה שלישי והוא הדין דמלי למיתני נמי שרץ כלי וכלי משקה ומשקה אוכל וחדא מינייהו נקט כדפרשינן דתרווייהו לא מצי למתני והא אתא לאשמעינן דשני עושה שלישי בחולין: **אדרבה גוז משקין דסיפא.** ואימא שרץ משקה ומשקה כלי מבכל כלי יטמא כדהוה דריש ליה ר' יהודה וכלי אוכל דרוש ביה להאי יטמא דכלי יטמא ומשקין דסיפא לא תיתני משום דרביעי לא כתיב ואע"ג דאוכל ודאי מטמא משקה הכא לא תתנייה דהאי אוכל דהכא שלישי הואי: **אמר ליה לא אשכחן תנא כו'.** ואי הכי תדרוש כמאן תוקמיה: **וסימניך.** שלא תטעה בסדרן: **נזייתא.** סדר מטילי שכר שעורין תחלה נותנין כלי ואח"כ אוכל ואח"כ משקה: **שרץ שנמצא בתנור.** ולא נגע בפת הפת שבתוכו שני לטומאה ואיכא מטמאים חולין לרבנן מפני שהתנור תחלה התנור קיבל טומאה מן השרץ והפת מן התנור: **וליחזייה לאוויר תנור כמאן דמלי טומאה.** כיון דקיימא לן אויר כלי חרס מטמא מן השרץ אף על פי שלא נגע אלמא כמאן דמלי טומאה הוא דהא לא נגע בו ומטמאו ותיהוי נמי פת כאלו נוגעת בשרץ: **יכול יהו כל הכלים.** אם כלי שטף נתון בתוך כלי חרס ושרץ באויר החיצון יכול יהא כלי עץ או כלי מתכת שבתוכו טמא משום דכתיב כל אשר בתוכו יטמא:

ת"ל

תוספות

לא דיין שהן דכן אלא שאין מכשירין. לא בעי לשנויי תרומה אדם דלעיל* תירץ כן מחמת דוחק וזה שאין מכשירין משום דס"ל דהלוסים לא מכשירין דדריש יטמא דכתי' גבי משקין יטמא ממש ולא הכשר וליכא אלא חד קרא בהכשר וס"ל דאוקמי עפי במחוברין מבהלוסין: **אלא** דאיתכשר בחיבת הקודש. וא"ת אי חיבת הקודש מהניא למימני ביה ראשון ושני מאי נפקא מינה דהאי משקין בית מטבחיא דכן ואין מכשירין ואומר ר"י דאיצטריך לכמה דברים שמביאין בעזרה דלא שייך בהו חיבת הקודש כגון ביכורים או חולין שאוכלין בעזרה כדי לאכול המנחה והזבח על השובע כדאיתא בהקומץ רבה (מנחות כא:)*: **ובשעת** שחיטה עדיין משקה טופח עליה. פירש הקונטרס דאי אפשר שלא יפול מן העור על הבשר ואין נראה דאם כן הוי ליה תלושין ותלושין לא מכשירין כיון דדריש שמואל יטמא ממש ליכא אלא חד קרא בהכשר והוא מוקי לה במחוברים ולהכי נקט והעבירה בנהר משום דבעי הכשר מן הנהר שהוא מחובר ואומר ר"י דעל ידי העור הוכשר הבשר דבהעור והרוטב (חולין קיח:) פליגי אי יש יד להכשיר אבל לכולי עלמא יש שומר להכשיר ובכל העור בלא מים בעודם מחוברים:

מי

עין משפט נר מצוה

קכח א מיי' פ"ח מהל' אבות הטומאה הלכה ג:

קכט ב ג מיי' פ"ו מהל' טומאת אוכלין הלכה יז:

קל ד מיי' פי"א מהל' אבות הטומאה ה"ב:

רבינו חננאל

דעת לחשאל [דמי] כר' יוחנן דאמר נשאלין עליה אפילו בכלי המונח על [גבי] קרקע ולפיכך אמר ברשות הרבים ספיקו טהור ברשות היחיד כי האי גונא ספיקו טמא והאי ספק טומאה ברשות הרבים ספיקו טהור ברשות היחיד ספיקא טמא גמרי' לה מסוטה דכתיב בה (במדבר ה יג) ונסתרה והיא נטמאה הנה כיון שנסתרה ספיקא הוא אלא כיון שברשות היחיד נסתרה אמרה תורה נטמאה וכו' ופשוטה היא וכבר פרשנוה בכמה מקומות לפיכך לא הארכנו בה: והקשי' זה הבשר היאך נטמא בלא הכשר משקה הא אוקימנ' לדם קדשים ולמשקה בית מטבחיא דלא מכשרי היכן הוכשר שנטמא ושני' דאיתכשר בחיבת הקדש כלומר תאות אדם לקדש משוה הדבר שמקדיש אע"פ שלא הוכשר במים כאלו הוכשר. ואמרי' אימור דמהניא חיבת הקדש כו' ואמרינן אי הכי תפשוט בעיא דריש לקיש דבעי צריד של מנחות פי' שהוא סולת הסלת כגון המורסן וכיוצא בו מונין בו ראשון ושני או לא כלומר אם נגע השרץ בהאי צריד שלא הוכשר במים ונטמא אם יגע הוא באחרים מטמא או לא ולא איפשטא וכיון דלא איפשטא לא איתברר לן דמטמיא ושני' דרך אחרת כגון בהמה של זבחי שלמים והעבירה בנהר ועדיין היה משקה טופח עליה ונשחטה והוכשר הבשר באותו משקה הטופח שהיה בעור נמצאת המחט בפרש הכל טהור אוקימ' אפי' בפרש רך שהוא כמים כיון דהוה ליה משקה סרוח אינו מטמא ואפילו למאן דאית ליה טומאה למשקין נהי דמטמא משקין הראויין לשתיה דאינון מקרי משקין אבל הני דסרוחין נינהו לא: תאני תנא הא דתנינן בתורת כהנים שהן דברי ר' עקיבא היה התנא שונה סתם השרץ מטמא את המשקה והמשקה את הכלי והכלי את האוכל והאוכל את המשקה למדנו שלש טומאות בשרץ אמר ליה רב ששת הני לפי מה שפירשת משקה וכלי ואוכל ומשקה ארבעה טומאות הן אלא גוז

משקין דרישא כלומר העבר אותו ולא תאמר משקה מטמא את הכלי ולמען שלא יתחלף לך שים לך סימן נזייתא פי' המשקה שאמרת מטמא הכלים שהן נזייתא כדגרסינן בע"פ תמרי לבי נזייתא ארחיה ועוד גרסי' סמוריבא דנזייתא סמי אותן דלא אשכחן תנא דתנא משקה מטמא כלי אלא ר' יהודה והדר ביה כדפרשינן לעילא: תנן התם השרץ שנמצא בתנור הפת שבתוכו שניה שהתנור תחלה ואמר ליה רבא לרב אדא בר אהבה הלא זה השרץ לא נגע בכותלי התנור אלא נתלה באוירו ואתה רואה אותו כאלו נגע בכותלי התנור וטמאהו כן נחזייה להא תנור כמאן דמלי שרצים וניטמא כאלו השרץ עצמו נגע בפת ותהוי הפת תחלה

אמר

מסורת הש"ס

[לעיל טו.(וש"נ)] · [לעיל טו. חולין לו:] · חולין לו. מנחות קב: · חולין לו: · [לעיל יח.] · שבת קלח: כלים פרק ח משנה ה · שבת קלח: · [דף מ.]

תורה אור: דברים יב

הגהות הב"ח

(א) רש"י ד"ה נשאלין וכו' מה תהא עליה וזו: (ב) ד"ה השרץ וכו' מטמאין אותן מכל אשר בתוכו:

קלא א מיי' פ"ט מהל' טומאת אוכלין הל' ו ופי"ג מהל' כלים הל' ב:
קלב ב שם הלכה ג:
קלג ג ד מיי' פי"ב מהל' תרומות הלכה ה:
קלד ה שם הלכה יב:

[וע"ע תוס' שבת דף כה. ד"ה כך]

מי אמר ר' יהושע שתיהן כאחת ורמינהו חבית. תימה לר"י הא דלא משני פסח שאני דמשמע ליה דפסח לא מעלה ולא מוריד מדשרי בתלויה ואסר בטהורות א"כ מה שהיא תלויה הוי הטעם: **הא** ר' שמעון אליבא דר' יהושע. תימה לר"י לר' שמעון כיון דשרי תלויה לטמא ביד א"כ שרי לשורפו ואמאי קרי ליה תלויה דתלויה היינו לא אוכלין ולא שורפין וי"ל דתלויה לר"ש היינו דלא מחייב לשורפו: **ראוי** לזילוף. אף על גב דתרומה טמאה בשריפה כיון דמסקינן בפ' בתרא דתמורה (דף לג.) הראוי לשריפה שרפה הראוי לקבורה קבורה והוא הדין בכי האי גוונא הואיל וראוי לזילוף* אין

ת"ל °כל אשר בתוכו יטמא וסמיך ליה מכל האוכל *אוכל מטמא מאויר כלי חרס *ואין כל הכלים מטמאין מאויר כלי חרס: רב חסדא רמי פיסחא אפיסחא ומשני מי א"ר יהושע שתיהן כאחת ורמינהו *א"ר יוסי אין הנדון דומה לראיה כשהעידו רבותינו על מה העידו אם על הבשר שנטמא בולד הטומאה ששורפין אותו עם הבשר שנטמא באב הטומאה זה טמא וזה טמא אם על השמן שנפסל בטבול יום שמדליקין אותו בנר שנטמא בטמא מת זה פסול וזה טמא אף אנו מודים בתרומה שנטמאת בולד הטומאה ששורפין אותה עם התרומה שנטמאת באב הטומאה אבל היאך נשרוף אפילו תלויה עם הטמאה שמא יבא אליהו ויטהרם ומשני הא ר"ש ואליבא דר' יוסי ואליבא דר' יהושע *דתניא י"ד שחל להיות בשבת מבערין את הכל מלפני השבת ושורפין תרומות טמאות תלויות וטהורות דברי ר' מאיר ר' יוסי אומר טהורה בפני עצמה ותלויה בפני עצמה וטמאה בפני עצמה אמר ר"ש לא נחלקו ר' אליעזר ור' יהושע על הטהורה ועל הטמאה שאין שורפין על התלויה ועל הטהורה ששורפין על מה נחלקו על התלויה ועל הטמאה שר' אליעזר אומר תישרף זו בעצמה וזו בעצמה ור' יהושע אומר שתיהן כאחת והא מתניתין ר' יוסי היא הכי קאמר ר' יוסי לר' מאיר אפילו ר"ש ואליבא דר' יהושע דמיקל כי מיקל בתלויה וטמאה אבל בטהורה וטמאה לא רבי יוסי בר' חנינא רמי תרומה אפיסחא ומשני מי אמר ר' יהושע שתיהן כאחת ורמינהו *חבית של תרומה שנולד בה ספק טומאה רבי אליעזר אומר אם היתה מונחת במקום התורפה יניחנה במקום המוצנע ואם היתה מגולה יכסנה רבי יהושע אומ' אם היתה מונח' במקום המוצנע יניחנה במקום התורפה ואם היתה מכוסה יגלנה גרמא אין בידים לא ומשני הא רבי שמעון אליבא דר' יהושע הא ר' יוסי אליבא דר' יהושע ר' אלעזר רמי תרומה אתרומה ומשני מי אמר ר' יהושע גרמא אין בידים לא ורמינהו *חבית של תרומה שנשברה בגת העליונה ותחתיה חולין טמאין מודה ר' אליעזר (*לר') יהושע שאם יכול להציל ממנה רביעית בטהרה יציל ואם לאו ר' אליעזר אומר תרד ותטמא ואל יטמאנה ביד *ר' יהושע אומר יטמאנה ביד ומשני שאני התם דאיכא הפסד חולין מתקיף לה רבא מתני' נמי איכא הפסד עצים א"ל אביי *להפסד מרובה חששו להפסד מועט לא חששו ומנא תימרא דלהפסד מרובה חששו ולהפסד מועט לא חששו דתניא *חבית של שמן תרומה שנשברה בגת העליונה ובתחתונה חולין טמאין מודה ר' אליעזר לר' יהושע שאם יכול להציל ממנה רביעית בטהרה יציל ואם לאו תרד ותטמא ואל יטמאנה ביד *מ"ש שמן דראוי להדליק יין נמי ראוי לזילוף וכ"ת זילוף לאו מילתא היא והאמר שמואל משום ר' חייא שותין מלוג בסלע ומזלפין מלוג בשתים בחדש והא ראוי לישנו *אתי ביה לידי תקלה שמן נמי אתי ביה לידי תקלה *דרמי ליה בכלי מאוס יין נמי רמי ליה בכלי מאוס לזילוף קא בעי ליה בכלי מאוס רמי ליה *ותקלה עצמה תנאי היא דתניא חבית של יין של תרומה שנטמאת ב"ש אומרים תשפך *חבל ובית הלל אומרים תעשה זילוף אמר רבי ישמעאל ברבי יוסי אני אכריע בשדה תשפך חבל בבית תעשה זילוף איכא דאמרי בחדש תשפך חבל בישן תעשה זילוף אמרו לו אין

ויקרא יא

ס"ג וסמיך ליה מכל האוכל. כלומר האי כל אשר בתוכו שאמרתי לך באוכל אמרתי לך ולא כמאן דמלי טומאה חשיב ליה לאיתון כמאלת טומאה נוגעת בגבו של כלי שטף וכלי שטף מטמא מגבו אלא שמע מינה כל אשר בתוכו יטמא מחמת כלי הוא דמטמא ולאשמעינן קרא אור דאוכלין ומשקין הוא דמקבלי טומאה מאויר כלי חרס אבל כלי לא ומהאי פירוקא נפקא לן בכל דוכתא הא דאשכחן דאין כלי ראשון מטמא כלי ואין אוכלין ומשקין מטמאין כלי כדילוף לעיל מק"ו ואדם נמי שאינו אב הטומאה כגון נוגע בטומאה נבלה ובשרץ לא מטמא כלי דכתיב והנוגע בנבלתם יטמא ולא כתיב כבוס בגדים אבל גבי נושא גזירת הכתוב היא בטומאת משא שמטמאה אדם לטמא בגדים שעליו בשעת משא ולא בגדים הבאים לאחר מכאן אלמא ולד הטומאה לא מטמא כלי חוץ מטמאת מת שהוא אב הטומאה וכן אדם לא מצינו טומאה בכל התורה אלא מאב הטומאה כגון ע"י שרץ ונבלה ושכבת זרע ועל ידי זב ומטייעותיו ומדרסו ועל ידי נדה ומטייעותיה ומדרסה וע"י טמא מת: **שתיהן כאחת**. בתלויה וטמאה בחמץ בפסח: **ורמינהו כו'**. וקתני היאך ישרף אפילו תלויה עם הטמאה: **מתני' ר' שמעון היא ואליבא דרבי יהושע**. וברייתא רבי יוסי אמרה דקתני אמר ר' יוסי אין הנדון כו' ולקמן פריך והא מתני' ר' יוסי נמי קאמר לה דתנן א"ר יוסי אינה היא המדה: **ושורפין תרומה תלויה וטמאה וטהורה**. הכל ביחד ר' מאיר לטעמיה דאמר מדבריהם למדנו ששורפין תרומה טהורה עם הטמאה בפסח: **ס"ג לא נחלקו רבי אליעזר ורבי יהושע על הטהורה ועל הטמאה שאין שורפין על התלויה ועל הטהורה ששורפין**. דהואיל ולא הוחזק טומאה אין נראה כמטמאה בידים: **על מה נחלקו על התלויה ועל הטמאה**. דהואיל ואין לה טומאה ודאית הרי היא מטמא בידים לר' אליעזר ור' יהושע סבר כיון דתלויה היא אי אתה מוזהר על שמירתה: **רמי תרומה אפיסחא**. תרומה דגמרא אתרומה דפיסחא: **ומי א"ר יהושע שתיהן כאחת**. דמותר לטמא תלויה בידים: **בידים לא**. ואע"ג דתלויה היא: **הא**. דקתני בידים לא ר' יוסי היא ואליבא דר' יהושע דגבי תלויה דפיסחא נמי הכי אמר ואמר היאך נשרוף אפילו תלויה עם הטמאה: **מתני' נמי איכא הפסד עצים**. ואמאי קאמר רבי יוסי אליבא דרבי יהושע דלא: **מודה רבי אליעזר כו'**. אמסקנא קאי אאם לאו תרד ותטמא ולקמן פריך מודה רבי יהושע לרבי אליעזר מבעי ליה מכל מקום קתני גבי שמן דכולהו מודו שלא יטמאנה בידים משום הפסד חולין דשמן חולין שנתערב תרומה בהן יאסרו לכהן ולזר משום טומאה דתרומה משום דהפסד מועט הוא כדמפרש דראוי להדליק: **לאו מילתא היא**. לא חשיב והרי הפסידו: **שותין מלוג**. שנמכר בסלע ומזלפין מלוג הנמכר בשתים כוח לקנות לוג בשתי סלעים לזילוף מלקנותו לשתיה ומי שאינו עשיר יקח יין בזול לשתייתו לוג בסלע ויין ביוקר לזילוף: **בחדש**. דאין ריחו נודף ואין ראוי לזילוף: **אתי ביה לידי תקלה**. אם ישהנו אצלו עד שיתיישן אתי למשתי מיניה: **לזלוף קבעי ליה**. וצריך שיהא לו ריחו טוב ובכלי מאוס רמי ליה בתמיה: **ותקלה עצמה**. אי חיישינן לה ואסור לשהויי אי לא תנאי היא: **תשפך חבל** (א). לשון חבילה כלומר תשפך יחד ולא לזלף דילמא אדמזלף קלי קלי אפי' בו ביום אתי למשתיה: **בשדה תשפך חבל**. שאין מזלפין בשדה והא לא אמרינן שיביאנה בבית לזלפו דאדהכי אתי ביה לידי תקלה: **ואיכא דאמרי**. לשהייה מועטת (לא חיישינן) כי הא מן השדה לבית לא חיישינן אלא בחדש תשפך חבל כו' (ב): **אמר רבי ישמעאל ברבי יוסי**. כמה שנים אחר בית הלל וב"ש היה: **אמרו לו**. בני דורו:
אין

לעיל טו.

הגהות הב"ח

(א) רש"י ד"ה תשפך חבל. נ"ב ובכ"ק דף קטו גרס בכל וכן נ"ל נכון: (ב) רש"י ד"ה ואיכא דאמרי וכו' חבל וכו' הס"ד ואח"כ מ"ה אמרו לו לאו ב"ש וב"ה קאמרי דהא ר' ישמעאל בר' יוסי כמה שנים אחר ב"ה וב"ש היה אלא אמרו לו בני דורו כנ"ל והד"א:

לעיל טו. [וש"נ]

שם [וש"נ]

[ורבי]

[ועי' מ"ש לעיל טו. על הגליון]

לעיל טו. וש"נ שבת קכד:

ב"ק קטו:

[שם: לקמן לג. חולין נג:]

[יומא סו.]

[בכ"ק אי' הכל ופי' רש"י שם כולם ביחד. ובערוך גרס הכל פי' לאלתר]

[נ"ל דזה הדבור הוא מיותר מכאן אב]

רבינו חננאל

אמר ליה לא אמרינן כמאן דמלי שרצים ונימ' כאלו השרץ עצמו נגע בפת ותהוי הפת תחלה דתניא יכול יהו הכלים מטמאין מאויר כלי חרס ת"ל מכל האוכל אשר יאכל אוכלין ומשקין מטמאין מאויר כלי חרס ואין כלים מטמאין מאויר כ"ח ואי ס"ד דאמרינן כמאן דמלי [שרצים] דמי הא קא נגעי שרצי' בכלים אמאי לא מטמו אלא כיון דלא מיטמו הכלים מאויר כלי חרס ש"מ דלא אמרי' כמאן דמלי שרצים דמי. אחרי כל הדברים הללו חזרנו למשנתנו: רב חסדא רמי פסחא אפסחא תנן במתני' כי אמר ר' יוסי על התלויה ועל הטמאה נחלקו ר' אליעזר אומר תשרף זו בעצמה וזו בעצמה ר' יהושע אומר שתיהן כאחת איני והתניא אמר ר' יוסי אין הנדון דומה לראיה כו' אבל היאך נשרוף אפי' תלוית עם הטמאה שמא יבוא אליהו ויטהרנו פי' התלוית ומשני משנתנו כר' שמעון דמתני ששורפין התלויה והטמאה יחדו דברי יהושע וברייתא דקתני אבל היאך נשרוף אפילו תלוית וטמאה כאחת שמא יבא אליהו ויטהרנו ר' יוסי אליבא דר' יהושע ומקשי' והא ר' יוסי היא דקתני במתני' כי ר' יהושע אומר התלויה והטמאה שתיהן כאחת ואיך מוקמת לה לברייתא כר' יוסי דתניא אבל היאך נשרוף אפי' תלויה וטמאה ושנינן הכי קאמר ליה ר' יוסי לר' מאיר לדידי אפי' תלויה עם הטמאה אין שורפין אלא אפי' לר' שמעון אליבא דר' יהושע דמיקל לא מיקל אלא בתלויה וטמאה אבל טהורה וטמאה לא שרפינן: ר' יוסי בר' חנינא רמי תרומה אפסח ומשני איך אתה שונה שר' יהושע אומר שתים כא' שנמצא מטמא התלויה בידים והלא בחבית של תרומה שנולד בה ספק טומאה לא התיר לטמאותה בידים אלא ע"י גרמא ומשני כרב חסדא כי זה ששנינו במשנה ר' יוסי אפי' לר' שמעון שמיקל אליבא דר' יהושע חשיב לר' מאיר. ומשנה דתרומה אליבא דר' יהושע שנאה ר' יוסי אליבא דידיה דמחמיר: ר' אלעזר רמי תרומה אתרומה ומשני איני דלא התיר ר' יהושע בתלויה לטמא בידים והא ב[...] תרומה שנשברה בגת העליונה תחתונה יש בה חולין טמאה אמר ר' יהושע אף יטמאנה ביד. ומשני שאני התם דאיכא הפסד כלומר כיון שרגת התחתונה בתוכה חולין טמאים אם תוריד התרומה עליהם [...] ואקשינן והא מתני' דאיכא הפסד עצים שאתה מצריכו לעשות שתי מדורות ולשרוף המהרות באחת והטמאות [באחת] ולא חייש אלא אמר זו לעצמה וזו לעצמה ושנינן להפסד מרובה כגון הפסד של חולין חששו א[...] מועט שהוא של עצים לא חששו ושמעינן האי סברא מהא דתניא חבית של שמן של תרומה שנשברה בגת העליונה והתחתונה טמאה ולא התיר ר' יהושע לטמאה ביד כדרך שהתיר ביין אלא אמר תרד ותט[...] יטמא ביד לאו מכלל דכיון שאינו הפסד מרובה בשמן דהא ראוי לחדליקו לפיכך לא חששו ואמרינן למה בשמן אינו הפסד מרובה משום דראוי להדליקו בנר ובין שמן העומד לאכילה לשמן העומד להדלק[...] מועט גם היין הטמא נמי ראוי לזלף בו כשמן ולא עוד אלא שהיין הטוב הוא הנמכר לזילוף ואין בו הפסד דהא אמרי' שותין מלוג בסלע אבל לזילוף אין מזלפין אלא מן המובחר הנמכר לוג בשני סלעים. ודחי[...] חדש הוא שאינו ראוי לזילוף כשמן ואמרי' יניחנו עד שתישן ודחינן חיישינן דלמא אינשי ושתי ליה אי הכי שמן נמי ניחוש דלמא אכיל ליה ודחי' שמן רמי ליה בכלי מאוס אבל יין דבעי ליה לזילוף ור[...] דבעיא אי רמי ליה נמר ריחו חיים ולא שדי ליה ואתי ביה לידי תקלה ותקלה תנאי היא דתניא חבית של יין של תרומה שנטמא ב"ש אומר תשפך הכל וחייש לתקלה וב"ה אומר תעשה זילוף ולא חייש לתק[...] כב"ה ואע"ג דאמר ר' ישמעאל בר' יוסי אני אכריע וקיימא לן כל מקום ששנים חלוקים ואחד מכריע הלכה כדברי המכריע ר' ישמעאל תלמיד הוא ולא חשיב ר' ישמעאל בר' יוסי לאכרועי דהא ר' יוסי אב[...] ישמעאל שאמר שמועה זו משמו תלמיד שלישי לגבי ב"ה וב"ש הוא לכשתחשוב מרבן יוחנן בן זכאי שהוא תלמיד לחלל עצמו עד ר' יוסי אתה מוצא אותם שלשה ר' יהושע ור' עקיבא ור' יוסי ולא עדיף ר' ישמעאל לאכרועי

§ מסכת פסחים דף כ: §

אות א'

אוכל מטמא מאויר כלי חרס

[א]רמב"ם פ"ה מהל' טומאת מת ה"ו - כלי חרש שנגע במת או שהיה עמו באהל, טמא; ואינו מטמא [לא לאדם] ולא כלי חרש אחר ולא שאר כלים, שאין כלי חרש נעשה אב הטומאה לעולם, לא במת ולא בשאר טומאות, וזה דין תורה אף ע"פ שהוא קבלה.

רמב"ם פי"ג מהל' כלים ה"ב - וכשם שמתטמא מאוירו, כך מטמא אוכלין ומשקין מאוירו; כיצד, כלי חרס שנטמא, ונכנסו אוכלין ומשקין לאוירו, אף על פי שלא נגעו בו, הרי אלו טמאין, שנאמר: כל אשר בתוכו יטמא; אבל שאר הכלים הטמאין אינן מטמאין אוכלין ומשקין עד שיגעו בהן.

אות ב'

ואין כל הכלים מטמאין מאויר כלי חרס

רמב"ם פי"ג מהל' כלים ה"ג - אין כלי חרס מטמא כלים מאוירו, בין כלי חרס בין שאר כלים; כיצד, כלי חרס גדול שהיו בתוכו כלים, ונכנסה טומאה באוירו, הוא טמא, וכל הכלים שבתוכו טהורין; היו משקין בכלים שבתוכו, נטמאו המשקין מאוירו, וחוזרין ומטמאין את הכלים, והרי זה אומר: מטמאיך לא טמאוני, ואתה טמאתני.

אות ג' - ד'

להפסד מרובה חששו להפסד מועט לא חששו

חבית של שמן תרומה שנשברה בגת העליונה ובתחתונה חולין טמאין, מודה ר"א לר"י שאם יכול להציל ממנה רביעית בטהרה יציל, וא"ל תרד ותטמא ואל יטמאנה ביד

רמב"ם פי"ב מהל' תרומות ה"ה - בד"א בחבית של יין, והוא שיהיה בגת התחתונה פחות ממאה, שהרי ידמע הכל ויפסל; אבל אם היה בתחתונה מאה [ב]בזו החבית, שהרי היא עולה באחת ומאה; או שהיתה חבית של שמן, תרד ותטמא ואל יטמאנה בידיו, שהרי הכל ראוי להדלקה ואין שם הפסד מרובה; וכן חבית שמן שנשפכה, אם יכול להציל רביעית בטהרה יציל, ואם לאו יציל בטומאה, [ג]שכיון שנשברה החבית אינו מוזהר שלא להציל בטומאה, מפני שהוא בהול.

אות ה'

דרמי ליה בכלי מאוס

רמב"ם פי"ב מהל' תרומות הי"ב - פת תרומה שנטמאת, משליכה לבין העצים עד שישרפנה, וכן שמן שנטמא, נותנו בכלי מאוס עד שידליק, כדי שלא יהיה תקלה לאחרים ויאכלוהו; וחיטים שנטמאו, שולקן ומניחן בכלי מאוס, כדי שלא יהיו ראויין לאכילה, ואח"כ יסיק בהן תנור וכירים; ומשקין שאין ראויין להדלקה שנטמאו כגון היין, קוברין אותן.

באר הגולה

[א] ‹לכאורה הגם דהלכה זו מקושר קצת לענין של אויר כלי חרס דמטמא אוכל, יותר מתאים אילו היה מצויין באות ב'› [ב] ‹ר"ל מאה חביות של חולין כמו זו של תרומה – דרך אמונה› [ג] ‹נראה שזה הוא פי' מה שאמרו בפ"ק דפסחים על משנה זו, להפסד מועט לא חששו, משמע הא להפסד מרובה חששו – כסף משנה›

§ מסכת פסחים דף כא. §

אות א'

מחלוקת שנפלה לפחות ממאה סאה חולין טמאין וכו'

רמב"ם פי"ב מהל' תרומות ה"ה - בד"א בחבית של יין, והוא שיהיה בגת התחתונה פחות ממאה, שהרי ידמע הכל ויפסל; אבל אם היה בתחתונה מאה [א]בזו החבית, שהרי היא עולה באחת ומאה; או שהיתה חבית של שמן, תרד ותטמא ואל יטמאנה בידיו.

אות ב'

כל שעה שמותר לאכול, מאכיל לבהמה לחיה ולעופות

סימן תמג ס"א - [ב]ויכול להאכילו לבהמה חיה ועוף, [ג]ובלבד שיעמוד עליהם לראות שלא יצניעו ממנו, ויבער מה ששיירו ממנו - ודין זה שייך ג"כ קודם אלו השתי שעות, דמליל י"ד ואילך שמחויב בבדיקת החמץ, מחויב להזהר בזה.

אות ב'*[ד]

תוס' ד"ה: כל - ואם מכר דמיו מותרין דאין תופס את דמיו

סימן תמג ס"ג - [ה]אם קנו שום דבר בחמץ אחר שש שעות, מותר, מפני שחמץ אינו תופס דמיו - ר"ל אע"ג דאז אסור בהנאה מה"ת לרוב פוסקים, וא"כ הלא קעבר בקנייתו אדאורייתא, **אפ"ה** בדיעבד אינו תופס דמיו, דלא מצינו שיתפוס האיסור על הדבר שהחליף, כ"א בע"ז והקדש ושביעית, **ולפי"ז** ה"ה בפסח גופא, ג"כ אינו תופס דמיו.

והיינו דמותר אפילו למי שקנהו גופא, וכ"ש דלאחרים שרי ליהנות מאותו דבר, (ודע, דכ"ז אם כבר קיבל הדמים, או חפץ חליפי החמץ, אבל אם לא קיבל עדיין הדמים, אסור לו לקבל מעכו"ם הקונה, לא מיבעיא אם לא היה שום קנין זולת הדמים, דבודאי אסור, שהרי בקבלתו הדמים עובר אאיסור דאורייתא של איסור הנאה של חמץ, **ואפילו** משך מקודם, הרי לאיזה פוסקים משיכה לחוד לא קני בעכו"ם, ונמצא כשמקבל המעות ממנו נגמר קנינו, ועובר אדאורייתא אם היה בפסח, ולאחר פסח מדרבנן, **אלא אפי'** כבר נקנה החמץ לעכו"ם בקנין גמור, אסור לו לכתחלה לקבל המעות לכו"ע, משום דעיקר הנאה הוא בשעת קבלת המעות).

ודע, דדעת המחבר לאו ד"ה הוא, דיש מגדולי הפוסקים שסוברין, דאע"ג דלאחרים שרי ליהנות מחלופי חמץ, דחמץ אינו תופס דמיו בדיעבד, **מ"מ** לבעל החמץ עצמו קנסו רבנן שלא יהנה מן הדמים, כיון דעביד איסורא, ואינו מותר לדידיה, אלא בשמכרו או החליפו אחרים חמצו שלא בידיעתו, **ויש** להחמיר כדעת פוסקים אלו שלא במקום הפסד מרובה.

(ודע, דלדידהו לאו דוקא לאחר שש, דהוא איסור דאורייתא לרוב הפוסקים, ה"ה לאחר פסח, אם מכר חמץ שעבר עליו הפסח, אסור ג"כ למוכר ליהנות מדמיו, אע"ג דאין איסור החמץ עצמו אלא מדרבנן, ומסתברא דה"ה לפי"ז, אם מכר בתחלת שש, דג"כ איסורו מדרבנן הוא, אסור לו ליהנות מן הדמים). **ודע** עוד דאף לדעה זו, אם עבר וקנה מן הדמים איזה דבר, מותר ליהנות מאותו הדבר, דהוי חליפי חליפין ושרי, [**ואפי'** אם קנה בהמעות כלי, דהוי דבר מסויים, ג"כ שרי].

עוד כתבו האחרונים, דאפילו לפי דעת המחמירים בחמץ, לאסור בחליפיו לדידיה גופיה, מ"מ היינו דוקא שלקח חליפי חמץ בשעה שנתן החמץ, **אבל** אם לקח את חליפי החמץ לאחר זמן, ‹אף דאסור, וכדלעיל בבה"ל›, לכו"ע מותר אף לדידיה, דכיון שלקח הנכרי את החמץ לרשותו, נקנה לו החמץ מיד ע"י לקיחתו, ומה שניתן לו אח"כ דמיו או חליפיו, הרי הם כמתנה בעלמא, ואינם שייכים כלל לחמץ, ולא מיקרי חליפיו.

והחמץ עצמו לעולם עומד באיסורו בכל מקום שהוא, ואסור לכל אדם ליקח אותו מהעכו"ם, אפילו חזר העכו"ם והחליפו באחר, ואפילו מכר הישראל להעכו"ם אחר הפסח, דכיון דחכמים הטילו איסור עליו, הרי הוא כחתיכה דאיסורא.

כתב ח"י, דגן שנתחמץ ועבר עליו הפסח, ונזרע, גדוליו מותרין, דגדולין הוי כחליפין, **ובספר** מקור חיים חולק עליו, ודעתו, דגדולין גרע מחליפין, ולכו"ע אסור.

אות ב'**[ו]

ולא יסיק בו תנור וכירים

סימן תמה ס"ב - [ז]אבל אם שרפו משעה ששית ולמעלה, הואיל והוא אסור בהנאה, הרי זה לא יסיק בו תנור וכיריים ולא יבשל.

אות [ג']

וחכמים אומרים אף מפרר וזורה לרוח או מטיל לים

סימן תמה ס"א - [ח]כיצד ביעור חמץ, שורפו - עד שנעשה פחמים, **או פוררו** - לפירורים דקים, **וזורה לרוח** - שלא ימצאנו מי שהוא ויהנה ממנו, **או זורקו לים** - וה"ה לנהר, [גמרא] ‹דף כ"ח›.

והטעם בכל זה, משום דכתיב: תשביתו שאור מבתיכם, בכל דבר שאתה יכול להשביתו, [גמרא] ‹דף כ"ז›.

‹המשך ההלכות בעמוד הבא›

באר הגולה

[א] ‹ר"ל מאה חביות של חולין כמו זו של תרומה – דרך אמונה› [ב] **שם במשנה** [ג] **כך פי' הרא"ש** ‹וז"ל: הא דקתני במתני' מאכיל לבהמה ולחיה, קא עביד צריכותא בגמ', דאי תנא בהמה דאי משיירא מצנע ליה אימא לא, קמשמע לן דאפ"ה שרי. **וקשה** כיון דמצנע ליה היאך יכול להאכילה, הא אמר לעיל (דף ט ב) ומה שמשייר יניחנו בצינעה שלא תבא חולדה ותטול בפניו ויהא צריך בדיקה אחריו, וכ"ש שלא יתן לה לאכול והיא תצניעהו. **והפי'** הנכון נ"ל, ומאכיל לבהמה ולחיה ולעוף, והוא עומד עליהם עד שיאכלום, ולא יעלים עיניו מהם עד שיאכלום ויבער המשוייר, ומתני' היתר הנאה אתא לאשמועינן, ולעולם צריך ליזהר שלא יצניעו, וה"פ דאי תנא בהמה דאי משיירא קחזי לה, דאף אם מחמת טירדא יעלים עיניו מהם, יחזור ויבער המשוייר דהא קא חזי ליה› [ד] ‹ע"פ הפר"ח› [ה] **טור בשם ר"ת במעשה דשפחה גויה אחת ותוס' בחולין דף ד'** [ו] ‹ע"פ הבאר הגולה› [ז] **ל' הרמב"ם בפרק ג' ממשנה וממסקנת הגמרא כ"ו ולחומרא** [ח] **משנה פסחים כ"א וכחכמים**

*אין הכרעת שלישית מכרעת אמר ר' יוסי בר' חנינא *מחלוקת שנפלה לפחות ממאה סאה חולין טמאין אבל נפלה למאה חולין טמאין דברי הכל תרד ותטמא ואל יטמאנה ביד תניא נמי הכי חבית שנשברה בגת העליונה ותחתיה מאה חולין טמאין מודה רבי אליעזר לרבי יהושע שאם יכול להציל ממנה רביעית בטהרה יציל ואם לאו תרד ותטמא ואל יטמאנה ביד האי מודה רבי אליעזר לרבי יהושע מודה רבי יהושע לר' אליעזר מיבעי ליה אמר רבא איפוך רב הונא בריה דרב יהושע אמר לעולם לא תיפוך הכא במאי עסקינן בכלי שתוכו טהור וגבו טמא מהו דתימא ניגזור דילמא נגע גבו בתרומה קמ"ל:

הדרן עלך אור לארבעה עשר

כל שעה *שמותר לאכול מאכיל לבהמה לחיה ולעופות ומוכר לנכרי ומותר בהנאתו עבר זמנו אסור בהנאתו ולא יסיק בו תנור וכירים *ר' יהודה אומר אין ביעור חמץ אלא שריפה [ג] וחכמים אומרים *אף מפרר וזורה לרוח או מטיל לים: **גמ'** כל שעה שמותר לאכול מאכיל הא כל שעה שאינו מותר לאכול אינו מאכיל לימא מתני' דלא כר' יהודה דאי ר' יהודה הא איכא חמש דאינו אוכל ומאכיל *דתנן ר' מאיר אומר אוכלין כל חמש ושורפין בתחלת שש ורבי יהודה אומר אוכלין כל ארבע ותולין כל חמש ושורפין בתחלת שש ואלא מאי ר' מאיר היא האי כל שעה *שמותר לאכול מאכיל כל שעה שאוכל מאכיל מיבעי ליה אמר רבה בר עולא מתניתין רבן גמליאל היא *דתנן רבן גמליאל אומר חולין נאכלין כל ארבע תרומה כל חמש ושורפין בתחלת שש והכי קאמר כל שעה שמותר לאכול כהן בתרומה ישראל מאכיל חולין לבהמה לחיה ולעופות למה לי למיתנא בהמה למה לי למיתנא חיה צריכא דאי תנא בהמה דאי משיירא חזי לה אבל חיה דאי משיירא קמצנעא לה אימא לא ואי תנא חיה משום דאי משיירא מיהת מצנעא אבל בהמה זימנין דמשיירא ולא מסיק אדעתיה וקאי עליה בבל יראה ובבל ימצא אימא לא צריכא עופות ל"ל אידי דתנא בהמה וחיה תנא נמי עופות: ומוכרו לנכרי: פשיטא לאפוקי מהאי תנא *דתניא ב"ש אומרים לא ימכור אדם חמצו לנכרי אא"כ יודע בו שיכלה קודם פסח וב"ה אומרים *כל שעה שמותר לאכול מותר למכור

רבי

רש"י

אין הכרעה שלישית מכרעת. דעת שלישית היא זו שבית שמאי ובית הלל לא הזכירו לגלות דעתם דניהוי חיישינן לתקלה כלל דלאי הוו אמרו הכי ב"ש אומרים בין בבית בין בשדה תשפך (א) וב"ה אומרים בין בבית בין בשדה תיעשה זילוף ואתה בא להכריע ולומר בבית כב"ה בשדה כבית שמאי הויא הכרעה אבל השתא דלא הזכירו בית ושדה לא טעמא אחריכא הוא ולאו משום תקלה ור' ישמעאל חייש לתקלה והיינו תנאי: **מחלוקת.** ר' אליעזר ור' יהושע שנפלה לפחות ממאה חולין טמאים שיש בגת התחתונה פחות ממאה חולין טמאים דלאין תרומה בטילה בהן ופסדי לגמרי דתרומה צריך אחד ומאה לבטלה אבל היו בתחתונה מאה חולין מאה חביות כמו זו של תרומה דברי הכל לא יטמאנה ביד הואיל ולא פסדי חולין דתרומה עולה בהן וחזו בימי טומאה כדמעיקרא לזר: **מודה ר' אליעזר כו'.** קס"ד אמסקנא קאי אאם לאו דהא פלוגתייהו באם לאו הוא ולהכי פריך מודה ר' יהושע מיבעי ליה דהא לעיל יטמאנה ביד לר' אליעזר דאמר לא יטמאנה ביד מיבעי ליה למיתני: **בכלי שתוכו טהור וגבו טמא.** והאי מודה לאו אסיפא קאי אלא ארישא דקתני אם יכול להציל רביעית בטהרה יציל ואפי' בכלי זה שהוא בא להציל בו רביעית זו בתוכו טהור וגבו טמא ואשמעינן ליה לר' אליעזר דאמר אל יטמאנה ביד מודה הוא דמותר להציל בזה ולא חיישינן דילמא נגע גבו בתרומה וטמא לה בידים ובכלי שנטמא במשקין דטומאתן דרבנן היא דמשכחת לה כדתניא כלי שנטמאו אחוריו במשקין אחוריו טמאין תוכו או אוגנו או אזנו או ידיו טהורין:

הדרן עלך אור לארבעה עשר

כל שעה שמותר לאכול מאכיל. לדוקייא איצטריך דמידוק הא משעה שאינו מותר לאכול אינו מותר להאכיל: **ולא יסיק בו תנור וכירים.** בגמרא פריך פשיטא הא נמי הנאה היא: **גמ' כל שעה שאוכל מאכיל מבעי ליה.** אבל השתא דנקט לה בתרי לישני משמע דאתרי גברי קאי והא ליכא למימר דהכי קאמר כל שעה שמותר לאכול מן התורה מאכיל אפילו מדרבנן ותיוקם אליבא דר' יהודה דהא ליכא שום שעה דמותר לאכול מן התורה ואסור להאכיל לדברי הכל: **אלא הכי קאמר כל שעה.** שיש היתר לשום אדם לאכול מאכיל אף האסור לאכול לבהמתו כו': **בהמה אי משיירא חזי ליה.** שאין דרכה להצניע אבל חיה כגון חולדה וכמיה וחתול דרכן להצניע: **ואי תנא חיה.** הוה אמינא היא עדיפא משום דאי משיירא מצנעא לה *ולא עבר עליה בבל יראה: **ולאו אדעתיה.** לבטלו: **קודם.** שיבות הפסח דקסברי מצוה עליו לבערו מן העולם ולא שיהא קיים:

ר'

תוספות

אין הכרעה שלישית מכרעת. פ"ה הואיל ולא הזכירו בית ושדה א"כ טעמא אחריכא הוא ולא משום תקלה ולר"י נראה דאע"ג דטעמא דבית שמאי משום תקלה לא חשיב הכרעה לפי שלא גילו הראשונים דעתן לחלק בין בית לשדה שלא הזכירו בדבריהם אחד בית ואחד שדה וכן פ"ה לעיל *גבי ר"ג [דף יג.] לאו מכריע הוא והיא דקולי מטלטלות בין מן המוכן ובין שלא מן המוכן טמא דברי ר"א ר' יהושע אומר בין מן המוכן ובין שלא מן המוכן טהור ר"ע אומר מן המוכן טמא שלא מן המוכן טהור וחשיב ליה בפ' כירה (שבת לט: ושם) הכרעה שהרי גילו ר' אליעזר ור' יהושע דשייך לחלק בין מן המוכן ובין שלא מן המוכן והיא דפ' כיצד מברכין (ברכות מג:) דקאמר ב"ש מברכים על השמן וקאמר ר"ג אני אכריע שמן זכינו לריחו וזכינו לסיכתו הדס לריחו זכינו לסיכתו לא זכינו וקאמר רבי יוחנן הלכה כדברי המכריע לאו משום דמכריע גמור הוא אלא מפרש ונותן טעם לדבריו ותדע דאי מכריע הוא למה הוצרך לפסוק הלכה כמותו הא כבר א"ר יוחנן בפרק כירה הלכה כדברי המכריע וק"ק לפי' זה דהכא מאי איריא הכרעה שלישית שאין הכרעה תיפוק ליה דהכרעת תלמיד לאו הכרעה היא כדאמר בפ' כירה (שבת לט:) ארבי עקיבא ור"ח פי' הכרעת שלישית דור שלישי דהיינו הכרעת תלמיד כדאמר בפ' כירה*:

הדרן עלך אור לארבעה עשר

כל שעה. עבר זמנו אסור בהנאה. ואסור למכור ואם מכר דמיו מותרין דאין תופס את דמיו כדתנן בפ"ב דקדושין (דף נו:) מכרן וקידש בדמיהן מקודשת: **לימא** מתניתין דלא כר' יהודה. *אף לפי המסקנא לא אתיא כר' יהודה אלא הכי קאמר לימא מתני' דלא כר' יהודה אלא כר' מאיר ומסיק דכר' מאיר נמי לא אתי: **ואי** אשמעינן חיה משום דמצנעא לה. ואין עובר משום בל יטמין דבל יטמין נפקא לן מלא ימצא ואין זה מצוי כיון שאין ידוע היכן הוא וכן משמע בפ"ק (דף ו:) דפריך וכי משכחת לה ליבטלה משמע דכל כמה דלא משכחת לא עבר בבל יראה הק' רשב"א היכי שרי להאכיל לחיה שדרכה להטמין הא תנן בפ"ק (דף ט:) מה שמשייר יניחנו בצינעא כדי שלא תטול חולדה בפניו ויהא צריך בדיקה אחריו וכ"ש שאסור ליתן בפניהם ויש לחלק בין חיה לחולדה המגדלים בבתים דהיא לא מצנעא כולי האי כמו חולדה הטומנת בחורים ובסדקין: **וקאי** עליה בבל יראה. פי' אם לא ביטלו והוא הדין דהוה מצי למימר דילמא אתי למיכל מיניה:

רבי

עין משפט נר מצוה

קלה א מיי' פי"ב מהל' תרומות הלכה כ:

א ב מיי' פ"א מהלכות חמץ הלכה י סמג לאוין עו טוש"ע או"ח סי' תמג סעיף א:

ב [ג] מיי' פ"ג שם הלכה יא טוש"ע או"ח סי' תמה סעיף א:

ג ג מיי' שם פ"ג הלכה יא טוש"ע או"ח סי' תמ"ג ס"א וסי' תמה סעיף ג:

רבינו חננאל

לאכרועי על ב"ה והוו שאמר אין הכרעת שלישי מכרעת ושמועה זו בהגזול זוטא ופרקי' בפ' ראשית הגז ותנא ר' ישמעאל בר' יוסי משום אביו ארבע שנאמר וארבע צאן תחת השה תניא אמר רבי אלמלא דבריהם דברי תורה ודברי ברבי קבלה אנו דברי ברבי שומעין וכל שכן שדבריהם דברי קבלה ודברי ברבי דברי תורה והאמר מר אין הכרעת שלישית מכרע' אמר ר' יוחנן מפי שמועה אמרוה מפי חגי זכריה ומלאכי ור' האי ז"ל היה אומר בקבלה כי אינה הכרעה אלא בזמן ששנים חלוקים ואחד מכריע כאחד מהן שמצאו שנים ואחד מכריע והלכה כרבים אבל בזמן שאומר חצי דברי זה וחצי דברי זה אין זה מכריע מעם שלישי הוא ולפיכך כשאמר ר' ישמעאל בבית תעשה זילוף כב"ה בשדה תשתפך הכל כב"ש אמרו לו הכרעה שלישית היא זו ואין הכרעת שלישי' מכרע': ועוד אמר ר' יוסי בר חנינא מחלוקת שנפלה לפחות ממאת חולין דקא פסדי חולין לגמרי אבל נפלה למאה חולין דלא פסדי להו לחולין דהא תרומה לדברי הכל עולה לאחד ומאה דברי הכל תרד ותטמא ואל יטמאנה ביד והניא הכי דתניא חבית שנשברה בגת העליונה ותחתיה מאה חולין טמאין מודה ר' אליעזר לר' יהושע שאם יכול להציל רביעית בטהרה יציל ואם לאו תרד ותטמא ואל יטמא בידים ומקשינן הא ר' יהושע הוא דתני אף יטמא ביד והוא היה צריך עכשיו להודות לר' אליעזר שלא יטמא ביד והיכי קתני דר' אליעזר הוא שמודה לר' יהושע ואמר רב פפא אפיך ואימר מודה ר' יהושע לר' אליעזר. רב הונא בריה דרב יהושע אמר לעולם לא תפיך והכא בבא להציל רביעית בטהרה בכלי שגבו טמא ותוכו טהור מהו דתימא גזור ר' אליעזר להציל בכלי שגבו טמא כי התיא דתנן כלי שנטמא אחוריו במשקה תוכו ואוגנו ואזנו וידיו טהורין מהו דתימא גזור ר' אליעזר דלמא אתי למנגע בהו בתרומה ויטמא קמ"ל מודה ר' אליעזר שמציל רביעית בטהרה בכלי שתוכו טהור וגבו טמא ולא חייש ר' אליעזר דלמא נגע גבו שהוא טמא ונמצא כאלו מטמא התרומה בידים: הדרן עלך אור לארבעה עשר: כל שעה שמותר לאכול מאכיל לבהמה ולחיה וכו' מתני' דלא כר' יהודה דאי ר' יהודה התנן ר' יהודה אומר אוכלין כל ארבע ותולין כל חמש ושורפין בתחלת שש והא איכא שעה חמישית שהוא אינו אוכל ומאכיל לבהמה ומותר בהנאתו אלא מאי ר' מאיר היא דקתני אוכלין כל חמש אי הכי כל שעה שאוכלין מאכיל מבעי ליה למתנא ולא עמדה לא זו ולא זו ואוקמינן לר"ג דתאני בפ"ק ר"ג אומר חולין נאכלין כל ארבע ותרומה כל חמש ושורפין בתחלת שש והכי קתני כל שעה שכהן מותר לאכול תרומה מאכיל ישראל חולין לבהמה ולחיה כו': ומוכרו לנכרי פשיטא. כלומר מאחר דקתני ומותר בהנאתו מוכרו לנכרי למאי אתא ואוקימנא לאפוקי מהני תנאי דתניא בסוף פ' יציאות השבת ב"ש אומר לא ימכור אדם חמצו לנכרי אלא אם כן יודע שכלה קודם הפסח ב"ה אומר כל שעה שמותר לאכול מותר למכור ר' יהודה בן

מסורת הש"ס

שבת לט. נזיר נג. חולין קלז. [ב"ק קטו.]

לעיל יג.

תמורה לג. [לעיל יג: לקמן כז:] [ברכ' אלפס וכהרא"ש ליתא מלת אף ועיין מג"א ריש סימן תמה]

לעיל ד: יא:

[לעיל יג.]

שבת יח:

הגהות הב"ח

(א) רש"י ד"ה אין הכרעה וכו' בין בשדה תשפך הכל וב"ה:

גליון הש"ס

בתוס' ד"ה לימא. אף לפי המסקנא. עיין נזיר דף ב' ע"ב תוס' ד"ה לימא.

פ"א נסי' דעבר בבל ימצא בבל יראה ולא עבר

עין משפט נר מצוה

ג א מיי' פ"ג שם הלכה יא סמג שם טוש"ע א"ח סי' תמב ס"כ ובסי' תמג סעיף ט :
ד ב מיי' שם פ"א שם הל' ט סמג שם טוש"ע א"ח סי' תמג סעיף א :
ה ג מיי' שם הלכה ב :
ו ד מיי' פ"ח מהלכות מאכלות אסורות הל' טו סמג לאוין קלג :
ז ה מיי' פ"י מהל' ע"ז הלכה ד :

ר' יהודה בן בתירא אומר כותח וכל מיני כותח אסור למכור שלשים יום קודם לפסח : ומותר בהנאה : פשיטא לא צריכא שחרכו קודם זמנו וקמ"ל כדרבא (א) דאמר רבא *חרכו קודם זמנו מותר בהנאה אפילו לאחר זמנו : עבר זמנו אסור בהנאתו : פשיטא (ב) לא צריכא לשעות דרבנן *דאמר רב גידל אמר רב חייא בר יוסף א"ר יוחנן המקדש משש שעות ולמעלה אפילו בחיטי קורדניתא אין חוששין לקדושין : ולא יסיק בו תנור וכירים : פשיטא לא צריכא (ג) לר' יהודה דאמר אין ביעור חמץ אלא שריפה סלקא דעתך אמינא הואיל ואמר ר' יהודה מצותו בשריפה בהדי דקא שריף ליה °ליתהני מיניה קמ"ל : אמר חזקיה מנין לחמץ בפסח שאסור בהנאה שנאמר °לא יאכל חמץ לא יהא בו היתר אכילה (שמות יג) טעמא דכתב רחמנא לא יאכל חמץ הא לא כתב לא יאכל הוה אמינא איסור אכילה משמע איסור הנאה לא משמע ופליגא דר' אבהו *דא"ר אבהו כל מקום שנאמר לא יאכל לא תאכל לא תאכלו אחד איסור אכילה ואחד איסור הנאה (*משמע) עד שיפרט לך הכתוב כדרך שפרט לך בנבילה *דתניא °לא תאכלו כל נבלה לגר אשר בשעריך תתננה ואכלה או מכור לנכרי וגו' (דברים יד) אין לי אלא לגר בנתינה ולנכרי במכירה לגר במכירה מנין ת"ל לגר אשר בשעריך תתננה או מכור לנכרי בנתינה מנין תלמוד לומר תתננה ואכלה או מכור לנכרי נמצאת אומר אחד גר ואחד נכרי בין במכירה בין בנתינה דברי ר' מאיר *ר' יהודה אומר דברים ככתבן לגר בנתינה ולנכרי במכירה מאי טעמא דרבי יהודה אי סלקא דעתך כדאמר ר' מאיר ליכתוב רחמנא לגר אשר בשעריך תתננה ואכלה ומכור או למה לי שמע מינה לדברים ככתבן ור' מאיר או להקדים נתינה דגר למכירה דנכרי ורבי יהודה הא לא *צריך קרא כיון דגר אתה מצווה להחיותו ונכרי אי אתה מצווה להחיותו לא צריך קרא סברא הוא בשלמא לר' מאיר דאמר אחד גר ואחד נכרי בין במכירה בין בנתינה מדאיצטריך קרא למישרא נבילה בהנאה הא כל איסורין שבתורה אסורין בין באכילה בין בהנאה אלא לרבי יהודה דאמר לדברים ככתבן הוא דאתא הא כל איסורים שבתורה מנא ליה דאסורין בהנאה נפקא ליה °מלכלב תשליכון אותו (שמות כב) אותו

תורה אור

רש"י

ר' יהודה אומר כותח. נותנין בו פירורי לחם ואסור משום חמץ : שלשים יום . דס"ל כב"ש וזה אינו נאכל מהר שאין אוכלין אותו אלא מטבילין בו והני שלשים יום משעה שחל עליו חובת ביעור משמואלין בהלכות הפסח : ומותר בהנאתו . קס"ד אשעה שמותר לאכול קאי : פשיטא . דהא אמרת מאכיל ומוכר היינו הנאה : לא צריכא כו' . והאי מותר אלאחר זמן קאי וכגון שחרכו באור יפה קודם זמנו שבטל טעמו ומראיתו: עבר(ג) זמנו אסור בהנאה לשעות דרבנן ה"ג ולא גרסי' פשיטא דהא אפי' בפסח איצטריך לאשמעי' דהא איכא רבי יוסי הגלילי דשרי בהנאה כל שבעה לקמן : לשעות דרבנן . כלומר האי זמנו זמן אכילתו משמע ואפילו שעה ששית שאין איסורו אלא מדרבנן הוי אסור אף בהנאה : משש שעות . על כרחך מתחלת שש משמע דאי לאחר שש דאסור מדאורייתא מאי אתא לאשמעינן פשיטא דאין מקדשין באיסורי הנאה : חיטי קורדניתא . קשות הן ואפ"ה אם באו לחשש חמץ כגון שנפלו עליהן מים אסור : פשיטא . דהא אמרת אסור בהנאתו : לא יאכל . מדקרינא לא *יאכל משמע לא יהא בו היתר המביא לידי שום אכילה וסתם הנאות לידי אכילה הם באות שלוקח בדמים דבר מאכל : עד שיפרוט לך הכתוב כו . היתר הנאה כדרך שפרט לך בנבלה שלא היה כתוב בה אלא לא תאכלו והוצרך להתירה בהנאה כדכתיב או מכור לנכרי לגר בנתינה לנכרי במכירה לא גרסינן אלא ה"ג כדרך שפרט לך בנבלה דתניא וכו' : ת"ל לגר תתננה ואכלה או מכור . דרוש ליה אגר וכן גבי לנכרי נמי דרוש תתננה ואכלה או מכור לנכרי : דברים ככתבן . כך מצותה לא יתננה לנכרי ולא ימכרנה לגר : או . לשון חילוק ולאו כר' מאיר קאמר קרא דתרוייהו לגר ותרוייהו לנכרי לא נכתוב או : להקדים נתינה דגר למכירה דנכרי . אם יש גר ליתנה לו נתינתו קודמת למכירתה לנכרי והאי גר בגר תושב קאמר שקיבל עליו שלא לעבוד עכו"ם ואוכל נבלות : גר אתה מצווה להחיותו . דכתיב (ויקרא כה) גר ותושב וחי עמך : סברא היא . מסברא אנו יודעין שנתינה לגר קודמת לחיות הגר מצוה אבל מכירה לנכרי מאי מצוה איכא ולאיצטריך קרא לחלק ולאסור ליתן במתנה לנכרי ולמכור נבלה לגר: בשלמא.לר' אבהו אליבא דר"מ מאי למילף מדאיצטריך קרא למישרי נבלה הא כל איסורין שבתורה דכתיב בהו לא תאכל כי הכא לאו הדר פריט בהו היתרא אסורין הן באכילה ובהנאה : אלא.

תוספות

רבי יהודה אומר כותח וכל מיני כותח . אור"י בשם ר"ת דר"י אתי כב"ה ואסר בכותח משום דשם בעליו עליו ויודעים שהוא כותח של פלוני ויסברו שמכרו בפסח ע"י נכרי אי נמי יסברו שבפסח מכרו ישראל לנכרי ולכן אוסר ר' יהודה למכור כותח לנכרי וא"ש אף לר"ת דמפרש בריש אלו עוברים (לקמן מב.) דמותר להשהות כותח בפסח :

חרכו קודם זמנו מותר בהנאה אף לאחר זמנו . וכגון שנפסל מלאכול לכלב דבענין אחר לא הוי שרי דומיא דפת שעיפשה בפ"ק (דף טו:) : עבר זמנו אסור בהנאה פשיטא . רש"י ל"ג פשיטא דהא רבי יוסי הגלילי פליג ושרי חמץ בהנאה כל שבעה ואין לפרש פשיטא דאסור בהנאה מדיוקא דרישא °דדרך התנא בכמה מקומות לכפול את דבריו ועוד דלא משני שפיר ונראה דפריך פשיטא משום דתנא בפ"ק (דף יא:) דשורפין חמץ אלמא אסור בהנאה דלר' יוסי הגלילי א"צ לשורפו אלא ירילנו לפני כלבו או ימכרנו לנכרי :

בהדי דקשריף ליה ליתהני מיניה . משום דלר' יהודה דאמר חמץ בשריפה אפרו מותר דתניא בפ' בתרא דתמורה (ד' לד.*) כל הנשרפין אפרן מותר וקס"ד בהדי דקשריף ליה ליתהני מיניה אבל לרבנן דאין מצותו בשריפה והוי מן הנקברים דאמרינן בפרק בתרא דתמורה אפרן אסור ופשיטא לדידהו דבהדי דקשריף ליה אסור ליהנות ממנו :

כל מקום שנאמר לא יאכל . וא"ת יהא נהנה מחמץ בפסח בכרת דהא כתיב כי כל אוכל חמץ ונכרתה וכי תימא אין הכי נמי א"כ לקמן (דף כג:) דבעי מאי איכא בין חזקיה לר' אבהו לימא דאיכא בינייהו הא ואור"י דלא יאכל ולא תאכל ילפינן מלא תאכלו אבל כי כל אוכל לא ילפינן מלא תאכלו :

ליכתוב רחמנא תתננה ואכלה ומכור . משמע דאי הוי כתב הכי לא הוה דרשינן אלא כר"מ וכן באיזהו נשך (ב"מ סא.) גבי נשך ותרבית והא דאמרי' בקדושין (ד' לג:) ורבנן אי ס"ד כרבי יוסי הגלילי ליכתוב רחמנא מפני שיבה תקום והדרת תקום והדרת פני זקן היינו משום דלשון והדרת לא שייך אמפני ולשון פני לא שייך אתקום והנך קראי דאין להן הכרעה שאת ארור מחר משוקדים וקם (יומא ד' נב.) אין ענינם לכאן דהתם מלי קאי אדלעיל או אלאחת אבל הכא תרוייהו לא מלי קיימי אגר לחודיה או אנכרי לחודיה ובפ"ב דזבחים (ד' כד.) פליגי תנאי גבי ולקח הכהן מדם החטאת באצבעו ונתן איכא דמוקי אצבעו אלקיחה ולא אנתינה משום דפשטיה דקרא קאי אלקיחה דלפניו ואיכא דמוקי לה אנתינה דלאחריו ולא אלקיחה משום דמשכחת בדוכתא אחרינא ולקחת מדם הפר ונתת על קרנות המזבח באצבעך דקאי אצבע אנתינה ואיכא דמוקי לה אתרוייהו משום דמשמע ליה אלקיחה כפשטא דקרא ואנתינה נמי דמלוכסת בקרא אחרינא(*) :

בשלמא לרבי מאיר . תימה לר"מ נמי יקשה דהא איצטריך לאקדומי נתינה דגר ותי' ר"י דודאי אי לא הוה כתב קרא כל עיקר הוה ידעינן מסברא לאקדומי אבל השתא דכתב נתינה ואכלה ומכור או לא הוה כתב או ה"א דאתא למידרש שאין צריך להקדים וצריך ליכתוב נמי או דאי לא הוה כתב אלא גר הוה אמינא דאתא למעוטי נתינה דנכרי ולא הוה כתוב נכרי לחודיה הוה אמינא דאתא למעוטי מכירה דגר.

לר' אבהו אליבא דרבי יהודה מנא ליה דילמא האי פרט דנבלה לאו למשרייה בהנאה אתא דלא איצטריך אלא להתיר ולומר דלנכרי במכירה ולגר בנתינה דאי לא כתביה הוה אמינא כל הנאות מותרות בה : נפקא ליה . לרבי אבהו ואליבא דרבי יהודה מלכתב בטרפה לא תאכלו ומיעט בה לכלב תשליכון אותו אותו :

*) [וע"ע תוס' יומא מג: ד"ה ... וב"מ סא. ע"ז כ. חולין קיד:]

רבינו חננאל

בן בתירא אומר כותח וכל מיני כותח אסור למכור שלשים יום קודם לפסח : והלכתא כסתמא דמתני' ואם חרכו לפני זמנו מותר בהנאתו אפי' לאחר זמנו : עבר זמנו אסור בהנאתו אוקימנא בזמן איסורו משש שעות ולמעלה. תנן מתנא כרב המקדש משש שעות ולמעלה [בחיטין שנתן בהן מים] אפילו בחיטי קרדניתא שהן חזקות ולא מחמצי היא אין חוששין לקדושין : אמר חזקיה מנין לחמץ שאסור בהנאה שנאמר לא יאכל חמץ לא יהא בו היתר אכילה ומתוך דבריו שמענו דכל איסורא דלא כתיב בהו לא יאכל מותרים בהנאה ופליגא דר' אבהו דאמר כל היכא דכתיב לא יאכל לא תאכל לא תאכלו אסור בין באכילה בין בהנאה עד שיפרוט לך הכתוב כדרך שפרט בנבלה לגר אשר בשעריך תתננה ואכלה וחלקו במקרא הזה ר' מאיר אומר אחד גר ואחד נכרי בין במכירה בין בנתינה ור' יהודה אומר דברים ככתבן כלומר כדכתיב קרא לגר בנתינה ולנכרי במכירה ואמרינן לר' מאיר דאמר הגר והנכרי דינם אחד הוא תורה ... אמרי' מדאצטריך קרא למישרא נבלה בהנאה מכלל דשאר איסורין שבתורה אסורין בהנאה אלא לר' יהודה דאמר דברים ככתבן כלומר לא איצטריך קרא [אלא] למיסר מתנה דנכרי ומכירה [דגר] ולנפירה הדא דאתי שאר אסורין שבתורה מנא ליה דאסירי בהנאה ואמרינן מהאי קרא נפקא ליה ובשר בשדה טרפה לא תאכלו לכלב תשליכון אותו ודייקינן אותו אתה משליך לכלב פי' זה מותר לך בהנאה שהרי אתה

מסורת הש"ס

לעיל ו.
ע"ז כ.
שם[לקמן כג:]
[ולקמן כז:]
קדושין נו:[ע"ש]כ"ק מא. [ע"ש] חולין קיד: [ע"ש]
[*צ"ל במשמע וכן איתא בכ"ק מא.]
[ועי' תוס' שבועות כב: ד"ה איכא איתא]

הגהות הב"ח

(א) גמ' כדרבה דאמר רבה חרכו קודם זמנו : (ב) שם לא צריכא אלא לר' יהודה : (ג) רש"י ד"ה עבר זמנו וכו' דרבנן הס"ד ולא גרסינן כצ"ל :

גליון הש"ס

גמ' ליתהני מיניה קמ"ל . עי' לעיל דף ס' ע"א תד"ה ולאומר : תום' ד"ה עבר זמנו וכו' דדרך התנא . עי' עירובין ג' ע"ב תד"ה וליפרוש עליה . ועיין לקמן ל"ה ע"ב ול"ט :

ואם היה החמץ [ט]**קשה ואין הים מחתכו במהרה** - כגון פת יבש קשה, או חטים יבשים שנתחמצו, [גמ'] ‹כ"ח.›. **הרי זה מפררו ואחר כך זורקו לים** - בפת פוררו לפירורים, בחטים ג"כ מחתכם דק דק או טוחנם, כדי שיהיו נוחים להמיס מהרה בתוך המים, **ויש** מקילין בחטים שאין צריך לחתכם, אלא מפזרן על פני המים שלא יוכל אדם ללקטן, ודיו, [כפי' רש"י] ‹שם›, **ובמקום** הדחק, כגון שיש לו חטים הרבה, וישתהה עד שיבוא לחתכם או לטוחנם, יש לסמוך על סברא זו.

ודע, דכמה פוסקים מחמירים אפילו בפת שאינו קשה, דבעי פירור כשמטילים לים ולנהר, **וע"כ** הסכימו האחרונים להחמיר, ולעשות פירור בכל מקום.

אכן אם משליכו לבה"כ, הרי הוא כמבוער מן העולם לגמרי, כיון ששום אדם לא יוכל ליהנות ממנו, ואין צריך לפררו קודם שמשליכו, אפילו הוא פת קשה וכיו"ב, **ובלבד** שלא ישליכנו שם לפני חזיר, שאסור להאכיל לבהמה אפילו היא של עכו"ם והפקר, **אבל** כשאינו משליכו שם לפני חזיר, אע"פ שסופו לבוא לשם, אין לחוש לזה.

מי שיש לו מים מכונסין ובהם דגים, לא ישליך לשם החמץ שצריך לבערו, אפילו מפררו קודם שמשליכו, שהרי נהנה במה שהדגים יאכלוהו.

הגה: והמנהג לשורפו - דחוששין לדעת הפוסקים שפסקו כר' יהודה, דאמר אין ביעור חמץ אלא שריפה, דילפינן מנותר שהוא בשריפה, **ומנהג** זה הוא אפילו אם שורפו בזמן הראוי, דהיינו בסוף שעה ה' כמנהגנו, [**אף** שלהרא"ש, גם להני פוסקים דביעור חמץ הוא בשריפה, מודו בשעה חמישית דהשבתתו לכתחילה בכל דבר, **מ"מ** נהגו ע"פ דעת הטור, שהשיג על הרא"ש בזה, והוכיח דכל הני פוסקים שפסקו דביעור חמץ הוא בשריפה, אפי' ל' יום קודם פסח נמי בשריפה], **או** בכל שעה ששית, [הוא רק דעת רש"י, ‹י"ב: ד"ה שלא בשעת ביעורו› וכמעט כל הפוסקים פליגי עליו], **וכ"ש** במצא חמץ לאחר שש או בפסח גופא, דבודאי יש לנהוג לכתחלה לבערו ע"י שריפה דוקא, [דבזה אדרבה, כמעט כל הפוסקים העומדים בשיטת ר' יהודה מחמירין, וכפירוש ר"ת על הא דאמרינן בש"ס י"ב, אימתי אמר ר' יהודה שלא בשעת ביעורו, דהיינו לאחר שש ואילך].

וטוב לשרפו ביום, דומיא דנותר שהיה נשרף ביום (ד"ע) - ומהר"ל כתב טעם אחר דנכון יותר לשרוף ביום, כדי שמתוך זה יזכור לבטל בטול שני שמבטלין ביום.

ושורפין בשעה חמישית, שהרי צריך לבטל אח"כ, ובשש לאו ברשותיה לבטלו.

אם יש לו הושענות, טוב לשרוף החמץ בהושענות, הואיל ואיתעביד בו מצוה חדא, ליתעביד בו גם מצות תשביתו.

אך אם רוצה לשורפו מיד אחר הבדיקה כדי שלא יגררנו חולדה, הרשות בידו (הג"מ וכל בו) - ואפ"ה מתקיים מצות "תשביתו" בזמנו, שמשלשים יום ואילך קודם הפסח חל עליו חובת ביעור.

אות ג'

<u>כל שעה שמותר לאכול, מותר למכור</u>

סימן תמג ס"א - [י]**ומיהו כל שעה חמישית מותר בהנאה, ורשאי למוכרו לא"י, [יא]אפילו הרבה ביחד שודאי לא יאכלנו קודם פסח** - אפי' דבר שנקרא שם בעליו עליו, כגון שמכר אוצר של יין שרף, לא גזרינן שיחשדוהו שמכר לו הישראל בפסח, כשיראו שהעכו"ם מחזיק בהן בפסח, כיון שמכר לו עכ"פ בשעה המותרת למכור, אחרונים דלא כב"ח. **וזהו** לדעת רש"י והרמב"ם, אבל לדעת התוס' דף כ"א: {ד"ה רבי יהודה} אסור למכור זה ל' יום קודם לפסח, ע"ש, מיהו שום פוסק לא הביא דעתם כלל, והב"ח חשש לזה, והח"י חולק עליו – ערוה"ש.

סימן תמה ס"ב - [יב]**ואם נתנו לאינו יהודי קודם שעה ששית, אינו צריך לבער** - ומ"מ נכון לינהג שלא להוציא כל חמצו הנשאר לו בנתינתו לעכו"ם, ולקיים מצות השבתה בשעה ששית בפירורים שמניח לשורפם, שהפירורים נשבתים ועומדים, ואפי' מניחם אינו עובר בבל יראה, אלא יניח מחמצו לכל הפחות כזית, כדי לקיים מצות "תשביתו" כתיקונה.

ואסור ליתן לעבדו ולשפחתו נכרים שמזונותן עליו, אם הוא הרבה שא"א שיאכלנו קודם זמן האיסור, כ"כ בח"י בשם הב"ח, **ובספר** חמד משה חולק עליהם, דלא איכפת לן מה שמזונותיו עליו, כיון שאינו פורע לו בזמן האיסור, אלא קודם הפסח פורע לו מה שמחויב לו, וכשיבוא הפסח אינו מחויב עוד במזונותיו, שהרי כבר פרעו קודם, **רק** שאסור לו לומר בפירוש, שיחזיק החמץ כל ימי הפסח, שא"כ רוצה בקיומו של חמץ, שאסור, אלא יתן לו בסתם, ויאמר לו: הילך חמץ זה בחובך, ושוב לא יהיה לך מזונות עלי כל ימי הפסח, **וכן** הסכים לדינא הגאון מהרש"ק בחידושיו, וכתב שעכ"פ יש לו ליזהר שלא יאכל העבד החמץ בביתו, שלא יחשדו אותו שפורע חובו בחמץ.

---

§ מסכת פסחים דף כא: §

אות א'

<u>חרכו קודם זמנו, מותר בהנאה אפילו לאחר זמנו</u>

סימן תמה ס"ב - **ואם שרפו קודם שעה ששית, הרי זה מותר ליהנות בפחמין שלו בתוך הפסח** - שהרי החמץ

באר הגולה

ט הרמב"ם וכרב יוסף ‹דף כ"ח.› | י משנה דף כ"א ובגמרא שם | יא ברייתא שם וכב"ה | יב משנה שם כ"א ובגמרא שם

לא נאסר אז בהנאה, **וה"ה** שמותר בשעה ה' לבשל בו ושאר מיני הנאות, **אכן** המנהג לעשות לו מדורה בפני עצמו אפי' בשעה ה', כדי שלא יבואו להקל גם בשעה ששית, **ונוהגין** לשרוף אותו בחצר ולא בכירה.

סימן תמב ס"ט - או ששרפו באש (קודם זמנו) ונחרך עד שאינו ראוי לכלב - לאפוקי לאחר זמנו, לא נפקע איסורו עד דשריף ליה לגמרי, **מותר לקיימו בפסח** - וה"ה דמותר בהנאה.

[א]סימן תמב ס"י - [ב]דיו שהוא מבושל בשכר שעורים - ר"ל קודם זמן הביעור, **מותר לכתוב בו** - והטעם, דעפצים ושאר דברים המרים שנתערב בו, בודאי פגמוהו להשכר עד שאינו ראוי לשתיה אף לכלב.

ולא חיישינן שמא ישכח ויתן קולמוסו לתוך פיו כדרך הסופרים, וחמץ שנפסל מאכילת כלב הלא אסור באכילה, **דזה** דוקא כשאכלו בכונה, ומשום דהוא אחשביה, משא"כ בזה שהוא שלא בכונה, אין קפידא.

אבל אם בישל נכרי בפסח את הדיו, אסור לכתוב בו, כיון שלא נפסל השכר מאכילת כלב קודם זמנו.

אות ב'

לא צריכא לשעות דרבנן

סימן תמג ס"א - [ג]ומתחלת שעה ששית ולמעלה, אסרוהו גם בהנאה - גזירה אטו שעה שביעית דאסור מן התורה בהנאה, וע"כ אסור אז למוכרו לעכו"ם, ולא ליתן לו במתנה, ולא להאכילו לבהמה חיה ועוף.

(אכן בדיעבד אם מכר, מצדד הפמ"ג דמהני עכ"פ, דלאחר הפסח לא יהא נקרא חמץ שעבר עליו הפסח, ויש מאחרונים שמצדדין, דאפילו אחר שש נמי, בדיעבד אם מכר לא נקרא אח"כ חמץ שעבר עליו הפסח, מאחר דלכמה פוסקים לא עבר על בל יראה עד הלילה).

אם יש לקבור מת בע"פ בבוקר, אם יש שהות לקוברו וישאר זמן לאכילת חמץ, יקברו המת קודם אכילה, דהא אין נכון לבני החבורה לאכול קודם קבורת המת, **ואם** הזמן דחוק ואפשר שלא ישאר זמן לאכילה, מוטב לאכול מקודם, ולקיים אח"כ ביעור חמץ בזמנו, ואח"כ יתעסקו בצרכי קבורת המת, [**כדי** שלא לבא אח"כ לידי מכשול, לאכול חמץ בזמן האיסור, דבודאי לאו כו"ע ירצו להתענות כל היום, ולסמוך על אכילת פירות ומצה עשירה בצהרים, **וגם** אין זה בזיון למת, דיכולין אח"כ לעסוק בקבורתו במתינות כראוי, משא"כ קודם אכילה, יהיו בהולים ודחופים, **ואף** שמהרי"ל נתן עצה להוליך המת לביה"ק, ולחזור ולאכול, ולקברו אח"כ, אין המנהג לעשות כן בימינו].

הגה: ובשנת העיבור שהיום ארוך, אלו הארבע שעות לפי ענין היום, ומותר לאכול חמץ עד שליש היום (רמב"ם ומהרי"ל) - היינו דלעולם חשבינן היום לשתים עשרה שעות, וממילא בימים הארוכים משערים בשעות גדולות, ולפיכך בשנת העיבור מותר לאכול עד שליש היום, אע"פ שהיום ארוך יותר משתים עשרה שעות שלנו, כגון שמגיע לשליש היום חמש שעות, **ודע** דלפי"ז, ה"ה במדינות שהימים שלפני הפסח קצרים, מחלקין הי"ב שעות לשעות קטנות, ואינו רשאי לאכול רק עד שליש אותו היום.

וחושבין את היום מעלות השחר עד צאת הכוכבים, כ"כ הרבה אחרונים, **וי"א** דחושבין מהנץ החמה עד עת השקיעה, ועד שליש מזה השיעור יהיה מותר לאכול חמץ, והוא קולא בענינו, ודעת הגר"א כמותם, **ולכתחלה** טוב להחמיר כדעה א'.

וי"א עד ב' שעות קודם חצות (תה"ד) - היינו שעות בינוניות, שכל אחת א' מכ"ד במעת לעת, וע"כ אפילו אם היום ארוך, מותר לאכול יותר משליש היום, והיינו עד סוף שעה עשירית מחצות הלילה, וכן לענין מכירת החמץ, מותר לדעה זו עד סוף שעה אחת עשרה.

(**והטעם** כתוב בתה"ד, דסמכינן אשינויא קמא דגמ', דאין אדם טועה יותר משתי שעות, ואלו השעות מסתמא הם שעות בינוניות, **ולכאורה** לדעה זו יצוייר לפעמים גם חומרא, כגון במדינות שהימים שקודם פסח הם קצרים משלנו, לא יהיה מותר באכילה שתי שעות קודם חצות, ולדעה ראשונה דחשבינן שעות זמניות, בודאי מותר אפי' בתוך ב' שעות, כל זמן שהוא עדיין במשך שליש היום, **ולענ"ד** אפשר לומר, דבזה גם התה"ד מודה להקל, שלא להחמיר יותר מדעה ראשונה, דנהי דסמיך אתירוצא קמא דאין אדם טועה וכו', אבל הלא יש עוד אוקימתא, משום דשעה רביעית זמן סעודה לכל היא, ואין אדם טועה בה, והני אוקימתי לא פליגי אהדדי, כמש"כ בתה"ד, וא"כ אין לאוסרו באכילה בתוך שתי שעות משום דאתי לטעות עי"ז לאכול גם אחר חצות, דהלא עד שליש היום זמן סעודה לכל היא, דמסתמא במדינות שהיום קצר ג"כ זמן סעודה עד שליש היום, אף שנמשך בתוך השתי שעות שקודם חצי היום, וא"כ אין אדם טועה בה, **ולדינא** בלא"ה אין נ"מ, דבאופן כזה נוכל לסמוך אדעה ראשונה להקל, ובפרט שהיא העיקר להרבה פוסקים).

וכתבו הפוסקים שהעיקר כדעה הראשונה, ואין לאכול כי אם עד שליש היום, וכן לענין מכירת חמץ שזמנו שעה אחת יותר, חשבינן שעות זמניות, **ומ"מ** בדיעבד אם לא מכר עדיין, וההפסד מרובה, יש לסמוך אדעה אחרונה, ויש לו שהות למכרו עד שעה קודם חצות.

באר הגולה

א ‹ע"פ הב"י וז"ל: וכתוב בתרומת הדשן, דיו שהוא מבושל בשכר שעורים, שרי לכתוב בו, וכדאמר רבא, חרכו קודם זמנו מותר בהנאה לאחר זמנו, וכתב אשיר"י והוא שנפסל מלאכול לכלב, כגון פת שעיפשה, ונראה דדיו המבושל בסממנים, כגון טחינת עפצים וויטריאו"ל שהם מרים, ודאי נפסל משתיית הכלב קודם הפסח, והוי כחרכו קודם זמנו דמותר בהנאה לאחר זמנו› ב **תרומת הדשן** ג **שם בגמרא**

אות ב*[ד]

המקדש משש שעות ולמעלה, אפילו בחיטי קורדניתא, אין חוששין לקדושין

אה"ע סימן כח סכ"א - **המקדש באיסורי הנאה דרבנן לגמרי, שאין לו עיקר בדאורייתא, מקודשת. [ה]ואם בחמץ דאורייתא ושעות דרבנן, או בחמץ דרבנן ושעות דאורייתא, ספק מקודשת.**

אות ג'

מנין לחמץ בפסח שאסור בהנאה, שנאמר: לא יאכל חמץ, לא יהא בו היתר אכילה

רמב"ם פ"א מהל' חמץ ומצה ה"ב - **החמץ בפסח אסור בהנייה, [ו]שנאמר: לא יאכל חמץ, לא יהא בו היתר אכילה.**

אות ד'

כל מקום שנאמר לא יאכל לא תאכל לא תאכלו, אחד איסור אכילה ואחד איסור הנאה במשמע, עד שיפרט לך הכתוב כדרך שפרט לך בנבילה

רמב"ם פ"ח מהל' מאכלות אסורות הט"ו - **[ז]כל מקום שנאמר בתורה "לא תאכל" "לא תאכלו" "לא יאכלו" "לא יאכל", אחד איסור אכילה ואחד איסור הנאה במשמע, עד שיפרוט לך הכתוב כדרך שפרט לך בנבלה, שנאמר: לגר אשר בשעריך תתננה ואכלה; וכחלב שנאמר בו: יעשה לכל מלאכה; או עד שיתפרש בתורה שבעל פה שהוא מותר בהנאה, כגון שקצים ורמשים, ודם, ואבר מן החי, וגיד הנשה, שכל אלו מותרין בהנאה מפי הקבלה, אף על פי שהן אסורין באכילה.**

אות ה'

דברים ככתבן, לגר בנתינה ולנכרי במכירה

רמב"ם פ"י מהל' עבודה זרה ה"ד - **ואסור ליתן להם מתנת חנם, אבל נותן הוא לגר תושב, שנאמר: לגר אשר בשעריך תתננה ואכלה או מכור לנכרי, במכירה ולא בנתינה.**

[ח]רמב"ם פ"ג מהל' זכיה ומתנה הי"א - **אסור לישראל ליתן לעכו"ם מתנת חנם, אבל נותן הוא לגר תושב, שנאמר: לגר אשר בשעריך תתננה ואכלה או מכור לנכרי, במכירה ולא במתנה; [ט]אבל לגר תושב בין במכירה בין בנתינה, מפני שאתה מצווה להחיותו, שנאמר: גר ותושב וחי עמך.**

באר הגולה

[ד] ‹ע"פ מהדורת נהרדעא› [ה] ‹עיין בדף ז. ששם הבאנו הבית שמואל שמסביר דין זה באריכות› [ו] ‹ואע"ג דבפ' ח' מהל' מאכלות אסורות {לקמן אות ד'} פסק רבינו כר' אבהו, כתב כאן טעמו של חזקיה, מפני שקרא מיותר פשוט יותר, וכן הביאו הרב אלפסי ז"ל בהלכות בריש פרק כל שעה, וכתב הר"ן ז"ל זה הטעם, משום דטעמא של חזקיה הוא פשוט יותר, כלומר ור' אבהו לא חלק עליו, אלא שמוסיף עליו דאפילו לא תאכלו איסור הנאה וכו', לכך הביאו אותו ההלכות ורבינו – לחם משנה› [ז] ‹קשה על רבינו, דהוא פסק כאן כרבי אבהו, ובפרק י' מהל' ע"ז כתב: ואסור ליתן להם מתנת חנם וכו', או מכור לנכרי, במכירה ולא בנתינה, והיינו כר"י, וא"כ למה כתב כאן: כדרך שפרט לך הכתוב בנבלה וכו', משמע דמדהתיר קרא נבלה נפקא ליה, והיינו ודאי לר"מ, דלר"י לא נפקא ליה מנבלה אלא מ"אותו", וכיון שהוא פסק כר' יהודה, לא היה לו לכתוב טעמא דנבלה, דהיינו לר"מ – לחם משנה› [ח] ‹ע"פ מהדורת נהרדעא› [ט] ‹והקושיא מפורסמת, כיון דרבינו פסק כר"י, איך כתב לגר תושב בין במכירה, והא ר"י לגר בנתינה קאמר, ומשמע דהוי דוקא, דומיא דלגוי במכירה, **ולענ"ד** דרבינו מפרש דלגר בנתינה לאו דוקא, אלא אגב דבעי למימר לגוי במכירה, דהוי דוקא, **וקמ"ל** להתיר נתינה לגר, דהו"א לא ליתבו ליה כי היכי דליתגייר כדכתבו התוס' בע"ז, אבל מכירה פשיטא, ודו"ק – זרע יצחק. **ודלא** כרש"י ד"ה דברים ככתבן: כך מצותה, לא יתננה לנכרי, ולא ימכרנה לגר›

§ מסכת פסחים דף כב. §

אות [א']

ורבי מאיר, אותו אתה משליך לכלב, ואי אתה משליך לכלב חולין שנשחטו בעזרה

רמב"ם מהל' שחיטה פ"ב ה"ב - וזה שנשחט חוץ למקום הוא שמותר לאכלו בכל השערים, אבל השוחט חולין בעזרה, אותו הבשר טהור, ואסור בהנייה כבשר בחלב וכיוצא בו, וקוברים אותו ואפרו אסור, אפילו שחט לרפואה או לאכילת עכו"ם או להאכיל לכלבים; אבל הנוחר בעזרה, והמעקר, ועכו"ם ששחט, והשוחט ונמצא טרפה, והשוחט בהמה חיה ועוף הטמאים בעזרה, הרי אלו כולן מותרין בהנייה.

אות א'

שולח אדם ירך לנכרי וגיד הנשה בתוכו, מפני שמקומו ניכר

רמב"ם פ"ח מהל' מאכלות אסורות הי"ד - [א]גיד הנשה מותר בהנאה, לפיכך מותר לאדם לשלוח לעכו"ם ירך שגיד הנשה בתוכה ונותן לו הירך שלימה בפני ישראל, ואין חוששין שמא יאכל ממנה ישראל זה קודם שינטל הגיד, שהרי מקומו ניכר; לפיכך אם היתה הירך חתוכה, לא יתננה לעכו"ם בפני ישראל עד שיטול הגיד, שמא יאכל ממנה ישראל.

יו"ד סימן סה סי"א - שולח אדם לנכרי ירך וגיד הנשה בתוכה, בין שלימה בין חתוכה. ואם נותנה לו בפני ישראל ואומר לו שהיא כשרה, לא יתננה לו כשהיא חתוכה אלא אם כן ניטל גידה.

אות ב'

אין בגידין בנותן טעם

יו"ד סימן סה ס"ט - גופו של גיד אינו אלא כעץ שאין בו טעם, ואף על פי כן אסרתו תורה, לפיכך אינו אוסר תערובתו בפליטתו; והקנוקנות והשומן יש בהם טעם, לפיכך אוסרין תערובתן בפליטתן.

אות ג'

האוכל מגיד הנשה של בהמה טמאה... פוטר

רמב"ם פ"ד מהל' מאכלות אסורות הי"ח - האוכל מנבלה וטריפה, או מבהמה וחיה הטמאים: מן העור, ומן העצמות, ומן הגידים, ומן הקרנים ומן הטלפים ומן הצפרנים של עוף ממקומות שמבצבץ משם הדם כשיחתכו, ומן השליא שלהן, אף על פי שהוא אסור ה"ז פטור, מפני שאלו אינן ראויין לאכילה, ואין מצטרפין עם הבשר לכזית.

רמב"ם פ"ח מהל' מאכלות אסורות ה"ה - האוכל גיד הנשה מבהמה וחיה הטמאים, פטור, לפי שאינו נוהג בטמאה אלא בבהמה שכולה מותרת; ואינו כאוכל משאר גופה, שאין הגידים מכלל הבשר כמו שביארנו; ואם אכל מחלב שעל הגיד, הרי זה כאוכל מבשרה.

אות ד'

גיד הנשה מותר בהנאה

יו"ד סימן סה ס"י - [ב]גיד הנשה מותר בהנאה.

אות ה'

ויוצאין לנחל קדרון ונמכרין לגננין לזבל ומועלין בו

רמב"ם פ"ב מהל' מעילה הי"א - כל דמי שחיטת הקדשים אין מועלין בו, בין לפני כפרה בין לאחר כפרה, עד שיצא לנחל קדרון; יצא לנחל קדרון מועלין בו, מפני שהיה נמכר לגנות ודמיו הקדש; אבל המקיז דם לבהמת קדשים, הרי הוא אסור בהנייה ומועלין בו, הואיל ואינה יכולה לחיות בלא דם, הרי הוא כגופה.

השגת הראב"ד: יצא לנחל קדרון. א"א אותה מעילה אינה אלא מדרבנן, והכי איתא ביומא.

באר הגולה

[א] ‹כתב הרא"ש, חכמי לוניל השיבו על דבריו, ואומרים דאסור בהנאה, ופלוגתא דתנאי היא וכו', דבפ' כל שעה פריך לר' אבהו דאמר לא יאכלו איסור הנאה משמע וכו', ומשני קסבר רבי אבהו וכו', למ"ד אין בגידין בנותן טעם מאי איכא למימר, מאן שמעת ליה דאמר אין בגידין בנותן טעם, ר' שמעון היא, הכי נמי דאסר. **ואין** הלכה כר' אבהו דאמר לא יאכלו איסור הנאה משמע, {דא"כ היה} צ"ל דגיד הנשה אסור בהנאה, דאנן קי"ל אין בגידין בנותן טעם, **ולכאורה** נראה דהלכה כחזקיה דאמר לא יאכלו דוקא איסור אכילה משמע, ע"כ. **ואני** אומר דא"א לומר שטעמו של רבינו משום דלית הלכתא כר' אבהו, שהרי כתב רבינו דברי ר' אבהו בפרק זה לקמן, ואם כן הו"ל לפסוק בגיד הנשה אסור בהנאה, כדאמרינן לר' אבהו אליבא דמ"ד אין בגידין בנ"ט. **ולפיכך** צ"ל שטעמו כמ"ש ה"ה בשם הרמב"ן, דלרווחא דמילתא איתמרא ההיא סוגיא, אבל למסקנא גיד הנשה מותר בהנאה אפי' תמצא לומר אין בגידין בנ"ט, דלאו הא בהא תליא – כסף משנה› [ב] **טור בשם הרמב"ם שם פ"ח הי"ד, ושלזה הסכים הרא"ש, כרבי יהודה בברייתא פסחים דף כ"ב, וכסתם משנה דלקמן חולין צג: שולח אדם וכו'**

*אותו אתה משליך לכלב ואי אתה משליך לכלב כל איסורין שבתורה [א] ור' מאיר אותו אתה משליך לכלב ואי אתה משליך לכלב חולין שנשחטו בעזרה ואידך *חולין שנשחטו בעזרה לאו דאורייתא היא מתיב רבי יצחק נפחא והרי גיד הנשה דרחמנא אמר °על כן לא יאכלו בני ישראל את גיד הנשה *ותנן *שולח אדם ירך לנכרי וגיד הנשה בתוכו מפני שמקומו ניכר קסבר ר' אבהו *כשהותרה נבילה היא וחלבה וגידה הותרה הניחא למאן דאמר יש בגידין בנותן טעם אלא למאן דאמר °אין בגידין בנותן טעם מאי איכא למימר מאן שמעת ליה דאמר אין בגידין בנותן טעם רבי שמעון דתניא *האוכל מגיד הנשה של בהמה טמאה רבי יהודה מחייב שתים ורבי שמעון °פוטר רבי שמעון הכי נמי דאסר בהנאה דתניא °גיד הנשה °מותר בהנאה דברי רבי יהודה ורבי שמעון אוסר והרי דם דרחבנא אמר °כל נפש מכם לא תאכל דם ותנן *אלו ואלו מתערבין באמה *ויוצאין לנחל קדרון ונמכרין לגננין לזבל ומועלין בו שאני דם דאיתקש למים דכתיב °לא תאכלנו על הארץ תשפכנו כמים מה מים מותרין אף דם מותר ואימא כמים המתנסכים על גבי המזבח אמר רבי אבהו כמים רוב מים מידי רוב מים כתיב אלא אמר רב אשי כמים הנשפכין ולא כמים הניסכין ואימא כמים הנשפכין לפני ע"ז התם נמי ניסוך איקרי דכתיב °ישתו יין נסיכם ולחזקיה

רש"י

אותו אתה משליך כו' כל איסורין. שנאמר בהן לא תאכל כגון זה ומדאיצטריך קרא למשריה לא מצי למילף טעמא דאי לאו אותו הוה אמינא קרא למעוטיה איצטריך שאין הקב"ה מקפח שכר כל בריה וכאמר במצרים לא יחרץ כלב לשונו (שמות יא) לפיכך הקפידה תורה ליתן שכרו ונכבד [שכר] הכלב מן תורה אור העובד כוכבים שהנבלה ימכור לנכרי וטרפה לכלב: **ור"מ.** דנפקא ליה איסור הנאה בשאר איסורים מדפרט בנבילה בשלמא פרט היתר דטרפה לגופיה איצטריך למיפרט בה היתר משום דאי לאו דפרט ביה הוה אמינא ליאסר בהנאה אלא אותו למה לי ומשני לאיסור הנאה חולין שנשחטו בעזרה דנפקא לן *בהו איסור אכילה מדכתב (דברים יב) כי ירחק ממך המקום וזבחת ואכלת בריחוק מקום דהיינו חוץ למחנה שכינה אתה זובח ואוכל ולא אתה זובח ואוכל בקרוב מקום *ומשום דאין מפורש בהן לאו בהדיא בהכילה איצטריך למילף להו איסור הנאה מהכא והכי משמע אותו שנאסר משום חוץ למחילה אתה משליך לכלב דהא מהאי קרא ובשר בשדה טרפה נפקא לן איסור מחילה כגון הושיט העובד את ידו בשעת שחיטה בפרק בהמה המקשה לילד (חולין סח:) אבל יש לך אחר הנאסר משום מחילה ואי אתה משליכו לכלב ואיזה זה חולין שנשחטו בעזרה: **חולין שנשחטו בעזרה.** דאסורי בהנאה לאו דאורייתא בפרק שני דקדושין (דף נח.) איפלוגו בה: **שולח אדם ירך לנכרי.** ולא מצרכינן ליטול גידה ולא גזרינן שמא יראה ישראל חבירו כשיתננה לו וילך ויקנה אותה מן הנכרי וכסבור שניטל גידה הואיל ומתחת יד ישראל יצאה ויאכלנה בגידה: **מפני שמקומו ניכר.** אם הוא נטול ואם לאו שמעינן מינה מיהא דגיד מותר בהנאה וקשיא לר' אבהו: **היא וחלבה וגידה מותרים.** לפיכך כל חלב וכל גיד מותרין בהנאה שהן בכלל לגר אשר בשעריך תתננה ואכלה שגם הן קרויין עמה נבלה והרי לך היתר הנאה בלאו דגיד ל"ש נבילה ול"ש כשירה: **ניחא למ"ד יש בגידין.** טעם בשר הרי הוא בכלל נבילה: **אלא למ"ד אין בגידין.** דאיסור נותן טעם בשר אם נתבשלו עם הבשר אלמא לאו טעם בשר אית בהו ולאו נבילה מיקרו אלא כעצמות דהן עץ בעלמא ולא איסתרי בכלל נבילה ועץ הוא והתורה חייבה עליו מאי איכא למימר ופלוגתייהו בגיד הנשה (חולין צט:): **ור"ש פוטר.** לגמרי מבהמה טמאה פטור דקסבר אין בגידין בנותן טעם בשר ומגיד נמי פטור דכי אזהריה רחמנא אגיד היכא דבשרה מותר דהיינו בהמה טהורה דהכי משמע גיד לא תאכל הא בשר אכול אבל טמאה לא הזהיר על גידה והכי מפרשי' לה בגיד הנשה (שם קא.) ולרבי שמעון הכי נמי דאסור גיד דטהורה אפילו בהנאה אלמא לא תאכלו איסור הנאה משמע וכשהותרה נבילה בהנאה היא לא הותרה לר"ש דלאו בכלל נבילה היא אבל לרבי יהודה מותר משום דקסבר יש בגידים בנותן טעם כדקתני רבי יהודה מחייב שתים הלכך גיד בכלל בשר וכשהותרה נבילה הותרה גם היא: **אלו ואלו.** שירי דם חטאות הפנימית הנשפכין על יסוד מערבי של מזבח החיצון ושירי דם חטאות החיצונות הנשפכין על יסוד דרומי יוצאין מן היסוד לרצפה דרך שני נקבים קטנים ומתערבין באמה סילון שהיה עובר בעזרה: **ויוצאין לנחל קדרון.** כמו לנחל איתן (דברים כא) עמק: **לגננים.** בעלי גנות לזבל: **ומועלין בו.** כלומר אסור להנות מהן בלא דמים מפני שהן של הקדש מכל מקום דם מותר בהנאה: **כמים הנשפכין.** שאסורות בהנאה שהרי קדש הן שקדשו בכלי שרת וכתיב (שמות ל) כל הנוגע בהם יקדש: ולחזקיה

תוספות

אותו אתה משליך. פ"ה דבלאו אותו לא מצי למידרש מגופיה דקרא דאיצטריך שאין הקב"ה מקפח שכר כל בריה והר"י דאורלינ"ש מפרש דאיצטריך למישרי עובר שהוציא את ידו משום דמקרא דבשר בשדה טרפה דריש נמי קדשים שיצאו חוץ למחיצתם (חולין סח.) והוה בריש בהמה המקשה אסרינן יד העובר בהנאה מדאיתקש לקדשים לאסור בהנאה כדאמר *כל שבקודש פסול באש תשרף ולכך איצטריך אותו לכל איסורים:

חולין שנשחטו בעזרה לאו דאורייתא. פ"ה איסור הנאה ולא משמע פשטא דהלכה כן אלא לגמרי קאמר לאו דאורייתא וכן בסוף שמעתא גבי הא דאמר איכא ביניהו חולין שנשחטו בעזרה אי אפשר לפרש בענין אחר *ובפרק מי שאמר הריני נזיר ושמע חבירו ואמר ואני (נזיר כט.) (וסם) פריך למ"ד כדי לחנכו במצות הא קמייתי חולין לעזרה ומשני קסבר חולין שנשחטו בעזרה לאו דאורייתא ואי לענין איסור אכילה הוו דאורייתא אכתי תיקשי ליה היאך הקרבן נאכל דמשמע התם שנאכל וקשה לרשב"א דבה"כ בפ' לו גבי נותר דרש רבי יהודה לא יאכל כי קודש הוא יכול תעוות העוף הבא על הספק ואשם תלוי וחולין שנשחטו בעזרה ישרפו ת"ל הוא מדאיצטריך למעוטי שאינם בשריפה מכלל דאסורי בהנאה מדאורייתא: **ורבי** שמעון נמי מיסר אסר בהנאה. משמע דהכיא דהשולח ירך לנכרי אתיא כר' יהודה. הק' ריב"א דהא רבי יהודה אית ליה בפ"ק דמס' ע"ז (דף כ. וסם) דאסור ליתן להם מתנת חנם וי"ל דהא אמר התם* אם היה שכינו מותר מפני *שהוא כמוכרו לו הקשה הר"י דאורלינ"ש *היכי מצי אתי כר' יהודה ורבי יהודה אית ליה בפ' גיד הנשה (חולין ק:) דגיד הנשה אסור לבני נח וקעבר משום לפני עור לא תתן וגו' ואומר ר"י דלא קשה מידי דלא קאסר אלא לבני יעקב דוקא דקודם מתן תורה איקרו בני נח דהא לא נישנית בסיני וא"ת תיקשי לחזקיה מרבי שמעון דסבירא ליה דלא תאכלו איסור הנאה משמע מדאסר גיד הנשה וי"ל כיון דסבר אין בגידין בנ"ט סברא הוא דכי אסור בהנאה נמי אסור דלא שייכא ביה אכילה *א"נ חזקיה לא סבר כרבי שמעון אלא כרבי יהודה דלכאורה נמי לא אתיא חזקיה כרבי מאיר דלרבי מאיר פשיטא לן לעיל מדאיצטריך למישרי נבילה דכל איסורים אסורים בהנאה וכן לקמן (דף כג:) גבי יתיב ההוא מרבנן פשיטא ליה לגמרא דלרבי מאיר גמר מנבילה והא דקאמר לקמן *לימא כתנאי הייני לרבי אבהו דחזקיה לא מצי אתי ככ"ע: **והרי** דם דרחמנא אמר. משמע דדם לא הוי בכלל בהמה מדלא משני כשהותרה בהמה דמה נמי הותרה וקשה לר"ת דאמר בהמוליא יין (שבת עז. ושם) דם נבילה ב"ה מטמא וקאמר התם ר' יוסי (כרבי) יהודה דלא מטמא ב"ה אלא כשיש רביעית דם הואיל ויכול לקרוש ולעמוד על כזית אלמא חשיב ליה כבשר ותי' ר"ת דהתם לאו משום דחשיב ליה כבשר אלא יש שום פסוק דדרשינן מיניה דדם נבילו' טמא ומסברא מטעריגן כרביעי' כדאמר התם אבל לגבי ריבוי לא חשבינן דם כבשר ובמעילה (דף יז.וסם) נמי מפיק דם השרץ מוזה לכם הטמא ומשרץ גופיה לא ידעינן ליה:

מועלין בהן. מדרבנן ולא מדאורייתא דבסוף הוציאו לו (יומא נט: וסם) אמר אין לך דבר שנעשה מצותו ומועלים בו ואור"י דבמעילה בפרק ולד חטאת (דף יח.) ת"ר מועלים בדמים דברי רבי מאיר ורבי שמעון וחכמים אומרים אין מועלין ופלוגתייהו אחר שילא לנחל קדרון דקודם זריקה קתני ר"ש התם דאין מועלין בו והיינו סם בספרים מאי טעמא דמ"ד אין מועלין ול"נ דמ"ד דא"כ הוה משמע דלרבי מאיר ורבי שמעון מועלין בו מן התורה אלא ה"ג מאי טעמא אין מועלין ומתני' קאי דקתני דם בתחלה אין מועלין בו: **מה** מים מותרים אף דם מותר. אף על גב דדם קדשים שאין נשפך כמים הוא הוקש למים מ"מ כיון דמשמע קרא בדם חולין דשרי בהנאה ולא בהנאה הוא דהדין לדם קדשים ואף על גב דאיכא הרי לאוי חד לדם חולין וחד לקדשים מ"מ גילוי מילתא בעלמא הוא דכולהו לאוי דדם הוי איסור אכילה דוקא*: **ואימא** כמים הניסכים על גבי המזבח. לא פריך למילף דיהא דם אסור בהנאה דממילא ידעינן דלא תאכל אלא לא תאכל כלומר מהכא לא מצי למילף דשרי בהנאה: ואבר

רבינו חננאל

אתה משליכו לכלבך ואינך משליך שאר איסורין שבתורה מיהא שמעינן לכל שאר איסורין דאסירי ואפילו בהנאות וקרא דנבלה הוא דאתי למישרי שאר איסורין אפילו בהנאה ור' יהודה אומר חולין שנשחטו בעזרה אינו מן התורה: ומותבינן לר' אבהו והרי גיד הנשה דכתיב ביה לא יאכל והוא מותר בהנאה דתנן שולח אדם ירך שגיד הנשה בתוכה וכו' ושנינן קסבר ר' אבהו כשהותרה הנבלה היא והלבה וגידה הותרה ...

עין משפט נר מצוה

ח א מיי' פ"ג מהלכות שחיטה הלכה כ: ח ב מיי' פ"ח מהלכות מאכלות אסורות הל' יד סמג לאוין קלז טוש"ע י"ד סי' סה סעיף יא: ט ג מיי' פט"ו שם הל' יד סמג שם טוש"ע שם סעיף ט: י ד מיי' פ"ד שם הלכה יח ופ"ח הלכה ה: יא ה מיי' פ"ח שם הל' (טו) [יד] טוש"ע שם ס"ט: יב ו מיי' פ"ב מהלכות מעילה הלכה יא:

ולחזקיה למאי הלכתא איתקש דם למים לכדר' חייא בר אבא דאמר ר' חייא בר אבא א"ר יוחנן *מנין לדם קדשים שאינו מכשיר שנאמר °לא תאכלנו על הארץ תשפכנו [דברים יב] כמים דם שנשפך כמים מכשיר שאינו נשפך כמים אינו מכשיר והרי אבר מן החי דכתיב °לא תאכל הנפש עם הבשר ותניא *רבי נתן [שם] אומר *מנין שלא יושיט אדם כוס יין לנזיר ואבר מן החי לבני נח ת"ל °ולפני עור [ויקרא יט] לא תתן מכשול הא לכלבים שרי שאני אבר מן החי דאיתקש לדם דכתיב °רק חזק [דברים יב] לבלתי אכול הדם כי הדם הוא הנפש ולחזקיה למאי הלכתא איתקש אבר מן החי לדם הוא דאיתקש לאבר מן החי מה אבר מן החי אסור אף דם מן החי אסור ואי זה °זה דם הקזה שהנפש יוצאה בו והרי שור הנסקל דרחמנא אמר °לא [שמות כא] יאכל את בשרו *ותניא ממשמע שנאמר °סקול יסקל השור איני יודע שהיא נבלה [שם] ונבלה אסורה באכילה ומה ת"ל לא יאכל מגיד לך הכתוב שאם שחטו לאחר שנגמר (את) דינו אסור אין לי אלא באכילה בהנאה מנין ת"ל °ובעל השור נקי מאי משמע [שם] שמעון בן זומא אומר כאדם שאומר לחבירו יצא פלוני נקי מנכסיו ואין לו בהם הנאה של כלום טעמא דכתב ובעל השור נקי ראי מלא יאכל איסור אכילה משמע איסור הנאה לא משמע לעולם לא יאכל איסור אכילה ואיסור הנאה משמע ובעל השור נקי להנאת עורו הוא דאתא ואיצטריך ס"ד אמינא לא יאכל את בשרו כתיב בשרו אין עורו לא קמ"ל ולהנך תנאי דמפקי ליה להאי קרא לדרשה אחרינא לחצי כופר ולדמי וולדות הנאת עורו מנא להו נפקא להו מאת בשרו את הטפל לבשרו ואידך *את לא דריש *כדתניא שמעון העמסוני ואמרי לה נחמיה העמסוני *היה דורש כל אתים שבתורה כיון שהגיע °לאת ה' אלהיך [דברים י] תירא פירש אמרו לו תלמידיו רבי כל אתים שדרשת מה תהא עליהן אמר להם כשם שקבלתי שכר על הדרישה כך אני מקבל שכר על הפרישה עד שבא ר"ע ודרש את ה' אלהיך תירא לרבות תלמידי חכמים והרי ערלה דרחמנא אמר °ערלים לא יאכל [ויקרא יט] ותניא *ערלים לא יאכל אין לי אלא איסור אכילה ד'מנין שלא יהנה ממנו שלא יצבע בו ולא ידליק בו את הנר ת"ל וערלתם ערלתו ערלים לא יאכל לרבות את כולם טעמא דכתב רחמנא וערלתם ערלתו ערלים הא לאו הכי הוה אמינא איסור אכילה משמע איסור הנאה לא משמע לעולם לא יאכל משמע בין איסור אכילה בין איסור הנאה ושאני התם דכתיב לכם ואצטריך סלקא דעתך אמינא הואיל וכתב לכם שלכם יהא קמשמע לן ואלא השתא דכתיבי הנך קראי לכם למה לי לכדתניא ה'לכם לרבות את הנטוע לרבים

ולחזקיה. דאמר לעיל איסור הנאה דרחמן מלא יאכל הא לא תאכל ולא תאכלנו לא משמע ליה הנאה: **למאי הילכתא איתקש דם למים.** למשרייה בהנאה ומהיכא תיתי לך דניתסרו ומנבילה לא אותביניה לחזקיה למאי איצטריך קרא למשרייה דהא כר' יהודה סבר לדברים ככתבן הוא דאתא ואי כר"מ סבר לה אצטריך להקדים נתינה דגר למכירה דנכרי: **לא תאכל הנפש עם הבשר.** בעוד שהנפש בו: **בני נח** אסור להם אבר מן החי דכתיב (בראשית ט) אך בשר בנפשו דמו לא תאכלו: **לפני עור.** אלמא לא מיתסר אלא משום לפני עור לא תתן מכשול אבל בהנאה אחריתי כגון לכלב שרי: **לבלתי אכול הדם.** סיפיה דקרא לא תאכל הנפש וגו': **מה אבר מן החי אסור.** באיסור האמור בו אף דם מן החי אסור באיסו' האמור בו כלומר כרת משום דם גמור מהו דתימא רק חזק לבלתי אכול הדם אזהרה מבקבק ומלאכך דכתיב לעיל קאי ודם זביחה הוא דאסור אבל דם הקזה מותר: **ואיזה זה.** כלומר על איזה זה דם מן החי אסור משום דם הא דם הנפש כתיב על דם הקזה של בהמה שהנפש יוצאה בו יש ד' מיני דמים בהיקז כדאמרינן בכריתות (דף כב.) בתחלה שותת ולבסוף מקלח ולאח"כ משחיר וסופו שותת יש מהן שאין הנשמה יוצאה בו והם תמצית ויש מהן שהנשמה יוצאה בו איזהו דם היקז שהנשמה יוצאה בו כל זמן שמקלח כו': **שאם שחטו כו'.** והכי אמר קרא סקול יסקל השור ואי לא סקלו אעפ"כ לא יאכל את בשרו: **איסור הנאה לא משמע.** וקשיא אפילו לחזקיה וכ"ש לרבי אבהו: **ולהנך תנאי.** דבב"ק פ' שור שנגח (דף מא: ומב.) דמפקי ליה להאי נקי לדרשה אחריתא לאשמעי' דתם פטור מחצי כופר דקאמר נקי מחצי כופר אם המית איש דאילו מועד משלם כופר שלם והתם אפי' חצי כופר לא משלם והיכא דמפיק ליה לדמי וולדות אם נגח אשה הרה ויצאו ילדיה: **ואידך.** דנפקא ליה הנאת עור מנקי: **את לא דריש.** לריבויא דסבר לה כשמעון העמסוני שפירש כל אתים שבתורה לרבות כיון שהגיע לאת ה' אלהיך תירא אמר מה ארבה לירא עמו פירש מכולן וחזר בו מכל ריבויין שדרש דמדהא לאו לריבויי אתא כולהו נמי לאו לריבויי אתו: **לרבות תלמידי חכמים.** שיהא מורא רבך כמורא שמים: **ולא יצבע בו.** כגון בקליפי אגוזים שהשומר אסור משום ערלה כפרי עצמו: **ולא ידליק בו את הנר.** כגון בשמן של ערלה: **והשתא דכתיבי הני קראי.** לאסריה: **לכם.** דמשמע היתירא למאי אתא:

לרבים

ואבר מן החי לבני נח. תימה כיון דכאבר מן החי של נכרי מיירי כדאמר בפ"ק דמסכת ע"ז (דף ו: ושם) מדקתני לא יושיט ולא קתני לא יתן א"כ היכי דייק דשרי בהנאה אי לאו לפני עור וי"ל דכיון דבשכר היה אסור להושיט דאסור להשתכר באיסורי הנאה אף על גב דדיעבד שכרו מותר כדמשמע בפ' בתרא דע"ז (דף סב.) מכל מקום אסור לכתחלה ובחנם נמי אסור דמה שמחזיק לו הטובה טובה חשיב כמשתכר והא דאמר בסוף אלו מציאות (ב"מ לב:) גבי אם היתה טעונה יין נסך אין זקוק לה ואי אמרת צער בעלי חיים דאורייתא אמאי אין זקוק לה אע"ג דחשיב כמשתכר באיסורי הנאה ואסור אפילו בחנם מ"מ כיון דאינו מתכוין שיחזיק לו טובה ומשום צער בעל חיים חשיב כמו *לא אפשר ולא מיכוין דשרי א"נ אין זקוק לה משמע ליה אפילו שלא בפני נכרי דאין מחזיק לו טובה:

סלקא דעתך אמינא בשרו אין עורו לא. וא"ת ליפשוק מעורו ומבשרו ויש לומר דאיצטריך בשרו אע"ג דעבדיה כעין בשר ומאן דלית ליה הא דרשה בפ' שור שנגח ד' וה' (ב"ק מה.) אתא לדרשה אחריתא*:

מנין שלא יצבע. וא"ת כיון דנפקא לן דאסור בהנאה אמאי איצטריך לאסור צביעה והדלקה ואור"י דס"ד דצביעה לא חשיב הנאה דלא הוי אלא חזותא בעלמא כדאמר בהגוזל (שם קא. ושם) אהך מילתא גופא וכן הדלקה סלקא דעתך דשריא כיון דהוי דרך ביעורו ולמ"ד *אין שבח עצים בפת דשרי עצים בהדלקה הא דאסר קרא הכא היינו בשמן דהוי בעין כשדולק בנר אבל עצים נעשה גחלים והשלהבת בא מן הגחלים ואם תאמר אמאי איצטריך קרא גבי תרומה טמאה להתיר דדרשי' *לך שלך תהא להסיקה תחת תבשילך דהכא איצטריך קרא למיסר ויש לומר דסלקא דעתך דנילף ממעשר הקל דאסר ביה הבער' דכתיב לא בערתי ממנו כדאמר בפ' במה מדליקין (שבת כה. ושם) ומה מעשר הקל אמרה תורה וכו':

לכם למ"ל לכדתניא. הקשה הר"י מקורבל אמאי איצטריך ג' ערלים ליכתוב תרי ערלים לצביעה והדלקה ועל כרחך אתי' לכם לנטוע לרבים דאי להיתר הדלקה אתא לא לכתוב לכם ולא חד מהנך ערלים ונאסור מלא יאכל הנאה ומחד ערלים צביעה והדלקה אין קרא לאסור ואין לומר דמלא יאכל משמע לאסור אפילו צביעה והדלקה ואי הוה כתיב לא יאכל וחד ערלים הוה אסרינן מלא יאכל כל הנאה וערלים לשום דרשה והא דמצרכי' קראי לצביעה והדלקה היינו משום דכתב לכם דלכם משמע להתיר כל הנאה ולהכי אי הוה כתיב תרי ערלים ולכם הוה שרינן הדלקה אי אפשר לומר כן דמלא יאכל לא שמעינן צביעה דהא חזותא בעלמ' הוא כדאמר בהגוזל (ב"ק קא. ושם):

נטוע

עין משפט נר מצוה

יג א סמג לאוין קמח: [ע"ש בתוס' ד"ה מנין]
יד ב מיי' פ"ח מהלכות מאכלות אסורות הל' ג סמג לאוין קלז:
טו ג מיי' פ"ד שם הל' כב סמג לאוין קלה:
טז ד מיי' פ"י שם הל' ט סמג לאוין קמד טוש"ע יו"ד סימן רצד סעיף א:
יז ה שם סעיף כה:

מסורת הש"ס

חולין [קב.] [לעיל כד.]
ע"ז ו.
ב"ק מא. קדושין נז.
ב"ק מא. קדושין נז. בכורות ו: [ע"ש]
קדושין נו: ב"ק קא.
[לקמן כה.]
[ב"ק לד:]
[לקמן כו:]
[שבת כה.]
[חגיגה יב.]
[קדושין נז. מיר סה: סוטה יז. ב"ק מא: מנחות יא: בכורות ו: נדה לב:]

רבינו חננאל

ולחזקיה דאמר כל איסור דלא כתיב ביה לא יאכל מותר בהנאה הרי דם דלא כתיב בהו לא יאכל למה לי למתני כמים למשריה הא שרי וקאי ושני' לא אתא למשרי לדם בהנאה דהא פשיטא ולא צריך קרא ולא אתא לאשמעי' אלא האי מנין לדם קדשים שאינו מכשיר שאין אני קורא בו תשפכנו כמים אלא על המזבח: הרי אבר מן החי שנא' לא תאכל הנפש עם הבשר ותניא ר' נתן אומר מנין שלא יושיט אדם כוס לנזיר ואבר מן החי לבני נח כו' ולחזקיה למאי הלכתא איתקש לדם אמר לך חזקיה הדם למד מן אבר [מן] החי שנאמר רק חזק לבלתי אכול הדם כי הדם הוא הנפש לא תאכל הנפש עם הבשר מה אבר מן החי אסור אף דם מן החי אסור להאכילו לבני נח ואיזה זה דם הקזה שהנשמה יוצא בו וענוש כרת: הרי שור הנסקל דכתיב ולא יאכל את בשרו וטעמא דכתיב ובעל השור נקי לאסרו אפי' בהנאה מכלל דלא יאכל איסור הנאה לא משמע וקשיא לתרוייהו ושנינן לעולם מלא יאכל נפקא ליה אפילו איסורי הנאה והאי ובעל השור נקי מבעי' ליה דאסור אפי' להנאת עורו כו' והרי ערלה דכתיב ערלים לא יאכל כו' וקשיא לתרוייהו ושני' לעולם לא יאכל אחד איסור אכילה ואחד איסור הנאה במשמע ואצטריך סלקא דעתך אמינא הואיל וכתב שלש שנים יהיה לכם ערלים לא יאכל הוי אמינא שלכם הוא ומותר בהנאה קמ"ל הני קראי למיסר ואמרי' לכם מבעי ליה לכדתניא לכם להביא

§ מסכת פסחים דף כב: §

אות א'

מנין שלא יושיט אדם כוס יין לנזיר ואבר מן החי לבני נח

סמ"ג לאוין סימן קסח - עוד תניא בעבודה זרה ובפסחים: מנין שלא יושיט אדם כוס של יין לנזיר ואבר מן החי לבני נח, ת"ל לפני עור לא תתן מכשול, ומעמידו דקאי בתרי עברי נהרא, שאינו יכול ליקחנה אם לא יושיטנה לו, ולכך תפס לשון הושטה; והוא הדין שאסור להושיט דבר איסור למשומדים כענין זה.

אות ב'

זה דם הקזה שהנפש יוצאה בו

רמב"ם פ"ו מהל' מאכלות אסורות ה"ג - אין חייבין כרת אלא על דם היוצא בשעת שחיטה ונחירה או התזת הראש כל זמן שיש בו אדמומית, ועל הדם הכנוס בתוך הלב, ועל דם הקזה כל זמן שהוא מקלח ויוצא; אבל הדם השותת בתחלת הקזה קודם שיתחיל לקלח, ודם השותת בסוף הקזה כשיתחיל הדם לפסוק, אין חייבין עליו, והרי הוא כדם האיברים, שדם הקלוח הוא הדם שהנפש יוצאה בו.

אות ג'

ממשמע שנ' סקול יסקל השור, איני יודע שהיא נבלה וכו'

רמב"ם פ"ד מהל' מאכלות אסורות הכ"ב - נאמר בשור הנסקל: ולא יאכל את בשרו, והיאך היה אפשר לאכלו אחר שנסקל והרי הוא נבילה, אלא לא בא הכתוב אלא להודיעך שכיון שנגמר דינו לסקילה, נאסר ונעשה כבהמה טמאה, ואם קדם ושחטו שחיטה כשירה, הרי זה אסור בהנייה, ואם אכל מבשרו כזית לוקה; וכן כשיסקל לא ימכר ולא יתננו לכלבים ולא לעכו"ם, לכך נאמר: לא יאכל את בשרו.

אות ד'

מנין שלא יהנה ממנו שלא יצבע בו ולא ידליק בו את הנר

יו"ד סימן רצד ס"א - הנוטע עץ מאכל, מונה לו ג' שנים מעת נטיעתו, וכל הפירות שיהיו בו בתוך ג' שנים אסורין בהנאה לעולם.

אות ה'

לכם לרבות את הנטוע לרבים

יו"ד סימן רצד סכ"ה - הנוטע [א]בתוך שלו לצורך רבים, חייב.

באר הגולה

[א] <עיין תוס', ודלא כרש"י>

§ מסכת פסחים דף כג. §

אות א'

מערבין לנזיר ביין ולישראל בתרומה

סימן שפו ס"ח - משתתפין אפילו באוכל שאינו ראוי לו, אם ראוי לשום אדם - ה"ה לענין עירובי תחומין, **וכן** כל אלו הסעיפים הקודמים שייך גם בעירובי תחומין, ולא בעירובי חצרות דאינו אלא בפת.

כגון לנזיר ביין, ולישראל בתרומה - [א]הואיל וחזי לכהן, **ועכשיו** שכולנו טמאי מתים, אין תרומה טהורה ראויה לשום אדם, ואין לערב בה, **ומ"מ** בחלה נראה דמערבין ומשתתפין, [דמן הדין חלת חו"ל ראויה לכהן שטבל לקריו].

ולענין מי שנוהג שלא לאכול חדש אי מותר לערב ולהשתתף בו, תלוי בזה, אם הוא נוהג רק מצד חומרא, מותר לערב ולהשתתף בו, **ואם** הוא נזהר בזה מחמת דעת הפוסקים שסוברים שהוא אסור מן הדין גם בחו"ל, אסור לו לערב ולהשתתף בו.

אות א'*[ב]

גידולו קדוש

רמב"ם פ"ו מהל' נזירות הי"ד - כשמגלח הנזיר תגלחת טומאה, אינו צריך לגלח על פתח המקדש, ולא להשליך שערו על האש; ובין שגלח במדינה או במקדש, שערו אסור בהנאה וטעון קבורה, ואפרו אסור כאפר כל הנקברים.

אות ב'

קוצר לשחת ומאכיל לבהמה

רמב"ם פ"ז מהל' תמידין ומוספין הט"ו - תבואה שלא הביאה שליש, מותר לקצור ממנה [ג]להאכיל לבהמה.

אות ג'

ציידי חיה ועופות ודגים שנזדמנו להם מינין טמאין, מותרין למוכרן לנכרים

יו"ד סימן קיז - כל דבר שאסור מן התורה, אף על פי שמותר בהנאה, אם הוא דבר המיוחד למאכל, אסור לעשות בו סחורה (או להלוות עליו) (ת"ה סימן ר') (ואפילו לקנותו להאכילו לפועליו עובדי כוכבים אסור) (כך משמע מב"י מהגהות מיימוני פ"ח דמאכלות אסורות), חוץ מן החלב, שהרי נאמר בו: יעשה לכל מלאכה. ואם נזדמנו לצייד חיה ועוף ודגים טמאים, (וכן מי שנזדמנה לו נבלה וטריפה בביתו), (טור), מותר למכרם, ובלבד שלא יתכוין לכך. הגה: וצריך למכרה מיד, ולא ימתין עד שתשמין אצלו (ב"י בשם א"ח). וכן מותר לגבות דברים טמאים בחובו מן העובדי כוכבים, דהוי כמציל מידם (רשב"א בתשובה). ואסור למכור לעובד כוכבים נבלה בחזקת כשרה (טור). (ועיין בחושן המשפט סימן רכ"ח). וכל דבר שאין איסורו אלא מדבריהם, מותר לעשות בו סחורה.

באר הגולה

[א] ‹והטעם דמערבין באלו, משום דראויין לשאר בני אדם, וכמו שכתב המחבר, **אבל** אין לפרש הטעם משום דאפשר למשאל על נדרו, {וכמו שמפרש רש"י}, דבנזיר יתחרט על נזירותו וישאל עליו, ובתרומה ג"כ יתחרט על זה שעשה זאת תרומה וישאל עליו, וכמו שמפרש התם בגמ' אליבא דסומכוס, **דזה** על כרחך אינו, דהא תרומה אם שאל עליה הדרא לטיבלא, והתם אמרינן דאין מערבין בטבל, דא"א לתקנו ביהש"מ, דאנן קי"ל דגזרו אף על השבות ביהש"מ שלא במקום מצוה, וכמ"ש המחבר לעיל בסימן רס"א ס"א – עולת שבת› [ב] ‹ע"פ מהדורת נהרדעא› [ג] ‹פירש רש"י, ומאכיל לבהמה אף חטין גמורים על ידי קיטוף, ואף דמדברי הרמב"ם נראה דס"ל, דהכל אחד הוא מאי דתנן קוצר ומאכיל, ור"ל להאכיל, ומשמע דלא איירי כלל מחטים גמורות, ע"ש, נראה דלדינא לא פליגי רש"י והרמב"ם, דמהיכא תיתי לחדש פלוגתא וטעמים, ויותר נכון דרק משמעותא דמתניתין איכא בינייהו, דלהרמב"ם הכל אחד הוא, ולעולם בקצור ועומד מותר להאכיל לבהמה אפילו חטים גמורים – שואל ונשאל›

מסורת הש"ס

[כ"ק מה:]

עירובין כו: [כח.]

קדושין נז:

מנחות עא.

שביעית [פ"ז מ"ד]

[לקמן כח: כט.]

[לעיל ה: וש"נ]

[עי' תוס' לעיל כב. ד"ה ר' שמעון]

הגהות הב"ח

(א) רש"י ד"ה טעמא דידי וכו' דאי לאו:

לרבים רבי יהודה אומר להוציא את הנטוע לרבים מאי טעמא דתנא קמא דכתיב ונטעתם ליחיד משמע לרבים לא משמע כתב רחמנא לכם להביא את הנטוע לרבים ורבי יהודה ונטעתם משמע בין לרבים בין ליחיד ולכם בין יחיד בין רבים משמע הוי רבוי *אחר רבוי ואין רבוי אחר רבוי אלא למעט והרי תרומה דרחמנא אמר °וכל זר לא יאכל קדש ותנן *מערבין לנזיר ביין ולישראל בתרומה אמר רב פפא שאני התם דאמר קרא °תרומתכם שלכם תהא ואידך תרומתכם דכל ישראל קאמר והרי נזיר דרחמנא אמר °מחרצנים ועד זג לא יאכל ותנן מערבין לנזיר ביין אמר מר זוטרא שאני התם דאמר קרא נזרו שלו יהא רב אשי אמר °קדוש יהיה גדל פרע שער ראשו *גידולו קדוש ואין דבר אחר קדוש מידי ואין דבר אחר כתיב אלא מחוורתא כדמר זוטרא והרי חדש דרחמנא אמר °לחם וקלי וכרמל לא תאכלו עד עצם היום הזה ותנן *קוצר לשחת ומאכיל לבהמה שמעיה שאני התם דאמר קרא קצירכם קצירכם שלכם יהא ואידך קצירכם דכל ישראל משמע והרי שרצים דרחמנא אמר °שקץ הוא לא יאכל ותנן *ציידי חיה ועופות ודגים שנזדמנו להם מינין טמאין מותרין למוכרן לנכרים שאני התם דאמר קרא לכם שלכם יהא אי הכי אפי' לכתחלה נמי שאני הכא דאמר קרא יהיו בהוייתן יהו ולחזקיה למה לי למיכתב לא יאכל ומייתי לכם למישרייה לא לכתוב רחמנא לא יאכל ולא בעי לכם אמר לך חזקיה טעמא דידי נמי מהכא והרי חמץ דרחמנא אמר לא יאכל חמץ ותניא *ר' יוסי הגלילי אומר °תמה על עצמך היאך חמץ אסור בהנאה כל שבעה שאני התם דאמר קרא °ולא יראה לך שאור ולא יראה לך חמץ ורבנן *שלך אי אתה רואה אבל אתה רואה של אחרים ושל גבוה ואידך תרי לך כתיבי ואידך חד בנכרי שכיבשתו וחד בנכרי שלא כיבשתו ואידך תלתא לך כתיבי חד בשאור וחד בחמץ וצריכי לימא כתנאי °יעשה לכל מלאכה מה ת"ל לכל מלאכה שיכול למלאכת גבוה יהא מותר למלאכת הדיוט יהא אסור תלמוד לומר לכל מלאכה דברי רבי יוסי הגלילי רבי עקיבא אומר שיכול למלאכת הדיוט יהא טהור למלאכת גבוה יהא טמא תלמוד לומר לכל מלאכה ורבי יוסי הגלילי לטומאה ולטהרה לא איצטריך קרא כי איצטריך קרא לאיסור ולהיתר ורבי עקיבא איסור והיתר לא צריך קרא כי איצטריך קרא לטומאה ולטהרה מאי

רש"י

לרבים. לצורך רבים כגון באמצע הדרך לכל עובר: **ונטעתם ליחיד משמע.** דאין דרך רבים לנטוע ולכל חד וחד קאמר ונטעתם: **מערבין לנזיר.** עירובי תחומין ביין אע"פ שסעודה שאינה ראויה לו היא הואיל ואי מתשיל אנזירותיה שריא ליה מערבין וכן לישראל בתרומה דאי בעי מיתשיל עליה דתרומה טעות אינה תרומה והדרא לטיבלא והדר מפריש עלה מינה ובה: **תרומתכם.** ונחשב לכם תרומתכם ובתרומת מעשר דמפרשי לוים כתיב ותרומה גדולה איתקש בההוא קרא דכתיב כדגן מן הגורן דהיינו תרומה גדולה: **ואידך.** חזקיה דאמר לא תאכלו לא משמע הנאה האי תרומתכם לאו למישרי הנאה אתא אלא תרומתכם דכל ישראל קאמר ואורחיה דקרא לאישתעויי הכי ישראל לאו דוקא דהא בלוים כתיב: **גידולו.** שיער שלו אסור בהנאה וטעון שריפה כדכתיב ונתן על האש אשר תחת זבח השלמים: **מידי ואין דבר אחר כתיב.** דילמא גידולו והוא הדין לדבר אחר דמאי מיעוט כתב הכא: **חדש.** לפני העומר: **קוצר לשחת.** אע"ג דכתיב עומר ראשית קצירכם אל הכהן דמשמע דאסור לקצור לפני העומר מותר לקצור לשחת כשהוא עשב דלאו קציר הוא: **ומאכיל לבהמה.** אף חיטין גמורין על ידי קיטוף מכל מקום חדש מותר בהנאה: **ואידך.** חזקיה דלא נפקא ליה הנאה מלא תאכלו ולא איצטריך קצירכם למישרי אמר לך קצירכם דכל ישראל קאמר ואורחיה דקרא לאישתעויי הכי: **שנזדמנו.** דווקא שנזדמנו דלא מצרכינן להו להפקירן אבל לכתחלה אסור לחזר אחריהן כדתנן התם במס' שביעית (פ"ז מ"ג) אין עושין סחורה לא בנבילות וטריפות ולא בשקצים ורמשים: **יהיו.** ושקץ יהיו לכם: **ולחזקיה למה לי למכתב לא יאכל ומייתי לכם למישרייה.** בשלמא לרבי אבהו לא מצינו לאקשויי בכל הנך דכתיב בהו לא תאכל והדר כתיב בו היתר הנאה דאיצטריך לא תאכלו לאכילה ואיצטריך היתירא להנאה אלא לחזקיה כיון דסוף סוף שרי ליה רחמנא בהנאה למה לי קרא דשני בדיבורא וכתב לא יאכל דמשמע הנאה ואיצטריך לכם למישרייה בהנאה ליכתוב לא תאכל ותו לא איצטריך לכם: **טעמא דידי.** דאמינא לא יאכל משמע הנאה מהא נפקא לי (א) ואי לאו האי קרא דכתיב לא יאכל ותו כתב לכם למישרייה לא הוה ידענא דלא יאכל איסור הנאה הוא וכל הנך קראי דהיתר הנאה דכתיבי גבי לא תאכל הא דרשינהו חזקיה למילתא אחרינא כדאמרן לעיל תרומתכם קצירכם דכל ישראל: **תמה על עצמך היאך נאסר חמץ בהנאה.** דס"ל מותר בהנאה כל שבעה וכ"ש לאחר הפסח ופליגא דרבי יהודה דאמר חמץ שעבר עליו הפסח אסור בהנאה לקמן בפירקין (דף כח:): **תלתא לך כתיבי.** לא יראה לך חמץ ולא יראה לך שאור בכל גבולך ועוד קרא אחרינא ולא יראה לך שאור בכל גבולך שבעת ימים: **וצריכי.** דאי כתב שאור משום דחימוצו קשה אבל חמץ אימא מותר ואי כתב חמץ משום דראוי לאכילה, אבל שאור דלא אתי למיכליה אימא לא עבר עליה הכי מפרש להו בפ"ק דביצה (דף ז:): **לימא כתנאי.** לא תאכל דרבי אבהו: **יעשה למלאכה.** הוה מצי למיכתב גבי חלב דנבילה: **שיכול.** אי לא הוה כתב לכל הוה אמינא למלאכת גבוה יהא מותר אם צריך למשוח ממנו עורות למלאכת בדק הבית יהא מותר דהא מישתרי חלב באכילה לגבי גבוה למזבח אבל למלאכת הדיוט יהא אסור שהרי נאמר בו לא תאכלוהו ואיסור הנאה במשמע ת"ל לכל מלאכה: **רבי עקיבא אומר כו'.** כלומר לא הוצרך הכתוב להתיר דלא הוה ס"ד לאיסור ולא בא אלא לטהרו מכלל טומאת הבשר ולומר שאין חלב בכלל נבילה ואינו חושש לטומאה אלא מותר ליטהרות בעור המשוח בחלב נבילה ואם לא ריבה לכל מלאכה הייתי אומר למלאכת הדיוט להשתמש בו חולין יהא טהור אבל למלאכת גבוה להשתמש קדשים יהא טמא: חלבה

תוספות

נטוע לרבים. ברה"י לצורך רבים ולא כמו שפ"ה באמצע הדרך דקתני במסכת ערלה (פ"א מ"ב) הנוטע לרבים חייב ורבי יהודה פוטר והדר קתני הנוטע ברה"ר והנכרי שנטע והגזלן כו' מדקתני בתרי בבי ש"מ תרי מילי נינהו:

מערבין לנזיר ביין. בפ' בכל מערבין (עירובין כח.) מפרש טעמא משום דאע"ג דלא חזי להאי חזי להאי ולא פריך הכא אליבא דמ"ד (שם דף לא.) אין מערבין אלא לדבר מצוה ומצות לאו ליהנות ניתנו:

נזרו שלו יהא. תימה לחזקיה נזרו למאי אתא ואית ספרים דגרסינן על נזרו מגלח °ואינו מגלח על נזירות אביו:

קוצר לשחת ומאכיל לבהמה. אף על גב דהא דקוצר לשחת היינו דווקא לבהמה כדמוכח במנחות בפ' רבי ישמעאל (ד' עא:) מ"מ ומאכיל לבהמה לא משמע ליה דקאי אקוצר לשחת דא"כ לא פריך מידי דחדש שאסר הכתוב היינו תבואה גמורה אלא מאכיל לבהמה היינו אפילו חיטין גמורין ועל ידי קיטוף כפ"ה ועוד דקתני סיפא רבי שמעון אומר יקצור ויאכל אף משהביא שליש*:

קצירכם שלכם יהא. תימה לרשב"א מנ"ל דהאי להכי הא איצטריך לכדדרשינן במנחות בפרק ר' ישמעאל (דף עב: ושם) קצירכם ולא קציר מצוה וחזקיה נמי לישני הכי וי"ל מדלא כתב ראשית קציר והוי מצי למיכתב קצירך וכתב קצירכם שמע מינה תרתי:

אמר קרא יהיו בהוייתן יהו. וא"ת א"כ סוסים וחמורים היכי זבנינן וי"ל דבמידי דאכילה איירי דווקא ובירושלמי דמסכת שביעית ספ"ח פריך והרי חמור וגמל ומשני למלאכתן הן גדילים וא"ת דאמרי' במרובה (ב"ק פב: ושם) אסור לישראל לגדל חזירים תיפוק ליה דמדאורייתא אסור וי"ל דנפקא מינה למיקם בארור אי נמי הא דאסור מדאורייתא היינו להשתכר ולמכור לנכרי לאכול אבל להשתכר בשומנן או בעורן לא או שמגדל שלא למכור אלא למשוח ולהדליק אפילו הכי בחזירים אסור א"נ בנזדמנו לו כגון שנפלו בירושה אין לגדלן:

שאני התם דאמר קרא לא יראה לך. תימה דליכתב לא יאכל לחזקיה ולא בעי לך: ומה

עין משפט נר מצוה

יח א מיי' פ"א מהלכות עירובין הל' יד סמג עשין דרבנן א טוש"ע או"ח סי' שפו סעיף ח:

יט ב מיי' פ"ל מהלכות תמידין הלכה טו:

כ ג מיי' פ"ח מהלכות מאכלות אסורות הל' יז סמג לאוין קלט טוש"ע י"ד סימן קי"ז:

רבינו חננאל

הנטוע לרבים שחייב בערלה ר' יהודה אומר לכם פרט לנטוע לרבים: והרי תרומה דכתיב וכל זר לא יאכל קדש ותנן מערבין לנזיר ביין ושנינן שאני התם דכתי' תרומתכם שלכם תהא: והרי נזיר דכתיב מחרצנים ועד זג לא יאכל ותנן מערבין לנזיר ביין ושנינן שאני התם דכתיב נזרו נזרו שלו יהא כו': והרי חדש דכתיב ולחם וקלי וכרמל לא תאכלו ותנן קוצר לשחת ומאכיל לבהמה (נהנה בזמן אכילתו ומותר בהנאתו) [ואף שנהנה באכילתה אלמא דמותר בהנאה] ושנינן שאני התם דכתיב קצירכם [שלכם] יהא להתיר בהנאה: והרי שרצים דכתיב בהו וכל השרץ השורץ על הארץ לא יאכל ותנן בשביעי' פ"ז ציידי חיה עופות ודגים (שנתמט) [שנזדמנו] להם מינין טמאין מותר למכרן וקשיא לתרוייהו ושני' שאני התם דכתי' לכם להתיר בהנאה אי הכי אפי' לכתחלה אמאי האני שנתמנה דאיעבד אפי' לכתחלה יהיו מותרין לצודן ודחי' אמר קרא שקץ הוא בהוייתו יהא ואקשי' לחזקיה למה לי למכתב בשרצים לא יאכל דמשמע אפילו איסור הנאה והוצרך לכתוב לכם להתיר בהנאה היה כותב ולא יאכל ולא יכתוב לכם להתיר ואנא ידענא דכל היכא דכתי' לא יאכל מותר בהנאה ואמר חזקיה אדרבה טעמא דידי מהכא מדאצטריך קרא למכתב לכם להתירו בהנאה ש"מ דכל היכא דכתיב לא יאכל אחד איסור אכילה ואחד איסור הנאה במשמע: והרי חמץ דכתיב לא יאכל ואמר ר' יוסי הגלילי תמה על עצמך היאך חמץ אסור בהנאה כל שבעה ודחי' שאני התם דכתיב לך שלך יהא כו': נימא כתנאי וחלב נבלה וחלב טרפה יעשה לכל מלאכה [מה ת"ל לכל מלאכה] ר' יוסי הגלילי אומר בין למלאכת גבוה בין למלאכת הדיוט מותר שנאמר לכל מלאכה ר' עקיבא אומר שיכול למלאכת הדיוט הוא טהור למלאכת גבוה יהא טמא ת"ל לכל מלאכה יהא טהור אם לגבוה הוא [טהור]* קל וחומר להדיוט דיקי' מדדרש ר' עקיבא לקרא בטומאה וטהרה מכלל דפשיטא ליה דמותר

גליון הש"ס

גמ' תמה על עצמך היאך חמץ. הייני היאך אתה אומר חמץ אסור בהנאה וכן תמה על עצמך האיך תוספת כנדה סח ע"א תוס' שם ד"ה כך אמרו בסד"ה: תוס' ד"ה נזרו. ואינו מגלח על נזירות אביו. ק"ל הא לר"י ור"מ דס"ל בנזיר דמיר דבכל ענין מגלח על נזירות אביו א"כ יהא מוכח מדאיצטריך נזרו דלא יאכל איסור הנאה משמע וא"כ איך אמרי' דא"כ חולין שנשחטו בעזרה לר"י וצ"ע:

*[נראה דחסר כאן איזה תיבות ואולי דקאי על הא דאמרינן ור"י הגלילי לטומאה ולטהרה לא איצטריך קרא ודו"ק].

ומה חלב שענוש כרת מותר בהנאה . וא"ת לימא שור הנסקל ושאר איסורי הנאה יוכיחו שאינן בכרת ואפ"ה אסורין בהנאה וי"ל דה"פ ומה חלב (א) שענוש כרת ואסור באכילה ומותר בהנאה כמו נבילה עצמה גיד שאין ענוש כרת לכ"ש שיהא בכלל היתר נבילה והשתא לא שייך למימר תוכיח ולא מצי למיעבד נמי ק"ו מדם דדם אינו בכלל נבילה ואפילו טומאה אינו מטעם נבילה כדפרישי' לעיל (דף כב.) אבל חלב הוה שפיר בכלל נבילה לטומאה לא הוה צריך קרא דאדרבה לטהרו מידי נבילה מצריך קרא והא דקאמר היא הותרה וחלבה לא הותרה לאו משום דלא הוי בכלל נבילה אלא משום דלא הותרה בנבילה אלא מה שהותר בטהרה באכילה והשתא א"ש הא דקאמר ואידך אין בבהמה קיימינן דלא ילפינן אלא שיהא בכלל היתר נבילה אבל בעלמא מודה דפריך שפיר*: **בבהמה** מיהא לא איסתרי . אין להקשות דגיד חיה מיהא ליתסר דכיון דשל בהמה לא מיתסר בהנאה אם כן לא יאכל דכתיב גבי גיד הנשה באכילה דוקא קאמר ומהיכא תיתי לן לאסור של חיה בהנאה: **מאי** בינייהו . תימה לרשב"א לימא דאיכא בינייהו חמץ נוקשה וחמץ דגן גמור ע"י תערובות דמרבינן בריש אלו עוברין (לקמן מג.) מכל מחמצת לא תאכלו לחזקיה מותר בהנאה ולרבי אבהו כל מקום שנאמר לא תאכלו משמע איסור הנאה וכי תימא כיון דמרבינן ליה לאכילה ה"ה להנאה אם כן כרת נמי ליחייב: **דכתיב** והנה שורף . פרש"י בשעיר נחשון ובה"ג דריש בהדיא לשעיר דראש חודש מדכתיב ואותה נתן לכם וגו' והיינו של ר"ח דמכפר עון (ב) על טומאת מקדש וקדשיו*: **דהא** כתיב והנה שורף . פרש"י ואמר להו משה הן לא הובא את דמה אל הקדש פנימה מכלל דאם הובא שפיר עבוד דשרפוה הקשה הרב רבינו שלמה מטרויש הא על כרחיך לאו שפיר עבוד דשרפוה דהא שרפוה בלא עיבור צורה ואמר בפרק כיצד צולין (לקמן פב:) כל שפסולו בגופו ישרף מיד בדם ובבעלים תעובר צורתו ויצא לשריפה וקרא דה"ק מדוע לא אכלתם את החטאת הן לא הובא את דמה הא אם הובא שפיר עבוד דלא אכלוה ואומר ר"י דה"פ אם אינו ענין לגופו דהא קיי"ל בפרק כיצד צולין (גם זה שם) כל שפסולו בקדש בשריפה וחטאת דאהרן משום מעשה שהיה תנהו לכל איסורים : ואם

תורה אור

מאי לאו בהא קמיפלגי דר' יוסי הגלילי סבר לא תאכלו משמע בין איסור אכילה בין איסור הנאה וכי אתא קרא למישרייה לנבילה בהנאה הוא דאתא ורבי עקיבא סבר איסור אכילה משמע איסור הנאה לא משמע וכי אתא קרא לטומאה וטהרה לא דכ"ע לא תאכלו משמע בין איסור אכילה בין איסור הנאה והכא בהא קמיפלגי רבי יוסי הגלילי סבר כשהותרה נבילה היא הותרה חלבה וגידה לא הותרו וכי איצטריך קרא להיתר הנאה הוא דאתא ורבי עקיבא סבר *כשהותרה נבילה חלבה וגידה נמי הותרו וכי איצטריך קרא לטומאה וטהרה ור' יוסי הגלילי אשכחן חלב דשרייה רחמנא בהנאה *אלא גיד נימא דאסור איבעית אימא הכי נמי דאסור איבעית אימא מייתי לה בק"ו ומה חלב שענוש כרת מותר בהנאה גיד שאינו ענוש כרת לא כל שכן ור"ש דאסר איכא למיפרך *מה לחלב שכן הותר מכללו אצל חיה תאמר בגיד שלא הותר מכללו אצל חיה ואידך בבהמה קאמרינן בבהמה מיהת לא אישתרי מכדי אותבינהו כל הני קראי ושנינהו חזקיה ורבי אבהו במאי פליגי בחמץ בפסח ואליבא דרבנן בשור הנסקל ואליבא דדברי הכל חזקיה נפיק ליה מלא יאכל ורבי אבהו נפיק ליה מנבילה מכדי בין למר ובין למר אסורין בהנאה מאי בינייהו איכא בינייהו חולין שנשחטו בעזרה חזקיה סבר לא יאכל למעוטי הני אותו למעוטי חולין שנשחטו בעזרה ורבי אבהו סבר אותו למעוטי הני *חולין שנשחטו בעזרה לאו דאורייתא נינהו יתיב ההוא מרבנן קמיה דרבי שמואל בר נחמני ויתיב וקאמר משמיה דר' יהושע בן לוי מנין לכל איסורין שבתורה דכי היכי דאסורין באכילה הכי נמי אסורין בהנאה ומאי ניהו חמץ בפסח ושור הנסקל מנין תיפוק ליה מלא יאכל לא יאכל איסור אכילה משמע ליה איסור הנאה לא משמע ליה ותיפוק ליה מנבילה סבר לה כר' יהודה דאמר *דברים ככתבן אי סבר לה כר' יהודה תיפוק ליה מהיכא דנפקא ליה לר' יהודה °מלכלב תשליכון אותו קסבר חולין שנשחטו בעזרה דאורייתא מנין דכתיב °כל חטאת אשר יובא מדמה וגו' שאין ת"ל באש תשרף ומה ת"ל באש תשרף אם אינו ענין לגופו דכתיב °והנה שורף תנהו ענין לכל איסורין שבתורה ואם

שמות כב · ויקרא ו · שם י

חלבה וגידה לא הותרו . דחלב אינו בכלל בשר הלכך לא הוה במשמע חתנה ואכלה וגבי נוגע בנבלתה נמי לאו חלב במשמע הלכך יעשה לכל מלאכה לא הוצרך לטהרו אלא להתירו מכלל הנאות לא תאכל חלב : **ורבי עקיבא סבר** . חלב בכלל נבילה בין להיתר הנאה בין לטמאה הלכך כי איצטריך קרא לטהרו איצטריך : **ורבי שמעון** . דאמר לעיל גיד אסור בהנאה משום דסבירא ליה אין בגידין בנותן טעם ולא הותר בכלל נבילה אמאי טעמא לא מייתי ליה כרבי יוסי להתיר הנאה מקל וחומר מחלב : **מכללו** . אף באכילה : **ואידך** . רבי יוסי אמר לך אנא בחלב בהמה קא מייתינא קרא להתיר בהנאה דקרא בחלב שור וכשב קאי וקא שרי ליה בהנאה ובבהמה לא הותר מכללו באכילה הלכך אתי גיד הנשה מיניה: **מכדי אותבינהו כל הנך קראי** . דכל איסורין שנאמר בהן לא תאכל ומותרין בהנאה : **ושנינהו** . רבי אבהו ואשכח בהו פרטא להיתר לא מצינו באחד מכולם שהחמיר בו רבי אבהו ויאמר שאסור בהנאה ולחזקיה לישתרו אלא דבר האסור אסור לדברי שניהם והמותר מותר לדברי שניהם : **במאי פליגי** . דהא לך איסורי הנאה כדבר שנאמר בו לאו באכילתו שלא נאמר בו פרט להתיר אלא הנך שני דברים דכתיב בהן לא יאכל כגון שור הנסקל וחמץ בפסח ובין למר ובין למר אסורין: **ואליבא דרבנן** . דפליגי עליה דרבי יוסי דאמר לעיל חמץ בפסח מותר בהנאה : **מנבילה** . מדאיצטריך קרא למישרי נבילה ואי לא הוה כתיב לא תאכל נמי הוה מיתסרי: **איכא בינייהו חולין שנשחטו בעזרה** . ואליבא דר' יהודה דאמר מנבילה לא מצי למיגמר דלדברים ככתבן אתא לחזקיה סבר הני תרי מדשני בדיבוריה איתסר ולכלב תשליכון אותו לא הוצרך למעט את אלו ולאוסרן בהנאה וכי אתא למעוטי חולין שנשחטו בעזרה אתא וכדפרישית לעיל ורבי אבהו סבר אין חילוק בין לא יֵאָכֵל ללא יֹאכַל ואצטריך אותו למעוטי הני והכי משמע טריפה אף על גב שכתבתי לך לאו באכילתה אני מתיר לך הנאתה אבל לא חמץ ושור הנסקל שלא פרטתי לך בהן היתר : **חולין בעזרה לאו דאורייתא** . וכי אמר רבי אבהו לא יאכל איסור הנאה כל משמע אליבא דרבי מאיר אמרה דלית ליה לדברים ככתבן ומדאיצטריך למישרי נבילה מכלל דשאר איסורין כגון חמץ ושור הנסקל אסירי ולאו משום שינוי הלשון שאין חילוק בין לא יאכל ללא יאכל לרבי אבהו אלא מדאיצטריך למישרי נבילה ואותו לר"מ למעוטי חולין בעזרה : ה"ג ומאי ניהו חמץ בפסח ושור הנסקל : **ותיפוק ליה מהיכא דנפקא ליה לרבי יהודה** . לעיל אליבא דרבי אבהו דמייתי ליה מאותו אתה משליך לכלב ואי אתה משליך שאר איסורין : **קא סבר** . האי תנא : **חולין שנשחטו בעזרה** . אסורין בהנאה מדאורייתא ונפקא ליה מאותו ומיבעי ליה קרא אחרינא לשאר איסורין : **כל חטאת אשר יובא מדמה** . לאו בחטאות הפנימיות שהובא דמן כמצותן לפנים כתיב דהא בהדיא כתיב בהן בפר כהן משיח והעלם דבר שריפתן מחוץ למחנה אלא ללמד על חטאת החיצונה דאם הכניס דמה לפנים פסולה : **אם אינו ענין לגופו דהא כתיב והנה שורף** . בשעיר נחשון בויהי ביום השמיני וקאמר להו משה למה שרפתם אותו הן לא הובא את דמה אל הקדש פנימה מכלל דאם הובא שפיר עבוד דשרפוה אלמא בת שריפה היא : **לכל איסורין** . שנאמר בהן לאו באכילתן כזה ועל כרחיך לא מייתי אלא חמץ בפסח ושור הנסקל דבשאר איסורים כתיב פרטא להיתירא : ואם

רבינו חננאל

בהנאה נמצא חזקיה כר' עקיבא ור' אבהו כר' יוסי הגלילי לא לעולם ר' עקיבא נמי לא תאכלהו איסור הנאה נמי משמע ולמה דרש הפסוק לטומאה וטהרה משום [דהיתר הנאה] כבר(למה)[למד]מנבלה קסבר כשהותרה הנבלה הבשר והחלב והגידים הותרו מ"ט שנא' ואכלה כולה משמע כמות שהיא ולא איצטריך קרא אלא לטהרה וטומאה ור' יוסי הגלילי סבר היא הותרה חלבה וגידה לא הותרו כו' : **ואמרינן** מכדי אותבי' כל הני תיובתא ושני כל חד לנפשיה חזקיה ור' אבהו במאי פליגי ואמרינן פליגי בחמץ בפסח ואליבא דרבנן דאסרי אפילו בהנאה ולא כר' יוסי הגלילי דשרי ובשור הנסקל ואליבא דדברי הכל כו' : **תוב** אמרי' מכדי חזקיה ור' אבהו בחמץ בפסח ובשור הנסקל מיסר אסרי בין באכילה בין בהנאה מאי בינייהו ואמרי' איכא בינייהו חולין שנשחטו [בעזרה] דקיי"ל אמרה תורה שחוט חולין [בחוץ וקדשים בפנים וזה פירש שחוט שלי כלומר שחוט חולין] במקדש בגבולך מה קדשים בחוץ אסורין אפילו בהנאה אף חולין בפנים כך אסורין חזקיה סבר איסו' חמץ בפסח ואיסו' שור הנסקל ששניהם אסורין בהנאה מלא יאכל נפקא והנבלה לדברים ככתבן הוא דאתי בא אותו למעוטי חולין שנשחטו בעזרה שיהיו אסורין בהנאה דדרשינן הכי אותו ובשר טריפה אתה משליכו לכלבך ונהנה בו ואי אתה משליך חולין שנשחטו בעזרה ור' אבהו סבר בין לא יאכל בין לא תאכל [בין לא תאכלו] כולו אחד הוא ובא לא תאכלו כל נבלה למעוטי שאר אסורין ובא אותו למעוטי חמץ בפסח ושור הנסקל אבל חולין שנשחטו בעזרה איסורן לאו דאורייתא ור' אבהו לא סבר לה כר' מאיר דאמר חולין שנשחטו בעזרה דאורייתא: **יתיב** ההוא מרבנן וקאמר מנין לחמץ ושור הנסקל שאסורין בהנאה ואמרי' ותיפוק ליה מלא יאכל כדחזקיה קסבר לא יאכל ולא תאכל ולא תאכלו חד הוא ותיפוק ליה מנבלה כר' אבהו סבר לה כר' יהודה דאמר (ארבעה) דברים ככתבן ותיפוק ליה מאותו כר' יהודה קסבר חולין שנשחטו בעזרה מדאוריי' ואלא מנא ליה ופרשי' מדכתי' וכל חטאת אשר יובא מדמה אל אהל מועד לכפר בקדש לא תאכל באש תשרף שאין ת"ל באש תשרף דנפקא ליה מוהנה שורף דכתיב (ויקרא י יז) מדוע לא אכלתם את החטאת במקום הקודש (שם יח) הן לא הובא את דמה אל הקודש פנימה ודאי בת שריפה היא מהת"ל באש תשרף אם אינו ענין לגופו תנהו ענין לכל איסורין

[לעיל כב.]

[חולין קב.]

הגהות הב"ח

(א) תוס' ד"ה ומה חלב וכו' וי"ל דה"פ ומה חלב שענוש כרת: (ב) ד"ה דכתיב וכו' דמכפר על עון טומאת מקדש וקדשיו כצ"ל :

[לעיל כב. וש"נ]

[לעיל כא: וש"נ]

גליון הש"ס

גמ' אלא גיד נימא דאסור. ק"ל [illegible]

*) [וכן הוא להדיא בשבועות ט: וברש"י שם וכן בזבחים קא: וכן פירש"י בחומש להדיא אבל ר"ח וכן פירש"י לקמן פב: ד"ה לכך נאמר וכ"כ רש"י יומא ה: ד"ה כאשר צוה וכ"כ רש"י חולין סח: ד"ה הכל היו]

§ עניני הלכה שונים הקשורים להדף §

עוד אבאר לך שמה שכתבנו לעיל, הטעם דאין לוקין על כל האיסורין בהנאה, משום דנפיק מקרא דאותו אתה משליך לכלב, דהוה לאו הבא מכלל עשה, יש לעיין ביה, דאם כן כי מקשה בפרק כל שעה (כג ב) מכדי אותבינהו ושננהו כל הני קרא, חזקיה ורבי אבהו במאי פליגי, ואמאי לא משני דנפקא מיניה טובא, דלחזקיה איכא מלקות בהנאה משום לא יאכל בצירי, ולרבי אבהו דלא שני ליה בין לא יאכל בחולם [ללא יאכל בצירי] אלא מ"אותו", לא לקי, **אלא** משמע דאף לחזקיה לא לקי על הנאה, מטעם דכתב המגיד משנה בפ"ח מהל' מאכלות אסורות - גינת ורדים פתיחה מערכה ב.

בפ' כל שעה דף כ"ד איכא דאמרי א"ר אבהו אר"י כל איסורין שבתורה אין לוקין עליהן אלא דרך הנאתן, למעוטי מאי, א"ר שימי בר אשי למעוטי שאם הניח חלב של שור הנסקל ע"ג מכתו שהוא פטור, וכל שכן אוכל חלב חי שהוא פטור. **והמתבאר** מסוגיא זו הוא, דכל איסורי הנאה כל שנהנה מהם דרך הנאתן, כגון שהבעיר בחלב שור הנסקל או שמשח ממנו עורות, לוקה עליהן אף שלא אכל, דכיון דקי"ל דכל מקום שאסר הכתוב האכילה אף ההנאה אסורה, כשם שלוקה על האכילה כך לוקה על ההנאה. **אך** ראיתי לרבינו בפ"ח מהל' מאכלות אסורות דין ט"ז שכתב וז"ל, כל מאכל שהוא אסור בהנאה, אם נהנה ולא אכל, כגון שמכר או נתן לכותיים או לכלבים, אינו לוקה, ומכין אותו מכת מרדות. ע"כ. הרי דס"ל דהנאה בלא אכילה ליכא מלקות. **וראיתי** לה"ה שם בפ"ח שכתב על מ"ש רבינו דאם נהנה ולא אכל דאינו לוקה, וז"ל: בפ' כל שעה כל איסורין שבתורה אין לוקין עליהן אלא כדרך הנאתן, וכל דבר הראוי לאכילה אין דרך הנאתו אלא דרך אכילה כתקנו, ועוד יתבאר פי"ד, ואפילו סיכה שהיא קרובה לשתיה, אמרו בגמ' גבי רבינא שהיה סך בתו בפרי של ערלה במקום חולי שאין בו סכנה, דלאו דרך הנאתה הוא, ולפי זה הרי אסור בהנאה כדין חצי שיעור, שאסור מן התורה ואין לוקין עליו, ע"כ - משנה למלך הלכות יסודי התורה פרק ה הלכה ח.

והעובר עליה ואכל כזית מן הבשר והחלב שנתבשלו יחד, במזיד לוקה. אבל נהנה בו כגון שנתנו או מכרו, אינו לוקה, לפי שאפשר להנאה בלי מעשה, וכל שאין בו מעשה אין לוקין עליו - ספר החינוך פרשת כי תשא מצוה קיג. **הוא** לשיטתו, דכל שאפשר בלא מעשה, אין לוקין אפילו עשה מעשה, א"כ כיון דסיכה היא הנאה, והנאה משכחת לה בלי מעשה ג"כ, לא ילקה כלל - מנחת חינוך שם.

וכן אוכל בשר בחלב והנהנה ממנו, לוקין הם - השגות הרמב"ן לספר המצוות לרמב"ם שורש ב.

§ מסכת פסחים דף כד. §

אות א'

[א]תלמוד לומר (וכל) בקדש באש תשרף

רמב"ם פי"ט מהל' פסולי המוקדשין ה"א - מצות עשה לשרוף כל הקדשים שנטמאו, שנאמר: והבשר אשר יגע בכל טמא לא יאכל באש ישרף; וכן הנותר מצות עשה לשרפו, שנאמר: והנותר מבשר הזבח ביום השלישי באש ישרף; ובכלל הנותר, הפגול וכל פסולי המוקדשין, הכל נשרפין.

רמב"ם פי"ט מהל' פסולי המוקדשין ה"ב - קרבן שנתפגל או נפסל, ישרף במקדש מיד; וכל שפיסולו מספק, תעובר צורתו ואחר כך ישרף במקדש.

אות ב'

כל שבקדש פסול, בא הכתוב ליתן לא תעשה על אכילתו

רמב"ם פי"ח מהל' פסולי המוקדשין ה"ג - כל קרבן שנאמר שהוא פסול, בין שנפסל במחשבה בין במעשה בין שאירע בו דבר שפסלו, כל האוכל ממנו כזית במזיד לוקה, [ב]שנאמר: לא תאכל כל תועבה.

רמב"ם פי"ח מהל' פסולי המוקדשין ה"ד - מפי השמועה למדו, שאין הכתוב מזהיר אלא על פסולי המוקדשין.

אות ב'*[ג]

אין לוקין על לאו שבכללות

רמב"ם פי"ח מהל' סנהדרין ה"ב - ועל לאו שבכללות אין לוקין עליו.

רמב"ם פי"ח מהל' סנהדרין ה"ג - אי זהו לאו שבכללות, זה לאו אחד שכולל עניינים הרבה, כגון לא תאכלו על הדם; וכן אם נאמר לא תעשה דבר פלוני ופלוני, הואיל ולא ייחד לו לאו לכל אחד ואחד מהן, אין לוקין על כל אחד ואחד, אלא אם כן חלק אותה בלאוין אחרים, או נאמר מפי השמועה שנחלקו; כיצד, כגון זה שנאמר: אל תאכלו ממנו נא ובשל מבושל, אינו לוקה על הנא והמבושל שתים, אלא אחת; ובחדש הוא אומר: ולחם וקלי וכרמל לא תאכלו, וחייב על שלשתן שלש מלקיות, מפי השמועה למדו שזה לחלק; הרי נאמר: לא ימצא בך מעביר בנו ובתו באש קוסם קסמים, ואף על פי שכלל כל העניינים בלאו אחד, הרי חלק אותם בלאוין אחרים ואמר: לא תנחשו ולא תעוננו, מלמד שכל אחד מהן בלאו בפני עצמו, וכן כל כיוצא בזה.

אות ג'

אכל פוטיתא לוקה ד', נמלה לוקה ה', צירעה לוקה ו'

רמב"ם פ"ב מהל' מאכלות אסורות הכ"ג - [ד]הרי שהיתה הבריה משרץ העוף ומשרץ המים ומשרץ הארץ, כגון שהיו לה כנפים, והיא מהלכת על הארץ כשאר שרצים, והיתה רבה במים, ואכלה, לוקה שלש מלקיות; ואם היתה יתר על זה מן המינין שנבראו בפירות, לוקה עליה ארבע מלקיות; ואם היתה מן המינין שפרין ורבין, לוקה חמש; ואם היתה מכלל עוף טמא יתר על היותה משרץ העוף, לוקה עליה שש מלקיות: משום עוף טמא, ומשום שרץ העוף, ומשום שרץ הארץ, ומשום שרץ המים, ומשום רומש על הארץ, ומשום תולעת הפירות, בין שאכלה כולה בין שאכל ממנה כזית; לפיכך האוכל נמלה הפורחת הגדילה במים לוקה חמש מלקיות. [ה]השגת הראב"ד: לוקה חמש וכו'. כתב הראב"ד ז"ל: א"א המאסף הזה אסף דברים שאינם בעולם שלא שמענו מימינו, נמלה גדלה במים ולא שרץ העוף גדל במים, ואם בשביל שמולין דגים ואוכלין, טעות הוא בידו, ואילו מצאו חכמים מין זה לא היו משנים מפוטיתא לנמלה ומנמלה לצרעה, עכ"ל.

באר הגולה

א ‹אינו מובן אמאי מציין על הפסוק, כיון שהרמב"ם אינו מביאו, ועוד דהלימוד הוא, ששורפין אותו בעזרה, והלכה א' אינו שייך לזה› ב ‹והוא מדברי הספרי כמ"ש הכס"מ שם. ובאמת אני תמה על הרמב"ם, ששביק הך לימוד דר' אלעזר שהוא בגמרא, ויליף מלא תאכל כל תועבה שהוא בספרי, והדבר צריך תלמוד - צל"ח› ג ‹ע"פ מהדורת נהרדעא› ד ‹וכבר ביאר רבינו שיטתו זאת בספר המצות במצוה ק"פ בארוכה, ופירש הוא היפך מפי' הגאונים ז"ל, הם סבורים שאם באו שני לאוין בדבר אחד, לוקין עליהן שתים, ורבינו ז"ל אינו סבור כן, וע"כ אמר שרבוי המלקיות הוא מפני שיש בבריות אלו פעולות ותכונות שונות, ונכללות בא' מהן מינין חלוקין, לפיכך לוקה עליהן על כל הלאוין האלו, וכבר חלקו עליו ג"כ האחרונים ז"ל - מגיד משנה. ‹**ושורש** הדברים, דבפרשת שמיני יש ד' לאוי בשרץ: **א'**, שקץ הוא לא יאכל, והוא אזהרה לשרץ הארץ, כנ"ל בפרקין ה"ו. **ב'**, לא תאכלום, שהוא אזהרה לתולע הפירות, כנ"ל בפרקין הי"ד, **ג'**, אל תשקצו וגו' ולא תטמאו, וסובר רבינו דאינן שני לאוין כפירוש רש"י, אלא אזהרה אחת הכוללת כל שרץ, והיא אזהרה מיוחדת לשרץ המים, וכמ"ש רבינו בפרקין הי"ד, **ד'** ולא תטמאו את נפשותיכם, והיא אזהרה מיוחדת לשרץ הנולד מעיפוש ואינו פרה ורבה, כמ"ש רבנו בפרקין הי"ג. **ויש** לאו חמישי בפ' ראה, וכל שרץ העוף וגו' ולא יאכלו, אזהרה לשרץ העוף, כמ"ש רבנו בפרקין ה"ה. **ואזהרה** לעוף טמא, לא יאכלו, כמ"ש רבנו בפרקין ה"ד, והוכפל בפרשת ראה, וזה אשר לא תאכלו - מרכבת המשנה› ה ‹מ"ש לא שמענו וכו', אין ראיית לא ראינו ראייה, ומי לנו גדול בחכמת הטבע מרבינו, והוא ביאר בלאו קע"ט שאין להרחיק שיתולד עוף מעיפוש, ויהיה רמש ועוף, ויהיה ג"כ עוף ושרץ העוף, עיין שם, **ומ"ש** הראב"ד ואלו מצאו חז"ל מין זה וכו', הרי באמת לדעת רבינו זהו פי' פוטיתא ונמלה וצירעא שהזכירו חז"ל ומצאו - מרכבת המשנה›

ואם אינו ענין לאכילה תנהו ענין לאיסור
הנאה אי מה כאן בשריפה אף כל איסורין
שבתורה בשריפה אמר קרא °בקדש באש ויקרא ו
תשרף בקדש בשריפה ואין כל איסורין
שבתורה בשריפה והאי בקדש באש תשרף
להכי הוא דאתא האי מיבעי ליה לכדרבי
שמעון *דתניא רבי שמעון אומר בקדש באש
תשרף לימד על חטאת ששורפין אותה בקדש
ואין לי אלא זו בלבד פסולי קדשי קדשים
ואמורי קדשים קלים מנין *תלמוד לומר (וכל)
בקדש באש תשרף אמר ליה רבי יונתן רבך
מהאי קרא קאמר לה °ואם יותר מבשר שמות כט
המלואים ומן הלחם עד הבקר וגו' שאין
תלמוד לומר לא יאכל ומה תלמוד לומר לא
יאכל אם אינו ענין לגופיה דהא כתיב
°ושרפת את הנותר באש תנהו ענין לשאר שם
איסורין שבתורה ואם אינו ענין לאכילה
תנהו ענין לאיסור הנאה אי מה כאן בשריפה
אף כל איסורין שבתורה בשריפה אמר קרא
ושרפת את הנותר נותר בשריפה ואין כל
איסורין שבתורה בשריפה והאי לא יאכל
להכי הוא דאתא האי מיבעי ליה לכדרבי
אלעזר *דאמר ר' אלעזר *לא יאכל כי קדש
הוא °כל שבקדש פסול בא הכתוב ליתן לא
תעשה על אכילתו אמר אביי לעולם מקרא
קמא ואיפוך דליכתוב באש תשרף ולא בעי לא תאכל מה תלמוד לומר לא
תאכל אם אינו ענין לגופו דנפקא ליה מדרבי אלעזר תנהו ענין לכל
איסורין שבתורה ואם אינו ענין לאכילה תנהו ענין לאיסור הנאה
אי מה כאן בשריפה אף כל איסורין שבתורה בשריפה אמר קרא
הנותר הנותר בשריפה ואין כל איסורין שבתורה בשריפה אמר ליה
רב פפא לאביי ואימא ליהודי ליה לאו לגופיה הוא דאתא דאי מדרבי
אלעזר *אין לוקין על לאו שבכללות אלא אמר רב פפא מהכא °והבשר ויקרא ז
אשר יגע בכל טמא לא יאכל באש ישרף שאין תלמוד לומר לא יאכל
מה תלמוד לומר לא יאכל אם אינו ענין לגופו דהא נפקא ליה מקל וחומר
ממעשר הקל *ומה מעשר הקל אמרה תורה °לא בערתי ממנו בטמא דברים כו
בשר קדש חמור לא כל שכן וכי תימא *אין מזהירין מן הדין °הקישא הוא
דכתיב °לא תוכל לאכול בשעריך מעשר דגנך תירושך ויצהרך ובכורות שם יב
בקרך וגו' מה תלמוד לומר לא יאכל אם אינו ענין לגופו תנהו ענין לכל
איסורין שבתורה ואם אינו ענין לאכילה תנהו ענין להנאה אי מה כאן
בשריפה אף כל איסורין שבתורה בשריפה אמר קרא הנותר הנותר בשריפה
ואין כל איסורין שבתורה בשריפה אמר ליה רבינא לרב אשי ואימא לעבור עליו
בשני לאוין לאו מי *אמר אביי °אכל פוטיתא לוקה ארבע נמלה לוקה חמש
צירעה

רש"י

ואם אינו ענין. לאוסרם באכילה דהא איסור אכילה בגופייהו כתיב זו מדה בתורה דבר שלא הוצרך לגופו תנהו ענין לענין אחר ותלמוד דבר לדבר אחר וכל המדות הלכה למשה מסיני: לימד על חטאת. פסולה ששריפתה בקדש בעזרה דמוהגה שורף לא הוה שמעינן מקום שריפתה היכן: פסולי. כל שאר קדשי קדשים כגון מנחה ועולה ואשם שנטמאו או שנשפך דמן ומנחה שלא נקטר קומצה ואימורי קדשים קלים שנטמאו ודוקא נקט הני שמחילתן בתוך חומת העזרה אבל פסולי בשר קדשים קלים שאכילתן בכל העיר אף שריפתן אם נפסלו חוץ לעזרה הן והכי נמי תנן באלו עוברין (לקמן מט.) שורפן לפני הבירה והיינו חוץ לעזרה ושם היה בית הדשן לכך וכן מפורש בזבחים בפ' טבול יום (ד' קד:): אמר ליה. ההוא מרבנן לרבי שמואל בר נחמני דאקשי ליה האי קושיא רבי יונתן רבך נמי לא הוה מייתי איסור הנאה לכל איסורין מבקדש באש תשרף דמבעי ליה לכדאמרת שתשרף בעזרה אלא מהאי קרא אמר להו: דהא כתיב ושרפת. אלמא לאו בר אכילה הוא: לכל איסורין. דוגמתן שנאמר בהן לאו באכילתן: ואם אינו ענין לאכילה. דהא בגופייהו כתיב תנהו ענין להנאה: אמר קרא והנותר. דהוה ליה למכתב ושרפתו באש: מיבעי ליה לכדרבי אלעזר. ליתן לא תעשה דאי מושרפת לא הוה ידעינן ביה איסור לאו למלקות: כל שבקודש פסול. מדכתיב כי קודש הוא יתירה לרבות על שאר פסולי קדשי קדשים בלאו כגון פיגול ויוצא ונשפך דמו: מקרא קמא. וכל חטאת ולאו מבאש תשרף דאיצטריך לומר שישרף בעזרה אלא מלא תאכל ליכתוב באש תשרף אלמא לאו בר אכילה הוא וממילא נפקא לן ביה נמי איסור לאו מהא דרבי אלעזר דמפיק מלא יאכל כי קודש הוא כל פסולי קדשים: לאו שבכללות. כגון זה שנכלל כל הפסולין יחד: לא בערתי. אזהרה נפקא לן ביה ביבמות בהערל (דף עג:): אין מוהירין. מדין קל וחומר אף על פי שאדם דן קל וחומר מעצמו אינה אזהרה ללאו במסכת מכות (דף ה:) נפקא לן: היקשא הוא. ולאו קל וחומר דאיתקש נדריך ונדבותיך דהיינו שלמים למעשר דגן דכתיב ביה לא בערתי ממנו בטמא ותייתי לן מינה דאף קדשים לא יאכלו בטומאה ולא בערתי ממנו בטמא אע"ג דווידוי בעלמא הוא ואינו לאו הא נפקא לן ביה איסור לאו ביבמות בהערל מהאי קרא דלא תוכל לאכול בשעריך ולהלן הוא אומר בפסולי המוקדשים שנפדו (דברים טו) בשעריך תאכלנו הטמא והטהור יחדיו טמא וטהור אוכלין בקערה אחת יש כאן טומאת בשר לטהור וטומאת הגוף לטמא וקא אמר רחמנא גבי מעשר וקדשים ההוא בשעריך דשראי לך ביה טומאה התם בפסולי המוקדשין הכא לא תאכל: אכל פוטיתא. שרץ המים: לוקה ארבע. חד לאו בשרץ המים בתורת כהנים דהוא ספר ויקרא וחד במשנה תורה ושני לאוין כתובים בתורת כהנים בשקלים סתם (א) לא תשקצו את נפשותיכם בכל השרץ השורץ ולא תטמאו בהן והכא לא כתיב על הארץ ומשמע בין שרץ המים ובין שרץ הארץ הרי ארבע: נמלה. שהוא שרץ הארץ: לוקה חמש. הני תרי דסתם שרלים וחד וכל השרץ השורץ על הארץ שקץ הוא לא יאכל וחד לכל השרץ השורץ על הארץ לא תאכלום כי שקץ הם וחד ולא תטמאו את נפשותיכם בכל השרץ הרומש על הארץ:
לרעה

תוספות

ואם אינו ענין לאכילה. לא אתי שפיר דהיכי מצי לאוקמי' באיסור אכילה דהא כתיב באש תשרף: הא אין לוקין על לאו שבכללות. הקשה הר"ר אליעזר ממיץ דבאלו הן הלוקין (מכות יג:) אמר דלאו דנותר ופיגול הוה בכלל הלוקין ואמאי והא לאו שבכללות הוא ותירץ דלגבי נותר שמפורש בהדיא דכתיב ושרפת את הנותר באש לא יאכל כי קדש הוא לא חשיב לאו שבכללות ופיגול נמי גמרינן עון עון מנותר אך קשה דבפרק בתרא דמכות (דף יז: יח.) גבי זר שאכל עולה לפני זריקה לוקה חמש פריך ולילקי נמי מדרבי אלעזר דאמר כל שבקודש פסול ומאי קושיא והא לאו שבכללות הוא*: אם אינו ענין לגופו דאתי בקל וחומר ממעשר. ואם תאמר והא איצטריך לרביעי בקודש כדאמרינן בפרק קמא (דף יט.) וי"ל דלא ליכתוב לא יאכל אלא ישרף: הקישא הוא. תימה אמאי קרי ליה הקישא תיפוק ליה דקודש כתיב בהדיא בקרא ובכורות בקרך ולאכן ואזהרה למעשר נמי יליף מהאי קרא וי"ל דלריך הקישא משום איסור הנאה דלא תוקי קרא דוהבשר לאיסור הנאה שיהא בלאו דבפ' שני דשבת (דף כה.) לא ילפי' איסור הנאה בשמן קדש שנטמא אלא ממעשר: דכתיב לא תוכל לאכול בשעריך. האי לא חשיב לאו שבכללות מדלא כתיב מעשר דגנך ובכורות בקרך לא תוכל לאכלם ש"מ ליחודי לאו אכל חד דכתי' בקרא אתא:
לירעה

עין משפט נר מצוה

כא א מיי' פי"ט מהל' פסולי המוקדשין הלכה א ב:
כב ב מיי' פי"ח שם הלכה ג ד:
כג ג מיי' פ"ב מהלכות מאכלות אסורות הל' כג [רב אלפס חולין סוף פ"ג דף רפ"ב: האריך בפירושו]

מסורת הש"ס

לקמן פב:
[במכו' ובמעיל' איתא אליעזר ביו"ד ודע עוד דבמעילה בריתא היא דתניא ר"א אומר לא יאכל כו']
[לקמן מח: מ"ר לח: ב"מ קטו: סנהדרין סג. מנחות נח: תמורה ז: כריתות ד. ה.]
מכות עז: עירובין כח.
[שבת כה.]
[יבמות כב: מכות ה:]
[ועי' תוס' יומא לו: ד"ה לאו ותוס' מכות יח: ד"ה כל]
מכות יח. מעילה יז:

הגהות הב"ח

(א) רש"י ד"ה לוקה ארבע וכו' בשקלים סתםאל תשקצו:

גליון הש"ס

גמרא הקישא הוא. עיין זבחים לד ע"א תד"ה והבשר:

רבינו חננאל

שבתורה שיהו אסורין אפי' בהנאה ואם תאמר כל איסורין שבתורה בשרפה תלמוד לומר [בקדש] באש תשרף כל פסול שהוא בקדש בשרפה ולא שאר איסורין שבתורה: והאי בקדש מבעי ליה לכדתניא בקדש באש תשרף לימד על חטאת כו' והא דאמר ר' יונתן ואם יותר מבשר המלואים וגו' נדחו דבריו ותרצה אביי לעולם מקרא קמא והוא וכל חטאת אשר יובא מדמה אל אהל מועד וא"כ נימא קרא בקדש באש תשרף ונשתוק לא תאכל למה לי אם אינו ענין לגופיה דנפק' ליה מדר' אלעזר דאמר לא יאכל כי קדש הוא כל שבקדש פסול ליתן לא תעשה על אכילתו תנהו ענין לשאר איסורין שבתורה ודחי' תוב ואימא ליהודי ליה לאו לגופיה דאי מדר' אלעזר הוה ליה לאו שבכללות כדפירש כל שבקדש כלל כל פסולין שבקדש [וכל לאו] שבכללות אין לוקין עליו אלא א"ר פפא מהכא והבשר אשר יגע בכל טמא לא יאכל שאין ת"ל (באש ישרף) [לא יאכל] כו' עד וכי מוהירין מן הדין ודחי' הקישא הוא כלומר התורה הקישה הקדש למעשר שנאמר לא תוכל לאכול בשעריך מעשר דגנך תירושך ויצהרך ובכורות בקרך וצאנך וגו' וכל נדריך אלו קדשים: אמר ליה רבינא לרב אשי ואימא לעבור עליו בשני לאוין. כלומר לא בא מופנה שתדרוש בו ואם אינו ענין לגופו תנהו ענין לשאר איסורין אלא לגופיה בא וא"ת [והלא] כבר הוקש למעשר דכתי' ביה לאו שנאמר לא תוכל לאכול בשעריך לא יאכל עוד למה בא לחייבו בשני לאוין מי לא אמר אביי אכל פוטיתא לוקה ארבע נמלה לוקה חמש צרעה לוקה

צירעה לוקה שש *א"ל כל היכא *דאיכא למדרש דרשינן ולא מוקמינן בלאוי יתירי °והבשר אשר יגע בכל טמא לא יאכל דרישי' (א) למה לי *לרבות עצים ולבונה והבשר כל טהור יאכל בשר דסיפיה למה לי לרבות אימורין אימורין מהתם נפקא *דתניא °והנפש אשר תאכל בשר מזבח השלמים אשר לה' לרבות את האימורין ׳התם טומאת הגוף בכרת ׳הכא טומאת בשר בלאו א"ר אבהו א"ר יוחנן *כל איסורין שבתורה אין לוקין עליהן אלא דרך אכילתן למעוטי מאי אמר רב שימי בר אשי למעוטי שאם אכל חלב חי שפטור איכא דאמרי א"ר אבהו אמר ר' יוחנן ׳כל איסורין שבתורה אין לוקין עליהן אלא דרך הנאתן למעוטי מאי אמר רב שימי בר אשי למעוטי ׳שאם הניח חלב של שור הנסקל על גבי מכתו שהוא פטור וכל שכן אוכל חלב חי שהוא פטור אתמר נמי אמר רב אחא בר *עויה אמר רב אסי א"ר יוחנן הניח חלב של שור הנסקל על גבי מכתו פטור לפי שכל איסורין שבתורה אין לוקין עליהם אלא דרך הנאתן אמר ר' זירא אף אנן נמי תנינ' *׳אין סופגין את הארבעים משום ערלה אלא על היוצא מן הזיתים ומן הענבים בלבד ואילו מתותים תאנים ורמונים לא מאי טעמא לאו משו' דלא קאכיל להו דרך הנאתן אמר ליה אביי בשלמא אי אשמעינן פרי גופא דלא קאכיל ליה דרך הנאתו שפיר אלא הכא משום דזיעה בעלמא הוא אמר אביי * ׳הכל מודים בכלאי הכרם שלוקין עליהן אפילו שלא כדרך הנאתן מאי טעמא משום דלא כתיב בהו אכילה מיתיבי איסי בן יהודה אומר *מנין לבשר בחלב שהוא אסור נאמר כאן °כי עם קדוש אתה ונאמר להלן °ואנשי קדש תהיון לי מה להלן אסור אף כאן אסור ואין לי אלא באכילה בהנאה מנין אמרת ק"ו ומה ערלה שלא נעבדה בה עבירה אסורה בהנאה בשר בחלב שנעבדה בו עבירה אינו דין שיהא אסור בהנאה מה

ויקרא ז | שם | חולין קטו: | דברים יד | שמות כב

רש"י

לירעה. שרץ העוף היא וגם שורלת על הארץ ויש בה אלו חמש לאוין ומוסיף עליה לאו דשרץ העוף במשנה תורה (יד) וכל שרץ העוף טמא הוא לכם לא יאכלו שרץ לשון רחוש ונענע ואינו נראה ואין בהמה וחיה הגבוהין מן הארץ בכלל שרץ הלכך לא תשקלו את נפשותיכם בבהמה ובעוף וגו' דכתיב בקדושים תהיו אינו מן המנין דלאו בשרלים כתיב: **והבשר למה לי.** השתא דאמר' קרא לאו לגופיה אתא אלא לאם אינו ענין תיכח ואשר יגע בכל טמא לא יאכל והבשר למה לי ומשני לרבות עלים ולבונה לקבל טומאה ואע"ג דלאו אוכלא הוא: **והבשר כל טהור יאכל למה לי.** והבשר יתירה מבעיא ליה דאילו כל טהור יאכל בשר דריש ליה במנחות (ד' כה:) כל טהור יאכל בשר והנפש אשר תאכל בשר וגו' הניתר לטהורין חייבין עליו משום טומאה יצא בשר שנטמא לפני זריקת דם לשון אחר בין ברישא בין בסיפא ו' יתירה מיבעי' ליה: **לרבות את האימורין.** שאם נטמאו ואכלן טהור שיעבור עליהן משום ב' לאוין לאו דזרות שאף הכהן זר אצלם ולאו דטומאת בשר ואדלעיל קאי והכי קאמר לא יאכל והבשר נמי שנטמא לא יאכל: **אשר לה'.** קרא יתירה הוא דה"ל למכתב מזבח השלמים וטומאתו עליו וכתיב אשר לה' לרבות אף בשר הקרב לה' שאם אכלו בטומאה ענוש כרת: ומשני התם בטומאת הגוף איירי(ב) והאי וטומאתו עליו מוקמינן לה בזבחים בפרק ב"ש (דף מג:) בטומאת הגוף הכתוב מדבר והכא רביניהו לאזהרת טומאת בשר כשנטמאו הם והוא טהור שיהא מוזהר עליהן והכא ליכא כרת אלא לאו דאימעט מכרת בזבחים בפרק ב"ש: **אלא דרך אכילתן.** אלא אם כן אכלן דרך אכילתן: **איכא דאמרי.** הא דרבי אבהו אהנאה איתמר ואהנך דאסירי בהנאה: **חלב.** אין דרך הנאתו אלא בהבערה ולמשוח עורות ולא לרפואה וכ"ש אוכל חלב חי: **אין סופגין את הארבעים כו'.** גבי משקין קאי במסכת תרומות וקאמר דאין כל מי פירות קרויין משקין אלא אלו בלבד. אין סופגין את הארבעים על שום מי פירות של ערלה משום דכולהו שלא כדרך הנאתן הוא אלא אלו: **בשלמא אי אשמעינן בפרי גופא.** דאי אכיל שלא כדרכו כגון שבישל אגוזים או אפרסקין ואכלן ואשמעינן דלא מחייב: **שפיר.** שמעינן מינה דאין לוקין אלא כדרך אכילתן אבל השתא טעמא דפטור משום דלאו פרי אכל: **כלאי הכרם.** כתיב (דברים כב) פן תקדש המלאה דמשמע לא תהנה ממנו אלא תשרפנו ופן לאו הוא: **שהוא אסור.** באכילה: **ערלה שלא נעבדה בה עבירה.** בנטיעתה: **בשר בחלב שנעבדה בו עבירה.** כשבישלו ועבר עליו על לאו לא תבשל:

ערלה

תוספות

צירעה לוקה שש. פ"ה דהא (ג) דכתיב אל תשקצו את נפשותיכם בבהמה ובעוף ובכל אשר תרמוש האדמה וגו' לא חשיב ליה דבגדולים איירי דלא כתיב (ד) שרץ ולשון שרץ דבר שהוא כד בארץ ואינו נראה אלא ע"י שירוצו מפני קטנו וקשה דבפ' ד' מיתות (סנהדרין נט:) דרשינן וכל חיה הרומשת זה הנחש משמע דרמישה הוה נמי בדבר הרוחש כמו נחש שהולך על גחונו ותי' הר"י דאורליינ"ש דההוא קרא איירי בח' שרצים דאמרינן במעילה בפרק קדשי מזבח (דף טז: ושם) במובדלים ממך דיבר הכתוב דכתיב בסיפא דקרא אשר הבדלתי לכם לטמא והיינו ח' שרצים שהן טמאים: **לרבות** את האימורים. דסד"א אין חייבין עליהם משום טומאה הואיל ואין ניתרים ודרשינן במנחות בפרק הקומץ את המנחה (דף כה:) הניתר לטהורי' חייבים עליהם משום טומאה להכי איצטריך לרבוייהו מיהו קשה דבמעילה בפ' חטאת העוף (דף י:) דריש התם מאשר יקרב בכל הקדשים הכתוב מדבר ויליף התם אימורים *וכל שאין ניתר לטהורים ורבינו שמשון תירץ דאיצטריך לרבויי דסד"א דלא יבא איסור טומאה ויחול על איסור חלב: **פרט** לאוכל חלב חי. והא דאמר בגיד הנשה (חולין קב:) אכל לפור טהורה בחייה בכל שהוא במיתתה בכזית שאני עוף שהוא רך וחזי לאומצא וחשיב כדרך הנאתו והא דאמר בהקומץ רבה (מנחות כא.) דם שבשלו אינו עובר עליו ופריך אביי מהא דתניא הקפה את הדם ואכלו או שהמחה את החלב וגמעו חייב ומשני כאן שהקפה באור וכאן שהקפה בחמה ולפי הך דהכא צ"ל שהברייתא לגלדים קתני הקפה את הדם בחמה ואת החלב באור דאי בחמה חי הוא ופטור: **אלא** הכא משום דזיעה בעלמא הוא. תימה לר"י דבהעור והרוטב (חולין קכ. ושם) יליף מקרא דאין חייב משום ערלה אלא על היוצא מזיתים וענבים דגמר ערלה פרי פרי מבכורים ובכורים מתרומה ובתרומה כתיב תירוש ויצהר אם כן אמאי איצטריך למימר הכא זיעה בעלמא הוא וי"ל דהא דאיצטריך למילף התם פרי פרי מבכורים לאו למעוטי שאר משקין איצטריך דמן הדין אפילו תירוש ויצהר לא היה (ה) ליחשב למשקין פרי דזיעה בעלמא הוא כדאמרינן הכא והתם איצטריך למילף שנחשוב משקה של תירוש ויצהר כמו הפרי והשתא א"ש הא דאמר בשמעתין דזיעה בעלמא הוא דמהאי טעמא הוא דשמעינן דמשקה אינו כפרי מיהו תימה אמאי אמר דזיעה בעלמא הוא והא טעם כעיקר דאורייתא: **אמרת** קל וחומר. תימה היכי אתיא ק"ו לאפוקי מג"ש דגילף מנבילה בג"ש שלא תאסר בהנאה כמו נבילה ובפרק כל הבשר (חולין קטז.) איכא תנא דיליף הכי וסבר דבשר בחלב לא אסור בהנאה ואור"ת דבההוא קרא דאנשי קדש כתיב ביה נמי איסורי הנאה דמבשר בשדה דרשינן *קדשים שילאו חוץ למחילה וגלי לן ק"ו דנגמרינן מקדשים ולא (*מנבילה) וא"ת בלא ק"ו נמי מקשינן לחומרא וי"ל דהכא ס"ד לאקשויי לקולא משום דמפורש בהדיא בקרא היתר הנאה דכתיב לכלב תשליכון אותו הקשה הר"י דאורליינ"ש אמאי לא ילפינן מנותר איסור אכילה ואיסור הנאה מקדש קדש דמההוא קדש דנותר דריש ג"ש בפ' לולב וערבה (סוכה מט.) ובפרק כל הזבחים (זבחים כח:) וי"ל דהכא עם קדוש מאנשי קדש דרשי' שהן ענין אחד דקיימא קדושה אגברי אי נמי דנין חולין מחולין ואין דנין חולין מקדשים*: **הכל** מודים בכלאי הכרם. הא דלא קאמר הכל מודים בחולין שנשחטו בעזרה משום דכתיב בהו אכילה דמוזבחת ואכלת נפקא לן ועוד דאיכא מאן דאמר לאו דאורייתא *והא דלא קאמר הכל מודים בבשר וחלב שמא משום דאין מזהירין מן הדין: **אמרת** ק"ו. איסור אכילה לא מצי למילף בק"ו מערלה כדאמר בכל הבשר (חולין קטו:) משום דאיכא למימר חורש בשור וחמור והוסם פי פרה יוכיח דנעבדה בהו עבירה ושרו באכילה אבל השתא דיליף מקרא איסור אכילה ליכא למימר תוכיח דהנהו שרו באכילה:

מה

עין משפט נר מצוה

כד א מיי' פ"ב מהלכות איסורי מזבח הלכה ח ופ"ח מהל' פסולי המוקדשין הלכה יב:
כה ב שם הלכה יח:
כו ג שם הלכה יב:
כז ד מיי' פ"ד מהל' מאכלות אסורות הל' י סמ"ג לאוין קלב טוש"ע יו"ד סי' קנה סעיף ג:
כח ה מיי' פ"י שם הלכה טז:
כט ו מיי' פ"ט שם הלכה טו טוש"ע יו"ד סי' פז סעיף ג:

וכל שאין לו מתירין כב"ל רש"ל

[בר רב עויא וכ"א לקמן נג:]

מסורת הש"ס

[בכורות ו:]

[לקמן לס. וש"נ כפירש"י]

[זבחים לו: כריתות כג: לקמן עו.]

[עי' תוס' ע"ז יב: ד"ה אלא]

[עי' תוס' ע"ז יב: ד"ה אלא וכו' דהפשר ד"ה לוקין אפי' שלא כדרך הנאתן פ"ש]

[מכות יח.]

[מפרש כנ"ל]

[ופ"ע תוס' בכורות י. ד"ה מה לנכ]

הגהות הב"ח

(א) גמרא והבשר אשר יגע בכל טמא לא יאכל דרישא דקרא למה לי: (ב) רש"י ד"ה ומשני וכו' איירי דהאי: (ג) תוס' ד"ה לירעה וכו' דהא. נ"ב עי' פ' בכל מערבין: (ד) בא"ד דלא כתיב בהו שרץ ולשון שרץ וכו' מפני קטנו ופי' הר"י וקשה: (ה) בא"ד לא הוה ליחשב. נ"ב ועי' חולין קכ: תרומות פי"א מ"ב:

רבינו חננאל

לוקה שש תנא נמי לוקה על שני לאוין והא דאביי מפורש בפ' אלו הן הלוקין פוטיתא הוא רג טמא וכתיב ברנים (ויק' יא יא) ושקץ יהיו לכם מבשרם לא תאכלו *וכתיב (עוד לכל השרץ השורץ לא יאכל כי שקץ הם) ועוד כתיב (שם מג) אל תשקצו את נפשותיכם בכל השרץ השורץ ולא תטמאו בהם נמצאו ארבעה לאוין באוכל שרץ סתם ולא פירש באחד מהם בארץ ודרשי' הלאוין בכל שרץ בין שרץ של ים ובין שרץ של יבשה לפיכך אמר אביי אכל פוטיתא שהיא שרץ המים לוקה עליה הללו ארבעה לאוין כלם. אכל נמלה שהיא שקץ היוצאה עובר **בארבעה לאוין הללו והוסיפה התורה על שקץ של יבשה לאו חמישי שנא' (שם מד) ולא תטמאו את נפשותיכם בכל השרץ השורץ על הארץ הלכך לוקה חמש אכל צרעה שהיא שרץ העוף עובר על חמשה לאוין הללו הוסיפה עליו התור' לאו אחר שנא' [דברים יד יט] וכל שרץ העוף טמא הוא לכם לא (יאכלו) [יאכל] הלכך לוקה שש מלקיות ופרקי' הני מילי דמוקמי' ליה בלאו יתירי היכא דליכא מידי למדרש [אבל אי איכא למדרש] כי האי טנא דרשי': מכדי כתיב ואם האכל יאכל מבשר זבח השלמים וגו' והבשר אשר יגע בכל טמא למה לי לרבות עצים ולבונה שאם נטמאו ישרפו והבשר כל טהור יאכל בשר תוב למה לי לרבות אימורין שנטמאו סד"א כל טהור יאכל בשר כתיב מידי דכהן טהור מצי למיכליה אם אכלו בטומאה חייב אבל חלבים דלא יכול למיכלינהו אפי' הוא טהור אימא לית להו חיוב משום טומאה קמ"ל. שנינו בתוספתא פ' הזורע והלוחים והקבה נותנין בכלאים כו' ואסיקנא מהאי קרא דכתיב והנפש אשר תאכל בשר מזבח השלמים אשר לה' ונכרתה ואמרי' לה' לרבות האוכל אימורין בטומאת הגוף שהוא בכרת ובא והבשר אשר יגע בכל טמא לא יאכל לרבות בשר קדש שנטמא אכלו כהן טהור בלאו: **אמר** רבי אבהו אמר רבי יוחנן כל איסורין שבתורה אין לוקין עליהן אלא דרך הנאתן וכל שכן דרך אכילתן למעוטי אכל חלב חי ודרך הנאתן למעוטי [אם הניח] חלב של שור הנסקל על מכתו שפטור: **אמר** ר' זירא אף אנן נמי תנינא אין סופגין ארבעים משום ערלה אלא על היוצא מן הזיתים ומן הענבים הא מן התותים ומן הענבים לא משום דאינו דרך הנאתן. ושני אביי שאני התם דזיעה בעלמא הוא: **אמר** אביי הכל מודים בכלאי הכרם כיון דלא כתיב בהו אכילה לוקה עליהן אפי' שלא כדרך הנאתן ומותיב עליה איסי בן יהודה

סהא

* דברי רבינו תמוהים דהא בכאי קרא כתיב בהדיא לכל השרץ השורץ על הארץ וגו' ובאמת הרי"ף ס"פ אלו טרפות וברמב"ם וכרש"י כאן ובמכות ע"ז הביאו ללאו ד' הך קרא דמשנה תורה וכל אשר אין לו וגו'.
** גם זה צ"ע דקרא דושקן יהיה לכם מבשרם לא תאכלו כתיב רק בשרץ המים ושרץ הארץ לא נכלל כלל בכך קרא ועי' ברי"ף וכרש"י ודברי רבינו מאוד צע"ג.

גליון הש"ס גמ' שאם הניח חלב של שור הנסקל. עיין נדה לב ע"א תד"ס וכאמן: **תוס'** ד"ה אלא וי"ל כו' דהא דאיצטריך למילף. עי' בספר כתנות אור להגאון בעל פנים מאירות סוף פ' בראשית: **תוס'** ד"ה הכל מודים. והא דלא קאמר וכו' משום דאין מזהירין מן הדין. עי' ע"ז יב ע"ב תד"ס אלא וצע"ק:

§ מסכת פסחים דף כד: §

אות א'

לרבות עצים ולבונה

רמב"ם פ"ו מהל' איסורי מזבח ה"ח - מעלה יתירה עשו חכמים בקדשים... וכן העצים והלבונה אע"פ שאינן אוכלין, הרי הן מתטמאין כאוכל לענין הקרבנות, ויפסלו העצים והלבונה בטומאה זו למזבח ואין מקריבין אותן.

רמב"ם פי"ח מהל' פסולי המוקדשין הי"ב - אבל אדם טהור שאכל כזית מקדשים שנטמאו, לוקה, שנאמר: והבשר אשר יגע בכל טמא לא יאכל; והוא הדין לשאר הקרבנות, שאם אכל כזית מלבונת המנחה שנטמאה אחר שנתקדשה בכלי, [א]לוקה.

אות ב'

התם טומאת הגוף בכרת

רמב"ם פי"ח מהל' פסולי המוקדשין הי"ח - טמא שאכל אימורין, חייב כרת.

אות ג'

הכא טומאת בשר בלאו

רמב"ם פי"ח מהל' פסולי המוקדשין הי"ב - אבל אדם טהור שאכל כזית [ב]מקדשים שנטמאו, לוקה, שנאמר: והבשר אשר יגע בכל טמא לא יאכל.

אות ד'

כל איסורין שבתורה אין לוקין עליהן אלא דרך הנאתן

יו"ד סימן קנה ס"ג - ושלא במקום סכנה, כדרך הנאתן אסור, שלא כדרך הנאתן מותר - לצורך רפואה, אבל שלא לצורך רפואה, אפי' שלא כדרך הנאתן אסור, **והיינו** באיסורי הנאה, אבל באיסורי אכילה שרי ‹שלא כדרך אכילתן› כדאיתא בפוסקים - ש"ך.

(**עיין** במשנה למלך, דדוקא אם המאכל מצד עצמו היא שלא כדרך הנאתן, שמעורב בו דבר מר או חם ביותר, **אבל** אם המאכל מצד עצמו הוא טוב, אלא שהוא אוכל אכילה גסה וכיוצא, נסתפק שם. **ועיין** בתשובת נו"ב שהביאו ג"כ, וכתב דאף אם נאמר לקולא, מ"מ אסור לבלוע מאיסורי תורה לרפואה במקום דליכא סכנה, **דלא** כספר תורת חיים שסובר דבליעה מקרי שלא כדרך הנאתן, ע"ש - פת"ש).

אות ה'

אין סופגין את הארבעים משום ערלה אלא על היוצא מן הזיתים ומן הענבים בלבד

רמב"ם פ"י מהל' מאכלות אסורות הכ"ב - הטבל והחדש וההקדש וספיחי שביעית והכלאים והערלה, משקין היוצאין מפירותיהן אסורים כמותן, ואין לוקין עליהן; חוץ מיין ושמן של ערלה, ויין של כלאי הכרם, שלוקין עליהן כדרך שלוקין על הזיתים ועל הענבים שלהן.

אות ו'

הכל מודים בכלאי הכרם שלוקין עליהן אפילו שלא כדרך הנאתן

יו"ד סימן קנה ס"ג - חוץ מכלאי הכרם ובשר בחלב שאסורים אפילו שלא כדרך הנאתן אלא במקום סכנה - ‹דבכולהו לשון אכילה כתיב בהו, דהיינו דרך הנאתן, ורבנן הוא שאסרום בהנאה אפילו שלא כדרך הנאתן, ובמקום צערה אע"פ שאין בו סכנה לא גזרו, **חוץ** מכלאי הכרם ובשר בחלב שאיסורן אפילו מן התורה שלא כדרך הנאתן, שבשנים אלו לא כתיב לשון אכילה, לפיכך אין מתרפאין מהן אפילו שלא כדרך הנאתן, אלא במקום סכנה משום וחי בהם, ושלא במקום סכנה אסורין אפילו שלא כדרך הנאתן – לבוש›.

באר הגולה

א ‹תוס' במנחות דף ק"א כתב, דקודם קידוש כלי הוי דרבנן, ואחר קידוש כלי הוי דאורייתא, ולכן שם {בהל' איסורי מזבח לעיל} דכתב דהוא מדין מעלה, מיירי הרמב"ם קודם שנתקדש בכלי, וכאן הא כתב שנטמאה אחר שנתקדש בכלי – אבן האזל› ב ‹והנה כאן כתב רבינו סתם, אדם טהור שאכל כזית מקדשים, סתם קדשים, ולא חילק בין בשר לאימורין, ולקמן בהל' י"ח כתב רבינו, טמא שאכל אימורין חייב כרת, והתם מפרש רבינו בהדיא על אימורין. וקשה לי, דבמס' פסחים (דף כד ע"ב) אמרינן והבשר אשר יגע דרישא למה לי, לרבות עצים ולבונה, והבשר כל טהור וכו' דסיפא ל"ל, לרבות אימורין, אימורין מהתם נפקא, דתניא אשר לה' האימורין, התם טומאת הגוף בכרת, הכא טומאת בשר בלאו, ע"כ. **אלמא** דבין על טומאת בשר ובין על טומאת הגוף צריכא תרי קראי על אימורין, ורבינו לא הביא רק על טומאת הגוף על אימורין, ועל טומאת בשר לא הביא בהדיא דאף על אימורין חייב, ורק אומר סתם כזית מקדשים, דמצי מיירי בבשר ולא באימורין, והצל"ח ז"ל בפסחים עמד ע"ז – כתר המלך›

§ מסכת פסחים דף כה. §

אות א'

אטו בבשר בחלב אכילה כתיבה ביה

יו"ד סימן קנה ס"ג - חוץ מכלאי הכרם ובשר בחלב שאסורים אפילו שלא כדרך הנאתן אלא במקום סכנה

- (דבכולהו לשון אכילה כתיב בהו, דהיינו דרך הנאתן, ורבנן הוא שאסרום בהנאה אפילו שלא כדרך הנאתן, ובמקום צערה אע"פ שאין בו סכנה לא גזרו, **חוץ** מכלאי הכרם ובשר בחלב שאיסורן אפילו מן התורה שלא כדרך הנאתן, שבשנים אלו לא כתיב לשון אכילה, לפיכך אין מתרפאין מהן אפילו שלא כדרך הנאתן, אלא במקום סכנה משום וחי בהם, ושלא במקום סכנה אסורין אפילו שלא כדרך הנאתן - לבוש).

אות ב'

זרוע מעיקרו בהשרשה

יו"ד סימן רצו ס"ט - מאימתי תבואה או ירק מתקדשים, משישרישו; וענבים, משיעשו כפול הלבן.

אות ג'

זרוע ובא: הוסיף אין, לא הוסיף לא

יו"ד סימן רצו סי"ז - אסור לעבור בעציץ נקוב שזרוע בו ירק בתוך הכרם; ואם הניחו תחת הגפן ונשתהה שם בארץ כדי להוסיף אחד ממאתים, הרי זה קידש.

אות ד'

בכל מתרפאין חוץ מעבודה זרה וגילוי עריות ושפיכת דמים

רמב"ם פ"ה מהל' יסודי התורה ה"ו - כענין שאמרו באונסין כך אמרו בחלאים, כיצד, מי שחלה ונטה למות ואמרו הרופאים שרפואתו בדבר פלוני מאיסורין שבתורה, עושין; ומתרפאין בכל איסורין שבתורה במקום סכנה חוץ מעבודת כוכבים וגילוי עריות ושפיכת דמים, שאפילו במקום סכנה אין מתרפאין בהן; ואם עבר ונתרפא, עונשין אותו בית דין עונש הראוי לו.

יו"ד סימן קנה ס"ב - עובד כוכבים שבא לרפאות את ישראל, ואמר ליה: קח ממים אלו או מאילן פלוני שהם של עבודת כוכבים, אסור.

עין משפט נר מצוה

ל א מיי' פי"ד מהלכות מאכלות אסורות הל' ד ה ו טוש"ע שם:

לא ב מיי' פ"ה מהל' כלאים הל' יג טוש"ע י"ד סי' רצו סעיף ט:

לב ג מיי' שם הל' כג טוש"ע שם סעיף יז:

לג ד מיי' פ"ה מהלכות יסודי התורה הל' ו סמג עשין ס טוש"ע י"ד סי' קנה סעיף ב [רב אלפס כאן ובע"ז פ"ב ד' שלח:]:

רבינו חננאל

מהא ברייתא דמייתי איסור בשר בחלב בק"ו מערלה ודחי' מה לערל' שכן וכו' חמץ בפסח יוכיח ופרכי' מה לחמץ שכן ענוש כרת כלאי הכרם יוכיחו ואם איתא נפרוך מה לכלאי הכרם שכן לוקין עליהן אפי' שלא כדרך הנאתן ופריק אביי הכי בשר בחלב נמי לוקה עליו אפי' שלא כדרך אכילתו דהא לא כתיבא ביה אכילה. (ואיס)[ואידך] אמר לך כיון דבשר בחלב איתקש לנבלה שנאמר כי עם קדוש אתה לה' אלהיך לא תבשל גדי בחלב אמו וכתי' ואנשי קדש תהיון לי [ובשר בשדה טרפה לא תאכלו] הנה נאמר בכאן כי עם קדוש ונאמ' להלן ואנשי קדש תהיון לי וכתיב בטרפה לא תאכלו הרי אכילה כתיבא ביה בשר בחלב [נמי כאלו] אכילה כתיב' ביה ואביי אדרבה נימא להכי לא כתיב ביה אכילה בגופו לומר שלוקה שלא כדרך הנאתו ונפרוך מה לכלאי הכרם שכן לא היתה להם שעת הכושר תאמר בבשר בחלב שאם שרה בשר בחלב היום כולו מותר ואינו אסור אלא בישולו ודחי' כלאי הכרם נמי מדלא פריך הכי שמע' מינה דהיתה להם שעת הכושר משעת זריעה עד שעת השרשה *כי לא נאסר אלא עיקרן ומהאי [טעמא] דייק רב אדא בר אהבה ואמ' זאת אומר' כלאי הכרם עיקרן נאסרו: איני דכלאי הכרם בהשרשה נאסרין והתניא המעביר עציץ נקוב בכרם אם הוסיף מאתים אסור. כלומר אם הוסיף עציץ זה בכרם כשיעור שיש בו חלק אחד במאתים חלקים כמה שיש בו נאסר דייקי' מינה מדקתני הוסיף נאסר מכלל שאם לא הוסיף אפי' השריש לא נאסר ופריק רבא כתיב המלאה וכתיב הזרע הא כיצד אם היה זרוע עד שלא כדכתי' המלאה לא היה זרוע אלא עכשיו נזרע בהשרשה בעת שנזרע הזרע בהשרשה נאסר שנאמר הזרע: אמר רבי יוחנן בכל מתרפאין חוץ מע"ז וגלוי עריות

מה לערלה שכן לא היתה לה שעת הכושר תאמר בבשר בחלב שהיתה לו שעת הכושר חמץ בפסח יוכיח שהיה לו שעת הכושר ואסור בהנאה מה לחמץ בפסח שכן ענוש כרת תאמר בבשר בחלב שאינו ענוש כרת כלאי הכרם יוכיחו שאין ענוש כרת ואסור בהנאה ואם איתא ניפרוך מה לכלאי הכרם שכן לוקין עליהן אפילו שלא כדרך הנאתן ואביי תאמר במאי תאמר בבשר בחלב שאין לוקין עליו אלא דרך הנאתו *אטו בבשר בחלב אכילה כתיבה ביה ואידך דקא מותיב לה סבר להכי קא גמר מנבילה מה נבילה דרך הנאתה אף *בשר בחלב דרך הנאתו ואביי להכי לא כתב אכילה בגופו לומר שלוקין עליו אפי' שלא כדרך הנאתו וליפרוך מה לכלאי הכרם שכן לא היתה לו שעת הכושר א"ר אדא בר אהבה זאת אומרת כלאי הכרם עיקרן נאסרין הואיל והיתה להן שעת הכושר קודם השרשה מתיב רב שמעיה *המעביר עציץ נקוב בכרם אם הוסיף מאתים אסור הוסיף אין לא הוסיף לא אמר רבא תרי קראי כתיבי כתיב *°הזרע וכתיב המלאה הא כיצד זרוע מעיקרו בהשרשה זרוע ובא הוסיף אין לא הוסיף לא א"ר יעקב א"ר יוחנן בכל מתרפאין חוץ מעצי אשירה היכי דמי אי נימא דאיכא סכנה אפילו עצי אשירה נמי ואי דליכא סכנה אפילו כל איסורין שבתורה נמי לא לעולם דאיכא סכנה ואפי' הכי עצי אשירה לא *דתניא ר' אליעזר אומר אם נאמר °בכל נפשך למה נאמר בכל מאודך ואם נאמר בכל מאודך למה נאמר בכל נפשך אלא לומר לך אם יש אדם שגופו חביב עליו מממונו לכך נאמר בכל נפשך (א) ויש אדם שממונו חביב עליו מגופו לכך נאמר בכל מאודך כי אתא רבין אמר רבי יוחנן *בכל מתרפאין *חוץ מע"ז וגילוי עריות ושפיכות

ערלה לא היתה לה שעת הכושר. שהספרי הזה חנטו באיסור ונגמר באיסור תאמר בבשר בחלב שיש לו שעת הכושר קודם שניתן בחלב: **כלאי הכרם יוכיחו.** ובשחיטת חולין פריך ונימא ערלה תוכיח וחזר הדין והתם מתרץ לה בכל הבשר ולקמן פריך ונימא מה לכלאי הכרם שכן לא היתה להם שעת הכושר: **ואם איתא.** דכלאי הכרם חלוקין להחמיר משאר איסורין ליפרוך הכי: **ואביי.** אמר לך היכי ליפרוך היכי נסיימה למילתיה דלא נילף בשר בחלב מיניה נימא תאמר בבשר בחלב כו' אטו בשר בחלב אכילה כתיבה ביה התם נמי לוקין עליו אפי' שלא כדרך הנאתו: **מנבילה.** ונבילה אכילה כתיבה ביה נבילה לאו דוקא דקאמר דהאי מטריפה גמרינן לה ויש מפרשים דמשום דהאי טריפה דקרא איירי באבר ובבשר המדולדל בה ושחטה כדאמרינן בבהמה המקשה לילד (חולין עג:) קרי ליה נבילה דדמי לנבילה דלא מישתרו בשחיטה ואין נראה לי דטריפה נמי לא מישתריא בשחיטה ולאו משום דלא מיטמיא הכך נמי לא מיטמאו: **ואידך.** אביי אמר לך להכי לא כתיב אכילה בגופו ללמדך שלוקין כו' הלכך לא מצי פריך תאמר בבשר בחלב כו': **וליפרוך מה לכלאי הכרם שכן לא היתה להם שעת הכושר.** וקא סלקא דעתך שאין נאסרין אלא גידוליהן ולכן לא היתה להן שעת הכושר: **זאת אומרת.** מדלא פריך הכי שמע מינה כלאי הכרם עיקרן נאסר אף עיקר הזריעה עצמה נאסרה וזריעה היתה לה שעת הכושר כל ימיה עד שנשרשה י"מ דהאי מקשה נמי ידע שאף הזריעה נאסרה אלא סבור משעת זריעה נאסרה וכך שמעתי אבל א"א להעמידה דמיבעי לן לפרושי הכי מה לכלאי הכרם שכן לא היתה להן שעת הכושר משעה שבאו לכלל כלאים תאמר בבשר בחלב שהיתה לו שעת הכושר משעה שבא לכלל זה דאם שורהו כל היום בחלב אינו נאסר בכך ומשני עיקרן נאסרו משנשרשו ולא משנזרעו וכמה גמגומים יש בה חדא דטעמא דלא מיתסר *משום דלאכתי לא בשר בחלב חשיב ליה והרי הוא כאילו זה לבד וזה לבד וכן כלאים כ"ז שלא נשרשו הרי הן כמונחין בכדא ועוד כי אמר לעיל חמץ בפסח יוכיח מיבעי ליה למימר שהיתה לו שעת הכושר משנקרא חמץ בפסח והא ליתא ועוד מדמותיב רב שמעיה הוסיף אין לא הוסיף לא מכלל דליכא מאן דסליק אדעתיה משעת זריעה אלא הוה סלקא דעתיה דאין תוספת אין עיקר לא ולשון עיקרן משמע כדפרישית דללישנא בתרא הכי הוה ליה למימר זאת אומרת כלאי הכרם בהשרשה נאסרו: **המעביר עציץ נקוב בכרם.** וזרעים בתוכו שבכבר למטו הוסיף הצמח בכרם מאתים אחד מן המאתים שיש בו עכשיו שמתחלה היו בו קנ"ט שיעורים כתוספת זו ועכשיו יש בו מאתים אסורין לפי שאין בהיתר הראשון כדי לבטל התוספת האסור שהערלה וכלאים אין בטלין אלא במאתים של היתר לבד האיסור לא הוסיף מאתים אלא פחות כל שהוא מותר דיש בו כדי להעלות באחד ומאתים וכספרי יליף ליה מתרומה שעולה באחד ומאה וכלאים שכפל את אסוריו שאסורין בהנאה כפל את עלייתן ודוקא נקט נקוב דיונק מקרקע דרך אויר: **לא הוסיף לא.** אלמא אין הזריעה נאסרת: **מליאה.** גידולין: **הזרע.** הראשון: **זרוע מעיקרו.** בכרם בהשרשה כדכתיב הזרע משמע שאף הזריעה נאסרת מיהו קודם השרשה כמאן דמנחא בכדא דמי: **זרוע ובא.** קודם לכן הוסיף אין לא הוסיף לא דכתיב מלאה: **בכל מתרפאין.** אפילו באיסורי הנאה: **למה נאמר בכל מאודך.** יאמר החביב משניהן ודיו ומפרש לפי שפעמים שזה חביב ופעמים שזה חביב לכך הוצרך שניהן לומר אהוב את בוראך יותר מן החביב עליך והמתרפא בעצי אשירה נראה כמודה בה:

מה לערלה שכן לא היתה לה שעת הכושר. הקשה ריב"א נילף מערלה שהיתה לה שעת הכושר כגון נטל ענף מאילן של היתר שלא נגמרו פירותיו והרכיבו או נטעו ואומר ר"י דאינו אוסר אלא מה שגדל אחר שהרכיבו או נטעו וזה לא היה לו שעת הכושר והענף עצמו אינו נאסר אלא מפני תערובת האיסור ואם היה יכול להבדיל אותו הענף ממה שגדל אחרי כן היה מותר וכן כלאי הכרם אי לא היה עיקרו נאסר או מעביר עציץ נקוב חשוב לא היה לו שעת הכושר שהאיסור הגדל אחרי כן לא היה לו מעולם שעת הכושר: **מה לחמץ** בפסח שכן ענוש כרת. ומשור הנסקל לא מצי למימר יוכיח דמה לערלה ולשור הנסקל שכן לא היה להם שעת הכושר לאכילה: **כלאי** הכרם יוכיחו. בפ' כל הבשר (חולין קטו:) פריך ונימא ערלה תוכיח ומשני ונראה לר"י דהוה מצי למילף במה מצינו מכלאי הכרם לחודייהו דמה כלאי הכרם שכן נעבדה בו עבירה ואסורה באכילה ובהנאה אף אני אביא בשר בחלב וכו' אלא ניחא ליה למילף מכל הני בק"ו דאלים טפי: **מה** לכלאי הכרם שכן לוקים עליו שלא כדרך כו'. תימה לרשב"א היא גופא נילף במה מצינו מכלאי הכרם שילקו על בשר בחלב שלא כדרך הנאה ואומר ר"י דליכא למילף דאיכא למימר דשור הנסקל וחמץ שעבר עליו בבל יראה יוכיח שנעבד בו עבירה ואסור באכילה ואינו אסור אלא כדרך הנאתו דאכילה כתיב בהו: **עיקרן** נאסרין. אומר ר"י שגם הגבעולים והקש שגדל ממנו נאסר כדאמרינן לקמן (ד' כו:) תנור שהסיקו בקליפי ערלה או בקשין של כלאי הכרם חדש יותץ וקשה לר"י דבפרק האשה שנפלו (כתובות דף פ. ושם) גבי מוליא הוצאות על נכסי אשתו וכו' מפרש רב יהודה אפי' לא אכל אלא חבילי זמורות רב יהודה לטעמיה דאמר אכלה ערלה וכלאים ושביעית הוי חזקה פי' אע"פ שבכל אלו אין יכול לאכול רק העלים שהפירות אסורין אלמא עלי כלאים שרו ואומר ר"ת דהתם מיירי באותן עלים שהיו קודם זריעת כלאים וקודם שהוסיף מאתים אבל אותן שגדילין אחרי כן אסורין מאחר שהוסיף מאתים:

הואיל והיתה לו שעת הכושר קודם השרשה. והא דאמרינן בפ"ק דמנחות (דף ו. ושם) גבי טריפה דכלאים לא היה להם שעת הכושר התם קאי על משקה ישראל ומשקה לא היה לו לעולם שעת הכושר:

חוץ מעצי אשירה. נראה לר"י דמיירי כגון שאין יכול להתרפאות משאר עצים אלא בזה כגון על ידי שדים או שום דבר אחר משום דאתי למיטעי בתר ע"ז וגבי בן דמא בע"ז פרק שני (דף כז: ושם) שנשכו נחש ובא יעקב איש כפר סכניא לרפאותו ולא הניחו ר' ישמעאל משום דאפיקורסות משכא ומפרש בירושלמי בפ' שמנה שרצים שהיה רוצה ללחוש לו בשם זר אבל ע"י תחבושת שרי כדאמרי' התם (דף כח.) דר' אבהו רמא ליה יעקב אפיקורסא סמא אשקיה:

אף

ושפיכות

מסורת הש"ס: חולין קטו. כלאים פ"ז מ"ח | [המלאה וכתיב הזרע וכן איתא בחולין קיז. וכ"כ בפירש"י דסכה] | כתובות סא: יומא פב. סנהדרין עד. | [ע"י תוס' סוטה י: ד"ה סח]

תורה אור: דברים כב | דברים ו

הגהות הב"ח: (א) גמ' ואם יש אדם שממונו חביב:

גליון הש"ס: ברש"י זאת אומרת דלאכתי לא בשר בחלב. ע' מנחות קא. ברש"י ד"ה הואיל ובתוספ' שם ד"ה יגעל:

* דברי רבינו הוא כפי' הר"מ שהובא ברש"י כאן ד"ה זאת אומרת ואולי דרש"י כיון בזה על דברי הר"מ ז"ל אלו

עין משפט נר מצוה

לד א מיי' פ"א מהל' רוצח הל' ו סמג לאוין קסד :

לה ב מיי' פ"ה מהלכות יסודי התורה הל' ו סמג עשין ה טוש"ע י"ד סימן קנז סעיף א :

לו ג ד מיי' שם הלכה ח סמג שם טוש"ע יו"ד סי' קנה סעיף ג [ורב אלפס כאן ובמסכת ע"ג פ"ב דף שלח:] :

ושפיכות דמים ע"ז הא דאמרן גילוי עריות ושפיכות דמים דתניא *ר' אומר °כי כאשר יקום איש על רעהו ורצחו נפש כן הדבר הזה וכי מה ענין רוצח אצל נערה המאורסה *הרי זה בא ללמד ונמצא למד מקיש רוצח לנערה המאורסה מה נערה המאורסה ניתן להצילה בנפשו *אף רוצח ניתן להצילו בנפשו ונערה המאורסה מרוצח מה רוצח יהרג ואל יעבור אף נערה המאורסה תהרג ואל תעבור ושפיכות דמים גופיה מנלן סברא הוא *כי ההוא דאתא לקמיה דרבא א"ל מרי דוראי אמר לי זיל קטליה לפלני' ואי לא קטלינא לך א"ל ליקטלוך ולא תיקטול מאי חזית דדמא דידך סומק טפי דילמא דמא דההוא גברא סומק טפי מר בר רב אשי אשכחיה לרבינא דשייף לה לברתיה בגוהרקי דערלה אמר ליה אימור דאמור רבנן בשעת הסכנה שלא בשעת הסכנה מי אמור א"ל האי אישתא צמירתא נמי כשעת הסכנה דמיא איכא דאמרי א"ל °מידי דרך הנאה קא עבידנא איתמר הנאה הבאה לו לאדם בעל כרחו אביי אמר מותרת ורבא אמר אסורה אפשר וקא מיכוין לא אפשר וקמיכוין כולי עלמא לא פליגי דאסור לא אפשר ולא מיכוין כולי עלמא לא פליגי דשרי *כי פליגי דאפשר ולא מיכוין ואליבא דר' יהודה דאמר *דבר שאין מתכוין אסור כולי עלמא לא פליגי דאסור כי פליגי אליבא דר"ש דאמר דבר שאין מתכוין מותר אביי כרבי שמעון ורבא אמר עד כאן לא קא א"ר שמעון אלא היכא דלא אפשר אבל היכא דאפשר לא איכא דאמרי אפשר ולא מיכוין היינו פלוגתייהו דר' יהודה ור' שמעון לא אפשר ולא קא מיכוין כולי עלמא לא פליגי דשרי כי פליגי דלא אפשר וקא מיכוין ואליבא דר' שמעון דאזיל בתר כוונה כולי עלמא לא פליגי דאסור כי פליגי אליבא דר' יהודה דאמר לא שנא מתכוין ולא שנא שאין מתכוין אפשר אסור אביי כרבי יהודה ורבא

תורה אור [דברים כב]

ושפיכות דמים. כגון אמרו לו הרוג ישראל חבירך ואם לאו תיהרג: מה למדנו מרוצח לנערה המאורסה. והלא פירש בה אונס פטור כדכתיב ולנערה לא תעשה דבר אלא נראה כמי שרוצה בא ללמד כאן ונמצא שהוקש כאן להיות למד מכאן והכי קאמר רוצח כנערה שניהן שוין כמו והיה כעם ככהן (ישעיה כד) ולא נאמר והיה העם ככהן: ניתן להצילה. ניתן רשות להורגו שהוא רודף אחריה שילצנה ממנו בנפשו של רודף דכתיב (דברים כב) ואין מושיע לה הא אם יש מושיע צריך להושיעה בכל אשר יכול ואפילו בהריגתו אם אין יכול להציל באחד מאבריו יהרגנו: יהרג. אם אמר לו עו"ג הרוג או תיהרג יהרג ואל יעבור עבירה זו: מרי דוראי. מושל עירי: מאי חזית דדמא דידך סומק. כלומר כלום באתה לישאל על כך אלא מפני שאתה יודע שאין מצוה עומדת בפני פיקוח נפש וסבור אתה שאף זו תדחה מפני פיקוח נפשך אין זו דומה לשאר עבירות דמ"מ יש כאן אבוד נפש והתורה לא התירה לדחות את המצוה אלא מפני חיבת נפשם של ישראל וכאן עבירה נעשית ונפש אבודה מי יאמר שנפשך חביבה לפני המקום יותר משל זה דילמא של זה חביבה טפי עליו ונמצאת עבירה נעשית ונפש אבודה: שייף. מושח: גוהרקי דערלה. בוסר זיתים קטנים משום רפואה דקסבר מותר להתרפאות באיסורי הנאה: אישתא צמירתא. חולי שקורין מלוי"ו למירתא חם כמו דאמרה למורי בבבא קמא (דף ס.): דרך הנאתו. לאחר שיתבשלו ויוצא שמנן בבית הבד: מותרת. אין צריך לפרוש הימנה כדמפרש: הכי גרסינן אפשר וקא מיכוין לא אפשר וקא מיכוין כולי עלמא לא פליגי דאסיר. אפשר לו ליבדל וקא מיכוין להתקרב כדי ליהנות כגון ריח של ע"ז או אפילו אי אפשר לו ליבדל ומיהו מתכוין הוא וחביב הוא לו ליהנות: לא אפשר. לו ליבדל ולא קא מיכוין ליהנות דליכא תרתי להיתר לכ"ע שרי: כי פליגי דאפשר. לו ליבדל ולא נבדל ומיהו לא קא מיכוין: פלוגתא דרבי יהודה ורבי שמעון במסכת שבת (דף כב.) בגרירת מטה וכסא וספסל ובמסכת ביצה (דף כג:): דלא אפשר. כגון שצריך לאותן כלים ואין יכול להגביהן על כתיפו ואביי סבר בקטנים נמי שרי רבי שמעון אע"פ שאפשר להגביהן על כתיפו והכי אמרינן במס' שבת* ולרבא לא שרי ר' שמעון אלא בגדולים: איכא דאמרי. מודה רבא היכא דלא קא מיכוין אע"ג שאפשר שרי ר' שמעון דבהכי פלוגתייהו דר' יהודה ור' שמעון ובין לאביי ובין לרבא לר' יהודה אסור לרבי שמעון שרי: כולי עלמא. אביי ורבא לא פליגי דשרי ואפי' לרבי יהודה: כי פליגי דלא אפשר וקא מיכוין. ומיהו אליבא דר' שמעון דחשיבא ליה כוונה דמתיר אפי' בדאפשר הואיל ולא קא מיכוין אלמא אכוונה קפיד היכא דקא מכוין אע"ג דלא אפשר אסור: ס"ג כי פליגי אליבא דר' יהודה דאמר לא שנא מתכוין ולא שנא אין מתכוין אפשר אסור. ולא גרסינן ולא אפשר שרי דהא לא שמעינן ליה דאמר הכי דאי שמעינן ליה הכי היכי פליג רבא למיסר: אביי כר' יהודה. דקסבר כיון דאסר רבי יהודה בדאפשר אע"ג דלא קא מיכוין שמע מינה לא חשבינן ליה כוונה אלא בדאפשר ולא אפשר תליא טעמא הלכך היכא דלא אפשר אע"ג דקא מיכוין לא איכפת ליה לרבי יהודה: ורבא

אף נערה המאורסה יהרג ואל יעבור. פי' הבועל אבל היא תיבעל ולא תיהרג דקרקע עולם היא כדאמר בבן סורר ומורה (סנהדרין עד:) ובריש כתובות (דף ג:) כמי פריך ולידרוש להו דאונס שרי ור"י אומר דשפיר גר' תיהרג דהא דמשמע בבן סורר ומורה ובריש כתובות דאונס שרי היינו היכא שהיא קרקע עולם ולא עבדה מעשה אבל לעשות מעשה כגון שאומר לה שתביא הערוה עליה תיהרג ואל תעשה מעשה דמרוצח ילפינן ורוצח לא מיחייב למימסר נפשיה אלא כשאומר לו להרוג בידים אבל אם אומר הנח לזרוק עצמך על התינוק או תיהרג אינו חייב למסור עצמו כדי להציל חבירו דאדרבה איכא למימר מאי חזית דדמיה דחבריה סומק טפי דילמא דמא דידי סומק טפי ומיהו לדידיה אם אומרים לו הנח לתקוע אותך בערוה יהרג ואל יעבור דלא מצי למימר לא עבידנא מעשה דכיון שתוקעין אותו ואין קישוי אלא לדעת כדאמרי' בריש הבא על יבמתו (יבמות נג.) ומה שהוא מתקשה הוי מעשה* :

לא אפשר ולא מיכוין כולי עלמא לא פליגי. לגירסא קמא נראה לפרש דכ"ע קאי אאביי ורבא ולא פליגי דשרי היינו לרבי שמעון דרבי יהודה אסר דהא רבא מוקי פלוגתא דרבי יהודה ור' שמעון בלא אפשר ולא מיכוון דבאפשר קאמר דמודה רבי שמעון דאסור ולאיכא דאמרי לא אפשר ולא מיכוון לכולי עלמא דשרי האי כולי עלמא היינו ר' יהודה ור' שמעון וא"ש דבאיכא דאמרי לא הדר ונקיט אלא מה ששנה מלשון ראשון ולהכי לא נקט בדאיכא דאמרי אפשר ומיכוין לכ"ע אסור ומיירי כגון דלא הוי פסיק רישיה דבפסיק רישיה מודה רבי שמעון וליכא למימר דאפילו בפסיק רישיה שרי הכא ר' שמעון משום דהכא מיירי בגרירה דכלים דליכא אלא איסורא דרבנן שהוא חופר כלאחר יד כדאמר *בבמה מדליקין (שבת כט) דהא בשמעתא מייתי עלה מידי דאורייתא כגון מעילה וכלאים ופסול פרה וצ"ל דכל הנהו דמייתי לא הוי פסיק רישיה ולא אפשר דכולי שמעתא נראה לר"י דלא אפשר כדרכו אלא בטורח גדול דהא שילשול האומנין בקופות חשיב לא אפשר והא דאמרינן בכתובות (דף ה:) גבי מהו לבעול בתחלה בשבת דקאמר לר' יהודה דאסור משום דבר שאין מתכוון אע"ג דהוי לא אפשר ולא מיכוין וצריך לומר דההיא סוגיא כרבי ירמיה דבמה מדליקין *דאסר לר' יהודה לא אפשר ולא מיכוון אע"ג דאיתותב במאי דאמר קטנים אסורים אפילו לר"ש (איתותב) מ"מ במאי דאסר אפילו בגדולים לר' יהודה לא איתותב: אביי כרבי יהודה. נראה דסבר אביי הואיל ואפשר ולא מיכוין אסור ובלא אפשר ולא מיכוין שרי אלמא דאיסור משום דאפשר הוא ומה שהיה בספרים בבמה מדליקין (שבת כט:) ופליגא דעולא דאמר עולא מחלוקת בקטנים אבל בגדולים ד"ה אסור שיבוש הוא דבכולי שמעתא שרי טפי לא אפשר מהיכא דאפשר וגדולים היינו לא אפשר אלא גרס ד"ה מותר והיינו כלישנא בתרא דהכא דבלא אפשר ולא מיכוין כ"ע ל"פ דשרי : שאני

[וביומא פב. ד"ה אחיכו תוס' טובה. וע"ע תוס' יבמות נג: ד"ה אין אונס]

רבינו חננאל

ושפיכות דמים ע"ז הא דאמרן עריות ושפיכות דמי' מנא לן דתניא רבי אומר [כתיב] אין לנערה חטא מות כי כאשר יקום איש על רעהו ורצחו נפש וכי מה למדנו לרוצח מעתה וכי יש לומר אם יקום על רעהו ורצחו אין לו דין מות כמו זו הנערה שכתוב בה אין לנערה חטא מות אלא הרי זו הנערה באת ללמד לאחרים ונמצאת היא למדה הוקשה זו הנערה לרוצח מה רוצח יהרג ואל יעבור כך נערה המאורסה אם יאמר לה הישמעאלי השמעי לי ואם לאו הנני הורגך תהרג ואל תשמע לו ואם תפשה ונתחזק עליה אין לה חטא מות ורוצח גופיה שלמדה ממנו הנערה מנא לן דדינו ליהרג ואל יהרוג סברא [הוא] כההוא דאתא קמי' דרבא א"ל אמר לי מרי דוראי זיל קטליה לפלניא ואי לא קטלינא לך וכו' : מר בר רב אשי הוה שאיף גרגרי דערלה. פי' גרגרים של ערלה לברתיה דהוה בה אישתא צמירתא ואמר ליה האי אישתא צמירתא סכנה היא ובמקום סכנה שרי. איכא דאמרי מידי דרך הנאתן קא עבידנא ושלא כדרך הנאתן שרי : איתמר הנאה הבאה לו בעל כרחו כגון שהיה עובר והריח ריח בשמים של ע"ז אביי אמר מותר רבא אמר אסור. כל היכא דאפשר פי' יש דרך אחרת ואפשר לו שלא יעבור דרך שם ומתכוין לעבור שם כדי ליהנות מן הריח של ע"ז כולי עלמא לא פליגי דאסור כי פליגי דאפשר לו שלא יעבור שם וכשעובר שם אינו מתכוין ליהנות ועלתה זו בתיובתא דרבא אבל אי לא אשר ומתכוין קיימא לן דאסור כרבא

מסורת הש"ס

[יומא פב. סנהדרין עג. עד.] [שם חולין כח. קיח. ערכין כט.]

סנהדרין עד. יומא פב.

שבת מא: פא: קלג. ביצה כג. יומא לד: כתובות ה: ב"ק קיז. כריתות כ:

[דף כט:]

גליון הש"ס

גמ' מידי דרך הנאה קעבידנא. עי' בב"ק קא. תוס' ד"ה ילבע: שם כי פליגי דאפשר ולא מיכוין. עי' בחידושי הרמב"ן ע"ג ד"י ע"א דאמרינן שם דמיתהני מריח ע"ז

§ מסכת פסחים דף כה: §

אות א'*[א]

נערה המאורסה ניתן להצילה בנפשו

רמב"ם פ"א מהל' רוצח ה"י - אחד הרודף אחר חבירו להרגו, או רודף אחר נערה מאורסה לאונסה, שנ': כי כאשר יקום איש על רעהו ורצחו נפש כן הדבר הזה, והרי הוא אומר: צעקה הנערה המאורסה ואין מושיע לה, הא יש לה מושיע מושיעה בכל דבר שיכול להושיעה, ואפילו בהריגת הרודף.

אות א'

אף רוצח ניתן להצילו בנפשו

רמב"ם פ"א מהל' רוצח ה"ו - [ב]בד"א בשעבר ועשה העון שחייב עליו מיתת בית דין, אבל הרודף אחר חבירו להרגו, אפילו היה הרודף קטן, הרי כל ישראל מצווין להציל הנרדף מיד הרודף, ואפילו בנפשו של רודף.

רמב"ם פ"א מהל' רוצח ה"ז - כיצד, אם הזהירוהו והרי הוא רודף אחריו, אף על פי שלא קיבל עליו התראה, כיון שעדיין הוא רודף, הרי זה נהרג; ואם יכולים להצילו באבר מאיברי הרודף, כגון שיכו אותו בחץ או באבן או בסייף, ויקטעו את ידו או ישברו את רגלו או יסמו את עינו, עושין; ואם אינן יכולין לכוין ולא להצילו אלא אם כן הרגוהו לרודף, הרי אלו הורגין אותו, ואף על פי שעדיין לא הרג, שנאמר: וקצותה את כפה לא תחוס עינך. הסגת הראב"ד: הרי אלו הורגין אותו אף על פי שעדיין לא הרג, שנאמר: וקצותה את כפה. א"א [ג]בספרי קא דריש לה הכי.

אות ב'

מה רוצח יהרג ואל יעבור, אף נערה המאורסה תהרג ואל תעבור

רמב"ם פ"ה מהל' יסודי התורה ה"ז - ומנין שאפילו במקום סכנת נפשות אין עוברין על אחת משלש עבירות אלו, שנאמר: ואהבת את ה' אלהיך בכל לבבך ובכל נפשך ובכל מאודך, אפילו הוא נוטל את נפשך; והריגת נפש מישראל לרפאות נפש אחרת או להציל אדם מיד אנס, דבר שהדעת נוטה לו הוא, שאין מאבדין נפש מפני נפש; ועריות הוקשו לנפשות, שנאמר: כי כאשר יקום איש על רעהו ורצחו נפש כן הדבר הזה.

יו"ד סימן קנז ס"א - כל העבירות שבתורה, חוץ מעבודת כוכבים וגלוי עריות ושפיכות דמים, אם אומרים לו לאדם שיעבור עליהם או יהרג, אם הוא בצנעה יעבור ואל יהרג... ובעבודת כוכבים ג"ע שפיכות דמים, אפילו בצנעה ושלא בשעת הגזרה, ואפילו אין העובד כוכבים מכוין אלא להנאתו, יהרג ואל יעבור.

אות ג' – ד'

אימור דאמור רבנן בשעת הסכנה, שלא בשעת הסכנה מי אמור

מידי דרך הנאה קא עבידנא

יו"ד סימן קנה ס"ב - [ד]בשאר איסורים מתרפאים במקום סכנה, אפי' דרך הנאתן - (דכתיב וחי בהם ולא שימות בהם - פת"ש). **ושלא במקום סכנה, כדרך הנאתן אסור; שלא כדרך הנאתן, מותר** - לצורך רפואה, אבל שלא לצורך רפואה, אפי' שלא כדרך הנאתן אסור, **והיינו באיסורי הנאה, אבל באיסורי אכילה שרי** ‹שלא כדרך אכילתן› כדאיתא בפוסקים - ש"ך

באר הגולה

א ‹ע"פ מהדורת נהרדעא› ב ‹דאין ממיתין אותו העדים ולא הרואים אותו, עד שיבא לבית דין וידינוהו למיתה – שם הלכה ה'› ג ‹ר"ל דגמ' דילן בפ' בן סורר לא מפקי דין דניתן להצילו בנפשו מהאי קרא, אלא מקרא דנערה המאורסה שהעתיק רבינו בסמוך דין י', ומקרא דלא תעמוד על דם רעך לקמן דין י"ד, ובספרי הוא דדרשי לה הכי מקרא דוקצותה, ולרבינו איצטריך קרא דוקצותה למ"ע ולמצות ל"ת, כמ"ש דין ט"ו – לחם יהודה› ד **שם בפסחים דף כ"ה ע"א**

§ מסכת פסחים דף כו. §

אות א׳

<u>אמר לך ע"כ לא קאמר רבי יהודה שאין מתכוין כמתכוין, אלא לחומרא, אבל מתכוין כשאין מתכוין לקולא, לא</u>

רמב"ם פי"ד מהל' מאכלות אסורות הי"ב - [א]והנייה הבאה לו לאדם בעל כרחו באיסור מכל האיסורין, אם נתכוון אסור, ואם לא נתכוון מותר.

אות ב׳

<u>יושב בצילו של היכל ודורש כל היום כולו</u>

רמב"ם פ"ה מהל' מעילה ה"ה - אין מעילה אלא בתלוש מן הקרקע, אבל הנהנה בקרקע עצמה או במחובר לה, לא מעל אפילו פגם; כיצד, החורש שדה הקדש או הזורע בה, פטור, נטל מאבקה ונהנה בה ופגמה, מעל; הדש בשדה הקדש מעל, שהאבק שלה מועיל [ב]לשדה, והרי נהנה באבק ופגם השדה; וכן אם חרש שדה הקדש כדי להעלות אבק לעשב שנתן בה, ונטל העשב, מעל; הדר במערת הקדש או בצל אילן או שובך של הקדש, אף על פי שנהנה לא מעל; [ג]וכן המקדיש בית בנוי, הדר בו לא מעל; אבל המקדיש עצים ואבנים ובנה בהן בית, הדר שם מעל כמו שיתבאר.

אות ג׳

<u>לולין היו פתוחין בעליית בית קדשי הקדשים, שבהן משלשלין את האומנים בתיבות, כדי שלא יזונו עיניהם מבית קדשי הקדשים</u>

רמב"ם פ"ז מהל' בית הבחירה הכ"ג - מקום שהיה בעלייה מכוון על קדש הקדשים, אין נכנסין לו אלא פעם אחת בשבוע לידע מה הוא צריך לחזק בדקו. בשעה שנכנסין הבנאים לבנות ולתקן בהיכל, או להוציא משם את הטומאה... וכל הנכנסין [ד]להיכל לתקן, יכנסו בתיבות; אם אין שם תיבות או א"א להם שיעשו בתיבות, יכנסו דרך פתחים.

אות ד׳

<u>קול ומראה וריח אין בהן משום מעילה</u>

רמב"ם פ"ה מהל' מעילה הט"ז - קול ומראה וריח של הקדש, לא נהנין ולא מועלין.

אות ה׳

<u>המפטם את הקטורת להתלמד בה או למוסרה לציבור, פטור</u>

רמב"ם פ"ב מהל' כלי המקדש ה"י - עשאה להתלמד בה או למוסרה לציבור, פטור; הריח בה ולא עשאה, אינו חייב כרת, אלא דינו כדין כל הנהנה מן ההקדש, לא חייבה תורה כרת אלא לעושה במתכונתה להריח בה.

אות ו׳

<u>להריח בה חייב</u>

רמב"ם פ"ב מהל' כלי המקדש ה"ט - העושה קטרת מאחד עשר סממנין אלו לפי משקלות אלו כדי להריח בה, אף על פי שלא הריח, חייב כרת על עשייתה, אם עשה מזיד, ובשוגג מביא חטאת קבועה; אף על פי שלא עשה המשקל כולו אלא חציו או שלישו, הואיל ועשה לפי משקלות אלו, חייב כרת, שנאמר: במתכונתה לא תעשו לכם, איש אשר יעשה כמוה להריח בה ונכרת מעמיו.

אות ז׳

<u>וריח לאחר שתעלה תמרותו אין בו משום מעילה, הואיל ונעשית מצותו</u>

רמב"ם פ"ה מהל' מעילה הט"ז - קול ומראה וריח של הקדש לא נהנין ולא מועלין; במה דברים אמורים כשהריח בקטרת אחר שעלתה התימורת, אבל אם הריח בקטרת [ה]כשתעלה תמרתה, מעל.

‹המשך ההלכות בעמוד הבא›

באר הגולה

[א] ‹כתב מרן הכ"מ ז"ל, וז"ל: שם איתמר וכו' וידוע דהלכה כרבא וכו', עכ"ל. וכן הוא לשון הרי"ף ז"ל והרא"ש עיין שם. **וקשה**, גם אם יהיה הלכה כאביי, מ"מ לא פליגי אלא אליבא דר' יהודה, אבל אליבא דר' שמעון לא פליגי דאסור, כדאיתא שם, ורבינו כבר פסק שם בפ"א מהל' שבת כר"ש, ודו"ק – חק נתן› [ב] ‹לדישה, כצ"ל – רש"ש› [ג] ‹קשה דמאי ראיה מייתי אביי מההיא דריב"ז דהיה יושב בצלו של היכל, התם שאני דאינו אסור אלא מדרבנן, שהרי אין מעילה במחובר כשבנאו ולבסוף הקדישו, ובנין היכל ודאי הכי הוא, כדקאמר שמואל בונין בחול ואח"כ מקדישין, ומשו"ה כיון שהוא לצורך לדרוש ברבים התירו – שער המלך› ‹**עיין** בר"מ פ"ה ממעילה ה"ה, ומשמע דהיכל הקדישו ואח"כ בנו – ראש יוסף› ‹**וכוונתו** דאל"כ ל"ל לרבא לשנויי שאני היכל דלתוכו עשוי, תיפוק ליה מטעם מחובר, וע"ז מתרץ דבתחלה הקדישו ואח"כ בנו, א"כ הו"ל תלוש ואח"כ מחובר, ובאופן כזה ס"ל להרמב"ם שם שמעל – דף על דף› ‹**ולכאורה** זהו כוונת העין משפט› [ד] ‹ויש לתמוה, דמשמע ממתניתין דדוקא בקדש הקדשים אמרו ולא בהיכל, ורבינו שכתב הנכנסים להיכל, מנין לו – כסף משנה› [ה] ‹דקודם שתעלה תמרתו מועל – כסף משנה›

מסורת הש"ס

עין משפט נר מצוה

ורבא *אמר לך עד כאן לא קאמר ר' יהודה שאין מתכוין כמתכוין אלא לחומרא אבל מתכוין כשאין מתכוין לקולא לא אמר אביי מנא אמינא לה דתניא אמרו עליו על רבן יוחנן בן זכאי שהיה °יושב בצילו של היכל ודורש כל היום כולו והא הכא דלא אפשר ומיכוין ושרי ורבא אמר שאני היכל דלתוכו עשוי אמר רבא מנא אמינא לה (דתניא) *לולין היו פתוחין בעליית בית קדשי הקדשים שבהן משלשלין את האומנים בתיבות כדי שלא יזונו עיניהם מבית קדשי הקדשים והא הכא דלא אפשר וקא מיכוין ואסור ותסברא *והאמר ר' שמעון בן פזי א"ר יהושע בן לוי משום בר קפרא °קול ומראה וריח אין בהן משום מעילה אלא מעלה עשו בבית קדשי הקדשים איכא דאמרי אמר רבא מנא אמינא לה דתניא אמר ר' שמעון בן פזי אמר ר' יהושע בן לוי משום בר קפרא קול ומראה וריח אין בהן משום מעילה מעילה הוא דליכא הא איסורא איכא מאי לאו לאותן העומדין בפנים דלא אפשר וקא מיכוין ואסור לא לאותן העומדין בחוץ גופא א"ר שמעון בן פזי אמר ריב"ל משום בר קפרא קול ומראה וריח אין בהן משום מעילה וריח אין בו משום מעילה והא תניא °המפטם את הקטורת להתלמד בה או למוסרה לציבור פטור °להריח בה חייב והמריח בה פטור אלא שמעל אלא אמר רב פפא קול ומראה אין בהן משום מעילה לפי שאין בהן ממש °וריח לאחר שתעלה תמרותו אין בו משום מעילה הואיל ונעשית מצותו למימרא דכל היכא דנעשית מצותו אין בו משום מעילה והדרי תרומת הדשן דנעשית מצותה °ויש בה משום מעילה דכתיב °ושמו אצל המזבח *שלא יפזר ושמו שלא יהנה משום דהוו תרומת הדשן ובגדי כהונה שני כתובין הבאין כאחד וכל שני כתובין הבאין כאחד אין מלמדין תרומת הדשן הא דאמרן בגדי כהונה דכתיב °והניחם שם °מלמד *שטעונין גניזה הניחא לרבנן דאמרי מלמד שטעונין גניזה אלא לר' דוסא (א) דפליג עלייהו דאמר אבל ראויין הן לכהן הדיוט ומאי והניחם שם שלא ישתמש בהם ביום כפורים אחר מאי איכא למימר משום דהוו תרומת הדשן ועגלה ערופה שני כתובין הבאין כאחד *וכל שני כתובין הבאין כאחד אין מלמדין הניחא למ"ד אין מלמדין אלא למאן דאמר מלמדין מאי איכא למימר תרי מיעוטי כתיבי כתיב ושמו וכתיב °הערופה ת"ש *הכניסה לרבקה ודשה כשירה בשביל שתינק ותדוש פסולה והא הכא דלא אפשר וקא מיכוין וקתני פסולה שאני התם דכתיב אשר לא עובד בה מכל מקום אי הכי אפילו רישא נמי
הא

תורה אור · ויקרא ו · ויקרא טז · דברים כא

ורבא אמר לך עד כאן. לא שמעת ליה לרבי יהודה דלא אזיל בתר כוונה אלא דלא פטר ליה משום אין מתכוין בדלאפשר דמתכוין אסור לדברי הכל ומשוי שאין מתכוין כמתכוין לחומרא לאסור אבל לא חשיבא ליה כוונה למשוי מכוון כשאין מתכוין לקולא כגון דלא אפשר בשאין מתכוין שרי וניסרי נמי רבי יהודה במתכוין דלא חשיב כוונה כלל הא לא שמעת ליה: **היכל.** גובהו מאה אמה וצילו הולך למרחוק מאד ברחוב שלפני הר הבית ומתוך שרחוב גדול היה ומחזיק בני אדם הרבה היה דורש שם מפני החמה שאין לך בית המדרש מחזיקן: **דלא אפשר.** מלדרוש לרבים הלכות החג: **וקא מיכוין.** ליהנות מצל הקודש: **דלתוכו עשוי.** ואין הנאה צלו נאסרה דאין זה דרך הנאתו: **לול.** ארובה שבעלייה היורדת לבית קרי לול: **שאומנין.** כשיש בדק בחומת בית קדשי הקדשים: **יזונו.** לשון הנאה כמזונות שמשביע עצמו ממראית נוי המלאכה והנאה: **והא הכא דלא אפשר.** שלא ירדו לתקן ואפילו הכי צריך לתת אותן בתיבות שלא יוכלו להסתכל אנה ואנה דילמא מיכווני ליהנות ואסור: **קול.** של כלי שיר שהן הקדש: **וריח.** הקטורת: **אין בהן משום מעילה.** דאורייתא הואיל ואין בהם ממש וכיון דמדאורייתא שרו כי לא אפשר כגון הכא אמאי אטרחינהו רבנן אלא מעלה בעלמא הואי: **העומדים בפנים.** לשמש דלא אפשר מלעמוד שם ואסור להו להיות מתכוונים: **לאותן העומדים בחוץ.** קאמר אין מעילה הא איסורא איכא אבל לעומדין בפנים אפילו איסורא ליכא: **המפטם את הקטורת.** קטורת זרה שאינה של ציבור: **אם להתלמד בה או למוסרה.** אחר פיטומה לציבור פטור מכרת אבל אם דעתו להגניע לצורכו להריח בה ועשאה בסממנין הכתובים חייב כרת דכתיב (שמות ל) איש אשר יעשה כמוה להריח בה ונכרת: **והמריח בה.** בקטורת של ציבור פטור מכרת ומחטאת דלא חייבה תורה אלא מפטם להריח: **אלא שמעל.** שנהנה מן הקודש ומביא אשם מעילות: **קול ומראה.** אין בהם ממש ופטורים לעולם: **וריח.** יש בו ממש בסממנין לפיכך חייב ודקא אמר רבי יהושע פטור לאחר שתעלה תמרתו במקדש קאמר דמשום דנעשית מצותו ואין צורך גבוה עוד בה יצתה מכלל קדשי ה' ובריייתא במריח בה בביתו שנותן ממנה על הגחלים: **תמרתו.** עמוד עשנו: **תרומת הדשן.** בכל יום היה נוטל מלא מחתה ונותנה אצל המזבח והיא נבלעת במקומה כדכתיב והרים את הדשן וגו' ואסורה בהנאה ומועלין בה כדכתיב ושמו אצל המזבח אלמא טעונה גניזה: **ובגדי כהונה.** ארבעה בגדי לבן שכהן גדול נכנס בהם לפני ולפנים ביום הכפורים דאסורין שוב להשתמש בהן כדכתיב והניחם שם: **הא ניחא לרבנן.** פלוגתייהו במסכת יומא (דף כד׳): **כשירין הם לכהן הדיוט.** כל השנה שהן הן הבגדים הראויין לשימוש הדיוט כתונת ומכנסים ומצנפת ואבנט: **עגלה ערופה.** כתיב שם דמשמע שם תהא קבורתה: **אלא למ"ד מלמדין.** ר' יהודה במסכת סנהדרין בשלהי ארבע מיתות (סז:): **הכא מיעוטי כתיבי.** בהני למימרא דלא תיגמר מינייהו ושמו לזה ולא לאחר הערופה ולא לאחר דבר אחר: **הכניסה לרבקה.** עגלה ערופה רבקה קופל"א בלע"ז שקושרין ארבע פרות ביחד: **ודשה.** תבואה עם חברותיה: **כשירה.** שלא נתכוין לכך ולאו עבודה היא: **ואם נתכוין שתינק ותדוש פסולה.** והכא לא אפשר שלא יכניסנה שתינק וכי מתכוין שתינק ותדוש פסולה: **אשר לא עובד בה מכל מקום.** דאע"ג דבעלמא לא מיתסר הכא אסור:
הא

שאני היכל דלתוכו עשוי. פ"ה ואין הנאת צלו נאסרת שאין זה דרך הנאתו וא"ת והא לא כתיב אכילה ואפילו שלא כדרך הנאה יהא אסור וי"ל דמעילה ילפינן °חטא חטא מתרומה ובתרומה כתיב אכילה והא דאסר בפ' כל הצלמים (ע"ז מח:) ליתב תחת אשירה משום דאשירה לצל עשויה והיא דרך הנאה ועוד דגבי ע"ז לא כתיב אכילה*: **והא** הכא דלא אפשר וקמיכוין ואסור. ה"מ אביי לאוקמא כרבי שמעון דאליבא דרבי יהודה פליגי:

ותסברא והאמר רבי שמעון בן פזי קול ומראה וריח אין בהן משום מעילה. פ"ה וכיון דמדאורייתא שרי כי לא אפשר אמאי אטרחוה רבנן וקשה לר"י הא בגרירה דליכא איסורא דאורייתא ופליג רבא ואסר בלא אפשר ומיכוון ומאי קא מוכיח אביי לרבא וי"ל דה"פ כיון דלא אסירי אלא מדרבנן א"כ כשהוא לצורך כגון לתקן בית קדשי הקדשים סברא הוא דאפילו איסורא דרבנן ליכא:

מעילה הוא דליכא הא איסורא איכא. תימה דבפרק החליל (סוכה נג. ושם) תניא אשה בוררת חטים לאור של בית השואבה והשמן והפתילה היו של קודש כדתנן התם ובירושלמי דייק מינה דקול ומראה וריח אין בהן משום מעילה:

לאותן העומדים בחוץ. ליכא איסורא אלא שלא יקרבו עצמן לעזרה כדי להריח יותר דהא אמרינן (יומא דף לח:) לא היתה כלה צריכה להתבשם בירושלים מפני ריח הקטורת:

כתיב הכא ושמו וכתיב התם הערופה. תימה לר"י אמאי איצטריך תרי מיעוטי בחד סגי דלהכי כתביה דלא למילף מינייהו* וי"ל דאי לא כתיב אלא חד מיעוטא לא הוה מצי למעוטי אלא מילתא דלא דמי כל כך למיסר אבל מילתא דדמי למיסר לא להכי איצטריך תרווייהו:

הכניסה לרבקה. בתוספתא תני ליה גבי פרה:
הא

לז א מיי' פ"ח מהל' מאכלות אסורות הל' יב [רב אלפס כאן ובע"ז פ"ב ד' שלח:]:
לח ב מיי' פ"ה מהלכות מעילה הלכה ס:
לט ג מיי' פ"ז מהלכות בית הבחירה הל' כג:
[ועי' תוס' ע"ז מח: ד"ה לא ישב]
מ ד מיי' פ"ה מהלכות מעילה הל' יו סמג עשין רי:
מא ה מיי' פ"ב מהל' כלי המקדש הל' י:
מב ו שם הלכה ט:
מג ז מיי' פ"ה מהלכות מעילה הלכה טז:
מד ח מיי' פ"ב מהל' תמידין ומוספין הלכה טו:
מה ט מיי' פ"ח מהל' כלי המקדש הל' ה:
מו י מיי' פ"א מהלכות פרה הלכה ז:

[בתוספות חולין קיז: ד"ה עזין כו' עוד שם קיז: וכן בזבחים מו. הניחו דבר זה בתימה אמנם במעילה יא. תירצו בשם ה"ר פרץ ע"ש וכן ביומא ס. הארוכו בביאור זה]

רבינו חננאל

וסמיך אביי אהא דרבן יוחנן בן זכאי שהיה יושב בצלו של היכל ודורש כל היום ודחי׳ רבא שאני התם דהיכל לתוכו עשוי ואין קדושה בצלו רבא אמר מהא דתנן לולין היו פתוחין בעליית קדשי קדשים שבהן היו משלשלין האומנין בתיבות כדי שלא יזונו עיניהם מבית קדשי הקדשים ש"מ דהנאה הבאה לו לאדם בעל כרחו אסור. ודחי׳ אביי מעלה עשו דהא קול ומראה וריח אין בהן משום מעילה. איכא דאמרי רבא מסתייע מזו הדרה דאין בהן משום מעילה הא איסורא איכא מאי לאו באותם העומדים בפנים דלא אפשר וכיון דמכוני אסיר ודחינן לא לאותן העומדים בחוץ דאפשר שלא יעמדו ולפיכך עשו מעלה לאחר
הא

[צ"ל דתנן] מדות לז. [פ"ד מ"ה]

כריתות ו.

תמורה לד. לקמן כו: [ע"ש] וגי' רש"י ושמו אצל המזבח שלא ימעלו בה אחרים אלא שיהא כולו אצל המזבח משום דהוי

כריתות ו. חולין קיז. מעילה יא: זבחים מו. יומא יב. כד. ס.

[לקמן מה. יומא ס. קדושין כד. לד: לה. לו: מג: מנ. נח. גיטין מו. נזיר לז: ע"ז נ: סנהדרין סז: עב: שבועות כו: זבחים מה. מט. בכורות מט. ערכין יד: חולין סא: קיז. כריתות ו. מעילה יח:]

הגהות הב"ח

(א) גמ' דפליג עלייהו ואמר אבל:

גליון הש"ס

תוס' ד"ה שאני. חטא חטא מתרומה. עי' בתוס' סי' שו ובתוס' ר"ס כל הצלמים ד"ה יומתו:

(איכא) [ליכא] איסורא איכא. ואיני דריח אין בו מעילה [והא תנן] המפטם קטורת להתלמד בה [או] למוסרה לצבור [פטור] להריח בה חייב המריח בה פטור אלא שמעל ושני׳ ... שתעלה תמרתו היא שנעשית מצותה ... משום דכתיב בתרומת הדשן ושמו אצל המזבח ... ערופה ... שם את העגלה ...

עין משפט נר מצוה

מז א מיי' פ"א מהל' פרה הלכה ז:

מח ב מיי' פי"ג מהל' אבידה הל' יד סמג עשין עד טוש"ע חו"מ סי' רסז סעיף יז:

מט ג מיי' פ"י מהל' כלאים הל' טז סמג לאוין רעג טוש"ע י"ד סי' שא סעיף ו:

נ ד מיי' פט"ז מהלכות מאכלות אסורות הלכה כב טוש"ע י"ד סי' קמב סעיף ד:

נא ה מיי' שם הל' כד טוש"ע שם סעיף ו:

[פרה פ"ב מ"א]

נב ו ז מיי' שם הל' כב ופ"ז מהלכות ע"ז הל' יב טוש"ע שם ס"ד:

[כפ"ב דב"מ כג.]

[ויותר מפורש בטורות מד:]

רש"ל גרס לר"י ועי' רש"א

הא לא דמיא אלא להא *שכן עליה עוף כשירה עלה עליה זכר פסולה מ"ט אמר רב פפא אי כתיב עבד וקרינן עבד עד דעביד בה איהו אי כתיב עובד וקרינן עובד אפילו ממילא נמי השתא דכתיב עבד וקרינן עובד עובד דומיא דעבד מה עבד דניחא ליה אף עובד דניחא ליה ת"ש *אבידה לא ישטחנה לא על גבי מטה ולא על גבי מגוד לצורכו אבל שוטחה לצורכה על גבי מטה ועל גבי מגוד נזדמנו לו אורחין לא ישטחנה לא על גבי מטה ולא על גבי מגוד בין לצורכה בין לצורכו שאני התם דקלי לה אי משום עינא בישא אי משום גנבי ת"ש *מוכרי כסות מוכרין כדרכן ובלבד שלא יתכוין בחמה מפני החמה ובגשמים מפני הגשמים והצנועין מפשילין לאחוריהם במקל והא הכא דאפשר למעבד כצנועין וכי לא מכוין שרי תיובתא למאן דמתני לישנא קמא דרבא תיובתא: ולא יסיק בו וכו': ת"ר תנור שהסיקו בקליפי ערלה או בקשין של כלאי הכרם חדש יותץ ישן יוצן אפה בו את הפת רבי אומר הפת אסורה וחכמים אומרים הפת מותרת *בישלה על גבי גחלים דברי הכל מותר והא תניא בין חדש ובין ישן יוצן לא קשיא הא רבי והא רבנן אימור דשמעת ליה לרבי משום דיש שבח עצים בפת זה וזה גורם מי שמעת ליה אלא לא קשיא הא ר' אליעזר הא רבנן הי רבי אליעזר אילימא רבי אליעזר דשאור *דתנן שאור של חולין ושל תרומה שנפלו לתוך עיסה ואין בזה כדי להחמיץ ואין בזה כדי להחמיץ ונצטרפו וחמצו רבי אליעזר אומר אחר אחרון אני בא וחכמים אומרים בין שנפל איסור *לכתחלה ובין שנפל איסור לבסוף לעולם אינו אוסר עד

[דברים כא]

תוספות

הא לא דמיא אלא להא שכן עליה עוף. מייתי לה משום דרב פפא אמר מילתיה עלה לפי שהיא משנה: עלה עליה זכר פסולה. וא"ת אמאי פסולה הא ודאי לא ניחא ליה להפסיד פרה שדמיה יקרים בשביל דבר מועט וי"ל דאם נאמר כשירה הוה ניחא ליה ולכך אין להכשירה וא"ת הכניסה לרבקה ודשה אמאי כשירה מ"מ מעלה עליה זכר דפסולה וי"ל דהתם לא ניחא ליה בדישתה שאין מרויח כלום בדישתה דבלאו הכי נידושה התבואה וה"ר יהודה פירש דהתם פרה בחורה היא ומסתמא אין אדם רוצה להטריחה וא"ת והא דתנן* פרה מעוברת ר' אליעזר מכשיר וחכמים פוסלין והכא אמר עלה עליה זכר פסולה וי"ל דהכא כחכמים דפוסלין דה"נ ר' יהודה פליג ואמר דוקא העלה עליה זכר אבל עלה מעצמו כשירה אי נמי הא דאמר הכא פסולה היינו כשרואה בשעת עלייה וניחא ליה כדאמר גבי הכשר (בפ"ק דחולין) (*דף יג.) עודהו הטל עליהן ושמח הרי זה בכי יותן נגבו אינן בכי יותן דבעינן יותן דומיא דיתן אף על פי שאם היה יודע בעוד הטל עליהן היה שמח והא דאמרינן בפרק עגלה ערופה (סוטה מו.) עול פוסל בין בשעת עבודה ובין שלא בשעת עבודה שאר דברים אינן פוסלין אלא בשעת עבודה מה שהזכר משמש בה חשוב עבודה: מגוד. פירש ר"ח כמו נגוד ליה גלימא (*עירובין ד' לד.): חדש יותץ. קסבר יש שבח עצים בפת וה"ה יש שבח עצים בתנור וזה וזה גורם אסור ויש שבח עצים בפת היינו העצים שהן גורמים אפיית הפת כשאבוקה כנגדו ורבנן סברי אין שבח עצים בפת אף על פי שהאבוקה כנגדו דשלהבת אינה באה מן העצים אלא מחמת משהו הנשרף וא"כ היא כמו גחלת דאין האיסור בעין וכן פירש"י הקשה ה"ר אהרן *לרבי הא דאמר (תרומות פ"ב מ"ג) המבשל בשבת בשוגג יאכל ואפילו בשבת ואמאי נימא יש שבח מוקצה בפת דגחלים מוקצין הן ואומר ר"י דלא שייך אלא באיסורי הנאה דווקא וכן פי' הקונטרס בפרק בתרא דע"ז (דף סו. ושם) גבי תנור שהסיקו בכמון של תרומה:

בישלה על גבי גחלים. בישלה דווקא בדיעבד אף על גב דכל הנשרפין אפרן מותר* אפילו לכתחלה יש לחלק בין אפרן לגחלים:

בין חדש בין ישן יוצן. דזה וזה גורם מותר אף על גב דזה וזה גורם דווקא בדיעבד מותר כדמוכח בסוף פרק כל הצלמים (ע"ז מט:) דאמר רבי יוסי אין נוטעין אגוז של ערלה ומודה ר' יוסי שאם נטע שהוא מותר וחשיב ליה זה וזה גורם דהכא הוי כדיעבד דאם נאמר חדש יותץ יפסיד התנור:

בין חדש ובין ישן יוצן. ואף על גב דזה וזה גורם מותר מ"מ ישן כיון דסגי ליה בליצון ולא מפסיד מידי אלא איסור הנאה לחודה לכך צריך ליצון:

רש"י

הא לא דמיא. תורגלא הוא: שכן עליה עוף. בפרה אדומה קאי שפרח ונח על גבה אע"ג דכתיב לא עלה עליה עול דמשמע עליה אפילו בעצמה ולאו משום דכתיב עול הא מרבינן ביה שאר עבודות במסכת סוטה (דף מו.) אפ"ה בהא עלייה כשרה דלא ניחא ליה והוא הדין להכניסה לרבקה ודשה: עלה עליה זכר פסולה. דניחא ליה והוא הדין לתינק ותידוש: עובד. משמע ממילא עבד משמע בידים ואף על גב דהאי בעגלה כתיב תרוויהו ילפינן מהדדי בגזרה שוה דעול עול במסכת סוטה (דף מו.): לא ישטחנה. במוצא בגד אבודה קאי: מגוד. קביל"א: לצורכה. כדי שלא יאכלנו עש: נזדמנו לו אורחין וכו'. אלמא אף על גב דלצורכה הוא והייתו לא אפשר הואיל ומתכוין להתכבד בשל חבירו באורחין חשיב ליה גזל ואסור: ומשני לאו משום כוונה הוא אלא משום דבשטיחה זו קלי לה כלומר מאבדה בידים אי משום עינא בישא אי משום דלמא אורחין גנבי ניהו וגנבי לה: מוכרין כדרכן. מעטפין בכסות כלאים דאין מתכוין להנאת לבישה: והצנועים. פרושים שמתרחקין מן הכיעור ומן הדומה לו: לישנא קמא דרבא. אפשר ולא מתכוין אסור אפילו לרבי שמעון דא"כ הא מני: יש שטוענין שמקפין על משנה זו אותה ששנינו בגד שאבד בו כלאים לא ימכרנו לנכרי אלמא כלאים אסור למכור וטעות בידם דהתם אבד דוקא שמא יחזור נכרי וימכרנו לישראל ולא יכיר שיש בו כלאים וילבשנו אבל כלאים הניכר מותר בכל הנאות מכירה: בקליפי ערלה. קליפי אגוזים ורמונים שאף הם בכלל פרי ואסורין משום ערלה וכן קשין של כלאי הכרם הכל אסור דבכלאים לא כתיב פרי: חדש יותץ. שהרי על ידי היסק זה של ערלה נגמר ומתקיים כולו: ישן. שאין היסק זה מועיל לו אלא שאופה בו פת: יוצן. שלא יאפה בו פת בהיסק זה: אפה בו פת. בהיסק זה לקמן מוקי לה כשאבוקה כנגדו שכל שעה שהיתה פת בתנור היה דולק האור ואופהו שהיה נהנה מן האיסור בשעה שהאיסור בעין: רבי אומר הפת אסורה. דיש שבח עצי איסור בפת: וחכמים אומרים הפת מותרת. (דהא) סברי אין שבח עצים בפת ממש והוא הדין דלית להו נמי חדש יותץ אלא יוצן והכי אמרי' בשמעתין: בישלה על גבי גחלים. דברי הכל הפת מותרת ואפילו לרבי דכי איתהני פת מאיסור כבר כלה ובטל וגחלים איתעבידא ליה דלא תימא אכתי איסורא בעיניה וכל שכן בתנור גרוף ואין אבוקה כנגדו: הא רבי. דקתני חדש יותץ רבי היא דאמר הפת אסורה משום דגמרה באיסור והוא הדין לתנור שנגמר נמי ע"י האיסור: אימור דשמעת ליה לרבי דיש שבח עצים בפת. כי שמעת ליה דפליג רבי אדרבנן ביש שבח עצים בפת לחודה הוא דשמעת ליה דרבנן הוו מקילי טפי ושרו אפי' פת לאכול דאמרי אין שבח עצים בה אלא שבח היסק ואיסור (א)שבה כבר כלה הוא סבר הואיל ואבוקה כנגדו יש שבח עצים ואיסור גמור בה וגבי תנור חדש נהי דיש שבח עצים בו מיהו הוא עצמו אין נאכל אלא להיסק אחר עומד ויאפו בו ונמצאת פת הנאפת בו נגמרת ע"י איסור והיתר איסור שגמרו (בו) את התנור ועצי היתר שגמרו את הפת והא היכא שמעינן ליה דאסר רבי: הא ר' אליעזר. דשמעינן ליה זה וזה גורם אסור דבר שאיסור והיתר גרמו לו שיבא אסור בהנאה: לתוך עיסה. של חולין: אחר אחרון אני בא. אם סילק את הראשון כדמתרץ ליה אביי: לא

מסורת הש"ס

פרה פ"ב מ"ד

ב"מ ל. [ע"ש]

שבת כט: מו: כלאים פ"ט משנה ה

לקמן עה.

ע"ז מט. עג: תמורה לד. ערלה פ"ב מי"א

צ"ל בתחלה וכ"א במשנה

[צ"ל דסס]

הגהות הב"ח

(א) רש"י ד"ה אימור וכו' היסק לאיסור שבה:

גליון הש"ס

גמ' בישלה על גבי גחלים. עי' לקמן דף עה ע"א תוס' ד"ה וגרסו ובתשובות פני יהושע סי' י"א:

רבינו חננאל

ת"ש כסות המופקדת אצלו לא ישטחנה לא על גבי מטה ולא על גבי מגוד לצורכו אבל שוטחה לצרכה נזדמנו לו אורחין בין לצורכו בין לצרכה לא ישטחנה הנה אפי' לצרכה אסור ושנינן שאני התם דקא קלא ליה כלומר כיון שרואין אותה האורחין באין בלילה וגונבין אותה נמצא כששוטחה כאלו שורפה באש: ת"ש הכניסה לפרה אדומה בטוקלדבקה. פי' לפטומ' מלשון (ירמיה מו כא) עגלי מרבק ודשה כשרה בשביל שתינק והדוש פסולה הנה כיון שנתכוין לדוש פסלה ואוקימ' מה עבד דניחא ליה [אף עובד דניחא ליה] אע"פ שעובד בה מלאכה שלא על ידיו אלא ניחא ליה עבודה היא ונפסלת בה ת"ש מהא דתנן בסוף כלאים מוכרי כסות מוכרין כדרכן כלומר נושאין בגדי כלאים על כתפיהן ומתנין מהן ובלבד שלא יתכוין בחמה מפני החמה ובגשמים מפני הגשמים והצנועין מפשילין לאחוריהן במקל והא הכא דאפשר למעבד כצנועין ואע"ג דלא עביד כצנועין כי לא מיכוין שרי ותיובתא למאן דתאני לישנא קמא דרבא תיובתא וקיימא לן אפי' אפשר ולא קא מיכוין שרי: ולא יסיק בו תנור וכירים. ת"ר תנור שהסיקו בקליפי ערלה או בקשין של כלאי הכרם חדש יותץ ישן יוצן אפה בו את הפת ר' אומר הפת אסורה וחכמים אומרים הפת מותרת בשלה על גבי גחלים דברי הכל מותרת (*פי' יוצאי מותר עצים) איני והתניא אחד ישן ואחד חדש יוצן ושני' הא דתני [אפילו חדש] יוצן רבנן והא דתני [חדש] יותץ רבי. ואקשי' אימור דשמעת ליה לר' דיש שבח עצים בפת כלומר שבח עצי האיסור שרוי בפת והוא אפיית הפת היה הוא ידוע בפת לפיכך שנה הפת אסורה אבל עצי היתר אסורה חדש [בתנור של איסור] שנמצאו עצים של היתר והתנור [של] איסור [שטען] נתיצה גורמין אפיית הפת [מי] שמעת לרבי שאוסר בזה ואיתן לאוקמינהו לר' אליעזר ורבנן דפליגי בשאור של חולין ושל תרומה שנפלו בעיסה ואין באחד מהן שיעור לחמץ הוא לבדו העיסה ונצטרפו וחימצו ר' אליעזר אומר אחר אחרון אני בא וחכמים אומרים

* דברי רבינו אלו מבולבלים הכנה הם ואולי איזה ע"ס נפל בדבריו.

אות ח'

תרומת הדשן דנעשית מצותה ויש בה משום מעילה

רמב"ם פ"ב מהל' תמידין ומוספין הט"ו - ואף על פי שאין הוצאתו לחוץ עבודה, אין בעלי מומין מוציאין אותו; וכשמוציאין אותו לחוץ לעיר, מניחין אותו במקום שאין הרוחות מנשבות בו בחזקה, ולא חזירים גורפים אותו, ולא יפזרנו שם, שנאמר: ושמו, שיניחנו בנחת, ואסור ליהנות בו. השגת הראב"ד: ושמו שיניחנו בנחת. א"א זה לא נאמר אלא על תרומת הדשן, ואין מעילה אלא בתרומת הדשן.

אות ט'

מלמד שטעונין גניזה

רמב"ם פ"ח מהל' כלי המקדש ה"ה - ובגדי כהן גדול שבלו, גונזין אותן; ובגדי לבן שעובד בהם ביום הצום, אינו עובד בהם פעם שניה לעולם, אלא נגנזין במקום שיפשוט אותם שם, שנאמר: והניחם שם, והם אסורין בהנאה.

אות י'

הכניסה לרבקה ודשה כשירה

רמב"ם פ"א מהל' פרה אדומה ה"ז - יתירה פרה על הקדשים, שהעבודה פוסלת בה, שנאמר: אשר לא עלה עליה עול, ובעגלה ערופה אומר: אשר לא עובד בה אשר לא משכה בעול, מה עול האמור בעגלה עשה שאר עבודות כעול, אף עול האמור בפרה יפסול בה שאר עבודות כעול, אלא שהעול פוסל בין בשעת עבודה בין שלא בשעת עבודה, ושאר עבודות אין פוסלות אלא בשעת עבודה; כיצד, קשר עליה העול, אף על פי שלא חרש בה, פסולה, הכניסה לדוש, אינה נפסלת עד שידוש בה, וכן כל כיוצא בזה; רכב עליה, נשען עליה, נתלה בזנבה ועבר בה את הנהר, קפל עליה את המוסירה, נתן טליתו עליה, נתן עליה כסות של שקים, פסולה. קשרה במוסרה, אם היתה מורדת וצריכה שמירה, כשירה, ואם לאו פסולה, שכל שמירה שאינה צריכה משוי הוא; עשה בה סנדל שלא תחלק, פירש טליתו עליה מפני הזבובין, כשירה; זה הכלל כל שהוא לצרכה כשירה, לצורך אחר פסולה. נעשית בה מלאכה מאליה או שעלה עליה עול מאליו, אם לרצונו, פסולה, שנאמר: אשר לא עובד בה, שאם עובד בה לרצונו, ה"ז כמי שעבד בה; לפיכך אם שכן עליה העוף כשירה, עלה עליה זכר פסולה, ואצ"ל שהמעוברת פסולה. הכניסה לרבקה ודשה מאליה, כשירה, הכניסה כדי שתינק ותדוש, פסולה שהרי עשה לרצונו, וכן כל כיוצא בזה.

---

§ מסכת פסחים דף כו: §

אות א'

שכן עליה עוף כשירה עלה עליה זכר פסולה

רמב"ם פ"א מהל' פרה אדומה ה"ז - נעשית בה מלאכה מאליה או שעלה עליה עול מאליו, אם לרצונו, פסולה, שנאמר: אשר לא עובד בה, שאם עובד בה לרצונו, ה"ז כמי שעבד בה, לפיכך אם שכן עליה העוף כשירה, עלה עליה זכר פסולה, ואצ"ל שהמעוברת פסולה; הכניסה לרבקה ודשה מאליה, כשירה, הכניסה כדי שתינק ותדוש, פסולה שהרי עשה לרצונו, וכן כל כיוצא בזה.

אות ב'

אבידה לא ישטחנה לא על גבי מטה ולא על גבי מגוד לצורכו, אבל שוטחה לצורכה על גבי מטה ועל גבי מגוד; נזדמנו לו אורחין, לא ישטחנה לא על גבי מטה ולא על גבי מגוד בין לצורכה בין לצורכו

חו"מ סימן רסז [ר]סי"ח - וצריך לבקרה ולבדקה כדי שלא תפסד. כיצד, מצא כסות של צמר, מנערה אחת לשלשים יום; ולא ינערנה במקל ולא בשני בני אדם. ושוטחה על גבי מטה לצרכה בלבד, [ט]אבל לא לצרכה ולצרכו; נזדמנו אורחים, לא ישטחנה בפניהם ואפילו לצורכה, שמא תגנב.

באר הגולה

[ר] ‹נראה דרבינו מפרש דאתרוויהו קאי - מעשה רוקח› ‹ועיין לקמן כ"ז: דהבאנו שם דברי הכסף משנה› [ז] ‹דאמרינן תה"ד ובגדי כהונה ב' כתובים, ופשטי דלשון, כל בגדי כהונה משמע, דלא כפרש"י על בגדי לבן - מעשי למלך. **דוהניחם** שם שטעונין גניזה, ה"ה בבגדי זהב שבלו - מרכבת המשנה› [ח] ‹כצ"ל, וכן הוא במהדורת נהרדעא› [ט] ‹הטעם, שמא ישכח על גבי המטה - סמ"ע. ‹**ובגמרא** איבעיא להו לצרכו ולצרכה מאי, ולא איפשיטא, ופסק הרא"ש לחומרא, וכן פסק הרמב"ם - ב"י›

אות ג'

מוכרי כסות מוכרין כדרכן, ובלבד שלא יתכוין בחמה מפני החמה ובגשמים מפני הגשמים

יו"ד סימן שא ס"ו - **תופרי כסות תופרים כדרכם, ובלבד שלא יתכוונו בחמה מפני החמה ובגשמים מפני הגשמים; והצנועין, תופרין בארץ. וכן מוכרי כסות מוכרין כדרכן, ובלבד שלא יתכוונו בחמה מפני החמה ובגשמים מפני הגשמים; והצנועים מפשילין במקל. הגה: ויש מתירין אפילו ללבוש כלאים כל שאינו מכוין להנאתו, כגון שלובש כלאים להעביר בו המכס, או שלובשן כדי להראות מדתן אם רוצה למכרן וכדומה. (טור והרא"ש והסמ"ג).**

אות ד'

הפת אסורה

רמב"ם פט"ז מהל' מאכלות אסורות הכ"ב - **תנור שהסיקו בקליפי ערלה ובכלאי הכרם, בין חדש בין ישן יוצן, ואחר כך יחם אותו בעצי היתר; ואם בישל בו קודם שיוצן, בין פת בין תבשיל הרי זה אסור בהנייה, יש שבח עצי איסור בפת או בתבשיל. [י]גרף את כל האש ואחר כך בישל או אפה בחומו של תנור, הרי זה מותר, שהרי עצי איסור הלכו להן.**

יו"ד סימן קמב ס"ד - **[יא]נטל ממנה עצים, אסורים בהנאה. הסיק בהם את התנור, [יב]בין חדש בין ישן יוצן, ואחר כך יחם אותו [יג]בעצי היתר; ואם לא צננו ואפה בו את הפת (בעוד שהאבוקה כנגדו) (בית יוסף), [יד]הרי זה אסור בהנאה, דיש שבח עצי איסור בפת (טור). נתערבה באחרות, [טו]יוליך דמי אותה [טז]הפת לים המלח, ושאר כל הככרות מותרים. [יז]גרף את כל האש ואחר כך בישל או אפה בחומו של תנור, הרי זה [יח]מותר, שהרי עצי האיסור הלכו להם. הגה: לא דאמרינן יש שבח עצים בפת, היינו בדבר שאסור בהנאה, אבל אם אפה או בשל אצל דבר שאסור באכילה, אפי' אבוקה כנגדו מותר (מרדכי פרק השוכר ותוספות וע"פ).**

אות ה'

בישלה על גבי גחלים דברי הכל מותר

רמב"ם פט"ז מהל' מאכלות אסורות הכ"ד - **פת שבישלה על גבי גחלים של עצי ערלה, מותרת, כיון שנעשו גחלים הלך איסורן אף על פי שהן בוערות.**

יו"ד סימן קמב ס"ו - **פת שבשלה ע"ג [יט]גחלים של עצי עבודת כוכבים, מותרת, כיון שנעשו גחלים הלך איסורן [כ]אף על פי שהן בוערות.**

אות ו' – ז'

בין חדש ובין ישן יוצן

משום דיש שבח עצים בפת

יו"ד סימן קמב ס"ד - **[כא]נטל ממנה עצים, אסורים בהנאה. הסיק בהם את התנור, בין חדש בין ישן יוצן, ואחר כך יחם אותו בעצי היתר; ואם לא צננו ואפה בו את הפת (בעוד שהאבוקה כנגדו) (בית יוסף), הרי זה אסור בהנאה, דיש שבח עצי איסור בפת (טור).**

[כב]סימן תמה ס"ב - **[כג]אבל אם שרפו משעה ששית ולמעלה, הואיל והוא אסור בהנאה, הרי זה לא יסיק בו תנור וכיריים ולא יבשל; ואם בישל או אפה, אותה הפת ואותו התבשיל אסורים בהנאה** - ואע"ג דזה וזה גורם הוא, שהתנור הוא של היתר, והעצים, דהיינו החמץ, של איסור, וקי"ל בעלמא דזה וזה גורם מותר, **שאני** הכא, דגורם העצים של איסור, שבהן הפת נאפית, ניכר יותר ונראה שבחן לעינים, וכמו חד גורם הוא.

ואפילו אם בשעה שנתן הפת לתוך התנור, כבר נהפך החמץ לגחלים, או אפילו לאפר חם, ונאפה על ידן, ג"כ אסור, שהרי בחמץ גם

באר הגולה

י ‹יש לתמוה על לשון זה, דמשמע שאם לא גרף כל האש לגמרי, ובישל או אפה, אסור, וליתא, דהא תני בישלה על גבי גחלים ד"ה מותר, וכתבו רבינו לקמן בסמוך, **ונראה** שצריך לידחק בפירוש זה, לומר דהיינו שהסיר העצים הדולקים כדי שלא תהא אבוקה כנגדו, אבל כיון שהסיר העצים הדולקים, אף על פי שנשארו גחלים, מותר, כמ"ש לקמן בסמוך - כסף משנה› **יא שם במשנה** **יב ברייתא פסחים דף כ"ו: ומוקי לה שם כרבנן, הרי"ף והרא"ש** **יג דהוה בחדש זה וזה גורם ומותר, אע"ג דלכתחלה אסור לעשות זה וזה גורם, שאני הכא כיון שאין התנור האיסור עצמו אלא נגמר באיסור, ואי אמרינן יותץ נמצא התנור מופסד, והוי כדיעבד** **יד ברייתא שם וכרבי** **טו שם במשנה עבודת כוכבים דף מ"ט ע"ב וכר' אליעזר, רמב"ם שם** **טז טור בשם ר"י והרמב"ם בפרק ז' מהלכות עכו"ם הי"ג** **יז לשון הרמב"ם בפרק ט"ז מהמ"א הכ"ב לענין עצי ערלה וכלאי הכרם** **יח פי' אפי' לכתחלה, משא"כ ע"ג גחלים דלכתחלה אסור כדלעיל סעיף א', ובדיעבד מותר כדלקמן סעיף ו'. [לא נראה כן מהב"י, אלא אף זה אינו מותר אלא בדיעבד, ודוק]** **יט שם ברייתא דף כ"ו ע"ב** כ ‹כלישנא בתרא, וכ"פ הר"ן, והרא"ש פסק לחומרא כלישנא קמא, דדוקא בעוממות - גר"א› **כא** ‹עיין לציוני הבאר הגולה לעיל אות ד'› **כב** ‹ע"פ הבאר הגולה› **כג לשון הרמב"ם ממשנה** ‹כ"א› **וכמסקנת הגמרא כ"ו לחומרא** ‹בפרק כל שעה אסיקנא, שאם אפה פת בעצים דאיסורי הנאה, הפת אסורה, ובבישלה על גבי גחלים פליגי, חד אמר שאם הן עוממות מותר, ואם הן לחוששות אסור, וחד אמר לוחשות נמי מותר, וכתב הרא"ש ועבדינן לחומרא, **והא** דשרי בעוממות לדברי הכל, דוקא בקליפי ערלה ובקשין של כלאי הכרם, משום דדינן בשריפה וקיימא לן כל הנשרפין אפרן מותר, אבל בחמץ בפסח קיימא לן כרבנן, דאמרי מפרר וזורה לרוח, והוו בכלל הנקברין שאפרן אסור, וכל שכן הגחלים, הה"ר יונה ז"ל, עכ"ל - ב"י›

גחלים ואפרן אסור, וכיון שהפת נאפה מחומם, מינכר שבחם בפת כמו בעצים, **ואפילו** אם גרף האפר והגחלים, ואפה ובישל נגד חומו לבד, ג"כ אוסרים כמה אחרונים הפת והתבשיל, (דמסתבר דחום של תנור שבא מחמת השלהבת עדיף מגחלים עוממות - ש"ך ביו"ד, [וצ"ע].

(**אכן אם הסיק התנור בחמץ וגם בעצים ביחד, ואח"כ אפה שם פת, דהוי ממש זה וזה גורם, אף דדעת הט"ז וכן המ"א להחמיר בזה וזה גורם,** (דס"ל היכי דאיכא זה וזה גורם, אז מאי דאיכא שבח עצים בפת לא הוי אלא משהו, כיון דאיכא נמי גורם היתר, לכן בשאר איסורים אותו משהו בטל, אבל בע"ז דאוסר במשהו ואינו בטל, לכן אפילו זה וזה גורם מ"מ אותו משהו שע"י שבח עצים אוסר, וה"ה בחמץ דהנאה כל שהוא מיהו הוי - מחה"ש), (**ויש** ראיה ברורה לזה, מדאיתא בפרק כ"ש (דף כ"ז) אימר דשמעת ליה לר"א דהפת אסור בעבודת כוכבים דחמיר אסוריה כו', ואע"ג דאמר שם אח"ז שר"א אמר כן בכל האיסורים, מ"מ הפוסקים ס"ל להלכה כחילוק זה - ט"ז שם), **מ"מ דעת השו"ע והש"ך להקל** (יו"ד סי' קמב ס"ז, "אע"פ שזה וזה גורם (מותר)", והיינו דאינו מחלק בין ע"ז לשאר איסורים, עיין לקמן כ"ז), **וכן כמה אחרונים והגר"א סתמו להקל בזה וזה גורם, וע"כ בשעת הדחק שאין לו במה לאכול, או במקום הפסד, יש לסמוך להקל**).

ואפילו אם נתערב הפת בככרות אחרות ואינו ניכר, כולן אסורות בהנאה, ואין לו תקנה להתיר פת או תבשיל זה ע"י פדיון דמי הנאת החמץ, שישליך הדמים לאיבוד, [**מיהו** לאחר הפסח מותר ע"י אותה תקנה, כמבואר לקמן בסימן תמ"ז סעיף י"א, ואפשר דבזה יש לסמוך אפי' בלא תערובות].

וכתבו האחרונים דיש עכ"פ תקנה, למכור הפת לעכו"ם חוץ מדמי איסור שבו, דהיינו שינכה דמי הנאת החמץ שהסיק בו התנור, מדמי הפת והתבשיל שנוטל מהעכו"ם, ונמצא שאינו נהנה כלל מהחמץ שהסיק בו, **רק** שיזהר לפרר הפת קודם שימכרנו להעכו"ם, אם הוא מקום שנוהגין היתר בפת עכו"ם, דאם לא יפרר, חיישינן שיחזור וימכרנו לישראל, **ואפי'** בלא נתערב פת או תבשיל זה באחרים, ג"כ יש תקנה זו דמכירה, **ויש** מי שאוסר אם לא נתערבה, ובמקום הפסד מרובה או שעת הדחק, יש לסמוך להקל.

וכן הפחמין שלו אסורים בהנאה, הואיל ושרפו אחר שנאסר בהנאה - ר"ל הפחמין של חמץ, וה"ה אפרן, ולכן אסור להתחמם אצל הפחמין, או ליהנות לאורו וכה"ג, וכן באפרן לכבס בהן בגדים וכדומה, **ומ"מ** מותר לכסות בהן דם שחיטה, דמצות לאו ליהנות ניתנו.

ואם נתערב פחמין של חמץ, עם פחמין של עצים ששרפו בו את החמץ, אסור ליהנות מכולם, ואינם בטלין אפילו באלף, שהרי יש להם היתר הנאה בלא ביטול, דהיינו להשהותן עד אחר הפסח, ודבר שיש לו מתירין לא בטיל.

(**ולענין השלהבת, כל זמן שהיא קשורה בגחלת, הרי היא כגחלת, ואם אינה קשורה בגחלת, דעת הח"י להחמיר גבי חמץ, וכמו דמחמרינן בש"ס לענין הקדש, משום גזירה דילמא אתי להשתמש בגחלת גופא, ובחק יוסף דחה זה, ע"פ מה דאמרינן בש"ס פסחים, איהו מחזר אחריה לשורפה מיכל קאכיל לה, ואין בזה כדי לדחות דברי ח"י, דשאני הכא שהרי עכ"פ רוצה ליהנות משלהבתה, ושפיר איכא למיחש שיבא ליהנות מגחלת, ופשוט, ולפי"ז אסור להתחמם נגד השלהבת, או להדליק נר ממנה, וכדומה שאר הנאות**).

§ מסכת פסחים דף כז. §

אות א'

יוליך הנאה לים המלח

רמב"ם פ"ז מהל' עבודה זרה [א]הי"ג - נטל ממנה עצים אסורים בהנאה. הסיק בהן את התנור, יוצן, ואחר כך יסיק בעצים אחרים של היתר ויאפה בו; אפה בו את הפת ולא צננו, הפת אסורה בהנאה. נתערבה באחרות, יוליך דמי אותה הפת לים המלח כדי שלא יהנה בה, ושאר הככרות מותרין.

יו"ד סימן קמב ס"ד - נתערבה באחרות, [ב]יוליך דמי אותה הפת לים המלח, ושאר כל הככרות מותרים.

אות ב'

הני קערות וכוסות וצלוחיות אסירי

יו"ד סימן קמב ס"ה - [ג]קערות וכוסות וקדירות וצלוחיות שבשלן היוצר בעצי עבודת כוכבים, הרי [ד]אלו אסורים בהנאה, שהרי דבר האסור בהנאה עשה אותם חדשים.

אות ג' - ד'

קדירה אסורה

אפילו גחלים לוחשות נמי מותרין

יו"ד סימן קמב ס"ו - פת שבשלה ע"ג [ה]גחלים של עצי עבודת כוכבים, מותרת, כיון שנעשו גחלים הלך איסורן, [ו]אף על פי שהן בוערות.

יו"ד סימן קמב ס"ז - [ז]קדרה שבישלה בעצי עבודת כוכבים ובעצי היתר, הרי התבשיל אסור, ואע"פ שזה וזה גורם, שבשעה שנתבשלה מחמת עצי האיסור, עדיין לא באו עצי ההיתר, ונמצא מקצת הבישול בעצי היתר ומקצתו באיסור.

באר הגולה

[א] ‹כצ"ל, וכן הוא במהדורת נהרדעא› [ב] **שם במשנה עבודת כוכבים דף מ"ט ע"ב וכר' אליעזר ורמב"ם שם** [ג] **מימרא דאביי שם פסחים דף כ"ז ע"א** ‹בפרק כל שעה אמרינן, דקערות וכוסות וצלוחיות שבישלן בעצי אשרה אסורים לדברי הכל, משום דהנאתן בלא גורם שני הוא, וע"י גורם ראשון הוא משתמש בהן הנאת גופו, ולא דמו לתנור דלא מטיא הנאה מיניה עד דאיכא גורם שני, **ובקדרה** איכא תרי לישני בגמרא, ופסקו הפוסקים כלישנא בתרא, דאמר דקדרה נמי שצרפה כשהיא חדשה בעצי איסור, אסורה, דהא מקבלת בישולה מקמי דניתו עצים דהיתרא, כלומר והא איכא הנאת תשמיש שמשתמש בה בלא גורם אחר, אבל תנור אין נותנין בו פת אלא לאחר היסק של גורם היתר - ב"י› [ד] **פי' והנאתן בלא גורם שני** [ה] **שם ברייתא דף כ"ו ע"ב** [ו] ‹כלישנא בתרא, וכן פסק הר"ן, והרא"ש פסק לחומרא כלישנא קמא, דדוקא בעוממות - גר"א› [ז] **לשון הרמב"ם בפרק ט"ז מהמ"א הכ"ד, וכלישנא בתרא שם בפסחים דף כ"ז ע"א, וכמה דאסרינן בשצרפה לקדירה בעצי איסור, כיון דמקבלת בישולה קודם היסק העצים, ה"ה היכא דבישל התבשיל בעצי איסור קודם שבאו עצי היתר** ‹היה נראה לומר שזה מפרש רבינו במאי דאמרינן בלישנא בתרא, אפילו למ"ד זה וזה גורם מותר, קדרה אסורה, דהא קיבלה בישולא מקמי דניתו עצים דהיתר, וה"ק אם בישל תבשיל בקדרה ונתן תחתיה עצי איסור תחלה, ואחר שנתבשל קצת בעצי איסור, נתן תחתיה עצי היתר ונגמר בישול, התבשיל אסור. **ויש** לתמוה, דהא אפי' מדלית מהכא עצי ההיתר, הוה ליה למישרי משום דהוי זוז"ג קדרה דהיתרא ועצים דאיסורא, דומיא דתנור חדש שצינּנו, {**עיין** לעיל דף כ"ו: אות ו' ז', דהמ"ב הביא תירוץ ע"ז, דגורם העצים של איסור ניכר יותר ונראה שבחן לעינים}, **ועוד** דלפי דרכו הוה ליה לפלוגי בין נתבשלה כמאכל בן דרוסאי בעצי האיסור קודם שיבואו עצי ההיתר, ללא נתבשלה כמאכל בן דרוסאי בעצי האיסור קודם שיבאו עצי ההיתר. **ומיהו** בזו היה אפשר לומר, דבמידי דאיסור הנאה, אפי' לא נתבשל כמב"ד הרי כבר נהנה מן האיסור, **מ"מ** תמיהא קמייתא איתא, **ועוד** דהא בלישנא קמא קדרה דנקט לענין אם נצרפה היא בעצי איסור מיירי, ודומיא דתנור דנקט בהדה, ובההוא גוונא גופיה משמע דנקיט לה בלישנא בתרא, ואינו ענין לפירוש רבינו, **ואפשר** לידחק ולומר דה"ק, קדרה שבישל אותה בקליפי ערלה, כלומר שנצרפה בעצי איסור, ואחר שהתחילה ליצרף הביא עצי היתר וגמר צירופה, הרי התבשיל אסור, כלומר הרי הקדרה אסורה, דלצירוף הקדרה קרי תבשיל, וזה מפרש רבינו במ"ש דהא קיבלה בישולא מקמי דניתו עצים דהיתרא, **ומלבד** שפירוש זה בלשון רבינו דחוק מאד, **עוד** קשה שלא נזכר בגמ' דין זה שנצרפה בעצי איסור ובעצי היתר, ומנין לו לרבינו, **וע"ק** שהרי רבינו כתב דקדרה אסורה כמו קערות וכוסות וצלוחיות, והוא מש"כ בלישנא בתרא דהא קיבלה בישולא מקמי דניתו עצים דהתירא, ולמה לו לחזור לשנותה בלעגי שפה ובלשון אחרת, וצ"ע - כסף משנה› ‹**עיין** בכ"מ שכתב שם ב' פירושים לדעת הרמב"ם, והפירוש האחרון דחוק כדמשמע מדבריו עצמו, והפירוש הראשון אמת, ולק"מ מן הש"ס, ע"ש ודוק - ש"ד›

מסורת הש"ס

עין משפט נר מצוה

עד שיהא בו כדי להחמיץ ואמר אביי לא שנו אלא שקדם וסילק את האיסור אבל לא קדם וסילק את האיסור אסור אלמא *זה וזה גורם אסור וממאי דטעמא דר' אליעזר כאביי דילמא טעמא דר' אליעזר משום דאחר אחרון אני בא לא שנא קדם וסילק את האיסור לא שנא לא קדם וסילק את האיסור אבל בבת אחת ה"נ דשרי אלא ר' אליעזר דעצי אשירה *דתנן נטל הימנה עצים אסורין בהנאה הסיק בהן את התנור חדש יותץ ישן יוצן אפה בו את הפת אסורין בהנאה נתערבה באחרות ואחרות באחרות כולן אסורין בהנאה רבי אליעזר אומר ^יוליך הנאה לים המלח (אמר) לו אין פדיון לע"ז אימור דשמעת ליה לר' אליעזר בע"ז דהחמיר איסורה בשאר איסורין שבתורה מי שמעת ליה אלא אם כן אמאן תרמייה ועוד הא תניא בהדיא וכן היה ר' אליעזר אוסר בכל איסורין שבתורה אמר אביי אם תמצא לומר זה וזה גורם אסור רבי היינו ר' אליעזר ואם תמצי לומר זה וזה גורם מותר והכא משום דיש שבח עצים בפת הוא ^הני קערות וכוסות וצלוחיות אסורי כי פליגי בתנור וקדירה למ"ד זה וזה גורם אסור אסור למאן דאמר *זה וזה גורם מותר שרי איכא דאמרי אפי' למ"ד זה וזה גורם מותר ^קדירה אסורה דהא קבלה בישולא מקמי דניתן עצים דהיתירא א"ר יוסף א"ר יהודה אמר שמואל תנור שהסיקו בקליפי ערלה או בקשין של כלאי הכרם חדש יותץ ישן יוצן אפה בו את הפת רבי אומר הפת מותרת וחכמים אומרים הפת אסורה והתניא איפכא שמואל איפכא תני ואב"א בעלמא קסבר שמואל *הלכה כרבי מחבירו ולא מחביריו ובהא אפי' מחביריו וסבר אתנייה איפכא כי היכי דניקום רבנן לאיסורא: בישלה על גבי גחלים דברי הכל הפת מותרת: (אמר) רב יהודה אמר שמואל ור' חייא בר אשי א"ר יוחנן חד אמר לא שנו אלא גחלים עוממות אבל גחלים לוחשות אסורין וחד אמר ^אפילו גחלים לוחשות נמי מותרין בשלמא למ"ד לוחשות אסורין משום דיש שבח עצים בפת אלא למ"ד אפילו לוחשות מותרות פת דאסר דיש שבח עצים בפת לרבי היכי משכחת ליה א"ר פפא כשאבוקה כנגדו מכלל

רש"י

לא שנו. דלאחר אחרון אני בא ואם נפל היתר בסוף מותר אלא שקידם את האיסור וסילקו מכיון שנפל בו היתר מיד דהואיל וסילקו ועדיין לא החמיץ בטל והלך לו ואע"ג דהוטיל בה קצת שיכול זה האחרון לגמור חימוץ על ידו אעפ"כ כבר בטל לו ושוב אין חוזר וניעור בו אבל לא קדם וסילק ונגמר על ידי שניהם ואינו יכול ליבטל אסור אלמא זה וזה גורם אסור: דאחר אחרון אני בא. וטעמא משום דאזיל בתר גמר מעשה גמרו בהיתר מותר ואפי' לא קדם וסילק דליכא זה וזה גורם גמרו באיסור אסור (ואפילו קדם וסילק את האיסור): אבל בבת אחת. אם נפלו באחת דליכא גמרו באיסור הכי נמי דשרי דזה וזה גורם מותר: הימנה. מן האשירה: יוליך הנאה לים המלח. דמי עצים מכל מקום שמטינן ליה כל כמה דלא ממטי הנאה לים המלח מודה הוא לת"ק בין אחדש יותץ בין אישן יוצן בין לאיסור פת אלמא כיון דקתני חדש יותץ אית ליה זה וזה גורם אסור והא דתניא לעיל חדש יותץ רבנן היא דפליגי עליה דר' ואמרי הפת מותרת משום דלא חשיבא להו הנאת היסק ואפילו בגורם אחד לבדו משום דליתיה לאיסורא בעיניה וכל שכן בתנור שאינו נאכל הוא בעצמו ואין הנאתו בגורם אחד לבדו אלא בשני גורמים שלו ושל היתר ואם תאמר לרבנן יותץ למה לי הא שרו לפת האפויה בהיסק איסור הני מילי דיעבד אבל לכתחלה לא קא שרו לאפות בהיסק איסור ולקמן פריך עצים לאיסור לרבנן היכי משכחת לה דאסירי מדאורייתא והוא הדין דמצי לאוקמא להא דחדש יותץ דלעיל כתנא קמא דר' אליעזר אלא משום דלא ידעינן מנו וניחא ליה למינקט ר' אליעזר והוא ומחלוקתו קאמר: א"כ. דפרכת דילמא שאני ליה אמאן תרמייה להא דתניא לעיל גבי ערלה יותץ על כרחיך כיון דלא משכחת תנא דאמר זה וזה גורם אסור אלא רבי אליעזר ומחלוקתו במסכת ע"ז וחזינא סתמא דתני בשאר איסורי נמי הכי רבי אליעזר קאמר לה ולא שני ליה: אמר אביי אם תמצי לומר. ברייתא מפורשת הכי דכי היכי דאסר רבי בפת הכי נמי אסר בתנור ואע"פ שאין עצמו נאכל דאית ליה זה וזה גורם אסור וריפא דברייתא דלעיל דערלה רבי קאמר לה כולה: היינו ר' אליעזר. בניחותא וליכא למיבעי מידי: ואם תמצי לומר. דסבירא ליה זה וזה גורם מותר וריפא דההוא לאו רבי הוא אלא רבי אליעזר הוא והתם בפת הוא דאסר רבי משום דיש שבח עצים בגופה ונמצא כשאוכלה גופו הוא הנהנה מן האיסור בגורם אחד אבל בתנור חדש וליכנו שרי: הני קערות כוסות וצלוחיות. של חרס שצרפן בעצי אשירה אסירי אפילו לרבי דהא יש שבח עצים בהן והנאתן בלא גורם שני הוא ועל ידי גורם ראשון הוא משתמש בהן הנאת גופו ולא דמו לתנור דלא מטיא הנאה לגוף מיניה עד דאיכא גורם שני: כי פליגי. רבי דלא אסר אלא בפת ור' אליעזר אית ליה זה וזה גורם אסור בתנור וקדירה שאין הגוף נהנה מהן עד שיבא גורם שני והוא של היתר: קדירה. שצרפה כשהיא חדשה בעצי איסור: דהא מקבלה בישולא. ואיכא הנאת תשמיש שמשתמש בה בלא גורם אחר אבל תנור אין נותנין בו פת אלא לאחר הסיקה של גורם היתר: איפכא תני לה. להא ברייתא דלעיל ואיפכא אתנייה: ואי בעית אימא. שמואל נמי הכי אתנייה ואית ליה דר' אסר ורבנן שרו ואיהו הפך לה כדי שלא ילכו בני אדם אחרי רבים להתיר דבעלמא במחלוקות אחרות שנחלקו רבים על רבי סבירא ליה לשמואל דאע"ג דהלכה כרבי מחבירו במקום יחיד אין הלכה כמותו מחביריו כלומר במקום רבים ובהא סבירא ליה דהלכה כמותו ואע"ג דרבים פליגי עליה: אפכה ואתנייה. אפכה ואשנינה כי היכי דתיקו הא מילתא דאיסורא בשם רבנן ויעשו בני אדם כמותן שהכל הולכין אחרי רבים שאם אני אומר הלכה כרבי שהוא יחיד לא יאמינו לי: גחלים עוממות. כבויות כדכתיב (יחזקאל לא) ארזים לא עממוהו ומתרגמינן כהה עמיא: לוחשות. גחלים בוערות נראות כמתנענעות ולוחשות זו לזו: אסורין. לרבי: כנגדו. כנגד הפת מבעיר העצים בפי התנור: עצים

תוספות

עד שיהא בו כדי להחמיץ. פי' באיסור דאי יש באיסור וגם בהיתר כדי להחמיץ נראה לרשב"א דשרי דהא בפ' בתרא דמסכת ע"ז (דף סח.) תניא שאור של חולין ושל תרומה שנפלו לעיסה ובזה כדי להחמיץ ובזה כדי להחמיץ וחימצו אסור ור' שמעון מתיר והשתא הוי ר' שמעון כרבנן *דהכא והא דתנן בסוף פ"ק דתמורה (דף יב.) אין מחמץ אחר מחמץ [אוסר] אלא לפי חשבון שבה שאם נפל שאור של תרומה בעיסה וחימצה וחזרה ונפלה לעיסה אחרת גדולה מזאת אם יש בשאור כדי להחמיץ השניה אסורה אע"פ שנתחמצה על ידי שאור של איסור ועל ידי עיסה ראשונה שהיה של היתר ומוקמינן לה התם כרבנן דהכא אור"י מצי למימר דהתם מיירי כגון שאין בעיסה כדי להחמיץ ובשאור של תרומה יש כדי להחמיץ: נתערבו באחרות. אור"ת דלא גרסי' ואחרות באחרות דבסדר המשנה לא גרס ליה לא במסכת ע"ז ולא בסדר זרעים*: וכן היה רבי אליעזר אוסר בכל איסורין שבתורה. השתא משמע דבכל מקום אית ליה לרבי אליעזר דזה וזה גורם אסור ותימה לרשב"א דתיקשי מהכא לרב הונא בר חיננא דתניא בתמורה בפרק כל האסורין (דף ל: ושם) כל האסורין לגבי מזבח ולדותיהן מותרין ותניא עלה ר"א אוסר וקאמר רב הונא בר חיננא מחלוקת כשעיברו ולבסוף כרבעו דרבי אליעזר סבר עובר ירך אמו הוא אבל כרבעו ולבסוף עיברו ד"ה מותרין אלמא לרבי אליעזר זה וזה גורם מותר*: ובהא אפילו מחביריו. וטעמא דרבי משום דיש שבח עצים בפת ולא מטעם דזה וזה גורם דשמואל פסיק בהדיא בפרק כל הצלמים (ע"ז מט.) הלכה כר' יוסי דזה וזה גורם מותר: מכלל

עין משפט נר מצוה

נג א מיי' שם סוש"ע שם:

נד ב מיי' פט"ז מהל' מאכלות אסורות הל' כג טוש"ע שם סעיף ה:

[ועי' תוס' ע"ז סח: ד"ה רבי שמעון]

נה ג ד מיי' שם הלכה כד טוש"ע שם סעיף ו ז:

[ועי' תוס' ע"ז מט. ד"ה נתערבו]

[ועי' תמורה ל: מה שתירצו תוס' ד"ה אבל]

מסורת הש"ס

[סנהדרין פ. וש"נ]

רש"ל מוחק זה

ע"ז מט:

[נ"ל אמרו]

[ע"ז מט. סנהדרין נח. חולין נח. תמורה לא.]

[עירובין מו: כתובות פד. נא. ב"ק קב:]

[נראה שהוא טעות הדפוס]

רבינו חננאל

אומרים בין שנפל בתחלה בין שנפל בסוף לעולם אין אסור עד שיהא בשאור של תרום' כדי לחמץ ואמר אביי לא שנו שאם יהית האחרון שאור של חולין שהעיסה מותרת אלא שקדם וסלק את האיסור שיחמיץ אבל לא קדם וסלק את האיסור אע"ג שהאחרון חולין אסור ש"מ לר' אליעזר זה וזה גורם אסור ודחי' וממאי דכדאביי היא דלמא טעמא דר' אליעזר דסבר הכל אחר גמרו אי גמר באיסורא אסור אי גמר בהיתרא מותר בין סלקו בין לא סלקו לא שנא לפיכך שנה אחר אחרון אני בא אבל הכא שנתערבו שבח עצים ושבח תנור ובבת אחת הן באין על הפת דברי הכל שרי אלא הא ר' אליעזר דתנן בע"ז פ"ג נטל הימנה מן האשרה עצים והסיק בה התנור (כו')עד ר' אליעזר אומר יוליך הנאה לים המלח כו' פי' בשיעור שכר אפיית הפת יפדה הפת

יוליך דמיה לים המלח קתני מיהת הפת אסורה ש"מ לר' אליעזר זה וזה גורם אסור ודחי' שאני התם משום חומרא דע"ז. אם כן הערלה וכלאי הכרם לאיזה איסור נדמה אותם ועוד תניא בהדיא וכן היה ר' אליעזר אוסר בכל איסורין שבתורה אליבא דמאן דאמר דלרבי זה וזה [גורם] מותר והכא בפת אמאי אסר משום דיש שבח עצים בפת סבירא ליה ומש"ה קתני הפת אסורה. קערות וכוסות וקיתונות וצלוחיות שנתבשלו בעצים של איסור דברי הכל אסורות דהד גורם הוא בתנור וקדרה פליגי כי התנור אינו אופה אלא ע"י הדלקת עצים וכן הקדרה אינה מבשלת אלא בעצים שנמצאו התנור והקדרה איסור והעצים שמדליקין בהן תוך התנור ותחת הקדרה של היתר והרי שניהם גורמין לאפיית הפת ולבישול מאן דאמר זה וזה גורם מותר גם אלו מותרות ומאן דאמר אסור גם אלו אסורות: איכא דאמרי בקדרה דברי הכל אסור מאי טעמא דהא קדים עייל בישולא מכח הקדרה מקמי דניתי כח עצים: שמואל הוה מהפך דברי רבי לרבנן ואמר וחכמים אומרים הפת אסורה וגם הברייתא דתניא וחכמים אומרים הפת מותרת הוה מהפיך לה ותאני וחכמים אומרים הפת אסורה כי היכי דתיקום דרבנן לאיסורא וקיימא לן הכי: בשלה על גבי גחלים דברי הכל הפת מותרת יש מי שאומר לא שנו אלא גחלים עוממות קרובות לכבוי מלשון (יחזקאל ל"א ח') ארזים לא עממוהו וכסוהו (איכה ד' א') איכה יועם זהב דהא קלי ליה איסורא אבל גחלים לוחשות הפת אסורה ויש מי שאומר אפי' לוחשות הפת מותרת אי הכי לרבי קסבר יש שבח עצים בפת היכי משכחת

מכלל דרבנן דפליגי עליה שרו אפי' כשאבוקה כנגדו אלא עצים דאיסורא לרבנן היכי משכחת להו א"ר אמי בר חמא בשרשיפא בעא מיניה רמי בר חמא מרב חסדא תנור שהסיקו בעצי הקדש ואפה בו הפת לרבנן דשרו בקמייתא מאי א"ל הפת אסורה ומה בין זו לערלה אמר רבא הכי השתא ערלה בטילה במאתים הקדש אפילו באלף לא בטיל אלא אמר רבא אי קשיא ליה הא קשיא והלא מעל המסיק וכל היכא *דמעל המסיק נפקו להו לחולין אמר רב פפא הכא בעצי שלמים עסקינן ואליבא דר' יהודה דאמר הקדש בשוגג מתחלל במזיד אינו מתחלל במזיד מאי טעמא לא כיון דלאו בר מעילה הוא לא נפיק לחולין שלמים נמי כיון דלאו בר מעילה נינהו לא נפקא לחולין וכל היכא דמעל המסיק נפקי לחולין והא *תניא כל הנשרפין אפרן מותר חוץ מעצי אשירה ואפר הקדש לעולם אסור אמר רמי בר חמא כגון שנפלה דליקה מאיליה בעצי הקדש דליכא אינש דנמעול רב שמעי' אמר באותן שטעונין גניזה *דתניא °ושמו (ויקרא ו) בנחת ושמו כולו ושמו שלא יפזר: ר' יהודה אומר אין ביעור וכו': תניא *א"ר יהודה אין ביעור חמץ אלא שריפה והדין נותן ומה נותר שאינו בבל יראה ובל ימצא טעון שריפה חמץ שישנו בבל יראה ובל ימצא לא כל שכן שטעון שריפה אמרו לו °כל דין שאתה דן תחלתו להחמיר וסופו להקל אינו דין לא מצא עצים לשורפו יהא יושב ובטל והתורה אמרה °תשביתו (שמות יב) שאור מבתיכם בכל דבר שאתה יכול להשביתו חזר ר' יהודה ודנו דין אחר נותר אסור באכילה וחמץ אסור באכילה מה נותר בשריפה אף חמץ בשריפה אמרו לו נבילה תוכיח שאסורה באכילה ואינה טעונה שריפה אמר להן הפרש נותר אסור באכילה ובהנאה וחמץ אסור באכילה ובהנאה מה נותר טעון שריפה אף חמץ טעון שריפה אמרו לו שור הנסקל יוכיח שאסור באכילה ובהנאה ואינו טעון שריפה אמר להן הפרש נותר אסור באכילה ובהנאה וענוש כרת וחמץ אסור באכילה ובהנאה וענוש כרת מה נותר בשריפה אף חמץ בשריפה אמרו לו חלבו של שור הנסקל יוכיח שאסור באכילה ובהנאה וענוש כרת ואין טעון שריפה

חזר

§ מסכת פסחים דף כז: §

אות א'* [א]

הקדש בשוגג מתחלל, במזיד אינו מתחלל

רמב"ם פ"ו מהל' מעילה ה"ג - המועל בקדשי בדק הבית, כיון שמעל בשגגה נתחלל הקדש, וזה שנהנה אחריו פטור; מעל בזדון, הואיל ואינו חייב בקרבן מעילה, לא נתחלל הקדש, אלא הרי הוא בהוייתו, ואם בא אחר ונהנה בו בשגגה, מעל.

אות א'

חוץ מעצי אשירה

יו"ד סימן קמב ס"ז - כשם שהעבודות כוכבים אסורים בהנאה, כך כל הנאות הבאות ממנה אסורות; אפילו אם שרפה, אסור ליהנות בגחלתה ואפרה; אבל מותר ליהנות משלהבתה.

אות ב' - ג'

ואפר הקדש לעולם אסור

באותן שטעונין גניזה

רמב"ם פי"ט מהל' פסולי המוקדשין הי"ג - כל הנקברין אפרן אסור, וכל הנשרפין של הקדש אפרם מותר, חוץ מדשן המזבח החיצון והפנימי ודישון המנורה. השגת הראב"ד: חוץ מדשן המזבח. א"א [ב]הרמת הדשן.

אות ג'* [ג]

בנחת

רמב"ם פ"ב מהל' תמידין ומוספין הט"ו - ואף על פי שאין הוצאתו לחוץ עבודה, אין בעלי מומין מוציאין אותו; וכשמוציאין אותו לחוץ לעיר, מניחין אותו במקום שאין הרוחות מנשבות בו בחזקה, ולא חזירים גורפים אותו, ולא יפזרנו שם, שנאמר: ושמו, שיניחנו בנחת; ואסור ליהנות בו. השגת הראב"ד: ושמו שיניחנו בנחת. א"א זה לא נאמר אלא על תרומת הדשן, ואין מעילה [ד]אלא בתרומת הדשן.

באר הגולה

[א] ‹ע"פ מהדורת נהרדעא› [ב] ‹נראה שטעמו לומר, שלא אמרו אסור אלא דשן שהיה מרים כהן בכל יום ממזבח העולה, כדכתיב והרים את הדשן אשר תאכל האש את העולה ושמו אצל המזבח, וכדמפרש טעמא בגמרא וכדפירש"י, ודישון מזבח הפנימי ודישון המנורה אינם בכלל זה, **ורבינו** סובר דילפינן להו מדישון מזבח העולה. **ועי"ל** דרבינו לטעמיה אזיל, שהוא סובר דדשן שע"ג המזבח אסור בהנאה, וכמבואר בדבריו בסוף הפרק - כסף משנה› [ג] ‹ע"פ מהדורת נהרדעא› [ד] ‹טעמו של הראב"ד, משום דכי כתיב ושמו, בתרומת הדשן שהכהן תורם בכל יום שחרית ונותנו אצל המזבח, כמו שכתב רבינו לעיל בפרק זה, הרמת הדשן מעל המזבח מ"ע, על דשן זה הוא שאמרו שהוא אסור בהנאה ומועלין בו, לא על שאר הדשן שנשאר שם, שמורידין אותו למטה ומוציאין אותו חוץ לעיר, **כתב** הר"י קורקוס ז"ל, נראה שדין ההנאה למד רבינו מההיא דפרק ב' דמעילה, שנחלקו רב ור"י בנהנה מאפר שעל תפוח לאחר שהרימו הדשן, דר"י סבר שמועלין, ורב סבר שאין מועלין, והלכה כר"י, וכן פסק רבינו בהל' מעילה - כסף משנה. ‹**נראה** דרבינו מפרש דאתרוויהו קאי - מעשה רוקח›

§ מסכת פסחים דף כח. §

אות א'

מפרר וזורה וכו'

סימן תמה ס"א - [א]כיצד ביעור חמץ, שורפו - עד שנעשה פחמים, **או פוררו** - לפירורים דקים, **וזורה לרוח** - שלא ימצאנו מי שהוא ויהנה ממנו, **או זורקו לים** - וה"ה לנהר, [גמרא].

והטעם בכל זה, משום דכתיב: תשביתו שאור מבתיכם, בכל דבר שאתה יכול להשביתו, [גמרא] ‹דף כ"ז:›.

הגה: והמנהג לשורפו - דחוששין לדעת הפוסקים שפסקו כר' יהודה, דאמר אין ביעור חמץ אלא שריפה, דילפינן מנותר שהוא בשריפה, **ומנהג** זה הוא אפילו אם שורפו בזמן הראוי, דהיינו בסוף שעה ה' כמנהגנו, [**אף** [ב]שלהרא"ש, גם להני פוסקים דביעור חמץ הוא בשריפה, מודו בשעה חמישית דהשבתתו לכתחילה בכל דבר, **מ"מ** נהגו ע"פ דעת הטור, שהשיג על הרא"ש בזה, והוכיח דכל הני פוסקים שפסקו דביעור חמץ הוא בשריפה, אפי' ל' יום קודם פסח נמי בשריפה], **או** בכל שעה ששית, [הוא רק דעת רש"י, וכמעט כל הפוסקים פליגי עליו], **וכ"ש** במצא חמץ לאחר שש או בפסח גופא, דבודאי יש לנהוג לכתחלה לבערו ע"י שריפה דוקא, [דבזה אדרבה, כמעט כל הפוסקים העומדים בשיטת ר' יהודה מחמירין, וכפירוש ר"ת על הא דאמרינן בש"ס י"ב, אימתי אמר ר' יהודה שלא בשעת ביעורו, דהיינו לאחר שש ואילך].

וטוב לשרפו ביום, דומיא דנותר שהיה נשרף ביום (ד"ע) - ומהרי"ל כתב טעם אחר דנכון יותר לשרוף ביום, כדי שמתוך זה יזכור לבטל בטול שני שמבטלין ביום.

ושורפין בשעה חמישית, שהרי צריך לבטל אח"כ, ובשש לאו ברשותיה לבטלו.

אם יש לו הושענות, טוב לשרוף החמץ בהושענות, הואיל ואיתעביד בו מצוה חדא, ליתעביד בו גם מצות תשביתו.

אך אם רוצה לשורפו מיד אחר הבדיקה כדי שלא יגררנו חולדה, הרשות בידו (הג"מ וכל בו) - ואפ"ה מתקיים מצות "תשביתו" בזמנו, שמשלשים יום ואילך קודם הפסח חל עליו חובת ביעור.

אות ב'

שוחק וזורה לרוח או מטיל לים

יו"ד סימן קמו סי"ד - מצוה על כל המוצא עבודת כוכבים שיבערנה ויאבדנה. וכיצד מבערה, שוחק וזורה לרוח או [ג]מטיל לים.

אות ג'

אדרבה איפכא מסתברא, עבודה זרה דלא ממיסה בעי שחיקה, חמץ דממיס לא בעי פירור

סימן תמה ס"א - ואם היה החמץ [ד]קשה ואין הים מחתכו במהרה - [ה]כגון פת יבש קשה, או [ו]חטים יבשים שנתחמצו, [גמרא], **הרי זה מפררו ואחר כך זורקו לים** - בפת פוררו לפירורים, בחטים [ז]ג"כ מחתכם דק דק או טוחנם, כדי שיהיו נוחים להמיס מהרה בתוך המים, **ויש** מקילין בחטים שאין צריך לחתכם, אלא מפזרן על פני המים שלא יוכל אדם ללקטן, ודיו, [כפי' רש"י], **ובמקום** הדחק, כגון שיש לו חטים הרבה, וישתהה עד שיבוא לחתכם או לטוחנם, יש לסמוך על סברא זו.

[ח]**ודע**, דכמה פוסקים מחמירים אפילו בפת שאינו קשה, דבעי פירור כשמטילים לים ולנהר, **וע"כ** הסכימו האחרונים להחמיר, ולעשות פירור בכל מקום.

באר הגולה

א **משנה פסחים כ"א וכחכמים** ב ‹לשון הטור: ואף רבי יהודה לא קאמר דוקא בשריפה אלא שלא בשעת ביעורו, אבל בשעת ביעורו השבתתו בכל דבר. **ופירש"י** {י"ב:} שלא בשעת ביעורו, הוא שעה ששית, אז הוא דוקא בשריפה, ובשעת ביעורו, הוא מכאן ואילך. **ור"ת** פירש איפכא, שעת ביעורו הוא שעה ששית, ואז השבתתו בכל דבר, ומשם ואילך דוקא בשריפה, **ולפי"ז** אפי' לרבי יהודה א"צ לשורפו, שרוב העולם מבערין קודם סוף שש. **כתב** א"א הרא"ש ז"ל, דאפי' לרש"י בשעה חמישית השבתתו בכל דבר, כיון שמותר בהנאה. {**ונראה** שדקדק כן ממה שכתב רש"י {דף י"ב:}, שלא בשעת ביעורו בתחלת שש וכל שש דאכתי מדאורייתא שרי, ומדלא כתב שלא בשעת ביעורו קודם שבע, משמע דלא קאמר אלא בשעה ששית דוקא, אבל קודם לכן שמותר בהנאה ואפילו מדרבנן, השבתתו בכל דבר - ב"י}. **ואינו** נראה כן מפירושו, שהוא פי' דלר' יהודה אפילו יוצא בשיירא הוא דוקא בשריפה, ע"כ. ‹**שהרי** כתב בפרק כל שעה (כז:) אהא דאמרו לו לרבי יהודה לא מצא עצים לשרפו יהא יושב ובטל: "ואע"ג דאמרינן בפ"ק לרבי יהודה אבל בשעת ביעורו השבתתו בכל דבר, גבי פלוגתייהו מיהא קולא היא, במי שהוא רוצה לצאת לשיירא או בתוך שלשים, דזקוק לבער (ו.) וכשאין לו עצים לשרפו יהא יושב ובטל ולא יבערנו". **ובאמת** שהיא קושיא על דברי הרא"ש, ואפשר לדחוק ולומר דכל שהוא יוצא בשיירא, כיון שאחר שיצא לשיירא אין בידו לבערו, חשיב לדידיה כשעה ששית - ב"י› ג ‹לים המלח בלא שחיקה, אבל לשאר נהרות בעי שחיקה, ב"י וד"מ ושאר אחרונים - ש"ך›. ‹**שהתוס'** הכריחו שם לפרש, דליכא בין רבה ורב יוסף אלא חמץ בשאר נהרות, אבל בעבודה זרה ליכא בינייהו מידי לענין דינא, דגם לרב יוסף לא בעי שחיקה אלא בשאר נהרות כמו לרבה - ב"י› ד **הרמב"ם וכרב יוסף** ה ‹ונראה שהוא מפרש, הא בחיטי הא בנהמא, דחיטי שהחמיצו לא בעו פירור, אלא זורקן לתוך המים ואפילו מכונסין, שהמים מפזרין אותם, אבל נהמא בעי פירור, שאין המים מחתכין אותו, ואע"פ שרש"י פירש בענין אחר, זו היא דעת הרמב"ם - ב"י› ו ‹כ"כ המ"מ לדעת הרמב"ם - מג"א›, ‹כרש"י - פמ"ג› ז ‹צ"ל דס"ל שיחתוך כל חטה לב' או ג' חלקים, דאין לומר דס"ל כרש"י דדי כשמפזר החטים, א"כ מאי קאמר "ואם היה החמץ קשה" וכו', דהא אין הטעם משום שהוא קשה, אלא מפני שהם נתונים בשק, אלא ודאי כדאמרן, ונהמא לא בעי פירור שהוא רך ונמס במים, **והרב"י** מפרש דנהמא בעי פירור וחטים לא בעי פירור ע"ש, **ול"נ** דיש להחמיר ולעשות פירור בשניהם - מג"א› ח ‹הרי"ף לא הביא אלא משנה כצורתה, משום דדעתו לפסוק כרב יוסף, וכסברת הרמב"ם, ואע"ג דרבה ורב יוסף הלכה כרבה בר מתלת, הכא פשטא דמתניתין מסייע לרב יוסף, דלא אדכר פירור אלא בזירות לרוח, אבל במטיל לים משמע דאפילו בעיניה, **ולא** הזכיר דבחיטי צריך פירור, משום דפלוגתא דר' יהודה וחכמים הויא בתר איסורא, ודין זה אינה מצוי כל כך שכל העולם מבערים קודם סוף שש, **אבל** הרא"ש והר"ן וכן דעת הטור לפסוק כרבה כפי הכלל, ובשאר נהרות בעי פירור {אפי' כשאינו קשה}, ובים המלח לא בעי פירור, ולענין דינא סברת הרא"ש נראה עיקר, ודלא כהמחבר - פר"ח›

חזר רבי יהודה ודנו דין אחר נותר ישנו בבל תותירו וחמץ בבל תותירו מה נותר בשריפה אף חמץ בשריפה אמרו לו אשם תלוי וחטאת העוף הבא על הספק לדבריך יוכיחו שהן בבל תותירו שאנו אומרים בשריפה ואתה אומר בקבורה שתק ר' יהודה אמר רב יוסף היינו דאמרי אינשי כפא דחמא נגרא בגווה נשרוף הרדלא (*אמר אביי) סרנא בסרני יתיב מדויל ידיה משתלים רבא אמר גירא בגירי מקטיל מדויל ידיה משתלים: וחכ"א *מפרר וזורה וכו': איבעיא להו היכי קאמר מפרר וזורה לרוח ומפרר ומטיל לים או דילמא מפרר וזורה לרוח אבל מטיל לים בעיניה *ותנן נמי גבי ע"ז כי האי גוונא ר' יוסי אומר [ג]שוחק וזורה לרוח או מטיל לים ואיבעיא להו היכי קאמר שוחק וזורה לרוח ושוחק ומטיל לים או דילמא שוחק וזורה לרוח אבל מטיל לים בעיניה אמר רבה מסתברא ע"ז דלים המלח קא אזלא לא בעי שחיקה חמץ דלשאר נהרות קאזיל בעי פירור א"ל רב יוסף [ד]אדרבה איפכא מסתברא ע"ז דלא ממיסה בעי שחיקה חמץ דממיס לא בעי פירור תניא כוותיה דרבה תניא כוותיה דרב יוסף תניא כוותיה דרבה היה מהלך במדבר מפרר וזורה לרוח היה מהלך בספינה מפרר ומטיל לים תניא כוותיה דרב יוסף היה מהלך במדבר שוחק וזורה לרוח היה מהלך בספינה שוחק ומטיל לים שחיקה קשיא לרבה פירור קשיא לרב יוסף שחיקה לרבה לא קשיא הא לים המלח הא לשאר נהרות פירור לרב יוסף לא קשיא הא בחיטי הא בנהמא: מתני' *[ה]חמץ של נכרי שעבר עליו הפסח מותר בהנאה ושל ישראל [ו]אסור בהנאה שנאמר °לא יראה לך שאור: גמ' מני מתניתין לא רבי יהודה ולא רבי שמעון ולא רבי יוסי הגלילי מאי היא דתניא חמץ [ז]בין לפני זמנו בין לאחר זמנו עובר עליו בלאו תוך זמנו עובר עליו בלאו וכרת דברי רבי יהודה רבי

רש"י

חמץ ישנו בבל תותירו. לא יראה ולא ימצא: אשם תלוי. בא על ספק כרת כגון חלב ושומן לפניו ושגג באחד מהן ואינו יודע איזה מהן אכל ואם שחטו ואירע בו פסול או נותר פליגי ר' יהודה ורבנן בשילהי פרק בתרא דתמורה* לר' יהודה בקבורה לרבנן בשריפה: חטאת העוף הבא על הספק. כגון הפילה ספק ולד ספק אינו ולד אינה אוכלת בקדשים שמא ולד הוא עד שתביא כפרתה העולה באה על תנאי אם ילדתי הרי היא לחובתי ואם לאו הרי היא נדבה וחטאת העוף מביאתו על הספק ואין כאן משום חולין בעזרה דמקראי נפיק במסכת נזיר בפרק מי שאמר (דף כט.) ואסורה באכילה שמא חולין היא ומליקתה שויה נבילה ופליגי בה רבי יהודה ורבנן בפרק בתרא דתמורה* חטאת העוף הבא על הספק תשרף רבי יהודה אומר יטילנה לאמה: ואתה אומר בקבורה. אאשם תלוי קאי דקאמר ר' יהודה יקבר ואע"ג שהנותר ממנו אסור באכילה ובהנאה וענוש כרת והוא בבל תותירו: כפא דחמא נגרא. כף בזך שחקק האומן בתוכו ישרוף את לשונו ואת חכו בחרדל ליסנא אחריתא ישרוף הומ"ר בלע"ז כמו שורפה חיה בע"ז (דף כט:): סרנא. נגר עושה סד לשום בו רגלי אסירים כמו ותשם בסד רגלי (איוב יג): מדויל ידיה משתלים. מהרמת ידו וממלאכתו משתלם שכרו כשמלא נגב: גירא. עושה חצים: או דילמא. לרוח הוא דבעי פירור שמא יזרקנו שלם וימצאנו אחר ויאכלנו אבל לים מטיל בעיניה דממיס ונימוק מאליו. לשון שחיקה שייך במתכת ולשון פירור שייך בפת: ים המלח. [הנקרא מי"ר בטיא"ה] אין ספינה עוברת בו: בעי פירור. שמא תפגע בו ספינה ותטלנו ולאו אדעתייהו: לא ממיס. אין המים ממסות אותו: תנא כוותיה דרבה. דחמץ בעי פירור: תנא כוותיה דרב יוסף. דע"ז בעי שחיקה: בחיטי. שהחמיצו בעי פירור כלומר פיזור שלא יתכנס בפק ויורקום אלא יפורס על פני המים שלא יוכל אדם ללקטן מעל פני המים: מתני' משום שנאמר לא יראה לך. בגמרא מפרש לה משום קנסא דעבר עליה משום בל יראה: גמ' בין לפני זמנו. משש שעות עד שתחשך: (א) לאחר זמנו. משעבר הפסח עובר עליו בלאו ואם אכלו אינו ענוש כרת ולקמן מפרש ללאו: תוך זמנו. במועד: ומשעה

תוספות

חזר ר' יהודה ודנו דין אחר. הא דקרי ליה השתא דין אחר טפי מהכי דלעיל אומר ריב"א משום דהשתא אין לריך לאיסור אכילה והנאה וענוש כרת אלא בבל דבל תותירו לחודיה מלינו למילף דליתיה בכולהו: וחמץ הרי הוא בבל תותירו. תימה לר"י היכי עביד לעיל קל וחומר מנותר שאינו בבל יראה ובל ימצא והא חשיב הכא בל תותירו כמו בל יראה ואומר ר"י דמכל מקום נראה דעביד שפיר קל וחומר דנותר אינו בבל יראה למיד שהותיר עובר ושוב אינו עובר אבל חמץ אפי' לאחר שהותיר עובר בכל שעה בבל יראה: אמרו לו אשם תלוי יוכיח. תימה לרשב"א לדבריהם דרבנן דאמרו שהם בשריפה אמאי לא ילפינן חמץ מנותר שהוא בשריפה ואומר ר"י דמשמע להו* הנותר בשריפה ולא כל איסורין שבתורה בשריפה ואפי' חמץ: ואתה אומר בקבורה. טעמא דר' יהודה דריש בה"כ מכי קדש הוא הוא בשריפה ולא חטאת עוף ואשם תלוי בשריפה: ותנן נמי גבי ע"ז. אומר ר"י דרבנן דמתניתין היינו רבי יוסי דפרק כל הצלמים (ע"ז מג:) אי נמי מתני' דהכא א"ש כרבנן דהתם דאמרו לו אף היא נעשה זבל ומגדל למתים ורחמנא אמר לא ידבק בידך וגו' והא דשרו הכא היינו משום דבחמץ כתיב לא יאכל ואינו אסור אלא כדרך הנאה וכי האי גוונא לאו דרך הנאה היא אבל בע"ז לא כתיב אכילה ואסור אפי' שלא כדרך הנאה: חמץ לשאר נהרות. דלא מלינו שהיה שוחק בשום מקום גבי חמץ ים המלח אבל גבי ע"ז אשכחן בכמה דוכתין כי הא דלעיל יוליך הנאה לים המלח הלכך סתם ים דתני גבי ע"ז הוי ים המלח מיהו לרבה מועלת שחיקה בשאר נהרות כדקאמר בסמוך כאן בים המלח כאן בשאר נהרות: איפכא מסתברא. לשון איפכא אינו מיושב דמה שייך איפכא כיון שרבה משוה אותם: ע"ז דלא ממיסה בעי שחיקה. לכאורה משמע דלרב יוסף בעי שחיקה אפילו בים המלח דמסתמא אמאי דקאמר רבה אין לריך שחיקה דהיינו בים המלח קאמר רב יוסף דבעי שחיקה ועוד אי בשאר נהרות דוקא קאמר רב יוסף דבעי שחיקה ולא בים המלח ולא פליג ארבה בע"ז אלא בחמץ א"כ מאי קאמר תניא כוותיה דרב יוסף ומאי קאמר נמי שחיקה קשיא לרבה ולפי זה לרב יוסף בשאר נהרות לא מהני שחיקה מדקמצריך להוליך לים המלח ואין נראה דהא ר' יוסי מייתי ראיה מויזר על פני המים משמע דמהניא שחיקה בשאר נהרות ועוד דבכל מקום דמזכיר ים המלח בע"ז ובשאר דוכתין לא מזכיר שחיקה ובכמה דוכתין מצינו דקתני ים המלח ואפי' הכי מהני בשאר נהרות דבסוף כל הצלמים (ע"ז מט:) תנן ר' אליעזר אומר יוליך הנאה לים המלח ואמרינן התם בגמרא גבי חבית שקול ד' זוזי ושדי לנהרא ובן בנזיר (דף כד.) ובמעילה (דף יא.) תנן גבי מפריש מעות לנזיר ומת יוליך לים המלח אלמא הקדש בעי ים המלח ובערכין (דף כט.) אמרינן גבי הקדש שקול ארבעה זוזי ושדי בנהרא לכך נראה דגם לרב יוסף לא בעי שחיקה אלא בשאר נהרות כמו לרבה אלא דרבה סבירא ליה דמטיל לים סתם דע"ז היינו ים המלח ובלא שחיקה כדתנא רישא גבי נורת לבנה ונורת חמה ובכמה דוכתי יוליך לים המלח ורב יוסף מוקי לה בשאר נהרות ועל ידי שחיקה מדלא תני בהדיא יטיל לים המלח וליכא בין רבה לרב יוסף אלא חמץ בשאר נהרות וא"ת לרבנן דלית להו בע"ז (מפרר) [שוחק] וזורה לרוח מה יעשו מע"ז אטו כל שעה יוליך לים המלח דלרבנן לא מהני שחיקה בשאר נהרות דקתני התם אמרו לו משם ראיה הרי הוא אומר ויזר על פני המים לא נתכוין משה אלא לבודקן כסוטה ומדאילטריך להאי טעמא מכלל דלא מהני שחיקה בשאר נהרות וטעמא לפי שהמים מוליכים אותו על ידות הנהר ויש לומר דלרבנן מפרר וזורה לרוח במקום שאין מגדל למתים (ב) וכן אמרינן התם:

רבי

עין משפט נר מצוה

נח א מיי' פ"ג מהלכות חמץ הלכה יא סמג עשין לט טוש"ע או"ח סימן תמה סעיף א:
נט ב מיי' פ"ח מהלכות ע"ז הלכה ו טוש"ע י"ד סי' קמו סעיף יד:
ס ג מיי' שם הל' ו ופ"ג מהל' חמץ הלכה יא סמג עשין לט טוש"ע א"ח סי' תמה סעיף א:
סא ד מיי' פ"ד מהלכות חמץ הלכה א ב טוש"ע א"ח סי' תמח סעיף א:
סב ה מיי' פ"א מהל' חמץ הל' ד סמג לאוין עו טוש"ע שם סעיף ג:
סג ו מיי' שם הלכה ח:

רבינו חננאל

חזר ר' יהודה ודנו דין אחר נותר הרי הוא בבל תותירו וחמץ הרי הוא בבל תותירו מה נותר טעון שריפה אף חמץ טעון שריפה אמרו לו חטאת העוף הבאה על הספק ואשם תלוי לדבריך יוכיחו שהן בבל תותירו כדכתיב (ויקרא ז טו) לא יניח ממנו עד בקר ואנו אומרים בשריפה ואתה אומר בקבורה דתנן בסוף תמורה אשם תלוי ישרף [ר"י אומר יקבר] חטאת העוף הבא על הספק ישרף ר' יהודה אומר יטילנה לאמה ותניא כיצד אמר רבי יהודה יטילנה לאמה מנתחה אבר אבר ומשליכה לפני אמה ומתגלגלת ויורדת לנחל קדרון: ת"ר אשם תלוי וחטאת [העוף] הבאה על הספק וחולין שנשחטו בעזרה ר' יהודה אומר יקברו ר' שמעון אומר ישרפו שתק ר' יהודה. ירושלמי אשם תלוי בשיטתך יוכיח שאסור באכילה ובהנאה ומייבין עליו ויש בו זמן ואתה אומר בקבורה ולא בשרפה פירושו אשם תלוי שנודע לו אחר שחיטה וחטאת העוף הבאה על הספק שנודע לו אחר מליקתה דתנן בכריתות פ' [המביא אשם(ד' כה)] חטאת העוף הבאה על הספק אם משנמלקה נודע לו הרי זו תקבר: שתק ר' יהודה היינו דאמרי אינשי כפא דחם נגרא כו' פירוש כמו משל אומרין בני אדם הכף שחטמו בני אדם וחקקו כי חמם וחקק אחד הוא כגון החוטם בגדיש לעשות לו סוכה בתוכו שורפין חרדל שלו כלומר שאלו לא מצא הכף שחקקו לא היו שורפין החרדל שלו וכן היה ר' יהודה אומר אילולי לא השיבוהו מדבריו לא היו משתקין אותו: פי' סרנא כמו היה יושב בספינה או באסרא והם כבלים שנותנין ברגלי הכלואים בבית הכלא: גיראה האומן העושה החצים: וחכמים אומרים מפרר וזורה לרוח או מטיל לים ותנן נמי גבי ע"ז כי האי טונא ר' יוסי אומר שוחק וזורה לרוח ומטיל לים [ואיבעיא לן היכי קאמר מפרר ושוחק וזורה לרוח או מפרר ושוחק ומטיל לים] או כשמטיל לים לא בעי לא פרידה ולא שחיקה ופשיט רבא כי החמץ דאזיל אפילו בשאר נהרות לעולם צריך פירור אבל ע"ז דלים המלח הוא דאזיל לא בעי פירור ואקשי' עלה והתניא היה מהלך במדבר שוחק וזורה לרוח בספינה שוחק ומטיל לים ומשני הא דתניא שוחק בשאר נהרות כי קאמינא אנא דע"ז לא צריכה שחיקה שמשליכה לים הגדול רב יוסף אמר חמץ כשמשליכין אותו לים לא בעי פירור אבל ע"ז לעולם בעי שחיקה ואקשי' עלה והתניא היה מהלך במדבר מפרר וזורה לרוח בספינה מפרר ומטיל לים ומשני' הא דתניא מפרר בחטים כי קאמינא דלא בעי פירוד בנהמא והלכתא כרבה דאמר חמץ בעי פירור: מתני' חמץ של נכרי שעבר עליו הפסח מותר כו' מני מתני' לא ר' יהודה ולא ר' שמעון ולא ר' יוסי הגלילי מאי היא דתניא חמץ לפני זמנו ולאחר זמנו וכו' מני

הגהות הב"ח

(א) רש"י ד"ה בין לפני וכו' משתחשך בין לאחר זמנו כצ"ל והד"א: (ב) תוס' ד"ה ע"ז וכו' למתים והכי אמרינן התם:

מסורת הש"ס

[לד.] · [צ"ל אביי אמר] · [לד.] · ע"ז מג: · רש"ל · [ערובין סד:] · [לעיל כד.]

תורה אור: שמות יג

אכן אם משליכו לבה"כ, הרי הוא כמבוער מן העולם לגמרי, כיון ששום אדם לא יוכל ליהנות ממנו, ואין צריך לפררו קודם שמשליכו, אפילו הוא פת קשה וכיו"ב, **ובלבד** שלא ישליכנו שם לפני חזיר, שאסור להאכיל לבהמה אפילו היא של עכו"ם והפקר, **אבל** כשאינו משליכו שם לפני חזיר, אע"פ שסופו לבוא לשם, אין לחוש לזה.

מי שיש לו מים מכונסין ובהם דגים, לא ישליך לשם החמץ שצריך לבערו, אפי' מפררו קודם שמשליכו, שהרי נהנה במה הדגים יאכלוהו.

אות ד'

חמץ של נכרי שעבר עליו הפסח מותר בהנאה

סימן [ט]תמח ס"א - [י]חמץ של א"י שעבר עליו הפסח, מותר אפילו באכילה - היינו אם הוא בצק, או אפי' פת במקום שנוהגין היתר בפת של עכו"ם.

וה"ה של הפקר, דכיון שלא נעשה איסור בשהייתו, לא הטילו חכמים איסור על אכילתו, **וע"כ** גר שמת קודם פסח והניח חמץ, כל הקודם וזוכה בו אחר פסח מותר לו החמץ אף באכילה.

ישראל שיש לו שותפות עם הנכרי בחמץ, ועבר עליו הפסח, וחלק עצמו עם הנכרי אחר הפסח, חלקו של הנכרי אחר פסח מותר בהנאה, דבדרבנן אמרינן יש ברירה, והוברר הדבר למפרע שהוא של עכו"ם, (אע"ג דגם לענין אכילה לא הוי רק ספק דרבנן, מ"מ משום חומרא דחמץ יש להחמיר - מחה"ש סי' תמט), **ועיין** במקור חיים דמצדד, דוקא כשהחמץ עמד בבית נכרי, ואפשר דבזה אפילו באכילה מותר, **ואם** עמד בבית ישראל, (דאם היה נגנב או נאבד בפסח, ודאי דהיה צריך להשלים הישראל להנכרי, א"כ אין לך אחריות גדול מזה), תליא בפלוגתא, (דאסור בהנאה לדעת המ"א בסי' ת"מ ס"א, ולהחק יעקב מותר) ע"ש, **וחלקו** של ישראל אסור בהנאה, [**ואם** היה רובו של עכו"ם, יש מצדדים דבטל ברובא]. **וה"ה** שני ישראלים שיש להם שותפות, ומכר אחד מהן חלקו לעכו"ם, מותר החלק שנפל לאותו ישראל שמכר חלקו, וחלק של ישראל אסור.

אות ה'

ושל ישראל אסור בהנאה

סימן תמח ס"ג - [יא]חמץ של ישראל שעבר עליו הפסח, אסור בהנאה - דקנסוהו רבנן, הואיל ועבר עליו בבל יראה ובל ימצא, **[יב]אפילו הניחו שוגג** - שלא ידע מאותו חמץ, **או אנוס** - ר"ל שידע, אלא שהיה אנוס שלא היה יכול לבערו, **ואע"פ** דבזה לא עבר אבל יראה, אפ"ה קנסינן התירא אטו איסורא, דאי שרינן ליה, אתי לשהויה לכתחלה ועבר עליה.

(**המחבר** סתם ולא פירש, אי מיירי שמחמת שוגג או אונס לא ביער וגם לא ביטל, ומש"ה אסר, **אבל** אם ביטל, אף שלא בדק מחמת אונס, מותר, כיון שעכ"פ קיים עיקר הדין מדאורייתא, **או** אפילו בביטל והניחו מלבער מחמת אונס, נמי אסור, **ונחלקו** בזה האחרונים, עיין לקמן סעיף ה' לענין ביטל, דלדעת המחמירים שם בבדק וביטל ומצא אחר הפסח, כ"ש הכא שלא בדק כלל אף שהיה אנוס על זה, **אך** לדעת המתירים שם בבדק וביטל, י"ל דה"ה הכא אף שלא בדק, מ"מ כיון שהיה אנוס בזה, לא גרע מבדק וביטל ומצא אחר הפסח, וכן מבואר בתשו' תורת השלמים ובא"ר, **ולדינא** כבר כתבנו בסעיף ה', לסמוך אמקילין בהנאה במקום הפסד מרובה, וה"ה הכא).

כתב בית הילל, נשאלתי על ישראל אחד שהיה לו קודם פסח ברחיים של נכרי דגן לטחון, ונתעכב הדגן ברחיים עד חוה"מ של פסח, וכאשר הגיע יום ז' של פסח, הלך הנכרי וטחן הדגן של ישראל, ועשה מן הקמח לחם ואפה הפת, והביא הפת לישראל תיכף אחר הפסח, **והשבתי** שמותר ליקח הדמים בעד הפת ההוא מן הנכרי, והנכרי ההוא יאכלנו או ימכרנו לנכרי, **והחק** יעקב הסכים דמותר אף באכילה, מטעם שמא החליף העכו"ם הדגן, והוי רק ספק חמץ שעבר עליו הפסח, **ובבית** מאיר מצדד להתיר באכילה מטעם אחר, דאע"ג דפסק המחבר דבין בשוגג ובין באונס, לאו כל אונסין שוים, ובאונס כזה דלא היה יכול כלל לאסוקי אדעתיה, שיאפה העכו"ם מקמחו חמץ, בודאי לא קנסוהו חכמים.

אם הניח ישראל חטים ברחיים, ובא עכו"ם ואמר לישראל שלתתו וטחנו, עיין בח"י בשם חינוך בית יהודה, דיש כאן הרבה ספיקות להקל, **ובפמ"ג** מפקפק היכי שדרך אנשי המקום ללתות החטים קודם הטחינה, ומצדד שיחליפנו העכו"ם בחטים אחרים, [**ובאמת** אפי' לדבריו יש כאן עדיין ס"ס, שמא לא לתתו עד שנתחמץ, ושמא היה הלתיתה אחר הפסח, **גם** יש לצדד ע"פ מש"כ בית מאיר, שבאונס דלא הוה ליה לאסוקי אדעתיה אין להחמיר, ואפשר דגם הכא לא אסיק אדעתיה, **וע"כ** נראה, דבמקום שאין העכו"ם רוצין להחליף, מותר הקמח גופא].

(**והאחרונים** העתיקו תשובת רדב"ז, בעובדא דלתתו נכרים המשרתים ברחיים של ישראל, חטים של בעל הרחיים, כדי שיהיו מוכנים לטחינה למחרת הפסח, וז"ל, התרתי מכמה טעמים, חדא שהביאו לי מהחטה במוצאי יו"ט, וראיתי אותה שהיא יבשה ולא הגיעה לידי חימוץ ולא לידי בקוע, **ותו** דהוי זמן איסורו דרבנן, והוי איסורא דרבנן בזמן דרבנן, **ותו** דטעמא דאיסורא משום קנסא, והכא ליכא למקנסיה דאנוס היה, **ואי** משום דעבר אבל יראה ובל ימצא, ליתא, דהא ביו"ט לא הוי אפשר לבערו, **ואי** משום דהוי ליה לבטליה קודם שמחמיץ, הרי לדעתו אין זה חמץ, הלכך ליכא למקנסיה, **ותו** כיון דלאחר זמנו אין איסורו אלא מדרבנן, מבטלין אותו ברוב לכתחלה ככל שבאיסורין, דהיינו תרומת חו"ל, דמבטלין אותו ברוב לכתחלה, **ולפי** הטעמים הללו התרתי לו לערבו מעט מעט עם שאר החטה, ולמוכרו אפילו לישראל, עכ"ל, **ופשוט** דכונת הרדב"ז להתיר אפילו לעצמו).

(**ובגזל** חמץ ועבר עליו הפסח, אם מותר החמץ לנגזל, עיין בנודע ביהודה שצידד להיתר, והאחרונים חולקים עליו, **מיהו** בגזל עכו"ם חמץ של ישראל ועבר עליו הפסח, מצדד בא"ר להתיר).

באר הגולה

ט (ע"פ מהדורת נהרדעא) | י משנה פסחים כ"ח | יא משנה שם | יב רמב"ם בפ"א

אות ו׳

חמץ בין לפני זמנו בין לאחר זמנו עובר עליו בלאו

רמב״ם פ״א מהל׳ חמץ ומצה ה״ח - אסור לאכול חמץ ביום ארבעה עשר מחצות היום ולמעלה, שהוא מתחלת שעה שביעית ביום, [יג]וכל האוכל בזמן הזה לוקה מן התורה, שנאמר: לא תאכל עליו חמץ, כלומר על קרבן הפסח, כך למדו מפי השמועה בפירוש דבר זה, לא תאכל חמץ משעה שראויה לשחיטת הפסח, שהוא בין הערבים, והוא חצי היום.

השגת הראב״ד: וכל האוכל בזמן הזה לוקה מן התורה. א״א מלקות מחצות ואילך אינו מחוור, דכיון דקי״ל כר״ש בלפני זמנו ואחר זמנו, דלא דריש הנך קראי "לא תאכל" "לא תאכלו" בלפני זמנו ולאחר זמנו, נהי דאסור [יד]באכילה מן התורה, מביום הראשון תשביתו שאור, או מלא תשחט על חמץ, כדרבא, אבל איסור הנאה ליכא מן התורה, ומלקות נמי ליכא.

באר הגולה

[יג] ‹ומ"ש רבינו שיש בו מלקות, הוא לדעת ר' יהודה, דאמר בפרק כל שעה (פסחים כ"ח:), ומנין לאוכל חמץ משש שעות ולמעלה שהוא בלא תעשה, שנאמר לא תאכל עליו חמץ, ושעה שאסור באכילה אסור בהנאה, וכן דעתו בלאחר זמנו כנזכר שם, ור' שמעון חולק בזה, ואומר שחמץ בין לפני זמנו בין לאחר זמנו אינו עובר עליו, **וכבר** כתבתי למעלה שהלכה כר' שמעון בלאחר זמנו. **ודעת** רבינו שאין הלכה כמותו אלא לאחר זמנו, דסתם מתניתין אתיא כותיה, אבל לפני זמנו הדרינן לכללין דקי"ל כר' יהודה, דרבי יהודה ורבי שמעון הלכה כר"י, דשני מחלוקת הן, ומתרי קראי נפקי לה לר"י חד לפני זמנו וחד לאחר זמנו, הילכך קי"ל כר"ש בחדא דהיינו לאחר, וכר"י בלפני, וזהו שאמרו פ"ק (דף ד' ה'), דכו"ע חמץ משש שעות ולמעלה אסור, מנא לן, ושקלו וטרו בהא, ואמר רבא לא תשחט על חמץ דם זבחי, לא תשחט את הפסח ועדיין חמץ קיים, ורבא גופיה הוא דפסק כר"ש בפ' כל שעה (דף כ"ט). **אבל** הר"א ז"ל בהשגות וקצת מפרשים אחרונים סוברין, שהלכה כר"ש בכל דבריו, ואומרין שמחצות ואילך אין בו מן התורה אלא איסור עשה, דהיינו שמצוה לבער מ"אך ביום הראשון", כדאיתא פ"ק (דף ה'), מדרבא דאמר "לא תשחט על חמץ" כדאיתא לעיל, אבל מלקות ואיסור הנאה מן התורה ליכא, אלו דבריהם, ודברי רבינו והגאונים נראין עיקר - מגיד משנה›

[יד] ‹לכאורה ר"ל מצד החיוב תשביתו דמבטל, אבל לא איסור אכילה ממש›

עין משפט נר מצוה

סד א מיי' פ"א מהל' חמץ הל' ד:

סה ב מיי' שם הלכה ו סמג לאוין טו:

[עי' בהרא"ש דאסברא ספי דמוקמינן לה כר"ש להך מתני' בדף כ:]

תורה אור

רבי שמעון אומר חמץ לפני זמנו *ולאחר זמנו אינו עובר עליו בלא כלום תוך זמנו עובר עליו בכרת ובלאו ומשעה שאסור באכילה אסור בהנאה אתאן לתנא קמא *ר' יוסי הגלילי אומר תמה על עצמך היאך חמץ אסור בהנאה כל שבעה ומנין לאוכל חמץ משש שעות ולמעלה שהוא עובר בלא תעשה שנאמר °לא תאכל עליו חמץ [דברים טז] דברי רבי יהודה אמר לו ר' שמעון וכי אפשר לומר כן והלא כבר נאמר לא תאכל עליו חמץ שבעת ימים תאכל עליו מצות אם כן מה ת"ל לא תאכל עליו חמץ בשעה שישנו בקום אכול מצה ישנו בבל תאכל חמץ ובשעה שאינו בקום אכול מצה אינו בבל תאכל חמץ מ"ט דר' יהודה תלתא קראי כתיבי °לא יאכל חמץ [שמות יג] °כל מחמצת לא תאכלו [שמות יב] °לא תאכל עליו חמץ [דברים טז] חד לפני זמנו וחד לאחר זמנו וחד לתוך זמנו ורבי שמעון חד לתוך זמנו וכל מחמצת מבעי ליה *לכדתניא (א) *אין לי אלא שנתחמץ מאליו מחמת דבר אחר מנין תלמוד לומר כל מחמצת לא תאכלו לא יאכל חמץ מיבעי ליה *לכדתניא רבי יוסי הגלילי אומר מנין לפסח מצרים שאין חימוצו נוהג אלא יום אחד תלמוד לומר לא יאכל חמץ וסמיך ליה °היום אתם יוצאים [שמות יג] ור' יהודה מחמת דבר אחר מנא לי' מדאפקיה רחמנא בלשון מחמצת ודר' יוסי הגלילי מנא ליה אי בעית אימא מדסמיך ליה היום אי בעית אימא *סמוכין לא דריש אמר מר ומנין לאוכל חמץ משש שעות ולמעלה שהוא עובר בלא תעשה שנאמר לא תאכל עליו חמץ דברי רבי יהודה אמר לו ר' שמעון וכי אפשר לומר כן והלא כבר נאמר לא תאכל עליו חמץ שבעת ימים תאכל עליו מצות ורבי יהודה שפיר קאמר ליה רבי שמעון ורבי יהודה אמר לך ההוא לקובעו חובה אפילו בזמן הזה הוא דאתא ור' שמעון לקובעו חובה מנא ליה נפקא ליה °מבערב תאכלו [שם] ור' יהודה *מיבעי לי' לטמא ושהיה בדרך רחוקה סלקא דעתך אמינא הואיל ובפסח לא יאכל מצה ומרור נמי לא ניכול קמ"ל ור' שמעון טמא ושהיה בדרך רחוקה לא איצטריך קרא דלא גרע מערל ובן נכר דכתיב °וכל ערל לא יאכל בו [שם] *בו הוא אינו אוכל אבל אוכל הוא במצה ובמרור ורבי יהודה כתיב בהאי וכתיב בהאי מני מתניתין אי רבי יהודה חמץ סתמא קאמר אפילו דנכרי ואי רבי שמעון דישראל

רבינו חננאל

מני אי ר' יהודה חמץ סתמא קתני דאסור ואפי' דנכרי אי ר' שמעון הא אמר לאחר

ומשעה שאסור באכילה. היינו משש שעות ולמעלה דאמרן לפני זמנו בלאו והא מילתא רבי יהודה קאמר לה כדמפרש בגמרא אתאן לתנא קמא: **תמה על עצמך וכו'.** דאפילו בתוך המועד קאמר דמותר בהנאה וקא מתמה אהני דאסרי: **לא תאכל עליו.** משעת שחיטה דהיינו משש שעות ולמעלה שחמה נוטה להעריב: הכי גרסינן חמץ אין לי אלא שנתחמץ מאליו: **מנין לפסח מצרים.** שלא נהגו בו איסור חמץ אלא יום אחד: **ת"ל לא יאכל חמץ וסמיך ליה היום אתם יוצאים.** לא יאכל חמץ היום: **ואי בעית אימא סמוכין לא דריש.** רבי יהודה אלא במשנה תורה לחוד והכי שמעינן ליה בפרק קמא דיבמות (ד' ד. *) הלכך לית ליה דרבי יוסי הגלילי: **לקובעו חובה.** האי שבעת ימים (ב) תאכלו מצות לאו לאקושי איסור חמץ למצות אכילת מצה אתא אלא לאקושי אכילת מצה לאזהרת חמץ לקבוע אכיל' מצה חובה לדורות כל זמן שהוא מוזהר על החמץ ואפילו בזמן שאין פסח דלא תימא על מצות ומרורים יאכלוהו כתיב אי איכא פסח מיחייב באכילת מצה ואי לא לא: **בערב תאכלו מצות.** קרא יתירה הוא דהא כתיב על מצות ומרורים יאכלוהו: **לטמא ושהיה בדרך רחוקה.** שאף על פי שאינו עושה פסח חייב באכילת מצה: **לא ניכול.** לא נתחייב: **ערל.** שמתו אחיו מחמת מילה: **בן נכר.** מי שנתנכרו מעשיו לאביו שבשמים ולא לכל התורה: **כתיב בהאי.** ערל ובן נכר וכתיב טמא ושהיה בדרך רחוקה דליכול מצות ואף על גב דמצי יליף מיניה הלכך איצטריך היקישא לקובעו חובה ומקראי אחריני טובא כגון שבעת ימים מצות תאכלו וכגון מצות יאכל את שבעת הימים לא נפקא ליה קביעות חובה דההוא לאו חובה ניהו אלא מצות יאכל ולא חמץ ואם רצה ליזון שלא מחמץ ושלא ממצה הרשות בידו ותדע דהא בכולהו כתיב את שבעת הימים וחובת מצה אינו אלא לילה הראשון כדילפינן בפרק בתרא* אבל מההוא קרא נפקא לן חובת לילה הראשון מדכתיב להיקישא גבי פסח וכדכתיב תאכל עליו מצות כי פסח לילה הראשון אף היקישא שלא בזמן פסח ללילה ראשונה והאי היקישא לקובעו חובה בזמן הזה והאי עליו למימרא דקביעת חובה דהיקישא לאו לכל שבעה אלא ללילה הראשון:

רבי שמעון אומר חמץ לפני זמנו ולאחר זמנו אינו עובר עליו בלא כלום. נראה דלרבי שמעון נהי דאין עובר עליו בלאו דחמץ לפני זמנו מודה הוא דאסור באכילה משש שעות ולמעלה מדאמרינן בפ"ק (לעיל דף יד.) אין שורפין תרומה טהורה עם *הטמאה משמע הא לבדה שורפין בשש ואי מותרת לאכול יאכלנה עד הלילה ועוד דקאמר משעה שאסור באכילה אסור בהנאה אתאן לת"ק מכלל דלרבי שמעון אסור באכילה אע"פ שאינו אסור בהנאה דהיינו אחר שש ונראה דנפקא ליה מתשביתו ומאחר חלק ומשמע תשביתו שלא כדרך הנאה דהיינו אכילה אבל להסיקו תחת תבשילו מותר לרבי שמעון וא"ת למה שורפין בשש לרבי שמעון יסיקנו עד הלילה מעט מעט תחת תבשילו וי"ל דגזרינן שמא יאכלנו וכן לרבי יוסי הגלילי דשרי חמץ להסיקו תחת תבשילו היינו הכל ביחד אבל מעט מעט לא שמא יאכלנו דמסתמא אית ליה אור לארבעה עשר בודקין וכו':

אם כן מה תלמוד לומר לא תאכל עליו. הלשון דחוק ונראה לרשב"א דהכי פירושו והלא כבר נאמר תאכל עליו מצות והוא עליו ע"כ אאכילת פסח קאי הכי נמי לא תאכל עליו חמץ קאי נמי אשעת אכילת פסח וקשה אמאי איצטריך קרא להכי מהיכא תיתי שיהא בבל תאכל חמץ בי"ד דהא כולהו קראי מצרכינן לקמן אליבא דרבי שמעון:

וחד לפני זמנו. וא"ת ולחזקיה מכלן איסור הנאה לפני זמנו דליכא אלא חד לא יאכל והוא מסברא מוקמינן לתוך זמנו ואור"י כיון דחד מהנהו קראי משמע איסור הנאה לא נחלק ביניהם:

מחמת דבר אחר. פי' ריב"א מחמת דבר אחר דלאו מינו דעל ידי שאור מיקרי חמץ טפי משנתחמץ מאליו כדמוכח בפרק כל המנחות (מנחות נג:) אלא כגון שנתחמץ על ידי שמרי יין שמייבשין השמרים בתנור כאשר עושין בארץ אשכנז ול"ד לעיסה שנילושה ביין דלית ביה כרת ויש בה לאו:

ואידך נפקא לה מבערב תאכלו מצות. תימה לר"י דבפ' קמא דקדושין (ד' לז:) נפקא לן בזמן הזה ממושבותיכם דכתיב גבי מצה והיינו דלא כחד ועוד תימה לרב אחא בר יעקב דאית ליה בשלהי ערבי פסחים (לקמן קכ.) מצה בזמן הזה דרבנן ודריש התם לכולהו קראי דלא ככל התנאים*:

כל ערל לא יאכל בו וכל בן נכר לא יאכל בו בו הוא אינו אוכל אבל אוכל הוא במצה ומרור. תימה גבי בן נכר שהוא מומר אמאי איצטריך קרא פשיטא שחייב לאכול מצה דהא חייב בכל מצות האמורות בתורה ואי קמשמע לן דמאי אכיל מצה אע"ג דאסור בפסח הא נמי פשיטא דאטו מצה קדושה אית בה וי"ל דאיצטריך להיכא דנשחט הפסח כשהיה מומר ועשה תשובה דאף על גב דלא אכיל בפסח דאין נאכל אלא למנויו מכל מקום חייב לאכול מצה ומרור*:

ערל. פי' הקונטרס שמתו אחיו מחמת מילה ולפירושו פסול נמי בתרומה דהערל (יבמות ע. ושם) יליף תרומה מפסח בגז"ש דתושב ושכיר והא דמיבעיא לן התם (דף עא) ערל קטן מהו לסוכו שמן של תרומה ערלה שלא בזמנה פוסלת או לא יש לחלק בין שלא בזמנה דקטן שאין חייב למול כיוצא בו למתו אחיו מחמת מילה דכיוצא בו חייבין ותדע דהא טומטום אינו אוכל בתרומה בפרק הערל (שם עב.) אף על גב דמסברא אין חייב לקרוע הוא הדין מתו אחיו מחמת מילה דאינו אוכל אף על גב דאינו חייב למול:

מסורת הש"ס

[לעיל כג. לקמן לג:]

[וכן בברכות כא:]

לקמן מג.

לקמן צו:

[ברכות כא: יבמות ד. סנהדרין סז:]

[קכ.]

לקמן קכ.

לקמן צו. וקכ. יבמות עא.

[וע"ע תוס' לקמן קכ. ד"ה רב אחא בר יעקב]

[וע"ע תוס' לקמן קכ. ד"ה כל בן נכר]

הגהות הב"ח

(א) גמרא לכדתניא חמץ אין לי: (ב) רש"י ד"ה לקובעו וכו' שבעת ימים תאכל עליו מצות לאו:

§ מסכת פסחים דף כח: §

אות א'

ולאחר זמנו אינו עובר עליו בלא כלום

רמב"ם פ"א מהל' חמץ ומצה ה"ד - חמץ שעבר עליו הפסח אסור בהנייה לעולם, ודבר זה קנס הוא מדברי סופרים, מפני שעבר על בל יראה ובל ימצא אסרוהו; ואפילו הניחו בשגגה או באונס, כדי שלא יניח אדם חמץ ברשותו בפסח כדי שיהנה בו אחר הפסח.

אות ב'

אין לי אלא שנתחמץ מאליו, מחמת דבר אחר מנין

רמב"ם פ"א מהל' חמץ ומצה ה"ו - אין חייבין כרת אלא על אכילת עצמו של חמץ, אבל עירוב חמץ כגון כותח הבבלי ושכר המדי וכל הדומה להן מדברים שהחמץ מעורב בהן, אם אכלן בפסח לוקה ואין בו כרת, [א]שנאמר: כל מחמצת לא תאכלו.

אות ב'* [ב]

בו הוא אינו אוכל, אבל אוכל הוא במצה ובמרור

רמב"ם פ"ט מהל' קרבן פסח ה"ח - ערל שאכל כזית מבשר הפסח לוקה, שנאמר: כל ערל לא יאכל בו; בו הוא שאינו אוכל, אבל אוכל הוא מצה ומרור, וכן מותר להאכיל מצה ומרור לגר תושב ולשכיר.

באר הגולה

א ‹ובהכי ניחא הא דרבנו השמיט לגמרי הך ברייתא דמחמצת, אין לי אלא שנתחמץ מאליו מחמת דבר אחר מנין וכו', מפני דרבנו מפרש כפי' הריב"א בתוס' פסחים דף כ"ח ע"ב ד"ה מחמת דבר אחר, דהיינו שלא במינו דומיא דשמרי יין, דאי בנתחמץ ע"י שאור, ודאי מקרי חמץ טפי, ולפי"ז מפקא ברייתא זו מהלכתא, דהא קי"ל מי פירות אינם מחמיצין, ואפי' נוקשה לא הוי, ובמנחות ריש דף נ"ד ת"ר אין מחמיצין בתפוחים וכו', ובהכרח עיקר הלאו כל מחמצת לא תאכלו פשטיה דקרא לתערובת, ומשו"ה לקי – מרכבת המשנה› ‹**עיין** בבה"ל וז"ל: מותר ללוש ביין, אבל בשמרי יין הוי חמץ גמור, {ולא נקרא מי פירות}, אחרונים, וכמו שכתב בתוספות כ"ח ע"ב, דלא כחק יעקב {ומרכבת המשנה} – בה"ל סימן תס"ב ס"ג›

ב ‹ע"פ מהדורת נהרדעא›

§ מסכת פסחים דף כט. §

אות א'

קנסא קניס

רמב"ם פ"א מהל' חמץ ומצה ה"ד - חמץ שעבר עליו הפסח אסור בהנייה לעולם, ודבר זה קנס הוא מדברי סופרים, מפני שעבר על בל יראה ובל ימצא אסרוהו; ואפילו הניחו בשגגה או באונס, כדי שלא יניח אדם חמץ ברשותו בפסח כדי שיהנה בו אחר הפסח.

אות א'*[א]

אין פודין

רמב"ם פ"ב מהל' איסורי מזבח ה"י - בהמה שנולד בה אחת מן הטרפיות האוסרות אותה באכילה, אסורה לגבי המזבח, הרי הוא אומר: הקריבהו נא לפחתך הירצך או הישא פניך; ואע"פ שאינה ראויה לקרבן, אין פודין אותה, שאין פודין את הקדשים להאכילן לכלבים, אלא ירעו עד שימותו ויקברו.

באר הגולה

א ‹ע"פ מהדורת נהרדעא›

דישראל נמי מישרא קא שרי ואי ר' יוסי הגלילי אפי' תוך זמנו נמי מישרא קא שרי בהנאה אמר רב אחא בר יעקב לעולם ר' יהודה היא ויליף שאור דאכילה משאור דראייה מה שאור דראייה *שלך אי אתה רואה אבל אתה רואה של אחרים ושל גבוה אף שאור דאכילה שלך אי אתה אוכל אבל אתה אוכל של אחרים ושל גבוה ובדין הוא דאיבעי ליה למיתנא דאפי' באכילה נמי שרי ואיידי דתנא דישראל אסור בהנאה תנא נמי דנכרי מותר בהנאה ובדין הוא דאיבעי ליה למיתנא דאפילו בתוך זמנו מותר בהנאה ואיידי דתנא דישראל לאחר זמנו תנא נמי דנכרי לאחר זמנו רבא אמר לעולם רבי שמעון היא *ורבי שמעון *קנסא קנים הואיל ועבר עליה בבל יראה ובל ימצא בשלמא לרבא היינו דקתני של ישראל אסור משום שנאמר לא יראה אלא לרב אחא בר יעקב משום לא יאכל חמץ מיבעי ליה מי סברת אסיפא קאי ארישא קאי והכי קאמר חמץ של נכרי שעבר עליו הפסח מותר בהנאה משום שנאמר לא יראה לך שלך אי אתה רואה אבל אתה רואה של אחרים ושל גבוה ויליף שאור דאכילה משאור דראייה ואזדו לטעמייהו דאיתמר האוכל שאור של נכרי שעבר עליו הפסח לדברי ר' יהודה רבא אמר לוקה ורב אחא בר יעקב אמר אינו לוקה רבא אמר לוקה לא יליף רבי יהודה שאור דאכילה משאור דראייה ורב אחא בר יעקב אמר אינו לוקה יליף שאור דאכילה משאור דראייה והדר ביה רב אחא בר יעקב מההיא דתניא האוכל חמץ של הקדש במועד מעל ויש אומרים לא מעל *מאן יש אומרים אמר רבי יוחנן רבי נחוניא בן הקנה היא *דתניא ר' נחוניא בן הקנה היה עושה את יום הכפורים כשבת לתשלומין מה שבת מתחייב בנפשו ופטור מן התשלומין אף יום הכפורים מתחייב בנפשו ופטור מתשלומין רב יוסף אמר בפודין את הקדשים להאכילן לכלבים קמיפלגי מאן דאמר מעל קסבר *פודין את הקדשים להאכילן לכלבים ומאן דאמר לא מעל קסבר *אין פודין רב אחא בר רבא תנא לה להא

רש"י

דישראל נמי מישרא שרי. בהנאה לאחר זמנו: **לעולם ר' יהודה היא.** דאע"ג דנפקא ליה מקראי דלאחר זמנו אסור קרא בשאור דישראל קאמר אבל דנכרי שרי: **ויליף שאור דאכילה.** כלומר חמץ דנכרי לא יאכל משאור דראייה ומותר חמצו של נכרי אף באכילה ואפי' בפסח מן התורה: **לעולם ר' שמעון היא.** דאמר מדאורייתא לא מיתסר חמץ אחר זמנו הלכך דנכרי שרי ומיהו דישראל אסור מקנסא דקנסוהו רבנן משום דעבר בבל יראה: **בשלמא לרבא.** דאמר טעמא דאסור בהנאה משום קנסא דעבר בבל יראה הוא היינו דתנא מתני' אסור משום לא יראה לך: **ואזדו לטעמייהו.** רבא ורב אחא בר יעקב: **מעל.** חייב קרבן מעילה דקסבר חמץ דהקדש בפסח בר דמים הוא ואפקדיה להקדש כר' שמעון דאמר חמץ לאחר הפסח מותר ואע"ג דקנסא קנים ה"מ בחמצו של הדיוט הואיל ועבר עליו בבל יראה אבל האי דהקדש לא עבר דאמר מר (לעיל דף ה:) אבל אתה רואה של אחרים ושל גבוה אחר הפסח הוה מזבין ליה גיזבר לישראל ואכלי ליה: **ויש אומרים לא מעל.** כדמפרש דהואיל ונתחייב כרת משום אכילה פטור מן התשלומין כרבי נחוניה ובמקום שאין קרן אין חומש ואין מעילה: **את יוה"כ כשבת.** המדליק גדיש ביוה"כ ומתחייב כרת פטור מן התשלומין כאילו הדליקו בשבת שהוא מתחייב בנפשו מיתת ב"ד דפשיטא לן דפטור מלשלם כדכתיב (שמות כא) ולא יהיה אסון ענוש יענש הא אם אסון יהיה לא יענש שאף על פי שמיתתו בידי שמים שנכרתים חייו וכנוי אסון הוא קרוי שנא' (בראשית מב) וקראהו אסון הלכך פטור מלשלם והכי פרשינן לה באלו נערות יש מוסים דקטילו להו כי פטר ר' נחוניה במזיד פטר דבר כרת הוא והכא בשוגג עסקינן מדקתני מעל ושוגג לאו בר כרת הוא וטעות הוא זה דגבי חמץ מזיד הוא וגבי הקדש שוגג הוא דלא ידע שהוא של הקדש: **ורב יוסף אמר.** אי הוה סבירא להך תנאי כרבי שמעון דאמר תוך זמנו אסור בהנאה דכולי עלמא מודו דפטור הואיל והשתא מיהא לא חזי ולאו ממונא הוא ואע"ג דסופו גורם הוא לממון לאחר הפסח אלא אליבא דר' יוסי הגלילי פליגי דאמר תוך זמנו נמי שרי בהנאה ובפודין קדשים להאכילן לכלבים קא מיפלגי מאן דאמר מעל סבר דראוי היה באותה שעה לפדות לאכילת כלבים ובר דמים הוא ודר' נחוניה לית ליה: **ומאן דאמר לא מעל סבר אין פודין.** הלכך לא חזי ופלוגתא דתנאי היא בתמורה (דף לא.) תזבח ולא גיזה בשר ולא חלב ואכלת ולא לכלבים מכאן שאין פודין ואיכא דדריש תזבח ואכלת אין לך בהן היתר אכילה אלא לאחר זביחה למעוטי גיזה וחלב אבל לא לכלביך לא דריש: להא

תוספות

בדין הוא דלפי' תוך זמנו מותר. פרש"י מותר באכילה וקשה דלא אפשר אם לא יהא שלו בשעת אכילה דאם נתן לו הנכרי הרי הוא שלו ואם גזל מנכרי הרי חייב באחריותו ולא גרע מחמץ שחייב באחריותו דהוי כשלו ועוד לקמן דקאמר ואזדו לטעמייהו דפליגי בחמץ שעבר עליו הפסח ליפלגו בפסח גופיה ונראה לריב"א דהא דקאמר אפי' תוך זמנו מותר היינו בהנאה והא דקאמר אבל אתה אוכל של אחרים לאו דוקא אי נמי אחר זמנו קאמר ומיהו בשל גבוה קשה לפרש בתוך הפסח דאם לא פדאו אסור בהנאה ואם פדאו הרי הוא שלו ושמא י"ל אבל אתה נהנה משל גבוה שלא יהא איסור חמץ אבל איסור הקדש יש:

מאן יש אומרים ר' נחוניא. תימה לר"י דמאן דיליף אסון אסון בריש אלו נערות (כתובות ל.) (א) ואית ליה מיתה בידי שמים פטור מן התשלומים לר' נחוניא אם כן לרבי דאמר לקמן (דף לג.) הזיד במעילה במיתה אמאי פוטר כרת מתשלומים והא אע"ג דבעלמא פוטר מיתה מתשלומין הכא לא פטר דגלי לן קרא דבשוגג חייב וה"ה כרת אע"ג דבכרת הוא במזיד בשוגג יתחייב ואור"י דבמיתה דגלי לן קרא דלא פטרה הכא מתשלומים גלי בכרת דלא גלי לא גלי וא"ת והא אמר לקמן (דף לא:) האוכל תרומת חמץ בפסח בשוגג משלם קרן וחומש ומוקמי' לה כר' נחוניא ואפ"ה מיחייב בתשלומין משום דכי היכי דלא מיפטר מתשלומין משום חיוב מיתה דתרומה הכי נמי לא מיפטר משום כרת של חמץ ואור"י דתשלומי תרומה מחמת כפרה הם כדמוכח במסכת תרומות (פ"ו מ"א) דתנן אם רצה כהן למחול אינו יכול למחול וכיון דכפרה הוא אין כרת פוטרו משום קם ליה בדרבה מיניה ותדע דהא מאן דלא יליף אסון אסון ולא פטר מיתה בידי שמים מתשלומין אם כן אוכל תרומת חמץ אמאי משלם דלא שייך למימר כיון שמיתה אינה פוטרת ה"ה כרת דהא מיתה לא פטרה בשום מקום אלא ע"כ מטעם כפרה הוא ועוד אור"י דהכא אתי אליבא דרבנן דאמרי הזיד במעילה באזהרה*:

רבי נחוניא היא. אע"ג דהכא בשוגג איירי מדקתני מעל ולא מעל מ"מ קיימא לן כחזקיה דאמר* חייבי מיתות שוגגין פטורים מן התשלומין וה"ה כרת לר' נחוניא הקשה ריב"א אמאי פטורין הכא מקרבן מעילה משום דקם ליה בדרבה מיניה הא אמר בהמניע (שבת לד:) המוציא אוכלים בכלי שגג באוכלים והזיד בכלי חייב על האוכלים חטאת ועל הכלי סקילה אלמא קם ליה בדרבה מיניה לא פטר מקרבן ותירץ כיון דפטר מקרן וחומש פטר נמי מקרבן שאין אשם מעילות בא אלא כשיש קרן וחומש: **אין** פודין את הקדשים וכו'. הקשה הר"ח דבפ"ב דבכורות (דף יד:) משמע דלא פליגי אלא היכא שקדם הקדישן למומן אבל קדם מומן להקדישן הואיל ומעולם לא קדשו קדושת הגוף כ"ע מודים דפודים והכא משמע דפליגי אפי' בקדושת דמים ותי' ר"י דה"ק אין פודין מדרבנן ואין לתמוה אטו משום חששא דרבנן נפקיע מעילה דאורייתא דכיון דאמרו רבנן אין פודין לא שויא מידי והא דאמר בהתערובות (זבחים עג.*) נתערבו בשור שנעבדה וכו' בכלאים וטריפה ירעו עד שיסתאבו וימכרו והשתא ע"כ יאכיל לכלבים דלישראל טריפה אסורה ליה אתי שפיר אפילו למאן דאמר אין פודין דהא דאין פודין היינו היכא דלא חזו לאכילה אבל הכא חזו לאדם אם הא ניכרים דהא רבי עקיבא שרי בבכורות (דף לב:) לזמן נכרי על הבכור ובזבחים בפ' טבול יום (דף קד.) *מוכח שר' עקיבא אוסר בכור טריפה בעל מום להאכיל לכלבים שאפילו העור אסור כשנמצא טריפה קודם הפשט והיכא דשרי לישראל איתקש לצבי ואיל: **אין** פודין. תימה לר"י אע"ג דאין פודין כמעול דהא לאחר שנשרף ונעשה אפר יכול לפדותו

רבינו חננאל

וזמנו דישראל נמי שרי בהנאה אי ר' יוסי הגלילי כו' ואוקמה רב אחא בר יעקב כר' יהוד' ואמר דר' יהודה יליף שאור דאכילה שנאמר (שמות יב יט) שבעת ימים שאור לא ימצא בבתיכם כי כל אוכל מחמצת וכתיב (שם טו) תשביתו שאור מבתיכם כי כל אוכל חמץ וגו' ויליף האי שאור דאכילה משאור דראיה שנאמר ולא יראה לך שאור ומפרש בשאור דראיה לך ודרשי' ביה שלך אי אתה רואה אבל אתה רואה של אחרים ושל גבוה ובדין הוא דליתני במתני' הכי חמץ של נכרי שעבר עליו הפסח מותר באכילה ובתוך זמנו נמי מותר בהנאה ואיידי דבעי מיתנא סיפא ושל ישראל אסור דאפי' בהנאה נמי חמץ ישראל שעבר עליו הפסח אסור תנא רישא נמי של נכרי שעבר עליו הפסח מותר בהנאה. רבא אמר מתני' ר' שמעון היא דסבירא ליה דלפני זמנו ולאחר זמנו אינו עובר עליו בלא כלום ומתני' דקתני ושל ישראל אסור לאחר זמנו קנסא הוא דקנים ליה משום דשהי' גביה ועבר עליה על לא יראה ועל לא ימצא בשלמא לרבא דאוקמה למתני' לר' שמעון ומשום דעבר על לא יראה קנסוהו היינו דקתני במתני' ושל ישראל אסור משום שנאמר לא יראה לך אלא לרב אחא דמוקים כר' יהודה משום לא תאכל מבעי ליה למיתנא ומשני רב אחא בר יעקב מי סברת אסיפא דקתני' ושל ישראל אסור קאי לא ארישא קאי והכי קתני חמץ של נכרי מותר שנאמר לא יראה לך שאור ויליף שאור דאכילה משאור דראיה כדאמרן: **ואזדו** לטעמייהו דאיתמר האוכל חמץ של נכרי שעבר עליו הפסח לדברי ר' יהודה רבא אמר לוקה דהא סתמא קתני לא שנא דישראל ולא שנא דנכרי חמץ לפני זמנו ולאחר זמנו עובר בלאו ואמרי' מאי טעמיה דר' יהודה תלתא קראי כתיבי חד לפני זמנו שנאמר לא תאכל עליו חמץ והוא משעה ששית עד שחיטת הפסח וחד לאחר זמנו לא יאכל חמץ וחד תוך זמנו שחייב לאו וכרת שנאמר כי כל אוכל מחמצת ונכרתה וגו' ולא יליף שאור כו': **והדר** ביה רב אחא בר יעקב אומר אינו לוקה יליף שאור דאכילה משאור דראיה רב אחא בר יעקב דתניא האוכל חמץ של הקדש במועד מעל ויש אומרים לא מעל מאן יש אומרים א"ר הסדא ר' נחוניא הוא דפטר מתחייב כרת מן התשלומין כמתחייב מיתת ב"ד וכיון שאוכל חמץ בפסח חייב כרת הוא ופטור מלשלם קרבן מעילה: **רב** יוסף אמר בפודין קדשים להאכילם לכלבים פליגי. פי' החמץ אע"פ שהוא קדש בין בפסח בין לאחר הפסח אסור באכילה מיהו פודין אותו להאכילו לכלבים והרי ממון הוא והנהנה ממנו של הקדש מעל ת"ק סבר פודין ולפיכך מעל ויש אומרים סבר אין פודין את הקדשים להאכילן לכלבים:

עין משפט נר מצוה

טו א מיי' פ"א מהלכות חמץ הל' ד סמג לאוין עו:

מסורת הש"ס

[לעיל ה: כג.] [לקמן ל.] [ע"פ מ"ש תוס' ב"ב נג: ד"ה מאן וכו' יתגלר נמי סכא] [בכורות טו: תמורה יז. לא. לג:] [בכורות טו. שבועות יא: תמורה יז. לג: לא.] כתובות ל. שבועות לו. לקמן לב. [מגילה ז: תוספתא ב"ק פ"ט] [וע"ע תוס' כתובות ל: ד"ה זר] [כתובות לא.] [וע"ע תוס' ד"ה ונטריפה] [וע"ע תוס' ד"ה אמר ר' עקיבא]

הגהות הב"ח

(א) תוס' ד"ה מאן וכו' בריש אלו נערות. נ"ב וע"ש בדף ל ע"ב תוס' ד"ה זר:

עין משפט נר מצוה

נז א מיי׳ פ״ו מהלכות חובל הל׳ ז טוש״ע ח״מ סי׳ שפו סעיף א:

נח ב מיי׳ פט״ו מהל׳ מאכלות אסורות הלכה ו סמג לאוין קמא טוש״ע יו״ד סימן לח סעיף א:

מסורת הש״ס

לפדותו ומותר בהנאה ויש לומר דכיון דכמו שהוא עכשיו לא שוי מידי לא שייכא ביה מעילה והיינו נמי טעמא דכל איסורי הנאה אין מקדשין בהן האשה אע״ג דכל הנשרפין אפרן מותר ואפילו אי דבר הגורם לממון כממון דמי ומעל לא דמי דהתם חזי לאחר הפסח שהוא כמו בעין ועוד יש לומר הא דאין מקדשין באיסורי הנאה היינו היכא דלית ביה שוה פרוטה לכשיהא אפר ולתירוץ קמא קשה (א) הא חזי בעיניה שלא כדרך הנאה*: **הדר** ביה רב אחא. תימה דבפרק קמא דחולין (דף ד:) אמר סברוה הא מני ר׳ יהודה דאמר חמצן של עוברי עבירה לאחר הפסח מותר מיד מפני שמחליפים והכא מסקינן לר׳ יהודה אפילו חמץ של נכרי אסור אחר הפסח ויש לומר דהתם סברוה כס״ד דהכא לרב אחא מעיקרא ורבינו תם מפרש לאו דווקא מיד דהא לריך שיהא שיעור להחליף והוא הדין שיהא חמץ זה ראוי לעשות אחר הפסח.

רב אשי אמר דכולי עלמא. וקשה לר״י היכי גרסינן אי גרסינן דכולי עלמא פודין אם כן לרבנן אמאי לא מעל אף על גב דלישראל אסור בהנאה מכל מקום ימכרנו לנכרי ההקדש עצמו ואי גרים אין פודין אפילו לרבי יוסי הגלילי אמאי מעל ויש לומר דגרסי׳ אין פודין ואף על גב דאין פודין להאכיל לכלבים מכל מקום שרי להסיק תחת תבשילו *וכדפרישית דהכא דקדושת דמים אין פודין מדרבנן ולא גזרו רבנן אלא שלא להאכילו לכלבים אבל היכא דאין פודין מדאורייתא דהיינו היכא דאיכא קדושת הגוף אין פודין אפי׳ להסיק דהא תניא (*בפ״ק) דבכורות (דף טו.) אם מתו יקברו וקאמר התם ממאי דהאי אם מתו יקברו משום דבעי העמדה והערכה דילמא משום דאין פודין הקדשים להאכילן לכלבים והשתא אי טעמא משום דאין פודין אמאי יקברו והא ראוי להסיקו תחת תבשילו אלא ודאי מדאורייתא אין חילוק וכן לעיל (דף כב.) דרשינן ואי אתה משליך לכלב כל איסורין שבתורה ואסירי אפילו להסקה אלמא מדאורייתא אין לחלק בהנאה ואם תאמר לרבנן אמאי לא מעל הלא הקדש יכול למכור לנכרי על מנת שיסיקנו לפניו ויש לומר דגזרינן שמא יאכלנו הנכרי וכהאי גוונא אמר במסכת ע״ז (דף טו.) אין מוכרין בהמה לנכרי על מנת לשוחטה וכו׳ ומכאן מוכיח ר״י שהמשהה חמץ בפסח ודעתו לבערו אינו עובר בלאוה שהייה דאי אמרת עובר אכתי אמאי מעל לרבי יוסי הא מיד כשיפדה אותו הוא שלו ומודה רבי יוסי דשלך אי אתה רואה אלא ודאי לא עבר וטעמא משום דלא ירצה *ניתק לעשה ולכך אינו עובר כשמבערו לבסוף:

אמר

[ע״ע תוס׳ קדושין נו: ד״ה המקדש וכו׳]

[ועי׳ תוס׳ ב״ק נג: ד״ה לענין כלים]

[צ״ל בפ״ב]

להא שמעתא משמיה דרב יוסף בהא לישנא דכולי עלמא אין פודין את הקדשים להאכילן לכלבים והכא בהא קמיפלגי בדבר הגורם לממון כממון דמי מאן דאמר מעל *קסבר *דבר הגורם לממון כממון דמי ומאן דאמר לא מעל קסבר דבר הגורם לממון לאו כממון דמי רב אחא בר יעקב אמר דכולי עלמא דבר הגורם לממון כממון דמי והכא בפלוגתא דרבי יהודה ורבי שמעון קמיפלגי מאן דאמר לא מעל כרבי יהודה ומאן דאמר מעל כר״ש והא רב אחא בר יעקב הוא דאמר דר׳ יהודה יליף שאור דאכילה משאור דראייה אלא הדר ביה רב אחא בר יעקב מההיא רב אשי אמר דכולי עלמא אין פודין ודבר הגורם לממון לאו כממון דמי והכא בפלוגתא דרבי יוסי הגלילי ורבנן קמיפלגי מאן דאמר מעל כרבי יוסי ומאן דאמר לא מעל כרבנן: אמר רב חמץ בזמנו בין במינו בין שלא במינו אסור שלא בזמנו במינו אסור שלא במינו מותר במאי עסקינן אילימא בנותן טעם שלא בזמנו שלא במינו מותר הא יהיב טעמא אלא במשהו חמץ בזמנו בין במינו בין שלא במינו אסור רב לטעמיה *דרב ושמואל דאמרי תרוייהו כל איסורין שבתורה במינו במשהו שלא במינו בנותן טעם רב גזר חמץ בזמנו אטו מינו ושלא בזמנו במינו אסור כרבי יהודה ושלא במינו מותר דשלא בזמנו ושלא במינו אטו מינו כולי האי לא גזרינן שמואל אמר חמץ בזמנו במינו אסור שלא במינו מותר שלא בזמנו בין במינו בין שלא במינו מותר חמץ בזמנו במינו אסור שמואל לטעמיה דרב ושמואל דאמרי תרוייהו כל איסורין שבתורה במינן אסורין במשהו שלא במינן בנותן טעם שלא במינן אטו מינן לא גזר שלא בזמנו בין במינן בין שלא במינן מותרין כר׳ שמעון ורבי יוחנן אמר חמץ בזמנו בין במינו ובין שלא במינו אסור בנותן טעם שלא בזמנו בין במינן בין שלא במינן מותר חמץ בזמנו בין במינן בין שלא במינו בנותן טעם ר׳ יוחנן לטעמיה *דר׳ יוחנן וריש לקיש דאמרי תרוייהו ג׳כל איסורין שבתורה בין במינן בין שלא במינן בנותן טעם שלא בזמנו בין במינן בין שלא במינו מותרין כר׳ שמעון

אמר

להא שמעתא. דרב יוסף: **דכולי עלמא אין פודין**. ואליבא דר׳ שמעון הוא דפליגי דשרי ליה לאחר פסח אף לאכילת ישראל ובהא פליגי מאן דאמר מעל סבר אף על גב דהשתא לא חזי הואיל ולקמיה גורם לממון הוא כממון דמי: הכי גרסינן רב אחא בר יעקב אמר דכולי עלמא כממון דמי: **ומאן דאמר לא מעל**. כרבי יהודה דאמר אף לאחר הפסח אסור בהנאה וכל שכן בפסח עצמו הלכך לאו ממון איכא דלישראל לא חזי ולאו גורם לממון איכא שאם יפדה לא יהנה ממנו ולנכרי לא מזדבן דאין פודין את הקדשים להאכילן לכלבים: **ומ״ד מעל כר״ש**. דאמר ראוי הוא לאחר הפסח אף (לאדם) [לישראל] והו״ל גורם לממון: **משאור דראייה**. ושל הקדש אף בפסח מותר והכא אמר לרבי יהודה לא מעל: **הכי גרסינן רב אשי אמר דכולי עלמא אין פודין ודבר הגורם לממון לאו כממון דמי**. כלומר דכולי עלמא לנכרי לא מזבנינן ליה בפסח ומשום דלאחר הפסח דחזי לישראל לא מחייבי ליה דדבר הגורם לממון לאו כממון דמי והכא טעמא דמעילה משום דסבר לה כרבי יוסי הגלילי דאמר אף תוך זמנו מותר בהנאה הלכך חזי למפרקיה ולהסיקו תחת תבשילו ומאן דאמר לא מעל כרבנן דאמרי חמץ בפסח אסור בהנאה ואי משום דמצי לשהויי לאחר זמן כר״ש השתא מיהא לאו ממון הוא: **חמץ בזמנו וכו׳**. מפרש כוליה לקמיה: **אי נימא בנותן טעם שלא בזמנו שלא במינו מותר**. בתמיה הא יהיב טעמא ורב מדקאמר שלא בזמנו במינו אסור גלי דעתיה דכר׳ יהודה סבירא ליה דאמר אף לאחר הפסח אסור: **שלא במינו**. נמי בזמנו אסור ואע״ג דאית ליה לרב בכל איסורין שלא במינו בנותן טעם רב גזר בחמץ בזמנו הואיל ובכרת הוא שלא במינו אטו מינו ואע״ג דבחלב ודם לא גזר שלא במינו אטו מינו התם הוא דבדילי מיניה אבל חמץ לא בדילי מיניה הואיל ואוכלו כל ימות השנה: **שלא בזמנו במינו אסור כרבי יהודה**. דאמר לאחר הפסח דאורייתא הלכך אף תערובת אסור: **שלא במינו מותר**. דשלא בזמנו דאינו בכרת שלא במינו אטו מינו לא גזר כי היכי דלא גזר בבשר בחלב ובשאר איסורין: **ושמואל אמר כו׳**. במשהו עסקינן שלא במינו מותר כשאר איסורין דלא גזר שמואל בחמץ שלא במינו אטו מינו: **כרבי שמעון**. דלאחר זמנו שרי ואפי׳ בנותן טעם נמי שרי ולקמן פריך והא אסר ליה ר׳ שמעון משום קנסא:

אמר

[לעיל ה:] כתובות לד. ב״ק עא: לח. [קה.] שבועות לג. לג:

ע״ז עג:

שם

[פי׳ לקמן לב. תד״ה בפלגתא]

הגהות הב״ח

(א) תוס׳ ד״ה אין פודין וכו׳ ולתירוץ קמא קשה. נ״ב עיין בתוס׳ פ׳ האיש מקדש דף נו כד״ה המקדש במעלה:

רבינו חננאל

פי׳ דבר הגורם לממון כגון מי שגזל חמץ זה של הקדש אם הוא בעינו מחזירו לו לגנול ופטור דתנן גזל חמץ ועבר עליו הפסח אומר לו הרי שלך לפניך וכיון שאכלו נתחייב תשלומין לשלם לו ממון ואע״פ שחמץ בפסח אינו ממון השבתתו גורם ממון. רב אחא בר יעקב אמר כולי עלמא דבר הגורם לממון לאו כממון דמי והכא בפלוגתא דר׳ שמעון ורבנן פליגי ת״ק כר׳ שמעון דאמר תוך זמנו הוא דעבר עליו בלאו לאחר זמנו אינו עובר עליו בלא כלום וממון מעליא הוא לפיכך מעל ויש אומרים כר׳ יהודה דאמר אפי׳ לאחר זמנו עובר בלאו ואמרינן והא רב אחא הוא דאמר דר׳ יהודה יליף שאור דאכילה משאור דראיה מה שאור דראיה של גבוה מותר בראיה כך שאור דאכילה של גבוה מותר לאחר זמנו אפי׳ באכילה ולמה לא מעל ודאי הדר ביה: רב אשי אמר כולי עלמא אין פודין קדשים להאכילן לכלבים ודבר הגורם לממון לאו כממון דמי והכא בפלוגתא דר׳ יוסי הגלילי ורבנן קא מפלגי ת״ק כר׳ יוסי הגלילי דקתני ותמה על עצמך האיך חמץ אסור בהנאה כל שבעה ויש אומרים כרבנן. ירושלמי מתני׳ דקתני חמץ של נכרי שעבר עליו הפסח מותר בהנאה במקום שלא נהגו לאכול פת של גוים אבל במקום שנהגו לאכלו מותר אפי׳ באכילה פי׳ כגון שהיה ישראל רואהו ומסייעו באפייה אתיא הפת וקי״ל כזמן שישראל רואהו כגון הבצקות של גוים דאמר רבנן אדם ממלא כרסו מהן אלו וכיוצא בהן: אם היה נגו של נכרי סמוך לנגו של ישראל הרי זה דוחפו בקנה היתה שבת או יום טוב כופה עליו כלי. רב אמר צריך שיאמר בשעה שיעבור בא״י אמ״ה אקב״ו על ביעור חמץ וצריך נמי שיאמר כל חמץ שישנו ברשותי ואיני יודע בו יהא בטל: אמר רב חמץ בזמנו בין במינו בין שלא במינו אסור במשהו שלא בזמנו כלומר אחר הפסח במינו אסור במשהו שלא במינו מותר ורב לטעמיה דאמר כל איסורין שבתורה במינו במשהו שלא במינו בנותן טעם שלא במינו אסור בזמנו אטו במינו. ושמואל אמר חמץ בפסח במינו אסור במשהו דאמר כל איסורין שבתורה במינו במשהו שלא במינו שרי ולא גזר שלא במינו אטו מינו שלא בזמנו בין במינו בין שלא במינו מותר כר׳ שמעון. ור׳ יוחנן אמר חמץ בפסח בין במינו בין שלא במינו בנותן טעם ר׳ יוחנן לטעמיה דאמר כל איסורין שבתורה בין במינן בין שלא במינן בנותן טעם שלא בזמנו בין במינו בין שלא במינו שרי ולא גזר שלא במינו

בין

§ מסכת פסחים דף כט: §

אות א'

דבר הגורם לממון כממון דמי

חו"מ סימן שפו ס"א - [א]קיימא לן כרבי מאיר דדאין דינא דגרמי. (ודוקא באדם חייב דינא דגרמי, אבל בבהמה, לכולי עלמא פטור) (נ"י פ' הפרה). לפיכך הדוחף מטבע של חבירו עד שירד לים, חייב, אף על פי שלא הגביהו. וכן הפוחת מטבע של חבירו והעביר צורתו, חייב, אף ע"פ שלא חסרו. והמוכר שטר חוב לחבירו וחזר ומחלו, דקי"ל שהוא מחול, צריך לשלם ללוקח, כמו שנתבאר בסימן ס"ו.

‹**יש** מיני נזקין שאינם מזיקין ממש, אלא גורמין להזיק ממון אחרים, וחמשה מינים יש בזה: גרמא בנזקין; וגרמי; והיזק שאינו ניכר; ודבר הגורם לממון; ומזיק שיעבודו של חבירו. **גרמא** בנזקין קיי"ל דפטור מדיני אדם וחייב בדיני שמים; **וגרמי** חייב גם בדיני אדם, דקיי"ל כר"מ דדאין דיני דגרמי; **והיזק** שאינו ניכר קיי"ל דמן התורה פטור, אבל חכמים חייבוהו אם עשה במזיד, כמ"ש בסי' שפ"ד; **ודבר** הגורם לממון קיי"ל דלאו כממון דמי ופטור בדיני אדם וחייב בדיני שמים; **ומזיק** שיעבודו של חבירו חייב כבדינא דגרמי, דכן פסקו הרי"ף והרא"ש והרמב"ם פ"ז מחובל, והראב"ד ז"ל חולק בזה... **דבר** הגורם לממון כיצד, ראובן שהקדיש קרבן שחייב באחריותו כשיאבד או יגנב, וגנבו שמעון מבית ראובן, א"צ לשלם כפל, שנאמר: וגונב מבית האיש ולא מהקדש, ואף על פי שבגניבה זו גורם לראובן שישלם מעות אחרים, מ"מ פטור, דגורם לממון לאו כממון דמי, כמ"ש הרמב"ם בפ"ב מגנבה; **וכן** מי שגזל חמץ ועבר עליו הפסח, דיכול הגזלן לומר לו הרי שלך לפניך, אם בא אחד וגנבו מהגזלן, א"צ לשלם לו כלום, כיון שאסור בהנאה, ואף על פי שגורם לו לשלם ממון אחר כשזה החמץ אינו בעין, כמ"ש בסי' שס"ג, מ"מ גורם לממון לאו כממון דמי, וכן אם בא אחר ושרפו להחמץ, **מיהו** בזה יש חולקין וס"ל דצריך לשלם להגזלן, דאין זה גורם לממון, דאצל הגזלן הוה זה ממון ממש, כיון שיכול לפטור את עצמו בכך - ערוה"ש›.

אות ב'

כל איסורין שבתורה בין במינן בין שלא במינן בנותן טעם

יו"ד סימן צח ס"א - איסור שנתערב בהיתר מין בשאינו מינו, כגון חלב שנתערב בבשר, יטעמנו נכרי, אם אומר שאין בו טעם חלב, או שאומר שיש בו טעם אלא שהוא פגום, מותר; והוא שלא יהא סופו להשביח; וצריך שלא ידע שסומכין עליו. ואם אין שם עובד כוכבים לטועמו, משערינן בס'; וכן אם הוא מין במינו, כיון דליכא למיקם אטעמא, [ב]משערים בס'. (ואין נוהגים עכשיו לסמוך על עו"ג, ומשערין הכל בס').

כתב ר"ת וכל הפוסקים העומדים בשיטתו, דקיי"ל טעם כעיקר אסור מדאורייתא במין בשאינו מינו, דכיון שנותן האיסור טעם בהיתר, נהפך ההיתר להיות כולו איסור, ואסור כולו מדאורייתא, **אבל** מין במינו כיון שאינו נותן בו טעם, בטל מה"ת ברוב, כדכתיב אחרי רבים להטות, אלא שחכמים הצריכוהו ס' - ש"ך ס"ק ו'.

באר הגולה

א ‹לכאורה לפי מה שביאר הערוה"ש, דינא דגרמי ודבר הגורם לממון הם שני ענינים נפרדים לגמרי, וגרמי קיי"ל דחייב, ודבר הגורם לממון קיי"ל דפטור, וא"כ אינו מובן אמאי הביא העין משפט דין זה דגרמי על סוגיא דדבר הגורם לממון. **ועיין** בש"ך דמאריך בשיטת הבעה"ת שס"ל, דדינא דגרמי ודבר הגורם לממון כממון דמי הכל אחד הוא, והלכה כר' שמעון דדבר הגורם לממון כממון הוא, אבל כל הפוסקים לא ס"ל כן› ב ‹פסק רש"י בחולין {וכן בפסחים דף ל. ד"ה אמר רבא}, דמין במינו במשהו כרבי יהודה, דאמר בפ' כל הבשר (חולין קט.) מין במינו לא בטיל, ואף רבי קאמר התם נראין דברי רבי יהודה, מכלל דהלכתא הכי... ועוד פסק רבא בשמעתא מין במינו במשהו כרב. **ור"ת** אומר דכל אלו אינם ראיות, דאין הלכה לא כר' יהודה ולא כרבי... ודשמעתא אי גרס במשהו כרב, י"ל שפוסק בחמץ כרב ולא מטעמיה, דרב דס"ל בכל איסורין שבתורה במינו במשהו, ורבא לית ליה אלא דוקא בחמץ בפסח משום חומרא דחמץ... **ועוד** אומר ר"ת דלא גרסינן במשהו כרב, וכן משמע בה"ג דלא גרס ליה, וסבר רבא גם בחמץ כר' יוחנן... **ובחמץ** בפסח לא עשה ר"ת מעשה, אע"ג דבשאלתות דרב אחאי נמי איתא, דרבא אית ליה גם בחמץ בנ"ט - תוס' דף ל. ד"ה אמר רבא›

§ מסכת פסחים דף ל. §

אות א'

חמץ בזמנו בין במינו בין שלא במינו אסור במשהו

סימן תמז ס"א - [א]חמץ בפסח אוסר תערובתו, בין במינו בין שלא במינו, [ב]במשהו, אפילו בהנאה - מדאורייתא הוי חמץ כשאר איסורים שנתערבו, שאינן אוסרין תערובתן אלא כדי ליתן טעם בתערובות, דהיינו עד ששים, **אלא** שחכמים החמירו בו כיון דאית ביה כרת, ולא בדילי מניה כולי שתא, **וי"א** משום דהוי דבר שיש לו מתירין לאחר הפסח. **והיכא** דאיכא עוד הרבה צדדים להקל, סמכינן אשאלתות, דס"ל דחמץ בפסח שוה לשאר איסורין דבששים.

הגה: וצריך לשרוף הכל, ולא סגי בפדיון דמי החמץ ולמכור השאר (מרדכי ופסקי מהרא"י ותשובת מהר"י ברי"ן) - לאפוקי מדעת הפוסקים שסוברים, דסגי שישליך דמי החמץ המעורב בו לים, והוא כעין פדיון, ואח"כ מותר למכור או ליתן לעכו"ם הכל, קמ"ל דלא קיי"ל כן למעשה, [**והח"י** כתב, דבמקום הפסד מרובה מאוד, המקיל לסמוך על היתר זה לא הפסיד, **ומשארי** אחרונים לא משמע כן].

והאחרונים כתבו, דבמקום הפסד גדול מאוד, א"צ לשרוף הכל, אלא ימכור כולו לנכרי חוץ מדמי איסור שבו, דכיון שאינו לוקח דמים בעד האיסור המעורב בו, א"כ אין נהנה ממנו, והוא כדעת המחבר בסי' תס"ז ס"י, (**ועיין בפמ"ג** שכתב, דלענין למכור לעכו"ם חוץ מדמי איסור שבו, אף דאנו נוהגין להחמיר, כמ"ש הרמ"א בהג"ה, מ"מ אפשר לומר, דאף היכא דאיכא חד צד להקל, מותר למכור לעכו"ם).

מיהו כלים שנתבשל בהם מותרים לאחר הפסח, ואין צריכין שבירה או הגעלה (ד"ע ותוס') - אפי' בשלו בהם בפסח עצמו חמץ של ישראל [ג]הרבה, ונבלעו בהם, אפ"ה מותרים אחר הפסח, שאז כבר אינם בני יומן, **ולא** שייך למגזר הכא אטו בני יומן, דאז הכל מותר, {**ובפמ"ג** מפקפק, אם בישל בהם בשביעי של פסח בא"י, או בח' של פסח לדידן בחו"ל, בעוד שהכלי בן יומו שלא להשתמש בו - מסי' תנ"א ס"א}, **ורק** כשמשהה אותם צריך לשפשף היטב החמץ בעין, שלא יהיה ניכר בהם, ומשום הבלוע אינו עובר בבל יראה במה שמשהה אותם.

[ד]ודין תערובתו כדין שאר התערובת, אלא שמה שאוסר בשאר תערובות פחות מס', אוסר בחמץ במשהו; אבל אם בשאר תערובות לא היה צריך ששים, אלא קליפה או נטילת מקום, אף בחמץ כן, שחם בחם בלא רוטב די בקליפה כשאר איסורים - לאו דוקא, דחם בחם בלא רוטב דינו כצלי, וקיי"ל דבעי נטילה. **ואם** היה זה עם רוטב, דשאר איסורים בששים, הכא לענין חמץ הוא במשהו.

וכן אם נגע ככר חמץ בככר מצה, ושניהם חמין - שהיד סולדת בהם, **ואין שם דבר המפעפע, לא אסור אלא מקום מגעו בלבד, לפי שאינו מבליע יותר** - לאפוקי שאם יש שם דבר המפעפע, כגון פשטי"ד מצה שיש בה שומן שנגעה בחמץ, נאסרה כולה, דאזיל שמנונית של היתר שבמקום מגעו, ומפטם את טעם משהו חמץ הנפלט, וע"י כן מפעפע טעם משהו זה ומתפשט בכל ההיתר, כמו שהוא דרך כל דבר שמן לפעפע ולהתפשט בעת שהוא חם, **ואם** נגעו מצות אחרות בזו שנאסרה, יש להתירם ע"י קליפה, או שימכרם לנכרי.

(**לכאורה** "וכן" אין לו שום ביאור, דהיינו הך, **ומצאתי** בספר מטה יהודה שנדחק בזה, וכתב דאפשר לומר, דכיון דבשאר איסורין ביו"ד סי' ק"ה, לא נזכר אלא נגיעה דצלי, דירך שצלאו בגידו, או בחתיכה שנצלית עם האיסור, ולא נזכר שם החום דאפיה, לכך כתב: וכן אם נגע ככר חמץ וכו', ר"ל ברישא חום דצליה, וסיפא חום דאפיה, דבשניהם אינו אוסר אלא מקום מגעו בלבד, **וחום** דצליה דהכא, היינו דליכא אלא נגיעה בעלמא, **אבל** הך דלקמן סי' תס"ז סט"ו, דיש שאוסרים את כולה, מיירי בצליה ע"י שפוד, שכשמהפך השפוד מתפשט הטעם בכולה, וכמבואר שם, עכ"ל. **ולענ"ד** נראה דצ"ל "ולכן").

(**ועיין בפמ"ג** שכתב, דאע"ג דשתיק כאן הרב על מש"כ המחבר, באין מפעפע לא אסר אלא מקום מגעו, לא אודי ליה, אלא סמך אתס"ז סי"ד, דמליחה אוסרין כל אותה חתיכה, בע"פ בס', ובפסח במשהו, ובאמת כן הוא דעת הב"ח, **ולמעשה** יש לעיין, דהפר"ח והגר"ז וכן המאמ"ר, כולם דעתם להקל כפסק השו"ע, **וע"כ** דטעמייהו דדוקא שם במליחה, דנמצא החטה על בשר, דשייך בה לפעמים שמנונית, וגם דאין אנו יודעין באיזה מקום היה הנגיעה, לכך מחמרינן על אותה חתיכה, משא"כ בענייננו בשתי ככרות, שלא שייך בהם שם שמנונית כלל, אין להחמיר, **אמנם** דעת הא"ר כהב"ח, וכן מצאתי עוד איזה אחרונים שהעתיקו דברי הב"ח, וכל זה הוא רק משום חומרא דחמץ נוהגין להחמיר, **ונראה** דבמקום הפסד יש לסמוך להקל בזה, אח"כ מצאתי ביו"ד סימן ק"ה בפמ"ג, שמצדד ג"כ להקל במקום הפסד, באיסור כחוש כזה שאין בו שמנונית כלל).

הגה: ודין ריחא מלתא, לענין תבשיל שיש בו חמץ עם שאר תבשילין - אין הלשון מדוקדק כ"כ, דבתבשיל בקדירה לא שייך בו ריחא, כמבואר ביו"ד סי' ק"ח, **אלא** הכוונה בצלי, וכגון שהיה צלי שמן בתנור, וככר של חמץ, דאזיל האי שמן ומפטם לככר, והדר האי ככר ונותן ריח של חמץ בצלי.

יש מקילין במקום דהיה מותר בשאר איסורים (מרדכי) - ור"ל בדבר שקיי"ל בעלמא ריחא לאו מילתא בדיעבד, ה"ה לענין חמץ לא חמירא טפי, **דאף** שחמץ בפסח במשהו, היינו בנבלע ממשות האיסור, ולא ריח בעלמא, דלענין זה לא חמירא חמץ משאר איסורים.

באר הגולה

[א] מימרא דרב פסחים ל' **[ב]** הסכמת רוב הפוסקים, וכתב רמב"ם משום דהוי דבר שיש לו מתירין, ורא"ש כתב דחמץ דלא בדילי מיניה כולי שתא החמירו בו **[ג]** (לכאורה מיירי דיש רוב כנגד הבליעה, וא"כ לפי מה שפסק המ"ב לקמן בסי"א {עיין אות ב'}, בהפ"מ או בשעת הדחק יש להקל כשיטת רש"י, דבטל ברוב, ולפי"ז ניחא מה דרש"י לשיטתו אמר גם הטעם, דהוי פחות מתערובות, ועיין בשע"ת דהביא ציור דאפי' רוב ליכא נגד הבליעה) **[ד]** הרב המגיד ושכן כתבו המפרשים (עיין ביו"ד סי' קה בס"ד וה' ששם פסק כדי נטילה)

מסורת הש"ס

עין משפט נר מצוה

סט א מיי' פ"א מהל' חמץ הל' ה ופט"ו מהל' מאכלות אסורות הל' ט סמג לאוין עח טוש"ע א"ח סי' תמז סעיף א:
ע ב מיי' שם טוש"ע שם סעיף יח:
עא ג מיי' פ"ה מהל' חו"מ הל' כה סמג שם טוש"ע א"ח סי' תנא סעיף א:
עב ד מיי' פ"ט מהל' מאכלות אסורות הל' כג סמג לאוין קמא טוש"ע יו"ד סימן צז סעיף א:

אמר רבא הלכתא *חמץ בזמנו בין במינו בין שלא במינו אסור במשהו כרב ישלא בזמנו בין במינו בין שלא במינו מותר כרבי שמעון ומי אמר רבא הכי והאמר רבא *רבי שמעון קנסא קניס הואיל ועבר עליו בבל יראה ובל ימצא הני מילי בעיניה אבל על ידי תערובת לא ואזדא רבא לטעמיה דאמר רבא כי הוינן בי רב נחמן כי הוו נפקי שבעה יומי דפסחא אמר לן פוקו זבינו חמירא דבני חילא: *אמר רב קדירות בפסח ישברו ואמאי לשהינהו אחר הפסח וליעבד בהו שלא במינן גזירה דילמא אתו למיעבד בהו במינו ושמואל אמר 'לא ישברו אבל משהי להו לאחר זמנו ועביד בהו בין במינו בין שלא במינו ואזדא שמואל לטעמיה דאמר שמואל להנהו דמזבני כנדי אשוו זביני אבנדיכי ואי לא דרשינא לכו כרבי שמעון ולידרוש להו דהא שמואל כרבי שמעון סבירא ליה אתריה דרב הוה *ההוא תנורא דטחו ביה טיחיא אסרה רבא בר אהילאי למיכלי' לריפתא אפי' במילחא לעולם דילמא אתי למיכליה בכותחא מיתיבי * °אין לשין את העיסה בחלב ואם לש כל הפת כולה אסורה מפני הרגל עבירה כיוצא בו אין

[לעיל כט.] זבחים עט: [שם] לקמן לו. זבחים עט: ב"מ נח.

אמר רבא הלכתא כו'. ש"מ דפסק רבא הלכתא דכל איסורין שבתורה במינן במשהו ולא שני לן בין חמץ לשאר איסורי אלא בהא מילתא דגזר שלא במינו אטו מינו שמעינן מינה חלב שנפל לקדירה אוסר במשהו וכן הלכה והא דקי"ל כל איסורין שבתורה בששים בשלא במינן הוא: **שלא בזמנו בין במינו בין שלא במינו מותר.** אפילו בנותן טעם: **אבל ע"י תערובת לא.** ואפי' שהייה בעיניה ועבר עליה לא קניס למיסר תערובת דיליה: **ואזדא רבא.** דאמר הלכה כר' שמעון לטעמיה דאמר נמי בעלמא חמץ של נכרי שעבר עליו הפסח מותר אף באכילה הואיל וליכא למיקנס ביה מידי ואי כרבי יהודה חמץ סתמא קאמר ואפילו דנכרי: **בני חילא.** נכרים עמ"פ °שאופיהו יום זה שעבר והוא פסח: **אמר רב קדירות בפסח ישברו.** רב לטעמיה דאמר חמץ אף לאחר זמנו אסור בהנאה כר' יהודה ואית ליה במשהו וקסבר נותן טעם לפגם אסור ולית הלכתא כוותיה מתרי טעמי חדא דאוקי רבא הלכתא דתערובת לאחר זמנו מותר כר"ש והאי פחות מתערובת הוא ועוד דקי"ל נותן טעם לפגם מותר וזה משעברו עליו ימי הפסח הופג טעמו בדופני הכלי: **וליעבד בהו שלא במינו.** דהא מודי רב לעיל דחמץ שלא בזמנו שלא במינו במשהו מותר והאי משהו חשיב להו: **כנדי.** קדרות לאחר הפסח: **אשוו זביניכו.** אל תעלו דמיהן יותר משוויי': **כר"ש.** דמותרות הקדרות הישנות לאחר הפסח: **כר"ש ס"ל.** כדאמרן לעיל: **דטחו ביה טיחיא.** שומן נתנו בו בקרקעיתו ונותן טעם בלחם: **לעולם.** אפילו חזר והוסק: **אפילו במילחא.** להכי נקט אפילו במילחא שאין דרך לאכול פת בלא מלח או ליפתן:

אמר רבא הלכתא חמץ בזמנו בין במינו ובין שלא במינו אסור בכל שהוא כרב. פסק רש"י בחולין דמין במינו במשהו כרבי יהודה דאמר בפ' כל הבשר (חולין קט.) מין במינו לא בטיל ואף רבי קאמר התם נראין דברי רבי יהודה מכלל דהלכתא הכי ועוד הביא ראיה מהא דפליגי אביי ורבא בפרק בתרא דע"ז (דף סו.) אלא דחמרא וחלא דשיכרא חמירא דחיטי וחמירא דשערי רבא אמר במשהו אביי אמר בנותן טעם משום דמר סבר בתר שמא אזלינן ומר סבר בתר טעמא אזלינן אלמא בין לאביי בין לרבא מין במינו במשהו ועוד פסק רבא בשמעתא מין במינו במשהו כרב ור"ת אומר דכל אלו אינם ראיות דאין הלכה לא כר' יהודה ולא *כרבי והביא דפ' בתרא דמס' ע"ז פלוגתא דאביי ורבא מלי למימר דחמירא וחלא דטבל ויין נסך דמודו ר' יוחנן ור"ל שהם במשהו ודשמעתא אי גר' במשהו כרב י"ל שפוסק בחמץ כרב ולא מטעמי' דרב דס"ל בכל איסורין שבתורה במינו במשהו ורבא לית ליה אלא דוקא בחמץ בפסח משום חומרא דחמץ וגם רב יהודאי גאון פסק כן דדוקא בחמץ פסק רבא כרב דאלו מקמיה כל איסורין שבתורה במשהו כרב או בנותן טעם כר"י והשיב מדאמר רבא חמץ בזמנו בין במינו בין שלא במינו במשהו א"כ בהא [מיהו] הלכה כרב במשהו אבל בשאר איסורין בנ"ט כר' יוחנן וכר"ל ועוד אומר ר"ת דלא גרסי' במשהו כרב וכן משמע בה"ג דלא גרס ליה וסבר רבא גם בחמץ כר' יוחנן והא דלא פסק בהדיא הלכה כר' יוחנן משום דה"א דלא פסק כוותיה אלא בזמנו אבל שלא בזמנו לא דלא תקשי דרבא אדרבא דהא אמר רבא קנסא הוא דקניס ר' שמעון כדפרי' להכי איצטריך לפרש ומביא ר"ת ראיה דבהדיא סבירא ליה לרבא בפ' גיד הנשה (חולין צז: ושם) מין במינו בס' דקאמר אמרו רבנן בטעמא וכו' מין במינו דליכא למיקם אטעמא אי נמי מין שלא במינו וליכא קפילא בס' ואין לדחות דמיירי בחמרא חדתא ועינבי דהוי טעמא אחד והוי בס' משום דרבא בתר שמא אזיל ולא חשיב מינו דא"כ אמאי קרי ליה מין במינו ובהקומץ רבה (מנחות כג. ושם) משני רבא דסבר ר' יהודה מין במינו וד"א וכו' מכלל דאיהו לית ליה ובפ' התערובת (זבחים עט. ושם) קסבר ר"א בן יעקב מין במינו בטל וסתמא דגמרא קאמר בשילהי מסכת ביצה (ד' לח: ושם) שפיר עבוד דאחיכו עליה חיטי בחיטי נהי דלרבי יהודה לא בטל לרבנן מיבטל בטיל מכלל דהכי הלכתא ורש"י גופיה פסק בפרק בתרא דמס' ע"ז (ד' סו.) גבי פלוגתא דאביי ורבא דהלכתא כרבי יוחנן דסבר בנ"ט ובה"ג של אספמיא פסק דחתיכה בחתיכות בנ"ט ומייתי מדרבא בפ' גיד הנשה (חולין צז.) ויין נסך דקאמר התם במשהו אומר ר"ת דוקא כשנתנסך לפני ע"ז דאמתני' קאי דבעי תרתי דבר שבמנין ואיסורי הנאה °אבל סתם יינן דשרי בהנאה בס' ובתשובת הגאונים שכתב רבינו יוסף טוב עלם מלא ר"ת יין נסך שנתנסך ממנו לפני ע"ז אסור בהנאה ואינו בטל אפילו באלף כמו ששנינו *אלו אסורין ואוסרין איסור הנאה בכל שהוא יין נסך וכו' מכלל דשאר איסורין וסתם יינן חוץ מטבל ויין נסך בין במינו ובין שלא במינו בנ"ט וחמץ בפסח לא עשה ר"ת מעשה אע"ג דבשאלתות דרב אחאי* נמי איתא דרבא אית ליה גם בחמץ בנ"ט: [וע"ע תוס' חולין צז. ד"ה אמר רבא]: **אמר** רב קדירות בפסח ישברו. בפ' בתרא דמס' ע"ז (דף סח: ושם) גבי עכברא בשיכרא מספקא ליה אי קסבר רב נותן טעם לפגם אסור או מותר ועכבר' בשיכרא אשבוחי משבח ואי ס"ל מותר אפ"ה קאמר הכא שפיר ישברו דנ"ט לפגם דוקא בדיעבד שרי אבל לכתחלה אסור דגזרינן שאינו בת יומא אטו בת יומא ועוד דהתם שרי לפי שפוגם טעמו כמו שהוא בעין אבל הכא אינו פוגם אלא מחמת ששהה בדופני הכלי: **לשהינהו** עד אחר הפסח וליעבד בהו שלא במינן. תימה לר"י נהי דסבירא לן דטעמא דחמץ בקדירה חשיב משהו שאין רגילין להשתמש הרבה ביחד מ"מ הא תנן אין מבטלין איסור לכתחלה ואפי' איסורא דרבנן אין מבטלין דהא לא כן מה הועילו חכמים בתקנתם שאסרו עד ששים הואיל שיכול להוסיף ולבטל האיסור ולא דמי לעצים שנשרו מן הדקל לתנור בי"ט שמרבה עליהן עצים מוכנים ומסיק (ביצה ד' ד:) דהתם איסור מוקצה אין לו שורש מן התורה לא ומפרש ה"ר יוסף הואיל ואיכא תרתי לטיבותא שהוא נותן טעם לפגם ומשהו שלא במינו בכה"ג מבטלין ולדבריו נ"ל דה"פ וליעבד שלא במינו אי ס"ל לרב נותן טעם לפגם מותר ור"י מפרש דכיון שהקדירות של חרס הן אם יהיו אסורין ואין להם תקנה זה חשוב דיעבד ואע"ג דלענין איסור קדירה שאין בת יומא אסרינן לה אע"פ שאין לה תקנה משום דהתם בלע איסור הרבה אבל הכא ליכא אלא משהו והואיל ושלא במינו הוא יכול לבטל וכדיעבד דמי: **דילמא** אתי למיעבד במינו. לעיל לא גזר שלא במינו אטו מינו דהא לא שכיח שיתערב לו חמץ אבל הכא להתיר לבשל בהן איכא למיגזר: **ואפילו** במלחא. והא דאמר בכיצד צולין (לקמן עו:) פת שאפאה עם הצלי בתנור אסור לאוכלו בכותח אבל במלח שרי התם לא אסירא אלא מטעם ריח דליכא איסור כולי האי: **דילמא** אתי למיכליה בכותחא. ותימה וליכליה בכותח דהא נותן טעם בנ"ט הוא כדאמר בפ' כל הבשר (חולין קיא: ושם) דגים שעלו בקערה מותר לאוכלן בכותח וי"ל דקאמר התם נמי לגון שחתכו בסכין אסור לאוכלו בכותח ופרש"י משום חורפא דלגון בלע טפי מדגים רותחים שעלו בקערה ולפי זה דגים שנתבשלו בקדירה אסור לאוכלן בכותח דע"י בישול בלעי יותר מדאי וכן נמי הכא מחום התנור בלעי טפי ולפי' אחר שפ"ה שם דלגון אסור לפי שפעמים שהשמנונית קרוש על הסכין ואינו ניכר ואיכא בלגון טעם בשר ממש קשה הכא כיון שנתקנח התנור יפה או הוסק פעם אחרת אמאי אסור לאוכלו בכותח וי"ל דשומן שעל החרס אינו יכול °לקנח יפה: והלכתא

[ע"ז עד. ע"ש]

[ס' לו סי' ס]

רבינו חננאל

בין במינן בין שלא במינן מותר כר' שמעון: **אמר** רבא הלכתא חמץ בפסח שהוא זמן איסורו בין במינו בין שלא במינו אסור במשהו כרב לאחר הפסח שלא בזמנו בין במינו בין שלא במינו מותר כר' שמעון דהא רב ושמואל ור' יוחנן שלא בזמנו שלא במינו כולן שוין בזה שמותר. ואקשינן ומי אמר רבא הכי והא רבא הוא דאוקימלתני' כר' שמעון דאמר אע"ג דסבר ר' שמעון דחמץ לאחר הפסח שרי קנס משום דעבר עליה בבל יראה ובל ימצא ושני' אין ר' שמעון לעולם קנים לאחר הפסח מידו לא קנים אלא היכא דאיתיה לחמץ שעבר עליו הפסח בעיניה אבל על ידי תערובות אפי' במינו לא קנים: **ואזדא** רבא לטעמיה דאמר כי הוינא בי רב נחמן כי הוו נפקו יומי דפסחא הוה אמר לן פוקו אייתו חמירא דבני חילא מראין הדברים דחמירא *) דא דבני חילא ברשות ישראל הות ואע"ג דכדידהו הות דמיא הוה שרי רב נחמן דהא על ידי תערובות היא: **אמר** רב קדרות בפסח ישברו חיישינן לשהוינהו לאחר הפסח ולבשל בהו שלא במינן גזרה דלמא אתי לבשל בהו במינן ושמואל אמר אחר זמנן מותר לבשל בהו בין במינן בין שלא במינן ואזדא שמואל לטעמיה דאמר שמואל להני דמזבני כנדי פי' כנדי כגון אנני דפחרא אשוו זבינו כלומר מכרו בזול ולא תמכרו ביוקר ואי לא דרשינא לכו כר' שמעון דשרי בישנים לאחר הפסח בין במינן בין שלא במינן והאי דלא דריש להו דמשום אתריה דרב [הוה] ולא הוה בעי לאורוי קמיה רב וקיי"ל בהא כשמואל: **ההוא** תנורא דטחיה בשומן של בשר אסריה (רבא) [רבה] בר אהילאי למיפא ביה פת לעולם אע"פ שמסיקין אותו חייש דלמא אתו למיכל הפת ההוא בחלב ומותבינן עליה אין לשין העיסה בחלב

*) עיין לעיל דף ה ע"ב א"ל רבא לבני מחוזא בעירו חמירא דבני חילא וכו' וע"ע היטב בהשגות הראב"ד בפ"ד מהל' חו"מ הלכה ג' ובכ"מ ובלח"מ שם ועי' בח"י סי' ת"מ סק"ד בשם הירושלמי ודו"ק.

גליון הש"ס

גמ' אין לשין את העיסה בחלב. עי' שבת פח ע"ב תד"ה תחת איספוגי': רש"י ד"ה בני חילא כו' שאופיהו. עי' ב"י יו"ד סי' קיב: תוס' ד"ה אמר רבא אבל סתם יינם דשרי בהנאה. תמוה לי הא סתם יינם אסור בהנא' כדמוכח בכמה דוכתי במס' ע"ג ושם ובחולין כתבו תו' סתם אבל סתם יינם בטל בס'. וכאן נלע"ד דט"ס הוא בתוס': תוס' ד"ה דלמא אתי כו' אינו יכול לקנח יפה. עי' מ"ק דף יו ע"א ברש"י ד"ה ומהניא כי טחיא:

ולאפוקי במה דמחמרינן בעלמא, כגון באם היה ההיתר דבר חריף, ששואב האיסור בקרבו, [ובזה אפי' כשהתנור גדול ופתוח אסור], וכ"ש הכא לענין פסח, [**ורמ"א** ביו"ד שם פסק, דה"ה אם האיסור היה דבר חריף, וכן העתיקו הא"ר והגר"ז, **ודעת** הח"י וכן המקו"ח, דוקא באם ההיתר הוא דבר חריף. **ודבר** חריף מקרי, כשרוב התבשיל הוא חריף, ובארש"ט מקרי דבר חריף].

ויש מחמירין דמשהו מיהו איכא (הגהות סמ"ק ותוס' דע"ז) - ואסור אפילו בדיעבד.

(**כתב** בספר בית מאיר, נראה דאין להחמיר אלא במידי דלא שכיח כלל, דהיינו למשל אלו נאפה פת חמץ בפסח עם בשר שמן, בזה יש להחמיר, משום דנהי דריחא לאו מלתא היא, משהו מיהו איכא, **אבל** במה דשכיח, כמו נמצא חטה באחד מתבשילין בתנור, אין שום סברא להחמיר, אפילו בתנור סתום דשייך בו ריחא, דזה גרע מתרי משהו שדברו האחרונים, שהרי אפילו מבשר שמן ממש, אינו אלא משהו, וזה הריח הבא מן החטה, שאף אם כל גופו נתערב אינו אלא משהו, ושע"י ריח, **ולדעת** הירושלמי והרמב"ן, ללוי באמת אפילו משהו אינו, **בודאי** בכזה כדאי השאלתות לסמוך ולהתיר, בפרט במקום מניעת שמחת יו"ט, **ע"ש** שהאריך בזה, **ומסיק כן לדינא**).

ודוקא במקום שייך בו ריחא, אלא דבשאר איסורים לאו מלתא היא, כמו שיתבאר בי"ד סי' ק"ח בסיעתא דשמיא - היינו שהיה התנור קטן וסתום, והחמץ והמצה שניהם מגולין בתוך התנור, דבכגון זה קי"ל בעלמא, דבדיעבד ריחא לאו מילתא היא, ולכתחלה אסור לעשות כן, וכמבואר ביו"ד סי' ק"ח, **ולכן** בחמץ דחמירא טפי, ס"ל להאי סברא בתרא, דיש לאסור אפי' בדיעבד, דלגבי חמץ ריחא מילתא היא, **אבל** בדבר דלא שייך בו שם ריחא, ואפי' לכתחלה מותר בעלמא, כגון שהיה התנור גדול ופתוח, [לגמרי כבירה, דבזה לכו"ע שרי אף לכתחילה], **או** שא' מהן מן שתיהם היה מכוסה, בזה גם בחמץ אין להחמיר.

ולענין הלכה, כבר כתב הרב ביו"ד שם, דבמקום הפסד מרובה יש לסמוך אסברא ראשונה, דגם בחמץ ריחא לאו מילתא היא.

וכתב המ"א, דהרב לא התיר אלא בשהיה התנור הקטן עכ"פ פתוח קצת במקום שהעשן יוצא, אבל בסתום לגמרי לא מקילינן בחמץ אפילו במקום הפסד, וכן דעת הא"ר, **והוסיף** המ"א עוד, דחמין הטמונין לשבת שקורין צאלינ"ט, אע"פ שמבשלין אותם בקדרה, כיון ששוהין שם זמן רב, והתנור סתום מכל צדדיו, ריחן חזק ודינן כצלי, וממילא אף בהפס"מ אסור בחמץ לדעתו.

אבל רוב האחרונים הסכימו, דבהפ"מ, או בשעת הדחק, כגון לצורך שמחת יו"ט, יש להקל בדיעבד בצלי, אפי' בקטן וסתום לגמרי, וכמו בשאר איסורים, **וכ"ש** בחמין הטמונין לשבת דיש להקל במקום הפסד"מ.

והדף שסותמין בו התנור, לכתחלה יש ליקח חדשה, **ובדיעבד** אם סתמו התנור בישנה, אפילו לא הדיחו אותה, אינה אוסרת.

אות ב'

שלא בזמנו בין במינו בין שלא במינו מותר

סימן תמז סי"א - הכלל בזה: דחמץ שעבר עליו בבל יראה מן התורה, ושהה אותו, אף אחר הפסח אסור באכילה ובהנאה, **ואפילו** אם לא שהה אותו בעין, רק על ידי תערובות, כגון שנתערב בפסח, או אפילו קודם פסח, בשיעור מועט שאין מתבטל, ועדיין יש חיוב לבערו מן התורה, אסור אותו התערובות לאחר הפסח באכילה ובהנאה, **אבל** אם נתערב בשיעור שהוא מתבטל מדאורייתא, אף דמדרבנן אסור להשהותו, אם עבר ושהה, מותר בדיעבד אף באכילה.

עוד מבואר בסעיף זה, דאפי' אם שהה חמץ בעין ועבר עליו הפסח, דאסור באכילה ובהנאה, זהו דוקא כמו שהוא בעין, **אבל** אם נתערב אחר הפסח בדברים אחרים, מותר באכילה, ושיעור התערובות בזה יבואר לקמיה.

[ה] **בין חמץ שנתערב קודם פסח** - פי' אם נתערב קודם פסח בששים, **ועבר עליו הפסח** - מותר לאחר הפסח, **היינו** אף לדעת היש חולקים לעיל בס"ד, דס"ל דבפסח אסור משום דחוזר וניעור, **מ"מ** אם נתעכב עד לאחר הפסח, מותר לכו"ע אף באכילה.

ואם נתערב בפחות מששים ועבר עליו הפסח, אסור, וקאזיל המחבר לשיטתו, שסתם לעיל בריש סימן תמ"ב, דעובר על תערובות חמץ כזית בבל יראה, אף שאין בו כזית בכדי אכילת פרס, כל שאין בו ששים לבטלו, (**דאם** אין בו בסך הכל כזית, לכו"ע אינו עובר בב"י, **אמנם** במקו"ח דעתו בזה כהמ"א, **דאף** פחות מכזית אסור בלא פדיון, וטעמו משום דהרבה פוסקים סוברים, דבל יראה עובר גם על פחות מכזית, **ואפשר** דגם הגר"א סובר דעובר בבל יראה אף אפחות מכזית, אבל זהו דוקא כשהוא בעין ולא ע"י תערובות, וצ"ע למעשה).

וזהו דוקא במין בשאינו מינו, אבל במב"מ דמה"ת ברובא בטל, אפי' אם נתערב חד בתרי ועבר עליו הפסח, מותר באכילה - מ"א, [**וכן** משמע בח"י והגר"ז, ואף דבנוקשה הסכים בסוף הסי' דאסור באכילה, ע"כ דבענין תערובות כשאיסורו מדרבנן יש להקל טפי, וחולק על סברת א"ר דמשוה אותם להדדי], **ודעת** הא"ר, דבאכילה אסור, אבל בהנאה לכו"ע שרי.

כתבו האחרונים, דאסור לערב חמץ לכתחלה קודם הפסח בששים, כדי לאכלו בפסח, [**אף** דעתה קודם הפסח הוא זמן היתר, מ"מ כיון דמיחד בכוון כדי להתירו בפסח, נראה כמבטל איסור, **ובדיעבד** אם עירב, מסתברא דמותר לאחר פסח, כיון דיש מקילין לערבו לכתחילה, אפי' כדי לאכלו בפסח גופא]. (עיין לעיל ס"ב).

אבל מותר לערב בששים, כדי לשהותו עד אחר פסח, [**פשוט** דהוא באופן שאחר שנתערב מותר באכילה בפסח, אבל מין במינו ברובא, אף דמן התורה בטל, מ"מ כיון דמדרבנן אסור לאכלו, אסור לשהותו, דלמא יבוא לאכלו, **ואפשר** דאף יבש ביבש שנתבטל, למ"ד חוזר וניעור בפסח, וצ"ע].

בין שנתערב בפסח ועבר עליו כל הפסח - פי' שנתערב בשוגג בפסח בס', ועבר ושהה אפילו במזיד, שרי, דהא לא עבר מן התורה בבל יראה, [**אף** שקודם תערובות עבר על החמץ בבל יראה, אבל אחר

באר הגולה

ה מימרא דרבא שם, ושם בגמ' ל'

שנתערב כבר נתבטל], ומותר לאחר פסח אפילו באכילה, [**דבשהייה**, אף דעבד ג"כ איסור, דחמץ בפסח אפי' במשהו אסור לשהותו, מ"מ לא עביד מעשה בידים]. **אבל** אם עירב במזיד, דינו כמבטל איסור לכתחלה, המבואר ביו"ד סימן צ"ט ס"ה.

בין שעבר הפסח על החמץ ונתערב לאחר הפסח - ר"ל בשוגג, אבל אם עירב במזיד, הרי ביטל איסור בידים, ודינו כמבואר ביו"ד סימן צ"ט ס"ו. **בטל בס'** - כ"ז בשנתערב לח בלח או יבש בלח, דשיעור בעלמא בנותן טעם, **אבל** אם נתערב יבש ביבש, בכל הני גווני שצייר המחבר, אפילו חד בתרי בטל, ומותר לאחר הפסח באכילה.

(ובפחות מששים סגי ליה בהשלכת הנאת האיסור לים המלח) (הג"מ) - ומותר עי"ז אף באכילה, **ודוקא** באופן ג' שצייר המחבר, דהיינו שנתערב לאחר הפסח, **אבל** אם נתערב קודם הפסח, וכ"ש תוך הפסח, דעבר על התערובות בבל יראה, אינו מותר לאחר הפסח ע"י פדיון אלא בהנאה ולא באכילה, דטעם חמץ קטעים.

ודע, דאופן בתרא שצייר המחבר, שנתערב לאחר הפסח, ומצריך גם בו ששים, זהו על פי דעת הטור, **'אבל** כמה פוסקים חולקין ע"ז, וס"ל דכשנתערב לאחר הפסח, בין במינו בין שלא במינו, ברובא סגי, דלא קנסו לאסור בנתערב לאחר הפסח כשההיתר רבה עליו, **וכתבו** האחרונים, דבמקום הפסד מרובה או שעת הדחק, יש לסמוך להקל.

עיסה שנתחמצה בשמרי שכר שעבר עליו הפסח, אע"פ שיש בה ששים נגד השמרים, אסורה אפילו בהנאה, דשמרים הוי דבר המעמיד, ולא בטיל אפילו באלף, והוי כאלו כולה איסור, **ומ"מ** במקום הפסד מרובה יש להתירו בהנאה, ע"י שישליך הנאת האיסור לים המלח, **וכן** יכול למוכרו לעכו"ם, ולא יקבל ממנו רק כשיעור עיסה בלא השמרים.

מותר ליתן לתוך היין, חלב חטה או חלב בהמה, לתקנו שיהיה צלול, כשיש ששים כנגדו, **ולא** חיישינן שמא יאכל עם בשר, או בפסח, דאף אם ישכח ויאכל ליכא איסורא, כיון שכבר נתבטל, **ואין** כאן משום מבטל איסור לכתחלה, כיון שאין כונתו לבטל, רק לתקן היין.

אות ג'

לא ישברו

סימן תנ"א ס"א - 'קדירות של חרס שנשתמש בהם חמץ כל השנה - וה"ה קערות שתשמישן ע"י עירוי וכלי שני, ג"כ דינא הכי, [ונקט קדרות, דהם ג"כ מותר להשהותן]. **אפילו אותם שעושים בהם דייסא ומיני קמחים** - כלומר דאז הם בלועים הרבה חמץ, ואם יבשל בהם אחר הפסח, בודאי לא יהיה ששים נגדם. **משפשפן היטב בענין שלא יהא חמץ ניכר בהם, [ח]ומותר להשהותן לאחר הפסח להשתמש בהם בין במינו בין שלא במינו** - והטעם, דאנן קי"ל דחמץ לאחר הפסח מן התורה מותר, ואינו אסור אלא משום קנסא, דקנסו חכמים על מה שהשהה החמץ, **[ט]ולא** קנסו אלא על החמץ שהוא בעיניה, אבל על מה שבלוע בכלי לא קנסו, 'דאינו נראה ומצוי, ולא עבר על ב"י, מ"א מחה"ש, ולפיכך מותר אפי' לכתחלה לבשל בהם אח"כ.

וה"ה אפילו נשתמש בהם חמץ תוך הפסח, [שאז נבלע בכלי טעם חמץ שעבר עליו בבל יראה], די בדיעבד בשפשוף היטב, ומותר להשהותן עד אחר הפסח, כמבואר לעיל בריש סי' תמ"ז, {שאז כבר אינם בני יומן, **ולא** שייך למגזר הכא אטו בני יומן, דאז הכל מותר - מסי' תמ"ז ס"א}, **ובפמ"ג** מפקפק, אם בישל בהם בשביעי של פסח בא"י, או בח' של פסח לדידן בחו"ל, בעוד שהכלי בן יומו שלא להשתמש בו.

וה"ה שאר כלים שאינם של חרס, אם אינו רוצה להגעילן או ללבנן, ג"כ אפשר בהאי תקנתא לשפשפן ולקיימן עד אחר פסח, **אלא** שדיבר בהוה, דבשאר כלים כיון שיש להם תקנה, אינו עושה כן, רק מגעילן או מלבנן.

ואם לא שפשפן קודם פסח, משפשפן תוך הפסח או לאחר פסח, [אם עבר ולא שפשפן בתוך הפסח], כדין לא ביער קודם פסח המבואר בסי' תל"ה, [דהמשהו שיש בעין, חל עליו איסור חמץ שעבר עליו הפסח].

וכלים חדשים שקונין מהשוק, אפילו כלי חרס, א"צ לספק בהם שמא נשתמשו בו, דאין דרך להשתמש בכלים חדשים, וא"צ אלא טבילה בכלי מתכות, **אבל** כאשר נקנים מן הנכרי בביתו, ואינו מכיר בהן ודאי שהם חדשים, אם הם כלי מתכות, צריך מספק להגעילן או ללבנן, כפי תשמישן, מלבד מה שצריך לטבלן, **ואם** הם כלי חרס צריך שבירה מספק.

'ומצניען בפסח במקום צנוע שאינו רגיל לילך שם, כדי שלא יבא להשתמש בהם בפסח - יש נוהגין לסדר כלי בדיל של חמץ בתוך הבית בגובה הכותל, במקום שאין יד אדם מגעת לשם, והם סדורין כל ימי הפסח לנוי, ואין למחות בידם, **ואע"פ** שכל דבר שגזרו עליו חכמים מחמת חשש שמא ישכח וישתמש בו, לא חלקו בגזירתם, ואסרו אפילו הגביה אותו הדבר עשר קומות, **מ"מ** כיון שאינן בני יומן מבליעת החמץ בשעה שמסדרין אותן, ומכ"ש באותן שרוב תשמישן בכלי שני או בצונן, כגון קנקנים, אין לחוש, **ומ"מ** המחמיר בזה תע"ב.

[יא]וטוב לסוגרם בחדר ולהצניע המפתח - ר"ל דאם יבוא לחפש אחר המפתח, יזכור שהוא פסח.

אות ד'

אין לשין את העיסה בחלב, ואם לש כל הפת כולה אסורה

סימן צז ס"א - אין לשין עיסה בחלב, שמא יבוא לאכלה עם הבשר; ואם לש, כל הפת אסור, אפי' לאכלה לבדה.

באר הגולה

[ו] (וערש"י ד"ה שלא בזמנו - גר"א) [ז] גמ' פסחים ל' [ח] כשמואל הסכמת הפוסקים [ט] (כתב רש"י ד"ה אמר רב: "ובתערובת לא גזור, והאי פחות מתערובת הוא", וקשה, דלמה הוצרך לטעם זה, תיפו"ל דעל הבליעה שבכלים אין עוברים בב"י, וכדקיי"ל דשרי להשהות את הכלים בפסח אעפ"י שבלוע בהם חמץ, וכיון שאין עוברים על הבלוע בב"י, ממילא אינו נאסר. **ומדברי** המג"א נראה באמת, דסובר דמה דמותר לבשל בהם הוא משום דהבלוע אינו נאסר כלל, ע"ש. **אמנם** מדברי רש"י מבואר דאינו סובר כן, ובע"כ דאע"פ שאין עוברים על הבלוע בב"י, כיון שהוא חמצו של ישראל נאסר, דלא פלוג רבנן, ורק משום דלא גרע מתערובת, לפיכך שרי לבשל בהם - שיעורי ר' שמואל) [י] הרא"ש [יא] טור

אין טשין את התנור באליה ואם טש כל הפת כולה אסורה עד שיסיק את התנור הא הוסק התנור מיהא שרי תיובתא דרבא בר אהילאי תיובתא אמר ליה רבינא לרב אשי וכי מאחר דאיתותב רבא בר אהילאי אמאי קאמר רב קדירות בפסח ישברו אמר ליה התם תנור של מתכת הכא בקדירה של חרס ואיבעית אימא הא והא בשל חרס וזה הסיקו מבפנים וזה הסיקו מבחוץ וכי תימא הנ״מ ליעבד ליה הסקה מבפנים ׳חיים עליה משום דפקעה הלכך האי *בוכיא הסיקו מבחוץ הוא ואסור ואי מלייה גומרי שפיר דמי א״ל רבינא לרב אשי הני סכיני (א) בפסחא היכי עבדינן להו אמר ליה לדידי הדתא קא עבדינן אמר ליה תינח מר דאפשר ליה דלא אפשר ליה מאי אמר ליה אנא כעין הדתא קאמינא קתייהו בטינא ופרזלייהו בנורא והדר מעיילנא לקתייהו ברותחין ׳והלכתא אידי ואידי ברותחין ובכלי ראשון אמר רב הונא בריה דרב יהושע עץ פרור מגעילו ברותחין ובכלי ראשון קסבר כבולעו כך פולטו *בעו מיניה (ב) מאמימר הני מאני דקוניא מהו לאישתמושי בהו בפסחא ירוקא לא תיבעי לך דודאי אסירי כי תיבעי לך אוכמי וחיורי מאי והיכא דאית בהו קרטופני לא תיבעי לך דודאי אסירי כי תיבעי לך דשיעי מאי א״ל ׳חזינא להו דמדייתי אלמא בלעי ואסירי (ג) והתורה העידה על כלי חרס שאינו יוצא מידי דופיו לעולם ומאי שנא *לענין יין נסך דדריש מרימר ׳מאני דקוניא בין אוכמא בין חיורי ובין ירוקי שרי וכי תימא יין נסך דרבנן חמץ דאורייתא (ד) *כל דתקון רבנן כעין דאורייתא תקון אמר ליה זה תשמישו על ידי חמין וזה תשמישו על ידי צונן אמר רבא בר אבא אמר רב חייא בר אשי אמר שמואל ׳כל הכלים שנשתמש בהן חמץ בצונן משתמש בהן מצה חוץ מן בית שאור הואיל שחימוצו קשה אמר רב אשי ׳ובית חרוסת כבית שאור שחימוצו קשה דמי אמר רבא ׳הני אגני דמחוזא הואיל ותדירי למילש בהו חמירא ומשהו בהו חמירא כבית שאור שחימוצו קשה דמי פשיטא מהו דתימא כיון דרויחא שליט בהו אוירא ולא בלעי קמ״ל: **מתני׳ ׳נכרי שהלוה את ישראל על חמצו אחר הפסח מותר בהנאה ׳וישראל שהלוה את נכרי על חמצו אחר הפסח אסור בהנאה: **גמ׳** איתמר בעל חוב אביי אמר למפרע הוא גובה ורבא אמר מכאן ולהבא הוא גובה כל היכא דאקדיש לוה וזבין לוה כולי עלמא לא פליגי דאתי מלוה וטריף ואתי

רש״י

טשין. לשון טח: **מאחר דאיתותב רבא בר אהילאי.** ושמעינן דהיסק מועיל לכלי חרס קדירות בפסח אמאי ישברו יסיקם ויתלבנו: **א״ל.** רב מוקים ליה להאי דקתני עד שיוסק דמשמע הא הוסק שרי בתנור של מתכת אבל של חרס התורה העידה עליו שאינו יוצא מידי דופיו לעולם: **חיים עלייהו.** ולא שרית ליה על ידי היסק פנים מורה היתירא וסמיך אהיסק בחוץ: **בוכיא.** כלי שהוא מרעפים שקורין טייל״ש ואופין ומטגנין בו ככר: **לדידי הדתא עבדא.** לצורכי עושין סכינים חדשים: **למר דאפשר ליה.** שהרי עשיר אתה: **קתייהו בטינא.** להגן עליהם שלא ישרפם האור: **ופרזלא.** לא צריך לאותבינהו בנורא אלא פרזלייהו כי קתייהו נמי סגי להו בהגעל׳ ברותחין: **עץ פרור.** שמגיסין בו הקדרה: **כבולעו כך פולטו.** כבלעו מתוך כלי ראשון: **קוניא.** פלומי״ר בלע״ז ושל חרס הוא: **ירוקי.** עשויין מקרקע שחופרים ממנה צריף אלו״ם בלע״ז והוא עז ובולע לעולם: **פ״ג ירוקי לא תיבעי לך דודאי אסירי דמצרפי ובלעי.** דמצרפי צריף: **קרטופני.** בקעים: **כי תיבעי לך דשיעי.** שהן חלקים: **דמדייתי.** פולטין המשקין מדופנן החיצון ובלע״ז טרשטש״ש וכיון דמדייתי ודאי בלעי והאי ובלעי שוב אינן פולטין שהתורה העידה על כלי חרס שכיון שבלע אינו יוצא מידי דופיו לעולם שהרי בכלי עץ ומתכות כתב לך ישטף תעבירו באש ומורק ושוטף אבל בכלי חרס ישבר: **חמין.** תשמישו ע״י חמין כל השנה אבל יין נסך לא נשתמש בו אלא צונן: **בית חרוסת.** כלי שנותנין בו חומץ וכל דבר שיש בו קיוהא ורגילין ליתן בו קמח ומשוי לטבל בו בשר כל ימות השנה והקמח מחמיץ מחמת הקיוהא ולשון חרוסת קיוהי לייגירו״ש בלע״ז: **בית שאור.** כלי שהשאור מונח בו שאורה ומניחו בעיסה ופעמים שהוא שוהה שם בלילה: **אגני.** עריבות מיי״ן: **מתני׳ נכרי שהלוה את ישראל.** מעות על חמצו קודם הפסח ועבר עליו הפסח מותר בהנאה ולקמיה בגמרא מוקי לה כשהרהינו אצלו בביתו ושוהה אצל הנכרי כל ימות הפסח דכיון דמטא זמניה ולא פרעיה ומחוסר גוביינא נמי לא הוה שהרי אצלו כאון איגלאי מילתא למפרע דמשעה שהרהינו אצלו הוה דידיה: **ישראל שהלוה את הנכרי כו׳.** נמי כיון דהרהינו אצלו ומטא זמניה ולא פרעי׳ מההיא שעתא דאוזפיה קם ליה ברשותיה: **גמ׳ בעל חוב.** המלוה את חבירו ושיעבד לו נכסיו שאם לא אפרע לך עד יום פלוני גבה מנכסי והגיע זמן ולא פרע: **אביי אמר למפרע הוא גובה.** גבייתו שגבה עכשיו איגלאי מילתא דמשעה שהלווהו עמדו נכסיו הללו בחזקתו: **ורבא אמר.** אינן בחזקתו אלא מיכן ולהבא ולקמיה מפרש למאי נפקא מינה: **כל היכא דאקדיש לוה.** נכסיו בתוך הזמן: **או זבין לוה.** מוכרן לאחרים: **כולי עלמא לא פליגי.** אפילו לרבא דאמר עד עכשיו היו ברשות לוה מודה הוא דאין מכירתו לאחרים מכירה ואין הקדישו הקדש שהרי ממושכנין הן למלוה ואף על גב שהן שלו אינן ברשותו ורחמנא אמר (ויקרא כז) ואיש כי יקדיש את ביתו קדש מה ביתו ברשותו אף כל ברשותו: **דאתי מלוה וטריף.** מן הלקוחות בחנם: ואתי

תוספות

והלכתא אידי ואידי ברותחין. תימה דתניא בתוספתא דע״ז הסכין והשפוד והאסכלא מלבנן באור ובפרק קמא דחולין (דף ח: ושם) אמר כגון שליבנה באור אלמא צריך ליבון ותירץ ר״ת דאמר בירושלמי דמיירי בסכינים ארוכים שצולין בהם בשר דומיא דשפוד וכן ההוא דחולין ועוד יש לחלק בין היתרא בלע ובין איסורא בלע כדמחלק רב אשי בשילהי מסכת ע״ז והא דמצריך להו רב אשי הכא ליבון מחמיר על עצמו היה: **התורה** העידה על כלי חרס שאינו יוצא מידי דופיו לעולם דכתיב ביה ישבר. וא״ת היפוך ליה דחזינן להו דמדייתי והיינו אחר הגעלה דאי לפני הגעלה אמאי כליס נמי מדייתי וי״ל דלעולם מיירי קודם הגעלה וכמו שפ״ה בע״ז (דף לג.) דמדייתי בחוץ וכיון דמדייתי מבחוץ בלעי טפי וא״ת והא יוצא מידי דופיו ע״י כבשונות דזבחים בפ׳ דם חטאת (דף צו. ושם) פריך וליהדרינהו לכבשונות ואמאי קדירות במקדש ישברו ומשני לפי שאין כבשונות בירושלים הא יש כבשונות שרו בחזרה לכבשונות וכן לעיל אמר (אבל) קדירה לא דלמא חיים עלה הא לאו הכי שרי קדירות בהיסק מבפנים וכן אמר אי מליא גומרי שפיר דמי ואור״ת דזה לא חשיב יוצא מידי דופיו דכיון שהסיקו נעשה ככלי חדש שכן דרך כלי חרס כשעושין אותו נותנו אותו בכבשן להסיקו וא״ת והיכי מייתי ראיה מדכתיב ישבר דילמא גזירת הכתוב הוא דאפי׳ תלאו באויר התנור בעי התם *רבא בר אחא אי קפיד רחמנא אבישול בלא בלוע או לא וי״ל *דלכלי נחושת מועיל שטיפה ומריקה אפילו בבישול ובלוע א״כ מה שהקפיד בכלי חרס אבישול בלא בלוע היינו לפי שעשאו כבישול וכבלוע ולר״ת יש להקשות תנור שנטמא אמאי חולקין לשלשה כיון דחשיב כאחד א) [א] ליעבד ליה היסק ותו לא ונראה לרשב״א *דמיירי בקדרה שאין דרכה להסיק כשמחזירין אותה לכבשונות אז פנים חדשות באו לכאן אבל תנור כל שעה ושעה מסיקו מבפנים ולאו כפנים חדשות דמי וצריך שבירה: באחריות

גליון הש״ס גמ׳ אין טשין. ועי׳ ב״ב קי ע״א תוד״ה כשם: דחשיב כאחד. נמחק מלת כאחד וכ״ב נ״ל כאחר ור״ל דחשיב ע״י ההיסק ככלי אחר וכ״ס בתוס׳ וכתיס גו ע״א [illegible]

[illegible] כלי חרס שנשתמש בהן נכרי אפי׳ בשאר ימות השנה אסירי לאשתמושי בהו ישראל בין אוכמי בין חיוורי וכל שכן ירוקא ולא תימא הני ראית בהו קרטופני כגון סדקין [אלא] אע״ג דשיעי כיון [illegible] שחורים משל שחלי וכלהו אסירי להשתמש בהן כל ימות השנה וכל שכן בפסח אבל הני מאני דקוניא דאשתמשו בהו נכרים ביין נסך שרו כדדריש מרימר ואע״ג דחמץ דאורייתא ויין נסך [illegible] כעין דאורייתא תקון חמץ בפסח תשמישו בחמין הלכך לעולם אסור אבל יין נסך תשמישו בצונן **) ובהרתחה סגי להו: **אמר** רב זביד הלכתא משמיה דשמואל כל הכלים של חרש שנשתמשו [illegible] [illegible] בפסח חוץ מבית שאור והוא כלי חרש שמצניעין בו שאור מפני שחימוצו קשה ונבלע כח הדימוץ בכלי ובית חרוסת דינו כגון בית שאור דאסור: **אמר** רבא אגאני דמשהו בהו חמירא אע״ג [illegible] אוירא כבית שאור דמי ואסירי ולא שרינן טאני דקוניא אלא החדשים וכל שכן בלי חרס אחרים דלא שרו אלא חדשים: **מתני׳** נכרי שהלוה את ישראל על חמצו לאחר הפסח מותר [illegible] שהרהינו אצלו להאי חמץ אצל הנכרי והוא אצל הנכרי וקבע לו זמן קודם הפסח דכיון דעבר הזמן קנייה הנכרי ונעשה כחמצו של נכרי: **איתמר** בעל חוב אביי אמר למפרע הוא גובה משעת [illegible] מלוה או הקדיש נכסו של לוה והגיע הזמן ולא פרעו נתברר כי מאותה העת של מלוה היה ומה שעשה מאותה העת עשוי ורבא אמר מכאן ולהבא הוא גובה ומה שהקדיש או מכר [illegible] שלא היו שלו הלא תראה שאלו היה לו מעות ללוה היה מסלקו במעות ולא היה יכול לומר לו הקרקע הוא קנוי לו ונמצא כי עכשיו קנה הנכסים אבל אם מכר הלוה הכל מודים דאתי מלוה [illegible] אקדיש
[illegible] בות אלו משולי הבנה ואולי דצ״ל פי׳ כמו מטמילין (בכילה ד׳ לה) ומשתל שחלי (ביומא ד׳ עח) כנ״ל.
**) [illegible] דמפרש דמיירי בכלים שמכניסין לקיום והוצאה כן מהא דאמר רבא בע״ז דף עד ע״ב נשוה אותו ויותר נראה דפ״ס יש כאן וצ״ל וכהדחה סגי להו ועי׳ היטב בב״י יו״ד סי׳ קל״ה וסי׳ קל״ח ודו״ק.

§ מסכת פסחים דף ל: §

אות א'*[א]

אין טשין את התנור באליה, ואם טש כל הפת כולה אסורה עד שיסיק את התנור

יו"ד סימן צז ס"ב - תנור שטחו באליה, אין אופין בו פת עד שיסיקנו מבפנים עד שיתלבן; ואפילו אם הוא של בוכיא (פי' [ב]כלי חרס שמסיקין תחתיו ואופין עליו עוגות) אין לו היתר על ידי היסק מבחוץ.

אות א'

חייס עליה משום דפקעה

סימן תנא ס"א - [ג]אבל היסק שיסיקם באש אינו מועיל להם - דהיסק שהוא רק מבחוץ, אינו מועיל להפליט את הבליעה, **ולא לשום כלי חרס שנשתמש בהם חמין, אפילו שלא ע"י האור אלא שעירה לתוכה רותחין** - כגון קערות, דדרך לשפוך עליהם מהקדרות.

הגה: ויש אוסרים אפילו בכלי שני (המגיד) - פי' אפילו לא עירה מהקדרה לתוכה רק לכלי אחר, ואח"כ הניח כלי זה בתוכה.

ולדינא הסכימו האחרונים, דלכתחלה בודאי יש להחמיר כדעת הרמ"א, דאין להתיר אף כשידוע שלא נשתמש בו חמץ רק בכלי שני, **ולכן** בכלי מתכות צריך הגעלה, ובכלי חרס דלא מהני הגעלה והיסק, א"א להשתמש בו בפסח.

אמנם בדיעבד אם נשתמש בלא הגעלה, בכלי שאין משתמשין בו רק בכלי שני, כגון טעלער וכפות, יש להקל אף בכלי חרס, במקום הפסד מרובה ומניעת שמחת יו"ט, אם הוא אינו בן יומו שהוא נותן טעם לפגם, שכמה פוסקים מקילין בו גבי חמץ, [**אכן** מסתפיקנא, דבח"י משמע דהוא מיקל אף כשהוא בן יומו, וכן משמע בא"ר והגר"א, **ומח"א** והגר"ז ומקו"ח משמע, דמקילין בצירוף שניהם דוקא, וצ"ע, **אכן** בכלי שלישי בודאי יש להקל, אף כשהוא בן יומו].

ואפילו אם ימלאום גחלים - דבזה הוי כהיסק מבפנים, ויפליט הבליעה, **דחיישינן דלמא חייס עלייהו שמא פקעי (פי' שמא יתבקעו) [ד]ולא עביד להו הסקה מעליא** - שאין דרכן להסיק בפנים אלא בחוץ, **משא"כ** תנורים אפילו של כלי חרס, אפילו אותן שמטלטלין אותן, שדרכן תמיד להסיק בפנים, לא חיישינן דילמא פקעי, ומועיל היסק, **אך** צריך ליזהר שיסיקנו יפה עד שיתלבן, ועיין לקמן בסימן תס"א מדין הכשר תנורים שלנו.

[ה]**ומיהו אם החזירן לכבשן שמצרפין בו כלי חרס חדשים, מותר, דכיון שמכניסין להסק גדול כזה ודאי לא חייס עלייהו דילמא פקעי; אבל לתנורים שלנו, לא** - דחיישינן דילמא חייס עליה, ולא ישהה שם הרבה, ויוציאן מן התנור קודם שיתלבנו, משא"כ בכבשן, מתלבן אפי' בשעה מועטת.

הגה: כל כלי הצריך לבון או הגעלה, אסור להשתמש בו אפילו צונן בלא הכשר (מרדכי) - היינו אפילו הדיחו ושפשף היטב, דחיישינן דלמא אתי להשתמש בו בחמין, **ועיין** ביו"ד סימן קכ"א, דה"ה בשאר איסורים, וע"כ יש להחמיר בעניננו אפילו בע"פ אחר חצות.

(ועיין ביו"ד סי' קכ"א) - דשם מבואר, דדרך עראי מותר להשתמש בו, אם הדיחו ושפשף תחלה.

אות א'**[ו]

האי בוכיא הסיקו מבחוץ הוא ואסור, ואי מלייה גומרי שפיר דמי

סימן תנא ס"ב - [ז]כוביא, שהוא כלי שעושין מלבנים ועפר ואופים ומטגנין בו, וכן תנור קטן שקורין פידלי"א, הסיקו מבחוץ, אסור לאפות בו בפסח - "הסיקו מבחוץ, ואסור לאפות בו בפסח", כצ"ל, ר"ל דמחמת שהסיקו מבחוץ, לא מהני ההיסק להוציא הבלוע, **דאין חמץ שבו נפלט בכך; ואם מלאו גחלים מבפנים, שרי** - הטעם, דסתם כוביא אין דרכה להתבקע, וע"כ אין לחוש דלמא חייס עליה ולא ילבנו יפה.

ולבנים הנשרפין בכבשן, יש עליהם דין כלי חרס, ואם נשפך עליהם דבר רותח של חמץ, אין לו תקנה אלא בליבון כדינו, ועל דרך שיתבאר בסימן תס"א, [**ומהני אפי'** נשתמש עליהם חמץ כל השנה ע"י צלייה ואפייה], **ומ"מ** הליבון מהני להם אפילו תוך תנורים שלנו, דלא חייס עלייהו כמו בקדרות.

אבל לבנים שנתיבשו רק בחמה, יש להם דין כלי אדמה ומהני להם הגעלה, **ואם** נאפה ונצלה עליהם, הרי תשמישן ע"י האור וצריכין ליבון, כנ"ל.

אות ב'

והלכתא אידי ואידי ברותחין ובכלי ראשון

סימן תנא ס"ג - [ח]סכינים מגעילן בכלי ראשון ומותרין - בין סכינים גדולים ובין קטנים, אף אם נשתמש בהם חמץ בחמין כל השנה, די בהגעלה לפסח, **ואע"פ** שהסכינים הבלועים משאר איסורים, פסק השו"ע ביו"ד סימן קכ"א, שצריך ללבנם באור כדי להשתמש בהם

באר הגולה

[א] ‹ע"פ מהדורת נהרדעא› [ב] ‹עיין פרש"י, ועיין לקמן בסי' תנ"א ס"ב, וי"ל הכוונה אבוכיא מלבנים ועפר - ציון למנחם› [ג] **שם בגמרא** [ד] ‹כ"כ רבינו הטור ז"ל, ומשמע בהדיא דר"ל דאע"ג דעביד להו הסיקה מבפנים וממלאם גחלים, מ"מ חיישינן דילמא לא עביד להו היסק חשוב, **אבל** רש"י ז"ל פי' וז"ל, דילמא חייס עלייהו ואי שרית ליה ע"י היסק מבפנים, מורה היתר וסמיך אהיסק מבחוץ, ע"כ. **וק"ק** על מרן ושאר אחרונים ז"ל שלא העירו בזה, ומיהו נלפע"ד דלא נ"מ מידי לענין דינא - מאמר מרדכי, ע"ש. **ודלא** כהראש יוסף דס"ל דיש נ"מ לענין דיעבד, אם עבר ובישל ע"י היסק מבפנים› [ה] **תוס' שם** ‹ד"ה התורה› **והביאו שאר פוסקים** [ו] ‹ע"פ מהדורת נהרדעא› [ז] **שם בגמרא** ‹בוכיא, ספרים אחרים כוביא - פרישה› [ח] **שם בגמרא**

בחמין, **הכא** כיון שי"א שאפילו כלים הבלועים מחמץ ע"י אור בלבד, נמי א"צ אלא הגעלה, [דס"ל דחמץ מקרי התירא בלע], **וגם** כמה פוסקים סוברים, דסכינים אין להם דין כלים הבלועים ע"י האור, דאף אם השתמש בו ע"י האור, כגון שתחב בו חתיכת פשטיד"א על האש, מ"מ רוב תשמישו הוא שלא ע"י האש, ואזלינן בתר רוב, וכדלקמן בס"ו, **לפיכך** התיר לכתחלה ע"י הגעלה בלבד, [ט]**ומ"מ** מי שאפשר לו, מצוה מן המובחר שיקנה חדשים לפסח.

עוד כתבו, דסכינים הבלועים משאר איסורים, אף דלכתחלה צריך ללבנם, מ"מ בדיעבד אם הגעיל והשתמש בהם בחמין, אינו אסור, [**וכן** משמע נמי מהגר"א, דכתב דמה דהחמיר שם דבעי ליבון, הוא רק לחומרא, **אכן** מוכח שם מדבריו, דהוא רק בסכין קטן, אבל בסכין גדול של עבו"ם, מדינא צריך ליבון].

וסכינים הבלועים מבשר לחלב, די בהגעלה, אך העולם נהגו איסור בזה, [מ"א], וז"ל: שאם יעשה כן לעולם לא יהיה לו רק כלי א', ויגעילנו כל פעם שישתמש בו, וזה אסור דלמא אתי למטעי, **וכתב** בתשובת חת"ס, דהיכא דהגעיל לצורך פסח, הוא נוהג להתיר להחליף מבשר לחלב או איפכא, כיון שלא היתה כונת ההכשר לצורך זה.

וכלי ראשון נקרא שהרתיחו בו מים על האש, [י]אפילו אינו עתה על האש רק שעודנו רותח - ויהיו המים מעלין רתיחה, ויהיה ההגעלה ע"י שיתחוב בו הסכין, **אבל** לא שיהיה ע"י שיתן אבן מלובן על הסכין, ויתן עליו רותחין, וכדלקמן בס"ו בהג"ה, **לפי** שבכלי האבן מונח בתוכו יפה, משא"כ על הסכין.

[יא]וקודם ההגעלה צריך לשופם יפה במשחזת או ברחיים - וה"ה בדבר אחר שמסיר החלודה סגי, **להעביר כל חלודה שבהם קודם הכשרם** - דכתיב בפרשת הגעלת כלי מדין: אך את הזהב וגו', כלומר רק את הזהב, דהיינו כשאין שם חלודה רק זהב בלבד, מועלת הגעלה להפליט הבלוע, **אבל** כשיש שם חלודה, יש לחוש שמא יש שם משהו מן החמץ והחלודה מכסהו, ולזה לא מהני הגעלה, כי אין הגעלה למה שהוא בעין.

וכ"ז בחלודה שיש בזה קצת ממשות, שקורין ראס"ט, שכשגוררין אותה משם יש שם כמה עפרורין, שאז יש לחוש שמא יש תחתיה משהו ממשות האיסור בעין, והחלודה מכסהו, **אבל** אם אין בחלודה ממשות כלל, רק מראה בלבד, כמו שנמצא לפעמים שיש שחרות או אדמימות בצד הפנימי של הכלי, שאנו קורין פלעקי"ן, אין קפידא, **וכן** הדין באותן כתמים הנעשים בכלי בדיל, שקורין ערד פלעקי"ן, שאין מעכבין את ההגעלה, כיון שאין בהם ממשות רק מראה בלבד.

הילכך אם יש בו גומות ואינו יכול לנקותו יפה, אין מועיל לו הגעלה לבד, (פי' הפלטה שהכלים פולטים האיסור שבהם, והוא מלשון: שורו עבר ולא יגעיל), וצריך ליבון במקום הגומות - דהיינו שיניח גחלים בוערות על המקום ההוא, ובליבון א"צ להעביר החלודה, כי האש יבעיר את הכל.

ויעשה זה קודם הגעלה, ואם לא עשה כן מקודם, יעשה זה אחר הגעלה.

ומטעם זה הסכימו האחרונים, דהסכין שהקתא שלו מחובר במסמרים קטנים, אין מועיל לו הגעלה, כי יש גומות הרבה במקום המסמרים, **ואצ"ל** אם גוף הבית יד נעשה משני חלקים מדובקין, ויש ריוח מעט ביניהם להכניס לשם הסכין, שע"פ הרוב א"א לנקר שם היטב, **וכן** לפעמים יש פגם בין להב לקתא, וא"א לנקות היטב זה המקום, אם לא שיסיר הקתא מהלהב.

וכן אם יד הסכין דבוקה בבית יד ע"י דבק, אין מועיל הגעלה, דכיון שהדבק מתקלקל במים רותחין, יש לחוש שמא יחוס על הדבק, ולא ירתיח המים יפה, **וכן** אם הבית יד עשויה מקרן, ג"כ אין הגעלה מועלת, שהקרן מתקלקל במים רותחין, ויש לחוש שמא יחוס עליו.

[**והנה** לפי"ז לא יצוייר הגעלה בסכין עם קתא בבת אחת, רק אם הקתא ממין הסכין, דהיינו אם הוא של מתכות, **ויש** להקשות ע"ז מהש"ס, דמוכח שם דאפי' אם הקתא ממין אחר, דהיינו של עץ, אפ"ה מהני אם יכניס אותו ואת הקתא ברותחין, **אבל** באמת לא קשה מידי, דהש"ס מיירי בסכין שמכניסין אותם לקתא שהוא עשוי ממין אחר, אבל מחתיכה א' ולא משתי חתיכות, ואין שם מסמרים כלל, ולא היה הקתא דבוק בדבק, אלא שהברזל החד הנכנס שם תחוב בחוזק].

הגה: והנדן של סכינים אין לה תקנה בהגעלה, ואסור להכניס בה הסכין בפסח (מהרי"ל) - לפי שא"א לנקרו היטב מבפנים, **אם** לא שיפתח התפירות וינקר היטב, ואז אפילו הגעלה א"צ.

כלי שפיו צר ויש שם חלודה שא"א להסירה, לא מהני לה הגעלה.

כל מקום שצריך הגעלה, לא מהני לקלפו בכלי אומנות, כי הבלוע יוצא מדופן לדופן, וכלי אומנות לא מהני רק במקום שצריך קליפה.

[יב]סימן תנא סי"ב - [יג]כל הכלים צריך להגעיל ידותיהם כמותן - משום שכשנשתמש חמץ בגוף הכלי בחמין, אמרינן דהוליך הבליעה בכולו, **אכן** משום טעם זה לבד, לא היה שייך דין זה אלא בכלי מתכות, משום דחם מקצתו חם כולו, והמחבר הלא קאמר כל הכלים, משמע דאף כלי חרס וכלי עץ, וכ"כ במרדכי בהדיא, דעץ פרור צריך להגעיל הבית יד שלו, **וע"כ** דחיישינן עוד שמא קבל היד איזה פעם חמץ ע"י כלי ראשון, כשהדיחו אותו בתוכו לנקות מזוהמא, ובמחבת, ע"י ניצוצות שניתז עליו מגוף הכלי.

באר הגולה

ט ‹כן היתה כוונת רב אשי, כיון שאמרתי לדידי דאפשר לי חדתא עבידנא, ממילא בלא אפשר יעשה כעין חדתא, אבל מאן דאפשר יש לעשות חדשים כרב אשי - מחה"ש› **י** **טור מהא דשבת מ"ב משנה וכפי' רש"י שם** **יא** **הרא"ש שם** **יב** ‹ע"פ הגר"א› **יג** **טור וכ"כ המרדכי** ‹מדאמרינן בפרק כל שעה, לקתייהו ברותחין, וכמ"ש שם ע"ד א', דחם מקצתו חם כולו, רשב"א - גר"א, **ואינו** מובן, דלא מיירי הכא בקתא של מתכת, **וכתב** הט"ז מובא בפנים, וז"ל: אין הטעם משום חם מקצתו חם כולו, אלא הטעם כאן, שמא קבל היד איזה פעם חמץ, ועכשיו יגע בו במצה של חמין, ומטעם זה אין חילוק בין כלי עץ לכלי מתכות, בכולן יש להחמיר לכתחלה להגעיל ביד›

הגה: מיהו אם לא הגעילו הידות, אין לאסור בדיעבד - אפי' בכלי מתכות, משום דאמרינן דכשם שנבלע החמץ בהיד ע"י גוף הכלי, כן עתה נפלט ממנו ע"י הגעלה של גוף הכלי, **ולאידך** חששות שכתבנו, לא מחזקינן בדיעבד, **ועל** כן אין נ"מ בין אם נשתמש עתה בפסח בגוף הכלי, או שנשתמש בהידות, כגון שתחבן בפסח לתוך התבשיל, בכל גווני אין לאסור התבשיל באכילה, כיון שהגעיל את גוף הכלי, **אבל** אם לא הגעיל את גוף הכלי, נאסר התבשיל ע"י תחיבת הידות בלבד.

בדיעבד - פי', אם נשתמש בהם כבר, אבל לכתחלה אסור להשתמש בהן קודם שיגעיל הידות, אפילו הוא בתוך הפסח שא"א להגעילו.

וכל זה בסתמא, אבל בידוע שנשתמשו הידות בחמץ בחמין, לא סגי בהכשר מקצתו אפילו בדיעבד, **וע"כ** החמיר הט"ז ועוד ש"א, בקתא של סכין שלא הגעילו, ונגע הקתא בפסח בחמין, לאסור אף בדיעבד, משום דרוב הפעמים מגיע תשמיש החמץ גם בבית יד של סכין, כגון ע"י לחם חם וכדומה.

ואפילו לכתחלה יכול להגעילן על ידי עירוי שמערה עליהן (או"ה) - דהרי נוגעין בו כל השנה בידים מלוכלכות, **וגם** לפלוט בזה את הבלוע שבלעו הידות ע"י ניתוז הניצוצות עליהן וכנ"ל.

ואם ידע שנשתמש בידות בחמין בחמץ בכלי ראשון, לא מהני עירוי אפילו בדיעבד, וצריך הגעלה ג"כ בכלי ראשון דוקא.

[יד] **סימן תנא סי"ג - [טו] כלי שיש בו טלאי** - היינו אם הטלאי הוא בצד פנימי של הכלי, דמבחוץ אינו מזיק, [טז] **אם קדם הטלאי לבליעת האיסור** - פי' שהטלאי נעשה בשעה שהיה הכלי חדש, או שהגעילו הכלי קודם ששמו הטלאי, **אין צריך להסירו** - בשעת הגעלה, **דכבולעו כך פולטו.**

ואיירי שהוא מדובק יפה, בענין שאין לחוש שמא יש שם קצת חמץ בעין, ואין צריך לחוש רק לבליעת חמץ שנבלע בכלי דרך הטלאי, ובזה אמרינן כבולעו דרך הטלאי, כך פולטו דרך הטלאי, **דאלו** יש סדקים סביב הטלאי, ויש לחוש לחמץ בעין, צריך ליבון דוקא אף בזה, וכנ"ל בס"ד, או שינקר שם היטב, ואם לא עשה כן אף בדיעבד אסור.

ואם קדמה בליעת האיסור לטלאי, צריך להסיר הטלאי קודם הגעלה - ואף דמדובק בחוזק, חיישינן שמא נשאר מעט חמץ בעין על הכלי קודם שנתנו עליו הטלאי, ולבעין אינו מועיל הגעלה, [**ולפי** טעם זה אם ניקה מקודם שנתן עליו הטלאי, שלא ימצא עליו שום משהו חמץ, די בהגעלה, משא"כ לטעם שני], **ויש** פוסקים דחוששין בזה גם לבליעת האיסור שנבלע בכלי מקודם, ואין יוצא הפליטה לגמרי דרך הטלאי, שהוא מפסיק, וחיישינן שיפלוט בתבשיל בפסח, [**דאם** נימא דע"י הגעלה אינה מפלטת דרך הטלאי כלל, א"כ גם בפסח לא יפליט בתבשיל, **וצד** ראשון ס"ל, דהגעלה מפלטת מעבר לעבר].

[יז] **או ישים גחלים על מקום הטלאי עד שישרף גוף האיסור, אם ישנו, ואחר כך מגעיל כל הכלי** - לטעם הראשון דמשום חמץ בעין, די בליבון קל שהקש נשרף מבחוץ, דבזה בודאי נשרף החמץ שהוא בעין, וכדלעיל בס"ד לענין שאר סדקין, [**ובח"א** מוכח שדעתו, דאף במקום שהחשש משום בעין, צריך ללבן עד שיהו ניצוצות נתזין הימנו], **ולטעם** השני צריך ליבון חמור, שירבה גחלים על אותו מקום הטלאי עד שיהיו ניצוצות ניתזין הימנו, שאז בודאי ישרף איסור הבלוע בתוך הכלי, **ונראה** דבאינו בן יומו יש לסמוך להקל בזה.

וכ"ז בטלאי שהוא כעין טס, ומודבק לכלי ע"י מסמרים, כמו שהוא דרך להמצא ביורות, **אבל** בטלאי שנדבק ע"י האש, כמו שדרך לעשות בכלי בדיל שנקבו, שמטיפין עליהם ברזל שניתך באש, הרי הם נכשרים בהגעלה, וא"צ להניח גחלים על הטלאי, אף אם קדמה בליעת האיסור בכלי, **לפי** שע"י חום הבדיל נשרף כל ממשות האיסור שתחתיו אם ישנו שם, **וגם** הבלוע שמעבר לטלאי נפלט ע"י הגעלה, ואין הטלאי מעכב כלל, כיון שנדבק ע"י חום האש נעשה ככלי אחד ממש.

וכלים ישנים שתשמישן בכ"ר שחיפן בבדיל, מעיקר הדין היה אפשר להתירן בלא הגעלה, לפי שדרך הוא שמחממין הכלי כ"כ באש מבחוץ עד שהעופרת יותך מבפנים, וזה גופא במקום הגעלה הוא, כמבואר בס"ד, **אלא** לפי שהאומנים לפעמים עושין במהירות זה הציפוי, ואינו עולה בכל הכלי, לפי שלא הרתיחו אותו יפה מתחלה, לכן יש להחמיר תמיד ולהצריכם הגעלה, **ומ"מ** בדיעבד אם נשתמש בהם בלא הגעלה, אין לאסור התבשיל, ובפרט כשהכלי אינו בן יומו, **ואם** האומן שציפהו הוא עכו"ם, ראוי להטביל בלא ברכה.

[יח] **ואם הוא של עץ, אין לו תקנה, אלא א"כ ירחיב הסדק כל כך שיוכל להוציא משם מה שבתוכו.**

הגה: רושם שעושים האומנים בתוך כלים, מותר להגעילן מאחר שנעשה מחדש; וינקרם היטב (או"ה בהגהות) - (לא ידעתי ממ"נ, אם אפשר לנקרן, אפי' אם קדמה בליעה לא דמי לטלאי, ואם א"א לנקרן, לעולם צריך ליבון, **ולענ"ד** דכונת הרמ"א, ברושם שנעשה ע"י דיבוק עופרת על הכלי, ולא בנחקק בגופו, דבזה באמת שרי בכל גווני אם אפשר לנקרן היטב).

ולפי שמצוי שם הרבה אותיות, וקשה לנקרן היטב, מוטב לשום שם על אותו המקום גחלים, שאם יש שם משהו חמץ ישרף.

אות ג'

חזינא להו דמידייתי אלמא בלעי ואסירי

סימן תנא סכ"ג - [יט] כלי חרס המצופין בהתוך זכוכית - מכל צד, **דינם ככלי חרס** - ר"ל ואז אם תשמישו בחמין לא מהני

באר הגולה

[יד] (ע"פ הגר"א) [טו] **טור בשם אבי העזרי** [טז] (מדלא מצריך להסיר הקתא בפ' כ"ש, מרדכי - גר"א) [יז] (מסכין שיש בו גומות כנ"ל בס"ג וכמו ששם אין תקנה אלא בליבון - גר"א) [יח] (ולכן אמרו ל: קתייהו כו' והדר כו', {ולא אמרינן דתועיל הליבון להקתא של עץ כשהטיט סביבו - דמשק אליעזר}, דלא מהני הליבון דרך הטיט שהוא הפסק, וכ"ש הגעלה - גר"א) [יט] **שם בגמרא** (עיין רש"י. וכתב המרדכי בשם ר"ת (תוס' ע"ז לג: סוד"ה קוניא כתובות קז: ד"ה הני), דהיינו דוקא בהיתוך של זכוכית, לפי שהוא מן החול ככלי חרס, אבל היתוך עופרת מותר בהגעלה ככלי מתכות - ב"י)

הגעלה, ואין חילוק בין אם היה הכלי מקרקע ירוקה, או לבנה ושחורה, ואפילו אם היה חלקה בלא בקעים, מ"מ היא בולע ע"י חמין, [גמרא].

כ **אבל** אם דרך תשמישה בצונן, אז יש חילוק, דאם הכלי נעשה מקרקע ירוקה, אין לה תקנה, דדרכה לבלוע, **ואם** מלבנה ושחורה, ניתרים בהגעלה או בעירוי, אפי' אם יש בה בקעים, **ואם** אין בה בקעים, א"צ הגעלה, ובשכשוך בעלמא סגי, וכמבואר ביו"ד סימן קל"ה לענין יין נסך.

ואף דכתב המחבר בסכ"ו, דכלי זכוכית אינו בולע כלל, הכא כיון דמחופה על החרס, ונצרף עמו בכבשן, בלע טפי.

‹**אכן בתוס' כתבו לחלק בין כלי זכוכית שלם דלא בלע, מהיכא דאינו אלא חיפוי על החרס, ולפי"ז לאו דוקא משום שנצרף עמו בכבשן, והגר"א בסעיף כ"ו הביא רק דעת התוס', שנראה מדבריו שביאר עפ"ז דברי הרמ"א שם, לענין כלי כסף שיש בו היתוך זכוכית, דקאי אף לדעת המחבר שם דמתיר בזכוכית, ושאני התם דאינו אלא התוך בעלמא, ודומיא דקוניא, והיינו דאין חילוק בין חרס לשאר דברים**›.

כא **והסכמת** אחרונים להחמיר אף בהתוך עופרת או בדיל, דלא מהני הגעלה, לפי שכשנשתמש בו חמץ בחמין, נבלע החמץ בכל עובי הכלי, ונבלע גם בחרס שתחת העופרת, ושוב אינו נפלט ממנו לעולם.

הגה: ויש מקומות שנהגו שלא להשתמש בכלי חרס גליזאר"ט אפילו חדשים (מהרי"ל) - שלא נשתמש בהן חמץ מעולם, לפי שמקצת האומנין עושין פעולת הציפוי ע"י סובין, והרי יש כאן חמץ בלוע בתוך הציפוי, **ואפילו** הציפוי מעט מבחוץ, ג"כ אינו כדאי.

ואותן כלים שנוטף עליהם לפעמים טיפים מהתכה מכלים אחרים, אין להקפיד, [לפי שאח"כ מכניסין לתנור מלא אש, ונשרף הסובין שבו, **משא"כ** כלי חרס שהוא מצופה בזכוכית, חס עליו שלא יתקלקל הזכוכית שבו מחמת חום האש, וממהר הוא להוציאו מן האש, ולפיכך מחמירין שלא להשתמש בו בפסח].

ואין להחמיר רק במקום המנהג (תשובת מהרי"ב) - ואפילו באותן מקומות, אם ידוע שכלי חרס זה לא עירב האומן סובין בציפויו, יש להקל, **ולפיכך** נוהגים באיזה מקומות, שיהודי עומד על גבן בשעת מלאכה, לראות שלא יתקן הציפוי ע"י סובין.

‹**וקדרות ברזל המצופים בהתוך גישמאלצט לבן ושוע, העלה בחת"ס דלא מהני הגעלה, אכן שמעתי שכמה גדולים נהגו להחמיר רק לענין איסור חמץ, אבל בכל השנה הקילו להגעילה אחר מעל"ע, דהוא נותן טעם לפגם מהטיח**›.

אות ד'

מאני דקוניא בין אוכמא בין חיורי ובין ירוקי שרי

יו"ד סימן קלה ס"ו - [כב] **כלי חרס המצופים** [כג] **באבר או** [כד] **ברתוכי זכוכית (פירוש ממין כלי זכוכית שלא נתבשל כל צרכו והוא מן החול, תוס')**, [כה] **אם הם ירוקים דינם ככלי נתר** - ‹אפי' באין מכניסין בהם לקיום, ובודאי לא איירי בנכבש מעל"ע, ע"ש בש"ך ס"ק ל"ג›, **מפני שיש בו קרקע מחפירת צריף; אבל לבנים או שחורים, אם הם חלקים שאין בהם בקעים, דינם ככלי מתכות** - ‹בס"א ובס"ח›; **ואם יש בהם בקעים, דינם כשאר כלי חרס שאינם שועים** - ‹בס"ד - ש"ך›. **הגה: והא דכלי חרס מהני ליה עירוי, היינו דלא נשתמשו בו יין נסך רק בצונן, אבל אם השתמשו בו בחמין, כלי חרס אין לו תקנה; ובשאר כלים צריכים הגעלה כמו בשאר איסורים (מרדכי בשם ראבי"ה).**

אות ד'* [כו]

זה תשמישו על ידי חמין, וזה תשמישו על ידי צונן

סימן תנא סכ"א - [כז] **חביות של חרס שנתנו בהם שכר שעורים** - ר"ל אפילו היה בהם כמה ימים, [כח] **מותרים בהגעלה** - דהא דאמרינן כלי חרס אינו יוצא מידי דופיו לעולם, היינו דוקא כשבלע ע"י האור, אבל בצונן סגי להו בהגעלה, **ולפי** טעם זה, אפילו בחמין מותר להשתמש בו אחר הגעלה או עירוי, [**וכמו** גבי יין נסך דתשמישו בצונן, מסתברא דלאחר הגעלה מותר להשתמש אפילו בחמין, כן ה"ה בענייננו, **ומהט"ז** משמע לכאורה, דאינו מתיר רק בצונן, וצ"ע], **ואפילו** הוא בן יומו מבליעת השכר, **וי"א** דאינו מותר אלא כשאינו בן יומו, דתו הוי נותן טעם לפגם.

או בעירוי ג' ימים - דהיינו שימלאנו מים אפי' צוננין על כל גדותיו, וישהו בתוכו כ"ד שעות רצופין או יותר, ואח"כ יערה ממנו את המים וימלאנו מים אחרים, וישהו בתוכו כ"ד שעות רצופין, ואח"כ יערה אותם ממנו וימלאנו מים אחרים, וישהו בתוכו עשרים וארבע שעות רצופין, **ושלשה** מעל"ע הללו א"צ להיות רצופין, אלא אפילו מפוזרין, **ואפילו** במזופף מהני עירוי.

ודע דדעת הש"ך, דבשאר איסורים אין להקל ע"י עירוי ג' ימים, אם היה כבוש האיסור בכלי היתר מעל"ע, דקי"ל כבוש כמבושל, ‹דבחמץ יש להקל טפי, משום דהיתרא בלע - שם›, **ובמבושל** לכו"ע לא מהני עירוי, אפילו בשאר כלים שאינם כלי חרס.

באר הגולה

כ ‹עיין באות ד' ובהערה שם, דהיינו כרב זביד התם בע"ז, ולא כאמימר הכא. **ועיין** במ"ב המבואר, דמפרש דאיירי הכא בנכבש מעל"ע, ואעפ"כ בדאין בה בקעים א"צ הגעלה, משום הצפוי, ולכאורה מבואר דלא כן ביו"ד סי' קל"ה, עיין באות ד'› כא ‹וכפרש"י "וטוח באבר", עיין פר"ח› כב **מימרא דרב זביד שם ובפסחים דף ל:** כג **כפי' רש"י שם** כד **כפי' התוס' בשם ר"ח** כה ‹בפרק אין מעמידין (לג:) אמר רב זביד הני מאני דקוניא, חיורי ואוכמי שרי, ירוקא אסיר משום דמצריף, ואי אית בהו קרטופני כולהו אסירי, ואע"ג דפליג עליה מרימר, נקטינן כרב זביד, משום דבפרק שני דייני גזלות (כתובות קז:) איפסיקא הילכתא כוותיה, וכן פסקו כל הפוסקים - ב"י› כו ‹ע"פ הגר"א› כז **טור בשם רבינו יואל וב"י בשם רוב הפוסקים כיון דתשמישו בצונן** כח ‹ואמרו בע"ז ל"ד, ובפרק כל שעה שם, מאי שנא מיי"נ, וכ"ת חמץ כו', התם תשמישו כו', וא"כ בחמץ בדבר שתשמישו בצונן שוה ליי"נ, ואע"ג דהגעלה לא מהני בכלי חרס, דוקא בתשמישו בחמין - גר"א›

הגה: והגעלת החבית יעשה בדרך זה, ילבן אבנים וישים בכס, ויערה עליהם רותחים מכלי ראשון, ויגלגל החבית שיגיע הגעלה לכל מקום (הג"מ) - וצריך להסיר שולי החבית אם הוא של עץ, לגרר היטב מבפנים בכל הסדקים, וגם שמצוי שמרים שמדובקים בשולי החבית, והגעלה ועירוי לא מהני אלא להפליט הבלוע שבפנים, אבל לא להחמץ שיש בעין, **ואם** הוא של חרס, צריך לפתוח פי החבית כ"כ גדול, שיכול להכניס בו ידו, ולשפשפו היטב מבפנים בכל הצדדים.

אכן האחרונים הסכימו, דיש להחמיר שלא להשתמש כלל בחבית עץ של שכר, שמצוי בהן גומות, גם א"א לנקר בין הנסרים שלא ישאר שם משהו זוהמא בין נסר לנסר, והוא חמץ גמור וישאר בעין. **ועיין** בא"ר בשם הפרישה, דאם נשתמש בחבית של שכר, ולא פתחו השולים וניקרו היטב, אסור אפי' בדיעבד, דלא מהני הגעלה למה שהוא בעין, **אכן** אם פתח אחד משוליה וניקר היטב בפנים, מהני הגעלה בדיעבד.

וכ"ז בחבית של שכר או שאר משקה חמץ, אבל חבית של מי דבש, יש להתיר בהגעלה, אע"פ שנתבשל הדבש ביורה שבשלו בו שכר תוך מעל"ע.

וכתבו האחרונים, דכלים שהיו בו יין שרף, לא מהני להם כלל ההגעלה, דנשאר בו גם אח"כ ריחו וטעמו, **אכן** אם בישל אותן היטב במים עם אפר, עד שנסתלק הריח לגמרי, מותר להגעילו אח"כ, **ודוקא** לכלים שהם פתוחים לגמרי, ויכול להכניס ידו לתוכו לנקר היטב, ולבדוק בכל הסדקים שלא יהיה נדבק בו שום ממשות, אבל אם אינו בענין זה, לא מהני אפילו אם יבשל באפר כמה פעמים, **גם** בעינן שהכלים יהיו נעשין מחתיכה אחת, או שהם של כלי בדיל ושאר מיני מתכות, דאם עשוים מנסרים הרבה ככלים שלנו, אין להקל להגעילו אפילו אם בשלו באפר כמה פעמים, דא"א שלא ישאר זוהמא בין נסר לנסר.

ובדיעבד אם נתנו בכס יין או דבש בלא הגעלה, רק שהדיחן היטב תחלה - ושהו שם מעל"ע, דהוי כבוש ונכנס בו טעם השכר, דאל"ה פשיטא דמותר, **מותר לשתות ממנו בפסח (מרדכי והג"א ותה"ד)** - ואיירי בענין שאין בו חשש של חמץ בעין, שהיה הפה של חבית החרס רחב למעלה, והכניס ידו לתוכה וניקר היטב בצדדיה ובשוליה, שלא נשאר שם שום שמרים, **ובחבית** של עץ כשפתח השולים וניקר היטב.

עיין במ"א וח"י, דיש חילוק בין יין לדבש, דביין אפילו החבית בן יומו מבליעת השכר, ג"כ מותר בדיעבד, דשכר ביין נותן טעם לפגם הוא, **ובמי** דבש לא הוי לפגם אא"כ היה הכלי אינו בן יומו מבליעת השכר, אבל אם היה בן יומו, ושהה המי דבש בתוכו מעל"ע, אפילו בדיעבד אסור לשתותו בפסח, **אבל** כמה האחרונים הסכימו, דאף במי דבש מותר אפילו בבן יומו, ומטעם דכבוש לא נקרא עד אחר ששהה מעל"ע, ואז נעשה הבליעה שבתוך הכלי לפגם, ומותר בדיעבד.

ודע דבכל גווני היתר זה של דיעבד, אינו אלא כשעירו היין והדבש מן החבית קודם הפסח, ונתנו אותו לתוך כלי פסח, דהותר כבר היין והדבש קודם הפסח, דקודם הפסח נותן טעם לפגם מותר, **אבל** אם נשתהא היין והדבש בחבית עד תוך הפסח, אסור, דבמדינתנו נוהגין לאסור נותן טעם לפגם בפסח, וכדלעיל בסימן תמ"ז ס"י בהג"ה.

וכתבו הפוסקים, דאם נתנו לתוכו דבר חריף כחומץ, אפילו לא היה בן יומא אסור, דאגב חורפא משוי ליה לשבח.

עוד הסכימו הפוסקים, דאם הכלי היה מיין שרף, אסור בדיעבד אפילו אם אינה בן יומא, דעינינו רואות שנותן טעם לשבח הוא, **והנה** מלבוש משמע, דאפילו אם הגעילה אסור מה שנתן לתוכה, ואפילו לא היתה בן יומא, ומשום דעינינו רואות שנשאר בה טעם וריח אפילו אחר הגעלה, **אכן** אם לא נשמע בה ריח של יי"ש, מהני הגעלה בדיעבד שלא לאסור מה שנתן לתוכה, [אפי' אם לא בישל תחילה את הכלי במים ואפר], **ומ"מ** מיד שנזכר צריך לערות היין לכלי אחר.

‹**הובא** מסעיף כ"ב, (עיין בתשו' חת"ס, נידון הכשר יורות ששורפין בהן יי"ש: **אשרי מי שיכול לעשות חדשים, אך לא ישמעו לאסור לגמרי, צויתי טרם ההגעלה לבשל בהיורה והקנים והכובע מי אפר שקורין לוי"ג, גם אפר הרבה שיהיו חזקים מאד, והם מפגימים הטעם, וצריך השגחה גדולה לנקות היורה בתחתיתו, ולהסיר מהם הקנים ע"י אומן, או להניח עליהם על מקום הטלאי גחלים, וסיים שם: אחר כל זאת שומר נפשו ירחק משתיית יי"ש בפסח, אבל אין לאסור להם אחרי התיקונים האלו).**›

אות ה' – ו'

כל הכלים שנשתמשו בהן חמץ בצונן, משתמש בהן מצה, חוץ מן בית שאור, הואיל שחימוצו קשה ובית חרוסת כבית שאור שחימוצו קשה דמי

סימן תנא סכ"ב - [כט]כל הכלים, אפילו של חרס, שנשתמש בהם חמץ בצונן - ר"ל שהשתמש בהם בחמץ יבש, או אפילו בדבר לח אך שלא שהה שם מעל"ע, ולא היה דבר חריף, **דאם** שהה בתוכו מעל"ע, הרי נעשה כבוש בתוכו, ואפילו בשאר כלים, וצריך הגעלה או עירוי, [**וק"ק**, דא"כ מה דמסיים דהבית שאור ובית חרוסת אסורים, ע"כ דמיירי ג"כ בדלא שהא שם שיעור מעל"ע, ‹ואפי'› באופן זה מותר להשתמש בהם ‹רק› בצונן בלא הגעלה, והיה לו להשו"ע לבאר זה].

מותר להשתמש בהם מצה אפילו בחמין - דכיון שלא נשתמשו בהם אלא בצונן, לא בלעו כלום, ודי להם בהדחה להעביר מה שדבוק בעין לדופני הכלי.

חוץ מבית שאור - היינו כלי שהאשה שורה בו את השאור ליתנו בעיסה, ופעמים שהשאור שוהה הרבה באותו כלי, [ל][רש"י], ומחמת

באר הגולה

[כט] **מהא דשמואל פסחים ל' כגירסת הרא"ש שם** ‹וז"ל: אמר שמואל כל הכלים שנשתמש בהן חמץ בצונן, משתמש בהן מצה, יש ספרים דגרסינן בצונן, ונראה דלא גרסינן בצונן, אלא אפי' בחמין מותר להשתמש בהן במצה, כיון שכל השנה לא נשתמש בהן חמץ כי אם בצונן, לא בלע ומותר להשתמש בהן מצה אפי' בחמין›. ‹**ואפי'** לגירסת הרי"ף {עיין לקמן} דגרס: משתמש בהן מצה בצונן, לאו דוקא בצונן, אלא משום סיפא דבית שאור אפי' בצונן אסור - גר"א›

[ל] ‹וז"ל: ופעמים

שחימוצו קשה, נבלע טעמו באותו כלי אפילו בצונן, **ובית חרוסת** - היינו שנותנין בו דברים חריפים עם חמץ, ואפילו אינם של חרס, **שאף ע"פ שלא נשתמש בהם חמץ אלא בצונן, אסור להשתמש בהם מצה בחמין.**

אבל בצונן להניח בהם מצה אפויה - צוננת, **מותר** - וה"ה שאר דבר צונן אפילו לח, אם הדיחו תחלה, שהצונן אפילו אם הוא לח אינו מפליט מה שבלוע בתוך הכלי, אא"כ שוהה בתוכו מעל"ע.

ודוקא דרך ארעי ולא בקבע, וכנ"ל בס"א בהג"ה.

אבל אסור ללוש בהם - דריח החימוץ הבלוע בכלי, גורם למהר חימוץ להעיסה הנילושה בתוכו.

וכל זה בלא הגעלה, [לא]אבל על ידי הגעלה, אפי' בית שאור וחרוסת מותרים, אם אינם של חרס - בין ללוש בתוכו ובין להשתמש בהם בחמין.

והנה כ"ז מעצם הדין, אבל לפי מה שכתב הרמ"א לעיל בסי"ז, דהמנהג שלא להשתמש בכלי לישה, משום דא"א לנקר, בודאי יש להחמיר גם בבית שאור, [**והנה** אם הבית שאור עשוי מכמה נסרים, בודאי יש להחמיר, משום דא"א לנקות, **ואפי'** אם נעשה מנסר אחד, דוקא להשהות מותר אחר שנקרוה היטב, אבל ללוש אסור לכתחילה, אפי' לאחר הגעלה, **והרמ"א** סמך על מה שביאר לעיל].

ואם היא של מתכות, כבר כתב הרמ"א לעיל בסט"ז, גבי מדוכה שהשוו אותה הפוסקים לבית שאור, דנוהגין לכתחלה ללבנה, וכ"ש בבית שאור ממש.

[לב]אבל לשל חרס לא מהני הגעלה, [לג]ואפי' לא נשתמש בהם חמץ אלא בצונן, לא ישתמש בהם מצה אפילו בצונן - "לא ישתמש בהם מצה אלא בצונן", כן הוא גי' הב"ח והפר"ח, **ויש** גורסין ‹הר"ח ורי"ף ורמב"ם – גר"א›, "אפי' בצונן" והא דכתב בריש הסעיף, דבצונן מותר אבית שאור וחרוסת, לא איירי בשל חרס.

‹עיין בביאור הגר"א שכתב, דזהו רק לדעת רב האי המובא בטור, שדעתו דלא מהני הגעלה לחרס, אפילו לא נשתמש בו אלא בצונן, אבל לפי מה שפסק בסעיף כ"א, דמהני הגעלה, ה"ה כאן, עי"ש, וצ"ע בדעת שארי פוסקים, דלכאורה משמע מדעתם, דאף דקיי"ל התם דמהני הגעלה, כאן גרע›.

והאידנא נהגו עלמא דלא לאשתמושי בפסחא במאני דפחרא עתיקי, (פי' כלי חרס ישנים) - אפילו בצונן, ואפילו בשאר כלים שאינם בית שאור, ונשתמש בהם חמץ רק בצונן.

(ותנור של בית החורף) - היינו תנור שמחממין בו בית החורף, שרגילים להשים על גבו פשטיד"א ושאר חמץ כל ימות השנה, ונבלע שם טעם חמץ ע"י חום האור בשעה שהתנור מתחמם, **וה"ה** הקאכלי"ן העשויין בתוך התנורים, שרגילין להשים בהן תבשילי חמץ וחתיכת פת, **(דינו ככלי חרס)** - ר"ל דכלי חרס אינו יוצא הבליעה מתוך דופנו לעולם, כי אם ע"י היסק במקום דלא שייך שמא פקעי, וכדלעיל בס"ב גבי תנור קטן, **והכא** לא מהני ההיסק שמסיקין אותו מבפנים, אפי' אם יכשירו כדין, להוציא הבליעה שנבלע מלמעלה, ודמיא למה דמבואר שם בס"ב, דדבר שהסיקו מבחוץ, לא מהני ההיסק להוציא הבלוע שנבלע מצד השני.

(ואסור לשום שום דבר על התנור בפסח) (מהרי"ו) - היינו כשהתנור חם, אסור אף אם המצה צונן, וכן להיפך כשהמצה חמה, אף אם התנור צונן, **ובשניהם** צוננין, בדרך קבע אסור, ובדרך ארעי אין איסור, אם כיבד וניקה גבי התנור, שלא נמצא שם חמץ בעין.

ולענין דיעבד, אם הניח עליה מצה כשהתנור חם, או כשהמצה חמה, או שניהם חמים, אוסר תחתוניות המצה כדי קליפה.

וכ"ז בשהניח המצה בלי הפסק מתחתיה, אבל אם הניח קדירות עם תבשיל, אפי' אם שניהם חמים, אין אוסר בדיעבד, שאין איסור הבלוע יוצא מדופן התנור לדופן הקדירה, **ולכתחלה** גם קדירות אסור להניח שם בכל גווני, אם לא ששניהם צוננים, **וכשמניח** דבר מפסיק כמו ברזל וכה"ג מתחתיו, או שהטיח בטיט כעובי אצבע, מותר להשתמש הכל מלמעלה.

וכל אלו הדינים שייך גם בקאכלין העשויין בתנורים מן הצד, אלא דשם אין מועיל הפסק ברזל או טיח טיט למטה לבד, אלא א"כ הטיח בטיט גם מן הצדדים וגם מלמעלה, [משום הזיעה של חמץ, שעלה למעלה מהבל הקדירות רותחות שהניח בכל השנה, ונבלע בגגו של הקאכלי"ן, ועתה חוזר ונופל בתוך הקדירות כשנתחמם], **אכן** טיח שלמעלה אינו מעכב בדיעבד, [**ורעק"א** מפקפק בזה, ומ"מ יש לסמוך להקל בדיעבד, מטעם דהוא נ"ט לפגם ג"כ], **וכשמשים** כיסוי על הקדירות שמניח שם, מותר לכתחלה, אף כשאין שם טיח מלמעלה.

ועתה נבאר לענין תוך התנור אם לא הכשירו מקודם, אם הניח מצה בתוכו, דינו כעל התנור וכנ"ל. **ולענין** אפית המצות שם, דינו כמו שנתבאר בסימן תס"א. **ולענין** בישול בתוכו, אף דלכתחלה צריך להכשירו גם לזה כמו לאפיה, או שיטיח בטיט כעובי אצבע את קרקעיתו, מ"מ בדיעבד אין לאסור התבשיל אף אם לא הכשירו, [**ואם** כיבד התנור מתחילה מחמץ בעין, אף הקדירה מותר].

‹ולענין פנים גופא, משמע בפשיטות דמועיל ההיסק כבשאר תנורים, ויש מהאחרונים שמאנו בהיסק תנור בית החורף לגמרי להכשירו, והח"א כתב וז"ל, ונ"ל מה שהחמירו האחרונים בתנור בית החורף דלא מהני ליבון, היינו כמו שעושין בפולין גדול, שהתנור נעשה רק מקאכלין, וא"כ הוי כלי חרס ממש, אבל במדינה זו, שידוע שבונין סביב הקאכלין מחיצה של לבנים, וא"כ דינו ממש כתנור שאופין בו, דבזה לא חייש שמא פקעי, ולכן נ"ל דכו"ע מודים דמהני ליבון, או טוח בטיט,

באר הגולה

שהוא שוהה שם בלילה› [לא] הרא"ש שם בשם ר"י ושאר פוסקים [לב] שם בגמרא דף ל' [לג] כגירסת הרי"ף שם וכמו שפי' הר"ן שם ‹וז"ל הרי"ף: אמר רב חנן בר רב יצחק אמר רב חייא בר אשי אמר שמואל, כל כלי חרס שנשתמש בהן חמץ בצונן, מותר להשתמש בהן מצה בצונן, חוץ מבית שאור הואיל וחימוצו קשה›

וה"ה לתנורים שקורין במדינתנו שוועצק"ע אויבע"ן שיש עליו כיסוי, מהני ליבון, ולכן נ"ל דבמקום שאין לו לבשל בכירה, יש להתיר ללבן תנורי בית החורף, במדינת ליטא וכיו"ב שעושין התנורין כן, עכ"ל, **ובעיקר הדין**, אף לעשויה מקאכלין לבד, הסכימו האחרונים דמהני ליבון, דכיון דהסיקו מבפנים, לא שייך דחייס שמא פקעי, וגם הלבוש כתב ע"ז דהוא חומרא יתירה, ועכ"פ בתנורים שלנו בודאי אין להחמיר, כמ"ש הח"א, ומה שכתב הח"א תנורים שבמדינתנו וכו' שיש עליו כיסוי, לא ידעתי מנ"ל להצריך דוקא שיש עליו כיסוי, דהלא בכוביא בס"א, אם מלא גחלים מבפנים, מהני אף שאין עליו כיסוי, וכן לענין קדירות בש"ס היה מותר במילוי גחלים, אלא משום דחייס שמא פקעי, אף דאין עליו כיסוי, וא"כ ה"נ דאין חילוק בזה).

[לד]סימן תנא סט"ז - [לה]מדוכה מותרת בהגעלה - בין של עץ בין של אבן ומתכות, והיו רגילין לדוך בתוכו שומים ודברים חריפים עם פירורי לחם, והוא דמי לבית שאור ובית חרוסת המבואר לקמן בסכ"ב, והמחבר אזיל לטעמיה, דפסק שם דגם לבית שאור מהני הגעלה.

[לו]ואם היא גדולה שאינו יכול להכניסה ביורה, משים בה מים רותחים ומכניס בתוכה אבן רותחת ועולה הרתיחה בכל שפתה - ר"ל שיעלו המים גם על עובי שפתה מלמעלה, **דכל כהאי גוונא הוי הגעלה דכלי ראשון.**

אבל בקטנה, שאפשר להכניסה לתוך יורה, אין להקל להגעילה באופן כזה, דיש פוסקים שסוברין, דאף ע"י אבנים לא מקרי הגעלה בכ"ר, אלא עירוי, (**ועיקר** עצה של שימת אבנים לא מהני אלא להעלות הרתיחה למעלה, אבל דוקא בכלי שתשמישה ע"י עירוי, ולא בכלי שנשתמש בכ"ר, **ומסיק** דאפשר דלא כתבו הפוסקים זה אלא כאן גבי מדוכה, וכן בקערות גדולות שרוב תשמישן ע"י ערוי מכלי ראשון, וכל כה"ג – פר"ח. ועיין בס"ו שכתבתי, דאין כדאי להתיר אלא באינו בן יומו).

הגה: [לז]ויש מחמירין ללבן המדוכה (טור יו"ד בשם רבינו יואל ותשו' רשב"א וטור בשם רש"י ור"ת) - ס"ל דגם בבית שאור לא מהני הגעלה אלא ליבון, **אך בלבון כל דהו, דהיינו שיסרוף עליו קש מבחוץ, סגי (ד"ע).**

וכתבו הפוסקים דדוקא לענין חמץ בפסח, מה שאין כן בשאר ימות השנה במדוכה של איסור, אין חשש רק משמנונית של איסור, ואין דרך לדוך השמנונית עם דברים החריפים, ע"כ סגי בהגעלה לכו"ע.

ונוהגין ללבנו לכתחלה, מיהו סגי ליה בהגעלה אם אין בו גומות (מהרי"ב) - ר"ל דמן הדין סגי ליה בהגעלה לבד כדעה הראשונה, אך המנהג ללבנו עד שקש וכו', **ואם המדוכה של עץ** - דא"א בליבון, סגי בהגעלה אם הוא חלק שאין בו גומות, (ולכן) **יש לקלפו בכלי אומנות דחייסינן לגומות, ולהגעילו אחר כך (הג"מ)** - דהקילוף לבד אינו מועיל, משום דהבליעה הוא מעבר לעבר, ואינו יוצא אלא ע"י הגעלה.

וכתבו האחרונים, דמדוכות קטנות שלנו, שלעולם אין דכין בהם חמץ, רק כרכום ונעגעליך, או בריחיים של פלפלין שלנו, די בהגעלה לכתחלה אפי' בשל מתכות, **ומ"מ** הגעלה צריכה, דשמא בא לתוכה פעם אחת חמץ משהו, ונבלע בתוכה ע"י חריפות הבשמים שדכו בה אח"כ, **ומצוה** מן המובחר להגעיל ולדוך הכל קודם יו"ט.

ובדיעבד אפילו אם לא הגעיל כלל, ודכו בתוכו תבלין ביו"ט, ונתנו בתוך התבשיל, מצדדים האחרונים להתיר התבשיל, **ובפרט** אם הוא אינו בן יומו, [דבלא"ה יש דעות אפי' בדבר חריף אם הוא אינו בן יומו, להקל בנ"ט בר נ"ט], בודאי אין להחמיר בדיעבד מספיקא, שמא נתערב פירור חמץ בבשמים שדכו בו, או שחתכו הזנגוויל וכיו"ב בסכין של חמץ, דלא מחזקינן איסור מספיקא.

וכ"ז במדוכה שיש בה רק חשש מבליעת מעט חמץ, אבל בהאק מעסער, שידוע שחותכין הבצלים בסכין של חמץ ומניחים אותו בבשר, ומחתכין בהאק מעסער הבשר דק דק, י"ל דאף בדיעבד אסור - ח"א, **ואכן** כפי שנוהגין שנותנין גם חתיכת פת חטים עם הבצלים, וחותכין הכל יחד דק דק, א"כ הוי בלוע מחמץ ממש ביחד עם חריפות הבצלים, בודאי אין להקל בזה.

כתב המ"א, יש ליזהר שלא לחתוך הזנגוויל רק בסכין חדש, ואותן שאינן זהירין בזה יוצא קלקול מזה, שחותכין זנגוויל שהוא דבר חריף בסכין של בשר, ודכין אותו במדוכה, ונמצא המדוכה בלוע מבשר, ואח"כ דכין בתוכו בשמים ואוכלים בחלב.

אות ז'

הני אגני דמחוזא, הואיל ותדירי למילש בהו חמירא, ומשהו בהו חמירא, כבית שאור שחימוצו קשה דמי

סימן תנא סי"ז - [לח]הדף שעורכים עליו כל השנה, וכן [לט]עריבה שלשין בה - ר"ל ג"כ כל השנה, **צריכים הגעלה** - דמשהין העיסות עליהן עד שיחמיץ, ודמי לבית שאור, **ואם** גדולים הם שאין יכול להכניסן בתוך כלי, ילבן אבנים וישימם עליהם, ויתן עליהם רותחין, ויעביר האבן על פני כולם.

אבל אם עורכין ולשין לפרקים, די להם ההכשר בעירוי רותחין, [וזהו מדינא, אבל המנהג להחמיר בכל גווני].

צריכים הגעלה - (והיינו מעיקר הדין, אבל כבר כתב המחבר לעיל בסימן תמ"ב, דאין לסמוך על מה שמנקין אותן ורוחצין אותן בחמין, והיינו מצד הטוב והישר – ב"ח ומאמ"ר, **והמ"א** כתב שם, דהתם מיירי כשהעריבה עשויה מנסרים הרבה, ומשום דא"א לנקות שם בין הסדקין, **וכאן** מיירי הטור והשו"ע בשנעשה מחתיכה אחת, **ולפי"ז** קשה

באר הגולה

[לד] (ע"פ הגר"א) [לה] טור בשם ר"י ורא"ש [לו] רבינו ירוחם וכ"כ בהג' מיימוני [לז] (פלוגתייהו תליה במ"ש פרק כל שעה שם, חוץ מבית שאור כו', ופרש"י אפי' על ידי הגעלה, וערוך ור"י וכל הפוסקים פירשו בלא הגעלה, ועי"ל סכ"ב וה"ה למדוכה – גר"א. **מחלוקת** רש"י ור"י כתב הרא"ש בפרק כל שעה – ב"י, ולא נמצא בפי' רש"י שלפנינו) [לח] טור, וכ"כ הגהות מיימוני [לט] גמרא פסחים ל'

מהרמ"א שסיים: וכבר נתבאר לעיל וכו', משמע דמיירי בחדא גווני, וע"כ דצריך לתירוצו של הב"ח ומאמ"ר הנ"ל, והנה הא"ר הסכים שם לדינא לתירוצו של המ"א, דבנעשה מחתיכה אחת מותר להשהות אחר שניקרו אותו היטב, ומ"מ לענין להשתמש בו בפסח החמיר לכתחלה אפילו לאחר שהגעילו).

הגה: ולא מהני בה קילוף בכלי אומנות, וכן כל דבר שצריך הגעלה לא מהני ליה קליפה (מהרי"ו).

והמנהג שלא להשתמש בפסח בעריבות ודפין שלשין עליהם כל השנה, אפילו ע"י הגעלה - ואם לפרקים, משמע בפוסקים דנוהגין בהגעלה, **וכן עיקר (מרדכי וכל בו)** - והטעם, לפי שא"א לגרדן ולנקותן יפה יפה, שלא ישאר משהו חמץ באיזה סדק שאינו נראה לעין, **וכבר נתבאר לעיל סימן תמ"ב סי"א.**

(**עיין פמ"ג** שמסתפק, אולי יש להתיר ע"י קילוף בכלי אומנות והגעלה, וכמו במדוכה לעיל, **ומלבוש משמע, שמחמיר אפילו ע"י הגעלה** בכל גווני, **ולענ"ד** נראה דיש להכריע, דאם הוא מחתיכה אחת ואין בה סדקים, יש להתיר ע"י קילוף והגעלה, **ואם** הוא נעשה מכמה חתיכות, אין להתיר אפילו ע"י קילוף).

ומזה הטעם נזהרין שלא להגעיל לפסח, חביות שהיו מחזיקים בהם משקה שעושים במדינת רוסיא ממי סובין, שקורין בארש"ט, שמא נשאר בו חמץ בעין מן הסובין, **אא"כ** החזיקו בו מים איזה זמן מתחלה, מותר להגעילו, שהמים ששהו בתוכו הדיחו והעבירו כל החמץ הדבוק בו, ומ"מ צריך לחזור ולנקות היטב קודם הגעלה, **וכן** כלים שמחזיקין בהם קמח כל השנה, ג"כ נוהגין שלא להגעילו מטעם הנ"ל, [**ואפשר** דאם ישרה מקודם פסח כמה ימים, ואח"כ יגעיל, שיש להקל].

ועיין בח"א שכתב, דזה דוקא בכלי שנעשה מחתיכה אחת, אבל העשוים מנסרים הרבה, ככלים שלנו, דידוע שנכנס הזוהמא בין נסר לנסר, לאלו לא מהני הגעלה, אפילו לאחר ששרה במים כמה ימים.

(**והמ"א כתב דטעם המנהג** [של הרמ"א] **הוא, משום דנוהגין כהך דעה דס"ל דלבית שאור לא מהני הגעלה, ואפילו מחתיכה אחת, דהגם דאפשר לנקרה יפה, עכ"פ הבליעה אינה יוצאת ע"י הגעלה**).

(**ולהטעם משום דא"א לנקות, ממילא**) אם הוא כלי מתכות, דאפשר לנקותו יפה, מותר ע"י הגעלה, (וכ"כ באמת הח"י ופר"ח ומקור חיים, **אבל** צ"ע, דהיה להם לחוש להיש מחמירין דלעיל סט"ז, דכתב הרמ"א שם דנוהגין לכתחלה ללבנו, **ואפשר** דעריבה של מתכות שהיא רחבה ודקה, קשה ללבנה דמצוי להתקלקל, לכן מקילינן בהגעלה, דומיא דמיקל הרמ"א שם בכלי עץ, משום דא"א ללבנה, **אבל** היכי דלא תתקלקל, נכון וטוב לכתחלה להחמיר), **ויש** מחמירין, [מ"א לפי טעמו, דנוהגין בבית שאור דלא מהני הגעלה].

אם לאחר הגעלה (בעריבות ובדפין) משים סדין או מפה להפסיק ביניהם, שרי להניח שם אפילו מצות חמות, **וצוננת** מותר אפילו בלא הגעלה, ע"י הפסק מפה, **אבל** ללוש עליהם, אף דהוא צונן, אסור, דכח החימוץ שיש בכלי לישה, הולך דרך הסדין ומחמיץ העיסה שעליה, **ואפי'** אם כבר הגעילם, ג"כ אין נכון להיש מחמירים בסט"ז, **ויש** שכתבו, שראוי לנהוג שלא להשתמש בכלי לישה ע"י הפסק מפה, אפי' בצונן.

אות ח'

נכרי שהלוה את ישראל על חמצו, אחר הפסח מותר בהנאה

סימן תמא ס"א - [מ]א"י שהלוה ישראל על חמצו ומשכנו בידו, ואמר ליה: מעכשיו יהא שלך אם לא אפרע לך לזמן פלוני - ר"ל דאמר ליה: קני לך מעכשיו אם וכו', ולא בתורת שעבוד למשכון בעלמא, **והגיע הזמן ולא פרעו, מותר** - והיינו שהחמץ מותר להסתפק ממנו, והטעם, דכיון דהגיע הזמן ולא פרעו, נקנה לו למפרע, והו"ל חמצו של עכו"ם שעבר עליו הפסח, ומותר אפילו באכילה, [ואפי' אם היה האחריות של גנבה ואבדה על ישראל], **ולהכי** בעינן שיאמר לו "מעכשיו", וגם שיהיה החמץ תחת ידו, דאם לא אמר לו "מעכשיו", הרי היה בפסח החמץ של ישראל, אלא שאח"כ משהגיע הזמן ואילך נקנה להעכו"ם, ואסור אפילו בהנאה לכל ישראל, **וכן** אם לא היה החמץ תחת ידו, לא נקנה לו החמץ כלל אפילו ע"י "מעכשיו", דבמאי קנה, הרי לא משך אצלו.

אמנם אם הקנה לעכו"ם את החמץ בקנין, ומעכשיו אם לא יפרע לזמן פלוני, דעת כמה אחרונים דבזה אפילו נשאר המשכון תחת יד ישראל, מותר, אם התנה ישראל שאין מקבל עליו אחריותו של המשכון, [ובלבד שיקנה בסודר של עכו"ם, ולא בסודר של עדים], **ויש** מי שמחמיר בזה, (**דחשש לדעת רמ"א בחו"מ, ד"מעכשיו" לא מסלק אסמכתא בלי ב"ד חשוב, אא"כ היה תחת ידו ו"מעכשיו", ובאמת אינו מוכח שם כלל דבעינן תחת ידו, רק דבעינן בתורת הלואה ושעשה לו טובה, וא"כ ה"ה הכא היה בתורת הלואה, ושיעבד לו משכנו אף שמונח עדיין ברשותו, אם לא שסובר דכאן גרע, מחמת שמונח ברשות הלוה, וצ"ע**), [**ומ"מ** נראה דבשעת הדחק יש להקל, דהרי החשש זה הוא לענין אחר הפסח שהוא דרבנן, ושומעין להקל, ובפרט בזה שרבו המקילין].

ומ"מ לכתחלה נסתפקו הפוסקים אם מותר לישראל ללוות באופן זה, אפילו בלבו שלא לפדותו, שכיון שבידו לפדותו בפסח, א"כ אפשר דאעפ"כ עובר עליו, **ולכן** ראוי להחמיר ולפדותו קודם פסח, **וכ"ש** כשמכוין בשעת הלואה לפדות אחר הפסח, בודאי אסור, דהו"ל כמטמין בידו, **וכתב** בח"י, אם אמר בשעת ביעור להעכו"ם, שלא יפדהו עוד, שוב אין איסור.

[מא]אפילו לא הגיע הזמן שקבע עד אחר הפסח; דמשהגיע הזמן ולא פרעו, נקנה לו למפרע והו"ל חמצו של א"י - ר"ל אף שבתוך הפסח הדבר היה בספק שמא יפדהו, מ"מ אין לאסור מחמת זה אחר הפסח.

באר הגולה

[מ] משנה פסחים ל' וכאוקימתא אליבא דרבא בדף ל"א הסכמת הפוסקים [מא] טור בשם הראב"ד והרא"ש וכ"כ הר"ן

ומשמע מדעת המחבר שכתב "אפילו", דה"ה אם הגיע הזמן קודם הפסח ולא פדה, ג"כ אין מותר אא"כ אמר לו בשעה שמשכן החמץ בידו, שיהא שלו מעכשיו אם לא יפדהו, **והטעם**, דבלא "מעכשיו" לא קנה הנכרי את משכונו, אפילו הגיע הזמן שקבעו ולא פדה, משום דהו"ל אסמכתא בעלמא, וממילא החמץ של ישראל הוא, ואסור אפילו לאחר הפסח משום חמץ שעבר עליו הפסח, וכ"כ כמה אחרונים, **ויש** מקילין בזה, **ויש** לסמוך עליהם בשעת הדחק, ‹עיין בשעה"צ בסמוך›, **וכ"ז** הוא רק לענין לאסור החמץ אם כבר עבר הפסח, אבל אם הוא עדיין קודם פסח, דהוא חשש דאורייתא, בודאי יש לחוש לדעת המחמירים, דהוא רק אסמכתא, וע"כ יראה להחליטו להעכו"ם בשעה שהגיע זמן של הביעור.

וכתבו האחרונים, דהא ד"מעכשיו" מהני, היינו דוקא כמו בנידון דידן, שהלוהו מעות והחמץ היה בתורת משכון, ובזה אמרינן ד"מעכשיו" מהני, דבודאי נתרצה להקנות לו באמת, שהרי עשה לו טובה והלוהו, **אבל** בלי הלואה רק בתנאי בעלמא, כגון שמסר לו חמצו, ואמר לו: אם לא אעשה לך דבר פלוני קודם פסח יהא החמץ שלך, ולא קיים התנאי, אע"פ שא"ל "מעכשיו", ג"כ הוי אסמכתא להרבה פוסקים, אא"כ הקנה בב"ד חשוב, וכפי המבואר בחו"מ, והחמץ עדיין של ישראל הוא, **וצריך** לתת את החמץ לעכו"ם במתנה גמורה קודם הפסח, **מיהו** בדיעבד אם עבר עליו הפסח, נראה שאין להחמיר לאסור החמץ, [**משום** דלדעת הראב"ד אין דין אסמכתא כלל בא"י, **גם** לדעת המחבר בחו"מ, "מעכשיו" מסלק אסמכתא תמיד, אפי' בלא ב"ד חשוב, **ובפרט** בזה דהמשכון תחת ידו, דאפשר היכי דאיכא תרתי למעליותא גם הרמ"א מודה, **וכבר** כתבו האחרונים, דכל היכא דאיכא פלוגתא, מקילינן בלאחר הפסח].

ומסתפק המג"א, בלא אמר לו "מעכשיו" דאסור החמץ לעולם, אי מחויב לפדותו מן העכו"ם לאחר הפסח ולבערו, דאל"כ הרי מתהנה, שפורע חובו להעכו"ם באיסורי הנאה, **ובבית** מאיר ובספר מקור חיים הסכימו להיתר, שהרי אינו פורע חובו בידים, רק הוא נשאר ביד העכו"ם מאליו, ומה שאין העכו"ם תובעו בשביל זה, הנאה דממילא הוא, ולית לן בה, [**ולדעתי** בלא"ה הרי הפקעת הלואתו ידוע שהוא מותר, ובפרט בכגון זה שאינו תובעו, ולהכי אין זה בכלל פורע חובו], **אמנם** בחמץ ביד ישראל ושיעבדו לנכרי, ועבר עליו הפסח דאסור בהנאה, בזה פשיטא דאסור ליתנו להעכו"ם, דזה הנאה ממש הוא.

אות ט'

וישראל שהלוה את נכרי על חמצו... אסור בהנאה

סימן תמ"א ס"ב - [מב]ישראל שהלוה לא"י על חמצו, אם משכנו בידו ואמר ליה: [מג]מעכשיו, והגיע הזמן אפילו אחר הפסח ולא פרעו, אפי' אין אחריותו עליו, אסור, משום דקני ליה למפרע - והו"ל חמץ של ישראל שעבר עליו הפסח, דאסור בהנאה משום דעבר בב"י, **ודוקא** משכנו בידו, דאל"ה לא נקנה לו המשכון, שהרי לא משך, **אם** לא שהקנהו לישראל בקנין המועיל ומעכשיו, וכנ"ל בס"א.

וד"ע, דהמחבר נקט דיניה לענין איסור החמץ ובלאחר הפסח, **וה"ה** קודם הפסח לענין איסור בל יראה, שמחויב לבערו או למכור חמץ זה בזמן המכירה כשאר חמץ שלו, [**ואע"פ** שעכשיו עדיין אינו מבורר אם ישאר שלו, מהני המכירה], דשמא לא יפדה העכו"ם כשיגיע הזמן שקבעו, ונמצא למפרע שהחמץ היה שלו, ועובר עליו בבל יראה, [**ועיין** בא"ר שמצדד, דאם ביטל קודם פסח ולא ביערו, ועבר עליו הפסח, דמותר, וקילא בזה מחמץ של ישראל דלא מהני ביטול להתיר, **והח"י** מיאן בזה].

(**והוא דעת כל האחרונים, דמחויב לבערו קודם הפסח, דלא כמג"א,**

והאחרונים כתבו לקיים דברי מג"א, דא"צ לבער ולהפסיד המשכון בידים, ולהפסיד חובו, ומוטב לו להמתין עד שיגיע הזמן שקבע לו העכו"ם, ושמא ישלם לו חובו ויפדה משכונו, ואם יראה אז שבעוד מעט יכלה הזמן והוא אינו פודה, יכול אז למחול לו חובו, ולומר: הריני כאילו התקבלתי, ודמי כמו שפרע העכו"ם, ואיגלאי מילתא שהמשכון היה של עכו"ם, ולא עבר בב"י, אך אפשר דיש לחוש שמא ישכח לעשות תקנה זו קודם שהגיע הזמן, ויבא לידי בל יראה, אלא דבאמת יש לעשות תקנה זו בע"פ, דהיינו שימחול את החוב בפני ב"ד או בפני עדים שלא בפני העכו"ם, דג"כ הוי מחילה, וממילא אין המשכון שלו, וא"כ אף כשיגיע הזמן ולא פדאו, לא עבר על בל יראה, והמשכון ישאר תחת ידו, ובאופן זה יהיה גם החמץ מותר לו לאחר הפסח, אלא דאפשר דהוי כהערמה).

ואם עבר ולא ביערו, ובא העכו"ם תוך הפסח לפדותו, רשאי לקבל ממנו המעות ולהניחו שיטול חמצו.

אבל אם לא אמר ליה: מעכשיו, ואין אחריותו עליו, מותר - דקיי"ל ישראל מנכרי, ונכרי מישראל, לא קני משכון, ונמצא שלא היה ברשותו עד לאחר הפסח, **ואפי'** אם נראה מדעת הנכרי שדעתו לשקוע בידו, אפ"ה אינו עובר עליו כל זמן שלא מכרו לו בפירוש.

ואין אחריותו עליו - דאי אחריותו עליו, בלא"ה אסור, דלא גרע מאם היה חמץ של עכו"ם אצלו בפקדון בעלמא באחריות, דעובר עליו, וכדלעיל סי' ת"מ.

ומשמע מדעת המחבר, דה"ה בכלה זמנו קודם הפסח ולא פרעו, [מדכתב "אפי' הגיע זמן אחר הפסח", משמע דה"ה קודם פסח], ג"כ מותר החמץ לאחר הפסח, אם לא אמר ליה "מעכשיו", דאסמכתא לא קניא, ‹כל זמן שלא באו לב"ד ואוקמי למשכונא בידיה›, **וכבר** כתבנו לעיל, דיש מי שחולק על זה, דאין זה אסמכתא, ולדעה זו נעשה חמץ של ישראל, וצריך למוכרו קודם הפסח או לבערו, ויש ליזהר בזה, דרבים עומדים בשיטה זו, **אכן** אם עבר עליו הפסח, אפשר שיש לסמוך אדעת המחבר בזה, ומותר וכנ"ל בס"א.

וכ"ז באם היה המשכון בין ישראל לנכרי, אבל ישראל הממשכן ביד ישראל חבירו, אפילו בלי "מעכשיו", נמי קני המלוה, ועובר עליו, משום דישראל מישראל קונה משכון, **ועיין** לעיל סוף סימן ת"מ, דגם הלוה עובר, כיון דגוף החמץ שלו.

באר הגולה

מב שם במשנה | מג כ"כ הרא"ש וכן פסק הטור

§ מסכת פסחים דף לא. §

אות א'

מוסיף עוד דינר ופודה את הנכסים האלו

רמב"ם פ"ז מהל' ערכין וחרמין הט"ז - וכיצד פודין קרקע זה, משביעין את האשה או בעל חוב תחלה כדרך כל הבא ליפרע מנכסים משועבדים, ואח"כ מכריזין עליהם ששים יום בבקר ובערב כמו שבארנו, ואומדין כמה אדם רוצה ליתן בשדה על מנת ליתן לאשה כתובתה ולבעל חוב את חובו, ואחר שפודין אותה ולוקח אותה הלוקח אפילו בדינר, כדי שלא יאמרו הקדש יוצא בלא פדיון, חוזר הפודה ומגבה לאשה כתובתה או לבעל חוב את חובו, אפילו היה החוב מאה והשדה שוה תשעים, על מנת כך פודה אותה הרוצה לפדותה.

אות ב'

ראובן שמכר שדה לשמעון באחריות וזקפן עליו במלוה וכו'

רמב"ם פי"א מהל' מלוה ולוה ה"י - ראובן שמכר שדה לשמעון באחריות, וזקף שמעון דמי השדה עליו מלוה לראובן, ומת ראובן, ובא בעל חוב של ראובן לטרוף משמעון השדה, ופייסו שמעון במעות והלך לו, הדין נותן שיבאו יורשי ראובן ויתבעו שמעון במלוה שזקף עליו, שהרי אינה משועבדת לב"ח של ראובן; לפיכך אם היה שמעון פקח, נותן להן הקרקע שלקח מראובן במלוה שזקף על עצמו, וחוזר וטורף אותה מהן, מפני המעות שנתן לב"ח של ראובן כדי שלא יטרוף אותה ממנו, שהרי באחריות לקחה מראובן.

אות ג'

יתומים שגבו קרקע בחובת אביהם, בעל חוב חוזר וגובה אותה מהן

חו"מ סימן קז ס"א - מצוה על היורשים לפרוע חוב אביהם, וכופים אותם בכך כמו שכופים את אביהם. במה דברים אמורים, כשהניח קרקעות; אבל אם לא הניח אלא מטלטלים, אין כופין אותם לפרוע חוב אביהם מהם, אבל מצוה עליהם לפרוע חוב אביהם מהם; זהו מן הדין, אבל הגאונים תקנו שיהא בעל חוב גובה מהיורשים מטלטלים שהניח אביהם; הילכך כופין אותם לפרוע חובות אביהם, אפילו הוא מלוה על פה, אף מהמטלטלים שהניח אביהם, אפילו קנאם הלוה אחר שלוה ולא כתב: דאיקני, (ע"ל סי' קי"ח) דיורש במקום אביו קאי; וכן חייבים לפרוע חוב אביהם ממלוה שהיתה לאביהם ביד אחרים, בין גבו קרקע בין גבו מעות - ‹אבל לדינא דגמרא דוקא אם גבו קרקע היו חוזרין וגובין מהן - סמ"ע›.

אות ד'

מנין לנושה בחבירו מנה וחבירו בחבירו, שמוציאין מזה ונותנין לזה

חו"מ סימן פו ס"א - ראובן שנושה ק' בשמעון, ושמעון בלוי, מוציאין מלוי ונותנין לראובן, לא שנא אם נתחייב לו כבר לשמעון בשעה שלוה מראובן, לא שנא נתחייב לו אחר כך; ואין חילוק בזה בין מלוה בשטר למלוה על פה, כיון ששני הלווים מודים כל אחד למלוה שלו, מוציאין מלוי ונותנים לראובן; בכל ענין שיתחייב לוי לשמעון, בין דרך הלואה שהלוה לו, בין דרך מקח וממכר, בין דרך שכירות.

אות ד'*[א]

אבל נכרי שהלוה לישראל על חמצו, לאחר הפסח ד"ה עובר

סימן תמ ס"ד - [ב]ישראל שהפקיד חמצו אצל ישראל חבירו או אצל הא"י, אע"פ שקבל עליו הנפקד אחריות, עובר עליו [ג](אף) המפקיד - "אף המפקיד" כצ"ל, דהנפקד ג"כ עובר אף שאינו שלו, דהא קיבל עליו אחריות, ויש לו שייכות בגוה, וכההיא דלעיל ס"א.

אף המפקיד - שהרי מ"מ גוף הממון הוא שלו, ולא אמרו לעיל בס"א דקבלת אחריות נחשב כשלו, אלא לענין זה, דע"י קבלת אחריות יש לו שייכות וזכות בגוה, אע"ג שאינו שלו בעצם, ומשום זכות זה חייביה רחמנא בביעור, **אבל** בהיפוך, היכי שהדבר הוא שלו, רק שאחר קיבל עליו אחריות, בזה אין סברא לומר דהחמץ נפקע מרשותו ע"י קבלת אחריות של אחר.

(**והרא"ש כתב עוד:** ואע"ג דכתיב "בתיכם", כיון דהשאיל לו הנפקד ביתו לשמירת ממונו דמפקיד, קרינן ביה "בתיכם" דמפקיד, ע"כ, **והוציא** מזה הגר"ז בשו"ע שלו, דאם הניח אדם חמצו ברשות חבירו שלא מדעתו, שלא השאיל לו מקום בחצירו להניח שם חמצו, אינו עובר עליו מן התורה, כיון שאינו מונח לא בביתו ולא ברשותו של בעל החמץ, אלא שמדברי סופרים חייב לבערו, **וע"ש** שמפקפק שם על דברי הט"ז, שמוכח ממנו בהיפך מדעתו, ועיין בפמ"ג שאין דעתו כן, וכן במקו"ח ג"כ מצדד כט"ז, **וצ"ע**).

באר הגולה

[א] ‹ע"פ הגר"א וז"ל: כמ"ש ל"א א' אבל א"י שהלוה לישראל על חמצו, ד"ה עובר כו'. ומוקי הגמ' בשהרהינו אצלו, ומשום דא"י מישראל לא קנה, ואף דאחריות על הא"י, דסתם משכון הוי כנגד מעותיו שומר שכר - דמשק אליעזר› [ב] טור בשם רבינו יונה והרא"ש והרמב"ם [ג] כן מוכרח בדבריו, שהרי כתב בס"א, שאם קיבל עליו הנפקד אחריות דעובר עליו וחייב לבערו, וכן פסק הב"ח ע"ש

ואתי מלוה ופריק *דתנן אמוסיף עוד דינר ופודה את הנכסים האלו כי פליגי דזבין מלוה וקדיש מלוה אביי אמר למפרע הוא גובה כיון דמטא זמניה ולא פרעיה איגלאי מילתא למפרע דמעיקרא ברשותיה הוה קאי ושפיר אקדיש ושפיר זבין ורבא אמר מכאן ולהבא הוא גובה כיון דאילו הוו ליה זוזי הוה מסליק להו בזוזי אישתכח דהשתא קא קני ומי אמר רבא הכי *והאמר רמי בר חמא בראובן שמכר שדה לשמעון באחריות וזקפן עליו במלוה ומת ראובן ואתא בעל חוב דראובן וטריף ליה משמעון ואתא שמעון ופייסיה בזוזי דינא הוא דאתו בני ראובן ואמרי ליה לשמעון אנן מטלטלי שבק אבון גבך ומטלטלי דיתמי לבעל חוב לא משתעבדי ואמר רבא אי פיקח שמעון מגבי להו ארעא והדר גבי לה מינייהו *דאמר רב נחמן גיתומים שגבו קרקע בחובת אביהם בעל חוב חוזר וגובה אותה מהן אי אמרת בשלמא למפרע הוא גובה אמטו להכי חוזר וגובה אותה מהן דכמאן דנגבו מחיים דאבוהון דמי אלא אי אמרת מכאן ולהבא הוא גובה אמאי חוזר וגובה אותה מהן הא הוי כמאן דזבין יתמי נכסי דמי ואילו קני יתמי נכסי מי קא משתעבדי לבעל חוב שאני התם דאמר להו כי היכי דמשתעבדנא ליה לאבוכון משתעבדנא נמי לבעל חוב דאבוכון מדר' נתן *דתניא רבי נתן אומר דמנין לנושה בחבירו מנה וחבירו בחבירו שמוציאין מזה ונותנין לזה ת"ל הונתן לאשר אשם לו תנן נכרי שהלוה את ישראל על חמצו אחר הפסח מותר בהנאה אי אמרת בשלמא למפרע הוא גובה אמטו להכי מותר בהנאה אלא אי אמרת מכאן ולהבא הוא גובה אמאי מותר בהנאה ברשותא דישראל הוה קאי הכא במאי עסקינן כשהרהינו אצלו לימא כתנאי ישראל שהלוה לנכרי על חמצו לאחר הפסח אינו עובר משום רבי מאיר אמרו עובר מאי לאו בהא קמיפלגי דמר סבר למפרע הוא גובה ומר סבר מכאן ולהבא הוא גובה ותסברא אימא סיפא אבל נכרי שהלוה לישראל על חמצו לאחר הפסח דברי הכל עובר והא איפכא מיבעי ליה למאן דאמר התם אינו עובר הכא עובר למאן דאמר התם עובר הכא אינו עובר אלא

תורה אור: במדבר ה

רש"י

ואתי מלוה ופריק. מן ההקדש בדבר מועט כדי שלא יאמרו הקדש יוצא בלא פדיון וגובה חובו כדתנן בערכין בפרק שום היתומים הקדיש בתשעים מנה והיה חובו מאה מנה מוסיף מלוה זה על הלואתו דינר ופודה את הנכסים הללו מיד הקדש בדינר זה ונוטלן בחובו ודינר דיהיב מפרש טעמא התם שלא יאמרו הקדש יוצא בלא פדיון ואף על גב דאמר רבא (כתובות דף נט:) הקדש חמץ ושיחרור מפקיעין מידי שיעבוד דוקא קדושת הגוף קאמר רבא כגון קונמות או בהמה לקרבן או בגד שפירסו על המת כי ההיא דיבמות (דף סו:) גבי אילמלא דמילתא דפירסוה יתמי אמיתנא דהוה משתעבד לכתובת האשה דאמר רבא קנייא מיתנא אבל קדושת דמים לא אמרינן: **כי פליגי דאקדיש מלוה.** בתוך הזמן את הקרקע המשועבד לו ולא הקדיש את החוב אלא הקרקע והשתא כשהגיע הזמן ולא פרעו זה והוא בא לגבותה מן הלוה חוזר בו מן ההקדש: **כיון דאילו הוו ליה זוזי.** ללוה ביום הזמן הוה מסלק ליה למלוה מן הקרקע בזוזי אישתכח שלא היה הקרקע קנוי לו עדיין אלא עכשיו כשהוא גובה אותה בחובו היא נקנית לו: **באחריות.** שאם יטלנה בעל חוב דראובן משמעון בשביל חוב שיעבדה לו ראובן ישלם לו ראובן זה מעותיו לשמעון ולא היו לו נכסים עוד על דבר אחריות זה: **וזקפן עליו במלוה.** שלא היו מעות לשמעון שפסק על שדה זו וכתב לראובן שטר עליהן ושיעבד נכסיו לו עליהן: **ומת ראובן.** המוכר ובא בעל חובו וטורפה משמעון ועדיין לא נתן שמעון המעות לראובן ולא ליתומיו ופייסיה שמעון לבעל חוב דראובן באותן המעות: **דינא הוא.** אע"ג דאבוהון קביל עליה אחריות מכירה זו אפילו הכי יכולין בני ראובן לבא על שמעון ולומר אנן מטלטלי שבק אבון גבך לא היית חייב עליו אלא מעות ולא היה לך ליתנן לבעל חוב ולא לעכבן בשביל אחריות מכירתך דמטלטלי דיתמי לא שיעבדום חכמים לבעל חוב דקרקע של יתומים הוא דאמרינן בעל חוב גובה אותה בחובת אביהן משום דמחיים חל שיעבודא עליהן אבל על מעות שלא היו בעין לא חייל שיעבודו מחיים עליהן וכשהן בעין אין כאן לוה ולבעלי המעות דהיינו יתומים לא הלוה זה כלום: ואמר רבא גרסינן: **אי פיקח.** זה שמעון יטעון ויאמר להם אין לי מעות לפרוע לכם אלא קרקע יש לי ונותנה להם בחובותם וחוזר וגובה אותם מהם בשביל אחריות מכירה שקבל אביהן עליו דהשתא כי אגבי להו הא ארעא איגלאי מילתא דלאו מטלטלי הוא דשביק גביה אלא קרקע: **בעל חוב.** אחר של אביהן חוזר וגובה אותה מהן אלמא אמרינן הנוטל קרקע בחובו מאותה שעה שנתן לו המעות נקנית לו: **אא"ב.** אמרינן איגלאי מילתא למפרע שהיתה קנויה לאביהן קרקע זה שגבו בחוב אביהן משום הכי בע"ח אחר של אביהן חוזר וגובה אותה מהן דכמאן דגבי לה מחיים דאבוהון דמי: **אלא אי אמרת.** כל הגובה קרקע בחובו אינה קנויה לו אלא מגבייה ואילך אמאי בעל חוב אחר חוזר וגובה אותה מהן לא יהא דבר זה אלא כמי שקנו יתומים קרקע במעות שלהן מי הוה משתעבדא לבעל חוב: **שאני התם דאמר להו כי היכי דמשתעבדנא לאבוכון משתעבדנא נמי לבעל חוב דאבוכון מדרבי נתן.** לעולם מכאן ולהבא הוא גובה ומאי דאמר רב נחמן בעלמא בעל חוב חוזר וגובה אותה מהן משום דאמר להן בעל חוב ליתומים מכח מי באתם וגביתם קרקע זו מכח שיעבוד של אביכן וכי היכי דמשתעבדא לאבוכון קרקע זו של לוה שלוה מאביכם משתעבדא נמי לדידי שהייתי מלוה של אביכן והמחויב לו כלום משועבד לי מדרבי נתן הלכך קדם שיעבודי עליה אפי' אצל לוה שהיתה ברשותו ושמעון נמי אמר להו לבני ראובן כי היכי דהוי נכסיי משועבדין לאביכם בשביל חובו היו משועבדין גם לבעלי מכח אביכן שהיה לוה אצלי מחמת אחריות המכירה מדר' נתן דמה לי אני מה לי אחר הלכך אע"פ שלא היתה קנויה לאביכם מחיים חל שיעבודי עליה אצל עצמי: **לאשר אשם לו.** לאשר הלוהו לא נאמר אלא לאשר אשם לו לאשר הקרן שלו בבבא קמא *אמרינן אשם זה קרן: **תנן נכרי שהלוה כו'.** קס"ד השתא בשלא מסרו לו אלא שיעבדו לו כשאר לווים שאם לא אתן לך עד יום פלוני בא לביתי וגבה מחמץ זה: **כשהרהינו אצלו.** בביתו של נכרי נתנו קס"ד השתא דטעמא משום דהוה ליה תורת משכון ובעל חוב קונה משכון: **ישראל שהלוה את הנכרי על חמצו.** קודם הפסח לאחר הפסח אינו עובר אם נהנה ממנו: **מאי לאו.** בשלא הרהינו ובהא קמיפלגי דת"ק סבר מכאן ולהבא הוא גובה כו': **אימא סיפא דברי הכל עובר.** ואי טעמא משום להבא ולמפרע הוא איפכא הוה לן לאפוכי פלוגתייהו בהא ולא לאשווי דעתייהו דלמאן דאמר לעיל ברישא עובר אלמא למפרע הוא גובה הכא הוה ליה למימר אינו עובר משום דבשעת הלואה קם ליה ברשות נכרי ולמאן דאמר התם כו': אלא

תוספות

באחריות. שלא באחריות פשיטא דיתן ליורשיו אפילו לא זקפן עליו במלוה אבל באחריות קמ"ל דה"א יעכבם לעצמו דה"ל כתופס מחיים קמ"ל דלא חשיב ליה כתופס מחיים כיון דזקפן עליו במלוה: **ופייסיה בזוזי.** רבותא נקט אף על פי שנתן מעות לא מלי למימר המעות שנתחייבתי לאביכם נתתי לו: **משתעבדנא לב"ח דאבוכון מדרבי נתן.** וא"ת גבי מטלטלים נמי נימא הכי ונראה לר"י דדוקא גבי קרקע שייך למימר הכי דבת שיעבוד היא דכשהקרקע זו משועבדת לראובן חשבינן ליה כאילו היא בידו דהא אם מכרה או משכנה חוזר ראובן וגובה אותה ולכך משועבדת נמי לבע"ח אבל מטלטלים אין להחשיבם כאילו הם ביד ראובן כיון שאילו מכרם או משכנם אין גובה מהן ומכאן יש להוכיח דהלכה כרבי נתן דהא רבא קאי כוותיה בשמעתין: אלא

מסורת הש"ס

ערכין כג:

כתובות נג.

ב"ק מג. כתובו' נג. קי. ב"ב קכה.

קדושין סו. כתובות יט. ופנ. גיטין לז. ב"ק מ:

[דף קי.]

עין משפט נר מצוה

פא א מיי' פ"ז מהלכות ערכין הלכה עז :

פב ב מיי' פי"א מהל' מלוה הלכה י סמג עשין לד :

פג ג מיי' שם הלכה ט וסמג שם טוש"ע ח"מ סי' קז סעיף א :

פד ד מיי' פ"ב שם הלכה ו סמג עשין לג טוש"ע ח"מ סי' פו סעיף א :

רבינו חננאל

אקדיש לוה אתי מלוה ופריק להנהו נכסי דתנן בערכין פ"ו מוסיף עוד דינר ופודה את הנכסים האלו ומקשי' ומי אמר רבא הכי והאמרי' ראובן שמכר שדה לשמעון באחריות וזקפן עליו במלוה ומת ראובן ואתי בעל חוב למטרף משמעון ופייסיה שמעון בזוזי דינא הוא דלימרו בני ראובן אנן מטלטלי שבק אבון גבך כלומר האי מלוה דאית לאבונא גבך מטלטלי הוא ומטלטלי לבעל חוב לא משתעבדי אמר רבא ואי שמעון פקח הוא מגבי להו ליתמי קרקע בחובייהו והדר שמעון תבע להו באחריות דקבל עליה אבוהון וטרף ליה להאי ארעא מדרב נחמן דאמר יתומים שגבו קרקע בחובות אביהם בעל חוב חוזר וגובה מהן אי אמרת בשלמא רבא סבר למפרע הוא גובה שפיר דאמרינן מחיי אבוהון הות קניא הא ארעא דגבו להו בגיה אלא אי אמרת מכאן ולהבא הוא גובה וכאלו זבני יתמי האידנ' ארעא [ומי] משתעבדא לבעל [חוב] דאבוהון ושני' הכא טעמא אחרינא היא דאמר להו שמעון ליתמי דראובן בההיא שעתא דזקפי עלי אבוכון מלוה כי היכי דאשתעבדי לאבוכון הכי אשתעבדי לבעל חוב דיליה כדר' נתן דתני מנין שמוציאין מן הלוה של ראובן ונותנין למלוה של ראובן שנאמר ונתן לאשר אשם לו ואקשי' לרבא ממתני' דקתני נכרי שהלוה את ישראל על חמצו כו' אי אמרת למפרע הוא גובה היינו דמותר בהנאה דאמרי' מההיא שעתא דיזיף ישראל מנכרי על חמצו [לאו]ברשו' ישראל קאי וחמץ של נכרי קרינא ביה לפיכך שרי אלא אי אמרת מכאן ולהבא וכו' ושני' בשהרהינו אצל הנכרי: נימא כתנאי ישראל שהלוה את נכרי על חמצו וקבע לו זמן לפרעו אחר הפסח אינו עובר עליו משום ר' מאיר אמרו עובר מאי לאו בהא קא מיפלגי וכו' ופשוטה:

אלא הכא במאי עסקינן כגון שהרהינו אצלו וקמיפלגי בדר' יצחק *דא"ר יצחק "מנין לבעל חוב שקונה משכון שנאמר "ולך תהיה צדקה אם אינו קונה משכון צדקה מנין מכאן לבעל חוב שקונה משכון ת"ק סבר הני מילי ישראל מישראל הוא דקרינא ביה ולך תהיה צדקה אבל ישראל מנכרי לא קני ור"מ סבר קל וחומר ישראל מישראל קני ישראל מנכרי לא כל שכן אבל נכרי שהלוה את ישראל על חמצו אחר הפסח דברי הכל עובר התם ודאי נכרי מישראל לא קני תנן נכרי שהלוה (א) ישראל על חמצו אחר הפסח מותר בהנאה נהי נמי דהרהינו אצלו הא אמרת נכרי מישראל לא קני לא קשיא "הא דאמר ליה מעכשיו הא דלא אמר ליה מעכשיו ומנא תימרא דשני ליה בין היכא דאמר מעכשיו ובין היכא דלא אמר מעכשיו דתניא נכרי שהרהין פת פורני אצל ישראל אינו עובר ואם אמר לו הגעתיך עובר מאי שנא רישא ומאי שנא סיפא אלא לאו שמע מינה שאני היכא דא"ל מעכשיו להיכא דלא אמר ליה מעכשיו שמע מינה ת"ר *חנות של ישראל ומלאי של ישראל ופועלי נכרים נכנסין לשם חמץ שנמצא שם אחר הפסח אסור בהנאה ואין צריך לומר באכילה חנות של נכרי ומלאי של נכרי ופועלי ישראל נכנסין ויוצאין לשם חמץ שנמצא שם אחר הפסח מותר באכילה ואין צריך לומר בהנאה: **מתני'** *חמץ שנפלה עליו מפולת הרי הוא כמבוער רבן שמעון בן גמליאל אומר כל שאין הכלב יכול לחפש אחריו: **גמ'** אמר רב חסדא "וצריך שיבטל בלבו תנא כמה חפישת הכלב שלשה טפחים אמר ליה רב אחא בריה דרב יוסף לרב אשי הא דאמר שמואל *כספים אין להם שמירה אלא בקרקע מי בעינן שלשה טפחים או לא אמר ליה הכא משום ריחא בעינן שלשה טפחים התם משום איכסויי מעינא הוא ולא בעי שלשה וכמה "אמר רפרם בר פפא מסיכרא טפח: **מתני'** האוכל תרומת חמץ בפסח בשוגג משלם קרן וחומש במזיד פטור מתשלומין ומדמי עצים: **גמ'** תנן התם *"האוכל תרומה בשוגג משלם קרן וחומש "אחד האוכל ואחד השותה ואחד

רש"י

אלא. רישא וסיפא כשהרהינו אבל בלא הרהינו דכולי עלמא מכאן ולהבא הוא גובה: **קונה משכון.** כל ימי הלואה המשכון קנוי לו ואם נאנס חייב באונסין שאינו עליו לא כשומר חנם ולא כשומר שכר שפטורין באונסין אלא כולו ברשותיה ובשמירתו עומד: **ולך תהיה צדקה.** בהשבת העבוט כתיב אי אמרת קונה משכון איכא צדקה בהא שכיבה ששכב בשמלתו שהשאיל לו זה דבר הקנוי לו ואם אינו קונה צדקה בהשכבה זו מניין על שלו שכב: **אבל ישראל מנכרי לא.** הלכך לא עבר עליה דאמר מר (לעיל דף כט.) אבל אתה רואה של אחרים: **תנן נכרי שהלוה וכו'.** ואותיבנא לרבא לעיל ושנינן בשהרהינו אצלו והא אמרת השתא דברי הכל נכרי מישראל לא קני: **לא קשיא.** מתניתין דאמר ליה כשהרהינו אצלו אם לא אתן לך עד יום פלוני יהא שלך מעכשיו הלכך נכרי שהלוה את ישראל קם ליה חמץ ברשות נכרי וישראל שהלוה את הנכרי קם ליה ברשות ישראל ברייתא דלא אמר ליה מעכשיו אלא כשאר משכון כתנו לו וקבע לו זמן שאם לא יפרע לו יגבה חובו ממשכונו וישום אותו בדמים הלכך בנכרי שהלוה לישראל דברי הכל אפילו לא פרע ליה אסור לישראל ליהנות ממנו דכל ימות הפסח של ישראל היה דמכאן ולהבא הוא גובה ואי משום דהרהינו נכרי מישראל לא קני וישראל שהלוה פליגי מאן דאסר סבר כיון שהרהינו בעל חוב קונה משכון וליכא למימר הכא מכאן ולהבא גובה ומאן דשרי קסבר ישראל מנכרי ליכא צדקה ולא קני משכון: **ומנא תימרא.** דאפילו כשהרהינו שאני לן בין אמר מעכשיו ללא אמר מעכשיו: **פת פורני.** פת גדולה האפויה בתנור גדול כעין תנורים שלנו שהתנורים שלהם היו קטנים ומיטלטלין ופיהם למעלה ומדביקין הפת בדפנות שאין אופין בה אלא פתים קטנים ואורחא דמילתא נקט דאיידי דחשיבי שקיל ליה במשכון: **אינו עובר.** בפסח דקסבר ישראל מנכרי לא קני משכון: **הגעתיך.** מעכשיו קאמר אם לא אפרע לך עד יום פלוני עובר ואף על פי שלא הגיע הזמן שמא כשיגיע לא יפרע ונמצא עובר למפרע בבל יראה: **מאי שנא רישא כו'.** אי הגעתיך לאו מעכשיו הוא מאי קא מהני בלאו הגעתיך כמי כי מטא זמניה ולא פרע שקיל ליה בחובו: **ומלאי של ישראל.** פת ויין הנמכר בתוכה: **אסור בהנאה.** דלא תלינן ליה בפועלין אלא מן של מלאי היה ושל ישראל הוא: **גמ' צריך שיבטל בלבו.** שמא יפקח הגל במועד ונמצא עובר עליו: **כספים.** של פיקדון אין להם שמירה אלא בקרקע ואם לא נתנן בקרקע ואבדו פשיעה היא אצלו וחייב דשומר חנם חייב בפשיעה: **משום ריחא.** שהכלב מריחו ומחטטו ומוציאו: **מסיכרא.** מקום: **מתני' בשוגג.** ששגג בתרומה ואפילו הזיד בחמץ משלם קרן וחומש ואף על גב דלא הוה שויא מידי דחמץ בפסח אסור בהנאה מיהו שוגג דתרומה דכתיב ביה וחמישיתו יוסף עליו ונתן לכהן את הקודש דבר הראוי להיות קודש שאינו יכול לשלם לו המעות אלא הפירות והתשלומין נעשין תרומה כדלקמן לאו לפי דמים משלם אלא לפי מדה משלם הלכך לאו בתר דמים אזלינן: **במזיד.** שהזיד בתרומה אפילו שגג בחמץ פטור מן התשלומין: **ומדמי עצים.** אם תרומה טמאה היא אין משלם לו דמי עצים שהיתה ראויה להיסק תחת תבשילו משום דתרומה מזיד אין בה חומש ואין תשלומיה לכפרה ואין נעשין תרומה דגבי חומש בשגגה כתיב אבל מזיד אינו אלא כשאר גזלן בעלמא ומשלם מעות ולפי דמים ולא לפי המדה וחמץ בפסח לאו בר דמים דאסור בהנאה ואף להיסק לא הוי חזי ליה ולאו מידי אפסדיה:

ואחד

תוספות

אלא הב"ע שהרהינו אצלו וקמיפלגי בדרבי יצחק. תימה לריב"א אביי היאך יתרץ הך דע"כ בדרבי יצחק קמיפלגי וסיפא דקתני נכרי שהלוה את ישראל על חמצו אמאי דברי הכל עובר אע"ג דלא קנה כיון דלמפרע הוא גובה ורישא נמי אמאי אינו עובר למ"ד כיון דלמפרע הוא גובה ומפרש ריב"א דהשתא כי מוקי פלוגתא בדרבי יצחק מיירי שלא בא ישראל לידי גבייה שפדאו נכרי לבסוף דלא שייך השתא פלוגתא דאביי ורבא כלל אלא בהא קמיפלגי דלמאן דאמר עובר ס"ל דקני ליה ישראל מנכרי וה"ל ברשות ישראל ומ"ד אינו עובר ס"ל דלא קני ליה והרי לא היה ברשותו ובסיפא ד"ה עובר דלא קני ליה נכרי לכ"ע והרי היה ברשות ישראל ומיהו מתניתין דקתני נכרי שהלוה וכו' מותר בהנאה מיירי שלא פדאו ישראל דאי פדאו אע"ג דמוקי לה בסמוך בדאמר ליה מעכשיו מכל מקום מאי מהני: **בדרבי** יצחק קמיפלגי. תימה הא ר' יצחק לא קאמר דקני משכון אלא שלא בשעת הלואה כדמוכח בהאומנין (בבא מציעא פב.) והכא ישראל שהלוה לנכרי על חמצו תנן דמשמע בשעת הלואה כדמשמע בהאומנין* דקתני הלוהו [דף פא:] על המשכון שומר שכר והתניא שומר חנם ומשני הא דמשכנו בשעת הלואתו והא שלא בשעת הלואתו ופריך והא אידי ואידי על המשכון קתני ויש לומר דהכי פירושו כיון דשלא בשעת הלואה קונה לגמרי כדרבי יצחק א"כ לענין חמץ יש לנו לחושבו כאילו הוא שלו לעבור בלא ימלא אף בשעת הלואה דחשבינן ליה מלוי וכן יש לפרש בהשולח (גיטין לז.) גבי המלוה על המשכון אינו משמט מדרבי יצחק כיון דקני ליה שלא בשעת הלואה בשעת הלואה כמי מיקרי של אחיך בידך: **שקונה** משכון. פ"ה קונה משכון לענין חיוב אונסין ור"י אומר דבהאומנין (ב"מ פב.) משמע דלא הוי אלא שומר שכר דהלוהו על המשכון שומר שכר בעי למימר התם בגמרא דסבר לה כרבי יצחק וכולה שמעתא חמצו של נכרי ביד ישראל איירי שלא קבל עליו ישראל אחריות דאי קבל הרי הוא שלו ועובר עליו כדמוכח בפ"ק (דף ה:): **ואם** אמר הגעתיך עובר. לאביי רישא מיירי כשפדאו וסיפא כי אמר הגעתיך היינו שאינו רוצה לפדותו:

דבר

רבינו חננאל

היא ואוקימנה בשהרהינו אצלו ואמר לו קנה מעכשיו וכדר' יצחק דאמר בעל *)חוב קונה משכון ופליגי ת"ק לית ליה הא דר' יצחק ור' מאיר אית ליה ומתמהי' וכי דר' יצחק תנאי היא ושני' [דכ"ע] אית להו דר' יצחק והכא בהא קא מיפלגי ת"ק סבר ישראל מישראל דבר צדקה הוא קני אבל משכון דנכרי דלאו בר צדקה הוא לא קני ור' מאיר סבר ק"ו משכון דישראל קני ליה המלוה משכון דנכרי לא כל שכן אבל נכרי שהלוה את ישראל על המצו וקבע לו זמן לפרעו אחר הפסח דברי הכל עובר דלא קני הנכרי חמצו של ישראל אלא ברשות ישראל קאי ועובר עליו ומקשי' תנן נכרי שהלוה את ישראל על חמצו אחר הפסח מותר בהנאה והאמרת נכרי מישראל לא קני ואפי' הרהינו אצלו ושני' משנתינו בשפירש לו קני מעכשיו כדתניא נכרי שהרהין פת פורני אצל ישראל אינו עובר בפסח ואם אמר לו הגעתיך כלומר קני מעכשיו עובר וכך סוגיא דשמעתא וו סלקא והוא כגון הא דתנן (בב"מ דף סה) הלוהו על שדהו ואמר לו אם איני מביא לך עד שלש שנים הרי הוא [שלך] מעכשיו**) כו': ת"ר חנות של נכרי ומלאי של נכרי. כלומר הסחורה שבתוך החנות לנכרי ופועלי ישראל נכנסין לשם ועושין מלאכתן חמץ שנמצא שם אחר הפסח אסור בהנאה ואין צריך לומר באכילה כלומר חמץ של ישראל הוא וכן חנות של ישראל ומלאי של ישראל ופועלי נכרים נכנסין שם חמץ שנמצא שם אחר הפסח מותר באכילה ואין צריך לומר בהנאה כללא דמילתא בתר פועלין אזלינן אם פועלין ישראל הן חמצן הוא ואסור ואם של נכרים מותר: חמץ שנפלה עליו מפולת ונטמן בעפר אם הוא טמון שלשה טפחים בכדי שאין הכלב יכול לחפש אחריו כלומר אינו מריח ריח החמץ הרי הוא כמבוער ואין חייב לחפור ולהוציאו ולשרפו אבל צריך לבטלו בלבו ולא תימא אפי' בשמירת הפקדון כך כי האי דאמר שמואל כספים אין להם שמירה אלא בקרקע ולא בעינן כלי האי אלא טפח בלבד מני דכיון דמשום אכסויי מעינא הוא דהא משום ריחא לא חיישי' הלכך אפי' הוא טמון בקרקע טפח סגי ליה: מתני' האוכל תרומת חמץ בפסח בשוגג משלם קרן וחומש ... תנן התם האוכל תרומה שוגג משלם

עין משפט נר מצוה

פה א מיי' פ"ד מהלכות שכירות הלכה ה סמג עשין נד טוש"ע ח"מ סי' עב סעיף ב:
פו ב מיי' פ"ד מהלכות חמץ הל' ה טוש"ע או"ח סי' תמא סעי' א:
פז ג טוש"ע או"ח סי' תמט:
פח ד ה מיי' פ"ב מהל' חמץ הל' יא סמג עשין לט טוש"ע או"ח סי' תלג סעיף ח:
פט ו מיי' פ"ד מהל' שאלה ופקדון הלכה ד סמג עשין פח טוש"ע ח"מ סי' רצא סעיף (יח) [טו]:
צ ז מיי' פ"י מהלכות תרומות הל' א:
צא ח שם הל' ב:

מסורת הש"ס

ב"מ פב. גיטין לז. שבועות מד. [קדושין ח:]
דברים כד
[תוספתא פ"ב ע"ש]
ב"מ סה. לעיל ח.
ב"מ שם
תרומות פ"ו [מ"א] כ"מ נד:

הגהות הב"ח

(א) גמ' שהלוה את ישראל על חמצו:

---

*) משמע דגרים הי' לו גי' אחרת בגמ' דמעיקרא ס"ד דפליגי בדר' יצחק גופא אי ב"ח קונה משכון או לא.
**) במשנה שם לא הוזכר דמיירי מעכשיו אכן בב"מ שם דף סו ע"ב מוקמינן דאמר ליה קני מעכשיו.

§ מסכת פסחים דף לא: §

אות א'

מנין לבעל חוב שקונה משכון

חו"מ סימן עב ס"ב - המלוה את חבירו על המשכון, בין שהלוהו מעות בין שהלוהו פירות, [א]בין שמשכנו בשעת הלואתו בין שמשכנו אחר שהלוהו, הרי זה שומר שכר. הגה: ואין חלוק בין אם פירש שקבלו למשכון בכדי שוויו, בין קבלו סתם (טור). לפיכך אם אבד המשכון או נגנב, חייב בדמיו.

אות ב'

הא דאמר ליה מעכשיו, הא דלא אמר ליה מעכשיו

סימן תמא ס"א - [ב]א"י שהלוה ישראל על חמצו ומשכנו בידו, ואמר ליה: מעכשיו יהא שלך אם לא אפרע לך לזמן פלוני - ר"ל דאמר ליה: קני לך מעכשיו אם וכו', ולא בתורת שעבוד למשכון בעלמא, **והגיע הזמן ולא פרעו, מותר** - והיינו שהחמץ מותר להסתפק ממנו, והטעם, דכיון דהגיע הזמן ולא פרעו, נקנה לו למפרע, והו"ל חמצו של עכו"ם שעבר עליו הפסח, ומותר אפילו באכילה, [ואפי' אם היה האחריות של גנבה ואבדה על ישראל]. **ולהכי** בעינן שיאמר לו "מעכשיו", וגם שיהיה החמץ תחת ידו, דאם לא אמר לו "מעכשיו", הרי היה בפסח החמץ של ישראל, אלא שאח"כ משהגיע הזמן ואילך נקנה להעכו"ם, ואסור אפילו בהנאה לכל ישראל, **וכן** אם לא היה החמץ תחת ידו, לא נקנה לו החמץ כלל אפילו ע"י "מעכשיו", דבמאי קנה, הרי לא משך אצלו.

אות ג'

חנות של ישראל ומלאי של ישראל, ופועלי נכרים נכנסין לשם, חמץ שנמצא שם אחר הפסח אסור בהנאה, ואין צריך לומר באכילה. חנות של נכרי ומלאי של נכרי, ופועלי ישראל נכנסין ויוצאין לשם, חמץ שנמצא שם אחר הפסח מותר באכילה, ואין צריך לומר בהנאה

סימן תמט ס"א - [ג]חנות של ישראל, ומלאי (פירוש הסחורה וכלי החנות) של ישראל, ופועלים הנכנסים לשם - היינו לעשות מלאכה, או שמשתדלים במכירת הסחורה, **אינם יהודים, חמץ שנמצא שם אחר הפסח אסור בהנאה** - דתלינן שחמץ זה של החנות הוא ולא מפועלים, אף שהם רגילין שם, משום דהחמץ שבחנות הוא קבוע שם ותדיר, וטפי יש לתלות שנשאר שם מחמץ שלו שלא מצא בעת הבדיקה, **ופשוט** דמיירי שמצא תיכף אחר הפסח, בענין שאין לתלות שהחמץ של עכשיו.

ומיירי שהיה הסחורה פת ויין וכה"ג, [רש"י, אבל אם לא היה פת ויין רק סחורות דעלמא, בודאי תלינן שהחמץ הזה מפועלים הוא שנפל].

חנות של אינו יהודי, ומלאי של אינו יהודי, ופועלים הנכנסים לשם ישראל, חמץ שנמצא שם מותר אפילו באכילה - ר"ל אפילו אם היה החנות סגור כל ימי הפסח, דליכא למיתלי שהנכרי בעל החנות הכניס שם חמץ זה בפסח, ובודאי חמץ זה מקודם הפסח הוא, **והו"א** שיש לחוש לתלות החמץ הנמצא שם שהוא מהפועלים ישראלים המצויים שם תמיד, שהם שכחוהו שם קודם הפסח, **קמ"ל** דלא אמרינן הכי.

כך היא גרסת רש"י ורבינו האי, אבל רבינו חננאל גורס בהיפך - דהוא סבר דתלינן יותר בהפועלים שמצויים שם תמיד, בין לקולא ובין לחומרא, [ועד כאן לא אזלינן בתר פועלי ישראלים לר"ח, אלא בשכל העוסקים באותו חנות הם ישראלים, אבל במקום שנכנסין בו ישראלים ועכו"ם איש לעסקו, והחנות של עכו"ם, בכגון זה לא אמר ר"ח].

ולענין דינא נקטינן כדעה קמייתא, **ויש** שכתבו דלא פליגי כלל, ולא קאמרי דעה בתרייתא, אלא בכגון שלא היה בחנות מיני מזון רק שאר סחורות, **אבל** אם היה בחנות מיני מזון, גם לדעה זו בתר חנות אזלינן, שחמץ שם קבוע ותדיר.

חמץ שנמצא אחר הפסח, ולא ידעינן אם של עכו"ם הוא או של ישראל הוא, יש דעות בין אחרונים, יש שכתבו דמותר בהנאה ואסור באכילה, **ויש** שמקילים ואומרים דגם באכילה מותר, כשאר ספיקא דרבנן דלקולא אזלינן, **ואם** באותו מקום רוב ישראל מצויים, אסור בהנאה, דודאי מישראל נפל.

באר הגולה

[א] ‹אזיל לטעמיה שכתב בב"י, דכל הפוסקים סוברים דאף שלא בשעת הלואתו לא הוי אלא שומר שכר, לבד מרש"י [פסחים ל"א ע"ב ד"ה קונה] שסובר שחייב באונסים. **אבל** לפעד"נ עיקר בש"ס כרש"י, וגם דעת הרבה גדולי הפוסקים הוא כן, וכמו שאבאר. **ולפי** שהתוספות [שם ד"ה שקונה] והרבה גדולים חלקו על רש"י, מוכרח אני להאריך, ואף שאינני כדאי להכניס ראשי בין ההרים גדולים, מ"מ הלא התורה מונחת בקרן זוית, וראיות ברורות יתנו עדיהן ויצדקו. **חדא**, דלישנא דאמרינן בכמה דוכתי בש"ס [פסחים שם] וכדרבי יצחק דאמר רבי יצחק בעל חוב קונה משכון, משמע שקונה המשכון ויש לו בו קנין גמור, ואי לא הוי אלא שומר שכר, לא שייך ביה לומר שקונה המשכון. **ועוד** קשה לי, דהא רבי יצחק יליף לה דבעל חוב קונה משכון מדאמר רחמנא [דברים כ"ד י"ג] ולך תהיה צדקה, אם אינו קונה משכון צדקה מנין, ואם איתא דרבי יצחק לא קאמר אלא לענין דהוי ש"ש, א"כ עדיין יש ללוה זכיה בגופו של משכון, א"כ הדרא קושיא לדוכתא, צדקה מנין, שהרי הוא של לוה ואין המלוה אלא שומר עליו, וכי שומר שיחזיר הפקדון לבעליו צדקה יהיה לו, מה צדקה שייך בזה. **ועוד** קשה מה שהקשו התוספות פרק האומנין דף פ"ב ופרק השולח דף ל"ז והרא"ש פ"ק דקדושין, אמאי קנאו להיות עליו ש"ש, אי חשיב קנין גמור, באונסים נמי ליחייב, ואי לא חשיב קנין, אפילו ש"ש לא הוי [דעל כרחך בלא פרוטה דרב יוסף ס"ל לרבי יצחק דהוי ש"ש, וכדמוכח בפרק האומנים ובפרק שבועת הדיינים להדיא, ע"ש. ועוד, דהא אמרינן דרבי יצחק קאמר דוקא שלא בשעת הלואתו, ואי משום פרוטה דרב יוסף, אפילו בשעת הלואתו נמי], **ומה** שתירצו שם דקני ליה להיות ממונו לקדש בו האשה ולקנות בו עבדים וקרקעות ולכך הוי שומר שכר, היא גופא קשיא, כיון דאין לו בו קנין גמור היאך יוכל לקדש בו האשה או לקנות בו עבדים וקרקעות, אלא ודאי קונה אותו קנין גמור והוי כשלו – ש"ך. ע"ש אריכות גדולה›

[ב] **משנה פסחים ל' וכאוקימתא אליבא דרבא בדף ל"א הסכמת הפוסקים**

[ג] **ברייתא פסחים ל"א**

וכ"ז כשנמצא מיד אחר הפסח, או שהפת ישן שא"א לומר שנאפה אחר הפסח, **אבל** אם אפשר לתלות שנפל אחר הפסח, מותר אפי' באכילה בכל ענין, דיותר יש לתלות שמאחר הפסח הוא, משנתלה לומר שמישראל נפל קודם הפסח, דזמן מרובה כזה לא היה מונח בדרך.

אות ד' – ה'

חמץ שנפלה עליו מפולת הרי הוא כמבוער וצריך שיבטל בלבו

סימן תל"ג ס"ח - ואם יש עליו גובה שלשה טפחים, מבטלו בלבו ודיו - ואם לאחר הפסח נתפקח הגל ונתגלה החמץ, הרי הוא מותר אף באכילה, שחמץ שעבר עליו הפסח אינו אסור אלא משום קנס, שקנסוהו חכמים משום שעבר על בל יראה ובל ימצא מן התורה או מד"ס, **והכא** בעניננו לא עבר עליו כלום, ואין ראוי לקונסו.

והבטול הוא מדרבנן, שמא יפקח הגל במועד ויעבור על בל יראה, אבל מדאורייתא אינו עובר כלל, דדוקא להטמין בידים אסור מדאורייתא, אבל הכא כיון שממילא נפל עליו הגל אינו עובר, [**רש"י** ור"ן, **ועיין** בנהר שלום שכתב, שכן דעת רוב גדולי הפוסקים, ועיין בפר"ח שכתב לעיקר כדעה זו, **ואם** לא בטלו עד לאחר זמן איסורו, א"צ לפקח הגל לבערו, **ויש** לעיין, לדעת רש"י ור"ן אי כדאי להחמיר לפקח הגל, דעתה כשמכוסה הוא כמבוער מדאורייתא, וכשיגלהו אפשר דעובר בבל יראה טרם שיבער].

וי"א דמדאורייתא מחויב לבטלו, דאל"כ אע"פ שאין דעתו כלל לפקח הגל במועד, מ"מ עובר משום "לא ימצא", כמו במטמין לכתחלה, ‹ס"ל דאין החמץ נחשב כמבוער מן התורה אף שנפלה עליו מפולת גבוה ג"ט›, [**ועיין** בחמד משה שמצדד, דאפי' אם הוא גבוה ג' טפחים, והיה ספק חמץ, ג"כ צריך לבטל לדעה זו]. **ולדידהו** אם לא בטלו עד לאחר זמן איסורו, חייב לפקח הגל לבערו, כיון שאינו ברשותו לבטלו, **אכן** אם נפל עליו גל גדול שא"א לפקח, והוא אבוד ממנו ומכל אדם, לכו"ע מותר, דלא קרינן ביה "שלך", [ואינו מחוייב לשכור פועלים לפקח הגל, **ועיין** בגר"ז שכתב, דבכגון זה א"צ לבטלו אפי' לכתחילה].

[ד]סימן תס"ז ס"ז - [ה]ישראל שיש לו בורות מלאים חטים, וחושש שמא יש בקרקעית הבור ובקירותיו חטים מבוקעים מלחות הבור והארץ, בביטול בעלמא סגי - דהוי כחמץ שנפלה עליו מפולת, **ועוד** דס"ס, שמא לא נתחמצו, ואת"ל נתחמצו, שמא נתעפשו. **(וע"ל סימן תל"ו סעיף א').**

אות ו' – ז'

כספים אין להם שמירה אלא בקרקע

אמר רפרם בר פפא מסיכרא טפח

חו"מ סימן רצ"א סט"ו - הכספים והדינרים ולשונות של זהב ושל כסף ואבנים טובות, אין להם שמירה אלא בקרקע, ויתן עליהם טפח עפר; או יטמינם בכותל בטפח התחתון הסמוך לקרקע, או בטפח הסמוך לקורה, אפילו לא יתנם באמצע עובי הכותל, רק שיכנס טפח בתוכו - ‹פי', לא הטריחוהו בכך, אבל אם הניחם תחת הקרקע או בעובי הכותל יותר מטפח עדיף טפי - סמ"ע›. **אבל לא באמצע הכותל, שמא יחפרו הגנבים ויגנבו; אפילו נעל עליהם כראוי בתיבה, או החביא אותם במקום שאין אדם מכירו ולא מרגיש בו, הרי זה פושע וחייב לשלם.**

אות ח'

האוכל תרומה בשוגג משלם קרן וחומש

רמב"ם פ"י מהל' תרומות ה"א - זר שאכל תרומה בשגגה, משלם קרן וחומש; אף על פי שיודע שהיא תרומה ושהוא מוזהר עליה, אבל לא ידע אם חייב עליה מיתה אם לאו, הרי זו שגגה ומשלם קרן וחומש.

אות ט'

אחד האוכל ואחד השותה

רמב"ם פ"י מהל' תרומות ה"ב - אחד האוכל דבר שדרכו לאכול, ואחד השותה דבר שדרכו לשתות, וא' הסך דבר שדרכו לסוך, שנא': [ו]'ולא יחללו את קדשי בני ישראל' לרבות את הסך. וא' האוכל תרומה טהורה או טמאה בשגגה, משלם קרן וחומש. ואינו חייב בחומש עד שיאכל כזית, שנאמר: כי יאכל קדש בשגגה, ואין אכילה פחותה מכזית; וכשם שאכילת תרומה בכזית, כך שתייה בכזית.

§ מסכת פסחים דף לב. §

אות א'

כל הגזלנין משלמין כשעת הגזלה

[ז]חו"מ סימן שס"ב ס"א - הגזילה שלא נשתנית, אלא הרי היא כמו שהיתה, אע"פ שנתיאשו הבעלים ממנה ואע"פ שמת הגזלן והרי היא ביד בניו, ה"ז חוזרת לבעליה בעצמה; ואם נשתנית ביד הגזלן, אע"פ שעדיין לא נתייאשו הבעלים ממנה, קנאה בשינוי, ומשלם דמיה כשעת הגזילה.

‹המשך ההלכות בעמוד הבא›

באר הגולה

ד ‹ע"פ הגר"א› ה **בתשובה להרמב"ן** ו ‹והא דמרבינן דוקא סיכה ולא מילי אחריני, משום דאשכחן במקום אחר דסיכה כשתיה, דכתיב ותבא כמים בקרבו וכשמן בעצמותיו, כמש"כ רבנו לקמן רפי"א, אמנם מהאי קרא לחודיה דותבא כמים וגו' לא הוי ילפינן, דד"ת מדברי קבלה לא ילפינן, אלא כיון דרבייה קרא, מסתבר לרבויי סיכה מה"ט – דרך אמונה› ז ‹ע"פ מהדורת נהרדעא›

עין משפט נר מצוה

צב א מיי' פ"ב מהל' גזילה הל' ב סמג עשין עג טוש"ע ח"מ סי' שסב סעיף כ:
צג ב מיי' פ"י מהל' תרומות הלכה ו:
צד ג שם הלכה ס:

מסורת הש"ס

ב"ק צג: וש"נ
ערובין כט:
[לעיל כח.]
לעיל כט. [וש"נ]
[תוספתא פ"א]
[לקמן לג:]

גמ'

ואחד הסך אחד תרומה טמאה ואחד תרומה טהורה משלם חומש וחומשא דחומשא איבעיא להו כשהוא משלם לפי מדה משלם או לפי דמים משלם כל היכא דמעיקרא שויא ארבעה זוזי ולבסוף שויא זוזא לא תיבעי לך דודאי כדמעיקרא משלם לפי דמים *דלא גרע מגזלן דתנן *כל הגזלנין משלמין כשעת הגזלה כי תיבעי לך דמעיקרא שויא זוזא ולבסוף שויא ארבעה מאי לפי מדה משלם דא"ל גריוא אכל גריוא משלם או דילמא לפי דמים משלם בזוזא אכל בזוזא משלם אמר רב יוסף תא שמע *אכל גרוגרות ושילם לו תמרים תבא עליו ברכה אי אמרת בשלמא לפי מדה משלם אמטו להכי תבא עליו ברכה דאכיל גריוא דגרוגרות דשויא זוזא וקא יהיב גריוא דתמרים דשויא ארבעה אלא אי אמרת לפי דמים משלם אמאי תבא עליו ברכה בזוזא אכל בזוזא קא משלם אמר אביי לעולם לפי דמים משלם ואמאי תבא עליו ברכה דאכל מידי דלא קפיץ עליה וקא משלם מידי דקפיץ עליה זבניה: תנן האוכל תרומת חמץ בפסח בשוגג משלם קרן וחומש אי אמרת בשלמא לפי מדה משלם שפיר אלא אי אמרת לפי דמים משלם חמץ בפסח בר דמים הוא אין הא מני ר' יוסי הגלילי היא דאמר *חמץ בפסח מותר בהנאה אי הכי אימא סיפא במזיד פטור מן התשלומין ומדמי עצים אי ר' יוסי הגלילי אמאי פטור מן התשלומין ומדמי עצים סבר לה כר' נחוניא בן הקנה דתניא *רבי נחוניא בן הקנה היה עושה את יום הכפורים כשבת לתשלומין וכו' כתנאי *האוכל תרומת חמץ בפסח פטור מן התשלומין ומדמי עצים דברי רבי עקיבא ר' יוחנן בן נורי מחייב אמר לו רבי עקיבא לר' יוחנן בן נורי וכי מה הנאה יש לו בה אמר לו ר' יוחנן בן נורי לר"ע ומה הנאה יש לאוכל תרומה טמאה בשאר כל ימות השנה שמשלם אמר לו לא אם אמרת בתרומה טמאה בשאר ימות השנה שאע"פ שאין לו בה היתר אכילה יש לו בה היתר הסקה תאמר בזה שאין לו בה לא היתר אכילה ולא היתר הסקה *הא למה זה דומה לתרומת תותים וענבים שנטמאה שאין לו בה לא היתר אכילה ולא היתר הסקה בד"א במפריש תרומה והחמיצה אבל מפריש תרומת חמץ דברי הכל אינה קדושה תניא אידך °ונתן לכהן את הקדש (ויקרא כב) דבר הראוי להיות קדש פרט לאוכל תרומת חמץ בפסח שפטור מן התשלומים ומדמי עצים דברי ר' אליעזר בן יעקב ור"א חסמא מחייב אמר לו ר"א בן יעקב לר"א חסמא וכי מה הנאה יש לו בה אמר לו ר"א חסמא לר"א בן יעקב וכי מה הנאה יש לו לאוכל תרומה טמאה בשאר ימות השנה שמשלם אמר לו לא אם אמרת בתרומה טמאה בשאר ימות השנה שאע"פ שאין לו בה היתר אכילה יש לו בה היתר הסקה תאמר בזו שאין לו בה לא היתר אכילה ולא היתר הסקה אמר לו אף בזו יש לו בה היתר הסקה שאם רצה הכהן *מריצה לפני כלבו או מסיקה תחת תבשילו

אמר

רש"י

גמ' ואחד הסך. דאמרי' בפ' בתרא דיומא (דף עו:) סיכה כשתיה ושתיה בכלל אכילה והכא כתיב כי יאכל קדש בשגגה דאילו גזלה והשליכה לנהר אפי' בשוגג דלא ידע שהיא תרומה אינו משלם חומש אלא קרן כשאר מזיק חולין דעלמא דאמר מר (לקמן ע"ב) כי יאכל פרט למזיק: **וחומש חומשא.** שהתשלומין נעשין תרומה ואם חזר ואכל בשוגג אותו חומש ראשון חוזר ומשלם חומשו עליו: **איבעיא להו.** כיון דגבי תרומה בשוגג קפיד רחמנא אתשלומי פירות ולא מעות כדכתיב ונתן לכהן את הקודש לפי מדה משלם או לפי דמים משלם בגזלן דחולין שוגג או מזיד וכן גזלן דתרומת מזיד לא איבעיא לן כיון דלא קפיד רחמנא אתשלומין דידהו דאמר ישיב לרבות אפילו שוה כסף ואפילו סובין ודאי לפי דמים משלם אבל בתרומה שוגג איבעיא לן הואיל והקפידה התורה לשלם פירות: **כל היכא דמעיקרא.** כשאכלם הויא שויא הך גריוא ד' זוזי והשתא כשמשלם שויא זוזא ותו לא לא מיבעיא לן נהי נמי דאיכפר ליה אכילת תרומה בתשלומי מדה מיהו ממונא דכהן [אוכל] (ממונא) הוא ולא גרע משאר ממונא דחולין שהדיינין גובין ממנו כשעת גזילה כדכתיב (ויקרא ה) אשר גזל כמה שגזל: **גריוא משלם.** ואע"ג דשויא השתא טפי או דילמא לפי דמים משלם דאע"ג דהקפידה התורה לשלם פירות לא הקפידה אלא לפי הדמים כשאר תשלומין ומה שישלם ישלם בפירות: **גרוגרות.** תאנים יבשים: **תמרים.** חשובין מתאנים ודמיהן מרובים: **אכל גרוגרות.** דתרומה שוגג: **זבינא.** לוקחים: **אימא סיפא במזיד פטור מן התשלומין ואי ר' יוסי הגלילי אמאי פטור.** אי אמרת בשלמא רבנן וטעמא דרישא משום דלפי מדה משלם סיפא דאינו אלא כשאר גזלן דמשלם מעות ולפי דמים פטור מן התשלומין דחמץ בפסח לאו בר דמים הוא אלא אי אמרת ר' יוסי הגלילי ובר דמים הוא אמאי פטור: **כרבי נחוניא בן הקנה.** דאמר המתחייב כרת פטור מן התשלומין ויליף מעמא מאסון אסון והוא הדין למתחייב מיתת שמים כגון אוכל תרומה מזיד וסיפא דמתני' בזיד בתרומה ולא בחמץ ופטור משום מיתה ובדין הוא דליסמעי' במזיד דתרומה דעלמא דלאו חמץ בפסח דפטור מתשלומין משום מיתה ומשום רישא נקט מילתא בחמץ בפסח לאשמועינן דהיכא דשגג בשתיהם חייב דחמץ בר דמים הוא ושוגג דרישא דשגג בשתיהן דאי שגג בחמץ והזיד בתרומה מאי חומש איכא ואי שגג בתרומה והזיד בחמץ אמאי משלם הא איחייב ליה כרת וסיפא אשמועינן דהזיד בתרומה אפילו שגג בחמץ פטור דמיתה בידי שמים כי כרת דאי הזיד בחמץ והא דפטר ליה משום כרת הוא דפטר ליה לשמעי' כולה מתני' בחמץ חולין של חבירו וניתני שוגג חייב ומזיד פטור משום כרת: **כתנאי.** לפי מדה או לפי דמים: **פטור מתשלומין.** בין שוגג בין מזיד: **מה הנאה יש לו.** לכהן בה ומה הפסידו זה הרי אסור בהנאה: **ומה הנאה יש לו.** לכהן בתרומה טמאה שאסורה באכילה לכהן ואי אכלה זר שוגג משלם קרן וחומש דליכא למאן דפליג אסתמא דתנן לעיל אחד תרומה טהורה ואחד תרומה טמאה וטעמא משום דלפי מדה משלם ואע"ג דלאו בר דמים הוא: **היתר הסקה.** דכתיב (במדבר יח) ואני הנה נתתי לך את משמרת תרומותי שתי תרומות במשמע אחת טהורה ואחת טמאה וכתיב לך תהיה להסקה: **תרומת תותים וענבים.** משקה הן ואינן ראויין להסקה ולזלף נמי לא כדאמרינן בפ"ק (דף כ:) משום תקלה ובההוא נמי סבירא ליה דזר האוכלה פטור מלשלם ור' יוחנן בן נורי מחייב דקסבר לפי מדה משלם: **בד"א.** דמשכחת תרומת חמץ בפסח דקדשה בהפריש תרומה והחמילה והוא הדין להפרישה חמץ קודם הפסח: **אבל מפריש תרומת חמץ.** בפסח כגון חטים שהחמילו דברי הכל אפי' לרבי יוסי הגלילי דשרי חמץ בפסח בהנאה וחזיא ליה להסקה איכה קדושה ולקמן מפרש טעמא בשילהי שמעתין: **את הקדש.** משמע את הקדש שאכל אלמא ראוי להיות קדש היה שכשישלם דוגמתן יהא שם קדש חל עליו: **פרט לאוכל תרומת חמץ בפסח.** שכשמשלם דוגמתן אין שם קדש חל עליו: **וכי מה הנאה יש לו.** לכהן בה ומה הפסידו נהי נמי דלית לך הא דרשה מיהו מה ישלם הואיל ואין לו דמים:

תוספות

דבר הראוי להיות קודש פרט לאוכל תרומת חמץ. פי' הפסוק משמע שיתן לו דבר הראוי להיות קודש כמו שאכל וא"כ מה שאכל בעינן דבר הראוי להיות קודש וחמץ בפסח אינו ראוי להיות קודש כדתניא לעיל אבל מפריש (א) חמץ ד"ה אין קדוש °אע"ג דבכל ענין פטור הכא מתשלומין אפי' שהיה לה שעת הכושר ולקמן מוקמא הא דלד"ה אין קדוש היינו שלא היה לה שעת הכושר אור"ת היינו לרבי יוסי הגלילי אבל לראב"י הואיל וסבירא ליה דחמץ בפסח אסור בהנאה אפילו היה לה שעת הכושר אין ראוי להיות קודש דאין כאן נתינה והיינו דקאמר ליה ראב"י מה הנאה יש לו בה כלומר הואיל ואין לו הנאה בה אית ליה למעוטי מקרא כדפרישית:

ואין הכא מתשלומין. ק"ל למאי נקטו קושייתם כדרך דמסקנא קאמ' בכל ענין הלא א"א כלל כגוונא אחריתא דהא אכל תרומת חמץ א"כ המאכל היה לה שעת הכושר דאל"כ לא משכחת שהיא תרומה וצ"ע:

רבינו חננאל

משלם קרן וחומש אחד האוכל ואחד השותה ואחד הסך אחד תרומה טהורה ואחד אכל תרומה טמאה משלם חומשא וחומשא דחומשא והוא חומשא מלבר כדקתני בהדיא שיהא הוא וחומשו חמשה שנאמר ויסף חמישיתו עליו דברי ר' יאשיה: איבעיא להו לפי מדה משלם קב אכל קב וחומשו משלם או לפי דמים משלם. כלומר כפי שהיה שוה בשעה שאכלו וכל היכא דהדרא שויא ארבעה זוזי בעידן אכילתה והשתא שויא זוזא לא מיבעיא לן דהדאי ארבעה זוזי משלם דלא גרע מגזלה דתנן כל הגזלנין משלמין כשעת הגזלה כי תיבעי לן דמעיקרא הוית שויא זוזא והשתא שויא ארבעה מאי ואתא רב יוסף למפשט לפי מדה משלם מהא דתניא אכל גרוגרו' ושלם לו תמרים תבוא עליו ברכה כלומר שאכל קב גרוגרות שדמיהם זוזא ושלם קב תמרים ששוים ארבעה זוזי ודחה אביי לעולם לפי דמים משלם ואמאי תבוא עליו ברכה ואי אית לאימר וכי כל המשלם דבר שחייב בו מחזיקין לו טובה ומברכים אותו יש לך לומר לאו משום דקא משלם[יותר]אלא משום דמשלם דבר שלה דקפיץ עליה זבנתא ואקשי' על אביי מהא דקתני האוכל תרומת חמץ בפסח בשוגג משלם קרן וחומש ואי אמרת לפי דמים משלם חמץ בפסח בר דמים הוא ופרקי' מתני' ר' יוסי הגלילי היא דאמר חמץ בפסח מותר בהנאה וסיפא דקתני במזיד פטור סבר לה ר' יוסי הגלילי כר' נחוניא בן הקנה דפוטר חייבי כריתות מן התשלומים: כתנאי תנא שאומ' לפי דמים משלם ויש תנא שאומר לפי מדה משלם דתניא האוכל תרומת חמץ בפסח בשוגג משלם קרן וחומש במזיד פטור מן התשלומים ומדמי העצים דברי ר' עקיבא ר' יוחנן בן נורי מחייב אמר לו ר' עקיבא לר' יוחנן בן נורי מה הנאה יש לו שמשלם כו' עוד השיבו ר' עקיבא לא אם אמרת בתרומה טמא' בשאר ימות השנה שאע"פ שאין לו בה [היתר אכילה יש לו בה] היתר הסקה תאמר בחמץ בפסח שאין לו בה היתר הנאה כלל לא באכילה ולא בהסקה חמץ בפסח למה הוא דומה לתרומת תותים וענבים שנטמאת שאין לה היתר אכילה כלל ולא היתר הסקה דלאו בני הסקה נינהו בר"א כשהפריש תרומה והחמיצה אבל המפריש תרומת חמץ דברי הכל אינה קדושה: תניא אידך ונתן לכהן את הקדש דבר הראוי להיות קדש פרט לאוכל חמץ תרומה בפסח שפטור דברי ר' אליעזר בן יעקב ר' אלעזר חסמא מחייב אמר לו ר' אליעזר בן יעקב וכי מה הנאה יש לו וכו' עד אמר לו ר' אלעזר חסמא אף חמץ בפסח יש לו היתר שאם רצה מסיקה תחת תבשילו או מריצה לפני כלבו ודאי ר' אלעזר חסמא אית ליה כי חמץ בפסח מותר בהנאה אבל ר' עקיבא

הגהות הב"ח

(א) תוס' ד"ה דבר וכו' אבל מפריש תרומת חמץ וכו' ולקמן מוקמי' כר"ג כדי לג סוף ע"א:

[פי' תוס' ב"ק כו: ד"ה ופל]

גליון הש"ס

גמ' דלא גרע מגזלן. ק"ל הא מ"מ כיון דלהם אינו חייב רק מדין גזלן יכול לשלם לו חד גריוא כפירות ידי כפרה והשאר משלם הכהן ... וגם ... רק חד גריוא. ... לפי ... לשלם ... הכהן ... דבר ... דבכל

עין משפט נר מצוה

צה א מיי׳ שם הל׳ כו :
צו ב ג שם הל׳ כ :

מסורת הש"ס

אמר אביי רבי אליעזר בן יעקב ורבי עקיבא ור' יוחנן בן נורי כולהו סבירא להו חמץ בפסח אסור בהנאה ובהא פליגי דרבי עקיבא סבר *לפי דמים משלם ורבי יוחנן בן נורי סבר לפי מדה משלם פשיטא מהו דתימא רבי יוחנן בן נורי נמי כרבי עקיבא סבירא ליה דאמר לפי דמים משלם והתם היינו טעמא דקא מחייב משום דסבר לה כר' יוסי הגלילי דאמר *חמץ בפסח מותר בהנאה קמ"ל ואימא הכי נמי אם כן נהדר ליה רבי יוחנן בן נורי לר' עקיבא כי היכי דמהדר ליה רבי אלעזר חסמא לר' אליעזר בן יעקב: ת"ר האוכל כזית תרומה משלם קרן וחומש אבא שאול אומר עד שיהא בו שוה פרוטה מ"ט דתנא קמא אמר קרא °ואיש כי יאכל קדש בשגגה ואכילה בכזית ואבא שאול מאי טעמא אמר קרא ונתן ואין נתינה פחות משוה פרוטה ואידך נמי הא כתיב יאכל ההוא *פרט למזיק הוא דאתא ותנא קמא הכתיב ונתן ההוא מיבעי ליה לדבר הראוי להיות קדש (פרט לאוכל תרומת חמץ בפסח): ת"ר האוכל תרומה פחות מכזית משלם את הקרן ואינו משלם את החומש היכי דמי אי דלית ביה שוה פרוטה קרן נמי לא לישלם ואי דאית בה שוה פרוטה חומש נמי לישלם לעולם דאית בה שוה פרוטה ואפילו הכי כיון דלית ביה כזית משלם את הקרן ואינו משלם את החומש אמרוה רבנן קמיה דרב פפא הא דלא כאבא שאול דאי כאבא שאול האמר כיון שיש בה שוה פרוטה אע"ג דלית ביה כזית אמר להו רב פפא אפילו תימא אבא שאול תרתי בעי ומי בעי אבא שאול תרתי והא *תנן אבא שאול אומר את שיש בו שוה פרוטה חייב בתשלומין את שאין בו שוה פרוטה אינו חייב בתשלומין אמרו לו לא אמרו שוה פרוטה אלא לענין מעילה בלבד אבל לתרומה אינו חייב עד שיהא בו כזית ואם איתא כיון שיש בו כזית מיבעי ליה תיובתא ואף רב פפא הדר ביה דתניא °וחטאה בשגגה פרט למזיד והלא דין הוא ומה שאר מצות שחייב בהן כרת פוטר בהן את המזיד מעילה שאין בה כרת אינו דין שפוטר את המזיד לא אם אמרת בשאר מצות שכן לא חייב בהן מיתה תאמר במעילה שחייב בה מיתה ת"ל בשגגה פרט למזיד ואמר ליה רב נחמן בר יצחק לרב חייא בר אבין האי תנא מעיקרא אלימא ליה כרת ולבסוף אלימא ליה מיתה ואמר ליה הכי קאמר לא אם אמרת בשאר מצות שכן לא חייב בהן מיתה בפחות מכזית תאמר במעילה שחייב בה מיתה בפחות מכזית ואמר ליה *תנוח דעתך שהנחת את דעתי וא"ל מאי ניחותא דרבה ורב ששת שדו ביה נרגא מאן שמעת ליה דאמר

הזיד

תורה אור: °ויקרא כב · °שם

רש"י

אמר אביי ר' עקיבא ור' יוחנן בן נורי. אע"ג דאיחייב בתשלומין סבירא להו דאין לו דמים ובהא פליגי רבי עקיבא ור' יוחנן בן נורי: א"כ. דסבירא ליה מותר ניהדר ליה ר' יוחנן לרבי עקיבא אף לזה יש לו היתר הסקה: כזית תרומה. בשאר ימות השנה קאי: פרט למזיק. תרומה של כהן אפי' בשוגג שאינו משלם חומש אלא קרן כשאר מזיק חולין: ההוא מיבעי ליה לדבר הראוי להיות קדש. וכוליה קרא משום סיפא אצטריך: דאית בה שוה פרוטה. וליכא כזית כגון שנת בצורת: כיון דלית בה כזית כו'. דאכילה כתיבא בה: אמרוה רבנן קמיה דרב פפא. דקדקו מלבן ואמרו לפניו דהא מתני' דקפדא אכזית דלא כאבא שאול דהא שמעינן לי' דקפיד אפרוט' ולא אכזית: תרתי בעי. שיהא בו כזית דהא אכילה כתיבא ביה ושיהא בדמיו פרוטה דהא כתיב ונתן: חייב בתשלומין. אתרומת שוגג קאי וקרן וחומש קאמר: לענין מעילה. בנהנה מהקדש גבוה דהתם לא כתיב אכילה אבל לתרומה אפי' יש בו שוה פרוטה אין חייב חומש עד שיהא בו כזית מכלל לאבא שאול אע"ג דליכא כזית דאם איתא דתרתי בעי וביש בו כזית קאי אבא שאול וקאמר דאע"ג דאית ביה כזית בעינן פרוט' הכי הוה להו למימר כיון דיש בו כזית חייב: וחטאה בשגג'. במעיל' דהקדש כתיב: והלא דין הוא. דמזיד פטור מקרבן ולמה לי קרא: שחייב בהן שכתוב כרת. כגון חלב ודם: פטר בהן את המזיד. מקרבן דגבי חטאת שגגה כתיב: לא חייב בהן מיתה. בידי שמים אבל מעילה חייב על זדונה מיתה כדלקמן ודילמא מיתה חמירא מכרת: ואמר ליה רב נחמן גרסינן האי תנא אלימא ליה כרת ממיתה מעיקרא דקתני מעילה שלא חייב בה כרת אלא מיתה כו' אלמא כרת חמירא ולבסוף אלימא לי' מיתה דקתני תאמר במעילה כו': וא"ל. רבי חייא לעולם כרת אלימא ליה והך סיפא דמתני' הכי קאמר לא אם אמרת בשאר מצות שהרי לא חייב בהן אפילו מיתה בפחות מכזית תאמר במעילה שחייב בה מיתה מיתה בפחות מכזית בכולהו גרסינן ואמר ליה ומתקיף ליה רב פפא כו' עד הדר ביה: ומאי ניחותא. היכא דהא רבה ורב ששת שדו ביה נרגא בהאי תירוצא דתרילית ומקשו הכי היכי אמרי' דתנא אפחות מכזית מחייב מיתה: מאן שמעת ליה דאמר מעילה וזדונה מיתה רבי. ועל כרחך מתרומה גמר לה כדמפרשינן וכיון דמתרומה גמר לא משכח בה מיתה אלא בכזית כתרומה דתרומה גבי מיתה כתיב בה אכילה דמיתה דתרומה נפקא לן מדסמיך וכל זר לא יאכל קדש גבי ומתו בו כי יחללוהו באלו הן הנשרפין בסנהדרין (דף פג:) :

תוספות

ואין נתינה פחות משוה פרוטה. ורבנן נמי לא פליגי אלא משום דכתיב אכילה וא"ת והא קיימא לן (חולין דף קלז:) דחמשה אחת פוטרת את הכרי אע"ג דכתיב בה נתינה דכתיב תתן לו ובהזהב (ב"מ מז.) אמר קונין בכלי אע"פ שאין בו שוה פרוטה אע"ג דכתיב ונתן לרעהו וגבי גט נמי אמרינן (גיטין דף כ.) כתבו על איסורי הנאה כשר אע"ג דכתיב ונתן בידה ויש לומר דהכא ודאי בעינן שוה פרוטה דנתינה קיימא אתשלומין והוי כמו השבת גזילה שאין בפחות משוה פרוטה ולהכי משום דכתיב ונתן משמע שפיר נתינה חשובה אבל שאר מילי אע"ג דכתיב בהן נתינה לא בעינן שוה פרוטה מיהו קשה לר"י דרבי יהודה דריש בכריתות (דף ו:) ואשר יתן ממנו על זר בכזית ויליף נתינה נתינה מתרומה ואדיליף מתרומה בכזית לילף מכל נתינה לחומרא דהוו בכל שהוא כגון מתן דמים ומתן בהונות שאין בהן שיעור והוי כמי דומי' דסיכה דהוי בכל שהוא ולמ"ד התם נתינה בכל שהוא א"ש*: ההוא מיבעיא ליה לדבר הראוי להיות קודש. ואע"ג דמאת הקודש דרשינן דבר הראוי להיות קודש אצטריך נמי ונתן דאי כתב את הקודש לחודיה ה"א דלא אתא למעוטי אלא מעות אבל כל פירות ישלם להכי כתב ונתן דמשמע שהפירות של נתינה בעינן ראוי להיות קודש: מעילה שלא חייב בה כרת אינו דין שפטר בה את המזיד. תימה כימא היא הנותנת דשאר מצות שהן חמורות שהן בכרת אין לזדונה כפרה אבל מעילה שהיא קלה שאין בה כרת יש לזדונה כפרה וכה"ג איכא בריש מכות (דף ב:) דקאמר ק"ו ומה הוא שעושה מעשה במזיד אינו גולה עדים שלא עשו מעשה אינו דין שלא יגלו היא הנותנת הוא שעשה מעשה במזיד לא יגלה כי היכי דלא תיהוי ליה כפרה הן שלא עשו מעשה יגלו דתיהוי להו כפרה ועוד ארבעה המביאין על הזדון כשגגה יוכיחו דאין בהן כרת וחייבין על זדונם הבא על שפחה חרופה ונזיר טמא ושבועת העדות והפקדון *(תוספתא דכריתות פ"א) ואומר ר"י דשפיר פריך בלאו הכי לא אם אמרת וכו' ומיהו קשה לר"י אמאי אילטריך בכריתות (דף ט.) בשפחה חרופה אשר חטא לרבות זדון וגבי נזיר כמי דריש מפתאום לרבות זדון דאי משום דלא נילף ממעילה דאמעיט מזדון אדרבה משבועת העדות והפקדון אית לן למילף דלחומרא מקשינן :

[ועי' תוספות גיטין כ. ד"ה דילמא כו' שייכו קושיא זו ועי' תוס' מנחות ס. ד"ה מי בעינן ותוס' ב"מ מז. ד"ה קונים בכלי]

רש"ל מ"ז

[וכ"ה להדיא במשנה דכריתות ח: ר' מביאין על הזדון כו' ומפרש שם (ט.) במשנה עצמה אלו מביאין כו']

[לעיל כג. כה:]

[יומא ס: פא. ב"מ נג: מעילה יט.]

[תוספתא דתרומות פ"ז ע"ש וכ"ל והתניא]

[שבת קנג: יומא סו: סנהדרין ל: מנחות מה: ק.]

רבינו חננאל

עקיבא ור' יוחנן בן נורי ור' אליעזר בן יעקב יש לומר כי כולהו סבירא להו חמץ בפסח אסור בהנאה ובהא פליגי מאן דפטר סבר לפי דמים משלם וחמץ בפסח אין לו דמים לפיכך פטור ומאן דמחייב סבר לפי מדה משלם ואע"פ שאין לו דמים כיון שאינו משלם אלא לפי מדה חייב לשלם ולית לן למימר ממאי (דר' יוחנן בן נורי) [דסבר לפי מדה משלם דלמא סבירא ליה כר"י הגלילי] ונמצא דחמץ בפסח מותר בהנאה סבירא ליה דאי הכי הוי ליה לרבי יוחנן בן נורי לאהדורי לר' עקיבא אף חמץ בפסח יש לו היתר שאם רצה מסיקה או מריצה לפני כלבו כי היכי דמהדר ר' אלעזר חסמא ש"מ : ת"ר אכל כזית תרומה משלם קרן וחומש מ"ט דכתיב ואיש כי יאכל קדש בשגגה ויסף חמישיתו עליו ואכילה בכזית היא אבא שאול אומר אינו משלם עד שיהיה בה שוה פרוטה מאי טעמא דכתיב ונתן לכהן את הקדש ואין נתינה בפחות משוה פרוטה. תנא אכל פחות מכזית תרומה משלם קרן ואינו משלם חומש ואוקימנה דלא כאבא שאול דאי אבא שאול כיון דאית ביה שוה פרוטה אע"ג דלא הוי כזית ואמר רב פפא אפי' תימא אבא שאול [אבא שאול] תרתי בעי שיהיה בו כזית ושוה פרוטה. איני דאבא שאול לא בעי אלא אם יש כזית והתניא אבא שאול אומר כל שיש בו שוה פרוטה חייב בתשלומין וכל שאין בו שוה פרוטה אינו חייב אמרו לו לא אמרו שוה פרוטה אלא לענין מעילה אבל לענין תרומה עד שיהא בה כזית מכלל דהשתא*) לאבא שאול לא מחייב ואם איתא דאבא שאול לא הוה מחייב עד דאית ביה כזית כיון שיש בה כזית חייב הוה להו למימר ועלתה בתיובתא לרב פפא : ואף רב פפא הדר בית דתניא נפש כי תמעול מעל וחטאה בשגגה מקדשי ה' פרט למזיד שאינו מביא קרבן והלא דין הוא ומה שאר מצות שחייב בהן כרת פטר המזיד מקרבן מעילה שלא חייב בה כרת אינו דין שיפטור בה המזיד לא אם אמרת בשאר מצות שכן לא חייב בהן מיתה כו' וקשיא לן האי תנא מעיקרא אלימא ליה כרת ויליף מעילה שהוא במיתה מחייבי כריתות בקל וחומר והדר פריך תאמר במעילה שחייב בה מיתה מכלל שהמיתה חמורה מן הכרת ושנינן לעולם כרת חמורה כי פריך בפחות מכזית פריך דליתא בחייבי כריתות ואיתא במעילה שהיא במיתה ויליף חטא חטא מתרומה כתיב במעילה ונפש כי תמעול מעל וחטאה בשגגה מקדשי

*) אולי צ"ל מכלל דבש"פ לבד לאבא שאול ג"כ חייב דאם היתה וכו'.

חו"מ סימן שסב ס"ב - נתיאשו הבעלים ממנה ולא נשתנית, קנה הגזלן כל השבח שהשביח אחר יאוש, ואינו משלם אלא כשעת הגזילה; ודבר זה מדבריהם, מפני תקנת השבים; וכשמחזיר לו הגזילה, שמין לו השבח ונוטל מן הנגזל.

אות ב'

האוכל תרומת חמץ בפסח, פטור מן התשלומין ומדמי עצים

רמב"ם פ"י מהל' תרומות ה"ו - האוכל תרומת חמץ בפסח בין בזדון בין בשגגה, בין טמאה בין טהורה, פטור מן התשלומין, אפילו הפרישה מצה והחמיצה פטור, ואפילו דמי עצים אינו משלם, שהרי אינה ראויה להסקה מפני שהיא אסורה בהנאה אין לה דמים. השגת הראב"ד: האוכל תרומת חמץ בפסח וכו' עד אין לה דמים. א"א לא נתברר לי דבר זה, דכיון דפליגי תנאי אי לפי מדה משלם אי לפי דמים משלם, וסתם לן תנא דמתניתין דבשוגג משלם קרן וחומש, ואיכא לאוקמא כהלכתא, דחמץ בפסח אסור בהנאה, ומתני' היינו טעמא דמשלם משום דלפי מדה משלם, לית לן לסתומי מתני' כרבי יוסי הגלילי דלא סבירא לן כוותיה, [ח]הילכך בשוגג משלם קרן וחומש לפי מדה.

אות ג'

יש לו בה היתר הסקה

רמב"ם פ"י מהל' תרומות ה"ה - אכל תרומה במזיד [והתרו בו, לוקה ואינו משלם; לא התרו בו], אם היתה טהורה, משלם הקרן ואינו משלם את החומש; ואם היתה טמאה, משלם דמי עצים, מפני שאינה ראויה אלא להסקה; לפיכך אם אכל תרומת תותים ורמונים וכיוצא בהם שנטמאו, פטור מן התשלומין, שהרי אינם ראויין להסקה.

---

§ מסכת פסחים דף לב: §

אות א'

לפי דמים משלם

רמב"ם פ"י מהל' תרומות הכ"ו - ולעולם אינו משלם אלא לפי דמים שהיתה שוה בשעת אכילה, בין שהוזלה בשעת תשלומין בין שהוקרה. השגת הראב"ד: א"א ואם הוזלה בשעת אכילה [ט]למה לא יתן כשעת גזילה, ומה גרע מגזלן; [י]גם כן י"ל שאינו משלם לפי דמים אלא לפי מדה, כמו שכתבתי למעלה.

אות ב' - ג'

האוכל כזית תרומה, משלם קרן וחומש

האוכל תרומה פחות מכזית, משלם את הקרן ואינו משלם את החומש

רמב"ם פ"י מהל' תרומות ה"ב - אחד האוכל דבר שדרכו לאכול, ואחד השותה דבר שדרכו לשתות, ואחד הסך דבר שדרכו לסוך, שנאמר: ולא יחללו את קדשי בני ישראל, לרבות את הסך. ואחד האוכל תרומה טהורה או טמאה בשגגה, משלם קרן וחומש. ואינו חייב בחומש עד שיאכל כזית, שנאמר: כי יאכל קדש בשגגה, ואין אכילה פחותה מכזית; וכשם שאכילת תרומה בכזית, כך שתייה בכזית.

אות ג'* [יא]

פרט למזיק

רמב"ם פ"י מהל' תרומות ה"ח - היה שבע וקץ במזונו, והוסיף על שבעו באכילת תרומה, אינו משלם את החומש, שנאמר: כי יאכל, לא שיזיק את עצמו; וכן הכוסס את השעורים פטור מן החומש, מפני שהזיק עצמו.

אות ג'* [יב]

לא אמרו שוה פרוטה אלא לענין מעילה בלבד

רמב"ם פ"א מהל' מעילה ה"א - אסור להדיוט ליהנות מקדשי השם, בין מדברים הקרבין על גבי המזבח, בין מקדשי בדק הבית, וכל הנהנה בשוה פרוטה מקדשי השם, מעל.

באר הגולה

[ח] ‹וטעם רבינו, דכיון דר"ע דהלכה כמותו מחבירו, וראב"י דהלכתא כוותיה בכל דוכתא, סברי לפי דמים משלם, מוטב למפסק הלכתא כוותייהו, מלמידחי דברי ר"ע וראב"י מהלכתא, כדי להעמיד סתם מתני' כהלכתא – כסף משנה›

[ט] ‹וי"ל דהכא לאו בגזלן עסקינן, דהכא בשוגג אכלה לתרומה, ושעת אכילה הויא כשעת גזילה, ואשמעינן רבינו דבתר ההיא שעתא אזלינן, ולא בתר שעת תשלומין – כסף משנה›

[י] ‹ומה שכתב גם י"ל שאינו משלם לפי דמים, כבר נתבאר דתנאי היא, ור"ע סבר לפי דמים משלם, וראב"י נמי משמע דסבר הכי, וכבר כתבתי בפרק זה והלכתא כוותייהו – כסף משנה›

[יא] ‹ע"פ מהדורת נהרדעא›

[יב] ‹ע"פ מהדורת נהרדעא›

§ מסכת פסחים דף לג, §

אות א'

באזהרה

רמב"ם פ"א מהל' מעילה ה"ג - **כל המועל בזדון, לוקה ומשלם מה שפגם מן הקדש בראשו, ואזהרה של מעילה מזה [א]שנאמר: לא תוכל לאכול בשעריך מעשר דגנך וגו' ונדריך, מפי השמועה למדו שזו אזהרה לאוכל מבשר עולה הואיל וכולו לשם, והוא הדין לשאר כל קדש שהוא להשם לבדו, בין מקדשי המזבח בין מקדשי בדק הבית, אם נהנה בהן שוה פרוטה לוקה. השגת הראב"ד: ואזהרה של מעילה מזה וכו'. א"א ופשוטה מזו: היא בתרומת הקדשים לא תאכל.**

אות ב'

אין תורמין מן הטמאה לטהורה, ואם תרם בשוגג תרומתו תרומה

רמב"ם מהל' תרומות פ"ה ה"ח - **אין תורמין מן הטמא על הטהור, ואם תרם בשוגג, תרומתו תרומה; במזיד, לא תקן את השירים, וזה שהרים תרומה, ויחזור ויתרום; בד"א שלא ידע בטומאה, אבל אם ידע, ושגג שמותר לתרום מן הטמא על הטהור, הרי הוא כמזיד; וכן בתרומת מעשר.**

אות ב'* [ב]

כגון דאחמיץ במחובר

סימן תסז ס"ה - [ג]**דגן שבמחובר שנתייבש לגמרי ואינו צריך ליניקה, כמאן דמנח בכדא דמי, ומקבל חימוץ אם ירדו עליו גשמים** - היינו גשמים מרובין, אבל ע"י זליפה מועטת שירד על השבלים לא חיישינן, ומותר אפילו למצת מצוה, [דכל אגב מדלייהו, דהיינו דרך נפילתן, לא מחמצי, וכההיא דפסחים דף מ' ע"ש, מאמר מרדכי בשם רבינו מנוח.

כתב הח"א, דמטעם זה נוהגים החרדים, שיהיו כל המצות שלהן משומרים משעת קצירה, דלפעמים מניחין לייבשן במחובר יותר מדאי, מפני שאין להם פנאי לקצור, וזו שקורין שמורה, קוצרין אותן בעוד שהן לחין קצת.

באר הגולה

א ‹פירש"י אזהרה מיגמר גמר להזיד במעילה בג"ש דחטא חטא מתרומה. **ומ"מ** אין מקום להשיג על רבינו למה לא הביא אותה ראייה, מאחר שהביא ראייה הכתובה בגמ' בפ' אלו הן הלוקין (דף י"ז) – כסף משנה› ב ‹ע"פ הב"י הבאר הגולה והגר"א› ג **רשב"א בתשובה מהא דפסחים דף ל"ג**

צז א מיי' פ"א מהל' מעילה הלכה ג :
צח ב מיי' פ"ה מהל' תרומות הלכה ח :

תורה אור

הזיד במעילה במיתה רבי היא דתניא *הזיד במעילה רבי אומר במיתה וחכמים אומרים *באזהרה מאי טעמא דרבי אמר רבי אבהו *גמר חטא חטא מתרומה מה תרומה במיתה אף מעילה במיתה ומינה מה תרומה בכזית אף מעילה בכזית ומתקיף לה רב פפא ממאי דרבי כרבנן סבירא ליה דילמא כאבא שאול סבירא ליה דאמר יש בה שוה פרוטה אע"ג דלית בה כזית והא רב פפא הוא דאמר דאבא שאול תרתי בעי אלא ש"מ הדר ביה מר בריה דרבנא אמר הכי קאמר לא אם אמרת בשאר מצות שלא עשה בהן שאין מתכוין כמתכוין שאם נתכוין לחתוך את התלוש וחתך את המחובר שפטור תאמר במעילה שאם נתכוין להתחמם בגיזי חולין ונתחמם בגיזי עולה שמעל רב נחמן בר יצחק אמר הכי קאמר לא אם אמרת בשאר מצות שכן לא מתחייב בהן שאין מתעסק כמתעסק שאם נתכוין להגביה את התלוש וחתך את המחובר שפטור תאמר במעילה שאם הושיט ידו לכלי ליטול חפץ וסך ידו בשמן של קודש שמעל אמר מר בד"א במפריש תרומה והחמיצה אבל הפריש חמץ תרומה דברי הכל אינה קדושה מנא הני מילי *אמר רב נחמן בר יצחק אמר קרא °תתן לו ולא לאורו מתיב רב הונא בריה דרב יהושע *אין תורמין מן *הטמאה לטהורה ואם תרם בשוגג תרומתו תרומה ואמאי לימא לו ולא לאורו לא קשיא התם היתה לו שעת הכושר הכא לא היתה לו שעת הכושר ודלא היתה לו שעת הכושר היכי דמי כגון דאחמיץ במחובר אבל אחמיץ בתלוש הכי נמי דקדשה א"ל אין °בגזירת עירין פתגמא *ובמאמר קדישין שאילתא וכן מורין בבי מדרשא כוותי כי אתא רב הונא בריה דרב יהושע אמר

דברים יח | דניאל ד

רש"י

הזיד. בהנאת קדש שבגגתה מעילה: **ר' אומר במיתה.** כדמפרש גמר חטא חטא הנאת קדש מאכילת תרומה כתיב הכא וחטאה בשגגה וכתיב בתרומה לא ישאו עליו חטא ומתו בו וגו' (ויקרא כב): **וחכ"א באזהרה.** רבנן נמי אית להו גזירה שוה דר' דהא עיקר מילתא דמעילה בהא גזירה שוה גמרי בפרק חמישי דמעילה (דף יח:) בברייתא גבי פגם וההנה ובדבר שפגם נהנה ובתלוש מן הקרקע ובשליח שעשה שליחותו כל הני מתרומה גמרי בה ואזהרה נמי מתרומה גמרי מה אכילת תרומה הזהיר דכתיב (א) לא יאכל קודש אף הנאת הקדש דמעילה הזהיר ומיהו מיתה לא גמרינן מינה כדמפרשי רבנן טעמייהו בסנהדרין דמיעט רחמנא בתרומה ומתו בו והאי בו מיעוטא בו ולא במעילה וכן עיקר: מאי טעמא דרבי גרסינן: **ומינה.** היינו נרגא כלומר וכיון דמיתה מהכא נפקא לן על כרחיך הכי אילף ומינה מה תרומה מיתה הכתובה בה אאכילה כתובה דהוא כזית אף מעילה אין מיתה עד דאיכא כזית וליכא למימר דתנא הכי תאמר במעילה שחייב בה מיתה בפחות מכזית: ומתקיף לה גרסינן: **ומתקיף לה רב פפא.** להני דשדו ביה נרגא: **ממאי דרבי.** בתרומה כרבנן דפליגי אדאבא שאול סבירא ליה דבעו כזית בתרומה דילמא כאבא שאול סבירא ליה ושפיר מצי למילף מינה מיתה במעילה דהיא בשוה פרוטה מתרומה אפילו לפחות מכזית: **מר בריה דרבנא אמר.** הא מתניתא דלעיל בשיבושא איתני בבי מדרשא והכי קאמר סיפא לא אם אמרת בשאר מצות שכן לא חייב בהן קרבן בשוגג(ב) שאין מתכוין לאותה מלאכה כשוגג שמתכוין לאותה מלאכה: **שאם נתכוון לחתוך את התלוש.** שהוא מתכוין לדבר המותר וחתך את המחובר שאפילו בשבת פטור דמלאכת מחשבת בעינן שיתכוין לחתיכת מחובר ומיהו שגג בשבת שאינו יודע שהוא שבת או אינו יודע שהמלאכה זו אסורה: **תאמר במעילה שאם נתכוון כו' שמעל.** כגון היו כאן גיזי חולין וגיזי עולה ונתכוין ליטול של חולין והלכה ידו על של עולה ומכיר הוא מי עולה ומי חולין אלא שנסתכל במקום אחר דהיינו שאין מתכוין למעשה זה וחייב מעילה דוחטאה בשגגה כל דהו כתיב ולא כתב בה מיעוטא כדכתיב בשבת מלאכת מחשבת וכתיב בשאר מצות אשר חטא בה פרט למתעסק והיינו מתעסק שמתעסק בדבר אחר ובא זה לידו: **ר"נ בר יצחק אמר.** הא לא הוה ליה למיתני דהא בשאר מצות נמי אם היה מתעסק בחתיכה ואפי' בשל היתר ועלתה בידו חתיכת איסור ואע"ג דאין מתכוין לזו מלאכת מחשבת היא וחייב אלא הכי קאמר לא אם אמרת בשאר מצות שכן לא חייב בהן שאין מתעסק בדבר היתר ושגג באיסור כיוצא בו כמתעסק בדבר היתר ועלה בידו איסור: **שאם נתכוון להגביה את התלוש.** דהיינו אין מתעסק בחתיכה לגמרי ואפי' בשל היתר וחתך מחובר שפטור ולא עשאו כמתעסק לחתוך תלוש וחתך מחובר: **תאמר במעילה שאם הושיט ידו כו'.** ולא היה מתעסק בשום סיכה ואפילו בשל היתר וסך ידו בשמן של קודש שמעל: **אמר מר במה דברים אמורים כו' דברי הכל.** קאמר ואפי' למאן דשרי הנאת חמץ בפסח קאמר: **תתן לו.** בתרומה כתיב ראשית דגנך וגו': **ולא לאורו.** אפי' היא ראויה להסיק הואיל ואינה ראויה לאכילה: **אין תורמין מן הטמא על הטהור.** לכתחלה שמפסיד את הכהן: **בשוגג.** שלא ידע שטבל זה טמא: **שהיתה לו שעת הכושר.** שנראית כבר לתרומה קודם שנטמאת והא דלעיל בחמץ שלא היתה לו שעת הכושר לתרום ממנו דקודם שחל הפסח היה מחובר והחמיץ במחובר וכל זמן חיבורו לא היה ראוי לחול שם תרומה עליו דראשית דגנך כתיב משנדגן ודיגון לשון אסיפה והעמדת כרי הוא: **עירין.** מלאכים כלומר תלמידי חכמים שהם כמלאכי השרת אמרי בבית המדרש כמותי דהא דקתני לעיל אינה קדושה בשהחמיץ במחובר קאמר: **ובמאמר קדישין שאילתא.** מקרא הוא בדניאל: **מורין.** מורין הוראה: **כוותי.** כמותי: **רב הונא בריה דרב יהושע אמר.** אפילו בשהחמיץ בתלוש נמי קאמר דאינה קדושה: דאמר

תוספות

ומינה מה תרומה בכזית. אע"ג דבסוף כל התדיר (זבחים נח:) ובפרק בתרא דמנחות (דף קז.) איכא למ"ד דרבי סבר דון מינה ואוקי באתרה הכא אין לומר אוקי באתרה מה מעילה דממון שוה פרוטה אף מעילה דאכילה כן דהא אכילה דהקדש מאכילה דתרומה יליף והילך יהיה בו מיתה אם לא כשיעור אכילת תרומה דבשאר נהנה ליכא מיתה אלא אאכילה אפילו לרבי דומיא דתרומה ואם תאמר אמאי אין מפרש לא אם אמרת בשאר מצות שלא חייב מיתה עד דהוי כזית בכדי אכילת פרס תאמר במעילה דאפי' בעינן כזית הא תנן בפרק הנהנה (מעילה יח:) לירף את המעילה אפי' לזמן מרובה וי"ל דאיכא נמי למיפרך דנילף מתרומה שלא ילטרף: **אף** מעילה בכזית. תימה לר"י דהכא משמע דמאן דיליף חטא חטא סבירא ליה דמעילה בכזית כמו תרומה וכולהו אית להו גזירה שוה דפרק הנהנה (גם זה שם) יליף מעילה מתרומה למילי טובא ורבנן לא פליגי ארבי אלא לענין מיתה משום דכתיב בו ולא במעילה ואם כן מ"ט דרבנן דלעיל דאמרי לא אמר שוה פרוטה אלא לענין מעילה אבל בתרומה עד שיהא בו כזית: **נתכוין** לחתוך את התלוש וחתך את המחובר. ר"ת מפרש נמלא שהוא מחובר דאי נתכוון לחתוך תלוש זה וחתך מחובר אחר מאי איריא נתכוון לתלוש אפילו נתכוון לחתוך מחובר זה וחתך מחובר אחר פטור הואיל ולא איתעבידא מחשבתו דתניא בהדיא בפרק ספק אכל (כריתות כ:) היו לפניו שתי נרות ונתכוון לכבות את זה וכבה את זה פטור: **תתן** לו ולא לאורו. אור"י דלא איצטריך למידרש מלו אלא לר' יוסי הגלילי דאית ליה חמץ מותר בהנאה °דלהנך תנאי דאסרי חמץ בהנאה נפקא לן מונתן לכהן את הקודש דבר הראוי להיות קודש או מתתן לחודיה שאין ליתן אלא מידי דשרי בהנאה לכל הפחות דשייכא ביה נתינה ולכך משמע ליה למידרש מתתן לו דבר הראוי לאכילה ולא דבר שאין ראוי אלא לאורו והיינו תרומה טמאה דלא חזיא אלא לאורו דאיסור הנאה מתתן נפקא ואם תאמר ובעל הגמרא דבעי מנהני מילי והא הנך תנאי דהך ברייתא דהפריש חמץ תרומה ד"ה אינה קדושה כיון דסבירא להו דאסור בהנאה דבר פשוט הוא דאינו קדוש ומאי קבעי ליה יש לומר דפשיטא ליה לגמרא דלא איצטריך למיתני בברייתא ד"ה אלא לרבי יוסי הגלילי דמשום דהנך דאסירי בהנאה לא איצטריך למיתני ולהכי בעי מנהני מילי לרבי יוסי הגלילי אי נמי רב נחמן גופיה דמפרש לו ולא לאורו קאמר מה"מ לפי שהיה פשוט לו דאליבא דכ"ע קתני הכי וכה"ג איכא בכמה דוכתי*: אמר

מסורת הש"ס

סנהדרין [פג.] פד.

[קדושין מג: סנהדרין פד. זבחים מה. תמורה ג. מעילה יח:]

שבת כה:

מנחות כה: תרומות פ"ב מ"ב יבמות פט.

[מן הטמא על הטהור כצ"ל]

[ובמאמר קדישין כצ"ל]

[עי' תוס' ב"ב לח. ד"ה וא"ר יוחנן יומא עו. ד"ה הני ה' ענויין ב"מ לא. ד"ה וכמה כ"ב כב: ד"ה וכמה ובכורות כג. סוף ד"ה סוכי ובנזיר ג. ד"ה פשיטא]

הגהות הב"ח

(א) רש"י ד"ה וחכמים וכו' הזהיר דכתיב וכל זר לא יאכל: (ב) ד"ה מר בריה כו' בשוגג כשאין מתכוין:

גליון הש"ס

תוס' ד"ה תתן לו: דלהנך תנאי דאסרי חמץ בהנאה. יש לעיין דלאוריתא לא צריך קרא כלל דהא אין יכול לקרות שם תרומ' דאיסורי הנא' לאו דידי' הוי כדאמרינן כ' דברים עשאן הכתוב כו' ועי' כריתות דף כד ע"א:

רבינו חננאל

מקדשי ה' וכתיב בהרומה ולא תשא עליו חטא בהרימכם את חלבו ונדחה ולא אשכחן מאן דאמר הזיד במעיל' במיתה אלא רבי דתניא הזיד במעילה ר' אומר במיתה וחכמים אומרים באזהרה ואמרינן מאי טעמא דרבי גמר חטא חטא מתרומה מה תרומה במיתה דכתיב ומתו בו כי יחללוהו אף מעילה במיתה ומינה מה תרומה בכזית חייב פחות מכזית פטור אף מעילה כך. ואסיקנא דודאי רב פפא דאמר אבא שאול בעי תרתי כזית ושוה פרוטה הדר ביה: מר בריה דרבנא אמר לא הכי קתני לא אם אמרת בשאר מצות שכן לא עשה בהן שאין מתכוין כמתכוין שאם נתכוין לחתוך את התלוש בשדה וחתך את המחובר שפטור תאמר במעילה שאם נתכוין להתחמם בגיזי חולין ונתחמם בגיזי עולה שמעל. ורב נחמן בר יצחק אמר שאם נתכוון להגביה התלוש וחתך המחובר פטור תאמר במעילה שאם נתכוון להושיט ידו לחביות ליטול חפץ וסך ידו בשמן של תרומה: בד"א במפריש תרומה והחמיצה אבל הפריש חמץ תרומה דברי הכל אינה קדושה דא"ק ראשית דגנך תתן לו כלומר תתן לו תרומה מה שהן ראויה לו לאכילה ולא מה שאין ראוי לו ואע"פ שראוי לאורו בעינן לו ממש ומותבינן מדתנן בתרומות פ"ב אין תורמין מן הטמא על הטהור ואם תרם בשוגג תרומתו תרומה אמאי הא אינה ראוית לו ופרקי' שאני הכא דהיתה לה שעת הכושר קודם שיטמא אבל הא דתניא הפריש חמץ תבואה בפסח דברי הכל אינה קדושה כגון שהוכשר החטים והחמיצו והן מחוברין קודם קצירתן שלא היתה להם שעת הכושר כלל. ואמרי' מכלל דאי היתה לה שעת הכושר כגון דהחמיצה אחר תלישה הכי נמי דקדשה. אמר ליה רב נחמן בר יצחק אין הכי נמי בגזירת עירין פתגמא ובמאמר קדישין שאילתא וכן מורין בבי מדרשא

עין משפט נר מצוה

צט א מיי' פ"ב מהל' תרומות הלכה יא וס"ג מהל' איסורי מזבח הלכה ז:

ק ב מיי' פ"ט מהלכות טומאת אוכלין הלכה ב:

[שבת כו.]

קא ג ד מיי' פ"ב מהלכות תרומות הלכה יג:

אמר אמר קרא *ראשית *ששיריה ניכרין לישראל *יצתה זו שאין שיריה ניכרין יתיב רב אחא בר רב עויא קמיה דרב חסדא ויתיב ואמר משמיה דר' יוחנן *ענבים שנטמאו *דורכן פחות פחות מכביצה ויינן כשר לנסכים אלמא קסבר משקין מיפקד פקידי לאימת קא מיטמאו לכי סחיט להו ליתיה לשיעוריה אי הכי כביצה נמי *דהתנן *טמא מת שסחט זיתים וענבים כביצה מכוונת טהורין התם דאי עבד הבא לכתחלה גזירה דילמא אתי למיעבד יותר מכביצה א"ל רב חסדא *מאן ציית לך ולרבי יוחנן רבך וכי טומאה שבהן להיכן הלכה אלמא קא סבר משקין מיבלע בליעי וכיון דאיטמו ליה אוכלא איטמו ליה משקין אמר ליה ואת לא תיסברא דמשקין מיפקד פקידי והתנן טמא מת שסחט זיתים וענבים *מכוונת כביצה טהורין אי אמרת בשלמא מיפקד פקידי משום הכי טהורין אלא אי אמרת מיבלע בליעי אמאי טהורין א"ל הכא במאי עסקינן בענבים שלא הוכשרו לאימת מתכשרי לכי סחיט להו *כי סחיט להו בציר להו שיעורא דאי לא תימא הכי הא דתניא *הא למה זה דומה לתרומת תותין (זיתים) וענבים שנטמאה שאין לו בה לא היתר אכילה ולא היתר הסקה הא היתר אכילה נמי אית ביה דאי בעי דריך להו פחות פחות מכביצה אמר רבא גזירה *דילמא אתי בהו לידי תקלה *אמר ליה אביי ומי חיישינן לתקלה והא תניא מדליקין בפת ובשמן של תרומה שנטמאת אמר ליה *פת זריק ליה בין העצים שמן של תרומה רמי ליה בכלי מאוס גופא מדליקין בפת ובשמן של תרומה שנטמאת אביי אמר משמיה דחזקיה ורבא אמר דבי רבי יצחק בר מרתא אמר רב הונא לא שנו אלא פת אבל חיטי לא שמא יבא בהן לידי תקלה ורבי יוחנן אמר *אפילו חיטי ואמאי ניחוש דילמא אתי בהן לידי תקלה כדאמר רב אשי בשליקתא

תוספות

אמר קרא ראשית ששיריה ניכרים. ואם תאמר והא שיריה ניכרים דמעיקרא הוה אסורה בהנאה של כילוי כגון הדלקה וכיוצא בו מידי דהוה אטבל טמא דאין מדליקין בו ומשעת הרמה ואילך מדליקין בו וי"ל דדוקא בטבל טמא אין מדליקין כדדרשינן *את משמרת תרומותי בשתי תרומות הכתוב מדבר מה תרומה טהורה אין לך בה אלא משעת הרמה ואילך אף תרומה וכו' אבל בטבל של חמץ אין מדליקין לא איירי אלא בשתי תרומות:

לאימת מתכשרי לכי סחיט להו וכי סחיט להו בציר ליה שיעוריה. מכאן מקשה ר"ת לפ"ה דפירש דכל שהוא מקבל טומאה מן התורה דהא מהכי נפיק מינה פורתא מתכשרי ומיד מקבל טומאה כל הכשר דמשקין מיבלע בליעי וה"ר יוסף תירץ דאע"פ שאוכל מקבל טומאה בפחות מכביצה *אין מקבל הכשר בפחות מכביצה ואומר ר"י דהיינו טעמא דמאשר יאכל נפקא ליה לטמא אחרים בכביצה אוכל הנאכל בבת אחת ועלה קאי אשר יבא עליו מים אלמא לא מקבל הכשר בפחות מכביצה ועוד מקשה ר"ת דאמרינן בפ' אלו עוברין (לקמן מד.) השוס והשמן של תרומה ומקפה של חולין ונגע טבול יום במקצתו לא פסל אלא מקום מגעו וכתב בכל הספרים והיינן בה מקום מגעו לאמאי פסול והא לא הוי כביצה אלמא לא מקבל טומאה בכל שהוא ור"י מוחק שם מן הספרים ומפרש בדוחק ועוד ה"ר אליהו מביא ראיה מת"כ דדרשינן גבי כלי חרס דכתיב ואותו תשברו אותו אתה שובר לטהרתו ולא אתה שובר אוכלין לטהרתן ואי מקבלין טומאה בכל שהוא פשיטא דלא מהני להו שבירה והיה ד"ל שהביא רש"י שאוכל מטמא בכל שהוא אסמכתא היא ומילי טובא מפיק מקרא בת"כ וליתנהו אלא אסמכתא ורש"י בעצמו חזר בו בפ' אותו ואת בנו (חולין דף פב.) בשמעתא דפרה מטמאה טומאת אוכלים דהקשה למה לה קבלת טומאה היא גופה מטמאה אדם ובגדים ותירץ רש"י דכי הא גוונא מפרש בכריתות בפ' דם שחיטה (דף כא.) כגון שחיפה בפחות מכביצה בצק אי משויה ליה אוכל מצטרף ליה בהדי בצק ומקבל האי בצק טומאה אם יגע בטומאה ומטמא שאר אוכלין ואי לאו אוכל הוא לא מקבל האי בצק טומאה דלית בה שיעור וכי נגעי ביה אוכלין אחריני טהורין הן שאין נוגעין בכביצה אלא בבצק לשון רש"י:[וע"ע תוס' שבת נח. ד"ה אי לענין ותו' זבחים לא. ד"ה אמר]:

בשליקתא

רש"י

דאמר קרא ראשית. משמע שתהא היא ראשית ואלו שיריים ניכרים שתהא היא מתירתן לישראל ואי במפריש תרומת חמץ מה היתר יש בשיריה שתהא ראשית עושה שיריים כי הוו מעיקרא טבל הוו שרו בהנאה ואסורין באכילה השתא נמי שרו בהנאה ואסורין באכילה ולענין מאי הוו שיריים: **פחות מכביצה.** אוכל טמא אין מטמא אחרים: **ויינן כשר לנסכים.** דהיינו טהור: **קסבר משקין מיפקד פקידי.** מופקדין הן בתוך הזג ואין חיבור לו אלא כמי שטמונין בכלי וכשנטמא הזג לא נטמא משקה בכלל זג טומאת אוכלין דלאו אוכל דכותיה חשיבי בהדייהו וטומאת משקין נמי לא נטמאו ואע"פ שמשקה מקבל טומאה בכל שהוא דלא היה שם משקה עליו מעולם ואין לירוק חביריו עמו דהא זג זה לא נגע במשקין שבחבירו: **לאימת מיטמו.** משקין לכי סחיט להו והסוחטין נוגעין לכל הזגים יחד וכי סחיט להו ליתיה לשיעוריה דאין בזגין כביצה ליתן טומאה דהא פחות מכביצה דרך: **כביצה נמי.** דהא כי נפיק משקין מינייהו חסר ליה שיעוריה. אוכל ומשקה מקבל טומאה בכל שהן אבל אין מטמא אחרים אלא אוכל כביצה ומשקה ברביעית והכי תניא בתורת כהנים מכל האוכל מלמד שמטמא בכל שהוא יכול יטמא לאחרים בכל שהוא ת"ל אשר יאכל אוכל הנאכל בבת אחת והיינו כביצה כדאמרינן בפרק יוה"כ (יומא פ.) אין בית הבליעה מחזקת יותר מביצת תרנגולת ואני שמעתי דאף לקבל טומאה בעי כביצה: **טמא מת שסחט זיתים וענבים כביצה מכוונת טהור.** וכדמסיק מילתא במסכת טהרות ובלבד שלא יגע במשקה וכגון שדרכן בפשוטי כלי עץ שאין מטמאין שאין כאן מטמא משקה אלא הזגין שנגע בהן הטמא קודם כבידים שהוא לא נזהר אלא משיצא משקה וכשהמשקין נוגעין בזגין כבר חסר שיעור כביצה ויותר מכביצה כל דהא קתני התם בהדיא טמא שכיון שיצא טפה ראשונה נטמאת הטפה בכביצה שעדיין היה באוכל כביצה אע"ג דאין משקה הנבלע באוכל מקבל טומאה עמו משלים הוא את שיעורו דדכוותה תנן התם טובא ובמנחות (דף נד:) נמי מייתי לה בגמרא כביצה אוכלין שהניחו בחמה ונתמעטו טהורין וכן כזית חלב ופיגול ונותר חזר והניחן בגשמים ותפחו טמאין וחייבין עליהן משום פיגול ונותר וחלב ואע"ג דגשמים הנבלעין בתוכו לאו חלב ניהו דאי סחיט להו ושתי מינייהו כזית פטור אפילו הכי כל כמה דבגווה ניהו משלמי לשיעוריה וטמא מת דוקא נקט שאינו מטמא בהיסט והוא הדין לטמא שרץ וכל טומאת מגע ורישא דכולהו נקט אבל זב שמטמא בהיסט שסחט אפילו גרגיר יחידי תנן התם דמטמא אפילו בפשוטי כלי עץ דכיון דיצאת טפה ראשונה *ונטבל העץ והגביהו נטמאו משקין שעל העץ במשא דמשקה מקבל טומאה בכל שהוא וכשחזר ונתנו לתוכו נתערב טמא בטהור והכל טמא: **התם דאי עביד קאמר.** שסחט אבל הכא בבא לימלך מה יעשה נימא ליה דרוך פחות מכביצה אבל כביצה לא דילמא אתי למיעבד יותר מכביצה כל שהוא וכשיצאה טפה ראשונה עדיין יש באוכל כביצה ונטמאת הטפה וחוזרת ומתערבת במשקין: **טומאה שבהן.** שקיבלו תחלה עם האוכל כשנטמאו הענבים: **משקין בליעי.** באוכל הן בלועין מכל דפנותיו וחיבור הן לו ונטמאו עמו: **אמאי טהורין.** הרי נטמאו הענבים במגע טמא מת ואע"פ שלא נגע במשקה נטמא: **כי סחיט להו ליתיה לשיעוריה.** וכשנוגע באוכל הנגוב ודוחהו אל תחת המדוך אין בהן שיעור כדי לקבל טומאה והוא זהיר מליגע במשקה כדקתני בהדיא ובלבד שלא יגע במקום המשקה: **דאי לא תימא הכי.** דמשקין בליעי ולאיטמאו אלא מיפקד פקידי ואין מטמאין בנגיעת טומאה באוכל: **הא דתניא.** לעיל כו' לתרומת תותים וענבים דמשמע שנטמאו תותים וענבים קודם דריכה וקתני אין לו בה היתר אכילה הא היתר אכילה נמי איש בה דאי בעי דריך לה פחות פחות מכביצה: **לידי תקלה.** כשהוא דורכן שמא יאכל מהן: **מדליקין בפת ובשמן כו'.** והא ודאי בחד שעתא לא מדליק שמן כולה אלא לזמן מרובה ולא חיישינן דילמא אכיל מיניה: **אלא פת.** דכי זריק ליה ממאיסא והו לא אתי למיכליה: **אבל חיטי.** אי נמי זריק להו לא ממאיסי:

בשליקתא

מסורת הש"ס

[עירובין לו: חולין קכו:]

[לקמן לד: ע' תוס' חולין קיז: ד"ה ולא שומר]

שבת קמד: טהרות פ"ג [מ"ג]

[נדרים נט. שבועות יב. מעילה יב.]

[נ"ל כביצה מכוונת]

[עי' תוס' כריתות יג. ד"ה כיון דאיק]

ס"א נ"ע

[לעיל כו: וש"נ]

ס"א ונתנו בתוכו

גליון הש"ס

נמ' יצתה זו שאין שיריה נכרין...

רבינו חננאל

מדרשא כואתי: **רב** הונא בריה דרב יהושע אמר בעינן ראשית ששיריה מותר לישראל יצאת תרומת חמץ בפסח ששיריה אסורה לישראל: **אמרי** משמיה דר' יוחנן ענבים שנטמאו דורכן פחות פחות מכביצה ויינם כשר לנסכים אלמא קסבר משקין מיפקד פקיד בזוגין ולא נגע בהו טומאה אימת איטמו לכי סחיט להו בתר דסחיט להו ליכא אוכל כביצה דלטמא להו להני משקין ואקשי' אי הכי לדרכינון אפי' כביצה נמי דהא תנן בטהרות פ"ג טמא מת שסחט זיתים וענבים כביצה מכוונת משקה הנסחט מהן טהור ובלבד שלא יגע במקום המשקה יתר מכביצה טמא שמכיון שיצאת טיפה ראשונה נמצאת מכביצה ושני' מתני' התם משום דאיעבר וסחט אבל לכתחלה לא שרינן ליה דאי שרינ' כביצה חיישי' דלמא אתי למעבד הוא ביותר מכביצה ותנן יתר מכביצה טמא שמכיון שיצאת טיפה ראשונ' נמצאת מכביצה לפיכך לא שרינן אלא פחות פחות מכביצה: **אמר** רב חסדא והלא ענבים הללו שנטמאו קתני מכלל דטמאין הם ואם כן טומאה שלהם להיכן הלכה דיינן כשר לנסכים ...

§ מסכת פסחים דף לג: §

אות א׳

<u>ענבים שנטמאו, דורכן פחות פחות מכביצה, ויינן כשר לנסכין</u>

רמב״ם פי״ב מהל׳ תרומות הי״א - **זיתים וענבים שנטמאו, סוחטן ועושה אותן תרומה; [א]ואם נטמאו אחר שנעשו תרומה וסוחטן פחות פחות מכביצה, הרי המשקה היוצא מהן מותר בשתייה לכהנים, ואפילו לנסכים היה ראוי, שהמשקה כאילו הוא מופקד בתוך האוכל; ולא אמרו פחות פחות מכביצה אלא גזירה שמא יעשה יותר מכביצה, ונמצא המשקה מתטמא בכביצה; ואם היו פירות אלו שלישי לטומאה, דורכן בגת ובבית הבד, והמשקה תרומה טהורה, שאין שלישי עושה רביעי בתרומה, כמו שיתבאר בענין טהרות.**

רמב״ם פ״ו מהל׳ איסורי מזבח ה״ז - **זיתים וענבים שנטמאו, דורכן פחות מכביצה, והמשקין היוצאין מהן כשרים לנסכים, שהמשקה מופקד הוא באוכל וכאילו אינו מגופו.**

אות ב׳

<u>טמא מת שסחט זיתים וענבים כביצה מכוונת, טהורין</u>

רמב״ם פ״ט מהלכות טומאת אוכלין ה״ב - **וכן טמא מת שסחט זיתים וענבים שהוכשרו, אם היו כביצה, הרי המשקין היוצאין מהן טהורין, ובלבד שלא יגע במקום המשקה, שהמשקה כמופקד באוכל, וכאילו היא גוף אחר; היו אותן זיתים וענבים יתר מכביצה, הרי המשקין היוצאין מהן טמאין, שכיון שיצאת טיפה ראשונה נטמאת מכביצה וטימאה כל המשקין; ואם היה הסוחט זב וזבה וכיוצא בהן, אפילו סחט גרגר אחד יחידי שלא הוכשר, ולא נגע במשקה, המשקה טמא, שכיון שיצאת טיפה ראשונה נטמאת במשא הזב, שהזב שנשא אוכלין או משקין, טמאין כמו שביארנו; וכן זב שחלב את העז, החלב טמא, שכיון שיצאת טיפה הראשונה נטמאת במשא הזב.**

אות ג׳ – ד׳

<u>פת זריק ליה בין העצים, שמן של תרומה רמי ליה בכלי מאוס</u>

<u>אפילו חיטי</u>

רמב״ם פי״ב מהל׳ תרומות הי״ב - **פת תרומה שנטמאת, משליכה לבין העצים עד שישרפנה; וכן שמן שנטמא, נותנו בכלי מאוס עד שידליק, כדי שלא יהיה תקלה לאחרים ויאכלוהו; וחיטים שנטמאו, שולקן ומניחן בכלי מאוס כדי שלא יהיו ראוין לאכילה, ואח״כ יסיק בהן תנור וכירים; ומשקין שאין ראוין להדלקה שנטמאו, כגון היין, קוברין אותן.**

באר הגולה

א ‹כתב הר״י קורקוס ז״ל: ויש לתמוה על רבינו, שכתב שאפי' נטמאו אחר שעשה אותם תרומה, סוחטן פחות פחות מכביצה, ולפי מש״כ בגמרא {דף ל״ד:} לא נאמר זה אלא בחולין, דאילו בתרומה אין חילוק בין סוחט כביצה או פחות מכביצה, דמעלה עשו בהם, ולא אמרינן בהו משקין מיפקיד פקידי, אלא המשקה מיטמא עם האוכל, **וגם** בסוף הלשון נראה שיש חילוק בתרומה בין נגע בשני לנגע בראשון, שכן כתב והמשקה תרומה טהורה שאין שלישי עושה רביעי בתרומה, ולפי מש״כ שבגמ' אין לחלק כן לגבי תרומה, דמעלה עשו בה, ומשקה מטמא עם האוכל, ואין לחלק בה בין שלישי לרביעי, דלא אמרינן בה משקה מיפקיד פקידי. **ועוד** יש לתמוה, למה לא הזכיר רבינו גבי נטמאו בעודם חולין שיסחוט אותם פחות פחות מכביצה כמ״ש בגמרא, **ונראה** שדעת רבינו, שמימרא דר' יוחנן דדרכם פחות מכביצה ויינם כשר לנסכים, ה״ה בענבים של תרומה שיינם מותר לכהנים, ואידך מימרא דר״י דהקדישן ואחר כך דרכן וכו', בהקדישן לנסכים מיירי, וכדקס״ד מעיקרא, ומאי דאמר רב יוסף הכא בענבים של תרומה וכו', דיחויא בעלמא הוא, דלא תפשוט שעשו מעלות בקדושת פה, אבל קושטא דמילתא כדקס״ד רב דימי, דפשט מיניה דאף בקדושת פה עבוד מעלה, דהכי מסקינן התם, והקדישן היינו הקדש ממש לנסכים כפשטה, ובהא הוא דעבוד מעלה, אבל לא בתרומה. **ומה** שהקשיתי עוד שלא פי' רבינו בתחלת דבריו דסוחט פחות מכביצה, אפשר דאסוף דבריו סמיך דמפליג בין נגעו בשני לנגעו בשלישי, ומסיפא נשמע לרישא. **א״נ** דברישא דמיירי רבינו בחולין, כתב סתם, דאפילו הוא שני אין עושה שלישי בחולין, וסוחט אפילו ביחד, אבל בתרומה גם אם הם שני מפליג בפחות ליתר, עכ״ל – כסף משנה›. ‹**ושני** התירוצים הללו אינם מתקבלים אצלי, דהתירוץ הראשון דסמך על סיפא, וא״כ לפי״ז רישא מיירי בענבים שהם שלישי, א״כ איך נטמאו כלל, הרי בחולין אין שני עושה שלישי כלל, והרי רבינו זיתים וענבים שנטמאו קאמר. **ובזה** יש לדחות דמיירי בחולין שנעשו על טהרת תרומה, {וכ״כ רש״י ל״ד: ד״ה הכא דנגעו}. (גם לשונו של הכסף משנה שכתב נגעו בשלישי, הוא משובש, וצריך להיות דמפליג בין הם שני לאם הם שלישי). **ועוד** דלפי דבריו א״כ הרישא מיותרת לגמרי. **ותירוצו** השני תמהני מאד על שני גדולי הדור הר״י קורקס והכסף משנה, איך שגו שגיאה רבה כזו ונעלם מהם הרבה סוגיות בש״ס, דכל הפוסל תרומה מטמא משקה להיות תחלה, והיינו אפילו משקה חולין {וכמ״ש ברש״י ל״ד: ד״ה הכי גרסינן} – צל״ח›

§ מסכת פסחים דף לד. §

אות א'

שתילי תרומות שנטמאו ושתלן, טהורים מלטמא ואסורין מלאכול

רמב"ם פי"א מהל' תרומות הכ"ג - הזורע תרומה טמאה, אף על פי שהגידולים טהורין, הרי הן אסורין באכילה, הואיל והתרומה שנזרעה אסורה באכילה היתה, [א]כבר נדחו.

אות ב'

גידולי תרומה תרומה

רמב"ם פי"א מהל' תרומות הכ"א - גידולי תרומה הרי הן כחולין לכל דבר, אלא שאסורים לזרים, גזרו חכמים עליהן שיהיו אסורין לזרים כתרומה, משום תרומה טמאה שביד הכהן, שלא ישהנה אצלו כדי שיזרענה ותצא לחולין, ונמצא בא בה לידי תקלה; לפיכך מותר לאכול הגידולין בידים טמאות, ומותר לטבול יום כחולין.

אות ג'

הטבל גידוליו מותרין בדבר שזרעו כלה, אבל בדבר שאין זרעו כלה אפילו גידולי גידולין אסורין באכילה

רמב"ם פ"ו מהל' מעשר ה"ו - הזורע את הטבל, בין דבר שזרעו כלה בין דבר שאין זרעו כלה, אם אפשר ללקטו, קונסין אותו ומלקטו. ואם צמח, [ב]אין מחייבין אותו לעקור, והגידולין חולין; ואם היה דבר שאין זרעו כלה, אפילו גידולי גידולין אסורין עד שלש גרנות, והרביעי מותר; ומפני מה הגידולין אסורין, מפני תרומת מעשר ותרומה גדולה שבה.

אות ד'

אסורין לכהנים

רמב"ם פי"א מהל' תרומות הכ"ג - עיין לעיל אות א'.

אות ה'

פסול טומאה הוי

רמב"ם פי"ט מהל' פסולי המוקדשין ה"ד - בשר הנמצא בעזרה, איברים עולות וחתיכות חטאות, והנמצא בירושלים, שלמים, הכל [ג]תעובר צורתן ויצאו לבית השריפה, שמא נותר הוא; אם כן מה הועיל שתהיה חזקתו עולה או חטאת או שלמים, [ד]למי שעבר ואכל. אין שורפין את הנותר אלא ביום, שנאמר: ביום השלישי באש ישרף. השגת הראב"ד: למי שעבר ואכל. א"א לספק מעילה.

אות ו'

לול קטן היה בין כבש למזבח במערבו של כבש, ששם היו זורקין פסולי חטאת העוף, ותעובר צורתן ויוצאין לבית השריפה

רמב"ם פ"ב מהל' בית הבחירה הי"ד - ושני כבשים קטנים יוצאים ממנו, שבהם פונים ליסוד ולסובב, ומובדלין מן המזבח כמלא נימא; וחלון היתה במערבו של כבש אמה על אמה, [ה]ורבובה היתה נקראת, שבה נותנין פסולי חטאת העוף עד שתעבור צורתה ותצא לבית השריפה. השגת הראב"ד: ורבובה היתה נקראת. א"א לא כי, אלא החלון לבד והרבובה לבד, [ו]וכן היא שנויה במסכת מדות.

באר הגולה

א ‹פרק כל שעה נשאו ונתנו בזה, עד שהעלו (דף ל"ד:) שאין זריעה לתרומה כמו שאין זריעה להקדש, ופרש"י דמעלה בעלמא הוא דעבוד לאסור אף לכהנים אעפ"י שהזריעה מטהרת אותם, והוא משום דכיון שנדחו נדחו כדברי רבינו, וכאשר ביארו בירושלמי פ"ט, א"ר אבהו בשם רבי יוחנן שתילי חולין וכו' ואם היו תרומה מעיקרא כבר נדחו - ר"י קורקוס› ב ‹בדבר שזרעו כלה - דרך אמונה› ג ‹גרסינן בפ"ב דפסחים, אתמר היסח הדעת, ר"י אמר פסול טומאה הוי, ורש"ל אמר פסול הגוף הוי. וכעת לא מצאתי דין זה ברבינו, ועיין במ"ש רבינו עובדיה בפ"ז דשקלים משנה ד'. ועיין בדין זה של רבינו ודוק - משנה למלך›. ‹**וכתב** הצל"ח בפסחים שם, דכונת המל"מ הוא, דמדין זה דפוסק רבינו משמע כר' יוחנן, דכיון דאמר תעובר צורתו ויצא לבית השריפה, ואי פסול הגוף למה לי עיבור צורה, וכן מפרש שם הצל"ח דברי העין משפט שם בגמ', שציין ע"ד זה פי"ט מהל' פסוהמ"ק, דכונתו על דין זה הכא, **אך** הצל"ח דחה זה, דלא מיקרי היסח הדעת רק היכא שידע אדם והסיח דעתו, אבל זה שנאבד ולא ידע, לא מיקרי היסח הדעת, ומזה ניחא דלא מקשה ר"י לר"ל ממשנה זו דשקלים דבשר הנמצא, והקשה מהמשנה דמדות, עכ"ל - כתר המלך› ד ‹אם אכל מה שנמצא בירושלים, אינו חייב כלום, לפי שהוא שלמים, ואם אכל כהן חתיכות הנמצאים בעזרה, אינו חייב כלום - כסף משנה› ה ‹במשנה פרק ג' דמדות, ורבובה היתה לו במערבו וכו' ששם היו נותנים פסולי חטאת העוף - כסף משנה› ו ‹ושותיה דמר לא ידענא, שאין במסכת מדות זולת המשנה שכתבתי בסמוך, ורבינו כתב בפי' המשנה, דאיתא בתוספתא בזבחים, חלון היתה במערבו של כבש אמה על אמה ורבובה היתה נקראת, ששם זורקין פסולי חטאת העוף עד שתעובר צורתה ותצא לבית השריפה, עכ"ל, והוא הלשון שהעתיק פה תיבה בתיבה. **ולשון** רבובה פירש ה"ר עובדיה, שהוא כמו נבובה, כלומר שהיתה חלולה - כסף משנה›. ‹**מדקאמר** הגמ' בין כבש למזבח, אלמא ברצפה היתה, וכדכתוב שם בפירש"י בהדיא, ובתוספתא דזבחים פ"ז איתא וז"ל, ר"י בר"י בן ברוקה אומר חלון היתה שם למערבו של כבש ורבובה היתה נקראת ששם זורקין פסולי חטאת העוף שתעובר צורתה ותצא לבית השריפה, עכ"ל, **והנה** אם נימא דהיינו כתנא דמתניתין דמדות, זה אינו, חדא דבמשנה משמע דהיה בכבש עצמו {"היתה לו במערבו", והיינו להכבש דאיירי בה לעיל}, והלול דהוא החלון משמע דהיה ברצפה {"למערבו של כבש", והיינו דאינו בהכבש עצמו}, **ועוד** אם נימא דהמשנה מיירי ג"כ בחטאת העוף כדי שתעובר צורתו ויצא לבית השריפה, א"כ הא דפריך הש"ס בפסחים שם מהתוספתא דהיא לר"י בנו של ריב"ב, לפרוך טפי מסתם מתניתין דמדות, **אלא** ודאי המשנה מיירי בפסולי חטאת שאין טעונים עיבור צורה, רק היו נותנין אותם במקום אחד שמה כדי לקבצם כולם ולשורפם הכל ביחד, ואותן שטעונים עיבור צורה לא היו נותנים שם, ור"י בנו של ריב"ב מוסיף ואומר כי על אותם שטעון עיבור צורה היה חלון בפני עצמו, ולול היתה נקראת והוא היה ברצפה - הר המוריה›

בשליקתא ומאיסתא

*בשליקתא ומאיסתא הכא נמי בשליקתא ומאיסתא והיכא איתמר דרב אשי אהא דאמר רבי אבין בר רב אחא א"ר יצחק אבא שאול גבל של בית רבי היה והיו מחמין לו חמין בחוטין של תרומה טמאה ללוש בהן עיסה בטהרה אמאי ניחוש דילמא אתי בהו לידי תקלה א"ר אשי בשליקתא ומאיסתא אביי בר אבין ורב חנניא בר אבין תנו תרומות בי רבה פגע בהו רבא בר מתנה אמר להו מאי אמריתו בתרומות דבי מר אמרו ליה ומאי קשיא לך אמר להו *תנן *שתילי תרומות שנטמאו ושתלן (א) טהורים מלטמא ואסורין מלאכול (בתרומה) וכי מאחר דטהורין מלטמא אמאי אסורין מלאכול אמרו ליה הכי אמר רבה מאי אסורין אסורין לזרים ומאי קמ"ל גידולי תרומה תרומה *תנינא גידולי תרומה תרומה וכי תימא גידולי גידולין ומאי קמ"ל בדבר שאין זרעו כלה *הא נמי תנינא *הטבל גידוליו מותרין בדבר שזרעו כלה אבל בדבר שאין זרעו כלה אפי' גידולי גידולין אסורין באכילה אישתיקו א"ל מידי שמיע לך בהא אמר להו הכי אמר רב ששת מאי אסורין *אסורין לכהנים הואיל ואיפסילו להו בהיסח הדעת הניחא למ"ד היסח הדעת פסול הגוף הוי שפיר אלא למ"ד היסח הדעת פסול טומאה הוי מאי איכא למימר דאתמר היסח הדעת רבי יוחנן אמר *פסול טומאה הוי ורבי שמעון בן לקיש אמר פסול הגוף הוי רבי יוחנן אמר פסול טומאה הוי שאם יבא אליהו ויטהרנה שומעין לו רבי שמעון בן לקיש אומר פסול הגוף הוי שאם יבא אליהו ויטהרנה אין שומעין לו איתיביה רבי יוחנן לרשב"ל *ר' ישמעאל בנו של רבי יוחנן בן ברוקא אומר *לול קטן היה בין כבש למזבח במערבו של כבש ששם היו זורקין פסולי חטאת העוף ותעובר צורתן ויוצאין לבית השריפה אי אמרת בשלמא פסול טומאה הוי משום הכי בעי עיבור צורה שמא יבא אליהו ויטהרנה אלא אי אמרת פסול הגוף למה לי עיבור צורה *והתנן *זה הכלל כל

בשליקתא ומאיסתא. לאחר שנטמאו שולקן ואח"כ זורקן לבין העצים והן נמאסות ורב הונא חייש דלמא אכיל להו מקמי דליסלקינהו או בשעה ששולקן : **והיו מחמין לו חמין בחיטין של תרומה טמאה.** שהיו לוקחין אותם מכהנים בזול : **ללוש בהן עיסה בטהרה.** כלומר אע"פ שרבי אוכל חולין בטהרה היה לא חייש דילמא נגעו הני חטים טמאים בעיסה דבטלו להו מתורת אוכל ולא מטמאו : **תנו תרומות.** מס' תרומות : **מאי אמריתו.** חידוש וטעמא בתרומות שאתם שונים בבית אדם גדול כרבה : **שתילי תרומה.** כגון שתילי כרוב וכרישין : **טהרו מלטמא.** אחרים שחיבורן לקרקע בטלן מתורת אוכל : **ואסורין מלאכול.** וקא ס"ד משום טומאה ולכהנים : **אסורים לזרים.** דלא אמרינן פקע שם תרומה מינייהו : **ומאי קא משמע לן גידולי תרומה כתרומה.** אפילו בדבר שזרעו כלה כגון חיטין או לגעות שומין תנינא : **וכי תימא.** האי אסורין מלאכול בדבר שאין זרעו כלה קאמר כגון בצלים דקים שקורין ליבו"ש וכשעוקלים אחת אחת לבדה הן טספות ומתחברות שתה וד' יחד והייט גידולי גידולין אותן הנוספות עליהן שלא היו תרומה מעולם וגידולין עצמן כגון שתילי כרוב שהולכים ומרחיבין העלין הראשונים ובדים החדשים העולין בקלח הוו גידולי גידולים : **הטבל גידוליו מותרין.** אע"פ שנתמרח בכרי והוקבע למעשר וחל עליו שם טבל וזרעו ולא הפריש מעשרותיו תחלה וצמח ונגמר וקצרו מותר לאכילת עראי עד שימרח בכרי ואף על גב דגידולי תרומה תרומה מדרבנן הוא ולחומרא שלא להפסיד את הכהנים אבל גידולי טבל חולין הן והרי הן כשקוצרן כשאר תבואה ואוכל מהן עראי עד שימרחם : **בהיסח הדעת.** כשנטמאו מתחלה הסיחו דעתו מהם שוב מלשומרן ונפסלין בהיסח הדעת דכתיב גבי תרומה (במדבר יח) את משמרת תרומותי עביד לה שימור ולא תסיח דעתך : **פסול הגוף הוי.** מעלה היא בקדשים שנפסלין בכך ושם פסול הוא לעצמו ואפילו יבוא אליהו ויאמר שלא נטמאו כל אותן הימים שהסיח דעתו מהן אין שומעין לו : **שפיר.** משום הכי אסורין שאין שתילתן מועלת להן להסיר שם פסול מעליהן : **אלא למ"ד.** כל מה שקדשים נפסלין בהיסח הדעת אינו אלא משום חשש טומאה שמא ע"י שהסיח דעתו משמירתן נגעה בהן טומאה ואינו יודע : **מאי איכא למימר.** הני אמאי מיפסלי משום חשש טומאה הא אפי' טומאה ודאית שבהן טיהרתם שתילתן : **טהרו.** ויאמר שלא נגעה בו טומאה כל ימי היסח : **לול קטן.** כמין גומא חלולה עשויה בבנין הרצפה : **בין כבש למזבח.** כלומר בקרן זוית סמוך לכבש וסמוך למזבח במקום שהם מתחברים : **במערבו של כבש.** אצל ספת מערבית של כבש : **ששם זורקין פסולי חטאת העוף.** לפי שהיא נעשית בקרן מערבית דרומית למטה וכשאירע פסול בה שהוא פסול הגוף ממש ואין יכול לשורפה מיד משום בזיון קדשים נותנין אותה שם : **ותעובר צורתה.** הייט פסול לינה שתלין לילה אחד הוא וכיון שלנה בלילה הרי היא טהר וטעון שריפה ונשרף ועל כרחך מדבעינן העברת צורה לאו כשפיגל בה או נטמאת או יצאה או מלקה שלא כמצותה קמיירי דהא פסול מעליא הוא ולמה לן לאהדורי אפסול לינה ואין לנו דניבעי לינה אי לאו פסול היסח הדעת וא"ת פסול חשש טומאה הוא היכא למימר דהאי פסול בהיסח הדעת קאמר וכיון דלא חזינן ליה דאיטמי אלא חששא בעלמא הוא בעי עיבור צורה דלא מצינן למשרפה להדיא שמא יבוא אליהו אחרי כן ויאמר טהורה היתה ונמצאת ששרפנו קדשים טהורין אלא אם שם פסול הוא לעצמו אפי' לא נטמא למה לי עיבור צורה:

בשליקתא ומאיסתא. קשה דהא דוקא שהן כבר מאוסות מותר להשהותן אבל לשלם אסור דבתוך כך אתי ביה לידי תקלה כמו בדריכת ענבים דבפרק הלוקח בהמה (בכורות דף כב:) אמרינן בשה תרומה טמאה שנפלה לתוך מאה חולין טהורים ר"א אומר תרום ותרקב ובמס' תרומות בפ"ה גרסינן תרום ותשרף ואומר ר"ת דבמאיסתא תשרף ויהנה ממנו בשעת שריפה : **מחמין** לו חמין בחוטין של תרומה. אור"ת דלכהנים של בית רבי היו עושין דלישראל לא שריא אלא הנאה שהיא של כילוי כמו עירוב דמערבינן לישראל בתרומה אבל הנאה של כילוי כגון להאכיל לבהמתו או להדליק אסור לישראל כדאמרינן בפ"ק דמס' (סו.*) כהן ששכר פרה מישראל לא יאכילנה כרשיני תרומה ובמסכת תרומות (פי"א משנה י') נמי אמרי' מדליקין בבתי כנסיות ובבתי מדרשות בשמן של תרומה שנטמאה ברשות כהן פירוש אם יש שם כהן הנר לאחד כר נמאה ור"י אומר טעמא משום דדרשינן משמרת תרומותי מה תרומה טהורה וכו' ומה טהורה דוקא לכהן אף טמאה דוקא לכהן ובטמאה ליכא אלא הלקה* : **טהרו** מלטמא. תימה לר"י דבפ' קמא דשבת (דף טו:) מסקינן דהייט טעמא דגזרו גידולי תרומה תרומה משום תרומה טמאה ביד כהן פי' שלא ישהה אותה לזריעה והשתא כיון דטהרו ישהה אותה לזריעה כדי לטהרה ואומר ר"י דמשום ריוח פורתא לא ישהה אותה מאחר שעדיין היא תרומה ולא נעשית חולין הקשה רבינו נסים גאון דתניא בתוספתא* גידולי תרומה ומעשר שני הרי הן כחולין ומלא פירון בירושלמי דמסכת תרומות דהרי הן כחולין הייט להתחייב בלקט שכחה ופאה ועניי ישראל ועניי כהנים מלקטין אותן אלא שאסורין לזרים והייט דתניא עניי ישראל מוכרין את שלהן לכהנים בדמי תרומה וטעמא לפי שמדאורייתא אין תרומה ומעשר חייבין בלקט שכחה ופאה ולא אתי גזירה דרבנן ומפקע ליה ועוד הקשה הר"ר משה מגרייי"ש דתנן במסכת בכורים(פ"ב מ"ג)יש במעשר ובכורים מה שאין כן בתרומה שהמעשר ובכורים גידולן אסורים מלאכול בירושלים אף לזרים ולבהמה משא"כ בתרומה משמע דגידולי תרומה שרו לזרים מיהו בלאו הכי לא א"ש ליתנא אף לזרים דאדרבה אף לכהנים מיבעי ליה למימר ונראה דזרים דהתם *הייט נכרים וכן משמע בירושלמי : **גידולי** גידולין. פירש ריב"א דגידולים הייט גידולי ראשון מן הזרע ואח"כ חזר ונטע אותן גידולים זהו גידולי גידולין ומביא ראיה מירושלמי דמסיק התם אגידולי גידולין משיעשו שני גורנות דהייט בכה"ג שנזרע ונלקט שתי פעמים ולפ"ה הכל הוי גידול ראשון ומה שפ"ה דשומין הוי דבר שזרעו כלה לא משמע הכי דבמסכת תרומות תנן בפ"ט (מ"ו) איזהו דבר שאין זרעו כלה הלוף והשום והבצלים : **פסול** הגוף הוי. תימה דלעיל (דף כ:) אמרינן אם היתה במקום המוצנע יניחנה במקום התורפה ואמרי' גרמא אין בידים לא ואמאי אין מותר לשורפה מיד כשמסיח דעתו ממנה: **למה** לי עיבור צורה. קשה לר"י דילמא האי פסול הייט בדם ובבעלים דבעי עיבור צורה וי"ל מ"מ אחר שנזרק בלול יש בו היסח הדעת הר"ר אלחנן : שאם

עין משפט נר מצוה

קב א מיי' פי"א מהל' תרומות הל' כג :
קג ב שם הלכה כא*:
קד ג מיי' פ"ו מהל' מעשר הלכה ו' *:
קה ד מיי' פי"א מהל' תרומות הלכה כג :
קו ה מיי' פי"ט מהל' פסולי מוקדשין הלכה ד' * :
קז ו מיי' פ"ב מהל' בית הבחירה הל' יד:

[וכן במשנה תרומות פי"א משנה ט]
[ועיין תוספות יבמות סו: ד"ה לא וכו' מבואר באורך ותוס' לעיל כ: ד"ה כדי ותוס' שבת כו: ד"ה אין מדליקין ותוס' מנחות סו: ד"ה כדי שתהא]
[דטהרות פ"א]
[לקמן עז: וש"נ]
[תוספתא פ"ו]

מסורת הש"ס

[עי' תוספות ב"ק קטו: ד"ה אתי לידי תקלה וכו' דרב הונא נמי מודה בזה]
תרומות פ"ט משנה ז
ר"מ מוקק זס
[שבת יז:] תרומות פ"ט מ"ד מדריס.
ג"ז שם
תוספתא דזבחים פ"ז
[ג"ל והתניא]

הגהות הב"ח

(א) גמרא ושתלן טהרו מלטמא וכו' כצ"ל:

רבינו חננאל

חיטי שליקתא ומאיסתא שרי לאדלוקי בהו אבל חיטי שפירן וכיוצא בהן דחייש דלמא אכיל להו ואתי לידי תקלה לא משהינן להו וכן אבא שאול גבל של בית רבי היה מחמם חמין בחיטין של תרומה [טמאה] ומאיסתא כדי ללוש עיסה בטהרה:בעי רבה בר מתנה מאביי ורב חנניה בר אבין הא דתנן פ"ט דתרומות שתילי תרומה שנטמאו ושתלן טהרו מלטמא ואסו' מלאכול עד[שיגום] את האוכל וכיון שטהרו [מלטמא] אמאי אסורין לאכול א"ל הכי אמר רבה אסורה לזרים כלומר תרומה הן והקדישתן קיימי אמרו לו מאי קמ"ל דגידולי תרומה הן תנינא גידולי תרומה תרומה וכ"ת בגידולי גידולין עסקינן ובדבר שאין זרעו כלה הא נמי תנינא *) דתנן גידולי תרומה תרומה וגידולי גידולין חולין ... בדבר שזרעו כלה אבל בדבר שאין זרעו כלה אפי' גידולי גידולין אסורין אשתיקו פי' דבר שאין זרעו כלה כגון הלוף והשום והבצלים אמר להו הכי א"ר ששת אסור לכהנים מ"ט הואיל ונפסלו בהיסח הדעת ... שנטמאו הסיח דעתו מהן ונפסלו . ואמרי' הניחא למאן דאמר היסח הדעת פסול הגוף הואי כלו' הרי הוא כבשר חטאת שאין לו היתר לעולם אלא למאן דאמר היסח הדעת פסול טומאה הואי לא יהא הטפל חמור ... כיון שעשתלן אמרת פהרו מטומאתן ולמה לא יהו מותרין מפסול (טומאה) [היסח הדעת] ונדחו גם דבריו והורנו לברר מחלוקת ר' יוחנן ור"ל דאיתמר היסח הדעת [ר"ל אמר פסול הגוף הוי] שאם יבוא אליהו ויטהרנה ... אין שומעין לו ומותיב עליה ר' יוחנן מהא דתניא בסוף תמורה ר' ישמעאל בנו של ר' יוחנן בן ברוקא אומר לול קטן [היה] בין כבש למזבח למערבו של כבש ששם היו זורקין פסולי חטאת העוף שתעבר צורתן ויצאו לבית השרפה

*) ג"י אחרת הי' לו לרבינו ז"ל כאן דמייתי מתרומה גופה שם במשנה ד' וסיפ יותר מבוררת מגי' דידן .

עין משפט נר מצוה

קח א מיי' פ"ד מהל' ק"פ הלכה ג :

קט ב מיי' פ"א מהל' פסולי המוקדשין הלכה לא :

קי ג מיי' פ"ז מהלכות איסורי מזבח הל' ו :

קיא ד שם הלכה ח :

קיב [ה מיי' פי"ב מהל' תרומות הלכה יא] :

מסורת הש"ס

כל שפסולו בגופו. פסול ודאי ובבשר עלמו ישרף מיד : **בדם.** כגון שנשפך הדם : **ובבעלים.** כגון שנטמאו בעלים והפסח קיים ואין כאן מי שיאכלנו והם הא"ע שפסול גמור הוא אפילו הכי הואיל ואינו בבשר עלמו בעי עיבור צורה : **תנא דבי רבה בר אבוה.** עיקר מילתא לא ידענא היכא וטעמא דמילתיה בכילד צולין : **אפילו פיגול.** שפסול הגוף הוא טעון עיבור צורה והכא לא מני לשנויי דמשני לקמיה מאי פסולי הגוף שנפסלו בטבול יום דהיינו טומאה וצורה למה לי : **רבי אליעזר אומר יזרוק.** את הדם ר' אליעזר לטעמיה דאמר בכילד צולין דם אף על פי שאין בשר : **רבי יהושע אומר** הורה אור

*כל שפסולו בגופו ישרף מיד בדם ובבעלים תעובר צורתן ויוצאין לבית השריפה א"ל האי תנא תנא דבי רבה בר אבוה הוא *דאמר אפילו פיגול טעון עיבור צורה *איתיביה נטמא או שנפסל הבשר או שיצא חוץ לקלעים רבי אליעזר אומר יזרוק רבי יהושע אומר [ב]לא יזרוק ומודה רבי יהושע שאם זרק הורצה מאי נפסל לאו בהיסח הדעת אי אמרת בשלמא פסולי טומאה הוי היינו דמשכחת לה דמרצי ציץ אלא אי אמרת פסול הגוף הוי אמאי הורצה (ציץ) מאי נפסל נפסל בטבול יום אי הכי היינו טמא תרי גווני טמא כי סליק רבין אמרה לשמעתיה קמיה דר' ירמיה *ואמר בבלאי טפשאי משום דיתבי בארעא דחשוכא אמריתון שמעתתא דמחשכו לא שמיע לכו הא דרבי שמעון בן לקיש משמיה דר' אושעיא ◦מי החג שנטמאו השיקן ואחר כך הקדישן טהורין הקדישן ואח"כ השיקן טמאים מכדי זריעה נינהו מה לי השיקן ואח"כ הקדישן מה לי הקדישן ואחר כך השיקן אלמא דאין זריעה להקדש הכא נמי אין זריעה לתרומה יתיב רב דימי וקאמר לה להא שמעתא אמר ליה אביי הקדישן בכלי קאמר אבל בפה לא עבוד רבנן מעלה או דילמא בפה נמי עבוד רבנן מעלה אמר ליה זו לא שמעתי כיוצא בה שמעתי דאמר ר' אבהו אמר רבי יוחנן ענבים שנטמאו דרכן ואח"כ הקדישן טהורים הקדישן ואח"כ דרכן טמאין והא ענבים דקדושת פה נינהו ואפילו הכי עבוד רבנן מעלה אמר רב יוסף ענבים קאמרת הכא [ד] בענבים של תרומה עסקינן דקדושת פה דידהו בקדושת כלי דמיא אבל הני דבעי כלי בפה לא עבוד רבנן מעלה דרכן ואפילו טובא ומי אמר רבי יוחנן הכי והאמר רבי יוחנן *ענבים שנטמאו דורכן פחות פחות מכביצה איבעית אימא הכא נמי פחות פחות מכביצה ואבע"א התם דנגעו להו בראשון דהוו להו אינהו שני הכא דנגעו בשני דהוו להו שלישי [א] אמר רבא אף אנן נמי תנינא ◦ונתן עליו מים חיים אל כלי *שתהא חיותן בכלי ונתן אלמא תלושין נינהו והא מחוברין נינהו אלא

שאם זרק הורצה. אף על גב דאין ציץ מרצה על היוצא רבי יהושע סבר זריקה מועלת ליוצא כרבי עקיבא דריש מעילה (דף ז:) דאמר זריקה מועלת להוציא בשר מידי מעילה וכל שכן להרצאה דהא רבי אליעזר דאמר הכא יזרוק קאמר התם דלהוציא ממעילה לא מהניא : **ונתן** אלמא תלושין והא מחוברין נינהו. פירוש דונתן משמע דחשיב להו תלושין והיינו לענין קבלת טומאה אף על פי שהן מחוברין והשתא מייתי ראיה דאין השקה להקדש מן התורה וכן בתרומה נמי עבוד רבנן מעלה *ופ"ה דחוק : כוסמין

לא יזרוק. ר' יהושע לטעמיה דאמר אם אין בשר אין דם ויוצא חוץ לקלעים בבשר קדשי הקדשים קאמר שמחיצה שלהן עזרה כדכתיב בחצר אהל מועד יאכלוה ולא יצאה נפסלה כדילפינן בכילד צולין מאל הקודש פנימה : **מאי נפסל לאו בהיסח הדעת.** בתמיה דכיון דתנא נטמא ויוצא מאי פסול איכא תו אי נפסל בעבודת דם כגון במחשבת חוץ למקומו וחוץ לזמנו לא קרי נפסל בשר שהרי אף הדם נפסל והכא לא נימא ר' אליעזר יזרוק : **אי אמרת בשלמא.** פסול חשש טומאה הוא משום הכי מודה רבי יהושע שאם זרק הורצה דאפילו נטמא ודאי ואע"ג דטומאה פסול הגוף הוי מרצה ציץ ולכתחלה לא יזרוק דקא סבר ריצוי ציץ בדיעבד הוא ויוצא אע"ג דלא מהני ליה ציץ הורצה בדיעבד דאע"ג דרבי יהושע בעי תרויהו דם ובשר מיהו הואיל והבשר בעין ופסול יוצא פסול מחמת דבר אחר הוא חשבינן ליה כפסול חסרון מחיצות בפרק קמא דמנחות בגופו איכא למימר בדיעבד הורצה : **אלא אי היסח הדעת פסול הגוף הוא** וציץ נמי לא מרצי עליה אמאי הורצה : **ה"ג אלא אי אמרת פסול הגוף הוי אמאי הורצה.** ולא גרסינן פסול הגוף מי קא מרצי ציץ דהאי פסול יוצא נמי לא מרצי ציץ כדאמרינן בפרק קמא (דף טז:) הא אינו נושא אלא עון טומאה : **נפסל בטבול יום.** וטעמא משום ציץ : **אמרה קמיה דר' ירמיה.** הא דרב ששת לעיל דאסורין מלאכול משום היסח הדעת הוא : **שמעתתא דמחשכן.** כשאין יודעין טעמו של דבר בודין מלבם טעם שאינו : **אתרא דמחשכא.** בבל עמוקה : **לא שמיע לכו כו'.** ומכאן יכולין ללמוד טעמה של משנה דאסורין מלאכול משום מעלה דאף על גב דמהניא זריעה לחולין עבוד רבנן מעלה דלא תהני לתרומה להעלות לה טהרה גמורה להיתר אכילה ומיהו מלטמא טהרו דלהא לא עבוד מעלה : **מי החג.** כגון של ניסוך המים דשבת שבתוך החג היו ממלאין אותן מערב שבת וכשנטמאו אין יכולין לילך ולמלאות מן השילוח בשבת וטורח הוא למלאות מבור הגדול בגלגל והלך והשיקם באמת המים שבעזרה ומים סלקא להו השקה דזו היא זריעתן משעברו עליהן מי המקוה ונעשה חיבור ובטלו : **ואח"כ הקדישן.** שעדיין לא קרא עליהן שם או לא קידשו בכלי שרת טהורין : **אין זריעה להקדש.** לטהרו בכך דמעלה עשו בקדשים הכא נמי אין זריעה לתרומה דמעלה עשו : **להא שמעתא.** דרבי אושעיא : **הקדישן בכלי שרת קאמרת.** דכיון דקדושין הן קדושת הגוף עבדינהו להו רבנן מעלה אבל משום קדושת פה דמלאן בכלי חול לשם חג לא עבדי להו מעלה ומהניא להו השקה : **זו לא שמעתי.** במעלה זו דזריעה לא שמעתי אם בפה אם בכלי אבל במעלה אחרת שמעתי דאף בקדושת פה עבדוה רבנן ואיכא למילף מינה דהוא הדין לכל מעלות שבקודש : **דרכן ואחר כך הקדישן טהורות.** לנסכים ור' יוחנן לטעמיה דאמר לעיל משקין מיפקד פקידי ולא קבילי טומאה עם האוכל ולקמיה מפרש היכי דריך להו : **הקדישן ואח"כ דרכן טמאות.** קא ס"ד הקדיש ייט לנסכים : **טמאות.** דעבוד רבנן מעלה בקדשים דמיטמא משקה עם האוכל ולא אמרינן בהו משקין מיפקד פקידי והא ענבים קדושת פה הן דלאו נמי נתנן לכלי אין כלי מקדשן דאין כלי שרת מקדשין אלא דבר הראוי לו כדילפינן בשחיטת קדשים* גבי מזבח שנאמר כל הנוגע במזבח יקדש שומע אני בין ראוי בין שאינו ראוי תלמוד לומר עולה וכלי שרת דומיא דמזבח נפקא לן התם : **בענבים של תרומה.** והאי הקדישן קדושת תרומה קאמר דבתרומה לא שייכא קדושת כלי לא ביין ולא בענבים : **אבל הני.** מי החג : **דרכן ואפילו טובא.** לעיל קמהדר אמרת דרכן ואחר כך הקדישן טהורות ואפילו טובא בבת אחת בתמיה והא אמרת לעיל פחות פחות מכבילה דאי יותר הא איטמו משקין בכבילה מיצית טיפה ראשונה טומאת האוכל שהרי יש בה כשיעור : **הכי גרסינן אי בעית אימא הכא נמי בפחות מכבילה ואי בעית אימא התם דבעינן פחות מכבילה שנגעו ענבים בראשון.** כגון טמא שרץ או טמא נבילה וכל שכן טמא מת דכיון דהוו ענבים שני טימאו את המשקין בכבילה מסילתא טיפה ראשונה ואף על פי שהן חולין דכל הפוסל את התרומה מטמא משקין להיות תחלה ושני עושה שלישי בתרומה לא גרסינן דהא בחולין עסקינן דאי בתרומה הא אמרן דעבוד מעלה שמטמאה משקה עם האוכל : **הכא דנגעו.** ענבים בשני דהוו להו שלישי ענבים שנגעו על טהרת תרומה משכחת בהו שלישי הלכך דרכן ואחר כך הקדישן שקרא להן שם תרומה טהורין ואפילו דרך הרבה יחד שהאוכל שלישי לא עשה למשקה כלום ומתחלה לא נטמאו עם האוכל דקודם קריאת שם לא עבוד מעלה הקדישן לתרומה ואח"כ דרכן טמאין דמקריאת שם חלה המעלה עליהן ונעשה המשקין כאוכל הכל אחד : **אף אנן נמי תנינא.** דעבוד רבנן מעלה בקדשים ואפילו בקדושת פה : **שתהא חיותן בכלי.** בלאותו כלי עצמו שהוא מקדש בו מי חטאת באפרן צריך למלאותו מן המעין ולא ימלאם בכלי אחר ויערה לתוך זה וכתב ונתן דמשמע תלושין דמותר למלאותו בכלי אחר ויערה לתוך זה: אלא

לקמן עג: סב:

ב"ק שם

מנחות כ: לקמן עז: [זבחים קד']

ג"ג

יומא מו: זבחים פ: מנחות נב:

[לעיל לג:]

סוטה טז:

גליון הש"ס

תוס' ד"ה ונתן וכו' ופ"ה דחוק. עיין בר"ש פ"ט מ"ג דפרה :

הגהות מהר"ב רנשבורג

[א] גמרא אמר רבא אף אנן נמי תנינא וכו'.

רבינו חננאל

השרפה וכיון שנפסל הסיח דעתו ממנו הניחא לדידי דאמינא פסול טומאה הוא מש"ה בעי עיבור צורה אלא לדידך דאמרת פסול הגוף הוא למה לי עיבור צורה התנן זה הכלל כל שפסולו בגוף ישרף מיד בדם ובבעלים תעובר צורתו כלומר כל זמן שיתכן שיאכל מניחין אותו שמא יבוא אליהו ויתירנו באכילה עד שיסריח וישנה מצורת בשר שאי אפשר להאכל כלל ויצא לשרפה קתני מיהא כל שפסולו בגופו ישרף מיד ושניג' האי תנא סבר אפילו פגול שאינו מרצה לעולם והוא ודאי פסול הגוף טעון עיבור צורה דיליף עון עון מנותר: והדר מותיב עליה מהא [דתני'] נטמא הבשר או נפסל או יצא חוץ לקלעים' כו' קתני מיהא אם זרק הורצה וכי פסול הגוף בר הרצאה הוא ומשני' רבי שמעון בן לקיש מאי נפסל דקתני נפסל בטבול יום דלא מסח דעתיה ויתרי גוני טומאה קתני : ר' ירמיה פשיט ליה לבעיא דרבה בר מתנה מהא דאמר ריש לקיש מי החג שנטמאו השיקן ואחר כך הקדישן טהורין הקדישן ונטמאו ואחר כך השיקן טמאין פי' כיצד משיקן נותנן בכלי גללים או בכלי אבנים או בכלי אדמה וממלא אותו הכלי מן המים ומטבילן במי מקוה כדי שיהיו המים שבתוכו נוגעין במי מקוה ועלתה להם טהרה והיינו השקתן וכבר פירשנוה ביום טוב : פי' הקדיש מים לנסך אותם בחג ונטמאו השיקן פי' שנתנן בכלי מקוה לטהרן אע"פ שנכנסו תחת המים שנטמאו כאלו זרועים הם במקוה לא עלתה להם טהרה שאין הזריעה מטהרת בהקדש כך שיהא תרומה אע"פ ששקען זורען בקרקע לא עלתה להם (התרה) [טהרה] ומאי אסורה אסורה לכהנים: א"ל רב דימי בקדושת כלי קאמרת כגון אלו מי החג וכיוצא בהן שנקדשו בכלי הקדש עבדו בהן רבנן מעלה שאין זריעה מטהרת בהקדש שנקדש בכלי הקדש אבל אם הקדישה קדושה בפה שאמר זה קדש ועדיין לא בא בכלי קדש הא מיבעיא לי יש לו זו המעלה שהרי כבר נקדש או לא אמר לו זו בהדיא לא שמעתי כיוצא בה שמעתי דאמר רבה בר בר חנה אמר ר' יוחנן ענבים שנטמאו דרכן ואח"כ הקדישן טהורין הקדישן ואח"כ דרכן טמאין הרי ענבים הללו קדושת פה נינהו שעדיין לא באו בכלי ואינם יין לנסך ואפילו הכי עבוד להו מעלה ודחי רב יוסף ואמר הני ענבים דאמר רבי יוחנן ענבים דתרומה הן דקדושת הפה (נינהו) [דידהו] קדושה גמורה היא וכיון שאמר הרי אלו תרומה כקדושת כלי דמיא קדושתן אבל קדש דבעי כלי כגון ניסוך המים וכיוצא בו בפה בלא קדושת כלי לא עשו בהן מעלה ומי אמר ר' יוחנן הכי ואקשי' אהא ומי אמר ר' יוחנן ענבים שנטמאו דורכן כלו ומהורים והא איהו דאמר סוחטן פחות פחות מכביצה ושני' הכי נמי מאי דרכן דקתני נמי פחות פחות מכביצה ואיבעית אימא התם דאמר רבי יוחנן פחות פחות מכביצה דנגעי בשרץ והוו להו ענבים ראשון דמטמו אחריני והכא דקתני כגון שנטמאו במים שנטמא בשרץ דהוו להו ענבים שני ואין שני עושה שלישי בחולין ואי תרומה נינהו דנגעי בולד שני דהוו להו ענבים שלישי ואין שלישי עושה רביעי בתרומה : אמר רבא אף אנן נמי תנינא דבקדושת כלי עבדו בהן מעלה דכתיב ונתן עליו מים חיים אל כלי שתהא חיותן בכלי מדקאמר ונתן

§ מסכת פסחים דף לד: §

אות א'

כל שפסולו בגופו ישרף מיד, בדם ובבעלים תעובר צורתן ויוצאין לבית השריפה

רמב"ם פ"ד מהל' קרבן פסח ה"ג - **הפסח שיצא מירושלים או שנטמא בארבעה עשר, ישרף מיד; נטמאו הבעלים או מתו או משכו את ידיהם, אפילו נטמאו או מתו קודם זריקת הדם, מניחין אותו עד שתעובר צורתו ואחר כך ישרף; זה הכלל, כל שפיסולו בגופו, ישרף מיד, בדם או בבעלים, תעובר צורתו ואחר כך ישרף; לפיכך אם שחטו אחר שנודע שמשכו הבעלים את ידיהם או מתו, או נטמאו ונדחו לפסח שני, הרי זה ישרף מיד.**

אות ב'

לא יזרוק

רמב"ם פ"א מהל' פסולי המוקדשין הל"א - **נפסל הבשר קודם זריקה, או שיצא חוץ לעזרה, לא יזרוק הדם, ואם זרק הורצה.**

אות ג'

מי החג שנטמאו, השיקן ואחר כך הקדישן, טהורין, הקדישן ואחר כך השיקן, טמאים

רמב"ם פ"ו מהל' איסורי מזבח ה"ו - **מי החג שנטמאו והשיקן וטהרן [כמו שיתבאר בטהרות], אם טיהרן ואחר כך הקדישן, הרי אלו מתנסכין; ואם הקדישן ואח"כ נטמאו, הואיל ונדחו ידחו.**

אות ד'

אין זריעה להקדש

רמב"ם פ"ו מהל' איסורי מזבח ה"ח - **מעלה יתירה עשו חכמים בקדשים, שזרעים שנטמאו, אפילו זרען, היוצא מהן פסולין לנסכים, שאין זריעה מועלת בקדשים.**

אות [ה']

בענבים של תרומה עסקינן

רמב"ם פי"ב מהל' תרומות הי"א - **זיתים וענבים שנטמאו, סוחטן ועושה אותן תרומה; [א]ואם נטמאו אחר שנעשו תרומה וסוחטן פחות פחות מכביצה, הרי המשקה היוצא מהן מותר בשתייה לכהנים, ואפילו לנסכים היה ראוי, שהמשקה כאילו הוא מופקד בתוך האוכל; ולא אמרו פחות פחות מכביצה אלא גזירה שמא יעשה יותר מכביצה, ונמצא המשקה מתטמא בכביצה; ואם היו פירות אלו שלישי לטומאה, דורכן בגת ובבית הבד, והמשקה תרומה טהורה, שאין שלישי עושה רביעי בתרומה, כמו שיתבאר בענין טהרות.**

באר הגולה

א ‹כתב הר"י קורקוס ז"ל: ויש לתמוה על רבינו, שכתב שאפילו נטמאו אחר שעשה אותם תרומה, סוחטן פחות פחות מכביצה, ולפי מש"כ בגמ' לא נאמר זה אלא בחולין, דאילו בתרומה אין חילוק בין סוחט כביצה או פחות מכביצה, דמעלה עשו בהם, ולא אמרינן בהו משקין מיפקיד פקידי, אלא המשקה מיטמא עם האוכל, **וגם** בסוף הלשון נראה שיש חילוק בתרומה בין נגע בשני לנגע בראשון, שכן כתב והמשקה תרומה טהורה שאין שלישי עושה רביעי בתרומה, ולפי מש"כ שבגמ' אין לחלק כן לגבי תרומה, דמעלה עשו בה, ומשקה מטמא עם האוכל, ואין לחלק בה בין שלישי לרביעי, דלא אמרינן בה משקה מיפקיד פקידי. **ועוד** יש לתמוה, למה לא הזכיר רבינו גבי נטמאו בעודם חולין שיסחוט אותם פחות פחות מכביצה כמ"ש בגמרא, **ונראה** שדעת רבינו, שמימרא דר' יוחנן דדרכם פחות מכביצה ויינם כשר לנסכים, ה"ה בענבים של תרומה שיינם מותר לכהנים, ואידך מימרא דר"י דהקדישן ואחר כך דרכן וכו', בהקדישן לנסכים מיירי, וכדקס"ד מעיקרא, ומאי דאמר רב יוסף הכא בענבים של תרומה וכו', דיחויא בעלמא הוא, דלא תפשוט שעשו מעלות בקדושת פה, אבל קושטא דמילתא כדקס"ד רב דימי דפשט מיניה דאף בקדושת פה עבוד מעלה, דהכי מסקינן התם והקדישן היינו הקדש ממש לנסכים כפשטה, ובהא הוא דעבוד מעלה, אבל לא בתרומה. **ומה** שהקשיתי עוד שלא פירש רבינו בתחלת דבריו דסוחט פחות מכביצה, אפשר דאסוף דבריו סמיך דמפליג בין נגעו בשני לנגעו בשלישי, ומסיפא נשמע לרישא. **א"נ** דברישא דמיירי רבינו בחולין, כתב סתם, דאפילו הוא שני אין שני עושה שלישי בחולין, וסוחט אפילו ביחד, אבל בתרומה גם אם הם שני מפליג בפחות ליתר, עכ"ל – כסף משנה. ‹**ושני** התירוצים הללו אינם מתקבלים אצלי, דהתירוץ הראשון דסמך על סיפא, וא"כ לפי"ז רישא מיירי בענבים שהם שלישי, א"כ איך נטמאו כלל, הרי בחולין אין שני עושה שלישי כלל, והרי רבינו זיתים וענבים שנטמאו קאמר. **ובזה** יש לדחות דמיירי בחולין שנעשו על טהרת תרומה, {וכ"כ רש"י}. (גם לשונו של הכס"מ שכתב נגעו בשלישי, הוא משובש, וצריך להיות דמפליג בין הם שני לאם הם שלישי). **ועוד** דלפי דבריו א"כ הרישא מיותרת לגמרי. **ותירוצו** השני תמהני מאד על שני גדולי הדור הר"י קורקס והכסף משנה, איך שגו שגיאה רבה כזו ונעלם מהם הרבה סוגיות בש"ס, דכל הפוסל תרומה מטמא משקה להיות תחלה, והיינו אפילו משקה חולין {וכמ"ש ברש"י} – צל"ח›

§ מסכת פסחים דף לה. §

אות א'

טבל ועלה אוכל במעשר

רמב"ם פ"ג מהל' מעשר שני ה"ד - וטמא שטבל, אוכל מעשר שני, אף על פי שלא העריב שמשו.

אות ב'

העריב שמשו אוכל בתרומה

רמב"ם פ"ז מהל' תרומות ה"ב - אין הטמאים אוכלין בתרומה עד שיעריב שמשן, ויצאו שלשה כוכבים בינוניים, וזה העת כמו שליש שעה אחר שקיעת החמה, שנאמר: ובא השמש וטהר, עד שיטהר הרקיע מן האור, ואחר יאכל מן הקדשים.

אות ג'

לרבות את העצים ולבונה

רמב"ם פ"ו מהל' איסורי מזבח ה"ח - מעלה יתירה עשו חכמים בקדשים, שזרעים שנטמאו, אפילו זרען, היוצא מהן פסולין לנסכים, שאין זריעה מועלת בקדשים; וכן העצים והלבונה אף ע"פ שאינן אוכלין, הרי הן מתטמאין כאוכל לענין הקרבנות, ויפסלו העצים והלבונה בטומאה זו למזבח ואין מקריבין אותן.

אות ד'

אלו דברים שאדם יוצא בהן ידי חובתו בפסח: בחטים בשעורים בכוסמין ובשיפון ובשיבולת שועל

סימן תנג ס"א - [א]אלו דברים שיוצאים בהם ידי חובת מצה - בליל ראשון של פסח, **בחטים ובשעורים ובכוסמין ובשבולת שועל ובשיפון, (והמנהג ליקח לכתחלה חטים (מהרי"ל))** - משום דהוא חביב לאדם ביותר, ואיכא משום הידור מצוה, **ואם** אין לו חטים, יקח למצות מאחד מהד' מינים החשוב לו ביותר, כדי שיאכל לתיאבון.

אות ה'

הני אין אורז ודוחן לא

סימן תנג ס"א - [ב]אבל לא באורז - וה"ה דוחן, ויליף לה בש"ס מקרא, דאין יוצאין י"ח מצה בלילה הראשונה שהוא חובה, אלא בדבר הבא לידי חימוץ, ואלו אינן מחמיצין.

ושאר מיני קטניות - וטטרקי שקורין אצלנו גריקע, וקאקערוזי שקורין אצלנו טירקישע ווייץ, ג"כ מיני קטניות הן.

וגם אינם באים לידי חימוץ, [ג]ומותר לעשות מהם תבשיל - ואפילו לש אדם קמח אורז וכיוצא בו ברותחין, וכסהו בבגדים עד שנפחה כמו בצק שהחמיץ, אין זה חימוץ אלא סרחון, ומותר באכילה.

הגה: ויש אוסרים (טור והג"מ ומרדכי) - לא מעיקר הדין הוא, אלא חומרא שהחמירו עליהם, וכדמסיים לקמיה, **וטעם** חומרא זו, משום שלפעמים תבואה מעורב במיני קטניות, וא"א לברר יפה, ואתי לידי חמוץ כשיאפם או יבשלם, **ועוד** שכמה פעמים טוחנים האורז ושאר מיני קטניות לקמח, וכמה פעמים אופין ג"כ מהם לחם, ואיכא הדיוטים ועמי הארץ טובא, שלא יבחינו בין קמח זה לקמח של מיני דגן, ובין פת לפת של מיני דגן, ואתי לאקולי גם בפת וקמח של מיני דגן, לפיכך החמירו עליהם לאסור כל פת וכל תבשיל, **ואפילו** לבשל אורז וקטניות שלמות, ג"כ אסרו משום לא פלוג, ועוד דדילמא נמצא בהם גרעינין של מיני דגן וכנ"ל, (ולרבינו מנוח הטעם, **שיש מיני חטים**, שבשנה שאינה כתיקונה משתנות ונראות כמיני זרעונים, וע"כ אסרו כל מיני זרעונים).

והמנהג באשכנז להחמיר, ואין לשנות - ואפילו באחרון של פסח ג"כ אין להקל בזה, **ומ"מ** בשעת הדחק שאין לאדם מה לאכול, מותר לבשל כל המינים חוץ מה' מיני דגן, [וכן ידוע, שהתירו חכמי הדור כמה פעמים בשני בצורת], **ופשוט** דה"ה לחולה אף שאין בו סכנה, דמותר לבשל לו אם צריך לזה, **ומ"מ** גם בכגון זה יקדים קטניות לאורז ודוחן ורעצקע, שהם דומין יותר לה' מינים, ושייך בהו טפי למיגזר, **אלא** דצריך לבדוק ולברור יפה יפה בדקדוק היטב, שלא ימצאו בם גרעינים מה' מיני דגן, **וכתב** החתם סופר, דאפילו במקום שיש להתיר, מ"מ יחלטנו לכתחלה ברותחין, דכל מה דאפשר לתקן מתקנינן, וכ"כ הח"א.

מיהו פשוט דאין אוסרים בדיעבד אם נפלו תוך התבשיל - דבהא לא נהגו להחמיר, ומ"מ אותן גרגרין שמוצאין צריך לזורקן, אם לא שאינו ניכר, **ומיירי** שיש עכ"פ רוב בהיתר, דאל"כ לא מיקרי תערובות כלל, והוי כאוכל תבשיל מקטניות עצמה.

וכן מותר להדליק בשמנים הנעשים מהם - ר"ל אפילו לתתו אותם מקודם במים, דבכה"ג בה' מיני דגן מתחמצים, מ"מ שרי, דלא נהגו איסורא אלא באכילה ולא בהנאה.

ואינן אוסרים אם נפלו לתוך התבשיל - ר"ל שא"צ לדקדק לתלות הנר של שמן במקום רחוק מן השלחן, משום חששא שמא ינטף על מאכל, דאפי' ניטף אין לאסור, דבכגון זה לא נהגו להחמיר, כן מבואר בד"מ.

‹המשך ההלכות בעמוד הבא›

באר הגולה

[א] משנה פסחים ל"ה [ב] שם בגמרא [ג] מהא דרב הונא שם ‹דף קי"ד›

אלא מעלה. בעלמא הוא מדרבנן שהחמירו חותן בכלי ולמסכתה רבנן אקרא: **הכא נמי מעלה.** בעלמא הוא דאין זריעה לתרומה ואסורין מלאכול: **טבילה.** דעבוד רבנן מעלה בקדשים אפילו מדאורייתא: **בקדשים לא.** אם טומאה דבת כפרה היא כגון זב וזבה ויולדת: **והבשר.** כל טהור יאכל וגו' וי"ו יתירה לרבות עצים ולבונה של קודש לטומאה וקאי אדלעיל והבשר אשר יגע בכל טמא לא יאכל והבשר: **איטמויי נינהו.** בתמיה הלא לאו אוכל נינהו: **מתני' אלו דברים שאדם יוצא בהן ידי חובתו.** משום חובת מלה בלילה ראשונה שהוא מחוייב לאכול מלה כדכתיב (שמות יב) בערב תאכלו מלות: **שיבולת שועל.** אביי"א שיבולת שלה עשוי כזנב שועל: **שיפון.** סיגל"א: **יוצאין בדמאי.** תבואה הנלקחת מעם הארץ והיא נקראת דמאי ספק עישרה ספק לא עישרה וחייבו חכמים להפריש מעשרותיה מספק ואם אכל מלה ממנה ולא הפריש מעשר ממנה יוצא: **ובמעשר ראשון.** של לויים: **שנטלה תרומתו.** תרומת מעשר לכהן ומכאן ואילך המעשר מותר לזרים: **והכהנים בחלה ובתרומה.** אבל ישראל בתרומה לא כדיליף לקמן לא תאכל עליו חמץ שבעת ימים תאכל עליו מלות מי שאינו מוזהר על חימוצו אלא משום חמץ אתה יוצא בו ידי חובת מלה יצא זה שאסור מחמת איסור אחר: **ולא במעשר שני.** חוץ לירושלים: **עשאן לעצמו.** לחם תודה ונזיר: **אין יוצא בהן.** ואפילו לא שחט הזבח עליהן ולא קרא שם עליהן אלא שעשאן לדעת כן וטעמא מפרש בגמ': **למכור בשוק.** לצורכי לחמי תודה ונזירות יוצא בהן אם לא מכר להן וטעמא מפרש בגמרא: **גמ' מין חיטין.** לענין תרומה דאין תורמין ממין על שאינו מינו ותורמין חיטין על כוסמין: **דישרא.** סיגל"א: **גולבי.** איספילטא בלע"ז: **שבילי תעלא.** אביי"א תעלא תרגום של שועל: **דברים הבאין לידי חימוץ אדם יוצא בהן.** משום מלה אם עשאן מלה: **אורז ודוחן.** אין עושין חמץ ואם מחמיצין אותן מסריחין: **אוסר באורז ודוחן.** לאכול הימנו הבשיל בפסח וכי יש מפרשים למנחות משום דכל המנחות באות מלה ושיבוש הוא דאין מנחה באה אלא חטים דכתיב (שמות כט) סולת חטים תעשה אותם חוץ ממנחת העומר שאינה באה אלא שעורין [וכן] מנחת סוטה ופשיטא דדוחן לא ומאן פליג עליה דרבי יוחנן בהא ומי מתיר: **שקרוב לחימוץ.** אלמא בא לידי חימוץ ולדידיה יוצאין בו משום מלה: **חמץ גמור לא הוי.** ונפקא מינה דאין ענוש כרת ואם אכלו בשוגג אין מביא קרבן: **קרמית.** מפרש לקמיה: **חייבת בחלה.** דמין דגן הוי ואע"ג דחלת לחם כתיב בה וגמר לחם לחם מלחם עוני במנחות בפרק רבי ישמעאל (דף ע:) אורז [א] נמי לחם הוא: **שיצניתא.** קלח שקורין ניילא בלע"ז עגול הוא כעין דוחן ושחור לישנא אחרינא שמעתי אשדרניל"א ונמצאת בשיפון: **כלניתא.** מק' בלע"ז: **ביין ובשמן.** דלא נתן בה מים: **אין חייבין על חימוצו כרת.** דמי פירות אין מחמיצין כדלקמן: **מצה עשירה.** ורחמנא אמר לחם עוני: **המחהו וגמעו.** אשום לחם דמין דגן קאי ואשמעינן דגמיעה כאכילה לחייבו: **המחהו.** דישטנפרי"ר בלע"ז שהמחהו במים: **אין אדם יוצא בה ידי חובתו.** דלאו דרך אכילה קאכיל ליה:

כוסמין מין חיטין שיבולת שועל ושיפון מין שעורין. רש"י פירש לענין דאין תורמין ממין על שאינו מינו ור"י אומר דבמנחות בפרק ר' ישמעאל (דף ע:) מוכח בהדיא דבריית לענין חלה מיתני' יש מקשין דתנן במסכת חלה (פ"א מ"ב) החיטה חייבת מלטרפת עם הכל חוץ מן הכוסמין והשעורין מלטרפין עם הכל חוץ מן החיטין אלמא כוסמין בהדי שעורין שפיר דמי ואומר ר"י דכוסמין מין חיטין כלומר אף מין חיטין וכל שכן מין שעורין שיבולת שועל ושיפון מין שעורין ולא מין חטין והא דתניא התם בריש המסכת חמשה דברים חייבין בחלה החיטין והשעורין והכוסמין ושיבולת שועל ושיפון הרי אלו חייבין בחלה ומלטרפין זה עם זה אומר ר"י דמשני בירושלמי כאן בנשוך וכאן בבלול פי' בנשוך שכל אחת ואחת נעשה עיסה בפני עצמה ואחר כן נשכו ונתחברו יחד התם ודאי אין מלטרפין כולם אלא כמו שמפורשין בבלול שכל הקמחים נילושים יחד ועשו מהן עיסה בההיא כולם מלטרפים דהשביבין כולם כאחד: ומי

*אלא מעלה הכא נמי מעלה אמר רב שימי בר אשי אף אנן נמי תנינא *טבל ועלה *אוכל במעשר העריב שמשו אוכל בתרומה בתרומה אין בקדשים לא אמאי טהור הוא אלא *מעלה ה"נ מעלה אמר רב אשי אף אנן נמי תנינא *והבשר *לרבות את העצים ולבונה עצים ולבונה בני איטמויי נינהו אלא *מעלה הכא נמי מעלה: **מתני'** *אלו דברים שאדם יוצא בהן ידי חובתו בפסח בחטים בשעורים בכוסמין ובשיפון ובשיבולת שועל ויוצאין בדמאי ובמעשר ראשון שנטלה תרומתו ובמעשר שני והקדש שנפדו והכהנים בחלה ובתרומה אבל לא בטבל ולא במעשר ראשון שלא נטלה תרומתו ולא במעשר שני והקדש שלא נפדו חלות התודה ורקיקי נזיר עשאן לעצמו אין יוצא בהן עשאן למכור בשוק יוצאין בהן: **גמ'** *תנא *כוסמין מין חיטין שיבולת שועל ושיפון מין שעורין כוסמין גולבא שיפון דישרא שיבולת שועל שבילי תעלא הני אין אורז ודוחן לא מנהני מילי *אמר רבי שמעון בן לקיש וכן תנא דבי רבי ישמעאל וכן תנא דבי ר' אליעזר בן יעקב אמר קרא לא תאכל עליו חמץ שבעת ימים תאכל עליו מצות דברים הבאים לידי חימוץ אדם יוצא בהן ידי חובתו במצה יצאו אלו שאין באין לידי חימוץ אלא לידי סירחון מתניתין דלא כרבי יוחנן בן נורי דאמר אורז מין דגן הוא וחייבין על חימוצו כרת *דתניא רבי יוחנן בן נורי אוסר באורז ודוחן מפני שקרוב להחמיץ איבעיא להו שקרוב להחמיץ דקדים ומחמיץ או דילמא קרוב להחמיץ הוי חמץ גמור לא הוי תא שמע דתניא *אמר רבי יוחנן בן נורי אורז מין דגן הוא וחייבין על חימוצו כרת ואדם יוצא בו ידי חובתו בפסח וכן *היה רבי יוחנן בן נורי אומר קרמית חייבת בחלה מאי קרמית אמר אביי שיצניתא מאי שיצניתא אמר רב פפא שיצניתא דמשתכחא ביני כלניתא אמר רבה בר בר חנה אמר ריש לקיש עיסה שנילושה ביין ושמן ודבש אין חייבין על חימוצה כרת יתיב רב פפא ורב הונא בריה דרב יהושע קמיה דרב אידי בר אבין ויתיב רב אידי בר אבין וקא מנמנם א"ל רב הונא בריה דרב יהושע לרב פפא מאי טעמא דריש לקיש א"ל דאמר קרא לא תאכל עליו חמץ [וגו'] דברים שאדם יוצא בהן ידי חובתו במצה חייבין על חימוצו כרת והא הואיל ואין אדם יוצא בה ידי חובתו דהויא ליה מצה עשירה אין חייבין על חימוצה כרת איתיביה רב הונא בריה דרב יהושע לרב פפא *המחהו וגמעו אם חמץ הוא ענוש כרת ואם מצה הוא אין אדם יוצא ידי חובתו בפסח והא הכא דאין אדם יוצא ידי חובתו במצה וחייבין על חימוצו כרת איתער בהו רב אידי בר אבין אמר להו *דרדקי היינו טעמא דריש לקיש משום דהוו להו מי פירות ומי

קיב א מיי' פ"ג מהל' מעשר שני הל' ד סמג לאוין רסד:

קיג ב מיי' פ"ז מהל' תרומות הלכה ב סמג לאוין רנז:

קיד ג מיי' פ"ו מהל' איסורי מזבח הלכה ח:

[עי' תוס' לעיל יט: ד"ה אלמא ויותר מבואר בתוס' חגיגה כג: ד"ה והא]

קטו ד מיי' פ"ה מהל' חו"מ הל' א ופ"ו הלכה ד סמג לאוין עט טוש"ע א"ח סי' תנג סעיף א:

קטז ה מיי' שם ופ"ו מהל' ביכורים הלכה ב טוש"ע י"ד סי' שכד סעיף א:

קיז ו ז מיי' פ"ה מהל' חו"מ הל' ב ופ"ו הלכה ה סמג לאוין עט טוש"ע א"ח סימן תסב סעיף א:

[מנחות ע:]

נדה עא: יבמות עה: [נגעים פי"ד מ"ג]

חולין לו: [לעיל כד: ע"ש זבחים לד: מז:]

[ע"ע תוספות זבחים לד: ד"ה ואם והוס' מנחות כה: ד"ה יוצאין]

מנחות ע.

[עי' בפירש"י דהכא ד"ה מין חיטין וכו' וע' בפרש"י מנחות דף ע: ד"ה כוסמין]

[ברכות לז: לקמן קיד:]

גם זה שם

[תוספתא דחלה פרק א']

חולין קכ.

[עיין פרש"י שבת קמה:]

רבינו חננאל

ותנן אלמא (עיקרן) [דעקירין] מן המעין הן ותלושי' נינהו והדר קרי להו מים חיים אל כלי אלמא מחוברים נינהו אלא מעלה עשו בהן דאע"ג דהן בכלי והן בתוך המעין (נקראים) [ונקראים]חיים וכי האי גונא בחולין (דלא) [לא] מטמאי' דכתיב (ויקרא יא) אך מעין ובור מקוה מים יהא טהור והכא במי חטאת כיון שהן בכלי מיטמאין ואינחבורן במעין *) מטהרן הנה מעלה: **רב** שימי אמר מהא טבל ועלה אוכל במעשר העריב שמשו אוכל בתרומת **) אמאי בעי הערב שמש והא טהור הוא אלא מעלה · רב אשי אמר מהא והבשר לרבות עצים ולבונה בני קבולי טומאה נינהו אלא מעלה עשו הכא נמי מעלה עשו: **מתני'** אלו דברים שאדם יוצא בהן ידי חובתו בפסח בחטים בשעורים כו' תני אין אבל אורז ודוחן אם יעשה מהן מצה אינו יוצא בהן ידי מצה מדאורייתא תנא לן ופשטינן [ליה] מהאי קרא לא תאכל עליו חמץ שבעת ימים תאכל עליו מצות לחם עוני וגו' דברים שיתכן לבוא לידי חימוץ אותם הזהירה תורה שלא תניחם להחמיץ אלא תאכלם מצה אבל אלו שאין באים לידי חימוץ לעולם אלא לידי סרחון גם אם תאכלם מצה אינה חשובה מצה · ואוקימנא למתני' דלא כרבי יוחנן בן נורי דאמר כי האורז קרוב להחמיץ. פשטנא שמחמיץ הוא כלומר במחר ח מדקתני וחייבין על חימוצו כרת: **קרמית** · עשב כדאמרינן קורמי דאגמא: **אמר** ר"ל לקיש עיסה שנילושה ביין ושמן ודבש אין חייבין על חימוצה כרת קס"ד משום דהוה מצה עשירה ואותבי' עליה המחהו פי' המחהו לככר במשקה וגמעו אם חמץ הוא ענוש כרת ואם מצה היא אין אדם יוצא בה ידי חובתו בפסח דכיון שפתתו כמין שתיתא יצא מתורת לחם והא הכא דהפת המחוי אין יוצא בה ידי חובתו בפסח וחייבין על חימוצו כרת ושני' לא תימא משום דהויא מצה עשירה אלא משום דנילושה במי

גליון הש"ס

גמרא אלא מעלה · עיין משנה למלך פ"ג הלכה יז מהלכות פסולי המוקדשין:

הגהות מהר"ב רנשבורג [א] רש"י ד"ה חייבת בחלה וכו' אורז נמי לחם הוא · נ"ל קרמית נמי לחם הוא:

*) פירש רבינו בכאן הוא כפי התוס' לעיל לד ע"ב ד"ה ומאן ודו"ק. **) מלשון רבינו נראה דג"א אחרת היה לו בד' הגמ' כאן דהכל היה מתרומה עצמה דעשה בה טהורה מעלה.

עין משפט נר מצוה

קיח א מיי' פ"ו מהל' חמץ הלכה ב סמג לאוין עט טוש"ע שם: [לקמן לו:]

קיט ב מיי' פ"ו מהל' חמץ הלכה ג:

קכ ג מיי' פ"י מהלכות מעשר הלכה יא:

קכא ד מיי' פ"ג מהל' תרומות הל' יג טוש"ע יו"ד סי' שלא:

קכב ה מיי' פ"ו מהל' חמץ הלכה ח:

קכג ו ז שם הלכה ו:

קכד ח מיי' פ"ו מהל' איסורי ביאה הל' ח ופ"ד מהל' מאכלות אסורות הלכה יז:

ומי פירות אין מחמיצין. היינו להתחייב כרת כדאמרינן בהדיא אין חייבין על חימוצו כרת אבל לאו איכא ביה וכשמע נמי דאמרינן* אין לשין ביין ושמן ודבש ואם לש תשרף מיד וחכמים נמי דאמרי האוכל היינו משום שיכולין לשומרו מן החימוץ כשאר עיסה אבל לכולי עלמא מחמיצין וקשה דלקמן (דף מ:) מסקינן *קימחא דאבישונא אבל מי פירות שרי אין מחמיצין משמע דשריך לגמרי דמי פירות אין מחמיצין כל עיקר והא פי' ר"ת דלאו מחמיצין כלל היינו היכא דלא נתערב עמהן מים דלא ממהרים יותר להחמיץ ועל הא אמר דלאו בהן כרת אבל לאו איכא ביה אבל היכא דליכא ביה תערובת מים עגון יין וחומץ ושאר מי פירות שרו לגמרי וכן מוכח בסוף כל המנחות באות מצה (מנחות דף נג:) דאמר אשר תקריבו לרבות מנחת נסכים לחימוץ דברי רבי יוסי הגלילי ופריך מנחת נסכים מי פירות הן ואין מחמיצין אמר ריש לקיש אומר היה רבי יוסי מנחת נסכים מגבלה במים והיא כשירה והשתא אי סלקא דעתיך דריש לקיש ורבי *יוחנן מיירי הכא בלא מים כלל ואפילו הכי כרת ליכא אבל מלקות איכא דחמץ נוקשה הוי אמאי איצטריך למימר התם מגבלה במים בלא גיבול מים נמי איצטריך קרא שלא תאפה חמץ דהאי חמץ נוקשה וחמץ נוקשה פסול למנחה כדמשמע התם במנחות (דף נג.) דקאמר התם סיאור דר' יהודה לרבי יהודה דפסול למנחות אלא ודאי היכא דליכא מים אינו מחמיץ כלל וקשה לרשב"א דחומץ האדומי חשיב ליה בפרק אלו עוברין (לקמן דף מג.) חמץ דגן גמור ע"י תערובת ואמאי והא חומץ האדומי מפרש התם* דרמו ביה שעורים פי' משימין השעורים ביין כדי שיחמיץ היטב והא מי פירות אין מחמיצין ואפילו אם משימין מים עמהן אכתי לא הוי אלא חמץ נוקשה ואומר ר"י שהשעורים שורין במים קודם שמשימין ביין וכמי בילים נסתפק רש"י אי חשיב מי פירות או לא לפי שאנו רואים שהעיסה נעשה עבה בהן יותר מבמים אבל ר"ת נהג היתר בדבר והיה נוהג לאכול בערב הפסח אחר ארבע שעות עוגה שנילושה בבילים והא דקאמרינן *בירושלמי האוכל מצה בערב פסח קודם זמנה כאילו בועל ארוסתו בבית חמיו היינו מצה הראויה לצאת בה ידי חובה וזו מצה עשירה היא:

יוצאין בדמאי. מסופק ר"י אי בעי למימר יוצא דוקא דיעבד כדאמרינן הואיל ומפקיר לנכסיה וחזי ליה מכל מקום עדיין לא מפקיר להו אי נמי יוצאים אף לכתחלה הואיל ושרי לעניים ואכילת מצה נמי נקרא אכילת עניות:

אכסניא· מפרש בירושלמי נכרים: **שחיללו** על גב קרקע דרחמנא אמר ונתן הכסף. תימה אי כסף משמע ליה דווקא נימעוט שוה כסף ואי יליף מישיב דשוה כסף ככסף אפילו קרקע נמי ונראה לר"י דילפינן בכלל ופרט וכלל ויסף חמישיתו כלל כסף פרט והיה לו חזר וכלל מה הפרט מפורש דבר המטלטל וגופו ממון וכו' יצאו קרקעות ועבדים ושטרות וכן מוכח בפרק יש בכור (בכורות דף נא.) דתנן אין פודין לא בעבדים ולא בשטרות ולא בקרקעות ולא בהקדשות ומפרש התם בגמרא ולא הקדשות בכל אלו ובכור יליף התם בכלל ופרט וכלל *וכן נמי יש לפרש הקדשות ומיהו תימה מאי מיבעי ליה בפ' הזהב (ב"מ דף נד.) תומש מהו שיתחלל ע"ג קרקע והא עיקר המיעוט בחומש כתיב ויסף חמישית כסף ערכך (ויקרא כז):

גמרא

ומי פירות אין מחמיצין: יוצא בדמאי ובמעשר וכו': דמאי *הא לא חזי ליה כיון דאי בעי מפקר לנכסיה הוי עני ואוכל דמאי השתא נמי חזי ליה *דתנן מאכילין את העניים דמאי ואת אכסניא דמאי ואמר רב הונא תנא בית שמאי אומרים אין מאכילין את העניים דמאי ואת האכסניא דמאי ובית הלל אומרים מאכילין: מעשר ראשון שנטלה תרומתו וכו': פשיטא דכיון שנטלה תרומתו חולין הוי לא צריכא שהקדימו בשבלים ונטלה הימנו תרומת מעשר ולא נטלה הימנו תרומה גדולה וכדרבי אבהו דאמר ר' אבהו אמר רבי שמעון בן לקיש *מעשר ראשון שהקדימו בשבלים פטור מתרומה גדולה שנאמר °והרמותם ממנו תרומת ה' מעשר מן המעשר מעשר מן המעשר אמרתי לך ולא תרומה גדולה ותרומת מעשר מן המעשר אמר ליה רב פפא לאביי אלא מעתה אפילו *הקדימו בכרי נמי ליפטר א"ל עליך אמר קרא °מכל מתנותיכם תרימו את כל תרומת ה' ומה ראית האי אידגן והאי לא אידגן: מעשר שני והקדש שנפדו וכו': פשיטא הכא במאי עסקינן שנתן את הקרן ולא נתן את החומש וקא משמע לן דאין חומש מעכב: °והכהנים בחלה ובתרומה וכו': פשיטא מהו דתימא מצה שוה לכל אדם בעינן קמ"ל *מצות מצות ריבה: °אבל לא בטבל וכו': פשיטא *לא צריכא בטבל מדרבנן שזרעו בעציץ שאינו נקוב: °ולא במעשר ראשון שלא נטלה תרומתו: פשיטא לא צריכא שהקדימו בכרי מהו דתימא כדאמר ליה רב פפא לאביי קא משמע לן כדשני ליה: ולא במעשר שני והקדש שלא נפדו וכו': פשיטא לעולם דנפדו ומאי לא נפדו שלא נפדו כהלכתן מעשר שני שפדאו על גב אסימון דרחמנא אמר °וצרת הכסף בידך *דבר שיש לו צורה והקדש שחיללו על גבי קרקע דרחמנא אמר °ונתן הכסף וקם לו: תנו רבנן יכול *יוצא אדם ידי חובתו בטבל שלא נתקן כל טבל נמי הא לא נתקן אלא בטבל שלא נתקן כל צורכו שנטלה ממנו תרומה גדולה ולא נטלה ממנו תרומת מעשר [מעשר] ראשון ולא מעשר שני ואפילו מעשר עני מנין תלמוד לומר °לא תאכל עליו חמץ מי שאיסורו משום בל תאכל עליו חמץ יצא זה שאין איסורו משום בל תאכל חמץ אלא משום בל תאכל טבל ואיסורא דחמץ להיכן אזלא אמר רב ששת הא מני ר' שמעון היא דאמר "אין איסור חל על איסור דתניא ר' שמעון אומר האוכל

רש"י

דמאי הא לא חזי ליה· ואמרינן לקמן מי שאיסורו משום בל תאכל חמץ לבדו אתה יוצא בה לשום מצה יצא מי שיש לו איסור אחר א"נ הויא לה מצוה הבאה בעבירה: **השתא נמי חזי ליה.** דתרומת דרבנן בעלמא הוא דרוב עמי הארץ מעשרין הן: **אכסניא.** חיילות מלכי ישראל המוטלין על בני העיירות לזונן להגין עליהם מאויביהן וישראלים הן והרי הן כעניים הואיל ואינן במקומן: **שהקדימו בשבלים.** את המעשר הקדים לתרומה גדולה קודם מירוח דמן התורה תרומה קודמת למעשר דראשית קרי' רחמנא ומן הטעה הוא נותן מעשר ראשון ללוי ועכשיו העניים הלוי וקדמו כדי שלא יחסרנו הכהן אחד מחמשים ונטלה הימנו תרומת מעשר כדינו אבל תרומה גדולה הראשונה לא נטלה הימנו והשמעינן מתני' דמותר כדכי' לקמן: **מכל מתנותיכם.** בלוים כתיב: **את כל תרומת ה'.** אפילו תרומה גדולה: **ומה ראית.** דלאוקמה קרא דחיוב כשהקדימו בכרי וקרא דפטורא כשהקדימו בשבלין: **האי.** דנתמרח בכרי אידגן ונקרא דגן ונתחייב לתרומה כדכתיב ראשית דגנך: **האי לא אידגן·** וכי שקליה לוי עדיין לא הוה טבל לתרומה: **טבל מדרבנן.** ואע"ג דמצוה הבאה בעבירה היא חשיב לה ולא דמי לדמאי וכדאמרינן התם דשבקת ביה היתירא לכתחילה הכא בדיעבד נפיק: **ולא במעשר ראשון שלא נטלה תרומתו.** קא ס"ד בתרומת מעשר קאמר וקא פריך פשיטא: **לא צריכא שהקדימו בכרי.** והאי תרומתו דקתני תרומה גדולה דהוי חזי לאפרושי מיניה מעיקרא קאמר: **כדאמר ליה רב פפא לאביי.** לעיל בשמעתין: **אסימון.** מטבע בלא צורה פלאט"ה בלע"ז: **ונתן הכסף וקם לו.** במקדיש שדה כתיב ויסף חמישית כסף ערכך וגו': **כל טבל נמי לא ליתקן.** קושיא היא: **או אפילו (אכילה) מעשר עני.** שאין בו שום קדושה דלאו מעשר ראשון לאו ביה תרומת מעשר שהיא קדושה ומעשר שני טעון קדום: **מי שאיסורו משום בל תאכל חמץ.** אתה יוצא בו ידי מצה

תורה אור

מסורת הש"ס

[לקמן מ:]

[לקמן מי' מנחות נג:]

דמאי פ"ג [מ"א]

עירובין יז:

[נזירות מז:] שבת קכז: עירובין לא:

במדבר יח

תמורה ה:

[לקמן לו:]

[ב"מ מז:]

[עי' תוס' סוכה לו. ד"ה משום]

דברים טז

גליון הש"ס

גמרא ל"נ בטבל טבול מדרבנן. עיין לקמן קיד ע"ב תוד"ה אלכן דמאי:

[ועיין תוספות בכורות נא. ד"ה אימא וכו']

[מנחות כתיב פי' פוס' שבת קכח: ד"ה ונתן]

[ועי' תוס' מנחות נג: ד"ה אין מחמיצין כו']

רבינו חננאל

ומי פירות ומי פירות אין מחמיצין· ירושל' אין לשין עיסה במשקין אבל מקטפין אותה במשקין אמר רבי עקיבא מעשה שהייתי עם רבי אליעזר ורבי יהושע בספינות ולשתי מצתם במשקין· אין לשין בחמין מפני שחולטין ולא בפושרין מפני שהן מחמיצין: דמאי כבי"ה דאמר מאכילין את העניים דמאי וכיון דחזו לעניים יוצא אדם בו בפסח וכבר פרשנוהו בכמה מקומות דדמאי הוא הלוקח פירות מעם הארץ ואינו יודע אם הן מעושרין אם לאו נותן כחם חלק אחד ממאה לכהן והן תרומת מעשר שהייב הלוי ליתן לכהן מעשר מן המעשר אבל תרומה גדולה שהיא אחד מחמשים ודאי הן מפרישים ואפילו עמי הארץ וכן מי שהפריש עשיר אחד מעשרה ונתנו לכהן קודם שיעשרו נגרן וקודם שיוציאו ממנו תרומה גדולה לכהן ונתן הלוי ממנו תרומת מעשר והוא מעשר מן המעשר ואע"פ שתרומה גדולה לא נתן לכהן מותר ללוי אותו מעשר שלא נתחייב הלוי בתרומה גדולה אלא אם קבל הלוי מעשר מן הערון אחר שהעמיד ישראל כרי אם הפריש ממנו מעשר תתנו ללוי מקודם התרומה חייב בתרומה וחייב בתרומת מעשר הלוי ושמשא היא והיא מפורשת בסוטה פרק אחרון: ובמעשר שני חקדש שנפדו אם נתן הקרן אע"פ שלא נתן עדיין החומש כבר שלו הוא וכן חולה והתרומה לכהנים הן ואע"פ שלישראל אסורה מצות מצות ריבה. טבל הוא שלא הורמה ממנו התרומה והמעשר ואע"פ שהיא תבואה שנזרעה בעציץ שאינו נקוב ואינה תרומת הארץ אלא תבואה וזרעה בכלי מדאורי' פטור מדרבנן חייב להפריש ממנו תרומה והמעשר לפיכך אינו מותר ואינו ראוי לאכילה וכ"ש טבל דאוריי': ולא במעשר ראשון שלא נטלה תרומתו כגון שהקדים בכרי ונתן אחד מעשרה בו ללוי ונמצא במעשר שלקח הלוי אחד מחמשים לכהן והיא תרומה גדולה וחייב עוד אחרי כן לתת לכהן מן הנשאר בידו חלק אחד מעשרת והיא תרומת מעשר ולא נתן התרומה גדולה אין יוצא בו ידי חובתו בפסח וכן במעשר והקדש שנפדו על אסימון והן מעות שאין בהן צורה כלומר לא נטבעו במטבע אלא החלק בלא צורה כאלו לא נפדו דפריה כי האי גונא לא שמה פדיה משום דאין מתחלל אלא על כסף שיש עליו צורה שנאמר וצרת הכסף בידך ודייקינן וצרת דבר שיש עליו צורה למעוטי אסימון שאין עליו צורה: ת"ר יכול יוצא אדם בטבל שלא תקנו כהלכתו כגון שהפריש כל מה שחייב להפריש חוץ מדבר אחד ואפי' מעשר עני שמוציא בשנה השלישית ת"ל לא תאכל עליו חמץ מי שאיסורו משום לא תאכל חמץ יצא זה שאיסורו משום לא תאכל טבל אפי' כל תבואה שלא נתקנה כהלכתה נקראת טבל ואקשי' עליה ואיסורא דחמץ היכא אזיל ודחי' הא מתניתא ר' שמעון היא דסבר אין איסור חמץ חל על איסור טבל

ומסיים עוד שם, דאפילו כתשו אותן השומשמין שעושין מהן השמן, במכתשת שכותשין שם חמץ, נמי לית לן בה, והטעם, דאפילו נתערב בו משהו, נמי בטל בששים קודם הפסח, **ואין** לומר שמקבל טעם מהמכתשת של חמץ, דהא צונן אין מפליט ומבליע, **מיהו** כ"ז בשמן שומשמין וכדומה שאינם חריף, אבל בשמן זית, אם כתש הזיתים בכלי שלתתו בו וכדומה, בודאי נקלט בו טעם חמץ, דהא זית הוא חריף, ובדבר חריף אמרינן, אגב דוחקא דכתישת המכתשת נותנת טעם בזיתים, וליכא ס' בזיתים נגד הטעם, **וע"כ** בשמן זית לכו"ע צריך ליזהר, שלא לתלות הנר בקרוב לשולחן, שלא יטיף על מיני מאכל - [כן מבואר בדגמ"ר].

[**והנה** בדגמ"ר מוכח, דבשמן זית חיישינן אולי נכתשו במכתשת של חמץ, **ועיין** במחה"ש דמשמע מיניה, דבשמן זית שמובא ממדינות רחוקות אין לחוש לזה, דמסתמא עושין אותו בכלים מיוחדים, **ומדגמ"ר** שכתב, דהמנהג שלא לאכול שמן זית, משמע דאין מחלק בזה].

וכן מותר להשהות מיני קטניות בבית (ת"כ) - אפי' נפלו עליהן מים, דבשאר תבואה כה"ג אסור להשהות, בהא לא גזרינן, דלא קבלו עלייהו רק לאסור אכילתן, **וה"ה** דמותר ליהנות מהן.

וזרע אקליז"א (מהרי"ל) ואני"ס אלייניד"ר אינן מיני קטניות, ומותר לאכלן בפסח, כן נ"ל - ומ"מ צריכין בדיקה שלא יתערב בהן אחד מה' מינים, **וע"כ** י"א דטוב להחמיר שלא לאכול ענ"ס וקימ"ל עד יום האחרון, כי א"א לבררם יפה.

אות ו' – ז'

עיסה שנילושה ביין ושמן ודבש אין חייבין על חימוצה כרת דהויא ליה מצה עשירה

סימן תסב ס"א - [ד]**מי פירות** - כגון יין ושמן, וה"ה דבש וחלב ושאר כל המשקין, ואפילו הם מפירות חמוצין, **בלא מים אין מחמיצין כלל** - והיינו בלא מים כלל, דאם יש בהם מים אפילו כל שהוא, הרי אלו מחמיצין.

ומותר לאכול בפסח מצה שנלושה במי פירות, אפילו שהתה כל היום - ונתפח הבצק, דאין זה חימוץ אלא סרחון.

[ה]**אבל אין יוצא בה ידי חובתו** - היינו כזית ראשון של שתי הלילות, **מפני שהיא מצה עשירה, וקרא כתיב: לחם עוני.**

אות ז'*

המחהו וגמעו, אם חמץ הוא ענוש כרת

רמב"ם פ"א מהל' חמץ ומצה ה"א - כל האוכל כזית חמץ בפסח, מתחלת ליל חמשה עשר עד סוף יום אחד ועשרים בניסן, במזיד חייב כרת, שנאמר: כי כל אוכל חמץ ונכרתה, בשוגג חייב קרבן חטאת קבועה; אחד האוכל ואחד הממחה ושותה.

---

§ מסכת פסחים דף לה: §

אות א'

ומי פירות אין מחמיצין

סימן תסב ס"א - [ו]**מי פירות** - כגון יין ושמן, וה"ה דבש וחלב ושאר כל המשקין, ואפילו הם מפירות חמוצין, **בלא מים אין מחמיצין כלל** - והיינו בלא מים כלל, דאם יש בהם מים אפילו כל שהוא, הרי אלו מחמיצין.

ומותר לאכול בפסח מצה שנלושה במי פירות, אפילו שהתה כל היום - ונתפח הבצק, דאין זה חימוץ אלא סרחון.

[ח]**אבל אין יוצא בה ידי חובתו** - היינו כזית ראשון של שתי הלילות, **מפני שהיא מצה עשירה, וקרא כתיב: לחם עוני.**

אות ב'

בדמאי ובמעשר וכו'

רמב"ם פ"ו מהל' חמץ ומצה ה"ז - אין אדם יוצא ידי חובתו באכילת מצה שהיא אסורה לו, כגון שאכלה טבל או מעשר ראשון שלא נטלה תרומתו או שגזלה; [ט]**זה הכלל, כל שמברכין עליו ברכת המזון יוצא בה ידי חובתו, וכל שאין מברכין עליו ברכת המזון אין יוצא בה ידי חובתו.**

אות ג'

מאכילין את העניים דמאי ואת אכסניא דמאי

רמב"ם פ"י מהל' מעשר הי"א - מותר להאכיל את העניים ואת האורחים דמאי, וצריך להודיען, והעני עצמו והאורח אם רצו לתקן מתקנין.

אות ד'

מעשר ראשון שהקדימו בשיבלים פטור מתרומה גדולה

טור יו"ד סימן שלא - ואם הפריש הישראל מעשר בשבלים קודם שהפריש תרומה גדולה, אין הלוי צריך להפריש ממנו חלק תרומה גדולה שהיה על הישראל להפריש; אבל אם דש הישראל והפריש המעשר מן הדגן

באר הגולה

[ד] **טור בשם רבינו יונה ממימרא דרבי יהושע בן לוי פסחים ל"ו** ‹עמוד א׳: כדאמר להו רבי יהושע (בן לוי) לבניה: יומא קמא לא תלושו לי בחלבא, מכאן ואילך לושו לי בחלבא› [ה] **שם בברייתא** [ו] ‹ע"פ מהדורת נהרדעא› [ז] **טור בשם רבינו יונה ממימרא דריב"ל פסחים ל"ו** [ח] **שם בברייתא**
[ט] ‹לפי שהמשנה והגמ' שבכאן שוין למשנה וגמ' שבברכות פרק שלשה שאכלו (דף מ"ה). וקצר רבינו כאן מפני שכבר בארו פ"א מהל' ברכות - מגיד משנה›

קודם שהפריש ממנו תרומה גדולה, חייב הלוי להפריש תרומה גדולה שבו מלבד תרומת המעשר.

אות ה'

והכהנים בחלה ובתרומה וכו'

רמב"ם פ"ו מהל' חמץ ומצה ה"ח - הכהנים יוצאין בחלה ובתרומה, אע"פ שהיא מצה שאינה ראויה לכל אדם.

אות ו' – ז'

אבל לא בטבל וכו'

ולא במעשר ראשון שלא נטלה תרומתו

רמב"ם פ"ו מהל' חמץ ומצה ה"ז - עיין לעיל אות ב'.

אות ז'*[י]

דבר שיש לו צורה

יו"ד סי' שלא סקל"ח - ואין פודה בכסף שאינו מטבע, אלא בכסף מפותח שיש עליו צורה או כתב; ואם פדה בלשון של כסף וכיוצא בו, והוא הנקרא אסימון, לא עשה כלום.

אות ז'**[יא]

ונתן הכסף וקם לו

רמב"ם פ"ז מהל' ערכין ה"א - ההקדשות אין פודין אותן לא בקרקע, ולא בעבדים שהרי הוקשו לקרקעות, ולא בשטרות (מפני) שאין גופן ממון, שנאמר: ונתן את הכסף, אחד הכסף ואחד שאר המטלטלין ששוין כסף ואפילו סובין.

אות ח'

אין איסור חל על איסור

רמב"ם פי"ז מהל' איסורי ביאה ה"ח - כלל גדול הוא בכל איסורים שבתורה, שאין איסור חל על איסור, אלא א"כ היו שני איסורין באין כאחת, או שהיה האיסור האחד מוסיף דברים אחרים על אותו האיסור, [יב]או אם היה כולל דברים אחרים עם איסור זה.

רמב"ם פי"ד מהל' מאכלות אסורות הי"ח - כבר ביארנו שאין איסור חל על איסור, אלא אם היו שני האיסורין באין כאחת, או שהיה איסור מוסיף או איסור כולל.

---

§ מסכת פסחים דף לו. §

אות א'

אומר מצות מצות ריבה

רמב"ם פ"ו מהל' חמץ ומצה ה"ח - הכהנים יוצאין בחלה ובתרומה, אף על פי שהיא מצה שאינה ראויה לכל אדם; וכן יוצאין במצה של מעשר שני בירושלם; אבל אין יוצאין במצה של בכורים אפילו בירושלם, מפני שהבכורים אין להם היתר בכל המושבות, ומעשר שני אפשר שיפדה ויאכל בכל מקום, וכתוב: בכל מושבותיכם תאכלו מצות, מצה הראויה להאכל בכל המושבות היא שיוצאין בה ידי חובה.

אות ב' – ג'

פרט לעיסה שנילושה ביין ושמן ודבש יאכל

סימן תסב ס"א - [א]מי פירות - כגון יין ושמן, וה"ה דבש וחלב ושאר כל המשקין, ואפילו הם מפירות חמוצין, **בלא מים אין מחמיצין כלל** - והיינו בלא מים כלל, דאם יש בהם מים אפילו כל שהוא, הרי אלו מחמיצין.

ומותר לאכול בפסח מצה שנלושה במי פירות, אפילו שהתה כל היום - ונתפח הבצק, דאין זה חימוץ אלא סרחון. [ב]**אבל אין יוצא בה ידי חובתו** - היינו כזית ראשון של שתי הלילות, **מפני שהיא מצה עשירה, וקרא כתיב: לחם עוני.**

‹המשך ההלכות בעמוד הבא›

באר הגולה

י ‹ע"פ מהדורת נהרדעא› **יא** ‹ע"פ מהדורת נהרדעא› **יב** ‹ומקשים לפי מסקנת הגמרא, מה שאין יוצאין בטבל אינו רק אליבא דר"ש שסובר אין איסור חל על איסור, א"כ לדידן דס"ל איסור חל על איסור {בכולל, וחמץ כולל הוא על טבל וכדומה – ראש יוסף}, מהראוי שיצא אדם י"ח בטבל, והרמב"ם פוסק דאין יוצאין בטבל – ברוך טעם›, ‹**ובמאירי** כתב דקיי"ל כרבינא, דמתניתין אתי אפילו כרבנן, דאין איסורו משום בל תאכל חמץ לבד, וכן נראה מלשון רש"י בסוגיין {דף ל"ה. ד"ה והכהנים, ול"ה: ד"ה דמאי} – קובץ שיעורים› **א** **טור בשם רבינו יונה ממימרא דריב"ל פסחים ל"ו** ‹ורבו בזה הדיעות, לרש"י אין חייבין על חימוצה כרת, אבל חמץ נוקשה הוי, ואפילו במי פירות לבדן אסור ללוש, **ולרב** אלפס אפילו במי פירות עם מים מותר ללוש מליל ראשון ואילך, **ויש** אוסרים ללוש במי פירות עם המים אף מליל ראשון ואילך, אבל קיטוף שמקטף בהן העיסה בשעת עריכה מתירין מליל ראשון ואילך, **ור"י** {ור"ת} פירש דמי פירות בלא מים אין מחמיצין כלל, ומותר ללוש בהן מליל ראשון ואילך, אבל בליל ראשון ושני אין יוצאין בהם ידי חובת מצה דהוה ליה מצה עשירה – טור›. ‹**והא** דאמר תשרף מיד, כשעירב עמהן מים, דאז ממהרות יותר להחמיץ, ועל הא אמר דאין בהן כרת אבל לאו אית ביה, אבל היכא דלית ביה תערובת מים, כגון יין וחומץ ושאר מי פירות, שרו לגמרי – ר"ת דף ל"ה: ד"ה מי פירות› **ב** **שם בברייתא**

תורה אור

*האוכל נבלה ביום הכפורים פטור רבינא אמר אפילו תימא רבנן מי שאיסורו משום בל תאכל חמץ בלבד יצא זה שאין איסורו משום בל תאכל חמץ בלבד אלא אף משום בל תאכל טבל *מידי בלבד כתיב אלא מחורתא כדרב ששת ת"ר יכול יוצא אדם ידי חובתו במעשר שני בירושלים ת"ל לחם עוני (א) *מה שנאכל באנינות יצא זה שאינו נאכל באנינות אלא בשמחה דברי ר' יוסי הגלילי ר' עקיבא אומר *מצות מצות ריבה אם כן מה ת"ל לחם עוני פרט לעיסה שנילושה ביין ושמן ודבש מאי טעמא דר' עקיבא מי כתיב לחם עוני עני כתיב ור' יוסי הגלילי מי קרינן עני עוני קרינן (ב) ור' עקיבא האי דקרינן ביה עוני כדשמואל *דאמר שמואל לחם עוני לחם שעונין עליו דברים הרבה וסבר ר"ע עיסה שנילושה ביין ושמן ודבש לא והתניא אין לשין עיסה בפסח ביין ושמן ודבש ואם לש רבן גמליאל אומר תשרף מיד וחכמים אומרים יאכל ואמר רבי עקיבא שבתי היתה אצל רבי אליעזר ורבי יהושע ולשתי להם עיסה ביין ושמן ודבש ולא אמרו לי דבר ואף על פי שאין לשין בו אתאן לתנא קמא והחכמים אומרים את שלשין בו מקטפין בו ואת שאין לשין בו אין מקטפין בו ושוין שאין לשין את העיסה בפושרין לא קשיא הא ביום טוב ראשון הא ביום טוב שני כדאמר להו ר' יהושע (ג) לבניה יומא קמא לא תלושו לי בחלבא מכאן ואילך לושו לי בחלבא *והתניא אין לשין את העיסה בחלב ואם לש כל הפת אסורה מפני הרגל עבירה אלא הכי קאמר יומא קמא לא תלושו לי בדובשא מכאן ואילך לושו לי בדובשא ואיבעית אימא לעולם בחלבא כדאמר רבינא בעין תורא שרי הכא נמי כעין תורא: ושוין שאין לשין את העיסה בפושרין: מאי שנא ממנחות *דתנן כל המנחות נילושות בפושרין *(ומשתמרין) שלא יחמצו אם אמרו בזריזין יאמרו בשאין זריזין אי הכי מילתת נמי לתיח אלמה *אמר רבי זירא אמר רבה בר ירמיה אמר שמואל חיטין של מנחות אין לותתין אותה לישה בזריזין איתא לתיתה ליתא בזריזין ולישה מי איתא בזריזין והכתיב ויצק עליה שמן וגו' והביאה *אל הכהן *מקמיצה ואילך מצות כהונה לימד על יציקה ובלילה שכשירה בכל אדם לישה נהי דבזריזין ליתא במקום זריזין איתא דאמר מר בלילה כשירה בזר חוץ לחומת עזרה פסולה לאפוקי לתיתה דאינה בזריזין ולא במקום זריזין ומאי שנא ממנחת העומר דתניא מנחת העומר לותתין אותה וצוברין אותה ציבור שאני: תנו רבנן יכול יוצא אדם ידי חובתו בבכורים תלמוד לומר בכל מושבותיכם תאכלו מצות מצה הנאכלת בכל מושבותיכם יצאו בכורים שאין נאכלין בכל מושבותיכם אלא בירושלים דברי רבי יוסי הגלילי רבי עקיבא אומר מצה ומרור מה מרור שאינו בכורים אף מצה שאינה בכורים אי מה מרור שאין במינו בכורים אף מצה שאין במינה בכורים

אוציא

רש"י

האוכל נבלה ביום הכפורים. פטור. שוגג: **פטור.** מחטאת דאין איסור יום הכפורים חל על איסור נבילה ואם בו ביום נתנבלה אפילו הכי היתה אסורה קודם יום הכפורים משום אבר מן החי: **מידי בלבד כתיב.** קרא משמע דכל מי שאיסור חמץ נוהג בו אתה יוצא בו משום מצה: **מי שנאכל באנינות.** שמותר לאוכלו כשהוא אונן דרוש ביה לחם אוני ומעשר שני אינו נאכל באנינות דכתיב (דברים כו) לא אכלתי באוני ממנו: **מי כתיב עוני.** בוי"ו דלשמע מיניה אוני: **שעונין עליו דברים.** שגומרים עליו את ההלל ואומרים עליו הגדה: **אין לשין את העיסה.** של מצות ביין ושמן ודבש מפני שקרובה וממהרת להחמיץ ואין אדם יכול לשומרה לפיכך אם לש תשרף מיד ובמועד קאמר ולא ביום טוב דהבערה שלא לצורך היא *(ולר' יוחנן) דאמר לעיל מי פירות אין מחמיצין לא קשיא הך דהיאך אין חייבין על חימוצו כרת קאמר ולא הוי חמץ גמור אלא חמץ נוקשה הוי כלומר רע ואותו חימוץ הן ממהרין להחמיץ ולי אפשר לשומרן: **וחכמים אומרים יאכל.** דקסברי אפשר לשומרה והכא לא גרסינן מיד דמשמעה לא תחמיץ: **שבתי היתה.** שביתי היתה רגל פסח אחד אצל ר' אליעזר ור' יהושע: **מקטפין.** טחין פניה לאחר עריכתה: **פושרין.** ממהרין להחמיץ: **יום ראשון.** לילה הראשון שהמצה חובה בעינן לחם עוני: **אין לשין עיסה בחלב.** כל ימות השנה שלא יאכל בשר עמה: **כעין תורא.** מעט כעין של שור מותר ללוש בחלב דאכיל ליה מיד בבת אחת ולא משהי ליה דליתי שכילוש בחלב: **ומאי שנא ממנחות.** דתנן בהו דבאות מצות ואפילו הכי נלושות בפושרין ומשמרין שלא יחמיצו: הכי גרסינן כהנים זריזין הם: **לתיתה.** לשורן במים מעט ולותתן במכתשת להסיר מורסנן כדי שתהא סולתן נקיה: **לתיתה ליתא בזריזין.** כשמביאה הזר כבר היא סולת: **לישה.** כגון מנחת מחבת ומרחשת ומנחת מאפה תנור שאופין אותה תחילה עשר חלות ואחר כך פותתין אותן עד שמחזירין לסלתן כדכתיב (ויקרא ב) פתות אותה פתים ואחר כך נותן שמן ובוללה ויולק וקומץ וכשאפאה תחילה נילושה בפושרין: **לימד על יציקה ובלילה כו'.** והכי במנחת מאפה תנור לאחר לישה ואפייה ופתיתה נינהו: **במקום זריזים איתא.** בעזרה שהמחבת והמרחשת כלי שרת הן וכן תנור של מקדש הוא וכיון דבעזרה איתא חזו לה כהנים ומלמדין אותו להיזהר בה: **ומאי שנא.** שאר מנחות דקאמר שמואל אין לותתין אותם ממנחת העומר דתנן בה לותתין אותה וצוברין אותה שיזובו מימיה: **ציבור שאני.** מנחת העומר קרבן ציבור היא וכל עסקין שלה נעשין על פי בית דין קצירתה והיבהוב שלה ולתיתה הכל בבית דין ובזריזין הוא ואיכא דאמרי לצבור שאני דהואיל וצוברין אותה מימיה זבין ואין מחמיצין ולאו מילתא היא חדא דבתוספתא קתני לה ולא קתני וצוברין אלא ובוררין ועוד אי איכא תקנתא בצבור (של) חיטים של מנחות נמי ניליתתינהו וניצברינהו: **בבכורים.** כגון כהן שהביאו לו חיטין בכורים בירושלים: **בכורים אין נאכלין אלא בירושלים.** שנאמר לא תוכל לאכול בשעריך וגו' ואמר מר (מכות דף יז.) ותרומת ידך אלו בכורים: **מצה ומרור.** הקישן הכתוב על מצות ומרורים: **מרור אינו בכורים.** דתנן (בכורים פ"א מ"ג) אין מביאין בכורים אלא מז' מינין דכתיב מארצך משבח ארצך במנחות בפ' כל קרבנות (דף סד.) ולקמן במקום שנהגו (דף נג.):

הדר

תוספות

האוכל נבלה ביום הכפורים. פ"ה אפילו נתנבלה ביום הכפורים לא חיילא עלה איסור יוה"כ דהרי הוה עלה איסור אבר מן החי וקשה לר"י דהא כי פקע איסור אבר מן החי יחול עלה איסור יום הכפורים ונבילה בבת אחת למודה רבי שמעון באיסור בבת אחת ומיהו י"ל אפילו נתנבלה ביום הכפורים לא חייל עלה איסור יום הכפורים דאיסור שאין זבות הוה ביה כמי מעיקרא והכתי לא פקע מיניה*:

עוני קרינן ביה. והא דגבי לולב (סוכה דף לב.) כ"ע מודו דכפת כתיב ולא אמר כפות קרינן ויצטרך שני לולבים ליטול אור"י משום דהתם סמכינן אקרא פרי עץ הדר דלא משמע אלא חד לכך מודו התם כ"ע דדרשינן מסורת*:

במקום זריזים איתא. וא"ת והא הכא במנחת מאפה תנור מיירי שהיתה נילושה בפושרים ואותה מנלן שנבללת בעזרה ושאר מנחה שנבללת בעזרה לפי שהבלילה היתה בכלי שרת וי"ל דגם מאפה תנור היו לשין בעזרה סמוך לתנור של קודש שלא תחמיץ ורבינו אפרים בר אפרים הגבור מפרש דע"כ היו לשין אותה בעזרה לפי שהיו מודדין אותה בעשרון של קודש כדתנן בפרק שתי מדות (מנחות פז.) עשרון מה היה משמש בו מודד לכל המנחות*:

מה מרור שאין ביכורים. וליכא למימר מרור היינו זית שהוא מר כדדרשינן (*סנהדרין דף קח:) והנה עלה זית טרף בפיה אמרה יונה יהא מזונותי מרורים כזית וכו' דלקמן (דף לט.) אמר מרור דומיא דמצה מה מצה מין זרעים אף מרור כן ועוד שזית האילן מר ולא הפרי כדמשמע עלה זית ואמרינן נמי (מכילתא פ' בשלח) ויורהו ה' עץ זהו זית שאין מר באילנות כזית*:

הוליא

עין משפט נר מצוה

קכה א מיי' פ"ו מהל' מלה הלכה ח:

קכו ב ג ד מיי' שם הל' ה סמג לאוין עט טוש"ע או"ח סי' תסב סעיף א:

קכז ד מיי' שם הל' יא ומיי' שם סלכה ב טוש"ע שם סעיף ד בהג"ה:

קכח ה מיי' פי"ב מהל' מעשה קרבנות הלכה כא:

קכט ו מיי' שם הלכה כב:

קל ז מיי' שם הל' כג ופי"א מהל' פסולי המוקדשין הלכה ו:

קלא ח מיי' שם הל' ו:

קלב ט מיי' פ"ו מהל' מעשה קרבנות הלכה כ:

קלג י מיי' פ"ו מהל' מלה הלכה ח:

[וע"ע תוס' חולין לג. ד"ה השתא ותוס' שבועות כד. ד"ה האוכל ע"ש]

[וע"ע תוס' סוכה ו: ד"ה ור"ש ועוד שם לב. ד"ה כפת שכתבו דלריכותא ועיין תוס' סנהדרין ד. ד"ה כולהו ותוס' זבחים מ. ד"ה לא נחלקו ותוס' נדה מו. ד"ה לא]

[ופי' תוס' סוכה נ. ד"ה ואי ותוס' מנחות ע. ד"ה ריש לקיש]

[עירובין יח:]

[וע"ע תוס' עירובין יח: ד"ה מרורין]

[נ"ל ומשמרין]

מנחות ס. יח:

מסורת הש"ס

קדושין נז: שבועות כד. נזיר ד. [כריתות כג.]

[לקמן לח:]

[שם. לט:]

[לעיל לה:]

[נ"ל ולר' יוחנן רש"ל]

לקמן קטו:

לעיל ל. כ"מ נא. זבחים לה:

מנחות נה.

לקמן מ. ע"ש

[והביאה אל בני אהרן הכהנים וקמץ רש"ל]

הגהות הב"ח

(א) גמ' לחם עוני מי שנאכל: (ב) שם קרינן ביה ור' עקיבא: (ג) שם דאמר להו ר' יהושע בן לוי לבניה:

גליון הש"ס

גמ' מידי בלבד כתיב. עיין בהר"ם פ"ט מהל' ... וצ"ע:

רבינו חננאל

שבל דתניא האוכל נבלה ביום הכפורים פטור ולא אתי איסור יום הכפורים חייל אאיסור נבלה: **ת"ר** יכול יוצא אדם ידי מצה בפסח במעשר שני בירושלים ת"ל לחם עוני כי בעינן לחם הנאכל באוני יצא זה שאינו נאכל באוני אלא בשמחה דברי ר' יוסי הגלילי כדתנן בס"פ מעשר שני במנחה ביום טוב היו מתודים כיצד היה וידוי בערתי הקדש מן הבית זה מעשר שני וכו' עד לא אכלתי באוני ממנו אם אכלו באנינה לא היה יכול להתודות:

ר' עקיבא אומר מצות מצות ריבה אם כן מה ת"ל לחם עוני פרט למצה עשירה ואסיקנא לר' עקיבא כתיב עני למעוטי מצה עשירה וקרינן עוני כשמואל דאמר לחם שעונין אחריו דברים ואקשי' איני דר' עקיבא אומר לאכול בפסח מצה עשירה והתניא אין לשין את העיסה ביין ושמן ודבש ואם לש ר"ג אומר תשרף מיד וחכמים אומרים תאכל מיד פי' אם אפאה אמר ר' עקיבא שבתי היתה אצל ר' אליעזר ור' יהושע ולשתי להם עיסה ביין ושמן ודבש ולא אמרו לי דבר ושנינן הא דאסר מצה עשירה ביום טוב ראשון בלבד בזמן שעונין אחריו דברים והן ההגדה שאמר מצה זו שאנו אוכלין על שום מה וכו' אסור אותו זמן לאכול מצה עשירה דבעינן עוני הא שאמר לשתי להם עיסה ביין ושמן ודבש בשאר הימים ויש לומר כי דבר מועט לש להם כגון בני ר' יהושע שלשו בחלב כעין תורא שהוא דבר מועט וביום הראשון [אסור] ובשאר הימים מותר. ונתברר למביני מדע דברייתא הכי הוא אין לשין את העיסה ביין ושמן ודבש ואע"פ שאין לשין מקטפין בהן וחכמים אומרים אין לשין ואף לא מקטפין ואם לש או קיטף ר"ג אומר תשרף מיד ואפי' אפאה וחכמים אומרים תאכל מיד ודברי הכל זו הברייתא בשאר ימות הפסח היא שנויה זולתי יו"ט ראשון ונראין הדברים שת"ק שאמר אע"פ שאין לשין בו מקטפין בו כך פי' דבריו אע"פ שאין לשין במים ושמן ואם לשו במים ושמן מכלל שהלישה שאמר שמן על ידי מים הוא שאסר ומה שאמר בלישה שמן על ידי מים התיר בקיטוף והחכמים אסרו זה וזה הלישה והקיטוף ע"י מים הכל אסור וקיי"ל כחכמים שאפי' אם לש במים לו לקטף בשמן כלל וכל שכן שאין לשין בהם ושמן כלל: ושוין שאין לשין את העיסה בפושרין. ואמרי' אמאי לא והא כל המנחות מצה הן ותנן כל המנחות נילושות [בפושרין] ומשמרן שלא יחמיצו ודחי' אם הכהנים שהן זריזין ומשמרין העיסה שלא תחמיץ ומשום זריזותן התירו להן יתירו לכל אדם ודחי' לתיתה פעמים שתהיה שלא על ידי כהן והא לישה נמי יתכן שתהיה שלא על ידי כהן דהא מקמיצה ואילך מצות כהונה ולישה קמי הכי הוא דהויא ואפילו [הכי] לישה כי ליתא בכהנים איתא בעזרה מקום שהכהנים רואים אותה אבל חוץ לחומת העזרה פסולה לתיתה אינה לא בכהנים ולא בעזרה לפיכך לא התירוה: **ת"ר** יכול יוצא אדם ידי חובתו בבכורים כו' בא ר"ע לטעט הבכורים ממצה וממרור ואמר בעינן מצה כמרור מה מרור אין מביאין ממנו בכורים כי ירק הוא ולא פירי כך מצה אין מביאים מן הבכורים ואקשי'

[ג]סי' תסב ס"ב - [ד]מי פירות עם מים ממהרים להחמיץ יותר משאר עיסה - ר"ל אפי' בפחות משיעור מיל עלול להתחמץ, הילכך אין ללוש בהם - דחיישינן שמא ישהה קודם אפיה.

בין שהמי פירות מרובין והמים מועטין, ובין להיפך, **וכתבו** האחרונים, דאין חילוק בין שנילוש תחלה עם מי פירות, ואח"כ באו למים קודם שנאפה, או להיפך.

(עיין בפוסקים דאיכא פלוגתא בחמץ זו, לדעת ר"ת ושאר פוסקים, אינו אלא חמץ נוקשה, דחמץ גמור אינו אלא ממים בלבד, [ה]**ולדעת** הרמב"ם ודעמיה, הוא חמץ גמור, **ועיין** בפמ"ג שהסכים, דדוקא במיעוט מים, אבל אם הרוב מים, לכו"ע הוא חמץ גמור, וחייב כרת עליה).

(**ובנפלו** מי פירות על חטים או קמח ונתייבשו, **אם** מותר לאפות מהן מצות אח"כ, נחלקו האחרונים, יש אוסרים, דבשעה שיבוא עליהם מים, תתעורר בהם כח מי פירות, ותמהר להחמיץ, **ויש** מקילים, כיון שכבר כלה הלחלוחית ונתבטלו, לא יתעורר שוב, **ונראה** דבשעת הדחק יש לסמוך להקל וללוש, מאחר שעיקר דין המחבר אינו לכו"ע, דלהרי"ף והרמב"ם אינם מחמיצים יותר משאר עיסה שנילושה רק במים, והסכים המגיד ורבינו מנוח לדעתם, **א"כ** עכ"פ בנתייבשו יש להקל).

[ו]**ואם לש בהם, יאפה מיד** - ואם עבר ושהה קודם האפיה, יש לאסור באכילה, אף שלא שהה שיעור מיל, [אבל בהנאה מותר, וכן לשהותו עד אחר הפסח] **ובא"ר** מצדד להתיר בהפסד מרובה אף באכילה, כל שלא שהה שיעור מיל, ולא מינכר בה סימני חימוץ, **ונראה** דאם היה דבר זה בשוגג, בודאי יש לסמוך להקל בשעת הדחק.

ודע דהסכימו האחרונים, דאף דקי"ל דאם אפה מיד מותר לאכול אותו המצה, מ"מ אין יוצאין בה ידי חובת מצה, דכל שיש בו מי פירות אפילו מועט, כל שנרגש בו טעם המי פירות, מקרי מצה עשירה, ואין יוצאין בה ידי חובה, **ולא** עוד אלא אפי' אם לשה במים, ואח"כ קיטפה מלמעלה במי פירות, ואפאה, ג"כ אין יוצא בה ידי חובת מצה, דתו לא הוי לחם עוני.

אות ד'

אין מקטפין בו

סימן תסב ס"ד - [ז]**מי ביצים ושאר משקים, כולם הוו בכלל מי פירות** - דסלקא דעתך דגרוע ‹מי ביצים› ממי פירות, לפי שהעיסה תופח ממנו, קמ"ל דאין זה חימוץ, דכל שאינו מתולדות המים אינו מחמיץ.

הגה: ובמדינות אלו אין נוהגין ללוש במי פירות - [ח]דחוששין לכתחלה לסברת הני פוסקים דס"ל, דמי פירות בלחודייהו ג"כ מחמיצים, וממהרין ג"כ להחמיץ, **וגם** חוששין שמא נתערב בהם מעט מים, דלכו"ע מחמיץ.

וכפי המנהג, אפילו כבר לשה ואפאה מיד, אין לאוכלה בפסח, אלא ישהנו עד לאחר הפסח.

ואפי' לקטוף המלות - ר"ל למשוח את פני המצות במי פירות, אף שהוא דבר מועט, [ט]**אין נוהגין, רק לאחר אפייתן בעודן חמין.**

(**לקטוף** המצה במי פירות, פלוגתא הוא בברייתא, ולדעת חכמים אסור, וכן פסק הר"ח בפירושו והרשב"א בתשובה, ומביאו הב"י, **והמחבר** השמיט זה, משום דבטור הביא די"א דמלילה ראשונה ואילך [י]מותר קיטוף, ודעה זו הובא ברי"ץ גיאות בשם רב שרירא גאון, **אכן** מנהגנו להחמיר בזה, וכמו שכתב הרמ"א).

וכתבו האחרונים, דגם בזה יש ליזהר מליקחן ללילות ראשונות לכזית של חובה, דהוי כעין מצה עשירה, ובפרט כשמחזירין אח"כ שוב לתנור, [**ועיין** בא"ר וח"י, שנוהגין בלילות ראשונות שלא ליקחן אפי' שלא לכזית חובה, לזכרון משום מצה עשירה].

ואין לשנות, אם לא בשעת הדחק לצרכי חולה או זקן הצריך לזה - מיהו יאפם מיד וכנ"ל, **ודוקא** במי פירות לחודייהו, אבל במי פירות עם מים, אין ללוש לכתחלה אפילו בשעת הדחק, [**ועיין** בערו"ש שכתב, דאפי' בקיטוף שהוא דבר מועט, נמי דינו כמו פירות עם מים, **ובמאמר** מרדכי מצדד להקל בזה].

אות ד'* [יא]

אין לשין את העיסה בחלב, ואם לש כל הפת אסורה מפני הרגל עבירה

יו"ד סימן צז ס"א - [יב]**אין לשין עיסה בחלב, שמא יבוא לאכלה עם הבשר; ואם לש, כל הפת אסור, אפילו לאכלה לבדה** - גזירה שמא יאכלנה עם בשר - ש"ך. **ואם** [יג]**היה דבר מועט כדי אכילה בבת אחת** - ‹היינו כדי אכילה ליום אחד - חוו"ד, בשו"ע משמע כדי אכילה בבת אחת - פמ"ג, ‹היינו לסעודה אחת - יד יהודה›,

---

באר הגולה

ג ‹ע"פ הבאר הגולה› ד **טור מברייתא דאין לשין וכו'** ‹וא"ת דלקמן משמע דאין מחמיצין, כדאמרינן (לט:) דותיקא שרי במישחא ומילחא, משום דהוי ליה מי פירות, והכי נמי אמרינן (מ) גבי חצבא דאבישונא, וגבי הא דשרי לחרוכי תרי שבלי בהדי הדדי, אלמא מי פירות אין מחמיצין כלל, ואפילו לכתחלה שרי, לפיכך פירש רבינו תם (תוס' לה: ד"ה ומי) {וכן ר"י} דאין מחמיצין כלל בפני עצמן, והיינו הנהו דשרינן לקמן, אבל ע"י מים אין חייבין על חימוצו כרת אבל נוקשה מיהא הוי, וממהר חמוצה, והיינו דתני ואם לש תשרף מיד - ב"י. ‹**שם** רג"א ישרף כו', ואף חכמים אוסרין לכתחלה, {רק בדיעבד אם לש, כרישא דברייתא דהוא לד"ה}, וכמו שמבאר והולך {המחבר}, הלכך אין ללוש כו' - גר"א, ע"פ הדמשק אליעזר› ה ‹ועיין ר"מ פרק ה' מחמץ ומצה ה"ב, משמע מי פירות עם מים הוה חמץ גמור ממש, וכרת נמי מחייב - פמ"ג› ו **שם בברייתא וכחכמים** ז **טור בשם ר"ת והרא"ש** ‹ומי ביצים היה מסתפק רש"י {בתשובה} אם מחמיצין, ור"ת היה מתיר, ולזה הסכים א"א הרא"ש ז"ל - טור› ח ‹לחוש לדעת רש"י {שם ד"ה אין לשין את} מי פירות לבד נוקשה הוה, וממהר להחמיץ יותר ממים - פמ"ג› ט ‹כרבנן שם דאמרי, את שאין לשין אין מקטפין - גר"א› י ‹ונראה דהיינו אם נאמר דהלכה כת"ק דאמר אע"פ שאין לשין בו מקטפין בו - ב"י› יא ‹ע"פ מהדורת נהרדעא› יב **ברייתא פסחים דף ל' והביאו הרי"ף והרא"ש בפ"ח דחולין** יג **מסקנת הגמרא וכפירש"י שם**

[יד]או ששינה צורת הפת שתהא ניכרת שלא יאכל בה בשר, מותר.

אות ה'

כל המנחות נילושות בפושרין ומשמרן שלא יחמצו

רמב"ם פי"ב מהל' מעשה הקרבנות הכ"א - כל המנחות הנאפות, נילושות בפושרין ומשמרן שלא יחמיצו, הואיל ולישתן ואפייתן בפנים בעזרה, אנשי פנים זריזין הן.

אות ו'

חיטין של מנחות אין לותתין אותה

רמב"ם פי"ב מהל' מעשה הקרבנות ה"כ - החטים של מנחות אין לותתין אותן, שמא יחמיצו, שהרי בחוץ לותתין אותן, ואין הכל זריזין לשומרן.

אות ז'

מקמיצה ואילך מצות כהונה, לימד על יציקה ובלילה שכשירה בכל אדם

רמב"ם פי"ב מהל' מעשה הקרבנות הכ"ג - כל המנחות טחינתן והרקדתן בחוץ, ולישתן ועריכתן ואפייתן בפנים, וכל מעשיהן כשרים בזר עד שיבואו לבית הקמיצה.

רמב"ם פי"א מהל' פסולי המוקדשין ה"ז - כל המנחות שיצק עליהן השמן פסול לעבודה, כגון הזר וכיוצא בו, או שבללן או פתתם או מלחן, כשירות; הגישן או הניפן, חוזר הכהן ומגיש או מניף, ואם לא הגיש ולא הניף הכהן, כשירות, שנאמר: והביאה אל בני אהרן וקמץ, מקמיצה ואילך מצות כהונה, למד על יציקה ובלילה שכשירה בזר.

אות ח'

חוץ לחומת עזרה פסולה

רמב"ם פי"א מהל' פסולי המוקדשין ה"ו - היתה המנחה שלא בכלי שרת, או שהיתה קומצה שלא בכלי שרת, או שהעלהו למזבח שלא בכלי שרת, או שבללה בשמנה חוץ לעזרה, פסולה עד שתהיה בלילתה בפנים.

אות ט'

מנחת העומר לותתין אותה וצוברין אותה

רמב"ם פי"ב מהל' מעשה הקרבנות ה"כ - אבל מנחת העומר הואיל והיא של צבור לותתין אותה, שהרי הצבור זריזין הן ומשמרין אותה.

אות י'

תלמוד לומר בכל מושבתיכם תאכלו מצות

רמב"ם פ"ו מהל' חמץ ומצה ה"ח - הכהנים יוצאין בחלה ובתרומה, אף על פי שהיא מצה שאינה ראויה לכל אדם; וכן יוצאין במצה של מעשר שני בירושלם; אבל אין יוצאין במצה של בכורים אפילו בירושלם, מפני שהבכורים אין להם היתר בכל המושבות, ומעשר שני אפשר שיפדה ויאכל בכל מקום, וכתוב: בכל מושבותיכם תאכלו מצות, מצה הראויה להאכל בכל המושבות היא שיוצאין בה ידי חובה.

באר הגולה

יד כפי' הרמב"ם והרשב"א ורי"ף

אוציא חיטין ושעורין שיש במינן ביכורים ת"ל מצות מצות ריבה אי מצות מצות ריבה אפילו ביכורים נמי הדר ביה ר"ע דתניא יכול יצא אדם ידי חובתו בביכורים ת"ל °בכל מושבותיכם תאכלו מצות מצה הנאכלת בכל מושבות יצאו ביכורים שאינן נאכלין בכל מושבות אלא בירושלים יכול שאני מוציא אף מעשר שני תלמוד לומר מצות מצות ריבה ומה ראית לרבות מעשר שני ולהוציא ביכורים מרבה אני מעשר שני שיש לו היתר בכל מושבות כדר' (אליעזר) ומוציא אני ביכורים שאין להן היתר בכל מושבות *דא"ר (אליעזר) *מנין למעשר שני שנטמא שפודין אותו אפי' בירושלים ת"ל °כי לא תוכל שאתו ואין שאת אלא אכילה שנאמר °וישא משאת מאת פניו מאן שמעת ליה דאמר במעשר שני נפיק ביה רבי עקיבא וקממעיט להו לביכורים מבכל משבותיכם שמע מינה הדר ביה ור' יוסי הגלילי תיפוק לי' מלחם עוני מי שנאכל באוני יצא זה שאין נאכל אלא בשמחה סבר ליה כרבי שמעון *דתניא °ביכורים אסורין לאונן ור' שמעון מתיר מאי טעמא דרבנן דכתיב °לא תוכל לאכול בשעריך ואמר מר *תרומת ידך אלו ביכורים דאיתקש ביכורים למעשר מה °מעשר אסור לאונן אף ביכורים אסור לאונן ורבי שמעון תרומה קרינהו רחמנא כתרומה מה תרומה מותרת לאונן אף ביכורים מותר לאונן ורבי שמעון נהי דהיקיש לית ליה שמחה מיהא מיכתב כתיבא בהו דכתי' °ושמחת בכל הטוב ההוא לזמן שמחה הוא דאתא *דתנן °מעצרת ועד החג מביא וקורא מהחג ועד חנוכה מביא ואינו קורא תנו רבנן לחם עוני °פרט לחלוט ולאשישה יכול לא יצא אדם ידי חובתו אלא בפת הדראה ת"ל מצות מצות °ריבה ואפילו כמצות של שלמה א"כ מה ת"ל לחם עוני פרט לחלוט ולאשישה ומאי משמע דהאי אשישה לישנא דחשיבותא דכתיב °ויחלק לכל העם לכל המון ישראל למאיש ועד אשה לאיש חלת לחם אחת ואשפר אחד ואשישה אחת וגו' ואמר רב חנן בר אבא אשפר אחד מששה בפר אשישה אחד מששה באיפה ופליגא דשמואל דאמר שמואל אשישה גרבא דחמרא דכתיב °ואהבי אשישי ענבים ת"ר *אין אופין פת עבה *(ביום טוב) בפסח דברי בית שמאי ובית

רש"י

הדר ביה ר' עקיבא. מהך הקישא דמצה ומרור ויליף ביכורים מבכל מושבותיכם: **אף מעשר שני.** בירושלים הואיל ואינו נאכל בכל מושבות מעתה משהביאו לירושלים שוב אינו יכול לחלל לאכול בחוץ כדאמרינן במסכת מכות (דף כ.) מחילה לקלוט מדרבנן דמשקלטוהו מחיצות שוב אינו נפדה: **כר' אליעזר.** דאם נטמא פודין אותו ואוכלין אותו בכל מקום הלכך כי לא ניטמא נמי ולא נפדה נפיק ביה: **שאתו.** כשלא תוכל לאוכלו כגון זה שניטמא ונתת בכסף: **מאן שמעת ליה כו' ר' עקיבא.** לעיל בברייתא קמייתא וקממעט להו לביכורים מבכל מושבותיכם ולא מהקיש מצה ומרור: **ור' יוסי.** למה ליה למילף ביכורים מבכל מושבותיכם תיפוק ליה מלחם עוני מהיכא דנפקא ליה מעשר שני בשלמא ר' עקיבא לא פירש אוני: **ואמר מר.** במסכת מכות (דף יז.): **אלו ביכורים.** דכתיב בהו יד ולקח הכהן הטנא מידך (דברים כו): **תרומה מותרת לאונן.** ביבמות בהערל נפקא לן מוכל זר יתירא זרות אמרתי לך ולא אנינות: ה"ג שמחה כתיב בהו ושמחת בכל הטוב: **זמן שמחה.** בזמן קצירה ולקיטה שאדם לוקט תבואתו ולבו שמח הצריכו הכתוב קרייה דארמי אובד אבי: **מעצרת.** דתנן במנחות (דף סח:) אין מביאין ביכורים קודם לעצרת ששתי הלחם של עצרת מתירין הבאת ביכורין דביכורים דכתיב וביום הביכורים בהקריבכם מנחה חדשה וגו': **ועד החג.** שבתוך הזמן הזה זמן לקיטה ושמח במעשיו: **מהחג ועד חנוכה.** אינו זמן שמחה ואינו קורא ומחנוכה ואילך אינו זמן הבאה דתניא בספרי אשר תביא מארצך כל זמן שמצויין על פני ארצך שלא כלו לחיה מן השדה: **חלוט.** אישקלדי"ר ותשובות הוא: **אשישה.** גלוסקה גדולה: **הדראה.** שניטל כל הדרה דהיינו פת קיבר: **של שלמה.** שהיה מעונג כלומר סלת נקייה: **גרבא דחמרא.** אופה של יין: וכמה

תורה אור: שמות יב; דברים יד; בראשית מג; דברים יב; דברים כו; שם כו; ש"ב ו; הושע ג

תוספות

אוציא חטין ושעורין שיש במינן ביכורים. (א) *א"ל אם כן תליא כל חמשת המינין שיש במינן ביכורים דלאו לחם בעינן דממעטינן לעיל אורז ודוחן:

אי מצות מצות ריבה אפי' ביכורים נמי. תימה לר"י דנימא להכי ריבוי לרבות יש במינו ביכורים והכי מיעוט למעט ביכורי' וי"ל דסברא הוא אי מרבינן הא מרבינן נמי הא:

דאמר ר' אליעזר. נראה לר"י דהא דאיצטריך למימר כר' אליעזר היינו אי מחילה לקלוט דאורייתא אבל אי מחילה לקלוט דרבנן לא צריך דר' אליעזר דהא נאכל בכל מושבות שיכול להוציאו חוץ לירושלים ולפדותו ומיהו רבי אליעזר מני סבר מחילה לקלוט דרבנן ואיצטריך קרא לנטמא שיכול לפדותו אפי' בירושלים ואם תאמר והא מעשר שני נאכל בכל ערי ישראל בנוב ובגבעון כדתנן בפרק בתרא דזבחים (דף קיז:) באו לנוב וגבעון הותרו הבמות קדשי קדשים נאכלין לפנים מן הקלעים קדשים קלים ומעשר שני נאכלין בכל ערי ישראל ולקמן *חשבינן הא נאכלין בכל מושבות גבי חלות תודה ורקיקי נזיר דקאמר ריש לקיש חלות תודה ורקיקי נזיר נאכלין בנוב וגבעון ולכך מפיק להו מקרא אחרינא מושמרתם ולא מצי מפיק להו מבכל מושבותיכם וביכורים נמי נאכלין בנוב ובגבעון ובכל ערי ישראל דמאי שנא והיכי ממעטינן להו מבכל מושבותיכם וי"ל דהכא לא ממעטינן להו מבכל מושבותיכם אלא לזמן בית עולמים ולא לזמן נוב וגבעון ולקמן גבי חלות תודה ורקיקי נזיר איצטריך למידרש מושמרתם לזמן נוב וגבעון ולא לזמן בית עולמים*:

מאן שמעת ליה דאמר מעשר שני נפיק ביה ר' עקיבא. אע"ג דכמה תנאי דרשי מסורת ולא מקרא ולדידהו נפיק במעשר שני דלא דרשינן אוני מ"מ אע"ג דס"ל דמסורת עיקר א"א דלא דרשי המקרא לגמרי לשום דרשה:

ורבי יוסי הגלילי תיפוק לי' שאינן נאכלין לאונן. ואם תאמר לר' יוסי הגלילי מעשר שני תיפוק ליה מבכל מושבותיכם כמו ביכורים וי"ל דאי לאו עוני ה"א למושבותיכם אתא דוקא לביכורים אבל מעשר שני שיכול להיות לו היתר בכל מושבות אם נטמא כר"א ה"א מצות מצות ריבה:

מה תרומה מותרת לאונן אף ביכורים. תימה לר"י דבפרק בתרא דמכות (דף יז.) קתני ותרומת ידך אלו הביכורים אמר ר' שמעון וכי מה בא זה ללמדך אם לאכלן חוץ לחומה פירוש דכתיב ברישא דקרא לא תוכל לאכול בשעריך ק"ו וחומר ממעשר הקל וכו' והשתא נימא דאיצטריך קרא דאי לאו קרא הוה אמינא דלא ניליף ממעשר הקל דתרומה קרינהו רחמנא כדאמרינן הכא ונראה לרשב"א דלענין חוץ לחומה איכא למילף ממעשר טפי לפי ששניהן ענין אחד הן ששניהן טעונין קריאה והבאת מקום:

פרט לחלוט. משמע דחלוט הוי לחם אלא דלא הוי לחם עוני והא דאמרינן בסמוך מאי חלוט המסרת חלוט של בעלי בתים משמע דלא הוי לחם מדפטר מן החלה לקמן מיירי בבלילתו רכה כמו שאפרש לפנים אי נמי הכא בדהדר אפייה בתנור אך קשה דאמרי' בהחולץ (יבמות מ.) אע"ג דחלטיה מעיקרא כיון דהדר ואפייה בתנור או באילפס לחם קרי' ביה ואדם יוצא ידי חובתו בפסח ואומר רבינו תם דהתם נמי מיירי בבלילתו רכה דקודם אפייה לאו לחם הוא כלל ואחר אפייהו הוא דחשיב לחם וחשיב נמי לחם עוני כיון שבלילתו רכה:

עין משפט נר מצוה

[מכבר"א גורס וה"א אם כן כו' ולאו לחם בעינן כו' ועי' רש"ל]

קלד א מיי' פ"ג מהל' מעשר שני הל"ג:

קלה ב מיי' פ"ג מהל' בכורים הלכה ו:

קלו ג מיי' פ"ג מהל' מעשר שני הל' ה:

קלז ד מיי' פ"ד מהל' בכורים הלכה יג:

קלח ה מיי' פ"ה מהל' חמץ ומצה הל' ג טוש"ע או"ח סי' תנד סעיף ג:

קלט ו מיי' פ"ו מהל' חמץ ומצה הל' ג טוש"ע או"ח סי' תנד סעיף א:

[צ"ל אלעזר]

[דף לח:]

[ועי' תוס' זבחים קיט. ד"ה באו]

רבינו חננאל

ואקשי' אי הכי דמי שהוכשר למרור הוא שהוכשר למצה יש לומר [אי מה מרור] אין במינו בכורים כי ירק הוא ואין בכל מיני ירק בכורים ואף מצה בעינן דבר שאין במינו בכורים אוציא חטים ושעורים שיש במינן בכורים דתנן אין מביאי' בכורים חוץ משבעת המינים. ופרשי' בגמ' דהני שבעת המינים הן חטה ושעורה גפן ותאנה ורמון זית ותמרים ת"ל מצות מצות ריבה אפי' בכורים יוצא אדם בהן והדר ביה ר' עקיבא והודה לר' יוסי הגלילי דקא ממעט לבכורים מבכל מושבותיכ' דתניא יכול יהא אדם יוצא בבכורים ת"ל בכל מושבותיכם תאכלו מצות מצה הנאכלת בכל מושבות יצאו בכורים שאין נאכלים בכל מושבות וכו' ואוקימנא לר' עקיבא מדקא ממעט לבכורים ממושבות ש"מ הדר ביה מההיא דתניא מצות מצות ריבה חטים ושעורים אע"פ שיש במינן בכורים: מאי טעמא דרבנן דפליגי על ר' שמעון דאמרי בכורים אסורים לאונן ואמרי' דכתיב לא תוכל לאכול בשעריך מעשר דגנך וגו' ואמר מר ותרומת ידך אלו הבכורים הקישן הכתוב למעשר ובמעשר כתיב (דברים כו יד) לא אכלתי באוני מה מעשר אסור לאונן אף בכורים אסורין לאונן. ור' שמעון אמר לך התורה קרנהו תרומה מה תרומה מותרת לאונן דתניא בהדיא בגמרא יבמות פ' הערל אונן אסור במעשר ומותר בתרומה ובפרה טבול יום אסור בתרומה ומותר בפרה ובמעשר כו' אף בכורים מותרין לאונן [והא] דכתיב בבכורים ושמחת בכל הטוב וגו' לאו למעוטי אונן הוא דאתא אלא ללמדך שאין מביאין בכורים [וקורין] אלא עד זמן שמחה והן ימי החג: ת"ר לחם עוני פרט לחלוט ואשישה יכול לא יצא אלא בפת הדראה בלבד כלומר פת סובין שאוכל העני ת"ל מצות מצות ריבה אפי' כמצת שלמה שהיתה סלת יוצא בה לא טיעמה התורה אלא מצה עשירה כגון חלוט ואשישה והני מילי בלילה הראשון דגרס' בירושלמי אר"י בן לוי אותו כזית שאדם יוצא בו ידי חובתו בפסח צריך שלא יהא בו משקין. ר' ירמיה אומר למצוה ר' יהודה בן פזי אומר לעיכוב היתיב [ר' בון בר חייא] והתנן חלות תודה ורקיקי נזיר יוצאין בהן והא אית בהו משקין אמר ר' יוסי תמן רביעית היא ומתחלקת לכמה מינין: יוצאין בפסח במצה עבה עד טפח כלחם הפנים ובמצה נא עד כדי שתפרס ולא תעשה נירין נירין:

מסורת הש"ס

[צ"ל אלעזר]

ב"מ נג: מכות יט: סנהדרין קיב:

[בכורים פ"ב מ"ב] יבמות עג.

[יבמות עג: מכות יז. חולין קכ: מעילה טו:]

[בכורים פ"א מ"ו]

הגהות הב"ח

(א) תוס' ד"ה אוציא וכו' בכורים ואין לומר א"כ וכו' דלאו לחם בעינן:

§ מסכת פסחים דף לו: §

אות א'

מנין למעשר שני שנטמא שפודין אותו אפילו בירושלים

רמב"ם פ"ג מהל' מעשר שני ה"ג - **כבר בארנו שהמעשר שנטמא אפילו בירושלים פודין ויאכל, ואוכלין את דמיו בטהרה בתורת פירות מעשר כמו שיתבאר; אפילו נטמאו הפירות כולן כשהן טבל, מפריש מע"ש בטומאה ופודהו.**

אות ב'

ביכורים אסורין לאונן

רמב"ם פ"ג מהל' ביכורים ה"ו - **ומנין שהבכורים אסורין לאונן, שהרי נאמר בהן: [א]ושמחת בכל הטוב, מכלל שהוא חייב לאוכלן בשמחה לא באנינות, והאוכלן באנינות מכין אותו מכת מרדות.**

אות ג'

מעשר אסור לאונן

רמב"ם פ"ג מהל' מעשר שני ה"ה - **האוכל מע"ש באנינות של תורה, לוקה, שנאמר: לא אכלתי באוני ממנו, והוא שיאכלנו במקום אכילתו בירושלים; אבל אם אכלו בחוץ באנינות, או שאכלו בפנים באנינות של דבריהם, מכין אותו מכת מרדות.**

אות ד'

מעצרת ועד החג מביא וקורא, מהחג ועד חנוכה מביא ואינו קורא

רמב"ם פ"ד מהל' ביכורים הי"ג - **המביא בכורים מאחר חג הסכות ועד חנוכה, אף על פי שהפרישן קודם החג, מביא ואינו קורא, שנאמר: ושמחת בכל הטוב, ואין קריאה אלא בשעת שמחה; מחג השבועות עד סוף החג; ושאר המביאין חוץ מאלו, מביאין וקורין.**

אות ה'

פרט לחלוט ולאשישה[ב]

טור סימן תנד - **[ג]עיסה שבלילתה רכה וחלוטה ברותחין, לא מיקרי לחם לברך עליה המוציא, ואי אפייה בתר הכי בתנור, מיקרי לחם לענין המוציא וחלה, [ד]ויוצאין בה ידי מצה; ואם בלילתה עבה וחלוטה [ה]ואפוייה, הוי לחם לענין חלה והמוציא, אבל אין יוצאין בו בפסח, [ו]ולרב האי יוצאין בו בפסח. וכל זה לדין הגמ', אבל הגאונים אסרו כל חליטה.**

סימן תנד ס"ג - **[ז]ליכא בזמן הזה דידע למחלט** - ר"ל מצד הדין אם חולט הקמח, דהיינו שנותנן ברותחין שהם מרותחין רתיחה עזה על האור, קודם הלישה, ואח"כ לש אותו ועשה ממנו עיסה, אין אנו חוששין לומר, שמא כבר נתחמץ הקמח כשהיה בתוך הרותחין, קודם שהתחיל לעסוק בה בידים בלישה, לפי שרתיחת הרותחין ממהרת לבשל את הקמח קודם, וכיון שנתבשל שוב אינו בא לידי חימוץ לעולם, אף לאחר שנחו הרותחין מרתיחתן, **מ"מ** הגאונים אסרו לנו כל מיני חליטה ברותחין, לפי שאין אנו בקיאין בחליטת הרותחין, וחיישינן שמא לא ירתיח המים מקודם יפה יפה, **הילכך כל מין חליטה אסור** - בין שיתן מים ע"ג הקמח, או הקמח ע"ג מים, **ואפי'** אם המים הם מרותחין הרבה, שעומדים ע"ג האור והוא ממרס הקמח בתוך המים.

ואסור בין באכילה ובין בהנאה, והוא הדין שאסור להשהותו, דמאחר דאין אנו בקיאין חיישינן שהוא חמץ גמור.

ואם נתערבה בתבשיל, אוסרת במשהו, **ומ"מ** כתבו האחרונים, דבחליטה אין לאסור התבשיל במשהו רק באכילה, ולא בהנאה, **וכן** להשהותו מותר בכה"ג.

עוד כתבו האחרונים, מי שיש לו חולי בבטנו, ורפואתו שחולטין שעורים או שבולת שועל ומניחים על בטנו, אם אירע חולי זה בפסח, ויש בו סכנה, מותר לישראל לעשותו בדרך חליטה, דהיינו שמרתיחין המים היטב, ואח"כ נותנין השעורין לתוכו, דאף שהוא בסכנה, כל שאפשר בצד היתר יעשה בצד היתר.

ואם אין בו סכנה, אסור אפילו בדרך חליטה, דמאחר שאין אנו בקיאין, כשחולט איכא לתא דבל יראה, **(ועיין בשע"ת שמצדד להקל להניח על הבטן שעורים חלוטים אפילו באין בו סכנה, דיש לומר דהגאונים גופייהו לא החמירו, אלא לענין שתיה דאיכא לתא דכרת, אבל בלהניח**

באר הגולה

[א] ‹אבל באמת תמוה לי, דשם בפסחים איתא טעמא דרבנן, דכתיב לא תוכל לאכול בשעריך וכו' ותרומת ידך אלו בכורים, ואתקש בכורים למעשר. **והטעם** שכתב הרמב"ם והר"ב איתא בפסחים שם דרך קושיא על ר"ש, נהי דלית ליה הקישא שמחה מיהא כתיבא ביה, ומשני ההיא לזמן שמחה הוא דאתי. **וא"כ** למסקנא גם רבנן ס"ל דלזמן שמחה הוא דאתא, אלא דטעמייהו דאתקש בכורים למעשר. **ונ"מ** לדינא, דלטעמייהו דהרמב"ם והר"ב, אם אכל אונן בכורים אינו חייב במלקות, וכדאיתא להדיא בהרמב"ם שם, ומטעם דהוה רק לאו הבא מכלל עשה, אבל לטעם דאתקש, חייב מלקות כמו במעשר, וצלע"ג - תוס' ר' עקיבא איגר מס' ביכורים פ"ב מ"ב›

[ב] ‹עיין באות הבא ברמ"א. וק"ק למה לא ציין כן העין משפט› [ג] ‹עיין בתוס' דמחלק בין בלילתה עבה לבלילתה רכה› [ד] ‹כיון דבלילתו רכה - ב"י›

[ה] ‹מ"ש ואפויה, משום סיפא נקטה, דאע"ג דאפייה אין יוצאים בה בפסח, {כיון דבלילתו עבה}, דאילו לענין חלה והמוציא, כל שבלילתו עבה, אפילו חלטיה ולא הדר אפייה בתנור, לחם מיקרי לענין חלה, וכ"כ בהדיא הטור סימן קס"ח - נהר שלום› [ו] ‹ורבינו האי פירש האי דחלוט, הוא לחם העשוי בשמן, כחלוט של בעלי בתים, הילכך אין יוצאין בו, לפי שהיא מצה עשירה, וחלוט שחלטו ברותחין, יוצאין בו אם חזר ואפאו - ב"י› [ז] **טור בשם הגאונים וכ"כ שאר פוסקים**

על הבטן דאין בזה רק לתא דלאו גרידא דבל יראה, אפשר דלא היו מחמירים בזה, ובכל חולה התירו, **אלא** דקשה לומר כן, דמה לי איסור לאו ומה לי איסור כרת, **וצ"ע**).

ואם עכו"ם עושה זה משלו, או שמקנה לו הישראל השעורים קודם החליטה, מותר אפילו באין בו סכנה, **ואם** אפשר לחלוט השעורין במי פירות, מותר אף ע"י ישראל, אפי' באין בו סכנה, דבמי פירות אינו מחמיץ.

כתב הח"א, כשאנשי חיילות עוברין בפסח, וכופין לישראל לבשל להם מיני גרויפין, אם יכול לפייסן שיבשל להם של רעצקי, מה טוב, ועכ"פ יברר אותם מגרעיני תבואה שמצוי בם, **ואם** אינו יכול לפייסן בזה, ונותנין לו גרויפין של שעורים, אם יכול להציל עצמו בממון, מחויב ליתן כפי יכלתו, **ואם** לאו, אזי יזהר הישראל עכ"פ לעשות חליטה, דהיינו שיניח לבשל המים מקודם עד שיהיה מבושל הרבה, ואז יניח הגרויפין מעט מעט, כדי שלא יתקרר המים, וגם ברעצקי טוב שיעשה כן, **אבל** גרויפין של שבולת שועל, הוא חמץ גמור כידוע, עכ"ל, [**ר"ל** דבזה אין החליטה מועלת כלל, מאחר שהוא חמץ מקודם, וא"כ אין לו עצה לאפקועי את עצמו מאיסור בל יראה, **ונראה** דבזה ימסור החמץ לנכרי באחריות שהוא יבשל עבורם].

אות ו'

ריבה ואפילו כמצות של שלמה

סימן תעד ס"א - [ח]אין יוצאין לא בפת סובין ולא בפת מורסן - לפי שאינן קרויין לחם, דמה"ט פטורין ג"כ מחלה.

סובין, היינו קליפה הנושרת מן החטה בשעת כתישה, **ומורסן**, היינו קליפה דקה הנשארת בנפה אחר יציאת הקמח, **ויש** מפרשין בהפוך.

[ט]אבל לש הוא את העיסה בסובין ובמורסן שבה ויוצא בה - שכן דרך העני לאכול פתו מקמח שאינו מנוקה, והם מצטרפין ג"כ לשיעור כזית מצה, **ודוקא** אם לא הפרישן ממנה, אבל אם הפרישן ממנה, וחזר ועירבן לתוך הקמח ולשן ביחד, אין מצטרפין לשיעור כזית.

[י]**וה"ה** דיוצאין בפת שנעשה מתבואה שאכלו התולעים.

ויוצא במצה מסלת נקיה ביותר, ואין אומרים אין זה לחם עוני.

הגה: וטוב לכתחלה שלא לעשות המלה רחבה יותר מדאי, דהוי כלשישה (מהרי"ו) - ובגמרא אמרינן: "לחם עוני" פרט לאשישה, פי' גלוסקא גדולה.

(**מוכח** מזה דאינו אלא לכתחלה, ואף דמש"ס מוכח דהוא לעיכובא, י"ל דהיינו דוקא בגלוסקא גדולה אחד משששה באיפה, כדמייתי שם בש"ס מהא דדוד, והכא לא איירי בכה"ג, רק דהיא רחבה יותר מכפי הרגיל, ומחמרינן משום לתא דאשישה, וכן מוכח הלשון וכ"כ הגר"ז, **איברא** דמלשון רש"י בש"ס שכתב: גלוסקא גדולה, משמע לכאורה דלאו דוקא אחד מששה באיפה, רק אם היא גלוסקא חשובה מחמת גדלותה, **ודע** דהרמב"ם ועוד כמה פוסקים לא העתיקו כלל האי דאשישה, ולא הביאו רק עיסה שנילושה ביין וחלב ושמן, ולר"ה גאון הוא פירושו דחלוט, כפי שמבואר ברי"ץ גיאות ע"ש, וצ"ל דפירוש אשישה הוא ג"כ עיסה חלוטה, **ולפי"ז** אין להחמיר בכל גווני בדיעבד, אפילו הוא לחם גדול מאד).

---

§ מסכת פסחים דף לז. §

אות א'

אם אמרו בזריזין יאמרו בשאינן זריזין

סימן תס ס"ה - [א]אין עושין בפסח פת עבה טפח - דכשהיא עבה כ"כ, יש לחוש שמא לא ישלוט חום האש בתוכה, ותתחמץ בתוכה בשעת אפייתה, אבל בפחות מטפח מותר, **ועיין** בבה"ל שהבאנו דעת כמה פוסקים, [ב]דאפילו בפחות מטפח יש ליזהר, (**דלא** קא הדר במסקנא ממה דס"ד לפרושי עבה ממש, אלא משום קושית רב יוסף, דלית לנו למילף היתרא בעבה מלחם הפנים, דשאני התם דהיו זריזים ועוד טעמים ע"ש, וא"כ אדרבה אפשר דאפילו בפחות מטפח אינו מותר, וכן מוכח שם ברש"י, דגם למסקנא לא קא הדר מעיקר הדין, ע"ש בד"ה פת מרובה, שכתב ובחררין דקין מיירי וכו' ע"ש).

ובדיעבד אם כבר אפה, יש מתירין אפילו בעבה טפח, ויש אוסרין, (ולמעשה נראה, דביותר מטפח יש לאסור אף בדיעבד), **אכן** בפחות מטפח אין לאסור בדיעבד, **ומ"מ** כל שהיא עבה, יש לעיין בתוכה אם נאפית יפה ולא נתחמצה.

באר הגולה

[ח] **טור בשם הרמב"ם** ‹פת הדראה, פירש"י אפילו כולה סובין, {פירש"י שניטל ממנה כל הדרה, כלומר שלא נשאר אלא סובין - קרבן נתנאל}, אבל הרמב"ם ז"ל אסר כולה סובין, שכתב אין יוצאין לא בפת סובין ולא בפת מורסן, אבל לש הוא העיסה בסובין שבה ובמורסנן ויוצאין בה, וכן דעת רב אלפס - טור›. ‹**ואני** אומר שלא כיון רש"י כמו שהבינו הטור, לומר שאפילו כולה סובין, דודאי לא נעלמו מעיני רש"י מתניתין דחלה, שאינו מקרי לחם ופטור מן החלה, אלא פשוט וברור כשמש שכוונת רש"י הוא לומר דפת הדראה הוא פת שמעורב עם הסובין, לכן סיים דהיינו פת קיבר, ומבואר במסכת ברכות דפת קיבר אינו פת סובין לחודה, דפת סובין אינו מקרי פת קיבר, אלא פשוט כמו שכתבתי דכוונת רש"י לומר דפת הדראה הוא פת שמעורב עם הסובין, דע"י שלא ניטלו ממנו הסובין ניטלה ממנה כל הדרה, לפי שע"י נטילת הסובין ממנו היא מהודר ונאה, כן נלע"ד ברור - נחלת צבי› [ט] **ברייתא פסחים ל"ו, וכפי' רמב"ם וכן פי' הרא"ש דברי הרי"ף ושארי פוסקים** [י] ‹והר"ן כתב שהרמב"ן מפרש, שהדראה מלשון הכנה והדירה שבתבואה שאמרו במסכת פרה, והיא התולעת הנעשית בתבואה, והתבואה הנאכלת ממנה נקראת דראה - ב"י› [א] **רבי ירוחם ממשמעות הגמרא ל"ז** [ב] ‹וכן כתב הרמ"א להדיא בס"ד, כפי מה שפירשו המ"ב, עיין לקמן אות ה'›

וכמה פת עבה טפח. ואפי' הכי שרו בית הלל אבל טפי מטפח לא: **שכן מצינו בלחם הפנים.** שהוא אסור לבא חמץ כדאמרינן במנחות (דף כז.) כל המנחה אשר תקריבו וגו' לרבות לחם הפנים לחימוץ לאזהרה שלא יחמיצו ואפילו הכי עובי דפנותיו טפח דהיינו לחם שהיו לו פנים ואין פנים פחותין *מטפח: **אם אמרו.** והתירו עובי טפח: **בזריזין.** כהנים שבקיאין בשימורו שלא יחמיץ יתירו לכל אדם שאינן זריזין: **בפת עמילה.** שאינה ממהרת להחמיץ שעמילתה מעכבתה עמילה ברייר"א כדתנן (מנחות דף עו:) כל המנחות טעונין שלש מאות שיפה וחמש מאות בעיטה: **בתנור חם.** בכל יום תמיד היו מסיקין תנור של מקדש לאפיית מנחות ולחמי תודה ושל מתכת היה כדאמר בזבחים בפ' דם חטאת (דף צה:): **בעצים יבשים.** שהיו מביאים אותן מימות החמה כדאמרינן בתענית (דף לא.) מחמשה עשר באב ואילך תשש כחה של חמה ולא היו כורתין עצים למערכה: **פת מרובה.** הרבה חררין ביחד ולאו משום חימוץ נקט לה ובחררין דקים קאמר ומשום דקא טרח טירחא דלא צריך הוא: **ביחוד.** בינו לביני רביה דר' ירמיה רב רביה דרב רבינו הקדוש ליסנא אחרינא בייחוד בברור כמו וידעו ביחוד ששם ארון נגנז (יומא דף נד.): **בלישה.** כשלשין אותה עבה היא העיסה כשהיא כולה ביחד: **הכי גרסינן תניא נמי הכי ב"ש אומרים.** אין אופין פת עבה בי"ט ולא גרסינן בפסח: **תניא נמי הכי.** דלאו משום חמץ נקט אלא משום טירחא דהא הכא לא תנא פסח: **ובסריקין המצויירים.** מצות המצויירות ואע"פ שאמרו לכתחלה אסור דיעבד שפיר דמי: **שוהה עליהן.** לציירן ואין נותנין מהר לתנור ומחמילין: **אפשר יעשה.** הצורה בדפוס ויקבענה בסריק: **כיון.** כלומר מהר בדחיפה אחת: **יאמרו כל הסריקין אסורין ושל בייתוס מותרין.** שהרי רוב נחתומין אין להן אותו דפוס: **לא של כל אדם אמרו.** לאסור דבעל הבית העושה אותן לעצמו אינו חושש לייפותן כל כך ואינו שוהה עליהן: **אלא של נחתומין.** העושין למכור ומקפידין על נויין ושוהין על ציורן: **איכא דאמרי לא של נחתומין אמרו.** לאסור שרגילין ובקיאין בדבר ויש להן דפוסין: **עושין סריקין.** מצויירין כמין רקיקין ובלבד שיהו דקין וקלושין דאין ממהרין להחמיץ אבל לא מציירין את העבים כגלוסקאות דמתוך עוביין מחמילין בשהייה מועטת: **הסופגנין.** עשויין כספוג: **והדובשנין.** מטוגנין בדבש וכולן מין לחם: **והאיסקריטין.** עשויין כלפיחית דמתרגמינן איסקריטון (שמות טז) שלשין עיסתן רכה מאד: **המסרת.** תרגום של מחבת: **ופטורין מן החלה.** דכתיב (במדבר טו) באכלכם מלחם הארץ והני לאו לחם נינהו ולקמיה מפרש טעמא: **והמדומע.** חולין שנפלה תרומה לתוכן פטור דתרימו תרומה כתיב ולא שכבר היה תרומה: **חלוט של בעלי בתים.** אינו נעשה כתקון לחם: ריש לקיש אכולהו קאי ולאו לאפלוגי אדר' יהושע בן לוי אתא: **מעשה אילפס הן.** לפיכך לאו לחם הוא דקא סבר אין לחם אלא האפוי בתנור כדכתיב לחמכם בתנור אחד (ויקרא כו): **והללו.** להכי פטורין לפי שעשאן בחמה ולא באור: **שהרתיח.** האילפס ואחר כך הדביק בה הלחם דהוה ליה כעין מעשה תנור הלכך חייבין: **הינא.** היכה אפויה כל צורכה לשון אל תאכלו ממנו נא (שמות יב): **העשויה באילפס.** ואע"ג דלחם בעינן כדכתיב לחם עוני (דברים טז): **מאי מצה הינא.** כלומר כמה תאפה ויהא יוצא בה: **שפורסה.** שמשברה לשון פרוסה: **וכן לענין לחמי תודה.** אם שחט הזבח עליהן מאחר שנאפת כענין הזה קידש הלחם והתודה כשירה דהואיל וקרמו פניה דתנן במנחות כי האי גוונא בעינן: אחד

ובית הלל מתירין וכמה פת עבה א"ר הונא טפח שכן מצינו בלחם הפנים טפח מתקיף לה רב יוסף אם אמרו בזריזין יאמרו בשאינן זריזין אם אמרו בפת עמילה יאמרו בפת שאינו עמילה אם אמרו בעצים יבשין יאמרו בעצים לחים אם אמרו בתנור חם יאמרו בתנור צונן אם אמרו בתנור של מתכת יאמרו בתנור של חרס אמר ר' ירמיה בר אבא שאלית את רבי ביחוד ומנו רבינו הקדוש ואיכא דאמרי רב ירמיה בר אבא אמר רב שאלית את רבי ביחוד ומנו רבינו הקדוש מאי פת עבה פת מרובה ואמאי קרו ליה פת עבה משום דנפישא בלישה ואי בעית אימא באתריה דהאי תנא לפת מרובה פת עבה קרו ליה מאי טעמא אי משום דקא טרח טירחא דלא צריך מאי איריא בפסח אפילו בי"ט נמי אין הכי נמי והאי תנא ביום טוב של פסח קאי תניא נמי הכי בית שמאי אומרים אין אופין פת עבה ביום טוב ובית הלל מתירין ת"ר יוצאין בפת נקיה ובהדראה ובסריקין המצויירין בפסח אע"פ שאמרו אין עושין סריקין המצויירין בפסח אמר רב יהודה דבר זה שאל בייתוס בן זונין לחכמים מפני מה אמרו אין עושין סריקין המצויירין בפסח אמרו לו מפני שהאשה שוהה עליה ומחמצתה אמר להם אפשר יעשנה בדפוס ויקבענה כיון אמרו לו יאמרו כל הסריקין אסורין וסריקי בייתוס מותרין אמר רבי אלעזר בר צדוק פעם אחת נכנסתי אחר אבא לבית רבן גמליאל והביאו לפניו סריקין המצויירין בפסח אמרתי אבא לא כך אמרו חכמים אין עושין סריקין המצויירין בפסח אמר לי בני לא של כל אדם אמרו אלא של נחתומין אמרו איכא דאמרי הכי קאמר ליה לא של נחתומין אמרו אלא של כל אדם א"ר יוסי עושין סריקין כמין רקיקין ואין עושין סריקין כמין גלוסקאות (א) ת"ר הסופגנין והדובשנין ואיסקריטין וחלת המסרת והמדומע פטורים מן החלה מאי חלת המסרת אמר רבי יהושע בן לוי זה חלוט של בעלי בתים אמר ריש לקיש הללו מעשה אילפס הן ורבי יוחנן אמר מעשה אילפס חייבין והללו שעשאן בחמה מיתיבי הסופגנין והדובשנין והאיסקריטין עשאן באילפס חייבין בחמה פטורין תיובתיה דרבי שמעון בן לקיש אמר עולא אמר לך רבי שמעון בן לקיש הכא במאי עסקינן שהרתיחו ולבסוף הדביק אבל הדביק ולבסוף הרתיח מאי הכי נמי דפטורין אדתני סיפא עשאן בחמה פטורין ליפלוג וליתני בדידה בד"א כגון שהרתיח ולבסוף הדביק אבל הדביק ולבסוף הרתיח פטורין חסורי מחסרא והכי קתני בד"א שהרתיח ולבסוף הדביק אבל הדביק ולבסוף הרתיח נעשה כמי שעשאן בחמה ופטורין ת"ש* יוצאין במצה הינא ובמצה העשויה באילפס הכא נמי שהרתיח ולבסוף הדביק מאי מצה הינא אמר רב יהודה אמר שמואל כל שפורסה ואין חוטין נמשכין הימנה אמר רבא *וכן לחמי תודה פשיטא הכא לחם כתיב והכא לחם כתיב מהו דתימא הואיל וכתיב והקריב ממנו אחד

תוספות

ובית הלל מתירין. טעמא דבית הלל כדאמרינן (ביצה דף יז.) מערמת אשה ואופה תנור מלא ככרות אע"פ שאין צריכה רק לככר אחד אבל למלאות התנור פעם אחרת ליכא מאן דשרי*:

תנא בפסח קאי. תימה דלא משני הכי בריש ערבי פסחים (לקמן צט:) דפריך מאי איריא ערבי פסחים וכו' וי"ל דהתם פריך משבת דהוי בכל שבוע ולא שייך לשנויי דנקט ערבי פסחים משום דתנא בפסח קאי*:

עין משפט נר מצוה

קמ א ש"ע או"ח סי' תס סעיף ה:

קמא ב ג מיי' פ"ג מהל' י"ט הל' ח טוש"ע או"ח סי' תקו סעיף ו:

קמב ד מיי' פ"ו מהל' מצה הל' ה סמג לאוין עט טוש"ע או"ח סי' תנד סעיף א:

קמג ה מיי' פ"ה מהל' מצה הל' טו סמג שם טוש"ע או"ח סי' תס סעיף ד:

[ועי' תוס' ביצה כב: ד"ה דנפישי]

קמד ו מיי' פ"ו מהל' בכורים הלכה יב סמג עשין קמא טוש"ע י"ד סי' שכט סעיף א:

קמה ז מיי' פ"ו מהל' מצה הלכה ו טוש"ע או"ח סי' תסא סעיף ג:

[וע"ע תוס' לקמן לט: ד"ה מאי]

קמו ח מיי' שם טוש"ע שם סעיף ב:

קמז ט מיי' פי"ב מהל' פסולי המוקדשין הלכה יז:

מסורת הש"ס

[סוכה ה.] — מלת אשר חסר עי' ביצה כב: — [בביצה אי' מרובה] — לקמן מ. — [מ"ק יד. חולין קז:] — [ג' הערוך מן חלה פ"א(מ"ד)] — [ג' הערוך ערך הדראה פי' לחם סב וכלשון לע"ז הוא אורד"ו] — מנחות עח: [ע"ש] — [שם] — ויקרא ז

רבינו חננאל

ת"ר אין אופין פת עבה בפסח וב"ה מתירין. ופרשי' לאוקמה במצה בפסח וכמה עבה טפח כעובי לחם הפנים שהיה מצה והיה עביו טפח ודחי' ואסקי' האי פת עבה פת מרובה היא ומשום טירחא ובכל יום טוב הוא ואמאי תנא בפסח משום דבענינא דפסח הוה קאי: תניא נמי הכי ב"ש אומר אין אופין פת עבה ביום טוב וב"ה מתירין: ת"ר יוצאין בפת הדראה ובסריקין המצויירין ואף על פי שאמרו אין עושין סריקין המצויירין בפסח ואמרי' מאי טעמא מפני שהאשה שוהה עליהן ומחמצתן ויעשו בדפוס ודחו ואמרו אפי' בדפוס אין עושין וסריקי ר"ג אמר ר' (יצחק) [צדוק] לר' אלעזר בנו לא של כל אדם אמרו אין עושין אלא של נחתומין דבעו מסקי ליה טפי שהו עלייהו. איכא דאמרי הכי אמר ליה לא של נחתומין אמרו דפקיעי ועבדו לעגל אלא של כל אדם אמר ר' דלא פקיעי דבי ר"ג נפקיעי ר' יוסי אומר עושין סריקין כמין רקיקין ואין עושין סריקין כמין גלוסקאות: ת"ר הסופגנין והדובשנין והאסקריטין וחלת המשרת והמדומע פטורין מן החלה מאי חלת המשרת זה חלוט של בעלי בתים שאמרנו למעלה והן חלות אפויות במסרת על ידי שכן כגון פטן ומפני שאינן אפויות בתנור אלא במסרת נקראו חלת המסרת פי' מדומע פירות שנתקנו ונפלת בהן תרומה נקרא דמוע. מאי טעמא הללו פטורין מן החלה ריש לקיש אמר מפני שהן מעשה אלפס ואינו קרוי לחם אלא האפוי בתנור ור' יוחנן אמר אפי' מעשה אלפס חייב בחלה והללו לא נעשאן באלפס על ידי אור אלא בחמה ומתבינן לריש לקיש הסופגנין והדובשנין והאסקריטין עשאן באלפס חייבין בחמה פטורין ושני כגון שהרתיח האלפס ובסוף הדביק הסופגנין הללו באלפס חייבין [והכין קתני בד"א בשהרתיח האלפס ולבסוף הדביק] שנמצאת אפייתן [כמעשה תנור] אבל הדביק ולבסוף הרתיח נעשה [כמי שעשאן] בחמה ופטור והא נמי דתני יוצאים במצה נא ובמצה העשויה באלפס אוקמ' בשהרתיח ולבסוף הדביק ומצה נא כל שפורסה ואין חוטין נמשכים הימנה ואילו נגדי מינה הוי בצק הוא עדיין ואסורי דבעינן לחם וליכא וכן לענין לחמי תודה

הגהות הב"ח

(א) גמ' כמין גלוסקאות תנן התם הסופגנין והדובשנין וכן גי' הר"ן:

גליון הש"ס

גמ' ויקבענה כיון. וכן במתני' פ' תמיד נשחט מ"א פותח כיון. וכן במס' כלה עמד ונפל על פניו וכיון אגד:

אות ב' - ג'

פת מרובה

ובית הלל מתירין

סימן תקז ס"ו - [ג]מותר לאפות תנור מלא פת, אע"פ שאינו צריך אלא פת אחד; ודוקא בתנוריהם, שהיו קטנים והיו מדבקים הפת בדפנותיהם, ומתוך שהוא מלא אין מקום לחומו להתפשט והפת נאפה יפה - יש מן הפוסקים שסוברין, דוקא במתכוין שעי"ז יושבח הפת, אבל במתכוין לצורך חול, אסור, **ואף** דלעיל בסימן תק"ג לענין מילוי קדרה בשר, אפי' עושה לצורך חול שרי, מפני שעי"ז משתבח הבשר שצריך ליו"ט, **שאני** התם דחד טרחא הוא, אבל הכא כל כיכר צריך טרחא בפני עצמו.

אבל בתנורים שלנו אין לאפות יותר ממה שצריך - וכן במקומות שאין דרכן לדבק, גדול וקטן שוה לאיסור. **והטעם**, משום שבכל ככר וככר איכא טרחא בעריכה ואפיה, ולכן לא שרי לאפות יותר, כל שאין הפת נאפה יותר יפה מצד מילוי התנור, ואפי' ע"י עכו"ם אסור.

ויש פוסקים שמתירין אף בתנור שלנו, [ומטעם דאם אינו ממלאן, אז הבל הראוי להתפשט בכל התנור אם היה מלא, עתה נתאחזות בפת שבו, ונאפית יותר מדאי, והפת בא לידי חרון], **ודוקא** כשצריך באמת עכ"פ פת אחד ליו"ט, אבל אם א"צ, רק שמערים לאכול מעט ממנו כדי להתיר לו האפיה, אסור, **ובשעת** הדחק, כגון מי שלא הניח ערובי תבשילין, וצריך לו פת לשבת, יש לסמוך על דעה זו, לאפות קודם אכילת שחרית, אם צריך עכ"פ לפת אחד בו ביום עצמו, **אבל** אם אינו צריך, רק שמערים לאכול מעט כדי להתיר לו האפיה, אסור, אף שעושה זה בשביל שבת.

והאופים שמכוונים לעשות מלאכתם ע"י עכו"ם ביו"ט, כדי שיהיה מוכן להם הפת תיכף למוצאי יו"ט, ומערימין לאכול מהם פת אחד בו ביום, עושין איסור לכו"ע, [דדבר שהוא אסור, אף ע"י עכו"ם אסור].

אות ד'

יוצאין בפת נקיה ובהדראה

סימן תנג ס"א - [ד]אין יוצאין לא בפת סובין ולא בפת מורסן - לפי שאינן קרויין לחם, דמה"ט פטורין ג"כ מחלה.

סובין, היינו קליפה הנושרת מן החטה בשעת כתישה, **ומורסן**, היינו קליפה דקה הנשארת בנפה אחר יציאת הקמח, **ויש** מפרשין בהפוך.

[ה]אבל לש הוא את העיסה בסובין ובמורסן שבה ויוצא בה - שכן דרך העני לאכול פתו מקמח שאינו מנוקה, והם מצטרפין ג"כ לשיעור כזית מצה, **ודוקא** אם לא הפרישן ממנה, אבל אם הפרישן ממנה, וחזר ועירבן לתוך הקמח ולשן ביחד, אין מצטרפין לשיעור כזית.

וה"ה דיוצאין בפת שנעשה מתבואה שאכלו התולעים.

ויוצא במצה מסלת נקיה ביותר, ואין אומרים אין זה לחם עוני.

אות ה'

אין עושין סריקין המצויירין בפסח

סימן תס ס"ד - [ו]אין עושין סריקין המצויירין, דהיינו לצייר בפת כמין חיה ועוף - לפי שהוא שוהה עליה לציירן, ופעמים יבוא לידי חימוץ ע"י שהייה זו, **ואפילו** רוצה לעשות הציור ע"י דפוס שאינו שוהה כלום, אעפ"כ לא חילקו חכמים ואסרו הכל, לפי שהרואה שנאפו מצות אינו יודע שנעשו ע"י דפוס, ויבוא להתיר אף בלא דפוס, **וכן** אין חילוק בין סריקין של בעלי בתים ובין של נחתומין, אף דנחתומין קבועין ומורגלין בזה ואין שוהין בעשייתן, אעפ"כ אסור, [מדלא חילק המחבר, ש"מ דס"ל כדעת הרא"ש המובא בטור, וכ"כ הגר"א וכשיטות החכמים], **ואפילו** אם המצות הן רקיקין דקים שאינם ממהרין להחמיץ, אעפ"כ אין לעשותם מצויירין.

והיינו לכתחלה, ובדיעבד מותרין באכילה אם לא שהה בציורן שיעור חימוץ, וגם יוצא בהן ידי חובתו, [גמרא. **ומשמע** דאותו העת אין נחשב לעסק כלל, ואינו דומה לניקור המבואר בסי' תנ"ט, דמוכח שם דחשוב עסק, אך דאינו מבטל השהיות שבינתיים].

[ז]אבל כל מה שעושים אותו במסרק כדי שלא יתפח - פי' ואע"פ שנעשה כעין ציור על המצה, **וכן מה שמנקבין המצות, מותר** - דכיון שאינו מכוין לצייר, לא יבוא עי"ז לידי שהיית שיעור חימוץ.

ומ"מ טוב למהר לעשותן שלא להשהות בהם.

הגה: [ח]ויש לעשות המצות רקיקין, ולא פת עבה כשאר לחם, כי אין הרקיקין ממהרין להחמיץ - היינו אף דמבואר בס"ה, דפחות מטפח מותר לעשות, מ"מ נכון יותר לכתחלה לעשות רקיקין דקין. (**ואף** דבדברי הרמ"א היה נכון יותר לפרש דאדברי המחבר קאי, במסרק דקשרי אפילו אם נעשה צורה עי"ז, וקאמר דמ"מ טוב למהר, וע"ז הוסיף הרמ"א עצה אחרת, דיש לעשותן דקים דבזה אינו ממהר להחמיץ, ואפשר שכן דעת הגר"א, עיין בהערות), **אכן** מלשון מהרי"ו המובא בד"מ משמע דאכל מצות קאי, וביותר מבואר כן בלשון מהרי"ו עי"ש).

באר הגולה

[ג] **ברייתא שם** (ביצה) י"ז **וכר"ש בן אלעזר גמ' שם** (וז"ל התוס' שם דף כ"ב: פי' רש"י וב"ה מתירין, משום דאמר ר"ש בן אלעזר ממלאה אשה תנור פת וכו', ולא נהירא... לכן נראה לי דפת מרובה דקאמר, היינו פתים גדולים ביותר, ועושה לצורך חול הואיל ואין בו טורח כל כך, ע"כ. **והנה** גם לדעת התוס' ע"כ דגם ב"ש וגם ב"ה מודו לדברי רשב"א, דמותר למלאות כל התנור פת, דבלא"ה הא אסור לאפות פת גדולה, דאפשר למיפלגה בלישה – הערות הגרי"ש אלישיב, **ולכן** הגם דלפי"ז הלכה זה יש שייכות אפי' להתוס', **אבל** להתוס' יותר שייך סי' תק"ו ס"ה: מותר לעשות ביו"ט פתין גדולים, ולא חיישינן שמתוך כך יבא לאפות יותר ממה שצריך. **וכפי** שבאמת הבאר הגולה ציין ע"ז הסעיף גמ' זה) [ד] **טור בשם הרמב"ם** (עיין בהערות דף ל"ו: אות ו') [ה] **ברייתא פסחים ל"ו וכפי' רמב"ם וכן פי' הרא"ש דברי הרי"ף ושארי פוסקים** [ו] **ברייתא פסחים ל"ז** [ז] **טור וכ"כ הכל בו** [ח] (כמ"ש עושין סריקין כמין כו' וערש"י ד"ה עושין כו' – גר"א)

אות ו'

מעשה אילפס חייבין

יו"ד סימן שכט ס"ח - [ט]**עיסה שנלושה במים רותחין, בין שנתן רותחין ע"ג קמח בין שנתן קמח ברותחין, חייבת, בין שאפה בתנור או באלפס בלא משקין** - דאע"ג דחלטיה מעיקרא, כיון דהדר אפיה בתנור בלא משקין, לחם קרינן ביה - ש"ך.

אות ז'

יוצאין במצה הינא

סימן תסא ס"ג - [י]**מצה שנאפת עד שאם פורסין אותה אין חוטין נמשכים ממנה, יוצאים בה** - ידי חובת מצה, ואפי' אם הוא אוכלה אחר זמן מרובה, דמשנאפית כשיעור הזה לכו"ע תו לא אתי לידי חימוץ, **וקודם** שיעור הזה עדיין איננה בכלל לחם, רק בצק.

וסימן זה אינו כי אם בזמן שהמצה עדיין חם, ולא בזמן שנצטננה.

ואפילו אם היא נפרכת כשמטלטלין אותה, יוצאין בה, [חק יעקב ממשמעות [יא]רש"י שם במנחות ע"ח].

כתב הח"י, דאם יש לספק אי חוטין נמשכין ממנה, ותוחב אצבע תוך המצה ואינו נדבק בה עיסה, יש להתירה, דזהו סימן שאין חוטין נמשכין ממנה, **וכ"ז** אם המצה חמה, אבל אם נצטננה אפשר דאין ראיה מזה.

[**ונראה** פשוט, דה"ה אם מטלטל אותה בידיו ואינה נפרכת, זהו סימן מובהק שאין חוטין נמשכין ממנה, וראיה ממה דסבירא להגמ' שם, דאף באין חוטין נמשכין, עדיין קלושה מאד ונפרכת כשמטלטלין אותה].

ויש עוד סימן לפת שהגיעה לכלל לחם, והוא כשאנו רואין שנקרמו פניה [מכל צד], והוא חד שיעורא, **וע"כ** אם נצטננה המצה, ופרסה וראה בה ריעותא מבפנים, שניכר שלא נאפה יפה, ואינו יכול שוב להכירה בסימן הנ"ל, יביט בפני המצה, ואם יראה שנקרמו פניה קרימה מעליא שאין בו ספק, יש להתירה, **אבל** אם גם בהקרימה גופא יש בו ספק, הוא ספק דאורייתא לכמה פוסקים, ואסור אפי' בהפסד מרובה ומניעת שמחת יו"ט.

הגה: ויש ליזהר שלא ללקחה מן התנור קודם לכן ולהחזירה, כי תוכל לבא לידי חימוץ (מהרי"ל) - ר"ל לא מיבעיא ליטלה שלא להחזירה, בודאי אסור, דכיון שחוטין נמשכין ממנה הרי היא עדיין בכלל בצק, ותתחמץ בודאי עכ"פ בשיעור שהיית מיל, **אלא** אפילו לקחה ע"מ להחזירה תיכף, גם כן יש ליזהר, כי תוכל לבוא לידי חמץ אפילו בשהיה מועטת, כיון שנתחממה מחום התנור.

ומ"מ אם עבר והוציאה והחזירה מיד, אין לאסור, [**ומ"מ** נראה, דלענין לצאת בה ידי חובת מצה, אין כדאי].

אות ח'

ובמצה העשויה באילפס

סימן תסא ס"ב - [יב]**טפקא (פי' אחד מן הרעפין שמכסין בהם הגג, קופי בלע"ז), של חרס חדשה, לא שנא הסיקה מבפנים או מבחוץ, מותר, כיון שהאור שולט תחתיה, אעפ"י שאין שלהבת עולה על גבה, מרתח רתח והפת נאפית מיד ואינה בא לידי חימוץ.**

אבל צריך להסיק תחלה - דאל"ה יש לחוש שיתחמץ קודם שיתחיל לאפות, **בין תנור בין כוביא** - היינו טפקא הנ"ל, **בין באלפס** - קערות רחבות ואופין בה לפעמים, (ויוצא בזה גם כן ידי חובת מצה), **בלא מים** - ואם יהיה שם מים, אפילו אם ישים העיסה שם אחר שיהיו המים רותחין, ג"כ אסור, דזהו חליטה ואסור, כמש"כ לעיל בסימן תנ"ד ס"ג.

בין בקרקע - והוא טרוקנין המבואר לעיל בסימן קס"ח סעיף ט"ו, **וע"ש** דאין רשאי לברך עליו המוציא, אא"כ קבע סעודתו עליו, **ואיתא** בגמרא, דאדם יוצא בזה י"ח מצה בפסח, דהוא חשוב לחם עוני.

אבל להדביקו תחלה ואח"כ להסיק, [יג]**יש אוסרים** - היינו לכתחלה - הגר"א, **ודוקא** אם לא נשתהה שיעור מיל עד התחלת האפיה, דאל"ה לכו"ע אסור אף בדיעבד, **וטוב ליזהר** - ואפילו בדיעבד נכון להחמיר שלא לאכלה אם אפשר לו.

אם שמו מצה על הנייר בתוך התנור, לאפותה עם הנייר, אין לאסור בדיעבד, שבודאי שלט חום האור דרך הנייר, ונאפית במהרה קודם שתתחיל להתחמץ, **אבל** לכתחלה אין לעשות כן.

[יד]**ויש מי שאומר שראוי למחות שלא יעשו חררות ברמץ, (פירוש אפר חם, לינירוני בלע"ז)** - היינו שלא לאפותם בתוך הרמץ, שיש לחוש שמא יחמיצו קודם שיתחילו לאפות, **ואם** עבר ואפה אין לאסור, [**וגם** יוצא בה י"ח בפסח].

‹המשך ההלכות בעמוד הבא›

באר הגולה

ט **משנה ו' פ"ק דחלה** ‹המובא כאן בגמ'› **וכב"ה, וכרב יהודה אמר שמואל וכו' פסחים דף ל"ז ע"ב, דב"ה מחייב בתרוייהו** ‹ופסק רבינו כלישנא דאמר זה וזה לחיוב, וטעמו משום דבירושלמי פ"ק דחלה שנויה בלשון הזה, וחכ"א לא כדברי זה ולא כדברי זה אלא הנאפה בתנור חייב, וכיוצא בזה בפרק כל שעה בגמרא דידן, וכיון דתנייה בלשון חכמים, אלמא סבר דהלכתא כוותיה - כסף משנה› **כתב** הרא"ש בהלכות חלה, והלכתא דתרוייהו חייבים, דאע"ג דחלטיה מעיקרא, כיון דהדר אפייה בתנור, לחם קרינן ביה, והכי אמרינן ביבמות (מ) עכ"ל - ב"י› **וכן** מבואר מתוס' בסוגיין דף ל"ו: ד"ה פרט, דלאחר שחלטן אפאן באלפס או בתנור› י **ברייתא פסחים ל"ז** יא ‹וז"ל: והא כמאן דפריסא דמיא - שאין אפויה כל צרכה, אע"ג דאין חוטים נמשכים ממנה, כפריסא דמיא, לפי שנפרכת כשמטלטלים אותה, קמ"ל› יב **טור בשם רב נטרונאי** יג **שם בשם רב עמרם** ‹ודוקא לכתחילה אבל בדיעבד מותר, דהא גרסינן בפרק כל שעה, יוצאין במצה עשויה באילפס, ומוכיח התם דלרבי יוחנן מיירי אף בהדביק ולבסוף הרתיח - פר"ח› יד **ארחות חיים**

אחד מכל קרבן *אחד *שלא יטול פרוס והבא כמאן דפריסא דמיא קמ"ל *מיתיבי המעיסה בית שמאי פוטרין וב"ה מחייבין החליטה בית שמאי מחייבין ובית הלל פוטרין איזהו המעיסה ואיזהו החליטה המעיסה קמח שעל גבי מוגלשין החליטה מוגלשין שעל גבי קמח ר' ישמעאל ב"ר יוסי אומר משום אביו זה וזה לפטור ואמרי לה 'זה וזה לחיוב וחכמים אומרים אחד זה ואחד זה עשאן באילפס פטור בתנור חייב ותנא קמא מאי שנא המעיסה ומאי שנא חליטה אמר רב יהודה אמר שמואל וכן א"ר יהודה* ואיתימא ר' יהושע בן לוי כמחלוקת בזו כך מחלוקת בזו *ותברא מי ששנה זו לא שנה זו קתני מיהת וחכמים אומרים אחד זה ואחד זה שעשאן באילפס פטור בתנור חייב תיובתא דר' יוחנן אמר לך ר' יוחנן תנאי היא דתניא יכול יהא מעיסה וחלוטה חייבין בחלה ת"ל לחם ר' יהודה אומר אין לחם אלא האפוי בתנור ר' יהודה היינו תנא קמא אלא לאו מעשה אילפס איכא בינייהו תנא קמא סבר מעשה אילפס חייבין ור' יהודה סבר מעשה אילפס פטורין לא דכולי עלמא מעשה אילפס פטורין והכא כגון שחזר ואפאו בתנור קא מיפלגי דתנא קמא סבר כיון שחזר ואפאו בתנור לחם קרינן ביה ור' יהודה סבר אין לחם אלא האפוי בתנור מעיקרא וכיון דמעיקרא לאו בתנור אפייה לאו לחם הוא אמר רבא מאי טעמא דר' יהודה דכתיב °ואפו עשר נשים לחמכם בתנור אחד לחם האפוי בתנור אחד קרוי לחם ושאין אפוי בתנור אחד אין קרוי לחם יתיב רבה ורב יוסף אחוריה דרבי זירא ויתיב ר' זירא קמיה דעולא אמר ליה רבה לר' זירא בעי מיניה מעולא הדביק מבפנים והרתיח מבחוץ מהו אמר ליה מאי אימא ליה דאי אמינא ליה אמר לי הי ניהו מעשה אילפס א"ל רב יוסף לרבי זירא בעו מיניה מעולא הדביק מבפנים ואבוקה כנגדו מהו אמר ליה מאי אימא ליה דאי אמינא ליה אמר לי רוב עניים עושין כן אמר רב אסי *עיסה של מעשר שני לדברי ר' מאיר פטורה מן החלה לדברי חכמים 'חייבת בחלה

מצות

רש"י

אחד מכל קרבן. תרומה לה' לכהן הזורק וגו' ארבעה מינין היו בה של עשר עשר חלות ומכל מין ומין נוטל אחד לכהן והשאר לבעלים וכתיב אחד שלא יתן לו פרוסה: **המעיסה.** החליטה: **פוטרין.** מן החלה: **מוגלשין.** רותחין: **ותנא קמא כו'.** ברישא מהדר גמרא לפירושא דברייתא דלא תהוי משבשתא והדר מסיים מילתיה ומותיב תיובתא מינה לרבי יוחנן: **כמחלוקת בזו.** כלומר המחייב בזו מחייב בזו והפוטר בזו פוטר בזו ורישא דמפיך פלוגתייהו לאו חדא תנא אמרינהו וקשיין אהדדי ומי ששנה זו לא שנה זו והאי תנא אית לי' דמחומרי בית שמאי ומקולי בית הלל היא ותנא חליטה והוא הדין למעיסה והאי אית ליה דמקולי בית שמאי ומחומרי בית הלל היא ותנא המעיסה והוא הדין לחליטה: **סברא.** קשיין אהדדי: **תנא קמא סבר מעשה אילפס חייבין.** והכי קאמר יכול יהו המעיסה והחליטה חייבין בחלה ת"ל לחם והני לאו לחם נינהו דקודם ליתנן מבושלין ברותחין הן אבל מעשה אילפס שלא נאפו אלא על האור קרובין הן למעשה תנור ולחם נינהו וחייב ואפי' הדביק ולבסוף הרתיח ואמר ליה ר' יהודה מעשה אילפס נמי פטורין דאין לחם אלא האפוי בתנור: **שחזר ואפאן בתנור.** למעשה אילפס והכי קאמר תנא קמא ת"ל לחם והני לאו לחם נינהו דמבושלים במים הן והוא הדין למעשה אילפס נמי שהדביק ולבסוף הרתיח נמי לאו לחם נינהו אבל חזר ואפאו בתנור לחם קרינא ביה: **ור' יהודה סבר.** אפוי בתנור אחד בעינן ולא בשני תנורים כגון אילפס ותנור: **הדביק מבפנים.** הלחם באילפס: **והרתיח מבחוץ.** שנתנה על האור כמו שאנו עושים: **מהו.** מי הוי לחם: **הי ניהו.** אלו הן מעשה אילפס שנחלקו בו חכמים ר' יוחנן וריש לקיש: **ואבוקה כנגדו.** מלמעלה והוא האש לוהט באילפס וממהר אפייתו מהו מי הוי כעין תנור או לא: **רוב עניים עושין.** כל מעשה אילפס כן שאין להם עצים ובכך הוא ממהר לאפות: **לדברי רבי מאיר.** דאמר בפרק שני דקדושין (דף נג:) מעשר ממון גבוה הוא פטורה מן החלה כדמפרש דעריסותיכם כתיב ולא של גבוה:

ומלה

תוספות

ותנא קמא מאי שנא החליטה. תימה לר"י מאי קבעי מינה נימא דמר סבר עילאה גבר ומר סבר תתאה גבר ותירץ ר"י דקפסיק ותני אע"ג דלית ביה אלא שיעור חלה מצומצם ולהכי קבעי מ"ש דבין עילאה גבר ובין תתאה גבר אי אפשר שלא יתבשל מעט ממנו וחסר ליה משיעוריה:

אמר לך רבי יוחנן תנאי היא דתניא. לא איצטריך לאשכוחי תנאי אלא ללישנא דאמרי לה זה וזה לפטור אבל ללישנא דזה וזה לחיוב איכא תנאי בהך ברייתא גופא דע"כ הא דמחייבא היינו באילפס דאי בתנור אבל באילפס פטור א"כ ר' ישמעאל ברבי יוסי היינו חכמים: **דכולי** עלמא מעשה אילפס פטורים. פסק ר"ח כר"ל מדקאמר דכולי עלמא מעשה אילפס פטורין ועוד דיתיב רבה ורב יוסף אחוריה דר' זירא אליבא דר"ל מיירי ולר"י נראה דכר' יוחנן קיי"ל מדלא חשיב לה בהחולץ (יבמות לו.) בהדי ג' דהלכה כריש לקיש לגבי רבי יוחנן ואומר ר"י דעל ידי משקה מודה ר' יוחנן דמעשה אילפס פטור' ואין מברך עליו המוציא כדמוכח בירושלמי דמסכת חלה בפרק קמא דחלה אמר ר' יוחנן כל שהאור מהלך תחתיו חייב בחלה ומברכין עליו המוציא ואדם יוצא בה ידי חובתו בפסח ריש לקיש אמר אינו חייב בחלה ואין מברכין עליו המוציא ואין אדם יוצא בו ידי חובתו בפסח ואמר ר' יוחנן ובלבד שיהא על ידי משקין ואומר רבינו תם דדווקא בבלילתו רכה פליגי דר' יוחנן סבר אפייתו באילפס עושהו לחם וחייב בחלה ור"ל סבר אין עושהו לחם ופטור אבל בלילתו עבה כולי עלמא מודו דחייב בחלה אפי' על ידי משקה דהא חיוב חלה הוי משעת גלגול כדמוכח בכמה דוכתי וכן משמע במס' חלה (פ"א מ"ה) דתנן עיסה שתחלתה וסופה סופגנין פטורה מן החלה תחלתה סופגנין וסופה עיסה תחלתה עיסה וסופה סופגנין חייבת בחלה ונראה לרבינו תם דהכי נמי מברכין עליו המוציא ומביא ראיה ממנחות (דף עה:) ומכילד מברכין (ברכות לז:) דאמר היה עומד ומקריב מנחה בירושלים אומר שהחיינו נטלו לאוכלו אומר המוציא וקפסיק ותני כל המנחות אפי' מנחת מחבת ומרחשת אע"פ שמטוגנת בשמן ואין סברא לחלק בין מים לשמן א"כ על לפנגול"י ופיטלט"י אומר בורא מיני מזונות ועל גלטונ"י וירבל"י מברך המוציא ועל אופלטק"י נראה שאין מברך המוציא אף על פי שעושין אותו בלא משקה דאין עליהם תוריתא דנהמא תדע שהרי אין מפרישין ממנו חלה אפילו יש הרבה בסל אחד כשיעור חלה אע"פ שהסל מצרפן לחלה ואע"ג דטריתא אמרינן בכילד מברכין (שם) דחייב בחלה ומברכין עליו בורא מיני מזונות ההוא כדמפרש התם דנגובלא בעלמא הוא ואינו סועד הלב ורבינו תם היה אומר דאף על גרימזל"י אין מברך המוציא דלית בהו תוריתא דנהמא אף על גב דמסתמא חייב בחלה: **לחם** שאין אפוי בתנור אחד. ואם תאמר מנלן לחלק בין בלילה רכה ובין בלילה קשה והלא אינו תלויה לר' יהודה אלא באפוי בתנור אחד ואומר רבינו תם דהכי פירושו לר' יהודה לחם האפוי בתנור וכו' לחם שרגילין לאפות בתנור היינו בלילתו קשה: **הדביק** מבפנים והרתיח מבחוץ מהו. לפ"ה דמפרש דמיירי באילפס תימה אם כן במאי סבר רבה דפליגי רבי יוחנן וריש לקיש ע"כ בהדביק מבפנים והרתיח מבפנים אם כן מאי מיבעיא ליה לרב יוסף בתר הכי הדביקה מבפנים ואבוקה כנגדו מהו ונראה לר"י דהכא בהדביק בתנור מיירי ומיבעיא ליה כיון דתנור הוא לא חשיב מעשה אילפס או דילמא לא שנא ולרב יוסף מיבעיא כשהדביק בתנור ולא הסיקו אלא מתבשל מהיסק שכנגדו וכן פירש רבינו חננאל:

אתיא

עין משפט נר מצוה

קמח א מיי' פ"ט מהל' מעשה קרבנות הלכה כב:

קמט ב מיי' פ"ו מהל' בכורים הל' יב טוש"ע י"ד סי' שכט סעיף ח:

קנ ג מיי' שם הל' ד:

רבינו חננאל

תורה: ת"ש המעיסה שהיא קמח על גבי מוגלשים [פי' מוגלשים מים רותחים] בית שמאי פוטרים וב"ה מחייבים החליטה שהיא מוגלשים על גבי הקמח ב"ש מחייבים ב"ה פוטרים ר' ישמעאל אומר משום אביו כו' קתני מיהת וחכמים אומרים בין מעיסה בין החליטה עשאן באילפס פטורים בתנור חייבים קשיא לר' יוחנן אמר לך ר' יוחנן תנאי היא וכך סידורא בסקנא המעיסה ב"ש פוטרים וב"ה מחייבים והוא הדין לחליטה ותנא אחר שונה החליטה ב"ש מחייבים וב"ה פוטרים והוו פי' תברא מי ששנה זו לא שנה זו אלא תרי תנאי וכל חד מינייהו רישא וסיפא חדא קתני לה ופשוטה היא ודחי' לא כולי עלמא מעשה אילפס פטורה והכא בשחור ועשאן בתנור ת"ק סבר כיון שחזר ואפאו בתנור לחם קרינא ביה ור' יהודה סבר אין לחם אלא האפוי בתנור בלבד מעיקרא: אמר רבא מאי טעמיה דר' עקיבא כו' ואסיקנא הדביק מבפנים והרתית מבחוץ היינו מעשה אילפס הדביק בפנים ואבוקה כנגדו רוב עניים עושין כן: אמר ר' אסי עיסה של מעשר שני לדברי ר' מאיר פטורה מן החלה לדברי ר' יהודה חייבת בחלה

מסורת הש"ס

[מנחות עו: נדרים יב:] [חלה פ"א מ"ו] [עדיות פ"ה מ"ב]

[נ"ל ר' יוחנן]

[עי' תוס' כתובות עה: ד"ה תברא]

ויקרא כו

סוכה לה.

אות ט'

וכן לחמי תודה

רמב"ם פי"ב מהל' פסולי המוקדשין הי"ז - [ט]שחטה עד שלא קרמו פני הלחם בתנור, ואפילו קרמו כולן חוץ מאחת מהן, לא קדש הלחם.

---

§ מסכת פסחים דף לז: §

אות א'

אחד שלא יטול פרוס

רמב"ם פ"ט מהל' מעשה הקרבנות הכ"ב - ולחמי תודה שאפה אותן ארבע חלות, יצא, לא נאמר ארבעים אלא למצוה, והוא שיפריש החלה שלהן אחת מכל קרבן כשהן בצק, שאין מפרישין פרוסה, שנאמר: אחד מכל קרבן, שלא יטול פרוס.

אות ב'

זה וזה לחיוב

יו"ד סימן שכט ס"ח - [א]עיסה שנלושה במים רותחין, בין שנתן רותחין ע"ג קמח בין שנתן קמח ברותחין, חייבת, בין שאפה בתנור או באלפס בלא משקין - דאע"ג דחלטיה מעיקרא, כיון דהדר אפיה בתנור בלא משקין, לחם קרינן ביה - ש"ך.

אות ג'

עיסה של מעשר שני חייבת בחלה

רמב"ם פ"ו מהל' ביכורים ה"ד - עיסה של מע"ש בירושלים, ועיסת שביעית, וספק מדומע, [ב]חייבין בחלה, אבל המדומע פטור מן החלה.

באר הגולה

[טו] ‹והנה לכאורה קשה, דאיתא במס' פסחים ובמס' מנחות (דף עח ע"ב), יוצאין במצה הינא וכו', היכי דמי א"ר יהודה אמר שמואל כל שפורסה ואין חוטין נמשכין הימנה, אמר רבא וכן ללחמי תודה, ופירש רש"י ז"ל, אם שחט הזבח עליהן מאחר שנאפית כענין הזה קידש הלחם והתודה כשרה, ואומר שם פשיטא, ומשני מהו דתימא אחד אמר רחמנא שלא יטול פרוס והא כמאן דפריסא דמיא קמ"ל וכו', **וא"כ** הא תקשה על רבינו, אמאי לא הביא דאם הוא מצה הינא מ"מ כשרה ללחמי תודה, ורק אומר סתם קרמו פני הלחם בתנור, ובפ"ו מהל' חמץ ומצה ה"ו כתב, דיוצאין במצה שלא נאפית אפיה גמורה, והוא שלא יהא חוטין של בצק נמשכין, והכא לא ביאר בזה אשר הגמ' אומר בזה רבותא. **ובס'** עין משפט מציין שם בפסחים על דין זה שכתב רבינו, והוא לא מבואר, **וע"כ** צ"ל דס"ל לרבינו כמו שכתב המרדכי בפ"ג דפסחים, כתב הר"ש דיש לאפות המצות וכו', והשיעור כל שפורסה ואין חוטין נמשכין הימנה, וכן בלחמי תודה, וריב"א פירש דקרימת פנים דאמרינן לענין שבת וכו' היינו כהאי שיעורא, תדע דהא קאמר וכן לענין לחמי תודה, בפ' כל שעה, ואמרינן הלחם אינו קדוש עד שיקרמו פניו בתנור, מצינו קרמו פניה היינו האי שיעורא, עכ"ל. **נמצא** דס"ל דקרימת פנים הוא שיעור דמצה הינא, ונמצא דרבינו שכתב הכא השיעור גבי לחמי תודה משיקרמו פני הלחם, לא צריך לבאר שיעור זה, וסמך על מה שביאר בהל' חמץ ומצה דהוי חד שיעורא ודוק - כתר המלך›. ‹**וכ"כ** המ"ב דהוי חד שיעורא, וז"ל סימן תסא ס"ג: ויש עוד סימן לפת שהגיעה לכלל לחם, והוא כשאנו רואין שנקרמו פניה מכל צד, והוא חד שיעורא, וכן מדוייק מרש"י ל"ז. ד"ה וכן לענין, ע"ש› [א] **משנה ו' פ"ק דחלה** ‹המובא כאן בגמ'› **וכב"ה, וכרב יהודה אמר שמואל וכו' פסחים דף ל"ז ע"ב, דב"ה מחייב בתרוייהו** ‹ופסק רבינו כלישנא דאמר זה וזה לחיוב, וטעמו משום דבירושלמי פ"ק דחלה שנויה בלשון הזה, וחכ"א לא כדברי זה ולא כדברי זה אלא הנאפה בתנור חייב, וכיוצא בזה בפרק כל שעה בגמרא דידן, וכיון דתנייה בלשון חכמים, אלמא סבר דהלכתא כוותיה - כסף משנה›. ‹**כתב** הרא"ש בהלכות חלה, והלכתא דתרוייהו חייבים, דאע"ג דחלטיה מעיקרא, כיון דהדר אפייה בתנור, לחם קרינן ביה, והכי אמרינן ביבמות (מ.) עכ"ל - ב"י›. ‹**וכן** מבואר מתוס' בסוגיין דף ל"ו: ד"ה פרט, דלאחר שחלטן אפאן באלפס או בתנור› [ב] ‹פסק כחכמים. **ויש** לתמוה, דהא פסק הוא ז"ל בפרק ג' מהל' מע"ש (הלכה יז) כר"מ דאמר מעשר שני ממון גבוה הוא, וא"כ הו"ל למיפסק דפטורה מן החלה. **ותירץ** הר"י קורקוס ז"ל, דטעמיה משום דבפרק לולב הגזול (דף ל"ה), גבי הא דתנן של ערלה פסול, אמרינן מ"ט, פליגי בה רבי חייא ורבי אסי, חד אמר לפי שאין בה היתר אכילה, וחד אמר לפי שאין בה דין ממון, ואסיקנא דבהיתר אכילה כו"ע לא פליגי דבעינן, כי פליגי בדין ממון, רבי חייא סבר היתר אכילה בעינן, דין ממון לא בעינן, ורבי אסי סבר דין ממון נמי בעינן, מאי בינייהו, אתרוג של מע"ש בירושלים אליבא דר"מ, למ"ד לפי שאין בה היתר אכילה, הרי יש בו היתר אכילה, פירוש ומתניתין דתנן התם אתרוג של מע"ש בירושלים לא יטול ואם נטל כשר, אתיא אפי' כר"מ, ולמ"ד בעינן נמי דין ממון, מתניתין כרבנן דוקא אתיא דסברי ממון הדיוט, והרי יש בו דין ממון, ולא כרבי מאיר דאמר ממון גבוה הוא. **נמצא** דלרבי חייא בהיתר אכילה תליא מילתא, ואין כאן ענין לדין ממון, וגבי מצה הכי קי"ל, דיוצאין בשל מע"ש בירושלים, וכן פסק רבינו בפרק ו' מהלכות חמץ ומצה, דר"ע הכי ס"ל התם, ור"י הגלילי הוא דפליג עליה, וקי"ל כר"ע מחבירו, וע"כ ר"מ כר"ע ס"ל אע"ג דסבר ממון גבוה הוא, דאי לא קשיא הלכתא אהלכתא, אלא ודאי האי פסקא כרבי חייא אתיא, דדין ממון לא בעינן, אלא היתר אכילה בלחוד, גם גבי אתרוג כן פסק רבינו כסתם מתניתין, דאם נטל כשר, וכרבי חייא דתלי בהיתר אכילה, דלדידיה אתיא סתם מתניתין כר"מ דהלכתא כוותיה, עכ"ל. והאריך ליישב הסוגיא לדרך זה, **ואני** אומר עוד, דודאי כרבי חייא קי"ל לגבי רבי אסי, דהא רביה דרביה הוא, ואין הלכה כתלמיד במקום הרב - כסף משנה›

§ מסכת פסחים דף לח. §

אות א'

מצות של מעשר שני יוצא בה ידי חובתו בפסח

רמב"ם פ"ו מהל' חמץ ומצה ה"ח - הכהנים יוצאין בחלה ובתרומה, אף על פי שהיא מצה שאינה ראויה לכל אדם; וכן יוצאין במצה של מעשר שני בירושלם; אבל אין יוצאין במצה של בכורים אפילו בירושלם, מפני שהבכורים אין להם היתר בכל המושבות, ומעשר שני אפשר שיפדה ויאכל בכל מקום, וכתוב: בכל מושבותיכם תאכלו מצות, מצה הראויה להאכל בכל המושבות היא שיוצאין בה ידי חובה.

אות ב'

אתרוג של מעשר שני יוצא בו ידי חובתו ביום טוב

רמב"ם פ"ח מהל' לולב ה"ב - אתרוג של תרומה טהורה ושל מעשר שני בירושלם, לא יטול שמא יכשירו לטומאה, ואם נטל כשר.

אות ג'

לחם לחם

סימן תעד ס"ד - [א]אין אדם יוצא ידי חובתו במצה גזולה - הטעם, דילפינן מחלה בגז"ש ד"לחם לחם", מה התם אין אדם מפריש חלה אלא מעיסה שלו, דכתיב: עריסותיכם, אף כאן כן.

והיינו אפילו בדיעבד צריך לחזור ולאכול, ומסתימת הלשון משמע דצריך לחזור ולברך.

ועיין בתשובת שאגת אריה שכתב, דאף בליל יו"ט שני אינו יוצא במצה גזולה.

ודוקא גזולה, אבל אם שאל מצה יוצא בה, דהא שאלה על מנת לאכלה ולא להחזירה בעין, א"כ הרי היא שלו ממש.

כתבו הפוסקים, דיש ליזהר כשאופין הרבה בתנור אחד, והרבה פעמים מתחלפין המצות, נכון שיאמרו: כל מי שיגיע מצתי לידו יהיה לו במתנה, דאל"ה יש בזה חשש מצה גזולה, **וכתבו** עוד, דטוב לומר כן גם בשעת טחינה, דלפעמים מתחלף הקמח.

ויש עוד פרט אחד מה שמצוי להכשל בו, כגון אם קנה מצה ומשכן לרשותו, אם המוכר גלה דעתו בעת מכירתו שדחוק למעות, ואינו יכול למכור בהקפה, וע"כ עייל ונפיק אחריו אזוזי, ומדחהו בלך ושוב ואינו נותן לו, מדינא לא קנה, וממילא אינו יוצא בהם אח"כ ידי חובת מצה מן התורה.

(ולענין מרור אם יוצא בדיעבד בגזול, דעת הכנה"ג בשם מהרי"ו, דיצא, והפר"ח חולק עליו, דאתקוש מצה ומרור להדדי, **ועיין** בשאגת אריה דדעתו, דגם במצה גזולה הפסול הוא משום מצוה הבאה בעבירה, ולהכי גבי מרור דאינו אלא מדרבנן, [ב]הו"ל מצוה הבאה בעבירה בדרבנן, דלדעת המחבר בסי' תרמ"ט ס"ה יוצא בדיעבד, וכ"כ במקו"ח, **אכן** לדעת הרמ"א שם בהג"ה, שכתב שאנו נוהגין כהפוסקים דסוברין, דגם בדרבנן מצוה הבאה בעבירה פסול, בודאי גם במרור לא יצא, **ועכ"פ** לענין ברכה בודאי יש ליזהר, כשנוטל מרור אחר לאכול, שלא לברך עוד מחדש).

במה דברים אמורים, כשגזל מצה; [ג]אבל אם גזל חטים או קמח ועשאו מצה, יוצא בה, שקנאה בשינוי - ר"ל בשינוי מעשה, **ודמים לבד הוא חייב לו** - ומ"מ לכתחלה לא יקח אותו לצאת בה, דהא לא יוכל לברך עליה, וכדלקמיה.

וה"ה היכי שגזל המצה ונתנה לאחר, אותו אחר יוצא בה, דהוי שינוי רשות, ודוקא היכי דהוי ג"כ יאוש בעלים, דשינוי רשות גרידא לא קני, **ואותו** אחר מותר לברך עליה, שהרי לא באיסור באה המצוה לידו, שהרי כבר נתייאש הנגזל ממנה קודם שבא לידו, **ואם** האחר חזר ונתנו לגזלן, גם הגזלן יוצא בו, דהוי יאוש ושינוי רשות.

(ועיין בחידושי רע"א ובש"א, שהביאו שיטת הריטב"א, דדעתו, דאף בגזל מצה יש שינוי מעשה, דכיון דלעסיה קנייה בשינוי מעשה, והמצוה מתקיימת אח"כ בבליעת המצה, דהא בלע מצה יצא, וא"כ דומה לגזל חטים או קמח ועשאו מצה, דיצא, **ואף** דלדינא בודאי נקטינן כשיטת השו"ע, שהוא דעת רוב הפוסקים, דס"ל דלא יצא, וצריך לחזור ולאכול מצה אחרת משלו, **ואפשר** דס"ל דזה מקרי שהקנין בא ע"י המצוה גופא, דקי"ל דלא מהני, דאף שאם בלע בלא לעיסה יצא, הא עכ"פ לכתחלה צריך לעיסה, כדי שיהיה טעם מצה בפיו, מ"מ לענין שיהיה צריך לחזור ולברך כשאוכלה, אפשר דיש לחוש לדעת הריטב"א, שכבר יצא בדיעבד, וע"כ לא יברך).

(ולענין ברכה, ע"ל ריש סימן תרמ"ט) - ר"ל דשם מבואר, דלענין ברכה בכל גווני אין לברך, אפילו במקום דקנה, דהו"ל "בוצע ברך נאץ ה'", **ובין** הברכה ד"אכילת מצה", ובין ברכת "המוציא" גופא, **ולענין** בהמ"ז עיין לעיל בסימן קצ"ו.

(**עיין** בח"י, שהביא דעת מג"א לחלוק בזה, שצריך לברך כיון שקנה כבר, ובח"י השיג עליו, והסכים לדעת המחבר, ובמקו"ח ומגן אלף הכריעו כמג"א, ודעת הט"ז והגר"א כשו"ע ורמ"א, וכן מצאתי להרב יעב"ץ שהכריע כן להלכה, וכן דעת הגר"ז, וכן יש להורות, דספק ברכות להקל).

(**כתבו הפוסקים**, דדוקא בגזולה אין יוצאין, לפי שהמצה גופא באה בעבירה, משא"כ בהוציא מצה מרה"י לר"ה, כשחל פסח בשבת, יוצא בה ידי חובתו וגם יברך עליו, לפי שהוא עבר עבירה, ולא המצה גופא בעבירה).

‹המשך ההלכות בעמוד הבא›

באר הגולה

א הרמב"ם, וכן דקדק הרא"ש מפ"ב דפסחים, וה"ה מן הירושלמי ב ‹עיין רש"י דף ל"ה: ד"ה טבול מדרבנן, ודף ל"ט. ד"ה ובדמאי› ג הרב המגיד

מצות של מעשר שני לדברי ר' מאיר אין אדם יוצא בה ידי חובתו בפסח לדברי חכמי' יוצא בה ידי חובתו בפסח אתרוג של מעשר שני לדברי ר' מאיר אין אדם יוצא בו ידי חובתו ביום טוב לדברי חכמים אדם יוצא בו ידי חובתו ביום טוב מתקיף לה רב פפא בשלמא עיסה דכתיב עריסותיכם משלכם אתרוג נמי דכתיב ולקחתם לכם לכם משלכם יהא אלא מצה מי כתיב מצתכם אמר רבא ואיתימא רב יימר בר שלמיא אתיא לחם לחם כתיב הכא לחם עוני וכתיב התם והיה באכלכם מלחם הארץ מה להלן משלכם אף כאן משלכם לימא מסייע ליה עיסה של מעשר שני פטורה מן החלה דברי ר"מ וחכמים אומרים חייבת לימא מסייע היינו הך הכי קאמר (ליה) לימא מדפליגי בעיסה בהנך נמי פליגי או דילמא שאני התם דכתיב עריסותיכם עריסותיכם תרי זימני בעי ר' שמעון בן לקיש מהו שיצא אדם ידי חובתו בחלה של מעשר שני בירושלים אליבא דר' יוסי הגלילי לא תיבעי לך השתא בחולין לא נפיק בחלתו מיבעיא כי תיבעי לך אליבא דר' עקיבא בחולין הוא דנפיק דאי מיטמו יש להן היתר במושבות אבל חלה דאי מטמיא לית לה היתר במושבות ולשריפה אזלא לא נפיק או דילמא אמרינן הואיל ואילו לא קרא עליה שם ואיטמי אית לה היתר במושבות ונפיק בה השתא נמי נפיק איכא דאמרי הא ודאי לא תיבעי לך דודאי אמרינן הואיל כי תיבעי לך חלה הלקוח בכסף מעשר שני ואליבא דרבנן לא תיבעי לך כיון דאמרי יפדה היינו מעשר כי תיבעי לך אליבא דר' יהודה דאמר יקבר דתנן הלקוח בכסף מעשר שני שנטמא יפדה ר' יהודה אומר יקבר מי אמרינן הואיל ואי לא לקוח הוי והואיל ולא קרא עלי' שם ואיטמי יש לו היתר במושבות ונפיק בי' השתא נמי נפיק ביה או דילמא חד הואיל אמרינן תרי הואיל לא אמרינן אמר רבא מסתברא שם מעשר חד הוא: חלת תודה ורקיקי נזיר וכו': מנה"מ אמר רבה דאמר קרא ושמרתם

רש"י

ומצה של מעשר כו' לדברי ר"מ אין אדם יוצא בה. ואפילו לא דריש עוני לשון עניות בעינן מצה שלו ולא של גבוה ולקמן פריך מי כתיב מצתכם: **הכי קאמר.** לימא מסייעא הא לכל מילתיה דרב אסי דמדפליגי בהא בהנך נמי פליגי: **תרי זימני.** אבל התם לכם למעוטי שאול וגזול אבל אתרוג של מעשר שני הואיל דאתיהיב ליה לאכילה נפיק ביה ואפילו לר"מ: **דרבי יוסי הגלילי.** דאמר לעיל יצא זה שאינו נאכל בכל מושבות: **בחולין.** לאחר שנטמא חלתו לא נפיק בחולין דידיה: **כי תיבעי לך לר"ע.** דלא דריש עוני ומיהו היתר במושבות בעי כדמיעט לעיל בכורים מהאי טעמא ומעשר שני ריבה משום דאית ביה היתר מושבות אפי' לאחר שנכנס לירושלים אם נטמא כרבי אלעזר: **לשריפה אזלא.** דתרומה טמאה אסורה באכילה ובעודה טהורה אין לה היתר במושבות משום דמעשר שני הוא ובתר דקלטוה מחיצות ליתא ליה פדייה: **או דילמא הואיל ואילו לא קרא עליה שם חלה אית לה היתר במושבות.** אם נטמא ונפיק השתא נמי לא פקעה תורת מצה מינה משום קריאת שם חלה דהא חלה בעלמא לא נפקא מכלל מצה כדקתני מתניתין והכהנים בחלה אלא הא לחודה משום דאסורה ליה במושבות ואמרינן הואיל ונפיק: **הלקוח בכסף מעשר שני.** בירושלים כדכתיב ונתתה הכסף בכל אשר תאוה נפשך וגו': **ואליבא דרבנן.** דפליגי עליה דרבי יהודה ואמרי לקוח בכסף מעשר שנטמא יפדה דאלימא למיתפס פדיונו לא תיבעי לך דאף על גב דהך חלה לית לה היתר במושבות דכל זמן שלא נטמאת אין לה פדייה בירושלים ומשנטמאת שוב אין לה היתר אכילה דהא חלה היא אפילו הכי אמרינן הואיל ואילו לא קרא עליה שם הוה לה היתר במושבות על ידי טומאה דנפיק בה אף בירושלים השתא נמי נפיק כדאמרן במעשר גופיה: **יקבר.** כל לקוח בכסף מעשר שני שנטמא משום דקלישא קדושתיה ולא אלים למיתפס פדיוניה ואי נמי לא קרא עליה שם חלה לא הוה ליה היתר במושבות: **מאי מי אמרינן הואיל ואי לאו לקוח הוא.** כלומר הואיל ומעשר שני גופיה דאתי האי מחמתיה וקיל האי מיניה נפקינן במצה דידיה דאית ליה היתר במושבות על ידי טומאה והא דלית ליה היתר להאי לאו חומרא הוא לגביה אלא קולא הוא משום דלא אלים למיתפס פדיונו הלכך לא חמיר כדמעיקרא ואי משום דחלה הוא ובלאו לקוח נמי לית ליה היתר הכא נמי נימא הואיל אחריתא הואיל ואילו לא קרא עליה שם ולא לקוח הוא: **או דילמא חד הואיל אמרינן.** כגון חלת מעשר גופיה דלא נפקי בה אלא ע"י הואיל ואי לא קרא עליה שם אי נמי חולין של לקוח לא נפקי בה אלא ע"י הואיל ואי לאו לקוח הוא התם אמרינן הואיל ושרי אבל חלת לקוח דבעי תרי הואיל לא אמרי' וא"ת בחלת מעשר גופיה נמי תרי הואיל איכא הואיל ואי לא קרא עליה שם והואיל ואי מיטמא פריק לה ואית ליה היתר במושבות הכא לא קרינא הואיל דבר שיש בידו לעשות לגרום לה טומאה מיד ופריק: **מסתברא שם מעשר חד הוא.** וכי היכי דנפיק במעשר גופיה נפיק בחלתו הואיל ושם חלה לא נפיק בעלמא מכלל מצה ונפיק נמי בחלת הלקוח דהא מכח מעשר בא ולא מחמרינן ליה מיניה: ושמרתם

תוספות

אתיא לחם לחם. הקשה הר"י דאורלינ"ש כיון דילפינן לחם לחם דבעינן מצה שלכם אמאי איצטריך לעיל* למעוטי שלא בטבל מי שאיסורו משום בל תאכל חמץ כו' תיפוק ליה דבעי' שלכם וטבל אינו שלכם דהא אתרוג של מעשר שני לדברי ר"מ אין יוצאין בו ובלולב הגזול (סוכה דף לה:) מפרש התם משום דלא בעי מפקר לנכסיה והוי עני וחזי ליה השתא נמי שלכם קרינן ביה משמע דטבל גמור לא חשיב שלכם ותי' ר"י אתרוג של טבל לא חשיב שלו כיון שצריך ליתן ממנו לכהן וללוי ובעינן שיהא כל האתרוג שלו אבל מצה שאם אכל כל כך שאם היה עושה ממנו תרומה או מעשר ממה שאכל אכתי אכל שיעור מצה חשיב שפיר שלו ורשב"א תירץ דאיצטריך לעיל קרא להיכא שמה שיפרישים יהיה שלו[א] כגון אם הוא כהן או לוי או ישראל עני ונטל ממנו *כבר תרומה ומעשר ראשון דשלכם קרינן ביה: **אבל** חלתו דאי מטמיא. זו הסוגיא כמ"ד (מכות דף כ.) מחילה לקלוט דאורייתא דאי מדרבנן יש לה היתר מושבות דאי יצאה חוץ למחילה נפדית אפילו טהורה או נמי כיון דמדרבנן אין להם פדייה לא חשיב נאכל בכל מושבות: **או** דילמא הואיל ואילו לא קרי לה שם. תימה לר"י אי אמרת הואיל א"כ בכורים נמי נאכלין בכל מושבותיכם הואיל ולא קרי ליה שם וי"ל דלא דמי דשם בכורים אינו נאכל בכל מושבותיכם אבל הכא שם חלה נאכל בכל מושבותיכם וכן שם מעשר לחודיה נאכל בכל מושבותיכם הלכך חלת מעשר אמר שפיר הואיל ולא קרי לה שם ועוד הקשה אי אמרת הואיל מעשר שני נמי נאכל בכל מושבותיכם הואיל ולא העלהו לירושלים ואמאי איצטריך לאוקמה לעיל (דף לו:) כרבי אלעזר וי"ל דלאו משום דר' אלעזר לא חשיב שם מעשר שני נאכל בכל מושבותיכם משום הואיל ולא העלהו לירושלים כמו שאין לומר הואיל ולא קרא לו שם מעשר: **רבי** יהודה אומר יקבר. טעמיה דר' יהודה משום דדריש כסף ראשון ולא כסף שני ולכך אינו נפדה לקוח טהור ברחוק מקום וה"ה שאין נפדה טמא בקרוב מקום דתרוייהו מחד קרא נפקי מלא תוכל שאתו ורבנן לא דרשי כסף ראשון ולא כסף שני וסברי דלקוח טהור נפדה ברחוק מקום וה"ה טמא בקרוב מקום וקשה לרשב"א דבריש איזהו מקומן (זבחים דף מט.) פריך ולא מליט שטפל חמור מן העיקר והרי מעשר הוא נפדה ולקוח אינו נפדה דתנן הלקוח שנטמא יפדה נטמא אין לא נטמא לא והיינו ברחוק מקום דכה"ג מעשר עצמו נפדה ובע"א לא הוי טפל חמור מן העיקר *אלמא לקוח לרבנן נמי אינו נפדה טהור ברחוק מקום ותירץ ר"י דהתם מיירי מדרבנן:

חלות תודה ורקיקי נזיר. נראה לר"י כפ"ה דמיירי שלא נשחט עליהם הזבח ולא הוקדשו דאי הוקדשו תיפוק ליה דבעינן מצתכם דגמרינן לעיל לחם לחם ועוד דקאמר למכור בשוק יוצאין בהן משמע דבלא הוקדשו מיירי וה"פ מצה המשתמרת לשם מצה יצאה זו שמשתמרת לשם זבח כשיקדישנה וכן שאין נאכלין אלא ליום אחד אקרא *דמשתמרת סמיך דבעינן שתהא נשמרת לשם שבעה והא דפריך ותיפוק ליה שאין נאכלין באנינות ושאין נאכלין בכל מושבות ה"פ שאין נעשה לאכול בכל מושבותיכם ולאכול באנינות והא דלא פריך שאין נעשה להיות מצתכם אלא לגבוה כיון דלא כתב בהדיא פסול דמצתכם לא שייך למיפרך הכי: וזאת

עין משפט נר מצוה

קנא א מיי' פ"ו מהל' מצה הלכה ח:

קנב ב מיי' פ"ח מהל' לולב הלכה ב:

קנג ג מיי' פ"ו מהל' מצה הל' ז טוש"ע א"ח סי' תנד סעיף ד:

קנד ד מיי' פ"ו מהל' מעשר שני הל' א:

קנה ה ו מיי' פ"ו מהל' מצה הלכה ט:

ז"ל כבר

[ועי' תוס' סוכה לה. ד"ה דלאי נעי]

מסורת הש"ס

[סוכ' כו: וש"נ]

סנהדרין קיב: [סוכה לה:]

[לעיל ו.]

[שם]

ב"מ דף נג: סנהדרין קיב. מ"ש פ"ג[מ"י] זבחים מט.

רבינו חננאל

וכן מצה של מעשר שני וכן אתרוג של מעשר שני אין יוצאין בהן ידי חובה ודייק מהא עיסה של מעשר שני פטורה מן החלה דברי ר' מאיר וחכמים אומרים חייבת ניפא מדבהא פליגי בהני נמי פליגי ודחי' דלמא לעולם לא פליגי ושאני הכא דכתיב עריסותיכם תרי זימני ואמרי' מדכתיב תרי זימני בעינן עיסה שלכם שתהיה שלכם ממש של חולין ולא של מעשר שני דהא אינו שלכם אלא חשוב הוא כשלמים שהן קדשים ותותרו לבעלים לאכלן בירושלים אבל אתרוג אע"ג דכתיב ולקחתם לכם למעוטי שאול וגזול הוא דאתא ולא למעוטי אתרוג של מעשר שני מצה נמי לא כתיב מצתכם ולחם לחם מחלה לא יליף: **בעי** ריש לקיש מהו שיוצא אדם בחלה של מעשר שני בירושלים אליבא דר' עקיבא דאמר אדם יוצא ידי חובתו במעשר שני בירושלים מי אמרינן בחולין דמעשר שני נפיק דאי מטמאי פריק להו לרבי אלעזר דאמר מנין למעשר שני שנטמא שפודין אותו ואפילו בירושלים שנאמר כי לא תוכל שאתו ואין שאת אלא אכילה שנאמר וישא משאת מאת פניו אלי' אבל חלה דאי מטמאי נשרפה לא נפיק בה או דלמא הואיל ואלו הוה מטמאי מקמי תקרי עלה שם חלה הוה נפיק בה השתא (הוה) [נמי] נפיק בה: **איכא** דאמרי הא נמי לא תבעי לך דבודאי אמרי' נפיק בה דאמרי' הואיל וכי לא נטמא נפיק בה כי נטמא נמי נפיק בה כי תיבעי לך בחלת לקוח כלומר קנה חטים מכסף מעשר שני ועשה מהן עיסה והוציא חלה ואליבא דרבנן דאמרי לקוח שנטמא יפדה לא תיבעי לך דבודאי נפיק והיינו מעשר כי תיבעי לך אליבא דר' יהודה דאמר יקבר דתנן במעשר שני פ' שלישי לקוח במעות מעשר שני שנטמא יפדה ר' יהודה אומר יקבר מאי מי אמרי' הואיל ואלו [לא] היה לקוח והואיל ולא היה קרא עליהן שם חלה הוה נפיק בחולין דמעשר שני השתא נמי נפיק או דלמא חד הואיל אמרי' תרי הואיל לא אמרינן אמר רבא מסתברא שם מעשר כלומר כיון שאומר הואיל במעשר לא שנא חד ולא שנא תרי: **וסוגיא** דשמעתין סלקא דאין קרוי לחם אלא האפוי בתנור אבל מעשה אילפס פטור מן החלה ואין מברכין עליו המוציא ואין אדם יוצא בהן ידי חובתו בפסח ואשכחן בתלמוד ארץ ישראל בחלה אמר ר' יוחנן ובלבד במעשה אילפס על ידי משקה והא דתאני יוצאין בסופגנין שנעשו על ידי האור מוקים לה ריש לקיש בשהאור מהלך עליהם מן הצד ובהאור מהלך על תחתיהן הרתיח ובסוף הדביק שלא על ידי משקה לחם קרי ליה. ירושלמי בתחלת חלה ר' שמואל בר נחמן שמע להון כלהון מן הדין קרא ושם חטה שורה ושעורה נסמן וגו' חטה כמשמעה שורה זו שבולת שועל ולמה נקרא שמה שורה שהיא עשויה כשורה ושעורה כמשמעה נסמן זה השיפון וכוסמת אלו כוסמין גבולתו עד כאן גבולתו של לחם וכו' למדין קבלה אמר ר' סימון מדברי מדכתיב (ישעיה כח כו) ויסרו למשפט אלהיו יורנו: **חלות** תודה ורקיקי נזיר עשאן לעצמו אין יוצא בהן מנא לן אמר רבא ושמרתם

גליון הש"ס

תוס' ד"ה רי"א כו' אלמא לקוח לרבנן ג"כ אינו נפדה. תמוה לי דלמאי צריך לזה טוכחה. הא מפורש כן בהך מתני' עצמה דקתני בסיפא א"ל לא אם אמרת במעשר שני עצמו שכן נפדה בריחוק מקום תאמר לקוח שאינו נפדה בטהור בריחוק מקום ומדהשיב כן לרבנן מוכחא דרבנן מודו לו בזה:

הגהות מהר"ב רנשבורג

[א] בתוס' ד"ה אתי' לחם וכו' ורשב"א תירץ דאיצטריך לעיל קרא להיכא שמה שיפרישים יהיה שלו. כ"ב עיין ש"ות שאגת ארי' דף פ"ה עמוד ד' דנייט שוטו נגד ש"ס דחולין דף קל"א ע"א שאפילו מעני שבישראל מוציאין את המעשר עני וצ"ע:

רבינו חננאל

ושמרתם את המצות מצה המשתמרת לשם מצה יצתה זו כו' דברי רבה ורב יוסף פשוטין הן התורה כתבה (ויקרא ז' ט"ו) ביום זבחכם יאכל וכן כל הלחם הקרב עמהואמרי' פשיטא דהא אין נאכלות באנינות ודחי' מתני' ר' עקיבא היא דאמר עני כתיב למעוטי מצה עשירהותיפוק לי' דחלות תודה על ידי משקה עשויות ושנינן רביעית שמן היא ומתחלק לכמה חלות: ברית הן הן הדברים שנאמרו למשה בסיני · כלומר ודאי ברית פג' נשבע לו בשבועה הן הן הדברים למשה בסיני אע"פ כן לאו טעמא בעיא : אמר רבא כל לשוק אימלוכי מימלך אי מזדבני מזדבני ואי לא אפיק בהו אנא ש"מ שכל הדברים המפורשים במשנה הלכה למשה מסיני הן ואע"פ שהן שנויין סתמא . ללישנא קמא ר' אליעזר אמר לר' אילעאי [ברית] הן הן הדברים וללישנא בתרא ר' יהושע עצמו הוא שאמר ברית הן הן הדברים :

גמרא

שמות יב °ושמרתם את המצות מצה המשתמרת לשם מצה יצתה זו שאין משתמרת לשם מצה אלא לשום זבח רב יוסף אמר אמר קרא °שבעת שם ימים מצות תאכלו מצה הנאכלת לשבעת ימים יצתה זו שאינה נאכלת לשבעת ימים אלא ליום ולילה תניא כוותיה דרבה ותניא כוותיה דרב יוסף תניא כוותיה דרבה יכול יצא ידי חובתו בחלות תודה ורקיקי נזיר תלמוד לומר ושמרתם את המצות מצה המשתמרת לשם מצה יצתה זו שאינה משתמרת לשם מצה אלא לשום זבח תניא כוותיה דרב יוסף יכול יצא אדם ידי חובתו בחלות תודה ורקיקי נזיר תלמוד לומר שבעת ימים מצות תאכלו מצה הנאכלת לשבעה יצתה זו שאינה נאכלת לשבעה אלא ליום ולילה ותיפוק ליה מלחם עוני *מי שנאכל באנינות יצא זה שאינו נאכל באנינות אלא בשמחה סבר לה כר' עקיבא דאמר עני כתיב ותיפוק ליה דהוה ליה מצה עשירה אמר שמואל בר רב יצחק רביעית היא ומתחלקת היא לכמה חלות ותיפוק ליה דאינן נאכלות בכל מושבות אמר ריש לקיש זאת אומרת חלות תודה ורקיקי נזיר נאכלין בנוב וגבעון *תניא אמר ר' אילעאי שאלתי את ר' אליעזר מהו שיצא אדם בחלות תודה ורקיקי נזיר אמר לי לא שמעתי באתי ושאלתי לפני ר' יהושע אמר לי הרי אמרו חלות תודה ורקיקי נזיר שעשאן לעצמו אין אדם יוצא בהן למכור בשוק יוצא בהן כשבאתי והרציתי דברים לפני ר' אליעזר אמר לי ברית הן הן הדברים שנאמרו לו למשה בסיני איכא דאמרי ברית הן הן הדברים שנאמרו לו למשה בסיני ולא טעמא בעיא וטעמא מאי אמר רבה כל לשוק אימלוכי מימלך אמר אי מזדבן מזדבן אי לא מזדבן איפוק בהו אנא :

מתני'

מסורת הש"ס: נ"ל דרבא · [לעיל לו.] · תוספתא דחלה פ"א · [דף עו.]

רשב"ם

ושמרתם את המצות עביד לה שמירה לשם מצה. כל שימור שאתה משמרה שלא תחמיץ התכוון לשם מצה של מצוה: יצאת כו'. דלאו לשם מצה של מצות פסח עביד לה אלא לשם מצה של זבח: שאינה נאכלת לשבעה. דלאחר יום ולילה הויא נותר כדכתיב (ויקרא ז) ובשר זבח תודת שלמיו ביום קרבנו וגו' והיכא דלא נשחט עליהן הזבח אע"ג דעכשיו יש לה היתר לשבעה מיהו כי עבדה לאו לשם מצה הראויה למצוה איתכוון דכי עבדה אדעתא לאיפסולי ביום ובלילה עבדה ולית ליה לרב יוסף הא דרשה (דרבא*) דבעינן שימור לשם מצוה ואההוא קרא סמיך ובהא פליג דאי נמי איכוין לה נמי לשימור מלת מצוה למיפק בה משום תודה ומשום מצה לא נפיק דבעי' שימור לשום מצה כל שבעה: ותיפוק ליה דאינה נאכלת לאונן. ולמה לי קרא אחרינא דכל קדשים אסורין לאונן ביבמות (דף עג:) אתיא לן בק"ו מה מעשר הקל אמרה תורה לא אכלתי באוני בשר קודש חמור לא כל שכן: סבר לה כרבי עקיבא דאמר'· לעיל (דף לו.) במצה של מעשר שני כפיק ואע"ג דאסור לאונן דלא דריש עוני לשון אוני אלא עני כמסורת: ותיפוק ליה. כיון דדריש עני הא לאו מצה עניה היא דהא נילושה בשמן: רביעית היא. חצי לוג שמן מביא לתודה וחולקו חציו לעשר חלות ועשר רקיקין וחציו לרבוכה במסכת מנחות בפרק שתי מדות (דף פט.) ובנזירות לא היתה רבוכה אלא חלות ורקיקין ולא היה מביא אלא רביעית כדאמרינן נמי התם הלכך רביעית שמן לעשרים חלות גדולות שנעשות משבע עשרונות פחות שליש עשרון שזה הוא שיעורן כדאמרינן התם בהתודה* אין כאן עושר: ותיפוק ליה דאינן נאכלות בכל מושבות. אלא בירושלים דמחילת קדשים קלים לפנים מן החומה כדכתיב (דברים יב) ואכלת לפני ה' וגו' וכל נדריך אשר תדור ואם יצאו נפסלין דכתיב (שמות כב) ובשר בשדה טרפה וגו' כיון שיצא בשר חוץ למחילתו נאסר: זאת אומרת. מדלא נפקא ליה מבכל מושבותיכם קסבר חלות תודה ורקיקי נזיר נאכלות בנוב וגבעון ודלא כר"ש דאמר בפ"ק דמגילה (דף ט:) דלא קרב בנוב וגבעון דהייט במה גדולה אלא פסחים וחובות הקבוע להן זמן אבל חובות שאין להן זמן קבוע לא ודלא כמ"ד בפרק בתרא דזבחים (דף קיז.) כאן וכאן במה גדולה דנוב וגבעון ובמה קטנה שהיה עושה בראשו גגו לא קרבו ליחיד אלא עולה ושלמים ועל אותן שקרבו בנוב וגבעון הוצרך להביא ראיה מושמרתם את המצות וממצות תאכלו וגו' דלא נפקי מבכל מושבותיכם דאית להו היתר בכל מושבות שהיו יכולין להוליכן בכל מקום שירצו בתוך זמן אכילתן דתנן בפרק בתרא דזבחים (דף קיב:) באו לנוב וגבעון הותרו הבמות קדשי קדשים נאכלין לפנים מן הקלעים קדשים קלים ומעשר שני בכל ערי ישראל עד שלא הוקם המשכן היו במות מותרות ועבודה בבכורות משהוקם המשכן עבודה בכהנים ונאסרו הבמות עברו את הירדן והוקבעו בגלגל ז' שכיבשו וז' שחילקו היו הבמות מותרות באו לשילה לאחר שחילקו והוקבע משכן שם נאסרו הבמות וכולהו מפרש מקראי בפרק בתרא דזבחים חרבה שילה בימי עלי כשנשבה הארון בארץ פלשתים באו להן לנוב ולא היה שם משכן אלא בית של אבנים היה והוקבע שם מזבח הנחשת אבל ארון לא היה שם שכשהחזירוהו פלשתים עמד בקרית יערים עשרים שנה עד שמלך דוד והביאו לציון ובציון עמד עד שבנה שלמה בית המקדש כדכתיב (מ"א ח) ויביאו הכהנים את ארון ברית ה' וגו' ומזבח הנחשת היה בנוב כל ימי שאול ושמואל כדכתיב (ש"א כא) ויאמר אין לחם חול אל תחת ידי כי אם לחם קודש [וגו'] המוסרים מלפני ה' חרבה נוב על דבר זה שהרגם שאול מפני שנתנו לחם לדוד ובאו להם לגבעון וניתן שם מזבח הנחשת עד שבנה שלמה הבית כדכתיב בדברי הימים (א כא) : ברית. שבועה : ואיכא דאמרי. בתמיה אמר ליה וכי הן הדברים כו' דלא בעי טעמא כהלכה למשה מסיני : וטעמא מאי. גמרא בעי לה וטעמא מאי שעשאן למכור בשוק לצורכי תודה יוצא בהן אם לא מכרן הרי לא נשתמרה לשם מצה אלא לשם זבח : איפוק בהו אנא. ידי חובת מצה :

מתני'

תוספות

זאת אומרת חלות תודה ורקיקי נזיר. פ"ה דלא אתי כר"ש דאמר בפ"ק דמגילה (דף ט:) לא קרבו אלא פסחים וחובות הקבוע להם זמן אבל שאין קבוע להם זמן לא וכפירושו משמע בפרק בתרא דזבחים (דף קיז.) דתניא התם כל הנידר ונידב קרב בבמה ושאין נידר וכו' דברי ר' מאיר וחכמים אומרים לא קרבו אלא עולות ושלמים בלבד רבי שמעון אומר אף ליבור לא הקריבו אלא חובות הקבוע להן זמן משמע דמודה ר' שמעון לחכמים דלא קרבו מנחה ונזירות בבמה וקשה דבפ"ק דמגילה (דף ט:) תנן אין בין במה גדולה לבמה קטנה אלא פסח זה הכלל כל שנידר ונידב קרב בבמה שאין נידר וכו' ואמר בגמרא מני ר"ש היא א"כ לר' שמעון קרבה מנחה בבמה דנידר ונידב הוא ונזירות נמי קרב לדידיה בבמה דהא ר"מ דקתני בהאי לישנא כל שנידר ונידב קרב בבמה וסבר רקיקי נזיר איכא בבמה דלאמר התם מאי טעמא דר"מ אמר קרא לא תעשון ככל אשר אנחנו עושים וגו' אמר להו משה כי עליתון לארץ ישראל הקריבו חובות לא תקריבו ומנחה ונזירות ישראל כינהו דנזירות גופייהו נידר ונידב הוא אע"ג דהקרבנות חובה ורבנן מפרש התם דסברי אין מנחה בבמה ונזירות אע"ג דנידר הוא מ"מ הקרבן חובה ונראה לר"י דה"פ דמתניתין דמגילה דאין חילוק בין במה גדולה לבמה קטנה אלא פסחים זה הכלל כל הנידר ונידב הקרב בבמה גדולה קרב בבמה קטנה וכל שאין נידר וכו' ולא נחית אלא לפרש מה ששוה הגדולה לקטנה אבל יש נידר ונידב כמו מנחה ונזירות שאינן קריבין לא בזו ולא בזו : נאכלים בנוב וגבעון. הקשה רבינו נסים א"כ היכי ממעט ביכורים מבכל מושבות והא ביכורים הוו חובה הקבוע להן בזמן שמחה דמעצרת עד החג מביא וקורא א"כ קריבים בנוב וגבעון כמו פסחים שהיו קריבים לכ"ע ויש לומר דביכורים הואיל ויש להם זמן גדול כל כך לא חשיב זמן קבוע ורשב"א מפרש דמשום הכי הוו ביכורים חובה שאין להן זמן קבוע כיון שאם אין לו פירות לא יביא ביכורים :

אלוותא

אות ד'

הלקוח בכסף מעשר שני שנטמא יפדה

רמב"ם פ"ז מהל' מעשר שני ה"א - פירות הנלקחות בכסף מעשר שני, אינן נפדין בריחוק מקום, אלא א"כ נטמאו באב הטומאה, אלא יעלו הן עצמן ויאכלו בירושלים.

רמב"ם פ"ז מהל' מעשר שני ה"ב - זה חומר בלקוח בכסף מעשר מפירות מעשר עצמן, ואם נטמא בולד הטומאה מדבריהם, יפדו ויאכלו בירושלים.

אות ה' – ו'

חלת תודה ורקיקי נזיר וכו'

אמר רבה דאמר קרא ושמרתם את המצות, מצה המשתמרת לשם מצה, יצתה זו שאין משתמרת לשם מצה אלא לשום זבח

רמב"ם פ"ו מהל' חמץ ומצה ה"ט - חלות תודה ורקיקי נזיר שעשה אותן לעצמו, אין יוצאין בהן, שנאמר: ושמרתם את המצות, מצה המשתמרת לענין מצה [ד]בלבד היא שיוצאין בה, אבל זו משתמרת לענין הזבח; ואם עשאן למכור בשוק, הרי זה יוצא בה ידי חובתו, שהעושה למכור בשוק דעתו, שאם לא ימכרו יאכל אותן, [ה]ונמצא בשעת עשייתן שמרן לשם מצה.

---

§ מסכת פסחים דף לח: §

אות א'[*א]

מצה המשתמרת לשם מצה, יצתה זו שאינה משתמרת לשם מצה

סימן תנ"ד ס"ב - [ב]עיסת הכלבים, בזמן שהרועים אוכלים ממנה - ר"ל אם דרכו של בעה"ב זה, להאכיל ממנה גם לרועיו הישראלים, א"כ כשלשה ואפה, הרי הוא מכוון שתהיה ג"כ לאכילת אדם, ובחזקת שימור לשם מצה קיימי, **יוצאים בה** - ואף דמסתמא מעורב בה מורסן ופסולת הרבה, כדרך עיסת הכלבים, אפ"ה יוצא בה.

ואם לאו - ר"ל שאין הרועים אוכלים, ולש ואופה רק לצורך הכלבים,

אין יוצאין בה - ובזה אפילו היתה פת נקיה אין יוצא בה, וכדמסיים טעמא, **שאין זו משומרת לשם מצה** - הלשון אינו מדוקדק, דבאמת כיון שלא חשב כלל לאכילת אדם, אין שם לחם עליו כלל, ואפילו לענין ברכת "המוציא", **אלא** משום דאיירי לענין פסח הוסיף עוד טעם, דמשום זה ג"כ אין יוצא בה, [דנקט כל פסולי דאית בה, חדא דאיננו לחם, וגם מלבד זה אינו משמר לשם מצה].

הגה: כך הם דברי הרמב"ם, אבל י"א הטעם, משום שאינו קרוי לחם כל זמן שאין הרועים אוכלים ממנו, וכן נראה עיקר (טור יו"ד סימן ש"ל ור"ש בפי' דמס' חלה) - הרב קיצר בזה, ותוכן כוונתו, דלהרמב"ם איירי בין בפת יפה בין בפת שמעורב בו מורסן הרבה, ועיקר חלוקא הוא אם חשב רק לכלבים, או גם לאכילת אדם, **ובא** הרב לומר, דיש בזה סברא אחרת, דלא תלוי כלל במחשבתו, דהיכא שמעורב בו מורסן הרבה, ואינו ראוי לרועים לאכול מזה, אין שם לחם עלה, ואפילו חשב להדיא גם לרועים, בטלה דעתו, דאין דרך בני אדם לאכול לחם כזה, **ולהיפוך** אם הפת יפה, אפילו עשאן לכלבים, דין לחם עלה לכל הדברים, [**והוא** שעשה בצורת שאר פת, אבל אם יש בה שינוי, שמינכר שהיא לכלבים, לא], **ורק** לענין מצה אין יוצאין בה, דאין משומר לשם מצה.

(**ולא** נתבאר כמה מיקרי מורסן מרובין, ומצאתי להרשב"א, ומתבאר מדבריו, דהשיעור של מורסן מרובין, כל שאין הרועה אוכל מחמתן את הפת, **ונראה** דדין זה לא תלי בטעם כעיקר, כההיא דסימן תנ"ג גבי אורז, דשאני התם דגם אורז הוא מין אוכל, ולהכי אם יש בו טעם דגן, ומכ"ש בשיעור אכילת פרס, יוצאין בו, ולכמה פוסקים אפי' בחדא כזית, **משא"כ** הכא, אפילו אכל ככר שלם אינו יוצא, דהסובין והמורסן מפסידין הפת, ועל ידם אינו ראוי לאכילה, **ולא** דמי נמי להא דסימן תנ"ה ס"ו, לענין תבלין דסגי בנתינת טעם, דשאני הכא דאין דרך בני אדם לאכול פת כזה, **ובפמ"ג** משמע, דגם בענינינו סגי באכילת פרס, ולענ"ד נראה כמו שכתבתי).

באר הגולה

ד ‹נ"ב ק"ק מידי בלבד כתיב, ועיין רש"י {סוף ד"ה שאינה נאכלת} - בן אריה› ה ‹ואע"ג דא"כ באנו לדין ברירה, לומר אח"כ הוברר הדבר שנעשה לשם מצה {בלבד}, ובדאורייתא אין ברירה, י"ל דאין זה כברירה דעלמא, דהוא אפאן לשם מצוה, ואח"כ נתברר הדבר לאיזה מצוה נעשה - ערוה"ש› א ‹ע"פ הגר"א. **וז"ל** הפר"ח: וכדעת הרמב"ם, וראיה מהא דאמרינן בפרק כל שעה, חלות תודה ורקיקי נזיר, עשאן לעצמו אינו יוצא בהן, דאמר קרא: ושמרתם את המצות, מצה המשתמרת לשם מצה, יצתה זו שאינה משתמרת לשם מצה אלא לשם זבח, וכל שכן עיסה זו שאין משתמרת לשם מצה אלא לשם כלבים, **והר"ש** שפירש דעיסת כלבים הוי שעירב בה מורסן, ופעמים שמתערב כל כך דלא חזיא לרועים, לא פליג אהא דכתיבנא, ולעולם בעינן שיהא ראויה לרועים ושיהא משתמר לשם מצה› ב **הרמב"ם לפי פירושו, שהעיסה הנעשית לכלבים ושלא יאכל ממנה שום אדם, אינה חייבת בחלה, ואינה לחם גם לענין חובת מצה בפסח**

§ מסכת פסחים דף לט. §

אות א׳ - ב׳

ואלו ירקות שאדם יוצא בהן ידי חובתו בפסח וכו׳

מצוה בחזרת

סימן תעג ס״ה - [א]אלו ירקות שיוצאין בהם ידי חובתו - ר״ל ידי מצות מרור, לקיים מה דכתיב: על מצות ומרורים יאכלוהו, **ועכשיו** שאין לנו פסח, מצות מרור אינו אלא מדרבנן.

חזרת, [ב]עולשין, תמכא, חרחבינא, (פירוש מיני עשבים מרים) - אכולהו קאי, ומשום שאין אנו יודעין בבירור איזה הם בלשוננו, לכך כתב בדרך כלל אכולהו שהם מינים מרים, **וכתבו** אחרונים, שתמכא הוא חריי״ן בלשוננו, **ועל** חזרת כתב הח״י וכן הח״צ, שהוא מה שאנו קורין שאלאטי״ן.

מרור - הוא ג״כ מין ירק מר, הידוע להם בשם מרור, על שם שהוא מר ביותר, [גמרא].

ויוצאים בעלין שלהם ובקלחן, [ג]אבל לא בשורש - פי׳ שרשים קטנים המתפצלים לכאן ולכאן בתחתיתו או בצדדיו, **אבל** שורש הגדול שבו עומד הירק, הוא הקלח.

[ד]אלא שבעלין אין יוצאין אלא אם כן הם לחים, ובקלחים יוצאים בין לחים בין יבשים - דעלין יבשים אין בהם טעם מרור, והרי הם כעפרא בעלמא, **משא״כ** בקלח, דמתוך שהוא עב, אפילו הוא יבש אינו מפסיד טעמו, [רש״י].

ועלין כמושין, י״א שיוצאין בהן, ויש שמחמירין אפילו בכמושין.

ודע, דיוצאין בעלין אף לכתחלה, והנה ראיתי כמה אנשים חלושים שדוחקין עצמן לקיים מצות מרור בקלחין, ולא אדע למה לא יקחו העלין למצוה, **ואולי** מפני שמצוי בהן יבשין וכמושין, **אכן** אם הם לחים אין להחמיר בזה כלל וכלל, [**עיין** במ״א וט״ז, שלדעתם נכון יותר לצאת בעלין, ע״ש טעמייהו. ‹**מדקאמר** במשנה ויוצאין בקלח שלהם, אלמא דעלין עדיפא – מ״א. **כי** יוכל לאכול בטוב כזית ממנו, כי אינו מצער כ״כ כמו הקלח שיש לו כח יותר – ט״ז›.

[ה]אבל לא כבושים - [ו]היינו אם שרה אותן במים מעל״ע, **וי״א** דדוקא אם כבשן בחומץ, **וע״כ** לכתחלה יש ליזהר שלא לשרות החריי״ן במים מעל״ע, **ובדיעבד** יש לסמוך להקל כשאין לו אחרים, משום דבחריי״ן הרי חזינן שעדיין יש בו טעם מרור, **ונ״ל** דבעלין אין להקל, דאפשר דבהו יוצא טעם מרור ע״י כבישה מעל״ע במים.

ולא שלוקים - מבושל הרבה, **ולא מבושלים** - כדרך בישול, [רש״י], וכולהו מפני שאין בהם טעם מרור עי״ז, [גמרא] ‹ברכות ל״ח:›.

וכולם מצטרפים לכזית, שהוא השיעור שלהם - ר״ל כל חמשה מינים הנ״ל, ולא אמרינן כיון דכל ירק יש לו בודאי טעם מר בפני עצמו, לא מצטרפי, דטעמיה דחד מיבטיל בחבריה, קמ״ל כיון דעכ״פ יש לכולם טעם מרירות, מצטרפין.

כזית - הוא כשיעור חצי ביצה, ואם מקיים המצוה בעלין, יראה לדחוק אותם ביחד, דהריוח שבין העלים לא מצטרפי לכזית, **ויש** ליזהר בזה, דאל״כ הוי ברכה לבטלה, כיון שמברך על אכילה, ואכילה בכזית משמע, **וגם** אינו מקיים בזה מצות מרור.

[ז]ועיקר המצוה בחזרת - שהוא זכר לשעבוד מצרים, שהיה תחלתו רך ולבסוף קשה, וכן הוא ג״כ טבע חזרת, שתחלה [ח]מתוק וסופה מר, [גמרא], **וכתבו** האחרונים, דאפי׳ הוא ביוקר קצת יותר משאר מרור, ג״כ נכון להדר אחריו.

אכן כתבו, שבמין חזרת (היינו שאלאטי״ן) מצוי מאוד בימי פסח תולעים קטנים שאינם ניכרים לחלושי עין, **ע״כ** מי שאין לו אנשים מיוחדים בעלי יראה שיבדקנו כראוי, טוב יותר ליקח תמכא שקורין חריי״ן, אף שהוא שלישי לפי הסדר שהם שנויים, **כי** חלילה להכשל בלאו משום קיום עשה דרבנן, ובפרט שאפשר לקיים שניהם ע״י תמכא.

ואם אין לו חזרת, [ט]יחזור אחר ראשון ראשון, כפי הסדר שהם שנויים - ומי שהוא חולה או איסטניס, מותר לו ליקח מאיזה מין שערב עליו ביותר, וגם יאכל הכזית מעט מעט בכדי שיעור אכילת פרס, דמעיקר הדין יוצא בזה, [**אף** דמצוה מן המובחר לאכול כשהוא מרוסק בבת אחת, מ״מ באדם חלוש בודאי נכון לעשות כמש״כ], **ואם** גם זה א״א לו מפני בריאותו, עכ״פ יאכל מעט, או ילעוס בפיו, לזכר טעם מרירות, אך לא יברך ע״ז, [**אבל** אם אינו נוגע לו לבריאותו, ראוי לו לדחוק עצמו בכל יכלתו אף שקשה לו, כדי לקיים מצות חז״ל].

והנה במדינותינו אין שאר המינים מצויים, וע״כ המרור הנהוג במדינתנו לאכול הוא תמכא (והוא חריי״ן), **ויש** ליזהר שלא לאכול אותו כשהוא שלם, שכמעט הוא סכנה ואין בו מצוה, שמחמת חריפותו הוא מזיק גדול, ולכן צריך לפררו על ריב אייזי״ן, ולהעמידו כך מגולה, ואז מפיג חריפותו, **והגר״א** הנהיג שלא לפרר אותו קודם ביאתו מביהכ״נ, כדי שלא יפיג הטעם, דאז אינו יוצא בו, אלא יפרר אותו אחר ביאתו, ויכסנו עד התחלת הסדר, (**וכשחל** פסח בשבת, יפרר אותו מבע״י, ויניח בכלי ויכסנו עד התחלת הסדר), **ואז** יפזר אותו על קערה, ועי״ז יפיג חריפותו, ואז ימעך אותו וישער שיהיה כזית, ויכול לאכלו בטוב.

‹המשך ההלכות בעמוד הבא›

באר הגולה

[א] **משנה שם** [ב] ‹כן הוא הסדר ברי״ף ורא״ש ודקדוקי סופרים, וכסדר הזה פירש בגמ׳ – הערות לפסקי רי״ד› [ג] **הגהות מיימוני בשם ר״ת וסמ״ג** [ד] **שם בגמרא** ‹עמוד ב׳› [ה] **שם במשנה** [ו] ‹פירש״י בחומץ, ונ״ל דאזיל לשיטתיה (דס״ל גם לענין איסור, דלא מיקרי כבוש ע״י מים אלא ע״י חומץ), אבל אנן ק״ל דדבר השרוי במים מעל״ע הוי כבוש והוי כמבושל, א״כ אם שרה המרור במים מעל״ע, אין יוצאין בו, דנתבטל מרירתו – מ״א› [ז] **שם בגמרא** [ח] ‹בגמ׳ קאמר: שתחילתו רך וסופו קשה, ופי׳ רש״י שמתקשה כעץ, ולא אמר כלום בענין מרירות› [ט] **הגהות מיימוני**

מתני' *ואלו ירקות שאדם יוצא בהן ידי חובתו בפסח בחזרת בתמכא ובתרחבינא ובעולשין ובמרור *יוצאין בהן בין לחין בין יבשין אבל לא כבושין ולא שלוקין ולא מבושלין ומצטרפין לכזית ויוצאין בקלח שלהן ובדמאי ובמעשר ראשון שנטלה תרומתו ומעשר שני והקדש שנפדו: **גמ'** חזרת חסא עולשין הינדבי תמכא אמר רבה בר בר חנה תמכתא שמה תרחבינא אמר רשב"ל אצוותא דדיקלא ובמרור מרירתא תני בר קפרא אלו ירקות שאדם יוצא בהן ידי חובתו בפסח בעולשין ובתמכא בתרחלין בתרחבינין ובחזרין רב יהודה אומר אף עולשי שדה ועולשי גינה וחזרת עולשי גינה וחזרת הא תנא לה רישא הכי קאמר אף עולשי שדה כעולשי גינה וחזרת רבי מאיר אומר אף עסווס וטורא ומר ירואר א"ל ר' יוסי עסווס וטורא *אחד הוא ומר זה הוא ירואר תני דבי (ר') שמואל אלו ירקות שאדם יוצא בהן ידי חובתו בפסח בחזרת בעולשין ובתמכא ובחרבינין ובחרגינין ובהרדופנין ר' יהודה אומר אף חזרת יולין וחזרת גלין כיוצא בהן *ר' אילעא אומר משום ר"א אף ערקבלים וחזרתי על כל תלמידיו ובקשתי לי חבר ולא מצאתי וכשבאתי לפני ר"א בן יעקב הודה לדברי *ר' יהודה אומר כל שיש לו שרף ר' יוחנן בן ברוקה אומר כל שפניו מכסיפין אחרים אומרים [כל] ירק מר יש לו שרף ופניו מכסיפין א"ר יוחנן מדברי כולן נלמד ירק מר יש לו שרף ופניו מכסיפין אמר רב הונא הלכה כאחרים רבינא אשכחיה לרב אחא בריה דרבא דהוה מהדר *אמירתא א"ל מאי דעתיך דמרירן טפי והא חזרת תנן ותנא דבי שמואל חזרת וא"ר אושעיא מצוה בחזרת ואמר רבא מאי חזרת חסא מאי חסא דחס רחמנא עילוון ואמר ר' שמואל בר נחמני א"ר יונתן למה נמשלו מצריים במרור לומר לך מה מרור זה שתחילתו רך וסופו קשה אף מצריים תחילתן רכה וסופן קשה א"ל הדרי בי א"ל רב רחומי לאביי ממאי דהאי מרור מין ירק הוא אימא מרירתא דכופיא דומיא דמצה מה מצה גידולי קרקע אף מרור גידולי קרקע ואימא הירדוף דומיא דמצה מה מצה מין זרעים אף מרור מין זרעים ואימא הרזיפו דומיא דמצה מה מצה שניקחת בכסף מעשר אף מרור שניקח בכסף מעשר א"ל רבה בר רב חנין לאביי אימא מרור חד מרורים כתיב ואימא מרורים תרי דומיא דמצה מה מצה מינין הרבה אף מרור מינין הרבה אמר רבה בר רב הונא אמר רב ירקות שאמרו חכמים שאדם יוצא בהן ידי חובתו בפסח כולן נזרעין בערוגה אחת למימרא דלית בהו משום כלאים מתיב רבא *חזרת וחזרת גלין עולשין ועולשי שדה כרישין וכרישי שדה כוסבר וכוסבר שדה חרדל וחרדל מצרי ודלעת המצרי והרמוצה אינם כלאים זה בזה חזרת וחזרת גלין אין חזרת ועולשין לא וכי תימא כולהו בהדדי קתני להו והא אמר רב זוגות זוגות קתני מאי נזרעין דאמר רב נזרעין כהלכתן תנינא ערוגה

רש"י

מתני' אלו ירקות שאדם יוצא בהן ידי חובתו בחזרת ובתמכא ובעולשי' ובתרחבינא ובמרור. כולהו מפרש בגמ': **כבושין**. בחומץ: **שלוקין**. מבושלין הרבה אחר עד שנימוחין: **מבושלין**. כדרך בישול: **ומצטרפין לכזית**. אם אין לו מאחד מהן כזית אבל יש לו מזה חצי זית ומזה חצי זית מצטרפין זה עם זה כדי לצאת ידי חובתו: **ובדמאי ובמעשר ראשון כו'**. אבל בטבל לא ואף על גב דמעשר ירק דרבנן היא לה מצוה הבאה בעבירה דומיא דעלין שאינו נקוב דאמרן בפירקין*: **גמ' חסא**. ליטוגא: **הינדבי**. עשב שקורין קריספל"א: **תמכתא**. מרוביי"א: **אצוותא דדיקלא**. סיב הגדל ונכרך סביב לדקל שקורין ווידיל"א: **מרירתא**. אמירפויי"ל והיא טופרן: **תרחלין**. לא איתפרש שמו: **ובחזרין**. חזרת: **עולשי שדה**. אע"ג דיש להן שם לווי הרי הן כעולשי גינה: **עסווס וטורא ומר ירואר**. מיני ירקות: **הירדופנין**. יש מפרשין אלויינ"א: **חזרת גלים**. שם לווי הוא: **ערקבלין**. מפרש בסוף פ' שני דעירובין *אצוותא חרזייתא הוא סיב גדול ועב ומין לעצמו הוא: **וחזרתי על כל תלמידיו**. של ר' אליעזר ובקשתי לי חבר לסייעני ששמע דבר זה מפיו ולא מצאתי: **שרף**. *כשסוחטין אותו במקום חיתוכו יוצא ממנו שרף לבן כחלב וקורין לייטו"ן: **מכסיפין**. אינו ירק אחד כברתי אלא פלדש: **כל ירק מר**. תרווייהו אית ליה יש לו שרף ופניו מכסיפין והן הן סימני מרור: **מדברי כולן**. כל המפרשין שמות הירקות כגון מתני' ותנא דבר קפרא ורבי יהודה ור' מאיר ותנא דבי שמואל מכולן למדנו שהמרור יש לו שרף ופניו מכסיפין שבכל הירקות הללו רואין אנו בהן הסימנין הללו: **אמירתא**. טופרן: **והא**. אנן רישא דכולהו חזרת תנן: **ותנא דבי שמואל**. נמי חזרת תנא ברישא אלמא היא קדמי לכולהו: **מצוה בחזרת**. כדמפרש טעמא כדרבא ור' יונתן: **מאי חסא**. מאי טעמא קרינן ליה חסא משום דזכר הוא דחס רחמנא עלן אלמא להכי קיימא: **למה נמשלו במרור**. דכתיב (שמות א) וימררו את חייהם: **תחילה רכה**. בתחילה כשנשתעבדו להן ע"י שכר שהיו שוכרין אותן: **מרור סופו קשה**. הקלח שלו מתקשה כעץ: **הדרי בי**. לא אוסיף עוד: **מרירתא דכופיא**. מרה של דג ששמו כן: **כי מצה**. שהרי הוקשו: **הירדוף**. עץ שהמתיק בו משה את מי מרה ואמרינן (נסוטה) (מכילתא פרשת בשלח) נס בתוך נס שהוא היה מר והוא הירדוף: **הרזיפו**. מין זרע וסם המות לבהמה הוא: הרזיפו אינו ניקח בכסף מעשר דאינו פרי מאכל ואנן אוכלא בעינן דומיא דיין ושכר ובקר וצאן כדכתיב (דברים יד) ונתתה הכסף בכל אשר תאוה נפשך וגו': **ואימא מרור חד**. מינא הוא מהנך ירקות ולאו כל הני אלא מר שבכולן: **כרישין**. כרתי כרישין של גינה: **כרשי שדה**. שלוויי"ש: **והרמוצה**. מין דלעת הוא ובמסכת נדרים (דף נא·) מפ' קרא קרקוזאי: **אינן כלאים זה בזה**. אע"ג שיש שם לווי לאחד אינו כלאים בחבירו: **חזרת בחזרת גלין**. וכן עולשין בעולשי השדה (זוגות זוגות כמו שהן שנויין): **וכי תימא כולהו בהדדי קתני**. דבכל הני קאמר דאינן כלאים זה בזה חזרת עולשין וכרישין: **זוגות זוגות**. חזרת וחזרת גלין או עולשין ועולשי שדה וכן כולן שנינו דאין כלאים זה בזה אבל חזרת בעולשין לא: **מאי**. כולן נזרעין בערוגה אחת דאמר רב לעיל נזרעין כהלכתן קא אמר כדי שלא ייניקו זה מזה כגון חמשה זרעונין בערוגה של ששה על ששה טפחים כדתנן במסכת שבת (דף פד:) אבל

תוספות

אצוותא דדיקלא. נ"ל דהוי מין זרעים דהא לקמן אמרינן מה מצה מין זרעים אף מרור מין זרעים*:

ואימא הירדוף כי מצה וכו'. בפ' לולב הגזול (סוכה דף לב:) פריך גבי הדס ואימא הירדוף אמר אביי דרכי' דרכי נועם ופ"ה דלא הוי נועם כיון דהוי סם המות לבהמה הכא נמי ה"מ לשנויי הכי אלא דמשני שפיר טפי אבל קשה לרשב"א דלעיל אמר דהירדופני כשר למרור ובפרק אלו טרפות (חולין דף נח:) משמע דהוי סם המות לבהמה דאמר בהמה שאכלה הירדופני כשירה ופריך היינו הירדפוני היינו סם המות ומשני תרי גווני סם המות:

רבינו חננאל

מתני' אלו ירקות שאדם יוצא בהן ידי חובתו וכו' חזרת חסא עולשין הנדבי תמכה כך שמה תרחבינא אצוא דדיקלא ומרור מרריאתא: אמר רבי יוחנן מדברי כולן נלמוד ירק מר יש לו שרף ופניו מכסיפין אמר רב הונא הלכה כאחרים דאמרי ירק מר ופניו מכסיפין ויש לו שרף והוא מרור רב אחא בריה דרבא הוה מהדר אמרריתא דברא אמר ליה רבינא מאי דעתיך דמרירן טפי והא אנן חזרת תנן וכן תאני בר קפרא ור' שמואל חזרת ואמר ר' אושעיא מצות בחזרת וכו' אמר ליה (אמרי בי) [הדרי בי] ש"מ דכולי עלמא מצות בחזרת דהיא חסא: אימא מררתא דכופיא יש מי שאמר חסרה של בהמה ויש מי שאמר מרה של דג ששמו כופיא והיא שיבוטא והוא קולים האספנין ודחי' בעינן מרור גידולי קרקע כמצה דהא הקישו הכתוב (במדבר ט י"א) על מצות ומרורים פי' הרדוף הרדופא ואסיקנא מרורים כתיב מינין הרבה: אמר רבה בר רב הונא אמר רב ירקות ששינו כגון חזרת ועולשין ותמכה וחרחבינה וכיוצא בהן שאדם יוצא בהן ידי חובתו בפסח משום מרור כולן נזרעין בערוגה אחת דוקינן מינה כי אלו כולן מין אחד הן ואין בהן משום כלאים ומותיב רבא עליה חזרת וחזרת גלין עולשין ועולשין שדה כרישין כו' ואמרינן בסופה כולן נזרעין בערוגה אחת ודייקי' דוקא חזרת וחזרת גלין דתרווייהו מין חזרת נינהו הני הוא דליתנהו כלאים בהדי הדדי הא חזרת ועולשין אע"ג דתרווייהו מין מרור אינון כלאים הוו וכי תימא הכי קתני כל מין חזרת וכל מין עולשין וכל מין כרישין וכל מין כוסבר וכל מין חרדל וכל מין דלעת אלו כולן ביחד נזרעין בערוגה והא רב הוא דאמר זוגות זוגות שנינו כלומר חזרת וחזרת גלין הנה זוג עולשין ועולשי שדה זוג אחד כרישין וכרישי שדה זוג אחד כי האי גונא זוגות זוגות בפני עצמן אינן כלאים הא כולהו בהדדי כלאים נינהו ושני' מאי נזרעין דקאמר רבה בר רב הונא כהלכתן כלומר אם בא לזרען בערוגה אחת נותן לכל אחד כדי עבודתו שלא יהא זרע אחד יונק מגבול חברו ואמרינן הא פשיטא מתני' היא

עין משפט נר מצוה

קנו א ב מיי' פ"ז מהל' מצה הלכה יג סמג עשין מא טוש"ע א"ח סי' תעג סעיף ה:

קנז ג מיי' פ"ג מהל' כלאים הלכה ג סמג לאוין רפט טוש"ע י"ד סי' רצז סעיף יד:

מסורת הש"ס

[לעיל דף לה:] [ברכות לט:] [וע"ע תוס' סוכה לב: ד"ה כשר ועוד בס תוס' יג. ד"ה אפקותא] [דף כו: וע"ש בפרש"י ול"ש קלה] נ"ל כשתותכין ס"א חד הוא ומר זה הוא ירואר רב"ל עירובין כג. [תוספתא פ"ב ע"ש] [עי' תוס' סוכה יג: ד"ה מרריתא' ותוס' חולין נט. ד"ה עיקרא] כלאים פרק א. [מ"ב] מרא"ה אם מ"ז

עין משפט
נר מצוה

קנח א מיי' פ"ד מהל' כלאים הלכה ט טוש"ע י"ד סי' רצז סעיף לד:
קנט ב מיי' שם הלכה יג טוש"ע שם סעיף לז:
קס ג מיי' פ"ז מהלכות מצה הלכה יג סמג עשין מא טוש"ע א"ח סי' תעג סעיף ה:
קסא ד מיי' פ"ה מהל' חמץ הלכה יז סמג לאוין עה טוש"ע א"ח סי' תסד סעיף ג וסי' תסה סעיף א:
קסב ה מיי' שם הל' יט טוש"ע שם סעי' ב:
קסג ו מיי' וסמג שם טוש"ע א"ח סי' תסו סעיף א:
קסד ז ח מיי' שם הל' י טוש"ע שם סעיף ו:
קסה ט מיי' שם הלכה ד טוש"ע א"ח סי' תסג סעיף ב:
קסו י מיי' שם הל' ה טוש"ע שם סעי' ג:

ערוגה בת ו' טפחים זורעין לתוכה ה' זרעים. וא"ת הואיל ורחוק ג' טפחים לא יינקי מהדדי דהא אמצעית אינה רחוקה מן האחרות אלא ג' טפחים דבפרק ר' עקיבא (שבת דף פה.) משמע דד' מארבע רוחות הערוגה לא בקרנות אלא באמצע הרוחות א"כ יזרע לתוכה ט' זרעים ג' שורות של ג' ג' ויהא רחוקים זה מזה ג' טפחים ואומר ר"י דהכא אינה משום יניקה אלא משום עירבוב לאחר שיהיו גדולים ולא רצו חכמים להתיר יותר ודקדק דאפי' חמשה לא היו מתירים אי לאו דנפקא לן בשבת בפרק ר' עקיבא (ג"ש שם) בהדיא מקרא אע"ג דקים להו לרבנן דחמשה בשיבא לא יינקי והיינו משום דאיכא למיחש לערבוביא ואם תאמר והיך זורעים בתוכה חמשה זרעונים והא אין רחוק זה מזה שלשה טפחים דהא איכא מקום זריעה ומירך ר"ת דטפחים של כלאים שוחקות כדמוכח בריש עירובין (דף ד:) ור"י אומר דגמירי דבהכי לא יינקי אע"פ שיש מקום זרעים:

לא שלוקין ולא מבושלין. משמע דשליקה הוי טפי מבישול דאי לאו הכי הוי זו ואין צריך לומר זו וכן משמע בכמה דוכתין והא דתנן בפרק ג' מינים (נזיר דף מה:) היה מבשל השלמים או שולקן אע"ג דשליקה הוי טפי מבישול לא הוי התם זו ואין צ"ל זו דקמ"ל דבשליקה אינו יוצא מתורת בישול: ה"נ

[ועי' תוס' זבחים נ: ד"ה ללויין ועי' כתב"י ור"ן ורא"ש נדרים מט. ד"ה הנודר]:

*ערוגה שהיא ששה על ששה טפחים זורעין בתוכה חמשה זרעונין ארבע על ארבע רוחות הערוגה ואחת באמצע מהו דתימא הני מילי בזרעין אבל בירקות לא קמ"ל למימרא דירקות אלימא מזרעים *והתנן 'כל מיני זרעים אין זורעין בערוגה אחת כל מיני ירקות זורעין בערוגה אחת מהו דתימא הני מרור מין זרעים נינהו קמ"ל זרעים סלקא דעתך והא תנן ירקות ותני בר קפרא ירקות ותני דבי שמואל ירקות חזרת איצטריכא ליה ס"ד אמינא הואיל וסופה להקשות ניתיב לה רווחא טפי לאו א"ר יוסי בר' חנינא קלח של כרוב שהוקשה מרחיבין לו בית רובע אלמא כיון דסופו להקשות יהבינן ליה רווחא טפי ה"נ ניתיב לה רווחא טפי קמ"ל: יוצאין בהן בין לחין בין יבשין כו': א"ר חסדא 'לא שנו אלא בקלח אבל בעלין לחין אין יבשין לא והא מדקתני סיפא בקלח שלהן מכלל דרישא עלין פרושי קא מפרש כי קתני בין לחין בין יבשין אקלח מיתיבי *יוצאין בהן ובקלח שלהן בין לחין בין יבשין דברי ר' מאיר וחכ"א לחין יוצאין בהן יבשין אין יוצאין בהן ושוין שיוצאין בהן כמושין אבל לא כבושין ולא שלוקין ולא מבושלין כללו של דבר כל שיש בו טעם מרור יוצאין בו וכל שאין בו טעם מרור אין יוצאין בו תרגומא אקלח ת"ר אין יוצאין בהן כמושין משום ר"א בר' צדוק אמרו יוצאין בהן כמושין בעי רמי בר חמא מהו שיצא אדם ידי חובתו במרור של מעשר שני בירושלים אליבא דר' עקיבא *לא תיבעי לך השתא במצה דאורייתא נפיק במרור דרבנן מיבעי' כי תיבעי לך אליבא דר' יוסי הגלילי *מאי במצה דאורייתא הוא דלא נפיק אבל מרור דרבנן נפיק או דילמא *כל דתקינו רבנן כעין דאורייתא תקון אמר רבא מסתברא מצה ומרור: **מתני'** 'אין שורין את המורסן לתרנגולים אבל חולטין 'האשה לא תשרה את המורסן שתוליך בידה למרחץ אבל שפה היא בבשרה יבש *לא ילעוס אדם חיטין ויניח על מכתו* מפני שהן מחמיצות: **גמ'** תנו רבנן אלו דברים שאין באין לידי חימוץ האפוי והמבושל וחלוט שחלטו ברותחין מבושל אדמבשל ליה מחמע אמר רב פפא א) האפוי שבישלו קאמר תניא רבי יוסי ברבי יהודה אומר 'קמח שנפל לתוכו דלף אפילו כל היום כולו אינו בא לידי חימוץ אמר רב פפא *והוא *דעביד טיף להדי טיף אמרי דבי ר' שילא ותיקא שרי והתניא ותיקא אסור לא קשיא ההא דעבדיה במישחא ומילחא הא דעבדיה במיא ומילחא אמר מר זוטרא 'לא לימחי איניש קדרא בקמחא דאבישנא דילמא לא בשיל שפיר ואתי לידי חימוץ אמר רב יוסף לא ליהלוט איניש תרי

אבל בירקות לא. דירקות יונקי טפי: **למימרא דירקות אלימא.** לינק טפי מזרעים דאיצטריך ליה למימר דאף ירקות זורעין חמשה מינין בערוגה של ששה: **כל מיני זרעים אין זורעין בערוגה אחת.** אפילו בשיעור הזה משום דינקי טפי והא דתנן זורעין בתוכה חמשה זרעונין בירקות קאמר דזרעונים כהלכתן: **מהו דתימא הני דמרור מין זרעים נינהו.** ולא יזרעו בערוגה אחת קמשמע לן רב דמין ירקות נינהו ונזרעים: **זרעים סלקא דעתך.** הכי תיסק אדעתין דזרעים נינהו והא כולהו תנהו ירקות קרי להו: **חזרת איצטריכא ליה.** לאשמועינן דנזרעת כשאר ירקות בערוגה עם ארבעה זרעונין: **להקשות.** קלח שלה נעשה עב: **מרחיבין לו.** מקום עד בית רובע שלא יזרעו אצלו מין אחר: **בית רובע.** מקום זריעת רובע הקב אלא המשכן היה שיעור לבית סאתים וכל בית כור ובית סאה ובית רובע שבגמרא לפי אותו חשבון: **לא שנו.** דיבשים יש טעם מרור אלא קלח לפי שמתוך שהוא עב אינו מתייבש שיפסיד טעמו אבל עלין יבשין הרי הן כעפר בעלמא: **מכלל דרישא בעלין.** קא פסיק ותנא בהו בין לחים בין יבשים: **כמושין.** פלאשטר"ו בלע"ז: **כללו של דבר כו'.** קתני מיהא בדר' מאיר יוצאין בהן ובקלחין שלהן בין לחין בין יבשין ומתני' נמי מדמכשר ביבשים רבי מאיר היא ושמע מינה בעלין נמי אכשר: **תרגומא.** להא דקתני בדר' מאיר יבשין אקלח קאמר: **במעשר שני.** דמעשר דידיה דאורייתא ואיכא למיפסלה משום דאין לה היתר במושבות דקאמר ר"ע דנפיק הואיל ולא ממעיט פריך לה ולא לה היתר: **מרור.** דמעשר ירק מדרבנן הוא ומדאורייתא אית ליה היתר במושבות מיבעיא: **כעין דאורייתא תקון.** ואין לו היתר במושבות ומרור איתקש למצה מה מצה בעינן נאכלת בכל מושבות אף מרור נמי בעינן יש לו היתר ליאכל אחריה. מצה בזמן הזה דלאורייתא ומרור מדרבנן בפרק בתרא (דף קכ.) וזה שמעתי מי מסקי מעשר שני לירושלים ולי למאן דאמר קדושה ראשונה קידשה לשעתה וקידשה לעתיד לבוא בהדיא איבעי ליה לפרושי בזמן הזה: **מצה ומרור.** הוקשו יחד וכי היכי דמצה יש עליה שם מעשר שני ולא נפיק ביה אף מרור נמי שיש עליה שם מעשר שני לא נפיק ביה: **מתני' חולטין.** ברותחין שאין מניחין אותו להחמיץ: **לא תשרה המורסן.** לשוף בה בשרה מפני שמחמיץ בשרייתו: **אבל שפה היא.** מורסן יבש בבשרה ואע"פ שמים טופחין על בשרה: **לא ילעוס.** לא יכוס: **גמ' האפוי.** לאחר שנאפה כל מה ששורייהו במים אינו מחמיץ: **אדמבשל ליה מחמע.** בעוד שהמים פושרים קודם שירתיחו הוא מחמיץ ובדשדי ליה לתוך רותחין ליכא לאוקומה דהא בהדיא תני לה וחלוט שחלטו ברותחין: **אפוי שבשלו.** כלומר אפוי אפילו הוא מבשלו לאחר אפייה אינו מחמיץ: **דלף.** מן הגג: **אינו בא לידי חימוץ.** שטירוד הדלף הנופל תמיד אינו מניחו להחמיץ: **טיף להדי טיף.** שנופלין טיפה אחר טיפה סמוך ותכף ואין שהות בינתים: **ותיקא.** מאכל קמח: **מישחא ומילחא.** בקימחא שרי דמי פירות אין מחמיצין: **לא לימחי איניש קדרא.** שמעבין תבשיל הקדירה על ידי שממחין קמח לתוכו ואפילו בקמחא דאבישונא שנתייבשה וניקלית בתנור כשהיא לחה עושין אותה קלי בתנור והרי היא כאפויה אפילו הכי לא ליעביד: **דילמא לא בשיל שפיר.** לא נעשית קלי כל צורכה בתנור ומחמצת בתבשיל וכשהוא טורפה בקערה היא מחמצת (ועוד) שאין דרך נתינתה לתוך תבשיל רותח: **לא ליהלוט.** ברותחין:
תרתי

מסורת הש"ס

כלאים פ"ג [מ"א] שבת דף פה: [קידושין לט.]
כלאים שם [מ"ב]
[כרכו' ד' לח:]
[לעיל לו.]
[שם]
[לעיל לו: וש"נ]
כתובות דף קב: ס"א בפסח
[ע"ז ל:]

[illegible]
א) אמר רב פפא האפוי שבישלו וכו' חסר בגליון עיין משנה מיי"פ מהלכות חמץ הלכה ג:

רבינו חננאל

היא מנין לערוגה שהיא ששה על ששה טפחים שזורעין בתוכה חמשה זרעונים כו' ודחי' מהו דתימא הני מילי זרעים אבל ירקות בעו טפי ואקשי' וכי ירקות אלימי מזרעים והא איכא תנן כל מיני זרעים אין זורעין בערוגה וזורעין כל מיני ירקות בערוגה מהו דתימא הני מרורים כולן ששנינו מיני זרעים נינהו ואין זורעין אותן בערוגה בא רב להודיענו כי ירקות הן ונזרעין בערוגה אחת.
ואקשי' והא מתני' ירקות קתני כל תנא ותנא נמי ירקות קתני וליכא תנא דתני זרעים חזרת שסופה להקשות איצטריכא ליה סד"א ניתיב ליה רווחא טפי משאר ירקות כמו קלח של כרוב שהוקשה כלומר שגדל ונעשה קשה שמרחיבין לו בית רובע מכל צדדין פי' אין מניחין סביבותיו זרע כדי שישלח שרשיו לכל צד מפני שגדול הוא נעשה גם כך לחזרת קמ"ל דלא: יוצאין בהן באלו הירקות בין לחין בין יבשין. אמר רבא לא שנו יבשין אלא קלח אבל עלין לחין ושוין שיוצאין בהן כמושין אבל לא כבושין ולא מבושלין: מותיבי יוצאין בהן ובקלח שלהן וכו' ודברים פשוטין הן ורב חסדא פרק תרנגולא אקלח: בעי רמי מהו שיצא אדם במרור של מעשר שני אליבא דר' עקיבא ופשטה רבה כשם שיוצאין במצה שהיא מדאורייתא כך יוצאין במרור שהוא מדרבנן: מתני' אין שורין את המורסן לתרנגולין אבל חולטין: ת"ר דברים שאין באין לידי חימוץ אזיקא כגון אפוי שבשלו וחלוט שחלטו ברותחין תניא רבי יוסי ברבי יהודה אומר קמח שנפל לתוכו דלף דעביד טיף טיף כנגד טיף טיף אפילו כל היום כולו אינו בא לידי חימוץ ותיקא דהוא כגון שתיתא דעביד במשחא ובמלחא בקמחא שרי פירוש כי השמן מי פירות הוא ומי פירות אין מחמיצין אבל במיא ומלחא וקמחא אסור לא לימחי איניש קדירה בקמחא דאבשנא דלא בשיל שפיר ואתי לידי חימוצא. הא דאמר רב יוסף לא נהלוט איניש תרתי

הגה: ואם אין לו אחד מאלו הירקות - ר"ל חמשה הנ"ל, **יקח לענה או שאר ירק מר (אגור)** - היינו אותם שיש להם סימנים המוזכרים בש"ס לענין מרור: **שיהיה** ראוי לאכילה, **ושיש** לו שרף, פי' כשחותכין אותו, יוצא במקום חתוכו מוהל לבן כחלב, **ופניו** מכסיפין, דהיינו שעלה שלו אינו ירוק מאוד כעלי הבצלים ושארי ירקות, אלא נוטה קצת ללובן, **ומ"מ** לענין ברכה לא יברך עליהם, מפני שאין אנו בקיאין כ"כ בסימנים אלו.

(**פירשנו בדברי ההג"ה, שלענה אינה מחמשה מיני מרור, וכן מוכח בד"מ** בפירושו לדברי האגור, **אכן** במ"א וש"א חלקו עליו, והוכיחו דכוונת האגור דלענה הוא אחד מה' מיני מרור, והוא "מרור" הנזכר בה' מינים באחרונה, ולענ"ד צ"ע, שכפי הנראה לענה אינה ראויה לאכילה, ואנן בעינן דבר הראוי לאכילת בני אדם עכ"פ, **אם** לא דאפשר ראויה היא עכ"פ קצת לאכילה, **אח"כ** מצאתי להרשב"ץ בס' יבין שמועה שכתב להדיא, דאין יוצאין בלענה מפני שהוא מין אילן, ואנן בעינן ממיני ירקות, וכדתנן בהדיא אלו ירקות וכו', **והוא** שלא כדעת מג"א ושלא כדעת ההג"ה, דאף אם נימא שיש לו שרף ופניו מכסיפין, מ"מ סימנים אלו לא מהני אלא בירק, **אם** לא דלא כתב הרמ"א לצאת בזה מדינא, אלא לזכר בעלמא כשאין לו מחמשת מינים, וכעין שכתב גם הגר"ז, וצ"ע).

כשם שאין יוצאין במצה גזולה, כך אין יוצאין במרור גזול, וע"כ יש ליזהר, שלא יעקור ישראל בעצמו המרור מקרקע של נכרי, אף שהוא נותן לו רשות, דסתם עכו"ם גוזלי ארעתא נינהו, ועל קרקע אין שייך יאוש, **אלא** יעקור העכו"ם בעצמו, ושייך אז ע"ז שם יאוש, ואח"כ יקנה הישראל ממנו, דהוי עי"ז יאוש ושינוי רשות.

[י]**סימן תעה ס"א** - [יא]**ואחר כך יקח כזית מרור** - ואפי' אכל קלח שלם עם העלין כברייתה, לא יצא כל שאין בו כזית, [**ואפי'** למ"ד דדבר חשוב כבריה מברכין ברכה אחרונה אפי' בדליכא כזית, **הכא** ליכא בריה אפי' אכלה עם השרשים, שהרי אין יוצאין בשרשים, וא"כ אתי שרשים דרשות ומבטלין מרור דמצוה, **ועיין** בחי' רעק"א דפקפק בטעם זה, **ולי** נראה פשוט, דצווי התורה הוא לאכול מרור, זכר ל"וימררו את חייהם", ובפחות מכזית לא חשבה התורה לזכר, וא"כ מאי מהני שהוא בריה והוא חשוב, הלא עכ"פ בכל שהוא ליכא זכר, **והתם** שאני, דמשום חשיבות הבריה חשוב להודות לה'].

אות ג'

חזרת וחזרת גלין... אינם כלאים זה בזה

יו"ד סימן רצ"ז סי"ד - יש מינים בזרעים שיהיה המין האחד נפרד לצורות הרבה מפני שנוי המקומות והעבודה שעובדים בארץ, עד שיראה כשני מינים, ואף על פי שאין דומין זה לזה, הואיל והם מין אחד אינם כלאים זה בזה; ויש בזרעים שני מינים שהם דומין זה לזה וצורת שניהם קרובה להיות צורה אחת, ואעפ"כ הואיל והם שני מינים הרי אלו אסורים זה עם זה; כיצד, החזרת עם חזרת גלים, והעולשים עם עולשי שדה, והכרישין עם כרישי שדה, והכסבר עם כסבר הרים, והחרדל עם חרדל מצרי, ודלעת מצרית עם דלעת הרמוצה (פי' מין דלעת מר שממתקין אותה ברמץ שהוא אפר חם), אינם כלאים זה בזה.

---

§ מסכת פסחים דף לט: §

אות א'

ערוגה שהיא ששה על ששה טפחים, זורעין בתוכה חמשה זרעונין, ארבע על ארבע רוחות הערוגה ואחת באמצע

יו"ד סי' רצ"ז סל"ד - מיני ירקות שאין דרך בני אדם לזרוע מהם אלא מעט, מותר לזרוע מהם אפילו חמשה מינים בתוך ערוגה אחת, שהיא ששה על ששה טפחים; והוא שיזרע ד' מינים על ד' רוחות הערוגה ואחת באמצע, וירחיק בין מין ומין כמו טפח ומחצה, כדי שלא יינקו זה מזה; אבל יותר על ה' מינים לא יזרע, אף על פי שמרחיק ביניהם, לפי שמינים הרבה בערוגה כזו הרי הם כנטועים בערבוביא.

אות ב'

כל מיני זרעים אין זורעין בערוגה אחת, כל מיני ירקות זורעין בערוגה אחת

יו"ד סי' רצ"ז סל"ז - ואסור לזרוע בערוגה מיני זרעים בענין זה, [א]מפני שהם נראים כלאים. אבל מיני ירקות, הואיל ואין דרך בני אדם לזרוע מהם אלא מעט מעט, הרי זה מותר, כמו שנתבאר.

אות ג'

לא שנו אלא בקלח, אבל בעלין לחין אין יבשין לא

סימן תעג ס"ה - ויוצאים בעלין שלהם ובקלחן, [ב]אבל לא בשורש - פי' שרשים קטנים המתפצלים לכאן ולכאן בתחתיתו או בצדדיו, **אבל** שורש הגדול שבו עומד הירק, הוא הקלח.

[ג]**אלא שבעלין אין יוצאין אלא אם כן הם לחים, ובקלחים יוצאים בין לחים בין יבשים** - דעלין יבשים אין בהם טעם מרור, והרי הם כעפרא בעלמא, **משא"כ** בקלח, דמתוך שהוא עב, אפילו הוא יבש אינו מפסיד טעמו, [רש"י].

באר הגולה

[י] ‹ע"פ הבאר הגולה› [יא] **משנה פסחים ל"ט** ‹"ומצטרפין לכזית"› [א] ‹כהרמב"ם, ודלא כרש"י› [ב] הג' מיימוני בשם ר"ת וסמ"ג [ג] שם בגמרא

ועלין כמושין, י"א שיוצאין בהן, ויש שמחמירין אפילו בכמושין.

ודע, דיוצאין בעלין אף לכתחלה, והנה ראיתי כמה אנשים חלושים שדוחקין עצמן לקיים מצות מרור בקלחין, ולא אדע למה לא יקחו העלין למצוה, **ואולי** מפני שמצוי בהן יבשין וכמושין, **אכן** אם הם לחים אין להחמיר בזה כלל וכלל, [**עיין** במ"א וט"ז, שלדעתם נכון יותר לצאת בעלין, ע"ש טעמייהו]. ‹**מדקאמר** במשנה ויוצאין בקלח שלהם, אלמא דעלין עדיפא – מ"א. **כי** יוכל לאכול בטוב כזית ממנו, כי אינו מצער כ"כ כמו הקלח שיש לו כח יותר – ט"ז›.

אות ד'

אין שורין את המורסן לתרנגולים, אבל חולטין

סימן תעד ס"ג - [ד]ליכא בזמן הזה דידע למחלט - ר"ל מצד הדין אם חולט הקמח, דהיינו שנותנן ברותחין שהם מרותחין רתיחה עזה על האור, קודם הלישה, ואח"כ לש אותו ועשה ממנו עיסה, אין אנו חוששין לומר, שמא כבר נתחמץ הקמח כשהיה בתוך הרותחין, קודם שהתחיל לעסוק בה בידים בלישה, לפי שרתיחת הרותחין ממהרת לבשל את הקמח קודם, וכיון שנתבשל שוב אינו בא לידי חימוץ לעולם, אף לאחר שנחו הרותחין מרתיחתן, **מ"מ** הגאונים אסרו לנו כל מיני חליטה ברותחין, לפי שאין אנו בקיאין בחליטת הרותחין, וחיישינן שמא לא ירתיח המים מקודם יפה יפה, **הילכך כל מין חליטה אסור** - בין שיתן מים ע"ג הקמח, או הקמח ע"ג מים, **ואפי'** אם המים הם מרותחין הרבה, שעומדים ע"ג האור והוא ממרס הקמח בתוך המים.

ואסור בין באכילה ובין בהנאה, והוא הדין שאסור להשהותו, דמאחר דאין אנו בקיאין חיישינן שהוא חמץ גמור.

ואם נתערבה בתבשיל, אוסרת במשהו, **ומ"מ** כתבו האחרונים, דבחליטה אין לאסור התבשיל במשהו רק באכילה, ולא בהנאה, **וכן** להשהותו מותר בכה"ג.

סימן תסה ס"א - [ה]אין שורין מורסן לתרנגולים - משום דמחמיצין כתבואה עצמה, וה"ה סובין ג"כ מחמיץ, **והקליפה** של הקש שהגרגר מונח בו, שקורין שפרייא"ר, אינו מחמיץ, וכשאר קש בעלמא דמי.

בשום פנים - ר"ל דלא מהני שיהא עומד שם לראות שלא ישהו המורסן במים שיעור מיל, **דשיעור** זה אינו אלא לענין דיעבד, אבל לכתחלה אסור להשהות אפילו רגע אחד.

‹**וכתב** המחבר כן לאפוקי מדעת הרמב"ם בזה, שכתב שלש עצות בזה: אחד שיאכילן מיד, או שיהא עומד שם ויראה שלא ישהה המורסן כשיעור מיל, ב' כתב, כל זמן שהעופות יאכלו וינקרו אינו מחמיץ, אפילו שוהה הדבר טובא, ג' כתב, כל זמן שהוא מהפך בידו המורסן אינו מחמיץ, **והעיטור** חלק עליו, משום דאסור להשהות לכתחלה אפילו בפחות משיעור מיל, **ובריטב"א** חלק ג"כ על מש"כ, דכל זמן שמנקרים אינו מחמיץ, וכתב דזה לא דמי למה דאמרינן, גשמים שהיו נוטפין טיף נגד טיף דאינו מחמיץ, וכונתו, דהכא אינו מוכח שבכל משהו חמץ ניקרו התרנגולים, משא"כ התם דהטיפים היו מכוונים זה כנגד זה, **והגר"א** כתב, דגם בטיף אינו אלא לענין דיעבד, **ודע**, דעל הא דמהפך בידו כל זמן שאוכלין שכתב הרמב"ם, לא נמצא בהדיא מי שחולק, ואפשר לכאורה דבזה כו"ע מודים דמותר אפילו לכתחלה, וכמו בכל עיסה, דקיי"ל בכל מקום, דכל זמן שעוסקין בה אינו מחמיץ, **ומ"מ** צ"ע, מדכתב המחבר "אין שורין וכו' בשום אופן", משמע דגם בזה נהגו להחמיר›.

[ו]ולא חולטין - חליטה מקרי שמרתיחין המים יפה יפה, ואח"כ נותנין הקמח או הסובין לתוכן, **ואף** דחליטה אינו מחמיץ, מ"מ אסור משום שאין אנו בקיאין בחליטה, וכדלעיל בסימן תנ"ד ס"ג.

הגה: וכשנותנים לכס שעורים או חטים לאכול - היינו מתחלת שש ומעלה, **יזהר שלא להשליכם במקום לח שיבואו לידי חימוץ (מהרי"ו)** - ויש מי שכתב, דאף קודם פסח יש ליזהר בזה, שמא יחמיץ וישאר לשם תוך הפסח, אא"כ עומד עליהם בשעת אכילתם עד שיגמרו לאכול, ומה שנשתייר לא יניחנו מוטל לפניהם, [דכל ל' יום מקרי סמוך לפסח, **ועיין** בבה"ג שכתב, דמיירי דוקא בשהניח לפניהם בחורי חצר].

ואפי' הניחן במקום יבש, טוב ליזהר שלא ליתן לפניהם מים לשתות בעוד שהשעורים מונחין לפניהם, אלא יכבד מתחלה אותו מקום היטב, ואח"כ יתן שם מים.

אות ה'

האשה לא תשרה את המורסן שתוליך בידה למרחץ, אבל שפה היא בבשרה יבש

סימן תסה ס"ב - [ז]אין האשה שפה מורסן על בשרה, אפילו יבש - היינו שדרכם היה לכנוס למרחץ ולהזיע, ולשוף הגוף במורסן, **ובזה** אין קפידא כיון שהמורסן לא נשרה במים, ועל הגוף ג"כ ליכא מים מאליו, רק זיעה מחום המרחץ, וזיעת אדם אינו מחמיץ, **רק** דצריכה ליזהר להעביר כל המורסן מעל כל בשרה קודם שתרחץ גופה במים, בין בחמין בין בצונן, **ולפי** שהנשים אין בקיאות עכשיו בכך, לפיכך יש למונעם מלתת מורסן על בשרם אפי' הוא יבש, [גמרא ורא"ש].

ואם עברה ושפה, אין לשטוף בצונן אחר זה עד זמן מה, שידוע שכבר עבר הכל, או ישטוף עצמו במי פירות תחלה.

אות ו'

לא ילעוס אדם חיטין ויניח על מכתו מפני שהן מחמיצות

סימן תסו ס"א - [ח]לא ילעוס אדם חטים ויתן על גבי מכתו, מפני שהן מחמיצות, שהרוק מחמיץ - ר"ל שע"י לעיסה

באר הגולה

[ד] טור בשם הגאונים וכ"כ שאר פוסקים [ה] משנה פסחים ל"ט [ו] טור בשם הגאונים וכדלעיל [ז] משנה שם, וכתב הרא"ש שם דהאידנא יש למנען, וכ"כ הטור בשמו ‹וז"ל: ומ"ש בפירש"י אע"פ שהמים טופחים על בשרה, נראה הזיעה קאמר, ואין לומר מים ממש קאמר, כגון אחר שנשטפה בחמין או בצונן, דהא נראה דודאי אסור, כי נשארין בתוך המים ומחמיצין, אלא ודאי מי זיעה קאמר, וצריכה להעביר כל הסובין ממנה קודם שתשתטף בצונן, לכן כתב הר"י ז"ל דהאידנא אין הנשים בקיאות בזה, ויש למונעם מלתת מורסן על בשרם אפי' יבש› [ח] משנה פסחים ל"ט

בפיו מתערבים החטים ברוק, ויחמיצו כשישהו ע"ג מכה בשיעור מיל, ויעבור עליהן בבל יראה ובל ימצא, [**אבל** בלא נתינה ע"ג מכה, אפי' לועס בפיו כל היום, אינו מחמיץ, דעוסק הוא, ולהשהות בלי עסק צריך ליזהר].

ואפילו לעסן והניחן ע"ג מכתו קודם פסח, צריך להסירן כשתגיע שעה ששית בע"פ, אא"כ כבר נסרחה עד שנפסלה מאכילת כלב.

[**ודוקא** ע"י לעיסה, שמתמלא ברוק הרבה, אבל ע"י נשיכה בעלמא, שנושך גרגיר בשיניו, אינו בא מידי זה לידי חימוץ לעולם].

וכתבו הפוסקים, דכל זה בחטים של ישראל, אבל חטים של גוי שלעסן הגוי, והשאילן לישראל להניחן ע"ג מכתו בפסח, הרי זה מותר אם אין האחריות של הרטיה על הישראל, דעל רטיה של עכו"ם אינו עובר בבל יראה, **ואם** אין לגוי חטים, יכול הישראל להקנות לו חטים משלו, וילעסן הגוי, ושוב יקבל הישראל ממנו את הרטיה רק בתורת שאלה.

ואע"פ שחמץ אסור בהנאה, ואפילו חמצו של עכו"ם, שאני הכא שהוא נהנה מחמץ זה שלא כדרך הנאתו, ואין בו איסור רק מד"ס, ובמקום חולי ואפילו אין בו סכנה, לא גזרו, **ומ"מ** אם יוכל להתרפא כשירכך רטיה זו של חטין ע"י מי פירות, אין נכון לעשותו ע"י רוק, [**דהפר"ח** מגמגם בעיקר הדין, דהלא הישראל רוצה בקיומו של חמץ, **וגם** איסור הנאה שלא כדרך הנאתו ג"כ אסור לכתחילה, רק משום דא"א בענין אחר מתירין, וע"כ במקום דאפשר ודאי צריך להדר אהיתירא].

[**וכתבו** האחרונים, דה"ה דמותר להתרפא בחמץ שעבר עליו הפסח, אפי' לחולי שאין בו סכנה, דג"כ אינו אלא מד"ס].

וכ"ז אם מכתו אין בה סכנה, אבל כשיש בה סכנה, מותר אף במקום שיש לאו דבל יראה, אם רק אפשר שרפואה זו תועיל לו, ואין בקל לעשות בדרך היתר, **ואפי'** אכילה ושתיה גמורה של חמץ נמי מותר לרפואתו, כיון שיש בו סכנה, [**ובאין** בו סכנה, אסור באכילת חמץ אפי' משהו, דקימ"ל חצי שיעור אסור מן התורה].

אות ו'* [ט]

האפוי שבישלו קאמר

רמב"ם פ"ה מהל' חמץ ומצה ה"ג - אין מבשלין חטים במים כגון ריפות, ולא קמח כגון לביבות; ואם בישל הרי זה חמץ גמור, והוא שיתבקעו בתבשיל. אין קולין את הבצק בשמן על המחבת; אבל מבשלין את הפת ואת הקמח הקלוי; ואם הרתיח המים הרבה ואחר כך השליך לתוכן הקמח, הרי זה מותר, מפני שהוא מתבשל מיד קודם שיחמיץ; וכבר נהגו בשנער ובספרד ובכל המערב לאסור דבר זה, גזרה שמא לא ירתיח המים יפה יפה.

אות ז' - ח'

קמח שנפל לתוכו דלף אפילו כל היום כולו, אינו בא לידי חימוץ

והוא דעביד טיף להדי טיף

סימן תסו ס"ו - [י]קמח שנפל עליו דלף אפילו כל היום, אינו בא לידי חימוץ - שטרדת הדלף מונע מלהחמיץ את הקמח השרוי במי הדלף, **ואפילו** אם מתפשט הלחות יותר ממקום שהדלף מכה שם, מ"מ ע"י טירוד הדלף שמכה בכח, ומבליע טיפה אחר טיפה, אינו מניח להחמיץ כל סביביו.

[יא]**והוא שיהיה הדלף טורד בלי הפסק** - ר"ל שיהיו הטפות יורדות רצופות זו אחר זו כל היום, דאל"ה יצטרפו השהיות שבין טיפה לטיפה לשיעור מיל, וכדלעיל בסי' תנ"ט ס"ב בהג"ה, **ויש** מאחרונים שמפרשין הטעם, דכשאינם יורדות רצופות, אין בכחם למנוע החימוץ, [דאפי' אם נימא דאין שהיות מצטרפות, ג"כ בעינן דוקא רצופות, **ומ"מ** גם הם מודים דיש לחוש לשהיות, ונ"מ מזה, כגון אם מתחילה נפלו רצופין, ואח"כ שהה שיעור חצי מיל שלא ירד כלל, ואח"כ ירד רצופין, ואח"כ שהה עוד שיעור חצי מיל שלא ירד כלל, ואח"כ ירד עוד הפעם רצופין, דיש להחמיר בזה].

[יב]**ויאפנו מיד לכשיפסיק** - ר"ל שלא יניח הקמח שנתלחלח במים בלי עסק, אלא ילוש ויאפה מיד, וכמבואר לעיל בסימן תנ"ט ס"ב, **וזהו** לכתחלה, אבל דיעבד אין אסור אלא כשנשתהה שיעור מיל, אחר שהפסיק הדלף.

ודע, דה"ה בדגן ג"כ דינא הכי, דאם הדלף טורד עליו טיף אחר טיף, אפילו כל היום כולו אינו בא לידי חימוץ, **ואם** אינו יורד טיף אחר טיף, נחמצין ע"י המים, **ואף** כשיורד עליו טיף אחר טיף, מיד שהפסיק צריך לטוחנן.

ואם הוא מסופק אם הדלף טורד אם לאו, אסור - דספיקא דאורייתא הוא, ואפילו להשהותו אסור.

עיין בפמ"ג, שדעתו להחמיר בכל אופן בקמח הלח, כי אין אנו בקיאין לידע איזה מקרי טיף טיף.

אות ט'

הא דעבדיה במישחא ומילחא, הא דעבדיה במיא ומילחא

סימן תסג ס"ב - [יג]ותיקא, שהוא תבשיל העשוי משמן ומלח עם קמח, מותר - דשמן הוי מי פירות ואין מחמיץ, **ואע"ג** דמלח שלנו, [דהיינו שנעשית ממי הים], מחמיץ, כמש"כ בסוף סי' תס"ב, **י"ל** לפי שהוא מועט, ונשתנה צורתו מצורת המים, אין בו כח עם השמן, **אבל** מים גמורים חיישינן בכל שהוא, ואפשר נמי אי איכא מי מלח מרובה חיישינן - [ר"ן], (**כוונתו** לכאורה כלשון הר"ן: אי איכא מלח מרובה חיישינן).

(**ועכשיו מצאתי** בחידושים מהריטב"א הנדפס מחדש על פסחים ונחוץ לענינינו, וז"ל שם: ותיקא שרי, ואוקימנא במשחא ומלחא, ומשום דמי פירות אין מחמיצין, י"א שזה במלח הנחצב מן ההר, אבל מלח הנעשה מן המים, הרי הוא כמים ואסור, וי"א שאפילו מלח הנחצב

באר הגולה

ט (ע"פ הגהות מהר"י לנדא בצד הגמ') | י ברייתא שם ל"ט | יא שם בגמרא | יב הרא"ש שם | יג שם ל"ט

מן ההר, גם הוא ניתך למים, אלא דהכא לפי שהמלח מועט כדי נתינת טעם, לא חששו, **ואחרים** פירשו דבכל מילחא מיירי, והכא מיירי כשנתבשלו הקמח והשמן בתחלה יפה, ואח"כ נתן בו מלח, דהו"ל כאפוי שאינו בא לידי חימוץ, וזה נראה נכון להריטב"א ז"ל, עכ"ל, **והנה** מה שכתב הר"ן הוא הי"א השני, ומצינו למימר דגם אחרים מודים, דכשנותן מעט מלח שרי בכל גווני כהר"ן, אלא דלא בעו לאוקמי דוקא במעט מלח, **ולדינא** נראה דטוב לכתחלה להתנהג כהריטב"א, ליתן המלח לבסוף אחר שנתבשל המאכל).

[יד]**והוא שלא יהא בו מים** - אבל אי איכא בו מים אפילו כל שהוא, הוי כמי פירות עם מים ומחמיץ, (בין יש שם מלח או לא), **ואצ"ל** אם לא היה בהתבשיל שמן כלל, רק מים ומלח עם הקמח, דודאי מחמיץ, [גמרא].

הגה: ולדידן שנוהגין להחמיר במי פירות, גם זה אסור - אם לא לצורך חולה וזקן, וכדלעיל בסי' תס"ב ס"ד בהג"ה, [ואף דהיה בזה ג"כ מלח, אינו מפסיד כיון שהוא מועט].

אות י'

לא לימחי איניש קדרא בקמחא דאבישנא, דילמא לא בשיל שפיר, ואתי לידי חימוץ

סימן תסג ס"ג - [טו]**כרמל שמהבהבין אותו באור וטוחנין אותו** - ר"ל אף דהדגן שלו כבר נקלה באור, וא"כ הקמח שלו הוא כאפוי, וקי"ל דאפוי אינו מחמיץ, אפ"ה **אין מבשלים הקמח שלו במים, שמא לא נקלה באור יפה, ונמצא מחמיץ כשמבשלים אותו** - ואם עברו ונתנו תוך המאכל, אסור המאכל בהנאה, ואסור להשהותו, דספיקא דאורייתא הוא.

ואפילו אם הקמח עצמו נקלה בתנור, לא יבשלו במים, שמא לא נקלה יפה ויבוא לידי חמוץ, **ויש** מתירין לבשל קמח הקלוי, לפי שחום האור שולט בו יותר ממה ששולט בהחטים, **והסכימו** כמה אחרונים שיש לסמוך על דבריהם בדיעבד, שאם עבר ועשה ממנו תבשיל, יש להתירו בהנאה, או להשהותו עד לאחר הפסח.

ומצה אפויה שנמצא קמח בתוכה, אסור ליתנה ברוטב, דאותו קמח בודאי לא נאפה יפה, מפני שהמצה מפסקת בין הקמח להאור, **ואם** נתנה, אוסרת התבשיל אף בהנאה.

[טז]**וכן כשמוללין הקדירות** "**החדשות, (פירוש שנותנים קמח לתוך המאכל להקפות)** - זה הפירוש הוא לדעת הטור, ‹דלא כתב "החדשות"›, **אבל** הב"י שהעתיק לשון הרמב"ם שכתב "הקדרות החדשות", הוי פירוש שמבשלין בקדרות חדשות בפעם ראשונה קמח ומים, כדי להקשות הקדירה ולחזקה, **אין מבשלים בהם אלא** [יח]**מצה אפויה שחזר וטחנו אותה.**

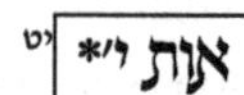

אות י"* [יט]

לא ליחלוט איניש תרי חיטי בהדי הדדי

סימן תס ס"ו - [כ]**אין להקל במה שהחמירו הקדמונים שלא לעשות פאנדי"ש או פלאדונ"ש** - הם עיסות מצות ממולאות בבשר או בגבינה, לפי שבשעת אפייה יוצא ליחה מהבשר והגבינה, ומלחלחת העיסה ומעכבת אפייתה, **ועוד** שליחה זו דינה כמי פירות, שכשהן מתערבים בעיסה שנילושה במים היא ממהרת להחמיץ מיד, וא"כ יש לחוש שמא כשיצאה הליחה לתוך העיסה, נתחמצה מיד קודם שהספיק חום האש לשלוט בה לאפותה.

ואפילו בדיעבד ששכח ונתן אותם לתוך המצה, יש לאסור המצה.

סימן תס ס"ז - [כא]**אין ליתן ביצים שלמים במצה שתאפה עמהם** - ג"כ מהאי טעמא, לפי שהליחה היוצאת מהם מעכבת אפייתה, **ואפילו** ביצה מבושלת אין ליתן, אע"פ שאין ליחה יוצאה ממנה, מ"מ במקום הביצה אין חום האש שולט שם, ואין נאפה שם יפה.

ואפי' בדיעבד יש לאסור, לפי מה שאנו נוהגין לאסור מצה שנתכפלה בתנור, לפי שאין חום האש שולט שם, וה"נ בזה, **אבל** אם נתן לתוכה זרעונים, אפילו אינם כתושים, מותרת באכילה, [אם אינם חדים], לפי שדבר קטן כזה אינו מעכב אפייתה, **ומ"מ** לכתחלה יש ליזהר גם בזה.

---

§ מסכת פסחים דף מ. §

אות א'

אלא אמר רבא מי פירות נינהו ומי פירות אינן מחמיצין

סימן תסג ס"א - [א]**מותר לחרוך שני שבלים ביחד, ולא חיישינן שמא יצאו מים מאחת לחברתה, שהם מי פירות ואינם מחמיצים** - וה"ה דמותר להעמיד כד של דגן לחים בתוך התנור חם, שיהיה עשוי קליות, [גמרא], ואף שמחמת חום התנור עלול שיצא מים מן הדגן לתוך הכד, [כן משמע מרש"י ד"ה זקיפא, ע"ש, וגם החוש מעיד שהוא כן על ידי בישול, **ולפלא** על התוס' מנחות נ"ד ע"א שכתבו דהוא רק חששא בעלמא ומילתא דלא שכיחא היא], ונבלעין אח"כ בהקליות גופא, אפ"ה שרי מטעם דמי פירות אין מחמיצין.

‹המשך ההלכות בעמוד הבא›

באר הגולה

[יד] ברייתא שם וכמבואר בסימן דלעיל ‹תס"ב› ס"ב [טו] שם מימרא דמר זוטרא [טז] לשון רמב"ם [יז] פי' שאסור להשתמש בפסח בקדירות ישנות ‹ונראה שהבאה"ג לומד הרמב"ם כמו הטור, וכן ס"ל להל"מ› [יח] ‹דף מ: רבא מחו ליה כו' וכפי' הרי"ף - גר"א, ע"ש› [יט] ‹ע"פ הגר"א, וז"ל: כמ"ש שם מ' א' לא ליחלט אינש תרי שיבולי בהדי הדדי כו'. ‹והמ"ב לא הביא טעם זה רק בס"ז ולא בס"ו› [כ] ארחות חיים [כא] שם [א] פסחים מ' **וכרבא** ‹ולאודויי לן הך מלתא בארו הפוסקים דשרי מטעם דהוי מי פירות ולא מחמצי, הלא"ה היה אסור, משום דלית לן טעמא דכל אגב מדלייהו, **אלא** דקשיא לי ע"ז ממ"ש סי' תס"ז ס"ה, דנראה דהך טעמא דאגב מדלייהו לא מחמעי הלכה היא - מאמר מרדכי›

מסורת הש"ס

עין משפט נר מצוה

קסו א מיי' פ"ה מהל' חו"מ הלכה ד טוש"ע א"ח סי' תסג סעיף א:

קסז ב ג ד מיי' פ"ה מהלכות מצה הל' ו ז טוש"ע א"ח סימן תנג סעיף ה:

קסח ה מיי' שם הלכה ח ט טוש"ע או"ח סימן תנג סעיף ד:

תורה אור

תרי חיטי בהדי הדדי דילמא אזלא חדא ויתבה בצירא דחברתה ולא סליק להו דיקולא דמיא מארבע רוחתא ואתי לידי חימוץ ואמר אביי לא ליחרוך איניש תרי שבולי בהדי הדדי דילמא נפקי מיא מהאי ובלע אידך ואתיא לידי חימוץ אמר לי' רבא א"ה אפילו חדא נמי דילמא נפיק מהאי רישא ובלע אידך רישא *אלא אמר רבא מי פירות נינהו *ומי פירות אינן מחמיצין והדר ביה אביי מהאיא דכל אגב מדלייהו לא מחמצי דאמר אביי האי חצבא דאבישנ' סחיפא שרי זקיפא אסור רבא אמר אפילו זקיפא נמי שרי מי פירות נינהו ומי פירות אינן מחמיצין ת"ר אין לותתין *שעורין בפסח ואם לתת נתבקעו אסורות לא נתבקעו מותרות ר' יוסי אומר שורן בחומץ וחומץ צומתן *אמר שמואל אין הלכה כר' יוסי א"ר חסדא אמר מר עוקבא לא נתבקעו ממש אלא כל שאילו מניחן על פי חבית והן נתבקעות מאיליהן ושמואל אמר נתבקעו ממש עבד שמואל עובדא בדורא דבי בר חשו נתבקעו ממש אמר רבה בעל נפש לא ילתות מאי איריא בעל נפש אפילו כולי עלמא נמי דהא תניא אין לותתין שעורין בפסח הכי קאמר בעל נפש אפי' חיטין דשרירי לא ילתות א"ל ר"נ מאן דצייח ליה לאבא אביל נהמא דעיפושא דהא בי רב הונא לתתי ובי רבא בר אבין לתתי ורבא אמר אסור ללתות אלא הא דתניא אין לותתין שעורין בפסח שעורין הוא דלא הא חיטי שרי לא מיבעי' קאמר לא מיבעיא חיטין כיון דאית ביה צירא עיילי בהו מיא אבל שערי דשעיי אימא שפיר דמי קמ"ל הדר אמר רבא *מותר ללתות *דתניא יוצאין בפת נקיה והדראה ואי אפשר נקיה בלא לתיתה איתיביה רב פפא לרבא הקמחין והסלתות של נכרים של כפרים טהורים ושל כרכין טמאין בכפרים מ"ט לאו משום דלא לתתי וקא קרי ליה סולת תרגומא אקמחא בתר דנפיק אמר מ"ט לא אימא ליה מהא *דאמר רבי זירא אמר רב ירמיה אמר שמואל חיטין של מנחות אין לותתין אותם וקא קרי להו סולת הדר אמר רבא מצוה ללתות שנאמר (שמות יב) ושמרתם את המצות אי לא דבעי לתיתה שימור למאי אי שימור דלישה שימור דלישה לאו שימור הוא דאמר רב הונא בצקות של נכרים אדם ממלא כריסו מהן ובלבד שיאכל כזית מצה באחרונה באחרונה אין בראשונה לא מ"ט משום דלא עבד בהו שימור ולעביד ליה שימור מאפייה ואילך אלא לאו שמע מינה שימור מעיקרא בעינן וממאי דילמא שאני התם דבעידנא דנחית לשימור לא עבד לה שימור אבל היכא דבעידנא דנחית לשימור עביד לה שימור הכי נמי דשימור דלישה הוי שימור ואפ"ה לא הדר ביה רבא דאמר להו להנהו דמהפכי כיפי כי מהפכיתו הפיכו לשום מצוה אלמא קסבר שימור מעיקרא מתחלתו ועד סופו בעינן מר בריה דרבינא מנקטא

תוספות

ה"ג ר"ח **כל** שאילו מניחן על פי אבוב של קלאים והם מתבקעות · פירוש כלי שבעלי קליות עושין בו קליות והוא מנוקב כדאמרינן בפרק ר' ישמעאל (מנחות דף סו·) מניחין בתוך אבוב של קלאים כדי *שתגמור האור בכולו והם מתבקעות מכח האור וכן מצא ר"י בספר ישן בשם רבינו תם:

תרגומא אקמחים · תימה הפשתא אמאי תני סלתות ויש לומר דלגלדין קתני:

כי מהפכיתו כיפי הפכיתו לשם מצה · וא"ת כיון דסבירא ליה דבעי שימור בשעת היפוך אם כן היכי מוכח דמצוה ללתות דילמא לאו מצוה היא אלא דצריך שימור מתחלתו ועד סופו ויש לומר דעיקר שימור כדי שלא תחמיץ וסבר רבא אי לאו שיש שימור מחמץ בשעה שהוא עדיין דגן כגון לתיתה לא היה מצריך שימור בשעת כי דרי מתחילת הדגן:

רש"י

פרתי חיטי · גרעיני חיטין אלא חדא חדא חיטתא: **דילמא אתיא חדא ויתבה בצירא דחברתה** · בסדק של חברתה: **דיקולא דמיא** · רקיחת המים: **צירא** · סדק כמו (א) טייליא חריפא דמצרי זיקי דמסכת ע"ז (דף ל·): **אי הכא אפילו חדא** · שבולתא נמי לא ליחרוך: **דילמא נפקי מיא** · מחיטי דברישא חדא ובלעי חטים דאידך רישא: **ה"ג והדר ביה אביי דכל אגב מדלייהו לא מחמצי** · כל דרך נפילתם לא מחמצי: **חצבא דאבישונא** · כד שמייבשין בתוכו קליות בתנור: **סחיפא שרי** · אם פיו כפוי למטה שיהו המים הנפלטין מן הקלי על ידי חום האור זבין ויוצאין לחוץ שרי: **זקיפא** · שיהא זוקף כדרכו אסור שהמים נפלטין וחוזרין ונבלעין ומדאמר אביי סחיפא שרי משום דדייבי אברא' שמע מינה הדר ביה ממאי דאמר לעיל לא ליחרוך איניש תרתי שיבלי דהכי נמי דייבי מיא ושרקי ונפלי ולא מיבלעי באידך: **נתבקעו** · מחמת הניפוח שמחמת המים אסורות דודאי ממהרות להחמיץ: **שורן בחומץ** · אם רואה שנופחות שורן בחומץ: **וחומץ צומתן** · אשטרייני"ב בלע"ז ואינו מניחן להחמיץ: **והן מתבקעות מאיליהן** · שאינן יכולות לעמוד מפני ריח היין: **בדורא דבי בר חשו** · בכפר של אותו האיש: **נתבקעו ממש** · כלומר דאין אסורות אלא נתבקעו ממש ואותן לא מבוקעות ממש היו והתירן: אמר רבה גרסינן: **בעל נפש** · *חסיד: **הכי קאמר אפילו חיטי** · שהן קשין משעורין ואין ממהרין להחמיץ בעל נפש לא ילתות אבל דלאו (ג) בעל נפש דלא מחמיר על נפשיה כולי האי: **דשרירן** · קשים: **לאבא**(ג) · רבה הכי קרי ליה לשון רבנות: **מאן דלאים ליה לאבא יאכל לחם עיפושא** · כלומר לא תהא סולתן נקיה: **דהא בי רב הונא לתתי** · כולה רב נחמן אמר לה: **ורבא אמר אסור ללתות** · לכולי עלמא: **דשיען** · שחלקין הן: **והדראה** · קיבר: **של כפרים טהורים** · לפי שאין מקפידין על סולתן לעשותן נקיה כל כך ולא לתתי לחיטי דידהו ונמצא שלא הוכשרו וקא קרי להו סולת אלמא אפשר לנקיה בלא לתיתה: **בתר דנפק** · רבא מבי מדרשא: **אמר** · רב פפא נצטער בעצמו מדוע לא נזכרתי להשיב לו מהא דאמר ר' ירמיה כו': **ואי לאו** · לתיתה דעכשיו בעי שימור שלא יחמיצו שימור למה לי: **לאו שימור הוא** · אי לא עבד ליה שימור מקמי הכי: דאמר רב הונא גרסינן: **בצקות של נכרים** · שמכיר בהן שלא החמיצו שאין שם לא קרני חגבים ולא הכסיפו פניו דהוא הוי סימן סידוק וסימן שיאור כדלקמן: **שיאכל כזית מצה באחרונה** · דבהא לא נפיק ידי חובת מצה משום דלא הוי לה שימור לשם מצה ואף על פי שאנו רואין שאין כאן חימוץ ומיהו למצה של מצוה שימור לשמה בעינן: **באחרונה** · (ד) היא מצות אכילתה שעם הפסח היא חובת אכילתה דכתיב קרא (שמות יב) על מצות ומרורים יאכלוהו ופסח נאכל על השובע כדתנן (לקמן דף קיט:) אין מפטירין אחר הפסח אפיקומן: **בראשונה לא** · כלומר באכילה ראשונה שאכל מבצקות של נכרים לא נפיק: הכי גרסינן מאי טעמא דלא עבד לה שימור ולא גרסינן אי נימא דהא ודאי טעמא משום הכי הוא: **מאפייה ואילך** · משמע משמתקנה לאפייה כגון עריכתה וקיטוף שלה ונתינתה לתנור: **וממאי דילמא** · לעולם שימור דלישה שימור הוא ואע"ג דלא איצטריך שימור מקמי הכי והכא מאי טעמא לא נפיק משום דמשעת נתינת מים לקמח שזה דבר המתחלת הויא צריכה שימור וזו לא נעשה לה שימור מההיא עידנא דנחית לתורת שימור דהיינו מנתינת מים: **ואפילו הכי** · דלא אשכח רבא סייעתא למילתיה לא הדר ביה ממאי דאמר בעינן שימור קודם לישה: **מהפכי כיפי** · העמרין וקושרין את העמרים בימות הקציר:

[לעיל לה: נדרים נז:] [לקמן מב.] [לקמן מח.] [סנהדרין ס:] לעיל לו: לעיל לו. שמות יב

הגהות הב"ח

(א) רש"י ד"ה צירא סדק כמו טיילי"א. נ"ב לשון יון: (ב) ד"ה הכי קאמר וכו' דלאו בעל נפש לא מחמיר: (ג) ד"ה לאבא וד"ה מאן דלאים: (ד) ד"ה באחרונה מצות אכילתה וכו' היא נמחק:

רבינו חננאל

תרתי חיטי בהדי הדדי כו' אלו הן כגון קליות והא דאמר אביי לא נחריך איניש תרתי שבלי בהדי הדדי לית הלכתא כותיה אלא כרבא דאמר מי פירות אין מחמיצין וכן חצבא דאבישנא שהן שיבולי דשערי דשיבתא אמר אביי כשנותנין זה החצבא בתנור ביצות הפסח ופיה למטה כל זיעה שיוצא מאותן השעורים נשפכין בתנור (ואם לאו) אסורין אלא אם ישארו אותן המים היוצאין מהן בחצבא מחמיץ ולית הלכתא כאביי וקיימא לן כל מי פירות אין מחמיצין: ת"ר אין לותתין את השעורין בפסח ואם לתתן נתבקעו אסורות לא נתבקעו מותרות ואמרי' לא נתבקעו ממש אלא כל שמניחן על פי הביב של קלאים והן כלים מאליהם וכן הלכתא ור' יוסי דאמר שורן בחומץ מפני שהחומץ צומתן לית הלכתא כותיה דהא בהדיא אמר שמואל אין הלכה כר' יוסי והא דעביד שמואל עובדא נתבקעו ממש לא סמכינן עליה. אמר רבה בעל נפש כלומר המתרחק מריח עבירה ומדקדק הרבה על עצמו לא ילתות אפילו חטין דשרירין פי' שהן חזקים מן השעורים ולא אתי לידי חימוץ הא לא ילתות כל שכן שעורים: אמר רב נחמן מאן דצאית לרבה אכיל פת עיפושא. פי' כגון פת קיבר שאין בה סלת דהא [בי] רב הונא [בר] ובי רבה בר אבוה לתתי ורבה אמר אסור ללתות. ומותבינן עליה אין לותתין את השעורים בפסח הא חטין שרי כו'. פי' צריא כגון סדק באמצעה של חטה אבל השעורים שיש אין בהן סדק: איכא דאמרי אמר רבא מותר ללתות דתנן יוצאין בפת נקיה והדראה ואי אפשר לפת נקיה בלא לתיתה כלומר אם אין שורין את החטים לא יצא מהם סלת ומותיב רב פפא מהא דתאני הקמחין והסלתות של נכרים של כפרים טהורים ושל כרכים טמאים ש"מ כפרים טהורים סדקתני טהורין מכלל דלא הוכשרו וקרי להו סלתות הנה סלת בלא לתיתה ודחי רבא האי דקתני של כפרים טהורין אקמחים בלבד ולא אסלתות והא דאמר רבא אי אפשר לפת נקיה בלא לתיתה דחויה היא דהא משמע דשמואל אמרו של מנחות אין לותתין וקרי להו התורה סלת הנה נמצאת בלא לתיתה. חזר אמר רבא מצוה ללתות דכתיב ושמרתם את המצות ואין שמור אלא שמור דחטים בלתיתה [דשימור דלישה לאו] שימור מדרב הונא דאמר הבצקות של נכרים אדם ממלא כריסו מהם ובלבד שיאכל כזית מצה באחרונה ואי הוה שמור דלישה שמור היה עושה שימור לבצק של נכרי ואינו צריך כזית אחר ודחי' תני בצקות של נכרים משום דלא אתחיל בהו ישראל בשמור דנכרי לאו בר שימור הוא אבל ישראל דבר שימור הוא אם התחיל מתחלה להשמר אפילו שימור דלישה הוי שימור אפילו הכי לא הדר ביה רבא דאמר רבא להנהו העומרין הפכו לשם מצה כלומר הזהרו מהכשרת המים והפיכו להו לסקום שאין בו הכשרת המים שיהיה שימור לשמו לשם מצה: מר בריה דרבינא מנקטא ליה בארבי. פי' בעקריתה הוותה

וכתבו האחרונים, דהציא ציור דהמחבר גם להרמ"א ‹דאוסר בס"ב לדידן שנוהגין להחמיר במי פירות› שרי, דמלתא דלא שכיחא היא שיצאו המים מזה לזה, [מ"א בשם התוס' ‹הנ"ל›]. ואף אם יצאו, הלא מעיקר הדין מי פירות אין מחמיצין, **וגם** אפשר דהא דמחמירין במי פירות, היינו שלא לעשות מעשה בידים, לערב מי פירות עם הקמח, אבל מי פירות שנתערב ממילא, שבקינן ליה אדינא דמותר, [ט"ז].

[**ונ"ל** שיש נ"מ בין שני הטעמים, לענין להתיר בזה"ז למלאות קדירה בשבלים, וליתנם לתוך התנור חם ולעשות קליות, דלטעם הט"ז שרי, **אבל** לטעם ראשון אסור בזמננו, **ואף** דבתוס' איתא דגם בחצבא דאבישונא ג"כ לא שכיחא שיצאו מזה לזה, כבר כתבנו דרש"י אין סובר כן].

אות ב' - ג' - ד'

אין לותתין שעורין בפסח, ואם לתת, נתבקעו אסורות, לא נתבקעו מותרות

לא נתבקעו ממש, אלא כל שאילו מניחן על פי חבית והן נתבקעות מאליהן

בעל נפש אפילו חיטין דשרירי לא ילתות

סימן תנג ס"ה - [ב]**האידנא אסור ללתות בין חטים בין שעורים** - ר"ל דאף דבזמן הש"ס לא אסרו רק ללתות השעורים, מפני שהן רכים וממהרים להחמיץ, ויש לחוש שמא יבואו לידי חימוץ בשעת הלתיתה, וה"ה שבולת שועל ושיפון ג"כ בכלל שעורים לענין זה, אבל חטים שהן בטבען קשים, אינם ממהרין להחמיץ, ומותר ללותתן, **והאידנא** אסרוה הגאונים, לפי שאין אנו בקיאין ללתות יפה, שלא יבואו לידי חמוץ בשעת הלתיתה, **ועוד** שמא יבואו לשהות מעט אחר גמר הלתיתה קודם הטחינה, ויבוא לידי חימוץ.

פי' לתיתה כתב הרמב"ם, שבוללין החטים במים, וטוחנין אותם מיד, **ורש"י** פי' ‹ל"ו.›, לשרותן במים מעט קודם הטחינה להסיר מורסנן, כדי שתהא סולתן נקיה.

ואם עבר ולתת, אסור לאוכלן וליהנות מהן בימי הפסח, **ומ"מ** להשהות קמח החטים הלתותים מותר בפסח, אם שרן במים מעט וטחנן מיד אחר הלתיתה, **אבל** שעורים אפשר דאפי' באופן זה אסור להשהות לכתחלה, דאפשר כיון דרכיכה נתחמצו ע"י הלתיתה, [ר"ל והגיעו לשיעור של מ"ד כל שמניחן ע"פ החבית ויתבקעו, אע"פ שלא נתבקעו, **ובדיעבד** אין לאסור למכירה אחר פסח אפי' בשעורים, דעכ"פ אינו אלא ספק חמץ].

והריפות שקורין גאגעלא"ך או גרויפי"ן, העשויין מחמשת המינים, אסור להשהותן לכו"ע, ששורין אותן הרבה במים קודם כתיתתן, ונעשים חמץ גמור, **ואף** אם עבר והשהה אותן, יש אוסרין למכור לעכו"ם אחר הפסח, **ובא"ר** בשם זקנו מצדד, להתיר למכור לגוי אחר הפסח, אם לא נתבקעו ע"י שרייתן, שכל שלא נתבקעו אינו ודאי חמץ, אלא ספק חמץ, ויש להקל בעבר עליו הפסח, שאינו אלא איסור דרבנן, ע"ש, **ומ"מ** בגרויפי"ן שעושין משבולת שועל, [שקורין האבער גרויפין], ששורין את השבולת שועל מקודם הרבה עד שמתבקעים, הוא חמץ ודאי לכו"ע, וע"כ אפילו למכרו לעכו"ם אחר הפסח אסור.

[ג]**סימן תסז ס"ט** - הנה בגמ' איכא פלוגתא לענין לתיתת שעורין במים, דיש שסוברין דלא הוי חמץ עד שיתבקעו ממש, ויש שסוברין דאם הם נפוחים כ"כ עד שקרובין להתבקע, ג"כ אסורין, [ד]**ונקטינן** לחומרא לענין למיכל אותם בעינייהו, דאסור אפילו לא נתבקעו ממש, **אבל** לענין לאסור התבשיל שנמצאו בו הגרעינין, שהוא רק איסור משהו דרבנן, נקטינן לקולא, דאין אוסרין עד שיתבקעו ממש, (היינו אפילו סדק כל שהוא), זהו ביאור דעת המחבר.

[ה]**תבשיל שנתבשל ונמצאו בו שעורים או חטים, אם נתבקעו ממש, הרי כל התבשיל אסור** - אפילו בהנאה, וגם כל הכלים שנשתמשו בם לתבשיל זה בעודו חם שהיד סולדת בו, אסורין להשתמש בהן בפסח, אלא צריך להצניען עד אחר הפסח, **ואם** נתערב מעט מתבשיל זה לתבשיל אחר, גם אותו התבשיל אסור, [דהוי לח בלח ולד"ה אסור]. ‹הט"ז ביו"ד סי' צ"ב, כשנאסרה חתיכה במשהו וחזרה ונפלה לאחרת וסלקוה, אין פליטתה אוסרת במשהו, {דתרי משהו לא אמרינן}, **אבל** לח בלח שנתערב בדרך זה, אסור לעולם במשהו, {שא"א לסלק הראשונה}, ע"כ. **ובנקה"כ** האריך לחלוק, שהוא דבר תמוה, וכל בעלי הוראה אוסרין, דהא מ"מ אותה טעם משהו שבחתיכה הראשונה מתפשטת לחתיכות האחרות - א"ר›.

וכן אם נשתמש בו בכף שהגיס בו בקדרה זו לקדרה אחרת בעודה רותח, ג"כ נאסר הכל, דכיון דאיסורו במשהו, אמרינן דגם כאן פולט משהו, [**ועיין** בא"ר שכתב, דדוקא בכף יש להחמיר לאסור, ‹הגם דתרי משהו לא אמרי'›, מטעם דאין לו פליטה מגופו, ‹דדוקא מחתיכה לא יכול משהו להתפשט, אבל מכף שאין לו טעם מעצמו, אפשר להתפשט - א"ר›, או לח בלח, **אבל** יבש שנתערב בו משהו, ונתערבו החתיכות, ויש רוב כנגדו, ומכיר החתיכה, השאר מותר, **ועיין** בפמ"ג שכתב, דבהנאה בודאי יש להתיר, ובמקום הפסד מרובה ומניעת שמחת י"ט, יש להתיר אפי' באכילה].

(**ובאמת** לפי"מ שפסק המחבר לקמן בסעיף שאח"ז, דמותר למכור לנכרי וכו', ה"נ דכותיה דמותר למכור התבשיל לנכרי, **דאינה נמכרת ביותר בשביל פליטת משהו שנבלע מן החטה, ואין לומר דהכא מיירי כשהחטה עדיין בתוכה, דמסוף דברי המחבר משמע, דברישא אוסר התבשיל אף לאחר שהסיר להחטה ממנה, וצ"ע**).

ואם לא נתבקעו ממש, התבשיל מותר. הגה: [ו]ואין המנהג כן, אלא אוסרים הכל במשהו אפילו לא נתבקעו - היינו

באר הגולה

ב **הרי"ף והרא"ש ורמב"ם** ‹ר"ל אף שמדינא דגמ' אין אסור אלא שעורים, אבל חטים מותר ללתות, {שהרי פסקו כרבה דרק בעל נפש לא ילתות - מעשה רוקח, וכן משמעות העין משפט}, הגאונים אסרוה לפי שאין בקיאין - גר"א› ג ‹ע"פ הב"י והגר"א, וגם העין משפט ציין גמ' זו, אבל הביא רק דברי הרמב"ם› ד ‹וכיון דלא אפסקא בהא הילכתא בהדיא לא כמר עוקבא ולא כשמואל, עבדינן לחומרא כמר עוקבא, דהו"ל ספיקא דאורייתא, וה"מ לענין מיכלינהו להנהו שערי בעינייהו, אבל אי משתכחי בהדי בישולי ולא נתבקעו, כיון דאיסור חמץ במשהו דרבנן הוא, לא אסרינן לההוא בישולא דאשתכחן ביה תרי או תלתא שערי, אא"כ נתבקעו כשמואל, משום דהו"ל ספיקא דרבנן ואזלינן לקולא - רא"ש› ה **טור בשם הרי"ף וכ"כ הרמב"ם** ו ‹שנוהגין כמר עוקבא, ואין אנו בקיאין

התבשיל, וגם כל הכלים שנשתמשו להתבשיל, וכנ"ל לדעת המחבר בנתבקעו, [ונראה דבזה, אם הגיס בכף מקדירה זו לקערה שהיא כלי שני, אין להחמיר אף אם היד סולדת, כיון דאינו אלא מנהג].

והנה דעת הט"ז, דאסור התבשיל אף בהנאה, **אכן** הח"י ועוד כמה אחרונים הסכימו, דבמקום הפסד מרובה, יש לסמוך להתיר עכ"פ בהנאה, (**דבאמת רוב הראשונים וכמעט כולם הסכימו לדברי הרי"ף, להתיר התבשיל אפילו באכילה, וגם הפר"ח הסכים כן, עכ"פ נתיר אנן בהנאה, ובפרט היכא דלא היה קרוב לבקוע, רק שנתרכך, נלע"ד דנוכל לסמוך להקל, וגם נוכל לצרף בכגון זה דעת השאלתות ורז"ה ור"ת, דס"ל לעולם בס')**.

מדסתם הרמ"א, משמע דלא מחלקינן בין אם היא קרובה לביקוע או לא, משום דאין אנו בקיאין בזה, **מ"מ** הסכימו כמה אחרונים, דעכ"פ נתרככה בעינן, דאם לא נתרכך, אפי' נמצא בחמין אין לאסור.

עוד כתבו האחרונים, דאפילו אם נמצא בתבשיל ג' גרעינים שלא נתרככו, לא אמרינן דמסתמא יש יותר ושמא הם מרוככים.

ואותם חטים או שעורים שורפים אותם - ע"ל סימן תמ"ו ס"א.

אות ה'

דלא עבד בהו שימור

סימן תס ס"א - [ח]אין לשין מצת מצוה ולא אופין אותה ע"י א"י, ולא ע"י חרש שוטה וקטן - והטעם, דכתיב: ושמרתם את המצות, ומשמע מזה, דשמירה שאתה משמרה שלא תחמיץ, התכוין לשם מצה של מצוה, ונכרי וחש"ו לאו בני שימור (לשמה) נינהו, (**ובאפיה**, משום דגם בנתינה לתנור צריך שמירה, **שלא ישהה נגד פי התנור, ועכו"ם אינו חושש לזה**), (**וע"ש** במ"א דמשמע, דהוא משום דבעינן שימור לשם מצוה, וצ"ע).

והסכימו הרבה פוסקים, דאפילו ישראל עומד על גבן ומזהירן שיכונו לשם מצות מצה, ג"כ לא מהני, ואינו יוצא י"ח אפי' בדיעבד, **ויש** מן הפוסקים שמקילין, בעומד על גבן ומזהירן שיכוונו בעשייתו לשם מצה, דאז אמרינן אדעתא דישראל קעביד, [וכדלעיל בסי' י"א לגבי טויה, **והרא"ה** מיקל מטעמא אחרינא, דהכא לא בעי עשייה לשם מצוה, רק שימור לשם מצה, כדכתיב "ושמרתם", וזה סגי אפי' באחר שעומד ע"ג ומכוין לשם מצה, **ולפי"ז** א"צ כלל מחשבת העכו"ם וחש"ו, רק כיון שישראל העומד ע"ג כל זמן לישתן שומר לשם מצת מצוה, די בזה, **וריטב"א** מסיים, שכן היה דן הרא"ה להלכה ולא למעשה].

וכתבו הב"ח והמ"א, דיש לסמוך עלייהו כשא"א בענין אחר, וטוב שהישראל בעצמו יסייעם ג"כ קצת, **ומ"מ** מוטב לעשות ע"י חש"ו מע"י עכו"ם, **ודע**, דאפילו לדעת המקילין בעומד ע"ג, לא יסתפק במה שאומר לו פעם אחת קודם העשיה שיכוין לשם מצות מצה, רק צריך להזהירו בכל שעה ע"ז, שלא יסיחו דעתם מזה.

אין לשין וכו' - וה"ה עריכת המצה, **ולענין** ניקור שמנקרין המצות, טוב ליזהר לכתחלה שלא לעשות על ידם לענין מצות של מצוה, **ויש** שמקילין בזה אף לכתחלה, לעשות הנקבים ע"י קטן וכה"ג, כיון שגם גדולים עומדים ע"ג, ועי"ז יהיו הרבה עוזרים למהר בענין עשייתן.

(**עיין בט"ז דדעתו, דדוקא לישה ואפיה לא מהני עומד ע"ג, אבל בטחינה לכו"ע מהני, בישראל שעומד ורואה שלא נעשה בזה שום חשש חימוץ**, (דשימור דטחינה, היינו מטעם חימוץ, משא"כ בלישה ואפייה דלאו מטעם חימוץ הוא, אלא שיכוין לשם מצה, בזה דוקא אסור בעכו"ם וחש"ו, דעיקר עשיית המצה היא לישה ואפייה, וזה צריך לשם מצוה, ע"ש), **אבל דעת הא"ר כהב"ח, דטחינה תליא בפלוגתא שהובא בסימן תנ"ג ס"ד, דאם נימא דבעינן שימור לשמה משעת טחינה, ממילא אין יכולין לעשות זה ג"כ ע"י חש"ו ונכרי, ואפילו הישראל עומד ע"ג**, (וכן להסוברים דבעי שימור משעת קצירה, אין לקצור ע"י גוי), **ואם נימא דשימור לשמה הוא מלישה ואילך, מותר לנו לעשות טחינה ע"י נכרי וחש"ו, וכן הסכים בספר מטה יהודה, ומה דנקט המחבר לישה ואפיה, מלתא דפסיקא נקט, דזה אסור לכו"ע, דאפילו מאן דמתיר ליקח קמח מן השוק בשעת הדחק, מודה ג"כ דמשעת לישה ואילך בעינן שימור לשמה דוקא, ואסור ע"י עכו"ם וחש"ו, וסיים המטה יהודה, דכן ראינו המדקדקים לעשות מצה שמורה, שלא לטחון את החטים אלא ע"י ישראל בריחיים של יד, וה"ה בריחיים של מים, ולא ע"י ריחיים של עכו"ם של בהמות, ואפילו ישראל עומד ע"ג, וכן ראוי לנהוג ולהנהיג**, עכ"ל, (ואם אפשר גם הקצירה יקצרו ישראלים לשמה – שונה הלכות), **ומ"מ מנהג העולם כהיום פשוט כהט"ז, להקל בטחינה ע"י עכו"ם, שנותן החטים לתוך האפרכסת אפילו במצות שמורה, אך הישראל עומד ורואה שלא יבוא לידי חשש חימוץ, וכן הח"י והלכה ברורה והגר"ז העתיקו דבריו להלכה, וכן משמע ברוקח, ומ"מ מי שאפשר לו שכל תיקוני המצות שלו יהיה ע"י ישראל, הרי זה משובח)**.

ובעו"ה כמה אנשים מקילין, ומניחין לקטן וקטנה ליתן מים לתוך הקמח, ושלא כדין עושין, דנתינת מים לתוך הקמח הוא בכלל לישה, לדעת הי"א בסי' שכ"ד ס"ג, ולא נפיק ידי חובת מצה במצה כזו, **אם** לא שלוקח מצות אחרות ללילי הסדר, לקיים המ"ע דאכילת מצה.

(**ויותר מזה יש טעות נתפשט לאיזה אנשים, שקונים קמח שמורה לאפיית מצותיהם, וגם הם מניחים לקטנים ליתן מים לתוך הקמח, וכמה טועין הם, שחושבין שכיון שקמח הוא מחטים ששמרו מעת הקצירה, יצאו בזה ידי הכל, וטעות גדול הוא, שבכל אופן הוא העיקר הלישה והאפיה, וע"כ צריך שיהיה בזה כל מעשיהן, היינו הנתינת מים לתוך הקמח, והלישה והעריכה, וי"א דגם הניקור, והאפיה, ע"י גדולים, ויהיה הכל בפירוש לשם מצת מצוה, וא"צ שיאמרו בכל מצה ומצה, אלא יאמר כל אחד: מה שיעשה היום בענין מצה זו, יהיה הכל לשם מצות מצה)**.

(**וזכורני בימי נעורי היה המנהג בישראל, שבעת אפיית מצות, בעל המצות היה אומר וחוזר להעוסקים כמה פעמים, שיזכרו שהיא מצת מצוה, ועכשיו בימינו נתרופף המנהג הזה, מפני שכמה מדקדקים**

באר הגולה

בשיעור הראוי לביקוע – גר"א | ז (ע"פ הגר"א | ח טור בשם השאלתות ורב כהן צדק וכן פסקו שאר פוסקים

ליקח מצה שמורה ללילי הסדר, והמצה שמורה נאפה בכל מיני הידור, מפני שעל פי רוב לוקחין אותם מרב העיר, או משארי ת"ח, וע"כ אין מדקדקין בסתם מצות, **אבל** באמת יצא שכרנו בהפסדנו, מפני שסוף סוף רוב העולם אין לוקחין מצה שמורה, ויוצאין בסתם מצה, וכשקטנים עוסקין בעניני לישה ובעריכה וכה"ג, אין יוצאין ידי מצה, **וא"כ** יותר טוב היה המנהג שלפנים, שהיה הבעה"ב עונה ואומר "מצת מצוה" לפני הכל, שזהו כעומד ע"ג, ויוצא עכ"פ לדעה שניה).

ודוקא מצת מצוה, משא"כ בשאר מצות א"צ שימור לשם מצוה, רק שיזהר שלא יהיה בהן חשש חימוץ, ומותר לעשות על ידי חש"ו אם משגיח עליהן, **אך** ישראל קדושים הן, ונהגו לעשות שימור לשם מצה בכל המצות, כדאיתא בסימן תע"ז.

(**ועיין** ברמב"ם דמוכח שם דדעתו, דאָכָל מצה שאוכל בפסח צריך שימור, ועיין במגיד משנה שהביא סמוכין לזה עיי"ש, דלכתחלה יש לעשות שימור בכל המצות, ולעיכוב אינו אלא לכזית שאוכל בליל פסח, עיי"ש, **והאי** בצקות של עכו"ם, דמבואר בש"ס דאדם ממלא כריסו מהם, ובלבד שיאכל כזית מצה באחרונה, היינו מעיקר הדין, או במקום שאין לו אלא כזית אחד, **ועיין** בח"א שכתב, דהגר"א היה מקפיד מאד אשימור בכל המצות שאוכל בכל הפסח, ונראה דהוא כסברת הרב המ"מ הנ"ל).

(**ודע עוד**, דעיקר דינא דבצקות של עכו"ם אדם ממלא כרסו מהם, לא הביאו הפוסקים, וכתב הב"י דטעמייהו הוא, דס"ל כפירוש ר"ח, דמיירי שלשם בפני ישראל, וישראל ראה שלא נתערב בהן כלום חמץ, ולא נתחמץ בלישה, אלא שלא נשתמרה לשם מצה, וא"כ אין כאן חידוש דין, וכן הסכים בלבוש ופר"ח וחמד משה, **אכן** בא"ר כתב, דהרבה מפרשים קיימי בשיטת רש"י, דכל שאין בו סידוק ושיאור, אף שלא ראה הישראל כשלש העכו"ם, לא חיישינן, וכתב שכן כתב הרא"ש וטור ור' ירוחם הנמשכים אחריו, ושיבולי לקט ומנהיג וצדה לדרך, וכתב דיש לסמוך בשעת הדחק ביותר, **ובאמת** כפי הנראה לא היו לפניו בזה דברי שאר ראשונים, עיין בחידושי רמב"ן ובחי' ריטב"א ובמהר"ם חלאווה, כולם דחו סברת רש"י בכמה ראיות, והסכימו לפירוש ר"ח, **וגם** הרי"ף והרמב"ם שהשמיטו, בודאי ג"כ מפרשים כפירוש ר"ח, דתמוה הוא לומר כסברת א"ר, דהשמיטו זאת משום דהוא מילתא דפשיטא כיון שאין בו סידוק ושיאור, ואדרבה מסתימת הרמב"ם משמע, שצריך שימור גם למצות של שאר ימי הפסח, **וע"כ** נראה דאין להקל בזה כלל).

(**והנה** מה דצריכין שימור לשם מצה דוקא בלישה ואפיה, וליש פוסקים גם בטחינה, אם הוא דאורייתא או דרבנן, יש מחלוקת בזה בין הפוסקים, **בב"ח** משמע לכאורה דהוא רק מדרבנן, וכ"כ בח"י, דהוא רק אסמכתא אקרא ד"ושמרתם את המצות", **והפר"ח** הסכים דהוא מדאורייתא, **והנה** מהרמב"ם מוכח בהדיא דהוא דרשה גמורה, דבעינן שימור לשם מצה, אלא דמה דמצריך רבא שימור יתירה משעת קצירה ואילך לשם מצה, הוא רק מדרבנן ולכתחלה, וכן הסכימו הרבה מהראשונים, אבל עכ"פ מלישה ואילך עד אחר אפיה בודאי לעיכובא הוא מן התורה, ואפי' בדיעבד, **ואח"כ** מצאתי בב"מ שגם הוא השיג על הב"ח וח"י, ע"ש שהסכים לדבר ברור שהוא מן התורה, וכתב שכבר הרגיש בזה גם הפר"ח על הב"ח, **שוב** אמרתי שגם מהב"ח אין ראיה שהוא סובר שמדרבנן הוא, **ולפי"ז** יש ליזהר שלא לסמוך לכתחלה במצת מצוה על חזקה דרבא, דס"ל דמכיון שהגיעו לכלל שנים מסתמא הביאו ב' שערות, אם לא שהם גדולים בשנים).

(**עוד** כתב (הפמ"ג), דהך לשמה יראה דיוציא בפה, ובדיעבד סגי במחשבה, וזה בלישה ואפיה דמצה, משום דסתמא לשמה, משא"כ בטחינה וקצירה צ"ע, עכ"ל, **והנה** מדבריו נראה, דאם לא חשב הישראל בשעת לישה ואפיה לשם מצה, אפילו בדיעבד אינו יוצא בה, **וכן** משמע מרש"י דף ל"ח, אהא דאיתא שם חלות תודה אם עשאן לעצמן, אין יוצאין בהן ידי חובתן בפסח, משום דכתיב ושמרתם את המצות, מצה המשתמרת לשם מצה, יצתה זו שאינה משתמרת לשם מצה אלא לשם זבח, ופירש"י ושמרתם וכו' לשם מצה, כל שימור שאתה משמרה התכוין לשם מצה של מצוה, ומשמע מלשונו דסתמא לא מהני, **ואינו** דומה למאי דקי"ל לגבי קדשים, דסתמא לשמה קאי, משום דהקדישו מתחלה לשם עולה או שלמים, ומשו"ה תלינן דבעת העבודה עומד ג"כ לשם זה, משא"כ בעניננו, **אמנם** בחי' הריטב"א לפסחים מצאתי שכתב, דאם לש ישראל להעיסה, כיון דכל דקעביד לפסח קעביד, זהו כפירש לשם מצוה, **ודוקא** בשעת לישה דסתמא קיימא להכי, אבל שימור דקצירה, שאין סתם קצירה לכך, צריך שיזכור לשם מצוה, כדאמר רבא, **ובעכו"ם** שאין לו חלק במצוה, אפילו בשעת לישה לא עביד לשם מצוה, וה"ה לענין חש"ו, ע"ש, **הא** קמן דס"ל דבישראל גדול סתמא לשמה קאי, וקצת תימה, מי עדיף זה מכתיבת ס"ת באזכרותיהן, דסתמא שלא לשמה, וצ"ע).

וחרש היינו שאינו שומע ואינו מדבר, דאם הוא מדבר אינו מדינא בכלל חרש, **וקטן** היינו שלא הגיע לי"ג שנים ויום אחד, ובאשה בת י"ב שנים, **ושוטה** היינו שמאבד מה שנותנים לו.

אות ה'

אלמא קסבר שימור מעיקרא מתחלתו ועד סופו בעינן

סימן תנ"ג ס"ד - [ט]החטים שעושים בהם מצת מצוה - ר"ל המצות שאוכלין בשתי הלילות הראשונות, לקיים בהן מצות "בערב תאכלו מצות", **הם** צריכין שמירה יתירה, ולא די לנו במה שאין לנו ריעותא של חשש חימוץ, אלא שצריך שימור יתירה לשם מצות מצה, דכתיב: ושמרתם את המצות, והיינו שצריך שישמור לשם מצה.

טוב לשמרן שלא יפלו עליהם מים משעת קצירה - ר"ל שישמור מעת ההיא והלאה, שלא יפול עליהן מים, לשם מצת מצוה, **אבל** קודם קצירה, שעדיין היו מחוברים, אין לחוש אפילו שידעינן שירד עליהן גשמים, **ועיין** לקמן סי' תמ"ז ס"ה, דאפילו מחובר, אם נתייבשו לגמרי ואין צריך עוד לקרקע, מקבל חימוץ אם ירדו עליהן גשמים, **וע"כ** המנהג לקצור דגן של שמורה בעודן לחין קצת.

באר הגולה

ט טור בשם הרי"ף ממימרא דרבא

[י] **ולפחות משעת טחינה** - לפי שאז מקרבין אותן אל המים, וצריך שמירה, [**ובמקום** שטוחנין בריחיים של רוח או של יד, א"צ גם אז שמירה לדעה זו, אם אין רגילין לרחוץ שם החטין, כי אם מלישה והלאה].

[יא] (**ודעת הפר"ח** להכריע, דשימור משעת קצירה מדינא הוא ולעיכובא, ואפילו בדיעבד, וכדבריו נמצא בכמה ראשונים, דשימור הוא משעת קצירה, **ואף** דאם לא ימצא מצה ששמור מעת הקצירה לשם מצה, בודאי נוכל לסמוך על דעת השו"ע, ולברך ברכת "אכילת מצה", מ"מ לכתחלה בודאי נכון להחמיר למצה של מצוה, ליקח דוקא מצה שמורה מעת הקצירה, **ובשם הגר"א** הביאו ג"כ, שהחמיר מאוד שלא לאכול רק מה ששמור משעת קצירה, והוא היה נזהר בזה כל ימי הפסח, ומטעם שמא ירד עליהם מים במחובר לאחר שנתייבש התבואה).

(**ואם** מותר לשלוח קמח שמורה על הבאהן בלי שומר ישראל, עיין בספר תוספות ירושלים שמסתפק בזה, דאף דלא נחוש לאיחלופי ולירידת הגשמים, מ"מ שמירה להדיא לא הוי, ורחמנא אמרה "ושמרתם", **וא"כ** אפשר דאין כדאי לשלוח בלי שומר).

[יב] **ובשעת הדחק מותר ליקח קמח מן השוק** - דסמכינן אהני פוסקים דסבירא להו, דעיקר שמירה הוא מלישה ואילך, וקודם לישה לא בעינן שישמור להדיא, אלא אפילו בסתמא נמי לא מחזקינן איסורא, **ואפילו** במקום שלותתין החטים, דמסתמא אין שורין עד שתחמיץ, אלא מציפין עליהן מים ומדיחין אותן, וטוחנן מיד, **ואע"ג** דפסק המחבר בס"ה, דהאידנא אסור לו ללתות, שאני הכא דהוא שעת הדחק, וגם שמא לא לתתו אלו החטין, (**ואפילו** בשעת הדחק, טוב יותר ליקח למצות קמח שיפון או של שבולת שועל, מקמח חטים, כי זה לתתו וזה אין לתתו).

(**מסתימת הלשון** משמע, דאפי' מן העכו"ם מותר, דלא מחזקינן איסורא, אלא שצריך לרקדן מתחלה, שמא יש בהן פירור חמץ, וכן מפורש בכמה ראשונים, **אמנם** בחידושי ריטב"א מחמיר מאוד בזה, וז"ל: מסתברא דקמחן של עכו"ם אסור בפסח, דהא ע"י טחינה בריחיים של מים, שכיח למיעל בהם מים, וכן דעת הרא"ה ז"ל, **ואפילו** קמח של ישראל הנשאר משאר ימות השנה, שלא נזהרו בו כראוי, מפקפק שם, ומ"מ בסוף מסיים: ובקמח של ישראל לא אסרינן בדיעבד, אבל בשל עכו"ם אסור, דההיא ודאי מניחן במקום התורפה כמו שאפשר לו, **ורבותיו** הסכימו דאפילו בשעת הדחק אין מתירין אותם כלל, **והגאונים** ז"ל כתבו: דמותר ליקח קמח מן השוק בשעת הדחק, ולא מחזקינן איסורא, ויוצא ידי חובתו בזה, **וכתב** הוא ז"ל ע"ז: כל היכא דלית ליה קמחא אחרינא בשום צד כלל, עושה מצה מקמח של עכו"ם, ואוכל ממנה כזית למצוה, דהאי חששא מאיסור משהו, דרבנן הוא, ובמקום מצות מצה של תורה לא חיישינן, **ואע"פ** שב"ד מתנין לעקור דבר מן התורה בשב ואל תעשה, היינו דוקא היכא דאיכא איסורא ודאי, אבל הכא חשש רחוק הוא, ואפשר דליכא איסורא, עכ"ל, **ומשאר** ראשונים משמע דלא מחמרינן בדיעבד, ואפי' כל ימי הפסח מותר).

וחטים מותר ליקח אפילו שלא בשעת הדחק, דיקיים שמירה משעת טחינה ואילך, **אכן** ליקח חטים מבעל הריחיים, שלוקח מדות כל השנה בשכר טחינתו, אסור אפי' בדיעבד, דהא רגילים הטוחנים לכבס אותם במים תחלה, ויש להזהיר להמון - ט"ז.

עוד כתב הט"ז: דבמקום שטוחנין החטים בריחיים שטוחנין המלצי"ן, אסור ליקח קמח מן השוק אפילו בשעת הדחק, ואפילו במקום שאין דרך ללתות אותם מתחלה, דמלצי"ן חמץ גמור הוא, ומתערב בהם, **והאחרונים** כתבו, דבשעת הדחק אף זה מותר, דהא אף אם נשאר איזה דבר מן המלצי"ן ונתערב, ודאי דנתבטל קודם פסח, וקמח בקמח הוי לח בלח, ואין חוזר וניעור, וצריך לרקד אותם, שמא נשאר פירור של המל"ץ בתוכם, **מ"מ** הנכון בזה לאפות הכל קודם פסח.

וכתבו האחרונים, דעכשיו שהמנהג לכבס את החטים ולהשהות אותם במים, אסור ליקח קמח חטים מן השוק, אפילו בשעת הדחק, דהוי ממש כדגן שנטבע המבואר בסימן תס"ז ס"ב, דאפילו בדיעבד אסור מדינא דש"ס, וגרע מלתיתה, ואפילו לכל ימי הפסח אסור, וכ"ש ליקח מהם למצת מצוה, **ויש** הרבה פוסקים דס"ל, דאפילו לשהות אותם בבית אסור משום בל יראה, וכההיא דסימן תס"ז ס"ב בהג"ה שם, ואף אם עבר ושהה יש אוסרין, **ובא"ר** בשם זקנו מתיר למכרם לעכו"ם לאחר פסח, דעכ"פ אינו אלא ספק חמץ.

כתבו האחרונים, דאף דמדינא א"צ שימור לשם מצה רק למצות של לילות הראשונות, אבל לשארי ימים די כשאין בהם חשש חמץ, ישראל קדושים הם, ונהגו לעשות שימור לשם מצה בכל המצות, משעת טחינה, ולפחות משעת לישה.

באר הגולה

[י] **כמ"ש הרא"ש ממימרא דרב הונא שם** ‹וז"ל: ואפ"ה לא הדר ביה רבא, דאמר להו רבא להנהו דמהפכי כיפי וכו', כלומר אפילו שנדחו דברי רבא דהוה בעי למימר דשימור דלישה לאו שימור הוא, אפ"ה לא הדר ביה, ומחמיר על עצמו היה משעת קצירה לשמור מצה של מצוה, **וכן** משמע דחומרא בעלמא הוא, מדקאמר מר בריה דרבינא מנקטא ליה אימיה בארבי, משמע דאיהו לבד היה מחמיר, וכל שאר החכמים לא נהגו כן, **וכן** מדקאמר רב הונא בצקות של גוים וכו' ובלבד שיאכל כזית מצה באחרונה, משום דלא עביד ליה שימור משעת לישה, משמע הא אם לקח קמח מן הגוי ולש אותו, אין צריך לאכול כזית מצה באחרונה, **ונהגו** באשכנז ובצרפת לשמרן משעת טחינה, לפי שאז מקרבין אותו אל המים, שטוחנין בריחים של מים, עכ"ל - ב"י› [יא] ‹דא"כ היכי קאמרינן ואפ"ה לא הדר ביה רבא, הרי לדברי הרא"ש הדר ביה, אלא שמחמיר על עצמו היה. **ועוד** לישנא ד"אלמא קסבר", משמע דדינא קאמר רבא ולא חומרא. **והא** דאמרינן מר בריה דרבינא מנקטא ליה אימיה בארביה, אפשר שהיה נוהג לאכול כל לחם שהיה אוכל בפסח מחיטים שמורים משעת קצירה, וזו היא חומרא בעלמא שלא היו נוהגים שאר החכמים כן, דמאי דבעיא שימור מעיקרא הוא דוקא לכזית מצה של חיוב של לילה ראשונה, כדמוכח בהדיא ההיא דבציקן של נכרים, וכמו שכתבו האחרונים ז"ל - פר"ח›
[יב] **טור בשם גאון** ‹תשובה לגאון, ליקח קמח מן השוק בשעת הדחק, מותר ויוצאין בו, דלא מחזקינן איסור, אבל לכתחלה בעי שימור - טור›. ‹**דכי אמרינן** בגמרא דשימור דלישה לא הוי שימור, היינו לכתחלה - ב"י›

עין משפט נר מצוה

קע א מיי' פ"י מהלכות כלאים הלכה כו טור ש"ע יו"ד סימן שא סעיף ח :

קעא ב מיי' פ"ה מהל' חמץ הלכה ט טוש"ע או"ח סימן תסד סעיף א :

קעב ג מיי' פכ"ב מהל' שבת הלכה ו טור ש"ע או"ח סימן שיח סעיף ט :

קעג ד ה מיי' פרק ה מהלכות חמץ ומצה הלכה כ טוש"ע או"ח סימן תסד סעיף ג :

קעד ו מיי' פ"ח מהל' ק"פ הלכה ה סמג לאוין שג :

קעה ז שם הלכה ח :

קעו ח ט מיי' פ"ה מהלכות חמץ ומצה הל' יט טוש"ע או"ח סימן תסד :

מנקטא ליה אימיה בארבי: ההוא ארבא דחיטי דטבעא בחישתא שריא רבא לזבוני לנכרים איתיביה רבה בר לוואי לרבא *בגד שאבד בו כלאים הרי זה *לא ימכרנו לנכרי ולא יעשה (א) בו מרדעת לחמור אבל עושין אותו תכריכין למת לנכרי מאי טעמא לא לאו משום דהדר מזבין ליה לישראל הדר אמר רבא [ג]לזבינהו קבא קבא לישראל כי היכי דכליא קמי פיסחא תנו רבנן אין מוללין את הקדירה בפסח והרוצה שימלול נותן את הקמח ואח"כ נותן את החומץ ויש אומרים אף נותן את החומץ ואח"כ נותן את הקמח *מאן י"א א"ר חסדא רבי יהודה היא *דתנן [ד]האילפס והקדירה שהעבירן מרותחין לא יתן לתוכן תבלין אבל נותן לתוך הקערה או לתוך התמחוי רבי יהודה אומר לכל הוא נותן חוץ מדבר שיש בו חומץ וציר ונוקמה כר' יוסי *(דתנן) ר' יוסי אומר שורן בחומץ וחומץ צומתן כי אשמעינן ליה לרבי יוסי הני מילי דאיתיה בעיניה אבל על ידי תערובות לא עולא אמר [ה]אחד זה ואחד זה אסור משום *לך לך אמרינן נזירא סחור סחור לכרמא לא תקרב רב פפי שרי ליה *לבורדיקי דבי ריש גלותא [ו]למימחה קדירה בחסיסי אמר רבא איכא דשרי כי האי מילתא בדוכתא דשכיחי עבדי א"ד רבא גופא מחי לה קידרא בחסיסי: **מתני'** אין נותנין קמח לתוך חרוסת או לתוך החרדל ואם נתן יאכל מיד ורבי מאיר אוסר *אין מבשלין את הפסח לא במשקין ולא במי פירות [ז]אבל סכין ומטבילין אותו בהן מי תשמישו של נחתום ישפכו מפני שהן מחמיצין: **גמ'** אמר רב כהנא מחלוקת לתוך החרדל אבל לתוך חרוסת דברי הכל ישרף מיד ותניא נמי הכי [ח]אין נותנין קמח לתוך החרוסת ואם נתן ישרף מיד לתוך החרדל ר' מאיר אומר ישרף מיד [ט]וחכמים אומרים יאכל מיד אמר רב הונא בריה דרב יהודה אמר רב נחמן אמר שמואל הלכה כדברי חכמים א"ל רב נחמן בר יצחק לרב הונא בריה דרב יהודה
אחרוסת

מנקטא ליה אימיה · חיטין מתחלה קציר לצורך הפסח ועבדלה להו שימור מעיקרא : **בארבי** · מלא עריבה או עריבות הרבה ומלגיעתן לבדם לצורך הפסח : **חישתא** · שם הנהר · טבעה קודם הפסח והיו בה חיטין : **שאבד בו כלאים** · שנארג בו חוט של כלאים ואינו ניכר : **הרי זה לא ימכרנו לנכרי** · דהואיל ואין כלאים שבו ניכרים אתי לזבוניה האי נכרי לישראל ולבישׁ להו ישראל ולאו אדעתיה : **ולא יעשנו מרדעת לחמור** · דילמא הדר שקיל ליה מההם והופרו בלחד מבגדיו : **אבל עושה אותו תכריכין למת** · דמההם הו לא שקיל ליה דבגדי המת אסורין בהנאה ומת אין מצות נוהגות בו דכתי' במתים חפשי כיון שמת אדם נעשה חפשי מן המצות (שבת ל·) והכי חיטי כיון דלא מינכר חימוץ דידהו אתי האי נכרי והדר מזבין להו לישראל : **קבא קבא** · קב לזה וקב לזה ולא הרבה לאיש אחד: **מוללין** · בקמח קרי מלילה כשטוחנין קמח לתבשיל : **ואחר כך נותן את החומץ** · דאין החומץ מניחו להחמיץ לפי שמבשלו : **ויש אומרים אף נותן חומץ תחלה** · דאף על גב דחומץ ככר מעורב בתבשיל הוא מבשל את הניתן בתוכו: **שהעבירן מעל האור** · מרותחין ערב שבת עם חשיכה: **לא יתן לתוכן תבלין** · דכלי ראשון מבשל ונמלא מבשל תבלין בשבת : **לתוך הקערה** · דכלי שני אינו מבשל : **לכל הוא נותן** · לכל מיני מאכל הוא נותן תבלין בכלי שני חוץ מדבר שיש בו חומץ וציר שהחומץ מבשלן ואע"ג דקדם : **הני מילי בעיניה** · כשהחומץ בעין אבל כשהוא מעורב בתבשיל אין כחו חזק: **אחד זה ואחד זה** · בין חומץ תחלה בין חומץ בסוף אסור : **לבורדקי** · נחתומין : **בחסיסי** · קמחא דאבישונא : **דוכתא דשכיחי עבדי** · כגון בי ריש גלותא שהעבדים מזלזלין בדבר איסור יותר ויותר : **מתני' חרוסת** · אינגרו"ס ויש בו חומץ ועשוי לטבל בו בשר ורגילים לתת בו קמח וכל דבר שמקהה את טעמו וקמח לאחר זמן מחמיץ ומקהה את הטעם : **אין מבשלין** · דכתיב (שמות יב) אל תאכלו ממנו נא ובשל מבושל וגו': **לא במשקין** · אע"ג דכתיב במים וטעמא מפרש בגמרא : **סכין** · בשעת צלייתו : **ומטבילין** · בשעת אכילתו : **מי תשמישו של נחתום** · שמצנן בו ידיו בשעה שהוא עורך ומקטף את המצה ישפכו :
גמ' מסלוקם · דשרי ליה תנא קמח לאוכלו מיד בנותן לתוך החרדל לפי שהוא חזק ואין מניחו מהר להחמיץ :
אחרוסת

לא יעשנו מרדעת לחמור . אומר ר"י דדוקא בכלאים דאורייתא אסור לעשות מהן מרדעת שמא יעשנו טלאי על בגדו ולא יזהר נמי שלא יגע בבשרו אבל בכלאים דרבנן שרי כדאמרי' במסכת כלאים (פ"ט מ"ד) מרדעת החמור אין בה משום כלאים ומותר לעשות מהן כר וכסת ובלבד שלא יגע בבשר אע"ג דאמרינן בפ"ק דביצה (דף יד:*) אפי' עשר מצעות זו על גב זו אסור שמא תכרך לו נימא על בשרו שאני כר וכסת ומרדעת אין רגילין ליכרך כל כך :

אבל עושהו תכריכין למת · וא"ת והא איכא לועג לרש וגו' ובפרק התכלת (מנחות דף מא·) אמר רב טובי בר קיסנא אמר שמואל כלי קופסא חייבין בציצית (אמר רב) ומודה שמואל בזקן שעשאה לכבודו שפטורה והיינו שעטפה ולאי רמינן ליה משום לועג לרש ומאי טעמא נמי ליה יעשה כלאים למת ואומר ר"ת דציצית שקולה כנגד כל המצות לכך איכא לועג לרש טפי כדאמרינן בהתכלת (שם דף מג·) ובכרייתא את כל מצות ה' מלמד שקולה ציצית כנגד כל המצות והא דאמר בפ' מי שמתו (ברכות דף יח·) רבי חייא ורבי יונתן הוו שקלי ואזלי בבית הקברות הוי שדיא תכלת דרבי יונתן אמר ליה ר' חייא דלייה שלא יאמרו למחר באים אצלנו והיום מלעיגים אותנו ואף על גב דמתים נמי יש להם ציצית אומר ר"ת דמכל מקום שייך בהן ליעוג לפי שמראין עצמן כמצוין במצות והן אינן מצוין ואינו דומה מצווה ועושה למי שאין מצווה ועושה ומה שמסירים בזמן הזה מטליתות של מתים סומכין אהא דתניא במסכת שמחות (פי"ב) אבא שאול בן בטנית אמר לבניו *קברוהו תחת מרגלותיו של אבא והתירו תכלת מפליוני וכמה דברים אנו סומכין על ספרים חיצונים ומניחין גמרא שלנו דבפרק בתרא דמגילה (דף לא:) אמרי' ראש חודש אב שחל להיות בשבת מפטירין חדשיכם ומועדיכם דהיינו חזון ישעיה* ואנו מפטירין השמים כסאי וכן הוא בפסיקתא ובפר' ויחל אנו קורין בתענית שלנו אע"ג דתנן במגילה (גם זה שם) שקורין בתענית בקללות וברכות ואנו סומכין על מס' סופרים (פי"ז ה"ז)* :

האילפס והקדירה שהעבירן מרותחין לא יתן לתוכן תבלין · מכאן אין להוכיח דעירוי ככלי שני מדלא אשמעינן רבותא שלא יערה (ג) על הקערה שהתבלין בתוכה דאדרבה דוק מסיפא איפכא דקתני אבל נותן הוא לתוך הקערה ולא קתני אבל מערה על הקערה שיש בה תבלין ונראה דאפילו שמואל דאית ליה תתאה גבר ותניא כבילד צולין (לקמן דף עו·) כוותיה אפ"ה מבשל העירוי כדי קליפה דאמר התם תניא כוותיה דשמואל חם לתוך צונן קולף צונן לתוך צונן מדיח ואם עירו רותחין על התרנגולת צריך קליפה וכלי שנשתמשו בכלי ראשון לא יוכל להגעילו ע"י עירוי דאין מבשל אלא כדי קליפה והוא בלע יותר מכדי קליפה והא דאמרינן בפרק כירה (שבת דף מב·) דשרי חם לתוך צונן יש לומר כיון שאינו מבשל אלא כדי קליפה הואיל והצונן של מטה מים שהוא דבר המתערב אינו יכול להתבשל מחמת נגיעת המים אבל דבר שאינו מתערב לא ובשילהי ע"ז (דף עו·) אמר *מר עוקבא זבן יורה מנכרי ואהדר ליה גדנפא וכו' ומסיק כבולעו כך פולטו מה בולעו בניצוצות אף פולטו בניצוצות ואי עירוי ככלי ראשון הוא מאי איריא משום דבלע בניצוצות אפילו בלע בליעה גמורה פליט בניצוצות דהיינו עירוי אלא ודאי לא בשיל אלא כדי קליפה והא דתנן בפרק חבית (שבת דף קמה:) כל שלא בא בחמין לפני השבת מדיחין אותו בחמין בשבת וכו' צריך לאוקמא בכלי שני דבכלי ראשון אפילו הדחה אסורה וקשה דקתני דוקא מדיחין אבל שורין לא והכא גבי תבלין קתני אבל נותן לתוך הקערה או לתוך התמחוי דהיינו אפילו שורין ואומר ר"י דהתם מיירי במידי דבר בישול וכששורין אותו אפילו בכלי שני מיחזי כמבשל אבל תבלין עשויין למתק הקדירה ולא מיחזי כמבשל ובירושלמי בפרק כירה בעי מהו ליתן תבלין מלמטה ולערות עליהן מלמעלה ר' יונה אומר אסור דעירוי ככלי ראשון הוא תיליה דר' יונה מן הדא וכלי חרש אשר תבושל בו ישבר א' שבישל בו וא' שעירה לתוכו רותח ודחי ר' אסי תמן כלי חרס בולע תבלין אינו מבשל התיב ר' אסי בר בון והתניא אף בכלי נחשת כך אית לך למימר כלי נחשת בלע בתמיה: **רבא** מחו ליה קידרא בחסיסי · פ"ה קימחא דאבישונא וקשה דהא לעיל (דף לט:) אסרינן וליכא מאן דפליג ונראה לר"י כדפירש בערוך בחסיסי קמח של עדשים דאין דרכם לבא לידי חימוץ כל כך :
לא

מסורת הש"ס

[וביומא סט.]

ע"ז סה. נדה סא.

[עי' תוספות חולין נה. ד"ה וכתמכא]

[עמ"ש תוס' ביצה כב: ד"ה מאן]

שבת מב:

[צ"ל דתניא]

[שבת יג. ב"מ נג. ע"ז יז. נזיר נט.]

[ג"י הערוך לבורדיקי]

[צ"ל קברו אותי]

[עי' תוספות לקמן מא. ד"ה אין מבשלין]

[פי' תוס' מגילה לא: ד"ה ר"ח אב וכו' ותק"ע ועי' תרומת הדשן סי' יט]

[ועי"ש תוס' ברכות יח. ד"ה למחר ובב"ב עד. ד"ה פסקי ובע"ז סה: ד"ה אבל ובנדה סא: ד"ה אבל]

צ"ל רב עקביא

הגהות הב"ח

(א) גמ' בר ליואי לרבא בגד שאבד וכו' לא יעשנו מרדעת לחמור כצ"ל : (ב) תוס' ד"ה אילפס וכו' שלא יערה בקערה כצ"ל ותיבת על נמחק :

רבינו חננאל

היתה משמרת אותם לשם מצה מתחלה : **ההיא** ארבא דטבעא בחישתא. כלומר טבעא ספינה בנהר התיר רבא למכור החטים שבספינה לנכרים ומותבינן ליה [מהא דתניא] הבגד שאבד בו כלאים הרי זה לא ימכרנו לנכרי חיישי' שמא יחזור הנכרי וימכרם לישראל אחר ולא יעשנו מרדעת לחמור אבל עושין אותו תכריכין למת הדר ביה רבא ושרינהו לזבינינהו קבא קבא לישראל כי היכי דניכלו קמי פסחא : ת"ר אין מוללין את הקדרה בפסח. פי' מלילות הקמח בקדרה והרוצה שימלול נותן הקמח ואח"כ החומץ ויש אומרים נותן החומץ ואח"כ נותן הקמח ואוקימ' יש אומרים ר' יהודה הוא דתאני בענין נתינת תבלין בשבת ר' יהודה אומר לכל הוא נותן חוץ מדבר שיש בו חומץ וציר כלומר החומץ והציר מבשל ומדלענין שבת מבשל ואסור לענין חמץ בפסח שרי דקיים ומבשיל ליה ולא אתי לידי חימוצא ותקשה מאן יש אומרים ר' יוסי דאמר שורן בחומץ וחומץ צומתן ודחי' איסור דאמר ר' יוסי בחומץ לבדו שצומת אבל על ידי תערובת מים והחומץ מי קאמר עולא אמר בין החומץ מקודם בין אחרי כן הכל אסור למלול משום הרחק איסור כמו שאמר לנזיר התרחק מן הכרם שלא תאכל מן הענבים ר' אבא מיחי ליה בחסיסי כעין ותיקא ולא מיחה על רב פפי דשרי לרבי ריש גלותא אלא משום דעבדי דלא מעלי עבדי איסורא : אין נותנין קמח לתוך החרוסת ולא לתוך החרדל ואם נתן לתוך החרדל יאכל מיד ור"מ אומר אבל לתוך החרוסת דברי הכל ישרף מיד. תניא נמי הכי אין נותנין קמח לתוך חרוסת ואם נתן ישרף מיד לתוך החרדל ר' מאיר אומר ישרף מיד וחכמים אומרים יאכל מיד ואמר רב נחמן אמר שמואל הלכה כחכמים : אין מבשלין את הפסח במשקין

§ מסכת פסחים דף מ: §

אות א'

בגד שאבד בו כלאים הרי זה לא ימכרנו לנכרי, ולא יעשה בו מרדעת לחמור, אבל עושין אותו תכריכין למת

יו"ד סימן שא ס"ח - מרדעת החמור, מותר לעשותה מכלאים ויושב עליה - כיון שהוא קשה, וכלדעיל ס"א - ש"ך, **והוא שלא יהיה בשרו נוגע בה; ולא יניח מרדעת זו על כתפו, אפי' להוציא עליה את הזבל. ודוקא שכלאים ניכרים וידועים בבגד, אבל בגד שאבד בו כלאים ואין מקומו ניכר, אסור לעשות ממנו מרדעת לחמור, דכיון שאין מקומו ניכר, שמא ישכח ויקח ממנו טלאי לתפרו על גבי בגדו; ולא ימכרנו לעובד כוכבים, שמא יחזור וימכרנו לישראל.**

אות ב'

לזבינהו קבא קבא לישראל

סימן תסז ס"א - [א]דגן שנטבע בנהר או שנפל עליו מים, כשם שאסור לאכלו כך אסור לקיימו, אלא מוכרו לישראל, ומודיעו כדי שיאכלנו קודם הפסח - אבל אין סומכין על הכרזה, דאולי איכא מאן דלא שמע להכרזה, **וכשמודיעו**, מותר למכור לו אפילו הרבה, ובלא הודעה, אפילו מעט אסור למכור לו, שמא יבוא לאכלו בפסח, [**ולא** דמי לעכו"ם, שמעט מעט מותר למכור להם, דהתם איכא תרי ספיקי, א', שמא יאכלנו בעצמו, ואת"ל ימכרנו לישראל, שמא יאכל הישראל קודם הפסח, **משא"כ** הכא דליכא אלא חד ספיקא].

ואם מכרו לאינו יהודי קודם פסח, מוכר מעט לכל אחד ואחד כדי שיכלה קודם הפסח, שמא יחזור האינו יהודי וימכרנו לישראל - היינו ‹דכשמוכר מעט›, אף את"ל שימכרנו לישראל, יאכלנו הישראל קודם פסח, **ולפי"ז** בערב פסח בשעה חמישית, בענין שא"א שיכלה קודם פסח, אסור למכור לנכרי אפילו מעט, דשמא ימכרנו לישראל אותו המעט, **ומ"מ** במקום הפסד מרובה הסכימו כמה אחרונים, דכ"ז בסתם נכרים, אבל נכרי שיודע בו שלא יגע בו, רק ישמרנו עד אחר הפסח ויחזירנו לו, כמו שנתבאר בסי' תמ"ח, יכול הישראל למכור לו הרבה תבואה חמוצה.

ובשאר איסורים שאין ניכר איסורם, אסור למכור לנכרי אפי' מעט מעט, רק הכא דאיכא כמה ספיקות הקילו.

בטור כתוב, דגן שנטבע וכו', ואין החמץ ניכר וכו', משמע דאם החמץ ניכר, מותר בין כשמוכרו לישראל ובין כשמוכרו לעכו"ם, דתו ליכא למיחש שיחזור וימכרנו לישראל ויאכלנו בפסח, דהישראל יכירנו, **ויש** מן הפוסקים שמחמירין, שמא יטחן העכו"ם וימכרם, **אכן** למנהגנו שאין לוקחין קמח לפסח מן השוק, מצדדים כמה אחרונים דליכא למיחש, ובמקום הדחק יש להקל, [**ואף** דאכתי איכא למיחש, שמא יקנה הישראל הקמח להשהותו אלאחר הפסח, דהא דאין לוקחין היינו לאכלו בפסח, וקעבר אבל יראה, י"ל דסמכינן דכל ישראל מבטלין, ואומרים: כל חמירא וכו' דלא חזיתא וכו'].

אות ג'

האילפס והקדירה שהעבירן מרותחין לא יתן לתוכן תבלין, אבל נותן לתוך הקערה או לתוך התמחוי

סימן שיח ס"ט - כלי ראשון, (פי' הכלי שמשתמש בו על האש), אפילו לאחר שהעבירוהו מעל האש, מבשל כל זמן שהיד סולדת בו - היינו אפילו כבר פסק רתיחתו ממנו, **אבל** אם אין היד סולדת בו, אפילו כלי ראשון אינו מבשל, **ואם** לא העבירוהו מעל האש, אסור ליתן לתוכו תבלין ואפי' מלח בכל גוונא, ואפי' דעתו לסלק את הקדרה מהר משם, פן ישכח עד שיתבשל, וכדלקמן בסי"ד.

לפיכך אסור ליתן לתוכו תבלין - אבל בכלי שני מותר לתת תבלין, אפי' יד סולדת בו, דאין מתבשל שם, **ואם** מונח בכלי שני דבר גוש שהיד סולדת בו, יש ליזהר בזה, דיש פוסקים שסוברין דדבר גוש כל זמן שהיס"ב דינו ככלי ראשון.

אות ד' – ה'

אחד זה ואחד זה אסור — **לממחה קדירה בחסיסי**

סימן תסג ס"ג - [ב]כרמל שמהבהבין אותו באור וטוחנין אותו - ר"ל אף דהדגן שלו כבר נקלה באור, וא"כ הקמח שלו הוא כאפוי, וקי"ל דאפוי אינו מחמיץ, אפ"ה **אין מבשלים הקמח שלו במים, שמא לא נקלה באור יפה, ונמצא מחמיץ כשמבשלים אותו** - ואם עברו ונתנו תוך המאכל, אסור המאכל בהנאה, ואסור להשהותו, דספיקא דאורייתא הוא.

ואפילו אם הקמח עצמו נקלה בתנור, לא יבשלו במים, שמא לא נקלה יפה ויבוא לידי חמוץ, [ג]**ויש** מתירין לבשל קמח הקלוי, לפי שחום האור שולט בו יותר ממה ששולט בהחטים, **והסכימו** כמה אחרונים שיש לסמוך על דבריהם בדיעבד, שאם עבר ועשה ממנו תבשיל, יש להתירו בהנאה, או להשהותו עד לאחר הפסח.

באר הגולה

[א] **לשון הרמב"ם מעובדא דההוא ארבא דטבעה וכו' וכפי גרסתו שם בגמרא** ‹והרמב"ם כתב: מוכרו לישראל ומודיעו כדי שיאכלנו קודם הפסח, ואם מכרו לגוים קודם הפסח, מוכר מעט מעט לכל אחד ואחד כדי שיכלה קודם הפסח, שמא יחזור הגוי וימכרנו לישראל. **וכתב** הרב המגיד שנראה מדבריו שלא היה גורס "קבא קבא לישראל", אלא "קבא קבא" סתם, ולזה כתב ואם מכרו לגוים מוכרו מעט מעט, וההיתר שכתב במכירה לישראל ובהודעה, פשוט הוא ולא הוצרכו בגמרא להזכירו - ב"י› [ב] **שם** ‹ל"ט:› **מימרא דמר זוטרא** ‹וז"ל הטור: אין מוללין הקדירות, פי' שנותנין קמח בתוך המאכל להקפותו, בין אם יתן הקמח תחלה בין אם יתן החומץ תחלה, {עולא אמר אחד זה ואחד זה אסור וכו' - ב"י}, ואפי' בקמחא דאבישונא וכו' {מימרא שם לט: - ב"י}› [ג] ‹דדוקא בכרמל חייש הרמב"ם לזה, אבל בקמח הקלוי פסק הרמב"ם דמותר לבשל לכתחלה, ואפשר שזה ג"כ דעת רש"י בדף מ: בהא דרבא מחי ליה קידרא בחסיסי, פי' רש"י קמחא דאבשונא, ומתורץ בזה מה שמקשים תוס' שם [ד"ה רבא]. **אכן** המחבר שסיים כאן אלא מצה אפויה וכו', מכלל דס"ל דבכל ענין אסור הקלוי, וכדעת התוספות - חק יעקב›

ומצה אפויה שנמצא קמח בתוכה, אסור ליתנה ברוטב, דאותו קמח בודאי לא נאפה יפה, מפני שהמצה מפסקת בין הקמח להאור, **ואם** נתנה, אוסרת התבשיל אף בהנאה.

[ד]**וכן כשמוללין הקדירות** [ה]**החדשות, (פירוש שנותנים קמח לתוך המאכל להקפות)** - זה הפירוש הוא לדעת הטור, [ו]דלא כתב "החדשות", **אבל** הב"י שהעתיק לשון הרמב"ם שכתב "הקדרות החדשות", הוי פירוש שמבשלין בקדרות חדשות בפעם ראשונה קמח ומים, כדי להקשות הקדירה ולחזקה, **אין מבשלים בהם אלא** [ז]**מצה אפויה שחזר וטחנו אותה.**

אות ו׳

אין מבשלין את הפסח לא במשקין ולא במי פירות

רמב"ם פ"ח מהל׳ קרבן פסח ה"ז - מבושל שהזהירה עליו תורה, בין שנתבשל במים בין שנתבשל בשאר משקין או במי פירות, שנאמר: ובשל מבושל, ריבה הכל.

אות ז׳

אבל סכין ומטבילין אותו בהן

רמב"ם פ"ח מהל׳ קרבן פסח ה"ח - אבל מותר לסוך אותו ביין ושמן ודבש ובשאר משקין ומי פירות, [ז]חוץ מן המים; ומותר לטבל הבשר אחר שנצלה במשקים ובמי פירות.

אות ח׳ – ט׳

אין נותנין קמח לתוך החרוסת, ואם נתן ישרף מיד לתוך החרדל... וחכמים אומרים יאכל מיד

סימן תסד ס"א - [ח]חרדל או שאר מיני טיבול - שמטבלים בהם הבשר, ויש בהם חומץ ושאר דבר שיש לו קיוהא, ורגילין ליתן בתוכן קמח, [רש"י], **שיש בהם מים** - דאי אין בהם מים כלל, הוי מי פירות ואינם מחמיצין, אפילו הם דברים חמוצין בעצמן, **אין נותנין בהם קמח** - שהקמח מתחמץ ג"כ ע"י קיוהא.

ולפי מש"כ הרמ"א לעיל בסי׳ תס"ב ס"ד, דאנן מחמירין במי פירות לבד ג"כ, אפילו אין בהם מים כלל, רק מיני טיבולים שנעשים מחומץ יין עם קמח, ג"כ אסור.

ואם נתן לתוך החרדל, יאכל מיד - שחוזק החרדל אין מניחו מהר להחמיץ, [רש"י], **ולא ישהנו שמא יחמיץ; ובשאר מיני טיבולין כיון שאינם חדין כמו חרדל,** [ט]**ודאי החמיץ, וצריך לשרפו אם הוא אחר זמן איסור חמץ** - לאו דוקא שריפה, וכמבואר לעיל סימן תמ"ה. **הגה: והמנהג שלא לאכול חרדל כלל בפסח, אפילו נתערב קודם פסח** - אין ר"ל שנתערב עם קמח, דבזה פשיטא דאסור, מה לי קודם פסח או בפסח, **אלא** ר"ל דנתערב עם יין, והרבותא, דאע"ג דבשעת עירוב כותשין אותו, ואינו נראה כקטניות כשנכנס הפסח, אפ"ה אסור, **דהוי כמיני קטניות שנוהגין בו איסור (הגהות מיימוני ותרומת הדשן)** - והטעם, משום דחרדל הוא דבר דמידגן, והוי כמו קטניות שנוהגים בו איסור.

ומ"מ בדיעבד אם נפל חרדל לתבשיל, אינו אוסר, **וכן** מותר להשהות חרדל עד אחר הפסח, כיון שהוא בלי קמח, [**והפמ"ג** מצדד דה"ה אם הוא עם קמח בלי מים ג"כ מותר, אכן בתנאי דהקמח לא יהיה מחטים לתותים]. **ויין** שניתן בו חרדל בעודו תוסס, כדי שיעמוד במתיקותו ולא יתקלקל, מותר לשהותו אבל לא לשתותו.

---

§ מסכת פסחים דף מא. §

אות א׳ – ב׳

תלמוד לומר: ובשל מבושל, מכל מקום בשלו ואחר כך צלאו, או שצלאו ואחר כך בשלו, חייב

רמב"ם פ"ח מהל׳ קרבן פסח ה"ז - מבושל שהזהירה עליו תורה, בין שנתבשל במים בין שנתבשל בשאר משקין או במי פירות, שנאמר: ובשל מבושל, ריבה הכל.

רמב"ם פ"ח מהל׳ קרבן פסח ה"ח - צלהו ואח"כ בשלו, או שבשלו ואח"כ צלהו, או שעשהו צלי קדרה ואכלו, חייב.

אות ג׳

יוצאין ברקיק השרוי אבל לא במבושל

סימן תסא ס"ד - [א]יוצא אדם במצה שרויה - במים, [ב]והיינו דיעבד, ולזקן ולחולה שקשה לו לאכול מצה יבשה, מותר אפילו לכתחלה לשרות המצה במים, **אך** צריך ליזהר שלא יהיה שרוי מעל"ע, דכבוש כמבושל, [**ובפמ"ג** מפקפק בזה, דכבוש מפליט ומבליע, לא מבשל].

‹המשך ההלכות בעמוד הבא›

באר הגולה

[ד] לשון רמב"ם [ה] פי׳ שאסור להשתמש בפסח בקדירות ישנות ‹ונראה שהבאה"ג לומד הרמב"ם כמו הטור, וכן ס"ל להל"מ› [ו] ‹בלישנא בתרא אמרי׳: דרבא גופיה מחו ליה קידרא בחסיסי, משמע דאתא לאיפלוגי אלישנא קמא דאמר: איכא דשרי כי האי מילתא בדוכתא דשכיחי עבדי, הילכך נקטינן כלישנא בתרא דשרי אפילו באתרא דשכיחי עבדי – ב"י. ‹**ונחלקו** בפירוש חסיסי, דרש"י סבירא ליה חסיסי הוא קמחא דאבשונא, והוא כרמל שמהבהבים כו׳, ופליג על מאי דאיתא לעיל דף ל"ט: דקמחא דאבשונא אסור, **אלא** שהרי"ף ורמב"ם ויתר פוסקים חולקים, דרבא מודה דקמחא דאבשונא אסור, וחסיסי פירש הרי"ף דהיא מצה אפויה וטחונה – מחה"ש› [ז] ‹איני יודע מהיכן למד כן, ולכאורה יש לומר דיליף מדקדוק לשון המשנה, אבל סכין ומטבילין אותו בהן, דתיבת "בהן" הוא מיותר, אלא לאורויי דדוקא בהן, באותן הנזכר ברישא דמתני׳, דהוי משקין ומי פירות, בהן סכין ומטבילין, אבל לא במים – טורי אבן› ‹**והטעם** י"ל, דמים מבטלין טעם ושמנונית הבשר – ערוה"ש› [ח] **משנה פסחים מ׳ וכת"ק וכדמפרש לה רב כהנא** [ט] – ‹ואף דבסי׳ תס"ב ס"ב כתב, דאם לש במי פירות עם מים, דממהר להחמיץ, יאפה מיד, י"ל דהתם כיון דבר אפייה הוא, כל שאופהו מיד מעתה אין לחוש עוד לחימוץ, **אבל** בחרוסת שעשוי לטיבול, אינו מותר שיאכלנו מיד, שע"כ משתהא בו באכילתו וי"ל שהחמיץ כבר – פר"ח› [א] **ברייתא שם מ"א וכר׳ יוסי** [ב] ‹וכן משמע מלשון השו"ע ובגמ׳, שכתב יוצא אדם וכו׳ משמע בדיעבד – מ"א›

אחרוסת קאמר מר או אחרדל קאמר מר א"ל למאי נפקא מינה לדרב כהנא דאמר רב כהנא מחלוקת לתוך החרדל אבל לתוך החרוסת דברי הכל ישרף מיד א"ל *לא שמיע לי כלומר לא סבירא לי א"ר אשי כוותיה דרב כהנא מסתברא מדאמר שמואל *אין הלכה כרבי יוסי מאי לאו(א) צמותי הוא דלא צמית הא חמועי מחמע לא דילמא לא מצמת צמית ולא חמוע מחמע: אין מבשלין וכו': ת"ר °במים אין לי אלא במים שאר משקין מניין אמרת קל וחומר ומה מים שאין מפיגין טעמן אסורין שאר משקין שמפיגין טעמן לא כ"ש רבי אומר במים אין לי אלא מים שאר משקין מניין ת"ל °ובשל מבושל מ"מ מאי בינייהו איכא בינייהו צלי קדר ורבנן האי בשל מבושל מאי עבדי ליה מבעי להו לכדתניא *בשלו ואח"כ צלאו או שצלאו ואח"כ בשלו חייב בשלמא בשלו ואח"כ צלאו חייב דהא בשליה אלא צלאו ואח"כ בשלו הא צלי אש הוא אמאי אמר רב כהנא הא מני רבי יוסי היא *דתניא יוצאין ברקיק השרוי ובמבושל שלא נימוח דברי ר"מ רבי יוסי אומר יוצאין ברקיק השרוי אבל לא במבושל אע"פ שלא נימוח עולא אמר אפילו תימא ר"מ שאני הכא דאמר קרא *ובשל מבושל מ"מ ת"ר *יכול צלאו כל צורכו יהא חייב ת"ל °אל תאכל ממנו נא ובשל מבושל במים נא ובשל מבושל אמרתי לך ולא שצלאו כל צורכו היכי דמי אמר רב אשי *דשויא חרוכא תנו רבנן *יכול אבל כזית חי יהא חייב תלמוד לומר אל תאכלו ממנו נא ובשל מבושל נא ובשל אמרתי לך ולא חי יכול יהא מותר תלמוד לומר °כי אם צלי אש היכי דמי נא אמר רב כדאמרי פרסאי אברנים *אמר רב חסדא *המבשל בחמי טבריא בשבת פטור פסח שבשלו בחמי טבריא חייב מאי שנא בשבת דלא דתולדות אש בעינן וליכא פסח נמי לאו תולדות אש הוא אמר רבא *מאי חייב *דקתני דקא עבר משום צלי אש רב חייא בריה דרב נתן מתני לה להא דרב חסדא בהדיא א"ר חסדא המבשל בחמי טבריא בשבת פטור ופסח שבשלו בחמי טבריא חייב שעבר משום צלי אש אמר *רבא *אכלו נא לוקה

רש"י

אחרוסת קאמר · מי איכא לך דרבנן נמי אחרוסת פליגי: **לא סבירא לי** · אלא בחרוסת נמי שרו והלכה כמותן: **כוותיה דרב כהנא מסתברא** · דאמר רבנן אחרוסת לא פליגי וכי אמר שמואל הלכה כחכמים אחרדל קאמר: **אין הלכה כרבי יוסי** · דאמר לעיל חומץ צומתן: **מאי לאו** · מדלא צמית חטין שהתחילו ליבפח כבר אלמא (ג) כשאר משקין הוא אחמועי נמי מחמע את הגיתן מתחלה לתוכו כדרב כהנא אלמא שמואל כרב כהנא סבירא ליה וכי קאמר שמואל הלכה כחכמים אחרדל קאמר ולא אחרוסת: **לא מיצמת צמית** · את שהתחיל להחמיץ ולא מחמע נמי את הגיתן לתוכו דלא הוי כמים: **כמים** · ובשל מבושל במים: **שמפיגין טעמן** · שנותנין בו טעם שלהן: **ובשל מבושל** · רבויא הוא דהוה ליה למיכתב נא ומבושל: **צלי קדר** · שמבשלין אותו בקדירה בלא מים ובלא שום משקה אלא מים הנפלטין משמנו למאן דיליף לה מק"ו הכא שרי לרבי דיליף מרבויא האי נמי בשל מבושל הוא: **חייב** · מלקות על אכילתו: **ר' יוסי היא** · דאמר בישול לאחר אפיה בישול הוא: **יוצאין** · ידי חובת מצה ברקיק השרוי בתבשיל לאחר אפייתו ואף על פי שמתמסמס לחם הוא כל זמן שהוא קיים שלא נימוח לגמרי וכן במבושל: **אבל לא במבושל** · דלאו לחם קרינא ביה ואע"פ שכבר נאפה בתנור הואיל וחזר ובישלו ביטלו מתורת לחם: **שאני הכא דרבייה קרא** · ובשל מבושל דהוי ליה למכתב ומבושל וגזירת הכתוב הוא בפסח: **יכול צלאו כל צרכו** · ואח"כ בשלו יהא חייב והאי תנא הוא דאמר לעיל צלאו ואח"כ בישלו חייב ליתנא אחרינא יכול צלאו כל צרכו דשויא חרוכא כדמפרש יהא חייב דלאו צלי אש הוא אלא קלי אש ושרוף וזה עיקר ולשון איטו כלום דההוא תנא כיון דרבי קרא צלאו ואחר כך בישלו מה לי שויה חרוכא מה לי לא שויה: **חרוכא** · שרוף: **חי** · לגמרי שלא כללה כלל: **נא** · צלי ואינו צלי: **יכול יהא מותר**. לאכול ממנו חי לכתחלה דאפי' איסורא נמי ליכא תלמוד לומר אל תאכלו ממנו כי אם צלי אש ולא זה שאינו צלי והויא לאו שבכללות והאי תנא סבר אין לוקין על לאו שבכללות: **כדאמרי פרסאי אברנים** · אותה צליה שבלשון פרסי קרויה אברנים בלשון הקודש קרי נא: **חמי טבריא** · מעיינות רותחין: **פסח שבישלו בחמי טבריא חייב** · על אכילתו וקא סלקא דעתך משום דלא תאכל מבושל: **דלאו תולדות אש היא** · הלכך לאו בישול הוא דליהוי חייב משום אב מלאכה: **משום צלי אש** · לאו דלא תאכל כי אם צלי אש איכא ולא לאו דבישול וסבר לוקין על לאו שבכללות: **בהדיא** · דחייב רב חסדא משום צלי אש ולאו משום בישול: **לוקה**

תוספות

לא שמיע לי כלומר לא סבירא לי · אף על גב דתניא כוותיה קסבר מתניתין פליגא:

מדאמר שמואל אין הלכה כרבי יוסי · השתא מדמי חומץ לחרוסת וע"כ נראה לר"י דעולא דאמר לעיל בין כך ובין כך אסור משום לך לך אמרינן נזירא סחור סחור לכרמא לא תקרב פליג אדרב כהנא דהא רב כהנא דאמר אבל לתוך חרוסת לדברי הכל ישרף ולעולא לא אסר אלא משום לך לך אמרינן: **מאי** לאו מדלא מלמת מחמע · קשה לר"י דלעיל קאמר י"א אף נותן את החומץ ואח"כ וכו' ופריך ולוקמא כר' יוסי דאמר שורן בחומץ וחומץ צומתן משמע דתנא קמא דיש אומרים היינו ת"ק דר' יוסי דלית ליה דחומץ צמית ואפילו הכי קאמר נותן הקמח ואח"כ נותן את החומץ אלמא קסבר אע"ג דלא צמית חמועי נמי לא מחמע ואור"י דלעיל איירי לפי המסקנא דהכא:

*__אין__ מבשלים את הפסח לא במשקין וכו' · תימה למה שנאו כאן אי משום דתנא ירקות שלוקות ומבושלות א"כ מיד היה לו לשנות בסמוך אחריה: **איכא** בינייהו צלי קדר · פי' אי לוקה עליו אי לא אבל לכולי עלמא פסול הוי ועשה נמי אית ביה דצלי מחמת ד"א הוא כדאמרינן בריש כילד צולין (לקמן עה:) נגע מרוטבו על החרס וחזר עליו יטול את מקומו נגע בחרסו של תנור יקלוף את מקומו וכן שאר משקין לא איצטריך למילף אלא לענין מלקות אבל פשיטא דלכל הפחות איכא עשה דכי אם צלי אש ולא"ת והיכי יליף שאר משקין מק"ו והא אין מזהירין מן הדין ויש לומר דהאי קל וחומר אינו אלא מגלה דבישול דקרא איירי אף בשאר משקין:

אמר רב כהנא הא מני ר' יוסי היא · תימה דרב כהנא דמוקי לה כרבי יוסי לרבנן האי בשל מבושל מאי עבדי להו דצלאו ואחר כך בישלו לא צריך קרא דמסברא ידעינן דבישול מבטל הצליה כדאמר רבי יוסי גבי מצה ויש לומר דרב כהנא סבר דרבי יוסי יליף מבשל מבושל דבישול מבטל אפייה:

אבל לא במבושל · פ"ה דבישול מבטל ליה מתורת לחם ולפי' מיירי בבלילתו רכה דבלילתו עבה לא נפיק מתורת לחם כדפירש לעיל ור"י מפרש דמיירי בבלילתו עבה ופסולה משום מצה עשירה ומייתי דכי היכי דסבר רבי יוסי דבישול מפיק ליה מתורת אפיה לשוויה מצה עשירה כאילו לא נאפה ה"נ גבי פסח עקר מיניה בישול שם צליה:

עולא אמר אפי' תימא ר' מאיר וכו' · הכא מדמי פסח לבישול מצה והיינו דלא כמסקנא דכילד מברכין (ברכות דף לח:) דקאמר התם עולא משמיה דר' יוחנן שלקות מברכין עליהם שהכל לרבי יוסי דאית ליה הכא גבי מצה דבישול מבטל מהם שם ירק ודחי ע"כ לא קאמר רבי יוסי אלא דבעינן טעם מצה ועולא לטעמיה דלא בעי לדחויה הכא טעמא דרבי יוסי דבעינן טעם מצה והתם נמי קאמר דלרבי יוסי מברך שהכל: אכל

רבינו חננאל

במשקין ולא במי פירות אבל סכין אותו ומטבילין אותו בהם: ת"ר ובשל מבושל במים אין לי אלא במים שאר משקים מנין אמרת קל וחומר ומה מים שאין מפיגין טעם הבשר אסור שאר משקין שמפיגין טעמו של בשר אינו דין שאסור. ר' אומר במים אין לי אלא במים שאר משקין כמים מי פירות מנין ת"ל ובשל מבושל במים מכל מקום לר' דמפיק ליה מלשון בשול אפי' צלי קדר כיון שהוא עשוי כמין בשול אסור הוא ות"ק דמטעם מכח תפגת הטעם צלי קדר מותר שאינו מפיג טעמו ות"ק דמייתי ליה לשאר משקין בק"ו ובשל מבושל מאי עביד ליה מבעי ליה דאפילו אם בשלו אחר שצלאו או צלאו אחר שבשלו חייב וכר' יוסי דתאני יוצא ברקיק השרוי אבל לא במבושל ואע"פ שלא נימוח הרי לר' יוסי אע"פ כי רקיק זה אפוי הוא כיון שבשלו יצא מתורת אפוי והרי הוא כמבושל כך זה הבשר אע"פ שצלאו כיון שבשלו יצא מתורת צלי והרי הוא כמבושל. צלאו כל צרכו כגון דשייא חרוכא פטור כי אינו חייב אלא על נא ועל מבושל פי' נא אברנים כגון שנצלה מעט אבל בשר חי לגמרי דלא עבר באש כלל אינו חייב: אמר רב חסדא המבשל בשבת בחמי טבריא פטור דלאו תולדות אור הן פסח שבשלו בחמי טבריא פטור אמר רבא ועובר משום דבעינן צלי אש וליכא: אמר רבא

[גי' הכ"מ בפרק ח' מהלכות ק"פ דין ד' אמר אביי אכל נא לוקה וכו' רבא אמר אין לוקין על לאו שבכללות וכ"כ הכ"מ עוד בפרק י"ח מהלכות סנהדרין דין ג' וע"ע מ"ש הכ"מ פ"ס מהלכות מזיקות דין ח' ורא"ה לגירסתם מ"מ תוס' שבת דף כג: ד"ה גזירה ועוד שם ע: ד"ה נודע וכו' דאין מהדרך מלינו בכל הש"ס שקנס

עין משפט נר מצוה

קעו א ב מיי' פ"ח מהל' ק"פ הלכה ז סמג לאוין שנ:

קעח ג מיי' פ"ז מהל' חמץ הלכה ו טור שו"ע או"ח סימן תסה סעיף ד:

קעט ד ה ו מיי' פ"ח מהלכות ק"פ הל' ו סמג לאוין שנ:

קפ ז מיי' פ"ט מהלכות שבת הלכה ג:

קפא ח מיי' פ"ח מהל' ק"פ הלכה י:

מסורת הש"ס

[עירובין קב: וש"נ] [לעיל מ.] [תוספתא פ"ה] ברכות לח: [עי' תוס' חולין קטו. ד"ה בשר] שבת מ: [יותר נכון לגרוס מאי חייב דקאמר] ב"מ קטו:

הגהות הב"ח

(א) גמ' אין הלכה כרבי יוסי מאי לאו מדלא צמית נמי מחמעא כצ"ל ותיבות צמותי הוא ותיבת הא נמחק: (ג) רש"י ד"ה מאי לאו וכו' אלמא כשאר משקין אחמועי כצ"ל ותיבת הוא נמחק: לנקדים רבא לאביי וכ"כ בשאר דוכתי וכ"כ מהרש"ל ס"ד דכ"מ סימן י"ט שלא דכרי רבא קודם וכו' ע"ש.]

עין משפט נר מצוה

קפב א מיי' פ"ח מהל' ק"פ הלכה ד ופי"ח מהלכות סנהדרין הלכה ג :

קפג ב מיי' פ"ה מהל' נזיר הלכה א :

קפד ג מיי' פ"ח מהל' ק"פ הלכה ד :

קפה ד ה שם הלכה ה :

תורה אור

לוקה שתים מבושל לוקה שתים נא ומבושל לוקה שלש *אביי אמר אין לוקין על לאו שבכללות איכא דאמרי **תרתי הוא דלא לקי חדא מיהת לקי איכא דאמרי חדא נמי לא לקי דלא מייחד לאויה *כלאו דחסימה *רבא *אמר *אכל זג לוקה שתים זג וחרצן לוקה שלש אביי אמר אין לוקין על לאו שבכללות איכא דאמרי תרתי הוא דלא לקי חדא מיהת לקי איכא דאמרי חדא נמי לא לקי דלא מייחד לאויה כלאו דחסימה ת"ר אכל כזית נא מבעוד יום פטור כזית נא משחשכה חייב אכל כזית צלי מבעוד יום לא פסל עצמו מבני חבורה כזית צלי משחשיכה פסל עצמו מבני החבורה תניא אידך יכול אכל כזית נא מבעוד יום יהא חייב ודין הוא ומה בשעה שישנו בקום אכול צלי ישנו בבל תאכל נא בשעה שאינו בקום אכול צלי אינו דין שישנו בבל תאכל נא או לא בשעה שאינו בקום אכול צלי ישנו בבל תאכל נא בשעה שישנו בקום אכול צלי אינו בבל תאכל נא ואל תתמה שהרי הותר מכללו אצל צלי תלמוד לומר °אל תאכלו ממנו נא ובשל מבושל במים כי אם צלי אש שאין תלמוד לומר כי אם צלי אש ומה תלמוד לומר כי אם צלי אש לומר לך *בשעה שישנו בקום אכול צלי ישנו בבל תאכל נא בשעה שאינו בקום אכול צלי אינו בבל תאכל נא *רבי אומר אקרא אני בשל מה ת"ל מבושל שיכול אין לי אלא שבישלו משחשיכה בשלו מבעוד יום מנין תלמוד לומר בשל מבושל מכל מקום והאי בשל מבושל אפקיה רבי לצלי קדר ולשאר משקין אם כן לימא קרא או בשל בשל או מבושל מבושל מאי בשל מבושל שמעת מינה תרתי תנו רבנן *אכל צלי מבעוד יום חייב וכזית נא משחשיכה חייב קתני צלי דומיא דנא מה נא בלאו אף צלי בלאו בשלמא נא כתיב אל תאכלו ממנו נא אלא צלי מנלן דכתיב °ואכלו את הבשר בלילה הזה *בלילה אין ביום לא *האי לאו הבא מכלל עשה הוא וכל לאו *הבא מכלל עשה עשה אמר רב חסדא הא מני רבי

[שמות יב]

רש"י

לוקה שתים· משום לא תאכל נא ומשום לא תאכלו כי אם צלי אש דכי אם צלי אש נמי לאו הוא דלא תאכלו קאי : **מבושל לוקה שתים·** משום מבושל ומשום לא תאכלו כי אם צלי אש : **לאו שבכללות הוא·** דכולל בו כל מיני בשולים שאינן צלי לאסור : **איכא דאמרי תרתי הוא דלא לקי·** כיון שהוא לוקה משום לא [תאכלו] משום מבושל תו לא לקי משום כלל דכי אם צלי אש : **אבל חדא מיהא לקי·** כגון המבשל בחמי טבריא ואכלו דאין כאן מלקות דבישול ולא מלקות של נא לוקה משום כי אם צלי אש : **ואיכא דאמרי חדא נמי לא לקי·** משום כי אם צלי אש דלא מיוחד לאויה דידיה כלאו דחסימה שהוא מפרש איסורו וסמיכה ליה פרשת מלקות לעיל מיניה : **אכל זג לוקה שתים·** נזיר שאכלו משום זג לא יאכל ומשום מכל אשר יעשה מגפן היין מחרצנים ועד זג וגו' דלא יאכל קאי נמי אמכל אשר יעשה : **לאו שבכללות·** אין לוקין על מכל אשר יעשה דלאו שבכללות הוא שכולל חרצנים וזגים וענבים לחים ויבשים ועלים ולולבין : **תרתי לא לקי·** היכא דאכל זג או חרצן ולקי עלייהו לא לקי תו משום מכל אשר יעשה ומודה אביי דאם אכל זג וחרצן לוקה שתים דכיון דמפורש כל אחד לעצמו קאי נמי אלאו דלא יאכל והוי כמאן דכתב לאו אכל חד וחד והכי מוכח במסכת נזיר דלא פליג אביי אלא אמלקות דמכל אשר יעשה : **חדא מיהא לקי·** אם אכל עלין ולולבין דאין כאן מלקות דזג וחרצן לקי משום לאו דמכל אשר יעשה : **אכל כזית נא מבעוד יום פטור·** טעמא מפרש לקמיה מקראי : **לא פסל את עצמו מבני חבורה·** דאמרי' לקמן (דף פו·) אין הפסח נאכל אלא בחבורה אחת ואין האוכל אוכל בשני מקומות ונפקא לן מבבית אחד יאכל ומתרגמינן בחבורא חדא יתאכל ואכילה דמבעוד יום לאו אכילה היא ומותר לאכול משתחשך עם בני חבורה שנמנה עמהן : **כזית צלי משחשיכה·** מפסח שנמנה עליו : **פסל עצמו מבני חבורה·** כדפרישית שאין האוכל מותר לאכול הימנו בשני מקומות : **בשעה שאינו בקום אכול צלי·** דאין לו היתר אכילת צלי אינו דין שישנו בלאו דלא תאכל נא : **או לא·** או לא נאמר כן אלא בענין אחר בשעה שישנו בקום אכול צלי דהיינו בלילה דכתיב ואכלו את הבשר בלילה הזה אינו בבל תאכל נא : **ואל תתמה שהרי הותר מכללו אצל צלי·** דהא אפילו צלי היה אסור לאכול ביום כדכתיב ואכלו את הבשר בלילה הזה ולא ביום וכשחשכה הותר מכלל איסור עשה דצלי וניחא נמי בהכי דלא הותר לכתחלה אלא נא מיהו לא נחייב עליה אם אכלו : **שאין תלמוד לומר כי אם צלי אש·** דהא כתיב לעיל מיניה צלי אש ומצות וגו' : **אקרא אני בשל·** דייק הוה ליה בקריאת בשל : **אין לי·** שיתחייב על אכילת בשר אלא אם כן בישלו משחשיכה שהוא עיקר זמנו : **בישלו מבעוד יום.** ואכלו משתחשך מנין : **והא אפקיה·** רבי גופיה דרשיה לעיל לשאר משקין ולצלי קדר : **בשל מבושל·** מדשני בדבוריה דריש ביה דרשה אחריתי נמי : **כזית צלי מבעוד יום חייב·** מפרש ליה לקמיה : **קתני·** חובה דצלי דמבעוד יום דומיא דחובה דנא משחשיכה :

רבי

תוספות

אבל כזית נא לוקה שתים משום נא ומשום כי אם צלי אש דהוי כאילו כתיב אל תאכלו כי אם צלי אש · הקשה הרר"י דאורלינ"ש אמאי חשבי' בריש אלו נערות (כתובות דף ל·) בתולה לכהן גדול בעשה גרידא דכי אם בתולה מעמיו כתיב הא כי היכי דחשבינן הכא כי אם צלי אש כאילו כתיב הכי ה"ל לאיחשובי בעולה לכהן גדול בלאו דהוי כאילו כתיב לא יקח כי אם בתולה וי"ל דכי אם בתולה לא חשיב לאו משום דסיפא דקרא מוכח עליו דהוי עשה דכתיב כי אם בתולה מעמיו יקח אשה :

איכא דאמרי חדא מיהא לקי· פי' בחמי טבריא חייב משום כי אם צלי אש וקשה לר"ת א"כ בין לאביי בין לרבא תיקשי להו ברייתא דלעיל דקתני נא ומבושל אמרתי לך ולא חי אלמא לא לקי על חי ועוד דאמר בפ' המקבל (ב"מ דף קטו·) אפלוגתא דרב הונא ורב יהודה בחובל ריחים ורכב דרב יהודה אמר לוקה שתים ורב הונא אמר לוקה שלש ומסיק רבא אנא דאמרי אפילו כרב יהודה עד כאן לא קאמר רב יהודה התם אלא דכי נפש הוא חובל לדברים אחרים הוא דאתא אבל הכא כי אם צלי אש למאי אתא ולפ"ה הא איצטריך לחי ולחמי טבריא לכ"נ לר"ת דלאו לא לקי לכו"ע דכי אם צלי אש לא משמע דאתא למלקות אלא לעשה דכי אם צלי אש תאכלו ולא דמי לכי נפש הוא חובל דבההוא מודו כו"ע דלוקה אשאר דברים כדקתני התם בהדיא בברייתא חבל זוג של ספרים ולמד של פרות לוקה שתים דכי נפש הוא חובל משמע שפיר בלשון לאו שהוא נתינת טעם כל שהוא דבר נפש לא תחבול ואתא שפיר הא דקאמר רבא התם דכי נפש הוא חובל אתא לשאר דברים אבל כי אם צלי אש לא אתא אלא לעשה ובנא ומבושל דווקא פליגי דרבא סבר להכי סמכיה לאו ללקות עליו על נא ומבושל שהם בני מלקות ואביי אמר אין לוקין על לאו שבכללות והא דקאמר חדא מיהא מילקא לקי הכי פי' אם התרו בו משום כי אם צלי אש לבדו אבל על מלקות נא ומבושל לא ילקה דלהכי מהני מה שכתבו בלשון כלל ומיהו לבדו מיהא לקי שסמכו לאלו שהם בני מלקות :

אמר רבא אכל זג לוקה שתים· הא פלוגתא דאביי ורבא איתמר איפכא בפ' שלשה מינין (נזיר דף לה:) וכהנה רבות בגמרא* :

שאין ת"ל כי אם צלי אש · אע"ג דאיצטריך להלקות עליו משום כי אם צלי אש היינו נמי משום דסמכיה לנא ומבושל :

אם כן לימא קרא בשל בשל או מבושל מבושל · הכא משמע דאורחיה דקרא לכפול תיבה אחת בענין אחד טפי מבשני ענינים וכן במרובה (ב"ק דף סה·) גבי המצא תמצא ובהחובל (שם דף פה:) גבי ורפא ירפא וקשה דבפרק היו בודקין (סנהדרין ד' מ:) קאמר מדהוי ליה למיכתב דרוש תדרוש או חקור תחקור וכתב היטב שמע מינה לאפנויי משמע דאי הוה כתב הכי לא הוה מופנה ושמא התם לא חש לדקדק בלשון רק להוכיח דמופנה* :

רבינו חננאל

אכל נא לוקה שתים אחת משום נא ואחת משום צלי אש אכלו מבושל לוקה שתים נא ומבושל לוקה שלש ואביי אמר אין לוקין על לאו שבכללות כלומר לאו אחד כולל האוכל נא והאוכל מבושל שנא' אל תאכלו ממנו נא ובשל מבושל במים וגו': **איכא** דאמרי לאביי אכל נא ומבושל חדא מיהא לקי איכא דאמרי לא לקי כלל עד דמיחד לאויה כלאו דחסימה : **אמר** רבא נזיר שאכל זג לוקה שתים אחת משום שנאמר (במדבר ו' ד') מחרצנים ועד זג וגו' ואחת משום שנא' (שם) מכל אשר יעשה מגפן היין חרצן לוקה שתים זג וחרצן לוקה שלש אביי אמר אין לוקין וכו' : **ת"ר** אכל כזית נא מבעוד יום פטור מאי טעמא אל תאכלו ממנו נא ובשל מבושל במים כי אם צלי אש בשעה שישנו בקום אכול צלי שהוא בלילה דכתיב ואכלו את הבשר בלילה הזה ישנו בבל תאכל נא מבעוד יום שאינו בבל תאכל צלי אינו חייב אם אכל נא אבל כזית נא משחשכה חייב שהרי ישנו בקום אכול צלי אכל כזית צלי מבעוד יום לא פסל עצמו מבני חבורה שאינה אכילת כזית צלי משחשכה פסל עצמו מבני חבורה ותניא דשמעתא כולה כענין הוה ואקשי' אהא דתניא אכל כזית צלי מבעוד יום חייב אמאי לאו הבא מכלל עשה עשה הוא האיך שנא' (שמות יב ח) ואכלו את הבשר בלילה הזה צלי אש בלילה אכלו אותו ולא ביום והוי לאו הבא מכלל עשה

[הביאו תוס' מנחות נח: בפרוטרוט כד"ה ואיכא]

מסורת הש"ס

מנחות נח:

[שם]

[מכות יג: טו.]

[נ"ל אמר רבא עי' תוס' דהכא ד"ה אמר רבא ואמנם גי' הר"מ בפ"ה מהלכות נזירות אמר אביי אכל זג וכו' ורבא אמר אין לוקין על לאו שבכללות]

ב"מ קטו.

מכילתא פ' בא

[לקמן קכ:]

יבמות כד: ט: סח. עג: זבחים לד. חולין פא.

[וע"ע תוס' כתובות לט: ד"ה אין ותוס' ב"ק סה. ד"ה לכתוב ותוס' מנחות יז: ד"ה לכתוב]

ומה דמקילינן בשרויה במים, דוקא כששורה כזית שלם ביחד, **אבל** אם ישרה פרוסות פחותות מכזית, אינו יוצא בהן י"ח, אם נישרו כ"כ עד שנתלבנו המים מחמתן, שכבר נתבטלו מתורת לחם עי"ז, **ואם** שורה אותן זמן מועט, ולא נתלבן המים עי"ז, אפילו הם פחותות מכזית לא אבד מהן שם לחם.

[ג]והוא שלא נימוחה – (הנה מפירוש רש"י משמע, דאפילו נתמסמסה, כל זמן שלא נימוחה לגמרי יוצא בה, ועיין בב"ח דמשמע שמצדד כן להלכה, וכן משמע בביאור הגר"א, **אכן** מדברי הרב ב"י משמע, דאפילו לא נמחה לגמרי ג"כ אינו יוצא ידי מצה, **וצ"ע**).

ואם מותר לשרותה בשאר משקין ומי פירות, או במרק, יש דעות בין הפוסקים, **י"א** דאסור, לפי שהן מפיגין את טעם המצה, שנותנין בה טעם שלהן, [**ואינו** דומה לעיסה שנילושה בדבש, דהיה יוצא בהם, ורק משום דלא הוי לחם עוני, דהתם נילושה קודם שנעשה פת, ונאפה הכל ביחד, ונקרא פת מתובלת, **משא"כ** הכא, שאחר שנגמר הפת באפייתה עירב בה טעם אחר], **וי"א** דוקא ע"י בישול מפיג טעם מצה, ולא ע"י שריה.

וע"כ זקן או חולה שא"א לו לאכול מצה השרויה במים, מותר לו לשרותה ביין או בשאר משקין, **אבל** שאר כל אדם שאכל מצה השרויה בשאר משקין חוץ ממים, לא יצא י"ח, וצריך לחזור ולאכול מצה אחרת, בין הכזית של ברכת מצה, בין הכזית של אפיקומן.

וכ"ז דוקא כששורה את המצה בהן, אבל להטביל אותה בהן, כתב רבינו מנוח בפשיטות דשרי, דבזה לא נתבטל טעם מצה.

(ויש עוד עצה למי שקשה לו לאכול מצה יבשה, שיאכל מצה מפוררת אף שהוא כקמח, ומברכין ע"ז המוציא ואכילת מצה, ובלבד שיאכל כזית).

אבל אם בשלה, אינו יוצא בה - אפילו אם יש בכל פתיתה כזית, וגם יש עדיין תואר לחם עליה, [ד]לפי שאחר הבישול נתבטל ממנה טעם מצה.

וכתבו האחרונים, דלאו דוקא בישלה, דה"ה בשרוי לתוך רותחין, **ואפי'** בכלי שני יש להחמיר דלא לשרותה אם לא לצורך, **וכ"ז** בשהיד סולדת בו, **ודוקא** במים, אבל במרק יש להחמיר בכל גווני, [**ואפי'** בצונן גמור מסתפק הא"ר במרק, דאולי אף בזה מתבטל טעם מצה], ‹וכנ"ל›.

אות ד' – ה' – ו'

יכול צלאו כל צורכו יהא חייב

דשויא חרוכא

יכול אכל כזית חי יהא חייב

רמב"ם פ"ח מהל' קרבן פסח ה"ו - נא שהזהירה עליו תורה, הוא הבשר שהתחיל בו מעשה האור ונצלה מעט, ואינו ראוי לאכילת אדם עדיין; אבל אם אכל ממנו בשר חי, אינו לוקה, וביטל מצות עשה, שנאמר: צלי אש, הא שאינו צלי אסור; צלהו כל צרכו עד שנתחרך ואכלו, פטור.

אות ז'

המבשל בחמי טבריא בשבת פטור

רמב"ם פ"ט מהל' שבת ה"ג - וכן המבשל בחמי טבריה וכיוצא בהם, פטור.

אות ח'

מאי חייב דקתני, דקא עבר משום צלי אש

רמב"ם פ"ח מהל' קרבן פסח ה"י - צלהו ע"ג סיד או חרסית או חמי טבריה, הרי זה אסור, שאין זה צלי אש.

מסכת פסחים דף מא: §

אות א'

תרתי הוא דלא לקי חדא מיהת לקי

רמב"ם פ"ח מהל' קרבן פסח ה"ד - ושניהן אינן נאכלין אלא צלי אש, והאוכל מהן כזית נא או מבושל בלילי פסחים, לוקה, שנאמר: אל תאכלו ממנו נא ובשל מבושל במים; אכל נא ומבושל כאחת, אינו לוקה אלא אחת, לפי ששניהן נכללות בלאו אחד.

רמב"ם פי"ח מהל' סנהדרין ה"ג - אי זהו לאו שבכללות, זה לאו אחד שכולל ענינים הרבה, כגון לא תאכלו על הדם; וכן אם נאמר לא תעשה דבר פלוני ופלוני, הואיל ולא ייחד לו לאו לכל אחד ואחד מהן, אין לוקין על כל אחד ואחד, אלא אם כן חלק אותה בלאוין אחרים, או נאמר מפי השמועה שנחלקו; כיצד, כגון זה שנאמר: אל תאכלו ממנו נא ובשל מבושל, אינו לוקה על הנא והמבושל שתים אלא אחת; ובחדש הוא אומר: ולחם וקלי וכרמל לא תאכלו, וחייב על שלשתן שלש מלקיות, מפי השמועה למדו שזה לחלק; הרי נאמר: לא ימצא בך מעביר בנו ובתו באש קוסם קסמים, ואף על פי שכלל כל העניינים בלאו אחד, הרי חלק אותם בלאוין אחרים, ואמר לא תנחשו ולא תעוננו, מלמד שכל אחד מהן בלאו בפני עצמו, וכן כל כיוצא בזה.

הגהת הראב"ד: אי זהו לאו שבכללות לאו אחד שכולל ענינים רבים וכו' עד מפי השמועה למדו שזה לחלק. א"א [ה]זהו דלא כאביי ורבא.

באר הגולה

ג ‹דשלא נימוחה קאי ג"כ אשרויה – גר"א›

ד ‹ובפסחים מ"א. קאמר לרבי יוסי הטעם, דבישול מבטל האפיה ולאו לחם הוה, ע"ש תוספות ד"ה אבל, זה למאי דסלקא דעתך, אבל לדידן דקיי"ל שלקות במלתייהו קיימא ומברך בורא פרי האדמה, על כרחך הטעם דלית טעם מצה, וכדמסיק בברכות ל"ח ב' – פמ"ג›

ה ‹לפירש"י ז"ל בגמרא בפ' כל שעה, לא פליגי אביי ורבא אלא בענין לאו דכי אם צלי אש, אבל בין לאביי בין לרבא על הנא ועל המבושל שתים, אלא דבכי אם צלי אש פליגי דלאביי לא לקי, משום דהוי לאו שבכללות, שהוא כולל כל מיני בשולים שאינם צליה, ולרבא לקי אפילו בהאי. וא"כ לפי פירוש זה נמצא דמאי דכתב

אות ב׳

אכל זג לוקה שתים, חרצן לוקה שתים, זג וחרצן לוקה שלש

רמב״ם פ״ה מהל׳ נזירות ה״ח - **נזיר שאכל כזית ענבים וכזית חרצן וכזית זג וכזית צמוקים, ושתה רביעית יין, ואפילו סחט אשכול ושתה ממנו רביעית, הרי זה לוקה** ⁽ו⁾**חמש מלקיות, שכל אחד מהן בלאו אחד הוא, ולוקה מלקות ששית משום לא יחל דברו, שהוא שוה בכל הנדרים; וכן אם אכל כזית זג או כזית ענבים, לוקה שתים, אחת משום זג או משום ענבים, ואחת משום לא יחל דברו; והוא הדין לנזיר שגלח או נטמא, שהוא לוקה שתים, אחת על האיסור המיוחד בו, ואחת על האיסור השוה בכל הנדרים שהוא לא יחל דברו. השגת הראב״ד: נזיר שאכל כזית ענבים וכו׳ ולוקה מלקות ששית משום לא יחל שהוא שוה בכל הנדרים. א״א** ⁽ז⁾**ולמה הניח לאו שבכללות, שהרי רבא מחייבו, והוא מכל אשר יעשה מגפן היין וכו׳, אלא שהגרסאות מתחלפות, דבנזיר מציעא ופסחים אביי הוא דאמר אין לוקין, ובנזיר הוא בהלוף.**

אות ג׳

בשעה שישנו בקום אכול צלי, ישנו בבל תאכל נא

רמב״ם פ״ח מהל׳ קרבן פסח ה״ד - **אכל ממנו נא או מבושל מבעוד יום, אינו לוקה, שנאמר: כי אם צלי אש, בשעה שמצוה לאכלו צלי, חייב על אכילת נא ומבושל, אבל מבעוד יום פטור.**

אות ד׳ – ה׳

אכל צלי מבעוד יום וכו׳

האי לאו הבא מכלל עשה הוא

רמב״ם פ״ח מהל׳ קרבן פסח ה״ה - **אכל ממנו כזית צלי מבעוד יום, עבר על מצות עשה, שנאמר: ואכלו את הבשר בלילה הזה, בלילה ולא ביום, ולאו הבא מכלל עשה עשה הוא.**

מסכת פסחים דף מב. §

אות א׳

אותו אתה מתפיס לבדק הבית וכו׳

רמב״ם פ״ה מהל׳ ערכין ה״ו - **ומנין שאסור להקדיש תמימין לבדק הבית, שנאמר: ושור ושה שרוע וקלוט נדבה תעשה אותו, מפי השמועה למדו נדבה לבדק הבית, וכן הדברים מראין שאינה אלא קדושת דמים, שאין מקריבין בעל מום למזבח,** ⁽ח⁾**שנאמר: אותו, אותו אתה עושה נדבה לבדק הבית, ואין אתה עושה תמימים נדבה לבדק הבית, ולאו הבא מכלל עשה כעשה הוא.**

אות ב׳

מי תשמישו של נחתום וכו׳

סימן תנט ס״ד - ⁽ט⁾**אם לש אחר זמן איסור חמץ, אלו המים** - ר״ל המים שמקטף בהם או שמצנן את ידיו, **עם שאר המים שרוחצים בהם העריבה,** ⁽י⁾**לא ישפכם אלא במקום מדרון** - שיבלעו בקרקע, **כדי שלא יתקבצו במקום אחד ויחמיץ** - והרי החמץ שלו הוא כיון שהוא ברשותו, **וכתב** מ״א, דאין לשפוך אותם על רצפת אבנים, דג״כ אין נבלעים בקרקע. **ודע,** דצריך למהר ולשפוך אותן אחר שקיטף בהם, או צינן בו ידיו, או לאחר הדחת העריבה, מפני שהן ממהרות להחמיץ.

‹המשך ההלכות בעמוד הבא›

באר הגולה

רבינו ז״ל שאינו לוקה על הנא ועל המבושל אלא על אחת, הוא דלא כאביי ורבא. **ונ״ל** שזה הוא מה שהשיגו הראב״ד ז״ל בהל׳ סנהדרין, וכתב שם זהו דלא כאביי ורבא, ע״כ, מפני שהוא מפרש כפירוש רש״י ז״ל, וא״כ הוי דלא כאביי ורבא, **ונסתלקה** התמיה שתמה שם עליו הרב בעל מגדל עוז, שכתב שם אפילו שהיה בנוסחת הראב״ד ז״ל הגירסא מהופכת, דדברי אביי הם לרבא ודברי רבא הם לאביי, לפי דבריו לא היה לו להשיגו אלא איך פסק כאביי, אבל לא היה לו להשיגו דלא כאביי ורבא, דלפי מה שפירשתי אתי שפיר, דכיון דהוא מפרש כפירוש רש״י ז״ל, אפילו שגירסתו כגירסת רבינו ז״ל, משיגו כן. **והרב** בעל כ״מ ז״ל הביא דברי ההשגה: א״א אביי ורבא, ע״כ, ופירש כוונתו, שיש לו להראב״ד ז״ל הגירסא מהופכת, והוא משיג שאיך פסק כאביי במקום רבא. מ״מ נ״ל הנוסחא שהביא בעל מגדל עוז עיקר, דלנוסחא האחרת לא היה לו לכתוב אלא כן: א״א פסק כאביי במקום רבא, ולשון זה שכתב כבד הוא, ולפיכך נוסחא הראשונה עיקר ופירושה כדכתיבנא – לחם משנה הל׳ קרבן פסח. ‹**ורבינו** פירש, דלאו שבכללות דהכא הוא לא תאכל נא ומבושל, דשדי רחמנא לאו אחד לתרוייהו, ורבינו ודאי שמודה שלאו כעין זה דצלי אש, דלאו אחד איכא להרבה פרטים, הוא לאו שבכללות ואין לוקין עליו, אבל הכא בפרק כל שעה לא מיירי כעין זה, מדקאמרי עלה בגמ׳ איכא דאמרי תרתי הוא דלא לקי, ואי בלאו שבכללות דצלי אש הוא דקאמרי דאינו לוקה, מאי תרתי ומאי חדא איכא – מלכי בקדש› [ו] ‹ומטעם דהכי בא בקבלה, דלהכי פרטם רחמנא, לחייב לאו על כל אחד בפני עצמו, כמבואר בפ׳ י״ח דהל׳ סנהדרין, מטעם זה כתב רבינו בהלכות נזירות שלוקין חמש מלקיות – מלכי בקדש› [ז] ‹ודע דבגירסת רבינו ליכא בזג וחרצן איכא דאמרי ואיכא דאמרי, כדאיכא בגירסת ספרינו, ואף בספרינו בגמרא דנזיר שהוא מקומו ליכא הני תרי איכא דאמרי, וע״פ זה יובן מה שפסק רבינו בפ״ה דהלכות נזיר, דלוקה חמש מלקיות, משום דס״ל דלאו שבכללות דפליגי התם אביי ורבא, אינו אותו המין, דשדי רחמנא לאו אחד לתרוייהו, דלאו אחד איכא להרבה פרטים, אלא מכל אשר יעשה מגפן היין דנכללים ממנו פרטים רבים, כעין לא תאכלו על הדם... אלא ודאי דאין לאו שבכללות דהתם אלא מכל אשר יעשה מגפן היין, וקאמר רבא {אביי לגירסתינו} דאינו לוקה על אותו לאו, אבל לעולם מודה רבא דלוקה משום חרצן ומשום זג, וכדקתני במתניתא לוקה חמש, ומטעם דהכי בא בקבלה, דלהכי פרטם רחמנא, לחייב לאו על כל אחד בפני עצמו, כמבואר בפ׳ י״ח דהל׳ סנהדרין, מטעם זה כתב רבינו בהלכות נזירות שלוקין חמש מלקיות, והשמיט לאו דמכל אשר יעשה מגפן היין, שהוא כעין לא תאכלו על הדם שאין לוקין עליו כלל – מלכי בקדש. ‹**וצריך** ביאור מה דציין העין משפט על אלו המלות, היה לו לציין על "אין לוקין על לאו שבכללות", דבאמת פסק הרמב״ם דאין לוקה על "מכל אשר יעשה"› [ח] ‹צ״ל ונאמר אותו – מעשה רב›

[ט] **משנה מ: וגמרא מ״ב** ‹ודבר פשוט הוא דלא נאמרו דברים הללו אלא בלש בזמן איסור חמץ, דאילו קודם לכן, שופכן אפילו במקום אשבורן ואינו חושש – ב״י› [י] ‹אף על גב דבגמ׳ מחלק בין נפישי או לא, אנן לא בקיאי בזה – גר״א›

רבי יהודה היא. דאמר לאו הבא מכלל לאמור לאו הוא: **שרוע.** הוא שאחת מעיניו גדולה ואחת קטנה וכן שאר אבריו: **קלוט.** שפרסותיו קלוטות: **נדבה תעשה אותו.** לדמיו הקדישהו לבדק הבית ולנדר להעלות קרבן לא ירצה וכתב אותו אותו בעל מום אתה מתפיס לקדושת בדק הבית ואין אתה מתפיס תמימים הראויין למזבח לבדק הבית: **וידבר ה' וגו'.** בתחלת הפרשה כתיב: **לא נאמר בדברים.** נוטריקון לאמר: **לאו אמור.** אמור להן שיש איסור לאו בדברים והכא גבי פסח נמי כתיב בתחלת הפרשה ויאמר ה' אל משה ואל אהרן לאמר: **פאישבורן.** לשון תורה אור

רבי יהודה היא *דתניא °שור ושה שרוע וקלוט נדבה תעשה אותו *אותו אתה מתפיס לבדק הבית ואי אתה מתפיס תמימים לבדק הבית מכאן אמרו כל המתפיס תמימים לבדק הבית עובר בעשה אין לי אלא בעשה בלא תעשה מנין ת"ל °וידבר ה' אל משה לאמר לימד על כל הפרשה כולה שיהא בלא תעשה דברי רבי יהודה *אמר לו רבי לבר קפרא מאי משמע אמר לו דכתיב לאמר לא נאמר בדברים בי רב אמרי לאמר לאו אמור: "מי תשמישו של נחתום וכו': תני חדא שופכין במקום מדרון ואין שופכין במקום האישבורן ותניא אידך שופכין במקום האישבורן לא קשיא הא דנפישי דקוו הא דלא נפישי דלא קוו אמר רב יהודה אשה לא תלוש אלא במים שלנו דרשה רב מתנה בפפוניא למחר אייתו כולי עלמא חצבייהו ואתו לגביה ואמרו ליה הב לן מיא אמר להו אנא "במיא דביתו אמרי *דרש רבא "אשה לא תלוש בחמה ולא בחמי חמה ולא במים הגרופין מן המולייר "ולא תגביה ידה מן התנור עד שתגמור את כל הפת (וצריך*) שני כלים אחד שמקטפת בו ואחד שמצננת בו את ידיה איבעיא להו עברה ולשה מהו "מר זוטרא אמר מותר רב אשי אמר אסור אמר מר זוטרא מנא אמינא לה דתניא *אין לותתין השעורין בפסח ואם לתת נתבקעו אסורים לא נתבקעו מותרין ורב אשי אמר *אטו כולהו חדא *מחיתא מחיתינהו היכא דאיתמר איתמר והיכא דלא איתמר לא איתמר:

הדרן עלך כל שעה

ואלו "עוברין בפסח כותח הבבלי ושכר המדי וחומץ האדומי וזיתום המצרי וזומן של צבעים ועמילן של טבחים וקולן של סופרים ר"א אומר אף תכשיטי נשים זה הכלל כל שהוא ממין דגן הרי זה עובר בפסח "הרי אלו באזהרה ואין בהן משום כרת: **גמ'** ת"ר שלשה דברים נאמרים בכותח הבבלי מטמטם את הלב ומסמא את העינים ומכחיש את הגוף מטמטם את הלב משום נסיובי דחלבא ומסמא את העינים משום מילחא ומכחיש את הגוף משום קומניתא דאומא *ת"ר ג' דברים מרבין הזבל וכופפין את הקומה ונוטלין *אחד מחמש מאות ממאור עיניו של אדם אלו הן *פת קיבר ושכר חדש וירק *חי ת"ר שלשה דברים ממעטין את הזבל וזוקפין את הקומה ומאירין את העינים אלו הן פת נקייה בשר שמן ויין ישן פת נקייה דסמידא

[כתובות נח: פרש"י בביאור נכון] [פי' פסולי' הסולת. ערוך] [בעירובין ליתא מלת חי]

רש"י

שבילה שמשתבר הקרקע ויש בקעים שהמים נאספים ושוהין בתוכן ואין נבלעין ומחמיצין: **הכי גרסינן הא דנפישי דקוו הא דלא נפישי דלא קוו.** כשהן מרובות הן נקוות אל מקום אחד ואין נבלעות מהר ומחמיצות וכשהן מועטות לא קוו: **שלנו.** בלילה מפני שבימי ניסן המעיינות חמין שעדיין ימות הגשמים הן כדאמרינן במי שהיה (לקמן צד:) בימות הגשמים חמה מהלכת בשיפולו של רקיע לפיכך כל העולם צונן ומעיינות חמין הלכך מלינן בלילה ומצטננין: **דרשה רב מתנה.** ובלשון הקודש היו דורשין וכסבורין השומעין שמים שלו הוא אומר: **דביתו.** תרגום של לנו (דביתו): **לא בחמה.** לפי שחום השמש מחממת: **ולא בחמי חמה.** במים שהוחמו בחמה וכ"ש בחמי האור: **הגרופים מן המולייר.** דוד גדול של נחושת ותלוי על האור כל שעה ונחושתו עבה ואפי' כשאין שם אור מים שבתוכו חמים או פושרין: **גרופים.** לשון שיריים שממלין מנחושתו של שוליו: **ולא תגביה ידה מן התנור.** כלומר תהא עוסקת בבצק כל שעה: **שמקטפת בו.** טחה פני החררה במים: **שמצננת בו ידיה.** דלושן שמקטפת בהן מתחממות מחום ידיה והעיסה: **עברה ולשה.** בחמין: **לא נתבקעו מותרים.** ואע"ג דהכא אין לותתין הכא נמי ל"ש הואיל ואנו רוצין שלא החמיץ שאין שם לא סימני שיאור ולא סימני סידוק: **מחיתא מחיתינהו.** סלס אריגה אחת אריגת' משום דבחדא איסורא דרבנן הכא אם עבר מותר באכילה בעית למימר נמי כולהו: **היכא דאתמר.** בהדיא דלא קנסינן ליה אתמר והיכא דלא אתמר לא אתמר והלכך עברה ולשה בחמין קרובה למזיד היא ואסור ולא דמי לבליקות של כברים דאמרינן (לעיל דף מ.) (א) ממלא אדם כריסו מהן דהכא בעינן למיקנסה דעבירה אדרבנן. מעשה אורג מתרגמינן עובד מחי (שמות כח):

הדרן עלך כל שעה

ואלו עוברין. עליהן בבל יראה ובבל ימצא וכולהו מפרש להו בגמרא זיתום וזומן וקולן ועמילן: **תכשיטי נשים.** בגמרא מפרש: **מין דגן.** חמשה מינין חיטין ושעורין וכוסמין ושבולת שועל ושיפון: **ואין בהן כרת.** אם אכלן אבל לאו יש באכילתן ובגמרא יליף לה כולה: **גמ' מטמטם.** לשון סתימה: **מסמא את העינים משום מילחא.** מלח סדומית יש שמסמא את העינים כשנוגע במלח וחוזר ונוגע בעין: **נסיובי דחלבא.** מישג"א: **קומניתא דאומא.** טיפושא פת שמתעפש לאחר זמן בתוך הכותח: **וכופפין את הקומה.** כלומר מתישין כחו: **ירק חי.** כגון כרישין ובצלים וחזרין כשאוכל מהן הרבה תמיד: דסמידא

תוספות

לאמר לימד על כל הפרשה שהיא בלאו [א]. נראה לר"י דהיינו דוקא בהנך דברים דאית בהו לאו הבא מכלל עשה אבל שאר דברים לא:

הדרן עלך כל שעה

ואלו עוברין בפסח. פ"ה לעבור עליהן בבל יראה ובבל ימצא וגם ריב"א מדקדק מלשון עוברים דמשמע (ג) עוברין מן העולם ואין נראה לר"ת דמשמע דכל הנך מרבינן מכל מחמצת לא תאכלו ואפילו באכילה לא הוה מחייב אי לאו דרבייה קרא ומהיכי תיתי בל יראה ובל ימצא ונראה לר"ת דאלו עוברין (ג) פי' האוכלין ועוברין היינו מעל השולחן דלאו בני מיכל נינהו אבל בל יראה ליכא:

רבי אליעזר אומר אף תכשיטי נשים. היינו (ד) חמץ נוקשה ואפילו הוי חמץ דגן גמור על ידי תערובות מ"מ מדקאמר אף משמע דמודה לת"ק ובגמרא אמרי' דרבי אליעזר סבר נוקשה בעיניה בלא כלום לכך נראה דגרס רבי אלעזר כחד מינייהו או במתני' או בגמרא: הא

עין משפט נר מצוה

קפו א מיי' פ"ה מהל' ערכין הלכה ו:
קפז ב מיי' פ"ה מהל' חמץ הלכה טו סמג לאוין עט טור שו"ע או"ח סימן תנט סעיף ד:
קפח ג מיי' שם הלכה יא טור שו"ע או"ח סימן תנה סעיף א:
קפט ד מיי' שם הלכה יב טוש"ע או"ח סימן תנט סעיף א:
קצ ה מיי' שם טוש"ע שם סעיף ג:
קצא ו מיי' שם טוש"ע שם סעיף ג:
קצב ז מיי' שם טוש"ע שם סעיף ה:
א ח מיי' פ"ד מהלכות חמץ הלכה ח סמג לאוין עט טוש"ע או"ח סימן תמב סעיף א:
ב ט מיי' פ"א מהלכות חמץ הלכה ו:

מסורת הש"ס

תמורה ז: | [סס] | [צ"ל ביתו] | יומא כח: | [צ"ל וצריכה] | [לעיל מ.] | [כריתות כד. וש"נ] | עירובין נח: | [ברכות מג: שבת קיג: תענית יג:]

רבינו חננאל

דמאכילתו בלילה שהוא עשה הבאתה לא תאכל ביום שהוא לאו וכל כי האי גונא עשה הוא ואין לוקין על עשה. אמר רב חסדא זו הברייתא לר' יהודה היא דתניא ושור ושה שרוע וקלוט נדבה תעשה אותו פי' אותו שהוא בעל מום אתה מתפיסו נדבת לבדק הבית ואי אתה מתפיס תמימים לבדק הבית אלא לנדר מתפיס תמימין מכאן אמרו כל המתפיס תמימים לבדק הבית עובר בעשה דלאו הבא מכלל עשה הוא ואין לי אלא בעשה בלא תעשה מנין ת"ל וידבר ה' אל משה לאמר לימד על הפרשה כולה שהיא בלאו דברי ר' יהודה א"ל ר' לבר קפרא והיכן אתה מוצא בזה הפסוק לאו אמר ליה דכתיב לאמר לא יומרו דברים מכאן למדנו כל תמימר ממת שכתוב ואפילו עשה עובר בלאו שהרי המיר דבי רב אמרי כן פרשו לאמר לא אמר כלומר על כל מצוה שבתורה גזר עליהן בלאו: מי תשמיש של נחתום ישפכו מפני שהן נקיון ומחמיצין פירורי העיסה הנגררים מן המים שנשתמש בהן כמו שרוחץ אותם נקיון ומחמי ואוקים' אי נפישי דקוו וקימו נשפכין במקום מדרון ואי לא נפישי אלא נבלעין ממקומן שופכין אפילו במקום האשבורן. אמר רב יהודה אין לשין אלא במים השאובין מאתמול ולנו בלילה דאנון מיא ביתו ונצטננו הרבה: דרש רבא אין לשין בחמה ולא בחמה פי' במים שהוחמו בחמה ולא אפילו במים חמין ולא במים הגרופין ולא בחמי חמה פי' גרופין מושכין דכתיב (שופטים ה' כ"א) נחל קישון גרפם כלומר משכם ולא תגביה היד מן התנור כלומר לא תניח הפת מוטל ותתעסק בדבר אחר עד שתגמור את הפת ויש אומרים לא תגביה ידה מן הפת עד שתדבקנו בתנור וצריכה שני כלים במים אח' שמקטפת בו הפת בתוך התנור ואח' שמצננת ידיה עברה ולשה בחמין או במים גרופין או באלו כלן מאי ופשט רב אשי עברה ולשה אסור וקיימא לן כותיה: הדרן עלך כל שעה:
פ"ג ואלו עוברין בפסח כותח הבבלי ושכר המדי וחומץ האדומי וזיתום המצרי וכו' כותח הבבלי אסור בפסח משום קומניתא דאומא דהיא חמץ פת ניקודים ואסור לאכלו בבשר משום נסיובי דחלבא פי' נסיובא פי' ריפתא

הגהות הב"ח

(א) רש"י ד"ה היכא דאיתמר וכו' דאמרן א"ד ממלא כריסו מהן:

(ג) תוס' ד"ה ואלו וכו' מלשון עוברים דמשמע. נ"ב פירוש מדלא קאמר עוברין עליהם: (ג) בא"ד ונראה לר"ת דאלו עוברין פי' (האוכלין) תא"מ ונ"ב ס"א האוכלין: (ד) ד"ה ר' אליעזר וכו' היינו חמץ נוקשה. נ"ב ולפי זה מוסיף ר"א דלת"ק [דוקא נוקשה] בעיניה ולר"א אף נוקשה [ע"י תערובות] ולא הוי חמץ דגן גמור ע"י תערובות [מוסיף] ר"א דאפילו תכשיטי נשים [דלא] הוי ראויים לאכילה:

הגהות מהר"ב רנשבורג [א] תוס' ד"ה לאמר לימד על כל הפרשה שהיא בלאו. נ"ב עיין מנחות דף נ"א בתוס' ד"ה אף כאן וכו' ודוק:

ומיהו לשפוך אותם בר"ה מותר בכל ענין, דמאי איכפת לן שיחמיצו אחר כן, כיון שכבר הפקירן, **ויש** אומרים דאפילו בר"ה אין נכון לכתחלה שלא במקום מדרון, דכיון שהוא בזמן איסור חמץ, יש לו לדקדק בפרורי בצקו שלא יבאו לידי חימוץ.

וקודם זמן איסורו, שופכין בחצירו אפילו שלא במקום מדרון, **ודעת** הב"ח [יא]והט"ז, דאפילו קודם זמן איסור, אין לשופכן בחצירו שלא במקום מדרון.

הגה: והכלים שמתקנים בהם המצות - היינו העריבות, ועצים העגולין שעורכין בהם המצות, והרעדלי"ך שמנקרין בהם המצות, **והסכין שחותכין בו העיסה, יגררם תמיד בשעת עשייה** - היינו בין כל עיסה ועיסה לנקותם, **שלא ידבק בהם הבצק** - דאע"פ שאין שוהין שיעור מיל בין כל עיסה ועיסה, ונמצא שהבצק הדבוק בכלים אינו שוהה בלא עסק, אעפ"כ לכתחלה צריך ליזהר בכך וכנ"ל בס"ב, **וה"ה** שצריך לרחוץ ידיו וגם האגן שלשין בו ולנגבו במפה, בין כל עיסה ועיסה.

ולאחר עשייה - היינו לאחר שנאפה מהיסק אחד, **ידיחם ויגנבם היטב לחזור ולתקן בהם פעם שנית (מהרי"ל); וזהו עדיף טפי ממה שנוהגין לגררן, כי אי אפשר לנקותן היטב ע"י גרירה; והמחמיר, יגררן ואח"כ ידיחן (ד"ע).**

והמרדה א"צ להדיחה, **ועיין** בפמ"ג שכתב, דנכון לפעמים לבדוק ולראות גם המרדה שמכניסין בה המצות לתנור, אם אין עליה בצק, דלפעמים כשהעיסה רכה נדבק עליה בצק.

ומנהגנו כהיום, לרחוץ אשה הלשה את ידיה, וכן הכלים שלשין בו, לאחר שעשו בו שנים או ג' עיסות, עד שלא יהיה מהתחלת הלישה יותר משיעור מיל, **וכן** המגלגלים ישגיחו אם מודבק בידיהם עיסה, וירחצו ידיהם, ג"כ משיעור מיל לשיעור מיל, **וכן** ישגיחו על עצים המגלגלין והרעדליך שיהיו נקיים, ולהחליפם או לגרד החמץ מהם, בזמן הנזכר, **וכן** הסדינים שמכסין בו השולחנות, ג"כ מחליפין אותן בזמן הנזכר, **ובמקום** שעורכין על השולחנות, מגרדין אותן בזכוכית בזמן הנזכר.

וכתבו האחרונים דהמנהג הנכון, להיות שני אגנים ללוש בהם, ובעת שלש בהשניה, יהיה איש אחד מוכן לרחוץ הראשונה ולנגבה היטב, וכן חוזר חלילה, **והמנהג** הנכון, להעמיד משגיח בבית אופי המצות, להשגיח על הכל, כי רבה המכשלה מאד.

וביו"ט מותר לעשותו ע"י אינו יהודי - דהדחת הכלים הוי שבות, [שהוא שלא לצורך יו"ט, מאחר דבכבר לש בהן]. וע"י נכרי הוי שבות דשבות, ושרי במקום מצוה, [שלא יהיה חמץ דבוק בכלים, **ובמ"א** כתב דגרידה הוי שבות, וג"כ מותר ע"י נכרי, **וא"ר** משיגו, דגרידה הוא אב מלאכה משום ממחק, דבשעה שהוא מגרדו בזכוכית, הוא משוה ומחליק גם את העץ כידוע].

ואם אין אינו יהודי, יטילם לצונן - שהצונן מעכב מלהחמיץ, ויכביד אותם כדי שירדו למטה במים, ולא יציפו למעלה, **וכ"ז** כשאין דעתו לאפות עוד בו ביום, הא דעתו לאפות, רשאי להדיחם בעצמו, **ולגרדם** אסור בכל גווני, [משום לתא דממחק].

או יתנם לתנור שיאפה הבצק שעליהם - ומ"מ אין נכון לאכול הבצק הנאפה, דשמא לא נאפה יפה הצד השני שבתוך הסדקים. **והאחרונים** מפקפקים בעצה זו, דכיון דאין נכון לאכול את הנאפה, וכנ"ל, וגם אין כוונתו לאכול, א"כ הוא אפיה שלא לצורך, דאסור.

ויש עוד עצה, שיבטל החמץ קודם שיחמיץ, [ובאופן שאין בכל כלי וכלי כזית בצק דבוק, דאם יתקבץ כזית, צריך לבערו אף לאחר ביטולו], **או** יתן הכלים עם הבצק במתנה לנכרי, [ומיירי שאין העכו"ם רוצה להדיח].

והעריבות שאפשר לתת דבר בתוכו, מותר להדיח; וכן כל כיו"ב.

ויש ליזהר בעריבה שלשין בה, שלא יהיה בו שום גומא או סדק שלא יוכל לנקרו אחר הלישה ותחמיץ, ואח"כ כשחוזר ולש בו מתערב בבצק (מהרי"ל) - ואפילו על שפת הכלי שלש בו לא יהיה בו סדק.

ומזרק שנסדק בשפתו, כתבו הפוסקים דצריך להרחיב הסדק ולגרדו יפה, ולהגעיל, ולסתום הסדקים ויחליקם להשוותם יפה, **או** ירחיבוהו ברוחב אצבע, כדי שיכנס היד לנקות, **אבל** לא ידביק עליו חתיכה נחושת במסמרים, שהחמץ נכנס תחת המסמר, **אלא** א"כ ידביק הנחושת ע"י היתוך.

גם במרדה שרודים בו המצות, לא יהא בו סדק או חריץ, וכן על הדף שעורכין ומגלגלין עליו המצות, ג"כ צריך שיהא חלק בלא סדקים וחריצים, ואם יש בהם נקבים צריך לסותמן, שהבצק נכנס בהם, **ויש** שעורכין מטעם זה על סדין, אכן על הסדין ג"כ אין טוב, שהבצק נכנס בנקבי האריגה, אם לא שיחליפם בחדשים בכל שיעור מיל, **ולהפכם** לעבר השני אינו מועיל ג"כ, [שהחמץ מבצבץ מעבר לעבר]. **וע"כ** יותר טוב לערוך על דף חלק, ואנשי מעשה נוהגין לצפות השולחנות בטס של מתכות חלק, או על אבנים חלקין, **וגם** יש שמגלגלין בוועלגע"ר העלצע"ר שמצופין בטס של מתכות או בשל זכוכית.

ולא יתן העריבה על כר או כסת למר - וטוב ליזהר שלא להעמיד אף על בגד צמר, **בשעת הלישה, שמחמם העריבה; אבל על של עור, שרי (מהרי"ו)** - אבל בדיעבד בכל ענין ליכא איסור.

אות ג'

במיא דביתו אמרי

תנה ס"א - [א]אין לשין אלא במים שלנו - היינו לינה בכלי לאחר שאיבתן, והטעם כתב רש"י בגמ', שהמעינות בימי ניסן הם חמין,

---

באר הגולה

יא לשון הט"ז: ולפמ"ש בסי' תמ"ה, דודאי חמץ אסור להניחו ברשותו שהוא שלו ולסמוך על העורבים שיאכלוהו אפי' קודם זמן איסורו, א"כ ה"נ אסור אם יש במה ששופך כדי קיבוץ, כנלע"ד› א מימרא דרב יהודה פסחים מ"ב

מפני שהחמה הולכת באותו זמן בשיפולי רקיע סמוך לארץ, ומחממת המעינות, (ולפי"ז אין חילוק בין לילה ליום – מחה"ש), **ויש** מפרשים, מפני שבלילה החמה מהלכת למטה מהקרקע, ומחממת המעינות, (שיטת הרא"מ), **ולפיכך** אסרו חכמים להשתמש בהם לצורך לישה, בין מצת מצוה בין שאר מצות, תיכף משיוציאן מן הארץ, דהוי להו כעין מים חמים שאסור ללוש בהם, וכדלקמן ס"ג, עד שיעמדו בכלים ויצטננו מחמימותן.

בין שהם מי בורות ומעיינות, בין שהם [ב]מי נהרות - אף שאינן נמשכין ממעינות (סמוך ליציאתן מן המקור, רק דרך יום או יומים – פר"ח, וכדלקמן במ"ב), ולא שייכי הטעמים שכתבנו, מ"מ יש להחמיר גם בזה לצננן, לפי שהכה עליהם חום השמש ביום, ונתחממו מעט, [**ובשבלי** לקט כתב, דאפשר החמה שתחת הקרקע מחממת כל הקרקע עם הנהרות].

ושואבין אותה מבעוד יום (סמוך לבין השמשות) (ד"ע והג' מיימוני) - דלכתחלה ראוי ונכון לשאובן בין השמשות ממש, כדי שיצטננו המים במחובר י"ב שעות ביום, שהמעינות צוננין ביום, וי"ב שעות באויר בלילה, **אלא** מפני שא"א לכוון ממש בין השמשות, רשאי לשאוב סמוך לבין השמשות, **ואין** להקל לכתחלה לשאוב הרבה מבעוד יום, וכ"ש שלא לאחר לשאוב אחר כניסת הלילה, **ומ"מ** בדיעבד שנשאבו הרבה מבעוד יום, אין להחמיר, ויכול ללוש בהם לכתחלה אחר לינת לילה, **וכן** אם שאבן בלילה קודם חצות, מותר ללוש בהם למחר לכתחלה, **אך** צריך להמתין י"ב שעות מעת ששאבן.

(**דע**, דמה שכתב בהג"ה סמוך לבין השמשות, לאו לדעת המחבר כתב כן, אלא דעת עצמו הוא, וכמו שמבואר בדרכי משה, **אבל** להמחבר מותר לכתחלה לשאוב ביום בכל שעה שירצה, ובלבד שימתין מללוש בהם עד למחר, וכמו שמבואר דעתו בב"י, וכן נקטו לעיקר הגר"א בביאורו, והפר"ח והמאמ"ר, **ולהכי** כתב המאמ"ר, דהיכא דאיכא קצת דוחק, שפיר דמי למימלא ביממא בעוד היום גדול, כיון שלדעת מרן ז"ל שפיר דמי למעבד הכי לכתחלה).

או בין השמשות - כדי שיעבור על המים לילה שלמה בתלישה מן המחובר, ובין השמשות הוא לאחר שתשקע החמה עד צאת הכוכבים, **וביום** המעונן יותר טוב להקדים מלאחר.

[ו]**ואין לשין בהן עד שיעבור הלילה כולה** - [ד]ובשעת הדחק יש להקל ללוש בהם אחר עמוד השחר, אע"פ שלא עמדו י"ב שעות.

[ה]**ויכולים לשאוב יום אחד לימים הרבה;** [ו]**ואם הזמן חם יניחם במרתף שהוא קר** - ואם אין לו מרתף, יניחם בתוך הבית, ודוקא בחדר שאין מסיקין בו.

ואם הזמן קר, יניחם באויר, כי המרתף הוא חם, [ז]**וצריך להשכים ולהכניס לבית קודם שיזרח השמש, ואפילו ביום המעונן** - שלא יתחממו בחום השמש, ומיירי שהמים עומדים מבחוץ במקום שהשמש עולה משם, דאם יעמדו במקום שלא יוכל לראות פני השמש, אין לחוש, **מיהו** ביום המעונן, בכל גווני צריך לדייק להכניס קודם שעת הזריחה, דיומא דעיבא כולו שמשא.

הגה: ואם לא הכניס בהשכמה, אם לא עמדו כל כך עד שהוחמו, אינו מזיק - ואפילו עמדו בשמש, כל שלא הוחמו מותר ללוש בהם, **ואם** נעשו פושרין, כהוחמו דמי, וכדלקמיה בס"ג, **ופושרין** נקרא כשנעשו כחמימות הרוק, **ועיין** בשע"ת שכתב, שכל שנתחממו חמימות קצת, אע"פ שאינו כחמימות הרוק, אין ללוש בהם.

ויותר טוב להעמידם תחת התקרה, שמא ישכח להכניסם בהשכמה (ב"י בשם א"ח).

וכשמוליך המים תחת אויר הרקיע - ר"ל כשמוליכן בבוקר מן המרתף לבית הלישה, **יש לכסותן (ת"ה בשם סמ"ג וסמ"ק, ומהרי"ו)** - כדי שלא יתחממו מהשמש.

ואם מוליך המים בכלי זכוכית, אין מועיל מה שמכסה במפה מלמעלה, כי השמש יוכל לחמם דרך עובי הזכוכית, אא"כ יכסה במפה על הדפנות.

וכתבו האחרונים, דטוב לכסותן גם בעת שמוליכן מן הנהר לביתו, אף שכבר שקעה חמה, כדי שלא יפול לתוכן שום דבר חימוץ, **ומטעם** זה, נוהגין לסנן המים בשעת השאיבה בבגד לבן ונקי.

כשחל פסח באחד בשבת, יש לשאוב המים אור י"ג, דהיינו בליל ה' (מרדכי) - לפי מה שכתב המחבר בסי' תנ"ח, דיום י"ד שחל להיות בשבת, לשין בע"ש, אין רבותא כלל, ודברי בעל הג"ה נאמרין לאותן שנוהגין לאפות בליל פסח במוצאי שבת, וכמבואר שם בטור.

דהיינו בליל ה' - משום דבע"ש בין השמשות אין יכולין לשאוב, דאין שבת מכין ליו"ט, וביה"ש ספק שבת הוא, ומבעוד יום סמוך לבין השמשות ג"כ אין נכון, שמא יאחר ויעשה זה ביה"ש, **וה"ה** אף האופין בליל יו"ט שני, אסורין לשאוב בין השמשות של יו"ט ראשון, דאין יו"ט מכין לחבירו, וצריכין לשאוב אור לי"ד.

ואם שכח לשאוב בליל ה', יכול לשאוב בע"ש מבעוד יום, אפילו בעוד היום גדול, **וכל** זה ה"ה לאנשים שאופין הרבה ימים קודם פסח, כשאופין ביום א', יזהרו לכתחלה להכין מים בליל ה', ובדיעבד בע"ש מבעוד יום, **אמנם** אם שכח להכין מבעוד יום, יכין ביה"ש ע"י עכו"ם, **ויש** שמתירין אפילו ע"י עצמו.

לכתחלה יש לשאוב מן הנהרות ולא מן הבארות (אשר"י ומרדכי) - מפני שהחמה מהלכת ביומי ניסן (בלילה) תחת

באר הגולה

[ב] **הרא"ש וכ"כ הכל בו** [ג] **רש"י ובה"ג ושאר רוב הפוסקים** (דשיעור י"ב שעות אינו אלא לפי' רש"י – ב"ח, דהעיקר כדי שיתקררו המים) (**ואפי'** השואבן בבוקר ומניחן עד הערב שפיר דמי – ב"י) [ד] (דלרא"ם (העיקר) דוקא שלא היה בלילה במחובר – גר"א **דהו"ל** למיתני שלנו כל הלילה, אלא אין לינה רק מחצי הלילה עד עמוד השחר – ב"ח. **דסוף** הלילה גורם צינון, דרוח צפונית מנשבת מחצי הלילה ואילך עד עמוד השחר כמ"ש בריש ברכות, והיא קרה, כמ"ש בב"ב כ"ה: וממזרים קרה, זו רוח צפונית – גר"א) [ה] **תשו' הרשב"א** [ו] **טור בשם אביו הרא"ש** [ז] **ארחות חיים**

הקרקע, ולכן הבארות רותחין קצת, משא"כ בנהרות, נהי דבמקום נביעתן הן רותחין, מ"מ כשנמשכו למרחוק מתקררים, «ניתוסף ע"פ לשון הח"א, וכן הוא לשון הרא"ם: לפי שהחמה מהלכת בימי ניסן שהוא עדיין מימות הגשמים בלילה תחת הקרקע, כחכמי או"ה בפסחים (צ"ד:), ודלא כמחה"ש שכ', דלהרא"ם אין חילוק בין ימות החמה לימות הגשמים, וכדמשמע בגמ' שם».

אבל כשהנהרות גדולות מהפשרת שלגים וגשמים, טוב יותר לשאוב מן הבארות (מהרי"ו) - דאז מי בארות מתקררין יותר מהם, דבניסן החמה מהלכת בהרים כדי לפשר השלגים, והם נעשין פושרין.

ואין לשפוך מים שלנו מכח מה או תקופה הנופלת (מרדכי והגה"מ) - ד"שומר מצוה לא ידע דבר רע", ולאו דוקא במצת מצוה, דה"ה בשאר מצות שצריך לפסח, **ומ"מ** אם אפשר לו בקל להשיג מים אחרים שלנו, נכון לעשות כן בשאר מצות, **ומים** שהכין למצת מצוה אין נכון לשפכן, אף אם אפשר לו בקל להשיג מים אחרים, שנראה כמזלזל במה שכתוב: שומר מצוה לא ידע דבר רע, [**ובא"ר** מפקפק בזה].

ומ"מ טוב לכתחלה להשים בהם ברזל - היינו קודם שהתקופה נופלת, ויקח ברזל חדש או נקי, ויתלה במשיחה תוך המים, **אבל** לא ישים ידו תוך המים, שהיד מחמם המים, **ובשאר** ימות השנה יניח מלח או חותם.

גם אסור לשאוב מים ע"י א"י למצות של מצוה - דמכשירי מצוה הוא, **והוא** רק לכתחלה. **ואף לשאר מצות, ישאב ישראל (מרדכי ומהר"י ברי"ן ומהרי"ל) אם אפשר** - משום שלא יתן לתוכו חמץ, **ומ"מ** אין בזה קפידא, משום שהמנהג לסנן.

ונוהגין ליטול מים מיוחדים למצה של מצוה - ויאמר בשעת השאיבה: לשם מצת מצוה.

ונוהגין ליקח כלי חרס חדשים - אבל לא ישנים, אפילו אם היו של פסח, והטעם, דכלי חרס ישנים מאיסי ואין זה הידור, **ואין לשנות המנהג; אבל בשל עץ, אין להקפיד (כל בו)** - וה"ה של אבן, או כלי חרס מצופין, שקורין גלייזיר"ט.

והנה כ"ז דוקא שלא נשתמש בהם אלא במים בלבד, אבל אם היה בהם מי פירות, {פי' כל המשקין חוץ ממים נקראין מי פירות לענין זה}, טוב ליזהר שלא לשאוב בו, אא"כ הגעילו מקודם, לפי שמי פירות כשמתערב מעט מהם במים, ממהרין המים להחמיץ העיסה שנילושה בהם, כמו שיתבאר בסימן תס"ב, **ופשיטא** דראוי לאסור מה שלוקחין חביות גדולות שמחזיקין בהם דבש, ומדיחין אותן ומשימין בהם מים למצות בבתי האפיה, דאיסור גמור הוא, דמפליט המי פירות, [**ובדיעבד** אפשר שיש להתיר].

ולכתחלה טוב ליזהר שלא לשאוב בכלי נחושת, ואפילו הוא חדש, לפי שהנחושת מחמם, **אבל** בדיעבד אין לחוש, **ואפילו** נשתהו הרבה ימים בתוכו המים, מותר ללוש בהם, **ואפילו** לכתחלה נוהגין היתר ללוש בכלי נחושת, ואין נזהרין אלא שלא לשאוב בהם מים, שהמים צריכין צינון לילה א', וכשהם בכלי נחושת אינן מצטננין כמו בשאר כלים.

[ח]**הגה ס"ב** - [ט]**י"א שמים המכונסין בסיסטירנ"ה** - הוא מין באר הבנוי תחתיו וסביבותיו, וגם מלמעלה הוא מכוסה, והרי הם כמכונסין בכלי, **מותר ללוש בהם סמוך לשאיבתן** - דאינם מרתיחים מחמת חמה המהלכת תחת הקרקע, שהרי הבנין מפסיק ביניהם לקרקע, וגם מלמעלה אין החמה מכה אותם.

[י]**ואין להקל בדבר, אם לא בשעת הדחק** - שהרי אנו רואין שהמים שבתוכו אינו צונן כלל, ויש לומר כיון דהבנין מחובר לקרקע, אף שהוא מרוצף, מ"מ מתחמם מחום השמש שמהלך מתחת הקרקע, וע"כ צריך לינה כמו בשאר מימות, אם לא בשעת הדחק.

ומ"מ אם יש לו מים שאובים שלנו בתוך ביתו, טוב יותר שיקח אותם, אף שיש לחוש שנשאבו מבעוד יום, או אחר תחלת הלילה.

וכ"ז בשאין המים נובעין מתחת הרצפה, אבל אם נובעים לתוכו מתחת הרצפה, או שיש סילון השופך מים לתוכה תמיד, כמו הרע"ר קאסטי"ן ששופך תמיד לתוכו מן הצנורות, אין להקל אף בשעת הדחק, שהרי המים שבתוך הבנין מתחברין עם המים שבקרקע.

ומים שבפלומ"פ, ודאי אין להקל אפילו בשעת הדחק, שהרי אין מכוסה רק מלמעלה, ולא מלמטה - פמ"ג.

מי גשמים שנקלטו מן האויר, אין צריכים לינה, שכבר נתקררו באויר דרך ירידתם, **מיהו** אם אינו לש תיכף בהם, צריך שלא יעמידם במקום שתפוג צינתם, וכדלעיל בס"א, [**ובס'** הלכות קטנות מצדד, דדוקא אם ירדו בלילה, אבל ביום, אפשר שיתחמם מחמת השמש דרך ירידתו, **וברדב"ז** מבואר בהדיא שמותר בכל גוונא, ומטעם, דאין השמש מחמם רק בשהמים הם בקרקע, ולא באויר].

[יא]**הגה ס"ד** - [יב]**מים שלא לנו שנתבטלו חד בתרי במים שלנו, לשין בהם** - לאו דוקא בתרי אלא ברובא, **והטעם**, כיון דרובו צונן, מתקרר, **וכתבו** האחרונים, דאף לכתחלה יכול לערב, אם רואה שלא יספיק לו המים שלנו.

ודוקא אם נתערב המים קודם הלישה ונתבטלו, אבל ליתן בעיסה חד בתרי במים שלנו, אסור, **ואפילו** בדיעבד יש לעיין אם עירב במזיד, [**דאם** היה שוגג בזה, דקסבר שמותר, אפי' לש במים שלא לנו לבד יש להקל, וכמ"ש בהג"ה].

«ומים חמין או פושרין שנתערבו בהרבה מים צוננין עד שנצטננו, דעת ע"ש וח"י וא"ר והגר"ז, להקל, כיון שנתבטלו בצונן, וחק יוסף ובגדי ישע מחמירין בזה, וכן משמע במגן אלף, וכן הפמ"ג מפקפק בזה, דלא מצינו ההיתר כי אם במים שלנו, וע"כ לענין ללוש בהם לכתחלה בודאי יש ליזהר, אכן בדיעבד במקום הפסד מרובה, או מניעת שמחת יו"ט, יש להקל, כ"כ בבגדי ישע».

באר הגולה

ח «מילואים» | ט ארחות חיים בשם הראב"ד | י ב"י | יא «מילואים» | יב סמ"ג בשם רבינו יחיאל וסמ"ק

אות ד'

אשה לא תלוש בחמה, ולא בחמי חמה, ולא במים הגרופין מן המולייר

סימן תנ"ט ס"א - [יג]"אין לשין במקום השמש - שהשמש מחמם העיסה, וקרוב להחמיץ, **ודעת** ח"י, שכל שאינו מתקרב ללוש במקום השמש ממש, רק שהוא קרוב אל השמש, אין לחוש, **אבל** דעת כמה אחרונים להחמיר גם בזה, ואין מותר רק במקום הצל.

ואפילו בתוך הבית, כל שהחלון פתוח כנגד השמש, אסור, **והיכי** שהחלון אינו פתוח, רק שהשמש מזהיר דרך זכוכית החלונות, כתב בח"י שאין להחמיר בזה, **אבל** כמה אחרונים חולקים עליו בזה, שהחמה מבעיר גם דרך הזכוכית, **וכן** נהגו לכסות החלונות בסדינין בשעה שהשמש מזהיר.

[יד]**"וביום המעונן אסור תחת כל אויר הרקיע** - ר"ל אפילו במקום שאלו היתה החמה בעולם, בזה המקום זו העת צל הוא ואין בו חמה, **משום דיומא דעיבא כוליה שמשא** - שטבע החמה אז להגביר חומה בכל מקום, **ומיהו** כ"ז ביום, אבל בבין השמשות אין לחוש לזה, שהרי כבר שקעה החמה.

(**עיין בחידושי מהר"ם חלאווה בשם הרמב"ן, דדוקא כשהוא מעונן גמור, אבל כשהעננים עוברים ושבין, פעם נגלין ופעם נכסין, אין בכך כלום, וכן עשה מעשה, וכן עיקר, עכ"ל, ומיהו אפשר דכ"ז מעיקר דינא דש"ס, אולם לפי מנהג שהביא בהג"ה בסמוך, יש ליזהר גם בזה, דאפשר דהעננים יתפשטו בחוזק ולאו אדעתיה, וכן משמע מפר"ח**).

הגה: וע"כ נהגו ליזהר מללוש נגד החלון הפתוח אפילו אין שם שמש - כגון שהחלון פתוח למזרח והוא לש אחר חצות, שכבר סבבה החמה לדרום, וא"כ משום אין לשין במקום השמש אין כאן, אפ"ה יש ליזהר, **שמא יהיה מעונן ולאו אדעתיה (ת"ה)** - שמא יתענן הרקיע פתאום ולא ירגישו, ויומא דעיבא כולו שמשא, **ואע"ג** דבחוץ מותר ללוש עכ"פ בצל לכו"ע, ולא חיישינן שיעיב הרקיע, שאני בחוץ דירגיש תיכף כשיבואו עננים ויתכסה השמש, משא"כ בבית אין מרגישים כ"כ.

וכן יש ליזהר מלהוליך המצות לתנור תחת הרקיע מגולה - אלא יכסנו במפה, ואין להניח מפה אחת פעמים הרבה, דשמא נדבק בה בצק ונתחמץ, **וכן המים או הקמח (הגמי"י בשם סמ"ק ומהרי"ו)** - פי' אם השקין פתוחין למעלה.

ר"ל כמו דאסרו בגמרא ללוש במקום השמש, או ביומא דעיבא, כן יש ליזהר לכתחלה להוליך וכו', וגם כן מטעם הנ"ל, שחום השמש מחמם למים או לקמח, [**ולאו** אדסמיך ליה קאי, דבחוץ ביום שאינו מעונן, ליכא למיחש שמא יתענן ולאו אדעתיה, דירגיש אם יבואו עננים, ואין להחמיר בכגון זה, שאינו אלא זהירות בעלמא].

[טו]**"ולא יתקרב ללוש אצל התנור** - היינו פי התנור, **מפני חום התנור** - ובצדדים או מאחוריו לית לן בה, שאין החום גדול שם, **והאחרונים** האריכו בה, ומסקנתם הוא כן: דבתנור של בית החורף שכשמסיקין בו מתחמם כל החדר, אסור ללוש בכל החדר, אלא צריך שלא להסיק בו כלל ביום הלישה, **ואם** הסיק אותו, יפתח הדלת והחלונות עד שיצא החום לפי אומדן דעתיה, ואז ילוש, **וה"ה** בסתם תנור רק שאופין בו כל היום, ומוציא חום הרבה בכל הבית, ג"כ אסור ללוש בכל אותו בית, אא"כ יפתח הדלת והחלונות, **ומ"מ** הכל לפי הענין, אם החדר קטן והחום רב, או בחדר גדול והחום מעט.

ובדיעבד אם לש נגד פי התנור, דינו כלש במקום השמש, ומבואר לקמן סעיף ה'.

ודע דיש שנכשלים בזה, כגון האופין שיש מהן שבשעה שהמצות בידם על המקל להורידן לתנור, ומקרבין אותה לפי התנור, הם שוהים ומתישבין באיזה מקום להניחה בתנור, או גרוע יותר מזה, שפונים ראשם ומשיחים עם העורכים, ובין כך המצה מתחמם מאד כנגד פי התנור, והוא איסור גמור לפי המבואר כאן, **וכן** עוד יש ליזהר, להחליף המקלות שמשימים עליהם המצות כפעם בפעם, דאנו רואין בחוש שמתחממין הרבה מחמת שהיו בתנור, ומחמת זה נתחמם המצה עוד טרם שמקריבה לפי התנור, ובעונותינו הרבים הרבה נכשלין בזה.

[טז]**סימן תנ"ה ס"ג - "אין ללוש במים חמין, אפילו לא נתחממו אלא בחמה** - אפילו נעשו פושרין וכדלקמיה, **ואף** אם נצטננו לגמרי, יש אוסרים ללוש בהם, כיון שהיו פעם אחת חמין, [רמ"א בתשו', **ועיין** שם דמבואר, שאף הוא לא החמיר רק בחמי האור, **ופר"ח** כתב להחמיר אף בחמי חמה, דלא מהני צינון]. **ויש** חולקים בזה ומתירים, **ויש** לסמוך עליהם בשעת הדחק, או בהפסד מרובה, כגון שעבר ולש בהם הרבה מצות.

ולא במים הגרופים [יח]"מדוד גדול שנחשתו עבה - היינו שהשולים שלו עבה, ואין חילוק [יט]"בין נחשת לחרס, **ותלוי על מקום האש, ומים שבתוכו פושרים אפילו כשאין האש תחתיו** - ואפי' לא נתחממו אותן המים כלל בתוכו, כי טבע זה הדוד, לפי שתלוי תמיד על מקום האש, להחזיק חומו בתוכו, ולעשות המים ששופכין לתוכו פושרין, דהיינו כחמימות הרוק, או כמים ששואבין בקיץ מן הנהר.

(**וזהו שייך דוקא שהמולייר עדיין פושר קצת, שהועתק מאש סמוך זמן מה, הא נתקרר זמן רב, פשיטא שאין לחוש, וכן אם צינן המים לגמרי, לכו"ע מותר בזה, אפילו לדעת המחמירים בחמי האור שנצטננו, כיון שלא היה מתחלה חמי האור**).

באר הגולה

יג מימרא דרב פסחים מ"ב | יד יומא כ"ח | טו רא"ש שם בפ"ב דפסחים | טז ‹ע"פ הבאר הגולה› | יז שם בגמרא מ"ב | יח כפי' רש"י שם | יט ‹מ"א הביא כן מרש"י בשבת דף מ"א, ורש"י הכא כתב נחושת›

אות ה'

ולא תגביה ידה מן התנור עד שתגמור את כל הפת

סימן תנט ס"ב - [כ]לא יניחו העיסה בלא עסק ואפי' רגע אחד - ר"ל לאחר לישתה קודם שהתחיל לערוך אותה, אע"פ שלא נתחממה עדיין במשמוש ידים הרבה, [דלאחר עריכתה, אפי' בפחות משיעור מיל נתחמץ, וכדמבואר לקמיה]. ואפילו אינו עוסק בדבר אחר רק בצרכי התנור, ג"כ אסור לכתחלה, וצריך להסיק התנור ולגרוף אותה מקודם, כדי שלא יהא צריך להניח המצות בלא עסק, וכדמבואר לקמיה. ועסק מיקרי, שלש אותה או מגלגלה בעץ וכהאי גוונא, אבל לא כמו שיש נוהגין לדחוק ולבעוט העיסה בעץ במקום אחד, דלא מהני זה למנוע מחימוץ בכל העיסה, במקום שהעץ אינו דוחק.

אות ו'

וצריכה שני כלים אחד שמקטפת בו וכו'

סימן תנט ס"ג - [כא]אם האשה שהיא לשה, היא מקטפת במים - ר"ל שטחה פני החררה במים, **לא תקטף באותם מים שמצננת בהם ידיה** - [כב]דצריך לצנן הידים בשעת לישה לכתחלה, משום דהידים מתחממים מרוב העסק, ומתחמם העיסה מהידים, [רש"י וטור]. **[כג]מפני שהם מתחממים ומחמיצים את העיסה, אלא יהא לה כלי אחר מלא מים שתקטף בו** - ובמדינות אלו נוהגין שלא לקטוף המצות במים.

הגה: ומיהו בעברה ולא לנגה ידיה, מותר (רמב"ם) - וה"ה אם עברה וקטפה את המצות במים שציננה ידיה, ג"כ נראה לכאורה שמותר בדיעבד, [עיין בביאור הגר"א דס"ל דפלוגתא דאתמר בגמ' בענין עברה ולשה, לא קאי אהא דאמר מתחלה דצריכה שני כלים א' לקטף בה וא' לצנן בה, וז"ל: דהרמב"ם סובר דפלוגתא דעברה ולשה לא קאי אלא בחמי חמה ובמים הגרופין, מדהביא ראיה מאין לותתין דדמיא להו, ע"כ, ועיין בהערות], וממילא בעברה וקיטפה באותו כלי שמצננת, ג"כ אין לאסור, אמנם מצאתי בפמ"ג שמסתפק בזה].

ודע דיש פוסקים, [הר"ן וה"ה וכפירוש הר"ח, ומצדדים שזה הוא ג"כ דעת הרמב"ם], דס"ל, דלא מצרכינן כלל לצנן הידים בשעת לישה אפילו לכתחלה, ולא הצריכו לצנן ידים לכתחלה אלא אם אותה שלשה אופה ג"כ, ומשום דמתקרבת לתנור ידיה חמימות, וכשלשה אח"כ חששו חכמים שלא תחמם העיסה בידיה, וכתבו שכן המנהג שלא להחמיר, ומיהו כ"ז בסתם, אבל במרגשת שנתחממו ידיה, לכו"ע צריך לצנן, ואפי' בסתם, טוב לכתחלה להחמיר, שכן הוא דעת כמה ראשונים.

אות ז'

עברה ולשה מהו, מר זוטרא אמר מותר

סימן תנט ס"ה - [כד]עברה ולשה תחת השמש, הפת מותרת - אפילו לש במזיד, ומסקנת אחרונים לאסור באכילה אם שהה כ"כ בחמה עד שהוחמה העיסה, [ומסתברא דאז יש להחמיר אפי' הוחמה בשוגג], וה"ה בלש סמוך לתנור המבואר בס"א.

[כה]סימן תנה ס"ג - [כו]ואם עבר ולש, בין באלו, [כז]בין במים שלא לנו, אסור - היינו באכילה, אבל בהנאה מותר אפי' לש בחמין. **[כח]ויש חולקין ומתירין בלש במים שלא לנו. [כט]וי"א דבשוגג מותר** - אכל הני דחשיב בזה הסעיף קאי, כיון דאין ניכר בו סימני חימוץ, לא קנסוהו בשוגג, **ובשעת הדחק יש לסמוך עליהם** - ר"ל דבדיעבד אם לש בשוגג בכל אלו, ואין לו עיסה אחרת, סומכין להתיר. **הגה: ואפי' בלא דחק יש להתיר אם עבר בשוגג ולש במים שלא לנו (רבינו ירוחם וב"י)** - משום דיש מתירין בדיעבד אפילו בלש בהם במזיד, וכנ"ל, ובשאר דברים מודה להמחבר, דאין להקל כי אם בשעת הדחק, [ואפשר דגם המחבר מודה במים שלא לנו, כדמשמע בב"י, ונקט שעת הדחק משום אידך דברים דהוזכרו בזה הסעיף].

ומ"מ אין ליקח אותם לצאת ידי חובת מצה לילה ראשונה, אלא ישתדל להשיג מצות אחרות.

וכ' האחרונים, דהיינו דוקא אם עבר ולש בדיעבד, אבל לכתחלה ללוש בהם אסור אפי' אין לו מים אחרים, ויאכל בפסח דברים אחרים, אמנם בלילה ראשונה כדי שלא יבטל מ"ע דאורייתא, יש להקל ללוש בהם.

יש לסמוך... יש להתיר - [ל](והנה הב"ח מחמיר בכל גווני, אך כמה אחרונים כתבו כדעת השו"ע והרמ"א, ואפי' לדעת הב"ח, אם נשאבו מן הנהרות, יש לסמוך להקל בדיעבד בשוגג, דידוע דלדעת רש"י עיקר הדין דמים שלא לנו קאי דוקא אמעינות, וכן במים שלנו אך שהיו חמין שציננן, שלש בהם בשוגג, ג"כ יש להקל אפי' לדעת הב"ח, וכ"כ הא"ר).

באר הגולה

[כ] **מהא דרבא וכפי' רש"י או ממשנה מ"ח וכחכמים** [כא] **מימרא דרבא וכפי' הר"ן** ‹מרן ז"ל שינה בכוונה מלשון הגמ', ומבואר מדבריו שנמשך אחר מש"כ הר"ן ז"ל בביאור לשון הש"ס, דלפי דבריו אין שום חיוב לצנן, וז"ל הביאו מרן ז"ל בב"י: אפשר שלא חייבו חכמים שתצנן את ידיה, אלא לומר שאם היא מקטפת במים, שלא תקטף באותם מים שמצננת בהם את ידיה, מפני שהם מתחממין ומחמיצין את העיסה, אבל כל שאינה מקטפת במים לא הצריכוה לדקדק אם ידיה חמין או צוננין, שאין חשש חימוץ בכך, ע"כ - מאמ"ר› [כב] ‹המ"ב אינו לומד כהבאה"ג, אלא כמו הרבה מן האחרונים, {ח"י עולת שבת באה"ט}, שמביאים מה דיש חיוב לצנן הידים, ולא מביאים שום משמעות מהמחבר איפכא› [כג] ‹לכאורה מרש"י משמע איפכא, שלא תצנן באותו כלי שקיטפה בו, לפי שהמים שבו התחממו מחום ידיה וחום העיסה, אבל עיין בראש יוסף וז"ל: לא הבנתי זה הלשון {של רש"י} וכפי הנראה דה"ק, דאם תצנן באותן שמקטפת, מתחממין המים מידיה ויחמיץ העיסה› [כד] **הרמב"ם שלא כדעת הרא"ש דאוסר** ‹ז"ל הרמב"ם: ואין לשין לא בחמין ולא בחמי חמה, ולא במים שנשאבו בו ביום אלא במים שלנו, ואם עבר ולש באחד מכל אלו, הרי הפת אסורה, ע"כ. וכתב המגיד משנה: וקי"ל כרב אשי, ופי' רבינו עברה ולשה, על איכות המים בלבד, ולא על שאר הדברים, לפי שלא אמרו עברה מאי, אלא עברה ולשה, ואין לישה אלא במים, ועוד שהביאו הא דאין לותתין, והיא במים. ויש מפרשים שהוא כולל אף לא תלוש בחמה - מגיד משנה› ‹וז"ל הרא"ש: ופי' רש"י עבר ולשה במים חמין, ולאו דוקא במים חמין, אלא אכל הני שדרש רבא קאי, דכולן משום חמימות, ע"כ, משמע מדבריו בהדיא דה"ה בעברה ולשה בחמה נמי הדין כן, כמו בשאר אינך שדרש רבא, דאסור אליבא דרב אשי דקיימא כוותיה, וכמו שמשמע מרוב הפוסקים שכתבו סתמא. ולדינא פסק הרב שו"ע כדעת הרמב"ם - נחלת צבי. ‹והעין משפט ציין דבריו על מר זוטרא, כאילו מה דמתיר כאן השו"ע נובע ממנו, וצ"ע› [כה] ‹ע"פ הבאר הגולה› [כו] **שם וכרב אשי** [כז] **טור בשם הרי"ף והרי"ץ גיאות לפי' דבמים שלא לנו פליגי** ‹לפי' הרי"ף דמים הגרופין היינו שלא לנו, והאיבעיא קאי ג"כ אשלא לנו - גר"א›, **וכ"כ הרמב"ם** [כח] **טור לפי' רש"י וכן פסק הרא"ש** ‹לפירש"י שפי' הגרופין מדוד כו' כנ"ל, וא"כ האיבעיא לא קאי כלל אמים שלא לנו - גר"א› [כט] **שם בשם אבי העזרי ורבינו ירוחם** ‹דעבר משמע במזיד - גר"א› [ל] ‹אף דיש מתירין, אפ"ה כיון שהטעם משום חימוץ, אין חילוק בין דיעבד לכתחלה - ב"ח›

אות ח'

ואלו עוברין בפסח וכו'

סימן תמב ס"א - [לא] תערובת חמץ עוברים עליו משום בל יראה ובל ימצא; כגון [לב] המורייס - מין מאכל הנעשה משומן דגים, עם קמח קלוי מעט, ומים, **וכותח הבבלי** - נעשה ממלח וממי חלב, ומתערב בתוכו גם פירורי פת, **ושכר המדי** - נותנין בו שעורין ומים להחמיצו, **וכל כיוצא באלו מדברים הנאכלים** - כגון חומץ האדומי, ושארי דברים דקחשיב במשנה, שיש בהם תערובות חמץ.

הנה המחבר לא איירי כי אם לענין הלאו דב"י וב"י, דלענין זה ס"ל דעובר על לאו זה אפי' אין בו כזית בכדי אכילת פרס, **ואף** דלענין אכילה אינו חייב כרת לכו"ע, אא"כ יש בו כזית בכא"פ, **ויש** דס"ל דאפי' לאו אין בו, כל כמה דליכא בתערובות שיעור כזית בכא"פ, **מ"מ** לענין ב"י ובל ימצא עובר עליו, כיון שכל חלקיו מונחין בכלי אחד, הרי הן מצטרפין זה עם זה, כיון שיש שם ביחד כזית חמץ.

ודוקא מין בשא"מ, דאינו בטל מדאורייתא ברובא, לדעת הסוברין דטעם כעיקר מדאורייתא, **אבל** מב"מ, כגון קמח של תבואה חמוצה, שנתערב בתוך קמח שאינה חמוצה, דמדאורייתא ברובא בטל ומותר לאכלו, מכ"ש שמותר לשהותו מדאורייתא, **אך** מדרבנן מ"מ אסור לשהותו, דלמא יבא לאכול ממנו בפסח, וצריך לבערו קודם הפסח, **ואם** נזכר בפסח, צריך אז לבערם, **ומ"מ** אם עבר ושהה עד לאחר הפסח, מותר, כיון דלא עבר בב"י ובב"י. **וכן** היכא דאיכא ס', אף מין בשא"מ דינא הכי, דאף דאיסורו במשהו, הרי אינו רק מדרבנן, **וה"ה** שארי דברים שאין בהם איסור דאורייתא להשהותם, רק מדרבנן צריך לבערם בע"פ, ואם שכח ונזכר בפסח, צריך אז לבערם, עבר ולא ביערם עד לאחה"פ, מותרין באכילה.

ואם אין בו חמץ בעין, אלא טעם חמץ, כגון שבישל איזה דבר עם חמץ, והסיר החמץ ולא נשאר בו אלא הטעם, דלא היה בו ששים לבטלו, אף דאסור לאכלו מדאורייתא משום טעם כעיקר, **מ"מ** לענין בל יראה מצדד הח"י דאינו עובר, כיון דאין בו ממשו של איסור, **ומ"מ** מדרבנן בודאי אסור לשהותו, וצריך ביעור בנמצא תוך פסח, **ואם** עבר ושהה עד אחר הפסח אין לאסור בהנאה, דכיון שלא עבר על איסור של תורה במה שהשהה אותו, לא קנסוהו חכמים לאסרו, **ובאכילה** אפשר שכדאי להחמיר, **ויש** חולקין וס"ל, דכיון שאסור באכילה מן התורה, חייב בביעור ג"כ מן התורה, וממילא אם עבר ולא ביערו, גם לאחר הפסח אסור בהנאה, **ובמקום** הפסד מרובה יש להקל כדעה הראשונה.

וכל זה בתבשיל שקיבל טעם החמץ עצמו, אבל תבשיל שנתבשל קודם הפסח בקדירה שבישל בה חמץ בו ביום, אע"פ שאין בתבשיל ששים כנגד חמץ שנפלט לתוכו מן הקדירה, מותר להשהותו עד אחר הפסח, ‹שהוא נ"ט בר נ"ט שנעשה קודם פסח - גר"ז›, ויזהר להצניעו בחדר שאינו רגיל לילך לשם, כמו שיתבאר בסימן תנ"א, **ורק** באופן שלא יהיה כבוש בתוך הפסח בכלי חמץ, דהיינו שהורק לכלי פסח, **ואם** נתבשל או נכבש לכתחלה בתוך הפסח בכלי חמץ, אפילו אינו בן יומו, צריך לבער.

[לג] **אבל** חמץ נוקשה אינו עובר עליו משום בל יראה ובל ימצא, ורק מדרבנן צריך לבערו, **ונוקשה** מקרי דבר שאינו חמץ גמור, כמו אותן שהסופרים מדבקין בו ניירותיהם, שעושין מקמח ומים, **או** עיסה שלא נמצא בה עדיין שום סדק, רק שהכסיפו פניה, **או** שאינו ראוי לאכילה רק קצת, [וע"ש ברש"י דתכשיטי נשים מקרי נוקשה מטעם שאינו ראוי לאכילה, **ודוקא** "קצת", דאי אינו ראוי לאכילה כלל, איננו בכלל נוקשה דאסרו להשהותו משום דלמא אתי למיכליה], **ודוקא** שמעולם לא היה ראוי לאכילה, אבל אם נתקלקל, בעינן עד שיפסל מלאכול לכלב, **ואם** עבר עליו ולא ביערו, עיין לקמן בסוף סימן תמ"ז.

ויי"ש הנעשה מה' מיני דגן, הסכימו האחרונים דהוי חמץ גמור, וגרע מתערובות חמץ, ‹כי הוא נעשה מעשן האידי ומזיעת ההבל מתבואה המחומצת, שקורין מל"ץ, והעשן הוא עיקר המאכל, ולא כדאמרי אינשי דיין שרף אין בו ממש ואינו אלא זיעה בעלמא - משאת בנימין›. **ועיין** בח"י ובמקו"ח, דה"ה אם נעשה משמרי שכר.

אות ט'

הרי אלו באזהרה ואין בהן משום כרת

רמב"ם פ"א מהל' חמץ ומצה ה"ו - אין חייבין כרת אלא על אכילת עצמו של חמץ, אבל עירוב חמץ, כגון כותח הבבלי, ושכר המדי, וכל הדומה להן מדברים שהחמץ מעורב בהן, אם אכלן בפסח לוקה ואין בו כרת, שנאמר: כל מחמצת לא תאכלו.

באר הגולה

[לא] **משנה פסחים מ"ב וכרבי אליעזר, טור בשם הרמב"ם** ‹בפרק אלו עוברין (מג) על חמץ דגן גמור ענוש כרת ועל עירובו בלאו דברי ר"א, וחכ"א על חמץ דגן גמור ענוש כרת ועל עירובו בלא כלום - ב"י›. ‹**דדעת** הטור, [דהגם דיש ויכוח בין המפרשים, אם הרמב"ם פ"א ה"ו (הובא קצת כאן, ובשלימות בדף מ"ג) פסק כר"א או כחכמים בענין אכילת תערובות חמץ, ע"ל בדף מ"ג], דודאי ממש"כ הרמב"ם פ"ד ה"ח והוא כלשון השו"ע כאן, סבר כר"א, דאי כרבנן א"כ למה עובר בבל יראה וימצא, הלא אפי' אם אכל אין בו לאו וכרת, ואיך יעלה על הדעת לומר לעבור עליו משום בל יראה - נחלת צבי›. ‹**וזהו** הסבר בשיטת הטור דמביא הבאה"ג, **אבל** יש מפרשים להרמב"ם, דהוא פסק לענין אכילה כשיטת חכמים, וכסברת הרמ"ך הובא בה"ה, וז"ל: כתב מגיד משנה בשם הרמ"ך, שיש הפרש בין אכילה לשהייה, ושהרמב"ם החמיר לענין בל יראה ובל ימצא אפי' אם אין בתערובת כזית בכדי אכילת פרס›, ‹**משום** דלענין אכילה, כל שהוא פחות מכזית בכדי א"פ הו"ל כאילו אכל חצי זית היום וחצי זית למחר ואינו לוקה, אבל לעבור עליו בבל יראה, כיון שעוברין על התערובת מאחר שיש כאן כזית, מה לי שיהיה בכדי א"פ או יותר מא"פ - כסף משנה. **וגם** המ"ב כתב כאן "ויש דס"ל דאפי' לאו אין בו, כל כמה דליכא בתערובות שיעור כזית בכא"פ, מ"מ לענין ב"י ובל ימצא עובר עליו"›, ‹**והמעיין** בגמ' ימצא כי דין השהייה הוזכר במשנה (מב) בשם רבי אליעזר, והוא סתם מתניתין, והרמב"ם ראה לפסוק כסתם משנה בדין בל יראה, ודין איסור אכילה הוזכר בברייתא (מג) במחלוקת ר"א וחכמים, ר"א מחייב אע"פ שאין בו כזית בכדי א"פ, וחכמים פוטרים עד שיהא כזית בכדי א"פ, ופסק הרמב"ם לענין אכילה כחכמים - ב"י›. ‹**ונשאלתי** מאיש אחד, דא"כ מי דחקו להש"ס לומר דמתניתין כר"א, הרי י"ל דאתיא אף כרבנן, והם לא פליגי רק לענין אכילה, אבל לענין ביעור מודים. **והשבתי** דלא קשה מידי, דניהו דרישא דמתניתין י"ל דהכוונה לענין בל יראה כפירוש רש"י במשנה, מ"מ הסיפא דסיים הרי אלו באזהרה ואין בהם כרת, בע"כ לענין אכילה מיירי כפי' רש"י בעצמו, דאם לענין בל יראה מה זה שסיים ואין בהם כרת, ולכך מכח הסיפא מוכרח לומר דאתיא כר"א. **ודוקא** הרישא נחשב סתמא, כיון דנקט תחלה סתם הוי סתמא, אבל הסיפא דהרי אלו באזהרה אין זה סתמא, די"ל דזה הוי הסיום דברי ר"א, דאמר תחלה במשנה ר"א אומר אף תכשיטי נשים, והוי כל שאחר זה דברי ר' אליעזר, לכך לא נחשב סתמא, לכך פסק הרמב"ם בזה כחכמים - חכמת שלמה›

[לב] ‹ירושלמי פסחים פ"ג ה"ב - קרית מלך›

[לג] ‹דעת השו"ע כדעת התוס' ריש פסחים, שהרי פסק בסוף סי' תמ"ז דחמץ נוקשה וכו' לא עבר עליו בבל יראה מן התורה, וכר"י דתניא כוותיה, כל מחמצת לא תאכלו וכו', ואילו נוקשה בעיניה לא קאמר, משמע דנוקשה אינו בכלל לאו דלא תאכלו, וכסתם מתני', שיאור האוכלו פטור - מ"א›

עין משפט נר מצוה

ג א מיי' פ"ב מהלכות מעשר הלכה ו:

דסמידא בשר שמן דציפירתא דלא אפתח יין ישן עתיק עתיקי כל מילי דמעלי להאי קשה להאי ודקשה להאי מעלי להאי בר מזנגבילא רטיבא ופילפלי אריכתא ופת נקייה ובשר שמן ויין ישן דמעלי לכולי גופיה: שכר המדי: דרמו ביה מי שערי: וחומץ האדומי: דשדו ביה שערי אמר רב נחמן *(בר יצחק) בתחלה כשהיו מביאין נסכים מיהודה לא היה יינם של יהודה מחמיץ עד שנותנין לתוכן שעורין והיו קורין אותו חומץ סתם ועכשיו אין יינם של אדומיים מחמיץ עד שנותנין לתוכן שעורין וקורין אותו חומץ האדומי לקיים מה שנאמר °אמלאה החרבה *אם מלאה זו חרבה זו ואם מלאה זו חרבה זו רב נחמן בר יצחק אמר מהכא °ולאם מלאם יאמץ: תניא אמר רבי יהודה בראשונה *הלוקח חומץ מעם הארץ אינו צריך לעשר מפני שחזקה אינו בא אלא מן התמד ועכשיו הלוקח חומץ מעם הארץ צריך לעשר שחזקתו אינו בא אלא מן היין וסבר רבי יהודה תמד לאו בר עשורי הוא והא (תניא) *המתמד ונתן מים במדה ומצא כדי מדתו פטור ורבי יהודה מחייב הכי קאמר לא נחשדו עמי הארץ על התמד אי בעית אימא נחשדו ולא קשיא הא *בדרווקא הא בדפורצני: וזיתום המצרי וכו': מאי זיתום המצרי *תנא רב יוסף תלתא שערי תלתא קורטמי ותלתא מלחא רב פפא מפיק שערי ומעייל חיטי וסימניך סיסני שרו להו וקלו להו וטחני להו ושתו להו *מדיבחא ועד עצרתא דקמיט מרפי ליה ודרפי מקמיט ליה לחולה ולאשה עוברה סכנתא: וזומן של צבעים וכו': הכא תרגימו מיא דחיורי דצבעי בהו לבא*: ועמילן של טבחים וכו': פת תבואה שלא הביאה שליש שמניחה על פי קדירה ושואבת הזוהמא: וקולן של סופרים וכו': הכא תרגומא פרורא דאושכפי רב שימי מחוזנאה אמר זה טיפולן של בנות עשירים שמשיירות אותו לבנות עניים איני והא תנא רבי חייא ארבעה מיני מדינה ושלשה מיני אומנות ואי אמרת טיפולן של בנות עשירים מאי מיני אומנות איכא ואלא מאי פרורא דאושכפי אמאי קרי ליה האי קולן של סופרים קולן של רצענין מיבעיא ליה אמר רב אושעיא לעולם פרורא דאושכפי (א) ומאי קרי ליה קולן של סופרים דסופרים נמי מדבקין בהו ניירותיהן: רבי אליעזר אומר אף תכשיטי נשים וכו': תכשיטי נשים סלקא דעתך אלא אימא אף טיפולי נשים דאמר רב יהודה אמר רב בנות ישראל שהגיעו

יחזקאל כו · בראשית כה

רש"י

דסמידא. סולת: **דציפירתא דלא אפסח.** עוף שלא ילדה: **עתיק עתיקי.** ישן של שלש שנים: **כל דמעלי.** לחולי זה קשה לזה המועיל ללב קשה לעינים או לאחד מחלואי שאר האברים: **זנגבילא.** זינזיבר"א: **דרמו ביה מי שערי.** שמטילין לתוכו מי שעורין כגון שכר שלנו ועושין אותו במדי: **שכר המדי.** לפי שבאותן הימים אין נוהגין לעשות שכר אלא מתמרים ובמדי עושין שכר ממי שעורין כעין אותן שלנו קרי ליה שכר המדי: **דשדו ביה שערי.** *ביין נותנין שעורין שלמים כדי להחמיצו לפי שיינם טוב ואינו בא לידי חימוץ עד שנותנין לתוכו שעורין: **בתחלה.** כשבית המקדש קיים היו מביאין נסכים מיהודה ובזכות הנסכים היה טעם ביינם ולא היה מחמיץ כו': **אמלאה החרבה.** רישא דקרא יען אמרה צור לירושלים האח וגו' אמלאה מן חורבנה של ירושלים וצור מאדום היא: **ולאם מלאם יאמץ.** כשמשו גבור יעקב חלש שאין מלכות שניהם מתקיים יחד: **תמד.** בוסי"ט לפי שהיין היה טוב ואינו מחמיץ וסתם חומץ שלהם מן תמד היה בא: **ועכשיו.** בטל טעם היין וממהר להחמיץ: **פטור.** מלעשר שהרי אין כאן אלא מים שלא מצא אלא כדי מדתו ואע"ג דחזותיה וטעמא חמרא קיוהא דפירא בעלמא הוא דעייל ביה: **ורבי יהודה מחייב.** דאזיל בתר חזותא וטעמא: **הכי קאמר.** במתניתא קמייתא לא נחשדו עמי הארץ מלעשר את התמד לפי שאינו חשוב בעיניהם לפיכך הלוקחו ממנו פטור מן הדמאי: **ואי בעית אימא נחשדו.** ורבי יהודה במתניתא קמייתא טעמיה משום דפטור אפי' ממעשר ודאי ובתמד דפורצני קאמר שנותנין מים בחרצנין והוא מחמיץ ומרסיח לאחר זמן כיין הפוסס והיינו תמד ולית ביה אלא קיוהא דפירא והא דקתני ר' יהודה מחייב בדרווקא שנותנין בשמרים מים והוא נמי תמד בההוא מחייב ר' יהודה אע"ג דלא מצא אלא כדי מדתו לפי שהיין של שמרים מעורב בו ומן המים נשאר בשמרים: **קורטמי.** מוריק"א קרו"ג: **וסימניך.** שלא תטעה מאן אמר חיטי ומאן אמר שערי: **סמ"ך סמ"ך.** רב יוסף שיש סמ"ך בשמו אמר שערי לישנא אחרינא וסימניך סיסני כלי ששמו כן כדאמרינן (בכתובות) (ב"מ דף סז:) ולאי אגבינהו בסיסני קנה ושם כלי זה יהא סימן לגירסא זו דרב יוסף אמר שערי שני סמכי"ן יחד: **שרו להו.** שורין אותן יחד: **מדבחא ועד עצרתא.** מפסח ועד עצרת: **דקמיט.** עצור מנקביו: **מרפי ליה.** משלשלו: **ודרפי קמיט ליה.** למי שיש לו שלשול מעצרו: **סכנתא.** שמשלשל יותר מדאי: **מיא דחיורא.** מי סובין: **דלבעו בהו לבא.** סרכ"א: **פירורא דאושכפי.** גלו"ד והרצענים מדבקין בו את העור כשמתחלק לשתים או מדבקין שתי עורות יחד לעשותן עבה והרבה לתת בה קמח של שיפון ולקמיה מפרש מאי של סופרים: **טיפולן של בנות עשירים.** שהיא של סולת סיד טיפול לשון מטפל ומדביק אותו דבר או סיד או סולת על בשרן להסיר השער: **והא תני ר' חייא.** ויהיב סימנא בהני דמתני' ואמר ארבעה מיני מדינה שנינו בהם הצריכין לכל אדם בין אומן בין לא אומן שהרי למאכל או לרפואה עשויין כותח שכר וחומץ וזיתום אבל זומן ועמילן וקולן לאו אלא לצבעים וטבחים וסופרים ועמילן של טבחים וקולן של סופרים ועמילן של נחתומין (כ) [illegible] עשוי מעשבים ע"י דבק שקורין גלו"ד הוא כתל ושרק ובשמים שחולות בגלופרין להריח ואלו חמץ איכא: **תכשיטי נשים.** [illegible]

תוספות

הא בדרווקא והא בדפורצני. והא דלאמרינן שחזקתו מן התמד היינו תמד דפורצני אבל דרווקי טוב מאד ואינם נעשים לעולם חומץ: **וסימניך** סיסני. בבמה אשה יוצאה (שבת סו.) גבי הקיטע יוצא בקב שלו רבי יוסי אוסר גרסינן וסימניך סמ"ך סמ"ך הוא סימן טוב יותר והכא לא מצי למימר הכי משום דשערי בשי"ן כתיב:

טיפולן של בנות עשירי'. ול"ת ל"ל היינו (ג) תכשיטי נשים ותירץ הר"י דאורלינ"ש דהכא מיירי בפנים של מעלה (ד) דלא מאיס כל כך כשטופלים על פניהם ותכשיטי נשים היינו בפנים של מטה שטופלים להסיר השער דמאיס טפי: למה

אלא קשיא להו דלאי טיפולן כו' היינו תכשיטי נשים אם כן מאי קאמר ר"א אף תכשיטי נשים הא ת"ק נמי קאמר [illegible]

רבינו חננאל

ספסקא פסולת תסלת פת קיבר צפירתי דלא אפתח יש מי שאומר שעירה שעדיין לא ילדה כלומר לא נפתחה רחמה ויש אומר עופות צפרים שמנות שלא ילדו: **שכר** המדי רמי ביה שערי חומץ האדומי אין יינם של אדום מחמיץ עד שנותנים בו שעורים. פי' תמד דפורצני אחר שסוחטין הענבים נותני' שם על החרצנים שנים שלש' ימים ואחר כן סוחטין אותן היוצאת מהן נקראת תמד דפורצני והנותן מים בשמרי יין ומסננן היוצא מהן נקרא תמד דדרוקא: **זיתום** המצרי' משום שערי דאית בהו: **זומא** של צבעין. משום מיא דחיורא: **עמילן** של טבחים. הפת שעושין לשאוב הזוהמא של בשר נקרא עמילן של טבחים: **קולן** של סופרים. ויש מי ששונה קולה והדבר אחד הוא והוא אל נשי שמדבקין בו הסופרים ניירותיהם. אלו כולן השנויי' במשנתנו במקום שיש בתוכן מים אבל אין בהן מים הא קי"ל מי פירות אין מחמיצין ומצאנותו מפורש בתלמוד ארץ ישראל אלו עוברין בפסח וכו' אמר ר' מונא וכולהו על ידי מוי: **כותח** הבבלי הוא דיהבו בגויה קמחא דשערי. תאני ר' חייא שלשה מיני מדינה הן הכותח והשכר והחומץ וארבעה מיני אומנות ... יעמילן של טבחים וקולן של סופרים. ר' אליעזר אומר אף תכשיטי נשים תריצנא טיפולי נשים: תניא

מסורת הש"ס

[ילקוט פרשת תולדות וכן ביחזקאל כו רמז שסה לא נזכר בר יצחק וכנה א"ש כשמוע]

[עי' תוספות לעיל לה: ד"ה מי פירות]

מגילה ו.

[תוספתא דמאי פ"א ע"ש]

ב"ב צו. חולין כה: מעשרות פ"א [מ"ו]

[צ"ל תנן]

שבת קי. [ע"ש ברש"י]

[עי' תוס' ע"ז לד. ד"ה דורדיא ותוס' ב"ב לו: ד"ה אין הלכה]

[שבת קמו:]

[לבא כ"ה בפי' המשניות להרמב"ם ופי' רש"י ב"ב דחולין כח. לבא לצבע עור דרוס ע"ש]

הגהות הב"ח

(א) גמ' לעולם פרורא דאושכפי ומאי קרי: (ב) רש"י ד"ה והא תני רבי חייא וכו' ועמילן של טבחים נייר: (ג) תוס' ד"ה טיפולן וכו' ול"ל היינו [illegible]

§ מסכת פסחים דף מב: §

אות א'

המתמד ונתן מים במדה ומצא כדי מדתו, פטור

רמב"ם פ"ב מהל' מעשר ה"ז - [א]שמרי יין שנתן עליהם מים וסננן, אם נתן שלשה ומצא ארבעה, מוציא מעשר מזה היתר ממקום אחר; ואינו מפריש עליו תרומה, שהתורם בתחלה בלבו על הכל, כמו שביארנו בתרומה; מצא פחות מארבעה, אף על פי שמצא יתר על מדתו, ואף על פי שיש בהן טעם יין, פטור.

באר הגולה

א ‹שם במשנה: המתמד ונתן מים במדה ומצא כדי מדתו, פטור ורבי יהודה מחייב; מצא יותר מכדי מדתו, מוציא עליו ממקום אחר לפי חשבון. **והאי** יותר מכדי מדתו, היינו דרמא תלתא ואתא ארבעה, אבל רמא תלתא ואתא תלתא ופלגא, לאו כלום הוא, והכי איתא בפרק המוכר פירות (דף צו). **והא** דקתני מוציא עליו ממקום אחר, לא מיבעיא דמיניה וביה יכול להפריש, אלא אפילו מיין גמור יכול להפריש עליו לפי חשבון היתר על מדתו. **וא"ת** היכי פטרי רבנן במצא כדי מדתו, והא נתן טעם, והא קי"ל כל האיסורין בנותן טעם. וי"ל דהאי לאו טעמא איהו אלא קיוהא בעלמא – רדב"ז›

§ מסכת פסחים דף מג, §

אות א'

על חמץ דגן גמור ענוש כרת, על עירובו בלאו, דברי ר"א

רמב"ם פ"א מהל' חמץ ומצה ה"ו - אין חייבין כרת אלא על אכילת עצמו של חמץ, אבל עירוב חמץ, כגון כותח הבבלי, ושכר המדי, וכל הדומה להן מדברים שהחמץ מעורב בהן, אם אכלן בפסח לוקה ואין בו כרת, שנאמר: כל מחמצת לא תאכלו; [א]במה דברים אמורים בשאכל כזית חמץ בתוך התערובת בכדי אכילת שלש ביצים, הוא שלוקה מן התורה; אבל אם אין בתערובת כזית בכדי אכילת שלש ביצים, אף על פי שאסור לו לאכול, אם אכל אינו לוקה, אלא מכין אותו מכת מרדות. **השגת הראב"ד: אבל ערוב חמץ כגון כותח הבבלי ושכר המדי וזיתום המצרי. א"א [ב]הרב ז"ל (לדף מג) פסק באלו כרבנן משום דאין כזית בכדי אכילת פרס.**

באר הגולה

א ‹והיינו ממש כחכמים, דכשאין בו כזית בכדי אכילת פרס פטור, וביש בו חייב, וכן נראה לכאורה שפירש הרב המגיד, דהרמב"ם פסק כחכמים - ב"י. ‹**הנה** כל נושאי כלי רבינו ומפרשיו כולם תמהו על כל דברי הלכה זו, אשר מראשיתה עד סופה היא מוקשה ועמומה, דמלבד שדבריו סותרין דברי הגמרא, דבגמרא פרק אלו עוברין {מד.} מסיק הש"ס בהדיא דהנח לכותח הבבלי דלא משכחת כזית בכדי אכילת פרס, דאי משטר קשטיר ליה ואכיל, לית ביה כזית בכדי אכילת פרס, ואי משריף קא שריף ליה, בטלה דעתיה אצל כל אדם. ורבינו כלל בהלכה זו גם כותח הבבלי, וכתב עליה דאינו חייב רק באכל כזית בכדי אכילת פרס, **אלא** דסותר דברי עצמו, דאף אם נאמר דהיה לו לרבינו איזה מקום אשר סותר דברי הש"ס דפרק אלו עוברין, ומשכחת בכותח הבבלי אופן אכילת כזית בכדי אכילת פרס, וסמך רבינו על זה נגד החלטת הגמרא הזאת, **אכתי** קשה, דכיון דעכ"פ לדעת רבינו יש מקום בכותח הבבלי לאכילת כזית בכדי אכילת פרס, ואם כן כי אכל בכדי אכילת פרס, כרת נמי ליחייב. **וה"ה** כתב על קושיא זו שהיא קושיא גדולה שאין עליה תשובה, וע"ש מה שרצה ליישב בדוחק. **ומרן** הכ"מ כתב על ה"ה ז"ל וזה לשונו, ולכן נראה לי דלא נחית הרב המגיד השתא לבאר דברי הרמב"ם ע"פ סוגיות הגמרא לפי דעתו, כי בכל הדרכים יש גמגומים, עד כאן לשונו - יד המלך›. ‹**הרא"ש** והטור ז"ל הבינו בדברי רבינו דהוא פסק כר"א, וכן משמע מדהביא קרא דכל מחמצת וכו', דלרבנן לא דרשי כל, כדאמרו שם בגמ', והבינו בדברי רבינו דמאי דקאמר במה דברים אמורים כשאכל, היינו דאכלו שלא כדרך בני אדם, והיינו משטר קא שטיר ליה דאמרו בגמ' (דף מ"ד), והיינו פלוגתא דרבנן ור"א, ופסק כר"א, וכמו שביאר הכל הרב בית יוסף ז"ל סי' תמ"ב - לחם משנה›

ב ‹היינו רי"ף ז"ל. **כונת** הר"א ז"ל להשיג על רבינו במ"ש כגון כותח הבבלי וכו', ונראה מדבריו שיש כזית בכדי א"פ באלו, ומן ההלכות נראה שאין בהן כזית, **ואני** אומר שאין זו השגה, שרבינו כבר באר הדין במה הוא תלוי, וביאר דדוקא בשאכל באלו כזית בכדי, אע"פ שבדרך אכילתן אין שם השיעור הזה, לפי דרכן של בני אדם, ולזה כתבו בהלכות כגון כותח הבבלי, מ"מ אם אכלו ודאי לוקה - מגיד משנה›

מסורת הש"ס | אלו עוברין פרק שלישי פסחים | מג | עין משפט נר מצוה

*שהגיעו לפרקן ולא הגיעו(א) לשנים בנות עניים טופלות אותן בסיד בנות עשירים טופלות אותן בסולת בנות מלכים בשמן המור שנא' °ששה חדשים בשמן המור *מאי שמן המור רב הונא בר ירמיה אומר סטכת רב ירמיה בר אבא אמר שמן זית שלא הביא שליש תניא ר' יהודה אומר אנפיקנין שמן זית שלא הביא שליש ולמה סכין אותו מפני שמשיר את השיער ומעדן את הבשר: זה הכלל כל שהוא ממין דגן: תניא א"ר יהושע וכי מאחר ששנינו כל שהוא ממין דגן הרי זה עובר בפסח למה מנו חכמים את אלו כדי שיהא רגיל בהן ובשמותיהן כי הא דההוא בר מערבא איקלע לבבל הוה בישרא בהדיה אמר להו קריבו לי מתכילתא שמע דקאמרי קריבו ליה כותח כיון דשמע כותח פירש: הרי אלו באזהרה: מאן תנא דחמץ דגן גמור ע"י תערובות ונוקשה בעיניה בלאו אמר רב יהודה אמר רב ר"מ היא דתניא שיאור ישרף ונותנו לכלבו והאוכלו בארבעים הא גופא קשיא אמרת שיאור ישרף אלמא אסור בהנאה והדר תני ונותנו לפני כלבו אלמא מותר בהנאה הכי קאמר שיאור ישרף *דר"מ לר' מאיר דר' יהודה לר' יהודה ונותנו לפני כלבו דר' מאיר לר' יהודה והאוכלו בארבעים אתאן לר' מאיר שמעינן ליה לרבי מאיר נוקשה בעיניה בלאו וכל שכן חמץ דגן גמור על ידי תערובת רב נחמן אמר ר"א היא דתניא *על חמץ דגן גמור ענוש כרת על עירובו בלאו דברי ר' אליעזר וחכמים אומרים על חמץ דגן גמור ענוש כרת על עירובו בלא כלום ושמעינן ליה לר' אליעזר דאמר חמץ דגן גמור על ידי תערובת בלאו וכל שכן נוקשה בעיניה ורב נחמן מ"ט לא אמר כרב יהודה אמר לך דילמא עד כאן לא קאמר ר"מ התם אלא נוקשה בעיניה אבל חמץ דגן גמור על ידי תערובת לא ורב יהודה מ"ט לא אמר כרב נחמן אמר לך עד כאן לא קאמר ר"א התם אלא חמץ דגן גמור ע"י תערובת אבל נוקשה בעיניה לא אמר תניא כוותיה דרב יהודה °כל מחמצת לא תאכלו לרבות כותח הבבלי ושכר המדי וחומץ האדומי וזיתום המצרי יכול יהא ענוש כרת ת"ל °כי כל אוכל חמץ ונכרתה על חמץ דגן גמור ענוש כרת ועל עירובו בלאו מאן שמעת ליה דאמר על עירובו בלאו ר"א היא ואילו נוקשה בעיניה לא קאמר ש"מ נוקשה לר"א לית ליה ור"א עירובו בלאו מנא ליה דכתיב כל מחמצת לא תאכלו אי הכי כרת נמי לחייב דהא כתיב כי כל אוכל מחמצת ונכרתה ההוא מיבעי ליה *לכדתניא (*מחמצת) אין לי אלא שנתחמץ מאליו מחמת ד"א מניין ת"ל כל (ב) מחמצת ונכרתה אי הכי דלאו נמי להכי הוא דאתא אלא טעמא דר"א מכל התם נמי הכתיב כל ההוא מיבעי ליה לרבות את הנשים נשים מדרב יהודה אמר רב נפקא *דאמר רב יהודה אמר רב וכן תנא דבי ר' ישמעאל אמר קרא °איש או אשה כי יעשו מכל חטאת האדם השוה הכתוב *איש לאשה לכל עונשין שבתורה איצטריך סלקא

תורה אור: אסתר ב · שמות יב · שם · במדבר ה

רש"י

שהגיעו לפרקן ולא הגיעו לשנים· שיש להן שערות כאילו הגיעו לפרקן והן לא הגיעו לכלל שנים ובושות על כך: **עשירים טופלות** · ומשיר את השער: **אנפיקינון**· במנחות תנן אנפקינון לא יביא ומפרש ר' יהודה אנפקינון הוא שמן זית כו': **סטכת**· לא איתפרש*: **ומעדן את הבשר**· אשקלייר"א: **שיהא בקי בהן**· שידע ממה הן עושין אותו שיהא נזהר בהן כשיביאו לו כותח ידע שיש חלב ויש שם חמץ אם פסח הוא: **מתכילתא**· שום לפתן ללפת בו את הפת: **כיון דשמע**· שקראו שמו כותח: **פירש**· שבקי היה וידע שיש שם חלב: **מאן תנא**· דמתני' דאית ליה חמץ דגן גמור שנתערב במין אחר ואינו בעין שנימוח אי נמי חמץ נוקשה רע ואיתיה בעיניה מוזהרין על אכילתו בלאו דקתני מתניתין כותח הבבלי ושכר המדי חמץ דגן גמור אלא שנתערב בדבר אחר ותכשיטי נשים בעיניה הוא אבל נוקשה הוא דאינו ראוי לאכילה וקתני באזהרה דעובר עליהן בלאו: **שיאור**· שלא נתחמץ כל צורכו שיאור פליגי במתני'* ר"מ קרי שיאור את שהכסיפו פניו וזהו תחלת חימוצו ולר' יהודה הוי שיאור שהתחיל ליסדק כבר סדקין דקין כקרני חגבים אחד לכאן ואחד לכאן אבל שהכסיפו פניו לרבי יהודה מצה היא ולר"מ קרני חגבים חמץ גמור הוא והכא הכי קאמר שיאור ישרף דאסור בהנאה שיאור דר"מ הכסיפו פניו ישרף לר"מ ושיאור דרבי יהודה ישרף לרבי יהודה וסיפא דקתני ונותנו לפני כלבו אליבא דרבי יהודה קאמר ליה ואשיאור דר"מ קאי והאוכלו בארבעים אתאן לר"מ כלומר לר"מ האוכלו לשיאור זה שרבי יהודה מתיר בהנאה סופג את הארבעים אלמא שמעינן ליה לר"מ דאית ליה חדא מהני תרתי דמתני' דקאמר נוקשה בעיני' בלאו כגון שיאור דנוקשה הוא דאינו ראוי לאכילה דאוכל והחמץ קצת ולא גמר ולהחמץ עיסות אחרות כשאור נמי לא חזי וקאמר בלאו וכ"ש חמץ גמור ע"י תערובת דקסבר רב יהודה ע"י תערובת חמיר מנוקשה בעין והאי לאו דנוקשה נפקא ליה מכל מחמצת לא תאכלו כל רבויא הוא כדלקמן: **ועל עירובו בלאו**· מכל מחמצת כדלקמן: **מ"ט לא אמר כדרב יהודה**· דמוקי מתניתין כר"מ: רב נחמן ס"ל נוקשה בעיניה חמור מחמץ גמור ע"י תערובת: **תניא כוותיה דרב יהודה**· דאמר חמץ גמור בתערובת חמור: לענין כרת לא כתיב כל מחמצת אלא כל אוכל חמץ ולקמן מפרש ליה: כותח ושכר וחומץ וזיתום כולן חמץ גמור מעורב בהן כותח איכא פתא ובהנך תלתא איכא שערי וכולהו בני אכילה ושתיה נינהו אבל זומן ועמילן וקולן דנוקשה הוא ובעיניה הואיל ולאו בני אכילה נינהו לא תניא והיינו כדרב יהודה דאמר מודה היה ר"א בנוקשה בעיניה דפטור: **ור"א עירובו בלאו מנא ליה**· פשיטא מדאפקיה בלשון מחמצת וגבי כרת נמי מחמצת כתיב: **ההוא**· מחמצת דגבי כרת לאו לעירובו אתא אלא לנתחמץ מחמת דבר אחר: **אי הכי**· האי דגבי לאו נמי אימא לאזהורי אנתחמץ מחמת דבר אחר אתא ולאזהרה דתערובת מנא ליה: **הכא נמי**· גבי כרת הא כתיב כל אוכל מחמצת ונכרתה: **לכל עונשין**· מכאן שהנשים חייבות על כל לא תעשה שבתורה שהרי עונשן מלקות: מלות

תוספות

למה מנו חכמים את אלו· תימה לרשב"א הא אילטריך לאשמועינן שהן בלאו ולא בכרת ותירץ ר"י דלא הוה ליה לאשמועינן אלא תרי מינייהו חד לנוקשה בעיניה וחד ע"י תערובת ועוד הקשה דת"ק שמנאם לית ליה האי כללא דהא איכא תכשיטי נשים שהן מין דגן ואין עובר בפסח אלא רבי אליעזר הוא דקאמר לה:

מאן תנא חמץ דגן גמור ע"י תערובת ונוקשה בעיניה בלאו· משמע בשמעתין דלאו לאו דאיתרבי חמץ נוקשה למלקות אפילו איסור לא היה בו ותימה לר"י דבפ"ק דחולין (דף כג:) בעי רבי זירא הרי עלי לחמי תודה מן החמץ או מן המצה והביא שיאור מהו שיאור דמאן אי דר"מ מלקי עליה חמץ הוא והשתא מנא ליה דהוי חמץ לענין תודה דילמא שאני חמץ בפסח דרבייה קרא למלקות (גרידא) ואור"י דהתם נמי איכא שום קרא דמרבינן מיניה חמץ נוקשה והא דתניא בפרק כל המנחות באות מצה (מנחות דף נג:) אין מחמיצין בתפוחים דהוי חמץ נוקשה כדמשמע התם היינו לכתחלה אבל דיעבד כשר:

ואילו נוקשה בעיניה לא קתני· וא"ת וניחא דמשום הכי לא חשיב ליה משום דכ"ש הוא כדאמר רב נחמן וי"ל דאי כ"ש הוא הוה ליה למיתני לאשמועינן דלית ביה כרת:

ונותנו לפני כלבו דר"מ לרבי יהודה· מדאורייתא אפי' באכילה שרי כדאמרינן בפ"ק דחולין (דף כג:*) דמצה מעלייתא היא אלא מדרבנן אסור:

ההוא כל לאתויי נשים· תימה לר"י הא תרי כי כל כתיבי גבי כרת כי כל אוכל חמץ ונכרתה וכי כל אוכל מחמצת ונכרתה ונרבינן עירובו לכרת ואפילו לרבנן דלא דרשי כל כי כל דרשי ואור"י דפשיטא ליה לגמרא דלאו לשום דרשה: סלקא

עין משפט נר מצוה

ד א מיי' פ"א מהלכות חמץ הלכה ו סמג לאוין עט:

מסורת הש"ס

[ובמנחות פי' רש"י שקורין גליטמ"א] · שם מנחות פו. מגילה יג: · לקמן מח: · [לקמן מח: מנחות נג. חולין כג:] · שבת פ. מו"ק ט: [ע"ש] · [ושם] · לעיל כח. · [לעיל כח: וכן בילקוט ליתא לתיבת מחמצת ועי' רש"י לעיל כח: כתב ה"ג חמץ אין לי אלא שנתחמץ מאליו] · סוכה כח. יבמות פד. ב"ק טו. תמורה ב: נדה מח: [קידושין לה.] · [אשה לאיש]

הגהות הב"ח

(א) גמ' שהגיעו לפירקן ולא הגיעו בנות כצ"ל ותיבת לשנים נמחק וכ"ב ע"י פ' המוציא יין דף פ' ע"ב: (ב) שם דבר אחר מנין ת"ל כל אוכל מחמצת:

רבינו חננאל

תניא אמר ר' יהושע וכי מאחר ששנינו כל שהוא מין דגן הרי זה עובר בפסח למה מנו חכמים את אלו כותח הבבלי ושכר המדי ושאר המנויין במשנה והלא בכלן יש בהן מין דגן אלא כדי שיהא בקי בהן ובשמותיהן כי ההוא דאמר להו הבו לי מידי למכלא ביה רפתא שמע דקאמרי הבו ליה כותחא הוה בהדיה בשרא כיון דשמע כותח פירש דידע דאית ביה נסיוביה דחלבא: **הרי** אלו באזהרה ואין בהן משום כרת. אמרינן מאן האי תנא דאית ליה חמץ דגן גמור על ידי תערובות כגון כותח הבבלי וכיוצא בו ונוקשא בעיניה כגון עמילן של טבחים וזומן של צבעין וקולן של סופרים בלאו אמר רב יהודה אמר רב ר"מ הוא דתניא שיאור ישרף וכו' ואוקימנא [דשיאור] דקרי ליה ר"מ שיאור והוא הכספת פנים תני ישרף וכן שיאור דקרי ליה ר' יהודה שיאור והוא כקרני חגבים תני ישרף ושיאור דר' מאיר דהוא הכספת פנים כגון נוקשא בעלמא הוא אומר ר' יהודה נותנו לפני כלבו כלומר מותר בהנאה. ור' מאיר אמר האוכלו בארבעים מיהא שמעינן לר' מאיר דאמר נוקשה בעיניה בלאו פי' נוקשה שאינו חמץ גמור וכל שכן חמץ דגן גמור על ידי תערובות. רב נחמן אמר מתני' ר' אליעזר היא דתניא על חמץ דגן גמור ענוש כרת ועל עירובו בלאו דברי ר' אליעזר וחכמים אומרים על עירובו בלא כלום שמעי' ליה לר' אליעזר דאמר חמץ דגן גמור על ידי תערובת בלאו וכש"כ נוקשא בעיניה רב יהודה לא אמר כרב נחמן אמר לך רב יהודה ר' אליעזר לא אמר אלא ע"י תערובות שהוא בלאו אבל נוקשא בעיניה לא: **תניא** כרב יהודה כל מחמצת לא תאכלו לרבות כותח הבבלי ושכר המדי וחומץ האדומי יכול יהא ענוש כרת ת"ל כי כל אוכל מחמצת לא תאכלו על חמץ דגן גמור ענוש כרת ועל עירובו בלאו מאן שמעת ליה בהדיא על עירובו בלאו ר' אליעזר ואלו הני דפשיטנא דאינן נוקשא בעיניה זומא של צבעין ועמילן של טבחים וקולן וזיתום שיירינהו ש"מ דלית ליה לר' אליעזר נוקשה בעיניה בלאו ואיתוקמא דמתני' ר"מ היא. ואפי' הכי דרשינן טעמא דר' אליעזר עירובו בלאו מנא ליה ופשטי' מדוקיא דקרא מדהוה ליה למכתב מחמצת לא תאכלו וכתב כל מחמצת לא תאכלו ואפי' ע"י תערובות בלאו ואם תאמר אי הכי אפי' כרת נמי ליחייב דהא כתיב מחמצת ונכרתה ודחי' ההוא (מחמץ) [מחמצת] דכרת מיבעי ליה להכין אין לי חמץ שנתחייב עליו [כרת] אלא חמץ שנתחמץ מאליו נתחמץ ע"י ר"א כגון ע"י שאור וכיוצא בו מנין ת"ל כי כל אוכל מחמצת ונכרתה לרבות את שנתחמץ מחמת ד"א אי הכי מחמצת דלאו נמי להכי הוא דאתא ושנינן טעמא דר' אליעזר דדריש מכל מחמצת ואפילו עירובו אי הכי כרת נמי הכתיב ביה כל ההוא כל לרבות הנשים שחייבות בחמץ ודייקי' דוקיא דהני קראי בלאו דחמץ כתיב כל מחמצת לא תאכלו כתב כל מחמצת לרבות כל המחמיצין ואפי' ע"י תערובת לא תאכלו לאוקמיה בלאו. וכרת דחמץ כתיב ביה (לא תאכל) [כי כל אוכל] מחמצת בא ללמד לכל בני אדם שהן האוכלין שנאמר כי כל מחמצת ונכרתה חד כתיבא לרבות כי כל מי שיאכל ואפי' נשים הראיה

עין משפט נר מצוה

ה א מיי' פ"ו מהלכות חמץ ומצה הלכה י סמג עשין מ טוש"ע א"ח סי' תעב סעיף יד:

ו ב מיי' פ"ה מהלכות איסורי מזבח הלכה א סמג לאוין שיח:

סלקא דעתך אמינא הואיל וכתיב לא תאכל עליו חמץ שבעת ימים תאכל עליו מצות כל שישנו בקום אכול מצה ישנו בבל תאכל חמץ והני נשי הואיל וליתנהו בקום אכול מצה דהויא ליה מצות עשה שהזמן גרמא (היא) אימא בבל תאכל חמץ נמי ליתנהו קמ"ל והשתא דאתרבו להו בבל תאכל חמץ איתרבו נמי לאבילת מצה כרבי (*אליעזר) דאמר ר"א *נשים חייבות באכילת מצה דבר תורה שנא' לא תאכל עליו חמץ וגו' כל שישנו בבל תאכל חמץ ישנו באכילת מצה והני נשי נמי הואיל וישנן בבל תאכל חמץ ישנן בקום אכול מצה ומאי חזית דהאי כל לרבויי נשים ומפקת עירובו אימא לרבויי עירובו מסתברא קאי באוכלין קאי באוכלין מרבה נאכלין מתקיף לה רב נתן אבוה דרב הונא (*בריה דרב נתן) וכל היכא דקאי באוכלין לא מרבה נאכלין והא תניא כי כל אוכל חלב מן הבהמה אשר יקריב אין לי אלא חלב תמימין שראוי ליקרב חלב בעלי מומין מנין ת"ל מן הבהמה חלב חולין מניין ת"ל כי כל והא הכא דקאי באוכלין וקא מרבה נאכלין התם דליכא אוכלין מרבה נאכלין הכא דאיכא אוכלין לא שביק להו לאוכלין ומרבה נאכלין ורבנן דלית להו עירובו כל לא דרשי אלא נשים מנא להו כל לא דרשי כי כל דרשי ור"א אימא כל לרבות את הנשים כי כל לרבות את עירובו וכי תימא כי כל ר"א לא דריש והתניא *שאור בל תקטירו אין לי אלא כולו מקצתו מניין ת"ל כל עירובו מניין ת"ל כי כל מאן שמעת ליה דדריש כל רבי אליעזר וקא דריש כי כל קשיא *א"ר אבהו אמר רבי יוחנן כל איסורין שבתורה אין היתר מצטרף לאיסור חוץ מאיסורי נזיר שהרי אמרה תורה משרת וזעירי אמר אף שאור בל תקטירו כמאן כר"א דדריש כל אי הכי

לענין

רש"י

מצות עשה שהזמן גרמא. נפקא לן בפ"ק דקדושין (דף כט.) דנשים פטורות: קמ"ל. האי כל דמוזהרות על החמץ וכיון דמוזהרות על לאו דחמץ חייבות בעשה דאכילת מצה לילה הראשון ואע"ג דזמן גרמא כר' אליעזר הואיל וישנן בבל תאכל חמץ דנפקא לן מכל אוכל חמץ ישנן בקום אכול מצה: קאי באוכלין. גבי כרת באוכלי חמץ כתיב אבל כל דאזהרה בנאכל כתיב כל מחמצת: קאי באוכלין מרבה נאכלין. בתמיה: אשר יקריב. משמע קדשים ושיהיו תמימים: התם דליכא לרבויי אוכלין. דהא נשים אוכלי חמץ מדרב יהודה נפקי(א) השוה הכתוב אשה לאיש לכל עונשין שבתורה: הכא דאיכא לרבויי אוכלין. דנשים באיסור חמץ דלא נפקי לן מדרב יהודה כדאמרן לעיל לא שביק אוכלין ומרבה נאכלין: ורבנן. דפליגי אדר"א בעירוב דחמץ כיון דלית להו לאו בעירוב פשיטא כל דכתיב גבי אזהרה דכל מחמצת לא דרשי והשתא על כרחך כל דגבי כרת לרבויי נשים נמי לא דרשי ואלא נשים מנא להו: כי. דגבי אזהרה דלא כתיב כי בההיא לא דרשינן לרבויי נאכלין דעירובו אבל גבי כרת דאוכלין כתיב כי כל אוכל דרשינן ליה: ומקשינן ור"א אימא כל. דכרת לרבויי נשים כי כל דכרת לרבויי עירובו נמי לכרת דכיון דליכא תו אוכלין לרבויי מרבינן ביה נאכלין כדאמרן גבי חלב ואימא על עירובו בכרת: אין לי אלא כולו. בזמן שכל ההקטר מן השאור: מקצתו. חצי זית שאור הקטר שלם דאין הקטרה פחותה מכזית: עירובו מניין. (ב)כשאינו בעינו אלא מעורב ובלול עם מנחה הוגנת של מצות לאחר שפתתן דאינו בעין: אין היתר מצטרף לאיסור. אכל חצי זית חלב וחצי זית בשר בבת אחת אין היתר משלים את שיעור האיסור לחייבו חוץ מאיסורי נזיר שאם אכל חצי זית ענבים וחצי זית לחם בבת אחת חייב שהרי אמרה תורה משרת ענבים לא ישתה חייב על שריית פתו ביין ואי איכא מיין לחודיה כזית למה לי קרא וכל משרת לא גרסינן ואית דגרסי ליה ומפרשי דאפילו לרבנן דלא דרשי כל וכל דרשי ולא היא דהא פרכינן לקמן האי מיבעיא ליה לכדתניא משרת ליתן טעם כעיקר ואם איתא נימא ליה אנא טעמא דידי מוכל אלא ממשמעותא דמשרת נפקא ליה וכל לא דריש: אף שאור בל תקטירו. נמי היתר מצטרף לאיסור חצי זית קומץ דשאור וחצי זית דמצה ואינן מעורבין אלא כל אחד ניכר: כר"א דדריש כל. לעיל ומהתם נפקא ליה כדאמרן לעיל מקצתו מניין ת"ל כל ודריש ליה הכי מקצתו מניין חצי זית שאור וחצי זית מצה עמו:

אפילו

תוספות

סלקא דעתך אמינא כו'. תימה לר"י היכי סלקא דעתך למידרש הכי אדרבה איפכא יש לדרוש דלהוקמיה מקשינן ולר"י דס"ד דלאוקמיה דקרא דסיפא מפרש לרישיה משום הכי אמר דבאכילת מצה תלוי דכתיבה בסוף ועוד יש לומר דהכא יש לדרוש יותר היתר לנשים משום ג"ש דט"ו ט"ו מחג הסוכות והוו מיפטרי ממצה כמו מסוכה דפטר להו בהדיא בפ' ישן (סוכה כח:) מהלכה למשה מסיני יש מקשים למה נשים חייבות בכלאים משום דכל שישנו בלבישת שעטנז ישנו בגדילים כדדרשינן בערכין (דף ג:) גבי כהנים ולפירוש ר"ת דפי' דמוסיפה לריבה סברא לדרוש קשה להפך שלא יהו נשים חייבות בכלאים וכי תימא ה"נ והא בפ"ק דכלה (דף יד:) משמע דכלאים לא חזו למידי:

אין לי אלא כולו מקצתו מניין. בפרק כל המנחות באות מצה (מנחות נח.) מפרש אביי אילו אלא טלו דהיינו כזית מקצתו חצי זית מניין ורבה אמר התם דהכי אין לי אלא קומץ טלו מקצת קומץ מניין ומסיק התם דלאביי ביניהו דאביי סבר דיש קומץ בפחות מב' זיתים דהיינו כזית לכך מפרש כולו כזית וסבר נמי דיש הקטרה בפחות מזית ואע"ג דבפ' כיצד צולין (לקמן עט.) א"ר יהושע כל הזבחים שבתורה שנשתייר מהן כזית בשר וכזית חלב זורק את הדם משמע דאין הקטרה בפחות מכזית הכא היינו טעמא משום דסבר דיש קומץ בפחות מב' זיתים א"כ כשריבה הכתוב חצי קומץ ע"כ ריבה חצי זית ורבה סבר אין קומץ בפחות מב' זיתים ואין הקטרה בפחות מזית:

מאן שמעת ליה דדריש כל ר' אליעזר. אף על גב דר"ע נמי דריש כל בפ' התערובות (זבחים פב.) גבי כל חטאת *לא קשה דאפילו יהא כר"ע מ"מ לא משמע הגא למימר (שיסבור) שיהא תערובת חמץ בכרת ועוד נראה לר"י דאפילו לרבנן דלא דרשי הכא כל דרשי בעלמא בריש מרובה (ב"ק סג:) דאמר כל רבויא הוא ובפ' שני דסוכה (דף כח.) גבי כל האזרח ודווקא הכא לא דרשי בדבר שאין סברא לרבות כגון עירובו וכגון נשים משום היקשא וכגון מקצת דבל תקטירו וה"פ כמאן כר"א דדריש כל אפילו לדבר שאין סברא לרבות כגון עירובו וכגון נשים והא קאמר נמי דרבנן לא דרשי כל:

חוץ מאיסורי נזיר. אע"ג דחטאת נמי קאמר לקמן לרבי יוחנן היתר מצטרף לאיסור הכא לא חשיב חטאת דבקדשים לא קמיירי:

כמאן כר"א דדריש כל. נראה לר"י דזעירי משמע ליה דשאור היתר מצטרף לאיסור מדקתני עירובו מניין ת"ל כי כל ומדרבי עירובו א"כ היתר מצטרף לאיסור והיינו כדרבא דלדידיה ה"פ מקצתו מניין היינו זית שלם אבל לאביי דמפרש מקצתו מניין חצי זית לא שייך היתר מצטרף לאיסור דאמשהו דאיסור לחודיה מיחייב והא דמרבה עירובו היינו כשמתערב לגמרי ולא אמר שיתבטל האיסור אגב ההיתר והא דקאמר כמאן כר"א דדריש כל משום דלרבנן אף על גב דדרשי כי כל לא מוקמא ליה לרבות מקצתו אלא לרבות עירובו ורש"י פירש דזעירי משמע ליה מקצת היינו חצי זית קומץ דשאור וחצי זית דמצה ואין מעורבין אלא כל אחד ניכר וק"ל לפירושו טובא חדא דלא הוי זעירי לא כאביי ולא כרבא ועוד מאי קאמר כמאן כר"א הא כרבנן נמי אתיא דהא כי כל דרשי ומוקמינן ליה אמקצתו דהיינו היתר מצטרף לאיסור לפ"ה ועוד בחמץ מנ"ל תערובת כיון דצריך קרא להיתר מצטרף לאיסור ועוד דלפ"ה צ"ל מקצתו מניין פי' חצי זית איסור וחצי זית היתר שאינם מעורבים יחד דאי לאו הכי היינו עירוב ולקמן גבי חטאת משמע דאין היתר מצטרף לאיסור אם לא שיתערב האיסור וההיתר יחד דהא אמר עד שיבלע בבשרה:

לפנין

[צ"ל אליעזר]

[וע"ע תוס' יבמות ד. ד"ה דכתיב ותוס' שבועו' כ: ד"ה כל ותוס' מנחות מג. ד"ה ור"ש ותוספות ערכין ג: ד"ה הכי]

[וע"ע תוס' זבחים פב. ד"ה ת"ל ותוס' מנחות יא: ד"ה קומץ ועוד שם כו: ד"ה לאו]

מסורת הש"ס

לקמן נא:

מנחות נח.

נזיר לה:

הגהות הב"ח

(א) רש"י ד"ה התם וכו' נפקי השוה: (ב) ד"ה עירובו וכו' דאינו בעין:

רבינו חננאל

דאית מדלא כתיב אוכל כל מחמצת ונכרתה אלא כתיב כי כל אוכל מחמצת ונכרתה ש"מ לאוכלין קא מזהיר ואפילו נשים חייבות באכילת חמץ ומוזהרות באכילת מצה בפסח: ואמרי' מאי חזית דהאי כל דכרת מרבית לנשים בכרת וממעט עירובו בכרת ואמרי' מסתברא קאי באוכלין מרבה אוכלין כלום כתב כל אוכל לרבות כל אדם האוכל ואפילו נשים וכתיב כל מחמצת לרבות כל המתחמץ ואפילו ע"י תערובת בלאו אבל לית ליה אורחא דקרא כדקאי באוכלין למשבק אוכלין לרבויי נאכלין ואמרינן אני דכל היכא דקאי באוכלין לא מרבה נאכלין והתניא כי כל אוכל חלב מן הבהמה אשר יקריבו ממנה קרבן לה' אין לי אלא חלב תמימים הראויה ליקרב חלב בעלי מומין מנין ת"ל מן הבהמה חלב חולין מנין ת"ל כי כל והא הכא כי כל אוכל חלב כתיב דמשמע אוכלין וקאי באוכלין וקא מרבי חלב חולין הנאכלין ושני' היכא דליכא אוכלין אבל היכא דאית ליה לרבות אוכלין כגון הנשים לא שבק אוכלין ומרבה נאכלין ורבנן דלית להו לאו בעירוביו משום דלא דרשו כל אם כן נשים שחייבות בכרת מנא להו ושני' כל לא דרשי כי כל דרשי ובכרת כתיב כי כל אוכל מחמצת ונכרתה: ואקשי' לר' אליעזר נימא כל לרבות נשים כי כל לרבות עירוביו בכרת דתניא שאור לא תקטירו אין לי אלא כולו מקצתו מנין ת"ל כי כל שאור לרבות עירובו מאן שמעת ליה דדרש כל ר' אליעזר ודרש כי כל לרבות עירוביו ועלתה בקשיא: אמר ר' אבהו א"ר יוחנן אין היתר מצטרף לאיסור חוץ מאיסורי נזיר שהרי אלו אמרה תורה משרת ענבים הייתי למד שמשרת ענבים אסור למה כתב כל לאסור עירוביו: זעירי אמר אף שאור בבל תקטירו היתר מצטרף לאיסור ואם יש מקצת שאור ומצה משלים לכזית חייב כמאן כר' אליעזר דמרבה עירוביו מכל אקשי' אם כן הוא כי זעירי אליבא דר' אליעזר [קאמר] אמאי אמר שאור ותו לא אפי'

כותח

§ מסכת פסחים דף מג: §

אות א'

נשים חייבות באכילת מצה דבר תורה

סימן תעב סי"ד - [א]גם הנשים חייבות בארבע כוסות [ב]ובכל מצות הנוהגות באותו לילה - כגון מצה ומרור ואמירת הגדה, דאף שהוא מצוה שהזמן גרמא, מ"מ חייבות, שאף הן היו באותו הנס.

אות ב'

כל

רמב"ם פ"ה מהל' איסורי מזבח ה"א - שאור ודבש אסורין לגבי המזבח, [ג]ואיסורן בכל שהן, שנאמר: כי כל שאור וכל דבש לא תקטירו וגו'.

אות ב'*[ד]

כל איסורין שבתורה אין היתר מצטרף לאיסור, חוץ מאיסורי נזיר

רמב"ם פ"ד מהל' מאכלות אסורות הט"ז - כל איסורין שבתורה אין מצטרפין זה עם זה, חוץ מאיסורי נזיר כמו שיתבאר שם; לפיכך הלוקח מעט חלב, ומעט דם, ומעט בשר בהמה טמאה, ומעט בשר נבלה, ומעט בשר דג טמא, ומעט בשר עוף טמא, וכיוצא באלו משאר האיסורין, וצירף מן הכל כזית ואכלו, אינו לוקה, ודינו כדין אוכל חצי שיעור.

באר הגולה

[א] **שם ק"ח** [ב] ‹כמו אכילת מצה ואמירת ההגדה, ואם אין יכולות להגיד בעצמן, ישמעו ההגדה, משום דכתיב [דברים טז, ג] לא תאכל עליו חמץ שבעת ימים תאכל עליו מצות, כל שישנו באכילת חמץ ישנו באכילת מצה, והנשים ישנן באיסור חמץ, דלא תעשה מצוות נשים כאנשים, ולכן חייבות גם באכילת מצה, אף על גב שזהו מצות עשה שהזמן גרמא, **וממילא** כיון שחייבות במצה חייבות גם בפסח ומרור, שהרי איתקשו זה לזה, כדכתיב על מצות ומרורים יאכלוהו, ואע"ג דמרור בזמן הזה דרבנן, מ"מ כל דתקון רבנן כעין דאורייתא תקון, וממילא שגם חייבות בכל מצות הלילה, שכולן ענין אחד הן, **ועוד** שהרי בזכות נשים צדקניות נגאלו אבותינו ממצרים, ולכן פשיטא שהחיוב עליהן בכל מצות הלילה שהוא רק משום גאולת מצרים - ערוה"ש› [ג] ‹יש לתמוה למה פסק רבינו כאביי ודלא כרבא, **ועוד** שכתב לקמן בסמוך {הובא בדף מ"ד: אות א'} ואין הקטרה פחותה מכזית, והיינו כרבא, וזה סותר מ"ש כאן. **ואפשר** שרבינו מפרש דרבא לא פליג אאביי דדריש מכל לרבויי חצי זית דשאור ודבש, אלא שמוסיף לדרוש נמי לחצי קומץ, דתרוייהו משתמע. **ומ"ש** ואין הקטרה פחותה מכזית, היינו בתערובות, וצריך שיהא כזית, אף על פי שאין בו אלא כל שהוא משאור ודבש, לוקה - כסף משנה. **וע"ש** בהמפרשים שהקשו עליו› [ד] ‹ע"פ מהדורת נהרדעא. והוא סוגיא אחר לגמרי, ורק המלים דומין, **ודלמא** השייכות, דאי היה הרמב"ם פוסק דהיתר מצטרף לאיסור, היה צריך לומר כדאמרינן לקמן דף מ"ה. השתא איסור והיתר מצטרפין, איסור ואיסור מיבעיא, והיה צריך להיות חייב הכא עכ"פ כשאכלם בבת אחת, כמו דאמרינן התם›

§ מסכת פסחים דף מד. §

אות א׳

דהקטרה לאו לפחות מכזית

רמב"ם פ"ה מהל' איסורי מזבח ה"ב - נפל מהם כל שהוא בקטורת, נפסלה, ואם הקטיר ממנה בהיכל לוקה. ואין הקטרה פחותה מכזית.

אות ב׳

המקפה של תרומה והשום והשמן של חולין, ונגע טבול יום במקצתן, פסל את כולן

רמב"ם פ"ח מהל' טומאת אוכלין הי"ב - המקפה של תרומה והשום והשמן של חולין, שנגע טבול יום במקצתן, פסל את כולן.

אות ג׳

המקפה של חולין והשום והשמן של תרומה, ונגע טבול יום במקצתן, לא פסל אלא מקום מגעו בלבד

רמב"ם פ"ח מהל' טומאת אוכלין הי"ג- המקפה של חולין והשמן של תרומה, שנגע טבול יום במקצתן, לא פסל אלא מקום מגעו.

אות ד׳

אמר ליה אין

רמב"ם פי"ד מהל' מאכלות אסורות ה"ח - האוכל כשעורה או כחרדל מאחד מכל מאכלות האסורים, ושהה מעט וחזר ואכל כחרדל, וכן עד שהשלים כזית, בין בשוגג בין במזיד, אם שהה מתחלה ועד סוף כדי אכילת [א]שלש ביצים, יצטרף הכל, והרי הוא חייב כרת או מלקות או קרבן, כמו שאכל כזית בבת אחת; ואם שהה יתר מזה מתחלה ועד סוף, אע"פ שלא שהה ביניהן, אלא אכל כחרדל אחר כחרדל, הואיל ולא השלים כזית אלא ביתר מכדי אכילת פרס, אינן מצטרפין ופטור.

אות ה׳

הנח לתרומה בזמן הזה דרבנן

יו"ד סימן שלא ס"ב - בזמן הזה, אפילו במקום שהחזיקו בו עולי בבל, ואפילו בימי עזרא, אין חיוב תרומות ומעשרות מן התורה, אלא מדבריהם; מפני שנאמר: כי תבואו, משמע ביאת כולכם, ולא ביאת מקצתן כמו שהיתה בימי עזרא. הגה: [ב]ויש חולקין, וסבירא להו דחייבין עכשיו בארץ ישראל בתרומות ומעשרות מדאורייתא, אך לא נהגו כן (טור בשם ר"י).

אות ו׳

האי מיבעי ליה לכדתניא משרת

רמב"ם פ"ה מהל' נזירות ה"ד - דבר המותר [ג]אינו מצטרף לדבר האסור בנזיר; כיצד יין שנתערב בדבש, אף על פי [ד]שטעם הכל טעם יין, ושתה מן התערובת; וכן הצמוקין שדרסן עם הגרוגרות, וטעם הכל טעם צמוקין, ואכל מן התערובת, אינו לוקה, עד שיהיה מדבר האסור בתערובת כזית בכדי שלש ביצים, ואכל כשלש ביצים, כשאר האיסורין השוים בכל אדם, כמו שבארנו בהלכות מאכלות אסורות.

באר הגולה

[א] ‹ושיטת רש"י ד' ביצים› [ב] ‹מחלוקת ר' יוסי ורבנן ביבמות פרק הערל› [ג] ‹לכדתניא משרת ליתן טעם כעיקר, שאם שרה ענבים במים ויש בהם טעם יין חייב, ומכאן אתה דן לכל איסורים שבתורה וכו', א"ל הא מני רבנן היא, ור' אבהו כי קאמר לר"ע. **הרי** דלרבנן איסורי נזיר ושאר איסורים שבתורה שוים, שאין היתר מצטרף לאיסור, אלא א"כ יש באיסור כזית בכדי אכילת פרס – כסף משנה› [ד] ‹למאן דדריש משרת לטעם כעיקר, ילפינן מזה לכל התורה כולה כמבואר בסוגיא שם, וזה מפורסם בכל הש"ס דטעם כעיקר דאורייתא, לבד רש"י ז"ל שפסק דטעם כעיקר לאו דאורייתא, כמ"ש ביו"ד סימן צ"ח, והרמב"ם הולך לשיטתו בפט"ו ממאכ"א, דמן התורה אינו אלא כשאוכל כזית בכדי אכילת פרס. **וס"ל** דאכילת פרס הוא כדי ג' ביצים, ולרש"י ותוס' הוי כד' ביצים כמ"ש שם – ערוה"ש›

לענין חמץ בפסח נמי אין הכי נמי ולאפוקי *מדאביי דאמר יש הקטרה לפחות מכזית קמשמע לן *דהקטרה לאו לפחות מכזית יתיב רב דימי וקאמר לה להא שמעתא אמר ליה אביי לרב דימי וכל איסורין שבתורה אין היתר מצטרף לאיסור והתנן *המקפה של תרומה והשום והשמן של חולין ונגע טבול יום במקצתן פסל את כולן המקפה של חולין והשום והשמן של תרומה ונגע טבול יום במקצתן לא פסל אלא מקום מגעו בלבד והוינן בה מקום מגעו אמאי פסולה הא בטלי להו תבלין ברוב ואמר רבה בר בר חנה *מה טעם הואיל וזר לוקה עליהן בכזית היכי דמי לאו משום דהיתר מצטרף לאיסור לא מאי כזית דאיכא כזית בכדי אכילת פרס וכזית בכדי אכילת פרס דאורייתא היא א"ל אין אי הכי אמאי פליגי רבנן עליה דר"א בכותח הבבלי אלא מאי משום דהיתר מצטרף לאיסור סוף סוף אמאי פליגי רבנן עליה דר"א בכותח הבבלי אלא הנח לכותח הבבלי דלית ביה כזית בכדי אכילת פרס אי בעיניה *דקשריף וקאכיל ליה *בטלה דעתיה אצל כל אדם ואי משטר קשטר ואכיל לית ביה כזית בכדי אכילת פרס איתיביה שתי קדירות אחת של חולין ואחת של תרומה ולפניהן שתי מדוכות אחת של חולין ואחת של תרומה ונפלו אלו לתוך אלו מותרין שאני אומר תרומה לתוך התרומה נפלה וחולין לתוך חולין נפלו ואי אמרת כזית בכדי אכילת פרס דאורייתא אמאי אמרינן שאני אומר תרומה לתוך התרומה נפלה א"ל הנח לתרומת תבלין דרבנן איתיביה *שתי קופות אחת של חולין ואחת של תרומה ולפניהם ב' סאין אחת של חולין ואחת של תרומה ונפלו אלו לתוך אלו מותרין שאני אומר חולין לתוך חולין נפלו תרומה לתוך תרומה נפלה ואי אמרת כזית בכדי אכילת פרס דאורייתא אמאי אמרינן שאני אומר אמר ליה *הנח לתרומה בזמן הזה דרבנן והאי משרת להכי הוא דאתא *האי מיבעי ליה לכדתניא משרת ליתן

רש"י

אפילו חמץ נמי. דהא אמרינן על עירובו בלאו והיינו נמי היתר מצטרף לאיסור : **ומשני אין הכי נמי.** דחמץ בפסח היתר מצטרף לאיסור והאי דנקיט שאור לאפוקי מדאביי דאמר במנחות בפ' כל המנחות באות יש הקטרה בפחות מכזית וחייב בהקטרת שאור כל דהו ולא בעי צירוף ומתרץ לברייתא דלעיל הכי אין לי אלא כזית חצי זית מנין ת"ל כל ויליף מינה דיש הקטרה לפחות מכזית קא משמע לן דלאו הקטרה היא ולא איכא צירוף אין ולא לא : **להא שמעתא.** דר' יוחנן : **מקפה.** תבשיל קפוי ועב של תרומה כגון דייסא והשום והשמן הנתונין בו לתבלין הוו של חולין : **פסל.** את כל הקדירה דמקפה עיקר וטבול יום פוסל את התרומה : **מקום מגעו אמאי פסל הא בטלו להו תבלין ברובא.** דקא ס"ד דימוע מדרבנן הוא לאסור : **ואמר רבה בר בר חנה.** דימוע מדאורייתא הוא וזר לוקה עליו בכזית משום דיש שם תרומה עלה הלכך לגבי טומאה נמי שם תרומה עלה ומיהו לא אמרינן כתרומה עצמה ליפסול את כולו ומ"ט זר לוקה עליו בכזית משום זרות הא לא אכיל כזית תרומה אלא לאו משום דהיתר מצטרף לאיסור : **ומשני מאי לוקה** בכזית דקאמר כזית בכדי אכילת פרס שאם אכל פרס ממנו שיעור ארבעה ביצים יש בו כזית תרומה וקי"ל דכל שיעורי אכילת איסור בין כזית של חלב ודם ובין כותבת דיום הכפורים מצטרפין אכילה בשיעור בכדי שהייה זו שאם אכל כחרדל חלב וחוזר ואוכל כחרדל עד שהשלים לכזית אם אין מתחילת האכילה ועד סופה יותר משהיית כדי אכילת פרס באכילה ביטנית מצטרף והוי כמו שאכלו בבת אחת וחייב והכא נמי יש כאן תרומה כדי להצטרף כזית באכילת פרס ממנו : **וכזית בכדי אכילת פרס דאורייתא.** בתמיה הא לאמור רבנן כזית מצטרף כשיעור שהיית אכילת פרס מי הוי מדאורייתא הלכה למשה מסיני כשאר שיעורין דקא אמרת לוקה ומתרגם משום דהכי אכילה מאיסור בר מהיתר : **אמאי פליגי רבנן עליה דר' אליעזר בכותח.** נהי נמי דלא דרשי כל לרבות עירובו הא אכיל מיהא מאיסור כזית בכדי אכילת פרס : **ואלא מאי.** סבירא לך דהאי לוקה דרבה משום דהיתר מצטרף לאיסור והכי קאמר לדבי : **סוף סוף אמאי פליגי רבנן עליה.** דמצטרף היתר לאיסור ולחייב : **הנח לכותח הבבלי.** דלא אכיל כזית מן החמץ כשיעור שהיית אכילת פרס : **בטלה דעתו.** דלא אכילה היא לחיובי עלה : **ואי משטר קא שטר.** מטבל בתוכו כדרכו ליכא כזית מן החמץ בכדי שהיית אכילת פרס ממה שטיבל בתוכו לא אכל מן הכותח אלא מעט או שני זיתים או ארבעה והכותח מרובה ליכא מן החמץ כזית ושכר המדי נמי אף על גב דשתי ליה בעיניה מיהו אין לך שותה ב' וג' כוסות שלא יפסוק וישהה בינתיים הלכך בכדי שהיית אכילת פרס לא שתי כזית מן החמץ לבד מן המים ושאר התערובות שהשכר עיקרו מן התמרים או מתאנים אלא שמערב בהם מי שעורין קצת : **פרס.** הוא חצי ככר שיעורו כו עירובי תחומים שהוא מזון שתי סעודות ותליו לבית המנוגע לטמא בגדים אם ישהה בו כדי אכילתו שנתנה תורה שיעור שהייתו כדי סעודה דכתיב (ויקרא יד) והאוכל בבית יכבס את בגדיו והלכה למשה מסיני דלאו בכך בשמונה ביצים הוא סעודה : **שתי מדוכות.** שהתבלין נידוכין בתוכן פלפלין וזנגביל : **אלו לתוך אלו.** ממדוכות לתוך הקדירות : **מותרין.** קדירות חולין לזר : **היכי אמרינן שאני אומר.** ותלינן לקולא בשוגג מיהא ודילמא תרומה לתוך חולין נפל וכי אכיל לה איכא כזית תרומה באכילת פרס אלא שמע מינה אי נמי ודאי נפל לא מיחייב משום כזית בכדי אכילת פרס אלא מדרבנן וכי מספקא לן תלינן לקולא : במסכת נזיר גרסינן ואלא מאי היתר מצטרף לאיסור היכי אמר שאני אומר אלא הנח לתרומת תבלין דמדרבנן דראשית דגנך תירושך ויצהרך כתיב : **קופות.** גדולות ובתוכן דגן דהויא תרומה דאורייתא :

תוספות

לענין חמץ בפסח נמי. לר' יוחנן לא מצי פריך דהיא לא דריש כל וא"ת לימא והא בפרק בתרא דיומא (דף עד.) דריש רבי יוחנן מכל חלב דחצי שיעור אסור מן התורה ותור"י דלא דריש אלא לאיסורא אבל להתחייב מלקות כמו בכשיעור לא וכן גבי חמץ* :

מקום מגעו אמאי פסל הא בטיל ברובא. ופירש דס"ד השתא דדימוע דרבנן וקשה לריב"א דמשמע שהשום והשמן בעין מדקתני נגע במקצתן ולא קתני במקצתה ועוד דתני סיפא אימתי בזמן שהן גוש בקערה אבל אם היה מפוזר טהור ואי פסיל מקום מגעו משום מדומע אדרבה כי הוי מפוזר יש לו להיות מדומע יותר ועוד אמאי פסיל מקום מגעו ותו לא כיון דחשיב כמו כולה תרומה על ידי דימוע יפסל הכל או לא יפסל אפילו מקום מגעו דבהדיא איתא הא פלוגתא במסכת טבול יום בעיסה מדומעת ומי שפוסלה פוסלה לגמרי ומי שמכשיר מכשיר לגמרי ונראה לר"י כפירוש ר"ת דפירש דמתניתין מיירי שהשום והשמן בעין וכדגרס בכל הספרים מקום מגעו אמאי פסל והא לא הוי כביצה והאיל דלא מקבל טומאה אלא מדרבנן אית לן למימר דבטלי אגב מקפה כדפריש בפרק כל שעה (לעיל דף לג:) :

לאו משום דהיתר מצטרף לאיסור. ומטעם הואיל אם היה מלקט מן השום או מן השמן כזית וילקה עליו לית לן למימר שלא תבטל אגב מקפה כיון שאין דרך אכילה בכך :

דאיכא כזית בכדי אכילת פרס. מקשין דבהשוחט (חולין דף לד:*) אמרינן הנא לגויד הדמע דלית ביה כזית בכדי אכילת פרס משמע דבסתמא לא הוי כזית בכדי אכילת פרס ויש לומר דהכא קים ליה דעסקינן בדאית ביה כזית בכדי אכילת פרס ולפירוש ר"ת דמוקי שהשום והשמן בעין אתי שפיר דאי הוי מעורב לא הוי כזית בכדי אכילת פרס :

אלא מאי היתר וכו'. נראה דלא גרס ליה דאי גרס ליה א"כ מאי ס"ד דאביי לאקשויי כיון דלדידיה נמי קשה אלא לאביי א"ש דפליגי עליה רבנן דלר"ע דווקא אית ליה היתר מצטרף לאיסור בכל התורה דגמר מנזיר אבל לרבנן דמוקמי משרת לטעם כעיקר לית להו היתר מצטרף לאיסור בשום מקום ועוד דבנזיר בפ' ג' מינים (דף לז:) גרסינן גבי שתי קופות דבסמוך בשלמא לדידי דאמינא היתר מצטרף לאיסור דנפישי חולין פי' לאביי הא דהיתר מצטרף לאיסור היינו כשיש מן האיסור יותר מן ההיתר או ששניהם בשוה אבל כשהיתר רבה על האיסור אין מצטרף ולרב דימי אין היתר מצטרף לאיסור בשום מקום כדמסיק לקמן דהוי חטאת ונזיר שני כתובים הבאים כאחד ואין מלמדין וה"פ א"ה אמאי פליגי רבנן ט' בשלמא לדידי פליגי רבנן משום דר' אליעזר דריש כל ואתא כל לרבות אפילו כשהאיסור מועט ורבנן לא דרשי כל דכשהאיסור מועט אין מצטרף כמו בעלמא אלא לדידך אמאי פליגי וכן גבי קופה ומדוכות אתי שפיר לאביי :

הנח לתרומת תבלין דרבנן. קשה לרשב"א כיון דתרומת תבלין דרבנן גבי שום אמאי פסל מקום מגעו ויש לחלק :

איתיביה שתי קופות. ואם תאמר מאי פריך אמאי אמרינן שאני אומר והא פשיטא דבכל מקום מדאורייתא מין במינו בטל ברוב והכא מיירי שרבו חולין על התרומה כיון דסבר השתא למיירי בתרומה דאורייתא דבדאורייתא בעי רבייה אפילו לר' יוחנן בהערל (יבמות דף פב:) ותור"י דבעי למימר בכל ענין אפילו מין בשאינו מינו כגון קמח חטין בקמח שעורין שאינו ניכר : והוא

מסורת הש"ס

מנחות כו: מח: [נזיר לו.]

טבול יום פ"ב [מ"ג נזיר לו.]

[פ"ש]

[פי' שגומע ואוכל כמו שורפה חיה ...]

לעיל מ: יבמות פג. נזיר לו: [תוספתא דתרומות פ"ו] [שם]

עין משפט נר מצוה

ז א מיי' פ"ה מהל' איסורי מזבח הלכה ב:

[ועי' תוספות שבועות כב: ד"ה כרבי שמעון]

ח ב מיי' פ"ח מהל' טומאת אוכלין הל' יט:

ט ג שם הל' יג:

י ד מיי' פי"ד מהל' מאכלות אסורות הל' ח:

יא ה מיי' פ"ה מהל' תרומות הל' כו סמג עשין קלג טוש"ע יו"ד סימן שלא סעיף ג:

יב ו מיי' פ"ה מהלכות נזיר הלכה ד*:

רבינו חננאל

כותח הבבלי לרבי אליעזר היתר מצטרף לאיסור והוה ליה לזעירי למימנינהו לכלהו ושנינן אין תני כלהו היתר מצטרף לאיסור נינהו מיהו לא הזכיר זעירי השאור לבדו אלא לאפוקי מדאביי דאמר יש הקטרה בפחות מכזית אתא זעירי לאשמועינן דאין הקטרה בפחות מכזית ובעי צירוף להשלימו : אקשי' לר' אבהו ולר' יוחנן ליכא מידי אחרינא דהיתר מצטרף לאיסור והתניא מקפה של חולין והשום והשמן של תרומה ונגע טבול יום במקצתן לא פסל אלא מקום מגעו והוינן בה מקום מגעו במקפה אמאי פסל ואמר משמי' דר' יוחנן הואיל וזר לוקה על המקפה בכזית מאי לאו משום דמקפה שהיא היתר מצטרף לאיסור לשום ולשמן שהן איסור ונעשית המקפה כלה איסור לפיכך זר האוכל ממנה לוקה אלמא לרבי יוחנן איכא דברים דהיתר מצטרף לאיסור מדאורייתא ושנינן לעולם לית ליה והכא כגון דאיכא במקפה שאכל הזר יש באותה אכילה כזית מן השום והשמן של תרומה תצטרף השום והשמן ונעשו כזית ולפיכך לוקה שאינו לוקה אלא על התרומה ולא על המקפה ושיעור אכילה שמצטרפת מעט מעט עד שמצטרפין לכזית בכדי אכילת פרס דתני' אכל וחזר ואכל אם יש מתחלת אכילה ראשונה עד סוף אכילה אחרונה שיעור כדי אכילת פרס מצטרפי' וכמה היא כדי אכילת פרס מצאנו ששיער ר' חצי פרס שתי ביצים ואחד מעשרים בביצה נמצא הפרס ארבעה ביצים ואחד מעשרה בביצה ומפורש בעירובין פרק כיצד משתתפין בתחומין ואקשי' אי הכי בכותח הבבלי נמי נימא איכא כזית אוכל מקמניתא דאמא בכדי אכילת פרס ואמאי פליגי רבנן ואמרי בולא כלום ואמרינן שאני כותח הבבלי דלא משכחת בי' כזית בכדי אכילת פרס אי דקא גריף ואכיל כותח כגון אכילת הביצה בטלה דעתו כלומר אין זה דרך ארץ ואי דקא שטר ואכיל שהוא כעין טבילת פת בטרק ליכא כזית מקמניתא דאומא כשיעור שעה כדי שיאכל אדם פרס ואם הוא יותר מזה השיעור אין מצטרפין וראשון ראשון בטל : ומותבינן מיהא שתי קדירות אחת של חולין ואחת של תרומה ולפניהם שתי מדוכות באחת תבלין של תרומה כו' ושנינן הנח לתרומת תבלין דאינה מן התורה לפי שאינם מיני תבואה ומותבי' תוב שתי קופות של חולין ושל תרומה ולפניהם שתי סאין [illegible] פרס מדאורייתא מצטרף כל ספק דאורייתא לחומרא [illegible] הוא דאתא האי מיבעי ליה לכדתניא

עין משפט נר מצוה

יג א ב מיי' פ"ה מהל' נזיר הל' ה:

מסורת הש"ס

*ליתן טעם כעיקר שאם שרה ענבים במים ויש בהן טעם יין חייב מכאן אתה דן לכל התורה כולה ומה נזיר שאין איסורו איסור עולם ואין איסורו איסור הנאה ויש היתר לאיסורו עשה בו טעם כעיקר כלאים שאיסורו איסור עולם ואיסורו איסור הנאה ואין היתר לאיסורו אינו דין שיעשה טעם כעיקר והוא הדין לערלה בשתים הא מני רבנן היא ורבי יוחנן דאמר כרבי עקיבא הי ר"ע אילימא ר"ע דמתני' דתנן *רבי עקיבא אומר *נזיר ששרה פתו ביין ויש בו לצרף כדי כזית חייב וממאי דמפת ומיין דילמא מיין לחודיה וכי תימא מיין לחודיה מאי למימרא הא קמ"ל דאע"ג דתערובות אלא ר"ע דברייתא דתניא ר"ע אומר נזיר ששרה פתו ביין ואכל כזית מפת ומיין חייב ור"ע טעם כעיקר מנא ליה יליף מבשר בחלב לאו טעמא בעלמא הוא ואסור הכא נמי לא שנא *ורבנן מבשר בחלב לא גמרינן דחידוש הוא ומאי חידוש אילימא דהאי לחודיה והאי לחודיה שרי ובהדי הדדי אסור כלאים נמי האי לחודיה והאי לחודיה שרי ובהדדי אסור אלא דאי תרו ליה כולי יומא בחלבא שרי בשיל ליה בשולי אסור ור"ע נמי בשר בחלב ודאי חידוש הוא אלא יליף מגיעולי נכרים גיעולי נכרים לאו טעמא בעלמא הוא ואסור הכא נמי ל"ש ורבנן גיעולי נכרים נמי חידוש הוא דהא כל נותן טעם לפגם מותר דגמרינן מנבילה והכא אסור ורבי עקיבא כדרב *חייא בריה דרב הונא דאמר לא אסרה תורה אלא *בקדירה בת יומא הלכך לאו נותן טעם לפגם הוא ורבנן קדירה בת יומא נמי לא אפשר דלא פגמה פורתא א"ל רב אחא בריה דרב אויא לרב אשי מדרבנן נשמע לרבי עקיבא מי לא אמרי רבנן משרת ליתן טעם כעיקר מכאן אתה דן לכל איסורין שבתורה לרבי עקיבא נמי משרת להיתר מצטרף לאיסור מכאן אתה דן לכל איסורין שבתורה כולה א"ל משום

ליתן טעם כעיקר. לעשות טעמו של איסור כעיקרו וממשו: **ויש בהן.** במים טעם יין: **חייב.** בכזית מהן והא לאו משום היתר מצטרף לאיסור הוא אלא משום דאיתעביד ליה כוליה איסור אבל היתר מצטרף לאיסור לא ילפינן מינה: **לכל התורה כולה.** שיהא טעמו של איסורין כממשו: **שאין איסורו איסור עולם.** אלא כמה שפירש ואם סתם שלשים יום וענבים ויין מותרין לו בהגאה: **ויש לו היתר לאיסורו.** אף תוך זמן על ידי (הפרת) חכם: **כלאים.** כלאי הכרם: **איסור עולם.** זרע חטה וחרצן הכל אסור לעולם: **והוא הדין לערלה בשתים.** ק"ו זה אתה דן לערלה בשתי דרכים דאיסורו איסור הנאה ואין היתר לאיסורו בתוך שלש מה שאין כן בנזיר ואיסור עולם ליכא למימר בה דלאחר שלש מותרות: **הא מני.** דאפיקתיה להאי קרא לטעם כעיקר רבנן דפליגי אדר"ע בהיתר מצטרף לאיסור ולקמיה מפרש מאי היא: **הי ר"ע.** מהי מילתא דר"ע שמעינן דהיתר מצטרף לאיסור: **דילמא מיין לחודיה.** ולצירוף שייך למיתני בה משום דנבלע בתוך הפת והיאך משערין כזית יין ממלא כלי מפה לפה ומביא זית ונותן לתוכו והיין היוצא הוא כזית יין וכן הוא בתוספתא דנזיר: **תערובת.** שאינו בעין שנבלע בפת: **מפת ומיין חייב.** ופליגי רבנן עליה דלית להו היתר מצטרף לאיסור ואילו פשט היין בכל הפת לא הוו פליגי רבנן עליה דהא אית להו טעם כעיקר ואיתעביד ליה פת גופיה איסור ובהא מיהא פליגי עליה דטעמא דר"ע משום צירוף הוא וא"כ לא נשרית כל הפת ביין מצטרף נמי היתר לאיסור לחיובא: **ור"ע.** כיון דמפיק ליה להאי משרת להיתר מצטרף לאיסור: **טעם כעיקר.** היכא דליכא מידי עיקר אלא טעם כגון שרה ענבים במים מנא ליה: **בשר בחלב.** בשר שנתבשל בחלב והבשר בעיניה אלא שטעם החלב נבלע בו: **חידוש הוא.** כל איסורו תימה הוא ודבר חידוש שאינו מצוי (א) ביניהו בשאר איסורין לא גמרינן חומרא דידיה אשאר איסורין דכי היכי דשאר חידושין דידיה לא הוו בשאר איסורין האי דטעם כעיקר נמי לא תיגמר מיניה: **ומאי חידושיה.** מאחר מילי: **אילימא היינו חידושיה.** דשני דברים המותרים הם וכשנתערבו נאסרין מה שאין כן בשאר דברים: **הא כלאים נמי.** דוגמתן: **פרי ליה.** שורהו בחלב כל היום שרי כלומר מותר לשרותו בתוכו ואינו עובר עליו אפילו על אכילתו דלא אסרה תורה אלא דרך בישול ואפילו יהיב ביה טעמא ומיהו מדרבנן אסור: **בשיל ליה בשולי אסור.** עובר על בישולו ועובר על אכילתו: **גיעולי נכרים.** קדירה שבישל בה הנכרי וכשחוזר ישראל ומבשל בה היא מגעלת בליעתה לתוך של ישראל גיעול לשון מקיא ופולט והתורה אסרתו במעשה מדין כל דבר אשר יבא באש (במדבר לא) דהיינו יורות וקומקמוסין וכיוצא בהן שמרתיחין אותן על האור: **דגמרינן מנבילה.** דכתיב לא תאכלו כל נבילה לגר וגו' (דברים יד) הראויה לגר קרויה נבילה שאינה ראויה לגר אינה קרויה נבילה: **והכא אסור.** דהאי נמי לפגם הוא דאותה בליעה משנתה בדופנו של כלי לילה אחת הופג טעמו ונתקלקל ותו לא משבחת לאוכל שהיא נפלטת לתוכו: **בת יומא.** שבישל בה הנכרי בו ביום: **דלא פגמה פורתא.** מטעם הכלי כפגמה הבליעה: **מדרבנן נשמע לר"ע.** לרבי יוחנן פריך דאמר לעיל כל איסורים שבתורה אין היתר מצטרף לאיסור חוץ מאיסורי נזיר ואוקימנא כר"ע מכדי לר"ע שמעינן ליה דאמר באיסורי נזיר היתר מצטרף לאיסור ובשאר איסורי לא איירי מידי ור' יוחנן אמאי לא אמר דכי היכי דאית ליה באיסורי נזיר אית ליה נמי בשאר איסורי הא ממאי דשמעינן להו לרבנן בטעם כעיקר מצינן למשמע מינה נמי דעתיה דר"ע בהיתר מצטרף לאיסור: **לאו אמרי רבנן כו'.** וקא אמרי נמי הכי בשאר איסורי לר"ע נמי דמפיק לה להיתר מצטרף לאיסור איכא למימר נמי דאית ליה מכאן אתה דן לכל התורה כולה: **אמר ליה.** כיון דמוקי ליה ר"ע להיתר מצטרף לאיסור לא מצינן למימר מכאן אתה דן: משום

והוא הדין לערלה בשתים. וכן אמרינן בפ"ק דקדושין (דף לח:) גבי חדש ופ"ה דערלה אין איסורו איסור עולם דלאחר שלש מותר וקשה מה שמותר אחר שלש היינו האילן והאילן לא נאסר מעולם רק הפרי והפרי אין לו היתר ור"ת פי' הוא הדין לערלה בשתים היינו בשנת ארבע דיש היתר לאיסורו על ידי פדייה או להביא לירושלים ור"י מפרש דנזיר וחדש אין איסורן איסור עולם שהגדל מן הגפן אחר השלמת נזרו לא חל עליו איסור וכן חדש היוצא מקנה השיבולת אחר הבאת העומר לא חל עליו איסור כיון שהשריש קודם העומר וכן ערלה אחר ג' שנים היוצא ממנו אין איסור חל עליו ויש היתר לאיסורו יש לפרש כפ"ה שנזיר תוך זמנו יש לו היתר על ידי שאלה וחדש נמי לר' יהודה דאמר *יום הנף כולו אסור יש לו היתר תוך זמנו על ידי עומר וערלה אין לה היתר תוך זמנה וילדה בזקינה דבטלה אין זה אלא דערלה דפנים חדשות באו לכאן ועוד מפר"י שהפרי של חדש שנאסר כבר וכן היוצא מן הגפן קודם השלמת נזירות יש להן היתר בהשלמת זמן האיסור אבל ערלה וכלאים הפרי שנאסר אין לו היתר ופירוש זה נראה עיקר דאין צריך להעמיד כר' יהודה ואין להקשות לפי' זה אמאי לא חשיב יש היתר לאיסור בשאלה ובעומר ויהא ג' בערלה דיש לומר דלא סבר כר' יהודה אלא האי המזרת מתיר ונזיר נמי אי מתשיל אין זה היתר לדבר שנאסר שהחכם עוקר הנדר מעיקרו ונמצא שלא נאסר מעולם אבל לפי' קמא ה"מ לאתשובי מה שהפרי עצמו נאסר לעולם והיה מותר בערלה שלש:

ודילמא מיין לחודיה. ולשון לצרף אתי שפיר כלומר לצרף היין הבלוע בתוכו:

ורבנן מבשר בחלב לא גמרינן דחידוש הוא. תימה לרשב"א התינח לרבא אלא לאביי דאית ליה בפרק כל הבשר (חולין דף קח.) דבשר בחלב לאו חידוש הוא אמאי איצטריך למילף מנזיר לטעם כעיקר*):

אלא יליף מגיעולי נכרים. הקשה ה"ר יוסף היכי יליף רבי עקיבא טעם כעיקר בנזיר מגיעולי נכרים הא נזיר קל מכל איסור שבתורה שאין איסורו איסור עולם ויש היתר לאיסורו ותי' דבמדין נמי היו כליהן בלועות מיין ואסורים לנזיר: **ורבנן** קדירה בת יומא נמי אי אפשר דלא פגמה פורתא. ואפ"ה אסר הכתוב אם כן ליכא לאיפלוגי בין בת יומא לשאין בת יומא וכולהו אסורים ור"ע סבר קדירה בת יומא לא פגמה כלל אבל שאין בת יומא דפגמא שרי דנ"ט לפגם מותר דגמר מנבילה וה"נ סבר ר"ש בפרק בתרא דמסכת ע"ז (דף סז:) ור"מ פליג עליה התם וסבר נ"ט לפגם אסור דגמר מגיעולי נכרים דאסר הכתוב אע"ג דנ"ט לפגם הוא דאפילו קדירה בת יומא אי אפשר דלא פגמה פורתא וגיעולי נכרים לאו חידוש הוא ומה שהתיר הכתוב נבילה מוקי לה בסרוח מעיקרא ולרבי מאיר מצי למילף נמי מגיעולי נכרים לטעם כעיקר כיון דלאו חידוש הוא ואיכא השתא שלש מחלוקות בדבר:

*) [ועי' תוס' חולין קח. ד"ה מבשר וכו' כתבו דאביי חזר בו]

רבינו חננאל

לכדתניא משרת ליתן טעם כעיקר שאם שרה ענבים במים ויש בהן טעם יין אסור ומכאן אתה דן לכל התורה כולה ומה נזיר שאין איסורו איסור עולם אלא עד מלאת ימי נזרו בלבד ואין הנאת היין עליו אסורה אלא שתייתו בלבד [ויש היתר לאיסורו] ואפי' זה היין בעצמו שנאסר לו אחר מלאת ימי נזרו הוא מותר בו שנא' (במדבר ו' כ') ואחר ישתה הנזיר יין עושה משרת ענבים שאין בו אלא טעם יין כענבים עצמן כלאים שאיסורן איסור עולם שנא' (ויקרא י"ט י"ט) את חקותי תשמרו חקים שחקקתי לך כבר כי באיסורן הן לעולם ואיסורן איסור הנאה דכתיב (דברים כ"ב ט) פן תקדש המלאה חורע ודרשי' לה תוקדש תוקד אש ואין היתר לאיסורו דלשריפה אזיל אינו דין שיהיה בו טעם כעיקרואהרין[לערלה] בשתים שאיסורן איסור הנאה שנא' (ויקרא י"ט כ"ג) ערלים לא יאכל ודרשי' ביה אחד איסור הנאה ואחד איסור אכילה ואין היתר לזה האילן באלו שני ערלה כלל לא בו ולא בפירותיו אבל אחר כן מותר הפירות האילן והרי משרת להכי הוא דאתא ומשני רבי יוחנן זו הברייתא לרבנן היא ואני לא אמרתי אלא אליבא דרבי עקיבא דתניא רבי עקיבא אומר אפילו שרה פתו ביין ואכל כזית מפת ומיין חייב אבל הא דתנן ר' עקיבא אומר אפי' שרה פתו ביין ויש בו כדי לצרף כזית אסור דהויה היא ודחי' ממאי דהוי זית פת חצי זית יין עליו דמצטרפי ואמר דלמא כזית מיין לחודיה קאמר וקמ"ל אע"ג דליתיה היין לחודיה במקום אחד כיון דאית ביה שיעור לאצטרופי כזית אסור: ואמרי' ורבי עקיבא דמפיק כל משרת להיתר מצטרף לאיסור ליתן טעם כעיקר שאסור מנא ליה ואמר מבשר וחלב שאין בחלב אלא טעם בשר וכן בבשר טעם חלב ואסירי כך כל התורה טעם כעיקר אסור ורבנן האי חדוש הוא דאי תרו לבשר כולי יומא בחלב שרי ואי מבשל להו בהדי הדדי אסירי ומאי שנא בישול משריה אלא חידוש הוא ור' עקיבא מהחידוש היכי גמר ואמרי' אלא רבי עקיבא מגיעולי נכרים גמר לכל התורה כולה דהא גיעולי נכרים טעמא בעלמא הוא וכתיב (במדבר ל"א כ"ג) כל דבר אשר יבא באש תעבירו באש ותניא דברים שמשתמש בהן על ידי האור כגון יורות וקומקמוסין ומחמי חמין מגעילן ושפודין ואסכלאות מלבנן כו' שמשתמש בכוס והכלן שנשתמש בהן עד שלא הטביל ולא הגעיל ולא ליבן אסור ואוקמנא למאן דתאני נותן טעם לפגם אסור. ורבנן בכל התורה כולה נותן טעם לפגם שרי דילפינן מנבלה דכתיב בה (דברים י"ד כ"א) תתננה ואכלה וכתיב בטריפה (שמות כ"ב ל') לכלב תשליכון אותו ודייקי' מינה אם נפגמה ונפסלה מלאכול הכלב פרחה ממנה תורת טומאת נבלה הכא נמי כיון דנתן טעם לפגם מותר והכא כתיב אסור אלא חידוש הוא והחידוש לא גמרינן ורבי עקיבא אומר אינו חידוש כרב חייא בריה דרב הונא דאמר לא אסרה תורה אלא קדרה בת יומה דנותן טעם לשבח הוא ורבנן אפילו קדרה בת יומה אי אפשר דלא פגמה פורתא וסוגיא בע"ז: ותוב אקשי' ורבי עקיבא למה לא למד לתורה כולה מינה נמי משרת להיתר מצטרף

[נ"ע סתרת]

נזיר [לד:] לג: שבועות כב:

חולין קח:

ע"ז סו: ע"ש איסכלא ר"ה בר' דרב חייא [ע"ז עו: נזיר לז: ע"ש]

הגהות הב"ח

(א) רש"י ד"ה חידוש הוא וכו' שאינו מצוי כה"ג בשאר:

§ מסכת פסחים דף מד: §

אות א' – ב'

ליתן טעם כעיקר

[א]נזיר ששרה פתו ביין ויש בו לצרף כדי כזית חייב

רמב"ם פ"ה מהל' נזירות ה"ה - וכן אם שרה פתו ביין, והיה הרביעית יין בכדי פרס מן הפת, ואכל כדי פרס, [ב]שנמצא שאכל רביעית יין, הרי זה לוקה; ועל זה וכיוצא בו נאמר בתורה: וכל משרת ענבים, לאסור דבר שנתערב בו היין וטעמו כטעם היין, והוא שיהיה טעמו וממשו כשאר איסורי מאכלות.

באר הגולה

א «לכאורה מביאו העין משפט כפי הדיחוי, דאיירי ביין לחודיה, דהא בודאי אינו פוסק כר"ע דהיתר מצטרף לאיסור» ב «רבינו ז"ל אזיל לטעמיה בפט"ו מהל' מ"א, דטעם כעיקר כשאין בו כדי אכילת פרס, הוי דרבנן, וזו היא מחלוקת בין רש"י ור"ת ז"ל, דלר"ת ז"ל טעם כעיקר הוי דאורייתא ולוקין עליו, כל זמן שאין בו ששים ונתן בו טעם – לחם משנה» «**ולהרמב"ם** מן התורה אינו אלא כשאוכל כזית בכדי אכילת פרס, וזהו שקורא הרמב"ם טעמו וממשו, כלומר ממשו של איסור ולא הטעם בלבד – ערוה"ש»

§ מסכת פסחים דף מה. §

אות א'

עד שיבלע בבשר

רמב"ם פ"ח מהל' מעשה הקרבנות הט"ז - בד"א כשנבלעה בו, אבל נגיעה בלא הבלעה אינה מקדשת; ואחד החטאת ואחד שאר קדשים, בין קדשים קלים בין חמורים, שנאמר: זאת התורה לעולה למנחה.

אות ב'

יקדש להיות כמוה, שאם פסולה היא תיפסל, ואם כשירה היא תאכל כחמור שבה

רמב"ם פ"ח מהל' מעשה הקרבנות הט"ו - נאמר בחטאת: כל אשר יגע בבשרה יקדש, להיות כמוה, אם פסולה היא, הנוגע בה פסול; ואם כשירה, הנוגע בה יאכל כמוה ובקדושתה.

אות ג' – ד'

לימד על איסורי נזיר שמצטרפים זה עם זה

איסור ואיסור בזה אחר זה

רמב"ם פ"ה מהל' נזירות ה"ג - כל איסורי גפן מצטרפין זה עם זה, כיצד, הרי שצירף ענבים לחים עם יבשים, או עם בוסר וחרצן וזג, ואכל מן התערובת כזית, לוקה; וכן אם אכלם זה אחר זה, עד שאכל מן הכל כזית, לוקה; וכן אם שתה רביעית תערובת יין וחומץ, לוקה.

אות ה' – ו'

בצק שבסידקי עריבה, אם יש כזית במקום אחד חייב לבער, ואם לאו בטל במיעוטו

דמתני לה אסיפא: ואם לאו בטל במיעוטו. אמר רב יהודה אמר שמואל לא שנו אלא במקום העשוי לחזק, אבל במקום שאין עשוי לחזק, חייב לבער; מכלל דכזית אפילו במקום העשוי לחזק חייב לבער

סימן תמב ס"ז - [א]**בצק שבסדקי עריבה, אם יש כזית במקום אחד חייב לבער** - ר"ל אף דבודאי מבטל ליה כשעשוי לחזק בו שברי העריבה, אפ"ה כיון דחשיב לא בטיל, [רש"י].

ואם לאו, אם היה עשוי לחזק בו שברי העריבה, או לסתום בו נקב - ואין חילוק בין אם היה זה בשולי העריבה, [ב]או למעלה בשפתה, [דהלא דעה זו היא דעת הרי"ף והרמב"ם, דפסקו כלישנא בתרא דרב יהודה אמר שמואל, ולא ס"ל כאביי דמחלק בין מקום לישה לשלא במקום לישה]. **בטל במיעוטו** - היינו אע"ג [ג]דאיכא פלגי זיתי טובא בשטח כל העריבה, כיון דאינן במקום אחד, בטל כל אחד במיעוטו לגבי הכלי, [**ואין** שייך לומר שהכלי מצרפו, כיון שהוא עשוי לחזק בטלין לגביה].

ואם לאו, חייב לבער - ודוקא כשיש בין הכל כזית, דאז הכלי מצרפו, אבל כשלא נשאר בין הכל כזית, א"צ לבערו, ואפי' אין עשוי לחזק, וכדמוכח בסי"א, **אכן** באמת יש מחלוקת בין הפוסקים בזה, דדעת הרבה פוסקים, [ד]דאפי' פחות מכזית צריך ביעור, **ודוקא** כשראוי לאכילה קצת, אבל אם היה מטונף קצת ופחות מכזית, א"צ לבער לכו"ע [מ"א].

באר הגולה

[א] **משנה שם דף מ"ה כלישנא בתרא דרב יהודה, הרי"ף והרמב"ם** ‹דתירוץ דאביי אתיא דלא כהלכתא, דאוקים כרשב"א, ואמרו שם דאין הלכה כרשב"א, ורב אשי לפרושי מילתא דאביי קא אתי, ולא לקבוע הלכה - גר"א› [ב] ‹דלהתוס' (ד"ה כאן) מקום העשוי לחזק, היינו את הכלי, בין במקום לישה ובין שלא במקום לישה עושין לחזק - ב"י› [ג] ‹כמ"ש רש"י ד"ה מכלל› [ד] ‹הט"ז כתב, דלטעם של הבדיקה דחמץ משום חומרא דבל יראה, זה אינו אלא בכזית, אבל לטעם דחיישינן שמא יבא לאכלו, א"כ אפילו פחות מכזית חייב, אפילו היכא דליכא בל יראה, מחומרת חכמים, וכמ"ש תוס' ריש פסחים - חק יעקב› ‹**וצ"ל** בהאי דסעיף ח' שהן דברי הש"ס, דמשמע דבלי צירוף חצי זית אין צריך ביעור, או כמו שכתב מ"א בשם הכסף משנה ורמ"ך {כמ"ש הש"ע שם}, כיון שדבוקים הוי כמו עשוי לחזק, או דס"ל כמו שכתב מ"א, דחצי זית ומטונף קצת אין צריך ביעור, ובקרקע ובכותלים הוי כמטונף קצת - מחה"ש›

משום דהוה נזיר וחטאת *שני כתובין הבאין כאחד ואין מלמדין נזיר הא דאמרן חטאת מאי היא *דתניא °כל אשר יגע בבשרה יקדש וגו' יכול אפילו לא בלעה ת"ל בבשרה (יקדש) *עד שיבלע בבשר יקדש *להיות כמוה שאם פסולה היא תיפסל ואם כשירה היא תאכל כחמור שבה ורבנן נמי ניהוי נזיר וחטאת שני כתובין הבאין כאחד ואין מלמדין אמרי הנהו מיצרך צריכי ור"ע מאי צריכי בשלמא אי כתב רחמנא בחטאת לא גמר נזיר מינה *דחולין מקדשים לא גמרינן אלא לכתוב רחמנא בנזיר ותיתי חטאת ותגמור מיניה דהא כל איסורין שבתורה קא גמר מנזיר ורבנן אמרי לך* מיצרך צריכי חטאת להיתר מצטרף לאיסור וחולין מקדשים לא גמר ומשרת ליתן טעם כעיקר ומכאן אתה דן לכל התורה כולה ור' עקיבא תרוייהו להיתר מצטרף לאיסור והוו להו שני כתובין הבאין כאחד וכל שני כתובין הבאין כאחד אין מלמדין א"ל רב אשי לרב כהנא אלא הא דתניא °מכל אשר יעשה מגפן היין מחרצנים ועד זג *לימד על איסורי נזיר שמצטרפים זה עם זה השתא לר"ע איסור והיתר מצטרפין איסור ואיסור מיבעיא אמר ליה איסור והיתר בבת אחת *איסור ואיסור בזה אחר זה:

מתני' *בצק שבסידקי עריבה אם יש כזית במקום אחד חייב לבער ואם (*לא) בטל במיעוטו וכן לענין הטומאה אם מקפיד עליו חוצץ ואם רוצה בקיומו הרי הוא כעריבה:

גמ' אמר רב יהודה אמר שמואל לא שנו אלא במקום שאין עשויין לחזק אבל במקום שעשויין לחזק אינו חייב לבער מכלל דפחות מכזית אפי' במקום שאין עשוי לחזק אינו חייב לבער איכא *דמתני לה אסיפא ואם לאו בטל במיעוטו אמר רב יהודה אמר שמואל לא שנו אלא במקום העשוי לחזק אבל במקום שאין עשוי לחזק חייב לבער מכלל דכזית אפילו במקום העשוי לחזק חייב לבער תניא כלישנא קמא תניא כלישנא בתרא תניא כלישנא קמא בצק שבסידקי עריבה במקום העשוי לחזק אינו חוצץ ואינו עובר ובמקום שאין עשוי לחזק חוצץ ועובר במה דברים אמורים בכזית אבל בפחות מכזית אפילו במקום שאין עשוי לחזק אינו חוצץ ואינו עובר ותניא כלישנא בתרא *בצק שבסידקי עריבה במקום העשוי לחזק

אינו

משום. דבדוכתא אחריתי נמי כתבה רחמנא ושני כתובין הבאין כו' אבל לרבנן דמוקי ליה לטעם כעיקר לא הוו שני כתובין הבאין כאחד כדמפרש לקמיה: **כל אשר יגע בבשרה.** בשר חולין או שלמים שזמן אכילתו מרובה מחטאת ונגע בחטאת יקדש כדמפרש להיות כמוה שאם פסולה היתה החטאת כגון פיגול תורה אור או פסול אחר תיפסל אף זו שבלעה ממנה ואם כשירה היא החטאת מכאן לבולעת הימנה לאסור באכילה אלא כחומר שבה כחומר החטאת שנבלעה בה לפנים מן הקלעים ולזכרי כהונה וליום ולילה אחד: **יכול אפילו לא בלעה.** הנוגעת בה ממנה קאמר רחמנא יקדש ת"ל כו': **כחמור.** הבולעת כחמור שבה שהרי יש בה ב' מינין אחד חמור ואחד קל וכולה הולכת אחר החמור אלמא היתר מצטרף לאיסור: **מיצרך צריכי.** תרווייהו כדמפרש לקמיה ולא הוו שני כתובין הבאין כאחד דחד מחבריה לא מצי יליף דנימא מהדר כתביה לאידך ולא ילפא מחבריה מ"מ דווקא הכי *) קאמר: **חולין.** לאחמיר לא גמרי מדין קדשים דדין קדשים להיות חמורין: ה"ג ורבנן אמרי לך מיצרך צריכי חטאת לשמעינן משום דהיתר מצטרף לאיסור (א)ולי נמי לא איבלע בכולה אי אכל חצי זית פיגול וחצי זית היתר בבת אחת ניגמור מינה דבקדשי' ניחייב ומיהו בשאר איסורין לא אמרינן הכי ואפילו בנזיר דחולין מקדשים לא גמרינן ומשרת לא לאגמורי היתר מצטרף לאיסור אתא בנזיר אלא ליתן טעם כעיקר דמגיעולי נכרים לא יליף דחידוש הוא ולאצטריך למכתביה בנזיר ומכאן אתה דן לכל התורה: **ור' עקיבא.** אית ליה גיעולי נכרים לאו חידוש הוא (ב) דלא מצריך קרא לטעם כעיקר הלכך לר"ע כיון דשמעת ליה דמפיק משרת להיתר מצטרף לאיסור על כרחיך תרווייהו הני להיתר מצטרף לאיסור אתו והוה ליה חטאת קרא יתירא דמצי למיגמר מנזיר והוו להו שני כתובין הבאין כאחד ומש"ה פשיטא ליה לרבי יוחנן דר"ע לא גמר שאר איסורין מנזיר דהא לא מצי דשני כתובין כינהו והא ליכא למימר משרת להיתר מצטרף לאיסור וחטאת לטעם כעיקר דגיעולי נכרים חידוש הוא ולא מצי גמר חטאת מינייהו ואין כאן שני כתובין דה"כ טעם כעיקר בשאר איסורין מנא ליה מגיעולי נכרים לא גמרינן מקדשים נמי לא גמרינן ורבנן דפליגי עליה דר"א בכותח הבבלי אלמא לית להו טעם כעיקר דאורייתא מפקי להאי משרת להיתר מצטרף לאיסור כר"ע ובגיעולי נכרים סבירא להו דחידוש הוא כרבנן והכי אמרינן נמי בכל הבשר דאיכא למאן דאמר טעמו ולא ממשו דרבנן: **לימד על איסורי נזיר כו'.** מדכיילינהו לחרצנים וזגין בחדא אכילה לימד שמצטרפין: **השתא לרבי עקיבא.** ל"ל דכתב רחמנא קרא להכי השתא איסור והיתר מצטרפין כו': **מתני' וכן לענין הטומאה.** מפרש בגמ': **גמ'** ה"ג ל"ש אלא במקום שאין עשוי לחזק אבל במקום העשוי לחזק אינו חייב לבער מכלל דפחות מכזית אפילו במקום שאין עשוי לחזק אינו חייב לבער ופירש לא שנו דכזית במקום אחד חייב לבער אלא שאין הסדקין בשולי עריבה מקום הלקת מים שיהא בצק זה מועיל לעריבה לחזק המים אלא בדפנותיהן מקום שאין עשוי לחזק אבל אם במקום העשוי לחזק הן בטלו לגבה והוו כעין דמסתמא בטלינהו האי גברא להתם ואפילו כזית אינו חייב לבער(ג): **מכלל דפחות מכזית כו'.** ותלמודא דייק ממילתא דשמואל דאוקמה למתני' במקום שאין עשוי לחזק וקתני מתני' בפחות מיכן בטל במיעוטו שמע מינה דפחות מכזית לא חשיב ואע"ג דאיכא בה פלגי זיתא טובא הואיל ולאו במקום אחד נינהו לא חשיבי: **ה"ג איכא דמתני לה אסיפא פחות מיכן בטל במיעוטו אמר רב יהודה אמר שמואל לא שנו אלא במקום העשוי לחזק אבל במקום שאין עשוי לחזק חייב לבער מכלל דכזית אפילו במקום העשוי לחזק חייב לבער.** ואע"ג דודאי מבטיל ליה אפילו הכי כיון דחשיב לא בטיל ולישנא בתרא חמיר מקמא:

אינו

משום דהוי נזיר וחטאת שני כתובין הבאין כאחד. תימה לרשב"א אמאי לא קאמר נזיר וחמץ דר"ע דריש כל בפ' התערובת (זבחים דף פב.): **ר"ח** גרס כחומר שבהן ומיירי בחטאת ושלמים ואם נבלע החטאת בשלמים שנשחטו אתמול נאכל כחומר השלמים ואינו נאכל בלילה ואם נבלע החטאת בשלמים שנשחטו היום נאכל כחומר החטאת ואינו נאכל למחר ולשון הברייתא קשה דאמר עד שיבלע בבשרה משמע דאיירי בהיתר שנבלע באיסור והדר קאמר יקדש להיות כמוה משמע שהאיסור נבלע בהיתר: **ורבנן** אמרי לך חטאת להיתר מצטרף לאיסור. אור"י דבנזיר בפ' ג' מינין (דף לז:) משמע נזיר וחטאת לרבנן תרווייהו לטעם כעיקר דקאמר התם לריכ' דאי כתב רחמנא חטאת חולין מקדשים לא גמרינן ואי כתב רחמנא נזיר חטאת מנזיר לא ילפינן דהחמיר איסוריה דאפילו חרצן אסיר ליה: **בשמעתין** משמע דטעם כעיקר דאורייתא דילפינן מנזיר דלאו אסמכתא היא דמדר"ע דאמר לקי אהיתר מצטרף לאיסור בנזיר נשמע לרבנן וקשה מפ' כל הבשר (חולין דף קח.) וממסכת ע"ג (דף סז:) ושם מפורש: *__כאן__ שלא במקום לישה. פ"ה דשלא במקום לישה עובר בפחות מכזית וקשה דאמר לקמן לא אמרן אלא בעריבה אבל בבית חייב לבער משום דזימנין (ד)דמיכנף ונפלי אהדדי ולפ"ה תיפוק ליה דפחות מכזית חייב לבער שלא במקום לישה ונראה לר"י דמקום העשוי לחזק היינו את הכלי בין במקום לישה ובין שלא במקום לישה עושין לחזק אך במקום לישה יש להחמיר יותר שיש לחוש שידבק מאותה עיסה לעיסה אחרת על ידי לישה או תבלע מן הטעם ולכך כזית במקום לישה אפילו עשוי לחזק עובר אף על גב דודאי מבטלו כיון דאיכא תרתי לריעותא כזית ובמקום לישה ופחות מכזית אפילו במקום לישה אי עשוי לחזק לא גזרו ביה רבנן דכיון שהוא דבר מועט יכול לשמור שלא ילוש עליו וכן כזית שלא במקום לישה אי עשוי לחזק אין עובר אבל פחות מכזית ושלא במקום לישה אפילו אין עשויה לחזק מותר:

סופת

עין משפט נר מצוה

יד א מיי' פ"ח מהל' מעשה הקרבנות הלכה טו:

טו ב שם הלכה טז:

טז ג ד מיי' פ"ה מהל' נזיר הלכה ג:

יז ה ו מיי' פ"ב מהל' חמץ הל' טו סמג עשין לט טוש"ע או"ח סי' תמב סעיף ז:

סייך לע"ב

רבינו חננאל

מצטרף לאיסור ומכאן אתה דן לכל התורה כלה ודחי' משום דהאי נזיר וחטאת שני כתובין הבאין כאחד ואין מלמדין נזיר הא דאמרן חטאת דתניא כל אשר יגע בבשרה יקדש יכול אע"פ שלא בלע ת"ל בבשרה עד שיבלע בבשרה יקדש להיות כמוה שאם פסולה היא תפסל ואם כשרה היא תאכל כחומר שבה פי' החטאת נאכלת ליום ולילה והשלמים לשני ימים ולילה אם ניתז*) (מדם) החטאת שנשחטה היום על חתיכת בשר שלמים שנשחטו מאתמול נאכל הבשר בתורת שלמים בו ביום בלבד אבל לא בלילה כבשר החטאת ואם נשחטו שניהם היום נאכל בתורת חטאת היום והלילה בלבד אבל לא למחר כשאר בשר שלמים הנה ההיתר נצטרף לאיסור וזהו פי' נאכל כחמור שבהן פעמים נאכל בתורת שלמים ופעמים נאכל בתורת חטאת כי השלמים שנשחטו מאתמול היום מותר ובלילה אסור באכילה והחטאת שנשחטה היום מותרת באכילה כל הלילה נמצאו השלמים בזה חמורין מן החטאת: ורבנן כי אמרי' שני כתובין הבאין כאחד היכא דתרוייהו חולין או תרוייהו קדשים נינהו אבל חד חולין והוא הנזיר וחד קדשים והוא חטאת מצרך צריכי ולא קרינן בהו שני כתובין הבאין כאחד ונדחו הדברים וחזר ואמרו חטאת להיתר מצטרף לאיסור ומשרת ליתן טעם כעיקר ומכאן אתה דן לכל התורה כלה איסור שבתורה **)בין בזה ובין בזה ור"ע תרגמה ליתן טעם כעיקר [גמרינן] מגיעולי נכרים חטאת ונזיר תרוייהו להיתר מצטרף לאיסור והוו להו שני כתובין הבאין כאחד ואין מלמדין ומקשי' רב אשי אליבא דרבי עקיבא הא דתניא מכל אשר יעשה מגפן היין מחרצנים ועד זג לימד על איסור נזיר כגון חצי זית חרצן וחצי זית זגין שמצטרפין זה עם זה השתא לרבי עקיבא חצי זית פת שהוא היתר וחצי זית יין מצטרפי חרצן [וזג] ששניהן אסורין לנזיר מיבעיא ושני' פת ויין ביחד אבל זה בעצמו וזה בעצמו לא מצטרפי חרצן וזג אפילו בזה אחר זה מצטרפי: מתני' בצק שבסדיקי ערבה אם יש כזית במקום אחד ***)במקום שיש בו סדק או נקב ונתן זה הבצק לסתמו שנמצא עושה מלאכה ובטל אע"פ שהוא כזית ש"מ דפחות מכזית אפילו במקום שאין עשוי לחזק אינו חייב לבער: ואיכא דמתני לה לדרב יהודה אסיפא דקתני ואם לאו בטל במיעוטו ודייקינן לא שנו פחות מכזית בטל אלא במקום שעשוי

*) נראה דצ"ל מרוטב החטאת. **) נראה דר"ל דאמר לכל סתירה כולה כוונתו בין בקדשים בין בחולין אבל עדיין לשונו צריך ביאור וכנכס. ***) נראה דחסר כאן ואולי צ"ל כזית במקום אחד במקום שאינו עשוי לחזק אבל במקום וכו' מלאכה בבצק בטל אע"פ כו'.

[לעיל כו' וש"נ] · מיר לז: זבחים צז: · שם חולין נט. · [שבועות כו:] · [נזיר לז: ע"ש] · נ"ע סני · [נ"ל לאו] · [תוספ' פ"ג]

הגהות הב"ח

(א) רש"י ד"ה ה"ג ורבנן וכו' לאיסור דאי נמי: (ב) ד"ה ורבי עקיבא וכו' ולא מלריך: (ג) ד"ה ה"ג לא ש"ל וד"ה מכלל הד"א: (ד) תוספות ד"ה כאן וכו' דזימנין דמיכנף ונפלי:

עין משפט נר מצוה

יח א מיי' שם הל' ט' טוש"ע שם סעיף יא:

יט ב ג ד מיי' שם הל' טו טוש"ע שם סעיף ח:

כ ה שם סעי' ט וסעיף ט:

כא ו מיי' פ"ב מהל' טומאת אוכלין הלכה יט:

כב ז ח מיי' פ"ד מהל' חמץ הל' ט סמג עשין לט טוש"ע א"ח סי' תמב סעיף ט:

[וע"ע תוספות סנהדרין סח: ד"ה נתמך]

כג ט מיי' פ"ח מהל' מקוואות הלכה יב סמג עשין רמח:

אינו חוצץ ואינו עובר במקום שאין עשוי לחוק חוצץ ועובר במה דברים אמורים בפחות מכזית אבל בכזית אפילו במקום העשוי לחוק חוצץ ועובר קשיין אהדדי אמר רב הונא סמי קילתא מקמי חמירתא *רב יוסף אמר תנאי היא שקלת מעלמא תנאי היא דתניא הפת שעיפשה חייב לבער מפני שראוי לשחקה ולחמע בה כמה עיסות אחרות רבי שמעון בן אלעזר אומר במה דברים אמורים במקויימת לאכילה אבל *כופת שאור שייחדה לישיבה בטלה מדאמר ר' שמעון בן אלעזר בטלה מכלל דתנא קמא סבר לא בטלה אלמא קסבר כל כזית אע"ג דמבטל לא בטיל אמר ליה אביי תרצת בכזית פחות מכזית מי תרצת אלא הא והא ר' שמעון בן אלעזר היא ולא קשיא הא במקום לישה הא שלא במקום לישה אמר רב אשי לא תימא שלא במקום לישה אגבה דאגנא אלא אשיפתא דאגנא פשיטא מהו דתימא זמנא דאטיף ומטי להתם קא משמע לן א"ר נחמן אמר רב הלכה כר' שמעון בן אלעזר איני והאמר רב יצחק בר אשי אמר רב *אם טח פניה בטיט בטלה טח אין לא טח לא מאן דמתני הא לא מתני הא איכא דאמרי אמר רב נחמן אמר רב אין הלכה כר' שמעון בן אלעזר דאמר רב יצחק בר אשי אמר רב אם טח פניה בטיט בטלה וכו' אמר רב נחמן אמר שמואל *בשני חצאי זיתים וחוט של בצק ביניהן רואין כל שאילו ינטל החוט וניטלין עמו חייב לבער ואם לאו אינו חייב לבער אמר עולא *לא אמרן אלא בעריבה אבל בבית חייב לבער מאי טעמא זימנין דכניש להו ונפלי גבי הדדי אמר עולא *בעו במערבא בית ועלייה מהו בית ואכסדרא מהו שני בתים זה לפנים מזה מהו תיקו *ת"ר *הפת שעיפשה ונפסלה מלאכול לאדם והכלב יכול לאוכלה מטמאה טומאת אוכלין בכביצה ונשרפת עם הטמאה בפסח משום ר' נתן אמרו אינה מטמאה כמאן אזלא הא דתנן *כלל אמרו בטהרות כל המיוחד לאוכל אדם טמא עד שיפסל מלאכול לכלב כמאן דלא כר' נתן תנו רבנן *עריבת העבדנין שנתן לתוכה קמח תוך שלשה ימים חייב לבער קודם שלשה ימים אינו חייב לבער אמר ר' נתן במה דברים אמורים שלא נתן לתוכה עורות אבל נתן לתוכה עורות אפילו תוך שלשה אין חייב לבער אמר רבא *הלכה כר' נתן אפילו יום אחד ואפילו שעה אחת: וכן *לענין טומאה אם מקפיד עליו חוצץ ואם רוצה בקיומו הרי הוא כעריבה: מי דמי התם בשיעורא תליא מילתא הכא בקפידא תליא מילתא אמר רב יהודה אימא ולענין הטומאה אינו כן א"ל אביי הא וכן לענין טומאה קתני אלא אמר אביי הכי קאמר וכן לענין

כופת שאור שיחדה לישיבה בטלה. אע"פ שראוי לאכילה כיון שאין מקיימין אותו לאכילה בטלה כמו לענין טומאה דאמרינן בהעור והרוטב (חולין דף קכט:) דבטלה אע"פ שראוי לאכילה כדאמרינן התם בית שסיככו בזרעים טהרו וטומאתו לאו דאורייתא דאי דאורייתא א"כ מליט אוכלים דמטמאי טומאה חמורה ומשני כששימש מעשה עץ שימש משמע דמיירי בראוי לאכילה ונראה לר"י דכי היכי דפליגי לענין טומאה בפרק במה בהמה (שבת דף נב:) דרבנן סברי דכל הכלים עולין מטומאתם בשינוי מעשה ורבי יהודה סבר דלא אמרינן שינוי מעשה לתקן אלא לקלקל הכי נמי פליגי גבי *חמץ: לגבל

אינו חוצץ. אם נטמאת ובא להטבילה דבטיל לגבי עריבה: **ואינו עובר**. לענין חמץ בפסח: **במה דברים אמורים**. דבמקום שאין עשוי לחוק עובר בכזית והיינו כלישנא קמא דאוקמה למתני' בשאין עשוי לחוק קתני בה נמי הכי דבכזית עובר ובפחות מכזית בטל אבל אי עשוי לחוק אפילו כזית בטל: **קילתא מקמי חמירתא**. קמייתא דאינה משנה: רב יוסף אמר תרוייהו איתנו בי מדרשא ומשנה הן ותנאי נינהו ופליגי בהכי: **תנאי שקלת לך מעלמא**. דלא משכחת תנאי דפליגי בהכי דקאמרת סמי דאינה משנה: **כופת**. מטו"ן: שייחדה לישיבה גרסינן וטפת שם דבר הוא ובסדר טהרות טובא איכא טופת של עץ וטופת של אבן: **בטלה**. אלמא איכא דסבירא ליה אפי' כזית מהי מבטיל לה בטל ומתני' קמייתא דקתני נמי במקום העשוי לחוק אפילו כזית בטל רבי שמעון בן אלעזר היא דכיון דאינה מקויימת לאכילה בטלה: **תרצת כזית**. שבמקום העשוי לחוק דר"ש היא: **פחות מכזית**. במקום שאין עשוי לחוק דקשו נמי אהדדי דקמייתא תני אף במקום שאין עשוי לחוק אין חייב לבער ובתרייתא תני חייב במקום שאין עשוי לחוק מי קא תרצת הא לא שמעינן ליה לרבי שמעון דמיקל אלא בשאינה מקויימת לאכילה אבל במקויימת לאכילה לא שמעינן דשני ליה בין כזית לפחות מכזית: **אלא הא והא רבי שמעון בן אלעזר ולא קשיא כאן במקום לישה כאן שלא במקום לישה**. מתניתין בתרייתא לא קרי מקום שאין עשוי לחוק אלא מקום שאינו מקום לישה כלל כגון שפה העליונה אבל דפנות קרי מקום העשוי לחוק וקמייתא קרי אף דפנות מקום שאין עשוי לחוק ואף על גב דבמקום לישה הוא ומקום העשוי לחוק קרי שוליים והכי קאמר תנא קמא במקום העשוי לחוק כגון שוליים שמקבלין את המים אפילו כזית אינו עובר מקום שאינו עשוי לחוק מים כגון דפנות דמקום לישה הוא ולאו מקום מים חוצץ ועובר ופחות מכזית אפילו בדפנות נמי אינו חוצץ דכיון דמהני פורתא לחוק עיסה כשמשפשפין ולשין שם בטיל ובשלא במקום לישה כגון שפה עליונה לא איירי האי תנא מידי ומודה הוא בה דאפילו פחות מכזית לא בטיל ביה ותנא בתרא הכי קאמר מקום העשוי לחוק עיסה כגון דפנות אינו חוצץ בפחות מכזית והכי נמי אמרן בקמייתא מקום שאין עשוי לחוק כגון שפה העליונה חוצץ ואף על גב דליכא כזית והכי נמי אמרן בקמייתא וכזית אפילו בדפנות חוצץ והכי נמי תניא בקמייתא: **לא תימא שלא במקום לישה**. דאמרן ביה דאפילו בציר מכזית חוצץ הייני גבה דאגנא מבחוץ אבל שיפתא דאגנא קרי מקום לישה ובטיל ביה פחות מכזית: **אלא שיפתא דאגנא**. נמי קרי שלא מקום לישה ולא בטיל ביה בציר מכזית: כללא דתרוייהו תנאי שפה עליונה אפילו פחות מכזית עובר שוליים אפילו כזית אינו עובר דפנות כזית אינו עובר פחות מכזית אינו עובר: **זימנין דאטיף**. פעמים שהיא לפה על שפה עליונה והוי מקום לישה: **כרבי שמעון בן אלעזר**. דכיון דבטלה בטלה ואפילו טובא: **טח פניה**. של טופת שאור לתקנה לישיבה: **מאן דמתני הא**. משמיה דרב לא מתני הא ואמוראי נינהו ואליבא דרב: **שני חצאי זיתים**. בסידקי העריבה: **חייב לבער**. דחוט מצרפן והוי כזית במקום אחד ובדפנות קאי: **לא אמרן**. דאם אין ניטלין עמו אינו חייב לבער אלא בעריבה דקביעי בה: **אבל בבית**. אפילו שני חצאי זיתים שאין חוט מצרפן חייב לבער: **זימנין דכניש להו**. מכבד הבית ונפלי אהדדי: **בית ועלייה**. חצי זית בבית וחצי זית בעלייה מי חיישינן לכנושי דילמא כניש להו ומחברן או לא אם תמצא לומר בית ועלייה לא חיישינן דהא לא מקרי דאי נפול נהוי מכוון כנגד התחתון בית ואכסדרה מהו ואם תמצא לומר בית ואכסדרה שדרך האכסדרה נכנסים ויוצאין לבית תמיד ואין מחיצות שלימות חוללות ביניהם שיש חלונות ופתחים לאכסדרה הרבה מכל צד והוי כחד ביתא וחיישינן דכניש ליכודי בית ואכסדרה: **שני בתים זה לפנים מזה**. ונכנסין לפנימי דרך החיצון אבל אין תשמישן שוה תדיר מזה לזה כבית ואכסדרה מהו מי חיישינן דכניש ליכודי בית זה בזה או לא: ונפסלה מלאכול לאדם ונתקלקלה בעיפושה ממאכל אדם: **מטמאה טומאת אוכלין**. דכל זמן שהיא ראויה לכלב לא פקע תורת אוכל מינה: **ונשרפת עם הטמאה בפסח**. אם תרומה טהורה היא דכיון דלא חזיא לאדם מותר לטמאה בידים ואפילו לרבי יוסי דאמר בפרק קמא (דף יד:) זו לטמאה וזו לעצמה: המיוחד לאוכל אדם ואל עליו שם אוכל טמא לעולם ואפילו נתקלקל מאכילת אדם עד שיפסל מאכילת כלב: **העבדנין**. שמתקנין בה עורות לעבד ומתקנין שם קמח: **תוך שלשה ימים**. לפסח נתן קמח לתוכה עדיין שם חמץ עליה וכשבא הפסח חייב לבער ואפילו היו בה עורות: **קודם שלשה ימים**. כבר נתקלקלה ע"י ריח הכלי ואף על פי שלא נתן לתוכה עורות: **רבי נתן אומר**. לא נתן לתוכה עורות מודינא לך דתוך שלשה ימים חייב לבער ולאחר שלשה ימים לא שנתקלקלה מריח הכלי אבל נתן לתוכה עורות בקמח בימלה מתורת חמץ: **אם מקפיד עליו**. שעתיד ליטלו חוצץ ואין טבילה עולה לה: **בקיומו**. שיתקיים בסדקיו לסתום: **מי דמי**. דקתני וכן התם גבי פסח בשיעורא בכזית ופחות מכזית תליא מילתא והכא תליא מילתא בקפידא לא שנא פורתא ולא שנא טובא: לענין

רבינו חננאל

שעשוי לחוק שנעשה כעץ אבל כזית אפילו במקום העשוי לחוק אסור וחייב לבער וכן במקום שאין עשוי לחוק אפי' כל שהוא אסור. תניא כלישנא קמא תניא כלישנא בתרא קשיין אהדדי אמר רב הונא סמי קמייתא דקילתא היא מקמי בתרייתא דהויא חמירתא ורב יוסף אמר תנאי היא דתניא פת שעפשה חייב לבער מפני שיכול לשוחקה ולחמץ בה כמה עיסות אחרות ר' שמעון בן אלעזר אומר בד"א במקויימת לאכילה אבל כופת שאור וייחדה לישיבה בטלה מכלל דת"ק סבר כל זית כזית אע"ג דמבטל ליה לא בטל *) דת"ק סבר כל כזית דתניא כלישנא קמא. אמר ליה אביי לרב יוסף שנית כזית פחות מכזית מאי אלא הא והא ר' שמעון הא דתניא כזית במקום העשוי לחוק חוצץ ועובר במקום לישה אבל פחות מכזית לא והתניא כזית במקום העשוי לחוק אינו חוצץ ואינו עובר שלא במקום לישה וכל שכן פחות מכזית שאפי' במקום שאין עשוי לחוק אינו עובר: **אמר** רב אשי לא תימא שלא במקום לישה אחורי אגנא כגון ספל שלשין בה אלא אלא על שפת אגנא הוא שלא במקום לישה ומדחזי' רב אשי דפשיט שנויא דאביי ש"מ דהילכתא כותיה: **אמרי** משמיה דרב הלכה כר' שמעון בכופת שאור והוא דטח פניה בטיט: **שני** חצאי זיתים חמץ וחוט של בצק ביניהן רואין כל שאלו ינטל החוט ניטלין עמו כלומר חוט זה עב וחזק הוא חייב לבער מוקמינן לה [דמיירי] במקום העשוי לחוק (אפילו) ובמקום לישה דפחות מכזית אינו עובר אבל כזית עובר ואם החוט מצרפן נמצא כזית במקום אחד וחייב. אמר עולא לא אמרו אם ניטלין עם החוט אלא בעריבה אבל בבית אפי' אין ביניהם חוט חייב לבער מאי טעמא זמנין דכניש ונפלי אהדדי והוו להו כזית במקום אחד: **איבעי'** להו בית ועליית בית ואכסדרה שני בתים זה לפנים מזה ועלו בתיקו וכל תיקו דאיסורא לחומרא: **ת"ר** פת שעפשה ונפסלה מלאכול אדם והכלב יכול לאכלה מטמאה טמאת אוכלין בכביצה ונשרפת עם הטמאה בפסח. משום רבי נתן אמרו אין מטמאה וקיימא לן כת"ק דתנן כותיה' כלל אמרו (בנותרות) [בטהרות] כל המיוחד לאכל אדם טמא עד שיפסל מלאכול הכלב: **ת"ר** עריבת העבדנין שנתן לתוכה קמח בשנים עשר או בשלשה עשר לניסן חייב לבער באחד עשר אין חייב לבער וכ"ש מקדם בד"א שלא נתן לתוכו עורות אבל נתן לתוכו עורות אפי' שעה אחת אינו חייב לבער וכן הלכה: **תוספתא** הקילור והאספלנית והרטיה שנתן לתוכן קמח אין צריך לבער מלוגמא שנסרחה אין צריך לבער: **וכן** לענין הטומאה אם בצק זה שבעריבה מקפיד עליו לקלפו חוצץ ולא עלתה לו טבילה ואם רוצה בקיומו כדי להיות הסדק סתום הרי הוא כעריבה ואינו חוצץ ואקשינן וכן לענין הטומאה מכלל שדין זה כדין זה והא בפסח בשיעור כזית חייב ובטומאה בקפידא תליא מילתא ואינו דומה זה לזה ואמר אביי וכן לענין צירוף

*) נראה דצ"ל רשב"א כלישנא בתרא ות"ק דסבר דכל כזית לא בטיל היינו כלישנא קמא.

מסורת הש"ס: [שבת נ. עירובין לז: כלים פ"ד סנהדרין סח.] [חולין קכט:] [תוספתא פ"ג] [לעיל טו:] [טהרות פ"ח מ"ו] [כריתות כא:] [תוספ' פ"ג]

§ מסכת פסחים דף מה: §

אות א'

אם טח פניה בטיט בטלה

סימן תמב סי"א - [א]עריבות שלשין בהן חמץ, אין לסמוך על מה שרוחצים אותן בחמין ומנקרין החמץ מהן; כי אי אפשר לנקרן שלא ישאר בהן בין הכל כזית, והכלי מצרפו - לא מיירי לענין להגעילן ולהשתמש בהן בפסח, דבזה א"צ לצירוף כזית, דהא אפילו ישאר משהו אסור, **אלא** מיירי לענין להצניען.

"**ואי** אפשר" לאו דוקא, אלא ר"ל דברוב הפעמים לא יוכל לנקרן כראוי, ולכן יש להחמיר משום חומרא דחמץ בכל גווני.

וצריך ליתנן במתנה לא"י עד לאחר הפסח - לא שיאמר לנכרי כן, אלא יתנם לו במתנה גמורה, אלא שאחר הפסח יכול לחזור וליטלם ממנו, **או לטוחן בטיט.**

וכתבו האחרונים, דהכא מיירי בעריבות העשויות מנסרים גדולים שלשין בהם פת, שיש חריצין בין נסר לנסר ומצוי שם חמץ, **אבל** עריבות קטנות העשויות מחתיכה אחת, ואין בהם שום סדק, פשיטא דיוכל לנקרן כדי להצניען, [**ויש** לסמוך ע"ז, אחר שעיקר הדין דסעיף זה אינו אלא מצד חומרא], **אבל** לא להשתמש בהן בפסח, [שא"א לגוררן ולנקותן יפה יפה, שלא ישאר משהו חמץ באיזה סדק שאינו נראה לעין], **ואם** עבר ולש בהם בפסח אחר הגעלה, מותר.

[ב]וה"ה לבצק שבכלי נסרים שאינו יכול להוציאו - וכתב מהרי"ל, דכן המנהג בדפי מולייתא, ועצים מגלגלין, וכל הכלים ששמשו בם עיסה, לטוחן בטיט, או למכור לנכרי, **ולפי** מה שכתבו האחרונים הנ"ל, אם עשויות מחתיכה אחת, די כשמנקרן היטב, ומצניען במקום צנוע.

הגה: וטוב לעשות כן בכלים שמניחים בהם קמח כל השנה (מהרי"ו) - דשמא יש עליהם חשש חימוץ, ונכנסו בין הסדקים, **וכן בכלים שמניחים בהם פת כל השנה** - היינו סלים של ענפי נצרים, שיש בהם גומות, וא"א לנקרן, **ויש** להטמינם בחדר שאינו רגיל לילך שם, [מ"א, **והנה** הפמ"ג מפרש, דבזה לחוד סגי אחר שינקר היטב, היינו בכלים אלו שהוא רק חשש פירור בעלמא שימצא בו, משא"כ בעריבות דיש חשש לצירוף כזית שם, שאינו מועיל הטמנה לבד, **אבל** מדברי הח"י משמע, דתרוייהו בעי', «להטמינם, ולטוחן בטיט או למוכרן לנכרי».

ומפה שביתה מונחת על שק קמח, לא מהני לה ניעור, וצריכה כבוס - היינו כיבוס יפה, בחמין ואפר וחביטה, **כדי להשתמש עליה בפסח (מהרי"ל).**

[ג]סימן תמב ס"ט - חמץ שנתעפש קודם זמן איסורו ונפסל מאכילת הכלב, או ששרפו באש (קודם זמנו) ונחרך עד שאינו ראוי לכלב, או שייחדו לישיבה וטח אותו בטיט - שהיה לו גוש עבה של חמץ, בין עיסה קשה ובין פת, וייחדו לישיבה קודם פסח, **ואף** דבדעתיה סילקו מתורת אוכל ובטלו רק לזה, אפ"ה כל זמן שלא טח בטיט לא מהני ביטולו, **וטח** בטיט לחודיה לא מהני, כל זמן שלא ייחדו לישיבה, [**בגמרא** איתא, כופת שאור שיחדו לישיבה, ובגמרא איתא בשם רב, טח פניה בטיט, ופירש רש"י לתקנה לישיבה, ומשמע מזה דתרתי בעינן, יחוד לישיבה וגם טח פניה בשביל זה, וטח פניה לחוד לא מהני]

ובזה מהני אפילו לא נפסל החמץ מאכילה, והטעם, משום דבטליה עי"ז משם אוכל, [**ואע"ג** דבעלמא אפי' ביטלו בהדיא וחשביה לעפרא לא מהני מדרבנן, **התם** משום דלמא אתי למיכל, הכא לא שייך זה, דהא ייחדו לישיבה, וגם מאיס].

והנה מלשון המחבר משמע, דצריך לטוח אותו מכל צד, אבל בגמרא איתא: וטח פניה בטיט, [וברש"י איתא שם, שטח פניה לתקנה לישיבה, משמע דרק למעלה במקום המושב], **ואולי** דמפרש פניה, היינו פני הפיכת שאור מכל צד.

מותר לקיימו בפסח - וה"ה דמותר בהנאה, אבל באכילה אסור מדרבנן עד אחר הפסח, **ואע"ג** דאכילה שאינה ראויה היא, דהא נפסל לכל, מ"מ כיון שהוא רוצה לאכול, אסור, דהא אחשביה. «ומה דאסור מדרבנן בלבד», [זה רק בחמץ שנתעפש או ששרפו, ולא על שיחדו לישיבה, דהחמץ שבפנים של הכופת הלא ראוי עדיין לאכילה, ורק לענין ביעור פטרוהו משום שביטלו]. **ודוקא** בזה דאחשביה, אבל אם נפל ממילא, חמץ זה שנפסל מאכילת כלב, לתוך המאכל, אפילו רק ברובו, אין לאסור לאכול אותו המאכל, דהא חמץ זה הוא כעפרא בעלמא.

ואלמוד"י שעושין משומן דגים עם לחם קלוי קודם הפסח, אם ידוע לו שהלחם היה קלוי כ"כ, עד שאינו ראוי לאכילת כלב, מותר לקיימו בפסח, ולמכור לעכו"ם, אבל אסור לאכלה, **ואם** אינו ידוע לו, אסור אף לקיימו וליהנות ממנו.

אות ב' - ג' - ד'

שני חצאי זיתים וחוט של בצק ביניהן, רואין כל שאילו ינטל החוט וניטלין עמו, חייב לבער; ואם לאו אינו חייב לבער

לא אמרן אלא בעריבה, אבל בבית חייב לבער, מאי טעמא, דזימנין דכניש להו ונפלי גבי הדדי

בעו במערבא בית ועלייה מהו, בית ואכסדרא מהו, שני בתים זה לפנים מזה מהו, תיקו

סימן תמב ס"ח - [ד]היו בו שני חצאי זיתים בב' מקומות וחוט של בצק ביניהם, רואים כל שאלו ינטל החוט ניטלין

באר הגולה

א טור בשם רבי יחיאל מפריש | ב רוקח | ג «ע"פ הב"י והגר"א» | ד שם מימרא דשמואל

עמו - דהיה החוט עב, וע"כ הוא מצרפן, **חייב לבער** - דהוי כזית במקום אחד, ולכן אינו מועיל אפילו היה עשוי לחזק, [רש"י. **ופשוט** דבזה אפי' אין בהם כזית בשלימות כי אם ע"י צירוף החוט, ג"כ חייב לבער].

ואם לאו, אינו צריך לבער - ודוקא בשהיו במקום העשוי לחזק העריבה, דאל"ה הכלי מצרפן.

בד"א בעריבה, אבל בבית אף על פי שאם ינטל החוט אין ניטלין עמו, חייב לבער, מפני שפעמים מקבץ אותם - בעת שמכבד הבית והוי במקום אחד, [**ואף** דבבית אינו עשוי לחזק, אפ"ה אי לאו טעמא שע"י כיבוד מתקבץ, לא היה חייב לבער, **דכל** חצי זית עומד בפני עצמו בבית, וליכא טעמא דצירוף, כמו לעיל גבי כלי שהכלי מצרפן].

[ה]**היה חצי זית בבית וחצי זית בעלייה, חצי זית בבית וחצי זית באכסדרה, חצי זית בבית זה וחצי זית בבית שלפנים ממנו,** [ו]**הואיל ואלו החצאי זיתים דבוקים בכותלים או בקורות או בקרקעות** - ר"ל דבוקים בגומות שיש בהן כדי להשוותן, **אינו חייב לבער** - דהוי כמו עשוי לחזק, דמבואר בס"ז דבזה אינו חייב לבער, אא"כ יש כזית במקום אחד.

אלא מבטלו בלבו ודיו - דזהו בעיא בגמרא אם מצטרפין, ולכן כיון שביטל אח"כ הו"ל ספיקא דרבנן וא"צ לבדוק.

הואיל... דבוקים - ‹אבל כשאין דבוקים חייב לבער›, **וי"א** דאפי' אין דבוקים א"צ לבער, כיון דהוי פחות מכזית כל אחד ואחד במקומו, ולא חיישינן בזה שיתקבצו במקום א', **ומ"מ** ביטול צריך לכו"ע [כשאין דבוקים]. ואם לא ביטל קודם זמן איסורו, צריך לבער אח"כ, [**ודברי** המחבר מגומגם קצת, דבסי"א העתיק שיטת הר"י מפריו"ש, דהטעם הוא משום צירוף כלי, וממילא דבבית דלא שייך צירוף, אפי' אינן דבוקין א"צ לבער, וצ"ע].

אות ה'

הפת שעיפשה ונפסלה מלאכול לאדם והכלב יכול לאוכלה, מטמאה טומאת אוכלין בכביצה, ונשרפת עם הטמאה בפסח

סימן תמב ס"ב - [ז]**הפת עצמה שעיפשה** [ח]**ונפסלה מלאכול הכלב** - דאז אינו חייב בביעור, דהוי כעפרא בעלמא, **אבל** אם לא נפסל מאכילת כלב, אף שלאדם נתקלקל ואינו ראוי, מ"מ עדיין חייב לבער כחמץ גמור, מפני שראוי לחמע בה עיסות אחרות, [**ומשמע** ממ"א דהוא דאורייתא, ובאופן זה שראוי לחמע עיסות אחרות, משמע שגם הפמ"ג מודה דהוא דאורייתא].

ודוקא שעיפשה קודם זמן איסורו, דאם עיפשה אחר זמן איסורו, אף שעיפשה כ"כ עד שאינו ראוי לכלב, מ"מ חייב לבער, כיון שנתחייב בה קודם שנתעפשה, [**ועיין** בפמ"ג שכתב, שי"ל שהוא רק מדרבנן, ודעת הגר"ז דהוא מן התורה, **ועיין** במקו"ח שכתב, דדוקא אם נתעפשה בפסח גופא, אבל קודם פסח, אף שהוא לאחר שש, מותר לקיימן, ומותר ליהנות לאחר פסח].

ומלוגמא - היינו תחבושת עשויה מקמח ותאנים וכיוצא בהם, שאדם לועס ונותן ע"ג המכה, **שנסרחה, אינו חייב לבער** - והיינו נמי דוקא שנסרחה מאכילת כלב כמו בפת, **ואם** החמיצה ולבסוף נסרחה, אינו מותר לקיימה אלא כשנסרחה קודם פסח, כנ"ל גבי פת, **ואם** נסרחה קודם שהחמיצה, אפילו בפסח שרי, דכיון שנפסדה קודם שנתחמצה, הו"ל כפת שנתעפש קודם זמן איסור, [**והיינו** כשנסרחה גם מאכילת כלב, **ואם** נפסלה מאכילת אדם לבד, עיין בפמ"ג שמצדד לענין פת שנתקלקל בעוד שהיה עיסה ונפסל מאדם, דהוא רק נוקשה, כיון שבשעת חימוץ לא היה ראוי מעולם לאכילת אדם, **ובמלוגמא** שהוא רק ע"י תערובות, באופן זה אפשר דלגמרי שרי, וצ"ע].

סימן תמב ס"ט - [ט]**חמץ שנתעפש קודם זמן איסורו, ונפסל מאכילת הכלב** - ר"ל שנפסל מאכילת כלב קודם זמן איסורו, [דעפרא בעלמא הוא לא אמרינן, אא"כ אינו ראוי לאכילת כלב], דאם קודם פסח לא נתקלקל רק מאכילת אדם, ובתוך הפסח נתקלקל ביותר, עד שאינו ראוי לאכילת כלב, היה חייב לבער, כיון שבשעה שהגיע זמן חיוב הביעור, היה ראוי עדיין לאכילת כלב.

(**ואע"ג דבשאר איסורים, כל שאינו ראוי לאכילת אדם מותר, שאני חמץ, שאפילו אינו ראוי לאכילת אדם, ראוי לחמץ בו עיסות אחרות**).

(**דע דדעת הראב"ד, דבשאור חייב לבער אפילו אם נתעפש עד שנפסל מאכילת כלב, ולדעת הרמב"ם אין לחלק בזה, ועיין במ"מ וכ"מ שהכריעו להלכה כדעת הרמב"ם, וכן העתיק המ"א, ועיין בפר"ח והגר"א שהביאו סעד לדברי הראב"ד מתוספתא דביצה פ"א, דאיתא שם דשאור נקרא משיפסל לאכילת כלב, והפר"ח הכריע מכח זה דהלכה כהראב"ד, והנה לכאורה הוא תמיה גדולה על הרמב"ם מתוספתא זו, אכן לענ"ד י"ל דס"ל להרמב"ם וכל העומדים בשיטתו, כמו שכתב הכ"מ שם, דאף דחייבה התורה לשאור אף שנפסל מאכילת כלב, היינו כשנפסל מחמת חימוצו, שנתחמץ כ"כ עד שאינו ראוי לאכילה אף לכלב, דמשום זה לא נחשב כעפר, דהוי כדבר חמץ ששפכו בתוכו דבר חריף ביותר, ואינו יכול לאכול מחמת חריפותו, דעבור זה לא יבטל ממנו שם אוכל, אבל אם השאור נתקלקל כ"כ, עד שאינו ראוי לכלב מחמת עיפושו, שאף אם לא היה נחמץ כ"כ ג"כ לא היה ראוי לכלב מחמת שנתעפש ונפסד, שפיר י"ל דזהו נחשב כעפר, דמה לי אם החמץ נעשה עפר, או השאור נעשה עפר, וביותר מזה מצאתי בכ"מ שכתב, דאף לדעת הראב"ד, אם נפסל השאור מאכילת כלב, פטור על אכילתו, ואינו חייב רק בביעורו, משום דראוי לחמע בה עיסות אחרות, והנה הפמ"ג נשאר בצ"ע על דבריו מתוספתא

באר הגולה

[ה] בעיא שם ולא נפשטא [ו] רמב"ם וטור בשם בעל העיטור ואביו הרא"ש [ז] ברייתא שם דף מ"ה ‹וכתב הרי"ף, הא אם נפסלה מלאכול לכלב אינה צריכה שריפה - ב"י› [ח] תוס' שם ‹וכתבו התוס' (כא: ד"ה חרכו) וכגון שנפסל מלאכול לכלב, דבענין אחד לא הוה שרי, דומיא דפת שעיפשה - ב"י› ושאר פוסקים [ט] ברייתא שם

הנ"ל, ולפי דברינו הנ"ל ניחא, דהיכא דאינו ראוי לכלב מחמת עפושו, לא חייבתו התורה וכנ"ל, ורק לענין ביעור, ס"ל להראב"ד דחייב.

י'או ששרפו באש (קודם זמנו) ונחרך עד שאינו ראוי לכלב - לאפוקי לאחר זמנו, לא נפקע איסורו עד דשריף ליה לגמרי.

או שייחדו לישיבה וטח אותו בטיט, מותר לקיימו בפסח.

אות ו'

כלל אמרו בטהרות, כל המיוחד לאוכל אדם, טמא עד שיפסל מלאכול לכלב

רמב"ם פ"ב מהל' טומאת אוכלין הי"ד - כל אוכל שנפסד ונסרח עד שאינו ראוי למאכל אדם, אינו מקבל טומאה, וכן משקה שנסרח ונפסד ואינו ראוי לשתיית אדם, אינו מקבל טומאה, כדרך שאינו מכשיר, שנאמר: אשר ישתה. השגת הראב"ד: כל אוכל שנפסד. א"א מי שלמדהו מים הרעים השקהו, וגמ' דבכורות הטעהו; והלא משנה שלמה היא בטהרות, כלל אמרו בטהרות, כל המיוחד לאוכל אדם, טמא עד שיפסל מלאכול הכלב, וכל שאינו מיוחד לאוכל אדם, טהור עד שייחדנו לאדם; יא"מה טהור שאינו מקבל טומאה, אף טמא שמקבל טומאה; אלמא לעולם מקבל טומאה עד שיפסל מן הכלב, והוא שהיה ראוי מתחילה לאדם, אבל אם לא היה ראוי לאדם, אף על פי שהוא ראוי לכלב, אינו מקבל טומאה, מפני שהוא כמאכל בהמה שאינו מקבל טומאה; וכן הוא שנוי במדרש סיפרא, אשר ישתה פרט למשקה סרוח דברי ר"א, אמרו לו אין משקין יוצאין לא ע"י פרה ולא על ידי עופות, ולעולם מקבל טומאה הואיל וראויים היו מתחילה לאדם; אבל אם היו סרוחים מתחלתן, כגון פרש שבמעי בהמה, ודאי טהורים אף ע"פ שהכלב מלקק בהם; וזהו דרך האמת.

אות ז' – ח'

עריבת העבדנין שנתן לתוכה קמח, תוך שלשה ימים חייב לבער, קודם שלשה ימים אינו חייב לבער. אמר רבי נתן בד"א שלא נתן לתוכה עורות, אבל נתן לתוכה עורות אפילו תוך שלשה אין חייב לבער

הלכה כרבי נתן, אפילו יום אחד ואפילו שעה אחת

סימן תמב ס"א - אבל דבר שיש בו תערובת חמץ ואינו ראוי לאכילה, מותר לקיימו בפסח; יבכגון עריבת העבדנין שנתן לתוכו קמח ועורות, אפילו נתנן שעה אחת קודם זמן הביעור, הרי זה מותר לקיימו - שהעורות גורמין שמסריח מיד.

ולא גזרינן דלמא אתי למיכל, כיון שאינו ראוי לאכילה כלל, משא"כ חמץ נוקשה, דראוי לאכילה קצת, אסור להשהותה.

ואם לא נתן העורות, ונתן הקמח קודם ג' ימים לשעת הביעור, מותר לקיימו שהרי נפסד והבאיש; תוך שלשה ימים, חייב לבער - דעדיין ראוי לאכילה הוא כשמגיע זמן הפסח, וכיון שנתחייב בביעור, אף אם לא ביערו ונשתהא עד תוך הפסח, חייב לבער, אף שאז כבר נתקלקל, וכדלקמיה בס"ב לענין פת שעיפשה.

יגוכן הקילור, והרטיה, והאספלנית, והתריאק"ה, שנתן לתוכו חמץ, מותר לקיימן בפסח, שהרי נפסד צורת החמץ - ולענין אכילה יתבאר לקמן בס"ד.

אות ט'

לענין טומאה אם מקפיד עליו חוצץ וכו'

רמב"ם פ"א מהל' מקוואות הי"ב - אחד האדם או הכלים לא יהיה דבר חוצץ בינם ובין המים; ואם היה דבר חוצץ בינם ובין המים, כגון שהיה בצק או טיט מודבק על בשר האדם או על גוף הכלי, ה"ז טמא כשהיה, ולא עלתה להן טבילה; דבר תורה אם היה דבר החוצץ חופה את רוב האדם או רוב הכלי, לא עלתה להן טבילה, והוא שיקפיד עליו ורוצה להעבירו; אבל אם אינו מקפיד עליו, ולא שם אותו על לב בין עבר בין לא עבר, אינו חוצץ ואף על פי שחופה את רובו; וכן אם היה חופה מיעוטו, אינו חוצץ אף על פי שהוא מקפיד עליו; מדברי סופרים שכל דבר החוצץ אם היה מקפיד עליו, לא עלתה לו טבילה אף על פי שהוא על מיעוטו, גזירה משום רובו; וכל דבר החוצץ אם היה חופה את רובו, לא עלתה לו טבילה אף על פי שאינו מקפיד עליו, גזירה משום רובו המקפיד עליו; נמצאת אומר שאם היה על בשר האדם או על גוף הכלי דבר מדברים החוצצין, כגון בצק וזפת וכיוצא בהן, אפילו טיפה כחרדל והוא מקפיד עליו, לא עלתה לו טבילה; ואם אינו מקפיד עליו, עלתה לו טבילה, אא"כ היה חופה רוב הכלי או רוב האדם, כמו שביארנו.

באר הגולה

י ‹כ"א ב' חרכו קודם זמנו כו' - גר"א› יא ‹י"ל שאין היקש זה מוכרח, דמידי אירא הא כדאיתא והא כדאיתא, ובפירוש אמרו בר"פ דם שחיטה (דף כ"א), ומחשבה לכלב לאו מחשבה היא, והתנן כלל אמרו בטומאה כל המיוחד לאוכל אדם טמא עד שיפסל מאכילת הכלב, ההוא לאסוקי טומאה מיניה, דכיון דמעיקרא הוה חזי לאדם, לאסוקי מטומאה עד שיפסל מאכילת הכלב, הכא לאחותי ליה טומאה, אי חזי לאדם חזי לכלב, אי לא חזי לאדם לא חזי לכלב, וזה מבואר כדברי רבינו, והרי מימיו מים חיים מן המקדש הם יוצאים - כסף משנה› יב ברייתא שם וכרבי נתן יג תוספתא כתבה הרי"ף שם, וטור בשם בעל העיטור, וכ"כ הרמב"ם

§ מסכת פסחים דף מו. §

אות א'

כגון דנגע שרץ בהאי בצק, בפסח דאיסורו חשוב, חוצץ ולא נחתה לה טומאה; בשאר ימות השנה דבקפידא תליא, אם מקפיד עליו חוצץ, אם רוצה בקיומו הרי הוא כעריבה

רמב"ם פ"כ מהל' כלים ה"ט - בצק שבסדקי העריבה שנגע בו שרץ, אם בפסח הואיל [א]ואיסורו חשוב, חוצץ, ולא נטמאת העריבה; ואם בשאר ימות השנה, אם היה מקפיד עליו, העריבה טהורה, ואם רוצה בקיומו, הרי הוא כעריבה ונטמאת העריבה.

אות ב'

בצק החרש, אם יש כיוצא בו שהחמיץ, הרי זה אסור

סימן תנט ס"ב - [ב]ואם התחילו בשתי עיסות כאחת והחמיצה האחת, בידוע שהחמיצה גם השנית, אפילו אין רואין בה סימני חימוץ - ואפילו לא נשתהה שיעור מיל, אפ"ה אמרינן מסתמא היה שם איזה חמימות שנתחמץ מהר.

אות ב'*

כדי שילך אדם ממגדל נוניא לטבריא, מיל

סימן תנט ס"ב - [ד]וכל זמן שמתעסקים בו, אפי' כל היום אינו מחמיץ; [ה]ואם הניחו בלא עסק שיעור מיל, הוי חמץ - אע"ג דלא ניכר ביה שום סימני חימוץ המבואר לקמיה, [כן מוכח מגמ'].

ושיעור מיל הוי רביעית שעה וחלק מעשרים מן השעה - והוא י"ח מינוטין בסך הכל, (**ויש פוסקים שחולקין על שיעור זה, ולדידהו שיעור מיל הוא שליש שעה, וחלק ט"ו מן השעה, ויש מבעלי סברא זו שחושבין שיעור מיל לחשבון כ"ב מינוטין וחצי, ולכתחלה במקום שאין הפסד מרובה, משששהה י"ח מינוטין הוי חמץ ואסור בהנאה, וכדעת השו"ע, וכ"כ הגר"ז, אמנם בהפסד מרובה, אפשר דיש לסמוך על הני פוסקים דפליגי, וכל כמה דלא שהה עכ"פ כ"ב מינוטין וחצי, אין לאסור, אם לא ראינו בה סימני שיאור וסידוק**).

(**ואפילו אם ספק שמא שהה שיעור מיל, ג"כ אסור, דהוא ספק דאורייתא**).

אות ג'

לגבל... ארבעה מילין

רמב"ם פ"ח מהל' ביכורים הי"א - לא יעשה אדם עיסתו בטומאה לכתחלה, אלא יזהר וישתדל ויטהר הוא וכליו כדי להפריש חלה טהורה; היה בינו ובין המים יתר על [ו]ד' מילין, יעשנה בטומאה ויפריש חלה טמאה.

אות ד'

וכולן שעיבדן או שהילך בהן כדי עבודה טהורין

רמב"ם פ"א מהל' שאר אבות הטומאה ה"ט - ואלו בהמות שעורותיהם כבשרם: עור חזיר של יישוב, ועור חטוטרת הגמל הרכה, ועור בית הבושת, ועור השליל, ועור שתחת האליה, הרי אלו מטמאין מן הנבילה; ואם עיבדן או הלך בהן כדי עבודה, הרי אלו טהורים; ואם עשה בהן מעשה שביטלן, טהורין אף על פי שלא הלך בהן כדי עבודה, כיצד אוזן חמור שטלאה לכפיפתו, טהורה; כמה הוא כדי עבודה, ארבעה מילין.

אות ה'

לא שנו אלא לפניו אבל לאחריו אפילו מיל אינו חוזר

סימן צב ס"ד - [ז]צריך לרחוץ ידיו במים, אם יש לו - הטעם ע"ז עיין לעיל בריש סי' ד' במ"ב, **וגם** לתפלת מנחה וערבית צריך נטילה, וכדלקמן ברל"ג ס"ב.

ודעת הרמב"ם, דהיכא דצריך ליטול ידיו ולא נטל, וגם לא נקה אותן בצרור, אפי' בדיעבד אין תפלתו תפלה, וצ"ע לדינא - פמ"ג, **ועיין** בביאור הלכה שביארנו, דאין חוזר ומתפלל.

ואין הנגוב מעכב בזה, כמו שמעכב בנטילה לאכילה.

ואם אין לו, צריך לחזור אחריהם עד פרסה - ודוקא כשיודע שהם מלוכלכות, אבל בסתם ידים מיקל בסמוך ס"ה.

ואם יצטרך עי"ז לילך אח"כ יחידי, או שלא יוכל עי"ז להגיע למחוז חפצו בעוד יום, א"צ לחזור כלל.

והני מילי כשהוא הולך בדרך והמים נמצאים לפניו - ורוכב דינו בכל זה כמהלך ברגליו, גם אין חילוק בין דרך רע לטוב, **וכ"ז** דוקא כשיודע בודאי שימצא שם מים, אבל בספק לא. **אבל אם צריך לחזור לאחוריו למקום מים, עד מיל חוזר; [ח]יותר ממיל אינו חוזר** - והרבה פוסקים סוברין דמיל עצמו דינו כיותר ממיל.

וכ"ש כשהוא יושב בביתו, דבודאי חייב לחזור לכתחלה אחר מים, אם יודע שידיו מלוכלכות.

באר הגולה

[א] ‹ע"פ הפרטים שביאר רבינו פ"ב דחמץ ומצה הל' ט"ו עיין שם - מעשה רוקח› [ב] **משנה שם מ"ו** [ג] ‹ע"פ הב"י והבאר הגולה› [ד] **ברייתא שם מ"ח** [ה] **שם בגמרא** ‹מ"ו.› [ו] ‹ודברי רבינו כפירוש רש"י, דמש"כ ל"ש אלא לפניו וכו', לא קאי אלא לתפלה ולנט"י, ולא לגבל - כסף משנה. ‹**ואין** הפרש בין מגבל לעצמו או לאחרים - ר"י קורקוס› [ז] ‹כפי פי' הערוך, ד"לתפלה" היינו נטילת ידים לתפלה, עיין בתוס'› [ח] ‹כתב ב"י שכן הוא גירסת הרמב"ם בגמ' (אבל לאחריו יותר ממיל אינו חוזר, ומינה יותר ממיל הוא דאינו חוזר אבל מיל חוזר), **ודקדק** כן מלשון (הרמב"ם) שכתב "אבל לאחריו אין מחייבין אותו לחזור לאחוריו אלא עד מיל", (ומפרש הב"י דעד ועד בכלל, וא"כ אפי' מיל הוא חוזר), **ואינו** מוכרח, וכן בכסף משנה חזר בו, (דהרמב"ם גורס כגירסתינו, ועד ולא עד בכלל, דבמיל אינו חוזר) - גר"א, כפי פי' הדמשק אליעזר›

לענין צירוף טומאה בפסח ובשאר ימות השנה איכא פלוגתא היכי דמי כגון *דאיכא פרות מכביצה אוכלין ונגעו בהאי בצק בפסח דאיסורו חשוב מצטרף בשאר ימות השנה דבקפידא תליא מילתא אם מקפיד עליו מצטרף אם רוצה בקיומו הרי הוא כעריבה מתקיף לה רבא מי קתני מצטרף והא חוצץ קתני אלא אמר רבא וכן להעלות טהרה לעריבה היכי דמי כגון דאיטמי הך עריבה ובעי לאטבולי בפסח דאיסורו חשוב חוצץ ולא סלקא לה טבילה בשאר ימות השנה בקפידא תליא מילתא אי מקפיד עליו חוצץ ואם רוצה בקיומו הרי הוא כעריבה מתקיף לה רב פפא מי קתני וכן לענין טהרה הא לענין טומאה קתני אלא אמר רב פפא וכן לענין להוריד טומאה לעריבה היכי דמי *כגון דנגע שרץ בהאי בצק בפסח דאיסורו חשוב חוצץ ולא נחתה לה טומאה בשאר ימות השנה דבקפידא תליא אם מקפיד עליו חוצץ אם רוצה בקיומו הרי הוא כעריבה:

מתני' בצק החרש אם יש כיוצא בו שהחמיץ הרי זה אסור: גמ' אם אין שם כיוצא בו מהו א"ר אבהו אמר ר' שמעון בן לקיש כדי שילך אדם ממגדל נוניא לטבריא מיל *ונימא מיל *הא קמ"ל דשיעורא דמיל כממגדל נוניא ועד טבריא *א"ר אבהו אמר רבי שמעון בן לקיש לגבל ולתפלה ולנטילת ידים ארבעה מילין אמר רב נחמן בר יצחק איבו אמרה וארבעה אמר בה והדא מינייהו עבוד דתנן *וכולן שעיברן או שהילך בהן כדי עבודה טהורין חוץ מעור האדם וכמה כדי עבודה א"ר (אינייא) א"ר ינאי כדי הילוך ארבעה מילין א"ר יוסי ברבי חנינא *לא שנו אלא לפניו אבל לאחריו אפילו מיל אינו חוזר אמר רב אחא ומינה מיל הוא דאינו חוזר הא פחות ממיל חוזר:

מתני' כיצד מפרישין חלה בטומאה ביו"ט ר"א אומר לא תקרא לה שם עד שתאפה בן בתירא אומר תטיל בצונן א"ר יהושע לא

רש"י

לענין צירוף טומאה. כדמפרש ואזיל דבפסח תליא מילתא בשיעוריה: **ובשאר ימות השנה איכא פלוגתא.** חילוק בין מקפיד לשאינו מקפיד והיינו דתנא סיפא אם מקפיד עליו: **דאיכא פחות מכביצה אוכלין דנגעו בהאי בצק.** הדבוק בעריבה ונגעה בהן טומאה וחוזרו ונגעו בהן אוכלים טהורים: **בפסח.** דאיסור חמץ מחשבו ועושהו חשוב הואיל וכזית הוזכר להיחשב לענין איסור חמץ דלא בטיל לגבי עריבה כדתניא רישא השתא לענין טומאה נמי לא בטיל לגבי עריבה ומצטרף להשלים לכביצה ואע"ג דאין מקפיד עליו ומטמא את אחרים: **בשאר ימות השנה.** דליכא למימר איסורו חישובו בקפידא תליא מילתא אם מקפיד עליו מצטרף דחשיב אוכלא הואיל וסופו ליטלו: **וכן להעלות לה טהרה לעריבה.** תליא נמי בשיעורא ולא שיעורא בפסח ואם מקפיד עליו קאי אשאר ימות השנה כגון דאיטמי וקא מטביל לה וקאמר דבפסח הואיל ובכזית עובר עליה ובדפנות איסורו חישובו דעל כרחו צריך ליטלו וחייץ דלא הוי כעריבה ואפי' אינו מקפיד עליו(א): **אבל בשאר ימות השנה.** בין מרובה בין מועט בקפידא תליא מילתא: **וכן להוריד טומאה לעריבה.** על ידי בצק זה תליא נמי בימות הפסח בשיעורא ולאו שיעורא ואם מקפיד עליו אשאר ימות השנה קאי: ה"ג והיכי דמי כגון דנגע שרץ בהאי בצק: **בפסח.** דכזית איסורו חישובו חייץ ולא הוי כעריבה ולא נחתא לה שום טומאה לעריבה ואפילו אין מקפיד עליו ובפחות מכזית כי אינו מקפיד עליו לא(ב): **ובשאר ימות השנה.** אם מקפיד עליו אפילו בפחות מכזית חוצץ: **ואם רוצה הוא בקיומו הרי הוא כעריבה.** והוי כאלו נגע שרץ בעריבה ממש: **מתני' בצק החרש.** שאין ניכר אם החמיץ אם לאו שמשונה הוא כחרש הזה שיש לו אזנים ואינו ניכר אם שומע אם לאו דאין אדם עומד על בירורו ועל דעתו ליסנא אחריניתא בצק החרש קשה כחרס ואינו ניכר שהחמיץ ר"ל הכסיפו פניו ואין סידוק לסימן החימוץ: **אם יש כיוצא בו שהחמיץ.** אם יש עיסה אחרת שנילושה בשעתה וכבר החמילה: **גמ' ממגדל נוניא לטבריא.** דהיינו מיל: **לגבל ולתפלה כו'.** משום דרבי אבהו אמר ר"ש לקיש נקט לה: **לגבל.** המגבל עיסת אחרים בשכר וכלי בעל הבית טמאים עד ארבע מילין הטריחוהו חכמים לילך למקוה לטבול כליו וכן לתפלה אם מהלך אדם בדרך ובא עת ללון ולהתפלל אם יש בית הכנסת לפניו ברחוק ארבע מילין הולך ומתפלל שם ולן שם וכן לנטילת ידים לאכילה אם עתיד למצוא מים לפניו בד' מילין הולך לשם ונוטל את ידיו: **ר' איבו אמרה.** להא מילתא משמיה דר"ש לקיש ולא ר' אבהו אמרה: **וארבעה מילי אמר בה.** לשיעור ארבע מילין הייתו תלת וחדא מוסיף(ג): **ומהי היא עבוד.** שיעור עבוד של עור רך המטמא כבשר כגון הנך דחשיב בהעור והרוטב ארבע מילין הוא לבטלו מתורת בשר מחמת עיבודו: **כולן.** כל אלו שמנו חכמים בהעור והרוטב שעורותיהן מטמאין כבשרן מפני שהוא רך ודרכו לאכול: **שהילך בהן.** דרך עורות לשוטחן לפני דריסת רגלי אדם וזהו תחילת עיבודן: **אלא לפניו.** לנטילת ידים ולתפלה דמהלך בדרך קאי דאילו גבל ילך עד ד' מילין דמה יש לו להפסיד: **ומינה.** מהא דר' יוסי בר חנינא דאמר בהדיא אפי' מיל אינו חוזר דוקא מיל קאמר הא פחות ממיל חוזר: **מתני' כיצד מפרישין חלה בטומאה.** שנטמאת העיסה ושוב אין חלה הניטלת ממנה ראויה לאכילת כהן כיצד מפרישין אותה ביום טוב של פסח הרי אין יכול לאפותה מאחר שאינה ראויה לאכילה ולשהותה לשורפה לערב אי אפשר שלא תחמיץ ולשורפה או להאכילה לכלבים אי אפשר שאין שורפין קדשים ביום טוב: **רבי אליעזר אומר לא תקרא לה שם.** חלה: **עד שתאפה.** תחלה דאכתי כל חדא וחדא חזיא ליה דמפריש מכל חדא פורתא ולאחר אפייה אם רצה יפריש חלה שלימה על כולן כדתניא בגמרא דקסבר רבי אליעזר הסל שהוא רודה מן התנור לתוכו מצרפו לחלה:

לא

תוספות

לגבל. פי' בערוך דבאדם המהלך בדרך מיירי דומיא דתפלה דאם יש גבל העושה עיסתו בטהרה ברחוק ד' מילין ימתין עד שיגיע לאותו גבל והשתא א"ש דלא שנו אלא לפניו קאי אכולהו: **ולתפלה.** נראה כפירוש הקונטרס ולא כערוך דפירש לתפלה היינו לרחוץ ידיו להתפלל דהיכי דמי אי בעידנא דצלותא הא אמרינן בברכות (דף טו.) (*אביי) לייט אמאן דמהדר אמיא בעידן צלותא דכתיב ארחץ בנקיון כפי ואי שלא בזמן תפלה מאי איריא ד' מילין אפי' טובא נמי: **לא תקרא לה שם עד שתאפה.** שאם היה (ד) קורא לה שם לא היה יכול לאפותה ולא לשורפה דאין שורפין קדשים ביו"ט כדיליף בבמה מדליקין (שבת כד:) והיינו טעמא הא דתנן התם אין מדליקין בשמן שריפה ביו"ט ותימה בשלמא פסול קודש אין שורפין ביו"ט שאין יכול להנות ממנה בשעת שריפה אבל תרומה טמאה שיכול להנות ממנה בשעת שריפה אמאי אין שורפים כמו שמותר להדליק בשמן של חולין להנאתו וכי מפני שמצוה לשרוף מיגרע גרע ותירץ ר"י דשמן של חולין מותר להדליק להנאתו כמו שמותר לאכול אבל תרומה טמאה דאסורה בכל ההנאות נמצא שההבערה אינה להנאה אלא לשם מצות שריפה אלא שההנאה לא הקפידה אם יהנה ממנה בשעת שריפה לכך אין דוחה יו"ט כשאר שריפת קדשים מידי דהוי אנדרים ונדבות למ"ד אין קרבים ביו"ט (ביצה דף יט.) אע"פ שיש בהן היתר לאכילת אדם כיון דעיקרו לגבוה וכהנים משלחן גבוה קזכו אסור לשוחטן ולמ"ד קרבים קסבר עיקר שחיטה לצורך אדם אבל שריפת תרומה טמאה אינה לשם הנאה מדאסר כל שאר הנאות אלא ודאי לשם מצות ביעור הוא ור"י פי' דודאי מותר לשרוף ביו"ט תרומה לצורך אוכל נפש דלא שייך למימר משלחן גבוה קא זכו אלא דגזרינן לצורך אטו שלא לצורך דשלא לצורך אסור מן התורה דגמרינן מקדשים שאין שורפין ביו"ט: **עד שתאפה.** אומר ר"י אנן שרינן לקרות לה שם קודם אפייה אע"ג דפסקינן כר"א דהא אי איכא כהן קטן חזיא ליה כדאמר בפרק עד כמה (בכורות כז.) אין תרומת ח"ל אסורה אלא למי שטומאה יוצאה עליו מגופו וכן פסק בה"ג בסדר פסח בשם רב כהן צדק דריש מתיבתא ואפי' ליכא כהן קטן אי איכא כהן גדול שרי דחזיא ליה ע"י ביטול ברוב כדאמר התם רבה מבטל לה ברוב ואכיל לה בימי טומאה וא"ת ואמאי לא שרינן לאפות חלה טמאה מטעם דאמר (ר"א בר' שמעון) כפ"ב דביצה (דף יז.) אף ממלאה אשה תנור פת אע"פ שאינה צריכה אלא לככר אחד מפני שהפת נאפה יפה כשהתנור מלא ואמר (רבה) התם הלכה *כר"א ברבי שמעון ואפילו נאמר דאסור לאפות מפני שאסור לטלטלה מכל מקום כי לא קרא לה שם אמאי צריך לטעמא דהואיל ואור"י דטעמא [דאמרינן] בביצה לא שייך אלא בתנור אבל כשאופה תחת גחלים לא: **תטיל בצונן.** אור"י דר"א ורבי יהושע לא פליגי אבן בתירא שלא תועיל הטלה לצונן והיכא שאירע שקרא לה שם אור"ת תטיל בצונן:

הואיל

עין משפט נר מצוה

כד א מיי' פ"ב מהל' כלים הלכה ט:
כה ב מיי' פ"ה מהל' חמץ הלכה יג סמג לאוין עה טוש"ע או"ח סי' תנט סעיף ג:
כו ג מיי' פ"ח מהל' ביכורים הל' יא:
כז ד מיי' פ"א מהל' שאר אבות הטומאות הלכה ט:
כח ה מיי' פ"ד מהל' תפלה הלכה ב סמג עשין יט טוש"ע או"ח סי' צב סעיף ד וסימן קסג סעיף א:
כט ו מיי' פ"ג מהלכות י"ט הלכה ט סמג לאוין עה טוש"ע או"ח סי' תנז סעיף ב וסי' תקו סעיף ג:

[נ"ל רב חסדא]

[ועי' תוס' שבת כד: ד"ה לפי ותוס' ביצה כו: ד"ה ועל כהלם]

[נ"ל שמעון בן אלעזר]

[נ"ל רבה]

נ"ל כר"ש בן אלעזר

מסורת הש"ס

[עי' תוס' שבת לה. ד"ה אי לענין טומאה]

[מגילה ב:] חולין קכב:

שם נדה סו.

[נ"ל אייבו]

ברכות טו. חולין קכב.

הגהות הב"ח

(א) רש"י ד"ה וכן להעלות וד"ה אבל הד"א: (ב) ד"ה בפסח וד"ה ובשאר הד"א: (ג) ד"ה ארבעה וד"ה ומאי סד"א: (ד) תוס' ד"ה לא תקרא וכו' שאם היתה קורא לה שם לא היתה יכולה לאפותה וכו' ולכך אין דוחה:

גליון הש"ס

גמרא כגון דאיכא פחות מכביצה. עיין שבת צא ע"א תד"ה אי לענין: שם הא קמ"ל דשיעורא דמיל. עיין טורי אבן מגילה ב ע"ב ד"ה הא קמ"ל:

רבינו חננאל

צירוף טומאה והכי קתני לענין טומאה בפסח ובשאר ימות השנה איכא פלוגתא כיצד כגון דאיכא פחות מכביצה אוכלין בהאי עריבה ואית בה כזית בצק ונגעי בה בפסח דאיסורא חשיבו להאי בצק ולמשקליה קאי מצטרף ואי נגעה בה טומאה איטמי אבל בשאר ימות השנה אם מקפיד עליו ובעי למשקליה מצטרף ואי לא לא אלא הרי הוא כעריבה דלא מצטרף ודחי רבא אי הכי מצטרף מיבעי ליה למתני במתני' אלא הכי קתני וכן להעלות טהרה לעריבה כגון שזו העריבה טמאה היא והטבילה ונמצא בה בצק בסדקה בפסח דאיסורא חשיבו וחייב לבערו חוצץ ולא עלתה לה טבילה בשאר ימות השנה אם רוצה בקיומו הרי בצק זה כעריבה ועלתה לו טבילה ואינו חוצץ ואוקמה רב פפא הכי וכן לענין טומאה להוריד טומאה לעריבה היכי דמי כגון דדביק בצק בהאי עריבה ונגע שרץ בבצק בפסח דחייב לבערו לאו כגופה דעריבה דמי ולא נטמאת העריבה בשאר ימות השנה אי מקפיד לקלפו ולא נחתה לה טומאה לעריבה ואם רוצה בקיומו הרי הוא כעריבה וכאלו נגע השרץ [בעריבה] תמצאה: בצק החרש אם כיוצא בו שהחמיץ. כלומר אם יש מי שלש בבת אחת עמו והחמיץ אותו הבצק גם זה אסור שחמץ הוא ואע"פ שהוא חרש ואין אדם יכול להרגיש בו אין שם כיוצא בו אם שהה משעה שנגמר הלישה כשעור הליכת מיל אסור שהרי החמיץ: אמר ר' אבהו אמר ר"ש לקיש לגבל כגון שיש לפניו המגבל בטהרה ולתפלה כגון שצריך להתפלל ויש לפניו מים ליטול ידיו ולנטילת ידים רוצה לאכול ואין לו מים ליטול ידיו ארבעת מילין פי' אם יש גבל העושה עיסתו בטהרה או אם יש מים ברחוק ארבעת מילין לפניו ימתין עד שיגיע לגבל ההוא שעושה בטהרה ויעשה לו עיסתו בטהר' וכן לא יתפלל ולא יאכל עד שיגיע לשם ויטול ידיו: והני מילי דבעינן ד' מילין לפניו אבל לאחריו אפי' מיל אחד אין מטריחין אותו לחזור אלא עושה עיסתו במה שמזדמן לו ומקנח ידיו ומתפלל גם אוכל בבלאי מטפחות בלא נטילה. וכן עבודת העור בהלוך ארבעת מילין נקרא עבודה תפשר העבודת העור בהלוך מפורש בפרק העור והרוטב (דף קכב): מתני' כיצד מפרישין חלה בטומאה

ואם מתירא שיעבור זמן התפלה - לגמרי, **ינקה ידיו בצרור או בעפר או בכל מידי דמנקי** - ר"ל דאין לו לחזור אז אחר מים, שמא יעבור הזמן.

ואם הוא במקום שיש שם עשרה שמתפללים, ואם יחזור אחר מים יעבור זמן תפלת הצבור, כתב הב"ח, דאף שיש לו שהות, א"צ לחזור וינקה במידי דמנקי, (**ואין העולם נוהגין להחמיר, להפסיק באמצע פסוקי דזמרה ולחזור אחר מים המזומנים בעיר, דע"פ רוב יבטל עי"ז מתפלה בצבור**).

וכ"ש לענין ק"ש דבודאי אסור לו להמתין על מים, אם יש חששא שמא יעבור הזמן, אלא ינקה ויקרא, **ויש** הרבה פוסקים שסוברין, דבק"ש תיכף משהגיע התחלת זמנה, אם אין לו מים, מנקה ויקרא, ולא ימתין על מים.

(ועיין לקמן סי' רל"ג) - דשם מבואר זמן המנחה.

סימן קסג ס"א - אם אין מים מצויים לפניו ברחוק יותר מארבעה מילין, ולאחריו מיל - ר"ל כשהולך בדרך, ומשער שלא ימצא מים אף ברחוק יותר מארבעה מילין, והוא רוצה לאכול, אז התירו לו לאכול ע"י כריכת מפה על ידיו, **אבל** אם הוא משער שישיג מים תיכף אחר ד' מילין, מחויב להמתין עד שיבוא לשם, **ולאחריו** דיש לו טרחא לחזור מדרכו, סגי בשיעור מיל, כשמשער שלא ימצא בו מים, מותר ע"י מפה.

יטול ידיו במפה - צ"ל "ילוט", ור"ל שכורך ידיו במפה או בשום דבר, **אבל** כשמים מצויים, אסור אף במפה, דילמא אתי למינגע.

ואוכל פת או דבר שטיבולו במשקה - דגם בזה הצריכו נטילה, כדלעיל בסימן קנ"ח, ועיין מה שכתבנו שם במ"ב.

וכתבו האחרונים, דה"ה אם מסופק שמא לא ימצא מים, לפניו בשיעור ד' מילין, ולאחריו מיל, והוא תאב לאכול, מותר ג"כ ע"י מפה, (**ועיין בח"א שכתב, דוקא אם הוא רעב הרבה, ובחידושי הריטב"א משמע, דאפי' בודאי שלא ימצא מים, ג"כ אין להקל בסתמא, רק כשהוא צריך לזה הרבה, כגון שהוא חלוש מפני טורח הדרך וכיו"ב**).

(**ומסתברא דכשהוא נוסע בגמלא פרחא, כגון על פאס"ט וכיו"ב, אין חושבין לפי אורך הדרך,**[ט] **אלא לפי חשבון הזמן של הילוך ד' מילין לאדם בינוני, שהוא שיעור ע"ב מינוטי"ן, וכ"ז דוקא כשהוא רעב הרבה וכנ"ל**).

ושומרי גנות ופרדסין, כשצריכין לילך אחר מים, אינם מחוייבין אלא פחות ממיל כמו מלאחריו, משום שאינם יכולים לעזוב שמירתן, **והח"א** ושארי אחרונים הסכימו, דכל היושב בביתו ג"כ אינו מחוייב לטרוח אחר מים אלא פחות ממיל כמו מלאחריו, **דרך** לפניו בדרך שהולך בלא"ה לשם, הצריכוהו להמתין עד ד' מילין.

כתב הא"ר, דבמקום שאין לו מפה, מותר אף בלא מפה, כיון דאין יכול להשיג מים בשיעור זה, **אך** באמת הוא דבר שאינו מצוי, דאטו בגברי ערטילאי עסקינן, דלית ליה שום סודר שיהיה יכול לכרוך ידיו בו, **ובודאי** מחויב לעשות כן, דהערוך דמצריך מפה לאו יחידאה הוא, דגם הר"ח כתב בהדיא כן.

אות ו'

רבי אליעזר אומר לא תקרא לה שם עד שתאפה

סימן תנז ס"ב - 'הלש עיסה ביום טוב של פסח, לא יקרא שם לחלה עד שתאפה - ר"ל שאם רוצה להפריש עוגה קטנה לחלה, צריך ליזהר שלא יקרא לה שם חלה קודם אפייתה, אלא יקראנה עוגה או מצה, **וגם** שלא יהיה במחשבתו שתחול עליה קדושת חלה עד אחר אפייתה, דקדושת תרומות ומעשרות הוא ע"י דיבור או מחשבה לבד, **ואם** אינו רוצה כלל לאפות עוגה מיוחדת בשביל חלה, אלא יאפה סתם ואח"כ יפריש מצה אחת, או חתיכה אחת ממצה על כולם בשביל חלה, ג"כ שפיר דמי.

שאם יקרא לה שם אינו רשאי לאפותה - כיון שאין באפיה זו צורך אוכל נפש, **ודוקא** כשבעליו קראו לה שם, אבל באחר, אף ע"פ שקורא לה שם לית לן בה, דאין לאחר רשות לתרום.

ואם יניחנה כך, תחמיץ - ואע"ג דהקדש הוא ואינו שלו, מ"מ עובר בבל יראה, הואיל ואי בעי מתשיל עליה והוי חולין, [יא] [גמרא].

ואינו רשאי לשרפה ביו"ט - פי' דלשרוף מיד קודם שתחמיץ ג"כ אינו יכול, דאין שורפין קדשים ביו"ט.

[יב] **ואם שכח וקרא לה שם, יטילנה לצונן וימנענה מלהחמיץ** - וכשרואה שהמים מתחממין קצת בעמדם בבית, יזהר להחליפם במים צוננים.

ולכתחלה לא יסמוך על עצה זו, לקרות שם חלה בעודה עיסה, ולהטילה לצונן, דחיישינן שמא לא יזהר יפה שיהיו המים צוננים, [יג] [ב"י בשם הרא"ש].

באר הגולה

ט ‹והנה המשנ"ב סותר עצמו מסי' צ"ב לענין נט"י לתפילה, דג"כ השיעור ד' מילין ומיל, וכותב בשם א"ר "ורוכב דינו בכל זה כמהלך ברגליו" - פסקי תשובות›
י **משנה פסחים וכרבי אליעזר הסכמת הפוסקים** ‹וכ"כ רש"י דף מ"ח: ד"ה אמר ליה›
יא ‹ודלא כמסקנת רש"י (מ"ח. ד"ה אבל הכא), עיין תוס' מ"ו: ד"ה הואיל (שני)›
יב **הרא"ש בשם ר"ת** ‹תוס' ד"ה תטול›. ‹**וכתב** הרא"ש: נראה דרבי אליעזר ורבי יהושע לא פליגי אבן בתירא, דלא מסתבר דפליגי בהאי סברא אם מחמצת בתוך המים, אלא דרבי אליעזר אשמועינן דמוזהר על חימוץ חלה, ורבי יהושע סבר דאינו מוזהר - ב"י›
יג ‹אמנם בהא פליג רבי אליעזר אבן בתירא, דסבר דטוב יותר שלא יקרא לה שם עד שתאפה, אולי לא יזהר יפה בהטלתה בצונן, ואם אירע לה שקרא לה שם, היה אומר ר"ת (תוס' שם. ד"ה תטיל) שתטילנה לצונן - ב"י›

הגה: ואם יש כהן קטן שלא ראה קרי, או גדול שטבל לקריו, מותרים לאפות החלה בשבילו (טור) - המחבר מיירי בחלת א"י, שאינה נאכלת לכהנים בזמן הזה, שכולנו טמאי מתים ונטמאת החלה, ואסורה להאכיל אפילו לכהן טהור, ולפיכך אסור לאפותה ביו"ט בכל גווני, וע"כ לא הזכיר פרטים אלו, **והרמ"א** מיירי בחלת חו"ל, שאינה אסורה אלא למי שטומאה יוצאה עליו מגופו, כגון זב או בעל קרי, אבל כהן הטהור מזב ומקרי, כגון כהן קטן פחות מבן ט' שנים ויום א', שאינו מטמא בקרי, וגם מן הסתם לא ראה זיבה כיון שהוא פחות מבן ט', או גדול שטבל לקריו, רשאי לאכול חלת חו"ל, **לפיכך** כתב הרמ"א דאם יש כהן קטן וכו', דאף שקרא לה שם חלה רשאי לאפות אף ביו"ט, שהרי ראויה לאכילה.

או גדול שטבל לקריו - ר"ל אע"פ שלא העריב שמשו, **וטוב** ליזהר שיאכל מיד אחר טבילתו, ולא יטיל מים בין טבילה לאכילה, שמא יטיל מים חלוקים או עכורים שיש בהן חשש קרי, ויהא אסור לאכול חלה זו עד שיחזור ויטבול.

ויש אומרים שאין מאכילין חלה בזמן הזה לשום כהן (מהרי"ו) - שאין מחזיקים אותו ככהן ודאי, דדלמא נתחללה אחת מאמותיו.

ומ"מ לדינא, דעת הרב כדעה הראשונה, דנותנין לקטן או לגדול שטבל לקריו, **וכתב** הפמ"ג, ומ"מ לא ראיתי לנהוג כן אף בפסח, **ובמדינותינו** יש באיזה מקומות שנותנין לכהן גדול שטבל לקריו בפסח, **ועיין** במ"א שכתב טעם, למה דוקא בפסח המנהג ליתן, (וז"ל: ואפשר מפני שהחלות מרובות, ואם לא יאכלנו, לא יהיו מחזיקים אותו ככהן).

[יד] **יש אומרים דמותר ביו"ט** - של פסח, **ללוש פחות מכשיעור, כדי לפטור עצמו מן החלה (ר"ן)** - [טו] ובביאור הגר"א מפקפק ע"ז.

סימן תקו ס"ד - [טז] המפריש חלה ביו"ט והיא טמאה - וה"ה תרומה וחלה בזה"ז, שכולנו טמאי מתים, **לא יאפה אותה** - משום דהיא אסורה באכילה, **וה"ה** שאסורה היא בטלטול מטעם זה, ואעפ"כ מיד כשקרא לה שם חלה ועדיין היא בידו קודם שהניחה, רשאי לטלטלה לכל מקום שירצה, ומניחה שם עד חוה"מ, ואז שורפה.

ולא ישרפנה, שאין שורפין קדשים ביו"ט - ואע"ג דשריפת חלה טמאה מצוה, [י"א שהוא דאורייתא וי"א שהוא מדרבנן], מ"מ אינו דוחה יו"ט, שהוא עשה ולא תעשה. **אלא מניחה עד הערב ושורפה** - [יז] ומשמע לכאורה דשורפה בלילה, (ועיין הגהות ר' ישעיה פיק שעמד ע"ז, מהא דקיי"ל אין שורפין קדשים בלילה, וא"כ לכאורה ה"ה לתרומה וחלה שנטמאו). **וכ"ז** בחלת א"י שהיא אסורה לטמאים, או בחו"ל במקומות שאין נוהגים להאכילה לכהן טהור מטומאת קרי, דהיינו גדול שטבל, או קטן פחות מבן ט', או במקום שאין כהן לפנינו, **אבל** אם נוהגין לתת לכהן, ויש שם כהן, מותר לו לאפותה.

באר הגולה

יד (והא דקאמר אביי בפרק אלו עוברין (דף מ"ח:) דחומרא דאתא לידי קולא הוא, דקא מפקא לה מחלה, דעת הר"ן דדוקא בערב פסח או בחולו של מועד דיכול לשרפה, אבל ביום טוב דלא אפשר לשרפה, מוטב הוא שלא ילוש אלא פחות משיעור חלה, ועיי"ש - ב"ח). (**בירושלמי** רפ"ג דחלה, הדא אמרת שאסור לאדם לעשות עיסתו קבין, ואף לת"ק דפ"ב דחלה שאמר מי שאינו יכול לעשות עיסתו בטהרה כו', היינו לדידהו, אבל לדידן מודה ת"ק לר"ע, דאל"כ ישתכח תורת חלה, **אבל** בכה"ג מותר - גר"א. **דבפסח** יותר טוב לעשות קבין - דמשק אליעזר) **טו** (ויש לדחות, דוקא בימיהם ולת"ק שאמר יעשנה קבין כו' - גר"א. **די"ל** דדוקא בימיהם וכת"ק דס"ל יעשנה קבין כנ"ל, אבל בזמה"ז דאיכא חשש שלא תשתכח, אסור אף בפסח - דמשק אליעזר) **טז** **נתבאר במה דציינתיו לעיל בסימן תנ"ז סעיף ב'** **יז** (וכ"כ רש"י דף מ"ח: ד"ה אמר ליה)

לא זה הוא חמץ שמוזהרין עליו בבל יראה ובבל ימצא אלא מפרישתה ומניחתה עד הערב ואם החמיצה החמיצה: **גמ'** *לימא בטובת הנאה קמיפלגי דר' אליעזר סבר טובת הנאה ממון ור' יהושע סבר טובת הנאה אינה ממון לא דכולי עלמא סברי טובת הנאה אינה ממון והכא בהואיל קמיפלגי [א] דר' אליעזר סבר אמרינן הואיל ואי בעי איתשיל עלה ממוניה הוא ור' יהושע סבר לא אמרינן הואיל *איתמר האופה מיום טוב לחול רב חסדא אמר לוקה רבה אמר *אינו לוקה רב חסדא אמר לוקה לא אמרינן הואיל ומיקלעי ליה אורחים חזי ליה רבה אמר אינו לוקה אמרינן הואיל אמר ליה רבה לרב חסדא לדידך דאמרת לא אמרינן הואיל היאך אופין מיום טוב לשבת א"ל משום עירובי תבשילין ומשום עירובי תבשילין שרינן איסורא דאורייתא אמר ליה *מדאורייתא צורכי שבת נעשין בי"ט ורבנן הוא דגזרו ביה גזירה שמא יאמרו אופין מי"ט אף לחול וכיון דאצרכוה רבנן עירובי תבשילין אית ליה היכירא איתיביה *בהמה המסוכנת לא ישחוט אלא כדי שיכול לאכול הימנה כזית צלי מבעוד יום יכול לאכול אע"ג דלא בעי למיכל בשלמא לדידי דאמרי הואיל הואיל ואי בעי למיכל מצי אכיל משום הכי ישחוט אלא לדידך דאמרת לא אמרינן הואיל אמאי ישחוט אמר ליה משום הפסד ממונו ומשום הפסד ממונו שרינן איסורא דאורייתא אמר ליה אין משום הפסד ממונו גמר בלבו לאכול כזית ואי אפשר לכזית בשר בלא שחיטה איתיביה לחם הפנים נאכל

רש"י

לא זהו חמץ שמוזהרין עליו. כדמפרש בגמ' דלאו דידיה הוא לאחר שקרא עליה שם וקרא כתיב שלך אי אתה רואה וזה אינו שלך ולא של חבירך דהאכי לא מטא ליד כהן: **גמ' טובת הנאה**. דבר מועט דהניא (בכורות דף כז.) רשאי ישראל לומר לחבירו הילך סלע ותן כל תרומתיך לבן בתי כהן והיינו טובת הנאה שיש לו לישראל בחלה זו שרשאי לתתה לכל כהן שירצה וליטול דבר מועט מאוהבו של כהן בשביל שיתנה לו ר' אליעזר סבר טובת הנאה ממון והויא הך חלה כדידיה ועבר עלה אי מחמילה גביה הלכך אפי לה ברישא ור' יהושע סבר טובת הנאה אינה ממון ולאו דידיה הוא ואינו מוזהר עליה ומשום פקדון נמי ליכא דהאכי לא מטא לידא דכהן: **לא דכולי עלמא טובת הנאה אינה ממון ובהואיל קא מיפלגי**. ר' אליעזר סבר עבר עליה משום הואיל ואי בעי מיתשיל עלה והדרה לטיבלא ודידיה היא דעל כל נדר והקדש ותרומה הקדוש באמירת פה יכול לישאל לחכם ולעקור דבורו הלכך ממוניה הוא ועבר עליה ומלאכת אפייתה נמי בי"ט כי לא קרא עליה שם ואע"ג דאיכא חדא דלא חזיא משתריא דכל חדא וחדא איכא למימר הא לאו חלה היא ואי נמי קרא עליה שם מלי למיפא לה הואיל ואי בעי מיתשיל עלה מיהו כיון דאית (א) לר"א הסל מצרפן לחלה הכי שפיר טפי שתאפה תחלה משום רווחא דמילתא וכל כמה דאפשר למיעבד שפיר בלא שום הואיל ניחא למיעבד: **לא אמרינן הואיל**. הלכך על חימוצה אינו עובר אבל על אפייתה עובר דאיכא חדא דלא חזיא ליה: **האופה מי"ט לחול**. לאחר שאכל וגמר סעודתו דפשיטא לן דלא חזיא ליה מידי האידנא עד אורתא שהוא חול: **לוקה**. משום לא תעשה כל מלאכה: **הואיל ואי מיקלעי ליה אורחין**. שיהו צריכין לפת זה היום: **היאך אופין מי"ט לשבת**. אי לאו דאמרי' הואיל אי מיקלעי ליה אורחין חזי ליה כוליה ליום טוב: **מדאורייתא צורכי שבת נעשין בי"ט**. דכתיב (שמות יב) אך אשר יאכל לכל נפש ושבת ויו"ט חדא קדושה היא דתרווייהו שבת איקרו וכי היכי דמותר לבשל לנו ביום מותר לבשל למחר: **ורבנן הוא דגזור**. כי לא אותיב עירוב תבשילין כדי שלא יאמרו אופין אף לחול: **בהמה מסוכנת**. ורוצה לשוחטה ביום טוב שלא תמות ויפסידנה: **כזית צלי**. זהו קל בבישולים: **כדי שיכול לאכול**. שיהא שהות ביום כדי להפשיט ולחתוך כזית ולצלות ולאכול ואי איכא שהות כי האי שרי ואע"ג דלא אכיל מינה: **אמאי שחיט**. הא לא צריך למיכל שכבר אכל: **משום הפסד ממונו**. (ג) ויודע הוא שאינו מותר בלא אכילה גמר בלבו להנם את עצמו ולעבור על דעתו ולאכול כזית והוה ליה כצריך לזית בי"ט ומשום ההוא זית בעיא למישחטיה לכולה דאי אפשר לכזית בשר בלא שחיטה אבל הכא דליכא למימר גמר בלבו להנם עצמו משום הואיל לא שרינן איסורא דאורייתא כיון דלא צריך למידי: **לחם הפנים**. כל שבת ושבת נאכל

תוספות

הואיל ואי בעי מיתשיל עליה. הקשה בקונטרס א"כ יקרא לה שם ואח"כ תאפה מטעם הואיל ואי בעי מיתשיל עלה (ג) ואור"י כיון שיכול לעשות בלא הואיל אין לנו לעשות ע"י הואיל וא"ת א"כ אמאי שרי ר' אליעזר לאפות משום הואיל דכל חדא וחדא חזיא ליה כדלקמן בלא הואיל יכול לעשות ע"י הטלה לצונן ואור"י דהכי עדיף טפי מהטלה לצונן דאיכא למיחש שלא יזהר יפה ויבא לידי חימוץ ועוד י"ל הואיל ואי בעי מיתשיל עלה לא שכיח לא אמר להתיר כדמוכח לקמן גבי לחם הפנים ושתי הלחם דאין אפייתן דוחה יו"ט אע"ג דאיכא למימר הואיל ואי בעי פריק ליה שאין התנור מקדש שאם היה מקדש א"כ יפסלו בלינה כיון דאופין אותן קודם יו"ט וכן מוכח במנחות (דף עב.) דמ"ד אין אפייתן דוחה יו"ט קסבר דאין התנור מקדשן ולרשב"א פירש כי נ"ל שדעת רש"י כיון שהסל מצרפן וסופו ליטול אחת על כולן נמצא שהיא בדבר שאין ראוי לאכילה אלא מטעם הואיל שרי דאי בעי לא מפריש חדא לחלה אלא בלע מכל חדא וחדא וכל חדא וחדא חזיא ליה וכיון דכי נמי לא תקרא לה שם עד שתאפה לא שרי אלא על ידי הואיל ואם יקרא לה שם קודם שתאפה הוי שרי הואיל ותרי הואיל לא אמרינן וקשה לרשב"א לפירושו כיון דאם יבלע מכל חדא וחדא יהא מותר בלא הואיל היאך שרו רבנן למיעבד ע"י הואיל כיון דאפשר בלא הואיל ותירץ שלא הטריחו חכמים לבלוע מכל אחת ואחת ור"י מקשה דהא כי נמי בלע מכל חדא וחדא אסור לאפות כדמוכח בפ"ב דביצה (דף כא.) דאמר עיסה של נכרי ושל ישראל אסור לאפות בי"ט כיון דאפשר לאפלוגה בלישה ונראה לרשב"א לחלק דדוקא בעיסת נכרי אסרו מדרבנן אבל גבי חלה לא אסרו משום תיקון חלה ואין נראה לריב"א מה שמשמע מתוך פ"ה דאע"פ שהיה בהן כדי חיוב חלה מתחלה בעינן צירוף סל להפריש אחת על כולן וכן משמע בפסק שלו לקמן דלא בעינן צירוף סל לר' אליעזר אלא כשלא היה בתחלה שיעור חלה דהאכי מייתי לה לקמן *בשמעתין גבי הני נשי דאפיין קפיזי לפסחא והכי תניא בהדיא במס' חלה (פ"ב משנה ד) דתנן העושה עיסתו קבין קבין (ד) פטור מן החלה עד שישוכו ר' אליעזר אומר אף הרודה ונותן לסל וכו' משמע בהדיא דמיירי היכא דלא היה שיעור חלה אבל היכא דיש שיעור חלה לא בעינן צירוף סל להפריש מזה על זה אלא הקפה בעלמא כדי לתרום מן המוקף כמו בתרומה ומעשר דלא בעינן צירוף סל להפריש מזה על זה אלא הקפה מיהו נראה לר"י דעם נתינה לסל בעינן נמי נגיעה בהדי הדדי משום נטילת חלה מן המוקף וכדאמר ר' אליעזר גופיה בפ' כשם (סוטה ל.) שתי עיסות אחת טהורה ואחת טמאה נותן פחות מכביצה באמצע כדי ליטול מן המוקף מדלא שרי על ידי צירוף סל משמע דבעי נמי נגיעה:

הואיל אי בעי מיתשיל עלה. תימה לרשב"א אמאי אמר בפרק כל שעה (לעיל דף לח.) דמצת מעשר שני אין יוצא בה בפסח לר"מ דסבר מעשר שני ממון גבוה הוא ולא חשיב מצתכם הא הואיל אי בעי מיתשיל עלה מחשבינן [ליה] כשלו ועוד דאמר לעיל (דף ה:) אבל אתה רואה של אחרים ושל גבוה והא של גבוה נמי חשיב כשלו הואיל אי בעי מיתשיל עליה ותי' ר"י דשאני הנהו דכתיב בהו *לה' [ב] אע"ג דאי בעי מיתשיל עלה חשבם הכתוב של גבוה ועוד תי' ר"י היכא דאתא הקדש ליד הגזבר לא אמרי' הואיל אי בעי מיתשיל עלה והואיל אי בעי פריק נמי לא אמרינן דאם כן היה קונה אותו דאטו נחשוב חמץ של נכרי כשלו הואיל אי בעי קני ליה ועוד תירץ כיון שנתחמץ שוב אדם לא יפדנו וצ"ע בהנהו הואיל דכל שעה (נ"ז שם) הואיל ולא קרא לה שם:

רבה אמר אינו לוקה. וא"ת דאמר בהמצניע (שבת צה.) המכבד (ה) והרודה חלות דבש שגג בשבת חייב חטאת הזיד ביום טוב סופג את הארבעים דברי רבי אליעזר וחכמים אומרים אין כאן אלא שבות ואמאי לוקה לר' אליעזר לימא הואיל ומיקלעי ליה אורחים ואפי' רבנן לא פטרי אלא משום דלא חשיבי דבש בכוורתו מחובר ויש לומר כגון שהדביש הדבש ואינה ראויה לאכול ואפי' אי מיקלעי ליה אורחים לא חזי להו אי נמי ברודה סמוך לשקיעת החמה שאפילו יבואו אורחים אין שהות ביום לאוכלו ובהאי שינויא א"ש מה שהקשה ריב"א דשמעינן ליה לרבה דאית ליה הכנה בריש מסכת ביצה (דף ב:) ובריש בכל מערבין (עירובין לח:) דאמר אין יום טוב מכין לשבת אי אמרת הואיל היכא משכחת לה דאין יום טוב מכין לשבת והשתא משכחת לה סמוך לשקיעת החמה כדפרישית ואם תאמר אי אמרינן הואיל א"כ בטלת כל מלאכת שבת הואיל וראוי לחולה שיש בו סכנה וי"ל כיון דלא שכיח כלל לא אמרינן הואיל: נאכל

עין משפט נר מצוה

לא א מיי' פ"ה מהלכות י"ט הלכה טו סמג לאוין עה טוש"ע א"ח סי' תקז סעיף א: לא ב מיי' פ"ג מהלכות י"ט הלכה א: לב ג מיי' פ"א שם הלכה יב סמג שם טוש"ע א"ח סי' תלח סעיף ו:

רבינו חננאל

ביום טוב בר' נימא בטובת הנא' קא מיפלגי פי' אותה הנאה שיש לו לישראל לתת להתנו לאיזה כהן שירצה אע"פ שעיקר חלה חייב ליתנה לכהן אבל יש לו לבחור כהן לתתה לו שיחזיק לו טובת אותה הנאה ממון הוא ור' אליעזר אומר דממונו הוא וחייב עליה בבל יראה ובל ימצא ור' יהושע אומר אינו ממונו דאי מקדש בה אשה אינה מקודשת לפיכך אינו חייב עלי' כלל והחי' לא כ"ש טובת הנאה אינה ממון ובהואיל פליגי ר' אליעזר סבר הואיל אי בעי מתשיל עליה ומפריש עליה כלומר הוא הולך אצל חכם ואומר פעיתי וקריתי עליה שם חלה ומתירה לו והרבה ויוצאה לחולין ונמצאת ממונו לפיכך עכשיו חייב עליה ור' יהושע סבר לא אמרי' הואיל השתא מיהא לא איתשיל עלה מי יימר דמיתשיל עלה: איתמר האופה מיום טוב לחול רב חסדא אמר לוקה רבה אמר אינו לוקה הואיל ואי מקלעי ליה אורחים חזי ליה השתא נמי לא לקי אמר ליה רבה לרב חסדא בשלמא לדידי דאית לי הואיל לפיכך אופין מיום טוב לשבת אלא לדידך דלית לך הואיל איך אופין מיום טוב לשבת אמר ליה משום עירובי תבשילין אמר ליה משום עירובי תבשילין שרינן איסורא דאורייתא שלוקין עליה אמר ליה מדאורייתא יום טוב מכין לשבת ורבנן הוא דגזרו שמא יאמרו אופין מיום טוב לחול וכיון דהצריכו עירובי תבשילין אית ליה היכירא איתביה בהמה מסוכנת לא ישחוט אלא כדי שיכול לאכול ממנה כזית צלי ומשני משום הפסד ממונו גמר בלבו לאכול כזית ואי אפשר לכזית בלא שחיטה ואכל

מסורת הש"ס

קדושין נח. נדרים פד: ב"מ יא. חולין קלא. ביצה כא. לקמן סב: ביצה כב. [פי"ש לקמן דסכה בבריתא סיה דמיון] [קדש עיין קדושין נג.]

הגהות הב"ח

(א) רש"י ד"ה לא דכ"ע וכו' דאכל חדא וחדא כו' דאית ליה לר"א: (ב) ד"ה משום הפסד ממונו דיודע: (ג) תוס' ד"ה הואיל וכו' ואי בעי מיתשיל עלה ותירצו ואור"י כיון שיכול וכו' ותיבת נמחק: (ד) בא"ד כמו חלה סי' פיסקא קבין קבין נגעו זה בזה פטורין מן החלה: (ה) ד"ה רבה וכו' המכבד והרודה:

הגהות מהר"ב רנשבורג

[א] בגמ' דר"א סבר אמרינן הואיל ואי בעי מיתשל עלה ממוניה הוא. ועיין בתוס' בב"ק דף ס"ט ע"ב ד"ה כל שעה ועיין בתוס' עין כך עולין בו הפשות ובשו"ת דרשות הקדש מקדש ואין מקלין עליו: [ב] בתוס' ד"ה הואיל תימה לרשב"א וכו' ותירץ ר"י דשאני הנהו דכתיב בהו לה'. ב"ב ר"ל דכתיב בהו קודש לה' ובכל חלה הואיל ואי בעי מיתשל עלה שאני דל"כ בה קודש כדמשני הש"ס בקדושין דף נ"ג ע"א ישס"ה ודוק. אחרי שנים רבות שכתבתי זה יצא לאורה ס' מצין החכמה להגאון מוהרמ"ה וראיתי לו שם דף ס"ז ע"א בד"ה ומתורתו של הרמב"ן וכו' ישוב אחר בזה על התוס' והנלענ"ד כתבתי והוא אמת נכון יותר:

§ מסכת פסחים דף מו: §

אות א'

אינו לוקה

רמב"ם פ"א מהל' יו"ט הט"ז - המבשל ביום טוב לגוים או לבהמה או להניח לחול, אינו לוקה, שאילו באו לו אורחים היה אותו תבשיל ראוי להן. עשה לנפשו והותיר, מותר להאכיל ממנו לגוים ולבהמה.

סימן תקג ס"א - אסור לאפות או לבשל או לשחוט ביום טוב לצורך מחר, אפילו הוא שבת או יום טוב ואפילו בשני ימים של ר"ה; אבל ממלאה אשה קדרה בשר אף על פי שאינה צריכה אלא לחתיכה אחת. הגה: וכל שכן שיכול לשחוט אעפ"י שאינו צריך אלא לכזית (סמ"ק), וכן יכולה לבשל הרבה קדרות ולאכול מכל אחת מעט. (ב"י ורבינו ירוחם ותשובת הרשב"א). [א]ודוקא קודם אכילה, אבל אחר אכילה אינה יכולה לבשל ולומר: אוכל ממנה כזית, דהוי הערמה; מיהו אם עברה ובשלה, (או שחט) מותר לאכלו.

אות ב'

מדאורייתא צורכי שבת נעשין ביום טוב

רמב"ם פ"ו מהל' יו"ט ה"א - יום טוב שחל להיות ערב שבת, אין אופין ומבשלין ביום טוב מה שהוא אוכל למחר בשבת, [ב]ואיסור זה מדברי סופרים, כדי שלא יבא לבשל מיום טוב לחול, שקל וחומר הוא, לשבת אינו מבשל, כל שכן לחול; לפיכך אם עשה תבשיל מערב יום טוב שיהיה סומך עליו, ומבשל ואופה ביום טוב לשבת, הרי זה מותר; ותבשיל זה שסומך עליו, הוא הנקרא עירובי תבשילין.

אות ג'

בהמה המסוכנת לא ישחוט אלא כדי שיכול לאכול הימנה כזית צלי מבעוד יום

סימן תצח ס"ו - בהמה מסוכנת שירא שמא תמות, והוא אכל כבר ואין צריך לה, אסור לשחטה אלא א"כ יש שהות ביום כדי לאכול ממנה - אחר שתצא נפשה, כמ"ש ביו"ד, **כזית צלי** - שזהו הקל בבישולין, **מבעוד יום** - ודי בכזית, משום דא"א לכזית בשר בלא שחיטה, ואם כן הוי השחיטה כולה לצורך יו"ט.

ואף שאין בדעתו לאכול ממנה כלום, והטעם, דבאופן זה שיש שהות לאכול, אין איסור מן התורה לשחטה ביו"ט, דאלו היו מזדמני ליה אורחים שלא אכלו עדיין, ורוצים עתה לאכול מבהמה זו, היתה השחיטה מתרת להם, א"כ שחיטה זו נקראת מלאכת אוכל נפש, **וע"כ** אע"פ שלא נזדמנו אורחים, אין בשחיטה זו איסור מן התורה, אלא שחכמים אסרוה כל שאין בה צורך יו"ט, ובמקום הפסד לא העמידו חכמים דבריהם.

באר הגולה

[א] ‹כ"כ תוס' שם (י"א: ד"ה מערים) ורש"י בפ"ג דפסחים מ"ו ב' ד"ה האופה, וע"כ צ"ל כן, דאל"כ ל"ל למימר הואיל ומיקלעי ליה אורחים, יאמר הואיל ואילו רוצה יאכל מעט או יתן מעט לתינוק, וכן מי שלא הניח עירובי תבשילין, לבשל קדירה גדולה וימלא פורני פת ויאכיל מעט היום לתינוק, ואפי' בבהמה חציה של ישראל היה אסור אם לא שא"א לכזית בשר כו', **ואע"ג** דקי"ל הואיל, היינו למלקות, אבל איסורא איכא, כמ"ש בפסחים שם, לדידך היאך אופין מיו"ט לשבת כו', ואם איתא לדידיה קשה ל"ל לערובי תבשילין - גר"א. **ובביצה** דף כ"א. לא ציין העין משפט לסעיף זה› [ב] ‹ואע"ג דלמאן דלית ליה הואיל אמרינן התם הכי, {והרמב"ם בהלכות יו"ט פסק כמאן דאית ליה הואיל, עיין לעיל בסמוך}, משמע דמאן דאית ליה הואיל נמי סבר הכי, דבהא לא פליגי - ב"י. ‹**אע"ג** דרבה משמע דלכתחלה לא הוי ס"ל האי סברא, מדא"ל לרב חסדא ומשום עירובי תבשילין שרינן איסור דאורייתא, מ"מ לבתר דשמעה מרב חסדא הודה לו רבה, ולא מצינו בש"ס מחלוקת בזה - מחה"ש›

§ מסכת פסחים דף מז. §

אות א'

לפי שאינו דוחה לא את השבת ולא את היום טוב

רמב"ם פ"ה מהל' תמידין ומוספין ה"י - אין אפיית לחם הפנים דוחה את השבת ולא את יום טוב, אלא בערב שבת אופין אותן ועורכין אותן למחר; ואם חלו שני ימים טובים של ראש השנה להיות בחמישי ובערב שבת, אופין אותן מיום רביעי.

אות ב'

לפי שאינה דוחה לא את השבת ולא את היום טוב

רמב"ם פ"ח מהל' תמידין ומוספין ה"ח - ואין עשייתן דוחה יו"ט וא"צ לומר שבת, אלא אופין אותן מערב יום טוב, שנאמר: הוא לבדו יעשה לכם, לכם ולא לגבוה.

עין משפט
נר מצוה

לג א מיי' פ"ה מהל' תמידין הלכה י סמג עשין קל:
לד ב מיי' פ"ח שם הל' ח סמג עשין רח:

מסורת הש"ס

מנחות ק: ערכין ז. [שבת קיד:] [מנחות ק:] ג"ז שם ערכין ח: [ביצה כ:] [שם כ. כח: מגילה ז:] מכות כא:

*נאכל לתשעה לעשרה ולאחד עשר לא פחות ולא יותר כיצד כדרכו לתשעה נאפה בערב שבת נאכל בשבת לתשעה חל יום טוב להיות בע"ש נאכל לשבת לעשרה שני ימים טובים של ראש השנה נאכל לשבת לאחר עשר *לפי שאינו דוחה לא את השבת ולא את הי"ט ואי אמרת צורכי שבת נעשין בי"ט אמאי לא דחי י"ט א"ל *שבות קרובה התירו שבות רחוקה לא התירו ולרשב"ג דאמר *משום רבי שמעון בן הסגן דוחה את י"ט ואינו דוחה את יום צום מאי איכא למימר בהא פליגי מר סבר שבות קרובה התירו שבות רחוקה לא התירו ומר סבר שבות רחוקה נמי התירו מתיב רב מרי *שתי הלחם אינן נאכלות לא פחות משנים ולא יותר על שלשה כיצד נאפות ערב יום טוב נאכלות ליום טוב לשנים חל י"ט להיות אחר השבת נאכלות לי"ט לשלשה *לפי שאינה דוחה לא את השבת ולא את הי"ט ואי אמרת צורכי שבת נעשין בי"ט השתא דשבת בי"ט שרי דיום טוב ביום טוב מיבעיא שאני התם דאמר קרא לכם *לכם ולא לגבוה ולרשב"ג דאמר משום ר"ש בן הסגן דוחה את יום טוב מאי איכא למימר סבר לה כאבא שאול דאמר *לכם לכם ולא לנכרים שלח ליה רב חסדא לרבה ביד רב אחא בר רב הונא מי אמרינן הואיל והא תנן *יש חורש תלם אחד וחייבין עליה משום שמונה לאוין החורש בשור וחמור והן מוקדשים וכלאים בכרם ושביעית

נאכל לתשעה. ליום תשיעי לאפייתו: **נאפה בערב שבת.** זו מסדרין אותן למחר ולשבת הבאה מסלקים אותן הרי הוא נאכל לשבת הבאה ליום תשיעי לאפייתו: **חל י"ט בערב שבת.** ולא היו יכולין לאפות דבר שלא לצורך י"ט ואפאוהו מערב י"ט שהוא חמישי בשבת נאכל לשבת שניה דהיינו בעשרה: **שני ימים של ר"ה.** חלו בחמישי וששי כגון שבאו עדים מן המנחה ולמעלה דתנן (ר"ה דף ל:) נוהגים אותו היום קודש ולמחר קודש נאפה ברביעי בשבת ונאכל בשבת שניה לאחד עשר והאי שבת לאו יום צום הוא דכשהיו באים עדים לאחר המנחה היו עושין אלול מעובר ומונין מיום שני כדאמרינן שלא היו מקבלין את העדים לקדש בו ביום אא"כ באים קודם המנחה וא"כ הוי יום צום מאי אכיל ליה לאורתא דהוי נאכל ליום ולילה ובקדשים לילה הולכת אחר היום ושני ימים טובים של ר"ה דוקא נקט דבזמן לחם הפנים לא היו שני ימים טובים של גליות: **שאינו דוחה.** באפייתו: **לחם הפנים.** צרכי שבת הוא שמסלקין ואוכלין אותו בשבת ואי מדאורייתא נעשין בי"ט בגבולין ומדרבנן הוא דאסור הא במקדש קיימא לן דלא גזרו על השבות ואמאי אינו דוחה: **לעולם צרכי שבת.** בי"ט אין כאן אלא משום שבות ודקא קשיא לך הכא לישתרי דאין שבות במקדש: **שבות קרובה.** של י"ט עצמו או של אותה שבת עצמה שצריכה לבו ביום במקדש התירו: **שבות רחוקה.** לדחות שבות י"ט זה בשביל שבת שניה לא התירו במקדש: **ואינו דוחה את יום צום הכפורים.** באפייתו דאורייתא הוא דלא הותר בו אוכל נפש אבל יו"ט הותר בו אוכל נפש והאי אוכל נפש הוא ואע"ג דאינו צורך לי"ט הרי צורך לשבת הוא נמי י"ט הלכך בעלמא איסור שבות הוא ובמקדש לא גזור ואע"ג דרחוקה היא: **שתי הלחם.** הבאין בעצרת: **לשלשה.** לפי שאפאום מערב שבת: **ביום טוב מיבעיא.** אי נמי לא חזו השתא הא חזו לבו ביום ומי גרעי מצרכי שבת של מחר דלכל הני יומא לא חזי ליה דהא סעד כבר אלא לאו שמע מינה אין מותר בי"ט מן התורה אלא דבר הראוי לו אותה שעה וצרכי שבת טעמייהו משום הואיל דאורחים ובהכי ליכא למימר הואיל משום דההיא שעתא לא חזי עד שישחטו כבשים עליהן ויזרוק דמן וכיון דהוא אפשר למיעבד מאתמול לא דחי ליה לי"ט מידי דלא חזי ליה: **רבן שמעון כו'.** לא גרסי' ביה ואינו דוחה יום צום דמה ענין יום צום סמוך לעצרת: **כאבא שאול.** במס' ביצה (דף כ:): **לכם ולא לנכרים.** אבל לגבוה שרי: **ביד רב אחא.** הטעימו תשובה זו לאומרה לרבה משמו: **החורש בשור וחמור.** משום לא תחרוש וגו': **והן מוקדשין.** עובר על השור שהוא קדשי מזבח משום לא תעבוד בבכור שורך וכל הקדשים כבכור ועל החמור שהוא קדשי בדק הבית משום לאו דהזיד במעילה דאמרן בפ' כל שעה (לעיל לג.) הזיד במעיל' באזהר' וגמר חטא חטא מתרומה הרי שלשה לאוין חלוקין ולא חשיב אלא לאוין חלוקין:

נאכל לאחד עשר יום. כגון שבאו עדים מן המנחה ולמעלה ביום חמישי דנוהגין אותו היום קודש ולמחר קודש כי היכי דלא לזלזלו ביה לשנה הבאה כשיבאו העדים קודם המנחה כדמוכח בריש ביצה (דף ה:) ובתרא עיקר ומיהו מנינן יוה"כ ויהא יוה"כ ביום ה' ולא נאכל לי"א אבל אם באו עדים קודם המנחה א"כ למחר ביום ו' חול גמור הוא ויכולין לאפות לחם אחר ביום ו' ולחם הראשון יפה דאין התנור מקדש כיון דקסבר דאינו דוחה לא שבת ולא יו"ט כדפרישית לעיל: **ואי אמרת צורכי שבת נעשים בי"ט.** תימה לר"י מאי פריך והא רב חסדא לא פליג עליה דרבה אלא שמתיר לבשל בי"ט לשבת כמו שמותר לבשל לבו ביום דקדושה אחת היא כדפ"ה לקמן בכה"ג דמייתי אפי' לבו ביום אסורה כדקתני סיפא גבי שתי הלחם וכהא לא אמר רב חסדא שיעשו בי"ט יותר מרבה ונראה לר"י דה"פ לעיל צרכי שבת נעשים בי"ט לאו משום דקדושה אחת היא אלא כלומר הואיל שהיא מצות שבת אם לא יעשנה בי"ט לא יעשנה חשיב כמו אוכל נפש בי"ט והשתא פריך שפיר בשלמא לדידי דלא שריא בי"ט לשמחת י"ט אלא בכה"ג שיהא עיקרו משום שמחת י"ט והכא ליכא שמחת י"ט וגבי שתי הלחם נמי אין עיקרו לשמחת י"ט אלא עיקרו משום זבח אלא לדידך דאמרת צורכי שבת נעשים בי"ט וכל דבר שהוא מצוה וצריך לעשות בי"ט שאין לו זמן אחר הכא אמאי לא דחי י"ט וכן נראה לקמן גבי שתי הלחם ורש"י פי' גבי שתי הלחם דלרבה ל"ש דלא שייכא הואיל משום דההיא שעתא לא חזו עד שישחטו עליהם כבשים ויזרוק דמן וקשה לר"י לפירושו כיון דהגמרא אינה יודעת חילוק בין גבוה להדיוט וכי בשביל שלא יהא עכשיו ראוי אע"פ שיהא ראוי לבו ביום יהא אסור הלא כשהלושה העיסה לאורחים אינה ראויה עד שתאפה ושלמי חגיגה שמותר לשוחטן אע"פ שאסורים עד שיזרוק דמן ושחט בהמתו נמי בשעת שחיטה אינה ראויה אלא כיון שמותר אחר זמן לבו ביום לאו חסרון הוא ולא תיקשי נמי לרבה ומיהו י"ל לפ"ה דשתי הלחם אין להם שום חסרון בגופו:

ולרשב"ג דאמר דוחה י"ט. בשלמא לדידי דאמינא דסבירא ליה לת"ק דצורכי שבת אין נעשים בי"ט איכא למימר דהכא פליגי ולא איירי אלא בדאורייתא וקשה לך מת"ק אי נמי אומר רשב"א דאיכא למימר דפליגי דמר סבר אמרי' הואיל ויכול לפדותו ומר סבר לא אמרי' הואיל דלא שכיח כדפרי' לעיל אלא לדידך דאמרת דטעמא דת"ק משום שבות רחוקה בהא ליפלוג עליה רשב"ג:

לכם ולא לגבוה. פי' אף ולא לגבוה ודרשינן נמי ולא לנכרי כדמוכח בביצה (דף כ:) דמאן דסבר נדרים ונדבות אין קריבין בי"ט דריש נמי לכם ולא לנכרי גבי אמרו להם בית שמאי לבית הלל והלא כבר נאמר לכם ולא לגבוה:

ומוקדשין. פ"ה דבמוקדשין איכא תרתי בשור עובר משום לא תעבוד בבכור שורך וחמור שהוא קדשי בדק הבית חייב משום מעילה ובתוס' דחק דבשור גופיה מיחייב משום מעילה אם הוא עולה או חטאת וקשה לר"י דבפרק בתרא דמכות (דף כב.) אמר מידי דאיתא בשאלה לא קתני ופריך והרי הקדש ומשני בבכור ופריך והרי נזיר והשתא מחמור הוה ליה לאקשויי לפ"ה כיון דאיירי בחמור הקדש ועו"ק לפי' ליחשוב נמי כלאי זרעים ולוקמא כגון שזרע הרבה מינין בכרם דכי האי גוונא פריך במסכת מכות (דף כא.) לחשוב כמה לאוי °ונראה לר"י דלא חשיב לאו דמעילה דלא חשיב אלא הנך לאוי דלקי עלייהו אחרישה כל שהוא אבל אלאו דמעילה לא לקי עד שיחרוש בשוה פרוטה וכלאי הכרם מפרש ר"י דחשיב תרי לאוי משום כלאי זרעים ומשום כלאי הכרם וכן משמע כפי' מדלא קתני כלאי הכרם אלא כלאים בכרם והא דאמר רבי יאשיה אינו חייב עד שיזרע חטה ושעורה וחרצן במפולת יד לאו משום דלית ליה כלאי זרעים אלא אינו חייב משום כלאי הכרם קאמר וכן משמע בירושלמי דקאמר על דעתיה דר' יאשיה כתיב שדך לא תזרע כלאים לאיזה דבר נאמר לא תזרע כרמך כלאים פי' כיון דבלא חרצן מיחייב משום שדך ומשני שאם התרו בו משום שדך לוקה ומשום כרמך לוקה וכן משמע בפ' אותו ואת בנו (חולין פב.) דקאמר הזורע כלאים כלאים לוקה ופריך כלאים למה לי ומסיק מילתא אגב אורחיה קמשמע לן דאיכא תרי גווני כלאים לאפוקי מדרבי יאשיה דאמר עד שיזרע חטה וכו' וקא משמע לן דכי זרע חטין וחרצן ושעורה וחרצן נמי חייב ומדלא נקט חטה ושעורה אלא חטה וחרצן משמע דרבי יאשיה מודה בחטה ושעורה דלוקה משום כלאי זרעים והא דאמרינן בפרק בתרא דבכורות (דף נד.) דתירוש ויצהר אין תורמין מזה על זה מדכתיב כל חלב יצהר וכל חלב תירוש ודגן תן חלב לזה וחלב לזה אשכחן תירוש ויצהר תירוש ודגן דגן ודגן מנין אמרת קל וחומר וכו' ולרבי יאשיה מייתי לה הכי מה תירוש ויצהר שאינם כלאים זה עם זה אפילו

רבינו חננאל

קודם שתמות נבלה ואי אפשר לבוית בשר בלא שחיטה וכי קא שחיט לאכילה קא שחיט ואקשי' אהא דאמרי' מדאורייתא יום טוב מכין לשבת איני והתנן במנחות פי"א לחם הפנים נאכל לתשעה לעשרה לאחד עשר לא פחות ולא יותר כו' וקתני סיפא לפי שאינה דוחה לא את השבת ולא את יום טוב ושני' שבות קרובה התירו שבות רחוקה לא התירו כלומר יום טוב מכין לשבת שהוא אחריו אבל בלחם הפנים אינו מותר באכילה אלא לשבת הבאה שהיא שבת רחוקה לא התירה תורה ולרשב"ג דאמר משום ר' שמעון בן הסגן לחם הפנים דוחה יום טוב ואינו דוחה את יום צום כלומר אם חל יום הכפורים ערב שבת אינו דוחה אפיית לחם הפנים יום צום כמו שדוחה יום טוב קסבר אפי' שבת רחוקה התירו. ומותיב רב מרי משתי הלחם ואי אמרת יום טוב מכין לשבת יום טוב ליום טוב אמאי אינו מכין דתנן בשתי הלחם לפי שאינן דוחות לא שבת ולא יו"ט ומשני' שאני קדשים דאמר קרא יעשה לכם לכם ולא לגבוה ור"ש בן הסגן [סובר] לכם מותר ק"ו לגבוה ופשוטה היא: שלח רב חסדא לרבה (בר) [ביד] רב אחא בר הונא ומי אמרינן הואיל והתנן בפ' ואלו הן הלוקין יש חורש תלם אחד וחייב עליו שמונה לאוין ואלו הן החורש בשור וחמור [והן השור והחמור]מוקדשין חייב בשור אחת ובחמור אחר'כל אחת בפני עצמו

גליון הש"ס

תוס' ד"ה ומוקדשין. ונראה לר"י. עיין [illegible] ד"ה לוקות:

עין משפט נר מצוה

לה א מיי' פ"ז מהל' מעשה קרבנות הלכה טו:
לו ב מיי' פ"א שם הלכה יד:

ושביעית ביום טוב כהן ונזיר אבית הטומאה ואי אמרינן הואיל *אחרישה לא ליחייב הואיל וחזי לכיסוי דם ציפור א"ר פפא בר שמואל באבנים מקורזלות ראויות לכותשן וכתישה ביום טוב מי שרי ראויות לכותשן כלאחר יד בצונמא צונמא בר זריעה צונמא מלמעלה ועפר תיחוח מלמטה ותיפוק ליה משום עפר תיחוח אלא אמר מר בר רב אשי במינא ומינא בר זריעה הוא במתנתא איתיביה אביי *המבשל גיד הנשה בחלב בי"ט ואוכלו לוקה חמש לוקה משום מבשל גיד ביום טוב ולוקה משום אוכל גיד ולוקה משום מבשל בשר בחלב ולוקה משום אוכל בשר בחלב ולוקה משום הבערה ואי אמרינן הואיל אהבערה לא ליחייב הואיל דחזי ליה לצרכו אמר ליה אפיק הבערה ועייל גיד הנשה של נבילה והתני רבי חייא לוקין שתים על אכילתו ושלש על בישולו ואי איתא שלש על אכילתו מיבעי ליה אלא אפיק הבערה °ועייל עצי מוקצה ומוקצה דאורייתא הוא א"ל אין דכתיב °והיה ביום הששי והכינו את אשר יביאו ואזהרתה מהכא °לא תעשה כל מלאכה א"ל והא את הוא דאמרת בעאי מיניה מרב חסדא ואמרי לה בעאי מיניה מרב הונא הביא שה מאפר ושחטו תמיד ביו"ט מהו *ואת אמרת לן (אמר לי) עולה שה ולא הבכור אחת *ולא מעשר מן הצאן *ולא הפלגס מן

ושביעית. דעובר משום שדך לא תזרע וחורש תולדה דזורע כגון חורש לכסות את הזריעה: וכלאים בכרם. דבהדי דקא חריש מחפה בכלאים והמחפה בכלאים לוקה הרי חמשה וי"ט הרי ששה ושבת לא קתני דלאו משום דלא שייכין לאזהרם מיתה ב"ד הוא דאין לוקין עליו: וכהן ונזיר אבית הטומאה. שזה בית הקברות והוא כהן ונזיר ויש כהן שאינו דכהן לנפש לא יטמא ואינו דנזיר על נפש מת לא יבוא: אחרישה. משום לאו די"ט לא ליליקי: דם צפור. הואיל ואי מזדמני ליה לפריס וחיה שוחט: באבנים. דלא חזו לכיסוי: ראויות לכותשן. קושיא היא: כלאחר יד. ע"י שינוי דשבות בעלמא הוא וכיון דמדאורייתא שרי פקע ליה מלקות: צונמא. טיט לח וצלול: במתנתא. ארץ לחה ראויה לזריעה ואינה נעשית עפר אם בא לכותשה היא מדבקת ונגבלת: לוקה משום מבשל גיד בי"ט. בישול שאינו ראוי ולוקה משום מבשל בשר בחלב אפילו הוא חול וקסבר יש בגידים בנותן טעם ובשר הם: משום הבערה. שלא לצורך דהבערה מלאכה לעצמה ובישול מלאכה לעצמו: גיד הנשה של נבלה. דלוקה על אכילתו משום נבילה: שתים על אכילתו. אוכל גיד ואוכל בשר בחלב: שלש על בישולו. משום הבערה די"ט ומשום בישול די"ט ומשום מבשל בשר בחלב אפילו בחול: ועייל עצי מוקצה. דהשתא ליכא למימר הואיל דמדאורייתא אסור להשתמש באש מוקצה בי"ט: מוקצה דאורייתא. בתמיה: והכינו. במזומן שמזומן כל צרכו היום ויאמר דבר זה לצורך היום דמשום טורח מלאכה שבת לא צריך דהכתיב את אשר תאפו אפו ואת אשר תבשלו בשלו וכיון דלאו מזומן הוא והכתוב קרא הכנה הויא לה מלאכה ועובר עליה משום לא תעשה כל מלאכה: בעאי. שאלתי: מאפר. אחו ומוקצה הוא שאינו נכנס ליישוב ימים רבים: ספיד. עולה של ציבור: מהו. ליקרב: שה ולא הבכור. מתניתא היא ודרשה קרא דיחזקאל (מה) גבי קרבנות ושה אחת מן הצאן מן המאתים ממשקה ישראל: שה ולא הבכור. דשה משמע שיהא ראוי להיות בין זכר בין נקבה דלאו בכלל שה ובכור אינו אלא זכר: ולא מעשר. דמעשר בהמה אינו ראוי להקדישו לקרבן אחר והכי משמע אחד שיהא לבד ולא זה שאינו בא אלא מכלל עשרה: מן הפלגס. ולא כל הצאן מיטושא הוא להוציא פלגס יצא מכלל כבש ולכלל איל לא בא והיינו כל חודש שלשה עשר דכבש בן שנה הוא ואיל משנכנס לשנה שניה חודש שלם והכי מפרש לה במס' פרה (פ"א משנה ג): מן

תורה אור

אפילו ע"י ד"א אין מעברין מזה על זה תירוש ודגן ודגן שהן כלאים ע"י דבר אחר וכו' ע"י ד"א דקאמר לא קאי אדגן ודגן דכלאו דבר אחר מיחייב בחטים ושעורים לחוד וטמאה דר' יאשיה דכלאים בכרם לא מיחייב אלא בשלשה מינין ובכלאי זרעים מיחייב בב' מינין מפרש"י חריעת כלאים משמע בב' מיני זרעים וחרכן לאו מין זריעה הוא אבל אין לפרש משום דמשמע לא תזרע בהדי כרמך כלאים אבל שדך בלא שום זרע קרוי שדה דהא לא שייך לפרש כן גבי בהמתך ולפירוש ר"י קשה אמאי נקט שור וחמור בשור לחודי' ה"מ לאשכוחי כלאים בשור פסולי המוקדשים כדאמר בפ' בתרא דמכות (דף כב.) דאמר רבי יצחק המנהיג בשור פסולי המוקדשים לוקה משום דעשאו הכתוב ב' גופים דאיתקש לצבי ואיל ולפ"ה ניחא דליכא בפסולי המוקדשי' לאו דמטילה ולפר"י י"ל דמשום דעיקר כלאים בשור ובחמור כתיב נקט שור וחמור: ושביעית. למ"ד בפ"ק דמועד קטן (דף ג.) חורש בשביעית אינו לוקה מוקי לה דהכא בחורש ומחפה דמחפה חייב משום זורע: אחרישה לא ליחייב הואיל וחזי לכיסוי דם ציפור. אם היה דם ציפור במקום חרישה ובכה"ג שאם היה מבקש עפר אחר יגנב הדם או ישטשט ע"י מים ולא יקיים מצות כיסוי וגם מיירי שאין יכול לקפלו וליטלו דאם לא כן לא שייך כאן דלידחי עשה לא תעשה כדאמר ר"ל [בשבת] (דף קלב:) כל מקום שאתה מוצא עשה ולא תעשה אם אתה יכול לקיים שניהם מוטב אם לאו ידחה עשה לא תעשה: באבנים מקורזלות. פי' רכות שהן ראויות לזריעה מיהו לא חזו לכיסוי עד שיכתוש וגבי בית הכסא נמי לפי שהן רכות ראויות יותר לקינוח מכשהן קשים ולא כפ"ה דפי' התם בפ' כירה (שבת מג:) מקורזלות חדות דהכא לא א"ש ורש"י מחקו כאן מן הספרים*: כתישה בי"ט מי שרי. הקשה ריב"א מאי פריך הא ודאי שרי כמו חרישה דשרי משום הואיל הכא נמי כתישה ועוד תימה היכי פריך הכא דליתי עשה דכיסוי וידחה לאו די"ט הא אין י"ט נדחה מפני עשה דהא תנן בכילד צולין (לקמן פג:) אין שריפת קדשים דוחה י"ט ובפ' במה מדליקין (שבת כד:) יליף מקראי או משום כדמסיק רב אשי התם די"ט עשה ולא תעשה הוא ואין עשה דוחה לא תעשה ועשה ומפרש רשב"א הואיל וחזי לכיסוי דם ציפור לא משום דחיה קאמר אלא משום דאז לא צריך לחרישה אלא לעפרה ופטור *דהחופר גומא ואינו צריך אלא לעפרה פטור משום דהוי מלאכה שאין צריכה לגופה והשתא פריך שפיר כתישה בי"ט מי שרי דכתישה הוי כטחינה וצריכה לגופה הוא שמתכוון לעשות עפר לכסות ולא משתרי לצורך כיסוי דאין עשה דוחה לא תעשה ועשה וקשה לר"י הא דחופר גומא פטור היינו דוקא בבית דמקלקל הוא כדמוכח בפ"ק דחגיגה (דף י.) והכא בשדה לזריעה קיימא שמשביח את השדה בחרישה ואפילו אי הוה התם דם ציפור הוה חייב אי חריש בארעא דיליה והוי מלאכה שאין צריכה לגופה פטור השתא נמי פטור א"כ ביטלת כל מלאכה שבת ור"ת מפרש דבחרישה דכלאים קאי דליכא אלא לאו גרידא אבל איסור י"ט לא קאי ולא שייך לאו ובכגון שאם היה הולך לבקש עפר אחר היה הדם נבלע בקרקע ומסיק כתישה בי"ט מי שרי מפי כיון דמשום י"ט אסור דמשום דאית ביה עשה ולא תעשה גם משום כלאים לא שייך למיפטר בהואיל דלאפילו אם היה שם דם ציפור אסור ובתחלה נמי הוה מצי לשנויי חרישה בי"ט מי שרי אלא דמשני ליה בע"א משום יגדיל תורה ויאדיר*: ולוקה משום הבערה. בפ"ק דביצה (דף יב:) אמר הא מני ב"ש היא דלית להו מתוך אבל לבית הלל שרי עכ"פ. דצריך שיהא צורך היום הא נמי חשיב צורך היום אע"פ שאין ראוי לאוכלו אלא לאיסור. מכאן מוכיח ריב"א דבכה דאמר הואיל היינו אפילו לבית שמאי אמר: הואיל וחזי לצורכו. בלא האי פירכא נמי קאמר במכות אפיק הבערה משום דקשיא ליה הא דקאמר רבה חילוק מלאכות לשבת ואין חילוק מלאכות לי"ט: ועייל עצי מוקצה. תימה לר"י מ"מ ליתני גיד הנשה של נבילה וליקני נמי משום נבילה: שה ולא הבכור. פירש בקונט' דשה משמע בין זכר ובין נקיבה ותימה דהא בעולה איירי דאין באה נקבה וי"ל דמאי איצטריך קרא שאין תמיד בא מבכור ומעשר תיפוק ליה שאין מתנותיהן שוות וי"ל דהא אמר* כל הניתנין במתנה אחת שנתנן במתנה אחת כיפר ועי"ק היולך עשה תמיד מבכור הא קעבר משום כל שממנו לאשים הרי הוא בבל תקטירו (יבמות דף ק.) וי"ל כיון דמסיק ליה לשם עולה דינו כדין עולה ומהאי טעמא נמי ניחא לענין מתנה ור"י פירש דהאי קרא מיתחזי בפסח דכתיב ביה שה תמים (א) וקאמר שלא יביאו לא דבכור ולא למעשר ואע"ג דהשתא דמתנותיהן שוות ולא תיקשי כל שממנו לאשים: שה ולא בכור. וא"ת בפרק קמא דחגיגה (דף ח.) דפליק לן ממכסת ידך דכל דבר שבא חובה אין בא אלא מן החולין ומן המעשר ואמרינן לעיל* דהכא אסמכתא בעלמא היא ומן התורה כמו אסמכתא היא אך קשה דממשקה ישראל מן המותר לישראל דרשה גמורה היא דמהאי קרא יליף בפ"ק דמנחות (דף ה:) דטריפה אסורה לגבוה: רבי

רבינו חננאל

וכלאים בכרם אות הוא בשביעית ויו"ט שתים. כהן ונזיר אבות הטומאה שתים הרי ח' לאוין ואי ס"ד אמרי' הואיל אחרישה ביום טוב לא ליחייב הואיל וראוי לכסות באותה החפירה דם צפור ודחי' אותו מקום שחורש בו אבנים מקורזלות הם דלאו בני כסוי נינהו. אקשי' והא ראוי לכותשן כלאחר יד כו' ואוקמה רב אשי במתנא פי' קרקע שיש בו להלוחית ואינו ראוי לכסות בו ויש מי שאומ' טיט יבש: ומותיב אביי המבשל גיד הנשה בחלב ביו"ט ואכלו לוקה חמש כו' ואי אמרינן הואיל אהבערה לא ניחייב הואיל וחזי ליה לצרכיה לבשל ולאכול ושני' אפיק הבערה ועייל גיד של נבלה. איני והתנן ר' חייא אומר לוקה שתים על אכילתו ושלשה על בישולו ואלו הן לוקה משום הבערה משום מבשל גיד ביום טוב שאינו בר אכילה וכן משום בשר בחלב הרי שלשה בבישול ושתים באכילה משום אוכל גיד הנשה ומשום אוכל בשר בחלב ואי איתא שלש על אכילתו ומשני אפיק הבערה ועייל עצי מוקצה ואקשי' וכי מוקצה דאורייתא הוא ... תמיד ביום טוב מהו מי יש מוקצה לגבוה או לא ... איל ומפורש במס' פרה

מסורת הש"ס

ביצה יב. [פ"ש] מכות כא: [פ"ש]

פ"ח א"ל שה

[וע"ע תוס' סוכה לו: ד"ה מקורזלות]

[שבת עג:]

[עיין מ"ש תוס' חולין קמא. ד"ה לא צריכה וכו' בשם ריב"א]

[זבחים לו:]

הגהות הב"ח

(א) תוס' ד"ה שה ולא הבכור פי' ור"י וכו' פי' דהאי קרא מתחזי בפסח דכתיב ביה שה תמים א"כ אחת קרא שיכולו פסח מדבר שיכול להיות אחת פי' נקבה דהיינו חולין ולא בכור ושה אחת כתיב וקאמר וכו':

גליון הש"ס

גמ' אחרישה לא ליחייב. עי' טורי אבן חגיגה באבני מלואים דף יח ד"ה

וכלל: שם ועייל עצי מוקצה. עי' מג"א סי' שכ"ס סק"ס:

§ מסכת פסחים דף מז: §

אות א'

ולא מעשר

רמב"ם מהל' מעשה הקרבנות פט"ז הט"ו - מי שנדר נדר, לא יביאנו ממעות מעשר שני, שהרי נתחייב בקרבן זה, וכל המחוייב בקרבן לא יביא קרבנו אלא מן החולין.

אות ב'

ולא הפלגס

רמב"ם פ"א מהל' מעשה הקרבנות הי"ד - כל מקום שנאמר בתורה כבש או כבשה או כבשים, הרי אלו בני שנה; וכל מקום שנאמר איל או אילים, הם הזכרים בני שנתים; ומאימתי יקרא איל, משיכנס בשנה שנייה אחד ושלשים יום, אבל [א]ביום שלשים אינו כשר לא לכבש ולא לאיל, והוא הנקרא פלגס.

באר הגולה

א «כוונתו אפילו ביום שלשים, שהרי גם מקודם אינו ראוי גם לכבש כיון שעברה שנתו, וכ"ש לאיל דלא חזי - ערוה"ש»

§ מסכת פסחים דף מח. §

אות א'

לערלה שבטילה במאתים

רמב"ם פט"ו מהל' מאכלות אסורות הי"ד - **הערלה וכלאי הכרם עולין באחד ומאתים.**

אות ב'

אין מביאין נסכין מן הטבל

רמב"ם פ"ה מהל' איסורי מזבח ה"ט - **אין מביאין מנחות ונסכים לא מן הטבל, ולא מן החדש קודם לעומר, ולא מן המדומע, ואין צ"ל מערלה וכלאי הכרם, [א]מפני שהיא מצוה הבאה בעבירה שהקב"ה שונאה; ואם הביא לא נתקדשו להיותן ראויין לקרבן, אבל נתקדשו להפסל ויהיו כקדשים שנפסלו.**

אות ג'

יצא מוקצה שאין איסור גופו גרם לו

רמב"ם פ"ה מהל' איסורי מזבח ה"י - **ומביאים נסכים מן המוקצה ביום טוב.**

אות ד'

חילוק מלאכות לשבת ואין חילוק מלאכות ליום טוב

רמב"ם פ"א מהל' יום טוב ה"ג - **העושה אבות מלאכות הרבה ביום טוב בהתראה אחת, כגון שזרע ובנה וסתר וארג בהתראה אחת, אינו לוקה אלא אחת, חילוק מלאכות לשבת ואין חילוק מלאכות ליום טוב.**

באר הגולה

א ‹והנה צריך לבאר דברי הרמב"ם בשני הצדדין, בין במה שאינו מביא הא דמייתי בגמ' מקרא דממשקה ישראל, ובין בזה שכתב דפסול משום מצוה הבאה בעבירה, דאיזה עבירה יש כאן, הא ליכא קרא לאסור שלא להביא מן הטבל, ואי משום הנאה של כילוי, הא מצות לאו ליהנות ניתנו, ואפי' אם יתיישב לנו זה משום שעבר על מצות תרומה ונתינה לכהן, אכתי קשיא חדש, דהא אין איסור הנאה בחדש, ולא כתב קרא אלא איסור אכילה, ולהדיא מרבינן היתר הנאה בפסחים דף כ"ב - אבן האזל, וע"ש באריכות›

מן המאתים. על כרחך אנסכים קאי וקאמר הביאו הנסכים עליו מן המאתים שנשתיירו מאתים בבור היין : **מכאן לערלה שבטלה במאתים.** דאי לאו בשאיסור מעורב בו קאי אמאי מצריך מאתים ובעלמא בסיפרי נפקא לן שפיר דערלה וכלאי הכרם בטילין במאתים והאי מכאן לאו דוקא אלא אף כאן אתה יכול לסמוך קצת : **איסור דבר אחר.** שבת : **הא את הוא דאמרת** · בהאו הן הלוקין (מכות דף כא:) : **חילוק מלאכות לשבת** · שאם עשה שתים בהעלם אחד או [אחת] בשתי העלמות חייב שתים : **ואין חילוק מלאכות ליום טוב.** שאם עשה שתי מלאכות במזיד אינו לוקה שתים והכא ביום טוב קיימינן ומחייבת ליה משום י"ט תרתי משום מוקצה ומשום מבשל גיד ביום טוב : **אמר רמי בר חמא הא דרבה ורב חסדא.** דאיפליגו גבי יום טוב אי שרינן ליה משום הואיל או לא : **מחלוקת רבי אליעזר ור' יהושע היא דרבי אליעזר סבר אמרינן הואיל** · אע"ג דסופו להפריש אחת מהן לחלה ונמצא שטרח בדבר שאינו ראוי לאכילה אפי' הכי אמרינן הואיל ואי בעי לא מפריש חדא לחלה אלא בלע מכל חדא וחדא ואיכא למימר בכל חדא חזיא ליה ומותר לאפותה : **ור' יהושע סבר לא אמרינן הואיל.** כדי להתיר מלאכות יום טוב והאי הואיל ואי בעי מיתשיל עלה דלעיל לא קאי רמי בר חמא אלא אהואיל דאיסור מלאכת יום טוב : **אלא דבעידנא דעיילי לה.** איכא למימר בכל חדא וחדא חזיא ליה בלאו הואיל דבכל חדא איכא למימר זו לא תהא לחלה : **אבל הכא דלאורחין הוא דחזיא.** והרי עדיין לא זימן ליה ליה הואיל למישרייה לרבי אליעזר : **דלא חזיא לא לדידיה ולא לאורחים** · (א) והרי סופו ליטול אחת לחלה שאין דרך לבלוע מכל אחת : **אבל הכא.** דכולהו חזו לאורחין ואורחין שכיחי אמרינן הואיל למישרייה ואי קשיא הא דאמר ר' יהושע לא זהו חמץ שמוזהרין כו' אלמא לית ליה הואיל ואי בעי מיתשיל עלה אפילו לחומרא וכל שכן הואיל דהכא לקולא לא דמי דהשתא מיהא לאו דידיה הוא וכך שמעתי ומגמגם לבי עלה ונראה בעיני דאין הואיל בזה בדבר שאינו שלו דנימא הואיל ואי בעי מייתי ליה ברשותיה דאם כן הקדש דקיימא לן אבל אתה רואה של גבוה ולא פליג ר"ה הא אי בעי פריק ליה והוי דידיה ואף סוגיא דשמעתא לא מייתבא שפיר וכמדומה דפירוש הכתוב ברישא דשמעתא הואיל ואי בעי מיתשיל עליה לא גר' אלא הכי גר' ר' אליעזר סבר אמרי' הואיל ור' יהושע סבר לא אמרינן הואיל והכי פירושא ר' אליעזר סבר שרי לאפותה ואע"ג דסוף סוף איכא חדא דלא חזיא ליה אין כאן איסור מלאכה הואיל וכל חדא וחדא חזיא ליה דמצי למשקל מכל חדא פורתא ור' יהושע סבר לא אמרינן הואיל דהא סופו ליטול אחת מהן לחלה הלכך כיון דטובת הנאה איכא ממון ולא עבר עלה מנחתה עד הערב ושרפנה : **אמרוה** . להא דרמי בר חמא : **מילתא דקשיא לן כו'** . דבטובת הנאה ממון ליכא לאוקמי פלוגתייהו לחוד דנהי נמי דטובת הנאה ממון לר' אליעזר אפילו הכי השתא נמי עובר משום לא תעשה כל מלאכה ומוטב לעבור על בל יראה מאליו ואינו עושה מעשה בידים מלעבור על לא תעשה כל מלאכה ועושה מעשה בידים : **טעמא דידי משום הואיל** . ואין כאן חילול : **אהדר ליה במכילתא אחריתא** . ואיכא למימר דבתרווייהו פליגי ר' אליעזר סבר טובת הנאה ממון הלכך אי מחמלה גביה עבר עלה ולאפותה קודם לכן אין כאן איסור דאמרי' הואיל ואיכא למימר בכל חדא חזיא ליה ור' יהושע סבר איכא ממון הלכך לא זהו חמץ שמוזהרין עליו וכי אפי לה עבר עלה דלא אמרינן הואיל והא דהדריגנא לעיל דכולי עלמא טובת הנאה איכא ממון אכתי לא שמיע לן הא דלהדר ליה ר' אליעזר לר' יהושע הרי הוא עובר בבל יראה : **הלכה כבן בתירא** . תטיל לצונן : **שיעור עיסה** . ללוש בפסח ולא יותר שיכול לשומרה מידי חימוץ : **חילוף הדברים** . שהשעורין קרובין להחמיץ יותר מן החיטים : **הא בחסיכתא הא במעלייתא** . קמייתא במעלייתא בתרייתא בחסיכתא שלש שלהן אינן אלא קביים טובות : **שמע מינה** . לענין מקח וממכר : **גריען חיטי חסיכתא ממעלייתא טפי ממאי דגריען שערי חסיכתא ממעלייתא** . דהאו בחיטי קתני בטובות קביים וברעות שלשת קבים אלמא גרעי תילתא ואילו בשעורין הטובות שלשת קבין והרעות ארבעה ליכא גריעותא אלא ריבעא : **קבא מלוגנאה** . קב של אותו מקום : **לפיסחא** . שלא ללוש יותר כדי שיוכל לשומרו מן החימוץ : **וכן לחלה** . בכך שיעור עיסה נמי כל ימות השנה להתחייב בחלה :

מן המאתים ממותר שתי מאות שנשתיירו בבור מכאן [א]לערלה שבטילה במאתים ממשקה ישראל *מן המותר לישראל מכאן אמרו [ב]אין מביאין נסכין מן הטבל יכול לא יביא מן המוקצה אמרת מה טבל מיוחד שאיסור גופו גרם לו אף כל שאיסור גופו גרם לו [ג]יצא מוקצה שאין איסור גופו גרם לו אלא איסור דבר אחר גרם לו ואי אמרת איסור מוקצה דאורייתא מה לי איסור גופו מה לי איסור דבר אחר ועוד הא את הוא דאמרת *[ד]חילוק מלאכות לשבת ואין חילוק מלאכות ליו"ט אלא אפיק הבערה ועייל עצי אשירה ואזהרה מהכא ולא ידבק בידך מאומה מן החרם אמר ליה רב אחא בריה דרבא לאביי ונלקי נמי משום ולא תביא תועבה אל ביתך אלא אפיק הבערה ועייל עצי הקדש ואזהרה מהכא ואשריהם תשרפון באש לא תעשון כן לה' אלהיכם אמר רמי בר חמא הא דרב חסדא ורבה מחלוקת דר"א ורבי יהושע היא דר"א סבר אמרינן הואיל ורבי יהושע סבר לא אמרינן הואיל אמר רב פפא ודילמא עד כאן לא קאמר ר"א התם דאמרינן הואיל אלא דבעידנא דקא עיילי לתנורא כל חדא וחדא חזיא ליה לדידיה אבל הכא דלאורחין הוא דחזי לדידיה לא חזי אימא הכי נמי דלא אמרינן הואיל אמר רב שישא בריה דרב אידי ודילמא לא היא עד כאן לא קאמר רבי יהושע התם דלא אמרינן הואיל אלא דאיכא חדא דלא חזיא לא לדידיה ולא לאורחין אבל הכא דחזי מיהת לאורחין אימא הכי נמי אמרינן הואיל אמרוה [רבנן] קמיה דרבי ירמיה ור' זירא ר' ירמיה קיבלה ר' זירא לא קיבלה א"ל רבי ירמיה לרבי זירא מילתא דקשיא לן ואתיא כמה שני במאי פליגי ר"א ור' יהושע השתא אמרוה משמיה דגברא רבה ולא ניקבלה אמר ליה היכי אקבלה דתנינא אמר ליה רבי יהושע לדבריך הרי הוא עובר משום *לא תעשה כל מלאכה ושתיק ליה ואי איתא לימא ליה טעמא דידי משום הואיל א"ל ולטעמיך הא דתנינא בברייתא אמר לו ר"א לדבריך הרי הוא עובר משום בל יראה ובל ימצא ושתיק ליה ה"נ דלא אהדר ליה הא קא מהדר ליה במתני' דתנן לא זהו חמץ שמוזהרין עליו משום בל יראה ובל ימצא אלא שתיק ליה בברייתא ומהדר ליה במתני' ה"נ אימור שתיק ליה במתני' ואהדר ליה במכילתא אחריתי תניא רבי אומר הלכה כר"א ור' יצחק אמר הלכה כבן בתירא וכמה שיעור עיסה רבי ישמעאל בנו של רבי יוחנן בן ברוקה אומר בחטין קבין ובשעורין שלשת קבין ר' נתן אומר משום ר"א חילוף הדברים והתניא רבי ישמעאל בנו של ר' יוחנן בן ברוקה אומר בחטין שלשת קבין ובשעורין ארבעה קבין לא קשיא הא בחסיכתא הא במעלייתא אמר רב פפא שמע מינה גריעין חיטי חסיכתא מחיטי מעלייתא טפי מדגריען שערי חסיכתא משערי מעלייתא דאילו התם תילתא והכא ריבעא אמר רב קבא מלוגנאה לפיסחא וכן לחלה (*והתניא
חמשת

רבי אומר הלכה כר' אליעזר. ה"ר יוסף פסק כרבי משום דקיימא לן* כוותיה מחבירו וכן מנהג ור"י דוחה דשמא לא קאמר הכא כרבי מחבירו דהא איפליגו רבה ורב חסדא בהכי והא דהלכה כרבי מחבירו היינו היכא דליכא פלוגתא דאמוראי :
חמשה

תורה אור: יחזקאל מה · דברים יג · שם · שם יב · שמות כ

עין משפט נר מצוה:
לז א מיי' פט"ו מהלכות מאכלות אסורות הלכה יד :
לח ב מיי' פ"ה מהל' איסורי מזבח הל"ט:
לט ג שם הלכה י :
מ ד מיי' פ"א מהל' יו"ט הלכה ג :
[לעיל כז.]

מסורת הש"ס: [מנחות ס. חולין ל: תמורה כט.] · [מכות כא:] · [צ"ל והתנן]

הגהות הב"ח: (א) רש"י ד"ה דלא חזיא וכו' דהרי סופו :

[בקרא כתיב בשבת לא תעשה וכו' וצ"ל לא יעשה בהם דכתיב גבי חג הפסח שמות יב טז]

רבינו חננאל

מן המאה ממותר שתי מאות שנשתיירו בבור כלומר אפי' ערלה שהיא חמורה מן הכלאים עלתה (נשתיירה) [ואם נשתיירו]מאתים מותרין וכן מכאן לערלה שבטלה (במאה) [במאתים] ממשקה ישראל מן היין המותר לישראל מכאן אמרו אין מביאין נסכים מן הטבל יכול לא יביא מן המוקצה אמרת לא (יביא)ומה ראית לתתירו גמרי' מטבל מה טבל מיוחד שאיסור גופו גרם לו יצא מוקצה שגופו תמים וכשר הוא ואיסור הכנה בא להרחיק ואי ס"ד מוקצה אסור מן התורה איך מתירו ואפריכנא ומשני אפיק הבערה ועייל עצי אשרה ואזהרתיה ולא ידבק בידך מאומה מן החרם כו' וגרדות נם ש וכו' ואוקימנא אלא עייל עצי הקדש כו': **אמר** רמי בר חמא מחלוקת ר' אליעזר ור' יהושע במתני' בהואיל ופליגי בדרבה ורב חסדא ר' אליעזר סבר הואיל ואי בעי הא מפריש ואיבעי הא מפריש כל חדא וחדא חזיא ליה ושרי ליה למכליה לפיכך לא תקרא לה שם עד שתאפה ור' יהושע סבר לא אמרינן הואיל וכיון דאיכא חדא דלא חזיא ליה אסור והדר רב פפא דלמא לא היא עד כאן לא קא שרי ר' אליעזר לאפיה אלא הואיל ובעידנא דקא אפי לה כל חדא וחדא חזיא ליה אבל האופה מיום טוב לחול דבעידנא דקא אפי לא חזי ליה לבו ביום דהא אית ליה אחרים אימא לך אסור ר' אליעזר ודרב שישא נמי הא דדחי דלמא עד כאן לא אסר ר' יהושע באפיית הפת שלא הופרשה חלה ממנה אלא משום דאית ביה פת אחת שאינה ראויה לא לו ולא לאחרים מכרו מפני שהיא חלות (לכהן) [טמאה] אבל האופה מיום טוב לחול דאי מקלעי ליה אורחים חזי להאכיל להו שרי ר' יהושע : **אמרוה** הא דרמי קמי ר' זירא ולא קבלה אמר ליה ר' ירמיה אמאי לא קבלת אמר ליה ואמאי נקבלה דתניא בברייתא אמר (להם) [לו] ר' יהושע הרי (הנא) [הוא] עובר משום לא תעשה כל מלאכה כי אופה דבר שאינו ראוי לו ושתק ואי ס"ד בהואיל פליגי נימא ליה אינו עובר הואיל וכל חדא וחדא חזיא ליה אמאי שתיק ואלא מדאישתק הואיל א"ל ר' ירמיה אי הכי הא דתנינא בברייתא אמר לו ר' אליעזר הרי הוא עובר משום לא יראה ולא ימצא ואשתיק ר' יהושע בברייתא הכי נמי (דהדר ביה)[דלא אהדר ליה] והא אהדר ליה במתני' לא זהו חמץ שמוזהרין עליו בבל יראה ובל ימצא אלא שתיק בברייתא ואהדר לי' במתני' ר' אליעזר נמי איסור אהדר ליה במכילתא אחריתא ואע"ג דמסתבר טעמא דר' יהושע *)אמר אני אבריע כשאני אופה נמצאתי עובר על הוא לבדו יעשה לכם ועושה מעשה בידי וכשאני מניחה נמצאתי עובר ואיני עושה מעשה בידי . תניא אמר ר' הלכה כר' אליעזר דאמר לא תקרא לה שם עד שתאפה ואע"ג דאין לסדין ממשנת דהויא תלמוד סמכינן אהא דאמר רב יהודה אמר שמואל הלכה כר' אליעזר שהודה וניתן לסל הסל מצרפן דכולה חדא טעמא היא : **ור'** יצחק אמר הלכה כבן בתירא דאמר תטיל לצונן : **ואע"ג** דפליגי ר' ישמעאל בנו של ר' יוחנן בן ברוקה ור' נתן בשיעור אפיית עיסה הוא אמר בחטין קביין דעבדי קביין חמין פת טפי מדעבדי תלתא קבי שערי ומירתא דהני טפי מהני ור' נתן אמר בחטין שלשת קבין דשריין כלומר חוקן ויש בהן שמנונית ועיסתן לא מתמסא הויא פי' מהרה לפיכך אפילו שלשת קבין מותר אבל שעורים שאינן חוקים אלא כחושין מתחמצת עיסתן מהרה לפיכך אין אופין שעורים אלא קביין קביין ומקשי' ואמרינן ר' ישמעאל אומר קבין חטין והא תניא שלשת קבין חטין והא דאמר שלשת קבין שעורין והא תניא ארבעת קבין שעורין ושני' הא דאמר קבין חטין חיטי מעלייתא והא דאמר שלשת קבין חטין בחיטי חסיכתא דעים דקים כדמתרגמינן הסיותא ובישתא וכן בשעורים השעורים היפות שלשת קבין והרעות ארבעת קבין שנמצא עושות פת קבים השים יפות כמו שלשה קבין רעות וכן בשעורים נמצא בין השים יפות לחשים רעות שליש פחותות ובשעורים רביע מכלל שהחטים הרעות כו' ודברים פשטין הן : **אמר** רב קבא מלוגנאה לפסחא וכן לחלה וזה וזה שיעור אחד הוא כי קבא מלוגנאה הוא
חמשת

*) נראה דיש טעות סופר בדבריו וצ"ל טעמא דר"י ואני אכריע דכשאני אופה נמצאתי עובר על כל מלאכה לא יעשה בהם ועושה כו'.

עין משפט נר מצוה

מא א מיי' פ"ו מהל' ביכורים הלכה טו סמג עשין קמא טוש"ע י"ד סי' שכד סעיף א :

[וע"ע תוס' שבת טו. ד"ה רבי יוסי אומר ועירובין פג: ד"ה שבעת]

מב ב מיי' פ"ה מהל' חמץ הלכה יא סמג לאוין עט טור ש"ע א"ח סי' תנט ס"א :

מג ג ד טוש"ע א"ח סי' תנו ס"א :

מד ה ו מיי' פ"ו מהל' ביכורים הלכה טז סמג עשין קמא טוש"ע י"ד סי' שכה סעיף א :

מה ז מיי' פ"ה מהל' חמץ הלכה יג סמג לאוין עט טור ש"ע א"ח סי' תנט סעיף ג :

כו ח טור ש"ע שם :

רבינו חננאל

חמשת רבעים ועוד והן שיעור הקמח להוציא מהן חלה : אמר רב יוסף הני נשי דידן. כלומר בני בתאי נהגו למיפא קפיזא קפיזא בפסח שהוא מקבא מלוגנאה ואמר להו אביי נתרחק מאיסור דחמץ ואפקעו תורת חלה אמר ליה לא מפקעינן מחלה אלא עבדינן כר' אליעזר דתנן ר' אליעזר אומר הרודה ונותן לסל הסל מצרפן לחלה ואמר רב יהודה אמר שמואל הלכה כרבי אליעזר בככרות שנושכות זו את זו ונראות כאלו נכנסות זו בתוך זו ואפי' בענין שאין נושכות הסל מצרפן : בעי ר' ירמיה טבלא שאין לה לבזבז. פירוש לבזבז מסגרת מהו מי מצרפן לחלה דאויר כלי מצרף והא איכא אויר או דלמא תוך כלי מצרף והא לית ליה תוך ועלתה בתיקו : תניא רבי אליעזר אומר הסל מצרפן לחלה וקיימ' לן כותיה ר' יהושע אומר תנור מצרפן רשב"ג אומר ככרות נושכות זו את זו מצטרפות : מתני' ר"ג אומר שלש נשים לשות כאחת ואופות בתנור אחד זו אחר זו וזו אחר זו ואע"פ שכולן (לשו)[ואפו]בתנו' אחד אחת מסיקה התנור ואופה השניה אחריה והשלישי' אחריה וקמ"ל אע"פ שיהא הבצק שוהה כדי שלשה הסקות ושתי אפיות אינו בא לידי חמוץ ומוב לעשות כך אבל ארבע נשים ללוש כאחת לא נתברר כי התיר רשב"ג ללוש לקטף ולאפות אשה אחת והאחרת שלשה עסה מסתנת לה : וחכמי' אומרים שלש נשים עוסקות בבצק אחת לשה וכשתתחיל לערוך אחרת לשה וזו שעורכת מסיקה ואופה וזו שלשה אחריה עורכ' וכשתתחיל הראשונה לאפות השני' לערוך מתחלת השלישית

חמשת רבעים קמח. רש"י לא גרס ועוד משום דחמשה לוגין ציפוריים במקום הוי כעיסת מדבר ור"ת מפרש דהיינו כר' יוסי דאמר בפ"ק דשבת (דף טו.) חמשה פטורים חמשה ועוד חייבין והיינו טעמא דר' יוסי דלאחר הפרשת חלה בעינן שיעור עריסותיכם*:

לא שנו אלא ככרות שנושכות זו את זו. תימה דלא משמע הכי במסכת חלה (פ"ב משנה ד) דתנן העושה עיסתו קבין פטור מן החלה עד שישוכו רבי אליעזר אומר אף הרודה וכו' אלמא לא בעי ר' אליעזר שישוכו ואי לא גרס אף אתי שפיר דמצי למימר דבעי תרתי שישוכו ויתנם לסל :

לפנות

חמשת רבעים. לוגין ליפוריים שהן שבעה ועוד מדבריים שזה הוא שיעור העומר שהיתה עיסת מדבר שנאמר גבי חלה (במדבר טו) ראשית עריסותיכם כדי עריסותיכם דהיינו עיסת מדבר שהוא עומר לגולגולת והוא עשירית האיפה והאיפה שלש סאין וסאה ששה קבין מדבריות חשוב עישור שבהן ותמצא שבעת רבעי קב וביצה וחומש ביצה כיצד חלק שלש סאין שהן שמונה עשרה קבין ועשה מהן רבעי קב הייתו לוגין ותמצא בהן שבעים ושנים לוג טול עישור של שבעים הרי שבעה והשנים הנשארים שתים עשרה ביצים הן עישור שלהן ביצה וחומש ביצה הרי שבעת רבעים ועוד דהוא ביצה וחומש ביצה ובירושלים הוסיפו על המדות שתות מלבר שהוא חומש מלגו שנתנו ששה מן הראשונים בתוך חמשה האחרונים הרי ששת רבעים הראשונים נעשו חמשה והרובע וביצה וחומש הנשארים נעשו רובע שהרובע שש ביצים עשה מהן חמש ביצים גדולות והביצה וחומש ביצה נעשית ביצה גדולה שניתוסף עליה חומשה מלגו דהוא שתות מלבר הרי שש ביצים גדולות דהוא רובע קב גדול הרי עומר המדבר ששה רבעים ירושלמיים וסאה ציפורית עודפת על ירושלמית שתות מלבר כדאמר בעירובין (דף פג.) הרי עומר שהיה ששה רבעים ירושלמיים נכנס בחמש ציפוריים : **נהוג למיפא.** בפיסחא קפיזא קפיזא שלשה לוגין לחומרא לשומרו מן החימוץ: **אמר לי'.** כר' אליעזר סביר' לן דהסל מצרפן לחלה לאחר אפייתן והאידנא קיימא לן כר' אליעזר בחלה של אור דאין שורפין קדשים ביום טוב ולהשהותם אי אפשר ומשיקרא עליה שם אסור לאפותה דהא לאו לאכילה היא ולא קרינן עלה שם אלא עושה חררה קטנה אבל גדולה ואופה שתיהן וכשהוא רודה נותן לכלי והוא מצרפם ונוטל הקטנה וקורא שם ומברך ומלגיעה ושורפה משתחשך או למחר וכן הורה לנו רבינו יעקב בן יקר :

חמשת רבעים קמח ועוד חייבין בחלה הכי קאמר קבא מלוגנאי נמי אהאי שיעורא קאי אמר רב יוסף הני נשי דידן נהוג למיפא קפיזא קפיזא לפיסחא א"ל אביי מאי דעתיך לחומרא חומרא דאתי לידי קולא הוא דקא מפקע לה מחלה א"ל דעבדן כר' אליעזר (דתניא) *רבי אליעזר אומר הרודה ונותן לסל הסל מצרפן לחלה ואמר רב יהודה אמר שמואל הלכה כרבי אליעזר א"ל והא איתמר עלה אמר רבי יהושע בן לוי לא שנו אלא ככרות של בבל שנושכות זו מזו אבל כעכין לא הא איתמר עלה א"ר חנינא אפי' כעכין בעי ר' ירמיה טבלא שאין לה לבזבז *מהו תוך כלי בעינן והא ליכא או דילמא אויר כלי בעינן והא איכא תיקו : תניא ר' אליעזר אומר הסל מצרפן ר' יהושע אומר תנור מצרפן רבן שמעון בן גמליאל אומר ככרות[א] של בבל שנושכות זו מזו מצטרפות: **מתני' רבן גמליאל אומר שלש נשים לשות כאחת ואופות בתנור אחד זו אחר זו וחכמים אומרים שלש נשים עוסקות בבצק כאחת אחת לשה ואחת עורכת ואחת אופה ר' עקיבא אומר *לא כל הנשים ולא כל העצים ולא כל התנורים שוין זה הכלל תפח תלטוש בצונן : **גמ'** ת"ר לשה היא מקטפת וחבירתה לשה תחתיה מקטפת היא אופה וחבירתה מקטפת תחתיה והשלישית לשה היא לשה וחבירתה אופה תחתיה והשלישית מקטפת וחוזרות חלילה כל זמן שעוסקות בבצק אינו בא לידי חימוץ : ר"ע אומר לא כל הנשים וכו' : תניא אמר רבי עקיבא דנתי לפני רבן גמליאל ילמדינו רבינו בנשים זריזות או בנשים שאין זריזות בעצים לחים או בעצים יבשים בתנור חם או בתנור צונן אמר לי אין לך אלא מה ששנו חכמים זה הכלל תפח תלטוש בצונן : **מתני'** שיאור ישרף *והאוכלו פטור סידוק ישרף והאוכלו חייב כרת איזהו שיאור כקרני חגבים סידוק שנתערבו סדקין זה בזה דברי רבי יהודה וחכמים אומרים *זה וזה האוכלו חייב כרת ואיזהו שיאור כל שהכסיפו פניו כאדם שעמדו שערותיו : **גמ'** תנו רבנן *איזהו שיאור כל שהכסיפו פניו כאדם שעמדו שערותיו סידוק כקרני חגבים *דברי ר' מאיר וחכמים אומרים איזהו שיאור כקרני חגבים סידוק שנתערבו סדקין זה בזה וזה וזה האוכלו חייב כרת והאנן תנן שיאור ישרף והאוכלו פטור דברי רבי יהודה אימא לרבי מאיר זה וזה האוכלו חייב כרת אמר רבא מאי טעמא דר' מאיר אין לך כל סדק וסדק מלמעלה שאין לו כמה סדקים מלמטה:

מתני'

שנושכות זו את זו. שהן רחבות ועגולות כעין שלט וכשמדביקין זו אצל זו בתנור נושכות זו מזו הלכך חדא היא : **אבל כעכין.** קויילו"ש בלע"ז ארוכין וקצרין ואין נושכין זה מזה : **טבלא שאין לה לבזבז.** מסגרת ושפה סביב לה ורדה פת לתוכה מן התנור : **מהו.** שתצטרף לר' אליעזר : **תנור מצרפן.** [ב] אף תנור מצרפן אף על פי שלא נתנן לסל : **ככרות של בבל כו'.** אבל כעכין לא : **מתני' רבן גמליאל אומר שלש נשים לשות כאחת.** כל אחת מלא התנור ואין כאן חימוץ אף על פי שהאחת ממתנת עד שיאפו הפסים : **וחכמים אומרים.** אין להקל כל כך שיהו לשות כאחת אלא שלש נשים עוסקות כל אחת בבצק שלה : **אחת לשה.** האחרונה לשה כשחבירתה האמצעית מקטפת והשלישית שלשה תחלה אופה וסידרא מפרש בגמרא : **לא כל הנשים.** יש עצלניות ומתמהמהות אם ישהו כל כך ויש תנור שאינו חם מהר ויש עצים שאינם נבערים מהר : **זה הכלל תפח.** הבצק בידה שהיא רואה שרוצה לתפוח : **תלטוש.** ידיה במים לוטן ומקטפנה ותצטנן : **גמ' לשה היא מקטפת.** אדרבנן קאי הראשונה שקדמה ללוש מלא התנור קטן שלהן תחלה כשהיא מקטפת דהיינו עריכה שקורין אנטורטי"ר וחברתה מתחלת ללוש עיסה שלה : **מקטפת היא אופה.** וזו הראשונה כשהיא מקטפת עכשיו וגמרה קיטופה היא אופה ונותנת לתנור וחבירתה שהיתה לשה מקטפת תחתיה והשלישית לשה וכשגמרה הראשונה לאפות נגמרה האמצעית לקטף והתחילה לאפות והרי האמצעית המקטפת אופה וחבירתה האחרונה מקטפת תחתיה והראשונה חוזרת ולשה שהיו תנורין קטנים ולא היתה מספקת [אלא] כמלא תנור : **וכן חוזרות חלילה.** חלילה לשון מחול סביב סביב : **דנתי לפני רבן גמליאל.** שהיה אומר כלל דבר כלל שלש נשים לשות כאחת וממתנת האחת עד שיאפו הפסים : **מתני' שיאור.** שלא החמיץ כל צרכו : **סידוק.** סדק לכאן וסדק לכאן : **קרני חגבים.** סדק לכאן ולכאן : **זה וזה האוכלו בכרת.** דקרני חגבים נמי סידוק הוי : **ואיזהו שיאור.** שפטור זה שאין בו סדק אלא הכסיפו פניו כלמוס שעמדו שערותיו ומתוך פחד ורתת פניו מכסיפין : **גמ'** חכמים דברייתא הוא ר' יהודה דמתני' וחכמים דמתני' הוא ר' מאיר. ה"ג בברייתא וחכמים אומרים אי זהו שיאור כקרני חגבים סידוק שנתערבו סדקין זה בזה וזה וזה האוכלו בכרת : **והא אנן תנן.** דר' יהודה פטר בשיאור דידיה דלר' מאיר ישרף לא מחייב עלה לא מלקות ולא כרת : **אימא לרבי מאיר זה וזה.** בין שיאור דרבי יהודה דקרני חגבים בין סידוק חייבין כרת דתרווייהו לרבי מאיר סידוק נינהו : **כמה סדקין מלמטה.** בתוכו הלכך כי הוי למעלה כקרני חגבים הוי למטה כנתערבו סדקין :

מתני'

מסורת הש"ס

שבת טו: [חלה פ"ב מ"ו] עדיות פ"א [מ"ב]

[נ"ל דתנן] נדה ח. [חלה פ"ב מ"ד]

לעיל מג.

מכילתא פ' בא

[לעיל מג. מנחות נג. חולין כג:]

הגהות הגר"א

[א] גמ' רשב"ג אומר ככרות כו'. נ"ב כאן והוא דברי ת"ק דמתני' דחלה ועיין תוס' : [ב] רש"י ד"ה תנור מצרפן אף תנור כו' נ"ב בירושלמי (פ"ב דחלה) איתא דוקא תנור ולא סל :

גליון הש"ס

גמ' מהו תוך כלי בעינן. עיין סוכה ... מתני' לא כל הנשים. עיין יבמות קכ ע"ב.

ללוש נמצאת בבת אחת הראשונה אופה השניה עורכת והשלישית לשה ואין אחת מהן ממתנת לחברתה אלא כולן עוסקות וזו היא ששנינו בברייתא לשה היא מקטפת וחברתה לשה תחתיה מקטפת היא אופה וחברתה מקטפת תחתיה [והשלישית לשה] אופה היא לשה וחברתה אופה תחתיה [והשלישית מקטפת] וחוזרות חלילה כל זמן שעוסקות בבצק אינו בא לידי חמוץ : ר' עקיבא אומר לא כל הנשים ולא כל העצים ולא כל התנורים שוין זה הכלל תפח תלטוש בצונן [illegible] שיאור ישרף והאוכלו פטור [illegible] כרת [illegible] כר'

§ מסכת פסחים דף מח: §

אות א'

חמשת רבעים קמח ועוד חייבין בחלה

יו"ד סימן שכד ס"א - אין חייב בחלה אלא חמשת מיני תבואה - שהן חטין ושעורים וכוסמין ושבולת שועל ושיפון, כדמפרש ואזיל, **ואין חייב אלא חמשת רבעים; ומדה שמחזיק מ"ג ביצים** - כמנין חל"ה, **וחומש ביצה** - ולרמז חומש יש ה' בסוף תיבת חלה, שהרי אי אפשר לכתוב ה' במנין מ"ג אלא בתיבת חלה, שהרי מיד כשתקח בידך מנין ה' נשאר בידך מנין ל"ח והרי חלה - ש"ך, ‹דאות ה"י במנין מ"ג א"א רק בחלה, ולכן כשתזכור המספר של חלה ממילא תזכור על הה"י דא"א בלא ה"י, וזהו כוונת הש"ך – ערוה"ש›, **ממלאים אותו קמח, ואותו קמח הוא שיעור חלה** – [זו דעת רשב"א, וחולק על הרא"ש, דס"ל משערינן לפי התבואה, כמו עומר של מן, ממילא בקמח הוא צריך יותר, וע"כ כתב שיש למדוד בקמח בגודש, ורשב"א כ', דא"כ א"א לנו לדעת כמה ניתוסף במן אחר שנטחן ברחיים, אלא ודאי אין משערינן אלא בקמח, וע"כ אין צריך גודש – ט"ז].

וכשממלאים המדה קמח, תהיה מחוקה ולא גדושה. והיאך ישערו לדעת שהיא מחזקת מ"ג ביצים וחומש, נתבאר בטור או"ח - וע"פ אותו השיעור שערתי, והוא ג' קווארט פחות מעט, וכן נהגו, וכ"כ מהרי"ו בדיני פסח, דשיעור חלה הוא כלי שמחזיק מעט פחות מג' זיידלי"ך, וזייד"ל הוא קווארט. ‹**ואנחנו** מורים ובאים, על ג' קווארט בשוה הוי שיעור חלה, ואף שהוא פחות מעט, מי יוכל לשער המעט, ולכן יש ליזהר או ללוש הרבה פחות מג' קווארט, ואז פטורה, או ללוש ג' שלימים – ערוה"ש›. **(ועיין באו"ח סי' תנ"ו).**

‹**עיין** בספר צל"ח שכ', שנתברר לו ע"פ המדידה, שהביצות המצויות בינינו הביצה שלימה שלנו הוא רק חצי ביצה מהביצות שבהם שיעורי התורה, **ולכן** היה מזהיר שעל מדה שמחזקת מ"ג ביצים שלנו יקח החלה בלא ברכה, **עד** שיהיה כמדת פ"ו ביצים שלנו אז יברכו, ע"ש, **וכמדומה** שגם בהנהגות הגר"א זצ"ל ראיתי שכתב כן). **ועכ"פ** על ג' קווארט קמח וודאי דיש לברך, וכן המנהג הפשוט בכל תפוצות ישראל, ואין לפקפק בזה כלל. **וטוב** יותר לשער במדת אגודל – ערוה"ש›.

ומשקל חמשת רבעים קמח, הוא תק"כ דרה"ם מקמח חטים שבמצרים.

הגה: כלי המחזיק עשר אצבעות על עשר אצבעות, ברום שלש אצבעות ותשיעית אצבע בקרוב, הוא שיעור החלה; וכן מדה שיש בה ז' אצבעות פחות ב' תשיעיות אצבע (על ז' פחות ב' תשיעיות אצבע), ברום ז' אצבעות פחות ב' תשיעיות אצבע, הוא העומר - והוא החלה, **וכל האצבעות אלו הם רוחב גודל של יד** - כתב העט"ז צ"ע באלו המדות, אם ר"ל מרובעות או עגולות כו', **והדבר** פשוט שהוא מרובעות, שהרי הוא מהרמב"ם פ"ו מהל' בכורים שלמדו מרביעית של תורה של פסח, שהוא במרובע, וכמו שנתבאר שם בדברי הפוסקים - ש"ך.

אות ב'

אהאי שיעורא קאי

סימן תנו ס"א - [ב]אין לשין לפסח עיסה גדולה משיעור חלה, שהיא מ"ג ביצים וחומש ביצה בינונים - כמו שהן עם הקליפות, **והוא עשרון** - לפי ששיערו חכמים, שהעסק שאדם אחד מתעסק בידו בעיסה בלישה ועריכה, אינו מצילה מחימוץ כשהיא גדולה ביותר מהשיעור המוזכר כאן, לפי שאין הידים מספיקות להתעסק בה מכל צדדיה מתוך גדלה.

[ג]וכן ישער אותה, ימלא כלי מים ויערה המים ממנו לכלי אחר, ואח"כ יתן מ"ג ביצים ויחזיר בו המים שעירה ממנה, והמים שיותרו יתנם בכלי אחר, והכלי המחזיק אותם הוא המדה למלאותו מקמח - ולא ישער ע"י משקל, **[ד]והמדה מחוקה ולא גדושה; ושיעורה מקמח חטה מצרית תק"כ דרהם מצריים בקירוב** - וכתבו האחרונים שהוא שיעור ג' קווארט לערך.

הגה: ולא ידחק הקמח במדה - היינו אף אם כמות הקמח אינו מחזיק אלא עשרון או פחות מזה, **דא"כ לא ילוש יפה** - בכמה מקומות, שלא יכנוס לשם מים, ויתחמץ כשיבוא בתבשיל, וימדוד בפזור כדרך שמודדים למכור, **ואפילו** להניח ידו על הקמח אין נכון לכתחלה.

וטוב לומר בשעת נתינת הקמח למדה, שעושה לשם מצוה (מהרי"ל).

[ה]סימן תנו ס"ב - [ו]אם לש יותר משיעור זה, מותר בדיעבד - אפי' עבר ולש יותר במזיד, **והטעם**, דאף שאנו אומרים דאין עסק מועיל בעיסה גדולה כזו שלא תבא לידי חימוץ, מ"מ לא גרע מאם הניח עיסה בלי עסק כלל, דקיי"ל דאין לאסור כל זמן שלא שהה שיעור מיל.

ובשהה שיעור מיל בלישתו קודם שיתחילו העוזרים לסייע בשעת עריכה, צידדו כמה אחרונים, דלסברא הנ"ל יש לאסור גם בדיעבד, דכיון דשיערו חכמים דמרוב גדולה א"א לאדם אחד לעסוק בכל העיסה כראוי, הו"ל כמונחת בלי עסק כלל.

באר הגולה

ב מימרא דרב פסחים מ"ח והרא"ש ושאר פוסקים | ג טור ושאר פוסקים | ד תשובת הרשב"א והרא"ש ושאר פוסקים | ה ‹מילואים› | ו טור בשם הר"ר יונה

ויש פוסקים שהקילו בעיקר דין זה בימינו, ולדעתם לא חששו חכמים בזה רק בימיהם, שאדם אחד היה לש ועורך, והיו עורכין בידים בלי עמילין של עץ, והיה הדבר משתהה הרבה, וגם תנוריהם היו קטנים, שלא היו יכולים לרדות לתוך התנור הרבה מצות בבת אחת, והיה משתייר הרבה מצות על הדף בלי עסק, ולהכי מנעו חכמים מללוש שיעור גדול בפעם אחת, **אבל** בימינו שאופין מצות בעוזרים רבים, וגם תנורינו גדולים מאד, ולשין ועורכין ואופין בזריזות גדול, אין להחמיר אפילו בלשים במדה גדולה בפעם אחת, שבודאי לא יבא לידי חימוץ, ‹**וכששהו** שיעור מיל, גם המקילין ס"ל לאסור - יד אפרים›, **והעולם** נהגו לכתחלה כדעה זו, ואין למחות בידם, מאחר שיש להם על מי לסמוך, **מ"מ** כל יר"ש יראה להחמיר כדעה ראשונה אף בימינו, **ובפרט** בישובים קטנים שאין להם מתעסקים הרבה, בודאי יש ליזהר שלא ללוש יותר מכשיעור המבואר בכאן, [**ועיין** בח"י, דאם לש יותר מג' קבין ‹ע"ב ביצים›, יש למחות ולמנעם, ואפשר דבזה אף בדיעבד אסור לכו"ע].

כתבו הפוסקים, כי קפדינן שלא ללוש יותר משיעור זה, כשהוא לש עיסות הרבה שאפשר לצרפן לחלה אח"כ, וכדלקמן בסימן תנ"ז, **אבל** אם בא ללוש רק עיסה אחת, אין לצמצם כ"כ, שמא לא יהיה בו כשיעור, וכשיברך יהיה לבטלה, [**ועיין** בסי' תנ"ז בראשו, שיש שסוברין דאפי' להוסיף ה' או ו' ביצים אין לחוש, **אכן** מלשון המחבר בראש הסימן שמצמצם בשיעורו לא משמע כן, ובפרט להראשונים דס"ל, דיותר משיעור זה יש לתא דחשש חמץ אף בדיעבד אם שהה שיעור מיל, בודאי אין להוסיף כ"כ, **וצ"ע**].

[ז]סימן תנו ס"ג - [ח]אעפ"י שאין מודדין קמח ביו"ט ללוש, [ט]ביו"ט של פסח שאין לשין עיסה גדולה מעשרון - ובפחות מעשרון אין כדאי למדוד, כדי שיוכל להפריש חלה בברכה, **מותר למדוד; [י]ויש אוסרים, אלא יקח באומד הדעת, ולא ירבה על עשרון, (והכי נהוג)** - ולענין ברכה, יקרב עיסה זו לעיסה אחרת וכדלקמן ריש סימן תנ"ז, דשמא אין בה עשרון.

אות ג' - ד'

נהוג למיפא קפיזא קפיזא לפיסחא

הרודה ונותן לסל הסל מצרפן לחלה

סימן תנז ס"א - [יא]מפני שצריך לדקדק בשיעור העיסה שלא להרבות בה משום חשש חימוץ, ומוטב שימעט בה, לכן טוב לקרב העיסות יחד בשעת הפרשת חלה - ר"ל אחר שלש עיסה הראשונה, תהא מונחת על השלחן ואחד יעסוק בה, עד שילושו עוד עיסה אחרת, או שילושו שתי עיסות בבת אחת בשתי עריבות, ובין שניהן בודאי יהיה שיעור חלה, **שישיקו זו בזו** - ר"ל שידבקו העיסות זו בזו, עד שאם יתפרדו יתלשו אחד מחברתה מעט, ודיבוק כזה מחשבן לעיסה אחת, וכשניטל חלה מאחת סגי.

[**ויש** שנוהגין שחותכין משתי העיסות ביחד, ולכאורה הוא למותר, **וכתב** בח"י, שאפשר הטעם, משום שלפעמים העיסות קשות, ואינם נדבקים היטב, וע"י החיתוך משניהם יחד, נדבקים אז ביחד].

וכתבו האחרונים דאם העיסות נילושות קשה, א"א לדבקן ביחד אח"כ היטב, ואין כאן צירוף, וע"כ יצרפם ע"י כלי, או ע"י כיסוי מפה.

דשמא יש בהם שלא היה בה כשיעור - ר"ל וא"כ כשיפריש חלה בברכה תהיה ברכתו לבטלה, **ועוד** דחיישינן אם יש איזה מן העיסות שאין בהן שיעור חלה, א"כ הפרשתן לאו כלום הוא, ושמא אח"כ לאחר אפייתן, יכניסן להמצות בכלי אחד ויצטרפו, ויתחייבו בחלה מן הדין, ונמצא אוכל טבל.

‹**עיין בחק יעקב, דאם אין לו רק עיסה אחת, טוב שלא לצמצם, כדי שלא להפקיע מחלה, ועיין לעיל בסוף סימן תנ"ו**›.

ובמקום שנהגו העולם ללוש עיסות גדולות משיעור חלה, וכמו שהובא בסוף סימן שלפני זה במ"ב, הם מפרישין חלה מכל עיסה ועיסה בפני עצמו, ונהגו שמכל עיסה ועיסה מפרשת אשה אחרת ומברכת לעצמה, **ואם** אדם אחד מפריש לכל העיסות, די בברכה אחת לכולן, אם לא הפסיק בינתים בשיחה שאינה מענין הלישה.

כתבו האחרונים, שהמנהג שקצת נוהגין, לכפול העיסה בשעת הפרשה, כדי להפריש החלה משני קצותיה, הוא מנהג שאינו נכון, ודי להפריש מקצה האחד.

אם אפשר, טוב יותר להפריש מן העיסה, כדכתיב: ראשית עריסותיכם, הרי דעיקר מצותה לכתחלה הוא בשעה שהיא עיסה עדיין, **[יב]ואם אי אפשר להפריש חלה בעודה עיסה מפני המהירות, יפרישנה אחר אפייה מיד, שיתן כל המצות בסל והסל מצרפם לחלה; וזהו הדרך היותר נכון** – ‹וטבלא שאין לה לבזבז, כגון שולחן, ספק הוא, וע"כ כשמצרפם בכלי, יזהר שלא יצא שום דבר למעלה מדופני הכלי, כן איתא ביו"ד סימן שכ"ה ס"א בהג"ה, ואם יצא, צריך לכסותם במפה, ובדיעבד אם לא כיסם, ולקח מעליונות חלה על כל הסל, מסתפק הפמ"ג אם מהני, ולענ"ד נראה דאין להחמיר בדיעבד, אחרי דבלא"ה דעת הסמ"ג להקל דאין צריך כיסוי, דאויר כלי מצרפן כיון שהכלי יש לה תוך, אף מה שיוצא למעלה כמונח למטה דמיא›.

והסל מצרפן - ‹וה"ה דמהני ע"י כיסוי מפה, והיינו שיניחם במפה, וישים מפה זו ג"כ על המצות מלמעלה, ואף שבאמצע קצת מגולות, מצטרפות הכל, כיון שמצדדין מכוסין, עכ"ל הפמ"ג, וסיים

באר הגולה

[ז] ‹מילואים› [ח] **תוס' והרא"ש לדעת המתירין** ‹ביצה כט. איפליגו רב ושמואל, אם מודדת אשה ביו"ט קמח לעיסתה, וכתבו התוס' ‹כט: ד"ה שמואל›, דאפי' מאן דשרי, היינו לדידהו שהיו נותנין חלה לכהן, הילכך שרי למדוד כדי שתטול חלה בעין יפה, אבל אנו שאין נותנין חלה לכהן אלא שורפין אותה, אין למדוד, אלא יש לנו לשער מאומד שתהיה בריוח כשיעור מפני הברכה - ב"י› [ט] **שם בביצה כ"ט** ‹ומיהו בפסח שאין לשין יותר מעשרון, וגם אין לפחות משיעור חלה, אפשר שדומה לנטילת חלה בעין יפה למתירין, עכ"ל הרא"ש›, **והר"ן** ‹וז"ל: ומיהו מסתברא דלצורך הפסח שהאשה צריכה למדוד, לא גרע מתבלין לנחתום דשרי - ב"י› [י] **הרי"ף והרמב"ם והעיטור ושאר פוסקים** ‹הרי"ף והרמב"ם והעיטור פסקו כמאן דאסר למדוד קמח ביו"ט... דלא אמר הרא"ש כן אלא לדעת המתירים למדוד קמח ביו"ט, אבל לא לדעת האוסרין, וכיון שהרי"ף והרמב"ם והעיטור פסקו כדעת האוסרין, אין להתיר› [יא] **טור** [יב] **מימרא דרב יוסף וכר"א**

הפמ"ג, דלפי"ז אם מונח בטבלא, ולמעלה במפה, לא, **ולענ"ד** יש לעיין בעיקר הדין, דבסמ"ק משמע דסתם כיסוי ג"כ מהני, וכן במחה"ש משמע ג"כ דע"י סתם כיסוי מהני, וצ"ע למעשה, **אכן** בכלי שיש לו תוך, רק שהמצות בולטין למעלה, בזה ודאי נראה דיש להקל ע"י סתם כיסוי, אחרי דהסמ"ג מקיל לגמרי, **ודע**, דאם נימא דסתם כיסוי מפה מהני לצרף, ה"ה אם כפה כלי על המצות, מהני ג"כ לצרף).

והסל מצרפם - ואם סל גדול, צריך לקרבם שיגעו זה בזה, [**ואף** דבט"ז הקיל בזה, מ"מ לכתחילה בודאי נכון לנהוג כן].

אכן אם יש בכל עיסה שיעור חלה, דפסק הרמ"א לקמיה דא"צ צירוף סל, ה"ה נגיעה להדדי לא צריך, בין כשהם מונחים בסל בין כשהם מונחים בבית, דהבית מצרפן, ויכול להפריש מזה על זה, **וזהו** דוקא כשהם מונחים בלא כלים, אבל אם הם מונחים בכלים, צריך לקרב הכלים להדדי, ויהיו פתוחים למעלה, דאם הם סתומים, אפילו הם מקורבים לא מהני, [דזה לא מיקרי מוקף, **ודוקא** לכתחילה, אבל בדיעבד אפי' כל כלי מונח בבית אחר, והפריש מזה על זה, מהני, כיון שיש בכל עיסה כשיעור, דענין מוקף הוא רק מצוה לכתחילה].

וכ"ז כשיש בכל עיסה שיעור חלה, אבל אם אין בכל עיסה שיעור חלה, וצריכינן לצירוף, אין להקל אף שהכלים פתוחים ומקורבים להדדי, אא"כ יניחם בתוך סל אחד, או שיכסה עליהם במפה, [**דמה** שהכלים מקורבים להדדי לא עדיף מנגיעה, ונגיעה בלא צירוף סל לא מהני, דהא בעינן דוקא עד שישיקו זו בזו, אבל לא בנגיעה בעלמא].

שיתן כל המצות בסל - ואף בחלת חו"ל כן, ואע"ג דבחלת חו"ל קיימ"ל דאוכל והולך ומשייר קצת לחלה, היינו בעיסה אחת גדולה, אע"ג שנתחלקה אח"כ לכמה ככרות, כיון שתחלתן היו מחוברין מעיסה אחת, הקילו בחו"ל דלא בעינן מוקף ומחובר בשעת הפרשה, **משא"כ** כאן שהם מעיסות מחולקות, אף שהיו מונחים פעם אחת בסל, מ"מ לא הוי כחיבור גמור, להקל לאכול קודם הפרשה, **ואפי'** אם היה בכל עיסה כשיעור חלה, ג"כ בעינן שיהיה מן המוקף בשעת הפרשה, כיון שאינם מעיסה אחת.

הגה: ואם היה בו שיעור חלה ושכח להפריש - ר"ל בעודה עיסה, דלכתחלה נכון יותר להפריש מן העיסה, **יפריש אחר כך** - ר"ל אחר האפייה, **ואפילו לירוף סל לא לריך** - כיון שיש בכל אחת כשיעור, יוכל להפריש ממצות עיסה אחת על הכל, ורק בעינן שיהיה הכל מונח לפניו בבית, **ואם** לא היה לו כי אם עיסה אחת, אף שנתחלקה לכמה מצות, כיון שנילושה מתחלה ביחד, יכול להפריש מאחת על שאר המצות, אף שאינם לפניו, דבכגון זה אין צריך מן המוקף בחלת חו"ל.

אם שכח להפריש חלה בעיו"ט, ונזכר ביו"ט, אם לא היה שיעור חלה בכל עיסה, ונצטרפו בכלי ביחד ביו"ט, דאז בא חיוב החלה ביו"ט, דעת כמה אחרונים דמותר להפריש חלה ביו"ט, [דהוי כאילו נילוש ביו"ט, **וא"ר** מפקפק בזה, **ואם** חל יום א' של פסח בשבת, לא שייך זה].

אבל אם נצטרפו בכלי קודם יו"ט, או שהיה בכל עיסה שיעור חלה, שאז בא החיוב חלה קודם יו"ט, אסור להפריש חלה ביו"ט, **אלא** אם מינכר מצותיה של כל עיסה ועיסה בפני עצמה, מותר לאכול כל מצותיה של העיסה, ולשייר מאחת ממצותיה מעט, על סמך שיפריש ממנה בחוה"מ מעט לשם חלה, וישרפנה, [וכן יעשה בכל עיסה ועיסה], **אבל** אם נתערבו המצות, צריך לשייר מכל מצה ומצה מעט, ואחר יו"ט יצרף כל החתיכות בכלי אחד, ויקח חלה מן חתיכה אחת, דהיינו שיפריש ממנה מעט על כולן, [ואם יש גם שלימות, יכוין בהפרשתו לפטור גם אותם, ורק שיהיו מונחין יחד לפניו].

או שיעשה באופן זה, שילוש ויאפה עיסה קטנה פחות מכשיעור ביו"ט, ויצרפם עם המצות בסל אחד כדי שיתחייב בחלה, ואח"כ יכול להפריש מעיסה זו על כולם, כיון דחיוב של עיסה זו בא עתה ביו"ט, רשאי להפריש ממנה ביו"ט, **ואפי'** לא היה בכל עיסה כשיעור, ונצטרפו כל המצות בכלי אחד קודם יו"ט, ג"כ נכון לעשות תקנה זו, **ולכתחלה** כל שהוזכר קודם לילה, יפריש תיכף חלה, ולא יניח להפריש ביו"ט.

ואם לקח ממקלת העיסות, וממקלת לא לקח, ונתערבו, לריך ליקח חלה מכל אחד ואחד - דאם יקח מאחת, יש לחוש שמא זו מאותה שכבר נפטרה, וא"כ הוי ליה מן הפטור על החיוב.

או ילוש עיסה אחרת, ויקח ממנו ג"כ על אותן שנתערבו - ר"ל שיכוין בהפרשתו לפטור את כל העיסות החיובות, וצריך שיהיו כולן מונחין לפניו בבית א'.

ואם מכיר מלה אחת שחייבת בחלה - ר"ל שמכיר שהיא מעיסה שלא הופרש עדיין חלתה ממנה, **נוטל ממנה על האחרות (הגמי"י ומרדכי וכ"י בשם תוס')**.

אות ה' - ו'

הלכה כרבי אליעזר

תוך כלי בעינן והא ליכא

יו"ד סימן שכה ס"א - [יג]שתי עיסות שאין בשום אחת כשיעור, אם נוגעות זו בזו [יד]עד שנדבקים מעט זו בזו, מצטרפים - [נשיכה היינו שמדבק כל כך, שכשיפרדו יתלשו אחת מחברתה מעט - ט"ז], **[טו]אם הם ממין הראוי להצטרף, כפי מה שנתבאר בסי' שכ"ד** - ודוקא שהם של אדם אחד, אבל לא של שתי נשים, כדבסימן שאח"ז - ש"ך.

ואם אינם נדבקים, והם בסל אחד, [טז]הסל מצרפן ואפילו אחר שנאפה ונעשה פת - והיינו ג"כ דוקא במינו - רעק"א. ועיין בנקה"כ בסי' שכ"ו, שכתב דצריך שיגעו זה בזה בסל.

באר הגולה

[יג] לשון הטור ממשנה ריש פ"ד דחלה [יד] כפירוש המפרשים [טו] שם במשנה מין במינו [טז] משנה ד' פ"ב דחלה וכר"א

[יז]**ואם נתנם על טבלא שאין לה [יח]לבזבז, אינם מצטרפים** - זהו בעיא דלא איפשטא, וכתב המחבר בסתם שאין מצטרפין, כיון דבזמן הזה כל חלה דרבנן, וכדלעיל סימן שכ"ג, אזלינן לקולא - ש"ך.

הגה: ולכן כשמצרפם בכלי יזהר שלא יצא שום דבר למעלה מדופני הכלי, דהיינו שיהא כל ככר אחד או עיסה למעלה מדופני הכלי (טור).

ולכן כשמצרפם וכו' - אטבלא קאי, דכשכל הככר או העיסה למעלה מדופני הכלי, הוי דומיא דטבלא דאין מצטרף. **הא** מקצתה בפנים מצטרף, דלא הוי דומיא דטבלא, וכמ"ש ב"י, והב"ח חולק בדבר - ש"ך.

[**בטור** לא כתוב רק "שלא יצא שום דבר למעלה מדופני הכלי", ובית יוסף ורמ"א פירשו הך דהיינו כו', ולכאורה משמע לשון הטור דקפיד אפילו על מקצת מן הככר שלא יצא, **אבל** מכל מקום האמת כדבריהם, דאי על מקצת קאמר, קשה למה לא יועיל כשהככר למטה תוך אויר הכלי ונצטרף שם, מידי דהוה אעיסות שנוגעים על ידי נשיכה, והרי אינם מחוברים רק במקצת, ואפי' הכי הוה מחובר כולו – ט"ז].

[יט]**ויש מי שאומר שאם מכסה הפת במפה, חשוב כמו כלי לצרפן** - לא ידעתי למה כתבו בשם יש מי שאומר, שהרי אין חולק בדבר, וגם הטור נקט סתמא האי דינא. **ומהרי"ל** בהלכות פסח כתב, דאם אין לו הכלי שמחזיק את כולה, יניחנה במפה ויכסה המפה גם כן עליהם, ונקרא צירוף הגון - ש"ך.

אות ו* [כ]

וחכמים אומרים שלש נשים עוסקות בבצק כאחת

סימן תנ"ט ס"ב - [כא]**לא יניחו העיסה בלא עסק ואפילו רגע אחד** - ר"ל לאחר לישתה קודם שהתחיל לערוך אותה, אע"פ שלא נתחממה עדיין במשמוש ידים הרבה, [**דלאחר** עריכתה, אפי' בפחות משיעור מיל נתחמץ, וכדמבואר לקמיה].

ואפילו אינו עוסק בדבר אחר רק בצרכי התנור, גם כן אסור לכתחלה, וצריך להסיק התנור ולגרוף אותה מקודם, כדי שלא יהא צריך להניח המצות בלא עסק, וכדמבואר לקמיה.

ועסק מיקרי, שלש אותה או מגלגלה בעץ וכהאי גוונא, אבל לא כמו שיש נוהגין לדחוק ולבעוט העיסה בעץ במקום אחד, דלא מהני זה למנוע מחימוץ בכל העיסה, במקום שהעץ אינו דוחק.

אות ז'

כל זמן שעוסקות בבצק אינו בא לידי חימוץ

סימן תנ"ט ס"ב - [כב]**וכל זמן שמתעסקים בו, אפילו כל היום אינו מחמיץ;** [כג]**ואם הניחו בלא עסק שיעור מיל, הוי חמץ** - אע"ג דלא ניכר ביה שום סימני חימוץ המבואר לקמיה, [כן מוכח מגמרא].

ושיעור מיל הוי רביעית שעה וחלק מעשרים מן השעה - והוא י"ח מינוטין בסך הכל, (**ויש פוסקים שחולקין על שיעור זה, ולדידהו שיעור מיל הוא שליש שעה, וחלק ט"ו מן השעה, ויש** מבעלי סברא זו שחושבין שיעור מיל לחשבון כ"ב מינוטין וחצי, ולכתחלה במקום שאין הפסד מרובה, משהה י"ח מינוטין הוי חמץ ואסור בהנאה, וכדעת השו"ע, וכ"כ הגר"ז, **אמנם** בהפסד מרובה, אפשר דיש לסמוך על הני פוסקים דפליגי, וכל כמה דלא שהה עכ"פ כ"ב מינוטין וחצי, אין לאסור, אם לא ראינו בה סימני שיאור וסידוק).

(**ואפילו** אם ספק שמא שהה שיעור מיל, ג"כ אסור, דהוא ספק דאורייתא).

ועיין בביאור הלכה, דלענין מליחה דשיעורו הוא ג"כ כדי שיעור הילוך מיל, בדיעבד אין להקל אלא א"כ שהה כ"ד או כ"ג מינוט עכ"פ, [היינו אחר שכבר הודח אחר ששהה שיעור מיל ונתבשל]. **ולכתחלה** שיעורו הוא כדי שיעור שעה, ואין לשנות.

הגה: ויש להחמיר למהר בענין עשיית המצות, כי יש לחוש שהשהיות יצטרפו לשיעור מיל - ובתרומת הדשן כתב, דבשעה שעוסק בעיסה עסק גמור, דהיינו בעיטת הידים ורידוד, אפילו שהה בינתים מעט, וחזר ושהה מעט, אין מצטרף לשיעור מיל, דהעסק שעוסק אח"כ, מבטל האתחלתא שהתחיל להתעורר בו כח החימוץ בשעה שהיתה מונחת בלא עסק, **אבל** בשעה שעוסק בה עסק מועט, כגון בשעה שמנקר המצות, אע"ג דמקרי עסק ג"כ, שאינו מניחו להחמיץ באותה העת, מ"מ אינו מבטל השהיה הראשונה, ואם ישהה עוד יצטרף לשיעור מיל, ואסור, **ודעת** מהרי"ל להחמיר בכל גווני.

או שיהיה במקום חם שממהר להחמיץ (הגמ"י ומרדכי) - כי שיעורא דמיל לא נאמר אלא בסתם בתים שאין בהם חום גדול, אבל ביש בו יתרון חמימות, ממהר להחמיץ בפחות משיעור זה.

[כד]**ואחר שנתעסקו בבצק ונתחמם בידים, אם יניחוהו בלא עסק, מיד יחמיץ** - ולפי זה צריך ליזהר מאד, לאחר שערכו ורידדו המצה, ומניחים אותה לפני המנקר, שינקר אותה מיד, וגם אחר הניקור יראו לרדותה תיכף לתנור, כיון דלאחר שנתעסקו בה מחמצת מיד שמסלקין את הידים ממנו, **והעולם** אין נזהרין בזה כ"כ, ואפשר ד"מיד" דקאמר המחבר לאו דוקא, אלא ר"ל שיעור מועט, **ומ"מ** לכתחלה בודאי יש ליזהר מלהניחה כך אפילו רגע אחד אם אפשר, וכנ"ל בראש הסעיף.

(**מקור** דין זה מתשו' הרא"ש, ומצינו לרבים מן הפוסקים דפליגי ע"ז, הרמב"ם, וכן מוכח להדיא בתשו' הרשב"א, **ומצאתי** לד"מ שהעיר כבר בזה, ועוד תמה על הא שהביא בעל ת"ה לענין שהיות מצטרפות,

באר הגולה

[יז] בעיא בפסחים מ"ח ע"ב ולא נפשטא ולקולא [יח] פי' שפה [יט] טור וכ"כ הסמ"ק [כ] ‹ע"פ הב"י והבאר הגולה› [כא] מהא דרבא דף מ"ב. וכפי' רש"י, או ממשנה מ"ח וחכמים [כב] ברייתא שם מ"ח [כג] שם בגמרא ‹מ"ו.› [כד] תשובת הרא"ש

ולסברת הרא"ש אפילו בלא צירוף משהייה ראשונה נאסרה, ומכ"ש שאין לחלק כפי סברתו בין עסק גדול בעיסה לעסק מעט, דאדרבה כל מה שעוסק בבצק יותר הוא יותר קרוב להחמיץ אח"כ בשהייה מועטת קודם שיתחיל לעסוק בה עוד, והניח בצ"ע, ותימה על האחרונים שלא הביאו דברי הד"מ בזה, **וגם** על הד"מ גופא תימה, שהעתיק להא דת"ה בהג"ה, והוא סתירה מיניה וביה להאי דהרא"ש שהביא המחבר תיכף אחר זה, **אם** לא דנימא דהד"מ חזר בו, וסבר דהרא"ש מיירי בשאנו רואים שהבצק חם, ובאופן כזה אפשר דכו"ע מודה, ולפי"ז דינא דהמחבר לאו בסתם עיסות קאי, אלא בשאנו רואין להדיא שנתחממה, ומ"מ צ"ע).

אות ח'

זה וזה האוכלו חייב כרת

סימן תנ"ט ס"ב - [כה]**ואם החמיצה עד שיש בה סדקים, אפילו לא נתערבו הסדקים זה בזה, אלא אחד הולך הנה ואחד הולך הנה, הוי חמץ גמור והאוכלו חייב כרת** - ואפילו יש סדקים במקצת העיסה, הרי כל העיסה חמץ, וכן לקמן גבי הכסיפו פניו נמי כן.

ואם אין בו סדק אלא הכסיפו (פי' נשתנה מראיתו ללובן, ערוך) פניו כאדם שעמדו שערותיו, האוכלו פטור - אבל אסור באכילה ובהנאה, **ואי** איכא איסורא דאורייתא בזה, או רק מדרבנן אסור, נתבאר לעיל בסימן תמ"ב ס"א.

וכתבו האחרונים, דצריך לדקדק בשיעור זה, כי מצוי הוא שיכסיפו פניו, ואין איש שם על לב לראות.

הגה: ואם המלה עשויה ויראה שלא תבא לידי חימוץ, מותר לשברה ולחזור לעשותה, כדי שהעסק יבטל החימוץ - אבל לא מהני במה שמעביר ידיו על המצות ומשפשף, דזה לא מיקרי עסק, ואדרבה עוד גרע דמחמם אותה בידיו.

מיהו טוב ליזהר לכתחלה (מהרי"ל בשם אגודה ורוקח) - דשמא כשמתקנה פעם שניה לא יערוך אותה יפה יפה, ולא תהא גוש אחד דבוק כבתחלה, אלא יהיו בה סדקין וכפלות, והרי מצה כפולה נוהגין לאסור, משום שאין האש שולט שם, וכמו שיתבאר בסימן תס"א, **ולכן** אין להתחיל להעריך ולרדד המצות עד שיגרוף התנור מתחלה, כדי שלא יהיו המצות מונחות בלי עסק עד שיתקן התנור.

באר הגולה

כה משנה מ"ח וכחכמים

§ מסכת פסחים דף מט. §

אות א'

ארבעה עשר שחל להיות בשבת, מבערין את הכל מלפני השבת

סימן תמד ס"א - [א]י"ד שחל להיות בשבת, בודקין ליל שלשה עשר - שלמחר בע"ש א"א לבדוק, דאין בודקין לאור החמה. **וצריך** לברך על הבדיקה, וגם לבטל, כמו בשאר שנים בליל י"ד.

[ב]ומבערים הכל לפני השבת, ומשיירין מזון שתי סעודות לצורך השבת - וצריך ליזהר להניחו במקום מוצנע. **ובשבת** זה משכימים להתפלל, ולא יאריכו הרבה, כדי שיהיה להם שהות, ולא יבואו לידי מכשול.

(נקט "שתי", משום דמדינא אינו מחוייב לבערו עד סמוך לשבת, וא"כ אינו מניח בשעת הביעור רק שתי סעודות לצורך השבת, **ולפי** מנהגינו בס"ב דמבער הכל קודם חצות כמו בשאר השנים, יכול להניח יותר משתי סעודות, אם רוצה לאכול עוד קודם הלילה).

דסעודה שלישית זמנה אחר המנחה, ואז אינו יכול לעשותה לא במצה - דהא אסור לאכול מצה בע"פ, **ולא בחמץ, [ג]אלא במצה עשירה, [ד]וצריך לעשותה קודם שעה עשירית** - דמשם ואילך אפילו מצה עשירה אסור לאכול, כדי שיאכל מצה לתאבון, **ומצה** עשירה היינו שנילושה במי פירות לבד.

הגה: ובמדינות אלו שאין נוהגין לאכול מצה עשירה, כדלקמן סימן תס"ב ס"ד בהגה, יקיים סעודה שלישית במיני פירות או בשר ודגים, כדלעיל סימן רצ"א ס"ה בהגה - דיש דעות בפוסקים אם צריך לעשותה דוקא בפת, או דסגי ג"כ בשאר דברים, ולזה אמר דבשעת הדחק כזה, יכול לסמוך על המקילין, **וע"ש** דיותר טוב בבשר ודגים מבפירות.

וה"ה דיכול לקיים בתבשיל, כגון קניידליך, [ובח"א מתיר ג"כ בחרעמזלי"ך, ובדה"ח אוסר], (דדוקא בתבשיל כגון קניידלך, ולא בדבר שהוא מטוגן בכלי - שם), **אך יש** נ"מ, דזה אינו מותר רק קודם שעה עשירית, והיכא שמקיימים בפירות או בבשר ודגים, יוכל לקיים אפי' אחר שעה עשירית, **אך** בכ"ז יזהר שיאכל רק מעט ולא למלא כריסו, כדי שיאכל מצה לתיאבון.

[**והנה** בח"א הביא, דיכול לקיים במצה מבושלת, **ועיין** במ"א שכתב דאין נוהגין כן, **ובביאור** הגר"א מצדד, דלדעת הרמב"ם אסור לאכול מצה עשירה, וכן מצה מבושלת בע"פ, אפי' קודם שעה עשירית, ומשמע שם שדעתו נוטה לשיטה זו], (והיינו שלהרמב"ם האיסור של הירושלמי לאכול מצה בע"פ, כולל גם מצה שאין יוצאין בזה יד"ח, דהיינו מבושלת או עשירה).

ועיין באחרונים שכתבו, דטוב ג"כ שיחלק סעודת שחרית של פת לשנים, דהא י"א דיוצא בזה ידי סעודה ג', וכ"כ בביאור הגר"א דנכון לעשות כן, **אך** כ"ז אם יש לו שהות לברך בינתים, ולהפסיק איזה שהות, כדי שלא יהיה בכלל ברכה שאינה צריכה.

(עיין בשע"ת לענין מי ששכח להפריש חלה מן הפת של חמץ בע"ש זו, דדעת המ"א לקמן בסי' תק"ו, דאותו הפת אין לו תקנה לאכול, (שא"א לאכול ולשייר ולהניח עד למחר), **והוא** הביא בשם תשובת פמ"א להקל, **וכדבריו מצאתי בספר בגדי ישע ובנתיב חיים ובחידושי רע"א, וכולם מסכימים שבמקום הדחק יכול להפריש אפילו בשבת בחלת חו"ל**, (דסמכינן בדיעבד אהני פוסקים, דבחלת חו"ל שרי להפריש אפילו בשבת ויו"ט), **והחלה יתן לכהן קטן פחות מבן ט' שנים, או לגדול שטבל לקיריו**, **ואף שהרבה אחרונים העתיקו דברי המ"א להלכה**, מ"מ יש לסמוך על הגדולים הנ"ל להקל כשאין לו פת אחר לאכול, ושלא לבטל עונג שבת דחיובו בפת).

אות ב'

ההולך לשחוט את פסחו ולמול את בנו ולאכול סעודת אירוסין בבית חמיו, ונזכר שיש לו חמץ בתוך ביתו, אם יכול לחזור ולבער ולחזור למצותו, יחזור ויבער; ואם לאו, מבטלו בלבו

סימן תמד ס"ז - [ה]ההולך ביום ארבעה עשר לדבר מצוה, כגון למול את בנו - (פשוט הוא דה"ה אם הולך למול בן חבירו, **אם האב אינו יכול בעצמו, שהרי החיוב הוא אז על כל ישראל, וכן הרמב"ם לא נזכר כלל הולך למול, אלא לעשות מצוה**).

ולסעודת ברית מילה, משמע דלא מיקרי מצוה לענין זה, לבטל מצות ביעור.

או לאכול סעודת אירוסין בבית חמיו - משמע דדוקא בחתן עצמו מיירי, **ויש** שמקילין ג"כ באחר אם קרוי לסעודת אירוסין.

(המשך ההלכות בעמוד הבא)

באר הגולה

[א] רמב"ם [ב] **משנה פסחים מ"ט וכרבי אלעזר ברבי צדוק, וכרבי אלעזר איש ברתותא בברייתא** י"ג (כרבי מאיר שם, {וכפי' רש"י}, דר"א איש ברתותא שם י"ג א' ס"ל כוותיה, ואיפסק שם הלכתא כוותיה, רמב"ם. **דלא** כרי"ף שכתב, דר"א איש ברתותא ס"ל כר"א בן צדוק, וסובר דמש"כ {ר"א איש ברתותא} ומבערין הכל כו' קאי אסיפא על תרומה, ועיין בהשגות שם - גר"א). **(לפיכך** נראה לי, {בפי' דברי הרי"ף} דהא דאמר רבי אלעזר איש ברתותא מבערין את הכל מלפני השבת, אחולין נמי קאי, ומשיירין מהם מזון שתי סעודות, כי היכי דקתני שמשיירין מתרומות טהורות, **והא** דתנן בפרק אלו עוברין, מבערין את הכל מלפני השבת [דברי ר"מ], היינו בלא שיור כלל, שהרי לא נזכר שום שיור בדבריו, {ודלא כפי' רש"י}, **וחכמים** אומרים בזמנן, פירוש מבערין את הכל לפני השבת חוץ ממה שצריכין לשתי סעודות שמשיירין אותו לאכול בשבת, ואם יותיר ממה ששירו יבערו אותו בזמנו, דהיינו ביום השבת, **וכן** מה שאמר רבי אלעזר ב"ר צדוק חולין בזמנן, הוא בענין זה, שמבערין אותן מערב שבת ומשיירין מזון שתי סעודות, והנותר מהם מבערין אותו בזמנו דהיינו בשבת, **ובדין** הל"ל להרי"ף לכתוב דקיימא לן כחכמים דקיימי כרבי אלעזר איש ברתותא, דהא קיימי כוותיה לגמרי, אלא שנתכוין ללמדנו דרבי אלעזר איש ברתותא איירי נמי בחולין אע"פ שאינו מפורש בדבריו, ולפיכך כתב דרבי אלעזר ב"ר צדוק קאי כוותיה, **ונמצא** לפי זה דלהרי"ף מבערין חולין מערב שבת, ומשיירין מהם מזון שתי סעודות לאכול בשבת, וכן דעת הרמב"ם - ב"י) [ג] טור בשם ר"ת [ד] ב"י ולקמן סי' תע"א [ה] משנה מ"ט

עין משפט נר מצוה

מז א מיי' פ"ג מהל' חמץ הלכה ג סמג עשין לט טוש"ע א"ח סי' תמד סעיף א:

מח ב מיי' שם הל' ט טוש"ע שם סעיף ו:

מט ג מיי' פרק יט מהלכות פסולי המוקדשין הלכה ח:

מט [ג] [מיי' פ"ג מהל' חמץ הל' ט טוש"ע א"ח סי' תמד סעיף ז]:

נ ד מיי' פ"ח מהלכות דעות הלכה ב:

נא ה מיי' פכ"א מהל' איסורי ביאה הלכה לב סמג לאוין קכו טוש"ע אה"ע סי' ב סעיף ח:

מתני' ׳ארבעה עשר שחל להיות בשבת מבערין את הכל מלפני השבת דברי ר"מ וחכמים אומרים בזמנו ר"א בר צדוק אומר תרומה מלפני השבת וחולין בזמנן: **גמ'** ׳תניא ר"א בר צדוק אומר פעם אחת שבת אבא ביבנה וחל ארבעה עשר להיות בשבת ובא זונין ממונה של ר"ג ואמר הגיע עת לבער את החמץ והלכתי אחר אבא וביערנו את החמץ: **מתני'** ׳ההולך לשחוט את פסחו ולמול את בנו ולאכול סעודת אירוסין בבית חמיו ונזכר שיש לו חמץ בתוך ביתו אם יכול לחזור ולבער ולחזור למצותו יחזור ויבער ואם לאו מבטלו בלבו להציל מן ׳הנכרים ומן הנהר ׳ומן הלסטים ומן הדליקה ומן המפולת יבטל בלבו ולשבות שביתת הרשות יחזור מיד ׳וכן מי שיצא מירושלים ונזכר שיש בידו בשר קדש אם עבר צופים שורפו במקומו ואם לאו חוזר ושורפו ׳לפני הבירה מעצי המערכה ועד כמה הן חוזרין ר"מ אומר זה וזה בכביצה ר' יהודה אומר זה וזה בכזית וחכמים אומרים בשר קדש בכזית וחמץ [ג] בכביצה: **גמ'** ורמינהו ההולך לאכול סעודת אירוסין בבית חמיו ולשבות שביתת הרשות יחזור מיד א"ר יוחנן לא קשיא הא ר' יהודה הא רבי יוסי דתניא סעודת אירוסין רשות דברי ר' יהודה רבי יוסי אומר מצוה והשתא דאמר רב חסדא מחלוקת בסעודה שניה אבל בסעודה ראשונה דברי הכל מצוה אפילו תימא הא והא ר' יהודה ולא קשיא הא בסעודה ראשונה הא בסעודה שניה תניא אמר רבי יהודה אני לא שמעתי אלא סעודת אירוסין אבל לא סבלונות אמר לו ר' יוסי אני שמעתי סעודת אירוסין וסבלונות תניא רבי שמעון אומר ׳כל סעודה שאינה של מצוה אין תלמיד חכם רשאי להנות ממנה כגון מאי א"ר יוחנן כגון בת כהן לישראל ובת תלמיד חכם לעם הארץ דא"ר יוחנן בת כהן לישראל אין זווגן עולה יפה מאי היא אמר רב חסדא או אלמנה או גרושה או זרע אין לה במתניתא תנא קוברה או קוברתו או מביאתו לידי עניות איני והא א"ר יוחנן הרוצה שיתעשר ידבק בזרעו של אהרן כל שכן שתורה וכהונה מעשרתן לא קשיא ׳הא בת"ח הא בעם הארץ ר' יהושע נסיב כהנתא חלש אמר לא ניחא ליה לאהרן דאדבק בזרעיה דהוי ליה חתנא כי אנא רב אידי בר אבין נסיב כהנתא נפקו מיניה תרי בני סמיכי רב ששת בריה דרב אידי ור' יהושע בריה דרב אידי אמר ר"פ ׳אי לא נסיבנא כהנתא לא איעתרי אמר רב כהנא אי לא נסיבנא כהנתא לא גלאי אמרו ליה והא למקום תורה גלית לא גלאי כדגלי אינשי אמר רבי יצחק כל הנהנה מסעודת הרשות לסוף גולה שנא' °ואוכלים כרים מצאן ועגלים מתוך מרבק וכתיב לכן עתה יגלו בראש גולים: ת"ר כל ת"ח המרבה סעודתו בכל מקום סוף מחריב את ביתו ומאלמן את אשתו ומייתם את גוזליו ותלמודו משתכח ממנו ומחלוקות רבות באות עליו ודבריו אינם נשמעים ומחלל שם שמים ושם רבו ושם אביו וגורם שם רע לו ולבניו ולבני בניו עד סוף כל הדורות מאי היא אמר אביי קרו ליה בר מחים תנורי רבא אמר בר מרקיד בי כובי רב פפא אמר בר מלחיך פינכי רב שמעיה אמר בר מך רבע: ת"ר לעולם ימכור אדם כל מה שיש לו וישא בת ת"ח שאם מת או גולה מובטח לו שבניו ת"ח ואל ישא בת ע"ה שאם מת או גולה בניו ע"ה ת"ר לעולם ימכור אדם כל מה שיש לו וישא בת ת"ח וישיא בתו לת"ח משל לענבי הגפן בענבי הגפן דבר נאה ומתקבל ולא ישא בת עם הארץ משל לענבי הגפן בענבי הסנה דבר כעור ואינו

רש"י

מתני' מבערין את הכל. בין חולין בין תרומה חוץ מכדי אכילתו לשבת אבל כל מה שעתיד לבער יבער: תרומה מלפני השבת. שאינו יכול להאכילה לא לזרים ולא לבהמת זרים והשהותה אי אפשר אבל חולין אין צריך לבער אלא בזמנו שיכול למצוא להן אוכלים הרבה: גמ' שבת. נשתהה שם שבת אחת: מתני' ההולך. בארבעה עשר: אם יכול. שיש שהות ביום: להציל מן הנכרים. את ישראל הנרדפין: יבטל בלבו. ולא יחזור ואפי' יש שהות דמדאורייתא סגי ליה בביטול בעלמא: לשבות שביתת הרשות. שהיה הולך להחשיך על התחום לקנות שביתה שם כדי שיהא לו משם ולהלן אלפים לילך למחר שם לדבר הרשות יחזור מיד אבל לקנות שביתת מצוה כגון שילך מחר חוץ לתחום לבית האבל או לבית המשתה הייני כהולך לשחוט את פסחו: שיש בידו בשר קודש. עמו בדרך ונפסל ביוצא שמחיצת קדשים קלים חומת ירושלים: אם עבר צופים. שם כפר שיכול לראות בית המקדש משם: שורפו במקומו. ולא הטריחוהו לחזור: ואם לאו חוזר ושורפו כו'. כדאמרן בכל שעה (לעיל כד.) בקודש באש תשרף דבמקום אכילתו שריפתו: זה וזה. חמץ דאמרן לעיל ונזכר שיש לו חמץ בביתו ובשר קודש שעמו: בכביצה. אבל בפחות נבי חמץ יבטל בלבו וגבי בשר קודש שורפו במקומו: גמ' סעודה שניה. כך הוא דרך המתחתנים לאחר סעודת אירוסין חוזר ומשגר סבלונות לארוסתו וסועד שם: אני לא שמעתי. שתהא מצוה אלא סעודת אירוסין לבדה אבל לא סעודת סבלונות: סבלונות. דורונות כלים נאים: בת כהן. צריכה להנשא לכהנים ולא לפגום משפחתה להנשא לישראל: אין זווגן עולה יפה. במזל טוב: מאי היא. מה שלה בידן: או אלמנה או גרושה או זרע אין לה. כדכתיב (ויקרא כב) ובת כהן כי תהיה לאיש זר וסמיך ליה ובת כהן כי תהיה אלמנה וגרושה וזרע אין לה וגו': או קוברה. בלא זמן: תלמיד חכם. (א)הוא שבח לו לאכול עם הארץ ולאיטו כהן גנאי הוא לו להאריך ונכנסים: לא גלאי. רב כהנא גלה מבבל לא"י כדאמר בהגוזל ומאכיל (ב"ק קיז.): לא גלאי כדגלו אינשי. שאר תלמידים יוצאין מדעתן ואני יצאתי על כרחי מחמת מרדין ואימת מלכות: ומאלמן את אשתו. שמבקש לימודו ואין אפשר לו וגולה למזונות והרי אשתו כאלמנות חיות: גוזליו. יתומין: ותלמודו משתכח. שאינו עסוק לחזור עליו: ומחלוקות רבות באות עליו. מחמת ששכח תלמודו או הקפות שמקיף מחתנין לסעודותיו: קרו ליה. לבנו: מרקיד בי כובי. כדרך הליצנים משחקין ומרקדין בחנויות להשקותן בשכרן: מלחיך פינכי. קערות: מך רבע. מקפל לבושו ורובץ וישן כך דרך המשתכרין אינו מספיק לילך לביתו ולשכב על מטתו אלא מקפל לבושו תחתיו וישן: מך. כמו בר חמרא מוך שקיך וגני (׳תענית דף ו:): ואיטו

תוספות

לשבות שביתת הרשות. פ"ה שהיה הולך להחשיך על התחום לקנות שביתה שם ולילך ד' אלפים לדבר הרשות וקשה א"כ תיקשי למ"ד בפ' בכל מערבין (עירובין לא.) אין מערבין אלא לדבר מצוה וכו' לכך נר"י דה"פ לשבות שביתת הרשות שהולך לשמוח בפסח בבית אוהבו או קרובו: אם עבר צופים. פי' בקונט' שם כפר וקשה לר"י א"כ ה"ל למימר וכמדתו לכל רוח כדתניא בפ' מי שהיה טמא (לקמן צג:) איזהו דרך רחוקה מן המודיעין ולחוץ וכמדתה לכל רוח ואור"י דבתוספתא דמכילתין מפרש בהדיא איזהו צופים הרואה ואין מפסיק פי' כל מקום סביב ירושלים שיכול לראותו משם: ושורפו לפני הבירה. פ"ה כדאמר פ' כל שעה (דף כד.) בקודש באש ישרף במקום אכילתו שריפתו וקשה לר"י אי דאורייתא הוא מה לי עבר צופים ומ"ל לא עבר צופים וי"ל דמן התורה יכול לשורפה בכ"מ שירצה דבפרק כל שעה (ג"ז שם) לא מרבינן אלא פסולי קדשי קדשים ואימורי קדשים קלים אבל שאר קדשים שנאכלים לזרים לא מרבינן ומה שהצריכו חכמים לשרוף הני הכא לפני הבירה היינו גזירה אטו קדשי קדשים: לפני הבירה. בזבחים בפ' טבול יום (דף קד:) פליגי מאי בירה אמר רבה בר בר חנה א"ר יוחנן מקום יש בהר הבית ובירה שמו ר"ל אמר כל הבית כולו הוי בירה שנאמר ׳אל הבירה אשר הכינותי: [נ"א ולכנסת]

וחכמים אומרים בשר קודש בכזית וחמץ בכביצה. אומר ריב"א דמפרש בירושלמי משום דבשר קודש לית ליה תקנה בביטול החמירו בכזית אבל חמץ אית ליה תקנה בביטול לא החמירו עד כביצה: תניא א"ר יהודה. תימה אמאי לא מייתי תניא נמי הכי מהך דהכא לרב חסדא: אמר

רבינו חננאל

כר' מאיר דשנה לן תנא בלשון דחכמים: מתני' ארבעה עשר שחל להיות בשבת מבערין הכל מלפני השבת דברי ר' מאיר ר' אליעזר אומר תרומה מלפני השבת וחולין בזמנן וקיי"ל כר' אלעזר בר' צדוק: תניא ר' אלעזר ברבי צדוק אומר פעם אחת שבת אבא ביבנה וחל ארבעה עשר להיות בשבת כו': מתני' ההולך לשחוט את פסחו ולמול את בנו ולאכול סעודת אירוסין בבית חמיו ונזכר כו' ורמינהי ההולך לאכול סעודת אירוסין בבית חמיו ולשבות שביתת הרשות יחזור מיד והכא קתני במתני' יבטל בלבו מכלל שאין מחייבין אותו לחזור ושני' מתני' ר' יוסי היא דסבר סעודת אירוסין מצוה וביעור חמץ נמי מצוה מיהו ביעור חמץ אפשר לקיימה בביטול חמץ וישלים סעודת אירוסין שנמצא מקיים שתיהן' ובריתא ר' יהודה דסבר סעודת אירוסין רשות כגון שביתת הרשות ולדברי הכל חייב לחזור מיד דתניא סעודת אירוסין רשות דברי ר' יהודה ר' יוסי אומר מצוה והשתא דאמר רב חסדא מחלוקת בסעודה שניה אבל בסעודה ראשונה אפי' ר' יהודה מודה דמצוה אפי' תימא מתני' ר' יהודה ובסעודה ראשונה שהיא מצוה ברייתא בסעודה שניה שהיא רשות:

מסורת הש"ס

[לעיל דף יג. ודף כ:]

[תוספתא פ"ג]

פ"א דציים

פ"א ל"ג

לקמן דף פא. כריתות דף מט:

[עי' פירש"י לקמן פ"א: ד"ה נטמאה וכו' לפני הבירה וכו']

הגהות הב"ח

(א) רש"י ד"ה תלמיד חכם שבח הוא לו:

[עי' תוס' לקמן דף קיג. ד"ה אמר]

[כתובות נט.]

[ו]וה"ה סעודה שעושין בשעה שהכלה מקבלת סבלונות, **וה"ה** בזמנינו כשעושין סעודה בשעת כתיבת התנאים, ג"כ מקרי סעודת מצוה.

[**האחרונים תמהו**, שהרי לעיל בסימן רמ"ט מבואר, שאסור לעשות סעודת אירוסין בערב שבת, וה"ה בעיו"ט, ונדחקו הרבה בזה, **ובאמת** לא קשה, ושאני הכא בערב פסח, ולא מיבעיא אם הסעודה היתה סמוך לחצות, וכדמשמע לכאורה ממה דאמר: אם יכול לבער ולחזור למצותו, וזמן הביעור הוא קודם חצות, א"כ ע"כ כל הסעודה הוא בלא פת, שהרי חמץ אסור, ומצה ג"כ אסור אז, ומיירי רק במשתה בעלמא שאינו אסור, ואדרבא הרבה חמרא מיגרר, **ואפילו** נימא דהסעודה היה בבוקר, ומשום סעודתו יוכרח לבער חמץ קודם הזמן, ג"כ לא קשה, דכיון דע"כ יוכרח להפסיק מסעודתו בסוף ד' בשביל איסור חמץ, אין זה בכלל סעודה גדולה שאסרו בע"ש ויו"ט, ומשום שלא יכנס לשבת בשאינו תאב לאכול, דבודאי יתאב לאכול בערב כיון שמוכרח להפסיק בשעה ד', ושאני בכל ע"ש ויו"ט דחיישינן שתמשך הסעודה זמן רב].

ונזכר שיש לו חמץ בביתו - וה"ה אם מסתפק שמא יש לו חמץ, **אם יכול לחזור לביתו ולבער ולחזור למצותו, יחזור ויבער** - מאחר שלא יתבטל המצוה ע"י הביעור, יקיים שניהם, ומשמע דמצות ביעור קודמת, **ואם לאו, יבטלנו בלבו** - ר"ל שאם יחזור וישתדל אודות הביעור, לא ישאר לו זמן [ז]ביום לעשות המילה או הסעודה, [כן משמע [ח]מרש"ו], יבטלנו בלבו במקום שהוא, שהרי אחר הביטול א"צ לבערו אלא מדברי סופרים, ובמקום מצוה העמידו חכמים על דין תורה.

ומיירי שהוא עדיין בשעה חמישית שיכול לבטל, אבל אי קאי כבר בשעה ששית, ע"כ יחזור לבער, שהרי אז אינו ברשותו לבטל, [**אולם** בא"ר העתיק דין זה באופן אחר, היינו בין קודם שש לאחר שש, ומשמע מזה, דבתוך שש שהוא רק דרבנן, לא אלימא למידחי מצות דאורייתא, וצ"ע לדינא].

ואע"ג דעי"ז יתבטל מצות מילה, עשה ד"תשביתו" חמיר טפי, שהוא עובר עליה בכל רגע, משא"כ במילה ואינך, [מ"א, **ועיין** באחרונים שגמגמו בדבריו, שהרי מילה ג"כ החיוב בכל עת למול, **ולענ"ד** הצדק עם המ"א, שבמילה אע"ג דחיובה ביום השמיני, מ"מ זמנה הוא כל היום, אלא שזריזין מקדימין, משא"כ העשה ד"תשביתו", הוא מתחיל תיכף לאחר חצות, וא"כ חיובה קודם, **ואף** דעי"ז שיבער, ממילא ידחה לבסוף המילה על יום אחר, לית לן בה, **וגם** במילה שלא בזמנה שחיובה בכל רגע ורגע, מ"מ לא דמי לעשה ד"תשביתו", דלענין חמץ דכתיב: אך ביום הראשון, ילפינן מיניה שאסור להיות חמץ בבית ישראל, מחצות היום של ערב פסח עד כלות ז' ימי פסח, וכשמבטל יום אחד מצוה זו, שוב א"א לתקן אותו יום, והוי חסרון שלא יוכל להמנות, משא"כ במילה, סוף סוף ימול אותו, ולא חיסר אלא מה שהשהה מלקיים].

אכן אם הולך להתעסק במת מצוה שאין לו קוברין, ומוטל על פני השדה בבזיון, שכל הפוגע בו חייב לקוברו, ונזכר שיש לו חמץ בתוך ביתו, ואפילו בתוך הפסח שבכל שעה עובר בבל יראה, **ואפילו** יש שהות ביום שיכול לחזור לביתו ולבער החמץ ולחזור ולילך ולקברו בו ביום, **אעפ"כ** אסור לו לזוז ממנו עד שיקברנו, שגדול כבוד הבריות כזה שדוחה כל המצות שבתורה בשב ואל תעשה.

[ט]**ואם היה הולך להציל מן הנהר ומן הדליקה ומהמפולת ומיד האנס, יבטלנו בלבו, ולא יחזור אפילו יש שהות** - לבער חמץ ולחזור ולהציל, **והטעם**, משום הצלת נפשות הקילו לסמוך על הביטול לכתחלה, ואפילו במקום שיכול לקיים שניהן.

[**ונראה** דה"ה אם אינו נוגע כלל לפקוח נפש רק היזק ממון, ג"כ סגי בביטול, **אם** חושש שאדהכי והכי שיעסוק בביעור ישטוף הנהר רכושו, **או** רכוש ישראל אחר, **ואפשר עוד, דאפילו** ביכול לחזור ולהציל, ג"כ אקילו בה רבנן לסמוך אביטול בכגון זה, **וצ"ע לדינא**].

וכתב המ"א, דלאחר שעת הבעור דלא מהני ביטול, יחזור לבער, כיון שיש שהות להציל אח"כ, ודוקא כשברי לו שגם אח"כ יכול להציל, אבל מספיקא לא יחזור, **ורבים** מהאחרונים כתבו, בשיש שהות בודאי אח"כ להציל ג"כ לא יחזור לבער, דדילמא אדהכי והכי מטריד ולא יכול להציל אח"כ.

[י]**ואם יצא לצורך עצמו, יחזור מיד** - לבער כמצות חכמים, ואפילו כבר החזיק בדרך, שאין דוחין מצות חכמים מפני דבר הרשות.

עיין באחרונים, דלאיזה פוסקים אפילו הוא מערב כדי לילך ללמוד אצל רבו, מקרי דבר הרשות לגבי מצות בעור, וע"כ צריך לחזור ולבער בכל גווני, **והטעם**, לפי שמעשה המצות הוא גדול מהלימוד, אפילו מצוה דרבנן, כשא"א לקיים המצוה ע"י אחרים.

באר הגולה

[ו] ‹בגמ' פליגי ר' יהודה ור' יוסי בסעודה שניה של אירוסין, דלר' יהודה רשות ולר' יוסי מצוה, וקי"ל כר' יוסי, ורמב"ם לא נקט השניה שהיא נקראת סבלונות, אלא סתם אירוסין, והיינו תרוייהו, דשייכים זה אח"ז בזמן האירוסין – ט"ז› [ז] ‹ר"ל, דגם בסעודה דוקא שיש שהות ביום, לאפוקי דלא אמרינן שיעשה הסעודת אירוסין בלילה› [ח] ‹ד"ה אם יכול. שיש שהות ביום› [ט] **שם במשנה** [י] **שם במשנה וכפי' הרמב"ם** ‹וכתב הרא"ש: פירש רש"י דס"ל מערבין לדבר הרשות, (ברש"י לפנינו אינו מפורש, אולם כן משמע מדבריו), ולא נהירא, דאם כן הוה ליה סתם משנה דלא כהלכתא, דקיימא לן (עירובין פב.) דאין מערבין אלא לדבר מצוה, **ובירושלמי** (פ"ג ה"ז) מפרש מהו שביתת הרשות, ההולך אצל רבו או אצל מי שגדול ממנו בחכמה, כאן שנה רבי המעשה גדול מן התלמוד, דקרי ליה רשות גבי שחיטת פסחו ומל את בנו וסעודת אירוסין. **והרמב"ם** סתם וכתב: יצא לצורך עצמו ונזכר שיש לו חמץ בתוך ביתו יחזור מיד – כסף משנה› ‹**משמע** שחולק על הירושלמי, ורק בהולך לדבר הרשות ממש צריך לחזור, אבל בהולך ללמוד מרבו, אין צריך לחזור, ומש"ה לא הביאו בשו"ע – א"ר, **ודלא** כהט"ז דמתמיה ע"ז דלא העתיקו השו"ע›

אות ג׳

וכן מי שיצא מירושלים ונזכר שיש בידו בשר קדש, אם עבר צופים, שורפו במקומו; ואם לאו, חוזר ושורפו לפני הבירה מעצי המערכה

רמב״ם פי״ט מהל׳ פסולי המוקדשין ה״ח - **מי שיצא מירושלים ונזכר שיש בידו בשר קדש, אם עבר הצופין, שורפו במקומו; ואם לאו, אם יש בו כזית או יתר, חוזר ושורפו בירושלים; [יא]ואם הוא אורח שאין לו בית, שורפו לפני הבירה מעצי המערכה.**

אות [ג׳]

בכביצה

סימן תמד ס״ז - **עד כמה הוא חוזר, [יב]עד כביצה, פחות מכאן מבטלו בלבו ודיו** - קאי על כל מה שנזכר לעיל, דאפילו אם הלך לדבר הרשות, כיון שהחזיק כבר בדרך לא הטריחוהו חכמים לחזור כשהחמץ הוא פחות מכביצה, אלא די לו בביטול, [יג][**דלא** כלבוש דמצדד לומר, דבדבר הרשות אפי׳ פחות מכביצה חוזר, אמנם בחי׳ מהר״ם חלאווה משמע קצת כלבוש].

ואם הגיע שעה ששית שאין יכול שוב לבטל, צריך לחזור מיד, אפילו אין שם אלא כזית חמץ, שהרי כל זמן שאין מבערו מן העולם לגמרי הוא עובר על מצות עשה של תורה, **אבל** אם אין שם אלא פחות מכזית, לא הטריחוהו חכמים לחזור, אלא ילך לדרכו, וכשיחזור לביתו יבער, [**אולם** בפמ״ג ובחי׳ רעק״א מפקפקין ע״ז], **ואם** הוא יו״ט או שבת יכפה עליו כלי עד הערב.

אות ד׳

כל סעודה שאינה של מצוה, אין תלמיד חכם רשאי להנות ממנה

רמב״ם פ״ה מהל׳ דעות ה״ב - **כשהחכם אוכל מעט זה הראוי לו, לא יאכלנו אלא בביתו על שולחנו, ולא יאכל בחנות ולא בשוק אלא מפני צורך גדול, כדי שלא יתגנה בפני הבריות; ולא יאכל אצל עמי הארץ ולא על אותן השלחנות המלאים קיא צואה; ולא ירבה סעודותיו בכל מקום ואפילו עם החכמים, ולא יאכל בסעודות שיש בהן קיבוץ הרבה, ואין ראוי לו לאכול אלא בסעודה של מצוה בלבד כגון סעודת אירוסין ונישואין, והוא שיהיה [יד]תלמיד חכם שנשא בת תלמיד חכם; והצדיקים והחסידים הראשונים לא אכלו מסעודה שאינה שלהן.**

אות ה׳

הא בתלמיד חכם הא בעם הארץ

אה״ע סימן ב ס״ח - **[טו]עם הארץ לא ישא כהנת, ואם נשא אין זיווגם עולה יפה, שתמות הוא [טז]או היא מהרה, [יז]או תקלה תבא ביניהם** - (עיין בתשובת חות יאיר שכתב, ‹מה מקרי ע"ה לענין זה, המזלזל במצות, אבל לא ששומר מצוה אף שאינו ת"ח, ולכן... - ערוה"ש› אין לנו ע״ה שדברו חכמים פה, כמו שאין ע״ה שאמרו בו ששה דברים בפסחים פרק ג׳ יע״ש - פת״ש). **אבל תלמיד חכם שנושא כהנת, הרי זה נאה ומשובח, תורה וכהונה במקום אחד.**

אות ה׳* [יח]

לעולם ימכור אדם כל מה שיש לו וישא בת תלמיד חכם

רמב״ם פכ״א מהל׳ איסורי ביאה הל״ב - **לא ישא אדם בת עמי הארץ, שאם מת או גולה, בניו עמי הארץ יהיו, שאין אמן יודעת כתר התורה; ולא ישיא בתו לעם הארץ, שכל הנותן בתו לעם הארץ כמי שכפתה ונתנה לפני הארי, מכה ובועל ואין לו בושת פנים; ולעולם ימכור אדם כל מה שיש לו וישא בת תלמיד חכם, שאם מת או גולה בניו תלמידי חכמים; וכן ישיא בתו לתלמיד חכם, שאין דבר מגונה ולא מריבה בביתו של תלמיד חכם.**

באר הגולה

[יא] ‹אוקימתא דגמ׳ בפ׳ כיצד צולין (דף פ"ב) - כסף משנה› [יב] **שם וכחכמים** [יג] ‹הנידון לכאורה, אם "ועד כמה הן חוזרין" הולך גם על דבר רשות, או רק על דבר מצוה› [יד] ‹נראה שזהו דרך מוסר, דאילו בסוף אלו עוברין לא אמרו אלא כל סעודה שאינה של מצוה אין ת"ח רשאי ליהנות ממנה, כגון מאי, א"ר יוחנן כגון בת כהן לישראל ובת ת"ח לעם הארץ, דמשמע דוקא הני לפי שיורדים מגדולתם, אבל שוים שרי - כסף משנה› [טו] **לשון רמב״ם בפכ״א מהא״ב ממימרא דרבא יבמות דס״ד ע״ב** [טז] **מימרא דאמוראי פסחים דף מ״ט ע״א** [יז] ‹לכאורה משום דרב חסדא אמר לעונש שלישית, זרע אין לה, ובברייתא תני מביאתו לידי עניות, אמר לשון שכוללת שניהם› [יח] ‹ע"פ מהדורת נהרדעא›

אמר רב כהנא אי לאו דנסיבי כהנתא לא גלאי. משמע שלא היה כהן והא דאמרינן בפ"ק דקדושין (דף ח.) רב כהנא שקל סודרא בפדיון הבן בשביל אשתו היה לוקח כדאמרינן בפ' הזרוע (חולין דף קלב.) רב כהנא הוה אכיל בשביל אשתו והא דאמר בפרק ערבי פסחים (לקמן קיג.) א"ל רב לרב כהנא פשוט נבילתא בשוקא ושקול אגרא ולא תימא כהנא [וגברא] רבא אנא לא בשביל שהיה כהן אלא שכך היה שמו*: **לא** מצא בת גבאי צדקה ישא בת מלמדי תינוקות. משמע דגבאי צדקה עדיפי ממלמדי תינוקות והא דאמר בפרק השותפין (ב"ב ח:) והמשכילים יזהירו כזוהר הרקיע אלו גבאי צדקה ומצדיקי הרבים ככוכבים אלו מלמדי תינוקות נ"ל דזוהר הרקיע עדיף מזוהר כוכבים: **מה** ארי דורס ואוכל. פר"ת דורס ואוכל ואין ממתין עד שתמות אף עם הארץ אינו ממתין עד שתתפייס*: **ויש** אומרים אף אין מכריזין על אבידתו. וא"ת מאין יודע שהיא של ע"ה *ואור"י כגון ששיירא של ע"ה עוברת ורואה שנפל מהם והשתא משמע דדוקא אין מכריזין על אבידתו אבל לגזול בידים לא אע"ג דלית ליה האי סברא דבסמוך אפשר דנפיק מיניה ברא מעליא ותימה לר"י אמאי ממונו אסור השתא גופו מותר שמותר לקורעו כדג ממונו לא כל שכן דכה"ג אמר בהגוזל בתרא (ב"ק קיט.) ובע"ז (דף כו.) גבי מוסר למאן דלית ליה סברא דאפשר דנפיק מיניה ברא מעליא וכו' לר"י דלעיל מיירי במכיר וכופר להכעיס דה"ל הריגתו כמו פיקוח נפש שהוא לסטין וחשוד על הדמים דאי לאו הכי היאך מותר להורגו ביום הכפורים שחל להיות בשבת הלא אפילו נכרי אסור וכן משמע הלשון על חייו אינו חס דמכיר וטפר דיש הרבה עניי ע"ה כדמוכח בסוטה בפ' היה נוטל (דף כב.) ואור"י דמה שאנו מקבלים עדות מע"ה כדאמר בפרק חומר בקדש (חגיגה כב.) כמאן מקבלים האידנא סהדותא מע"ה כרבי יוסי: **ואכלת** זו אכילה. נראה דהני שיעורי כזית וכביצה דלא הוי אלא אסמכתא וכן פ"ה בפרק מי שמתו (ברכות כ:) גבי הא דאמר בן מברך לאביו ומוקי לה כגון דאכל האב שיעור דרבנן ופ"ה שם דהיינו כזית וכביצה דמדאורייתא בעינן שביעה גמורה וכן מוכח התם דקאמר לא אשא פנים לישראל שכתבתי להם ואכלת ושבעת וברכת והן מדקדקים על עצמם בכזית וכביצה וקשה דבפרק ג' שאכלו (שם מח.) אמר ינאי מלכא ומלכתא כרכי ריפתא בהדי הדדי אמר מאן יהיב לן גברא דמברך לן אייתוהו לרבי שמעון בן שטח וכו' שתה ובריך להו וקאמר רבי שמעון בן שטח לגרמיה הוא דעבד דלעולם אינו מוציא אחרים ידי חובה עד שיאכל כזית דגן משמע דאם אכל כזית דגן היה מוציא אחרים ואי כזית דרבנן היכי מפיק להו הא אמר דלא אתי דרבנן ומפיק דאורייתא ואור"י דהיינו דוקא קטן אינו מוציא אותו שאכל שיעור דאורייתא אבל גדול אפילו לא אכל כלל יכול להוציא אחרים מדאורייתא: הדרן עלך אלו עוברין

ואינו מתקבל: תנו רבנן *לעולם ימכור אדם כל מה שיש לו וישא בת תלמיד חכם לא מצא בת תלמיד חכם ישא בת גדולי הדור לא מצא בת גדולי הדור ישא בת ראשי כנסיות לא מצא בת ראשי כנסיות ישא בת גבאי צדקה לא מצא בת גבאי צדקה ישא בת מלמדי תינוקות ולא ישא בת עמי הארץ מפני שהן שקץ ונשותיהן שרץ *ועל בנותיהן הוא אומר °ארור שוכב עם כל בהמה: תניא ר' אומר עם הארץ אסור לאכול בשר (בהמה) שנאמר °זאת תורת הבהמה והעוף כל העוסק בתורה מותר לאכול בשר בהמה ועוף וכל שאינו עוסק בתורה אסור לאכול בשר בהמה ועוף: אמר רבי אלעזר עם הארץ מותר לנוחרו ביום הכיפורים שחל להיות בשבת אמרו לו תלמידיו ר' אמור לשוחטו אמר להן זה טעון ברכה וזה אינו טעון ברכה: אמר רבי אלעזר עם הארץ אסור להתלוות עמו בדרך שנאמר °כי היא חייך ואורך ימיך על חייו לא חס על חיי חבירו לא כל שכן אמר רבי שמואל בר נחמני אמר רבי יוחנן עם הארץ מותר לקורעו כדג אמר רבי שמואל בר יצחק ומגבו: תניא אמר רבי עקיבא *כשהייתי עם הארץ אמרתי מי יתן לי תלמיד חכם ואנשכנו כחמור אמרו לו תלמידיו רבי אמור ככלב אמר להן זה נושך ושובר עצם וזה נושך ואינו שובר עצם: תניא היה רבי מאיר אומר כל המשיא בתו לעם הארץ כאילו כופתה ומניחה לפני ארי *מה ארי דורס ואוכל ואין לו בושת פנים אף עם הארץ מכה ובועל ואין לו בושת פנים: תניא רבי אליעזר אומר *אילמלא אנו צריכין להם למשא ומתן היו הורגין אותנו תנא רבי חייא כל העוסק בתורה לפני עם הארץ כאילו בועל ארוסתו בפניו שנאמר °תורה צוה לנו משה מורשה אל תקרי מורשה אלא *מאורסה גדולה שנאה ששונאין עמי הארץ לתלמיד חכם יותר משנאה ששונאין עובדי כוכבים את ישראל ונשותיהן יותר מהן: תנא שנה ופירש יותר מכולן תנו רבנן ששה דברים נאמרו בעמי הארץ *אין מוסרין להן עדות ואין מקבלין ממנו עדות ואין מגלין להן סוד *ואין ממנין אותן אפוטרופוס על היתומים ואין ממנין אותן אפוטרופוס על קופה של צדקה ואין מתלוין עמהן בדרך ויש אומרים אף אין מכריזין על אבידתו ותנא קמא *זמנין דנפיק מיניה זרעא מעליא ואכיל ליה שנאמר °יכין וצדיק ילבש: וכן מי שיצא וכו': *למימרא דרבי מאיר סבר כביצה הוא דחשיב ודרבי יהודה סבר כזית נמי חשיב ורמינהי *עד כמה הן מזמנין °עד כזית ורבי יהודה אומר עד כביצה אמר רבי יוחנן מוחלפת השיטה אביי אמר לעולם לא תיפוך התם בקראי פליגי הכא בסברא פליגי התם בקראי פליגי רבי מאיר סבר °ואכלת זו אכילה ושבעת זו שתיה *ואכילה בכזית ורבי יהודה סבר ואכלת ושבעת אכילה שיש בה שביעה ואיזו זו בכביצה הכא בסברא פליגי דרבי מאיר סבר חזרתו *כטומאתו מה טומאתו בכביצה אף חזרתו בכביצה ור' יהודה סבר חזרתו כאיסורו

ואינו מתקבל. לשומעים: **גדולי הדור.** אנשי מעשה ולדיקים: **גבאי לדקה.** שאינן ממנין אלא אם כן טובים ונאמנין: **נשותיהן שרץ.** שאינן זהירות במצות: **עם כל בהמה.** שדומות לבהמה שאין להן לב להבין: **כי היא חייך ואורך ימיך על חייו לא חס.** ללמוד תורה ולחיות: **על חיי חבירו לא כל שכן.** ויש לחוש שמא יהרגנו: **ומגבו.** דהוו לא חיי כדאמרינן בשחיטת חולין (דף כז:) קרעו כדג מטמא באהל מיד ואף על גב שמפרפר ואמר רבי שמואל בר רב יצחק ומגבו: **אילמלא צריכין לנו לסחן.** למשאיהן ולעזרתם היו הורגין אותנו: **כאילו בא על ארוסתו בפניו.** שמביישו: **מאורסה.** לכל קהילות יעקב: **שנה ופירש.** תלמיד ששנה ופירש מן התורה ויודע כמה תלמידי חכמים מגנים את עמי הארץ וכמה הם שפלים בעיניהם שונא יותר מכולם: **אין מוסרין לו עדות.** אין מזמנין אותו לשמוע דבר להעיד עליו: **ואין מגלין לו סוד.** שום דבר סתר לפי שהולך רכיל ומגלה: **על היתומים.** שחשוד על הגזל: **סמולא אבידה חייב להכריז.** כדאמרי' באלו מציאות (ב"מ כח.) ועם הארץ לאו אחיך הוא דאינו עושה מעשה עמך: **מזמנין.** שלשה שאכלו כאחת דתנן חייבין לזמן ואין רשאין ליחלק: **ואכלת ושבעת.** מהאי קרא נפקא לן ברכת (הזימון) בברכות (דף מה:): **חזרתו.** ומדרבנן היא ואשיעור טומאתו אסמכוה וטומאת אוכלין בכביצה: כאיסורו

רבינו חננאל

ובר מוקיר בי טבא ובר סלקק בבי ובר מן רבנן: תניא ר' אומר עם הארץ אסור לאכול בשר שנאמר זאת תורת הבהמה. אמר ר' אלעזר עם הארץ מותר לנוחרו ביום הכפורים שחל להיות בשבת אמרו לו תלמידיו ר' ואמור לשחטו וכו' ואסור להתלוות עמו בדרך: ת"ר גדולה שנאה ששונאין עמי הארץ תלמידי חכמים כו' ונשותיהן כו' שנה ופירש יותר מכולן: ת"ר ששה דברים נאמרו בעמי הארץ אין מוסרין להם עדות ואין מקבלין מהם עדות ואין מגלין להם את הסוד ואין ממנין אותן אפוטרופין על היתומים ואין ממנין אותן אפוטרופוס על קופה של צדקה ואין מתלוין עמהן בדרך ויש אומרים אף אין מכריזין על אבידתו ות"ק זימנין דנפיק מיניה זרעא מעליא ויכין רשע וצדיק ילבש:

מתני' הכן מי שיצא מירושלים ונזכר שיש בידו בשר קדש אם עבר צופים שורפו כו' פי' שם מקום שעומד שם ורואה בכל צד שורפו במקום שנזכר ואם לא עבר הצופים חוזר כו' עד כמה חוזרין ר"מ אומר בין חמץ בין בשר קדש כביצה ר' יהודה אומר זה וזה בכזית וחכמים אומרים בשר קדש כזית וחמץ כביצה ואקשי' ורמינהי עד כמה מזמנין עד כזית ר' יהודה אומר עד כביצה מכלל דלר"מ כזית חשוב ולר' יהודה כביצה ומשני' ר' יוחנן מוחלפת השיטה כלומר הלף דברי ר' מאיר לר' יהודה ודברי ר' יהודה לר' מאיר כי תני מדבריהם על דבריהם. אביי אמר לעולם לא תפוך והתם בענין ויסתן בקראי פליגי ר"מ סבר ואכלת זו אכילה ושבעת זו שתיה ומצינו אכילה כזית ור' יהודה סבר לא בעינן אכילה שיש בה שביעה ולא תהיה פחות מכביצה והכא בסברא פליגי ר"מ מקיש ליה לטומאה מה טומאה בכביצה אף חזרתו בכביצה ר' יהודה אומר כנותר

§ מסכת פסחים דף מט: §

אות א'

לעולם ימכור אדם כל מה שיש לו וישא בת תלמיד חכם

אה"ע סימן ב ס"ו - [א]לעולם ישתדל אדם לישא בת תלמיד חכם - ‹שאם מת או גולה מובטח לו שיהיה בנו תלמיד חכם›, **ולהשיא בתו לתלמיד חכם; לא מצא בת תלמיד חכם, ישא בת גדולי הדור** - ‹שהם צדיקים ואנשי מעשה›, **לא מצא בת גדולי הדור, ישא בת ראשי כנסיות; לא מצא בת ראשי כנסיות, ישא בת גבאי צדקה** - ‹שבודאי הם טובים ונאמנים, שדרך למנות אנשים כאלה - לבוש›, **לא מצא בת גבאי צדקה, ישא בת מלמדי תינוקות; ואל ישיא בתו לעם הארץ. הגה: ועל בנותיהם הוא אומר: ארור שוכב עם בהמה** - [פירש"י ‹פסחים מ"ט› שדומות לבהמה שאין להן לב להבין כי היא חייך ואורך ימיך, עכ"ל, **נראה** פי' לדבריו, דטבע הנשים שיבטלו בעליהם מתורה בשביל שהם סוברים שמכח זה יתעסקו בסחורה ויהיה להם טובה בעוה"ז, משא"כ אם יעסקו בתורה לא יהיה להם רק עוה"ב לחוד, **ובאמת** אינו כן, אלא היא חייך בעוה"ז ואורך ימיך בעולם שכולו ארוך שהוא עוה"ב, ולמדנו מדברי רש"י אלו, שאם נמצאת בת לע"ה שהיא חכמה ומבינה ענין שזכרנו, דאין בזה איסור מצד שאביה ע"ה, כן נראה לענ"ד - ט"ז]. ‹**כתב** ברכי יוסף, ולפי"ז אם היא בת עשיר ומספיק לחתנו, שרי, כי כל הקפידא שלא תסיתהו להתעסק בסחורה, ובלא"ה אין העולם נזהרים בזה, ע"ש - פת"ש›. ‹הט"ז הוציא מדברי רש"י דין חדש, ובמחכ"ת גרם לו שבב"י כאן נעתק דברי רש"י מחוברים שני דיבורים, והבין ד"כי היא חייך" קאי למעלה, **אבל** באמת הוא ציון בפני עצמו, וקאי על משה"כ אח"כ לענין ע"ה אסור להתלוות עמו שנאמר: כי היא חייך, ע"ז ציין רש"י - שי למורה. **ולפי"ז** רש"י רק אמר: שדומות לבהמה שאין להן לב להבין›.

וכל זה בעם הארץ שאינו מדקדק במצות (טור) - [עיין ב"י ודרישה וב"ח, דאפילו אינו עובר להכעיס, מ"מ כיון שעובר על מצות ויודע המצוה, נאמר עליו הם שקץ ובנותיהם שקץ, ומש"כ הטור דעובר להכעיס, עיין בדבריהם - ב"ש].

[בטור כתב, ולא בכל ע"ה קאמר אלא במי שהוא חשוד לעבור להכעיס, וחלק הב"י על זה ואמר, אפילו אינו עובר להכעיס אלא לתאבון, או שאינו בקי בדקדוקי מצות, וכך הם דברי רש"י שכתב, נשותיהם שרץ, שאינן זהירות במצות, עכ"ל, והך דקדוקי מצות אין פירושו שאין יודעים רק עיקר המצות ולא כל דקדוקים ופרטים, דא"כ רוב בני אדם מהמון עם אינם יודעים זה, ודוקא לאנשים צדיקים רגילים לקרותם מדקדקים, **ונראה** דמדאמרו זה על נשותיהם שרץ, משמע דקאי על עניני נדה דצריכה ידיעה ברורה להזהר מאוד מזה, וכיון שהבעל ע"ה ואינו יכול ללמדה, על כן הם קרויים שרץ, שהוא שורץ ומוליד באיסור. **ועל** מש"כ הטור שהוא חשוד לעבור להכעיס, קשה, האיך תלוי זה בע"ה, וכי לא שייך לומר כן אף ביודע רבונו ומכוין למרוד בו, **אלא** נראה דלא בא לאפוקי ‹רק› ע"ה ששומע לקול מוריו, דיש לו תקנה דילך אצל חכם וישמע ממנו, משא"כ בע"ה שהוא שונא חכמים, כמ"ש רבי עקיבא כשהייתי ע"ה אמרתי מי יתן לי ת"ח ואנשכנו כחמור, לזה אין תקנה, כי אף אם ישמע מן החכם ילעיג עליו מחמת שנאתו, **ונמצא** מתורץ תמיהת הב"י, דודאי אף הטור נתכוין שעובר לתיאבון, אלא שאנו חושדים אותו שיעבור גם להכעיס, נמצא שאין לו תקנה במוסר חכמים, כנ"ל בזה - ט"ז].

אות ב'

אין מוסרין להן עדות

חו"מ סימן לד סי"ז - [ב]מי שאינו לא במקרא ולא במשנה ולא בדרך ארץ - ‹דהיינו איזו מלאכה או איזו משא ומתן, והולך בטל - ערוה"ש›, **הרי זה בחזקת רשע [ג]ופסול לעדות מדבריהם; לפיכך [ד]אין מוסרים עדות לעם הארץ, ואין מקבלים ממנו עדות** - {פירוש, אין מיחדין אותו מתחילה לעד, ואם נעשה דיחדו לעד, מ"מ אין מקבלין הבית דין ממנו העדות - סמ"ע}, **[ה]אלא אם כן הוחזק שעוסק במצות ובגמילות חסדים ונוהג בדרכי הישרים ויש בו דרך ארץ, אף על פי שהוא עם הארץ ואינו לא במקרא ולא במשנה. נמצאת אומר: כל ת"ח בחזקת כשר, עד שיפסל; [ו]כל עם הארץ בחזקת שהוא פסול, עד שיחזק שהולך בדרכי הישרים** - {וג' ענינים הן: כשידוע שאינו בשלשתן, הוא פסול לגמרי אפילו בדיעבד. **וכשהוא** בודאי בר שלשתן, ‹מקרא משנה ודרך ארץ›, אף שאינו ידוע שעוסק במצוות, כשר הוא אפי' לכתחילה, דחזקתו שהוא בר מצות. **אבל** מסתמא שאנו יודעין בו שאינו למדן, ואין אנו יודעין בו אם הוא בר דרך ארץ ומחזיק במצוות, בזה אמרו דאין מוסרין לו עדות לכתחילה אא"כ ידוע שהוא מוחזק במצוות ובדרך ארץ, אבל בדיעבד אין פוסלין עדותו, ודו"ק - סמ"ע}. **וכל מי שמקבל עדות ע"ה קודם שתהיה לו חזקה זו, או קודם שיבואו עדים ויעידו שהוא נוהג במצות ובדרך ארץ, הרי זה הדיוט, ועתיד ליתן את הדין, שהרי מאבד ממונן של ישראל על פי רשעים (טור בשם הרמב"ם).**

אות ג'

ואין ממנין אותן אפוטרופוס על היתומים

חו"מ סימן רצ ס"ב - [ו]אבל אין ב"ד ממנים אפוטרופס לא אשה, לא עבד ולא קטן, ולא [ח]עם הארץ שהוא בחזקת חשוד על העברות.

באר הגולה

[א] לשון הטור מברייתות פסחים דמ"ט ע"ב [ב] ג"ז לשון הרמב"ם שם ריש פי"א ממשנה קידושין דף מ ע"ב [ג] מימרא דר' יוחנן שם [ד] ברייתא פסחים דף מ"ט ע"ב [ה] כן מפרש רבינו ברייתא דר' יוסי מפני מה כו', והא דא"ר פפא כמאן מקבלים סהדותא מע"ה וכו', חגיגה דף כ"ב ע"א [ו] כן מפרש רבינו ברייתא דפסחים, מיירי בסתם ע"ה דמסתמא ליתיה בדרך ארץ [ז] שם ברמב"ם ושם בברייתא [ח] ברייתא פסחים

אות ד'

עד כזית

סימן קפד ס"ו - שיעור אכילה לברך עליה ברכת המזון, בכזית - היינו מדרבנן, אבל מדאורייתא אינו חייב לברך בהמ"ז כי אם כשאכל דוקא שיעור שביעה, שנאמר: ואכלת ושבעת וברכת, (ולא ברירא כולי האי, דיש מן הראשונים שסוברים דמן התורה סגי בכזית).

ואע"ג דברכה ראשונה צריך לברך אפילו על כל שהוא, התם משום דאסור ליהנות מעוה"ז בלי ברכה.

סימן קצו ס"ד - אין מזמנין על מי שאכל פחות מכזית.

---

§ מסכת פסחים דף נ. §

אות א'*[ט]

על בשורות טובות אומר ברוך הטוב והמטיב, ועל בשורות רעות אומר ברוך דיין האמת

סימן רכב ס"א - על שמועות שהם טובות לו לבדו, מברך: "שהחיינו", ואם הן טובות לו ולאחרים, מברך "הטוב והמטיב" - נקט "שמועות" בלשון רבים להורות, שאם שמע כמה שמועות בבת אחת, די לו בברכה אחת, [**נראה** דבבת אחת לאו דוקא, אלא כל שלא בירך על שמועה ראשונה, כבת אחת דמי].

והיינו כשיש לו שמחה מהשמועה, וכן להיפוך ב"דיין האמת", כשיש לו צער מהשמועה.

סימן רכב ס"ב - על שמועות רעות מברך: "בא"י אמ"ה דיין האמת" – (בין שהן רעות לו לבדו או גם לאחרים).

אות א'

מקום שנהגו לעשות מלאכה בערבי פסחים עד חצות עושין, מקום שנהגו שלא לעשות אין עושין

סימן תסח ס"ג - [י]קודם חצות, מקום שנהגו לעשות מלאכה, עושין - ואפי' בשכר, ובס"ה יבואר סעיף זה, עי"ש במחבר ורמ"א.

מקום שנהגו שלא לעשות, אין עושין - היינו מנץ החמה ולמעלה, וכל הלילה מותר. **ואפי'** בניהם אחריהם עד סוף כל הדורות, אין רשאין לעשות, משום "אל תטוש תורת אמך", **ואפי'** התרה אין מועיל בזה.

הגה: ולדידן מקום שנהגו שלא לעשות (מהרי"ו) - עיין בלבוש ובשארי אחרונים, שאין זה מוסכם, כי יש הרבה מקומות שנוהגין לעשות עד חצות, וע"כ תלוי כל אחד לפי מנהג מקומו.

ודוקא מלאכות גמורות, אבל שאר מלאכות אפילו מנהג ליכא (מהרי"ב) - כנ"ל בס"ב בהג"ה בלאחר חצות.

סימן תסח ס"ד - כללו של סעיף זה, לפי דעת מ"א וכמה מפרשים שהחליטו כמותו להלכה, הוא כן, כשאדם הולך מעירו לעיר אחרת, ובעירו נהגו להקל באיזה דבר, ובעיר שבא בה מחמירים בזה, **אם** אין דעתו להשתקע בעיר הזאת בתמידות, אינו חל עליו חומרי מקום זה מעיקר הדין, ויכול לנהוג להקל כמנהג מקומו בצנעא בתוך ביתו, אבל בפרהסיא אין לו להקל מפני המחלוקת, **וכ"ז** בדברים שאפשר לעשותן בצנעא ולא יתודע לאנשי המקום, אכן בדברים שא"א לעשותן כ"כ בצנעא, כמו מלאכה, אין לו לעשות אף בצנעא בתוך העיר, אלא יצא לשדה חוץ לתחום העיר, ושם יוכל להקל כמנהג מקומו, **ובדעתו** להשתקע, חל עליו מנהג המקום תיכף כשבא לתחום העיר, ואפילו אם ירצה אח"כ לצאת חוץ לתחומה של עיר ולהקל כמנהגו, אינו רשאי, שכבר חל עליו מנהג מקום זה, כיון שבא לכאן לקבוע מקומו.

וכן ה"ה אם מנהג מקומו להחמיר, והלך למקום שמקילין, תלוי ג"כ בזה, דאם דעתו להשתקע שם, נפקע ממנו חומרת מקום שיצא משם משבא למקום החדש, [היינו לתוך תחומו], ומותר לו להקל כמנהג אותו המקום, **ואם** אין דעתו להשתקע במקום זה, עדיין לא נפקע ממנו חומרי המקום שיצא משם, ואסור לו להקל באותו דבר כמנהג המקום הזה, **ומ"מ** אין לו להתראות בפני אנשי אותו מקום, שיכירו בו שאינו נוהג כמוהם, מפני מחלוקת, אלא יחמיר בצנעא.

[יא]ההולך ממקום שעושין למקום שאין עושין, [יב]לא יעשה בישוב - של ישראל, וכל שבא לתוך תחומו של אותו המקום, מקרי בא בישוב, **מפני המחלוקת** - ואפילו בצנעא, דמלאכה א"א לעשות כ"כ בצנעא שלא יתוודע.

ומיירי כשדעתו לחזור למקומו, דאי אין דעתו לחזור, אפי' במדבר אסור.

[יג]אבל עושה הוא במדבר - ר"ל בשדה העיר חוץ לתחום, שאין אנשי הישוב מצויין שם, כיון שדעתו לחזור למקום הראשון שמקילין שם.

וההולך ממקום שאין עושים למקום שעושין, לא יעשה - זה מיירי גם כן בדעתו לחזור למקומו, וע"כ לא נפקע ממנו

‹המשך ההלכות בעמוד הבא›

באר הגולה

דף מ"ט ע"ב, ו' דברים נאמרו בעם הארץ, וכתב ה"ה, ומשמע בהלכות שלא אמרו אלא בע"ה שאינו לא במקרא ולא במשנה ולא בדרך ארץ, וזהו דעת רבינו, ויש חולקין ואף על גב דאיתיה בדרך ארץ ובמצות, אין בור ירא חטא, ומורה התירא לנפשיה דאגר טירחיה קא שקיל, וזה דעת רש"י ז"ל ‹כ"כ מאירי לדברי רש"י, ולא מצאתי בפירש"י דידן – מהדורת פרנקל› [ט] ‹ע"פ מהדורת נהרדעא› [י] משנה שם נ' [יא] כך הם דברי הרמב"ם, ומה שאמר " וכן מי שדעתו לחזור", הוא כלל כל הענינים, ולמדו הרמב"ם שם ‹שלא יתראה בפניהם שהוא בטל מפני האיסור› ממעשה דרבה בר בר חנה שם, כמו שהביא הרב המגיד, ועיין בכנסת הגדולה [יב] משנה שם ‹לכאורה כאן הוא מקומו של הציון, ולא על מלת "בישוב"› [יג] שם נ"ב

*כאיסורו מה איסורו בכזית אף חזרתו בכזית תניא ר' נתן אומר זה וזה כשתי ביצים ולא הודו לו חכמים °והיה ביום ההוא לא יהיה אור יקרות וקפאון מאי יקרות וקפאון א"ר אלעזר זה אור שיקר בעולם הזה וקפוי לעולם הבא ר' יוחנן אמר אלו נגעים ואהלות שיקרין הן בעוה"ז וקפויין הן לעולם הבא ור' יהושע בן לוי אמר אלו בני אדם שיקרין הן בעולם הזה וקפויין הן לעוה"ב *כי הא דרב יוסף בריה דר' יהושע בן לוי חלש ואיתנגיד כי הדר אמר ליה אבוה מאי חזית אמר ליה עולם הפוך ראיתי עליונים למטה ותחתונים למעלה אמר לו בני עולם ברור ראית ואנן היכי התם כי היכי דאיתו אנן הכא הכי איתינן התם ושמעתי שהיו אומרים *אשרי מי שבא לכאן ותלמודו בידו ושמעתי שהיו אומרים הרוגי מלכות אין אדם יכול לעמוד במחיצתן (ומאן) נינהו אילימא ר"ע וחביריו משום הרוגי מלכות ותו לא אלא הרוגי לוד °ביום ההוא יהיה על מצלות הסוס קדש לה' מאי מצלות הסוס א"ר יהושע בן לוי עתיד הקב"ה להוסיף על ירושלים עד שהסוס רץ ומציל ר' אלעזר אמר כל מצילות שתולין לסוס בין עיניו יהיה קדש לה' ור' יוחנן אמר כל ביזה שבוזזין ישראל עד שעה שהסוס רץ ומציל יהיה קדש לה' בשלמא למאן דאמר כל ביזה שבוזו ישראל היינו דכתיב °והיה הסירות בבית ה' כמזרקים לפני המזבח אלא למ"ד בהנך תרתי מאי והיה הסירות בבית ה' מילתא אחריתי קאמר דמתעתרי ישראל ומתנדבי ומייתי בשלמא למ"ד ביזה היינו דכתיב °ולא יהיה כנעני עוד בבית ה' צבאות אלא למ"ד הנך תרתי מאי ולא יהיה כנעני א"ר ירמיה °אין כאן עני וכנעני מעלן *דאיקרי תגר דכתיב °וירא שם יהודה בת איש כנעני מאי כנעני אילימא כנעני ממש אפשר בא אברהם והזהיר את יצחק בא יצחק והזהיר את יעקב ויהודה אזיל ונסיב אלא אמר רבי שמעון בן לקיש בת גברא תגרא דכתיב °כנען בידו מאזני מרמה ואיבעית אימא מהכא °אשר סוחריה שרים כנעניה נכבדי ארץ: °והיה ה' למלך על כל הארץ ביום ההוא יהיה ה' אחד ושמו אחד אטו האידנא לאו אחד הוא אמר רבי אחא בר חנינא לא כעולם הזה העולם הבא העולם הזה *על בשורות טובות אומר ברוך הטוב והמטיב ועל בשורות רעות אומר ברוך דיין האמת לעולם הבא כולו הטוב והמטיב ושמו אחד מאי אחד אטו האידנא לאו שמו אחד הוא א"ר נחמן בר יצחק לא כעולם הזה העולם הבא העולם הזה נכתב ביו"ד ה"י ונקרא באל"ף דל"ת אבל לעולם הבא כולו אחד *נקרא ביו"ד ה"י ונכתב ביו"ד ה"י *סבר רבא למדרשה בפירקא א"ל ההוא סבא לעלם כתיב ר' אבינא רמי כתיב °זה שמי לעלם *וזה זכרי לדור דור אמר הקב"ה לא כשאני נכתב אני נקרא נכתב אני ביו"ד ה"א ונקרא אני באל"ף דל"ת:

הדרן עלך אלו עוברין

מקום *שנהגו לעשות מלאכה בערבי פסחים עד חצות עושין מקום שנהגו שלא לעשות אין עושין ההולך ממקום שעושין למקום שאין עושין או ממקום שאין עושין למקום שעושין *נותנין עליו חומרי מקום שיצא משם וחומרי מקום שהלך לשם ואל

רש"י

כאיסורו. של חמץ ובשר קודש נמי משנפסל ביוצא אסור באכילה: **יקרות וקפאון.** אוירי בירושלים ביציאות שעריה דקתני וכן מי שיצא מירושלים כו' פתח בהא פרשתא דבעינן למימר קמן שעתיד הקב"ה להוסיף על ירושלים: **אור שיקר בעולם הזה.** כשחמה מאירה בגבורתה ואורה גדול אותו אור תורה אור חשוב ויקר שלא יהא קפוי וקל לעולם הבא כל דבר קל קרי קפוי לך על המים ויצף הברזל מתרגמינן וקפא פרזלא (מלכים ב ו): **בני אדם שיקרים.** עשירים וחשובים ואינן טובים למקום: **איתנגיד.** גוע ופרחה רוחו: **עליונים למטה.** אותן שהיו כאן חשובים ראיתי קלים: **ואנן.** תלמידי חכמים היכי איתינן התם: **הרוגי מלכות ותו לא.** לא היתה בהן מעלה אחרת שיחשבו עליה אלא זו בלבד: **הרוגי לוד.** שני אחים היו שמסרו עצמן *על ישראל שהודו על עצמן הריגת בת מלך שהיו מטילין אותה על כל ישראל: **עד שהסוס רץ ומציל.** כשיעור מרוצת הסוס עד חצי היום ולשון מציל שלצלו תחתיו שכל שעות היום חמה נוטה לצדדין ולא האדם ולא הבהמה נוטה לצידו כשחמה במזרח צל האדם למערב אבל בחצי היום חמה עומדת באמצע הרקיע בראש כל האדם וצל הסוס תחתיו בפי' ר' מכיר זצ"ל מצאתי: **כל מצילות.** כלומר שתולין לסוס לנוי ולקשקש לשון מצלתים (ד"ה א יג): **יהיה קודש לה'.** שיתנדבו ישראל נדבותיהן למקדש: **כל ביזה שבוזזו ישראל.** מן הנכרים ביום אחד עד חצות יהיו קודש לה' שיביאום נדבה למקדש: **הסירות כמזרקים.** אף הסירות יהיו של כסף ושל זהב שתהא שם ביזה רבה להקדש: **מאי והיה הסירות כמזרקים.** הא במצילות הסוס ליכא הקדש כולי האי: **דמיתעתרי ישראל.** יתעשרו ישראל ובשורה אחרת היא: **כנעני.** לא יהיו צריכין גזברין לעשות סחורה בנכסי הקדש לפי שיהא שם עושר גדול מן הביזה: **בא אברהם והזהיר את יצחק.** שהשביע לאליעזר לא תקח אשה לבני מבנות הכנעני (בראשית כד): **והזהיר את יעקב.** לא תקח אשה מבנות כנען (שם כח): **כולו הטוב והמטיב.** שאין שם בשורה רעה: **למידרשיה בפירקא.** קרייה דיו"ד ה"י דארבע אותיות דרשיה וטעמיה התלויים בו: **לעלם כתיב.** זה שמי לעלם חסר וי"ו לשון העלמה: **כתיב זה שמי לעלם.** בהעלמה וכתיב זה זכרי דמשמע קרייה ולא העלמה לשון אחר כיון דכתב זה שמי פשיטא דזה זכרי היאך יקרא אלא בשמו: **לא כשאני נכתב.** שני שמות לימדו שם הכתיבה ושם הקרייה:

הדרן עלך אלו עוברין

מקום שנהגו. עד חצות. חצי היום: **שלא לעשות.** כדי שלא יהא טרוד במלאכה וישכח ביעור חמצו ושחיטת הפסח ותקון מצה לצורך הלילה דמצוה לטרוח מבעוד יום כדי להסב מהר כדאמר בפ' בתרא (דף קט.) חוטפין מצה בלילי פסחים בשביל תינוקות שלא ישנו: ואל

תוספות

מקום שנהגו. אור"י בשם ריב"א דמפרש בירושלמי מאי שנא ערבי פסחים משאר י"ט משום דזמן הפסח מחצות ואילך ואף יחיד קאמר התם בשאר ימות השנה ביום שמביא קרבן אסור במלאכה ופריך אם כן יהא כל היום אסור כמו יחיד שמביא קרבן ומפרש התם משום דראוי להקריב משחרית אבל פסח אינו יכול להקריבו אלא אחר חצות כדנפקא לן מבין הערבים ופריך אם כן קרבן תמיד שהוא לכל ישראל וקרב בכל יום יהא בכל יום אסור במלאכה ומשני שאני תמיד שהתורה הוציאה מן הכלל דכתיב ואספת דגנך ואם כל ישראל יושבים ובטלים מי יאסוף להן דגן ומשמע התם דמדאורייתא אסורה ונראה דאף בזמן הזה דליכא הקרבה כיון שנאסר אז אסור לעולם:

העושה

עין משפט נר מצוה

א א מיי' פ"ח מהל' י"ט הל' יח ב סמג לאוין עה טוש"ע או"ח סי' תסח סעיף ג ד:

מסורת הש"ס

[לקמן קמה.] · ב"ב י: · [תענית יח:] · [מ"ק כח. כתובות עז: ב"ב י.] · [ב"ב עה.] · [ברכות נד.] · [נכתב ביו"ד ה"י נקרא ביו"ד ה"י כך הוא נכון וכ"א בילקוט שמות רמז קע"א] · יבמות יג: · חולין [קיז.] · [צ"ל מאן] · ישעיה כג · קדושין עא. · ס"א וכתיב

גליון הש"ס

גמ' א"ר אין כאן עני. עי' שבת סג ע"א רש"י ד"ה לא יחדל:

רבינו חננאל

כנותר מה נותר איסורו בכזית דאכילה כתיב ביה אף חזרתו: **וכיון** שהזכיר אם לא עבר הצופים חוזר דש"ם עד הצופים מירושלים הוא חשוב הצורך מהאי קרא והיה ביום ההוא יהיה על מצלות הסוס קדש לה' ואמר ר' יהושע בן לוי עתיד הקב"ה להוסיף על ירושלים עד שעה שהסוס רץ ומציל פי' חצי היום שהצל של סוס תחתיו ומפני זה פתח והיה ביום ההוא לא יהיה אור יקרות וקפאון פי' ר' אלעזר אור שהוא יקר בעולם הזה כלו כדכתיב (משלי ו כג) כי נר מצוה ותורה אור וכתיב (שמואל א ג א) ודבר ה' היה יקר בימים ההם קפוי הוא מצוי לעולם הבא וכל דבר מצוי ביד הרבים בזול הוא דכתיב (יואל ג א) ביום ההוא אשפוך את רוחי על כל בשר ונבאו ריש לקיש דרשו בתלמוד נגעים ואהלות שהוא יקר עכשיו כו' ור' יוחנן אמר אלו בני אדם שנראין בעולם הזה יקרים ונכבדים קפויים הם לעולם הבא כי הא דיוסף בריה דר' יהושע בן לוי חלש כאלו פרחה נשמתו איתפח אמר ליה אבוה מאי חזית אמר ליה עולם הפוך ראיתי עליונים למטה כלומר היקרים החשובים בעולם הזה כדכתיב (ישעיה יג יב) אוקיר אנוש מפז ואדם מכתם אופיר ראיתי אותם תחתונים במדרגה התחתונה והיורדים בעולם הזה ראיתי בעליה למעלה מאלו אמר ליה בני עולם ברור ראית כלומר האמת שם הוא שהוא לשם עליון הוא העיקר אמר ליה ואנו אנה מקומנו אמר ליה כי הכא ושמעתי אשרי מי שבא לכאן ותלמודו בידו יש מי שאומר שגורס על פה כי הלך וגרסתו עמו ויש מי שמפרש מי שיבא בכאן ומעשיו מיפים ותלמודו שקיים כל מה שלמד נמצא כאלו הביא ראיותיו עמו והרוגי מלכות אין כל בריה ולשון יכולה במחיצתן ואסיקנא לאו ר"ע וחבריו דהללו מעלתן גדולה זולתי מצות הריגתם אלא שני אחים שהיו בלוד בשעה שנמצאת בת קיסר הרוגה ובקשו להרוג כל יהודי בשבילה ואמרו שני האחים אנו הרגנוה כדי להציל כל ישראל ונהרגו הן וכו': **והיה ה' למלך** [על כל הארץ] ביום ההוא יהיה ה' אחד ושמו אחד [יהיה] ה' אחד שאין שם בשורה רעה שצריך לומר ברוך דיין האמת אלא הטוב בכל שהכל טוב שאין שם רע ושמו אחד כר"נ בר יצחק דאמר בעולם הזה שמי נכתב ביוד הא ונקרא באלף דלת אבל בעולם הבא כולו אחד כשאני נכתב כך אני נקרא: **רבה** סבר למדרשה בפירקא ולגלותו א"ל ההוא סבא זה שמי לעלם חסר ו' כתיב כלומר עלמיה [וזה] זכרי כשאני נקרא עכשיו באלף דלת ובעולם [הבא] בשמי שנא' זה שמי לעולם:

הדרן עלך ואלו עוברין

מקום שנהגו לעשות מלאכה בערבי פסחים עד חצות עושין כו' ומתמהי' מאי אריא ערבי פסחים אפי' כל ערובה נמי דתניא העושה מלאכה בערבי שבתות ובערבי ימים טובים מן המנחה ולמעלה אינו רואה סימן ברכה

ואל ישנה אדם מפני המחלוקת כיוצא בו *המוליך פירות שביעית *ממקום שכלו למקום שלא כלו או ממקום שלא כלו למקום שכלו חייב לבער ר' יהודה אומר צא והבא לך אף אתה: **גמ'** *מאי איריא ערבי פסחים אפילו ערבי שבתות וערבי ימים טובים נמי דתניא העושה מלאכה בערבי שבתות וימים טובים מן המנחה ולמעלה אינו רואה סימן ברכה לעולם התם מן המנחה ולמעלה הוא דאסור סמוך למנחה לא הכא מחצות אי נמי התם סימן ברכה הוא דלא חזי אבל שמותי לא משמתינן ליה הכא שמותי נמי משמתינן ליה גופא העושה מלאכה בערבי שבתות ובערבי ימים טובים מן המנחה ולמעלה ובמוצאי שבת ובמוצאי יו"ט ובמוצאי יום הכפורים ובכל מקום שיש שם נידנוד עבירה לאתויי [א] תענית ציבור אינו רואה סימן ברכה לעולם: ת"ר *יש זריז ונשכר ויש זריז ונפסד יש שפל ונשכר ויש שפל ונפסד זריז ונשכר דעביד כולי שבתא ולא עביד במעלי שבתא זריז ונפסד דעביד כולי שבתא ועביד במעלי שבתא שפל ונשכר דלא עביד כולי שבתא ולא עביד במעלי שבתא שפל ונפסד דלא עביד כולי שבתא ועביד במעלי שבתא אמר רבא *הני נשי דמחוזא אע"ג דלא עבדן עבידתא במעלי שבתא משום מפנקותא הוא דהא כל יומא נמי לא קא עבדן אפילו הכי שפל ונשכר קרינן להו רבא רמי כתיב °כי גדול עד שמים חסדך וכתיב °כי גדול מעל שמים חסדך הא כיצד כאן בעושין לשמה וכאן בעושין שלא לשמה וכדרב יהודה (א) דאמר רב יהודה אמר רב לעולם יעסוק אדם בתורה ומצות אף על פי שלא לשמה שמתוך שלא לשמה בא לשמה: תנו רבנן המצפה לשכר אשתו וריחים אינו רואה סימן ברכה לעולם שכר אשתו מתקולתא ריחייא אגרתא אבל עבדה ומזבנה אישתבוחי משתבח בה קרא דכתיב °סדין עשתה ותמכור: ת"ר המשתכר בקנים ובקנקנים אינו רואה סימן ברכה לעולם מאי טעמא כיון דנפיש אפחזייהו שלטא בהו עינא: תנו רבנן *תגרי סימטא ומגדלי בהמה דקה וקוצצי אילנות טובות *ונותנין עיניהן בחלק יפה אינו רואה סימן ברכה לעולם מאי טעמא דתהו ביה אינשי: ת"ר ד' פרוטות אין בהן סימן ברכה שכר כותבין ושכר מתורגמנין ושכר יתומים ומעות הבאות ממדינת הים בשלמא שכר מתורגמנין משום דמיחזי כשכר שבת ומעות *יתומים נמי לאו בני מחילה נינהו מעות הבאות ממדינת הים משום *דלאו כל יומא מתרחיש ניסא אלא שכר כותבין מאי טעמא א"ר יהושע בן לוי כ"ד תעניות ישבו אנשי כנסת הגדולה על כותבי ספרים תפילין ומזוזות שלא יתעשרו *שאילמלי מתעשרין אין כותבין: ת"ר *כותבי ספרים תפילין ומזוזות הן ותגריהן ותגרי תגריהן וכל העוסקין במלאכת שמים לאיתויי מוכרי תכלת אינן רואין סימן ברכה לעולם ואם עוסקין לשמה רואין: בני ביישן [ו] נהוג דלא הוו אזלין מצור לצידון במעלי שבתא אתו בנייהו קמיה דר' יוחנן אמרו לו אבהתין אפשר להו אנן לא אפשר לן (ג) אמר להו כבר קיבלו אבותיכם עליהם שנאמר °שמע בני מוסר אביך ואל תטוש תורת אמך: בני חוזאי נהגי דמפרשי חלה מארוזא אתו ואמרו ליה לרב יוסף אמר להו ניכלה זר באפייהו איתיביה אביי *°דברים המותרים ואחרים נהגו בהן איסור אי

תוספות

העושה מלאכה במוצאי שבתות. אור"י דאיתא בירושלמי הכי הני נשי דנהיגי דלא למעבד עבידתא באפוקי שבתא לאו מנהגא עד דיתפני סידרא מנהגא פי' (ג) שישלים התפלה מנהג כשר ובהא איירי נמי הכא: **וכאן** בעושים שלא לשמה וכדרב יהודה. תימה (דרב) גופיה אמר בפ"ב דברכות (ד' יז.) כל העוסק בתורה שלא לשמה נוח לו שלא נברא ואור"י דהתם מיירי כגון שלומד כדי להתיהר ולקנטר ולקפח את חביריו בהלכה ואינו לומד ע"מ לעשות אבל הכא מיירי דומיא דההיא דלעיל יש שפל ונשכר דלא עביד כוליה שבתא ולא במעלי שבתא שאין מתכוון לשום רעה אלא מתוך עצלות אפ"ה גדול עד שמים חסדו*: **מתקולתא**. מטוה לכך קורא אותה מתקולתא לפי שנשכרת לשיעור משקל מטוה כדתנן בכתובות (ד' סד:) כמה היא עושה לו משקל ה' סלעים ופר"ח שהיא מתבזה על כך שהיא מגלה זרועותיה בשעת טוויה: **ומגדלי** בהמה. וקשה לר"ת דאמר (בחולין ד' פד:) הרוצה שיתעשר יעסוק בבהמה דקה ואמר נמי עשתרות שמעשרות את בעליהן וי"ל דהתם בחורשין: **כותבי** ספרים. אור"י בשם ריב"א דדוקא הכותבים כדי למכור עליהן בקשו דלעולם ימצאו לוקחין כדקתני הן ותגריהם אבל על המשכירים עצמן לבעלי בתים לא בקשו שלא היו מקפחים פרנסתן שלא ימצאו כל כך להשתכר: *__דילמא__ אתי לאפרושי מן הפטור על החיוב. וא"ת והיכי אתי למיטעי תיפוק ליה דמפריש ממין על שאין מינו וי"ל דבבלול איכא למיטעי דלית ביה משום מין על שאין מינו כדפי' בפ' כל שעה (לעיל לה.) ואיכא למיחש שתהא עיסה רובה אורז במקום אחד ויפריש מאותו לד על לד אחר: אי

רש"י

ואל ישנה אדם. בגמרא פריך ממקום שאין עושין למקום שעושין וליהו נמי אל ישנה וליעבד והא אמרת נותנין עליו חומרי מקום שיצא משם: **המוליך פירות שביעית ממקום שכלו**. לחיה מן השדה וחייבין בני המקום לבערן מן הבית והוליכן זה למקום שלא כלו ובני אותו מקום עדיין אוכלין הכנוסין בבית: **חייב לבער**. משום חומרי מקום שיצא משם: **צא והבא לך אף אתה**. מפרש בגמרא: **גמ' מאי איריא ערבי פסחים**. דקתני עד חצות במנהגא מכלל דמחצות ולהלן אסור ולמה ליה למיתני חצות לאשמעינן הך דיוקא הא כל ערבי ימים טובים אסירי: **מן המנחה**. תשע שעות ומחצה: **סמוך למנחה**. קודם לכן: **נידנוד עבירה**. רמז עבירה: **תענית צבור**. אסור במלאכה במסכת תענית (דף יב:) כשהיו מתענין על הגשמים אבל שאר תענית ציבור לא כדאמר שמואל אין חומר תענית ציבור בבבל (לקמן דף נד:): **במוצאי שבתות**. משום כבוד שבת שמוסיפין מחול על הקדש: **זריז**. בעל מלאכה: **שפל ונשכר דלא עביד כולה שבתא ולא במעלי שבתא**. ואע"ג דלאו לשום מצוה מיכוין מצוה שלא לשמה מיהא הויא דאמרינן לקמן יעסוק אדם במצוה ואפי' שלא לשמה: ה"ג ואע"ג דהאי דלא קעבדן כו': **עושין לשמה**. מעל שמים ושלא לשמה עד לשמים דמצוה מיהא קא עביד כדרב יהודה: **מתקולתא**. טוולת מאזנים בידה ומהלכת בשוק להשכירן לכל הצריכין דשכר מועט הוא ומתבזה אשתו על שכר מועט: **אגרתא**. שכר ריחיים שמשכירין טורח גדול ושכר מועט אבל קונה ריחיים ומוכרן הרי הוא כשאר פרקמטיא: **בקנים**. כל מקלות דקים קרי קנים שעושין מהן גדרות ומחילות: **אפחזייהו**. נפח שלהן: **תגרי סימטא**. יושבין ומוכרין בשוק ועין שולטת בהן: **ומגדלי בהמה דקה**. הכל לווחין עליהן: **וקוצצי אילנות טובות**. למוכרן לעצים הכל תמיהים ומלעיזין עליהם ומתוך כך עין שולטת בהן ולעקת בני אדם: **ונותנין עיניהם בחלק יפה**. כשחולקים עם אחרים תמיד מקפידין ליטול חלק יפה: **מתורגמנין**. שעומדין לפני החכם בשבתות ושומעין מפיו ומשמיעין לרבים: **ומעות יתומין**. למחלית שכר: **ממדינת הים**. משלח ספינותיו תמיד במקום סכנה: **תכלת**. לצילית: **אינן רואין**. כדאמרן שאם יתעשרו לא יהו עוסקין: **ואם עוסקין לשמה**. להיות המצוה מצויה לצריכין לה: **רואין**. דהואיל ולשמה עושין לא יניחו בשביל עשרן: **מצור לצידון**. יום השוק של צידון בע"ש והם מחמירים על עצמן שלא להיבטל מצרכי שבת: **סוס אפשר לנו**. להמנע מן השוק שעשירים היו: **מארוזא**. אורז: דסרכי

רבינו חננאל

ברכה לעולם ושני' התם עד המנחה ולמעלה הכא מחצות אי נמי התם ברכה לא חזי הכא בערב הפסח העושה מלאכה מחצות היום ולמעלה ולמי שהתירו להם חכמים משמתינן ליה: **גופא** העושה מלאכה בערבי שבתות ובערבי ימים טובים ובמוצאי שבתות ובמוצאי ימים טובים מן המנחה ולמעלה ובתענית צבור אינו רואה סימן ברכה לעולם. תוספתא בתחלת יבמות יש זריז ונשכר דעביד מלאכה כל יום ואינו עושה שבת מן המנחה ולמעלה זריז ומפסיד שעושה כל השבוע ובערב שבת שפל ונשכר שאינו עושה מלאכה לא בכל השבוע ולא בערב שבת שפל ומפסיד כל השבוע יושב ובטל ובערב שבת עושה מלאכה: **גדול** מעל שמים חסדך אלו העושין לשמה כי גדול עד שמים חסדך אלו העושין שלא לשמה שאע"פ שעושין שלא לשמה יש להם חסד כדרב יהודה אמר רב דאמר לעולם יעסוק אדם בתורה ובמצות אפי' שלא לשמה שמתוך שלא לשמה בא לשמה: **המצפה** לשכר אשתו כדי להתפרנס ממנו. פי' מתקן משקל המטוה שמוה בכל יום ושכר הרחים שכירות מפני שהוא דבר מועט אינו רואה סימן ברכה בזה הדרך: **ת"ר** ארבע פרוטות הן אין בהן ברכה שכר ברכה שבקשו עליהן אנשי כנסת הגדולה מלפני הקב"ה שלא יתעשרו שכר מתורגמנין הדרשנין שדורשין בשבת לצבור ועושין להן פסיקה נראה כאלו שכר שבת הוא הנושא והנותן במעות של יתומים קרוב לשכר ורחוק להפסד פעמים שאינו מדקדק היטב היטב ויתמי לאו בני מחילה נינהו ומעות הבאות ממדינת הים פעמים שילך [לאבוד] הכל בבת אחת כגון שנטבעה הספינה: **ת"ר** כותבי ספרים תפלין ומזוזות הן ותגריהן ותגרי תגריהן וכל העוסקין במלאכת שמים לאתויי מוכרי תכלת אין רואין סימן ברכה ואם עסוקין לשמה מתברכין: **בני** בישן נהגו שלא לילך בצידון בערב שבת ובאו בניהן ואמרו לו לר' יוחנן אבותינו היו עשירים ולא היו צריכים לעשות מלאכה בערב שבת ואנו עניים מהו לילך ולישא וליתן אמר להם כבר קבלו אבותיכם עליהם דכתיב ואל תטוש תורת אמך ופי' בירושלמי כי לפרש בים שאלוהו ואמר להם משום דסבר אסור לפרש בים הגדול אבל זה ואפי' נדר נשאל ומתירין לו ולא אסר אלא דסבר אסור לפרש בים: **בני** בי חוזאי נהגו להפריש חלה מן האורז שאינו חייב בחלה ואסקינן

גליון הש"ס גמ' ונותנין עיניהן בחלק יפה. עיין מ"ק כ"ח ע"ב תד"ה וליטול:

חומרי מקום שיצא משם, **אבל** בדעתו להשתקע כאן לעולם, אין צריך להחמיר כמנהג מקומו שיצא משם, ויכול להתנהג כקולי המקום שיושב ביניהם עכשיו.

(**עיין** באחרונים שכתבו, דלא פקעי מיניה חומרי מקום שיצא משם, **אלא** בדוקא אם למקום שבא שם יש מנהג קבוע להיתר, אבל לא בעיר שאין בה מנהג קבוע).

ונותנים עליו חומרי מקום שיצא משם וחומרי מקום שהלך לשם - ואע"פ שדעתו לחזור, מפני המחלוקת, וכנ"ל בריש הסעיף.

ואעפ"כ לא יתראה בפניהם שהוא בטל, מפני איסור: לעולם אל ישנה אדם מפני המחלוקת - קאי אהיכי דנותנין עליו חומרי המקום שיצא משם, לא יתראה וכו', **וכל** זמן שלא יראה היכר לפניהם שהוא בטל מחמת איסור, לא יהיה שום מחלוקת, דמימר אמרי מלאכה הוא דלית ליה.

וכן מי שדעתו לחזור למקומו, נוהג כאנשי מקומו בין להקל בין להחמיר - הלשון מגומגם מאוד, דהא כל הסעיף קאי בדעתו לחזור למקומו, **וכתבו** האחרונים, דקיצור לשון יש כאן, וחסר תיבת "כל", והכונה, דלאו דוקא ממקום שעושין מלאכה למקום שאין עושין, דה"ה בכל מנהג שבמקום זה נוהגין כן, ובמקום אחר נוהגין באופן אחר.

והוא שלא יתראה בפני אנשי המקום שהוא בו, מפני המחלוקת - כולל בזה שני גווני, **א)** היכי דמנהג מקומו להקל, ומיקל, צריך ליזהר עכ"פ שלא יתראה בפני אנשי המקום דבר זה, וכנ"ל בריש הסעיף, **אלא** דבזה לא הצריך לצאת במדבר, כמו ברישא לענין מקום שעושין מלאכה, דשאני מלאכה דא"א שלא יתודע לאנשי המקום כשיעשה בעיר, **משא"כ** בשארי מנהגים, לא יתודע כשיעשה בצנעא, וע"כ לא החמיר עליו רק שלא יתראה בפני וכו', ר"ל שלא יעשה בפרהסיא.

ב) היכי דמנהג מקומו להחמיר, ומחמיר, צריך ליזהר ג"כ שלא יראה בפניהם שהוא מחמיר, וכנ"ל לענין מלאכה, **אמנם** היכי שא"א לו שלא ירגישו בו שהוא משנה ממנהגם, יש לו לנהוג לקולא כמותם, אפילו בשדעתו לחזור למקומו שמחמירים, מפני המחלוקת, [**זה** יצוייר רק בשארי מנהגים, אבל לא לענין מלאכה, דשם יאמרו מלאכה הוא דלית ליה, דכמה בטלני איכא בשוקא].

ודוקא אם הדבר הזה אינו אסור מעיקר הדין, אלא שנהגו לאיסור, אבל דבר שהוא אסור מצד הדין, אפילו איסור דרבנן, ח"ו לעבור מפני חשש איבה ומחלוקת, ומוטב לסבול על עצמו קטטות ולא לעבור על ד"ס, שהעובר על ד"ס חייב מיתה בידי שמים.

כתבו הפוסקים, דאם מנהג אנשי מקומו להקל, ועשה כמנהגו בצנעא, ומצאוהו אנשי המקום שהוא בו עכשיו, צריך להפסיק ממנהגו, שלא יכירו בו מפני המחלוקת, **אבל** אם מצאו ת"ח, אין צריך להפסיק, דת"ח יודע שזה תלוי במנהג ואין כאן מחלוקת, **ומ"מ** לכתחלה לא יעשה כמנהגו אפי' בפני ת"ח, (מדאמרינן שם [נ"א] רבה בר בר חנה וכו' - מחזה"ש).

(**וכתבו** עוד האחרונים, בקהלה שנחרבה, ונתישבה ע"י אנשים אחרים שנוהגים היו להקל באיזה דבר במקומות שבאו משם, אין מחויבים גם עתה להחמיר, אע"פ שהעיר החרבה הזאת בישובה היו נוהגין אנשיה להחמיר בדבר זה, מאחר שאנשיה כבר נתגרשו ממנה נתבטל מנהגם, **ובפמ"ג** מסתפק אפילו בנשארו בה קצת, כיון שנתגרשו רובם, **ולענ"ד** בנשארו בה אפילו מיעוט, כל שיש עדיין שם קהלה עליה, הבאים לשם מתחייבים לנהוג כמנהג המקום הזה, דאין שיעור לקהלה, ואפילו הבאים לתוכה רבים ממנה, נטפלים המה להמיעוט שבה, **אם** לא שהקהלה החדשה מתנהגת בפני עצמה, ואינה מתערבת עם הקהלה הישנה בעניניה, כמו שמצוי בקהלות הגדולות, שנמצאים בהם כמה קהלות, שכל אחת מתנהגת כפי מנהג אבותיה מדור דור, וכן מתבאר בספר פר"ח).

(**ומבואר** שם, דקהלה שיש בה מנין מיקרי קהלה, והבאים לשם נטפלים, ופשוט דכוונתו שיש לה עכ"פ כל צרכי צבור כנהוג, דהיינו ביהכ"נ ומתפללים בה בכל יום בצבור, ויש להם מו"ץ ומקוה וכדומה, כנהוג בכל קהלות ישראל, דאל"ה גם היא בעצמה נטפלת לעירות הסמוכות לה כנהוג).

---

§ מסכת פסחים דף נ: §

אות א'

המוליך פירות שביעית ממקום שכלו למקום שלא כלו, או ממקום שלא כלו למקום שכלו, חייב לבער

רמב"ם פ"ז מהל' שמיטה ויובל הי"ב - המוליך פירות שביעית ממקום שכלו למקום שלא כלו, או ממקום שלא כלו למקום שכלו, חייב לבער, לפי שנותנין עליו חומרי מקום שיצא משם וחומרי מקום שהלך לשם.

אות ב'

העושה מלאכה בערבי שבתות וימים טובים מן המנחה ולמעלה, אינו רואה סימן ברכה לעולם

סימן רנא ס"א - [א]העושה מלאכה בע"ש מן המנחה ולמעלה אינו רואה סימן ברכה - מאותה מלאכה, שאף שירויח במקום זה, יפסיד במקום אחר, (**ואיסורא** נמי אית בזה, רק שאינו חמיר האיסור כשארי איסורי שבות שהיה חייב ע"ז מכת מרדות, כן איתא ברמב"ם ובסמ"ג ובאו"ז, ונראה שמקורו הוא מהא דפסחים ר"פ מקום שנהגו, ע"ש בגמרא בתירוץ ראשון (התם מן המנחה ולמעלה הוא

באר הגולה

א פסחים נ'

דאסור, ואפילו לתירוץ שני דגמרא הוא רק דאין משמתין אותו, אבל איסורא יש, כי למה לנו להשוות פלוגתא בין התירוצים, והנה הט"ז כתב דאין בו איסורא, רק דאין בו סימן ברכה, ולדידיה מוכרחין אנו לומר דפליגי ב' התירוצים הנ"ל, והלכה בד"ס להקל, ובפרט דהוא תירוצא בתרא, א"נ אף לתירוצא קמא דגמרא אף דקאמר לשון אסור, היינו דאין רוח חכמים נוחה הימנו, אבל לאו איסור גמור, **אך** לפלא שלא זכר מדברי הרמב"ם וש"פ הנ"ל).

ופרקמטיא שרי, ומ"מ משמע מהגמרא [שבת ל"ה:] דזמן סגירת החנויות הוא קודם זמן הדלקת הנרות, [דזמן הסגירה הוא בתקיעה שניה, והדלקה הוא בשלישית]. (**ודעת** האחרונים, דגם בפרקמטיא יש להחמיר עכ"פ ממנחה קטנה ולמעלה, ויש מקילין בזה בצנעא, **והעולם** נהגו להקל לענין סגירת החנויות, ונראה שסומכין על הט"ז הנ"ל).

[ב]יש מפרשים: מנחה גדולה - היינו בשש ומחצה, **[ג]ויש מפרשים: מנחה קטנה** - היינו תשע ומחצה, והשעות הם זמניות, **והסומך** על המקילין לא הפסיד.

(עיין במ"א שמסכים להמקילין, ומ"מ משמע מיניה דפועלי שדה צריכין לשבות במנחה גדולה, **והנה** בזמנינו לא נהגו ככה, ואפשר דהטעם הלא הוא כדי שיבאו לעיר ויכינו צרכי שבת, ובזמנינו כל אחד מהפועלים אנשי ביתו מכינין צרכי שבת, ומ"מ כל ירא שמים יראה לפסוק ממלאכתו שבשדה עכ"פ בזמן מנחה קטנה, [**אם** לא שהוא דבר האבוד, דאז לא עדיף מחוה"מ], **ורבים** מחמירים אף ממלאכתו שבבית).

וכ"ז בעושה מלאכת עצמו, אבל פועל הנשכר אצל בעה"ב בסתם, איתא בחו"מ, דזמנו הוא סמוך לשקיעת החמה, ורק כדי שילך לביתו למלאות לו חבית מים ולצלות לו דג קטן ולהדליק לו את הנר, **אם** לא במקום שיש מנהג קבוע לפסוק מקודם, [**וכ"ז** בדיעבד שנשכר ליום סתמא, אבל לכתחילה מוטל על הפועל שלא לשכור את עצמו ליום שלם בערב שבת, כי אם עד זמן מנחה קטנה].

הגה: ודוקא כשעושה המלאכה דרך קבע, אבל אם עושה אותה דרך עראי, לפי שעה, ולא קבע עליה, שרי - היינו אפי' בשכר.

ולכן מותר לכתוב אגרת שלומים וכל כיוצא בזה – (עדיפא הו"ל למכתב, דאפי' שריית דיו וסמנים, או צידת חיה ועופות, דזה בודאי אסור בחוה"מ כל שאינה צורך המועד, ג"כ מותר בערב שבת).

אות ג' – ד'

הכא מחצות

הכא שמותי נמי משמתינן ליה

סימן תסח ס"א - [ד]העושה מלאכה בערב פסח מחצות ולמעלה, היו [ה]משמתין אותו - וגם אינו רואה סימן ברכה מאותה מלאכה, [כן מוכח בש"ס], **הטעם**, מפני שהוא זמן שחיטת הפסח, שכל אחד מישראל חייב בו, ויום שמביאין קרבן הוא כיו"ט, ולכן אסור מד"ס במלאכה, **ואפי'** בזה"ז דליכא קרבן, עדיין האיסור במקומו עומד.

(**והוא** ע"פ הירושלמי שהביאוהו הפוסקים, ולפי"ז אם חל פסח במו"ש, בע"ש מותר במלאכה מעיקר הדין עד המנחה, כיון דשחיטת הפסח הוא למחר בשבת, וכמו שכתב המהרי"ל, **ורש"י** פי' עוד טעם, כדי שלא יהא טרוד במלאכה וישכח ביעור חמצו וכו', ותיקון מצה לצורך הלילה וכו', **ולפי** טעם זה, אפי' כשחל פסח במו"ש, ג"כ יש ליזהר שלא לעשות מלאכה מחצות, שהרי טרוד בביעור חמץ ותיקון המצה לצורך מחר, **אלא** דרוב הפוסקים תופסין טעם הירושלמי, וא"כ אפשר דאין להחמיר).

ואפילו לעשות בחנם אסור - אם הוא מלאכה גמורה, וכדלקמיה בס"ב.

[ו]ויש מי שאוסר אפי' ע"י אינו יהודי - כמו בחול המועד, **[ז]ויש מי שמתיר, (וכן הוא המנהג)** - אפילו הוא עושה בביתו של ישראל, דס"ל דלא החמירו בזה באמירה לעכו"ם כמו בחוה"מ ויו"ט.

ולענין להסתפר ע"י עכו"ם אחר חצות, הסכימו הרבה אחרונים להקל, אף שמטה ראשו לצד המספר ומסייע קצת, **אבל** ע"י ישראל אסור אפילו בחנם, משום דהיא מלאכה גמורה.

ונטילת צפרנים, אם שכח ליטול אותן קודם חצות, יש להקל אפילו ע"י עצמו, או ע"י אחר בחנם.

[ח]סימן תסח ס"ב - [ט]במה דברים אמורים, כשעושה מלאכה להשתכר - ובזה אפילו אינו מלאכה גמורה אסור, ואפילו אם הוא לצורך יו"ט.

כתבו האחרונים, דפועל שאין לו מה יאכל, מותר לעשות מלאכה להשתכר.

(או בחנם והוא מלאכה גמורה, לתפור בגדים ממש) - ובזה אסור אפילו לצורך יו"ט, **וכיבוס** כליו הוא בכלל מלאכה גמורה ואסור, **ולכובסת** עכו"ם מותר בכל גווני ליתן אחר חצות.

כתבו האחרונים, דכל מה שמותר לעשות בחוש"מ, כגון דבר האבד, או שעושה מעשה הדיוט ולא מעשה אומן, ויש בו צורך המועד, וכיו"ב משאר דברים המותרים בחולו של מועד, כ"ש שמותרים בע"פ אחר חצות, **וכן** כל אותן שהתירו לספר ולכבס בחולו של מועד, כגון הבא ממדינת הים, והיוצא מבית האסורין, מותרין ג"כ בע"פ אחר חצות.

באר הגולה

[ב] **טור והמרדכי בשם רבי מאיר** ‹נראה לי שטעמו, מדמקשינן בגמרא מאי איריא ערבי פסחים אפילו ערבי שבתות וערבי ימים טובים נמי, ומשני התם מן המנחה ולמעלה אסור סמוך למנחה שרי, הכא מחצות, משמע שאין הפרש בין ערבי פסחים לערבי שבתות אלא שיעור סמוך למנחה, דהיינו חצי שעה, כמו סמוך למנחה דפרק ערבי פסחים - ב"י› [ג] **רש"י שם בגמ' לגי' ר"א מזרחי** ‹דיש גירסא אחר מובא בב"י, דרש"י כתב רק "תשע שעות", ולא "ומחצה"›. ‹**ונראה** לי שטעמו, משום דאי כדברי הר"מ, משום חצי שעה חילוק שיש ביניהם, לא הוה שביק מלמיתני בהו חצות - ב"י› [ד] **משנה פסחים נ'** [ה] **שם בגמרא** [ו] **מרדכי** [ז] **רוקח** [ח] ‹מילואים› [ט] **טור בשם אבי העזרי וכ"כ הרא"ש**

אבל מתקן הוא כליו ליו"ט - ר"ל כלי ישן שנתקלקל קצת, או בגדיו שנקרעו קצת, רשאי לתקן ולתופרם לצורך יו"ט.

וה"ה שמותר כ"ז לצורך חבירו אם הוא בחנם, וכתבו האחרונים, דאפילו מעשה אומן מותר בזה, [**והגר"ז** כתב, דאם הוא בשכר, אפי' מעשה הדיוט ולצורך המועד אסור, **ולפי** מה שמבואר בסי' תקמ"ב בשע"ת, דבזה אפי' בחוה"מ מותר, כ"ש שיש להקל בזה בע"פ אחר חצות].

וכן מי שכותב ספרים לעצמו דרך לימודו, מותר - דכיון שדרך לימודו ולעצמו הוא כותב, אינה נראית כמלאכה גמורה, שבודאי אינו מתכוין לכתיבה גמורה והגונה, והוי כתיקון בעלמא שהתירו לצורך המועד, **ולאחרים** אפילו בחנם אסור בזה.

סימן שלד סמ"ג - על כ"ד דברים מנדין את האדם... 'העושה מלאכה בערב פסח אחר חצות.

אות ה'

[יא]ובמוצאי שבת ובמוצאי יום טוב ובמוצאי יום הכפורים

סימן רצט ס"י - אסור לעשות שום מלאכה - ואפי' חפצים האסורים מדברי סופרים, **קודם שיבדיל** - אפי' משתחשך, כיון שלא הבדיל עדיין, חל במקצת קדושת שבת עליו, ואסרו חז"ל במלאכה.

ואם הבדיל בתפלה, מותר אע"פ שעדיין לא הבדיל על הכוס. ואם צריך לעשות מלאכה קודם שהבדיל בתפלה, אומר: המבדיל (בין הקודש ובין החול), בלא ברכה, ועושה מלאכה - וא"צ לומר כל הלשון של הבדלה, **ומ"מ** לענין אכילה לא מהני עד שיבדיל הבדלה גמורה על הכוס וגם בתפלה, [**אם** לא שהתפלל ושכח להבדיל, דאז די בכוס לבד, וכנ"ל בסי' רצ"ד], **ומה** שדי בלשון זה לענין עשיית מלאכה, שהוא להכירא בעלמא ללוות את המלך.

בלבוש איתא: אומר "ברוך המבדיל בין הקודש ובין החול", **ומ"מ** אינו נקרא זה ברכה, כיון שאין אומר בה שם ומלכות.

וביו"ט שחל במו"ש, ורוצה לעשות מלאכת אוכל נפש ולא הבדיל עדיין בתפלה, אומר "ברוך המבדיל בין קודש לקודש" בלא שם ומלכות, ומותר במלאכה, **אבל** לענין טעימה אסור אפילו הבדיל בתפלה, שאמר "ותודיענו", עד שיקדש כדין.

הגה: וכן נשים שאינן מבדילין בתפלה - היינו שרובן לא נהגו להתפלל במו"ש, **יש ללמדן שיאמרו: המבדיל בין קודש לחול, קודם שיעשו מלאכה.**

וי"א דכל זה במלאכה גמורה כגון כותב ואורג, אבל הדלקת הנר בעלמא, או הוצאה מרשות לרשות, א"צ לזה (ר' ירוחם) - הטעם, כיון דמדאורייתא בלא הבדלה מותר במלאכה, רק תקנת חכמים הוא שצריך להבדיל מקודם, הקילו במלאכה שאין בה טורח, **ומזה נתפשט המנהג להקל שמדליקים נרות מיד שאמרו הקהל "ברכו"** - עיין מ"א שמפקפק מאד על מנהג זה, וכן בב"י, דמנין לנו לחלק בין מלאכה למלאכה, וגם רבינו ירוחם אפשר שלא כוון להקל בזה, רק אחר שהבדיל בתפלה, **אבל העיקר כסברא ראשונה** - וע"כ מסיק (המ"א) דיש לדרוש ברבים, שילמדו בנותיהם לומר "המבדיל בין קודש לחול" קודם שיעשו שום מלאכה, **ומכ"ש** אותן שמבערות עצים ואש ומחממות מים, דהוי מלאכה שיש בה טורח ולכו"ע אסור, וכ"כ שארי אחרונים.

[**ודה"ח** מחמיר עוד יותר, דאף לאחר שהבדיל בתפלה או אמר "המבדיל", אין מותר רק להדליק הנר וכדומה, לא מלאכה שיש בה טורח].

ובעל נפש יעשה כמ"ש בדרכי משה בשם אור זרוע, וכן איתא בזוהר, שלא להדליק נר עד אחר סדר קדושה, **אבל** חזן הכנסת מותר להדליק נר אחר שהבדיל בתפלה, או אמר "ברוך המבדיל בין קודש לחול", משום כבוד הצבור שיושבין בחושך, **וטלטול** הנר שרי לכו"ע.

ולהביא יין ביו"ט שני אחר שחשכה, אף שלא התפלל עדיין וגם לא קידש, אפ"ה שרי, דהא אין בזה משום מלאכה, רק משום הכנה מיו"ט לחבירו, וכיון שנתקדש היום שרי.

אות ו'

לאתויי תענית ציבור

סימן תקעה ס"ג - עברו אלו ולא נענו, בית דין גוזרין עוד ג' תעניות על הצבור, ב' וחמישי וב', ובאלו מפסיקין מלאכול מבעוד יום - היינו דבהש"מ שלו אסור, וא"צ להוסיף יותר. **ואסורים בהם בעשיית מלאכה ביום, אבל לא בלילה.**

אות ז'

לעולם יעסוק אדם בתורה ובמצות אף על פי שלא לשמה

יו"ד סימן רמו ס"כ - [יב]לעולם יעסוק אדם בתורה אפי' שלא לשמה - היינו ע"מ שיכבדוהו וכה"ג, **שמתוך שלא לשמה בא לשמה** - אבל הלומד ע"מ לקנטר, נוח לו שלא נברא, כן כתבו התוס' בברכות ס"פ היה קורא, ובר"פ מקום שנהגו כתבו קצת בע"א - ש"ך.

‹**ולשמה** מקרי שלא לשום פנייה, אלא משום שכן צוה הקב"ה, וכ"ש במלמד לאחרים שצריך דוקא לשמה, וק"ו בן בנו של ק"ו במחבר ספר ומכוון לשם איזה פנייה, טוב ממנו הנפל, והמחבר יכוין רק לשם ד' ותורתו לבדה - ערוה"ש›.

באר הגולה

י **שם דף נ' ע"ב** **יא** ‹עיין רש"י {משום כבוד שבת, שמוסיפין מחול על הקדש}, ולכאורה בע"כ איירי אחר תוספת שבת, דבזמן תוספת פשיטא, אלא זהו אחרי שיעור תוספת, וכמש"כ התוס' דזהו עד שישלימו התפלה. והיינו דבמו"ש עד אחר גמר תפילת ערבית כל אחד במקום שנוהג להתפלל, [ועד אז, אשתו וב"ב נגררים אחריו], הרי זמן זה הוי כשבת ואסור בו שום מלאכה, ולא הוי זה משום תוספת שבת, אלא משום כבוד שבת. {וזהו לכאורה כמו שמביא המ"ב מהד"מ והזוהר}. **ובביהכנ"ס** מותר כבר הדלקת האור מיד אחר ברכו קמא, משום כבוד הציבור או ביהכנ"ס. **ואחר** התפילה מותרת רק מלאכה קלה כהדלקת הנר וכדו', אבל מלאכה מרובה כשטיפת הכלים וכדו', מותרת רק אחר ההבדלה {כהדה"ח} - הערות הגרי"ש אלישיב. ‹**ולכאורה** מהעין משפט מבואר דלא כזה, אלא דאיסור זה של הגמ', הוא על הזמן אחר תוספות שבת רק עד שיאמר ברוך המבדיל› **יב** **מימרא דרב פסחים דף נ' ע"ב וסוטה דף מ"ז ע"א**

אות [ז']

נהוג דלא הוו אזלין מצור לצידון במעלי שבתא

סימן רמח ס"א - ואם הוא דרך מועט, כמו מצור לצידון שאין ביניהם כי אם מהלך יום אחד, מותר להפליג בערב שבת בבקר – (וה"ה אם יש ביניהם מהלך שני ימים, מותר ביום ה'), **מפני שאפשר שיגיע שם קודם השבת** - ר"ל כשיש רוח טוב הולכין ביום א', לכן שרי להלוך בע"ש, לפי שאפשר שיהיה רוח טוב. **ודוקא** בבקר, דאם ימשך שעה ושתים על היום, אסור, דלא יגיע לשם קודם השבת.

[יג]ומקום שנהגו שלא להפליג בערב שבת כלל, אפילו דרך מועט, אין מפליגין.

אות ח' – ט'

כבר קיבלו אבותיכם עליהם

דברים המותרים ואחרים נהגו בהן איסור, אי אתה רשאי להתירן בפניהם

יו"ד סימן ריד ס"א - [יד]דברים המותרים, והיודעים בהם שהם מותרים נהגו בהם איסור, הוי כאילו קבלו עליהם בנדר [טו]ואסור להתירם להם; הלכך מי שרגיל להתענות תעניות שלפני ראש השנה ושבין ראש השנה ליום כיפורים, ומי שרגיל שלא לאכול בשר ושלא לשתות יין מר"ח אב או מי"ז בתמוז, ורוצה לחזור בו מחמת שאינו בריא, צריך ג' שיתירו לו, אם בשעה שהתחיל לנהוג היה דעתו לנהוג כן לעולם, ונהג כן אפילו פעם אחת, צריך התרה, ויפתח בחרטה שמתחרט שנהג כן לשם נדר. לפיכך הרוצה לנהוג בקצת דברים המותרים, לסייג ופרישות, יאמר בתחלת הנהגתו שאינו מקבל עליו כן בנדר, וגם יאמר שאין בדעתו לנהוג כן אלא בפעם ההוא או בפעמים שירצה, ולא לעולם. אבל הנוהגים איסור בדברים המותרים מחמת שסוברים שהם אסורים, לא הוי כאילו קבלום בנדר. [טז]ויש מי שאומר שאם טועה ונהג איסור בדבר המותר, נשאל ומתירים לו בשלשה כעין התרת נדרים; ואם יודע שהוא מותר ונהג בו איסור, אין מתירין לו אפילו כעין התרת נדרים, דהוי כאילו קבלו על עצמו כאיסורים שאסרתן תורה שאין להם היתר לעולם. (והמנהג כסברא הראשונה).

יו"ד סימן ריד ס"ב - קבלת הרבים חלה עליהם ועל זרעם; ואפילו בדברים שלא קבלו עליהם בני העיר בהסכמה, אלא שנוהגין כן מעצמם לעשות גדר וסייג לתורה; וכן הבאים מחוץ לעיר לדור שם, הרי הם כאנשי העיר וחייבים לעשות כתקנתן. ואף בדברים שהיו אסורים בהם בעירם מפני מנהגם, ואין מנהג העיר שבאו לדור בה לאסור, הותרו בהם אם אין דעתם לחזור.

---

§ מסכת פסחים דף נא. §

אות א'

עם הכל אדם רוחץ חוץ מאביו וחמיו ובעל אמו ובעל אחותו

אה"ע סימן כג ס"ו - עוד אסרו בגמרא לרחוץ עם אביו ואחיו - ‹ט"ס וצ"ל וחמיו - גר"א›, **ובעל אמו ובעל אחותו.**

לרחוץ עם אביו וחמיו ובעל אחותו - כצ"ל, וכן היא גירסת הרי"ף והרא"ש, וכן פי' רש"י והר"ן, וכן הוא באגודה, **אבל** בגמ' שלנו גריס גם בעל אמו, וכן הוא במרדכי, ועיין שם. **עוד** איתא שם בגמרא, תלמיד לא ירחץ עם רבו, ואם רבו צריך לו מותר - ח"מ.

{**לרחוץ** עם אביו וחמיו [א]ואחיו ובעל אחותו ובעל אמו, כצ"ל - ב"ש}.

ונהגו עכשיו היתר בדבר הואיל ומכסין ערותן בבית המרחץ ליכא למיחש להרהורא (אגודה) - (כ"כ ג"כ ביו"ד סי' רמ"ב סעיף ט"ז בהגה, ולפי"ז בזמנינו שאין מכסין, אין היתר בדבר, **ולא** ידעתי על מה סמכו העולם להקל בזה, **ומצאתי** בס' תולדות אדם פ"ו, הביא שם כי הגאון הצדיק מו"ה זלמן זצ"ל מווילנא, פעם אחת הלך לבית המרחץ, וכאשר בא אל פתח בית המרחץ ומצא את חותנו שמה, שב לאחוריו וברח משם כבורח מארי, **ואמר** דאף שרבינו הרמ"א המציא היתר, לפי זמנו דיבר, וכן האגודה שהביא הרמ"א, בזמנו היה מנהג אצל כולם לילך במכנסים במרחץ, אבל עכשיו החוש מעיד על היפוך הדבר, והוא איסור גמור מדינא דגמ' בלי שום חולק, ע"ש - פת"ש).

‹המשך ההלכות בעמוד הבא›

באר הגולה

[יג] **הרמב"ם מהא דבני בישן פסחים דף נ'** ‹אבל רש"י פירשה בענין אחר שאינה ענין לזה כלל - ב"י› [יד] ‹ואע"ג דבפסחים נ"א. אמרינן דוקא בכותאי, היינו לנהוג היתר בפניהם, אבל במש"כ להתיר להן, אין חילוק - גר"א, ‹**דאי** אתה רשאי להתירם בפניהם, ומשמע דלנהוג היתר בפניהם נמי אסור, ומוקי לה התם (נא) בכותאי - ב"י› [טו] ‹כלומר אם בא לחכם לישאל אם יכול לזלזל במנהג שנהגו בו אבותיו, לא יתיר לו החכם, וכן נמי אדם שנהג איסור בדבר המותר לסייג ולפרישות, [א"נ שאבותיהם היו יודעים שהיו מותרים ואסרו עצמם בהם, ובניהם החזיקו במנהג אבותיהם וסוברים דמדינא אסירי, כההיא דבני בישן], לא יתיר לו החכם המנהג ההוא ממילא, דהוי כמו נדר, כדאיתא בפרק ב' דנדרים (טו), אבל החכם יכול להתיר לו בחרטה כמו שאר דברים, ויפתח בחרטה שהוא מתחרט שנהג כן לשם נדר, עכ"ל הרא"ש ז"ל - ב"י› [טז] **הרשב"א בתשובה** ‹כבר קיבלו אבותיכם עליהם שנא' שמע בני כו', ודנים הראשונים מה הוא האיסור בזה, י"מ (הרא"ש) דא"א להתיר נדר רק לנודר עצמו, וכאן כיון שהקבלה היתה של אבותיהם, א"א להתיר הנדר שלא בפניהם. ומשמע שאילו הם עצמם היו באים להתיר באמת היו יכולים להתיר. **אבל** הרשב"א בתשובה מפרש, שהיתה מלכתחילה קבלה זו כאיסור וא"א להתירו - הערות הגרי"ש אלישיב› [א] ‹הרי אחיו לא אסרו בגמ', רק הוי מנהג של אנשי כבול, ולרוב השיטות הוי מנהג גרוע, ובאמת החלקת מחוקק והגר"א שם הגיהו, דבמקום ואחיו צ"ל וחמיו, אבל על הב"ש דרק הוסיף גם חמיו, אבל לא סמי מזה אחיו צע"ג - מנחת יצחק ח"ד סי' ס"ב›

אי אתה רשאי להתירן בפניהם אמר לו ולאו מי איתמר עלה אמר רב חסדא בכותאי כותאי מאי טעמא משום דמסרכי מילתא הנך אינשי נמי סרכי מילתא אלא אמר רב אשי חזינן אי רובן אורז אכלי לא ניכלה זר באפייהו דילמא משתכחא תורת חלה מינייהו ואי רובן דגן אכלי ניכלה זר באפייהו דילמא אתי לאפרושי מן החיוב על הפטור ומן הפטור על החיוב גופא דברים המותרין ואחרים נהגו בהן איסור אי אתה רשאי להתירן בפניהן אמר רב חסדא בכותאי עסקינן וכ"ע לא והתניא רוחצין שני אחין כאחד ואין רוחצין שני אחין בכבול *ומעשה ביהודה והלל בניו של רבן גמליאל שרחצו שניהם כאחד בכבול ולעזה עליהן כל המדינה אמרו מימינו לא ראינו כך ונשמט הלל ויצא לבית החיצון ולא רצה לומר להן מותרין אתם יוצאים בקורדקיסון בשבת ואין יוצאין בקורדקיסון בשבת בבירי *ומעשה ביהודה והלל בניו של רבן גמליאל שיצאו בקורדקיסון בשבת בבירי ולעזה עליהן המדינה ואמרו מימינו לא ראינו כך ושמטום ונתנום לעבדיהן ולא רצו לומר להן מותרין אתם ויושבין על ספסלי נכרים בשבת ואינן יושבין על ספסלי נכרים בשבת בעכו *ומעשה *ברשב"ג שישב על ספסלי נכרים בשבת בעכו ולעזה עליו כל המדינה אמרו מימינו לא ראינו כך נשמט על גבי קרקע ולא רצה לומר להן מותרין אתם בני מדינת הים נמי כיון דלא שכיחי רבנן גבייהו ככותים דמו בשלמא ספסלי נכרים משום דמחזי כמקח וממכר בקורדקיסון נמי דילמא משתלפין ואתי לאיתויינהו ארבע אמות ברשות הרבים אלא רוחצין מאי טעמא לא כדתניא *עם הכל אדם רוחץ *חוץ מאביו וחמיו ובעל אמו ובעל אחותו ור' יהודה מתיר באביו מפני כבוד אביו והוא הדין לבעל אמו ואתו אינהו וגזור בשני אחין משום בעל אחותו תנא תלמיד לא ירחץ עם רבו ואם רבו צריך לו מותר כי אתא רבה בר בר חנה אכל דאייתרא עול לגביה רב *עוירא סבא ורבה בריה דרב הונא כיון דחזינהו כסייה מינייהו אתו ואמרו ליה *לאביי אמר להו שוינכו ככותאי ורבה בר בר חנה לית ליה הא דתנן נותנין עליו חומרי המקום שיצא משם וחומרי המקום שהלך לשם *אמר אביי הני מילי מבבל לבבל ומארץ ישראל לא"י אי נמי מבבל לא"י אבל מא"י לבבל לא כיון דאנן כייפינן להו עבדינן כוותייהו רב אשי אמר אפילו תימא מא"י לבבל הני מילי היכא דאין דעתו לחזור ורבה בר בר חנה דעתו לחזור הוה א"ל רבה בר בר חנה לבריה לא תאכל לא בפני ולא שלא בפני אני שראיתי את ר' יוחנן שאכל כדי הוא ר' יוחנן לסמוך עליו בפניו ושלא בפניו אתה לא ראית אותו לא תאכל בין בפני בין שלא בפני ופליגא דידיה אדידיה דאמר רבה בר בר חנה סח לי רבי יוחנן בן אלעזר פעם אחת נכנסתי אחר ר"ש בן רבי יוסי בן לקוניא לגינה ונטל

רש"י

דסרכי מילתא. של קולא ומזלזלין יותר: הנך אינשי נמי. כיון דלא גמרי: סרכי מילתא. קושיא היא דאתו לאימנועי מחלה אף מדגן: המפריש מן האורז על הדגן אוכל טבלים דלא חל השם על האורז ולא ניתקן הדגן והמפריש מן הדגן על האורז מאכיל טבל לכהן שאין השם חל על הדגן בשביל האורז שהרי אינו מחוייב ונמצא שאין זו חלה אלא טבל: רוחצין שני אחים כאחד. ואין כאן משום פריצות דנימא מתוך שמצוין יחד ועכשיו רואין ערומים זה את זה יתנו עין איש באחיו למשכב זכור: ואין רוחצין כו'. כלומר אין נוהגים שני אחים לרחוץ כאחד: בכבול. מקום: קורדקיסין. אנקפוס"ש רחבים ולא חיישינן דילמא משתלפי ואתי לאיתויינהו ארבע אמות ואין דרך בני בירי לצאת בקורדקיסין שהן נוהגין בהן איסור: ספסלי נכרים. שהן מוכרין בהן סחורה ולא חיישינן לחשדא: ככותאי דמו. דכיון דלא גמירי ולאו מקום תורה הוא סרכי מילתא: מאביו וחמיו. מתוך שרואהו ומזכר משכב אמו נותן לבו להרהור וכן בחמיו נותן לבו שאתה אשתו מכאן וכן בבעל אחותו נמי איכא הירהורא: מפני כבוד אביו. שמשמשו במרחץ: ואתו אינהו. בני כבול: תלמיד לא ירחץ עם רבו. שצריך להתכסות מכבודו וממוראו: ואם היה רבו צריך לו. שישמשנו במרחץ: אכל דאייתרא. חלב שבכפיפת הקיבה שהקיבה כפופה ועשויה כקשת ואותו חלב שבמקום היתר אוכלין בני ארץ ישראל ובני בבל נוהגין בו איסור: שוינכו כותאי. דאמרינן לעיל דברים המותרים ואחרים נהגו בהן איסור אי אתה רשאי להתירן בפניהן ואוקמה רב חסדא בכותאי: הני מילי מבבל לבבל. מעיר לעיר בבבל דכיון דלא כייפי להדדי אם ישנה מנהגן לעיניהן יש כאן מפני המחלוקת וכל שכן מבבל לארץ ישראל אל ישנה את מנהג המקום מפני המחלוקת: אבל מארץ ישראל לבבל. אם ישנה את המנהג בבבל אין כאן מחלוקת דאנן כייפינן לבני א"י דאיכא סמיכה ובבבל לא סמיכי: עבדינן כוותייהו. כלומר אם באין משם לכאן אין להם לשנות מנהגם אלא עושין כמקומן: אפילו תימא מארץ ישראל לבבל. אל ישנה: לא תאכל. דאייתרא: ונטל

תוספות

אי אתה רשאי להתירן בפניהן. תימה א"כ היאך התיר ר' בית שאן בפ"ק דחולין (דף ו:) ותירץ רבינו נסים במגילת סתרים דהאי דברים המותרים ואחרים נהגו בהן איסור היינו שיודעים שהן מותרים והם רוצים להחמיר על עצמן וכן משמע לישנא דברים המותרים אבל דברים שנוהגים מחמת טעות שסבורים שהוא אסור והוא מותר יכול להתיר בפניהם וכן משמע בהדיא בירושלמי *וא"ת א"כ אמאי קאמר דילמא אתי לאפרושי מן הפטור על החיוב כיון דידעי שהוא פטור וי"ל דלאו כ"ע ידעי וא"ת דמשמע דווקא בבני המדינה או בכותאי אינו רשאי להתיר אבל בפני חכמים או שלא בפניהם מותר ואמאי והא תנן נותנין עליו חומרי מקום שיצא משם ושהלך לשם ואור"י דמתניתין איירי במנהג חשוב שהנהיגו ע"פ ת"ח והכא מיירי שנהגו בני המדינה מעצמם וכן הנהו דמייתי ודאייתרא דלקמן קים ליה דהוי מנהג חשוב ור"י מסתפק במנהג שאינו חשוב דיכולין להתיר בפני ת"ח אם יכול להתיר להם כדמשמע לקמן ולא רצו לומר להם מותרים אתם משום דבני המדינה חשוב להו ככותאי אבל לתלמידים משמע שהיו אומרים מותרין אתם או דילמא יכול להתיר לעצמו בפניהם אבל להם אינו יכול להתיר וה"ק לא רצה לומר להם מותרים אתם ומה שהחמרתם לא מחמת איסור אלא מחמת מנהג שטות ולתלמידים היה מתיר לעצמו בפניהם אבל לא להם ורשב"א אומר דלא קשה ממתני' דרב אשי דמוקי מתני' באין דעתו לחזור ובכותאי אפילו דעתו לחזור אסור ולאביי דמוקי ה"מ מבבל לא"י אבל מא"י לבבל עבדינן כוותייהו ובכותאי אפילו מא"י לבבל אסור והנהו נמי דמייתי הוו מא"י לבבל: כיון דאנן כייפינן להו וכו'. קשה לר"ת דבפ"ק דסנהדרין (דף ה.) אמר פשיטא מהכא להתם מהני דהכא שבט והתם מחוקק משמע דבני בבל עדיפי ותירץ דה"מ לאפקועי ממונא אבל לענין איסור והיתר וסמיכה בני א"י עדיפי שלומדים תורה ברבים ואמרינן (ב"ב דף קנח:) אוירא דארץ ישראל מחכים*: עבדינן כוותייהו. לא עבדי (א) כוותייהו ה"ל למימר ומשום פ"ק דחולין (דף יח:) נקט הכי דקאמר התם כי סליק רבי זירא אכל מוגרמת דרב ושמואל ופריך ולית ליה לרבי זירא נותנין עליו חומרי מקום וכו' ומשני אביי הני מילי וכו' אבל מבבל לארץ ישראל כיון דאנן כייפינן להו עבדינן כוותייהו: רבה בר בר חנה דעתו לחזור הוה. ובחולין נמי מתרץ רבי זירא אין דעתו לחזור הוה קלא קשה דהשתא לגדדין קתני (ב) וחומרי מקום שילא משם בדעתו לחזור וחומרי מקום שהלך לשם באין דעתו לחזור:

אכי

עין משפט נר מצוה

ט א מוש"ע א"ח סי' רכ סעיף ו בהג"ה:

י ב מיי' פ"ה מהל' מ"ת הלכה ו ומוש"ע יו"ד סי' רמב סעיף כו:

יא ג מיי' פ"ח מהלכות י"ט הלכה כ סמג לאוין עה טוש"ע א"ח סי' תסח סעיף ד:

[וע"ע תוספות עירובין קא: ד"ה רבי יוסי]

ס"א רבן גמליאל

[ופ"ע תוס' חולין יח: ד"ה כיון]

מסורת הש"ס

[תוספתא דמ"ק פ"ב]

[תוספתא דמ"ק שם]

[ב"מ שם]

הגהות הב"ח

(א) תוס' ד"ה עבדי' כוותייהו לא עבדי כוותייהו נ"ל למימר: (ב) ד"ה רבה וכו' דחומרי מקום:

[כמס' שמחות פי"ב]

[באלפס הג' איא ובהרא"ש הגי' עויא]

חולין יח:

רבינו חננאל

ואסקינ' אמר רב אשי חזינן אי רובא דבני תוזאי אורז אכלי לא ניכלה זר באנפייהו כי היכי דלא תשתכח תורת חלה מינייהו ואי רובא חיטי ושערי אכלי ניכלה זר להאי חלת האורז באפייהו כדי שיתברר להם שאין בה תורת חלה דחיישינן דלמא אתו לאפרושי חלה מן עיסה של אורז על עיסה של חטין דאתו למימר כיון שכלן חייבין בחלה מין אחד מהן זה פוטר את זה: גופה דברים המותרים ואחרים נהגו בהן איסור אי אתה רשאי להתירן בפניהם ואוקמה רב חסדא בכותאי מאי טעמא משום דסרכי [illegible] זה מותר הוא ויבואו להתיר האיסור לפיכך כל דבר שנהגו בו איסור אין מתירין אותו להם [illegible] אחים כאחד ונכנסו יהודה והלל בני ר"ג לרחוץ כאחד ולעזו עליהם כל המדינה [illegible] פי' סנדל שאין לו עקב והוא סנדי ויצאו יהודה והלל בקורדקיסין בשבת ולעזה [illegible] ולעזה עליו המדינה והיה [illegible] לא רצו לומר להם מותרין אתם [illegible] אדם רוחץ חוץ מאביו וחמיו ובעל אמו ובעל אחותו [illegible] על שני אחים [illegible] שהוא מותר וטעה בו באיסור נשאל ומתירין לו וכל דבר שיודע שמותר [illegible] באפוקי שבתא עד דתתפני סדרא ובשני ובחמישי עד דתתפני תעניתא מנהגא: כי אתא רבה בר בר חנה [illegible] דאסור והוא תחלב שעליה מלמעלה דאייתרא [illegible] והכא בבבל [illegible] שרי עול לגבי רבה בר בר חנה [illegible]

ונטל ספיחי כרוב ואכל ונתן לי ואמר לי בני בפני אכול שלא בפני לא תאכל אני שראיתי את ר"ש בן יוחי שאכל כדי הוא ר' שמעון בן יוחי לסמוך עליו בפניו ושלא בפניו אתה בפני אכול שלא בפני לא תאכל מאי ר"ש *דתניא רבי שמעון אומר כל הספיחים *אסורין חוץ מספיחי כרוב שאין כיוצא בהן בירק השדה וחכ"א *כל הספיחין אסורים ותרוייהו אליבא דר' עקיבא דתניא °הן לא נזרע ולא נאסוף את תבואתנו א"ר עקיבא וכי מאחר שאין זורעין מהיכא אוספין מכאן *לספיחין שהן אסורין במאי קא מיפלגי רבנן סברי גזרינן ספיחי כרוב אטו שאר ספיחי דעלמא ור"ש סבר לא גזרינן ספיחי כרוב אטו ספיחי דעלמא: ההולך ממקום וכו': בשלמא ההולך ממקום שעושין למקום שאין עושין נותנין עליו חומרי מקום שהלך לשם ואל ישנה אדם מפני המחלוקת ולא °ליעביד אלא ממקום שאין עושין למקום שעושין אל ישנה אדם מפני המחלוקת ונעביד הא אמרת נותנין עליו חומרי מקום שהלך לשם וחומרי מקום שיצא משם אמר אביי ארישא רבא אמר לעולם אסיפא והכי קאמר °אין בזו מפני שינוי המחלוקת מאי קא אמרת הרואה אומר מלאכה אסורה *מימר אמרי כמה בטלני הוי בשוקא א"ל רב ספרא לרבי אבא °כגון אנן דידעינן בקביעא דירחא ביישוב

רש"י

ונטל ספיחי כרוב. בשביעית לאחר זמן הביעור: **כדי.** ראוי: **בפני אכול.** בפני אתה יכול לסמוך עלי הואיל וראיתי את ר"ש שאכל והיינו פלוגתא דידיה דלעיל אמר לא תאכל אפי' בפני והכא קאמר דאע"ג דלאו בר סמכא הוא ולאו מגמריה ומסבריה קא שרי ליה סמכינן עליה מיהא בפניו משום דחזיא לגברא רבה דאכיל: **כל הספיחין אסורין.** בשביעי' מזמן הביעור ואילך: **חוץ מספיחי כרוב.** עלין היוצאין מקלח הכרוב: **שאין כיוצא בהן בירק השדה.** משרשין הן גדלין והרי הן כאילן שמוסיף ענפים על ענפים ולאו בכלל שאר ספיחים ניהו וכל שאר ספיחים מזרע הנקבר ונופל לארץ הוא אבל ספיחי כרוב אינו כן אלא עלין גדלין בענפים ולא אסר' תורה אלא ספיחים מעין זריעה דכתיב הן לא נזרע וגו' כך שמעתי וקשיא לי חדא דכי האי גוונא לא קרי ספיחים אלא הגדילים מזרע הנקבר ונופל לארץ קודם לקיטה ועוד אילנות בשביעית מי לא נהגא בהן נמי קדושה ונראה בעיני דטעמא משום דכרוב אינו כלה לחיה כל ימות החורף וגימגום: **א"ר עקיבא.** למה נאמר ולא נאסוף מאחר שאין אנו זורעין מה יאספו לימד על הספיחים שאסורין וה"ק הן לא נזרע והגדילין מאיליהן לא נאסוף: **גזרינן ספיחי כרוב אטו ספיחין דעלמא.** דאע"ג דאין ביעור לכרוב דהא מתקיים כל ימות הגשמים ספיחין דידיה אסורין דלא לימא טעמא משום דאין בספיחי' איסור שביעית ואתו למישרי שאר ספיחים: **ארישא.** ואל ישנה דמתני' ארישא קאי ההולך ממקום שעושין למקום שאין עושין: **רבא אמר לעולם אסיפא.** והכי משמע מתני' או ממקום שאין עושין למקום שעושין נותנין עליו חומרי מקום שילא משם ולא ליעבד דהא דקי"ל בעלמא אל ישנה אדם ממנהג העיר אינו אלא מפני המחלוקת וכאן אין מחלוקת(א): **דמאי אמרת.** הרואה אותו בטל יאמר זה אומר שהמלאכה אסורה וחלוק על כולנו לא יאמר הכי אלא יאמר מלאכה אין לו שהרי כמה בטלנין יש בשוק כל ימות השנה:

תוספות

אני ראיתי את ר"ש שאכל. תימה לר"י דאמר בירושלמי* ר"ש הוה להוה גברא תלמא ספיחי כרוב בשביעית א"ל מאי האי א"ל ולאו את הוא דשרית א"ל ולאו חברא פליגי עלי קרי עליה פורץ גדר ישכנו נחש וכן הוה ליה והשתא כיון שבעלמו היה אוכל למה היה כועס על אחרים שהיו אוכלין וסומכין על הוראתו וי"ל דמ"מ לא היה רוצה שעמי הארץ יסמכו עליו כל זמן שלא פסקו הלכה כמותו:

כל הספיחים אסורין חוץ מספיחי כרוב. פי' רש"י דלאחר ביעור מיירי ואין ביעור נוהג בכרוב לפי שאין השורש כלה מארץ ולא קרינן ביה כלה לחיה מן השדה וקשה לר"י א"כ אמאי איצטריך קרא דלא נאסוף תיפוק ליה דכתיב ולבהמתך ועוד מאי שנא דלא מפיק אלא ספיחי כרוב ה"ל למעוטי כל הני דפ"ז דשביעית (משנה ב) דתנן עיקר הלוף (ב) השוטה *והרכשינה אין להן ביעור ועוד מאי שנא דרבנן גזרי הכא ספיחי כרוב אטו שאר ספיחים ובכל הנהו דהתם לא גזרי ועוד הקשה ריב"א דלעיל קתני והכניסו לקיום אחריו ונטל ספיחי כרוב ואכל משמע שתלשן מן הקרקע והי' מהן הרבה מחוברין וא"כ איירי קודם ביעור ועוד הקשה ר"ת דאמרינן בפ"ק דמנחות (דף ה:) (ג) מה למנחת העומר שכן מתיר חדש בשביעי' ספיחים כר"ע דאמר ספיחי' אסורים ובפסח של שביעית היא קודם ביעור שאין תבואה אינה כלה בשדה ואדרבה היא במילואה וביעור לא היה אלא בשמינית כשהיא כלה לחיה מן השדה ועוד דקאמר ותרוייהו אליבא דר"ע (ד) ורבנן נמי לא פליגי אדרשה דכלה לחיה בשדה ומודו רבנן דספיחים אסורים אחר ביעור דבסיפרי קאמר אמילתא דרבנן דפליגי אדר' עקיבא אמרת לנו לא תזרעו ומה שאנו מוספים אין מכניסו לקיום פי' שאסור אחר ביעור אמרת לנו בערו מה אנו אוכלין מן הביעור ואילך °לכך נראה לר"ת דבשביעית קודם ביעור מיירי כדמשמע קרא דלא נאסוף דמייתי דכתיב ביה מה נאכל בשנה השביעית ודריש ר"ע מהאי קרא דספיחים אסורים בשביעית ורבנן פליגי עליה ודרשי לא נאסוף להכניסו לקיום ולא אסרי אלא אחר ביעור ור"ש ורבנן פליגי הכא אליבא דר"ע ומתיר ר"ש ספיחי כרוב דלא אסרה תורה אלא ספיחים דומיא דזריעה דכתיב הן לא נזרע אבל ספיחי כרוב דמו לאילן כדאמר (כתובות קיב:) כרוב הניח לנו אבא והיינו עולים (ה) בו בסולם ולא גזרינן אטו שאר ספיחים ורבנן גזרי ודוקא אליבא דר"ע דאיסור ספיחים מדאורייתא פליגי אבל לרבנן דפליגי עליה דר"ע וסברי איסור ספיחים דרבנן ליכא למיגזר (ו) הקשה רבינו נסים גאון דאיפכא שמעינן להו במסכת שביעית בפ"ט (משנה א) דקתני התם ר"ש אומר כל הספיחים מותרין חוץ מספיחי כרוב שאין כיולא בהן בירק השדה וליכא למיגרס התם אסורין דבירושלמי מוכח בהדיא דגרס התם מותרין ותירץ דהתם מיירי בספיחים שגדלו בששית בהיתר ונכנסו בשביעית ונשתהו עד לאחר הביעור ולכך שאר ספיחים שרו דלא אתו לאיחלופי בהנהו שגדלו בשביעית דשל ערב שביעית גדולים ושל שביעית קטנים אבל של כרוב שגדילים הרבה בזמן מועט אין היכר בין הגדל בערב שביעית לגדל בשביעית וכן איתא בירושלמי א"ר ילחק כל ירק אתה יכול לעמוד עליו בין חדש ובין ישן ברם הכא פי' ספיחי כרוב שלא ילך ויביא מן האיסור ויאמר מן האמהות הבאתי והך דשמעתא איירי בשביעית עלמה כדמפר"ת ורבינו נסים פי' נמי שמעתא בע"א ופי' דהכא בספיחים של שביעית שילאו למולאי שביעית דאסורין מדרבנן עד כדי שיעשו כיולא בהן וסבר ר"ש ספיחים אסורין במולאי שביעית דכשיראו אותם גדולים יסברו שלקטן בשביעית אבל ספיחי כרוב שאין כיולא בהן בירק השדה לא גזרו בהן אטו שאר ספיחים דכשיראו אותם גדולין לא יסברו שלקטן בשביעית דדרכם ליגדל הרבה בזמן מועט וכשאכל ר"ש בן [רבי] יוסי בן לקוניא ספיחי כרוב במולאי שביעית הוא דאכל כר"ש בן יוחי (ז) ולא משמע הכי ורבנן גזרי היתירא אטו איסורא וכולן אסורין ובגמרא דדמאי בפרק שני גרס לענין ספיחים מר"ה ועד חנוכה איסור ספיחים ומחנוכה ועד ר"ה היתר ספיחים ותניא בתוספתא בפ"ה בללים שילאו משביעית למולאי שביעית אם עשו כיולא בהן מותרין ואם לאו אסורין ותרוייהו אליבא דר"ע דאסר ספיחים מדאורייתא בשביעית אבל לרבנן דפליגי עליה ליכא למיגזר ומה שפי' רבינו נסים דמה שגדל בששית ונכנסה לשביעית היכא דאיכא למיטעי שמא גדל בשביעית אסור קשה לרשב"א דתניא בפ"ק דר"ה (דף טו.) ר"ש בן יהודה משום ר"ש אומר אתרוג בת ששית שנכנסה בשביעית פטור מן המעשר ומן הביעור והשתא ביעור לא הוי אלא בזמן שהפירות כלים ואפ"ה קאמר פטור מן הביעור ואע"ג דאיכא למיטעי ולמימר שזה האתרוג גדל בשביעית וי"ל דהתם מיירי מדאורייתא א"נ כשלקטן בתחילתה של שביעית דליכא למיטעי מיהו הא קשיא לר"י דבשמעתא משמע לכ"ע דירקות הגדילין בשביעית אסורין באכילה ובמסכת שביעית משמע דשרו דתנן (פ"ע מ"ד) האומר לפועל הילך דינר זה ולקט לי בו ירק היום ובפרק בתרא דע"ז (דף סב.) מייתי לה ותירץ ר"י דבשל ערב שביעית מיירי ומה שיש בהן דין שביעית לענין סחורה ושאר דינים לפי שנלקט בשביעית דבירק אזלינן בתר לקיטה:

כגון אנא דידענא בקביעא דירחא. ולא בסוד העיבור קאמר דהא בני בבל בקיאי בעיבורא דירחא כדאמרינן בריש בילה (דף ד:) ועבדי תרי יומי אלא מפרש ר"ת שהיה במקום ששלוחי בית דין מגיעין ושם אין עושין אלא יום אחד והיינו בקביעא דירחא שהיה יודע מתי נקבע החודש דהתם ליכא למיגזר שמא יעשה מלאכה בי"ט ששומעין קידוש החודש*:

ביישוב

רבינו חננאל

הגהות הב"ח

אות ב'

תלמיד לא ירחץ עם רבו

יו"ד סימן רמב סט"ז - [ב]ולא יכנס עמו למרחץ אא"כ הוא צריך לו. הגה: ואם היה התלמיד במרחץ קודם לרבו, ובא רבו לשם, א"צ לצאת - כן למד מהרי"ו מהא דכתב המרדכי, ונתבאר לעיל סימן קנ"ג ס"ג, דאם היה הישראל קודם במרחץ, ואח"כ באו עובדי כוכבים שם, אין צריך לצאת, **וצ"ע** דיש לחלק, דדוקא התם דטעמא הוא כדכתב המרדכי, שהוא בא בגבולו, וזה לא שייך בכבוד רבו - ש"ך.

‹אין הטעם משום הרהור, כבאביו וחמיו ובעל אחותו שנתבאר באהע"ז סי' כ"ג, אלא משום כבוד, שלא יראה לרבו כשהוא ערום, ולכן אם רבו צריך לשימושו שישמשנו במרחץ מותר, **וכן** אם התלמיד היה מקודם במרחץ ואח"כ בא רבו א"צ לצאת, כיון שאין הטעם משום הרהור אלא מפני הכבוד, ולכן כשהוא לא היה הגורם מותר, ומתורץ קושית הש"ך - ערוה"ש›.

וכל זה לא מיירי אלא במקום שהולכים ערומי ערוה במרחץ, אבל במקום שהולכים במכנסים, מותר; וכן המנהג פשוט ליכנס עם רבו ואביו וחמיו ובעל אמו ובעל אחותו למרחץ, אע"פ שבגמרא אסרו כולם, והכל הוא מטעם דעכשיו הולכים במכנסים - ‹כן היה בזמנו שהלכו במכנסים, אבל בזמנינו אינו כן, ומ"מ רובא דעלמא אין נזהרין בזה אף בני תורה כידוע, **ורציתי** לומר דסתם רחיצה בזמן הגמ' היתה באמבטי אחת, וגם עתה באזיא כן הוא, דבזה שייך הרהור, שסמוכים מאד זה לזה, **אבל** במרחצים שלנו שרק המה בבית אחד ויש הפסק בין זה לזה, לא שייך הרהור, וכן ברבו אינו העדר כבוד, **אבל** מצאתי במרדכי בשם הר"ם מרוטנבורג שהביא סברא זו ודחאה בלא ראיה, רק כתב שהיא סברת הכרס, ע"ש, **ומ"מ** לימוד זכות הוא על רבים, לומר דס"ל כסברא זו, **והירא** את דבר ד' צריך ליזהר בזה, כי הוא דינא דגמ' בפסחים - ערוה"ש›.

אות ג'

הני מילי היכא דאין דעתו לחזור

סימן תסח ס"ד - עיין לעיל דף נ. אות א'.

כתבו הפוסקים, דאם מנהג אנשי מקומו להקל, ועשה כמנהגו בצנעא, ומצאוהו אנשי המקום שהוא בו עכשיו, צריך להפסיק ממנהגו, שלא יכירו בו מפני המחלוקת, **אבל** אם מצאו ת"ח, אין צריך להפסיק, דת"ח יודע שזה תלוי במנהג ואין כאן מחלוקת, **ומ"מ** לכתחלה לא יעשה כמנהגו אפי' בפני ת"ח - מ"ב שם, ‹מדאמרינן שם, רבב"ח וכו' - מחה"ש›.

---

§ מסכת פסחים דף נא: §

אות א'

כל הספיחין אסורים

רמב"ם פ"ד מהל' שמיטה ויובל ה"ב - [ג]ומדברי סופרים שיהיו כל הספיחים אסורין באכילה, ולמה גזרו עליהם, מפני עוברי עבירה, שלא ילך ויזרע תבואה וקטניות וזרעוני גנה בתוך שדהו בסתר, וכשיצמח יאכל מהם ויאמר ספיחים הן, לפיכך אסרו כל הספיחים הצומחים בשביעית.

אות ב'

אין בזו מפני שינוי המחלוקת

סימן תסח ס"ד - [ד]ואעפ"כ לא יתראה בפניהם שהוא בטל, מפני איסור: לעולם אל ישנה אדם מפני המחלוקת - קאי אהיכי דנותנין עליו חומרי המקום שיצא משם, לא יתראה וכו', **וכל** זמן שלא יראה היכר לפניהם שהוא בטל מחמת איסור, לא יהיה שום מחלוקת, דמימר אמרי מלאכה הוא דלית ליה, [גמרא].

באר הגולה

ב בריתא פסחים דף נ"א ע"א ג ‹כתב בתוספות שם, דהתם פרק מקום שנהגו פליגי אליבא דרבי עקיבא, דרבי עקיבא דסבר אסור ספיחים מן התורה כאשר נתבאר, אבל רבנן פליגי עליה וסברי דאסור ספיחים מדרבנן בלחוד, ובספרי גרסינן בתר ההיא דרבי עקיבא, אבל חכמים אומרים אין ספיחים מן התורה אלא מדברי סופרים, א"כ למה נאמר הן לא נזרע ולא נאסוף, אמרת לנו לא תזרע, ומה שאנו אוספין אין אנו מכניסין לקיום, אמרת לנו ביערוהו מן הביעור ואילך, מה אנו אוכלין, ע"כ, ולכך כתב רבינו ומדברי סופרים וכו', דודאי הלכה כחכמים דפליגי אדר' עקיבא, וסברי דהוו מדרבנן, גם כחכמים דפליגי אדר"ש שאוסרים כל הספיחים - ר"י קורקוס› ד ‹ותירץ רבא ה"ק, אין בזו מפני שינוי מחלוקת, מאי אמרת הרואה אומר מלאכה אסורה, אמרינן ליה פוק חזי כמה בטלני איכא בשוקא, ומכאן למד רבינו שלא יתראה בפניהם שהוא בטל מפני האיסור - מגיד משנה›

§ מסכת פסחים דף נג. §

אות א'

ביישוב אסור במדבר מותר

סימן תצו ס"ג - בני ארץ ישראל שבאו לחוצה לארץ, אסורים לעשות מלאכה ביום טוב שני ביישוב, אפילו דעתו לחזור - דנותנין עליו חומרי מקום שהלך לשם, ואפילו בצנעא אסור, {דמלאכה א"א לעשות כ"כ בצנעא שלא יתוודע - מ"ב סימן תס"ח ס"ק י"ז}, **ומ"מ** אם עשה מלאכה אין מנדין אותו.

ולאפוקי אם יצא מן הישוב ובא לו למדבר, א"צ להתנהג כמנהג חו"ל, כיון שאין דעתו להשתקע שם.

כתבו הפוסקים, דישוב נקרא ישוב של ישראל דוקא, וכל זמן שלא הגיע לעיר של ישראל, א"צ להתנהג כחומרי אותה המדינה, [היינו בדעתו לחזור, **ומשמע** דאפי' בפרהסיא, כיון דכל איסורו הוא רק מפני המחלוקת].

וכתבו עוד, דתוך התחום הוי כתוך העיר, וצריך להתנהג כחומרי אותו מקום.

וכל זמן שלא הגיע ליישוב, אפילו אין דעתו לחזור, מותר, לפי שעדיין לא הוקבע להיות כמותן.

אבל אם הגיע ליישוב, ואין דעתו לחזור, נעשה כמותן, ואסור בין במדבר בין ביישוב - ר"ל אחר שנכנס לישוב, אפילו יצא אח"כ למדבר, לא נפקע חיובו.

ואפילו לישוב נכרים, דכיון שאין דעתו לחזור, נמשך אחרי המדינה שבא לשם, מכיון שהגיע לישוב של בני אדם, **ויש** מי שמקיל גם בזה כמו בדעתו לחזור, ובעי שיגיע דוקא לישוב של ישראל.

וכל חוץ לתחום אין נותנין עליו חומרי מקום שהלך לשם - ר"ל בין בדעתו לחזור בין באין דעתו לחזור, כל שלא הגיע לתחום הישוב, מקרי לא הגיע לישוב עדיין.

אות ב'

דבמערבא מימנו אנגידא דבר בי רב, ולא מימנו אשמתא

יו"ד סימן שלד סמ"ב - [ה]חכם זקן בחכמה, או אב בית דין שסרח, אין מנדין אותו בפרהסיא לעולם, אלא אם כן עשה כירבעם בן נבט וחביריו; אבל כשחטא שאר חטאות, מלקין אותו בצינעא. וכן כל ת"ח שנתחייב נידוי, אסור לב"ד לקפוץ ולנדותו במהרה, אלא בורחים ונשמטים ממנו; וחסידי החכמים היו משתבחים שלא נמנו מעולם לנדות תלמיד חכם, ואף ע"פ שנמנים להלקותו אם נתחייב מלקות או מכת מרדות. ואי סני שומעניה, כגון שמתעסק בספרי אפיקורוסין ושותה במיני זמר, או שחביריו מתביישין ממנו ושם שמים מתחלל על ידו, משמתינן ליה.

אות ג'

מנדין על שני ימים טובים של גליות

יו"ד סימן שלד סמ"ג - על כ"ד דברים מנדין את האדם... [ו]המחלל יום טוב שני של גליות, אף על פי שהוא מנהג.

אות ד'

ה"מ אינש דעלמא הכא צורבא מדרבנן הוא וכו'

סימן תצו ס"א - [ז]בגליות שעושין שני ימים טובים מספק, כל מה שאסור בראשון אסור בשני, והיו מנדין למי שמזלזל בו - במזיד, ואפילו זלזל בו בדבר שהוא משום שבות, או בתחומים דרבנן, נמי מנדין אותו, **וכתבו** האחרונים, דאפילו חיללו ע"י עכו"ם נמי הוא בנידוי, דכל מה שאסור בראשון אסור בשני.

ונתבאר בפוסקים, דיו"ט שני חמור בזה מיו"ט ראשון, דביו"ט ראשון אין מנדין רק בעבר על איסור דאורייתא, אבל על שבות דרבנן אין מנדין, רק מלקין אותו מכת מרדות, משא"כ ביו"ט שני, **והטעם**, משום דיו"ט שני כל עיקרו אינו אלא מדרבנן, א"כ כי עבר בו על איזה דבר שהוא, הרי הוא כעוקר את כולו, ולהכי החמירו עליו, **משא"כ** ביו"ט ראשון, שאינו עוקרו במה שעבר על שבות, שהרי באיסור דאורייתא שבו לא עקרו, **ויש** פוסקים חולקים בזה, ולדידהו אין חילוק כלל בין יו"ט ראשון לשני, והדבר תלוי רק לפי ראות עיני הדיינים, במה שרואין לפי הענין, אם להקל עליו במלקות, או להחמיר עליו בנידוי, רק שהרשות בידם אפילו לנדותו. **כתבו** האחרונים, דאם עשה הדבר על פי הוראת חכם שטעה, אין לנדותו, שהרי שוגג הוא.

ואע"ג דעכשיו בקיאין אנו בקביעות החודש לפי החשבונות שבידינו, מ"מ חששו חכמים שמא מרוב הצרות והטלטולים בגלותנו ישתכח החשבון, ויבואו לעשות חסר מלא ומלא חסר, ויאכלו חמץ בפסח, וע"כ הניחו הדבר בחו"ל כמו שהיו בימים הראשונים.

ואם הוא צורבא דרבנן, לא היו מחמירין לנדותו אלא היו מלקין אותו - ושיעור מכת מרדות, יש בזה דיעות בין הפוסקים, עיין במ"א ואח"ר.

אות ה'

כל שכלה מינו מן השדה, יבער מינו מן החבית

רמב"ם פ"ז מהל' שמיטה ויובל ה"ו - הכובש שלשה כבשים בחבית אחת, כל שכלה מינו מן השדה, יבער מינו מן החבית; ואם [ח]התחיל בה הרי הכל כמבוער.

‹המשך ההלכות בעמוד הבא›

באר הגולה

[ה] ‹עיין כ"מ וב"י שכתבו, שר"ל דוקא זקן מופלג בחכמה אין מנדין בפרהסיא – עבודת המלך› [ו] **מימרא דרב ושמואל פסחים דף נ"ב ע"א** [ז] **פסחים נ"ב בעובדא דר' נתן בר אסיא** [ח] ‹לאכול קצת מן החבית, שכיון שהתחיל לאכול ממנו תו אם ישאר וישהה יפסיד, ובודאי יאכלו בסמוך, ולכן נחשב כבר כמבוער וא"צ לבערו, ומותר לאכלו לאחר זמן הביעור, **וי"א** שגם תבשיל של פירות שביעית א"צ לבער, שהתבשיל הרי הוא כמבוער שא"א להשהותו – דרך אמונה›

ביישוב לא עבידנא מפני שינוי המחלוקת במדבר מאי א"ל הכי אמר רב אמי *ביישוב אסור במדבר מותר רב נתן בר אסיא אזל מבי רב לפומבדיתא בי"ט שני של עצרת שמתיה רב יוסף א"ל אביי ולנגדיה מר נגידי א"ל (א) עדיפא עבדי ליה *ג דבמערבא *מימנו אנגידא דבר בי רב ולא מימנו אשמתא א"ר נגדיה רב יוסף א"ל אביי נשמתיה מר דרב ושמואל דאמרי תרוייהו ימנדין על שני ימים טובים של גליות א"ל יה"מ איניש דעלמא הכא צורבא מדרבנן הוא דטבא ליה עבדי דבמערבא מימנו אנגדתא דבר בי רב ולא מימנו אשמתא: ביוצא בו המוליך פירות שביעית וכו': ולית ליה לר' יהודה הא דתנן נותנין עליו חומרי המקום שיצא משם וחומרי המקום שהלך לשם אמר רב שישא בריה דרב אידי מילתא אחריתי קאמר ר' יהודה וה"ק או ממקום שלא כלו למקום שלא כלו ושמע שכלו במקומו חייב לבער ר' יהודה אומר צא והבא לך אף אתה מהיכא דאייתינהו והא לא כלו להו למימרא דר' יהודה לקולא קאמר והאמר ר"א לא אמר רבי יהודה אלא לחומרא אלא איפוך אינו חייב לבער רבי יהודה אומר צא והבא לך אף אתה מהיכא דאייתינהו והא כלו להו אביי אמר לעולם כדקתני וה"ק או ממקום שלא כלו למקום שכלו והחזירן למקומן ועדיין לא כלו אינו חייב לבער רבי יהודה אומר צא והבא לך אף אתה מהיכא דאייתינהו והא כלו להו מתקיף לה רב אשי לרבי יהודה אטו אגבא דחמרא קלטינהו אלא אמר רב אשי בפלוגתא דהני תנאי דתנן *הכובש שלשה כבשין בחבית אחת ר"א אומר אוכלין על הראשון ר' יהושע אומר אף על האחרון ר"ג אומר יכל שכלה מינו מן השדה יבער מינו מן החבית והלכה כדבריו רבינא אמר בפלוגתא דהני תנאי דתנן יאוכלין בתמרין עד שיכלה האחרון שבצוער רשב"ג אומר אוכלין

רש"י

ביישוב לא עבידנא. מלאכה ביום טוב שני הואיל ונהגו בו איסור לא אשנה לעיניהם את המנהג: **דעדיפא מינה.** החמורה ממנה: **עבדי ליה.** עושין לו: **מימנו אנגדא דבר בי רב.** תלמיד שסרח היו נמנין להלקותו ולא לנדותו משום דשמתא חמורה ותופשין לכבוד התורה: **ולית ליה לר' יהודה כו'.** דמשמע שיכול לומר לו בן מקום שלא כלו לבן מקום שכלו לא והבא לך אף אתה ממקום שהבאתי ותאכל שלא כלו שם לחיה ואסור לאכול מאותן שהבאת (ב) ואותה שלך שיש לך בבית אסורין וטעמא משום דגדלו כאן ובזה המקום כלו אבל אני הבאתי את שלי ממקום היתר ואין כאן מחלוקת ולית ליה לר' יהודה דלאסור משום חומרי מקום שהלך לשם ואפילו אין שם מחלוקת דהא ממקום שאין עושין למקום שעושין דטעמא לאו משום מחלוקת הוא ואסרינן ליה משום חומרי מקום שיצא משם: **הכי גרסינן מילתא אחריתי קאמר.** או ממקום שלא כלו למקום שלא כלו ושמע שכלו במקומן חייב לבער ורבי יהודה אומר לא והבא לך אף אתה מהיכא דאייתיתינהו והא לא כלו (ג): **מילתא אחריתי קאמר.** תנא קמא: **ושמע שכלו במקומן חייב לבער.** ואע"ג דלאין כאן חומרי מקום שילך משם שבשעה שילך עדיין לא היו נוהגין בהן חומרא: **ר' יהודה אומר לא.** יכול זה לומר לבני מקומו שילך משם איני משנה ממנהגכם דהא הולכתים למקום שלא כלו ולא והבא לך משם ותוכל למצוא הרבה: **לחומרא אמרה רבי יהודה.** הכי הוה גמיר לה ר"א מרביה דרבי יהודה אמר לחומרא: **אלא איפוך.** תוספת זו שהוספנו על המשנה ואימא או ממקום שלא כלו למקום שלא כלו ושמע שכלו במקומן אינו חייב לבער דאין כאן משום חומרי מקום שילך משם שכשהוליכם עדיין לא נאסרו ר' יהודה אומר יש כאן זילזול מקומו דאמרי ליה בני מקומו הראשון לא והבא לך מהיכא דאייתיתינהו ממקום שהבאתם ותאכל שסבר כלו: **לעולם כדקתני.** דלא איירי מתניתין במביא ממקומו למקום השוה לו אלא למקום שאין שוה לו: **והכי קאמר.** מתניתין המוליך פירות שביעית ממקום שכלו למקום שלא כלו או ממקום שלא כלו למקום שכלו חייב לבער החזירן למקומן ועדיין לא כלו אינו חייב לבער ורבי יהודה מחמיר דאמרינן ליה לא והבא לך אף אתה מהיכא דאייתיתינהו השתא והא כלו להו: **גבא דחמרא קלטינהו.** גבו של חמור שהכניסן לתוך אותו מקום החמור קלטן בחומרי אותו מקום שלא יוכל להחזירן עוד הא לא גדלו שם ואינו אוכלן שם: **הכובש שלשה כבשים.** שלשה מיני ירק בחבית אחת של חומץ או של ציר כדי להתקיים: **אוכלין.** משלשתן: **על הראשון.** על סמך הראשון הממהר להיות כלה לחיה מן השדה דמשעה שיכלה אחד מהן מן השדה שלשתן אסורין דכבשייהו משוי להו כחד: **אף על האחרון.** על סמך מין הכלה אחרון ואוכל משלשתן ואע"פ שמין השנים כלה לחיה כבר ותנא דמתני' ור' יהודה בהא פליגי דתנא קמא סבר לה כרבי יהושע דמיקל והכי משתמעא למילתיה ממקום שלא כלו למקום שכלו כולן חייב לבער אבל כלו מקצתן אוכל אף ממין הכלה כר' יהושע דאוכלין אף על האחרון ר' יהודה אומר לא והבא לך אף אתה מאותו המין מן השדה והרי לא תמצא בשדה ואסור כרבן גמליאל: **אוכלין בתמרים.** בכל ארץ יהודה עד שיכלה דקל האחרון שבצוער שהיא עיר התמרים ותנן לקמן שלש ארצות לביעור שאין בני יהודה אוכלין משכלו בכל ארץ יהודה ואע"פ שלא כלו בגליל אבל אוכלין הן ביהודה ואפילו במקום שכלה עד שיכלה מקום אחרון שבכל ארץ יהודה לפי שחיה כשאינה מוצאת כאן הולכת למקום אחר והיא מתפרנסת שם ורחמנא תלה בה כדלקמן:

תוספות

ביישוב לא עבדינן. אפילו בצינעא ואפילו דעתו לחזור דלא אפשר למלאכה בצינעא כמו שאר דברים:

***ממקום** שכלו למקום שלא כלו חייב לבער. תימה לר"י והלא אסור לשנות מפני המחלוקת אפילו לקולא כדאמר לעיל אין בזה מפני שינוי המחלוקת דמימר אמרי כמה בטלני איכא בשוקא אי נמי לאו האי טעמא הוה אסור לשנות מפני המחלוקת ומיהו יש לומר אי מדאורייתא חייב לבער משום מחלוקת לא יעבור על דברי תורה ועוד אור"י דלא שייך מחלוקת אלא בדבר שתלוי בגוף האדם אבל בפירות לא שייך מחלוקת דאמרינן ממקום שכלו באו:

אביי אמר לעולם כדקתני. לדבריו אין חסר כלום מן המשנה דרבי יהודה אדיוקא דמתניתין קאי:

הכובש שלשה כבשים. כגון לפת ובצל וקפלוט שאין ביעורן שוה רבי אליעזר אומר אוכלין על הראשון שטעמו אוסר כולם ולא חשיב כמבוער אך לרבי יהושע תימה לר"י איך מותר גוף אותם שכלו ואומר רבינו תם דבתורת כהנים בפרשת בהר סיני פליגי בקראי דתניא מן השדה תאכלו את תבואתה כל זמן שאתה אוכל מן השדה אתה אוכל מן הבית וכו' מכאן אמרו חכמים הכובש שלשה כבשים בחבית רבי אליעזר אומר כיון שכלה אחד מן השדה יבער הכל מן הבית והיינו אוכלין על הראשון דבשמעתין ואם תאמר לר' אליעזר לישתוק קרא מיניה דנפקא לן מולבהמתך וי"ל דסבר ר' אליעזר דאי לאו האי קרא ה"א דאותו המין דוקא יבער ולא יותר אע"פ שטעם האיסור מעורב בהן דלא דמי איסור דביעור לשאר איסורים דהא שרי לעניים וה"א דניחשביה כמבוער כיון שאין כאן אלא הטעם ור' יהושע סבר דודאי הטעם חשיב כמבוער והאי קרא אתי להתיר אף גוף אותו שכלה הואיל ומעורב בהן הטעם המותרין ומן השדה משמע ליה מן דבר שמקצת הטעם ממנו בשדה תאכלו אף האיסור שעמו ורבן גמליאל סבר ממשות של כל אחד שכלה מן השדה אסור אבל הטעם הוא כמבוער ובמגילת סתרים דרבינו נסים פירש דראשון היינו שניתן ראשון בכבוש ואחרון שניתן אחרון בכבוש והכי אמרינן בירושלמי מה טעם דרבי אליעזר הראשון נותן טעם באחרון הלכך אם כלה מן השדה אותו שכבש ראשון אוסר הכל אבל האחרון אינו נותן טעם בראשון ואם כלה מין האחרון מן השדה אינו אוסר אותם שנכבשו קודם וטעם דרבי יהושע אחרון נותן טעם בראשון פי' אף האחרון כדאמר הכא אף על האחרון וקסבר ר' יהושע דמיד כשכלה אחד מהמינים האחרון או הראשון או האמצעי כולן אסורין דנותן טעם זה בזה ורבי יהודה דמתניתין לחומרא כוותיה ורבן גמליאל סבר כדפרישית דהגוף שכלה אסור והטעם הוי כמבוער:

עין משפט נר מצוה

יד א מיי' פ"ח מהל' יו"ט הלכה כ טוש"ע א"ח סי' תצו סע"ג: שייך למתניתין

טו ב מיי' פ"ז מהלכות ת"ת הלכה א סמג לאוין לח טוש"ע יו"ד סי' שלד סעיף מג:

טז ג מיי' פ"ו מהלכות ת"ת הלכה יד סמג שם טוש"ע שם סעיף מג:

יז ד מיי' פ"א מהלכות יו"ט הלכה כב סמג לאוין עה טוש"ע א"ח סי' תצו סעיף א:

יח ה מיי' פ"ז מהלכות שמיטה הלכה ו סמג עשין קמח:

יט ו שם הלכה יא:

מסורת הש"ס

מו"ק יז. [פי' מתקבצין אצל הרב ואין מלקין עד שיסכימו בהבאתו ולא מימני אשמתא אלא על דבר חמור ובדבר חמור אין מלקין כבוד לרב. לשיטתך השמתא עדיפא מן המלקות. ערוך]

שביעית פ"ט משנה ה

הגהות הב"ח

(א) גמרא דעדיפא עבדי ליה: (ב) רש"י ד"ה ולית ליה לר' יהודה וכו' מאותן שהבאת פירות שלך שיש לך: (ג) ד"ה הכי גרסינן מילתא וד"ה רבי יהודה הר"א:

רבינו חננאל

בישוב לא עבידנא במדבר ארץ ישראל מהו לעשות ביום שהוא ברור לי שהוא חול מי אמור רבנן בכי הא מילתא במדבר ארץ ישראל נותנין עליו חומרי מקום שיצא משם או לא אמר ליה הכי אמר ר' אמי בישוב אסור במדבר מותר: והא דשמתיה רב יוסף לרב נתן אסיא משום דאתא מבי רב לפומבדיתא ביום טוב שני דעצרת ואמר ליה אביי ולינגדיה מר אמר ליה רב [יוסף] דעדיפא מינה עבדי ביה כלומר השמתא חמורה מן המלקות דבמערבא מימני אנגדא דבר בי רב פי' מתקבצין אצל הרב ואין מלקין עד שיסכימו בהבאתו ולא מימנו אשמתא למה שלא תהיה שמתא אלא על דבר חמור ובדבר חמור אין חולקין כבוד לרב אלא משמתין אותו מיד לפיכך השמתא עדיפא היא מן המלקות: איכא דאמרי נגדיה כו' ואמר דטבא ליה עבדי ליה דכי המלקות קלה היא מן השמתא דגרסי' באלו מגלחין בהאי ענינא דלא מימנו אשמתא דבר בי רב מאי שמתא אמר רב שם מיתה ושמואל אמר (שמיה) [שממה] יהא. אמר רב יוסף שרי שמתא ארנבי דכלבא והיא דידה עברא ודברים ברורין הן: כיוצא בו המוליך פירות שביעית כו' ואקשינן ולית ליה לר' יהודה נותנין עליו חומרי מקום וכו' ואמר רב שישא לעולם אית ליה ומלתא אחריתי קאמר במתני' דלא איתמרא בהדיא דמאחר שהורה שהמוליך ממקום שכלו למקום שלא כלו וממקום שלא כלו למקום שכלו הצרך עוד לפרש המוליך פירות שביעית ממקום שלא כלו למקום שלא כלו ושמע שכלו מאותו מקום שהביאם ואתא לאוקמה דרבי יהודה לקולא נגדה ואפיכנא למתני' ואוקימנא רבי יהודה לחומרא חייב לבער ות"ק לקולא אינו חייב לבער והכי פירושו ת"ק סבר כיון דאייתינהו ממקום שלא כלו למקום שלא כלו נסתלקו פירות אותו מקום שהביאו משם מעליו ואע"ג דכלו התם השתא כיון דלא כלו הכא אין חייב לבער. ור' יהודה אומר לו צא והבא ממקום שהבאת אותם וכיון שאין שם מי יביא חייב לבער וכאלו הביאם עכשיו ממקום שכלו למקום שלא כלו שנותנין עליו חומרי מקום שיצא משם לפיכך חייב לבער: והא דאמר אביי ממקום שלא כלו למקום שכלו והחזירן למקומן שלא כלו ת"ק סבר הרי הן בחזקתן ור' יהודה סבר כיון דעיילינהו למקום [שכלו] נאסרו ואתקפתא דרב אשי פשוטין הן. ואוקמה רב אשי בפלוגתא דהני תנאי דתנן הכובש שלשה כבשין בחבית אחת ר' אליעזר אומר אוכלין על הראשון פי' אותו הכבוש שכבש מתחלה ור' יהושע אומר אף על האחרון כו' והכי קתני במתני' וכן הכובש שלשה כבשין בחבית אחת ולא כלה הכל אלא אפי' נשאר אחד מהן אינו חייב לבער רבי אליעזר אומר כיון שכלה אחד מהן חייב לבער שאומר לו צא והבא לך אף אתה וכיון שאינו מוצא להביא חייב לבער נמצא רבי יהודה דמחמיר כרבי אליעזר. וגרסי' בירושלמי מאי טעמא דר' אליעזר הראשון נותן טעם

אוכלין על של בין הכיפין ואין אוכלין על שבין השיצין *תנן התם *שלש ארצות לביעור יהודה ועבר הירדן וגליל ושלש ארצות בכל אחת ואחת *ולמה אמרו שלש ארצות לביעור שיהיו אוכלין בכל אחת ואחת עד שיכלה האחרון שבה מנא הני מילי אמר רב חמא בר עוקבא א"ר יוסי בר חנינא *אמר קרא °ולבהמתך ולחיה אשר בארצך כל זמן שחיה אוכלת מן השדה האכל לבהמה שבבית כלה לחיה אשר בשדה כלה לבהמתך מן הבית וגמירי דאין חיה שביהודה גדילה על פירות שבגליל ואין חיה שבגליל גדילה על פירות שביהודה ת"ר *פירות שיצאו מארץ ישראל לחוצה לארץ מתבערין בכל מקום שהן רשב"א אומר יחזרו למקומן ויתבערו משום שנאמר בארצך הא אפיקתיה קרי ביה בארץ בארצך אי נמי מאשר בארצך רב ספרא נפק מארץ ישראל לחוצה לארץ הוה בהדיה גרבא דחמרא דשביעית לוו בהדיה רב הונא בריה דרב איקא ורב כהנא אמר להו איכא דשמיע ליה מיניה דרבי אבהו הלכה כר"ש בן אלעזר או לא א"ל רב כהנא הכי א"ר אבהו הלכה כר' שמעון בן אלעזר א"ל רב הונא בריה דרב איקא הכי א"ר אבהו אין הלכה כרשב"א אמר רב ספרא נקוט הא כללא דרב הונא בידך *דדייק וגמר שמעתתא מפומיה דרביה כרחבה דפומבדיתא *דאמר רחבה אמר רב יהודה הר הבית סטיו כפול היה סטיו לפנים מסטיו קרי עליה רב יוסף °עמי בעצו ישאל ומקלו יגיד לו כל המיקל לו מגיד לו ר' אילעאי קץ כפנייתא דשביעית היכי עביד הכי °לאכלה אמר רחמנא ולא להפסד וכי תימא הני מילי היכא דנחית לפירא אבל היכא דלא נחית לפירא לא והאמר רב נחמן אמר רבה בר אבוה *הני מתחלי דערלה אסירי הואיל ונעשו שומר לפירי ושומר לפירי אימת הוה בכופרי וקא קרי להו פירי ר"נ דאמר כר' יוסי *דתנן רבי יוסי אומר סמדר אסור מפני שהוא פרי *ופליגי רבנן עליה מתקיף לה רב שימי מנהרדעא ומי פליגי רבנן עליה דרבי יוסי בשאר אילנות והא *תנן מאימתי אין קוצצין את האילנות בשביעי' ב"ש אומרים כל האילנות משיוציאו וב"ה אומרים °החרובין *משישרשרו והגפנים משיגריעו

רש"י

אוכלין על של בין הכיפין. דרך דקלים להיות בעיקרן קוצים סביב והיינו שיצים ומן הדקל עצמן הן ולמעלה עלין שלו עשויין כסדרן כמין כפות תמרים וכשהתמרים מכשב התמרים טפלין ונשארין באותן כיפין ולמטה בשיצין וקאמר רבן שמעון דכל זמן שמצויין בכיפין אוכלין מאותן שבבית אבל אין אוכלין מן הבית על סמך אותן שבשיצין לפי שאין החיה יכולה ליטלן מפני הקוצים ומתניתין הכי קאמר תנא קמא כלה לגמרי אף מבין השיצין חייב לבער אבל כלו מן הכיפין ועדיין יש בשיצין אינו חייב לבער רבי יהודה אומר לא והבא לך אף אתה ממקום הראוי ליטלן ולא תמלא ולחומרא אמרה רבי יהודה: **שלש ארצות.** בארץ ישראל חלוקות זו מזו לענין ביעור שאין זו סומכת על זו משכלו בה ואע"פ שלא כלו בחבירתה: **ושלש ארצות בכל אחת ואחת.** שחלוקות במנהג קיום פירותיהן שפירותיהן כלות של זו קודם לזו ואעפ"כ עשינו כולן אחת לביעור כדמפרש ואזיל: **ולמה אמרו שלש ארצות.** הואיל ושלש ארצות לכל אחת הרי כאן תשע ארצות למאי הילכתא אמרו שלש ארצות לביעור ותו לא: **שיהיו אוכלין בכל אחת.** עשאום לשלש שבכל אחת כאילו הן אחת ואוכלין בכל אחת ואחת מהשלש החלוקות לביעור עד שיכלה האחרון שבשלש ארצותיה אוכלין ביהודה עד שיכלה אחרון שבשלש ארצותיה וכן בעבר הירדן וכן בגליל: **מנא הני מילי.** דאוכלין ביהודה עד שיכלה אחרון שבשלש ארצות שבה אבל אין אוכלין ביהודה ע"י אותן שבגליל: **וגמירי.** מסורת מאבותינו: **דאין חיה שביהודה.** מתרחקת כל כך לצאת מיהודה לגליל ומגליל ליהודה אבל יוצאה היא מגליל לגליל ומיהודה ליהודה: **מתבערין.** כשתגיע עונת הביעור שכלו לחיה: **בכל מקום שהן.** ולא מטריחינן ליה להחזירן לארץ לבערן שם: **משום שנאמר בארצך.** לחיה אשר בארצך וזהו ביעורן שמפקירן במקום דריסת חיה ובהמה: **הא אפיקתיה.** למעוטי דאין סומכין בני יהודה אלא על ארצם ולא על של גליל: **קרי ביה בארץ בארצך.** אי הוה כתיב בארץ הוה שמעת מינה חדא מינייהו השתא דכתיב בארצך דרוש בה תרתי: **אי נמי.** אשר לדרשה: **לוו בהדיה.** נתלוו עמו בחבורה: **מיניה דרבי אבהו.** תלמידיו היו: **דקים ליה דאיהו דייק שמעתא מפומיה דרביה.** כשהשמועה יוצאה מפי רבו מדקדק ואומר גרסו לשונה פעם שנייה ומבחין הימנו או הן או לאו: **כרחבה דפומבדיתא.** שהיה מדקדק בשמועתו לדעת ממי קיבלה: **רבי יהודה.** ספק *שמעה מרב יהודה או מר' יהודה נשיאה דהוה נמי בההוא דרא: **סטיו כפול היה.** איצטבאות סביב לו כפולות זו לפנים מזו סביב: **קרי רב יוסף עליה דרב ספרא: קץ כפנייתא דשביעית.** דקל טעון כפניות והן תמרים קטנים שלא בישלו וקצץ הדקל לעצים והפסיד כפניות: **דנחת לפירא.** פירי שנגמר אסור להפסידו: **מתחלי דערלה.** שומר הגדל סביבות התמרים בקטנן כעין פקס הגדל סביבות אגוזי יער הדקות: **אסירי.** משום ערלה דלא הוו כעץ אלא שם פירי עליהם הואיל דנעשו שומר לפירי: **ושומר פירי אימת הוי בכופרי.** כשהן קטנות וכופרא הוא כפניות וכשגדילין הוא יבש וטפל אלא כפניות קרויין פירי: **רב נחמן.** דאמר פירי שלא נגמר קרוי פירי: **דאמר כר' יוסי.** דאמר משנפל פרח הגפן ונראית צורת הענבים והיינו סמדר אסור משום ערלה מפני שהוא פירי ובלעז קורין אשפני"ר: **ופליגי רבנן עליה.** במסכת ערלה דקתני רישא העלין והלולבין ומי גפנים וסמדר מותרים משום ערלה ורבי אלעאי דעבד כרבנן: **בשאר אילנות.** חוץ מגפן: **אין קוצצין.** לעצים מפני שמפסיד הפירי ורחמנא אמר לאכלה ולא להפסד: **משיוציאו.** *תחילת העלין בימי ניסן: **משישרשרו.** משירצו בהן כעין *שרשרות של חרובין: משיגריעו

תוספות

עד שיכלה אחרון שבה. פ"ה עד שתכלה האחרונה שבארצותיה והשלש ארצות שבכל אחת שוות הן ואין נראה דאם כן חלוקות למה שונה שלש ארצות בכל אחת ועוד קשה לר"י דתנן בפ"ט דשביעית (מ"ב) שלש ארצות לביעור ושלש ארצות בכל אחת ואחת עד שיכלה האחרונה שבה ר"ש אומר לא אמרו שלש ארצות אלא ביהודה מכלל דלתנא קמא שלש ארצות חלוקות שכל אחת חלוקה לביעור ור"ש נמי מודה להו ביהודה לכך י"ל דאחרון שבה היינו פירות שבהר עד שיכלה אחרון שבהר ופירות שבעמקים עד שיכלה אחרון שבעמקים וכן שבשפילה עד שיכלה אחרון שבשפילה ובירושלמי יש אמר *ר' חייא בר' עקיבא בשם ר' יוסי בר חנינא שיערו לומר אין חיה שבהר גדילה בעמק וחיה שבעמק אין גדילה בהר ולפי זה משמע דהוי מדאורייתא ולא תיקשי הא דאמרינן בשמעתין דאין חיה שביהודה גדילה על של גליל דמיירי אפי' מהר להר והיינו דמסקינן בשילהי שמעתין דתניא אמר רשב"ג סימן להריס מילין וכו' דנפקא מינה כמי לג' ארצות שביהודה והא דלא קאמר לקמן נפקא מינה לביעור משום דחילוק הר ושפלה ועמק לא שייך אלא ביהודה גרידא כדקתני במסכת שביעית בהדיא אבל ביכורים ונחל איתן שייכים בכל א"י ובגמ' דירושלמי במסכת שביעית עלה דההיא סימן להריס מילין קאמר אית דבעי למימר למידק הדא איתמר פירוש לענין שלש ארצות נאמר אותו סימן:

מתבערין בכל מקום. פ"ה שנותנין אותן למרמס חיה ובהמה ולא נראה דהא מותרין אחר ביעור לעניים לכ"ע דתנן התם (משנה ח) מי שהיו לו פירות שביעית והגיע שעת הביעור מחלקן מזון שלש סעודות לכל אחד עניים אוכלים אחר הביעור ולא עשירים דברי ר' יהודה ר' יוסי אומר אחד עניים וא' עשירים אוכלים אחר הביעור ובתוספתא קתני מי שיש לו פירות שביעית והגיע שעת הביעור מחלק מהן לשכניו ולקרוביו וליודעיו ומוציא ומניח על פתח ביתו ואומר אחינו בית ישראל מי שצריך ליטול יטול וחוזר ומכניס לתוך ביתו והולך ואוכל עד שיכלו ואומר ר"י הא דמשמע בכל מקום לאסור לאכול אחר הביעור היינו כשמשהה בביתו בחזקת שלו אבל אם מפקירו ומוציאו מרשותו שיאכל כל מי שירצה הן אדם והן חיה מותר להכניסו ולאכלו אחר הביעור:

רב ספרא אפיק גרבא דחמרא מא"י לח"ל. הקשה ריב"א דתנן בפ"ו דשביעית (משנה ה) אין מוציאין שמן שריפה ופירות שביעית מן הארץ לח"ל ותירץ דהתם מיירי לאכילה ורב ספרא אפיק לסחורה דיש סחורה שמותרת אי נמי בשוגג הוליאו:

עין משפט נר מצוה

כא א מיי' פ"ז מהלכות שמיטה הל' י':

כב ב שם הלכה א:

כג ג שם הלכה יב:

כד ד מיי' פ"ה מהל' שמיטה הלכה יז:

כה ה מיי' פ"ט מהל' מעשר שני ונטע רבעי הלכה יג:

כו ו מיי' פ"ה מהל' שמיטה הלכה יח:

אות ו׳

<u>אוכלין בתמרין עד שיכלה האחרון שבצוער</u>

רמב״ם פ״ז מהל׳ שמיטה ויובל הי״א - ושלש ארצות אלו כולן חשובות כארץ אחת לחרובין ולזיתים ולתמרים; ואוכלין בתמרים עד שיכלה האחרון שבצוער, ואימתי הוא כלה, עד הפורים; ואוכלין בזיתים עד העצרת, ובענבים עד הפסח של [ט]מוצאי שביעית, ובגרוגרות עד החנוכה.

---

§ מסכת פסחים דף נב: §

אות א׳

<u>שלש ארצות לביעור יהודה ועבר הירדן וגליל</u>

רמב״ם פ״ז מהל׳ שמיטה ויובל ה״ט - שלש ארצות לביעור, ארץ יהודה כולה: ההר, והשפלה, והעמק, ארץ אחת; עבר הירדן כולו: שפלת לוד, והר שפלת לוד, ומבית חורון עד הים, ארץ אחת; והגליל כולו: העליון, והתחתון, ותחום טבריא, ארץ אחת; ואוכלין בכל אחת ואחת משלשתן עד שיכלה האחרון שבה.

רמב״ם פ״ז מהל׳ שמיטה ויובל ה״י - כיצד, היו לו פירות בארץ יהודה, [י]אוכל מהן כל זמן שיש מאותו המין בכל ארץ יהודה כולה; וכן אם היו לו פירות גליל, וכן בעבר הירדן.

אות ב׳

<u>כל זמן שחיה אוכלת מן השדה, האכל לבהמה שבבית; כלה לחיה אשר בשדה, כלה לבהמתך מן הבית</u>

רמב״ם פ״ז מהל׳ שמיטה ויובל ה״א - פירות שביעית אין אוכלין מהן אלא כל זמן שאותו המין מצוי בשדה, שנאמר: ולבהמתך ולחיה אשר בארצך תהיה כל תבואתה לאכול, כל זמן שחיה אוכלת ממין זה מן השדה, אתה אוכל ממה שבבית; כלה לחיה מן השדה, חייב לבער אותו המין מן הבית, וזהו ביעור של פירות שביעית.

אות ג׳

<u>פירות שיצאו מארץ ישראל לחוצה לארץ, מתבערין בכל מקום שהן</u>

רמב״ם פ״ז מהל׳ שמיטה ויובל הי״ב - ופירות הארץ שיצאו לחוצה לארץ, מתבערים במקומן, [יא]ולא יעבירם ממקום למקום.

אות ד׳

<u>לאכלה אמר רחמנא ולא להפסד</u>

רמב״ם פ״ה מהל׳ שמיטה ויובל הי״ז - מותר לקוץ אילנות לעצים בשביעית קודם שיהיה בהן פרי; אבל משיתחיל לעשות פרי לא יקוץ אותו, שהרי מפסיד האוכל, ונאמר: לכם לאכלה, ולא להפסיד; ואם הוציא פירות והגיעו לעונת המעשרות, מותר לקוץ אותו, שהרי הוציא פירותיו [יב]ובטל דין שביעית ממנו.

אות ה׳

<u>ופליגי רבנן עליה</u>

רמב״ם פ״ט מהל׳ מעשר שני ונטע רבעי הי״ג - העלין והלולבין ומי גפנים והסמדר, מותר בערלה וברבעי; והענבים ששרפם הקדים והפסידן, והחרצנים והזגין והתמד שלהן, וקליפי רמון והנץ שלו, וקליפי אגוזים והגרעינים, אסורין בערלה ומותרין ברבעי; [יג]והנובלות כולן אסורות.

אות ו׳

<u>החרובין משישרשרו, והגפנים משיגריעו, והזיתים משיניצו, ושאר כל האילנות משיוציאו</u>

רמב״ם פ״ה מהל׳ שמיטה ויובל הי״ח - ומאימתי אין קוצצין האילן בשביעית, החרובין משישלשלו, והגפנים משיגרעו, והזיתים משינצו, ושאר כל האילנות [יד]משיוציאו בוסר.

באר הגולה

ט ‹אכולהו קאי, דכל זמנים אלו בשמינית - דרך אמונה. ‹משום דשל תחלת שביעית כבר נגמר פריין בששית - כסף משנה› י ‹דעת רבנו כדעת רש״י בפסחים נ״ב ב׳ - דרך אמונה› יא ‹דכל שמעבירן למקום חדש, הוי כהבאה חדשה לחו״ל, וכבר נתבאר שאסור להוציא לחו״ל, חזו״א, ולפ״ז להחזירן לא״י מותר - דרך אמונה› יב ‹ר״ל מגוף העץ, דעצים אין בהן קדושת שביעית - דרך אמונה› יג ‹דהיינו שנפלו מן האילן קודם גמר בישולן, כולן אסורות, אפי׳ ברבעי, דפרי גמור הוא - דרך אמונה› יד ‹ל״ג בוסר, דשיעורו סמדר, דהיינו תחלת יציאת הפרי, וי״א תחלת יציאת העלין, רש״י פסחים נ״ב ב׳, וכ״מ בפיה״מ לרבנו, **אבל** רש״י בברכות ל״ו: כתב, משיוציא תחלת הפרי, וכ״כ הר״ש, **ועיין** בחזו״א שמצדד דרש״י בפסחים לא כתב זה רק על ב״ש - דרך אמונה›

§ מסכת פסחים דף נג. §

אות א'

בדניסחני קצ

רמב"ם פ"ה מהל' שמיטה ויובל הי"ח - ואין קוצצין את הכפניות בשביעית מפני שהוא הפסד פרי; ואם אין דרכן להעשות תמרים אלא [א]שיציץ, מותר לקוץ אותן כפניות.

אות ב'

אוכלין בענבים עד הפסח, בזיתים עד העצרת, בגרוגרות עד החנוכה, בתמרים עד הפורים

רמב"ם פ"ז מהל' שמיטה ויובל הי"א - [ב]ושלש ארצות אלו כולן חשובות כארץ אחת לחרובין ולזיתים ולתמרים; ואוכלין בתמרים [ג]עד שיכלה האחרון שבצוער, ואימתי הוא כלה, עד הפורים; ואוכלין בזיתים עד העצרת, ובענבים עד הפסח של [ד]מוצאי שביעית, ובגרוגרות עד החנוכה.

אות ג'

אין מביאין בכורים אלא משבעת המינין

רמב"ם פ"ב מהל' ביכורים ה"ב - אין מביאין בכורים אלא משבעת המינין האמורים בשבח הארץ, והם החטים והשעורים והענבים והתאנים והרמונים והזיתים והתמרים; ואם הביא חוץ משבעת המינין, לא נתקדשו.

אות ד'

ולא מדקלים שבהרים, ולא מפירות שבעמקים

רמב"ם פ"ב מהל' ביכורים ה"ג - אין מביאין לא מתמרים שבהרים, ולא מפירות שבעמקים, ולא מזיתי שמן שאינן מן המובחר; אלא מתמרים שבעמקים ומפירות שבהרים, לפי שהן מן המובחר; [ואם הביא שלא מן המבחר], כגון תמרים שבהרים ותאנים סורות ומרוקבות, וענבים מאובקות ומעושנות, לא נתקדשו.

אות ה'

מקום שנהגו למכור בהמה דקה לנכרים מוכרין, מקום שלא נהגו למכור אין מוכרין

יו"ד סימן קנא ס"ד - מקום שנהגו שלא למכור בהמה דקה לעובדי כוכבים, אין מוכרין - כגון במקום שחשודים על הרביעה, כן הוא בש"ס ע"ז סוף דף י"ד ורש"י ותוס' וכל הפוסקים, **דלא** כהעט"ז שנעלם ממנו זה, וכתב הטעם, שאותן המקומות אסרו בהמה דקה משום שביתה אטו בהמה גסה, **וזהו** גזירה לגזירה, שהרי בהמה גסה גופה גזירה רחוקה היא כדלקמן, גם כל הסוגיא לא אזלה לדידיה ע"ש, **שוב** מצאתי ברש"י וברטנורה פרק מקום שנהגו שכתבו כהעט"ז, ותמהני, וצ"ע בתוס' שם דף י"ד ד"ה אמר רב כו' - ש"ך.

ובכל מקום אין מוכרים להם, ולא לישראל החשוד למכור להם, בהמה גסה - גזרה מכירה אטו שאלה או שכירות, ובשאלה או שכירות אסור לפי שהעובד כוכבים עושה מלאכה בשבת בבהמתו של ישראל שהוא מצווה על שביתת בהמתו, כדכתיב לא תעשה כל מלאכה וגו' וכל בהמתך, **אי** נמי גזרה שלפעמים ימכרנה בע"ש סמוך לחשכה, ואמר ליה נסייה ניהלה, ושמעה לקליה ואזלה מחמתיה, והוה ליה מחמר אחר בהמתו בשבת, **אם לא ע"י סרסור** - ישראל, דלא שייך ביה הני טעמי - ש"ך.

או שיודע שקונה אותה לשחיטה – [וכתב הטור בשם הרמב"ן, כשמוכרה לטבח, ודאי לשחיטה ומותר, ולבעל אדמה, ודאי למלאכה ואסור, **ולכאורה** קשיין הדיוקים אהדדי, דמי שאינו לא טבח ולא בעל אדמה, דייקינן מרישא לחומרא ומסיפא לקולא, **ונראה פירושו**, דעיקר כוונתו, דאזלינן בתר דידיה בין לקולא בין לחומרא, דהיינו אם הוא טבח ורובא דעלמא זבני למלאכה, אזלינן בתריה לקולא, וכן להיפך אזלינן לחומרא, **אבל** במי שאינו לא טבח ולא בעל אדמה, אזלינן בתר רובא למאי זבני – ט"ז] .

ועכשיו נהגו היתר בכל - לפי שבימיהם היו דרים הרבה יהודים ביחד, והיו יכולין למכור זה לזה, אבל האידנא שמעט יהודים דרים במקום אחד, ואי לא מזבני איכא פסידא, טור והפוסקים, **ויש** פוסקים כתבו הטעם, לפי שעתה אין אנו בקיאין בקלא דניחוש דשמעה לקליה כו', **ומשום** שאלה ושכירות ליכא למיחש, דאין רגילין עכשיו לקנות בהמה כדי להשכירה כי אם לצורך עצמו קונהו, ע"כ, **וכתב** הר"ן, דלפי זה אפילו לקנות כדי להרויח למכרה מותר, ע"כ, **וכן** נראה דעת

באר הגולה

[א] ‹כלומר שנשארין כך קטנים, ונותנין אותן בכלי כפות תמרים ומתבשלין מאליהן, ונשארין כך קטנים, א"כ כבר נגמר פריין ומותרין לקוצצן, ששוב לא יוסיפו, רש"י שם נ"ג א' - דרך אמונה› [ב] ‹שם במשנה, וכל הארצות כאחת לזיתים ולתמרים, ובירושלמי תני אף לחרובין - רדב"ז, ‹**דבהני** פירות גדילים חיה שביהודה על פירות שבגליל וכו', ולפיכך מתרחקים - תוס' יו"ט› [ג] ‹ונראה דלתירוץ קמא דאידי ואידי חד שיעורא, איירי כולהו בדלא חזינן, אבל אי חזינן דלא כלו, אוכלין בענבים אחר הפסח ובזיתים אחר עצרת, **אבל** לתירוץ בתרא, הך דיכלו דליות של אוכל הן קודם הפסח, ואי איכא מאוחרות אוכלין עד הפסח, אבל אחר הפסח אין אוכלין לעולם, דודאי כלו ונבלו, ואף אי חזינן דאיכא, מחזקינן להו שכבר אבדו טעמן, וכמו שכלו דמי, א"נ לא פלוג חכמים ולא התירו לאכול אחר הפסח בענבים, ואחר עצרת בזיתים, **ורבינו** פסק אידי ואידי חד שיעורא הוא, שכתב ואוכלין בתמרים כו' ואימתי הוא כלה עד הפורים, וקשה למה השמיט דאם יש מאוחרות מהן אוכלין עליהן, **ואפשר** דרבינו הביא הא דאוכלין עד שיכלה האחרון שבצוער, ולא הביא שיעורי אחריני, של זיתים וענבים וגרוגרות, לאשמעינן דהני שיעורי {פורים עצרת וכו'} בסתמא, ונלמד כן מהא דכתב ב' שיעורי תמרים, שבצוער ופורים, וע"כ פסח בסתמא, ועד שיכלה האחרון שבצוער, בדחזינן דלא כלו אחר הפורים, וממילא משתמע שאם יש מקום מאוחר מצוער, אוכלין עליהן - חזו"א› [ד] ‹אכולהו קאי, דכל זמנים אלו בשמינית - דרך אמונה›

משיגריעו והזיתים משיניצו ושאר כל האילנות משיוציאו *ואמר רב אסי הוא בוסר הוא גירוע הוא פול הלבן פול הלבן סלקא דעתך אלא אימא שיעורו כפול הלבן ומאן שמעת ליה דאמר בוסר אין סמדר לא רבנן וקתני שאר כל האילנות משיוציאו אלא רבי אילעאי *בדניסתני קץ תנו רבנן אוכלין בענבים עד שיכלו דליות של אוכל אם יש מאוחרות מהן אוכלין עליהן בזיתים עד שיכלה אחרון שבתקוע ר' אליעזר אומר עד שיכלה אחרון של גוש חלב כדי שיהא עני יוצא ואינו מוצא לא בנופו ולא בעיקרו רובע אוכלין בגרוגרות עד שיכלו פגי בית היני *אמר רבי יהודה לא הוזכרו פגי בית היני אלא לענין מעשר (דתנן) פגי בית היני ואהיני דטובינא חייבין במעשר: אוכלין בתמרים עד שיכלה האחרון שבצוער רשב"ג אומר אוכלין על של בין הכיפין ואין אוכלין על של בין השיצין ורמינהי ³אוכלין בענבים עד הפסח בזיתים עד העצרת בגרוגרות עד החנוכה בתמרים עד הפורים ואמר רב ביבי ר' יוחנן תרתי בתרייתא מחליף אידי ואידי חד שיעורא הוא ואי בעית אימא הא קתני בהדיא אם יש מאוחרות מהן אוכלין עליהן תניא *רבן שמעון בן גמליאל אומר °סימן להרים מילין סימן לעמקים דקלים סימן לנחלים קנים סימן לשפלה שקמה ואף על פי שאין ראיה לדבר זכר לדבר שנאמר *ויתן המלך את הכסף בירושלים כאבנים ואת הארזים נתן כשקמים אשר בשפלה לרוב סימן להרים מילין סימן לעמקים דקלים נפקא מינה לבכורים דתנן *אין מביאין בכורים אלא משבעת המינין ולא מדקלים שבהרים ולא מפירות שבעמקים סימן לנחלים קנים *נפקא מינה לנחל איתן סימן לשפלה שקמה נפקא מינה למקח וממכר השתא דאתית להכי כולהו נמי למקח וממכר:

מתני' *מקום שנהגו למכור בהמה דקה לנכרים מוכרין *מקום שלא נהגו למכור אין מוכרין ובכל מקום אין מוכרין להם בהמה גסה עגלים וסייחין שלמין ושבורין ר' יהודה מתיר בשבורה *בן בתירא מתיר בסוס *מקום שנהגו לאכול צלי בלילי פסחים אוכלין מקום שנהגו שלא לאכול אין אוכלין:

גמ' אמר רב יהודה אמר רב *אסור לו לאדם שיאמר בשר זה לפסח הוא מפני שנראה כמקדיש בהמתו ואוכל קדשים בחוץ אמר רב פפא דוקא בשר אבל חיטי לא דמינטר לפסחא קאמר ובשר לא מיתיבי *אמר ר' יוסי תודוס איש רומי הנהיג את בני רומי לאכול גדיים מקולסין בלילי פסחים שלחו לו אלמלא תודוס אתה גזרנו עליך נדוי שאתה מאכיל את ישראל קדשים בחוץ קדשים סלקא דעתך אלא אימא קרוב

רש"י

משיגריעו. משגדלו הענבים קצת ונקראו גירוע ולקמן מפרש שיעורו כפול הלבן: **משיניצו.** משיגדיל הנץ עליהן והוא כעין מתחלי ודומה לו בברכות (דף לו:) הפטמה של רימון מצטרף והנץ שלו אינו מצטרף: **פול בוסר.** דאמר כל היכא דתנן בוסר או גירוע כולהו חדא ניהו בוסר תנן בעוקצין משמעה כניסת המים לבוסר: **פול הלבן פ"ד.** הא בנפנים קיימא: **ומאן.** קא השמעת ליה דאמר בוסר הוא דהוי פירי דקתני משיגריעו דהיינו בוסר אבל סמדר לא רבנן וקתני דמנהו בשאר אילנות הא אסי הוא בוסר הוא גירוע נקטו הכא מקום דלא קימא גירוע היינו סמדר ורבי יוסי היא: **בדניסתני קץ.** תמרים של דקל זכר ואינן מתבשלין בו עולמית וגודלין אותן בכיסין ואין מתבשלות מאליהן בכלי כפות תמרים ולעולם הן קטנות הלכך ר' אילעאי לא אפסיד מידי: **אוכל.** מקום כרמים והיא דגרסי של *אבל והוא אבל כרמים: **דליות.** פרוליו"ש בלע"ז: **תקוע.** מקום זיתים כדתנן במנחות (דף פה:) תקועה אלפא לשמן ומתוך שהשמן מצוי שם ורגילין בו מצויין חכמים בהן כדכתיב (שמואל ב יד) וישלח יואב תקועה וגו': **גוש חלב.** נמי היכא זיתים טובה והוא בחלקו של אשר דכתיב ביה וטובל בשמן רגלו במנחות (שם): **כדי שיהא עני יוצא כו'.** מותר לאכול מן הכנוסין עד שיכלו בשדה כל כך שיהא עני יוצא לבקש ואינו מוצא כו': **גרוגרות.** תאנים יבשים: **פגי בית היני.** תאנים של אותו מקום: **לא הוזכרו.** בבית המדרש להחשב פירי אלא למעשר: **פגי.** תמרים: **דטובינא.** מקום ואותן פגים ואותן תמרים לעולם קטנים: **ואמר רב ביבי.** גרסינן ולא מימרא הוא: **ר' יוחנן תרתי בתרייתא מחליף.** בגרוגרות עד הפורים בתמרים עד חנוכה: **סימן להרים מילין.** עפצין גלי"ש אבל שאר אילנות סבריים אין יפין ונפקא מינה דלא מייתינן בכורים מינייהו כדלקמן: **דקלים.** תמרים: **שקמה.** אינה עושה פירי: **שפלה.** ארץ מישור ולקמיה מפרש מאי נפקא מינה: **כשקמים אשר בשפלה.** שמע מינה דרך שפלה לשקמים ומיהו לאו ראיה גמורה היא לידע דהא אין בה שקמים לא תהא קרויה שפלה: בבכורים כתיב אשר תביא מארצך ודרשינן במנחות (דף פד:) נאמר כאן ארצך ונאמר להלן ארץ חטה ושעורה וגו' מה להלן שבח ארץ דהא בשבחה הכתוב מדבר אף כאן שבח ארץ וילפינן מינה דאין מביאין אלא משבעת המינין האמורין שם ואין מביאין אלא ממקום משובח ותמרים משבעת המינין הם דכתיב ודבש דהיינו דבש תמרים: **ולא מדקלין שבהרים.** דאינן משובחין אלא דקלים של עמקים: **ולא מפירות.** תבואת דגן שבעמקים שהמים לנים שם ותבואתן*) כמושה ומרקבת: **לנחל איתן.** לעגלה ערופה צריך שיהא קנים גדלים בו ואי לא לא מיקרי נחל: **למקח וממכר.** שפלה אני מוכר לך צריך שיהו בה שקמים: **מתני' מקום שנהגו שלא למכור.** דהחמירו על עצמן דילמא אתי למכור גסה: **ובכל מקום אין מוכרין להן בהמה גסה.** דגזור ביה רבנן משום שאלה ומשום שכירות ומשום נסיוני במסכת ע"ז (דף טו:) וישראל מצווה על שביתת בהמתו בשבת: **עגלים וסייחים.** קטנים ואף על גב דלאו בני מלאכה נינהו מיחלפי במכירת גדולים ושבורים מיחלפי במכירת שלימים: **בשבורה.** דלא משהי לה ושחטו לה הלכך לא חזי ליה ישראל גבי נכרי ולא אתי למישריה מכירה אחריתי: **בן בתירא מתיר בסוס.** לפי שמלאכתו לרכיבה ונסיוני דידיה ליכא למיגזר בהן דאין רוכבין על גבי בהמה גבי שבות תנן לה במסכת ביצה (דף לו:): **שלא לאכול.** דמיחזי כאוכל פסח בחוץ: **גמ' בשר זה.** ואפילו שחוטה כבר: **אבל חיטי.** לא דמו מידי לקדשים וכי קאמר חיטין אלו לפסח דמנטר לפסח קאמר אגניזו לפסח לאוכלם ולא אמרינן מיחזי כמאן דאמר למוכרן ולקנות פסח בדמיהן: **ה"ג אמר רבי יוסי תודוס איש רומי.** ישראל חשוב שהיה ברומי: **מקולסין.** צלויין ראשו על כרעיו ועל קרבו כצליית הפסח דתניא בכילד צולין (לקמן עד.) רבי *עקיבא קורא מקולס לפי שתולה כרעיו חוצה לו כלדו כעושה כלי זיין בצדו כובע נחושת בגלית (שמואל א יז) תרגומו קולסא דנחשא: **אלמלא תודוס אתה.** אדם חשוב:

*) נס"א איתא כמושה

תוספות

מפני שנראה כמקדיש קדשים בחוץ. בכולי שמעתא פירש"י שעכשיו קרא שם ופירש נמי שלא יהא נראה כדרך המתנדבים היינו דמחייס לא קרא לו שם פסח ולא נמי קרא לו שם בשעת צלייה הוי שלא כדרך המקדישין וקשה דקאמר נראה כמאכיל קדשים בחוץ והלא גם בפסים אין לעשות כן דאינו קדוש אלא לדמיו והוה ליה למימר שהוא קרוב למעילה קדשים ועוד בגדי מקולס לר' שמעון נהי דליכא למיחש שמא הקדישו עכשיו שאין זה כדרך המתנדבים מכל מקום ליאסר למיעבד הכי שלא יאמר מחייס לקדשיה דסופו מוכיח על תחלתו שעשאו מקולס וע"כ טעמא משום הכי הוא דהא מוקמינן לה שלא אמר ולא שנה לא אמר לכך נראה דעל ידי שאומר עכשיו בשר זה לפסח סברי אינשי דמחייס אקדשה ורבי שמעון אפילו אקדשה מחייס [לשחוט] בחוץ לא הוי הקדש משום שלא הקדש כדרך המתנדבים כדמוכח בתוספתא [*] בפרק בתרא דמנחות דקאמר הרי עלי עולה על מנת שאקריבנה בבית חוניו רבי שמעון אומר אין זה עולה וה"נ הוי כמקדיש על מנת להקריב בחוץ דהוא דאינו קדוש והא דלא מייתי לה הכא אלא מייתי ההיא דמנחה משום דמפרש בה בהדיא שלא הקדש כדרך המתנדבים:

עין משפט נר מצוה

כו א מיי' פ"ה מהלכות שמטה הלכה יח:
כז ב מיי' פ"ז מהלכות שמטה הלכה יא:
כח ג מיי' פ"ב מהל' ביכורים הלכה ג:
כט ד שם הלכה ג:
ל ה מיי' פ"כ מהלכות שבת הלכה ה סמג לאוין סה טוש"ע י"ד סי' קנא סעיף ד:
לא ו מיי' שם הל' ג:
לב ז שם הלכה ד:
לג ח מיי' פ"ח מהלכות מצה הלכה יא סמג עשין מא טוש"ע א"ח סי' תעו סעיף א:
לד ט י טוש"ע א"ח סי' תסט:

נ"א מקום שנהגו שלא למכור

רבינו חננאל

פרי ואמרי' איני ומי פליגי רבנן עליה בכל האילנות והתנן בשביעית סוף פ"ג מאימתי אין קוצצין את האילנות בשביעית ב"ש אומרים כל האילנות משיוציאו וב"ה אומרים החרובין משישרשו והגפנים משיגריעו והזיתים משיניצו ושאר כל האילנות משיוציאו ואמר רבי אסי הא דתנן הגפנים משיגריעו פי' בעת שיהא בוסר כשיעור פול הלבן יש לו גרעינין ומאותה העת נקרא פרי ואסור לקצצו ולהפסידו דלאכלה אמר רחמנא ולא להפסדה ש"מ דלהאי תנא בוסר נקרא פרי אבל סמדר אינו פרי מאן שמעת ליה האי סברא רבנן [וקתני] ושאר כל האילנות משיוציאו והנה לא נחלקו רבנן על ר' יוסי אלא על הגפנים בלבד ופרקי' לעולם כל אילן משיוציאו אסור לקצצו ורבי אילא כפנייתא קצץ דלדברי הכל אין כאן פרי: ירושלמי בשביעית סוף פ"ד תאני רב הונא חרובין שלשלו היא הנגן נפנים משיגרעו אמר רבי יונה משיוחילו מים דכתיב (איוב לו) כי יגרע נטפי מים. [עוד שם] תאני רשב"ג מוצאה עלין עד הפגים חמשים יום ומן הפגים עד השיתים [עד התאנים] חמשים יום רבי אומר כולהו מארבעים יום לוקט תאנה ואינו יודע מאימתי חנטה אמר מונה מאה יום למפרע אם הל לתקן חמשה עשר בשבט הוא יודע מתי חנטה אמרו לו הולא עמו בשבריא בנות שוח ועושות לשנה אחת אמר לו והלא עצכם בציפורי ועושות הן לשלש שנים*): תנו רבנן אוכלין בענבים עד שיכלו פגיות של אבל: אמר רב יהודה לא הוזכרו פגי בית היני אלא לענין מעשר פגי ביתהני ואהינא דטובניא פי' ניסואן חייבין במעשר אוכלין בתמרים עד שיכלה שבצוער וכו' ורמינהי אוכלין בגרוגרות עד החנוכה בתמרים עד הפורים ואמר רב ביבי רבי יונה מחליף ושני' אידי ואידי חד שיעורא התמרים כלים בצוער בפורים. איבעית אימא הא תנינן בהדיא ואם יש מאוחרות מהן אוכלין עליהן כיפין וציצין כבר פירשנום למעלה: תניא רבן שמעון בן גמליאל אומר סימן להרים מילין שהן עפצ סימן לעמקים דקלים כלומר אין אילן גדילים אלא בעמקים נפקא מינה דאין דקלים טובים אלא בעמקים ומהם ראוי להביא בכורים דתנן אין מביאין בכורים אלא משבעת המינין ולא מן הדקלים שבהרים תמרים שבעמקים פי' שאין המינין הנותרים לא תביא מן העמקים שאינן גדילים כהוגן: מתני' מקום שנהגו למכור בהמה דקה לנכרים כו' מקום שנהגו לאכול צלי בלילי הפסח אוכלין וכו' אמר רב יהודה אמר רב אסור לאדם שיאמר בשר זה לפסח מפני שנראה כמקדיש בהמתו תראה אוכל קדשים בחוץ ומותבינן עליה מדרבי יוסי דאמר תודוס איש רומי הנהיג את בני רומי לאכול גדיים מקולסין בלילי פסחים וכו' ופרקי'

*) לפנינו בירושלמי הגי' לשתי שנים.

מסורת הש"ס

ברכות לו: | [תוספתא דשביעית פ"ז] | [תוספתא דשביעית פ"ז] | מנחות פה. בכורים פ"א מ"ג | ברכות יט. ביצה כג. [תוספתא דביצה פ"ב]

המחבר וכן נהגו, וכ"כ העט"ז, **וכתב** עוד הר"ן, ואעפ"כ בעל נפש ימעט, **אבל** בשאלה שהדבר פשוט לאסור, ראוי למחות למי שעושה כך, ע"כ, ועיין באו"ח סי' רמ"ו, **וכל** זה בבהמה טמאה, אבל בטהורה, כתב סה"ת ופוסקים דא"צ לכ"ז, די"ל דלשחיטה לוקחה, וכמ"ש רש"י ‹בע"ז› - ש"ד.

אות ו'

ובכל מקום אין מוכרין להם בהמה גסה עגלים וסייחין שלמין ושבורין

רמב"ם פ"כ מהל' שבת ה"ג - אסור לישראל להשאיל או להשכיר בהמה גסה לגוי, שלא יעשה בה מלאכה בשבת והרי הוא מצווה על שביתת בהמתו; ואסרו חכמים למכור בהמה גסה לגוי, [ה]גזירה שמא ישאיל או ישכיר; ואם מכר קונסין אותו עד עשרה בדמיה ומחזירה; ואפילו שבורה אין מוכרין; ומותר לו למכור ע"י סרסור, שהסרסור אינו משכיר ואינו משאיל.

אות ז'

בן בתירא מתיר בסוס

רמב"ם פ"כ מהל' שבת ה"ד - ומותר למכור להם סוס, שאין הסוס עומד אלא לרכיבת אדם לא למשאוי, והחי נושא את עצמו.

אות ח'

מקום שנהגו לאכול צלי בלילי פסחים אוכלין, מקום שנהגו שלא לאכול אין אוכלין

סימן תעו ס"א - [ו]מקום שנהגו לאכול צלי בלילי פסחים, אוכלים; מקום שנהגו שלא לאכול, אין אוכלין, גזירה שמא יאמרו: בשר פסח הוא - ובאלו ארצות אין נוהגין לאכול צלי בשני הלילות, **ואפילו** צלי קדר, פי' שנצלה בקדירה בלא מים ושום משקה, אלא מתבשל במוהל היוצא ממנו, אע"פ שאינו דומה לצליית הפסח, שהפסח שנצלה בקדירה פסול, אפ"ה יש לאוסרו מפני מראית העין, שלא יטעו להתיר גם צלי אש, **ואפילו** אם בישלו מתחלה במים ואח"כ עשאו צלי קדר, יש לאסור מטעם זה, **ומיהו** לצורך חולה קצת יש להקל בזה. **ואם** היה צלוי ואח"כ בשלו, מותר לכל.

[ז]ובכל מקום אסור לאכול שה - בין שה כשבים או שה עזים, **צלוי כולו כאחד** - דהיינו ראשו על כרעיו ועל קרבו כמו בפסח, **בלילה זה, מפני שנראה כאוכל קדשים בחוץ.**

[ח]סימן תעו ס"ב - [ט]אפילו בשר עגל ועוף, כל דבר שטעון שחיטה, אסור לאכול צלי במקום שנהגו שלא לאכול צלי - ר"ל אף שאין הפסח בא מהם, מ"מ אסור לאכלו צלי, לפי שהעולם יטעו בין צלי לצלי, ויבואו להתיר גם בשר צלוי מכבשים ועזים.

לאפוקי דגים וביצים, מותר לאכלם צלוים בכל מקום, דלפי שאין טעון שחיטה אין דומין כלל לבשר, ולא יטעו בהם, **ואפילו** הביצה שמניחים על הקערה, מותר ע"י צלי ולאכלה.

אבל במקום שנהגו לאכול צלי, מותר לאכול אפילו עגל שצלוי כולו כאחד, דאין הפסח בא ממנו.

אות ט' – י'

אסור לו לאדם שיאמר בשר זה לפסח הוא, מפני שנראה כמקדיש בהמתו ואוכל קדשים בחוץ

דוקא בשר, אבל חיטי לא, דמינטר לפסחא קאמר

סימן תסט ס"א - [י]אסור לומר על שום בהמה, בין חיה בין [יא]שחוטה: בשר זה לפסח - היינו לכתחלה, אבל בדיעבד אין לאסור הבשר באכילה, **לפי שנראה שהקדישו [יב]מחיים לקרבן פסח, ונמצא אוכל קדשים בחוץ** - "על שום בהמה", היינו אפילו הוא קטן, וגם אינו גדי וטלה, דלא חזי לפסח, ג"כ אסור, דיחשדוהו שהקדישו מחיים לקנות מדמיו קרבן פסח, וכשאוכלו נראה כאוכל קדשים בחוץ, [**ולא** יוכלו לתלות שפדה אותו כשאר קדושת דמים, דכיון שראוי להיות קדוש קדושת הגוף, נתקדש ואין לו פדיון]. **וע"כ** לא יאמר לחבירו: צלה לי זרוע לפסח.

באר הגולה

[ה] ‹כתב הר"ן בפרק קמא דע"ז, ומקשו הכא למה לן {גמ' ע"ז ט"ו.} טעמא דמחמר, בלאו מחמר נמי כגון דלא שמעה לקליה, איכא משום שביתת בהמתו. **וראיתי** מי שתירץ, דכיון דאיסור נסיוני היכא דמתרמי דמזבן לה סמוך לשקיעת החמה חשש רחוק הוא ודבר שאינו מצוי, דוקא אי איכא לאו דמחמר שהוא לאו דגופיה חיישו, אבל שביתת בהמתו בלחוד, כיון שהדבר רחוק כ"כ לא חששו. **ואפשר** שלזה כיון הרמב"ם שכתב גבי איסור מכירה, גזירת שאלה ושכירות, ולא הזכיר נסיוני כלל, מפני שהוא סובר שמה שאנו חוששין למחמר ולא לשביתת בהמתו בנסיוני גופיה, אתי אליבא דמ"ד דמחמר חייב חטאת, אבל לדידן דקי"ל דמחמר פטור, כדאיתא בפ' מי שהחשיך, כי היכי דלא חיישינן לשביתת בהמתו בנסיוני, ה"נ לא חיישינן בלאו דמחמר, דכיון דהאי לאו והאי לאו, כי היכי דלהאי לא חיישינן מפני שהדבר רחוק, ה"נ ללאו דמחמר לא חיישינן, דלא שני לן בין לאו דגופיה ללאו דבהמתו כל היכא דהוי לאו גרידא, עכ"ל, וגם הריב"ש בתשובה כתב שזה דעת רבינו – כסף משנה› [ו] **משנה פסחים נ"ג** [ז] **ברייתא שם** [ח] ‹מילואים› [ט] **טור בשם הירושלמי** [י] **מימרא דרב פסחים נ"ג** [יא] **בפי' רש"י והרא"ש שם** [יב] ‹וכתבו התוס' [ד"ה מפני] טעם, לפי שנראה שהקדישו מחיים לקרבן פסח, ולטעמם כתב הרא"ש, אין למיסר אלא בגדי וטלה לבד, אבל לפי פי' רש"י [ד"ה בשר] שפירש הטעם לפי שיהיו סוברין שהקדישו לדמי פסח, כתב הרא"ש לטעמו יש למיסר אפילו בשר בהמה נמי – נחלת צבי. **ולפי"ז** דברי השו"ע סותרים זה את זה, **ונ"ל** שהוקשה להרב"י, למה כתב הטור דלרש"י אסור בכל בהמה, הל"ל דבכל מילי אסור, דהכל ראוי לדמי פסח, אלא צ"ל דאף שיסברו שהקדישו לדמי פסח, אין איסור באכילתו, שיאמרו שפדה אותו, דקדושת דמים יש לו פדיון, אבל כשמקדיש בהמה אמרינן בשבועות דף י"א הקדיש זכר לדמיו קדוש קדושת הגוף ואין לו פדיון, וא"כ יאמרו שאוכל קדשים בחוץ, {**ומהאי** טעמא הוצרך הרב ב"י לומר, אפילו לפי' רש"י שנראה שהקדישו מחיים, דאז אין לו פדיון שהיתה ראוי להקרבה, משא"כ אם היה מקדיש הבשר עתה, יש לו פדיון, והוי כמו שאר דברים דמותר מהאי טעמא}, **וגבי** חטים נמי הרואה סבור שקדושים קדושת הגוף למנחות, אע"פ שהאמת אינו כן כדאיתא שם בגמ', מ"מ איכא למיחש מפני הרואים, לכן הוצרך לומר דבחטים יודעים דמנטרא לפסחא קאמר – מ"א›

והנה מלשון המחבר משמע, [יג]דדוקא בהמה שהוא מין הקרב ע"ג המזבח, **ויש** פוסקים שמחמירין גם על עופות ודגים, דאפשר שהקדישן לדמי, מדאמר "לפסח", [א"ז, **משא"כ** גבי חיטים דצריכין שמירה מחימוץ, אמרינן דמנטרא לפסחא קאמר, ולהכי מקילינן בהו], **והנה** אף שהרבה מקילין בזה וס"ל כדעת המחבר, מ"מ לכתחלה טוב ליזהר שלא לומר "לפסח".

וכתבו האחרונים, דמה שנוהגין לומר בל"א: בשר זה על פסח, [וה"ה אם אמר כן בלשון הקודש], אפילו אמר כן בגדי וטלה, ליכא קפידא, דאם איתא שהקדישו, הו"ל לומר: בשר זה לפסח. **וה"ה** שאסור לאדם לומר: הילך מעות הללו וקנה לי בהם בשר לפסח, **ואם** אמר: קנה לי בהם בשר על פסח, מותר וכנ"ל.

[יד]**אלא יאמר: בשר זה ליום טוב** - דהיינו כשקונה או כשמולח.

[טו]**אבל מותר לומר: חטים אלו לפסח** - דכיון דלא דמי כלל לקדשים, לא אמרינן שמקדישן למוכרן ולקנות בדמיהן פסח, אלא כונתו לומר: אצניעם ואשמרם מידי חימוץ לאוכלן בפסח.

באר הגולה

יג ‹רש"י פי' דלא דמי מידי לקדשים, דכי קאמר חטים אלו לפסח, דמינטר לפסח קאמר, כלומר אצנועי לפסח לאוכלן, ולא אמרינן מיחזי כמאן דאמר למוכרן לקנות פסח בדמיהן, עכ"ל, משמע דלא חיישינן לדמי פסח אלא ביש לו דמיון קצת לפסח - ט"ז› **יד** **טור בשם מנהג אשכנז** **טו** **שם בגמ' וכרב**

עין משפט נר מצוה

מסורת הש"ס

קרוב להאכיל את ישראל קדשים בחוץ מקולס אין שאין מקולס לא אמרי מקולס *לא שנא אמר לא שנא לא אמר שאינו מקולס פירש אין לא פירש לא רב אחא מתני לה להא מתני' *כר' שמעון מתקיף לה רב ששת בשלמא למאן דתני לה כרבי יוסי ניחא אלא למאן דמתני כר' שמעון מי ניחא *והתנן רבי שמעון פוטר שלא התנדב כדרך המתנדבים אמר ליה רבינא לרב אשי ומאן דמתני לה כר' יוסי מי ניחא והאמר רבא *רבי שמעון בשיטת רבי יוסי אמרה דאמר *אף בגמר דבריו אדם נתפס מאי לאו מדרבי שמעון סבר לה כר' יוסי רבי יוסי נמי סבר לה כרבי שמעון לא רבי שמעון סבר לה כר' יוסי ולא רבי יוסי סבר לה כר' שמעון איבעיא להו תודוס איש רומי גברא רבה הוה או בעל אגרופין הוה ת"ש עוד זו דרש תודוס איש רומי מה ראו חנניה מישאל ועזריה שמסרו [עצמן] על קדושת השם לכבשן האש נשאו קל וחומר בעצמן מצפרדעים ומה צפרדעים שאין מצווין על קדושת השם כתיב בהו °ובאו [ועלו] בביתך [וגו'] ובתנוריך ובמשארותיך אימתי משארות מצויות אצל תנור הוי אומר בשעה שהתנור חם אנו שמצווין על קדושת השם על אחת כמה וכמה רבי יוסי בר אבין אמר מטיל מלאי לכיס של תלמידי חכמים היה דאמר ר' יוחנן כל *המטיל מלאי לכיס תלמידי חכמים זוכה ויושב בישיבה של מעלה שנא' °כי בצל החכמה בצל הכסף:

מתני' °מקום שנהגו להדליק את הנר בלילי יום הכפורים מדליקין מקום שנהגו שלא להדליק אין מדליקין °ומדליקין בבתי כנסיות ובבתי מדרשות ובמבואות האפלים ועל גבי החולים: גמ' תנא *בין שאמרו להדליק ובין שאמרו שלא להדליק שניהן לדבר אחד נתכוונו אמר רב יהושע דרש רבא °ועמך כלם צדיקים לעולם יירשו ארץ וגו' בין שאמרו להדליק ובין שאמרו שלא להדליק שניהם לא נתכוונו אלא לדבר אחד אמר רב יהודה אמר שמואל אין מברכין על האור אלא במוצאי שבת הואיל ותחלת ברייתו הוא אמר ליה ההוא סבא ואיתימא רבה בר בר חנה *ישר וכן אמר רבי יוחנן עולא הוה רכיב חמרא ואזיל והוה שקיל ואזיל רבי אבא מימיניה ורבה בר בר חנה משמאליה אמר ליה רבי אבא לעולא ודאי דאמריתו משמיה דרבי יוחנן אין מברכין על האור אלא במוצאי שבת הואיל ותחלת ברייתו הוא הדר עולא חזא ביה ברבה בר בר חנה בישות א"ל אנא לאו אהא אמרי אלא אהא אמרי דתני תנא קמיה דרבי יוחנן ר"ש בן אלעזר אומר °יום הכפורים שחל להיות בשבת אף במקום שאמרו שלא להדליק מדליקין מפני כבוד השבת וענו רבי יוחנן בתריה וחכמים אוסרים א"ל עדא תהא קרי עליה רב יוסף °מים עמוקים עצה בלב איש ואיש

רבי שמעון בשיטת רבי יוסי אמרה דאמר אף בגמר דבריו וכו'. אע"ג דלר' יוסי חיילי תרווייהו היינו משום דתרי מילי קאמר ולאיכא פירוש זה לזה אבל הכא מן השעורים הוא פי' מה שאמר הרי עלי מנחה וכיון דאף בגמר דבריו אדם נתפס מבטלים להא דאמר בתחלה הרי עלי מנחה ואפי' אם אמר אילו הייתי יודע שאין נודרין כך לא הייתי נודר כך אלא כך דהיינו טעמא דרבנן דאלים להו לשון ראשון ולא הוי נדר ופתחו עמו כי אמר אילו הייתי יודע כו' כדאמרינן בהמנחות והנסכים (מנחות קג.): **מה** ראו חנניה מישאל ועזריה. פ"ה מה ראו שלא דרשו וחי בהם ולא שימות בהן וקשה דהא בפרהסיא הוה ומסקינן בסנהדרין (דף עד.) דלכולי עלמא בפרהסיא חייב למסור עצמו אפילו אמצוה קלה ומפר"ת דצלם זה שעשה נבוכדנצר לאו ע"ז הוה אלא אנדרטא שעשה לכבוד עצמו ולכך קאמר מה ראו וכן משמע מדכתיב לאלהך ליתנא פלחין ולצלם דדהבא לא נסגוד משמע דאלהא דידיה וצלמא תרי מילי נינהו ואתי נמי שפיר הא דאמרינן באלו נערות (כתובות לג:) אלמלי נגדו לחנניה מישאל ועזריה פלחו לצלמא ואי ע"ז הוה ח"ו שהיו משתחוים לו ומיהו לשון פלחו לא אתי שפיר* ור"י מפרש מה ראו שלא ברחו שהרי קודם המעשה היו יכולים לברוח כמו שעשה דניאל כדאמר בחלק (סנהדרין צג.) ג' היו באותה עצה: **אין** מברכין על האור אלא במוצאי שבת. הקשה ה"ר יוסף למה אין מברכין בכל שעה שנהנה ממנו דאסור ליהנות מן העולם הזה בלא ברכה ותירץ דה"מ כשגופו נהנה אבל אור הנאה לא ואף על גב דמברכין על אור השמש בכל יום היינו משום שמתחדש בכל יום:

אלא

קרוב להאכיל. דומה לקדשים: **שאינו מקולס לא.** וקשיא לרב דאמר בשר גדיא מיחלף בפסח: ומשני מקולס אע"ג דלא אמר בשר זה לפסח ולא מזכיר עליו את השם אסור אבל שאינו מקולס אמר הרי בשר זה לפסח אסור משום דנראה כקורא שם: **רב אחא מתני לה** להא מתני' דתודוס: **כר' שמעון.** אמר רבי שמעון תודוס איש רומי כו': **רבי שמעון פוטר.** באומר הרי עלי מנחה מן השעורים דתנן במנחות מביא מן החיטין דכיון דאמר הרי עלי מנחה תפוס לשון ראשון ומנחה אינה באה מן השעורין נדבה הלכך יביא מן החיטין ורבי שמעון פוטר דאמר אף בגמר דבריו אדם נתפס ונדבק ודעתו לכל מה שמוציא בפיו ולמנחת שעורין נתכוין וסבור שאדם יכול להתנדב ולהביא כן ולפיכך אין בדבריו כלום והאי מאכיל גדי מקולס נמי מאי קרוב לקדשים בחוץ איכא הלא מתיים לא קרא עליו שם פסח ואפילו היה קורא לו שם בשעת צלייה שלא כדרך המקדישין הוא ואין השם חל עליו: **ר' שמעון.** דפטר באומר מנחה מן השעורים ולא חייביה משום תפוס לשון ראשון בשטת רבי יוסי אמרה דאמר במסכת תמורה (דף כה:) אף בגמר דבריו אדם נדבק ונתפס כלומר תופס הוא את גמר דבריו דתנן הרי זו תמורת עולה תמורת שלמים הרי זו תמורת עולה דברי ר"מ דאמר תפוס לשון ראשון רבי יוסי אומר אם לכך נתכוין תחלה הואיל ולא הוה אפשר ליה להוציא שני שמות כאחד ועל כרחו הוציא זה אחר זה דבריו קיימין ותרעה עד שתסתאב ותמכר ויביא בדמי חציה עולה ובדמי חציה שלמים: **מאי לאו מדרבי שמעון סבר לה כרבי יוסי.** בתפיסת גמר דברים: **ר' יוסי סבר לה כר' שמעון.** במתנדב שלא כדרך המתנדבים דלא אמר כלום והאיך דתודוס לא מתוקמא כר' יוסי: **ה"ג לא ר"ש סבר לה כר' יוסי ולא רבי יוסי סבר לה כרבי שמעון.** והכי פירושא לא היא כדאמרת אלא רבי שמעון סבר לה כרבי יוסי דאף בגמר דבריו נתפס דעת האדם והוה ליה מתנדב שלא כדרך מתנדבין ורבי שמעון סבר הואיל ושלא כהוגן התנדב אין בדבריו כלום אבל רבי יוסי לא סבר כרבי שמעון במתנדב שלא כדרך המתנדבין דלא אמר כלום אלא חיובי מחייב ליה להביא מנחת חיטין ולאו משום תפוס לשון ראשון אלא משום דאין אדם מוציא דבריו לבטלה וגבי גדי מקולס נמי אע"ג דשלא כדרך המקדישין הוא הוה ליה קרוב להאכיל קדשים בחוץ דאי הוה אמר עליה הרי זה לפסח אמרי לדמי פסח קאמר: **גברא רבה הוה.** ומפני כבודו לא גזרו עליו נדוי: **או בעל אגרופין.** ומפני יראתו: **ועוד זו דרש.** אלמא גברא רבה הוה: **מה ראו** שלא דרשו (א) וחי בהן ולא שימות בהן: **מטיל מלאי.** טוען סחורה לתלמידי חכמים להשתכר בה: **בצל החכמה.** במחילת החכמה יכנס זה שהגהו מנכסיו: **מתני' מקום שנהגו להדליק את הנר.** בגמרא מפרש טעמא: **גמ' בין שאמרו להדליק.** אותן שנהגו להדליק והנוהגין שלא להדליק לא נתכוונו אלא לדבר אחד להפריש עצמו ממשכבי אשה האומרים להדליק משום דאין אדם משמש מטתו לאור הנר והאומרים שלא להדליק סוברים כשהנר דולק רואה את אשתו ומתאוה לה: **יישר.** שפיר קאמרת וכן א"ר יוחנן ולא גרסינן יישר: **ודאי דאמריתו כו'.** אמת הדבר ששמעתי עליכם שאתם אומרים משמיה דר' יוחנן הכי: **הדר עולא חזא ביה ברבה בר בר חנה בישות.** נסתכל בו בפנים זועפות כלומר אתה אמרת בשם רבי יוחנן והוא לא אמר כן אלא אף במוצאי יוה"כ מברכין עליו הואיל ודבר חדש הוא שנאסר בו כל היום ועכשיו נהנה ממנו: **אנא אהא אמרי לה.** משמיה דרבי יוחנן דענה אחר התנא וחכמים אוסרין להדליק את הנר אף ביום הכפורים שחל להיות בשבת עד מוצאי שבת ולא הזכרתי שמו של ר' יוחנן על אור במוצאי שבת אלא בזו והם סבורים שעל דבר ברכת האור הזכרתי שמו: **עדא תהא.** זאת תהיה בזו אני מודה שאמרה רבי יוחנן: *) **זה עולא.** *שהבין מדבריו של רבה בר בר חנה טעות וחזא ביה בישות וסתם דבריו שלא אמר לו כלום והיינו עצה בלב איש דנקיט ליה בלביה ולא אמר לו למה אמרת כך:

ואיש

*) שייך לדף נד ע"א

הגהות הב"ח

רבינו חננאל

§ מסכת פסחים דף נג: §

אות א'

מקולס לא שנא אמר לא שנא לא אמר

סימן תסט ס"א - הגה: [א]**וגדי מקולס (פי'** - לצלותו **שלם על ראשו ועל כרעיו ועל קרבו), אעפ"י שלא פירש ואמר: בשר זה לפסח, אסור לעשותו (טור)** - בע"פ אחר חצות או בליל פסח, **כדלקמן ריש סימן תע"ו** - והנה לקמן בסימן תע"ו מבואר האיסור על אכילתו, ואפילו צלאו כמה ימים מקודם, **וכאן** ביאר שגם עשייתו בזמן פסח אסור, כיון שעשאו כעין צליית הפסח ממש, [**ולשון** הרמ"א שסיים "כדלקמן ריש סימן תע"ו", אינו מדוקדק].

אות ב'

מקום שנהגו להדליק את הנר בלילי יום הכפורים מדליקין, מקום שנהגו שלא להדליק אין מדליקין

סימן תרי ס"א - [ב]**מקום שנוהגים להדליק נר בליל יום הכיפורים, מדליקין** - אף בחדר משכבו.

מקום שנהגו שלא להדליק, אין מדליקין - היינו אף בבית אין מדליקין.

ושני המקומות נתכונו לדבר אחד, דהיינו לבטל תשמיש, דהמדליק כוונתו, שאסור לשמש נגד אור הנר, **ומאן** דלא מדליק כונתו, שלא יראה אותה ויתאוה לה, ויוכל לבוא לידי תשמיש, **ואפילו** היא נדה דאסור לו בלא"ה לבוא עליה, מ"מ מידי הרהור לא יצא, ויבטל מחשבתו הטהורה ביום זה, [**אך** אני מתפלא, דמשום חששא זו לא פלטינן בלא"ה, דהא ביום הוא רואה אותה, ולא תהיה מחשבתו טהורה].

אמרינן בירושלמי, דמקום שנהגו להדליק חשיבא טפי, ונפקא מינה לעיר חדשה שראוי לנהוג כן.

(ואם יש לו נר בבית, חייב להדליק בחדר ששוכב שם - ר"ל אף במקום שנהגו שלא להדליק, **כדי שלא יבא לידי תשמיש עם אשתו, מאחר שרואה אותה אצל הנר שבביתו) (מהרי"ל)** - המ"א מיישב המנהג שאין נוהגין כן, וכתב דמ"מ יש להחמיר, **אכן** באשתו כשהיא נדה, דבלא"ה בדיל מינה משום נדותה, יש להקל כשמדליק בשולחן ולא בחדר, [**ומ"מ** במקום שנהגו להדליק, נראה דבודאי צריך להדליק אף בחדר זה].

אות ג'

ומדליקין בבתי כנסיות ובבתי מדרשות ובמבואות האפלים ועל גבי החולים

סימן תרי ס"ג - [ג]**בכל מקום מדליקין בבתי כנסיות ובבתי מדרשות ובמבואות האפלים וע"ג החולים** - ובכל אלו אין לברך לכו"ע, דאין כאן משום שלום בית, [ב"ח ופר"ח, **ומשמע** לכאורה מדבריהם דקאי על הכל, דהיינו ע"ג חולים ג"כ, **ולדידי** צ"ע, דלכאורה גם שם שייך שלום בית, שאותן המשמשין לפניו יראו מה להביא לפניו].

אות ד'

יום הכפורים שחל להיות בשבת, אף במקום שאמרו שלא להדליק, מדליקין מפני כבוד השבת

סימן תרי ס"א - [ד]**ואם חל להיות בשבת, חייבין הכל להדליק. הגה: ומברכין: להדליק נר של שבת ושל יום הכיפורים.**

באר הגולה

[א] «גדי מקולס יש ב' איסורין, א' לעשותו שלם עם ראשו וקרבו, אסור בעשיה, ב' אסור לאכול שלם, וראיה מביצה כ"ב ב', ועושין גדי מקולס וחכמים אוסרין, משמע אף עשיה אסור, ועיין ב"י משמע {דאיסור עשייה נובע} מפסחים נ"ב, וצ"ע {מלשון "לאכול גדיים מקולסים"} – פמ"ג» [ב] משנה פסחים נ"ג [ג] משנה שם פסחים [ד] «בירושלמי פ"ד דפסחים הלכה ד', פסק הלכה כרשב"א – גר"א»

§ מסכת פסחים דף עד. §

אות א'

מברכין על האור בין במוצאי שבת בין במוצאי יום הכפורים

סימן רחצ ס"א - [א]מברך על הנר: בורא מאורי האש, אם יש לו - משום דתחלת ברייתו הוי במו"ש, כדאמרינן בפסחים: במו"ש נתן הקב"ה דעה באדם הראשון, וטחן ב' אבנים זו בזו ויצא מהן אור.

בורא מאורי האש - דכמה נהורא איכא בנורא, לבנה אדומה וירוקה, **ואם** אמר "מאור האש", דעת הב"ח דלא יצא אפילו בדיעבד, **ואם** אמר "ברא מאורי האש", לשון עבר, יצא.

[ב]וא"צ לחזור אחריו - שאין מברכין אלא לזכר שנברא האור במו"ש וכנ"ל, **וע"כ** יוכל לברך על הכוס אפילו בלא נר, ומתי שיזדמן לו אח"כ שיראה אש ויהנה לאור, יברך "בורא מאורי האש", **ואך** דוקא בליל מו"ש ולא יותר, דעבר זמנו, וכדלקמן בסי' רצ"ט ס"ו.

וה"מ במוצאי שבת, [ג]אבל במוצאי יוה"כ י"א שמחזיר אחריו - דהא דמברכין במוצאי יוה"כ אף כשאינו חל במו"ש, מפני שהוא כעין הבדלה, שכל היום היה אסור להשתמש בזה האור אף לאוכל נפש, ולא כמו בשאר יו"ט, ועכשיו מותר, **ולכך** דעת הי"א דצריך לחזור אחריו כמו להבדלה, [**ואף** דבשבת ג"כ היה אסור להשתמש באור, ואפ"ה א"צ לחזור אחריו, **התם** הלא מותר לברך גם על האור שלא היה במציאות כלל בשבת, אלא הוציאו עתה מן האבנים, ולא שייך בו הבדלה, **משא"כ** במוצאי יוה"כ שאין מברכין על אור היוצא מאבנים, כי אם על אור ששבת מבע"י, ושייך בו הבדלה, שכל היום אסור ועכשיו מותר].

הגה: מי שאין לו כוס להבדיל, כשרואה האש מברך עליו, וכן הבשמים (טור) - ואם משער שיזדמן לו כוס בלילה, ורוצה ללמוד קודם שיבוא לידו הכוס, מצדד הגרע"א בחידושיו שלא יברך עתה על הנר, וטוב יותר שיסדרם על הכוס, [**וכן** המנהג, שהרי נוהגין לומר "ויתן לך" אצל הנר קודם שמבדילין].

סימן תרכד ס"ד - [ד]מברכים על האור - לפי שפסקה הנאתו בו ביום, שכל היום לא היו יכולין להשתמש בו, ועכשיו הותר לו.

[ה]ואין מברכים במוצאי יום הכפורים על האור שהוציאו עתה מן האבנים - וה"ה כשהוציאו מן עצי גפרית, שקורין שוועבעליך, וכל כה"ג, **לאפוקי** אם הוציאו אתמול מן האבנים, בודאי מותר, כיון ששבת ביוה"כ.

ומה שנשתנה יוה"כ משבת, הוא משום דטעם שמברכין על האור במו"ש, שאינו אלא לזכר שנברא האור במוצ"ש, שאדם הראשון הקיש האבנים במוצ"ש זה בזה והוציא מהן אש, לכך מותר לברך על אש כזה ממה שהוציאוהו עתה, **אבל** במוצאי יוה"כ מה שמברכין על האור, הוא להורות שיום זה היה קדוש משאר ימים טובים ונאסר להבעיר בו אש, ועתה הותר, והוי האש דבר חידוש ומברכין עליו, **וזה** לא שייך אלא באור ששבת, ר"ל שהיה בעולם ביוה"כ בשעת שביתה ופסקה הנאתה ממנה בו ביום, ועכשיו הותר לו, **משא"כ** באור זה שלא היה מעולם ביוה"כ.

אכן אם חל יוה"כ בשבת, מותר מדינא לברך במוצאי שבת על אור זה, **אכן** מנהג העולם להחמיר, ועכ"פ בנר שהדליקו מן האור ההוא, בוודאי יש להקל, [**דבלא"ה** הלא יש שיטת הי"א בסוף הסעיף להקל, ובכה"ג בודאי אין להחמיר].

[ו]ויש אומרים שמברכים עליו מעמוד ראשון ואילך - היינו שהדליקו נר אחד מאותו שלהבת, וטעמם, שגם זה נקרא אור ששבת, ואינו אור הנברא מחדש, (**ואפי'** במקום הדחק אין לסמוך על דעה זו).

אות ב' - ג'

אור היוצא מן העצים ומן האבנים מברכין עליו כאן במוצאי שבת כאן במוצאי יום הכפורים

סימן רחצ ס"ח - [ז]אור היוצא מהעצים ומהאבנים מברכין עליו - לפי שגם תחלת בריית האור היה במו"ש ע"י אדם הראשון על דרך זה, שהקיש אבנים זה בזה, **אבל במוצאי יוה"כ אין מברכין עליו** - דזה אין שייך במוצאי יוה"כ, שלא היה אז תחלת ברייתו, **וטעם** ברכתו הוא, לפי שכל היום היה אסור לו להשתמש בהאור, ועכשיו הותר לו, **לכן** אין לברך אלא באור ששבת, דהיינו שהיה דלוק מבע"י ושבת כל יו"כ, שלא היו יכולין להשתמש בו, ועכשיו הותר, [**וה"ה** באור שהודלק ממנו, שיש בו עדיין מקצת מהאור ששבת].

באר הגולה

[א] ברכות נ"א [ב] שם נ"ג [ג] הרשב"א בשם הראב"ד והמגיד פרק כ"ט הכ"ו [ד] מימרא דרבי יוחנן פסחים נ"ד [ה] שם בגמרא [ו] כל בו [ז] פסחים נ"ד

ואיש תבונה ידלנה. הבין מה היה בלבו של עולא שהיה מסתכל בו : **ואינהו כמאן סברוה.** עולא ורבה שלא רצו להודות לדברי רבי אבא : **עמא דבר.** נוהג : **באור ששבת.** שהיה בשבת שלא דלק היום ומכל מקום ממלאכת עבירה שבת שדלק בהיתר כגון של חיה ושל חולה או נר הדולק מערב יום הכפורים שהכפורים מברכין אף במוצאי יום הכפורים דההיא ברכה משום דדבר חידוש הוא לו שלא נהנה מן האור היום : **באור היוצא מהעצים.** דנבראו עכשיו אין מברכין עליו במוצאי יוה"כ אלא במוצאי שבת שאף הוא תחילת ברייתו הוא : **רבי מפזרן.** רבי כשראה אור מברך עליו מיד וכשמביאין לו בשמים לסוף שעה מברך עליהן : **מכנסן.** על הכוס כמו שאנו עושין : **באר.** באורה של מרים סלע שיצאו ממנו המים על ידי משה ועגול כמין כברה היה ומתגלגל עמהן כל מקום שהולכין : **כתב.** קריאת שם האותיות : **מכתב.** חקיקתן וצורתן כך שמעתי ולי נראה כתב זו היא חקיקת צורתן והמכתב הוא עט וחרט שנכתב בו חקיקת הלוחות כי ההיא דקדושין (דף כב:) מניין לרבות הסול והסירא והמכתב ונראין דברי דקרייה לא קרי ליה כתב : **ומערה שעמד בו משה.** ושמתיך בנקרת הצור "עד עברי (שמות לג) וכן באליהו וילך עד הר האלהים חורב ויבא שם אל המערה וילן שם (מלכים א יט) : **לבלוע את הרשעים.** עדת קרח : **והפרד.** אין כל חדש תחת השמש ופרד ראשון נברא מן הארץ ולא בא מן הכלאים : **האיל.** של אברהם : **השמיר.** כמין תולעת היה ואין כל דבר קשה עומד בפניו שלא יתפרק ובו בנה שלמה את הבית במסכת גיטין (דף סח.) : **צבתא.** טנליי"ש של ברזל : **לצבתא.** שעושין עכשיו הגפחים : **בצבתא מתעביד.** על ידי צבת אחרת היא עשויה שאוחזה בצבת ומכה בקורנס עד שנעשית וצבתא קמייתא מאן עבדה : **הא לאי.** באמת על כרחך בריה בידי שמים היא : **יעשנה בדפוס.** על ידי יציקה כמו שיוצקין כלי כסף וכלי נחשת : **ויקבענה כיון.** כולה כאחד מהר : **ראשית דרכו.** קודם לשאר דרכים והא דאמרן לעיל הכתב בערב שבת בכתבן של לוחות וזו היתה כתובה מתחילה "באש שחורה על גבי לבנה : **בטרם הרים יולדו.** בראת מדת תשובה : **תשב אנוש עד דכא.** עד ידכא לבבו לפניך : **מקדם.** מוקדם לעולם : **מאתמול.** קודם לעולם : **תפתה.** שכל המתפתה בילרו טפל "שם : **מרום מראשון.** מרום הוא בערבות מראשון מקודם העולם וכן מקום מקדשנו נברא מראשון : **חללה.** חלל של גיהנם קודם בריית העולם ותירוצא הוא : **אין לו כבייה עולמית.** שהוא אור של גיהנם : **חזר וכללו.** לקרותו טוב לפי שהרשעים נידונין בו : **אלא.** ודאי אור דגיהנם נברא בשני בשבת והא דתניא לעיל אור בערב שבת באור דידן ודתניא ברישא במו"ש לא תיקשי כאן במחשבה כאן ביצירה בערב שבת עלה במחשבה ליבראות ולא נברא עד מוצאי שבת : **וטחנן.** עת והכה ושפשף זו בזו : **דורשי חמורות.** מקראות סתומים : **פסול היה.** שאחיו מאמו היה אביו כדמפרש שבא צבעון על אמו והוליד : **אלה בני שעיר וגו'.** ולבעון וענה אלמא אחי הוו וכתיב אלה בני צבעון ואיה וענה אלמא בנו היה : **שמואל** קרי ליה רבא שבור מלכא משום דבקי היה בדינין והלכתא כוותיה בדיני כדין היוצא מפי המלך שמתקיים ושבור ממלך פרסיים היה בימי רבא :

תורה אור

ואיש תבונה ידלנה מים עמוקים עצה בלב איש זה עולא ואיש תבונה ידלנה זה רבה בר בר חנה ואינהו כמאן סברוה כי הא דאמר ר' בנימן בר יפת אמר רבי יוחנן מברכין על האור בין במוצאי שבת בין במוצאי יום הכפורים וכן עמא דבר מיתיבי אין מברכין על האור אלא במוצאי שבת הואיל ותחלת ברייתו הוא וכיון שרואה מברך מיד רבי יהודה אומר סודרן על הכוס ואמר רבי יוחנן הלכה כרבי יהודה לא קשיא כאן באור ששבת כאן באור היוצא מן העצים ומן האבנים תני חדא אור היוצא מן העצים ומן האבנים מברכין עליו ותני חדא אין מברכין עליו לא קשיא כאן במוצאי שבת כאן במוצאי יום הכפורים רבי מפזרן רבי חייא מכנסן אמר רבי יצחק בר אבדימי אע"פ שרבי מפזרן חוזר וסודרן על הכוס כדי להוציא בניו ובני ביתו ואור במוצאי שבת איברי והא תניא עשרה דברים נבראו בערב שבת בין השמשות אלו הן באר והמן וקשת כתב ומכתב והלוחות וקברו של משה ומערה שעמד בו משה ואליהו פתיחת פי האתון ופתיחת פי הארץ לבלוע את הרשעים רבי נחמיה אומר משום אביו אף האור והפרד ר' יאשיה אומר משום אביו אף האיל והשמיר רבי יהודה אומר אף הצבת הוא היה אומר צבתא בצבתא מתעבדא וצבתא קמייתא מאן עבד הא לאי בריה בידי שמים היא אמר ליה אפשר יעשנה בדפוס ויקבענה כיון הא לאי בריה בידי אדם היא לא קשיא הא באור דידן הא באור דגיהנם אור דידן במוצאי שבת אור דגיהנם בערב שבת ואור דגיהנם בערב שבת איברי והא תניא שבעה דברים נבראו קודם שנברא העולם ואלו הן תורה ותשובה וגן עדן וגיהנם וכסא הכבוד ובית המקדש ושמו של משיח תורה דכתיב ה' קנני ראשית דרכו תשובה דכתיב בטרם הרים יולדו וכתיב תשב אנוש עד דכא ותאמר שובו בני אדם גן עדן דכתיב ויטע ה' אלהים גן בעדן מקדם גיהנם דכתיב כי ערוך מאתמול תפתה כסא הכבוד ובית המקדש דכתיב כסא כבוד מרום מראשון מקום מקדשנו שמו של משיח דכתיב יהי שמו לעולם לפני שמש ינון שמו אמרי חללה הוא דנברא קודם שנברא העולם ואור דידיה בערב שבת ואור דידיה בערב שבת איברי והתניא רבי יוסי אומר אור שברא הקב"ה בשני בשבת אין לו כבייה לעולם שנאמר ויצאו וראו בפגרי האנשים הפושעים בי כי תולעתם לא תמות ואשם לא תכבה ואמר רבי בנאה בריה דרבי עולא מפני מה לא נאמר כי טוב בשני בשבת מפני שנברא בו אור של גיהנם ואמר רבי אלעזר אע"פ שלא נאמר בו כי טוב חזר וכללו בששי שנאמר וירא אלהים את כל אשר עשה והנה טוב מאד אלא חללה קודם שנברא העולם ואור דידיה בשני בשבת ואור דידן במחשבה עלה ליבראות בערב שבת ולא נברא עד מוצאי שבת כדתניא ר' יוסי אומר שני דברים עלו במחשבה ליבראות בערב שבת ולא נבראו עד מוצאי שבת ובמוצאי שבת נתן הקב"ה דיעה באדם הראשון מעין דוגמא של מעלה והביא שני אבנים וטחנן זו בזו ויצא מהן אור והביא שתי בהמות והרכיב זו בזו ויצא מהן פרד רבן שמעון בן גמליאל אומר פרד בימי ענה היה שנאמר הוא ענה אשר מצא את הימים במדבר דורשי *) חמורות היו אומרים ענה פסול היה לפיכך הביא פסול לעולם שנאמר אלה בני שעיר החורי וכתיב אלה בני צבעון ואיה וענה אלא מלמד שבא צבעון על אמו והוליד ממנה ענה ודילמא תרי ענה הוו אמר רבא אמינא מילתא דשבור מלכא לא אמרה ומנו שמואל איכא דאמרי אמר ר"פ אמינא מילתא דשבור מלכא לא אמרה ומנו רבא אמר קרא הוא ענה דמעיקרא הוא ענה תנו רבנן עשרה דברים נבראו בערב שבת בין השמשות ואלו הן באר ומן וקשת הכתב והמכתב והלוחות קברו של משה ומערה שעמד בה משה ואליהו פתיחת פי האתון ופתיחת פי הארץ לבלוע את הרשעים ויש אומרים אף מקלו של אהרן שקדיה ופרחיה ויש אומרים אף המזיקין ויש אומרים אף בגדו

*) ועי' תוס' חולין קלד: ד"ה דורשי חמורות מ"ש בשם הערוך.

אלה בני שעיר החורי וכו' מלמד שבא צבעון על אמו. תימה דביש נוחלין (ב"ב קטו:) מוכח מהאי קרא דבני בנים כבנים ולא"כ מנלן שבא על אמו ועוד לא מצינו בכל התורה שיקראו לבן אשתו בנו והכא אמר דלהכי קרי ליה בנו לפי שנולד מאשתו וי"ל דקרי ליה בנו לפי שהיה בן בנו כדאמרינן ביש נוחלין והכא דייק שבא על אמו מדלא כתיב איה שהיה כמו כן בן לבעון ולא כתיב אלא ענה לחודיה ש"מ לפי שהיה נמי בן אשתו של שעיר כתביה קרא הכא עם שאר בני שעיר :

לט א מיי' פכ"ט מהל' שבת הל' כד סמג עשין כט טוש"ע א"ח סי' רצח סעיף א ופי' ערוך סי' ... [וע' אלפס ברכות פ"ח דף מג:]
מ ב ג מיי' שם הל' כו טוש"ע שם סי' רצח סעיף ח :

[ברכות נב. וש"נ] [ושמתיך כפי עליך] [אבות פ"ה מ"ו (ע"ש) מכילתא פרשת בשלח] [מדרש לג:] [כתובות קיא:] [נדרים לט:] [ברכות כד. חולין קלד:] [ב"ב קטו:] [שם ליתא רבה ועי' שם בפי' הרשב"ם] [אבות פ"ה ע"ש כמה שנוים]

משלי ח | תהלים צ | שם | בראשית ב | ישעיה ל | ירמיה יז | תהלים עב | ישעיה סו | בראשית א | שם לו | שם | שם

גליון הש"ס
רש"י ד"ה ראשית דרכו כו' באש שחורה ע"ג לבנה. עי' ברש"י שיר השירים בפסוק קוצותיו תלתלים שחורות כעורב :

רבינו חננאל
כמאן סבירא כי הא דאמר' משום ר' אלעזר מברכין על האור במוצאי שבתו' ובמוצאי יום הכפורים וכן עמא דבר : ואותבי' עלייהו הא דתניא אין מברכין על האור אלא במוצאי שבתות הואיל ותחלת ברייתו הוא וכיון שרואהו מברך עליו מיד ר' יהודה אומר סודרן על הכוס ואמר ר' יוחנן הלכה כר' יהודה ופרקי' לא קשיא הא דתניא אין מברכין על האור אלא במוצאי שבת באור היוצא מן העצים ומן האבנים והא דאמר משמא דר' אלעזר מברכין אפילו ביוה"כ באור ששבת ממלאכת עבודה. באלו דברים שבין ב"ש וב"ה בסעודה תניא נמי הכי עששית שהיתה דולקת והולכת בשבת כלו במוצאי שבת מברכין עליה ואקשי' ואור במוצאי שבת איברי והתניא אלו דברים שנבראו [בע"ש] בין השמשות באר שהיתה מהלכת עם ישראל ומן שירד להם וקשת דכתיב (בראשית ט יג) את קשתי נתתי בענן . כתב מכתב פי' כתב צורת האותיות מכתב ציורת האותיות להיות תיבה להקרות במלה ד"א כתב הוא כתב הקודש שהן כ"ב אותיות מכתב הוא שהיה חרות על הלוחות הנקרא מסרנינא מפני שהיה נקרא מארבעה צדדים ולוחות כשמעון וקבר משה רבינו ואליהו ופתיחת פי אתון בלעם ופתיחת פי הארץ לבלוע קרח . ור' יאשיה אמר אף האיל הנאחז בסבך והשמיר שבו בנה שלמה הבית ר' נחמיה אומר משום אביו אף האור ופרד ר' יהודה אומר אף הצבת קתני מיהא ר' נחמיה דאמר בין השמשות נברא ופרקי' האי אור דגיהנם הוא אבל אור דידן במוצאי שבת נברא . ואקשי' איני והא ניהנם אחד משבעה דברים שנבראו קודם בריאת העולם הוא ואלו הן תורה ותשובה גן עדן וגיהנם כסא הכבוד ובית המקדש ושמו של משיח ופרקי' חללה של גיהנם נבראת קודם בריאת העולם אור של גיהנם נברא בשני בשבת אור דידן עלה במחשבה להבראות בערב שבת ולא נברא עד מוצאי שבת . ר' יוסי אומר שני דברי' עלו במחשבה ליבראות בערב שבת ובמוצאי שבת נתן הקב"ה בינה באדם מעין דוגמא של מעלה והביא שתי אבני' וטחנן זו בזו ויצא מהן אור והביא מין סוס ומין חמורה והרכיבן זו על זו ויצא מהן פרד וכו' : ת"ר עשרה דברים נבראו בע"ש ביה"ש ואלו הן באר וכו' ויש אומרי' אף מקלו של אהרן שקדיה ופרחיה ובגדו

עין משפט נר מצוה

מא א ב מיי' פ"ה מהל' תענית הל' י סמג עשין ג טוש"ע או"ח סי' תקנד סעיף כב:

מב ג מיי' שם טוש"ע שם סעיף ה:

מג ד מיי' שם הלכה ו וסמג שם טוש"ע או"ח סי' תקנג סעיף ב:

בגדו של אדם הראשון ת"ר *שבעה דברים מכוסים מבני אדם אלו הן יום המיתה ויום הנחמה ועומק הדין ואין אדם יודע מה בלבו של חבירו ואין אדם יודע במה משתכר ומלכות בית דוד מתי תחזור ומלכות חייבת מתי תכלה ת"ר ג' דברים עלו במחשבה ליבראות ואם לא עלו דין הוא שיעלו על המת שיסריח ועל המת שישתכח מן הלב ועל התבואה שתרקב וי"א על המטבע שיצא: **מתני'** *מקום שנהגו לעשות מלאכה בתשעה באב עושין מקום שנהגו שלא לעשות מלאכה אין עושין ובכל מקום תלמידי חכמים בטלים רשב"ג אומר °לעולם יעשה אדם עצמו תלמיד חכם: **גמ'** אמר שמואל *אין תענית ציבור בבבל אלא תשעה באב בלבד למימרא דסבר שמואל ט' באב בין השמשות שלו אסור והאמר שמואל תשעה באב °בין השמשות שלו מותר וכי תימא קסבר שמואל כל תענית ציבור בין השמשות שלו מותר והאנן *תנן אוכלין ושותין מבעוד יום למעוטי מאי לאו למעוטי בין השמשות לא למעוטי משחשיכה נימא מסייע ליה אין בין תשעה באב ליום הכיפורים אלא שזה ספיקו אסור וזה ספיקו מותר מאי ספיקו מותר לאו בין השמשות לא כדאמר רב שישא בריה דרב אידי לקביעא דירחא הכא נמי לקביעא דירחא דרש רבא 'עוברות ומניקות מתענות ומשלימות בו כדרך שמתענות ומשלימות ביום הכיפורים 'ובין השמשות שלו אסור וכן אמרו משמיה דר' יוחנן ומי אמר ר' יוחנן הכי והאמר רבי יוחנן תשעה באב אינו כתענית ציבור מאי לאו לבין השמשות לא למלאכה מלאכה תנינא מקום שנהגו לעשות מלאכה בתשעה באב עושין ובמקום שנהגו שלא לעשות אין עושין ואפילו רשב"ג לא אמר אלא דכי יתיב ולא עביד לא מיחזי כיוהרא אבל מיסר לא אסר אלא מאי אינו כתענית ציבור לתפילת נעילה והאמר ר' יוחנן *ולואי שיתפלל אדם *והולך כל היום כולו התם חובה הכא רשות ואיבעית אימא מאי אינו כתענית ציבור לעשרים וארבעה רב פפא אמר מאי אינו כתענית ציבור אינו כראשונות אלא כאחרונות ואסורה מיתיבי אין בין תשעה באב ליום הכיפורים אלא שזה ספיקו אסור וזה ספיקו מותר מאי ספיקו מותר לאו בין השמשות שלו אמר רב שישא בריה דרב אידי לא לקביעא דירחא הא לכל (א) דברים זה וזה שוין מסייע לרבי אלעזר דא"ר אלעזר אסור לו לאדם שיושיט אצבעו במים בתשעה באב כדרך שאסור להושיט אצבעו ביום הכיפורים מיתיבי אין בין תשעה באב לתענית ציבור אלא שזה אסור בעשיית מלאכה וזה מותר בעשיית מלאכה במקום שנהגו הא לכל דבריהם זה וזה שוין ואילו גבי תענית ציבור תניא *כשאמרו אסור ברחיצה לא אמרו אלא כל גופו אבל פניו ידיו ורגליו לא א"ר פפא

תנא

רש"י

בגדו של אדם הראשון. שהיו חקוקות בו כל מין חיה ובהמה והוא נמסר לנמרוד על כן יאמר כנמרוד גבור ציד (בראשית י) ועשו הרגו ונטלו לפיכך היה איש ציד והן שכתוב בהן החמודות אשר אתה בבית (שם כז) ולאו שמעתי שבגדיו של אדם הראשון היינו כתנות עור שהיו לו: **ויום הנחמה.** של כל אדם מתי יתנחם מדאגתו: ועומק הדין הרוב טועים בו אי נמי עומק הדין העתיד: **מלכות חייבת.** רומי שכתוב בה גבול רשעה ורשעה היינו חייבת: **°עלו במחשבה.** ונתקיימו: **ואם לא עלו דין הוא שיעלו.** דאל"כ לא היה אדם מתקיים: **שיסריח.** שאל"כ הקרובים היו מגניזין אותו ורואין את צערן תמיד לפניהם: **ועל התבואה שתרקב.** שאל"כ היו בעלי בתים מאגרין אותה ומביאין רעבון לעולם*: **מתני' ובכל מקום.** בין נהגו בין לא נהגו: **תלמידי חכמים בטלין.** ממלאכה אותו היום: **רבן שמעון כו'.** ולא אמרינן מיחזי כיוהרא ואם רצה ליבטל רשאי: **גמ' אין תענית ציבור בבבל.** הואיל ואין צריכין לגשמים אם גוזרין על דבר אחר אין חומר תענית ציבור נוהג בו לאכול מבעוד יום וליאסר במלאכה ושאר חומרי האמורים שם: **בין השמשות שלו אסור.** באכילה *ובמלאכה דמחמירין על ספיקו כדאמרינן בתענית ציבור ושמואל קא משוי ט' באב כתענית ציבור: **מבעוד יום למעוטי מאי לאו למעוטי בין השמשות.** ספק: **לא למעוטי משחשכה.** ודאי אבל על ספיקו לא מחמרינן: **אין בין ט' באב ליוה"כ.** לכתחילה קאמר אבל דאי עבד טובא איכא זה כרת וזה איסור בעלמא: **דרב שישא.** לקמן: **לקביעא דירחא.** לעשות שני ימים כי מספקא לן אם עברו ב"ד חדש שעבר אי לא: **מאי לאו.** לאכילת בין השמשות: **לא למלאכה.** של יום עצמו משתחך ואשמעי' דבתענית ציבור אסור ובט' באב שרי: **ואפילו לר' שמעון.** לאו למיסר אתא אלא אם ירצה מי שאינו תלמיד חכם לעשות עצמו כתלמיד חכם וליבטל במקום העושין רשאי ולא חיישינן דילמא מיחזי כיוהרא: **לתפלת נעילה.** שבתענית ציבור היו מתפללין תפלת נעילה כדתנן בפ' בתרא דתענית (דף כו.) בג' פרקים בשנה כהנים נושאים כפיהן ד' פעמים ביום שחרית ומוסף ומנחה ונעילה ואלו הן ג' פרקים תענית ומעמדות ויוה"כ: **והאמר ר' יוחנן.** במסכת ברכות דאין בתפלה יתירה משום ברכה לבטלה: **התם דחובה.** בתענית צבור חובה מדרבנן ובתשעה באב אשמועינן דלאו חובה הוא ומ"מ אם בא להתפלל כל ימות השנה מותר ולואי: **לעשרים וארבעה.** דתנן במסכת תענית (דף טו.) שמוסיפין בתענית ציבור שש ברכות על שמונה עשרה: **רב פפא אמר.** לעולם כדסלקא דעתין מעיקרא דאינו כתענית ציבור דאמר לבין השמשות קאמר ולא תקשי לרבי יוחנן קמייתא דהאי דקאמר אינו כתענית ציבור לחומרא קאמר והכי קאמר אינו כשלש ראשונות שמותר בין השמשות שלהן כדתנן בהו בתענית אוכלין ושותין משחשיכה אלא כאחרונות דתנן בהו אוכלין ושותין מבעוד יום: **לאו בין השמשות.** וקשיא לרבא ולרבי יוחנן דאמרי בין השמשות שלו אסור: **הא לכל דבריהן זה וזה שוין.** מילתא באנפי נפשה היא ודייק לה ממתניתין דלעיל דקתני אין בין תשעה באב ליום הכפורים שיהא מותר לכתחלה בזה מה שאסור בזה אלא שזה ספיקו אסור וזה ספיקו מותר: **אין בין תענית ציבור לתשעה באב.** קס"ד בין להקל בין להחמיר תשעה באב מתענית ציבור ובתענית ציבור תניא דפניו ידיו ורגליו מותר:

הגה

תוספות

אין תענית ציבור בבבל אלא תשעה באב. פ"ה לאכול מבעוד יום ולאסור במלאכה ושאר חומרי האמורים שם וא"ת תשעה באב מי הוי כתענית ציבור לאסור במלאכה וי"ל דה"ק אין תענית ציבור בבבל אפילו במקום שלא נהגו לעשות מלאכה: **אין** בין תשעה באב ליום הכפורים. הא דלא חשיב מלאכה שמותר בתשעה באב במקום שנהגו נראה לר"י משום דבסיפא מסיק לה לשריותא דמלאכה גבי אין בין ט' באב לתענית ציבור והא דלא חשיב תפילת נעילה דליתא בט' באב כדלקמן משום דבברייתא לא איירי אלא במידי דאיסור והיתר: **לאו** דשרי בין השמשות דידיה. תימה לר"י אמאי קתני גבי יוה"כ ספיקו הא אפילו ודאי יום אסור דתוספת יוה"כ דאורייתא ותירץ דנקט ספיקו לאשמועינן דבט' באב אפילו ספיקו מותר*: **לקביעא** דירחא. אין לפרש כגון בני בבל שאין יודעים מתי הוקבע החודש בא"י שהיו צריכים לעשות יוה"כ שני ימים דבהדיא אמר בסוף פ"ק דר"ה (דף כא.) שאין עושין אלא יום אחד אלא ה"פ ספיקו אסור אם מסתפק אפילו בא"י מתי הוקבע החודש כגון שמהלך במדבר עושה ב' ימים כדין כל ספיקות דאורייתא דאזלינן לחומרא הקשה רשב"א דמשמע לקביעא דירחא הן חלוקין הא לכל דבריהן שוין והא יום הכפורים תוספתו אסור וט' באב תוספתו מותר ותירץ ר"י דלא מיירי אלא בדברים השייכי בתענית עצמו: **והאמר** ר' יוחנן ולואי שיתפלל כל היום. אע"ג דר' יוחנן איירי דוקא בספק לא התפלל אבל ודאי התפלל אסור להתפלל כדמוכח במי שמתו (ברכות כא.) דקאמר ספק התפלל ספק לא התפלל אל יתפלל ור' יוחנן אמר ולואי שיתפלל כל היום וקאמר אם התפלל ומצא ציבור מתפללין אם יכול לחדש דבר בתפלתו יחזור ויתפלל ואם לאו אל יתפלל מ"מ פריך שפיר כיון דר' יוחנן על הספק מחייב להתפלל א"כ בתשעה באב דדמי לתענית ציבור בכמה דברים ובתענית ציבור איכא תפלת נעילה בט' באב נמי יתפלל ומשני התם חובה והכא רשות פי' לא לגמרי רשות אלא לאו חובה הוי אלא מצוה מיהא איכא:

קולי

רבינו חננאל

ובגדו של אדם הראשון והמזיקין: ת"ר שבעה דברים מכוסין מבני אדם יום מיתה ויום נחמה ועומק הדין ואין אדם יודע מה בלבו של חברו [ואין אדם יודע במה משתכר] ומלכות בית דוד מתי תבוא ומלכו' חייבת מתי תכלה: ת"ר שלשה דברים עלו במחשב' ליבראות ואלו לא עלו דין הוא שיעלו המת שיסריח וישתכח מן הלב והתבואה שתרקב ויש אומר' אף על המטבע שיצא: מתני' מקום שנהגו לעשות מלאכה בתשעה באב עושין כו'. אמר שמואל אין תענית צבור בבבל אלא תשעה באב בלבד ופירושה דסבר שמואל אחד תענית צבור ואחד תשעה באב ביה"ש שלו [מותר]ואינן אסורין אלא משחשכה. נימא מסייעא ליה אין בין תשעה באב ליום הכפורים אלא שיום הכפורים ספיקו אסור ותשעה באב ספיקו מותר מאי לאו בין השמשות ודחי' לא לקביעא דירחא כלומר אם מסתפק לך מתי נקבע החדש אתה תצום מספק שני ימים יום כפור ולא שני ימים תשעה באב וכדאמר רב שישא: דרש רבא עוברו' ומניקות מתענות ומשלימות [בו כדרך שמתענות ומשלימות] ביום הכפורים ובין השמשות שלו אסור וכן אמרו משמא דר' יוחנן. *)פי' האלהים לא אמרה הכי בשבועה נשבע רבא דלא אמרה ר' יוחנן ואקשי' ומי אמר ר' יוחנן הכי והאמר ר' יוחנן תשעה באב אינו כתענית צבור מאי לאו לבין השמשות ...

מסורת הש"ס

מכילתא פ' בשלח

עי' פסחים נד. רש"י

ס"א על המטבע שילא. דאל"כ כמה היו עניים מתפרנסין שאין לנס עבודת אדם וכרס:

תענית יא: וע"ש

[עי' רש"י דתענית יב ד"ה כשאמרו כו' והמ"א סי' תקנד ס"ק כב כתבו כג"ע]

[תענית ל: ברכות יז:]

[ועי' תוס' ר"ה ס. ד"ה ורבי עקיבא]

תענית יב:

ברכות כא.

[ברכות וגם כתוס' דסכה ליתא]

[מ"ק טו: תענית יג.]

הגהות הב"ח

(א) גמ' לכל דבריהם זה וזה שוין:

גליון הש"ס

גמ' בה"ש שלו מותר. עיין עירובין מה ע"א תד"ה אי אתם מודים:

§ מסכת פסחים דף נד: §

אות א' - ב'

מקום שנהגו לעשות מלאכה בתשעה באב עושין, מקום שנהגו שלא לעשות מלאכה אין עושין, ובכל מקום תלמידי חכמים בטלים

לעולם יעשה אדם עצמו תלמיד חכם

סימן תקנד סכ"ב - [ח]מקום שנהגו לעשות מלאכה בט' באב, עושין; במקום שנהגו שלא לעשות, אין עושין - כדי שלא יסיחו דעתם מהאבלות, **ומטעם** זה גם בלילה אסור במלאכה, דהא גם בלילה מחויב להתאבל, **מיהו** כל מלאכה שאין בה שיהוי שרי, דאין מסיח דעתו בכך.

(וכהיום מנהג כל ישראל בכל מקום שלא לעשות – מטה יהודא, וכונתו הוא רק עד חצות, כדלקמיה בהג"ה).

ובכל מקום ת"ח בטלים, וכל הרוצה לעשות עצמו תלמיד חכם לענין זה, עושה - ולא מיחזי כיוהרא, דהרואה אומר דמניעתו ממלאכה הוא מפני שלא נזדמן לו מה לעשות.

ואפילו במקום שנהגו שלא לעשות - כגון במדינתינו, [ט]**מותר ע"י אינו יהודי, אפילו בביתו** – (עיין בספר מטה יהודא, דדוקא אם נותן לו קודם ט"ב, ולדעתי צ"ע, כיון דליכא היסח הדעת עי"ז, כמו שכתב הגר"א).

אכן לבנות בנין דאוושא מילתא, אסור אפילו ע"י עכו"מ, [**עיין** בדה"ח, דאף פרקמטיא אסור אפי' ע"י עכו"ם, משום דהוי פרסום].

ופרקמטיא להרויח ולהשתכר, [י]במקום שנהגו שלא לעשות מלאכה, אסור; ובמקום שנהגו לעשות, מותר, אלא שממעט, שאפילו משנכנס אב ממעטין מלישא וליתן.

הגה: ולא נהגו באיסור מלאכה כי אם עד חלות; ונהגו להחמיר עד חלות בכל מלאכה שיש בה שיהוי קלת, אפילו מעשה הדיוט; אבל דבר שאין בה שיהוי, כגון הדלקת נרות או קשירה וכדומה, מותרת – (ולענין כתיבה, בא"ר בשם שכנה"ג להקל, והמטה יהודא דעתו, דלענין כתיבה הוא כמו בחוה"מ).

אות ב'* [יא]

אין תענית ציבור בבבל אלא תשעה באב בלבד

סימן תקסח ס"ו - אין תענית צבור בבבל - וה"ה בכל חוץ לארץ, **ליאסר במלאכה ולהפסיק מבעוד יום, אלא תשעה באב בלבד; הילכך יחיד שקבל עליו תענית, לא חיישינן שמא תענית צבור קבל עליו, ומותר בכולן.**

מלשון זה משמע, דבא"י אם קבל עליו תענית סתם, חיישינן שמא ת"צ קבל עליו, וצריך להפסיק מבע"י ואסור במלאכה, **ואולי** דכהיום שאין מצוי להתענות התעניות ציבור המבוארים לקמן בסימן תקע"ה ס"ג, מסתמא כונתו אסתם תענית, וצ"ע.

ומכל מקום לכתחלה טוב לומר בשעת קבלת תענית: הריני בתענית יחיד לפניך מחר.

אות ג'

עוברות ומניקות מתענות ומשלימות בו וכו'

סימן תקנד ס"ה - [יב]עוברות ומיניקות מתענות בט' באב ומשלימות כדרך שמתענות ומשלימות ביום כפור; [יג]אבל בג' צומות אחרים פטורים מלהתענות, [יד]ואע"פ כן ראוי שלא תאכלנה להתענג במאכל ובמשתה, אלא כדי קיום הולד. (וע"ל סי' תק"נ סעיף א').

אות ד'

ובין השמשות שלו אסור

סימן תקנג ס"ב - [טו]תשעה באב, לילו כיומו לכל דבר; ואין אוכלים אלא מבעוד יום, וביהש"מ שלו אסור כיוה"כ - היינו בין בכניסתו ובין ביציאתו, אבל א"צ להוסיף עליהם, [**אכן** אם התפלל ערבית מבע"י, ממילא חל עליו התענית ואסור לאכול], **ועיין** בסימן רס"א דביארנו, דביה"ש נקרא משקשעה החמה, וה"ה בעניננו.

אות ד'* [טז]

אסור לו לאדם שיושיט אצבעו במים בתשעה באב

סימן תקנד ס"ז - [יז]רחיצה אסורה בט' באב, בין בחמין בין בצונן; אפילו להושיט אצבעו במים, אסור.

אות ד'** [יח]

כשאמרו אסור ברחיצה לא אמרו אלא כל גופו וכו'

סימן תקנה ס"ג - ואסורים ברחיצת כל הגוף בחמין, לפיכך נועלין את המרחצאות; אבל פניו ידיו ורגליו בחמין, וכל גופו בצונן, מותר.

באר הגולה

[ח] משנה פסחים פ"ד וכרשב"ג תוס' ‹ופי' תוס' (הובא הגהות מיימון, וכן הוא בתוס' רבינו פרץ), דאפי' לת"ק עכשיו יעשה כל אדם עצמו כת"ח ואל יעשה מלאכה בת"ב, וליכא יוהרא כיון דבשאר ימים נמי אין אנו רגילין כ"כ במלאכה, דדוקא בימיהם שהיו כולם רגילים במלאכה שייך יוהרא, ולא עכשיו - ב"י›
[ט] רוקח [י] רשב"א בתשו' [יא] ‹ע"פ מהדורת נהרדעא› [יב] מימרא דרבא פסחים נ"ד [יג] ה"ה מהא דרבא והרשב"א בתשו' [יד] שם
[טו] רמב"ם מהא דפסחים נ"ד [טז] ‹ע"פ מהדורת נהרדעא› [יז] מימרא דר"א פסחים נ"ד [יח] ‹ע"פ מהדורת נהרדעא›

§ מסכת פסחים דף נה. §

אות א'

חתן אם ירצה לקרות קרית שמע לילה הראשון, קורא

סימן ע ס"ג - הכונס את הבתולה, [א]פטור מק"ש - וברכותיה, וה"ה מתפלה, **ג' ימים אם לא עשה מעשה** - וד' לילות, כגון אם נשא ביום הרביעי בצהרים, פטור עד מו"ש ועד בכלל, **ולפעמים** יצוייר ד' ימים, כגון אם נכנס לחופה ביום ד' עד שלא קרא ק"ש של שחרית, פטור ד' ימים, **מפני שהוא טרוד טרדת מצוה** - שמחשב על עסק בתולים, משא"כ באלמנה לא טריד. **אבל** לאחר מעשה שאינו טרוד עוד, חייב, **וכן** מזה הזמן ואילך חייב אף אם לא בעל, דכיון שכבר עבר ג' ימים ולא עשה מעשה, מתייאש אח"כ מן הדבר, ואינו טרוד כלל.

והני מילי בזמן הראשונים, אבל עכשיו שגם שאר בני אדם אינם מכוונים כראוי, גם הכונס את הבתולה קורא - ר"ל חייב לקרות, ועם ברכותיה כדין, וגם מתפלל, דכיון שחייב בק"ש חייב בתפלה, **ואם** אינו קורא מיחזי כיוהרא, שמראה שמכוין בכל שעה, ‹כ"כ התוס' ברכות יז: ד"ה רב›, ולענין תפילין, ע"ל בסי' ל"ח ס"ז במ"ב.

אות ב' – ג'

רבי מאיר אומר כל מלאכה שהתחיל בה וכו'

שלש אומניות עושין מלאכה בערבי פסחים עד חצות וכו'

סימן תסח ס"ה - [ב]אפילו במקום שנהגו לעשות, לא יתחיל בתחלת מלאכה בי"ד, אע"פ שהוא יכול לגומרה קודם [ג]חצות - ר"ל אפי' אם ירצה לעשותם לצורך המועד, [ד]‹גמ' לפי' הרמב"ם›, **והא** דהוזכר לעיל, דבמקום שנהגו לעשות עושין, היינו לגמור מלאכות שהתחיל בהן מקודם, או דמיירי בג' אומניות, וכדמסיים.

[ה]אלא שלשה אומניות בלבד הם שמתחילים בהם [ו]במקום שנהגו לעשות, ועושין עד חצות, ואלו הם, החייטים והספרים והכובסים - ר"ל אם הן לצורך יו"ט, ולא הקילו אלא באלו, מפני שהעם צריכים להם הרבה, ‹רמב"ם›. **אבל שאר אומניות, אם התחיל בהם קודם ארבעה עשר, הוא שיגמור עד חצות** - והוא שעושה אותן לצורך המועד, ‹גמ' לפי' הרמב"ם›.

הגה: ויש מקילין לומר שלשה אומניות הנזכרים מתחילין ועושין עד חצות אפילו במקום שנהגו שלא לעשות - פי' מפני שהן צורך גדול למועד, ‹מהרמב"ם, [ז]ועיין בש"ס שמסיים, שבג' דברים אלו מצינו בהם לפעמים היתר אפי' בחוה"מ, כגון בחייט במעשה הדיוט, ובשאר דברים לבא ממדינת הים, וכ"ש ערב פסח דקיל טפי›.

ואם התחיל מבעוד יום - היינו קודם הנץ של יום י"ד, **בשאר אומנות והוא לצורך המועד, עושין עד חצות, והכי נהוג [ח]‹טור בשם הרא"ש›** - ר"ל ובשאר אומנות, להתחיל אסור בכל גווני, כיון שהוא מקום שנהגו שלא לעשות, **אלא** דאם התחיל קודם יום י"ד, מותר לגמור אם הוא לצורך המועד, עד חצות, ומכיון שהגיע חצות, מחוייב להפסיק באמצע מלאכה.

ורצענין הוא בכלל שאר אומנות לרוב הפוסקים, ‹ודלא כר' יוסי בר יהודה›, **וכ"ז** לעשות מנעלים חדשים, אבל לתקן המקורעים ליו"ט, לכו"ע שרי להתחיל ולתקן עד חצות, ‹כדמבואר בגמ'›.

וכ"ז במקום שנהגו שלא לעשות, אבל במקום שנהגו לעשות, מותר בין להתחיל בכל המלאכות בין לגמור, לצורך המועד ושלא לצורך.

---

§ מסכת פסחים דף נה: §

אות א'

מושיבין שובכין לתרנגולים בארבעה עשר

סימן תסח ס"ו - מושיבין שובכים לתרנגולים בארבעה עשר, [ט]דהיינו לתקן מקום שיעמדו התרנגולים והתרנגולות - ואפילו במקום שנהגו שלא לעשות, מותר להתחיל ולעשות כל אלו המלאכות המוזכרות עד סוף הסימן, כל היום.

באר הגולה

[א] ‹ואם רצה להחמיר על עצמו ולקרות, אינו רשאי, דמיחזי כיוהרא, הרא"ש. **והרי"ף** ורמב"ם כתבו דלא חיישינן ליוהרא – מ"א›. ‹**הרא"ש** סבר דהלכה כרב שישא בריה דרב אידי, דבתרא הוא, וא"כ הלכה כרשב"ג דאמר שאינו רשאי, דכל מקום ששנה רשב"ג במשנתינו הלכה כמותו, **והרי"ף** והרמב"ם סברי דהלכה כרבי יוחנן, דהוא מאריה דתלמודא טפי מרב שישא בריה דרב אידי, וכיון דר' יוחנן אמר מוחלפת השיטה, א"כ רשב"ג הוא דאמר רשאי והלכה כוותיה, **וכיון** דהרי"ף והרמב"ם ז"ל הסכימו, הכי נקטינן, וכ"ש לפי מה שנתבאר שבזה"ז כו"ע מודו – ב"י› [ב] **משנה שם נ"ה** [ג] **הרא"ש שם** ‹דעת הרא"ש דלא שרי ר"מ לגמור אלא עד חצות דוקא – ב"י› [ד] ‹דלא התיר ר"מ אלא במקום שנהגו לעשות, ורק כשהתחיל קודם י"ד, ודוקא לצורך המועד› [ה] **שם משנה וכחכמים** [ו] **טור בשם הרמב"ם** ‹וס"ל דמתני' במקום שנהגו לעשות מיירי, וכמ"ש שם בגמרא ת"ש רמ"א כו' ועושין כו', ור"ל עושין כו' כל הנ"ל שגומרין דוקא במקום שנהגו לעשות, וזהו שכתב מקום שנהגו אין כו', ודוקא לצורך המועד כמ"ש בגמ' שם, ועיין לח"מ, וכן הג' אומניות דוקא לצורך המועד, כמ"ש במ"ק י"ג א', ופסק כרבנן, ולא פליגי רבנן אר"מ אלא בג' אומניות – גר"א› [ז] ‹וצ"ע על הרמב"ם, שכתב טעם אחר מהמבואר בגמ', ועיין בריטב"א במו"ק, דהני טעמים אינם אלא סניפים, ויסוד ההיתר הוא כמש"כ הרמב"ם – ברכת אברהם› [ח] ‹שמפרש מתני' במקום שנהגו שלא לעשות, {וכמו שפי' רש"י עמוד ב' ד"ה גומרה}, ובגמ' ועושין כו', ר"ל אפילו שלא לצורך המועד, וזה שכתב בגמ' מקום שנהגו אין כו', לצורך המועד כו', שני הוכחות דשלא לצורך המועד לא, דלהרמב"ם לא שייך מש"כ "מקום שנהגו אין" להפשיטות האיבעיא – גר"א› [ט] **משנה שם וכפי' הרמב"ם לפי גירסתו כמבואר בב"י בסי' תקל"ו** ‹פירש"י ז"ל: מושיבין שובכין, היינו לשום ביצים תחת התרנגולת, וזה שהקשו בגמ', השתא אותובי מותבינן אהדורי מבעיא, ותירץ אביי דמתני' רישא בי"ד דמושיבין שובכין, וסיפא דתרנגולת שברחה היא בחש"מ, שמחזירין אותה משם הפסד ביצים, דדבר האבד מותר. **ולפי** פי' זה מושיבין תרנגולת על הביצים לכתחלה בי"ד, ובחש"מ אם עמדה ג' ימים וברחה וכדעת רב הונא, דאמר התם דדוקא אחר ג' לישיבתה מחזירין אותה, ואם מתה מושיבן אחרת תחתיה. **ורבינו** חלוק בזה בשני דברים, שאין מטילין ביצים לכתחלה לתרנגולת בי"ד, **והשני**, שאם עמדה ומתה אין מושיבין אחרת תחתיה במועד, {**הבין** דלרש"י "ואם מתה" נמי עוסק במועד, ובב"י כתב דרש"י מדוייק דרק "ברחה" עוסק במועד, וכתב, וטעמא משום דכיון דההוא פרקא בי"ד עסיק ואתי, כל מאי דאפשר לאוקמי מתניתין בי"ד מוקמינן}, **והוא** מפרש מושיבין שובכין, מלשון שובך, ור"ל מקום שיעמדו התרנגולין והתרנגולת, {משא"כ אפי' לל"א ברש"י, הרע"ב מפרש דישיבת שובכים ליונים, נמי לגדל אפרוחי יונים – תוס' יו"ט}, ולשון המשנה נאות לזה, וקושית הגמ' היא ממה שאמרו, ואם מתה מושיבין אחרת תחתיה, כ"ש שמחזירין אותה כשברחה, ול"ל למימר, ותירץ אביי, רישא {ולא "סיפא" כמו שהוא בגירסא דידן} אתאן לחש"מ, כך נראה שתהיה הגרסא של רבינו, {כמ"ש בהגהת הגר"א}, ופי', רישא דמחזירין, דמשמע אבל אחרת אין מושיבין, אתאן לחש"מ – מגיד משנה›

עין משפט נר מצוה

מד א מיי' פ"ד מהל' ק"ש הלכה ז סמג עשין יח טוש"ע א"ח סי' ע סעיף ג:

מה ב ג מיי' פ"ח מהל' יו"ט הלכה יט סמג לאוין עה טוש"ע או"ח סי' תסח סעיף ט:

גמרא

*תנא קולי קולי קתני: ובבל מקום ת"ח וכו': *למימרא דרשב"ג סבר לא חיישינן ליוהרא ורבנן סברי חיישינן ליוהרא והא איפכא שמעינן להו דתנן *חתן אם ירצה לקרות קרית שמע לילה הראשון קורא רשב"ג אומר לא כל הרוצה ליטול את השם יטול אמר ר' יוחנן מוחלפת השיטה רב ששא בריה דרב אידי אמר לא תיפוך דרבנן אדרבנן לא קשיא הבא כיון דכולי עלמא עבדי מלאכה ואיהו לא עביד מיחזי כיוהרא אבל התם כיון דכולי עלמא קרי ואיהו נמי קרי לא מיחזי כיוהרא דר' שמעון בן גמליאל אדרשב"ג לא קשיא התם הוא דבעינן כוונה ואנן סהדי דלא מצי כווני דעתיה מיחזי כיוהרא אבל הכא לא מיחזי כיוהרא אמרי מלאכה היא דלית ליה פוק חזי *כמה בטלני איכא בשוקא: **מתני'** וחכמים אומרים ביהודה היו עושין מלאכה בערבי פסחים עד חצות ובגליל לא היו עושין כל עיקר *הלילה ב"ש אוסרים וב"ה מתירין עד הנץ החמה: **גמ'** מעיקרא תנא מנהגא ולבסוף תנא איסורא אמר ר' יוחנן לא קשיא הא ר' מאיר הא ר' יהודה דתניא אמר ר' יהודה ביהודה היו עושין מלאכה בערבי פסחים עד חצות ובגליל אינן עושין כל עיקר אמר לו ר"מ מה ראייה יהודה וגליל לכאן אלא מקום שנהגו לעשות מלאכה עושין מקום שנהגו שלא לעשות אין עושין מדקאמר ר' מאיר מנהגא מכלל דרבי יהודה איסורא קאמר וסבר ר' יהודה ארבעה עשר מותר בעשיית מלאכה והתניא ר' יהודה אומר המנכש בשלשה עשר ונעקרה בידו שותלה במקום הטיט ואין שותלה במקום הגריד בשלשה עשר אין בארבעה עשר לא מכדי שמעינן ליה לר' יהודה דאמר *כל הרכבה שאינה קולטת לשלשה ימים שוב אינה קולטת ואי ס"ד ארבעה עשר מותר בעשיית מלאכה למה לי שלשה עשר והאיכא ארביסר וחמיסר ומקצת שיתסר אמר רבא בגליל שנו והאיכא ליליא אמר רב ששת כב"ש רב אשי אמר לעולם כב"ה לפי שאין דרכן של בני אדם לנכש בלילה רבינא אמר לעולם ביהודה והשרשה חד מקצת היום כבולו אמרינן תרי מקצת היום כבולו לא אמרינן: **מתני'** ר' מאיר אומר כל מלאכה שהתחיל בה קודם לארבעה עשר גומרה בארבעה עשר אבל לא יתחיל בה בתחלה בארבעה עשר אע"פ שיכול לגומרה וחכמים אומרים * ג' אומניות עושין מלאכה בערבי פסחים עד חצות ואלו הן החייטין והספרים והכובסין ר' יוסי בר יהודה אומר אף רצענין: **גמ'** איבעיא להו לצורך המועד תנן אבל שלא לצורך המועד אפילו מיגמר נמי לא או דילמא שלא לצורך המועד תנן אבל לצורך המועד אתחולי מתחלינן או דילמא בין לצורך המועד בין שלא לצורך המועד מיגמר אין אתחולי לא ת"ש אבל לא יתחיל בתחילה בארבעה עשר אפילו צלצול קטן אפילו שבכה קטנה מאי אפילו לאו אפי' הני דלצורך המועד מיגמר אין אתחולי לא מכלל דשלא לצורך מיגמר נמי לא גמרינן לא לעולם דשלא לצורך מיגמר נמי גמרינן ומאי אפילו אפילו הני נמי דזוטרי נינהו דסלקא דעתך אמינא התחלתן זו היא גמר מלאכתן נתחיל בהו נמי לכתחלה קמשמע לן: תא שמע רבי מאיר אומר כל מלאכה שהיא לצורך המועד

גומרה

רש"י

תנא קולי קולי נקט. כל הני אין בין חד תנא אמריניהו וקולי קולי נקט ברישא הנא אין (א) בין תשעה באב קל מיוה"כ לכתחלה אלא שזה ספיקו כו' וסיפא תנא אין תשעה באב קל מתענית ציבור אלא לענין מלאכה ובחומרי דחמיר תשעה באב מתענית ציבור לא איירי הכא דתידוק מינה זה וזה שוין ולכולם לענין רחיצה ט"ב חמיר: **ליטול לו את השם.** כתר פרישות ויראת חטא שאינו יכול לבטל הימנו מלכות שמים אפילו לילה אחת לא כל הרוצה ליטלו יטלנו דמיחזי כיוהרא ומחזיק בידיה: **מוחלפת השיטה.** התנא שסידרן טעה באחת מהן והחליף שיטתו: **אמרי מלאכה לית ליה.** הרואה אותו בטל אומרים אין לו מה לעשות ולא מיחזי כנוהג בו איסור: **מתני' הלילה.** אור לארבעה עשר: **גמ' מעיקרא תנא מנהגא.** תלה במנהג: **ולבסוף תנא איסורא.** דקתני בית שמאי אוסרין דמשמע בכל מקום: **מה ראיה יהודה וגליל לכאן.** אף כל מקום שנהגו היתר היתר נהגו איסור איסור: **מכלל דר' יהודה איסורא קאמר.** דבני יהודה מתירין ובני גליל אוסרין דאי מנהגא קאמר מאי פלוגתיה דר"מ הא ר' יהודה נמי הכי הוה אמר בגליל היו נוהגין בו איסור שהחמירו על עצמן וביהודה נוהגין בו היתר: **וסבר רבי יהודה מותר.** דקאמר בני יהודה מתירין: **המנכש.** מבין תבואת *דגן: **בשלשה עשר בניסן.** מפרש ואזיל שלשה עשר אמאי נקט: **ונעקרה בידו.** השיבולת עצמה נעקרה בידו שורשה מן הארץ ובא לחזור ולשותלה: **שותלה במקום הטיט.** שתמהר ליקלט קודם העומר שהעומר מתיר את הגרשין אבל הגרשין אחר העומר אסורין משום חדש עד שיבא עומר הבא: **הגריד.** יבש שאינו ממהר לקלוט: מנכש בשלשה עשר קתני מנכש בארבעה עשר לא קתני ומ"ט נקט שלשה עשר ולא קתני ארבעה עשר אי משום דלא מיקלטה לפני העומר הקרב בששה עשר מכדי שמעינן לרבי יהודה כו' בפ"ק דר"ה השנה (דף י:) ואי ארבעה עשר מותר במלאכה ניקוט ארביסר נמי דהא איכא מקצת ארביסר וחמיסר כוליה ומקצת שיתסר עד שעת הקרבתו: **בגליל שנו.** שלא היו עושין מלאכה כל עיקר בארבעה עשר ובהן כשנית משנה זו: **והא איכא לילה.** ומצי למיתני המנכש לילי ארבעה עשר: **כב"ש.** דמתניתין דתנן הלילה ב"ש אוסרין: **ה"ג רבינא אמר לעולם ביהודה.** ודקשיא לך ליתני בארבעה עשר ובהשרשה חד מקצת אמרינן תרי מקצת לא אמרינן לענין השרשה חד מקצת היום ככולו אמרינן אם היה מנכש בין השמשות של כניסת ארבעה עשר הוה אמרינן דקלטה בי"ד שלם ובחמשה עשר שלם ומקצת ששה עשר אבל תרי מקצת כגון בי"ד למיבעי לן למימר תרי מקצת לא אמרינן: **מתני' שלש אומניות עושין מלאכה.** בכל מקום וטעמא מפרש בגמרא: **רצענין.** אושכפין: **גמ' לצורך המועד תנן.** הא דר"מ: **או דילמא שלא לצורך המועד תנן.** ומשום הכי אין מתחילין אבל לצורך המועד אפילו אתחולי נמי שרי כו': **צלצול.** בנדי"ל לחגור: **שבכה.** על הראש:

גומרה

תוספות

קולי קולי קתני. בלא דר' אלעזר דאסר להושיט אצבעו במים נ"ל קולי קולי קתני דהא בתשעה באב לכל הפחות כל גופו אסור אפילו בצונן ובתענית ציבור מותר בצונן כדמוכח בפ"ק דתענית (דף יג.): **אמר ר' מאיר מה ראייה יהודה וגליל לכאן.** נרבי מאיר דאית ליה דהוי מנהגא קסבר דלא נחלקו ב"ש וב"ה בדבר זה דבמנהג לא שייך פלוגתא דליחזי היכי נהוג: **מדקאמר ר"מ מנהגא מכלל דרבי יהודה איסורא קאמר.** אמתניתין ליכא למידק הכי מדקאמר ת"ק מנהגא מכלל דחכמים איסורא קאמרי דאמתני' איכא למימר דתרוייהו סברי מנהגא וה"ק חכמים לת"ק למה אתה סותם דבריך והלא אתה יכול לפרש דבריך ולבאר דבגליל אין עושין וביהודה עושין ובברייתא לא שייך לפרש כן: **כל הרכבה שאינה קולטת.** וא"ת א"כ למה אינו שותלה במקום הגריד אי קלטה עד שלשה ימים שרי לה עומר ואי לא קלטה שוב לא תקלוט ואינו צריך היתר כמו חיטי דכלא *וי"ל דבמקום הגריד מאחרת לקלוט יותר מג' ימים א"כ יש לחוש כשירצה שלא תקלוט שישתול אותה במקום הטיט אחר העומר: **ומאי אפילו אפי' הני נמי דזוטרי.** ה"מ לשנויי כדבסמוך אפי' הכי נמי דלצורך המועד מיגמר אין אתחולי לא אלא כיתא ליה למידחי שלא יפשוט מינה כלל דהשתא מני למימר דלצורך המועד אתחולי נמי מתחלינן:

טולי

מסורת הש"ס

ברכות יז: — שם טז: — [לעיל נג:] — [יבמות יג:] — שביעית פ"ב [מ"ו] ר"ה י: יבמות פג. — מ"ק יג. — [נ"מ סי' מנחות סט.]

הגהות הב"ח

(א) רש"י ד"ה תנא קולי וכו' תנא אין תשעה באב קל כו"ל ותיבת בין נמחק:

גליון הש"ס

תנא קולי קולי קתני. עיין מו"ק דף כ ע"ב תד"ה דפנהיג ועיין מגילה ה ע"ב תד"ה ממעטין:

רבינו חננאל

להושיט אצבעו במים ופרקי' תנא חומרי חומרי קתני פי' תנא אין בין ט' באב ליום הכפורים אלא חמור יום הכפורים מט' באב שיום הכפורים ספקו אסור וט' באב ספקו מותר כדאמרן וכן עוד שנה חמור תענית צבור מט' באב שתענית צבור אסור במלאכה וט' באב מותר במקום שנהגו ויש עוד חומר לט' באב מתענית צבור בט' באב אסור אפי' ברחיצת פניו [ידיו] ורגליו ובתענית צבור אין אסור אלא כל גופו אבל פניו ידיו ורגליו מותר: **ובכל** מקום תלמידי חכמים בטלים רשב"ג אומר כל אדם יעשה עצמו תלמיד חכם ורמינן אי משום דחיישי' ליוהרא הא מדתנן לענין החתן איפכא משמע ואמר ר' יוחנן מוחלפת השיטה כלומר הפך דברי ת"ק לרשב"ג ורב שישא אמר לא תפוך והדברים פשוטין הן: **וחכמים** אומרים ביהודה היו עושין מלאכה בערבי פסחים עד חצות ובגליל לא היו עושין מלאכה כל עיקר ופי' כל היום והלילה בגליל ב"ש אוסרין וב"ה מתירין עד הנץ החמה ואקשי' בתחלת פרקין קתני מקום שנהגו לעשות מלאכה בערבי פסחים מכלל דבמנהגא תליא מילתא והכא קתני ב"ש אוסרין וב"ה מתירין ואפי' לב"ה לאחר הנץ החמה אוסרין מכלל דאיסור איכא ליחזי היכא נהות ופרקי' לא קשיא מתני' דרישא דתני מנהגא לר' מאיר והאי דתני איסורא לר' יהודה. במאי אוקימתה להא מתני' כר' יהודה וסבר ר' יהודה ארבעה עשר מותר במלאכה כו'

דקתני וחכמים אומרים ביהודה היו עושין מלאכה בערבי פסחים עד חצות והתניא ר' יהודה אומר המנכש בשלשה עשר ונעקרה בידו שותלה במקום הטיט ואין שותלה במקום (הנגר) [הגריד] ואי ס"ד לר' יהודה ארבעה עשר מותר בעשיית מלאכה [illegible] (הנגר) [הגריד] שהוא מקום [illegible] והיא אסורה עד ששה עשר [illegible] האשר הא שמעי' לית לר' יהודה [illegible] יהודה עשיית מלאכה בארביסר [illegible] הלילה ב"ה מתירין ולדברך [illegible] דרך בני אדם לנכש בלילות [illegible] י"ד כולו ומקצת ט"ז עד שעת [illegible] יהודה לר' מאיר דמעמידין [illegible] מתיבתא דתניא אמר ר' מאיר [illegible] ואם הלכה כבני גליל [illegible] ר"י מנהג מכלל דר' מאיר [illegible] אתחולי לא מתחלינן בארבעה

עשר

*) [illegible]

גומרה בארבעה עשר. אפילו במקום שלא נהגו לעשות מלאכה: לא נהגו לא. אפילו גמר דהא בגמר קיימי': החייטין. משום הכי שרו בארבעה עשר בכל מקום שכן מלינו בהן קולא משאר אומניות גבי חולו של מועד: שכן ההדיוט תופר כדרכו. משנה היא במועד קטן* הדיוט שאינו אומן בכך הלכך בארבעה עשר דקיל מחולו של מועד אפי' אומן נמי שרי: שכן הבא ממדינת הים וכו'. וכיון דאשכחן בהן היתר קצת בחולו של מועד הלכך בארבעה עשר דקיל שרי לכולי עלמא: תחילת מלאכה. דלענין שעושין מנעלים חדשי': מסוף מלאכ'. תיקון מנעלים:

מתני' מושיבין שובכין. כשנותנין ביצים תחת תרנגולת להתחמם לגדל אפרוחים קרי מושיבין שובכין: ותרנגולת. המחממת ביצים: שברחה. מעליהם מחזירין אותה ובגמ' פריך הבאה אותובי מותבינן אהדורי מבעיא ל"א הכי כתיב בסדר משנה מושיבים שובכין ותרנגולת כלומר שובכין ליונים ותרנגולת היו מושיבין להתחמם לגדל אפרוחי' והכי מסתבר' דשובך לא שייך אלא ביונים: גורפין. ומוליכין לחוץ ובמועד שחמור יותר אין מוליכין לחוץ אלא מסלקין לצדדים: גמ' סיפא. דקתני מחזירין בחולו של מועד קאמר והכי קאמר מושיבין שובכין בי"ד ותרנגול' שברח' בחולו של מועד מחזירין אותה משום הפסד ביצים דדבר האבד מותר: לא שנו. דאף במועד מחזירין אלא תוך שלשה למרדה שעדיין לא עברו שלשה ימים שברחה מעליהן: דלאכתי לא פרח צימרא. לא עבר חמימותה ממנה והיא טוחה להחזיר: צימרא. כמו אשתא צמירתא (ע"ז דף כח.*) ולאחר שלשה לישיבתה. שכבר ישבה עליהן שלשה ימים קודם שעמדה מעליהן וכבר נשתנו הביצים ואם לא תחזור הרי הן אובדין דאין ראויין לאכילה: אבל לאחר שלשה למרדה. שהיא קשה ומורת גדול להחזיר או אפילו תוך שלשה למרדה אם תוך שלשה עמדה מעליהן דאכתי לא פסדי ביצי שהרי ראויין לאכילה לא מהדרינן: אפילו תוך שלשה לישיבתה. הואיל ונשתנו קצת ואין ראויין לכל אדם אלא למי שדעתו יפה ואינו אוהבן כל כך: להפסד מועט. שמוכרים בזול למי שדעתו יפה: לצדדין. ולא לאשפה חוץ לחצר: אם נעשית חצר כרפת. שנתקלקלה כולה ואין מקום לסלק לצדדין מוליכין אותן לאשפה: בדיק לן. מנסה אותנו: לחצר אחרת. אבל האומן אינו יכולין לביתו שרחוק מבית האומן משום המסורת: במאמינו. לאומן שלא יתכלים ואין מביאין מ"א ממאמינו שלא יתבע שכרו פעם אחרת והוא לריך לשכרו עכשיו: הזוגג. כבית מגזותיא. כגון כד מבית הכדר וכוס מבית הזוגג. שלריכין למועד: זגג. עושה כלי זכוכית: אבל לא צמר. שאין לורך המועד: ואם אינו מאמינו וכו'. אלמא שאני לן בין מאמינו לשאין מאמינו: תרצת מביאין. דמתני' ואין מביאין דמועד קטן תרוייהו בחולו של מועד ומתניתין דהכא במאמינו אבל מוליכין קשיא דקתני מתניתין מוליכין והכא מאי אין מביאין איכא והכא קתני אין מביאין וכ"ש דלא מוליכין: מעיקרא. מתניתין בי"ד והכא בחולו של מועד: מתני' ששה דברים עשו אנשי יריחו. של י"ד כלנ"ם אינש"ר: מרכיבין דקלים כל היום. של י"ד כל היום: וכורכין את שמע. מפרש בגמרא:

עולי רגלים מתקנים מנעליהן. מהכא משמע בהדיא דאסור לתקן מנעלים בחוה"מ דלא התירו אלא לעולי רגלים דווקא ואין לומר דדבר האבד הוא במנא יקרעו יותר דהא יכול לקנות חדשים ובפרק מי שהפך (מ"ק יג.) מייתי הך ברייתא ופריך אלא מעתה לבלר ליבתרי שכן כותב גיטי נשים ושוברים כדתנן בפרק אלו מגלחים (שם יח:) ומשני שפיר*:

ואם מתיירא שמא יגנבו. וכיון שאין יכול להניחם בביתו ולא בבית הסמוך לו לא הזקיקוהו להניח בבית שלישי והתירו להביאם בצינעא בביתו: נא

גומרה בארבעה עשר אימתי בזמן שהתחיל בה קודם ארבעה עשר אבל לא התחיל בה קודם ארבעה עשר לא יתחיל בה בארבעה עשר אפילו צילצול קטן אפילו שבכה קטנה לצורך המועד אין שלא לצורך המועד לא הוא הדין דאפילו שלא לצורך נמי גמרינן והא קמ"ל דאפי' לצורך המועד מיגמר אין אתחולי לא ת"ש ר' מאיר אומר כל מלאכה שהיא לצורך המועד גומרה בארבעה עשר ושאינה לצורך המועד אסור ועושין מלאכה בערבי פסחים עד חצות במקום שנהגו מקום שנהגו אין לא נהגו לא וש"מ לצורך המועד אין שלא לצורך המועד לא ש"מ: וחכמים אומרים שלש אומניות: תנא *החייטין שכן הדיוט תופר כדרכו בחולו של מועד הספרין והכובסין שכן הבא ממדינת הים והיוצא מבית האסורין מספרין ומכבסין בחולו של מועד רבי יוסי ברבי יהודה אומר אף הרצענין שכן עולי רגלים מתקנין מנעליהן בחולו של מועד במאי קמיפלגי מר סבר למידין תחילת מלאכה מסוף מלאכה ומר סבר אין למידין תחילת מלאכה מסוף מלאכה: מתני' *מושיבין שובכין לתרנגולים בי"ד ותרנגולת שברחה מחזירין אותה למקומה ואם מתה מושיבין אחרת תחתיה גורפין מתחת רגלי בהמה בי"ד ובמועד מסלקין לצדדין מוליכין כלים ומביאין מבית האומן אע"פ שאינם לצורך המועד: גמ' השתא אותובי מותבינן אהדורי מיבעיא אמר אביי [א] סיפא אתאן לחולו של מועד אמר רב הונא לא שנו אלא [ב] תוך שלשה לשיבתה דאבתי לא פרח צימרא מינה ואחר שלשה לשיבתה דפסדא לה בעי לגמרי אבל לאחר שלשה למרדה דפרח לה צימרא מינה ותוך שלשה לשיבתה דאבתי לא פסידי ביעי לגמרי לא מהדרינן רבי אמי אמר אפילו תוך שלשה לשיבתה מהדרינן במאי קמיפלגי מר סבר *להפסד מרובה חששו להפסד מועט לא חששו ומר סבר להפסד מועט נמי חששו: גורפין מתחת: ת"ר *הזבל שבחצר מסלקין אותו לצדדין שברפת ושבחצר מוציאין אותו לאשפה הא גופא קשיא אמרת זבל שבחצר מסלקין אותו לצדדין והדר תני שברפת ושבחצר מוציאין אותו לאשפה אמר אביי לא קשיא כאן בי"ד כאן בחולו של מועד רבא אמר [ג] הא והא בחולו של מועד והכי קאמר אם נעשה חצר ברפת מוציאין אותו לאשפה: מוליכין כלים ומביאין מבית האומן: *א"ר פפא בדיק לן רבא תנן מוליכין ומביאין כלים מבית האומן אע"פ שאינן לצורך המועד ורמינהו אין מביאין כלים מבית האומן ואם חושש להן שמא יגנבו מפנן לחצר אחרת ומשנינן לא קשיא כאן בארבעה עשר כאן בחולו של מועד ואיבעית אימא הא והא בחולו של מועד ולא קשיא כאן במאמינו כאן בשאינו מאמינו והתניא *מביאין כלים מבית האומן כגון הכד מבית *הכדר והכוס מבית הזוגג אבל לא צמר מבית הצבע ולא כלים מבית האומן ואם אין לו מה יאכל נותן לו שכרו ומניחו אצלו ואם אינו מאמינו מניחן בבית הסמוך לו ואם חושש שמא יגנבו מביאן בצינעה בתוך ביתו תרצת מביאין מוליכין קשיא דקתני אין מביאין וכ"ש דאין מוליכין אלא מחוורתא כדשנינן מעיקרא: מתני' *ששה דברים עשו אנשי יריחו על שלשה מיחו בידם ועל שלשה לא מיחו בידם ואלו הן שלא מיחו בידם מרכיבין דקלים כל היום וכורכין את שמע וקוצרין וגודשין לפני העומר ואלו שמיחו בידם מתירין גמזיות של הקדש ואוכלין

הגהות הגר"א

רבינו חננאל

§ מסכת פסחים דף נה: §

‹אות א' נמצא מול עמוד א'›

אות ב'

ואם מתה מושיבין אחרת תחתיה

סימן תסח ס"ז - [א]תרנגולת שישבה על הביצים שלשה ימים או יותר, ומתה, מושיבין אחרת תחתיה כדי שלא יפסידו הביצים - וכ"ש אם ברחה שמחזירין אותה למקומה, [גמרא]. **דבג'** ימים נפסלין מאכילה לגמרי, [עיין בגמ'], ואיכא פסידא רבה אם לא יושיב אחרת תחתיה, **אבל** קודם לכן, שעדיין ראויין קצת למי שדעתו יפה ואינו איסטניס, לא מקילינן להושיב עליהם תרנגולת.

מוכח מזה, דלהושיב לכתחלה תרנגולת על ביצים בע"פ, אסור אחר חצות, **אכן** כמה פוסקין מקילין בזה, [רש"י ורא"ש ור"ן והטור ומהר"ם חלאוה, וכן העתיק הלבוש לדינא], ויש להקל לעת הצורך קצת, **ולדעה** זו, אם מתה מושיבין אחרת תחתיה אפי' אם הראשונה לא ישבה עליהן ג' ימים, [ב"ח ואליה רבה]. ‹לשיטתם דס"ל דמושיבין לכתחילה, ראוי להתיר בברחה אף תוך ג' ימים, ואף אחר ג' ימים לבריחה, וכ"מ בב"ח – א"ר›.

אות ג'

גורפין מתחת רגלי בהמה בארבעה עשר

סימן תסח ס"ח - [ב]גורפין (פי' מוליכין במגרפה והוא כלי מיוחד לכך), זבל מתחת רגלי בהמה - ומשליכין אותו לחוץ לאשפה, [ג]**ועיין** בב"ח דדעתו, דדוקא כשעומדת הבהמה בחצר, אבל כשעומדת ברפת, אין מותר רק לסלק לצדדין.

אות ד' – ה'

סיפא אתאן לחולו של מועד

לא שנו אלא תוך שלשה למרדה וכו'

סימן תקלו ס"ד - [ד]אין מושיבין תרנגולת על הביצים לגדל אפרוחים - דאינו צורך המועד ולא דבר האבד.

ואם הושיבה קודם המועד וברחה מעליהם, יכול להחזירה - מדסתם המחבר, [ה]משמע דאפילו לא ישבה התרנגולת עליהן עדיין ג' ימים, ולא נתקלקלו הביצים לגמרי, שראוי עדיין למכור הביצים בזול, אפ"ה שרי, דעכ"פ יש הפסד מועט אם לא יחזירנה, **ועיין** ברא"ש וטור, דמוכח מדעתם דאין להקל בזה, רק לשיטתם דמלאכת חוה"מ הוא מדרבנן, **אבל** אם נסבור דהוא דאורייתא, אין להקל להחזיר, רק אם ישבה כבר עליהן ג' ימים, דאז אין הביצים ראויין כלל לאכילה, שהתחילו להתרקם, והוי דבר האבד אם לא יחזירנה, **וא"כ** לפי מה שהבאנו לעיל בריש סימן תק"ל, דכמה ראשונים סוברין דמלאכת חוה"מ הוא מן התורה, אין להקל בזה כי אם כשיש לו הפסד מכמה ביצים, דאז יש לסמוך להקל אף תוך ג' ימים לישיבתה.

[ו]והוא שיהיה לו בתוך ג' ימים לבריחה - דאז מהני החזרה, וגם אין טורח כ"כ להחזירה, **אבל** לאחר ג' ימים אסור, אפי' יפסידו הביצים, דיש טורח גדול בחזירה, **וגם** אפשר שלא יועיל כלל החזרה, שכבר אזל חמימותה ממנה, [עיין [ז]מ"א. **ועיין** פמ"ג שהוא מסתפק, אם ג' ימים הוא מעת לעת, או דמקצת היום ככולו].

(אבל אסור להושיב אחרת, אפילו מתה הראשונה) - אפילו אחר ג' ימים לישיבתה, דפסדי לגמרי, אפ"ה אסור, ואף דכל דבר האבד מותר בחוה"מ, יש לומר דבטרחא יתירא אין היתר אף בדבר האבד, (**וחפשתי ומצאתי לכמה ראשונים דהקילו בזה בהדיא,** ‹עיין למטה בהערה של אות א' לעיל, דיש נדון אליבא דרש"י, אם הבבא של משנה "ואם מתה" איירי בי"ד או בחוש"מ›, ולפי הנראה לא ראום הב"י והרמ"א, דאל"ה לא היו סותמין להחמיר, **וע"כ** נראה דבמקום הפסד מרובה יש לסמוך להקל).

אות ו' – ז'

הזבל שבחצר מסלקין אותו לצדדין, שברפת ושבחצר כו'

אם נעשה חצר כרפת מוציאין אותו לאשפה

סימן תסח ס"ט - [ח]הזבל שבחצר, לא יוציאנו, אלא יסלקנו לצדדים; ואם נתרבה בחצר, יוציאנו לאשפה – [ט](עיין **בביאור הגר"א שכתב, דלדעת הרמב"ם אין שייך דין זה רק בחוש"מ, משא"כ בי"ד אפילו אחר חצות, מוציאין לאשפה בכל גווני. ודע**

באר הגולה

א **שם ברמב"ם לפי פירושו שם בגמ' וכמש"כ הב"י שם** **ב** **משנה שם** **ג** ‹דרבא דקאמר הא והא בחוש"מ, לאו דוקא בחוש"מ, דודאי איכא לאוקמי נמי דהא והא בי"ד, אלא משום דלאביי א"א לאוקומי אלא דרישא בחוש"מ וסיפא בי"ד, קאמר רבא דלא צריך להאי דוחקא, אלא איכא לאוקומי נמי סיפא בחוש"מ כמו רישא, ואה"נ דאיכא למימר דרישא נמי בי"ד כמו סיפא, אלא דניחא ליה למימר טפי דסיפא כמו רישא, א"נ חדא מינייהו נקט, {עיין בגירסת הרי"ף הובא בהג' הגר"א, ולפי"ז א"צ לכל זה, וכדלקמן}, **ולפי"ז** צריך לפרש מתניתין דגורפין מתחת רגלי הבהמה בי"ד, וא"צ לסלקו לצדדין, דאיירי במעמיד בהמה בחצר, דהתם ודאי כל מה שהוא תחת רגלי הבהמה דינו כרפת, ולפיכך יכול להוציאו לחוץ לאשפה, ובררייתא שמחלק בין נעשה חצר כרפת ללא נעשה, איירי במעמיד בהמה ברפת, ומפנה הזבל מהרפת לחצר מעט מעט, אז יש לחלק בין נעשה חצר כרפת ללא נעשה, והא ודאי דאין גורפין מתחת רגלי הבהמה שעומדת ברפת, אלא מסלקין לצדדין, דדוקא בחצר משום שמזיק לבני החצר, התירו לגרוף להשליך לחוץ - ב"ח› **ד** **משנה פסחים נ"ה כאביי** ‹ולכאורה תמוה, דכיון דבהלכות פסח המחבר לומד כהרמב"ם, דהמשנה אינה עוסקת בלהושיב תרנגולת על הביצים, אלא להושיב מקום לתרנגולים, והגמ' לא איירי בזה הבבא לקבוע אם מדבר בי"ד או בחוש"מ, א"כ ממ"נ, אם לומד דדין ד"מושיבין שובכין" עוסק ג"כ בי"ד דוקא, היה לו לומר בהל' חוה"מ דגם זה {להושיב מקום לתרנגולים} אסור בחוה"מ, ואם סובר דדין זה מותר ג"כ בחוה"מ, היה לו ג"כ לומר כן, אבל ממש"כ כאן משמע דלומד כפי' רש"י, במושיב תרנגולת על ביצים, וזה אוסר בחוה"מ, וצ"ע› **ה** ‹כרב אמי, וכמ"ש הבאה"ג בסמוך, ותמוה, דהא בהלכות פסח סימן תס"ח ס"ז {הובא לעיל אות ב'} כתב להדיא, "שישבה על הביצים שלשה ימים או יותר", והיינו כרב הונא ולא כרב אמי, וצ"ע› **ו** **אוקימתא דרב הונא שם, אפי' תוך ג' לישיבתו כאוקימתא דרב אמי שם, ב"י לדעת הרמב"ם** **ז** ‹הקשה המ"א על פי' רש"י, דיש טורח גדול בחזירתה, והלא מפני דבר האבד מותר לעשות מלאכה גמורה, כ"ש זה, ותירץ, דבש"ג פי' כשפרח צימרה מינה לא מהני החזרה› **ח** **ברייתא שם וכדמפרש לה רבא** **ט** ‹{והמחבר הולך} כשיטת הרי"ף דקאי גם אי"ד, שלא היה גורס בדברי רבא "הא והא בחש"מ", {עיין בהגהת הגר"א. ועיין מה שהבאנו לעיל מהב"ח אפי' לגירסא שלנו}, **והרמב"ם** השמיטה ולא כתב אלא גבי חוה"מ, וב"י תמה עליו, והוא פשוט, דגריס כגירסא שלנו בגמ', ואב"א הא והא בחש"מ כו' – גר"א›

דמירושלמי מוכח, דמן הרפת בודאי מותר להוציאו לאשפה, ובין אם נאמר דהירושלמי מיירי דוקא בי"ד, או אפילו בחוה"מ, עכ"פ בי"ד בודאי מותר, ולפי הנראה נעלם מהב"ח דברי הירושלמי הלז).

סימן תקלה ס"ג - [י]**הזבל שבחצר אסור להוציא, אלא יסלקנו לצדדים; ואם נתרבה עד שנעשה חצר כרפת, מוציאין אותו לאשפה.**

אות ח'

כאן בארבעה עשר

סימן תסח ס"י - [יא]**מוליכים ומביאים כלים מבית האומן כל היום, אעפ"י שאינם לצורך המועד.**

הגה: ונהגו שלא להקיז דם בשום עיו"ט, ואין לשנות (כל בו בשם מהרי"ו) - דבערב שבועות יצא שד דשמו טבוח, ואלו לא קיבלו ישראל את התורה, הוי טבח להוא לבשרייהו ולדמייהו, וגזרו רבנן על כל ערב יו"ט משום ערב שבועות.

ושרעפי"ן שקורין באנקע"ס או קעפ זעצי"ן, יש מתירין, מלבד הו"ר שהוא יום הדין, **ועכ"פ** בערב שבועות יש להחמיר.

ובלילה שלפני עיו"ט מותר להקיז דם, חוץ מליל הו"ר. **ועיו"ט** אחרון של פסח, הכל מותר, דאינו רגל בפני עצמו.

וכ"ז כשרוצה להקיז לבריאות, אבל משום סכנה, כבר דשו בו רבים, ושומר פתאים ה', **ואפילו** בערב שבועות התיר בא"ר, כשצוו הרופאים בחולי שיש בו סכנה, **אבל** בלא"ה לא.

אות ט' – י'

כאן בחולו של מועד

מביאין כלים מבית האומן וכו'

סימן תקלד ס"ג- [יב]**מביאין מבית האומן כלים שהם לצורך המועד, כגון כרים וכסתות וצלוחיות** - [יג]אבל אין מוליכין לבית האומן אפילו לצורך המועד.

אבל כלים שאינם לצורך המועד, כגון מחרישה או צמר מבית הצבע, אין מביאין - בין שהאומן גמרו במועד או קודם, והטעם משום טרחא, **וי"א** משום שיסברו שנתן לתקנו במועד, ויאמרו שהאומן תקנו במועד, **ולפי"ז** אפילו מבית לבית באותה חצר דליכא טירחא, ואפילו מאומן נכרי, אסור להביא, שיסברו שהבעל הבית צוה לתקנו במועד. **כתב** הפמ"ג, דלדבר מצוה אע"פ שאין צורך המועד, י"ל דמאומן עכו"מ שרי להביא.

ואם אין לאומן מה יאכל, נותן לו שכרו ומניחן אצלו - ה"ה דאפילו יש לו מה יאכל, ג"כ מותר ליתן לו שכרו, **אלא** ה"ק, אע"פ שאין לו מה יאכל דצריך ליתן לו שכרו, והו"א דמותר ליטלן אצלו כדי שלא יתבענו שנית, קמ"ל דנותן לו שכרו ומניחן אצלו, **א"נ** משום דרוצה לסיים, ואם אינו מאמינו מניחו בבית הסמוך לו, **ואם** יש לו מה יאכל, לא יתן לו שכרו, ואינו רשאי לפנותן לבית הסמוך לו.

ואם אינו מאמינו, מניחן בבית הסמוך לו; [יד]**ואם חושש שמא יגנבו, מפנן לחצר אחרת; אבל לא יביאם לביתו** [טו]**אלא בצנעה** - לכאורה צ"ע, אם אין לו מה יאכל, למה לא יביאם בפרהסיא, דהרי מותר ליתן לו לעשות מלאכה, **י"ל** דמ"מ אסור, שהרואה לא ידע שאין לו מה יאכל, **ולפי"ז** כ"ש שאסור לו לעשות המלאכה בפרהסיא.

---

§ מסכת פסחים דף נו. §

אות א'

ואנן מאי טעמא אמרינן ליה

סימן סא סי"ג- [א]**אחר פסוק ראשון צריך לומר "בשכמל"ו" בחשאי** - שכשקרא יעקב אבינו ע"ה לבניו, בקש לגלות להם את הקץ, כדכתיב: ואגידה לכם את אשר יקרא אתכם באחרית הימים, ונסתלקה ממנו שכינה ולא הניחתו לגלותו, אמר לבניו: שמא יש בכם מי שאינו הגון, פתחו כולם ואמרו: שמע ישראל ד' אלהינו ד' אחד, פתח הזקן ואמר: בשכמל"ו, **ואמרו** רבנן היכי נעביד, נימריה, לא אמר משה, לא נימריה, הא אמר יעקב, תקנו לאמר אותו בחשאי, והוא היכר שאינו מן הפרשה הכתובה בתורה, רק יעקב אמרו.

ואם לא אמר, יש דיעות בין הפוסקים אם מחזירין אותו, (**המ"א** הביא בשם השו"ג והב"ח, שאין מחזירין אותו, **והלבוש** פוסק דמחזירין אותו, **והנה** אף שמדברי המ"א משמע, דמסכים עם הלבוש שמחזירין אותו, והכונה, להחזירו לראש או עכ"פ לבשכמל"ו, מ"מ לענ"ד נראה שהדין עם השו"ג וב"ח דבכל גווני יצא, **ומה** שהביא המג"א ראיה מסימן ס"ו ס"ו, דשם פוסק דאין להפסיק באמירת בשכמל"ו, אם לא שירא שמא יהרגנו, אלמא דהוא בכלל קבלת מ"ש כמו פסוק ראשון של שמע, **אין** ראיה לזה, דגם אנו מודין דעצם אמירת בשכמל"ו הוא ענין גדול, **אבל** אין ראיה מזה שאם דילג שיצטרך לחזור לראש, דגם אם דילג מגופא של הפרשה, אם לא שגילתה לנו התורה "והיו" שלא יקרא למפרע, לא היה צריך עי"ז לחזור לראש, ומנין לנו להחמיר ג"כ באמירת בשכמל"ו, דתקנו והוסיפו רבנן, **ולולי** דמסתפינא הו"א, דגם הלבוש מודה בזה, דלא אמר רק שצריך לחזור, ולא הוי כשאר פסוק שבק"ש שא"צ לחזור עבור הכונה אפילו אם לא התחיל עדיין הפסוק שאחריו, ונ"מ אם הוא עומד קודם "ואהבת", **אבל** אם כבר קרא ק"ש אך שדילג בשכמל"ו, א"צ לחזור עבור זה, רק יאמר אותו במקום שנזכר, ואפשר דגם זה אין צריך מצד הדין).

באר הגולה

[י] **ברייתא אוקימתא דרבא** [יא] **משנה** [יב] **ברייתא במ"ק י"ג ופסחים נ"ה** [יג] ‹ולא ידענא מנא לן להחמיר בהולכה טפי מבהבאה, דכיון שאפי' הבאה לא הותרה אלא לצורך המועד, נראה דהולכה נמי בכה"ג יש להתירה – מאמ"ר› [יד] **כגירסת הרי"ף והרא"ש שם** [טו] ‹גירסת הגמ' מו"ק י"ג: ואם אינו מאמינו מניחו בבית הסמוך לו, ואם חושש להם שמא יגנבו מפנן לחצר אחרת, ואם אינו מאמינו מביאן בצנעה בתוך ביתו. **וא"כ** גם השו"ע הכי פירושו: מביאין לחצר אחרת, אבל לא יביאן לביתו, ואם אינו מאמינו שם בחצר אחרת וצריך להביאן לביתו, לא יביאן אלא בצנעה – דמשק אליעזר› [א] **פסחים נ"ו**

עין משפט נר מצוה

מסורת הש"ס

ואוכלין מתחת הנשרים. תחת הדקל המשיר פירותיו היו אוכלין מן הנשרים וטעמא דכולהו מפרש בגמרא: ונותנין פיאה לירק. והא פטור מן הפיאה כדמפרש בגמרא: ומיחו בידן. משום דקא מפקעי ליה ממעשר שהיו עניים אוכלין אותה פיאה בטיבלה דסבורין שהיא פיאה גמורה ולקט שכחה ופיאה פטורין מן המעשר משום דהפקר נינהו: גמ' גירר עצמות אביו. משום כפרה ולא קברו בכבוד בדרגש ומטה נאה ומפני קידוש השם שיתגנה על רשעו ויוסרו הרשעים: כיתת נחש הנחשת. לפי שהיו טועים אחריו: וגנז ספר רפואות. כדכתיב והטוב (והישר) בעיניך עשיתי ואמרינן בברכות שגנז ספר רפואות לפי שלא היה לבם נכנע על חולים אלא מתרפאין מיד: סתם מי גיחון. כדכתיב (ד"ה ב לב) למה יבאו מלכי אשור ומצאו מים רבים: ולא הודו לו. שהיה לו לבטוח בהקב"ה שאמר (מלכים ב יט) וגנותי על העיר הזאת להושיעה: עיבר ניסן בניסן. לאחר שנכנס ניסן עיברו ועשאו אדר השני כדכתיב (ד"ה ב ל) ויועץ המלך חזקיה לעשות פסח בחדש השני וגו' כי מרבית העם רבים אשר לא הטהרו עדיין מטומאות שהחזיקו בהן בימי אביו אחז הרשע: ולא הודו לו. כדאמר בסנהדרין [יב:] ובברכות [י:] החדש הזה וגו' זה ניסן ואין אחר ניסן: אסא דדא. הדס לח: ושיכרא דדפנא. שכר של עץ שקורין לו"ר וגדלין בו פרי שקורין ביי"ש: דלא חלפי עליה ארבעין יומי. משנעשה: ושדו ליה לדקלא בליביה. דקל יש לו לב מתוכו ויש לו מוח לאורכו כמו שיש לעץ שקורין סנבו"ך ולתוכו והמשקה הזה מועיל לדקל להתקיים: וכל. אילן דקאי בארבע אמות דידיה דלא עבדי ליה הכי: צאוי. מתייבש: רב אחא בריה דרבא אמר. לאו היינו מרכיבין דמתניתין אלא מנחי כופרא דוכרא לנוקבתא מניחין ומוחבין במזוזות רכה בת שנתה שמיתוספה באילן בשנה שעברה וקרי ליה כופרא דיכרא על שם שמכניסין אותו בענף האילן שקולין ענף גדול וסודקו ומשים את זה בתוכו לשון אחר כופרא דיכרא ענף רך של דקל זכר ומרכיבו בסדק של דקל נקיבה מפני שדקל נקיבה אינה עושה פירות והזכרים עושין פירות: ולא היו מפסיקין. בין אחד לואהבת(ב) אע"פ דצריך להאריך באחד ולהפסיק בין קבלת מלכות שמים לדברים אחרים שכל אחד מקבל עליו ואומר אחד הוא אלהינו בפסוק ראשון ופסוק שני לשון צוואה הוא: רבי יהודה אומר מפסיקין היו אלא שלא היו אומרים ברוך שם כבוד מלכותו: וכורכין. כלומר שהיו מדבקין כל הקרייה כמות שהיא ולא היו מוסיפין ואית דגרסי שהיו אומרים ברוך שם כבוד מלכותו פי' שהיו אומרים אותו בקול רם: קץ הימין. שיחזיר ימינו לפניו שהשיב אחור ימינו מפני אויב: שמע ישראל. לאביהם היו אומרים: נימריה. להאי ברוך שם כבוד מלכותו בקריאת שמע: ציקי קדירה. ארשדור"א: יש לה גנאי. לצער גופה מחמת התאוה: מפני תרעומת המינין. שלא יהו אומרים עלינו שאנו מוסיפין דבר שאינו הגון בחשאי ומאן דגרסי שהיו אומרים ברוך שם כבוד מלכותו לעולם ועד מפרש שהיו אומרים אותו בקול רם כשאר הקרייה וביניהן לא היו מינין: נשר. פירות הנושרין: ה"ג מתירין גמזיות של הקדש של חרוב ושל שקמה. כשהוקדשו הסדנין תחילה ונתוספו הגידולין: קוצרין לפני העומר ברצון חכמים. כלומר לא הקפידו חכמים דאיסורא דאורייתא ליכא דמקום שאי אתה מביא ממנו מותר לקצור ואיסורא דרבנן נמי ליכא דילמא אתי למיכל מיניה לא גזרו דהא חדש מיבדל בדילי מיניה טולי שתא שאינו טוב אותו כל השנה: וגודשין שלא ברצון חכמים. כיון דלאו פסידא הוא גזרו רבנן שימתינו משום שמתוך שהוא מתעסק בו אתי למיכל מיניה:

תורה אור

ואוכלין מתחת הנשרים בשבת ונותנין פאה לירק ומיחו בידם חכמים: גמ' ת"ר ששה דברים עשה חזקיה המלך על שלשה הודו לו ועל שלשה לא הודו לו *גירר עצמות אביו על מטה של חבלים והודו לו כיתת נחש הנחשת והודו לו גנז ספר רפואות והודו לו ועל שלשה לא הודו לו קיצץ דלתות של היכל ושיגרן למלך אשור ולא הודו לו סתם מי גיחון העליון ולא הודו לו עיבר ניסן בניסן ולא הודו לו: מרכיבין דקלים כל היום וכו': היכי עבדי אמר רב יהודה מייתי אסא דדא ושיכרא דדפנא וקמחא דשערי דרמי במנא דלא חלפי עליה ארבעין יומין ומרתחי להו ושדו להו לדיקלא בליביה וכל דקאי בארבע אמות דידיה אי לא עבדי ליה הכי צאוי לאלתר רב אחא בריה דרבא אמר מנחי כופרא דיכרא לנוקבתא: וכורכין את שמע: היכי עבדי אמר רב יהודה אומרים °שמע ישראל ה' אלהינו ה' אחד ולא היו מפסיקין רבא אמר מפסיקין היו אלא שהיו אומרים היום על לבבך דמשמע היום על לבבך *ולא מחר על לבבך: *ת"ר כיצד היו כורכין את שמע אומרים שמע ישראל ה' אלהינו ה' אחד ולא היו מפסיקין דברי רבי מאיר רבי יהודה אומר מפסיקין היו אלא שלא היו אומרים ברוך שם כבוד מלכותו לעולם ועד *ואנן מאי טעמא אמרינן ליה כדדריש ר' שמעון בן *לקיש דאמר רשב"ל °ויקרא יעקב אל בניו ויאמר האספו ואגידה לכם ביקש יעקב לגלות לבניו קץ הימין ונסתלקה ממנו שכינה אמר שמא חס ושלום יש במטתי פסול כאברהם שיצא ממנו ישמעאל ואבי יצחק שיצא ממנו עשו אמרו לו בניו שמע ישראל ה' אלהינו ה' אחד אמרו כשם שאין בלבך אלא אחד כך אין בלבנו אלא אחד באותה שעה פתח יעקב אבינו ואמר ברוך שם כבוד מלכותו לעולם ועד אמרי רבנן היכי נעביד נאמרוהו לא אמרו משה רבינו לא נאמרוהו אמרו יעקב התקינו שיהו אומרים אותו בחשאי אמר רבי יצחק אמרי דבי רבי אמי משל לבת מלך שהריחה ציקי קדירה אם תאמר יש לה גנאי לא תאמר יש לה צער התחילו עבדיה להביא (א) בחשאי אמר רבי אבהו התקינו שיהו אומרים אותו בקול רם מפני תרעומת המינין ובנהרדעא דליכא מינין עד השתא אמרי לה בחשאי: *תנו רבנן ששה דברים עשו אנשי יריחו שלשה ברצון חכמים ושלשה שלא ברצון חכמים ואלו ברצון חכמים מרכיבין דקלים כל היום וכורכין את שמע וקוצרין לפני העומר ואלו שלא ברצון חכמים גודשין לפני העומר ופורצין פרצות בגנותיהן ובפרדסותיהן להאכיל נשר לעניים בשני בצורת בשבתות ובימים טובים ומתירין גמזיות של הקדש של חרוב ושל שקמה דברי רבי מאיר אמר לו רבי יהודה אם ברצון חכמים היו עושין יהו כל אדם עושין כן אלא אלו ואלו שלא ברצון חכמים היו עושין על שלשה מיחו בידם ועל שלשה לא מיחו בידם ואלו שלא מיחו בידם מרכיבין דקלים כל היום וכורכין את שמע וקוצרין וגודשין לפני העומר ואלו שמיחו בידם מתירין גמזיות של הקדש של חרוב ושל שקמה ופורצין פרצות בגנותיהן ופרדסיהן להאכיל נשר לעניים בשני בצורת בשבתות וימים טובים ונותנין פיאה לירק ומיחו בידם חכמים וסבר רבי יהודה קצירה שלא ברצון חכמים היא *והתנן אנשי יריחו קוצרין לפני העומר ברצון חכמים וגודשין לפני העומר שלא ברצון חכמים ולא מיחו בידם חכמים מאן

לא היו מפסיקין · בין שמע ישראל לשם דמשמע דאומר לשם שישמע ישראל ויענה*:

מחלוקת

[כתובות נב:] ברכות י: [כמשמעו ... כל זה ...] [סנהדרין מז:] [דף יב:] [תוספתא פ"ג] מנחות עא: תוספתא פ"ג מנחות סז.

נג א מיי' פ"א מהל' ק"ש הלכה ד סמג עשין יח טוש"ע א"ח סי' סא סעיף יג [רב אלפס ברכות פ"ב דף יא.]

[ופי' תוס' מנחות עא. ד"ה וכורכין]

[פי' תוס' ע"ז נ: ד"ה סיום]

פ"א בן פזי

רבינו חננאל

קיימא לן כי הא דאמר מייתו נופרא. פי' צאוי יבש' מייתו נופרא דיכרא ומעייל ליה בי' דנקיבתא: וכורכין את שמע קיימא לן כרבי יהודה דאמר לא שהיו כורכין שמע ישראל עם ואהבת את ה' אלא לעולם מפסיקין היו אלא שלא היו אומרים ברוך שם כבוד מלכותו לעולם ועד ומאי כורכין דקתני דלא היו מפסקי בדבר אחר בין שמע לואהבת את ה': ואנן מאי טעמא אמרי' ליה כי הא דדרש ר"ש בן פזי ויקרא יעקב אל בניו מלמד שבקש לגלות הקץ לבניו נסתלקה שכינה ממנו אמר דלמא חס ושלום פסול יש במטתי פתחו כלן ואמרו שמע ישראל ה' אלהינו ה' אחד כיון ששמע להם כך פתח הוא ואמר ברוך שם כבוד מלכותו לעולם ועד התקינו במקום שאין בו מינין לאמרו בחשאי ובמקום שיש בו מינין אומרין אותו בקול [רם] באושא*) דהו שכיחי

הגהות הב"ח

(א) גמרא להביא לה בחשאי: (ב) רש"י ד"ה ולא היו מפסיקין בין אחד לואהבת כ"ל אין מאריכין דצריך להאריך כצ"ל ותיבת אע"פ נמחק:

*) מדברי רבינו ז"ל אלו נראה שהיה גורס בגמ' אמר רבי אבהו באושא התקינו וכו' ולפיכך נתן טעם משום דבאושא כוו שכיחי מינין.

עין משפט נר מצוה

נד א מיי' פ"ב מהל' מתנות עניים הלכה א ב:

מסורת הש"ס

מאן שמעת ליה דאמר מיחו ולא מיחו רבי יהודה וקתני קוצרין ברצון חכמים ולימעמיך הני ארבעה הוה אלא סמי מיכן קצירה: ומתירין גמזיות של הקדש של חרוב ושל שקמה אמרו אבותינו לא הקדישו אלא קורות ואנו נתיר גמזיות של הקדש של חרוב ושל שקמה ובגידולין הבאין לאחר מכאן עסקינן וסברי לה כמ"ד אין מעילה בגידולין ורבנן סברי נהי דמעילה ליכא איסורא מיהא איכא: ופורצין פרצות: אמר עולא א"ר שמעון בן לקיש מחלוקת בשל מכבדות דרבנן סברי גזרינן שמא יעלה ויתלוש ואנשי יריחו סברי לא גזרינן שמא יעלה ויתלוש אבל בשל בין הכיפין דברי הכל מותר א"ל (א) רבא והא מוקצות נינהו וכי תימא הואיל דחזי לעורבין השתא מוכן לאדם לא הוי מוכן לכלבים *דתנן ר' יהודה אומר אם לא היתה נבילה מע"ש אסורה לפי שאינה מן המוכן מוכן לעורבים הוי מוכן לאדם א"ל *אין מוכן לאדם לא הוי מוכן לכלבים דכל מידי דחזי לאיניש לא מקצה ליה מדעתיה מוכן לעורבים הוי מוכן לאדם כל מידי דחזי לאיניש דעתיה עלויה כי אתא רבין א"ר שמעון בן לקיש מחלוקת בשל בין כיפין דרבנן סברי מוכן לעורבים לא הוי מוכן לאדם ואנשי יריחו סברי מוכן לעורבים הוי מוכן לאדם אבל בשל מכבדות דברי הכל אסור גזרינן שמא יעלה ויתלוש: ונותנין פיאה לירק: ולית להו לאנשי יריחו הא *דתנן *כלל אמרו בפיאה כל שהוא אוכל ונשמר וגידולו מן הארץ ולקיטתו כאחת ומכניסו לקיום חייב בפיאה כל שהוא אוכל פרט לספיחי סטים וקוצה ונשמר פרט להפקר וגידולו מן הארץ פרט לכמהין ופטריות ולקיטתן כאחת פרט לתאנים ומכניסו לקיום פרט לירק א"ר יהודה אמר רב הכא בראשי לפתות עסקינן ומכניסו לקיום ע"י דבר אחר קמיפלגי מר סבר מכניסו לקיום ע"י דבר אחר שמיה קיום ומר סבר לא שמיה קיום: ת"ר בראשונה היו נותנין פיאה ללפת ולכרוב ר' יוסי אומר אף לקפלוט ותני' אידך *היו נותנין פיאה ללפת ולקפלוט ר"ש אומר אף לכרוב

נימא

רש"י

מאן שמעת ליה. דנקט ליסנא דמיחו ולא מיחו ר' יהודה היא דשמעת ליה לעיל: **ולימעמיך**. דסבירא לך הא דלעיל דקתני אלו ואלו שלא ברצון חכמים כו' מתרלתא היא דקא רמית אחריתי עליה ליפרכיה מינה ובה דקתני על שלשה לא מיחו וקא חשיב ארבעה מרכיבין וכורכין וקולרין וגודשין: ובגידולין גרסינן: **כמאן דאמר אין מעילה בגידולין**. במסכת מעילה (דף יג.): **מחלוקת**. דאנשי יריחו ורבנן: **בשל מכבדות**. כפות תמרים הן בראש הדקל וכפופות זו אצל זו כעין כלי וכשהתמרים נושרין מקבלות אותן וכיון דגבוה וצריך לעלות על הדקל לנטלן חיישינן שמא יתלוש מן המחוברות דהוי אב מלאכה: **בשל בין הכיפים**. למטה מנופיהן נופות התחתונים וליכא למיחש לתלישה דאין כאן מחוברות: **והא מוקצות נינהו**. שמערב שבת בין השמשות היו מחוברות ונמצאו מוקצות מחמת איסור תלישה ומוקצה בין השמשות מוקצה לכל היום: **וכי תימא הואיל וחזו**. במחובר לעורבים שיש לו הגדילות בתוך ביתו לגדולה ומותר להעמידם עליהן לאוכלם: **נבילה** שנתנבלה בשבת היתה עומדת בין השמשות לאדם ולא חשיב לה מוכן לגבי כלבים: **ונשמר**. שאינו מופקר ומקפידין עליו לשומרו: **ומכניסו לקיום**. שמתקיים ימים רבים: **ספיחי סטים וקוצה**. קשין לאכילה אבל סטים וקוצה שאינם ספיחים חזו לאכילה סטים מוריק"א קרו"ג: **קוצה**. וויישד"א: תאינה אינה מתבשלת כאחת אלא זו גמורה היום ואחרת יוצאה בלידה כל ימות הקיץ: **ראשי לפתות**. עלי הלפת מכניסין אותן לקיום על ידי האימהות: **ללפת**. לעלין דבאימהות כולי עלמא מודו דהא מתקיימין:

הכי

תוספות

מחלוקת בשל מכבדות. פ"ה כולה שמעתא בנתלשו ביו"ט ודווקא בשל מכבדות דאיכא נמי מחוברות גזרו רבנן שמא יעלה ויתלוש וקשה נהי דלא גזרו בני יריחו בשל מכבדות שמא יעלה ויתלוש תיפוק ליה שמשתמש במחובר דאטו לית להו הא דתנן (ביצה דף לו:) אין עולין באילן וכו' ובין הכיפין נמי אמאי ד"ה מותר הא קמשתמש באילן כדאמר בפירקי (שבת דף קנה:) אין מניחין נר על גבי דקל שמא ישתמש באילן בשעת נטילתה וכן משמע בעירובין (דף ק.) ובכמה דוכתי ועוד דלא גרע בין הכיפין מביצה שנולדה שהיא על הקרקע דאסרינן בביצה (דף ג.) משום פירות הנושרין *וליכא לאוקמא בפחות מג' טפחים דמותר להשתמש דמ"מ ה"ל לפלוגי בבין הכיפין בין פחות מג' טפחים ליותר ונראה לר"י דשמעתא איירי בתלושין מעי"ט במכבדות ובכיפים ומונחים שם בין השמשות וקאמר מחלוקת בשל מכבדות דרבנן אסרי אפילו נפלו לארץ בי"ט כיון דמכבדות איכא נמי מחוברים גזרינן שמא יעלה ויתלוש כיון דבין השמשות היו על האילן אע"פ שהן תלוש ובני יריחו לא גזרו כיון דתלוש מעי"ט אבל בשל בין הכיפין הואיל ולא היו שם מחוברים ליכא למיגזר אטו שמא יעלה ויתלוש ממקום שלא נשרו והשתא א"ש דלא דמי לביצה דהתם שנולד בי"ט גזרינן והכא בנתלשו מעי"ט וקצת תימה איך יכירו בין אותם שנשרו אתמול לאותם שנשרו היום ונשר מן הכיפין לנשר מן המכבדות ופריך והא מוקצה נינהו כיון דהוו בין השמשות על האילן ולא היו ראויות ליטול שלא ישתמש באילן ובירושלמי דס"פ פריך במה אנן קיימין אי בנשרו מעי"ט ד"ה מותרים ואי בי"ט ד"ה אסורים אלא במה קיימין בספק פי' דבספק לא שייך למיגזר שמא יעלה ויתלוש אלא דוקא בנשרו ודאי בי"ט והיכא דנשרו ודאי בי"ט אפילו בשל בין הכיפין אסור ופריך והא מוקצות נינהו אלא מ"מ קשה דתיפוק ליה שמשתמש במחובר:

דתנן רבי יהודה אומר אם לא היתה נבילה מע"ש. תימה הא התם לא הוי מוכן לאדם דאסור לשוחטה בשבת ומפרש ה"ר יוסף דממשנה יתירה דייק דלא ה"ל למיתני לפי שאינה מן המוכן כיון דככר תנא אסורה אלא אפילו היה מוכן שאין מוקצה מחמת איסור לא הוי מוכן לכלבים ור"י מפרש מוכן לאדם היינו שעומדת לאכילת אדם ואע"ג דאין ראויה לאדם לאותה שבת היינו מחמת איסור ולא מחמת הקצאה שלא היה רוצה שיהנה בה אדם ולא אמרינן עמידתה לאדם כעמידתה לכלבים שאלו היתה עומדת לכלבים כמו שעומדת לאדם היתה מותרת כשנתנבלה בשבת דלגבי כלבים ליכא מוקצה מחמת איסור כי יש דברים שראוים לינתן לכלבים חיים כגון עופות וכיוצא בהן ולא אמר דהוי מוכן לכלבים אע"ג דלבסוף הוי מוכן לכלבים אלא אדרבה לפי שסתמא עומד לאדם מקצי ליה מכלבים ה"נ מוכן לעורבים לא הוי מוכן לאדם אע"ג דלבסוף הוי מוכן לאדם:

מוכן לעורבים. אפילו אי לא שרי הכא אלא למי שיש לו עורבים איצטריך בריש ביצה (דף ג.) למיסר פירות הנושרין מטעם גזירה שמא יעלה ויתלוש דלא מצי למימר התם איסורא משום מוקצה שהרי מעמיד שם המשנה בתרנגולת העומדת לאכילה א"כ איסור מוקצה לא שייך בה למיגזר אי לאו משום גזרה שמא יעלה ויתלוש:

כלל אמרו בפיאה כו'. נראה לרבינו תם דמדאורייתא לא מיחייב בפאה אלא זית וכרם ושדה דכתיבי בהדיא בקרא ואחריני תקנתא דרבנן נינהו ושאין מכניסו לקיום לא רצו לתקן פיאה דאינו דבר חשוב ותאינה וכל דדמי לה אף על גב דחשיב איכא בטול עניים לפי שאין לקיטתן כאחד והפסד יתר על הריוח וכמיהין ופטריות הואיל ואין במינו חיובא שאין גדל בקרקע לא תקנו והא דדריש בתורת כהנים יכול שאני מרבה קישואין ודלועין שיהיו חייבין בפיאה תלמוד לומר ובקוצרכם את קציר ארצכם מה קציר שהוא אוכל ונשמר וגידולו מן הארץ אף כל כו' יצאו ירקות כו' אסמכתא בעלמא היא כמו שדורש שם מקרא מעשר ירק אף על גב דהוי דרבנן:

אלא

מסורת הש"ס: חולין ידי שבת קנו: ביצה ו: כו: — [ביצה שם] — שבת סה: נדה כ: פיאה פ"א [מ"ד] — [תוספתא פ"ג]

מהרש"א מסכן הדברים הן וליכא לאוקמא בתחלה עד ליותר ואח"כ ועוד דלא גרע כו' עד פירות הנושרין ואח"כ ונראה לר"י:

הגהות הב"ח

(א) גמרא א"ל רבה והא מוקצות נינהו:

רבינו חננאל

פיגן: ומתירין גמזיות של הקדש פי' הן נצרים הפרים משרשי אילנות והן קשקשי אילנות והיו אנשי יריחו אומרים אבותינו לא הקדישו אלא הקורות מפני שהיו בעלי בתים נוטלין אותן בחוזק קורות הקדש גדולין לא הקדישו והיו מתירין הגזיזות ומיחו בידם חכמים ואמרו נהי דמעילה בגידולין ליכא איסורא מיהא איכא רבנן לטעמייהו דפליגי עליה דר' יוסי במעילה פ"ד ואמרי הקדיש אילן ואח"כ נשא פירות שדה ואח"כ נתמלאת עשבים מועלין בהן ואין מועלין בגמה שבתוכן: ואוכלין מתחת הנשרי' פי' מן הפירות הנשבלות מן האילן ומיחו בידם חכמים ואוקמא בלישנא בתרא מחלוקת בשל בין הכיפים ואנשי יריחו סברי מוכן לעורבים הוה מוכן לאדם ורבנן סברי מוכן לעורבים לא הוה מוכן לאדם אבל התמרים של מכבדות שהן מחוברין אם נשרו דברי הכל אסורין מאי טעמא גזירה שמא יעלה ויתלוש כי מחוברין הוו ונפלו בשבת ואמר מותרין רק יעלה ויתלוש: ואקשינן ונותנין פיאה לירק והתנן כלל אמרו בפיאה כל שהוא אוכל ונשמר וכו' ואמרינן בפיאה ומכניסו לקיום חייב בפיאה ותאנים לקיטתן כאחת אין מכניסו לקיום ושני רב יהודה משמא דרב האי ירק דקתני במתני' ראשי לפתות הן דמכניסין לקיום ע"י ד"א כבכבישה כדרך כל הכבושין. אנשי יריחו סברי כי האי תנא מכניסו לקיום[ע"י ד"א שמיה קיום] ורבנן סברי לא: ת"ר נותנין פיאה ללפת ולכרוב רבי יוסי אומר אף לקפלוט ותניא אידך נותנין פיאה ללפת ולקפלוט רבי שמעון אומר אף לכרוב

‹ההלכות הן מול נ"ח ב›

מסורת הש"ס

עין משפט נר מצוה

הכי גרסינן נימא תלתא תנאי הוו לא תרי תנאי הוו · ותנא קמא דרבי יוסי היינו ר' שמעון ותנא קמא דרבי שמעון היינו רבי יוסי ומאי אף אקמייתא: נימא תלתא תנאי הוו · תנא קמא דר' יוסי ללפת ולכרוב ולא לקפלוט ותנא קמא דרבי שמעון ללפת ולקפלוט ולא לכרוב ורבי יוסי ורבי שמעון כי הדדי סבירא להו ללפת ולכרוב ולקפלוט : לא · ת"ק דר' שמעון הוא ר' יוסי ות"ק דר' יוסי הוא ר' שמעון ומאי אף דקאמרי תרוייהו אקמייתא דתנא קמא דידהו קיימי דהיינו ללפת דקאמר תנא קמא דרבי יוסי ללפת ולכרוב וקאמר ליה רבי יוסי אף לקפלוט כמו ללפת אבל לכרוב לא ותנא קמא דרבי שמעון נמי הכי קאמר ללפת ולקפלוט כרבי יוסי וקאמר ליה רבי שמעון אף לכרוב כמו ללפת אבל לקפלוט לא דהיינו כתנא קמא דר' יוסי : בן בוהיין · שם אביו בוהיין : כפליים במעושר גרסי' אני אתן לכם כפליים שיש לכם עכשיו פיאה אתן לכם חולין מתוקנין ומעושרין: אין נותנין פיאה לירק · משום דמפקע ליה ממעשר דכתיב (דברים יד) ובא הלוי כי אין לו חלק ונחלה עמך מי שאין לו נחלה עמך חייב לעשר יצא פיאה שיש לו נחלה עמך דהפקר ניהו וכן בשביעית דהפקר פטור ממעשר דכתיב (שמות כג) ואכלו אביוני עמך ויתרם תאכל חית השדה מה חיה אוכלת ופטורה ממעשר אף אביונים פטורין מן המעשר : למה ליה למימר להן לא מפני כו' · הא קא יהיב להן כפליים ומיחזי חזו דלא עין צרה היא: דלא לימרו דמרחי לן · ולא יתן לנו כלום דמה לו ליטול זו וליתן פי שנים לפיכך הוצרך לפרש להן טעמא של דבר : עורות קדשים · עור עולה וחטאות ואשמות וקרבנות ציבור שמחלקין עורות קדשי הקדשים לכהנים כדכתיב (ויקרא ז) עור העולה אשר הקריב ויליפינן בזבחים (דף קג:) משולה כל עורות קדשי קדשים : ולערב · שכל יום היו מחלקין אותן לאנשי בית אב שעבדו היום שהמשמר היה חלוק לששה בתי אבות לששה ימים ומה שהגיע ליומן הן מרובה הן מועט הוא נוטל אע"פ שיש יום שמרבים היחידים להביא ביום זה מחבירו : בעלי זרועות · שהיו כהנים חזקים מחביריהם: לערב שבת דכולי משמרה תיהוי התם ולא יניחו לבעלי זרועות ליטול בזרוע : גדולי כהונה · שרים שבהן: עמדו בעלים · כל כהני משמרות יחד והקדישום לבדק הבית : בהר הבית · רחבה פנויה חוץ לעזרה ויש שם מעלות כדאמרינן בפ"ק דיומא

[תוספתא פ"ג]

[תוספתא דמנחות פי"ג וזבחים פי"א]

[מכילתא ערך דלם פי' דופי]

[פי' שהיו רכילין מלוך פנק לתם]

כריתות כח. [וש"נ]

פי' לו ולאנשי ביתו כי היו לו בני בית גרוע

פי' רש"ל

נימא תלתא תנאי הוו לא תרי תנאי הוו ותנא קמא דר' שמעון היינו ר' יוסי ותנא קמא דר' יוסי היינו ר' שמעון ומאי אף אקמייתא: ת"ר *בן בוהיין נתן פיאה לירק ובא אביו ומצאן לעניים שהיו טוענין ירק ועומדין על פתח הגינה אמר להם בני השליכו מעליכם ואני נותן לכם כפליים במעושר לא מפני שעיני צרה אלא מפני שאמרו חכמים אין נותנין פיאה לירק למה ליה למימרא להו לא מפני שעיני צרה כי היכי דלא לימרו דהויי קא מרחי לן: ת"ר *בראשונה היו מניחין עורות קדשים בלשכת בית הפרוה לערב היו מחלקין אותן לאנשי בית אב והיו בעלי זרועות נוטלין אותן בזרוע *התקינו שיהיו מחלקין אותן מערב שבת לע"ש דאתיין כולהו משמרות ושקלן בהדדי ועדיין היו גדולי כהונה נוטלין אותן בזרוע עמדו בעלים והקדישום לשמים אמרו לא היו ימים מועטים עד שחיפו את ההיכל כולו בטבלאות של זהב שהן אמה על אמה כעובי דינר זהב ולרגל היו מקפלין אותן ומניחין אותן על גב מעלה בהר הבית כדי שיהו עולי רגלים רואין שמלאכתם נאה ואין בה *דלם *תנא אבא שאול אומר קורות של שקמה היו בירירו והיו בעלי זרועות נוטלין אותן בזרוע עמדו בעלים והקדישום לשמים ועל כיוצא בהם אמר אבא שאול בן בטנית משום אבא יוסף בן חנין אוי לי מבית בייתוס אוי לי מאלתן אוי לי מבית חנין אוי לי *מלחישתן אוי לי מבית קתרוס אוי לי מקולמסן אוי לי מבית ישמעאל בן פיאבי אוי לי מאגרופן שהם כהנים גדולים ובניהן גיזברין וחתניהם אמרכלין ועבדיהן חובטין את העם במקלות *תנו רבנן ארבע צווחות צוחה עזרה ראשונה צאו מכאן בני עלי שטימאו היכל ה' ועוד צווחה צא מכאן יששכר איש כפר ברקאי שמכבד את עצמו ומחלל קדשי שמים דהוה כריך ידיה בשיראי ועביד עבודה ועוד צווחה העזרה שאו שערים ראשיכם ויכנס ישמעאל בן פיאבי תלמידו של פנחס וישמש בכהונה גדולה ועוד צווחה העזרה שאו שערים ראשיכם ויכנס יוחנן בן נרבאי תלמידו של פנקאי וימלא כריסו מקדשי שמים אמרו עליו על יוחנן בן נרבאי שהיה *אוכל ג' מאות עגלים ושותה ג' מאות גרבי יין ואוכל ארבעים סאה גוזלות בקינוח סעודה אמרו כל ימיו של יוחנן בן נרבאי לא נמצא נותר במקדש מאי סלקא ביה ביששכר איש כפר ברקאי אמרי מלכא ומלכתא הוו יתבי מלכא אמר גדיא יאי ומלכתא אמרה אימרא יאי אמרו מאן מוכח כהן גדול דקא מסיק קרבנות כל יומא אתא איהו ארוי

(דף טז.): דלם · דופי : קורות · מחוברין שוביו של אילן קרי קורה: בייתוס · כהן גדול היה וכן טלן [והיו להן עבדים תמסין וחובטין את העם]: אלתן · מקטיגין כמו לא באלה ולא ברומח במסכת שבת (דף סג.): לחישתן · יועצי רע : קולמוסין · שהיו כותבין איגרות לרעה : אמרכלים · אמר כולו על פיו נחתך כל צורך הקדש : שטימאו · כדכתיב (שמואל א ב) אשר ישכבון את הנשים : כריך ידיה בשיראי · וחלילה פוסלת בקדשים דבעינן ולקח הכהן שיקח בעצמו ועוד דבזיון הוא : ישמעאל בן פיאבי · כשר היה אבל אנשי ביתו היו בעלי זרוע : שלש מאות עגלים · שהיה מגדל בביתו כהנים הרבה : מאי סלקא ביה · מה גמול נשתלם : מלכא ומלכתא · מלכי בית חשמונאי: גדיא יאי · גדי טוב לאכול יותר מן הכבש : אחוי

אלא מפני שאמרו חכמים אין פיאה לירק · ואם תאמר מכל מקום ליפטר ממעשר מפני שהפקירם והפקר פטור ממעשר וי"ל כב"ה דאמרי במס' פאה [פ"ו מ"א] אינו הפקר עד שיופקר לעניים ולעשירים כשמיטה וילפינן (בירושלמי) משמיטה דכתיב תשמטנה ונטשתה מה ת"ל ונטשתה יש לך נטישה אחרת שהיא כזו ומה היא זו הפקר לעניים ולעשירים אע"ג אפילו בית שמאי דילפי מפיאה וסברי דהפקר לעניים הפקר (*הכא מחייבי משום דהפקר בטעות הוה) וטעמא מפרש התם דכתיב בפיאה לעני ולגר מה תלמוד לומר תעזוב אותם יש לך עזיבה אחרת שהיא כזו ומה היא זו לעניים ולא לעשירים *ומיהו בפיאה גופיה כולי עלמא מודו דפטורים כדדרשינן בספרי ובא הלוי כי אין לו חלק ונחלה עמך יצא זה שיש לו וללוי חלק בהן שאם הוא לוי עני נוטל פיאה: דכריך ידיה בשיראי · פירש בקונטרס וחלילה פוסלת בקדשים דכתיב ולקח הכהן בעינן שתהא לקיחה בעצמו של כהן וא"ת והא גבי לולב לא אמרינן הכי בפרק לולב הגזול (סוכה דף לז·) גבי לא ליגקוט איניש לולבא בסודרא רבא אמר לקיחה על ידי ד"א שמה לקיחה ותירץ ר"י דהתם מיירי כאוחז הלולב על ידי סודר כעין לבא כגון שכרך הלולב בסודר ואוחז בסודר שהסודר מסייעו להחזיק וכי האי גוונא לא הויא חלילה וכן משמע בההיא שמעתא דבהכי מיירי דהא קאמר התם לא ליאחוז איניש לוליבא בהושענא דילמא נתרי טרפי והוי כחלילה רבא אמר מין במינו אינו חוצץ משמע דבשאינו מינו חוצץ והיינו משום דההיא הוי כעין דשמעתין דכריך ידיה בשיראי דכי האי גוונא שייכא חלילה* :

[שם בתוספתא]

[ועי' תוס' יומא נח. ד"ה מין ותוס' זבחים כד. ד"ה הואיל ותוס' סוכה לז. ד"ה כי]

הדרן עלך מקום שנהגו

נה א מיי' פ"ט מהלכות מעשה קרבנות הל' כ:

פ"ס פה ועיין בסמוך אחר מלות ולא לעשירים בגכון

רבינו חננאל

ואוקימנא לה לר' יוסי ור' שמעון ומאי אף דקתני הא והא אלפת והכי קתני נותנין ללפת ולכרוב ר' יוסי אומר ואף לקפלוט ר' יוסי הוא התנא קמא דפליג על ר' שמעון ותניא אידך נותנין פאה ללפת ולקפלוט ר' שמעון אומר ללפת אף לכרוב ר"ש הוא התנא קמא דר' יוסי נמצא תנא קמא דר' יוסי ר' שמעון ות"ק דר"ש רבי יוסי ואמאי דקתני ת"ק ראשון מוסיף עליה בר פלוגתיה אף כך וכך: בן *) נכי (היין) [היה] נותן פיאה לירק בא אביו ומצאן לעניים טוענין ועומדין בפתח הגנה אמר להם בני השליכו מעליכם [ואני נותן לכם] כפלים מעשר עני לא מפני שעיני צרה אלא מפני שאמרו חכמים אין נותנין פיאה לירק: ת"ר בראשונה היו מניחין עורות קדשים בלשכת הפרוה ולערב היו חולקין אותן והיו בעלי זרועות נוטלין אותן בזרוע הקדישום בעליהם לשמים כו' עד כדי שיהו עולי רגלים רואין שמלאכתן נאה בלי דלם: תניא קורות שקמה היו בירחו והיו בעלי זרועות נוטלין אותן בזרוע עמדו בעליהן והקדישום לשמים עליהם ועל כיוצא בהן אמרו אוי לי מבית חנן אוי לי מלחישתן שהיו רכילין אוי לי מבית בייתוס אוי לי מאלתי' בעלי זרוע אוי לי מבית קתרוס אוי לי מקולמוסן שהיו חוקקי און . ישמעאל בן פיאבי הוא היה טוב ובני ביתו היו אגרופין והם כהנים גדולים ובניהם גזברין וחתניהן אמרכלין ועבדיהם חובטין העם במקל: ת"ר ארבע צווחות צוחה עזרה שתים בכניסה ושתים ביציאה ראשונה צוחה צאו מכאן בני עלי שטמאו היכל ה' ועוד צוחה צא מכאן יששכר איש כפר ברקאי שמכבד עצמו דכריך ידיה בשראי ועביד עבודה תמצא מבזה קדשי שמים ליגע אותם בידו ועוד צוחה שאו שערים ראשיכם ויכנס ישמעאל בן פיאבי תלמידו של פנחס וישמש בכהונה גדולה: הדרן עלך פרק מקום שנהגו

*) אולי צ"ל בן מביא יין וכ"ה בירושלמי בן נכי היין ובתוספתא הגי' מעשה בבן נגו ועי' במלאכת שלמה כאן .

‹ההלכות הן מול נ"ח ב'›

מסורת הש"ס

אחזי בידיה אי גדיא יאי יסק לתמידא אמר מלכא הואיל ולא הוי ליה אימתא דמלכותא ניפסקו לימיניה יהב שוחד ופסקיה לשמאליה שמע מלכא ופסקיה לימיניה אמר רב יוסף *בריך רחמנא דאשקליה ליששכר איש כפר ברקאי *למיטרפסיה מיניה בהאי עלמא אמר רב אשי ישכר איש כפר ברקאי לא תנא מתניתין *דתנן ר"ש אומר כבשים קודמים לעזים בכל מקום יכול מפני שמובחרין במינן ת"ל °אם כבש יביא קרבנו מלמד ששניהן שקולין כאחד רבינא אמר אפילו מקרא נמי לא קרא דכתיב °אם כבש אם עז אי בעי כבש לייתיה אי בעי עז לייתיה:

תורה אור ויקרא ד סס ג

לפני בידים. בלשון לחוק: אימתא דמלכותא. לא דיו שלא אמר כמותי אלא שאמר אף בלשון לחוק: דאשקליה. שהשיא שוט וגמולו: למיטרפסיה. גמולו: לא תנא. לא שנה משנה וברייתא: כבשים קודמין לעזים. בכ"מ כתב כבש תחלה: אם כבש יביא קרבנו. כאן הקדים שעירה לכבשה דכתיב בפרשה עליונה והביא את קרבנו שעירת עזים וגו' והדר אם כבש יביא וגו': אם כבש אם עז. *גבי שלמים מלא הראה לך הכתוב רמז מובחר בזה מזה שמעת מינה ששניהן שוין:

כריתות כח.

[פי' רש"י שם בכריתות]

[פי' גבא דינו ממש וי"א לשון ארמי הוא ופי' נכל חלקו וגורלו מן השונא כנגד חוטמו. ערוך]

גליון הש"ס גמ' אמר רב יוסף בריך רחמנא. כעין זה יבמות קט ע"ב:

הדרן עלך מקום שנהגו וסליקא לה פסח ראשון

סדר והלכות קרבן פסח ראשון בקצרה

מצות עשה לשחוט קרבן פסח בי"ד בניסן אחר חצות בכ"מ בעזרה. ואיש ואשה חייבין במצוה זו*. ובא מן הכבשים או מן העזים זכר בן שנה. ומי שביטלה במזיד והוא טהור ובדרך רחוקה לא היה חייב כרת*: ולא יהיה כזית חמץ בבית שום א' מהמתעסקים ואם היה חמץ ברשות אחד מהם לוקה והפסח כשר*. לכתחילה לריך לשחוט אותו אחר התמיד של בין הערבי' והקטרת והטבת נרות*[א] ובחול נשחט התמיד בז' ומחצה וקרב בח' ומחצה[ב] ובשבת נשחט בו' ומחצה וקרב בז' ומחצה והפסח אחריו*. הפטורין מקרבן ראייה פטורין מפסח* (תוס' פסחים דף ג':) ומלוה לכתחילה לחלק כל העם שעמו הפסחים לג' כתות בעזרה וכל כת לא פחות מל' בני אדם. נכנסה כת ראשונה עד שנתמלאה העזרה ונועלין הדלתות ושוחטין ואם נמלא בעל מום או טריפה שוחטין אחר אפי' בשבת אפי' מאה עד שיכשיר א' או עד שתחשך וידחה לפסח שני שהרי אנוס הוא[ג]. ויהא א' ממרס בדמו שלא יקרוש עד שיזרוק[ד] דם התמיד. והלוים קראו את ההלל בשיר כל זמן שחיטה והקרבה ואם גמרו ההלל ועדיין לא שלמו הכת מלהקריב שונים ואם שנו ולא שלמו מלהקריב משלשין ומעולם לא שלשו. ועל כל קריאה וקריאה תוקעין ג' תקיעות בחצוצרות תקיעה תרועה תקיעה [ועל כל פסח היו ט' תקיעות והכין הקריאה והתקיעות מפורש בסוכה נד. ובתוס' ד"ה סייר] והכהנים עומדים שורות שורות ובידיהם מזרקי כסף ומזרקי זהב שורה שכולה כסף כסף ושורה שכולה זהב זהב ולא היו מעורבין משום נוי. ולא היו למזרק שוליים כדי שלא יניחום ויקרוש הדם. שחט השוחט וקיבל הכהן ונותנו לחבירו וחבירו לחבירו עד שיגיע הדם אצל הכהן הקרוב למזבח ושופכו שפיכה אחת כנגד היסוד. חזר וקיבל מזרק א' מלא ואח"כ החזיר הריקן. ואח"כ תולין הבעלים הפסח במסמרות של ברזל שהיו קבועין בכתלים ובעמודין ומי שלא מלא מקום לתלות לקח ממקלות דקים וחלקים שהיו שם והניחו על כתיפו ועל כתף חבירו ותולה ומפשיט. ומפשיטין את כולו וקורעו וממחה את קרביו עד שמסיר מהן הצואה והפרש ומוציא האימורין והם החלב שעל הקרב ויותרת הכבד וב' כליות והחלב שעליהן והאליה לעומת העצה ונותנם בכלי שרת ומולחן ומקטירן הכהן ע"ג מזבח כל פסח בפני עצמו. ואסור להביא האימורין לידי טתר. נטמא הבשר ונודע לו קודם זריקה אע"פ שאימורין טהורין לא יזרוק הדם ואם זרק לא הורלה ואם נודע לו אחר הזריקה הורלה. נטמאו האימורין והבשר קיים זורק הדם והבשר נאכל לערב. נטמאו הבעלים כל החבורה אחר שנשחט לא יזרוק ואם זרק לא הורלה וחייבין בפסח שני: כל שפסולו בגופו ישרף מיד. בדם או בבעלים תעובר לורתו ואח"כ ישרף (מיד). שלמו מלהקריב פותחין דלתות העזרה ויולאת כת ראשונה ונכנסה כת שניה יצאת שניה נכנסה שלישית כמעשה ראשונה כך מעשה שניה ושלישית. שלמה כת ג' ויולאת רוחלים העזרה אפילו בשבת. חל י"ד בשבת מעשהו כמעשהו בחול לפי שקבוע לו זמן וא"א לעשותו קודם השבת אבל מה שהיה אפשר לעשות קודם השבת כגון הבאתו מחוץ לתחום והוליכת יבלתו בכלי אם היבלה לה וכדומה אסור או מה שאפשר לעשות אחר השבת כגון הדחת קרביו וצלייתו וכדומה[ה] אינו דוחה שבת. שכח ולא הביא הסכין בע"ש אם לא הקדישו עדיין יניחו בין קרני הכבש או בצמרו ומכישו עד שמביאו לעזרה ומקדישו שם הואיל וקבוע לו זמן. ובשבת לבד רשאין להקטיר האימורין כל הלילה לפי שחלבי שבת קרבין בי"ט: שלמו מלהקריב בחול בעל הזבח נוטל פסחו עם העור ומביאו לביתו בירושלים ובשבת לא היו רשאין להוליך פסחיהן לבתיהן אלא כת א' יולאין בפסחיהן ויושבין בהר הבית וכת ב' יושבת בחיל וכת ג' עומדין במקומן בעזרה ושוהים הכל עד מ"ש: **ואחר** שבא לביתו *צלאו וכילד צלאו נוטל אותו טלו שלא יחסר אבר ממנו ותוחבו מתוך פיו עד בית נקובתו בשפוד של עץ רמון ותולהו לתוך התנור שלא יגע בחרסית התנור והאש למטה וכרעיו ובני מעיו תולה לו ואין טולין אותו בתנור שגרוף האש או ע"ג כלי אבן או כלי מתכת לפי שצריך להיות צלי אש ולא ע"י ד"א ואם היה הכלי מנוקב ששולט בו האור טולין עליו. ואסור לאוכלו חי אפילו חצי צלי ומבושל אפילו לאחר צלייתו ומותר לסוך אותו בשעת צלייתו או לטבל בשעת אכילתו במי פירות חוץ ממים: **ואחר** שצלאו אוכלו לערב וחותך הבשר ואוכל וחותך העצמות מן הפרק ומפרקן אם רצה וכשיגיע לגיד הנשה מוציאו ומניחו עם שאר הגידין והעצמות והקרומות שיוצאין בשעת אכילה. ולא יאכל ממנו כזית צלי מבשו"י. וכל האוכל מן הפסח אינו אוכל אלא בחבורה אחת ואין מוציאין ממנו מן החבורה שיאכל בה (אבל ב' חבורות יכולין לאכול פסח א' בב' מקומות) (כ"ס הכ"מ) ובשר הפסח שהוליאו בעקירה והאחה חוץ לחבורתו מן האגף ולחוץ נאסר באכילה. הפסח אינו נאכל אלא בהיקף מחילה וב' חבורות שאוכלין בבית א' צריכין כל חבורה לעשות היקף מחילה לעצמן ואלו הופכין פניהם לכאן ואלו לכאן שלא יראו מעורבין וכלה מותרת להחזיר פניה ושמש א' משמש לשניהם והתחיל לאכול ואוכלו בפיו כשהולך לשמש לחבורה אחרת קופץ פיו ומחזיר פניו עד שמגיע אצל חבורתו נפרלה ולחם לחבירו אינן אוכלין ובן אם עשה מחילה בין חבורה א' אין אוכלין עד שמסתלק: בתחלת הסעודה שנכנסו רק ב' מהחבורה צריכין להמתין על השאר אבל ג' שנכנסו בזמן הסעודה אין צריכין להמתין: נטמאת מקצת האברים שורף את הטמאים ואוכל הטהורים. נטמאת שלם או רובו שורפין אותו לפני הבירה כדי לביישן שלא יחזרו בו ונשרף מעצי המערכה ואם רצו הבעלים לשורפו בקש ובקנים משל עצמן שורפין. ונטמאת מיתשתו והעוזר שורפין בחלרותיהן מעצי עצמן. נטמאת הבעלים מקצתן אע"פ שהתחילו כבר לאכול ונטמאת זכו הטהורים בחלקם של טמאים אבל התחילו סלק לאכול ונטמאת מקצתן חלק הטמאים ישרף וה"ה אם מתו. אין הפסח נשחט ונזרק ונאכל אלא למנויו ולנמולים ולטהורים ולשם פסח. המאכיל פסח ראשון או שני למומר או גר תושב ולנכרי אף על פי שנימול מכין אותו מכת מרדות וישראל ערל שאכל פסח חייב מלקות: מילת בניו ועבדיו וטבילת שפחותיו של גדול מעכבתו מלשחט ולאכול הפסח ולא עבדיו ושפחותיו של קטן מעכבים את הקטן. לכתחלה לא ישחוט על יחיד ואם שחט לריך שיהיה ראוי לאכול את כולו וכן אין שוחטין אלא על מי שראוי לאכול כזית ממנו משעת שחיטה עד שעת זריקה. הרבה נמנין על פסח א' עד שיהא כזית לכל א' ומנין על מוח שבראש אבל לא על הגידין הרכין שסופן להקשות ולא על מוח שבקולית. וכל זמן שלא נשחט עדיין יכולין למנות עליו ולמשוך ידיהן ממנו ואף סוכן יכולין למשוך ממנו רק שישאר א' מהם ואין נמנין על שני פסחים כאחד ובשמנמנה על שניהם יאכל מן הנשחט ראשון. ואין טולין שני פסחים כאחד. אין עושין חבורה נשים ועבדים קטנים ועבדים אבל עושין חבורה כל אחד לעצמן ולכתחלה אין עושין חבורה כולה קטנים או חולים זקנים ואוננים וגרים. שחטו לכשרים ולפסולים כשר אבל זרק הדם לכשרים ולפסולים פסול שהזריקה חמורה שהוא עיקר הקרבן אפי' חישב בשעת שחיטה ע"מ לזרוק לכשרים ולפסולים פסול אבל חושב לזרוק שלא לאכולו כשר שאין מחשבת אוכלין בזריקה. שוחט אדם בשביל אחרים שהן ברשותו כגון בנו ובתו הקטנים ועבדו ושפחתו הכנענים אפי' שלא מדעתן ומי שאינו ברשותו שוחט עליו מדעתו ממנן שטה לו ואם שינה פסול ובנו ובתו הגדולים ועבדו ושפחתו העברים ואשתו כ"ז שלא מיחו הוי מדעתן. ואין שוחטין על חצי עבד וחצי בן חורין: זמן אכילת הפסח מן התורה כל הלילה ומדרבנן עד חצות והמותר שורף עד הבוקר באש תשרף: טעון הלל בשעת אכילתו. אסור לשבר עלם מפסח טהור שיש עליו כזית בשר או שיש בו מוח אפי' לאחר זמן אכילתו אפי' מפסח שנפסל ובלבד שהיה לו שעת הכושר בשחיטה וזריקה. לפיכך שורפין עצמות הפסח בכלל הנותר שלא יבוא לידי תקלה. וכל הנאכל בשור הגדול אחר שנתבשל הוא שמותר לאכול כנגדו מן הגדי הרך אחר צלייתו: *כשמקריבין הפסח בחול ובטהרה ובחבורה גדולה שהאוכלים מרובים מקריבין חגיגה עמו כדי שיהא הפסח נאכל על השובע ואוכל מחגיגה תחלה ומברך בא"י אמ"ה אקב"ו על אכילת הזבח ובאחרונה יאכל מגוף הפסח כדי שיהא הפסח נגמר שביעה ומברך בא"י אמ"ה אקב"ו על אכילת הפסח ואוכל אפי' כזית מבשר הפסח ואינו טועם אחריו כלום. והחגיגה נאכלת כבשר שלמים. ובשר חגיגה שעלה עם הפסח על השלחן זמן אכילתו כפסח עצמו. מי שאבד פסחו ומלאו אחר שהפריש פסח אחר יקריב איזו שירלה והשני יקריב שלמים. פסח שנתערב בשלמים יקריב כולו שלמים ומותר פסח שנותר יקריב ג"כ שלמים ופסח שלא בזמנו יקריב שלמים. מחוסרי כפורים שחל יום הבאת קרבנותיהן בי"ד שוחטין עליהן ומקריבין קרבנותיהן בי"ד בין קודם שחיטת הפסח בין אחר שחיטתו ואוכלין פסחיהן לערב ואין שוחטין עליהן עד שימסרו קרבנותיהן ביד ב"ד שמא יפשעו: מצורע שחל שמיני שלו בי"ד וראה קרי בו ביום הרי זה טובל ונכנס לעזרת נשים. ישראל ערל שמל בע"פ שוחטין עליו אחר שמל אבל גר שמל וטבל בי"ד אין שוחטין עליו: מי שבא בבית הפרס הי"ז מנפח והולך ואם לא מצא עצם ולא נטמא שוחט ואוכל פסחו וכן בית הפרס שנידוש טהור לעושה פסח: (יתר הלכות הפסח יבואר לקמן דף נט. בהלכות פסח שני)

[לקמן נא:] [לקמן נג:] [לקמן סג.] [לקמן סט.] [לקמן נח.] [לקמן סד.] [לקמן סט:] [לקמן עד.]

הגהות הגאון מוה' ליב פישלס ז"ל

[א] נ"ל בין בחול בין בשבת (עיין במשנה תמיד נשחט): [ב] נ"ל ובערב שבת פ"ש: [ג] חסר ונ"ל אם שחטו לאחר חצות קודם התמיד כשר (עיין במשנה דף ס"א ע"א): [ד] חסר ונ"ל אם זורק קודם התמיד כשר (פ"ש): [ה] חסר ונ"ל חוץ מכסקל אלים ואימורין שהגרכנה מלוה בשמשם (עיין דף ס"ח רש"י):

מסורת הש"ס

עין משפט נר מצוה

א א ב מיי' פ"א מהל' תמידין הלכה ג ה סמג עשין קל:

[נעשים . אולי צ"ל כס']

ב ג מיי' פ"ד שם הל' י"א ופ"ו הל' יא:

מתני' **תמיד** *נשחט בשמונה ומחצה וקרב בתשעה ומחצה בערבי פסחים נשחט בשבע ומחצה וקרב בשמונה ומחצה בין בחול בין בשבת *חל ערב פסח להיות בערב שבת נשחט בשש ומחצה וקרב בשבע ומחצה והפסח אחריו: **גמ'** מנא הני מילי אמר ר' יהושע בן לוי דאמר קרא (במדבר כח) את הכבש אחד תעשה בבקר ואת הכבש השני תעשה בין הערבים חלקהו לבין שני ערבים ב' שעות ומחצה לכאן שתי שעות ומחצה לכאן ושעה אחת לעשייתו מתיב רבא בערבי פסחים נשחט בשבע ומחצה וקרב בשמונה ומחצה בין בחול בין בשבת ואי סלקא דעתך בשמונה ומחצה דאורייתא היכי מקדמינן ליה אלא אמר רבא מצותו דתמיד משינטו צללי ערב מאי טעמא דאמר קרא בין הערבי' מעידנא דמתחיל שמשא למערב הלכך בשאר יומות השנה דאיכא נדרים ונדבות (ויקרא ו) דרחמנא אמר עליה חלבי השלמים ואמר מר (עליה חלבי השלמים) *עליה השלם כל הקרבנות כולם מאחרינן ליה תרתי שעי ועבדינן ליה בשמונה ומחצה בערבי פסחים דאיכא פסח אחריו קדמינן ליה שעה אחת ועבדינן ליה בשבע ומחצה חל ערב פסח להיות ערב שבת דאיכא נמי צלייתו דלא דחי שבת מקמינן ליה אדניה בשש ומחצה ת"ר כסידורו בחול כך סידורו בשבת דברי ר' ישמעאל רבי עקיבא אומר כסידורו בערב פסח מאי קאמר אמר אביי הכי קאמר כסידורו בחול בערב הפסח כך סידורו בשבת בערב הפסח דברי רבי ישמעאל רבי עקיבא אומר כסידורו בערב הפסח שחל להיות בערב שבת כך סידורו בשבת ומתני' דקתני בין בחול בין בשבת רבי ישמעאל היא במאי קא מיפלגי במוספין קודמין לבזיכין קמיפלגי רבי ישמעאל סבר* מוספין קודמין לבזיכין עבד להו למוספין בשש ובזיכין בשבע ועביד ליה לתמיד בשבע ומחצה רבי עקיבא סבר בזיכין קודמין למוספין בזיכין בחמש ומוספין בשש ועביד ליה לתמיד בשש ומחצה מתקיף לה רבא מידי רבי עקיבא כסידורו בערב הפסח שחל להיות בערב שבת קתני כסידורו בערב הפסח סתמא קתני אלא אמר רבא הכי קאמר כסידורו בחול דעלמא כך סידורו בשבת בערב הפסח דברי רבי ישמעאל רבי עקיבא אומר כסידורו בערב הפסח ומתני' דקתני בין בחול בין בשבת רבי עקיבא היא במאי קא מיפלגי במכמר בשרא קמיפלגי רבי ישמעאל סבר חיישינן למכמר בשרא ורבי עקיבא סבר לא חיישינן למכמר בשרא

אי

רש"י

תמיד · של בין הערבים: **וקרב בתשעה ומחצה** · גמר הקרבתו שהיו שוהין שעה אחת בעשייתו ובגמ' מפרש טעמא: **ערבי פסחים** · מקדימין ליה משום דבעי למיעבד פסח אחריו בברייתא מפרש בגמ' מנא לן דפסח אחר תמיד: **חל ערב פסח בערב שבת** · בעינן לאקדומי טפי משום דבעי לשחוט פסח אחריו ולצלותו מבעוד יום: **גמ' בין הערבים** · משש שעות ולמעלה שהצל נוטה קרויין בין הערבים והיה ליה למכתב בערב וכתב בין הערבים לדרשה חלוק הערב לשני חלקים שתי שעות ומחצה לכאן קודם עשייתו וב' שעות ומחצה לכאן לאחר עשייתו: **אלא אמר רבא** · כולה תקנתא דרבנן היא דמדאורייתא כל שש שעות אחרונות כשירות דהיינו מכי ינטו צללי ערב *דהיינו מחצי שבע ואילך שהחמה נוטה למערב והצל למזרח כשהאדם עומד כנגד החמה אין צלו נוטה למזרח חצי שש וחצי שבע היא עומדת באמצע הרקיע ואין צל נוטה אלא אל כל אדם תחתיו: **ואמר מר** · לקמן בהאי פירקא: **עליה חלבי שלמים** · על תמיד של שחר השלם כל הקרבנות ולא תשלימם על תמיד של ערב דלאחר תמיד הערב לא הקריב קרבן לפיכך אף על פי שזריזים מקדימין למצות התקינו לאחרו כדי שיביאו נדרים ונדבותיהן ויהא כשר להקריבן ובשבת נמי אף על גב דליכא נדרים ונדבות מאחרינן ליה משום *סדר נדרים ונדבות דחול כדמפרש לקמן: **צליית פסח אינו דוחה שבת** · מפני שצורך הדיוט הוא ויכול לצלות מבעוד יום: **ומוקמינן ליה אדניה** · מכי ינטו הצללים דהיינו בשש ומחצה: **כסידורו** · של תמיד: **כסידורו בערב פסח** גרסי' ברבי עקיבא: **כסידורו בחול בערב הפסח** · דהיינו בשבע ומחצה כך סידורו בשבת בערב הפסח: **ר' עקיבא אומר** · בשבת של ערב הפסח הוא בשש ומחצה כסידורו בערב הפסח שחל להיות בערב שבת דכיון דבעי למיעבד פסח אחריו ובשבת לא קרבי נדרים ונדבות דנצטריך לאחורינהו מוקמינן ליה אדניה בשש ומחצה: **ומתני' דקתני** · ערבי פסחים נשחט בשבע ומחצה בין בחול בין בשבת רבי ישמעאל היא: **במאי קא מיפלגי** · אמאי קא מאחר ליה רבי ישמעאל הא מסתבר טעמא דרבי עקיבא מפני שהפסחים מרובין לשחוט וליקרב אחריו דבשלמא כשהוא חל בחול מאחרינן ליה חדא משום נדרים ונדבות אבל בשבת למה לי לאחרינהו בשלמא בשאר שבתות לא חיישינן לאקדומי ולשויי מחול דידיה משום נדרים ונדבות דחול אבל השתא משום פסחים בעינן לאקדומיה: **בזיכין** · היא לבונה הנתונה בשני בזיכים על שתי מערכות של לחם הפנים ובשבת היו מסלקין הישנה ומסדרין את החדשה כדכתיב ביום השבת יערכנו ומקטיר הבזיכין והן מתירין הלחם והיתה ללחם לאזכרה וחולקין הלחם מיד (א) והיתה ללחם לאכילת כהנים וצריך שעה אחת להתעסק בכך: **ר' ישמעאל סבר מוספין קודמין** · לסילוק בזיכין והקטרתן וזמן מוספין אורחייהו בשש דכתיב בהו יום ולא כתיב בהו בקר דכתיב דבר יום ביומו וקיימא לן בסדר יומא בפרק אמר להן הממונה (דף לד:) בקר הוי הקדמה ויום משמע איחור: **ובזיכין בשבע** · דבעי לאחרינהו דבמוספין כתיב יום ובבזיכין כתיב ביום ביום תרי זימני ומהכא ילפינן טעמא דאמר מוספין קודמין לבזיכין במסכת יומא (שם) מדכתב בהו ביום השבת ביום השבת תרי זימני לאחר ועבדינן ליה בשבע ומחצה והוא הדין דמצי למיעבדיה בתחלת ח' אלא חדא דשמא אין חילוק לחם הפנים כלה בסוף שבעה ועוד כל הני זימני לא משנינן ליה אלא בשש ומחצה כדיניה או בשבע ומחצה כשאר ערבי פסחים: **בזיכין קודמין** · וטעמא נמי מפרש התם גמר חוקה חוקה מחביתין: **מי קתני כו'** · במילתי' דרבי עקיבא ולהכי לא פריך ליה אמילתיה דר' ישמעאל דהוא נמי אמר כוותיה דאביי במקצת וכההוא מקצת פריך ליה רבה בר עולא לקמן: **כסידרו** · של תמיד: **בחול דעלמא** · כל ימות השנה דהיינו בשמונה ומחצה כך סידרו בשבת בערב הפסח דלא מקדמינן לי' למהר שחיטת הפסחים אחריו דהואיל ואינו יכול לצלותו עד שתחשך חיישינן שמא יתחמם בשר הפסח ויסריח: **ר' עקיבא אומר כסידרו** · שאר ערב הפסח מפני שהפסחים מרובים וצריך להקדימם: **לא חיישינן למכמר בישרא** · חימום הבשר ודומה לו בלוזא נשך (דף עד:) על הכומר של זיתים שמניחין יחד בכלי כדי שיתחממו [ועי' פירש"י בחומש מקץ מ"ג פסוק ל']:

תוספות

תמיד נשחט · מאחרינן ליה תרתי שעי · אבל טפי לא שלא היו רוצין לעשות כל כך בצמצום סמוך לחשיכה ורבא דמפרש לקמן מילתיה דר' ישמעאל כסדרו בחול בעלמא כן סדרו בשבת בערב הפסח וקרב הפסח *(בשמונה) ומחצה היינו בדוחק משום מכמר בישרא:

מוקמינן ליה אדניה בו' שעות ומחצה . בריש אמר להן הממונה (יומא דף כח:) פריך וגשמייה מכי משחרי כתלי פי' מתחלת שבע ומשני משום דלא מכווני:

רבי ישמעאל סבר מוספין קודמים לבזיכין · דוקא בשבת דערב הפסח פליגי דאיכא היתירא שמקדמים אותו מפני עשיית הפסח שאחריו ולא שייך למיגזר אטו חול אבל בשבת דעלמא קרב כסדר החול גזירה שבת אטו חול:

וקעבדינן ליה בז' ומחצה · וא"ת וליעבדיה בתחלת שמונה ופי' בקונטרס לפי שאין חלוק הלחם כלה בסוף שבע ואין נראה לר"י דהא לר"ע קאמר בזיכין בחמש ומוספין בשש משמע לר"ע ליכא שהייה בהקטרה וחילוק לחם אלא שעה ונראה לר"י כלשון אחר שפי' בקונטרס:

מידי ר"ע כסדר הפסח שחל להיות ערב שבת קתני · אע"ג דלרבא נמי איכא למיפרך כדפריך בסמוך רבה בר עולא מידי כסדרו בחול בעלמא כן סדרו בשבת בערב הפסח קתני רבא לא חשיב ליה פירכא דהא ר' ישמעאל אמתני' קאי דקתני דערב הפסח שוה בין בחול בין בשבת ועליה פליג רבי ישמעאל ולכך לא היה צריך להזכיר בדבריו ערב הפסח:

חיישינן למיכמר בישרא · הואיל ואין הדחת קרביו דוחה שבת כדאמר בפרק [אלו דברים] (לקמן דף סה:):

דברי

רבינו חננאל

תמיד נשחט בשמונה ומחצה וקרב בתשעה ומחצה כו' מה"ט ובא ר' יהושע לפרש כי מן התורה הוא זה השיעור ונדחו דבריו ופשיט רבא מצותה בתמיד של בין הערבים מכי ינטו צללי ערב מאי טעמא בין הערבים משעה שמתחיל היום להעריב משמע דתחלת שעה שביעית הוא בין שני הערבים בין ערב דאתמול לערב דהאידנא שכל הלילה נקרא ערב שנאמר (בראשית א ה) ויהי ערב ויהי בקר ונמצאת מצות התמיד מתחלת שביעית הלכך כל השנה דבעי' להשלי' כל קרבן ואח"כ תמיד של בין הערבים דאמר מר והקטיר עליה חלבי השלמים למה לי הכי אין מקטירין אלא חלבי השלמים והלא חלבי החטאות והאשמות כיוצא בהן אלא לומר לך עליה השלם כל הקרבנות וכיון דאיכא בכל השנה נדרים ונדבות עבדינן להו קודם התמיד של בין הערבים מאחרינן לה לתמיד שתי שעות ומחצה ועבדינן ליה בשמנה ומחצה [בערבי פסחים מקדמינן ליה שעה אחת ועבדינן ליה בשבע ומחצה] כדי שתהא שהות ביום לשחיטת הפסח חל ערב פסחים להיות בערב שבת דאיכא נמי צליית הפסח דבעינן מבעוד יום עבדינן התמיד כדין התורה בשש שעות ומחצה: ת"ר כסדרו בחול כך סדרו בשבת דברי ר' ישמעאל ר' עקיבא אומר כסדרו בערב הפסח ופריש ליה אביי הכי כסדרו בחול בערב הפסח בשבע שעות ומחצה כך סדרו בשבת בערב הפסח דברי ר' ישמעאל נמצאו דברי ר' ישמעאל כמשנתנו דקתני בשבע שעות ומחצה בערב הפסח נשחט התמיד בין בחול בין בשבת ר' עקיבא אומר התמיד של בין הערבים של שבת בערב הפסח היה נשחט בשש שעות ומחצה כסדרו בערב הפסח שחל להיות בערב שבת ובהא פליגי ר' ישמעאל סבר מוספין קודמין לבזיכי לחם הפנים הלכך מוספין בשש בו' ור' עקיבא סבר בזיכין קודמים והלכך בזיכים בחמש ומוספים בשש ותמיד בשש ומחצה ודחי לה רבא להא דאביי הכי [פירש] כסדרו בחול בערב הפסח קתני כסדרו* בחול סתמא קתני ופריש רבא הכי כסדרו בחול דעלמא בשמונה ומחצה כך סדרו בשבת בערב הפסח* בכל ערב הפסח בשבע ומחצה כך סדרו בשבת בערב הפסח ואוקמה למתני' כר' עקיבא בערב הפסח במתניתין דקתני בין בחול בין בשבת בשבע ומחצה ובמכמר בשרא פליגי ר' ישמעאל סבר כיון דלא צלינן ליה עד לערב אי שחטת ליה לפסח משעה תשיעית אתי בשרא למכמר אלא מאחרינן ליה ישחטינן

הגהות הב"ח

(א) רש"י ד"ה בזיכין וכו' לאכילת כהנים כדכתיב והיתה:

גליון הש"ס

רש"י ד"ה אלא אמר רבא דהיינו מחצי שבע ואילך. עי' יומא דף כח ע"ב וברש"י שם:

* [מ"א כי לפני רבים ... בכל ערב הפסח קתני וכו']

<ההלכות הן מול נ"ח ב'>

אי לא חיישינן ניעבדיה בשש ומחצה קא סבר מוספין קודמין לבזיכין עביד להו למוספין בשש ובזיכין בשבע ועביד ליה לתמיד בשבע ומחצה מתקיף לה רבה בר עולא מידי כסידרו בחול כך סידרו בשבת בערב הפסח דברי ר' ישמעאל קתני כך סידרו בשבת סתמא קתני אלא אמר רבה בר עולא הכי קתני כסידרו בחול דעלמא כך סידרו בשבת דעלמא דברי ר' ישמעאל ר"ע אומר כסידרו בערב הפסח דעלמא כך סידרו בשבת דעלמא ומתני' דקתני בין בחול בין בשבת דברי הכל היא במאי קמיפלגי בגזרת נדבות ונדרים קמיפלגי ר' ישמעאל סבר גזרינן שבת אטו חול ור' עקיבא סבר לא גזרינן אי לא ניעבדיה בו' ומחצה קסבר מוספין קודמין לבזיכין ועביד להו למוספין בו' ובזיכין בז' ועביד ליה לתמיד בז' ומחצה מיתיבי תמיד כל השנה כולה קרב כהלכתו נשחט בשמונה ומחצה וקרב בט' ומחצה ובערב הפסח נשחט בז' ומחצה וקרב בח' ומחצה חל להיות בשבת כחל להיות בשני בשבת דברי ר' ישמעאל ר"ע אומר כסידרו בערב הפסח בשלמא לאביי ניחא אלא לרבא קשיא אמר לך רבא לא תימא כחל בשני בשבת אלא אימא כשני בשבת דעלמא מיתיבי חל להיות בשבת כסידרו כל השנה כולה דברי ר' ישמעאל ר"ע אומר כסידרו בערב הפסח דעלמא בשלמא לרבא ניחא אלא לאביי קשיא אמר לך אביי לא תימא כסידרו כל השנה אלא אימא כסידרו כל השנים כולן דברי ר' ישמעאל ר"ע אומר כסידרו ערב הפסח שחל להיות בערב שבת *תנו רבנן מנין שלא יהא דבר קודם לתמיד של שחר תלמוד לומר °וערך עליה העולה מאי תלמודא *אמר רבא °העולה עולה ראשונה ומנין שאין דבר קרב אחר תמיד של בין הערבים ת"ל °והקטיר עליה חלבי השלמים מאי תלמודא אמר אביי עליה שלמים ולא על חבירתה שלמים מתקיף לה רבא אימא שלמים הוא דלא נקריב הא עולות נקריב אלא אמר רבא השלמים עליה השלם כל הקרבנות כולן ת"ר תמיד קודם לפסח פסח קודם לקטרת קטרת קודמת לנרות

יאוחר

רש"י

אי לא חיישינן ניעבדיה בשש ומחצה · דהא הפסחים מרובין ובשבת לא בעי לאיחוריה משום נדרים ונדבות: **קסבר מוספין קודמין לבזיכין** · ועל כרחך בזיכין בשבע ואין פוטין בה: **כדעלמא** · כל יומות החול בשמונה ומחצה: **כך סידרו** · בשבתות של כל השנה ואף על גב דליכא נדרים ונדבות חיישינן לסרך נדרים דחול דילמא אתו למסרך ולמיעבד בחול נמי בשבע ומיפסלי נדרים ונדבות של אחריו: **ר"ע אומר** · כל שבתות השנה הוא נשחט בשבע ומחצה כסידרו ערב הפסח דלא גזרינן משום חול: **דברי הכל היא** · דר' ישמעאל ורבי עקיבא לא איירי בערב פסח כלל ובמתניתין סבירא להו בין בחול בין בשבת: **ניעבדיה בשש ומחצה** · דהא זריזין מקדימין למצות: קסבר מוספין קודמין לבזיכין גרסינן: **כחל להיות בשני בשבת** · ערב הפסח שהתמיד נשחט בשבע ומחצה: **בשני בשבת** · חד מימות החול נקט ולאו דאמרי יומא קמא דשבתא דחד בשבתא לא חזי לארביסר דלא בד"ו פסח ולאו מילתא היא שהרי על פי הראייה היו מקדשין: ור"ע אומר כסידרו ערב הפסח גרסינן ותו לא: **בשלמא לאביי ניחא** · דמדקאמר רבי ישמעאל חל להיות בשבת כחל להיות בשני בשבת על כרחך כסידרו ערב הפסח דקאמר ר"ע בע"ש שחל להיות בע"ש קאמר: **אלא לרבא** · דקאמר רבי ישמעאל למיכמר בישרא חייש וכסידרו בחול בעלמא קאמר הא קתני הכא כחל להיות בשני בשבת: **אלא אימא כשני בשבת** · שלא ערב הפסח דהיינו בשמונה ומחצה דחיישינן למיכמר בישרא: **כסדר כל השנה** · היינו בשמונה ומחצה דחיישי' למיכמר בישרא: **כל השנים** · שערב הפסח חל בחול דשכיחי בשבע ומחצה ור"ע אמר כסידרו ערב הפסח שחל להיות בערב שבת: **מנין שלא יהא דבר** · נקטר במערכה משנערכה שחרית קודם לתמיד של שחר ת"ל וערך עליה בתר ובער עליה הכהן כתיב דהוא סידור מערכה: **מאי תלמודא** · דהאי העולה אתמיד של שחר קאי: **העולה עולה ראשונה** · מדלא כתיב וערך עליה עולה אלא העולה הכי קאמר וערך עליה מיד העולה החשובה האמורה תחלה לכל העולות והיינו עולת תמיד דפרשת קרבנות *[בפ' פינחס] דקרבן תמיד כתיב ברישא: **והקטיר עליה** · אתמיד קאי דסיפיה דקרא הוא וה"ק והקטיר על העולה הזאת כלומר אחריה חלבי השלמים: **ואימא שלמים הוא דלא קרבי.** אחר תמיד של בין הערבים: **השלמים** · לשון השלם: **תמיד** · של בין הערבים קודם לפסח: **לקטורת** של בין הערבים וכולהו יליף טעמא: **לנרות** · להדלקת נרות:

יאוחר

תוספות

דברי הכל היא · ובין בחול ובין בשבת דקתני במתני' לא קאי ארישא אלא אערב הפסח והא דקאמר דברי הכל היא היינו כלומר דמליא למימר דברי הכל לפלוגתא דהך ברייתא דקיימינן עלה אבל איכא שני ברייתות דמייתי בסמוך דפליגי בהדיא בשבת דערב פסח ומהנהו ולאו איכא למיפשט דלאו דברי הכל היא:

כאילו חל בשני בשבת · אין צריך לפרש דדוקא נקט שני דהוא יומא קמא דמיקלע ביה ארבעה עשר דחד בשבתא לא חזי לארביסר דלא בד"ו פסח והא ע"כ לרבה דמוקי לה בשני בשבת דעלמא לא הוי שני בשבת דוקא דהא לא בערב הפסח מיירי הוא הדין לאביי אם לא יהיה דוקא אין לחוש ור"ש שהקשה דעל פי הראייה אין מקדשין אין נראה לר"ת דהוי מקדשין על פי הראייה היו נזהרין שלא יבאו תרי שבי בהדי הדדי דאמרינן בהדיא פרק קמא דר"ה השנה (דף כ.) מאיימין על העדים על החדש שנראה בזמנו לומר שלא נראה והא דאמרי' בשילהי אלו קשרים (שבת דף קיד:) חלבי שבת קריבים ביום הכפורים אלמא בהדי הדדי ניכהו מוקי לה בההיא (סוכה דף נד:) כאחרים דאמרי אין בין עצרת לעצרת אלא ד' ימים בלבד:

אלא לרבה קשיא · תימה לרבה בר עולא נמי תיקשי לדבריו לרבי עקיבא מוספין קודמין לבזיכין ולפי מה שהבריית' לאביי לרבי עקיבא תמיד נשחט בשש ומחצה ואח"כ בזיכין קודמין למוספין ותירץ רשב"א דלרבה בר עולא לא קאי ר"ע אלא ארישא דקתני תמיד כל השנה קרב כהלכתו משמע ל"ש חול ולא שנא שבת ועלה פליג ר"ע ואמר דשבת דעלמא כערב הפסח והיינו ממש כרבה בר עולא ולא יתכן כרבה:

העולה עולה ראשונה · תימה דבזבחים פ' כל התדיר (דף פט.) מפקינן מקרא אחרינא דתנן התמידין קודמין למוספין שנאמר מלבד עולת הבקר אשר לעולת התמיד וליכא למימר דהתם איצטריך לצבור שאין לכן תמידין ומוספין אלא כדי אחד מהם דהא קתני התם דם חטאת קודם לדם עולה ודומיא דזה הוי תמידין ומוספין וליכא למימר נמי דאיצטריך קרא תכינה לעכב דבהתכלת (מנחות דף מט.) אמרינן בהדיא דליכא עיכובא וי"ל דהתם איצטריך למוספין דלא קודמי והכא לנדרים ונדבות וצריכי דשמא מוספין חמירי שהן קרבן צבור או שמא נדרים ונדבות חמירי שרגילים ומצויים יותר אי נמי קרא דהכא להקדמת הקטרה דבהקטרה כתיב וערך עליה העולה וקרא דכל התדיר להקדמת שחיטה דתעשו את אלה בעשיית הדם כתיב והא דפריך בהתכלת (שם) גבי הא דתנן התמידין אין מעכבין את המוספין וקאמר היכי דמי אילימא דלית ליה ולקדם והתניא מנין שלא יהא דבר קודם כו' ומייתי הא דרבא ולא מייתי קרא דמלבד משום דלשון שלא יהא דבר קודם משמע טפי עיכוב [להכי] אתייה טפי מן המשנה אי נמי למימרא דאפי' בהקטרה דלא תנן בכל התדיר תמיד של שחר קודם אך קשה דאמאי איצטריך העולה ומלבד תיפוק לי' דתמיד קודם למוספין דבתמיד כתיב בבקר ובמוספין כתיב ביום דמשמע בעיצומו של יום ולמאי דאמרי' בהתכלת דליכא עיכובא בהקדמה לתמיד אתי שפיר הא דאמרינן בריש עירובין (דף ב.) שלמים ששחטן קודם פתיחת דלתות ההיכל פסולים שנאמר ושחטו פתח אהל מועד בזמן שהן פתוחין ולא בזמן שהן נעולין דמשמע ששחטן קודם תמיד של שחר לא הוו פסולין והא דתני בתוספתא דמכילתין [פ"ד] כל הקדשים שהקריבן קודם תמיד של שחר או שעיכבן אחר תמיד של בין הערבים פסולין שאין לך קודם לתמיד של שחר אלא קטורת ואין לך שמתעכב אחר תמיד של בין הערבים כו' האי פסולין היינו מדרבנן [ועיין תוס' עירובין ב' ד"ה שלמים ותוס' יומא כט · ד"ה אלא ע"ש היטב שכתבו להדיא אבל לשון התוספתא משמע דאפי' זרק הדם בדיעבד ועשה כל מצוה אפ"ה פסולין דקתני שהקריבו ולא קתני ששחטן ואי מדרבנן אמאי פסולין וכו']:

יאוחר

רבינו חננאל

ושחטינן ליה [לפסח] משעה עשירית ולמעלה ור"ע לא חייש למכמר בישרא. פי' מכמר כגון כימוש כדגרסינן באיזהו נשך בותים מכמר עילוי לבי דפא כו': אי לא חייש נעביד ליה לתמיד בשש ומחצה כי דיניה והפסח אחריו ושני ר"ע סבר מוספין קודמין לבזיכין הלכך עביד להו למוספין בשש ולבזיכין בשבע ולתמיד בשבע ומחצה וקרב בשמונה ומחצה והפסח אחריו והדר רבה בר עולא להא דאביי ולהא דרבא ואמר בשבת דעלמא פליגי ופריש הוא הכי כסדרו בחול דעלמא בשמונה שעות ומחצה כך סדרו בשבת דעלמא בשמונה שעות ומחצה ר"ע אומר כסדרו ערב הפסח בשבע ומחצה [כך סידרו] בשבת דעלמא אבל בערב הפסח שניהם [מודים] שהוי בשבע ומחצה בין בחול בין בשבת ובשבת דעלמא בלבד פליגי ר' ישמעאל סבר גזרינן בשבת להעשות התמיד בח' שעות ומחצה ולא מקדמינן ליה גזרה שלא יבא להקדימו בחול וישארו הנדרים והנדבות ור"ע סבר לא גזרינן שבת אטו חול והכל יודעין שהשבת אין שם נדרי' ונדבות ומקשינן אי הכי אי לא גזר ר"ע [נקריביה] בשש ומחצה כי דיניה ופרקינן אית ליה מוספין קודמין לבזיכין נמצא לטעמיה דאביי ר' ישמעאל כמתני' ולטעמיה דרבא ר' עקיבא כמתני': מיתיבי חל ערב פסח להיות בשבת כחל להיו' בשני בשבת דברי ר' ישמעאל ור"ע אומר כסדרו ערב הפסח מאי לאו ר' ישמעאל היא דסבר בין בחול בין בשבת בשבע ומחצה דהא בהדיא תני לה חל ערב פסחים להיות בשבת כחל להיות בשני בשבת כתנא דמתני' קשיא לרבא ומשני רבא ואמר מתניתא הכי קתני חל להיות ערב פסחים בשבת דינן כשני בשבת כמו חול דעלמא מה שני בשבת התמיד בשמונה ומחצה אף ערבי פסחים שחל להיות בשבת התמיד נשחט בשמנה ומחצה דלא כמתני' ר"ע אומר כסדרו ערב הפסח מה כל ערב הפסח התמיד בשבע ומחצה כך בשבת בערב הפסח בז' ומחצה כתנא דמתני'. ודיקי' מינה מדקתני שני בשבת דשביק ליה לאחד בשבת וקתני בשני בשבת מכלל דלא אפשר ערב הפסח שיחול באחד בשבת דאם כן הוא"ל פסח בשני. בשבת מכאן תשובה לאומרים כי בימי החכמים חל פסח בבד"ו וכי אחרי חתימת התלמוד תקנו לא בד"ו פסח: תוב מותבי' לאביי מהא דתניא תמיד כל [השנים] קרב כהלכתו חל להיות בשבת כסדר כל השנה דברי ר' ישמעאל ר"ע אומר כסדר ערב הפסח כלומר לא שנא ד"ל ולא שנא שבת (לר"י)[לר"ע] דינם כאחד קשיא לאביי

ומשני לא תימא כסדר כל השנה דמשמע בשמונה ומחצה אלא אימא כסדר כל השנים בערב הפסח שחל להיו' [ר"ע אומר כסידרו] ערי"ש: ת"ר מנין שלא יהא דבר קודם לתמיד של שחר כו' פשוטה היא: ת"ר תמיד קודם לפסח.

מסורת הש"ס

ב"ק קיא. תמיד כח: מנחות מט: יומא לג: לד. כתובות קו: [ב"מ נה. זבחים קג.]

[פי' בתוס' ב"מ וה. ועי' מהרש"ל כתובות קו: ד"ה טעולה]

§ מסכת פסחים דף נו: §

אות א׳

כלל אמרו בפיאה: כל שהוא אוכל, ונשמר, וגידולו מן הארץ, ולקיטתו כאחת, ומכניסו לקיום, חייב בפיאה

רמב"ם פ"ב מהל׳ מתנות עניים ה"א - כל אוכל שגידוליו מן הארץ, ונשמר, ולקיטתו כולו כאחת, ומכניסין אותו לקיום, חייב בפאה, שנאמר: ובקצרכם את קציר ארצכם.

רמב"ם פ"ב מהל׳ מתנות עניים ה"ב - כל הדומה לקציר בחמש דרכים אלו הוא שחייב בפאה, כגון התבואה והקטניות והחרובין והאגוזין והשקדים והרמונים והענבים והזיתים והתמרים, בין יבשים בין רכים, וכל כיוצא באלו; אבל [ב]אסטיס ופואה וכיוצא בהן, פטורין מפני שאינן אוכל; וכן כמהין ופטריות פטורין, מפני שאין גידוליהן מן הארץ כשאר פירות הארץ; וכן ההפקר פטור, שאין לו מי שישמרנו שהרי הוא מופקר לכל; וכן התאנים פטורין, מפני שאין לקיטתן כאחת, אלא יש באילן זה מה שיגמר היום, ויש בו מה שיגמר לאחר כמה ימים; [ג]וכן ירק פטור, שאין מכניסין אותו לקיום; השומים והבצלים חייבין בפאה, שהרי מייבשין אותן ומכניסין אותן לקיום, וכן האמהות של בצלים שמניחין אותן בארץ ליקח מהן הזרע, חייבות בפאה, וכן כל כיוצא בהן.

---

§ מסכת פסחים דף נז. §

אות א׳

התקינו שיהיו מחלקין אותן מערב שבת לערב שבת

רמב"ם פ"ה מהל׳ מעשה הקרבנות ה"כ - [ד]וכל העורות מחלקין אותן אנשי משמר ביניהן מע"ש לע"ש.

---

§ מסכת פסחים דף נח. §

אות א׳ - ב׳

תמיד נשחט בשמונה ומחצה וקרב בתשעה ומחצה; בערבי פסחים נשחט בשבע ומחצה וקרב בשמונה ומחצה, בין בחול בין בשבת; חל ערב פסח להיות בערב שבת, נשחט בשש ומחצה וקרב בשבע ומחצה, והפסח אחריו

מצותו דתמיד משינטו צללי ערב

רמב"ם פ"א מהל׳ תמידין ומוספין ה"ג - תמיד של בין הערבים שוחטין אותו [ה]משיאריך הצל ויראה לכל שהאריך, והוא משש ומחצה ומעלה עד סוף היום; ולא היו שוחטין אותו בכל יום אלא בשמונה שעות ומחצה וקרב בתשע ומחצה; ולמה מאחרין אותו שתי שעות אחר תחילת זמן שחיטתו; מפני הקרבנות של יחידים או של צבור, לפי שאסור להקריב קרבן כלל קודם תמיד של שחר, ולא שוחטין קרבן אחר תמיד של בין הערבים; חוץ מקרבן פסח לבדו, [ו]שאי אפשר שיקריבו כל ישראל פסחיהן בשתי שעות.

רמב"ם פ"א מהל׳ תמידין ומוספין ה"ה - ערבי פסחים בין בחול בין בשבת היה התמיד נשחט בשבע ומחצה וקרב בשמונה ומחצה, כדי שיהיה להם פנאי לשחוט פסחיהם; ואם חל ערב פסח להיות ערב שבת, היו שוחטין אותו בשש ומחצה בתחילת זמנו, וקרב בשבע ומחצה, כדי שיהיה להם ריוח לצלות קודם שיכנס שבת.

אות ג׳

מוספין קודמין לבזיכין

רמב"ם פ"ד מהל׳ תמידין ומוספין ה"א - ואחר קרבן המוספין מקטירין שני הבזיכין, ושני כהנים מקריבין את שני הבזיכין.

רמב"ם פ"ו מהל׳ תמידין ומוספין הי"א - בשבת מקטירין את שני בזיכי לבונה [ז]עם המוספין, קודם ניסוך היין של מוספין.

באר הגולה

ב ‹ודלא כרש"י דכתב דדוקא הספיחים שלהם אינם אוכל, אבל רש"י בשבת משמע כהרמב"ם› ג ‹יש דעות שסוברים שיש ירקות שחייבים בפאה, אנשי יריחו סברו שירק המשתמר על ידי גורם חיצוני חייב בפאה, וכן הגמרא מעידה שבתחילה נתנו פאה מלפת, ויש דעות שנתנו גם פאה מכרוב וקפלוט, ועל מנת לשלול את כל הדעות הללו, כפי שגם פסק הר"ח והשמיט הרי"ף את כל הסוגיה הזאת, כתב הרמב"ם (בפי׳ המשניות) כי כל הירקות פטורים מפאה, כולל לפת וכרוב - פיהמ"ש להרמב"ם מהדורת מעליות› ד ‹ויש לתמוה שרבינו לא כתב הך דהקדישות לשמים, ומצאתי בחת"ס ח"ג שעמד ע"ז, וכתב דלא היה דבר קבוע, אלא שהיה כך בזמן מן הזמנים, ולא התמיד בזמן רב - מעשה למלך› ה ‹ונראה להדיא דאין הכוונה על זמן שחיטה של תורה, דוודאי תיכף אחר שש מתחיל זמן שחיטה, דזהו בין הערבים, משהשמש תתחיל לנטות למערב, {ודלא כרש"י, עיין בגליון הש"ס}, אלא שנהגו לשוחטו כשיתראה לכל שהאריך הצל, והיינו חצי שעה אח"כ, וזהו ג"כ כדי שלא לבא לידי טעות, כמו בשחר שאיחרו אחר עמוד השחר מפני הטעות, כמבואר במשנה דיומא שם -ערוה"ש› ו ‹משמע כוונתו, דכן הפסח אינו קרב אלא אחר חצות, דכתיב ביה בין הערבים, כדכתב בריש הל׳ קרבן פסח, אם כן אם לא היו יכולים לשחוט אחר תמיד של בין הערבים, היו צריכים ישראל לשחוט פסחיהן בשתי שעות, שהוא אחר שש שעות ומחצה שהוא נקרא בין הערבים עד שיקרב תמיד של בין הערבים, וזה א"א, ולכך אמר שיכולים לשחוט הפסח אחר תמיד של בין הערבים, **ולזה** קשה, דבברייתא לא אמרו בפ׳ תמיד נשחט טעם זה, אלא מפני שראוי לאחר פסח מפני שנאמר בפסח בערב ובין הערבים, משא"כ בתמיד שלא נאמר אלא בערב - לח"מ› ז ‹ורבינו שכתב: עם המוספין קודם ניסוך יין של מוספין, היינו לומר שבזיכין אחר המוספין, והכי דייק לישניה שכתב: קודם ניסוך היין של

§ מסכת פסחים דף נט. §

אות א'

תן לה מדתה שתהא דולקת מערב עד בוקר

רמב"ם פ"ג מהל' תמידין ומוספין הי"א - וכמה שמן הוא נותן לכל נר, חצי לוג שמן, שנאמר: מערב עד בקר, תן לו כמדה שיהיה דולק מערב עד בקר.

אות ב'

תמיד קודם לקטרת, קטרת קודמת לנרות, ונרות קודמות לפסח

רמב"ם פ"א מהל' קרבן פסח ה"ד - שחיטת הפסח אחר חצות, ואם שחטו קודם חצות פסול; ואין שוחטין אותו אלא אחר תמיד של בין הערבים, [א]אחר שמקטירין קטרת של בין הערבים, ואחר שמטיבין את הנרות, מתחילין לשחוט את הפסחים עד סוף היום; ואם שחטו אחר חצות קודם תמיד של בין הערבים, כשר, ויהיה אחד ממרס בדם הפסח עד שיזרק דם התמיד, ואחר כך יזרוק דם הפסח אחריו; ואם נזרק דם הפסח קודם דם התמיד, כשר.

אות ג'

אין לך דבר שקודם לתמיד של שחר אלא קטרת בלבד

רמב"ם פ"ו מהל' תמידין ומוספין ה"ד - ואחר כך מפיסין פייס שלישי ורביעי, וזוכה בקטורת מי שזוכה ונכנס ומקטיר, ואחר כך נכנס זה שזכה בדישון המנורה ומטיב שתי הנרות; ויוצא זה שהקטיר עם מדשן המנורה, ועומד על מעלות האולם הוא ואחיו הכהנים.

רמב"ם פ"ו מהל' תמידין ומוספין ה"ה - ואח"כ מעלה זה שזכה באיברים את האיברים מן הכבש למזבח; ואחר שמעלין את האיברים, מתחילין אלו שעל מעלות האולם ומברכין ברכת כהנים ברכה א' בשם המפורש, כמו שביארנו במקומה; ואח"כ מעלין סלת הנסכים, ואחר הסלת מקטיר החביתין, ואחר החביתין מעלין את היין לניסוך; ובשעת הניסוך אומרין הלוים השיר, ומכין המשוררין במיני ניגון שבמקדש, ותוקעין תשע תקיעות על פרקי השיר.

אות ד'

קטרת ונרות

רמב"ם פ"ו מהל' תמידין הי"א - בשבת מקטירין את שני בזיכי לבונה עם המוספין, קודם ניסוך היין של מוספין. וכסדר שעושין [ב]בכל יום בבקר, כך עושין בין הערבים, וכו'.

רמב"ם פ"א מהל' קרבן פסח ה"ד - עיין לעיל אות ב'.

אות ה'

ופסח, ומחוסר כפורים בערב הפסח, שטובל שנית ואוכל את פסחו לערב

רמב"ם פ"א מהל' קרבן פסח ה"ד - עיין לעיל אות ב'.

רמב"ם פ"א מהל' תמידין ומוספין ה"ד - אין שוחטין את הפסח אלא אחר תמיד של בין הערבים; וכן מחוסרי כפורים מקריבין כפרתן אחר תמיד של בין הערבים ביום ארבעה עשר, כדי שיהיו טהורין לאכול פסחיהן לערב.

אות ו'

מעלה ומלינה בראשו של מזבח

רמב"ם פ"ג מהל' פסולי המוקדשין הי"א - איברים וחלבים וקמצים שלנו בראשו של מזבח, כאילו לנו בעזרה, ואם ירדו לא יעלו; אבל אם לא ירדו, מקטירין אותן לעולם.

אות ז'

עולה לא מעכבא

רמב"ם פ"א מהל' מחוסרי כפרה ה"ה - וכל זמן שלא הקריבו חטאתם אסורים לאכול בקדשים, [ג]אבל העולה אינן מעכבין.

אות ח'

לכל חטאות שיהו קודמות לכל עולות הבאות עמהן

רמב"ם פ"ט מהל' תמידין ומוספין ה"ו - חטאת קודמת לעולה, אפילו חטאת העוף קודמת לעולת בהמה, שנאמר: את אשר לחטאת ראשונה, [ד]בנין אב לכל חטאת שהיא קודמת לעולה הבא עמה; וכן בשעת הפרשה, מפריש החטאת תחלה ואחר כך העולה.

באר הגולה

מוספין, ומ"מ צריך למוד מנין לו שהיו קודם לניסוך היין – כסף משנה› [א] ‹פלוגתא דברייתות, ופסק כברייתא דקתני הכי, משום דמשמע התם דמסתבר טעמא – כסף משנה›. ‹**ואפשר** להוסיף, דפסק רבינו כן משום דאשכחן התם ברייתא אחריתי דכוותה, וסמי חדא מקמי תרתי, והיא, דתנו רבנן אין לך דבר שקודם וכו', ואין לך דבר שמתעכב אחר תמיד שבין הערביים אלא קטורת ונרות ופסח וכו', הרי דנקיט סידרא דפסח הוא האחרון וק"ל – גור אריה› [ב] ‹עיין הלכה ד', וכנראה מציון העין משפט, דהיינו לענין דקטורת קודמת לנרות› [ג] ‹ואע"ג דאמרינן: כשם שחטאתו ואשמו מעכבין אותו, כך עולתו מעכבתו, היינו ר' ישמעאל דאמר הכי, אבל רבנן פליגי עליה – לחם משנה פ"י מהל' נזירות ה"ח› [ד] ‹יולדת עשירה חטאתה קודמת, שכל חטאות קודמות לעולות שעמהם, ואף של מצורע בדין זה, ואין הלכה כדברי האומר: והעלה את העולה, שהעלה כבר – מאירי›

עין משפט נר מצוה

ג א מיי' פ"ג מהלכות תמידין הלכה יא :
ד ב מיי' פ"א מהלכות ק"פ הלכה ד :
ה ג מיי' פ"ו מהלכות תמידין הלכה ד ה :
ו ד שם הלכה יא ובהל' ק"פ שם :
ז ה מיי' שם ופ"א מהל' תמידין הלכה ד :
ח ו מיי' פ"ג מהלכות פסולי מוקדשין הלכה יא :
ט ז מיי' פ"א מהלכות מחוסרי כפרה הל"ט :
י ח מיי' פ"ט מהלכות תמידין הלכה ו :

*יאוחר דבר שנאמר בו בערב ובין הערבים לדבר שלא נאמר בו בערב אלא בין הערבים בלבד אי הכי קטרת ונרות נמי נקדמו לפסח יאוחר דבר שנאמר בו בערב ובין הערבים לדבר שלא נאמר בו אלא בין הערבים בלבד שאני התם דמיעט רחמנא אותו *דתניא °מערב ועד בקר *תן לה מדתה שתהא דולקת מערב עד בוקר דבר אחר אין לך עבודה שכשירה מערב עד בוקר אלא זו בלבד מאי טעמא אמר קרא °יערוך אותו אהרן ובניו מערב עד בקר אותו מערב עד בוקר ואין דבר אחר מערב עד בוקר ואיתקש קטרת לנרות ותניא כי קשיין *תמיד קודם לקטרת קטרת קודמת לנרות ונרות קודמות לפסח יאוחר דבר שנאמר בו בערב ובין הערבים לדבר שלא נאמר בו אלא בין הערבים בלבד והא כתיב אותו האי אותו מיבעי ליה למעוטי עבודה שבפנים ומאי ניהו קטרת סלקא דעתך אמינא הואיל וכתיב °ובהעלות אהרן את הנרות בין הערבים יקטירנה אימא נדליק נרות ברישא והדר נקטיר קטורת מיעט רחמנא אותו אלא בין הערבים יקטירנה למה לי הכי קאמר רחמנא בעידן דמדלקת נרות תהא מקטרא קטרת תנו רבנן *אין לך דבר שקודם לתמיד של שחר אלא קטרת בלבד שנאמר בה בבקר בבקר ויוקדם קטרת דבר שנאמר בו בבקר בבקר דכתיב °והקטיר עליו אהרן קטרת סמים בבקר בבקר לדבר שלא נאמר בו אלא בקר אחד ואין לך דבר שמתעכב אחר תמיד של בין הערבים אלא *קטרת ונרות *ופסח ומחוסר כפורים בערב הפסח שטובל שנית ואוכל את פסחו לערב רבי ישמעאל בנו של רבי יוחנן בן ברוקא אומר אף מחוסר כפורים בשאר ימות השנה שטובל ואוכל בקדשים לערב *בשלמא לתנא קמא יבא עשה דפסח שיש בו כרת וידחה עשה דהשלמה שאין בו כרת אלא לר' ישמעאל בנו של ר' יוחנן בן ברוקה מאי אולמיה דהאי עשה מהאי עשה אמר רבינא אמר רב חסדא הכא בחטאת העוף עסקינן שאין למזבח אלא דמה רב פפא אמר אפילו תימא בחטאת בהמה *מעלה ומלינה בראשו של מזבח והאיכא אשם בשלמא לרב פפא היינו דמלין לה אלא לרב חסדא מאי איכא למימר אמרי שקרב אשמו והאיכא עולה וכ"ת *עולה לא מעכבא והתניא *ר' ישמעאל בנו של רבי יוחנן בן ברוקה אומר כשם שחטאתו ואשמו מעכבין אותו כך עולתו מעכבתו וכי תימא בשקרבה עולתו ומי קרבה עולתו קודם לחטאתו ראשון והתניא °והקריב את אשר לחטאת ראשונה מה תלמוד לומר אם ללמד שתהא קודמת לעולה הרי כבר נאמר °ואת השני יעשה עולה כמשפט אלא זה בנה אב *לכל חטאות שיהו קודמות לכל עולות הבאות עמהן וקי"ל דאפילו חטאת העוף קודמת לעולת בהמה אמר רבא שאני עולת מצורע דרחמנא אמר והעלה

והעלה

רש"י

יאוחר דבר כו' · טעמא דרישא קא מפרש תמיד קודם לפסח דדין הוא שיאוחר הפסח שנאמר בו בערב ובין הערבים תזבח את הפסח בערב (דברים טז) ושחטו אותו וגו' (שמות יב) לתמיד שלא נאמר בו אלא את הכבש השני תעשה בין הערבים (במדבר כח) : **אי הכי קטרת ונרות נמי ליקדמו לפסח** · תורה אור משום האי טעמא גופיה יאוחר דבר כו' דבקטרת ונרות חד בין הערבים כתיב ובהעלות אהרן את הנרות בין הערבים יקטירנה (שמות ל) ובין הערבים אתרוייהו קאי : **דמיעט רחמנא** . גבי נרות : **אותו מערב ועד בקר ואין אחר מערב ועד בקר** · ואין לך עבודה כשירה אחריה להתחיל : **תן לה מדתה** · חצי לוג לכל נר דאין לך ליל ארוך שלא יהא לך בה כשיעור : **ואתקש קטרת לנרות** · מה נרות אין עבודה כשירה אחריה אף קטרת אין עבודה כשירה אחריה : **תמיד קודם לקטרת וקטרת קודם לנרות** · טעמא מפרש בסדר יומא בפ' אמר להן הממונה : **אותו למעוטי עבודה שבפנים** · ההוא אותו לאו למעוטי פסח אתא שהיא עבודת חוץ דמסתברא דכי קא ממעיט עבודת פנים דכוותה קממעיט נרות עבודת פנים וקטרת עבודת פנים : **תהא מיקטרא קטרת** · כבר תהא מקוטרת : אין לך כל דבר באשים קודם לתמיד של שחר אלא קטורת שנאמר בה בפרשה ואתה תצוה בבקר בבקר ובתמיד לא כתיב אלא חד בקר : **ומחוסר כפורים** · כגון מצורע או זב ששכח ולא הביא כפרתו קודם לתמיד ואם לא יביאנה לא יאכל פסח דמחוסר כפורים אסור בקדשים וענוש כרת : **שטובל** · ואע"פ שטבל אתמול בשביעי שלו צריך לטבול אחר שהביא כפרתו דתנן בחומר בקודש (דף כא·) האונן והמחוסר כפורים צריכים טבילה לקודש : **בשאר ימות השנה** · אם הביא שלמי נדבה קודם התמיד והוא היה מחוסר כפורים ואם לא יביא כפרתו לא יאכל את שלמיו דכתיב ואכלו אותם אשר כופר בהם אלמא אכילת קדשים עשה היא בין האוכלים לכהנים בין האוכלים לישראל : **דהשלמה** . עליה השלם : האי עשה (*דהשלמה) מהאי עשה (*דאכילת קדשים): **הכא** · דקא"ר ישמעאל אף מחוסר כפורים במצורע עני קאמר שמביא חטאת העוף ונאכלת לכהנים ואין בה הקטרה ועשה דהשלמה גבי הקטרה כתיב וטהרה של מחוסרי כפרה תלויה בחטאת כדכתיב (ויקרא יב) והקריבו לפני ה' וכפר עלי' ובחטאת קאי ביולדת : **מעלה ומלינה בראש המזבח** · כדכתיב והקריבו לפני ה' וכפר עליה ולמחר יקטירנה לאחר תמיד של שחר ולינה אינה פוסלת בראש המזבח כדאמר בזבחים בפ' המזבח מקדש (דף פז·) *לד"ה דלא ירדו : **והא ליכא אשם מצורע** · דלא אתי עוף : **וכ"ת אשם לא מעכב** · לא גר' דהיכי תיסק אדעתין דלא מעכב הרי עיקר טהרה תלויה בו שהרי טהן מדמו על גבי בהונות: בחטאת ואשם פשיטא לן דמעכבי טהרה לאכילת קדשים חטאת כדאשכחן ביולדת אשם שהרי ממנו לבהונות :

ואת השני · בתרי' דההוא קרא כתיב בשבועת ביטוי וממילא ידעי' כיון דהאי שני עולה חטאת הוא ראשון : **זה בנה אב** · הבנין הזה בנה הכתוב אב ללמד לכל חטאות שיקדמו לעולות הבאות עמהן : **וקיימא לן** · בזבחים בפרק כל התדיר (דף צ·) דהאי בנין אב לא איצטריך אלא לחטאת העוף הבאה עם עולת בהמה כגון יולדת עשירה שמביאה עולתה בהמה וחטאתה עוף שתקדים חטאת לעולה :

תוספות

יאוחר דבר כו' · אע"ג דתמיד תדיר איצטריך למיכתב דה"א שהפסח יקדים משום עליה השלם : **קטרת** ונרות נקדמו לפסח · הקשה ריב"א והלא בנרות כתיב נמי מערב ועד בקר ומה לי מערב ומה לי בערב ויש לומר דמערב ועד בקר איצטריך ליתן לה מדתה ולא לאיחור :

אין לך דבר שמתעכב כו' אלא קטרת · נראה לר"י דלא גרס ונרות דע"כ לא חשיב אלא מידי דהקטרה דבה הקפידה תורה לאחר כדכתיב והקטיר עליה חלבי וגו' דאי לא תימא הכי ליחשוב נמי ברישא אין לך שקודם לתמיד של שחר אלא קטרת ודישון מזבח הפנימי ושני גזרי עלים והטבת נרות דקודמין לתמיד כל הני כדאמרינן באמר להן הממונה (יומא דף לג·) ובתוספתא נמי ליתא :

אתי עשה דפסח דאית ביה כרת ודחי כו' · הקשה ריב"א הא בעידנא דמיעקר עשה דהשלמה לא מיקיים עשה דאכילת פסח דאינה אלא בלילה ותירץ דמיירי שישחטו פסח עליו קודם שידחו עשה דהשלמה דשוחטין וזורקין על טבול יום ומחוסר כפורים לכולי עלמא אפילו לא יאכל לבסוף הואיל ובידו תלוי ופטור מפסח שני אפילו לא אכל הלכך כשהמקריב כפרתו מקיים עשה דפסח דאז הוי ראוי לאכול שאם לא היה יכול להקריב לא יהיה ראוי לאכול לערב והפסח היה פסול ור"י מתרץ דדוקא בלא תעשה דחמיר בעינן בעידנא דמיעקר לאו דלקיים עשה אבל עשה דתמיר דחי עשה הקל בכל ענין אפילו לא מקיים עשה חמור בעידנא דקא עבר אעשה הקל כדמוכח *בהשולח (גיטין דף לח·) גבי רבי אליעזר שיחרר עבדו ובשילוח הקן (חולין דף קמא·) דהוה דחי עשה דמצורע דחמיר לעשה דשילוח הקן אי לאו דאמר רחמנא שלח תשלח אפי' לדבר מצוה* :

זה בנה אב לכל חטאות כו' · ואפילו לעכב קאמר דאי למצוה אכתי ליתא בשקרבה · הקשה ריב"א דבה"כ משמע דליכא עיכובא דקתני התם גבי יולדת שאם הביאה עולתה תביא חטאתה ממין עולתה ובפרק כל התדיר (זבחים דף צ·) משמע דלא איצטריך האי זה בנה אב אלא לחטאת העוף הבאה עם עולת בהמה וליכא כי אם יולדת עשירה ובמסכת קנים (פ"ב) נמי אמרינן האשה שהביאה חטאתה ומתה מביאין יורשים עולתה כו' עולתה ומתה לא יביאו יורשים חטאתה משמע קצת אם היתה קיימת לא היתה מביאה אלא חטאתה ותירץ רבינו חיים כהן דהא דפריך הכא ואפילו עיכובא יהא היינו דוקא במצורע דכתיב ביה תהיה דמשמע עיכובא כדאמר דריש הקומץ רבה (מנחות דף יט·) ומשני דכתיב והעלה למעוטי מעיכובא* :

דכתיב והעלה · ודוקא בדיעבד דהא כתיב בהדיא ואחר ישחט את העולה:

עשאום

רבינו חננאל

שהתמיד נאמר בו בין הערבים והפסח נאמר בו בין הערבים דכתיב (שמות י"ב ו') ושחטו אותו כל קהל עדת ישראל בין הערבים ונאמר בו בערב שנאמר (דברים ט"ז ו') שם תזבח את הפסח בערב וקטורת לא נאמר בה אלא בין הערבים שנא' (שמות ל' ח') בין הערבים יקטירנה (ועי' בתוס' ד"ה קטורת מה שהקשו והבין דבריו) ונרות נאמר בהן בין הערבים דכתיב (שם) ובהעלות אהרן את הנרות [בין הערבים] וכתיב בהן מערב (שם כ"ז כ"א) שנאמר יערוך אותו אהרן ובניו מערב עד בקר. תניא כי קשיין תמיד קודם לקטורת וקטורת לנרות ונרות לפסח יאוחר דבר שנאמר בו בערב ובין הערבים כו': ואסיקנא הכי אמר רחמנא בעידנא דמדלקת נרות תהא מקטרא קטורת זו היא לישנא דיקא דמתניתא: ת"ר אין לך דבר קודם לתמיד של שחר אלא קטורת בלבד שנאמר בבקר בבקר והנרות יקטירנה ואין לך דבר שמתעכב אחר התמיד של בין הערבים אלא קטורת ונרות ופסח ומחוסר כפורים בערבי פסחים שטובל ואוכל פסחו לערב ר' ישמעאל בנו של ר' יוחנן בן ברוקא אומר אף מחוסר כפורי' בשאר ימות השנה שטובל ואוכל בקדשים ואמרי' בשלמא מחוסר כפורים בפסח אתי עשה ודחיא עשיית הפסח דאית ביה כרת שנא' (במדבר ט' י"ג) וחדל לעשות הפסח ונכרתה ודחי עשה דהוא עולה השלם כל הקרבנות דלית ביה כרת כלומר אין לך קרבן (דליח) [דאית] ביה כרת אבל האי דאי לא מקריב כפרתו תבירו פסח אתי לידי כרת לא אלא בשאר ימות השנה

מעכבין את הכפרה] לפיכך אמר מעלן ומלינן תעשין אלו האימורין שמעלן ומלינן על גבי המזבח כמו שנטמאו או שאבדו האוכלין הכהנים הבשר תשלמה הכפרה לבעלים באכילת הכהנים הבשר ... האימורין של אשם נמי עביד להו כמה דעביד לאימורין של חטאת בהמה אלא לרב חסדא דאוקמא בזב ואפילו במצורע דסבר כל מחוסר כפורים מותר הוא ואי לא עביד פסח חייב כרת הנה מצורע ... א"א לו סכבש לאשם הני אימורין [שהן] למזבח היכי עביד וכי תימא הקרבת אשמו אינו מעכבו מלאכול בקדשים והתניא שמעכב וכי תימא בשקרב האשם מקדים התמיד ... העוף שרולכת במערכה וכי תימא עולתו אינה מעכבתו מלאכול בקדשים והתניא שאפילו עולתו מעכבתו לאכול בקדשים וכי תימא בשקרבה עולתו והתניא זה בנה אב שיהו כל החטאות קודמות לעולות הבאות עמהן

והעלה הכהן את העולה שהעלה כבר אמר ליה רב שמן בר אבא לרב פפא לדידך דאמרת מעלה ומלינה בראשו של מזבח קיימין *ועבדינן מילתא לכהנים דאתו בה לידי תקלה דסברי דיומיה הוא ואתו לאקטורי אמר ליה *כהנים זריזין הן אמר ליה רב אשי לרב כהנא ואמרי לה רב הונא בריה דרב נתן לרב פפא והא כמה דלא מתקטרי אמורין כהנים לא מצו אכלי בשר דתניא *יכול יהו כהנים רשאין בחזה ושוק קודם הקטרת אמורין תלמוד לומר °והקטיר הכהן את החלב המזבחה והדר °והיה החזה לאהרן ולבניו וכמה דכהנים לא אכלי בשר בעלים לא מתכפרי דתניא *°ואכלו אותם אשר כפר בהם מלמד שהכהנים אוכלים ובעלים מתכפרין אמר ליה כיון דלא אפשר עשאום כמי שנטמאו או שאבדו דתניא יכול נטמאו אמורין או שאבדו לא יהו כהנים זכאין בחזה ושוק תלמוד לומר °והיה החזה לאהרן ולבניו מכל מקום רב כהנא רמי כתיב °לא ילין חלב חגי עד בקר עד בוקר הוא דלא ילין הא כל הלילה כולה ילין וכתיב °והקטיר עליה חלבי השלמים *עליה השלם כל הקרבנות כולן הוא מותיב לה והוא מפרק לה כשנתותרו רמי ליה רב ספרא *לרבא כתיב °לא ילין לבקר זבח חג הפסח לבקר הוא דלא ילין הא כל הלילה ילין והכתיב °עולת שבת בשבתו ולא עולת חול בשבת ולא עולת חול ביום טוב אמר ליה כבר רמייה ניהליה רב אבא בר חייא לר' אבהו ושני ליה הכא בארבעה עשר שחל להיות בשבת עסקינן* דחלבי שבת קריבין ביום טוב אמר ליה משום דחלבי שבת קריבין ביום טוב אנן ניקו ונימא ליה דהאי קרא בארבעה עשר שחל להיות בשבת הוא דכתיב אמר ליה *שבקיה לקרא דהוא דחיק ומוקים אנפשיה:

מתני' *הפסח ששחטו שלא לשמו וקבל והלך וזרק שלא לשמו או [י] לשמו ושלא לשמו או שלא לשמו ולשמו פסול כיצד לשמו ושלא לשמו לשם פסח ולשם שלמים שלא לשמו ולשמו לשם שלמים ולשם פסח:

גמ' בעי *רב פפא בעבודה אחת תנן או בשתי עבודות תנן בעבודה אחת תנן ורבי יוסי היא דאמר אף בגמר דבריו אדם נתפס דאי ר"מ הא אמר תפוס לשון ראשון או

רש"י

והעלה הכהן את העולה ואת המנחה וגו' · כפר חטאת כתיב ומדהוה ליה למיכתב ואת העולה יעלה וכתיב והעלה משמע אפילו הביא העולה קודם לחטאת יכפר: **דסברי דיומא היא** · כשמקטירים כל הלילה אברים שניתותרו מקרבנות שנשחטו ונזרק דמן קודם לתמיד ויראו את האברים הללו יהו סבורין שגם אלה ניתותרו ורואין להקטירם היום ויקטירם ועברי אעשה דהשלמה: **זריזין הן** · והמעלן שם יודיע לאחיו הכהנים ויזהרו בהן: **אמר ליה רב אשי כו'** · אדרב פפא פריך דאמר מלינן: **מכדי כל כמה דלא מקטרי אמורין** · דחטאת כהנים בשר החטאת לא מצי אכלי ובעלים לא הויא להו כפרה ועדיין מחוסר כפורים הוא והיאך יאכל בקדשים: **בחזה ושוק** · האמורים לכהנים מן השלמים: **ואכלו אותם** · במלואים כתיב: **אשר כופר בהם** · כתב כפרה גבי אכילה למימרא דאף באכילה תליא כפרה: **כיון דלא אפשר** · לאקטורינהו האידנא משום עשה דהשלמה עשאום כמי שנטמאו או שאבדו ומשתרו כהנים באכילת בשר והויא כפרה לבעלים: **הא כל הלילה ילין** · למטה ומעלן ומקטירן כל הלילה ואינו נפסל אלא אם כן מלאן בעלות השחר כשהוא למטה אלמא כל הלילה ראוי להקטיר: **והכתיב עליה השלם** · דמשמע שלא יתעכב דבר אחר תמיד של בין הערבים: **כשנתותרו** · מקרבנות שנזרק דמן קודם תמיד ולא הספיקו להקריב דכיון דנראה להקרבה קודם לכן על תמיד של שחר הוא מושלם: **הא כל הלילה ילין** · ויקטירם בלילי י"ט ואע"פ שנותר מקרבן של חול דהא י"ד שנזרק דם הפסח בו חול הוא: **ואנן ניקו כו'** · קושיא היא: **שבקי' לקרא דהוא דחיק ומוקי אנפשיה** · מדקשו קראי אהדדי על כרחך קראי גופייהו מוקמי אנפשייהו הכי:

מתני' הפסח ששחטו שלא לשמו · לשם שלמים: **או קיבל או הלך או זרק שלא לשמו** · שבארבע עבודות הללו הפסח נפסל במחשבתן אם לפסול אם לפגל כדיליף בשמעתא קמייתא דזבחים (דף ד.): **או לשמו ושלא לשמו** · בגמרא מפרש אי במחשבת עבודה אחת קאמר אי במחשבת שתי עבודות כגון קיבל לשמו וזרק שלא לשמו: **פסול** · דכתיב זבח פסח הוא שתהא זביחתו לשם פסח וכתיב הוא למעוטי נשחט שלא לשמו:

גמ' בעבודה אחת תנן · וחישב בה לשמו ושלא לשמו ואפ"ה קתני פסול ור' יוסי היא דאמר במסכת תמורה (דף כה.) אף בגמר דבריו אדם נתפס דבוק: **דאי ר' מאיר האמר תפוס לשון ראשון** · במס' תמורה (ג"ז שם) גבי האומר הרי זו תמורת עולה תמורת שלמים ר"מ אומר הרי זו תמורת עולה ר' יוסי אומר דבריו קיימים ותרעה עד שתומם ותמכר ויביא בדמי חציה עולה ובדמי חציה שלמי': או

תוספות

עשאום כמי שנטמאו אימורין או אבדו · למאן דאמר (לקמן דף עז:) אין הציץ מרצה על העולין ניחא הא דנקט הכא שנטמאו או אבדו אבל לבריית' דלקמן (דף פ:) על מה הציץ מרצה על הדם ועל החלב צ"ל הואיל ומדרבנן לא מרצה הוי כאילו אבדו האימורין:

יכול נטמאו או שאבדו לא יהו הכהנים כו' · הכי סלקא מסקנא הכא דהוי לא אכלי כהנים לא מכפרי בעלים ולא משתרו לאכול בקדשים ומקשה ריב"א דבהאשה רבה (יבמות דף צ.) אמר ת"ש דם שנטמא וזרקו בשוגג הורצה במזיד לא הורצה והא הכא דמדאורייתא הורצה לרבנן כו' ומשני מאי לא הורצה להתיר בשר באכילה אבל בעלים מתכפרין אלמא אף על גב דבשר אינו נאכל בעלים מתכפרין וי"ל דהכא דחזי לאכילה מדאורייתא מתכפרין והכא במי למימר דכל כמה דלא חזו כהנים לאכילת בשר (א) לא מתכפרים בעלים ומיהו קשה מטמאה בשר היאך זורק את הדם הא אין לבשר שעת היתר לכהנים ונראה לפרש דכל זמן דחזי בשר לאכילה לא מתכפרי בעלים עד שיאכלו כהנים אבל אם נטמא אחרי כן או יצא או נעשה נותר מתכפרי בעלים:

ולא עולת חול ביו"ט · הקשה ריב"א דהא קרא בשבת כתיב דאמיר אבל ביו"ט דקיל מנא לן דלא קרבה וי"ל דאתיא כרבי עקיבא דאמר בסוף אלו קשרים (שבת דף קיד.) עולת שבת בשבתו לימד על חלבי שבת שקרבין ביו"ט ומשמע ליה קרא שבת זו בשבת אחרת דהיינו של שבת בי"ט מכלל דשל חול בי"ט לא קרבה וקשה לר' עקיבא תיפוק לי' לחלבי שבת קריבין בי"ט מקרא הכא דלא ילין הא כל הלילה ילין לכל הפחות מיתוקם בארבעה עשר שחל להיות בשבת תימה לר"י הא קרא בנותר דבשר מיירי דהא לקמן (דף סג:) מחייב שוחט על חמץ אחד מבני חבורה מדכתיב לא ילין בתריה דמשמע הכי דקיימינן עלי' בלא ילין וכל הלילה ילין כדר' עקיבא אוקימנא לסוגיא דהכא ושמעינן ליה לר' עקיבא דפסח נאכל כל הלילה עד שעת חפזון והיכא למימר דמשמע ליה למסדר הש"ס דקרא בכל הזבח מיירי בין בבשר ובין באימורין ומדלא כתיב חלב כמו גבי חלב חגי ומדלא כתיב גבי אכילה דואכלו את הבשר כדכתב התם לא תותירו ש"מ דבתרוויהו משתעי:

בארבעה עשר שחל להיות בשבת עסקינן · בירושלמי דייק מקרא דלא ילין חלב חגי כה"ג ומוקי לה נמי ר' אבהו בי"ד שחל להיות בשבת ופריך דלא מצי לאוקמי בשבת דהא כתיב דהיינו חגיגה הבאה עם הפסח דלא דחיא שבת כדאמר לקמן באלו דברים (דף סט:) ומפרש דה"ק שמרהו שלא יבא לידי כל ילין שיקריבהו מבעוד יום בשעה הראויה לו ותימה לירושלמי דפריך מינה דהאי קרא דחלב חגי דבחגיגת חמשה עשר מיירי כדמוכח באלו דברים הקשה רשב"א לבן תימא דדריש לקמן באלו דברים (דף ע.) חגיגה הבאה עם הפסח הרי היא כפסח דוחה חג זה חגיגה היכי מיתוק' האי קרא בשבת הא מודה דלא דחיא שבת כדמוכח התם *וי"ל דבן תימא יסבור כר' ישמעאל דאמר בסוף אלו קשרים (שבת דף קיד:) דחלבי חול קריבין בי"ט א"נ כמי בן תימא יפרש שמרהו שלא יבא לידי כל ילין כדמפרש בירושלמי:

דאי ר' מאיר האמר תפוס לשון ראשון · אור"י *דרבא לטעמיה דאית ליה דפליגי בתפוס לשון ראשון דאמרינן בפ"ב דזבחים (דף ל:) עדיין היא מחלוקת פירוש אפילו בתמורת עולה ושלמים פליג ר"מ ובלאו הכי הך דיוקא דהכא לא מיתוקם אלא אליבא דרבא דמיירי לקמן בפירקין (דף סג.) גבי אחרים אומרים הקדים מולים לערלים כו' וסבר אינה לשחיטה אלא לבסוף וכדרבא דאמר עדיין היא מחלוקת ופליגי בתפוס לשון ראשון אפילו בכי האי גוונא אף על גב דאינה לשחיטה אלא לבסוף וברגע אחרון יש שניהם לחול וסבר ר"מ התם תפוס לשון ראשון אע"פ שלא חל בשעה שאמר דלרבה ואביי דלקמן דסבירא להו דישנה לשחיטה מתחלה ועד סוף מילי תרווייהו אפילו לר"מ כמו שנאמר לקמן וא"כ לא יכשיר הכא לר"מ לשמו ושלא לשמו אפי' בעבודה אחת: אבל

רבינו חננאל

הגהות מהר"ב רנשבורג

§ מסכת פסחים דף נט: §

אות א'

יכול יהו כהנים רשאין בחזה ושוק קודם הקטרת אמורין

רמב"ם פ"ט מהל' מעשה הקרבנות הי"א - ואחר שמניפן, מולח האימורין ומקטירן על גבי המזבח; אבל החזה והשוק נאכל לכהנים, שנאמר: כי את חזה התנופה ואת שוק התרומה, ושאר השלמים נאכלים לבעלים; ואין הכהנים זוכין בחזה ושוק אלא לאחר הקטר האימורין.

אות ב'

מלמד שהכהנים אוכלים ובעלים מתכפרין

רמב"ם פ"י מהל' מעשה הקרבנות ה"א - אכילת החטאת והאשם מצות עשה, שנאמר: ואכלו אותם אשר כופר בהם, הכהנים אוכלים ובעלים מתכפרים; והוא הדין לשאר הקדשים שאוכלין אותן הכהנים, שאכילתן מצוה.

אות ג'

בארבעה עשר שחל להיות בשבת עסקינן

רמב"ם פ"א מהל' תמידין ומוספין ה"ח - ארבעה עשר שחל להיות בשבת, מקטירין חלבי הפסחים בלילי יום טוב, מפני שהם כחלבי שבת.

רמב"ם פ"א מהל' קרבן פסח ה"ח - ומקטירין חלבי פסחים כל הלילה עד שיעלה עמוד השחר, במה דברים אמורים כשחל ארבעה עשר להיות בשבת, שהרי חלבי שבת קריבין ביום טוב; אבל אם חל ארבעה עשר להיות בחול, אין מקטירין חלבי חול ביום טוב.

אות ד'

דחלבי שבת קריבין ביום טוב

רמב"ם פ"א מהל' תמידין ומוספין ה"ז - איברים של תמיד דוחין את הטומאה ואין דוחין את השבת, אלא בערב שבת בלבד מקטירין איברי תמיד של ערב שבת, שהתמיד תחילתו דוחה שבת וסופו אינו דוחה; חלבי שבת קריבין בלילי יום טוב, אם חל יום טוב להיות במוצאי שבת; אבל אין קריבין בלילי יום הכפורים, [א]שנאמר: עולת שבת בשבתו, ולא עולת שבת זו בשבת אחרת, ולא עולת חול ביום טוב.

אות ה'

הפסח ששחטו שלא לשמו

רמב"ם פט"ו מהל' פסולי המוקדשין ה"ג - ומפני מה נשתנה דין החטאת והפסח מכל הזבחים, ודין מנחת חוטא ומנחת קנאות מכל המנחות, מפני שעיין עליהם הכתוב... [ב]ונאמר בפסח: ועשית פסח לה' אלהיך, שתהיה כל עשייתו לשם פסח, ונאמר: ואמרתם זבח פסח הוא לה', שתהיה זביחתו לשם פסח, הא אם שינה שמו או שם בעליו פסול.

רמב"ם פט"ו מהל' פסולי המוקדשין [ג]הי"א - הפסח ששחטו במחשבת שינוי השם, בין ששינה שמו לשם זבח אחר בין ששינהו לשם חולין, פסול, [ד]שנאמר: ואמרתם זבח פסח הוא לה'.

רמב"ם פ"ד מהל' קרבן פסח ה"א - כבר נתבאר בהלכות פסולי המוקדשין, שהפסח אינו נשחט אלא לשם פסח ולשם בעליו, ואם שחטו במחשבת שינוי השם, פסול.

אות [ו']

לשמו ושלא לשמו

רמב"ם פי"ג מהל' פסולי המוקדשין ה"א - שלש מחשבות הן שפוסלין את הקרבנות, ואלו הן: מחשבת שינוי השם, ומחשבת המקום, ומחשבת הזמן; מחשבת שינוי השם כיצד, זה השוחט את הזבח שלא לשמו, כגון שהיה עולה ויחשב שהוא שלמים, או ישחטנו לשם עולה ושלמים, או לשם שלמים ולשם עולה.

באר הגולה

[א] ‹ר"ע אומר עולת שבת בשבתו, למד על חלבי שבת שקריבים ביום טוב, יכול אף ביוה"כ, ת"ל בשבתו, וידוע דהלכה כר"ע - כסף משנה› [ב] ‹מקור לשאר עשיות› [ג] ‹כן צ"ל› [ד] ‹אפשר שהטעם, מדכתיב ביה לה', משמע דלשם חולין פסול - כסף משנה›

§ מסכת פסחים דף ס. §

אות א׳

הפסח ששחטו שלא לשמו, אי נמי שחטו לשמו, וקבל והלך וזרק שלא לשמו, אי נמי שחטו וקבל והלך לשמו, וזרק שלא לשמו

רמב״ם פט״ו מהל׳ פסולי המוקדשין ה״א - כל הזבחים שנשחטו במחשבת שינוי השם, בין בקרבנות יחיד בין בקרבנות צבור, כשרים, אלא שלא עלו לבעלים לשם חובה; חוץ מן החטאת והפסח, שאם נעשו במחשבת שינוי השם, פסולין; ואחד המשנה שם הזבח בשעת שחיטה או בשעת קבלה או בשעת הולכה או בזריקה כמו שביארנו.

אות ב׳

דקאי בשחיטה וקחשיב בזריקה

רמב״ם פט״ו מהל׳ פסולי המוקדשין ה״י - שחטה לשמה, וחשב בשעת השחיטה לזרוק דמה שלא לשמה, הרי זו פסולה, לפי שמחשבין מעבודה לעבודה, וזאת המחשבה שחשב בשעת השחיטה כאילו חשבה בשעת זריקה, ולפיכך פסולה.

או דילמא בשתי עבודות תנן ואפי' לר' מאיר דאמר תפוס לשון ראשון הני מילי בעבודה אחת אבל בשתי עבודות מודה דמפסיל אמרי אהייא אי נימא אשלא לשמו ולשמו בין בעבודה אחת בין בשתי עבודות בין לר' מאיר בין לר' יוסי איפסיל ליה מקמייתא דהא לרבי יוסי *נמי אף בגמר דבריו אדם נתפס אית ליה אלא אלשמו ושלא לשמו מאי ת"ש הפסח ששחטו שלא לשמו וקבל והלך וזרק שלא לשמו היכי דמי אי נימא כדקתני למה לי עד דמחשב לכולהו מקמייתא איפסיל ליה אלא לאו הכי קתני *הפסח ששחטו שלא לשמו אי נמי שחטו לשמו וקבל והלך וזרק שלא לשמו אי נמי שחטו וקבל והלך לשמו וזרק שלא לשמו דהויא לה שתי עבודות אימא סיפא לשמו ושלא לשמו היכי דמי אי נימא בשתי עבודות היינו רישא אלא לאו בעבודה אחת ור' יוסי היא דאמר אף בגמר דבריו אדם נתפס לא לעולם בשתי עבודות ורישא דקאי בשחיטה וקא מחשב בשחיטה א"נ קאי בזריקה וקא מחשב בזריקה סיפא דקאי בשחיטה וקחשיב בזריקה דאמר הריני שוחט את הפסח לשמו לזרוק דמו שלא לשמו וקמ"ל דמחשבין מעבודה לעבודה והיינו בעיא דרב פפא ת"ש או שלא לשמו ולשמו פסול היכי דמי אי נימא בשתי עבודות השתא לשמו ושלא לשמו אמרת פסול שלא לשמו ולשמו מיבעיא אלא לאו בעבודה אחת ומדסיפא בעבודה אחת רישא נמי בעבודה אחת לא לעולם בשתי עבודות ובדין הוא דלא איצטריך ליה ואיידי דתנא לשמו ושלא לשמו תנא נמי שלא לשמו ולשמו תא שמע *שחטו שלא לאוכליו ושלא למנויו לערלים ולטמאין פסול הבא פשיטא בעבודה אחת ומדסיפא בעבודה אחת רישא נמי בעבודה אחת מידי איריא הא כדאיתא והא כדאיתא סיפא בעבודה אחת רישא אי בעבודה אחת אי בשתי עבודות תא שמע *לאוכליו ושלא לאוכליו כשר היכי דמי אי נימא בשתי עבודות וטעמא דחשיב בזריקה דאין מחשבת אוכלין בזריקה הא בעבודה אחת כגון בשחיטה דמהניא ביה מחשבת אוכלין פסול והא קיימא לן מקצת אוכלין לא פסלא
אלא

רש"י

או דילמא בשתי עבודות תנן. אלא חישב לשמו ובשניה שלא לשמו והכא ליכא למימר תפוס לשון ראשון שהרי ארבעתן העבודות חשובות זו כזו ליפסול את הזבח באחת מהן ואפילו לרבי מאיר מיפסיל: והדר גמרא אהייא מהני לישני דסיפא דמתניתין קיימא הך בעיא: **אי נימא אשלא לשמו.** ברישא והדר לשמו הא בין לר' מאיר בין לר' יוסי אפילו בעבודה אחת מיפסיל לר' מאיר דהא אמר תפוס לשון ראשון לרבי יוסי נמי מיפסיל דהא ר' יוסי אף בגמר אית ליה כלומר תחלת דבריו של אדם וסופן בכולן דעתו נתפסה וכולן מתקיימין: **אלשמו ושלא לשמו.** [לעיל נט:] דאי בעבודה אחת נמי פסיל ליה מתני' לא מיתוקמא כרבי מאיר דלאמר תפוס לשון ראשון ולשון אחרון לא חייל: **אי נימא כדקתני.** שחט וקיבל והלך וזרק כולן שלא לשמו ולאו הך קאמר למה לי בכולהו הא בחדא קי"ל בזבחי' במשנה קמייתא דהזבח נפסל: **לעולם.** סיפא נמי דקתני לשמו ושלא לשמו בשתי עבודות ודקשיא לך היינו רישא לא תיקשי רישא מיירי דכי שחט חישב בה לשמו וכשזרק חישב בה שלא לשמו וסיפא מיירי דבשעת שחיטה חישב תרתי מחשבות חדא על השחיטה לשמו וחדא על הזריקה שלא לשמו: **דאמר הריני שוחט לשמו.** על מנת לזרוק שלא לשמו והכא ליכא למימר תפוס לשון ראשון דהא לעבודה אחריתי קאי לשון שני וקא משמע לן מתני' דמחשבין מעבודה לעבודה כלומר דמחשב בשעת עבודה זו על חברתה לעבודה במחשבת פסול נפסל מיד ואפילו לא עשה השניה במחשבת פסול כמו שחיטה: **והיינו בעיא דרב פפא.** דאמר מחשבים מעבודה לעבודה בשחיטת קדשים בפ"ק (ד' י.) דאמרינן התם מתקיף לה רב פפא דילמא הא קמ"ל דמחשבין מעבודה לעבודה: **השתא לשמו ושלא לשמו.** [לקמן סא.] דעבודה ראשונה בכשרות אמרת פסול במחשבת עבודה שניה: **שלא לשמו ולשמו מיבעיא.** דכיון דנפסל בעבודה ראשונה מהיכן יחזור ויוכשר: **אלא לאו בעבודה אחת.** ותנא לשמו ושלא לשמו לאפוקי מדרבי מאיר דאמר תפוס לשון ראשון ותנא שלא לשמו ולשמו דלא תימא תפוס לשון אחרון והא הדר ביה מקמא וכי שחיט אהאי בתרא קא שחיט קמ"ל דר' יוסי הוא דאמר בכל דבריו אדם נתפס ולא הדר ביה אלא אתרוייהו איכוין: [סא] **ומדסיפא.** שלא לשמו ולשמו בעבודה אחת קאמר דבשתי עבודות לא איצטריך: **רישא.** דלשמו ושלא לשמו נמי אף בעבודה אחת ור' יוסי היא: **לעולם בשתי עבודות.** ודקשיא לך פשיטא הא איפסיל ליה מעבודה קמייתא: **איידי דתנא לשמו ושלא לשמו.** לאשמעינן דמחשבין מעבודה לעבודה כדלעיל תנא נמי שלא לשמו ולשמו: **שלא לאוכליו.** לחולה ולזקן שאין יכולין לאכול כזית ואין בו מנויין אחרים אלא הן: **פסול.** דה"ש לפי אכלו כתיב (שמות יב) הראוי לאכול: **שלא למנויו.** נימנו עליו חבורה זו ושחטו לשם חבורה אחרת: **לערלים.** ישראל שמתו אחיו מחמת מילה והן פסולין מלאכול פסח דכתיב כל ערל לא יאכל בו (שם): **לטמאים.** נמי אסורים בקדשים ובכרת הן על אכילתן: **הכא פשיטא בעבודה אחת קאי.** דהא חדא מחשבה הוא דאיכא: **רישא נמי בעבודה אחת.** כלומר אפילו בעבודה אחת ודלא כר' מאיר: **מידי איריא.** וכי ראיה היא זו: **סיפא.** דבמחשבה אחת מיירי ליכא לאוקומה אלא בעבודה אחת: **רישא.** דמיירי בשתי מחשבות איכא לאוקומא אי אף בעבודה אחת ודלא כר' מאיר: **אי בשתי עבודות.** ולא בעבודה אחת ור' מאיר: **לאוכליו ושלא לאוכליו.** כדמפרש ואזיל: **היכי דמי אי נימא בשתי עבודות.** שחטו לאוכליו ע"מ לזרוק שלא לאוכליו ואשמעי' דכשר: **וטעמא מאי משום דאין מחשבת אוכלין.** אין מחשבת פסול האוכלין כגון חולה וזקן פוסלת בזריקה דבשחיטה הוא דכתיבי אוכלין לפי אכלו תכוסו והייתו תשחוט כדמתרגמי' ושחטו ויכוס: **ה"ג בעבודה אחת כגון בשחיטה דמהני' בה מחשבת אוכלין פסול.** ואפי' כה"ג דאמר לאוכליו ושלא לאוכליו: **והא קיימא לן.** לקמן (ד' סא.): **מקצת אוכלין.** כגון הכא דנימנו בו ראויין לאכול ושחטו לשם כולן כשר דהא כולה שחיטה נמי משום אוכלין צריכה דהא אפשר לכזית בשר בלא שחיטה ולקמן מפרש מאי שנא דבשמו ושלא לשמו פסול ולאוכליו ושלא לאוכליו כשר:

תוספות

אבל בשתי עבודות אפי' ר' מאיר מודה. וא"ת והיכי מיתוקמא מתני' כר' מאיר הא קתני סיפא לטמאים ולמהורים כשר ואמאי נימא תפוס לשון ראשון ובעבודה אחת מיירי דליכא מחשבת טמאים אלא בשחיטה וי"ל דמתני' מיירי כגון דקיימי קמיה טמאים ומהורים ואמר הריני שוחט ולאו דוקא למאן דאמר לא משכחת מקצת ערלה דבענין אחר לא משכחת מקצת ערלה דלא פסלה לר' מאיר אליבא דרבא דאמר אינה לשחיטה אלא לבסוף: **אי בשתי עבודות היינו רישא.** וא"ת ולימא דרישא איירי כששחטו סתמא ולכך בזורק שלא לשמו אמר הוכיח סופו על תחלתו אבל אם אמר בהדיא הריני שוחט לשמו ה"א דלא עקר שלא לשמו אפי' בשתי עבודות להכי איצטריך סיפא וי"ל דסברא הוא דבשתי עבודות אינו מועיל מפרש יותר מסתם: **והיינו בעיא דרב פפא.** פי' הקונט' דחוק דנקט רב פפא ולא נקט ר' יוחנן דאמר התם בהדיא מחשבין מעבודה לעבודה וגר"ח דגר' לעיל בעי רב פפא בעבודה אחת תנן ומסיק והיינו בעיא דרב פפא פי' שפיר מתוקמא בעיא דרב פפא שאינו יכול לפוסט' מן המשנה וכן מלא רבי בספר ישן וכן גר"ח וכש"ל מפרש והיינו בעיא דרב פפא מה שאל בעבודה אחת תנן או בשתי עבודות הנך שתי עבודו' היינו כגון שוחט לשמו על מנת לזרוק שלא לשמו: **שלא לשמו ולשמו מיבעיא.** וא"ת כי נמי אמרי' בעבודה אחת תיקשי ליה הכי השתא לשמו ושלא לשמו פסול שלא לשמו ולשמו מבעיא דאפי' ר' מאיר דפליג בלשמו ושלא לשמו בשלא לשמו ולשמו מודה דלכ"ע תפוס לשון ראשון וי"ל דאי בעבודה אחת מיירי קא משמע לן כמו שפירש בקונ' דלא אזלינן בתר לשון אחרון [דוקא] לאפוקי מכן נכם דאית ליה בפרק בית כור (ד' קה.) תפוס לשון אחרון גמרי לבטל הראשון ור"י מפרש דבעבודה אחת אתי שפיר דתני שלא לשמו ולשמו אגב לשמו ושלא לשמו כיון דשניהם בעבודה אחת אבל בשתי עבודות דרישא הפסול בזריקה וסיפא הפסול בשחיטה לא דמו אהדדי ולית ליה למתני' אגב רישא: **שחטו שלא לאוכליו.** פי' רש"י לחולה ולזקן ואין מנויין עליו אלא הן וקשה אם כן מאי איריא שלא לאוכליו אפי' לאוכליו נמי פסול כיון שאין בו אוכלין ונראה דמיירי דיש נמי מנויים אחרים: **אילימא בב' עבודות טעמא דחשיב בזריקה.** נראה לר"י דהכא איירי אליבא דרבה דאמר לקמן (ד' סא:) שחטו למולין על מנת שיתכפרו בו ערלים כשר דלרב חסדא דאמר פסול לא מצי מיירי בשתי עבודות מיהו לקמן משמע במסקנא דלא כרבה פסול:

עין משפט נר מצוה

טז א מיי' פרק ט"ו מהלכות פסולי מוקדשין הלכה א:
יז ב מיי' שם הלכה י:

רבינו חננאל

פסח ולשם שלמים או דלמא בשתי עבודות בשחיטה אמר לשם פסח ובקבלה אמר לשם שלמים. ודברי ר' מאיר דאמר בתחלת דבריו אדם נתפס ור' יוסי הוא דאמר אף בגמר דבריו אדם נתפס מפורשין הן במשנתנו בתמורה פ' חמישי האומר הרי זו תמורת עולה תמורת שלמים הרי זו תמורת עולה דברי ר' מאיר ר' יוסי אומר אם לכך נתכוון בתחלה אע"פ שאי אפשר לקרות שני שמות כאחת דבריו קיימין אם משאמר תמורת עולה נמלך ואמר תמורת שלמים הרי זו תמורת עולה ומפרשא דגמרא אליבא דרבי מאיר דאמר בתחלת דבריו אדם נתפס לר' יוסי בדקי' ליה [אי] מהדר הוא דקא הדר ביה תפוס לשון ראשון ואי אמר לתמורת שניהם נתכוונתי דבריו קיימין מאי. ת"ש הפסח ששחטו שלא לשמו קבל והלך וזרק שלא לשמו או לשמו ושלא לשמו כו' היכי דמי אי נימא בעבודה אחת כדקתני למה לי עד דמחשב שלא לשמו בכולהו מקמייתא איפסל ליה לדברי הכל אלא לאו הכי קתני הפסח ששחטו שלא לשמו [או ששחטו לשמו] וקבל שלא לשמו כו' דהוה ליה שתי עבודות אחת לשמו ואחת שלא לשמו אי הכי אימא סיפא או לשמו ושלא לשמו ה"ד אי נימא בשתי עבודות היינו רישא למה לי למתני ליה תרי זימני אלא לאו בעבודה אחת שוחט לשם פסח ולשם שלמים ומתני' רבי יוסי היא דאמר אף בגמר דבריו אדם מתפים לפיכך תני פסול אבל לר' מאיר בתחלת דבריו מתפים וכשר ודחי' לא לעולם כולה מתני' בשתי עבודות רישא כגון דשחים ומחשב בשחיטה לשמו ומחשב שלא לשמו בקבלה וכן בהולכה וכן בזריקה סיפא כגון דאמר בשחיטה הריני שוחט לשם פסח לזרוק דמו שתים שהן ארבע לשם שלמים שמעינן מינה דמחשבין מעבודה לעבודה והיינו בעיא דרב פפא הא איפשטא: ת"ש או שלא לשמו ולשמו פסול האי מאי אי אמרת דמתני' בשתי עבודות ומחייבי' באחת שלא לשמו ובאחרת לשמו היינו רישא דרישא והיא תחלת משנתנו דאמרי' דברי הכל פסול אי דקאי בעבודה ומחשב בעבודה אחרת היינו רישא אלא לעולם בעבודה אחת רישא נמי לשמו ושלא לשמו בעבודה אחת ובעיא דרב פפא קיימא ודחי' לא לעולם בשתי עבודות ומדין הוא וכו': ת"ש שלא לאוכליו ושלא למנויו לערלים וכו'.ת"ש שוחט לאוכליו ושלא לאוכליו וכו' כשר היכי דמי אי נימא בשתי עבודות כגון שחטו לאוכליו וזרק לשמו שלא לאוכליו טעמא דחשיב בזריקה ולפיכך הוא כשר דאין מחשבת אוכלין בזריקה דתנן נמנין ומושכין את ידיהן עד שישחט כו' ואוקימנא מחלוקת לימשך אבל לימנות דברי הכל עד שישחט שנא' במכסת נפשות תכוסו הזהיר לשוחט על שנמנין בו הא אלו שוחטו לאוכליו ושלא לאוכליו[פסול]והא קיי"ל כל היכא דפתיכא פסולין לכשרין כשר אלא ודאי לעבודה כו' ומדסיפא כו' ובעיא דרב פפא לא איפשטא פי' פתיכי מעורבין כדגרסי' בתחלת[שבועות]בענין מראות נגעים.אימור דשמעת לה לר"ע בפתוך ובחלוק מי שמעת ליה ובמשנה בתחלת נגעים הפתוך בשלג ביין המזוג בשלג והפתוך

אלא לאו בעבודה אחת ומדסיפא בעבודה אחת רישא נמי בעבודה אחת מידי איריא הא כדאיתא והא כדאיתא סיפא בעבודה אחת ורישא או בעבודה אחת או בשתי עבודות איבעיא להו פסח ששחטו בשאר ימות השנה לשמו ושלא לשמו מהו מי אתי שלא לשמו ומפיק ליה מידי לשמו ומכשיר ליה או לא כי אתא רב דימי אמר אמריתא לשמעתא קמיה דר' ירמיה הואיל ולשמו מכשירו בזמנו ושלא לשמו מכשירו שלא בזמנו מה לשמו המכשירו בזמנו אין מוציאו מידי שלא לשמו אף שלא לשמו המכשירו שלא בזמנו אין מוציאו מידי לשמו ופסול ואמר לי לא אם אמרת בשלא לשמו שכן נוהג בכל הזבחים תאמר בלשמו שכן אינו נוהג בכל הזבחים אלא בפסח בלבד מאי הוי עלה אמר רבא פסח ששחטו בשאר ימות השנה לשמו ושלא לשמו כשר דהא סתמו לשמו קאי ואפילו הכי כי שחיט ליה שלא לשמו כשר אלמא אתי שלא לשמו ומפיק ליה מידי לשמו כי שחיט נמי לשמו ושלא לשמו אתי שלא לשמו ומפיק ליה מידי לשמו א"ל רב אדא בר אהבה לרבא דילמא שאני היכא דאמר מהיכא דלא אמר דהא לאוכליו ושלא לאוכליו כשר וכל היכא דשחיט ליה שלא לאוכליו לחודיה פסול ואמאי הא סתמא לאוכליו קאי אלא שאני היכא דאמר מהיכא דלא אמר הכי נמי שאני היכא דאמר מהיכא דלא אמר א"ל *מידי איריא בשלמא התם במה דלא עקר ליה בשחיטה סתמיה ודאי לשמו קאי אלא הכא סתמיה לאוכליו קאי דילמא מימשכי הני ואתי אחריני ומימני עליה (אחריני) דתנן *נמנין ומושכין את ידיהם ממנו עד שישחט איבעיא להו פסח ששחטו בשאר ימות השנה בשינוי בעלים מהו שינוי בעלים כשינוי קודש דמי ומכשיר ליה או לא אמר רב פפא אמריתא לשמעתא קמיה דרבא הואיל ושינוי קודש פוסלו בזמנו ושינוי בעלים פוסלו בזמנו מה שינוי קודש שפוסלו בזמנו מכשירו *לאחר זמנו אף שינוי בעלים שפוסלו בזמנו מכשירו *לאחר זמנו ואמר לי לא *אם אמרת בשינוי קודש שכן פסולו בגופו וישנו בארבע עבודות

וישנו

אלא לאו בעבודה אחת. אף בעבודה אחת כשר ומתני' בין בעבודה אחת בין בשתי עבודות קאמר בעבודה אחת כגון בשחיטה מכשר ליה דמשום מקצת אוכלין לא פסלי ובשתי עבודות כגון שחט לאוכליו וזרק שלא לאוכליו אף על גב דכולה זריקה שלא לאוכליו כשר משום דאין מחשבת אוכלים בזריקה: **ומדסיפא אף בעבודה אחת קאמר רישא נמי אף בעבודה אחת קאמר**. דלשמו ושלא לשמו פסול דאף בגמר דבריו אדם נתפס ורבי יוסי היא ולא ר' מאיר: **סיפא בעבודה אחת**. רישא אימא לך אי אף בעבודה אחת ורבי יוסי היא אי בשתי עבודות קאמר ולא בעבודה אחת ור"מ דאי בעבודה אחת כשר בלשמו ושלא לשמו דתפוס לשון ראשון: **פסח בשאר ימות השנה**. כגון שהפרישו קודם לכן ימים רבים וקיימא לן דכשר לשלמים בפירקין דלקמן (ד' ע:) ואם שחטו לפסח פסול דלאו זמניה ואי לשם שלמים שחטו כשר והיכא דשחטו לשמו ושלא לשמו מהו: **אמריתא לשמעתא**. למילף מדין בנין אב דפסול: **אין מוציאו מידי שלא לשמו**. לתפוס לשון אחרון לבדו ולהכשיר הנשחט שלא לשמו ולשמו: **אף שלא לשמו כו' אין מוציאו מידי לשמו**. לתפוס לשון אחרון ולהכשירו: **שכן נוהג**. פסולו בכל הזבחים או לפסול לגמרי בפסח וחטאת או לפסול מלעלות לבעלים לשם חובה בשאר זבחים כדתנן (זבחים ד' ב.) כל הזבחים שנזבחו שלא לשמן כשרין לזרוק ולהקטיר אימורים ולאכול בשרן ולא עלו לבעלים לשם חובה חוץ מפסח וחטאת שפסולין לגמרי אלמא נוהג בכל הזבחים הלכך לא אתי לשמו ומפיק לה מידיה לגמרי: **פסול**. בפסול דלשמו שאינו נוהג אלא בפסח בשאר ימות השנה וכיון דקיל אתי שלא לשמו ומפיק ליה מידיה: **היכא דלא אמר**. דאף על גב דהיכא דלא אמר ברישא לשמו ואמר שלא לשמו כשר היכא דאמר פסול: **דהא שלא לאוכליו פסול**. ואף על גב דסתמיה לאוכליו קאי אתי שלא לאוכליו ומפיק ליה מסתמיה וכי אמר ברישא לאוכליו והדר שלא לאוכליו לא אתי שלא לאוכליו ומפיק ליה מידי לאוכליו וכשר: **הכי השתא**. ומי דמי סתמא דלאוכליו לסתמא דלשמו דתילפינהו מהדדי התם סתמא דלשמו אלים טובא דכל כמה דלא איעקר ליה שם פסח מיניה סתמא לשמו קאי ואפילו הכי כי אמר שלא לשמו מפיק ליה מסתמיה הלכך כי אמר לשמו ברישא נמי יליף מיניה דאתי שלא לשמו ומפיק ליה מידיה דלא שאני לן בין היכא דאמר מהיכא דלא אמר אבל לאוכליו מי אלים סתמא דידיה דסתמא ליקו להני אוכלין הא אי בעי מימשכו הני מיניה ומוכרין אותו לחבורה אחרת: **דתנן נמנין עליו ומושכין ידיהן ממנו עד שישחט**. הבא למנות עליו ימנה והרוצה למשוך ידיו ממנו שכבר נמנה עליו מושך הלכך לא אלים סתמא דלאוכליו ואף על גב דאתיא מחשבת שלא לאוכליו ומפקא ליה מסתמא ופסל ליה שאני לן היכא דאמר לאוכליו ברישא מהיכא דלא אמר דהתם טעמא משום דלא אלים סתמיה הוא ואיכא למימר אימשכו להו קמאי ואימנו עליה חולה וזקן ואשתחיט כוליה שלא לאוכליו וכי אמר לאוכליו ושלא לאוכליו הא להו מקצת אוכלין ולא פסלי: **ה"ג פסח ששחטו בשאר ימות השנה בשינוי בעלים מהו**. ול"ג לשמו שחטו אלא בשינוי בעלים של ראובן היה ושחטו לשם שמעון אבל לא עקר שם פסח ממנו: **כשינוי קודש**. שלא לשמו: **שינוי בעלים פוסל**. בפסח בזמנו לגמרי וכן בחטאת ובשאר זבחים מונען מלעלות לשם חובה וכל תורת שינוי קודש עליהן בשמעתא קמייתא דזבחים: **פסולו בגופו**. שמחשבתו על עצמו של קרבן: **וישנו בארבע עבודות**. שחט או קיבל דמו (או *זרק או הלך) שלא לשמו פסול דבכל ארבע עבודות דם ילפינן ליה לפוסלה בפ"ק דזבחים (ד' ז.) שחיטה מזבח פסח שתהא זביחתו לשם פסח ושאר עבודות מועשית פסח שיהו כל עשיותיו לשם פסח:

וישנו

פסח שנשחט לשמו ושלא לשמו. אומר ר"י דמיבעיא ליה אפי' לר"מ דסבר בעלמא תפוס לשון ראשון דילמא הכא פסול דלשמו דאינו נוהג בכל הזבחים לא חשיב למיחל והאי עקירה או דילמא אפ"ה אמר תפוס לשון ראשון אליבא דר' יוסי הוה מצי למיבעי אפילו בשלא לשמו ולשמו אלא להכי נקט לשמו ושלא לשמו משום דבעיא אפילו אליבא דר"מ:

בשאר ימות השנה. היינו קודם שהגיע זמן הפסח כדפי' בקונטרס ולכך בעי עקירה לפי שעומד לפסח כשיבא ובכולה שמעתא חשיב ליה דקאי לשמו אבל לאחר הפסח משמע לקמן (ד' סד.) דספיקא היא דקאמרינן ש"מ פסח בשאר ימות השנה בעי עקירה:

הבא נמי אתי שלא לשמו ומפיק מידי לשמו. וא"ת והא לשמו ושלא לשמו כשר לר"מ ולא אמרינן אתי שלא לשמו ומפיק מידי לשמו ושלא לשמו גרידא פסול אע"ג דסתמא לשמו קאי ואור"י דהתם היינו טעמא דהכשר לשמו נוהג בכל הזבחים הילכך כי אמר לשמו אלים למיחל טפי ולא אתי שלא לשמו ומפיק ליה אבל האי פסול דלשמו אינו נוהג בכל הזבחים ולהכי לא מקשה ליה אלא מלאוכליו ושלא לאוכליו דלא שייך אלא בפסח גרידא:

סתמו להני אוכלין קאי הני מימשכי כו'. הקשה ריב"א מה לנו אי לא קאי להני אוכלין מ"מ סתמא לאוכלין קאי או להני או לאחריני דסתמא לא לחולים או לזקנים קאי ואפ"ה שלא לאוכליו מפיק מלאוכליו ושלא לאוכליו נמי אמאי לא עקר לאוכליו דקאמר ברישא ואומר ר"י דכששוחט לאוכליו ושלא לאוכליו אינו כשר אלא על ידי אותם אוכלין ששחט וחישב עליהן וסתמיה לאו לאלו אוכלין (א) והרי כאילו לא קאי לאוכליו:

ויסנו

המתוך שבסיד כו':

איבעיא להו פסח בשאר ימות השנה לשם פסח ולשם שלמים מהו אתי שלא לשמו מפיק ליה מיד לשמו ומכשיר ליה או לא מפורש בתחלת שחיטת קדשים כי שלא לשמו בכל הזבחים פסול שלא עלו לבעלים לשם חובה ולשמו כשר ופסח בשאר ימות השנה שלא לשמו כשר ולשמו פסול זה בינידם ופשים ליה רבא מינה דאתי שלא לשמו מפיק ליה מיד לשמו וכשר ודייק הכי דקאמר (לעולם) [ודהא] בסתמא לשמו קאי וכי (מפרש) נשחט בשאר ימות השנה שלא לשמו נדחה לשמו וכשר כראע"פ שהזכיר עכשיו לשמו בא שלא לשמו והדהא ונמצא חובה כשר ואקשי' עליה רב אדא והא סתמא לאוכלין קאי ואי פריש שלא לאוכליו בלבד פסול אמאי נימא כאלו לאוכליו ושלא לאוכליו שוחט והיה כשר ודחה רבא ואמר לא דמי בשלמא פסח מעת שהקדישו לשם פסח ודאי נקבע לשם פסח ושתמו שם פסח עליו ואי אפשר לו [להפקיעו] מקדושתו אבל הני אוכלין מדבק דביקי ביה [כי משכו] הני ואתו אחרינא ונדחו קמאי לגמרי בערנא דאתו בתראי ופסח ליכא למימר הכי לפיכך שאני:

איבעיא להו פסח ששחטו בשינוי בעלים בשאר ימות השנה כגון שהיה פסח זה לראובן ושחטו לשם שמעון מי נחשב זה אתו שינוי בעלים כשינוי קדש דהוה פסח ושינה אתו לשחטו לשם שלמים או לא ושמי' שינוי קדש פוסל בזמנו. גרסי' בשחיטת קדשים אשכחן שינוי קדש שינוי בעלים מנא לן אמר רב פנחס אמר קרא ובשר זבח תודת שלמיו פי' כשם שאם שחט הפסח לשם שלמים פסול וזהו שינוי קדש הפוסל בזמנו כן אם שחט פסח ראובן לשם שמעון פסל כשם ששינוי קדש מכשירו שלא בזמנו כך שינוי בעלים מכשיר אותו שלא בזמנו. פריך מה לשינוי קדש שכן נפסל בשמו כי היה שמו פסח תשחט לשם שלמים נמצא כי נשתנה תעשה שינוי בגופו בזבח עצמו עוד נוהג שינוי קודש בארבע עבודות בשחיטה או בקבלה או בהולכה או בזריקה בכל אחת מאלו נפסל לאפוקי שינוי בעלים דאינו נפסל אלא בשחיטה בלבד כדתנן נמנין ומושכין ידיהן ממנו עד שישחט אבל אם נשחט לשם בעלים אף על פי (שנשחט) [שנזרק] לשם

[או הלך או זרק כך יתכן להיות ועיין מה שכתבו התוס' פרק כ' דחולין מ"ו ד"ה שהמחשבה וכו' ודחוק למאד בפירש"י ותרס"ב דהתם]:

הכי השתא כצ"ל

לקמן ד' סס: [יומא מס: גיטין כס.]

לשלא בזמנו כצ"ל

זבחים דף ד.

הגהות הב"ח

(א) תוס' ד"ה סתמו וכו' לאו נאנו אוכלין קאי וכו':

וישנו לאחר מיתה וישנו בצבור כביחיד תאמר בשינוי בעלים דאין פסולו בגופו ואינו בארבע עבודות ואינו לאחר מיתה ואינו בצבור כביחיד ואף על גב דתרתי לאו דוקא תרתי מיהא דוקא דמאי שנא שינוי בעלים דלא הוי פסולו בגופו דפסולו מחשבה בעלמא היא שינוי קודש נמי פסולו מחשבה בעלמא היא ותו הא דאמר שינוי בעלים אינו לאחר מיתה ולרב פנחס ברי' דרב אמי דאמר יש *שינוי *בעלים לאחר מיתה מאי איכא למימר תרתי מיהת דוקא נינהו אלא אמר רבא *פסח ששחטו בשאר ימות השנה בשינוי בעלים נעשה כמי שאין לו בעלים בזמנו ופסול: **מתני'** *שחטו שלא לאוכליו ושלא למנויו *לערלים ולטמאים פסול לאוכליו ושלא לאוכליו למנויו ושלא למנויו למולים ולערלים לטמאים ולטהורים כשר *שחטו קודם חצות פסול משום שנא' °בין הערבים שחטו קודם לתמיד כשר ובלבד שיהא אחד ממרס בדמו עד שיזרק התמיד ואם נזרק כשר: **גמ'** ת"ר *כיצד שלא לאוכליו לשום חולה או לשום זקן כיצד שלא למנויו נמנו עליו חבורה זו ושחטו לשם חבורה אחרת מנהני מילי *דת"ר °במכסת מלמד שאין הפסח נשחט אלא למנויו יכול שחטו שלא למנויו יהא כעובר על המצוה וכשר ת"ל במכסת תכוסו הכתוב *שנה עליו לעכב ר' אומר לשון סורסי הוא כאדם שאומר לחבירו כוס לי טלה זה אשכחן שלא למנויו שלא לאוכליו מנא לן *אמר קרא °איש לפי אכלו תכוסו איתקש אוכלין למנויין

רש"י

וישנו לאחר מיתה. מת בעל מביא קרבן אביו ואם שחטו שלא לשמו לא עלה לשם חובה ואחריות הקרבן מוטל על נכסי המת וצריך להביא אחר וישנו בקרבן צבור כקרבן יחיד: **אבל בשינוי בעלים.** מחשב כדבר אחר הוא ואינו בארבע עבודות בשאר זבחים דלאו פסח דלאו עיקרן לאכילה אתי אלא לכפרה לא שייך שינוי בעלים אלא בזריקה שאין לו בקרבן אלא כפרתו וכפרה ליתא אלא בזריקה וכי מרבינן שאר עבודות לפסולה בשינוי בעלים בפ"ק דזבחים *לא מרבינן אלא שוחט להתכפר אחר בזריקה דמי או מוליך או מקבל לזרוק לשם אחר או זרק ממנו לשם אחר אבל שוחט לשם אחר שתהא השחיטה לבדה לשם אחרים אבל בשעת שחיטה אין דעתו על הזריקה אלא לבעליו כשר והכי אמרי' התם *אמר רב אשי ק"ו ומה אם במקום שאמר הריני שוחט לשם פלוני דכשר שחטו לזרוק לשם פלוני פסול מקום שאם אמר כו' מ"מ מיהא דאין מחשבת שינוי בעלים בשאר עבודות אא"כ מחשבין בהן על מנת לזרוק אבל בשינוי קודש שחט שלא לשמו פסול דכתיב זבח שלמים וזביחה לשם שלמים וכן בחטאת ושחט אותה לחטאת וכן פסח זבח פסח הוא ומיהו ודאי פסח שעיקרו לבעליו ליאכל בה שחטו שלא לשם בעליו להאכילו למנויין אחרים פסול כדקתני מתני' שחטו שלא למנויו פסול וע"כ בחושב על השחיטה לחודה קאמר לא על מנת לזרוק מדלפלגו בה אמוראי בגמרא שחטו למולין על מנת שיתכפרו בו ערלים מכלל דשחטו לערלים לא מתני מן במחשב על השחיטה קאמר ושלא למנויו דומיא דלערלים דהא גבי הדדי קתני להו: **ואינו לאחר מיתה.** דאין שם בעליו עליו מאחר שמת ואם שינה שמו כשר: **ואינו בצבור.** דלשם מי ישנה אותו שלא יהא בעליו אם לשם נכרים לא מיפסיל כדאמרי' התם ולקמן בשמעתין דאין שינוי בעלים פוסל אא"כ שינהו למחויב כפרה כמותו דיליף מלכפר עליו עליו ולא על חבירו אלמא שינוי בעלים פסול בחבירו דומיא דידיה ומחויב כפרה כמותו ואי לא לא פסיל: **ואע"ג דתרתי.** מהנך פירכי: **לאו דוקא.** כלומר לאו פירכי נינהו תרתי מיהא דווקא ומפרש ואזיל הי תרתי לאו דווקא: פסול מחשבה לא מיקרי פסול הגוף: **ולרב פנחס.** בפ"ק דזבחים אמרה: **יש בעלים לאחר מיתה.** ואם שחטו לשם בעלים אחרים צריך היורש להביא אחר: **כמי שאין לו בעלים.** כמי ששחטו בזמנו שלא לשם בעלים ואני שמעתי שינוי בעלים היינו בזריקה כדאמרי' אין מחשבת אוכלים בזריקה ואי אפשר לומר כן דמחשבת שלא לאוכליו מנויין עליו הן ובשחיטה הוא דגלי רחמנא ולא בשאר עבודות אבל מחשבת שלא למנויו דהיינו שינוי בעלים עיקרה בזריקה הוא כדיליף לקמן בשמעתין בזריקה וכפר עליו ולא על חבירו: **מתני' לאוכליו ושלא לאוכליו כשר.** דמקצת אוכלין לא פסלי ולקמן מפרש טעמא: **ממרס בדמו.** שלא יקרוש כדי שיהא ראוי לזריקה: **ואם נזרק.** קודם לתמיד כשר דאע"ג דאמרן (לעיל ד' נט.) יתותר דבר שנאמר בו בערב ובין הערבים וגו' לא מיפסיל בהכי: **גמ' מכסת.** לשון מניין כמו את מכסת הערכך (ויקרא כז): **סורסי.** ארמי חכמי האומות קורין לו ליגא סורייא: **כוס.** שחוט למימרא דבשעת שחיטה צריך להתכוין למנויו: **לפי אכלו.** הראוי לאכול פרט לחולה ולזקן ולערל ואפילו הן מנויין:

תוספות

וישנו לאחר מיתה. ושינוי בעלים ליתא לאחר מיתה שמא משום דכתיב לכפר עליו ולא על חבירו ומת לאו בר כפרה גמורה הוא אלא שנתחייב להביאו והך דשמעתין אתיא להדיא כמ"ד שיעבודא דאורייתא וכרב אסי אמר רב *בפ"ק דקדושין (ד' יג:) דמוקי הא דתנן האשה שמתה יביאו יורשין עולתה אע"פ שלא הפרישתה מחיים אבל לרב יהוד' אמר שמואל דאמר והוא שהפרישתה מחיים אבל לא הפרישתה לא משום דשיעבודא לאו דאורייתא לכאורה איכא נפקותא בין שינוי קודש לשינוי בעלים דלאחר מיתה כיון דבשינוי קודש [נמי] אין היורש חייב להפריש אחר תחתיו ומיהו י"ל דנ"מ אם הפרישו בעלים שתי עולות לאחריות שאם תפסל האחת יביא השניה ואם לאו תהא השניה חולין אי נמי שינוי קודש אסור לשנות אחר מיתה דאמר בריש זבחים (ד' ג:) ונדבה מי שרי לשנויי בה אבל שינוי בעלים ליכא אפי' איסור כיון דליתא לאחר מיתה:

נעשה כמי שאין לו בעלים בזמנו ופסול. תימה לר"י ל"ל למימר נעשה כיון דתרתי דוקא לימא דפסול משום דאין כאן עקירה ואי לא חייש להני פירכי וסבר דדמי לשינוי קודש הוה אמינא ופסלו בזמנו וחשיב עקיר' א"כ אמאי הוי כמי שאין לו בעלים בזמנו הלא בשינוי קודש לא חשבי' משנה כבזמנו לפסול ואור"י דהכי פי' אפי' ליתנהו להנהו פירכי מ"מ לא הוי עקירה דנעשה כפסח בזמנו שמתו בעליו דאמר בסוף אלו דברים (ד' עג:) דבעי עקירה וכששחטו סתם פסול אע"פ שהוא כמפרש שלא לשם בעליו שהרי מתו ה"נ שלא בזמנו שינוי בעלי' לא חשיב עקירה וכן מוכיח הלשון דקאמר שאין לו בעלים ולא קאמר כמי ששחטו בשינוי בעלים: **רבי אומר** לשון סורסי הוא זה. אור"י דרבי לא פליג את"ק ומודה דאיכא עיכובא באוכליו ומנויו ואיט אלא מפרש דבריו דלא פסלי אוכליו ומנויו אלא בשחיטה וכן משמע בכילד צולין (ד' פח:) דמסיק רב דאמר אכילה לא מעכבי כרבי נתן ולא קאמר כר' והיינו משום דלפרושי אתא כדפי':

לאוכלין מנא לן. אור"י דערלים וטמאים כולהו נפקי מהאי קרא דאיש לפי אכלו דכיון דלא מצו אכלי ליה חשיבי כולהו שלא לאוכליו וכן משמע בפ"ב דזבחים (ד' כג:) דקאמר קסברי זקני דרום טמא משלח קרבנותיו פי' פסח והתניא במכסת נפשות מכאן שאין הפסח נשחט אלא למנויו ואיתקש אוכליו למנויו משמע בהדיא דטמא נפקא לן מאיש לפי אכלו:

ואיתקש אוכליו למנויו. תימה לר"י א"כ מה מנויו פסלי בד' עבודות דהיינו שינוי בעלים אף אוכליו יפסלו בד' עבודות ובשאר קרבנות נמי יפסלו במנויו וי"ל דשלא למנויו אין זה שינוי בעלים דשינוי בעלים לא פסיל אלא בזריקה כגון שוחט או מקבל ומוליך על מנת לזרוק לשם אחרים או זורק לשם אחרים אבל שוחט ומקבל ומוליך לשם אחרים כשר דמוכפר עליו נפקא לן ושלא למנויו היינו שוחט שלא למנויו ולא פסיל אלא בשחיטה דווקא כדכתיב תכוסו ודווקא בפסח ולא בשאר קרבנות וא"ת וכימא הוא"ל וגלי שלא לאוכליו בשחיטה ה"ה בשאר עבודות כדאי' בפ"ק דזבחים (ד' ז:) פסח שלא לשמו מזבח פסח שאר עבודות מנא לן הוא"ל וגלי גלי ואור"י דלא דמי כיון דגלי בכל הקרבנות דלא עלו לבעלים לשם חובה וגבי פסח אשכחן פסול בחד מינייהו אין לנו לחלק: *שחטו למולין על מנת שיתכפרו בו ערלים. אם שחטו למנויו על מנת שיתכפרו בו שאינם מנויו הא פשיטא דפסול לכ"ע דהיינו שינוי בעלים דפסול בפסח ובחטאת ומיהו נראה לר"י דה"נ פליגי בשחט לאוכליו על מנת שיתכפרו שאינם אוכלין כגון חולה וזקן דפסל ביה רב חסדא כמו בערלים אע"ג דקראי דמייתי בערל כתיבי דמחד קרא דלפי אכלו נפקי וילפי מהדדי לכל מילי דהא לאוכליו ושלא לאוכליו דכשר היינו משום דילפי' מלמולים ולערלים ודווקא בשחט למולים ע"מ שיתכפרו ערלים פסל רב חסדא אבל נזרק לשם ערלים אפי' רב חסדא מודה דכשר דאין מחשבת אוכלין בזריקה דהא בכ"מ פשוט זה למסדר הש"ס בכולה שמעתי' ובריש זבחים (ד' ד.) דקאמר אשכחן זביחה שאר עבודות מנלן וכי תימא נילף מזביחה מה לזביחה שכן פסולה שלא לשם אוכלין בפסח משמע דליכא מאן דפליג דאין מחשבת אוכלין בזריקה ועוד דרב אשי מסיק דרבה לא פליג בהא אדרב חסדא ובפ' כיצד צולין (ד' עח.) דתניא שחטו לאוכליו לזרוק דמו שלא לאוכליו פסח עצמו כשר ואדם יוצא בו ידי חובתו לא גרסינן לזרוק דמו אלא וזרק דמו דלא תיקשי לרב חסדא וכן יש במקצת ספרים ורי"א פי' דדוקא נקט על מנת שיתכפרו שחישב להתכפר בו ערלים אבל אם לא חישב להתכפר אלא חישב לזרוק להאכיל הבשר לערלים אפי' רב חסדא מודה דכשר דלא שייך בזריקה מחשבת פסול דכפרה ובשחיטה דווקא אם חישב להאכיל שלא לאוכליו ולערלים פסול דשחיטה ודאי בעינן לשם בעלים הראויים לאוכלו כדכתיב איש לפי אכלו תכוסו והיינו דאין מחשבת אוכלין בזריקה:

רב

עין משפט נר מצוה

יח א מיי' פט"ו מהלכות פסולי מוקדשין הלכה יא:

שם כתוב רב אסי א"ר יוחנן וצריך לעיין אם הוא רבי אסי תלמיד דר' יוחנן או רב אסי תלמיד חבר לרב עי' רש"י שבת קמו: ד"ה רב כהנא ותוס' חולין יט. ד"ה אמר רב הונא

יט ב מיי' פ"ב מהלכות ק"פ הלכה ט:

כ ג מיי' פ"א מהלכות ק"פ הלכה ד ופט"ו מהלכות פסולי מוקדשין הלכה יב:

כא ד מיי' פ"ב מהלכות ק"פ הלכה א:

כב ה שם הלכה ג:

[בזבחים ז: איתא יש בעלים לאחר מיתה וכן ציין רש"י הכא ד"ה יש בעלים כו']

כל מקום שתמצא ערל בזה הענין הוא ישראל שמתו אחיו מחמת מילה ועליו נאמר כל ערל לא יאכל בו

רבינו חננאל

אתר כשר ושינוי קדש עוד ישנו אפי' לאחר מיתת המקריב כגון שהניח עולה ושחטו לשם שלמים לאפוקי שינוי בעלים דאינו אלא מחיים דכיון דמית פקעה רשותיה והדרה עליה. וישנו בצבור כביחיד כי שנוי קדש פוסל בקרבן הצבור שאם נשחט העולה לשם חטאת או לשם אשם כמו שפוסל בקרבן יחיד כך פוסל בקרבנות צבור ואע"ג דפרכת שינוי קדש דפסולו בגופו ושינוי בעלים אין פסולו בגופו לאו פירכא היא דתרוייהו פסול מחשבה נינהו ולא שנא ומאי דפרכת נמי יש שינוי קדש לאחר מיתה ואין שינוי בעלים לשם מיתה הרי רב פנחס בריה דרב אמי אמר [דיש] שינוי בעלים לאחר מיתה דגרסינן בתחלת שחיטת קדשים ואמר רבא עולה הבאה לאחר מיתה שחטה בשינוי קדש פסולה בשינוי בעלים כשרה אין בעלים לאחר מיתה ורב פנחס בר רב אמי אמר יש בעלים לאחר מיתה אמר לו רב אשי לרב פנחס דוקא קאמר מר יש בעלים לאחר מיתה והוה ליה כשינוי קדש ובעי איתויי אחריתי או דלמא אמרי' [דאי] איכא גביה כמה עשה ומכפרא ליה א"ל דוקא קא אמינא. השמועה כלה מה לשנוי קדש שכן פסול בגופו וישנו בארבע עבודות וישנו לאחר מיתה וישנו בצבור כביחיד כולו מפורש בפ"א בשחיטת קדשים פריך מיהא לדברי הכל באות ולרבא דהוא מרא דשמעתא תרתי מה לשנוי קדש שכן ישנו בארבע כדאמרן וישנו בצבור כביחיד לאפוקי צבור דלא משכחת ליה בשנוי בעלים דהא כל ישראל בעלין הן ופשטה פסח ששחטו בשאר ימות השנה לשם פסח בשנוי בעלים נעשה כמי שאין לו בעלים בזמנו ופסול. תנן בתחלת שחיטת קדשים וחוץ מן הפסח ומן החטאת פסח בזמנו שלא לשמו פסול

שנאמר ואמרתם זבח פסח הוא לה' דייקינן מינה דבעינן לשמו ותנן נמי [סס מג.] (הפסח) [הזבח] נפסל בארבעה כו' בשחיטה שאסורה המקריב את זבח השלמים כו' בקבלה שנא' והקריבו ו' קבלת הדם ... הזורק את דם השלמים בהולכה שנאמר והקריבו הלכה דאפקה רחמנא בלשון הקרבה: מתני' שחטו שלא לאוכליו ושלא למנויו כו' ת"ר כיצד שלא לאוכליו שחטו לחולה ולזקן כיצד שלא למנויו ונמנו עליו חבורה זו ושחטו לשם

מסורת הש"ס

[דף ד.]

זבחי' דף ה: [פ"ש] [דף ו.]

[לעיל ס. ופ"ש פרש"י ותוס']

זבחים דף נז.

[תוספתא פ"ד]

לקמן דף עח: [פ"ש] זבחים כב. פ"ש

[לקמן פח. יומא נא. לקמן צט. יבמות מ. שבועות יד. זבחים כג.: מנחות יט:]

עין משפט
נר מצוה

כג א מיי' שם הל' ו :

מסורת הש"ס

תורה אור

שחטו למולין על מנת שיתכפרו בו ערלים בזריקה *רב חסדא אמר פסול רבה אמר כשר רב חסדא אמר פסול יש מחשבת ערלים בזריקה רבה אמר כשר אין מחשבת ערלים בזריקה אמר רבה מנא אמינא לה דתניא יכול יפסול בני חבורה הבאין עמו ודין הוא הואיל וערלה פוסלת וטומאה פוסלת מה טומאה לא עשה בה מקצת טומאה ככל טומאה אף ערלה לא עשה בה מקצת ערלה ככל ערלה או כלך לדרך זו הואיל וערלה פוסלת וזמן פוסל מה זמן עשה בה מקצת זמן ככל זמן אף ערלה עשה בה מקצת ערלה ככל ערלה נראה למי דומה דנין דבר שאינו נוהג בכל הזבחים מדבר שאינו נוהג בכל הזבחים ואל יוכיח זמן שנוהג בכל הזבחים או כלך לדרך זו דנין דבר שלא הותר מכללו מדבר שלא הותר מכללו ואל תוכיח טומאה שהותרה מכללה ת"ל °זאת (שמות יב) מאי זאת אילימא דכולה ערלה פסלה מקצתה לא פסלה האי מוכל ערל נפקא אלא לאו הכי קתני ת"ל וכל ערל כולה ערלה פסלה מקצתה לא פסלה וכי תימא הוא הדין לזריקה דכולה ערלה מיהא פסלה ת"ל זאת בשחיטה הוא דכולה ערלה מיהא פסלה אבל זריקה אפילו כולה ערלה נמי לא פסלה וכי תימא מאי קולא דזריקה *דאין מחשבת [לקמן עח:] אוכלין בזריקה ורב חסדא אדרבה לאידך גיסא ת"ל וכל ערל כולה ערלה פסלה מקצתה לא פסלה אבל זריקה אפילו מקצתה נמי פסלה וכי תימא הוא הדין לזריקה דעד דאיכא כולה ערלה לא פסלה ת"ל זאת שחיטה הוא דמקצתה לא פסלה אבל זריקה אפילו מקצתה פסלה וכ"ת ומאי חומריה דזריקה דלא מקבע פיגול אלא בזריקה מתקיף לה רב אשי ממאי דהאי וכל ערל כולה משמע דילמא האי וכל ערל משמע כל דהו ערלה כתב רחמנא זאת דעד דאיכא כולה ערלה לא פסלה לא שנא בשחיטה ולא שנא בזריקה אלא אמר רב אשי רב חסדא ורבה בהאי

שחטו. להאכילו למולין מטיין אבל יתכפרו בו בזריקתו ערלים או מכוין או שאינן מטיין : **אין מחשבת ערלים בזריקה.** לא מהני לפסול וטעמא מפרש לקמיה : **מנא אמינא לה כו'.** רישא דברייתא וכל ערל לא יאכל בו : **יכול יפסול.** ערל : **בני חבורה הבאין עמו.** שאם נמנו עליו מולין וערל שמתו אחיו מחמת מילה ושחטו לשם כולם יכול יפסל : **הואיל וטומאה פוסלת.** אם שחטו לטמאין דבעינן הראוי לאוכלו כדכתיב איש לפי אכלו תכוסו תשחטו ולהכא קמא דלית ליה לשון סורסי בתריה כתיב ושחטו אותו : **וערלה פוסלת.** מהאי טעמא נמי דראוי לאכילה בעינן : **מה טומאה לא עשה בה מקצת טומאה.** כגון לטמאים ולטהורים : **ככל טומאה.** כאילו נשחט כולו לטמאים ולקמן פריך מאי שנא טומאה דפשיטא ליה ומאי שנא ערלה דמספקא ליה : **וזמן פוסל.** שחטו על מנת לאכול הימנו כזית חוץ לזמנו נעשה כולו פיגול והייט מקצת זמן שלא חישב אלא על כזית הימנו כדכתיב אם האכל יאכל וגו' ותניא בתורת כהנים ובזבחים (דף כט.) סוף אוכך לשמוע במחשב לאכול מזבחו ביום השלישי הכתוב מדבר וכתיב האכל יאכל אכילה בכזית : ערלה וטומאה אינה נוהגת בשאר זבחים כפסח שכן ערל וטמא משלחין קרבנותיהן דלא מעכבא בהו אכילת בעלים : **ערלה לא הותרה מכללה.** שאין שום קרבן נאכל לערלים דילפינן ביבמות (דף עג.) דערל אסור בקדשים דאתי בקל וחומר מפסח הקל וזמן נמי לא הותר לשום קרבן לאוכלו חוץ לזמנו וטומאה הותרה מכללה כדמפרש לקמן הפסח שבא בטומאה נאכל בטומאה : **ת"ל זאת.** חקת הפסח וכתיב בההיא פרשתא כל ערל לא יאכל בו : **מאי זאת.** היכי משמע מזאת דאינו פוסל בני חבורה הבאין עמו על כרחך מילתא אחריתי קאמר והכי קאמר ת"ל וכל ערל עד דאיכא כולה ערלות וזאת אתא דלא תימא הוא הדין לזריקה דכולה ערלות מיהא פסלה ביה אם שחטו למולין על מנת לזרוק דמה לערלים לבדם : **תלמוד לומר זאת.** דמשמע בעבודה א' הוא דפסלה ערלות והייט שחיטה דהיא תחלה לעבודות והיא הוזכרה אצל מטיין ואוכלין כדמפרש : **וכ"ת מאי קולא דזריקה.** דתימא האי זאת אשחיטה קאי ולמעוטי זריקה הייט קולא דהא לא אתרבי מחשבת אוכלין אלא זריקה דשחיטה גלי בה רחמנא הלכך מסתברא דזאת דפסול כולה ערלות לשחיטה קאי ולאו אזריקה וזאת משמע מיעוטא : **ורב חסדא.** דאמר לעיל יש מחשבת (אוכלין) [ערלים] בזריקה אמר לך האי זאת לאו לקולא גבי זריקה הוא אלא לאחמורי עליה אתא והכא קאמר זאת היא דמקצת ערלה לא פסלה בה אבל זריקה אפי' מקצתה פסלה : **וכי תימא מאי חומרא דזריקה.** משחיטה דמוקמית קולא דמקצת ערלה לא פסלה אשחיטה אבל זריקה אפי' מקצתה פסלה הייט חומרא דילה דלא מקיים פיגול אלא בזריקה אם חישב באחת מארבע עבודות על מנת לאכול הימנו כזית חוץ לזמנו פיגול הוא וחייבין עליו כרת אפילו אכל ממנו תוך זמנו כדכתיב (ויקרא ז) והנפש האוכלת ממנו עונה תשא ובלבד שיעשו כל עבודות שלאחריה שלא בפסול אחר אלא או בשתיקה או בכשרות על מנת תוך זמנו או על מנת פיגול כמותה אבל חישב באחת מעבודות שלאחריה פסול אחר כגון חוץ למקומו שוב אין בו כרת כדאמרי' בזבחים (דף כח:) ובמנחות בפ' שני (דף טז:) הרצאה כתיבה בפיגול נאמר לא ירצה בפיגול ונאמר בבשר מיום השמיני והלאה ירצה כהרצאת כשר כך הרצאת פיגול מה הרצאת כשר עד שיקרבו כל מתיריו בכשרות אף הרצאת פיגול עד שיקרבו כל מתיריו או בפיגול או בכשרות אלמא לא מיקבע ודאי של פיגול אלא בזריקה שהיא סוף העבודה דכל שעתא קאי בספק שמא יחשב פסול אחר בעבודה הבאה ויפקיע שם פיגול ממנו : **מתקיף לה רב אשי.** בין לרבה בין לרב חסדא ממאי דהאי וכל ערל עד דאיכא כולה ערלה משמע דנייתי זאת למעוטי זריקה למר לחומרא ולמר לקולא ות"ל זאת דקתני תנא מילתא אחריתי קאמר דילמא זאת דקתני תנא אמילתיה קאי ומינה יליף דאינו פוסל בני חבורה הבאין עמו ומשום דכל ערל כל דהו משמע והכי קאמר יכול יפסול בני חבורה דכל ערל כל דהו משמע ושוב לא יאכל בו שום אדם : **ת"ל זאת.** עבודה שלימה בעינן בערלות ולעולם לא שנא שחיטה ולא שנא זריקה שוין :
בהאי

רב חסדא אמר פסול. ואם תאמר מאי שנא משחטו למולים ולערלים תרין דהתם יש מחשבת מולים בשחיטה אבל הכא לא פתיכי מולים בזריקה : **רבה אמר כשר.** תימה לר"י נילף מק"ו דפסול משינוי בעלים דמה הריני שוחט לשם פלוני דכשר לזרוק דמו לשם פלוני פסול שוחט לשם ערלים דפסול אינו דין דלזרוק לערלים נמי פסול וכי האי גוונא עביד בזבחים (ד' י.) קל וחומר אשלא לשמו ותירץ ר"י דשאני הכא דרבה יליף מקרא לקמן ועוד אומר ר"י דאיכא למיפרך מה לשינוי בעלים שכן אם זרק לשם פלוני דפסול תאמר בשוחט לזרוק לערלים שכן זורק לשם ערלים כשר דאין מחשבת אוכלין בזריקה לכ"ע כדפרישית ואם תאמר היא גופה נילף משינוי בעלים שיהא זורק לשם ערלים פסול ושמא יש מיעוט למעט אוכלים מזריקה ומיהו מתוסו לא משמע שום מיעוט אלא מיעוט אחרינא איכא ועוד איכא למיפרך מה לשינוי בעלים שכן פסול בכל הזבחים : **וכי תימא ה"ה לזריקה.** וכן רב אשי קאמר בסמוך לא שנא שחיטה ולא שנא זריקה תימה לריב"א כיון דזריקה קילא דאין בה מחשבת אוכלין היכי נילף משחיטה ואמאי איצטריך השתא זאת : **דילמא** האי כל ערל אפילו כל דהו. אע"ג דפלוגתא דתנאי היא בסנהדרין (ד' עח.) גבי הכוהו עשרה בני אדם בי' מקלות בכל נפש אי כולה נפש משמע או כל דהו וכן בבכורות (ד' ג.) גבי כל בכור רב אשי בא לסתור ראייתו של רבה ולהעמיד הברייתא כמאן דאמר כל דהו משמע ועוד כדפי' בקונטרס דברייתא גופה מוכחא דזאת בא להתיר מקצת ערלות ולהכי פריך : **כתב** רחמנא זאת עד דאיכא כולה ערלה. תימה לשתוק מכל ועוד דנימא איפכא דזאת ודאי כולה ערלה משמע כתב רחמנא כל אפילו כל דהו וי"ל דידע בעל הש"ס דאיצטריך כל לשום דרשה אחריתי ואיצטריך זאת לגלויי דלא נדרוש מכל כל דהו אבל אי הוה דרשי' איפכא לא הוה ידעינן כלל זאת למאי אתא :
האי

רבינו חננאל

לשם חבורה אחרת ונשמא בענין למנויו שאמר במכסת נפשות תכוסו על השה ואכליו שנאמר איש לפי אכלו ואיתקש אכלין למנויין : **אתמר** שחטו למולין על מנת שיתכפרו בו ערלים רב חסדא אמר פסל יש מחשבת אכלין בזריקה כלומר בעינן שחשב בזריקה לאכליו מכיון שחשב לערלים שאינן יכולין לאכול שנאמר (שמות יב יח) וכל ערל לא יאכל בו פסל רבא אמר כשר בתר שחיטה אזלינן ואין מחשבת אכלין פוסלין בזריקה כלומר אם זרק שלא לאכליו לא נפסל הפסח. ירושלמי אמר ר' יוחנן שחטו לאוכליו וזרק דמו שלא לאוכליו כשר אמר רבא מנא אמינא לה דאין מחשבת ערלין בזריקה יכול לפסול בני חבורה הבאין עמו ודין הוא הואיל וטומאה פוסלת שנאמר (במדבר ט ו) ויהי אנשים אשר היו טמאים וגו' וערלה פוסלת שנא' וכל ערל לא יאכל בו מה טומאה לא עשה בה מקצת טומאה ככל הטומאה אף ערלה לא עשה בה מקצת ערלה ככל ערלה[או] כלך לדרך זו הואיל וערלה פוסלת וזמן פוסל מה זמן עשה בו מקצת זמן ככל זמן אף ערלה עשה בה מקצת ערלה ככל ערלה נראה למי דומה דנין דבר שאין נוהג בכל הזבחים [כמו] הערלה שאין ערלה פוסלת אלא בפסח אבל בשאר זבחים לא דקיימא לן ערל וטמא משלחין קרבנותיהן מדבר שאינו נוהג בכל הזבחים [הטומאה] שאין טומאה פוסלת אלא בפסח אבל בשאר זבחים לא דקיימא לן [טמא משלח קרבנותיו] ואל יוכיח זמן שנוהג בכל הזבחים. או כלך לדרך זו דנין דבר שלא הותר מכללו הערלה מדבר שלא הותר מכללו הזמן ואל תוכיח טומאה שהרי הותרה מכללה בצבור שנאמר (שם ט י) איש איש כי יהיה טמא לנפש איש נדחה לפסח שני ואין צבור נדחה לפסח שני אלא עושה בטומאה ת"ל זאת חקת הפסח ודייק רבה מאי זאת אלא לאו הכי קתני ואל תוכיח טומאה שהותרה מכללה בצבור ת"ל וכל ערל אי איכא כולה ערלות פסלה ואי לא לא פסלה וכי תימא הוא הדין לזריקה דאי אית בה כולה ערלות פסלה ת"ל זאת בשחיטה הוא דפסלה ערלה בזריקה לא פסלה ומאי קלא בזריקה לדידיה דאין מחשבת אוכלין פוסלה בזריקה כדאמרן: **ורב** חסדא אדרבה לאידך גיסא כולה ערלות פסלה בשחיטה מקצתה לא פסלה וכי תימא הוא הדין לזריקה דבזריקה נמי לא פסלה עד דאיכא כולה ערלות ת"ל זאת בשחיטה הוא דבעי כולה ערלות אבל בזריקה אפי' מקצת ערלה פסלה דזריקה חמורה משחיטה דלא מקבע פיגול בשחיטה אלא בזריקה דתנן בזבחים פ"ב [כז.] השוחט [הזבח] לזרוק דמו למחר או מקצת דמו למחר להקטיר אימוריו למחר או מקצתן לאכל כזית מבשרו למחר פיגול וחייבין עליו כרת הנה לא מקבע הפסח פגול אלא מזריקה ואילך אבל בשחיטה לא דאי אפשר לחשב בשחיטה לשחטו למחר דהא היום שרם ליה ובא רב אשי ודחה האי תירוצא לאמר ממאי דהאי וכל דכתיב בערלה כולה משמע דלמא האי וכל כלום משמע דאפילו מקצת ערלה כתב רחמנא זאת עד דאיכא כולה ערלות לא שנא בשחיטה ולא שנא בזריקה וכי פליגי רבא ורב חסדא
ברא

§ מסכת פסחים דף סא. §

אות א'

פסח ששחטו בשאר ימות השנה בשינוי בעלים, נעשה כמי שאין לו בעלים בזמנו, ופסול

רמב"ם פט"ו מהל' פסולי המוקדשין ה"א - הפסח ששחטו במחשבת שינוי השם, בין ששינה שמו לשם זבח אחר, בין ששינהו לשם חולין, פסול, שנאמר: ואמרתם זבח פסח הוא לה'; במה דברים אמורים ששחטו בזמנו שהוא יום ארבעה עשר בניסן, [א]אפילו שחטו בשחרית במחשבת שינוי השם פסול; אבל אם שחטו שלא בזמנו במחשבה שלא לשמו, כשר; שלא לשם בעליו, נעשה כמי שאין לו בעלים בזמנו ופסול. **השגת הראב"ד: בד"א ששחטו בזמנו. א"א זהו [ב]כבן בתירא, ור' יהושע מכשיר.**

אות ב'

שחטו שלא לאוכליו ושלא למנויו לערלים ולטמאים, פסול

רמב"ם פ"ב מהל' קרבן פסח ה"ה - שחטו שלא למנויו, או למי שאין כל אחד מהן יכול לאכול כזית, או ששחטו לערלים או לטמאים, פסול. שחטו למי שיכול לאכול ולמי שאינו יכול לאכול כזית, למנויו ושלא למנויו, למולים ולערלים, לטהורים ולטמאין, כשר, [ג]שאלו הראויין לו אוכלין כהלכה, והאחרים כאילו לא חשב עליהם.

אות ג'

שחטו קודם חצות פסול

רמב"ם פ"א מהל' קרבן פסח ה"ד - שחיטת הפסח אחר חצות, ואם שחטו קודם חצות, פסול.

רמב"ם פט"ו מהל' פסולי המוקדשין הי"ב - פסח ששחטו לשמו בי"ד קודם חצות, פסול, לפי שאינו זמנו.

אות ד'

במכסת, מלמד שאין הפסח נשחט אלא למנויו

רמב"ם פ"ב מהל' קרבן פסח ה"א - אין שוחטין את הפסח אלא למנוייו, שנאמר: תכוסו על השה, מלמד שמתמנים עליו כשהוא חי, ואלו המתמנים על הפסח הם הנקראים בני חבורה.

אות ה'

אמר קרא: איש לפי אכלו תכסו, איתקש אוכלין למנויין

רמב"ם פ"ב מהל' קרבן פסח ה"ג - אין שוחטין את הפסח אלא על מי שראוי לאכול; היה אחד מבני חבורה קטן או זקן או חולה, אם יכול לאכול כזית שוחטין עליו, ואם לאו אין שוחטין עליו, שנאמר: איש לפי אכלו, עד שיהיה ראוי לאכול; אפילו חבורה של מאה ואין [ד]כל אחד מהן יכול לאכול כזית, אין שוחטין עליהן.

---

§ מסכת פסחים דף סא: §

אות א'

רב חסדא אמר פסול

רמב"ם פ"ב מהל' קרבן פסח ה"ו - שחטו למולים, [ה]וזרק הדם לשם מולים וערלים, פסול, שהזריקה חמורה שהיא [ו]עיקר הקרבן; שחטו למולים שיתכפרו בו [ז]ערלים, פסול, שהרי יש מחשבת ערלים בזריקה; [ח]שחטו לאוכליו לזרוק דמו שלא לאוכליו, הפסח כשר, [ט]ואין אדם יוצא בו ידי חובתו, לפי שאין מחשבת אוכלים בזריקה. **השגת הראב"ד: שחטו למולים וזרק הדם לשם מולים כו'. [י]א"א הא דלא כהלכתא, דרב אשי דהוא בתרא קא פסיק מקצת ערלה לא פסלה ל"ש בשחיטה ל"ש בזריקה.**

באר הגולה

א ‹ופסק כבן בתירא (דף י"ב) דפסל, משום דשקלי וטרו אמוראי אליביה - כס"מ› ב ‹משיג עליו למה הניח ר' יהושע דהוא מארי דגמ' טפי, וכבר כתבתי טעם לדבר - כסף משנה› ג ‹ביאור דבריו, דאין אלו פסולים כשארי פסולי קדשים, כחוץ לזמנו וחוץ למקומו ושלא לשמה, שהפסולים בגוף הקרבן ופוסלים אותו, אבל אלו אינם פסולים בגוף, ובקרבן אחר אין אלו פסולים כלל, ורק בפסח שחיובו באכילה, לכן צריך שיהא מי שיכול לאוכלו, וכשיש אוכלים לא חיישינן לאינך, והוי כאלו לא חשב עליהם - ערוה"ש› ד ‹ומפרש רבינו דבעינן שלא יהא בהם אפי' א' שאינו יכול כזית, אע"פ שרש"י {במשנה צ"א} לא פירש כן - כסף משנה. ‹ואין הכוונה דכשיש מקצת שאין יכולין לאכול כזית, הפסח פסול, דזה ביאר לקמן דלאוכליו ושלא לאוכליו כשר, אלא דבכאן ה"פ, דאם כל אחד אינו יכול, כלומר כולם, פסול, ואם מקצתן או אפילו אחד מהם אינו יכול, לכתחלה אין שוחטין, ובדיעבד כשר - ערוה"ש› ה ‹בתוס' {ד"ה שחטו} נראה דפליגי התם אהך דכתב רבינו ז"ל, דס"ל דדוקא כשחשב בשעת שחיטה ע"מ להתכפר בו ערלים פסול, {וכן משמעות רש"י}, אבל שחטו בהכשר, אע"פ שאח"כ זרקו לשם ערלים, כשר - לחם משנה› ו ‹דלמא זהו היסוד אמאי לא מקבע פיגול אלא בזריקה› ז ‹ה"ה מולים וערלים, דזהו עיקר החידוש בערלה, אך נקיט לשון הגמ', וגם סמך על מ"ש מקודם לשם מולים וערלים - ערוה"ש› ח ‹וכן פליגי בתוס' {ד"ה שחטו} במ"ש רבינו ז"ל שחטו לאוכליו לזרוק דמו שלא לאוכליו, דכתב רבינו ז"ל דכשר, ולדעתם פסול, דהם משוים ערלים לשלא לאוכליו - לחם משנה› ט ‹וברור שטעות הדפוס הוא וצ"ל: ואדם יוצא בו ידי חובתו, וכן מוכח בגמ' (עח, ב) - ערוה"ש. **ועיין** בחי' גר"ח הלוי› י ‹וטעמו משום דאיתא בגמ' עלה דההיא: מתקיף לה רב אשי ממאי דהאי וכל ערל כולה משמע, דילמא וכו' משמע כל דהוא ערלה, כתב רחמנא זאת, דעד דאיכא כולה ערלה לא פסלה, ל"ש בשחיטה ל"ש בזריקה, אלא אמר רב אשי רב חסדא ורבא בהאי קרא קא מיפלגי, ונרצה לו לכפר

§ מסכת פסחים דף סב. §

אות א'

עליו ולא על חבירו

רמב"ם פט"ז מהל' פסולי המוקדשין ה"ח - אבל אם שחטה לשם אחר שהוא מחוייב עולה, הרי זו כשירה [א]ולא עלתה לבעלים, שנאמר: וכפר עליו, ולא על חבירו שהוא מחוייב חטאת כמותו.

אות ב'

דאילו איטמי חד מאברים, האי דאיטמי שרפינן ליה, ואידך אכלינן ליה

רמב"ם פ"ד מהל' קרבן פסח ה"ב - [ב]נטמאו מקצת האיברים, שורף את הטמאים ואוכל את הטהורים.

אות ג'

דאילו בכל הזבחים ערל וטמא משלחין קרבנותיהן, ואילו בפסח ערל וטמא אין משלחין פסחיהן

רמב"ם פ"ב מהל' ביאת המקדש הי"ב - טמא שרץ וכיוצא בו והערל, משלחין את קרבנותיהם ומקריבין עליהן; חוץ מפסח, שאין שוחטין אותו על טמא שרץ, ואין שוחטין על הערל פסח, כמו שיתבאר; אבל טמא מת אין מקריבין עליו קרבן כלל עד שיטהר.

באר הגולה

עליו וכו', ומשמע להראב"ד דלקושטא קאמר הכי רב אשי. **ויש** לתמוה דהא לא אמר הכי אלא בדרך דילמא, והיאך כתב דרב אשי קא פסיק מקצת ערלה לא פסלה, ורבינו משמע ליה דלא שבקינן מאי דפשיטא ליה לסתם גמ' אליבא דרב חסדא, משום מאי דמספקא לרב אשי, **ועוד** דלמאי דאוקים רב אשי פלוגתייהו, אקשינן דרב חסדא אדרב חסדא ושני בדוחק, **הילכך** אוקמתא קמייתא עדיפא - כסף משנה. ‹**וזה** אינו מספיק, שהרי אומר "אלא אמר רב אשי", ומוקי לה במילתא אחריתא - ערוה"ש›

א ‹כן מוכח מהא דזבחים מ"ו: דדוקא בשחט סתם כשר ועולה, הא שוחט לשם המחוייב עולה, כשר ואינו עולה, יעו"ש היטב ודו"ק - הר המוריה›

ב ‹עיין בכסף משנה שהראה מקום להתוספתא, ואישתמיטתיה גמ' ערוכה פסחים דף ס"ב, דפריך בפשיטות, אלא בטומאת בשר וכו' דאילו איטמי חד מאברים וכו' - מרכבת המשנה›

בהאי קרא קמיפלגי °ונרצה לו לכפר עליו * עליו ולא על חבירו רבה סבר חבירו דומיא דידיה מה הוא דבר כפרה אף חבירו דבר כפרה לאפוקי האי ערל דלאו בר כפרה הוא ורב חסדא סבר האי ערל נמי כיון דבר חיובא הוא בר כפרה הוא [הואיל] דאי בעי מתקן נפשיה *ומי אית ליה לרב חסדא הואיל והא איתמר *האופה מיו"ט לחול רב חסדא אמר לוקה רבה אמר אינו לוקה רבה אמר אינו לוקה אמרינן הואיל ואי מקלעי ליה אורחים חזי ליה השתא נמי חזי ליה ולא לקי רב חסדא אמר לוקה לא אמרינן הואיל בשלמא דרבה אדרבה לא קשיא הכא מחוסר מעשה התם דלא מחוסר מעשה אלא דרב חסדא אדרב חסדא קשיא אמרי כי לית ליה לרב חסדא הואיל לקולא לחומרא אית ליה אמר ליה מר זוטרא בריה דרב מרי לרבינא קתני הואיל וערלה פוסלת וטומאה פוסלת מה טומאה לא עשה בה מקצת טומאה ככל טומאה אף ערלה לא עשה מקצת ערלה ככל ערלה האי טומאה היכי דמי אילימא בטומאת גברי ומאי לא עשה בה מקצת טומאה ככל טומאה דאי איכא ארבעה וחמשה גברי טמאין וארבעה וחמשה גברי טהורין לא פסלי להו טמאין לטהורין גבי ערלה נמי הא לא פסלי דתנן למולין ולערלים כשר מאי שנא טומאה דפשיטא ליה ומאי שנא ערלה דמספקא ליה אלא בטומאת בשר ומאי לא עשה בה מקצת טומאה ככל טומאה ׳דאילו איטמי חד מאברים האי דאיטמי שרפינן ליה ואידך אכלינן ליה במאי אוקימתא בטומאת בשר אימא סיפא דנין דבר שאינו נוהג בכל הזבחים מדבר שאינו נוהג בכל הזבחים ואל יוכיח זמן שנוהג בכל הזבחים ומאי טומאה אי נימא טומאת בשר אמאי אינו נוהג בכל הזבחים אלא פשיטא בטומאת גברי ומאי אינו נוהג בכל הזבחים ׳דאילו בכל הזבחים ערל וטמא משלחין קרבנותיהן ואילו בפסח ערל וטמא אין משלחין פסחיהן רישא בטומאת בשר וסיפא בטומאת גברי א"ל אין שם טומאה קא פריך ואיבעית אימא סיפא נמי בטומאת בשר ומאי אינו נוהג בכל הזבחים דאילו *בכל הזבחים בין שנטמא חלב ובשר קיים בין שנטמא בשר וחלב קיים זורק את הדם ואילו בפסח נטמא חלב ובשר קיים זורק את הדם נטמא בשר וחלב קיים אינו זורק את הדם במאי אוקימתא בטומאת בשר אימא סיפא דנין דבר שלא הותר מכללו מדבר שלא הותר מכללו ואל תוכיח טומאה שהרי הותרה מכללה במאי אילימא בטומאת

רש"י

בהאי קרא פליגי. וכשיתכפרו בו ערלים קאמר ומשום מחשבה שלא למטויין קאמרי למולים שהן נמי מטויין לזרוק דמו למטויין דהויא כולה זריקה לערלים מטויין דטולי עלמא פסול ובערלים שאינן מטויין ומשום מחשבת שלא למטויין פליגי ובהאי קרא דשלא למטויין בזריקה מהכא נפיק בכל הקרבנות לכפר עליו הייט זריקה עליו ולא על הזורק לשם חבירו : **רבה סבר חבירו**. דפסול משום שיטי בעלים דומיא דידיה בעינן מה הוא דבר כפרה כו׳ : **מתקן נפשיה**. מל את עלמו : **הואיל ואי מיקלעי ליה אורחים חזי ליה לא לקי**. ואע"ג דאיכא השתא לא סעד ליה ולא לריך למידי : **אלא דרב חסדא קשיא**. השתא היכא דלא מחוסר מעשה כגון זימון אורחים דלאו מעשה הוא לית ליה הואיל הכא גבי ערל דמחוסר מעשה אית ליה הואיל : **לקולא**. לפוטרו ממלקות: **לחומרא**. לפסול בפסחים : **בטומאת גברי**. שנמנו עליו טמאים וטהורים וכדפרישית לעיל : **לא פסלי להו טמאין**. לפסח על הטהורין : **ערל וטמא משלחין קרבנותיהן**. בעזרה חוץ מפסח דבעינן ראוי לאוכלו שאכילת בעליו מעכבת בו דכתיב לפי אכלו תכוסו : **ואיבעית אימא**. לעולם בטומאת בשר ומאי אינו נוהג בכל הזבחים אין מנהגה בשאר זבחים שוה למנהגה בפסח דאילו בשאר זבחים לר׳ יהושע דאמר בכילד צולין (לקמן דף עז.) אם אין בשר אין דם אם בשר קיים לאכילת אדם או חלב קיים לאכילת מזבח זורק את הדם ואילו פסח לא מהגיא אכילת מזבח לזרוק דם עליה אלא אם נשתייר כזית בשר כדתנן בכילד צולין : **דנין דבר שלא הותר מכללו**. ערלה במקום שאסרה דהייט בפסח לא התירה : **מדבר שלא הותר מכללו**. זמן: **׳אילימא בטומאת בשר**. טומאת בשר לאכילה אפילו קרבן ליבור שדוחה טומאה הני מילי להקרבה אבל למיכלה בטומאה לא דתנן בכילד צולין (דף עו:) חמשה דברים באין בטומאה ואין נאכלין בטומאה כו׳ : **אלא פשיטא בטומאת גברי**. שאפילו פסח שלא הותר ליחיד טמא לשלח פסחו לעזרה לשחוט הותר לציבור טמאין להביא פסחיהן בטומאה אם רובן טמאין נמצא שהותרה מכלל איסורה : שמתחלתו

תוספות

האי מחוסר מעשה כו׳. הקשה ריב"א דבפ׳ אלו עוברין (דף מז:) מסיק כתישה בי"ט מי שרי משמע אי הוה שרי אמרינן הואיל אע"ג דמחוסר מעשה ותירץ ר"י דהאי מעשה דמילה חשיב טפי : **כי** לית ליה לקולא וכו׳. נראה דרב חסדא לא פסל אלא מדרבנן דמדאורייתא לא שייך לחלק בין לחומרא בין לקולא ומדאורייתא לא אמרינן הואיל כלל אפי׳ לחומרא וכן מוכח בר"פ שני שעירים (יומא דף סג:) דקאמר רבינא השתא דאמר ר"ח מחוסר הגרלה כמחוסר מעשה דמי פי׳ אם שחט שעיר יום הכפורים בחוץ היה פטור משום דמחוסר הגרלה אי לאו משום דחזי לשעיר חיצון שלמים (א) ששחטן קודם פתיחת ההיכל פטור מחוסר פתיחה כמחוסר מעשה דמי אלמא לית ליה הואיל אפילו לחומרא ואין להקשות אי מדרבנן היאך יתחייב פסח אחר הא קמייתי חולין לעזרה לא היא כיון דלא יזרוק הדם אינו יוצא ומותר לנאת באחר וכן מוכח בכילד צולין דאמר רב לא זרק את הדם חייב לעשות פסח אחר כו׳ *(תימה דהשתא לרב אשי דמחשבת ערלים המעויין לכ"ע פסל אף בזריקה וכשאינם מעויין איכא מאן דמכשר וסברא משמע איפכא דהשתא כשאינה מעויין לא פסלה כ"ש במעויין) : **מאי** שנא טומאה דפשיטא ליה ומאי שנא ערלה דמספקא ליה. תימה לרשב"א דלמא טומאה פשיטא ליה משום דילפינן טומאת גברי מטומאת בשר וכי תימא דמשמע ליה דאי פשיטא לן בטומאת גברי דלא עשה בה מקצת טומאה ככל טומאה הוא הדין בערלה משום דמחד קרא דלפי אכלו נפקי ותו לא הוה שייך למילף מזמן מכל מקום מאי קאמר דנין דבר שלא הותר מכללו כו׳ הא ע"כ איכא למילף טפי טומאת גברי מטומאת בשר דהאי טומאה מטומאה ודמי ליה בכל לד מדנילף טומאת גברי מזמן דלא דמי ליה כלל וכיון דפשיטא לן בטומאה דגברי פשיטא לן נמי בערלה כיון שיש להשוותם והיכי קבעי למילף ערלה מזמן ואומר ר"י דטומאת גברי נמי איכא למימר דנילף טפי מזמן מדנילף מטומאת בשר משום דדנין פסול מחשבה מפסול מחשבה ולא תוכיח טומאת בשר דלא הוי פסול מחשבה : **ערל** משלח קרבנות וטמא משלח כו׳. כרבי עקיבא אתיא דמרבי ערל כי טמא בחגיגה (דף ד:) דאי לאו הכי לייתי איהו גופיה קרבנותיו וקשה לר"י (ב) בריש חגיגה (שם) טמא פטור מן הראייה שנאמר ובאת שמה והבאתם שמה כל שישנו בביאה ישנו בהבאה וכל שאינו כו׳ משמע דטמא אינו משלח שום קרבן דבההוא קרא גופיה כתיבי שאר קרבנות עולותיכם וזבחיכם וגו׳ ואומר ר"י דמכל מקום דווקא בחגיגה שחטיה בביאה קפיד קרא ואע"ג דכל הקרבנות כתיבי בקרא לא קאי אכולהו דהא מעשרות ותרומה כתיבי נמי התם ועוד קשה לר"י טמא איך משלח קרבנות והא בעי סמיכה ואפילו למאן דאמר ביאה במקצת לא שמה ביאה ליכא למימר אפשר דמעייל ידיה וסמיך דהא בפרק כל הפסולים (זבחים דף לג:) אמרינן כל הסומך ראשו ורובו מכניס מאי טעמא כל כחו בעינן ותירץ ר"י דהכא מיירי בעופות וכן משני בכל הגמ׳ (נזיר דף כט:) אי נמי בבכור ומעשר דלא בעי סמיכה כדתנן פרק שתי מדות (מנחות דף צב:) ובקרבן נשים ליכא לאוקמי משום ערל : [ועי׳ תוס׳ יבמות קב: ד"ה דאמר] אלימא

עין משפט נר מצוה

כד א מיי׳ פט"ו מהל׳ פסולי מוקדשין הלכה ח :

כה ב מיי׳ פ"ד מהל׳ ק"פ הלכה ג :

כו ג מיי׳ פ"ב מהל׳ ביאת מקדש הל׳ יב :

רבינו חננאל

בהא פליגי וכפר עליו ואמרינן עליו ולא על חברו רבא דייק עליו ולא על חבירו סבר דיקי׳ בעינן חברו דפסול דומיא דידיה מה הוא בר כפרה אף חברו דבר כפרה אבל ערל דלאו בר כפרה הוא אם זרק עליו לא פסול ורב חסדא אמר האי נמי בר כפרה הוא הואיל דאי בעי מיתקן נפשיה ומכפר השתא נמי בר כפרה קרינא ביה: ומי אית ליה לרב חסדא הואיל והא איתמר האופה מיום טוב לחול רב חסדא אמר לוקה רבה אמר אינו לוקה הואיל ואי מקלעי ליה אירחין חזי ליה כו׳ תנה רבה הוא דאית ליה הואיל אבל רב חסדא לית ליה הואיל כו׳ פי׳ מחוסר מעשה מילה ופרקי׳ כי לית ליה לרב חסדא הואיל להקל אבל לחומרא אית ליה: ומתמהי׳ מאי שנא האי תנא דאי איכא מקצת מבני חבורה טמאין ומקצתן טהורין דפשיטא ליה דלא פסלי הטמאין לטהורין אבל אוכלין הטהורין ולא חיישינן לטומאה ואי איכא מקצת מבני חבורה ערלים ומקצתן מולין דמספקא ואמר ליה רבינא בטומאת בשר היא דאמר כגון שנטמא מקצת אבריו של זבח שהטמאין נשרפין והטהורין נאכלין ולא פסלי הטמאין לטהורין : ומי מצית לאוקמה בטומאת בשר והא תאני סיפא דנין דבר שאינו נוהג בכל הזבחים היינו ערלה מדבר שאינו נוהג בכל הזבחים הטומאה ואי בטומאת בשר אמאי אינה נוהגת בכל הזבחים מי משכחת בשר זבח טמא שהותר אלא בטומאת גברי ומאי אינה נוהגת בכל הזבחים דערל וטמא משלחין קרבנותיהן וקרבין דלא גרעי מנכרי ותנן בשקלים נכרי ששלח עולתו ממדינת הים ושלח עמה נסכין קרבין משלו כו׳ ותנן נמי בגמ׳ השולח חטאתו ממדינת הים מקריבין אותה בחזקת שהוא קיים כו׳ ותנינן בתורת כהנים ואם האכל יאכל מבשר זבח שלמיו וגו׳ יכול השוחט לערלים ולטמאים יהא בלא ירצה ת"ל המקריב אותו בלא ירצה ואין השוחט לערלי׳ ולטמאין בלא ירצה מכאן שהערל והטמא משלחין קרבנותיהן דכהנים אכלו להו וראויין הן (ואפי׳) [אבל] בפסח לא

ערל וטמא אין משלחין פסחיהן דהא איש לפי אכלו תכוסו כתיב והני לאו בני אכילה נינהו ואמר רבינא טומאה פריך ולעולם רישא בטומאת בשר סיפא בטומאת גברי איבעית אימא רישא וסיפא בטומאת בשר ומאי אינה נוהגת בכל הזבחים [דבכל הזבחים] בין נטמא חלב ובשר קיים ובין נטמא בשר וחלב קיים זורק את הדם כרבעינן למימר קטן ואלו פסח נטמא חלב כו׳ ודברים פשוטין הן והאי דפריך ואל תוכיח טומאה שהותרה

מסורת הש"ס

זבחים ד: [ז׳ מ׳]

[יומא סג: ע"ש]

לעיל מו: ביצה כא.

שייך לע"ב

לקמן עט׳

הגהות הב"ח

(א) תוס׳ ד"ה כי לית וכו׳ שחטן כחוץ קודם פתיחת ההיכל: (ב) ד"ה ערל וכו׳ וקשה לר"י דאמר בריש:

עין משפט נר מצוה

בז א מיי' פט"ו מהל' פסה"מ הל' יג :

רבינו חננאל

שהותרה מכללה בפסח שבא בטומאה פריך דתנן פסח הבא בטומאה נאכל בטומאה שלא בא בתחלתו אלא לאכילה : ומותבינן אהא דאמרינן כל הואיל אם הוא לחומרא דברי הכל הוא מיהא הפסח שעברה שנתו ושחטו בזמנו ב"ד פסול ורבי יהושע מכשיר אפילו רבי אליעזר דפוסל אינו פוסל אלא השוחט ב"ד לשם פסח אבל בשאר ימות השנה מכשיר ואמאי נימא הואיל ובזמנו פסול כך שלא בזמנו פסול דהא לחומרא הוא ופרקי' שאני התם דרחמנא אכשריה שנא' ואמרתם זבח פסח הוא לה' הוא בהויתו יהא כלו' הפסח הוא ששוחט לשם פסח ב"ד לאפוקי קדשים אחרים לשם פסח דלא הוא פסח לשלמים דבעינן הוא בהויתו יהא לשמו בזמנו דהוא אם ישחט לשם אחרים פסול שלמים נמי אם ישחטו לשם פסח פסולין לשמו שלא בזמנו דהוא כשר לשם שלמים גם שלמים לשם פסח כשרים : ניתני לי מר ספר יוחסין · פי' אמר לו למדני ספר דברי הימים: שדא קלא פתיק ביה·נטל אבן וזרק עליו כלו' נער בו שאלו : מה בין לשמו ושלא לשמו לאוכליו ושלא לאוכליו: שהשוחט לשמו ושלא לשמו פסול והשוחט לאוכליו ושלא לאוכליו כשר אמר ליה שלא לשמו פסולו בגופו שהוא פסח ושחטו לשם שלמים שינה הזבח עצמו במחשבתו לאוכליו ושלא לאוכליו לבריא ולחולה אין חובה פסולו בגופו כי הזבח בכשרותו עומד לשמו ושלא לשמו אי אפשר לברר איסורו כלומר לא יתכן להודע איזה צד של זבח לשמו ואיזה צד שלא לשמו כדי שתניח האיסור ותאכל המותר· לאוכליו ושלא לאוכליו אפשר לברר איסורו החולה אסור והבריא מותר לשמו ושלא לשמו ישנו בארבע עבודות לאוכליו ושלא לאוכליו אינו אלא בשחיטה לשמו ושלא לשמו בקרבן צבור כביחיד דבין זה ובין זה שלא לשמו פסול לאוכליו ושלא לאוכליו לא משכחת לה בצבור דליכא בצבור זבחי שלמים אלא שני כבשי עצרת הבאין עם שתי הלחם וכתיב (ויקרא כ"ג) והניף הכהן אותם על לחם הבכורים תנופה על שני וגו' לכהן הם ולא לצבור : אמר רב אשי פסולו בגופו ואי אפשר לברר איסורו דבר אחד הן והכי קאמר מה טעם איסורו בגופו שאי אפשר לברר איסורו : מתני' שחטו שלא לאוכליו פסול למולין לערלים כשר ומפרשינן בגמ' הדא מאן אחרי' ר' מאיר: תניא אחרי' אומרים הקדים מולים לערלים כשר הקדים

תוספות

אילימא בטומאת בשר היכא הותרה . ואם תאמר והא ודאי טומאת בשר הותרה לזרוק הדם כדאמרינן בכיצד צולין (ד' עז:) גבי חמשה דברים באים בטומאה ואע"ג דלא משתריא באכילה דבכי האי גוונא הוי השתא הותרה לטומאת גברי לזרוק הדם דאכתי לא ידע גמרא הא דפסח נאכל בטומאה ויש לומר דה"פ דנין דבר שלא הותרה מכללו בפסח מדבר שלא הותר מכללו בפסח ואל תוכיח טומאה שהותרה מכללה בפסח כי ההיא דלעיל דנין דבר שאינו נוהג בכל הזבחים אלא בפסח מדבר כו' וכי מוקי לה בטומאה דגברי ומאי הותרה מכללה בצבור היינו בפסח כדפירש הקונטרס : **ורבי** יהושע מכשיר . ואע"ג דאיכא מאן דאמר פסח בשאר ימות השנה בעי עקירה בעברה שנתו מודו כ"ע דהיינו עקירתו ושלמים לשם פסח שחיט : **לימא** הואיל ובזמנו פסול כו' · פי' שיכול להמתין עד זמנו ויפסל ולמאי דמסקינן בריש שני שעירים (יומא סג:) דאין מחוסר זמן לגו ביום לגבי הואיל נראה לפר' דמגו ביום פריך דשלא בזמנו משמע אפי' בי"ד שחרית ולהכי פריך הואיל בזמנו בו ביום פסול שלא בזמנו נמי פסול : **שאני** התם דאמר קרא הוא·וא"ת והא מק"ו דריש ליה רבי אליעזר בפ"ק דזבחים (ד' יא·) ומה פסח שמותרו בא שלמים כו' כדמייתי בקונטרס · וי"ל דע"י ק"ו משמע ליה לר' אליעזר דהוא בהוייתו יהא לא הוא לשם אחרים ולא אחרים לשמו ועל ידי כך דריש דשלא בזמנו דכשר לשם אחרים אחרים כשרים לשמו דהא איתקוש אהדדי אבל אי לאו ק"ו לא הוה דרשינן אלא לא הוא לשם אחרים ותו לא : **מה** בין לשמו ושלא לשמו לאוכליו ושלא לאוכליו · תימה מאי קא בעי הא גמר לעיל מקרא דמקצת אוכלים לא פסלי ונראה לרשב"א דמיבעיא ליה אמאי לא גמרינן לשמו ושלא לשמו דכשר מלאוכליו ושלא לאוכליו : **לשמו** ושלא לשמו ישנו בציבור כו' · תימה לר"י מאי איריא דאינו בציבור תיפוק ליה דאפי' ביחיד אינו נוהג אלא בפסח גרידא : **פסולו** בגופו ואי אפשר לברר איסורו חדא מילתא היא · דס"ל דאי לאו טעמא דאי אפשר לברר איסורו לא קרי ליה בגופו הואיל ומחשבה היא כדלעיל אבל ר' יוחנן לא דייק בהכי וקרי ליה שפיר פסולו בגופו ושיטי בעלים נמי אי אפשר לברר איסורו ,ולהכי לא קחשיב ליה לעיל : **ערלים** למולים כמי ליתיה לכולה ערלה.משמע דהוה ניחא ליה אי הוה תני בתרוייהו כשר וא"ת אדרבה בתרוייהו הוה ליה למיפסל דהא ר"מ אית ליה מפגלים בחצי מתיר ואחרים היינו רבי מאיר וי"ל דלא אמר פיגול בחצי מתיר אלא במפרש סימן ראשון או שני לערלים דהוי דבר מסויים כדמוכח בפ"ב דזבחים (ד' ל:) ובקונטרס הביאה אמר ליה אביי מי סברת אינה כו' ישנה לשחיטה מתחלה ועד סוף דאמר סימן ראשון חוץ לזמנו וסימן שני חוץ למקומו ולמה ליה לפרושי הוה ליה למימר בסתם אלא ודאי לא אמר ר' מאיר מפגלי' בחצי מתיר אלא במפרש ועוד נראה דאפילו אמר בחצי סימן לאו כלום היא אלא דווקא בסימן שלם דפריך התם והרי קמילה דכי לחצות דמי ופליגי ומשני התם כמי *דאמרי' קומץ דמנחה חוץ לזמנו דלבונה חוץ למקומה והרי קומץ דמנחת חוטא דליכא לבונה ופליגי ומשני לא פליגי כו' ואמאי לא קאמר דפליגי דאמר חצי קומץ חוץ לזמנו וחצי חוץ למקומו אלא על כרחך דבר המסוים ושלם בעינן :

לימא

גמרא

בטומאת בשר היכא הותרה אלא פשיטא בטומאת גברי והיכא הותרה מכללה בציבור רישא בטומאת בשר סיפא בטומאת גברי אין שם טומאה קפריך ואיבעית אימא כולה בטומאת בשר והיכא הותרה בטומאת פסח דתנן *פסח הבא בטומאה נאכל בטומאה שלא בא מתחילתו אלא לאכילה מתיב רב הונא בריה דרב יהושע *הפסח שעברה שנתו ושחטו בזמנו לשמו וכן השוחט אחרים לשם פסח בזמנו ר"א פוסל ורבי יהושע *מכשיר טעמא בזמנו הא שלא בזמנו כשר ואמאי נימא הואיל ובזמנו פוסל שלא בזמנו נמי פוסל אמר רב פפא שאני התם דאמר קרא
(שמות יב) °ואמרתם זבח פסח הוא הוא בהווייתו לא הוא לשום אחרים ולא אחרים לשמו בזמנו שהוא פסול לשום אחרים אחרים פסולין לשמו שלא בזמנו שהוא כשר לשום אחרים אחרים כשרים לשמו ר' שמלאי אתא לקמיה דרבי יוחנן א"ל ניתני לי מר ספר יוחסין א"ל מהיכן את א"ל מלוד והיכן מותבך בנהרדעא א"ל אין *נידונין לא ללודים ולא לנהרדעים וכל שכן דאת מלוד ומותבך בנהרדעא כפייה וארצי א"ל ניתנייה בג' ירחי *שקל קלא פתק ביה א"ל ומה ברוריה דביתהו דר"מ ברתיה דר"ח בן תרדיון דתניא תלת מאה שמעתתא (א) ביומא מג' מאה רבוותא ואפ"ה לא יצתה ידי חובתה בתלת שנין ואת אמרת בתלתא ירחי (ב) כי שקיל ואזיל א"ל רבי מה בין לשמו ושלא לשמו לאוכליו ושלא לאוכליו א"ל הואיל וצורבא מרבנן את תא ואימא לך לשמו ושלא לשמו פסולו בגופו לאוכליו ושלא לאוכליו אין פסולו בגופו לשמו ושלא לשמו א"א לברר איסורו לאוכליו ושלא לאוכליו אפשר לברר איסורו לשמו ושלא לשמו ישנו בד' עבודות לאוכליו ושלא לאוכליו אינו בארבע עבודות לשמו ושלא לשמו ישנו בציבור כביחיד לאוכליו ושלא לאוכליו אינו בציבור כביחיד רב אשי אמר פסולו בגופו וא"א לברר איסורו חדא מילתא היא דמה טעם אמר פסולו בגופו משום דא"א לברר איסורו אמר רמי בר רב יודא א"ר מיום שנגנז ספר יוחסין תשש כחן של חכמי' וכהה מאור עיניהם אמר מר זוטרא
(דה"א ח) °בין אצל לאצל טעינו ד' מאה גמלי דדרשא תניא *אחרים אומרים הקדים מולים לערלים כשר ערלים למולים פסול מאי שנא מולין לערלים דכשר דכולה ערלה בעינן וליכא ערלים למולין נמי כולה ערלה בעינן וליכא

לימא

רש"י

תורה אור

שמפסלתו לא כל· לא נאמרה הבאת עיקר פסח אלא לאכילה וכי שרייה רחמנא לאיתויי בטומאה ברוב ציבור כדכתיב איש איש כי יהיה טמא וגו' איש נדחה לפסח שני ואין ציבור נידחין אדעתיה למיכליה שרייה : **שעברה שנתו ·** שנולד אשתקד קודם ראש חודש ניסן והפרישו לשם פסח וכי מטא ראש חדש ניסן ועברה שנתו תו לא חזי לפסח דכתיב זכר בן שנה וקאי לשלמים כדילפינן בפירקין דלקמן (ד' ע:) פסח בשאר ימות השנה שלמים הוא : **ושחטו בזמנו לשמו·** גרס דהוה ליה שוחט שלמים לשם פסח בזמנו : **ר' אליעזר פוסל .** טעמא מפרש בפ"ק דזבחים ומה פסח שמותרו בא שלמים שחטו לשם שלמים בזמנו פסול שלמים שאין מותרן בא פסח שחטן לשם פסח בזמן פסח אינו דין שפוסל : **ורבי יהושע מכשיר .** דכל זבחים שנזבחים שלא לשמן כשירין חוץ מפסח וחטאת ולאו משום דנשחטו לשם פסח קל וחומר הוא ומה שלא בזמנו שאינו כשר לשמו אחרים כשירים לשמו בזמנו שהוא כשר לשמו אינו דין שיכשרו אחרים לשמו וכל טעמייהו התם מפרש : **שלא בזמנו ·** לא פסיל ליה רבי אליעזר אם שחטו לשם פסח כדאמר ליה ר' יהושע ומה שלא בזמנו שאינו כשר לשמו אחרים כשירים לשמו ולא מיהדר רבי אליעזר לדידי שלא בזמנו נמי אחרים פסולים לשמו ואמאי לרב חסדא דאמר לחומרא אמרינן הואיל נימא הכא הואיל ואלו זמנו הוא ושחיט לשמו מיפסיל הכא הכי נמי ליפסיל כדקאמר גבי ערל הואיל ואי הוה מל פסיל השתא נמי פסיל : **שלא בזמנו שהוא כשר לשם אחרים .** דנפקא לן לקמן (ד' ע:) מוזבחת פסח לה' צאן ובקר דפסח שנותר לאחר הפסח קרב שלמים ואף קודם הפסח נמי נפקא לן בפ"ק דזבחים מקרא אחרינא מואם מן הצאן קרבנו לזבח שלמים דבר הבא מן הצאן דהיינו פסח יהא לזבח שלמים: **אחרים כשירין לשמו .** דהא איתקש פסולו לשם אחרים ופסול אחרים לשמו : **ספר יוחסין .** מתני' דדברי הימים : **אין שונין ספר יוחסין לא ללודים כו'.** לדחוייה איכוון ל"א לפי שאינן מיוחסין : **לא יצתה ידי חובתה ·** לא יכלה לגמרה בשלש שנים : **שקל קלא .** מוט"א : **כבדי דקא שקיל ואזיל א"ל.** ר' שמלאי לר' יוחנן: **מה בין לשמו ושלא לשמו לאוכליו ושלא לאוכליו .** מאי שנא דלשמו ושלא לשמו פסול לאוכליו ושלא לאוכליו כשר : **פסולו בגופו .** מחשבה בגופו של קרבן אבל מחשבת אוכליו פסול דבר אחר הוא: **אי אפשר לברר .** דמה חלק לשמו ומה חלק שלא לשמו אבל אוכליו אפשר לברר חלק אוכליו לצד זה וחלק חולה וזקן בצד אחר אי נמי לברר אם אמת מחשבתו אם אין בה ממש כגון יאכילנו לראויין ונמצאת מחשבתו בטילה למפרע ולשאינן ראויין יחזור דמיקן וכך שמעתי : **אינו בארבע עבודות .** דאין מחשבת אוכלין בזריקה: מחשבת אכילה לא שייכא בקרבן ציבור דלא שייכא אלא בפסח : **תשש כחן .** שנגנזו מהן טעמי תורה שהיו בו : **נגנז .** נשתכח : **מאצל לאצל .** שני מקראות הן ופרשה גדולה ביניהן ולאצל ששה בנים וקא חשיב ואזיל הבנים וסיפא דפרשתא אלה בני אצל :

וכדרבא

מסורת הש"ס

לקמן ע:

זבחים יא:

ס"א שונין

[ר"ה כט: שבועות יח:]

[מנחות טז:]

ג"ל דאמר

הגהות הב"ח

(א) גמ' תלת מאה שמעתתא ביומא דשותא מתלת מאה רבוותא וכו': (ב) שם בתלתא ירחי הוה קא שקיל ואזיל:

§ מסכת פסחים דף סב: §

אות א'

מכשיר

רמב"ם מהל' פסולי המוקדשין פט"ו הי"ב - פסח ששחטו לשמו בארבעה עשר קודם חצות, פסול, לפי שאינו זמנו. עברה שנתו ושחט בזמנו לשם פסח, וכן השוחט שאר זבחים לשם פסח, אפי' שחטן אחר חצות, הרי אלו כשרים, ולא עלו לבעלים לשם חובה.

§ מסכת פסחים דף סג, §

אות א׳* [א]

ישנה לשחיטה מתחלה ועד סוף

רמב"ם פ"א מהל' פסולי המוקדשין הי"ח - **שחט מיעוט סימנים בחוץ וגמרן בפנים, או ששחט מיעוטן בדרום וגמרן בצפון, פסולין, שישנה לשחיטה מתחילתה ועד סוף.**

רמב"ם פ"ד מהל' שחיטה הי"ג - **התחיל העכו"ם לשחוט מיעוט סימנין וגמר ישראל, או התחיל ישראל וגמר העכו"ם, פסולה, ישנה לשחיטתו מתחלה ועד סוף; אבל אם שחט העכו"ם דבר שאינו עושה אותו נבלה, כגון ששחט חצי הגרגרת בלבד, וגמר ישראל, הרי זו כשרה.**

אות א׳

המתכוין לומר תרומה ואמר מעשר, מעשר ואמר תרומה... לא אמר כלום

יו"ד סימן שלא סמ"ה - **המתכוין לומר: תרומה, ואמר: מעשר; מעשר, ואמר: תרומה, לא אמר כלום, עד שיהיו פיו ולבו שוים** - שהרי מקדיש הוא כמו נדר, ובנדר בעינן פיו ולבו שוין, כדלעיל סי' ר"י - ש"ך.

אות ב׳

או שאינני נכנס לבית זה ואמר לזה... לא אמר כלום

יו"ד סימן רי ס"א - **אין הנדר חל עד שיוציא בשפתיו, ויהיו פיו ולבו שוים; לפיכך היה בלבו לידור מפת חטים, והוציא בשפתיו פת שעורים, מותר בשניהם** - בחטים שהרי לא הוציא בשפתיו, ובשעורים שהרי לא נתכוון לומר שעורים - ש"ך.

אות ג׳

אין מפגלין בחצי מתיר

רמב"ם פט"ז מהל' פסולי המוקדשין ה"ח - **וכן אם הקטיר הלבונה לבדה או הקומץ לבדו והוא מחשב לאכול שירים למחר, הרי זו פסולה ואינה פגול, שאין מפגלין בחצי מתיר.**

אות ד׳

השוחט את הפסח על החמץ עובר בלא תעשה

רמב"ם פ"א מהל' קרבן פסח ה"ה - **השוחט את הפסח בזמנו והיה לו כזית חמץ ברשותו, לוקה, שנאמר: לא תזבח על חמץ דם זבחי, שלא יזבח הפסח והחמץ קיים; אחד השוחט, ואחד הזורק את הדם, ואחד המקטיר את האימורין, אם היה ברשות אחד מהם, או ברשות אחד מבני חבורה שאוכלין פסח זה, כזית חמץ בשעת הקרבתו, [ב]הרי זה לוקה [ג]והפסח כשר.**

באר הגולה

[א] ‹ע"פ מהדורת נהרדעא› [ב] ‹כתב המורה (רש"י ד"ה עד שיהא) ואם יש לאחד מהן כולן עוברין, **ואינו** נ"ל שיהיו כל בני חבורה עוברין, אלא השוחט לבדו, אפילו אותו שהיה החמץ אצלו אינו עובר (אלא) בלאו דלא יראה כדכתבית במהדורא, **ואע"ג** דהשוחט שליח היא של כל בני החבורה, הא קיי"ל דאין שליח לדבר עבירה, **ואע"ג** דמתרין במי שהחמץ בידו, הנה כי פסחך נשחט על החמץ, כיון שהוא אינו שוחט אלא שלוחו, לא מצינו בכל התורה שהיא חייב השולח, כי אם בטובח ע"י אחר בתשלומי ד' וה', שרבינו אותו מאו, א"נ דומיא דמכירה דהויא ע"י אחר - תוס' הרי"ד›, ‹**ועיין** עמוד ב' בתוס' ד"ה או לאחד› [ג] ‹הכי משמע התם, מדקתני ה"ז עובר בלא תעשה, ולא קתני ה"ז פסול - כסף משנה›, ‹עיין בתוס' ד"ה השוחט›

לימא קסברי אחרים *אינה לשחיטה אלא בסוף וכדרבא דאמר רבא *עדיין היא מחלוקת הילכך הקדים מולין לערלים מולין חיילי ערלים לא חיילי הקדים ערלים למולין ערלים חיילי מולין לא חיילי אמר *רבה לא לעולם קסברי אחרים ישנה לשחיטה מתחלה ועד סוף והכא במאי עסקינן כגון שגמר בלבו לתרווייהו בין למולין בין לערלים והוציא בפיו לערלים ולא הספיק לומר למולין עד שנגמרה שחיטה בערלים ובהא פליגי דר"מ סבר לא בעינן פיו ולבו שוים ורבנן סברי בעינן פיו ולבו שוים וקסבר ר' מאיר לא בעינן פיו ולבו שוין ורמינהו *"המתכוין לומר תרומה ואמר מעשר מעשר ואמר תרומה [ג]או שאיני נכנס לבית זה ואמר לזה שאיני נהנה לזה ואמר לזה לא אמר כלום עד שיהו פיו ולבו שוין אלא אמר אביי רישא דאמר סימן ראשון למולין וסימן שני אף לערלים דבסימן שני נמי פתיכי ביה מולין סיפא דאמר סימן ראשון לערלים סימן שני למולים דבסימן ראשון הא לא פתיכי ביה מולין ור' מאיר לטעמיה דאמר *מפגלין בחצי מתיר ורבנן לטעמייהו דאמרי [ד]אין מפגלין בחצי מתיר: **מתני'** *[ה]השוחט את הפסח על החמץ עובר בלא תעשה ר' יהודה אומר אף התמיד רבי שמעון אומר *הפסח בארבעה עשר לשמו חייב ושלא לשמו פטור *ושאר כל הזבחים בין לשמן ובין שלא לשמן פטור *ובמועד לשמו פטור שלא לשמו חייב ושאר כל הזבחים בין לשמן בין שלא לשמן חייב חוץ מן החטאת ששחטה שלא לשמה: **גמ'** אמר רבי שמעון בן לקיש לעולם אינו חייב עד שיהא החמץ לשוחט או לזורק

וכדרבא בפ"ב דזבחים(א): **עדיין היא מחלוקת**. גבי תפוס לשון ראשון דאיפלגי בה ר' מאיר ור' יוסי באומר הרי זו תמורת עולה תמורת שלמים הרי זו תמורת עולה דברי רבי מאיר דתפוס לשון ראשון רבי יוסי אומר דבריו קיימים דאף בגמר דבריו אדם נתפס ואיבעיא להו אמר חליה עולה וחליה שלמים מי מודה בה ר' מאיר או לא מי אמרינן טעמא דרבי מאיר משום דנמלך הוא וכיון דחל שם עולה תו לא פקע אבל כי אמר לחצאין ליכא למימר הכי או דילמא כיון דפשטא ביה קדושת עולה ברישא תו לא חיילא קדושת שלמים ואמר אביי בהא ודאי מודי ר"מ רבא אמר עדיין היא מחלוקת ואותביה רבא לאביי מהשוחט את הזבח לאכול כזית בחוץ כזית למחר דקא פליג ר' יהודה אדרבנן ואמר כר' מאיר תפוס לשון ראשון דקאמר זה הכלל כל שמחשבת זמן קדמה למחשבת מקום פיגול וחייבין עליו כרת לא שנא בעבודה אחת ולא שנא בשתי עבודות שחישב בעבודה שניה מחשבת פסול בתר מחשבת פיגול לא מפקע ליה מיד פיגול דתפוס לשון ראשון ורבנן סברי אף בגמר דבריו הוא נתפס והויא לה בחדא עבודה עירוב מחשבות ולא קרב המתיר כמצותו ואנן בעינן דלא ליהוי ביה פסול אחרינא דהרצאה כתיב ביה אלמא מאן דאית ליה תפוס לשון ראשון אפילו לחצאין אית ליה דהא זיתי טובא יש בזבח ופליג ר' יהודה ואמר ליה אביי מי סברת אינה לשחיטה אלא לבסוף וחדא מחשבה היא ישנה לשחיטה מתחלה ועד סוף כו' וכגון דאמר סימן ראשון חוץ לזמנו ושני חוץ למקומו ור"מ סבר מפגלין בסימן אחד מכלל דרבא דאותביה מהא ס"ל אליבא דר' מאיר ור' יהודה דאינה לשחיטה אלא לבסוף וכולה מחשבה בסוף שחיטה הואי והוה ליה חדא מחשבה ונמלך ליכא למימר דהא בשני זיתים חישב ואפילו הכי פליג והיינו דאמרינן הכא לימא קסברי אחרים אינה לשחיטה אלא לבסוף וכל מחשבת שחיטה לא מהניא אלא אם כן חישב בגמרה וכדרבא דאמר התם עדיין היא מחלוקת באומר לחצאין וע"כ אית ליה לרבי מאיר אינה לשחיטה אלא לבסוף ואחרים היינו ר"מ הילכך בגמר שחיטה אין שהות לומר שני דברים והיכא דהקדים מולין לערלים בסוף שחיטה מולין חיילי עולה קדים ערלים למולין ערלים חיילי עולה והוה ליה כולה ערלה ופסולה: **וככל במאי עסקינן**. דקתני הקדים ערלים למולין פסול כגון שגמר בלבו להוציא מולין אחר ערלים ומולין לערלים ומולין כל מחשבה דקדשים מוציא בפיו הוא: **לא בעינן פיו ולבו שוין**. והלך אחר פיו והויא כולה ערלה ואע"פ שלא היה בלבו אלא למקצתה: **שאיני נכנס לזה**. נלוש זה: **לא אמר כלום**. וסתם משנה היא ור"מ היא: **סימן שני אף לערלים**. גרסינן בסימן ראשון לא היה דעתו אלא למה שהוציא בפיו ובסימן שני היה מוסיף על מחשבתו הילכך כי הקדים ערלים למולין נגמר סימן ראשון בערלים: **ור' מאיר לטעמיה דאמר**. במנחות מפגלין בחצי מתיר דתנן *פיגל בקומץ ולא בלבונה בלבונה ולא בקומץ כלומר חישב בהקטרת האחד על מנת לאכול מן השיריים למחר ר"מ אומר פיגול וחכ"א אין בו כרת עד שיפגל בכל המתיר: **יש פיגול**. במחשבת חצי מתיר והאי חצי מתיר הוא דשחיטה בשני הסימנין היא: **פסיכי**. מעורבין:

מתני' השוחט את הפסח על החמץ עובר בלא תעשה. דלא תשחט על חמץ וגו': **אף התמיד**. של בין הערבים דערב הפסח ששחטו על החמץ וטעמא יליף בגמ': **ר"ש אומר הפסח בי"ד**. ששחטו על החמץ: **לשמו חייב**. משום לא תשחט על חמץ דפסח כשר הוא ושחיטה ראויה היא (ושמה שחיטה): **ושלא לשמו פטור**. דפסול הוא ושחיטה שאינה ראויה לאו שמה שחיטה והכי אית ליה לר"ש בכל דוכתי בכיסוי הדם (חולין דף פה.) ובאותו ואת בנו (דף פא:) ובתשלומי ארבעה וחמשה (ב"ק דף ע:): **ושאר כל הזבחים**. ששחטן בי"ד לאחר חצות על החמץ בין לשמן ושלא לשמן ואע"ג שכשירין הן כדתנן (זבחים דף ב.) כל הזבחים שנזבחו שלא לשמן כשירין: **פטור**. כדמפרש בגמ' בעידנא דמחייב אפסח לא מיחייב אשאר זבחים: **ובמועד**. בתוך הפסח אם לשמו שחטו לפסח על החמץ פטור מלא תשחט דפסח שלא בזמנו לשמו פסול והויא לה שחיטה שאינה ראויה: **שלא לשמו**. אלא לשם שלמים: **חייב**. דלהכי קאי והויא לה שחיטה ראויה וחייב משום לא תשחט בהדי לאו דלא יראה ולא ימצא ואיכא מלקות נמי דשחיטה: **ושאר כל הזבחים**. ששחטן במועד על החמץ: **בין לשמן בין כו' חייב**. דהא כשירין הן ובגמ' מפרש דקרא אשאר זבחים נמי אזהר: **חוץ מן החטאת ששחטה שלא לשמה**. דפסולה היא כדתנן בזבחים (שם) חוץ מן הפסח והחטאת וטעמא משום דכתיב בשחיטה חטאת היא מעוטה היא ולא הנשחטת שלא לשמה: **גמ' עד שיהא החמץ לשוחט כו'**. ואע"ג דכתיב על חמץ סתמא אם היה חמץ לאחד שאינו מבני חבורה ואפילו ישנו עמו בעזרה ואלו השוחטין פסחיהן רואין אותו והתרו בהן אין עוברין כדמפרש לקמיה מדכתיב לא תשחט ולא ילין כל שישנו בהלנה ישנו בשחיטה ואם יש לא' מהן טלן עוברין: **לזורק**. הדם דזריקה נמי איתרביא במכילתא מדם *זבחי: בעל

לימא קסברי אחרים אינה לשחיטה אלא לבסוף וכדרבא וכו'. בפ' שני דזבחים (ד' ל.) פליגי אביי ורבא אליבא דר"מ דלאביי אמר בלחלות מודה ר' מאיר ורבא אמר עדיין היא מחלוקת והתם נמי סבר ר' מאיר תפוס לשון ראשון ולחלות מפרש בקונטרס חליה תמורת עולה וחליה תמורת שלמים ונראה כפירוש ר"ח דמפרש לחלות לחצי היום יחולו שניהם וקאמר אביי דהתם מודה ר"מ כיון דבבת אחת אמירה אינם חלים ולחצי היום יחולו שניהם ורבא סבר דאפילו התם פליג רבי מאיר כמו בשחיטה דאינה אלא לבסוף דאין כאן אלא משהו אחד לחול לשניהם ולר' מאיר חייל קמא והכי נמי לערלים ולמולים ערלים חיילי דאמרינן תפוס לשון ראשון אבל אי ישנה לשחיטה מתחלה ועד סוף כיון שיש שהות לשניהם לחול ה"ל תרווייהו ולא אמרינן תפוס לשון ראשון אלא דוקא אי אמרינן אינה לשחיטה אלא לבסוף דאין להם שהות לחול לשניהם כדפרי' ולא דמי לתמורת עולה ותמורת שלמים דיותר אמרינן תפוס לשון ראשון כי לא אמר לחלות שיש שהות לשניהם לחול מכי אמר לחלות דהתם כיון דאמר תמורת עולה ואפילו חליה פשטה בכולה ותו לא מצי חייל תמורת שלמים אבל מולים וערלים כי אמרי ישנה לשחיטה כו' הואיל ויכולים לחול זה אחר זה חיילי תרווייהו אף על גב דסבירא ליה בעלמא תפוס לשון ראשון: **ולא** הספיק לומר למולים כו'. תימה לרשב"א א"כ מאי איריא דקתני הקדים מולים לערלים אפילו הקדים ערלים כשר אם הספיק לומר למולים קודם גמר שחיטה: **רבי** מאיר סבר לא בעינן פיו ולבו שוין. מכאן מדקדק ר"ח דהא דקרי בכל דוכתי *פיגול פסול מחשבה דוקא דלאו בשפתיו דאי במחשבה תליא מילתא פסול לר' מאיר אלא גמר בלבו נמי טומר למולים: **המתכוין** לומר תרומה כו'. אפילו אי דברים שבלב לא הוו דברים גבי ההוא דזבין לניכסי' דלדעתא למיסק לארץ ישראל ובעידנא דזבין לא אמר (קדושין דף מט:) התם אינו מוצא בדיבורו אבל הכא דברים שבלב הם ומה שהוציא בשפתיו אינו כלום לפי שטעה בדיבורו: **וסימן** שני אף לערלים דפתיכי מולין וכו'. וא"ת א"כ אמאי קאמר הקדים מולין לא הקדים נמי אלא ששחט סימן ראשון למולים ולערלים וכן שני ואומר ר"ת דקמ"ל דאפילו לא פירש אף לערלים אלא ששחט שני לערלים סתמא כיון ששחט סימן ראשון למולים מסתמא אף לערלים קאמר וכן בסיפא דקתני ערלים למולים פסול אפילו הקדים מולין אם פירש שני לערלים דוקא אלא הא קמ"ל דאע"פ ששחט סימן ראשון לערלים סתם לא אמרינן כיון ששחט סימן שני למולים גלי אדעתיה דבסימן ראשון אף לערלים קאמר וכשר: **השוחט** פסח על החמץ עובר בלא תעשה. אומר ריב"א דהפסח כשר דהא לא שנה עליו הכתוב לעכב *ובתוספתא דמכילתין (פ"ד) תניא בהדיא השוחט את הפסח על החמץ בי"ד עובר בלא תעשה והפסח עצמו כשר ויוצא בו ידי חובתו בפסח:

*[וע"ע תוס' תמורה ד: ד"ה רבא וכו' דבירושלמי יש קרא להכשיר]

לו

עין משפט נר מצוה

לח א מיי' פ"ד מהל' תרומות הל' יט סמ"ג עשין קלג טוש"ע י"ד סימן של"א סעיף מה:

לט ב מיי' פ"ב מהל' שבועות הל' י"א סמג לאוין רמח טוש"ע י"ד סימן ר' סעיף א:

ל ג מיי' פי"א מהלכות פסולי מוקדשין הל' ט:

לא ד מיי' פ"א מהל' ק"פ הל' ה:

מסורת הש"ס

[זבחים ל: חולין כט. ב"ק סב:] [לקמן קכח:]

נ"י רבא [ורש"א גורס רבה]

תרומות פ"ג [מ"א]

מנחות טז: [ע' זבחים קי:] מנחות טז:

[ע' תוס' יומא כט: ד"ה אלא אפילו] חולין ל:

[דף טו:]

נ"ל זבחי

הגהות הב"ח

(א) רש"י ד"ה וכדרבא בפ"ב דזבחים. נ"ב דף ל' ע"א:

גליון הש"ס

מתני' השוחט את הפסח על החמץ. עי' בתוס' ריש פ' בתרא דחגיגה ובתוספתא פ"ד יומא ח' סימן י"ג:

רבינו חננאל

ערלים למולים פסול. נימא קסברי אחרים אינה לשחיטה אלא לבסוף והכי אמר הדיוט שוחט למולין ולערלים אסוף שחיטה קא מכוון דאמר הריני שוחט ואינה לשחיטה אלא לבסוף ובסוף שחיטה הלי נמולים לא אשתייר הוויא לערלין לשויל לפיכך הפסח הויא כשר וכדרבא דאמר עדיין היא מחלוקת ועיקר דהא שמעתא דרבא בשחיטת קדשים פ"ב דתנן הרי זו תמורת עולה זו תמורת שלמים הרי זו תמורת עולה דברי ר' מאיר ר' יוסי אומר אם לכך נתכוון וכו' איבעיא להו הרי זו תמורת עולה תמורת שלמים להצדת מאי אמר ר' מאיר ר' אמר בהא מודי רבי מאיר דכיון דאית ליה הוויא מחשבתא ועד להצדת חלין תרווייהו או דלמא בהא נמי פליגי רבי מאיר משום (דלא) איתה הולא לבי מפיא חצות בההיא שעתא הויילה להו תמורת עולה ולית לה לתמורת שלמי' הוויא לפיול: אמר רבא לעולם קסברי אחרים ישנה לשחיטה מתחלה ועד סוף ובגמר בלבו למולין ולערלים והוציא בפיו לערלים ולא הספיק לומר למולין עד שנגמרה השחיטה בערלים דר' מאיר סבר לא בעינן פיו ולבו שוין אלא כיון שהוציא בפיו ערלים לא חיישינן במה שהיה בלבו הילכך פסול ורבנן סברי בעינן פיו ולבו שוין: ומותיב אביי המתכוין לומר תרומה ואמר מעשר. מעשר ואמר תרומה. תמורה שלה ואמר שלמים שאיני נכנס לבית זה ואמר לזה שאיני נהנה לזה ואמר לזה לא אמר כלום עד שיהו פיו ולבו שוין קשיא הדא מתני' לרבי מאיר דהדא סתמא היא וקיימא לן סתם מתני' רבי מאיר: ופריק אביי רישא כגון ששחט סימן ראשון למולין וסימן שני למולין ולערלים דפתיכי מולין בכולה שחיטה סיפא דאמר סימן ראשון לערלים וסימן שני למולין ולערלים ורבי מאיר לטעמיה דאמר מפגלין בחצי מתיר וכיון דבשני הסימנין מתירין הזבח הוא אחד מהן פיגל באחד מהן שורה הוא המתיר הרי זה פיגול דתנן פיגל בקומץ ולא בלבונה בלבונה ולא בקומץ רבי מאיר אומר פיגול וחכמים אומרים אין בו כרת עד שיפגל בכל המתיר ורבנן כיון [דפתיכי] מולין בהאי שחיטה אין מפגלין בחצי מתיר: ירושל' אין מחשבת אוכלין בזריקה (דמר לא) [ר' אילא] בשם ר' יוחנן שחטו לאוכליו לזרוק דמו שלא לאוכליו כשר נעשה משעה ראשונה כמי ששחטו לאוכליו ושלא לאוכליו: רבי שילאי אתא לגבי רבי יוחנן אמר ליה אלפני הגדה אמר לית מסורת בידינו מאבותינו שלא ללמד הגדה לא לבבליים ולא לבני דרום שהן גסי הרוח מיעוטי התורה ואת נהרדעי ודר בדרום (ועוד מעט קטן): מתני' השוחט את הפסח על החמץ עובר בלא תעשה שנא' (שמות כ"ג) לא תזבח על חמץ דם זבחי רבי יהודה אומר אף התמיד מדכתיב זבחי רבי שמעון אומר הפסח בארבעה עשר לשם פסח חייב שלא לשמו פטור כיון שנפסל אינו עובר עליו משום שוחט על חמץ דשחיטתו לאו שחיטה היא וכן שאר דבריו זה כללם: אמר רבי שמעון בן לקיש לעולם אינו חייב עד שיהא חמץ לשוחט או לזורק או לאחד מבני חבורה ועד שתהא החמץ עמו בעזרה: ורבי יוחנן אמר אפילו אין עמו בעזרה חייב ואמרינן בהאי

עין משפט
נר מצוה

לב א ב מיי' פי"ב מה' פסולי המוקדשין הלכה ט:

לג ג מיי' פ"ד מה' שבועות הלכה כ:

לד ד מיי' פט"ז מה' סנהדרין הלכה ד סמג עשין קה:

לה ה מיי' פ"א מה' ק"פ הלכה ה:

תורה אור

או לאחד מבני חבורה ועד שיהא עמו בעזרה ר' יוחנן אמר *אע"פ שאין עמו בעזרה במאי קמיפלגי אילימא בעל בסמוך קמיפלגי דרבי שמעון בן לקיש סבר *על בסמוך ורבי יוחנן סבר לא בעינן על בסמוך והא איפלגו בה חדא זימנא *דתנן *השוחט תודה לפנים ולחומה חוץ לחומה לא קדש הלחם מאי חוץ לחומה רבי יוחנן אמר חוץ לחומת בית פאגי אבל חוץ לחומת העזרה קדיש ולא בעינן על בסמוך רבי שמעון בן לקיש אמר אפילו חוץ לחומת עזרה לא קדיש אלמא בעינן על בסמוך אלא בהתראת ספק קמיפלגי בהא נמי הא פליגי בה חדא זימנא *דאיתמר שבועה שאוכל ככר זו היום ועבר היום ולא אכלה ר' יוחנן ור"ש בן לקיש דאמרי תרווייהו אינו לוקה רבי יוחנן אמר אינו לוקה משום דהוה ליה לאו שאין בו מעשה וכל לאו שאין בו מעשה אין לוקין עליו אבל התראת ספק שמה התראה ור"ש בן לקיש אמר אינו לוקה משום דהוה ליה התראת ספק והתראת ספק לא שמה התראה אבל לאו שאין בו מעשה לוקין עליו אמרי לעולם בעל בסמוך קא מיפלגי *וצריכא דאי איפליגו לענין חמץ הוה אמינא בההוא הוא דקאמר רבי יוחנן דלא בעינן על בסמוך משום דאיסור הוא וכל היכא דאיתיה איתיה אבל לענין מקדש לחם לא קדיש אלא בפנים אימא מודה ליה לר"ש בן לקיש דבעינן על בסמוך דאי איתיה גואי קדיש אי לא לא קדיש מידי דהוה אכלי שרת צריכא ואי אשמעינן לענין מקדש לחם ה"א בהך קאמר ר"ש בן לקיש דבעינן על בסמוך דאי איתיה גואי קדיש אי לא לא קדיש אבל לענין חמץ מודה ליה לרבי יוחנן דלא בעינן על בסמוך דאיסורא הוא וכל היכא דאיתיה איתיה צריכא בעא מיניה רב אושעיא מרבי אמי אין לו לשוחט ויש לו לאחד מבני חבורה מהו אמר ליה מי כתיב לא תשחט על חמצך °לא תשחט על חמץ כתיב אמר ליה אי הכי אפילו לאחד בסוף העולם נמי אמר ליה אמר קרא לא תשחט ולא ילין לא תשחט על חמץ הנך דקיימי עליה משום לא ילין אמר רב פפא הילכך כהן המקטיר את החלב עובר בלא תעשה הואיל וישנו בכלל הלנת אמורין תניא כוותיה דרב פפא *השוחט את הפסח על החמץ עובר בל"ת אימתי בזמן שהוא לשוחט או לזורק או לאחד מבני חבורה היה לאחד בסוף העולם אין זקוק לו ואחד השוחט ואחד הזורק ואחד המקטיר חייב אבל המולק את העוף בארבעה עשר אינו עובר בלא כלום ורמינהי השוחט את הפסח על החמץ עובר בלא תעשה ר' יהודה אומר אף התמיד אמרו לו לא אמרו אלא בפסח בלבד אימתי בזמן שיש לשוחט או לזורק או לאחד מבני חבורה היה לאחד בסוף העולם אין זקוק לו ואחד השוחט ואחד הזורק ואחד המולק ואחד המזה חייב אבל הקומץ את המנחה אינו עובר בלא תעשה המקטיר את האימורין אינו עובר בלא תעשה קשיא

(שמות לד)

בעל בסמוך. כל היכא דכתיב על משמע בסמוך והכא על חמץ כתיב כמו ועליו מטה מנשה (במדבר ב): **בפנים** · בעזרה: **לאמי פודס·** משהוקדשו בפה קדשו קדושת דמים ליאסר באכילה ובהנאה אבל לא קדשו קדושת הגוף ואם נטמאו נפדין ויוצאין לחולין ושחיטת הזבח מקדשתן לגופן להיות נפסלין בטבול יום ובמגע מחוסר כפורים ובלינה ואם נטמאו ישרפו כדכתיב על זבח התודה חלות ואמר מר במנחות קרבנו על זבח מלמד שאין הלחם קרוי קרבן אלא בזביחה: **לא קדש הלחם**. קדושת הגוף: **בית פאגי** . הוא מקום חיצון שבירושלים התם הוא דחוץ לחומת בית פאגי חוץ לירושלים הוא ואינו מקום אכילת קדשים קלים ואם יצאו שם נפסלין התם ודאי לא מקדשא ליה שחיטה אבל אי חוץ לחומת עזרה קאי אע"ג דלאו גבי זבח קאי בשעת זביחה הואיל ובמקום הכשירו היה עומד שפיר דמי ולא בעינן על בסמוך: **אלא**. הכא גבי חמץ: **בהתראת ספק קא מיפלגי** . דמלקות ליתא אלא בהתראה וכי מתרינן ביה לא תשחט על החמץ אי חזינן חמץ גביה ומתרין ביה הויא התראת ודאי ואי לא התראת ספק היא ואפילו אשתכח דהוה ליה בביתיה כיון דאנן לא הוי ידעינן לאו התראה היא ורבי יוחנן סבר התראת ספק שמה התראה ואי אשתכח דהוה ליה מיחייב: **פטור ממלקות** . דלא תשה: **התראת ספק·** וכי מתריה ביה אכלהו היום פן תעבור על השבועה שמא יעבור שמא לא יעבור על התראתו דעדיינים שהות ביום: **וצריכי·** לאיפלוגי בחמץ ובלחמי תודה: **מידי דהוה אכלי שרת**.דמקדשי לגופה כדכתיב כל הנוגע בהם יקדש ואין מקדשין אלא הנכנס לתוכן: **רב אושעיא** . הא דפשיטא לר"ל לעיל הוא מיבעיא ליה: **אפי' לאחד בסוף העולם.** שאינו מבני חבורה נמי אם ישנו עמו בעזרה יעבור השוחט הזה עליו אם התרו בו: כל בני חבורה בכלל לא ילין מן הבשר הן בכל תותירו: **לא תשחט ולא ילין**. בחד קרא ניהו: **המקטיר את החלב** · של פסח על החמץ שיש לו בשעת הקטרה אי נמי לא' מבני חבורה חמץ בשעת שחיטה ויש לו לכהן המקטיר בשעת הקטרה עובר הוא ואע"ג דלא כתיב אלא לא תשחט °וזריקה מתרביא במכילתא מדם אתי נמי הקטרה מדסמכיה ללא ילין כל שישנו בעבודה שלהן באזהרת הלנה ישנו נמי באזהרת חמץ הילכך מקטיר נמי עובר: **הואיל וישנו בהלנת אמורין**. דכתיב בהו נמי לא ילין חלב חגי: **אבל המולק את העוף**. של מחוסר כיפורים דאמרן בפירקין (דף נט·) דכשר להקרבה אחר התמיד שהוא זמן שחיטת פסח אינו עובר עליו משום לא תשחט על חמץ ולקמן מוקי לה כר"ש דמחייב נמי אשאר זבחים במועד והכא טעמ' לפטורה משום די"ד לא מיחייב עליה אשאר זבחים ועוף דנקט לאו דוקא אלא משום דאין דרך לשחוט שום קרבן בזמן שחיטת פסח דהיינו אחר חצות אלא קרבן של מחוסר כיפורים כדי שיאכל פסחו לערב ורובייהו עוף מייתין זב וזבה ויולדת אפי' עשירים ומצורע עני: **אחד השוחט**. את הפסח ואחד הזורק את דמו ואחד המולק חטאת העוף דמחוסר כיפורים: **ואחד המזה**. מדמה כדכתיב והזה מדם החטאת וגו' ובחטאת העוף קאי והך סיפא משמע לעובר על קרבנות דקתני לקמן ארישא דקתני לא אמרו אלא פסח בלבד: **אבל הקומץ מנחה**. במועד: **המקטיר את האימורין**. של פסח בי"ד בין במועד אשאר זבחים אינו עובר: **אינו עובר**. דקמיצה ודאי לאו שחיטה היא:

או לאחד מבני חבורה · אומר ר"י דלא מיחייב בעל החמץ אלא השוחט והזורק דלא תשחט אמר רחמנא ועוד היאך יתחייב לרבי יוחנן הא לאו שאין בו מעשה הוא: **לא** אמרינן על בסמוך . תימה דבפ' שתי הלחם (מנחות מח.) אמרינן דלכל הפחות בעינן על בסמוך דפליגי תנאי בבזיכי לבונה של לחם הפנים דאיכא למאן דאמר ונתת על המערכת על ממש ואיכא למאן דאמר על בסמוך וכן בהלו נאמרין (סוטה לז:) פליגי בקרא דונתתה את הברכה על הר גרזים אי על ממש אי בסמוך וי"ל דהתם סברא הוא דהוי בסמוך דהא בשעת הנחת הלחם היו מניחין אותם ובשעת סילוק נקטרים וכן גבי הר גריזים סברא הוא דלכל הפחות סמוך בעינן דאי לאו הכי למאי כתביה וכן משמע בסמוך דהיכא דסברא הוא לא פליגי דקאמר אבל לענין מקדש אימא מודה ליה לריש לקיש:

התראת ספק לא שמה התראה. מתוך פ"ה משמע דלא הוי התראה משום כיון דלא ידעינן לאו התראה היא ולא נהירא לר"י דמה לנו אם ספק למתרה אלא שיהא ודאי למותרה דלא ניתנה התראה אלא להבחין בין שוגג למזיד ולשון הקונטרס נמי יש ליישב דה"ק כיון דלאו לא הוה ידעינן לאו התראה היא שיכול המותר' להכחישו ולומר שוגג הייתי:

לאו שאין בו מעשה לוקין עליו כו'. מפורש בהשוכר את הפועלים (ב"מ צ:): **מידי** דהוי אכלי שרת . פי' בקונטרס דאין מקדשין אלא מה שבתוכן וקשה מה שייך זה לשחיטת הזבח שלא יקדש אלא מה שבפנים לעזרה הילכך נראה לפרש מידי דהוה אכלי שרת שאין מקדשין מה שבתוכן אלא כשהן בעזרה וכן משמע בפרק המזבח מקדש (זבחים פח.) דקאמר כלי שרת אין מקדשין אלא מתוך ואין מקדשין אלא בפנים ואית דתנן בלולב וערבה (סוכה מח:) כמעשהו בחול כך מעשהו בשבת אלא שהיה ממלא חבית של זהב שלא קידשה מקודשת מערב שבת ופריך (שם מט:) ואמאי ליהוי מקודשת א"ר זעירי קא סבר אין שיעור למים וכלי שרת מקדשין שלא מדעת פי' ואי מייתי מקודשת איפסיל להו בלינה והשתא אלמא כי מייתי מקודשת וניחנה חוץ לעזרה דלא מיקדשה אלא בפנים וי"ל דטוב להביא שאינה מקודשת ויניחנה בפנים ממקודשת ויניחנה בחוץ:

[וע"ע תוספות ר"ה אלא]

רבינו חננאל

בהאי פליגי ריש לקיש סבר כיון דכתיב לא תשחט על חמץ דאי על משמע אפילו במקום שחיטות ור' יוחנן סבר כיון דהוא אצלו ברשותו אפי' במקום רחוק כאלו בידו הוא ועל קרינא ביה ואמרינן למה הוצרכו לחלוק ע"ז הרי נחלקו עליו במקום אחר דתנן במנחות פרק [התודה] השוחט את התודה בפני' ולחומה חוץ לחומה לא קדש הלחם ואמר רבי יוחנן חוץ לחומת בית פאגי במקום שאינו יכול לאכלו שם שהוא רחוק מירוש' דכתי'(ויקרא ז') והקריב על זבח התודה חלות מצות וגו' וחומת בית פאגי רחוק הוא תמצא זבח בלא לחם כי הוא במקום אחד והלחם במקום אחר אבל לפנים מחומת בית פאגי שאוכלין שם קדשים קלים שפיר דמי כדגרסי' בענין החבוש בבית האסורין לא אבל אי קאי לפנים מבית פאגי אשר דמעיילי ליה להתם ולכן אם כן זה לחם התודה אם הוא בירושלים שהוא מקום אכילת קדשים קלים קדש הלחם דעל זבח קרינא ביה ור"ש לקיש אמר אפי' חוץ לחומת עזרה לא קדש הלחם דבעינן לחם לזבח באותו מקום שהוא ואמרינן רבי יוחנן וריש לקיש הכא בהתראת ספק פליגי ריש לקיש כשמתרין לשוחט זה לא תשחט על חמץ שכל השוחט על החמץ לוקה אם החמץ עמו בעזרה נמצאת התראת ודאי אבל אם אינו עמו דחיישינן שמא נאכל או נשרף בנמצא התראה מתרה אם לא השבת אותו חמץ שהיה לך שראיתיו בהצרך אלא הוא קיים עכשיו ואתה שוחט הפסח קודם השבתתו ואתה עובר בלאו נמצאת זו התראת הספק דאיכא למימר דילמא אדם השביתו כבר הלכך ספק הוא והתראת ספק כי האי גוונא אינה התראה' והבר זה מפורש באלו הן הלוקין ובענין השוחט אותו ואת בנו כו' עוד הקשינו גם בזה חלוקו במקום אחר 'דאיתמר שבועה שאוכל ככר זו היום ועבר היום ולא אכלה רבי יוחנן ור' שמעון בן לקיש דאמרי תרווייהו אינו לוקה כשמתרין אותו בשעת שבועה אל תשבע שמא לא יזדמן לו לאכלה היום ונמצאת עובר על שבועתך הויא התראת ספק כי יתכן לו לאכלה ויקיים שבועתו וכי האי גוונא אינה התראה רבי יוחנן אמר התראת ספק שמה התראה אלא למה אינו לוקה משום דהוה ליה לאו שאין בו מעשה כי לא עשה מעשה כלום אלא ישב ולא אכל הנה לא עשה מעשה וכל לאו שאין בו מעשה אין לוקין עליו (ואפי') [ואמרינן] לעולם בעל בסמוך פליגי והאי דאמרת הא אפליגו בה חדא זימנא כלומר נתברר לנו בדבריהם במקום אחר ומשם אנו יודעין כי כך דעתם בכל מקום והלכתא כרבי יוחנן אסיקנא צריכא לברר הכא והתם חלוקתן דאי אשמעינן הכא וכו' ופשוטה היא: **בעא** מיניה רבי אושעיא מרבי אמי אין לו לשוחט חמץ כלל אבל יש לאחד מבני חבורה מהו אמר ליה לא תשחט על חמצך כתיב לא תשחט על חמץ כתיב ואפי' לאחד בסוף העולם אמר ליה קרא לא תשחט ולא ילין הנך דקיימי עליה משום לא ילין ... תניא כרב פפא השוחט את הפסח על החמץ עובר בלא תעשה אימתי בזמן שיש לשוחט או לזורק או לאחד מבני חבורה ואחד השוחט ואחד הזורק ואחד המקטיר ... ואחד המולק ואחד המזה ... את האימורין אינו עובר

מסורת הש"ס

[סוטה לז:] מנחות כו: סוכה לא: סנהד' יג:

מנחות עח. [מעילה ג:]

שבועות דף ג: ודף כא: מכות דף טז: תמורה דף ג:

[מנחות עח:]

[תוספתא פ"ד]

[עי' רש"י לעיל נט: ד"ה דקאמר ר"י]

גליון הש"ס

גמ' אף ע"פ שאין עמו בעזרה. עי' ר"ש פ"א מ"ח דכלים ועע"ג: רש"י ד"ה המקטיר וכו' וזריק' מתרבא במכילתא. עי' יומא דף ס"ג ע"ב תד"ה זריקת דמים:

§ מסכת פסחים דף סג: §

אות א׳ – ב׳

השוחט תודה לפנים ולחמה חוץ לחומה, לא קדש הלחם חוץ לחומת בית פאגי

רמב״ם מהל׳ פסולי המוקדשין פי״ב הט״ז - השוחט את התודה והיה לחמה חוץ לחומת בית פגי, לא קדש הלחם; אבל אם היה חוץ לעזרה, קדש הלחם, אף על פי שאינו לפנים.

אות ג׳

רבי יוחנן אמר אינו לוקה, משום דהוה ליה לאו שאין בו מעשה

רמב״ם פ״ד מהל׳ שבועות ה״כ - שבועה שאוכל ככר זו היום, ועבר היום ולא אכלה, בשוגג מביא קרבן עולה ויורד, במזיד אינו לוקה, שהרי לא עשה מעשה, ואף על פי שעבר על שבועת שקר.

אות ד׳

אבל התראת ספק שמה התראה

רמב״ם פט״ז מהל׳ סנהדרין ה״ד - אין אדם לוקה אלא בעדים והתראה; ובודקין העדים בדרישה ובחקירה כדרך שעושים בדיני נפשות; עבר על לאו שניתק לעשה, והתרו בו ואמרו לו: אל תעשה דבר זה, שאם תעשנו ולא תקיים עשה שבו תלקה, ועבר ולא קיים העשה, הרי זה לוקה, אף על פי שהתראה בספק היא, שאם יקיים יפטר, התראת ספק התראה היא.

אות ה׳

השוחט את הפסח על החמץ, עובר בלא תעשה

רמב״ם פ״א מהל׳ קרבן פסח ה״ה - השוחט את הפסח בזמנו והיה לו כזית חמץ ברשותו, לוקה, שנאמר: [א]לא תזבח על חמץ דם זבחי, שלא יזבח הפסח והחמץ קיים; אחד השוחט, ואחד הזורק את הדם, ואחד המקטיר את האימורין, אם היה ברשות אחד מהם, או ברשות אחד מבני חבורה שאוכלין פסח זה, כזית חמץ בשעת הקרבתו, הרי זה לוקה [ב]והפסח כשר.

באר הגולה

א ‹דכתיב [שמות כג] "לא תזבח על חמץ דם זבחי", וכתיב נמי [שמות לד] "לא תשחט על חמץ דם זבחי", והיינו "זבחי" "זבחי" תרי זימני דלקמן› **ב** ‹הכי משמע התם, מדקתני ה"ז עובר בלא תעשה, ולא קתני ה"ז פסול – כסף משנה. ‹**לפי** הנראה מפשטן של דברי רש"י ד"ה המקטיר את החלב, דלא ס"ל כדעת ריב"א שבתוס' מעבר לדף [ע"א ד"ה השוחט] שהפסח כשר, וסבירא ליה לרש"י שהפסח פסול, וא"כ אם כבר היה חמץ בשעת שחיטה ואיפסל, שוב אין המקטיר חייב שדבר פסול הוא מקטיר. ודברי רש"י הללו הם ממש דברי ר' יוסי בירושלמי – צל"ח›

§ מסכת פסחים דף סד. §

אות א'* [א]

פסח בשאר ימות השנה שלמים הוי

רמב"ם פ"ה מהל' פסולי המוקדשין ה"ט - מותר פסח לשלמים.

אות א'

הפסח נשחט בשלש כתות

רמב"ם פ"א מהל' קרבן פסח ה"ט - הפסח נשחט בשלש כתות, שנאמר: ושחטו אותו כל קהל עדת ישראל, קהל, ועדה, וישראל, ואין פוחתין משלשים בני אדם בכל כת וכת.

אות ב'

נכנסה כת הראשונה, נתמלאה העזרה, נעלו דלתות העזרה

רמב"ם פ"א מהל' קרבן פסח הי"א - כיצד נשחט, נכנסה הכת הראשונה עד שתתמלא העזרה, ונועלין דלתות העזרה, ומתחילין לשחוט את פסחיהן.

אות ג'

תקעו הריעו ותקעו

רמב"ם פ"א מהל' קרבן פסח הי"ב - על כל קריאה וקריאה תוקעין שלש תקיעות בחצוצרות, תקיעה תרועה ותקיעה, [ב]הואיל ואין לו נסכים לתקוע בשעת ניסוך, תוקעין בשעת שחיטה.

אות ד'

הכהנים עומדים שורות שורות וכו'

רמב"ם פ"א מהל' קרבן פסח הי"ג - הכהנים עומדים שורות שורות ובידיהן מזרקי כסף ומזרקי זהב, שורה שכולה כסף כסף, שורה שכולה זהב זהב, ולא היו מעורבים כדי שיהיה להם נוי, ולא היו למזרקין שולים כדי שלא יניחום ויקרש הדם.

אות ה'

שחט ישראל וקבל הכהן נותנו לחבירו וכו'

רמב"ם פ"א מהל' קרבן פסח הי"ד - שחט השוחט וקיבל הכהן, נותנו לחבירו וחבירו לחבירו, כדי שיתעסקו רבים במצוה, עד שיגיע הדם אצל כהן הקרוב למזבח, [ג]שופכו שפיכה אחת כנגד היסוד, ומקבל מזרק אחד מלא ואחר כך מחזיר את הריקן.

אות ו'

יצתה כת ראשונה ונכנסה כת שניה וכו'

רמב"ם פ"א מהל' קרבן פסח הט"ו - שלמו מלהקריב, פותחין דלתות העזרה, ויוצאת כת הראשונה ונכנסה שנייה, יצאת שנייה ונכנסה שלישית, כמעשה ראשונה כך מעשה שנייה ושלישית, שלמה כת שלישית ויצאת, רוחצים את העזרה.

אות ז'

קראו את ההלל, אם גמרו שנו, ואם שנו שלשו וכו'

רמב"ם פ"א מהל' קרבן פסח הי"א - וכל זמן שהן שוחטין ומקריבין קוראים הלויים את ההלל, אם גמרו ההלל ועדיין לא שלמה הכת מלהקריב, שונים, ואם שנו ולא שלמו להקריב, משלשין, ומעולם לא שלשו.

אות ח'

כמעשהו בחול כך מעשהו בשבת, אלא שהכהנים מדיחים את העזרה שלא ברצון חכמים

רמב"ם פ"א מהל' קרבן פסח הט"ז - חל י"ד להיות בשבת, כמעשהו בחול כך מעשהו בשבת, ורוחצין את העזרה בשבת, [ד]שאין איסור שבות במקדש, אפי' בדבר שאינו צורך עבודה, איסור שבות במקדש היתר הוא.

אות ט'

כיצד תולין ומפשיטין וכו'

רמב"ם פ"א מהל' קרבן פסח הי"ד - ותולין ומפשיטין את כולו, וקורעו וממחה את קרביו עד שמסיר מהן הצואה והפרש, ומוציא את האימורין ונותנן בכלי ומולחן ומקטירן הכהן על גבי המזבח; וכיצד תולין ומפשיטין, מסמרות של ברזל היו קבועין בכותלים ובעמודים, שבהן תולין ומפשיטין, וכל מי שלא מצא מקום לתלות, מקלות דקים וחלקים היו שם, מניח על כתפו ועל כתף חבירו, ותולה ומפשיט.

באר הגולה

א ע"פ מהדורת נהרדעא | ב זהו מירושלמי - ערוה"ש | ג עיין לקמן עמוד ב' | ד עיין לקמן דף ס"ה.

קשיא מליקה אמליקה קשיא הקטרה אהקטרה ולטעמיך תיקשי לך היא גופא דקתני לא אמרו אלא בפסח בלבד והדר תני אחד השוחט ואחד הזורק ואחד המולק ואחד המזה אלא הא והא ר"ש מליקה אמליקה לא קשיא כאן בארבעה עשר כאן בחולו של מועד ואידי ואידי ר"ש היא הקטרה אהקטרה נמי לא קשיא תנאי היא דאיכא דמקיש הקטרה לשחיטה ואיכא מאן דלא מקיש: רבי יהודה אומר אף התמיד וכו': מאי טעמא דרבי יהודה אמר לך °זבחי זבח המיוחד לי ומאי ניהו תמיד: ר"ש אומר הפסח בארבעה עשר וכו': מ"ט דר"ש דכתיב זבחי זבחי תרי זמני קרי ביה זבח זבחי למאי הלכתא פלגינהו רחמנא מהדדי ולא כתב זבחי למימר בזמן דאיכא זבח לא מחייב אזבחי בזמן דליכא זבח מחייב אזבחי: ובמועד לשמו פטור וכו': טעמא דשלא לשמו הא סתמא פטור אמאי פסח בשאר ימות השנה שלמים הוי *שמעת מינה פסח בשאר ימות השנה בעי עקירה אמר ר' חייא בר גמדא נזרקה מפי חבורה ואמרו כגון שהיו בעלים טמאי מת ונדחין לפסח שני דסתמיה לשום פסח קאי:

מתני' °הפסח נשחט בשלש כתות שנאמר °ושחטו אותו כל קהל עדת ישראל קהל ועדה וישראל °נכנסה כת הראשונה נתמלאה העזרה נעלו דלתות העזרה °תקעו הריעו ותקעו °הכהנים עומדים שורות שורות ובידיהם בזיכי כסף ובזיכי זהב שורה שכולה כסף כסף ושורה שכולה זהב זהב לא היו מעורבין ולא היו לבזיכין שוליים שמא יניחום ויקרש הדם *°שחט ישראל וקבל הכהן נותנו לחבירו וחבירו לחבירו ומקבל את המלא ומחזיר את הריקן כהן הקרוב אצל המזבח זורקו זריקה אחת כנגד היסוד °יצתה כת ראשונה ונכנסה כת שניה יצתה שניה נכנסה שלישית כמעשה הראשונה כך מעשה השניה והשלישית °קראו את ההלל אם גמרו שנו ואם שנו שלשו אע"פ שלא שלשו מימיהם ר' יהודה אומר *מימיהם של כת שלישית לא הגיעו לאהבתי כי ישמע ה' מפני שעמה מועטין °כמעשהו בחול כך מעשהו בשבת אלא שהכהנים מדיחים את העזרה שלא ברצון חכמים ר' יהודה אומר *כוס היה ממלא מדם התערובת זרקו זריקה אחת על גבי המזבח ולא הודו לו חכמים °כיצד תולין ומפשיטין אונקליות של ברזל היו קבועים בכתלים ובעמודים שבהן תולין ומפשיטין כל מי שאין לו מקום לתלות ולהפשיט *מקלות דקים וחלקים היו שם מניח על כתפו ועל כתף חבירו ותולה ומפשיט ר"א אומר י"ד שחל

רש"י

קשיא מליקה אמליקה. דס"ד בארבעה עשר קאמר וקתני דעבר אמליקה דומיא דשאר קרבנות ועוד דקא חשיב ליה כשחיטה: ס"ג ולטעמיך תיקשי לך היא גופא דקתני רישא לא אמרו אלא פסח בלבד. אבל אשאר קרבנות לא מחייב והדר תני אחד המולק ואחד המזה: אלא הא והא. תרוייהו הנך מתניתא רבי שמעון דמתני' דפטר אשאר קרבנות בארבעה עשר ומחייב עלייהו במועד: מליקה אמליקה לא קשיא. קמייתא דפטר בארבעה עשר קאי כדתני בה בהדיא ותנא עוף והוא הדין לשאר זבחים אלא משום דאורחיה לעכוביה בו ביום אחר התמיד נקט ליה ורישא דמתניתא בתרייתא דקתני נמי לא אמרו אלא פסח בלבד רבי שמעון אמרה ובארבעה עשר קאי ואחד השוחט כו' דסיפא בחולו של מועד קאמר ואשמעינן חיובא לזורק ולמולק כשוחט דלא תימא שחיטה דווקא: תנאי היא. הני תרתי סתמי תנאי היא ואליבא דרבי שמעון מר מקיש הקטרה לעבודת הדם הואיל וישנו בהלנת אימורין ומר לית ליה הא היקשא דשחיטה קאמר רחמנא וזריקה דמתרביא בהדיא מדם זבחי אבל הקטרה לא: זבחי זבחי תרי זימני. תרי קראי כתיבי שקיל י' דחד מינייהו ושדי אאידך וקרי ביה זבח דהיינו פסח וקרי ביה זבחיי לשאר זבחים: ולמאי פלגינהו רחמנא. ולא כתב זבחיי בחד קרא והכל במשמע בין בפסח בין בשאר זבחים: לומר לך בזמן דאיכא זבח. דהיינו פסח בארבעה עשר לא מחייב אשאר זבחים: הא סתמא פטור. אלא תשחט דאמרינן כל כמה דלא עקר שם פסח מיניה הוא פסח ושחטו בשאר ימות השנה ופסול ושחיטה שאינה ראויה היא: בעי עקירה. ולא אמרינן סתמיה שלמים הוא ולשון בעיא הוא כלומר פשטינן לה מהכא או לא: מפי חבורה. כולם הודו בדבר זה לאוקומי מתני' דמשמע דבעי למעקר שם פסח מיניה כגון שהיו בעליו טמאין בארבעה עשר דסתמיה לשם פסח שני קאי מש"ה בעי עקירה: מתני' הפסח נשחט בשלש כיתות. פסחי צבור בין שהצבור מועטין ויכולין לישחט כולן בבת אחת מצוה ליחלק לשלש כיתות זו אחר זו: בזיכי זהב ובזיכי כסף. כפות גדולות לקבל בהן הדם: שכולה כסף כו'. בגמ' מפרש טעמא: ולא היו לבזיכין שוליים. רחבין מלמטה אלא חדין תחתיהם כדי שלא יוכלו לישב על הקרקע: שמא יניחום. כהנים על גבי קרקע עד שיקבלו דם אחר מחמת שהן מרובין וישכחום ויקרוש הדם ולא יהא ראוי לזרוק: שחט ישראל. אם ירצה שהשחיטה כשירה בזרים בכל הקרבנות: וקיבל כהן. הדם בבזך מצוה הטלה: נותנו לחבירו. שהרי בשורה הן עומדים עד המזבח: מקבל את המלא. מיד הנותנו לו ומחזיר את הריקן שחזר אליו מיד כהן הזורק: זריקה אחת. בבזך עצמו זורק ולא מתנה באצבע שאין לך קרבן טעון אצבע אלא חטאת לבדה כדכתיב באצבעו: כנגד היסוד. ברוחות שבמזבח שהיה יסוד תחתיהן וזורק לזקיפתו של מזבח והוא טפל ליסוד ולפי שאין היסוד מקיף את המזבח אלא את הצפון ואת המערב כדתנן במסכת מדות (פ"ג משנה א) לכך הוצרך לומר כנגד היסוד: כך מעשה השניה והשלישית. הכל כאשר אמרנו: קראו את ההלל. אכל כיתות קאי: אם גמרו שנו. כשהיו מתחילין לשחוט מתחילין לקרות ואם רבו הפסחים ומשך זמן שחיטתן עד שגמרו ועדיין רבים שוחטין חוזרין וקורין שניה: ואם שנו. ועדיין לא גמרה שחיטת פסחי אותה הכת שילשו וכן השניה וכן השלישית ואע"פ שלא אירע מעולם ששילשו לפי שהיו שם כהנים מרובין וזהירין במלאכתן: לא הגיעו לאהבתי. אפילו פעם ראשון: אלא שהכהנים מדיחין העזרה. שאמת המים מהלכת בעזרה וכשהן רוצין להדיח העזרה פוקקין את נקב יציאתה והמים פושטין והולכין על גדותיה ומדיחין את כל העזרה שרצפה של שיש היתה כולה ואחר כך פותחין הנקב והמים יוצאים ובערב הפסח מתוך שהדמים מרובים היו מדיחין אותה והכהנים היו מדיחין אותה בשבת שלא ברצון חכמים: מדם התערובות. המוטל על הרצפה וטעמא מפרש בגמרא: אונקליות. מסמרים שראשיהן כפופין למעלה קרוק"ש בלע"ז: בעמודין. אלו עמודין קטנים הרבה וקרויין ננסין כדאמרינן במס' תמיד (פ"ג משנה ה) דתנן בית המטבחיים היה לצפונו של מזבח ועליו שמונה עמודין וקרויין ננסין וקורות של ארז על גביהן ואונקליות של ברזל היו קבועין בהן וג' סדרים שבהן תולין ומפשיטין: וקבועין. בעזרה במקום בית המטבחיים: חלקין. מחולקין מפוצלות קליפתן: שחל

תוספות

הא והא רבי שמעון. נראה לר"י דהאי קמייתא לא הוה מצי לאוקומי כרבנן משום דקתני בה אבל המולק את העוף בי"ד אינו עובר בולא כלום אמאי נקט עוף אי לאו דאתא למידק דווקא בי"ד אבל בחול המועד אפילו בעוף נמי מיחייב והיינו כר' שמעון ובקונטרס פי' לעיל טעם אחר אמאי נקט עוף:

ואיכא דלא מקיש. חלב לזבח והני דלא מקיש להקטרה לענין הכי מקיש דלא אמרינן אפילו אחד בסוף העולם דסברא הוא לאקושי להכי:

טעמא שלא לשמו הא סתמא פטור ש"מ כו'. זאת גירסת רש"י ואין נראה לר"ת דהא איכא למידק מרישא איפכא וגרים ר"ת הכי לשמו אמאי פטור שלמים לשם פסח קשחיט ש"מ בעי עקירה פירוש דאי לא בעי עקירה אפילו שחט לשמו כשר דשלמים לשם פסח כשר דהא מכשיר לעיל ר' יהושע שוחט אחרים לשמו*:

קראו את ההלל. פי' לוים דתניא בתוספתא ישראל שוחטין את פסחיהן ולוים קוראים את ההלל קשה לר"י דאמרינן בפ' אין נערכין בערכין (יא.) ובכילד מברכין (ברכות לה. ושם) אין אומרים שירה אלא על היין והכא חזינן דאיכא שירה בלא נסכים וכן היו *מקדשין העזרות בב' תודות ובשיר ואומר ר"י דה"פ אין אומרים שירה בשעת הקרבת קרבן אלא על היין דמשמח אלהים ואנשים דריש ליה ועיקר שתיה ושמחה היינו בשעת אכילה ודומיא דהכי נמי לגבוה בשעת הקרבת קרבן קאמר דאין אומר שירה אלא על היין אבל שלא בשעת הקרבה היו אומרים שירה שלא על היין בכמה דוכתי:

עין משפט נר מצוה

לו א מיי' פ"א מהל' ק"פ הלכה ט:
לז ב שם הלכה יא:
לח ג שם הלכה יב:
לט ד שם הלכה יג:
מ ה שם הלכה יד:
מא ו שם הלכה טו:
מב ז שם הלכה יא:
מג ח שם הלכה טו:
מד ט שם הלכה יד:

רבינו חננאל

והתם קתני המקטיר את האימורין עובר והמולק אינו עובר: קשיין אהדדי ופרקי' שתי הברייתות לר"ש הן הא דפטרה אמליקה בי"ד והכי קאמר ר' שמעון במתני' ושאר כל הזבחים בי"ד בין לשמן ובין שלא לשמן פטור וכיון דר' שמעון פוטר בשאר זבחים כ"ש אמליקה והא דמחייבת אמליקה בחולו של מועד דבההיא מחייב ר"ש במשנתנו [דתנן] ושאר כל הזבחים במועד בין לשמן ובין שלא לשמן [חייב] ומליקה כשחיטה חשיב לה' הקטרת אימורין יש תנא דמקיש הקטרה לשחיטה ומחייב ויש תנא דלא מקיש ותרוייהו אליבא דר"ש ואמרינן מאי טעמא דר' שמעון די"ד מחייב השוחט את הפסח לבדו על החמץ ופוטר השוחט שאר הזבחים על החמץ ופוטר השוחט הפסח *לשמו ושמא טעמא דר"ש משום דכתיבי תרי קראי לא תשחט ולא תזבח ובתרוייהו כתיב זבחי שמעי' מתרי זבחי דאינון זבחי וכיון דהוה ליה למכתב זבחיי דמשמע זבחים טובא ופלגינהו וכתב זבחי זבחי ש"מ כל היכא דאיכא זבח הוא זבח הא הבשר שעובר עליו קרינא ביה וזבחי אזבח וזה חייב ולא אשאר זבחים אבל במועד דליכא זבח הא הפסח קרינא זבחים וחייב אשאר זבחים והיזק' דקתני השוחט הפסח על החמץ במועד לשם שלמים חייב שעקר שם פסח מעליו וקראו שלמים מכלל דבשאר ימות השנה בעי עקירה ופרקי' לעולם אימא לך דלא בעי עקירה ומתני' כגון שהיו בעליו טמאי מתים ונדחו לפסח שני דסתמיה לשם פסח קאי: מתני' הפסח נשחט בשלש כתות שנא' ושחטו אותו כל קהל עדת ישראל קהל ועדה וישראל:

*) ובמועד חייב אשאר זבחים

מסורת הש"ס

שמות כג
לקמן עג: חולין י.
שם יב
זבחים יד:
סוכה נד:
[זבחים לד: מנחות נט:]
שבת קכג:

עין משפט נר מצוה

מה א שם הלכה יז:
מו ב שם הלכה ט:
מז ג שם הלכה י:
מח ד שם הלכה ו:
מט ה מיי' פ"ה מהל' תמידין הלכה ב':
נ ו מיי' פ"ה מהל' מעשה קרבנות הל' יז:
נא ז שם:

שחל להיות בשבת מניח ידו על כתף חבירו ויד חבירו על כתיפו ותולה ומפשיט קרעו והוציא את אימוריו נתנו במגיס והקטירן על גבי המזבח *יצתה כת הראשונה וישבה לה בהר הבית שניה בחיל והשלישית במקומה עומדת חשיכה יצאו וצלו את פסחיהן: **גמ'** א"ר יצחק *אין הפסח נשחט אלא בג' כתות של שלשים שלשים בני אדם מ"ט קהל ועדה וישראל מספקא לן אי בבת אחת אי בזה אחר זה הלכך בעינן שלש כתות של שלשים שלשים בני אדם דאי בבת אחת הא איכא ואי בזה אחר זה הא איכא *הלכך בחמשין נמי סגיא דעיילי תלתין ועבדי עיילי עשרה ונפקי עשרה עיילי עשרה ונפקי עשרה: נכנסה כת ראשונה וכו': איתמר אביי אמר נגעלו תנן רבא אמר נועלין תנן מאי בינייהו איכא בינייהו למסמך אניסא רבא אמר נועלין תנן ולא סמכינן אניסא אביי אמר נגעלו תנן וסמכינן אניסא והא דתנן *א"ר יהודה ח"ו שעקביא בן מהללאל נתנדה שאין עזרה ננעלת על כל אדם בישראל בחכמה וביראת חטא כעקביא בן מהללאל אביי מתרץ לטעמיה ורבא מתרץ לטעמיה אביי מתרץ לטעמיה אין בעזרה בשעה שננעלה על כל אדם בישראל בחכמה וביראת חטא כעקביא בן מהללאל רבא מתרץ לטעמיה אין בעזרה בשעה שנועלין אותה על כל ישראל בחכמה וביראת חטא כעקביא בן מהללאל תנו רבנן מעולם לא נתמעך אדם בעזרה חוץ מפסח אחד שהיה בימי הלל שנתמעך בו זקן אחד והיו קורין אותו פסח מעוכין תנו רבנן *פעם אחת ביקש אגריפס המלך ליתן עיניו באוכלוסי ישראל אמר ליה לכהן גדול תן עיניך בפסחים נטל כוליא מכל אחד ונמצאו שם ששים ריבוא זוגי כליות כפלים כיוצאי מצרים חוץ מטמא ושהיה בדרך רחוקה ואין לך כל פסח ופסח שלא נמנו עליו יותר מעשרה בני אדם והיו קוראין אותו פסח מעובין נטל כוליא הא בעי אקטורה דהדר מקטיר להו והכתיב °והקטירו *שלא יערב חלביו של זה בזה דהדר מקטיר להו חדא חדא והתניא *°והקטירם שיהא כולו כאחד אלא תפיסה בעלמא דשקיל מינייהו עד דיהבין ליה מידי אחרינא: כהנים עומדין שורות וכו': מאי טעמא אילימא דילמא שקלי דדהבא ומעיילי דכספא הכא נמי דילמא שקלי בר מאתן ומעיילי בר מאה אלא דהכי שפיר טפי: ולא היו לבזיכין שוליים וכו': תנו רבנן כל הבזיכין שבמקדש לא היו להן שוליים *חוץ מבזיכי לבונה של לחם הפנים שמא יניחום ויפרוס הלחם: שחט ישראל וקבל הכהן וכו': לא סגיא דלאו ישראל היא גופא קמ"ל דשחיטה בזר כשירה וקבל הכהן הא קמשמע לן *מקבלה ואילך מצות כהונה נותנו לחבירו שמעת מינה הולכה שלא ברגל הויא הולכה דילמא הוא *נייד פורתא ואלא מאי קמ"ל הא קמשמע לן °ברב עם הדרת מלך: קבל את המלא ומחזיר את הריקן וכו': אבל איפכא לא מסייע ליה לר"ש בן לקיש *דאמר ר"ש בן לקיש אין מעבירין על המצות: כהן הקרוב אצל המזבח וכו': מאן תנא פסח בזריקה א"ר חסדא ר' יוסי הגלילי היא דתניא *ר' יוסי הגלילי אומר °את דמם תזרוק על המזבח ואת חלבם תקטיר דמו לא נאמר אלא דמם חלבו לא נאמר אלא חלבם למד על 'בכור ומעשר ופסח שהן טעונין מתן דמים ואימורין לגבי מזבח מנלן דטעונין 'יסוד אמר רבי אלעזר אתיא זריקה זריקה מעולה כתיב הכא את דמם תזרוק על המזבח וכתיב התם °וזרקו בני אהרן הכהנים את דמו על המזבח סביב מה עולה טעונה יסוד אף פסח נמי טעון יסוד

ועולה

אתיא זריקה זריקה מעולה. בפ' איזהו מקומן (זבחים נז.) פריך וניליף מעולה מה עולה שיהא טעון ארבע אף פסח כו' ומשני אמר אביי למה לי למיכתב סביב בעולה סביב בחטאת הוו להו שני כתובין הבאין כאחד ואין מלמדין וקשה לר"י דנהי דלא ילפינן משני כתובין הבאין כאחד במה מצינו מדלא כתב בחד מינייהו בכור ומעשר ופסח דליכא גזירה שוה ילף שפיר מעולה דאין גזירה שוה למחצה ואומר ר"י דע"כ אשם וחטאת דכתיב בהו סביב דאמרינן הכא דהוו שני כתובים ושלשה כתובים ילפינן בג"ש מעולה או עולה ילפא מינייהו והשתא אתי שפיר הא דמסיק הוו להו שני כתובים הבאין כאחד דלמעוטי דלא נילף בגזירה שוה אתו דדומיא דכתב בהו סביב קא ממעטן דליתיה בהו גזירה שוה כדפרישי:

שחל להיות בשבת. ואינו יכול לתקן המקלות: **ידו על כתף חבירו.** ותולה אותו בגידי ארכובותיו בזרועו: **במגיס.** קערה: **וישבה לה בהר הבית.** בשבת קאמר שלא היו יכולין להוליך פסחיהן לבתיהן: **בחיל.** לפני הסורג הוא בין הסורג לחומת עזרת נשים בתחלת עליית ההר: **גמ' שלשים בכל כת וכת.** קהל עשרה ועדה עשרה וישראל עשרה: **מספקא ליה.** דילמא בבת אחת צוה לשוחטו ויהיו בה שלשים: **או בזה אחר זה.** שלש כתות של עשרה עשרה הלכך שלש כתות בעינן דילמא בזה אחר זה קאמר ושל שלשים בעינן דילמא בבת אחת קאמר ואינו יכול לשוחטו בפחות משלשים: **בנ' סגי עיילי שלשים.** ברישא ושוחטים פסחיהן ונפקי עשרה מינייהו ועיילי י' חדשים דאי בהדדי קאמר הא איכא ואי שלש כתות קאמר הא איכא: **ננעלין תנן.** מאליהן ומעשה נסים: **סמכינן אניסא.** וכל זמן שאין ננעלין מאליהן מניחין אותם ליכנס ולא חיישינן דלמא עיילי כולהו ואין כאן שלש כיתות: **חס ושלום כו'.** במסכת עדיות תנן ארבעה דברים העיד עקביא בן מהללאל כו' וקתני התם הוא היה אומר אין משקין לא את הגיורת ולא את המשוחררת אמרו לו מעשה בכרכמית שפחה שהיתה בירושלים והשקוה שמעיה ואבטליון אמר להם דוגמא השקוה דומין לה היו אותן שהשקוה ונידוהו אמר רבי יהודה חס ושלום שעקביא נתנדה שאין עזרה ננעלת כו' כשהיתה ננעלת על כל אדם בערבי פסחים שהקהל גדול ורב אין בהם אחד בחכמה וביראת חטא כעקביא: **פסח מעוכין.** על שם שנתמעך: **פסח מעובין.** עב על שם שהעם רב: **והקטירו.** משמע לבדן שלא יערב חלבים של קרבן זה בחלבים של קרבן אחר: **שיהא כולו כאחד.** כל האימורין של קרבן: **תפיסה בעלמא.** תופס כוליא ומראה לשליח והוא נותן פול או אבן כנגדה: **מאי טעמא.** שורה שכולה כסף כסף: **אי נימא דילמא.** כשהוא מחזיר הריקן ומקבל המלא זימנין דמחזיר ריקן של זהב ומקבל מלא של כסף והוה ליה מורידין בקודש: **חוץ מבזיכי לבונה של לחם הפנים.** שהיו מניחין אותן אצל הלחם על השולחן והתקינו להם מושב שוליים רחב כדי שלא יסמכו על הלחם שאלם ויפרסו דפנותיו שהיה עשוי דפנות כמין תיבה פרוצה משני רוחותיה: **מקבלה ואילך כו'.** דכתיב ושחט את בן הבקר והקריבו בני אהרן וגו' ואמר מר במסכת חגיגה (דף יא.) והקריבו זו קבלת הדם לימד על הקבלה שטעונה כהונה: **שמעת מינה הולכה שלא ברגל.** כי הא הויא הולכה ופלוגתא היא בשילהי פרק קמא דזבחים (דף יד:) ארבע עבודות נאמרו בדם שחיטה וקבלה וזריקה קבלה והולכה מוהקריבו נפקי בשילהי פרק קמא דחגיגה ומאי אשמעינן מתניתין דאיכפל למיתני סדר הולכתן היאך אי לאו הא אתא לאשמעינן: **ברב עם הדרת מלך.** שהיו כולן עסוקין בעבודה: **אבל איפכא.** מחזיר את הריקן ברישא לא דמכי מושיט ליה האי מיד בעי לקבולי דאין מעבירין על המצוה מאחר שבאת לידו: **מאן תנא פסח בזריקה.** למרחוק ולא בשפיכה בנחת מקריב הכלי לכותל המזבח דאיכא למאן דאמר בפרק בתרא (דף קכא.) פסח בשפיכה ורבי ישמעאל היא דמפיק ליה מודם זבחיך ישפך במסכת זבחים *בפרק בית שמאי אין לך קרבן שצריך מתנה באצבע אלא חטאת בלבד אבל כל שאר קרבנות מתן דם על ידי זריקת כל הכלי: **דמו לא נאמר.** בבכור כתיב אך בכור שור וגו': **אלא דמם.** אלמא אחריני נמי משתמעי לימד על הפסח ומעשר בהמה שלא מצינו להם מתן דמים בתורה אלא כאן וכתיב הזרק ולא כתיב תשפך:

ועולה

רבינו חננאל

אמר רבי יצחק אין הפסח נשחט אלא בשלש כתות של שלשים שלשים בני אדם. מאי טעמא מספקא לן אי כולהו קהל ועדה וישראל בבת אחת נכנסין או בזה אחר זה הלכך עיילי שלשים שלשים ואפי' [בחמשין נמי סגי] משכחת לה כגון דעיילי שלשים עבדי עשרה ונפקי ועיילי עשרה אחריני ועבדי נמי עשרה ונפקי ועיילי עשרה אחריני: יש מי ששונה ננעלו [דלתות העזרה] מעצמם בנס מן השמים ויש מי ששונה נועלין דלתות העזרה כלומר כיון שנתמלאת העזרה נועלין הדלתות דלא לירמסו אהדדי והא דתנן בעדיות [ח"ו] שעקביא בן מהללאל נתנדה שאין העזרה ננעלת על כל אדם בחכמ' וביראת' חטא כעקביא בן מהללאל (וכו') כל השמועה פשוטה היא: והכליות שלקח תפיסה בעלמא עד שיתנו לו דבר אחר כגון צרור או כיוצא בו לעמוד בהן על המנין: מדקתני שחט ישראל ש"מ כי בא התנא להודיענו דשחיטה בזר כשרה: נותנים לחברו וחברו לחברו [ש"מ] דהולכה שלא ברגל כשר' והוא דניידי פורתא והו שמעי' מדקתני קבל המלא מקודם ואחר כך החזיר הריקן הא דאמר ריש לקיש אין מעבירין על המצות אלא מקדים מצוה דפגע ברישא ומיהא דקתני זורק זריק' אחת כנגד היסוד ש"מ דמתני' רבי יוסי דאמר פסח [בזריקה ונפקא ליה מקרא דאת דמם תזרוק דפסח טעון] מתן דמים על המזבח:

מסורת הש"ס / תורה אור: מכילתא פ' בא; ברכות יט: עדיות פ"ה מ"ו; [תוספתא' פ"ד]; מנחות סב:; ויקרא ג; שם; ת"כ פ' ויקרא; [ברכות נה. וש"נ זבחים יד:]; משלי יד; יומא לג: [וש"נ]; במדבר יח; זבחים נח: [ס:]; ויקרא א; [דף לו:]

§ מסכת פסחים דף סד: §

אות א׳

יצתה כת הראשונה וישבה לה בהר הבית, שניה בחיל, והשלישית במקומה עומדת, חשיכה יצאו וצלו את פסחיהן

רמב"ם פ"א מהל' קרבן פסח הי"ז - **אין כל אחד ואחד מוליך את פסחו לביתו בשבת, אלא כת הראשונה יוצאין בפסחיהם ויושבין בהר הבית, והשנייה יוצאין בפסחיהן ויושבין בחיל, והשלישית עומדין במקומן בעזרה, ושוהים הכל עד מוצאי שבת, והולך כל אחד בפסחו לביתו.**

אות ב׳

אין הפסח נשחט אלא בשלש כתות של שלשים שלשים בני אדם

רמב"ם פ"א מהל' קרבן פסח ה"ט - **הפסח נשחט בשלש כתות, שנאמר: ושחטו אותו כל קהל עדת ישראל, קהל, ועדה, וישראל, ואין פוחתין משלשים בני אדם בכל כת וכת.**

אות ג׳

הלכך בחמשין נמי סגיא

רמב"ם פ"א מהל' קרבן פסח ה"י - **היו הכל חמשים, נכנסים בתחלה שלשים ושוחטין, ויוצאים עשרה ונכנסין עשרה, וחוזרין ויוצאין עשרה ונכנסין עשרה.**

אות ד׳

שלא יערב חלביו של זה בזה

רמב"ם פ"א מהל' קרבן פסח ה"ו - **דם הפסח טעון שפיכה כנגד היסוד, ואחר ששופכים דמו מפשיטים אותו וקורעין את בטנו ומוציאין את אימוריו, ומקטירין אותן חלבין כל זבח וזבח לבדו, ובעל הזבח נוטל פסחו עם העור שלו, ומביא לביתו לירושלים וצולהו ואוכל לערב.**

אות ה׳

חוץ מבזיכי לבונה של לחם הפנים

רמב"ם פ"ה מהל' תמידין ומוספין ה"ב - **ונותנין בצד כל מערכה כלי שיש בו קומץ לבונה, שנאמר: ונתתה על המערכת לבונה זכה, וכלי זה הוא הנקרא בזך, נמצאו שני קומצי לבונה בשני הבזיכין; ושוליים היו לבזיכין [א]כדי שיניחום על השולחן.**

אות ה*[ב]

דשחיטה בזר כשירה

רמב"ם פ"ט מהל' ביאת מקדש ה"ו - **שחיטת הקדשים כשירה בזרים אפילו קדשי קדשים, בין קדשי יחיד בין קדשי צבור, שנאמר: ושחט את בן הבקר לפני י"י והקריבו בני אהרן, מקבלה ואילך מצות כהונה.**

אות ו׳ – ז׳

בכור ומעשר ופסח שהן טעונין מתן דמים ואימורין לגבי מזבח

יסוד

רמב"ם פ"ה מהל' מעשה הקרבנות הי"ז - **הבכור והמעשר והפסח, דם כל אחד מהן טעון מתנה אחת בשפיכה כנגד היסוד, באי זו רוח שירצה משלש זויות המזבח, שהרי קרן מזרחית דרומית לא היה לה יסוד כמו שביארנו; ומניין שאינן טעונין אלא מתנה אחת, [ג]שהרי נאמר בבכור: ואת דמם תזרוק על המזבח, מפי השמועה למדו שהוא הדין במעשר ובפסח, שנותן דמן מתנה אחת כבכור.**

באר הגולה

[א] ‹עיין בגמ' ורש"י, והרמב"ם לא זכר דשמא יפרוס הלחם, וצ"ע› [ב] ‹ע"פ מהדורת נהרדעא› [ג] ‹דברי רבינו ז"ל מתמיהין, דנראה דפסק כר"י הגלילי דאמר בפ' ב"ש (דף ל"ז) דמו לא נאמר אלא דמם חלבו לא נאמר אלא חלבם, לימד על בכור מעשר ופסח שטעון מתן דמים ואימורים לגבי מזבח, ור' יוסי אית ליה כולהו בזריקה, כנראה שם בהדיא בגמרא, וקרא ה"ק ואת דמם תזרוק. **ואם** נאמר שיש ט"ס בדברי רבינו, ונאמר דכולהו בזריקה, לא היא, דפסח קי"ל דהוי בשפיכה, וכדכתב רבינו ז"ל בספ"ג מהל' קרבן פסח, דם הפסח בשפיכה ודם השלמים בזריקה – לחם משנה›

§ מסכת פסחים דף סה. §

אות א'

החולב

רמב"ם פ"ח מהל' שבת ה"ז - הדש כגרוגרת חייב, ואין דישה אלא בגדולי קרקע, והמפרק הרי הוא תולדת הדש; החולב את הבהמה חייב משום מפרק; [א]וכן החובל בחי שיש לו עור, חייב משום מפרק, והוא שיהיה צריך לדם שיצא מן החבורה, אבל אם נתכוון להזיק בלבד, פטור מפני שהוא מקלקל; ואינו חייב עד שיהיה בדם או בחלב שהוציא כגרוגרת. השגת הראב"ד: ואינו חייב עד שיהיה בדם או בחלב שיוציא כגרוגרת. א"א וכי המשקין שיעורן כגרוגרת והלא חלב [ב]כדי גמיעה, ושאר המשקין שיעורן חלוקין.

אות ב'

והמחבץ

רמב"ם פ"ח מהל' שבת הי"א - הזורה או הבורר כגרוגרת חייב, והמחבץ הרי הוא תולדת בורר.

אות ג'

אחד זה ואחד זה אינו אלא משום שבות

סימן שכא סי"ג - אסור לרדות חלות דבש מהכוורת, (פי' הקן שהדבורים עושים בו הדבש), מפני שדומה לתולש - אפי' לא ירצה לברור הדבש מן השעוה, דזהו בכלל מפרק, אלא יקח החלות עצמם מן הכורת, **כי** מקום גידול הדבש הוא בכורת, וחשבוהו חכמים כמחובר.

סימן שלז ס"א - [ג]ומותר לרבץ הבית - להזות מים על קרקע הבית כדי שלא יעלה האבק, **כיון שאינו מתכוין להשוות גומות, אלא שלא יעלה האבק** - ואע"ג דכמה פעמים מתמלאים הגומות בעפר ובאבק, לאו פסיק רישא הוא.

ואפילו בקרקע שאינה מרוצפת מותר.

סימן שלז ס"ב - אסור לכבד הבית - דמזיז עפר ממקומו, [ואינו מבואר אם הכוונה משום טלטול עפר שאין מן המוכן, או משום עשיית גומא ע"י החפירה, ויראה דתרווייהו איתנהו], **גם** משוה הגומות בכיבודו, שמתמלאין הגומות שבבית מהעפר, והוי בנין, **ואע"ג** דאינו מתכוין לאשויי גומות, אפ"ה אסור דפסיק רישא הוא, **וי"א** דחיישינן שמא מתוך טרדתו לכבד וליפות הקרקע, ישכח וישוה הגומות במתכוין.

(והאיסור בזה הוא משום שבות, **ואי מכוין בזה לאשויי גומות, משמע** בתוס' דיש בזה חיוב חטאת, **ודעת** הרמב"ן דהוא רק בנין כלאחר יד, כל זמן שלא נעשה בידים ממש).

אלא אם כן הקרקע מרוצף - בין באבנים ובין בקרשים.

ויש מתירין אפי' אינו מרוצף - דס"ל דגם בזה אינו ודאי שישוה גומות, ולא גרע מריבוץ דשרי בס"א, **וגם** למזיז עפר ממקומו ג"כ לא חייש, שכשאדם מכבד את הבית אינו מכבד אלא עפר תיחוח, ובזה ליכא משום חופר גומא, [**ולאיסור** מוקצה של טלטול עפר ג"כ לא חייש, דהו"ל טלטול מן הצד ע"י דבר אחר לצורך שבת].

[ד]הגה: ויש מחמירין אפי' במרוצף - בין באבנים ובין בקרשים, **וכן נוהגין ואין לשנות** - דס"ל דבאין מרוצף הוי פ"ר, וגזרינן מרוצף אטו אינו מרוצף.

(והנה אם כל בתי העיר או עכ"פ רובם מרוצפים באבנים או בלבנים, וכ"ש אם הם מכוסים בקרשים, אפשר דמותר לכבד, דלא גזרו על רובה מפני מיעוטה, ולא על עיר זו מפני עיר אחרת, **אולם** יש עוד סברא אחרת בסה"ת שם, דבין הרובדים, היינו בין השורות שבין אבן לאבן, יש חשש דאשויי גומות אף במרוצפין, **ולפי"ז** כשבתי העיר כולם או רובם מרוצפים בקרשים, אין להחמיר במרוצפים, **ובפרט** אם נתכבד מע"ש, יש לצרף לזה ג"כ סברת הראב"ד המובא בב"י, דס"ל דאפילו באינו מרוצף לאו פ"ר הוא).

אות ד'

דם התמצית באזהרה

רמב"ם פ"ו מהלכות מאכלות אסורות ה"ד - דם התמצית, ודם האיברין כגון דם הטחול ודם הכליות, ודם ביצים, ודם המתכנס ללב בשעת שחיטה, ודם הנמצא בכבד, אין חייבין עליו כרת, אבל האוכל ממנו כזית לוקה, שנאמר: וכל דם לא תאכלו; ובחיוב כרת הוא אומר: כי נפש הבשר בדם היא, אינו חייב כרת אלא על הדם שהנפש יוצאה בו.

באר הגולה

א ‹שאע"פ שאין דישה אלא בגידולי קרקע, זהו דוקא למעט חלזון וכיוצא בו, ר"ל דגים הגדלים בים שאינם נקראים גידולי קרקע, אבל בהמה חיה ועוף קרויים הם גידולי קרקע. זה דעת רבינו ז"ל, וחלקו עליו. **ורש"י** פי' שהחיוב בחבלה הוא מפני שהוא צובע. **ויש** מי שפירש שהוא מפני נטילת נשמה שבאותו מקום. **ולדברי** שניהם אין צריך כגרוגרת אלא בפחות מכאן חייב - מגיד משנה› ב ‹ואין זו השגה, דהתם לענין הוצאה מרשות לרשות, ומה ענין זה לענין הוצאת דם או חלב ממקום חבורם בחי, והטעם ששיעורן כגרוגרת, משום דחשיבי אוכל, דהא חזו ללפת בהם את הפת - כסף משנה› ג ‹בהמצניע (שבת צ"ה) אמימר שרא זילחא במחוזא, אמר טעמא מאי אמור רבנן דילמא אתי לאשויי גומות, הכא ליכא גומות, והאידנא דסבירא לן כר"ש, פי' דאמר דדבר שאין מתכוין מותר, שרי אפילו לכתחלה, ע"כ בגמרא. **ונ"ל** מדברי רבינו... שאמימר לא התיר אלא ריבוץ, ודוקא במחוזא שהיא רצפת אבנים, **ולדידן** ריבוץ מותר בכל מקום, **וכיבוד** דוקא בכעין מחוזא, וזה דעת רש"י ז"ל והתוספות, שאין הכיבוד בכלל היתרא דר"ש, וכ"נ ממה שגזרו בכמה מקומות שמא יבא להשוות גומות אף על גב דהלכה כר"ש, **אבל** הגאונים ובהלכות פסקו שהכיבוד מותר מדר"ש, וזה דעת הרמב"ן ז"ל והרשב"א ז"ל - מגיד משנה› ד ‹אבל רבינו כתב שר"י אסר הכיבוד בכל מקום, גזירה אטו מקום שאינו רצוף, והא דאמימר לא גזר אטו מקום שאינו מרוצף, היינו טעמא שהיתה כל העיר רצופה, ולא גזרינן אטו עיר אחרת - ב"י›

ועולה גופה מנלן אמר קרא °אל יסוד מזבח העולה אלמא עולה טעונה יסוד: יצתה כת ראשונה וכו': תנא *היא נקראת כת עצלנית והא לא סגי דלאו הכי מאי הוי להו למיעבד אפ"ה איבעי להו לזרוזי נפשייהו כדתני' רבי אומר אי אפשר לעולם בלא בסם ובלא בורסי אשרי מי שאומנתו בסם אוי לו מי שאומנתו בורסי ואי אפשר לעולם בלא זכרים ובלא נקבות אשרי מי שבניו זכרים אוי לו מי שבניו נקבות: כמעשהו בחול וכו': שלא ברצון מאן אמר רב חסדא שלא ברצון רבי אליעזר דאי רבנן הא אמרי שבות הוא ואין שבות במקדש מאי היא דתניא* אחד החולב והמחבץ והמגבן כגרוגרות המכבד והמרבץ והרודה חלות דבש בשוגג בשבת חייב חטאת הזיד ביום טוב לוקה את הארבעים דברי רבי אליעזר וחכמים אומרים אחד זה ואחד זה אינו אלא משום שבות רב אשי אמר אפילו תימא שלא ברצון חכמים ורבי נתן היא דתניא רבי נתן אומר שבות צריכה התירו שבות שאינה צריכה לא התירו: רבי יהודה אומר כוס היה ממלא וכו': תניא* רבי יהודה אומר כוס היה ממלא מדם התערובות שאם ישפך דמו של אחד מהן נמצא זה מכשירו אמרו לו לרבי יהודה והלא לא נתקבל בכלי מנא ידעי אלא הכי קאמרי ליה שמא לא נתקבל בכלי אמר להן אף אני לא אמרתי אלא בנתקבל בכלי מנא ידע *כהנים זריזין הן אי זריזין אמאי משתפיך אגב זריזותייהו דעבדי משתפיך והלא דם התמצית מעורב בו רבי יהודה לטעמיה דאמר דם התמצית דם מעליא הוא דתניא* דם התמצית באזהרה רבי יהודה אומר בהיכרת *והאמר ר' אלעזר מודה ר' יהודה לענין כפרה שאינו מכפר שנא' °כי הדם הוא בנפש יכפר דם

רש"י

ועולה גופה מנלן · שמתן דמה במקום שיש תחתיו יסוד למעוטי מזרח ודרום חוץ מאמה למזרח אלא לצפון ולמה לדרום אלא מערב דהכי תנן (מדות פ"ג מ"א) אוכל במזרח אמה אחת ובדרום אמה אחת: אל יסוד מזבח העולה · גבי חטאת [נשיא] כתיב ולקח הכהן מדם החטאת באצבעו ונתן על קרנות מזבח העולה ואת דמו ישפך אל יסוד מזבח העולה וה"ל למיכתב אל יסוד המזבח למה לי דכתיב מזבח העולה אלא הכי קאמר אל יסוד מזבח תעשה העולה: עצלנים · מפני שנתעצלה להיות אחרונה: והא לא סגי דלאו הכי · דמצוה לשלש כתות: לזרוזי נפשייהו · להיות מן הראשונים: שלא ברצון רבי אליעזר · דאמר בעלמא גבי מכבד דהיינו דומיא דהדחה איכא חיוב חטאת הלכך במקדש כשמכבד נעשה צורך גבוה אסור: החולב · מושך החלב מן הבהמה: מחבץ · מעמיד החלב ועושה ממנו חבילין שקורין מטונ"ש: אחד זה ואחד זה · מכבד ומרבץ ורודה אבל מאידך לא קאמרי דתולדות לאו מלאכה נינהו כדאמרינן בפרק המצניע רבי אליעזר משום הכי מחייב חולב משום מפרק מגבן משום בונה מחבץ משום בורר במצניע ומרבץ ומכבד מפרש התם משום אשווי גומות: ורודה · מדכתיב (שמואל א יד) ויטבול אותה ביערת הדבש: רב אשי אמר · לעולם רבנן דאמרי בעלמא נמי שבות הוא ומתני' כר' נתן דאמר שבות שאינה צריכה לא התירו במקדש: שאם נשפך דמו · של אחד מהן לארץ ולא נזרק ממנו למזבח: נמצא כוס זה מכשירו · שהרי מעורב בו מן הנשפך: שמא לא נתקבל בכלי · אותו שאתה רוצה להכשיר שמא לא נתקבל בכלי ואינו לא מהניא ליה זריקה דהכן נשפך מצואר בהמה על הרצפה ואספו פסול בזבחים בפרק שני (דף טו:): אף אני לא אמרתי · שיועיל אלא כשנתקבל בכלי: ומנא ידע · רבי יהודה אם נתקבל בכלי והא חששא בעלמא הוא דקאמר שאם ישפך דמו וכיון דלתקוני ספיקי אתא היכי מיתקני בהכי שמא לא נתקבל: כהנים זריזין הן · וליכא למיחש לשמא לא קיבלוהו ליכא אחרינא שמא לא נתקבל בכלי כל זה שאתה שואב מארץ ונמלאת זורק דם פסול אף אני לא אמרתי למלאות אלא ממקום שיודעין שנשפכו שם דמים שנתקבלו בכלי ואי משום דמיערב בהו מהאי דלא נתקבל כגון דם התמצית הא קא פריך ליה בסיפא ורלשון עיקר: אי זריזין הן · היכן נשפכין הא זריזין הן וידעי: אגב זריזותייהו · שממהרים לרוץ ולקרב ולזרוק מיתשיד מידייהו: והלא דם התמצית · של פסחים הרבה מעורב בו ואי נשפך דם של אחד כולו בטל במיעוטו ומה תועיל זריקה שהרי בטל: דם התמצית · של חולין ושל קדשים: באזהרה · בלאו ולא כרת דכתיב כי נפש כל בשר דמו בנפשו הוא וגו' עד כל אוכליו יכרת יצא דם התמצית שאינו דם הנפש ובמסכת כריתות מפרש טעמא חמשה לאוין כתיבי בדם ומייתיר חד לדם התמצית: לענין כפרה · שאינו ראוי לזריקה:

תוספות

החולב כגרוגרות · הקשה ה"ר אפריס דתנן בפ' המוציא (שבת עו:) דשיעור המוציא חלב כדי גמיאה ושיעורי שבת הן שוין לכל המלאכות הואלה טחינה וקצירה ותירץ דסתם חלב כדי גמיאה שהוא שיעור גדול אבל הכא בחולב לגבינה דאחשובי אחשביה שיעורו כגרוגרות דזוטר אבל אי כדי גמיאה זוטר צריך לומר דסתם חלב לגבינה ולכך הכא שיעורו כגרוגרת והא דמיחייב בכדי גמיאה היינו במפרש בהדיא לאכילה ולשתיה דאי סתם חולב לאכילה ולשתיה ולא לגבינ' אפילו היה מפרש בהדיא לגבינה היה לו להתחייב בכדי גמיאה דזוטר הואיל וסתמו לאכול ולשתות כדאמרינן בסוף כלל גדול (שבת עו:) המוציא תבן כמלא פי פרה לגמל חייב אף על גב דלגמל לא הוי שיעורא בהכי הואיל וסתמא לפרה מיחייב אשיעורא דפרה ויש מפרש דכשחולב כבר בעין מיחייב בכדי גמיאה אבל חולב לא מיחייב אלא בכגרוגרת דאין אדם טורח לחלוב בפחות מגרוגרת וכי האי גוונא מפליג בהמוציא (שבת עט:) גבי עור לעשות קמיע*:

המכבד והמרבץ · ע"כ לאו פסיק רישיה הוא דבפסיק רישיה לא הוה שרי ר"ש לרבנן לכתחלה בשילהי המצניע (שבת צה.) ותימה לר"י דא"כ אמאי מחייב רבי אליעזר כיון דיכול להיות בלא גומות ודוחק לומר דפליגי אי הוי פסיק רישיה אי לא ונראה לר"י דבהא פליגי דר' אליעזר סבר סתם מכבד ומרבץ מתכוון להשוות גומות אף על פי שא"צ להשוות גומות מיחייב לרבי יהודה הואיל והשוה גומות לבסוף ורבנן סברי דאין מתכוון אלא לכבד ולרבץ בעלמא וליכא אלא שבות· תימה לר"י היכי מתוקמא מתניתין כרבי אליעזר והא בעזרה שהיה לה רצפת אבנים לא שייך בה אשווי גומות ואפילו לכתחלה שרי כדאמר בשילהי המצניע (גם זה שם) אמימר שרא זילחא במחוזא אע"ג דגזרינן בבמה מדליקין (שבת דף כט:) עיליתא דשישא אטו עיליתא דעלמא מחוזא היתה כולה רצופה באבנים לא גזרינן אטו דעיר דעלמא ואור"י דבעזרה בין רובד לרובד היו גומות אי נמי דלרבי אליעזר דאיכא איסורא דאורייתא בכיבוד דעלמא גזרינן עזרה אטו כיבוד דעלמא דכמה שבות אשכחן במקדש בפ' בתרא דעירובין (דף קב:) אבל לרבנן דאפילו בעלמא ליכא אלא איסורא דרבנן אין שבות כי האי במקדש כיון דליכא איסורא דאורייתא' בשום מקום· פסק בהלכות גדולות דכיבוד מותר כדאמרינן בהמצניע (דף צה.) גבי ריבון הלידנא קיימא לן כרבי שמעון דשרי לרבנן לכתחלה ואין נראה לר"י דהא מזיז עפר ממקומו אסרינן בכירה (שבת דף לט.) ובביצה (ד' ח.) ועוד בפרק כל הכלים (שבת דף קכד:) אמרינן אמר רבי (אליעזר) [נ"א אלעזר] אף מכבדות של תמרה מותר לטלטל ופריך אי מחמה לגל בהא לימא רבי (אליעזר) [אלעזר] כו' משמע דפשיטא דהוי מלאכתו לאיסור לכולי עלמא ואף על גב דריבון שרי לכתחלה לרבי שמעון בכיבוד אסור דמשוי ביה גומות יותר מריבון:

שמא לא נתקבל בכלי · פי' בקונטרס ולא תועיל זריקה משום דנשפך מצואר בהמה וקשה לר"י דמ"מ יזרוק דתועיל זריקה לאותו שנשפך אחר שנתקבל ונראה לר"י דהכי פי' שמא לא נתקבל בכלי ואסור להעלות דם פסול על גבי המזבח כדמוכח בכמה דוכתי דדוקא אם עלו בדיעבד לא ירדו וקאמר אף אני לא אמרתי אלא בנתקבל דסמכינן אזריזות כהנים כדמסיק ודוקא מדם הראוי להתקבל פריך אבל דם התמצית כמים בעלמא חשיב כיון דאינו ראוי לכיסוי אינו אוסר להעלותו וכי פריך והלא דם התמצית מעורב בו ומבטיל ליה ברוב לא פריך מדם הראוי להתקבל ונשפך דעולין אין מבטלין זה את זה אפי' לרבנן כדאמר בהקומץ רבה (מנחות דף כב:) אטו

עין משפט נר מצוה

נב א מיי' פ"ח מהל' שבת הלכה ו:

נג ב שם הלכה יא:

נד ג מיי' פכ"א מהל' שבת הלכה ג ו סמג לאוין סה טוש"ע א"ח סי' שכא סעיף יג וסימן שלז סעיף א ב:

נה ד מיי' פ"ז מהל' מאכלות אסורות הלכה ד:

רבינו חננאל

שהיו הכהנים מדיחין העזרה [בשבת] שלא ברצון חכמים· אמרי' מאן חכמים ר' אליעזר אבל חכ"א אין שבות במקדש אלא כל דבר שאיסורו משום שבות מותר הוא במקדש: והדחה מנא לן דמשום שבות היא מיהא החולב בהמה והמגבן והמחבץ כגרוגרת המכבד והמרבץ והרודה חלות דבש בשוגג בשבת חייב חטאת במזיד ביום טוב לוקה דברי ר"א וחכמים אומרים אחד זה ואחד זה אינן אלא משום שבות· רב אשי אמר שלא ברצון רבי נתן דתני [שבות] שצריכה התירו שבות שאינה צריכה לא התירו וזו ההדחה אינה צורך עבודה במקדש: תניא רבי יהודה היה אומר כוס היה ממלא מדם התערובות שאם נשפך אחד מהן אחד שנתקבל בכלי זה מכשירו ואף על גב שדם התמצית מעורב בו אין דם התמצית מבטל דם הנפש ולא תימא דדם התמצית לר"י אינו דם אלא דם מעליא הוא דתנן דם התמצית באזהרה רבי יהודה אמר בכרת ואפילו הכי לענין כפרה [מודה] ר' יהודה כי דם הנפש בעינן שנאמר כי הדם הוא בנפש יכפר דם

כריתות כב:

גליון הש"ס

תוספות ד"ה כמכבד מתכוון להשוות גומות אף על פי שא"צ וכו' לא זכיתי להבין דאם הוא מתכוון לשוויי א"כ צריך היי' כן ובעלמא מסכתא מכוין ואין צריך לגופו שמכוין לכנו'

תשוך כבית אבל לא בשביל הפתח וכן חופר גומא שמכוין לחסור לצורך העפר אבל לא להשתמש בגומא אבל הכא דשויי הגומות הוא מעשה בנין ואם מתכוון להשוות גומות הוי מתכוון לגופו:

עין משפט נר מצוה

נו א מיי' פ"ג מהל' מקואות הלכה ב סמג לאוין קיא טוש"ע י"ד סי' קלא סעיף טו:

נז ב מיי' פ"ח מהל' כלי המקדש הל' ד:

נח ג מיי' פ"א מהל' פסולי המוקדשין הלכה כב:

זבחים עח: [מנחות כב: חולין סו:]

נט ד מיי' פ"א מהל' ק"פ הל' ו:

א ה מיי' פ"א מהל' ק"פ הלכה יח סמג עשין רכג:

שבת קכ: זבחים לה: מנחות כא:

[נ"ל ותניא]

ב ו מיי' פ"ו שם הל' ו:

דם שהנפש יוצאה בו מכפר דם שאין הנפש יוצאה בו אינו מכפר אלא ר' יהודה *לטעמיה *דאמר אין דם מבטל דם תניא *אמר להן ר' יהודה לחכמים לדבריכם למה פוקקין את העזרה אמרו לו שבח הוא לבני אהרן שילכו עד ארכובותיהם בדם והא קא חייץ לה הוא ואינו חוצץ כדתניא* הדם והדיו והחלב והדבש יבשים חוצצין לחין אין חוצצין והא קמתוסי מאניהו (*ותנן) היו בגדיו מטושטשין ועבד עבודתו פסולה וכי תימא דמדלו להו למאניהו והתניא* מדו בד מדו כמדתו שלא יחסר ולא יותיר בהולכת איברין לכבש דלאו עבודה היא ולא והא מדבעי כהונה עבודה היא דתניא* והקריב הכהן את הכל המזבחה זו הולכת אברים לכבש אלא בהולכת עצים למערכה דלאו עבודה היא בהולכת אברים לכבש ובהולכת דם מיהא היכי אזלי דמסגי אאיצטבי: כיצד תולין ומפשיטין וכו' קרעו והוציאו את אמוריו נתנם במגים להקטירם: אמטו הוא גופיה הוה מקטר להו אימא להקטירן ע"ג המזבח: יצתה כת ראשונה וכו': תנא כל אחד ואחד נותן פסחו בעורו ומפשיל לאחוריו אמר רב עיליש טייעות:

הדרן עלך תמיד נשחט

אלו דברים בפסח דוחין את השבת שחיטתו וזריקת דמו ומיחוי קרביו והקטרת חלביו אבל צלייתו והדחת קרביו אינן דוחין את השבת *הרכבתו והבאתו מחוץ לתחום וחתיכת יבלתו אין דוחין את השבת ר' אליעזר אומר דוחין *אמר ר"א והלא דין הוא *מה אם שחיטה שהיא משום מלאכה דוחה את השבת אלו שהן משום שבות לא ידחו את השבת א"ל רבי יהושע יום טוב יוכיח שהתירו בו משום מלאכה ואסור בו משום שבות א"ל ר"א מה זה יהושע מה ראיה רשות למצוה השיב רבי עקיבא ואמר הזאה תוכיח שהיא משום מצוה והיא משום שבות ואינה דוחה את השבת אף אתה אל תתמה על אלו שאף על פי שהן משום מצוה והן משום שבות לא ידחו את השבת אמר לו רבי אליעזר ועליה אני דן ומה אם שחיטה שהיא משום מלאכה דוחה את השבת הזאה שהיא משום שבות אינו דין שדוחה את השבת אמר

תוספות

אמו במגס גופיה מקטר ליה. רש"י מוחקו משום דבמנחות לא פריך דתניא בכמה דוכתי ומקטירה בכלי שרת וכן מוחק בפ' שני שעירי (יומא סז:) ואין לריך להגיה הספרים דבריש פר' שני דסוטה (ד' טו:) פריך גבי מנחות כי האי גוונא דקתני התם ומעלה ומקטירה בכלי שרת ופריך ובכלי שרת מקטר ליה אימא להקטירה ומשום דהתם פריך ומשני לא פריך לה במנחות והא דפריך הכא גבי אימורים אע"ג דככר פריך בפרק שני שעירי (ד' סז:) משום דהתם בפרים והכא בכבשים ומיהו יש ספרים דגרסי בברייתא דסוטה מעלן ומקטירן בכלי שרת ומולחן ונותן ע"ג האשים ופריך מקטירן בכלי שרת ס"ד פי' וכי כמו שהוא בכלי שרת מקטירן והא לא מלחן ומשני להקטירן פירוש אחר מליחה ולפי זה יתכן פרש"י ור"ת מפרש דגבי מנחה לא שייך למיפרך דשייך למיתני ומקטירן בכלי שרת כיון שהיא כבר בכלי שרת שהיא נתונה שם להתקדש אבל נתנם במגס משמע שבא לומר שבתוך המגס מקטירם* [וע"ע תוס' יומא סז: ד"ה אלו וכו' האריכו ביתר ביאור]

הדרן עלך תמיד נשחט

אלו דברים. זריקת דמו תנא אגב שחיטתו וקשה לר"י אמאי לא תני נמי הפשט עורו דדחי שבת כדתנן בפירקא דלעיל (ד' סד.) י"ד שחל להיות בשבת מניח ידו כו' ותולה ומפשיט ותירץ ר"י משום דהוי בכלל הקטר חלביו שאינו יכול להפשיט אלא עד החזה לרבי יוחנן בן ברוקה בפ' כל כתבי (שבת ד' קיז:) ואפילו רבנן דפליגי עליה לא שרו להפשיט כדרכו אלא עד החזה והשאר מפשיט וחותך בחתיכות קטנות כדאמרינן התם *לא צריכא דשקיל לה בכרוזי: מה

רש"י

דם שהנפש יוצאה בו. דם קילוח שהן דמים הם כפרק דם שחיטה: אלא רבי יהודה לטעמיה דאמר אין דם מבטל דם. הלכך לא בטיל ההוא דאישתפיך ובכל פורתא דמטי מיניה למזבח זריקה היא ומיתכשר ומילתיה דרבי יהודה בזבחים בפרק כל הזבחים שנתערבו דקתני גבי דם זבחים דם שנתערב במים אם יש בו מראית דם כשר נתערב בדם בהמת חולין או בדם חיה רואין את הפסול כאילו היה מים ואם יש בכשר כדי להיות בהן מראית דם כשר ואם לאו פסול ר' יהודה אומר אין דם מבטל דם: הגיה גרסינן: לדבריכם למה פוקקין. את נקב חומת העזרה שהדמים המתערבין בתמה יוצאים בו לחוץ *והיו פוקקין אותו בכל ערבי פסחים בשלמא לדידי כדי שלא יצא כל דם השפך וכשמילא כוס התערובות נמלא מכולם בתוכו ואם נשפך אחד מהן בלא זריקה נמלא זורק ממנו: והא קא הוי חלילה. בין רגליהן לרלפה דתנן בזבחים (ד' טו:) עומד על הכלי או על גבי רגל חבירו פסול דבעינן לעמוד לשרת ואין זה עמידה: חולץ. לענין טבילה תנן: מיתוסי. מתלכלכין בדם: מדו. ולבש הכהן מדו בד: כמדתו. שוה לארץ: בהולכת אברים דלאו עבודה. היו מטו מדלן להו ולקמיה פריך ושאר עבודות היכי עביד: זו הולכת אברים. דגבייהו כתיב האי קרא והקרב והכרעים וגו': דמסגו אאיצטבי. איצטבאות של בנין היו שם והרי הן כרלפה: ומקטירן הלקא דעתך הוא גופיה מקטר להו. בתמיה והא זר הוא דבזר קיימינן כדתני נותן על כתיפו ועל כתף חבירו ותולה ומפשיט וכהנים לא היו מפשיטין קדשים קלים דמה לי ולהן ואפילו הפשט וניתוח של עולה שהוא מצוה כשר בזר כדאמרינן בשילהי פרק ב' דיומא (ד' כו:) ואית דמפרשי אמו במגס גופיה מקטר להו ולאו מילתא היא דודאי אורחיה למתני הקטרה בכלי שרת: להקטירן. נותנן במגס עד שיבואו הראוי להקטירן ויקטירם: כל אחד ואחד. כשהיו הולכין לבתיהם היה נותן פסחו בעורו ומפשילו לאחוריו: אמר רב עיליש. שם חכם: טייעות. דרך סוחרים ישמעאלים הוא זה:

הדרן עלך תמיד נשחט

אלו דברים דוחין את השבת. לקמיה בגמרא מפרש מנא לן: שחיטתו וזריקת דמו. אי אפשר אלא ביום דכתיב (ויקרא ז) ביום צותו להקריב את קרבניהם ביום ולא בלילה: מיחוי קרביו. מפרש בגמ' וטעמא שלא יסריחו: צלייתו והדחת קרביו אין דוחין. דאפשר משתחשך: הרכבתו. על כתף האדם להביאו לעזרה דרך רשות הרבים אע"פ שאינו אלא איסור שבות דרבנן דקי"ל חי נושא את עצמו אין דוחה דה"ל למיעבד מאתמול וכן הבאתו מחוץ לתחום: וחתיכת יבלתו. ורוא"ה בלע"ז וחותכה בצפרניו או בשיניו אינה אלא שבות דמלאכה כלאחר יד היא: שחיטה שהיא. אסורה בחולין בשבת משום איסור מלאכה גמורה שהרי באבות מלאכות היא מנויה ואעפ"כ דוחה את השבת בפסח: לא ידחו. בתמיה: י"ט יוכיח שהתירו בו. שחיטה ובשול שהוא אב מלאכה ומותרין להדיוט ואסרו בו להביא דבר מחוץ לתחום ולאכלו הואיל והוה אפשר לן מאתמול ואע"ג דתחומין דרבנן: מה ראיה רשות למצוה. אכילת הדיוט רשות היא וצורך גבוה מצוה היא ואם העמידו חכמים איסור שבות שלהן במקום רשות יעמידוהו אף במקום מצוה בתמיה: הזאה תוכיח שהיא מצוה. בטמא מת שחל שביעי שלו להיות בשבת ערב פסח שאם לא יזה לא יעשה פסחו ואפ"ה אינה דוחה *דהכי שמעינן ליה לרבי עקיבא דלא דחיא והזאה שבות הוא דמחזי מלאכה היא אלא מתחזי כמתקן גברא: ועליה אני דן. וגם על ההזאה אני חולק ואומר שתדחה ולא תעכבנו מפסח ומקל וחומר זה עצמו: אמר

רבינו חננאל

שהנפש יוצא בו הוא מכפר: ואסיקנא דדם לא אינו חוצץ דתניא הדם והדבש והחלב יבשים חוצצין להין אין חוצצין והנה כיון שהוא זה הדם לא אין חוצצין ברגליהן [ומקשינן] הלא מטנפי מן הדם בגדי הכהנים ואמרינן דמדלו להו פי' שהיו מגביהין בגדיהם מעט שלא יטנפו מן הדם איני והתניא מדו בד כמדתו שלא יחסר ולא יותיר ושנינן לא היו מגביהין בגדיהם [אלא] בהולכת אברים לכבש דלאו עבודה היא ס' ואסיקנא בהולכת אברים הולכת דם היו מהלכין על האצטבאות: כיצד תולין ומפשיטין אונקלאות של ברזל כו' פי' מגים כמין קערה שנותן בה החלבים כדמתרגמינן קערה מגיסתא: תאנא כל אחד נותן פסחו בעורו ומפשילו לאחוריו אמר רב עיליש (כזית) [טייעות]:

הדרן עלך תמיד נשחט

אלו דברים בפסח דוחין את השבת שחיטתו וזריקה ומיחוי קרביו והקטרת חלביו צלייתו והדחת קרביו כו' פי' מיחוי קרביו היא שירקא דמעייא והוא כמו שומן רך שדומה למוח וקרוב להיות רעי ועל זה השומן שדומה למוח נקרא מיחוי קרביו:

מסורת הש"ס

[זבחים לה: עט.]

פי' מהרש"א

זבחים יח: [לה:]

[יומא נג:]

זבחים יד: כד: חגיגה יא: מנחות י: [יומא כו: פירוש קד:]

סוטה טז: יומא סז:

[לקמן סח: פירוש קי:]

[עי' תוס' לקמן סח: ד"ה ומה שחיטה]

גליון הש"ס

גמ' במגים להקטירם. נ"ל ולהקטירן:

דהכי שמעינן ליה ר"ע כצ"ל רש"ל

§ מסכת פסחים דף סה: §

אות א'

הדם והדיו והחלב והדבש, יבשים חוצצין, לחין אין חוצצין

יו"ד סימן קצח סס"ו - הדיו החלב והדבש והדם, שרף התאנה ושרף התות ושרף החרוב ושרף השקמה (פירוש מין ממיני התאנים), יבשים, חוצצין; לחים, אינם חוצצין. ושאר כל השרפים, אפילו לחים, חוצצין.

אות ב'

היו בגדיו מטושטשין ועבד עבודתו פסולה

רמב"ם פ"ח מהל' כלי המקדש ה"ד - בגדי כהונה מצוותן שיהיו חדשים נאים ומשולשים כדרך בגדי הגדולים, שנאמר: לכבוד ולתפארת; היו מטושטשין או מקורעין, או ארוכין יתר על מדתו, או קצרים פחות ממדתו, או שסלקן באבנט, ועבד, עבודתו פסולה; היו משוחקין, או שהיו ארוכים וסילקן באבנט עד שנעשו כמדתו, ועבד, עבודתו כשרה.

אות ג'

והא מדבעי כהונה עבודה היא

רמב"ם פ"א מהל' פסולי המוקדשין הכ"ב - קבלת הדם והולכתו למזבח וזריקתו, וכן הולכת איברים לכבש, כל אחת מאלו אינה כשירה אלא בכהן הכשר לעבודה, כמו שביארנו בקמיצת המנחה ובמליקת העוף.

אות ד'

תנא כל אחד ואחד נותן פסחו בעורו ומפשיל לאחוריו

רמב"ם פ"א מהל' קרבן פסח ה"ו - דם הפסח טעון שפיכה כנגד היסוד, ואחר ששופכים דמו מפשיטים אותו וקורעין את בטנו ומוציאין את אימוריו, ומקטירין אותן חלבין כל זבח וזבח לבדו, ובעל הזבח נוטל פסחו [א]עם העור שלו, ומביא לביתו לירושלים וצולהו ואוכל לערב.

אות ה'

שחיטתו וזריקת דמו ומיחוי קרביו והקטרת חלביו

רמב"ם פ"א מהל' קרבן פסח הי"ח - שחיטת הפסח וזריקת דמו, ומיחוי קרביו והקטר חלביו, דוחין את השבת, שאי אפשר לעשותן קודם השבת, שהרי קבוע לו זמן, שנאמר: במועדו; אבל הרכבתו והבאתו מחוץ לתחום, וחתיכת יבלתו בכלי, אינן דוחין את השבת, שהרי אפשר לעשותן קודם השבת; [ב]ואם יכול לחתוך יבלתו בידו בשבת, חותך, ואם היתה יבשה, חותכה אפילו בכלי, [ג]שאין שבות במקדש כלל; וכן צלייתו והדחת קרביו אינן דוחין את השבת, שהרי אפשר לעשותן לאחר השבת.

אות ו'

הזאה... ואינה דוחה את השבת

רמב"ם פ"ו מהל' קרבן פסח ה"ו - טמא מת שחל שביעי שלו להיות בשבת, אין מזין עליו, אלא למחר, ואפי' חל שביעי שלו להיות בי"ג בניסן, והוא שבת, ידחה ליום ארבעה עשר, ומזין עליו ואין שוחטין עליו כמו שביארנו, אלא ידחה לפסח שני; והלא איסור הזייה בשבת משום שבות, והפסח בכרת, והיאך יעמידו דבריהם במקום כרת; מפני שביום שהוא אסור בהזייה משום שבות, אינו זמן הקרבן שחייבין עליו כרת, לפיכך העמידו דבריהן במקומן, אף על פי שהדבר גורם לעתיד לבוא לעמוד במקום כרת.

השגת הראב"ד: ידחה ליום ארבעה עשר ומזין עליו. א"א כל זה שיבוש, שאם בא שביעי שלו בשבת, הכל הפסיד, שאין מזין לעולם אלא שלישי ושביעי, [ד]שיהא השביעי חמישי לשלישי, אלא שאין קפידא שיהיה שלישי ושביעי לפרישתו מן המת; ומה שאמר שאין שוחטין עליו אפילו לאחר טבילה והזייה, כבר כתבנו מה שנראה לנו.

באר הגולה

[א] ‹הכוונה, דקדשים נפסלין בהיסח הדעת ובעי שימור, ותנן בפרה פ"ז (מ"ה) נותן את שלו לאחוריו ואת של חטאת לפניו, ואם נתן את של חטאת לאחוריו פסול, וא"כ היה צריך להשים הפסח לפניו, ואמאי מפשילו לאחוריו, **אכן** היסח הדעת פסול טומאה, כמו דאמר ר"י בפסחים (דף ל"ד ע"א), וכיון שנותן פסחו בעורו א"כ העור לאו בר קבולי טומאה הוי כל זמן שלא נתעבד, ואמר רב עיליש שזה מדינא שנותנו בעורו, אבל הך דמפשילו לאחוריו הוא רק דרך הסוחרים ולייפות עשו כן, ולכן רבינו שלא זכר הך דמפשילו לאחוריו, השמיט גם הך דנותן פסחו בעורו, ופשוט - אור שמח› [ב] ‹שם בגמ' (דף ס"ח:) - כסף משנה› [ג] ‹קשה דנהי דאין שבות במקדש כלל, היינו היכא דאי אפשר לעשותו מאתמול, אבל היכא דאפשר לא, דהא הבאתו מחוץ לתחום והרכבתו אינו אלא מדרבנן, ואסור משום דאפשר לעשותו מאתמול, **וכ"ת** הך קושיא בגמ' נמי איתא, דביבשה מותר, ואמאי והא הוי שבות דאפשר לעשותו מאתמול, **י"ל** דבגמ' הוה אמינא דלא הוי חתיכה, כדכתב רש"י ז"ל, ואפי' שבות ליכא, אבל רבינו ז"ל דכתב דהוי שבות, אלא טעמא הוי משום דאין שבות במקדש, קשה. **וכ"ת** אכתי בגמ' גופא תיקשי, דביד ודאי דהוי שבות מדאסור במדינה, וא"כ אמאי מותר כיון דיכול לעשותו מאתמול, **וי"ל** דביד מותר משום דאיסורו קל והוי שבות, **ובכי** הא יש לתרץ לרבינו ז"ל, ולומר דיבשה בכלי הוי שבות קל, ואילו לא היה במקדש אע"ג דהוי שבות קל היינו אוסרין אותו, כיון דיכול לעשותו מאתמול, אבל משום דהוי במקדש, דהתירו בו שבות חמור, א"כ ה"ה בשבות קל דאפשר לעשותו מאתמול עדיף משבות חמור - לחם משנה› [ד] ‹ורבינו חולק על הראב"ד, וסובר שא"צ שיהא השביעי חמישי לשלישי, אלא אפילו היה ט' או י' אין בכך כלום, כמ"ש בפי"א מהל' פרה - כסף משנה›

השגת הראב"ד: והלא איסור הזייה וכו' עד אינו זמן הקרבן.

א"א זה המפרש שפירש טעם להזאה וערל למה העמידו דבריהם במקום כרת, לא עמד טעמו בו, כי יום ארבעה עשר הוא זמן שחיטת הפסח וזריקתו, [א]והם לעונש הכרת עצמו... אבל הטעם לכולן, שהשבות שיכול לבא לידי איסור כרת, בו העמידו דבריהם במקום כרת, דהאי כרת והאי כרת; והיינו ערל עכו"ס, כמו שאמרו גזירה שמא יטמא במת לשנה הבאה וכו'; והזאה נמי שמא יטלנה בידו וכו', וכן איזמל; אבל אונן ובית הפרס שנידש, ומצורע לבהונות, אין כאן גזירה, לפיכך לא העמידו.

---

§ מסכת פסחים דף סו. §

אות א'

<u>כך מקובלני מפי שמעיה ואבטליון</u>

רמב"ם פ"א מהל' קרבן פסח הי"ט - שכח ולא הביא סכין, לא יביאנה בשבת, אלא נותנה בין [ב]קרני הכבש או בצמרו, ומכישו עד שמביאו לעזרה, ומקדישו שם; ואע"פ שהוא מחמר בשבת, מחמר כלאחר יד הוא, ומפני המצוה מותר; בד"א כשלא הקדיש פסחו עדיין, ולא אמר: זה פסח, אבל אם הקדישו, לא יביא סכין עליו, מפני שהוא עובד בקדשים; ומפני מה התירו להקדישו בשבת, הואיל וקבוע לו זמן מותר להקדישו בשבת, וכן מקדיש אדם חגיגתו ביום טוב ואינו חושש.

באר הגולה

[א] ‹ואיני מבין דבריו, שמ"ש רבינו מפני שהיום שהוא אסור בהזייה משום שבות אינו זמן הקרבן שחייבין עליו כרת, אינו טעם אלא לכשחל ז' שלו בי"ג שחל להיות בשבת, למה אין מזין עליו בו ביום, אבל לכשחל שביעי שלו בי"ד שחל בשבת, א"צ טעם זה, שהרי אפילו יזו עליו בו ביום, אין שוחטין עליו לדעת רבינו, כמו שנתבאר בפ' זה – כסף משנה›

[ב] ‹אינו מדוקדק, דבש"ס שם ובתוספתא ובירושלמי שם איתא, דבטלה היה נותן בצמרו, ובגדי בין קרניו, יעו"ש היטב, ויש לחלק בין טלה קטן לכבש גדול, דהאי כבש היינו זכר, ואצלו יש קרנים כידוע מקרני איל, ולכן כלל רבינו תרווייהו, היינו צמר וקרנים, הכל בכבש – הר המוריה›

*אמר לו רבי עקיבא או חלוף מה אם הזאה שהיא משום שבות אינה דוחה את השבת שחיטה שהיא משום מלאכה אינו דין שלא תדחה את השבת אמר לו ר' אליעזר עקיבא עקרת מה שכתוב בתורה °במועדו בין בחול בין בשבת אמר לו רבי הבא לי מועד לאלו כמועד לשחיטה *כלל *אמר רבי עקיבא כל מלאכה שאפשר לעשותה מערב שבת אינה דוחה את השבת שחיטה שאי אפשר לעשותה מע"ש דוחה את השבת: **גמ'** תנו רבנן הלכה זו נתעלמה מבני בתירא *פעם אחת חל ארבעה עשר להיות בשבת שכחו ולא ידעו אם פסח דוחה את השבת אם לאו אמרו כלום יש אדם שיודע אם פסח דוחה את השבת אם לאו אמרו להם אדם אחד יש שעלה מבבל והלל הבבלי שמו ששימש שני גדולי הדור שמעיה ואבטליון ויודע אם פסח דוחה את השבת אם לאו שלחו וקראו לו אמרו לו כלום אתה יודע אם הפסח דוחה את השבת אם לאו אמר להם וכי פסח אחד יש לנו בשנה שדוחה את השבת והלא הרבה יותר ממאתים פסחים יש לנו בשנה שדוחין את השבת אמרו לו מנין לך אמר להם נאמר מועדו בפסח ונאמר °מועדו בתמיד מה מועדו האמור בתמיד דוחה את השבת אף מועדו האמור בפסח דוחה את השבת ועוד ק"ו הוא ומה תמיד שאין ענוש כרת דוחה את השבת פסח שענוש כרת אינו דין שדוחה את השבת *מיד הושיבוהו בראש ומינוהו נשיא עליהם והיה (א) דורש כל היום כולו בהלכות הפסח התחיל מקנטרן בדברים אמר להן מי גרם לכם שאעלה מבבל ואהיה נשיא עליכם עצלות שהיתה בכם שלא שמשתם שני גדולי הדור שמעיה ואבטליון אמרו לו ר' שכח ולא הביא סכין מע"ש מהו אמר להן הלכה זו שמעתי ושכחתי אלא הנח להן לישראל אם אין נביאים הן בני נביאים הן למחר מי שפסחו טלה תוחבו בצמרו מי שפסחו גדי תוחבו בין קרניו *ראה מעשה ונזכר הלכה ואמר *כך מקובלני מפי שמעיה ואבטליון אמר מר נאמר מועדו בפסח ונאמר מועדו בתמיד מה מועדו האמור בתמיד דוחה את השבת אף מועדו האמור בפסח דוחה את השבת ותמיד גופיה מנלן דדחי שבת אילימא משום דכתיב ביה במועדו פסח נמי הא כתיב ביה במועדו °לא משמע ליה הכא נמי מועדו לא משמע ליה אלא אמר קרא °עולת שבת בשבתו על עולת התמיד מכלל [עולה] דתמיד קרבה בשבת אמר מר ועוד ק"ו ומה תמיד שאין ענוש כרת דוחה את השבת פסח שענוש כרת אינו דין שדוחה את השבת איכא למיפרך מה לתמיד שכן תדיר וכליל ק"ו אמר להו ברישא ופרכוה והדר אמר להו גזירה שוה וכי מאחר דגמר גזירה שוה ק"ו למה לי אלא לדידהו קאמר להו בשלמא גזירה שוה לא גמריתו *דאין אדם דן גזירה שוה מעצמו אלא ק"ו דאדם דן מעצמו איבעי לכו למידן אמרו ליה ק"ו פריכא הוא: אמר מר למחר מי שפסחו טלה תוחבו לו בצמרו גדי תוחבו לו בין קרניו והא

רש"י

אמר לו רבי עקיבא או חילוף · או אני אחליף הדין דפשיטא לי דהזאה מעכבא ולפיכן בקל וחומר מינה לשחיטה שתעכב: **במועדו** · ויעשו בני ישראל את הפסח במועדו: **הבא לי מועד לאלו** · שיהא זמן קבוע להן כמה שקבוע לשחיטה הילכך כיון דלא קביע להו זימנא ומצי למיעבד להו מאתמול לא דחו והזאה נמי לאו מגופיה דפסח היא ולא כתיב בה מועד: **גמ' הלכה זו** · שפסח דוחה שבת: **בני בתירא** · נשיאים היו: **אמר להן** · הלל: **וכי פסח אחד יש לנו שדוחה את השבת והלא יותר ממאתים פסחים יש לנו שדוחין את השבת** · כלומר יותר ממאתים קרבנו' יש שדוחין שבת בשנה חמשים שבתות השנה בכל שבת ושבת ארבעה כבשים שנים לתמידים ושנים למוספין הרי מאתים לבד שבת שבתוך פסח ובתוך החג שקריבין בהן מוספי היום שבעת טלאים בפסח וארבעה עשר לחג: **מה מועדו שנאמר בתמיד** · ולקמיה פריך תמיד גופיה מנא להו: **והיה יושב ודורש** · כדרך שהנשיא עושה: **מקנטרן** · לשון קניטה ועלבון קונט"ריר בלע"ז: **מהו**. הבאת סכין אינה דוחה דהא אפשר למיעבד מאתמול ומה יעשה: **שמעתי ושכחתי**. לקמן מפרש טעמא: **בני נביאים הן** · ותראו מה יעשו: **למחר** · בארבעה עשר בשבת: **שפסחו טלה תחבו לו בצמרו** · את הסכין: **ומי שפסחו גדי** · שאין לו צמר אלא שיער שאינו יכול לתוחבו בצמרו תחבו לו בין קרניו ואין זה משאוי לעבור עליו משום שביתת בהמתו דלאו אורחיה בכי האי מלאכה ובענין זה הביאו סכיניהן: **ראה** · הלל זה המעשה שעשו: **ונזכר הלכה** · כך שמעתי: **כך מקובלני** · שכך הלכה כמו שעשו אלו: **פסח נמי כתיב ביה במועדו** · ולא שמעת לי' מיניה ומתמיד ילפת ליה אלא על כרחך מדבעית למילף מתמיד לא משתמע להו דחיית שבת דאמרי במועדו דקאמר בזמן הטירא קאמר הכא בתמיד נמי לא משמע להו ומנא ליה: **אלא אמר קרא** · במוספין עולת שבת בשבתו על עולת התמיד לבד מעולת התמיד אלמא תמיד נמי דחי: **אמר מר ועוד קל וחומר כו' ופרכוה** · מהא פירכא שכן כליל שכן תדיר: **וכי מאחר דגמיר** · מרבותיו שגזירה שוה זו לכך באה דקיימא לן אין אדם דן גזירה שוה מעצמו אלא אם כן נתקבלה ובאה מסיני דדילמא קרא למילתא אחריתי אתא וכיון דהוא כך קיבל הרי הוא כמו שנכתב בגופו בפירוש ולמה ליה קל וחומר שהוא דבר סברא מדעתו ומלבו: **הכי קאמר** · נהי דגזירה שוה לא גמריתו מרבותיכם גזירה שוה לריכא רב דאין אדם דן גזירה שוה מעצמו אלא אם כן למדה מרבו אלא קל וחומר כו': **אמרו לו קל וחומר** · דאית ביה לא דיינינן דפריכא הוא כדאמרן שכן תדיר:

תוספות

מה מועדו האמור בתמיד דוחה את השבת. ולקמן יליף מעל עולת התמיד תימה דבשמעתין לא דריש ממשמעות דמועדו וכן הא דפסח דחי טומאה ילפינן לקמן מאיש איש כדחה ואין ציבור נדחין ובתמיד ילפינן מג"ש דמועדו מועדו ובפרק כילד צולין (לקמן דף עז·) משמע דדריש לה ממשמעות דמועדו דתניא וידבר משה את מועדי ה' מה ת"ל לפי שלא מצינו בכל התורה שנאמר בהן מועדו אלא בפסח ותמיד מועדו אפי' בשבת מועדו אפילו בטומאה שאר קרבנות מנין משמע דממשמעות' דמועדו דריש ועוד דקאמר התם ואריכי דאי כתב רחמנא תמיד שכן תדיר וכליל אבל פסח לא ואי כתיב פסח שכן כרת ואי מגזירה שוה ילפינן מה צריך לצריכותא הא איצטריך מועדו דתמיד משום טומאה ודפסח משום שבת אלא ודאי ממשמעותא דמועדו דריש וע"כ תנאי היא ועוד בפ' ר' ישמעאל במנחות (דף עב·) דריש *שתי הלחם דדחו שבת מתקריב תקריב אפילו בשבת ואפילו בטומאה ולפי שמעתין מצי למילף בג"ש דמועדו מפסח ותמיד או ממשמעותא כמו בכילד צולין (לקמן דף עז·):

תוחבו לו בצמרו · וא"ת *והא בעי כלי שרת כדילפינן בפ' דם חטאת (זבחים דף צז:) ויקח את המאכלת וי"ל דמר שהקדישום השתא משמע בשמעתין די"ל איסור רשות הרבים בירושלים וקשה דאמרינן בפ' קמא דעירובין (דף ו:) ירושלים אלמלא דלתותיה ננעלות בלילה חייבין עלי' משום רשות הרבים ולאו דוקא ננעלות אלא ראויות לנעול כדמסיק התם ותירץ ר"י דהכא לאחר שנפרצו בה פרצות וכי האי גוונא משני בפרק בתרא דעירובין (דף קא·) אמילתא אחריתי* :

מה לתמיד שכן תדיר · ותימה ונילף מבינייהו דתמיד ומילה או משתי הלחם (*גרידא) דדחו שבת: והא

רבינו חננאל

ת"ר הלכה זו נתעלמה מבני בתירא פעם אחת חל ארבעה עשר להיות בשבת אמרו לו להלל הזקן פסח דוחה את השבת או לא אמר להו וכי פסח אחד יש לנו שדוחה את השבת והלא יותר ממאתים פסחים דוחין את השבת ס' ירושלמי אית תנא תני מאה פסחים [אית תנא תני מאתים] אית תנא תני שלש מאות מאן דתני מאה תמידין [של] שבת מאן דתני מאתים תמידין ומוספין של שבתות מאן דתני ג' מאות מוסף של ראשי חדשים ושל ימים טובים וכו': אמר מר נאמר במועדו בפסח ונאמר במועדו בתמיד מה זו דוחה שבת דכתיב עולת שבת בשבתו על תמיד אף פסח דוחה שבת וכו' ועוד קל וחומר וכו' הכי קאמר להו נהי גזרה שוה לא גמיר לכו דאין אדם דן גזרה שוה מעצמו אא"כ [קבל] קבלה מאבותיו אבל היה לכם לדון קל וחומר מעצמו אמרו איכא למיפרך מה לתמיד שכן כליל שכן תדיר. מינוהו נשיא עליהן התחיל לקנתרן ומפני שנתייהר נתעלמה ממנו הלכה מכאן אמר רב שכל המתייהר אם חכם הוא חכמתו מסתלקת ממנו מהלל ואם נביא

מסורת הש"ס: פ"ח מו: · לקמן סט: · [שבת קל. יבמות יד. מנחות עב.] · [תוספתא פ"ד] · ב"מ פה. · [סוכה כ.] · [נדה יט:]

הגהות הב"ח: (א) גמ' והיה יושב ודורש כל היום:

עין משפט נר מצוה: ב א מיי' פ"א מהלכות קרבן פסח הל' יח:

[עי' פרש"י לקמן סט: ד"ה כלל] · [עי' תוס' זבחים מז. ד"ה איזהו ותוס' חולין ג. ד"ה כגון] · [ועי' תוס' ב"מ נג: ד"ה דנפל] · [משתי הלחם וחד מהנך כצ"ל רש"א]

עין משפט נר מצוה

ג א מיי' שם :

ד ב מיי' פכ"ג מהלכות שבת הלכה יד סמג לאוין סה טוש"ע טור שו"ע או"ח סימן שלט סעיף ד וסימן תקכ"ד סעיף א :

ה ג מיי' שם הלכה יד ופ"א מהלכות ק"ש הלכה יט סמג עשין רנג :

ו ד מיי' פ"ב מהלכות דעות הלכה ג :

ז ה מיי' פ"א מהלכות תמידין הלכה ו :

מסורת הש"ס

והא קא עביד עבודה בקדשים *כהלל דתניא *אמרו עליו על הלל מימיו לא מעל אדם בעולתו אלא מביאה חולין לעזרה ומקדישה וסומך ידו עליה ושוחטה פסח בשבת היכי מצי מקדיש ליה *והתנן אין מקדישין ואין מעריכין ואין מחרימין ואין מגביהין תרומה ומעשרות כל אלו ביום טוב אמרו קל וחומר בשבת הני מילי בחובות שאין קבוע להן זמן אבל בחובות שקבוע להן זמן מקדישין *דאמר רבי יוחנן מקדיש אדם את פסחו בשבת וחגיגתו ביו"ט והלא מחמר מחמר כלאחר יד מחמר כלאחר יד נמי נהי דאיסורא דאורייתא ליכא איסורא מדרבנן מיהא איכא היינו דקא בעי מיניה דבר שיש לו היתר מן התורה ודבר שבות עומד לפניו לעקרו כלאחר יד במקום מצוה מאי אמר להן הלכה זו שמעתי ושכחתי אלא הניחו להן לישראל אם אין נביאים הן בני נביאים הן: אמר רב יהודה אמר רב כל המתיהר אם חכם הוא חכמתו מסתלקת ממנו אם נביא הוא נבואתו מסתלקת ממנו אם חכם הוא חכמתו מסתלקת ממנו מהלל דאמר מר התחיל מקנטרן בדברים וקאמר להו הלכה זו שמעתי ושכחתי אם נביא הוא נבואתו מסתלקת ממנו מדבורה דכתיב חדלו פרזון בישראל חדלו עד שקמתי דבורה שקמתי אם בישראל וגו' וכתיב עורי עורי דבורה עורי עורי דברי שיר וגו' ר"ל אמר כל אדם שכועס אם חכם הוא חכמתו מסתלקת ממנו אם נביא הוא נבואתו מסתלקת ממנו אם חכם הוא חכמתו מסתלקת ממנו *ממשה דכתיב ויקצוף משה על פקודי החיל וגו' וכתיב ויאמר אלעזר הכהן אל אנשי הצבא הבאים למלחמה זאת חוקת התורה אשר צוה ה' את משה וגו' מכלל דמשה איעלם מיניה אם נביא הוא נבואתו מסתלקת ממנו מאלישע דכתיב לולי פני יהושפט מלך יהודה אני נושא אם אביט אליך ואם אראך וגו' וכתיב ועתה קחו לי מנגן והיה כנגן המנגן ותהי עליו יד ה' וגו' אמר רבי מני בר פטיש כל שכועס אפילו פוסקין עליו גדולה מן השמים מורידין אותו מגלן מאליאב שנאמר ויחר אף אליאב בדוד ויאמר למה [זה] ירדת ועל מי נטשת מעט הצאן ההנה במדבר אני ידעתי את זדונך ואת רוע לבבך כי למען ראות המלחמה ירדת וכי אזל שמואל לממשחינהו בכלהו כתיב לא בזה בחר ה' ובאליאב כתיב ויאמר ה' אל שמואל אל תביט אל מראהו ואל גבה קומתו כי מאסתיהו מכלל דהוה רחים ליה עד האידנא: אשכחן תמיד ופסח דדחו שבת דדחו טומאה מנא לן אמרי כי היכי דיליף פסח מתמיד לענין שבת הכי נמי יליף תמיד מפסח לענין טומאה ופסח גופיה מנא לן אמר רבי יוחנן דאמר קרא איש איש כי יהיה טמא לנפש *איש נדחה לפסח שני ואין ציבור נידחין לפסח שני אלא עבדי בטומאה אמר ליה ר"ש בן לקיש לרבי יוחנן אימא איש נדחה לפסח שני ציבור לית להו תקנתא לא בפסח ראשון ולא בפסח שני אלא אמר רבי שמעון בן לקיש מהכא וישלחו מן המחנה כל צרוע וכל זב וכל טמא לנפש יאמר טמאי מתים ואל יאמר זבין ומצורעין ואני אומר אם טמאי מתים משתלחין זבין ומצורעין לא כל שכן אלא

[נדרים ט:] ביצה לו: [דף קנג:] שבת קמח. שופטים ה שם במדבר לא שם מלכים ב ג שם שמואל א יז שם טז במדבר ט [חולין כט.] במדבר ה

וסא עביד מלאכה בקדשים · ועובר משום לא תעבוד בבכור (דברים טו): **דעבדי כהלל** · דלא מקדשי לקרבן עד דמייתי להו לעזרה: **לא מעל** · שלא היה שהות בין הקדישה לשחיטה שיבאו בה לידי מעילה: **דתנן לא מקדישין וכו'** · במסכת ביצה והיאך הקדישו פסחיהן אלו בשבת: **הני מילי** · דאין מקדישין: **חובות שקבוע להן זמן** · לנו ביום שפיר דמי דהואיל ונשחטין היום יכול להקדישן היום: **פסחו** · ליכא למימר ביום טוב דאין פסח קרב ביום טוב וחגיגה ליכא למימר בשבת: **מחמר** לא קרי אלא בבהמה הנושאת משוי והוא מנהיגה קרי לי' מחמר ומוזהר עליו בפ' מי שהחשיך*: **כלאחר יד** · שאין דרך טלה לשאת משוי: **שיש לו היתר מן התורה** · כגון זה שאינו מחמר גמור אלא כלאחר יד ואין כאן אלא שבות ואפילו שבות דידיה לא חמיר כשאר שבות דכל כלאחר יד לא שכיחא: **במקום מצוה** · כי האי גוונא דמעכב מפסח: **עד שקמתי דבורה** · יוהרא שהיתה משפלת המנהיגים שלפניה ומתפארת לעצמה: **עורי עורי דבורה**.שנשתתקה מחמת סילוק נבואתה: **קחו לי מנגן** · להעביר כעסו שכעס על יהורם: **ותהי עליו יד** · מכלל דאסתלק: **לא בחר** · משמע מעולם אבל מאסתיהו משמע השתא מאסתיהו מפני שהוא רגזן מאסו מכלל שמתחלה נבחר ואע"ג דהאי מעשה דמשיחה קדים לרגזנות מיהו לא מלינו בו דופי אלא זה בלבד ומפני שגלוי לפניו שהוא רגזן מאסו: **דדחו טומאה מנא לן** · הואיל ומועדו לא משמע (להו) מנא לן דדחו ואנן קיימא לן דדחו טומאה בכילד צולין (דף עו:): פסח אקרי קרבן ציבור דאתי בכנופיא באידך פירקין (דף עו:): **זבין ומצורעין** · חמורין מטמאי מתים שהרי טומאה יוצאה עליהן מגופן אלא על כרחיך כי איצטריך זב ומצורע להיכא דאין טמא מת משתלח איצטריך: אלמא

והא קא עביד עבודה בקדשים כהלל · בירושלמי מפרש בענין אחר דכל עבודה של צורך הקרבן אין בו מעילה ויליף מפרה כי היכי דלא חשיב עבודה מידי דלצרכה לפסלה ה"נ לא חשיב עבודה להתחייב במעילה ומייתי הא דתנן במסכת פרה (פ"ב מ"ג) רכב עליה ותלה בזנבה ועבר בה את הנהר קיפל עליה את המוסרה נתן טליתו עליה פסולה אבל קשרה במוסרה עשה לה סנדל בשביל שלא תחליק פירס טליתו עליה מפני הזבובים כשירה זה הכלל כל שהוא לצרכה כשירה: **מביאה** כשהיא חולין לעזרה. בפ' המוכר את הספינה (ב"ב דף פא:) גבי קונה שתי אילנות פריך ליהוש דילמא לאו בכורים נינהו וקא מעייל חולין לעזרה ובהזרוע (חולין דף קלו) נמי דקאמר טעמא דכ' רחמנא זה הא לאו הכי ה"א חולין חייבין בחזה ושוק הא בעי תנופה והיכי ליעבד לינפינהו לפני ה' כתיב ואי מגוואי קא מעייל חולין לעזרה התם ודאי אסור שעושה בהן תנופה כדרך שעושה בקרבן אבל הכא שמכניס טלה חולין בעזרה ואינו עושה שום דבר שעושה בקרבנות שיראה כמקרי' חולין לגבוה שרי כדאשכחן בהקומץ רבה (מנחות דכ"א:*) שהיו אוכלי' חולין בעזרה כדי לאכול מנחות על השבע: **מחמר** כלאחר יד הוא·ה"מ לשטויי כשהוא מהלך מניחו עליו וכשהוא עומד נוטלו הימנו דכי האי גוונא שרי בריש מי שהחשיך (שבת ד' קנג·): **כלאחר** יד נמי אסור מדרבנן · הוי מצי למיפרך הלא משתמש בבעלי חיים דאסור מדרבנן: **הנח** להו לישראל · ואם תאמר והא במתניתין אסר שבות דרבנן כיון דאפשר לעשות מערב שבת ויש לומר שבות בהמתו קיל משבות עלמו: **ואין** ציבור נדחין · תימה דהכא לא ממעטינן מאיש אלא רוב ישראל ובפ"ק דסנהדרין (דף יז:) דר שינן והוצאת את האיש ההוא איש ואשה אתה מוציא לשעריך ואי אתה מוציא כל העיר כולה לשעריך ואיכא דממעט התם שבט וי"ל דשאני התם דמלינו שחלק בעיר הנדחת א"נ טובא איש ואשה כתיבי התם*: **אלא** אמר ר"ש לקיש וישלחו מן המחנה · תימה לרשב"א לדריש לקיש הניחא לרבי יהודה אלא לרבי שמעון דאמר לקמן להכי כתב רחמנא טמא מת זב ומצורע לפי שחלוקים בשלוח מחנות פסח דדחי טומאה מנא ליה : הכתוב

[ועי' תוס' ביצה כ: ד"ה והביא ותוס' ב"ב פא: ד"ה דילמא ותוספות מנחות כא: ד"ה חולין ודף פ: ד"ה וכי ותוס' חולין קב: ד"ה לו ותוס' תמורה כג. ד"ה אוכלין]

גליון הש"ס

גמ' דכתיב ויקצוף משה. עי' תשובה סוף מלירות מ"ב סימן כ"ט :

[ועי' תוס' חולין כט. ד"ה איש]

רבינו חננאל

נביא נבואתו מסתלקת ממנו מדבורה דכתיב חדלו פרזון בישראל חדלו עד שקמתי דבורה שקמתי אם וגו' וכתיב עורי עורי דבורה עורי עורי דברי שיר וגו': אמר ר"ש בן לקיש כל הכועס אם חכם הוא חכמתו מסתלקת ממנו ממשה דכתיב ויקצוף משה על פקודי החיל וגו' וכתיב ויאמר אלעזר [הכהן] וגו' מכלל דאיעלם ממשה רבינו. אם נביא הוא נבואתו מסתלקת ממנו מאלישע דכתיב לולי פני יהושפט מלך יהודה אני נושא אם אביט אליך וגו' וכתיב ועתה קחו לי מנגן וגו' מכלל שנסתלקה הנבואה מעליו וכן הכועס אפי' [אם] פוסקין לו גדולה מן השמים מורידין אותו ממנו מאליאב אחי דוד שנאמר ויחר אף אליאב בדוד וגו': תניא אמר להם מקובל אני מרבותי שהפסח דוחה השבת ולא פסח ראשון אלא אפילו פסח שני ולא פסח צבור אלא אפילו פסח יחיד אמרו לו מה יהא על העם ששכחו להביא סכינים מאתמול לשחוט פסחיהם כו' וסליקא כיון דפסח חובה הקבוע להם זמן הוא שרי להקדיש ולהקריב בשבת לפיכך מי שהיה פסחו טלה תחב הסכין בצמרו ומי שהיה פסחו גדי תחב הסכין בין קרניו והביאום לעזרה ומקשינן והא עבדין עבודה בקדשים ופרקי' קודם שהקדישום הביאום לעזרה ואח"כ הקדישום שלא יתיחדו כעושי מלאכה בקדשים ואע"פ שנראין כמחמר אחר בהמתו בשבת הא אסיקנא כלאחר יד הוא שהוא שלא כדרך המחמרין שכל העושה בשבת דבר שאינו כדרך מלאכה מחמר כלאחר יד מקרי ופטור כדתנן המוציא לאחר ידו או ברגלו כו' ואע"פ שמן התורה פטור מדרבנן אסור הוא. והכי קא מיבעיא להו לבני בתירא ושאלו מהלל דבר המותר מן התורה ודבר שבות כלאחר יד עומד בפניו לעכבו במקום מצוה שרי או לא אמר להם הניחו להן לישראל אם הן [illegible] נביאים בני נביאים הם [illegible] תמיד מפסח [illegible] ופסח גופיה מנא לן אמר ר' יוחנן פסח משום דכתיב איש איש כי יהיה טמא לנפש וגו' איש נדחה לפסח שני ואין צבור נדחין לפסח שני אלא עושין בטומאה [illegible] וישלחו מן המחנה כל צרוע וגו' [illegible]

§ מסכת פסחים דף סו: §

אות א'

כהלל

רמב"ם פ"א מהל' קרבן פסח הי"ט - שכח ולא הביא סכין, לא יביאנה בשבת, אלא נותנה [א] בין קרני הכבש או בצמרו, ומכישו עד שמביאו לעזרה, ומקדישו שם... בד"א כשלא הקדיש פסחו עדיין, ולא אמר: זה פסח, אבל אם הקדישו, לא יביא סכין עליו, מפני שהוא עובד בקדשים.

אות ב'

אין מקדישין, ואין מעריכין, ואין מחרימין, ואין מגביהין תרומה ומעשרות

סימן שלט ס"ד - ולא מקדישין - שום דבר לגבוה, שיאמר: הרי זו הקדש, משום דכיון שמקדיש באמירתו החפץ להקדש, הרי מוציאו באמירה זו החפץ מרשותו לרשות גבוה, ודמי למקח וממכר, **משא"כ** לפסוק צדקה לעניים מותר, וכן כשיאמר: הרי עלי להקדש כך וכך, ג"כ מותר. **ולא מעריכין** - שיאמר "ערכי עלי" או "ערך פלוני עלי", שנותן להקדש כפי שניו, דהוי כמקח וממכר. **ולא מחרימין** - בהמה או שום דבר לגבוה, שיאמר: הרי דבר זה חרם, והכל מטעם הנ"ל.

ולא מפרישין תרומות ומעשרות - וה"ה חלה, **שהוא** דומה כמקדיש אותן פירות שהפריש, **ועוד** שהוא כמתקן דבר שאינו מתוקן.

ואם עבר והפריש במזיד, לא יאכל בין לו בין לאחרים עד מו"ש, מטעם קנס, **ואם** היה בשוגג, מותר אפילו לו מיד, וה"ה בחלה.

סימן תקכד ס"א - ולא מקדישין, ולא מחרימין, ולא מפרישין תרומה ומעשרות - וה"ה חלה, ועיין לעיל בסימן תק"ו סעיף ג' וד', שם מבואר פרטי הדין.

אות ג'

מקדיש אדם את פסחו בשבת וחגיגתו ביום טוב

רמב"ם פכ"ג מהל' שבת הי"ד - ומקדיש אדם פסחו בשבת וחגיגתו ביום טוב, שזו מצות היום היא.

רמב"ם פ"א מהל' קרבן פסח הי"ט - ומפני מה התירו להקדיש פסחו בשבת, הואיל וקבוע לו זמן מותר להקדישו בשבת, וכן מקדיש אדם חגיגתו ביו"ט ואינו חושש.

אות ד'

כל המתיהר אם חכם הוא חכמתו מסתלקת ממנו

רמב"ם פ"ב מהל' דעות ה"ג - ויש דעות שאסור לו לאדם לנהוג בהן בבינונית, אלא יתרחק מן הקצה האחד עד הקצה האחר, והוא גובה לב, שאין דרך הטובה שיהיה אדם עניו בלבד, אלא שיהיה שפל רוח, ותהיה רוחו נמוכה למאד; ולפיכך נאמר במשה רבינו: ענו מאד, ולא נאמר ענו בלבד, ולפיכך צוו חכמים מאד מאד הוי שפל רוח, ועוד אמרו: שכל המגביה לבו כפר בעיקר, שנאמר: ורם לבבך ושכחת את ה' אלקיך, ועוד אמרו: בשמתא מאן דאית ביה גסות הרוח ואפילו מקצתה. וכן הכעס מדה רעה היא עד למאד, וראוי לאדם שיתרחק ממנה עד הקצה האחר, וילמד עצמו שלא יכעוס ואפילו על דבר שראוי לכעוס עליו; ואם רצה להטיל אימה על בניו ובני ביתו, או על הציבור אם היה פרנס ורצה לכעוס עליהן כדי שיחזרו למוטב, יראה עצמו בפניהם שהוא כועס כדי לייסרם, ותהיה דעתו מיושבת בינו לבין עצמו, כאדם שהוא מדמה כועס בשעת כעסו והוא אינו כועס; אמרו חכמים הראשונים, כל הכועס כאילו עובד עבודת כוכבים; [ג] ואמרו שכל הכועס, אם חכם הוא חכמתו מסתלקת ממנו, ואם נביא הוא, נבואתו מסתלקת ממנו; ובעלי כעס אין חייהם חיים, לפיכך צוו להתרחק מן הכעס עד שינהיג עצמו שלא ירגיש אפילו לדברים המכעיסים, וזו היא הדרך הטובה; ודרך הצדיקים הן עלובין ואינן עולבין, שומעים חרפתם ואינם משיבין, עושין מאהבה ושמחים ביסורים, ועליהם הכתוב אומר: ואוהביו כצאת השמש בגבורתו.

אות ה'

יליף תמיד מפסח לענין טומאה

רמב"ם פ"א מהל' תמידין ומוספין ה"ז - איברים של תמיד דוחין את הטומאה ואין דוחין את השבת.

אות ה"* [ג]

איש נדחה לפסח שני, ואין ציבור נידחין לפסח שני

רמב"ם פ"ז מהל' קרבן פסח ה"א - רבים שהיו טמאי מת בפסח ראשון, אם היו מיעוט הקהל, הרי אלו נדחין לפסח שני כשאר הטמאים; אבל אם היו רוב הקהל טמאי מת, או שהיו הכהנים או כלי שרת טמאים טומאת מת, אינן נדחין, אלא יקריבו כולן הפסח בטומאה הטמאים עם טהורים, [ד] שנאמר: ויהי אנשים אשר היו טמאים לנפש אדם,

---

באר הגולה

[א] ‹עיין לעיל דף ס"ו. וברמב"ם ובהערה שם› [ב] ‹נ"ב שם בפסחים אמרו ג"כ דבר זה במדת גסות הרוח, ואמרו כל המתיהר וכו', ולא ידעתי מפני מה לא הביא רבינו מימרא זו ג"כ אצל גסות בהלכה זו – הג' עמק המלך. **וגם** למה ציין העין משפט מימרא זה, אם אין הרמב"ם מביאו› [ג] ‹ע"פ מהדורת נהרדעא› [ד] ‹ותמיהני למה לא הביא דרשא דגמ': איש איש וגו', ודרשא זו של הרמב"ם לא מצאתיה לא בש"ס ולא בספרי, והכ"מ כתב שהיא בספרי, ולפנינו לא נמצא זה

יחידים נדחים ואין הצבור נדחה; ודבר זה בטומאת המת בלבד כמו שביארנו בביאת המקדש.

רמב"ם פ"ד מהל' ביאת מקדש הט"ז - ומנין שטומאת מת דחויה בציבור, שנאמר: ויהי אנשים אשר היו טמאים לנפש אדם, כך למדו מפי השמועה, שאנשים יחידים הם שידחו לפסח שני אם היו טמאים, אבל ציבור שהיו טמאי מת אינן נדחין, אלא הטומאה תדחה, ויעשו פסח בטומאה; והוא הדין לכל קרבן שקבוע לו זמן כפסח, שהוא דוחה את הטומאה.

---

§ מסכת פסחים דף סז. §

אות א'* [א]

וכי עבדי ציבור בטומאה, בטמא מת, אבל שאר טומאות לא עבדי

רמב"ם פ"ז מהל' קרבן פסח ה"א - רבים שהיו טמאי מת בפסח ראשון, אם היו מיעוט הקהל, הרי אלו נדחין לפסח שני כשאר הטמאים; אבל אם היו רוב הקהל טמאי מת, או שהיו הכהנים או כלי שרת טמאים טומאת מת, אינן נדחין, אלא יקריבו כולן הפסח בטומאה הטמאים עם טהורים, שנאמר: ויהי אנשים אשר היו טמאים לנפש אדם, יחידים נדחים ואין הצבור נדחה; ודבר זה בטומאת המת בלבד כמו שביארנו בביאת המקדש.

רמב"ם פ"ד מהל' ביאת מקדש הי"ב - כיצד דוחה את הטומאה; הגיע זמנו של אותו קרבן והיו רוב הקהל שמקריבין אותו טמאין למת, או שהיו הקהל טהורים והיו הכהנים המקריבין טמאים למת, או שהיו אלו ואלו טהורין והיו כלי השרת טמאים למת, ה"ז יעשה בטומאה, ויתעסקו בו הטמאים והטהורים כאחד, ויכנסו כולן לעזרה; אבל הטמאים בטומאה אחרת, כגון זבין וזבות ונדות [ויולדות] וטמאי שרץ ונבלה וכיוצא בהן, לא יתעסקו ולא יכנסו לעזרה ואף על פי שנעשה בטומאה; ואם עברו ועשו או נכנסו לעזרה, [ב]חייבין כרת על הביאה ומיתה על העבודה, שלא נדחית אלא טומאת המת בלבד.

אות א'

מצורע שנכנס לפנים ממחיצתו בארבעים, זבין וזבות שנכנסו לפנים ממחיצתן בארבעים

רמב"ם פ"ג מהל' ביאת המקדש ה"ח - הטמא המשולח מהר הבית, אם נכנס עובר בלא תעשה, [ג]שנאמר: "ויצא מחוץ למחנה", זה מחנה שכינה, "ולא יבוא אל תוך המחנה", זה מחנה לויה; וכן מצורע שנכנס לירושלים, [ד]לוקה; [ה]אבל אם נכנס לשאר הערים המוקפות חומה, אף על פי שאינו רשאי, לפי שנאמר: "בדד ישב", אינו לוקה.

אות ב'

וטמא מת מותר ליכנס למחנה לויה, ולא טמא מת בלבד אמרו אלא אפילו מת עצמו

רמב"ם פ"ג מהל' ביאת המקדש ה"ד - טמא מת, אפילו המת עצמו, מותר להכנס להר הבית, שנאמר: ויקח משה את עצמות יוסף עמו, עמו במחנה הלויה.

אות ג'

ליתן מחנה לזה ומחנה לזה

רמב"ם פ"ג מהל' ביאת המקדש ה"ב - זה המחנה האמור כאן הוא מחנה שכינה, שהוא מפתח עזרת ישראל ולפנים; [ו]שומע אני שהמצורע והזב וטמא מת שלשתן במקום אחד, ת"ל במצורע: בדד ישב מחוץ למחנה מושבו, זה מחנה ישראל שהוא מפתח ירושלים ולפנים; מה מצורע שטומאתו חמורה, חמור שילוחו משילוח חבירו, אף כל שטומאתו חמורה, חמור שילוחו משילוח חבירו, לפיכך משלחין את המצורע חוץ לג' מחנות שהוא חוץ לירושלים, [ז]מפני שהוא מטמא בביאה, מה שאין הזב מטמא.

באר הגולה

[א] ‹ע"פ מהדורת נהרדעא› [ב] ‹בפרק מי שהיה טמא (דף צ"ה:) תנן הפסח שבא בטומאה לא יאכלו ממנו זבין וזבות נדות ויולדות, ואם אכלו פטורים מכרת, ור"א פוטר אף על ביאת המקדש. ופירש"י ואם אכלו פטורים מכרת דאוכל קדשים בטומאה, כדיליף בברייתא בגמרא, אבל מביאת מקדש לא פטרינהו רחמנא, וידוע דהלכה כת"ק - כסף משנה› [ג] ‹עיין דף סח. בהערה› [ד] ‹ואף על גב דרב חסדא סבר דפטור, כיון דפלוגתא דרבי יהודה ור' שמעון היא, פסק רבינו כר' יהודה, דהלכה כוותיה לגבי דרבי שמעון, ורב חסדא איכא למימר דהאי ברייתא לא שמיע ליה, מדלא אמר הלכה כפלוני, ואי הוה שמיע ליה הוה אמר הלכה כר' יהודה - כסף משנה› [ה] ‹נחלקו הרמב"ם ורש"י, דהרמב"ם סובר דמלקות בנכנס למחנה ישראל הוי רק על ירושלים ולא בשאר עיירי חומה, ורק עשה איכא. **אבל** רש"י (ד"ה לפנים ממחיצתו) סובר דבשאר ערי חומה הוי נמי כירושלים דאיכא נמי מלקות, אי לא הוי ניתק לעשה - שיעורי ר' דוד› ‹**צ"ע** למה חלוקין בדינם לענין מלקות, דאין לוקה רק אם נכנס לירושלים, אבל בעיירות המוקפות חומה אינו אלא רק באיסור כשנכנס לשם ומיהו אינו לוקה עלה, וצ"ע - משאת המלך› [ו] ‹עיין כסף משנה, שהוא למד כן מספרי, ולכאורה יפלא, למה בחר בדרשא דספרי, ושבק לדרשא דגמ' בפסחים דף ס"ז יליף מ"בדד" למצורע, ומ"מחניהם" זב וטמא מת - מעשי למלך, ע"ש מה שתירץ› [ז] ‹כ"ה בספרי הנ"ל, אבל בפסחים ס"ז איתא, מאי חומריה דמצורע מזב, שכן טעון פריעה ופרימה ואסור בתשמיש המטה - הר המוריה›

עין משפט נר מצוה

ח א מיי' פ"ג מהלכות ביאת מקדש הל' ח סמג עשין קפד ולאוין רש:

ט ב שם הלכה ד:

י ג שם הלכה ג:

תורה אור

אלא יש לך שעה שזבין ומצורעין משתלחין ואין טמאי מתים משתלחין ואיזה זה פסח הבא בטומאה אמר אביי אי הכי לימא נמי יאמר זב וטמאי מתים ואל יאמר מצורע ואני אומר זב משתלח מצורע לא כ"ש אלא יש לך שעה שמצורעין משתלחין ואין זבין וטמאי מתים משתלחין ואיזה זה פסח הבא בטומאה וכי תימא הכי נמי והתנן *פסח הבא בטומאה לא יאכלו ממנו זבים וזבות נדות ויולדות ואם אכלו פטורין אלא אמר אביי לעולם מקרא קמא אם כן ניכתוב רחמנא איש איש כי יהיה טמא לנפש למה לי וכי תימא האי לנפש להכי הוא דאתא הטמא מת הוא דנדחה לפסח שני אבל שאר טמאין לא *והתניא יכול לא יהו עושין פסח שני אלא טמאי מתים ושהיה בדרך רחוקה זבין ומצורעין ובועלי נדות מנין ת"ל איש איש לנפש דכתב רחמנא למה לי אלא הכי קאמר איש נדחה לפסח שני ואין ציבור נדחה לפסח שני אלא עבדי בטומאה וכי עבדי ציבור בטומאה בטמא מת אבל שאר טומאות לא עבדי אמר רב חסדא מצורע שנכנס לפנים ממחיצתו פטור שנאמר °בדד ישב מחוץ למחנה מושבו בדד ישב לבדו ישב מחוץ למחנה מושבו הכתוב נתקו לעשה איתיביה *מצורע שנכנס לפנים ממחיצתו בארבעים זבין וזבות שנכנסו לפנים ממחיצתן בארבעים *וטמא מת מותר ליכנס למחנה לויה ולא טמא מת בלבד אמרו אלא אפילו מת עצמו שנאמר °ויקח משה את עצמות יוסף עמו במחיצתו תנאי היא דתניא בדד ישב לבדו *ישב שלא יהו טמאין אחרים יושבין עמו יכול יהו זבין וטמאי מתים משתלחין למחנה אחת תלמוד לומר °ולא יטמאו את מחניהם *ליתן מחנה לזה ומחנה לזה דברי רבי יהודה ר"ש אומר אינו צריך הרי הוא אומר °וישלחו מן המחנה כל צרוע וכל זב וכל טמא לנפש (א)יאמר טמאי מת ואל יאמר טמאי זב ואני אומר טמאי מתים משתלחין זבין לא כ"ש למה נאמר זב ליתן לו מחנה שניה ויאמר זב ואל יאמר מצורע ואני אומר זבין משתלחין מצורעין לא כל שכן למה נאמר מצורע ליתן לו מחנה שלישית כשהוא אומר בדד ישב הכתוב נתקו לעשה מאי חומריה דזב מטמא מת שכן טומאה יוצאה עליו מגופו אדרבה טמא מת חמור שכן טעון הזאה שלישי ושביעי אמר קרא טמא וכל טמא לרבות טמא שרץ וזב חמור מטמא שרץ ומאי חומריה כדאמרן אדרבה שרץ חמור שכן מטמא באונס אמרי כי

רש"י

אלא יש לך שעה שזבין ומצורעין משתלחין. מן העזרה וטמאי מתים נכנסים לתוכה: **בטומאה.** כשרוב ציבור טמאין מת עושין פסח בטומאה וזבין ומצורעין שבכהן נדחין: **מצורע חמור מזב.** לקמן מפרש חומריה: **ואיזה זה כו'.** בתמיה: **לא יאכלו ממנו.** דכי דייקינן איש נדחה ואין ציבור נדחין בטומאת נפש הוא דדייקינן גבי איש כי יהיה טמא לא כתיב אלא לנפש ובדידה דייקינן איש ולא ציבור אלמא מהתם יליף דלא מישלחו כדר"ל זב נמי ליתסרי: **אלא לעולם מקרא קמא.** ודדייקינן איש נדחה ואין ציבור נדחין דקשיא לך אימא ציבור כלל לא א"כ דדוקא דממעטינן ציבור מהאי דינא לחומרא ממעטינן למאי הילכתא כתב לנפש למעוטי זבין ומצורעין לכתוב טומאה סתם דמשמע דבכל טומאות יחיד נדחה לשני וציבור לית להו תקנתא דע"כ לנפש למעוטי זבין ומצורעין אתא ולאחמורי עלייהו ולאו לגבי ציבור לא מחמירו עלייהו ולמימר דבטומאת מת הוא דאין ציבור נדחין אלא עושין פסחיהן בטומאה אבל בטומאת זיבה וצרעת אפילו ציבור נמי נדחין לגבי מאן מחמיר עלייהו וכ"ת לגבי יחיד מחמיר עלייהו וקאמר טמא נפש הוא דלהוי ליה תשלומין לשני אבל זב ומצורע אפי' נטהר בשני לית לי' תקנתא כתשלומין והתניא יכול לא יהו חייבין בפסח שני אלא טמא נפש כו': **ת"ל איש איש.** כי יהיה טמא משמע כל טומאה מדלא כתיב לנפש ברישא א"ל איש כי יגע במת ש"מ למדרש באנפיה נפשיה הוא לנפש למה לי אלא ע"כ מיעוטא דליבור לאוקמי אתא ולמימרא דאין נדחין אלא עושין בטומאה ומש"ה כתיב לנפש למימר דבטומאת מת הוא דאקיל עלייהו אבל זיבה וצרעת לא: **לפנים ממחיצתו.** מחילה שנאסר ליכנס בה דהיינו לפני' מחומת כל ערי ישראל כדאמר לקמן מצורע משתלח חוץ למחנה ישראל: **פטור.** ממלקות דלא יטמאו את מחניהם: **נתקו לעשה.** ואע"ג דלאו בהדי לאו כתיב ע"כ נתקו לאו אתא דק"ל לא שניתק לעשה אין לוקין עליו דלאו לאטעוניה עשה ול"ת הא כתב ביה עשה אחרינא וישלחו מן המחנה אבל זבין וטמאי מתים לא נתקו לעשה ואע"ג דעשה יתירי כתיבי כל חד וחד למילתיה מדריש בספרי ועוד דהאי כתיב כל ימי אשר הנגע בו וגו' משמע כל ימיו בבדד ישב קאי דאם עבר ונכנס יחזור ויצא ואין בו עונש אחר כדדרשינן כל ימיו דאונס את הנערה במס' מכות (דף טו.) כל ימיו בעמוד והחזר קאי ומנתקינא ליה ללאוי: **זב.** מחילתו הר הבית דאסור לכנס במחנה לויה כדלקמן שכל הטמאין אין משתלחין אלא מן העזרה לבדה חוץ מזב ובעל קרי שמשתלחין אף מהר הבית ומצורע משתלח אף ממחנה ישראל דהיינו כל העיר: **מחנה לויה.** כל הר הבית חוץ לחומת העזרה: **עמו.** ומשה לוי היה: **תנאי היא.** דאיכא תנא דלא מייתי ליה קרא לעשה אלא ליתן לו מחנה שלישית: **שלא יהו טמאין אחרים יושבין עמו.** כגון זבין וטמאי מתים למדנו לשלוחו של מצורע שהוא חמור מכולן: **יכול יהו זבין וטמאי מתים משתלחין למחנה אחת ת"ל ולא יטמאו את מחניהם כו' מחנה לוים ומחנה לוים.** מדלא כתיב מחנה משמע מחנה לכל אחד ואחד והתם תרתי מחנות כתיבי וישלחו מן המחנה מחוץ למחנה תשלחום והאי מחוץ למחנה דמצורע ליתן לו מחנה שלישית: **אינו צריך.** האי מחוץ למחנה ליתן לו מחנה שלישית לאלאו דכולהו מהתם נפקי דע"כ כולן חמורים זה מזה בטומאותיהן דאי כולהו שוו לענין מחנות לכתוב שילוח בקל ואנא ידענא כל שכן דחמור בעי שילוח ומדלכתבינהו כולהו ש"מ שילוחו של זה לא כשילוחו של זה: **זב לא כ"ש.** לקמיה פריך מאי חומריה דזב מטמא מת: **לרבות טמא שרץ.** לשילוח והוא הדין לנוגע בנבילה וכל טמאי מגע וכיון דכתב רבייה לטמאי מגע לא איצטריך למיכתב זב דתמיר מטמא שרץ שהרי טומאה יוצאה עליו מגופו: **זב** אינו מטמא מחמת אונס אם ראה מחמת מאכל ומשתה או חולי או קפילה כדאמר במסכת נדה בפרק בנות כותים (דף לה.) מבשרו ולא מחמת אונסו ומשנינן כי האי גוונא זב טמויי נמי מטמא כגון טומאת טמאי שרץ שאינו אלא טומאת ערב: זב

תוספות

הכתוב נתקו לעשה. פי' בקו' דכתיב כל ימי אשר הנגע בו משמע דניתוק לאו הוא כל ימיו בדד ישב שאם עבר ונכנס יחזור ויצא ואין בו עונש אחר כמו לא יוכל לשלחה כל ימיו וקשה לר"י דאם כן ה"ל לאיתויי רישיה דקרא בספרים ועוד הקשה ריב"א דלא דמי דלא יוכל לשלחה כל ימיו משמע דליכא לאו אלא כשמשלחה כל ימיו אבל הכא לא משמע מקרא הכי ואור"י דהאי נתקו לעשה לא הוי כשאר לאו הניתק לעשה שהעשה כתוב אחר הלאו בסמוך משמע שלתקן הלאו בא כמו לא תותירו ממנו והנותר וגו' (שמות יב) וכמו לא תקח האם על הבנים שלח תשלח (דברים כב) *אלא ה"פ הכתוב נתקו לעשה דכיון דכל הטמאים היו בכלל ולא יטמאו את מחניהם ופרט במצורע בפני עצמו עשה אתא להוציאו מכלל האחרים לנתקו מן הלאו וליתנו בעשה אבל היכא שאינו כתוב הלאו אלא על דבר אחד לא מנתקינן את הלאו בעשה אלא הוי בלאו ועשה וקשה דבעל קרי נמי לא לילקי אם נכנס לפנים ממחילתו שהכתוב נתקו לעשה דכתיב ויצא אל מחוץ למחנה וי"ל דהכא בחד קרא איכא תרי עשה בדד ישב מחוץ למחנה מושבו והאי ניתוק עשה נראה *דלא מהני אלא במחנה שלישית דלא גרע מזב הואיל ואיכא לאוקמי ניתוק למחנה שלישי' ובמחנה שכינה חייב כרת דלא גרע ממחוסר כפורים וכן משמע בפ' כל הפסולים (זבחים דל"ב:) דקאמר ולאי ביאה במקצת שמה ביאה היכי מעייל ידיה לבהונות אידי ואידי עשה שיש בו כרת הוא א"נ ומסוכך האהיל והאי לגרעתו הותר לקריו ואיכא למידחי דההיא כרבי יהודה דלא חשיב ליה לקמן ניתוק לעשה:

זבין ובועלי נדות שנכנסו כו'. ריב"א לא גרס ובועלי נדות בהדי זבין דהא אמרינן לקמן בועל נדה כטמא מת למחנות ובתוספתא ליתיה: **מאי** חומרא דזב שכן טומאה יוצאה מגופו. ה"ה דהוה מצי למימר שכן מטמא משכב ומושב וכלי חרס בהיסט כדלקמן אלא ניחא ליה למינקט חומרי דלא מצי למימר להו בסמוך גבי חומר בזב מבמצורע: כי

[ועי' תוס' שבועות ד. ד"ה מלקות נפקא לי' ואם סתרה בו לא מאמר כו' וקצת ליע]:

מסורת הש"ס

לקמן נב: [בכורות לג: כריתות י.]

לקמן צג

מיר מה. סוטה כ: [תוספתא דכלים פ"א עיי"ש]

[זבחים קיז.]

[שם]

הגהות הגר"א

(א) גמ' יאמר טמא מת ואל יאמר זב וכו' כל"ל:

גליון הש"ס

תוס' ד"ה הכתוב נתקו לעשה. אלא ה"פ הכתוב נתקו לעשה כו'. עי' חולין פ' ע"ב תוס' ד"ה סמא למ"ד:

רבינו חננאל

הא כיצד טמא מת משתלח חוץ למחנה שכינה וטמא שרץ כמותו וזב משתלח חוץ למחנה לוית ובעל קרי כמותו מצורע משתלח חוץ למחנה ישראל נמצא המצורע משתלח חוץ לשלש מחנות הזב משתים וטמא מת מאחת וברור הוא: **ואתקיף** אביי אהא דריש לקיש ואהדר לדרשא דר' יוחנן והכי קאמר לעולם מקרא קמא והכתוב רחמנא איש איש כי יהיה טמא ולישתוק לנפש למה לי וכי תימא טמא נפש הוא נדחה לפסח שני אבל שאר טמאים לא והתניא יכול לא יהו עושין השני אלא טמאי נפש ומי שהיה בדרך רחוקה זבין ומצורעין ובועלי נדות מנין ת"ל איש איש ומאחר דכל טמאין עושין פסח שני לנפש דכתב רחמנא למה לי אלא הכי קאמר רחמנא איש נדחה לפסח שני ואין צבור נדחין לפסח שני אלא עברי בטומאה וצבור דעבדו בטומאת בטומאת מת אבל בשאר טומאות לא: **אמר** רב חסדא מצורע שנכנס לפנים ממחיצתו פטור מלקות שנאמר בדד ישב מחוץ למחנה מושבו אחר שכתוב ולא יטמאו את מחניהם וקבעו בלא [תעשה] העתיקו לעשה וכתב בו בדד ישב מחוץ למחנה מושבו נתקו לעשה לומר שאינו לוקה ומותבינן עליה מצורע שנכנס לפנים ממחיצתו בארבעים וכן זבים וטמאי מתים שנכנסו לפנים ממחיצתן בארבעים וטמא מת מותר להכנס במחנה לוית ואפילו מת עצמו מותר להכניסו במחנת לוית שנאמר ויקח משה את עצמות יוסף עמו במחיצתו קתני מיהא מצורע שנכנס לפנים ממחיצתו בארבעים והיכי פטר ליה רב חסדא ושני' תנאי היא ורב חסדא דאמר כר' שמעון דתניא בדד ישב מחוץ למחנה לבדו ישב שלא יהו טמאין אחרים יושבים עמו יכול יהו זבין וטמאי מתים משתלחין מן המחנה אחת ת"ל ולא יטמאו את מחניהם ליתן מחנה לזה ומחנה לזה דברי ר' יהודה ר"ש אומר אינו צריך הרי הוא אומר וישלחו מן המחנה כל צרוע וכל זב וכל טמא לנפש יאמר טמא נפש ואל יאמר זב ואני אומר טמא מת משתלח זב לא כל שכן מה ת"ל זב ליתן לו מחנה שניה יאמר זב ואל יאמר מצורע ואני אומר מצורע נתקו לעשה: **מאי** חומריה דזב מטמא מת דקתני ואני אומר טמא מת משתלח זב לא כל שכן מכלל שהזב חמור מטמא מת מאי חומריה שכן הזב טומאה יוצאה עליו מגופו אדרבה טמא מת חמור מזב שטעון הזאה שלישי ושביעי ודחי' מוכל דכתיב בטמא מת מרבינן טמא שרץ דלא כתיב ביה בהדיה להיות טעון שילוח חוץ למחנה ומרבינן טמא שרץ שבאה לו הטומאה מבחוץ שדומה לטמא מת והזב חמור מטומאת שרץ שהזב טומאה יוצאה לו מגופו. ותו אקשי' יש לומר שטומאת שרץ חמור שמטמא אפי' [אם] נפל עליו השרץ באונס מה שאין כן בזב שהזב אינו מטמא באונס דתנן בשבעה דרכים בודקין את הזב וכו' ואם נמצא עליו אונס אינו טמא מאותה הראי' שבאונס ושנינן להטמאות הזב בטומאת ערב כטומאת שרץ אפילו אם ראה ראיה באונס מטמא טומאת ערב דלא גרע מקרי וכדרב הונא דאמר ראיה ראשונה של זב מטמאה באונס נתברר שהזב חמור הוא מטמא שרץ שנתרבה מטמא מת ועל זה אמר יאמר טמא נפש ולא יאמר זב וכן עוד דהתאני זב משתלח מצורע לא כל שכן מכלל שמצורע חמור מזב מאי חומריה דמצורע מזב שכן טעון פריעת הראש ופרימת בגדיו ואסור בתשמיש שנאמר (ויקרא י"ד) וישב מחוץ לאהלו ואין אהלו אלא אשתו שנאמר

עין משפט נר מצוה

יא א מיי' פ"ג מהלכות מחוסרי כפרה הל"ה :

יב ב שם הלכה ט :

יג ג מיי' פ"ה מהלכות אבות הטומאה הל"ה:

[עי' תוס' למלך פ"ג מהלכות ביאת המקדש ה"ב]

גי' רש"ל ואם שכב

כי האי גוונא זב נמי מטויי מטמי באונס כדרב הונא *דאמר רב הונא *ראיה ראשונה של זב מטמאה באונס מאי חומריה דמצורע מזוב שכן טעון פריעה ופרימה ואסור בתשמיש המטה אדרבה זב חמור שכן (א) מטמא משכב ומושב ומטמא כלי חרס בהיסט אמר קרא זב וכל זב לרבות בעל קרי ומצורע חמור מבעל קרי ומאי חומריה כדאמרן אדרבה בעל קרי חמור שכן מטמא במשהו °סבר לה כר' נתן *דתניא ר' נתן אומר משום ר' ישמעאל זב צריך *כחתימת פי האמה °ולא הודו לו חכמים ואיתקש ליה בעל קרי לזב וכל צרוע למה לי *אידי דכתיב כל זב כתיב נמי כל צרוע ורבי יהודה שפיר קאמר רבי שמעון ההוא מיבעי ליה *לכדתניא רבי אליעזר אומר יכול דחקו זבין ומצורעין ונכנסו לעזרה בפסח הבא בטומאה יכול יהו חייבין ת"ל °וישלחו מן המחנה כל צרוע וכל זב וכל טמא לנפש בשעה שטמאי מתים משתלחין זבין ומצורעין משתלחין אין טמאי מתים משתלחין אין זבין ומצורעין משתלחין אמר מר זב וכל זב לרבו' בעל קרי מסייע ליה לר' יוחנן *דא"ר יוחנן מחילות לא נתקדשו *ובעל קרי משתלח חוץ לשתי מחנות מיתיבי *בעל קרי כמגע שרץ מאי לאו למחנותם לא לטומאתם למומאתם האי טומאת ערב כתיב ביה והאי טומאת ערב כתיב ביה אלא לאו למחנותם לא לעולם לטומאתם והא קמשמע לן דבעל קרי כמגע שרץ ימה מגע שרץ מטמא באונס אף בעל קרי מטמא באונס מיתיבי

בועל

רש"י

זב נמי מטמא באונס. כגון בראיה ראשונה שאין בה אלא טומאת ערב דלאו תקיש לשכבת זרע דכתיב (ויקרא טו) זאת תורת הזב ואשר תצא ממנו שכבת זרע והייט ראיה ראשונה דלא מנה ביה בהאי קרא אלא חדא זיבה דאזלינן בתר מניינא דקרא כדאמרינן במגילה (ד' ח:) מנה הכתוב שתים וקראו טמא כו' : **מטמאה באונס**. מהאי היקש גופיה נפקא ליה לרב הונא מה קרי מטמא באונס אם ראה מחמת רוב מאכל ומשתה דגבי קרי לא כתיב מיעוטא אף ראיה ראשונה של זב מטמאה באונס. זוב דומה ללובן ביצה המוזרת שכבת זרע דומה ללובן ביצה שאינה מוזרת: **פריעה**. פריעת הראש גידול שיער: **פרימה**. בבגדים: **ואסור בתשמיש המטה**. כדכתיב (ויקרא יד) וישב מחוץ לאהלו ואין אהלו אלא אשתו למאן דאמר במועד קטן (ד' ז:) ק"ו לימי חלוטו איכא חומרא טובא ולמאן דאמר ימי ספרו דוקא אפ"ה חומרא מיהא היא דהאי זב לא מיתסר מידי בתשמיש : **זב**. עושה משכבו ומושבו אב הטומאה לטמא אדם הנוגע בו טומאה חמורה לטמא בגדים שעליו אע"פ שלא נגעו הבגדים במשכב אבל מצורע אע"ג דתניא בתורת כהנים עושה משכב ומושב לאו אב הטומאה לטמא אדם לטמא בגדים אלא לטמא אוכלין ומשקין : **ומטמא כלי חרס בהיסטו**. דכתיב (ויקרא טו) וכלי חרס אשר יגע בו הזב ישבר ותניא בתורת כהנים יכול אפילו נגע בו הזב מאחוריו יהא טמא תלמוד לומר אשר יגע בו ולהלן הוא אומר אשר תבשל בו מה בו האמור להלן מאוירו אף בו האמור כאן אינו מטמא במגע אלא מאוירו אם כן מאחר שלמדנו שמטמא אותו מאוירו מה ת"ל אשר יגע בו פירוש ומה חלק בו ומה הוסיף בו בכלי חרס בטומאת הזב מבשאר טומאות במגעו שהוא ככולו הוי אומר זה היסטו : **ומשנינן זב וכל זב לרבות**. קרי כזב וכיון דאיתרבי בעל קרי לישתלח חוץ לשתי מחנות לא איצטריך מצורע דחמור מבעל קרי : **ופרכינן מאי חומרא כדאמרן**. וכיון דלא איצטריך וכתביה רחמנא ליתן לו מחנה שלישית אדרבה ט' : **במשהו**. כעין חרדל ובפחות מכאן במסכת נדה (ד' מ:) ומצורע שיעורו כגריס בתורת כהנים : **כחתימת פי האמה**. כדי סתימת נקב פי אמתו ויליף לה מהחתים בשרו את זובו במסכת נדה (דף מג:) : **ואיתקש בעל קרי לזב**. כדכתיב זאת תהיה תורת הזב ואשר תצא ממנו שכבת זרע מה זב צריך כחתימת פי האמה אף בעל קרי אלמא מצורע חמור דאזלא ליה פירכא דכל שהוא וכי איצטריך ליתן לו מחנה שלישית : **וכל**. דכתיב גבי מצורע מאי (כל) מרבי גבי דין מצורע : **שפיר קאמר ר' שמעון**. דמפיק ליה מהאי קרא דין שילוחין ולמה לי קרא אחרינא : **פסוק**. צרוע וזב לכדרבי אליעזר אתי לאקשינהו לטמא מת לפוטרו מן ההיכרת בפסח הבא בטומאה ואע"ג דלא אישתרי להו לכתחלה בביאת מקדש : **אין טמאי מתים משתלחין**. כגון פסח הבא בטומאה דאישתרו (*טמאי מתים לכתחלה כשרוב הציבור טמאי מתים כדכתיב איש וגו') כדלעיל בשמעתין : **אין זבין ומצורעין משתלחין**. שילוחן הראשון בכרת ומיהו לכתחלה לא אישתרו דהא טמא לנפש גלי רחמנא דאין ציבור נדחין הא בשאר טומאות נדחין מיהו אהני היקישא לפוטרן מן ההיכרת: **מחילות** (א) **לא נתקדשו**. הני תרתי מילי שמעינהו כי הדדי מרביה וכי הדדי אמרינהו מחילות ומערות שלתחת העזרה לא נתקדשו בקדושת עזרה : **ובעל קרי משתלח כו'**. והייט כברייתא דהא איתקש לזב : **לטומאתן**. דאין טמא שבעה כזב וכטמא מת : **טומאת ערב בהדיא כתיב ביה**. כי תצא ממנו שכבת זרע ורחץ במים וגו' (ויקרא טו) : **מה שרץ מטמא באונס**. אם נפל עליו שרץ מת : **מטמא באונס**. כגון אם ראה מחמת רוב מאכל ומשתה.

בועל

תוספות

כי האי גוונא זב נמי מטויי מטמי באונס. תימה לרשב"א אמאי שרץ חמור שמטמא בכעדשה מה שאין כן בזב דבר' נתן מוקמי' לה דבעי חתימת פי האמה דהוי טפי אפילו מכגרים כדמוכח בסמוך ואור"י דאם היו מפזרין העדשה יהיה יותר מחתימת פי האמה ומגרים ודוחק ונראה לתרץ דאיכא למימר טמא מת יוכיח דבכזית וכי פריך בסמוך אדרבה בעל קרי חמור שכן מטמא במשהו לא שייך טמא מת יוכיח דהא אין משולח אלא חוץ למחנה אחת ושם רוצה שיהא מצורע משתלח חוץ לשתי מחנות כבעל קרי :

שכן טעון פריעה ופרימה. תימה לר"י אמאי לא קאמר נמי שכן מטמא בביאה הבא אל האהל : **ואסור** בתשמיש המטה. כמאן דאמר בפ"ק דמ"ק (ד' ז:) דמוחלט אסור בתשמיש המטה : **שכן** עושה משכב ומושב. פירש בקונטרס דהא דתניא בת"כ דמצורע עושה משכב ומושב לא לטמא אדם ובגדים °אלא לטמא אוכלין ומשקין אבל ליכא למימר דהא מיירי במצורע בימי ספרו דאינו עושה משכב ומושב כדקתני בהדיא בת"כ דהא אמר הכא דמשולח חוץ לג' מחנות ובשילהי מסכת נגעים (פי"ד מ"ג) תנן דבימי' ספרו הוי כטמא שרץ אלמא אינו משולח אפי' חוץ למחנה לויה והא דקתני נמי התם ונכנס לפנים מן החומה לאו דוקא לפנים מן החומה ועוד דמסיק הכא שכן טעון פריעה ופרימה והייט במוחלט והקשה הרב משה מפונטייז"א דתניא בתורת כהני' (*אשר ישכב) איש אותה פרט למטורעת ואי מצורע לא מטמא משכב ומושב למ"ל למעוטי מהיכי תיתי שתטמא את בועלה דמנדה לא ילפא שכן מטמאה משכב ומושב אלא ודאי מטמאה משכב ומושב להכי איצטריך קרא למעוטי ויש לומר דאסמכתא בעלמא היא ועוד הקשה מהא דאמר לזכר לרבות מצורע למעייניותיו אקשיה רחמנא לזב מה זב ראייתו מטמא במשא ט' והואיל ואיתקש אין היקש למחצה ולמשכב ומושב נמי איתקש ולאו פירכא היא דאם כן למחנותם נמי נימא דאיתקש ואם כן מאי פריך הכא והא דתנן בפרק בתרא דמסכת זבין (פ"ה מ"ו) הנוגע בזב ובזבה במצורע ט' אחד הנוגע אחד המסיטו ואחד הנושא ואחד הנישא אלמא משמע דמצורע מטמא בהיסט ובשמעתין משמע דלא מטמא אור"ת דהא דקתני נישא דמשמע דמטמא בהיסט לא קאי אמצורע אלא אשארא* :

ואיתקש בעל קרי לזב. הכא משמע דבעל קרי נמי טמא מטעם ראיה ואומר ר"י דפליגא אההיא דריש המפלת (נדה דף כב:) דקאמר התם בעא מיניה רבא מרב הונא הרואה קרי בקיסם מהו אמר ליה ותיפוק ליה דהוא עצמו אינו מטמא אלא בחתימת פי האמה וקאמר למימרא דטגע הוי פירוש מדבעי חתימת פי האמה אלמא משמע התם דמטעם נגיעה טמא ובפרק יוצא דופן (שם דף מב:) דקאמר שכבת זרע לרואה במשהו לנוגע בכעדשה פליגא אדשמעתא ודהמפלת : **מחילות** לא נתקדשו. וא"ת הא אמר בפ"ב דזבחים (דף כד:) נעקרה אבן ועמד במקומה מהו ט' ומסיק לעולם פשיטא ליה דכי קדיש דוד רצפה עד ארעית תהומא קדיש וי"ל דבכילד צולין (לקמן דף פו:) מסקינן כי א"ר יוחנן בפתוחות לחול אבל פתוחות לקודש קודש : **הא'** טומאת שבעה כתיב ביה והאי טומאת כו'. הוי מצי לשנויי כדמשני בפ"ק (ג) דיומא (דף ו:) דלעולם לטומאת שבעה וסיפא איצטריכא ליה אלא שחמור הימט בועל נדה שמטמא משכב ומושב לטמא אוכלין ומשקין :

מיפרך

רבינו חננאל

שנא' (דברים ה) שובו לכם לאהליכם ומפרש במשקין [דף ז' ע"ב]: אדרבה זב חמור שכן מטמא משכב ומושב וכלי חרס בהיסט מה שאין כן במצורע [illegible]

מסורת הש"ס

הגהות הב"ח

הגהות הגר"א

גליון הש"ס

§ מסכת פסחים דף סז: §

אות א'

ראיה ראשונה של זב מטמאה באונס

רמב"ם פ"ב מהל' מחוסרי כפרה ה"ה - במה דברים אמורים שבודקין את הזב בדרכים אלו, בראייה שנייה של זוב, שבה יעשה זוב כמו שיתבאר; אבל ראייה ראשונה אפילו ראה אותה באונס, וראייה שנייה מחמת בשרו, הרי זה טמא טומאת זיבות.

אות א'*[א]

שכן טעון פריעה ופרימה

רמב"ם פ"י מהל' טומאת צרעת ה"ו - מצות עשה שיהיה המצורע המוחלט [ב]מכוסה ראש כל ימי חלוטו, ועוטה על שפם כאבל, ופורם בגדיו, ומודיע העוברים עליו שהוא טמא, שנאמר: והצרוע אשר בו הנגע וגו'.

אות א'**[ג]

שכן מטמא משכב ומושב

רמב"ם פ"ז מהל' מטמאי משכב ומושב ה"א - הזב מטמא את המשכב והמושב והמרכב בחמש דרכים וכו'.

אות ב'

ולא הודו לו חכמים

רמב"ם פ"ב מהל' מחוסרי כפרה ה"ט - ראיית הזב אין לה שיעור, אלא הרואה כל שהוא טמא, שנאמר: החתים בשרו, [ד]כל שהוא ניכר בבשרו מטמא.

אות ב'*[ה]

ובעל קרי משתלח חוץ לשתי מחנות

רמב"ם פ"ג מהל' ביאת מקדש ה"ג - [ו]ומשלחין זבין וזבות נדות ויולדות חוץ לשתי מחנות, שהוא חוץ להר הבית, מפני שהן מטמאין המשכב והמושב אפילו מתחת האבן, מה שאין המת מטמא.

אות ג'

מה מגע שרץ מטמא באונס, אף בעל קרי מטמא באונס

רמב"ם פ"ה מהל' שאר אבות הטומאה ה"א - ואחד הרואה מחמת בשרו או הרואה באונס, טמא.

באר הגולה

א ‹ע"פ מהדורת נהרדעא› ב ‹במו"ק שם יש פלוגתא דר"א ור"ע, דר"א אומר אין פריעה אלא גידול שיער, {וכן פי' רש"י כאן}, ור"ע אומר שלא ילך על הראש בכומתא וסודרא, ע"ש, ולרש"י באמת אסור המצורע לישא כובע על ראשו, **אבל** מדברי הרמב"ם שכתב בפ"י דין ו' דצריך שיהא ראשו מכוסה, יראה לי שמפרש להיפך, שמחוייב לישא כומתא או סודרא על ראשו - ערוה"ש› ג ‹ע"פ מהדורת נהרדעא› ד ‹ויש לתמוה מה שהביא ראיה מהחתים בשרו, על כל שהוא, ובגמ' הוא להיפך, דצריך כחתימת פי האמה, שנאמר או החתים בשרו, והוא כר' נתן, ולא הודו לו חכמים, דס"ל או החתים אתי דמטמא לח ולא יבש, ופירש"י בנדה מ"ג: דהחתים משמע לח ע"ש, וא"כ איך הביא הרמב"ם ראיה מהחתים על כל שהוא. **אמנם** בת"כ דריש וזאת תהיה טומאתו בזובו וגו', תהיה אפילו כל שהוא, החתים אפילו כל שהוא, בשרו אפילו כל שהוא, ע"ש, הרי דדריש מהחתים על כל שהוא. **ויש** להבין היאך הניח דרשת הש"ס, אלא ודאי דגם זה איתא בש"ס. והאמת כן הוא, בשנבין בזה שאמרו דרבנן דרשו החתים ללח, מה ענין החתים ללח. **ונ"ל** דה"פ, דצריך שיגע בחתימת פי האמה, וזה לא משכחת אלא בלח כמובן, וזהו גם כוונת הת"כ החתים אפילו כל שהוא, כלומר רק כשנוגע בפי האמה די, וזהו כוונת הרמב"ם בזה שאמר החתים בשרו, כל שהוא ניכר בבשרו מטמא, כלומר שיצא לחוץ ודבוק לבשרו - ערוה"ש› ה ‹ע"פ מהדורת נהרדעא› ו ‹ודע שלא ראיתי לרבינו בפירקין שהביא דין זה דבעל קרי, וכן בפ"ז מהלכות בית הבחירה לא הזכיר כלל דין דבעל קרי, ולא ידעתי למה, גם במתני' פ"ק דכלים מ"ח קתני הר הבית מקודש ממנו שאין זבין וזבות נדות ויולדות נכנסים לשם, ורבינו העתיק משנה זו בפירקין, ולא ידעתי למה לא אמרו גם כן בעל קרי, והדבר אצלי צריך תלמוד - משנה למלך›

§ מסכת פסחים דף סח. §

אות [א׳ - ב׳]

זו מחנה שכינה

זו מחנה לויה

רמב״ם פ״ג מהל׳ ביאת המקדש ה״ח - הטמא המשולח מהר הבית, אם נכנס עובר בלא תעשה, שנאמר: "ויצא מחוץ למחנה", [א]זה מחנה שכינה, "ולא יבוא אל תוך המחנה", זה מחנה לויה; וכן מצורע שנכנס לירושלים לוקה; אבל אם נכנס לשאר הערים המוקפות חומה, אף על פי שאינו רשאי, לפי שנאמר: "בדד ישב", אינו לוקה.

באר הגולה

[א] ‹ותמהני על זה, דגרסינן בר"פ אלו דברים: אמר ליה אכתי לא עיילתיה אפיקתיה וכו', אלא אימא "מחוץ למחנה", זה מחנה לויה, "ואל יבא אל תוך המחנה", זה מחנה שכינה, ונראה שלא היה כתוב כן בגירסתם, וכן נראה מדברי רבינו בספר המצות שלו סי' ע"ח – כסף משנה›

*בועל נדה כטמא מת למאי אילימא לטומאתם האי טומאת שבעה כתיב ביה והאי טומאת שבעה כתיב ביה אלא לאו למחנותם ומדסיפא למחנותם הוי רישא נמי למחנותם מידי איריא הא כדאיתא והא כדאיתא מיתיבי מצורע חמור מזוב וזב חמור מטמא מת יצא בעל קרי שטמא מת חמור ממנו מאי יצא לאו יצא מכלל זב ובא לכלל טמא מת דהא טמא מת חמור ממנו ומותר במחנה לויה לא יצא ממחנה טמא מת ונכנס למחנה זב ואע"ג דטמא מת חמור ממנו (*דמותר) במחנה לויה למאי דדמי לי' מדמינן ליה תני תנא קמיה דרב יצחק בר אבדימי °ויצא אל מחוץ למחנה [א] זו מחנה שכינה לא יבא אל תוך המחנה [ב] זו מחנה לויה מכאן לבעל קרי שיוצא חוץ לשתי מחנות אמר לי' אכתי לא עיילתיה אפיקתיה לישנא אחרינא אכתי לא אפיקתיה עיילתיה אלא אימא מחוץ למחנה זו מחנה לויה לא יבא אל תוך המחנה זו מחנה שכינה מתקיף לה רבינא אימא אידי ואידי למחנה שכינה ולעבור עליו בעשה ולא תעשה אם כן לימא קרא ויצא אל מחוץ למחנה ולא יבא אל תוך המחנה למה לי שמע מינה ליתן לו מחנה אחרת : ומיחוי קרביו וכו' : מאי מיחוי קרביו רב הונא אמר שמנקבן בסכין (רב) חייא בר רב אמר שירקא דמעייא דנפקא אגב דוחקא דסכינא אמר ר' (*אליעזר) מאי טעמא דחייא בר רב דכתיב °וחרבות מחים גרים יאכלו מאי משמע כדמתרגם רב יוסף ונכסיהן דרשיעיא צדיקיא יחסנון °ורעו כבשים כדברם אמר מנשיא בר ירמיה אמר רב כמדובר בם מאי כמדובר בם אמר אביי וחרבות מחים גרים יאכלו אמר ליה רבא בשלמא אי כתיב חרבות כדקאמרת השתא דכתיב וחרבות מילתא אחריתי קאמר אלא אמר רבא כדרב חננאל אמר רב דאמר רב חננאל אמר רב עתידין צדיקים שיחיו את המתים כתיב הכא ורעו כבשים כדברם וכתיב התם °ירעו בשן וגלעד כימי עולם בשן זה אלישע הבא מן הבשן שנאמר °ויעני יושפט בבשן וכתיב °פה אלישע בן שפט אשר יצק מים על ידי אליהו גלעד זה אליהו שנאמר °ויאמר אליהו התשבי מתושבי גלעד וגו' אמר ר' שמואל בר נחמני א"ר יונתן עתידים צדיקים שיחיו מתים שנאמר °עוד ישבו זקנים וזקנות ברחובות ירושלם ואיש משענתו בידו מרוב ימים וכתיב °ושמת משענתי על פני הנער *) עולא רמי כתיב °בלע המות לנצח וכתיב °כי הנער בן מאה שנה ימות לא קשיא כאן בישראל כאן בעכו"ם ועובדי כוכבים מאי בעו התם דכתיב °ועמדו זרים ורעו צאנכם ובני נכר אכריכם וכורמיכם רב חסדא רמי כתיב °וחפרה הלבנה ובושה החמה וכתיב °והיה אור הלבנה כאור החמה ואור החמה יהיה שבעתים כאור שבעת הימים לא קשיא כאן לעולם הבא כאן לימות המשיח *ולשמואל דאמר אין בין העולם הזה לימות המשיח אלא שיעבוד מלכיות בלבד מאי איכא למימר אידי ואידי לעולם הבא ולא קשיא °כאן במחנה שכינה כאן במחנה צדיקים *רבא רמי כתיב °אני אמית ואחיה וכתיב מחצתי ואני ארפא השתא אחויי מחיי מרפא לא כל שכן אלא אמר הקב"ה מה שאני ממית אני מחיה כמו שמחצתי ואני ארפא *ת"ר אני אמית ואחיה יכול מיתה באחד וחיים באחד ת"ל מחצתי ואני ארפא מה מכה ורפואה באחד אף מיתה וחיים באחד מכאן תשובה לאומרים אין תחיית המתים מן התורה דבר אחר בתחלה מה שאני ממית אני מחיה והדר מה שמחצתי ואני ארפא :

*) [סנהדרין לא:]

והקטר

רש"י

בועל נדה כטמא מת · סיפא דמתני' דלעיל היא : **מצורע חמור מזוב** . למחנותיו כדאמרן וכן זב מטמא מת : **יצא בעל קרי** . מפרש ואזיל מאי היא : **לא יצא מכלל טמא מת כו'** · והכי משמע יצא בעל קרי מכלל זה דהאך לפי חומר טומאתן חומר שלוחן יצא בעל קרי שאע"פ שטמא מת חמור ממנו שהוא טומאת שבעה וזה טומאת ערב אפילו הכי לענין מחנות בעל קרי חמור דעל כרחיך כי כתיב וכל זב לרבויי בעל קרי אתא לכלל זב וכל טמא לרבויי טמא שרץ לכלל טמא מת אתא דכל חד וחד למאי דדמי ליה מדמינן ליה ובעל קרי דומה לזב שהטומאה יוצאה עליו מגופו : **ויצא אל מחוץ למחנה** . בבעל קרי כתיב כי יהיה בך איש וגו': הכי גרסינן ויצא אל מחוץ למחנה זו מחנה שכינה ולא יבא אל תוך המחנה זו מחנה לויה מכאן שבעל קרי משתלח חוץ לשתי מחנות דקאמר קרא שאם נטמא בעזרה יצא משתיהן : **אמר ליה אכתי לא עיילתיה אפיקתיה** · עדיין לא הכנסתו למחנה לויה וכבר הוצאתו ממנה דמדקאמרת לא יבא לתוכה מכלל דעומד חוצה לה וקאמר לא יכנס והא אכתי לא אישתעי בזה שיצא ממחנה שכינה ועומד במחנה לויה לשלחו ממנה וקא מזהר ליה שלא יכנס כאילו כבר יצא אכתי לא אעיילתיה כלומר עדיין לא דיבר על כניסתו מה תהא עליה אפיקתיה ודיבר עליו כאילו יצא . ל"א גרסי' אכתי לא אפיקתיה אעיילתי' עדיין לא הוצרכתו לצאת ממחנה לויה וכבר הזהרתו שלא יכנס והיינו אעיילתיה כבר אתה מדבר בכניסתו : **אלא אימא הכי ויצא אל מחוץ למחנה זו מחנה לויה** · וכשבא לצאת ממנה אל יכנס במחנה שכינה ואי לא הוו כתיבי שתי מחנות הוה מוקמינא ליה בעומד במחנה שכינה ומצריכו לצאת ממנה אבל עומד במחנה לויה אין משתלח והשתא דכתבינן שתי מחנות על כרחיך הכי תוקמא : **אם כן** · נימא וישלחו מן המחנה ולא יבא אל תוך ולישתוק : **מנקבן בסכין** · שיצא הרעי שאם יניחנו בתוכן יסריחו קודם שתתחך ולשון מיחוי שמוציא פרש רכה דנמחת בתוכה דשכפי"ר בלע"ז כמו וממחה ושופך (מעשר שני פ"ה מ"א) וכמו המחהו ונמחו (לעיל דף לה.) לישנא אחרינא מיחוי לשון נקיבה וחיבול כמו תמחה את זכר עמלק (דברים כה) : **שירקא דמעיא** · ליחה

ליחה האדוקה במעים שיוצא מהן בדוחק בסכין ובלע"ז לימו"ן מיחוי לשון דבר בזוי כדמפרש טעמא וחרבות מחים : **רשיפא** . אלמא דבר רע וסטי הוא : **ורעו כבשים כדברם** . כבשים ישראל : **כמדובר בם** . כמה שהובטחו על ידי נביא : **מאי כמדובר בם** . מה היא אותה הבטחה ומפרש לה סיפא דקרא הייט הבטחה וחרבות מחים גרים יאכלו צדיקים עד הנה כגרים ותושבים : **אי כתיב חרבות מחים** . ה"א סיפא דקרא פירוש לרישא כדקאמרת אבל השתא דכתב וחרבות לאו פירושא דרישא הוא אלא מילתא אחריתי היא : **אלא** · כמדובר בם דרישא הייט כרב חננאל כמדובר באליהו ואלישע שהחיו את המתים כך יחיו כל הצדיקים את המתים ירעו ורעו לגזירה שוה : **ויעני ושפט בבשן** . ושפט הוא אביו של אלישע דכתיב אלישע בן שפט : **ושמת משענתי** . באלישע כתיב על שהחיה בן השונמית : **ובלע המות** · יבולע מלאך המות שלא ישלוט : **בישראל** · כתיב ובלע המות וגו' : **ובושה החמה** · שלא תאיר : **יהיה שבעתים כאור שבעת הימים** · שבעתי' הן ארבעים ותשע וכתיב כאור שבעת הימים ארבעים ותשע כאור שבעת ימים של עכשיו נמצא עודף על אור של עכשיו ג' מאות וארבעים ושלשה : **בעולם הבא** · וחפרה הלבנה ובושה החמה שלא יהא בעולם אלא זיו זוהר ומראה שכינה : **לימות המשיח** · יהיה אור הלבנה כאור החמה : **ולשמואל** . דאמר ימות המשיח אין משתנין משל עכשיו מה הוא מקיים והיה אור הלבנה כאור החמה : **כתיב אני אמית ואחיה מחצתי ואני ארפא** . כיון שאמר שהמתים הוא מחיה פשיטא דהמחולים יכול לרפאות אלא הא אתא לאשמועינן דלא תימא אמית ואחיה לאו דמתים חיים קאמר אלא אני אמית את המתים ואני מחיה וזן את החיים ובורא את הטלדים להכי כתיב בתריה מחצתי ואני ארפא כשם שמה שמחצתי אני ארפא דאין רפואה אלא במוכה כך אותו עצמו שאני ממית אני מחיה : **מיתה באחד וחיים באחד** · אני ממית את המתים ואני מחיה וזן את החיים : **הכי גרסינן דבר אחר בתחלה מה שאני ממית אני מחיה והדר מה שמחצתי אני ארפא** · שכדרך שהן מתים חגרים סומים אלמים כך הן חיין במומן ואחר כך מתרפאים כדכתיב אז ידלג כאיל פסח (ישעיה לה) :

כשירין

עין משפט נר מצוה

[יג א ב מיי' פ"ג מהל' ביאת מקדש הלכה ח ועי"ש בכסף משנה דלהרמב"ם וגם לסמג לא היה הגירסא א"ל אכתי לא עיילתיה וכו' אלא אימא וכו' ע"ש] :

רבינו חננאל

קרי באונס מטמא : ת"ש מסיפא ובועל נדה כטמא מת למאי אילימא לטומאה הא בהדיא כתיב בתרווייהו טומאת שבעה אלא לאו למחנותם כשם שטמא מת חוץ למחנה אחת כך בועל נדה חוץ למחנה אחת ומדסיפא למחנותם רישא נמי למחנותם קשיא לר' יוחנן ומשני מידי איריא רישא לטומאה סיפא למחנותם : ת"ש מצורע חמור מזוב וזב חמור מטמא מת יצא בעל קרי שטמא מת חמור ממנו מאי לאו יצא מכלל זב ונכנס לטומאת מת ואע"פ שטמא מת חמור ממנו מדקתני הכי שמעי' מינה שבועל נדה כטמא מת חוץ למחנה אחת ומשני לא יצא ממחנה טמא מת ונכנס למחנה זב להשתלח חוץ לשתי מחנות ואע"ג שטמא מת חמור ממנו הואיל ובעל קרי טומאה מגופו יוצא לזב מוקמינן ליה: תאני תנא קמיה דרב יצחק ויצא אל מחוץ למחנה זו מחנה שכינה לא יבוא אל תוך המחנה זו מחנה (שכינה)[לוית] אמר ליה אכתי לא אפיקתיה(אלא) אעילתיה פי' מכדי הני קראי בבעל קרי כתיבי ובעל קרי נתרבה מזב דטומאה יוצא מגופו וחוץ לשתי מחנות משתלח כמו הזב ועדיין לא אפיקתיה אלא ממחנה שכינה וצריכת עוד לאפוקיה ממחנה לויה וקודם שתוציאו ממחנה לויה חזרת ואמרת לא יבוא אל תוך המחנה זו מחנה שכינה מכלל דבמחנה לויה נכנס ואתה מזהירו שלא יכנס ממחנה לוית למחנה שכינה עדיין לא יצא ממחנה לוית ואתה צריך להוציאו עוד אלא כך אמור ויצא אל מחוץ למחנה זו מחנה שכינה לא יבוא אל תוך המחנה זו מחנה לויה כלומר לא יבוא ממחנה ישראל לתוך מחנה לויה : ומתקיף רבינא דלמא בעל קרי אינו משתלח אלא חוץ למחנה שכינה ותני קראי לחוביה חד קרא בעשה והוא ויצא וחד קרא והוא לא יבוא בלאו ללמד כי בעל קרי הנכנס למחנה שכינה עובר בעשה ולא תעשה ודחי' אם כן נכתוב רחמנא ויצא אל מחוץ למחנה לא יבוא תו אמאי כתיב אל תוך המחנה ללמד שהתורה הזהירה על המחנה אחרת : מיחוי קרביו מנקבן בסכין להוציא הרעי פי' שירקא דמעיא השומן הדומה למוח ודבוק במעים כמו הפרש הדבוק במעים ואינו יתפרק אלא בגרירה אלא בסכין כמו הרשעים שמחזיקין בנכסי הטובים כתיב וחרבות מחים גרים יאכלו פי' וחרבות נכסי מחים הרשעים גרים יאכלו הצדיקים כלומר נכסי הרשעים הצדיקים יאכלו אותם : אמר רב חיננא עתידין הצדיקים להחיות את המתים

כתיב

מסורת הש"ס

[זבים פ"ה מ"א יומא ו.]

[צ"ל ומותר]

דברים כג

[צ"ל אליעזר]

ישעיה ה

שם

מיכה ז

מ"ב ג

שם א יז

זכריה ח

מ"ב ד

ישעי' כה

שם סה

שם סא

שם כד

שם ל

ברכות לד: שבת סג. וש"נ [סנהדרין צט.]

[סנהדרין צא:]

דברים לב

סנהדרין צא: [ע"ש]

גליון הש"ס

גמ' כאן במחנה שכינה. עי' ילקוט תהלים סוף פסוק כי צדיק ה' :

עין משפט נר מצוה

מסורת הש"ס

תורה אור

והקטר חלביו וכו': *תניא אמר רבי שמעון **בא וראה כמה *חביבה מצוה בשעתה שהרי הקטר חלבים ואברים ופדרים כשרים כל הלילה °ואין ממתינים להם עד שתחשך: הרכבתו והבאתו וכו': ורמינהו *חותכין יבלת במקדש אבל לא במדינה ואם בכלי כאן וכאן אסור ר' אלעזר ור' יוסי בר חנינא חד אמר אידי ואידי ביד הא בלחה הא ביבשה וחד אמר ^אידי ואידי בלחה ולא קשיא הא ביד הא בכלי ולמאן דאמר הא ביד הא בכלי מאי טעמא לא אמר אידי ואידי ביד ולא קשיא הא בלחה הא ביבשה אמר לך יבשה מפרך פריכא ולמאן דאמר אידי ואידי ביד ולא קשיא הא בלחה הא ביבשה מאי טעמא לא אמר אידי ואידי בלחה ולא קשיא הא ביד הא בכלי אמר לך כלי הא קתני התם אם בכלי כאן וכאן אסור ואידך הא דקתני כלי הכא פלוגתא דרבי אליעזר ור' יהושע אתא לאשמועינן: א"ר אליעזר ומה אם שחיטה וכו': ר' יהושע לטעמיה דאמר שמחת י"ט נמי מצוה היא *דתניא ר' אליעזר אומר אין לו לאדם בי"ט אלא או אוכל ושותה או יושב ושונה ר' יהושע אומר °חלקהו חציו לאכילה ושתיה וחציו לבית המדרש וא"ר יוחנן ושניהם מקרא אחד דרשו כתוב אחד אומר °עצרת לה' אלהיך וכתוב אחד אומר °עצרת תהיה לכם ר' אליעזר סבר או כולו לה' או כולו לכם ור' יהושע סבר חלקהו חציו לה' וחציו לכם: (עב"ם סימן) א"ר אלעזר [ז] הכל מודים בעצרת דבעינן נמי לכם מ"ט יום שניתנה בו תורה הוא אמר רבה הכל מודים בשבת דבעינן נמי לכם מ"ט °וקראת לשבת עונג אמר רב יוסף הכל מודים בפורים דבעינן נמי לכם מ"ט °ימי משתה ושמחה כתיב ביה מר בריה דרבינא כולה שתא הוה יתיב בתעניתא לבר מעצרתא ופוריא ומעלי יומא דכיפורי עצרת יום שניתנה בו תורה פוריא ימי משתה ושמחה כתיב מעלי יומא דכיפורי *דתני חייא בר רב מדפתי °ועניתם את נפשותיכם בתשעה לחדש וכי בתשעה (הם) מתענין והלא בעשירי מתענין אלא לומר לך כל האוכל ושותה בתשעה בו מעלה עליו הכתוב כאילו מתענה תשיעי ועשירי רב יוסף ביומא דעצרתא אמר עבדי לי עגלא תלתא אמר אי לא האי יומא דקא גרים כמה יוסף איכא בשוקא רב ששת כל תלתין יומין מהדר ליה תלמודיה ותלי וקאי בעיברא דדשא ואמר חדאי נפשאי חדאי נפשאי לך קראי לך תנאי איני *והא"ר אלעזר אילמלא תורה לא נתקיימו שמים וארץ שנאמר °אם לא בריתי יומם ולילה חקות שמים וארץ לא שמתי מעיקרא כי עביד איניש אדעתא דנפשי' קא עביד אמר רב אשי ולמאי דקאמר ר' אליעזר נמי י"ט רשות אית ליה פירכא ומה י"ט שהתיר בו מלאכה של רשות לא התיר שבות שבת שלא התיר בה אלא מלאכה של מצוה אינו דין שלא תתיר שבות שעמה

ורבי

כשירין כל הלילה · כדכתיב (ויקרא ו) על מוקדה על המזבח כל הלילה ויכול להקטירן כל הלילה ואעפ"כ אין ממתינין להם עד שתחשך אלא מחללין שבת עליהן כדכתיב (במדבר כח) עולת שבת בשבתו על עולת התמיד אלמא חביב למהר מצוה בשעתה: חותכין יבלת במקדש · דלא גזרו על השבות במקדש: הא והא ביד · שחותכה בידו ולא בסכין דאין בה אלא משום שבות ואפילו הכי אסור בלחה הואיל ומצי למיעבד מאתמול וההיא דעירובין ביבשה דאפילו שבות ליכא וכר' אליעזר לא מצי לאוקמא לההיא דעירובין וכיון דר' אליעזר היא דאמר במתני' דוחין משום דקתני התם ואם בכלי דהוי מלאכה גמורה כאן וכאן אסור ואי ר' אליעזר היא הא אמר מכשירי מצוה דוחין את השבת אפילו במלאכה גמורה במסכת שבת (דף קל·) דתנן ר' אליעזר אומר אם לא הביא כלי מערב שבת מביאו בשבת: הא · דעירובין ביד ומתניתין בכלי דהוי מלאכה גמורה ובעירובין בפרק בתרא איתא נמי כולה הך סוגיא ומקשינן התם והא גבי שבות תני לה דקתני אלו שמשום שבות לא אידחו כו' אלמא לאו בכלי קאי: מפרך פריכא · ולא קרי לה חתיכה: מאי טעמא לא אמר הא ביד הא בכלי · וטקמא למתני' דעירובין נמי בלחה: הא קתני התם · בעירובין דאסור ולמה לי למיהדר למסתמא הכא בפסחים: ור' יהושע · דמפיק שמחת יום טוב ראיה לפסח אזיל לטעמיה דאמר שמחת יום טוב מצוה היא ואפ"ה לא דחיא שבות הראוי לעשות מבעוד יום: דבעינן נמי לכם · שישמח בו במאכל ומשתה להראות שנוח ומקובל יום זה לישראל שנתנה תורה בו: כל האוכל ושותה כו' · בפ' בתרא דיומא מוקמינן להא דרשא אליבא דמאן דאמר אין אדם מוזהר על תוספת עינוי להתחיל ולהתענות מבעוד יום ואפילו למאן דאית ליה מוסיפין מחול על קודש מקרא אחרינא נפקא ליה מבחריש ובקציר תשבות הילכך כי אתא האי בתשעה להכי אתא והכי קאמר מה שאתם עושים בתשעה דהיינו אכילה ושתיה אני קורא עינוי: תילתא · *שליש לבטן ומובחר הוא: עבדי לי · היה מצוה לאנשי ביתו להכין לו סעודה: אי לאו האי יומא · שלמדתי תורה ונתרוממתי הרי אנשים הרבה בשוק ששמן יוסף ומה ביני לביניהם: ותלי · נשען: חדאי נפשאי · שמחי נפשי: לך קראי לך תנאי · בשבילך ולצורכך שניתי וקריתי: איני · וכי אין הנאה בתלמוד תורה אלא ללומדיה לבדם: אם לא בריתי · של יומם ולילה דהיינו תלמוד תורה שכתוב בו (יהושע א) והגית בו יומם ולילה: אית ליה פירכא · למילתיה דאמר מלאכת מצוה דוחה כל שכן שבות דמצוה שפיר מהדר ליה ר' יהושע יום טוב יוכיח מקל וחומר ומה שמחת יום טוב שהיא רשות והתרת' בו משום מלאכה לא התרתה בו משום שבות שבת שלא התרתה בה אלא מלאכ' מצוה כגון שחיטת קרבנות לצבור אינו דין שלא תתיר שבות אפי' של מצוה:

ורבי

מפרך פריכא · הילכך ההוא דעירובין ליכא לאוקמא ביבשה דהא קתני סיפא ואם בכלי כאן וכאן אסור ויבשה כיון דמפרכא אפילו בכלי נמי שריא והכי מוכח בפרק בתרא דעירובין (דף קג.): *ומה שחיטה שהיא משום מלאכה דוחה את השבת אלו כו' · תימה לר"י מה קל וחומר הוא זה דלמא שאני הכי משום דאפשר לעשותן מערב שבת ור' אליעזר גופיה אית ליה זה החילוק ומשום הכי בפ' רבי אליעזר דמילה (שבת קלג·) מצריך תרי קראי חד למילה וחד למכשיריה משום דאפשר לעשותן מערב שבת דאמר התם מילה וכל מכשיריה דוחין את השבת דברי ר' אליעזר מנא ליה לרבי אליעזר הא דאמר קרא וביום השמיני ביום ואפילו בשבת והדר קאמר ע"כ לא פליגי רבנן עליה אלא במכשירים אבל מילה דברי הכל דחיא מנא לן והשתא מאי קבעי מנא לן תיפוק מההוא קרא דביום דדריש מיניה ר' אליעזר מכשירים אע"כ משום דבעינן תרי קראי למילה ולמכשיריה כדפרישי' ונראה לר"י דודאי לר' אליעזר לא צריך האי קל וחומר דהא אפילו מכשירי פסח דהוו מלאכה גמורה דחו שבת אע"ג דאפשר לעשותן מערב שבת כדקאמר (לקמן סט·) בגמרא וליעבריה דהא שמעינן ליה לרבי אליעזר דאמר מכשירי מצוה דחו והא דקאמרינן הכא ק"ו לדבריהם דרבנן קאמר כלומר אף על גב דאפשר לעשותן מערב שבת כיון דליכא אלא שבות בעלמא יותר יש להתירם משחיטה עצמה דהיא מלאכה גמורה אף על גב דאי אפשר לעשותה מבערב ותימה לר"י מכשירי פסח מנא ליה לרבי אליעזר דדחו שבת דהא גבי מילה מצריך תרי קראי וכי תימא דגמר מסוכה ולולב ומצה ושופר ועומר ושתי הלחם דמוכח התם דדחו מכשיריהם שבת הא איכא למיפרך דמה להנך שכן בשעת דחייתו מיד יכול לקיים מצותן אבל פסח אינו נאכל אלא בלילה ועוד אי מהתם יליף אמאי איצטריך במועדו גבי פסח דקאמר ר' אליעזר עקרת מה שכתוב בתורה במועדו אפי' בשבת: *מה ראיה רשות למצוה · משמע דמכשירי אוכל נפש שאפשר לעשותן מערב יו"ט אסירי לר' אליעזר והקשה ר"ש כהן דבריש תולין (שבת ד' קלז:) אמרינן דרבי אליעזר עדיפא מדר' יהודה ושרי אפי' מכשירי דאפשר מערב יו"ט ותירץ לו ר"י דלא שרי אלא דוקא במשמרת דלא דמיא מלאכה כולי האי: הכל מודים בעצרת דבעינן לכם · תימה לריב"א א"כ מאי קאמר רבי אליעזר מה ראיה רשות למצוה דנימא עצרת תוכיח שהיא מצוה וי"ל דהא דבעי רבי אליעזר בעצרת לכם לאו דוקא מקרא אלא מסברא:

אם

יד א מיי' פ"ד מהל' מעשה קרבנות הל' ג: טו ב ג מיי' פ"ט מהל' שבת הלכה ח: [עיין לעיל במשנה סה:] [תוס' ערכין סא"ג] מנחות עב. טז ד מיי' פ"ו מהל' י"ט הלכה יט סמג לאוין עה טוש"ע א"ח סי' תקכט סעיף א: טז [ד] כל זה מן הכל מודים בעצרת עד כאלו התענה תשיעי ועשירי ברב אלפס פ"ב סי' התענה. יז ה טוש"ע א"ח סי' תרד סי"א:

רבינו חננאל

כתיב הכא ורעו כבשים כדברם וכתיב התם ירעו בשן וגלעד כימי עולם: והקטר חלביו דוחה את השבת תניא אמר ר' שמעון ראה כמה חביבה מצוה בשעתה שהרי הקטר חלבים כשרים כל הלילה ואין ממתינין להם עד שתחשך מ"ש אלא מקטירין אותן בשבת לקיים מצוה בשעתה: הרכבתו אינו דוחה השבת. דלא כר' נתן דאמר בפרק המצניע כי הוי נושא את עצמו והמוענו בשבת פטור והני מילי חוץ לירושלים אבל חוץ לעזרה לא: הבאתו מחוץ לתחום אין דוחה את השבת כר' עקיבא דאמר בסוטה בפרק [כשם] תחומין דאוריי'. ירושלמי הרכבתו לא אמרו אלא חוץ לירושלים אבל חוץ לעזרה מותר משום שבות שהתירו במקדש: חתיכת יבלתו אין דוחה את השבת יבלת לחה או בכלי הוא דתנן בסוף עירובין חותכין יבלת במקדש ביבשה וביד: מתני' ר' אליעזר אומר דוחין אמר ר' אליעזר ומה אם שחיטה שהוא אב מלאכה דוחה את השבת אלו שמשום שבות לא ידחו את השבת אמר לו ר' יהושע יום טוב יוכיח שהתיר בו כל מלאכה שהיא לצורך אוכל נפש ואוסר בו דבר של שבות כדתנן ביום טוב אלו שהן משום שבות לא עולין באילן ולא רוכבין אמר לו רבי אליעזר יהושע מה ראיה שבות דרשות לא עולין באילן לשבות דמצוה שהיא הבאת הפסח כדי שישחט ור' יהושע אמר לך יום טוב נמי מצוה לשמח בכל מיני מאכל הוא והתרתה לשחוט ולבשל ולא התרתה להביא מחוץ [לתחום] וכיוצא בו ולעשתשמחת יו"ט ור"א אומר יום טוב או כולו לך או כולו לה' וכיון דאי בעי למיעבד כולו לה' ולקרות היום כולו הרשות בידו כאלו אינכאן שמחת יום[טוב]: איכא למיפרך ומה יום טוב שהתירו בו מלאכה דרשות כגון הא דאמרינן הואיל והותרה הבערה לצורך הותרה נמי שלא לצורך לא התירו שבות לעלות באילן לשוט על פני המים(להביא)(ולהוציא)משום אש לבשל אפי' דיום טוב שבת שלא התיר בה אלא כגון שחיטת הפסח וכיוצא בו מלאכה של מצוה בלבד אינו דין שלא נתיר שבות דעמה ור' אליעזר אמר לך אפי' הכי שבות דמצוה עדיפא: אמר רבא הכל מודים בשבת דבעי' לכם כלומר אין לישב כולו בתלמוד וקריאה דכתיב וקראת לשבת עונג: מר בריה דרבינא כוליה שתא הוה יתיב בתעניתא בר מעצרתא ופוריא וערב יום הכפורים רב ששת הוה אמר חדאי נפש כלומר שמחי לך קראתי כדי שתהא זוכה בטוב כשתהא בעולם הבא ואע"פ שהוא אינו מתקיים אלא בזכות תושיי התורה שנאמר אם לא בריתי יומם ולילה חקות שמים וארץ

לא

[קדושין לג. פ"ש] חולין נד: פ"ש]

עירובין קג. [פ"ש]

ביצה טו:

גליון הש"ס

גמ' ואין ממתינים להם. עי' עוזי אבן ר"ה ל: ד"ה נתקלקל: שם הכל מודים בעצרת. עי' ר"ס ס: תוספות ד"ה כאלו התענה:

[פי' רש"י עירובין סו. ועי' רש"י סנהדרין סה: ולעיקר עי' תוס' גיטין ט ד"ה שבת יח.]

נדרים לב [ודוגמתו סנהדרין לט:]

§ מסכת פסחים דף סח: §

אות א'

בא וראה כמה חביבה מצוה בשעתה

רמב"ם פ"ד מהל' מעשה הקרבנות ה"ג - אף על פי שמותר להקטיר אימורין ואיברים בלילה, אין מאחרין אותן לדעת, אלא משתדלין להקטיר הכל ביום, חביבה מצוה בשעתה, שהרי הקטר אימורין ואיברים אף על פי שכשרים בלילה, דוחין את השבת בזמנן, ואין מאחרין אותן למוצאי שבת.

אות ב' – ג'

חותכין יבלת במקדש

אידי ואידי בלחה ולא קשיא הא ביד הא בכלי

רמב"ם פ"ט מהל' שבת ה"ח - הנוטל צפרניו או שערו או שפמו או זקנו, הרי זה תולדת גוזז וחייב; והוא שיטול בכלי, אבל אם נטלן בידו, בין לו בין לאחר, פטור; וכן החותך יבולת מגופו בין ביד בין [א]בכלי, פטור, בין לו בין לאחר; ומותר לחתוך יבולת במקדש ביד אבל לא בכלי; ואם היתה יבשה, חותכה אף בכלי ועובד.

אות ד'

חלקהו, חציו לאכילה ושתיה, וחציו לבית המדרש

סימן תקכט ס"א - מצות יו"ט לחלקו, חציו לבית המדרש, וחציו לאכילה ושתייה - דבחד קרא כתיב: עצרת תהיה לכם, ובחד קרא כתיב: עצרת לה' אלהיך, וע"כ אחז"ל דצריך לחלקו, חציו לה', דהיינו לתורה ותפלה, וחציו לכם, דהיינו לאכילה ושתיה בשביל עונג יו"ט, **וע"כ** יש לגעור בחזנים המאריכים יותר מחציו של יום, [**וכתב** המ"א בשם מהרש"ל, דמה שמאריכים החזנים בניגונים, אין זה בכלל חציו לה' וחציו לכם].

וכתבו הפוסקים, דכך הוא הדרך הנכון, בבוקר מקדימין לילך לבהכ"נ ולבתי מדרשות, ומתפללין וקורין בתורה בענינו של יום, ומתפללין מוסף, **וחוזרין** לבתיהם ואוכלין, והולכין לבתי מדרשות ושונין עד חצי היום, **ואח"כ** כשבא זמן מנחה מתפללין תפלה המנחה, וחוזרין לבתיהם להתענג בשמחת יו"ט שאר היום עד הלילה, כדי לקיים "חציו לכם".

אות [ד']

הכל מודים בעצרת דבעינן נמי לכם

רי"ף מסכת ביצה דף ח עמוד א - גרסינן בפסחים בפרק אלו דברים [פסחים ס"ח ע"ב]: א"ר אלעזר הכל מודים בעצרת דבעינן נמי לכם, דיום שנתנה בו תורה לישראל הוא. אמר רבא הכל מודים בשבת דבעינן נמי לכם, דכתיב: וקראת לשבת עונג. רב יוסף אמר הכל מודים בפורים דבעינן נמי לכם, דמעיקרא להכי איתקן, ימי משתה ושמחה כתיב ביה. מר בריה דרבנא הוה יתיב כולה שתא בתעניתא, לבר מיומא דעצרתא ופורים ומעלי יומא דכיפורים, דתני רבי חייא מדפתי, ועניתם את נפשותיכם בתשעה לחדש, וכי בתשעה מתענין, והלא בעשירי מתענין, אלא לומר לך כל האוכל ושותה בתשיעי, מעלה עליו הכתוב כאילו התענה תשיעי ועשירי.

אות ה'

מעלי יומא דכיפורי

סימן תרד ס"א - מצוה לאכול בערב יוה"כ ולהרבות בסעודה - דכתיב: ועניתם את נפשותיכם בתשעה לחודש בערב, היה לו לכתוב: בתשעה לחודש בערב תענו את נפשותיכם עד ערב וכו', ומדכתיב: ועניתם וכו' בתשעה לחודש, משמע שיתענו בתשעה, ובאמת יוה"כ אינו אלא בעשרה לחודש, **וקבלו** חז"ל דאדרבא מצוה מן התורה לאכול בעיו"כ, ורצה הקב"ה ליתן שכר בעד האכילה כאלו התענו, שאינו דומה מצוה שיש בו צער, כמו שאמרו: לפום צערא אגרא, **אילו** כתב: בט' לחודש תאכלו, לא היה לנו שכר אלא כמקיים מצותו ע"י אכילה, ולכן שינה הכתוב וכתב מצות אכילה בלשון תענית, שיהיה נחשב אכילה זו לפני הקב"ה כאילו היה תענית, כדי ליתן שכר כמקיים מצוה בצער עינוי, **ויש** לאדם למעט בלימודו בעיה"כ כדי לאכול ולשתות.

הגה: ואסור להתענות בו אפי' תענית חלום - אכן אם מתירא לנפשו ורוצה להתענות, יתענה עד סעודה המפסקת, דודאי מן הדין סגי כשיאכל פעם אחת, **ואם** אינו מתענה היום כלל, טוב שיתענה איזה יום אחר יוה"כ.

ואם חל עיו"כ בא' בשבת, ובשבת שלפניו התענה תענית חלום, שצריך למיתב תענית לתעניתו אחר השבת, אין לו להתענות עיוה"כ, אלא ידחה עד אחר עבור המועד, **ולפי** דעת הט"ז א"צ שוב להתענות אחר יו"כ, דיוה"כ כיפר גם על זה, **ומי** שקשה לו התענית יכול לסמוך ע"ז.

באר הגולה

א «הכלי שכתב רבינו הוא מתמיה אצלי, כי לפי הסוגיא שבסוף עירובין (דף ק"ג) נראה בביאור, שהיבלת הלחה החותכה בכלי, הרי הוא כחותך צפרניו בכלי שהוא חייב, וזה נ"ל כמוכרח שם, ודברי רבינו צל"ע – מגיד משנה»

§ מסכת פסחים דף סט. §

אות א'

הזאה שבות היא ואינה דוחה את השבת

רמב"ם פכ"ג מהל' שבת ה"ח - אסור להטביל כלים טמאין בשבת, מפני שהוא כמתקן כלי; אבל אדם טמא מותר לטבול, מפני שנראה כמיקר; ואין מזין עליו בשבת.

אות ב'

ערל שלא מל ענוש כרת

רמב"ם פ"ה מהל' קרבן פסח ה"ד - טמא שיכול ליטהר בפסח ראשון, שלא טבל, אלא ישב בטומאתו עד שעבר זמן הקרבן, וכן ערל שלא מל עד שעבר זמן הקרבן, הרי זה מזיד בראשון, לפיכך אם לא עשה את השני אפילו בשגגה, חייב כרת.

ור' אליעזר שבות דמצוה עדיף ליה תניא *אמר רבי אליעזר ומה לי אם דחו מכשירי מצוה שלאחר שחיטה את השבת דאיתעביד ליה מצוה לא ידחו מכשירי מצוה שלפני שחיטה את השבת אמר לו ר' עקיבא דמה לי אם דחו מכשירי מצוה שלאחר שחיטה את השבת שהרי דחתה שחיטה את השבת תאמר ידחו מכשירי מצוה שלפני שחיטה את השבת שלא דחתה שחיטה את השבת דבר אחר שמא ימצא זבח פסול ונמצא מחלל את השבת למפרע אי הכי משחט נמי לא נשחט שמא ימצא זבח פסול ונמצא מחלל את השבת למפרע אלא הא אמר ליה ברישא ופרכיה והדר א"ל הך דמה לי אם דחו: השיב ר"ע ואמר הזאה תוכיח וכו': תניא אמר לו ר' אליעזר עקיבא בשחיטה השבתני בשחיטה תהא מיתתו אמר לו ר' *אל תכפירני בשעת הדין כך מקובלני ממך *הזאה שבות היא ואינה דוחה את השבת וכי מאחר דהוא אגמרי' מאי טעמא קא הדר ביה אמר עולא רבי אליעזר כי אגמריה הזאה דתרומה אגמריה דתרומה גופה לא דחיא שבת ר"ע נמי כי אותביה הזאה דתרומה אותביה שהיא מצוה והיא משום שבות והוא סבר הזאה דפסח קא מותיב ליה מתיב רבה השיב ר"ע ואמר הזאת טמא מת תוכיח שחל שביעי שלו להיות בשבת ובערב הפסח שהיא מצוה והיא משום שבות ואינה דוחה את השבת אלא וודאי הזאה דפסח אגמריה וכי מאחר דאגמריה מ"ט קא פריך ליה ר' אליעזר גמריה איתעקר ליה ואתא ר"ע לאדכורי גמריה ונימא ליה בהדיה סבר לאו אורח ארעא והזאה מאי טעמא לא דחיא שבת מכדי טלטולי בעלמא הוא תדחי שבת משום פסח *אמר רבה גזירה שמא יטלנה ויעבירנה ארבע אמות ברשות הרבים ולר' אליעזר ניעבר' דהא א"ר אליעזר מכשירי מצוה דוחין את השבת אמרי הני מילי היכא דגברא גופיה חזי ורמי חיובא עליה אבל הכא דגברא גופיה לא חזי לא רמי חיובא עליה אמר רבה לדברי ר' אליעזר קטן בריא מחמין לו חמין להברותו ולמולו בשבת דהא חזי ליה קטן חולה אין מחמין לו חמין להברותו ולמולו דהא לא חזי ליה אמר רבא ואי בריא הוא למה ליה חמין להברותו אלא אמר רבא הכל חולין הן אצל מילה אחד קטן בריא ואחד קטן חולה אין מחמין לו חמין להברותו ולמולו בשבת דהא לא חזי איתיביה אביי *ערל שלא מל ענוש כרת דברי רבי אליעזר והא הכא דגברא גופיה לא חזי וקתני ענוש כרת אלמא רמי חיובא עליה אמר רבה קסבר רבי אליעזר *אין שוחטין וזורקין על טמא שרץ וכל

ורבי אליעזר. אמר לך האי לאו קל וחומר הוא דשבות מצוה עדיפא משבות דרשות הלכך יום טוב דהוא שבות שלה אבל שבת דדחיית מלאכה שבה משום מצוה היא לא גזרו חכמים בה על השבות לדחות את המצוה: **שלאחר שחיטה.** מיחוי קרביו ואע"ג דאיתעביד ליה צורך גבוה: **לא ידחו כו'.** בתמיה למיעבד צורכי גבוה: **דמה לי.** כלומר דין הוא כן ומה לי לתמוה שהרי דחתה שחיטה כבר את שבת במלוהה הלכך הואיל וניתנה לדחות כבר לא גזרו בה שוב על שבות הצריך: **ברישא.** אמר ליה האי טעמא שמא ימלא זבח פסול: **ופרכיה.** ואמר ליה א"כ משחט נמי לא נשחוט: **בשחיטה השבתני.** דבר שחוק וגיחוך שאמרת או חילוף ומה אם הזאה שהיא שבות אינה דוחה שחיטה לא כל שכן שלא תדחה ובאת לעקור את מה שכתוב בו במועדו ויודע היית שאין זה ק"ו: **אל תכפירני.** אל תכפור במה שלימדתני הזאה אע"פ שהיא שבות אינה דוחה ולכך דנתי קל וחומר זה לפניך אע"פ שאינו כדאי אלא כדי שתשים אל לבך אחרי שבא זה לדון שחיטה מהזאה מכלל דבהזאה פשיטא ליה דלא דחיא מתוך כך תזכור מה שלימדתני דלא דחיא ותחזור בך ממה שאתה אומר ועליה אני דן: **בשעת הדין.** בשעה זו שאנו דנין עליה: **ומאחר דאגמריה.** ר' אליעזר גופיה דלא דחיא מאי טעמא פריך ואמר עליה אני דן: **הזאה דתרומה.** הבא להזות עליו ליטהר כדי לאכול תרומה אגמריה דלא דחיא שבת דהא הפרשת תרומה גופא לא דחיא שבת: **הזאת טמא מת כו'.** אלמא דבהזאת פסח השיבו וקאמר אינה דוחה שבת אלמא דאגמריה ר' אליעזר דאינה דוחה מדפשיטא ליה כולי האי: **אלא ודאי הזאת פסח אגמריה.** ומאי גזירת שבות איכא בהזאה גזירה שמא יעבירנה בידו וכשהיה דן עליה עם ר' עקיבא שכח דבר זה מלמודו והכי נמי אמרינן בע"א בפרק כל הצלמים (דף מו:) ר' אליעזר גמריה איעקר ליה ואתא ר' עקיבא לאדכוריה גמריה: **דוחין את השבת.** אפי' מלאכה גמורה במס' שבת (דף קל.): **היכא דגברא חזי.** כגון להביא איזמל למילה דרך רשות הרבים שכבר התינוק ראוי למול אבל היכא דגברא לא חזי כגון האי טמא לא רמיא חובא עליה ואין אלו מכשירי מצוה: **אמר רבה לדברי רבי אליעזר.** דאמר כל היכא דגברא לא חזי ליכא חובא עליה: **קטן בריא.** דבלאו רחיצה ראוי למול: **מחמין לו חמין.** בשבת קודם מילה: **להברותו.** להיות בריא וחזק: **קטן חולה.** שכל זמן שלא ירחצוהו בחמין לא יראה למול ואם ירחצוהו יראה למילה: **הכל אצל מילה חולין הן.** כל זמן שלא נרחצו בחמין ואפילו לרבי אליעזר צריך להיות לו מחמי חמין מערב שבת: **איתיביה אביי ערל.** גדול שלא מל ערב הפסח: **ענוש כרת.** בשביל שהיה ראוי לתקן מו' שעות מזמן דשחיטת הפסח ולמעלה ולא ניתקן ולא דמי לטמא ושהיה בדרך רחוקה שאין יכולין לתקן באותן שש שעות ומיקמי הכי לא רמיא חיובא עלייהו אלמא אע"ג דלא חזיא רמיא מצוה עליה היכא דאפשר למיתקן והזאה נמי תדחה שבת דהא מצוה רמיא עליה ליתקן לכך ואי קשיא הא דקיימא לן (לקמן דף צב.) הפורש מן הערלה כפורש מן הקבר וצריך הזאה שלישי ושביעי ואפילו מל אינו ראוי הא אוקמינן להיאך בערל נכרי שנתגייר בפרק *האשה: הכי גרסינן אמר רבה קסבר ר' אליעזר אין שוחטין וזורקין על טמא שרץ:

אם דחו מכשירי מצוה שלאחר שחיטה (א) השבת כו'. פי' בקונטרס מיחוי קרביו ותימה לר"י מה ראיה מייתי דילמא שאני התם משום דלא אפשר למיעבד מאתמול ונראה לר"י דמכשירי מצוה שלאחר שחיטה דקאמר היינו הקטר חלבים דאפשר להמתין עד הלילה ודחי שבת וכן יש בירושלמי דקא אמר ר' אליעזר אימורי ציבור יוכיחו אע"פ שאפשר להמתין למוצאי שבת מה לי מכשירין שלאחר שחיטה כו' והא דפריך משחט נמי לא נשחוט אע"ג דשחיטה לא אפשר מ"מ פריך משום שכבר הוכיח שאין חילוק בין אפשר ללא אפשר מדשרינן הקטר חלבים:

הזאה דתרומה אגמריה. וא"ת לן למימר דר' אליעזר הי' סבור דבהזאה דפסח קאמר ר"ע ולכך היה משיב ועליה אני דן שתהא מותרת דהשתא סבירא לן דהזאה דפסח דחיא שבת וקאמר ליה ר"ע (ב) זה חילוף שהיה סבור שר' אליעזר היה טועה במה שלמדו דאינה דוחה:

דתרומה גופה לא דחיא שבת. וא"ת נילף דתידחי שבת מכל הגהו וי"ל משום דיכול לקיים מצות אכילת תרומה אחר השבת: **שמא** יעבירנה ארבע אמות. וא"ת ואמאי חיישינן להכי הלא נושא מי חטאת טמא *ויחזור ויטמא את המים ויש לומר דמעביר בכלי אבנים ובכלי גללים דלא מקבלי טומאה:

קטן בריא מחמין כו' דהא חזי. דווקא לר' אליעזר יש חילוק בין חזי ללא חזי אבל ר' עקיבא איט מחלק כלל דהא קאמר במתני' הזאה תוכיח: **לא** שנא חלש ולא שנא בריא אין מחמין לו חמין כו'. וכי אמר רבי אליעזר דמכשירי מילה דחו שבת ה"מ היכא שהוחמו חמין מערב שבת דחזי:

*מדקמהדר אטמא שרץ קסבר אין שוחטין כו'. מכל מקום חייב הוא כרת לפי שהיה יכול לטבול ואז היו שוחטין וזורקין עליו כדאמר לקמן שוחטין וזורקין על טבול יום דשימשה ממילא ערבא: **שוחטין** וזורקין כו'. וא"ת אי שוחטי' וזורקי' על טמא שרץ אמאי כתב רחמנא טמא איט עושה פסח פשיטא דהא כתיב איש לפי אכלו לעכב דבעינן גברא דחזי לאכילה כדמוכח בכילד צולין (לקמן עח:) ונראה לרשב"א דאיצטריך לאשמעינן דחייב בפסח שני דלא נימא דמיפטר משום דשני תשלומין דראשון הוא דחזי בראשון חזי בשני דלא חזי בראשון לא חזי בשני כדאמר לקמן גבי חגיגה בכילד צולין (לקמן ס:) אי נמי איצטריך למימרא דליבור עבדי בטומאה כדדרשינן איש כי יהיה טמא איש נדחה ואין ציבור נדחין: אכילת

יח א מיי' פכ"ג מהל' שבת הלכה ח:
יט ב מיי' פ"ט מהל' ק"פ הלכה ד:

רבינו חננאל

לא שמתי עיקר מיהת כי עביד איניש לנפשיה עביד: **תניא** אמר ר' אליעזר ומה אם דחו מכשירי מצות של אחר שחיטה כגון מיחוי קרביו והקטרת אימוריו את השבת שכבר נעשת המצוה לא ידחו מכשירי מצוה שלפני שחיטה כגון חתיכת יבלתו וכיוצא בה שעדיין לא נעשת המצות. אמר ר' (יהושע) [נ"ל ר"ע] מכשירי מצות דלאחר שבת דחו שבת שכבר נדחית השבת בשחיטת הפסח תאמר במכשירי מצוה שלפני השחיטה שלא נדחה השבת עדיין. ד"א שמא ימצא זבח פסול ונמצא אתם מכשירין שעשה מקודם כי בחלול שבת היו שנתברר כי לא היתה מצוה ראויה ופריך רבי אליעזר אי הכי שחיטה נמי נימא הכי לא נשחם שמא ימצא הזבח טרפה ונמצאת השחיטה באיסור ולא מצא ר' (יהושע) [ר"ע] תשובה. יש מי שאומר זאת התשובה השיב רבי (יהושע) [ר"ע] ברישא ונתפרכה ואח"כ השיב התשובה הראשונה מה לידחו מכשירי מצוה דלאחר שחיט' את השבת ט' שאין בה פירכא: ירושלמי שלש עשרה שנה היה למד ר' עקיבא לפני ר' אליעזר ולא היה משיב לו כלום *תו תחלת תשובותיו שהשיב לו אמר לו ר' יהושע (שופטים ט ל"ח) הלא זה העם אשר מאסת בו צא הלחם בו: מתני' השיב ר"ע הזאה תוכיח שהיא משום מצוה והיא משום שבות כו' אמר ר' אליעזר ועליה אני דן כו' אמר לו הבא לי מועד לאלו כמועד לשחיטה. תניא אמר לו ר' אליעזר עקיבא בשחיטה השבתני תהא מיתתו אמר לו אל תכפירני בשעת הדין כלומר אל תחשבני בכופר על מה שלמדתני אתה שלמדתני הזאה שבות ואינה דוחה שבת: אמר עולא ר' אליעזר הזאה דתרומה למדו כלומר אם היה כהן טמא מת שחל שביעי שלו להיות בשבת אין מזין עליו בשבת לאכול בתרומה לערב ומותיב ר' עקיבא מהזאה דתרומה להזאת דפסח ופריך ר' אליעזר איפר דאמרי' הזאה דפסח דחיא שבת דהא פסח עצמו דוחה שבת תאמר בהזאה דתרומה שאין תרומה עצמה דוחה שבת. והביא רבא ברייתא מפורשת דר' עקיבא מהזאה דפסח מותיב ודחה דברי עולא ואוקמינא לעולם רבי אליעזר לימד לר' עקיבא כי הזאה כדי לעשות הפסח אינו דוחה שבת וכאשר קבל רבי אליעזר השמועה כך מסרה לר' עקיבא ועכשיו שדחה ר' אליעזר ואתא רבי עקיבא בעקיפין כדי שיזכור ר' אליעזר מתוך דברי ר' עקיבא גמרא שלו לפי שאין דרך תלמיד חכם לומר לרבו מה שלמדתני ולר' אליעזר הזאה טלטול בעלמא הוא אמאי לא דחיא שבת אמר רבה גזירה שמא יעבירנה ד' אמות ברשות הרבים ותיעבריה דהא שמעי' ליה לר' אליעזר דאמר מכשירי מצוה דוחין שבת. [ה"מ] היכא דחזי האי טמא הוא ולית עליה חיובא האידנא לפיכך לא אידחא אפי' טלטול: אמר (רבא)[רבה] קטן[בריא] מחמין לו חמין להברותו ולמולו בשבת דהא[נ"ל חזי] אבל קטן חולה אין מחמין לו חמין למולו דהא לא הוי ודחי ... בריא הוא חמין למה לי' אלא לא שנא בריא ולא שנא חולה הכל אצל מילה חולין הן ולא חזו ומותיב אביי ערל שלא מל ועשה פסח ענוש כרת דברי ר' אליעזר והא ערל לא חזי דכתיב (שמות יב מח) וכל ערל לא יאכל בו ואע"ג דלא חזי גברא תני ענוש כרת אלמא איכא חיובא עליה אפי' בזמן דלא חזי כל היכא דיכול לתקוניה נפשיה ולמעבד פסחא ופריק רבא קסבר ר' אליעזר אין שוחטין וזורקין על

*[תג"ה בירושלמי לפנינו כאן סגי' וזו היא תחילת תשובתו הראשונה לפני ר' אליעזר אמר לו ר' יהושע הלא זה העם וכו']

מסורת הש"ס
[תוספתא פ"ה]
ע"ז דף מו:
סוכה דף מב: ביצה דף כט: מגילה דף ד: [ביצה דף יז:]
[לקמן דף צד:]
לקמן דף ס: [פה. נו. לד. זבחים כב:]
[לקמן שם]

הגהות הב"ח
(א) תוס' ד"ה אם דחו וכו' שלאחר שחיטה את השבת: (ב) שם ד"ה הזאה וכו' וקאמר ליה ר"ע או חילוף:

גליון הש"ס
תוס' ד"ה שמא. ויחזור ויטמא. עיין פרק ד' מ"ו דפרה ובזבחים דף ק"ה תוד"ה מחוסר:

עין משפט נר מצוה

כ א מיי' פ"ה מהלכות ק"פ הלכה ד:

כא ב מיי' פ"א מהל' ק"פ הלכה יח סמג עשין רכג:

כב ג מיי' פ"ב מהל' מילה הלכה ו סמג עשין כח טוש"ע א"ח סי' שלא סעיף ו וטוש"ע י"ד סי' רסו סעיף ב:

כג ד מיי' פ"י מהל' ק"פ הלכה יב:

כד ה ו שם הלכה יג:

וכל שאילו ביחיד נדחה בציבור עבדי בטומאה וכל מילתא דאיתא בציבור איתא ביחיד וכל מילתא דליתא בציבור ליתא ביחיד ערילות דאי כוליה ציבור ערלים נינהו אמרינן להו קומו מהולו נפשייכו ועבידו פסחא יחיד נמי אמרינן ליה קום מהול ועביד פסחא ואי לא מהיל ועביד (א) ענוש כרת טומאה דאי כוליה ציבורא טמאין נינהו לא מדינן עלייהו אלא עבדי בטומאה יחיד נמי פטור א"ל רב הונא בריה דרב יהושע לרבא והרי פסח שני דליתיה בציבור ואיתיה ביחיד א"ל שאני התם דהא עבד ליה ציבורא בראשון מיתיבי *יכול לא יהא ענוש כרת אלא שהיה טהור ושלא היה בדרך רחוקה ערל וטמא שרץ ושאר כל הטמאים מנין ת"ל °והאיש מדקא מהדר אטמא שרץ קסבר אין שוחטין וזורקין על טמא שרץ דאי שוחטין וזורקין על טמא שרץ ל"ל לאהדורי' עליה היינו טהור אלמא אע"ג דלא חזי (ג) חובא עליה ואע"ג דליתיה בציבור איתיה ביחיד אלא אמר רבא קסבר רבי אליעזר שוחטין וזורקין על טמא שרץ והוא הדין לטמא מת בשביעי שלו הזאה למאי לאכילה *אכילת פסחים לא מעכבא א"ל רב אדא בר אבא לרבא א"כ נמצא פסח נשחט שלא לאוכליו א"ל שלא לאוכליו לחולה ולזקן דלא חזי אבל האי מיחזא חזי תקוני הוא דלא מתקן: כלל אמר ר"ע וכו': *אמר רב יהודה אמר רב *הלכה כר"ע ותנן נמי גבי מילה כי האי גוונא *כלל א"ר עקיבא כל מלאכה שאפשר לעשותה מע"ש אינה דוחה את השבת מילה שאי אפשר לעשותה מע"ש דוחה את השבת ואמר רב יהודה אמר רב *הלכה כר"ע וצריכא דאי אשמעינן גבי פסח התם *(דהוא מכשירי) מצוה לא דחו שבת משום דלא נכרתו עליה שלש עשרה בריתות אבל מילה דנכרתו עליה שלש עשרה בריתות אימא לידחו ואי אשמעינן מילה התם הוא דמכשירי מצוה לא דחו שבת דליכא כרת אבל פסח דאיכא כרת אימא לידחו צריכא: **מתני'** *אימתי מביא חגיגה עמו בזמן שהוא בא בחול בטהרה ובמועט *ובזמן שהוא בא בשבת במרובה ובטומאה אין מביאין עמו חגיגה חגיגה היתה באה מן הצאן מן הבקר מן הכבשים ומן העזים מן הזכרים ומן הנקבות *ונאכלת לשני ימים ולילה אחד: **גמ'** מאי תנא דקתני חגיגה תנא *הרכבתו והבאתו דלא דחי שבת וקתני נמי חגיגה דלא דחיא שבת והכי קאמר אימתי מביאין עמו חגיגה בזמן שהוא בא בחול בטהרה ובמועט א"ר אשי שמע מינה *חגיגת ארבעה עשר
לאו

תורה אור: במדבר ט

אכילת פסחים לא מעכבא · פי' כגון האי גוונא שיש בידו לתקן עצמו והוא מתקן לא מעכבא אבל בטמא גמור מעכבא דהוי דומיא דחולה וזקן ולא כפירוש הקונטרס דפי' דהא דכתיב איש לפי אכלו היינו למצוה דהא לעיל (דף סא.) אוקימנא ליה לעכב ומסיק בזבחים (דף עח:) מאיש לפי אכלו דבעי' גברא דחזי לאכילה: **האי** מיחזא חזי ותקוני הוא דלא קא מתקן · הקשה ריב"א א"כ אמאי אמר ר"א לעיל ערל שלא מל ענוש כרת הא מיחזא חזי אלא דלא איתקן וי"ל דשאני התם דמחוסר מעשה בגופו, וחשבינן ליה שלא לאוכליו: **הלכה** כר"ע · הא דלא פריך הלכתא למשיחא מפורש [בפ' ד' מיתות *סנהדרין] (דף נא:): **וצריכא** דאי אשמעינן כו' · אליבא דרב יהודה עביד צריכותא אמאי איצטריך למיפסק בתרוייהו כר"ע דהא אדר' עקיבא הוה ליה לאצרוכי הסיא דפרק שתי הלחם (מנחות דף צו.) גבי חביתי כהן גדול דמסיק התם כלל א"ר עקיבא כו': **אבל** מילה שנכרתו עליה י"ג בריתות אימא לידחו · תימה מה מועיל מה שנכרתו עליה י"ג בריתות הא איכא קרא בהדיא כפשיה למכשירין כדפי' לעיל ונראה לרשב"א לפרש דאי לאו דפסק רב יהודה כר"ע גבי מילה ה"א דסבירא ליה בכל מקום כר' אליעזר וגבי פסח דפסק כר"ע היינו להחמיר מדרבנן שלא יהו מכשירין דוחין שבת אבל גבי מילה דנכרתו עליה י"ג בריתות לא:

[ועי' מ"ש תוס' שבת קלג. ד"ה ותנן ויחי ישוב על קושיא זו וכ"כ בזבחים דף מה. ד"ה הלכתא ועי' תוס' יומא יג. ד"ה הלכה]

[ואמילתא דר"ע לא בעי לריכותא דאשמעינן בכל דוכתי מאי דדחי שבת כך כתבו תוס' במנחות שם ד"ה כלל ועי' תוס' סנהדרין לו: ד"ה תנינא]

וכל שביחיד נדחה כו' · והכי פירושא היינו טעמא דר' אליעזר (ג) לא רמיא חובה דפסח אטמא מת בשביעי שלו הואיל ולא חזי ולערל רמיא חובה ואע"ג דלא חזי ומשום דלא דמיא מצות הזאה למצות מילה דמצות הזאה כדי לעשות פסח לא רמיא אציבור שהרי מותרין לעשות בטומאה אע"פ שיכולין ליטהר דקסבר רבי אליעזר אין שוחטין וזורקין על יחיד טמא שרץ שלא טבל ואף על פי שראוי לערב וכן על טמא מת שחל שביעי שלו להיות בערב הפסח שראוי נמי לערב וטמא שרץ נקט משום דפלוגתא גביה הוא בפ' האשה (דף צ:) וכיון דקא סבר אין שוחטין וזורקין על היחיד אלא נדחה לשני על כרחיך ציבור עושין בטומאה אם ירצו דכל שביחיד נדחה ציבור עושין בטומאה דכתיב איש איש נדחה ואין ציבור נדחין אלמא לא רמיא מצות הזאה דפסח אציבור ומילתא דליתיה בציבור ליתיה ביחיד דמצות פסח יחד לכל ישראל נאמר אבל ערילות דלא נדחה אצל ציבור ולא הותרו לעשות פסח ערלים ואילו כולהו ציבור ערלים אמרי' להו קומו מהולו יחיד נמי אמרינן ליה בחול קום מהול והזאה דציבור (ד) לא אמרי' להו קומו אזו: **יחיד נמי** · לא רמיא חובה עלויה להזות וכיון דלא רמיא עליה לא ניתנה שבת לדחות אצלה אבל אי הוה סבירא ליה כמאן דאמר שוחטין וזורקין על טמא שרץ כיון דלא קרינא ביה איש נדחה לא הוה קרינא נמי אין ציבור נידחין למישריינהו לעשות בטומאה אלא אמרינן להו קומו אזו ומדרמי' הזאה אציבור הוה רמיא נמי איחיד כדי להתירו באכילה ודחיא שבת: **אמר ליה** · התם האי דאיתיה ביחיד משום דעבוד ציבור בראשון הוא ואי לא עבוד ציבור בראשון כגון רוב ציבור זבין דלא הותרה טומאת זיבה בציבור ומיעוטן טמאי מתים אין עושין לא את הראשון ולא את השני: **ערל וטמא שרץ ושאר.** הדומין לו כגון כל טמאי טומאת ערב שראויין ליתקן וכגון טמא מת שחל שביעי שלו בערב הפסח: **מדקא מיהדר אטמא שרץ** · לאיתויי מקרא יתירא שמע מינה סבירא ליה להאי תנא אין שוחטין וזורקין על טמא שרץ דאי סבירא ליה שוחטין וזורקין עליו למה לי לאהדורי עליה מקרא יתירא לחיוביה ממילא הוא עומד בכרת שהרי הוא כטהור גמור שראוי לעשות פסחו על ידי שליח לשולחו בעזרה דכי פטר קרא מכרת הנך דלא יכלו לעשות פסח פטר אלא ודאי אין שוחטין וזורקין עליו סבירא ליה ואפילו הכי מיחייב ליה כרת משום דיכול לטבול וליתקן משהגיע זמן שחיטה ואף על גב דליבור כי האי גוונא לא אמרינן להו זילו טבולו דכיון דיחיד נדחה ליבור עבדי בטומאה: **אלא אמר רבא** · אי הוה סבירא ליה אין שוחטין דמעכבא ליה הזאתו משחיטת פסחו ודאי דחיא שבת לר' אליעזר אע"ג דליתא בליבור אלא קסבר שוחטין וזורקין הלכך הזאה למאי אתיא לאכילה דהא לא מיעכבא לה לשחיטה ולזריקה: **אכילת פסחים לא מיעכבא** והא דכתיב (שמות יב) איש לפי אכלו למצוה: **אם כן** · דטמא מת שחל שביעי שלו בערב הפסח בשבת שוחטין וזורקין עליו ואע"פ שאין סופו להזות היום: **נמצא פסח זה נשחט שלא לאוכליו** · ותנן באידך פירקא (לעיל דף סא.) שחטו שלא לאוכליו פסול: **יכלל א"ר עקיבא כל מלאכה שאפשר לה לעשותה מערב שבת** · כגון הבאתו מחוץ לתחום וחתיכת יבלתו: **ותנן נמי.** גבי מילה: **וצריכא** · לרב לאשמעינן הלכה כרבי עקיבא בתרוייהו: מילה שלש עשרה בריתות נאמרו בה בלותה פרשה שנאמרה לאברהם (בראשית יז): **דליכא כרת** · לבו ביום אם ימול למחר: **מתני' אימתי מביאה עמו חגיגה** · בגמרא בעי מאי תנא לעיל דקתני חגיגה: **עמו.** עם הפסח בארבעה עשר בניסן כדיליף בגמרא: **בזמן שבא בחול ובטהרה** · דאף על גב דפסח דחי שבת וטומאה חגיגה לא דחיא *שבת: **ובמועט** · שהיה הפסח מועט לאכילת בני החבורה ואוכלין החגיגה תחלה כדי שיהא פסח נאכל על השובע ותיחשב להן אכילה: **במרובה** · שהיתה חבורה מועטת ודי להם פסח לבדו: **מן הצאן ומן הבקר כו'** · מה שאין כן בפסח שאינו בא מן הבקר ולא מן הנקבות: **גמ' הנא הרכבתו כו'** · וקאמר נמי בהך סיפא אימתי מביאין כו' ואשמעינן דחגיגה נמי לא דחיא שבת אפילו שחיטה דילה:
על

רבינו חננאל

על טמא שרץ וטמא מת שחל שביעי שלו להיות בערב פסח כטמא שרץ הוא ואין שוחטין עליו וכל שהיחיד נדחה לפסח שני צבור עושה [בטומאה] שנאמר (במדבר ט' י') איש איש כי יהיה טמא לנפש כו' איש אם הוא טמא נדחה לפסח שני ואין צבור אם טמאין נדחין לפסח שני אלא עושין הראשון בטומאה ומילתא דאיתא בצבור איתיה ביחיד ודליתיה בצבור ליתיה נמי ביחיד ערלות דאיתיה בצבור דאלו כלהו ערלים אינן אמרי' להו קומו מהולו נפשייכו ועבידי פסח יחיד נמי אמרי' ליה קום מהול ועביד פסח ואי לא עביד ענוש כרת טומאה דליתא בצבור דאי צבור טמאין אינן לא אמרינן להו קומו מדו עלייכו וטבולו ועבידו פסח אלא עבדי בטומאה יחיד נמי לא אמרי' ליה קום טבול ולא מדינן עליה כי לא טביל ולא עביד לא מיחייב כרת: **איני** דכל מילתא דליתא בצבור ליתא ביחיד והרי פסח שני דאין בצבור פסח שני ואיתיה ביחיד ופריק רבא מאי טעמא עביד יחיד פסח שני משום דעבוד צבור בראשון ולא עבד בהדייהו *צבור מאי איכא למימר הכי: **מיתיבי** יכול לא יהא ענוש כרת אם לא עשה פסח אלא טהור ומי שלא היה בדרך רחוקה דמפרש בהו קרא בהדיא ערל וטמא שרץ ושאר טמאין מנין ת"ל והאיש מדהוה ליה למכתב והטהור שלא היה בדרך רחוקה וחדל לעשות הפסח ונכרתה וכתב והאיש ש"מ אפילו טמאים דאפשר להו לתקוני נפשייהו ולא מתקני ועבדי ענשין כרת. ודייקינן מדקתני וטמא שרץ ענוש כרת שמעינן מינה דסבר אין שוחטין עליו ומרבי ליה לטמא שרץ *). דקתני

* (הג"ה אבל בכוונה דאי כולה ציבורא טמאין לא מדינן עלייהו מי איכא למימר הכי] *) נראה שחסר כאן

מסורת הש"ס

[לקמן עח:]

שבת דף קלג. מנחות צב. ע: יבמות דף יד. [שבת קל.]

[הוא דמכשירי כצ"ל]

[לעיל סה:]

[חגיגה ח.]

[שייך למשנה דלעיל דף סו.]

[עי' תו"ס ד"ה במוע]

הגהות הב"ח

(א) גמ' לא מהיל ועביד פיסחא ענש כרת: (ב) שם אע"ג דלא חזיא רמיא חובה עליה: (ג) רש"י ד"ה וכל שביחיד וכו' דלא רמיא וכו': (ד) בא"ד והזאה דלבור דלא:

גליון הש"ס

מתני' ובזמן שהוא בא בשבת. עיין ע"ז דף ג' ע"א תוס' ד"ה יבא כלדד:

§ מסכת פסחים דף סט: §

אות א'

יכול לא יהא ענוש כרת אלא שהיה טהור ושלא היה בדרך רחוקה, ערל וטמא שרץ ושאר כל הטמאים מנין

רמב"ם פ"ה מהל' קרבן פסח ה"ד - טמא שיכול ליטהר בפסח ראשון, שלא טבל, אלא ישב בטומאתו עד שעבר זמן הקרבן, וכן ערל שלא מל עד שעבר זמן הקרבן, הרי זה מזיד בראשון, לפיכך אם לא עשה את השני אפילו בשגגה, חייב כרת.

אות ב'

הלכה כרבי עקיבא

רמב"ם פ"א מהל' קרבן פסח הי"ח - שחיטת הפסח וזריקת דמו ומיחוי קרביו והקטר חלביו, דוחין את השבת, שאי אפשר לעשותן קודם השבת, שהרי קבוע לו זמן, שנאמר: במועדו; אבל הרכבתו והבאתו מחוץ לתחום וחתיכת יבלתו בכלי, אינן דוחין את השבת, שהרי אפשר לעשותן קודם השבת; ואם יכול לחתוך יבלתו בידו בשבת חותך, ואם היתה יבשה חותכה אפילו בכלי, [א]שאין שבות במקדש כלל; וכן צלייתו והדחת קרביו אינן דוחין את השבת, שהרי אפשר לעשותן לאחר השבת.

אות ג'

הלכה כרבי עקיבא

סימן שלא ס"ו - מכשירי מילה שאפשר לעשותם מערב שבת, אינם דוחים את השבת; לפיכך אם לא הביא איזמל למילה מערב שבת, לא יביאנו בשבת, אפי' במקום שאין בו אלא איסור דרבנן, שהעמידו חכמים דבריהם במקום כרת.

יו"ד סימן רסו ס"ב - אבל מכשיריה אינם דוחים, כיון שהיה אפשר לעשותה מבעוד יום; ולפיכך אין עושין סכין לימול בו - (בספר חכמת אדם כתב, דה"ה אם אינו חד אסור להשחיזו במשחזות, ע"ש - פת"ש). **ואין מביאין אותו ממקום למקום, ואפילו להוציאו מהבית [ולהביאו] דרך גגין וחצרות ומבואות שלא עירבו; אבל אם שכח הסכין בגג וחצר, מותר להביאו מזה לזה** – [פי' כלים ששבתו בתוכן, דכולן רשות אחת הם כמ"ש באו"ח סי' שע"ב], דבכה"ג אפילו שלא לצורך מילה מותר - ש"ך, [**ואפי'** הן של בעלים הרבה, שלא אסרו אלא בכלים ששבתו תוך הבית כשקידש היום, דאותן אסור לטלטל מבית לחצר, אם לא עירבו הבתים עם החצר, **ואפי'** ערבו הבתים עם החצר, אסור לטלטל אותו כלי הבית מחצר זה לחצר אחרת שלא עירבו עמה], **אפילו עירבו חצירות עם הבתים** – [פי' כל בית עירב עם חצר שלו, ולא אמרינן הואיל ואז שכיחי כלי הבית בחצר, אם נתיר לטלטל מחצר לחצר כלי ששבת בא' מהם, יטלטל גם כלים ששבתו בבית מחצר לחצר, הא לא גזרינן – ט"ז].

אות ד'

אימתי מביא חגיגה עמו, בזמן שהוא בא בחול בטהרה ובמועט

רמב"ם פ"י מהל' קרבן פסח הי"ב - כשמקריבין את הפסח בראשון, מקריבין עמו שלמים ביום י"ד, מן הבקר או מן הצאן, גדולים או קטנים, זכרים או נקבות, ככל זבחי השלמים, וזו היא הנקראת חגיגת ארבעה עשר, ועל זה נאמר בתורה: [ב]וזבחת פסח לה' אלהיך צאן ובקר. אימתי מביאין עמו חגיגה זו, בזמן שהוא בא בחול ובטהרה ובמועט; אבל אם חל יום ארבעה עשר להיות בשבת, או שבא הפסח בטומאה, [ג]או שהיו הפסחים מרובים, אין מביאין עמו חגיגה, ואין מקריבין אלא הפסחים בלבד.

אות ה' – ו'

ונאכלת לשני ימים ולילה אחד

חגיגת ארבעה עשר לאו חובה היא

רמב"ם פ"י מהל' קרבן פסח הי"ג - חגיגת ארבעה עשר רשות ואינה חובה, ונאכלת לשני ימים ולילה אחד ככל זבחי שלמים; ואסור להניח מבשר חגיגת ארבעה עשר ליום השלישי, שנאמר: ולא ילין מן הבשר אשר תזבח בערב ביום הראשון לבקר, [ד]מפי השמועה למדו שזה אזהרה למניח בשר חגיגת ארבעה עשר ליום ששה עשר, שנאמר: לבקר, עד בקר של יום השני; והמותיר אינו לוקה, אלא ישרוף הנותר ממנה כשאר הנותרים.

באר הגולה

א ‹קשה דנהי דאין שבות במקדש כלל, היינו היכא דאי אפשר לעשותו מאתמול, אבל היכא דאפשר לא, דהא הבאתו מחוץ לתחום והרכבתו אינו אלא מדרבנן, ואסור משום דאפשר לעשותו מאתמול, **וכ"ת** הך קושיא בגמ' נמי איתא, דביבשה מותר, ואמאי והא הוי שבות דאפשר לעשותו מאתמול, **י"ל** דבגמ' הוה אמינא דלא הוי חתיכה, כדכתב רש"י ז"ל, ואפי' שבות ליכא, אבל רבינו ז"ל דכתב דהוי שבות, אלא טעמא הוי משום דאין שבות במקדש, קשה. **וכ"ת** אכתי בגמ' גופא תיקשי, דביד ודאי דהוי שבות מדאסור במדינה, וא"כ אמאי מותר כיון דיכול לעשותו מאתמול, **וי"ל** דביד מותר משום דאיסורו קל והוי שבות, **ובכי** הא יש לתרץ לרבינו ז"ל, ולומר דיבשה בכלי הוי שבות קל, ואילו לא היה במקדש אע"ג דהוי שבות קל היינו אוסרין אותו, כיון דיכול לעשותו מאתמול, אבל משום דהוי במקדש, דהתירו בו שבות חמור, א"כ ה"ה בשבות קל דאפשר לעשותו מאתמול עדיף משבות חמור – לחם משנה› ב ‹לכאורה יקשה, דזהו טעמו של בן דורתאי, אבל מסקינן דאתי למותר הפסח, יעו"ש דף ע: – הר המוריה› ג ‹ולישנא בעלמא נקיט "שהיו הפסחים מרובים", דהעיקר תלוי בהחבורה, אם הפסח יספיק להם כדי שביעה א"צ חגיגה, ואם לאו יביאו חגיגה – ערוה"ש› ד ‹שם דף ע"א – כסף משנה›

§ מסכת פסחים דף ע. §

אות א'

חגיגה הבאה עם הפסח נאכלת תחילה

רמב"ם פ"ח מהל' קרבן פסח ה"ג - **מצוה מן המובחר לאכול בשר הפסח אכילת שובע, לפיכך אם הקריב שלמי חגיגה בארבעה עשר, אוכל מהן תחילה, ואחר כך אוכל בשר הפסח, כדי לשבוע ממנו.**

אות ב'

וחגיגת י"ד יוצא בה משום שמחה ואין יוצא בה משום חגיגה

רמב"ם פ"ב מהל' חגיגה ה"י - **כבר ביארנו בפסחים שחגיגת ארבעה עשר רשות, לפיכך אין אדם יוצא בה ידי חובת חגיגה, אלא יוצא בה חובת שמחה.** השגת הראב"ד: כבר ביארנו בפסחים שחגיגת י"ד רשות לפיכך. א"א איני יודע [ה]מאי לפיכך; ואותה ברייתא [ו]בן תימא שונה אותה, דסבר חגיגת י"ד [ז]חובה היא בפסח; אבל לרבנן כיון דרשות היא [ח]יוצא בה אף משום חגיגה, [ט]אם התנה עליה לצאת בה ושחטה בי"ד.

אות ג'

סכין שנמצאת בארבעה עשר שוחט בה מיד

רמב"ם פי"ג מהל' שאר אבות הטומאה ה"ה - **בד"א בסכין הנמצאת בירושלים בשאר ימות השנה, אבל אם מצא סכין בירושלים בי"ד בניסן, שוחט בה הקדשים מיד.**

אות ד'

בשלשה עשר שונה ומטביל

רמב"ם פי"ג מהל' שאר אבות הטומאה ה"ו - **מצא הסכין בי"ג, מזה עליה ומטבילה ושוחט בה למחר, מפני שעשאוהו ביום זה כאילו יום י"ג שביעי שלה.** השגת הראב"ד: מפני שעשאוה ביום הזה. א"א [י]מים הרעים שתה כשפירשו לו זה הפי', [יא]שאין כאן הזאה כל עיקר, אבל אמרו שונה ומטבילו מן הספק, שמא עדיין לא הטבילו; ואת"ל שצריכה הזאה, [יב]לא מן הטעם שלו, אלא שבודאי כבר הקדים בעליו והזה הראשונה ביום הראוי להזות ולשנות ולהטביל ויוכל להשתמש בו פסחו; [יג]וכל זה איננו שוה.

אות ה'

חל ארבעה עשר להיות בשבת, שוחט בה מיד, ובחמשה עשר שוחט בה מיד

רמב"ם פי"ג מהל' שאר אבות הטומאה ה"ה - **ואפילו חל י"ד להיות בשבת, שלא גזרו על הסכינין הנמצאים ביום הזה, וכן אם מצאה ביום טוב, שוחט בה מיד, שחזקת כל הכלים ביום טוב טהורין.** השגת הראב"ד: שוחט בה הקדשים מיד ואפילו. א"א אין דרך המשנה כן בשקלים, בי"ג שונה ומטביל, ואם חל י"ד בשבת [יד]או בי"ג, שוחט בה מיד, [טו]והטעם מפני שאינו יכול להטביל כלים בשבת, מקדים ומטביל סכיניו ביום י"ג, וכל מה שכתב אינו כלום.

אות ו'

נמצאת קופיץ קשורה לסכין, הרי היא כסכין

רמב"ם פי"ג מהל' שאר אבות הטומאה ה"ז - **מצא סכין קשורה לסכין הידועה אצלו, בין ביום טוב בין בשאר הימים, הרי היא כמוה, אם טהורה טהורה, ואם טמאה טמאה.**

באר הגולה

[ה] ‹ובאמת שלשון "לפיכך" קשה, דמשמע דמשום שהיא רשות יוצא בה י"ח שמחה, שאם היתה חובה לא היה יוצא בה י"ח שמחה – כסף משנה› [ו] ‹י"ל שסובר רבינו דלא פליגי רבנן אבן תימא אלא במאי דאמר דאינה נאכלת אלא ליום ולילה, אבל מאי דקתני יוצא בה משום שמחה ואינו יוצא בה משום חגיגה, דברי הכל היא – כסף משנה› [ז] ‹אינו מוכרח, דהא טעמיה דאינו נאכל אלא ליום ולילה, אמרינן בגמרא דהוי משום דהקישה הכתוב לפסח, ואין במשמע זה שתהא חובה, אלא ה"ק אם רצה להביא חגיגה דינה כפסח – כסף משנה› [ח] ‹ואף דדבר שבחובה אינו בא אלא מן החולין, ס"ל להראב"ד כיון שהתנה שאצא בה משום חגיגה, באופן זה יוצא משום חגיגה – אבי עזרי› [ט] ‹ולמדנו מדברי הראב"ד ז"ל, דשלמי חגיגה א"צ לשחטן ביום טוב דווקא, אלא אפילו מערב יום טוב, וכן משמע מדברי הרמב"ם בהלכה י"א {עיין לקמן דף ע"א. אות ב'} – ערוה"ש› [י] ‹תמהני על פה קדוש שקרא מים הרעים לפי שלא ערב לו – כסף משנה› [יא] ‹י"ל דרבינו מדנקט תנא "שונה" יליף לה, דהיינו לומר אנו מחזיקים אותו שכבר הזה עליו הזאה ראשונה כדי לטהרו לצורך יום טוב, והיום יום ז', ולכן שונה להזות עליו שנית ומטבילו, ולדברי הראב"ד קשה לישנא ד"שונה" – כסף משנה› [יב] ‹כלומר שרבינו תלה הטעם בשחכמים עשאוה ביום זה כאילו הוא יום שביעי שלה, והראב"ד סובר שלא הוצרכו חכמים לעשותה, כי היא מעצמה בחזקה שודאי הקדים בעליה והזה הראשונה וכו', **ואומר** אני שגם זה הוא הטעם שלו, דמה טעם עשאוה חכמים ביום זה כאילו הוא שביעי שלה, משום דחזקה שכבר הקדים בעליו והזה הראשונה וכו' – כסף משנה› [יג] ‹וסתם דבריו וכל זה איננו שוה, שעם כל זה נראה בעיניו יותר נכון לומר שאינו צריך הזאה, והטעם, משום דכלי זה הוא ספק טמא ספק טהור, ואת"ל טמא, שמא אינו טמא מת אלא טמא בשאר טומאות שאינן טעונות אלא טבילה לבד, ולשון "שונה" יתפרש לדעת הראב"ד, אע"פ שיש לומר שמא כבר הטבילו בעליו, ישנה זה ויטבילנו, {וכן פי' רש"י}, ולדעת רבינו ניחא טפי – כסף משנה› [יד] ‹צריך להגיה בלשון הראב"ד: ואם חל י"ד בשבת, אז בי"ג שוחט בה מיד, ר"ל אז אפילו נמצא בי"ג שוחט בו מיד בלא טבילה קרבן פסח בי"ד, וזה מוכרח בכוונת הראב"ד, דהיינו מה שסיים והטעם מפני וכו' – מרכבת המשנה› [טו] ‹אין פירושו של הראב"ד מוכרח, וכבר אפשר לפרש כפירוש רבינו, **אבל** מה שקשה לי בדברי רבינו, דבפרק אלו דברים (דף ע') אמרינן, איבעיא להו לבן תימא יש משום שבירת עצם בחגיגה, או אין בה משום שבירת עצם וכו', ת"ש סכין שנמצאת בי"ד וכו', עד: לא מטביל לה, ופירש"י שוחט פסחו מיד ואין צריך להטבילה וכו', משמע מהא דטעמא משום דחזקה אדם מטביל סכיניו לצורך שחיטת הפסח, ורבינו עצמו כתב כן בפירוש המשנה, ולמה תלה כאן רבינו הטעם בלא גזרו על הסכינים הנמצאים ביום זה, ואפשר שלזה נתכוון הראב"ד שכתב וכל מש"כ כאן אינו כלום. **וליישב** דעת רבינו נ"ל דהכי קאמר, שלא גזרו על הסכינים ביום זה מפני שחזקה שאדם מטביל סכיניו לצורך שחיטת הפסח. **ועדיין** יש לשאול למה השמיט דין הקופיץ בזה ובזה שונה ומטביל, וי"ל משום דמאי דמפליג במתניתין בין קופיץ לסכין צריך לאוקומה כבן תימא דיחידאה הוא, ואי מוקמינן לה כרבנן צריך לאוקומה בנשיא גוסס בי"ג ומת בי"ד, דהוא מילתא דלא שכיחא, ולכך כתב סתם דין הסכינים הנמצאים, שבכלל זה הקופיץ, ואע"ג שכתב "לשחיטת הקדשים" {בתחילת ההלכה}, ה"ק לצורך שחיטת הקדשים, שהקופיץ צורך שחיטת קדשים הוא לשבר עצמות החגיגה – כסף משנה›

לאו חובה היא דאי סלקא דעתך חובה היא תיתי בשבת ותיתי במרובה ותיתי בטומאה ובמועט מידו מ"ט אתיא כדתניא *חגיגה הבאה עם הפסח נאכלת תחילה כדי שיהא פסח נאכל על השבע: ונאכלת לשני ימים וכו': מתני' דלא כבן תימא דתניא בן תימא אומר חגיגה הבאה עם הפסח הרי היא כפסח ואינה נאכלת אלא ליום ולילה וחגיגת חמשה עשר נאכלת לשני ימים ולילה אחד *וחגיגת ארבעה עשר יוצא בה משום שמחה ואין יוצא בה משום חגיגה מ"ט דבן תימא כדכתני רב לחייא בריה °ולא ילין לבקר זבח חג הפסח (שמות לד) זבח חג זה חגיגה הפסח כמשמעו ואמר רחמנא לא ילין איבעיא להו לבן תימא נאכלת צלי או אין נאכלת צלי כי אקשיה רחמנא לפסח ללינה אבל לצלי לא או דילמא לא שנא ת"ש *הלילה הזה כולו צלי* ואמר רב חסדא זו דברי בן תימא שמע מינה איבעיא להו לבן תימא באה מן הבקר או אינה באה מן הבקר באה מן הנקבות או אינה באה מן הנקבות באה בת שתי שנים או אינה באה בת שתי שנים כי אקשיה רחמנא לפסח למידי דאכילה אבל לכל מילי לא או דילמא לא שנא ת"ש חגיגה הבאה עם הפסח הרי היא כפסח באה מן הצאן ואינה באה מן הבקר באה מן הזכרים ואינה באה מן הנקבות באה בת שנתה ואינה באה בת שתי שנים ואינה נאכלת אלא ליום ולילה ואינה נאכלת אלא צלי ואינה נאכלת אלא למנויו מאן שמעת ליה דאית ליה האי סברא בן תימא שמע מינה כולהו מילתא בעינן ש"מ איבעיא להו לבן תימא יש בה משום שבירת עצם או אין בה משום שבירת העצם אע"ג דכי אקשיה רחמנא לפסח אמר קרא בו ולא בחגיגה או דילמא האי בו *בבשר ולא בפסול הוא דאתא ת"ש *סכין שנמצאת בארבעה עשר שוחט בה מיד "בשלשה עשר שונה ומטביל בין בזה ובין בזה שונה ומטביל מני אילימא רבנן מאי שנא סכין דמטביל דחזיא לפסח קופיץ נמי הא חזי לחגיגה אלא לאו דבן תימא היא ושמע מינה יש בה משום שבירת העצם לא לעולם רבנן וכגון שבא בשבת והא מדקתני סיפא *חל ארבעה עשר להיות בשבת שוחט בה מיד ובחמשה עשר שוחט בה מיד 'נמצאת קופיץ קשורה לסכין הרי היא כסכין מכלל דרישא לאו בשבת עסקינן ואלא שבא במרובה

רש"י

על השבע. שיהו נהנין באכילתו ותיחשב להן: **ונאכלת לשני ימים.** חגיגת חמשה עשר דנפקא לן במסכת חגיגה (דף ט.) מותנותם אותו: **יוצא בה משום שמחה.** אם עיכבה עד למחר ושחטה יוצא בה משום שמחה משום שלמי שמחה ואע"ג שמופרשת ועומדת היא כבר ושלמי שמחה חובה הן והא דקי"ל (לקמן דף עח.) כל דבר שבחובה אינו בא אלא מן החולין כדתניא בסיפרי* וזבחת פסח ה' צאן ובקר והלא אין פסח בא אלא מן הכבשים ומן העזים א"כ למה נאמר בקר להקיש כל הבא מצאן ובקר לפסח מה פסח דבר שהוא חובה ואינו בא אלא מן החולין אף כאן שהוא חובה ואינו בא אלא מן החולין הני מילי בחובות דעלמא אבל שלמי שמחה איתרבי במס' חגיגה (דף ח.) מדתניא בסיפרי ושמחת לרבות כל מיני שמחה יכול אף בעופות ומנחות תלמוד לומר בחגך מי שחגיגה באה מהן יצאו עופות מכאן אמרו ישראל יוצאים ידי חובתן בנדרים ונדבות כו' אע"ג דמחויב ועומד הוא: **ואין יוצא בה.** משום חגיגת חמשה עשר כדאמרן דבר שיש בו חובה אינו בא אלא מן החולין כלומר משלו ולא ממה שהוא מחויב ועומד וזו כבר נתקדשה מאתמול: **אלא מעתה.** דאמר אין נאכלין אלא ליום ולילה: **נאכלת צלי.** צריך לאוכלה צלי: **הלילה הזה כולו צלי.** מתני' היא בפרק בתרא כולו צלי ואפי' החגיגה: **למידי דאכילה.** דאזהרת לינה צווי אכילה היא: **האי סברא.** אינה נאכלת אלא ליום ולילה: **שמע מינה כולהו אמיין.** כולהו מילי דפסח אתיין בחגיגה בההוא היקשא: **שוחט בה.** פסחו מיד ואין צריך להטבילה זה המוצאה דמסתמא הטבילוה בעליה אם טמאה היתה הטבילוה בשלשה עשר כדי שיהא הערב שמש ותהא טהורה בארבעה עשר: **שונה ומטביל.** כלומר אע"פ שספק שמא הטבילוה הבעלים זה שונה ומטביל' מספק שמא עדיין לא הטבילוה שהיה להן שהות ביום להטבילה ולהעריב שמשה: **קופיץ.** סכין גדול הוא ורובן אינן לשחיטה אלא לחיתוך בשר ולשבירת עצמות: **בין בזה בין בזה.** אפילו נמצאת בארבעה עשר: **שונה ומטביל.** דמתוך שאין שבירת העצם בפסח אין הבעלים צריכין לה כל ארבעה עשר עד למחר ויש לומר לא הטבילה שהיה לו שהות ביום להטבילה סמוך לבין השמשות לצורך מחר: **מני.** הא דמשמע דאין שבירת עצמות בערב הפסח: **אי נימא רבנן.** דלא מקשי חגיגה לפסח ואין בה איסור שבירת עצם: **מאי שנא סכין דמטביל.** לה בעליה מאתמול ומוקמינן לה השתא בחזקת טהרה למוצאה משום דחזיא ליה לבעלים בארבעה עשר לפסח לשחוט הילכך אטבלה מאתמול דניהוי ליה הערב שמש והא לא חיישינן שמא אבדה לו זה ימים רבים דודאי היום נפלה ממנו דמתוך שבשעת הרגל העם רב אין שוהה שם במקום נפילתה שלא תמצא: **חזי לחגיגה.** לשבירת עצמות ואטבלה מאתמול ואמאי המוצאה בארבעה עשר שונה ומטביל: **שבא.** ערב הפסח בשבת דאין חגיגה באה עמו הלכך לא צריכה לבעלים בארבעה עשר: **חל ארבעה עשר להיות בשבת שוחט.** בקופיץ זה מיד ואין צריך להטביל דאע"ג דשמא בעלים היה להן סכין לשחוט ולא היתה קופיץ זו להן אלא לשבירת עצמות והיום אין שבירת העצם בשבת אפילו הכי כיון דצריכה להן ביום טוב אחר שבת כבר הטבילוה מערב שבת דהא בשבת לא מצו לאטבולה כדאמרינן במסכת ביצה (ד' יז:) חל יום טוב להיות אחר שבת מטבילין את הכל מלפני השבת: **ובחמשה עשר.** אם מצאה ביום טוב עצמו: **שוחט בה.** שלמים מיד דודאי הטבילוה בעלים מאתמול: **הרי היא כסכין.** ואפילו נמצאת בארבעה עשר שחל להיות בחול שוחט בה מיד דודאי הטבילה עם הסכין בשלשה עשר הואיל וקשורה עמו: **מכלל דרישא.** דקתני בין בזה בין בזה שונה ומטביל: **לאו בשבת עסקינן.** דאם לא כן קשיא רישא אסיפא ואפילו הכי קאמר דאין בו שבירת עצמות אלמא אסור לשבור עצמות בחגיגת ארבעה עשר: במרובה

תוספות

לאו חובה היא. כלומר אינו חייב מן התורה להביאה דאי ס"ד חובה היא מן התורה שוב אין לנו לומר שיש חילוק בין שבת לחול דהוי קרבן הקבוע לו זמן ותיתי במרובה ובטומאה אלא ודאי לאו חובה היא ואינה באה אלא כדי שיאכל הפסח על השבע ואומר ריב"א דמשמע בירושלמי דהא דפסח נאכל על השבע היינו מדרבנן גזירה משום שבירת עצם שאם לא סיפה באה על השבע מתוך שהוא רעב לאכול הבשר שסביב העצמות היה בא לידי שבירתן וקשה לר"י דהשתא משמע דלרבנן דבן תימא דנסמוך הויא חגיגת ארבעה עשר דרבנן ולקמן (דף עא.) משמע שהיא מן התורה דתניא לא ילין מן הבשר וגו' לימד על חגיגת ארבעה עשר שנאכלת לשני ימים ויש לומר דאשכחן בפ"ק דחגיגה (דף ח.) תנא דסבירא ליה שהיא מדרבנן דקאמר רב אשי הא קמ"ל חגיגת חמשה עשר אין חגיגת ארבעה עשר לא אלמא קסבר חגיגת י"ד לאו דאורייתא והשתא לבן *תימא ולתנא דלקמן דאית להו חגיגת ארבעה עשר דאורייתא אתי שפיר השתא דחי שבת והשתא אתי שפיר הא דריש תמיד נשחט (לעיל נט:) בארבעה עשר שחל להיות בשבת כו':

והא מדקתני סיפא חל י"ד להיות בשבת כו'. וא"ת אמאי לא פריך אי בשבת היכי שרי להטביל כלים הא קיימא לן דלא מזין *ולא טובלין ולא פירכא היא דאיכא למימר שונה ומטביל לאחר י"ט וי"ד וי"ט (שחל להיות בשבת) אמאי קאי: מתי

מסורת הש"ס

[וכן במשנה דמנחות פג.] — לקמן עח.] — שמות לד — לקמן דף קטז. [ע' תוס' שם ד"ה כולו] — [לקמן עג. פד: ע.]

עין משפט נר מצוה

כה א מיי' פ"ח מהל' ק"פ הלכה ג:
כו ב מיי' פ"ב מהל' חגיגה הלכה י:
כז ג מיי' פי"ג מהל' אבות הטומאה הל' ה:
כח ד שם הלכה ו:
כט ה שם הלכה ה:
[תוספתא פ"ה]
ל ו שם הלכה ז:

רבינו חננאל

דקתני בקופיץ ביום ארבעה עשר שונה ומטביל שאין בארבעה עשר צורך לקופיץ ולא היו בעליו מוליכין אותו אלא לטהרו היום להשתמש בו למחר ומאן שמעת ליה האי סברא שחגיגת ארבעה עשר כפסח היא בן תימא וש"מ כי לבן תימא אסור לשבר בו עצם לפיכך אין צורך ביום ארבעה עשר לקופיץ דאי רבנן כיון דאמרי חגיגת ארבעה עשר אינה כפסח ומותר לשבר בה עצמות אמאי לא נימא דהאי קפיץ בארבעה עשר מהור לגמרי הוא ולשבור עצמות החגיגה הוציאו בעליה אלא ש"מ משנה זו אינה לרבנן אלא לבן תימא וש"מ יש לו לבן תימא שחגיגת י"ד אסור לשברבה עצם. ודחי' לא לעולם מתני' רבנן וכגון שחל י"ד להיות בשבת [שאין שם חגיגה כלל. ודחיא להא סברא מסיפא דקתני חל י"ד להיות בשבת] שוחט בה מיד מכלל דרישא לאו שבת הוא אלא בחול עסקי' אלא בפסח שבא במרובה פי' מעט בני אדם נמנו בפסח ההוא ואינן צריכין בשר אחר אלא די להם הפסח לבדו לשבוע ממנו דליכא

בקל"ם פ"ח מ"ג. [ע' תוס' זבחים לח: בד"ה סכול יום]

עין משפט נר מצוה

לא א מיי׳ פ״ד מהל׳ קרבן פסח הלכה י:

לב ב מיי׳ פ״א מהל׳ חגיגה הלכה ח:

במרובה מנא ידעי ואלא שבא בטומאה סוף סוף מנא ידעי דמית נשיא דמית נשיא אימת אילימא דמית בשלשה עשר סבין למה לי דמטבליה ואלא דמית בארבעה עשר מאי שנא סבין דמטביל ומאי שנא קופיץ דלא מטביל לה לא צריכא דנשיא גוסס בשלשה עשר סבין דחד ספיקא מטביל לה קופיץ דתרי ספיקי לא מטביל לה תניא יהודה בן דורתאי פירש הוא ודורתאי בנו והלך וישב לו בדרום אמר אם יבוא אליהו ויאמר להם לישראל מפני מה לא חגגתם חגיגה בשבת מה הן אומרים לו תמהני על שני גדולי הדור שמעיה ואבטליון שהן חכמים גדולים ודרשנין גדולים ולא אמרו להן לישראל חגיגה דוחה את השבת אמר רב מ״ט דבן דורתאי דכתיב °וזבחת פסח לה׳ אלהיך צאן ובקר והלא אין פסח אלא מן הכבשים ומן העזים אלא צאן זה פסח בקר זו חגיגה ואמר רחמנא וזבחת פסח א״ר אשי ואנן טעמא דפרושים ניקו ונפרוש אלא קרא לכדרב נחמן הוא דאתא *דאמר רב נחמן אמר רבה בר אבוה °מניין למותר הפסח שקרב שלמים שנא׳ וזבחת פסח לה׳ אלהיך צאן ובקר וכי פסח מן הבקר בא והלא אין פסח בא אלא מן הכבשים ומן העזים אלא מותר הפסח יהא לדבר הבא מן הצאן ומן הבקר ורבנן מ״ט לא דחי שבת הא ודאי קרבן ציבור הוא א״ר אילעא משום רבי יהודה בן ספרא אמר קרא °וחגותם אותו חג לה׳ שבעת ימים בשנה שבעה שמונה הוו °אלא מכאן לחגיגה שאינה דוחה את השבת כי אתא רבין אמר אמרתי לפני רבותי פעמים שאי אתה מוצא אלא ששה כגון שחל י״ט הראשון של חג בשבת אמר אביי *אבין תבלא לימא כי הא מילתא שמנה לא משכחת לה כלל שבעה איתא ברוב שנים אמר עולא אמר רבי אלעזר שלמים ששחטן מערב י״ט אינו יוצא בהן לא משום שמחה ולא משום חגיגה משום שמחה דכתיב °וזבחת ושמחת בעינן זביחה בשעת

רש״י

במרובה. בחבורה מועטת שהפסח מרובה להן ולא יביאו חגיגה: **מנא ידעי.** הבעלים בשלשה עשר שתהא חבורתו מועטת הרי כל שעה באין ונמנין עליו אנשים מעלמא וקונים להן בו חלק מן הבעלים עד שעת שחיטה הלכך לא קים להו (א) ליה שתהא חבורה מועטת ומטביל לקופיץ שמא יביאו חגיגה ויצטרכו לטבילת עלמות: **שבא בטומאה.** שרוב ציבור טמאין והכן בזמן שבא בטומאה אין מביאין עמו חגיגה וזה המולאה טהור ואע״פ שאף הטהורים עושין בטומאה עם הציבור מטבילה לשבר בה עלמות חגיגת חמשה עשר שאינה באה בטומאה: **מנא ידעי.** הבעלים בשלשה עשר כשמטבילין סכיניהם שיהו רוב ציבור טמאין: **דמית נשיא.** ומטה לכל ישראל להטמא בו: **אי נימא בשלשה עשר.** כשהיו מטבירין כליהם: **סכין למה ליה לאטבולי.** למריה הרי היא עתיד ליטמא וזה המולאה אם טהור הוא למה מחזיקה בטהרה ושוחט בה שלמי חגיגתו בי״ט: **אלא דמית בארבעה עשר.** וכשהטבילו כליהם בי״ג הצריכין לארבעה עשר לא היו יודעין שיהא בטומאה א״כ גם את הקופיץ הטביל לשבירת העלמות דחגיגת ארבעה עשר: **ומאי שנא סכין.** דאמרי׳ אטבלה מרה מאתמול ומאי שנא קופיץ דלא אמרי׳ אטבלה מרה מאתמול: **לא צריכא דנשיא גוסס בשלשה עשר** ולא גרסינן ומת בארבעה עשר דמה לי מת ומה לי לא מת: **סכין דחד ספיקא הוא.** דאיכא למימר שמא ימות הנשיא ויעשו בטומאה משום הך ספיקא לא אימנע מלאטבולה ואטבלה לחייש שמא לא ימות ויעשה פסח בטהרה: **אבל קופיץ דתרי ספיקי.** איכא ליה דמסלקי ליה מתורת טבילה שמא ימות ולא יביאו חגיגות לא בארבעה עשר ולא בחמשה עשר או אפי׳ לא ימות שמא אני לא אלטרך לחגיגת ארבעה עשר שתהא חבורתי מועטת ויבא פסח במרובה ואי משום חגיגת חג חמשה עשר עדיין יש שהות להטבילה בי״ד הלכך לא אטבלה מרה בשלשה עשר: **בן דורתאי פירש.** מן החכמים ונבדל מהם מפני שהיו אומרים אין חגיגת ארבעה עשר דוחה שבת: **וישב לו בדרום.** רחוק מירושלים שלא לעלות לרגל ויתחייב בפסח ובחגיגה דקסבר חגיגה חובה ואפי׳ במרובה: **ואנן טעמא דפרושים וכו׳.** וכי לכך הוצרכנו לדרוש המקראות אחר טעמי המבדילים מן החכמים: **מותר הפסח.** כגון שהפריש פסחו ואבד ונתכפר באחר ואח״כ נמצא זה בין שהפריש מעות לפסחו וחלה קדושת פסח על כולן והוזלו טלאים וניתותרו מן המעות: **שקרב שלמים.** במועד או לאחר הרגל: **לדבר הבא מן הצאן ומן הבקר.** היינו שלמים שכשירין לבא מכל צאן ומכל בקר זכר ונקבה: **אמאי לא דחיא שבת.** ואפילו חגיגת חמשה עשר הא ודאי קרבן ציבור הוא דהא אתי בכינופיא כי פסח וזמן קבוע לה: **וחגותם אותו.** בחג הסכות כתיב דתשלומין דידיה כל שמונה הוי אלא לאו שמע מינה אין לך חגיגה שדוחה שבת הלכך לא משכחת שמונה לעולם: **כגון שחל י״ט הראשון של חג להיות בשבת.** דמתוך נמי שמיני עלרת בשבת דהאין כאן אלא ששה: **אבין תבלא.** קובר את בניו היה: **לימא כי הני מילתא.** שאילה שאינה הוגנת:

תוספות

מאי טעמא דבן דורתאי דכתיב וזבחת פסח וכו׳. רש״י פי׳ דבחגיגת י״ד מיירי ׳ולפי׳ נ״ל דלבן תימא אע״ג דאית ליה היקשא אתרינא לעיל חגיגת י״ד לא דחיא שבת אע״ג דלכל מילי אקשיה חגיגה לפסח דאפילו לשבירת עלם אקשיה אי לאו דכתב בו מדקאמר רב אשי בסמוך ואנן טעמא דפרושין ניקו וניפרוש ואי בן תימא נמי ס״ל דדחי׳ שבת לא הוה מתמה כולי האי וטעמא כדילפינן בסמוך מוחגותם אותו וגו׳ דלא דחיא שבת אע״ג דקרבן ציבור היא ה״ג לבן תימא ואע״ג דקרא דקרבן ציבור הוא דלהשוות החגיגות יחד ולהכי איצטריך לבן דורתאי למילף מוזבחת פסח שהוקשו לענין זביחה ואפי׳ בשבת לאפוקי שלא נקיש החגיגות יחד ולא מצי למילף מהיקשא דבן תימא כדפי׳ וקשה דלעיל קאמר רב אשי דלאי חובה היא תיתי בשבת משמע דלבן תימא ולתנא דלקמן דאית להו חגיגת ארבעה עשר דאורייתא דחיא שבת א״כ מאי קמתמה רב אשי ואנן טעמא דפרושין ניקו וניפרוש ועוד תיקשי להההוא דאמר בהוליאו לו (יומא נ.) נקוט האי כללא בידך כל שזמנו קבוע דוחה את השבת ואת הטומאה ואפי׳ ביחיד הא איכא חגיגת י״ד דקבוע לה זמן ולא דחיא לכך נראה לר״י עיקר דהכא איירי בחגיגת ט״ו כדמוכח דמייתי קרא דוחגותם אותו ואתי שפיר דלא כייל בהוליאו לו אלא דבר שקבוע לו זמן יום אחד ולא יותר אבל חגיגת ט״ו לא חשיב כל כך זמן קבוע כיון שיש לה תשלומין כל שבעה ומ״מ פריך שפיר הא ודאי קרבן ציבור הוא דאף חגיגת חמשה עשר חשיבה זמנה קבוע כדאמרינן בפרק ב׳ דבילה (דף כ:) אמר להן ב״ה אף זו קבוע לה זמן דתנן עבר הרגל ולא חג אינו חייב באחריותו ואין להקשות א״כ אמאי הולרך בן דורתאי לפרוש ולהתרחק כדי שיהיה בדרך רחוקה ויפטר הלא היה יכול להביא חגיגתו כל שבעה כדילפינן בסמוך אומר ר״י דילמא יהודה בן דורתאי ס״ל מדאיתקש חגיגת חמשה עשר לפסח °שמע מינה אין לה תשלומין והא דמוקי בן דורתאי קרא דוזבחת פסח בחגיגת חמשה עשר ולא בחגיגת י״ד משום דסבר דחגיגת י״ד לאו דאורייתא: **הא** ודאי קרבן ציבור הוא. נקט קרבן ציבור משום דאיכא תנא דתלי בהכי בפ׳ יש קרבנות (תמורה יד.) דתנן יש בקרבנות ליבור שאין ביחיד שקרבנות ליבור דוחין את השבת ואת הטומאה ומיהו בפרק הוליאו לו (יומא נ.) אמרי׳ כל שזמנו קבוע דוחה את השבת וטומאה אפילו ביחיד וק״ק דהכא קרו ליה קרבן ליבור משום דאתי בכינופיא וכן ביומא *[אבל בחגיגה] (דף ו.) קרי ליה קרבן יחיד: **הא** ודאי קרבן ליבור. תימה לרשב״א מה בכך אם הוא קרבן ליבור והא פסח ותמיד ושעירי ר״ח ועומר ושתי הלחם לכולהו מלרכינן קראי בכילד לולין (לקמן עז.) שידחו שבת וא״כ הכא מנא לן ואור״י דחגיגה (ג) בכלל שאר קרבנות מועדות °דהאי קרא דוחגותם כתיב בסוף פרשת פינחס: **שלמים** ששחטן מערב יו״ט וכו׳. נראה לר״י דלפי׳ הקדישם מתחלה ושחטן לשם חגיגת ט״ו איירי דאי לשם שלמים דעלמא אין יולא משום חגיגה אפי׳ שחטן בי״ט דכל דבר שבחובה אין בא אלא מן החולין לכך נראה דהקדישן ושחטן לשם חגיגה דהואיל ואי דבר שבחובה ואיט בא אלא מן החולין שלריך להקדישם לשם כך סברא הוא שישחט נמי בשעה הראוייה לחגיגה ורלייה לדבר מדאמר לעיל שבעה שמונה הוו אלא מכאן לחגיגה וכו׳ ואי יכול לשוחטה מערב י״ט אכתי שמונה הוו הקשה ריב״א והא האי קרא דוזבחת שלמים לא כתיב גבי שמחת י״ט אלא גבי הר עיבל והיכי יליף מיניה י״ט וי״ל דאיכא למימר דבכל ענין קאמר קרא דבעינן זביחה בשעת שמחה:

רבינו חננאל

חגיגה. ודחי׳ וכי כהנים קסומי אינהו כלומר ראו בדרך מראה הקוסמים החוזים בכוכבים כי הפסח של זו השנה במרובה הוא בא ואין עמו חגיגה לפיכך לא טהרו הקופיץ שלהן אלא כגון שבא הפסח בטומאה שאין עמו חגיגה. ואקשי׳ וכי כהנים קסומי נינהו דהוה ידעי דישראל ז השנה רובן טמאין הן והפסח בא בטומאה ואין בו חגיגה ואמרי׳ כגון שהיה נשיא גוסס בי״ג סכין דחד ספק הוא ספק מת נשיא היום או מחר ספק לא מת בספק אחד חייש וממהר לסכין דחייש דלמא לא מאית ובעינן סכין טהורה וליכא קופיץ דהוא [תרי ספיקא] דאי ספיקא דאמרי׳ וספיקא אחרינא נמי דלמא לא מאית נשיא ואתו הפסח במרובה ואין שם חגיגה לא מטהר ליה ולא מתוקמא דמת נשיא (בי״ד) [בי״ג] נטמאו הרוב ועבדו בטומאה דאי אתי בטומאה (קופיץ) [סכין] למה ליה טהורה אלא בפסח הבא בטהרה הוא: ת״ר יהודה בן דירתי [פירש הוא ודורתאי בנו] כו׳ ודייק מדכתי׳ וזבחת פסח לה׳ אלהיך צאן ובקר צאן לפסח ובקר לחגיגת ט״ו מכאן לחגיגת ט״ו שדוחה שבת כשם שפסח דוחה שבת כך חגיגה דוחה שבת. אמר רב אשי האי טעמא דפרושים הוא כלומר מורש פרושים הוא זה אלא טעמי׳ דהאי קרא הכי הוא וזבחת פסח לה׳ אלהיך צאן ובקר ואם יותיר מן הדמים שהפרשת לקנות בהן פסח הביאהו דבר הבא מן הבקר וכ״ש מן הצאן ומאי ניהו שלמים ורבנן דפליגי על יהודה בן דירתי (דאמר) [ואמרי] איקחגיגת ט״ו דוחה שבת דייקי׳ ביוםהחג שמתה ימים הוא דהא אתרבו יום טוב האחרון של חג מבחדש השביעי תחוגו אותו כאשר הוא מפורש בחגיגה פ״א נמצא החג שמונה וקאמר רחמנא וחגותם אותו חג לה׳ שבעת ימים מכאן שאין חגיגה דוחה שבת דכתיב שבעה ולא שמונה למעוטי שבת [מחגיגה] וקשו והלא אי מקלעי יום טוב הראשון של חג בשבת יבוא גם יום טוב האחרון שבת ואינך דהגג אלא ששה ימים בלבד ופריק שבעה איתא ברוב שנים ואי מקלעי במיעוט שנים כי האי נתנא יו״ט הראשון שבת דלא משכחת ימי חגיגה (אבל) [אלא] ששה למיעוט לא חיישי׳ אבל שמונה לעולם לא תמצא ולא משכחת תמניא יומי בלא שבת: אמר ר׳ אלעזר שלמים ששחטן מערב יום טוב אין יוצא בהן משום חגיגה [דאפילו] במ״ז היה שוחטן לא היה יוצא בהן ידי חובתו דחגיגת חובה היא וכל חובה אינה באה אלא מן החולין ואלו השלמים קדשים הן לפיכך אין עולין לו משום חגיגה ותם אין שמחה

מסורת הש״ס

זבחים ד׳ [:] ע. מנחות דף פג:

חולין קי. [ע״ש]

הגהות הב״ח

(א) רש״י ד״ה מנא ידעי וכו׳ לא קים להו שתהא: (ב) תוס׳ ד״ה הא ודאי וכו׳ ואור״י דחגיגה כוי בכלל:

גליון הש״ס

תוס׳ ד״ה מאי טעמא וכו׳ ולפי׳ נ״ל דלב״ת עיין לעיל נט ע״א תוס׳ ד״ה כיוד ולקמן קיד ע״ב תוד״ה אחד זכר לפסח: בא״ד ש״מ אין לה תשלומין. ע׳ חגיגה ו׳ ע״ב תוס׳ ד״ה יום בשמחה: תוס׳ ד״ה והאי וכו׳ דהאי קרא דוחגותם. עיין סוכה ה ע״ב ומגילה ה ע״א ד״ה ותגינה:

תורה אור: וזבחת פסח לה׳ אלהיך צאן ובקר דברים טז ב · וחגותם אותו חג לה׳ ויקרא כג מא · וזבחת שלמים ואכלת שם ושמחת דברים כז ז

§ מסכת פסחים דף ע: §

אות א'

מנין למותר הפסח שקרב שלמים

רמב"ם פ"ד מהל' קרבן פסח ה"י - המפריש מעות לפסחו והותירו, יביא המותר שלמים.

אות ב'

אלא מכאן לחגיגה שאינה דוחה את השבת

רמב"ם פ"א מהל' חגיגה ה"ח - עולת ראיה ושלמי חגיגה אינן דוחין לא את השבת ולא את הטומאה, לפי שאין להן [א]זמן קבוע כקרבנות הצבור, שאם אינו חוגג היום חוגג למחר כמו שביארנו; אבל דוחין את יום טוב, ואף על פי שאין מקריבין ביום טוב נדרים ונדבות, מקריבין עולת ראייה ושלמי חגיגה ושלמי שמחה, שאין אלו נדרים ונדבות אלא חובות.

באר הגולה

א ‹וז"ל רש"י: אמאי לא דחיא שבת – ואפילו חגיגת חמשה עשר, הא ודאי קרבן ציבור הוא, דהא אתי בכינופיא כי פסח, וזמן קבוע לה. **וכתב** התוס' הרי"ד: ואע"פ שיש לה תשלומין כל שבעה, תדחה שבת, מידי דהוה אהקטר תמידין ומוספין ופסח שכשרין כל הלילה ומוצאי שבת, והן דוחין את השבת, וה"נ תדחה שבת. ‹**והנה** בגמ' לקמן (דף עו:) איתא דחגיגת חמשה עשר סד"א כיון דקרבן ציבור הוא, וקביעא ליה מועד, תידחי טומאה, קמ"ל כיון דאית ליה תשלומין כל שבעה לא דחיא שבת, ומדשבת לא דחיא לא דחיא טומאה. **וכתבו** התוס' שם (ד"ה קא משמע לן) דלא גרס "כיון דאית ליה תשלומין" [לא דחי שבת], דאין הטעם תלוי בכך, דלעיל בפרק אלו דברים (דף ע:) ילפינן דלא דחייא שבת מוחגותם וגו', ע"ש, והיינו דבגמ' הכא מפורש דהא דחגיגה אין דוחה שבת אינו משום דיש לה תשלומין, אלא דילפינן מקרא דוחגותם. **אכן** הרמב"ם (פ"א מהל' חגיגה ה"ח) כתב, דשלמי חגיגה אינו דוחה שבת לפי שאין לו זמן קבוע, שאם אינו חוגג היום חוגג למחר ע"ש. **ולכאורה** קשה כמו שהקשו התוס', דהא בגמ' הכא ילפינן לה מקרא דוחגותם. **וכתב** הלח"מ דבאמת תרוייהו צריכי, דאף דילפינן מקרא דאין דוחה, מ"מ אכתי מ"ט לא ידחה משום דזמנו קבוע, ונילף מהכא דכל שקבוע לו זמן אין דוחה שבת, ולזה כתב הרמב"ם, דהכא לא חשיב זמנו קבוע ככל קרבן הקבוע לו זמן, כיון דיש לו תשלומין כל שבעה – שיעורי ר' דוד›

§ מסכת פסחים דף ע. §

אות א'

וכל דבר שבחובה אינו בא אלא מן החולין

רמב"ם פט"ז מהל' מעשה הקרבנות הט"ו - מי שנדר נדר, לא יביאנו ממעות מעשר שני, שהרי נתחייב בקרבן זה, וכל המחוייב בקרבן לא יביא קרבנו אלא מן החולין.

אות ב'

שלמים ששחטן מערב יום טוב, יוצא בהן משום שמחה ואין יוצא בהן משום חגיגה

רמב"ם פ"ב מהל' חגיגה הי"א - מי שהיו לו שלמי נדר או נדבה ושחטן מערב יום טוב, אף על פי שאכלן ביום טוב, אינו יוצא בה ידי חובת חגיגה, [א]שאינה באה אלא מן החולין, אבל יצא בה ידי חובת שמחה.

אות ג'

לא בעינן זביחה בשעת שמחה

רמב"ם פ"ב מהל' חגיגה הי"ב - אף על פי ששחטן קודם הרגל, הואיל ואוכל מהן ברגל, יצא ידי חובתו, שאינו צריך לשחוט שלמי שמחה בשעת שמחה.

אות ד'

מנין לאימורי חגיגת חמשה עשר שנפסלין בלינה

רמב"ם פ"א מהל' קרבן פסח ה"ז - המניח אמורים ולא הקטירן עד שלנו ונפסלו בלינה, הרי זה עובר בלא תעשה, שנאמר: לא ילין חלב חגי עד בקר; ואף על פי שעבר אינו לוקה, לפי שאין בו מעשה.

באר הגולה

[א] ‹ומשמע דאי לאו האי טעמא, היה יוצא אף שנשחט מעיו"ט. אמנם התוס' בפסחים (ע:) כתבו לענין שלמים ששחטן מעיו"ט, דשלמי חגיגה צריך לישחט ביו"ט דוקא, ע"ש שהביאו ראיה לזה, ולכן נ"ל שגם דעת הרמב"ם כן הוא, והטעם שנתן שאינו אלא מן החולין, הוא לשון הש"ס בפסחים (ע"א), וקשה מזה לדברי התוס', אלא וודאי דזהו טעם נוסף על טעם דזביחה בשעת חגיגה, ולפי סוגית הש"ס שם אתי שפיר ע"ש, והרמב"ם נקיט לשון הש"ס כדרכו, וכן משמע בירושלמי – ערוה"ש›

מסורת הש"ס | אלו דברים פרק ששי פסחים עא | עין משפט נר מצוה

תורה אור

בשעת שמחה וליכא משום חגיגה הוי דבר שבחובה *וכל דבר שבחובה אינו בא אלא (דברים טז) מן החולין לימא מסייע ליה °והיית אך שמח *לרבות לילי י"ט האחרון לשמחה אתה אומר לילי י"ט האחרון או אינו אלא לילי יום טוב הראשון תלמוד לומר אך (שמח) *חלק מ"ט לאו משום דאין לו במה ישמח לא כדתני טעמא *מה ראית לרבות לילי יום טוב האחרון ולהוציא לילי יום טוב ראשון מרבה אני לילי יום טוב האחרון שיש שמחה לפניו ומוציא אני לילי יום טוב ראשון שאין שמחה לפניו מתיב רב יוסף *חגיגת ארבעה עשר יוצא בה משום שמחה ואין יוצא בה משום חגיגה אמאי הא בעינן זביחה בשעת שמחה וליכא אמר רב אידי בר אבין שעיכב ושחטה אמר רב אשי הכי נמי מסתברא דאי לא תימא הכי הא מתניתא מאן קתני לה בן תימא בן תימא הא פסלה לה בלינה ש"מ מתיב רבא *ההלל והשמחה שמנה ואי אמרת בעינן זביחה בשעת שמחה הא זמנין סגיאין דלא משכחת לה אלא שבעה כגון שחל י"ט הראשון להיות בשבת א"ר הונא בריה דרב יהודה משמחו בשעירי הרגלים אמר רבא שתי תשובות בדבר חדא דשעירי הרגלים חי נאכלין צלי אין נאכלין ושמחה בחי ליכא ועוד כהנים אוכלין וישראל במה שמחים אלא א"ר פפא משמחו בכסות נקיה ויין ישן כי אתא רבין א"ר אלעזר °שלמים ששחטן מערב יום טוב יוצא בהן משום שמחה ואין יוצא בהן משום חגיגה יוצא משום שמחה °לא בעינן זביחה בשעת שמחה ולא משום חגיגה הוי דבר שבחובה וכל דבר שבחובה אינו בא אלא מן החולין מיתיבי והיית אך שמח לרבות לילי יום טוב האחרון לשמחה אתה אומר לרבות לילי יום טוב האחרון או אינו אלא לרבות לילי יום טוב הראשון תלמוד לומר אך חלק מאי טעמא לאו משום דאין לו במה ישמח לא כדתניא מה ראית לרבות לילי יום טוב האחרון ולהוציא לילי יום טוב הראשון מרבה אני לילי יום טוב האחרון שיש שמחה לפניו ומוציא אני לילי יום טוב הראשון שאין שמחה לפניו אמר רב כהנא מנין לאימורי חגיגת חמשה עשר שנפסלין בלינה שנאמר °ולא ילין חלב (שמות כג) חגי עד בקר וסמיך ליה ראשית למימרא דהאי בקר בקר ראשון מתקיף לה רב יוסף טעמא דכתב ראשית הא לא כתב ראשית הוה אמינא מאי בקר בקר שני מי איכא מידי דבשר איפסיל ליה מאורתא ואמורין עד צפרא אמר ליה אביי אלמה לא והרי פסח *לרבי אלעזר בן עזריה דבשר איפסיל ליה מחצות ואמורין עד צפרא אמר רבא רב יוסף הכי קא קשיא ליה מי איכא מידי דאלו תנא לבשר לא בעי ראשית ורב כהנא לאימורין בעי ראשית (דברים טז) מאי היא דתניא °לא ילין מן הבשר אשר תזבח בערב ביום הראשון לבקר לימוד

רש"י

בשעת שמחה · ביום טוב שהוא זמן שמחה: **והיית אך שמח** · קרא יתירא הוא דכתיב לעיל מיניה חג הסוכות תעשה לך שבעת ימים וסמיך ליה ושמחת בחגך והדר כתיב שבעת ימים תחוג וגו' והיית אך שמח: **לרבות לילי יום טוב האחרון** · ואין שמחה אלא באכילת שלמים ויום טוב האחרון גופיה לא דהא תרי זימני שבעת ימים כתיב גבי שמחה כדפרישי' וממילא אימעיט שמיני: **או אינו אלא לרבות לילי יום טוב הראשון**. ואף על פי שאין קרבן בלילה נלמד שהטעינו הכתוב לשחוט שלמים מערב יום טוב לשמחת לילי יום טוב: **אך (שמח) חלק** · כל אכין ורקין מיעוטין: **מאי טעמא** · משוינן מיעוטא ללילי ראשון וריבויא ללילי אחרון ולא אמרינן איפכא לאו משום דאמרינן אין לו במה ישמח דשלמים כששחטן מבערב לאו שמחה היא דבעינן זביחה בשעת שמחה: **שיש שמחה לפניו** · כל ימות ולילות החג: **חגיגת י"ד כו'** · קס"ד דרב יוסף בששחטה בארבעה עשר קאמר: **הא מתניתא** · בן תימא אמרה לעיל ולבן תימא איפסילא לה דהא אמר אין נאכלת אלא ליום ולילה: **והשמחה**. בשלמים: **שחל יום טוב בשבת** · ומבערב אין יכול לשחוט דהא בעינן בשעת שמחה: **אמר רב הונא** · ודאי מקרבן שמחה ליכא אלא שבעה אלא הא דקתני השמחה שמונה משמחו בשעירי הרגלים שעיר החטאת האמור בראשון שבכל יום היה שעיר בא משל ציבור וכל חטאות החיצונות נאכלות וכל קרבן ציבור הקבוע דוחה שבת: **חי נאכלין** · אם בא לאוכלו בשבת לא יאכלנו כי אם חי דאין צלייתו ובישולו דוחה שבת ובבשר חי אין כאן שמחה: **ועוד** · נהי נמי דיש שמחה בבשר חי הרי חטאות אין נאכלות אלא לכהנים והן אוכלין וישראל במה ישמחו: **לרבות לילי יום טוב האחרון לשמחה**. כשאר לילי החג: **או אינו אלא כו'** · כדפרישית: **לאימורי חגיגת ט"ו שנפסלין בלינה** · ואע"פ שזמן אכילת בשרה כל יום המחרת: **וסמיך ליה ראשית ביכורי וגו'** · ודרוש ביה בקר ראשון(א): **דבשר איפסיל ליה מאורתא** · משחשכה ועבר יום ששה עשר ואימורין יכשרו עד בקר שבעה עשר דאי בקר בקר שני בקר של שבעה עשר: **ר' אלעזר בן עזריה**. בפרק בתרא (דף קכ:) דאמר מדאורייתא אכילת פסח עד חצות ותו לא: **הכי** (ב) **קשיא ליה** · אע"ג דאותיב מלתא אחריתי: **ומי איכא מידי** · כלומר (ג)אפשר להיות משמעות המקרא בקר שני אנן חזינן תנא דמתניתא' דלקמן דאפי' לבשר שהוא קל מאימורין לא בעי ראשית ובקר דכתיב ביה משמע ליה לתנא בקר ראשון ורב כהנא באימורין דחמירא קדושתיהו לא משמע ליה בקר דכתיב גבייהו בקר ראשון בלא ראשית: **אשר תזבח בערב** · בחגיגת ארבעה עשר מיירי דנשחטת עם הפסח בערב דהא ליכא למימר בערב של יום טוב הראשון עצמו קאמר קרא דאם כן מאי בערב הלא שחיטתן ביום כולו: **שנאכלת לשני ימים** · דהאי בקר בוקרו של ששה עשר קאמר קרא: הא

תוספות

לרבות לילי יום טוב האחרון . נראה לריב"א דהוא הדין ללילות אחרות איצטריך ריבוי משום דהאי קרא דושמחתם לפני ה' שבעת ימים דדרשינן מיניה שלמי שמחה דרשינן נמי מיניה בפרק לולב וערבה (סוכה מג·) במקדש לולב שבעת ימים והתם ימים ולא לילות ומיהו לילי יום טוב האחרון איצטריך ריבוייא טפי משום דשמיני רגל בפני עצמו הוא וה"א לא יהא מחוייב לזבוח (ד) שמחה ביום שביעי לצורך שמיני כמו שהוא מחוייב בערב יום טוב לצורך הלילה: **או** אינו אלא לילי י"ט הראשון · ולא בא למעוטי שאר לילות אלא לילי יום טוב האחרון: **לאו** משום דאין לו במה ישמח · וא"ת אם כן תיפוק ליה מהיכך קרא דבעינן זביחה בשעת שמחה וי"ל דאי מהתם ה"א דלא בעינן זביחה בשעת שמחה אלא בחגיגה של יום טוב שיכול לשוחטה בו ביום אבל הכא שאין יכול לשוחטה בלילה לא להכי איצטריך אך למעט: **לילי** יום טוב האחרון· פי' בקונטר' דווקא לילה אבל יום שמיני לא וקשה לריב"א דהתנן ההלל והשמחה שמונה וליכא למימר משום ליל שמיני קתני שמונה דליכא שמונה לילות דליל יום טוב ראשון לא קחשיב ועוד דומיא דהלל דעיקרו ביום ועוד דכי פריך לקמן ואם איתא זימנין דלא משכחת לה שמונה כגון שחל להיות יום טוב הראשון בשבת ואי כפירוש הקונט' תיקשי נמי לכולי עלמא דכשחל יום שמיני באחד בשבת אז ליכא אלא שבעה דמתי יוכל לשחוט לליל שמיני שהוא מוצאי שבת דאי שחיט בערב שבת איפסלא לה הלכך נראה לפרש דלילי יום טוב האחרון לאו דווקא דה"ה ביום:

מנין לאימורי חגיגה שנפסלין בלינה שנאמר ולא ילין כו' · מהכא נפקא בכל אימורין : לימוד

עין משפט נר מצוה

לג א מיי' פט"ו מהל' מעשה קרבנות הלכה טו :
לד ב מיי' פ"ב מהלכות חגיגה הלכה יא :
לה ג שם הלכה יב :
לו ד מיי' פ"א מהלכות ק"פ הלכה ז סמג לאוין שמח :

רבינו חננאל

שמחה שהשמחה אינה אלא בשמונת ימי החג ויום י"ד אינה חשובה (אלא) מימי השמחה וכתיב חבחת ושמחת בעינן זביחה בעידן שמחה ותנא תנא והיית אך שמח לרבות לילי יום טוב האחרון לשמחה כו' דכתיב (ויקרא כ"ג מ') ושמחתם לפני ה' אלהיכם שבעת ימים שבעה ולא שמונה וכתיב והיית אך שמח ואמרי' אך חלק לרבות לילי יום טוב האחרון לשמחה והוציא ליל יו"ט ראשון דאין לו בלילי יום טוב הראשון במה ישמח [שאפילו שוחט בי"ד זביחה בעידן שמחה ליכא והיינו לאו משום דאין לו בלילי יום טוב הראשון במה ישמח] אלא ריבה לילי יום טוב האחרון משום שיש שמחה לפניו ומיעט לילי יום הראשון שאין לו שמח' לפניו כי(יום)[ליל] י"ג וי"ד חול הוא ואין בהן שמחה ולעולם חגיגת ארבעה עשר יוצא בה לשם שמחה. ומותיב עלה רב יוסף אהא דתני בן תימא חגיגת י"ד יוצא בה לשם שמחה ואין יוצא בה לשם חגיגה איני והא בעינן זביחה ושמחת זביחה בעידן שמחה וליכא ופריק רב אידי בר אבין כגון שהפרישה בי"ד ונתעכב ולא שחטה בי"ד ושחטה בט"ו יוצא בה משום שמחה דהא איכא זביחה בעידן שמחה ואין יוצא בה משום חגיגה דהא אינה מן החולין שכבר הפרישה מיום י"ד והקדישה והודה לו רב אשי דודאי נתעכב ושחטה דהא מותבינן עלה מתניתא דבן תימא היא דסבר דחגיגת י"ד כפסח היא לכל מילי ואינה נאכלת אלא לילי ט"ו בלבד ובבוקר נותר הוא ואי ס"ד ששחטה בי"ד אי אכיל ליה לילי ט"ו בלבד הא אוקימנא לילי יום טוב הראשון אין בו שמחה אי שביק למיכלה ביום טוב הראשון הא איפסליה בלינה ואיך יוצא בה משום שמחה והא לא אכיל לה אלא ודאי שנתעכב ושחטה ביום חמשה עשר : מותיב רבא לר' אלעזר מהא דתנן הלל והשמחה שמונה ואי אמרת שלמים ששחטן מערב יום טוב אין יוצא בהן לשם שמחה דבעינן זביחה בעידן שמחה וליכא זמנין דלא משכחת שמחה אלא ששה ולילי

הגהות הב"ח

(א) רש"י ד"ה וסמיך ליה וכו' ראשון הס"ד ואח"כ מ"ה מאי בקר בקר שני בקר של שבעה עשר דבשר איפסיל ליה וכו' שבעה עשר הס"ד והשאר נמחק : (ב) שם ד"ה הכי קא קשיא ליה : (ג) שם ד"ה ומי איכא מידי כלומר איך אפשר וכו' שני והא אנן חזינן : (ד) תוס' ד"ה לרבות וכו' לזבוח שלמי שמחה ביום שביעי :

מסורת הש"ס: מנחות דף פג. | [חגיגה ז: ח. ביצה יט:] | סוכה דף מח. | [לעיל ה. וש"נ] | [סוכה מח·] | [לעיל ע.] | [סוכה מב:] | [לקמן קכ: וש"נ] | שייך לע"ב

יום טוב האחרון הרי שבעה ואנן תנן לעולם שמונה ופריק רב הונא בר יהודה אי חל להיות יום טוב ראשון בשבת שאי אפשר לו לשחוט חגיגה בשבת משמח הרגל בבשר שעירי הרגל שהן חטאות ונאכלות . ודחה רבא בשתי תשובות חדא דשעירי הרגלים בשבת מי נאכלים שלא יתכוין לבשל בשבת ולא הותר בשבת אלא העולה למזבח וכתיב ואכלו אותם אשר כופר בהם מלמד שהכהנים אוכלין ובעלין מתכפרין וכיון דאין כפרה אלא באכילת כהנים בשר חטאת אכלין אותו חי פי' בשר נא ושמחה בבשר חי ליכא [ועוד] שעירי הרגלים קדשי קדשים הן הכהנים אוכלין אותן ואלו היתה בהן שמחה הכהנים אוכלין וישראל שמחים מה שאינן אוכלין התורה לא הזהירה בשמחה אלא לישראל לכל אחד בפני עצמו ופריק רב פפא משמחו' עצמן בכסות נקיה ויין ישן . שעיר של יום הכפורים נאכל במוצאי יום הכפורים כו' :

אמר רב כהנא מנין לאימורי חגיגת ט"ו שנפסלת בלינה שנאמר לא ילין חלב חגי עד בקר וסמיך ליה ראשית בכורי וגו' ומתקיף עלה רב יוסף וכי יש לומר כי אימורי חגיגת ט"ו אינן נפסלין עד בקר שני כלומר אם שחטן ביום ראשון נאכלין בו ביום שחטן והוא ביום ראשון ולילי שני ויום שני דכתיב ביום הקריבו את זבחו יאכל וממחרת וגו' ואם ישאר מן הבשר נשרף [לילי] יום שלישי כדכתיב והנותר מבשר הזבח ביום השלישי באש ישרף ואם תאמר כי האימורין אינן נפסלין אלא לבקר יום שלישי לשחיטתו שהוא בקר שני מי איכא זבח דבשר דידיה איפסיל מאורתא שהוא יום שני לשחיטתו ואימורין דידיה לא מפסלו עד צפרא והדתנן הך הפסח דתנן בשחיטת קדשים הפסח אינו נאכל אלא בלילה אינו נאכל אלא עד חצות וכדר' אלעזר בן עזריה דאמר בסוף ערבי פסחים שהפסח אינו נאכל אלא עד חצות ומחצות ולהלך נפסל ואימורין לא מפסלו עד צפרא ואמר רב יוסף הכי קשיא ליה מי איכא מידי דהאי תנא לפסילות הבשר לא בעי ראשית לרבויי בקר ראשון ואלו רב כהנא לפסילות אימורי ט"ו בעי ראשית לרבויי בקר ראשון ואיזהו תנא דלא בעי

עין משפט
נר מצוה

לז א ב מיי' פ"ב מהל' שגגות הלכה יב וס' ט"ו מהלכות פסולי המוקדשין הלכה יב:
לח ג מיי' פ"ב מהל' שגגות הלכה יג:
לט ד שם הלכה יב:
מ ה שם הלכה י:

מסורת הש"ס

לימד על חגיגת י"ד שנאכלת לשני ימים ולילה אחד או אינו אלא ליום ולילה כשהוא אומר ביום הראשון (לבקר) הרי בקר שני אמור או אינו אלא בקר ראשון ומה אני מקיים חגיגה הנאכלת לשני ימים ולילה אחד חוץ מזו כשהוא אומר בו אם נדר או נדבה לימד על חגיגת י"ד שנאכלת לב' ימים ולילה א' אמר מר או אינו אלא בקר ראשון הא אמרת כשהוא אומר ביום הראשון (לבקר) הרי בקר שני אמור ה"ק או אינו אלא בשתי חגיגו' הכתוב מדבר אחת חגיגת י"ד ואחת חגיגת ט"ו וזו לבוקרה וזו לבוקרה הדר אמר אלא דקי"ל חגיגה הנאכלת לשני ימים ולילה אחד א"כ אם נדר או נדבה במאי אי חגיגת י"ד הא כתיב בה יום ולילה אי חגיגת ט"ו הא כתיב בה יום ולילה אלא האי לחגיגת ט"ו והאיך כוליה קרא לחגיגת י"ד לימד על חגיגת י"ד שנאכלת לשני ימים ולילה אחד טעמא דכתיב ביום הראשון לבקר דמאי בקר בקר שני הא כל היכא דכתיב בקר סתמא בקר ראשון ואע"ג דלא כתב ביה ראשית: מתני' הפסח ששחטו שלא לשמו בשבת חייב עליו חטאת ושאר כל הזבחים ששחטן לשם פסח אם אינן ראויין חייב ואם ראויין הן רבי אליעזר מחייב חטאת ור' יהושע פוטר א"ל ר' אליעזר מה אם הפסח שהוא מותר לשמו כששינה את שמו חייב זבחים שהן אסורין לשמן כששינה את שמן אינו דין שיהא חייב א"ל ר' יהושע לא אם אמרת בפסח ששינהו בדבר אסור תאמר בזבחים ששינן בדבר המותר א"ל ר"א אימורי ציבור יוכיחו שהן מותרין לשמן והשוחט לשמן חייב א"ל ר' יהושע לא אם אמרת באימורי ציבור שיש להן קצבה תאמר בפסח שאין לו קצבה רבי מאיר אומר אף השוחט לשם אימורי ציבור פטור שחטו שלא לאוכליו ושלא למנויו לערלין ולטמאין חייב לאוכליו ושלא לאוכליו למנויו ושלא למנויו למולין ולערלים לטמאין ולטהורין פטור שחטו ונמצא בעל מום חייב שחטו ונמצא טריפה בסתר פטור שחטו ונודע שמשכו הבעלים את ידם או שמתו או שנטמאו פטור מפני ששחט ברשות: גמ' במאי

תורה אור [דברים טז] [ויקרא ז]

לימד על חגיגת י"ד שנאכלת לשני ימים ולילה אחד · תימה לר"י דתניא בסוף פרק כל הפסולים (זבחים לו:) ובשר זבח תודת שלמיו למדנו תודה שנאכלת ליום ולילה מנין לרבות שלמי נזיר ושלמי פסח ת"ל שלמיו ופי' בקונ' התם שלמים הבאים מחמת פסח הייט חגיגת י"ד והשתא ההיא ברייתא כמאן דלא כהא דשמעתין נאכלת לשני ימים ולכן תימא (לעיל ד' ע:) כמי דנאכלת ליום ולילה נפקא ליה מדהוקש לפסח והתם נפקא ליה מדכתיב זבח תודת שלמיו על כן נראה לר"י דשלמים הבאים מחמת פסח דקתני התם הייט מותר הפסח שקרב שלמים והשתא אתי שפיר דלקמן פרק האשה (ד' פט.) אמרינן דמותר הפסח נאכל ליום ולילה ומנא לן אי לאו מקרא דהתם ובת"כ בפרשת צו את אהרן משמע בהדיא כפי' ר"י דדריש התם האי קרא דבשר זבח תודת שלמיו לשלמים הבאים מחמת פסח ובתר הכי מייתי ההיא דשמעתין ודריש מלא ילין מן הבשר אשר תזבח בערב וגו' בחגיגה הבאה עם הפסח הכתוב מדבר שתאכל לשני ימים ולילה אחד אלמא משמע דההיא דלעיל איירי במותר הפסח שקרב שלמים:

והאיך כוליה קרא לחגיגת י"ד · תימה לרשב"א כיון דכולי' קרא בחגיגת י"ד איירי ומאי בקר בקר שני א"כ תאכל לשני ימים ושני לילות דקרא משמע שאינה נפסלת עד בקר שני אבל ליל בקר שני נאכלת:

כל היכא דכתב בקר סתמא בקר ראשון · תימה לר"י דבסוף ערבי פסחים (לקמן קכ:) דריש בקר בקר שני אף על גב דכתיב סתמא:

או אינו אלא ליום ולילה · דהאי בקר בוקרו של ט"ו קאמר: **כשהוא אומר ביום הראשון (לבקר)** · מכלל דנאכלת כל יום הראשון של יום טוב וקאמר לבקר דלא תלין עד בקר שני: **או אינו אלא בקר ראשון** · לקמיה פריך היכי תיסק אדעתין למימר הו הא אמרת ביום הראשון חד ולבקר תרי: **ומה אני מקיים חגיגה שנאכלת לשני ימים** · דנפקא לן מקרא אחרינא דיש חגיגה נאכלת לשני ימים ולקמן מפרש היכא אשכחן ובאיזו חגיגה אני מקיימה בשאר חגיגות חוץ מזו: **כשהוא אומר אם נדר** · באכילת שלמים שני ימים אם נדר או נדבה זבח קרבנו ביום הקריבו את זבחו יאכל וממחרת וגו' הרי שני ימים ולילה שביניהם והוה ליה למיכתב נדר (א) ונדבה אם נדר למה לי ריבה אף שלמי חובה לאכילת שני ימים: **לימד על חגיגת י"ד כו'.** (ב) ולקמן מפרש במאי מישתמע ליה והשתא מפרש לה למתניתא והדר אסיק אתקפתי' דתנא לבשר לא בעי ראשית: **הכי קאמר או אינו** · אלא ליום ולילה והאי דכתב ביום הראשון לבוקר מילתא אחריתי היא ובשתי חגיגות דיבר הכתוב חגיגת ארבעה עשר וחמשה עשר זו לבוקרה וזו לבוקרה והכי משמע קרא לא ילין מבשר חגיגת י"ד אשר תזבח בערב וסתם לינה לבוקרה משמע ומאותה שתזבח ביום הראשון דהייט חגיגת חמשה עשר לא ילין לבוקר של ששה עשר: **הדר אמר** · הנא ומה אני מקיים חגיגה הנאכלת לשני ימים חוץ מזו כלומר באיזו חגיגה חוץ מזו אני מקיים את אשר אני מוצא שנאכלת לשני ימים הרי השווית את טנן והיכן אני מוצא כשהוא אומר אם נדר הרי מצאתי שיש חגיגה נאכלת לשני ימים ואיזו היא על כרחיך לימד על חגיגת י"ד כו' והאיך לימד דעל כרחיך אי כמי אם נדר בחגיגת ט"ו משוית ליה דקילא דאינה באה עם הפסח שמעת בה מיהא דנאכלת לשני ימים וביום הראשון לבקר על כרחיך לאו אחגיגת ט"ו קאי אלא אאשר תזבח בערב ולימד שתאכלנה כל יום הראשון עד בקר שני: **האי לחגיגת חמשה עשר** · אם נדר: **והאיך כולי'** · וביום הראשון כדפרישי': **וטעמא דכתיב כו'** · השתא מפרש אתקפתיה דאיהו תנא לבשר לא בעי ראשית אי לא כתיב ביום הראשון לבקר דמשמע תרי הוה אמינא בקר בקר ראשון ואע"ג דבבשר קאי דקיל וכל שכן בקר דכתיב גבי חלב חגי דלא בעי ראשית והאי דסמכינהו קרא מילתא אחריתי דרוש בה: **מתני' הפסח ששחטו בשבת שלא לשמו** · וכסבור כשם שמותר לשמו כך מותר שלא לשמו: **חייב חטאת**. שחילל שבת בשוגג: **אם אינן ראויין** · לפסח כגון עגל או איל בן שתי שנים או נקבה חייב עליו חטאת אם נעלמה ממנו שבת או כסבור שמותר לשחוט אחרים לשם פסח בשבת דהאי לאו טועה בדבר מצוה הוא דהכל יודעין שאין זה כשר לפסח: **ואם ראויין הן** · כגון שהוא שה בן שנה של שלמים ששחטו לשם פסח דמתוך שטרוד ובהול לשחוט פסחו טעה בזה ולא נזכר שהקדישו לדבר אחר: **ר' אליעזר מחייב חטאת** · אע"פ שטעה בדבר מצוה: **ור' יהושע פוטר** · דקסבר טעה בדבר מצוה ועשה מצוה כל דהו פטור מחיוב חטאת שבת וזה עשה מצוה שהקריב קרבן וכל הזבחים שנזבחו שלא לשמן כשירין ואף הנשחטין לשם הפסח ר' יהושע מכשיר להו בפרק תמיד נשחט (ד' סג:): **מה אם פסח שמותר**. לשוחטו בשבת לשמו שינה את שמו מודית לי דחייב חטאת כדקתני לעיל: **שהוא בדבר האסור** · ששחטו לשם קרבנות אחרים שאסורין לשוחטן בשבת: **ששינן בדבר המותר** · ששחטן לשם פסח שמותר לשוחטו בשבת: **אימורי ציבור** · קרבנות האמורין בציבור בשבת כגון תמידין ומוספין יוכיחו שמותרין לשוחטן לשמן והשוחט שאר זבחים לשמן בשבת חייב: **שיש להן קצבה** · שאינו רואה אחרים הרבה עוסקין בשחיטתן וכיון שנשחט התמיד יודע הוא שאין צריך לשחוט עוד הלכך אין זה טועה אלא שוגג דלא היה לו לטעות בדבר: **תאמר בפסח שאין לו קצבה** · שהכל צריכין לכך והרי הוא רואה את אחרים הרבה עוסקין בכך וטרוד להתעסק במצוה ואפילו שחט הוא פסחו כבר ומצא זבח זה עומד בעזרה וכסבור שהוא פסח ושחטו לשם מי שהוא וטעה על כך הלכך טועה בדבר מצוה הוא: **ר' מאיר אומר** · השוחט אחרים כל שבתות שנה לשם אימורי ציבור פטור: **שחטו בשבת שלא לאוכליו**. דפסח פסול הוא ונעלמה ממנו שבת או כסבור שכשר: **שלא לאוכליו** · לחולה ולזקן חייב חטאת דלא ניתנה לידחות שבת אצל שחיטה זו: **לאוכליו ושלא לאוכליו וכו' פטור** · דהא פסח כשר הוא כדתנן בתמיד נשחט (ד' סא.) דמקצת אוכלין לא פסלי: **שחטו ונמצא בעל מום חייב** · דשוגג הוא ולא אנוס דהוה ליה לבקוריה: **שמשכו הבעלים את ידם** · ממנו קודם שחיטה ונמנו על אחר: **או שמתו או שנטמאו** · דעכשיו לא ניתנה לידחות שבת אצלו: **פטור** · שאנוס הוא דלא היה יודע שכן ולא היה לו לבדוק על כך: גמ' אי

רבינו חננאל

בעי ראשית לדברי בקר ראשון דתניא בתורת כהנים לא ילין מן הבשר אשר תזבח בערב ביום הראשון לבקר לימד על חגיגת י"ד שנאכלת לשני ימים ולילה אחד כו': **אמר** מר או אינו אלא בקר ראשון והא אמרת כשהוא אומר ביום הראשון לבקר הרי בקר שני אמור אמרי הכי קאמר או אינו אלא בקר ראשון ובשתי חגיגות הכתוב מדבר אחד חגיגת ארבעה עשר ואחד חגיגת ט"ו וזו לבוקרה וזו לבוקרה הדר אמר אלא חגיגה דתנינן חגיגה הנאכלת לשני ימים ולילה אחד נימא חוץ מזו ורבינה מנדר אם נדבה הא [במאי] קא פשטת דכתיב בהאי קרא תרתי חגיגות ותרוייהו ליום אחד אלא ודאי האי דכתיב ביום הראשון לבקר לא בא אלא ללמד על חגיגת י"ד שנאכלת לשני ימים ולילה אחד וטעמא דכתב רחמנא ביום הראשון לבוקר דמשמע בקר של יום (שהרי) [שהוא] אחרי יום ראשון [הא לא"ה] הוה אמינא מאי בקר בבקר ראשון ואף על גב דלא כתיב ראשית וקשיא לרב כהנא. אבל שלמים הבאים מחמת פסח אין נאכלין אלא ליום אחד דתניא בתורת כהנים ובשר זבח תודת שלמיו הרי זה בא ללמד שיהא נאכלין ליום אחד אין לי אלא תודה לחמה מנין ת"ל קרבנו· ומנין לרבות הולדות ותמורות ת"ל ובשר ומנין לרבות חטאת ואשם ת"ל זבח ומנין לרבות שלמי נזיר ושלמים הבאים מחמת הפסח ת"ל שלמיו: **מתני'** הפסח ששחטו שלא לשם פסח או לשם שלמים בשבת חייב עליו

הגהות הב"ח

(א) רש"י ד"ה כשהוא אומר וכו' למיכתב נדר או נדבה: (ב) שם ד"ה לימד וכו' ולקמיה מפרש במאי:

[ע' תוס' לקמן עג. ד"ה שחטו]

§ מסכת פסחים דף עא: §

אות א'*[ב]

חגיגת ארבעה עשר שנאכלת לשני ימים ולילה אחד

רמב"ם פ"י מהל' קרבן פסח הי"ג - חגיגת ארבעה עשר רשות ואינה חובה, ונאכלת לשני ימים ולילה אחד ככל זבחי שלמים; ואסור להניח מבשר חגיגת ארבעה עשר ליום השלישי, שנאמר: ולא ילין מן הבשר אשר תזבח בערב ביום הראשון לבקר, מפי השמועה למדו שזה אזהרה למניח בשר חגיגת ארבעה עשר ליום ששה עשר, שנאמר: לבקר, עד בקר של יום השני; והמותיר אינו לוקה, אלא ישרוף הנותר ממנה כשאר הנותרים.

אות א' – ב'

ושאר כל הזבחים ששחטן לשם פסח, אם אינן ראויין חייב ואם ראויין הן... פוטר

רמב"ם פ"ב מהל' שגגות הי"ב - שחט זבחים אחרים לשם פסח בטעות, אם ראויין הם לקרבן פסח, פטור מקרבן חטאת, מפני ששחט ברשות; אם אינן ראויין, כגון שהיתה נקבה או בן שתים, חייב חטאת, שהרי אינו ראוי לקרבן פסח.

רמב"ם פט"ו מהל' פסולי המוקדשין הי"ב - עברה שנתו ושחט בזמנו לשם פסח, וכן השוחט שאר זבחים לשם פסח, אפילו שחטן אחר חצות, הרי אלו [ג]כשרים, ולא עלו לבעלים לשם חובה.

אות ג'

אימורי ציבור יוכיחו שהן מותרין לשמן, והשוחט לשמן חייב

רמב"ם פ"ב מהל' שגגות הי"ג - וכן אם שחט יתר על חובת היום, חייב חטאת על התוספת.

אות ד'

שחטו שלא לאוכליו ושלא למנויו, לערלין ולטמאין, חייב; לאוכליו ושלא לאוכליו, למנויו ושלא למנויו, למולין ולערלים, לטמאין ולטהורין, פטור

רמב"ם פ"ב מהל' שגגות הי"ב - וכן אם שגג ושחטו בשבת שלא לאוכליו או שלא למנוייו או לערלים או לטמאים, חייב חטאת; שחטו לאוכליו ושלא לאוכליו, למנוייו ושלא למנוייו, למולים ולערלים, לטמאים ולטהורים, פטור, שהרי הפסח כשר, וכן כל כיוצא בזה.

אות ה'

שחטו ונמצא טריפה בסתר, פטור

רמב"ם פ"ב מהל' שגגות ה"י - המוציא את הלולב ביום טוב הראשון של חג שחל להיות בשבת כדי לצאת בו, והעבירו ארבע אמות ברשות הרבים בשוגג, פטור, שהרי ברשות הוציא; וכן השוחט את הפסח ביום ארבעה עשר שחל להיות בשבת, ונודע לו אחר כן שמשכו הבעלים את ידיהם או שמתו או נטמאו קודם שחיטה, [ד]או שנמצא טריפה בסתר, כגון נקוב מעיים או ריאה, הרי זה פטור, [ה]מפני ששחט ברשות; אבל נמצא בעל מום, או שהיתה טריפה גלויה, הרי זה חייב חטאת, מפני שהיה לו לבדוק ואחר כך ישחוט, וכן כל כיוצא בזה.

באר הגולה

ב ‹ע"פ מהדורת נהרדעא› ג ‹וז"ל רש"י: ור' יהושע פוטר - דקסבר: טעה בדבר מצוה, ועשה מצוה כל דהו, פטור מחיוב חטאת שבה, וזה עשה מצוה, שהקריב קרבן, וכל הזבחים שנזבחו שלא לשמן כשירין, ואף הנשחטין לשם הפסח ר' יהושע מכשיר להו בפרק תמיד נשחט› ד ‹והלח"מ הקשה על הרמב"ם, דאיך פסק דנמצא טריפה בסתר פטור, והרי הוא פסק בנותר דחייב מפני שלא עשה מצוה, והרי גם בטריפה לא עשה מצוה. **ואינו** כן, דהרמב"ם לא מצריך שיעשה מצוה, אלא שיעסוק במצוה, וכמו בתנוק שלא הגיע זמנו למול, דהמילה אינה כלום, ועכ"ז מקרי שעוסק בדבר מצוה, {עיין בדבריו בענין זה מובא בדף ע"ב}, וכן בקרבן שנמצא טריפה, הרי עסקו במצוה, ולכן פטור מפני שהוא עושה ברשות, משא"כ בנותר דליכא גם לחלוחית מצוה - ערוה"ש. ‹**דליכא** למימר דטעמא דמתני' דפוטר היכא שנודע שמשכו הבעלים וכו', משום דהוי אנוס, {וכמ"ש רש"י במשנה}, דא"כ מאי פריך לר"א {דף ע"ג:} דהטועה בדבר מצוה חייב, הא שאני הכא דהוי אנוס, וכן כתבו שם התוס' {דף ע"ג. ד"ה שחטו}, והכריחו הדבר מכח קושיא זאת כדכתיבנא, גם כתבו דשחט ונמצא טריפה דפטר במתני', משום הך טעמא הוי, דטעה בדבר מצוה - לחם משנה› ה ‹כלומר אפילו לא עשה שום מצוה וכו', פטור מפני שעשה ברשות. כלומר, שהרי היה עליו לעשות, ומפני טרדתו ובהילתו עשה ההיפך, ואינו כשוגג, ופטור מחטאת - מדברי הערוה"ש על הלכה ח', מובא לקמן דף ע"ב.›

§ מסכת פסחים דף עב. §

אות א'

רישא בעוקר וסיפא בטועה

רמב"ם פט"ו מהל' פסולי המוקדשין ה"א - במה דברים אמורים כשעקר שם הזבח בזדון, אבל אם טעה ודימה שזו העולה שלמים היא, ועשה כל עבודותיה לשם שלמים, עלתה לבעלים לשם חובה; וכן החטאת והפסח שעשאן במחשבת שינוי השם בטעות, כשרים, שעקירה בטעות אינה עקירה.

רמב"ם פ"ב מהל' שגגות הי"א - שחט את הפסח בשבת שלא לשמו בטעות, פטור, מפני שהזבח כשר, שעקירת שמו בטעות אינו עקירה, כמו שביארנו בהלכות פסולי המוקדשין.

אות ב' - ג'

פוטר

רישא כגון שקדם ומל של שבת בערב שבת

רמב"ם פ"ב מהל' שגגות ה"ח - כל העושה מצוה מן המצות, ובכלל עשייתה נעשית עבירה שחייבין עליה כרת בשגגה, הרי זה פטור מחטאת, מפני שעשה ברשות; כיצד... וכן מי שהיו לו שני תינוקות אחד למול בשבת ואחד למול בערב שבת או באחד בשבת, ושכח ומל [א]שניהן בשבת, פטור מחטאת, שהרי יש לו רשות למול אחד מהן בשבת, ושבת דחויה היא אצלו, [ב]ומצוה עשה, אף על פי שהם שני גופין, הואיל וזמנו בהול אינו מדקדק; אבל אם לא היה אחד מהן ראוי למול בשבת, ושכח ומל בשבת מי שאינו ראוי למול בשבת, חייב חטאת.

באר הגולה

א ‹יש לתמוה על רבינו, שכתב ומל שניהם, דמשמע שאם לא מל אלא אותו שלא היה ראוי למול בשבת, חייב, **וצ"ל** דלא נקט רבינו ומל שניהם אלא משום חלוקת אחד למול בע"ש ואחד למול בשבת, דאם מל של שבת בע"ש ושל ע"ש בשבת, חייב הוא, מאחר שלא היה שם מי שראוי למולו בשבת, **אבל** בחלוקת אחד למול אחר השבת ואחד למול בשבת, ונתחלף לו ומל שלאחר השבת בשבת, פטור לר' יהושע, מאחר שהיה שם מי שראוי למולו בשבת - כסף משנה› ב ‹ודבריו תמוהין, הרי לא עשה מצוה, ויותר מזה תמוה במה שכתב ושכח ומל שניהן בשבת דפטור, ואיך אפשר לומר כן, הרי לא היה לו למול רק אחד. **ולענ"ד** ה"פ, כל העושה מצוה, כלומר שעוסק במצוה, ונעשית עבירה, כלומר אפילו לא עשה שום מצוה וכו', פטור מפני שעשה ברשות. כלומר, שהרי היה עליו לעשות, ומפני טרדתו ובהילתו עשה ההיפך, ואינו כשוגג, ופטור מחטאת. כיצד וכו', וכן מי שהיו לו שני תנוקות אחד למול בשבת ואחד בע"ש או באחד בשבת, ושכח ומל שניהן, כלומר או של הע"ש או של האחד בשבת, פטור מחטאת, שהרי יש לו רשות וכו' ומצוה עשה, כלומר שעוסק בעשיית מצוה, כמו שאמר מקודם כל העושה מצוה, ואומר אף על פי שהם שני גופים, כלומר והרי גוף זה שמל לא היה מצוה עליו, הואיל וזמנו בהול אינו מדקדק - ערוה"ש›

במאי עסקינן אילימא בטועה שמעת מינה *עקירה בטעות הויא עקירה אלא בעוקר אימא סיפא ושאר כל הזבחים ששחטן לשום הפסח אם אינן ראויין חייב אם ראויין הן ר' אליעזר מחייב חטאת ור' יהושע פוטר ואי בעוקר מה לי ראויין מה לי שאינן ראויין אלא פשיטא בטועה רישא בעוקר וסיפא בטועה א"ר אבין אין *רישא בעוקר וסיפא בטועה אשכחה רב יצחק בר יוסף לר' אבהו דהוה קאי באוכלוסא דאינשי א"ל מתניתין מאי א"ל רישא בעוקר וסיפא בטועה תנא מיניה *ארבעין זימנין ודמי ליה כמאן דמנחא בכיסיה תנן א"ר אליעזר מה אם פסח שמותר לשמו כששינה את שמו חייב זבחים שהן אסורין לשמן כששינה את שמן אינו דין שיהא חייב ואם איתא הא לא דמי דרישא בעוקר וסיפא בטועה לר' אליעזר לא שני ליה לר' יהושע דשני ליה (א) לישני ליה הכי הכי קאמר ליה לדידי לא דמי רישא בעוקר וסיפא בטועה לדידך לא אם אמרת בפסח ששינה את שמו לדבר האסור תאמר בזבחים ששינה את שמן לדבר המותר א"ל רבי אליעזר אימורי ציבור יוכיחו שהן מותרין לשמן והשוחט לשמן חייב אמר לו רבי יהושע לא אם אמרת באימורי ציבור שכן יש להן קצבה תאמר בפסח שאין לו קצבה למימרא דכל היכא דאית ליה קצבה מחייב רבי יהושע והרי תינוקות דיש להן קצבה *ותנן מי שהיו לו שני תינוקות אחד למולו אחר השבת ואחד למולו בשבת ושכח ומל את של אחר השבת בשבת חייב אחד למולו בע"ש ואחד למול בשבת ושכח ומל את של ע"ש בשבת רבי אליעזר מחייב חטאת ור' יהושע פוטר א"ר אמי הכא במאי עסקינן כגון שקדם ומל את של ערב שבת בשבת דאיכא הך דשבת דטריד ביה הכא כגון שקדם ושחטינהו לאימורי ציבור ברישא אי הכי רבי מאיר אומר אף השוחט לשם אימורי ציבור פטור אע"ג דקדים ושחטינהו לאימורי ציבור ברישא *והתניא רבי חייא [מאבל ערב] א"ר מאיר לא נחלקו ר' אליעזר ורבי יהושע על שהיו לו שני תינוקות אחד למול ערב שבת ואחד למול בשבת ושכח ומל את של ערב שבת בשבת דחייב על מה נחלקו על שהיו לו שני תינוקות אחד למול אחר השבת ואחד למול בשבת ושכח ומל את של אחר השבת בשבת *דר' אליעזר מחייב חטאת ור' יהושע פוטר ותסברא מה התם דלא עביד מצוה פטר רבי יהושע היכא דקא עביד מצוה מחייב אמרי דבי רבי ינאי רישא כגון שקדם ומל של שבת בערב שבת

שלא

רש"י

אי נימא בטועה · כסבור שהוא זבח אחר : **שמעת מינה** · מדקתני חייב אלמא פסול הוא : **עקירה בטעות** · שלא נתכוון לעקור שם פסח ממנו הויא עקירה כעוקר מדעת : **מה לי שאינן ראויין** · עוקר לאו טועה בדבר מצוה הוא ואמאי פטר ליה ר' יהושע בראויין והלא לא טעה בו שיודע שאינו פסח : **רישא** · הפסח ששחטו : **סיפא** · ושאר כל הזבחים : **אוכלוסא** · חבורה גדולה מאד : **הא לא דמי** · רישא לסיפא דרישא בעוקר ולאו טועה הוא : **לר"א** · דהאי ק"ו לא שני ליה בין עוקר לטועה : **ומקשי' ר' יהושע דשני ליה** · לימא ליה דלא דמי טועה לעוקר ואמאי אהדר ליה טעמא משום ששינה בדבר האסור כו' : **בפסח שאין לו קצבה** · אין חשבון לפסחים וזה שמצא טלה זה עומד בעזרה כסבור שהוא אבוד מבעליו ושחטו לשם מי שהוא : **תינוקות דיש להן קצבה** · מי שיש לו שני תינוקות אחד למול בשבת ואחד למול באחד בשבת יודע הוא שאין לו למול בשבת אלא אחד : **ושכח ומל את של אחר השבת בשבת חייב** · דטעה בדבר מצוה ולא עשה מצוה הוא דעדיין לא הגיע זמנו ומודה רבי יהושע דחייב : **את של ערב שבת בשבת** · קסבור שהוא של שבת וזה של ערב שבת היה אתמול חולה או שנכנס ומילה שלא בזמנה אינה דוחה את השבת דהואיל ועבר זמנה ימתין עד למחר : **ר' אליעזר מחייב חטאת** · דלית ליה טועה בדבר מצוה ועשה מצוה פטור : **רבי יהושע פוטר** · דטעה בדבר מצוה ועשה מצוה פטור ואע"ג דחילל שבת ועשה שלא כדת מכל מקום מצות מילה קיים והכא נמי אע"ג דלית להו קצבה ליפטר דמכל מקום עשה מצוה דכל הזבחים שנזבחו שלא לשמן כשרין וזה שמצא זבח אחד בעזרה ושחטו לשם תמידי ציבור כשר לזבחו הראשון : **הכא במאי עסקינן כגון שקדם ומל את של ערב שבת בשבת** · בשעה שמל את זה עדיין שניהן עומדים דמשום הכי פטור דטרוד היה באחד מהן דיודע הוא שהיום חובת האחד עליו ומתני' כגון דקדים ושחטינהו לאימורי צבור דהשתא לא הוה טרוד ועסוק בשחיטתן : **ואע"ג כו'** · בתמיה : [**מאבל ערב** · שם מקום]: **ושכח ומל את של ערב שבת בשבת דחייב** · ואע"ג דעשה מצוה : **על מה נחלקו כו'** · וקס"ד השתא ברישא מחייב ר' מאיר כשמל את שניהם ע"י [שסבור] ששניהן כבר הגיע זמנן ומל של שבת תחלה שזמנו היום ואחר כך מל את של אתמול ואף על גב דעשה מצוה כיון דלא רמיא טירדא עליה בתר דמהליה לשל שבת לאו טועה בדבר מצוה הוא וסיפא פטור משום דטריד בשל שבת והוחלף לו של מחר דהא ודאי לא קאמר שמל את שניהם דהא לא טעי בהכי אלמא היכא דלא טריד האידנא לר"מ חייב : **ותסברא** · דטעמא משום הכי הוא השתא סיפא דלא עבד מצוה דעדיין לא הגיע זמנו פטור רישא דעבד מצוה מחייב : **אמרי דבי ר' ינאי רישא כגון** · שנתחלף לו אתמול של שבת בערב שבת ומלו בערב שבת ועדיין לא ידע טעותו וסבור שזה העומד של שבת הוא ואע"ג דטריד ביה דרמיא מצוה עליה כפי מחשבתו וגם עשה מצוה אפילו הכי חייב משום דלא ניתנה שבת לידחות אצלו וסיפא ניתנה שבת לידחות אצל של שבת וטעה בדבר מצוה פטור ואפילו לא עשה מצוה לרבי מאיר פטור והשוחט לשם אימורי צבור ניתנה שבת לידחות אצל קרבן צבור ואע"ג דקדים שחטינהו לאימורי צבור הרי שכח וע"י שטרוד בזבח זה בימים שעברו ויודע שזבח זה עומד ליקרב נבהל ושכח שכבר נשחטו אימורי צבור ושחטן לשמן :

ואחד

תוספות

שמעת מינה עקירה בטעות הויא עקירה · אומר ר"י דפלוגתא היא בהתכלת (מנחות מט:): **הא לא דמי רישא בעוקר כו'** · ומאי קאמר ר' יהושע שכן שינה שמו לדבר האסור אפילו שינה שמו לדבר המותר נמי חייב כיון שהוא עיקר :

לרבי יהושע דשני ליה לימא ליה הכי · תימה לרשב"א הא אפי' אי מוקמי' כולה בטועה ע"כ רבי יהושע לדבריו דרבי אליעזר קאמר דלדידיה רישא אפילו שינה לדבר המותר חייב כיון דלא עשה מצוה דמתני' מוקמי' בגמרא כרבי שמעון דאית ליה היכא דלא עשה מצוה חייב לרבי יהושע בפרק רבי אליעזר דמילה בסופו (שבת קלז.) דאמר רבי שמעון לא נחלקו רבי אליעזר ורבי יהושע על ב' תינוקות אחד למול אחר השבת ואחד בשבת ושכח ומל את של אחר השבת בשבת דחייב משום דלא עשה מצוה א"כ מה שהולך לומר דרישא משום דשינה לדבר האסור היינו לדברי רבי אליעזר דלרבי אליעזר בסיפא נמי לא עשה מצוה דפסל נעיל אחרים לשם פסח ואומר ר"י דבכמה מקומות מצי למימר ולטעמיך ולא קאמר ועוד דלא דמי לתינוקות דהתם ודאי חייב כשמל של אחר השבת בשבת לפי שלא עשה מצוה וגם לא ניתנה שבת לידחות אצל אותו תינוק אבל פסח ששינה לדבר המותר פטור כיון שניתנה שבת לידחות אצל אותו פסח אם היה שוחטו לשמו :

לדידך לא אם אמרת בפסח כו' · תימה לרשב"א מה משיב ר' יהושע לדברי ר' אליעזר תאמר בזבחים ששינה שמן לדבר המותר כיון לר' אליעזר לא שני בין עוקר לטועה מה מועיל מה ששינה לדבר המותר הלא לר' יהושע עוקר לדבר המותר חייב ה"ה טועה לר' אליעזר ומפרש דה"ק ר' יהושע לר' אליעזר נהי דלא שני לך בין עוקר לטועה מ"מ יש לחלק דרישא תרתי לגריעותא עוקר ולדבר האסור וסיפא תרתי לטיבותא דטועה ולדבר המותר:

שקדם ומל של שבת בערב שבת · הוה מצי לפלוגי בדידי' בין קדם ומל ללא קדם אלא נקט רבותא בסיפא דמל של אחר השבת בשבת פטור אע"ג דלא עשה מצוה כיון שניתנה שבת לידחות ורישא נמי קמ"ל רבותא דנקט ע"ש אף על גב דעשה מצוה חייב כיון שלא ניתנה שבת לידחות :

באשתו

עין משפט נר מצוה

מא א מיי' פט"ו מהל' פסולי המוקדשין הלכה א ופ"ב מהלכות שגגות הלכה יא :

מב ב ג מיי' פ"ב מהל' שגגות הלכה ח

רבינו חננאל

חטאת כו' אוקימנא בעוקר ומפרש אינו שוחטו אלא לשם שלמים והאי דקתני סיפא ושאר כל הזבחים ששחטן לשם פסח בשבת שחל להיות בי"ד אם אינן ראויין לפסח כגון שהיו נקבות או זכרים בני שנתים חייב ואם ראוין הן ר' אליעזר מחייב חטאת ורבי יהושע פוטר אוקימנא בשטעה כסבור כי הזבח של פסח הוא ששוחט ונמצא שטעה וזבח זבח אחר ועמדה רישא בעוקר שם פסח מעליו ושוחט לשם שלמים וסיפא בטועה [ואמרינן אינו (נ"א איך) תאמר דרישא בעוקר וסיפא בטעות] והתנן אמר רבי אליעזר ומה אם הפסח שמותר הוא [לעצמו] בעצמו לשוחטו בשבת לשם פסח אלא מפני ששינה שמו ושחטו לשם שלמים חייב שאר זבחים שאסורין לשוחטן בשבת לשמן כששינה את שמן אינו דין שיהא חייב ואם איתא נימא לא דמי רישא בעוקר ולפיכך חייב אי הוה רישא נמי טועה כסיפא לא הוה מחייב מידי ושנינן לר' אליעזר לא שני ליה בין עוקר לטועה לא פריך הכי לר' יהושע שני ליה והכי קאמר ר' יהושע לדידי לא קשיא רישא בעוקר וסיפא בטועה אלא לדידך דלא שני לך בין עוקר לטועה לא אם אמרת בפסח ששינהו לדבר האסור לשחטו בשבת כגון שלמים וכיוצא בהן תאמר בזבחים ששחטן לשם פסח ששינן לדבר המותר לשחטו בשבת והוא הפסח אמר לו ר' אליעזר תמידין ומוספין יוכיחו שמותרין לשחטן בשבת והשוחט זבחים אחרים לשם תמיד בשבת חייב אמר לו ר' יהושע שאני אימורי צבור שכנויש להן [קצבה] כלומר שני תמידין ושני מוספין בכל שבת וכיון שיש להם קצבה מאחר שנשחטו קצבת הזובה השאר עומדין באיסור שבת כשאר שאין ראויין לשבת כגון חטאות וכיוצא בהן תאמר בפסח שאין לו קצבה : ואקשי' וכי כל היכא דאית ליה קצבה מחייב ר' יהושע והתנן בפרק ר' אליעזר מי שהיו לו שני תינוקות אחד למול אחר השבת ואחד למול בשבת חייב כו' ומשני ר' אמי כגון שקדם ומל של ערב שבת בשבת ועדייקשל בהאי דבשבת הכא דקדים שחטינהו לאימורי צבור ברישא דהא ליכא מידי דטריד ביה . אי הכי ר' מאיר אומר אף השוחט לשם אימורי צבור פטור ואע"ג דקדים שחיט לאימורי צבור והא תני

מסורת הש"ס

[מנחות מט.]

[כריתות כח. וש"נ]

שבת דף קלז. כריתות יט:

שבת שם [ע"ש]

גי' רש"ל

[מכר ביבמות לד.]

הגהות הב"ח

(א) גמ' לישני ליה הכי קאמר כצ"ל ותיבת הכי נמחק :

ר' חייא אמר ר' מאיר לא נחלקו ר' אליעזר ור' יהושע על שהיו לו שני תינוקות אחד למול ערב וכו' קתני מיהת רישא ושכח ומל של ערב שבת בשבת שחייב נהי נמי דקדים מהליה לאיך דשבת האמר רבי מאיר אע"ג דקדים עבדינהו לאימורי צבור פטור ואמרי' ולטעמיך תקשי לך רישא אסיפא השתא רישא דקתני שכח ומל את של ערב שבת דטעה בדבר מצוה ועשה מצוה שאפי' עובר זמנו והוא מלו בשבת בן תשעה ימים מכל מקום בר מילה הוא ונתקיימה המצוה סיפא דשכח ומל את של אחר שבת בשבת בן שבעת ימים שאע"פ שטעה בדבר מצוה לא עשה מצוה שבן שבעת ימים אינו בר מילה קא פטור ר' יהושע אלא אמרי דבי ר' ינאי רישא דמתני' כגון שקדם ומל את של שבת[בע"ש]והא לית ליה לשבת הכא דחוית כלל דהא ליכא תורת מילה הכא בשבת כי הדר מהיל ליה להאיך דבערב שבת בשבת לא טועה בדבר מצוה הוא ולא נתנה שבת להדחות

עין משפט נר מצוה

מג א מיי' פ"ב מהלכות שגגות הלכה ט:
מד ב שם הלכה ח:
מה ג מיי' פ"ה מהל' דעות הל' ד סמג לאוין קכו טוש"ע א"ח סימן רמ סעיף א:
מו ד מיי' פ"ב מהלכות שגגות הלכה י:
מז ה מיי' פ"י מהל' תרומות הלכה יב:
מח ו מיי' פ"ו מהלכות ביאת מקדש הל' ו:

באשתו נמי קא עביד מצוה · ובסמוך נמי פריך והא איכא שמחת עונה ותימה הא באשתו נדה קיימינן דליכא מצוה ולא שמחת עונה ואומר ר"י דפריך לאיסגא בתרא דפוטר טועה בדבר מצוה אע"פ שלא עשה מצוה הלכך פריך והא איכא (ד) שמחה וטועה בדבר מצוה ומסיק דהוה ליה לשיולי:

סמוך לווסתה · אין לפרש דיודע שהוא סמוך לווסתה ומספקא ליה אם נדה גמורה היא אם לאו דא"כ ביבמתו אמאי פטור כיון דיודע שהוא סמוך לווסתה וסמוך לווסתה דאורייתא דנפקא לן מוהזרתם את בני ישראל אלא יש לפרש שאינו יודע אם הוא סמוך לווסתה אם לאו דהוה ליה לשיולה כיון שאינו יודע והא דאמר בפ"ב דנדה (דף טו:) דכל הנשים בחזקת טהרה לבעליהן היינו כשיודע שלא הגיע זמן ווסתה דלא חיישינן שמא שינתה ווסתה וה"ה דהוה מצי למימר שאינו יודע אם היא נדה גמורה או לאו אלא נקט דאפילו יודע שאינה נדה כיון דמספקא ליה אם הוא סמוך לווסתה באשתו חייב ומיהו הוה מצי לאשמעינן במספקא ליה אם היא נדה גמורה ואפי' הכי ביבמתו פטור: לדברי

שלא נתנה שבת לדחות [וסיפא נתנה שבת לדחות אצלו] הכא הרי נתנה שבת לדחות אצל קרבן ציבור א"ל רב אשי לרב כהנא הכא נמי הרי נתנה שבת לדחות אצל תינוקות דעלמא א"ל לגבי דהאי גברא מיהת לא איתיהיב: ושאר כל הזבחים ששחטן לשום פסח אם אינן ראויין חייב ואם ראויין רבי אליעזר מחייב חטאת ורבי יהושע פוטר: מאן תנא דשני ליה בין ראויין לשאינן ראויין ר"ש היא דתניא *אחד הזבחים הראויין ואחד זבחים שאינן ראויין וכן השוחט לשם אימורי ציבור פטור דברי ר' מאיר א"ר שמעון לא נחלקו רבי אליעזר ורבי יהושע על שאינן ראויין שחייב על מה נחלקו על הראויין שרבי אליעזר מחייב חטאת ורבי יהושע פוטר אמר רב ביבי אמר רבי אליעזר פוטר היה רבי מאיר אפי' עגל של זבחי שלמים ששחטו לשום הפסח א"ל רבי זירא לרב ביבי והאמר רבי יוחנן מודה היה רבי מאיר בבעלי מומין א"ל בבעלי מומין לא טריד בהו והאי טריד ביה בעא מיניה רבא מרב נחמן חולין לשום פסח מאי לי א"ר מאיר אמר ליה פוטר היה ר' מאיר אפילו חולין לשום פסח והא"ר יוחנן מודה היה ר"מ בבעלי מומין לא מיחלפי הני מיחלפי וטעמא דרבי מאיר משום איחלופי ולא איחלופי והאמר רב ביבי א"ר אלעזר פוטר היה ר' מאיר אפי' עגל של זבחי שלמים ששחטו לשום הפסח אלמא טעמא דר"מ משום דטריד א"ל טריד אע"ג דלא מחלף מחלף אע"ג דלא טריד לאפוקי בעלי מומין דלא איחלופי מחלף ולא מטריד טריד יתיב ר' זירא ורבי שמואל בר רב יצחק אקילעא דר' שמואל בר רב יצחק ויתבי וקא אמרי א"ר שמעון בן לקיש *נתחלף לו שפוד של נותר בשפוד של צלי ואכלו חייב ור' יוחנן אמר *אשתו נדה בעל חייב *יבמתו נדה בעל פטור איכא דאמרי כ"ש בההיא דמחייב דלא עשה מצוה איכא דאמרי בההיא פטור מאי טעמא התם הוא דה"ל לשיולי אבל הכא דלא ה"ל לשיולי לא ור' יוחנן מאי שנא יבמתו דקא עביד מצוה אשתו נמי קא עביד מצוה והא איכא שמחת עונה שלא בשעת עונתה והאמר רבא *חייב אדם לשמח אשתו בדבר מצוה סמוך לווסתה אי הכי אפי' יבמתו נמי יבמתו *בזיז מינה אשתו לא בזיז מינה ור' יוחנן כמאן אילימא כרבי יוסי *דתנן רבי יוסי אומר יום טוב הראשון של חג שחל להיות בשבת ושכח והוציא את הלולב לרשות הרבים פטור מפני שהוציא ברשות דילמא שאני התם דזמנו בהול ואלא רבי יהושע דזבחים דילמא התם נמי זמנו בהול ואלא כרבי יהושע דתינוקות התם נמי זמנו בהול ואלא כרבי יהושע דתרומה *דתנן *היה אוכל בתרומה ונודע שהוא בן גרושה או בן חלוצה רבי אליעזר מחייב קרן וחומש ור' יהושע פוטר דילמא כדרב ביבי בר אביי דאמר רב ביבי בר אביי בתרומה בערב הפסח דזמנה בהול אי נמי שאני תרומה דאיקרי עבודה ועבודה רחמנא אכשר *דתנן היה עומד ומקריב ונודע שהוא בן גרושה או בן חלוצה *כל הקרבנות כולן שהקריב על גבי המזבח פסולין ור' יהושע מכשיר ואמרינן *מ"ט דר' יהושע *דכתיב ברך ה' חילו ופועל ידיו תרצה ותרומה היכא איקרי עבודה דתניא מעשה בר' טרפון שלא בא אמש לבית המדרש לשחרית מצאו רבן גמליאל אמר לו מפני מה לא באת אמש לבית המדרש אמר לו עבודה עבדתי אמר לו כל דבריך אינן אלא דברי תימה וכי עבודה בזמן הזה מנין אמר לו הרי הוא אומר עבודת

ואחד זבחים שאינן ראויין · לפסח: **פטור** · הואיל וטרוד במחשבת לבו מאז הופרשו ויודע שעליו להקריבם טועה ושוחטן לשם פסח: **על שאינן ראויין שחייב** · דלאו טועה הוא: **אפילו עגל** · דסד"א ליכא דטעי בה: **לא טריד בהו** · אין מחשבת הקרבתן בלבו עד הגה: **אלא טריד ביה** · כל ימי הפרשתן בלבו ועסוק ואומר מתי אפנה ואקריבנו: **חולין לשם פסח מהו לר"מ מאיר** · כלומר מה ר' מאיר אמר לנו בו: **מודה היה ר' מאיר בבעלי מומין** · הואיל ולאו בני קרבן נינהו לא יכול לומר טועה הוא וחייב הכא נמי חולין לשם פסח יהא חייב הואיל ולאו בני קרבן נינהו: **הני מיחלפי** · חולין בקדשים מיחלפי ויכול לומר טעיתי סבור הייתי קדשים הן משום הכי פטור: **הני לא מיחלפי** · בעלי מומין בקדשים לא יכול לומר טעיתי כסבור קדשים הן משום הכי חייב: **אלמא טעמא משום טירדא** · ולאו משום איחלופי וחולין לא טריד בהקרבתן: **אקילעא** · לפני הבית כעין בית שער וקורין פורייה"א: **בשפוד של צלי** · של קודש הראוי ואכילת קדשים מצוה דכתיב (שמות כט) ואכלו אותם אשר כופר וגו': **חייב** · דטעה בדבר מצוה ולא עשה מצוה (א) וטהור חייבים על זדונו כרת ושגגתו חטאת דכתיב (ויקרא יט) ואוכליו עונו ישא: **אשתו נדה בעל חייב** · כדמוקי לה לקמיה בסמוך לווסתה ובמעוברת דלאו מצוה היא ולקמיה מפרש ואזיל אם חלוק הוא על ר"ש לקיש או מוסיף על דבריו: **כל שכן בההוא** · (ב) נותר: **דמחייב** . דאין שם לחלוטין מצוה אבל הכא אע"ג דמעוברת מיהא מצות שמחת אשתו איכא: **בשפוד** . ליכא למאן (ג)דנישייליה: **ור' יוחנן מאי שנא יבמתו**. דפטור ואע"ג דהוה ליה לשיולי: **דקא עביד** · מצות יבום בביאה ראשונה קאמר: **אשתו** · מצות פריה ורביה: **עונה** · לפי מה שהוא חמר או גמל או טייל או תלמיד כדמפרש בכתובות (דף סא:): **לשמח את אשתו** · אפילו שלא בשעת עונתה אם רואה שמתאוית לו: **ומשני בסמוך לווסתה** · דמוזהרין ישראל לפרוש מנשותיהן סמוך לזמן ווסת נדותיהן כדאמרינן בשבועות (דף יח:) והזהרתם את בני ישראל והדוה בנדתה מכאן אזהרה לבני ישראל שיהו פורשין מנשותיהן כו': **אי הכי יבמתו נמי** · סמוך לווסתה לא רמיא מצוה עליה: **בזיז מינה** · בוש ממנה לשואלה אם סמוך לווסתה היא: **ור' יוחנן** · דאמר פטור כמאן: **ברשות** . של מצוה שהיה טרוד בה: **דזמנה בהול** · שקבוע לה היום וטרוד בהם לא עכשיו אימתי הולך אצל בקי ללמדו: **דזבחים** · דפטור במתני' בשוחט לשם פסח משום דטעה בדבר מצוה ועשה מצוה: **זמנו** · של פסח בהול הוא היום למחר פן יעבור זמנו: **בן גרושה** · כהן חלל זר גמור הוא דכתיב בכהן ואשה גרושה (ויקרא כא) לא יחלל זרעו שמחללו מדין כהונה: **קרן וחומש** · שהרי אכלה שוגג: **ור' יהושע פוטר** · שטעה בדבר מצוה: **דאיקרי עבודה** · אכילתה כדליקמן: **ועבודה** · של חלל בשוגג רחמנא אכשרה דתנן כו': **ברך ה' חילו** · בכהנים כתיב ישימו קטורה באפך וגו' וסמיך ליה ברך ה' חילו חללים שבו: **אמש** . בערב: עבודת

מסורת הש"ס

[תוספתא פ"ה]

מסכת כלים

[גי' הערוך נפרד כו כזין] סוכה דף מא:

תרומות פ"ח [מ"א] יבמות דף לג.

[ר"א אומר כל הקרבנות כו']

[עי' מכות יב.] קדושין דף סו:

הגהות הב"ח

(א) רש"י ד"ה חייב וכו' מצוה דטהור: (ב) שם ד"ה כל שכן בההוא דנותר: (ג) שם ד"ה בשפוד ליכא למאן דנישייליה: (ד) תוס' ד"ה באשתו וכו' והא איכא שמחת עונה וטעה:

גליון הש"ס

גמרא יבמתו נדה בעל. עי' יבמות כ ע"א תוספות ד"ה ולאות אשתו:

רבינו חננאל

להדחות היום כלל לגבי האי גברא לפיכך חייב אבל אימורי צבור ליכא לשימר הכי אלא אפי' טעה והקריב כמה בערב שבת לקרבן [שבת] אפי' הכי חייב בשבת להקריב חובות של שבת לעולם וכיון דנתנה שבת לדחות אמורי' טעה בדבר מצוה פטור: מתני' אם אינן ראויין לפסח אותן הזבחים ששחטן לשם פסח חייב ואם הן ראוין ר' אליעזר מחייב חטאת ור' יהושע פוטר איקמתא כרבי שמעון דתאני לא נחלקו רבי אליעזר ור' יהושע על שאינן ראויין שחייב על מה נחלקו על הראויין שר' אליעזר מחייב חטאת ור' יהושע פוטר אבל ר' מאיר בין ראויין בין שאינן ראויין פוטר [illegible]

(דברים כה ה) יבמה יבוא עליה ביאתו על אשתו נמי מצוה היא שנאמר (בראשית ח יז) פרו ורבו ושנינן באשתו מעוברת שכבר נתקיימה מצות פריה ורביה והא איכא מצות עונה שנאמר (דברים ה ל) שובו לכם לאהליכם ושנינ' שלא בשמחת עונה כלומר זו הביאה ולתי העונה האסורה בתורה כדתנן בכתובות פ' אע"פ שהעונה האמורה בתורה הטיילין בכל יום וכו': **והאמר** רבא חייב אדם לשמח את אשתו בדבר מצוה ודחי' זו הביאה בזמן שבא עליה בעת שחייב להתרחק ממנה והוא בסמוך [לווסתה] דקיי"ל חייבין ישראל להיות מתפרשין מנשותיהן סמוך לווסתן שנאמר והזרתם את בני ישראל ואקשי' ויבמתו למה היא לשאול אותה ושניג' בזיז מינה כלומר כמו מתבייש הוא לשאול אותה בענין הזה דהא לא ניסא ביה עדיין: **ואמרי'** ר' יוחנן דאמר טעה בדבר מצוה כי האי גונא פטור כמאן אי כר' יוסי דלולב שאני התם דזמנו בהול שאם לא יטלנו היום עובר זמנו וכן ר' יהושע דתינוקות התם נמי משום דזמנו בהול אבל ביבמתו אינו בהול דיכול לקיומי הדא מצוה למחר וליומא חרא אינו בהול והוה ליה לשיולי ולא שאיל הלכך דלמא שאני התם נמי זמנו בהול אלא ר' יהושע דתרומה דפטר באוכל שנמצא בן גרושה או בן חלוצה דלמא בתרומות המץ בערב הפסח דזמנה בהול אי נמי משום דאכילת תרומה נקראת עבודה כרבי טרפון דאמר עבודה

§ מסכת פסחים דף עב: §

אות א'

נתחלף לו שפוד של נותר בשפוד של צלי ואכלו, חייב

רמב"ם פ"ב מהל' שגגות הט"ז - מי שהיה לפניו בלילי הפסח צלי של פסח ונותר מן הקדשים, ונתכוין לאכול צלי שהוא מצוה, ושגג ואכל הנותר, הרי זה חייב חטאת, [א]שהרי לא עשה מצוה באכילה זו, וכן כל כיוצא בזה.

אות ב'

אשתו נדה בעל חייב, יבמתו נדה בעל פטור

רמב"ם פ"ב מהל' שגגות ה"ח - כל העושה מצוה מן המצות, ובכלל עשייתה נעשית עבירה שחייבין עליה כרת בשגגה, הרי זה פטור מחטאת, מפני שעשה ברשות; כיצד הבא על יבמתו והרי היא נדה, והוא לא ידע, הרי זה פטור מחטאת, שהרי עשאה ברשות; אבל אם בא על אשתו והרי היא נדה, [ב]חייב חטאת, מפני שלא שאלה ואחר כך יבעול, אבל יבמתו אינו רגיל בה כדי שישאל לה.

אות ג'

חייב אדם לשמח אשתו בדבר מצוה

סימן רמ ס"א - וכל אדם צריך לפקוד את אשתו בליל טבילתה - ר"ל אפי' שלא בשעת עונתה, **ובשעה שיוצא לדרך, אם אינו הולך לדבר מצוה** - ר"ל אפי' שלא בשעת עונתה, **אך** ביוצא לדרך מהני מחילה דידה.

וכן אם אשתו מניקה, והוא מכיר בה שהיא משדלתו ומרצה אותו ומקשטת עצמה לפניו כדי שיתן דעתו עליה, חייב לפקדה - ר"ל אף שהיא מניקה או מעוברת מ"מ חייב לפקדה, **היינו** אפילו שלא בשעת עונתה.

אות ד'

יום טוב הראשון של חג שחל להיות בשבת, ושכח והוציא את הלולב לרשות הרבים, פטור, מפני שהוציא ברשות

רמב"ם פ"ב מהל' שגגות ה"י - המוציא את הלולב ביום טוב הראשון של חג שחל להיות בשבת כדי לצאת בו, והעבירו ארבע אמות ברשות הרבים בשוגג, פטור, שהרי ברשות הוציא.

אות ה'

היה אוכל בתרומה ונודע שהוא בן גרושה או בן חלוצה... רבי יהושע פוטר

רמב"ם פ"י מהל' תרומות הי"ב - וכן כהן שהיה אוכל ונודע לו שהוא בן גרושה או בן חלוצה, הרי אלו משלמין הקרן בלבד; [ג]ואם היתה תרומת חמץ והיה ערב הפסח, הרי אלו פטורין מלשלם, מפני שזמנה בהול, נחפזו לאכול ולא בדקו; וכולן שהיתה להן תרומה בתוך פיהן כשידעו שהן אסורין לאכול, הרי אלו יפלוטו.

אות ו'

מכשיר

רמב"ם פ"ו מהל' ביאת המקדש ה"י - כהן שעבד ונבדק ונמצא חלל, עבודתו כשירה לשעבר, ואינו עובד להבא, [ד]ואם עבד לא חילל, שנאמר: ברך י"י חילו ופועל ידיו תרצה, אף חולין שבו תרצה.

באר הגולה

א ‹והלח"מ הקשה על הרמב"ם, דאיך פסק דנמצא טריפה בסתר פטור, והרי הוא פסק בנותר דחייב מפני שלא עשה מצוה, והרי גם בטריפה לא עשה מצוה. **ואינו** כן, דהרמב"ם לא מצריך שיעשה מצוה, אלא שיעסוק במצוה, וכמו בתנוק שלא הגיע זמנו למול, דהמילה אינה כלום, ועכ"ז מקרי שעוסק בדבר מצוה, {עיין בדבריו בענין זה מובא בדף ע"ב}, וכן בקרבן שנמצא טריפה, הרי עסקו במצוה, ולכן פטור מפני שהוא עושה ברשות, משא"כ בנותר דליכא גם לחלוחית מצוה - ערוה"ש›

ב ‹ומשמע {מגמרא} דבאשתו נמי פטור אא"כ היתה מעוברת ושלא בשעת עונתה וסמוך לוסתה. ורבינו שסתם וכתב דבאשתו חייב, נראה שסובר דכי אמרינן אשתו לא בזיז מינה, תו לא צריכי לאוקמי בהני אוקמתי, אלא בכל גוונא חייב, כיון דלא בזיז מינה הו"ל לשיולה - כסף משנה›

ג ‹ונראה מדברי רבינו שהוא מפרש דרבי יהושע פוטר מחומש בלבד, ואם היה בע"פ כיון דזמנה בהול, פטור אף מקרן. **ותמיהא** לי א"כ מאי דוחקיה דגמרא לאוקמי בע"פ, לימא דלא פטר ר' יהושע אלא מחומש משום דהוו כמו אנוסים, **ובפסחים** פרק אלו דברים בתר האי תירוצא דבערב פסח, קאמר אי נמי שאני תרומה דאיקרי עבודה, ועבודה רחמנא אכשר וכו' דכתיב ברך ה' חילו, ופי' רש"י אפילו חללים שבו, **וסובר** רבינו דלא פליגי הני לישני, דבתרומה בע"פ פטור לגמרי מטעם דזמנה בהול, ושאר הימים כיון דאכילת תרומה איקרי עבודה, ורחמנא אכשרה בדיעבד קודם שנודע, אינם כזרים לה, ולכך פטור מן החומש, **מידי** דהוה אבת כהן שהיתה נשואה לישראל או שנפסלה, דפטרי לה מחומש מטעם דאינה כזר, ומ"מ חייבת היא בקרן, דחומש הוא דתלה רחמנא בזר גמור, אבל הקרן חייב כל היכא דאינו כהן גמור ואינו ראוי לאכלו - כסף משנה›

ד ‹ולכאורה הוה משמע דלא מכשרינן אלא מה שעבד קודם שנודע, אבל אם עבד אחר שנודע, חילל, **ורבינו** משמע ליה דכיון דלא אשכחן בקרא דמחלל עבודתו, אדרבה אשכחן בהדיא דלא מחלל, מהי תיתי לן לומר שאם עבד לאחר שנודע חילל, ותנא אורחא דמילתא נקט, דאין דרך לעבוד אחר שנודע - כסף משנה›

§ מסכת פסחים דף עג. §

אות א'

<u>הא בגלוי חייב</u>

רמב"ם פ"ב מהל' שגגות ה"י - **וכן השוחט את הפסח ביום ארבעה עשר שחל להיות בשבת, ונודע לו אחר כן שמשכו הבעלים את ידיהם או שמתו או נטמאו קודם שחיטה, [א]או שנמצא טריפה בסתר, כגון נקוב מעיים או ריאה, הרי זה פטור, מפני ששחט ברשות; אבל נמצא בעל מום, או שהיתה טריפה גלויה, הרי זה חייב חטאת, מפני שהיה לו לבדוק ואחר כך ישחוט, וכן כל כיוצא בזה.**

אות ב'

<u>השוחט חטאת בשבת בחוץ לעבודה זרה, חייב עליה שלש חטאות</u>

רמב"ם פ"ד מהל' שגגות ה"א - **העושה עבירות הרבה בהעלם אחת, חייב חטאת על כל אחת ואחת, אפילו עשה הארבעים ושלש אלו שמנינו בהעלם אחת, חייב ארבעים ושלש חטאות; וכן אם עשה מעשה אחד שהוא חייב עליו משום שמות הרבה, חייב על כל שם ושם, והוא שהיו האיסורין כולן באין כאחת, או איסור מוסיף או איסור כולל; כיצד, השוחט בהמת קדשים חוץ לעזרה בשבת לע"ז, חייב שלש חטאות, משום שוחט קדשים בחוץ, ומשום מחלל שבת, ומשום עובד ע"ז, שהרי שלשת האיסורין באין כאחת; במה דברים אמורים באומר בגמר זביחה הוא עובד אותה, אבל אם לא היתה כוונתו לכך, משישחט בה מעט לשם ע"ז תאסר, ואינו חייב משום שחוטי חוץ עד שישחוט שנים או רוב שנים, ונמצא כשגמר השחיטה שחט בהמה האסורה לקרבן, שאינו חייב עליה משום שוחט בחוץ כמו שביארנו; היתה חטאת העוף והיה חצי קנה שלה פגום, והוסיף בו כל שהוא בשבת לשם ע"ז, חייב שלש חטאות, שהרי שלשת האיסורין באים כאחת.**

אות ג'

<u>אשם שמתו בעליו או שנתכפרו בעליו, ירעה עד שיסתאב וימכר ויפלו דמיו לנדבה</u>

רמב"ם פ"ד מהל' פסולי המוקדשין הי"ד - **אבל אשם ודאי שמתו בעליו, ושכפרו בעליו, ירעה עד שיפול בו מום וימכר ויפלו דמיו לנדבה, שכל שבחטאת תמות, באשם ירעה עד שיפול בו מום ויפלו דמיו לנדבה.**

באר הגולה

[א] ‹והלח"מ הקשה על הרמב"ם, דאיך פסק דנמצא טריפה בסתר פטור, והרי הוא פסק בנותר דחייב מפני שלא עשה מצוה, והרי גם בטריפה לא עשה מצוה. **ואינו** כן, דהרמב"ם לא מצריך שיעשה מצוה, אלא שיעסוק במצוה, וכמו בתנוק שלא הגיע זמנו למול, דהמילה אינה כלום, ועכ"ז מקרי שעוסק בדבר מצוה, וכן בקרבן שנמצא טריפה, הרי עסקו במצוה, ולכן פטור מפני שהוא עושה ברשות, משא"כ בנותר דליכא גם לחלוחית מצוה – ערוה"ש. ‹**דליכא** למימר דטעמא דמתני' דפוטר היכא שנודע שמשכו הבעלים וכו', משום דהוי אנוס, {וכמ"ש רש"י במשנה}, דא"כ מאי פריך לר"א {דף ע"ג:} דהטועה בדבר מצוה חייב, הא שאני הכא דהוי אנוס, וכן כתבו שם התוס' {דף ע"ג. ד"ה שחטו}, והכריחו הדבר מכח קושיא זאת כדכתיבנא, גם כתבו דשחט ונמצא טריפה דפטר במתני', משום הך טעמא הוי, דטעה בדבר מצוה – לחם משנה›

אלו דברים פרק ששי פסחים עג.

(במדבר יח) °עבודת מתנה אתן את כהונתכם והזר הקרב יומת עשו אכילת תרומה בגבולין כעבודת בית המק׳: שחטו שלא לאוכליו: פשיטא כיון דהתם פסול הכא חייב משום דתנא סיפא פטור תנא רישא חייב והא נמי פשיטא משום דהתם כשר הכא פטור אלא אידי דתנא שחטו שלא לשמו בשבת תנא נמי שלא לאוכליו והיא גופא למה לי משום דקבעי לאיפלוגי ר׳ אליעזר ור׳ יהושע א״ל רב הונא בר חיננא לבריה כי אזלת לקמיה דרבי זריקא בעי מיניה לדברי האומר מקלקל בחבורה פטור שחטו שלא לאוכליו חייב מה תיקן תיקן אם עלו לא ירדו שחטו ונמצא בעל מום חייב מה תיקן תיקן בדוקין שבעין ואליבא דר״ע דאמר אם עלו לא ירדו שחטו ונמצא טריפה בסתר פטור *הא בגלוי חייב מה תיקן תיקן להוציא מידי נבילה מתקיף לה רבינא הא *דתניא °השוחט חטאת בשבת בחוץ לע״ז חייב עליה ג׳ חטאות מה תיקן אמר רב עוירא *שמוציאו מידי אבר מן החי: שחטו ונודע וכו׳: *א״ר הונא אמר רב אשם שניתק לרעיה ושחטו סתם כשר לעולה אלמא קסבר לא בעי עקירה א״ה כי לא ניתק נמי גזירה לאחר כפרה אטו לפני כפרה ומנא תימרא *דתנן °אשם שמתו בעליו או שנתכפרו בעליו ירעה עד שיסתאב וימכר ויפלו דמיו לנדבה ר׳ אליעזר אומר ימות ר׳ יהושע אומר ימכר ויביא בדמיו עולה בדמיו אין אבל גופו לא גזור לאחר כפרה אטו לפני כפרה ש״מ איתיביה רב חסדא לרב הונא שחטו ונודע שמשכו בעלים את ידם וכו׳

ותני

רש״י

עבודת מתנה · מתנת כהונה שנתתי לכם הרי הן כעבודה: פשיטא כיון דהתם · בתמיד נשחט (דף סא·) תנן דפסח שלא לאוכליו פסול: הכא · דבשבת קאי ממילא שמעינן דחייב: משום · דבעי למיתנא סיפא לאוכליו ושלא לאוכליו פטור תנא רישא שלא לאוכליו חייב: לדברי האומר · במס׳ שבת (דף קו·): מקלקל בחבורה · העושה חבורה בשבת לקלקלה שאינו מתקן פטור ואין חובל חייב משום שבת אלא שוחט שמתקן או חובל בבהמה וצריך לדם להאכילו לכלבו: שלא לאוכליו חייב. דקתני מתני׳ חייב: מה תיקן · הא פסלי׳: תיקן · דכל הקרבנות שנפסלו בעזרה תנן במס׳ זבחים (דף פד·) אם עלו למזבח אימוריהן להקטיר לא ירדו: בעלי מומין. תנן התם אם עלו ירדו שלא היה פסולן בקודש: בדוקין שבעין · שליי״א כגון הנוטה כדוק שמים (ישעיה מ) וגבי קרבן מום הוא דכתיב (ויקרא כא) או דק או תבלול בעינו: ואליבא דר״ע. במס׳ *זבחים תנן ר״ע מכשיר בבעלי מומין אם עלו ואמרו בגמרא *לא אר״ע אלא בדוקין שבעין הואיל וכשירין לכתחלה בעופות: טריפה · אמר התם אם עלתה תרד: מידי נבילה · מלטמא: השוחט חטאת גר׳ ובשחיטת חולין בפרק שני מפרש אמאי נקט חטאת: ג׳ חטאות · משום שבת ומשום ע״ז ומשום שחוטי חוץ לעזרה: מה תיקן · הכא אפי׳ לטהרו מידי נבילה ליכא דתקרובת ע״ז מטמאה אפי׳ באהל: מידי אבר מן החי. °לבני נח שאם אכלו אינו נהרג: אשם שניתק לרעיה. שמתו בעליו או נתכפרו באחר וחטאת ואשם אינן באין נדבה ומשנתכפרו באחר אין תקנה לזה וגבי חטאת הילכתא גמירי לה (תמורה כא:) דמתה ובאשם גמירי הילכתא (שם יח·) כל שבחטאת מתה באשם רועה ואם ניתקו מעליו והשליכו לאפר לרעות שיסתאב ויפול בו מום שיוכל לפדותו ולהוציאו לחולין וכל הרועים דמיהם נופלים לנדבה ומה היא נדבה ששה שופרות היו במקדש וכתוב עליהן נדבה ושם היו נותנין כל מותר דמי חטאת ואשם ומביאין משם קיץ המזבח עולות בשר לשם ועורות לכהנים שזהו מדרשו של יהוידע הכהן במס׳ תמורה (דף כג:) וזה לא המתין עד שיומם ומשניתקו לרעייה שחטו סתם כשר לעולת קיץ המזבח הואיל וסוף דמיו לכך היו עומדים: לא בעי עקירה · מאחר שהוא עומד לכך א״צ לעקור שם אשם ממנו: א״ה כי לא ניתק נמי · משעה שנתכפר באחר סתמיה לקיץ המזבח קאי: גזירה לאחר כפרה אטו קודם שנתכפר · דסתמיה לאשם אבל משניתק לא מיחלף: ומנא תימרא · דאית ליה לרב דגזרי׳ הכי: ר׳ אליעזר אומר ימות · כל לדידיה של רבי אליעזר היא שהיה אשם כחטאת לכל דבר שנאמר (ויקרא ז) כחטאת כאשם וכן גבי שלא לשמו וכן גבי חטאות שנכנס דמה לפנים במס׳ זבחים (דף יז:): רבי יהושע אומר ימכר · לאחר שיסתאב: ויביא בדמיו עולה · נדבה לעצמו ובמס׳ תמורה מפרש להא מילתא והלא אף הנדבה עולה היא מה בין דברי רבי יהושע לדברי חכמים אלא שבזמן שהיא באה לחובתו הוא סומך עליה ושוחטה ונסכיה קריבין משלו וכשהיא באה לנדבה לציבור אינו סומך עליה כו׳: בדמיו אין. אבל אינו נעשה לא יקריב עולה ואף על פי שמקריבו לעצמו אלמא גזירה לאחר כפרה שנתכפר באחר אטו לפני כפרה דאי שרית ליה השתא סעי ואי מילמד ליה עולה נמי קודם כפרה מקריב ליה לנאי והדר מייתי אחר לאשם ואי אפשר לשחוט זבח לזבח אחר כ״ז שעומד לשמו:

תוספות

לדברי האומר מקלקל בחבורה פ׳ · וא״ת והא ר׳ יהודה הוא דפטר מקלקל בחבורה ומתני׳ דמחייב בשוחט ראויין דהיינו מתעסק ששוחט זבח זה וסבור שהוא אחר לא אתי כר״י דלדידיה מתעסק פטור כדמוכח בפ׳ ספק אכל (כריתות יט:) דקאמר הכא לתינוקות מתוך שמקלקל בחבורה חייב מתעסק נמי חייב אלמא משמע מאן דפטר מקלקל בחבורה פטור נמי מתעסק וא״כ מתני׳ לא מתוקמא כמאן דפטר מקלקל בחבורה וי״ל דלדברי האומר מקלקל בחבורה פטור היינו רבי יוחנן אליבא דרבי שמעון דפטר היכא דמקלקל לגמרי דליכא תיקון כלל ולאפוקי מדר׳ אבהו דבפ׳ האורג (שבת קו·) תני ר׳ אבהו קמיה דר׳ יוחנן כל המקלקלין פטורין חוץ מחובל ומבעיר א״ל פוק תני לברא חובל ומבעיר אינה משנה ואת״ל משנה בחובל וצריך לכלבו ומבעיר וצריך לאפרו והיינו דליכא דר״ש מדמפליג בין חובל ומבעיר לשאר מקלקלין אבל מקלקל גמור לא אפי׳ לר״ש מיהו אכתי קשה לר״י כיון דס״ד דליכא תיקון כלל במתני׳ א״כ תקשי לכ״ע אפי׳ חייב לר״ש מקלקל בחבורה הא מלאכה שאינה צריכה לגופה היא ופטור אפילו בחבורה כדמוכח בשילהי כל כתבי (שבת קכא:) דפטר ר״ש התם הורג נחשים ועקרבים משום מלאכה שאינה צריכה לגופה וכרים האנמקין (סנהדרין פה:) נמי מסיק מאן שמעת ליה דאמר מקלקל בחבורה חייב ר״ש האמר מלאכה שאינה צריכה לגופה פטור עליה: תיקן להוציאו מידי אבר מן החי · משמע דתקרובת ע״ז מטמאה מדאורייתא מדלא קאמר תיקן להוציאו מידי נבילה ולא מיחייב אהך טומאה אם נכנס למקדש וכעין זה פ׳ ר׳ ישמעאל (דף כג·) משמע שהיה מדרבנן דבעי רבי יוחנן תקרובת ע״ז של אוכלין מהו ס׳ או דילמא איסורה דאורייתא לא בטלה טומאה דרבנן בטלה וי״ל דהוצרך הכא לשנויי תיקן להוציאו מאמה״ח כי היכי דלא ליפשוט מהך ברייתא דטומאתה תקרובת לא דאורייתא [עוקצין] (חולין קכב·) דקאמר אביי הרי אמרו תקרובת ע״ז של אוכלין מטמא טומאתה לאו דאורייתא הוא דאי דאורייתא מליט לאוכלין שמטמא טומאה חמורה ומשני כששימש מעשה עץ שימש התם נמי דיחויא בעלמא הוא: שחטו ונמצא טריפה בסתר פטור · תימה לר״י אמאי פטור והלא לא עשה מצוה ומתוקמא כר״מ דמחייב אפי׳ לר׳ יהושע היכא דלא עשה מצוה וליכא למימר דהכא פטור משום דחשבי׳ ליה כאנוס דע״כ לאו מטעם אנוס פטר ליה אלא משום דטעה בדבר מצוה כדמוכח בגמ׳ דפריך הכי ר׳ אליעזר אומר יומם ליה טעה בדבר מצוה פטור: אשם שניתק לרעיה ושחטו סתם כשר · כל עיקר רעיה מדרבנן דמדאורייתא לא צריך רעיה כלל ולהכי קאמר אלמא לא בעי עקירה א״ה כי לא ניתק נמי לא אמרת בעלמא בעי עקירה א״כ דבעינן ניתוק דע״כ ניתוק יוסר לשוקרו אבל לא ניתק לא דגזרי׳ שקרו אטו לא שוקרו אבל השתא דלא בעי עקירה קודם ניתוק נמי ליכשר דליכא למיחש למידי ומשני דקודם ניתוק גזרי׳ אחר כפרה אטו לפני כפרה ואחר ניתוק נמי דעבדו כשר אבל לכתחלה אחר ניתוק אטו לפני כפרה ומנא תימרא ;תנן אשם ס׳ בדמיו אין אבל גופיה לא דהא כ״ע מודו דלאחר עקירה וניתוק היה יכול לשוחטו לכתחלה דליכא למיגזר אטו קודם עקירה הואיל ואיכא היכירא דניתוק אי לאו משום דגזרינן לאחר כפרה וניתוק אטו קודם כפרה ומה שפי׳ ר״י דהאי אמרת דבעי עקירה אתי שפיר דגזרו בשלא ניתק דילמא אתי לשחוט בלא עקירה ק׳ א״כ פסח בשאר ימות השנה דבעי עקירה מקשי׳ דאמר פ״ק דמנחות (דף ד·) א״ר הונא אמר רב אשם שניתק לרעיה ושחטו סתם כשר לעולה ניתק אין לא ניתק לא מ״ט אמר קרא הוא בהוייתו יהא אלמא ניתוק דאורייתא הוא והכא משמע שהוא מדרבנן וגזרי׳ אטו קודם כפרה ואור״י דה״פ התם אמר קרא הוא בהוייתו יהא קודם כפרה וכיון דמדאורייתא הוי בהוייתו קודם כפרה אטו קודם כפרה גזרי׳ אחר כפרה ור״ת פי׳ דה״ק במנחות ניתק אין לא ניתק לא וטעמא כדמפרש הכא דגזרי׳ אטו לפני כפרה ומסיק מ״ט אמר קרא הוא כלומר מ״ט כשר הלא הלכה למשה מסיני הוא דכל שבחטאת מתה באשם רועה אמר קרא הוא משמע בהוייתו שלבסוף כשיסתאב וימכר שהדמים לנדבה והיא עולה ואתא קרא ללמוד על הלכה דהכי גמרינן דכל שבחטאת מתה באשם קרב עולה א״נ כי גמרי׳ דבאשם רועה למצוה א״נ דבאשם אזיל לנדבת ליבור ולא ידעי׳ אי הוא עצמו או דמיו וגלי קרא דהוא עצמו ואי לאו הלכה ה״א הוא בהוייתו דמעיקרא יהא ולא יקרב עולה ורא״י לפי׳ זה דבתמורה פ׳ אלו קדשים (דף יח·) גר׳ בכל הספרים א״ר הונא אשם שניתק לרעיה ושחטו סתם כשר מ״ט אמר קרא הוא בהוייתו יהא ולא גר׳ התם בשום ספר ניתק אין לא ניתק לא:

רבינו חננאל

עבודת מתנה אתן את כהונתכם עשו אכילת תרומה בגבולין כעבודת בית המקדש ותעבודת בן גרושה או בן חלוצה דתנא אפשרה דתניא היה [עומד] ומקריב על גבי המזבח ונודע שהוא בן גרושה או בן חלוצה כל קרבנות שהקריב פסולין ור׳ יהושע מכשיר ס״ם דכתיב ברך ה׳ חילו אפי׳ חולין שבו פועל ידיו תרצה: מתני׳ שחטו שלא לאוכליו ושלא למנויו לערלים ולטמאים כו׳. ואמרי׳ פשיטא פסולין במתני׳ דתמיד [דף ס״א] שוחט שלא לאוכליו פסול לערלים ולטמאים פסול מדקתני התם פסול הכא [בשבת] כי האי גונא כיון דהוא פסול ודאי הוא חייב אבל לאוכליו ושלא לאוכליו ופו׳ כיון דהתם כשר הכא ודאי פטור ואסיקנא לשלום לא הוה צריך למתנייה לא קתני להו אלא משום דבעי אשמועי׳ פלוגתא דרבי אליעזר ורבי יהושע בשאר זבחים ששחטן לשם פסח אם אינן ראויין חייב ואם הן ראויין ר׳ אליעזר מחייב ור׳ יהושע פוטר: בעו מר׳ זריקא לדברי האומר מקלקל בחבורה פטור. פי׳ העושה חבורה בשבת מקלקל הוא ותנן כל המקלקלין פטורין השוחט שלא לשמו ושלא לאוכליו כגון אלו כולן שהזבח פסול מאי תיקן דקתני חייב אמר ליה תיקן שאם עלו למזבח לא ירדו דתנן ר׳ יהושע אומר כל הראוי לאשים אם עלה לא ירד שנאמר היא העולה על מוקדה ר״ג אומר כל הראוי למזבח אם עלה לא ירד שנאמר העולה על המזבח אין בין דברי ר׳ יהושע לר״ג אלא הדם והנסכים דר״ש אומר הזבח כשר והנסכים פסולין הנסכים כשרים והזבח פסול אפי׳ זה וזה פסול הזבח לא ירד הנסכים ירדו ותנא כל הזבחים שלו לגבי המזבח ונמצא אפילו הני אלו לא ירדו: שחטו בשבת ונמצא בעל מום מה תיקן דקתני חייב אשר לא כגון שנמצא בעל מום בדוקין שבעין ואליבא דר״ע דתנן בשחיטת קדשים פ״ב ר״ע מכשיר בבעלי מומין ואמר ר׳ חייא לא הכשיר ר׳ עקיבא אלא בדוקין שבעין הואיל והכשרן בעופות והוא שקדם הקדישן למומן: שחטו בשבת ונמצא טריפה בסתר כגון הריאה שניקבה והיוצא בה פטור הא פרשה שבגלוי כגון קרום של מוח או שנחתכו רגליה מן הארכובה ולמעלה והיוצא בה מה תקן להוציאה מידי נבלה ופששה היא כי הנבלה מטמאה במשא ובמגע והטרפה שוחטה אינה מטמאה כלל. ותתקפה דרבינא דאמר השוחט חטאת בחוץ בשבת לע״ז בשגג חייב שלש חטאות משום שחוטי קדשים בחוץ ומשום שבת ומשום ע״ז מקריב לע״ז דשחיטתו זו לא מטהרה דגרסי׳ בפ״ק בשחיטת חולין בענין יהודית נכרי נבלה ומטמאה במשא ותרגמה רבא הכי קתני שחיטת נכרי מטמאה במשא ואינה מטמאה באהל ויש אחרת שמטמאה אפי׳ באהל ואיזו זו תקרובת של ע״ז דקתני מנין לתקרובת ע״ז שמטמא באהל שנאמר ויצמדו לבעל פעור ויאכלו זבחי מתים מה מת מטמא באהל אף תקרובת ע״ז מטמאה ואיכא דאמרי אמר רבא זו מטמאה במשא כו׳ מכל מקום לתרתי לישני דרבא תקרובת ע״ז לא גריעה מנבלה לטמא במשא מה תיק דקתני חייב שלש חטאות ומשני רב עוירא תיקן להוציא מידי אבר מן החי דאלו קמי שחיטה הוה אכיל מינה אבר אפי׳ כזית בשר גידים ועצמות חייב משום אבר והשתא דשחטה כמו נבלה היא ולא מחייב עד דאכל מינה כזית בשר: שחטו ונודע שמשכו הבעלים ידם או שמתו כו׳ אמר [רב הונא] משום דרב אשם

עין משפט נר מצוה

סט א מיי׳ פ״ב מהל׳ שגגות הלכה ט ·
ע ב מיי׳ פ״ד מהל׳ שגגות הלכה ח ·
עא ג מיי׳ פ״ד מהל׳ פסולי המוקדשין הלכה יד ·

מסורת הש״ס

[דף סד.]
[דף סה:]
חולין דף ע.
[פי׳ תוס׳ חולין ה. ד״ה שוחט]
זבחים כ: קיב. קטו: מנחות ד. תמורה יח. [מיר כה: ע״ש]
תמורה דף כ: שבועות יב.
[זבחים נ:]

גליון הש״ס

ברש״י ד״ה מידי אבר מן החי · לכאו׳ פ׳ מוכי׳ הכי אבן חגיגה י״ב פ״ב ד״ה אין אסור:

ותני עלה *בחול כי האי גונא ישרף מיד אי אמרת בשלמא בעי עקירה האי פסח הוא וכיון דלית ליה בעלים הוה ליה פסולו בגופו אמטו להכי ישרף מיד אלא אי אמרת לא בעי עקירה מרישא הוה ליה שלמים פסולו משום מאי משום דבר אחר דקא שחיט ליה אחר תמיד של בין הערבים עיבור צורה בעי *דתניא זה הכלל כל שפסולו בגופו ישרף מיד בדם ובבעלים תעובר צורתו ויצא לבית השריפה אלא לא תימא שחטו סתם כשר לשום עולה אלא אימא *שחטו לשום עולה כשר אלמא בעי עקירה ולרבי חייא בר גמדא *דאמר נזרקה מפי חבורה ואמרי כגון שהיו בעלים טמאי מתים ונדחין לפסח שני האי הוא דבעי עקירה הא בעלמא לא בעי עקירה מאי איכא למימר אלא אמר רב הונא בריה דרב יהושע הכא במאי עסקינן כגון שהפרישו קודם חצות ומתו בעלים אחר חצות דהוה ליה נראה ונדחה וכל הנראה ונדחה שוב אינו חוזר ונראה מידי הוא טעמא אלא לרב הא אמר רב *בעלי חיים אינם נדחים אלא אמר רב פפא הא מני ר' אליעזר היא דאמר וכן השוחט אחרים לשם פסח פסול דהוה ליה פסולו בגופו ואי רבי אליעזר היא חטאת נמי מחייב דהא לית ליה לר"א טועה בדבר מצוה פטור א"א תרגמא רב יוסף בריה דרב סלא חסידא קמיה דרב פפא הא מני יוסף בן חונאי היא *דתנן יוסף בן חונאי אומר הנשחטים לשם פסח ולשם חטאת פסולים אלמא פסולו בגופו היא ומשום הכי ישרף מיד ובפטורי סבר לה כר' יהושע רב אשי אמר רב דאמר כר' ישמעאל בנו של רבי יוחנן בן ברוקה *דתניא ר' ישמעאל בנו של רבי יוחנן בן ברוקה אומר אם יש שהות ביום לידע אם משכו בעלים את ידיהם או שמתו או שנטמאו חייב *ותעובר צורתו ויוצא לבית השרפה מאי טעמא לאו משום דלא בעי עקירה ממאי דילמא משום דסבר לה *כתנא דבי רבה בר אבוה דאמר אפילו פיגול נמי בעי עיבור צורה דיליף עון עון מנותר דאי לא תימא הכי נטמאו בעלים מאי איכא למימר הא ודאי בעי עקירה דאמר רבי חייא בר גמדא *נזרקה מפי חבורה כגון שהיו בעלים טמאי מת ונדחו לפסח שני אלא מחוורתא כדשני מעיקרא יוסף בן חונאי היא:

הדרן עלך אלו דברים

רש"י

ותני עלה · דמתניתין: **בחול כי האי גוונא** · הואיל וישנו לצורתו: **ישרף מיד** · ולא צריך להמתין עד שתעבור צורתו ואע"ג דמותר הפסח קרב שלמים ואם היה שוחטו לזה שמתו בעליו לשם שלמים היה כשר עכשיו שלא עקר שם פסח ממנו ישרף מיד דהוה ליה פסח שנשחט שלא למנויו: **אי אמרת בשלמא** · אע"ג דסתמיה לשם שלמים קאי בעי עקירה וכל כמה דלא עקר הוי שם פסח עליו משום הכי ישרף מיד ולא בעי עיבור צורה דהוה ליה פסולו בגופו שנשחט שלא למנויו: **אלא אי אמרת לא בעי עקירה** · וסתמיה שלמים הוא פסולו מחמת מאי הוי הואיל ושלמים הוא משום דנשחט אחר תמיד בין הערבים דשחיטת פסח אחר התמיד היא כדאמר בתמיד נשחט (דף נט:) ועבר על עשה דהשלמה: **כל שפסולו בגופו** · כגון פיגול נותר טמא ויוצא ישרף מיד ואין צריך להמתין: **בדם ובבעלים** · כגון נשפך הדם וכגון פסח שמתו בעלים או נטמאו אחר זריקה דעכשיו פסח כשר הוא אלא שאין לו אוכלין: **תעובר צורתו** · ימתין לו עד שתעובר ממנו צורת בשר דכיון דאין פסולו חמור לא שרפינן קדשים בבזיון ועיבור צורה הוא פסול לינה דהוה ליה פסולו בגופו: **ולר' חייא בר גמדא** · דאמר בתמיד נשחט (דף סד.) גבי מתניתא דקתני התם דפסח בעי עקירה ואוקמה כגון שהיו בעלים טמאי מתים כו': **הא** · אחר דלאו סתמא קאי לפסח לא בעי עקירה: **מאי איכא למימר** · כלומר מתני' דהכא תיובתיה דקתני ישרף מיד ולא מיתוקמא אלא משום עקירה: **אלא אמר רב הונא בריה דרבי יהושע** · לעולם כדקאמר שחטו סתם כשר לעולה דכיון דקאי לעולה סתמיה עולה הוא ואע"פ שתחלתו אשם וכן מותר הפסח כיון דלשלמים קאי סתמא כי שחיט ליה שלמים הוא והכא דקתני ישרף מיד לאו משום עקירה אלא כגון שהפרישו קודם חצות וכי מטא חצות קבעתיה חצות שהוא זמן שחיטתו ונראה לפסח: **ומתו בעלים אחר חצות** · ונדחה מפסח דשוב אינו חוזר ונראה לשלמים והא דקי"ל מותר הפסח אחר הפסח קרב שלמים כגון שאבד קודם חצות ונמצא אחר שחיטת הפסח דלא אתא חצות עליה למיקבעה ולא נראה לשחיטת פסח מעולם: **מידי הוא טעמא אלא לרב** · האי תירוצא לרב מתרץ ליה דאמר לא בעי עקירה: **והאמר רב** · בפ' שני שעירי: **בעלי חיים אינן נדחין** · ואין דיחוי אלא בדם או בבעלים כגון שעיר של יום שנשחט וקודם זריקת דמו מת המשתלח ישפך הדם אבל כל זמן שהקרבן חי אינו נפסל משום דיחוי: **אלא אמר רב פפא** · לעולם לא בעי עקירה וסתמיה שלמים והא דקתני עלה דמתני' בחול ישרף מיד ר' אליעזר הוא ומשום דשלמים הוא וכגון דשחטיה בהדיא לשם פסח ורבי אליעזר לטעמיה דאמר בפ' תמיד נשחט (דף סג:) שלמים ששחטן לשם פסח פסול: **ואי רבי אליעזר** · אמאי תנן מתני' פטור לחייב משום שבת דהא לית ליה כו': **ובפטורי** · דטועה בדבר מצוה: **סבר לה** · רבי יוסף בן חונאי כרבי יהושע: **רב אשי אמר רב דאמר** · לעיל לא בעי עקירה לית ליה דהאי תנא דאמר בחול ישרף מיד אלא קסבר רב דמתני' לענין צורה כי האי תנא סבר לה דאמר בעי עיבור צורה: **אם יש שהות ביום** · לזה ששחט פסח זה בשבת לבדוק אם מתו בעלים כו' ולא שאל לא טועה בדבר מצוה הוא אלא שוגג וחייב שוגג קרי את הקרוב לפושע: **ותעובר צורתו** · אם הוא חול דאינו בשבת לא אצטריך ליה דהא בשבת לא שריף ליה ולמחר ביום טוב נמי לא שריף ליה: **מאי טעמא** · בעי עיבור צורה: **לאו משום דקסבר לא בעי עקירה** · וזה סתם נשחט והרי הוא שלמים כשרין אלא שנשחטו אחר התמיד ופסול מחמת דבר אחר הוא: **וממאי דילמא** · לעולם בעי עקירה ופסולו בגופו והאי דבעי עיבור צורה משום דרבי ישמעאל סבר לה כתנא דבי רבה בר אבוה דאמר אפילו פיגול שפסולו בגופו טעון עיבור צורה ולא איתפריש לי עיקר מילתיה דתנא דרבה בר אבוה היכא אתמר ובכמה מקומות מייתי לה בגמרא: **דאי לא תימא הכי** · דטעמא משום דקסבר פסול הגוף טעון עיבור צורה אלא משום דלא בעי עקירה הא תינח מתו או נתכפרו אבל נטמאו מי איכא דלא בעי עקירה הא סתמיה לפסח שני קאי ורבי ישמעאל או שנטמאו נמי קתני: **אלא מחוורתא** · דטעמא דרבי ישמעאל משום דקסבר פסול הגוף טעון עיבור צורה ותנא דישרף מיד סבר לא בעי עיבור צורה ולאו לתרולי בעית דלא תיקשי לרב הכי תרלת דפסול הגוף דידה גבי מתו או משכו ידם משום דשחטיה לשם פסח בהדיא ואיהו לשלמים קאי בלא עקירה כרב והוו להו שלמים לשם פסח ופסול הגוף הוא כיוסף בן חונאי:

הדרן עלך אלו דברים

תוספות

פסולו מחמת מאי הוי שמתו כו' · וא"ת מאי קמהדרי הך עקירה דהכא לדלעיל דהתם שכפרו בעליו באחר או לא חזי לאשם אבל פסח שנטמאו בעליו או משכו ידיהם אכתי חזי לפסח אם ימנו אחרים עליו כדתנן לקמן (דף פט.) נמנין ומושכין ידיהם עד שישחט וי"ל דהני מילי כשנשאר אחד מבני חבורה עליו אבל נשאר לגמרי בלא בעלים או לא חזי לפסח כדתניא בסוף מי שהיה טמא (לקמן צח:) המפריש פסח ומת אם בנו נמנה עליו יביאנו לשם פסח אין בנו נמנה עליו יביאנו לשם שלמים: **בדם** ובבעלים תעובר · תימה א"כ היכי קתני שחטו ולא ידע שמשכו בעלים את ידם או שנטמאו בחול ישרף מיד והא בדם ובבעלים בעינן עיבור צורה וליכא למימר כפי' הקונטרס דהך בדם ובבעלים מיירי כגון שנטמאו אחר זריקה דעכשיו פסח כשר אלא שאין לו אוכלין דהפרק כיצד צולין (לקמן פב.) מוקמינן לה קודם זריקה דקתני בעלים דומיא דדם ומיהו צריך ר' שמואל בר' שלמה דהכא לעיל מיירי קודם שחיטה דהוי כמו שחטו שלא לאוכליו דחשיב פסולו בגופו:

האמר רב בעלי חיים אינם נדחין. תימה הא מסקי' בפ' שני שעירי (יומא סד.) אמר לך רב אליבא דר' יהודה לא קאמינא וא"כ לימא דמתניתין רבי יהודה דסבר נדחין וכמה משניות מליט דסברי דבעלי חיים נדחין כפ' מי שהיה טמא (לקמן צח:) ובתמורה (דף כב.) ובשלהי כריתות (דף כח.) דדייק עלייהו שמע מינה בעלי חיים נדחין וצריך לרב לאוקמי כרבי יהודה ומתני' כמי אמאי לא מוקי כוותיה:

עין משפט נר מצוה

נב א מיי' פ"ד מהל' ק"פ הלכה ג:

נג ב מיי' פ"ד מהלכות פסולי מוקדשין הלכה טו:

מסורת הש"ס

לעיל דף לד: לקמן דף סב: [תוספתא פ"ו]

[לעיל סד.]

יומא דף סד. לקמן דף צח.

זבחים דף ב. [פ"ג]

[תוספתא פ"ו]

[תוספתא פ"ו]

[לעיל לד: לקמן סב: מנחות ב:]

לעיל דף סד. חולין דף ל.

רבינו חננאל

אשם שניתק לרעיה ושחטו סתם כשר לעולה קסבר לא בעי עקירה אי הכי כי לא ניתק לרעיה נמי ושני' גזרה לאחר כפרה קודם שניתק לרעיה להקריבו עולה שמא יראה אחר ויקריב קודם שיתכפרו בעליו יקריב הוא עולה. היכא אמר רבנן ירעה דתניא אשם שמתו בעליו או נתכפרו ירעה עד שיסתאב וימכר ויפלו דמיו לנדבה. ר' אומר יסכר ריבא בדמיו עולה אמאי ניקרבה איהו גופיה עולה אלא ש"מ גזרה לפני כפרה ש"מ: **מתיב** רב חסדא שוחט תודע שמשכו בעלים את ידם או שנטמאו פטור מפני ששחט ברשות ותאני עלה בחול כי האי גונא ישרף מיד אי אמרת בשלמא בעי עקירה האי פסח הוא וכיון דלית בעלים ולא אפשר לאכליה לערב פסולו בגופו הוא אמר הכי ישרף מיד אלא אי אמרת לא בעי עקירה כיון דנודע בעת השחיטה שכבר מתו בעליו נמצא כי שחיטתו שחטו סתם לשם שלמים הוא משום מאי פסלת ליה משום שנשחט אחר תמיד של בין הערבים האי אין פסולו בגופו אלא פסולו מחמת דבר אחר הוא תיבעי צורה דתניא זה הכלל כל שפסולו בגופו ישרף מיד כו' ואתינן לתרוצה להא דרב בששחטו לשם עולה ועקר שם אשם מעליו. ואקשי' ומי בעי עקירה (אי הכי) למאן דאמר נזרקה מפי חבורה ואמרו כגון שהיו בעלים טמאי מתים תדחו לפסח שני דהאי פסח סתמא לשמו קאי למיפק ביה בפסח שני האי הוא דבעי עקירה אבל ולתי לא בעי עקירה ולעולם הא דרב כגון ששחטו סתם והא דקתני תודע שמשכו הבעלים את ידם או שמתו כו' כגון שהפרישו לשם פסח קודם חצות ומתו בעלים אחר חצות דהוה ליה נראה לשם פסח ונדחה שוב אינו חוזר ונראה שמצא פיסולו בגופו לפיכך תני עלה ישרף מיד ואקשי' עלה מידי הוא טעמא דלא בעי עקירה אלא לרב הא בהדיא אמר בעלי חיים אינן נדחין ומשני רב פפא דמתני' ר' אליעזר היא דאמר וכן השוחט אחרים לשם פסח פסולין [ומקשינן אי] הוו לר"א כי האי גונא השוחט בשבת כרת הוא דמחייב דהא לית ליה לרבי אליעזר טועה בדבר מצוה פטור ולא הוה ליה למשרא עד דבריד ליה דהאידנא דקא שחיט בעלים אינן חיים והדרינן אוקמינה ליוסף בן חוני דתנן בריש שחיטת קדשים יוסף בן חוני אומר הנשחטין לשם פסח ולשם חטאת פסולין אלמא פיסולו בגופו ובפטורי סבר לה כר' יהושע דתני טעה בדבר מצוה פטור: **רב** אשי אמר רב דאמר לא בעי עקירה כי האי תנא הוא דאמר הכי דתני אם יש שהות ביום כדי לידע שמשכו הבעלים את ידם או שמתו או שנטמאו ולא שאל אלא שחט בשבת חייב ותעובר צורתו כלומר ישאר ימים עד שיבאיש ולא ישאר עליו אדמומית אלא תעשה צורתו כעין ירקרוקת ויצא לבית השרפה ומדקתני תעובר צורתו ש"מ דלאו פיסולו בגופו אלא מחמת דבר אחר ש"מ דהאי תנא לא בעי עקירה וכיון שמתו בעליו או נטמאו או שמשכו את ידם ממילא הוי ליה שלמים ופסולו משום דנשחט אחר תמיד של בין הערבים לפיכך בעי [עיבור] צורה ודחי' ממאי דכי מוקמת לה הכי היא דלמא לעולם פיסולו בגופו הוא ודהאי תנא סבר לה כרבה דאמר אפי' פגול שדברי הכל פיסולו בגופו הוא טעון צורה דאי לא תימא הכי דהאי תנא ודאי בעי עקירה תינח בעליו או משכו את ידם איכא למימר סתמיה לשלמים קאי אלא נטמאו בעלים מי איכא מאן דאמר לא בעי עקירה והא אמר ר' חייא בר גמדא נזרקה וכו' אלא מחוורתא יוסי בן חוני היא כדשנין מעיקרא:

הדרן עלך פרק אלו דברים

§ מסכת פסחים דף עג: §

אות א'

בחול כי האי גונא ישרף מיד

רמב"ם פ"ד מהל' קרבן פסח ה"ג - הפסח שיצא מירושלים או שנטמא בארבעה עשר, ישרף מיד; נטמאו הבעלים או מתו או משכו את ידיהם, אפילו נטמאו או מתו קודם זריקת הדם, מניחין אותו עד שתעובר צורתו ואחר כך ישרף; זה הכלל, כל שפיסולו בגופו ישרף מיד, בדם או בבעלים תעובר צורתו ואחר כך ישרף; [א]לפיכך אם שחטו אחר שנודע שמשכו הבעלים את ידיהם או מתו, או נטמאו ונדחו לפסח שני, הרי זה ישרף מיד.

אות ב'

שחטו לשום עולה, כשר

רמב"ם פ"ד מהל' פסולי המוקדשין הט"ו - כל אשם שניתק לרעייה, [ב]אם הקריבו עולה כשר; ולמה לא יקרב בעצמו עולה לכתחילה, גזירה לאחר כפרה משום לפני כפרה.

באר הגולה

א ‹הנה מדכתב הרמב"ם אם שחטו אחר שנודע, משמע דאם שחטו קודם שנודע שמשכו הבעלים את ידם, דאז אינו פסולו בגופו ולא ישרף מיד, **וזה** תימה גדולה, דהא תנן במתניתין בפסחים דף ע"א, שחטו ונודע שמשכו הבעלים את ידם וכו' פטור מפני ששחט ברשות, וא"כ ע"כ מתני' מיירי דנודע אחר השחיטה, דהא קתני ששחט ברשות, ואם נודע לו אין זה ברשות, והברייתא קאי על המשנה, דקתני ותני עלה בחול כה"ג ישרף מיד, וא"כ ע"כ בלא נודע נמי ישרף מיד, וזה אינו כדברי הרמב"ם - אבן האזל› ב ‹ובפסחים פרק אלו דברים מסיק עלה, לא תימא ששחטו סתם כשר לשום עולה, אלא אימא שחטו לשום עולה כשר - כסף משנה›

§ מסכת פסחים דף עד. §

אות א' - ב'

כיצד צולין את הפסח, מביאין שפוד של רמון ותוחבו לתוך פיו עד בית נקובתו

כמין בישול הוא זה אלא תולין חוצה לו

רמב"ם פ"ח מהל' קרבן פסח ה"י - **כיצד צולין אותו, תוחבו מתוך פיו עד בית נקובתו בשפוד של עץ, ותולהו לתוך התנור והאש למטה; ותולה כרעיו ובני מעיו בתנור חוצה לו, ולא יתנם בתוכו שזה כמין בישול הוא; [א]ושפוד של רמון היו בוררין לצלייתו, כדי שלא יזרוק את מימיו ויבשלהו.**

אות ג' - ד

אין צולין את הפסח לא על השפוד ולא על האסכלא

איידי דחם מקצתו חם כולו וקמטוי מחמת השפוד

רמב"ם פ"ח מהל' קרבן פסח ה"ט - **אין צולין את הפסח על גבי כלי אבן או כלי מתכות, שנאמר: צלי אש, לא צלי דבר אחר; לפיכך אם היה כלי מנוקב כדי שתשלוט בו האור, צולין עליו; ואין צולין אותו בשפוד של מתכת, שהרי השפוד כולו חם וצולה מקומו. השגת הראב"ד: אין צולין את הפסח וכו'. א"א [ב]והוא שלא יגע בכלי, שהרי אמרו נגע בחרסו של תנור יקלוף את מקומו.**

אות ה'

איזהו גדי מקולס דאסור לאכול בלילי פסח בזמן הזה, כל שצלאו כולו כאחד; נחתך ממנו אבר, נשלק ממנו אבר, אין זה גדי מקולס

סימן תעו ס"א - [ג]ובכל מקום אסור לאכול שה - בין שה כשבים או שה עזים, **צלוי כולו כאחד** - דהיינו ראשו על כרעיו ועל קרבו כמו בפסח, **בלילה זה, מפני שנראה כאוכל קדשים בחוץ.**

אבל במקום שנהגו לאכול צלי, מותר לאכול אפילו עגל שצלוי כולו כאחד, דאין הפסח בא ממנו - מ"ב שם ס"ב.

ואם היה מחותך, או שחסר ממנו אבר - ר"ל שצלה אותו כשהוא מחותך, או אפי' כשהוא מחובר, אלא שנחתך ממנו אבר א' קודם הצליה, ובשעת צליה הניחו אצלו וצלאו ביחד, [גמרא]. **או שלק בו אבר והוא מחובר** - ר"ל ואח"כ צלהו כולו כאחד, **הרי זה מותר במקום שנהגו** - הואיל ואינו דומה לצליית הפסח.

אות ו'

האי מולייתא שריא

יו"ד סימן עז ס"א - [ד]עופות או גדיים שממלאים אותם בשר [ה]שלא נמלח, אם לצלי מותר, [ו]אפילו פיהם למעלה, [ז]ואפי' אם נמלח החיצון - לשון הרא"ש וטור, ושהה כדי מליחה, שעתה אינו טרוד לפלוט, **ומוכח** דר"ל אפילו שהה שיעור מליחה והודח, דאז אינו פולט אפילו ציר, וכדלעיל סי' ע' ס"ק כ"ו, **דכמו שבולע דם המילואים כך פולטו** - דגבי חיצון אמרינן כבכ"פ, אע"פ שאינו פולט דם של עצמו, **ואע"ג** דבשר שנמלח ע"ג בשר שכבר נמלח והודח, קי"ל בס"ס ע' דלא מהני ליה מליחה וצלייה אח"כ, שאני הכא שנפלט מיד בשעת הבליעה - ש"ך, [**ולא** דמי לבשר שנמלח ונפל לציר דאסור, דהתם הפליטה אחר זמן הבליעה – ט"ז].

והב"י והרב בת"ח הבינו, דהג' מיימוני איירי היכא דנמלח החיצון ושהה, ‹ואוסר, ודלא כהמחבר›, [**משום דאין החיצון טרוד לפלוט,** ובת"ח פסק כהג' מיימוני, וכ"כ המרדכי – ט"ז], **וזה** אינו, ועוד דהא בתוס' כתבו דבכה"ג שרי, וכן משמע בש"ס, ממאי דפריך מטפילת בר אווזא, ע"ש ודו"ק, ועוד הוכחתי שם שדעת הסמ"ק והגהמ"י כן, וכ"כ שם דבכה"ג מיירי האו"ה, והרב בת"ח ובד"מ הבין דברי האו"ה בענין אחר דחוק מאד - ש"ך.

באר הגולה

[א] ‹ובגמ' פריך של רמון נמי אית ביה קיטרי, ורבינו השמיט כל זה, משום דמשמע דמדרבנן הוא למיחש להכי, ומשום הכי נקט לקולא כלישנא קמא, דשני שיעי קיטרי, **ולא** כתב דמפיק לבי פיסקיה לבר, משום דאורחא דעלמא הכי הוא להוציא ראש השפוד לחוץ, ואין צורך להתנות בכך. **ואפשר** שזהו פירוש מה שאמר דמפיק לבר, כלומר מנהגא דעלמא הכי הוא – כסף משנה› [ב] ‹ונ"ל דרבינו משמע ליה דא"כ לא הוו שתקי בגמרא מלהזכיר כן גבי אסכלה מנוקבות, ועוד דאם כדברי הראב"ד פשיטא, **אלא** חרסו של תנור שאני שאין האור שולט בו כמו ששולט באסכלה מנוקבת. **ואפשר** דרבינו נמי בלא יגע מיירי ולישנא דגמ' נקט – כסף משנה› [ג] ‹עיין מ"ש רש"י בד"ה איזהו גדי מקולס, דתנן בפ' מקום שנהגו דף נ"ג שאסור לאכול צלי בערבי פסחים בזמן הזה במקום שלא נהגו, ע"כ, מסתמיות דבריו אלו נראה, דאפי' בגדי מקולס במקום שנהגו לאכול אוכלים, **וצ"ע** דבפ"ב דביצה תנן גדי מקולס וכו' וחכמים אוסרים, ופסק הרמב"ם ז"ל בפ"ח דחמץ הי"א שגדי מקולס בכל מקום אסור, וצריך ליישב, ואנכי הרואה שכבר קדמו שרים בקושיא זו, הגאון צל"ח ז"ל בחי' לפסחים - ימי שלמה› [ד] **מימרא דרבא** ‹יש גורסין כן› וכתבוהו הרי"ף והרא"ש [ה] **טור כפי' אביו הרא"ש** ‹תוס' שם ד"ה האי מולייתא כו', ורש"י אזיל לשיטתו דס"ל דצלי בעי מליחה קצת, ואנן לא קי"ל כן כמ"ש בסי' ע"ו - גר"א› [ו] **מסקנא דגמ'** שם [ז] **מההוא טפילה דבר אווזא שמביא ראיה שם, וכ"כ התוס' והרא"ש ומרדכי וטור**

ביצד *צולין את הפסח מביאין שפוד של רמון ותוחבו לתוך פיו עד בית נקובתו ונותן את כרעיו ואת בני מעיו לתוכו דברי ר' יוסי הגלילי ר"ע אומר °כמין בישול הוא זה אלא תולין חוצה לו *אין צולין את הפסח לא על השפוד ולא על האסכלא א"ר צדוק מעשה בר"ג שאמר לטבי עבדו צא וצלה לנו את הפסח על האסכלא: **גמ'** וניתי של מתכת *איידי דחם מקצתו חם כולו וקמטוי מחמת השפוד ורחמנא אמר °צלי אש (שמות יב) ולא צלי מחמת דבר אחר וניתי של דקל איידי דאית ליה שיבי מפיק מיא והוי כמבושל וניתי של תאנה איידי דמחלחל מפיק מיא והוה ליה כמבושל וניתי של אלון של חרוב ושל שקמה איידי דאית ביה קיטרי מפיק מיא של רמון נמי אית ביה קיטרי שיעי קיטרי ואבע"א בנבגא בר שתא דלית ביה קיטרי והא איכא בי פסקיה דמפיק לבי פסקיה לבר מתני' דלא כרבי יהודה דתניא רבי יהודה אומר כשם ששפוד של עץ אינו נשרף כך שפוד של מתכת אינו מרתיח אמרו לו זה חם מקצתו חם כולו וזה חם מקצתו אינו חם כולו: ונותן את כרעיו וכו': *תניא רבי ישמעאל קוריהו *תוך תוך ר"ט קוריהו גדי מקולס ת"ר *איזהו גדי מקולס כל שצלאו כולו כאחד נחתך ממנו נשלק ממנו אבר אין זה גדי מקולס השתא יש לומר נחתך ממנו אבר דאף על גב דקא ממטי ליה בהדיה אמרת לא נשלק מיבעיא א"ר ששת שלקו במחובר אמר רבה *האי מולייתא שריא א"ל אביי והא קא בלע דמא א"ל כבולעה כך פולטה נימא מסייע ליה נותן את כרעיו ואת בני מעיו לתוכו מ"ט לאו משום דאמרינן כבולעו כך פולטו אמרי שאני התם כיון דאיכא בית השחיטה דמחלחל מידב

רש"י

ביצד צולין · **שפוד של רמון**. טעמא מפרש בגמרא: **ונותן את כרעיו כו'**. כדכתיב צלי אש ראשו על כרעיו ועל קרבו משמע: **כמין בישול הוא זה**. שמבשל בני מעיו בתוכו כמו בתוך הקדירה: **תולין חוצה לו**. תוחבן בשפוד למעלה מפיו של טלה: **על השפוד**. של ברזל כדמפרש בגמ' שהמתכת כשמתחמם מקצתו מתחמם כולו ונצלה הפסח מחום השפוד שבתוכו שהפנימי מתחמם ע"י קצתו החיצון והוה ליה פסח צלי מחמת דבר אחר ורחמנא אמר צלי אש: **אסכלא**. גרדיל"א בלע"ז וכולה חד טעמא: **גמ' שיבי**. קבלי"ר שעשוי שורות שורות: **מחלחל**. כעין של ערבה ושל אגוז שיש להן מוח מבפנים: **אלון**. יוסב"א שהוא קשה: **איידי דאית בהו קיטרי**. ובעי למישעינהו בסכינא מפיק מיא דרך מקום חתך הסכין והוה ליה פסח מבושל: **שיעי קיטרי**. ואין צריך להעביר סכין עליהם: **בנבגא בר שתא**. נטיעה בת שנתה: **והא איכא בי פיסקי**. ראש השפוד שהוא מקום חתך ומוציא מים: **דמפיק לבי פיסקי לבר**. חוץ לפי הפסח דהאי מפקי מיא לא עיילי לפסח: **כשם ששפוד של עץ**. כשתולין אותו בתנור ומכוסה בטלה אין מה שבתוך הטלה נשרף שהטלה מגין עליו כך שפוד של מתכת אין מה שבתוך הטלה מרתיח מחמת חום מקצתו היוצא חוץ לטלה: **אמרו לו**. אע"פ שאין פנימי של עץ נשרף אבל פנימי של מתכת מרתיח שזה של עץ חם מקצתו לא חם כולו והוה ליה צלי אש וזה של מתכת חם מקצתו חם כולו ואפילו מה שמכוסה ממנו הלכך הו"ל צלי שפוד: **רבי ישמעאל קוריהו תוך תוך** · דנותן לתוכו ס"ל וכשמרתיחין ומתבשלין בתוכו נשמע קול רתיחתן תוך תוך כקול הסיר ל"א כתב בספרים ישנים תכבר לשון תוך ובר כלומר ממולא מבפנים ונראה מבחוץ כעין שממלאין גדיין ותרנגולין שלנו ודוגמא גבי אביגיל (שמואל א כה) חמש צאן עשויות ומתרגמינן חמש ענא תכברנין משם רבי קלונימוס: **מקולס**. לשון כובע נחשת דמתרגמינן קולסא דנחשא (שם יז) °דסבירא ליה תולין למעלה בראשו ונראים ככובע נחשת על ראש גבור: **איזה גדי מקולס**. דתנן בפרק מקום שנהגו (ד' נג.) שאסור לאכול צלי (*בערבי) פסחים בזמן הזה במקום שלא נהגו: **כאחד** · דדמי לפסח ונראה כאוכל קדשים *בחוצה לארץ: **נשלק מיבעיא** · קס"ד דנחתך והדר נשלק ומשעה שחתכו קודם צלייתו תו לא הוי מקולס: **האי מולייתא**. אינפלדור"א בלע"ז כמו שאנו ממלאין הטלאין והתרנגולין בין בשר לעצמות: **שריא**. *ואפילו לא בישלו את הבשר שנותנים לתוכו מותר ואפילו מלחו כמליחת צלי דאי במליחה כל צורך לקדירה פשיטא: **והא קא בלע**. הטלה דם היוצא מן הבשר הכנס בתוכו: **פולטו**. לחוץ ושואבו חום האור:

תוספות

ביצד צולין · ותוחבו לתוך פיו (א). אומר ר"י מש"ה תוחבו דרך פיו לפי שנותן הגם שבשפוד למטה כדי שלא יפול הפסח ולא הוי בית השחיטה למטה וקדייב דמא דרך שם: **נחתך** ממנו אבר אין זה מקולס. נראה לריב"א דמצוה לקלסו אבל משום הכי לא מיפסיל מדאמר לקמן בפרק האשה (דף פח:) גבי ה' שנתערבו עורות פסחיהן ופריך והא איכא חד דלא נפיק ומשני משום דלא אפשר דהיכי נעביד נייתי כל חד וניתנו אי דידי בעל מום הוא להוי האי פסח ואי לא להוי שלמים הא איכא חזה ושוק ופריך וניתי כל חד כהן בהדיה והשתא איך יעשו כן והא חזה ושוק דאסורים לזרים אי אפשר לנותן עם הפסח וצריך לחותכן ולא הוי מקולס אלא משום הכי אין נפסל וכן תנא לקמן (דף עה.) חתכו ונתנו על גבי גחלים רבי אומר אני שזה צלי אש משמע חתכו לגמרי מיהו רש"י פירש לקמן חתכו שלא הבדילו אלא(ב) לירמו בשנים ושלשה מקומות:

האי מולייתא שריא. פי' בקונטרס אע"פ שלא מלחו אלא לצלי ולר"ת נראה דלצלי לא בעי מליחה כלל דלא מיבעיא כשנצלה הבשר יפה יפה ונפלט כל הדם דשרי דיותר מפליט ע"י האש מע"י המלח דמעשים בכל יום שמבשלים כבד אחר צלייתו אע"פ שמחמירים לבשלו אחר מליחתו אלא אפילו לא נצלה כל צורכו דלא נפלט כל הדם מותר אע"ג דאמרינן בפ"ק דכריתות (דף ד: ודף כב.) דאיכא לאו בדם האברים ה"מ דוקא כשפירש אבל כל זמן שלא פירש ולא יצא לחוץ שרי כדמוכח בפ' מפנין (שבת דף קכח.)(ג) דבשר טפל מותר לטלטלו משום דחזי לאומצא אלמא יכול לאוכלו בלא מליחה ועוד דאמר בפ' כל הבשר (חולין דף קיא.) דכבד אחר שחלטוהו ברותחין או בחלא מותר לבשלו לפי שמצמיתין הדם בתוכו ואין מניחין אותו לפלוט דקאמר התם רב הונא חלטי ליה בחלא ורב נחמן חלטי ליה ברותחין סבר רב פפא קמיה דרבא למימר חלייה אסור אמר ליה אי חלייה אסור איהו נמי אסור דכי היכי דפליט הדר בלע אלא ודאי חלייה נמי שרי דמצמית הדם ואין מניחו לפלוט ואפ"ה שרי באכילה ואין לאסור צלי שלא נמלח ולא נצלה כל צורכו משום שמחמת האש הדם נפרש מבפנים ממקום זה למקום זה דמה שיוצא לחוץ משרק שריק ומה שנשאר בפנים אע"פ שפירש ממקום זה למקום זה לא הוי כדם האברים שפירש דהא איכא מאן דאסר במסכת חולין (דף קיב.) לאכול ככר שחתך עליה בשר מפני דם הבשר שנכנס לתוכו ואפילו הכי משמע דבשר עצמו מותר אע"פ שלא יצא כל דמו ודבר תימה הוא לרש"י מה מועלת מליחה מועטת לצלי דאין הבשר יוצא מידי דמו עד שימלחנו יפה יפה אלא ודאי לא בעי מליחה כלל וכן קבל ר"י מר"ת ובהקומץ רבה (מנחות כא.) גבי מליחת קדשים דקאמר כיצד(ד) עושה מביא את האבר ונותן עליו מלח וחוזר והופכו ונותן עליו מלח ומעלהו ויש דגרס בתר הכי אמר אביי וכן לצלי לא גרס לצלי אלא וכן לקדירה וכן כתוב ברוב ספרים והא דאמר בפרק קמא דביצה (יא.) ושוין שמולחין עליו בשר לצלי לאו משום דבעי מליחה אלא שמנהג למולחו והא דאמר בכל הבשר (חולין קיג.) רב ששת מלח גרמא גרמה תרי מ"ט לא משום דפריש מהאי גיסא ובלע האי חד נמי פריש מהאי גיסא דקאמר היינו שפירש לגמרי לחוץ אבל מבפנים שרי כדפרישית: **כבולעו** כך פולטו. בפ' כל הבשר (חולין קיא:)(ה) שרי כבדא עילויה בישרא בדיעבד משום דדם מישרק שריק התם לא שייך להזכיר כלל טעם של כבולעו כך פולטו שהדם טופל שם מבחוץ ושריק ואינו נבלע ומטעם כבולעו כך פולטו נמי לא הויא שריא התם גבי כבד אלא בדיעבד ואע"ג דבא למישרי הכא גבי פסח לכתחלה אע"ג דבני מעיו בתוכו ואיכא נמי כבד גבי פסח לא רצו להחמיר משום דכתיב (שמות יב) ראשו על כרעיו ועל קרבו ואפילו מאן דאסר בכבדא עילויה בישרא לא קשה ליה מתניתין דפסח דמדרבנן אסר ובפסח לא החמירו אי נמי הוה יעמיד כגון שמלח בני מעים מליחה גמורה דאפילו לקדירה מתירו ר"ת על ידי מליחה גמורה ואפילו לפי מנהג העולם שאין מבשלים כבד על ידי שום מליחה מכל מקום כיון דנמלח כמליחת קדירה נתמעט דמו ולא אסר טפי משאר בשר שלא נמלח דבשרא על גבי בשרא שרי לכתחלה לכולי עלמא ויש ללמוד היתר במולייתא אפילו נמלח בשר החיצון ושהה כדי מליחה והפנימי לא נמלח מדמייתי ראיה מטפילת בר גוזלא דשרי מטעם כבולעו כך פולטו אע"פ שמעשים בכל יום שאוסרים בשר שנפל בציר ומלח שנפלט ואין מותר אפילו בצלי ועדיפא מינה היה אוסר ר"ת תרנגולת שנמלחה בקערה אף על פי שלא שהתה שם שיעור צלייה ולא פלטה אפילו תלי דמה ואסרה לאוכלה צלי משום דלא מפליג רבא *גבי אין מולחין בשר אלא בכלי מנוקב בין שהה הרבה לשהה מעט: שאני

עין משפט נר מצוה

א א ב מיי' פ"ח מהל' ק"פ הלכה י:
ב ג ד שם הלכה ט:
ג ה מיי' פ"ח מהל' מלה כלי יא סמג עשין קמ טוש"ע א"ח סימן תעו סעיף א:
ד ו מיי' פ"ו מהלכות מאכלות אסורות הלכ' יז סמג לאוין קלז טוש"ע י"ד סי' עג סעי' א [רב אלפס חולין פ"ז דף רל: וכן הרא"ש שם סי' י"ג]:

רבינו חננאל

ביצד צולין את הפסח שפוד של רמון כו' ואקשי' ולמה אינו צולהו בשפוד של מתכת ושני' דאיידי דחם מקצתו חם כולו וכיון שנתחמם ראש השפוד כולו המשוקע נמצא חמום השפוד צולה בשר הפסח ורחמנא אמרה צלי אש ולא צלי ברזל ושפוד של דקל אית ביה שיבי כגון שאיבה ומפקי מיא ותאנה איידי דמחלחלא מפקי מיא האלון והחרוב והשקמה הני טלוע אית בהו קטרי מקום שצומחין ומגדלין אמירין ונצרים וכשדוחקין אותן מקום חתוך מפקי מיא וכיון דמפקי מיא על הבשר הוה ליה כמבושל לפיכך אין עושין מהן שפוד לצלות בו הפסח: רמון אע"ג דאית ביה קטרי שיעי כלו' שרופין הן ומקום חיתוכו הוא ראשו שפולט מים מוציא חוץ לבשר: ירושלמי כל העצים יבשים מבפנים ואין יבשים מבחוץ ורמון יבש מבחוץ ויבש מבפנים ורבי יהודה דמכשיר בשפוד של מתכות אוקים למתני' דלא כותיה: נותן את כרעיו ואת בני מעיו לתוכו תניא ר' ישמעאל קוריהו תוך בר כלומר נותן כרעיו שהן מבחוץ בתוכו ר' טרפון קוריהו גדי מקולס: ת"ר איזהו גדי מקולס פי' שאסור לאכול בלילי פסחים בזמן הזה דתנן ביום טוב ועושין גדי מקולס בלילי פסחים בזמן הזה והלכתא כחכמים כל שצלאו כאחד נחתך ממנו אבר או נשלק ממנו אבר אין זה מקולס ואוקימנא נחתך ממנו אבר נחתך ונתפרק האבר מן הגדי ממש ונשלק דקתני שלא נחתך האבר אלא היה צולהו ושפת קדרה בצדו ונתן ירך הגדי כמות שהוא בלא חתיכה בתוך הקדירה ונתבשלה אין זה גדי מקולס ומותר בזמן הזה: אמר רבה מליתא שריא פי' עוף או כבש שלא בשר בתוכו תצלה בתוכו ואמר אביי כבולעה כך פולטה כלומר כשם שבולע מן הבשר שבתוכו או העוף כך פולטו בולעו מבחוץ וקיימא לן דהא מוליתא בצלייה הוא דהוא [נאמר] אבל בבישול או בשליקה לא:

[מכילתא פ' בא [כרכות לפי' עירובין כט:]]
[תוספתא ביצה פ"ב]
[גליוני]
[כאוכל קדשים בחוץ כצ"ל ע' תוי"ט פרק ד' מ"ד]
ס"א שריא ואפילו לא מלחו את הבשר שנותנים לתוכ' כמליחת כלי · ח"מ:
[כתובות קיא: וכס איתא שמואל]

הגהות הב"ח

(א) תוס' ד"ה כיצד צולין וכו' לתוך פיו כו' נ"ב כראה דלא קאי דאסיק אדעתיה מקמי דשני דשאני בית השחיטה וכו' דייני נמי צריך לומר תוחבו דרך פיו כו' דאם היה תוחבו דרך נקובתו אין]

(ס) יוצא מהמזרקים כיון דלא הוי בית השחיטה למטה דם נשאר שם ממורקים שנתחכו בשחיטה: (ב) בד"ה נחתך וכו' שלא הבדילו אלא חתכו בשנים ושלשה מקומות למהר צלייתו כס"ד: (ג) ד"ה האי וכו' דבשר תפל מותר וכו' (ד) שם כיצד הוא עושה מביא: (ה) ד"ה כבולעו וכו' שרינן כבדא:

גליון הש"ס רש"י ד"ה מקולס · דס"ל תולין · עי' רש"י לעיל נג · ד"ה מקולסין וביצה כב: ברש"י ד"ה מקולס:

מידב דייבי נימא מסייע ליה *חלב קורעו ומוציא את דמו לא קרעו קורעו לאחר בישולו ומותר מ"ט לאו משום דאמרינן כבולעו כך פולטו שאני לב דשיע (אני) והא רבין סבא טפליה ההיא בר גוזלא לרב ואמר ליה אי מעלי טפליה הב לי ואיכול ההיא בסמידא *דמפריר והא רבא איקלע לבי ריש גלותא וטפלו ליה בר אווזא אמר אי לא דחזיתיה דזיג כזווא חיורא לא אכלי מיניה ואי סלקא דעתך כבולעו כך פולטו מאי אריא כי זיג אפילו כי לא זיג נמי התם בחיורתא דשריר והילכתא דסמידא בין אסמיק בין לא אסמיק שריא דחיורתא אי זיג כזווא חיורא שריא אי לא אסיר דשאר קמחים אסמיק אסור לא אסמיק שרי האי מולייתא מאן דאסר אפילו פומא לתחת ומאן דשרי אפילו פומא לעיל והילכתא מולייתא שרי אפילו פומא לעיל *אומצא ביעי ומוזרקי פליגי בה רב אחא ורבינא בכל התורה כולה רב אחא לחומרא ורבינא לקולא והילכתא כרבינא לקולא לבר מהני תלת דרב אחא לקולא ורבינא לחומרא והלכתא כרב אחא לקולא האי אומצא דאסמיק תתכיה ומלחיה אפילו לקדרה שרי שפדיה בשפודא שרי מידב דייב אתתיה אגומרי פליגי בה רב אחא ורבינא חד אסר וחד שרי מאן דאסר מצמית צמית ומאן דשרי מישאב שאיב והלכתא מישאב שאיב וכן ביעי תתכינהו ומלחינהו אפילו לקדרה שריין תלינהו בשפודא שריין מידב דייב אתתינהו אגומרי פליגי ביה רב אחא ורבינא חד אסר וחד שרי מאן דאסר מצמית צמית ומאן דשרי מישאב שאיב וכן מוזרקי תתכיה ומלחיה אפילו לקדרה שרי תלייה שרי בשפודא בית השחיטה לתתאי שרי מידב דאיב אתתיה אגומרי פליגי רב אחא ורבינא חד אסר וחד שרי מאן דאסר מצמית צמית ומאן דשרי מישאב שאיב והלכתא מישאב שאיב האי אומצא דאסמיק חלייה אסיר לא אסמיק חלייה שרי רבינא אמר אפילו לא אסמיק נמי חלייה אסיר אי אפשר דלית בה שורייקי דמא אמר ליה מר בר אמימר לרב אשי אבא מגמע ליה גמועי איכא דאמרי רב אשי גופיה מגמע ליה גמועי אמר ליה מר בר אמימר לרב אשי אבא האי חלא דחליט ביה חדא זימנא תו לא תאני חליט ביה מאי שנא מחלא מתמהא דחלטינן ביה התם איתיה לקיוהא

רש"י

מידב דייבי. לפי שכשנתלה בתנור ופי בית שחיטתו למטה הדם זב דרך חלל הצואר שקורין פורציל"א ושותת דרך בית שחיטה: **לאחר בישולו.** קס"ד לאחר בישול ממש דלאו קאמר דצלי נמי קרי בישול כדכתיב בדברי הימים (ב לה) ויבשלו הפסח באש כמשפט: **דשיע.** ולא בלע ואפילו בקדירה נמי שרי ואף על גב דליכא למימר כך פולטו: **טפליה.** בעיסה שקורין פסמיד"א: **אי מעלי טפליה.** אם יש טעם יפה בלחם: **הב לי דאיכול.** וסייעתא לרבה: **בסמידא.** בעיסה של סלת ואינה נדבקת כל כך ונפרכת מאליה והדם יוצא ממנה: **דמפריר.** לשון פירורין: **ואי לאו דחזיה.** ללחם: **דזיג.** (א)לשון זכוכית לבן וכלול מראה מוהל הבשר שזב בלחם: **כי זווא חיורא.** כרוף שאין בו אדמימות דם ואי לא לא אכל מיניה: **בחיורתא.** קמח נקייה כעין שלנו שאינה סולת: **דשריר.** קשה ואינו פולטו: **דסמידא.** דאמר לעיל דמיפריר: **בין אסמיק.** מוהל שבתוך הלחם בין לא אסמיק שרי שהדם ודאי יוצא ואודם זה ודאי לא דמות דם הוא: **והלכתא מולייתא שריא ואפילו פומא לעיל.** כשהיא תלויה בתנור ואע"ג דעכשיו אין נקב לצאת הדם שרי כבולעו בשר החיצון כך פולטו וחום האור שואבו: **אומצא ביעי ומיזרקי.** אומצא דאסמיק חתיכות בשר אישקנטור"א בלע"ז וכן ביצי זכר דאסמיק וכן מיזרקי הוטין גסין שהן ורידין שבבית השחיטה: **פליגי בה.** כדמפרש פלוגתייהו לקמיה דאנחיה אגומרי: **בכל התורה כולה.** כל היכא דחזית פלוגתייהו ואיתמר סתמא חד אמר לקולא וחד אמר לחומרא ולא פירש מי המיקל ומי המחמיר דע שרב אחא לחומרא ורבינא לקולא והלכתא בכולן כדברי המיקל: **מידב דייב.** ושפיר דמי אף במלח מעט בתורת צלי: **צמתו.** ודמו נבלע בו: **שאיבי ליה.** שואבים את הדם: **חלייה.** מוהל היוצא ממנו כשחותכו לישנא אחרינא שחולטין אותו בחומץ לאחר מלייתו ודמו נכנס לתוכו: **אסמיק (ג) חלייה אסיר.** לא גרס הוא וחלייה ורב אחא קאמר לה דמיקל ובחלייה מודי דאסיר: **מגמע לה.** לההוא חלא: **חלא.** חומץ דחלט ביה בלי האידנא כדי להוליא דמו לא חליט ביה זימנא אחריתי לפי שאין בו כח עוד: **מתמהא.** חלא מעיקרו דחלטינן ביה: לקיוהא

תוספות

שאני לב דשיע · נראה דכל שכן דמבחוץ הוא יותר שיע ונראה לריב"א דדוקא לגבי דם דסמיך אמרינן דשיע אבל לענין שמנונית דאיסורא לא דמפטפטא ולא אמרינן שיע והכי נמי לב לא קתני שאוסר ולא נאסר כדקתני *גבי כבד והתם טעמא לאו משום דשיע אלא איידי שהיה טרודה לפלוט לא בלעה ומיהו אור"י בשם ר"ת דהא דמסקינן שאני לב דשיע דיחויא בעלמא הוא וכרבה פסקינן בסמוך דמולייתא שריא:

טפלו ליה בר אווזא · פירש בקונטרס דהיינו פסמיד"א ואומר ר"ת וריב"א דלשון טפל לא משמע הכי דמשמע דהיינו טיחה כמו בנות עשירים טופלות אותן בסולת (לעיל דף מג·) ועוד דבפסמיד"א לא אמרינן כבולעו כך פולטו דחזינן דלא פלטי שמקום מושבם יבש בתנור על כן נראה דהיינו מה שרגילים לטוח בעיסה שבלילתה רכה ורגילים לעשות סביב קורקבנים ובני מעיים שמשימין אותם בשפוד וטחין סביבותן בעיסה רכה כעין פרפיי"ש:

מאן דאסר אפילו פומיה לתחת · אף על גב דאמרינן לעיל שאני בית שחיטה דמחלחל ושרי אף על גב דלא אמרינן כבולעו כך פולטו שאני התם שהחלל רחב ביותר ולא דמי לפומא דמולייתא:

וכן ביעי · פי' בקונטרס דאסמיקן ובחנם פי' כן משום דפירש רבינו חננאל דאיכא עלייהו קרמא דאסור משום דמא כדאמרינן בגיד הנשה (חולין צג·) ה' קרמי הוו דביעי כו' משום דמא:

אסמיק חלייה אסור · פירש בקונטרס מוהל היוצא ממנו כשחותכו ולא גרסינן הוא וחלייה וקשה לר"י דהיכי דמי אי נגלה בשר כל צרכו אף המוהל מותר דלא גרע ממלחיה דאמרינן לעיל דאפילו לקדירה שפיר דמי ואי לא נגלה כל צרכו אמאי בשר מותר מדלא גרים הוא משמע דבעי למימר דבשר שרי ותימה למה יהא מותר אע"ג דדם האברים שרי היכא דאסמיק אסור דהא אליבא דמ"ד גומרי מצמית למתי אסור על כרחיך צריכין לחלק דאסיר משום דאסמיק וע"י חתיכה אי אפשר שהיה יוצא כולו ועוד מדמייתי בסמוך האי חלא דחליט חדא זימנא מכלל דעד השתא איירי בחלא ממש ולשון אחר שפירש חלא שחולטים אותו בו אחר מלייתו והוא נכנס לתוכו קשה דאית לן למימר דאי חלייה אסור איהו נמי אסור כדמסקינן בכל הבשר (שם קיא·) גבי כבד שהבאתי למעלה ועוד דהתם משמע שהחלא מצמית ולא מפליט ונראה לר"י כמו שפירש ריב"א בשם ה"ג דבבשר חי איירי ומנהג הוא כשנותנים בשר חי לתוך החומץ ואינו שוהה בתוכו לא מפליט מידי ונצמת הדם בתוך הבשר והכל מותר דהכתי לא פירש הדם וכי שוהה בתוכו עד דאסמיק נעקר ממנו הדם ונפלט לתוכו והיינו דקאמר אומצא דאסמיק שנשתהה בחומץ עד דאסמיק הוא וחלייה אסור אבל אי לא אסמיק שרי והיא דכל הבשר בדלא אישתהי ורבינא כי לא אסמיק נמי חלייה אסיר סבירא ליה אפילו לא אישתהי בגו חלא אלא פורתא הוא כפלט מחמת השורייקי מיהו לא כ"כ שתהא הבשר נאסר בפליטה מועטת כזו ורב אשי מגמע גמועי כמסקנא דכל הבשר דחלייה נמי שרי:

וגרפו

עין משפט נר מצוה

ה א מיי' פ"ו מהל' מאכלות אסורות הלכ' י סמג לאוין קלז טוש"ע י"ד סי' עג סע' א: [תרומות פ"י מ"א]

ו ב מיי' שם הלכה יט סמג שם טוש"ע י"ד סי' עח ס"א:

ז ג מיי' שם הלכה יז סמג שם טוש"ע י"ד סי' עה ס"א:

ח ד מיי' שם הלכה יב סמג שם טוש"ע י"ד סי' סט סעיף ד וסימן סז סעיף ד:

ט ה מיי' שם הלכה יג סמג שם טוש"ע י"ד סי' סו ס"ה:

י ו מיי' שם טוש"ע שם סעיף ו:

רבינו חננאל

ואתינן לסיועי' מסתני' דתני נותן את כרעיו ואת בני מעיו לתוכו ודחי' שאני התם כיון דמחלחל בית השחיטה מידב דאיב ולא בלע ואתינן נמי לסיוע מהא דתנן הלב קורעו ומוציא את דמו לא קרעו קורעו לאחר בישולו ומותר ודחי' שאני לב דשיע כלומר חלב סתום הוא ואינו פולט הדם שבתוכו תני קרע ליה מאחר בישולו מוצאו בתוכו ומשליכו ומותר · וגרסי' בכריתות פ' דם שחיטה בבהמה אמר רבי זירא אמר רב לא שנו הלב קורעו לאחר בשולו ומותר אלא בלב עוף הואיל ואין בו דם כזית אבל לב בהמה דיש בו כזית אסור וחייבין עליו כרת · וקאמר רב בדם דאתי בלב מבחוץ דאמר רבי זירא אמר רב בשעה שנשחטה יוצאה משרף כלומר מגמע כדגרסינן בקיבת עולה כהן שרעתו יפה שורפה חיה: **ואמרינן** איני דמלייתא שריא דאמרי' כבולעו כך פולטו והא רבין פי' שם חכם טפל בר גוזלא לרב ואמר ליה אי מעלי טפלאיה הב לי ואיכול ודחי' התם בסמידי דאיפרר מלשון פירורין והא רב איקלע לבי ריש גלותא וטפלו ליה בר אווזא ואמר אי לאו דחזיתיה דזיג כי זוגא חיורא לא אכלה ואי ס"ד אמרי' כבולעו כך פולטו מאי אריא זיג אפילו לא זיג נמי ושני' התם בחיורתא דקריר הלכך דסמידא בין אסמיק בין לא אסמיק שרי דחיורתא זיג שרי לא זיג אלא יש בו ארמומית אסור שאר קמחי אסמיק אסור לא אסמיק שרי והא מליתא שריא ואפילו פומא לתחת אמרי מידב דאיב והילכתא מליתא שריא ואפילו פומא לעיל ודוקא צלו כעין הפסח בתנור אבל שליק לא:

אומצא ביעי ומוזרקא פליגי בה רב אחא ורבינא בכל התורה כולה וכו' אומצא דאסמיק פי' חתיכה של בשר שהאדימה תתכיה ומלחיה אפילו לבשלה בקדרה מותר שפדי בשפודא מידב דאיב אתתיה אגומריה מישב שאיב וכן הלכתי ביעי פי' ביצים בקרמיהו תתכינהו ומלחינהו אפילו לקדרה שריאן · תתכנהו ותלנהו בשפודא שריא דמידב דאיבן · אתתינהו אגומרי הילכתא מישב שאיבן ושרו מורקי תתכינה בדופקא ומלחינהו אפי' לקדרה שריאן תלנהו בשפודא בית שחיטה לתתאי מידב דאיבן ושרו · האי אומצא אסמיק הוא וחליה אסור לא אסמיק הוא וחליה שרי: **אמר** מר בר אמימר אבא חלה דהוה חליט חדא זימנא לא הוה חליט ביה זימנא אחרינא ומאי שנא מחלא תמרא התם

מסורת הש"ס

חולין קט. [כריתות כב:]

[נ"ל ספירוך ערך סמד פי' ר"ח מלשון פירורין ואינו שונין דאיפרד בדלו"ת מלשון ויפרדו:]

חולין נג:

הגהות הב"ח

(א) רש"י ד"ה אי לאו דחזיה דזיג כי זווא חיורא לשון זכוכית וכו' שזב בלחם כרוף שאין בו כצ"ל והד"א: (ב) ד"ה אסמיק וכו' דרב אחא:

גליון הש"ס

גמ' שאני לב דשיע · עי' לשון הכתוב (יחזקאל טז) לא רוחצת (למשעי):

§ מסכת פסחים דף עד: §

אות א'

הלב קורעו ומוציא את דמו

יו"ד סימן עב ס"א - הלב, מתקבץ הדם בתוכו בשעת שחיטה; לפיכך צריך לקרעו קודם מליחה ולהוציא דמו, ולמלחו אחר כך. ואז מותר אפילו לבשלו - ק"ק דמאי קמ"ל, הא גם המחבר כתב: ואח"כ מבשלין, ונראה דה"ק, ואז הוי כשאר בשר ומותר לבשלו, אפי' עם בשר, כדכתב בד"מ - ש"ך.

(ויש מחמירים לבשלו) - פי' אפילו ע"י קריעה ומליחה מחמירין לבשלו, גזרה שמא יבשלוהו בלא קריעה, **(רק לולין אותו)** - ע"י קריעה ומליחה קצת, כשאר בשר לקמן סי' ע"ו - ש"ך.

[**וכתב** ע"ז בד"מ, ואני שמעתי מרבים שמקילין, ונוהגין לבשלו אחר המליחה, ע"כ, וכ"כ רש"ל להקל בזו, שאין גזירה זו בתלמוד ולא בגאונים – ט"ז]. **וכתוב** בת"ח, ואין לשנות במקום שנהגו להחמיר, מיהו בדיעבד אם בשלוהו אחר קריעה ומליחה, פשיטא דשרי אף להיש מחמירין - ש"ך.

ואחר כך מבשלו.

וכתב בתשב"ץ, ואיני אוכל לב עוף, אע"פ שהספר אינו מזכיר רק לב בהמה שקשה לשכחה, מ"מ כמו כן מונע אני מלב עוף, עכ"ל, וכן ראיתי נזהרין בזה - ש"ך.

אות ב'

דסמידא, בין אסמיק בין לא אסמיק שריא וכו'

יו"ד סימן עח ס"א - הטופל בצק בעוף שלא נמלח - כלומר בשעת צלייה, וקי"ל, **[א]אע"ג דבגמרא מפליג בין סמידא לשאר קימחי, ובין אסמיק ללא אסמיק; [ב]אנן השתא לא בקיאין במלתא, ובכל גוונא יש לאסור** - אפילו בטפילת עיסה שבלילתה רכה, יש לה כל דין בישול לקדרה בין לקולא בין לחומרא, וכן כתוב בעט"ז - ש"ך.

אות ג'

מולייתא שרי אפילו פומא לעיל

יו"ד סימן עז ס"א - [ג]עופות או גדיים שממלאים אותם בשר [ד]שלא נמלח, אם לצלי מותר, [ה]אפי' פיהם למעלה, [ו]ואפי' אם נמלח החיצון, דכמו שבולע דם המילואים כך פולטו.

אות ד'

והלכתא כרב אחא לקולא

יו"ד סימן סה ס"א - יש חוטים שאסורים משום דם שבהם, כגון: חוטין שביד... ומליחה לא מהני בהו, אם לא שיחתכם תחלה (וחתוך לתחת) ואח"כ ימלחם. והני מילי לבשלם בקדרה, אבל לצלי אינם צריכים לא חתיכה ולא מליחה, משום דנורא מישאב שאיב (פי' שאיבה). ויש מי שאומר דדוקא כשפני החוטין על פני האש, אבל אם הם מובלעים בתוך הבשר, אין האש שואב אלא אם כן יחתכם.

יו"ד סימן סה ס"ד - ביצי זכר כל זמן שלא היה לו שלשים יום, מותרים לקדרה בלא קליפה, אפילו אם יש בהם כמו חוטין אדומים; ואם היה לו שלשים יום, אם יש בהם כמו חוטין אדומים, אסורין לקדרה בלא קליפה - וה"ה דחתיכה ומליחה מהני בהו, **[ז]אבל לצלי מותרים.**

יו"ד סימן סז ס"ד - [ח]נצרר הדם מחמת מכה, אסור לבשלו עד שיחתוך המקום וימלחנו יפה, אבל מותר לצלותו בין בשפוד בין על גבי גחלים, אפילו בלא חיתוך ומליחה. הגה: וי"א דמשום זה יש להחמיר לקלף בית השחיטה או לחתוך באותו בשר קודם מליחה, הואיל ונצרר שם הדם בשעת שחיטה.

אות ה'

האי אומצא דאסמיק, חלייה אסיר; לא אסמיק, חלייה שרי

יו"ד סימן סז ס"ה - [ט]בשר שלא נמלח, ונתנוהו בחומץ כדי להצמית דמו בתוכו; אם נתאדם הבשר, זהו סימן שנעקר הדם ממקומו והחומץ אסור, וגם הבשר אסור לאכלו חי, ואין לו היתר אלא בצלי; ואם לקדרה, צריך חתיכה ומליחה. ואם לא נתאדם הבשר, [י]החומץ מותר, וגם הבשר מותר לאכלו חי - וכן לבשלו ע"י מליחה.

אות ו'

האי חלא דחליט ביה חדא זימנא, תו לא תאני חליט ביה

יו"ד סי' סז ס"ו - [יא]חומץ שנתנו בו בשר פעם אחת להצמיתו, לא יצמית בו בשר אחר, מפני שכבר תשש כחו; אבל כל שלא חלטו בו כלל, מותר [יב]לחלוט בו אע"פ שאינו חזק. הגה: י"א דזה"ז אין בקיאין בחליטה, ואסור לצמת בחומץ (רי"ו כ"כ ב"י בשמו); וכן נוהגין במדינות אלו שאין מצמיתין בשר בחומץ קודם מליחה, ואין לשנות; ומ"מ בדיעבד, מותר. וע"ל סי' ע"ג.

באר הגולה

[א] פסחים דף ע"ד: [ב] שבולי הלקט, וכתב הב"י שאפשר שמטעם זה השמיטוהו הרי"ף והרא"ש [ג] מימרא דרבא פסחים דף ע"ד וכתבוהו הרי"ף והרא"ש בפ' גיד הנשה [ד] טור כפי' אביו הרא"ש שם [ה] מסקנא דגמ' שם [ו] מההוא טפילה דבר אווזא שמביא ראיה שם, וכ"כ התוס' והרא"ש ומרדכי וטור [ז] ‹פי' בין דתלייה בשפודא ובין אנחינהו אגומרא, כדאיתא בש"ס, והמחבר הביאו לקמן בסימן ס"ז ס"ד – פר"ח› [ח] שם ‹חולין› דף צג: האי אומצא דאסמיק וכו', וכדעת רוב המפרשים [ט] פסחים דף ע"ד: ‹כפי' תוס' ד"ה אסמיק. ונראה לר"י כמו שפ' ריב"א כו' – גר"א› [י] שם וכמאן דשרי [יא] מימרא דמר בר אמימר לרב אשי [יב] שם בגמ'

§ מסכת פסחים דף עה. §

אות א'

ואם אסכלא מנוקבת

רמב"ם פ"ח מהל' קרבן פסח ה"ט - אין צולין את הפסח על גבי כלי אבן או כלי מתכות, שנאמר: צלי אש, לא צלי דבר אחר; לפיכך אם היה כלי מנוקב כדי שתשלוט בו האור, צולין עליו; ואין צולין אותו בשפוד של מתכת, שהרי השפוד כולו חם וצולה מקומו. השגת הראב"ד: אין צולין את הפסח וכו'. א"א [א]והוא שלא יגע בכלי, שהרי אמרו נגע בחרסו של תנור יקלוף את מקומו.

אות ב'

הפת מותרת

יו"ד סימן קמב ס"ד - נטל ממנה עצים, אסורים בהנאה; הסיק בהם את התנור, בין חדש בין ישן, יוצן ואחר כך יחם אותו בעצי היתר; ואם לא צננו ואפה בו את הפת (בעוד שהאבוקה כנגדו) (בית יוסף), הרי זה אסור בהנאה, דיש שבח עצי איסור בפת. נתערבה באחרות, יוליך דמי אותה הפת לים המלח, ושאר כל הככרות מותרים. גרף את כל האש ואחר כך בישל או אפה בחומו של תנור, הרי זה **מותר** - ‹בתנור ישן, דבחדש ודאי אסירא, כמו בקערות וכוסות כו' דס"ה, וכ"כ בט"ז, דלא כמ"ש בב"י וכ"מ - גר"א›, **שהרי עצי האיסור הלכו להם.** הגה: הא דאמרינן יש שבח עלים בפת, היינו בדבר שאסור בהנאה, אבל אם אפה או בשל אגל דבר שאסור באכילה, אפי' אבוקה כנגדו מותר (מרדכי פרק השוכר ותוספות וע"פ).

אות ג' – ד'

תנור שהסיקו וגרפו וצלה בו את הפסח, אין זה צלי אש חתכו ונתנו על גבי גחלים, רבי אומר אומר אני שזה צלי אש

רמב"ם פ"ח מהל' קרבן פסח ה"י - הסיק את התנור וגרף את כל האש ותלהו בתנור וצלהו, הרי זה אסור, שאין זה צלי אש; חתכו ותלהו על גבי גחלים, הרי זה צלי אש; צלהו על גבי סיד או חרסית או חמי טבריה, הרי זה אסור שאין זה צלי אש.

אות ה'

נכוה בגחלת ברמץ בסיד רותח בגפסיס רותח, וכל דבר הבא מן האור, לאיתויי חמי האור

רמב"ם פ"ה מהל' טומאת צרעת ה"א - מי שהיתה לו מכה בעור בשרו, ונפשט העור מחמת המכה, אם היתה המכה מחמת האש, כגון שנכוה בגחלת או ברמץ או בברזל או באבן שליבנו באש וכיוצא בהן, הרי זו נקראת מכוה; ואם היתה המכוה שלא מחמת האש, בין שלקה באבן או בעץ וכיוצא בהן, בין שהיתה המכוה מחמת חולי הגוף, כגון גרב או חזזית שהפסיד העור, או שחפת או קדחת ודלקת וכיוצא בהן שהשחיתו העור, הרי זו נקרא שחין.

אות ו'

פתילה של אבר היו עושין לה

רמב"ם פט"ו מהל' סנהדרין ה"ג - מצות הנשרפין, היו משקעין אותו בזבל עד ארכובותיו, ונותנים סודר קשה לתוך הרך וכורך על צוארו, ושני עדיו זה מושך אצלו וזה מושך אצלו עד שהוא פותח את פיו, ומתיכים את הבדיל ואת העופרת וכיוצא בהן, והוא זורק לתוך פיו, והיא יורדת ושורפת את בני מעיו.

אות ו'* [ב]

ולא בסיד רותח ולא בגפסיס רותח

רמב"ם פ"ז מהל' מעשה הקרבנות ה"ה - כל העצים כשרין לשריפתן, אפילו בקש ובגבבא, שנאמר: על עצים באש, אש מכל מקום; ולמה נאמר [ג]עצים, להוציא את הסיד ואת הרמץ.

באר הגולה

[א] ‹ונ"ל דרבינו משמע ליה דא"כ לא הוו שתקי בגמרא מלהזכיר כן גבי אסכלה מנוקבות, ועוד דאם כדברי הראב"ד פשיטא, **אלא** חרסו של תנור שאני שאין האור שולט בו כמו ששולט באסכלה מנוקבת. **ואפשר** דרבינו נמי בלא יגע מיירי, {וכפי' רש"י}, ולישנא דגמ' נקט - כסף משנה› [ב] ‹ע"פ מהדורת נהרדעא›

[ג] ‹תימה דמשמע מכולה סוגיא דמיעוטא הוי משום דכתיב אש, ולא משום דכתיב עצים, דא"כ מאי פריך בת כהן, דשאני הכא דכתיב עצים, ואם כן איך רבינו ז"ל כתב בהפך, דאש משמע מכל מקום, ומיעוטא הוי מעצים, וגם בספרי קאמר כי סוגיין הפך דברי רבינו ז"ל. **ועוד** דרבינו ז"ל עצמו כתב בהלכות קרבן פסח פרק ח', צלהו על גבי סיד או חרסית או חמי טבריה הרי זה אסור, שאין זה צלי אש, משמע התם דמלשון אש ממעטינן. **ונראה** לתרץ בדוחק, דאי לאו קרא דעצים, אף על גב דכתיב אש, לא הוה ממעטינן ליה, משום דכתיב ישרף לבסוף, וכדאמרינן בגמרא על שפך הדשן ישרף, ואף על גב דאיכא דרשא אחרינא, דישרף אף על פי שאין שם דשן, לא הוה דרשינן ליה להכי, אלא לרבות כל שרפות הבאות מחמת אש, כי היכי דדרשינן תשרף דבת כהן, **אבל** השתא דכתיב עצים, גלי לן דקרא דישרף אתא לדרשא דישרף אף על פי שאין שם דשן, וזהו שהוצרך רבינו ז"ל לומר קרא דעצים, **ומה** שכתב רבינו ז"ל אש מ"מ, הוה אמינא כן מהכרח דישרף דכתיב לבסוף וכדכתיבנא - לחם משנה›

מסורת הש"ס

לקיוהא דפירא בעיניה הכא ליתא לקיוהא דפירא בעיניה: אין צולין את הפסח וכו': מעשה לסתור חסורי מיחסרא והכי קתני °ואם אסכלא מנוקבת מותר ואמר רבי צדוק מעשה ברג שאמר לטבי עבדו צא וצלה לנו את הפסח על האסכלא מנוקבת בעא מיניה רב חיננא בר אידי מרב אדא בר אהבה *תנור שהסיקו בקליפי ערלה וגרפו ואפה בו את הפת לדברי האוסר מהו א"ל °הפת מותרת א"ל והאמר רב חיננא סבא אמר רבי אסי אמר רבי יוחנן °תנור שהסיקו וגרפו וצלה בו את הפסח אין זה צלי אש °שנאמר °צלי אש °צלי אש שתי פעמים טעמא דגלי רחמנא צלי אש צלי אש שתי פעמים הא לא גלי רחמנא הוי אמינא צלי אש הוא א"ל גלי רחמנא התם וילפינן מינה ואי בעית אימא התם טעמא דכתב רחמנא צלי אש שתי פעמים הא לא כתב רחמנא צלי אש שתי פעמים הוה אמינא אאש קפיד רחמנא ואפילו גרפו נמי צלי אש הוא אבל הכא אעצים דאיסורא קא קפיד רחמנא והא ליתנהו ת"ר °חתכו ונתנו על גבי גחלים רבי אומר אומר אני שזה צלי אש רמי ליה רב אחדבוי בר אמי לרב חסדא מי אמר רבי גחלים אש נינהו ורמינהו °מכות אש אין לי אלא שנכוה באש *נכוה בגחלת ברמץ בסיד רותח בגפסים רותח וכל דבר הבא מן האור לאיתויי חמי האור מניין ת"ל מכוה מכוה ריבה טעמא דרבי רחמנא מכוה מכוה הא לא רבי רחמנא מכוה מכוה גחלים לאו אש נינהו א"ל גחלת של עץ לא איצטריך קרא לרבויי כי איצטריך קרא לגחלת של מתכת וגחלים של מתכת °לאו אש הוא והא גבי בת כהן דכתיב °באש תשרף *ואמר רב מתנה °פתילה של אבר היו עושין לה שאני התם דאמר קרא באש תשרף תשרף לרבות כל שריפות הבאות מן האש וכ"ש אש עצמה ונקיף לה חבילי זמורות ונקלה אתיא שריפה שריפה מבני אהרן מה להלן שריפת נשמה וגוף קיים אף כאן שריפת נשמה וגוף קיים ונעביד לה חמי האור משום דר"נ *דאמר ר"נ °ואהבת לרעך כמוך ברור לו מיתה יפה וכי מאחר דאיכא רב נחמן גזירה שוה למה לי אמרי אי לאו גזירה שוה ה"א שריפת נשמה וגוף קיים לאו שריפה היא ואי משום דרב נחמן ניפוש לה חבילי זמורות טובא כי היכי דתמות בעגלא קמ"ל ואלא באש ל"ל לאפוקי אבר מעיקרו אמר ליה רבי ירמיה לרבי זירא וכל היכא דכתיב באש תשרף לרבות כל שריפות הבאות מחמת אש הוא והא גבי פרים הנשרפים דכתיב בהו °ושרף אותו על עצים באש ותניא באש ולא בסיד רותח ולא בגפסים רותח א"ל הכי השתא התם כתיב באש והדר תשרף לרבות כל שריפות הבאות מחמת האש הכא כתיב ושרף אותו על עצים באש לבסוף אש למימרא דאש אין מידי אחרינא לא התם נמי כתיבא שריפה לבסוף דכתיב על

תורה אור: שמות יב; שם; ויקרא יג; שם כא; שם יט; שם ד

רש"י

לקיוסא דפירא. איגדו"ר טעם הפרי עומד בו ואע"פ שהותלש מאליו ונתקלקל טעמו מוליא דם שכחו בקרבו: **סכא ליסא לקיוסא דפירא בעיניס.** שבלעו לגי הראשון: **מנוקבת.** עשויה כבריחים כעין שלנו ויש חלל גדול בין בריח לבריח ונותן השפוד לרוחבו וכל הטלה נגלה באויר שבין שני בריחים שאין בשרו נוגע בברזל: **לדברי סאוסר.** בפרק כל שעה [כו:] רבי אומר הפת אסורה: **מסו.** הכא אין שבח עצים בפת: **גלי אש.** קרינא ביה וגבי עלי איסורא מיהא ניתסר דהתם לא כתיב מיעוטא: **אאש קפיד רחמנא.** וחום התנור תולדת אש הוא ואם תתן בו בגד נשרף ונעשה פחם ואש: **חתכו.** לפסח ולא הבדיל אלא חתכו בשנים ושלשה מקומות למהר צלייתו אינקר"ניר בלע"ז: **ברמץ.** אפר רותח: **גפסים.** מין סיד הוא: **מניין.** שנידון משום מכוה ולא משום שחין ואף על פי שמכוה ושחין שוין בטומאתן נפקא מינה דאלי גרים מכת מכוה מחמת אור ואלי גרים מכת שחין שהוא לקות חום אחר שלא היה מחמת האור אין מצטרפין בהכל שוחטין (חולין דף ח.) מפרש: **פתילס של אבר.** מתיכו וזורקו לתוך פיה: **תשרף.** כל מיני שריפה משמע מדלא כתיב באש ונשתוק: **וכ"ש אש.** לשון קושיא הוא: **בני אהרן שריפת נשמה וגוף קיים הוא.** בסנהדרין (דף נב.) כמין ב' חוטין של אש נכנסו להן בחוטמיהן: **חמי האור.** רותחין דהוי כמי שריפת נשמה וגוף קיים: **גזירה שוה.** מבני אהרן למה לי איפוק מהכא דלא מקפינן חבילי זמורות דהא ברור ליה מיתה יפה בעינן: **אי לאו גזירה שוה הוה אמינא.** על כרחך אש ממש כגון להקיף חבילי זמורות בעינן דאילו שריפת נשמה וגוף קיים לאו שריפה היא וקרא שריפה אצרכה ואי משום דרב נחמן דבעינן מיתה יפה ה"א כפיש לה חבילים טובא ירבו לה היסק גדול שתמות מהר: **קא משמע לן.** גזירה שוה דשריפת נשמה וגוף קיים נמי שריפה היא וכיון דשריפה היא אהני דרב נחמן לאפוקי זמורות ורותחין(א): **אלא באש למה לי.** כיון דסופיה לרבות כל שריפות: **אבר מעיקרו.** שמוליאין אותו מן הקרקע רותח הוא בלא תולדת אש: **וכל היכא דכתיב אש.** וכתב נמי שריפה בהדיה לרבויי כל שריפות אתא בתמיה: **סכא.** כיון דכתיב שריפה ברישא ומשמע כל שריפות והדר כתב אש משמע דווקא אש קאמר:

תוספות

וגרפו ואפה בו את הפת מהו. תימה לריב"א מאי קבעי הא קתני סיפא (ב) בישלה ע"ג גחלים דברי הכל מותרת ואפי' למאן דמוקי התם בגחלים עוממות לא גרע חומו מחום חרס התנור שגרפו ותירץ ר"י שאני גחלים שאין חומן בא מחמת השלהבת אלא מחמת עצמן ועפרא בעלמא הן אבל חום התנור שגרפו מחמת חום שלהבת האיסור בא שהוא איסור גמור הילכך מיבעי ליה ותימה לר"י כיון דהפת אסור כשהאיסור כנגדו וחום האיסור אסור א"כ כשגרפו ואפה בו את הפת נמי יהא אסור הפת ופי' ר"י דאפילו כשהאיסור כנגדו לא אסור אלא מדרבנן ולא משמע כן בשמעתין וגם לא הוה שייך לפלוגי אי יש שבח עצים בפת אי לא ובירושלמי דייק כשהפסח נגלה בתנור והגחלים תחתיו הלא חום התנור כמו כן מבשלו והוי נמי מחמת דבר אחר ומפרש כי היכי אם האש טולח כח התנור והתנור מצרף חום הגחלים שלא יתפזר: **אין** לי אלא שנכוה באש מניין כו'. אע"ג דשחין ומכוה שוין לכל דבר דשחין ומכוה מטמאים בשבוע אחד בשיער לבן ובפשיון מ"מ נפקא מינה לענין צירוף דשחין ומכוה אין מצטרפין: **נכוה** בגחלת בגפסים כו'. תימה מה בין גפסים רותח וסיד לחרסו של תנור דאמרינן לעיל טעמא דכתב רחמנא צלי אש שני פעמים הא לאו הכי צלי אש קרינא ביה והכא איצטריך סיד וגפסים רותח ריבויא אבל מאש לא הוה ידענא: **הא** לאו הכי גחלת לא איקרי אש. נראה לרשב"א דהוה מצי למימר גלי רחמנא במכוה וגמרינן מיניה ולא איצטריך לשנויי בע"א אלא משום לשון אחרון דלעיל מיהו תימה אמאי לא משני דרבי איירי בגחלים לוחשות והכא לא איצטריך לרבויי אלא עוממות דלא איקרי אש כדמוכח בסמוך וי"ל נהי דגחלת דקרא היינו עוממות סתם גחלת דמשנה ודברייתא הוי לוחשות: **באש** תשרף לרבות כל שריפות. דתשרף ריבויא הוא דהוה מצי למיכתב באש תמות: **למעוטי** אבר מעיקרו. הקשה ה"ר יוסף נימא באש פרט תשרף כלל ונעשה כלל מוסף על הפרט ורבי כל מילי ואפילו אבר מעיקרו דלא דמי לפרט וי"ל דכלל דתשרף קאי אפרט כלומר במה תשרף באש הלכך לא מרבינן מתשרף אלא דומיא דאש דקאי עילויה והוי כלל הצריך לפרט דאמרינן בכיסוי הדם (חולין דף פח:) דאין דנין אותו בכלל ופרט ריב"א. והקשה רבינו יעקב דאורלינ"ש אמאי איצטריך קרא למעוטי אבר מעיקרו הא שמעינן ליה מדאיצטריך לא תבערו למעוטי שאין שריפת בת כהן דוחה שבת מכלל דאין יכול לשורפה באבר מעיקרו דאי יכול לשורפה בו א"כ פשיטא דלא דחיא שבת כיון דיכול לעשות בלא דחיית שבת ואומר ר"י דלא פירכא היא כלל דאיצטריך קרא היכא דליכא אבר מעיקרו דחי שבת: [ועיין תוס' יבמות ו': ד"ה כעמא]

לא תימא הכי תיקשי אמאי איצטריך קרא דלא דחי שבת כיון שיכול להרתיח פתילה של אבר מערב שבת:

תלמוד

עין משפט נר מצוה

יא א מיי' פ"ח מהל' ק"פ הלכה ט :

יב ב מיי' פט"ו מהלכות מאכלות אסורות הל' כב טוש"ע י"ד סי' קמב סעיף ד :

יג ג ד מיי' פ"ח מהל' ק"פ הלכה י :

יד ה מיי' פ"ה מהל' טומאת צרעת הל' א :

טו ו מיי' פט"ו מהל' סנהדרין הלכה ג :

רבינו חננאל

התם איתא לקיוהא דפירא כו' רבינא אמר אע"ג דלא אסטיק חיליה אסור אי אשר דלית ביה שורקי דדמא וקיי"ל כרבינא ולחומרא : מתני' אין צולין את הפסח על האסכלה ואם היתה אסכלה מנוקבת מותר וטבעי לן אליבא דמאן דאסר לצלות את הפסח על האסכלה דסבר כיון שאין האש בעצמה סובבת אותו אין צלי אש : תנור שהסיקו בקליפי ערלה שהן איסורי הנאה וגרפו ואפה בו את הפת לדברי האוסר צליית הפסח באסכלה מהו אמר ליה רב אדא הפת מותרת ' איני והאמר רבי יוחנן תנור שהסיקו וגרפו וצלה בו את הפסח אין זה צלי אש משום שנאמר צלי אש שתי פעמים ודייקי' טעמא דכתיב צלי אש קרינא ביה ושני' גלי רחמנא בצליית אש דלאו אש היא וילפינן מינה אי בעית אימא כו' : ת"ר חתכו ונתנו על גבי גחלים רבי אומר אומר אני שזה צלי אש ומי אמר רבי גחלת אש היא והתניא מכות אש אין לי אלא שנכוה באש ופרחה בה נגע הוא שהוא טמא נכוה בגחלת ברמץ כו' מנין ת"ל מכוה מכוה ריבה כלום' שינה ושלש הכתוב מכוה לרבות כל מכוה מחמת אש מרבי לגחלת מרבויא דקרא ש"מ גחלת לאו אש היא ושניא כי קא מרבי קרא גחלת של מתכת אבל גחלת [של] עץ וראי אש היא איני דגחלת של מתכות אינה אש והא בת כהן דכתיב בה באש תשרף [וא"ר] מתנה פתילה של אבר ושני' שאני התם דאמר קרא באש [תשרף] מדלא כתיב תשרף באש דמשמע אין שריפה עולה לה אלא באש אלא כתב רחמנא באש תשרף לרבות כל שריפה הבאה מכח האש ואע"פ שאינה אש בעצמה אבל פרים הנשרפים שנאמר בהם ושרף אותו על עצים באש אין שריפה עולה לה אלא באש עצמה למעט ציר רותח ונפסים רותחים וכיוצא בהן. פי' הויא מהרה נ"א לעגל והוא מהרה חילוק בלשון אחר הפתרון אחר :

הגהות הב"ח

(א) רש"י ד"ה קמ"ל וכו' לאפוקי זמורות ורותחין נ"ב נראה לפענ"ד דהאי ליתא דרש"י לגדרין קא מפרש וקיק דהאי דרב נחמן דבהדי ג"ש לאפוקי זמורי ורותחין דזמורות ממעטינן להו מג"ש ורותחין מדרב נחמן: (ב) תוס' ד"ה וגרפו וכו' קתני בסיפא נ"ב בפרק כל שעה דף כ"ו ע"ב:

לעיל כו: · [חולין ח:] · סנהדרין נב: · סנהדרין מה: וע"ש · [וע"ש נ"ל ר"נ אמר רבה בר אבוה]

עין משפט נר מצוה

טז א מיי׳ פ״ג מהל׳ תמידין הלכה ה ופ״ד מהל׳ עבודת יוה״כ הלכה א:

יז ב מיי׳ פ״ח מהל׳ ק״פ הלכה יא:

יח ג שם הלכה יב:

יט ד שם הלכה יג:

כ ה ו שם הלכה(יג)יד:

כא [ו] [רב אלפס חולין פ״ח דף ש״ח: ובהרא״ש שם סימן לד]:

רבינו חננאל

רבינא מתרץ אליבא דרבי מכות אש אין לי אלא נכוה באש ובגחלת נכוה ברמץ כו׳ ש״מ גחלת אש היא: רבא רמי מי אמר רבי גחלת אש היא והתניא ולקח מלא המחתה גחלי אש יכול שלהבת ת״ל גחלי אש הא כיצד כו׳ מדקתני יכול שלהבת ת״ל גחלי אש מכלל דגחלים לאו אש נינהו ושני׳ הכי קתני יכול עוממות ולא לוחשות ת״ל אש מכלל שהגחלים הלוחשות הן אש שלהבת בלא גחלת כבר פירשנוהו למעלה ואפי׳ גחלים עוממות מלשון (יחזקאל לא) ארזים לא עממוהו (איכה ד) איכה יועם זהב: נגע בשר הפסח בחרסו של תנור נצלה מן החרס ולא מן האש לפיכך יקלף אותו מקום: איתמר חם לתוך חם כגון בשר חם בחלב חם דברי הכל אסור׳

הגהות הב״ח

(א) גמרא על בני חבורה (שאין פודין) תא״מ ונ״ב ס״א שאין מוכרין:

על שפך הדשן ישרף אמרי ההוא ישרף מיבעי ליה לכדתניא ישרף אע״פ שאין שם דשן ישרף אע״פ שהצית האור ברובו רבינא אמר כרוך ותני מכות אש אין לי אלא שנכוה באש ובגחלת נכוה ברמץ בסיד רותח ובגפסים רותח ובכל דבר הבא מחמת האור לאיתויי חמי האור מנין ת״ל מכוה מכוה ריבה רבא רמי מי אמר ר׳ גחלים איקרו אש ורמינהי גחלי יכול עוממות ת״ל אש אי אש יכול שלהבת ת״ל גחלי הא כיצד מביא מן הלוחשות (אלמא גחלים לא איקרי אש אמרי) והא גופא קשיא אמרת גחלי יכול עוממות אלמא לוחשות אש נינהו אימא סיפא אי אש יכול שלהבת ת״ל גחלי אלמא אפילו לוחשות לאו אש נינהו ואמר רב ששת הכי קתני גחלי יכול בין עוממות בין לוחשות ת״ל אש אי אש יכול שלהבת ת״ל גחלי הא כיצד מביא מן הלוחשות מ״מ גחלים לא איקרי אש קשיא לרבי אמר אביי תריץ הכי גחלי יכול עוממות ולא לוחשות ת״ל אש אי אש יכול רצה שלהבת יביא רצה גחלת יביא ת״ל גחלי הא כיצד מביא מן הלוחשות אמר רבה רצה גחלת יביא רצה שלהבת יביא שלהבת בלא גחלת היכי משכחת לה כגון דשפייה למנא משחא ואתלי ביה נורא ההוא למה לי קרא למעוטי השתא לפני מלך בשר ודם אין עושין כן לפני מלך מלכי המלכים הקב״ה לא כל שכן אלא אמר רבא תריץ הכי גחלי יכול עוממות ולא לוחשות ת״ל אש אי אש יכול יביא מחצה גחלת ומחצה שלהבת אדעייל לגובאי הוי כוליה גחלת תלמוד לומר ולקח מלא המחתה גחלי אש מעל המזבח משעת לקיחה ניהוי גחלים איבעיא להו אוממות או עוממות אמר רבי יצחק ארזים לא עממוהו בגן אלהים: **מתני׳** נגע בחרסו של תנור יקלוף את מקומו נטף מרוטבו על החרס וחזר אליו יטול את מקומו נטף מרוטבו על הסולת יקמוץ את מקומו סכו בשמן תרומה אם חבורת כהנים יאכלו אם של ישראל אם חי הוא ידיחנו ואם צלי הוא יקלוף את החיצון סכו בשמן של מעשר שני לא יעשנו דמים על בני חבורה שאין (א) פודין מעשר שני בירושלים: **גמ׳** איתמר [י׳] חם לתוך חם דברי הכל אסור

תוספות

תלמוד לומר ולקח וגו׳ משמע לקיחה בעינן דניהוי גחלים. וא״ת אפילו לא כתיב ולקח אלא גחלי אש ידעינן דניהוי גחלים בשעת לקיחה דלטיולי נגיז לא איצטריך דקמשמעינן ליה מק״ו ומה לפני מלך ב״ו ועל כרחך מוקמינן ליה לשעת לקיחה וי״ל דודאי לא צריך קרא משום הכי אלא דאי אפשר לכתוב בע״א אלא ולקח:

יטול את מקומו. ולא סגי ליה בקליפה לפי שהרוטב נבלע יותר בתוכו. ואם תאמר נגע בחרסו של תנור אמאי סגי ליה בקליפה הלא הרוטב שיש בתוכו כדי קליפה נבלע בפסח עד כדי שיטול את מקומו כמו נטף מרוטבו וחזר אליו וכל דבר הנאסר בגלל דקי״ל דאינו נאסר אלא כדי קליפה מחמת הרוטב שבו יאסור עד כדי שיטול את מקומו ואיכא לאוקמא בשאין רוטב כי אם מעט ומעט רוטב אינו אוסר כל כך כדאמרינן בגמ׳ שאני סיכה דמשהו עבדי לה: **ואם** צלי הוא יקלוף את החיצון. בכל ענין מיירי בין חם בין צונן ״דמתוך שהוא רך בולע אע״פ שאינו חם דדומיא דחי קתני: **לפי** שאין מוכרין מעשר שני בירושלים. פירש בקונטרס דכי ירבה ממך הדרך ונתתה בכסף כתיב וקשיא לר״י דהא קרא בפדיון מיירי שמוליאו מקדושתו ומחללו על דבר אחר אבל הכא אפילו לאוכלו בקדושתו כדפי׳ בקונטרס גופיה והכי נמי משמע לישנא דמוכרין מדלא קתני מחללין ויש ספרים שכתוב בהן שאין פודין אבל רש״י כתב שאין מוכרין ונראה לר״י דבירושלים גזרו מדרבנן מכירה אטו פדייה דאסור מן התורה ולרשב״א נראה דלא אסרו מכירה אלא משום בזיון מצוה כדתנן בריש מסכת מעשר שני (פ״א מ״א) שאין מוכרין אותו ואין ממשכנין אותו ואין שוקלין כנגדו:

רש״י

אל שפך הדשן ישרף. סיפא דההוא קרא דכתב בהו באש הוא: **אע״פ שאין שם דשן.** דלא תימא אדשן קפיד רחמנא לשורפו על מקום שהוו מוליכין שם דשן של מזבח החיצון כדכתיב (ויקרא ו) והוציא את הדשן אל מחוץ למחנה ואם ניטל הדשן משם לא ישרפנו שם קמ״ל ישרף מכל מקום: **אע״פ שהצית האור ברובו.** יתעסקו בו עד שתגמר שריפה: **רבינא אמר.** הא דפרכת לעיל לר׳ מדאיצטריך מכוה מכוה לרבויי גחלת לא תיקשי דמתני׳ משבשתא היא וגחלת לאו מריבויא דמכוה אתא לתנא אלא ממשמעותא דאש וכרוך ותני גחלת בהדי אש במשמעותא דרישא אין לי אלא אש וגחלת כו׳ וריבויא דמכוה מכוה לרמץ וסיד אתא: **גחלי.** ולקח מלא המחתה גחלי אש וגו׳ (ויקרא טז) ואם נאמר גחלי ולא נאמר אש יכול גחלים עוממות כבויות אבל לא לוחשות בוערות דהנך לאו גחלים הוא סתמא אלא אש תלמוד לומר אש בתר גחלי להביא את הלוחשות אי נאמר אש ולא נאמר גחלי יכול שלהבת ולא גחלים לוחשות דלאו אש סתמא נינהו תלמוד לומר גחלי אש כי כתביננהו לתרווייהו משמע גחלים שיש להן אש: **הא גופא קשיא אמרת גחלי יכול עוממות.** ולא לוחשות מדלא משתמע ליה לוחשות מכלל דלוחשות לאו גחלים איקרו ומאי מיקרו ע״כ אש והדר תני אש שלהבת משמע ולא לוחשות: ואמר רב ששת גרסינן: **יכול בין עוממות בין לוחשות.** איזה שירצה דתרווייהו גחלי מיקרו ת״ל אש בתר גחלי לאפוקי עוממות: **ואי אש.** בלא גחלי יכול שלהבת דודאי אש סתמא אין גחלים לוחשות במשמע תלמוד לומר גחלי אש להכי כתב תרווייהו: **מכל מקום לרבי קשיא.** דמדאיצטריך גחלי שמע מינה אש סתמא אין גחלת במשמע: **אמר אביי תריץ הכי גחלי יכול עוממות ולא לוחשות.** ולוחשות לאו גחלי נינהו אלא אש תלמוד לומר אש דהיינו לוחשות אבל בסיפא לא תימא אי אש יכול שלהבת ולא גחלת אלא אי אש יכול רצה גחלים לוחשות רצה שלהבת בלא גחלים ותרווייהו אש מיקרו ת״ל גחלי אש למעוטי שלהבת גרידתא: **מחצה גחלת ומחצה שלהבת.** כגון אוד שאוחז האור ברובו יטול ממזבח החיצון דבין גחלת ובין שלהבת מיקרו אש וכי מטי התם ממזבח החיצון לפני ולפנים הוה ליה כולה גחלת דאיט לטיולי הכי לא איצטריך מיעוטא דלפני מלך בשר ודם אין מביאין אוד בשלהבתו מפני שמעלה עשן וכי איצטריך מיעוטא לשעת לקיחה איצטריך: **ת״ל כו׳.** משעת לקיחה להוי גחלי אש ואין שלהבת משמע גחלי אש: **ארזים לא עממוהו.** לא הכהו את מראיתו לפי שהיה נאה מכל אילנות ועל חירם מלך צור נאמר: **מתני׳ נגע בחרסו של תנור וכו׳.** נגע הפסח בחרסו של תנור: **יקלוף.** מן הפסח מקום שנגע בתנור כדמפרש בגמ׳ שנתבשל שם מחום התנור ולא צלי אש הוא כדאמרן לעיל משום שנאמר צלי אש שני פעמים למעוטי תנור שגרפו וחרס הדפנות גרוף ועומד הוא: **נטף.** בתנור מרוטב על החרס: **וחזר אליו.** שחזר שומן שנתחמם מן החרס ונבלע בפסח: **יטול את מקומו.** דלא סגי ליה בקליפה אלא בנטילה יפה יפה בעובי דשומן נבלע בתוכו הרבה ואותו שומן מבושל מן החרס (היה): **נטף מרוטבו על הסולת.** מפרש בגמ׳ בסולת רותחת דמטוי רוטבו מחום הסולת והוי צלי מחמת דבר אחר ואסור למיכליה דההוא רוטב שבתוך הסולת משום אל תאכלו כי אם צלי אש הילכך יקמוץ את מקומו וישרוף אותו קומץ כשאר קדשים פסולין: **אם חי ידיחנו.** דלא בלע: **צלי.** בעי קליפה משום דבלע: **אין מוכרין מעשר שני בירושלים.** ואפילו לאוכלו שם בקדושה דכי ירבה ממך הדרך ונתתה בכסף כתיב (דברים יד): **גמ׳ חם לתוך חם.** בשר רותח לתוך חלב רותח או אחד של איסור ואחד של היתר:

אסור

מסורת הש״ס

רש״ל

[גלאס רבא]

[שבת כה: יומא מה:]

ברכות נג: [פ״ש] שבת טז: [פ״ש]

גליון הש״ס

תוס׳ ד״ה ואם צלי. דמתוך שהוא רך ע״י חולין לז: תוס׳ ד״ה אבל בגלס.

§ מסכת פסחים דף עה: §

אות א'

משעת לקיחה ניהוי גחלים

רמב"ם פ"ג מהל' תמידין ה"ה - וכיצד חותה, זה שזכה במחתה לוקח מחתה של כסף ועולה לראש המזבח ומפנה את הגחלים אילך ואילך, ונוטל מן הגחלים שנתאכלו במערכה שניה, ויורד ומערן לתוך מחתה של זהב; אם נתפזרו מן הגחלים כמו קב או פחות, מכבדן לאמה, ובשבת כופה עליהן הפסכתר; ואם נתפזר יתר על קב, חוזר וחותה. השגת הראב"ד: וכיצד חותה וכו' עד שנתאכלו במערכה. א"א אין זה בנוסחא המדויקת לענין קטרת אלא לענין [א]תרומת הדשן.

רמב"ם פ"ד מהל' עבודת יוה"כ ה"א - ונוטל את המחתה וחותה בה [ב]אש מעל המזבח מן הסמוך למערב, שנאמר: מעל המזבח מלפני ה'.

אות ב'

נגע בחרסו של תנור, יקלוף את מקומו

רמב"ם פ"ח מהל' קרבן פסח הי"א - נגע הבשר בחרסו של תנור, יקלוף את מקומו, מפני שהוא צלי החרס.

אות ג'

נטף מרוטבו על החרס וחזר אליו, יטול את מקומו

רמב"ם פ"ח מהל' קרבן פסח הי"ב - נטף מרוטבו על החרס וחזר עליו, יטול את מקומו, [ג]שכל המרק והליחה שתפרוש ממנו כשיצלה אסורה, שהרי אינה בשר צלי.

אות ד'

נטף מרוטבו על הסולת, יקמוץ את מקומו

רמב"ם פ"ח מהל' קרבן פסח הי"ג - נטף מרוטבו על הסלת, [ד]יקלוף את מקומו וישליכנו.

אות ה' – ו'

סכו בשמן תרומה, אם חבורת כהנים יאכלו; אם של ישראל, אם חי הוא ידיחנו, ואם צלי הוא יקלוף את החיצון

סכו בשמן של מעשר שני, לא יעשנו דמים על בני חבורה

רמב"ם פ"ח מהל' קרבן פסח הי"ד - סכו בשמן של תרומה, אם חבורת הכהנים יאכלו; ואם של ישראל, אם חי הוא ידיחנו [ה]וינגב, ואם צלי יקלוף את החיצון. סכו בשמן של מעשר שני, לא יעשנו דמים על בני חבורה, [ו]שאין פודין מעשר שני בירושלים, כמו שביארנו במקומו.

אות ו'*

שאין פודין מעשר שני בירושלים

רמב"ם פ"ב מהל' מעשר שני ה"ח - אין פודין מעשר שני בירושלים אלא א"כ נטמא, שנאמר: כי ירחק ממך המקום, בריחוק מקום הוא נפדה ואינו נפדה בקירוב מקום.

אות [ז']

חם לתוך חם, דברי הכל אסור

רב אלפס חולין פ"ח דף [ח]מ"א: ובראש שם סימן לד.

באר הגולה

[א] ‹וטעמו, דהתם בעינן שיהיה הגחלים מאוכלות, שיהו קרובות לדשן, וגם התם צריך שיפנה אילך ואילך כדי שיקח מהגחלים של איברים שנשרפו, ולא מהעצים, אבל כאן אין טעם לשום אחד מהדברים, דלמה לי כאן מאוכלות, וגם למה צריך שיפנה אילך ואילך, זהו טעמו של הר"א ז"ל – לחם משנה› [ב] ‹ראיתי בתוס' יום טוב פ"ד דיומא מ"ג שהרגיש בזה {קושיית הראב"ד}, והאריך והעיר, למה בפ"ב מהל' עבודת יוה"כ ה"ה ובפ"ד מהל' עבודת יוה"כ ה"א, לא הזכיר רבנו כלל שחותה ליקח מהמאוכלות. **והנכון** דרבנו גריס לה בפ"ה דתמיד, ולא גרס פנימיות, והטעם כדתניא בתורת כהנים, דמצוה מן המובחר שיהיו לוחשות, **משא"כ** בסדר יומא לא גריס לה כלל, כיון דיוה"כ אסור בעבודה, הרי כל מה דאפשר למעט בחיתוי עדיף, דקיי"ל החותה גחלים חייב משום מכבה ומשום מבעיר, **ועיין** פסחים דף ע"ה: אי אש יכול מחצה גחלת ומחצה שלהבת, אדעייל לגואי הוי כולה גחלת, ת"ל ולקח וגו' משעת לקיחה נהוי גחלים, ועיין פי' רש"י, דהיינו אוד שהוצת האור ברובו וכו', **אלמא** דכל שנוטל גחלים מחצה עוממות ומחצה לוחשות, דאדעייל לגואי הוי כולה לוחשת, לית לן בה, ולפ"ז שאני יוה"כ דאדעייל לפניי ולפנים הוו כולהו לוחשות, הוא דלא יפנה, **משא"כ** שאר קטרת אפי' של שבת, דמכנים להיכל שאינו רחוק כל כך לומר אדעייל הוי כולהו לוחשות, שפיר גרסינן פינה וכו', כדי ליטול מהלוחשות, וסרה תלונת הראב"ד ותוס' יום טוב מעל רבנו – מרכבת המשנה› [ג] ‹משמע מדבריו דהרוטב של פסח אסור הוא, ואינו כבשר, וכן משמע מדבריו ז"ל בפירוש המשנה, שכתב דאסור לאכול ממנו אלא מה שנשאר בעצמותו, אבל לא מה שישוב ממנו, דהרי הוא כמרק. **ויש** לפרש דבריו בתרי טעמי, או משום דרוטב לאו בשר הוא. ולפי זה תיקשי, איסור מנ"ל, נהי דאין יוצא ברוטב אכילת פסח, דכתיב ואכלו את הבשר בלילה הזה, אבל מנ"ל דאסור בו. **ועל** כרחך צריך לומר דלא חשיב צלי אש, אלא מרק בעלמא, וזהו שכתב שהרי אינו בשר צלי. **ומכל** מקום דבריו ז"ל נפלאים הם, ולא משמע כן בגמרא שם בפרק כיצד צולין (פסחים ע"ו ע"א), דמוקי לה התם בחרס רותחת וסולת רותחת, דהוי הרוטב צלי מחמת דבר אחר, אבל אין ברוטב של פסח איסור מצד עצמו – קרן אורה› [ד] ‹בלשון המשנה יקמוץ את מקומו, ואיני יודע למה שינה רבינו, ונראה דט"ס הוא בספרי רבינו, דלא שייך בסלת לשון קליפה – כסף משנה› [ה] ‹רבינו לפי שיטתיה אזיל דכתב לעיל {הל' ח'}, דדוקא ביין ושמן סכין אותו, אבל לא במים, משום הכי כתב הכא דבעי נגיבה קודם הצליה – מלכי בקדש› [ו] ‹עיין ברש"י ותוס'› [ז] ‹ע"פ מהדורת נהרדעא› [ח] ‹ע"ש, ושם תמצא על גמרא חולין דף קי"ב.›

§ מסכת פסחים דף עו. §

אות א׳ - ב׳

חם לתוך חם אסור, וכן צונן שנתן לתוך חם אסור

חם לתוך צונן קולף, צונן לתוך צונן מדיח

יו"ד סימן צא ס"ד - [א]בשר וחלב רותחין שנתערבו יחד, ואפילו בשר צונן לתוך חלב רותח, או חלב צונן לתוך בשר רותח, הכל אסור - אם אין ס׳, ודוקא שנפל לתוך בשר רותח שמונח בקדירה, **אבל** לא על בשר רותח צלי חוץ לקדירה, לדעת הטור, ‹פי׳, אע"ג דלדעת הטור והמחבר צלי כחוש אינו אוסר רק כדי נטילה, ומדכתב סתמא משמע אפי׳ הבשר כחוש הכל אסור, וצ"ל דשאני חתיכה זו כיון שעומדת בקדירה מתוך שיש בה הבל, והאיסור הוא צלול, דהיינו לחלוחית החלב, מתפשט בכולה אף על פי שהיא חוץ לרוטב› **ולדידן** בכל ענין אסור עד ס׳, ‹דלא בקיאין בין כחוש לשמן – מחה"ש›, וכמ"ש בסי׳ צ"ב ובסי׳ ק"ה - ש"ך.

משום דתתאה גבר - כלומר שהתחתון שהוא רותח מחמם העליון הצונן - ש"ך. [**והיינו דוקא באיסור מחמת עצמו, אבל אם הוא איסור בלוע, אינו יוצא מחתיכה לחתיכה בלא רוטב**, ת"ח – ט"ז], ‹ואיירי לט"ז כשהוא חוץ לקדירה, ומיירי דהוא שמן, וממילא אוסר הכל אפי׳ להמחבר, חו"ד›. ‹**תמוה**, הא הכא הוי רוטב, כיון דתתאה חם וגובר, החלב מקרי רוטב – רעק"א›.

[ב]אבל חלב רותח שנפל על בשר צונן, או בשר רותח שנפל לתוך חלב צונן, קולף הבשר, ושאר הבשר מותר - משום דכאן דהתחתון הוא צונן הוא מקרר העליון, אלא דאדמיקר ליה בלע פורתא, לכך צריך קליפה - ש"ך, [אדמיקר פי׳ רש"י שמצננו, ובאו"ה כתב שמכביד עליו, וכן במרדכי – ט"ז].

נתבאר בסי׳ ק"ה, דאפי׳ נפל החלב רותח על בשר צונן ע"י עירוי שלא נפסק הקלוח, סגי בקליפה, **וכן** אפי׳ נפסק הקלוח בעי קליפה - ש"ך.

(ובמקום שהבשר צריך קליפה, אם לא קלפוהו ובשלו כך, מותר בדיעבד). והחלב, מותר כולו. ואם נפלו זה לתוך זה צוננין, מדיח הבשר, ומותר.

יו"ד סימן קה ס"ג - [ג]נפל איסור חם לתוך היתר חם דכלי ראשון, או אפילו איסור צונן לתוך היתר חם, הכל אסור, דתתאה גבר על העליון ומחממו עד שמפליט בתחתון - היינו בדבר של רוטב, או בצלי שמן וכה"ג, משא"כ בכחוש לדעת הט"ו, ולדידן בכל ענין אסור - ש"ך. (**עיין** בס׳ חמודי דניאל שכתב, דאינו נאסר תיכף אם סילק מיד, אא"כ שהה קצת, כמ"ש בסימן צ"ב ס"ב, אם ניער וכיסה מיד מותר, ומה לי ניער וכיסה או סילק האיסור - פת"ש).

ואין צריך לומר דהיתר צונן לתוך איסור חם, שהכל אסור. אבל אם העליון חם והתחתון צונן, אינו אוסר אלא כדי קליפה, אפילו אם העליון החם איסור.

אות ג׳ - ד׳

מליח הרי הוא כרותח

לא אמרן אלא שלא נאכל מחמת מלחו וכו׳

יו"ד סימן צא ס"ה - [ד]מליח, שאינו יכול ליאכל מחמת מלחו, דהיינו [ה]כעין מליח שמולחים לקדירה, ושהה כדי מליחה לקדירה, כל זמן שלא הדיחו מיקרי אינו נאכל מחמת מלחו. הגה: וי"א דלאחר ששהה במלחו שעור מליחה לא מקרי אח"כ רותח; ולצורך גדול, כגון בהפסד מרובה והוא לצורך סעודת מצוה, יש לסמוך אמקילין; אבל בלאו הכי, אין להקל כלל. אפילו לא נמלח הבשר משני לדדין, רק מצד אחד, כל שנמלח מליחה שאינו נאכל מחמת מלחו, מחשב רותח; אבל כל שלא נמלח כל כך, מחשב צונן, אפילו נמלח משני לדדין. וי"א דאנן אין בקיאין בדבר, ויש לנו לחשב אפילו מליחת צלי כרותח; וטוב להחמיר במקום שאין הפסד מרובה. [ו]ומליח כעין מליח דבעי לה לארחא, אפילו לאחר שהדיח, הוי אינו נאכל מחמת מלחו, וכל זמן שלא שראו במים דינו כרותח, לאסור כדי קליפה. הגה: וי"א דבכל מליחה אנו משערין בס׳.

אות ה׳

והני מילי חי, אבל צלי בעי קליפה וכו׳

יו"ד סימן צא ס"ז - דע שיש בענין זה ג׳ שיטות: ספר התרומה והשערים והרא"ש והטור ומהרי"ל ושאר פוסקים סוברים, דבשר צלי אפילו צונן שנפל לחלב, אפילו נאכל מחמת מלחו, בעי קליפה, ואם יש בבשר בקעים, או שהוא מתובל בתבלין, אפילו הוא חי, כולו אסור, **ודעת** הראב"ד והרשב"א והר"ן ‹והמחבר›, דאם הצלי צונן, לעולם א"צ אלא הדחה, אלא דאם הוא רותח צריך קליפה, ואם יש בו בקעים או מתובל בתבלין, והוא רותח, כולו אסור, ומשמע מדברי הרשב"א שם שכן דעת רש"י, [ז]**וכן** משמע באמת דעת רש"י פ׳ כיצד צולין, ומהרש"ל לא עיין אלא ברש"י פכ"ה, ולכן כתב שאין שום משמעות מפרש"י, **ודעת** א"ז והגהת מרדכי בשם מהר"ף והסמ"ק ‹והרב בהגה› נראה, דצלי צונן צריך קליפה, ואי מתובל בתבלין או יש בקעים והוא צלי צונן, כולו אסור, אבל בחי לא, וכן דעת הסמ"ג, וכ"כ הרא"ש שלכאורה משמע הכי, וכן דעת מהר"ם מרוטנבורג, וכן דעת הכל בו, וכ"נ דעת האו"ה, וכן מהרא"י, וכ"פ מהרש"ל שם, והרב בת"ח, אלא דכאן בהג"ה מיקל במקום הפסד מרובה, **והעט"ז** סתם לגמרי כדברי המחבר, ולא נהירא כלל - ש"ך.

‹המשך ההלכות בעמוד הבא›

באר הגולה

[א] **פלוגתא דרב ושמואל פסחים דף ע"ו. וכשמואל דתניא כוותיה שם, הסכמת הפוסקים** [ב] **ברייתות שם וכדמתרץ להו שם בגמרא** [ג] **ציינתיו לעיל בסי׳ צ"א סעיף ד׳** [ד] **מימרא דרבא אליבא דשמואל דאמר מליח הרי הוא כרותח, חולין דף קי"ב: ופסחים דף ע"ו.** [ה] **טור בשם ר"ת** (ור"ן) **וכ"כ התוס׳ והרא"ש והמרדכי בשמו, וכ"נ דעתם ושאר פוסקים** ‹והביא הרמב"ן דברי רש"י כאן ע"ש, וכתב עליו: ואפשר שזו המליחה נמי כמליחת ר"ת ז"ל› [ו] **שם בשם פי׳ רש"י** (בחולין) **אמימרא דרבא דלעיל ור"ן** [ז] ‹עיין בחשק שלמה וז"ל: נ"ל דט"ס נפל ברש"י (ד"ה ואי מיתבל), ודבור זה שייך למעלה, וצ"ל ההוא בר גוזלא. צונן הוה כדמפרש. **ורש"י** ז"ל מפרש דחי היינו צונן, ומזה הוציא הרשב"א ז"ל שם, דצלי היינו צלי רותח דוקא, ודו"ק›. ‹**אבל** אדרבה מבואר מרש"י ד"ה צונן הוא "דאפי׳ צונן גמור הוא הפסח", דאפי׳ היה צונן לגמרי בעיא קליפה – יד יהודה›

מסורת הש"ס

עין משפט נר מצוה

כא א ב מיי' פ"ט מהל' מ"א הלכה יז סמג לאוין קמג טוש"ע יו"ד סימן נא סעיף ד וסימן קה סעיף ג:

כב ג ד מיי' שם הלכה יח סמג שם טור שו"ע יו"ד סימן נא סעיף כ:

כג ה מיי' שם הלכה יט סמג שם טור שו"ע שם סעיף ז:

אסור צונן לתוך צונן דברי הכל מותר חם לתוך צונן וצונן לתוך חם רב אמר עילאה גבר ושמואל אמר תתאה גבר תנן נטף מרוטבו על החרס וחזר אליו יטול את מקומו קא סלקא דעתך בחרס צוננת בשלמא לרב דאמר עילאה גבר משום הכי יטול את מקומו דאזיל רוטב מרתח ליה לחרס והדר חרס מרתח ליה לרוטב וכי הדר רוטב אפסח קא מטוי פסח מחמת חמימותא דחרס ורחמנא אמר "צלי אש ולא צלי מחמת דבר אחר אלא לשמואל דאמר תתאה גבר חרס כיון דצונן הוא אקורי מיקר ליה לרוטב אמאי יטול את מקומו כדאמר רבי ירמיה אמר שמואל בסולת רותחת הכא נמי בחרס רותח תנן נטף מרוטבו על הסולת יקמוץ את מקומו קא סלקא דעתך בסולת צוננת בשלמא לרב דאמר עילאה גבר משום הכי יקמוץ את מקומו דמרתח לה לסולת דהדר הדרניה והדרא סולת ומרתחא ליה לדידיה וקא מטוי רוטב מחמת חמימותא דסולת ורחמנא אמר צלי אש ולא צלי מחמת דבר אחר אלא לשמואל דאמר תתאה גבר סולת כיון דצוננת היא אקורי קא מיקר ליה למה לי יקמוץ את מקומו (תסגי ליה ביטול את מקומו) א"ר ירמיה אמר שמואל בסולת רותחת תנן סכו בשמן של תרומה אם חבורת כהנים יאכלו אם של ישראל אם חי הוא ידיחנו אם צלי הוא יקלוף את החיצון בשלמא לרב דאמר עילאה גבר אמטו להכי סגי ליה בקליפה משום דעילאה צונן הוא אלא לשמואל דאמר תתאה גבר כיון דחם הוא מבלע בלע אמאי סגי ליה בקליפה משום דמשחו בעלמא הוא דעבידא תניא כוותיה ניתסר לגמרי שאני סיכה דשמואל "חם לתוך חם אסור וכן צונן שנתן לתוך חם אסור חם לתוך צונן וצונן לתוך צונן מדיח כיון דחם הוא אדמיקר ליה אי אפשר דלא בלע פורתא קליפה מיהא ניבעי אלא אימא "חם לתוך צונן קולף צונן לתוך צונן מדיח תניא אידך בשר רותח שנפל לתוך חלב רותח וכן צונן שנפל לתוך חם אסור חם לתוך צונן וצונן לתוך צונן מדיח כיון דחם הוא אדמיקר ליה אי אפשר דלא בלע פורתא קליפה מיהא ניבעי אלא אימא חם לתוך צונן קולף צונן לתוך צונן מדיח אמר מר צונן לתוך צונן מדיח אמר רב הונא לא שנו אלא שלא מלחו אבל מלחו אסור *דאמר שמואל "מליח הרי הוא כרותח כבוש הרי הוא כמבושל אמר רבא הא דאמר שמואל מליח הרי הוא כרותח (וכו') "לא אמרן אלא שלא נאכל מחמת מלחו אבל נאכל מחמת מלחו לא *ההוא בר גוזלא דנפל לכדא דכמכא שרייא רב חיננא בריה *דרבא מפשרוניא אמר רבא מאן חכים למישרא מילתא כי הא אי לאו רב חיננא בריה *דרבא מפשרוניא דגברא רבה הוא אמר לך כי אמר שמואל מליח הרי הוא כרותח שאין נאכל מחמת מלחו האי נאכל מחמת מלחו "והני מילי חי אבל צלי בעי קליפה ולא אמרן אלא דלית ביה פילי אבל אית ביה פילי אסור ואי מתובל בתבלי אסור אמר רב

בשר

[בכורות מט:]

[תוספתא חולין פ"ח]

חולין קיב. קיא: קיב.

שם קיב.

ב"ח רבה מפרשניא

רש"י

אסור דבלע היתר מאיסור: עילאה גבר · העליון נוצח והלכך חם לתוך צונן אסור שהעליון מחממו לתחתון והרי שניהן חמין ובלעי מהדדי וצונן לתוך חם מותר שהעליון מצננו לתחתון ולא בלעי: ושמואל אמר תתאה גבר · הלכך חם לתוך צונן מותר וצונן לתוך חם אסור ואף על גב *דהילכתא כרב בהיתרי (בד"א) באיסורי הלכתא כשמואל דהא תניא דרבי מתני' כוותיה כדלקמן: והדר חרס ומחמם ליה לרוטב · דהוי צלי מחמת דבר אחר: אקורי מיקר ליה · ואמאי יטול את מקומו ולא גרסינן בקולף את מקומו סגיא: לסולת דסדר סודרניה · לסולת אשר סביבותיו: סדר סודרניה · לשון סחור סחור (א) ליה: ואמאי יקמוץ · והכא כמי לא גרס ביטול את מקומו סגיא: [צונן הוא] · דאקורי קא מיקר ליה וקליפה מיהא בעיא דאפילו צונן גמור הוא הפסח מאחר שנגלה ויבש שאי אפשר דלא טייל ביה סיכת השמן פורתא: וצונן לתוך חם אסור · אלמא תתאה גבר: עד דמיקר ליה · קודם שיצטנן בלע כל דהו: כבוש · כבוש בחומץ: הרי הוא כמבושל · ואם כבשו איסור והתר יחד (ג) כולן אסורין: שאין נאכל מחמת מלחו · שהמליחו הרבה עד שמקדיח טעמו מחמת מלחו קצת ואינו ראוי לאוכלו אלא אם כן הדיחו והאי אין נאכל לאו לגמרי קאמר שאין שום אדם יכול לאוכלו אלא כיון שנתקלקל טעמו אינו נאכל מחמת מלחו קרי ליה ואסור: כמכא · כותח ואית ביה נסיובי דחלבא: מפשרוניא · מקום: ולא אמרן · דלגי בקליפה סגי ליה אלא דלית ליה פילי פילי קרבנ"ש: ואי מתובל · בר גוזלא בתבלי אסור דתבלי מרככי ליה ומיילי ובלעי לכותחא ובר גוזלא צונן הוה כדמפרש:

הגהות הב"ח

(א) רש"י ד"ה סדר סודרניה וכו' סחור סחור ליה ואח"כ מ"ה ואמאי יקמוץ וכו' אקורי קא מיקר ליה: (ב) ד"ה הרי הוא וכו' כולן אסור הס"ד:

תוספות

תנן נטף מרוטבו על החרס כו' · מרישא דקתני נגע בחרסו של תנור יקלוף את מקומו ליכא לאקשויי אפי' למאי דס"ד בחרס צונן דכ"ע מודו דתתאה בלע כדי קליפה וה"ה לאחר שהאש מטע מבשל בפסח כדי קליפה א"נ כיון דקתני נגע אין להוכיח אם נגע מלמעלה או מלמטה אבל הכא דקתני נטף משמע למטה א"נ כמי חרסו של תנור ודאי חם הוא אבל סיפא דקתני על החרס קס"ד בחרס צונן ולא נהירא דמדנקט חרס משמע דבחרס תנור מיירי:

בשלמא למאן דאמר עילאה גבר להכי יטול את מקומו · וא"ת למאן דאמר עילאה גבר למה הפסח אינו נאסר מחמת השפוד ויהיה צריך ליטול את מקומו סביב השפוד ואומר ר"י דאין שפוד של עץ קולט חום כל כך כמו חרס וסולת א"נ כמי מכפנים אינו רותח כבחוץ ברוב ספרים ובפירוש ר"ח גרס וכי הדר רוטב אפסח מיטוי פסח מחמת חמימות החרס כו' וקשה דתיפוק ליה שרוטב איסור נבלע בפסח ונראה דהא דקאמר ומיטוי פסח ארוטב קאי מדקאמר מחמת חרס דאי אפסח קאי הוה ליה למימר מחמת רוטב:

אלא למ"ד תתאה גבר אוקורי מיקר ליה · ה"ג בכל הספרים ובפר"ח ביטול את מקומו סגי ורש"י מחקו משום דקשיא ליה כיון דאוקורי מיקר מה איסורא יש ברוטב ודוחק לומר כגון שהסולת של חבורה אחרת ואסור להן הרוטב לפי שאינו מנוי ולר"ת נראה דגרס ליה שפיר דע"כ מיירי כגון שהרוטב לא נצלה כל צורכו והו"ל אברכים דבנצלה כל צורכו לא הוה תו מפסיל משום צלי מחמת דבר אחר וצלאו ואחר כך בישלו דאסור הייט דוקא במים משום ריבויי' דובשל מבושל מכל מקום כדאמר בסוף כל שעה (לעיל דף מא.) אבל בדבר אחר לא ותדע דהכי הוא דבע"א היה אסור לחתוך בסכין פסח בעוד שהוא חם דמחמם ליה לסכין ומחמם לדידיה והוה ליה צלי מחמת דבר אחר אלא בנצלה כל צורכו לא מיפסיל משום הכי וא"ת מ"מ למה נאסור הסולת משום זה יאפו אותו וינצלה כמו הרוטב וי"ל דלא הוי צלי מחמת דבר אחר שהרי על ידי חמימות הסולת הוא נצלה ומיהו לפי זה לא הוה צריך לעיל לאסוקי והדר סולת ומרתח ליה לרוטב דמה צריך לאסוקי איסור ברוטב משום צלי מחמת דבר אחר כיון דאית ביה איסור נא ואור"ת דניחא ליה לאסוקי כל איסור שיכול לומר אבל לעיל גבי נטף מרוטבו על החרס לא גרס ביקלוף את מקומו סגי שהרי יכול לצלותו עם הרוטב ובפי' ר"ח ליתיה:

משום הכי סגי ליה בקליפה · וכגון שסכו אחר שנצלו ולא נשהה בתנור אחר סיכה כלל שאם לא כן ע"י רתיחת התנור היה נבלע אפי' למאן דאמר עילאה גבר:

תניא אידך בשר רותח כו' · תימה הא תו למה לי להביאה ואומר ר"ת דקמ"ל דאפילו חלב שרי דאע"ג דחם לתוך צונן בעי קליפה בדבר שיכול לעשות קליפה בדבר דלא שייך קליפה כמו בחלב מותר מדלא קתני איסורא גבי חלב כדקתני קליפה גבי בשר וריב"א חולק בזה ומצריך ששים כדי קליפה:

רבינו חננאל

צונן לתוך צונן דברי הכל מותר חם לתוך צונן וצונן לתוך חם רב אמר עילאה גבר ושמואל אמר תתאה גבר. תנן נטף מרוטבו על החרס וחזר יטול את מקומו קס"ד בחרס צוננת בשלמא לרב דאמר עילאה גבר כיון דרוטב חם הוא בעידנא דנטף על החרס והוא צונן ארתחיה לחרס ונעשו חם וחם והדר חרס אחים ליה רוטב וכי הדר רוטב אבשרא דפסח אשתכח דפסח קא מטוי מחמת חמימות דחרס והו"ל צלי מחמת דבר אחר ורחמנא אמר צלי אש ולא צלי מחמת דבר אחר אלא לשמואל דאמר תתאי גבר כיון דחרס צונן הוא אקוריה קא מיקיר ליה לרוטב אמאי תנינן יטול את מקומו ומשני בחרס רותחת היא מתני' והוא חם לתוך חם: תנן נטף מרוטבו על הסלת יקמוץ את מקומו קס"ד בסלת צוננת וכו' עד לשמואל ביטול את מקומו סגי אמאי יקמוץ ושני ר' ירמיה בסלת רותחת: ת"ש ממתני' סכו לפסח בשמן של תרומה אם חבורת כהנים יאכלו אם חבורת ישראל אם חי הוא ולא נצלה עדיין ידיחנו ואם צלי יקלוף את החיצון מותר אפי' לישראל בשלמא לרב כיון דשמן צונן הוא אקורי קא מיקיר ליה לפסח ובקליפה סגי אלא לשמואל כיון דפסח חם הוא מחמם ליה לשמן ונעשה חם בחם דלדברי הכל אסור אמאי תני יקלוף את החיצון ודחי שאני סיכה דמשחו עבדי וכיון שהוא מועט אינו נבלע אלא בחיצון בלבד: תניא כותיה דשמואל בשר רותח שנפל לתוך חלב רותח וכן צונן לתוך חם אסור חם לתוך צונן קולף צונן לתוך צונן מדיח והא דתני צונן לתוך חם ונתן לתוך צונן לא שנו אלא שאינו מלוח אבל מליח אסור דאמר שמואל מליח הרי הוא כרותח כבוש הרי הוא כמבושל והני מילי דאמר שמואל מליח הרי הוא כרותח מליח שאינו נאכל מחמת מלחו כלומר הוא מלוח הרבה אבל אם נאכל מחמת מלחו [לא] וקי"ל כשמואל דתניא כותיה ורב ותנא ורבא דהוא בתרא מפרשי טעמיה ש"מ דהלכתא כותיה ורב ותנא עבד כשמואל ושרא לבר יונה דנפל בכמכא דהוא כותחא ואית ביה נסיובי דהלכתא והני מילי בר יונה נא אבל צלי בעי קליפה ואי אית ביה פילי פי' פלחי כמין נומות בלע כוליה ואסור ואי לית ביה פילי

עין משפט נר מצוה

כד א מיי' פט"ו מהל' מ"א הלכה לב סמג לאוין [קלז] קמא טוש"ע יו"ד סימן קח סעיף א' [רב אלפס חולין פ"ז דף לא. ושם כל הסוגיא דסכל וכ"ה ברא"ש פרק כהגל דש"ב סימן ח]

כה ב מיי' פ"ה מהל' ק"פ הלכה יד :

כו ג ד מיי' פט"ו מהל' תרומות הלכה יג טוש"ע יו"ד סימן קח סעיף ד :

כז ה מיי' פ"ט מהלכות מ"א הלכה כג סמג לאוין קמא טור שו"ע יו"ד סימן צז סעיף ג :

כח [ו] [טוש"ע יו"ד סי' קטז סעיף ב]:

כט ו מיי' פ"ד מהלכות ביאת מקדש הל' יח:

כט ז מיי' פ"ז מהלכות ק"פ הלכה ח:

ל ח מיי' פ"ב מהלכות חגיגה הלכה ח:

מסורת הש"ס

מאי לאו תערובת טעמים · לפי מה שפי' בקונטרס דלוי לא שרי אלא בדיעבד קשיא מה פריך דהכא לכתחלה קתני אבל בדיעבד הוה שרי לוי: **נימא** תהוי תיובתא דרב · תימה מאי קושיא הא דאסר משום תערובת גופים היינו היכא דשניהם כחושים דליכא תערובת טעמים:

אסרה רבא מפרזיקא · ס' מכאן פוסק ר"ת כרב ורבא נמי דשרי בבת היהא (ע"ז דף סו:) מלי סבר כוותיה ושם מפורש ובתוספות [גדולים] שלנו נראה דמותר לאפות לחם עם אותו פשטיד"א הואיל ומסוגת היטב הוי כעין שתי קדירות ואפי' פלדוס"ש יש להרחיק אין נראה לרבי שיהא אסור שיש אויר מרובה בתנור והבהל מתפשט:

קא משמע לן כיון דלא דחיא שבת לא דחיא טומאה · ולא גרס כיון דאית לה תשלומין שאין הטעם תלוי בכך דלעיל בפרק אלו דברים (דף סט:) ילפינן דלא דחיא שבת מתוקנות וגו' · ועוד פסח נמי אית ליה תשלומין בשני ודחי טומאה ועוד חגיגת ע"ש איכא למ"ד *בפירקין דלית לה תשלומין בטומאת בעלים שאם נטמאו בעלים ביום ע"ז ולא חזו ביום קביעת חובתיה כה"ג לית לה תשלומין : [לקמן פ.]

בשר שחוטה שמן שצלאו · בתנור בשני שפודים זה רחוק מזה אסור שהאיח מן השמן נכנס לכחוש ומפטמו וחוזר זה ומוליא ריח גם הוא וכ"ש שחוטה כחושה ונבילה שמינה ורבותא אשמעינן רב דלא נימא נבילה כחושה הואיל ואין ריחה טדף לא אסרה לה לשחוטה ואשמעינן דשומן שחוטה מפטם לנבילה בריחא והדר מפקא איהו ריחא : **עבד עובדא** · שנללו בתנור וכא מעשה לפניו והתיר : **דבר אחר** · חזיר : **אין צולין שני פסחים כאחד מפני התערובת** · ונמלא פסח נאכל שלא למנויו ואפילו גדי וטלה שאין מתחלפין זה בזה: **מאי לאו תערובת טעמים** · דפטמי מהדדי ונמלא פסח נאכל שלא למנויו: **לא מפני תערובת גופים** · שלא יתערבו זה בזה ואפילו גדי וטלה זימנין דלאו אדעתייא ואיחלפי : **אלא מאי על כרחיך** · דקתני ביה ואפילו גדי וטלה שמעינן מינה דמפני תערובת גופים קאמר אבל לתערובת טעמים לא חייש נימא תיהוי תיובתא דרב : **הכא במאי עסקינן** · דקתני גדי וטלה דלא חייש לתערובת טעמים שצלאן בשתי קדירות : **בשתי קדירות ס"ד** · וכי צולין פסח בקדירה : **כעין שתי קדירות** · שפוד מכאן ושפוד מכאן ותל גדול של גחלים או אפר באמצע : **סרודה** · מן התנור : **אוסר** · לזרים מפני שנכנס לה ריח התרומה : **שואבות** · את הריח : **כנוי** · דאמר ריחא לאו מילתא היא ודאי מילתיה כתנאי אמרה דעל כרחיך רבי מאיר אית ליה ריחא מילתא היא וכן רבי יוסי ואי איכא דקאי כוותיה רבי יהודה הוא דקאי כוותיה : **אלא רב מי לימא כתנאי היא** · כלום לריך לאוקומי למילתיה כתנאי ולמימר הכא דאמרי כרבי מאיר ורבי יוסי אבל דרבי יהודה לית ליה או דילמא רבי יהודה נמי קאי כוותיה וטעמא דשרי משום דקא סבר לא עייל בה ריחא : **אמר לך רב דכולי עלמא ריחא מילתא** · וטעמא דרבי יהודה משום דפת צוננת (*וחבית) מגופה היא ולא עייל בה ריחא דמי לאו איתמר עלה ט' ואע"ג דקיימי תנאי כוותיה דרב הילכתא כוותיה דלוי דהא איפליגו בה אביי ורבא גבי בת תיהא במסכת ע"ז (דף סו:) וקם ליה רבא בשיטתיה דלוי ואמר ריחא לאו מילתא היא ואביי ורבא הילכתא כרבא וכן הוא בתשובות הגאונים ואף משמו של רבי אליעזר בן

[תוספתא פ"ו]

[שם ופ"ש]

בשר שחוטה שמן שצלאו עם בשר נבילה כחוש אסור מאי טעמא מפטמי מהדדי ולוי אמר *אפילו בשר שחוטה כחוש שצלאו עם בשר נבילה שמן מותר מאי טעמא ריחא בעלמא הוא וריחא לאו מילתא היא עביד לוי עובדא בי ריש גלותא בגדי ודבר אחר מיתיבי *אין צולין שני פסחים כאחד מפני התערובת מאי לאו תערובת טעמים וקשיא ללוי לא מפני תערובת גופין הכי נמי מסתברא מדקתני סיפא *אפילו גדי וטלה אי אמרת בשלמא מפני גופין היינו דקתני אפי' גדי וטלה אלא אי אמרת מפני תערובת טעמים מה לי גדי וטלה מה לי גדי וגדי אלא מאי על כרחך מפני תערובת גופין הוא דאסור אבל תערובת טעמים שרי לימא תיהוי תיובתיה דרב אמר רבי ירמיה הכא במאי עסקינן כגון שצלאו בשתי קדירות בשתי קדירות סלקא דעתך אלא אימא כעין שתי קדירות והכי קאמר אין צולין שני פסחים כאחד מפני תערובת מאי תערובת תערובת טעמים ואפי' כעין שתי קדירות דליכא תערובת טעמים אסור משום תערובת גופין ואפילו גדי וטלה אמר רב מרי כתנאי *הרודה פת חמה ונתנה ע"פ חבית יין של תרומה ר"מ אוסר ורבי יהודה מתיר ורבי יוסי *מתיר בשל חיטין ואוסר בשל שעורים מפני שהשעורים שואבות מאי לאו תנאי היא דמר סבר ריחא לאו מילתא היא ומר סבר ריחא מילתא היא ללוי ודאי תנאי היא לרב נימא תנאי היא אמר לך רב דכולי עלמא ריחא מילתא היא לאו איתמר עלה דההיא אמר רבה בר בר חנה אמר ריש לקיש *בפת חמה וחבית פתוחה דברי הכל אסור בפת צוננת וחבית מגופה דברי הכל מותר לא נחלקו אלא בפת חמה וחבית מגופה פת צוננת וחבית פתוחה והא נמי כפת חמה וחבית פתוחה דמיא תני רב כהנא בריה דרב חיננא סבא *פת שאפאה עם צלי בתנור אסור לאכלה בכותחא ההיא ביניתא דאיטווא בהדי בישרא אסרה רבא מפרזיקא *למיכליה בכותחא מר בר רב אשי אמר אפי' [ה] במילחא נמי אסורה משום דקשיא לריחא ולדבר אחר: **מתני'** *חמשה דברים *באין בטומאה ואינן נאכלין בטומאה העומר ושתי הלחם ולחם הפנים וזבחי שלמי צבור ושעירי ראשי חדשים *הפסח שבא בטומאה נאכל בטומאה שלא בא מתחילתו אלא לאכילה: **גמ'** חמשה למעוטי מאי *למעוטי חגיגת חמשה עשר דסלקא דעתך אמינא כיון דקרבן צבור הוא וקביעא ליה מועד תדחי טומאה קא משמע לן כיון דאית ליה תשלומין כל שבעה לא דחיא שבת ומדשבת לא דחיא לא דחיא טומאה וניתני נמי שעירי הרגלים הא תנא ליה זבחי שלמי צבור אי הכי שעירי ראשי חדשים נמי לא ניתני דהא תנא זבחי שלמי צבור אמרי

שעירי

תרומות פ"י מ"ג ע"ז סו:

לעיל סב:

יצחק נאמר לי דלא חייש לה : **ביניתא** · דג : **דליטוי בהדי בישרא** · בתנור אחד : **אסרה רבא מפרזיקא למיכלה בכותחא** · שיש בו חלב משום דקסבר ריחא מילתא היא : **לדבר אחר** · לרעת : **מתני' חמשה דברים באין בטומאה וכו'** · אין לך קרבן נאכל אלא אלו וקרבן ציבור דוחה את הטומאה ואשמעינן מתניתין דאף על גב דקרב בטומאה לאפוקי ציבור ידי חובתן אין נאכלין בטומאה ולקמיה פריך ליתני נמי שעירי הרגלים : **זבחי שלמי ציבור** · כבשי עצרת שאין שלמים אחרים לציבור : **הפסח שבא בטומאה** · כגון רוב ציבור טמאין : **שמתחילתו לא בא אלא לאכילה** · כשנטמטה עיקר פסח לאכילה נגמטה דכתיב לפי אכלו וכי שרייה רחמנא למיתי בטומאה*) מאיש נדחה ואין צבור נדחין אדעתא למיכליה שרייה : **גמ' חמשה למעוטי מאי** · מניינא למה לי ליתני קרבנות ציבור באין בטומאה ואין נאכלין בטומאה : **חגיגת חמשה עשר** · והוא הדין לעצרת וסוכות אלא חדא מינייהו נקט : **כיון דקרבן ציבור הוא** · אף על גב דכל יחיד ויחיד מחייב קרי ליה קרבן ציבור משום דאתיא בכינופיא באסיפת חברים ברגל במסכת יומא בפרק הוציאו לו (דף נא·) : **תשלומין כל שבעה** · כדנפקא לן בפרק קמא דמסכת חגיגה (דף ט·) מוחגותם אותו חג לה' שבעת ימים : **הא תני ליה זבחי שלמי ציבור** · שהן מיני דמים ואשמעינן דאין נאכלין בטומאה והוא הדין לשאר מיני דמים :

הא

*) [לעיל סו. סו:]

[לקמן צה.]

גליון הש"ס

גמ' למיכליה בכותחא. עי' לעיל ל. תוד"ה ואפי' במלחא: מתני' באין בטומאה. עי' יומא ו ע"א תוד"ה תחלתו דוחה:

רבינו חננאל

פילי ומתבלע אגב חורפא דתבלי בלע כוליה ואסור: אמר רב בשר שחוטה שמן שצלאו עם בשר נבלה כחוש אסור דאזיל ריח השחוטה מפטם לנבלה וחוזר ריח נבלה מפטם לשחוטה ולוי פתיר אפילו נבלה שמינה עם שחוטה כחושה סבר ריחא ולא כלום הוא ועבד עובדא והתיר גדי שנצלה עם חזיר ואותבינן עליה מהא אין צולין שני פסחים ואפילו גדי וטלה מפני התערובות ומסתברא דמשום תערובות גופין הוא גזרה גדי וטלה אטו טלה וטלה שאם נתערבו חיישי' שמא תמול חבורה זו פסח שאינו שלה ותמצא אוכלין פסח שאינו שלהם וקשיא לרב דאמר ריחא מילתא היא ותריה כעיקר אע"נ ולא מחלפי כיון שהריח כעיקר נמצא עיקר פסח של חבורה זו בפסח של חבורה זו ואסור ומוקים לה רב הכי אין צולין שני פסחים כאחד מפני תערובות טעמים ואפי' כעין שתי קדירות כגון שיש דבר מפסיק הריח ביניהם ואין שם תערובות טעמים אסור משום תערובות גופין ואפילו גדי וטלה דלא מחלפי גזרה אטו גדי וגדי אטו טלה : אמר רב מרי כתנאי הרודה פת חמה ונתנה על פי חבית של תרומה ר' מאיר אוסר ור' יהודה מתיר ור' יוסי מתיר בפת של חטים ואוסר בפת של שעורים מפני שהשעורים שואבות ללוי ודאי תנאי היא דהא ר' מאיר אוסר בפי' (והנה ר' יהודה מתיר דלא כרב) והנה גם לרב [מי נימא] תנאי היא אמר לך הא אתמר עלה בפת חמה וחבית פתוחה לדברי הכל אסור ואפילו ר' יהודה אסר דריחא מילתא היא בפת צוננת וחבית מגופה דברי הכל מותר דליכא חשש לריח היין של תרומה כלל דהא חבית זו מגופה היא לא נחלקו אלא בפת חמה וחבית מגופה פת צוננת וחבית פתוחה והכא נבי בשר שחוטה שנצלה עם בשר [נבלה] כפת חמה וחבית פתוחה הוא לדברי הכל אסור וקיימא לן כרב דאע"ג דלוי כר' יהודה הא אתמר עלה דהובית פתוחה ופת חמה דברי הכל אסורה ומסתבר טעמא דרב ולא עוד אלא הא תני רב כהנא פת שאפאה בתנור עם בשר צלי אסור לאכלה בכותח כרב ותוב ההיא ביעתא שנצלית עם בשר ואסרה רבא מפרזיקא לאכלה בכותח שיש בו נסיובי דחלבא . מר בר רב אשי אמר לאכלה אפילו במלח משום דסבר דג ובשר להתבשל יחדיו ולהאכל קשו לריחיא ודבר [אחר] פי' נגע צרעת תני כלהו כרב הלכך כרב עבדינן וראינו מי שאמר קיימא לן כלוי ואנן לא סבירא לן כוותיה אלא הלכתא כרב : מתני' חמשה דברים באין בטומאה ואין נאכלין בטומאה העומר ושתי הלחם ולחם הפנים וזבחי שלמי צבור ושעירי ראשי חדשים הפסח שבא בטומאה נאכל בטומאה שלא בא מתחלתו אלא לאכילה ואמרינן חמשה כלומר מנין חמשה ולא יותר מה בא למעט [בא למעט] חגיגת חמשה עשר [דכיון] דאית לה תשלומין דתנן מי שלא חג ביום טוב הראשון של חג חוגג והולך כל הרגל וכו' אע"פ שהוא

הא דמפלגינן בין נאכל מחמת מלחו לאינו נאכל מחמת מלחו, הני מילי בבשר חי, [ח]אבל צלי רותח שנפל למליח, אפילו נאכל מחמת מלחו, בעי קליפה.

ואם יש בו בקעים - ‹וע"פ הרוב בצלי ומבושל יש בקעים - ערוה"ש›, **או שהוא מתובל בתבלין, והוא צלי רותח, כולו אסור.**

הגה: וה"ה אפוי ומבושל - כלומר דאפוי ומבושל חשוב כצלי, למר ברותח ולמר בצונן - ש"ך.

וי"א דאפילו הם צוננים, דינא הכי - משום דכיון דנצלה או נאפה או נתבשל, אע"ג דצונן הוא, רכיך ובולע - ש"ך. ‹**ונראה** דבעינן דוקא שיהיה מבושל כמאב"ד עכ"פ, וקודם לזה דין חי יש לו אפי' הוא רותח - חוו"ד›.

וכן יש לנהוג אם אין הפסד מרובה - וצ"ע אם יש להקל בהפסד מרובה, כיון דהרבה פוסקים סוברים כן אפי' בחי, ‹דס"ל להש"ך, דהך י"א קאי [גם] על אית ביה פילי, דאל"כ לא מקשה מידי - מחה"ש›, **ועוד** דבש"ס משמע דמיירי בצלי צונן, וכמ"ש התוספות ‹דף עה: ד"ה ואם צלי› - ש"ך. ‹**ומכל** מקום ראוי להחמיר לעצמו אף בחי, וגם לאחרים צריך עיון, שהרי הפרי חדש אוסר באמת ביש בקעים אפילו בהפסד מרובה - חכ"א›.

---

§ מסכת פסחים דף עו: §

אות א'

אפי' בשר שחוטה כחוש שצלאו עם בשר נבילה שמן, מותר

יו"ד סימן קח ס"א - [ט]אין צולין בשר כשרה עם בשר נבלה או של בהמה טמאה בתנור אחד, ואע"פ שאין נוגעים זה בזה; ואם צלאן, הרי זה מותר; ואפילו היתה האסורה שמינה הרבה והמותרת רזה - דריחא לאו מלתא היא בדיעבד, **אבל** פת שאפאה עם הצלי, כתב הרמב"ם והמחבר לעיל ס"ס צ"ז, דאסור לאכלו בכותח, מטעם שכתב הרי"ף, דכיון דאפשר לאכלו בלא כותח, הוי כלכתחלה - ש"ך.

אות ב'

אין צולין שני פסחים כאחד מפני התערובת

רמב"ם פ"ח מהל' קרבן פסח הי"ד - ואין צולין שני פסחים כאחת מפני התערובות, אפילו גדי וטלה.

אות ג' - ד'

מתיר בשל חיטין ואוסר בשל שעורים

בפת חמה וחבית פתוחה דברי הכל אסור וכו'

יו"ד סימן קח ס"ד - [י]פת חמה שמונח על גבי חבית פתוחה של יין נסך, אסורה - מפני ששואב הריח של יין, ‹לשון הטור: לפי שקולטת הריח הרבה›, **ואע"ג** דלעיל ס"א כתב, ואם צלאן ה"ז מותר, והפוסקים מדמים ב' דינים אלו להדדי, **מ"מ** הא התוס' והרא"ש כתבו להדיא בפ' בתרא דע"ז, דלא דמי להדדי, וכן הוא בראב"ן, ובשאר פוסקים ואחרונים - ש"ך, **(ודוקא אם מונחת נגד המגופה)** - ‹ר"ל שאין מקום לריח היין לצאת אלא נגד הפת, ולכן אוסר בתנור סתום מכל צד ומדמי לכאן - גר"א›. ‹**הפר"ח** דעתו להתיר, ואנו אין לנו אלא פסק המחבר והר"ב - פמ"ג›.

יין נסך - פירוש אפילו סתם יינם, או שאר יין נסך שמותר בהנאה, משום דריח כי האי חשיב כאוכל, כמ"ש בפרק בתרא דעבודת כוכבים, דריח זה חשיב כאוכל, **והכי** מוכח בש"ס, דאיתא התם דין זה גבי יין של תרומה דמותר בהנאה - ש"ך.

אבל אם הפת צוננת, אפילו אם החבית פתוחה, או פת חמה וחבית מגופה, (פי' סתומה), מותר.

[יא]ואם היה פת שעורים, אסור אם הפת חמה, אפילו חבית מגופה - ‹ואמרו הטעם ע"ז בגמ': מפני שהשעורים שואבות, **פר"ח** מדייק מרש"י, דר"ל שהשעורים שואבות את הריח יותר מחטים, וריח חזק כי האי מילתא היא, **והפר"ח** והגר"א פירשו, שאינו ענין לריח, אלא הן שואבות מעצמו של היין, ומהיין עצמו נבלע בפת - בדי השלחן›.

ה"ה בחבית פתוחה ופת צוננת, כדאיתא בש"ס פכ"צ, ופ' בתרא דע"ז - ש"ך. ‹**דוקא** בפת חמה אפילו בחבית מגופה השעורים שואבות לחלוחית היין, אבל בפת צוננת אפי' בחבית פתוחה אינו יכול לשאוב לחלוחית וממשות היין, כי אם ריחא בעלמא, וריחא לאו מילתא היא - פר"ח›.

אות ה'

פת שאפאה עם צלי בתנור, אסור לאכלה בכותחא

יו"ד סימן צז ס"ג - [יב]פת שאפאו עם הצלי, ודגים שצלאן בתנור אחד עם הבשר, אסור לאכלם בחלב - ואע"ג דלקמן ר"ס ק"ח, אם צלו בשר כשרה עם בשר נבילה בתנור א', אפי' קטן, מותר בדיעבד, **הכא** כיון דאפשר לאכלו בלא חלב הוי כלכתחלה, **וע"ל** סי' ק"ח שם יתבארו על נכון דיני ריחא מילתא, כי שם מקומם - ש"ך.

לא איירי כאן אלא מדין איסור, אבל מסכנתא לא איירי, וזה יתבאר בר"ס קט"ז - ש"ך.

באר הגולה

[ח] שם דף קי"ב. בעובדא דההוא בר גוזלא ‹וכשיטת הרשב"א הובא בש"ך, דהבר גוזלא היה צונן, אבל אי הוי צלי, והיינו צלי רותח, בעי קליפה אפי' בלא מליח› [ט] לשון הרמב"ם וכדעת הרי"ף רבו שהביא בפ"ז דחולין פלוגתא דרב ולוי בפסחים דף ע"ו, ופסק כלוי דריחא לאו מילתא היא, ולכתחלה אסור, ודייק לה צלאו קאמר, ולא קאמר צולין, וכ"כ הטור בשם רש"י ובה"ג ‹מש"כ בשיטת רש"י צ"ע, ממש"כ ד"ה אסרה רבא: משום דקסבר ריחא מילתא, מוכח דס"ל דלמ"ד ריחא לאו מילתא היא שרי אפי' לכתחילה, דאל"ה מנ"ל דרבא מפרזיקא סבר דריחא מילתא היא, דילמא לעולם לאו מילתא היא, ואפ"ה אסור לכתחילה - מנחת יצחק› [י] משנה תרומות מ"ג פ"י, וכאוקימתא דר"ל בע"ז דף ס"ו: [יא] כרבי יוסי שם במשנה [יב] טור בשם הרשב"א בת"ה בשם הגאונים ובשם ר"ת, כרב ‹היינו לכאורה לענין לכתחילה›, וכדתני רב כהנא וכו', וכעובדא דרבא שם בפסחים דף ע"ו ‹עש"ך, דאף לוי מודה דלכתחילה ריחא מלתא - פמ"ג›

וה"מ בתנור קטן, אבל בתנור גדול המחזיק י"ב עשרונים - וכל עשרון הוא שיעור חלה, מ"ג ביצים וחומש ביצה - ש"ך, **ופיו פתוח, מותר** - ‹עיין בתשו' יד אליהו שכ', דא"צ שיהא קרקעיתו של תנור מחזיק כ"כ, אלא שיהא כל חלל התנור מחזיק כ"כ, **ועיין** פמ"ג שדעתו, דבעינן שיהא קרקעית התנור מחזיק י"ב עשרונים מפת עבה טפח - פת"ש›.

ואם הצלי מכוסה, וכן פשטיד"א שמכוסה הנקב שבו, מותר אפי' בתנור צר. (וע"ל סי' ק"ח כילד נוהגין), ‹וז"ל שם ס"א: ונוהגין להחמיר לכתחלה, אפי' בתנור גדול; ובדיעבד, להקל אפי' בתנור קטן›.

אות [ה']

במילחא נמי אסורה

יו"ד סימן קטז ס"ב - "צריך ליזהר שלא לאכול בשר ודג ביחד, מפני שקשה לצרעת. הגה: וכן אין לצלות בשר עם דג, משום ריחא, מיהו בדיעבד אינו אוסר - [היינו בריחא לחוד, אבל אם נתבשלו יחד, אסורין אף דיעבד – ט"ז]. **ז"ל** ד"מ: באו"ה כתב, דלכתחלה אסור לצלות בשר עם דגים משום ריחא מילתא, אבל בדיעבד שרי דלא הוי סכנה רק דרך בישול, ואם הם סמוכים שהשומן זב מאחד לחבירו, אסורים ואף דיעבד [יד] כדאיתא פכ"צ, עכ"ל - ש"ך.

‹**ומבואר** באו"ה, דברחוקים זה מזה, אפי' אם יוצא מהשמנונית לתוך התנור, אין בכך כלום, דבליעת התנור וכלי אין בו סכנה, עכ"ל, **ומזה** למד הפמ"ג לעיל סי' ק"ה, דאם בשלו דגים בכלי, ונפל שומן על דופן הכלי מבחוץ, דאינו אוסר [דהוה] רק בליעת כלי – רעק"א›.

ומהרש"ל באו"ש ובספרו כתב, דמותר לצלות דגים עם בשר בתנור אחד [טו] אפי' לכתחלה, ואין בו משום ריחא מילתא לענין סכנה, ‹אלא בממשות›, דדוקא כשצולין אותן מחוברים זה אצל זה אסור, וע"ש.

‹והט"ז הביא הרש"ל קצת בנוסח אחר: [כתב רש"ל, דאפי' לכתחלה אין להחמיר בתנור גדול לענין זה, אע"פ דלענין איסור בשר בחלב מחמירינן לכתחלה, ועל כן נ"ל פשוט דאותן הלחמים שאופין בתנור אחד עם בשר, אין סכנה כלל לאוכלם עם דגים, אע"פ שהתנור היה סתום, שאין שם רק ריח בשר בלחם ובטל בו]›.

ובספר באר שבע האריך בזה, וחלק עליו ופסק [טז] דאפי' בדיעבד אסורים משום ריחא מילתא, אפי' נצלו נפרדים זה מזה בתנור אחד, **וכתב** דאפי' במקום דנוהגים להתיר לענין איסור בדיעבד ריחא מילתא ולאסור לכתחלה, כדלעיל בסימן ק"ח, לענין סכנתא אסור אפי' דיעבד - ש"ך, ‹משום דחמירא סכנתא מאיסורא, וכן נ"ל עיקר להחמיר בזה – פר"ח›.

אות ו'

חמשה דברים באין בטומאה ואינן נאכלין בטומאה

רמב"ם פ"ד מהל' ביאת המקדש הי"א - וכל קרבן מהן שקרב בטומאה אינו נאכל, אלא מקטירין ממנו דברים הראויין להקטרה, והשאר הראוי לאכילה נשרף כשאר קדשים שנטמאו.

אות ז'

הפסח שבא בטומאה נאכל בטומאה, שלא בא מתחילתו כו'

רמב"ם פ"ז מהל' ק"פ ה"ח - פסח שהקריבוהו בטומאה ה"ז נאכל בטומאה, שמתחילתו לא בא אלא לאכילה.

אות ח'

למעוטי חגיגת חמשה עשר

רמב"ם פ"א מהל' חגיגה ה"ח - עולת ראיה ושלמי חגיגה אינן דוחין לא את השבת ולא את הטומאה, לפי שאין להן זמן קבוע כקרבנות הצבור, שאם אינו חוגג היום חוגג למחר כמו שביארנו.

---

§ מסכת פסחים דף עז. §

אות א'

דלכולי עלמא טומאה דחויה היא בציבור ובעי' ציץ לרצות

רמב"ם פ"ד מהל' ביאת המקדש הט"ו - ומפני מה מחזירין על הטהור מבית אב אחר, מפני שהטומאה לא הותרה בציבור, אלא באיסורה עומדת ודחויה היא עתה מפני הדחק, ואין דוחין כל דבר הנדחה אלא במקום שאי אפשר, ומפני זה צריכה ציץ לרצות עליה.

רמב"ם פ"ד מהל' ביאת המקדש הט"ז - ומנין שטומאת מת דחויה בציבור, שנאמר: ויהי אנשים אשר היו טמאים לנפש אדם, כך למדו מפי השמועה, שאנשים יחידים הם שידחו לפסח שני אם היו טמאים, אבל ציבור שהיו טמאי מת אינן נדחין, אלא הטומאה תדחה ויעשו פסח בטומאה; והוא הדין לכל קרבן שקבוע לו זמן כפסח, שהוא דוחה את הטומאה.

אות ב'

עודיהו על מצחו מרצה, אין עודיהו על מצחו אינו מרצה

רמב"ם פ"ד מהל' ביאת המקדש ה"ח - ואין הציץ מרצה אלא [א] בזמן שהוא על מצחו, שנאמר: והיה על מצחו תמיד לרצון להם לפני י"י.

‹המשך ההלכות בעמוד הבא›

באר הגולה

[יג] מהא דפת שאפאו עם הצלי ‹ההיא ביניתא. אפילו במילחא נמי אסורה› וכו' **פסחים דף ע"ו ע"ב, וכתב מהרש"ל דבתנור גדול שרי כדלעיל סי' ק"ח ס"ב, והוסיף הרב ט"ז דאפי' בסתום מותר** [יד] ‹דהוא סבר, דהאי עובדא לא איירי בצלאו בתנור אחד כדפרש"י, אלא צלאו עם בשר ממש איירי, וה"ה נתבשלו עם בשר ממש – באר שבע› [טו] ‹דהאי עובדא לא איירי בצלאו בתנור אחד כפרש"י, אלא צלאו עם בשר ממש – יש"ש› [טז] ‹דהך עובדא לא מיירי שנצלו ביחד, אלא שנצלו נפרדים זה מזה, דאין כאן אלא משום ריחא, ואעפ"כ מסיק מר בר רב אשי דאפילו במילחא אסירא – פר"ח› [א] ‹וכתב הר"י קורקוס ז"ל דאיכא למידק, דבגמ' אקשו לר"י ושני דקסבר דטומאה הותרה בצבור, ומאחר שפסק רבינו בסוף הפרק שטומאה דחויה היא בצבור, הוי תרתי דסתרן. **ותירץ** שסובר רבינו שאותה קושיא אינה מוכרחת לומר כן, ותירץ לו כן לרווחא דמילתא, והאריך בדבר להוכיח כן – כסף משנה›

מסורת הש"ס

שבועות י. תענית כט.

מנחות סג: [פ"ש]

[יומא מו.]

[כתובות לג. סוטה כב: מכות ד:]

סנהדרין יב: יומא ז:

[מנחות טו.] [לקמן עח.] מנחות כה:

[תוספתא דזבחים פ"ד] זבחים קד.

שם סב:

[לעיל לד. זבחים סב: קד. פ"ש]

עין משפט נר מצוה

לא א מיי' פ"ד מהלכות ביאת מקדש הלכה טו טז:

לב ב שם הלכה ח:

לג ג שם הלכה ז:

גי' רש"א לא קאי אפסח

לד ד מיי' פ"א מהלכות פסולי המוקדשין הלכה לד:

לה ה מיי' פ"ז מהלכות מעשה הקרבנות הלכה ד:

לו ו מיי' פ"ב מהלכות בית הבחירה הל' יג:

[ועיע תוס' כתובות לג. ד"ה שכן ותוס' סנהד' עג: ד"ה משום]

[וביבמות ס: ד"ה ומכולאו כתבו תוספות בשם ר"י תירוץ ע"ז פ"ש]

שעירי ראשי חדשים איצטריכא ליה סלקא דעתך אמינא הא לא כתיב בהו מועד קמ"ל דראש חדש איקרי מועד כדאביי *דאמר אביי תמוז דהאי שתא מלויי מליוה דכתיב °קרא עלי מועד לשבור בחורי למימרא דכולהו ממועד אתו מנהני מילי *דתנו רבנן °וידבר משה את מועדי ה' מה תלמוד לומר לפי שלא למדנו אלא לתמיד ופסח שנאמר בהו במועדו *ואפילו בשבת במועדו ואפילו בטומאה שאר קרבנות ציבור מניין שנאמר °אלה תעשו לה' במועדיכם מניין לרבות עומר והקרב עמו שתי הלחם והקרב עמם ת"ל וידבר משה את מועדי ה' אל בני ישראל הכתוב קבעו מועד אחד לכולן וכל הני למה לי צריכי דאי כתב רחמנא תמיד הוה אמינא תמיד שכן תדיר וכליל אבל פסח לא קמ"ל ואי כתב רחמנא פסח פסח שהוא ענוש כרת אבל תמיד דאין ענוש כרת אימא לא קמ"ל ואי כתב רחמנא הני תרתי הוה אמינא הני הוא *יש בהן צד חמור תמיד תדיר וכליל פסח שהוא ענוש כרת אבל שאר קרבנות ציבור אימא לא קמ"ל ואי כתב רחמנא אלה תעשו לה' במועדיכם ואי כתב רחמנא אלה תעשו לה' במועדיכם הוה אמינא שאר קרבנות ציבור הבאין לכפר אבל עומר ושתי הלחם דאין באין לכפר אלא להתיר בעלמא נינהו לא קמ"ל ואי כתב רחמנא עומר ושתי הלחם להודיעהו הוה אמינא אדרבה עומר ושתי הלחם דאלימי דבאין להתיר אבל הנך לא קמ"ל סברוה *דלכולי עלמא טומאה דחויה היא בציבור ובעי' ציץ לרצות דליכא תנא דשמעת ליה דאמר טומאה הותרה בציבור אלא רבי יהודה דתניא *ציץ בין שישנו על מצחו ובין שאינו על מצחו מרצה דברי ר"ש ר' יהודה אומר °עודיהו על מצחו מרצה אין עודיהו על מצחו אינו מרצה אמר לו ר"ש כהן גדול ביום הכפורים יוכיח שאינו על מצחו ומרצה אמר לו הנח ליום הכפורים שטומאה הותרה בציבור מכלל דר"ש סבר טומאה דחויה היא בציבור ודכולי עלמא *אין הציץ מרצה על אבילות דליכא תנא דשמעת ליה דאמר *הציץ מרצה על אבילות אלא ר"א דתניא *ר"א אומר הציץ מרצה על אבילות רבי יוסי אומר אין הציץ מרצה על אבילות נימא מתניתין דלא כרבי יהושע *דתניא °ועשית עולותיך הבשר והדם רבי יהושע אומר *אם אין דם אין בשר אם אין בשר אין דם רבי אליעזר אומר דם אף על פי שאין בשר שנאמר °ודם זבחיך ישפך ומה אני מקיים ועשית עולותיך הבשר והדם לומר לך* *מה דם בזריקה אף בשר בזריקה הוי אומר* *לול קטן יש בין כבש למזבח ורבי יהושע נמי הכתיב ודם זבחיך ישפך אמר לך הא כתיב גביה והבשר תאכל

והני

במדבר כט · ויקרא כג · דברים יב

רש"י

הא לא כתיב בהו מועד· ולא לידחו טומאה דהא כל קרבנות ציבור ממועד נפקי לן כדלקמן: **קרא עלי מועד·** תמוז דשילוח מרגלים מלויי מליוה וכלו ארבעים דידהו בט' באב בפרק בתרא דתענית ואקבעה להם זו בכיה לדורות ווס עיבור החדש קרי מועד: **וידבר משה וגו'·** בתורת כהנים הוא גבי עומר ושתי הלחם: **שלא למדנו כו' שנאמר בהן מועד·** לדחות שבת וטומאה: **במועדו·** משמע לא יעבור זמנו ואפילו הן טמאין ואפילו הוא שבת: **אלה תעשו וגו'·** בפרשת פינחס כתיב גבי מוספים: **מניין לרבות עומר והקרב עמו·** ועשיתם ביום הניפכם וגו' (ויקרא כג): **ושתי הלחם·** והכבשים הקרבין עמהן האמור בתורת כהנים ואינם אמורים בפרשת פינחס: **ת"ל·** בשלהי היא פרשתא דשור או כשב או עז וידבר משה וגו': **כל הני למה לי·** לכתוב חד וליתי הנך מיניה: **שאר קרבנות ציבור·** מוספין דשעיר מכפרת מעשה כדאמרינן ביומא (דף ו:) אין עולה באה אלא על עשה ולא תעשה שניתק לעשה: **עומר ושתי הלחם אינן באין אלא להתיר·** את החדש זה במדינה וזה במקדש: **סברוה·** האמוראין בני ישיבה היו סבורין כן לפיכך הוצרך להם לישאל הא דבעי לקמיה לימא מתניתין דלא כר' יהושע: **דחויה·** אף על גב דהכשירה רחמנא למיתי בטומאה לאו היתר גמור הוא אלא היכא דלא משתכחי טהורין וכיון דלאו היתר גמור הוא בעי' ציץ לרצויי: **בין שישנו על מצחו·** בשעה שאירעה טומאה בקרבנות: **כהן גדול ביום הכפורים יוכיח·** בשעת עבודת פנים שאינו על מצחו דהא אין נכנס שם בבגדי זהב *כדאמרינן [בר"ה השנה] (דף כו.) דאין קטיגור נעשה סניגור: **ומרצה·** אם באו בטומאה דהא קיימא לן כל קרבנות הציבור הקבוע להן זמן דוחין את הטומאה ורבי שמעון אית ליה טומאה דחויה היא בציבור ואי לאו משום דציץ מרצה אטומאה לא הוו מיתכשרי: **שטומאה הותרה בציבור·** ואין קרבן ציבור צריך ריצוי הציץ אלא קרבן יחיד: **ודכולי עלמא·** כלומר הנך רבנן דהכא מתניתין סברי אין הציץ מרצה על אכילות על טומאה שנגע בבשר ובשירי מנחה הנאכלים אלא על טומאת הדם וקמצים (ולאימורין): **לימא מתניתין·** דקתני עומר ושתי הלחם באין בטומאה ואף על גב דבעינן ריצוי ציץ ואין לציץ לא מרצי ומנחה שאין כהן שיריים הנרצין אלא הקומץ לבדו שהציץ מועיל וכן במיני דמים לא הועיל ציץ לבשר אלא לדם וקתני דהדם נזרק: **דלא כר' יהושע·** דאמר אם אין בשר ראוי אין דם ראוי: **אם אין בשר·** ראוי כגון שנטמא או שנאבד אין הדם נזרק: **לול.** אויר יש בין כבש למזבח לא היה ראש הכבש מחובר למזבח שיש אויר מעט ביניהם והמסדר את האברים עומד על הכבש וזורקן על מערכת העצים לקיים מצות זריקה: **הא כתיב גביה והבשר תאכל·** אלמא בשר קיים בעינן:

והני

תוספות

שעירי ראשי חדשים איצטריך ליה· תימה וליתי שעירי ראשי חדשים ולא ליתי אידך: **סלקא דעתך אמינא הא לא כתיב בהו מועד·** ואע"ג דבפרשת פינחס כתיב נמי ראש חדש ה"א דאלה תעשו במועדיכם דכתיב בסוף פרשת פינחס לא קאי אראש חדש אלא אשאר ימים טובים דכתיבי בתריה דאיקרי רגל דהכי נמי לא קאי *אשבת ותמיד ומצרכי' להו קרא בסמוך:

שכן יש בהן צד חמור· פר"ת שכן ישנן לפני הדיבור וכמאן דאמר (חגיגה דף ו:) עולה שהקריבו ישראל במדבר עולת תמיד הואי ולחם הפנים אומר ריב"א מדכתיב תמיד ילפינן ליה דמשמע אפילו בשבת ובתורת כהנים איכא מאן דדריש לתמיד דחי שבת מדכתב ביה תמיד ומיהו מתרי מילייהו הוה מצי למילף כולהו *ואומר ר"י דשמא יש שום פירכא דלא הוי אמאי צריך קרא בשאר· וקשה דבפרק קמא דיבמות (דף ה:) בעי למימר עשה דוחה לא תעשה שיש בו כרת מפסח ותמיד ופריך מה לפסח ותמיד שכן ישנן לפני הדיבור ואמאי לא יליף משאר קרבנות ציבור דדחי שבת כדמסקינן הכא*: **דלא אשכחן תנא דאית ליה טומאה הותרה אלא ר' יהודה·** ולא תאמר מאי אולמא דר"ש טפי מדרבי יהודה אדרבה אשכחן נמי שסוברו הוא (עירובין דף מו:) דר' יהודה ור' שמעון הלכה כרבי יהודה וי"ל דאשכחן לקמן (דף עח.) ר' יוסי דנקיט עמו דסבר טומאה דחויה היא תימה לר"י דבמתניתין משמע דלמאן דאמר טומאה דחויה איכא לאו על ידי ריצוי ציץ ואמאי הא טומאה הבגלה דדחויה בציבור [א] אע"פ שאין הציץ מרצה על טומאת הגוף כדתנן בפירקין (דף פ:):

רבי אליעזר אומר הציץ מרצה כו'. רבי אליעזר גרסינן ולא ר' אלעזר דלקמן פריך וליטעמיך כיון דאמר ר' אליעזר יש דם אף על פי שאין בשר הציץ מרצה על אכילות למאי הילכתא:

נימא מתני' דלא כר' יהושע· משמע משום דסבירא ליה דבעינן דם ובשר ותימה דלפני סבירא ליה נמי יש דם אף על פי שאין בשר כיון דס"ד דטומאה דחויה ואין הציץ מרצה על אכילות לא אתיא מתני' כוותיה משום שתי הלחם:

נימא דלא כר' יהושע· תימה לר"י והא ע"כ כרבי יהושע אתיא דקתני סיפא ובמוקדשין אף על פי שנטמא בשר וחלב קיים זורק את הדם משמע הא נטמאו שניהם אינו זורק והיינו כרבי יהושע כדאמר לקמן וי"ל דה"ק נימא דלא כר' יהושע והא ע"כ סיפא אתיא סוגיה ואם כן קשיא סיפא:

אויר קטן היה בין כבש למזבח· *בלא אויר נמי היה יכול לקיים מצות זריקה [ב] אלא לכך היה אויר שע"י כך יזכור לזרוק:

דם אף על פי שאין בשר שנאמר ודם זבחיך וגו'· תימה לרשב"א מנא ליה בעולה דיש דם אף על פי שאין בשר אימא דווקא שלמים אבל עולה דכולה כליל אימא אין בשר אין דם יש דם אף על פי שאין בשר [מנא לן]:

שאין

רבינו חננאל

שהוא קרבן צבור וקביע ליה מועד לא דחיא טומאה וככלל זבחי צבור משמע אפילו שעירי רגלים דהא זבחי צבור הן ואפילו שעירי ראשי חדשים כיוצא בשעירי הרגלים הם. מיהו הוצרך להודיע כי ראש חדש נמי איקרי מועד שנאמר קרא עלי מועד: **מנא** הני מילי דת"ר וידבר משה את מועדי ה' אל בני ישראל מה ת"ל לפי כו' התמיד שכן תדיר שכן כליל. פי' התמיד חובה קבועה בכל יום והוא עולה כליל מה שאין כן בפסח כי הפסח הוא פעם בשנה ונאכל ואין למזבח ממנו אלא האימורין בלבד ויש בפסח מה שאין בתמיד (ש"ס) [שמי] שאינו עושה פסח ענוש כרת שנא' (במדבר ט יג) וחדל לעשות הפסח ונכרתה מה שאין כן בתמיד כי התמיד אין בו עונש כרת לפיכך הוצרך לפרש בזה במועדו ובזה במועדו להיות שניהן (דומין) [דוחין] השבת והטומאה שאין למדין זה מזה [ואי כתיב] הני תרוייהו לא גמרו מינייהו שכן ישנן לפני הדבור כלומר ניתנין לישראל ועשאום קודם מתן תורה פסח עשאוהו במצרים שנאמר (שמות י"ב ו') ושחטו אותו כל קהל עדת ישראל וגו' תמיד דגרסינן בתחלת חגיגה עולה שהקריבו ישראל במדבר עולת תמיד היא ואי כתיב הני לא ילפי האחרים מינייהו דאיכא למיפרך מה להני שכן ישנן לפני הדבור כדאמרן אי נמי שכן יש בהן צד חמור התמיד תדיר כליל הפסח ענוש כרת משא"כ בשאר הקרבנין לפיכך הוצרך לפרש בהן במועדו והני מילי בקרבנות דמכפרי אבל עומר ושתי הלחם דאין בהן כפרה אלא להתיר כדגרסי' עומר מתיר במדינה דכיון שקרב העומר בששה [עשר] בניסן מותרין ישראל לאכול (תרומה) [תבואה] חדשה וכיון שהקריבו שתי הלחם בעצרת הותרו ישראל להקריב מנחה מן התבואה החדשה לפיכך הוצרך לכתוב (אחד במועדו) [עיד את מועדי] שיהיו כולן דוחין הטומאה כמו שאמרנו: **סברוה** דכ"ע טומאה דחויה בצבור ובעי ציץ לרצות דליכא תנא דשמעת ליה דאמר טומאה הותרה היא בצבור אלא ר' יהודה דתניא בין שישנו על מצחו וכו' ודכולי עלמא סברי אין הציץ מרצה על אכילות כגון מי שאכל קדש בטומאה וכיוצא בה אלא ר' אליעזר דתניא ר' אליעזר אומר הציץ מרצה על אכילות ר' יוסי אומר אין הציץ מרצה על אכילות נימא מתני' דקתני חמשה דברים באין בטומאה ואין נאכלין בטומאה דלא כר' יהושע דהא ר' יהושע שמעינן ליה דתרתי הוא דקא בעי דם ובשר דתניא ועשית עולותיך הבשר והדם ר' יהושע אומר אם אין דם אין בשר אם אין בשר אין דם ואקשי' עליה והכתיב ודם זבחיך ישפך על מזבח ה' אלהיך הנה דם אע"פ שאין בשר ומשני והכתיב ביה והבשר תאכל תרי קראי בחד עניינא למה לי ומשני האי קרא ודם זבחיך ישפך שלמים הן והאי דכתיב ועשית עולותיך בעולה תריכין דאי כתב רחמנא בעולה לא אתו שלמים מינה דפרכינן מה לעולה שכן כליל וכו': ר' אליעזר אומר דם אע"פ שאין

בשר

גליון הש"ס

רש"י ד"ה שאינו על מצחו. כדאמרינן בר"ה. תמוה לי וכי צריך ראיה לזה הלא מפורש בכתוב דלפני ולפנים עובד רק בד' בגדים אלא דבר"ה אמרינן טעמא לקרא: תוס' ד"ה אויר. כלא אויר נמי. פי' התש' מ"ל סי' קנ"ג:

הגהות מהר"ב רנשבורג

[א] תוס' ד"ה דלא וכו'. דדחוי' בציבור וכו'. נ"ב עיין מנחות ט"ו ע"א תוס' ד"ה וסכא מאי לין וכו' ול"ע ודו"ק: [ב] שם ד"ה אויר וכו'. יכול לקיים מצות זריקה. נ"ב עיין שו"ת מ"ל סימן קנ"ג:

עין משפט נר מצוה

לז א מיי' פי"א מהלכות מעשה הקרבנות הל"ד:
לח ב מיי' פי"א מהל' פסולי מוקדשין הלכה כ:
לט ג מיי' פ"א מהלכות פסולי מוקדשין הלכה לד:
מ ד ה שם הלכה לג:

שאין בשר ניתר באכילה עד שיזרק הדם · תימה אימא דוקא שלמים דאית ביה תרי אכילות אבל עולה מנלן דאימא כי היכי דלית בה מעילה אחר שנזרק הדם כדתנן במעילה בפרק חטאת העוף (דף ט:) לית בה נמי מעילה קודם זריקה דהאי קרא בשלמים כתיב וי"ל דר"א לא חשיב הך חומרא ורשב"א מפרש דר"א יליף עולה מקל וחומר דר' יהושע ושלמים טרח וכתב לה קרא כדאמר בסמוך:

עומר ושתי הלחם דליכא עולין מאי איכא למימר · וא"ת ובשתי הלחם מה שייך באין בטומאה ויש לומר משום תנופה דאית בהו:

קסבר ר' יהושע הציץ מרצה על העולין · וא"ת לענין מה מפיק קרא בעולה אם אין דם אין בשר אין דם הלא הציץ מרצה ויש לומר לענין אבוד ושרוף דלא מרצה ליץ: **כי** אמר ר' יהושע בזבחים במנחות לא אמר · הפסח משתי הלחם לא מיירי כלום ובלאו הכי פריך שפיר: **אלא** פשיטא ר' יהושע קתני לה · תימה לרשב"א אמאי לא משני כדלעיל כמדת ר' יהושע דבעי תרתי ולא כמדת ר' יהושע דלאו ס"ל הציץ מרצה על אכילות ולכן סבירא כן דלא מרצה הא

והני תרי קראי למה לי חד בעולה וחד בשלמים וצריכא דאי כתב רחמנא בעולה הוה אמינא עולה היא דהחמירא שכן כליל אבל שלמים דלא חמירי אימא לא ואי כתב רחמנא שלמים הוה אמינא אדרבה דאית בהו שתי אכילות אבל עולה דלית בה שתי אכילות אימא לא קמ"ל ור' אליעזר נמי הכתיב והבשר תאכל אמר לך ההוא מיבעי ליה °שאין הבשר מותר באכילה עד שיזרק הדם אי הכי אימא כוליה להכי הוא דאתא דם אע"פ שאין שם בשר מנלן אמר לך אם כן נכתוב רחמנא הבשר תאכל והדר ודם זבחיך ישפך כדכתיב ברישא °ועשית עולותיך הבשר והדם מאי שנא דאקדמיה לדם זבחיך שמע מינה דם אע"פ שאין בשר ושמע מינה שאין הבשר מותר באכילה עד שיזרק הדם ור' יהושע אין הבשר מותר באכילה עד שיזרק הדם *קל וחומר הוא ומה אימורין דכי ליתנהו לא מעכבי כי איתנהו מעכבי דם דכי ליתיה מעכב כי איתיה לא כל שכן דמעכב ורבי אליעזר *מילתא דאתיא בקל וחומר טרח וכתב לה קרא ור' יהושע *כל היכא דאיכא למדרש דרשינן השתא לימא מתני' דלא כרב יהושע דכיון דאמר בעינן תרתי וציץ אאכילות לא מרצה היכי אתי בטומאה אפילו תימא רבי יהושע אלא קסבר רבי יהושע הציץ מרצה על העולין הא תינח זבחים דאיכא עולין אלא עומר ושתי הלחם דליכא עולין מאי איכא למימר כי אמרי רבי יהושע נמי דבעינן תרתי בזבחים ובמנחות לא אמר *והתנן נטמאו שיריה אבדו שיריה כמדת רבי אליעזר כשירה כמדת רבי יהושע °פסולה כמדת ולא כמדת רבי יהושע דבעינן תרתי ולא כמדת רבי יהושע דאילו רבי יהושע בזבחים אמר במנחות לא אמר ואילו האי תנא סבר אפילו במנחות ומנו האי תנא דקאי כוותיה ומחמיר טפי מיניה ועוד תניא *א"ר יוסי רואה אני את דברי רבי אליעזר במנחות ובזבחים ודברי רבי יהושע בזבחים ובמנחות דברי רבי אליעזר בזבחים שהיה אומר דם אף על פי שאין בשר ודברי רבי יהושע בזבחים שהיה אומר אם אין דם אין בשר אם אין בשר אין דם דברי רבי אליעזר במנחות שהיה אומר קומץ אף על פי שאין שירים דברי רבי יהושע במנחות שהיה אומר אם אין קומץ אין שירים אם אין שירים אין קומץ אלא קסבר רבי יהושע הציץ מרצה על [העולין ועל] האכילות אי הכי אמאי כמדת רבי יהושע פסולה אאבוד ושרוף אלא נטמא למאן קתני לרבי אליעזר פשיטא השתא יש לומר אבוד ושרוף דליתנהו מכשר רבי אליעזר נטמא דאיתיה מיבעיא אלא פשיטא לרבי יהושע וקתני פסולה ועוד *תניא רבי יהושע אומר °כל זבחים שבתורה *בין שנטמא בשר וחלב קיים ובין שנטמא חלב ובשר קיים זורק את הדם אבל נטמאו תרווייהו לא אלמא קסבר רבי יהושע אין הציץ מרצה (א) על העולין ולא על האכילות אלא לעולם רבי יהושע היא מתני' ולא קשיא כאן לכתחלה כאן דיעבד כי אמר רבי יהושע לכתחלה דיעבד לא ומנא תימרא דשני ליה לרבי יהושע בין לכתחלה לדיעבד *דתניא נטמא בשר או שנפסל או שיצא חוץ לקלעים ר"א אומר יזרק ר' יהושע אומר °לא יזרק ומודה ר' יהושע °שאם זרק הורצה הדא דפסולה דיעבד משמע ועוד חמשה דברים באין לכתחלה משמע אלא

דברים יב

רש"י

והני תרי קראי · לר' יהושע למה לי : **וחד בשלמים** · וזבחיך שלמים : **שכן כליל** · הולך כולו ומחמרינן בה : **אם כן** · דסלי אתא למימר דלא מתיר בשר באכילה ולאו למימר דם אע"פ שאין בשר : **לכתוב והבשר וזבחיך תאכל והדר ודם זבחיך ישפך** · והוי משמע נמי והדם ישפך תחלה קודם לאכילה דהא לא כתיב והדם תשפוך מאי שנא דאקדמיה לדם זבחיך ישפך ברישא : **ש"מ** · למדרש ודם זבחיך ישפך מכ"מ : **אימורים דכי ליתנהו לא מעכבי** · וכגון נטמאו או אבדו לא מעכבי אכילת בשר כדאמרן בתמיד נשחט (לעיל דף נט:): **כי איתנהו מעכבי** · אכילת בשר כדאמרן התם: **דם דכי ליתיה מעכב**. דהא תרווייהו מודו אם אין דם אין בשר דמתחלת הקדשן הן נאסרין וכפרה איכא בהא אלא בדם וכהנים משולחן גבוה קא זכו וכיון דכפרה ליתיה איסורא להיכא אזל : **לימא דלא כר' יהושע** · אמילתיה קא מהדר דאמרן לעיל מתני' דלא כר' יהושע : **בעינן תרתי** · דם ובשר : **וציץ אאכילות לא מרצי** · והשתא בשר ליכא אלא דם לחודיה דמרצי ציץ עלה ה"נ דלא אתו בטומאה : **הציץ מרצה על העולין** · על טומאת הנקטרין על האשים דהיינו אימורין מודי רבי יהושע דאי איכא כזית חלב לאכילת מזבח זורק את הדם כדאמר לקמן בברייתא בפירקין (ד' עט·) רבי יהושע אומר כל הזבחים שבתורה שנשתייר מהן כזית בשר או כזית חלב זורק הדם : **עומר ושתי הלחם דליכא עולין** · לבד הקומץ שהוא במנחה כזריקת דם בזבחים אבל בשיריים ליכא הקטרה וכיון דבעי ר' יהושע תרתי צריך להיות קומץ ושיריים קיימין והכא שיריים ליכא ושתי הלחם דכוליה אכילות אפילו חדא נמי ליכא בשלמא לר"א דאית ליה הציץ מרצה על אכילות כולהו כמאן דלא איטמו נינהו : **כי אמר ר' יהושע** · דבעינן תרתי : **נטמאו שירים** · של מנחה לאחר שנקמצה ועדיין לא נקטר קומצה : **כמדת ר' אליעזר** · שהיה אומר בזבחים (ד' קד·) דם אף על פי שאין בשר כשירה להקטיר קומצה ונפטרו הבעלים : **ומאן האי תנא כו'** · היכא אשכחן תנא דאמר הכי : מילתיה דר' יוסי מיפרשא לקמן בשמעתין : **אלא קסבר רבי יהושע הציץ מרצה על אכילות** . ומיתוקמא מתני' אליביה דהא איכא תרתי וגבי שתי הלחם נמי כיון דציץ מרצה על אכילות הוה ליה כמעיקרא ומתירין במקדש : **אי הכי נטמאו שירים** · (ב) כיון דנטמאו לר' יהושע אמאי פסולין ומשני כי קתני פסולה אאבדו שיריה ונשרפו שיריה : **אלא נטמאו שירים** · כיון דרבי יהושע לא עלה פליג : **למאן קתני לה לר' אליעזר וכו'** · להודיע לנו דברי מי שנאה להודיענו בה דברי רבי אליעזר דלמדתו כשירה בתמיה פשיטא השתא וי"ל כו' אלא פשיטא על כרחיך ר' יהושע פליג עלה ולאשמעינן דרבי יהושע פסל בה תניא ורבותא אשמעינן דאף גב דאיתיה בעינא פסול : **ולא על העולין** · דהייט חלב דאי מרצי אחד מינייהו אמאי פסול : **אלא לא קשיא** · מתני' ודר' יהושע מתני' דיעבד ודר' יהושע לכתחלה תרתי בעי ולאי אייתוה מתכשר דיעבד : **נפסל** · בטבול יום : **הדא דפסולה דיעבד משמע כו'** · אתקפתא היא : **ועוד** · אי נמי משמע פסולה להקטיר קומצה לכתחלה מתני' באין לכתחלה קתני : ביחיד

מסורת הש"ס

נ"א מג"ל
[לעיל יח: וש"נ] [קדושין ד: חולין קיח:]
מנחות ס. כו. ע"ש
[לקמן עח.]
ס"א ל"ג
לקמן עט. [לעיל סב.]
לעיל לד: [זבחים קד.]

הגהות הב"ח

(א) גמ' אין הציץ מרצה לא על העולין : (ב) רש"י ד"ה אי הכי נטמאו שירים לר' יהושע כנ"ל ותיבות כיון דניטמאו נמחק :

רבינו חננאל

בשר שנאמר ודם זבחיך ישפך ומה אני מקיים ועשית עולותיך הבשר והדם ללמד כי הבשר נזרק על גבי המזבח כמו הדם הוי אומר איר יש בין כבש למזבח שאינו יכול לעבור ועומד בכבש וזורק על גבי המזבח ותאי דכתיב והבשר תאכל בא ללמד שאין הבשר נאכל אלא אחרי שיזרוק דם (המזבח) [חובח] כדכתיב ודם זבחיך ישפך והדר והבשר תאכל ומדלא כתיב והבשר תא"ל ברישא והדר ודם זבחיך ישפך כדכתיב ועשית עולותיך הבשר והדם ש"מ דדם ישפך לעולם מ"מ ואם יש בשר יאכל אחריו ואם אין בשר ראוי לאכילה אינו מעכב הדם ואם נאמר משנתנו לר' [יהושע] (יהודה) היא והנה הוא לית ליה כי הציץ מרצה על אכילות וכמו דאמרן דר' אליעזר לבדו הוא דאית ליה האי סברא היכי אתו הני חמשה דברים בטומאה ואמרינן אפילו תימא ר' יהושע קסבר הציץ מרצה על העולין כלומר אפילו קרבין כשהן טמאין הציץ מרצה בשלמא זבחים איכא אימוריהן שהן עולין אפילו טמאין תם הדם נזרק והציץ מרצה אלא עומר ושתי הלחם דקתני באין בטומאה וליכא בהו תרתי שהן עולין אמאי באין בטומאה ושני' לא בעי ר' יהושע אלא בזבחים אבל במנחות אית ליה קומץ אף על פי שאין שירים : **איני** והתנן במנחות פ"ג נטמאו שיריה נשרפו שיריה אבדו שיריה כמדת ר' אליעזר כשרה כמדת ר' יהושע פסולה מכלל דכי היכי דפליגי בזבחים הכי [נמי] פליגי במנחות ומשני' האי תנא דמנחות שנאה כמדת ר' יהושע דבעי תרתי ולא כמדת ר' יהושע דאלו ר' יהושע בזבחים בעי תרתי במנחות לא בעי תרתי ואקשי' ומאן האי תנא דקאי בשיטת ר' יהושע דבעי תרתי ומחמיר טפי מיניה דבמנחות נמי בעי תרתי ועוד תניא א"ר יוסי [רואה אני] דברי ר' אליעזר בזבחים ודברי ר' יהושע בזבחי' דברי ר' אליעזר במנחות ודברי ר' יהושע במנחות [אלמא] כי הנה בהדיא תאני ר' יוסי כי ר' יהושע סבר במנחות אם אין קומץ אין שירים אם אין שירי' אין קומץ [ומשני'](ופי') אלא לעולם קסבר ר' יהושע הציץ מרצה על אכילות אי הכי כי הציץ מרצה על האכילות אמאי תנינן כמדת ר' יהושע פסולה (תאכל) כי הציץ מרצה ושני' כי קתני פסולה אאבוד שיריה ונשרפו שיריה דהוא ליתנהו אבל נטמאו שיריה דברי הכל כשרה ולא הוצרך התנא לפרש כי ר' אליעזר מכשיר בה ודחי' הכי השתא באבוד ונשרפו דליתנהו כלל מכשיר בה ר' אליעזר בנטמאו דאיתנהו והציץ מרצה על אכילות מיבעיא לי' דודאי מכשיר אלא לא הוצרך נטמאו שיריה אלא לר' יהושע קתני לה וקתני פסולה . ועוד תניא ר' יהושע אומר כל הזבחים בין נטמא בשר וחלב קיים בין נטמא חלב ובשר קיים זורק הדם הא נטמאו תרווייהו לא אלמא קסבר ר' יהושע אין הציץ מרצה לא על העולין ולא על האכילות ושנינן שינויא כי קא בעי ר' יהושע תרתי לכתחלה כגון דמנחות אבל דאיעבד כגון משנתנו אפי' חדא (לא) [סגי] ותניא הכי דשני ליה לר' יהושע בין לכתחלה ובין דאיעבד דתניא נטמא הבשר או נפסל או יצא חוץ לקלעים ר' אליעזר אומר יזרק ר' יהושע אומר לא יזרק ומודה ר' יהושע שאם זרק הורצה ואקשי' הדא דפסולה דקתני בנטמאו שיריה דאיעבד משמע והאי נטמאו קתני ואפי' נטמאו

אות ג'

אין הציץ מרצה על אכילות

רמב"ם פ"ד מהל' ביאת המקדש ה"ז - וכן הציץ מרצה על טומאת דברים הקרבין, שנאמר: והיה על מצח אהרן ונשא אהרן את עון הקדשים; אבל אינו מרצה על טומאת הנאכלין, ולא על טומאת האדם שנטמא בטומאה ידועה; [ב]אא"כ היתה הטומאה הדחויה בציבור שהציץ מרצה עליה.

אות ד'

אם אין דם אין בשר, אם אין בשר אין דם

רמב"ם פ"א מהל' פסולי המוקדשין הל"ד - כל הזבחים של יחיד, בין שנטמא בשר והחלב קיים, בין שנטמא חלב והבשר קיים, זורק את הדם; נטמאו שניהן [ג]לא יזרוק, ואם זרק הורצה, שהציץ מרצה על הטומאה; וכן אימורין או איברי עולה שנטמאו והקטירן, הציץ מרצה כמו שביארנו; וכל קרבנות הצבור שנטמא הבשר והחלב כולו, הרי זה זורק את הדם.

אות ה'

מה דם בזריקה אף בשר בזריקה

רמב"ם פ"ו מהל' מעשה הקרבנות ה"ד - וזורק כל האיברים על האש, שנאמר: הבשר והדם, כשם שהדם בזריקה כך כל הבשר בזריקה; [ד]ואחר שזורקן חוזר ועורך אותן על האש, שנאמר: וערך הכהן אותם.

אות ו'

לול קטן יש בין כבש למזבח

רמב"ם פ"ב מהל' בית הבחירה הי"ג - ואויר מעט היה מפסיק בין הכבש למזבח, כדי ליתן האיברים למזבח בזריקה.

---

§ מסכת פסחים דף עז: §

אות א'

שאין הבשר מותר באכילה עד שיזרק הדם

רמב"ם פ"א מהל' מעשה הקרבנות ה"ד - [ה]כל האוכל כזית מבשר הקדשים, אפילו קדשים קלים, קודם זריקת דמם, לוקה, שנאמר: לא תוכל לאכול בשעריך מעשר דגנך תירושך ויצהרך ונדבותיך, כלומר לא תוכל לאכול נדבותיך בשעריך קודם שזורקין דמן בשערי המקום, מפי השמועה למדו שזו אזהרה לאוכל תודה או שלמים קודם זריקת דמים, והוא הדין לשאר קדשים בין קלים בין חמורים; וששה דברים שבתודה, שהם החלב והבשר והסלת והשמן והיין והלחם, כולן מצטרפין לכזית.

אות ב'

כמדת רבי יהושע פסולה

רמב"ם פי"א מהל' פסולי המוקדשין ה"כ - קמץ את המנחה ואחר כך נטמאו שיריה כולן, או נשרפו או יצאו חוץ לעזרה או אבדו, לא יקטיר הקומץ, ואם הקטיר הורצה; נשאר מעט מן השירים בכשרותן, יקטיר הקומץ, ואותן השירים שנשארו אסורין באכילה.

אות ג'

כל זבחים שבתורה בין שנטמא בשר וחלב קיים, ובין שנטמא חלב ובשר קיים, זורק את הדם; אבל נטמאו תרווייהו לא

רמב"ם פ"א מהל' פסולי המוקדשין הל"ד - כל הזבחים של יחיד, בין שנטמא בשר והחלב קיים, בין שנטמא חלב והבשר קיים, זורק את הדם; נטמאו שניהן [ו]לא יזרוק, ואם זרק הורצה, שהציץ מרצה על הטומאה; וכן אימורין או איברי עולה שנטמאו והקטירן, הציץ מרצה כמו שביארנו; וכל קרבנות הצבור שנטמא הבשר והחלב כולו, הרי זה זורק את הדם.

אות ד' – ה'

לא יזרק

שאם זרק הורצה

רמב"ם פ"א מהל' פסולי המוקדשין הל"א - [ז]נשאר פחות מכזית לא יזרוק, ואם זרק לא הורצה; נפסל הבשר קודם זריקה, או שיצא חוץ לעזרה, לא יזרוק הדם, ואם זרק הורצה.

באר הגולה

[ב] ‹עיין בלחם משנה בהערה בדף ע"ח. דשם מסביר שיטת הרמב"ם במה דפסק כאן דבציבור מותר לכתחלה אפי' נטמא הנאכלין› [ג] ‹אסיקנא (דף ע"ח) מתני' כר"י ול"ק, כאן ביחיד כאן בצבור. ופירש"י ביחיד לכתחלה פסולה ואם זרק הורצה, ומתני' בצבור באין לכתחלה, דטומאת צבור דחויה היא - כסף משנה› ‹**הרב** בעל כסף משנה ז"ל שהעתיק בלשון רש"י ז"ל דטומאה דחויה היא, טעות סופר, וצ"ל דטומאה הותרה בציבור - לחם משנה› ‹**ועיין** עוד בדבריו המובא בדף ע"ח. דמסביר שם שיטת הרמב"ם› [ד] ‹שיש איברים שלא נפלו על האש בזריקתם, ומשו"ה חוזר ועורך אותם - משנה למלך› [ה] ‹והנה ב"עין משפט" ציין אהא דאיתא בגמ' שאין הבשר מותר באכילה עד שיזרק הדם, למש"כ הרמב"ם בפי"א ממעה"ק ה"ד, ולכאורה התם איירי לגבי מלקות, ומאי שייאטיה לסוגיין, וביותר דהא התם איכא קרא להדיא, ולא צריכינן לק"ו, ובפשטות אין לזה שייכות לסוגיין - הערות הגרי"ש אלישיב› [ו] ‹ע"ל בהערה ג'› [ז] ‹עיין תחילת ע"ח›

§ מסכת פסחים דף עח. §

אות א'

כאן ביחיד כאן בציבור

רמב"ם פ"א מהל' פסולי המוקדשין הל"ד - **כל הזבחים של יחיד, בין שנטמא בשר והחלב קיים, בין שנטמא חלב והבשר קיים, זורק את הדם; נטמאו שניהן לא יזרוק, [א]ואם זרק הורצה, שהציץ מרצה על הטומאה; וכן אימורין או איברי עולה שנטמאו והקטירן, הציץ מרצה כמו שביארנו; וכל קרבנות הצבור שנטמא הבשר והחלב כולו, הרי זה זורק את הדם.**

אות ב'

אין מזין עליו אלא שלישי ושביעי בלבד

רמב"ם פ"א מהל' עבודת יום הכיפורים ה"ד - **בשבעת ימים אלו מזין עליו מאפר הפרה בשלישי להפרשתו ובשביעי שהוא ערב יום הכפורים, שמא נטמא במת ולא ידע; [ב]ואם חל יום שבת בשלישי או בשביעי שלו, דוחין את ההזייה.**

באר הגולה

[א] ‹אסיקנא (דף ע"ח) מתני' כר"י ול"ק, כאן ביחיד כאן בצבור. ופירש"י ביחיד לכתחלה פסולה ואם זרק הורצה, ומתני' בצבור באין לכתחלה, דטומאת צבור דחויה היא - כסף משנה› ‹**הרב** בעל כסף משנה ז"ל שהעתיק בלשון רש"י ז"ל דטומאה דחויה היא, טעות סופר, וצ"ל דטומאה הותרה בציבור. **ובתוס'** ז"ל פי' דטעמא משום דהציץ מרצה על אכילות, וביחיד לכתחילה לא יזרוק מדרבנן. **ורבינו** ז"ל כתב בפ"ד מהלכות ביאת מקדש, וכן הציץ מרצה וכו' אבל אינו מרצה על טומאת הנאכלין ועל טומאת האדם שנטמא בטומאה ידועה, אלא א"כ היתה הטומאה הדחויה בציבור שהציץ מרצה עליה, ע"כ. **וא"כ** כיון דאית ליה דאין ציץ מרצה על אכילות, וטומאה דחויה היא בציבור, א"כ אמאי כתב כאן דבציבור יקרבו לכתחילה, דליכא שום חד מטעמי שפירש רש"י והתוס' ז"ל. **וי"ל** דמ"ש רבינו ז"ל בהל' ביאת מקדש, אלא א"כ היתה הטומאה הדחויה בציבור, אחרי דינים שהזכיר קודם קאי, וה"ק, דכשהיא ציבור, הציץ מרצה אפילו על האדם שנטמא וכן על האכילות, וא"כ טעמא דציבור דזורק את הדם לכתחילה, הוא משום דהציץ מרצה על אכילות של ציבור, אף על פי שאין מרצה על אכילות דקרבן יחיד. **וא"ת** א"כ היכי אמרינן התם מתני' דלא כר' יוסי משום דאמר אין הציץ מרצה על אכילות, נימא דכי קאמר ר' יוסי היינו ביחיד, אבל בציבור הציץ מרצה על אכילות. **וי"ל** דכיון דר' יוסי קאמר סתמא אין הציץ מרצה על אכילות, משמע בין בציבור בין ביחיד, אבל ר' יהושע לא אמר לשון זה בהדיא, אלא מפקינן מכללא דאית ליה הכי, כדאמרינן בסוגיא דהתם - לחם משנה›

[ב] ‹עיין פי"א מהל' פרה ה"ב, דרבנו ס"ל דהזה בשלישי ובשמיני עלה לו. ולפי"ז יש לדקדק לדרכו, דנהי דכשחל שלישי בשבת למה לא יזו עליו בשני ושביעי, ולמה כתב רבנו דוחין את ההזאה. וי"ל דכיון דהזייה זו חומרא בעלמא משום היסח הדעת, דיום אחרון נמי מספקינן בהיסח הדעת, וכיון דלא אפשר אין להחמיר - מרכבת המשנה›

אלא לא קשיא *כאן ביחיד כאן בציבור נימא מתני' דלא כר' יוסי *דתניא ר"א אומר הציץ מרצה על אכילות רבי יוסי אומר אין הציץ מרצה על אכילות קס"ד מדקאמר ר' יוסי אין הציץ מרצה על אכילות כר' יהושע ס"ל דאמר בעינן תרתי נימא השתא מתני' דלא כר' יוסי לא רבי יוסי כר"א ס"ל דאמר דם אע"פ שאין בשר אי הכי למאי הלכתא אין הציץ מרצה על אכילות וליטעמיך ר"א דאמר הציץ מרצה כיון דאמר דם אע"פ שאין בשר הציץ מרצה על אכילות למאי הלכתא אלא למיקבעיה בפיגול ולאפוקי מידי מעילה קמיפלגי רבי אליעזר סבר מרצה ציץ עילויה ומשוי ליה כטהור וקבע ליה בפיגול ומפיק ליה מידי מעילה ור' יוסי סבר לא מרצה ציץ עילויה ולא משוי ליה כטהור ולא קבע ליה בפיגול ולא מפיק ליה מידי מעילה מתקיף לה רב מרי נהי נמי דרבי יוסי סבר כר"א בשלמא זבחים איכא דם עומר נמי איכא קומץ לחם הפנים נמי איכא בזיכין אלא שתי הלחם מאי איכא למימר וכ"ת לקרב עמהן (א)היינו שלמי ציבור א"כ הוו להו ארבעה ואנן חמשה תנן אלא קסבר רבי יוסי טומאה הותרה בציבור והא *תניא אחד זה ואחד זה מזין עליו כל שבעה מכל חטאות שהיו שם דברי רבי מאיר רבי יוסי אומר *אין מזין עליו אלא שלישי ושביעי בלבד ואי סלקא דעתך קסבר רבי יוסי טומאה הותרה בציבור למה לי הזאה כלל אלא מחוורתא מתני' דלא כרבי יוסי א"ל רב פפא לאביי ורבי יוסי שטרא מזכי לבי תרי הוא דתניא *א"ר יוסי רואה אני את דברי רבי אליעזר בזבחים ודברי רבי יהושע בזבחים ודברי רבי אליעזר במנחות ודברי רבי יהושע במנחות דברי רבי אליעזר בזבחים שהיה אומר דם אע"פ שאין בשר ודברי רבי יהושע בזבחים שהיה אומר אם אין דם אין בשר אם אין בשר אין דם דברי רבי אליעזר במנחות שהיה אומר קומץ אע"פ שאין שירים ודברי רבי יהושע במנחות שהיה אומר אם אין שם שירים אין קומץ אם אין קומץ אין שירים א"ל מסתברא קאמר כי קאי בזבחים אמר מסתברא כי היכי דפליגי בזבחים פליגי נמי במנחות כי קאי במנחות אמר מסתברא כי היכי דפליגי במנחות פליגי נמי בזבחים א"ל התינח כי קאי בזבחים אמר מסתברא כי היכי דפליגי בזבחים פליגי נמי במנחות דעיקר קראי כי כתיבי בזבחים כתיבי אלא כי קאי במנחות ואמר מסתברא כי היכי דפליגי במנחות פליגי נמי בזבחים והא עיקר קראי בזבחים הוא דכתיבי אלא לא קשיא רואה אני את דברי ר' אליעזר בנטמא ודברי רבי יהושע באבוד ושרוף בנטמא מ"ט משום דמרצי ציץ הא שמעת ליה לרבי יוסי דאמר אין הציץ מרצה על אכילות אלא לא קשיא רואה אני את דברי רבי אליעזר בציבור רואה אני את דברי רבי יהושע ביחיד בציבור מ"ט משום דטומאה הותרה בציבור חדא דשמעת ליה לר' יוסי דאמר טומאה דחויה היא בציבור ועוד אי בציבור רבי אליעזר מכשיר ולא רבי יהושע

הא

ביחיד · לכתחלה פסולה ואם זרק הורלה ומתני' בליבור באין לכתחלה דטומאת ליבור הוא בהיתר: **לימא מתני' דלא כר' יוסי** · דכיון דא"ר יוסי בעינן תרתי כדמפרש ואזיל מדקאמר רבי יוסי אין הציץ מרלה על אכילות ש"מ כרבי יהושע סבירא ליה דבעי תרתי ואשמעינן הכא דניטמא בשר לא מהני ליה ציץ למהוי כי בשר קיים לזרוק את הדם דאי לא בעי תרתי ריצוי ציץ אאכילות למה לי הא בלאו אכילות נמי מיתכשרא זריקת דם: **כרבי אליעזר ס"ל** · דבחדא סגיא ולקמן פריך שתי הלחם אפילו חדא ליכא: **למאי אין הציץ מרצה על אכילות** · למאי מיבעי לן ריצוי ציץ דידהו אלא על כרחיך לרבי אליעזר ריצוי דציץ דאכילות לאו לאכשורי זריקה מיבעי לן לאפוקי בעלים דבלאו אכילות נמי מיתכשר אלא לאכילות גופייהו מיבעי לן: **למיקבעינהו בפיגול** · דקי"ל אם יש פסול אחר בקרבן שחישב בו מחשבת פיגול אינו נקבע בפיגול להתחייב כרת על אכילתו דאמר מר ירלה כהרלאת כשר כך הרלאת פיגול במסכת מנחות (דף יז:) : **ולאפוקי נמי בשר מידי מעילה** · דבקדשי קדשים זריקתן משוי בבשרן שעת היתר לכהנים ותו לא קדשי ה' מיקרו ונפקו מידי מעילה: **ומשוי לי' כי טהור** · ואע"ג דאסור לאוכלו בטומאה מיהו לכל שאר מילי הוי כי טהור ומהגיא ליה זריקה למיקבעיה בפיגול ט': **ורבי יוסי סבר** · כהי דזריקה כשירה היא להוציא את הבעלים ידי כדרן דלא בעינן תרתי מיהו להאי בשר לא מהני ליץ למהוי הך זריקה מהגיא ליה למיקבעה בפיגול ולאפוקה מידי מעילה: **בשלמא זבחים** · דמתני' איכא עולין דמרלי ליץ עלייהו ואיכא תרתי: **עומר נמי דאיכא קומץ** · דמרלי ליץ עליה וחדא מיהא איכא: **ולחם הפנים איכא בזיכין** · שמתירין את הלחם כקומץ למנחה דכתיב ביה (ויקרא כד) והיתה ללחם לאזכרה: **בזיכים** · לבונה של לחם הפנים וכתיב בקומץ (שם ב) והקטיר הכהן את אזכרתה וליץ מרלי עלייהו דהא עולים נינהו: **אלא שתי הלחם** · דכולה אכילות ורבי יוסי אין הליץ מרלה על אכילות קאמר מאי איכא למימר: **וכי תימא** · הא דקתני מתני' שתי הלחם באין בטומאה לאו בשתי הלחם הבאות בפני עלמן כגון שלא היו להן כבשים דאמרינן במנחות (דף מה:) דבאין בפני עלמן ובהגהו לא קאמר מתני' דליתנו בטומאה אלא בבאו עם הכבשים ומשום הכבשים הקריבין עמהן ששחיטתן מקדשת את הלחם וזריקת דמם מתרת אותן קאמר מתניתין דבאות בטומאה משום דליץ מרלי עלייהו: **פוטרה בליבור** · ולא בעי' ליץ: **אחד זה ואחד זה** · אחד כהן השורף את הפרה ואחד כהן גדול ביום הכפורים שטעונין פרישה שבעת ימים: **מכל חטאות** · מכל אפרי הפרות שהיו במקדש שאפר פרה של משה לא כלתה: **כל שבעה** · בפ"ק דיומא מפרש טעמא בראשון לפרישתו שמא היום שלישי לטומאתו שמא היום ג' ימים שניטמא במת ושמשא בעלמא היא ומעלה וכן שני שמא שלישי ושלישי שמא שלישי (ב) ואיך מספקינן כל חד וחד בז' לטומאה: **סולה נמה לי** · הא קרבן דיום הכפורים דליבור הוא ודוחה טומאה אלא ש"מ בקושי נדחית טומאה לקרבנות ובעי ריצוי ליץ וכיון דלא מרלי אאכילות לא מיתוקם שתי הלחם דמתניתין כרבי יוסי ואפילו סבירא ליה דבחדא סגיא דהא אפילו חדא ליכא: **שטרא מזכי לבי תרי הוא** · בתמיה כלומר מי רלה שטר שמזכה את התובע ואת הנתבע דקאמר רבי יוסי רואה אני את דברי שניהן: **מסתברא קאמר** · מסתברא דפליגי בתרוייהו קאמר: **עיקר קראי** · ועשית עולותיך: **בזבחים כתיבי** · ובמנחות לא כתיבי ואיצטריך לאשמעי' דאפ"ה פליגי במנחות: **ועוד** · בליבור ר' אליעזר הוא דמכשיר ולא ר' יהושע. בתמיה:

אלא

הא לא קשיא הא ביחיד והא בליבור · פי' בקונטרס דסבירא לן טומאה הותרה בליבור וקשה דה"ל למימר אלא קסבר רבי יהושע טומאה הותרה בליבור כדמסיק לעיל דקסבר ליץ מרלה על אכילות ועוד היכי קאמר בסמוך נימא דלא כרבי יוסי דאמר אין הליץ מרלה על אכילות מהאי טעמא גופיה דטומאה הותרה בליבור דאוקימנא כרבי יהושע אתי נמי כר' יוסי* כדקאמר נמי לבסוף ונראה לר"י דלעולם סבירא ליה טומאה דחויה אלא דסבירא ליה דהליץ מרלה על אכילות וביחיד לכתחלה לא יזרוק מדרבנן ופסולה דקתני היינו לכתחלה הלכך בליבור באין לכתחלה ואם תאמר ומאי איכא בין ליבור ליחיד הואיל ומדאורייתא ביחיד נמי זורק לכתחלה יש לומר טומאת הגוף איכא בינייהו דבליבור דחיא ביחיד לא דחיא:

מכלל דרבי יוסי כרבי יהושע ס"ל · תימה לרשב"א מנא ליה הא דילמא כר' אליעזר סבירא ליה ואין הליץ מרלה על אכילות נפקא מינה לשתי הלחם:

והא עיקר קראי בזבחים כתיבי · תימה לר"י נריש לקיש דאמר במנחות פרק קמא (דף ט:) שירים שחסרו בין קמילה להקטרה אין מקטיר קומץ עליהן אדרבה קראי במנחות כתיבי דבזבחים כיון שנשתייר כזית בשר זורק את הדם ומשמע התם דטעמיה מקרא דכתיב המנחה מיהו לרבי יוחנן דפליג עליה התם אתי שפיר:

הא

מא א מיי' פ"א מהלכות פסולי מוקדשין הלכה לד :

מב ב מיי' פ"א מהל' עבודת יום הכפורים הלכה ד :

[עי' יומא ח.]

[לעיל פ.] מנחות כה:

[זבחים כח.]

יומא ד. ח.

[לעיל עז.]

הגהות הב"ח

(א) גמ' וכ"ת לקרב עמהן כו' היינו שלמי ציבור : (ב) רש"י ד"ה כל שבעה בפ"ק דיומא דף ח' מפרש וכו' שמא שלישי ושביעי לא בעי זריקה ואינך מספקינן :

רבינו חננאל

נטמאו הכי פסולה ועוד מתני' דקתני חמשה דברים באין בטומאה לכתחלה משמע אלא לא קשיא כי קתני דבעי ר' יהושע תרתי בקרבן יחיד אבל בקרבן צבור הוא ומנחות אפילו חדא סגי ליה ומתני' קרבן צבור הוא ומנחות קרבן יחיד . ואתינן למימר מתני' דלא כר' יוסי דתני אין הציץ מרצה על אכילות ור' יוסי סבר לה כר' יהושע דאמר תרתי בעינן ודחי' לא לעולם ר' יוסי בהא כר' אליעזר סבירא ליה דאמר דם אע"פ שאין בשר והאי דקא מיפלגי בציץ מרצה על אכילות בהא פליגי ר' אליעזר סבר הציץ מרצה על אכילות וכיון דמרצה לאכילה הוא דקאי והמהור חשיב הוא ואי חשיב עליה למכליה חוץ לזמנו אע"ג דהוא טמא קבעא לי' מחשבתו בפיגול ואי אכיל ליה מקודם לאו בר מעילה הוא דאכילה מעליא היא ור' יוסי סבר לא מרצה ציץ ולא משוי ליה טהור ולא קבע ליה בפיגול ולא מפיק ליה מידי מעילה ואקשינן נהי נמי דר' יוסי כר' אליעזר סבירא לי' דאמר דם אע"ג שאין בשר (בשלמים) [בשלמא] זבחים איכא דם עומר נמי איכא קומץ לחם הפנים נמי איכא בזיכין אלא שתי הלחם מאי טעמא וכי תימא איכא נמי להני שלמים הבאין עמהן [אי הכי] היינו זבחי שלמי ציבור והוו להו [ארבעה] ואנן חמשה תנן ושני' אלא קסבר ר' יוסי טומאה הותרה היא בצבור : איני דסבר ר' יוסי הותרה היא בצבור והתניא אחד זה ואחד זה מזין עליו כל שבעה מכל חטאות שהיו שם פי' כהן גדול שרוצה לשמש ביום הכפורים בין כהן השורף את הפרה היו מזין עליהן כל שבעת הימים שהיו מפרישין אותן מכל אפר הפרות שהיו שם שנעשו מימות משה ועד אותו זמן ואמי' בתחלת סדר יומא דר' יוסי טומאה דחויה בצבור הוא דאית ליה ואמרינן אלא מחוורתא מתני' דלא כר' יוסי : ירושלמי בין למאן דאמר הלחם עיקר בין למאן דאמר כבשים עיקר ארבעה אינון ותנא חש להן וקרינן חמשה : ואקשי' היכי קתני ר' יוסי במילתא דפליגי ר' אליעזר ור' יהושע זה פוסל וזה מכשיר ואמר ר' יוסי רואה אני דברי זה ודברי זה וכי יש אמת בשני דרכים המכחישין זה את זה ופרקינן האי דקאמר רואה אני לאו משום דקא מודה להו אלא הכי קאמר רואה אני דברי ר' אליעזר בזבחים כלומר טעמיה במנחות כטעמיה בזבחים כי היכי דפליג בהאי פליג בהאי וכן ר' יהושע תרוייהו האי שינויא ושני' רואה אני דברי ר' אליעזר בנטמא דהא איתיה והציץ מרצה : איני והתניא ר' יוסי אומר אין הציץ מרצה על אכילות ומפלג הוא דפליג על ר' אליעזר והיכי קתני רואה אני דברי ר' אליעזר במאי דפליג עלה אלא רואה אני דברי ר' אליעזר בציבור מאי טעמא משום דטומאה הותרה הוא בצבור והא ר' יוסי טומאה דחויה היא שמעי' ליה והוב הכי ר' יהושע פליג עליה והא אוקימ' לעילא דאפילו ר' יהושע מודה בצבור דדם אע"פ שאין בשר ולפיכך איתוקמא מתניתין כותיה אלא לא קשיא

יוא

עין משפט נר מצוה

מג א מיי' פ"ד מהלכות פסולי המוקדשין הלכה לא:
מד ב מיי' פ"ד מהלכות ק"פ הלכה ב:
מה ג מיי' פ"ד מהלכות פסולי המוקדשין הלכה לד:
מו ד מיי' פ"ב מהלכות ק"פ הלכה יד:
מז ה מיי' פ"ד מהלכות קרבן פסח הלכה כג:
מח ו ז מיי' פ"ה מהל' ק"פ הלכה ו:
מט ח שם הלכה ז:
נ ט מיי' פ"ז מהלכות ק"פ הלכה ט:

רבינו חננאל

גמרא

הא אמרת בציבור אפילו רבי יהושע מודה אלא רואה אני דברי ר"א בדיעבד ודברי ר' יהושע לכתחלה דיעבד אפילו רבי יהושע נמי מודה הוא דקתני מודה רבי יהושע שאם זרק הורצה הא בטומאה הא באבוד ושרוף כי קתני מודה רבי יהושע שאם זרק הורצה בנטמא *אבל באבוד ושרוף לא כי קאמר ר' יוסי רואה אני את דברי ר"א בדיעבד באבוד ושרוף: **מתני'** ׳נטמא בשר וחלב קיים אינו זורק את הדם נטמא החלב והבשר קיים זורק את הדם ׳ובמוקדשים אינו כן אלא אע"פ שנטמא הבשר והחלב קיים זורק את הדם: **גמ'** אמר רב גידל אמר רב אם זרק הורצה והא בעינן *אכילה אכילה לא מעכבא והא כתיב °איש לפי אכלו למצוה ולעכב לא והתניא* °במכסת מלמד שאין הפסח נשחט אלא למנויו יכול שחטו שלא למנויו יהא כעובר על המצוה וכשר ת"ל איש לפי אכלו תכוסו °הכתוב שנה עליו לעכב ואיתקש אוכלין למנויין אלא רב דאמר כרבי נתן דאמר *אכילת פסחים לא מעכבא הי רבי נתן אילימא הא רבי נתן דתניא *רבי נתן אומר מנין שכל ישראל יוצאין בפסח אחד ת"ל °ושחטו אותו כל קהל עדת ישראל בין הערבים וכי כל הקהל שוחטין והלא אין שוחט אלא אחד אלא מלמד שכל ישראל יוצאין בפסח אחד דילמא שאני התם דאי ממשכי הני חזי להני ואי ממשכי הני חזי להני אלא הא ר' נתן דתניא ׳נמנו עליו חבורה אחרת וחזרו ונמנו עליו חבורה אחרת ראשונים שיש להן כזית אוכלין ופטורין מלעשות פסח שני אחרונים שאין להם כזית אין אוכלין וחייבין לעשות פסח שני רבי נתן אומר אלו ואלו פטורין מלעשות פסח שני שכבר נזרק הדם אכתי דילמא שאני התם דאי ממשכי הני חזי להו א"כ ליתני הואיל וראויים לימשך מאי שכבר נזרק הדם ש"מ בדם תליא מילתא אבל אכילה לא מעכבא מאי דוחקיה דרב דמוקים לה מתני' לכתחלה ור' נתן נוקמה כרבנן ׳ואפילו דיעבד נמי לא רב מתני' קשיתיה אמאי (תני) אין זורק את הדם ליתני פסול אלא שמע מינה אין זורק לכתחלה אבל דיעבד שפיר דמי ולר' נתן איש לפי אכלו למה לי דבעינן גברא דחזי לאכילה מאן תנא להא דתנו רבנן ׳שחטו לאוכליו *וזרקו דמו שלא לאוכליו הפסח עצמו כשר ואדם יוצא בו ידי חובתו כמאן נימא רבי נתן היא ולא רבנן אפילו תימא רבנן* ׳אין מחשבת אוכלין בזריקה מאן תנא להא דתנו רבנן ׳הרי שהיה חולה בשעת שחיטה וחלים בשעת זריקה חלים בשעת שחיטה וחולה בשעת זריקה אין שוחטין וזורקין עליו עד שיהא חלים משעת שחיטה עד שעת זריקה כמאן נימא רבנן היא ולא רבי נתן אפילו תימא רבי נתן גברא דחזי לאכילה בעינן מאן תנא להא דתנו רבנן °שחטו בטהרה ואחר כך נטמאו הבעלים יזרק הדם בטהרה ואל יאכל בשר בטומאה כמאן אמר רבי (אליעזר) [צ"ל אלעזר] במחלוקת שנויה ורבי נתן היא ורבי יונתן אמר אפילו תימא רבנן היא הכא במאי עסקינן ׳בציבור דאפילו בטומאה נמי עבדי אי בציבור אמאי אין הבשר נאכל בטומאה גזירה שמא יטמאו הבעלים לאחר זריקה ויאמרו אשתקד לא נטמאנו ואכלנו השתא נמי ניכול ולא ידעי דאשתקד כי איזדריק דם בעלים טמאים הוו השתא בעלים טהורין הוו
ואיבעית

תורה אור: שמות יב | שם | במדבר ט

רש"י

אלא · תרווייהו ביחיד והא לכתחלה והא דיעבד והא דקתני אם זרק הורצה ואוקימנא ביחיד ה"מ דמודה רבי יהושע בדיעבד כשנטמא דהא עלה קאי ומשום דאיתיה בעינא אבל באבוד ושרוף לא ור' יוסי אפי' נשרפו או אבדו שיריה קאמר אם הקטיר קומצה כשירה: **מתני' נטמא בשר וחלב קיים אין זורק את הדם** · אפי' לר' אליעזר דעיקר פסח לאכילת אדם קאתי: **ובמוקדשין אינו כן** · אפילו לר' יהושע שאפילו נטמא בשר וחלב קיים זורק את הדם דהא תרתי איכא מתיר ושיריים שהדם מתיר אימורין למזבח: **גמ' הורצה** · ופטור מלעשות פסח שני: **לא מעכבא** · כפרה בדיעבד: **אוכלין** · חולה וזקן: **רב** · דאית ליה אכילת פסחים לא מעכבא דאמר כר' נתן: **יוצאין בפסח אחד** · ואע"פ שאין בו כזית לכל אחד אלמא אכילה לא מעכבא: **דאי מימשכי הני** · מה שיש בהן יותר מכזית לכל אחד חזי להני הנשארים: **ואי מימשכי הני כו'** · איפשר דחזי לכולהו דהי מינייהו מפקת הלכך אע"ג דלא אימשיך חד מינייהו פטורין אבל ניטמא לא חזי אפילו לחד: **נימנו עליו** · עד שהיה כזית לכל אחד: **ומאי דוחקיה דרב**. לאוקמא למתני' כר' נתן דלא מעכבא ולמימרא דמתני' לכתחלה קאמר הא אם זרק הורצה: **נוקמה כרבנן** · ונימא דמתני' אפי' בדיעבד פסול: **פסח עצמו כשר**. קס"ד לזרוק דמו ולהקטיר חלבו אבל לאכילה לא וקתני ואדם יוצא בו ידי חובתו: **אין מחשבת אוכלין** · חולה וזקן בזריקת דם דאיש לפי אכלו לגבי שחיטה כתיב: **חלים** · בריא: **גברא דחזי לאכילה בעי'**. דכי כתיב איש לפי אכלו אגברא כתיב דליהוי גברא בר אכילה אבל פסח לא איכפת לן אי לא חזי: **יזרק בטהרה** · בבגדים וכלי שרת טהורין: **ור' נתן היא** · דאמר אכילה לא מעכבא ולא בעי ר' נתן גברא דחזי לאכילה ומתניתא קמייתא מוקי ר' אלעזר כרבנן: **הכא במאי עסקינן בציבור** · שנטמאו רוב ציבור בין שחיטה לזריקה כגון שמת הנשיא ונטמאו הילכך גברי דחזו לאכילה נינהו: **גזירה שמא** · לשנה אחרת יטמאו ציבור אחר זריקה: **ויאמרו אשתקד** · מי לא היינו טמאין בשעת אכילה ואכלנו ואע"פ ששחיטתו בטהרה השתא נמי אע"פ ששחיטתו וזריקתו בטהרה ניכול בשר בטומאה ולא ידעי דאשתקד בעידנא דהוי זריקת דם טמאין הוו והוה ליה פסח הבא בטומאה:
ואיבעית

תוספות

הא אמרת מודה רבי יהושע בציבור · תימה לרשב"א מאי קשיא דילמא ה"ק רואה אני דברי רבי אליעזר בציבור שאף ר' יהושע לא אמר אלא ביחיד דכי האי גוונא אמרי' פ"ק דחולין (דף יב:) ובכמה דוכתי ואומר ר"י דהכא לא שייך למימר הכי דלא קתני בברייתא לא בציבור ולא ביחיד: **כי** מודה בנטמא · משום דלין מרלה: **ולעכב** לא והתניא במכסת נפשות · תימה לר"י והא קרא בשחיטה כתיב ומהתם נפקא למחשבת אוכלין פסלה בשחיטה אבל בזריקה אמרן לעיל דאין מחשבת אוכלין בזריקה והיכי פריך משחיטה אזריקה ואומר ר"י דווקא מחשבת אוכלין ליתא בזריקה אלא בשחיטה אבל כשאין לו אוכלין לגמרי אף בשעת זריקה סברא היא דפסול שהיא עיקר עבודה כיון דבשעת שחיטה הקפיד הכתוב אפילו אמחשבה: **שאני** התם דאי מימשכי הני כו'. תימה לרשב"א והא בשעת זריקה אינם יכולים לימשך ונמצא דהשתא לא חזי לאכילה וי"ל דדילמא ר' נתן סבר כר"ש דתנן לקמן בפרק האשה (דף פט.) נמנין ומושכין ידיהם עד שיזרק הדם אי נמי נטמאו מקצתן או שמתו חזי להני: **ולרבי** נתן איש לפי אכלו למה לי דבעינן גברא דחזי לאכילה · וא"ת לרבנן נמי לישני הכי לעיל כי פריך ולעכב לא לימא כי אתא קרא לעכב היינו דבעינן גברא חזי לאכילה אבל בשר לא ולאו פירכא היא דרבנן בעו בשר חזי לאכילה כדתניא לעיל אחרונים שאין להם כזית אינם אוכלין וחייבין לעשות פסח שני והא נמי לא תיקשי אמאי לא משני לר' נתן איש לפי אכלו למצוה כדבעי למימר לעיל משום דלא אשכחן תנא דלא מקיש אוכלין למנויין אלא זקני דרום לחודייהו בפרק שני דזבחים (דף כג.) ולמאי דמוקי מתני' כר' נתן צ"ל דיוצאין בפסח אחד דקאמר היינו דוקא דיעבד: **לימא** ר' נתן היא כו' · תימה לר"י והיכי מיתוקמא כר' נתן והא ר' נתן ורבנן לא פליגי אלא בבשר אבל בגברא לכ"ע בעינן גברא דחזי לאכילה ועוד א"כ אפילו שחטו שלא לאוכליו נמי ולמאי נקט שחטו לאוכליו ועוד היכי תיסק אדעתיה למימר השתא דיש מחשבת אוכלין בזריקה הא פשוט בכולי גמרא דאין מחשבת אוכלין בזריקה כדמוכח בזבחים (דף ד.) ובתמיד נשחט לעיל (דף סא.) *ושם הבאתי ונראה לר"י דה"פ נזרק דמו שלא לאוכליו לא שנזרק שלא לשם אוכליו אלא שבשעת זריקה היו הבעלים חולים והשתא קאמר כמאן כר' נתן דמשמע ליה כיון דר' נתן מיקל טפי האי ולא בעי שיהא בשר ראוי לאכילה ה"נ לא חייש אם אין בעלים ראויין בשעת זריקה אבל רבנן דמחמרי ובעו שיהא בשר ראוי לאכילה ה"ה דבעו שיהו הבעלים ראויים לאכילה בשעת זריקה וה"נ סבר ר' אלעזר בסמוך דלא בעי ר' נתן גברא חזי אלא בשחיטה דווקא:
כזיר

מסורת הש"ס

[זבחים ק:]
לעיל סא. ע"ש זבחים כג. ע"ש
[לעיל סא. וש"נ]
[לעיל סט:]
קידושין מא: מב: ושם אי' ר' יונתן
[צ"ל תנן]
[עי' תוס' לעיל סא. ד"ה שחטו] [לעיל סא:]
[צ"ל אלעזר]

§ מסכת פסחים דף עח: §

אות א'

אבל באבוד ושרוף לא

רמב"ם פ"א מהל' פסולי המוקדשין הל"א - נשאר פחות מכזית לא יזרוק, ואם זרק לא הורצה; נפסל הבשר קודם זריקה, או שיצא חוץ לעזרה, לא יזרוק הדם, ואם זרק הורצה.

אות ב'

נטמא בשר וחלב קיים, אינו זורק את הדם; נטמא החלב והבשר קיים, זורק את הדם

רמב"ם פ"ד מהל' קרבן פסח ה"ב - בשר הפסח שנטמא ונודע לו קודם זריקה, אף על פי שהאימורין טהורין, לא יזרוק את הדם, שאין הפסח בא אלא לאכילה, [ג]ואם זרק לא הורצה; ואם לא נודע לו עד שנזרק הדם, [ד]הורצה, שהציץ מרצה על שגגת הבשר שנטמא, ואינו מרצה על הזדון; נטמאו מקצת האיברים, שורף את הטמאים ואוכל את הטהורים; נטמאו האימורים והבשר קיים, זורק את הדם והבשר נאכל לערב.

אות ג'

ובמוקדשים אינו כן, אלא אע"פ שנטמא הבשר והחלב קיים, זורק את הדם

רמב"ם פ"א מהל' פסולי המוקדשין הל"ד - כל הזבחים של יחיד, בין שנטמא בשר והחלב קיים, בין שנטמא חלב והבשר קיים, זורק את הדם; נטמאו שניהן לא יזרוק, ואם זרק הורצה, שהציץ מרצה על הטומאה; וכן אימורין או איברי עולה שנטמאו והקטירן, הציץ מרצה כמו שביארנו; וכל קרבנות הצבור שנטמא הבשר והחלב כולו, הרי זה זורק את הדם.

אות ד'

נמנו עליו חבורה אחת וחזרו ונמנו עליו חבורה אחרת, ראשונים שיש להן כזית, אוכלין ופטורין מלעשות פסח שני, אחרונים שאין להם כזית, אין אוכלין וחייבין לעשות פסח שני

רמב"ם פ"ב מהל' קרבן פסח הי"ד - עד כמה נמנים על הפסח עד שיהיה בו כזית לכל אחד ואחד; ונמנין עליו ומושכין את ידיהן ממנו עד שישחט, כיון שנשחט אינו יכול למשוך את ידו, שהרי נשחט עליו. נמנו עליו וחזרו אחרים ונמנו עליו, ראשונים שיש להם כזית, אוכלים ופטורים מעשות פסח שני, ואחרונים שרבו עד שלא נמצא בו כזית לכל אחד, אינן אוכלין וחייבים לעשות פסח שני.

אות ה'

ואפילו דיעבד נמי לא

רמב"ם פ"ד מהל' קרבן פסח ה"ב - עיין לעיל אות ב'.

אות ו' – ז'

שחטו לאוכליו וזרקו דמו שלא לאוכליו, הפסח עצמו כשר ואדם יוצא בו ידי חובתו

אין מחשבת אוכלין בזריקה

רמב"ם פ"ב מהל' קרבן פסח ה"ו - [ה]שחטו לאוכליו לזרוק דמו שלא לאוכליו, הפסח כשר, [ו]ואין אדם יוצא בו ידי חובתו, לפי שאין מחשבת אוכלים בזריקה.

אות ח'

הרי שהיה חולה בשעת שחיטה וחלים בשעת זריקה, חלים בשעת שחיטה וחולה בשעת זריקה, אין שוחטין וזורקין עליו עד שיהא חלים משעת שחיטה עד שעת זריקה

רמב"ם פ"ב מהל' קרבן פסח ה"ז - מי שהוא בריא בשעת שחיטה וחולה בשעת זריקה, או חולה בשעת שחיטה ובריא בשעת זריקה, אין שוחטין וזורקין עליו עד שיהיה בריא משעת שחיטה עד שעת זריקה.

אות ט' – י'

שחטו בטהרה ואחר כך נטמאו הבעלים, יזרק הדם בטהרה, ואל יאכל בשר בטומאה

בציבור דאפילו בטומאה נמי עבדי

רמב"ם פ"ז מהל' קרבן פסח ה"ט - שחטוהו בטהרה ונטמאו רוב הצבור קודם זריקה, זורק את הדם והפסח לא יאכל, גזירה שמא יטמאו אחר זריקה בשנה אחרת ויאכלוהו בטומאה.

באר הגולה

ג ‹שם פלוגתא דחכמים ורבי נתן, ופסק כחכמים, ואע"ג דרב אמר דמתניתין כרבי נתן, לא חש לה רבינו כיון דרבים פליגי עליה, ועוד דאמרינן ומאי דוחקיה דרב לאוקמה כרבי נתן, ועוד דמאי דאמרינן דדחקיה דא"כ ליתני פסול, אינו הכרע, דאיכא למימר דאגב סיפא נקט רישא, ואע"ג דבתר הכי אמרינן דרב אמר דמתני' כרבי יהושע, כיון דחכמים פליגי עליה, כוותייהו נקטינן – כסף משנה› ד ‹שם (דף פ:) כרבינא, דאמר טומאתו בין שוגג בין מזיד הורצה, זריקתו בשוגג הורצה במזיד לא הורצה – כסף משנה› ה ‹מצאתי כתוב, וה"ה אם זרק דמו שלא לאוכליו כשר, דאין דין מחשבת אוכלין אלא בשחיטה בלבד, רפ"ק דזבחים קאמר, מה לשחיטה שכן נפסלת שלא לשם אוכלין בפסח – כסף משנה› ו ‹הוא ט"ס, והעיקר כמו הגירסא בש"ס ואדם יוצא בו י"ח, ולא מצאנו שהפסח יהא כשר ולא יצא בו י"ח – אור שמח›

§ מסכת פסחים דף עט. §

אות א'

כל הזבחים שבתורה שנשתייר מהן כזית בשר או כזית חלב זורק את הדם, כחצי זית בשר וכחצי זית חלב אין זורק את הדם; ובעולה אפילו כחצי זית בשר וכחצי זית חלב זורק את הדם, מפני שכולה כליל

רמב"ם פ"א מהל' פסולי המוקדשין ה"ל - אבל אם חסרה אחר קבלה קודם זריקה, אפילו אבד הבשר קודם זריקת הדם או נשרף, אם נשתייר כזית מן הבשר או כזית מן האימורין, זורק את הדם, ואם לאו אינו זורק; ובעולה אפילו כחצי זית מן הבשר וחצי זית מן האימורין, מפני שכולה לאשים.

אות ב' - ג' - ד'

נטמא קהל או רובו, או שהיו הכהנים טמאים והקהל טהורים, יעשו בטומאה; נטמא מיעוט הקהל, הטהורין עושין את הראשון, והטמאין עושין את השני

הרי שהיו ישראל טמאין וכהנים וכלי שרת טהורין, או שהיו ישראל טהורין וכהנים וכלי שרת טמאין, ואפילו ישראל וכהנים טהורין וכלי שרת טמאין, יעשו בטומאה שאין קרבן ציבור חלוק

לא שנו אלא שנטמא הסכין בטמא מת

רמב"ם פ"ז מהל' קרבן פסח ה"א - רבים שהיו טמאי מת בפסח ראשון, אם היו מיעוט הקהל, הרי אלו נדחין לפסח שני כשאר הטמאים; אבל אם היו רוב הקהל טמאי מת, או שהיו הכהנים או כלי שרת טמאים טומאת מת, אינן נדחין, אלא יקריבו כולן הפסח בטומאה הטמאים עם טהורים, שנאמר: ויהי אנשים אשר היו טמאים לנפש אדם, יחידים נדחים ואין הצבור נדחה; ודבר זה בטומאת המת בלבד כמו שביארנו בביאת המקדש.

רמב"ם פ"ד מהל' ביאת המקדש הי"ב - כיצד דוחה את הטומאה: הגיע זמנו של אותו קרבן והיו רוב הקהל שמקריבין אותו טמאין למת, או שהיו הקהל טהורים והיו הכהנים המקריבין טמאים למת, או שהיו אלו ואלו טהורין והיו כלי השרת טמאים למת, ה"ז יעשה בטומאה ויתעסקו בו הטמאים והטהורים כאחד ויכנסו כולן לעזרה; אבל הטמאים בטומאה אחרת, כגון זבין וזבות ונדות [ויולדות] וטמאי שרץ ונבלה וכיוצא בהן, לא יתעסקו ולא יכנסו לעזרה ואף על פי שנעשה בטומאה; ואם עברו ועשו או נכנסו לעזרה, חייבין כרת על הביאה ומיתה על העבודה, שלא נדחית אלא טומאת המת בלבד.

אות ה'

אבל נטמא הסכין בטומאת שרץ, דבשר הוא דמטמיא ליה לגברא לא מטמיא ליה, טהורין עביד טמאין לא עביד

רמב"ם פ"ז מהל' קרבן פסח ה"ט - היו כלי שרת טמאים בשרץ וכיוצא בו, הואיל ואינן מטמאין את האדם כמו שיתבאר במקומו, אף על פי שמטמאין את הבשר, לא יעשוהו אלא הטהורים, [א]ויאכל אף על פי שהוא טמא, מוטב שיאכל בטומאת בשר שהיא בלאו, ולא יאכלוהו טמאי הגוף שהם בכרת, כמו שביארנו בפסולי המוקדשין.

אות ו'

הללו עושין לעצמן והללו עושין לעצמן

רמב"ם פ"ז מהל' קרבן פסח ה"ב - היו הקהל מחצה טהורים ומחצה טמאי מת, כולן עושין בראשון, והטהורים עושין לעצמן בטהרה, והטמאים עושין לעצמן בטומאה ואוכלין אותו בטומאה; ואם היו טמאי המת עודפין על הטהורים אפילו אחד, יעשו כולן בטומאה.

באר הגולה

[א] ‹קשה, כיון שהסכין מטמא הבשר, איך יאכלו הפסח בטומאת בשר, כיון שלדעת רבינו לא הותר רק טומאת מת, א"כ גם טומאת בשר לא הותר רק בטומאת מת. **ואמנם** אנו רואים לרבינו עצמו, דלענין אכילה בטומאה התיר גם לטמא שרץ ונבילה וכיוצא בהם מטמאי מגע, כמבואר בדבריו בפ"ז מהלכות קרבן פסח הלכה ח' שכתב, ואינו נאכל לכל טמא, אלא לטמאי מת שנדחית להם הטומאה, וכיוצא בהם מטמאי מגע טומאות, אבל הטמאים שטומאה יוצאה מגופן, כגון זבים וכו', לא יאכלו וכו'. **הרי** שלא מיעט מהאכילה אלא זבים, אבל טמא שרץ שהוא טמא מגע, לא מיעט, {היינו מאכילה, אבל לא יתעסקו ולא יכנסו לעזרה, וכנ"ל בפ"ד מהל' ביאת מקדש הי"ב}, וא"כ ה"ה שמותר טומאת בשר שהוא בודאי טמא מגע - צל"ח›

מסורת הש"ס

[לעיל עז:]

זבחים כה: קד. מנחות ט. כו. מעילה טו: [בכורות לט: תוספתא פ"ו תוספתא זבחים פ"ד]

[מנחות כו. כל הסוגיא]

[לקמן עמוד ב' מנחו' יד: פו.]

[לעיל יד: וש"נ]

[לקמן פ. יומא ו: ז: מו: זבחים נג.]

[כל היכא דקרינן ביה והבשר אשר יגע בכל טמא לא יאכל קרינן ביה והבשר כל טהור יאכל בשר וכל היכא דלא קרינן ביה וכו' כצ"ל בילקוט]

[לקמן פ.]

ואיבעית אימא רב דאמר כר' יהושע *דתניא רבי יהושע אומר (א) כל הזבחים שבתורה בין שנטמא בשר וחלב קיים בין שנטמא חלב ובשר קיים זורק את הדם נזיר ועושה פסח נטמא חלב ובשר קיים זורק את הדם נטמא בשר וחלב קיים אין זורק את הדם ואם זרק הורצה נטמאו הבעלים במת לא יזרוק ואם זרק לא הורצה: במוקדשין אינו כן וכו': מתניתין מני רבי יהושע היא *דתניא רבי יהושע אומר *כל הזבחים שבתורה שנשתייר מהן כזית בשר או כזית חלב זורק את הדם כחצי זית בשר וכחצי זית חלב אין זורק את הדם ובעולה אפילו כחצי זית בשר וכחצי זית חלב זורק את הדם מפני שכולה כליל ובמנחה אע"פ שכולה קיימת לא יזרוק *מנחה מאי עבידתה אמר רב פפא מנחת נסכים סלקא דעתך אמינא כיון דקא אתיא מכח זבח כגופיה דזבח דמי קמ"ל חלב מנא לן אמר ר' יוחנן משום ר' ישמעאל ומטו בה משום רבי יהושע בן חנניה דאמר קרא °(ויקרא ג) והקטיר החלב לריח ניחוח לה' חלב אע"פ שאין בשר אשכחן חלב יותרת הכבד ושתי כליות מנא לן היכא אמרינן דזרקינן מדקתני ובמנחה אע"פ שכולה קיימת לא יזרוק מנחה הוא דלא אבל יותרת הכבד ושתי הכליות שפיר דמי מנא לן רבי יוחנן דידיה אמר קרא לריח ניחוח כל שאתה מעלה לריח ניחוח ואיצטריך למכתב חלב ואיצטריך למכתב ריח ניחוח דאי כתב רחמנא חלב הוה אמינא חלב אין יותרת הכבד ושתי הכליות לא כתב רחמנא לריח ניחוח ואי כתב רחמנא לריח ניחוח הוה אמינא כל העולין לריח ניחוח ואפי' מנחה כתב רחמנא חלב:

מתני' נטמא קהל או רובו או שהיו הכהנים טמאים והקהל טהורים יעשו בטומאה נטמא מיעוט הקהל הטהורין עושין את הראשון והטמאין עושין את השני:

גמ' ת"ר *הרי שהיו ישראל טמאין וכהנים וכלי שרת טהורין או שהיו ישראל טהורין וכהנים וכלי שרת טמאין ואפילו ישראל וכהנים טהורין וכלי שרת טמאין יעשו בטומאה *שאין קרבן ציבור חלוק אמר רב חסדא *לא שנו אלא שנטמא הסכין בטמא מת דרחמנא אמר °(במדבר יט) בחלל חרב *חרב הרי הוא כחלל וקא מטמא לגברא דמעיקרא כי מיתעביד °בטומאת הגוף דכרת קא מיתעביד *אבל נטמא הסכין בטומאת שרץ דבשר הוא דמטמיא ליה לגברא לא מטמיא ליה טהורין עביד טמאין לא עביד מוטב יאכל בטומאת בשר בלאו ואל יאכל בשר בטומאת הגוף שהוא בכרת אלמא קסבר רב חסדא *טומאה דחויה היא בציבור וכן אמר ר' יצחק טומאה דחויה היא בציבור ורבא אמר אפילו טמאין נמי עבדי מאי טעמא דכתיב °(ויקרא ז) והבשר אשר יגע בכל טמא לא יאכל באש ישרף והבשר כל טהור יאכל בשר *כל היכא דלא קרינן ביה והבשר אשר יגע בכל טמא לא יאכל לא קרינן ביה והבשר כל טהור יאכל בשר כל היכא דקרינן ביה והבשר אשר יגע בכל טמא לא יאכל קרינן ביה והבשר כל טהור יאכל בשר *איתמר הרי שהיו ישראל מחצה טהורין ומחצה טמאין רב אמר מחצה על מחצה כרוב ורב כהנא אמר מחצה על מחצה אינו כרוב רב אמר מחצה על מחצה כרוב *הללו עושין לעצמן והללו עושין לעצמן ור"כ אמר מחצה על מחצה אינו כרוב טהורין עושין את הראשון וטמאין עושין את השני איכא דאמרי אמר רב כהנא מחצה על מחצה אינו כרוב טהורין עושין את הראשון וטמאין

רש"י

איבעית אימא רב דאמר · אם זרק הורצה ליה אכילת פסחים לא מעכבא: **שלמי נזיר** · תחילתן לאכילה דבעי שילוח שערו תחת הדוד שהשלמים מתבשלין בו כדכתיב (במדבר ו) ולקח את שער ראש נזרו ונתן על האש וגו' ועוד בעי תנופה זרוע בשלה אלמא צריך שיהא בשר טהור בשעת זריקה שיהא ראוי למצוה האמורה בו: **ואם זרק הורצה** · דהכי לא מעכבי: **נטמאו בעלים** · במת דלא חזו למיכל לאורתא דטומאתן שבעה: **ואם זרק לא הורצה** · דאע"ג דאכילתו לא מעכבא גברא דחזי לאכילה בעינן ורחמנא דחייה לטמא נפש לפסח שני ובנזיר נמי כתיב (שם) כי ימות מת עליו וגו' דסותר את נזירותו: **חצי זית בשר וחצי זית חלב אין זורק הדם** · דאכילת אדם ואכילת מזבח לא מצטרפין: **אפי' כולה קיימת לא יזרוק** · את הדם עליה: **מנחה מאי עבידתיה** · בזריקת דם: **מנחת נסכים** · הבאה עם הזבח מהו דתימא כזבח דמיא ותיהוי במקום זבח להכשיר את הדם: **חלב מנא לן** · דהוי שיור להכשיר זריקת דם: **והקטיר החלב** · גבי זריקת דם כתיב דכתיב וזרק הכהן את הדם וגו' עד והקטיר החלב לריח ניחוח: **יותרת הכבד ושתי הכליות מנא לן** · מדאיצטריך ליה למיתני מנחה לא הויא שיור מכלל דסבירא ליה דהני דגופיה דזבח ניהו הוי שיור: **אמר קרא** · בהאי קרא גופיה והקטיר החלב לריח ניחוח: **מתני' יעשו בטומאה** · ואפי' טמאין יחידין דהא פסח דטהורין גופיה בטומאה אתי משום כהנים: **גמ' שאין קרבן צבור** · דהבא בטומאה חלוק מאחר שקרבן רובן בא בטומאה אף היחיד עושה בטומאה: **לא שנו** · דמשמע משום טומאת כלי שרת עבדי כולהו בטומאה: **אלא שנטמא סכין בטמא מת** · שהוא אב הטומאה דנעשה אף הסכין אב הטומאה לטמא אדם: **דרחמנא אמר בחלל חרב** · למידרש מיניה דכלי מתכת המיטמא במת נעשה כיוצא בזה שנגע בו: **יש טומאה דחויה היא בצבור** · בקושי אותרה וכל כמה דאפשר לאהדורי אטהרה או אטומאה קלה מהדרינן: **קרינא ביה והבשר כל טהור יאכל בשר** · ולא טמא: **הללו עושין לעצמן** · בטהרה והללו עושין לעצמן בטומאה טהורים לא עבדי בטומאה דהוי כרוב ורוב טהורין לא עבדי בטומאה וטמאין לשני לא מידחו משום דהוו כמי רובא ורובא לשני לא מידחו: **טהורין עושין הראשון** · בטהרה דאי כמי מיעוטא נינהו אית להו למעבד הראשון בטומאה וכל שכן כי עבדי בטהרה שפיר דמי: **וטמאין עושין את השני** · דכיון דאינן כרוב נידונין כמיעוט ונידחין לשני: וטמאין

תוספות

נזיר ועושה פסח נטמא בשר וחלב קיים אינו זורק כו' · ריב"א אומר דלא גרס נזיר דאין חילוק בזה בין נזיר לשאר קרבנות ומה שפירש רש"י דבעי שילוח שערו תחת הדוד אין נראה שיהא עיכוב ומה שפי' נמי משום תנופה הא כל שאר שלמים נמי בעו תנופה ולא אשכחן תנא דלית ליה תנופה בנזיר מעכבת אלא ר"א בסוף ג' מינים (נזיר דף מו:) ובתוספתא לא גרס נזיר:

או שהיו כהנים טמאים יעשו בטומאה · אע"פ שיכולין ליזהר °שלא יגעו בבשר כיון דאישתראי טומאת אימורים אישתראי נמי טומאת בשר דאמר במי שהיה טמא (לקמן דף צו:) כל היכא דאישתראי טומאת בשר אישתראי טומאת אימורים משמע שהם שוים:

אלא שנטמא סכין בטמא מת כו' · תימה °א"כ מאי אפי' דקאמר הייני רישא ממש היו ישראל טהורים וכהנים וכלי שרת טמאים כיון דמיטמא גברא מחמת סכין:

בטומאת הגוף דבכרת מיתעביד · וא"ת ישחוט בסכין ארוכה ולא יצטרך ליכנס לעזרה אי נמי יאחוז הסכין בפשוטי כלי עץ וישחוט ואומר ר"י דאין פנאי לכל הפסחים לשחוט בענין זה ואף להביא סכינים אחרים אין פנאי:

עין משפט נר מצוה

נא א מיי' פ"ד מהלכות פסולי המוקדשין הלכה ל:

נב ב ג ד מיי' פ"ז מהלכות ק"פ הלכה א ופ"ד מהלכות ביאת המקדש הלכה יב:

נג ה מיי' פ"ו מהלכות ק"פ הלכה ט:

נד ו שם הלכה ג:

הגהות הגר"א

(א) גמ' כל הזבחים כו' זורק את הדם פסח נטמא חלב כו' כצ"ל:

גליון הש"ס

גמ' בטומאת הגוף דבכרת. עי' ר"ש פ"א מ"ד דאהלות: תוס' ד"ה שהיו וכו' שלא יגעו בבשר. [illegible] פומק דבריהם סקושים הא אין להתיר מלך טומאת בשר שהוא בלאו רק משום דטומאת גברא דהוא בכרת ואם כן לא תלי כלל ביכולים ליזהר בנגיעת בשר אם לא ואף אם זר ישחוט מכל מקום הזריקה מתעביד בטומאת הגוף דכהן: שם ד"ה אלא שנטמא וכו' אם כן מאי אפילו. ק"ל הא בדיבור שלאח"ז הקשו דלשחוט בסכין ארוכה וכו' ואם כן זהו גופא החידוש דבכהנים טמאים א"א בלא דחיית כרת דהא יצטרכו לזרוק בטומאה אבל בסכין טמא ס"ד דלא לדחי דהא אפשר בסכין ארוכה והזורק יהיה כהן אחר שהוא טהור מכל מקום דחית לכרת כתירוצא דתוספות כאן דאין פנאי וצ"ע:

רבינו חננאל

ואי בעית אימא רב דאוקמי למתני' לכתחלה אבל דיעבד אם זרק הורצה כר' יהושע דתניא ר' יהושע אומר נזיר ועושה פסח נטמא בשר וחלב קיים אינו זורק את הדם נטמא חלב ובשר קיים זורק את הדם ואם זרק הורצה נטמאו בעלים במת לא יזרק ואם זרק הורצה. ובמוקדשין אינו כן אע"פ שנטמא בשר וחלב קיים זורק את הדם: תניא ר' יהושע אומר כל הזבחים שבתורה כו'. פשוטה היא [ובמנחה] פי' ובמנחות נסכים הבאה עם הזבח והמנחה כלה קיימת לא יזרק מהו דתימא כי גופיה דזבח דמיא קמ"ל דלא ואסיק' ואי כתב רחמנא לריח ניחוח הוה אמינא כל העולין ואפילו מנחה כתב רחמנא חלב: מתני' נטמא קהל או רובו או שהיו הכהנים טמאין והקהל טהור יעשה בטומאה כו'. ת"ר הרי שהיו ישראל טמאין וכהנים וכלי שרת טהורין' או שהיו ישראל טהורין וכהנים וכלי שרת טמאין יעשו בטומאה שאין קרבן ציבור חלוק אמר רב חסדא לא שנו כלי שרת טמאין יעשו בטומאה אלא בסכין שנטמאת בטמא מת דרחמנא אמר בחלל חרב דהרב הרי הוא כחלל וטמאת הסכין לאדם דכי קא מתעביד בטומאת הגוף מתעביד דתניא בשאר ספרי דבי רב מגיד שהחרב טמאה טומאת שבעה והנוגע בחרב טמא טומאת שבעה אבל אם נטמא הסכין בטומאת שרץ שאינו מטמא בטומאת סכין אלא הבשר אבל האדם לא דאין כלי הבא מחמת שרץ מטמא אדם וכבר פירשנוה בפ"א: טהורין עושין הפסח טמאין אין עושין מוטב יאכל בטומאת בשר בלאו שנאמר (ויקרא ז יט) והבשר אשר יגע בכל טמא לא יאכל ואל יאכל בטומאת הגוף שהוא בכרת שנאמר (שם ז כ) והנפש אשר תאכל בשר מזבח השלמים אשר לה' וטומאתו עליו ונכרתה הנפש ההיא וגו': אלמא קסבר רב חסדא טומאה דחויה היא בצבור ורבא [אמר] אפילו הטמאים טומאת הגוף נמי עבדי כל היכא דקרינא ביה והבשר אשר יגע בכל טמא לא יאכל הוא דבעינא והבשר כל טהור יאכל בשר כלומר כל טהור יאכלנו בטהרה ואל יאכלנו בטומאה אבל היכא דהותרה טומאת בשר לא בעינן לדקדק על טומאת הגוף: איתמר הרי שהיו ישראל מחצה טהורין ומחצה טמאין רב אמר מחצה על מחצה כרוב והללו עושין לעצמן בטהרה בראשון והללו עושין לעצמן בטומאת בראשון. רב כהנא אמר מחצה על מחצה אינו כרוב טהורין עושין את הראשון וטמאין עושין את השני איכא דאמרי רב כהנא אמר מחצה על מחצה אינו כרוב טהורין עושין את הראשון וטמאין אין עושין לא את הראשון ולא את השני ואקשינן עליה דרב מדתנן נטמא קהל או רובו יעשה בטומאה רובו של קהל הוא דעבדו בטומאה אבל פלגא [לא] ומשני רב בזמן שרוב הקהל טמאין עושין הכל בטומאה ואפי' הטהורין אבל בזמן שחצי הקהל טמאין עושין הטמאין בטומאה והטהורין בטהרה ומוקמינן להאי שינויא דודאי [הכי] הוא מדקתני סיפא נטמא מיעוט הקהל טהורין עושין הראשון וטמאין את השני מיעוט עושין את השני אבל חצין של קהל לא אי הכי קשיא לרב כהנא ומשני רב כהנא הכי קתני נטמא מיעוט הקהל טהורין עושין את הראשון וטמאין עושין את השני אבל אם הן מחצה ומחצה טהורין עושין הראשון וטמאין אין

וטמאין אין עושין לא את הראשון ולא את השני בראשון לא עבדי דלא הוו רובא בשני לא עבדי דלא הוו מיעוטא תנן נטמא קהל או רובו או שהיו הכהנים טמאין והקהל טהורים יעשה בטומאה רובו הוא דעבדי בטומאה אבל פלגא ופלגא לא עבדי בראשון קשיא לרב אמר לך רב רובא עבדי כולהו בטומאה פלגא ופלגא הללו עושין לעצמן והללו עושין לעצמן ה"נ מסתברא דקתני סיפא נטמא מיעוט הקהל טהורין עושין את הראשון וטמאין עושין את השני מיעוט הוא דעבדי בשני אבל פלגא ופלגא לא ועבדי בראשון והללו עושין לעצמן והללו עושין לעצמן ואלא קשיא לרב כהנא אמר לך רב כהנא נטמאו מיעוט הקהל טהורין עושין את הראשון וטמאין עושין את השני הא פלגא ופלגא טהורין עושין את הראשון אבל טמאין אינן עושין לא את הראשון ולא את השני התינח ללישנא בתרא דרב כהנא אלא להך לישנא דאמר רב כהנא טהורים עושין את הראשון וטמאין עושין את השני מאי איכא למימר אמר לך רב כהנא הוא הדין דאפילו פלגא ופלגא נמי טהורין עושין את הראשון וטמאין עושין את השני והאי דקתני מיעוט הקהל איידי דתנא רישא רובו תנא נמי סיפא מיעוטו תניא כוותיה דרב תניא כוותיה דרב כהנא כתרי לישני תניא כוותיה דרב היו ישראל מחצה טהורין ומחצה טמאין הללו עושין לעצמן והללו עושין לעצמן תניא כלישנא קמא דרב כהנא הרי *שהיו ישראל מחצה טהורין ומחצה טמאין טהורין עושין את הראשון וטמאין עושין את השני ותניא כלישנא בתרא דרב כהנא הרי שהיו ישראל מחצה טהורין ומחצה טמאין טהורין עושין את הראשון וטמאין אינן עושין לא את הראשון ולא את השני לרב וללישנא בתרא דרב כהנא הא דתנא טהורין עושין את הראשון וטמאין את השני היכי מתרצי לה כגון שהיו ישראל מחצה טהורין ומחצה טמאין ונשים משלימות לטמאים וקסבר נשים בראשון רשות דל נשים מטמאין והוו להו טמאין מיעוטא ומיעוטא ידחו לפסח שני לרב וללישנא קמא דרב כהנא הא דתניא טהורין עושין את הראשון וטמאין אין עושין לא את הראשון ולא את השני היכי מתרצי לה רב מתריץ לה *כגון שהיו ישראל מחצה טמאין ומחצה טהורין ונשים עודפות על הטהורים וקסבר *נשים בראשון חובה ובשני רשות בראשון לא עבדי דהוי ליה מיעוט ומיעוטא לא עבדי בראשון ובשני לא עבדי דל נשים מינייהו והוו להו פלגא ופלגא ופלגא לא עבדי בשני ולרב כהנא דאמר פלגא נמי עבדי בשני הכי מתריץ לה כגון שהיו ישראל מחצה טהורין ומחצה טמאין ונשים משלימות לטהורין *וקסבר נשים בראשון חובה ובשני רשות בראשון לא עבדי דהוו להו פלגא ופלגא ופלגא בראשון לא עבדי בשני נמי לא עבדי דל נשים מינייהו מן הטהורין הוו להו טמאין רובא ורובא לא עבדי בשני ולרב כהנא הא דתניא הרי שהיו ישראל מחצה טהורין ומחצה טמאין הללו עושין לעצמן והללו עושין לעצמן היכי מתריץ לה אמר לך רב כהנא תנאי היא איכא למ"ד מחצה על מחצה כרוב ואיכא למ"ד מחצה על מחצה אינו כרוב גופא הרי שהיו ישראל מחצה טהורין ומחצה טמאין הללו עושין לעצמן והללו עושין לעצמן ואם היו טמאין עודפין על הטהורין *אפי' אחד יעשו בטומאה *לפי שאין קרבן ציבור חלוק ר"א בן מתיא אומר אין היחיד מכריע את הציבור לטומאה שנאמר לא

רש"י

וטמאין אין עושין לא את הראשון · דכיון דלאו כרוב לא עבדי בטומאה ובשני נמי לא דלאו מיעוט : **יעשו בטומאה** · אף הטהורין : **רובה הוא כו'** · כי אוקמי רובא הוא דעבדי טמאין ראשון ובטומאה : **אבל פלגא ופלגא לא עבדי** · טמאים לראשון כלל : **כולהו** · אפילו הטהורין אין לריכין להזהר בשמירת טהרה : **מסתברא** · דפלגא ופלגא נמי טמאין עבדי בטומאה ולא מידחו : **לרב** · דאמר הללו לעצמן והללו לעצמן : **וללישנא בתרא דרב כהנא** · דאמר טמאין אין עושין לא זה ולא זה הא דקתני טמאים נדחין לשני היכי מתרלא לה : **משלימות לטמאין** · דזכרים הוו טהורים רובא אבל יש מן הנשים טמאות יותר מן הטהורות עד שמשלימות החשבון למחצה על מחצה וקסבר האי תנא נשים בראשון רשות וכ"ש בשני הילכך דל נשים מהכא דלאו מן המנין ואזיל בתר זכרים והוו טמאים מיעוטא ומדחו לשני אבל בפלגא ופלגא אי כמר אי כמר : **כגון שהיו ישראל** · הזכרים מחצה טהורין ומחצה טמאין וכשאתה מונה הנשים עמהן רבין טהורים על הטמאים : **בראשון חובה** · והרי הן במנין ונמצאו טמאים מיעוטא : **ובשני נשים רשות** · ותנאי פליגי בהא מילתא בפ' האשה (לקמן דף נא:) : **בראשון לא עבדי** · טמאין דהוה להו מיעוטא : **ובשני לא עבדי** · דלגבי שני אין הנשים מן המנין למיהוי טהורין רובא הילכך לא הוו טמאים מיעוטא אלא פלגא ולרב מחצה על מחצה כרוב ולא עבדי בשני : **ורב כהנא** · דאמר פלגא עבדי בשני מתרץ הכי כו' : **ונשים משלימות לטהורין** · שלא הוו טהורין מחצה אלא על ידי הנשים ואי אזלינן בתר זכרים הוו טמאין רובא · ועודפות עליהן לא גרסינן : **ופלגא בראשון לא עבדי** · בטומאה ללישנא קמא דרב כהנא : **תנאי היא** · האי תנא ותנא דלעיל דקאי כוותיה האי תנא סבר מחצה על מחצה הוי כרוב ותנא דלעיל סבר אינו כרוב : **עושין בטומאה** · אפילו הטהורין : לא

תוספות

וטמאין אין עושין לא את הראשון ולא את השני · קשה לר"י אי פלגא מיקרו איש לידחו לפסח שני ואי לא מיקרו איש אלא ליבור ליעביד בטומאה בראשון וליכא למימר דמספקא ליה אי חשיבי איש או ליבור דא"כ כן ליטמאו אחד מן הטהורים דבשלמא אי לא מספקא ליה אתי שפיר דלמה יטמאו את הטהור לעשות בטומאה כיון שדין של טמאין ליפטר לגמרי ואומר ר"י דלא מיקרו איש ומ"מ לא יעשו הטהורים בטומאה בשביל כיון שאין רוב טמאים ואין עושין כמו אלו לעצמן ואלו לעצמן דקסבר אין קרבן ליבור חלוק אע"ג דלר' יהודה דאית ליה לקמן אין קרבן ליבור חלוק קאמר יעשו כולם בטומאה רב כהנא לית ליה הך סברא אלא קסבר דמהאי טעמא נידחין לגמרי :

קסבר נשים בראשון רשות · משום רב אליטריך למימר הכי דאי בראשון חובה הוה אמרינן דהללו עושין לעצמן כו' אבל לרב כהנא אפילו הוו בראשון חובה אתי שפיר דפלגא בראשון לא עבדי ובשני עבדי כיון דבשני נשים רשות הוו להו טמאים מיעוטא והא דאמר בפר' קמא דסנהדרין (דף יב:) גבי חזקיהו שהשיא את ישראל לעשות פסח שני היכי דמי אמר רב אשי כגון שהיו ישראל מחצה טמאים ומחצה טהורין ונשים משלימות לטהורים ועודפות עליהן מעיקרא סבר נשים בראשון חובה והוו להו טמאים מיעוטא ומידחו לפסח שני ולבסוף סבר נשים בראשון רשות והוו להו טמאים רובא ורובא בשני לא עבדי והשתא לרב וללישנא בתרא דרב כהנא לא הוה צריך למינקט משלימות אלא עודפות עליהן גרידא וללישנא קמא דרב כהנא הוה מצי למינקט משלימות ולא עודפות אלא נקט משלימות ועודפות דהשתא לכולהו ליכא עשה שלא כתורה והוה מצי לשנויי דלבסוף סבר נשים בראשון חובה ובשני רשות ולכך לא שפיר עבד פסח שני אלא משום דהתם אליבא דרבי שמעון קיימינן דאית ליה לקמן בפרק האשה (דף נא:) נשים בראשון רשות אי נמי ניחא ליה למידחי דאף מה שלא עשו בראשון היה שלא כדין :

נשים בראשון רשות · הוה מצי למינקט בברייתא רוב טהורים וע"י נשים היו רוב טמאים נדחין לפסח שני כיון דנשים בראשון רשות והוו להו מיעוט טמאים :

ורב כהנא מתרץ לה הכי כו' · השתא נמי הוה מצי למינקט בברייתא רבותא דאפי' רוב טהורין אין הטמאין עושין את השני כיון שבלא נשים הוו טהורים מיעוטא ומליט למימר דנקט בכי האי גוונא לאשמועי' דמחצה על מחצ' אינו כרוב :

משלחין

עין משפט נר מצוה

נה א מיי' פ"ו מהלכות ק"פ הלכה ג :

נו ב מיי' שם פ"ב הלכה ד ופ"ק ה הלכה ח :

נז ג מיי' פ"ו שם הל' ב :

רבינו חננאל

אין עושין לא [את] הראשון ולא [את] השני וללישנא קמא דרב כהנא אמר לך הוא הדין אפי' פלגא ופלג' טהורין עושין הראשון וטמאין השני ואיידי דתנא רישא רוב הקהל תנא סיפא מיעוט : **תניא** כותיה דרב ותניא כותיה דרב כהנא כתרי לישני : **לרב** וללישנא בתרא דרב כהנא הא דתניא טהורין עושין הראשון וטמאין עושין השני היכי מתרצי לה כגון שהיו ישראל מחצה טהורין ומיעוט טמאין ונשים משלימות לטמאין למחצה ונמצאו מחצה טהורין ומחצה עם הנשים טמאין וקסבר' נשים בראשון רשות דל נשים מן הטמאין ונמצאו הטמאין מיעוט ומיעוט נדחין לפסח שני והטהורין עושין הראשון בטהרה כי רוב הקהל טהורין הן לרב וללישנא קמא דרב כהנא הא דתניא טהורין עושין את הראשון וטמאין אין עושין לא את הראשון ולא את השני היכי מתרצי לה רב מתרץ לטעמיה כגון שהיו ישראל מחצה טהורין ומחצה טמאין ונשים עודפות על הטהורין וסבר האי תנא נשים בראשון חובה והאנשים והנשים שוים טהורין עושין את הראשון דהא רובא נינהו טמאין אין עושין הראשון דהא מיעוטא נינהו ומיעוט לא עבדי בראשון בשני נמי אין עושין דלאנשים מן הטהורין דנשים בשני רשות והוו להו טמאין פלגא ופלגא לא מדחי לפסח שני הלכך טמאין אין עושין לא את הראשון ולא את השני וללישנא קמא דרב כהנא דאמר פלגא ופלגא נמי עבדי בשני מתרץ לטעמיה כגון שהיו ישראל מחצה טהורין ומחצה טמאין ונשים משלימות לטהורין ועודפות עליהן פי' כגון שהיו עשרה טהורין ועשרה טמאין והטהורי' הם ארבעה אנשים וששה נשים והטמאים הם ששה אנשים וארבע נשים הרי עשרה ועשרה ומאי עודפות עליהן קתני דנפישין טהורות מטהורות וקסבר נשים בראשון חובה ובשני רשות טמאים בראשון לא עבדו דהוה להו פלגא ופלגא ונדחין לפסח שני בשני נמי לא עבדי דנשים בשני רשות ונשים מן הטהורין ומן הטמאין הוו בראשון נמצא הטמאין ששה והטהורין ארבעה הנה הטמאין רובא ורובא בשני לא עבדי . ורב כהנא הא דתניא כותיה דרב מוקים ליה כתנאי דלא מתרץ ליה : גופה היו ישראל מחצה טהורין ומחצה טמאין הללו עושין לעצמן והללו עושין לעצמן ואם היו הטמאין עודפין על הטהורין אפילו אחד יעשה בטומאה אלעזר בן מתיא אומר אין היחיד מכריע צבור לטומאה שנאמר לא

מסורת הש"ס

[תוספתא פ"ו]

[לקמן נא: סנהדרין יב:]

ס"י ועודפות עליהן והיכי דמי כגון דאיכא ד' גברי טהורין ושש נשים טהורות ושיתא גברי טמאין וד' נשים טמאות וקסבר כו' וכ"ל רש"י

[מנחות יד: יומא ז: לעיל עז.]

§ מסכת פסחים דף עט: §

אות א'

כגון שהיו ישראל מחצה טמאין ומחצה טהורין, ונשים עודפות על הטהורים

רמב"ם פ"ז מהל' קרבן פסח ה"ג - היו האנשים מחצה טמאי מת ומחצה טהורים, ובזמן שאתה מונה הנשים בכלל האנשים יהיו הרוב טהורים, הטהורים עושים את הראשון, והטמאין אינן עושין לא את הראשון ולא את השני; אין עושין ראשון, מפני שהן מיעוט; ואין עושין את השני, מפני שהנשים בשני רשות, ונמצאו הטמאים מחצה, ואין מחצה עושין את השני.

אות ב'

וקסבר נשים בראשון חובה ובשני רשות

רמב"ם פ"ב מהל' קרבן פסח ה"ד - אין עושין חבורה נשים ועבדים, או קטנים ועבדים, מפני שלא תהיה קלות ראש ביניהן; אבל עושים חבורה כלם נשים, אפילו בפסח שני, או כולה עבדים; ושוחטין על הקטנים שיהיו מכלל בני החבורה, לא שתהיה חבורה כולה קטנים, שאינן בני דעת.

רמב"ם פ"ה מהל' קרבן פסח ה"ח - נשים שנדחו לשני, בין מפני האונס והשגגה, בין מפני הטומאה ודרך רחוקה, הרי פסח שני להם רשות, רצו שוחטין רצו אין שוחטין; לפיכך אין שוחטין עליהן בפני עצמן [ב]בשבת בפסח שני, אבל אם היתה האשה אחת מבני חבורה, מותר.

אות ג'

אפילו אחד, יעשו בטומאה, לפי שאין קרבן ציבור חלוק

רמב"ם פ"ז מהל' קרבן פסח ה"ב - היו הקהל מחצה טהורים ומחצה טמאי מת, כולן עושין בראשון, והטהורים עושין לעצמן בטהרה, והטמאים עושין לעצמן בטומאה ואוכלין אותו בטומאה; ואם היו טמאי המת עודפין על הטהורים אפילו אחד, יעשו כולן בטומאה.

באר הגולה

ב ‹בפרק האשה (דף צ"א:) אשה בראשון שוחטין עליה בפני עצמה, ובשני עושין אותה טפילה לאחרים דברי ר' יהודה, ור' יוסי אומר אשה בשני שוחטין עליה בפני עצמה ואין צ"ל בראשון, ר"ש אומר אשה בראשון עושין אותה טפילה לאחרים, בשני אין שוחטין עליה כל עיקר, ופוסק רבינו כר' יהודה, וכ"פ עוד ברפ"ז, משום דאמרינן כמאן אזלא הא דא"ר אלעזר בשני רשות ובראשון חובה ודוחה את השבת, כמאן כר' יהודה, משמע דהלכתא כוותיה. **ויש** לתמוה דבפ"ב אצל מ"ש עושים חבורה כולה נשים אפילו בפסח שני, משמע דפסק כר' יוסי, כמ"ש שם. **וי"ל** דאע"ג דלענין עושין חבורה שכולה נשים בפסח שני פסק כר' יוסי, כדקי"ל דהלכתא כוותיה לגבי ר' יהודה, מ"מ לענין דוחה את השבת לא ראה לפסוק כמותו, מדמשמע מרבי אלעזר שכתבתי בסמוך, דסבר כר' יהודה בהא – כסף משנה.› ‹**ואומר** אני דהא ודאי אם נשים בשני רשות, אם כן חבורה שכולה נשים נמי יהיה רשות להם, דהא המה בשני רשות. **ונראה** דאין הכי נמי, למ"ד נשים בשני רשות, אפילו חבורה שכולה נשים עושים, וכל סוגיא זו לענין דחיית שבת, והכי קאמר: ר' יהודה אשה בראשון שוחטין עליה בפני עצמה, אפילו בשבת, לפי שהיא חובה ודוחה את השבת, ובשני עושין אותה טפילה, היינו בשבת, לפי שהיא רשות ואינה דוחה בפני עצמה שבת – צל"ח›

§ מסכת פסחים דף פ. §

אות א'

כולהו תשלומין דראשון נינהו

רמב"ם פ"א מהל' חגיגה ה"ד - מי שלא הקריב ביום טוב הראשון עולת ראייתו ושלמי חגיגתו, הרי זה מקריבן בשאר ימות הרגל, שנאמר: שבעת ימים תחוג לה' אלהיך, מלמד שכולן ראויין לחגיגה; וכולן תשלומי ראשון הם.

אות ב'

דחזי בראשון חזי בכולהו, וכל היכא דלא חזי בראשון לא חזי בכולהו

רמב"ם פ"ב מהל' חגיגה ה"ה - מי שהיה חגר או סומא ביום ראשון ונתרפא בשני, פטור מן הראייה ומן החגיגה, שביום חובתו היה פטור, שכל ימות החג תשלומי ראשון הן כמו שביארנו; וכן אם נטמא בלילי יום טוב הראשון, אף על פי שטהר למחר, [א]פטור; אבל אם נטמא ביום ראשון, הרי זה חייב להביא חגיגתו וראייתו בתוך ימי הרגל כשיטהר.

אות ג'

היו רובן זבין ומיעוטן טמאי מתים, אמר רב אותן טמאי מתים אינן עושין לא בראשון ולא בשני

רמב"ם פ"ז מהל' קרבן פסח ה"ד - היו רוב הקהל זבים ומצורעים ובועלי נדות, ומיעוטן טמאי מת, אותן טמאי מת אינן עושין בראשון, לפי שהן מיעוט; ואין עושין השני, שאין היחידים עושין את השני אלא בזמן שעשו רוב הקהל את הראשון, וכאן הואיל ולא עשה רוב הקהל בראשון, לא יעשו אלו המיעוט הטמאים למת את השני.

אות ד'

אין תשלומין לפסח הבא בטומאה

רמב"ם פ"ז מהל' קרבן פסח ה"ה - היו רוב הקהל טמאי מת ומיעוטן זבים וכיוצא בהן, טמאי מת עושין את הראשון, והזבין וכיוצא בהן אינן עושין לא את הראשון ולא את השני; אינן עושין בראשון, שאין נדחית בצבור אלא טומאת המת בלבד; ואינן עושין בשני, שאין עושין פסח שני אלא אם בא הראשון בטהרה, אבל אם נעשה ראשון בטומאה, אין שם פסח שני.

באר הגולה

א ‹דכשהאיר יום טוב הראשון היה פטור, ואע"ג שיטבול בו ביום, אינו מיטהר עד שיעריב שמשו, אבל אם נטמא ביום טוב הראשון, חייב, כיון דכשהאיר יום טוב הראשון היה חייב - כסף משנה›

לא תוכל לזבוח את הפסח באחד שעריך °דברים טז רבי שמעון אומר אפילו שבט אחד טמא ושאר כל השבטים טהורים הללו עושין לעצמן והללו עושין לעצמן מאי טעמא דרבי שמעון קסבר שבט אחד איקרי קהל רבי יהודה אומר *אפילו שבט אחד טמא ושאר כל השבטים טהורין יעשו בטומאה שאין קרבן ציבור חלוק רבי יהודה סבר שבט אחד איקרי קהל והוו להו פלגא ופלגא ואין קרבן ציבור חלוק ועבדי כולהו בטומאה איתמר היו ישראל מחצה טהורין ומחצה טמאין אמר רב *מטמאין אחד מהן בשרץ ואמאי ניעבדו הני לחודייהו והני לחודייהו דהא אמר רב *הללו עושין לעצמן והללו עושין לעצמן אמרי הכא במאי עסקינן כגון שהיו טמאין עודפין על הטהורין אחד אי הכי הוו להו רובא טמאים ניעבדו כולהו בטומאה סבר לה כר"א בן מתיא דאמר אין היחיד מכריע את הציבור לטומאה אי הכי הדר קושיין לדוכתיה ניעבדו הני לחודייהו והני לחודייהו אלא ה"ק אי איכא תנא דסבר לה כתנא קמא דאמר פלגא ופלגא לא עבדי כולהו בטומאה וסבר לה כרבי יהודה דאמר אין קרבן ציבור חלוק מטמאין אחד מהן בשרץ ועולא אמר משלחין אחד מהן לדרך רחוקה ויטמאנו בשרץ קסבר שוחטין וזורקין על טמא שרץ ויטמאנו במת מדחהו אתה מחגיגתו השתא נמי מדחהו אתה מפסחו אפשר(א) דעביד בשני במת נמי אפשר דעביד בשביעי דהוה ליה שמיני שלו קסבר עולא *כולהו *תשלומין דראשון נינהו דחזי בראשון חזי בכולהו וכל היכא דלא חזי בראשון לא חזי בכולהו אמר להו רב נחמן זילו ואמרו ליה לעולא מאן צייתת דעקר סיכיה ומשכניה ורהיט איתמר היו רובן זבין ומיעוטן טמאי מתים אמר רב אותן טמאי מתים אינן עושין לא בראשון ולא בשני ראשון לא עבדי דהוו מיעוטא ומיעוטא לא עבדי בראשון בשני נמי לא עבדי כל היכא דעבדי ציבור בראשון עביד יחיד בשני כל היכא דלא עבדי ציבור בראשון לא עביד יחיד בשני אמר להו שמואל זילו אמרו ליה *לאבא °ויעשו בני ישראל את הפסח במועדו מאי עבדת ליה אמר להו זילו אמרו ליה כי הוו כולהו זבין מאי עבדת ליה אלא כיון דלא אפשר לא אפשר הכא נמי לא אפשר איתמר היו רובן טמאי מתים ומיעוטן זבין רב הונא אמר *אין תשלומין לפסח הבא בטומאה ורב אדא בר אהבה אמר יש תשלומין לפסח הבא בטומאה נימא בהא קמיפלגי דמאן דאמר אין תשלומין לפסח הבא בטומאה קסבר *טומאה דחויה היא בציבור ומ"ד יש תשלומין לפסח הבא בטומאה קסבר טומאה הותרה בציבור אמרי לא דכולי עלמא טומאה דחויה בציבור ובהא פליגי מר סבר
טהרה

[ע' פירש"י כריתות מו ד"ה אלו]

רש"י

לא תוכל לזבוח את הפסח באחד. בשביל יחיד לא תזבחנו שיהא אותו היחיד גורם ומועיל בשחיטתו שום לד נטיה : **איקרי קהל** · ומילתא מפ' בהוריות (דף ה:) דקאמר ליה רחמנא ליעקב גוי וקהל גוים יהיה ממך וכבר נולדו לו כל השבטים חוץ מבנימין הילכך שבט אחד חשוב כציבור ולא מידחי לשני : תורה אור **יעשו בטומאה.** אף טהורין אם ירצו: **מטמאין אחד מהן** . כי היכי דניהוו רוב טמאין וניעבדו כולהו [בטומאה]: **שהיו טמאין עודפין על הטהורין אחד.** דלא הוו טהורים ברחשון : **הדר' קושיין לדוכתיה·** דהוו להו פלגא ופלגא והללו יעשו לעצמן והללו יעשו לעצמן: **אלא ה"ק כו'.** ולעולם מחצה על מחצה דווקא קתני וה"ק רב אי משכחת תנא דאית ליה כת"ק דאמר פלגא ופלגא לא עבדי טהורין בטומאה כדקתני הללו עושין לעצמן וכרבי יהודה דאמר אין קרבן ציבור חלוק מכי עביד קהל בטומאה בראשון לא מפליג למיעבד טהורין בטהרה דאסור ליחלק שנגלה הדבר דמוכחא מילתא בהדיא כשנזהרין אלו מאלו : **מטמאין אחד מהן בשרץ.** ונעבדיה כולהו בטומאה : **שוחטין וזורקין על טמא שרץ.** הואיל וחזי לאורתא הילכך אין מכריע את הציבור לטומאה: **מחגיגתו** . של מחר שאתה מטמאו כל שבעה : **אפשר דעביד** . חגיגתו בשביעי של פסח שהוא שמיני שלו דהא כל ז' תשלומין אית ליה : **קסבר כולן** . הימים של רגל תשלומין של ראשון הן ואינן תשלומין זה לזה ופלוגתא היא בחגיגה (דף ט:) ומאן דאית ליה כולן תשלומין לראשון סבר היכא דלא חזי לראשון תו לא חזי : **מאן ליית לך** . להשתלח לדרך רחוקה : **וכי עקר משכניה וסיכיה.** אהלו ויתדותיו ורהיט בתמיה מי ישמע לנו להטריח עצמו הילכך הא עדיפא כרב : **רובן זבין** . דלא מצו למיעבד בראשון : **אין תשלומין לפסח הבא בטומאה.** ואין הזבין עושין את השני אפילו טהרו : **רב הונא סבר טומאה דחויה היא בציבור** · ובקושי הותר להקריבו הלכך לא משוינן להו בטהורים למידחי טמאין לשני : **ורב אדא סבר היתר הוא בציבור** . ומשוינן להו בטהורין ודחו זבין לשני :
טהרה

תוספות

משלחין אחד מהן לדרך רחוקה. פירוש אחד מן הטהורים מדפריך ויטמאנו בשרץ °וקשה לריב"א אדרבה ישלחו אחד מן הטמאים לדרך רחוקה דהשתא הוו טהורין רובא ועבדי בטהרה דבטלה שמעתין אמרינן דמהדרי' אטהרה ותירץ דעולא גופיה אמר לקמן במי שהיה טמא (דף צג:) דרך רחוקה לטהור ואין דרך רחוקה לטמא ולא היה מועיל שילוח טמא דלעולם היה מצטרף לאותם שבירושלים ואין נראה לר"י דטעמא דאין דרך רחוקה לטמא לפי שכשהוא בירושלים נמי אינו יכול לעשות פסחו אלא ע"י שילוח(ב) אבל הכא יש דרך רחוקה לטמא כיון דמחצה טמאין ואם היה בירושלים היה יכול בעצמו לעשותו אלא נראה לר"י דמהדרינן שיעשו כולם בראשון ולא ידחו הטמאין :

אתה מדחהו מחגיגתו . ואם תאמר והא קיימא לן בתמיד נשחט (לעיל סב·) ערל וטמא משלחים קרבנותיהן ותירץ ריב"א הואיל והיא חובה לבא ברגל יש לה דין עולת ראייה דדרשינן בפרק קמא דחגיגה (דף ד:) דטמא פטור מן הראייה שנאמר ובאת שמה והבאתם שמה כו' וכן איתא בירושלמי דאיתקש לעולת ראייה ואם תאמר השתא כשמשלחהו בדרך רחוקה נמי מדחהו מחגיגתו שאינו יכול לבא ביום טוב מחוץ לתחום וכיון דלא חזי בראשון לא חזי בשני ויש לומר דיכול לבא ולעשות ביום ראשון מה"ת דתחומין דרבנן ועוד נהי דכשישלחהו בדרך רחוקה עד שעת שחיטה שלא יכול לחזור לירושלים מבעוד יום מכל מקום יכול לבא תוך התחום ויכנס למחר ועוד טמא וחיגר דלא חזי בגופו בראשון לא חזי בשני אבל הכא מיחזא חזי אלא שאינו יכול לבוא וכי הוי יום ראשון בשבת אף על גב דלא חזי אמרינן באלו דברים (לעיל דף ע:) דעביד באידך יומי :

עקר משכניה וסיכיה ורהיט · הך פירכא ליתא למאן [לקמן צג:] *דחשיב דרך רחוקה מאיסקופת עזרה ולחוץ ואם תאמר ומה תקנה רוצה רב נחמן שיעשו דהא רב נחמן גופיה קסבר בפרק מי שהיה טמא (לקמן צג·) שוחטין וזורקין על טמא שרץ ויש לומר דקסבר דלאו תשלומין דראשון נינהו ויכול לטמאותו במת :

לימא בהא קמיפלגי מר סבר טומאה דחויה ומר סבר טומאה הותרה . השתא לכולי עלמא טהרה מידחיא ולא טומאה דאיש כי יהיה טמא משמע דהאיש לבדו טמא והציבור טהורים ומאן דסבר טומאה הותרה מיקרו שפיר טהורים ומסיק דלכולי עלמא דחויה מר סבר טהרה מידחיא כדפרישית ומר סבר טומאה נמי מידחיא וקרא משמע הכי איש נדחה ואין ציבור נדחים אלא עבדי בין בטהרה בין בטומאה :
בראשון

עין משפט נר מצוה

נח א מיי' פ"א מהל' חגיגה הלכה ד :
נט ב מיי' פ"ב מהל' חגיגה הלכה ה :
ס ג מיי' פ"ז מהל' ק"פ הלכה ד :
סא ד שם הלכה ה :

מסורת הש"ס

[מנחות סו·] [לקמן נ:] [לעיל עט:] [חגיגה ט:] במדבר ט [לעיל עט: יומא ו: ז: מו: זבחים כג:]

הגהות הב"ח

(א) גמרא אפשר דעביד בשני. נ"ב נ"ל דס"ל כמ"ד דסמוך יש תשלומין לפסח הבא בטומאה או דס"ל לחלק בין מי שהיה בפסח ראשון לבין מי שהיה בדרך רחוקה בפסח ראשון וק"ל : (ב) תוס' ד"ה משלחין וכו' על ידי שליח אבל הכא :

גליון הש"ס

תוספו' ד"ה משלחין וקשה לריב"א · קי' הא הכל לפי כלל דטמאין אין עושין בראשון ולא בשני ובזה אם נשלח הטמא בא בפסח שני שנתערבו הטמאים יחד אינו ושאר הטמאים יהיו נכנר דאין עושין פסח שני וצ"ע :

רבינו חננאל

לא תוכל לזבוח את הפסח באחד שעריך תנ' : **איתמר** היו ישראל מחצה טהורין ומחצה טמאין אמר רב מטמאין אחד מהן בשרץ ואמאי האמר רב הללו עושין לעצמן והללו עושין לעצמן אמרי הכא במאי עסקי' כגון שהיו הטמאין עודפין על הטהורים אחד ואם תאמר א"כ רצה הרוב טמאין יעשו בטומאה סבר רב אין היחיד מכריע את הציבור לטומאה כלומר אחד כמי שאינו הוא אי הכי מחצה על מחצה הן ושמעינן ליה לרב דאמר מחצה על מחצה כרוב והללו עושין לעצמן [והללו עושין לעצמן] ושנינן הכי אמר רב אי איכא תנא דסבר לה כת"ק דאמר היו הטמאין עודפין על הטהורין אפילו אחד יעשה בטומאה וכרבי יהודה דאמר אין קרבן צבור חלוק מטמאין אחד מן הטהורין בשרץ ונמצא הטמאין עודפין על הטהורין שנים כיצד כגון שהיו מאה טהורין ומאה טמאים נטמא אחד מן הטהורי' נמצא הטמאין מאה ואחד והטהורין צ"ט ומשכחת לה אפילו לאלעזר בן מתתיה · עולא אמר משלחין אחד מן הטהורין לדרך רחוקה ויטמא בשרץ וכו' ואסיקנא קסבר עולא כל מי שהיה פטור וראוי לחגיגה ביום הראשון ונאנס ולא חג כגון מי שהיה בדרך רחוקה ובא במועד וכיוצא בו חוגג והולך כל הרגל אבל אם היה טמא ביום הראשון כבר נדחה ואינו חוגג אותו הרגל מאי טעמא כולהו תשלומין דראשון הוא ואתרייה רב ועולא סבירא להו שאין מטמאין אחד מהן במת שלא ידחה מחגיגתו · פי' סיכי יתדות אהלו עוקר והולך · איתמר היו רובן טמאי מתים ומיעוטן זבים רב הונא אמר אין תשלום לפסח הבא בטומאה כלומר הזבין אינן עושין לא את הראשון ולא את השני ואתיא כר' נתן דאמר כל הזקוק לראשון זקוק לשני כי השני תשלומין דראשון הוא הלכך כשם שהראשון לא עבדו דתנן הפסח שבא בטומאה לא יאכלו ממנו זבין וזבות וכו' בשני נמי לא עבדו דשהרה מדחה הטומאה לפסח שני כדתניא אלו עושין את השני הזבין הזובות והנדות והיולדות והאנוסין והשוגגין והמזידין והמצורעים ובועלי נדות ומי שהיה טמא או בדרך רחוקה א"כ למה נאמר טמא דאי בעי למיעבד לא שבקינן ליה א"כ למה נאמר ומי שהיה בדרך רחוקה לפטרן מן הכרת ומרבינן לזבין ולזבות מאיש איש דתניא יכול לא יהו נדחין מן הא' ועושין את השני אלא טמא ומי שהי' בדרך רחוקה זבין ומצורעין מנין ת"ל איש איש הלכך כל היכי דעבדי טהורין בראשון עבדו טמאין בשני אבל אי לא עביד הראשון אלא בטומאה לא עבדי השני שאר טמאין כגון זבין וזבות וכיוצא בהן דטהרה מדחיא אפילו שאר טמאין לשני אבל טומאה לא מדחיא שאר טמאין מן הראשון לשני הלכך לא עבדו בשני כלל : **ורב** אדא בר אהבה אמר יש תשלומין לפסח הבא בטומאה ומי שלא עשה הראשון יעשה השני דטומאה נמי דחיא מאי טעמא טמאי מתים למה עושין השני לפי שלא יכלו לעשות הראשון וזבין ומצורעין נמי כיוצא בהן לא יכלו לעשות הראשון ויעשו שני וכולי עלמא טומאה דחויה היא בציבור (ד"א) אפילו טומאה מדחיא דכיון דטמאי מתים עבדו הראשון כמהדרין חשיבי דטומאת מת התרה היא בצבור הלכך שאר הטמאין עושין השני : **איתמר** רובן זבין ומיעוטן טמאי מתים אמר רב טמאי מתים אין עושין הראשון דהוא מיעוטא ומיעוטא נדחין לפסח שני בשני נמי לא עבדו דקיימא לן כל היכא דלא עבוד צבור בראשון לא עבוד צבור בשני והכי כתיב ויעשו בני ישראל

עין משפט נר מצוה

סב א שם הלכה ו:
סג ב מיי' פ"ד מהל' ק"פ הלכה יב ופ"ו מהלכות ביאת מקדש הל' ז ופ"ו מהל' מילה הלכה יז:
סד ג מיי' פ"ד מהל' ק"פ הלכה ב:
סה ד מיי' פ"ד מהלכות ביאת מקדש הל' ו:
סו ה מיי' פ"ו מהלכות נזירות הלכה יח:

מסורת הש"ס

טהרה מדחיא טומאה לא מדחיא ומר סבר אפילו טומאה נמי מדחיא איתמר *היו שלישיתן זבין ושלישיתן טהורין ושלישיתן טמאי מתים אמר רבי מני בר פטיש אותן טמאי מתים אינן עושין לא את הראשון ולא השני בראשון לא עבדי הגדילו זבין על הטהורים דלא עבדי בטומאה הוה ליה טמאי מתים מיעוטא ומיעוטא לא עבדי בראשון בשני לא עבדי נצרפו זבין עם טמאי מתים דלא עבדי בראשון הוו להו רובא ורובא לא מדחו לפסח שני: **מתני'** הפסח שנזרק דמו ואח"כ נודע שהוא טמא הציץ מרצה. נטמא הגוף אין הציץ מרצה *מפני שאמרו הנזיר ועושה פסח הציץ מרצה על טומאת הדם ואין הציץ מרצה על טומאת הגוף נטמא טומאת התהום הציץ מרצה: **גמ'** טעמא דנזרק ואח"כ נודע אבל נודע ואח"כ נזרק לא מרצה ורמינהו *על מה הציץ מרצה על הדם ועל הבשר ועל החלב שנטמא בין בשוגג בין במזיד בין באונס בין ברצון בין ביחיד בין בציבור אמר רבינא *טומאתו בין בשוגג בין במזיד הורצה זריקתו בשוגג הורצה במזיד לא הורצה רבי שילא אמר זריקתו בין בשוגג בין במזיד הורצה טומאתו בשוגג הורצה במזיד לא הורצה אלא הא דקתני בין בשוגג בין במזיד ה"ק נטמא בשוגג וזרקו בין בשוגג בין במזיד הורצה והא דקתני דם שנזרק ואח"כ נודע טעמא דנזרק ואח"כ נודע אבל נודע ואח"כ נזרק לא הוא הדין דאפילו נודע ואח"כ נזרק והאי דקתני נזרק ואח"כ נודע משום דבעי למתני סיפא נטמא הגוף אין הציץ מרצה דאפילו נזרק ואח"כ נודע לא קתני רישא נמי נזרק ואח"כ נודע: נטמא טומאת התהום וכו'· *בעי רמי בר חמא כהן המרצה בקרבנותיהן הותרה לו טומאת התהום או לא מי אמרינן כי גמירי טומאת התהום בבעלים בכהן לא גמירי או דילמא בזבחא גמירי לא שנא בכהן ול"ש בבעלים אמר רבא ת"ש דתני *רבי חייא לא אמרו טומאת התהום אלא למת בלבד מת למעוטי מאי לאו למעוטי טומאת התהום דשרץ ובמאי עסקינן אי נימא בבעלים ובמאן אי בנזיר מי מהני ביה °כי ימות מת עליו אמר רחמנא אלא בעושה פסח הניחא למאן דאמר *אין שוחטין וזורקין על טמאי שרץ אלא למאן דאמר שוחטין וזורקין על טמאי שרץ השתא טומאה ידועה הותרה לו טומאת התהום לא כל שכן אלא לאו בכהן ושמע מינה הותרה לו טומאת התהום אמר רב יוסף לא לעולם בבעלים ובפסח ולמעוטי טומאת התהום דזיבה וטומאת תהום דזיבה לא מרצה *והתניא רבי יוסי אומר שומרת יום כנגד יום ששחטו וזרקו עליה בשני

רש"י

טהרה מדחיא. טומאה לשני כי עבדי ליבור בטהרה: **בראשון לא עבדי.** דהא איכא מיעוטא ובשני לא עבדי דהאיל ונתרבו זבין עכשיו נמצאו רוב ליבור טהורין לו ורובה לליבור בשני לא עבדי: **מתני' הפסח שנזרק דמו ואח"כ נודע שהוא טמא.** הפסח או הדם: **הציץ מרצה.** ופטור מפסח שני: **נטמא.** בעליו טומאת הגוף במת: **אין הציץ מרצה.** וחייב לעשות פסח שני דהא בשעת זריקה לאו בר מיעבד פסח הוא דרחמנא דחייה: **הנזיר.** דכתיב ביה (במדבר ו) וכי ימות מת וגו' והימים הראשונים יפלו אם נטמא במת קודם הבאת קרבנותיו סותר: **הציץ מרצה על טומאת הדם.** ומגלחתו כשירה ומותר לשתות יין ולטמא למתים: **ואין הציץ מרצה על טומאת הגוף.** ואם *נטמא בעת הבאת קרבנותיו סותר את הכל: **נטמא גופו.** בטומאת התהום: בטומאת התהום ספק כדמפרש בגמרא הרי זה מרצה דהלכה למשה מסיני היא דהותרה טומאת התהום להם כדאמר בגמרא ובתוספתא [א] מפרש לה הכי כילד אמרו לו קבר היה עמך בבית שנכנסת בו תחת האבן שישבת עליה ונודע לו עד שלא עשה פסחו[ב] לריך לעשות פסח שני משעשה אין לריך לעשות פסח שני. וכן נזיר שהיה הולך להביא קרבנותיו אמרו לו מת היה עמך בבית שנכנסת בו ונודע לו בין עד שלא הביא קרבנותיו בין משהביא קרבנותיו לריך להביא קרבן טומאה אבל אמרו לו קבר התהום עמך בבית שנכנסת בו תחת האבן שישבת עליה ונודע לו עד שלא הביא קרבנותיו לריך להביא קרבן טומאה[ג] ומהו קרבן טומאה אשם ושתי תורים ומתחיל למנות נזירות אחרת. בתוספת' דזבחים: **גמ' בין בשוגג בין במזיד.** קס"ד דהכי קאמר שזרקו בין בשוגג בין במזיד ומשני דהאי שוגג ומזיד אטומאה קאי אבל זריקה בעינן שוגג: **בקרבנותיהן.** דנזיר ועושה פסח הותרה לו אם נטמא גופו בספק טומאה וקרבן יחיד אינו דוחה שבת וטומאה: **כי גמירי.** דטומאת התהום מותרת להם בבעלים הוא דגמירי אבל בכהן לא: **או דילמא בזיבחא גמירי.** בקרבנות הללו בפסח ובקרבנות נזיר גמירי דהותרה להם טומאת התהום של גוף הילכך לא שנא בבעלים ולא שנא בכהן: **לא אמרו טומאת התהום.** דהותרה בנזיר ועושה פסח: **אלא במת בלבד.** אבל שאר טומאות ספק לא הותרו: **ובמאן.** במי תארע טומאת התהום זו דשרץ דקאמר לא הותרה: **אי בנזיר מי מהניא ביה.** אפילו טומאות דשרץ [ודאי] לסתור מנייט והבאת קרבנותיו: **וכי ימות עליו כתיב.** פתע זה שוגג פתאום זה מזיד בכריתות (דף ט'): **סניחא למאן דאמר.** לקמן בפ' האשה (דף נ:): ה"ג אלא לאו בכהן: **לעולם בבעלים.** ובעושה פסח ודקשיא לך הא לא מהניא ביה טומאה אחריתי איכא טומאת זיבה שהיא שבעת ימים ואין שוחטים וזורקים עליו ואשמעינן רבי חייא דטומאת התהום דזיבה כגון זב בשביעי שלו דספק הוא שמא ירלה היום ויסתור כל מה שמנה ספק לא ירלה והרי הוא כטמא שרץ דחזי לאורתא והויא לה טומאת התהום ופסלא ביה: בשני

תוספות

בראשון לא עבדי הגדילו זבין על הטהורין כו'. נראה לר"י דס"ל כרב ולא כשמואל דלאמר ויעשו את הפסח במועדו מאי עבדת ביה דלדידיה כיון שאין רוב טהורין לא מדחו טמאים לפסח שני: **נזרק** דמו ואח"כ נודע שהוא טמא כו'. פי' בקונטרס שהוא טמא הדם או הבשר וקשה לריב"א דבטומאת בשר ע"כ אין לא מרצה לאכילה אלא לפטור מפסח שני וכמ"ד האין מרצה על אכילות וכו' נתן דלא בעי אלא גברא דחזי וא"כ היכי דייק טעמא דנזרק ואח"כ נודע הא נודע ואח"כ נזרק לא מרצה אין והיינו לפוטרו מפסח שני וע"כ הא דלא מרצי היינו מדרבנן מדמפליג בין שוגג למזיד וכן אמר בהאשה רבה (יבמות דף צ' ושם) והיכי מחייבי ליה רבנן בפסח שני כיון דמדאורייתא פטור הוי חולין בעזרה ועוד הא לעיל (דף עח:) תנן נטמא בשר וחלב קיים אינו זורק את הדם והיינו מדרבנן דמוקי לה כרבי נתן וא"כ הא דדייק רב לעיל אם זרק הורצה היינו אפילו מדרבנן ונודע קודם זריקה מיירי מדקאמר לא יזרוק ונראה לריב"א דלא מיירי מתני' אלא בטומאת דם והא דדייק בגמ' הא נודע ואחר כך נזרק לא היינו להתיר בשר באכילה אבל פטור מלעשות פסח שני מיהו יש ליישב פירוש הקונטרס דהא דקאמר האין מרצה היינו להקטיר האימורין הא נודע ואח"כ נזרק לא מרצה להקטיר האימורים ופטור מפסח שני: **הוא** הדין נודע ואחר כך נזרק. וא"ת א"כ מאי דוחקיה דר' שילא לחלק בין טומאה לזריקתו כיון דלאו דווקא קתני במתניתין נזרק ואח"כ נודע ואומר ר"י דר' שילא לאו אהך קושיא אמרה אלא אמאי דפריך בהקומץ רבה (מנחות דף כה:) אהך ברייתא דעל מה הציץ מרצה מברייתא דקתני דם שנטמא וזרקו בשוגג הורצה במזיד לא הורצה והכא אסיק ליה אגב שיטפא דרבינא: **לאו** למעוטי טומאת התהום דשרץ. וא"ת היכי שייך טומאת התהום בשרץ והא לא מטמא אלא במגע וטומאת התהום ליכא בגלוי אלא מסיטה וטמון בעפר בתהום כגדור כדתניא לקמן (דף פא:) ויש לומר כגון שהכניס ידו בעפר ונגע: **אי** בנזיר וכי ימות מת עליו אמר רחמנא. תימה לר"י דילמא לעולם בנזיר ונפקא מינה אם שחט קרבנות ונטמא דלא מרצי ציץ וכן קשה בסמוך דקאמר אלא למ"ד שוחטין וזורקין כו' הא מכל מקום נפקא מינה °לאם שחט פסחו כדפי' ואומר ר"י דלא בעי למימר הכי דא"כ תיפשוט דבזיבחא גמירי לא שנא בבעלים ול"ש בכהן: לאו

רבינו חננאל

ישראל היכא דאפשר הכא לא אפשר חשבינן ליה כאלו כלן זבין: שלישיתן טהורין ושלישיתן טמאי מתים ושלישיתן זבין אותן טמאי מתים אינן עושין לא בראשון ולא בשני ...

הגהות הגר"א

[א] רש"י ד"ה נטמא כו' ובתוספתא כו' כילד אמרו לו קבר היה עמך בבית שנכנסת בו או תחת האבן שישבת עליה ונודע לו בין משעשה פסחו לריך לעשות פסח שני ...

גליון הש"ס

תוספ' ד"ה אי בנזיר כו'

הגהות מהר"ב רנשבורג

§ מסכת פסחים דף פ: §

אות א'

היו שלישיתן זבין ושלישיתן טהורין ושלישיתן טמאי מתים, אותן טמאי מתים אינן עושין לא את הראשון ולא השני

רמב"ם פ"ז מהל' קרבן פסח ה"ו - היו שליש הקהל טהורים, ושליש זבים וכיוצא בהם, ושליש טמאי מת, אותן טמאי מת אין עושין את הראשון ולא את השני; אינן עושין ראשון, שהרי הן מועטים לגבי טהורים עם הזבים; ובשני לא יעשו, שהרי מיעוט עשו בראשון [ב]כמו שביארנו.

אות ב'

נטמא הגוף אין הציץ מרצה וכו'

רמב"ם פ"ד מהל' ק"פ ה"ב - נטמאו הבעלים אחר שנשחט, לא יזרוק את הדם, ואם זרק לא הורצה, לפיכך חייבין בפסח שני; שאין הציץ מרצה על טומאת הגוף, אלא אם נטמאה בטומאת התהום, כמו שביארנו בהל' ביאת המקדש.

רמב"ם פ"ו מהל' קרבן פסח הי"ב - מי שעשה פסח בחזקת שהוא טהור, ואח"כ נודע לו שהיה טמא בטומאת התהום, אינו חייב בפסח שני, וד"ז הלכה מפי הקבלה; אבל אם נודע לו שהיה טמא בטומאה ידועה, חייב בפסח שני.

רמב"ם פ"ד מהל' ביאת המקדש ה"ו - [ג]כהן שעבד ואחר כך נודע שהיה טמא, אם היא טומאה ידועה, כל הקרבנות שהקריב פסולין, שהרי עבודתו חולין; ואם היא טומאת התהום, הציץ מרצה, וכל הקרבנות שהקריב נרצו; ואפילו נודע לו שהוא טמא קודם שיזרוק הדם [ד]וזרק, הורצה, שהציץ מרצה על טומאת התהום אף על פי שהוא מזיד, וכבר ביארנו טומאת התהום בנזירות.

רמב"ם פ"ד מהל' ביאת המקדש ה"ז - וכן הציץ מרצה על טומאת דברים הקרבין, שנא' והיה על מצח אהרן ונשא אהרן את עון הקדשים; אבל אינו מרצה על טומאת הנאכלין, ולא על טומאת האדם שנטמא בטומאה ידועה; אא"כ היתה הטומאה הדחויה בציבור, שהציץ מרצה עליה.

רמב"ם פ"ו מהל' נזירות הי"ז - ואם עד שלא נזרק עליו אחד מן הדמים נודע שהוא טמא, בין בטומאה ידועה בין בטומאת התהום, [ה]סותר הכל; נודע לו אחר שנזרק אחד מן הדמים, אף על פי שלא גלח, הואיל וטומאה שאינה ידועה היא, אינו סותר.

אות ג'

טומאתו בין בשוגג בין במזיד הורצה; זריקתו בשוגג הורצה, במזיד לא הורצה

רמב"ם פ"ד מהל' קרבן פסח ה"ב - בשר הפסח שנטמא ונודע לו קודם זריקה, אע"פ שהאימורין טהורין, לא יזרוק את הדם, שאין הפסח בא אלא לאכילה, ואם זרק לא הורצה; ואם לא נודע לו עד שנזרק הדם, הורצה, שהציץ מרצה על שגגת הבשר שנטמא, ואינו מרצה על הזדון.

אות ד'

בזבחא גמירי לא שנא בכהן ולא שנא בבעלים

רמב"ם פ"ד מהל' ביאת המקדש ה"ו - עיין לעיל אות ב'.

אות ה'

לא אמרו טומאת התהום אלא למת בלבד

רמב"ם פ"ו מהל' נזירות הי"ח - אי זו היא טומאת התהום, כל שאין אדם מכירה אפי' בסוף העולם, ולא אמרו טומאת התהום אלא למת בלבד, אבל הרוג לא, שהרי יודע בו זה שהרגו. **השגת הראב"ד: אבל הרוג לא. א"א בסיי ראשי אומר אני שלא עלה על דעת למעוטי הרוג, שכבר אמרו אי זו היא טומאת התהום כל שאין מכירה א' בסוף העולם, אלא אעושה פסח קאי, למעוטי טומאת התהום דזיבה.**

באר הגולה

[ב] ‹מש"כ כמו שביארנו, כוונתו למש"כ לעיל (הלכה ד') וז"ל: היו רוב הקהל זבים וכו', אותן טמאי מת וכו', ואין עושין השני, שאין היחידים עושין את השני אלא בזמן שעשו רוב הקהל את הראשון; וכאן הואיל ולא עשו רוב הקהל בראשון, לא יעשו אלו המיעוט הטמאים למת את השני, עכ"ל - ביאור על ספר המצות לרס"ג›. ‹**ויש** לדקדק בדברי רבינו, שלא אמרו כן בגמרא, אלא דבשני לא עבדי, נצרפו זבין עם טמאי מתים דלא עבדי בראשון, והוו להו רובא ולא מדחו לפסח שני. **ואפשר** דס"ל לרבינו, דלא איצטריך בגמרא להאי טעמא אלא לשמואל, ולא ניחא ליה מ"ש התוס' שם דטעמא דבראשון לא עבדי קאי כרב ולא כשמואל, אלא דאתי אפילו לשמואל וכמו שהקשה מהרש"א שם ע"ש, ולכן רבינו שפסק כרב, נתן טעם אחר כסברת רב, ודוחק - ארץ יהודה› [ג] ‹בפסחים פ' ב' ובזבחים כ"ג. בעיא דרמי בר חמא, ופסק כן משום דפשט שם רבא מברייתא דלא הותר טומאת התהום אלא למת בלבד, וע"כ למעוטי טומאת התהום דשרץ, ואי בנזיר הא טומאת שרץ לא מהני ולא מידי, ואי בעושה פסח, ולמ"ד שוחטין וזורקין על טמא שרץ מאי איכא למימר, אלא ודאי אכהן מיירי, יעו"ש בפסחים, **ואע"ג** דאיכא למימר דלמעוטי טומאת התהום דזיבה אתי, ועוד לרבינו דס"ל לעיל סוף סי' כ' דאין שוחטין וזורקין על טמא שרץ, ע"כ אתי למעוטי טומאת התהום דשרץ. **והנה** לקושיא הראשונה י"ל, דרבינו ס"ל דטומאת התהום דזיבה הותרה, וכמש"כ הלח"מ בפ"ו דנזירות הי"ח יעו"ש, {וכדמבואר בפ"ו ה"ג, מובא בדף פ"א. אות ב'}, **ועל** קושיא השניה י"ל, דרבינו ס"ל דהך ברייתא לא מיירי מקרבן פסח רק משאר קרבנות, וכמש"כ מרן, ובשאר קרבנות אין שייך לומר למעוטי שרץ, דהא שוחטין וזורקין על טמא שרץ, וא"כ על כרחך על כהן קא אתי. **אך** קשה לימא למעוטי הרוג, וכמש"כ רבינו שם בנזירות, {עיין לקמן בערוה"ש}, וי"ל דרבינו סמך עצמו על מה דאי' בפסחים פ"א. בעי רב יוסף כהן המרצה בתמיד הותרה לו טומאת התהום או לא, את"ל כהן המרצה בקרבנותיהן הותרה להן טומאת התהום, יעו"ש, וכל את"ל פשיטותא היא - הר המוריה› [ד] ‹איכא למידק שממ"ש רבינו נראה דלכתחילה אינו זורק כל שנודע לו, ובפרק ו' מהלכות קרבן פסח {מובא בדף פ"א: אות ג'} נראה מדבריו דלכתחילה נמי שוחט וזורק, וצריך לומר שטעמו משום דשאני קרבן פסח שהוא חובה והיא מצוה עוברת - כסף משנה› [ה] ‹עיין בדף פ"א: אות ב' בהערה› [ו] ‹ואין זו השגה, דבוודאי כן הוא, דהכי אמרינן בפסחים [פ:], אבל הרמב"ם אין כוונתו לברייתא זו, ולישנא בעלמא נקיט - ערוה"ש›

§ מסכת פסחים דף פא. §

אות א׳

הרי אלו מטמאין משכב ומושב למפרע

רמב״ם פ״ה מהל׳ מטמאי משכב ומושב ה״ט - **זב וזבה גדולה שטבלו ביום ז׳ שלהן כמו שביארנו, לא יתעסקו בטהרות עד לערב, שמא יראו טומאה ויסתרו שבעת ימי הספירה, [א]ונמצא אותן הטהרות טמאות למפרע.**

אות ב׳

ופטורים מלעשות פסח שני

רמב״ם פ״ו מהל׳ קרבן פסח ה״ג - **זב שראה שתי ראיות, וספר שבעה ימים וטבל בשביעי, שוחטין עליו והוא אוכל לערב; ואם ראה זוב אחר שנזרק הדם, [ב]הרי זה פטור מלעשות פסח שני. וכן שומרת יום כנגד יום, טובלת ביום השימור כמו שביארנו בביאות אסורות, ושוחטין עליה והיא אוכלת לערב; ואם ראתה דם אחר שנזרק דם הפסח, פטורה מלעשות פסח שני. ואין שוחטין על הנדה בשביעי שלה, שהרי אינה טובלת עד ליל שמיני, ואינה ראויה לאכול קדשים עד ליל תשיעי.**

אות ג׳

זב שראה בשביעי שלו סותר את שלפניו

רמב״ם פ״ג מהל׳ מחוסרי כפרה ה״א - **כל הימים שהזב רואה בהן זיבות הרי הוא טמא, וכשיפסוק הזיבות מונה שבעה ימים נקיים כזבה, וטובל בשביעי ומעריב שמשו, ובשמיני מביא קרבנו אם היה בעל שלש ראיות; ואם ראה ראייה של זוב אפילו בסוף יום שביעי אחר שטבל, סתר הכל, ומתחיל למנות שבעה ימים נקיים מאחר יום ראייה האחרונה.**

באר הגולה

[א] ‹עיין בהערה באות ב׳, ולפי״ז הציון של העין משפט אינו מדוייק, דמשמע דפסק הרמב״ם כר׳ יוסי, דטמא למפרע מדרבנן›

[ב] ‹כתב מרן ז״ל: בפ׳ כיצד צולין ר׳ יוסי אומר זב בשביעי שלו שוחטין עליו, ואם ראה אח״כ אינו אוכל, ופטור מפסח שני וכו׳. **וקשה**, דהא אוקימנא בגמ׳ דר״י לשיטתיה אזיל דס״ל מכאן ולהבא הוא מטמא, אך לדעת רבנן דס״ל מטמא למפרע, צ״ל דחייב לעשות פסח שני, וכיון דרבינו פסק בפ״ג מהל׳ מעשר שני ופ״ה מהל׳ משכב ומושב הל׳ ט׳, דמטמא למפרע, א״כ איך פסק כאן דפטורים מפסח שני. **ואין** לומר דהך דפסק למפרע טמא, הוא מדרבנן, דליתא, חדא דאיך פסק כר״י לגבי רבנן, ועוד דר׳ אושעיא מתני כוותיהו והלכתא כוותיה לגבי ר׳ יוחנן דהוא תלמידו, ועוד לר״י דלמפרע מטמא מדרבנן, ס״ל דלא יסתור ולא יומו, כמ״ש ר׳ יוחנן דס״ל כוותיה, וכיון דרבינו פסק דסותר ז׳, א״כ בודאי דס״ל כרבנן למפרע טמא דאורייתא. **וי״ל** דס״ל לרבינו, דע״כ לא אוקמוה בגמ׳ הכי אלא לס״ד, למידחי הך פשיטותא דהכהן לא מרצה בטומאת התהום, ולומר דמילתיה דרבי חייא דאמר לא אמרו לטומאת התהום אלא למת בלבד, הוא למעוטי תהום דזיבה, ולכך אמרו דר׳ יוסי דקאמר ופטורים מפסח שני הוא משום דס״ל מכאן ולהבא הוא טמא, **אך** למסקנא דקאמר הגמ׳ שם, גבי הך בעיא דתמיד, את״ל דכהן המרצה הותרה לה, וקי״ל כל את״ל פשיטותא, הרי דהש״ס מיהדר מסברתיה ולהעמיד הך דתני ר״ח לא אמרו לטומאת התהום אלא למת בלבד, הוא למעוטי טומאת שרץ, א״כ בטומאת התהום דזיבה כ״ע מודו דהותרה, וא״כ אפי׳ רבנן דס״ל למפרע, כיון דבהך שעתא דזריקה עדיין לא ראתה, הוי ספק, והציץ מרצה, וכמו דס״ד דמקשה - אברהם יגל›

בשני שלה ואחר כך ראתה אינה אוכלת ופטורה מלעשות פסח שני מ"ט לאו משום דמרצה ציץ אמרי לא משום דקסבר ר' יוסי מכאן ולהבא היא מטמאה *והתניא רבי יוסי אומר זב בעל שתי ראיות ששחטו וזרקו עליו בשביעי שלו וכן שומרת יום כנגד יום ששחטו וזרקו עליה בשני שלה ואחר כך ראתה *הרי אלו מטמאין משכב ומושב למפרע *ופטורים מלעשות פסח שני אמרי מאי למפרע מדרבנן ואף רבי אושעיא סבר מטמא למפרע מדרבנן *דתניא רבי אושעיא אומר אבל זב שראה בשביעי שלו סותר את שלפניו וא"ל רבי יוחנן לא יסתור אלא יומו מכדי מה נפשך אי קסבר למפרע הוא מטמא אפילו כולהו נסתור אי קסבר מכאן ולהבא הוא מטמא יומו נמי לא נסתור אלא אימא לא יסתור ולא יומו וא"ל רבי יוסי קאי כוותך והא רבי יוסי אומר מטמאין משכב ומושב למפרע אלא לאו שמע מינה מטמא למפרע מדרבנן ש"מ ולר' יוסי השתא דאמר מכאן ולהבא הוא מטמא [למת] בלבד למעוטי מאי נפשוט מינה דבכהן והותרה לו טומאת התהום אמרי לעולם בבעלים ובפסח *וקסבר *אין שוחטין וזורקין על טמא שרץ ואיצטריך למעוטי אלא לרבי יוסי זבה גמורה היכי משכחת לה בשופעת אי בעית אימא כגון שראתה כל שני בין השמשות בעי רב יוסף כהן המרצה בתמיד הותרה לו טומאת התהום או לא אם תמצא לומר כהן המרצה בקרבנותיהן (של נזיר ועושה פסח) הותרה לו טומאת התהום כהן המרצה בתמיד מאי מי אמרינן כי גמירי טומאת התהום בפסח בתמיד לא גמירי או דילמא יליף תמיד מפסח אמר רבה ק"ו ומה במקום שלא הותרה לו טומאה ידועה הותרה לו טומאת התהום מקום שהותרה לו טומאה ידועה אינו

בשני שלה. עדיין ספק הוא שמא תראה יום זה ויצטרף עם אתמול ותראה גם מחר והוו להו שלשה והויא לה זבה גמורה ואם לא תראה תטהר לערב: **אינה אוכלת**. שהרי צריכה להיות עוד מחר שומרת יום כנגד יום: **ופטורה מלעשות פסח שני**. קס"ד כיון דבשעת שחיטה וזריקה ספק הוי מרצה ציץ משום טומאת התהום דזיבה ואע"ג דאיגלאי מילתא למפרע שנטמאה ולאו בטומאת התהום: **מכאן ולהבא היא מטמאה**. שומרת יום כנגד יום שספרה קצת היום וטבלה טהורה מטומאה של אתמול וכי הדר חזיא בו ביום מטמאה מכאן ולהבא ותהיה מחר שומרת יום כנגד יום הלכך בזריקה ושחיטה טהורה מעלייתא הואי ורבנן פליגי עליה ואמרי דכי חזיא איגלאי מילתא למפרע דזיבה היא וחדא טומאה היא ובשעת שחיטה ספק הואי וחייבת בפסח שני ולקמיה פריך כיון דלרבי יוסי כל חד וחד טומאה באנפי נפשיה הוא היאך מצטרפים לזיבה לעשות זבה גדולה: **בעל שתי ראיות**. דאילו בעל ג' ראיות לא חזי למיכל לאורתא עד שיביא קרבנותיו בח' ובשמיני נמי לא מצי למינקט ומיתני ואח"כ ראה מטמא משכב ומושב למפרע דכיון דיצא מזיבה ראשונה לשעה שהיה ראוי לקרבן הוא לא הך זיבה אחריתי ומשכב ומושב שמאתמול לאחר טבילה ועד הנה טהורה למפרע אפילו טבלה בז' שחרית: **משכבות ומושבות**. שלאחר טבילתו טמאין שהרי סתר מנייניו והרי הוא כבתחלתו דכתיב (ויקרא טו) וספר לו שבעת ימים והרי אינן ומדקתני נמי בשומרת יום למפרע אלמא נמי למפרע מטמאה ואפ"ה פטר לה מפסח שני ש"מ טעמא משום דטומאת התהום הוי ומשכבות ומושבות רבותא נקט להו מפני שהן אב הטומאה לטמא אדם ובגדים זה זב חלוק מאשר מטמאין: **מדרבנן**. אבל מדאורייתא לא מטמא אלא מכאן ולהבא הזב בז' ולא שומרת יום בשני דמקצת יום עולה להן לספירתן הילכך לגבי פסח טהורין מעליא הוו: **אבל כרואה זוב כו'**. לא ידענו היכא קאי אבל: **סותר את שלפניו**. כל ספורין שספר וצריך לספור ז' אחרים: **וא"ל רבי יוחנן לא יסתור אלא יומו**. ויחזור ויספור יום א' והיינו אמילתיה דר' יוחנן מה נפשך אי למפרע מטמא דהא מקצת היום עולה לו ולא נגמרה ספירתו: **כולהו נמי נסתור**. דכתיב וספר לו ז' ימים לטהרתו טהרה אחת לכולן שלא תהיה טומאה מפסקת ביניהן במס' נדה (דף לג:) ואם מנה לסירוגין כי הכא שיסתור יומו וישלימנו למחר נמצאת הפסקה ביניהם: **ואם מכאן ולהבא מטמא**. שעלתה לו מקצת היום וגמרו ספורין שלו: **יומו נמי לא לסתור**. אלא הרי הוא כראיה ראשונה של זיבה אחרת ואין בה אלא טומאת ערב ויטבול לערב ויטהר דקי"ל ראיה ראשונה של זב קרי בעלמא הוא במס' נדה (דף מב:): **אלא**. ה"ק ר' יוחנן לא יסתור ולא יומו כלומר אפילו יומו לפי שכבר עלתה לו מקצת היום ככולו ושלמו ספורין שלו ויצא מכלל זיבה: **וא"ל ר' אושעיא לרבי יוחנן: ר' יוסי קאי כוותך**. דס"ל נמי מכאן ולהבא הוא מטמא מדפטר ליה לעיל מפסח שני אלמא קסבר ר' אושעיא למפרע דר' יוסי מדרבנן קאמר:

והא ר' יוסי כו'. מסקנא דמילתיה הוא ולא משום קושיא מייתי לה: **שמעת דאמר מכאן ולהבא מטמא**. ולא משכחת טומאת התהום בזיבה: **בלבד**. דקתני לעיל למעוטי מאי ע"כ למעוטי שרץ תוקמא ובכהן כדאמר לעיל דאילו בבעלים לא מהני שרץ וקאמר דבטומאת התהום דמת מיהא הותרה לו: **אין שוחטין וזורקין על טמא שרץ**. ואשמעינן דטומאת התהום נמי דחיא ליה: **היכי משכחת לה**. כיון דאית ליה מקצת היום עולה לה לספירתה ומכאן ולהבא מטמאה הו"ל כל יומא טומאה באנפי נפשה: **בשופעת**. כל שלשה רצופין דלא הוה לה מניינא כלל: **אי נמי ברואה שני בה"ש**. דכל תחלות הימים היו בטומאה דאין כאן ספירה כלל ובשני בין השמשות סגי דאיכא טומאת ג' ימים רצופין כגון בה"ש של ע"ש יש כאן סוף ערב שבת ותחלת שבת ובין השמשות של מחר שהוא סוף השבת ותחלת א' בשבת הרי ג' ימים רצופין ואין כאן תחלת יום טהור שיעלה לספירה ולפי סדברים למ"ד מקצת היום ככולו תחלת הלילה עולה לספירתה וא"ל עלות השחר מדאיצטריך למנקט בין השמשות ולא נקט משכחת לה ברואה בליעות: **בתמיד**. כל השנה ואליבא דמאן דאמר טומאה דחויה היא בציבור קבעי רב יוסף הכי אי איצטריך להדר אכהן טהור משום טומאת התהום אי לא ואליבא דמ"ד לקמן דטומאת התהום מרצי ליך גבי נזיר ועושה פסח אפי' לכתחלה כגון שנודע לו לפני זריקה: **בקרבנותיהן**. דנזיר ועושה פסח: **במקום שלא הותרה לו טומאה ידועה**. כגון נזיר ועושה פסח שהן קרבנות יחיד: **מקום שהותרה לו טומאה ידועה**. היכא דליכא טהורין:

איט

לאו משום דסבר דלאו מרצה. תימה לרשב"א מנ"ל דילמא הא דפטורין היינו משום דסבר דנשים בשני רשות וכר"ש דבהדיא מוכח לקמן סוף פרק האשה (דף צא:) דלרבי יוסי סבר נשים בשני חובה: **קסבר** רבי יוסי מכאן ולהבא היא מטמאה. פי' ולהכי סבירא לן כרבנן דלמפרע מטמאה וא"ת כי ס"ד נמי דטעמא דרבי יוסי משום דסבר ציץ מרצה מאי פריך לימא דס"ל כרבנן וי"ל שלא רצה לעשות מחלוקת חדשה שלא מצינו תנאים חלוקים בכך אבל בלמפרע הוא מטמא מצינו תנאים בשילהי נדה (דף עב:) דאמתני' דקתני לה שלאחריו ושימשה: **אי** נמי כגון ראתה שני ימים בין השמשות. מדלא משני ברואה בליעות משמע דספירת לילה הויא ספירה וכן פי' בקונטרס וקשה לר"י דתנן פ' שני דמגילה (דף כ.) וכן שומרת יום כנגד יום לא תטבול עד הנץ החמה ומסיק בגמ' טעמא כיון דבעי שימור שימור ביממא הוא וכן בשילהי נדה (דף עב:) אמר ושוין ברואה תוך י"א יום וטבלה לערב ושמשה שמטמאים משכב ומושב וחייבין בקרבן משמע אפילו לא ראתה אח"כ ומשום דבלילה לא חשיב שימור וי"ל דודאי ספירת לילה לא הויא ספירה ומ"מ לא מצי לאוקמא ברואה בליעות משום דכיון דסבר רבי יוסי מקצת היום בשביעי הוי ככולו ה"ה אם פסקה בתוך היום שיעלה לה שימור סוף היום האשכר לכך מוקי בשופעת שלא היה סוף היום בטהרה אע"ג ברואה שני בין השמשות ויכול למימר שיעלה לה אמצע היום שימור דלא אמר מקצת היום ככולו אלא או תחלתו או סופו אבל אמצע לא וכן איתא בהדיא בנזיר בפ"ב (דף טו:) דקאמר ורבי יוסי זבה גמורה היכי משכחת לה כיון דמוקי פלגא דיומא לאידך פלגא סליק לה שימור ומשני כגון דחזאי תלתא יומי סמוך לשקיעת החמה ולא הוה שהות ביום סליק לה ממניינא ותלתא יומי לא דווקא דראיה שלישית לא חיישינן שתהא סמוך לשקיעת החמה מאחר שכבר ראתה שני ימים סמוך לשקיעת החמה ובשלישי תראה באיזו שעה שתהיה בלילה ובלבד שתראה קודם היום שלא יעלה לה שימור תחלת יום ג' וא"ת והא אמרינן בפרק בנות כותים (נדה דף לג:) דכותית יום שפוסקת סופרתו למנין שבעה הא רבי יוסי נמי סבר הכא סוף היום ככולו וי"ל דלא אמר סוף היום ככולו בתחלת חשבון אלא דווקא בסוף חשבונוכי הכא כגון זב בשביעי או שומרת יום כנגד יום שאין לה למנות יותר וסוף חשבון מסוף חשבון אית לן למילף ולא מתחלת חשבון ואשכחן חילוק בין תחלת חשבון לסוף חשבון בפ"ק דר"ה (דף י:) דנדה עולה לה סוף היום בתחלתה ואין תחלת היום עולה לה בסופה אע"ג דהתם הוי איפכא מסברתא*:

אמר רבא ק"ו ט' מקום שהותרה לו טומאה ידועה אינו דין שהותרה לו טומאת התהום. וא"ת ונימא דיו מה טומאה ידועה לא הותרה אלא היכא דלא אפשר ה"נ טומאת התהום וי"ל דעדיפא פריך אפילו לר' טרפון דלית ליה דיו היכא דמיפרך ק"ו (ב"ק ד' כה.):

לריש

עין משפט נר מצוה

סז א מיי' פ"ב מהל' משכב ומושב הלכה ט:

סח ב מיי' פ"ז מהל' ק"פ הלכה ג:

סט ג מיי' פ"ג מהל' מחוסרי כפרה הלכה א:

מסורת הש"ס

נזיר טו:

יומא דאמר רב אושעיא אבל לא מצא בכריתות גם כבריתא ר' יוחנן ססס לא נזכר בבריתא כמו שהוא בברייתא כאן כגליון במזיר טו:

[לעיל כו: ושם]

רש"ל מ"ז

גליון הש"ס

גמ' וקסבר אין שוחטין וזורקין. עיין לקמן צ ע"א תוס' ד"ה לא קשיא:

[ועי' תוספ' נדה נג: ד"ה סופרת ושם פ"ה: ד"ה הרואה ותוס' מגילה כ: ד"ה ספירה ותוס' ר"ה י. ד"ה שם ותוספות נזיר טו: ד"ה וכו]

רבינו חננאל

בשני שלה ואחר כך ראתה הרי זו אינה אוכלת ופטורה מלעשות פסח שני ושני' קסבר רבי יוסי טהורה היתה בשעת זריקה ונפטרה ומכאן ולהבא מטמא כלומר משעה שראת היא טמאה איני דר' יוסי סבר מכאן ולהבא מטמאה והתניא רבי יוסי אומר זב בעל שתי ראיות ששחטו וזרקו עליו בשביעי שלו וכן שומרת יום כנגד יום ששחטו וזרקו עליה בשני שלה ואחר כך ראתה מטמאין משכב ומושב למפרע ושנינן מאי מטמאין דקתני מדרבנן ודייקי' מדתני ר' אושעיא זב שראה זוב בשביעי שלו סותר את שלפניו דכל מה שנגעו באותן ששה ימים כולן טמאין ורבי יוחנן אמר לא יסתור אלא יומו אע"פ שלא ראה היום כולו [מ"מ בחזקת טומאה] היא מן הבוקר כלו' כל מה שנגע היום כלו נטמאו ואקשי' לר' יוחנן מאי דעתיך אי למפרע הוא מטמא יסתור הימים כולן אי מכאן ולהבא אפילו יומו לא יסתור ושני' כך אמר רבי יוחנן לא יסתור ולא יומו אלא משעה שראה ואמר לו רבי אושעיא רבי יוסי קאי כוותך ש"מ דרבי אושעיא סבר דהאי דמטמא בזב בעל שתי ראיות ובשומרת יום כנגד יום למפרע מדרבנן דאי מדאורייתא פסול מעליא הוא מדאורייתא ליה לרבי יוחנן דאמר אינו סותר ולא יומו רבי יוסי קאי כוותך ' והשתא דאוקמנא דר"י מכאן ולהבא היא מטמאה [למת בלבד] למעוטי מאי ופשוט מינה דבכהן הותרה לו טומאת התהום והדר' לא לעולם בבעלים דפסח וקסבר אין שוחטין וזורקין על טמא שרץ ואיצטריך או בדרך רחוקה דשמעי' מיניה או בדרך רחוקה למעוטי טומאת התהום ולר' יוסי לא משכחת לה זבה גמורה אלא בשופעת דם בלא הפסקה בין יום ליום אי נמי ברואה שני בין השמשות כיצד כגון שראתה ערב שבת בין השמשות מחזיקין ראייתה לשני ימים בערב שבת ובשבת ועוד ראתה בשבת בין השמשות מחזיקין ראייתה בין השמשות לשבת וליום ראשון הנה ראתה שלשה ימים זה אחר זה והרי זבה גמורה: **בעי רב יוסף** כהן המרצה בתמיד הותרה לו טומאת התהום או לא אמר רבה קל וחומר ומה יחיד שלא הותרה לו טומאה ידועה הותרה לו טומאת התהום אם נתברר טומאה

נדחה לפסח שני הותרה לו טומאת התהום כדתנן נטמא טומאת התהום הציץ מרצה צבור שהותרה להם לטומאה ידועה שנאמר איש איש כי יהיה טמא לנפש איש נדחה לפסח שני ואין צבור נדחין לפסח שני אלא עושין

עין משפט
נר מצוה

ע א מיי' פ"ג מהל' נזירות הלכה יח:

עא ב מיי' פ"ד מהל' ביאת מקדש הל' ו:

עב ג מיי' פ"ו מהל' קרבן פסח הלכה יא ופ"ח מהל' אבות הטומאה הלכה ג:

עג ד מיי' פ"ו מהלכות נזירות הלכה יט:

עד ה מיי' פ"ד מהל' קרבן פסח הלכה ג ופ"ח מהל' פסולי מוקדשין הלכה כ ז:

רבינו חננאל

עושין אותן בטומאה אינו דין שהותרה לצבור טומאת התהום וכהן המרצה בתמיד קרבן ציבור הוא וכן הוא מפורש בתלמוד ארץ ישראל ואקשי' ומי דיינינן קל וחומר מהלכה טומאת התהום ליחיד הלכה היא וקרבן ציבור קל וחומר והתניא אמר לו רבי עקיבא עצם כשעורה הלכה ורביעית דם קל וחומר ואין דנין קל וחומר מהלכה וזו דר' עקיבא עיקרה בנזיר פ' כהן גדול ונזיר וקל וחומר דרבא מפורש בירושלמי אלא אמר רבא גמר מועדו מועדו בגזירה שוה מפסח: היכא כתיבא טומאת התהום בנזיר אמר רבי אליעזר שנאמר וכי ימות מת עליו וגו' במחורות עליו כלומר ידיעה ברורה: בפסח ר' יוחנן אמר שנאמר טמא לנפש או בדרך רחוקה לכם לכם במחורות לכם ריש לקיש אמר או בדרך רחוקה מה דרך בגלוי אף כל טומאת גלויה ואתבינן עליהו איזו היא טומאת התהום כל שלא הכיר בה אחד בסוף העולם הכיר בה אחד בסוף העולם אין זו טומאת התהום קשיא לר' אליעזר דאמר וכי ימות מת עליו במחורות עליו הוא שחייב עליה וכל מה שאינה מחורת עליו אע"פ שאחרים יודעין אותו הרי היא טומאת התהום ולרבי יוחנן דמספיק לה מלכם תרי' הא ידע בה אחד טומאת התהום קרינא ביה ולריש לקיש דמספיק לה מדרך כל שאינו גלוי לכל אדם כדרך הרי היא טומאת התהום האי מתני' דקתני אפילו ידע בה אחד בסוף העולם אין זו טומאת התהום קשיא לכלן תרוד כלם ואקימ' אלא בטומאת התהום הלכתא גמירא לה וקרא אסמכתא בעלמא: אמר מר בר רב אשי אפילו אם נודע לו שנטמא לפני זריקה הציץ מרצה המוצא מת מושכב לרחבו של דרך לתרומה טמא לנזיר ועושה פסח טהור בד"א בשאין לו מקום לעבור אבל יש לו מקום לעבור אף לתרומה טהור שאני אומר ממקום טהור עבר בד"א שמצאו שלם אבל משובר ומפורק טהור אומר בינו שקוי עבר ובקבר אפילו משובר ומפורק טמא שהקבר מצרפו בד"א בהולך ברגליו כו' מצאו טמון בתבן בעפר ובצרורות הרי זו טומאת התהום במים ובאפלה ובנקיקי הסלעים אין זו טומאת התהום ולא אמרו טומאת התהום אלא במת בלבד לאפוקי הרוג שהרי הכיר בו מי שהרגו: ירוש' בסוף הפ' ר' יוחנן בר מזיה בשם ר' פנחס ממה דנן חמיי רבנן שלחין מגדליהן תחת' אגף של הר הבית: תאני ר' יהודה מחילות שתחת היכל (קדש) [חול] אמר ריש לקיש ומתני' אמרה כן ומדורה היתה שם ובית כסא של כבוד היה שם וכו' אמר ר' וכי צואה טמאה היא אלא נקיות ויי דא אמ' יוצא והולך לו במסיבה ההולכת תחת הבירה כו': כדי לביישן מפני שפשעו בו ונטמא נטמא מיעוטו והנותר

אינו דין שהותרה לו טומאת התהום אמרי ומי דיינינן ק"ו מהלכה והתניא *אמר לו רבי אליעזר עקיבא עצם כשעורה הלכה רביעית דם ק"ו ואין דנין ק"ו מהלכה אלא אמר רבא יליף מועדו מועדו מפסח וטומאת התהום גופא היכא כתיבא *אמר ר"א אמר קרא °וכי ימות מת עליו במחורות עליו אשכחן נזיר עושה פסח מנלן א"ר יוחנן אמר קרא °בדרך רחוקה לכם במחורות לכם רשב"ל אמר כדרך מה דרך בגלוי אף טומאה נמי בגלוי מיתיבי *אי זהו טומאת התהום כל שלא הכיר בה אחד בסוף העולם הכיר בה אחד בסוף העולם אין זה טומאת התהום לר"א דאמר במחורות עליו עד דידע הוא לר' יוחנן דאמר לכם במחורות לכם עד דידעי בה תרין לרשב"ל דאמר כדרך עד דידעי כולי עלמא אלא טומאת התהום הלכתא גמירי לה וקרא אסמכתא בעלמא אמר מר בר רב אשי לא שנו אלא שנודע לו לאחר זריקה דכי אודריק דם שפיר אידריק אבל נודע לו לפני זריקה לא מרצה מיתיבי *המוצא מת מושכב לרחבו של דרך לתרומה טמא לנזיר ועושה פסח טהור וכל טמא וטהור להבא הוא אלא אי איתמר הכי איתמר אמר מר בר רב אשי לא תימא נודע לו לאחר זריקה הוא דמרצה אבל נודע לו לפני זריקה לא מרצה אלא אפילו נודע לו לפני זריקה מרצה: גופא *המוצא מת מושכב לרחבו של דרך לתרומה טמא לנזיר ועושה פסח טהור בד"א שאין לו מקום לעבור אבל יש לו מקום לעבור אף לתרומה טהור בד"א שמצאו שלם אבל משובר ומפורק טהור שמא בין הפרקים עבר ובקבר אפילו משובר ומפורק טמא מפני שהקבר מצרפו בד"א במהלך ברגליו אבל טעון או רכוב טמא לפי שמהלך ברגליו אפשר שלא יגע ולא יאהיל אבל טעון או רכוב אי אפשר שלא יגע ולא יאהיל בד"א בטומאת התהום אבל בטומאה ידועה טמא ואי זה היא טומאת התהום כל שלא הכיר בה אחד בסוף העולם אבל הכיר בה אחד בסוף העולם אין זה טומאת התהום מצאו טמון בתבן בעפר ובצרורות הרי זה טומאת התהום במים באפילה בנקיקי הסלעים אין זה טומאת התהום ולא אמרו *טומאת התהום אלא למת בלבד:

מתני' נטמא שלם או רובו שורפין אותו לפני הבירה מעצי המערכה נטמא מיעוטו והנותר שורפין אותו בחצרותיהן או על גגותיהן מעצי עצמן הציקנין שורפין אותו לפני הבירה בשביל ליהנות מעצי המערכה:

גמ' מ"ט א"ר יוסי בר חנינא כדי לביישן: נטמא מיעוטו וכו'. ורמינהו *וכן מי שיצא מירושלים ונזכר שיש בידו בשר קדש אם עבר צופים שורפו במקומו ואם לאו

חוזר

לריש לקיש דאמר כדרך עד דידעי בה כ"ע. קשה לריב"א דבנזיר בסופו (דף סג.) איתא הך מסקנא ולא מייתי התם מילתיה דר' יוחנן ולא פריך נמי אלא לר"א וקאמר בשלמא למ"ד כדרך שפיר והיא מסוגיות החלוקות: **וטמא** וטהור לכתחלה הוא. ודוקא לפני זריקה אבל לפני שחיטה לא כמו שהביא בקונטרס במתני' מתוספתא: **אלא** לפני זריקה נמי מרצה. ע"כ לפני זריקה שום דם דאם נזרק אפילו אחד מן הדמים ונטמא תנן בפרק ג' מינים (נזיר דף מז:) *יביא שאר קרבנות ויטהר אפילו בטומאה ידועה אינו סותר נזירותו וריצו דטומאת התהום דסולה שמעתין היינו שאינו סותר נזירותו כדפי' לעיל אי בנזיר כי ימות מת עליו כו' וקשה לר"י דבפר' בתרא דנזיר (דף סג.) תנן אם עד שלא גילח נודע לו אפילו טומאת התהום סותר ומוקי ליה ר' יוחנן בגמ' כר"א דאמר תגלחת מעכבת וא"כ נודע לו לפני זריקה נמי כיון דמעכבת אמאי אינו סותר ותירץ ר"י דהכא כיון שנשחטו יש לו להשלים ומרצה ציץ על טומאת התהום ואינו סותר כאילו לאחר זריקה נטמא ולא דמי לקודם גילוח ואע"ג דגילוח הוא אחר זריקה כדתנן בג' מינים (שם דף מו:) גילח על זבח ונמצא פסול תגלחתו פסולה ולא גילוח הוא לפני זריקה יביא זבח אחר לרבנן אית להו דתגלחת לא מעכבת ולכך מרצה הכא לפני זריקה: **המוצא** מת מושכב כו'. בפ' בתרא דנזיר (דף סג:) דייק על ההיא משנה דהתם המוצא פרט למצוי מת פרט להרוג מושכב פרט ליושב וקשה לריב"א דהכא ביושב אתי שפיר טפי מבמושכב דבמושכב לא הוי כולי האי טומאת התהום אם קברוהו שם וי"ל דמושכב נקט בשביל תרומה שהוא תופס כל רוחב הדרך ואי אפשר שלא יאהיל או יסיט אבל יושב לא דאיכא למימר שמא לא האהיל כנגדו: **ובקבר** אפי' כו'. וא"ת היכי שייכא טומאת התהום בקבר והלא נודע כשקברוהו שם ואיכא למימר כגון שנפל בקבר ומת והא דפי' בקונטרס שהקבר מצרפו משום דכתיב או בקבר אין נראה לר"י דשמא קרא איירי בקבר מכוסה ומשום הכי נמי הקבר מצרפו משום אהל שהכיסוי מביא את הטומאה עליו: **מצאו** טמון בתבן כו'. משום דלפי מה שמצאוהו עכשיו לא היה ראוי להכיר לאחד בסוף העולם אבל במים ראוי להכיר: **נטמא** רובו שורפין אותו לפני הבירה מעצי כו'. נראה הטעם משום דלב בית דין מתנה עליהם לפי שהזקיקוהו לשורפו לפני הבירה כדי לביישו לא הטריחוהו להביא עצים משלו ויכול להנות משל הקדש וכן בציקנין האמ (א)כמו כן ולא לכל דמתוך ליקוטן היו נמנעין מלשורפו ואתי לידי עבירה ודוקא בציקנין או באכסנאי כדאמרי' בגמרא דעשאוהו כציקנין אבל אדם אחר לא ואפילו למאן דלית ליה בפ"ק דשבועות (יא.) לב ב"ד מתנה עליהן ה"מ בקרבנות דקדישי קדושת הגוף אבל בקדושת דמים כולי עלמא מודו:

רב

אינו דין שהותרה לו טומאת התהום. היתר גמור ואפילו איכא מטהרין: **מהלכה.** כגון קבר טומאת התהום הלכה למשה מסיני בנזיר ועושה פסח: **ומי דיינינן קל וחומר מהלכה.** והא טומאת התהום לא משום ספיקא מטמאין לה דנימא גלוי מילתא למפרע בעלמא היא השתא אפילו בודאי נטמאו נמי אלא בשעה שנטמא היתה טומאת התהום שלא הכיר בה אדם מעולם מטהרין ליה כדלקמן: דר"א ור"ע במסכת נזיר דאמרינן התם רביעית דם אין הנזיר מגלח על מגעה ועל משאה וקאמר רבי עקיבא ק"ו ומה עצם כשעורה שאין מטמא (את כל) אדם באהל הנזיר מגלח על מגעה ועל משאה רביעית דם שמטמאה (את כל) אדם באהל אינו דין שהנזיר מגלח על מגעה ועל משאה אמר לו ר"א לר"ע עצם כשעורה שהנזיר מגלח על מגעה ומשאה הלכה למשה מסיני ואין כתוב בתורה ורביעית דם אתה בא ללמוד ממנה בק"ו ואין דנין ק"ו מהלכה אלא מדבר הכתוב בתורה: **וטומאת התהום.** שהותרה בנזיר ועושה פסח היכא כתיבא והך בעיא איבעיא בי מדרשא מקמי הא בעיא דרב יוסף ובשני דרב יוסף כבר איפשיטא הך מסקנא דלקמן דטומאת התהום גמרא גמירי לה משום הכי פרכינן לעיל ומי דיינינן ק"ו מהלכה: **במחורת עליו.** שתהא ברורה לו: **לכם.** טמא לנפש או בדרך רחוקה לכם והאי לכם קאי נמי אטמא: **כי דרך.** טמא לנפש דומיא דדרך רחוקה הוא: **אי זהו טומאת התהום.** שהותרה לנזיר ועושה פסח: **לא שנו.** דציץ מרצה על טומאת התהום בנזיר ועושה פסח: **מושכב לרחבו של דרך.** והוא עבר שם וא"א שלא נגע שם או הסיט או האהיל: **לתרומה.** לאכול בתרומה: **טמא.** דלא הותרה בו טומאת התהום ואינו לאורכו של דרך אפי' טומאת התהום אין כאן: **שאין לו מקום לעבור.** שמחזיק וממלא את כל רוחב הדרך אף על גב דטומאת ודאי היא כיון דההיא שעתא דעבר עליה טומאת התהום הואי שלא היה שום אדם יודעו שם ואף לזה לא נודע עד שנשחטו קרבנותיו הלכה למשה מסיני היא שזורקין עליו את הדמים: **אבל יש לו מקום לעבור אף לתרומה טהור.** דהוי ליה ספק טומאה ברשות הרבים וספיקו טהור: **בד"א.** דכי ממלא את כל הדרך טמא: **שהקבר מצרפו.** שכל הקבר מטמא באהל ואפילו ריקן שבו דכתיב (במדבר יט) או בקבר: **בד"א.** [א] דמשובר ומפורק טהור: **טעון.** משוי על כרתו הולך נע ונד לכאן ולכאן ומאהיל על צדדיו: **בד"א.** דנזיר ועושה פסח טהור: **אבל בטומאה ידועה.** שידעו שאדם נקבר שם: **טמון בעפר בתבן ובצרורות.** טומאה מכוסה מכל אדם היא זו שמא גל אבנים או עפר או תבן נפל עליו ולא הכירו בו בני אדם מעולם אבל מים ואפילה ונקיקי הסלעים אין זו הטומאה מכוסה ונעלמה שהמליך יכול לראות ולא טומאה שהיא בתהום המכוסה מן הכל: **ולא אמרו.** דהותרה טומאת התהום אלא במת בלבד: **מתני' נטמא שלם או רובו שורפין אותו לפני הבירה.** כל המקדש כולו קרוי בירה ובגמרא מפרש טעמא: **נטמא מיעוטו.** וכן נותר של פסח טהור: **הציקנין.** עצרנין כלומר שהן צרי עין: **שורפין אותו.** את מעט שנטמא ואת הנותר: **גמ' וכן מי שיצא.** בפרק אלו עוברין: **שיש בידו בשר קדש.** והרי הוא פסול ביוצא: **צופים.** מקום שיכול לראות משם הבירה ומשם והלאה אין יכול לראותו: **שורפו במקומו.** לא הטריחוהו לחזור ולשורפו בירושלים הואיל וכבר נתרחק הרבה ואף על גב דקיימא לן בפרק כל שעה (דף כד.) דבמקום אכילת קדשים שם שריפתן מבקדש באש תשרף:

חוזר

מסורת הש"ס

שבת קלב: ע"ש

נזיר מו:

נזיר סא: ע"ש

שם

[שם · תוספתא זבים פ"ב]

שם

[נזיר שם : כל הענין הוס' זבים פ"ב]

[לעיל מ: ע"ש וש"נ]

הגהות הב"ח

(א) תוס' ד"ה נטמא וכו' כמו כן שמא מתוך לקיטתן כצ"ל:

הגהות הגר"א

[א] רש"י ד"ה בד"א דמשובר ומפורק טהור כ"ב מילתא דספיקא קנן אבל בתאח קא' גם (שאין לו) [א"ל] מקום לעבור:

גליון הש"ס

תוס' ד"ה אלא לפני זריקה יביא שאר קרבנות לא זכיתי להבין כל זה כנשמע דא"כ כזה אינו סותר בטומאה ידוע אבל לא טומאת ... אינו סותר וכו' יעוי' פי':

§ מסכת פסחים דף פא: §

אות א'

אי זהו טומאת התהום, כל שלא הכיר בה וכו'

רמב"ם פ"ו מהל' נזירות הי"ח - אי זו היא טומאת התהום, כל שאין אדם מכירה אפילו בסוף העולם.

אות ב'

אפילו נודע לו לפני זריקה מרצה

רמב"ם פ"ד מהל' ביאת המקדש ה"ו - כהן שעבד ואחר כך נודע שהיה טמא, אם היא טומאה ידועה, כל הקרבנות שהקריב פסולין, שהרי עבודתו חולין; ואם היא טומאת התהום, הציץ מרצה, וכל הקרבנות שהקריב נרצו; [א]ואפילו נודע לו שהוא טמא קודם שיזרוק הדם וזרק, הורצה, שהציץ מרצה על טומאת התהום אף על פי שהוא מזיד, וכבר ביארנו טומאת התהום בנזירות.

אות ג'

המוצא מת מושכב לרחבו של דרך וכו'

רמב"ם פ"ו מהל' קרבן פסח הי"א - מי שעבר בדרך ומצאו מת מושכב לרוחבה של דרך, אם היה המת טומאת התהום, אע"פ שהוא טמא לתרומה, הרי זה טהור לפסח, ושוחט ואוכל פסחו ואע"פ [ב]שאפשר שנגע, הואיל והיא טומאת התהום טהור לפסח; ואף על פי שהמת שלם והוא מן הקצה אל הקצה, [ג]הרי זה עושה פסחו, עד שידע בודאי שנטמא בו; במה דברים אמורים כשהיה מהלך ברגליו, שהרי אפשר שלא יגע, אבל אם היה רוכב או טעון משא, הרי זה טמא אף על פי שהיא טומאת התהום, לפי שאי אפשר שלא יגע ושלא יסיט ושלא יאהיל, וכבר ביארנו טומאת התהום בהלכות נזירות.

רמב"ם פ"ח מהל' שאר אבות הטומאה ה"ג - המוצא מת מושכב לרוחבו של דרך, אם היה שלם והוא מן הקצה אל הקצה, ה"ז טמא לתרומה, שחזקתו שנגע; היה לו מקום לעבור, או שהיה משובר ומפורק, שאפשר שעבר בין שוקיו ופרקיו, ה"ז טהור; [ד]ואם היה קבר לכל רוחב הדרך, הקבר מצרפו והעובר שם טמא, שאין זה כשאר ספיקות אלא חזקתו שנגע.

אות ד'

מצאו טמון בתבן בעפר ובצרורות, הרי זה טומאת התהום; במים באפילה בנקיקי הסלעים, אין זה טומאת התהום

רמב"ם פ"ו מהל' נזירות הי"ט - נמצא המת גלוי, אין זה טומאת התהום; נמצא מושקע בקרקעות מערה והמים על גביו, הרי זה טומאת התהום, שאינה ידועה; היה טמון בתבן או בצרורות, הרי זו טומאת התהום; במים באפלה ובנקיקי הסלעים, אינה טומאת התהום.

אות ה'

נטמא שלם או רובו, שורפין אותו לפני הבירה וכו'

רמב"ם פ"ד מהל' קרבן פסח ה"ג - נטמא שלם או רובו, שורפים אותו לפני הבירה בפני הכל, כדי לביישן עד שיזהרו בו; ושורפין אותו מעצי המערכה, כדי שלא יחשדו אותן ויאמרו מעצי המערכה גנבו; לפיכך אם ישרפוהו בקש ובקנים ורצו לשרוף משל עצמן, שורפין. נטמא מיעוטו, וכן הנותר, שורפין אותו בחצרותיהן מעצי עצמן; אבל לא מעצי המערכה, שלא ישארו מהן אצלם וימעלו בהן.

רמב"ם פי"ט מהל' פסולי המוקדשין ה"ב - [ה]קרבן שנתפגל או נפסל, ישרף במקדש מיד; וכל שפיסולו מספק, תעובר צורתו ואחר כך ישרף במקדש.

רמב"ם פי"ט מהל' פסולי המוקדשין ה"ז - נותר של קדשים קלים, שורפין אותו בעליו בבתיהן.

באר הגולה

א ‹ועיין בפ"ו מהל' נזירות דין י"ז {הובא לעיל דף פ: אות ב'}: ואם עד שלא נזרק עליו אחד מן הדמים נודע שהוא טמא, בין בטומאה ידועה בין בטומאת התהום, סותר הכל, עכ"ל. **וקשה**, איך פסק כלשון הקודם דמר בר רב אשי, הא איתותב, והמסקנא הא אמר דאפילו קודם זריקה אינו סותר, **ולענ"ד** אין זה דמיון להך דפסחים, דשם מיירי בספק טומאה, להרמב"ם דשם מביא הברייתא דמצא מת מושכב לרוחבו של דרך, {עיין בהערה לקמן בסמוך}, ולדעת הרמב"ם הוי זה ספק טומאה, ולכן גם קודם זריקה הציץ מרצה, אבל בודאי טומאה, דוקא לאחר זריקה אינו סותר - ערוה"ש› ב ‹ומפרש רבינו דהא דקתני בד"א במהלך ברגליו, קאי ארישא דקתני מושכב לרחבו של דרך, ולא כדפירש"י דקאי אמצאו משובר ומפורק, ומפרש רבינו שאע"פ שהוא מושכב לרוחב הדרך, אם הוא מהלך ברגליו ואפשר שנטה מהדרך מעט בענין שלא נגע ולא הסיט ולא האהיל, משא"כ ברוכב או טעון - כסף משנה› ג ‹כלישנא בתרא דרב אשי, דאפי' נודע לו לפני זריקה הציץ מרצה, ומשמע לרבינו דאפי' לכתחלה שוחט קרבן פסח, שהוא קרבן חובה והיא מצוה עוברת, משא"כ בשאר הקרבנות שאם נודע לו קודם זריקה, אם זרק הורצה, אבל לכתחלה לא יזרוק, כדמשמע מדברי רבינו פ"ד מהל' ביאת המקדש {לעיל אות ב'} - כסף משנה. ‹**קשה** על הרמב"ם במה שמבואר, דלא מרצה טומאת התהום אלא דוקא בספק טומאה, אבל לא בודאי טומאה, וזה דלא כמו שמבואר בש"ס בפסחים (דף פ') שם, דאמרינן דשומרת יום כנגד יום שראתה פטורה מלעשות פסח שני, משום דהוי טומאת התהום דמרצה, מבואר דאפילו בודאי טומאה ג"כ שייך טומאת התהום, וקושיא זו כבר העירו המפרשים - עבודת לוי. ‹**דדוקא** מהלך ברגליו, שדרך הוא להטות מן הדרך, דהו"ל ספק לענין נזיר ועושה פסח ושרי לכתחלה, משא"כ ברוכב וטעון משא, דחשוב ודאי תהום, אסור לכתחלה, אלא דאם עשה בשוגג הורצה ופטור מפסח שני, אף על גב דודאי אסור לאכול - מרכבת המשנה› ד ‹ואיני יודע למה השמיטו רבינו בד"א במהלך ברגליו אבל טעון או רכוב טמא וכו', ואפשר שסמך על מה שכתבו בפ"ו מהלכות קרבן פסח, ושם כתבתי בביאור דינים הללו - כסף משנה. ‹**שכח** דברי עצמו, מ"ש בהל' קרבן פסח, דרבנו מפרש הך בד"א ארישא - מרכבת המשנה› ה ‹בפ' כל שעה ובפ' כיצד צולין (דף פ"ב) תנן: הפסח שיצא או שנטמא ישרף מיד, נטמאו הבעלים או שמתו תעובר צורתו וישרף בי"ו. ותנן תו התם (דף פ"א:) נטמא שלם או רובו, שורפין אותו לפני הבירה מעצי המערכה, נטמא מיעוטו והנותר, שורפין אותו בחצרותיהם ועל גגותיהם מעצי עצמם, וכתבו רבינו בפ"ד מהל' קרבן פסח - כסף משנה. ‹**ודלמא** סמך העין משפט על הכסף משנה כשהביא הלכה זו, וצ"ע›

§ מסכת פסחים דף פב. §

אות א'

באכסנאי

רמב"ם פי"ט מהל' פסולי המוקדשין ה"ח - מי שיצא מירושלים ונזכר שיש בידו בשר קדש, אם עבר הצופין, שורפו במקומו; ואם לאו, אם יש בו כזית או יתר, חוזר ושורפו בירושלים; ואם הוא אורח שאין לו בית, שורפו לפני הבירה מעצי המערכה.

אות ב' - ג' - ד'

דילמא פיישן מינייהו ואתו בהו לידי תקלה

מפני החשד

דאייתי קני וחריותא

רמב"ם פ"ד מהל' קרבן פסח ה"ג - נטמא שלם או רובו, שורפים אותו לפני הבירה בפני הכל, כדי לביישן עד שיזהרו בו; ושורפין אותו מעצי המערכה, כדי שלא יחשדו אותן [א]ויאמרו מעצי המערכה גנבו; לפיכך אם ישרפוהו בקש ובקנים ורצו לשרוף משל עצמן, שורפין. נטמא מיעוטו, וכן הנותר, שורפין אותו בחצרותיהן מעצי עצמן; אבל לא מעצי המערכה, שלא ישארו מהן אצלם וימעלו בהן.

אות ה' - ו'

ראש המעמד היה מעמיד את הטמאין על שער המזרח

מפני החשד

רמב"ם פ"ו מהל' תמידין ומוספין ה"ה - כשיגיע בין האולם ולמזבח, נטל אחד המגריפה, וזרקה בין האולם למזבח, והיה לה קול גדול; ושלשה דברים היתה משמשת בהן: השומע את קולה היה יודע שאחיו הכהנים נכנסין להשתחוות, והוא רץ ובא; ובן לוי השומע את קולה היה יודע שאחיו הלוים נכנסין לדבר בשיר, והוא רץ ובא; וראש המעמד כשהיה שומע את קולה היה מעמיד את הטמאים על שער המזרח [ב]מפני החשד, שידעו הכל שעדיין לא הביאו כפרתן.

אות ז'

הפסח שיצא או שנטמא, ישרף מיד, נטמאו הבעלים או שמתו, תעובר צורתו וישרף בששה עשר

רמב"ם פ"ד מהל' קרבן פסח ה"ג - הפסח שיצא מירושלים או שנטמא בארבעה עשר, ישרף מיד; נטמאו הבעלים או מתו או משכו את ידיהם, אפילו נטמאו או מתו קודם זריקת הדם, מניחין אותו עד שתעובר צורתו ואחר כך ישרף; זה הכלל, כל שפיסולו בגופו, ישרף מיד, בדם או בבעלים, תעובר צורתו ואחר כך ישרף; [ג]לפיכך אם שחטו אחר שנודע שמשכו הבעלים את ידיהם או מתו או נטמאו ונדחו לפסח שני, הרי זה ישרף מיד.

רמב"ם פי"ט מהל' פסולי המוקדשין ה"ב - קרבן שנתפגל או נפסל, ישרף במקדש מיד; וכל שפיסולו מספק, תעובר צורתו ואחר כך ישרף במקדש.

באר הגולה

א ‹לכאורה ר"ל, כשמחזירין מותר העצים לתוך ביתן, כמו שפי' רש"י› ב ‹בפרק כיצד צולין (דף פ"ב) וכרבא דאמר הכי, ופירש"י מפני החשד, שלא יחשדום שמפני מלאכתן הם נחדלים מלעבוד עבודה - כסף משנה› ‹**וא"ת** ולהרמב"ם שכתב הר"ב בשמו, דטמאים היינו מצורעים, {וז"ל: שמצורעים שכבר טהרו מצרעתם היה מעמידם בשער המזרח, כדי שיהיו מזומנים לזרוק עליהם דם האשם}, מאי מפני החשד, דהא לאו בכהנים מצורעים בלבד איירינן. **כבר** כתב בפ"ו מה"ת ה"ה וז"ל: מפני החשד, שידעו הכל שעדיין לא הביאו כפרתן. נראה שר"ל שלכך מעמידין אותן בשער המזרח, שידעו הכל שעדיין לא הביאו כפרתן, שמפני כן לא הוכשרו לכנוס, ולא יחשדום שאינם נכנסים לפי שאין נכבד בעיניהם המקום המקודש. **והכ"מ** לא דק שם, שהביא פירש"י בזה, ואינו ענין לדברי הרמב"ם - תוס' יו"ט. **אבל** קשה לפי"ז איכא בינייהו מפנקי א"נ דקא גדיל שישורא, **ועיין** במלאכת שלמה וז"ל: שר"ל דמיירי בכהנים מצורעים, ומפני החשד שלא יחשדום שמפני מלאכתם הם נחדלין מלעבוד עבודה, דוק, עכ"ל. **ולפי"ז** ניחא הכסף משנה, דדברי רש"י והרמב"ם קרובים אלו לאלו› ג ‹עיין תוס' דף ע"ג: בד"ה בדם ובבעלים בשם ר"ש בר שלמה, דהא דקיי"ל בפסחים דף פ"ב מחלוקת שנטמאו בעלים לפני זריקה, וסובר הת"ק דבעי עיבור צורה כדין בדם ובבעלים, היינו דוקא לפני זריקה ואחר שחיטה, משא"כ נטמאו קודם שחיטה, הו"ל כשחטו שלא לשם אוכליו, דחשיב פסולו בגופו וישרף מיד› ‹**הנה** מדכתב הרמב"ם אם שחטו אחר שנודע, משמע דאם שחטו קודם שנודע שמשכו הבעלים את ידם, דאז אינו פסולו בגופו ולא ישרף מיד, וזה תימא גדולה, דהא תנן במתניתין בפסחים דף ע"א, שחטו ונודע שמשכו הבעלים את ידם וכו', פטור מפני ששחט ברשות, וא"כ ע"כ מתני' מיירי דנודע אחר השחיטה, דהא קתני ששחט ברשות, ואם נודע לו אין זה ברשות, והברייתא קאי על המשנה, דקתני ותני עלה בחול כה"ג ישרף מיד, וא"כ ע"כ בלא נודע נמי ישרף מיד, וזה אינו כדברי הרמב"ם - אבן האזל›

חוזר ושורפו לפני הבירה מעצי המערכה אמר רב חמא בר עוקבא לא קשיא כאן *באכסנאי כאן בבעל הבית רב פפא אמר הא והא באכסנאי כאן שהחזיק בדרך כאן שלא החזיק בדרך רב זביד אמר לעולם כדאמר מעיקרא כאן באכסנאי כאן בבעל הבית ואף ע"ג דלא החזיק בדרך אכסנאי כיון דלית ליה עשאוהו כציקנין דתנן הציקנין שורפין אותו לפני הבירה בשביל ליהנות מעצי המערכה ת"ר *באו לשורפו בחצרותיהן ומעצי המערכה אין שומעין להן לפני הבירה ומעצי עצמן אין שומעין להן בשלמא מעצי המערכה בחצרותיהן אין שומעין להן דילמא פיישן מינייהו ואתו בהו לידי תקלה אלא לפני הבירה מעצי עצמן מ"ט לא רב יוסף אמר *שלא לבייש את מי שאין לו רבא אמר מפני החשד מאי בינייהו איכא בינייהו דאייתי קני וחריותא דלא חזו למערכה *תנן התם ראש המעמד היה מעמיד את הטמאין על שער המזרח מ"ט אמר רב יוסף כדי לביישן רבא אמר מפני החשד מאי בינייהו איכא בינייהו מפנקי אי נמי דקא גדיל שישורא:

מתני' הפסח שיצא או שנטמא ישרף מיד נטמאו הבעלים או שמתו תעובר צורתו וישרף בששה עשר ר' יוחנן בן ברוקה אומר אף זה ישרף מיד לפי שאין לו אוכלין:

גמ' בשלמא טמא כתיב והבשר אשר יגע בכל טמא לא יאכל באש ישרף אלא יוצא מנלן דכתיב הן לא הובא את דמה אל הקדש פנימה *אמר לו משה לאהרן מדוע לא אכלתם את החטאת שמא נכנס דמה לפני ולפנים אמר לו לאו אמר לו שמא חוץ למחיצתה יצתה אמר לו לאו בקודש היתה אמר לו אי בקודש היתה והקלא הובא את דמה אל הקדש פנימה מדוע לא אכלתם אותה מכלל דאי נפקא אי נמי עייל דמה לפנים בת שריפה היא בשלמא נטמא גלי רחמנא בקדשים קלים *כ"ש בקדשי קדשים אלא יוצא אשכחן קדשי הקדשים קדשים קלים מנלן ותו הא דתניא לן דמה נשפך

רש"י

חוזר ושורפו כו'. אלמא מיעוטו שנפסל מעצי המערכה נמי שרפינן: כאן באכסנאי. שאין לו עצים שורפו מעצי המערכה ומתני' בבעל הבית: שהחזיק בדרך. לא הטריחוהו לחזור על עצים כדקתני וכן מי שילא אלמא בהחזיק בדרך עסקינן: רב זביד. כרב חמא מוקים לה ולדרב פפא פליג ויהיב טעמא למילתיה דרב חמא דכיון דלית ליה עצים הם עשאוהו כציקנין והחזיק בדרך דקתני מתני' לאשמועינן חזרה נקט לה ולא משום עצים דהוא הדין ללא החזיק: כאן לשורפו כו'. כדמפרש טעמא: לידי תקלה. ליהנות מהן הנאה אחרת והנאה זו אין בה מעילה דתנאי ב"ד הוא ועל מנת כן מקדישין אותו: משום חשד. שלאחר שריפתן מחזירין מותר העצים לתוך ביתן והרואה חושדן בגונבי עצי המערכה ונהנין מהן: קני וחריות. קנים וחריות של דקל הכל יודעים שאינם מעצי המערכה לפי שקלים הם ונשרפין מהר ואין אש המערכה מתקיימ' בהן ומשום חשד ליכא אבל משום בושת איכא: תנן התם. במסכת תמיד: ראש המעמד. הממונה על כך מעמיד את הטמאים של בית אב בכל בקר בשער המזרחי כניסת כל אדם להר הבית: כדי לביישן. שלא נזהרו מלטמא והרי העבודה של מחר היתה מוטלת עליהן והיה להן ליזהר: משום חשד. שלא יחשדום שמפני מלאכתן הן נחדלין מלבוא לעבוד עבודה(א) ומעמידין שם כדי שיראו אותם בני אדם ויודעין שמחמת טומאה הם חדלין ואיידי דאיירי לעיל בהך פלוגתא דמפני החשד נקט לה להא: מפנקי. הכל יודעין שבטלים הן מן המלאכה ואין מניחין עבודה מפני מלאכתן הלכך משום חשד ליכא ואין צריך להעמידם שם ומאן דאמר כדי לביישן צריך: אי נמי דקגדיל שישורא. מפשילי חבלים שהיא אומנות קלה ושכרה מעט ואין בני אדם חשודין שיחדלו מלבוא לעבודה מפני ביטול מלאכה זו: מתני' פסח שנטמא או שילא ישרף מיד. בארבעה עשר ואין צריך להשהותו עד הבוקר של ששה עשר שתעובר צורתו דהיינו לילה אחד ומיהא בי"ט לא מצי שריף ליה כדיליף לקמן (דף פג:) דאין שורפין קדשים בי"ט: נטמאו הבעלים או שמתו. דאין פסולו בגופו אלא מחמת דבר אחר שאין לו אוכלין: גמ' בשלמא נטמא. טעון שריפה: דכתיב והבשר וגו'. וגבי קדשים קלים כתיב: שמא נכנס דמה. אל הקודש לכפר בהיכל ונפסלה כדכתיב (ויקרא ו) וכל חטאת אשר יובא מדמה וגו' א"כ הוא יפה עשיתם ששרפתם: שמא חוץ למחיצתה. חוץ לעזרה יצאת ומקרא יתירא דרשי לה דלא איצטריך פנימה אלא הכי בעא מינייהו ברישא שמא יצאתה ולא היתה פנימה ואם כן הוא יפה עשיתם ששרפתם (ב) פנימה היתה ולא יצאת הא למדת שאם יצאת היה לו לשורפה: נטמא. והבשר אשר יגע וגו' גבי שלמים כתיב וכ"ש קדשי קדשים דחמירי: אלא יוצא. בחטאת אשכחן וקדשים קלים מנלן דמצריך ליה תנא דמתניתין שריפה ליוצא דפסח: לן דמו. של בהמת קרבן דאמרינן בזבחים (דף נו.) מנין לדם שנפסל בשקיעת החמה שנא' ביום הקריבו את זבחו ביום שאתה זובח אתה מקריב כו':

תוספות

רב זביד אמר לעולם כדאמר מעיקרא. פי' בקונטרס דרב זביד לא פליג אדרב חמא בר עוקבא ואינו אלא מפרש טעמו וקשה לר"י דלא מלינו בשום מקום שיאמר לעולם כו' כדי לפרש ונראה לו דרב חמא בר עוקבא ורב פפא לא פליגי דרב חמא בר עוקבא מוקי כאן באכסנאי כאן בבע"ה ואידי ואידי בהחזיק בדרך אבל בלא החזיק אפי' אכסנאי הוי כבע"ה אלא דלא איירי בה ורב פפא מוקי אידי ואידי באכסנאי ולא פליג אדרב חמא בר עוקבא ורב זביד פליג אתרווייהו וקסבר אכסנאי שלא החזיק עשאוהו כציקנין אי נמי רב פפא ורב זביד פליגי אליבא דרב חמא בר עוקבא רב פפא סבר דרב חמא בר עוקבא איירי בהחזיק אבל בלא החזיק הוי אכסנאי כבעל הבית ורב זביד סבר דאכסנאי אפי' לא החזיק עשאוהו כציקנין ודוקא נקט רב חמא בר עוקבא בעל הבית: היה מעמיד את הטמאים בשער המזרח. אפילו בטומאת קריין מיירי ונראה לר"י דהאי שער המזרח היינו שער עזרת נשים ואע"ג דאמר בפ"ק דיבמות (דף ז:) ובכמה דוכתי דטבול יום אינו נכנס במחנה לויה לא בכל מחנה לויה קאמר אלא מעזרת נשים ולפנים דהכי מוכח במסכת כלים (פ"א מ"ח) דקתני התם עזרת נשים מקודשת ממנה שאין טבולי יום נכנסין לשם: בשלמא נטמא דכתיב והבשר. אין לפרש דאמיד דקתני במתניתין קאי דכיון דכתיב בקרא ישרף אית לן למימר דהיינו מיד בלא עיבור צורה דאי בעיבור לישתוק קרא מיניה ואנא ידענא דישרף דהוה ליה נותר מדאמר לקמן ורבה מוסיף אף ר"י הגלילי דתניא כו' אבל לרבנן דילפי מכל חטאת אשר יובא מדמה וגו' בעי עיבור צורה אע"ג דכתיב (ג) ישרף אלמא מישרף לא משמע מיד מיהו יש לדחות דההוא ישרף מוקמינן לשריפת' בקודש ואינו מיותר אך יש להביא ראיה מדקאמר בסמוך לן דמה נשפך דמה או שילא חוץ לקלעים מנלן והתם לא בעי בע"צ מנלן שהם מיד בשריפה דהתנן בדם ובבעלים תעובר צורתו אלא מנלן בשריפה קאמר ושריפה דמיד מסברא נפקא לן ולא מקרא וא"ת ואמאי צריך קרא בפסול הדם דכיון דצריך עיבור צורה פשיטא דישרף משום נותר ואור"י דאיצטריך דלא ליעבד ליה קבורה קודם שיהיה נותר אי נמי הוה אמינא אפי' כשיהיה נותר לא ישרף דנותר שהיה ראוי לאכילה קודם שנתותר דוקא ישרף כדמשמע לא תותירו אלא תאכלוהו אבל קשה דהיכי יליף יוצא בשריפה מחטאת דאהרן דהא ע"כ לא הודה להן משה על השריפה דחטאת שנכנס דמה לפנים דפסולו בדם בעי עיבור צורה והם שרפוה מיד אלא ה"ק להו הא אם הובא יפה עשו שלא אכלוהו דהכי כתיב רישיה דקרא מדוע לא אכלתם ומיהו נראה לרשב"א דמלינו למימר דלאמיד בעי מנא לן וכולה שמעתין מסקא אליבא דר' יוחנן דסבירא ליה לקמן דפסול הדם הוי פסולו בגופו דחשיב דם ובשר חדא מילתא ובפסול בעלים דוקא קתני מתניתין דבעי עיבור צורה ושפיר מייתי השתא מחטאת דאהרן דמשה הודה להן אם נכנס דמה לפנים שפיר עבוד דשרפוה ולן דמה נמי קבעי מנלן דמיד אך קשה על זה כיון דמסברא לא הוה אמרינן דישרף מיד אלא בעיבור צורה אי לאו דמסיק דהלכתא גמירי לה מאי קאמר ולרבה בר אבוה דאפי' פיגול בעי עיבור צורה מנלן לימא דלא גמירי הלכתא ומה צריך גזירה שוה אלא ודאי דפסולו בגופו ישרף מיד סברא הוא ובדם ובבעלים דבעי עיבור צורה נמי סברא:

בקדש היתה. רש"י פירש דדריש מפנימה וכן ר"ח ולר"י נראה דדריש מאכל תאכלו אותה בקודש ובתורת כהנים דריש מבמקום הקדש*: בשלמא נטמא גלי רחמנא בקדשים קלים והוא הדין בקדשי קדשים. וא"ת והא בהדיא בהאי קרא כתיבי קדשי קדשים ומאי קאמר והוא הדין וי"ל דאי לאו קרא הוה אמינא דהבשר לרבות עצים ולבונה בכל שנה (לעיל כד:) דאתא לרבות קדשים קלים דלא כעו הבשר ולא קדשי קדשים:

עין משפט נר מצוה

עה א מיי' פי"ט מהל' פסולי המוקדשין הלכה יב:

עו ב ג ד מיי' פ"ד מהל' ק"פ הלכ' ג:

עז ה מיי' פ"ז מהל' תמידין הלכה ה:

עח ו מיי' פ"ד מהלכות קרבן פסח הלכה ג ופרק יט מהלכות פסולי מוקדשין הלכה ב:

רבינו חננאל

והנותר שורפין אותו בחצרותיהן כו' איני ששורפין אותו בחצרותיהן והתנן בסוף פרק ואלו עוברין בפסח על בשר הקדש שיצא ונפסל חוזר ושורפו לפני הבירה ושנינן לא קשיא הא באכסנאי שאין לו חצר משנתנו בבעל הבית ואכסנאי זה אע"פ שלא החזיק בדרך עשאוהו כציקנין ששורפין אותו לפני הבירה בשביל ליהנות מעצי המערכה: ת"ר באו לשרפו בחצרותיהן מעצי המערכה אין שומעין להם חיישי' דלמא פיישי מינייהו ומדליק תחת תבשילו ואתי ביה לידי תקלה מעצי עצמן לפני הבירה אין שומעין להם שלא לבייש מי שאין לו אי נמי שמא ישארו לו ויקחם ויחשדוהו הרואים כי עצי הקדש לקח ואם הם קני וחריותא כגון קוצים וחריות שאין ראוין למערכה כדתנן בתמיד באלו היו רגילין במורביות של תאנה ושל אגוז ושל עץ שמן מונעין אותו שלא לבייש את מי שאין לו: תנן התם בתמיד בסוף פ"ה ראש המעמד היה מעמיד את הטמאים בשערי מזרח רב יוסף אמר כדי לביישן רבא אמר מפני החשד שלא יחשדום כי לעבוד עבודה נכנסו והם טמאים: מתני' הפסח שנטמא או שיצא ישרף מיד כו'. יוצא מנא לן דכתיב הן לא הובא את דמה אל הקדש מכלל שאם נכנס דמה לקדש בת שרפה היא כדכתיב (ויקרא ו) וכל חטאת אשר יובא מדמה אל אהל מועד לכפר בקדש לא תאכל באש תשרף פנימה כלומר פנימה היתה ולא יצאת חוץ למחיצת הקדש אכול תאכלו אותו מכלל שאלו יצאת טוב עשיתם ששרפתם אותה ש"מ בשר היוצא חוץ למחיצתו בן שרפה הוא בשלמא נטמא גלי רחמנא בשלמים שהם קדשים קלים והבשר אשר יגע בכל טמא לא יאכל באש ישרף והוא הדין לקדשי קדשים אלא יוצא אשכחן בחטאת שהיא קדשי קדשים כי היא בשרפה קדשים קלים מנא לן ותוב לן

מסורת הש"ס

[תוספתא פ"ו]

[תענית כו.: כתובות כד.]

תמיד דף כו.

זבחים דף קא.

[וע' תוס' זבחים פב. ד"ה כיון]

הגהות הב"ח

(א) רש"י ד"ה משום חשד וכו' ומעמידים שם: (ב) שם ד"ה שמא חוץ וכו' פנימה היתה ולא יצאת: (ג) תוס' ד"ה בשלמא וכו' ואע"ג דכתיב ישרף אלמא לא משמע וכו' דכתיב ישרף:

נשפך דמה יצא דמה חוץ לקלעים דקיימא לן בשריפה מנלן נפקא לן מדר"ש דתניא* ר"ש אומר °בקדש באש תשרף לימד על חטאת ששריפתה בקדש אין לי אלא זו בלבד שאר פסולי קדשי קדשים ואימורי קדשים קלים מנין ת"ל (וכל) בקדש באש תשרף אשכחן קדשי קדשים קדשים קלים מנלן אלא *כל פסולו בקדש בשריפה לא שנא קדשים קלים ולא שנא קדשי קדשים גמרא גמירי לה וחטאת דאהרן *משום מעשה שהיה כך היה ולתנא דבי רבה בר אבוה *דאמר אפילו פיגול מעון עיבור צורה מנא לן יליף עון עון מנותר ונילף עון עון מחטאת דאהרן אמר לך חטאת דאהרן כי האי גוונא נמי עיבור צורה לדורות בעיא והתם הוראת שעה היתה השתא דאמרינן כל פסולי דקדש בשריפה לא שנא דקדשי קדשים ולא שנא קדשים קלים גמרא גמירי לה בקדש באש תשרף למה לי ההוא מבעי ליה ששריפתה בקדש °והבשר אשר יגע בכל טמא לא יאכל באש ישרף למה לי ההוא לגופיה איצטריך סד"א כל פסולי דקדש כגון לן דמה ונשפך דמה ויצא דמה ונשחטה בלילה דבשריפה דליתנהו בחולין אבל נטמא דבחולין נמי מפסיל אימא הואיל ואיתעביד ביה עובדין דחול אימא לא תיבעי שריפה ותיסגי ליה בקבורה קמ"ל: נטמאו הבעלים או שמתו תעובר צורתן וכו': אמר רב יוסף מחלוקת שנטמאו בעלים אחר זריקה דאיתחזי בשר לאכילה אבל נטמאו בעלים לפני זריקה דלא איתחזי בשר לאכילה דברי הכל ישרף מיד מיתיבי *זה הכלל כל שפסולו בגופו ישרף מיד בדם ובבעלים תעובר צורתו ויצא לבית השריפה קתני בעלים דומיא דדם מה דם לפני זריקה אף בעלים לפני זריקה אלא אי איתמר הכי איתמר מחלוקת שנטמאו בעלים לפני זריקה דלא איתחזי בשר לאכילה דהוה ליה כפסולו בגופו אבל נטמאו בעלים לאחר זריקה דאיתחזי בשר לאכילה דברי הכל פסולו מחמת דבר אחר ובעיא עיבור צורה ורבי יוחנן אמר אף לאחר זריקה נמי מחלוקת ואזדא ר"י למעמיה דאמר רבי יוחנן ר"י בן ברוקה ור' נחמיה אמרו דבר אחד ר' יוחנן בן ברוקה הא דאמרן ר' נחמיה מאי היא *דתניא ר' נחמיה אומר מפני אנינות נשרפה זו לכך נאמר °כאלה והא אנינות כלאחר זריקה הויא וכי אשתרוף לאלתר (*נשתרוף) רבה

רש"י

נשפך דמה. דאין כאן זריקה ולא הותר הבשר: **וכן יצא דמה.** דמהאי פנימה דלעיל נמי נפקא דמיפסיל אף הדם ביציאה: **דקיימא לן דכל הני בשריפה.** בכל הגמרא אנו מוצאין בכל פסולי קדשים יצאו לבית השריפה ומנלן מקרא: **בקדש.** בעזרה: **פסולי שאר קדשים.** שמחיצתן בכשרותן בעזרה דכתיב בהן (ויקרא ו) בחצר אהל מועד ואימורי קדשים קלים שנפסלו דבכשרותן היתה חומת העזרה מחיצתה דהא הקטרה בעו מנין שאף כשנפסלו תהא שם שריפתן ולהכי נקט אימורים דאי ניטמא בשרן של קדשים קלים דנאכל בכל העיר שריפתן נמי בכל העיר כדתנן *שורפין אותו בחצרותיהן או על גגותיהן: **קדשים קלים.** דבעי שריפה כלל בשאר פסולין חוץ מטומאה מנלן ומטומאה ליכא למילף דשאני טומאה דפסלה אף בתרומה ומעשר: **הלכתא גמירי לה.** וחטאת דאהרן לא איצטריכא לפרושי בה שריפה באנינותה וביציאתה אלא מעשה שהיה הוא דאשתעי ולקמן פריך והבשר אשר יגע בכל טמא למה לי: **אפי' פיגול.** שפסולו בגופו מעון עיבור צורה והא דתנא דרבה בר אבוה לא איתפרש מהיכא: **מנא ליה.** דבעי עיבור צורה פשיטא לן דטעמא משום דגמר עון עון מנותר כתיב בפיגול (שם ז) והנפש האוכלת ממנו עונה תשא וכתיב בנותר (שם יט) ואוכליו עונו ישא והאי קרא בנותר מוקמינן ליה בכריתות (דף ה.) בגזרה שוה כתיב כי את קודש ה' חילל וכתיב ושרפת את הנותר באש לא יאכל כי קודש הוא וגמר פיגול מנותר מה נותר כבר עובר צורתו אף פיגול צריך שתעובר צורתו ולדגמר מנותר לינמרי' מחטאת דאהרן שנשרפה בו ביום דכתיב ביה נמי עון ואותה נתן לכם לשאת את עון העדה ומשה הודה להם דכתיב וייטב בעיניו: **כי האי גוונא.** בין למאן דאמר בזבחים מפני אנינות נשרפה בין למאן דאמר מפני טומאה נשרפה לדורות בעיא עיבור צורה והוראת שעה היתה ששרפוה לבו ביום: **ששריפתן בקדש.** שצריך לשורפן בעזרה: (א) **מעשה חול.** שלא נזהרו ונטמאה נתחללה והוזלה בקדושתה: **ותיסגי לה בקבורה.** לגונזה מן העין שלא יאכלוה כלבים: **מחלוקת.** דקאמר תנא קמא פסולו מחמת דבר אחר הוא ובעי עיבור צורה כגון שנטמאו הבעלים אחר זריקת הדם דנעשו כל עבודות הדם בהכשר: **אבל נטמאו קודם זריקה.** דרחמנא דחייה לפסח שני נמצאת זריקה שלא בבעלים וה"ל פסולו בגופו דזריקה פסולה היא וישרף מיד בי"ד: **בדם.** כגון נטמא הדם או נשפך לארץ: **מחלוקת לפני זריקה.** התם פליג ר' יוחנן בן ברוקה דחשיב ליה פסולו בגופו ותנא קמא סבר מ"מ לא בא פסול זה אלא מחמת דבר אחר ורבי יוחנן אמר אף לאחר זריקה נמי מחלוקת: **מפני אנינות נשרפה.** חטאת דאהרן שהיו אוננין ואסורין לאכול בקדשים דכתיב (דברים כו) לא אכלתי באוני ממנו ואתו קדשים בקל וחומר ממעשר: **לכך נאמר כאלה.** ותקראנה אותי כאלה שאני אונן והיאך הייתי אוכל קדשים למשה נצטוה לאמר להם קחו את המנחה הנותרת מאשי ה' ואכלוה באנינות והיה סבור שאף החטאת תאכל באנינות כמנחה ואמר לו אהרן שמא לא שמעת אלא במנחה זו שהיא קדשי שעה ליום שמיני של מלואים נצטוית אותה מנחה ואף אני מודה לך בשעיר נחשון ושעיר של יום דכתיב (ויקרא ט) ואל בני ישראל תדבר לאמר קחו שעיר עזים לחטאת שהם קדשי שעה חובה ליום ואכילתן [מותר] לאונן אבל חטאת זו שעיר ר"ח הוא וקדשי דורות הן ואסורין לאונן ור' יהודה פליג עלה התם ואמר מפני טומאה נשרפה שנטמאת באונס והאי כאלה דריש ליה אמאי דקאמר משה לאהרן שמא מתוך צערך פשעת בה ונטמאת וקאמר ליה אהרן למשה כך אני בעיניך שאני מבזה קדשי קדשים אלמלי קראוני כאלה וכאלה לא הייתי מבזה אותן: **הכי גרסינן והא אנינות כלאחר זריקה היא.** שאפי' מתו כנדב ואביהוא לפני זריקה אין הזריקה נפסלת בכך דחטאת לא דמיא לפסח דעיקרו לאכילה דאילו חטאת לא חיישינן לאוכלין דידה דלכפרה אתיא ואכל ישראל שהיו ראוין ואם מפני שהקריבוה באנינות ונפסלה דאונן שעבד חילל לא הדיוטים הקריבוה כי אם אהרן עצמו וקיימא לן (יומא דף יג:) כהן גדול מקריב אונן ואינו אוכל והכי אמרינן בזבחים (דף קא.) ודרשינן הן היום הקריבו דקאמר ליה משה לאהרן דילמא באנינות אקריבתיה ופסלתיה ועל כן שרפתם אותה א"ל אהרן הן היום וכי הם היום הקריבו דפסל בהו אנינות אני הקרבתי דלא פסלא בי אנינות ושריפה מיד הואי בלא עיבור צורה ומדקאמר ר' יוחנן דר' נחמיה ור' יוחנן בן ברוקה אמרו דבר אחד אלמא ס"ל דפלוגתא דמתניתין אף כשנטמאו לאחר זריקה דעבודות דם נעשו בהכשר ואפילו הכי ישרף מיד מפני שאין מי שיאכלנו כי חטאת דאהרן לא היה לה פסול אחר אלא שלא היו לה אוכלין. וספרים כתב בהן והא אנינות לאחר זריקה הואי וקשיא לי מנלן הא הלא לא נתפרשו בפרשה אלא עבודות של קרבנות שמיני אבל קרבנות של ר"ח לא נתפרשו בה ועוד מדקא מהדר ליה אהרן וכי הן הקריבו והלא אני הקרבתי מכלל דקודם זריקה הואי אנינות: **ורבה מוסיף אף רבי יוסי.** כמי סבירא ליה כר' יוחנן בן ברוקה דפסול בעלים לא בעי עיבור צורה:

כל

תוספות

ונגמר עון עון מחטאת דאהרן. תימה לרשב"א א"כ לישתוק מעון דפיגול *וממילא נימא דישרף מיד וי"ל דבלאו הכי איצטריך למיכתב עון בפיגול דבפרק שני דזבחים (דף כח:) יליף בפיגול כרת עון עון מנותר: **אבל** נטמא דאיתיה בחולין כו'. תימה לרשב"א ניליף כולהו מטמא ואמאי צריך הלכתא ואומר ר"י דה"א מה שטמא בחולין הוי חומרא *הואיל ומעשה חול אתעביד ביה וא"ת ונילף קל וחומר מתרומה דבעי שריפה וי"ל דאיכא למיפרך מה לתרומה דאסורה לזרים תאמר בקדשים קלים דשרי. רשב"א: **לאחר** זריקה מחלוקת. פירוש אף לאחר זריקה דלא דומיא בדם ובבעלים מאן קתני לה: **רבי** יוחנן בן ברוקה ורבי נחמיה אמרו דבר אחד. וא"ת דילמא לעולם רבי נחמיה כרבנן ס"ל דבעו עיבור צורה וחטאת אהרן שנשרפה מיד מפני אנינות הוראת שעה היתה כדיין לא פירש להם עיבור צורה כדפירש בקונטרס ואומר רשב"א דלפי מה שפירש ר"י דסברא דפסול בעלים בעי עיבור צורה אתי שפיר דהכא לא שייך הוראת שעה היתה דלאנינות הוי פסול בעלים ומסברא בעי עיבור צורה ולעיל דקאמר הוראת שעה היתה קסבר דמפני טומאה נשרפה: ורבה

עין משפט נר מצוה

עח א מיי' פי"ט מהל' פסולי המוקדשין הלכה א:
פ ב ג מיי' פ"ד מהל' ק"פ הלכה ג:

כלאם דדבור אחר הוא ומלת הואיל כוא התחלת דבור

רבינו חננאל

או נשפך או יצא דמה חוץ לקלעים דקיימא לן בשרפה מנא לן ואתינן לאפוקה מדר' שמעון דתני בקדש באש תשרף דכתיב בחטאת לרבות כל פסולי קדשי קדשים ואימורי קדשים קלים שהן בשרפה פסולי קדשים קלים עצמן מנין ולא אשכחן ראיה מן התורה ואסיקנא אלא כל פסול קדש בשרפה הלכתא גמירי לה וחטאת דאהרן מעשה שהיה אתא לאשמעינן: ורבה בר אבוה דתני אפילו פגול טעון צורת כלומר אינו נשרף מיד אלא עד שתעובר צורתו אמר לך אפי' כעין חטאת לדורות צורה בעיא וחטאת דאהרן הוראת שעה היתה ולא שיהיה דבר זה נוהג לדורות: אמר רב חסדא מחלוקת ת"ק ור' יוחנן בן ברוקה כשנטמאו הבעלים או שמתו שזה אומר תעובר צורתו וזה אומר ישרף מיד בשמתו או נטמאו הבעלים לאחר זריקה דאיתחזי בשר לאכילה אבל לפני זריקה דלא איתחזי בשר לאכילה כלל דברי הכל ישרף מיד איתבינן עלה וחזר ואמר אלא הכי איתמר אמר רב חסדא מחלוקת שנטמאו או שמתו לפני זריקה דלא איתחזי בשר לאכילה כלל דהוי ליה(כי)פסולו בגופו אבל לאחר זריקה דברי הכל בעי צורה ור' יוחנן אמר לאחר זריקה נמי מחלוקת כי היכי דלא תקשה לך הא תיובתא דאותבינן על רב חסדא ולא אשכח לה פירוקא: ואזדא ר' יוחנן לטעמיה דאמר ר' יוחנן ר' נחמיה ור' יוחנן בן ברוקה אמרו דבר אחד דאפי' פסול הזבחים בבעלים ישרף מיד ר' יוחנן בן ברוקה הא דמתני' ר' נחמיה דתניא ר' נחמיה אומר מפני אנינות נשרפה לכך נאמר כאלה ואנינות לאחר זריקה הואי ושרפה מיד הואי

מסורת הש"ס

לעיל דף כד.
[לעיל פא:]
[עירובין סה: וש"נ]
לעיל דף לד: [מנחות כ:]
לעיל לד: עג: [תוספתא פ"ז]
זבחים דף קא.
[צ"ל אשתרוף]

הגהות הב"ח

(א) רש"י ד"ה ששריפתן וכו' בעזרה הס"ד ואחר כך מ"ה שנכרין דמש"ה מעשה חול:

שייך לדף פ"ג

§ מסכת פסחים דף פב: §

אות א'

כל פסולו בקדש בשריפה כו'

רמב"ם פי"ט מהל' פסולי המוקדשין ה"א - מצות עשה לשרוף כל הקדשים שנטמאו, שנאמר: והבשר אשר יגע בכל טמא לא יאכל באש ישרף; וכן הנותר, מצות עשה לשרפו, שנאמר: והנותר מבשר הזבח ביום השלישי באש ישרף; ובכלל הנותר, הפגול [א]וכל פסולי המוקדשין הכל נשרפין.

אות ב' – ג'

נטמאו הבעלים או שמתו תעובר צורתן וכו'

מחלוקת שנטמאו בעלים לפני זריקה

רמב"ם פ"ד מהל' קרבן פסח ה"ג - הפסח שיצא מירושלים או שנטמא בארבעה עשר, ישרף מיד; נטמאו הבעלים או מתו או משכו את ידיהם, אפילו נטמאו או מתו קודם זריקת הדם, מניחין אותו עד שתעובר צורתו ואחר כך ישרף; זה הכלל כל שפיסולו בגופו, ישרף מיד, בדם או בבעלים, תעובר צורתו ואחר כך ישרף.

באר הגולה

א ‹ואמרינן בפ' כיצד צולין (דף פ"ב:) דגמרא גמירי לה - כסף משנה›. ‹**והנה** נותר מבואר בתורה להדיא דבשרפה, וגם נטמא מבואר להדיא בתורה, וגלי רחמנא בקדשים קלים וכ"ש בקדשי קדשים, אבל שאר פסולים אין מבואר בתורה אי צריכין שריפה, כגון יוצא ונשפך דמה וכיו"ב, ומבואר פרק כ"צ, דכל פסולי המוקדשים גמרא גמירי לנו דבשרפה, והנה הרמב"ם והרב המחבר כתבו, דבכלל הנותר הוא פיגול, ואח"כ כתבו דכל פסולי המוקדשים בכלל, נראה דפיגול הוא כמפורש בתורה, דהוא בכלל נותר, אך שאר פסולי המוקדשים הלכתא גמירי לה, א"כ כל פסולי המוקדשים אינו עשה, רק הלכה למשה מסיני - מנת חינוך מצוה קמ"ג. ‹**וקצת** קשה, שאם היא מצות עשה, א"כ מאי פריך בגמ' בפ' כיצד צולין, השתא דאמרינן כל פסולי דקדש בשריפה, לא שנא קדשי קדשים לא שנא קדשים קלים, גמרא גמירי לה, באש ישרף למה לי, ע"ש, לישני דאי מהלכתא הו"א אם לא שרפו לא מחייב, קמ"ל באש ישרף, למיקם עליה בעשה - ארץ יהודה›

§ מסכת פסחים דף פג. §

אות א'

העצמות והגידין והנותר ישרפו בששה עשר, חל ששה עשר להיות בשבת, ישרפו בשבעה עשר, לפי שאינן דוחין לא את השבת ולא את יום טוב

רמב"ם פי"ט מהל' פסולי המוקדשין ה"ה - אף על פי שהשלמים אסורין באכילה מתחילת ליל שלישי, אין שורפין אותן אלא ביום, בין בזמנו בין שלא בזמנו; וכן הפגול אינו נשרף אלא ביום; ואין שריפת טמא ונותר ופגול דוחה את יום טוב, ואין צריך לומר את השבת; ומותר לשרוף טמא ונותר ופגול כאחד.

אות ב'

עצמות קדשים ששימשו נותר, מטמאין את הידים, הואיל ונעשה בסיס לדבר האסור

רמב"ם פ"ח מהל' שאר אבות הטומאה ה"ד - קולית הפיגול או הנותר אע"פ שהיא סתומה, הנוגע בה בידיו נטמאו ידיו, שהעצמות של קדשים ששמשו נותר או פיגול מטמאין את הידים, הואיל ונעשו בסיס לדבר האסור.

אות ג'

כאן שהיתה לו שעת הכושר, כאן שלא היתה לו שעת הכושר

רמב"ם פ"י מהל' קרבן פסח ה"י - פסח שהוא נא או מבושל ושבר בו את העצם, לוקה; אפילו נפסל בטומאה ויציאה וכיוצא בהם, יש בו איסור שבירת העצם; במה דברים אמורים כשהיתה לו שעת הכושר ונפסל, אבל אם לא היתה לו שעת הכושר, כגון שנתפגל או נעשה במחשבת זמן או מחשבת שינוי השם, אין בו משום שבירת העצם.

אות ד'

כל עצמות הקדשים אין טעונין שריפה, חוץ מעצמות הפסח מפני התקלה

רמב"ם פי"ט מהל' פסולי המוקדשין ה"ט - כל עצמות הקדשים שאין בהן מוח, אינן טעונין שריפה, חוץ מעצמות הפסח. הגהת הראב"ד: אינן טעונין שריפה. א"א [א]שמלאן חלוצים מפסולי קדושה.

רמב"ם פ"י מהל' קרבן פסח ה"ב - לפיכך שורפין עצמות הפסח בכלל הנותר מבשרו, [ב]כדי שלא יבואו בהן לידי תקלה.

באר הגולה

[א] ‹אם היתה כוונתו ללמדנו שיהיו חלוצים, לא היה צריך לכך, שהרי בביאור כתב רבינו שאין בהם מוח, **ולכן** נ"ל שמפני שרבינו סתם וכתב כל עצמות הקדשים, דמשמע בכל גוונא מיירי, בא לבאר שאינו כן, דלא מיירי אלא כשמצאן ואינו יודע מה טיבן, {דאין אנו יודעים מתי חלצו העצמות - אבן האזל}, ואנו אומרים באומד הדעת מאחר שהם חלוצים, פסולי המוקדשין היו, כלומר נותר, ולפיכך מפלגין בין עצמות פסח לעצמות שאר קדשים, וכמו שנתבאר {באוקימתא דגמ'}. **ועי"ל** משום דלישנא דשאין בהם מוח משמע, אפילו שלא היה בהם מוח מעולם, לכך כתב שמצאם חלוצים, כלומר דוקא כשהיה בהם מוח ונחלץ ממנו, אבל אם לא היה בהם מוח מעולם, לא – כסף משנה›

[ב] ‹לא ידעתי במאי מיירי, אי בעצמות שאין בהם מוח, הא לית בהו משום שבירת העצם, ואי ביש בהן מוח, תיפוק ליה דבעו שריפה משום המוח, ואינו יכול לשבור העצם ולהוציא המוח, ולא הול"ל כדי שלא יבאו בהם לידי תקלה, דתיפוק ליה משום התקלה המזומנת. {**הן** אמת דלשון זה נאמר בברייתא וכן פי' רש"י ז"ל ע"ש, דממה שכתב כדי שלא יבואו לידי תקלה, הוא שלא יבואו להבא משמע – נאם דוד}. **ואין** לומר דמיירי בעצמות שהיה בהם מוח ועכשיו הם חלוצים, משום דכל שאין בהם מוח עכשיו, אין בהן משום שבירת עצם אף שהיה בהם מתחלה, וכדמוכח מסוגיא דכיצד צולין. **גם** אין לצדד ולומר דבאין בו מוח, נהי דמלקות ליכא איסורא מיהא איכא, {ותבלין יש לצד זה מדברי רבינו (בפי"ט מהל' פסולי המוקדשין ה"ט הובא לעיל "אין טעונין שריפה"), שכתב אין חייבין כו', דמשמע חיובא הוא דליכא אבל איסורא איכא}, (**דאינו** כן) וכדמוכח בפשטות הסוגיא, דקאמר ואי דלית בהו מוח, למה בשריפה {דאי איכא איסור, שפיר דהוי בשריפה משום תקלה, שלא יבוא לידי שבירת עצם – אבן האזל}. **סבור** הייתי לומר דלעולם ביש בהן מוח מיירי, וס"ד דיוציא המוח ע"י גומרתא, דליכא משום שבירת עצם, וקמ"ל דלא אלא ישרפה עם המוח, דלמא פקע ואיכא משום שבירת עצם, וכמ"ש התוס' ד"ה בו יע"ש. **אך** אכתי קשה לישנא ד"לפיכך" דכתב רבינו, דמשמע דאם היה מן הדין דלאחר זמנו לא היה בו משום שבירת עצם, לא הוה בעי העצמות שריפה, ולפי מש"כ בפ"ח מהל' אבות הטומאה דשימוש נותר מלתא היא, תיפוק ליה דבעו שריפה הואיל ושמשו נותר. **ואפשר** לומר בדוחק, דרבינו עדיפא מינה קאמר, דמדין תורה בעו שריפה, כדי שלא יבאו בהם לידי תקלה – משנה למלך›

ורבה מוסיף אף ר"י הגלילי *דתניא ריה"ג אומר כל הענין כולו אינו מדבר אלא בפרים הנשרפים ובשעירי' הנשרפין לשרוף פסוליהן אבית הבירה וליתן לא תעשה על אכילתן אמרו לו חטאת שנכנס דמה לפני ולפנים מנין אמר להן °הן לא הובא את דמה אל הקדש פנימה מכלל דאי נפיק אתי א"נ עייל דמה בשריפה ורבי יוחנן סבר דם ובשר חדא מילתא היא בעלים מלתא אחריתי היא: **מתני'** *העצמות והגידין והנותר ישרפו בששה עשר חל ט"ז להיות בשבת ישרפו בי"ז לפי שאינן דוחין לא את השבת ולא את י"ט: **גמ'** אמר רב מרי בר אבוה א"ר יצחק *עצמות קדשים ששימשו נותר מטמאין את הידים הואיל ונעשה בסיס לדבר האסור נימא מסייע לי' *העצמות והגידים והנותר ישרפו בט"ז הני עצמות ה"ד אילימא דלית בהו מוח למה לי בשריפה נשדינהו אלא פשיטא דאית בהו מוח אי אמרת בשלמא שימש נותר מילתא היא אמטו להכי בעי' שריפה אלא אי אמרת שימש נותר לאו מילתא היא למה להו שריפה נתברינהו ונחלצה למוח דידהו ונשרפה ונשדינהו לדידהו אלא לאו שמע מינה שימש נותר מילתא היא אמרי לא לעולם אימא לך שימש נותר לאו מילתא וקסבר בו בכשר ואפי' בפסול אפי' בפסול ס"ד והא *תנן אבל המותיר בטהור והשובר בטמא אינו סופג את הארבעים לא קשיא 'כאן שהיתה לו שעת הכושר כאן שלא היתה לו שעת הכושר ומאן תנא דשני ליה בין שהיתה לו שעת הכושר ללא היתה לו שעת הכושר רבי יעקב היא דתניא °ועצם לא תשברו בו *בו בכשר ולא בפסול רבי יעקב אומר *היתה לו שעת הכושר ונפסל יש בו משום שבירת העצם לא היתה לו שעת הכושר אין בו משום שבירת העצם ר"ש אומר אחד זה ואחד זה אין בו משום שבירת העצם מיתיבי 'כל עצמות הקדשים אין טעונין שריפה חוץ מעצמות הפסח מפני התקלה הני עצמות היכי דמי אילימא דלית בהו מוח למה להו שריפה אלא פשיטא דאית בהו מוח ואי סלקא דעתך שימוש נותר מילתא היא עצמות קדשים אמאי אין טעונין שריפה אמר רב נחמן בר יצחק הכא במאי עסקינן כגון שמצאן חלוצין עצמות קדשים דאין בהן משום שבירת העצם קמי דנהוו נותר חלצינהו ולא הוו שימוש נותר ולא בעו שריפה עצמות הפסח דיש בהן משום שבירת העצם (א) לבתר דנהוו נותר הוא דחלצינהו והוו להו שימוש נותר ובעו שריפה רב זביד אמר הכא במאי עסקינן כגון שמצאן

רש"י

כל הענין כולו · כל פרשה צו וכל חטאת אשר יובא מדמה (ויקרא ו) דמוקי לה רבנן במסכת זבחים (דף פב.) בחטאות החיצונות שהכניס דמה לפנים וזהו פסול שלה וקאמר רחמנא שישרף פליג ריה"ג ומוקי בחטאות הפנימיות כגון פר העלם דבר של ציבור אשר יובא מדמה כמצותה אל אהל מועד לא תאכל באש תשרף (ובכשרה) לא אילטריך קרא דהא כתיב בגופיה (ויקרא ד) ושרף אותו על עצים וגו' אלא שאם נפסלה ביוצא וכיוצא בה הכתוב ללמדך שתשרפנה בבית הבירה ולא חוץ לג' מחנות כמותה וליתן לא תעשה על אכילתה: **אמרו לו חטאת פסולה שנכנס דמה לפנים מנין לך** · שהיא פסולה: **אמר להן** · מדאמר ליה משה לאהרן הן לא הובא הא הובא בת שריפה היא ושפיר עביד דשרפיה לאחר ומדיליף ריה"ג קדשי דורות מחטאת דאהרן אלמא ס"ל נמי דאם הובא דמה לדורות בעית שריפה לאחר כי חטאת דאהרן ואף על גב דפסול הדם הוא דהוי כפסולו מחמת דבר אחר וקס"ד דה"ה נמי ס"ל בפסול בעלים דלא בעי עיבור צורה אבל רבנן דלא גמרי מיניה סברי דורות משעה לא ילפינן ובההיא הוא דקאמר להו משה דאם הביאו דמה לפנים בעית שריפה אבל לדורות בעי קרא אחרינא וגבי עיבור צורה נמי לא ילפינן מינה: **ור' יוחנן** · דלא חשיב ליה לריה"ג בהדייהו אמר לך נהי דשמעת ליה בפסול דם דלא בעו עיבור צורה בפסול בעלים מי שמעת ליה דקאי כרבי יוחנן בן ברוקה: **דם ובשר חדא מילתא היא**. והוה ליה פסולו בגופו כאילו נטמא בשר עצמו: **מתני' העצמות**. שלא יכול לשוברן מפני שנאסרה בו שבירת העצם ונותר בהן מוח והרי הוא נותר וטעון שריפה: **וכן גידין** · ובגמרא פריך ניכלינהו: **והנותר** · בשר פסח שנתעצלו באכילתו ונותר: **בששה עשר** · שהוא חולו של מועד ואע"פ שנפסל בבקר ראשון אין רשאי לשורפו בי"ט כדמפרש בגמר': **גמ' ששימשו נותר** · שנותר בהן מוח חוץ לזמנו ושימשוהו העצמות הללו: **מטמאין את הידים** · כנותר עצמו שגזרו חכמים שיטמא את הידים בפ' בתרא (דף קכ:) ולקמן בפירקין (דף פה.) מייתי לה בגמ': **בסים** · (ג) כנו כדמתרגמי' בסיסיה (שמות ל) מקום מושבו: **הני עצמות היכי דמי** · דקאמר עיקרן ותחלתן בשריפה: **נשדינהו** · ישליכם דלא הצריך הכתוב שריפה אלא בראוי לאכילה ונותר כדכתיב (שם יב) לא תותירו ממנו עד בקר והנותר ממנו עד בקר באש תשרפו: **דאית בהו מוח** · ומתחלתן לשריפה עומדים שאסור לשוברן וע"כ נעשין נותר הילכך חשיב להו באנפי נפשייהו ולא הוו בכלל והנותר דמתני': **אמטו להכי בעו שריפה** · אף העצמות כמוח עצמו: **אלא אי לאו מילתא היא**. הרי מכיון שניתותרו ונפסלו אין בהן משום איסור שבירה דאמרינן לקמן ועצם לא תשברו בו בכשר ולא בפסול: **ניתברינהו** · ונישקליה למוח ונישרפיה ולא יפסיד עצים וטורח לשרוף העצמות: **קסבר** · האי תנא בו דכתיב גבי שבירה לאו למעוטי פסול אתא אלא אורחיה דקרא הוא וכשר ואף פסול במשמע: **המותיר בטהור** · וכל שכן בטמא: **אין סופג** · לקמן בפירקין מפרש טעמא: **שהיתה לו שעת הכושר** · כגון נותר יש בו שבירת העצם: **לא היתה לו שעת הכושר** · כגון נטמא לפני זריקה אין בו משום שבירת עצם: **ומאן ניהו תנא** · דמתני' דשאני ליה בהכי לגבי שבירת העצם: **כל עצמות** · נותר מן הקדשים אין טעונין שריפה אלא שוברם ומוציא את המוח ושורפו ומשליך את העצמות: **חוץ מעצמות הפסח**. שאין יכול לשוברן מפני תקלת עצם לא תשברו בו לפיכך נשרפים על ידי מוח שבהן: **למה להו שריפה** · לעצמות הפסח: **שמצאן חלוצין** · כולה מתני' מיתוקמא במוצא עצמות חלוצין כלומר שבורין ונחלץ מוח מהן: **עצמות קדשים** · דמותר לשוברן אמרי' סתמא דמילתא לא אתא מוח דידהו לידי נותר ומקמיה איסורייהו דניתו לידי נותר חלצינהו: **לבתר הכי** · דאיפסיל חלצינהו דהוי ביה איסור שבירה כר"ש ויש כאן שימוש נותר: שמצאן

תוספות

ורבה מוסיף אף ריה"ג · וא"ת היכי נימא דריה"ג ור' יוחנן בן ברוקה אמרו דבר אחד והא פסולה דחטאת שנכנס דמה לפנים היינו לפני זריקה ור' יוחנן בן ברוקה אחר זריקה איירי ואליבא דר' יוחנן מסיק מדקאמר מוסיף עלי' וי"ל דרבה לא מפליג בין קודם זריקה בין לאחר זריקה כי היכי דלא מפליג ר' יוחנן דקאמר אף לאחר זריקה מחלוקת:

אמר להן הן לא הובא את דמה · פירש בקונטרס דרבנן לא בעו למילף מחטאת דאהרן דלא גמרי' דורות משעה ומה שפירש כן לא משום דחטאת דאהרן היה לשעה דהא שעיר של ר"ח היה כדפירש בקונ' וכן איתא בזבחים בפרק טבול יום (דף קא:) אלא דקסברי רבנן הוראת שעה היתה כדאמר לעיל וקשה לרשב"א דלעיל שייך הוראת שעה כדפי' דקסבר מפני טומאה נשרפה דהוי פסולו בגופו ומסברא ישרף מיד אבל הכא בחטאת שנכנס דמה לפנים דהוי פסולו בדם ומסבר' בעי עיבור צורה לא שייך הוראת שעה היתה ונראה לר"י דרבנן לא בעו למילף מחטאת דאהרן משום דמצו למימר דמשה לא הודה להן *על השריפה דשפיר עבוד אלא במה שלא אכלוה אבל על השריפה לא הודה להן דאפי' היה כן שלא כדין שרפוה בלא עיבור צורה וקשה דלעיל יליף מחטאת אהרן שריפה ביוצא וקאי מתני' דסבר' דשאינו פסולו בגופו בעי עיבור צורה והיינו כרבנן דר' יוסי ואיכא לא בעו למילף הכא מחטאת דאהרן:

בו בכשר ואפי' בפסול · ולא תיקשי וניוליא המוח ע"י גומרתא דליכא שבירת עצם דאיכא למיחש שמא יפקע כדאמרי' לקמן (ג) אי נמי ע"י גומרתא שריתא מילתא למיעבד:

רבי שמעון אומר אחד זה ואחד זה אין בו משום שבירת העצם. וא"ת ר"ש היינו ת"ק ונראה לר"י דר' יעקב ור"ש פליגי אליבא דת"ק כי ההיא דלא ירבה לו נשים דפרק כהן גדול (סנהדרין כא.) *וההיא דחזקת שלש שנים דחזקת הבתים (ב"ב כח:)

אימור לבתר איסורא חלצינהו ומפני התקלה דקתני בברייתא היינו דמשום שבירת עצם לא חלצינהו קודם איסורא ולהכי ישרפו דשימשו נותר: א'

עין משפט נר מצוה

פא א מיי' פי"ח מהל' פסולי המוקדשין הלכה ט:
פב ב מיי' פי"ח מהלכות אבות הטומאות הל' ד:
פג ג מיי' פי"ו מהלכות ק"פ הלכה א:
פד ד מיי' פי"ט מהל' פסולי המוקדשין הלכה ט ופי"ו מהלכות ק"פ הלכה ב:

מסורת הש"ס

זבחים דף פב. | פסחים דף ה | [חולין קכה.] | [עי' תוס' חולין קכה. ד"ה אחד וכו'] | לקמן דף פד. מכות דף יז. שבועות דף ג: | שמות יב | [לעיל ע. וש"נ] | [תוספתא פ"ו]

שלא הודה להן אלא דשפיר עבוד דלא אכלוה סי' ח"ש

[ועי' תוס' לקמן קטו: ד"ה ומוסם עירובין מח. ד"ה רבי יהודה במ"ק כד. ד"ה עלרת וזבחים פג. ד"ה המזבח]

הגהות הב"ח

(א) גמ' שבירת העצם. לימור לבתר דניהו: (ב) רש"י ד"ה בסים כמו וכו' כדמתרגמינן כנו בסיסיה: (ג) תוס' ד"ה ר"ש וכו' לקמן. כ"כ דף פ"ד ע"ב:

רבינו חננאל

ורבה מוסיף אף רבי יוסי הגלילי סבר פסולו בבעלים ישרף מיד דתניא ר' יוסי הגלילי אומר כל זה הענין דכתיב וכל חטאת אשר יובא מדמה אל אהל מועד וגו' אינו מדבר אלא בפרים הנשרפים ושעירים הנשרפים הוא ...

עין משפט נר מצוה

פה א ב מיי' פ"ח מהל' מאכלות אסורות הל' ה · ח [טוש"ע יו"ד סי' ס: בהגה מ']

שמצאן צבורין צבורין ומהן חלוצין עצמות קדשים דאין בהן משום שבירת העצם לכולהו הוה חליץ להו ואכיל להו ולא בעי שריפה עצמות הפסח דיש בהן משום שבירת העצם דילמא הני דהלצינהו ולהנך לא חלצינהו ובעי שריפה א"ר יהודה אמר רב כל הגידין בשר חוץ מגידי צואר תנן העצמות והגידים והנותר ישרפו בט"ז הני גידין היכי דמי אילימא גידי בשר ניכלינהו ואי דאיתותר היינו נותר אלא פשיטא גידי צואר א"א בשלמא בשר נינהו אמטו להכי בעי שריפה אלא אי אמרת לאו בשר נינהו למה להו שריפה א"ר חסדא לא נצרכא אלא לגיד הנשה ואליבא דרבי יהודה *דתניא ר' יהודה אומר אינו נוהג אלא באחת והדעת מכרעת של ימין ואלא תפשוט דספוקי מספקא ליה לר' יהודה דאי מיפשט פשיטא ליה ההיא דהיתירא ניכליה ודאיסורא נישדייה למה ליה שריפה א"ר איקא בר חיננא כגון שהוכרו ולבסוף נתערבו רב אשי אמר לא נצרכא אלא לשמנו דגיד הנשה *דתניא *שמנו מותר וישראל קדושים הם ונוהגין בו איסור רבינא אמר בחיצון וכדר"י אמר שמואל *דאמר רב יהודה אמר שמואל ב' גידין הן פנימי הסמוך לעצם אסור וחייבין עליו חיצון הסמוך לבשר אסור ואין חייבין עליו : חל ט"ו וכו' : ואמאי ניתי עשה וידחי לא תעשה *אמר חזקיה וכן תני דבי חזקיה אמר קרא °לא תותירו ממנו עד בוקר והנותר ממנו עד בוקר באש תשרופו שאין ת"ל עד בקר מה ת"ל עד בקר ליתן לו בקר שני לשריפתו אביי אמר אמר קרא °עולת שבת בשבתו *ולא עולת חול בשבת ולא עולת חול ביום טוב רבא אמר אמר קרא °הוא לבדו יעשה לכם הוא ולא מכשיריו לבדו ולא

תורה אור: שמות יב · במדבר כח · שמות יב

רש"י

שמצאן צבורין · ובדק עליהם ומצאן חלוצין : **עצמות קדשים** . לא בעו למיבדק תחתונים אבל עצמות פסח בעו למיבדק כולהו ובהא פליג רב זביד אדרב נחמן דאי מצאן חלוצין לא חמיר שימוש נותר כולי האי להצריכו שריפה מספק ונומר בתר איסורייהו חלציהו : **כל הגידין בשר** · הרי הן כבשר ונמנין עליהן בפסח ויוצא ידי חובתו : **חוץ מגידי צואר** · שהוא אבל הרחב וקשה ועץ בעלמא הוא : **הני גידין** . דקאמר עיקרן ותחלתן לשריפה היכי דמי : **ואי דאיתותר** · ע"י שנתעצלו באכילתן היינו נותר : **אלא פשיטא בגידי צואר** . קאמר ומשום שאין נאכלין מחמת קשיין מני להו בהדי עצמות וקאמר דעיקרן לשריפה דמסתמא לא אכיל להו : **אי אמרת בשלמא בשר נינהו** · ואי אכיל להו נפיק בהו אמטו להכי בעי שריפה כו': **לא נצרכא אלא לגיד הנשה כו'** · לעולם גידי צואר לאו בשר נינהו ושאר גידים בשר גמור וראוי לאכילה ומתני' דמשמע דיש גידים שהן בשר ליטען שריפה וסתמן אין נאכלין דקאמר ישרפו בט"ז בגיד הנשה שהוא רך וכשר לאכילה : **לר' יהודה** · דאמר אין נוהג אלא באחת ולא ידעינן בהי מינייהו הילכך מתחלה עומד אותו של היתר לשריפה משום דלא ידע ליה דליכליה : ופרכינן תיפשוט מיהא דמספקא ליה לרבי יהודה בהי נהיג דהא מילתא איבעיא לן בפ' גיד הנשה (חולין צ:) דקתני ר' יהודה אומר אין נוהג אלא באחת והדעת מכרעת של ימין ואיבעיא לן מיפשט ליה לרבי יהודה דשל ימין ומאי דעת דקא אמר דעת תורה כדמפרש התם הירך המיומנת שבירך או דילמא ספוקי מספקא ליה ומאי דעת דעת נוטה כלומר מסתברא הכי תיפשוט ממתני' מדקא אמר תחלתו לשריפה ודאי מספק' ליה הילכך שריפה בעו תרווייהו דאכל חד וחד אמר האי דהיתירא הוא והרי הוא נותר ומתחלתו לא היה יכול לאוכלו שמא זהו של איסור דאי פשיטא ליה אמאי תחלתו לשריפה דהיתירא ניכליה דאיסורא נשדייה : **לעולם פשיטא ליה דשל ימין** . ומתני' דלא מצי אכיל ליה ומצריך ליה שריפה כשנתערבו לאחר מכאן . כשהוכרו לאו דוקא דודאי מתחלתו הוכרו דאין לך אדם שאינו מכיר בין צד ימין לצד שמאל : **רב אשי אמר** · מתני' בשומנו של גיד קאמר דמותר מן התורה ונהגו איסור בו הלכך תחלתו לשריפה דכיון דמן התורה מותר חל איסור נותר עליו ובכלל נותר לא חשיב ליה דהאי על כרחו מתחלתו לכך עומד ואיצטריך למיתנייה באנפי נפשיה ולאשמעינן דאסור לאוכלו : **שני גידין הן** · בירך : **פנימי הסמוך לעצם** · זה גיד הגדול המתוח על פני כל אורך הירך ופנימי קרי ליה שהוא בצד פנימי של ירך לצד הרואה את הירך השנית : **והסמוך לעצם** · עצם הקולית התחוב בבוקא דאטמא וגם יוצא מבוקא דאטמא ונמתח אצל אותו עצם על פני כל אורך הירך שאסור : **וחייבין עליו** · מלקות : **חיצון** · זה גיד קצר הניתן בסוף השופי לרחבו וחיצון קרי ליה על שם שהוא מוטל לצד חיצון של ירך לצד הרואה את האויר הסמוך לבשר שמובלע בבשר : **אסור** · מדרבנן : **ואין חייבין עליו** · כדמפרש טעמא התם אשר על כף הירך ההוא דפשיט בכוליה ירך והיינו פנימי אבל חיצון לא ובההוא דקאמר תנא דידן דתחלתו אינו נאכל משום איסור דרבנן וטעון שריפה דחייל עליה שם נותר דחזי מדאורייתא : **ניתי עשה** · דבלא תשרפו : **וידחי לא תעשה** · דמלאכת י"ט : **שאין ת"ל עד בוקר** · בתרא דהא כבר כתיב קמא : **ולא עולת חול בי"ט** · אלמא אפילו הקטר עולה אינו דוחה י"ט וכ"ש שריפת פסול שלה ופסח קרבן של חול הוא דזריקת דמו בארבעה עשר ואין יכול להקטירו בלילה והא דכתיב לא ילין לבקר דמשמע הא כל הלילה ילין הא אוקימנא בארבעה עשר שחל להיות בשבת בפ' תמיד נשחט (דף נט:) : **הוא ולא מכשיריו** · היכולין ליעשות מבעוד יום : ולא

תוספות

אי אמרת בשלמא בשר נינהו כו' · ואין להקשות אי בשר נינהו ליכלינהו דלאו בשר גמור הוא שיהא טעמם כטעם בשר מיהו לענין שריפה בעי למימר דליהוו בשר : **לא** נצרכא אלא לשומנו · קשה דבריש גיד הנשה (חולין פט:) פריך וסבר תנא דידן אין בגידין בנותן טעם והא תנן ירך שנתבשל בה גיד הנשה אם יש בה בנותן טעם אסור והשתא דילמא הא דקתני אם יש בה בנותן טעם משום שומנו דגיד הנשה קאמר דהכא קרי ליה גיד ושם פירשתי :

ליתן בקר שני לשריפתו · וא"ת אי אסור לשורפו בליל מוצאי י"ט עד הבקר היכי מוכח *דאין שריפת קדשים דוחה י"ט הא על כרחיך גזירת הכתוב היא דהא אפי' בלילה שהוא חול אסור לשורפו וי"ל דכיון דאסור לשורפו בבוקר ראשון ילפינן שפיר דאין שריפת קדשים דוחה י"ט והא דאסור לשורפו בליל מוצאי י"ט אין תימ' שכן מצינו בשלמים שאין נאכלים לאור שלישי ואפ"ה אין נשרפין עד היום כדאמרי' בריש מכילתין (דף ג:) : **ולא** עולת חול בשבת כו'. משמע הכא דאיברי חול אין קריבין בשבת ולא בי"ט וקשה דבסוף פרק טרף בקלפי (יומא מו:) אמר אברי חול שנתותרו עושה להן מערכה בפני עצמן וסודרן אפילו בשבת ואפי' לרב הונא דפליג התם היינו דאינו עושה מערכה בפני עצמן אבל דברי הכל סודרן על המערכה גדולה כן צריך לפרש שם וכן בסוף פ"ק דשבת (דף כ:) דריש בכל מושבותיכם אי אתה מבעיר למישרי אברים ופדרים הוא דאתא והיינו איברי חול שנתותרו דאברי תמיד של שבת נפקא מעל עולת התמיד בריש אלו דברים (לעיל סח:) ודוקא אברי עולת חול ממעט הכא ותירץ ר"ת וריב"א דהתם דוקא במשלה בהן האור מיירי דנעשו כבר לחמו של מזבח שמתוך שהן לחמו של מזבח הרי הן כקרבן היום ודחו מבמועדו אפי' בשבת ולישנא דאסיק נמי התם דוקא בפסולין אי משלה בהן האור אין אי לא לא לאו למעוטי כשירין אתא אלא ה"ק דלא איצטריך בכשירין לאשמעי' במשלה בהן האור ומיהו אף בכשירין לא שריא אלא במשלה בהן האור וריב"א מסופק בשאר קרבנות דלאו תמיד ומשלה בהן האור אי נעשו לחמו של מזבח למישרינהו בשבת דדילמא דוקא בתמיד מהני האי טעמא דהם תמיד דוחה שבת וא"ת דביומא (דף מו:) דריש לה מבמועדו ובפ"ק דשבת (דף כ:) דריש מבכל מושבותיכם וי"ל דקרא דבכל מושבותיכם גלי על במועדו דאיירי אפילו באיברים ופדרים של חול והא דלא נקט ביומא קרא דבכל מושבותיכם דהויא עיקר דרשה משום דניחא ליה למינקט דרשה דמועדו דשייכא אף גבי טומאה ובכל הקרבנות : ולא

רבינו חננאל

שמצאן צבורין צבורין מהן חלוצין ומהן אין חלוצין עצמות קדשים שאין בהן שבירת עצם אמרי' מדרבנן חלוצין הנך נמי הלצין בעצמות פסח דאיכא שבירת עצם בעו בדיקה : **אמר** רב יהודה אמר רב כל הגידין כשרין חוץ מגידי צואר ואקשי' עלה ממתני' דקתני הגידים ישרפו הני גידים מאי עבדתייהו אי בשר הן אמאי ישרפו נכלינהו ואי נותר הן נותר אלא ודאי גידי צואר הן ולא יכול לאכלן וטעונין שריפה ואי אמרת לאו בשר הן נשדינהו ושני' גיד הנשה הוא ואליבא דר' יהודה דאמר אינו נוהג אלא בירך אחת ולא תימא (אלא ודאי) מספקא ליה אלא אפי' תימא פשיטא ליה דשל ימין אסירין וכגון שהוכרו ולבסוף נתערבו דהא לא אפשר למכלינהו הלכך טעונין שרפה : **רב** אשי אמר גידין דקתני במתני' שמנו של גיד הנשה הוא דנהגו בו ישראל קדושים איסור רבינא אמר גיד החיצון הוא ששנינו במשנתנו שאין חייבין עליו דגרסי' בפ' גיד הנשה אמר שמואל שני גידין הם פנימי סמוך לעצם אסור וחייבין עליו חיצון סמוך לבשר אסור ואין חייבין עליו : **חל** ששה עשר להיות בשבת כו' אקשי' ניתי עשה שנא' (שמות י"ב ז') והנותר ממנו עד בקר באש תשרפו עשה דשריפת נותר לידחי לא תעשה כל מלאכה דיום טוב ושני חזקיה מה ת"ל עד בקר ליתן בקר שני לשריפתו אביי אמר בפי' רבתה תורה לדחות עולה ארבעה עשר מלהשרף ביום [טוב] דכתיב עולת שבת בשבתו דייקי' מינה דאינו מקריבין אלא עולת שבת בשבת בלבד אבל אברי עולות חול בשבת או ביום טוב לא ואע"ג דמצותן להקריבן וכל שכן דלא שרפינן הפסולין רבא מפיק ליה

מסורת הש"ס

חולין דף צ:
חולין דף צא.
שם ודף צב.
שבת דף כד: ודף קלג. תמורה דף ד: ע"ש
[לעיל עג: ע"ש]
[שבת כד:]

§ מסכת פסחים דף פג: §

אות א׳ – ב׳

שמנו מותר וישראל קדושים הם ונוהגין בו איסור

שני גידין הן, פנימי הסמוך לעצם אסור וחייבין עליו; חיצון הסמוך לבשר אסור ואין חייבין עליו

יו״ד סימן סה ס״ח - שני גידים הם בירך, אחד פנימי סמוך לעצם, והשני חיצון סמוך לבשר, ושניהם אסורים וצריך לחטט, אלא שהפנימי אסור מן התורה, והוא הפושט בכל הירך, והחיצון אסור מדבריהם; וקנוקנות שבשניהם אסורים מדבריהם וצריך לחטט אחריהם; ושומנם, ישראל קדושים הם ונהגו בו איסור.

§ מסכת פסחים דף פד. §

אות א'

<u>כל הנאכל בשור הגדול בשלקא, יאכל בגדי הרך בצלי</u>

[א]רמב"ם פ"י מהל' קרבן פסח ה"ח - **הסחוסים שהם כמו עצמים רכים, הרי אלו מותרין לאכלן.**

רמב"ם פ"י מהל' ק"פ ה"ט - **היה גדי קטן ורך שעצמותיו רכים, לא יאכל אותן, [ב]שזה שובר עצם, ואם אכל לוקה, שאחד השובר עצם קשה או עצם רך; זה הכלל, כל שנאכל בשור הגדול אחר שיתבשל, הוא שמותר לאכול כנגדו מן הגדי הרך אחר צליתו, כגון ראשי כנפיים והסחוסים.**

השגת הראב"ד: הסחוסים וכו' עד שעצמותיו רכין לא יאכל אותן. א"א מה נשתנו סברותיו בכמה מקומות, ומעולם לא עלה על דעת מפרש שבאה זו המשנה על איסור שבירת העצם, שאם כן היה לו לומר כל שאינו נאכל בשור הגדול לא יאכל בגדי הרך, אלא באה על חיוב אכילה שהוא בכל תותירו.

אות ב'

<u>אין נמנין עליהן בפסח</u>

רמב"ם פ"י מהל' קרבן פסח ה"י - **גידין הרכין שסופן להקשות, אף על פי שהן ראויין לאכילה עתה [ג]ונאכלין בפסח, [ד]אין נמנין עליהן.**

אות ג'

<u>השובר את העצם בפסח הטהור, הרי זה לוקה ארבעים</u>

רמב"ם פ"י מהל' קרבן פסח ה"א - **השובר עצם בפסח טהור, הרי זה לוקה, שנאמר: ועצם לא תשברו בו, וכן נאמר בפסח שני: ועצם לא תשברו בו.**

אות ד'

<u>אבל המותיר בטהור והשובר בטמא, אינו לוקה את הארבעים</u>

רמב"ם פ"י מהל' קרבן פסח ה"א - **אבל פסח שבא בטומאה, אם שבר בו עצם אינו לוקה, מפי השמועה למדו, לא תשברו בו, [ה]בטהור ולא בטמא.**

רמב"ם פ"י מהל' קרבן פסח הי"א - **צריך אדם להשתדל שלא ישאיר מבשר הפסח עד בקר, שנאמר: לא תותירו ממנו עד בקר, וכן בשני שנאמר: לא ישאירו ממנו עד בקר; ואם השאיר ממנו בין בראשון בין בשני, עבר בלא תעשה, ואינו לוקה על לאו זה, שהרי ניתק לעשה, שנאמר: והנותר ממנו באש תשרופו.**

באר הגולה

א ‹מילואים› ב ‹ולרש"י שם לא מיירי כלל מדין שבירת עצם, אלא בראוי לאכילה ואינו ראוי, וכן מורה לשון המשנה, כל הנאכל בשור הגדול יאכל בגדי הרך, וגם ממילא נ"מ לענין נותר, שכל שאין נאכל בשור הגדול, אין גם בגדי הקטן משום נותר, וזהו כוונת הראב"ד בהשגות ע"ש. **והרמב"ם** מפרש לה לענין שבירת עצמות, ובודאי שמפרש ג"כ כרש"י והראב"ד, אלא דממילא יש בהם שבירת עצם כמובן - ערוה"ש› ג ‹הרמב"ם דקדק לשון הגמרא שאמרו: אין "נמנין עליהן" ולא אמרו "אין נאכלין", **וביאר** דבריו בכתבי הגר"ח, היינו שיש בהן מצות אכילת קדשים דעלמא ואסור להותירם, רק שאין בהם מצות אכילת פסח, ולפיכך אין נמנין עליהן. **והחילוק** הוא: כי לכו"ע אף שסופן להקשות, שם "אוכל" עליהם, וכל אוכל שהוא מגוף הזבח הרי הוא בכלל המצוה. **ואמנם** לענין מינוי ואכילת פסח בעינן שיהיה "בשר", וכמאמר הכתוב: ואכלו את "הבשר" בלילה הזה, ובזה הוא שנחלקו רבי יוחנן וריש לקיש, אם אזלינן בתר בסוף שסופן להקשות ולא יהיו "בשר", או אזלינן בתר השתא, שרכין הן ושם "בשר" עליהם. **ויעויין** שם בדברי הגר"ח, שנקט בפשיטות בדעת רש"י, שאינו מחלק בדבר, ודלא כשיטת הרמב"ם. **ולפי"ז** הרמב"ם לשיטתו א"א לו לפרש המשנה דכל הנאכל בשור הגדול לענין חיוב אכילה, כיון דחיוב אכילה בכל גווני איכא, {ולענין נמנין, הא לא קתני אלא נאכל, משא"כ לרש"י דתלוי זה בזה}, **וע"כ** מפרש לה הרמב"ם לענין איסור שבירת עצם, שזה תלוי גם כן אם שם בשר על הגידין הרכין שסופן להקשות, דאז אינו בכלל איסור שבירת עצם, אבל אם אין שם בשר עליהן, אלא דנאכלין מחמת דראויין לאכילה, עכ"פ שם עצם עליהן על העצמות, ע"כ אסור באכילה משום שבירת עצם› ד ‹וצ"ל דגידין שסופן להקשות אינן ראוין לאכילה בשור הגדול כשיתקשו אפילו בשלקא, דאל"כ למה אין נמנין עליהן, כמ"ש בסעיף הקודם - ערוה"ש. ‹**וצ"ע** דברי הערוה"ש, דעיין בתוס' וז"ל: ויש לומר דסבר ר"ל דראשי כנפים והסחוסין יש עליהם שם בשר יותר מבגידים› ה ‹ובגמ' (פד, א) ליכא לשון זה, אלא בו בכשר ולא בפסול, ומפרש הש"ס דקאי אפסח שבא בטומאה, ולמה נקרא פסול, פירש"י משום דטומאה דחויה היא בציבור ע"ש. **ולפ"ז** למאן דס"ל דטומאה הותרה בציבור, יהא אסור בשבירת עצם בפסח הבא בטומאה, וא"כ בפ"ק דיומא (ו, ב) דפליגי ר"נ ור"ש אי דחויה אי הותרה, ומביאים ראיות ע"ש, למה לא הביא מאן דס"ל דחויה מברייתא זו דמתרת שבירת עצם בפסח הבא בטומאה, {אפשר דר"ל לפי אותה אוקימתא, וצ"ע}, **ולבד** זה קשה הדבר לקוראו פסול, הרי התורה צותה לעשותו. **ומלשון** הרמב"ם יראה לי, דלפי מאי דאמר פסח הבא בטומאה איכא בינייהו, צריך לגרוס בברייתא בו בטהור ולא בטמא, דבו מיעוטא משמע, ורוב פסחים באים בטהרה. **וגם** אפשר לומר דדריש מבו של פסח שני, דהתם ודאי בטהור ולא בטמא, דאין פסח שני בא בטומאה (צה, ב) כמו שיתבאר, ובתוספתא פ"ו מפורש לשון טהור ע"ש, וזה ראיה לדברינו - ערוה"ש›

מסורת הש"ס

ולא מילה שלא בזמנה הבאה מק"ו רב אשי אמר °שבתון דיו"ט עשה הוא ואין עשה דוחה לא תעשה ועשה: **מתני'** כל הנאכל בשור הגדול יאכל בגדי הרך וראשי כנפים והסחוסים: **גמ'** רבה רמי תנן כל הנאכל בשור הגדול יאכל בגדי הרך ושאינו נאכל לא אימא סיפא ראשי כנפים והסחוסים והא הני לא מתאכלי בשור הגדול אלא תנאי היא והכי קתני כל הנאכל בשור הגדול יאכל בגדי הרך ושאינו נאכל לא וי"א אף ראשי כנפים והסחוסים רבא אמר מה הן קתני והכי קתני °כל הנאכל בשור הגדול בשלקא יאכל בגדי הרך בצלי ומה הן ראשי כנפים והסחוסי' תניא כוותיה דרבא כל הנאכל בשור הגדול בשלקא יאכל בגדי הרך בצלי ומה הן ראשי כנפים והסחוסים וגידין הרכין נידונין כבשר *איתמר גידין שסופן להקשות רבי יוחנן אמר נמנין עליהן בפסח ריש לקיש אמר [ב]אין נמנין עליהן בפסח ר' יוחנן אמר נמנין עליהן בתר השתא אזלינן ריש לקיש אמר אין נמנין עליהן בתר בסוף אזלינן איתיביה ריש לקיש לר' יוחנן כל הנאכל בשור הגדול יאכל בגדי הרך ומה הן ראשי כנפים והסחוסים הני אין אבל גידין שסופן להקשות לא א"ל תנא הני וה"ה להנך הני מ"ט דהא מתאכלי בשור הגדול בשלקא הנך נמי מתאכלי בשור הגדול בשלקא א"ל ר' ירמיה לרבי אבין כי אזלת לקמיה דר' אבהו רמי ליה מי אמר רבי יוחנן גידין שסופן להקשו' נמנין עליהן בפסח אלמא בתר השתא אזלינן והא *בעא מיניה ריש לקיש מרבי יוחנן עור הראש של עגל הרך מהו שיטמא ואמר לו אין מטמא אלמא בתר בסוף אזלינן א"ל *דרמא לך הא לא חש לקמחיה הא הדר ביה רבי יוחנן לגבי דריש לקיש וא"ל °אל תקניטני שבלשון יחיד אני שונה אותה: **מתני'** °השובר את העצם בפסח הטהור הרי זה לוקה ארבעים *אבל המותיר בטהור והשובר בטמא אינו לוקה את הארבעים: **גמ'** בשלמא מותיר בטהור *דתניא °לא תותירו ממנו עד בקר והנותר ממנו עד בקר וגו' בא הכתוב ליתן עשה אחר לא תעשה לומר שאין לוקה דברי רבי יהודה רבי יעקב אומר לא מן השם הוא זה אלא משום דהוה ליה לאו שאין בו מעשה ואין לוקין עליו אלא שובר בטמא מנלן דאמר קרא °ועצם לא תשברו בו *בו בכשר ולא בפסול ת"ר ועצם לא תשברו בו בו בכשר ולא בפסול ר' אומר °בבית אחד יאכל ועצם לא תשברו בו כל הראוי לאכילה יש בו משום שבירת עצם ושאין ראוי לאכילה אין בו משום שבירת עצם מאי בינייהו א"ר ירמיה פסח הבא בטומאה איכא בינייהו למ"ד כשר

האי

ויקרא כג · שמות יב · שם · שם

רש"י

ולא מילה שלא בזמנה · דאי לא ממעטנו קרא אתיא בק"ו לדחות ומה לרצעת שדוחה את העבודה ועבודה דוחה את השבת מילה אף שלא בזמנה דוחה אותה אפילו במקום בהרת יקוץ בהרתו שבת שנדחת מפני עבודה אינו דין שתהא מילה דוחה ואתא קרא וממעטה דכיון דשלא בזמנה היא כגון גר שנתגייר וקטן שנולד אביו ועבר זמנה כשהיה למחר וגבי שריפת פסול קדשים נמי כמילה שלא בזמנה דאפשר לשהוייה דמי: **שבתון דיו"ט עשה הוא** · דמשמע שבות והוה ליה י"ט עשה ולא תעשה: **מתני' כל הנאכל בשור הגדול כו'** · שכבר הוקשה כל מה שעתיד להקשות בו: **יאכל בגדי הרך** · ראוי לאכילה בפסח בן שמנה ימים אבל מה שאין נאכל בשור הגדול אין נמנין עליו בפסח אע"פ שעכשיו רך הוא עתיד להקשות בסופו: **וראשי כנפים והסחוסים** שקורין טינדרו"ס שבראש גף הכתף אשפל"א והסחוסין שאר הסחוס שבו כגון תוך האוזן והסחוסי החזה והצלעות הקטנות שבסוף השדרה: **גמ' וי"א אף ראשי כנפים והסחוסין** · הואיל ובשור הגדול גופיה מתאכלו בשליקה בישול יתר: **מה הן קתני** · והכי קאמר כל הנאכל בשור הגדול בשליקה יאכל בגדי הרך צלי ומה הן ראשי כנפים והסחוסין: **גידים שסופן להקשות** · גידי צואר ובגדי וטלה הן רכים אבל אם היה מזקין סופן להיות קשים: **ר' יוחנן אומר כו'**. וגידים הרכין דקתני בהך ברייתא נידונין כבשר לר' יוחנן משמע לי' דרכין השתא ולריש לקיש משמע ליה בשאר גידים דרכין לעולם: **הני אין** · דס"ד מפרש מה הן דוקא קאמר: **הני מ"ט** · פירושא הוא ומסקנא דתירוצא: **עגל הרך** · מפרש בהעור והרוטב כל זמן שיונק ועור ראשו רך מולגין אותו ונאכל עמו: **מהו שיטמא** · טומאת אוכלין בתר השתא אזלינן ומטמא או בתר בסוף אזלינן ואינו מטמא: **לא חש לקמחיה** · למה שהוא טוחן אם סולת אם פסולת: **הא הדר ביה ר' יוחנן** · מהא דגידין שסופן להקשות כדאמר בשילהי בהמה המקשה (חולין עז:) ופשטינן לה מהא דהעור והרוטב דכי פשיט ליה רבי יוחנן עלה דההיא אין מטמא ואותביה ריש לקיש ממתני' דהעור והרוטב דקתני אלו שעורותיהם כבשרן עור הראש של עגל הרך אלמא דבתר השתא אזלינן וא"ל רבי יוחנן אל תקניטני באותה משנה שבלשון יחיד אני שונה אותה אלמא מעיקרא הוה סמיך ר' יוחנן עליה ופליג בגידין שסופן להקשות ואידכר דיחידאה היא והדר ביה: **מתני' אבל המותיר בטהור** · אפילו בטהור והשובר בטמא אינו לוקה (א) המותיר משום לא תותירו ולא שובר בטמאה משום לא תשברו וטעמא מפרש בגמרא: **גמ' בא הכתוב כו'** · כל לאו שניתק לעשה אין לוקין עליו דמשמע זו היא תקנתו אם תעבור על הלאו עשה זאת והיכלל ועוד דלא דמי ללאו דחסימ' שהמלקו' כסמוך לו:

האי

תוספות

ולא מילה שלא בזמנה דאתיא בק"ו · פירש בקונ' ומה לרצעת שדוחה את העבודה ועבודה דוחה את השבת וקשה דרבא לית ליה האי ק"ו בפ' ר' אליעזר דמילה (שבת קלג:) דקסבר דהא דלרצעת דוחה עבודה לא משום חומרא דלרצעת אלא משום דגברא דלא חזי ור"ח פי' ק"ו ומה אוכל נפש שלא נכרתו עליו י"ג בריתות דוחה י"ט כו' ויש להשיב מה לאוכל נפש שכן מלוה עוברת שלמחר לא יהיה מלוה עליה ואומר ר"י דאיכא למיעבד ק"ו מנדרים ונדבות דדחו י"ט אע"פ שלא נכרתו עליהן י"ג בריתות וסבר רבא דקריבין בי"ט וליכא למיפרך מה לנדרים ונדבות שכן צורך גבוה כדפריך בפ' ר' אליעזר דמילה (שם דף קלא.) מה לעומר ושתי הלחם כו' דלאו חובה ניכהו ואפילו חטאות ואשמות לא מיקרו צורך גבוה כיון דאי לאו דחטא לא בעו לאיתויינהו ונראה דרבא אית ליה הא דרב אשי די"ט עשה ולא תעשה ולהכי איצטריך ק"ו דאי לאו ק"ו לא הוה צריך למיסר וכן משמע בפ"ק דביצה (דף ח:) דפריך גבי אפר כירה מוכן לודאי כו' סוף סוף י"ט עשה הוא ואין עשה דוחה לא תעשה ועשה אלא אמר רבה כו' משמע דרבא אית ליה די"ט עשה הוא והשתא לבדו לא איצטריך לשריפת קדשים אלא על מילה דאיכא ק"ו אמר רבה פרק *(אם לא הביא)(דף קלג·) וגמרא מייתי לה הכא אשריפת קדשים דממילא ממעטי ורב אשי לא קאי למיפלג ארבא אלא מילתא לנפשיה קאמר ואקדשים קאי ואפילו אמילה כדמשמע באם לא הביא דלית ליה קל וחומר: **גידין** שסופן להקשות. פי' בקו' גידי צואר ואין נראה לריב"א דהא משמע דהשתא הם רכים כבשר לגמרי ואפי' ר"ל לא פסיל להו אלא משום בסוף ולעיל קאמר אלא פשיטא בגידי צואר משמע שהם רגילין להיות נותר ואין ראוין ליאכל כמו עצמות אלא נראה דהיינו גידי שדרה וגידים הרכים דקתני בברייתא איירי בגידי בשר דלכ"ע הוו כבשר: **הואיל** ומתאכלי בשור הגדול בשלקא · והשתא לא אזיל רבי יוחנן בתר השתא אלא בדבר הנאכל בשור הגדול בשלקא וא"ת ור"ל מאי פריך ליה לר' יוחנן אדרבה תיקשי לדידיה דמוכח בברייתא דבדבר הנאכל בשור הגדול בשלקא אזלינן בתר השתא ויש לומר דסבר ר"ל דראשי כנפים והסחוסין יש עליהם שם בשר יותר מבגידים ופריך לרבי יוחנן מדלא נקט בברייתא גידים דהוי רבותא טפי ור' יוחנן משני דאין רבותא כלל מה שאין בהן טעם בשר כל כך דהא אם היו רכים לעולם לא היה פוסלן הילכך כיון דמתאכלי בשלקא נימנין עליהן כמו ראשי כנפים והסחוסים ורשב"א מפרש טעמא דריש לקיש דגידים לא דמו לראשי כנפים והסחוסים דגידים סופן להקשות בגדי עצמו אבל ראשי כנפים והסחוסים אין סופם להקשות בגדי לעולם אלא בשור הגדול דוקא ולא סייך למיזל בהו בתר בסוף כיון דבגדי וטלה הם רכים לעולם: **הא** הדר ביה ר' יוחנן · פירוש מהך דשמעתין כדמוכח בפרק בהמה המקשה (חולין עז:) וקשה לר"י לר"ל דאותביה לר' יוחנן מההיא שעורותיהן כבשרן תיקשי לנפשיה דקסבר גבי פסח בתר בסוף אזלינן והתם אזיל בתר השתא וי"ל שאני שבעור ראש של עגל הרך יש לו טעם בשר הרבה מגידין וריב"א אומר דבירושלמי פריך דר"ל אדר"ל ומשני טעמא דר"ל מקרא ואכלו את הבשר (שמות יב) ולא גידין ובעור הראש של עגל הרך אזיל בתר דהשתא והכא הוי גזירת הכתוב:

היתה

עין משפט נר מצוה

פו א מיי' פ"י מהל' ק"פ הלכה ט:
פז ב מיי' שם הל' י:
פח ג מיי' שם הלכה א:
פט ד מיי' שם והל' יא:

רבינו חננאל

מהאי קרא הוא לבדו יעשה לכם הוא ולא מכשירין לבדו ולא מילה שלא בזמנו דאתיא בקל וחומר ומה אוכל נפש שאע"פ שהוא באזהרת שמחתו אינה מצוה דוחה יום טוב מילה שאע"פ שהיא שלא בזמנה מצוה היא שנכרתו עליה [י"ג] בריתות וחייב כרת אם לא ימול אינו דין שידחה יום טוב ת"ל לבדו ולא מילה שלא בזמנה ואם מילה שהיא מצוה והמבטלה לגמרי ענוש כרת ולא עיד א"א שהיא מצוה שנכרתו עליה שלש עשרת בריתות (אינה עשה) אינו דוחה יום טוב כל שכן של נותר שלא ידחה יום טוב שאפילו במלו לגמרי אינו ענוש כרת: **רב** אשי מפיק ליה מהאי דכתיב בי"ט שבתון ולא תעשה מלאכה נמצא ביו"ט עשה שבתון ולא תעשה כמשמעו ואין עשה דוחה את לא תעשה ועשה: **מתני'** כל הנאכל בשור הגדול יאכל בגדי הרך ראשי הכנפים והסחוסים כו' וכי כל מי שאינו נאכל בשור אינו נאכל בגדי הרך והרי ראשי כנפים והסחוסים שאינן נאכלין בשור הגדול שהן כעצמות ובגדי הרך נאכלין ופריק רבא ואמר הכי קאמר כל הנאכל בשור הגדול שלוק יאכל צלי בגדי הרך ומה הן ראשי כנפים והסחוסין תניא כותיה דרבא כל הנאכל בשור הגדול בשלקא כו' עד וגידין הרכין כבשר: **איתמר** גידין שסופן להקשות ר' יוחנן אמר נמנין עליהן בפסח דבתר השתא אזלינן והשתא רכין הן וכבשר הן וריש לקיש פליג עליה ומותיב עליה מתני' ושני ליה הכי תנא תני ראשי כנפים והסחוסין הואיל ומתכלי בשור הגדול בשלקא והוא הדין לגידים [שסופן] להקשות דהני נמי מיתכלי בשור הגדול בשלקא: **רמי** ליה רבנן קמיה דר' אבהו מי אמר ר' יוחנן גידין הרכין שסופן להקשות נמנין עליהן בפסח אלמא כיון דמתכלי השתא בתר השתא אזלינן וכי בשר נינהו והא בעיא ר"ל מר"י עור הראש של עגל הרך מהו שיטמא ואמר ליה אינו מטמא דאלמא בתר בסוף אזלינן אמר ליה ר' אבהו דרמא הא לא חש לקמחיה כלומר אכילתו להפסד הולכת שאינו מתעסק בתורה כראוי לה (בפ') [הא] הדר ר' יוחנן ואמר לריש לקיש בעידנא דאקשי' עליה והתנן אלו שעורותיהן כבשרן ואחד מהן עור הראש של עגל הרך אמר לו ר' יוחנן משנה זו דברי [יחיד] הן דברי אלעזר בן יהודה איש אבלים [משום רבי] מר' יוחנן (וכגליון יעקב) הם ומפורש בפ' העור והרוטב כי אמר לו רבי יוחנן אל תקניטני בלשון יחיד אני שונה אותה: מתני' אבל המותיר בטהור כו'. בשלמא מות"ר בטהור אינו לוקה דתניא לא תותירו ממנו עד בקר והנותר וגו' ובא הכתוב כו' לרבי יהודה כדאית ליה ולר' יעקב כדאית ליה אלא שובר העצם בטמא מנא לן דלא לקי ופשטינן לה: מהא דת"ר ועצם לא תשברו בו בכשר ולא בפסול ר' אומר בבית אחד יאכל ועצם לא תשברו בו המוהר ראוי לאכילה יש בו שבירת עצם

עצם

מסורת הש"ס: חולין דף עו: · חולין דף קכב: · [יומא מו. סוכה נד. ע"ש פרש"י יבמות מג:] חולין שם: ודף עז. [נה: קכד.] לעיל דף סא. שבועות ג. [מכות יז.] · סנהדרין דף סג. שבועות דף ג: מכות דף ד: ודף טו. חולין דף פג: ודף קמא: תמורה דף ד: · [לעיל ע. וש"נ]

הגהות הב"ח: (א) רש"י ד"ה אבל המותיר וכו' אינו לוקה לא המותיר:

עין משפט
נר מצוה

צ א מיי' פ"י מהל' ק"פ הלכה א:

[דף סא.]

צא ב מיי' שם הל' ו:

צב ג מיי' שם הל' י':

צג ד מיי' שם הל' ס:

צד ה מיי' שם הל' א:

צה ו ו מיי' שם הל' ו:

צו ח מיי' שם הל' ז:

צז ט י כ מיי' שם הלכה ג:

רבינו חננאל

עצם ואמרינן מכדי תרוייהו אמרי דלא לקי מאי בינייהו והלכך בזה ר' ירמיה אמר פסח הבא בטומאה איכא בינייהו ורב יוסף אמר היתה לו שעת הכושר ונפסל איכא בינייהו ורבנכולן פשוטין הן ואסיקנא תנא כי ארבעה מינייהו ר' אומר בבית אחד יאכל ועצם לא תשברו בו על הכשר חייב ולא על הפסול היתה לו שעת הכושר ונפסלה יש בו משום שבירת העצם: תניא השורף בעצמות והמחתך בגידים אין בו משום שבירת העצם: איתמר עצם שאין עליו כזית בשר במקום זה ויש עליו כזית בשר במקום אחר ר' יוחנן אמר יש בו משום שבירת העצם ריש לקיש אמר אין בו משום שבירת העצם איתיביה ר' יוחנן לר' שמעון בן לקיש ועצם לא תשברו בו אחד עצם שיש עליו כזית בשר במקום זה [ואחד שאין עליו כזית בשר במקום זה] ויש עליו כזית בשר במקום אחר חייב ומשני

הגהות הב"ח

(א) גמ' שבירת העצם (דר' לאקולי קא אתי) תא"מ ונ"ב ס"א ל"ג ליה: (ב) שם אביי אמר כל כי האי גוונא כ"ע אין בו כצ"ל: (ג) שם אבל השורף בעצמות. נ"ב עיין בחולין דף יא המחתך בגידין והשורף בעצמות עכ"ל: (ד) שם מ"ד כשר האי נמי כשר הוא: (ה) תוס' ד"ה ה"ג וכו' טפי נפיק מתורת אכילה:

היתה לו שעת הכושר ונפסל איכא בינייהו מאן דאמר כשר הא כשר הוא· לא משום דדריש בו בכשר ולא בפסול משמע ליה הכי דהא ר' שמעון מפרש לעיל *מילתיה דת"ק דקתני נמי בו בכשר ולא בפסול וקאמר אחד זה ואחד זה אין בו משום שבירת עצם אלא דרב יוסף לא מלי למישכח מידי דאיכא בינייהו אלא היתה לו שעת הכושר ונפסל: **אבר** שילא מקלתו איכא בינייהו מאן דאמר כשר כשר· תימה אמאי חשיב ליה כשר טפי מבר אכילה הא מה שהוא ראוי לאכילה לאו כשר הוא:

ה"ג היתה לו שעת הכושר ונפסל אין בו משום שבירת העלם· ול"ג יש בו דהאי גר' היקשי לרב יוסף ולא משכחינן כארבעה מינייהו ואית דגרס לעיל במילתיה דרב יוסף למ"ד כשר לאו כשר הוא למ"ד יאכל בר אכילה הוא ולפי זה מיתוקמא גירסת הספרים דגר' יש בו ואין נראה דבכולה שמעתין טפי נפיק (ה)מאכילה מדנפיק מתורת כשרות כי ההיא דאבר שילא מקלתו דכשר קרי ליה ולא בר אכילה הוא:

איתמר אבר שאין עליו כזית בשר במקום זה כו'· נראה לר"י ולריב"א דאליבא דרבי קמיפלגי דקתני בברייתא סתמא יש בו שיעור אכילה יש בו משום שבירת העלם ובפלוגתא דרבינא ורב אשי קמיפלגי אבל לרבנן לכ"ע יש בו משום שבירת עלם והא דמסיק אילימא דאין עליו כזית בשר כלל אמאי יש בו משום שבירת עלם אע"ג דמצי לאוקומ' כרבנן הואיל ואליבא דרבי קמיפלגי וסבירא להו כרבי מוקמי למתני' כוותיה:

האי *פסול למ"ד ראוי לאבילה האי נמי ראוי לאבילה הוא רב יוסף אמר *כי האי גוונא דכולי עלמא אין בו משום שבירת העצם (א) דר' לאקולי קא אתי והאי הא פסול הוא אלא היתה לו שעת הכושר ונפסל איכא בינייהו למ"ד כשר הא כשר הוא למ"ד ראוי לאבילה הא השתא לאו ראוי לאבילה הוא אביי אמר (ב) כ"ע כל כי האי גוונא אין בו משום שבירת העצם מאי טעמא השתא מידת הא פסול הוא אלא שבירת העצם מבעוד יום איכא בינייהו למ"ד כשר הא כשר הוא למ"ד ראוי לאבילה השתא לאו בר אבילה הוא מיתיבי רבי אומר נמנין על מוח שבראש ואין נמנין על מוח שבקולית על מוח שבראש מ"ט הואיל ויכול לגוררו ולהוציאו ואי ס"ד שבירת העצם מבעוד יום שפיר דמי קולית נמי נתבריה מבעוד יום ונפקוה למוח דידיה ונמנו עליה אמר לך אביי ולטעמיך משחשיכה נמי נייתי גומרתא ונידות עליה ונקלה ונפקה למוח דידיה ונימני עליה דהא *תניא אבל (ג) השורף בעצמות והמחתך בגידין אין בו משום שבירת העצם אלא מאי אית לך למימר אביי אמר משום פקע רבא אמר משום הפסד קדשים דקא מפסיד ליה בידים דילמא אביל נורא ממוח דידיה מבעוד יום נמי גזירה מבעוד יום אטו משחשיכה רב פפא אמר כל כי האי גוונא כ"ע יש בו משום שבירת העצם מאי טעמא לאורתא מיחזי לאבילה אלא באבר שיצא מקצתו קמיפלגי מ"ד כשר (ד) הא כשר הוא ומ"ד ראוי לאבילה האי לאו בר אבילה הוא כדתניא* ר' ישמעאל בנו של ר' יוחנן בן ברוקה אומר אבר שיצא מקצתו ושברו אין בו משום שבירת העצם רב ששת בריה דרב אידי אמר כל כה"ג דכולי עלמא אין בו משום שבירת העצם דהאי אבר הא פסול הוא אלא שבירת העצם בנא איכא בינייהו מ"ד כשר הא כשר הוא ומ"ד ראוי לאבילה השתא אינו ראוי לאבילה רב נחמן בר יצחק אמר כל כי האי גוונא יש בו משום שבירת העצם מאי טעמא דהא חזי לאבילה דמטוי ליה ואביל ליה אלא שבירת האליה איכא בינייהו למ"ד כשר הא כשר הוא למ"ד ראוי לאבילה האי אינו ראוי לאבילה *דאליה לגבוה סלקא רב אשי אמר כל כי האי גוונא ודאי אין בו משום שבירת העצם דהא ודאי אינו ראוי לאבילה כלל אלא אבר שאין עליו כזית בשר איכא בינייהו למ"ד כשר הא כשר הוא למ"ד ראוי לאבילה בעינן שיעור אבילה וליכא רבינא אמר כל כי האי גוונא לית ביה משום שבירת העצם דבעינן שיעור אבילה אלא אבר שאין עליו כזית בשר במקום זה ויש עליו כזית בשר במקום אחר איכא בינייהו למ"ד כשר הא כשר הוא למ"ד ראוי לאבילה בעינן שיעור אבילה במקום שבירה והא ליכא תניא כארבעה מינייהו דתניא ר' אומר °בבית אחד יאכל °ועצם לא תשברו בו על הכשר הוא חייב ואינו חייב על הפסול היתה לו שעת הכושר ונפסל בשעת אבילה אין בו משום שבירת עצם יש בו שיעור אבילה יש בו משום שבירת עצם אין בו שיעור אבילה אין בו משום שבירת עצם הראוי למזבח אין בו משום שבירת העצם בשעת אבילה יש בו משום שבירת עצם שלא בשעת אבילה אין בו משום שבירת עצם איתמר אבר שאין עליו כזית בשר במקום זה ויש עליו כזית בשר במקום אחר רבי יוחנן אמר יש בו משום שבירת העצם רבי שמעון בן לקיש אמר אין בו משום שבירת עצם איתיביה רבי יוחנן לרבי שמעון בן לקיש ועצם לא תשברו בו אחד עצם שיש עליו כזית בשר ואחד עצם שאין עליו כזית בשר מאי אין עליו כזית בשר אילימא דאין עליו כזית בשר כלל מאי יש בו משום שבירת העצם אלא לאו הכי קאמר אחד עצם שיש עליו כזית בשר במקום זה ואחד שאין עליו כזית בשר במקום זה ויש עליו כזית בשר במקום אחד (*קשיא לרבי שמעון בן לקיש) א"ל לא

תורה אור

שמות יב מו

הכי פסול הוא· שנעשה בפסול דטומאה דהויא היא בליבור אלא שכאן גזירת הכתוב לפוטרן בו: **הכי בר אכילה הוא**· כדתנן (לעיל דף עו:) הפסח שבא בטומאה נאכל בטומאה: **הא כשר**· שנעשו עבודותיו בהכשר: **מבעוד יום**· שהיא שעת אכילה: **נמנין על מוח שבראש**· אפילו לא נמנה אלא על המוח יצא: **ואין נמנין על מוח שבקולים**· מפני שאסור לשוברה ולהוציאו אבל מוח הראש יכול להוציא ולגוררו בקיסם דרך האף: **ניתי גומרתא**· גחלת ונכחי עליה עד שינקב ויוציא מוחו: **אלא מאי אית לך למימר**· אמאי אין נמנין ויוציאו בגחלת: **אביי אמר משום פקע**· שמא מחמת הגחלת יפקע במקום אחר ואין זו שריפה אלא שבירה: **ורבא אמר משום הפסד קדשים**· שמפסיד המוח ושורפו בידים ומוטב שיפסל מאליו הכא נמי לענין שבירה מבעוד יום אע"ג דמדאורייתא שרי רבנן גזור אטו משחשיכה: **אבר שילא מקלתו**· חוץ לחומת ירושלים וצריך לחתוך את היולא איכא בינייהו: **הכי נמי כשר**· שהרי הפנימי כשר והרי הוא שוברו ועובר משום לא תשברו בו אלא חותך עד שמגיע לעלם וקולף עד שמגיע לפרק וחותך כדתנן במתניתין (לקמן דף פה:): **הכי לאו בר אכילה הוא**· במקום שבירה אינו ראוי לאכילה אבל אבר שילא כולו דהיינו היתה לו שעת הכושר ונפסל דכ"ע אין בו משום שבירה דהשתא מיהא פסול הוא: **אליית השה** קריבה עם האימורין מה שאין כן בשור ועז כדכתיב (ויקרא ג) חלבו האליה התמימה: **רבינא אמר**· אי ליכא כזית בשר דכולי עלמא אין בו משום שבירה אלא באין בו כזית במקום שבירה ויש בו כזית במקום אחר איכא בינייהו: **ואינו חייב על הפסול**· והשתא מפרש ואזיל הי פסול קא ממעט היתה לו שעת הכושר ונפסל אין בו משום שבירת העלם גרסינן ורבי אומר גרסינן ברישא והיינו כרב יוסף למזבח למעוטי אליה כדרב נחמן בר ילחק שלא בשעת אכילה מבעוד יום כדאביי דאמר מבעוד יום אתא רבי למעוטי שיעור אכילה במקום שבירה כרבינא אי נמי למעוטי אין עליה כזית כרב אשי: **אין בו משום שבירת העלם**· דבעינן שיעור אכילה במקום שבירה: **אמאי יש בו משום שבירת עלם**· בין לר' יוחנן בין לריש לקיש כזית בעינן: **במקום זה**· במקום שבירה:
לא

[פסול הוא כנ"ל]

חולין דף יא: [תוספתא פ"ו]

[תוספתא פ"ו]

[לעיל גב:]

[תמה תיבות הללו מאין מיותר]

§ מסכת פסחים דף פד: §

אות א'

פסח הבא בטומאה... כי האי גוונא דכולי עלמא אין בו משום שבירת העצם

רמב"ם פ"י מהל' קרבן פסח ה"א - אבל פסח שבא בטומאה, אם שבר בו עצם אינו לוקה, מפי השמועה למדו, לא תשברו בו, [א]בטהור ולא בטמא.

אות ב'

היתה לו שעת הכושר ונפסל... הא כשר הוא

רמב"ם פ"י מהל' קרבן פסח ה"ו - אפילו נפסל בטומאה ויציאה וכיוצא בהם, יש בו איסור שבירת העצם; במה דברים אמורים כשהיתה לו שעת הכושר ונפסל, אבל אם לא היתה לו שעת הכושר, כגון שנתפגל או נעשה במחשבת זמן או מחשבת שינוי השם, אין בו משום שבירת העצם.

אות ג'

נמנין על מוח שבראש ואין נמנין על מוח שבקולית

רמב"ם פ"י מהל' קרבן פסח ה"י - ונמנין על מוח שבראש, מפני שיכול להוציאו בלא שבירת עצם, ואין נמנין על מוח שבקולית, והוא העצם הסתום משני ראשיו, שהרי אינו יכול להוציאו אלא בשבירת עצם.

אות ד'

השורף בעצמות והמחתך בגידין, אין בו משום שבירת העצם

רמב"ם פ"י מהל' קרבן פסח ה"ה - השורף עצמות והמחתך גידים, אינו חייב משום שבירת עצם.

אות ה'

שבירת העצם מבעוד יום... כל כי האי גונא כולי עלמא יש בו משום שבירת העצם

רמב"ם פ"י מהל' קרבן פסח ה"א - אחד השובר את העצם בלילי חמשה עשר, או ששבר בו עצם מבעוד יום, או ששבר אחר כמה ימים, הרי זה לוקה.

אות ו' – ז'

באבר שיצא מקצתו... הא כשר הוא

שבירת העצם בנא... כל כי האי גוונא יש בו משום שבירת העצם

רמב"ם פ"י מהל' קרבן פסח ה"ו - פסח שהוא [ב]נא או מבושל ושבר בו את העצם, לוקה; אפילו נפסל בטומאה [ג]ויציאה וכיוצא בהם, יש בו איסור שבירת העצם.

אות ח'

שבירת האליה... כל כי האי גוונא ודאי אין בו משום שבירת העצם

רמב"ם פ"י מהל' קרבן פסח ה"ז - שבר עצם האליה אינו לוקה, שהרי אינו ראוי לאכילה. השגת הראב"ד: א"א בכלן תפס כרבנן, [ד]ובאליה תפס כרבי.

אות ט' – י' – כ'

אבר שאין עליו כזית בשר... כל כי האי גוונא לית ביה משום שבירת העצם

אבר שאין עליו כזית בשר במקום זה, ויש עליו כזית בשר במקום אחר... יש בו משום שבירת העצם

אילימא דאין עליו כזית בשר כלל, אמאי יש בו משום שבירת העצם

רמב"ם פ"י מהל' קרבן פסח ה"ג - אין חייבין אלא על שבירת עצם שיש עליו כזית בשר או שיש בו מוח, אבל עצם שאין בו מוח ושאין עליו כזית בשר, אינו חייב על שבירתו; היה עליו כזית בשר ושבר העצם שלא במקום הבשר, חייב, אף על פי שהמקום ששבר פנוי מבשרו.

באר הגולה

[א] ‹עיין בהערה לעיל דף פ"ד.› [ב] ‹שם פ"ד ב' וכרב נחמן בר יצחק בנא, אבל במבושל הטעם משום שהיה לו שעת הכושר, ופסק כרבנן דפליגי עליה דרבי לאוקימתא דרב יוסף שם – הר המוריה› [ג] ‹אין דין זה נובע מגמ' שציין העין משפט "הא כשר הוא", דזה הוי הפשט כמו שפי' רש"י, משום שהפנימי כשר, ואילו להרמב"ם הוי הפשט משום שהיה לו שעת הכושר, וצ"ע› [ד] ‹ונראה שטעם רבינו, משום דרב אשי דבתרא הוא, אמר על שבירת עצם האליה, דהא ודאי אינו ראוי לאכילה כלל – כסף משנה›

§ מסכת פסחים דף פה. §

אות א׳

אחד עצם שיש עליו כזית בשר מבחוץ, ואחד עצם שאין עליו כזית בשר מבחוץ ויש עליו כזית בשר מבפנים

רמב״ם פ״י מהל׳ קרבן פסח ה״ג - אין חייבין אלא על שבירת עצם שיש עליו כזית בשר או שיש בו מוח, אבל עצם שאין בו מוח ושאין עליו כזית בשר, אינו חייב על שבירתו.

אות [ב׳]

הפיגול והנותר (והטמא) מטמאין את הידים

רמב״ם פ״ח מהל׳ שאר אבות הטומאה ה״ג - הפיגול והנותר [א]וצריד של מנחות, הרי הן כראשון לטומאה, ומונין בהן ראשון ושני, לפיכך מטמאין את הידים בכביצה.

אות ב׳

טהור ואסור, דיוצא מחבורה לחבורה כיוצא חוץ למחיצתו דמי ומפסיל

רמב״ם פ״ט מהל׳ קרבן פסח ה״ב - בשר הפסח שיצא חוץ לחבורתו, בין בזדון בין בשגגה, נאסר באכילה, והרי הוא כבשר קדשי קדשים שיצא חוץ לעזרה, או בשר קדשים קלים שיצא חוץ לחומות ירושלים, שהכל כטריפה ולוקין על אכילתו, כמו שביארנו במעשה הקרבנות.

אות ג׳

ביוצא בפסח לא מיבעיא לן דלא גזרו רבנן טומאה

רמב״ם פ״ח מהל׳ שאר אבות הטומאה ה״ה - בשר קודש שיצא חוץ למחיצתו, הרי הוא ספק אם מטמא את הידים או לא, לפיכך אינו מטמא, [ב]שספק טומאת הידים טהור כמו שיתבאר; ואם בשר פסח שיצא חוץ לבית הוא, הרי הוא טהור, בני חבורה זריזין הן.

באר הגולה

[א] ‹עיין בהשגת הראב"ד ובמפרשים› [ב] ‹ומפורש בדבריו, דדוקא לענין טומאת ידים טהור, משום דספק טומאת הידים טהור, וכדתנן במס' ידים פ"ב משנה ד', וברמב"ם בפי"ד מהל' אה"ט הל' י"א, **ועוד** מפורש כן, במה שכתב אח"כ ואם בשר שיצא חוץ לבית הרי הוא טהור, בני חבורה זריזים הם, ומוכח דלענין שאר קדשים נקטינן בעיקר דין יוצא לחומרא, דגזרו רבנן טומאה, רק בטומאת ידים הוא לקולא, **וראיתי** שם בהמל"מ שעמד על זה, דלמה הוצרך הרמב"ם לומר הטעם דבני חבורה זריזים הם, כיון דנקטינן דכל יוצא אינו מטמא, וכתב לדחוק דנ"מ לדין ס"ס, **אבל** באמת הוא פשוט, דנ"מ בעיקר דין טומאת הבשר לא לענין ידים, אלא אם נגע בשאר בשר קדש – אבן האזל›

תורה אור

לא הכי קאמר *אחד עצם שיש עליו כזית בשר מבחוץ ואחד עצם שאין עליו כזית בשר מבחוץ ויש עליו כזית בשר מבפנים במקום שבירה *והתניא °ועצם לא תשברו בו אחד עצם שיש בו מוח ואחד עצם שאין בו מוח ומה אני מקיים °ואכלו את הבשר בלילה הזה בבשר שעל גבי העצם או אינו אלא בבשר שבתוך העצם ומה אני מקיים ועצם לא תשברו בו בעצם שאין בו מוח אבל בעצם שיש בו מוח שובר ואוכל ואל תתמה שהרי יבא עשה וידחה ל"ת כשהוא אומר °ועצם לא ישברו בו בפסח שני שאין ת"ל שהרי כבר נאמר °ככל חקת הפסח יעשו אותו הוי אומר *אחד עצם שיש בו מוח ואחד עצם שאין בו מוח מיתיבי אבר שיצא מקצתו חותך עד מקום שמגיע לעצם וקולף עד שמגיע לפרק וחותך ואי אמרת אבר שאין עליו כזית בשר במקום זה ויש (א) במקום אחר אין בו משום שבירת העצם למה לי דקולף עד שמגיע לפרק וחותך נקלוף ביה פורתא ונתבריה אביי אמר משום פקע רבינא אמר בקולית *תנן התם [ג] הפיגול והנותר (והטמא) מטמאין את הידים *רב הונא ורב חסדא חד אמר מפני *חשדי כהונה וחד אמר מפני עצלי כהונה מר מתני אפיגול ומר מתני אנותר מאן דמתני אפיגול משום חשדי כהונה ומאן דמתני אנותר משום עצלי כהונה מר מתני כזית ומר מתני כביצה מאן דמתני כזית כאיסורו ומאן דמתני כביצה כטומאתו איבעיא להו יוצא גזרו רבנן טומאה או לא מי אמרינן נותר דגזרו טומאה דאתי לאיעצולי ביה אבל יוצא אפוקי בידים לא מפקי ליה בידים לא גזרו ביה רבנן טומאה או דילמא לא שנא ת"ש אבר שיצא מקצתו חותך עד שמגיע לעצם וקולף עד שמגיע לפרק וחותך וא"א גזרו ביה רבנן טומאה כי חתיך ליה מאי הוי הא קמטמא ליה טומאת סתרים היא וטומאת סתרים לא מטמיא ולרבינא דאמר *חיבורי אוכלין לאו חיבור הוא וכמאן דמפרתי דמי מאי איכא למימר הא קנגע בהדדי וקא מטמא אלא למאן דמתני כזית דלית ביה כזית ומאן דמתני כביצה דלית ביה כביצה ת"ש המוציא בשר פסח מחבורה לחבורה אע"פ שהוא בלא תעשה טהור מאי לאו [ב]טהור ואסור דיוצא מחבורה לחבורה כיוצא חוץ למחיצתו דמי ומפסיל ואפי' הכי קתני טהור אלמא לא גזרו רבנן טומאה לא טהור ומותר דיוצא מחבורה לחבורה לאו כיוצא חוץ למחיצתו דמי ולא מפסיל והא קא תני סיפא האוכלו הרי זה בל"ת בשלמא למאן דאמר כביצה דאית ביה כזית ולית ביה כביצה אלא למאן דאמר כזית מאי איכא למימר אלא [ג]ביוצא בפסח לא מיבעיא לן דלא גזרו רבנן טומאה מאי טעמא *בני חבורה זריזין הן ומזהר זהירי ביה אלא כי קמיבעיא לן ביוצא בקדשים מאי תיקו ומוציא בשר פסח

מחבורה

אחד עצם שיש בו מוח ואחד עצם שאין בו מוח · הכא מזכיר שאינו פשוט קודם וכן בפ' החולץ (יבמות מא.) כל הנשים לא ינשאו עד ג' חדשים אחד בתולות ואחד אלמנות כו' תנא נמי בריסא בתולות שאינו פשוט והיכא דאיכא פלוגתא או קאי אקרא דרך להזכיר פשוט קודם כההיא דראש השנה (דף כט:) דתנן אמר רבי אלעזר לא התקין רבן יוחנן בן זכאי שיהו תוקעין אלא ביבנה אמרו לו א' יבנה כו' כלומר כמו שפשוט לך שתוקעים ביבנה כך כל מקום שיש ב"ד וכן בבבא קמא (דף נ:) אחד בור ואחד שיח ומערה דקאי אקרא דכתיב בור וכן בסוטה (דף מג.) אחד הבונה ואחד הלוקח כו' וכן בפ"ק דסוכה (דף כ.) גבי א' גדולה וא' קטנה כו'* :

כשהוא אומר ועצם לא ישברו בו בפסח שני כו'. בפ' דם חטאת בזבחים (דף צז:) יליף מהכא דאין עשה דוחה ל"ת בקדשים מדכתב רחמנא גבי פסח ועצם לא תשברו בו וקשה היכי יליף מינה ואמאי נמי נצריך קרא הכא הא בפידגא דמיעקר לאו לא מקיים עשה *ועוד קשה לרשב"א דהכא אפשר לקיים שניהם על ידי גומרתא דהשורף בעצמות אין בו משום שבירת עצם וקיימא לן *דהיכא דיכול לקיים שניהם לא אתי עשה ודחי ל"ת ותירץ רבינו חיים לרשב"א (ג) דלרבא שפירש לעיל בגומרתא דאסור משום הפסד קדשי' אתי שפיר : **משום** חשדי כהונה. וא"ת כמו כן לא יחושו לעשות בטומא' וי"ל דאף לרשעים חמירא להו טומאה כדאמרינן ביומא (דף כג.) ללמדך שתמורה עליהן טהרת כלים יותר משפיכות דמים* : **טומאת** בית הסתרים היא. וא"ת התינח לר' יוסי אלא לר' מאיר דפליג עליה ומייתי לה בפ' בהמה המקשה (חולין עג:) דאית ליה דמטמא מאי איכא למימר וי"ל דקיימא לן כר' יוסי לגבי ר' מאיר : **ולרבינא** דאמר חיבורי אוכלין כמאן דמפרתי כו'. וא"ת בלא רבינא כיון דס"ד דאיכא שיעור לטמויי במה שיצא לחוץ הוה מצי לאקשויי דמסקינן בפרק בהמה המקשה (שם) דמודה ר' יוסי בשלש על שלש הבאות מבגד גדול דבשעת פרישתו מאביו מקבל טומאה מאביו וה"נ הכא וי"ל דאיכא לאוקמה בניתזות בכל כחן וכן משני בפ' אמרו לו (כריתות טו:) גבי אבר המדולדל באדם טהור מיהו הכא כיון שאינו חותך העצם אלא חותך סביבו' העצם אינו יכול להתיז בכל כחו ובירושלמי מוקי בחותך ומשליך במעט מעט : **דבני** חבורה זריזין הן כי קמיבעיא לן יוצא דקדשים. וא"ת דבפ' המוצא תפילין (עירובין קג.) משמע איפכא דקאמר כהנים זריזין הן אמרינן בני חבורה זריזין הן לא אמרינן ותירץ ר"י דלא דמי דגבי בני חבור' שייך למיגזר טפי שמא יחתה מלגבי כהנים דהא מילתא לא שייכא לפסח כלל אבל במידי דשייך לפסח כגון יוצא זריזין בני החבורה יותר מכהנים :

הוצאה

לא הכי קאמר כו'. לעולם אכילה במקום שבירה בעינן ואחד עצם שאין עליו כזית בשר דקאמר הכי קאמר אין עליו בשר מבחוץ ויש בתוכו מוח מבפנים ובמקום שבירה ואשמעינן דאכילת מוח אכילה היא : **והתניא.** בניחותא דאסר לשבר עצם שבתוכו מוח ולא אמרינן ליתו עשה דואכלו את הבשר וידחה את לא תעשה דשבירה : **ומה אני מקיים ואכלו את הבשר בבשר שעל העצם.** אבל מוח לא דליכא לאוקמה במוח נמי ועל ידי גחלת דלא מצריך ליה קרא מילתא דאתי בה לידי תקלה דילמא פקע : **תלמוד לומר.** שלא הוצרך ללמד איסור שבירה : **אבר שיצא מקצתו.** וצריך לחתוך את היוצא : **חותך.** את הבשר סביב איקרני"ר : **עד שמגיע לעצם וקולף.** הבשר שלא יצא : **עד שמגיע לפרק.** שמתחברין שם שני עצמות : **וחותך.** את הפרק ומשליך את העצם שיצא מקצתו ויאכל בשר הנקלף : **נקלוף בה פורתא.** במקום שבירה סביב : **משום פקע.** שמא יפקע וישבר תחת הבשר כשיכה על מקום הקלוף : **בקולית.** רדוכדי"ל של היד דיש בו מוח מתוכו לא מהניא ליה קליפה : **מטמאין את הידים.** מדרבנן : **חד אמר משום חשדי כהונה.** שחשודין לפגל קרבן משום איבה גזרו על הפיגול שיטמא את הידים כדי שיהא זה צריך להטביל ידיו קודם שיגע בקודש ויטריחוהו : **וחד אמר משום עצלי כהונה.** המתעצלים באכילת קדשים גזרו טומאה על הנותר כדי להטריחו עליהם : **מר מתני.** טעמא דידי' חשדי אפיגול ומר מתני טעמא דידיה עצלי אנותר : **מר מתני.** בין פיגול בין נותר בכזית גזור רבנן דליטמאו : **כאיסורו.** כשיעור איסור אכילתו שהוא חייב עליו בכזית : **כטומאתו.** כשיעור טומאת אוכלים דאורייתא בכביצה : **הא קא מיטמי.** פנימי מחמת מגעו של יוצא המחובר לו : **ומשני טומאת בית הסתרים היא.** כל מגע חיבור בית הסתרים שאין מקום מגעו נראה וטומאה בית הסתרים נפקא לן במסכת נדה דלא מיטמיא מודיעו לא שטף במים בפ' יוצא דופן (דף מג.) דבעינן נגיעה בידים שהן בגלוי : **ולרבינא דאמר.** בפרק בהמה המקשה (דף עג.) לגבי מגע חיבור דאוכלים כמאן דמפרתי דמו ולא הוי חיבור ולא מגע בית הסתרים מיקרי : **דלית ביה כזית.** באותו קצת : **שיצא מחבורה לחבורה.** לקמיה מפרש לא תעשה דיליה : **מאי לאו טהור.** מלטמא : **ואסור.** לאכול כשאר יוצא חוץ למחיצה דמחיצת פסח מקום אכילתו היא ואפילו הכי קתני טהור : **לא טהור ומותר.** דלא פסול יוצא אית ביה אבל יוצא חוץ למחיצה לעולם אימא לך דמטמא : **הרי זה בלא תעשה.** כדאמר *בפרק כל שעה (לעיל כד.) לא יאכל כי קדש הם כל שבקדש פסול בא הכתוב ליתן לא תעשה על אכילתו אלמא יוצא חשיב ליה ואפי' הכי קתני טהור : **בשלמא למאן.** דמתני אפיגול ונותר כביצה מצי לתרוצי דגזור טומאה נמי איוצא והאי דקתני טהור בדליכא כביצה : **מאי איכא למימר.** מדקתני האוכלו בלא תעשה מכלל דאיכא כזית : **זריזין הן.** שיש רבים ומזרזים זה את זה מלהוציא ולא איצטריך לאחמורי עלייהו שלא יבואו לידי יציאה :

רבינו חננאל

ריש לקיש הכי קתני אחד עצם שיש עליו כזית בשר במקום זה מבחוץ ואחד עצם שאין עליו כזית בשר מבחוץ ויש בו כזית מוח מבפנים יש בו משום שבירת עצם. והתניא הכי ועצם לא תשברו בו אחד עצם שיש בו מוח במקום שבירה ואחד עצם שאין בו מוח ומה אני מקיים ואכלו את הבשר וכו' ואסיקנא הוי אחד עצם שיש בו מוח ואחד עצם שאין בו מוח חייב ומותבינן תוב לריש לקיש אבר שיצא מקצתו פי' חוץ לירושלים ונפסל חותך בבשר עד שמגיע לעצם ומפריש בין הבשר שיצא ובין הבשר שנשאר באבר שלא יצא וקולף כלומר מפריש הבשר הבשר שלא יצא ממשש מן העצם עד שמגיע לפרק וחותך נמצא הבשר המופשט תלוי בפסח הבשר שיצא מחובר על העצם ושורף הבשר שיצא והעצם עמו ושאר הבשר שהפשיט מן העצם כשר לאכילה ולדברי ריש לקיש למה אסרה המשנה שצריך קליפה עד הפרק הלא הוא שבירת העצם שלא במקום בשר אינו חייב יקלוף מן הבשר מעט ולא ישאיר באותו מקום בשר וישבר העצם ומשני אביי חיישינן משום פקע כלומר כששובר העצם אינו מתפרק עמו גמירה אלא נפרק חייסי' שמא יעלה הפרק במקום לפיכך חותך בפרק רבינא אמר בקולית : **אבר** שיצא מקצתו כו' תנן התם בסוף פס' ז הפגול והנותר והטמא מטמאין את הידים אפגול אמרינן מ"ט גזרו בו רבנן טומאה משום חשדי כהונה שלא יחשדו לנגוע בו כי לאכלו נגע בו הלכך גזרו בו טומאה שלא יבוא ליגע בו כלל וחד מתני אנותר מפני שנתעצלו בו והניחוהו להיות נותר חד מתני כזית מטמא הידים באיסור אכילתו מה איסור אכילתו בכזית אף איסור נגיעתו בכזית וחד אמר כביצה כטומאת אוכלין : **איבעיא** להו בשר היוצא חוץ למחיצתו ונפסל גזרו בו טומאה או לא ואתינן למפשט לה ממתני' דתנן אבר שיצא מקצתו חותך כו' ואי אמרת גזרו בו אע"פ שחתכו ופורש הבשר הנשאר באבר מבפנים מאי הוי גם הבשר שבפנים נטמא מן הבשר שיצא ושנינן נגיעת הבשר בבשר במקום החתיכה היא ומקום החתיכה קודם החתיכתה מקום סתירה הוא וקי"ל זו היא טומאת סתרים ולא מטמאה וכבר פירשנוהו בפ' בהמה המקשה לילד ולשם רבינא מפריק אפילו תימא רבנן חיבורי אוכלין כמאן דמפרקי דמי וקא נגעו אהדדי כלומר כיון דלהתיכה קאי כחתוך דמי ואינה טומאת בית הסתרים אלא טומאה גלויה היא וכאלו חתיכה אחת נוגעת בחברתה ושני' הא דתנן אבר שיצא חותך בבשר ובפירשי ומה שבפנים כשר בזמן שאין בשר היוצא כזית דלא נחתא ליה טומאה כלל : **ת"ש** בשר פסח היוצא מחבורה לחבורה אע"פ שהוא בלא תעשה טהור מאי לאו יוצא מחבורה לחבורה טהור ומותר הוא ולאו כתיב ביה לא תוציא מן הבית מן הבשר חוצה כלאו דשבירות עצם מה שבירת העצם לא פסל ליה אף יציאתו לא פסיל ליה ואקשי' אי הכי טהור ומותר הוא איפא סיפא והאוכלו הרי זה בלא תעשה דתניא בתורת כהנים והבשר אשר יגע בכל טמא לא יאכל בכל לרבות היוצא והבשר כל טהור יאכל בשר לרבות בשר הפנימי שהוא מותר מכאן אמרו אבר שיצא מקצתו כו' בשלמא למאן [ראמ"ר] ביוצא כביצה מוקי לה בדלית ליה כביצה אלא כזית הלכך עובר משום אוכל חוץ למחיצתו ואין עובר משום יוצא דהא לית ביה כביצה אלא למאן דבעי

ביוצא

עין משפט נר מצוה

צח א מיי' פ"י מהל' ק"פ הלכה ג :

[צט] [ב] מיי' פ"ח מהלכות אבות הטומאה הלכה ג] :

צט ב מיי' פ"ט מהל' ק"פ הלכה ב :

ק ג מיי' פ"ח מהל' אבות הטומאה הל' כ :

[ועיין תוס' לקמן קה: ד"ה אחד ובכתובות כו: ד"ה אחד ובסוכה כ: ד"ה אחת וקדושין יג. ד"ה כסף ובכתובות כ: ד"ה אחד זבחים לג: ד"ה אי הכי ובמנחות סג: ד"ה ר"ן]

[לקמן נט.]

[ועיין פסקי תוס' זבחים פ' דם חטאת סעיף סט]

[שבת קלג.]

מסורת הש"ס

זבחים לג:

[לעיל מז:] [לקמן קכ:] [שם]

[פי' שלא יחשדו המגע בו כי לאכלו נגעו בו הלכך גזרו בו טומאה כו' ערוך ערך חשד פ"ט ישוב וכשם נחמד ולפ"ז יתיישב קושית תוספות בד"ה משום חשדי כהונה]

[חולין עב: עג.]

[עירובין קג. וש"נ]

הגהות הב"ח

(א) גמרא ויש עליו כזית בשר במקום אחר אין בו : (ב) תוס' ד"ה כשהוא וכו' דלרבא שפירש לעיל. נ"ב פי' האי סוגיא של האי עוממא משום הפסד קדשים אבל לא כרבא דקאמר דילמא אכיל נורא אלא וס"ל דאיכא דאי הפסד קדשים :

גליון הש"ס

רש"י ד"ה הרי זה בל"ת כדאמר סכ"ס. עיין לקמן דף לה ע"א ברש"י ד"ה לא תוציא : תוס' ד"ה משום חשדי כהונה וי"ל דאף לרשעים. עיין סנהדרין מח ע"א תד"ה מטמאין :

מחבורה לחבורה מנין דתניא לא תוציא מן הבית מן הבשר חוצה אין לי אלא מבית לבית מחבורה לחבורה מנין ת"ל חוצה חוץ לאכילתו א"ר אמי המוציא בשר פסח מחבורה לחבורה אינו חייב עד שיניח הוצאה כתיב ביה כשבת מה שבת עד דעבד עקירה והנחה אף ה"נ עד דעבד עקירה והנחה מתיב רבי אבא בר ממל היו סובלים אותן במוטות הראשונים יצאו חוץ לחומת העזרה והאחרונים לא יצאו הראשונים מטמאין בגדים והאחרונים אין מטמאין בגדים והא לא נח הוא מותיב לה והוא מפרק לה בנגררין:

מתני' אבר שיצא מקצתו חותך עד שמגיע לעצם וקולף עד שמגיע לפרק וחותך ובמוקדשין קוצץ בקופיץ שאין בו משום שבירת העצם מן האגף ולפנים כלפנים מן האגף ולחוץ כלחוץ החלונות ועובי החומה כלפנים:

גמ' אמר רב יהודה אמר רב וכן לתפלה ופליגא דריב"ל דא"ר יהושע בן לוי אפילו מחיצה של ברזל אינה מפסקת בין ישראל לאביהם שבשמים הא גופא קשיא אמרת מן האגף ולפנים כלפנים הא אגף עצמו כלחוץ אימא סיפא מן האגף ולחוץ כלחוץ הא אגף עצמו כלפנים לא קשיא כאן בשערי עזרה כאן בשערי ירושלים דאמר רבי שמואל בר רב יצחק מפני מה לא נתקדשו שערי ירושלים מפני שמצורעין מגינין תחתיהן בחמה מפני החמה ובגשמים מפני הגשמים ואמר רבי שמואל בר רב יצחק מפני מה לא נתקדשה שער נקנור מפני שמצורעין עומדין שם ומכניסין בהונות ידם: החלונות ועובי החומה וכו': אמר רב גגין ועליות לא נתקדשו איני והאמר רב משום רבי חייא כזיתא פסחא והלילא פקע איגרא
מאי

רש"י

מחבורה לחבורה מנא לן. חבורה של שני פסחים בבית אחד: חוצה. קרא יתירא הוא למיפק חוץ לחבורה אכילתו: מן חוצה לא גרסינן מן: עד שיניח. במקום חבורה האחרת: דעבד ליה עקירה והנחה. כשבת דבעינן עקירה והנחה דעד שניח לא גמרה מלאכה וגבי שבת וכל חיובי חטאות כתיב במשכה בעושה את כולה ולא בעושה מקצתה (שבת דף קג:) והאי נמי אע"ג דלאו בר חטאת הוא הוצאה כי התם בעינן: היו סובלין אותם במוטות. פרים הנשרפי' כגון פר ושעיר יוה"כ ופר העלם דבר ופר כהן משיח הנשרפין חוץ לג' מחנות וילפינן בסדר יומא בפ' שני שעירי (דף סח.) דהלכך בשאר פרים הנשרפין אתה נותן להם ג' מחנות וכן ביום הכפורים אתה נותן להם מחנה אחת בתמיה דכתיב יוציא אל מחוץ למחנה *ושרף וגו' תלמוד לומר לך כיון שיצאו חוץ למחנה אחת מטמא בגדים דהא כתיב והשורף אותה יכבס בגדיו אלמא כשיוצאין מן העזרה מטמא בגדים שסוליהם מיד ואע"ג דלא גמרו והכא הוצאה כתיבה דכתיב והוציא את הפר וגו': בנגררין. על גבי קרקע דליכא הנחה: מתני' חותך עד שמגיע לעצם. כדפרישית לעיל: ובמוקדשים. בשאר קדשים שילא מהן מקצת אבר: קוצץ. את היוצא בקופיץ: מן האגף ולפנים כלפנים. אגף קרי כל מקום הגפת הדלת שהוא חופף ונוקש שם כשסוגרו דהייט משפת הפנימית של עובי הפתח עד מקום הנקישה שקורין רב"ן: מן האגף ולפנים. דהייט תוך העיר ממש כלפנים ואוכלין שם קדשים קלים: מן האגף ולחוץ כלחוץ. דהייט מקום הנקישה ואגף עצמו לא ידעי' השתא אי כלפנים אי כלחוץ ובגמרא מפרש לי': החלונות. שבחומת ירושלים ועובי ראש החומה בגובה כלפנים ואע"ג דבעובי השערים לא אמרן הכי התם כדמפרש טעמא בגמרא מפני המצורעים: גמ' וכן לתפלה. העומד מן האגף ולפנים מצטרף לעשרה והעומד חוץ לפתח אין מצטרף: אינה מפסקת. שאין הפסק לפני המקום שהכל גלוי וידוע לפניו ואין סתימה לפניו: אגף עצמו. עובי השער מן הנקישה ולפנים: בשערי ירושלים. אגף עצמו כלחוץ שלא נתקדש עוביין: בשערי עזרה. נתקדש עוביין בקדושת עזרה חוץ משער ניקנור מפני המצורע שעומד שם בעודו מחוסר כפורים ומכניס משם בהונותיו לעזרה מצורע משתלח חוץ לשלש מחנות כדאמרינן באלו דברים (לעיל סז:): מפני מה לא נתקדשה שער ניקנור. בקדושת עזרה והוא שער המזרחית של עזרה: עומדין שם. ביום שמיני לימי ספרו לאחר שנתרפא וגלח וטבל והעריב שמשו בשביעי ועודנו מחוסר כפורים ותניא בהקומץ (מנחות כז.) מחוסר כפורים שנכנס לעזרה ענוש כרת ונפקא לן מטעד טומאתו בו ומכניס ידיו משם לעזרה לתת עליהן מדם האשם שאילו מוליאו לחוץ היה נפסל ביוצא וביאה במקצת לאו שמה ביאה לענוש על כך אי נמי שמה ביאה וגזירת הכתוב היא והעמיד הכהן המטהר את האיש המיטהר לפני ה' וגו' (ויקרא יד): גגין ועליות לא נתקדשו. בין גגי ירושלים בקדושת ירושלים לקדשים קלים בין גגי לשכות העזרה בקדושת עזרה לקדושת קדשי קדשים: כזיתא פסחא. חבורות גדולות היו נמנין עד שלא היה הפסח מגיע לכל אחד כי אם כזית מן הפסח: והלילא פקע איגרא. לקול המולת ההמון מההלל דומין כאילו הגגין מתבקעים שהיו אומרים הלל על הפסח כדתנן לקמן (דף צה:) הראשון טעון הלל על אכילתו:
מאי

תוספות

הוצאה כתיב ביה כשבת. פי' אל יצא איש ממקומו והיינו אל יוציא דהא תחומים דרבנן ואפילו למ"ד תחומין דאורייתא היינו מדשני ולא כתב אל יוציא אבל לדידיה נמי קרא בהוצאה מיירי כדמשמע סוף פ"ק דעירובין (דף יז:) דקאי רבי חייא לוקין על תחומין דבר תורה פי' מאל יצא ופריך לאו שניתן לאזהרת מיתת ב"ד הוא משמע דלהוצאה נמי אתא ול"ש דבריש הזורק (שבת צו:) דריש הוצאה מויעבירו קול במחנה ואומר ר"י דאיצטריך חד להוצאה דעני וחד להוצאה דבעל הבית ומשום דהוצאה מלאכה גרועה היא איצטריך למיכתב בתרוייהו ולהכי חשיב להו נמי בריש מסכת שבת (דף ב:) בתרתי לפי שכתובות בשני מקראות ומסיק אבות מאי ניהו יציאות יציאות תרתי הוויין:

בנגררין. אמר ר"י דלאו דוקא נגררין אלא שיהיו תוך ג' לקרקע דאפי' לרבנן *דר"ע דלית להו קלוטה כמו שהונחה דמיא בזורק במעביר תוך ג' מודו דהכי אמרינן בהמוציא יין (שם דף פ:) אמר רבא הוציא חצי גרוגרת והניחה וחזר והוציא חצי אחרת דרך עליה חייב ופריך והא אמר רבא תוך שלשה לרבנן צריך הנחה על גבי משהו ומשני לא קשיא כאן בזורק כאן במעביר ולאו דוקא נקט התם דרך עליה דהוא הדין שלא דרך עליה תוך ג' אלא דרך עליה דהשתא לא צריך שיהא תוך ג' רק שיהא תוך ג' דגרוגרת מיחייב ואם תאמר אכתי היאך הראשונים מטמאין הא בשבת לא הויא הוצאה דמגנין זה הוציא ואגב הפר ביד האחרונים שבפנים כדמוכח בהמצניע (שם דף צג:) וי"ל דהכא מיירי שכל הפר חוץ לחומת העזרה ואפילו למאן דאמר התם אגד כלי שמיה אגד הא"ת כלי שיש לו תוך דאינו חייב אם הוציא מקלתו שע"י מה שבפנים יכול להביאו מבפנים אבל ע"י משיכת המוט לא היו יכולים האחרונים להביאו אלו:

וכן לתפלה. פי' בקונטרס לענין צירוף ואין נראה דבאלו נאמרין (סוטה דף לח:) משמע סוגיא דגמרא דהלכה כר' יהושע בן לוי דאמר אפי' מחיצה של ברזל אינה מפסקת ובפרק כל גגות (עירובין צב:) משמע סתמא דגמרא דמחיצה מפסקת לצירוף דקאמר ט' בקטנה ואחד בגדולה אין מצטרפין ולענין שופר ומגילה נמי לא מלית לפרש דתנן בהדיא בפ' ראוהו ב"ד (ר"ה דף כז: ושם) היה עובר אחורי בית הכנסת או שהיה ביתו סמוך לבית הכנסת ושמע קול שופר או מגילה אם כוון לבו יצא ונראה לר"י דהכא מיירי לענין לענות יהיד קדושה ויהא שמיה רבא מברך דאין מחיצה מפסקת לריב"ל ולרב יהודה מפסקת כיון דהאי דבר שצריך עשרה וכי היכי דלא מצטרף לא נפיק ידי חובה אבל שופר לא בעי עשרה:

לא נתקדשה שער ניקנור. וא"ת אם כן בשערי עזרה גופה ליפלוג כאן בשער ניקנור כאן בשאר שערים וי"ל דמתניתין בפסח קאי שאינו נפסל אלא חוץ לחומת ירושלים:

החלונות ועובי החומה כלפנים. בפ"ב דשבועות (דף טז:) פליגי כיצד מהלכים שתי תודות שהיו מקדשין בהם חד אמר זו כנגד זו וחד אמר זו אחר זו משמע התם דמבפנים היו מהלכין דפריך בשלמא למאן דאמר זו אחר זו אמטו להכי פנימית נאכלת שכבר קדשה ראשונה אלא למאן דאמר כו' ואי מבחוץ היו מהלכין היכי קאמר דקדשה ראשונה חוץ לחומה והא דקאמר התם למאן דאמר זו כנגד זו פנימית הך דמקרבה לחומה אע"ג מבפנים היו מהלכים קרי לה פנימית שהיא נגד חוץ ירושלים מפני שהיתה בין ב"ד ובין החומה אי נמי דמקרבה לחומת עזרות קאמר והא דקתני הכא שנתקדשה עובי החומה הקידוש היה תלוי בדעת ב"ד ...קדשה שפיר עובי החומה ואלטות אי נמי למאן דמסקינן בגמרא עובי החומה בבר שורא אתי שפיר דלשם ודאי יכולים לילך ולקדש:
לא

עין משפט נר מצוה

קא א ב מיי' פ"ט מהל' ק"פ הל' א:
קב ג מיי' פ"ט מהלכות פרה אדומה הל' ח:
קג ד מיי' פ"ט מהל' ק"פ הלכה ב:
קד ה מיי' שם הל' א:
קה ו מיי' פ"ח מהל' תפלה הלכה ו סמג עשין יט טוש"ע א"ח סי' נה סעיף יג:
קו ז מיי' (פ"ט) [פ"ו] מהל' נשיאות כפים הל' ח טוש"ע (סעיף ו) סימן קכ"ח סעיף כד:
קז ח מיי' פ"ד מהל' מחוסרי כפרה הלכה ב:
קח ט מיי' פ"ו מהל' בית הבחירה הלכה ו:

מסורת הש"ס

זבחים קה:
ג"ז ושם
[זבחים מו.]
סוטה לח:
[פי' תוספות יבמות ז: ד"ה זה נכנס כו']
[ועי' תוס' שבת ב. ד"ה פשט]
[שבת ד.]

גליון הש"ס

גמרא גגין ועליות. פי' מכות יב ע"א תד"ה אלין וכמהרש"א שם וכתשובה למלך סי' כ"א מהל' שגגות:

רבינו חננאל

ביוצא כזית האיל האוכלו בלא תעשה לא אשר פרק בפתות מכזית אמאי שהור ומותר ואוקימנא אלא יוצא דפסח דברי הכל לא נודה בו טומאה דבני חבורה ודייק הן כי קא מבעיא לן יוצא דקדשים ועלתה בתיקו תניא לא תוציא מן הבית אין לי אלא מבית לבית מחבורה לחבורה מנין ת"ל מן הבשר חוצה לאכילתו ואינו חייב עד שיעשה עקירה והנחה ומותבינן עלה מהא דתנן בשריפת קדשים פי' פרים הנשרפים ושעירים הנשרפין היו סובלין אותן במוטות ראשונים יצאו לחומת עזרה אחרונים לא יצאו ראשונים מטמאין בגדים אחרונים אין מטמאין עד שיצאו הא לא נח ואוקימנא בנגררים על הארץ ואינן [נעשים] מגביהין מן הקרקע אלא נמשכין [מן] [על] הארץ דהיינו הנחתם: פי' אבר שיצא מקצתו כו' מן האגף ולפנים כלפנים מן האגף ולחוץ כלחוץ אמר רב יהודה אמר רב וכן לתפלה העומד מן האגף ולפנים הרי הוא בכלל ברכה מן האגף ולחוץ ופליגא דר' יהושע בן לוי דאמר ר' יהושע בן לוי אפי' מחיצה של ברזל אינה מפסקת בין ישראל לאביהם שבשמים ואקשי' הא גופה קשיא אמרת מן האגף ולפנים כלפנים האגף עצמו חוץ אימא סיפא מן האגף ולחוץ כו' ואוקימנא בשערי ירושלים אגף עצמו כלחוץ כי לא נתקדש מפני שמצורעין מגינין תחתיהן בחמה מפני החמה כו' וכן שערי נקנור לא נתקדש מפני שמצורעין עומדין שם ומכניסין ידיהם לבהונות כדי שיתו עליהם אבל שערי עזרה אגף עצמו כלפנים: החלונות ועובי החומה כלפנים. אמר רב גגין ועליות של ירושלים לא נתקדשו ואקשי' עלה והא איהו דאמר משום רבי חייא פסח כזיתא והלילא פקע איגרא
מאי

§ מסכת פסחים דף פה: §

אות א׳ – ב׳

מחבורה לחבורה מנין

המוציא בשר פסח מחבורה לחבורה אינו חייב עד שיניח

רמב"ם פ"ט מהל' קרבן פסח ה"א - כל האוכל מן הפסח אינו אוכל אלא בחבורה אחת, ואין מוציאין ממנו מן החבורה שיאכל בה; והמוציא ממנו כזית בשר מחבורה לחבורה בליל חמשה עשר, לוקה, שנאמר: לא תוציא מן הבית מן הבשר חוצה; והוא שיניחנו בחוץ, שהוצאה כתובה בו כשבת, לפיכך צריך עקירה והנחה כהוצאת שבת; ואין מוציא אחר מוציא בפסח, שכיון שהוציאו הראשון נפסל.

אות ג׳

היו סובלים אותן במוטות וכו'

רמב"ם פ"ה מהל' פרה אדומה ה"ה - מאימתי מטמאין בגדים הנושאין פרים ושעירים הנשרפים, משיצאו בהן חוץ לחומת העזרה; נשאום במוטות ויצאו מקצת הנושאים חוץ לחומת העזרה והאחרונים לא יצאו, [א]אלו שיצאו מטמאין בגדים, ואלו שעדיין לא יצאו אינן מטמאין בגדים עד שיצאו.

אות ד׳

אבר שיצא מקצתו, חותך עד שמגיע לעצם, וקולף עד שמגיע לפרק וחותך, ובמוקדשין קוצץ בקופיץ וכו'

רמב"ם פ"ט מהל' קרבן פסח ה"ב - אבר שיצא מקצתו, חותך הבשר ויורד עד שמגיע לעצם, [ב]וקולף את הבשר, כל שבפנים יאכל, וכל שבחוץ ישרף, כשהוא מגיע לעצם חותך בקופיץ, אם היה שאר קדשים; ואם היה פסח שאסור לשבור בו עצם, קולף עד הפרק, ומפרק האבר שיצא מקצתו מן הפרק ומשליכו לחוץ.

אות ה׳

מן האגף ולחוץ כלחוץ, החלונות ועובי החומה כלפנים

רמב"ם פ"ט מהל' קרבן פסח ה"א - מן האגף ולפנים כלפנים, מן האגף ולחוץ כלחוץ, והאגף עצמו שהוא עובי הפתח, [ג]כלחוץ; [ד]החלונות ועובי הכותלים כלפנים; הגגים והעליות אינן בכלל הבית.

אות ו׳

וכן לתפלה

סימן נה סי"ג - [ה]צריך שיהיו כל העשרה במקום א' וש"צ עמהם, והעומד בתוך הפתח, מן האגף ולחוץ, [ו]דהיינו כשסוגר הדלת ממקום (שפה) פנימית של עובי הדלת ולחוץ, כלחוץ - ר"ל דמקום סגירת הדלת הוי כלחוץ, אף שעכשיו היה הפתח פתוח, [ז]**ועיין** במ"א שכתב שיש שחולקין ע"ז, ומכריע כמותם, דמקום זה הוי כלפנים, **ועיין** בספר אבן העוזר שפסק ג"כ בפשיטות, דהיכא דהמיעוט עומדים תוך המקום הזה, מצטרפים לעשרה, **דלא** גרע מחצר קטנה שנפרצה לגדולה המבואר בסט"ז, וכן משמע מביאור הגר"א.

[ח]**עיין** ביד אפרים שכתב, דבחלל הפתח לבד ממקום הדלת, כגון היכא שהדלת קבוע לחוץ, וממקום הדלת ולפנים יש עוד חלל בתוך עובי

באר הגולה

א ‹בפרק כ"צ מוקי למתניתין בנגררין, משום דהוצאה כתיב בה, דכתיב והוציא את הפר. **ויש** לתמוה על רבינו ז"ל איך הביא משנה זו בסתם, דהא פסק כרבי אמי בפ"ט מהלכות קרבן פסח – משנה למלך› **ב** ‹תימה דמה קולף שייך בשאר קדשים, דכיון דבשאר קדשים מותר שבירת עצם, יחתוך עצם ובשר וישליכנו, אבל בפסח שאין יכול לשבור עצם יחתוך הבשר וישליכנו, והשאר עד הפרק יקלוף ויאכלנו, שלא הוזכר קילוף בשר אלא גבי פסח, אבל גבי שאר קדשים מה זה שמזכיר קילוף בשר, וצ"ע – לחם משנה› **ג** ‹שם מסקינן דשערי ירושלים לא נתקדשו חללן – הר המוריה› **ד** ‹וקשה טובא, דבגמרא [פה:] אמימרת גגין ועליות לא נתקדשו, אמרינן [שם פו.] תנן החלונות ועובי החומה כלפנים, בשלמא החלונות משכחת לה דשוו לקרקע העזרה, אלא עובי החומה היכי משכחת לה. וכתב רש"י ז"ל [ד"ה עובי] אלמא ראש החומה נתקדש דדמי לגגין ועליות. ומשנינן משכחת לה בבר שורא. וכפי זה יש לתמוה על הרמב"ם, איך כתב סתם החלונות ועובי החומה כלפנים, דמשמע בכל גוונא – פר"ח› **ה** **פסחים פ"ה** ‹פסחים שם במתנ', מן האגף ולפנים כלפנים, אמר רב יהודה וכן לתפלה, **ואע"ג** דאיתא שם ופליגא דריב"ל דאמר אפי' מחיצה וכו', ואנן קיי"ל כריב"ל, אפ"ה שפיר מביאים הפוסקים האי דינא לענין תפלה, דדוקא לענין לענות פליג ריב"ל, אבל לצרוף מודה ריב"ל דמפסיק, ושפיר מביאים האי דינא דמן האגף ולפנים – דמשק אליעזר. **עיין** ברש"י ותוס'› **ו** **שם בפי' רש"י ולדעת ר' ירוחם** **ז** ‹וכתב הב"י וז"ל: ומשמע לכאורה דלענין צירף דבר שבקדושה אגף עצמו כלפנים, דאי לאו דבעלמא הוי כלפנים, לא הוו מקדשי שערי העזרה, וגם בשערי ירושלים אי לאו מפני המצורעים היו מקדשים אותו מה"ט. **אבל** רבינו ירוחם כתב לענין תפלה דאגף עצמו כלחוץ, {מדהוצרכו האגף של העזרה לקדשו, ש"מ הא בלא"ה לא היה נקדש מחמת צרוף העזרה, הרי דדין האגף כלחוץ – דמשק אליעזר. **וכ"כ** בחת"ס שם, וכוונתם, שאם היה דינא דאגף כלפנים, אז לא שייך לחלק בין שער נקנור דלא נתקדש, לשערי העזרה דנתקדשו, דהרי מכיון דהעזרה עצמה נתקדשה, א"כ ע"כ דכל מה שנכלל בתוך העזרה ממילא מקודשת עמה – אמרי חן}, **וכ"כ** הרמב"ם פ"ט מהל' ק"פ לענין הוצאת קרבן פסח מחבורתו בשעת אכילתו דאסור, דאגף עצמו כלחוץ, ומשמע דילפינן מיניה לענין תפלה כדברי רבינו ירוחם, עכ"ל הב"י. **ולכן** כתב כאן בשו"ע, ולא הביא שום חולק, דאגף כלחוץ, **ואע"ג** דמסתבר להב"י דאגף כלפנים לענין תפלה, מדנתקדשו שערי עזרה, וגם צריך ליתן טעם על מה שלא נתקדשו שערי ירושלים כנזכר לעיל, אפ"ה ביטל דעתו נגד רבינו ירוחם, כנזכר לעיל, בשגם כי מצא ראיה מהרמב"ם הנ"ל. **אמנם** אלו ראה הב"י ספר תניא שחולק, ודאי היה מביא דעתו, ואפשר שהיה פוסק כמותו, כיון דכן משמע בגמ' – מחה"ש› **ח** ‹ומש"כ רש"י [ד"ה מן האגף] משפת הפנימיות של עובי הפתח עד מקום הנקישה, דמשמע לכאורה דמ"מ האסקופה והמשקוף בכלל אגף הוא, וא"כ לרבינו ירוחם הוא כלחוץ, **צ"ל** שרש"י פי' כן משום שהדלתות היו נפתחים לפנים, וקבוע בשפה הפנימיות של עובי הפתח, והיו נסגרים לתוך עובי הפתח, דהיינו שעובי הדלתות היו מובלעים בתוך עובי חלל הפתח, ושם היה מקום הנקישה באמצע עובי החלל, נמצא דשפה הפנימיות של עובי הפתח ושפה הפנימיות של הדלת חדא מלתא, ולכך כתב רש"י מן האגף ולפנים דהיינו תוך העיר ממש כו', כיון דהדלת הוא בשפה הפנימיות של הפתח, ממילא דלפנים הימנו היא בתוך העיר ממש. **ומה** שהוכרח רש"י לפרש כן, דאמרינן שם מפני מה שערי ירושלים לא נתקדשו מפני שהמצורעים כו', משמע שכל עובי השער דהיינו כל חלל הפתח לא נתקדש, והיינו משום שהאגף עצמו, דהיינו עובי השער שהדלת שם, הוא בסוף שפה הפנימיות של החלל, **אבל** אם הדלת באמצע האסקופה והמשקוף, אין סברא לומר שיהיה נחשב כלחוץ מן השפה של חלל הפתח, אע"פ שהדלת הוא רחוק משם, מחמת שהאסקופה והמשקוף הם רחבים, כיון שהוא מן הדלת ולפנים. **ומש"כ** רש"י אגף עצמו עובי השער מן הנקישה ולפנים, היינו ג"כ לפי שעובי הדלת הוא בסוף עובי השער – יד אפרים›

הפתח, לכו"ע הוי כלפנים, ויש לסמוך ע"ז. **דאף** דבפמ"ג משמע דדעתו דרבינו ירוחם סובר גם בזה דהוי כלחוץ, עכ"פ הלא בלא"ה הרבה חולקין על רבינו ירוחם וכנ"ל, ועיין בבה"ל.

(**והיכא** שהדלת קבוע לצד פנים, והדלת נכנס רק לתוך מקצתו של חלל הפתח, והפתח פתוח, הנה לדעת רבינו ירוחם ולהשו"ע דפוסק כוותיה, נראה דלא מצטרפי, בין אם הוא עומד בתוך מקום עובי הדלת, ובין אם הוא עומד בתוך חלל הפתח, **אכן** לדעת התניא דפוסק המ"א כוותיה צ"ע, כי לפי פירושו של הפמ"ג בענין אגף, דמקום החלל נקרא בשם אגף, עי"ש, יצטרף לדעת התניא, **אכן** לפי מה שביאר היד אפרים, מקום חלל הפתח אשר חוץ ממקום עובי הדלת, יהיה נקרא חוץ ממקום האגף, ובזה לכו"ע צריך להיות כלחוץ, **אכן** לפי מה שכתב הגר"א לענין מקום האגף, דאפילו אם נאמר דהוי כלחוץ, עכ"פ לא גרע מחצר קטנה שנפרצה לגדולה, יש להקל גם בזה).

(**ואם** רואין אלו את אלו, יוכלו להצטרף אפילו עומדים לגמרי לחוץ, דומיא דמה שהקיל המחבר לקמן בסעיף י"ד, ולכתחלה יותר טוב להחמיר בזה שיכנסו לפנים, דקולא זו דמהני רואין אלו את אלו לענין צירוף, נובע מתשו' הרשב"א, והוא לא כתב זה רק בדרך אפשר).

אות ז'

אפילו מחיצה של ברזל אינה מפסקת וכו'

סימן קכח סכ"ד - עם שאחורי הכהנים אינם בכלל ברכה - דבעינן דוקא פנים כנגד פנים כמ"ש לעיל, **והיינו** אפילו אינו אחוריהם ממש, אלא משוכים לצדדים, כיון שעכ"פ הוא מאחוריהם, אינו בכלל ברכה, **ואפי'** אינו מפסיק מידי בינם לבין הכהנים. **אבל מלפניהם ובצדיהם אפי' מחיצה של ברזל אינה מפסקת -** פי' לא מיבעיא אלו שהם מלפני הכהנים משוכים לצדדים, פשיטא דבכלל ברכה הם, אלא אפילו כנגד צדדי הכהנים ממש, אפ"ה בכלל ברכה הם. **ולאחריהם נמי, אם הם אנוסים, כגון עם שבשדות, שהם טרודים במלאכתן ואינם יכולים לבא, הם בכלל הברכה.**

אות ח'

שמצורעין עומדין שם ומכניסין בהונות ידם

רמב"ם פ"ד מהל' מחוסרי כפרה ה"ב - כיצד עושין לו, המצורע עומד חוץ לעזרת ישראל כנגד פתח מזרחית באסקופת שער ניקנור ופניו למערב, ושם עומדים כל מחוסרי כפרה בעת שמטהרין אותן... ואח"כ יבא הכהן שקיבל הדם בכפו אצל המצורע, הכהן מבפנים והמצורע מבחוץ, ומכניס המצורע ראשו ונותן הכהן מן הדם שבכפו על תנוך אזנו הימנית, ואח"כ יכניס ידו הימנית ויתן על בהן ידו, ואח"כ יכניס רגלו הימנית ויתן על בהן רגלו.

אות ט'

גגין ועליות לא נתקדשו

רמב"ם פ"ו מהל' בית הבחירה ה"ז - הלשכות הבנויות בקדש ופתוחות לחול, אם היו גגותיהן שוין עם קרקע העזרה, תוכן חול וגגותיהן קדש; ואם אינן שוין, אף גגותיהן חול, שהגגות והעליות לא נתקדשו; לפיכך גגים אלו אין אוכלין שם קדשי קדשים ולא שוחטין קדשים קלים.

---

§ מסכת פסחים דף פו. §

אות א'*[א]

דאכלי בארעא ואמרי באיגרא

סימן תפ ס"ב - [ב]ויכול לגמור הלל אף שלא במקום סעודה [ג](רמב"ס והמגיד) - ואף שאינו שותה הארבעה כוסות במקום אחד, אין בכך כלום.

אות א'

פעם אחת בשבוע

רמב"ם פ"ז מהל' בית הבחירה הכ"ג - מקום שהיה בעלייה מכוון על קדש הקדשים, אין נכנסין לו אלא [ד]פעם אחת בשבוע, לידע מה הוא צריך לחזק בדקו.

אות ב'

בשגגותיהן שוין לקרקע עזרה

רמב"ם פ"ו מהל' בית הבחירה ה"ז - ע"ל דף פ"ה: אות ט'.

אות ג'

אימא סיפא, בנויות בחול ופתוחות לקודש, תוכן קודש וכו'

רמב"ם פ"ו מהל' בית הבחירה ה"ח - היו בנויות לחול ופתוחות לקדש, תוכן קדש [ה]לאכילת קדשי קדשים; אבל [ו]אין שוחטין שם קדשים קלים, והנכנס לשם בטומאה פטור; וגגותיהן חול לכל דבר.

אות ד'

בפתוחות להר הבית, כי תניא ההיא בפתוחות לעזרה

רמב"ם פ"ו מהל' בית הבחירה ה"ט - המחילות הפתוחות לעזרה, קודש; והפתוחות להר הבית, חול.

‹המשך ההלכות בעמוד הבא›

באר הגולה

[א] ‹ע"פ הגר"א› [ב] ‹פ"ו. דאכלי בארעא ואמרי באיגרא כו' - גר"א› [ג] ‹ויש לו לגמור את ההלל בכל מקום שירצה אף על פי שאינו מקום סעודה - רמב"ם פ"ח מהל' חמץ ומצה ה"י. **השגת** הראב"ד: א"א אין הדעת מקבלת כן, לפי שאין כאן שם לארבעה כוסות אם אינן במקום אחד, ע"כ. **ודברי** רבינו מבוארין סוף פרק כיצד צולין: לא קשיא כאן בשעת אכילה כאן שלא בשעת אכילה, וזה מבואר, וע"כ לא אמרו דבשעת אכילה אסור אלא משום פסח, וזה ברור - מגיד משנה› [ד] ‹נקט רבינו כמ"ד אחת בשבוע דהיא סברא מציעתא - כסף משנה› [ה] ‹לאכילה שאני {מטומאה}, דרבי בה קרא חצרות הרבה, {אבל לא לטומאה} (זבחים נ"ו. וברש"י שם) - כסף משנה› [ו] ‹דהא בעינן לפני אהל מועד, למעוטי צידי צדדין (שם) - כסף משנה›

כיצד צולין פרק שביעי פסחים פו

מסורת הש"ס | עין משפט נר מצוה

מאי לאו דאכלי ליה בגגין. אלמא גגי ירושלים נתקדשו: **אין מפטירין.** כשהגיע זמנו להפטר מן הסעודה דהיינו אחר הפסח שהוא נאכל באחרונה על השבע שכן מוכח כל הקרבנות כדקיימא לן (חולין דף קלב:) למשחה לגדולה כדרך שהמלכים אוכלין אין נפטרין על ידי אפיקומן: **ואמר רב.** אפיקומן לשון אוליתו צליכם מכאן ונלך ונאכל עוד בחבורה אחרת: **שלא בשעת אכילה.** קריאת ההלל לאחר אכילה: **פעם אחת בשנה.** ביוה"כ לקטורת ולהזיית בין הבדים: **בשבוע.** בשמיטה: **מה היא צריכה.** שמא תבקע החומה וצריכה תיקון אלמא עליות נתקדשו: **שאני היכל.** דכתיב ביה ועליותיו וכתיב הכל בכתב מיד ה' עלי השכיל אלמא קודש: **בקודש.** בעזרה: **ופתוחות לחול.** שאין להם פתח לעזרה אלא להר הבית: **תוכן חול.** כקדושת הר הבית ולא כעזרה דבתר פתיחה אזיל: **בשגגותיהן שוין לקרקע עזרה.** שהלשכות בנויות מחילות תחת הקרקע הלכך גגים דידהו הוו נהי כי ארעא: **כי אמרה רבי יוחנן.** להא דמחילות לא נתקדשו בפתוחות להר הבית דגבי שילוח בעל קרי המשתלח חוץ להר הבית אמרה באלו דברים(א) דקאמר מחילות לא נתקדשו ובעל קרי משתלח חוץ לשתי מחנות ומותר ליכנס במחילות דהר הבית: **כי תניא ההיא.** דתוכן קודש בפתוחות לעזרה ולהכי נקט פתוחות דבתר פתיחתן אזלינן: **והתניא מחילות שתחת ההיכל חול.** וקא סלקא דעתך בפתוחות לעזרה קאמר ומשנינן בפתוחות לחול שמחילות מהלכות מתחת אמה עשרה אמה שאחורי בית הכפורת עד שנפתחות להר הבית מחוץ לעזרה: **ת"ש וגגו קודש.** גגו של היכל ועליה דהא דרבי יהודה היא והכא לא מצי לשנויי כדלעיל מהיכל ניקום איניש דהא גגו לא כתיב בקרא: **גגין הללו.** שבעזרה ולשכותיה: **אין אוכלין שם קדשי קדשים.** הנאכלין בעזרה ואין שוחטין שם קדשים קלים הנשחטין בכל מקום בעזרה: **לאותן שתי אמות.** להכי קדשי גגין לשימוש כתיקון כלי קודש הצריכין לבנין או הצריכין למזבח כדאשכחן שאותן שתי אמות מקלות של מדה היו מונחות בגובה השער שהוא כגגין ועליות: **דתנן שתי אמות.** קני מדה היו בשושן הבירה והוא בית הבנוי על גובה השער דתנן במסכת מדות (פ"א מ"ג) שער המזרחי ועליו שושן הבירה צורה מצויירת ומפרשינן במנחות כדי שידעו מהיכן באו ולהכי הוא דקדשי גגין לכל דדמין לשתי אמות דלא הוי צורך המזבח אבל למילתא אחריתי לא קדשו: **של משה.** ששה טפחים: **ולמה היו אחת גדולה ואחת קטנה.** היכי לאו בשל משה: **שיהו האומנין.** שסכרן לבנות כך וכך אמות נוטלין למדת הקטנה של משה ומחזירין הבנין לגזברין למדה האחת מאלו הגדולות כדי שיותירו משלהן להקדש ולא בצמצום שמא יהנו מן ההקדש בחנם ויבואו לידי מעילה: **ותרתי.** גדולות למה לי תיסגי בשל משה ובאחת מהנך: **חדא לכספא ודהבא.** בזו שאין יתירה על של משה אלא חצי אצבע היו לאומנות זהב וכסף כמין טבלאות ושולחנות שהן אומנות כבידה ובזו שיתירה עליהן אצבע היו מחזירין בנין אבנים ומוסיפין על תנאן אצבע לכל אמה: **עובי החומה.** אלמא ראש החומה נתקדש דדמו לגגין ועליות: **בר שורא.** חומה קטנה לפנים מן החומה גדולה והיא נמוכה ושוה לקרקע גובה העזרה שקרקע העזרה הולך וגבוה ועולה במעלות: **מתני' שתי חבורות שהיו אוכלות.** פסח אחד בבית אחד: **אלו הופכין פניהן אילך.** אינן צריכין להסב אלו כנגד אלו להיות נראין כחבורה אחת אלא רשאין להפוך פניהם אלו אילך ואלו אילך ואפילו נראין כשתי חבורות לא איכפת לן כדיליף בגמרא שהפסח נאכל אף בשתי בתים לשתי חבורות: **והמיחם.** שמחממין בו חמין שמוזגין בו היין רשאין לתת באמצע כדי שיהא נוח לשמש לשתיהן למזוג משם לכאן ולכאן ואין צריכין לשנות משאר מנהג כל השנה ואף על פי שמפסיק בין החבורות לא איכפת לן וכשהשמש משמש לשתיהן עומד מחבורה אחת שהתחיל לאכול עמה מן הפסח למזוג לחבורה האחרת: **קופץ את פיו ומחזיר את פניו.** לצד חבורתו שלא יחשדוהו שאוכל עם חבורה האחרת דסבירא ליה לתנא דידן הפסח נאכל בשתי חבורות אבל אדם אחד אינו אוכל בשני מקומות ממנו ולהכי מוקי בבית אחד יאכל שאין אדם אחד אוכל בשני בתים ושתי חבורות ההופכות פניהן כשתי בתים דמו: **והכלה.** שהיא בושה רשאה להפוך פניה לצד אחר ולאכול כדאמרן פסח נאכל בשתי חבורות: **גמ' על הבתים אשר יאכלו אותו.** משמע שני בני אדם אוכלין פסח אחד בשתי בתים דכתיב יאכלו שנים אותו חד פסח בתים שנים: **יכול יהא.** אדם אחד אוכל בשני מקומות כגון בשני חדרים או בשתי חבורות ההופכות פניהם ת"ל בבית אחד יאכל ור' יהודה סבר יש אם למסורת כדלקמן יאכל כתיב משמע אדם אחד אוכלו בבית א' ולא בשני בתים אבל גבי אוכלים הרבה כתיב בתים הרבה: **השמש.** שהיה צולהו ושכח והכניס כזית לתוך פיו והוא היה נמנה עליו: **אם פיקח הוא ממלא כריסו ממנו.** דאם יעמוד משם שוב לא יאכל: **מלמד שהאוכל אוכל בשני מקומות.** ויאכלו דכתיב בקרא אכל חד וחד מאוכלין קאי:
יכול

תורה אור

מאי לאו דאכלי באיגרא ואמרי באיגרא לא דאכלי בארעא ואמרי באיגרא איני *והתנן אין מפטירין אחר הפסח אפיקומן ואמר רב שלא יעקרו מחבורה לחבורה לא קשיא כאן בשעת אכילה כאן שלא בשעת אכילה ת"ש *אבא שאול אומר עליית בית קדשי הקדשים חמורה מבית קדשי הקדשים שבית קדשי הקדשים כהן גדול נכנס לו פעם אחת בשנה ועליית בית קדשי הקדשים אין נכנסין לה אלא °פעם אחת בשבוע ואמרי לה פעמים בשבוע ואמרי לה פעם אחת ביובל לידע מה היא צריכה אמר רב יוסף *מהיכל ניקום וניתיב איניש °שאני היכל דכתיב °ויתן דוד לשלמה בנו את תבנית האולם ואת בתיו *ואת גנזכיו ועליותיו וחדריו הפנימים ובית הכפורת וכתיב °הכל בכתב מיד ה' עלי השכיל ת"ש *הלשכות הבנויות בקודש ופתוחות לחול תוכן חול וגגותיהן קודש תרגמא רב חסדא °בשגגותיהן שוין לקרקע עזרה אי הכי אימא סיפא בנויות בחול ופתוחות לקודש תוכן קודש וגגותיהן חול ואי ס"ד בשגגותיהן שוין לקרקע עזרה הויא לה מחילות *וא"ר יוחנן מחילות לא נתקדשו כי קאמר רבי יוחנן °בפתוחות להר הבית כי תניא ההיא בפתוחות לעזרה *והתני' ר"י אומר מחילות מתחת ההיכל חול כי תניא ההיא שפתוחות לחול ת"ש *וגגו קודש ותסברא והא קתני *גגין הללו אין אוכלין שם קדשי קדשים ואין שוחטין שם קדשים קלים ואלא קשיא גגו קדש אמר רב חמא בר גוריא לאותן ב' אמות *דתנן ב' אמות היו בשושן הבירה אחת על קרן מזרחית צפונית ואחת על קרן מזרחית דרומית זו שעל קרן מזרחית צפונית היתה יתירה על של משה חצי אצבע וזו שעל קרן מזרחית דרומית היתה יתירה עליה חצי אצבע נמצאת יתירה על של משה אצבע ולמה היו אחת גדולה ואחת קטנה °שיהו האומנין נוטלין בקטנה ומחזירין בגדולה כדי שלא יבואו לידי מעילה ותרתי למה לי אחת לכספא ודהבא ואחת לבנינא תנן החלונות ועובי החומה כלפנים בשלמא החלונות משכחת לה דשיה לקרקע עזרה אלא עובי החומה היכי משכחת לה משכחת לה בבר שורא דכתיב °ויאבל חיל וחומה ואמר רבי אחא ואיתימא רבי חנינא שורא ובר שורא: **מתני'** °שתי חבורות שהיו אוכלין בבית אחד אלו הופכין את פניהם הילך ואוכלין ואלו הופכין את פניהם הילך ואוכלין °והמיחם באמצע כשהשמש עומד למזוג קופץ את פיו ומחזיר את פניו עד שמגיע אצל חבורתו ואוכל והכלה הופכת את פניה ואוכלת: **גמ'** מתני' מני רבי יהודה היא *דתניא *°על הבתים אשר יאכלו אותו בהם °מלמד שהפסח נאכל בשתי חבורות יכול יהא האוכל אוכל בשתי מקומות תלמוד לומר °בבית אחד יאכל מכאן *אמרו השמש שאכל כזית בצד התנור אי פקח הוא ממלא כריסו ממנו ואם רצו בני חבורה לעשות עמו טובה באין ויושבין בצדו דברי רבי יהודה רבי שמעון אומר על הבתים אשר יאכלו אותו בהם מלמד שהאוכל אוכל בשתי מקומות
יכול

לא נצרכה אלא לאותן שתי אמות. לא בעי למימר דאותן שתי אמות היו מונחות בגגו של היכל דהא שער מזרחי שעליו (ב) שושן הבירה צורה אחת משערי העזרה היה אלא ה"ק כמו שאותו שער מזרחי היה מקודש להניח שם כלי קודש כמו כן גגו של היכל קודש דקאמר היינו להצניע שם כלי קודש ולא שיהיו כלי קודש צריכין מקום מקודש כדמוכח בכמה דוכתי אלא הך קדושה אית להו להניחם שם:
ומר

קט א מיי' פ"ז מהל' בית הבחירה הלכה כג:
קי ב מיי' פ"ז מהל' בית הבחירה הל' ז:
קיא ג שם הלכה ח:
קיב ד שם הלכה ט:
קיג ה מיי' פ"ח מהל' מעילה הלכה ה:
קיד ו מיי' פ"ו מהל' בית הבחירה הל' ג:
קטו ז מיי' פ"ט מהל' ק"פ הלכה ג:
קטז ח שם הלכה ד:
קיז ט שם הלכה א:

רבינו חננאל

הגהות הב"ח

גליון הש"ס

ומר סבר יש אם למקרא . וא"ת והא שמעינן ליה לרבי שמעון בפ"ק דקדושין (דף יח:) דאית ליה יש אם למקרא ולמסורת דדריש בבגדו בה בבוגדו בה דאין אדם מוכר את בתו לשפחות אחר אישות ולא *לאישות אחר שפחות וי"ל דהתם לא כתבי אהדדי ויכול לדרוש שניהם אבל הכא דליכא למידרש אלא חד דריש מקרא וכן בפ"ק דסנהדרין (דף ד.) והא דאמר לעיל (דף פה:) המוציא בשר פסח מחבורה לחבורה הרי הוא בלא תעשה אתי אפילו למאן דאמר פסח נאכל בשתי חבורות דאחר שנחלק ולקחו כל חבורה חלקה אסור להוציא חלק חבורה זו לחבורה אחרת :

*הכלה הופכת פניה · איצטריך לאשמעינן דלא חשבינן כשתי מקומות אע"פ שאוכלה מקצת סעודה בלא הפיכת פניה אי נמי קמ"ל דחייבת להפוך פניה כדאמר בגמרא כלה תנן :

אין מסרבין לגדול . אמאי דיתיב אפוריה לא שייך למימר משום דאין מסרבין דישיבת פוריא דבר גסות וסרחה הוא ולא היה לו לישב אי לאו משום כל מה שיאמר בעל הבית עשה: (א)**נכנסין** בג' כו' · פירש ר"ח חבורה שנמנו על הפסח ובאו מקצת מהן בעת שדרך בני אדם לאכול ושגרו הדיילא פי' שמש לחפש אחריהם ולא מצאן אם נתקבצו רק שלשה אוכלין את הפסח ואין עליהן להמתין עד שיבואו כולם אבל פחות משלשה לא אבל אם היו מקובצים יחד ויצאו ונתאחרו והדר בהו דיילא ולא מצאן אפילו לא נשאר רק אחד מהם אין צריך להמתין כיון שהיו שם ויצאו :

אמר רבינא ונותן דמים · האוכל פסח ולית הלכתא כוותיה והנ"מ דעל בעידנא דעיילי אינשי והדר בהו דיילא :

[צ"ל ולא לשפחות אחר שפחות ר"מ]

קיח א מיי' שם הל' כ:

קיט ב טוש"ע א"ח סי' קע ס"ה :

קכ ג ד שם סעיף ח :

[שייך לע"א במשנה]

קכא ה ו מיי' פ"ט מהל' ק"פ הל' ו:

סמג"א סימן קע"א ס"ק יו"ד כפירוש רש"י מגלה וכו' פי' על זה בשם הב"ח וכשם מש"מ וכ"כ הפליט בעבר האחרונות אות ק' דף נ"ח ע"ב בשם ראשית חכמה בעניני דרכסים חוץ מגלה וע"פ נמידות אגדות

יכול יהא נאכל בשתי חבורות ת"ל בבית אחד יאכל במאי קמיפלגי רבי יהודה סבר יש אם למסורת ור' שמעון סבר *יש אם למקרא היו יושבין ונפרסה מחיצה ביניהם לדברי האומר פסח נאכל בשתי חבורות אוכלין לדברי האומר אין הפסח נאכל בשתי חבורות אין אוכלין היו יושבין ונסתלקה מחיצה ביניהן לדברי האומר האוכל אוכל בשני מקומות אוכלין לדברי האומר אין האוכל אוכל בשני מקומות אין אוכלין יתיב רב כהנא קא פשיט ליה מפשט א"ל רב אשי לרב כהנא ותיבעי לך איבעיא סילוק מחיצה ועשיית מחיצה מי הוי כב' מקומות וכב' חבורות דמי או לא *תיקו : הכלה הופכת את פניה וכו' : מ"ט א"ר חייא בר אבא א"ר יוחנן מפני שהיא בושה רב הונא בריה דרב נתן איקלע לבי רב נחמן בר יצחק אמרו ליה מה שמך אמר להו רב הונא אמרו ליה ניתיב מר אפוריא יתיב יהבו ליה כסא קבליה בחד זימנא ושתייה בתרי זימני *ולא אהדר אפיה אמרו ליה מ"ט קרית לך רב הונא אמר להו בעל השם אני מ"ט כי אמרו לך ניתיב אפוריא יתבת אמר להו *כל מה שיאמר לך בעל הבית עשה (**חוץ מצא) מאי טעמא כי יהבו לך כסא קבלת בחד זימנא אמר להו מסרבין לקטן ואין מסרבין לגדול מ"ט אשתיתיה בתרי זימני אמר להו *דתניא השותה כוסו בבת אחת הרי זה גרגרן שנים דרך ארץ שלשה מגסי הרוח מאי טעמא לא אהדרת אפך אמר להו כלה הופכת פניה תנן *ר' ישמעאל ברבי יוסי איקלע לבי רבי שמעון ברבי יוסי בן לקוניא יהבו ליה כסא קבליה בחד זימנא ושתיה בחד זימנא אמרי ליה לא סבר לה מר השותה כוסו בבת אחת הרי זה גרגרן אמר להו לא אמרי בכוסך קטן ויינך מתוק וכריסי רחבה אמר רב הונא *בני חבורה נכנסין בשלשה ויוצאין אפילו באחד אמר רבה *והוא דעייל בעידנא דרגילי למיעל והוא דרגש בהו דיילא אמר רבינא ונותנין שכר דמים וצריך האחרון להוסיף דמים ולית הלכתא כוותיה :

הדרן עלך כיצד צולין

יכול יהא. עיקרו של פסח נאכל בשתי חבורות: **ת"ל בבית אחד יאכל** · וקסבר יש אם למקרא יאכל אפסח קאי ולא אגברי כלומר עיקר תחלת אכילתו תהא בחבורה אחת ולא יתחלק לשתי חבורות אבל גברא אי בעי קאי מהכא ואזיל ואכיל הכא דלא קפיד רחמנא אלא אעיקר תחלת אכילה מדקרינן יאכל הפסח ולא יאכל אגברא ואני שמעתי חילוף ר' יהודה סבר יש אם למקרא בבית אחד ולא בשני מקומות ור"ש סבר יש אם למסורת שמסר אונקלוס הגר בחבורה חדא יתאכל אבל אשני מקומות לא קפיד וקשה לי לאומרו דלא שמעתי מסורת כזה מעולם ועוד דקיימא לן דר' שמעון יש אם למקרא ס"ל בשמעתא קמייתא דסנהדרין* ועוד לישנא דברייתא דייקא כוותי דגבי חבורות נקט פסח נאכל ולא נקט שתי חבורות אוכלין אותו וגבי מקומות נקט האוכל אוכל ולא נקט פסח נאכל הלכך כי דרשינן בבית אחד יאכל במקרא אפסח משמע למעוטי חבורות וכי דרשינן יאכל אגברי משמע למעוטי מקומות : **ונפרסה מחילה ביניהן גרסינן.** היו יושבין חבורה אחת ואוכלין פסח אחד ונפרסה מחילה ביניהן ועשאום שני חבורות לדברי האומר פסח נאכל בשתי חבורות גומרין אכילתן ואע"ג דמאן דאית ליה פסח נאכל בשתי חבורות אוסר לאדם לאכול בשני מקומות הכא לא נעשה לכל חבורה וחבורה מקומם כמקום אחר שהרי אינו רואה אויר שלא ראה עד עכשיו ואין כאן מקום חדש : **היו יושבין.** ב' חבורות בשני בתים ואכלו שם פסחיהם ונסתלקה המחילה יש כאן אויר חדש ונעשה לכל חבורה כמקום אחר והוי ליה כאוכלים במקום הראשון ובשני הלכך לדברי האומר אין האוכל אוכל בשני מקומות אין אוכלים : **פשיט ליה מפשט** . אומרה לשמועה זו פשוטה ומפורשת כמו שאמרנו שעשיית מחילה עושה אותן שתי חבורות וסילוק מחילה עושה אותן שני מקומות ולא מספקא ליה בה מידי : **מ"ט** . למה לה להפוך פניה ומאי אורחה בהכי : **מפני שהיא בושה** . לאכול לעיני האנשים על ידי שמסתכלין בה : **יתיב** . ומטה מקום הסב חשובין היא והקטנים יושבין על גבי ספסלין ונהג עלמו בחשיבות: **קבליה בחד זימנא**. ולא סריב עד שיפלרו בו : **ושתייה בתרי זימני** . הפסיק בו : **ולא אהדר אפיה** . לצד אחר אלא שתה לעיניהן : **בעל השם אנא** . מקטנותי כך קוראין לי רב הונא : **מ"ט כי אמרי לך תיב אפוריא איתיבת** . ולא ישבת על גבי קרקע ולא על גבי ספסל ולהכי בעו ליה שלא היה מנהגם כך ותמיהא להו : **כל מה שיאמר לך בעל הבית עשה** . מתניתא היא במסכת דרך ארץ (בפרק בן עזאי) (ד"א רבה פ"ה) : **מסרבין לקטן** . מלקבל דבריו עד שיפליר בו : **ואין מסרבין לגדול** . שכן במלאכים שאמרו לאברהם כן תעשה (בראשית יח) ולא סירבו בו וללוט אמרו כי ברחוב נלין עד ויפלר בם מאד (שם יט) : **כלה הופכת פניה תנן** . ואין דרך האיש להפוך פניו : רבי ישמעאל בר רבי יוסי כריסו רחבה הואי כדאמרינן בהשוכר את הפועלים (ב"מ דף פד·) : **בני חבורה** . לאו בפסח קאי : **בני חבורה** . שמש המשמש בסעודתן נכנסין בשלשה להסב ואם בא יחיד או שנים והסבו אין על השמש לשמש עלייהו : **ויוצאין באחד אחד**. כל מי שסיים אכילתו קודם אם בא לצאת יצא ואע"פ שקשה לשמש לשרת היחידים הנשארין : **והוא דעיילי בעידנא דעיילי אינשי**. שאין האחרון מאריך יותר משעת סעודת האחרים וגם בכניסתן לא ימהרו להסב כדי לאחר השמש עד זמן גמר שעת סעודה : **והוא דרגש בהו דיילא** . שהודיעו לשמש שזה דרכן לצאת אחד אחד לפי שטורח הוא לו לשמש היחידים : **וצריך האחרון להוסיף דמים** . לשמש :

הדרן עלך כיצד צולין

רבינו חננאל

אוכלו בשני מקומות מכאן שהפסח נאכל בשני בתים יכול יהא נאכל בשתי חבורות ת"ל יאכל ואמרי' במאי פליגי רבי יהודה סבר יש אם למסורת יאכל כתיב בבית אחד יש רשות לאוכל לאוכלו ולאוכל קא מזהיר רחמנא שלא יאכל אותו אלא במקום אחד בלבד ולא בשני מקומות ורבי שמעון סבר יש אם למקרא יאכל קוראים על הפסח קא מזהיר רחמנא להאכל בחבורה אחת ולא בשתי חבורות אבל חבורה אחת בשני מקומות רשאין וקיימא לן כרבי יהודה דתנן סתמא כוותיה: **נפרצה** מחיצה ביניהם ונתפרדו חצים לחד וחצים לחד נעשו כשתי חבורות בפסח אחד וכן אם היו שתי חבורות כל אחת בפסח שלה נסתלקה מחיצה מביניהם ונתערבו כאלו באו אלו לתוך אלו ואלו לתוך אלו ושתיית דק :

[סנהדרין ד· [סוכה ו: קדושין יח: וש"נ]

[דף ד']

[עיין תוספות בכורות מד: ד"ה ואין]

[מס' ד"א פ"ה ושם איתא כשאתה נכנס דבר בשרות]

[שם] ביצה כה:

[בערוך ערך דייל מגלר פי' סוגיא זו באריכות ע"ש]

הגהות הב"ח

(א) תוספות ד"ה נכנסין וד"ה אמר הד"א :

גליון הש"ס

גמרא רבי ישמעאל ברבי יוסי. בירושלמי ספ"ג דמעשרו' איתא ר"א בר"ש :

הכלה הופכת את פניה ואוכלת · פי' מפני שהיא בושה לאכול · רב הונא כדאיקלע לבי רב נחמן בר יצחק אמרו ליה מה שמך אמר להו רב הונא פי' נסמכת בישיבה לחקרות רב ובזה השם אני ידוע לפיכך אמר בעל השם אנא כלומר סמך בישיבה אני וכו' ענינא מסרבין לקטן ואין מסרבין לגדול כל מה שאומר לך בעל הבית עשה השותה כוסו בבת אחת הרי זה גרגרן אלו כולם דברים פשוטין הן : **אמר** רב הונא בני חבורה נכנסין בשלשה ויוצאין אפי' באחד כו' · פי' בני חבורה שנמנו על הפסח ובאו מקצת מהן בעת שדרך בני אדם להכנס ולאכול הפסח ושגרו הדיילא פי' דיילא כגון השמש שהוא השמש שלחן וחפש אחריהם אחרי הנשארים מבני חבורה ולא מצאם אפי' [אם] לא נתקבצו מכל בני החבורה ובאו אלא שלשה בלבד אוכלין את הפסח ההוא ואין עליהן להמתין להם עד שיבואו כיון שנתאחרו לבוא מדרך בני אדם כולם אבל פחות משלשה לא יאכלו אלא ימתינו עד שיבואו שאר בני החבורה זה דין הנכנסין אבל אם היו מקובצין כולן וראו מקצתן למקצתן ויצאו ונתאחרו יותר מן השיעור שאמרנו והדר בא דיילא ולא מצאם אפילו לא נשאר מכל בני חבורה אלא אחד כגון שהיו שם כולם וראו זה את זה ויצאו אוכלו אפילו האחד הנשאר ואינם יכולין לומר לו למה לא המתנת אותנו ואמר רבינא ונותן דמים תאכל הפסח ולית הלכתא כוותיה ותני מילי דעל בעידנא דעיילי אינשי כרבה והדר בהו דיילא : הדרן עלך כיצד צולין

אות ד'*[ז]

גגין הללו אין אוכלין שם קדשי קדשים, ואין שוחטין שם קדשים קלים

רמב"ם פ"ו מהל' בית הבחירה ה"ז - עיין לעיל אות ב'.

אות ה'

שיהיו האומנין נוטלין בקטנה ומחזירין בגדולה

רמב"ם פ"ח מהל' מעילה ה"ה - [ח]כשפוסקין עם האומנין לבנות במקדש ובעזרות, פוסקין עמהן כך וכך אמה בכך וכך סלע, באמה בת [ט]כ' אצבע, וכשמושחין להן מה שבנו, מושחין ומחשבין להן באמה גדולה בת כ"ד אצבעות, כדי שלא יבואו לידי מעילה, מפני שאין מדקדקין במשיחה.

אות ו'

ואמר רבי אחא ואיתימא רבי חנינא שורא ובר שורא

רמב"ם פ"ה מהל' בית הבחירה ה"ג - לפנים ממנו סורג מקיף סביב גובהו י' טפחים, ולפנים מן הסורג החיל [י][גובהו] עשר אמות, [יא]ועליו הוא אומר בקינות: ויאבל חל וחומה, זו חומת העזרה.

אות ז'

שתי חבורות שהיו אוכלין בבית אחד וכו'

רמב"ם פ"ט מהל' קרבן פסח ה"ג - שתי חבורות שהיו אוכלות בבית אחד, צריכה כל חבורה מהן לעשות לה היקף, שנאמר: מן הבשר חוצה, מפי השמועה למדו, [יב]שצריך ליתן לו חוצה למקום אכילתו, [יג]ואלו הופכין את פניהן אילך ואוכלין, ואלו הופכין את פניהן אילך ואוכלין, כדי שלא יראו מעורבים.

אות ח'

והמיחם באמצע

רמב"ם פ"ט מהל' קרבן פסח ה"ד - [יד]היו המים שמוזגים בו יינם באמצע הבית בין שתי החבורות, כששמש עומד למזוג, קופץ את פיו ומחזיר את פניו עד שמגיע אצל חבורתו, ואחר כך אוכל מה שבפיו, שאסור לאוכל לאכול בשתי חבורות; ומותר לכלה להחזיר פניה מפני חבורתה ואוכלת, מפני שהיא בושה לאכול בפניהם.

אות ט'

מלמד שהפסח נאכל בשתי חבורות

רמב"ם פ"ט מהל' קרבן פסח ה"א - כל האוכל מן הפסח אינו אוכל אלא [טו]בחבורה אחת.

---

§ מסכת פסחים דף פו: §

אות א'

תיקו

רמב"ם פ"ט מהל' קרבן פסח ה"ה - שתי חבורות שנפרצה מחיצה מביניהן, אינן אוכלין; וכן אם היתה חבורה אחת ונעשית מחיצה ביניהן, אינן אוכלין עד שתסתלק; שאין [א]הפסח נאכל בשתי חבורות, ואינן נעקרין מחבורה לחבורה.

באר הגולה

ז ‹ע"פ מהדורת נהרדעא› **ח** ‹ובגמ' אמרו חד לכספא ודהבא, ויש לתמוה על רבינו שהשמיטו - כסף משנה› **ט** ‹והנך רואה שמיאן בפי' המפרשים ז"ל, שלדבריהם לא היו פוסקין עמהם בשל כ' אצבע, אלא בשל משה בת כ"ד אצבע, שכך היא אמת הבנין, וגם אמת הכלים לר"מ דהלכתא כוותיה. **ועוד** שפוסקין בת כ' אצבע ומחזירין כ"ד אצבע, ולמה כולי האי, הא לכספא ודהבא מחזירין חצי אצבע יותר, ולבנינא אצבע. **ותמיה** הוא על מפרשי דבריו שלא הרגישו בכ"ז - משנה אחרונה, וע"ש› **י** ‹פי' הרע"ב י' אמות במשך שהיה מקום פנוי, והרמב"ם מפרש בגובה. **אכן** מלישנא דמתני', הלכה כת ראשונה וישבה לה בהר הבית שניה בחיל וכו', וכן בפ"ק דכלים החיל מקודש ממנו וכו', דכל זה מורה שהחיל הוא מקום שוה וחלק, הא ודאי קשה, **ולענ"ד** נראה דכל אותו מקום פנוי מהחיל עד העזרה קרוי חיל ג"כ לדעת רבינו, ואין זה פלא - מעשה רוקח› **יא** ‹כתב הכ"מ, ומ"ש ועליו הוא אומר בקינות ויאבל חיל וחומה, בפרק כיצד צולין דף פ"ו, עכ"ל. **ודבריו** תמוהים, דהתם איתא משכחת לה בבר שורא דכתיב ויאבל חיל וחומה, ואמר ר' אחא ואיתימא ר' חנינא שורא ובר שורא, ופירש"י חומה קטנה לפנים מן החומה הגדולה והיא נמוכה ושוה לקרקע העזרה, שקרקע העזרה הולך וגובה ועולה במעלות. **ומבואר** דהחיל היה בפנים חומת העזרה, וע"ז תנן עובי החומה כלפנים, וא"כ איך הביא הרמב"ם פסוק זה על החיל שהיה חוץ לחומת העזרה - אבן האזל› **יב** ‹נראה שלמד כן מדתניא דף פה: ברייתא שם, חוצה, תן לה חוצה, ואע"ג דרש"י כתב דל"ג ליה, נראה דרבינו גריס ליה - כסף משנה› **יג** ‹ומרש"י מבואר דה"ק דרשאים להפוך את פניהם, וקמ"ל אף דנחשבים כשני חבורות ואוכלין פסח אחד, מ"מ שפיר דמי, יעו"ש, **אמנם** מרבינו מבואר דמחוייבים להפוך פניהם, כי יש לחוש שמא יאכלו בני חבורה מחלקם של חבורה האחרת, ויעברו בלאו דלא יוציא חוצה, שאסור להוציא מחבורה לחבורה - חסד לאברהם›, ‹**והרמב"ם** והתוס' (פ"ו: ד"ה ומר) ס"ל, דאפי' בפסח אחד ג"כ עובר בלאו, **ודעת** רש"י (פ"ה: ד"ה מחבורה) אינו כן, אלא רק בשני חבורות של שני פסחים, אבל בשני חבורות של פסח אחד אינו עובר בלאו - מנחת חינוך›. ‹**ויש** לתמוה, מאחר שכל חבורה יש לה היקף, למה צריכים להפוך פניהם אלו הילך ואלו הילך כדי שלא יראו מעורבים, הרי ע"י ההיקף אינם נראים מעורבין. **ואפשר** לומר דבהיקף כל דהו סגי להו, ואף על פי שעדיין רואים אלו את אלו. **ואפשר** דמאי דקאמר היקף, לאו מחיצה ממש קאמר, אלא למעוטי שלא ישבו אלו כנגד אלו, שאז נראים כחבורה אחת, אלא אלו הופכים פניהם הילך ואלו הופכים פניהם הילך, לזה קורא היקף - כסף משנה› **יד** ‹זהו פי' רבינו למה ששנינו והמיחם באמצע - כסף משנה› **טו** ‹כלומר אדם אחד אינו אוכל אלא בחבורה אחת, אבל שנים או יותר יכולים לאכלו כל אחד בחבורה אחרת - כס"מ›, ‹**וציון** העין משפט הולכת על להלן "יכול יהא האוכל אוכל בשתי מקומות וכו'"› **א** ‹וכתב הר"א בנו של רבינו, קשה, דהא כר"ש אתיא, ולפיכך כתב שצריך למוחקו, ולכתוב במקומו: שאין נעקרים מחבורה לחבורה. ובספרים דידן הרכיבו שתי הנוסחאות, וכתוב בהם: שאין הפסח נאכל בשתי חבורות ואין נעקרים מחבורה לחבורה. **ואני** אומר שנוסחא דשאין הפסח נאכל בשתי חבורות ל"ק מידי, דה"ק, מאחר שהתחילו לאכול בחבורה אחת נתחדשה להם חבורה אחרת, נמצא כל יחיד מהם אכל בשתי חבורות, וזה אסור לר"י, ולא התיר אלא לאכול כל אחד בחבורה אחת לבדה. {**צ"ל**, שהרמב"ם מפרש דרב אשי מספקא ליה מה דפשיטא לרב כהנא, דבנעשתה מחיצה ביניהם אסור רק לר"ש, ומותר לר"י דמתיר לאכול בשתי חבורות, דלרב אשי אסור גם לר"י, מטעם דכיון שנחשב לשתי חבורות, א"כ כל אחד אכל בשתי חבורות, וזה אסור גם לר"י - שרידי אש}.

אות ב'

כל מה שיאמר לך בעל הבית עשה (חוץ מצא)

סימן קע ס"ה - [ב]הנכנס לבית, כל מה שיאמר לו בעל הבית יעשה - היינו אפילו דבר שיש בו קצת גסות ושררה, שלא היה עושה כן האורח משום ענוה, אעפ"כ יעשה, **ואם** האורח נוהג איזה פרישות בדבר שעושה משום סרך איסור, אינו מחוייב לשמוע לבעה"ב לעבור, **אבל** דבר שהוא פרישות בעלמא, טוב לגבר להסתיר מעשיו.

בבגדי ישע מצדד, דהיינו דוקא זולת אכילה ושתיה, אבל אם אינו תאב לאכול ולשתות יותר, והבעה"ב מפצירו, לזה אינו מחוייב, כדי שלא יזיק לו האכילה, ואין בזה מניעת כבוד לבעה"ב אם אינו עושה כדבריו.

(בקצת נוסחאות בש"ס פסחים איתא "חוץ מצא", ועיין בב"ח שפירש, כל שירות שיאמר לו בעה"ב שיעשה בתוך ביתו, יעשה, חוץ מצא, כלומר אם יאמר לו שישרת אותו ביציאה חוץ לבית, כגון לשלחו לשוק, אין צריך לשרתו בכך, כי אין זה כבודו לילך לשווקים).

אות ב'*

ואין מסרבין לגדול

סימן קע ס"ז - מי שאינו ש"צ קבוע, צריך לסרב מעט קודם שירד לפני התיבה, ולא יותר מדאי, אלא פעם ראשונה מסרב, וכשיאמרו לו פעם שניה, מכין עצמו כמו שרוצה לעמוד, ובפעם שלישית יעמוד; ואם האומר לו שירד הוא אדם גדול, אינו מסרב לו כלל - דאין מסרבין לגדול, **וכתב** התוס' בפסחים, דבדבר גסות ושררה, אפי' האומר לו הוא אדם גדול, יסרב.

אות ג' - ד'

השותה כוסו בבת אחת הרי זה גרגרן וכו'

לא אמרי בכוסך קטן ויינך מתוק וכריסי רחבה

סימן קע ס"ח - [ד]לא ישתה כוסו בבת אחת, ואם שתה הרי זה גרגרן - ואם משייר אפי' מעט, תו לא הוי גרגרן, **שנים דרך ארץ** - פי' כששותהו בשני פעמים, **שלשה, הרי זה מגסי הרוח. הגה: מיהו כוס קטן מאד** - היינו פחות מרביעית, **מותר לשתותו בבת אחת (ב"י); וכן גדול מאד, בג' או ד' פעמים (ד"ע)** - וכ"ז כשהאדם בינוני ובסתם יין, אבל מי שכריסו רחבה, או יין מתוק, נשתנה השיעור, והוא מותר בבת אחת, אפילו ביותר מזה, **ולפי"ז** בשכר שלנו שאינו חזק, בודאי שיעורו יותר מרביעית, [**אבל** ביי"ש שלנו שהוא חריף מאד, מסתברא דאפי' כוס שהוא פחות מרביעית לא ישתה בב"א].

אות ה' - ו'

בני חבורה נכנסין בשלשה, ויוצאין אפילו באחד

והוא דעייל בעידנא דרגילי למיעל, והוא דרגש בהו דיילא

רמב"ם פ"ט מהל' קרבן פסח ה"ו - בני חבורה שנכנסו שלשה מהן או יתר לאכול פסחיהן, ולא באו שאר בני חבורה, אם נכנסו בשעה שדרך בני אדם לאכול הפסחים, וחזר המעורר לכולן על השאר ולא באו, הרי אלו שנכנסו אוכלין עד שישבעו ואין ממתינים לשאר, ואפילו באו המתאחרין אח"כ ומצאו אלו השלשה שאכלו הכל, [ה]אין משלמים להן כדי חלקם; אבל אם נכנסו שנים בלבד, הרי אלו ממתינים; במה דברים אמורים בשעת כניסתן לאכול, [ו]אבל בעת שנפטרין אין אדם צריך להמתין לחבירו, אפילו גמר אחד בלבד מלאכול, יצא ואינו צריך להמתין.

השגת הראב"ד: בני חבורה שנכנסו. א"א סבב פני כל השמועה לענין אחר שאין הדעת מתיישב עליו, ואין השכל מסכים עמו, [ז]שאין זה הענין מתפרש אלא בחבורה שעושין סעודה, ושוכרין להם שמש להשקותם ולסדר להם שולחנם ומאכלם, ובא רב הונא לומר שאם שלשה מהם רוצים להתחיל, יכנס השמש עמהם ויסדר לפניהם וישמש אותם, ולא יאמר לא אזקק להכנס עד שיהיו כלכם, אלא כיון שהוא זמן הסעודה, [ח]והוא הרגיש בהם שאינן ממתינין עד שיהיו כולם, אבל יש שממהר יותר מחבירו, הילכך יש לו להכנס עם הג' הראשונים ולשמשם; אבל פחות משלשה לא, שאינם ראויים לזימון, ובטלה דעתם אצל כל אדם; אבל אחר אכילה אם ימשך אחד או שנים באכילה ושתייה יותר משאר החבורה, יש לו להמתין להם ולשמשם, שהמנהג כן הוא, יש מאריך ויש מקצר; וזו החבורה בין שהן אוכלין מן האמצע בין שהם אוכלין בפני עצמן; אמר רבינא ואלו המתאחרים אם הם פחות משלשה נותנין לו יותר על שכרו, ולית הלכתא כוותיה. וזה הענין הפשוט בשמועה זו, [ט]ולא לענין פסח שיראה כשתי חבורות שלא וארבע, גם כל מש"כ בסוף אין בו טעם.

‹ההלכות של דף פ"ז. נמצאות מול דף פ"ז›

באר הגולה

וגירסת שאין נעקרין מחבורה לחבורה כך היא מתפרשת, כמו שפירשתי גירסת שאין הפסח נאכל בשתי חבורות, **ולא** תקשה למה שפירשתי בגירסת שאין הפסח נאכל בשתי חבורות, שזהו לשון ר"ש, והיאך תפסו לר"י, שכבר מצינו כיוצא בזה, ומאחר שביאר רבינו בתחלת הפרק במה הדבר תלוי, ממילא משמע שהלשון ע"פ מה שקדם יתפרש – כסף משנה› [ב] **מס' דרך ארץ רבה פ"ו** [ג] ‹ע"פ מהדורת נהרדעא› [ד] **שם** ‹מס' דרך ארץ› **ופסחים פ"ו ביצה כ"ה** [ה] ‹כן פי' הא דרבינא דאמר ונותנין שכר דמים, היינו שהשלשה שאכלו חלק השאר צריכים לשלם דמיהם, ומסיק הש"ס ולית הלכתא כוותיה – הר המוריה› [ו] ‹כתב הר"י קורקוס וז"ל: מה שמפרש רבינו במה שאמרו יוצאין אפי' אחד, הוא דחוק, והוא מה שמשיג עליו הראב"ד שאין בו טעם, כי מה צורך להודיענו כך, ולמה יצטרך להמתין אחד לחבירו, כי טעם הכניסה לא שייך כלל ביציאה, ולא הול"ל דין היציאה כלל, **ולדברי** רבינו, דסד"א כיון שנשתתפו ונתחברו, שיכריחו אלו את אלו לישב עד הסוף לצוותא בעלמא, שלא ישאר יחידי, א"נ כדי שלא יותירו ויביאו לידי נותר, קמ"ל שזה אומר לו אם תרצה תסלק ידך גם אתה, כי אני לא אמתין, ואפשר שהיוצא אין עליו חיוב נותר כיון שהניח השאר אוכלים, **ולפי** שיטת רבינו, דברי רבינא גם דברי רבה אכניסה לחוד קאי, דביציאה לא שייך לפלוגי מידי ולא נתינת דמים, עכ"ל – כס"מ› [ז] ‹וכך הם דברי רש"י ז"ל, אבל דברי ר"ח שכתבו התוס', כדברי רבינו בפי' נכנסים בג' – כס"מ› [ח] ‹זה לכאורה דלא כרש"י› [ט] ‹ובגוף קושיית מהר"י קורקוס, נראה כוונת רבנו כפי מה שהבין הראב"ד, דהכל סובב על ענין שנראה פסח כשתי חבורות, דסד"א שאסורין להתפרד עד שיאכל האחרון חלקו, שאם ילך הראשון ואח"כ בא האחרון, נמצא חשוב חלקו בני החבורה, או דחשיב כנעשית מחיצה ביניהן הנ"ל הלכה ה', קמ"ל דשרי – מרכבת המשנה›

עין משפט נר מצוה

א א מיי' פ"ב מהל' ק"פ הלכה יא:
ב ב שם הלכה יב:
ג ג שם הלכה יג:
ד ד ה שם הלכה יא:

האשה פרק שמיני פסחים

מתני' **האשה** *בזמן שהיא בבית בעלה שחט עליה בעלה ושחט עליה אביה תאכל משל בעלה הלכה רגל ראשון לעשות בבית אביה שחט עליה אביה ושחט עליה בעלה תאכל במקום שהיא רוצה יתום ששחטו עליו אפוטרופסין יאכל במקום שהוא רוצה *עבד של שני שותפין לא יאכל משל שניהן *מי שחציו עבד וחציו בן חורין לא יאכל משל רבו: **גמ'** שמעת מינה *יש ברירה מאי רוצה בשעת שחיטה ורמינהו *אשה רגל הראשון אוכלת משל אביה מכאן ואילך רוצה אוכלת משל אביה רוצה משל בעלה לא קשיא כאן ברדופה לילך כאן בשאינה רדופה דכתיב °אז הייתי בעיניו כמוצאת שלום *וא"ר יוחנן ככלה שנמצאת שלימה בבית חמיה ורדופה לילך להגיד שבחה בבית אביה *כדכתיב °והיה ביום ההוא נאם ה' תקראי אישי ולא תקראי לי עוד בעלי אמר רבי יוחנן ככלה בבית חמיה ולא ככלה בבית אביה °אחות לנו קטנה ושדים אין לה *א"ר יוחנן זו עילם שזכתה ללמוד ולא זכתה ללמד °אני חומה ושדי כמגדלות *אמר רבי יוחנן אני חומה זו תורה ושדי כמגדלות אלו תלמידי חכמים *ורבא אמר אני חומה זו כנסת ישראל ושדי כמגדלות אלו בתי כנסיות ובתי מדרשות אמר רב זוטרא בר טוביה אמר רב מאי דכתיב °אשר בנינו כנטיעים מגודלים בנעוריהם בנותינו כזויות מחוטבות תבנית היכל אשר בנינו כנטיעים אלו בחורי ישראל שלא טעמו טעם חטא בנותינו כזויות אלו בתולות ישראל שאוגדות פתחיהן לבעליהן וכן הוא אומר °ומלאו כמזרק כזויות מזבח איבעית אימא מהכא °מזוינו מלאים מפיקים מזן אל זן מחוטבות תבנית היכל אלו ואלו מעלה עליהן הכתוב כאילו נבנה היכל בימיהן. °דבר ה' אשר היה אל הושע וגו' בימי עוזיהו יותם אחז יחזקיה *מלך יהודה בפרק אחד נתנבאו ד' נביאים וגדול שבכולן הושע שנאמר °תחלת דבר ה' בהושע *וכי בהושע דבר תחלה והלא ממשה עד הושע כמה נביאים א"ר יוחנן תחלה לארבעה נביאים שנתנבאו באותו הפרק ואלו הן הושע ישעיה עמוס ומיכה אמר לו הקדוש ברוך הוא להושע בניך חטאו והיה לו לומר בניך הם בני חנוניך הם בני אברהם יצחק ויעקב גלגל רחמיך עליהן לא דיו שלא אמר כך אלא אמר לפניו רבש"ע כל העולם שלך הוא העבירם באומה אחרת אמר הקב"ה מה אעשה לזקן זה אומר לו לך וקח אשה זונה והוליד לך בנים זנונים ואחר כך אומר לו שלחה מעל פניך אם הוא יכול לשלוח אף אני אשלח את ישראל שנא' °ויאמר ה' אל הושע לך קח לך אשת זנונים וילדי זנונים וכתיב וילך ויקח את גומר בת דבלים גומר אמר רב שהכל גומרים בה בת דבלים

רש"י

האשה. תאכל משל בעלה. דמסתמא דעתה לימנות על של בעלה כל זמן שלא פירשה שיהא דעתה בשל אביה: **רגל הראשון.** כך דרך הנשואות ללכת לבית אביהן רגל הראשון שאחר הנשואין: **תאכל ממקום שהיא רוצה.** ובגמרא מוקי לה כשאינה רדופה לילך עד הנה לבית אביה תמיד הלכך מספקא לן בהי ניחא לה אלא אם כן פירשה: **אפוטרופסין.** שהיו לו שנים והמנוהו זה על פסחו וזה על פסחו: **לא יאכל משל שניהן.** לא מפסחו של זה ולא משל זה ואפילו המנהו האחד על פסחו נמי נתן רשות לחלק האחר לימנות על זה ואין לו תקנה אלא א"כ רצו שניהן שימנה עם האחד: **לא יאכל משל רבו.** דמסתמא לא היה דעת רבו להימנות חלק החירות על פסחו: **גמ' שמעת מינה יש ברירה.** קס"ד ממקום שהיא רוצה בשעת אכילה קאמר ואמרינן הוברר דשחיטה וזריקה דהאי פסח שפיר איזדריק עלה דהאי אתתא: **בשעת שחיטה.** ששאלנו את פיה בשעת שחיטה ואמרה בזה אני רוצה: **אוכלת משל אביה.** מן הסתם: **מתניתין בשאינה רדופה.** לילך תמיד לבית אביה דבית בעלה חביב לה הלכך כל שאר הרגלים ודאי שייכא בתריה ורגל ראשון ספק וברייתא ברדופה הלכך רגל הראשון ודאי בתר אביה מכאן ואילך ספק: **כמוצאת שלום.** נתחבבתי עליו ונמצאתי שלימה לו: **להגיד שבחה.** היאך מקובלת היא בבית חמיה: **ושדים.** להניק אחרים: **אין לה.** שאין הנאה ממנה: **זו עילם.** שהיה בה דניאל שנאמר (דניאל ח) ואני (דניאל הייתי) בשושן* אשר בעילם המדינה וזכה ללמוד ולא רבץ תורה בישראל אבל בבבל גידלה עזרא הסופר דכתיב (עזרא ז) (הוא) הכין לבבו לדרוש (בתורת) [את תורת] ה' [ולעשות] וללמד בישראל חק ומשפט: **ושדי אלו ת"ח.** המניקין אחרים כשדיים הללו: **כמגדלות.** שמגינין על הדור: **כנטיעים.** כטיעות יונקות שלא נתקלקלו עדיין ולא אירע בהן שבר: **שאוגדות פתחיהן לבעליהן.** סותמות פתחיהן עד שמזדקקות לבעליהן ואינן נבעלות לאחרים לשון אחר שמגידות פתחיהן של נדה לבעליהן לפרוש מהן ואע"פ שתאוותן רבה: **וכן הוא אומר ומלאו כמזרק כזויות מזבח.** מה זויות דהתם כתיב בהו ומלאו הכא נמי בנותינו כזויות על ידי שמתמלאות תאוה ואין נזקקות אלא עד שיבואו בעליהן: **כאילו נבנה היכל בימיהן.** דהכי משמע מחוטבות בבנין היכל תבנית לשון בנין: **בימי עוזיהו כו'.** משום דאיירי בכנסת ישראל בלשון אשה הגשאת לבעל כדאמרן כמוצאת שלום נקט נמי להא דהושע דכתיב ביה *תקראי אישי כדדריש לקמיה: **ארבעה נביאים.** לקמיה מפרש להו ובכולהו כתב בהו בימי עוזיהו יותם אחז יחזקיה שכולן החלו להינבא בימי עוזיהו וקיפחו חיי ארבעה מלכים: **לא דיו שלא אמר כן.** אתה למד ממה שאמר לו הקדוש ברוך הוא קח לך אשת זנונים ולא אמר כן לנביא אחר: (מצאתי כאן הגה"ה מלשון רבינו ארבעה נביאים כולהו כתיב בהו בימי עוזיהו בר ממיכה דכתיב ביה יותם אחז יחזקיהו ובעמוס לא כתיב אלא עוזיהו ומיהו מיכה בימיו נתנבא אלא שכבר נתנגע ויותם בנו שופט על הארץ לפיכך לא נקרא על שמו אבל שלשה היו קודם שנלטרע בעמוס נאמר שנתים לפני הרעש וישעיה ביום הרעש דכתיב (ישעיה ו) וינעו אמות הספים שרעשו עליונים לשורפו ותחתונים לבולעו כמשפט קרח ועדתו שערערו על הכהונה ואותו היום נתנגע והושע קודם לכולן): הכי גרסינן אומר לו קח לך אשת זנונים ואח"כ אומר לו שלחה: **וילדי זנונים.** שתלד לך בנים זנונים ספק שלך ספק של אחרים: **גומרין בה.** ביאתם ותאוות לבם: דבלים

תוספות

האשה. מאי רוצה בשעת שחיטה. ודווקא בירדה בשעת שחיטה אבל לא בירדה אינה אוכלת לא משל זה ולא משל זה אבל בדיעבד אפילו סתמא אוכלת משל בעלה: **כאן** בשאינה רדופה. אור"ת דכל נשים רדופות הן להגיד בבית אביהן כשנמצאת שלימות בבית חמיהן והשתא מוקי מתני' בשאינה רדופה כגון שברגל הראשון שאחר חופה לא הלכה לבית אביה ומיירי מתני' ברגל שני לחופתה והוא ראשון להליכה שברגל שלפניו לא הלכה הלכך כיון שאינה רדופה ספק הוא דשמא גם בזה לא תלך וצריכה לברר אי נמי מתניתין מיירי ברגל ראשון לחופתה ואינה רדופה לפי שמיירי שכבר קודם הרגל הגידה שבחה בבית אביה ולכך הוי ספק אף ברגל ראשון ורישא דקתני תאכל משל בעלה בשני להליכתה שכבר היתה בבית אביה ברגל שלפניו וברייתא ברדופה ולהליכתה דודאי דעתה בשל אביה דהיא רדופה להגיד שבחה שנמצאת שלימה ומכאן ואילך דקתני היינו ברגל שני ועדיין לא הגידה שבחה דאז הוא ספק והלכה דקתני במתניתין לאו דוקא דאי דוקא כבר גילתה דעתה שרוצה בשל אביה א"כ אפילו הלכה כל זמן שלא בירדה ספק הוא אבל הלכה לעשות לא גרס ואי גרס צ"ל דלעשות לאו דווקא והשתא אתי שפיר הא דגרס דכתיב אז הייתי בעיניו כמוצאת שלום וגו' וגרס נמי וא"ר יוחנן דמייתי ראיה דסתם כלה רדופה להגיד שבחה:
בזוית מזבח. מה להלן דם אף כאן דם נדות:
בימי עוזיהו. נתנבאו ד' נביאים אע"ג דבמיכה לא כתיב ביה עוזיהו אלא בימי יותם אחז יחזקיהו מ"מ כיון דכתיב קרא סתם י"ל שבתחלת מלכות יותם נתנבא ואז היה עדיין עוזיהו חי אלא שנתנגע ומלך יותם בנו תחתיו בימיו:
אמר לו הקב"ה להושע. ממה שאמר לו לקחת אשת זנונים דריש שמסתמא כך אמר לו וכך השיבו: יזרעאל

רבינו חננאל

האשה שהיא בבית בעלה שחט עליה אביה שחט עליה בעלה כו'. כיון ששנינו תאכל במקום שהיא רוצה דייקי' מינה דיש ברירה וכאלו נתברר כי מעת שחיטת הפסח בזה נמנית ושני' מאי ממקום שהיא רוצה בשעת שחיטה ורמינן עלה האשה רגל ראשון משל אביה ואם תאמר ממקום שרוצה בשעת שחיטה מה לי אביה מה לי בעלה ושני' הא מתניתא ברדופה וכרבי יוחנן דאמר מאי דכתיב אז הייתי בעיניו כמוצאת שלום כמה שנמצאה שלימה בבית חמיה ורדופה לילך להגיד שבחה בבית אביה בודאי בשל אביה רוצה אבל מכאן ואילך ממי שהיא רוצה בשעת שחיטה: אחות לנו קטנה אמר רבי יוחנן זו עילם שזכתה ללמוד ולא [זכתה] ללמד. בימי עוזיה מלך יהודה נתנבאו ד' נביאים הושע ישעיה עמוס ומיכה גדול שבכולן הושע שנאמר תחלה דבר ה' בהושע תחלה לארבעה נביאים באותו הפ' כו':

מסורת הש"ס: לקמן פט' | כתובות עא: ע"ש | ס"א כתיב | קדושין מט: סנהדרין כד' ב"ב ז: | [ב"ב ח'] | *הבירה | שם יד: | [נ"ל מלכי] | [תקראי אישי דריש נמי למילתי' דהושע כצ"ל רש"ל]

תורה אור: הושע ב | שיר השירים ח | תהלים קמד | זכריה ט | הושע א

דבלים דבה רעה בת דבה רעה ושמואל אמר שמתוקה בפי הכל כדבלה ורבי יוחנן אמר שהכל דשין בה כדבלה דבר אחר גומר אמר *רבי יהודה שבקשו לגמר ממונן של ישראל בימיה רבי יוחנן אמר בזזו וגמרו שנאמר °כי אבדם מלך ארם וישימם כעפר לדוש °ותהר ותלד לו בן ויאמר ה' אליו קרא שמו יזרעאל כי עוד מעט ופקדתי את דמי יזרעאל על בית יהוא והשבתי ממלכות בית ישראל ותהר עוד ותלד בת ויאמר לו קרא שמה לא רוחמה כי לא אוסיף עוד ארחם את בית ישראל כי נשא אשא להם ותהר ותלד בן ויאמר (ה' אליו) קרא שמו לא עמי כי אתם לא עמי ואנכי לא אהיה לכם לאחר שנולדו [לו] שני בנים ובת אחת אמר לו הקב"ה להושע לא היה לך ללמוד ממשה רבך שכיון שדברתי עמו פירש מן האשה אף אתה בדול עצמך ממנה אמר לו רבש"ע יש לי בנים ממנה ואין אני יכול להוציאה ולא לגרשה א"ל הקב"ה ומה אתה שאשתך זונה ובניך [בני] זנונים ואין אתה יודע אם שלך הן אם של אחרים הן כך ישראל שהן בני בני בחוני בני אברהם יצחק ויעקב אחד *מארבעה קנינין שקניתי בעולמי תורה קנין אחד דכתיב °ה' קנני ראשית דרכו שמים וארץ קנין אחד דכתיב °קונה שמים וארץ בית המקדש קנין אחד דכתיב °הר זה קנתה ימינו ישראל קנין אחד דכתיב °עם זו קנית ואתה אמרת העבירם באומה אחרת כיון שידע שחטא עמד לבקש רחמים על עצמו אמר לו הקב"ה עד שאתה מבקש רחמים על עצמך בקש רחמים על ישראל שגזרתי עליהם שלש גזירות בעבורך עמד ובקש רחמים ובטל גזירה והתחיל לברכן שנאמר °והיה מספר בני ישראל כחול הים וגו' והיה במקום אשר יאמר להם לא עמי אתם יאמר להם בני אל חי ונקבצו בני יהודה ובני ישראל יחדו וגו' °וזרעתיה לי בארץ ורחמתי את לא רוחמה ואמרתי ללא עמי עמי אתה אמר רבי יוחנן אוי לה לרבנות שמקברת את בעליה שאין לך כל נביא ונביא שלא קיפח ארבעה מלכים בימיו שנאמר °חזון ישעיהו בן אמוץ אשר חזה על יהודה וירושלים וגו' אמר ר' יוחנן מפני מה זכה ירבעם בן יואש מלך ישראל להמנות עם מלכי יהודה מפני שלא קבל לשון הרע על עמוס מנלן דאימני דכתיב °דבר ה' אשר היה אל הושע בן בארי בימי עוזיה יותם אחז יחזקיה מלכי יהודה ובימי ירבעם בן יואש מלך ישראל ומנלן דלא קיבל לשון הרע דכתיב °וישלח אמציה כהן בית אל אל ירבעם מלך ישראל לאמר קשר עליך וגו' וכתיב כי כה אמר עמוס בחרב ימות ירבעם וגו' אמר חס ושלום אמר אותו צדיק כך ואם אמר מה אעשה לו שכינה אמרה לו אמר ר"א אפילו בשעת כעסו של הקב"ה זוכר את הרחמים שנאמר °כי לא אוסיף עוד ארחם את בית ישראל ר' יוסי בר ר' חנינא אמר מהכא כי נשא אשא להם ואמר ר"א לא הגלה הקדוש ברוך הוא את ישראל לבין האומות אלא כדי שיתוספו עליהם גרים שנאמר °וזרעתיה לי בארץ כלום אדם זורע סאה אלא להכניס כמה כורין ור' יוחנן אמר מהכא °ורחמתי את לא רוחמה אמר רבי יוחנן משום ר' שמעון בן יוחי מאי דכתיב °אל תלשן עבד אל אדוניו פן יקללך ואשמת וכתיב °דור אביו יקלל ואת אמו לא יברך משום דאביו יקלל ואת אמו לא יברך אל תלשן אלא אפילו דור שאביו יקלל ואת אמו לא יברך אל תלשן עבד אל אדוניו מנלן מהושע א"ר אושעיא מאי דכתיב °צדקת פרזונו בישראל צדקה עשה הקב"ה בישראל שפזרן לבין האומות והיינו דא"ל ההוא מינא לר' חנינא אנן מעלינן מינייכו כתיב בכו °כי ששת חדשים ישב שם וגו' ואלו אנן איתינכו גבן כמה שני ולא קא עבדינן לכו מידי אמר לו רצונך יטפל לך תלמיד א' נטפל ליה ר' אושעיא א"ל משום דלא ידעיתו היכי תעבדו תכלינן כולהו ליתנהו גבייכו מאי דאיכא גבייכו קרי לכו מלכותא קטיעתא אמר ליה גפא דרומאי בהא נחתינן ובהא סלקינן: *תני רבי חייא מאי דכתיב °אלהים הבין דרכה והוא ידע את מקומה יודע הקדוש ברוך הוא את ישראל שאינן יכולין לקבל גזירות אכזריות אדום לפיכך הגלה אותם לבבל ואמר רבי אלעזר לא הגלה הקדוש ברוך הוא את ישראל לבבל אלא מפני שעמוקה כשאול שנאמר °מיד שאול אפדם ממות אגאלם רבי חנינא אמר מפני שקרוב לשונם ללשון תורה רבי יוחנן אמר מפני ששיגרן לבית אמן משל לאדם שכעס על אשתו להיכן משגרה לבית אמה והיינו דרבי אלכסנדרי דאמר שלשה חזרו למטעתן אלו הן ישראל כסף מצרים וכתב לוחות ישראל הא דאמרן כסף מצרים דכתיב °ויהי בשנה החמישית למלך רחבעם עלה שישק מלך מצרים על ירושלים וגו' כתב הלוחות דכתיב °ואשברם לעיניכם תנא לוחות נשברו ואותיות פורחות עולא אמר כדי שיאכלו תמרים

דבלים. שתי ליבות דומה בת דומה: כי אבדם מלך ארם וישימם כעפר לדוש: **ותהר ותלד בן ויאמר ה' אליו קרא שמו יזרעאל.** שעתיד אני לזורעם ולזרותם בגולה: **ארבעה קנינין.** גרסינן ובית המקדש אחד מינייהו. קנינין חשובין בעיניו לקרותם קנין לו כאדם שטורח לקנות דבר החביב לו: **שלש גזירות.** יזרעאל דהיינו גולה ולא עמי ולא רוחמה: יאמר להם וגו' ונקבצו וגו' בטלה גזירת הגלות ורחמתי בטלה גזירת לא רוחמה ואמרתי ללא עמי עמי אתה בטלה גזירת לא עמי: **קיפח.** קבר האריך ימים מהם על ידי שמתנבאים ברבנות הם מתים: **וכם לימנות.** כדליף לקמיה: **בימי עוזיהו יותם.** סיפיה דקרא ובימי ירבעם בן יואש מלך ישראל: **כהן בית אל.** טומר לעכו"ם: זוכר את הרחמים גרסינן: **כי לא אוסיף עוד ארחם.** אע"ג דפורענותא הוא אידכורי הוא מידכר שם רחמים: **כי נשא אשא להם.** לשון סליחה ואתמוהי מתמה ומיהו סליחה קא מידכר וסיפיה דקרא דלעיל הוא: **רבי יוחנן אמר מהכא ורחמתי וגו' ואמרתי ללא עמי עמי אתה.** אותם שלא היו מעמי ידבקו בהם ויהיו לי לעם: **אפילו דור.** רשעים שאביהן יקללו אל תלשינם: **מהושע.** שנתפס על שהלשין את ישראל ואף על פי שחטאו: **לדקה עשה שפיזרן.** שלא היו יכולין לכלותם יחד: **יטפל לך תלמיד א'.** להשיבך תשובה: **גפא דרומאי.** נשבע בע"ז: **בהא נחתינן ובהא סלקינן.** במחשבה זו אנו עסוקים תמיד: **סגלה אותן לבבל.** שאין כשדים אכזרים כשאר אומות: **שעמוקה כשאול.** ויפדם משם מהר כמו שהבטיחם מיד שאול אפדם: **שקרוב לשונם ללשון תורה.** ולא תשתכח תורה מהן מהר: **לבית אמן.** אברהם מאור כשדים יצא: **כסף מצרים.** שבזזו ישראל בצאתם ממצרים כדכתיב (שמות יב) וינצלו את מצרים ובימי רחבעם עלה שישק מלך מצרים ונטל את כל האוצרות: **לעיניכם.** כלומר דבר פלא ראיתם שם שהעין פונה להסתכל בו:

יזרעאל. על שם העתיד שיזרעו בגולה:

והגלה אותם לבבל. והא דאמר בגיטין (דף יז: ושם) רחמנא בעולך או בטולא דבר עשו אלמא בני עשו מעלו טפי היינו לבתר דאתו חברי לבבל: שמעת

ישראל אחד משלשה קנינין וכו'. א"ר יוחנן אוי לה לרבנות שמקברת בעליה שאין לך נביא בישראל שלא קפח ארבעה מלכים בימיו מפני מה זכה ירבעם להמנות עם מלכי בית דוד מפני שלא קבל לשון הרע על עמוס שנאמר וישלח כהן בית אל אל ירבעם בן (נבט) [יואש] מלך ישראל וגו' אפילו דור אביו שיקלל [ואת אמו] לא יברך אל תלשן אותו מהושע כו' צדקות פרזונו צדקה עשה הקב"ה לישראל שפזרן לבין האומות. מיד שאול אפדם זו בבל שהיא עמוקה משאול. שלשה חזרו למטעתן ישראל כסף מצרים וכתב הלוחות:

מסורת הש"ס: [נ"ל רב יהודה] · אבות פ"ו מכילתא פרשה בא ספרי פר' האזינו · [גיטין יז:]

תורה אור: מלכים ב יג · הושע א · משלי ח · תהלים עח · שמות טו · הושע ב · שם · ישעיה א · הושע א · עמוס ז · הושע א · שם ב · שם · משלי ל · שם · שופטים ה · מ"א יא · איוב כח · הושע יג · מ"א יד · דברים ט

§ מסכת פסחים דף פז. §

אות א'

האשה בזמן שהיא בבית בעלה, שחט עליה בעלה ושחט עליה אביה, תאכל משל בעלה

רמב"ם פ"ב מהל' קרבן פסח הי"א - האשה שהיא בבית בעלה, שחט עליה אביה ושחט עליה בעלה, תאכל משל בעלה; היתה נחפזת ללכת לבית אביה ברגל הראשון הסמוך לנישואיה, כדרך כל הבנות, ושחט עליה אביה ושחט עליה בעלה, [א]תאכל משל אביה; מכאן ואילך תאכל ממקום שהיא רוצה, והוא שתברור לה מקום שתרצה בשעת שחיטה; וכן יתום ששחטו עליו אפוטרופסין, יאכל ממקום שהוא רוצה; במה דברים אמורים ביתום קטן, אבל גדול, [ב]נעשה כממנה עצמו על שני פסחים, והממנה עצמו על שני פסחים אינו אוכל אלא מן הנשחט ראשון.

אות ב'

עבד של שני שותפין לא יאכל משל שניהן

רמב"ם פ"ב מהל' קרבן פסח הי"ב - עבד של שני שותפין, בזמן [ג]שמקפידין זה על זה שלא יגנבנו, לא יאכל משל שניהן; ואם אינן מקפידין, ממקום שירצה יאכל.

אות ג'

מי שחציו עבד וחציו בן חורין, לא יאכל משל רבו

רמב"ם פ"ב מהל' קרבן פסח הי"ג - מי שחציו עבד וחציו בן חורין, לא יאכל לא משל רבו ולא משל עצמו עד שיעשה כולו בן חורין. השגת הראב"ד: א"א כא דלא כהלכתא, [ד]דמשנה אחרונה אוכל משל עצמו.

אות ד' – ה'

מאי רוצה, בשעת שחיטה

אשה רגל הראשון אוכלת משל אביה, מכאן ואילך וכו'

רמב"ם פ"ב מהל' קרבן פסח הי"א - עיין לעיל אות א'.

באר הגולה

[א] ‹איכא למתמה על רבינו, שכתב היתה נחפזת, דהיינו רדופה דברייתא, והשמיט דין אינה רדופה דמתניתין, דרגל הראשון תאכל ממקום שתרצה. **ונ"ל** שסובר שרוב הבנות הן רדופות ללכת לבית אביהן ברגל הראשון, וזהו שכתבו כדרך הבנות, ומשום דאינה רדופה לא שכיחא, לא חש רבינו לכתבו. **ועוד** אפשר שסמך על דאיכא למילפה מדין רדופה, דכיון דרדופה רגל הראשון משל אביה, ממילא משמע דשאינה רדופה רגל הראשון ממקום שתרצה, וכיון דברדופה שאר רגלים ממקום שתרצה, ממילא משמע דבשאינה רדופה משל בעלה - כסף משנה› ‹**ולענ"ד** פשוט דרבנו מפרש כפי' ר"ת שבתוס', דכל הנשים רדופות הן להגיד בבית אביהן כשנמצאו שלמות בבית חמיהן, מיהו סובר רבנו שאינה רדופה רק ברגל ראשון שאחר נישואין, וכמבואר מלשון רבנו, היתה נחפזת וכו' כדרך כל הבנות, {ודלא כרש"י שפי' רדופה: לילך תמיד לבית אביה}, ובעינן תרתי: חדא שניסת אחר סוכות, שנמצא פסח רגל ראשון; שנית שנחפזת, דהיינו שנמצאת שלמה בבית חמיה דאז היא רדופה כפי' ר"ת. **ולפי"ז** הא דמוקי הש"ס מתני' בשאינה רדופה, היינו דמפרשינן דה"ק מתני', הלכה רגל ראשון לעשות בבית אביה, פי' שניסת קודם סוכות, וכבר הלכה רגל ראשון בסוכות לעשות בבית אביה, אם אחר כך בפסח שחט עליה אביה ובעלה, תאכל במקום שתרצה, וזה נכון בכוונת רבנו - מרכבת המשנה›

[ב] ‹לכאורה נראה הא דלא כתב רבינו, והוא שיברור לו מקום שירצה בשעת שחיטה, סמך על מ"ש לעיל בסמוך בדין האשה - בני שמואל›

[ג] ‹פירש"י (פ"ח) דקפדי אהדדי, שני הבעלים ואינם רוצים להנות זה מזה. **ורבינו** מפרש דקפדי זה על זה, שלא יגנבו, כלומר וחושש זה שאם יאכל אצל חבירו, ימשיך לב העבד אליו ויגנבנו - כסף משנה›

[ד] ‹ואפשר לומר שרבינו מפרש דלמשנה ראשונה יאכל משל עצמו, שמאחר שצד חירות ניכר לעצמו, שהרי עובד את עצמו יום אחד, צד עבדות נגרר אחריו ואוכל משל עצמו, אבל למשנה אחרונה שלא עשו לו תקנה לעבוד את עצמו יום אחד, אין צד חירות ניכר, הלכך אין צד עבדות נמשך אחריו, וכיון שכן לא יאכל לא משל רבו ולא משל עצמו. **אחר** שכתבתי זה מצאתי כתוב שנשאל ה"ר אברהם בנו על זה, שנראה שרבינו פה פוסק כמשנה ראשונה, והשיב לדברי המשנה ראשונה עבדינן ליה תקנה {מד"ס} להוציאו מחיובו, ומפני זה אוכל משל עצמו, ולדברי משנה אחרונה אף על פי שזו היא תקנתו להוציאו י"ח, לא עבדינן ליה תקנה, שמא יהיה זה גורם לעיכוב שחרורו, אלא אומרים לרבו, זה אינו אוכל משלך, דלא קרינן ביה עבד איש, ולא משל עצמו, שאינה תקנה גמורה, אלא מהר ושחררו כדי שלא ימנע מן המצוה, ולפיכך נתן טעם עד שיעשה בן חורין, אבל למשנה ראשונה דליכא חיוב לשחררו, עבדינן ליה תקנה במצות שהוא חייב בהן מספק מד"ס, דאילו מן התורה פטור כדדייק רבינו ממתני' בפ"ק דחגיגה - כס"מ› ‹**והקשה** ה"ר אברהם די בוטין קושיא חזקה, דהא הוו להו קדשים בחוץ, {לכאורה ר"ל אכילת פסח שלא למנויו}, ותירץ דהפקר ב"ד הפקר, והפקיעו שעבודו מעליו. **וקשה** על זה קושיא חזקה, א"כ בפ' האשה רבה גבי הא דאיפליגו רב נתן בר אושעיא ורב חסדא בההיא דהתורם מן הרעה כו', ופליגי באי יש כח ביד חכמים לעקור דבר מן התורה, ופריך מקדושי קטנה, וקאמר הפקר ב"ד הפקר, והשתא גבי תרומה נמי איבעי לן למימר הכי, {דהפקירו התבואה ממנו, וממילא אין תרומתו תרומה}, אלא ודאי צריך לקיים פירוש התוס', דלא אמרינן הפקר ב"ד הפקר היכא דבתר הכי מוקמת ליה זימנא אחריתי ברשותיה {של הבעלים}, והרי הכא הכי הוו, דבתר הכי מוקמת ליה ברשותיה - משנה למלך›

§ מסכת פסחים דף פח. §

אות א'

מלמד שאדם מביא ושוחט על ידי בנו ובתו הקטנים, ועל ידי עבדו ושפחתו הכנענים, בין מדעתן בין שלא מדעתן; אבל אינו שוחט על ידי בנו ובתו הגדולים, ועל ידי עבדו ושפחתו העברים, ועל יד אשתו, אלא מדעתן

רמב"ם פ"ב מהל' קרבן פסח ה"ח - שוחט אדם על ידי בנו ובתו הקטנים, ועל ידי עבדו ושפחתו הכנענים, בין מדעתן בין שלא מדעתן; אבל אינו שוחט על ידי בנו ובתו הגדולים, ולא על ידי עבדו ושפחתו העברים, ולא על ידי אשתו, אלא מדעתן; ואם שתקו ולא מיחו, הרי זה מדעתן.

אות ב'

וכולן ששחטו ושחט רבן עליהן, יוצאין בשל רבן ואין יוצאין בשל עצמן

רמב"ם פ"ב מהל' קרבן פסח ה"ט - שחט על ידי בנו ובתו הקטנים, ועל ידי עבדו ושפחתו הכנענים, והלכו ושחטו הן לעצמן, יוצאין בשל רבן.

אות ג'

מאי אלא מדעתן, לאו דאמרי אין, אלא בסתמא, לאפוקי היכא דאמור לא

רמב"ם פ"ב מהל' קרבן פסח ה"ח - ואם שתקו ולא מיחו, הרי זה מדעתן.

אות ד'

כיון ששחטו אין לך מיחוי גדול מזה

רמב"ם פ"ב מהל' קרבן פסח ה"י - שחט על ידי אשתו ובנו ובתו הגדולים, וע"י עבדו ושפחתו העברים, ושחטו הן לעצמן, אין לך מיחוי גדול מזה, ואינן יוצאין אלא בשל עצמן.

אות ה'

מתניתין בדקפדי אהדדי, ברייתא דלא קפדי אהדדי

רמב"ם פ"ב מהל' קרבן פסח הי"ב - עבד של שני שותפין, בזמן [א]שמקפידין זה על זה שלא יגנבנו, לא יאכל משל שניהן; ואם אינן מקפידין, ממקום שירצה יאכל.

באר הגולה

[א] ‹פירש"י דקפדי אהדדי, שני הבעלים ואינם רוצים לההנות זה מזה. **ורבינו** מפרש דקפדי זה על זה, שלא יגנבו, כלומר וחושש זה שאם יאכל אצל חבירו, ימשיך לב העבד אליו ויגנבנו – כסף משנה›

האשה פרק שמיני פסחים פח

תמרים ויעסקו בתורה *עולא איקלע לפומבדיתא קריבו ליה טירינא דתמרי אמר להו כמה כי הני בזוזא אמרו ליה תלת בזוזא אמר מלא צנא דדובשא בזוזא ובבלאי לא עסקי באורייתא בליליא צערוהו אמר מלא צנא סמא דמותא בזוזא בבבל ובבלאי עסקי באורייתא ואמר ר' אלעזר מאי דכתיב °והלכו עמים רבים ואמרו לכו ונעלה אל הר ה' אל בית אלהי יעקב וגו' אלהי יעקב ולא אלהי אברהם ויצחק אלא לא כאברהם שכתוב בו הר שנאמר °אשר יאמר היום בהר ה' יראה ולא *כיצחק שכתוב בו שדה שנאמר °ויצא יצחק לשוח בשדה אלא כיעקב שקראו בית שנאמר °ויקרא את שם המקום ההוא בית אל א"ר יוחנן גדול קבוץ גליות כיום שנבראו בו שמים וארץ שנאמר °ונקבצו בני יהודה ובני ישראל יחדו ושמו להם ראש אחד ועלו מן הארץ כי גדול יום יזרעאל וכתיב °ויהי ערב ויהי בוקר יום אחד: יתום ששחטו עליו אפוטרופסין וכו': שמעת מינה *יש ברירה א"ר זירא °שה לבית מ"מ ת"ר שה לבית *מלמד שאדם מביא ושוחט על ידי בנו ובתו הקטנים ועל ידי עבדו ושפחתו הכנענים בין מדעתן בין שלא מדעתן אבל אינו שוחט על ידי בנו ובתו הגדולים ועל ידי עבדו ושפחתו העברים ועל יד אשתו אלא מדעתן תניא אידך *לא ישחוט אדם לא על ידי בנו ובתו הגדולים ועל ידי עבדו ושפחתו העברים ועל יד אשתו אלא מדעתן אבל שוחט הוא על ידי בנו ובתו הקטנים ועל ידי עבדו ושפחתו הכנענים בין מדעתן ובין שלא מדעתן ׳וכולן ששחטו ושחט רבן עליהן יוצאין בשל רבן ואין יוצאין בשל עצמן חוץ מן האשה שיכולה למחות

מאי שנא אשה אמר רבא אשה וכל דדמי לה הא גופא קשיא אמרת חוץ מן האשה שיכולה למחות טעמא דמחי הא לא מחי נפקא בשל בעלה והא קתני רישא ולא על ידי אשתו אלא מדעתן הא סתמא לא נפקא ׳מאי אלא מדעתן לאו דאמרי אין אלא בסתמא לאפוקי היכא דאמור לא והא כולם ששחטו ושחט רבן עליהן יוצאין בשל רבן דבסתמא וקתני חוץ מן האשה מפני שיכולה למחות אמר רבא ׳כיון ששחטו אין לך מיחוי גדול מזה: עבד של שני שותפין וכו': רמי ליה רב עינא סבא לר"נ תנן עבד של שני שותפין לא יאכל משל שניהן והתניא רצה מזה אוכל רצה מזה אוכל א"ל *עינא סבא ואמרי לה *פתיא אוכמא מיני ומינך תסתיים שמעתתא ׳מתניתין בדקפדי אהדדי ברייתא דלא קפדי אהדדי: מי שחציו עבד וחציו בן חורין לא יאכל משל רבו וכו': משל רבו הוא דלא יאכל אבל משל עצמו יאכל והא תניא לא יאכל לא משלו ולא משל רבו לא קשיא כאן כמשנה ראשונה כאן כמשנה אחרונה דתנן *מי שחציו עבד וחציו בן חורין עובד את רבו יום אחד ואת עצמו יום אחד דברי בית הלל בית שמאי אומרים תקנתם

רש"י

פמריס · יש בבבל הרבה: טירינא · סל: כמה כי הני בזוזא · כמה מהלו בזוז אחד: הר המוריה ושדה דיצחק ובית אל דיעקב כולם בהר הבית התפללו: שקראו בית · מקום מיושב: יום יזרעאל · יום כנישיהן מתרגמינן וקרי ליה יום כיצירת בראשית: יש ברירה · שהוברר שבזה נתרצה בשעת שחיטה אלו הודיעוהו: שה לבית · איש בעל הבית יקחנו לכל ביתו ואין צריך דעתן: על ידי · בשביל שבטו ובתו הקטנים עליו לתקן הלכך בין מדעתן דהיינו בשמחה כדמוקי לקמן בין שלא מדעתן דאמרי לא אין יכולין למחות וכן עבדו ושפחתו הכנענים על כרחם ימשכו אחריו דסמוכין עליו אבל שפחתו העבריה אף על גב דלא משכתה לה אלא בקטנה דהא יוצאה בסימנין כיון דאין עליו לחנכה יכולה למחות: ה"ג תניא אידך לא ישחוט אדם לא על ידי בנו ובתו הגדולים ולא על ידי עבדו ושפחתו העברים ולא על ידי אשתו אלא מדעתן אבל שוחט הוא כו' חוץ מן האשה שיוצאת בשל עצמה מפני שמחאתה מחאה דקיי"ל (*גיטין דף עז:) יכולה אשה שתאמר לבעלה איני כזונית משלך ואיני עושה לצרכך: ה"ג מאי שנא אשה · כלומר מאי שנא איהי מעבדו ושפחתו העברים ובנו ובתו הגדולים: ומשני אמר רבא אשה וכל דדמי לה · דהיינו כל הני: שיכולים למחות · משמע שמחאה שלהם מחאה אלמא טעמא דמחאי הא סתמא יוצאה בשל בעלה: ה"ג לאפוקי היכא דאמור לא · אין אנו רוצין דהיינו מחאה: בדקפדי אהדדי · שני הבעלים ואין רוצין ליהנות זה מזה הלכך אפילו נתרצה האחד שיאכל העבד משלו אין חבירו רוצה שיהנה חלקו משל חבירו: כמשנה ראשונה · קודם שחזרו ב"ה לא יאכל משל עצמו מפני שאין חלק עבדו' נמשך אחר דעתו: כמשנה אחרונה · הואיל ובידינו לשחררו הרי הוא כבן חורין ואוכל משל עצמו: תקנתם

תוספות

שמעת מינה יש ברירה · הכא לא שייך מאי רוצה בשעת שחיטה דבשלמא לעיל אשמעינן דאי לא בירירה בשעת שחיטה אינה אוכלת כלל אע"ג דס"ד דבתר בעלה גרירא טפי אבל הכא אם רוצה בשעת שחיטה מאי קמ"ל: שה לבית מ"מ · פי' משום דשה לבית לאו דאורייתא והכי אית ליה לר"ז גופיה בפרק אין בין המודר (נדרים דף לו:) ואם תאמר והיאך מאכיל פסח שלא למנויו נהי דקטן אוכל נבילות אין ב"ד מצווין להפרישו לספות לו בידים אסור כדאמר בפ' חרש (יבמות דף קי"ד) ואור"י דהתם ילפינן מלא תאכלום ולא אסור אלא דומיא דשרצים ונבילות אבל כה"ג דאיכא חטוך מנוה שרי:

על ידי בנו ובתו הקטנים · בפ"ק דב"מ (דף יב:) גבי מציאה איכא למאן דאמר דלא קטן קטן ממש אלא גדול וסמוך על שלחן אביו זהו קטן הכא ע"כ קטן ממש מדאמרי' בין מדעתו בין שלא מדעתו ושלא מדעתו אמרינן בסמוך היינו דאמרי לא וגדולים פשיטא דיש בידם למחות אפי' סמוכין על שלחן אביהן: וכולן ששחטו כו'. קמ"ל אפי' סתמא כיון דשחטו אין לך מיחוי גדול מזה כדאמרינן בסמוך:

מתניתין בדקפדי אהדדי · אין לפ' דקפדי שאין כל אחד רוצה להנות את חבירו ולכך אפילו חלקו לא יאכל דאי אפשר שלא יהנה גם חלק חבירו א"כ כל אחד ששוחט עליו וכי השוחט הוא סבור שיהנה חלקו משלו ולא יהנה חלק חבירו דמסתמא מיירי כששחט עליו רבו דומיא דרישא יתום ששחטו עליו כו' ועוד דמי שחציו עבד אמאי לא יאכל משל עצמו אף למשנה ראשונה דדעתו ודאי להנות אף חלק רבו כדי לצאת ידי חובה לכך נראה כפי' הקונטרס דקפדי שכל אחד אינו רוצה שיהנה חלקו משל חבירו ושוחט אף על חלק חבירו וסבור שחבירו אינו מקפיד אם יאכל חלקו משלו ולכך חציו עבד לא יאכל למשנה ראשונה אף משל עצמו: *לישא שפחה אינו יכול · ואם תאמר וליתי עשה דפרו ורבו (בראשית ט) וידחה לאו דלא יהיה קדש (דברים כג) וי"ל משום דידה דליכא עשה דאפשר לה בעבד ועוד דבתחלת ביאה מיעקר לאו ולא מיקיים עשה אלא בהוצאת זרע וא"ת וימכור עצמו בעבד עברי ויהיה מותר בשפחה וי"ל בזמן שאין היובל נוהג דאז כמי אינו נוהג עבד עברי *ועוד אומר ר"י דאסור למכור עצמו בעבד עברי כדאמרי' בפ"ק דקדושין (דף כב:) וא"ת ישא חציה שפחה וחציה בת חורין וי"ל דאתי צד עבדות ומשתמש בצד חירות ואם תאמר וישא ממזרת דממזר מותר בשפחה דבפרק האומר (שם דף סט·) אמר רבי טרפון יכולים ממזרים ליטהר כילד ממזר נושא שפחה ומותר נמי בצד חירות דחרורי וממזירי מותרים לבא זה בזה וי"ל אי תליו עבד קדושין תופסין אתי צד עבדות ומשתמש בצד אשת איש ואי לא תפסי אם כן בעילתו בעילת זנות וכהשולח (גיטין מג·) מספקא ליה אי תפסי אי לא ועוד אור"ת דאין (א) תקנה להרבות ממזרין ואם תאמר וישא נתינה דחרורי ונתיני מותרים לבא זה בזה וי"ל דאף על גב דממזר מותר בשפחה נתין אפשר דאסור בה דקדש ועומד הוא הממזר שנולד מאיסור דלא תפסי קדושין ולכך מותר בלאו דלא יהיה קדש והא דאמרינן ביש מותרות (יבמות דף סה:) דממזרת ונתינה מרגלא ליה (ב) לפי שיכול להכשיר זרעו שישא בת שפחה ואף על גב דנתין אסור בשפחה האי גברא לא אכפת ליה באיסור דהא קא נסיב נתינה: טופין

רבינו חננאל

אמר ר' אלעזר מאי דכתיב והלכו עמים רבים ואמרו לכו ונעלה אל הר ה' ואל בית אלהי יעקב ויותו מדרכיו ונלכה באורחותיו כי מציון תצא תורה וגו': מתני' יתום ששחטו עליו אפוטרופין יאכל ממקום שרוצה ש"מ יש ברירה אמר ר' זירא שה לבית מכל מקום בין מדעתו בין בעל כרחו תניא נמי הכי שה לבית מלמד שאדם שוחט על ידי בנו ובתו הקטנים ועל [ידי] עבדו ושפחתו הכנענים בין מדעתן בין שלא מדעתן: וכלן ששחטו ושחט רבן עליהן יוצאין בשל רבן חוץ מן האשה ואוקימ' חוץ מן האשה וכל דכוותה שיכולין למחות והאשה כיון ששחטה לעצמה אע"פ שלא מיחת בפירוש שחיטתה לעצמה אין לך מיחוי גדול מזה: עבד של שני שותפין אם אלו השותפין קפדי אהדדי שלא ישמש לזה יותר מזה וכן במזונות קפדי שלא יאכילנו אלא כדי חלקו בלבד לא יאכל משל שניהם ומתני' דקפדי אהדדי ברייתא דקתני יאכל מצד שהוא רוצה בשותפין דלא קפדי אהדדי: מי שחציו עבד וחציו בן חורין במשנה ראשונה דתני עובד את רבו יום אחד ואת עצמו יום אחד לא יאכל לא משלו ולא משל רבו אבל במשנה אחרונה דתני כופין את רבו ועושין אותו בן חורין וכו' [יאכל] משל עצמו כי כבן חורין הוא: סיין לע"ב

עין משפט נר מצוה

ה א מיי' פ"ב מהלכות ק"פ הלכה ח:
ו ב שם הלכה ט:
ז ג שם הלכה ח:
ח ד שם הלכה י:
ט ה שם הלכה יב:

מסורת הש"ס

תענית ס: · [עי' תוספות ברכות לד: ד"ה חליף וכו'] · [כתובות נח:] · [לעיל פז. לקמן סט.] · [תוספתא פ"ז] · [מגילה יד:] · [שם: ע"ז טו: ע"ש פרש"י ברכות נ. ע"ש פירש"י] · חגיגה ב. גיטין מח. ב"ב יג. ערכין ב: עדיות פ"א מי"ג · [כדאי' קדושין סט.]

הגהות הב"ח

(א) תוס' ד"ה לישא וכו' ועוד אור"ת דאין זו תקנה: (ב) בא"ד מרגלא ליה לישראל לפי שיכול:

כופין את רבו · בהלכה שפחה אין כופין את רבה אלא היכא דנהגו בה מנהג הפקר *היינו משום דכשיחררה שמא לא תקיים כיון דלא מיחייבה וא"ת אמאי כופין וכי אומר לו לאדם חטא בשביל שיזכה חבירו דהמשחרר עבדו עובר בעשה וי"ל מצוה רבה שאני דלא תהו בראה לשבת יצרה כדמשני (ברכות דף מז:) גבי ר"א שיחרר עבדו *מצוה דרבים שאני: והתניא אין נמנין על שני פסחים כאחד · פירש בקונטרס דברייתא סברה דאין ברירה ולא מצי לשנויי דמתניתין קסבר דיש ברירה דאם כן הוה ליה למיתני מאיזה שירצה יאכל וא"ת ואמאי לא משני דברייתא קתני כשמנה על ב' פסחים כו' והתוספות דלא יאכל משניהם אבל מתניתין כשהמנוהו זה אחר זה דלדעתו על הראשון וי"ל דמתני' קאמר ראשון לשחיטה אע"פ שמנה עליו לבסוף: במלך ומלכה · שיש להם רוב מעדנים ולא קפדי אם גדי ואם טלה אם שמן אם כחוש: על מנת שאין לרבו רשות בו · ולמאן דאמר בפ"ק דקדושין (דף כג:) דקני רביה עד שיתן על מנת שילא בו לחירות ה"נ יפרש שיתן לו שילא בו תורת פסח: קמי שמיא גליא · פירוש ולא פסיל כל כך הואיל ואינו בגוף הקרבן:

[כדאיתא גיטין לח.]

[ועי' תוס' שבת ד. ד"ה וכי ותוס' ערכין ל: ד"ה ולא ותוס' חגיגה ב: ד"ה כופין וגיטין מא: ד"ה כל וב"ב יג. ד"ה כופין ועי' תוס' לעיל נט. ד"ה אתי]

י א מיי' פ"ז מהלכות עבדים הלכה ז:
יא ב מיי' פ"ג מהלכות ק"פ הלכה א:
יב ג שם הלכה ב:
יג ד ה שם הלכה א:
יד ו שם הלכה ב:
טו ח ט שם הלכה ט:

תקנתם את רבו ואת עצמו לא תקנתם לישא שפחה אינו יכול שכבר חציו בן חורין לישא בת חורין אינו יכול שעדיין חציו עבד יבטל והלא לא נברא העולם אלא לפריה ורביה שנאמר לא תוהו בראה (אלא) לשבת יצרה אלא מפני תיקון העולם כופין את רבו ועושה אותו בן חורין וכותב שטר על חצי דמיו וחזרו בית הלל להורות כבית שמאי: **מתני'** האומר לעבדו צא ושחוט עלי את הפסח שחט גדי יאכל שחט טלה יאכל שחט גדי וטלה יאכל מן הראשון שכח מה אמר לו רבו כיצד יעשה ישחט טלה וגדי ויאמר אם גדי אמר לי רבי גדי שלו וטלה שלי ואם טלה אמר לי רבי הטלה שלו וגדי שלי שכח רבו מה אמר לו שניהן יצאו לבית השריפה ופטורין מלעשות פסח שני: **גמ'** פשיטא שחט גדי יאכל אע"ג דרגיל בטלה שחט טלה יאכל אף על גב דרגיל בגדי (א) שחט גדי וטלה יאכל מן הראשון והא תניא אין נמנין על שני פסחים כאחד מתניתין במלך ומלכה והתניא אין נמנין על שני פסחים כאחד ומעשה במלך ומלכה שאמרו לעבדיהם צאו ושחטו עלינו את הפסח ויצאו ושחטו עליהן שני פסחים באו ושאלו את המלך אמר להם לכו ושאלו את המלכה באו ושאלו *מן המלכה אמרה להם לכו ושאלו את ר"ג באו ושאלו את ר"ג אמר להם מלכה ומלך דדעתן קלה עליהן יאכלו מן הראשון אנן לא נאכל לא מן הראשון ולא מן השני ושוב פעם אחת נמצאת הלטאה בבית המטבחים ובקשו לטמא כל הסעודה כולה באו ושאלו את המלך אמר להם לכו ושאלו את המלכה באו ושאלו את המלכה אמרה להם לכו ושאלו את רבן גמליאל באו ושאלו אותו אמר להם בית המטבחים רותח או צונן אמרו לו רותח אמר להם לכו והטילו עליה כוס של צונן הלכו והטילו עליה כוס של צונן וריחשה וטהר ר"ג כל הסעודה כולה נמצא מלך תלוי במלכה ונמצאת מלכה תלויה בר"ג נמצאת כל הסעודה תלויה בר"ג: שכח מה שאמר לו רבו וכו': שלי *מה שקנה עבד קנה רבו אמר אביי הולך אצל רועה הרגיל רבו אצלו דניחא ליה בתקנתא דרביה ומקני ליה חד מינייהו על מנת שאין לרבו רשות בו: שכח רבו מה שאמר לו וכו': אמר אביי לא שנו אלא ששכח אחר זריקה דבעידנא דאיזריק דם הוה חזי לאכילה אבל שכח לפני זריקה דכי איזריק דם לא הוה חזי לאכילה חייבין לעשות פסח שני איכא דמתני לה אברייתא חמשה שנתערבו עורות פסחיהן זה בזה ונמצאת יבלת באחד מהן כולן יוצאין לבית השריפה ופטורין מלעשות פסח שני אמר אביי לא שנו אלא שנתערבו לאחר זריקה דבעידנא דאיזריק דם מיהא הוה חזי לאכילה אבל נתערבו לפני זריקה חייבין לעשות פסח שני מאן דמתני אמתני' כ"ש אברייתא מאן דמתני אברייתא אבל אמתניתין לא כיון דכשירין נינהו דאי אידכר הוי חזי לאכילה קמי שמיא גליא אמר מר ופטורין מלעשות פסח שני והא איכא חד דלא נפיק משום דלא אפשר היכי ליעביד ליתי כל חד וחד פסח קא מייתי חולין לעזרה דארבעה מינייהו עבדי להו ליתי כולהו חד פסח נמצא פסח נאכל שלא למנויו האי מאי ניתי כל חד מינייהו פסחו וניתני ונימא אי דידי בעל מום האי דאייתי השתא ניהוי פסח ואי דידי תם האי דאייתי השתא ניהוי שלמים לא אפשר משום

תקנתם את רבו · שאינו מפסיד כלום מן הראוי לו: ואת עצמו לא תקנתם · מה תהא עליו: לישא שפחה אינו יכול · דלד חירות אסור בה דכתיב (דברים כג) לא יהיה קדש לא יסב אישתא אמה: מתני' שחט גדי יאכל · רבו ממנו ואע"ג דרגיל בטלה דכיון דלא פריש ליה עליה סמך: יאכל מן הראשון · והשני ישרף: שכח מה אמר לו רבו · שפירש לו גדי או טלה וזה שכח: וטלה שלי · ובגמרא פריך מה שקנה עבד קנה רבו ומאי ליה לדידיה: שכח רבו מה אמר לו · וזה כבר שחט השנים: יצאו לבית השריפה · דלא ידיע הי דהאי והי דהאי ואין פסח נאכל אלא למנויו: ופטורין מפסח שני · דשחיטה וזריקה מעלייתא היא חדא דהאי וחדא דהאי וקמי שמיא גליא: גמ' והתניא אין נמנין על שני פסחים כאחד · לאכול בשעת אכילה מאיזה מהם שירצה דאין ברירה וכי בעי למיכל דילמא בשעת שחיטה לא הוה דעתיה עליה הלכך לא אכיל וזה שהמנה את רבו על שני פסחים ורבו סמך עליו היאך יאכל מן הראשון: במלך ומלכה · שתלויין על עבדיהן ואין מקפידין על סעודתן אם גדיים אם טלאים הלכך אין כאן דין ברירה דמתרוייהו ניחא ליה לפיכך יאכל מן הראשון דכיון דליכא קפידא ילא בראשון ידי חובתו ואידך בכדי נשחט: ה"ג והתניא אין נמנין על שני פסחים כאחד ומעשה במלך ומלכה כו': שני פסחים · גדי וטלה: לכו ושאלו את המלכה · בקיאה וחכמה היתה: דדעתן קלה · כדאמרן שאין מקפידין אם גדי אם טלה: אנן לא נאכל · אם היה אחד ממנו שנשחטו עליו גדי וטלה לא יאכל לא מן הראשון ולא מן השני דכיון דקפיד לא ידיע בהי ניחא ליה: הלטאה · אחד משמנה שרצים המטמאין במגען וביקשו לטמא שהיו סבורין שמתה: בית המטבחים רותח או צונן · כלומר נמצאת ברותחין או בצונן: וריחשה · ופירכסה וגבי טומאה במותם כתיב: בתקנתא דרביה (א) · שאין לו תקנה אחרת דהא לא מצי למימר גדי שלי וטלה שלמים ואם טלה אמר לי רבי טלה שלי וגדי שלמים כדמפרש לקמן (שממעט באכילתו דקא אכיל לתרוייהו באותו הלילה משום ספק פסח וחד מינייהו שלמים הוא): לא שנו · דנפטרו מפסח שני אלא ששכח רבו לאחר זריקת שני הדמים מה אמר לו אבל בשעת זריקה עדיין הוא זכור והיה אפשר לברר איזה של רב ואיזה של עבד דכי איזדריק דם נשם אכילה איזדריק דהא ידיעי מנויו דידיה: [חייבין · דכי איזדריק לא לאכילת בשר איזדריק דהא לא ידיעי מנויו דידיה]: יבלת · מום לפסול: באחד מהם · באחד העורות ואין ידוע מאיזה פסח היה עור זה ואותו הפסח פסול הוא: ופטורין מפסח שני · ולקמן פריך והא איכא חד דלא נפק: אמר אביי לא שנו · דפטורין הוו · ארבעה הכשירין לאכילה הלכך הארבעה ילאו והחמישי פטור משום דלא ידיע מנו דלייתי ולא אפשר לאיתויי חולין לעזרה כדלקמיה: חייבין · כולן שאין כאן כשר שלא נזרק הדם לאכילת בשר: מאן דמתני · להא לא שנו דאביי אמתניתין שאע"פ ששניהן כשירין אלא שאין מנויו ניכרין קאמר דאם היה הספק בשעת זריקה חייבין בפסח שני כ"ש אברייתא דספק פסול מום יש בכולן ולא נרלית זריקה שלהן: קמי שמיא גליא · איזה בעלים של כל אחד והדם ניתן לזריקה שהרי אין כאן פסול קרבן ואע"פ שאסור לאוכלו: ס"ג אמר מר פטורין מלעשות פסח שני כו' · והברייתא קתני: קא מייתי חולין לעזרה · הארבעה שכבר יצאו: שלא למנויו · שאלו שכבר יצאו אין מנינים כלום משום

רבינו חננאל

מתני' האומר לעבדו צא ושחוט עלי את הפסח כו' שחט גדי וטלה יאכל מן הראשון. ואקשי' והתניא אין נמנין על שני פסחים כאחד ומשני' אביי מתני' במלך ומלכה וכדתניא אין נמנין על שני פסחים כא' ומעשה במלך ומלכה שאמרו לעבדיהם צאו ושחטו עלינו את הפסח ויצאו ושחטו עליהם שני פסחים באו ושאלו המלך כו' אמר רשב"ג המלך והמלכה יאכלו מן הראשון ואנו לא נאכל לא את הראשון ולא את השני ומשנה נמצאת שנויה במלך ומלכה וברייתא בשאר כל אדם וכן בהלטאה שנמצאת בבית המטבחים רותח ואמר רשב"ג הטילו עליה כוס של צונן והטילו עליה כלומר עדיין בחיים הוא וטהר רשב"ג כל הסעודה נמצא המלך [תלוי במלכה] והמלכה תלויה ברשב"ג נמצא הכל תלוי ברשב"ג: שכח מה אמר לו רבו כיצד יעשה ישחוט גדי וטלה ואמרינן מאי ליה לעבד מה שקנה עבד קנה רבו. אמר אביי הולך אצל רועה הרגיל אצלו דניחא ליה בתקנתא דרביה ומקנה ליה על מנת שאין לרבו רשות בו. שכח רבו מה אמר לו שניהם יצאו לבית השרפה ופטור מלעשות פסח שני אוקמה אביי למתני' כשהיה יודע אם גדי אם טלה ועכשיו שכח לאחר זריקה דבעידנא דאזריק דם פסח ראוי לאכילה היה ונפטר בזריקה ואכילת פסח לא מעכבא אבל אם שכח לפני זריקה חייבין לעשות פסח שני: איכא דמתני להא דאביי אברייתא חמשה שנתערבו פסחיהן ונמצא יבלת באחד מהן כולן יוצאו לבית השרפה ופטורין מלעשות פסח שני. אמר אביי לא שנו אלא שנתערבו לאחר זריקה כו' מאן דמתני לה אמתני' כי לפני זריקה חייבין כל שכן אברייתא כי חייבין שאחד מהן פסול מאן דמתני לה אברייתא אבל אמתני' כו' ומקשי' אברייתא ופטורין כולן אם נתערבו לאחר זריקה דאמרינן איפטרו להו בזריקה והא איכא חד שהיה פסול בעל מום ולא יצא ושני' משום דלא אפשר היכי נעביד ניתי כל חד פסח קא מייתי ארבעה מינייהו חולין לעזרה דהא איפטרו

[בגירסתא]

כ"א את

הגהות הב"ח (א) גמ' דרגיל בגדי אלא שחט גדי וטלה:

[קדושין כג:]

ר"מ מ"ו

הגהות מהר"ב רנשבורג [א] רש"י ד"ה בתקנתא דרביה וכו'. ע"ע עי' ש"ח ח"נ סי' קכ"ח:

ס"א

§ מסכת פסחים דף פח: §

אות א'

אלא מפני תיקון העולם כופין את רבו וכו'

רמב"ם פ"ז מהל' עבדים ה"ז - מי שחציו עבד וחציו בן חורין, הואיל ואינו מותר לא בשפחה ולא בבת חורין, כופין את רבו ועושה אותו בן חורין, וכותב שטר עליו בחצי דמיו; בד"א בעבד, מפני שהאיש מצווה על פריה ורביה, אבל השפחה תשאר כמות שהיא, ועובדת את רבה יום אחד ואת עצמה יום אחד; ואם נהגו בה החוטאים מנהג הפקר, כופין את רבה לשחרר, וכותב עליה שטר בחצי דמיה.

אות ב'

האומר לעבדו צא ושחוט עלי את הפסח, שחט גדי יאכל, שחט טלה יאכל, שחט גדי וטלה יאכל מן הראשון

רמב"ם פ"ג מהל' קרבן פסח ה"א - האומר לעבדו צא ושחוט עלי את הפסח, אף על פי שדרך רבו לשחוט טלה בכל שנה, והלך ושחט עליו גדי, או שהיה דרכו לשחוט גדי, והלך ושחט עליו טלה, הרי זה יאכל ממנו, שהרי לא פירש ואמר לו שחוט לי ממין פלוני; הלך ושחט גדי וטלה, אינו אוכל משניהן, אלא יצאו לבית השריפה, שאין נמנין על שני פסחים; ואם היה מלך או מלכה ואמר לעבדו לשחוט עליו, ושחט גדי וטלה, יאכל מן הראשון [א]משום שלום מלכות.

אות ג'

שכח מה אמר לו רבו כיצד יעשה, ישחט טלה וגדי ויאמר: אם גדי אמר לי רבי, גדי שלו וטלה שלי; ואם טלה אמר לי רבי, הטלה שלו וגדי שלי; שכח רבו מה אמר לו, שניהן יצאו לבית השריפה

רמב"ם פ"ג מהל' קרבן פסח ה"ב - האומר לשלוחו צא ושחוט עלי את הפסח, וקבע לו גדי או טלה, ושכח מה אמר לו רבו, הרי זה שוחט גדי וטלה, ואומר: אם גדי אמר לי, גדי שלו וטלה שלי, ואם טלה אמר לי, טלה שלו וגדי שלי; שכח השולח מה אמר לו, שניהן יצאו לבית השריפה.

אות ד' – ה'

מלכה ומלך דדעתן קלה עליהן יאכלו מן הראשון

אנן לא נאכל לא מן הראשון ולא מן השני

רמב"ם פ"ג מהל' קרבן פסח ה"א - עיין לעיל אות ב'.

אות ה'* [ב]

מה שקנה עבד קנה רבו

יו"ד סימן רסז סכ"ב - כל מה שקנה עבד, קנה רבו; בין שמצא מציאה או נתנו לו מתנה, בין שנתנה לו האדון או אחר, לא זכה בה אלא הכל לאדון, בין גוף בין פירות; אפילו אמר ליה: על מנת שאין לרבך רשות בו אני נותן לך, אינו כלום; [ג]אא"כ יאמר: אני נותן לך ע"מ שתצא בו לחירות.

אות ו' – ז'

הולך אצל רועה הרגיל רבו אצלו דניחא ליה בתקנתא דרביה, ומקני ליה חד מינייהו על מנת שאין לרבו רשות בו

לא שנו אלא ששכח אחר זריקה וכו'

רמב"ם פ"ג מהל' קרבן פסח ה"ב - ואם שכח השולח קודם שיזרק הדם, חייבין לעשות פסח שני; שכח אחר שנזרק הדם, פטור מלעשות פסח שני. וכן הדין באומר לעבדו צא ושחוט עלי, וקבע לו, ושכח העבד מה אמר לו רבו; והוא שיתן לו רועה של רבו גדי וטלה, ויאמר לו שחוט שניהן כדי שתשחוט כמו שאמר לו רבך, והרי אחד מהן שלך [ד]על מנת שלא יהיה לרבך בו כלום; אם עשה הרועה כך, אחר כך יהיה אפשר לעבד להתנות כמו שביארנו.

אות ח' – ט'

חמשה שנתערבו עורות פסחיהן זה בזה וכו'

לא שנו אלא שנתערבו לאחר זריקה וכו'

רמב"ם פ"ג מהל' קרבן פסח ה"ט - חמשה שנתערבו עורות פסחיהן, ונמצאת יבלת בעור אחד מהן, כולם יצאו לבית השריפה; ואם נתערבו קודם זריקת דמן, חייבין בפסח שני; נתערבו אחר זריקה, פטורין מלעשות פסח שני, שאם הקריבו פסח שני, נמצא זה שקרב בראשון קרבן כשר מביא חולין לעזרה.

באר הגולה

[א] ‹ורבינו נראה שמפרש טעמא דמלך ומלכה משום שלום מלכות, והיינו שדעתו קלה עליהם, ומשמע לי דהיינו לומר, שאם נאמר למלך שלא יאכל כלל, יכעוס על עבדו ויהרגהו, או שמא יכעוס על החכמים שאמרו דלא יאכל כלל משום דאין ברירה, שיעלה על דעתו של מלך דיש ברירה מן הדין, אלא שלהקניטו אמרו כן – כסף משנה› ‹**היאך** נאכיל למלך ומלכה קדש העומד לשריפה משום שלום ביתם, **נ"ל** כדאמרינן בעלמא כל המקדש אדעתא דרבנן מקדש, וה"נ דכוותיה, דאמרינן כל שיהיה ספק לאדם בפסחו, נתלה בדעת החכמים, והחכמים קבעו לראשון, **אלא** שלא רצו חכמים לתלות בדעתם לכל אדם, לפי שאין בו צורך, כמו {שיש} גבי קדושין דבכל עת וזמן והרבה עקרי דינים מיתקנים בכך, **אבל** פסח דפעם אחת בשנה, הניחו לכל אדם על דעת עצמו, ולא רצו לומר כל הנמנה על פסחו על דעת רבנן נמנה, ובמלך ומלכה מפני שלום מלכות אמרו כן – תוס' יו"ט› [ב] ‹ע"פ מהדורת נהרדעא› [ג] ‹עיין תוס' ד"ה על מנת› [ד] ‹ואף על פי שרבינו בפ"ג מהל' זכייה כתב, דלא מהני האי לישנא לשלא יקנה רבו, כתב לישנא דגמ', וסמך על מ"ש בפרק הנזכר – כסף משנה› ‹**ואפשר** לומר דס"ל להרמב"ם, דכיון דנותנו לו הרועה לשם פסח לתקנת רבו, הו"ל כמפרש בהדיא על מנת שאין וכו' אלא לך לשחוט לשם פסח – ידיו של משה›

§ מסכת פסחים דף פט. §

אות א'

דאילו פסח לא בעי סמיכה, ואילו מותר בעי סמיכה

רמב"ם פ"ג מהל' מעשה הקרבנות ה"ו - **כל קרבנות בהמה שיקריב היחיד בין חובה בין נדבה, סומך עליהן כשהן חיין, חוץ מן הבכור והמעשר והפסח, שנאמר: וסמך ידו על ראש קרבנו, מפי השמועה למדו שכל קרבן במשמע חוץ מפסח ובכור ומעשר.**

אות ב'

דאילו פסח מתנה אחת

רמב"ם פ"ה מהל' מעשה הקרבנות הי"ז - **הבכור והמעשר והפסח, דם כל אחד מהן טעון מתנה אחת בשפיכה כנגד היסוד, באי זו רוח שירצה משלש זויות המזבח, שהרי קרן מזרחית דרומית לא היה לה יסוד כמו שביארנו; ומניין שאינן טעונין אלא מתנה אחת, שהרי נאמר בבכור: ואת דמם תזרוק על המזבח, מפי השמועה למדו שהוא הדין במעשר ובפסח שנותן דמן מתנה אחת כבכור.**

אות ג'

כל הניתנין על מזבח החיצון שנתנן במתן אחת כפר

רמב"ם פ"ב מהל' פסולי המוקדשין ה"א - **כל הדמים הניתנין על מזבח החיצון, אם נתן מתנה אחת בלבד כיפר, ואפילו בחטאת מתנה אחת היא העיקר ושאר הארבע מתנות למצוה, שנאמר: ודם זבחיך ישפך על מזבח ה' אלהיך, שפיכת הדם על המזבח היא העיקר.**

רמב"ם [א]פי"ז מהל' פסולי המוקדשין ה"א - **כל הדמים הניתנין על מזבח החיצון שנתן מהם מתנה ראשונה במחשבה נכונה, ונתן ממתנה שניה ואילך במחשבת שינוי השם או במחשבת המקום או מחשבת הזמן, הרי זה כיפר והורצה הקרבן; ואם נתן את הראשונה במחשבת הזמן, והשלים המתנות במחשבת המקום, הרי זה פגול, שמתנה ראשונה היא העיקר.**

אות ד'

אלא משום דאילו פסח בשפיכה, ואילו שלמים בזריקה

רמב"ם פ"א מהל' קרבן פסח ה"ו - **דם הפסח טעון שפיכה כנגד היסוד.**

רמב"ם פ"ג מהל' קרבן פסח ה"ט - **חמשה שנתערבו עורות פסחיהן, ונמצאת יבלת בעור אחד מהן, כולם יצאו לבית השריפה; ואם נתערבו קודם זריקת דמן, חייבין בפסח שני; נתערבו אחר זריקה, פטורין מלעשות פסח שני, שאם הקריבו פסח שני, נמצא זה שקרב בראשון קרבן כשר מביא חולין לעזרה; ואם נמנו כולן על פסח אחד, נמצא נשחט שלא למחוייב, וזה כמי שנשחט שלא למנויין; ואם התנה כל אחד מהן ואמר: אם אינו פסח יהיה [ב]שלמים, דם הפסח בשפיכה ודם השלמים בזריקה, והניתנין בזריקה אל יתנם בשפיכה לכתחילה, לפיכך פטורין מפסח שני.**

רמב"ם פ"ה מהל' מעשה הקרבנות הי"ז - **הבכור והמעשר והפסח, דם כל אחד מהן טעון מתנה אחת בשפיכה כנגד היסוד, באי זו רוח שירצה משלש זויות המזבח, שהרי קרן מזרחית דרומית לא היה לה יסוד כמו שביארנו.**

אות ה'

כל הניתנין בזריקה שנתנן בשפיכה יצא

רמב"ם פ"ב מהל' פסולי המוקדשין ה"ב - **וכל הניתנין בזריקה שנתנן בשפיכה, יצא, שנאמר: ודם זבחיך ישפך.**

אות ו'

אימר דקא אמרינן דאי עבד

רמב"ם פ"ג מהל' קרבן פסח ה"ט - **ואם התנה כל אחד מהן ואמר: אם אינו פסח יהיה שלמים, דם הפסח בשפיכה ודם השלמים בזריקה, והניתנין בזריקה אל יתנם בשפיכה לכתחילה, לפיכך פטורין מפסח שני.**

אות ז'

לעולם נמנין עליו עד שיהיה בו כזית לכל אחד ואחד; נמנין ומושכין את ידיהן ממנו עד שישחט

רמב"ם פ"ב מהל' קרבן פסח הי"ד - **עד כמה נמנים על הפסח, עד שיהיה בו כזית לכל אחד ואחד; ונמנין עליו ומושכין את ידיהן ממנו עד שישחט, כיון שנשחט אינו יכול [ג]למשוך את ידו, שהרי נשחט עליו. [ד]נמנו עליו וחזרו אחרים ונמנו עליו, ראשונים שיש להם כזית אוכלים ופטורים מעשות פסח שני, ואחרונים שרבו עד שלא נמצא בו כזית לכל אחד, אינן אוכלין, וחייבים לעשות פסח שני.**

באר הגולה

[א] ‹כצ"ל ע"פ מהדורת נהרדעא› [ב] ‹והא זה דחה הגמ' משום דקא ממעט מזמן אכילתו, וחילוק של שפיכה אמר לתרץ הקושיא ממותר פסח, אבל עכ"פ בחילוק זה מתרץ כולהו› [ג] ‹ונקט "למשוך" ולא "למנות" כדלעיל, דבא לאפוקי שיטת ר"ש, וכ"ש שאין נמנין› [ד] ‹בפרק כיצד צולין דף ע"ח: - כסף משנה›

משום דאיכא חזה ושוק דכהנים הוא דאכלי ליה וניתי כל חד וחד כהן בהדיה האי כהן היכי דמי אי דעביד פסח דילמא האי פסח הוא ונמצא פסח נאכל שלא למנויו ואי דלא עביד פסח דילמא שלמים הוא ולא עביד פסח וניתי כל (א) חמשה °חד כהן דלא עבד פסח ונימני עילויה הני חמשה פסחים דממה נפשך איכא חד דלא עביד פסח וקא נפקי ביה אלא משום דקא ממעיט באכילת שלמים דאילו פסח ליום ולילה ואילו שלמים לשני ימים ולילה אחד °וניתי מותר הפסח ונימא אי דידי בעל מום האי דאייתי השתא ניהוי פסח אי דידי תם הוא ניהוי האי דאייתי השתא שלמים *דמותר הפסח *נאכל ליום ולילה אחד *וכי מפרישין תחלה למותרות ונטרחו ונייתי מותר הפסח אלא משום סמיכה דאילו פסח לא בעי סמיכה ואילו מותר בעי סמיכה הא תינח קרבן אנשים קרבן נשים מאי איכא למימר אלא משום מתנות דאילו פסח מתנה אחת ואילו שלמים שתים שהן ד' מאי נפקא מינה והא *תנן כל הניתנין על מזבח החיצון שנתנן במתן אחת כפר אלא משום דאילו פסח בשפיכה ואילו שלמים בזריקה מאי נפקא מינה והא *תניא כל הניתנין בזריקה שנתנן בשפיכה יצא אימר דקא אמרינן דאי עבד לכתחלה נמי:

מתני' *האומר לבניו הריני שוחט את הפסח על מי שיעלה מכם ראשון לירושלים כיון שהכנים הראשון ראשו ורובו זכה בחלקו ומזכה את אחיו עמו: גמ' ש"מ *יש ברירה א"ר יוחנן *כדי לזרזן במצות קאמר דיקא נמי דקתני ומזכה אחיו עמו אי אמרת בשלמא דאמנינהו מעיקרא שפיר אלא אי אמרת דלא אמנינהו מעיקרא לבתר דשחיט מי קא מתמנו והא תנן נמנין ומושכין ידיהן ממנו עד שישחט ש"מ תניא נמי הכי *מעשה וקדמו בנות לבנים ונמצא בנות זריזות ובנים שפלים:

מתני' לעולם נמנין עליו עד שיהיה בו כזית לכל אחד ואחד *נמנין ומושכין את ידיהן ממנו עד שישחט רבי שמעון אומר עד שיזרוק את הדם: גמ' מאי קמ"ל הא קמ"ל דאע"ג דאימני עליו חבורה זו חוזרת ונמנין עליו חבורה אחרת: נמנין ומושכין את ידיהן עד שישחט וכו': אמר אביי מחלוקת לימשך דרבנן סברי °מהיות משה מחיותיה דשה ור"ש סבר *מהוויתיה דשה אבל לימנות דברי הכל עד שישחט דאמר קרא במכסת נפשות והדר תכוסו תניא נמי הכי נמנין ומושכין את ידיהן ממנו עד שישחט רבי שמעון אומר נמנין *עד שישחט ומושכין עד שיזרוק הדם:

מתני'

תורה אור

רש"י

משום דאיכא חזה ושוק · דשלמים שצריך ליתן לכהן וא"א לתת דהא כל חד וחד שמא האי הוי פסח ונמצא מאכילו לכהן שלא נמנה עליו: **וניתי כל חד וחד** · מינייהו חד כהן ונימניה אפסחו: ס"ג **וניתי כולהו חמשה חד כהן דלא עבד פסח ונמנים בסדי כל חד וחד** · דממה נפשך איכא חד דקא נפיק ביה ויאכל חזה ושוק של כולם: **דקא ממעט באכילת שלמים** · בזמן אכילתו שאוכל את כולם ליום ולילה ושורף את הנותר ואם שלמים הוא עדיין אינו נותר ונמצא שורף קדשים כשרים: **וניתי במותר הפסח** · מתחלתו יתנה עליו אם שלי תם היה זה יהיה מותר הפסח שהוא קרב שלמים והוא כפסח שנאכל ליום ולילה [א] והכי תניא בתוספתא *דזבחים בפ' *(הפסח שנתערב) ומשני אין מפרישין קרבן מתחלה לשם (ב) מותר שהילך יכול להיות מותר הפסח והרי שם פסח לא חל עליו מעולם שהרי זה כבר יצא: **ונטרחו ונייתי במותר הפסח** · יבקשו אנשים שנותרו להם פסח חי או מעות פסח ויקחו מהן בהמות ויתנה כל אחד על שלו אם שלי בעל מום היה הרי זה פסח ואם לאו הרי הוא כמות שהוא מותר הפסח לשלמים ונאכל ליום ולילה: **בעי סמיכה** · וא"א לסמוך על זה שמא פסח הוא וקא עביד עבודה בקדשים: **קרבן נשים** · לא בעי סמיכה: **פסח בשפיכה** · בנחת מן המזרק לקיר המזבח כנגד היסוד דנפקא לן מתן דם דפסח מודם זבחיך ישפך במסכת זבחים בפ' ב"ש (דף לז:) ובשלמים כתיבא זריקה שזורק למרחוק מן המזרק למזבח ואין מתן אצבע אלא בחטאת דכתיב בה באצבעו אבל בכל שאר קרבנות וזרקו כתיב וזורק כנגד הקרן עד שהדם ניתן לקיר מערבי וקיר דרומי: **לכתחלה נמי** · בתמיה:

מתני' על מי שיעלה · משמע שאינו ממנה עליו אלא הראשון: **ומזכה את אחיו עמו** · בגמרא מפרש היכי מתמני ומתרץ דאמנינהו אבוהן מעיקרא וכדי לזרזן קאמר שיזדרזו כל אחד להיות ראשון ויהיה הוא ראש לאחיו שיזכו על ידו וכך הודיעם: **גמ' ש"מ יש ברירה** · קס"ד דלא אימנו אלא חד: **כדי לזרזן** · וכולן אימנו עליו בין ראשון בין אחרון: **שפלים נמי הכי** · דמשום זריזות נקט: **מתני' נמנין** · הרוצה לימנות: **ונמשכין** · הרוצה לימשך: **עד שישחט** · אבל משנשחט אין נמנין עליו ואין מושכין הימנו אפי' לר"ש דפליג ואמר עד שיזרק הא מוקים דלימשך הוא דפליג אבל בלימנות מודה: **גמ' דאף על גב דנמנין עליו חבורה** [זו חוזרין ונמנין עליו חבורה] **אחרת** · כל חבורה שלימה שנימנו על פסח אחד ימשכו כולן ידיהן הימנו ודלא כרבי יהודה דאמר לקמן בפ' מי שהיה טמא (דף צט:) ובלבד שיהיה א' מבני חבורה ראשונה קיים עליו: **מחלוקת לימשך** · בההיא קאמר ר"ש עד שיזרק: **אם ימעט הבית** · אם באו לימנות ולימשך מהיות משה בעוד היותו לשה יתמעטו: **מחיותיה** · בעודו בחיים: **מהוויתיה** · קודם גמר עבודתו:

תוספות

האי כהן היכי דמי אי דעבד פסח כו' · וא"ת וניתי כהן קטן ויש לומר דעדיפא מינה פריך: **וניתי** מותר פסח · לא כפי' הקונטרס שיקדיש לשם מותר אם שלו היה תם דבזה לא היה טועה הגמרא אלא נראה לר"י שיקדיש לפסח ואם בעל מום שלו יצא בזה ואם לאו יהא מותר פסח ופריך דלא הוי מותר פסח אלא היכא שהופרש לגמרי לפסח וניתותר:

ונטרחו ונייתי מותר פסח · וא"ת ואיך יכשר מותר זה לפסח הא לקמן בפרק מי שהיה טמא (דף צט:) פליגי רבי יוסי ורבי יהודה אי בעינן אחד מבני חבורה ראשונה אבל כ"ע מודו דאם נשאר שעה אחת בלא בעלים דלא חזי תו לפסח וי"ל הכא כשהפריש ב' פסחים לאחריות וניתותר לו א' דאינו נפסל משום שהגיעוהו יחידי וא"ת אכתי למאן דלא בעי עקירה שלמים לשם פסח קשיא ועוד איך ימכרהו האמר לקמן המוכר עולתו ושלמיו לא עשה כלום וי"ל כיון דליכא אינש דצריך ליה לכ"ע בעי עקירה כדאמרי' בתמיד נשחט (לעיל דף סד.) כגון שהיו בעלים טמאי מתים ואי מותר פסח במעות איירי כדפירש בקונטרס אתי שפיר:

דאילו פסח ליום ולילה · קשה לר"י דתנן פ"ק דברכות (ד' ב.) כל הנאכלין ליום אחד מצותן עד שיעלה עמוד השחר וקאמר בגמרא (שם דף ט.) ואילו אכילת פסחים לא קתני ורמינהו ק"ש והלל כו' ואכילת פסחים מצותן עד שיעלה עמוד השחר ומאי קא פריך והא הכא משמע דשייך למיתני גבי פסח יום ולילה וא"כ הוי בכלל הנאכלין ליום ולילה דקתני התם וי"ל דהתם הוה ליה למיתני בהדיא אם איתא דנאכל עד עמוד השחר לאפוקי ממשנה דאיזהו מקומן (זבחים דף נו:) דקתני אינו נאכל אלא עד חצות והיינו מדאורייתא דומיא דאחריני וכיון דלא קתני ליה בהדיא ש"מ דסבר דאינו נאכל אלא עד חצות כמשנ' איזהו מקומן:

ואילו פסח לא בעי סמיכה · סבירא ליה סמיכה בכל כחו בעינן דאי לא בעינן אלא כל דהו לא הוי עבודה בקדשים [ב] וכאין דורשין (חגיגה דף טז:) פלוגתא דתנאי היא:

הני מילי דיעבד · יה"ה דאכולהו אמרי' הכי אסמיכה ואמתנות ואנותר ותימה וכי בשביל דשמא יהיה נותר או משום סמיכה דלא מעכבא או לא יעשו מתנות כהלכתן יכנס לידי ספק כרת וי"ל דטוב שידחה ספק כרת בשב ואל תעשה ממה שיעשו רובם שלא כהוגן כי ככר רובם עשו פסח:

אלא אי אמרת דלא אמנינהו כו' · תימה דבפ' אין בין המודר (נדרים דף לו.) מסיק רבי זירא אליבא דרבי יוחנן מהך משנה דשה לבית אבות לאו דאורייתא דאי דאורייתא אבישרא קאי ומזכה להן והכא מוקי לה רבי יוחנן בדאמנינהו מעיקרא וי"ל דהכא ה"פ אי אמרת בשלמא דחשוב כאלו אמנינהו מעיקרא דאין צריכין מינוי והיינו טעמא דשה לבית אבות לאו דאורייתא שפיר אלא אי אמרת אינו חשוב כאמנינהו מעיקרא אלא צריכין מינוי דשה לבית אבות דאורייתא אמאי מזכה אחיו עמו דפשיטא שלא המנה כולם קודם שחיטה מדקאמר הריני שוחט על מי שיעלה מכם ראשון:

דעות

עין משפט נר מצוה

טז א מיי' פ"ג מהלכות מעשה קרבנות הלכה ו סמג עשין קפג:
יז ב שם פ"ה הלכה יז:
יח ג מיי' פי"ג מהלכות פסולי מוקדשין הלכה א וספ"ו הלכה א:
יט ד מיי' פ"א מהלכות קרבן פסח הלכה ו וס"ג הלכה ט ופ"ה מהלכות מעשה הקרבנות הלכה יז:
כ ה מיי' פ"ב מהלכות פסולי מוקדשין הל' כ:
כא ו מיי' פ"ג מהלכות ק"פ הלכה ט:
כב ז מיי' פ"ג מהלכות ק"פ הלכה יד:

רבינו חננאל

איפשרו להו בזריקה ניתי כולהו פסח אחד נמצא פסח נאכל שלא למנויו וניתי כל חד וחד פסח וניתי וכו' וניתי תיתני במותר פסח פי' יפריש מעות ויאמר אלו מותר בפסח ויקנה כבש ויתנה ויאמר אי דידי בעל מום נהי האי פסח ואי דידי תם הוה להוי האי מותר פסח דמותר נאכל ליום ולילה כפסח ואמרינן וכי מפרישין תחלה למותר כלומר אפשר להיות העיקר הוא עצמו המופרש מותר לא יקרא מותר אלא אם הקדישו עיקר. ואמרינן ונטרח וניתי מותר הפסח פי' יבקש עד שימצא אדם שהפריש מעות לפסחו וקנה כבש ונשתיירו אצלו מן המעות דמי כבש אחד והוא מותר הפסח יקח המעות מאצל אותו האיש ויקנה בהן כבש ויתנה ויאמר אם שלי היה בעל מום זה פסח שלי ואם שלי כשר היה זה הכבש יהיה שלמים וכן כל חד וחד והדר' אמאי לא עבדו הכי משום סמיכה דמותר הפסח אינו טעון סמיכה ואלו שלמים טעונין סמיכה תינח קרבן אנשים כו' ואסיקנא אימור דאמרי' ופטורין מלעשות פסח שני דאיעבד לכתחלה נמי מהדרי ואי משכחי' ואפשר להו למיעבד עבדו ואי לא משכחי כלל פטורי: מתני' האומר לבניו הריני שוחט הפסח על מי שיעלה מכם ראשון לירושלים כו' ש"מ יש ברירה כדאמרי' לעילא. אמר ר' יוחנן מתניתין בששרם עליהם כלם וכי לא אמר להם כך אלא כדי לזרזן במצות ודיקא מתני' כוותיה דקתני ומזכה את אחיו עמו. פי' נמנין ומושכין את ידיהן ממנו עד שישחט ר' שמעון אומר עד שיזרוק הדם ואוקימ' מחלוקת לימשך דת"ק סבר מהיות משה מחיותיה דשה כלומר כיון שנשחט נעתק שם שה מעליו ור' שמעון סבר מהוויתיה דשה מדבר שהוא חי ואינו זה הדם שהוא הנפש. תניא נמי הכי נמנין ומושכין ידיהם ממנו עד שישחט ר"ש אומר עד שיזרוק ומושכין עד שיזרוק הדם: מתני'

מסורת הש"ס

נראה שצ"ל בתוספתא דפסחים
[תוספתא זבחים פ"ח מנחות פא.]
סנהדרין ד. זבחים לז.
זבחים לז.
גיטין כה. נדרים לז.
[לעיל סו. פח.]
[גיטין כה.]
[גיטין שם. נדרים לז.]
לעיל ס: יומא מט: גיטין כה.
[כפתור ופרח מי גרס מהיותיה דשה הוא מדבר שהוא חי וזהו הדם כי הדם הוא הנפש כו']

הגהות הב"ח

(א) גמ' וניתי כולהו חמשה חד כהן: (ב) רש"י ד"ה וניתי כו' מתחלה לשם מותר שהילך:

גליון הש"ס

גמ' חד כהן. ע"ל עד ע"א תוס' ד"ה גואהן: שם וניתי מותר הפסח. עי' לקמן צו ע"ב תוס' ד"ה וא"ת וכו' יש דחוי: תוס' ד"ה ואלו פסח וכו' דתנאי היא. עי' בשער המלך פ"ח מה' חגיגה:

הגהות מהר"ב רנשבורג

[א] רש"י ד"ה וניתי במותר הפסח וכו' והכי תניא בתוספתא דזבחים. כ"כ עיין שער המלך פ"ו מהלכות פסמ"ק הלכה יח ד"ה וכסיותי. וכפ"ג מהלכות מעה"ק הלכה י"ג כולה ופ"ג מהלכות ק"פ הלכה ט: [ב] תוס' ד"ה ואילו פסח וכו' וכאין דורשין פלוגתא דתנאי היא. כ"כ עיין ביאור כוונו בזה בשער המלך פ"ג מהלכות מעה"ק הלכה י"ג ועיין ביצה דף כ ע"א תוס' ד"ה דלא וכו':

מתני' *הממנה עמו אחר בחלקו רשאין בני חבורה ליתן לו את שלו והוא אוכל משלו והן אוכלין משלהן: גמ' איבעיא להו בני חבורה שהיו ידיו של אחד מהן יפות מהו שיאמרו לו טול חלקך וצא מי אמרינן מצי אמר להו הא קבילתון או דילמא מצו למימר ליה כי קבלינן לתיקוני זביחה אדעתא דאכלת טפי כינן לא קבלינך ת"ש הממנה אחרים עמו על חלקו רשאין [בני חבורה] ליתן לו את שלו והוא אוכל את שלו והן אוכלין את שלהן מאי טעמא לאו משום דהוי ליה כידים של אחד מהן יפות ואי סלקא דעתך דידיו יפות מצי אמר להו קבילתון ניהוי האי כידיו יפות אמרי לא דעות שאני דא"נ תרווייהו כחד מבני חבורה הוא דאכלי מצי אמרי לי' דלא ניחא לן אינש נוכרא גבן ת"ש *השמש שאכל כזית בשר בצד התנור אם היה פקח ממלא כריסו ממנו אם רצו בני חבורה לעשות טובה עמו באין ויושבין בצדו ואוכלין דברי רבי יהודה רצו אין לא רצו לא ואמאי נימא להו הא קבילתון שאני התם דאמרי ליה כי קבלינך אדעתא דנטרחך קמן למטרח לן לדידך לא קבלינך ת"ש *בני חבורה שהיה ידיו של אחד מהן יפות רשאין לומר טול חלקך וצא ולא עוד אלא אפילו חמשה ועשו סיבולת רשאין לומר לו טול חלקך וצא שמע מינה מאי ולא עוד לא מיבעיא קאמר לא מיבעיא פסח דמצי אמרי ליה כי קבלינך לתקוני זביחה אלא אפילו סיבולת נמי דצוותא בעלמא הוא רשאין לומר לו טול חלקך וצא איכא דאמרי הא לא איבעיא לן אלא הכי הוא דאיבעיא לן בני חבורה רשאין לחלק או אינן רשאין לחלק ת"ש בני חבורה שהיו ידיו של אחד מהן יפות רשאין לומר לו טול חלקך וצא אין ידיו יפות אין ידיו יפות לא שמע מינה רב פפא ורב הונא בריה דרב יהושע עריבו ריפתא בהדי הדדי אדאכיל רב הונא בריה דרב יהושע חדא אכיל רב פפא ארבע א"ל פלג לי אמר ליה קבילתון איתיביה כל הני תיובתא ושני כדשנינן איתיביה בני חבורה א"ל התם דאמרי לי' כי קבלינך לתיקוני זביחה איתיביה סיבולת פלג ליה אזל עריב בהדי רבינא אדאכיל רב הונא בריה דרב יהושע חדא אכיל רבינא תמניא אמר מאה פפי ולא חדא רבינא ת"ר "הממנה אחרי' עמו על פסחו ועל חגיגתו מעות שבידו חולין *"והמוכר עולתו ושלמיו לא עשה ולא כלום ומעות כל שהן יפלו לנדבה וכי מאחר דלא עשה ולא כלום מעות אמאי יפלו לנדבה אמר רבא קנסא ומאי כל שהן אע"ג דלא הוו שוו אלא ארבעה ויהבו ליה חמשה אפילו בההיא יתירא נמי קנסוהו רבנן אמר עולא ואיתימא ר' אושעיא *אפשר ידעי חברין בבלאי טעמא דהאי מלתא זה הפריש טלה לפסחו וזה הפריש מעות לפסחו היאך הקדש חל על הקדש דקתני מעות שבידו חולין אמר

רש"י

מתני' הממנה אחרים עמו על פסחו · א' מבני חבורה שהמנה אחרים עמו על חלקו בלא דעת חבורה: רשאין · לומר לו טול חלקך ולא ואכול אתה ותטרדך את חלקך דאית ליה להאי תנא *פסח נאכל בב' חבורות: גמ' ידיו יפות · לישנא מעליא ממהר לאכול הרבה: קבילתון · קבלתוני עליכם לאכול בכל כחי בדמים הללו: לתקוני זביחה · שלא יהא נותר ושיערנוך לאכול שאר בני אדם: לאו משום דהוי ליה כו' · שיהא עמו אוכלין: דעות שאני · אין בני חבורה מרוצין להיות כל אלו הדעות בחבורתם שמא יעכבו עליהם הסעודה ולא משום אכילה יתירתא אלא אפילו לא אכלי כולהו אלא כחד גברא מלו מעכבי עליה: ממלא כריסו ממנו · כדאמרי' בכילד צולין (לעיל דף פו·) שאין האוכל אוכל בשתי מקומות: לא רצו לא · אלמא משום טירחא הדרי ביה הכא נמי משום פסידא הדרי ביה: לאטרחינן לדידך לא קבלינך · אבל ידיו יפות מדלא בדקו אחריו ש"מ בכל מאכלו קיבלו עליהן: סיבולת · תערובת סעודה של כל ימות השנה: מאי ולא עוד · מאי אולמיה הא מהא: לתקוני זביחה · כמדת איש אחד: דלצוותא · וליכא למימר משום לוותא קבליה עליה בכל מאכלו: רשאין ליחלק · לחלק פסח ביניהן לכל א' חלק המגיעו: או אין רשאין לחלק · אלא אוכלין כאחד וטתנין המנות לפניהם כשאר סעודות: ש"מ · אין רשאין ליחלק: כל הני תיובתא · הממנה אחרים והשמש: איתיביה בני חבורה · מרישיה דקתני טול חלקך ושני ליה בההיא משום דלתקוני זביחה קבליה וכמדת איש אחד אבל הכא לוותא קבילת עלך וניחא עלך לוותי לקבולי עלך בכל סעודתי: ועל חגיגתו · חגיגת י"ד שאף היא באה לכל המטיין: מעות שבידו · שלקח מן הנמנין הללו: חולין · כדמפרש טעמא לקמיה שאף על פי שהנמנה כבר הקדיש מעותיו לכך והממנה כבר הקדיש פסחו מתחללין המעות על הפסח וטעמא מפרש: המוכר עולתו · להתכפר בה אחר לא עשה כלום ואין העולה קריבה אלא לשם בעלים הראשונים: ומעות כל שהן · כל מה שקיבל מן העולה והשלמים ואפילו יותר על כדי דמיהן יפלו המעות לנדבת ליבור לשופרות שהיו במקדש שהיו מקריבין מהן עולות לקיץ המזבח ולקמיה פריך מאחר דלא עשה ולא כלום אמאי יפלו דמיהן לנדבה: אמר רבא קנסא · קנסו רבנן לקונה דלא ליקני זימנא אחריתי עולה ושלמים דאחר ואיהו הוא דאפסיד אנפשיה דלא הוה ליה למיקני כפרת אחרים וכי האי גוונא כמי אמרי אינשי *לאו עכברא גנב אלא חורא גנב כלומר המוכר לא פשע אלא הקונה הלכך מעותיו נדבה: אף על גב דשוו ארבעה ויהבו ליה חמשה · לא אמר אישתכח דמתנה בעלמא הוא דיהב ליה ולא ליקנסיה : אפשר ידעין כו' · והלואי שיהו יודעין טעם זה ויודיענו . סיפא · מעות הקדש חל על טלה הקדש אחר נגאת הקדש של מעות לחולין מי הוליאן למעות *(של חולין) אילו היה טתכן בבהמת חולין היתה נתפסת בקדושת המעות והן יצאו לחולין אבל עכשיו מה נתפס תחתיהם שיצאו הם לחולין והא ליכא למימר במעות שלא הוקדשו עסקינן דאם כן מאי למימרא : אמר

תוספות

דעות שאני · אע"ג דלא אכלי כולהו אלא כחד תימה לר"י מה צריך לשנויי הכי לימא ליה דשאני הכא דלא שייך למימר הא קבילתון ולא דמי כלל לידיו של א' מהן יפות וי"ל דאיצטריך לשנויי הכי דלא נידוק [איפכא דוקא] ממנה אחרים דלא מצי למימר הא קבילתון [הא ידיו יפות דמצי למימר קבילתון] אין רשאין ליתן חלקו ומעיקרא דהוה בעי למיפשט דהוי כידיו של א' מהן יפות ה"מ למפרך אדרבה איפכא מסתברא לכך משני דלא מצי למיפשט מידי: בני חבורה רשאין לחלק או לא · וא"ת אמאי לא פשיט ממתני' דדוקא אם המנה האחרים עמו רשאין ליתן חלקו וי"ל דאיכא למידחי דבלא ממנה נמי רשאין ליחלק והא דנקט ממנה משום דבכל ענין מיירי אפי' התנו שלא ליחלק ואם ממנה רשאין ליחלק אבל ברייתא לא מצי למידחי דפשיטא דאם התנו שלא ליחלק אפי' א' מהם ידיו יפות אין רשאין ליתן חלקו דמסתמא על דעת כן התנו דאם אין אחד מהן ידיו יפות אין דרך ליחלק בלא תנאי:

מעות כל שהן יפלו לנדבה · ק"ק לר"י דרישא מיירי כשהקדיש מעות לשם פסח כדמוכח בסמוך וסיפא מיירי במעות חולין דאי הקדישן לשלמים איך יפלו מעות שלמים לנדבת ליבור ויקריבו מהן עולות לקיץ המזבח:

ומאחר דלא עשה ולא כלום אמאי יפלו לנדבה · פירוש אי אמרת בשלמא דעשייתו מועלת אתי שפיר דקנסינן ליה שלא ירגיל לעשות כן פעם אחרת אבל כיון דלא עשה ולא כלום אמאי קנסינן ליה כיון שאין ממש בעשייתו ומשני דמ"מ קנסינן ליה:

וזה הפריש מעות לפסחו כו' · דאי במעות חולין מאי קמ"ל פשיטא שהן חולין דלית לן למיקנסיה כמו בסיפא כיון דשרי למנות אחרים על פסחו וא"ת אפילו אי הוו מעות חולין מעיקרא מכל מקום איך יכול למנות אחרים אחר שהקדישו כיון דסבר דאפילו במעות לא משייר וכ"ש בפסח דלא משייר מדקשיא ליה אין הקדש חל על הקדש וי"ל דאע"ג דלא משייר ביה מידי על דעת כן מקדישו שיגאו כל אשר ימנה עליו דקרא כתיב (שמות יב) ולקח הוא ושכנו וכתיב ביה (שם) תכוסו משמע דבכל ענין אפילו הקדישו כבר משום דדעת האדם כן:

[לעיל פו.] · לעיל פו. · [תוספתא פ"ו] · [תוספתא שם] · [עי' קדושין ט. גיטין מה. ערכין ל.] · [גיטין עח: זבחים ל: חולין סה.] · ז"ל לחולין

עין משפט נר מצוה

בג א ב מיי' פ"ב מהל' ק"פ הלכה טו :

כד ג מיי' שם טוש"ע חו"מ סי' קטו סעיף י בהג"ה

רש"ל

כה ד מיי' פ"ב מהלכות ק"פ הלכה טו :

כו ה מיי' פ"ד מהלכות קרבן פסח הלכה י :

כז ו מיי' פ"ד מהלכות מעילה הלכה ח :

רבינו חננאל

מתני' הממנה אחרים על חלקו רשאין ליתן להם את חלקו כו'. פי' שלשה שנתחברו וקנו פסח ואמר אחד מהן לאחרים תנו לי מעות ובאו ואכלו עמי בחלקי רשאין בני חבורה לומר (לו) [לו] שלישי ולהוציא מחבורתם ואוקים' משום דאמרי ליה לא ניחא ליה דליתיב איניש נכראה גבן ואף על גב דאכלי כולהו בחד : איבעיא להו בני חבורה שהיו ידי אחד מהן יפות. כלומר אוכל הרבה מהו שיאמרו לו טול חלקך וצא ופשטנא מהא דתניא בני חבורה שהיו ידי אחד מהן יפות רשאין לומר לו טול חלקך וצא ולא עוד אלא אפי' חמשה ועשו סיבולת רשאין לומר לו טול חלקך וצא ש"מ. מאי לא עוד לא מבעיא קאמר לא מבעיא פסח דאמר ליה לתקוני זבחא קבלנך אלא אפילו סיבולת נמי דלצוותא בעלמא רשאין לומר לו טול חלקך וצא. איכא דאמרי הא לא איבעי להו דמצי אמרי ליה לתקוני זבחא קבלנך למיכל יתר מינך לא קבלנך כי איבעיא לן הא רשאין בני חבורה לחלק או לא ופשטנא מיהא בני חבורה שהיו ידי אחד מהן יפות רשאין לומר לו טול חלקך וצא [ידיו יפות אין שאין ידיו יפות לא ש"מ ואוקימנא אפילו סיבולת דלצוותא בעלמא רשאין לומר לו טול חלקך וצא]. ומעשה דרב הונא בהדי רב פפא ובהדי רבינא פשוט הוא: ת"ר הממנה אחרים עמו על פסחו ועל חגיגתו מעות שבידו חולין והמוכר עולתו ושלמיו לא עשה כלום ומעות כל שהוא יפלו לנדבה ופשטה רבא למה יפלו לנדבה קנסא מאי כל שהן יפלו לנדבה דאע"ג דשוה ארבעה ויהבו ליה חמשה כולהו חמשה יפלו לנדבה ואפילו בההיא יתירא [קנסוה] רבנן [illegible] רבא להא אמר עולא אפשר ידעין חברין בבלאי טעמא דהא מתניתא זה הפריש טלה לפסחו וזה הקדיש סלע' לפסחו האיך הקדש מתחלל על הקדש מעות

§ מסכת פסחים דף פט: §

אות א׳ – ב׳

הממנה עמו אחר בחלקו, רשאין בני חבורה ליתן לו את שלו, והוא אוכל משלו והן אוכלין משלהן

בני חבורה שהיה ידיו של אחד מהן יפות, רשאין לומר טול חלקך וצא

רמב"ם פ"ב מהל' קרבן פסח הט"ו - הממנה אחרים עמו על חלקו, ולא ידעו בהן בני החבורה, הרי בני החבורה רשאין ליתן לו חלקו [א]אחר שיצלה בעת האכילה, ובני החבורה אוכלין משלהן, והוא אוכל חלקו עם האחרים שמנה עליו בחבורה שנייה. וכן בני החבורה שהיה אחד מהם גרגרן, רשאים להוציאו מהן, ונותנין לו חלקו, [ב]ויאכלהו בחבורתו; ואם אינו זולל, אינן רשאין ליחלק.

אות ג׳

אפילו חמשה ועשו סיבולת, רשאין לומר לו טול חלקך וצא

חו"מ סימן קעו ס"י - בני חבורה האוכלין יחד, ואחד אוכל הרבה, יכולין אחרים לסלקו.

אות ד׳

אין ידיו יפות לא

רמב"ם פ"ב מהל' קרבן פסח הט"ו - ואם אינו זולל, אינן רשאין ליחלק.

אות ה׳

הממנה אחרים עמו על פסחו ועל חגיגתו, מעות שבידו חולין

רמב"ם פ"ד מהל' קרבן פסח ה"י - הממנה אחרים על פסחו ועל חגיגתו, הרי המעות שיקח מהן בחלקם חולין, אף על פי שזה הפריש טלה לפסחו, וזה הפריש מעות לפסחו, ולקח ממנו המעות ומנהו על פסחו, הרי המעות חולין, שעל מנת כן הקדישו ישראל את פסחיהן ואת חגיגתן, [ג]ואת מעות פסחיהן וחגיגתן.

אות ו׳

והמוכר עולתו ושלמיו לא עשה ולא כלום, ומעות כל שהן יפלו לנדבה

רמב"ם פ"ד מהל' מעילה ה"ח - המוכר עולתו ושלמיו, לא עשה כלום, ודין תורה שיחזרו המעות חולין כמו שהיו, וקנסו אותו חכמים שיפלו המעות לנדבה; אפילו היתה הבהמה שוה ארבעה ומכרה בחמשה, החמשה כולן יפלו לנדבה, [ד]ואין כאן מעילה לא מדברי תורה ולא מדברי סופרים.

באר הגולה

[א] ‹דקדק רבנו לכתוב אחר שיצלה, דלאחר שהתחילו לאכול יחדיו, שוב אין חבורה אחת רשאין ליחלק, כמ"ש להלן פ"ט ה"ה ע"ש, {הובא לעיל דף פ"ו:}, א"כ קמ"ל רבנו דרשאין לעשות מפסח אחד שתי חבורות - מרכבת המשנה› [ב] ‹וזה שאמר ויאכלהו בחבורתו, לאו דוקא, דהא אוכל לבדו, אלא כלומר יאכל כמו שירצה - ערוה"ש› [ג] ‹קשה למה נקט הרמב"ם לתרתי, שע"מ כן הקדישו ישראל את פסחיהן ומעות פסחיהן, דלר' הושעיא כיון דמשייר איניש בפסחו, וא"כ הרי נתחללו המעות על הפסח, ומשום דלענין זה משייר בפסחו דלהוי חולין לענין זה ליתפס בו קדושת המעות, וא"כ למה ליה לשייר במעותיו, וכן קשה להיפך כיון דנקט הרמב"ם דמשייר במעותיו, וא"כ למה ליה למימר דמשייר בפסחו, כיון דאדעתא דהכי לא אקדשינהו להמעות כלל, וכמו לאביי דס"ל במעות משייר איניש, ובפסח לא משייר כלל אליבא דרבי, ומ"מ סגי בהכי, וצ"ע בין לאביי ובין לר' הושעיא, אפילו אם נימא דבפסח משייר איניש, הוא משום שע"מ כן הקדישו ישראל את מעות פסחיהן, והוא משום תנאי ב"ד כמבואר בירושלמי, שיהיו המעות יוצאות לחולין מאליהן, **והנראה** מוכרח מדברי הרמב"ם דעצם החילול לכו"ע בין לאביי ובין לר' הושעיא, אפילו אם נימא **אלא** דר' הושעיא ס"ל דאימתי שייך לומר תנאי ב"ד שיהיו יוצאות לחולין, רק אם באמת קנה מהמעות פסח, דאז הלא הלכו המעות למה שהופרשו, ורק משום דחסר לנו חילול, משום דאין הקדש חל על הקדש, ע"ז מהני לב ב"ד מתנה עליהן, שאם עשה מהמעות כפי שהופרשו, יהיו יוצאות לחולין, משום דאדעתא דהכי אפרשינהו, שאם יקנה מהן פסח יהיו יוצאות לחולין, **אבל** אם לא קנה מהמעות כלל פסח, אלא דיש לו פסח ממקום אחר, ע"ז לא נאמר דמשייר איניש במעותיו, שאם ישתיירו מעותיו לא אקדשינהו כלל, אלא דקדושים והוי כמותר פסח דהוי שלמים, **ומשו"ה** ס"ל לר' הושעיא דמוכרח לומר דרבי ס"ל דמשייר איניש בפסחו, היינו דעדיין הוא ממון בעלים לענין שיוכל להקדיש הלשם בעלים, ומשו"ה יכול למכור את הפסח לאחרים ולוקח מהם המעות שהופרשו לשם פסח, ועי"ז זה חל בהפסח הלשם בעלים והמינוי של אחרים, כמו שחל הקדושה בשה של חולין ע"י המכירה, כמו כן חל בפסח זה המינוי והלשם בעלים של אחרים ע"י המכירה שמוכר להם הפסח בשביל דמי פסח, ונמצא דהמעות נתרוקנו לשם הפרשתן שהופרשו לקנות מהם פסח, **אבל** אם לא משייר איניש בפסחו, נמצא דהמינוי אינו אלא מתנה בעלמא ולא מכירה, וא"כ אינו שייך כלל להמעות שלהם, דהמינוי חל ע"י שממנה אותם ע"י גזה"כ, ואינו שייך כלל להמעות שלהם, ונמצא דלא קנה כלל בהמעות פסח, ובכה"ג לא נאמר כלל תנאי ב"ד שיצאו המעות לחולין, והו"ל מותר הפסח דהוי שלמים, זה דעת ר' הושעיא, **ואביי** חידש לומר, דבמעות משייר איניש, היינו דאפילו אם השיג פסח במתנה, עכ"פ כיון דנשתיירו המעות אדעתיה דהכי לא אקדשינהו, ושייר בהמעות שיוכל ליתנן במתנה לאיזה שירצה - חי' ר' אריה לייב מאלין› [ד] ‹דכיון דאין מעשיו כלום, דאין אדם מוכר דבר שאינו שלו, והמקח בטל ואין כאן הנאה, ממילא אין בזה מעילה - ערוה"ש›

§ מסכת פסחים דף צ. §

אות א'

נתן לה מוקדשין באתננה, הרי אלו מותרין; עופות דחולין, הרי אלו אסורין

רמב"ם פ"ד מהל' איסורי מזבח הי"ד - אין אסור משום אתנן ומחיר אלא גופן, לפיכך אינו חל אלא על דבר הראוי ליקרב על גבי המזבח, כגון בהמה טהורה ותורין ובני יונה ויין ושמן וסולת; נתן לה מעות ולקחה בהן קרבן, ה"ז כשר.

רמב"ם פ"ד מהל' איסורי מזבח הט"ו - נתן לה חטים ועשאתן סולת, זיתים ועשאתן שמן, ענבים ועשאתן יין, הרי אלו כשרים, שכבר נשתנו. נתן לה בהמת קדשים באתננה, לא נאסרה למזבח, ואפילו מנה אותה על פסחו ועל חגיגתו באתננה, לא נפסלו המוקדשין, [א]שכבר זכה בהן גבוה משעה שהקדישן; וכן אם נתן לה דבר שאינו שלו, לא פסלו, שאין אדם אוסר דבר שאינו שלו אא"כ נתייאשו הבעלים; אבל אם נתן לה עופות אע"פ שהן מוקדשין, אתנן חל עליהם ואסורים, ומדברי קבלה הוא דבר זה. השגת הראב"ד: אע"פ שהן מוקדשים. א"א [ב]לא כן אנו מקובלין, שהעופות אם מוקדשין הן, הרי אמרו פרט לנדור, אלא בעופות של חולין היא שנויה, והא קמ"ל אע"פ שאין המום פוסל כאן, אתנן ומחיר חל עליהן, כדאיתא במתני' דתמורה.

אות ב'

במצה ומרור נמי כולי עלמא לא פליגי

רמב"ם פ"ד מהל' קרבן פסח הי"א - עצים של צליית הפסח כפסח, [ג]וכן מצה ומרור הואיל והן מכשירי הפסח הרי הם כפסח, ואם לקח ממעות הפסח ממי שמנה אותן עמו [ד]כדי למנותן עמו במצה ומרור, או להיות לו חלק בעצים שצולה בהן, הרי המעות חולין.

אות ג'

זב שראה שתי ראיות, שוחטין עליו בשביעי; ראה שלש, שוחטין עליו בשמיני שלו. שומרת יום כנגד יום שוחטין עליה בשני שלה; ראתה שני ימים, שוחטין עליה בשלישי; והזבה שוחטין עליה בשמיני

רמב"ם פ"ו מהל' קרבן פסח ה"ג - זב שראה שתי ראיות וספר שבעה ימים וטבל בשביעי, שוחטין עליו והוא אוכל לערב; ואם ראה זוב אחר שנזרק הדם, הרי זה פטור מלעשות פסח שני. וכן שומרת יום כנגד יום, טובלת ביום השימור כמו שביארנו בביאות אסורות, ושוחטין עליה והיא אוכלת לערב; ואם ראתה דם אחר שנזרק דם הפסח, פטורה מלעשות פסח שני.

אות ד'

שוחטין וזורקין על טבול יום

רמב"ם פ"ו מהל' קרבן פסח ה"א - אי זהו טמא שנדחה לפסח שני, כל מי שאינו יכול לאכול את הפסח בלילי חמשה עשר בניסן מפני טומאתו, כגון זבים וזבות נדות ויולדות ובועלי נדות; אבל הנוגע בנבלה ושרץ וכיוצא בהן ביום ארבעה עשר, הרי זה טובל ושוחטין עליו אחר שיטבול, ולערב כשיעריב שמשו אוכל את הפסח.

אות ה'

ומחוסר כפורים

רמב"ם פ"ו מהל' קרבן פסח ה"ד - מחוסרי כפורים שחל יום הבאת קרבנותיהן בי"ד, שוחטין עליהן, ומקריבין קרבנותיהן בי"ד בניסן, בין קודם שחיטת הפסח בין אחר שחיטתו, ואוכלין פסחיהן לערב; ואין שוחטין עליהן [ה]עד שימסרו קרבנותיהן ביד ב"ד, שמא יפשעו ולא יקריבו אותם.

באר הגולה

[א] ‹היינו לומר דאע"ג דהממנה אחרים עמו על פסחו המעות חולין, וא"כ כשמנה את זו על פסחו באתננה היה ראוי ליפסל, לא נפסל, מפני שמשעה שהקדישו זכה בו גבוה, ואימעיט מדין אתנן מ"לכל נדר", להוציא את הנדור - כס"מ› [ב] ‹ואני תמה על הראב"ד היכי שבקיה לרגזנותיה, שלא כתב בדרך השגה, והיא קושיא חזקה, שא"א לומר שנתרבו עופות לאיסור אתנן אפי' הם מוקדשין, וכשנתמעטו מוקדשין מאיסור אתנן, חוץ ממוקדשי עוף הוא שנתמעטו, דהא עופות לא בהדיא נתרבו כי היכי דתימא דנתרבו אפילו הם מוקדשין, דלא איתרבו אלא מלכל נדר, וא"כ כי ממעטינן נדור, עופות נדור נמי ממעטינן, **ועוד** דמוקדשין א"א בשום פנים לחול עליהם איסור אתנן, דהא לאו ממוניה הוא כדמקשה גמ'. **ובעל** מגדל עוז תירץ, דמאי אע"פ שהם מוקדשין דקאמר הרמב"ם, שהם ראויים להיות מוקדשין, כלומר תורים ובני יונה, וכ"ש אווזים ותרנגולים שאינם ראויים להיות מוקדשין שאתנן חל עליהם ואסורים, עכ"ל, {**וזה** אינו, דלמזבח לא חזו, ואם הקדיש דמיהם למזבח או גופן לבדק הבית, פשיטא דשרו, דהא קי"ל הם ולא שינוייהם - מל"מ}, **ופי'** דחוק הוא ביותר. **ואפשר** לומר, דמאי אע"פ שהם מוקדשים דקאמר רבינו, אע"פ שהקצה להקריבן, אבל עדיין לא הקדישן בפה - כס"מ› [ג] ‹וכרבי דפליגי אמוראי אליביה, ובפלוגתא דרבא ור' זירא פסק, כמאן דמחמיר - כס"מ. ‹**כוונתו** דהלכה כרבי, וכמ"ד דלא פליג רבי רק במצה ומרור, אבל בחלוק וטלית מודה, והמל"מ השיג עליו, וז"ל: דאליבא דמאן דמחמיר, מתניתין דנתן לה מוקדשין באתננה, ע"כ לא מיתוקמא כרבי, דהא לא משייר אלא במצה ומרור, ולא מיתוקמא אלא כריה"ג, ואילו מדברי רבינו ז"ל בפ"ד מהל' איסורי מזבח הט"ו נראה דמוקי למתניתין דאתנן כרבי, וכמש"כ מרן שם, וזהו היפך מה שפסק כאן, עכ"ל› [ד] ‹לשון זה קשה קצת להולמו, דאם רבינו ז"ל מפרש כפי' רש"י ז"ל, לא היה לו לומר אלא ויכול ליקח ממעות הפסח עצים, אבל אינו יכול ליקח שאר דברים, **אבל** מלשון זה שכתב, דהוא מפרש דהנמנה, כמו שהוא נמנה על גוף הפסח, יכול להמנות ג"כ על העצים, וכי אמרינן בגמ' לצלייתו כו"ע לא פליגי, היינו דכשנמנה להיות לו חלק בעצים, הוי כאילו נמנה בפסח, והמעות חולין... **ועוד** קשה איך יתיישב לפי דבריו מאי דאמרו בגמ' כי פליגי ליקח בו חלוק, דאיך אפשר ליישב פירוש כשנמנה ליקח בו חלוק אם יהיו המעות חולין אם לאו... **וכבר** עלה בדעתי לדחוק בלשון רבינו ז"ל ולפרשו כפי' רש"י ז"ל, אבל ראיתי אחר העיון כי לא יעלה כלל - לח"מ› [ה] ‹ואע"ג די"ל דשם לפי הס"ד דטעם דרב הוא משום דילמא פשע, אבל למאי דמסקינן דלדרב מדאורייתא לא חזי, א"כ י"ל דלא חיישינן כלל לדילמא פשע, **מ"מ** התם מהא דתני תנא קמיה דרב אדא בר אהבה יעו"ש היטב, מבואר דבעינן דוקא מסר קרבנו לבי"ד, דקאמר התם פשיטא, מהו דתימא כיון דמחסרא כפרה לא, קמ"ל כדרב שמעיה, יעו"ש היטב - הר המוריה. ‹**וכן** הוא ברש"י עמוד ב' ד"ה הכי נמי›

אמר אביי אי לאו דאוקמה ר' אושעיא להא דתנן לקמן דאתנן חל על המוקדשים בממנה לזונה על פסחו באתננה ואע"ג דאין אדם אוסר דבר שאינו שלו הכא אמרינן דאתנן חל עליו: **ורבי היא** דלית ליה פסח ממון בעלים הוא דאמר לקמן אף מכדי מקח שאם ימצאנו לו מעות לבעל הפסח ליקח חלוק ועלית ממנה אחרים עמו על פסחו וטול מהן מעות ועושה צרכיו אלמא שלו הוא ויכול לאוסרו אי לאו דאוקמה רבי אושעיא במסכת תמורה להאי כדפרישית אלא הייתי מוקי לה ההיא דאתנן בקדשים קלים שנתן לה שלמים באתננה **ויש בידו לאוסרן** ורבי יוסי הגלילי היא דאמר בפרק קמא דב"ק (דף יב:) קדשים קלים ממון בעלים הם והאי מתניתא דלעיל דקתני מעות חולין הוה מוקימנא כרבי והוה אמינא דהא דשרי רבי לעשות צרכיו במעות לאו משום דפסח לית ביה שיור בקדושתו **ליתפס** קדושה המעות כחולין שבו אלא משום דזה שמפריש המעות שייר בקדושתו לאתפס מתה חולין **לבעל הפסח** והא ליכא לאוקמי כרבי יוסי דהא קתני בשלמים לא עשה כלום והייתי דאתנן כו' ובפסח לא הייתי מוקי לה דלא הוה סלקא דעתאי דפסח לרבי ממון בעלים הוא שיהא בידו לאוסרו: **דלא משייר איניש** בקדושת הגוף דבהמה וטעמא דרבי דלאמר אף מכדי מקח משום דבמעות משייר איניש לאתפס מתה חולין בחזקת חולין ומעיקרא לדעתא דהכי אפרשינהו ומשום הכי חולין הם דזה שהפריש לפסחו ואחר כך הימנה אחרים עמו מתנה בעלמא הוא דיהיב להו והנך יהבו ליה ממעות חולין מתנה והממנה זונה מתנה הוא שאין בידו למוכרו ואין אתנן חל עליו: **והשתא דאוקמה ר' אושעיא לממנה בממנה זונה על פסחו**·(א) אלמא קא סבר ר' אושעיא פסח גופיה דר' ממון בעלים ושמעינן מינה דאפי' בפסח משייר איניש כל שכן מעות וכ"ש דמצינן לאוקמא להך דקתני מעות שבידו חולין כרבי דהא פסח חולין הוא ויכול למוכרו ומעות של אותן אחרים חולין הוא וליכא לאקשויי היאך הקדש חל על הקדש ללאת לחולין: **הרי אלו מותרין**· כדילף לקמן: **עופות**· תורים ובני יונה שאתנן מוקדשין: **שהמום פוסל בהם**· אף משהוקדשו אין אתנן חל עליהם כדיליף לקמן: **עופות**· חולין שמום אין פוסל בהן מלהקדישם דלא נאמר תמות וזכרות בעופות אינו דין כו': **קל וחומר למוקדשין מעתה**· שיחול אתנן עליהן: **אלא טעמא כו'**· פירכא היא: **ואם ימעט הבית וגו'**· אם יהיו מעות מועטין לבעל הפסח מהיות משה שאין לו במה לקנות צורכי הפסח ולקח הוא ושכנו הקרוב אל ביתו יקח מעות משכנו וימננו על פסחו ויקח מן המעות מה שהוא צריך לפסח: **מכדי אכילה**· אם יחסר לו מעות שאין לו במה ליקח צורכי אכילת הפסח כגון עלים לצלותו רשאי הוא למוכרו: **ולא מכדי מקח**· שאם אין לו מעות לסחורה אינו רשאי למכור פסחו לכך: **כו"ע לא פליגי**· דיכול להימנות אחרים ליקח במעות עלים: **מהיות משה**· עשה צורכי הפסח מן המעות: **ולאביי דאמר**· לעיל אליבא דרבי בפסח לא משייר איניש הא קתני שעל מנת כו' אלמא פסח גופיה ממון בעלים הוא: **אימא מעות פסחיהן**· זה שנתמנה עמו לפסחו ונתן לו מעותיו חולין היו ונתן לו במתנה ומשום הכי יכול ליקח בהן טלית ועתן לו חלק של פסחו במתנה ומעותיו חולין הן שעל מנת כן הקדישן שאם רצה ליתנם במתנה יתנם: **מתני' זב שראה שתי ראיות**· שטומאתו טומאת שבעה ולאו טעון קרבן: **שוחטין עליו בשביעי**· ואע"פ שלא העריב שמשו דהא חזי למיכל לאורתא: **ראה שלש**· דלא חזי למיכל עד דמייתי כפרה: **שוחטין עליו**· אם חל שמיני שלו בערב הפסח ואפילו לא הביא כפרתו ומביאה לאחר מיכן דמחוסר כפורים דחי עשה דהשלמה כדאמרן בתמיד נשחט (דף נט:): **שומרת יום כנגד יום**· הרואה יום אחד בתוך אחד עשר ימים שבין נדה לנדה דבעיא לספור יום המחרת שוחטין עליה ביום ספירה דכיון שספרה מקצת היום מותרת לטבול ואף על פי שמחוסרת הערב שמש שוחטין עליה: **והזבה**· שראתה שלשה רצופים בתוך אחד עשר יום וצריכה לספור שבעה נקיים ולהביא קרבן שוחטין עליה בשמיני ותביא כפרתה קודם שתחשך ותאכל: **גמ'** ואין

תורה אור

אמר אביי אי לאו דאוקמיה רבי אושעיא להההיא בממנה זונה על פסחו ורבי היא הוה מוקמינא לה להההיא בקדשים קלים ואליבא דרבי יוסי הגלילי דאמר *קדשים קלים ממון בעלים הוא אבל בפסח לא משייר איניש במעות ודאי משייר איניש דמעיקרא כי מפריש להו אדעתא דהכי מפריש להו והא רבי היא ומשום הכי מעות שבידו חולין (דבפסח לא משייר איניש) ובמעות ודאי משייר איניש וההיא דקא מוקי לה רבי אושעיא כרבי לא מוקמינא ליה אנא כרבי דבפסח לא משייר איניש (ובמעות משייר איניש דמעיקרא כי מפריש להו אדעתא דהכי מפריש להו) והא ליכא לאוקמי כרבי יוסי דהא תני בה והמוכר עולתו ושלמיו לא עשה ולא כלום והשתא דאוקמיה רבי אושעיא להההיא בממנה זונה על פסחו ורבי היא ש"מ דסבירא לי' אפילו בפסחו משייר איניש מאי היא דרבי אושעיא דתנן *נתן לה מוקדשין באתננה הרי אלו מותרין עופות דחולין הרי אלו אסורין שהיה בדין ומה אם מוקדשים שהמום פוסל בהן אין אתנן ומחיר חל עליהן עופות שאין המום פוסל בהן אינו דין שאין אתנן ומחיר חל עליהן ת"ל *לכל נדר לרבות את העופות *ק"ו למוקדשין מעתה מה עופות שאין המום פוסל בהן אתנן ומחיר חל עליהן מוקדשין שהמום פוסל בהן אינו דין שאתנן ומחיר חל עליהן ת"ל לכל נדר פרט לנדור אלא טעמא דכתב רחמנא נדר הא לאו הכי הוה אמינא מוקדשים חל איסור אתנן עליהן והא אין אדם אוסר דבר שאינו שלו וא"ר אושעיא בממנה זונה על פסחו ורבי היא מאי רבי דתניא *אם ימעט הבית מהיות משה החייהו משה מכדי אכילה ולא מכדי מקח רבי אומר אף מכדי מקח שאם אין לו ממנה אחר עמו על פסחו ועל חגיגתו ומעות שבידו חולין שעל מנת כן הקדישו ישראל את פסחיהן רבה ורבי זירא חד אמר בעצים לצלייתו כולי עלמא לא פליגי דכיון דתקנתא דפסח הוא כגופא דפסח דמי כי פליגי במצה ומרור רבנן סברי הא אכילה אחריתי היא ורבי סבר כיון דהכשירו דפסח הוא כגופא דפסח דמי וחד אמר במצה ומרור נמי כולי עלמא לא פליגי דכתיב °על מצות ומרורים יאכלוהו דכיון דמכשירין דפסח נינהו כפסח דמי כי פליגי ליקח בו חלוק בו טלית רבנן סברי מהיות משה אמר רחמנא החייהו לשה ורבי סבר החייהו עצמך משה ולאביי דאמר אי לאו דאוקמה רבי אושעיא להההיא בממנה זונה על פסחו ורבי היא הוי מוקמינן לה בקדשים קלים ואליבא דר"י הגלילי דאמר קדשים [קלים] ממון בעלים הוא אבל בפסח לא משייר איניש הא קתני בהדיא שעל מנת כן הקדישו ישראל את פסחיהן אימא שעל מנת כן הקדישו ישראל מעות פסחיהן: **מתני'** זב שראה שתי ראיות שוחטין עליו בשביעי ראה שלש שוחטין עליו בשמיני שלו שומרת יום כנגד יום שוחטין עליה בשני שלה ראתה שני ימים שוחטין עליה בשלישי והזבה שוחטין עליה בשמיני: **גמ'** אמר רב יהודה אמר רב שוחטין וזורקין על טבול יום ומחוסר כפורים ואין

כי פליגי במצה ומרור· להאי לישנא צריך לומר דהך דאתנן אתיא כרבי יוסי הגלילי דאמר קדשים קלים ממון בעלים הוא להכי איצטריך לכל נדר אבל כרבי לא מתוקמא כיון דסבר להאי לישנא דפסח לא משייר אלא במצה ומרור לחודיה ומיהו ההיא דלעיל דקתני מעות שבידו חולין הייט חולין לענין מצה ומרור דכרבי יוסי הגלילי לא מיתוקמא דקתני לא עשה ולא כלום:

ההיה עצמך משה· תימה כיון דמקרא נפיק מה צריך לטעמא שעל מנת כן הקדישו ישראל פסחיהם ויש לומר דקא משמע לן קרא דדעתו לכך: מחוסר

עין משפט נר מצוה

כח א מיי' פ"ד מהלכות איסורי מזבח הלכה יד טו סמג לאוין שמו:
כט ב מיי' פ"ד מהלכות ק"פ הלכה יא:
ל ג מיי' פ"ו מהלכות ק"פ הלכה ג סמג עשין רכד:
לא ד מיי' שם הלכה א סמג שם:
לב ה שם הלכה ד:

רבינו חננאל

שבידו חולין. אמר אביי אי לאו דאוקמיה ר' יאשיה להא דתנן בתמורה פ"ו נתן לה מוקדשין באתננה הרי אלו מותרין ובעופות אסורין כו' ומעמינן להו למוקדשין למיחל עלייהו איסור אתנן ומחיר[כלב] דכתיב לא תביא אתנן זונה ומחיר כלב בית ה' אלהיך לכל נדר ודרשינן לכל נדר פרט לנדור כלומר כל דבר הנדור ומוקדש אין אתנן ומחיר חל עליהן אמאי בעינן קרא למעוטי המוקדשין תיפוק ליה דכיון דאקדשנהו לאו דידיה אינון וקיימא לן אין אדם אוסר דבר שאינו שלו ואוקמא ר' אושעיא להא מתני' בממנה לזונה על פסחו ואליבא דר' דאמר המקדיש פסחו משייר ביה בפסחו ואם ימנה אחר עמו ויקח מעות ממנו אתנן המעות חולין הן ולהכי הצריכה המשנה לומר אע"פ שממנה הזונה על פסחו ויש לו רשות לא נפסל הפסח ההוא ואיצטריך קרא למעוטי דהא דידי'[הוא]מעטינן ליה לכל נדר פרט לנדור הפסח הזה כבר נדור ומופרש לשם פסח הוא: והיכן שנה ר' שמשייר אדם בפסחו דתניא ואם ימעט הבית מהיות משה מכדי אכילה ולא מכדי מקח ר' אומר אף מכדי מקח שאם אין לו ממנה אחרים עמו ומעות שבידו חולין דתקנתא דפסח הוא שעל מנת כן הקדיש ישראל את פסחיהן ואמר אביי אנא הא מתני' הוינא מוקים לה בקדשים קלים ואליבא דר' יוסי הגלילי דאמר ממון בעלים הם כיון דאינון ממוניה איצטריך קרא לכל נדר פרט לנדור למעוטי הני קדשים קלים דלא חל איסור אתנן [ומחיר] עליהו והברייתא דקתני ומעות שבידו חולין לא הייתי מעמידה לרבי אלא הייתי [אומר] דבפסח לא משייר איניש אבל במעות ודאי משייר איניש דכי מפריש אדעתא דהכי מפריש להו שמשים בדעתו וכי לא יהיו דמי הכבש אלא אלו לא פחות ולא יותר יתכן שיהיו יותר ואוסיף או פחות וישאר לי *והשתא דאוקמי ר' אושעיא להיא כר' אנא נמי אוקימנא לה להא מתניתא לרבי ולא משייר איניש בפסח אבל במעות משייר איניש *לפיכך תני מעות שבידו חולין והא ברייתא

כר' יוסי הגלילי לא מצית מוקמת לה דקתני המוכר עולתו ושלמיו לא עשה [כלום]: והא ברייתא דקתני ואם ימעט הבית ופלוגת רבנן ורבי חלוקי רבה ור' זירא עלה חד אמר למנות עמו אחר בפסח וליטול ממנו מעות לקנות בהם עצים לצלותו דברי הכל מותר דכי טפיה דפסח הוא כי פליגי לקנות מן המעות מצה ומרור דברי הכל מותר כי פליגי לקנות מן המעות חלוק או טלית רבנן סברי מהיות משה החייהו לשה ור' סבר מי כתיב מהיות שה משה כתיב החייה עצמך מן השה. ירושלמי ר' אלעזר בשם ר' אושעיא תנאי ב"ד הוא שיהא זה מפריש חולין מאליהן ואקשינן על אביי דאמר אפילו בפסח לא משייר איניש והא קתני בהדיא על מנת כן הקדיש ישראל את פסחיהן ושני' איפוא שעל מנת [כן] הקדיש ישראל מעות פסחיהן: מתני' זב שראה שתי ראיות שוחטין עליו כו' אמר רב יהודה אמר רב שוחטין

*) מלת לפי שפכין כי אתר וישאר לו ב"ל הדבור לפיכך תני מעות כו' והדבור והשתא דאוקמי כו' ב"ל אחר סוף הדבור ונחלפו השורות בכבי ובדפוס:

[ב"ק יב: וש"נ]
פ"ח מגילה
תמורה ל: פ"ש
[שם]
[שם]
הגהות הב"ח (א) רש"י ד"ה והשתא וכו' על פסחו וכרבי אלמא:

עין משפט נר מצוה

א מיי' פ"ד מהלכות ביאת מקדש הלכה יב ופ"ו מהלכות ק"פ הלכה א סמג שם :
לד ב שם הלכה ד :
לה ג שם הלכה ב :
לו ד שם הלכה ג :
לז ה מיי' פ"א מהלכות מקואות הלכה ו ופרק ג מהלכות שביתת עשור הלכה ג ופ"ד מהל' איסורי ביאה הלכה ו סמג עשין רמג טוש"ע או"ח סימן תקנד סעיף ח* וסימן תרי"ג סעיף יא* וטוש"ע יו"ד סימן קצ"ז סעיף ג וסימן שפא סעיף ה* [רב אלפס שבועות פ"ב דף רלב וברא"ש הלכות מקואות סימן לו] :
לח ו מיי' פ"ו מהלכות ק"פ הלכה ט :

גמרא

ואין שוחטין וזורקין על טמא שרץ ועולא אמר אף שוחטין וזורקין על טמא שרץ לרב מאי שנא טבול יום דחזי לאורתא טמא שרץ נמי חזי לאורתא מחוסר טבילה טבול יום נמי מחוסר הערב שמש *שמשא ממילא ערבא מחוסר כפורים נמי הא מחוסר כפרה שקינו בידו טמא שרץ נמי הרי מקוה לפניו דילמא פשע אי הכי מחוסר כפורים נמי דילמא פשע כגון דמסרינהו לב"ד וכדרב שמעיה *דאמר חזקה אין ב"ד של כהנים עומדין משם עד שיכלו מעות שבשופרות ולרב מדאורייתא מיחזא חזי ורבנן הוא דגזרו ביה (א) אלמה אמר רב *מטמאין אחד מהן בשרץ אלא לרב מדאורייתא נמי לא חזי דכתיב °איש איש כי יהיה טמא לנפש *מי לא עסקינן שחל שביעי שלו להיות בערב הפסח דהיינו טומאת שרץ ואמר רחמנא נידחי וכי תימא ממאי דהכי סבר לה כרבי יצחק *דאמר טמאי מת מצוה היו שחל שביעי שלהן להיות בערב הפסח שנאמר °ולא יכלו לעשות הפסח ביום ההוא ביום ההוא הוא דאינן יכולין לעשות אבל למחר יכולין לעשות ואמר רחמנא נדחו תנן זב שראה שתי ראיות שוחטין עליו בשביעי מאי לאו דלא טביל ושמע מינה שוחטין וזורקין על טמא שרץ לא דטביל אי טביל מאי קמ"ל הא קמ"ל דאע"ג דמחוסר הערב השמש קמ"ל דשמשא ממילא ערבא הכי נמי מסתברא מדקתני סיפא ראה שלש ראיות שוחטין עליו בשמיני אי אמרת בשלמא זב שראה שתי ראיות שוחטין עליו בשביעי דטביל איצטריך סד"א ראה שתי ראיות בשביעי הוא דלא מחוסר מעשה אבל ראה שלש בשמיני דמחוסר מעשה מחוסר כפרה לא קמ"ל דאע"ג דמחוסר כפרה שוחטין וזורקין עילויה אלא אי אמרת ראה שתי ראיות בשביעי דלא טביל ראה שלש בשמיני למה לי השתא יש לומר ראה שתי ראיות בשביעי דלא טביל דטמא מעליא הוא שחטינן וזרקינן עילויה ראה שלש בשמיני דטביל ליה בשביעי דקלישא טומאה לא כ"ש דשחטינן וזרקינן עילויה אלא לאו ש"מ ראה שתי ראיות בשביעי דשחטינן עילויה דטביל לא לעולם אימא לך דלא טביל ואיצטריך ס"ד אמינא בשביעי הוא דבידו לתקן אבל בשמיני דאין בידו להתקריב קרבן אימא פשעי ביה כהנים קמ"ל כדרב שמעיה: והזבה שוחטין וכו': תני תנא קמיה דרב אדא בר אהבה והזבה שוחטין עליה בשביעי שלה אמר ליה זבה בשביעי מי חזיא אפילו למאן דאמר שוחטין וזורקין על טמא שרץ הנ"מ טמא שרץ דחזי לאורתא האי עד למחר דמתיא כפרה לא חזיא אימא בשמיני פשיטא מהו דתימא כיון דמחסרא כפרה לא קמ"ל כדרב שמעיה רבינא אמר נדה תנא קמיה והנדה שוחטין עליה בשביעי א"ל נדה בשביעי מי חזיא אפי' למאן דאמר שוחטין וזורקין על טמא שרץ דחזי לאורתא (ב) נדה לאורתא דשביעי הוא דטבלה עד שמיני דעבדה הערב שמש לא חזיא *אלא אימא בשמיני פשיטא השתא ומה זבה דמיחסרא כפרה שוחטין וזורקין עליה בשמיני נדה דלא מיחסרא כפרה צריכא למימר דשחטינן וזרקינן עלה נדה איצטריכא ליה הא קא משמע לן בשמיני אין בשביעי לא *כדתניא *כל חייבי טבילות טבילתן ביום נדה ויולדת טבילתן בלילה דתניא יכול תהא טובלת מבעוד יום תלמוד לומר °שבעת ימים תהיה בנדתה תהא בנדתה כל שבעה ויולדת איתקש לנדה: **מתני'** האונן והמפקח

תורה אור

במדבר ט
שם
ויקרא טו

רש"י

ואין שוחטין וזורקין על טמא שרץ · ואע"פ שבידו לטבול היום וטעמא מפרש לקמיה : **פשע** · ולא טביל : **משם** · מן העזרה : **שבשופרות** · שופר היה שם שכתוב עליו קינין *ואשה שיש עליה לידה וכן כל מחוסרי כפרה מביאין מעות ונותנין לתוכו ודמי הקינין קצובין היו ואוכלים בקדש לערב וסומכין על חזקת בית דין של כהנים שאין עומדין משם עד שיכלו כל מעות אותו שופר כדי שלא*) יאכלו מחוסרי כפרה בקדשים : **מחוסרי כפרה** · זב וזבה ומצורעת ויולדת: **ופרכינן ורב דאמר**. טמא פסח אלמא מדאורייתא מיחזא חזי טמא שרץ לשחוט עליו ומשום דילמא פשע גזרו ביה רבנן : **והאמר רב** · בכילד צולין היו ישראל מחצה טהורין ומחצה טמאין מטמאים אחד מהן בשרץ להכריע רוב ציבור לטומאה ואי מדאורייתא חזי היאך הוא מכריעם לטומאה דהיינו טמא שרץ דחזי למטבל : **וממאי דהכי** · דילמא מדכתיב טמא לנפש ולא כתיב טמא שרץ שמע מינה טמא מת שאינו ראוי לערב קאמר : **סבר לה כרבי יצחק דאמר** · בספרי אותן אנשים שבפסח מדבר שהיו טמאין לנפש אדם טמאי מת מצוה היו שחל שביעי כו' : **מאי לאו דלא טביל** · וקשיא לרב: **הא קא משמע לן דאף על גב דמחוסר הערב שמש דשמשא ממילא ערבא**· ולא הוי כמחוסר מעשה : **הכי נמי מסתברא** · דאטבול קאי מדאצטריך למיתנא סיפא דשוחטין על מחוסר כפורים אי אמרת בשלמא רישא לא אשמעי' [אלא] טבול יום איצטריך למיתנא סיפא לאשמעי' דשוחטין על מחוסר כפורים ס"ד אמינא האי מחוסר מעשה חשיב ליה קא משמע לן דשרי ובמסרו לב"ד של כהנים כדאמרן : **אלא אי אמרת כו' יש בידו לתקן** · לטבול אבל מחוסר כפרה אין בידו לתקן אלא ביד כהן : **זבה טבילתה ביום שביעי** · דכתיב (ויקרא טו) וספרה לה שבעת ימים ואחר תטהר אחר מעשה תטהר כיון דסיימה לה ספירה תטהר ובתחלת היום עבדה לה ספירה אבל נדה דאורייתא שאינה סופרת נקיים אלא שבעה עם ימי ראייתה אינה טובלת עד לאחר שקיעת החמה של שביעי והערב שמש בדידה לא הוי עד למחר : **בשביעי לא** · משום דלא חזיא לאורתא משום הערב שמש : **הכי** · יתירה דריש : **ויולדת איתקש לנדה** · דכתיב (שם יב) כימי נדת דותה תטמא: **מתני' האונן** · שמתו מוטל לפניו כדאמרי' בשחיטת קדשים בפרק טבול יום (זבחים דף ק:) איזהו אונן כל זמן שלא נקבר : והמפקח

תוספות

מחוסר טבילה · ואף על גב דמחוסר כפרה נמי צריך טבילה כדתנן בפ' חומר בקודש (חגיגה דף כא:) האונן ומחוסר כפורים צריכין טבילה לקודש אינו אלא מדרבנן כדמוכח התם ועוד דבההיא טבילה לא בעי הערב שמש ולא שייך התם דילמא פשע :

עד שיכלו כל המעות שבשופר · הקשה ריב"א הא אי אפשר שלא יהא מעורב בכל קן וקן ממעות שתי נשים ואפי' למאן דאמר יש ברירה כי האי גוונא לא שייך למימר דלכן סהדי שנתערבו ואי הוה אמרינן שמכל מעות שבשופר קונה קינין יחד מאלפים א' הוה אתי שפיר אבל ליכא דעד שיכלו לא משמע הכי ונראה לר"י דכל אחת היתה לוקחת מעותיה ונותנת בשופר: **מי** לא עסקינן שחל שביעי שלו להיות בערב הפסח · ואם תאמר ואפילו טבל נמי לא ישחטו עליו מהאי טעמא וי"ל כי יהיה טמא כתיב והאי קלישא טומאתיה :

שחל שביעי שלו · אבל ששי שלו ליכא למימר מדכתיב ולא יכלו לעשות הפסח ביום ההוא הא למחר היו יכולים לעשות ולשחוט הן עצמן בלא שליחות מדלא כתיב ולא יכלו לאכול אי נמי דייק מביום ההוא דמיותר ואי ששי הוא לישתוק מיניה ואם תאמר למה אמר להם לדחות לפסח שני יטבלו בו ביום וישחטו עליהם ויש לומר דשמא כן עשו ובשעה ששאלו לא טבלו עדיין ואמר להו משה אם לא תטבלו היום תדחו לפסח שני :

בשמיני פשיטא · אמתניתין דקתני זב שוחטים עליו בשמיני ליכא למיפרך פשיטא דמצי למימר דקתני לה אגב רישא דזב שראה שתי ראיות ושומרת יום כנגד יום שוחטין עליה ולא חיישינן שמא תראה ותסתור: **האונן** · כגון שמת לו מת אחר חצות שכבר חל עליו חיוב פסח אבל קודם חצות חל עליו אנינות כדאמר נמי שהיה טמא (לקמן דף צח.) : שהיה

רבינו חננאל

שוחטין וזורקין על טבול יום דאע"ג דמחוס' ערב שמש שמשא ממילא ערבא ועל מחוסר כפרה בשמסר קינו לב"ד של כהנים ואין שוחטין וזורקין על טמא שרץ חיישינן אף על פי שמקוה לפניו דילמא פשע ולא טבל דייקי' מינה מדקאמר דילמא פשע מכלל דמדאורייתא חזו ומשום דילמא פשע אמר רב אין שוחטין וזורקין על טמא שרץ אלמ' אמר רב מטמאין אחד מהן בשרץ ועושין הפסח בטומאה והא טמא שרץ מדאוריי' טהור מעליא הוא אלא לרב טמא שרץ מדאוריי' נמי לא חזי מאי טעמא גמר לה מטמא שחל שביעי שלו להיות בערב הפסח דאע"ג דבערב ראוי הוא כיון דהשתא לא חזי נדחה מהאי קרא דכתיב ולא יכלו לעשו' הפסח ביום ההוא ביום ההוא אינן יכולין לעשו' הפסח אבל למחר יכולין לעשות ונדחו לפסח שני כן נמי טמא שרץ ואקשי' עליה מדתנן זב שראה שתי ראיות שוחטין עליו בשביעי תנה וב בשביעי שלו כטמא שרץ הוא וקתני שוחטין עליו מאי לאו דלא טבל וקשיא לרב ומשני לא דטבל והא קמ"ל דאף על גב דמחוסר ערב שמש שמשא ממילא ערבא . דיקא נמי דקתני סיפא ראה שלש וכו' : **עולא** אמר שוחטין וזורקין אף על טמא שרץ כו': **הזבה** שוחטין עליה בשמיני והוא שמסרה קרבנה לב"ד מהו דתימא דילמ' פשעו כהנים ולא קרבו להו קמ"ל כדרב שמעי' דאמר חזקה אין ב"ד של כהנים עומדין משם עד שיכלו כל מעות שבשופר . רבינא אמר התנא נדה תנא קמיה שוחטין עליה בשביעי אמר ליה רב אדא בר אהבה אפי' למאן דאמר שוחטין וזורקין על טמא שרץ משום דחזי לאורתא אבל נדה דטבלה ליל שמיני עד דעריב עלה שמשא דיום שמיני לא חזיא אלא אימא נדה שוחטין עליה בשמיני שלה והא קמ"ל דבשמיני אין בשביעי לא כדתניא כל חייבי טבילות טבילתן ביום נדה ויולדת טבילתן בלילה . ותניא מנין לנדה שאינה טובלת ביום שביעי שלה שנאמר שבעת ימים תהיה בנדתה [תהא בנדתה] כל שבעה : **מתני'** האונן והמפקח

מסורת הש"ס

שקלי' פ"ו מ"ה
לעיל סט. פח. לקמן צג. *זבחים כב:
[נזיר סד:]
עירובין לג.
לעיל פ.
[לקמן צג.]
סוכה כה:
שבת קכא. יומא ו. פח. ע"ש

הגהות הב"ח

(א) גמ' ורבנן הוא דגזרו ביה והא אמר רב : (ב) שם דחזי לאורתא אבל נדה לאורתא דשביעי :

גליון הש"ס

גמ' ואין שוחטין וזורקין על טמא שרץ. עי' לעיל צ' ע"ב תוס' ד"ה אלו פטורים :

§ מסכת פסחים דף צ: §

אות א'

ואין שוחטין וזורקין על טמא שרץ

רמב"ם פ"ד מהל' ביאת המקדש ה"ב - אבל הטמאים בטומאה אחרת כגון זבין וזבות ונדות ויולדות [א]וטמאי שרץ ונבלה וכיוצא בהן, לא יתעסקו ולא יכנסו לעזרה ואף על פי שנעשה בטומאה; ואם עברו ועשו או נכנסו לעזרה, חייבין כרת על הביאה ומיתה על העבודה, שלא נדחית אלא טומאת המת בלבד.

רמב"ם פ"ו מהל' קרבן פסח ה"א - אי זהו טמא שנדחה לפסח שני, כל מי שאינו יכול לאכול את הפסח בלילי חמשה עשר בניסן מפני טומאתו, כגון זבים וזבות נדות ויולדות ובועלי נדות; אבל הנוגע בנבלה ושרץ וכיוצא בהן ביום ארבעה עשר, הרי זה טובל ושוחטין עליו אחר שיטבול, ולערב כשיעריב שמשו אוכל את הפסח.

אות ב'

כגון דמסרינהו לבית דין

רמב"ם פ"ו מהל' קרבן פסח ה"ד - מחוסרי כפורים שחל יום הבאת קרבנותיהן בארבעה עשר, שוחטין עליהן, ומקריבין קרבנותיהן בארבעה עשר בניסן, בין קודם שחיטת הפסח בין אחר שחיטתו, ואוכלין פסחיהן לערב; ואין שוחטין עליהן [ב]עד שימסרו קרבנותיהן ביד בית דין, שמא יפשעו ולא יקריבו אותם.

אות ג'

מי לא עסקינן שחל שביעי שלו להיות בערב הפסח

רמב"ם פ"ו מהל' קרבן פסח ה"ב - טמא מת שחל שביעי שלו להיות בארבעה עשר, אף על פי שטבל והוזה עליו והרי הוא ראוי לאכול קדשים לערב, אין שוחטין עליו אלא נדחה לפסח שני, שנאמר: ויהי אנשים אשר היו טמאים לנפש אדם ולא יכלו לעשות הפסח ביום ההוא, מפי השמועה למדו ששביעי שלהן היה, ועל זה שאלו אם ישחט עליהן והם יאכלו לערב, ופירש להן שאין שוחטין עליהן; במה דברים אמורים בשנטמא בטומאות מן המת שהנזיר מגלח עליהן, אבל אם היה טמא בשאר טומאות מן המת שאין הנזיר מגלח עליהן, שוחטין עליו בשביעי שלו אחר שיטבול ויזה עליו, וכשיעריב שמשו אוכל פסחו.

השגת הראב"ד: טמא מת שחל שביעי עד אלא נדחה לפסח שני.

א"א אין דרך הלכה הולכת כן, שהרי רב אמר אין שוחטין וזורקין על טמא שרץ, [ג]מכאן למד, ואיהו ס"ל שוחטין וזורקין על טבול יום, וא"כ זה טבול יום ורחמנא דחייה; אלא האי קרא בשלא טבל ולא הזה, דהיינו טמא שרץ, ומעשה כי הוה הכי הוה, ששחטו וזרקו עליהם קודם טבילה והזייה, סברו שיעלה להן, ולא שאלו אלא אחר זמן שחיטה, [ד]ונדחו, והכתוב מעיד כן, שאמרו אנחנו טמאים לנפש אדם, [ה]ואם לאחר טבילה והזייה, מאי טומאה הויא בהו.

השגת הראב"ד: שהנזיר מגלח עליהם. א"א לא מצאתי לזה שורש; [ו]אף אם [ז]סברת עצמו הוא, כיון שאילו אכל קדש בטומאה זו אין חייבין עליה כרת ולא קרבן, אם הזה וטבל, דין הוא שלא ידחה מפסחו.

אות ד'

אלא אימא בשמיני

רמב"ם פ"ו מהל' קרבן פסח ה"ג - ואין שוחטין על הנדה בשביעי שלה, שהרי אינה טובלת עד ליל שמיני, ואינה ראויה לאכול קדשים עד ליל תשיעי.

אות ה'

כל חייבי טבילות טבילתן ביום, נדה ויולדת טבילתן בלילה

רמב"ם פ"ד מהל' איסורי ביאה ה"ו - כל חייבי טבילות טבילתן ביום, חוץ מנדה ויולדת, שהרי הוא אומר

באר הגולה

[א] ‹לכאורה אין דין זה שייך לסוגייתינו, ועיין באבן האזל מה שהביא קושית הצל"ח, דלפי הסוגיא דזקני דרום זבחים דף כ"ב. אם אין שוחטין וזורקין על טמא שרץ, היה צריך טמא שרץ להיות מותר בציבור, ע"ש באריכות› [ב] ‹עיין בהערה לעיל צ. אות ה'› [ג] ‹וי"ל לדעת רבינו, דאע"ג דאמרינן דטמא מת שחל שביעי שלו בע"פ דהיינו טמא שרץ, לאו לגמרי מדמי להו, אלא לומר דכשם שטמא מת אף על פי שיכול לעלות בו ביום, אמר רחמנא נדחי, ה"נ טמא שרץ, מיהו הא כדאיתא והא כדאיתא, בטמא שרץ אחר שטבל שוחטין וזורקין עליו, משא"כ בטמא מת שאפי' הזה וטבל אין שוחטין וזורקין עליו - כסף משנה› [ד] ‹דברי תימה הם, למה לא שאלו קודם מעשה ושאלו אחר מעשה, וכי בתר דעבדין מתמלכין, **ועוד** קשה למה נדחו, הל"ל להם שיזו עליהם ויטבלו, ואח"כ ישחטו להם פסח אחר ויזרקו עליהם את הדם, {**כבר** כתב הראב"ד בלשונו, שכבר עבר זמן שחיטת הפסח, ומה יאמר עוד - משנה למלך}, **ועוד** שהרי בסיפרי מפורש כדברי רבינו - כסף משנה› [ה] ‹תמהני איך פה קדוש יאמר דבר זה, דכל זמן שלא העריב שמשן אכתי לאו טהורים נינהו, ועוד לפי דבריו דברי בורות דברו לומר שהם טמאים, והיו יכולים ליטהר בהזייה וטבילה, **ועוד** היכי קאמר ביום ההוא לא היו יכולים, הא למחר היו יכולים, והלא כך היו יכולים ביום כמו למחר, שאם יטבלו בו ביום היו יכולין לעשות, ואם לא יטבלו גם למחר לא יכולים לעשות. **ועוד** קשה על הראב"ד שהכתוב מכחישו, שכתוב אנחנו טמאים לנפש אדם למה נגרע לבלתי הקריב את קרבן ה', ואם כדבריו כבר הקריבו קרבן לה', ולא היתה השאלה אלא אם יעלה להם הקרבן שהקריבו כבר קודם הזייה וטבילה. **ודוחק** גדול לפרש דלבלתי הקריב את קרבן ה', היינו שיעלה להם הקרבן שכבר הקריבו, דאין זה במשמע, וכמדומה לי שזו ראיה שאין עליה תשובה - כסף משנה› [ו] ‹ויש נוסחא כתוב: אבל סברת עצמו היא, והיא הנוסחא הנכונה - כסף משנה› [ז] ‹ביאור דבריו, כלומר שהראב"ד סובר שאף בטומאות שהנזיר מגלח עליהם, אם טבל והזה שוחטים עליו, כמבואר בדבריו בהשגה שקודם זו, ואפי' לפי סברת רבינו שסובר שאע"פ שטבל והזה אין שוחטין עליו, דין הוא לומר דה"מ בטומאות שהנזיר מגלח עליהם, אבל בטומאות שאין הנזיר מגלח עליהם, כיון שאם אכל קדש בטומאה זו אין חייבין עליה לא כרת ולא לקרבן, דין הוא שלא ידחה מפסחו - כסף משנה›

בנדה: שבעת ימים תהיה בנדתה, השבעה כולן בנדתה וטובלת בליל שמיני; וכן יולדת זכר בליל שמיני, ויולדת נקבה בליל חמשה עשר, שהיולדת כנדה כמו שביארנו.

סימן תקעד ס"ח - טבילה של מצוה בזמנה, מותרת; אבל בזמן הזה אין טבילה בזמנה - ר"ל שנהגו הנשים לישב על טיפת דם ז' נקיים דוקא, ממילא אין הטבילה בזמנה, **הילכך לא תטבול בו; וכן נהגו** - דלמה תטבול, דהרי מצות עונה לא יוכל לקיים בט"ב.

סימן תריג סי"א - מי שראה קרי בזמן הזה ביום הכפורים, אם לח הוא, מקנחו במפה ודיו; ואם יבש הוא, או שנתלכלך - ר"ל שנתלכלך מזה בשרו בכמה מקומות, **רוחץ מקומות המלוכלכים בו לבד** - היינו שרוחץ בשרו ביד, ולא בבגד שלא יבא לידי סחיטה, **ומתפלל; ואסור לרחוץ גופו** - היינו בשאר מקומות, **או לטבול, אע"פ שבשאר ימות השנה הוא רגיל לטבול לתפלה** - וכן אסור לשפוך עליו ט' קבין מים, אפילו מי שנוהג כך בשאר ימות השנה.

דבזמן הזה אין צריך טבילה לבעל קרי מדינא, לא לדברי תורה ולא לתפלה, כדלעיל בסימן פ"ח, ואין להתיר משום זה איסור רחיצה.

[ח]**סימן תריג סי"ב - בזמן הזה אסור לאשה לטבול ביוה"כ, אפילו הגיע זמן טבילתה בו ביום** - ואפילו שלא לשם תשמיש, דזה בלא"ה אסור, אלא כדי שתהא טהורה, ג"כ אסור.

(ודוקא הם שהיו עוסקים בטהרות, היה צריך לטבול מיד כדי שלא יטמאו הטהרות, **אבל** השתא דהטבילה אינה באה אלא לטהרה לבעלה, יכולה היא לרחוץ ולחוף ערב יוה"כ, וחופפת מעט גם למוצאי יוה"כ, משום דצריך חפיפה סמוך לטבילה).

יו"ד סימן קצז ס"ג - אסורה לטבול ביום ז', ואפילו אם ממתנת מלטבול עד יום ח' או ט', אינה יכולה לטבול ביום משום סרך בתה. (פי' דבוק הבת וקורבתה לעשות כמעשה האם, שתטבול ביום כמוה, ולא תבחין שאמה לאחר שבעה טבלה ולא בשביעי עצמו).

יו"ד סימן שפא ס"ה - נדה שנזדמנה זמן טבילתה בימי אבלה, אינה טובלת - ‹דהא אפילו תטבול אסורה לבעלה, **ועוד** הטבילה בזמן הזה לנשותינו לעולם אינה בזמנה, שהרי סופרים ז' נקיים מספק שהן זבות, ואם כן אפילו למאן דאמר טבילה בזמנה מצוה, בזמן הזה אינה טובלת בימי אבלה שאינה בזמנה - לבוש›.

אות ו'

האונן

רמב"ם פ"ו מהל' קרבן פסח ה"ט - האונן ראוי לאכול הפסח לערב, מפני שאנינות לילה מדבריהם, לא העמידו דבריהם במקום כרת בדבר זה, אלא שוחטין עליו; וטובל ואחר כך אוכל, כדי שיפרוש מאנינותו ולא יסיח דעתו. [ט]במה דברים אמורים שמת לו המת אחר חצות, שכבר נתחייב בקרבן פסח; אבל אם מת לו המת קודם חצות, אין שוחטין עליו, אלא ידחה לשני; ואם שחטו עליו וזרקו הדם, טובל ואוכל לערב.

---

§ מסכת פסחים דף צא. §

אות א'

והמפקח את הגל

רמב"ם פ"ו מהל' קרבן פסח ה"י - מי שחופר בגל לבקש על המת, [א]אין שוחטין עליו, שמא ימצא שם המת בגל והרי הוא טמא בשעת שחיטה; שחטו עליו ולא נמצא שם מת, הרי זה אוכל לערב.

אות ב' - ג'

מי שהבטיחוהו להוציאו מבית האסורים, והחולה והזקן שהן יכולין לאכול כזית, שוחטין עליהן

לא שנו אלא בית האסורין דנכרים, אבל בית האסורין דישראל שוחטין בפני עצמו, כיון דאבטחינהו מפיק ליה

רמב"ם פ"ה מהל' קרבן פסח ה"ט - מי שהיה חבוש חוץ לחומת ירושלים והבטיחוהו לצאת לערב, [ב]שוחטין עליו, וכשיצא לערב יאכל; במה דברים אמורים כשהיה חבוש ביד ישראל, אבל אם היה חבוש ביד עכו"ם, אין שוחטין עליו עד שיצא; ואם שחטו עליו ויצא, הרי זה אוכל, ואם לא יצא, פטור מלעשות פסח שני, שהרי נשחט עליו; וכן האונן והחולה והזקן שהם יכולין לאכול, ששחטו עליהן, ואחר שנזרק הדם נטמאו במת, והרי אינן יכולין לאכול, הרי אלו פטורין מלעשות פסח שני.

‹המשך ההלכות בעמוד הבא›

באר הגולה

[ח] ‹הוספה, דלכאורה נראה דלזה הסעיף כוון העין משפט› [ט] ‹היינו כאוקימתא דאביי בזבחים פרק טבול יום (דף ק') - כסף משנה› [א] ‹ר"ל על עצמו ביחידי, אבל עם אחרים שוחטין עליו - הר המוריה› [ב] ‹קשה על רבינו ז"ל, דחילוק הנאמר בגמרא בין עכו"ם לישראל לא הוי אלא לשחוט בפני עצמן, אבל להיות נמנה עם אחרים, ודאי דבכל אופן נמנה, ומדברי רבינו ז"ל אינו נראה כן, שכתב שוחטין עליו, ומלשון זה משמע להמנות עם אחרים, ובזה חילק בין העכו"ם לישראל, ולא היה לו לומר אלא שוחטים עליו ואין שוחטים בפני עצמן, במה דברים אמורים שהוא חבוש ביד עכו"ם, אבל ביד ישראל אפילו בפני עצמן שוחטין, **לכך** צריך לדחוק ולומר, דמאי דכתב רבינו ז"ל שוחטין עליו, היינו בפני עצמן, אבל דין שוחטין להיות נמנה עם אחרים לא כתב רבינו ז"ל, וכן אנו מוכרחים לומר בפ"ו גבי חופר את הגל, שכתב רבינו ז"ל אין שוחטין עליו שמא ימצא שם המת כו', וע"כ איירי מאי דכתב רבינו ז"ל עליו, בפני עצמן, דאם אינו כן ודאי דשוחטין כדקאמר במתני' - לחם משנה›

והמפקח את הגל וכן מי שהבטיחוהו להוציאו מבית האסורים והחולה והזקן שהן יכולין לאכול כזית שוחטין עליהן על כולם אין שוחטין עליהן בפני עצמן שמא יביאו את הפסח לידי פסול לפיכך אם אירע בהן פסול פטורין מלעשות פסח שני חוץ מן המפקח בגל שהוא טמא מתחלתו:

גמ' אמר רבה בר הונא א"ר יוחנן לא שנו אלא בית האסורין דעכו"ם אבל בית האסורין דישראל שוחטין בפני עצמו כיון דאבטחוהו מפיק ליה דכתיב °שארית ישראל לא יעשו עולה ולא ידברו כזב אמר רב חסדא הא דאמרת בית האסורין דעכו"ם (א) לא אמרן אלא חוץ לחומת בית פאגי אבל לפנים מחומת בית פאגי שוחטין עליו בפני עצמו מ"ט אפשר דאמטו ליה ואכיל ליה: לפיכך אם אירע וכו': אמר רבה בר בר חנה אמר ר' יוחנן לא שנו אלא גל עגול אבל גל ארוך פטור מלעשות פסח שני אימא טהור היה בשעת שחיטה תניא נמי הכי ר"ש בנו של רבי יוחנן בן ברוקה אומר מפקח בגל עתים פטור עתים חייב כיצד גל עגול ונמצאת טומאה תחתיו חייב גל ארוך ונמצאת טומאה תחתיו פטור אימא טהור היה בשעת שחיטה:

מתני' אין שוחטין את הפסח על היחיד דברי רבי יהודה ורבי יוסי מתיר ואפילו חבורה של מאה שאינן יכולין לאכול כזית אין שוחטין עליהן ואין עושין חבורת נשים ועבדים וקטנים:

גמ' ת"ר מנין שאין שוחטין את הפסח על היחיד ת"ל °לא תוכל לזבוח את הפסח באחד דברי ר' יהודה ורבי יוסי אומר יחיד ויכול לאכלו שוחטין עליו עשרה ואין יכולין לאכלו אין שוחטין עליהן ורבי יוסי האי באחד מאי עביד ליה מיבעי ליה לכדר"ש דתניא ר"ש אומר מניין לזובח את פסחו בבמת יחיד בשעת איסור הבמות שהוא בלא תעשה ת"ל לא תוכל לזבוח את הפסח באחד שעריך יכול אף בשעת היתר הבמות כן ת"ל באחד שעריך לא אמרו אלא בשעה שכל ישראל נכנסין בשער אחד ור"י האי מנא ליה תרתי שמעת מינה ולר' יוסי ממאי דלהכי דקאמר ר"ש דילמא כדקאמר ר' יהודה הוא דאתא אמר לך לא סלקא דעתך דהא כתיב °איש לפי אכלו רמי ליה רב עוקבא בר חננא מפרישנא לרבא מי א"ר יהודה אין שוחטין את הפסח על היחיד ורמינהו אשה בראשון שוחטין עליה בפני עצמה ובשני עושין אותה טפילה לאחרים דברי ר' יהודה א"ל לא תימא בפני עצמה אלא אימא בפני עצמן אמר ליה מי עבדינן חבורה שכולה נשים והתנן אין עושין חבורת נשים ועבדים וקטנים מאי לאו נשים לחודייהו ועבדים לחודייהו וקטנים לחודייהו אמר ליה לא נשים ועבדים וקטנים נשים ועבדים משום תפלות קטנים ועבדים משום
פריצותא

רש"י

והמפקח את הגל · מפל אדם ואין ידוע אם ימצאנו חי או מת: שוחטין עליו · דמכ"מ עודנו בחזקת טהרה ולקמן נמי לאורתא חזי כדאמרינן בגמרא דאנינות לילה ליתא מדאורייתא אלא אנינות יום כדכתיב (ויקרא י) הן היום הקריבו יום אסור לילה מותר בשחיטת קדשים* וגבי פסח לא העמידו דבריהם במקום כרת: שוחטין עליהן · בחבורת אחרים: שמא יביאוהו לידי פסול · שמא יטמא אונן למתו ומפקח גל ימצאנו מת ונמצא שהאהיל על הטומאה והחבוש שמא לא יצא וחולה וזקן שמא יכבד חוליו ולא יוכל לאכול כזית: לפיכך · הואיל ובשעת שחיטה ראויין היו ונזרק הדם עליהן אם אירע בהן פסול כמו שפירשתי פטורין מלעשות פסח שני: חוץ מן המפקח את הגל · ונמצא המת תחתיו שחייב לעשות פסח שני: שהוא טמא מתחלתו · קודם שחיטה שהרי האהיל על הטומאה משעה שהתחיל לפקח ובגמרא מוקי לה בגל עגול שמתחלה האהיל את כולו: גמ' לא שנו · דאין שוחטין על החבוש בפני עצמו: בית האסורין של ישראל · כגון לכופו להוציא אשה פסולה או לשלם ממון אי נמי כדתניא (כתובות דף לג:) אם יקום והתהלך בחוץ ט' וכי תעלה על דעתך זה מהלך בשוק וזה נהרג אלא מלמד שחובשין אותו עד שנראה מה תהא עליו: בית פאגי · מקום חילון בירושלים: דמטיילי ליה · מן הפסח בתוך בית האסורין לאכול דהא לפנים מירושלים הוא: ל"ש · דמפקח גל חייב לעשות פסח שני אלא גל עגול דמתחלתו האהיל עליו אבל גל ארוך שמא בשעת שחיטה עדיין לא האהיל כנגד הטומאה וכיון דספק יצא ספק לא יצא פטור משום דלא אפשר כדאמרן לעיל (דף פח:) גבי חמשה שנתערבו עורות פסחיהן: מתני' על היחיד · טעמא יליף בגמרא: ואפילו חבורה של מאה · רבי יוסי קאמר לה כלומר לא תליא מילתא דפסח אלא באכילה יחיד ויכול לאכול כזית שוחטין עליו מאה ואין יכולין לאכול כזית בין כולם אין שוחטין עליהן: ואין עושין חבורת נשים ועבדים וקטנים · טעמא מפרש בגמרא: גמ' לא תוכל לזבוח את הפסח באחד שעריך · ודריש באחד באנפיה נפשיה על היחיד: ואין יכולים לאוכלו · כזית ממנו: מנין לזובח פסחו בבמת יחיד · במה קטנה שהיא בלא תעשה להכי נקט במת יחיד ולא במת ציבור דבמת ציבור בשעת איסור הבמות ליכא דשעת איסור הבמות לאחר שנבחר משכן שילה ומשחרב היה להם היתר עד שנבנה בית עולמים ומשנבנה חזרו לאיסורם ושוב לא היה להם היתר: שהוא בלא תעשה · אבל כרת בשחוטי חוץ ליכא ובשחיטת קדשים בפרק בתרא (זבחים דף קיד:) מוקי לה בקודם חצות דמחוסר זמן הוא להתקבל בפנים דכתיב אשר ישחט מחוץ למחנה ואל פתח אהל מועד לא הביאו הראוי לפתח אהל מועד חייב עליו ושאינו ראוי לאהל מועד אינו חייב עליו ויליף מהכא דמחוסר זמן בחוץ אע"פ שאינו בכרת בלא תעשה מיהא הוי הואיל וראוי לבא לאחר זמן: יכול אף בשעת היתר הבמות כן · יהא בלא תעשה זה דהא לא הותרה במת יחיד אלא לדבר הנידר ונידב והאי האי לגביה כשעת איסור: ת"ל כו' · דהאי לאו דהכא לא משתעי אלא בשעת איסור הבמות והכי שמעינן ליה לקרא לא תוכל לזבוח את הפסח בבמת יחיד בזמן שכל ישראל נכנסין בשער אחד ט' כי אם אל המקום אשר יבחר שם תזבחנו: ופרכינן לר' יוסי ממאי דקרא לכדרבי שמעון כו' · ולאו פירכא כולי האי דאיכא למימר מר דריש ליה הכי ומר דריש ליה הכי אלא טעמא דר' יוסי מהדר לפרושי מאיש לפי אכלו: לא ס"ד · דלאסור פסח על היחיד אתא דכתיב איש לפי אכלו תכוסו על איש אחד תשחטו ובלבד שיראה לאכילה: מפרישנא · שם מקום: אשה בראשון · חובה ובשני רשות ולקמיה יליף טעמייהו: טפילה · חיבור: קתני מיהת בפני עצמה · לשון יחיד: ה"ג לא נשים ועבדים וקטנים: תפלות · עבירה:
עבדים

תוספות

שהיה טמא מתחלתו · תימה לר"י מפקח הגל נמי נימא חי הוה כשהתחיל לפקח וי"ל דכיון דמצאו מת אית לן למימר שמתחלתו היה מת שכל הטומאות כשעת מציאתן*: לא שנו אלא בבית האסורין של עכו"ם · בירושלמי מוקי לה רבי יוסי בר בון בשם רבי יוחנן כשחבשוהו ישראל אבל חבשוהו עכו"ם אין שוחטין עליו אפי' עם אחרים (ב) אשר פיהם דבר שוא והיינו איפכא משמעתין: עשרה ואין יכולין לאוכלו אין שוחטין עליהן · בהא מודה אפילו ר' יהודה כדתנן שלא יביאוהו לידי פסול: האי באחד מאי עביד ליה · הוה מצי למימר דאיצטריך לכדאמרינן בכילד צולין (לעיל דף עט:) שאין היחיד מכריע: והתנן אין עושין חבורת נשים · מעיקרא דקתני בפני עצמה לא קשיא ליה אלא השתא דקאמר אימא בפני עצמן משום דמשמע ליה דלא אסרה מתניתין חבורת נשים אלא כשיש נשים הרבה שסומכות זו על זו ואינן זהירין לשמור הפסח ומביאות אותו לידי פסול אבל יחידה שוחטין עליה:
וכתיב

רבינו חננאל

והמפקח בגל וכן מי שהבטיחוהו להוציאו מבית האסורין כו' אוקמא ר' יוחנן בבית האסורין של עכו"ם ואף על גב דאבטחוהו לאפוקיה אין שוחטין עליו דעבידי דמשקרי שנאמר (תהלים קמד ח) אשר פיהם דבר שוא וגו' אבל בית אסורין של ישראל כיון שהבטיחוהו להוציאו לא משקרי שנאמר שארית ישראל לא יעשו עולה ולא ידברו כזב הלכך שוחטין עליו: אמר רב חסדא וזה האסור בבית אסורין של גוים ששנינו אין שוחטין עליו בבית האסורין שהוא חוץ לחומת בית פאגי פי' מקום חוץ לחומות ירושלים שאין אוכלין שם קדשים קלים אבל אם הוא זה בבית האסורין לפנים מבית פאגי שוחטין עליו דאפשר דמעיילינן ליה פסחא התם ואכיל ליה ואלו ששנינו במשנתנו כגון האונן ומי שהבטיחוהו להוציאו מבית האסורין והחולה והזקן שיכולין לאכול כזית אין שוחטין עליהם בפני עצמן שלא יביאו הפסח לידי פסול כלומר אפשר שלא יאכלוהו כי אינם יכולין ויפסל בנותר אבל נפסלו בזריקת הדם מלעשות פסח שני חוץ מן המפקח בגל שבודאי האהיל על המת והיה טמא מתחלה והני מילי בגל עגול אבל גל ארוך אימור טהור היה אני אומר נזרק הדם עד שלא הגיע לטומאה: תניא נמי הכי ר' ישמעאל בר' יוחנן אמר מפקח בגל עתים חייב עתים פטור כיצד גל עגול כו' תנו רבנן מנין שאין שוחטין את הפסח על היחיד שנאמר לא תוכל לזבוח את הפסח באחד שעריך דברי ר' יהודה ר' יוסי אומר יחיד ויכול לאכלו שוחטין עליו עשרה ואין יכולין וכו' ורמינן אהא דר' יהודה הא דתניא אשה בראשון שוחטין עליה בפני עצמה בשני עושין אותה טפילה לאחרים דברי ר' יהודה ומשני' תריץ ואימא הכי נשים בראשון שוחטין עליהן בפני עצמן אקשי' וכי עושין חבורה כולה נשים והתנן אין עושין חבורה נשים ועבדים וקטנים ושני' לעולם עושין חבורה כולה נשים ומשנתנו נשים ועבדים יחדו משום תפלות והוא דבר עבירה כדגרסינן רוצה אשה בקב ותפלות ולא עבדים וקטנים משום פריצותא:
נופה

עין משפט נר מצוה

לט א מיי' פ"ו מהלכות ק"פ הלכה י:
[עירובין לה: נדה ד.]
מ ב ג מיי' שם פ"ה הלכה ט:
מא ד שם פ"ו הלכה י:
מב ה מיי' שם פ"ב הלכה ג ג:
מג ו שם הלכה ד:
מד ז מיי' שם פ"א הלכה ג:
[זבחים קיד: וכן בתוספתא זבחים פי"ג ליתא]

מסורת הש"ס

[זבחים דף ק:]
קדושין מב. [לקמן נה. לט. יומא נה.]
[עי' תוס' לקמן נה. ד"ה מיכפי]
זבחים קיד:
[סוכה נה:]

הגהות הב"ח

(א) גמ' בית האסורין דעכו"ם לא אמרן: (ב) תוס' ד"ה לא שנו וכו' אחרים דכתיב אשר פיהם:

פריצותא גופא *אשה בראשון שוחטין עליה בפני עצמה ובשני עושין אותה טפילה לאחרים *דברי ר' יהודה ר' יוסי אומר *אשה בשני שוחטין עליה בפני עצמה ואין צ"ל בראשון ר"ש אומר אשה בראשון עושין אותה טפילה לאחרים בשני אין שוחטין עליה כל עיקר במאי קמיפלגי רבי יהודה סבר °במכסת נפשות ואפילו נשים וכי תימא א"ה אפילו בשני נמי כתיב °חטאו ישא האיש ההוא איש אין אשה לא וכי תימא אי הכי אפילו טפילה נמי בשני לא אהני ככל חקת הפסח לטפילה בעלמא ורבי יוסי מ"ט דכתיב בראשון במכסת נפשות ואפילו אשה וכתיב בפסח שני °ונכרתה הנפש ההיא מישראל נפש ואפילו נשים ואלא חטאו ישא האיש ההוא למעוטי מאי למעוטי קטן מכרת ור"ש כתיב בראשון איש איש אין אשה לא וכי תימא אי הכי אפילו טפילה נמי לא אהני ליה במכסת נפשות לטפילה וכ"ת אפילו בשני נמי מיעט רחמנא בשני דכתיב חטאו ישא האיש איש אין אשה לא ממאי קממעיט ליה אי מחובה השתא בראשון לא בשני מיבעיא אלא לאו מטפילה ומאי איש דקאמר ר"ש אי נימא °ויקחו להם איש שה לבית אבות וגו' ההוא מיבעי ליה לכדרבי יצחק *דאמר °איש זוכה ואין קטן זוכה ואלא °מאיש לפי אכלו הא מדר' יוסי סבר לה כר' שמעון רבי שמעון נמי סבר לה כר' יוסי וההוא מיבעי ליה דשוחטין את הפסח על היחיד אמר לך אם כן נכתוב רחמנא לפי אכלו מאי איש שמעת מינה תרתי כמאן אזלא הא דאמר רבי אלעזר *אשה בראשון חובה ובשני רשות ודוחה את השבת אי רשות אמאי דוחה את השבת אלא אימא °בשני רשות ובראשון חובה ודוחה את השבת כמאן כרבי יהודה א"ר יעקב א"ר יוחנן °אין עושין חבורה שכולה גרים שמא ידקדקו בו ויביאוהו לידי פסול: ת"ר *פסח ומצה ומרור בראשון חובה מכאן ואילך רשות ר' שמעון אומר באנשים חובה ובנשים רשות אהייא קאי אילימא אפסח *פסח כל שבעה מי איכא ואלא אמצה ומרור אימא סיפא ר"ש אומר באנשים חובה ובנשים רשות (א) לית ליה לרבי שמעון הא *דאמר רבי אלעזר נשים חייבות באכילת מצה דבר תורה שנאמר °לא תאכל עליו חמץ שבעת ימים תאכל עליו מצות כל שישנו בבל תאכל חמץ ישנו בקום אכול מצה והני נשים הואיל וישנן בבל תאכל חמץ ישנן בקום אכול מצה אלא אימא פסח מצה ומרור בראשון חובה מכאן ואילך רשות ר' שמעון אומר פסח באנשים חובה בנשים רשות: **מתני'** *אונן טובל ואוכל את פסחו לערב אבל לא בקדשים השומע על מתו והמלקט

עבדים וקטנים משום פריצותא · דמשכב זכור: **אין עושין עליה כל עיקר** · ואפי' טפילה דלא שייכא ביה מידי ואי אכלה ביה הוה פסח נאכל שלא למנויו וה"ה לעבדים דאין אוכלין בו וכי אכלי עבדים ונשים בראשון שהן רשות בו אבל בשני לא דאפי' מרשות אימעוט כדלקמן: **במכסת** תורה אור **נפשות** · מדלא כתב אנשים אפי' אשה במשמע: **כתיב בשני חטאו ישא האיש ההוא** · והכי משמע ליה קרא והאיש אשר הוא טהור ובדרך לא היה וחדל לעשות הפסח ראשון ונכרתה כי קרבן ה' ט' כי לשון שימוש אי כשקרבן ה' לא הקריב במועדו בשני חטאו ישא *והכי דריש בפרק מי שהיה טמא (לקמן צג.) אליבא דר"י א"נ קרבן ה' לא הקריב במועדו בשני חטאו ישא: **וכתיב בשני ונכרתה הנפש ההיא** · דאע"ג דלראשון קאי מיהו כי קרבן ה' אשני קאי וכדמפרשינן וגמרינן בה כרת לקמן (שם) האי חטאו ישא מוכחא חטאו דמברך את השם דכתיב ביה את ה' הוא מגדף ונכרת וגו' והוי כמאן דכתיב נפש בגופיה: **ואלא טפילה** · לגבי פסח מאי עביד ליה ליכתוב חטאו ישא ותו לא: **כתיב בראשון איש** · לקמן בעי מאי איש כתיב בראשון: **איש זוכה** · לאחרים בלקיחתו אם לקח מקח לצורך אחרים או קיבל מתנה לשם אחרים כדכתיב ויקחו איש שה לבית אבות ואין קטן זוכה דאין נעשה שליח: **אלא מאיש לפי אכלו** · דריש ליה למעוטי אשה: **והא מדר' יוסי סבר לה כר"ש** · דאין שוחטין פסח בבמת יחיד מלא תוכל לזבוח: **ר"ש נמי סבר לה כר' יוסי** · דיליף מאיש לפי אכלו ששוחט פסח על היחיד דאי לא ס"ל כוותיה ממאי דהאי באחד לדרשה דידיה אתא הא טפי משמע שפיר כר"י דאין שוחטין על היחיד: **לפי אכלו** · בלאו איש נמי נפקא לן מלשון יחיד דשוחטין פסח על היחיד ואיש דרשינן ליה למעוטי אשה: **רשות ודוחה את השבת** · בתמיה: **ידקדקו בו** · משום שאינן בני תורה יתמירו עליו לדקדק ויפסלוהו על חנם: **הכי גרסינן תנו רבנן פסח מצה ומרור בראשון חובה כו'** · בראשון לילה הראשון: **אהייא קאי** · מכאן ואילך רשות דתנא קמא אי נימא אפסח פסח כל שבעה מי איכא: **ואלא אמצה ומרור** · ועלה מהדר ר"ש אף בראשון דקאמרת חובה באנשים הוא דהויא אבל בנשים רשות: **לית ליה לר"ש** · והא ליכא למימר דליהדר אמרור לחודיה דסתמא מצה ומרור בהדי הדדי כתיב על מצות ומרורים וכשם שנשים באכילת מצה חובה הכי נמי במרור: **הואיל וישנן בבל תאכל חמץ** · דהשוה הכתוב אשה לאיש לכל עונשין שבתורה דכתיב (במדבר ה) איש או אשה כי יעשו מכל חטאת האדם וגו': **אלא** · הכי קאמר פסח מצה ומרור בראשון חובה מכאן ואילך רשות וקאי האי מכאן ואילך אמצה ומרור ור"ש פליג אפסח דקאמרת בראשון חובה באנשים הוא דהוה חובה אבל בנשים רשות ורבי שמעון לטעמיה: **מתני' אונן טובל ואוכל את פסחו לערב** · ואף על פי שעדיין לא נקבר דאין אנינות מן התורה אלא ביום שנאמר (ויקרא י) הן היום הקריבו ואני אונן ואכלתי חטאת היום יום אסור לילה מותר וטבילה בעי וזו אחת מאחת עשרה מעלות דחומר בקודש (חגיגה דף כא·) האונן והמחוסר כפורים צריכין טבילה לקודש מתוך שנאסרו עד עכשיו בקדשים אצרכינהו רבנן טבילה ואף על פי שמחוסר כפורים טבל אתמול אבל לא יאכל אונן לערב בשאר קדשים דאסור אנינות לילה מדרבנן ולגבי פסח לא העמידו דבריהן במקום כרת: **השומע על מתו** · יום שמועה הוי אונן דרבנן: וכן

וכתיב בשני ונכרתה הנפש ההיא אפי' אשה · ולא נפקא לרבי יוסי אשה מככל חקת הפסח דמהתם מפיק ר"י טפילה דאי לאו הנפש ההיא ככל חקת הפסח לא הוה מוקמינן אלא לטפילה כר' יהודה ואיש למעוטי חובה הלכך גלי הנפש ההיא דלא ממעטינן אשה מאיש: **איש** ולא קטן · תימה אמאי איצטריך דהיכן מצינו שחייב קטן במצות וי"ל דאיצטריך לקטן שהגדיל בין שני פסחים דס"ד דחייב לעשות פסח שני קמ"ל דשני תשלומין דראשון הוא ובפרק מי שהיה טמא (לקמן דף צג·) משמע דנפקא לן מקרא אחרינא ובפ' ד' מיתות (סנהדרין דף נד:) נמי קשה אמאי איצטריך איש פרט לקטן בבא על אשת איש ועל אשת אביו ועל הזכר ועל הבהמה: **אי** נימא מאיש שה הא מיבעי ליה לכדר' יצחק כו' · תימה לר"י דבריש פ"ב דקדושין (דף מב·) משמע דמילתיה דרבי יצחק מאיש לפי אכלו נפקא ואומר ר"י דהתם משום דמאיש שה מפיק שליחות דלא מצי מפיק שליחות מאיש לפי אכלו לכך נפקא דרבי יצחק מאיש לפי אכלו אבל תלמודא דהכא נפקא ליה שליחות מדרבי יהושע בן קרחה ולכך מוקי איש שה לכדרבי יצחק דמשמע דמיירי בזכיה טפי מאיש לפי אכלו: **איש** זוכה ואין קטן זוכה · תימה אמאי איצטריך קרא והא קי"ל דאין שליחות לקטן ובפ' קמא דבבא מציעא (דף יב·) מוכח דזכיה מטעם שליחות וכי תימא מהכא קיי"ל דאין לו שליחות אכתי קשה אמאי איצטריך למעט דאינו זוכה הא אפילו לעצמו אין לו זכיה במציאתו אלא מפני דרכי שלום כדאמרינן בהניזקין (גיטין דף נט·) ויש לומר דדוקא מציאה אבל מתנה דדעת אחרת מקנה אותו עדיף כדמסיק בשנים אוחזין (ב"מ דף יב:) וכן בפרק התקבל (גיטין דף סד:) קאמרינן לרור וזורקו אגוז וטעלו זוכה לעצמו אפי' לגבי קנין דאורייתא: **רבי** שמעון נמי סבר לה כרבי יוסי · תימה דילמא סבר לה כרבי יהודה ותרתי שמעת מינה כדאמרינן לעיל לרבי יהודה: **שמא** ידקדקו בו ויביאוהו לידי פסול · תימה דבעי למימר דגרים מדקדקים ביותר ודמי להא דאמרינן (חולין דף ד·) כל מצוה שהחזיקו בה *גרים וכותים הרבה מדקדקים בה יותר מישראל ובירושל' גרים אמר רבי יעקב בר יצחק בשם רבי יוסי אין עושין חבורות של גרים שמתוך שהן מקולקלים אין מדקדקין ויביאוהו לידי פסול ובכל דוכתא נמי חזינן דגרים לא דייקי במצות כישראלים והכא קאמר דגרים מדקדקים יותר: גבי

עין משפט נר מצוה

מה א מיי' פ"ב מהלכות ק"פ הלכה ד:

מו ב מיי' פ"ב מהלכות שלוחין הלכה ג:

מז ג מיי' פ"ה מהלכות קרבן פסח הלכה ח ופ"ג הלכה ג:

מח ד מיי' שם פ"ב הלכה ד:

מט ה מיי' פ"ו מהלכות חמץ ומצה הלכה א סמג עשין כו טור שו"ע או"ח סימן תעב סעיף יד:

נ ו מיי' פ"ו מהלכות קרבן פסח הלכה ט ופ"ב מהלכות ביאת מקדש הלכה י [רב אלפס ברכות פ"ג דף י. ובהל' אבל דף סו' ועיין בתוספות ובמ"ב שם סימן לח]

מסורת הש"ס

[תוספתא פ"ח ומכר סנהדרין דף יב:]

[מכר לקמן צג.]

בשני חטאו ישא ולא קאי אדלעיל וכוי אמריך בפ' מי שהיה טמא אליבא דר' כג"ל ר"ש וסדיבור שאחר זה צריך לסתחיל וכתיב בפסח שני:

קדושין מב.

[לעיל עט: סנהדרין יב:]

[תוספתא פ"ב]

[לקמן ט.]

לעיל מג:

זבחים טז:

[עי' כריתות מו: קדושין עה. גיטין י. חולין ד. איתא כל מצוה שהחזיקו בה כותים הרבה מדקדקי' בה כו' אבל מגענין גרים בכך מילתא נעלם ממני מקומו]

הגהות הב"ח

(א) גמרא ובנשים רשות וכי לית ליה לר"ש הא:

רבינו חננאל

גופא אשה בראשון שוחטין עליה בפני עצמה ובשני עושין אותה טפלה לאחרים מאי טעמא דר"י בראשון במכסת נפשות ואפילו נשים במשמע וכתיב בשני חטאו ישא האיש ההוא איש ולא אשה וכי תימא אי הכי אפי' טפלה נמי לא תעשה אותה בשני ת"ל ככל חקת הפסח אותו האיש למעוטה בשני מרובה אותו ככל חקת הפסח לרבויי לטפלה בעלמא ור' יוסי אומר לטעמא דאמר שוחטין את הפסח ביחיד וכתיב בראשון במכסת נפשות ובשני כתיב ונכרתה הנפש ההיא כל נפש במשמע ואפילו אשה ר' שמעון אומר בראשון עושין אותה טפלה לאחרים ובשני אין שוחטין עליה כל עיקר מאי טעמא בראשון כתיב איש לפי אכלו ובשני כתיב חטאו ישא האיש ההוא איש ולא אשה ודייקי' השתא בראשון פטור בשני מבעיא אלא מכלל שבראשון טפלה ואפילו טפלה שבראשון מיעטה בשני. וקמו להו ר' יוסי ור' שמעון בשיטתא חדא דשוחטין את הפסח על היחיד: אמר ר' יעקב אמר ר' יוחנן אין עושין חבורה שכולה גרים שמא לא ידקדקו בו ויבאוהו לידי פסול: ותרצינן להא מתניתא הכי תנו רבנן פסח מצה ומרור בלילה הראשון חובה מצה מכאן ואילך רשות ר' שמעון אומר פסח באנשים חובה (מכאן ואילך רשות) [בנשים רשות]: אונן טובל ואוכל פסחו לערב אבל לא בקדשים קסבר

אות ד'

לא שנו אלא גל עגול, אבל גל ארוך פטור מלעשות פסח שני

רמב"ם פ"ו מהל' קרבן פסח ה"י - נמצא שם מת אחר שנזרק הדם, אם נודע לו בודאי שהיה טמא בשעת זריקת הדם, כגון שהיה גל עגול, הרי זה חייב בפסח שני; ואם ספק הדבר, ושמא לא היה עומד על הטומאה בעת [ג]זריקה, ולא נטמא אלא אחר זריקה, ה"ז פטור מפסח שני.

אות ה'

מתיר

רמב"ם פ"ב מהל' קרבן פסח ה"ב - יחיד ששחט את הפסח לעצמו, כשר, [ד]והוא שיהיה ראוי לאכול את כולו, [ה]ומשתדלין שלא ישחט לכתחלה על יחיד, שנא': יעשו אותו.

רמב"ם פ"ב מהל' קרבן פסח ה"ג - אין שוחטין את הפסח אלא על מי שראוי לאכול; היה אחד מבני חבורה קטן או זקן או חולה, אם יכול לאכול כזית, שוחטין עליו, ואם לאו, אין שוחטין עליו, שנאמר: איש לפי אכלו, עד שיהיה ראוי לאכול; אפילו חבורה של מאה ואין [ו]כל אחד מהן יכול לאכול כזית, אין שוחטין עליהן.

אות ו'

ואין עושין חבורת נשים ועבדים וקטנים

רמב"ם פ"ב מהל' קרבן פסח ה"ד - אין עושין חבורה נשים ועבדים, או קטנים ועבדים, מפני שלא תהיה קלות ראש ביניהן.

אות ז'

מניין לזובח את פסחו בבמת יחיד בשעת איסור הבמות שהוא בלא תעשה

רמב"ם פ"א מהל' קרבן פסח ה"ג - אין שוחטין את הפסח אלא בעזרה כשאר הקדשים, [ז]אף בשעת היתר הבמות לא היו מקריבין את הפסח בבמת יחיד; וכל המקריב את הפסח בבמת יחיד לוקה, שנאמר: לא תוכל לזבוח את הפסח באחד שעריך, מפי השמועה למדו, שזו אזהרה לשוחט בבמת יחיד אפילו בשעת היתר הבמות.

---

§ מסכת פסחים דף צא: §

אות א'

אשה בשני שוחטין עליה בפני עצמה, ואצ"ל בראשון

רמב"ם פ"ב מהל' קרבן פסח ה"ד - [ח]אבל עושים חבורה כלם נשים אפילו בפסח שני.

אות ב'

איש זוכה ואין קטן זוכה

רמב"ם פ"ב מהל' שלוחין ושותפין ה"ב - עושה אדם שליח איש או אשה ואפילו אשת איש, ואפילו עבד ושפחה, הואיל והן בני דעת וישנן במקצת מצות, נעשין שלוחין למשא ומתן; אבל מי שאינן בני דעת, והן חרש שוטה וקטן, אינן נעשין שלוחין, ולא עושין שליח, אחד הקטן ואחד הקטנה.

אות ג'

בשני רשות ובראשון חובה ודוחה את השבת

רמב"ם פ"ה מהל' קרבן פסח ה"ח - נשים שנדחו לשני, בין מפני האונס והשגגה, בין מפני הטומאה ודרך רחוקה, [ט]הרי פסח שני להם רשות, רצו שוחטין רצו אין שוחטין; לפיכך אין שוחטין עליהן בפני עצמן בשבת בפסח שני, אבל אם היתה האשה אחת מבני חבורה, מותר.

רמב"ם פ"ז מהל' קרבן פסח ה"ג - היו האנשים מחצה טמאי מת ומחצה טהורים, ובזמן שאתה מונה

באר הגולה

ג ‹ורש"י כתוב: שמא בשעת שחיטה עדיין לא האהיל כנגד הטומאה› ד ‹והטעם הוא כדי שלא יבא לידי נותר – רש"ש› ה ‹קשה, מאחר שפסק כר' יוסי, מאי האי דקאמר שלא ישחט לכתחלה על היחיד, דר' יוסי אפי' לכתחלה מתיר. **ותירץ** ה"ר אברהם בנו של רבינו, שלא כתב בפירוש אין שוחטין לכתחלה, אלא דרך זירוז, שמשתדלין שלא ישחט לכתחלה על יחיד, ולא סמך בזה אלא על הכתוב שהביא, יעשו אותו, והוא הכתוב האמור בפסח ראשון, כל עדת ישראל יעשו אותו, עכ"ל. **ואני** אומר דאכתי קושיין לא מיתרצא, שאם רבי יוסי מתיר לכתחלה ולא הצריך לזרז, ולא דרש הפסוק לכך, מנין לו לרבינו לחוש דבר שלא אמרו ר' יוסי. **אבל** התירוץ הנכון הוא, שדברי רבינו מבוארים בפ' מי שהיה (דף צ"ה), דקאמר ורבנן האי "יעשו אותו" מאי עבדי ליה, מיבעי ליה שאין שוחטין את הפסח על היחיד, דכמה דאפשר לאהדורי מהדרינן. ומשמע לרבינו, דכר' יוסי אתיא, דאילו לר' יהודה מאי כמה דאפשר לאהדורי מהדרינן, הא אמר דאין שוחטין על היחיד כלל – כסף משנה› ו ‹ומפרש רבינו דבעינן שלא יהא בהם אפי' אחד שאינו יכול כזית, אע"פ שרש"י {במשנה} לא פירש כן – כסף משנה› ז ‹פ' בתרא דזבחים (דף קי"ד:) אימת אילימא אחר חצות, כרת נמי מיחייב, אלא לאו קודם חצות; לעולם לאחר חצות, ובשעת היתר הבמות קאי, והא בשעת איסור הבמות קאמר, איסור במה לו היתר במה לחבירו – כסף משנה, ‹**ורש"י** הכא פי' כרבה התם, ודלא כדיחוי הגמ'› ח ‹שם פלוגתא דתנאי בברייתא ופסק כר' יוסי – כסף משנה› ט ‹ופוסק רבינו כר' יהודה, וכן פסק עוד ברפ"ז, משום דאמרינן כמאן אזלא הא דא"ר אלעזר בשני רשות ובראשון חובה ודוחה את השבת, כמאן כר' יהודה, משמע דהלכתא כוותיה. **ויש** לתמוה דבפ"ב אצל מש"כ עושים חבורה כולה נשים אפי' בפסח שני, משמע דפסק כר' יוסי כמ"ש שם. **וי"ל** דאע"ג דלענין עושין חבורה שכולה נשים בפסח שני פסק כר' יוסי, כדקי"ל דהלכתא כוותיה לגבי ר' יהודה, מ"מ לענין דוחה את השבת לא ראה לפסוק כמותו, מדמשמע מר' אלעזר שכתבתי בסמוך דסבר כר' יהודה בהא – כסף משנה. ‹**ודאי** דהם דברים תלויים זה בזה, דאם עושין בפני עצמן דוחה את השבת, ואם אין עושין אינו דוחה, וצ"ע – לח"מ›. ‹**ועיין** מה שתירץ הצל"ח, הובא לעיל דף ע"ט:›

הנשים בכלל האנשים יהיו הרוב טהורים, הטהורים עושים את הראשון, והטמאין אינן עושין לא את הראשון ולא את השני; אין עושין ראשון, מפני שהן מיעוט; ואין עושין את השני, מפני שהנשים בשני רשות, ונמצאו הטמאים מחצה, ואין מחצה עושין את השני.

אות ד'

אין עושין חבורה שכולה גרים, שמא ידקדקו בו ויביאוהו לידי פסול

רמב"ם פ"ב מהל' קרבן פסח ה"ד - וכן אין עושין חבורה כולה גרים, שמא ידקדקו בו ויביאוהו לידי פיסול; ואם שחטו עליהן כשר.

אות ה'

פסח ומצה ומרור בראשון חובה, מכאן ואילך רשות

סימן תעה ס"ז - [י]אין חיוב אכילת מצה אלא בלילה הראשון בלבד - דכתיב: בערב תאכלו מצות, אבל שאר כל הלילות וכל הימים אינו מוזהר אלא שלא לאכול חמץ, **ואף** דמחוייב לאכול פת ביו"ט, יכול לצאת במצה עשירה, דהיינו שנילושה במי פירות, **אבל** לחם עוני אינו מחוייב מן התורה כי אם בלילה הראשון, ומשום ספיקא דיומא חייב לדידן אף בלילה שניה. **ובשם** הגר"א כתבו, דעכ"פ מצוה איכא לאכול מצה כל שבעה, אלא שאינו חיוב.

אות ו'

אונן טובל ואוכל את פסחו לערב, אבל לא בקדשים

רמב"ם פ"ו מהל' קרבן פסח ה"ט - האונן ראוי לאכול הפסח לערב, מפני שאנינות לילה מדבריהם, לא העמידו דבריהם במקום כרת בדבר זה, אלא שוחטין עליו; וטובל ואחר כך אוכל, כדי שיפרוש מאנינותו ולא יסיח דעתו; [יא]במה דברים אמורים שמת לו המת אחר חצות, שכבר נתחייב בקרבן פסח; אבל אם מת לו המת קודם חצות, אין שוחטין עליו אלא ידחה לשני; ואם שחטו עליו וזרקו הדם, טובל ואוכל לערב.

רמב"ם פ"ב מהל' ביאת המקדש ה"י - ומת ששהה ימים ואח"כ נקבר, כל אותם הימים שאחר יום המיתה הוא אונן מדבריהם, וכן יום הקבורה, ואינו תופש לילו; לפיכך מי שמת לו מת, (וקברו) לאחר יום המיתה, כל יום הקבורה אינו מקריב ואינו אוכל בקדשים מדבריהם, וטובל ואוכל לערב; ויום שמועה קרובה ויום ליקוט עצמות, הרי הוא כיום קבורה, שאינו תופש לילו ואפי' מדבריהם, לפיכך טובל ואוכל בקדשים לערב; אבל יום המיתה, כשם שאסור לאכול בו קדשים מן התורה, כך אסור לאכול בלילו מדבריהם; חוץ מן הפסח בלבד, שהוא אוכל לערב כמו שיתבאר במקומו.

---

§ מסכת פסחים דף צב. §

אות א'

והמלקט לו עצמות, טובל ואוכל בקדשים

רמב"ם פ"ב מהל' ביאת המקדש ה"י - ויום שמועה קרובה ויום ליקוט עצמות, הרי הוא כיום קבורה, שאינו תופש לילו ואפילו מדבריהם, לפיכך טובל ואוכל בקדשים לערב.

רמב"ם פ"ו מהל' קרבן פסח ה"ט - ויום שמועה ויום [א]ליקוט עצמות, הרי הוא כיום קבורה; לפיכך מי שלקט עצמות מתו ביום ארבעה עשר או ששמע שמת לו מת, שוחטין עליו וטובל ואוכל בקדשים לערב.

אות ב' - ג'

הפורש מן הערלה כפורש מן הקבר

אבל ערל ישראל דברי הכל טובל ואוכל את פסחו לערב

רמב"ם פ"ו מהל' קרבן פסח ה"ז - ישראל ערל שמל בערב הפסח, שוחטין עליו אחר שמל; אבל גר שנתגייר ביום ארבעה עשר ומל וטבל, אין שוחטין עליו, שאינו אוכל לערב, והרי הוא כפורש מן הקבר שצריך שבעה ימים ואחר כך יטהר; גזירה שמא יטמא גר זה למת לשנה הבאה ביום ארבעה עשר, ויטבול ויאכל לערב, ויאמר אשתקד כך עשו לי ישראל כשמלתי טבלתי ואכלתי לערב; והלא גזירה זו מדבריהם ופסח בכרת, והיאך העמידו דבריהם במקום כרת ביום הקרבן שהוא יום ארבעה עשר; [ב]מפני שאין הגר מתחייב במצות עד שימול ויטבול, ואינו טובל עד שירפא מן המילה כמו שביארנו בענין הגירות, לפיכך העמידו דבריהם במקום זה, שהרי זה המל יש לו שלא לטבול עד שיבריא, ולא יבוא לידי חיוב כלל.

‹המשך ההלכות בעמוד הבא›

באר הגולה

י **פשוט שם בגמ' ק"כ** יא ‹היינו כאוקימתא דאביי בזבחים פרק טבול יום (דף ק') - כסף משנה› א ‹ובגמ' (צ"ב) מלקט עצמות הא בעי הזאה ג' וז', אימא שליקטו לו עצמות, ורבינו קיצר במובן - כס"מ› ב ‹עיין לקמן אות ד' מה שהשיג עליו הראב"ד, ומה שהליץ בעדו הכסף משנה›

עין משפט נר מצוה

מט א מיי' פ"ג מהל' ביאת המקדש הל' י [וס"י מס' ק"פ הל' ט]:

[ע' בתוי"ט ישוב הגון]

נ ב ג מיי' פ"ו מהל' ק"פ הלכה ז:

נא ד מיי' שם הלכה ו:

נב ה מיי' פ"ב מהל' מילה הלכה ו סמג עשין כח טוש"ע א"ח סי' של"א סעיף ו וטוש"ע י"ד סימן רסו סעיף ב' [רב אלפס שבת פ"ט דף מ: וברא"ש שם סימן א]:

נג ו מיי' פ"ג מהלכות ק"פ הלכה ט:

[הא דלא חשיב מתוכת ילקתו וכפ"ג עי' תוס' זבחים ט. ד"ה מנין ותוס' מנחות כ: ד"ה נפסל]

מסורת הש"ס

[עדיות פ"ה מ"ב]

[כריתות ט. וש"נ]

[תוספתא פ"ז וסם אי' ר"א ב"ר צדוק]

לעיל דף סה:

שבת דף קל:

יבמות דף ז: זבחים דף לג:

יבמות דף ז: הוריות דף ה: זבחים לג: ע"ש

חגיגה דף כה: אהלות פי"ח מ"ד

*והמלקט לו עצמות טובל ואוכל בקדשים: גר *שנתגייר בע"פ ב"ש אומרים טובל ואוכל את פסחו לערב וב"ה אומרים *הפורש מן הערלה כפורש מן הקבר: **גמ'** מ"ט קא סבר *אנינות דלילה דרבנן וגבי פסח לא העמידו דבריהם במקום כרת גבי קדשים העמידו דבריהם במקום עשה: השומע על מתו וכו': מלקט עצמות הא בעי הזאת שלישי ושביעי אימא שליקטו לו עצמות: גר שנתגייר וכו': אמר רבה בר בר חנה א"ר יוחנן מחלוקת בערל נכרי דב"ה סברי גזירה שמא יטמא לשנה הבאה ויאמר אשתקד מי לא טבלתי ואכלתי עכשיו נמי אטבול ואוכל ולא ידע דאשתקד נכרי הוה ולא מקבל טומאה עכשיו ישראל ומקבל טומאה וב"ש סברי לא גזרינן *אבל ערל ישראל דברי הכל טובל ואוכל את פסחו לערב ולא גזרינן ערל ישראל משום ערל נכרי תניא נמי הכי אמר *ר"ש בן אלעזר לא נחלקו ב"ש וב"ה על ערל ישראל שטובל ואוכל את פסחו לערב על מה נחלקו על ערל נכרי שב"ש אומרים טובל ואוכל את פסחו לערב וב"ה אומרים הפורש מן הערלה כפורש מן הקבר: אמר רבא *ערל הזאה ואיזמל העמידו דבריהן במקום כרת אונן ומצורע ובית הפרס לא העמידו דבריהן במקום כרת ערל הא דאמרן הזאה *דאמר מר הזאה שבות ואינו דוחה את השבת איזמל *דתניא *כשם שאין מביאין אותו דרך רשות הרבים כך אין מביאין אותו דרך גגות ודרך חצרות ודרך קרפיפות אונן הא דאמרן מצורע מאי היא *דתניא מצורע שחל שמיני שלו בערב הפסח וראה קרי בו ביום טובל ואוכל אמרו חכמים אע"פ שטבול יום אינו נכנס זה נכנס מוטב יבא עשה שיש בו כרת וידחה עשה שאין בו כרת *וא"ר יוחנן דבר תורה אפילו עשה אין בו שנאמר °ויעמד יהושפט בקהל יהודה וירושלים בבית ה' לפני החצר החדשה מאי חצר החדשה שחדשו בו דבר ואמרו טבול יום לא יכנס במחנה לויה בית הפרס *דתנן ושוין ב"ש וב"ה שבודקין

וכן מי שליקטו לו עצמות · אביו ואמו אמרי' במועד קטן (דף ח.) מתאבל עליהן כל היום כולו ולערב אין מתאבל עליהן: **טובל ואוכל בקדשים** · לערב דאפילו יום גופיה מדרבנן הוא הלכך בלילה ליכא אנינות: **כפורש מן הקבר** · וצריך הזאה שלישי ושביעי: **גמ' לא העמידו דבריהם** · לאוסרו באכילת פסחו מפני אנינות דדבריהם דהא פסח כרת הוא אבל אכילת קדשים עשה בעלמא הוא ואכלו אותם אשר כפר בהם (שמות כט): **מלקט** · משמע הוא עצמו ליקטן: **מחלוקת בערל נכרי** · שאינו מקבל טומאה בנכריותו דב"ה סברי גזירה שמא יטמא במת לשנה הבאה ויאמר אשתקד לא טהרתי מכל טומאה עד יום ע"פ שנתגיירתי וטבלתי ואכלתי והשתא נמי אטבול ואוכל ולא ידע דאשתקד נכרי הוה ולא קיבל טומאה בנכריותו אבל עכשיו הוא טמא הלכך כשמתגייר ממתין שבעה שאין לך טומאה שעברה עליו שלא טהר ממנה ואע"ג דמשום זיבה בעי שמנה משום כפרה כיון דאי אפשר דליתיה כפרה דהא לא קבל טומאה בנכריותו אי אמרת עזר לא מייתי לעולם פסח וכולי האי לא גזרו: **אבל ערל ישראל** · שאם יש לו עכשיו טומאה הוא נזהר בה שאף בערלותו מקבל טומאה כשאר בני אדם ליכא למיגזר ביה משום שנה הבאה: **ערל הזאה ואיזמל** · סימני הלכות הם: **הא דאמרן** · דחזי לאורתא ומשום גזירה דשנה הבאה דחזיה ב"ה: **ואינו דוחה שבת** · בפ' אלו דברים ולא עביד פסח ושבות דרבנן הוא: **אין מביאין אותו** · איזמל למילה: **דרך גגות** · אף על גב דלרשויות דרבנן ניהו ודחה פסחו שאם יש לו זכר לא מול מעכבו דתניא מילת זכריו ועבדיו מעכבתן את הפסח וליכא למימר משום כרת דערל זכר אשר לא ימול וגו' דמילה דדחיא שבת בזמנה וקטן לאו בר כרת הוא: **אונן** · אנינות לילה מדרבנן דאמרן לעיל אוכל פסחו לערב: **מצורע** · שטבל והעריב שמשו בשביעי נכנס בשמיני למחנה לויה לשער ניקנור שלא נתקדש בקדושת עזרה כדכתיב בקרא (ויקרא יד) והעמיד הכהן המטהר את האיש המיטהר ואותם לפני ה' וגו' ובעזרה עצמה לא היה נכנס אלא מכניס ידיו לבוהנות לפי שאין מחוסר כפורים נכנס לה כדאמרי' [במכות] (דף ה:) טמא יהיה לרבות טבול יום עוד טומאתו בו לרבות מחוסר כפורים שאם נכנסו למקדש חייבין כרת: **וראה קרי בו ביום** · ונדחה ממחנה לויה כדאמרי' באלו דברים (דף סז:) דבעל קרי משתלח חוץ לשתי מחנות וטובל לקרויו דלגרעתו טבל מאתמול אף על פי שטבול יום אחר דקרי אינו נכנס דכתיב (דברים כג) כי יהיה בך איש וגו' וכבא השמש יבא אל תוך המחנה זה נכנס להר הבית להכניס ידיו לבוהנות כדי שיאכל פסחו לערב: **יבא עשה**. דפסח שיש בו כרת וידחה עשה דטבול יום בהר הבית שאין בו כרת אלא בעזרה ואי משום דמכניס ידיו לעזרה הא אמרינן בשחיטת קדשים בפ"ג (דף לג:) איכא למ"ד ביאה במקצת לאו שמה ביאה ואיכא למ"ד הואיל והותרה לו אותה ביאה מקצת לגרעתו אע"פ שטעם כרת משום מחוסר כפורים והתירו הכתוב דכתיב לפני ה' אותרה לו אף לקרויו: **וא"ר יוחנן** · עשה שאין בו כרת דקאמר תנא דברייתא לאו דוקא דאפילו עשה אין בו בטבול יום במחנה לויה אלא דרבנן הוא וקרא דכבא השמש במחנה שכינה קאמר: **חצר החדשה** · הר הבית וקרי לה חדשה מפני חידוש שחידשו והוסיפו על קדושתו בו ביום ואמרו טבול יום לא יכנס לה והכי גמיר ר' יוחנן מרביה דדבר זה חידוש וגבי פסח לא העמידו דבריהם לאיסור (דמצורע) [דבעל קרי] מלבוא אלא התירוהו ליכנס ולטהר שלא ידחה מפסח:

גבי פסח לא העמידו דבריהם במקום כרת · הא דלא קאמר משום דפסח מצוה עוברת משום דיש קדשים דמצותן נמי עוברת כגון תודה דאין נאכלת אלא ליום ולילה: **אבל ערל ישראל** ד"ה טובל · *תימה לריב"א דלא מלינו בשום מקום טבילה בישראל שמל אפילו מדרבנן: **ואמר רבי יוחנן** דבר תורה אפילו עשה אין בו · ר' יוחנן לא פליג אברייתא דלאו תנא הוא כדמוכח בפ"ק דכתובות (דף ח·) גבי אין אבלים מן המנין דלא משני אר' יוחנן רבי יוחנן תנא הוא ופליג כדמשני ארב אלא פרושי מפרש לה וכן מוכח דגבי יולדת שהיא טבולת יום אריך כתיב (ויקרא יב) ואל המקדש לא תבוא משמע הא למחנה לויה תבא: **טבול** יום לא יכנס במחנה לויה · לא בכל המחנה אלא מעזרת נשים ולפנים כדתנן במסכת כלים (פ"א משנה ח) עזרת נשים מקודש הימנו שאין טבול יום נכנס לשם אבל בהר הבית היה נכנס וקרי חצר לעזרת נשים כדתנן פ"ב דמדות עזרת נשים היתה אורך קל"ה וארבעה לשכות היו בארבעה מקצועותיה של מ' אמה ולא היו מקורות וכן הם עתידות להיות דכתיב ויוציאני אל החצר החיצונה וגו' וא"ת מנא ליה דגזרו על טבול יום דילמא על טמא מת גזרו שהיה מותר בכל מחנה לויה וי"ל דטמא מת אפי' בחיל גזרו שלא יכנס כדתנן במסכת כלים (שם) החיל מקודש הימנה שאין נכרים וטמאי מתים נכנסין לשם והא דנקט בברייתא וראה קרי בו ביום ולא נקט טבול יום דשאר טמאים רבותא נקט לא מיבעיא שאר טמאים דמדאורייתא מותרים ליכנס אלא אפילו בעל קרי דמשתלח מדאורייתא חוץ לשתי מחנות אפ"ה טבול יום שלו לא גזרו ביה רבנן ואם תאמר דבפרק טטל (סוטה דף כ:) פריך אהא דקתני התם הוציאוה הוציאוה שלא תטמא את העזרה והתניא טמא מת מותר ליכנס במחנה לויה ואפילו מת עצמו כו' ומאי פריך כיון דמדרבנן אסור ליכנס וי"ל דמשמע ליה מדאורייתא מדקאמר הוציאוה הוציאוה תרי זמני שהיו ממהרין כל כך א"כ לא גזרו אלא שלא יכנס לפנים אבל אם נטמאת בפנים לא גזרו עליו לצאת והא דאמרי' בהנשרפין (סנהדרין דף פא:) כהן ששימש בטומאה מוציאין אותו חוץ לעזרה ופולעין את מוחו בגיזרין לאו דוקא חוץ לעזרה אלא הוא הדין חוץ לחיל:

בודקין

רבינו חננאל

קסבר אנינות לילה מדרבנן סתם לן תנא כר' שמעון דגרסי' בסוף שחיטת קדשים מאן תנא אנינות לילה מדרבנן ר' שמעון דתניא אנינות לילה דבר תורה דברי ר"י רבי שמעון אומר דרבנן שהרי אמרו אונן טובל ואוכל פסחו לערב ובא רב מרי להעמיד דברי ר' שמעון ביום מיתה אנינות לילה דאורייתא וביום קבורה אנינות לילה מדרבנן וכן אמר מר מת לו מת בארבעה עשר וקברו בארבעה עשר יום מיתה תופס לילו מדאורייתא מת לו מת בשלשה עשר וקברו בארבעה עשר לא תפיס לילו ועלתה בקשיא. ורבנן לא העמידו דבריהם בפסח שהוא במקום כרת שנא' (במדבר ט יג) וחדל לעשות הפסח ונכרתה אבל אכילת קדשים שהיא עשה העמידו דבריהם ואמרו האונן אע"פ שאנינות לילה מדרבנן אינו טובל ואוכל לערב קדשים אבל מי שלקטו לו עצמות טובל ואוכל אפילו בקדשים לערב דתניא יום שמועה כיום קבורה למצות שבעה ושלשים ולאכילת פסחים כיום ליקוט עצמות ואחד זה ואחד זה טובל ואוכל בקדשים לערב ואנינות לא פסק ליה יום טוב אלא למצות שבעה: **מתני'** גר שנתגייר ערב הפסח כו' אמר רבה בר בר חנה אמר ר' יוחנן מחלוקת בערל נכרי דב"ה סברי שמא יטמא חגר לשנה הבאה ואמר אשתקד לא טבלתי ואכלתי בערב הפסח עכשיו נמי כיון שטבלתי טהור אני ככר ואוכל והוא לא ידע דאשתקד עכו"ם הוי ולא היה מקבל טומאה השתא ישראל [הוא] ומקבל טומאה ואין הטבילה עלתה לו היום לטהר אותו בערב כטמא מת ביום שביעי שלו וב"ש לא גזרי אבל ערל ישראל דברי הכל טובל ואוכל פסחו לערב ולא גזרי' על ישראל משום ערל עכו"ם. תניא נמי הכי: **אמר** רבא ערל הזאה ואיזמל אלו שלשה דברים מדאורייתא ראוין הן ורבנן הוא דגזרו בהו ואפי' במקום כרת העמידו דבריהם ערל הא דאמרן כי זה הגר ראוי הוא שיטבול ויאכל בפסח לערב דלא עדיף מישראל שאם היה ערל ישראל שמתו אחיו מחמת מילה תגרל זה בערלה ועכשיו טל עצמו בערב הפסח טובל ואוכל בערב הפסח וב"ה גזרו על הגר כמו שאמרנו למעלה ואמרו' הפורש מן הערלה כפורש מן הקבר· הזאה שהיא שבות ואמרו חכמים אם חל י"ד להיות בשבת אינה דוחה ואין מזין על טמא מת שחל שביעי שלו בי"ד אלא (מהירין) [מת נרע] לבלתי עשות הפסח. ואיזמל אין מביאין את האיזמל בשבת כדי למול זכריו דקיימא לן מילת זכריו מעכבין אותו מלאכול הפסח שנאמר והאיש אשר הוא טהור וגו' אין מביאין האיזמל אפי' במקום שאיסורו מדרבנן דתניא כשם שאין מביאין אותו דרך רשות הרבים כך אין מביאין אותו דרך גגות דרך חצרות דרך קרפיפות' וכפ' האשה שהלך בעלה למדינת הים וכו' א השמועה בלשון הזה אמר רבא בעאי לאותביה ערל הזאה ואיזמל וסרין בציצית וכבשי עצרת הכיון דשנית שב ואל תעשה לאו מעיקר מילתא הוא וכו' אבל באלו שלשה דברים מדרבנן לא העמידו דבריהם במקום כרת והן אונן ומצורע ובית הפרס אונן הא דאמרן דאנינות לילה מדרבנן ובטלו דבריהם ואמרו טובל ואוכל פסחו לערב מצורע דתניא מצורע שחל שביעי [שלו] להיות בערב הפסח וראה קרי בו ביום וטובל אמרו חכמים אע"פ שאין טבול יום אחר נכנס זה נכנס מוטב יבוא עשה שיש בו כרת וידחה עשה שאין בו כרת ואמר

השגת הראב"ד: ביום הקרבן שהוא יום י"ד. א"א כאן [ג]סותר מ"ש למעלה, שהוא עושה בכאן יום י"ד זמן הקרבן, ולפי דבריו היה לו לומר כאן ליל ט"ו שהוא זמן אכילתו.

אות ב'*[ד]

אנינות דלילה דרבנן, וגבי פסח לא העמידו דבריהם במקום כרת, גבי קדשים העמידו דבריהם במקום עשה

רמב"ם פ"ב מהל' ביאת המקדש ה"י - אבל יום המיתה, כשם שאסור לאכול בו קדשים מן התורה, כך אסור לאכול בלילו מדבריהם; חוץ מן הפסח בלבד, שהוא אוכל לערב כמו שיתבאר במקומו.

רמב"ם פ"ו מהל' קרבן פסח ה"ט - האונן ראוי לאכול הפסח לערב, מפני שאנינות לילה מדבריהם, לא העמידו דבריהם במקום כרת בדבר זה.

אות ד'

הזאה שבות ואינו דוחה את השבת

רמב"ם פ"ו מהל' קרבן פסח ה"ו - טמא מת שחל שביעי שלו להיות בשבת, אין מזין עליו, אלא למחר; ואפילו חל שביעי שלו להיות בשלשה עשר בניסן והוא שבת, ידחה ליום ארבעה עשר, ומזין עליו ואין שוחטין עליו כמו שביארנו, אלא ידחה לפסח שני; והלא איסור הזייה בשבת משום שבות והפסח בכרת, והיאך יעמידו דבריהם במקום כרת; מפני שביום שהוא אסור בהזייה משום שבות, אינו זמן הקרבן שחייבין עליו כרת, לפיכך העמידו דבריהן במקומן, אף על פי שהדבר גורם לעתיד לבוא לעמוד במקום כרת.

השגת הראב"ד: ידחה ליום ארבעה עשר ומזין עליו. א"א כל זה שיבוש, שאם בא שביעי שלו בשבת הכל הפסיד, [ה]שאין מזין לעולם אלא שלישי ושביעי, שיהא השביעי חמישי לשלישי, אלא שאין קפידא שיהיה שלישי ושביעי לפרישתו מן המת; ומה שאמר שאין שוחטין עליו אפילו לאחר טבילה והזייה, כבר כתבנו מה שנראה לנו.

השגת הראב"ד: והלא איסור הזייה וכו' עד אינו זמן הקרבן. א"א זה המפרש שפירש טעם להזאה וערל למה העמידו דבריהם במקום כרת, לא עמד טעמו בו, כי יום ארבעה עשר הוא זמן שחיטת הפסח וזריקתו, [ו]והם לעונש הכרת עצמו; והערל אם יטבול ביומו [ז]מה בכך ולמה נמנע אותו מלאכול, [ח]ועוד דב"ה אמרי אפילו ערל שמל שבע ימים קודם הפסח קאמרינן שלא יטבול, ומצריכין אותו הזייה ג' וז', והרי נרפא מן המכה, אם לא הזה ושנה וטבל והזה לא יאכל; [ט]ועוד לדבריו מצורע למה לא העמידו דבריהם, והרי היא בהזייה; [י]אבל הטעם לכולן, שהשבות שיכול לבא לידי איסור כרת, בו העמידו דבריהם במקום כרת, דהאי כרת והאי כרת, והיינו ערל עכו"ם כמו שאמרו גזירה שמא יטמא במת לשנה הבאה וכו', והזאה נמי שמא יטלנה בידו וכו', וכן איזמל; אבל אונן ובית הפרס שנידש, ומצורע לבהונות, אין כאן גזירה, לפיכך לא העמידו.

אות ה'

כשם שאין מביאין אותו דרך רשות הרבים, כך אין מביאין אותו דרך גגות ודרך חצרות ודרך קרפיפות

סימן שלא ס"ו - מכשירי מילה שאפשר לעשותם מערב שבת, אינם דוחים את השבת; לפיכך אם לא הביא איזמל למילה מערב שבת, לא יביאנו בשבת, אפי' במקום

באר הגולה

ג ‹זה נמשך אחר מש"כ בהשגה שקודם זו {ה"ו עיין לקמן אות ד'} "לא עמד טעמו בו, כי יום י"ד הוא זמן שחיטת הפסח וזריקתו, והם לעונש הכרת בעצמו", וכבר כתבתי שם, כי מש"כ רבינו מפני שהיום שהוא אסור בהזייה משום שבות אינו זמן הקרבן שחייבים עליו כרת, אינו טעם אלא לכשחל שביעי שלו בי"ג שחל להיות בשבת, למה אין מזין עליו בו ביום, ואינו טעם לכשחל ז' שלו בי"ד שחל להיות בשבת, כי גם רבינו סובר שם כי יום י"ד הוא זמן הקרבן, והם דבריו כאן, ואין בהם סתירה – כסף משנה› ד ‹ע"פ מהדורת נהרדעא› ה ‹ורבינו חולק על הראב"ד, וסובר שא"צ שיהא השביעי חמישי לשלישי, אלא אפילו היה ט' או י' אין בכך כלום, כמ"ש בפי"א מהל' פרה. **ומ"ש** רבינו ומזין עליו ואין שוחטים עליו כמו שביארנו, אלא ידחה לפסח שני, הוא מש"כ בפרק זה, שטמא מת שחל שביעי שלו להיות בי"ד, אע"פ שטבל והוזה עליו, אין שוחטין עליו אלא נדחה לפסח שני – כסף משנה› ו ‹ואיני מבין דבריו, שמש"כ רבינו מפני שהיום שהוא אסור בהזייה משום שבות אינו זמן הקרבן שחייבין עליו כרת, אינו טעם אלא לכשחל שביעי שלו בי"ג שחל להיות בשבת, למה אין מזין עליו בו ביום, אבל לכשחל שביעי שלו בי"ד שחל בשבת, א"צ טעם זה, שהרי אפילו יזו עליו בו ביום אין שוחטין עליו לדעת רבינו כמו שנתבאר בפ' זה – כסף משנה› ז ‹גם זה איני מבין, שמה יש בזה למה שנתן טעם רבינו שהעמידו דבריהם במקום כרת, מפני שעדיין אינו חייב במצוה, ומוטב שלא ניזחנו לטבול בו ביום ותתקיים גזירת חכמים – כסף משנה› ח ‹ומזה תשובה ג"כ למש"כ: ועוד דב"ה אפילו ערל שמל ל' יום {חילופי נוסחאות, עיין בפנים} קודם הפסח קאמרי שלא יטבול ויאכל וכו', שמוטב שלא יטבול להתחייב במצות משיטבול, ותתקיים גזירת חכמים, ואפשר שאפילו עבר וטבל אין שוחטין עליו, דלא נתנו חכמים דבריהם לשיעורים – כסף משנה› ט ‹איני יודע מי הגיד לו שמצורע מותר להזות עליו בשבת, שלא סבר כן לא בגמ' ולא בדברי רבינו, ולא עוד אלא שודאי א"א לו ליטהר אם חל שביעי שלו להיות בשבת, אם מפני שלא בהזייה בלבד שהיא משום שבות הוא נטהר, שהרי צריך שחיטת הצפור שהיא מן התורה, **ועוד** שאע"פ שהזו עליו בשביעי אין שוחטין עליו את הפסח עד שיביא קרבנותיו, ואם חל י"ד להיות בשבת א"א לו להביא קרבנותיו, שהרי אינם דוחים את השבת, וא"כ לא הו"ל מקום להראב"ד להזכיר הזיית מצורע כאן, **ומה** שאמרו בס"פ האשה שבמצורע לא העמידו דבריהם במקום כרת, היינו שהתירו לו ליכנס לעזרת נשים אע"פ שהוא טבול יום – כסף משנה› י ‹יש מקום לבעל דין לחלוק, שלא היה לחכמים לדחות עכשיו איסור כרת ודאי בערל, משום גזירת ספק שמא יבא שנה אחרת לידי ספק כרת. ומה שכתב: וכן איזמל, אבל אונן ובית הפרס שנידש ומצורע לבהונות וכו'. מבואר בס"פ האשה – כסף משנה›

שאין בו אלא איסור דרבנן, שהעמידו חכמים דבריהם במקום כרת.

יו"ד סימן רסו ס"ב - ואין מביאין אותו ממקום למקום, ואפילו להוציאו מהבית [ולהביאו] דרך גגין וחצרות ומבואות שלא עירבו.

אות ו׳

מצורע שחל שמיני שלו בערב הפסח, וראה קרי בו ביום, טובל ואוכל

רמב"ם פ"ו מהל׳ קרבן פסח ה"ה - מצורע שחל שמיני שלו להיות בארבעה עשר, וראה קרי בו ביום, הרי זה טובל ונכנס לעזרת נשים ומביא קרבנותיו; ואף על פי שטבול יום אסור להכנס לעזרת נשים, הואיל ואיסורו להכנס שם מדבריהם, כמו שביארנו בהלכות ביאת מקדש, ויום זה הוא יום הקרבת הפסח במועדו, יבוא עשה שיש בו כרת, וידחה איסור של דבריהם.

אות ו׳*[יא]

שטבול יום אינו נכנס

רמב"ם פ"ז מהל׳ בית הבחירה הי"ז - עזרת הנשים מקודשת מן החיל, שאין טבול יום נכנס לשם, ואיסור זה מדבריהם; אבל מן התורה מותר לטבול יום להכנס למחנה לויה.

רמב"ם פ"ג מהל׳ ביאת המקדש ה"ו - עזרת הנשים משלחין ממנו טבול יום, אבל לא מחוסר כיפורים, שמחוסר כיפורים העריב שמשו; ואיסור טבול יום במחנה לויה מדברי סופרים.

באר הגולה

יא ‹ע"פ מהדורת נהרדעא›

נר א מיי' פ"ו מהלכות ק"פ הלכה ח :

[שם דף לג:]

א ב מיי' פ"ה מהלכות ק"פ הלכה א : ב שם הלכה ב : ג ד שם הלכה ג :

[ברכות יט: ע"ש על הגליון]

[ועיין תוס' בכורות כט. ד"ה היכי אזיל]

תורה אור

שבודקין לעושי פסח ואין בודקין לאוכלי תרומה מאי בודקין (לעושי פסח) *אמר רב יהודה אמר שמואל *מנפח בית הפרס והולך *רב יהודה בר *אביי משמיה דרב יהודה אמר בית הפרס שנידש טהור :

הדרן עלך האשה

מי שהיה טמא או בדרך רחוקה ולא עשה את הראשון יעשה את השני שגג או נאנס ולא עשה את הראשון יעשה את השני א"כ למה נאמר טמא או שהי' בדרך רחוקה שאלו פטורין מהכרת ואלו חייבין בהכרת: **גמ'** איתמר היה בדרך רחוקה ושחטו וזרקו עליו רב נחמן אמר הורצה רב ששת אמר לא הורצה רב נחמן אמר הורצה מיחס הוא דחס רחמנא עליו ואי עביד תבא עליו ברכה ורב ששת אמר לא הורצה מידחא דחייה רחמנא כטמא אמר ר"נ מנא אמינא לה דתנן מי שהיה טמא או בדרך רחוקה ולא עשה את הראשון יעשה את השני מכלל דאי בעי עבד ורב ששת אמר לך אי הכי סיפא דקתני שגג או נאנס ולא עשה את הראשון יעשה את השני מדקתני ולא עשה מכלל דאי בעי עבד והרי שגג והרי נאנס אלא מזיד קתני בהדייהו ה"נ אונן קתני בהדייהו אמר רב אשי מתניתין נמי דיקא דקתני אלו פטורין מהכרת ואלו חייבין בהכרת אהייא אילימא אשוגג ונאנס שוגג ונאנס בני כרת נינהו אלא לאו אמזיד ואונן ורב נחמן אמר לך לעולם אמזיד לחודיה ובדין הוא דאיבעי ליה למיתנא חייב והאי דקתני חייבין איידי דתנא רישא פטורין תנא סיפא חייבין אמר רב ששת מנא אמינא לה דתניא *ר"ע אומר נאמר °טמא ונאמ' °בדרך רחוקה מה

במדבר ט

שבודקין · מהלכין בבית הפרס ע"י בדיקה לעשות פסח אם אין לו דרך אחרת : **ואין בודקין לאוכלי תרומה** · אלא ימתין ויקיף או יום או יומים עד שמגיע אל תרומתו ואוכלה : **ס"ג מאי בודקין** · היאך יבדוק : **מנפח בית הפרס** · הוא שדה שנחרש בה קבר כדתנן (אהלות פי"ז מ"א) החורש את הקבר הרי זה עושה בית הפרס מלא מענה מאה אמה וגזור רבנן טמא כיתתה מחרישה את העצמות ופיזרתן בתוך המענה ויש כאן עלם כשעורה ויעבור ויסיטנו ועלם כשעורה מטמאה במגע ובמשא דהייט היסט הלכך מנפחו בפיו ואם יש עלם גדול יראנו ועלם כשעורה נדחה בנפיחתו והא אין מטמאו דהא אין טומאה אלא בעלמות אלא רוב בנין ורוב מנין : **שנידש** · ברגל טהור שדריסה הרגלים העבירתן והבא לעשות פסחו יבדוק אם נידש ויעבור אבל לאכילת תרומה לא סמכי' עלה שיטול להמתין ובית הפרס מדבריהם ולא העמידום במקום כרת דפסח :

הדרן עלך האשה

מי שהיה טמא : א"כ למה נאמר טמא · בגמ' פריך הא איצטריך דאי בעי למיעבד בראשון לא מצי עביד אלא דרך רחוקה קאי דאכוס הוי (א) דלא מצי עביד וה"נ אמרינן בגמרא ואי בעי למיעבד ע"י שלוחו עביד כמ"ד בגמרא הורצה והלכך הואיל ושאר אונסין אידחו לשני אונס דדרך רחוקה נ"ל לאדכר רחמנא משום אונסא אחריתא הא דרך רחוקה אונס הוא שאינו יכול ליכנס כל שעת שחיטה כדאמרינן בגמ' ולאשמעינן דאי בעי למיעבד לא מצי עביד לא מלינן למימר דהא ודאי מצי עביד כמ"ד הורצה : **שאלו פטורין מן הכרת** · טמא ודרך רחוקה ושגג ונאנס ואלו חייבין מפרש בגמרא : **גמ' שחטו וזרקו עליו** · ולערב יבא ומ"מ בדרך רחוקה הוא שאין יכול ליכנס בשעת שחיטה דהייט כל שש שעות עד שקיעת החמה : **הורצה** · ופטור מן השני : **כטמא** · ולא עשה כלום וזקוק לשני : **מדקתני ולא עשה מכלל דאי בעי מצי עביד** · ואטמא ליכא לאוקמא ועל כרחיך אדרך רחוקה קא מהדר : *וליטעמיך סיפא גבי שגג ונאנס דתנא תו זימנא אחריתי ולא עשה אהי מוקמת לה הלא שגג ולא ידע שהיום פסח הרי שגג ונאנס ומאי אי בעי איכא למימר הכא אלא מאי אית לך למימר בלא עשה דסיפא מזיד קתני בהדייהו ועלה קאי ולא עשה דאי בעי הוה עביד : **ס"נ** · גבי לא עשה דרישא אונן קתני בהדייהו ועלה קאי ולא עשה דאי בעי עביד כדאמרי' בפ' האשה (דף צא·) האונן והמפקח הגל כו' שוחטין עליהן : **מתני' נמי דיקא** · דמזיד ואונן קתני בה : **אסיפא** · קתני חייבין בהכרת : **ור"נ** · דאמר לא תנן אונן ברישא ולא עשה אדרך רחוקה קאי אמר לך סיפא ודאי מזיד מחסרא בה ועלה קאי ולא עשה דסיפא וחייבין בהכרת נמי עליה קאי והא דתני חייבין לשון רבים איידי דתנא פטורין תנא נמי חייבין (אמר המגיה בקצת פי' רש"י זה אינו) ותימה לי אמאי לא אמר ר"נ מנא אמינא לה דקתני א"כ למה נאמר דרך רחוקה שאלו פטורין כו' מדקאמר למה נאמר ש"מ דאי בעי למיעבד עביד כר"נ דאי כרב ששת איצטריך דאי בעי למיעבד דלא ליעבד (עד כאן) :

מה

נ"א אי הכי

בודקין לעושי פסח · וא"ת דמשמע הכא דדוקא לעושי פסח התירו ע"י בדיקה משום דלא העמידו דבריהם במקום כרת ובפ' בכל מערבין (עירובין ד' כו:) תנן מערבין לכהן בבית הפרס ומפרש בגמרא *משום דמאי אזיל כדרב יהודה ואומר ר"י דהאי דקאמר הכא במקום כרת דוקא היינו משום דאוכלה נמי כרת בעשיית פסח בטומאה והייט דקאמר בסוף חגיגה (דף כה:) לעושי פסח לא העמידו דבריהם במקום כרת לאוכלי תרומה העמידו דבריהם במקום מיתה פירוש לענין פסח טיהרוהו אע"ג דאוכלה כרת באכילתו בטומאה לענין תרומה העמידו דבריהם ולא טיהרוהו אע"ג דליכא אלא מיתה לאוכלה בטומאה אבל בטומאת כהן דליכא אלא לאו שרי ליכנס בבית הפרס לצורך עירוב ויש דבר כגון ללמוד תורה ולישא אשה דשרי אפי' בלא נפוח כדאמרי' במי שהוציאוהו (עירובין דף מז:) ובע"א (דף יג·) משום דעדיפי משאר מלות* : **מאי** בודקין · קשה לר"ת מאי קבעי הלא הבדיקה מפורשת בסוף אהלות באותה משנה עצמה דקתני ומודים ב"ש וב"ה שבודקין לעושי פסח ואין בודקין לאוכלי תרומ' ולנזיר ב"ש אומרים בודקין וב"ה אומרים אין בודקין כילד הוא עושה מביא את העפר שהוא יכול להסיטו ונותן לתוך כברה שנקביה דקים כו' ואומר ר"י דבדיקה דמתני' בשכבר עבר ורב יהודה ורב חייא באין לפרש שיוכל לבא ולעבור וה"ק מאי בודקין אם רלה לעבור : [ע' תוספות בכורות כט. ד"ה היכי אזיל כו' וע"ע תוס' כתובות כח: ד"ה מנפח]

הדרן עלך האשה

מי שהיה טמא : **אלו** פטורין מהכרת · נראה לר"י דמתני' קסבר שוחטין וזורקין על טמא שרץ והשתא איירי מתניתין בטמא מת בששי דלא חזי לאכילה לאורתא דאי קסבר אין שוחטין אם כן טמא דמתני' אף בטמא שרץ או דטמא מת בשביעי שלו א"כ אמאי פטור מהכרת כיון דיכול לטבול דהתניא בפ' אלו דברים (לעיל דף סט:) יכול לא יהא ענוש כרת אלא טהור ושלא היה בדרך רחוקה ערל וטמא שרץ ושאר טמאים מנין ת"ל והאיש ומשמע דליכא מאן דפליג עלה מדפריך מינה לרבא דקאמר דר"א פוטר מכרת וא"ת תיקשי מתני' לרב דאמר לעיל (דף פ:) אין שוחטין וזורקין על טמא שרץ וי"ל דכמה תנאי אשכחן דסברי כרב דאין שוחטין והא דפריך ליה לעיל ממתניתין דזב שראה שתי ראיות היינו משום דרב עלה קאי ומוקי לה בטבול : **ורב** נחמן אמר הורצה · רב נחמן מלי סבר כרב יהודה דאמר לקמן *דרך רחוקה כל שאין יכול ליכנס בשעת אכילה ואפ"ה הורצה דהכי דאיט יכול בהילוך בינוני כיון דיכול לבא בסוסים ובפרדים בר אכילה הוא ולא דמי לחולה וערל וטמא : **הבא** נמי אונן קתני בהדייהו · וא"ת מה בין אונן למזיד (ושוגג) דאם הוא מזיד הייט מזיד (ואם הוא שוגג) הייט שוגג וי"ל דתנא תרי גווני מזיד חד שהגיע בתנם ואונן שנתעלל אגב מרריה ומיירי במת לו מת אחר חלות אבל קודם חלות איט בהכרת כדמוכח בסוף פירקין *וכן איתא בהדיא בפ' טבול יום (זבחים דף ק·) ולעיל הוי מלי למיחשב נמי אונן בהדי הנהו דהעמידו דבריהם במת קודם חלות :

ה"ג

ברכות דף יט: עירובין דף ל: מ"ק דף ה: חגיגה דף כה: כתובות דף כח: בכורות דף כט. נדה דף נז.

[תוספתא פ"ח]

הגהות הב"ח

(א) רש"י ד"ה מי שהיה וכו' דלא מצי עביד ואי כ"פ למיעבד כצ"ל ותיבת וה"נ אמרינן בגמרא נמחק :

רבינו חננאל

ואמר רבי יוחנן דבר תורה אפי' עשה אין בו דכתיב ויעמוד יהושפט וגו' בית הפרס דתנן רשין בית שמאי וב"ה שבודקין לעושי פסח ואין בודקין לאוכלי תרומה [מאי] בודקין (מפסח) [מנפח] אם אין שם עצם הרי הוא טהור ורב יהודה אמר בודקין (כלומר) אם הלכו בו בני אדם וטהר דקי"ל כל עצם שהוא כשעורה [שנידש] ברגל [טהור] וכל שכן גדול ממנו : מאי שנא הני ומ"שרצי' פי' ערל וטמא [ואיזמל] ערלה איסורא דאורייתא היא וכן הזאה נמי אי מעבר לה דרך רשות הרבי'את ילידי חלול שב' דהיא איסורא דאורייתא וכן איזמל נמי אי מביאו ליה דרך רשות הרבים איסורא דאורייתא היא העמידו דבריהם במקום כרת אבל אונן ומצורע ובית הפרס דלא אתו לידי איסורא דאורייתא לא העמידו דבריהם במקום כרת :

הדרן עלך האשה

מי שהיה טמא או בדרך רחוקה כו'. איתמר היה בדרך רחוקה ושחטו וזרקו עליו רב נחמן אמר הורצה מיחס הוא דחס רחמנא עליה ואי עביד תבוא לו ברכה רב ששת אומר לא הורצה רחמנא דחייה כטמא ודייק רב נחמן מי שהיה טמא או בדרך רחוקה ולא עשה הראשון יעשה השני מכלל דאי בעי עביד רב ששת אמר אי הכי סיפא דקתני שגג או נאנס ולא עשה הראשון יעשה השני וכי אלו יכולין לעשו' הראשון והרי (שגינו) [שגג] או נאנס ואלא מזיד קתני בהדייהו והכי קתני שגג או נאנס או אפי' הזיד שהיה יכול לעשות הראשון ולא עשה יעשה השני רישא נמי מי שהיה טמא או בדרך רחוקה או אונן קתני בהדייהו והא פטורין קתני ודייק רב אשי להא סברא מדקתני אלו חייבין בכרת מכלל דבמזיד ואונן קתני ודחי רב נחמן מזיד קתני בסיפא דהא חייבין כרת קתני אבל ברישא איך נאמר אונן תני בהדייהו והא פטורין קתני אלא לעולם מזיד בלבד הוא דקתני בסיפא ואמאי קתני הרי אלו לשון רבים משום דתנא רישא פטורין תנא סיפא חייבין : **אמר** רב ששת מנא אמינא לה דתניא ר' עקיבא אומר נאמר טמא ונאמר

§ מסכת פסחים דף צב: §

אות א'

מנפח בית הפרס והולך

רמב"ם פ"ו מהל' קרבן פסח ה"ח - מי שבא בבית הפרס, הרי זה מנפח והולך, ואם לא מצא עצם ולא נטמא, שוחט ואוכל פסחו; ואע"פ שהלך בבית הפרס, שטומאת בית הפרס מדבריהן, כמו שביארנו בהלכות טמא מת, ולא העמידו דבריהם במקום כרת כמו שביארנו; וכן בית הפרס שנדוש, טהור לעושה פסח.

אות ב'

מי שהיה טמא או בדרך רחוקה ולא עשה את הראשון, יעשה את השני

רמב"ם פ"ה מהל' קרבן פסח ה"א - מי שהיה טמא בשעת שחיטת הפסח שאין שוחטין עליו, או שהיה בדרך רחוקה, או נאנס באונס אחר, או ששגג ולא הקריב בראשון, הרי זה מביא פסח בארבעה עשר לחדש השני בין הערבים; ושחיטת פסח זה מצות עשה בפני עצמו, ודוחה את השבת, שאין השני תשלומין לראשון, אלא רגל בפני עצמו, לפיכך חייבין עליו כרת.

אות ג'

שאלו פטורין מהכרת ואלו חייבין בהכרת

רמב"ם פ"ה מהל' קרבן פסח ה"ב - כיצד, מי ששגג או נאנס ולא הקריב בראשון, אם הזיד ולא הקריב בשני, חייב כרת; ואם שגג או נאנס אף בשני, פטור. הזיד ולא הקריב בראשון, הרי זה מקריב בשני, [א]ואם לא הקריב בשני, אף על פי ששגג, הרי זה חייב כרת, שהרי לא הקריב קרבן ה' במועדו והיה מזיד. אבל מי שהיה טמא או בדרך רחוקה ולא עשה את הראשון, אף על פי שהזיד בשני, אינו חייב כרת, שכבר נפטר בפסח ראשון מן הכרת. השגת הראב"ד: אף על פי שהזיד בשני. א"א [ב]עכשיו סותר את דבריו, ומאי שנא טמא ודרך רחוקה והזיד בשני, משוגג או נאנס בראשון והזיד בשני.

אות ד'

לא הורצה

רמב"ם פ"ה מהל' קרבן פסח ה"ג - ומי שהיה בדרך רחוקה, ושחטו וזרקו עליו את הדם, אף על פי שבא לערב, לא הורצה וחייב בפסח שני.

באר הגולה

[א] ‹משמע דאם עשה את השני, פטור מכרת, ולפי"ז יש פלוגתא רחוקה בין רש"י לרבנו, דלדעת רש"י (דף צ"ג. ד"ה תשלומין דראשון) אפי' אליבא דר' נתן, שני תשלומין דראשון ותקוני לא מתקן ליה, וחייב בהזיד בראשון אע"ג שעשה את השני, וכ"ש לרבי דס"ל רגל בפני עצמו, **והא** דנקיט הזיד בראשון ושגג בשני, לרבי ור"נ חייב, לאו דוקא, אלא ה"ה עשה את השני - מרכבת המשנה› [ב] ‹פירש רבינו בפירוש המשנה, כשהיה טמא או בדרך רחוקה בפסח ראשון ולא עשה את השני, אינו חייב כרת, לפי שנפטר מפסח ראשון שנאמר בו לשון כרת, ונדחה לפסח שני שלא נאמר בו לשון כרת; וכששגג או נאנס בפסח ראשון ולא עשה את השני, חייב כרת, לפי שנאמר בתורה, שכל מי שלא היה טמא או בדרך רחוקה ולא עשה פסח כלל חייב כרת, והוא אמרו יתברך: והאיש אשר הוא טהור ובדרך לא היה וכו', וזה ענין אומרם בכאן: אלו פטורים מן ההכרת ואלו חייבים בהכרת, עכ"ל. **ובזה** אין מקום להשגת הראב"ד - כסף משנה› ‹**ונראה** ביאור דבריו, דאע"ג דקי"ל כרבי דאיכא כרת בשני, משום דכתיב עונו ישא, לא קאמר קרא כרת אלא לאיש שבדרך לא היה, אבל לכל העולם לא נאמר כרת אלא בראשון, והכתוב פטר לטמא ולדרך רחוקה, ועונו ישא לא כתיב בזה, אבל שגג ונאנס, הרי בדרך לא היה, וכתיב ביה כרת בשני, ולכך חייב. **וקשה** טובא, דהא בגמרא משמע דמאי דקאמר שאלו פטורין ואלו חייבים, לא קאי אלא אמזיד ואונן לרב ששת, וה"ק אלו פטורין ר"ל בשוגג או באונס, ואלו חייבים קאי אמזיד ואונן, ולרב נחמן למזיד לחודיה, אבל פירוש זה שכתב רבינו ז"ל לא שמענו לא כרב ששת ולא כרב נחמן... **ונראה** לתרץ, דרב ששת ורב אשי דמוקי להו במזיד ואונן, וכן רב נחמן דמוקי להו במזיד לחודיה, הוא משום דבעו לאוקומי סתם מתני' כר' נתן ור' חנינא, דאמרי לקמן דשגג בראשון אפילו הזיד בשני פטור, ולכך קא מתמה בגמרא ואמר בני כרת נינהו, כלומר אפילו דקאמר דמתני' איירי בהזיד בשני, מ"מ קשה דהיכי נימא דמתני' אתיא דלא כרבי נתן ור' חנינא, דלדידהו לאו בני כרת הם אפילו הזיד בשני, ולא אשכח גוונא לאוקומי מתני' אלא במזיד ואונן, **אבל** לדידן דקי"ל כרבי, אתי דרשה בדרך רחוקה כפשטה, וקרא אתא לומר דבדרך רחוקה אפי' הזיד בשני פטור מכרת, מה שאין כן בשוגג ונאנס דלרבי חייב - לחם משנה›

§ מסכת פסחים דף צג. §

אות א'

<u>אלו שעושין את השני, הזבין והזבות המצורעין והמצורעות [ונדות] ובועלי נדות והיולדות</u>

רמב"ם פ"ו מהל' קרבן פסח ה"א - אי זהו טמא שנדחה לפסח שני, כל מי שאינו יכול לאכול את הפסח בלילי חמשה עשר בניסן מפני טומאתו, כגון זבים [א]וזבות נדות ויולדות ובועלי נדות; אבל הנוגע בנבלה ושרץ וכיוצא בהן ביום ארבעה עשר, הרי זה טובל ושוחטין עליו אחר שיטבול, ולערב כשיעריב שמשו אוכל את הפסח.

אות ב'

<u>השוגגין והאנוסין והמזידין וטמא ושהיה בדרך רחוקה</u>

רמב"ם פ"ה מהל' קרבן פסח ה"א - מי שהיה טמא בשעת שחיטת הפסח שאין שוחטין עליו, או שהיה בדרך רחוקה, או נאנס באונס אחר, או ששגג ולא הקריב בראשון, הרי זה מביא פסח בארבעה עשר לחדש השני בין הערבים; ושחיטת פסח זה מצות עשה בפני עצמו, ודוחה את השבת, שאין השני תשלומין לראשון, אלא רגל בפני עצמו, לפיכך חייבין עליו כרת.

רמב"ם פ"ה מהל' קרבן פסח ה"ב - עיין לקמן אות ג'.

אות ג'

<u>חייב כרת על הראשון וחייב כרת על השני</u>

רמב"ם פ"ה מהל' קרבן פסח ה"ב - כיצד, מי ששגג או נאנס ולא הקריב בראשון, אם הזיד ולא הקריב בשני, חייב כרת; ואם שגג או נאנס אף בשני, פטור. הזיד ולא הקריב בראשון, הרי זה מקריב בשני, ואם לא הקריב בשני, אף על פי ששגג, הרי זה חייב כרת, שהרי לא הקריב קרבן ה' במועדו והיה מזיד. **השגת הראב"ד: מי ששגג או נאנס ולא הקריב בראשון אם הזיד. א"א שנה זה במשנתו כרבי, [ב]ור' נתן ור' חנינא בן עקביא פליגי עליה.**

אות ד'

<u>גר שנתגייר בין שני פסחים, וכן קטן שהגדיל בין שני פסחים, חייב לעשות פסח שני</u>

רמב"ם פ"ה מהל' קרבן פסח ה"ז - גר שנתגייר בין פסח ראשון לפסח שני, וכן קטן שהגדיל בין שני פסחים, חייבין לעשות פסח שני, [ג]ואם שחטו עליו בראשון פטור.

באר הגולה

[א] ‹אך קשה, דשם אוקימו הך ברייתא כרבי יוסי דאמר נשים בשני חובה, ורבינו פ"ה הל"ח ופ"ז הל"ג {עיין דף צ"א:} פסק להדיא דהוו רשות, וכבר כתבתי שם דלענין דחיית שבת פוסק רבינו להחמיר, ומכח זה פסק דבשני רשות, ומאי דאוקימו בגמרא כר' יוסי, לרווחא דמילתא, דגם לר' יהודה ור' שמעון מצי אתיא, אלא דכלפי שהבין המקשן דחובה קאמר, הוצרך לתרץ לו לפי שיטתו - מעשה רקח› [ב] ‹טעמו לומר, דבשלמא בהזיד בראשון ושגג בשני, דפסק חייב, ניחא, דפסק כרבי ור' נתן דרבים נינהו, אלא בשגג בראשון והזיד בשני קשה, אמאי פסק כרבי דמחייב, דהוי יחידאה לגבי ר' נתן ור"ח בן עקביא **וי"ל** שטעמו של רבינו משום דאמרינן בגמרא, דרבי סבר וחדל לעשות הפסח ונכרתה דלא עבד בראשון, א"נ קרבן ה' לא הקריב במועדו בשני, וממאי דהא חטאו ישא כרת הוא, דקסבר מגדף היינו מברך השם, וכתיב במברך השם ונשא חטאו, וגמר האי חטאו דהכא מחטאו דהתם, מה להלן כרת אף כאן כרת, ורבי נתן ור"ח בן עקביא סברי מגדף לאו היינו מברך את השם, ובפ"ק דכריתות (דף ז') אמרינן דחכמים ס"ל דמגדף היינו מברך את השם, וכיון דקם ליה רבי כחכמים, הלכתא כוותיה, ואע"פ שרש"י שם משבש גירסת הספרים ומהפך סברת חכמים לר"ע, רבינו נקט כגירסת הספרים - כסף משנה, ע"ש לעוד תירוץ בשם הר"א בן הרמב"ם› [ג] ‹קאי דוקא לקטן, אבל גר אי אפשר - בני דוד›. ‹**איכא** למידק אטו קטן בר חיובא ופיטורא הוא. **וכתב** הר"י קורקוס ז"ל, דכיון דרחמנא רבייה לקטן שישחטו עליו וממנין אותו, נפטר הוא בכך מן השני - כסף משנה›

מה טמא שספק בידו לעשות ואינו עושה אף דרך רחוקה נמי שספק בידו לעשות ואינו עושה ורב נחמן אמר לך ר' עקיבא *לטעמי' דקסבר *אין שוחטין וזורקין על טמא שרץ ואנא סבירא *ליה כמ"ד שוחטין וזורקין על טמא שרץ ת"ר *"אלו שעושין את השני הזבין והזבות המצורעין והמצורעות [ונדות] ובועלי נדות והיולדות [ב]השוגגין והאנוסין והמזידין וטמא ושהיה בדרך רחוקה א"כ למה נאמר טמא למה נאמר דאי בעי למיעבד בראשון לא שבקינן ליה אלא א"כ למה נאמר בדרך רחוקה לפוטרו מן הכרת וכמ"ד הורצה אשה בשני מי מיחייבא והא *תניא יכול לא יהו עושין את השני אלא טמא נפש ושהיה בדרך רחוקה זבין ומצורעין ובועלי נדות מנין ת"ל °איש איש לא קשיא הא *ר' יוסי הא ר"י ור"ש ת"ר *חייב כרת על הראשון וחייב כרת על השני דברי רבי רבי נתן אומר חייב כרת על הראשון ופטור על השני ר"ח בן עקביא אומר אף [על] הראשון אינו חייב כרת אא"כ לא עשה את השני ואזדו לטעמיהו דתניא [ג]גר שנתגייר בין שני פסחים וכן קטן שהגדיל בין שני פסחים חייב לעשות פסח שני דברי רבי רבי נתן אומר כל שזקוק לראשון זקוק לשני כל שאין זקוק לראשון אין זקוק לשני במאי קמיפלגי רבי סבר שני *רגל בפני עצמו הוא רבי נתן סבר שני תשלומין דראשון הוא תקוני לראשון לא מתקין ליה ורבי חנניא בן עקביא סבר שני תקנתא דראשון הוא ושלשתן מקרא אחד דרשו °והאיש אשר הוא טהור ובדרך לא היה רבי סבר °וחדל לעשות הפסח ונכרתה דלא עבד בראשון אי נמי °קרבן ה' לא הקריב במועדו בשני ומאי (דהוא) חטאו ישא כרת הוא קסבר

מה טמא שיש ספק בידו לעשות. אי לאו דדחייה רחמנא דהא קמן קאי: ואינו עושה. דקא אסר ליה רחמנא לעשות: אף דרך רחוקה שספק בידו לעשות. שהיה לו שלוחים לשלח וקאמר רחמנא דאינו עושה דמדחה דחייה: ר"ע סבר אין שוחטין וזורקין על טמא שרץ. ואע"ג דחזי לאורתא והאי ספק תורה אור דקאמר ה"ק מה טמא שספק בידו לעשות דחזי למיכל לאורתא ואפילו הכי אין שוחטין וזורקין עליו ואנן ס"ל שוחטין וזורקין הלכך האי נמי דיכול ליכנס בשעת אכילה שוחטין וזורקין עליו: ובועלי נדות. שכל אלו טומאה ארוכה: וטמא. לנפש: ואי"כ. דהא אלו עושים את השני: למה נאמר טמא. בתמיה: אלא למה נאמר דרך רחוקה. אי משום דאי בעי למיעבד לא תעביד הא בדרך רחוקה הוא וא"ת שלא ישלח פסחו וכדרב ששת האי תנא לית ליה אלא כרב נחמן סבירא ליה דאמר הורלה דאי כרב ששת איצטריך דרך רחוקה למימר דאי בעי לא ליעביד: מי מחייבא. דקתני נדות ויולדות: יכול לא יהו כו'. ולא קתני זבות ויולדות: הא רבי יוסי. דאמר בפירקין דלעיל (דף צא:) נשים בשני שוחטין עליהן בפני עצמן: הא ר"י ור"ש. דאמרי רשות: חייב כרת על הראשון וחייב כרת על השני. חיוב כרת יש על זה ועל זה ובחד גברא לא משכחת לה דאתרי קטלי בחד גברא ליכא ואם לענין דאם שגג בשניהן יתחייב שתי חטאות ליכא למימר הכי דכרת פסח אין חייבין על שגגתו חטאת דתנן בכריתות (דף ב.) הפסח והמילה מלות עשה היו ואין חטאת באה אלא על שגגת כרת של לאו דכתיב (ויקרא ד) אשר לא תעשינה אלא נפקא מינה דאם שגג בא' מהן והזיד בחבירו חייב אי נמי לגר שנתגייר בין שני פסחים: ופטור על השני. ואם שגג בראשון והזיד בשני פטור: אף על הראשון. אם הזיד אינו חייב כרת עד שיזיד אף בשני אבל אם עשה את השני או שגג בו פטור לגמרי דשני תשלומים דראשון ותקנתא דראשון הוא ומזיד שלו הוא גמרו של כרת דראשון הלכך בלוזה מהן שגג פטור: ואזדו לטעמייהו. רבי ורבי נתן: מסגדיל. למחר בו שערות: חייבין לעשות את השני. דקסבר רגל בפני עצמו הוא ולית ליה חיובא באנפי נפשיה ואפי' למאן דלא איחזי בראשון: תשלומין דראשון. ומאן דלא איחזי בראשון לא מיחייב בשני ומיהו תקוני לראשון לא מתקין ליה הלכך חייב כרת על הראשון ואפילו עשה את השני ופטור על השני אם שגג בראשון והזיד בשני דהא לית ליה חיובא באנפי נפשיה ובראשון הרי שגג: תקנתא דראשון. מכרת דיליה דאפילו הזיד בראשון השני פוטרו מן הכרת: אי נמי קרבן ה' לא הקריב וגו'. דכי משמש בארבע לשונות וזה בלשון אי דרשינן ליה ולא קאי אדלעיל מיניה לפרושי טעמא למילתא קמייתא כמו לשון דהא אלא מילתא אחריתי היא כמו כי יקרא (דברים כב) כי תכלה לעשר (שם כו) כי תפגע (שמות כג):

ה"ג בכל הספרים וכן גרסינן בספרי (פר' בהעלותך) מה טמא שאין ספק בידו כו' ומייתי התם אפלוגתא דר"א ור"ע ומייתי ר"ע ראיה לדבריו מה טמא שאין ספק בידו לעשות מפני טומאה אף דרך רחוקה שאין ספק בידו לעשות שרחוק כ"כ שאין יכול לבא בשעת שחיטה לעולה או בשעת אכילה לרב יהודה ומייתי לה רב ששת מדקאמר ואינו עושה משמע דלא הורלה דלכל מילי יליף דרך רחוקה מטמא ומשני רב נחמן דר"ע סבר אין שוחטין וזורקין ולכך יליף דרך רחוקה מטמא דתרוייהו חזו בשעת אכילה ולא חזו בשעת שחיטה ולדידיה נמי אם זרק לא הורלה אבל אנא סבירא לי שוחטין וזורקין והשתא ליכא למילף דלא הורלה בדרך רחוקה כמו בטמא מת דשאני טמא מת דלא חזי בשעת אכילה ורב ששת סבר נמי שוחטין דאין סברא שיחלוקו בזה אלא דסברי דר"ע גמר מטומאה מת אע"ג דלא דמי ליה כ"כ ונראה לר"י דלאו מהיקשא יליף דרך רחוקה מטמא אלא במה מליט דאי מהיקשא מאי קא משני רב נחמן דסבר שוחטין מ"מ ניגמר מיניה דאין משיבין על ההיקש וק"ק לר"י דאי לאו היקשא הוא אי מה מילה דלא איחזי בראשון להו טובה למיפרך: רבי עקיבא סבר אין שוחטין וזורקין. תימה מנא ליה דהא לעיל (דף נ:) אמר מ"ד אין שוחטין סבר לה כרבי יצחק דאמר טמאי מתים היו שחל כו' וקדרים ביום ההוא אין יכולים לעשות הא למחר יכולים ואילו ר"ע בפרק הישן (סוכה ד' כה:) לית ליה דרבי יצחק: דאי בעי למיעבד לא שבקינן ליה. תימה הואיל וסבירא ליה דהאי תנא שוחטין על טמא שרץ מדקאמר דלפוטרו מהכרת משמע מכרת פטור אבל אם זרק הורלה ומ"ד הורלה אסיקנא לעיל (דף פא:) דסבר שוחטין וזורקין אם כן טמא דקרא שאינו יכול לאכול בלילה והכי קאמר התלמודא דלהכי כתביה דאי בעי למיעבד לא שבקינן ליה פשיטא דלא שבקינן ליה כיון דלא חזי למיכל[א] ומלפני אכלו נפקא דטמא כמי נפק' בן מהתם כדאמר בפ"ב דזבחים (דף כג:) וי"ל דודאי קרא הא לא איצטריך להכי דקתני למה נאמר טמא לפוטרו מהיכרת דמשמע מכרת פטור אבל אי בעי למיעבד מלי עביד הלכך פריך הא אי בעי למיעבד לא שבקינן ליה והשתא טמא לא איצטריך למיכתב אלא לאשמעינן דאם שחטו ואין ליבור כדחין ונראה לר"י דממקמיתין דקתני שאלו פטורין מהיכרת ליכא למידק כרב נחמן מדקתני פטורין מכלל דאם זרק הורלה דה"ה אם זרק לא הורלה ואיידי דקתני סיפא חייבין תנא רישא פטורין ואתי שפיר דלעיל מייתי ראיה ממתניתין לרב ששת: אלא למה נאמר דרך רחוקה כו'. קשה לרב יהודה דאמר לקמן איזהו דרך רחוקה כל שאין יכול ליכנס בשעת אכילה דרך רחוקה דכתב רחמנא למה לי פשיטא דפטור דהא לא חזי לאכילה ואי משום דיכול ליכנס בסוסים ובפרדים א"כ לקמן דקתני היה חוץ למודיעים ויכול ליכנס בסוסים ובפרדים יכול יהא חייב ת"ל ובדרך לא היה ואמאי איצטריך ההוא קרא הא לא איצטריך למיכתב כלל דרך רחוקה אלא משום היכא דיכול ליכנס בסוסים ובפרדים ואין לומר דס"ד דחייב כרת על מה שהרחיק עלמו דאם כן מאי פריך למה נאמר טמא דאי בעי למיעבד לא שבקינן ליה הא שפיר קאמר דנאמר לפוטרו מכרת דס"ד דליחייב על מה שטימא עלמו ונראה לרשב"א דטמא ודרך רחוקה איצטריך למיכתב דלא נימא כיון דלא חזי בראשון לא ליעבד בשני וסבר כרבי נתן דשני תשלומין דראשון הוא: לא קשיא הא ר' יוסי. תימה דמוקי הך ברייתא דסבר שוחטין וזורקין על טמא שרץ כר' יוסי ובפ' כילד צולין (לעיל דף פא:) גבי טומאת התהום מסיק דקסבר ר' יוסי אין שוחטין וזורקין כו' וי"ל דהכא לא מוקי לה כר' יוסי אלא במאי דסבר דנשים בשני חובה:

מסורת הש"ס: לעיל דף צא: וש"נ | [סבירא לי כצ"ל] | לעיל דף פ. | [לעיל צא:] | [תוספתא פ"ח] | [חגיגה ד' ט:] | [צ"ל והוא]

עין משפט נר מצוה:
ד א מיי' פ"ו מהל' ק"פ הלכה א:
ה ב מיי' שם פ"ה הלכה א ב:
ו ג מיי' שם:
ז ד מיי' שם הלכה ו:

כך לטעמיה צריך מוכח ועי' בתוס' כאן ד"ה ר"ע ובקונטרס האלכתי כזה:

[תוספתא פ"ח]

רבינו חננאל

ונאמר דרך רחוקה כו' ודחה רב נחמן ר' עקיבא סבר אין שוחטין וזורקין על טמא שרץ ודרך רחוקה כטומאת שרץ דמי ואנא סבירא לי כמאן דאמר שוחטין וזורקין על טמא שרץ ודרך רחוקה כטמא שרץ דמי מה טמא שרץ אם שחטו עליו הורצה אף מי שהיה בדרך רחוקה אם זרק הורצה: ת"ר אלו שעושין את השני זבין זבות מצורעין ובועלי נדות והיולדות והשוגגין והאנוסין והמזידין וטמא ומי שהיה בדרך רחוקה אם כן למה נאמר בדרך רחוקה הרי אנוס הוא וכבר שנה האנוסין ואמרי' לפטרו מן הכרת אליבא דמאן דאמר הורצה דאי אליבא דמאן דאמר לא הורצה סוף סוף למה לי למתנייה דאי בעי למעבד לא שבקינן ליה היינו הני אלא ש"מ היינו אליבא דמאן דאמר הורצה אלמא בר מעבד הוא ואפ"ה פטריה רחמנא מכרת ואקשי' מדקתני והזבות מכלל שהנשים חייבות בשני וכי אשה בשני חייבת והתניא יכול לא יהו עושין את השני אלא טמא נפש כו' ת"ל איש איש ולא אשה ושנינן הא דתניא שהנשים עושות את השני ר' יהודה ור' יוסי היא והא דתניא איש ולא אשה רבי שמעון כדאמרן בפ' של מעלה: ת"ר פטור שלא עשה פסח חייב כרת על הראשון וחייב כרת על השני דברי רבי מאי טעמא שני רגל בפני עצמו הוא ר' נתן אומר חייב כרת על הראשון ופטור על השני קסבר שני תשלומין דראשון הוא תקוני לראשון לא מתקן' רחנניא בן עקביא אומר אף על הראשון אינו חייב אלא אם לא עשה את השני כלומר כיון שלא עשה הראשון נסתלקה חובת הראשון ונתחייב בשני ולעולם אינו חייב אלא על השני קסבר שני תקנתא דראשון הוא ואזדו לטעמיה דתניא גר שנתגייר בין שני פסחים וכן קטן שהגדיל בין שני פסחים חייבין לעשות פסח שני דברי רבי ר' נתן אומר כל הזקוק לראשון זקוק לשני וכל

הגהות מהר"ב רנשבורג
א] תוס' ד"ה דאי בעי למיעבד כו' ומלפני אכלו נפקא כו' כ"ב ע"א פי' לעיל ס"פ ע"א תוס' ד"ה שוחטין וזורקין וכו':

עין משפט נר מצוה

ח א ב ג מיי' פ"ה מהל' ק"פ הלכה ב:

[זבחים נו.]

ט ד ה מיי' שם הל' ח:

מסורת הש"ס

[כריתות ז:]

[ר"ה ג. תענית ס. גיטין ל. שבועות מט:]

תורה אור

ויקרא כד

במדבר ט

קסבר *מגדף היינו מברך השם וכתיב במברך את השם °ונשא חטאו וגמר האי חטאו דהכא מחטאו דהתם מה להלן כרת אף כאן נמי כרת ור' נתן סבר °וחדל לעשות הפסח ונכרתה דהאי כי *לשון דהא הוא וה"ק רחמנא דהא קרבן ה' לא הקריב במועדו בראשון האי חטאו ישא מאי עביד ליה קסבר מגדף לאו היינו מברך את השם וגמר האי חטאו דהתם מהאי חטאו דהכא מה הכא כרת אף התם כרת ור' חנניא בן עקביא סבר וחדל לעשות הפסח ונכרתה אי קרבן ה' לא הקריב במועדו בשני והאי חטאו ישא מאי עביד ליה כדאמרן הלכך "הזיד בזה ובזה דברי הכל חייב שגג בזה ובזה דברי הכל פטור הזיד בראשון ושגג בשני לרבי ולר' נתן [ג]מחייבי לרבי חנניא בן עקביא פטור שגג בראשון והזיד בשני [ג]לרבי חייב לר' נתן ולר' חנניא בן עקביא פטור: **מתני'** [י]איזו היא דרך רחוקה מן המודיעים ולחוץ וכמדתה לכל רוח דברי רבי עקיבא ר"א אומר מאיסקופת העזרה ולחוץ אמר ליה רבי יוסי לפיכך נקוד על °ה' לומר לא מפני שרחוק ודאי אלא מאיסקופת העזרה ולחוץ: **גמ'** אמר עולא [י]מן המודיעים לירושלים חמשה עשר מילין הויא סבר לה כי הא דאמר *רבה בר בר חנה אמר רבי יוחנן כמה מהלך אדם ביום עשרה פרסאות מעלות השחר ועד הנץ החמה חמשת מילין משקיעת החמה ועד צאת הכוכבים חמשת מילין פשו לה תלתין חמיסר מצפרא לפלגא דיומא וחמיסר מפלגא דיומא לאורתא עולא לטעמיה דאמר עולא אי זה הוא דרך רחוקה כל שאין יכול ליכנס בשעת שחיטה אמר מר מעלות השחר עד הנץ החמה חמשת מילין מנא לן דכתיב °וכמו השחר עלה ויאיצו המלאכים וגו' וכתיב °השמש יצא על הארץ ולוט בא צוערה ואמר רבי חנינא לדידי חזי לי ההוא אתרא והויא חמשה מילין גופא אמר עולא איזה הוא דרך רחוקה כל שאין יכול ליכנס בשעת שחיטה ורב יהודה אמר כל שאין יכול ליכנס בשעת אכילה אמר ליה רבה לעולא לדידך קשיא ולרב יהודה קשיא *לדידך קשיא דאמרת כל שאין יכול ליכנס בשעת שחיטה והא טמא שרץ דאין יכול ליכנס בשעת שחיטה וקאמרת שוחטין וזורקין על טמא שרץ ולרב יהודה קשיא דאמר כל שאין יכול ליכנס בשעת אכילה והא טמא שרץ דיכול ליכנס בשעת אכילה וקאמר *אין שוחטין וזורקין על טמא שרץ אמר ליה לא לדידי קשיא ולא לרב יהודה קשיא לדידי ל"ק *דרך רחוקה לטהור °ואין דרך רחוקה לטמא לרב

עולא לטעמיה. תימה מנא ליה לעולא דלא הוי שעת שחיטה מתחילת שקיעה דדם נפסל בשקיעת החמה דריש *ליה מביום הקריבו את זבחו והא קיימא לן בפ' שני דמגילה (דף כ:) דעד צאת הכוכבים יממא הוא: **רב** יהודה אמר כל שאינו יכול ליכנס בשעת אכילה. תימה דלרב יהודה מן המודיעים לא יכול ליכנס בחצי היום וכל הלילה ולעולא בשעת שחיטה דניחזי אנן ויש לומר דאיסתפוס דרכים כדאמרינן בר"ה (דף כג:) ועוד דאליבא דר"ע קיימי' דאית ליה* תחומין דאורייתא ולרב יהודה יכול ליכנס מן המודיעים עד סמוך לחצות בתחלת הלילה וליכא ביניהו השתא כולי האי וכן משמע בירושלמי: **וקאמרת** שוחטין וזורקין על טמא שרץ. אלומיה פירכי' הוא דקאמר הכי ואפי' סבר אין שוחטין הוה מצי למיפרך מטבול יום דלכולי עלמא שוחטין וזורקין עליו אע"פ שאינו יכול ליכנס בשעת שחיטה: **דרך** רחוקה לטהור כו'. דתלייה בעשיה דכתיב ובדרך לא היה וחדל לעשות כו' ואע"ג דבההוא קרא גופיה כתיב טומאה והאיש אשר הוא טהור אזלינן בתר אכילה מדחייב טמא שרץ דכתיב טמא נפש ולא כתיב טמא שרץ:

קסבר מגדף. דכתיב ביה כרת הייט מברך את השם וכיון דיש כרת במברך את השם יליף האי מיניה נשיאות חטא נשיאות חטא לגזירה שוה: **ורבי נתן.** משקי ליה להאי כי בלשון דהא וקאי אדלעיל מיניה למיתב טעמא למילתיה ונכרת כראשון משום דהא קרבן ה' לא הקריב במועדו בראשון: **לאו היינו מברך את השם.** אלא מזמר ומשורר לע"ז דהיכא דסבירא ליה הכי בכריתות (דף ז:) ולית לן כרת במברך אי לאו מהכא גמירי לה: **ורבי חנניא.** נמי דריש האי כי לשון אי כו' אלא קסבר לאו מילתא אחריתי היא אלא כרת דקמא תלא ביה ונכרת במזיד דראשון אם קרבן ה' לא יקריב בשני: **כדאמרן.** לאגמורי כרת למברך: **דברי הכל חייב.** חד כרת: **לר' ור' נתן חייב.** דלא סבירא להו דשני תקנתא דראשון: **שגג בראשון והזיד בשני לר' חייב.** דאית ליה כרת בשני באנפי נפשיה: **לר' נתן ור' חנניא פטור.** דהא לא כתיב כרת אלא אראשון והרי שגג בו: **מתני' מודיעים.** שם העיר: **נקוד על ה'.** שברחוקה וכל ניקוד למעט הדבר בא דמשמע שמיוה להא תיבה מהכא: **גמ' חמשה עשר מילין.** מדקרי ליה תנא דידן דרך רחוקה לגבי פסח וסבירא ליה לעולא דרך רחוקה כל שאינו יכול ליכנס בשעת שחיטה כל שעת שחיטה מהלך ואינו מגיע ושעת שחיטה מחצות היום ואילך דבין הערבים כתיב ביה כתמיד ותמיד אע"פ שנשחט בשש ומחצה זמנו *מן התורה מתחלת שבע ואילך שמתחלת החמה להתעקם כלפי מערב קצת ומשחרי כותלי דהכי אמרינן ביומא בפ' שלישי (דף כח:) לצלותיה דאברהם מכי משחרי כותלי והיינו מחצות היום ולהכן ומשום דכתיב בין הערבים נשחט בשש ומחצה ומשני שאני כותלי בית המקדש דלא מכוונו רחבם מתחתיתן ולא משחרי בעיקום פורתא עד חצי שבע ומיהו זמן שחיטה מתחלת שבע ואילך ומשך עד שתשקע החמה ומשתשקע החמה לא דהם נפסל בשקיעת החמה באיזהו מקומן (זבחים דף נו.) ומחצות ועד שקיעת החמה מהלך חמשה עשר מילין כי הא דר' יוחנן: **סבר לה.** עולא: **כמה מהלך אדם.** בינוני וביום ביומי דתקופת ניסן ותשרי שהימים והלילות שוין:

עשרה פרסאות. ארבעים מילין: **מעלות השחר עד הנץ החמה חמשה מיל.** כך שהיית החמה לצאת בעוביו של רקיע וכנגדה שוהה בשקיעתה ליכנס דהיינו משקיעתה ועד צאת הכוכבים: **פשו תלתין.** מהנהה ועד שקיעתה: **לאורתא.** לשקיעת החמה דשוב אין זמן שחיטה דדם קדשים נפסל בשקיעת החמה כדאמרינן באיזהו מקומן בשחיטת קדשים: **בשעת אכילה.** כל שעת אכילה שרחוק מחלות היום כל כך שאינו יכול ליכנס כל הלילה אכילת הפסח כל הלילה ורבנן עבוד הרחקה ואמור עד חצות לר"ע ולר"א לאורייתא עד חצות בפרק בתרא (דף קכ:) ובברכות בפ"ק (דף ט:): **ולרב יהודה קשיא.** דאמר כל שאינו יכול ליכנס בשעת אכילה הוא דפטור הא איחזי למיכל לאורתא מחייב: **והא טמא שרץ כו'.** ופלוגתייהו בפ' האשה (לעיל דף צ:): **לדידי לא קשיא.** דהא על גב דדרך רחוקה פטרינהו להאי דחזי לאורתא ומחייבינא ליה גבי טמא שרץ היינו טעמא דהדרך רחוקה אלא רחמנא פטרינהו דטהור והיינו דרך רחוקה שאין יכול ליכנס בשעת שחיטה דגבי עשייה כתיב ואף על גב דיכול ליכנס בשעת אכילה רחמנא פטריה אבל לטמא לא תלה רחמנא פטורא דידיה בדרך רחוקה אלא בטומאה וטמאה דטומאה משום אכילה היא ולאו משום עשיה דהא יכול לשלח קרבנותיו ועוד מדכתב טמא נפש ולא כתב בעל קרי או טמא שרץ שמעינן מיניה לא פטרי אלא בטומאה אריכתא דלא חזי לאורתא: ולרב

[לקמן צד.]

[לעיל סב: ושי']

[לקמן צד:]

[עיין רש"א]

גליון הש"ס

גמ' לדידך קשיא. עיין עירובין דף מט ע"ב. יומא דף מ ע"א. ב"ב דף קכד ע"ב: שם ואין דרך רחוקה לטמא. עי' לעיל דף ע"א תוס' ד"ה מבלחן: רש"י ד"ה חמשה עשר מה"ת מתחלת שבעה. עיין לעיל נח ע"א רש"י ד"ה אלא:

רבינו חננאל

דגמר חטאו ישא מחטאו ישא מן המברך את השם דברי ר' יהודה ור' נתן סבר וחדל וגו' הלכך הזיד בזה ובזה דברי הכל חייב שגג בזה ובזה דברי הכל פטור הזיד בראשון ושגג בשני לרבי ולרבי נתן דמחייבי בראשון כרת חייב כרת לר' חנניא בן עקביא דסבר שניתקנתא דראשון הוא כיון דשגג בראשון והזיד בשני פטור הוא שגג בראשון והזיד בשני לר' נתן דסבר שני תשלומין דראשון הוא וכל הזוקק לראשון זוקק לשני כיון ששגג בראשון פטור לר' חנניא בן עקביא דסבר שני תקנתא דראשון הוא: מתני' איזו היא דרך רחוקה מן המודיעים ולחוץ וכמדתה לכל רוח כו'. פי' שיהיה שם כשהיום אמר עולא מן המודיעים לירושלים חמשה עשר מיל סבר לה כר' יוחנן דאמר עשר פרסאות מהלך אדם בינוני ביום חמשה מילין מעלות השחר ועד הנץ החמה וחמשה מילין משקיעת החמה ועד צאת הכוכבים פשו שלשים מיל חמשה עשר מצפרא לפלגיה דיומא וחמשה עשר מפלגיה דיומא עד לאורתא וקי"ל כל מצות התמיד מכי ינטו צללי ערב והפסח אחריו השתא איכא קא מחייב האי נברא למעבד פסח בחצות כיון דאיבעי מנייה לא מטא ליה עד דאיכא שמשא שפטור כי איתר ביאת השמש אינו שוחט כלל: עולא לטעמיה דאמר איזו היא דרך רחוקה כל שאינו יכול ליכנס בשעת שחיטה ואקשי' עליה והא טמא שרץ דטביל ביום דערבא דשמשא יכול ליכנס לאכול את הפסח לעולא אין שוחטין וזורקין על טמא שרץ ושני' שאני טמא שרץ דרחמנא דחייה מפני שהוא כטמא נפש שהיא לאו שאינו ראוי לחיות בערב הפסח וכתיב ולא יכלו לעשות הפסח ביום ההוא ביום ההוא לא יכלו הא למחר יכולין ואמר רבא אמר רחמנא דחוהו ואקשי' תוב לעולא איני דכל מי שאינו יכול ליכנס בשעת שחיטה אין שוחטין עליו והא טמא שרץ שאינו יכול ליכנס בעזרה בשעת שחיטה ואמרת אתה שוחטין וזורקין על טמא שרץ

§ מסכת פסחים דף צג: §

אות א' - ב' - ג'

הזיד בזה ובזה, ד"ה חייב. שגג בזה ובזה, ד"ה פטור

הזיד בראשון ושגג בשני, לרבי ולרבי נתן מחייבי

שגג בראשון והזיד בשני, לרבי חייב

רמב"ם פ"ה מהל' קרבן פסח ה"ב - כיצד, מי ששגג או נאנס ולא הקריב בראשון, אם הזיד ולא הקריב בשני, חייב כרת; ואם שגג או נאנס אף בשני, פטור. הזיד ולא הקריב בראשון, הרי זה מקריב בשני, ואם לא הקריב בשני, אף על פי ששגג, הרי זה חייב כרת, שהרי לא הקריב קרבן ה' במועדו והיה מזיד. ס"ם סנה זה במשנתו כרבי, [א]ור' נתן ור' חנינא בן עקביא פליגי עליה.

אות ד' - ה'

איזו היא דרך רחוקה, מן המודיעים ולחוץ וכמדתה לכל רוח

מן המודיעים לירושלים חמשה עשר מילין הויא

רמב"ם פ"ה מהל' קרבן פסח ה"ח - ואי זו היא דרך רחוקה, [ב]חמשה עשר מיל חוץ לחומת ירושלים.

באר הגולה

א ‹טעמו לומר, דבשלמא בהזיד בראשון ושגג בשני, דפסק חייב, ניחא, דפסק כרבי ור' נתן דרבים נינהו, אלא בשגג בראשון והזיד בשני קשה, אמאי פסק כרבי דמחייב, דהוי יחידאה לגבי ר' נתן ור"ח בן עקביא. וי"ל שטעמו של רבינו משום דאמרינן בגמרא, דרבי סבר וחדל לעשות הפסח ונכרתה דלא עבד בראשון, א"נ קרבן ה' לא הקריב במועדו בשני, וממאי דהא חטאו ישא כרת הוא, דקסבר מגדף היינו מברך השם, וכתיב במברך השם ונשא חטאו, וגמר האי חטאו דהכא מחטאו דהתם, מה להלן כרת אף כאן כרת, ורבי נתן ור"ח בן עקביא סברי מגדף לאו היינו מברך את השם, ובפ"ק דכריתות (דף ז') אמרינן דחכמים ס"ל דמגדף היינו מברך את השם, וכיון דקם ליה רבי כחכמים, הלכתא כוותיה, ואע"פ שרש"י שם משבש גירסת הספרים ומהפך סברת חכמים לר"ע, רבינו נקט כגירסת הספרים - כסף משנה, ע"ש לעוד תירוץ בשם הר"א בן הרמב"ם› ב ‹הכי אמר עולא בגמ', ותימה דהא איתותב עולא מברייתא, דקתני דמעלות השחר עד הנץ החמה ד' מילין, ומשקיעת החמה עד צאת הכוכבים ד' מילין, פשו להו ל"ב, ששה עשר מצפרא לפלגא, וששה עשר מפלגא עד שקיעת החמה, והיכי פסק רבינו כותיה דעולא, כיון דאיתותב וחשיבי ליה לטועה - מלכי בקדש›

§ מסכת פסחים דף צד. §

אות א'*[א]

<u>שחל שביעי שלו להיות בערב הפסח</u>

רמב"ם פ"ו מהל' קרבן פסח ה"ב - טמא מת שחל שביעי שלו להיות בארבעה עשר, אף על פי שטבל והזה עליו והרי הוא ראוי לאכול קדשים לערב, אין שוחטין עליו אלא נדחה לפסח שני, שנאמר: ויהי אנשים אשר היו טמאים לנפש אדם ולא יכלו לעשות הפסח ביום ההוא, מפי השמועה למדו ששביעי שלהן היה, ועל זה שאלו אם ישחט עליהן והם יאכלו לערב, ופירש להן שאין שוחטין עליהן.

השגת הראב"ד: טמא מת שחל שביעי עד אלא נדחה לפסח שני.

א"א אין דרך הלכה הולכת כן, שהרי רב שאמר אין שוחטין וזורקין על טמא שרץ, [ב]מכאן למד, ואיכו ס"ל שוחטין וזורקין על טבול יום, וא"כ זה טבול יום ורחמנא דחייה; אלא האי קרא בשלא טבל ולא הזה, דהיינו טמא שרץ, ומעשה כי הוה הכי הוה, שאחטו וזרקו עליהם קודם טבילה והזייה, סברו שיעלה להן, ולא שאלו אלא אחר זמן שחיטה, [ג]ונדחו, והכתוב מעיד כן, שאמרו אנחנו טמאים לנפש אדם, [ד]ואם לאחר טבילה והזייה, מאי טומאה הויא בהו.

אות א'

<u>היה עומד לפנים מן המודיעים, ואין יכול ליכנס מפני גמלים וקרונות המעכבות אותו, יכול לא יהא חייב, תלמוד לומר: ובדרך לא היה, והרי לא היה בדרך</u>

רמב"ם פ"ה מהל' קרבן פסח ה"ט - מי שהיה בינו ובין ירושלים, יום ארבעה עשר [ה]עם עליית השמש, [ו]חמשה עשר מיל או יתר, הרי זה דרך רחוקה; היה בינו ובינה פחות מזה, אינו בדרך רחוקה, מפני שהוא יכול להגיע לירושלים אחר חצות כשיהלך ברגליו בנחת; הלך ולא הגיע מפני שעכבוהו הבהמות בדחקם, או שהיה בירושלים והיה חולה ברגליו, ולא הגיע לעזרה עד שעבר זמן הקרבן, [ז]הרי זה אנוס ואינו בדרך רחוקה. השגת הראב"ד: הלך ולא הגיע. א"א אינו תופס דרך הגמרא.

באר הגולה

[א] ‹ע"פ מהדורת נהרדעא, ולכאורה צ"ל הלכה ב'› [ב] ‹וי"ל לדעת רבינו, דאע"ג דאמרינן דטמא מת שחל שביעי שלו בע"פ דהיינו טמא שרץ, לאו לגמרי מדמי להו, אלא לומר דכשם שטמא מת אף על פי שיכול לעלות בו ביום, אמר רחמנא נדחי, ה"נ טמא שרץ, מיהו הא כדאיתא והא כדאיתא, בטמא שרץ אחר שטבל שוחטין וזורקין עליו, משא"כ בטמא מת שאפי' הזה וטבל אין שוחטין וזורקין עליו - כסף משנה› [ג] ‹דברי תימה הם, למה לא שאלו קודם מעשה ושאלו אחר מעשה, וכי בתר דעבדין מתמלכין, **ועוד** קשה למה נדחו, הל"ל להם שיזו עליהם ויטבלו, ואח"כ ישחטו להם פסח אחר ויזרקו עליהם את הדם, {**כבר** כתב הראב"ד בלשונו, שכבר עבר זמן שחיטת הפסח, ומה יאמר עוד - משנה למלך}, **ועוד** שהרי בסיפרי מפורש כדברי רבינו - כסף משנה› [ד] ‹תמהני איך פה קדוש יאמר דבר זה, דכל זמן שלא העריב שמשן אכתי לאו טהורים נינהו, ועוד לפי דבריו דברי בורות דברו לומר שהם טמאים, והיו יכולים ליטהר בהזייה וטבילה, **ועוד** היכי קאמר ביום ההוא לא היו יכולים, הא למחר היו יכולים, והלא כך היו יכולים ביום כמו למחר, שאם יטבלו בו ביום היו יכולין לעשות, ואם לא יטבלו גם למחר לא יכולים לעשות. **ועוד** קשה על הראב"ד שהכתוב מכחישו, שכתוב אנחנו טמאים לנפש אדם למה נגרע לבלתי הקריב את קרבן ה', ואם כדבריו כבר הקריבו קרבן לה', ולא היתה השאלה אלא אם יעלה להם הקרבן שהקריבו כבר קודם הזייה וטבילה. **ודוחק** גדול לפרש דלבלתי הקריב את קרבן ה', היינו שיעלה להם הקרבן שכבר הקריבו, דאין זה במשמע, וכמדומה לי שזו ראיה שאין עליה תשובה - כסף משנה› [ה] ‹ומפרש רבינו, דכל שאינו יכול ליכנס בשעת שחיטה דאמר עולא, היינו {שאינו יכול ליכנס קודם} תחלת שעת שחיטה, {ודלא כרש"י}, דהיינו אחר חצות, **ופשטא** דסוגיא הכי מוכחא, דאמר ט"ו מיל מצפרא לפלגא דיומא - כסף משנה. ‹**כנראה** דלא גריס נמי וחמיסר מפלגא דיומא לאורתא, דאי לא מאי קאמר, הא איכא למימר נמי כפירש"י - יוסף חי› [ו] ‹וכתב מרן שם דפסק כעולא, וקשה, דהא איתותב עולא אמאי דקאמר דמצפרא עד פלגא דיומא ט"ו מילין - משנה כסף› [ז] ‹ויש לתמוה על רבינו, שנראה לכאורה שהוא פוסק בהפך ברייתא שם, ונראה שזהו שכתב עליו הראב"ד, אינו תופס דרך הגמרא, ע"כ. **ונראה** שרבינו מפרש דה"ק, יכול לא יהא חייב כרת אם הזיד ולא עשה את השני, כדין מי שהיה בדרך רחוקה, כיון שנתעכב בדרך, {עיין הלכה ב', מובא בדף צ"ב:}, ת"ל ובדרך לא היה, והרי לא היה בדרך, כלומר אף על פי שנתעכב בדרך, כיון שעיכובו לא היה מחמת מרחק הדרך, קרינן ביה ובדרך לא היה, והרי הוא כאונס אחר, ואם הזיד ולא עשה את השני, חייב כרת - כסף משנה›

מסורת הש"ס

עין משפט נר מצוה

י א מיי' פ"ה מהלכות ק"פ הלכה ט:

לרב יהודה לא קשיא טמא שרץ רחמנא דחייה דכתיב °איש איש כי יהיה טמא לנפש *מי לא עסקינן שחל שביעי שלו להיות בערב הפסח ואפילו הכי אמר רחמנא לידחי תנו רבנן היה עומד חוץ למודיעים ויכול ליכנס בסוסים ובפרדים יכול יהא חייב ת"ל °ובדרך לא היה והלה היה בדרך היה *עומד לפנים מן המודיעים ואין יכול ליכנס מפני גמלים וקרונות המעכבות אותו יכול לא יהא חייב ת"ל ובדרך לא היה והרי לא היה בדרך: אמר רבא שיתא אלפי פרסי הוי עלמא וסומכא דרקיעא אלפא פרסי חדא גמרא והדא סברא סבר לה כי הא *דאמר רבה בר בר חנה א"ר יוחנן כמה מהלך אדם בינוני ביום י' פרסאות מעלות השחר ועד הנץ החמה ה' מילין משקיעת החמה עד צאת הכוכבים חמשה מילין נמצא עוביו של רקיע אחד משׁשה ביום מיתיבי רבי יהודה אומר עוביו של רקיע אחד מעשרה ביום תדע כמה מהלך אדם בינוני ביום עשר פרסאות ומעלות השחר עד הנץ החמה ארבעת מילין משקיעת החמה ועד צאת הכוכבים ארבעת מילין נמצאת עוביו של רקיע אחד מעשרה ביום תיובתא דרבא תיובתא דעולא תיובתא לימא תיהוי תיובתא דר' יוחנן אמר לך אנא בימֵמא הוא דאמרי ורבנן הוא דקא טעו חשבן דקדמא וחשובא לימא תיהוי תיובתא דרבי חנינא לא °ויאיצו שאני ת"ש *מצרים הוי ארבע מאות פרסה על ארבע מאות פרסה ומצרים אחד משׁשים בכוש וכוש אחד משׁשים בעולם ועולם אחד משׁשים בגן וגן אחד משׁשים בעדן ועדן אחד משׁשים בגיהנם נמצא כל העולם כולו ככיסוי קדירה לגיהנם תיובתא תא שמע דתנא דבי אליהו רבי נתן אומר (א) *כל הישוב כולו תחת כוכב אחד יושב תדע שהרי אדם נותן עינו בכוכב אחד הולך למזרח עומד כנגדו לארבע רוחות העולם עומד כנגדו מכלל דכל הישוב כולו תחת כוכב אחד יושב תיובתא ת"ש *עגלה בצפון ועקרב בדרום וכל הישוב כולו אינו יושב אלא בין עגלה לעקרב וכל הישוב כולו אינו הוה אלא שעה אחת ביום שאין חמה נכנסת לישוב אלא שעה אחת ביום תדע שבחמש חמה במזרח ובשבע חמה במערב חצי שש וחצי שבע חמה עומדת בראש כל אדם תיובתא ת"ש דאמר *ר' יוחנן בן זכאי מה תשובה השיבתו בת קול לאותו רשע בשעה שאמר °אעלה על במתי עב אדמה לעליון יצתה בת קול ואמרה לו רשע בן רשע בן

בן

רש"י

ולרב יהודה לא קשיא · דקסבר טמא לנפש סתמא כתיב ואפילו שביעי שלו במשמע כדאוקימנא בהילך פירקין (דף צ:) דסבר לה כמאן דאמר טמאי מת מזוה היו שחל שביעי שלהן בערב הפסח: **בסוסים ובפרדים** · במרוצה: **יכול יהא חייב** · כרת אם לא הגיע לעזרה בשעת שחיטה: **והלה היה** · דחוץ למודיעין דרך רחוקה הוא: **מפני גמלים וקרונות** · והוא היה מביא בניו ובני ביתו *עליהן: **ת"ל** · שאין זה אונס שיש לו להשמט ולילך יחידי ולשחוט: **שיתא אלפי פרסי הוי עלמא** · היקף הילוך החמה בתוך החלל ממזרח למערב: **וסומכא דרקיעא** · עוביו של רקיע: **חדא גמרא** · שיתא אלפי פרסי דעלמא גמר' הוה גמריה והא דאלפא פרסי סומכא דרקיע הוה סבר לה מדעתי' מההיא דשית אלפי פרסי דגמרא: **עוביו של רקיע אחד מששה ביום** · מהגלה ועד שקיעתה שהרי אדם מהלך שלשים מילין מהגלה ועד שקיעתה ובתוך מהלך שלשים מילין לאדם היא מהלכת את כל העולם שהוא ששת אלפים פרסי וכדי מהלך חמשה מילין הוי אחד מששה בשלשים מילין אלמא סומכא דרקיעא אלפא פרסי שבכל מהלך חמשה מיל לאדם החמה מהלכת אלף פרסאות וי"מ שיתא אלפי פרסי היינו לאורך או לרוחב ולא נהירא לן כלל שהרי אין החמה מהלכת לאורכו של עולם אלא מקיפתו: **ה"ג ר"י אומר כו' אחד מי' ביום** · ר"י קא חשיב לכוליה יומא מעלות השחר ועד צאת הכוכבים מיהו בהא מותבינן לרבא דקתני הכא מעלות השחר ועד הנץ החמה ארבעה מילין דהיינו עובי הרקיע וכן משקיעתה ועד צאת הכוכבים ארבע' מילין פשו להו ל"ב מילין מהנץ החמה ועד שקיעה ותיובתא דרבא ודעולא דאמרי שלשים מילין: **נימא תיהוי תיובתא דר"י** · כלומר נימא דהא דאמרי' לעיל בדרבה בר בר חנה מעלות השחר ועד הנץ החמה חמשה מילין עולא רבה בר בר חנה אמר לה ומשמיה דר' יוחנן ותיהוי הך נמי תיובתיה: **כי אמינא אנא בימָמא אמרי** · אני כללתי של כל היום מעלות היום עד צאת הכוכבים עשרה פרסאות ולא פירשתי כמה קודם הנץ החמה ואחר שקיעתה ורבנן טעו ורבא שפירשו הדבר טעו בקדמא וחשובא שרוב בני אדם מהלכין חמשה מילין קודם הנץ החמה ע"י שמשכימין קודם עלות השחר וכן אחר שקיעתה על ידי שמחשכין ליכנס אחר צאת הכוכבים: **תיובתא דרבי חנינא** · דאמר מסדום ועד צוער חמשה מילין והתם בהדיא מפרש קרא מעלות השחר עד הנץ החמה דכתיב (בראשית יט) וכמו השחר עלה וגו' וכתיב (שם) השמש יצא על הארץ: **וכוש אחד מששים בעולם** · אלמא עולם טפי משיתא אלפי פרסי: **ליסוי קדירה** · דבר מועט: **כל הישוב כולו** · של בני אדם: **תחת כוכב אחד עומד** · וכמה כוכבים יש ברקיע לאין מספר וכיון דכוכב אחד מחזיק את כל הישוב ורואין אנו שהישוב יותר מאלף פרסה הרי כמה כוכבים שברקיע ישוב אחד לכל כוכב בימים ובנהרות ומדברות ואילו אין ברקיע אלא ששה כוכבים הרי כאן ששת אלפים פרסי לעלמא וכ"ש שיש כוכבים יותר מו' אלפים כוכב לכל פרסה: **הולך למזרח** · לסוף העולם לקץ שנים הרבה יראה אל אותו מקום שהיה רואהו כשהיה עומד במערב ואילו לא היה מחזיק כל הישוב כשהוא עומד במערב ורואהו על ראשו כשהוא למזרח לא היה רואהו על ראשו אלא מן הצד באלכסון כפי מה שעבר ונמשך מתחתיו: **עגלה** · אותן כוכבים העשוים כעגלה והוא מזל שור: **בין עגלה לעקרב** · ולא שמחזיק כל אויר שביניהם שהרי כמה כוכבים יש ביניהם וכל אחד כדי ישוב אלא ישוב בין שניהם עומד שהרי כל אדם רואה בצפונו עגלה ובדרומו עקרב: **וכל הישוב** · אינה מהלכת החמה אלא שעה אחת ביום אלא חצי שש וחצי שבע חמה עומדת בראש כל אדם רואה החמה על ראשו והיינו אותה שעה שהחמה מהלכת ברקיע נגד הישוב: **תיובתא** · דרבא דקתני דמדברות וימים ונהרות מחזיקות אחד עשר חיצורי ישוב וקא חזינן דישוב גדול מאד ונמצא עולה עולם לכמה אלפים תיובתא דרבא: **לאותו רשע** · נבוכדנצר:

תוספות

לרב יהודה לא קשיא טמא שרץ רחמנא דחייה · וא"ת הואיל וסבר רב יהודה אין שוחטין וטמא דקרא היינו טמא שרץ אמאי לא יליף דרך רחוקה מטומאה דהיכא דלא יוכל ליכנס בשעת שחיטה לא ישחטו עליו כי היכי דאין שוחטין על טמא שרץ דהא ר"ע מדמי להו לעיל (ב) אהדדי וי"ל דסבר רב יהודה כיון דיכול ליכנס בשעת אכילה שוחטין עליו דלא דמי לטמא שרץ דהא טהור הוא ואינו חסר כלום אלא ביאה בעלמא ור' עקיבא מדמי דרך רחוקה שאינו יכול ליכנס בשעת אכילה לטמא ומייתי שפיר ראיה בהא דלא אמרי' כרבי אליעזר דאמר מאיסקופת עזרה ולחוץ ומסבר' אית לן למימר כל שאינו יכול ליכנס בשעת אכילה דהואיל וטהור הוא אין לו לדמותו אם יכול ליכנס בשעת אכילה:

רבי יהודה אומר משקיעת החמה עד צאת הכוכבים ארבע מילין · קשה לר"ת דבסוף במה מדליקין (שבת דף לד:) אמר איזהו בין השמשות משתשקע החמה כל זמן שפני מזרח מאדימין דברי ר"י ומסקי' התם דבין השמשות דר"י תלתא ריבעי מיל והכא קאמר ר"י גופיה ארבעה מילין וי"ל דהכא קאמר מתחלת שקיעה דהיינו משעה שמתחלת החמה ליכנס בעובי הרקיע עד הלילה הוי ד' מילין והתם קאמר מסוף שקיעה*:

כל הישוב כולו תחת כוכב אחד עומד · הך פליגא אהא דאמר בעלמא כל העולם כולו שליש ימים שליש מדברות שליש ישוב דא"כ לא היה להיות ברקיע אלא שלשה כוכבים ואפילו אם נאמר דאין ים אוקינוס בכלל שליש ימים וקיימי כל הכוכבים כנגד ים אוקינוס מ"מ פליג אדאמרי' לקמן מן הארץ עד לרקיע ה' מאות שנה ובמס' תמיד (דף לב.) משמע דממזרח למערב כמו מן השמים לארץ ואי כל הישוב תחת כוכב א' עומד א"כ אורך העולם כמה אלפים שנה שהרי אין מספר לכוכבים וגם חשבון של ה' מאות שנה פליג אחשבון דכוס אחד מס' בעולם*:

[ועי' תוס' שבת לה. ד"ה תרי תילתי ותוס' מנחות כ: ד"ה נפסלו ותוס' זבחים ט. ד"ה מנין]

[ועי' תוס' מנחות קח. ד"ה מן השמים] מעולם

הגהות הב"ח

(א) גמ' כל הישוב כולו. נ"ב עיין בפ' ע"פ דף קח ע"ב במ"ש התוס' בד"ה מן השמים: (ב) תוס' ד"ה לרב יהודה וכו' מדמי להו לעיל. נ"ב לעיל דף צג ע"ב בתוספות:

[לעיל צג:]

[ס"א עמו] [לעיל צג:]

תענית דף י.

[ע' תוספות דלקמן קיח: ד"ה מן השמים]

עירובין דף נ.

[חגיגה יג.]

רבינו חננאל

[illegible]

עין משפט נר מצוה

יא א מיי' פ"ה מהל' ק"פ הלכה ד:
יב ב מיי' פ"ו מהלכות ק"פ הלכה ו:

מעולם לא מצינו עגלה בדרום ועקרב בצפון · נ"ל דעגלה לאו היינו מזל שור כדפי' בקו' ועקרב נמי אינו עקרב די"ב מזלות דבפ"ק דר"ה (דף יא:) קאמר די"ב מזלות לעולם ששה למטה מן הארץ וששה למעלה וכשהא' עולה שכנגדו שוקע והכא אמר שאינן זזים ממקומן ושניהם לעולם למעלה אלא אחרים הם:

ואין דרך רחוקה לטמא · קלת תימה כשהוא עומד חוץ לעזרה והוא ערל או טמא חייב בפסח ואם ימול ויטהר יפטר מיהו דוגמת זה מלינו כל הראוי לבילה אין בילה מעכבת בו (מנחות קג:):

מה להלן חוץ לאכילתו · לא היה לרש"י להזכיר כאן ואין שאתו אלא אכילה דלא צריכה לכך אלא במעשר שני בירושלים שנטמא:

אף כאן חוץ לאכילתו · ובספרי מסיים ואיזה מקום אכילתו מפתח ירושלים ולפנים (ד) ולא מייתי תנאי אלא כלומר כיון דלשכחן תנאי דפליגי אליבא דר' אליעזר בשיעור דרך רחוקה ה"נ ההוא דקתני ערל שלא מל ענוש כרת סבר לר' אליעזר דרך רחוקה מן המודיעים ולחוץ דהשתא לא מצי עייל:

בטומאה הלך אחר העומדים בעזרה · פי' בעשיית פסח בטומאה הלך אחר טהורים העומדים בעזרה דאותם שבחוץ הם בדרך רחוקה:

שומע אני · רש"י לא גרס אפילו ב' וג' פרסאות והדין עמו דמשום הכי לא הוי דרך רחוקה כיון שיכול לבוא בשעת שחיטה או בשעת אכילה לכך נראה לגרוס כדאיתא בתוספתא: מה

[ערוך בשם ר"ח גרס כסדנא דריחיא ע"ש והגי' שלפנינו הוא גי' רבינו גרשום ע"ש]

בן בנו של נמרוד הרשע *שהמריד את כל העולם כולו עלי במלכותו כמה שנותיו של אדם שבעים שנה ואם בגבורות שמונים שנה שנאמר °ימי שנותינו בהם שבעים שנה ואם בגבורות שמונים שנה מן הארץ עד לרקיע מהלך חמש מאות שנה ועוביו של רקיע מהלך ה' מאות שנה ובין (כל) רקיע לרקיע מהלך ה' מאות שנה וכן בין כל רקיע ורקיע °אך אל שאול תורד אל ירכתי בור תיובתא ת"ר חכמי ישראל אומרים גלגל קבוע ומזלות חוזרין וחכמי אומות העולם אומרים גלגל חוזר ומזלות קבועין א"ר תשובה לדבריהם מעולם לא מצינו *עגלה בדרום ועקרב בצפון מתקיף לה רב אחא בר יעקב ודילמא *כבוצינא דריחיא א"נ כצינורא דדשא חכמי ישראל אומרים ביום חמה מהלכת למטה מן הרקיע ובלילה למעלה מן הרקיע וחכמי אומות העולם אומרים ביום חמה מהלכת למטה מן הרקיע ובלילה למטה מן הקרקע א"ר °ונראין דבריהן מדברינו שביום מעינות צוננין ובלילה רותחין תניא ר' נתן אומר בימות החמה חמה מהלכת בגובה של רקיע לפיכך כל העולם כולו רותח ומעינות צוננין בימות הגשמים חמה מהלכת בשיפולי רקיע לפיכך כל העולם כולו צונן ומעינות רותחין תנו רבנן בארבעה שבילין חמה מהלכת ניסן אייר וסיון מהלכת בהרים כדי לפשר את השלגין תמוז אב ואלול מהלכת בישוב כדי לבשל את הפירות תשרי מרחשון וכסליו מהלכת *בימים כדי ליבש את הנהרות טבת שבט ואדר מהלכת במדבר שלא ליבש את הזרעים: ורבי אליעזר אומר מאסקופת כו': ואע"ג דמצי עייל ולא אמרינן ליה קום עייל *והתניא *יהודי ערל שלא מל ענוש כרת דברי רבי אליעזר אמר אביי *דרך רחוקה לטהור ואין דרך רחוקה לטמא רבא אמר תנאי היא דתניא רבי *אליעזר אומר נאמר ריחוק מקום בפסח ונאמר ריחוק מקום במעשר מה להלן חוץ לאכילתו אף כאן חוץ לאכילתו רבי יוסי בר רבי יהודה אומר משום רבי אליעזר חוץ לעשייתו כמאן אזלא הא דאמר רבי יצחק בר רב יוסף בטמאים הלך אחר רוב העומדין בעזרה כמאן כרבי יוסי בר רבי יהודה שאמר משום רבי אליעזר: אמר לו רבי יוסי לפיכך וכו': תניא *רבי יוסי הגלילי אומר דרך (א) שומע אני מהלך שנים או שלשה ימים כשהוא אומר °ובדרך לא היה מגיד שמאסקופת העזרה ולחוץ קרוי דרך: מתני'

[בכורות נה: ד"ה אין וכו' העתיקו כאלעג הדבור כדף נו. באויר]
[לעיל סט.]
[לעיל נג:]
[תוספתא פ"ח]
[תוספתא פ"ח כגירסת רש"י דהכא ד"ה ה"ג בתוספתא כו']

בן בנו של נמרוד · לאו דוקא בן בנו אלא כלומר מזרע נמרוד: שהמריד · שיעץ לאנשי דור הפלגה לבנות מגדל להלחם בבעל השמים שהוא היה מלך בבבל כדכתיב (בראשית י) ותהי ראשית ממלכתו בבל: וכן בין רקיע לרקיע · *לאורכו של עולם כמדת אורך גובהו כדכתיב אשר ברא אלהים אדם על הארץ ולמקצה השמים וגו' במסכת חגיגה (דף יב:) דריש ליה הכי אלמא עולם מהלך חמש מאות שנה ולא וחשוב עשר פרסאות ליום נמצא עולה לכמה אלפים ותיובתא דרבה: גלגל · כמין אופן ברקיע שהמזלות נתונים בו גלגל קבוע ואינו מגלגל אלא כעין אופן עגלה המונח בקרקע אבל המזלות מהלכים סביב הילוך מוטט ואין מקיפין את הגלגל אלא כל מזל משמש את החמה כל ממקומו ומוליכו עד חבירו וחוזר למקומו לפיכך אין עגלה נראית בדרום ולא עקרב בצפון שהרי אין מקיפין אלא מהלכין הילוך מוטט וחוזרין: לא מצינו עגלה בדרום ועקרב בצפון · ואי ס"ד גלגל חוזר ומזלות קבועין נמצא גלגל מוליך ומגלגל המזלות לכל ד' הרוחות (ב) כשם שהוא מגלגל והיינו כמין אופן ונתון ברקיע חציו למטה מן (ג) הרקיע וחציו למעלה מן הרקיע וכשעולה לזד זה שוקע לזד זה אחר לפי דברי חכמי אומות העולם שאומרים גלגל חוזר ולפי דברי חכמי ישראל שאומרים גלגל קבוע אין לפרש שוקע ועולה אלא במזלות: דילמא כי בוצינא דריחיא · כברזל התחוב בנקב רחב שבריחים שהשוכב עומד במקומו והברזל חוזר ואם באת לגלגל השוכב מתגלגל סביב הברזל והברזל עומד במקומו: אי נמי כי צינורא דדשא · שהדלת סובבת בחור המפתן העליון והמפתן במקומו עומד ואם באת לגלגל המשקוף הוא מתגלגל סביב הציר והדלת עומד במקומו וכך הגלגל מתגלגל בפני עצמו ומוליך החמה והמזלות קבועים בגלגל אחר בתוכו ואותו הגלגל אינו זז ממקומו אלא גלגל חיצון מוליך חמה על פני כל המזלות אי נמי גלגל חמה מבפנים וגלגל המזלות מבחוץ: למטה מן הרקיע · זורחת על הארץ כאשר אנו רואין ובלילה למעלה מן הרקיע זורחת ואינה נראית למטה: ה"ג וחכמי או"ה אומרים ביום למטה מן הרקיע ובלילה למטה מן הקרקע: מעינות צוננין · אין לך מים נובעין שאינו צונן ביום יותר מבלילה ואע"פ שמי נהרות חמין הן ביום בחום הקיץ הוא זה מפני שרחקו ממקום נביעתן ונתחממו בחום העולם אבל תכף נביעתן הן צונן ביום לפי שהחמה גבוהה מהן: ובלילה מעינות רותחין · שהחמה מחממתן תחת הקרקע תדע שבעלות השחר אתה רואה עשן על הנהרות: בשפולו של רקיע · סמוך לקרקע בשולי הכיפה: לפיכך כל העולם צונן · שאינה מהלכת אלא בצדי העולם: ומעינות רותחים · דהיינו אצל המים מצדי העולם שהמעינות באות מהם: בארבעה שבילין · מהלכת גבורתה של חמה: ולא אמרינן ליה קום עייל · ואי לא עיילת מיחייבת כרת: ענוש כרת · משום פסח אלמא אמרינן ליה קום מהול: דרך רחוקה · פטרה את הטהור והרי הוא בדרך רחוקה דחוץ לעזרה דרך רחוק מיקרי דילפינן מריחוק מקום דמעשר מה להלן חוץ למקום הכשירו אף כאן חוץ למקום הכשירו דפסח בעזרה היא הלכך לא אמרינן ליה קום עייל אבל אין דרך רחוקה בטמא דלאו משום טעמא דריחוק איפטר טמא אלא משום דלא מצי אכיל לאורחא והכי נמי אין דרך רחוקה לערל והאי דנקט טמא משום דלעיל (דף נג:) אמרו להאי שינויא גבי טמא וכיון דערל מצי לתקוני נפשיה מיחייב דלא פטריה רחמנא לטמא אלא משום דלא מצי למיכל באורחא והאי מצי למיכל והכי נמי ערל: נאמר ריחוק מקום בפסח · או בדרך רחוקה לכם (במדבר ט) ריחוק מקום במעשר כי ירחק ממך המקום (דברים יד) חוץ לחומת ירושלים אפילו פסיעה אחת דכתיב כי לא תוכל שאתו ואין שאת אלא אכילה במס' מכות (דף יט:): חוץ לאכילתו · חומת ירושלים אבל חוץ לעשייתו דהיינו חומת עזרה לא דאמרינן קום עול: חוץ לעשייתו · דגמריק מריחוק דמעשר הכי מה להלן חוץ להכשירו והכשירו דפסח בעזרה אלמא איכא תנאי דפליגי בדר' אליעזר ותנא דערל שלא מל פליג ואמר דלא פטר רבי אליעזר אלא בעומד חוץ למודיעים דלא מצינו למימר ליה קום עול: הלך אחר רוב העומדים בעזרה · אם רובן טמאין אע"פ שבחוץ ישראל טהורין הרבה יעשה בטומאה דדרך רחוקה היא לאותן העומדין מבחוץ ואינן חשובין בעושי פסח ובתר הני [שבעזרה] אזלינן: ה"ג בתוספתא ר' יוסי הגלילי אומר דרך רחוקה שומע אני מהלך שנים ושלשה ימים כשהוא אומר ובדרך לא היה מגיד שמאסקופת עזרה ולחוץ קרוי דרך ובספרים היא משובשת:
מתני'

מסורת הש"ס

ס"א ואורכו

[ערכין נג.]

הגהות הב"ח

(א) גמ' דרך רחוקה שומע אני: (ב) רש"י ד"ה לא מלינו וכו' לארבע הרוחות נ"ב פי' אף מדרום לצפון ומצפון לדרום: (ג) בא"ד כמין אופן ונתון ברקיע חליו למטה מן הקרקע וחליו למעלה מן הקרקע וכשעולה לזד זה: (ד) תוס' ד"ה אף כאן וכו' ירושלים ולפנים תנאי הוא לא מייתי תנאי:

גליון הש"ס

גמ' ונראין דבריהם. עי' ביצה מקוואות כתובות יג: ד"ה השבתנו על המחוברת שכתב משמו של ר"ת דלא"ג דהודו חכמי ישראל לחכמי אומות העולם ...

רבינו חננאל

כו' אלו כולן עלו להו בתיובתא תדחו דבריו: ת"ר חכמי ישראל אומרים גלגל קבוע ומזלות חוזרין וחכמי אומות העולם אומרים גלגל חוזר ומזלות קבועין אמר רבי תשובה לדבריהם אם היו המזלות קבועין והגלגל הוא החוזר היינו רואין פעמים עגלה בדרום ועקרב בצפון מדלא חזינן הכי ש"מ הגלגל קבוע והמזלות חוזרין ואתקיף עלה רב אחא בר [רב] יעקב ודלמא כי סרנא דריחיא פי' כמו הסדן הוה אע"פ שסובב הגלגל הקבוע בו עולה ויורד שני קצות הסדן במקומן נראין לעולם אין הדרומין נראה בצפון ולא הצפוני בדרום אי נמי כצנורא והדבר אחד: ת"ר חכמי ישראל אומרים חמה מהלכת ביום למטה מן הרקיע ובלילה למעלה מן הרקיע כמו שפרשנו ר' יהודה ורבה וחכמי אומות העולם אומרין חמה מהלכת ביום למעלה מן הארץ ובלילה למטה מן הארץ ואמר רבי נראין דבריהם מדברינו ומפורשת עוד בבראשית רבה. כיצד חמה ולבנה שוקעין ר' יהודה בר אילעאי אומר מאחורי כיפה [למעלה] רבנן אמרי מאחורי כיפה ולמטה ר' שמעון בן יוחאי אומר אין אנו יודעין באויר אם שפין הן ברקיע ואם מהלכין הן כדרכן: תניא ר' יוחנן אומר בימות החמה חמה מהלכת בגובהה של רקיע לפיכך כל העולם רותח ומעינות צוננין בימות הגשמים חמה מהלכת בשפולי הרקיע לפיכך העולם כולו צונן ומעינות רותחין: ת"ר בארבעה שבילין חמה מהלכת ניסן אייר סיון בהרים כדי לפשר השלגין תמוז אב ואלול בישוב כדי לבשל הפירות כו': ר' אליעזר אומר מאסקופת העזרה ולחוץ ואקשי' ולא אמרי' ליה עול ועביד פסח והתניא ערל שלא מל ועשה פסח חייב כרת דברי ר' אליעזר אלמא אמרי' ליה קום מהול ועביד פסחא ושני' ערל כטמא ובטהרה תלנהו רחמנא והני יכלו לטהר ולעשות פסח פשעו ולא טהרו ולא עשו חייבין אבל הטהור בדרך תלי רחמנא והוא היה בדרך ריחוק מקום כמעשר שנאמר (דברים יד כד) וכי ירחק ממך המקום וגו' חוץ לאכילתו: אמר ר' יוסי לטה

§ מסכת פסחים דף צד: §

אות א'

יהודי ערל שלא מל, ענוש כרת

רמב"ם פ"ה מהל' קרבן פסח ה"ד - טמא שיכול ליטהר בפסח ראשון, שלא טבל אלא ישב בטומאתו עד שעבר זמן הקרבן, וכן ערל שלא מל עד שעבר זמן הקרבן, הרי זה מזיד בראשון, לפיכך אם לא עשה את השני אפילו בשגגה, חייב כרת.

אות ב'

בטמאים הלך אחר רוב העומדין בעזרה

רמב"ם פ"ז מהל' קרבן פסח ה"ו - כיצד משערים הפסח לידע אם רוב הקהל טמאים או טהורים: [א]אין משערין בכל האוכלין, שאפשר שיהיו עשרים נמנין על פסח אחד ומשלחין אותו ביד אחד לשחוט עליהן; אלא משערין בכל הנכנסים לעזרה, [ב]ועד שהן מבחוץ קודם שתכנס כת הראשונה משערין אותן.

באר הגולה

[א] ‹כלומר דלילך אחרי כל ישראל שבירושלים, מי יוכל לדעת זאת, ואם נאמר למנות הפסחים, הלא המנויים אינם שוים על כל פסח - ערוה"ש› [ב] ‹פרק מי שהיה (דף צ"ד:) בטמאים הלך אחר רוב העומדים בעזרה. ובירושלמי פ' כיצד צולין (הלכה ו') לטומאה הלכו אחר רוב נכנסים לעזרה, מה בכל כת וכת משערים, או אין משערין אלא כת הראשונה בלבד, א"ר יוסי ב"ר בון, עד שהם מבחוץ הן משערין את עצמן - כסף משנה. **כשכל** ישראל עומדין חוץ לעזרה, ורואין אם רוב טהורין או טמאין - קרבן עדה›. ‹**ובגמ'** (צד, ב) איתא דהולכין אחר רוב העומדין בעזרה, אך זה מבואר שם, דזהו למאן דס"ל דדרך רחוקה הוי מאסקופת העזרה ולחוץ ע"ש, ואנן קיי"ל ט"ו מיל, ולכן לא פסק הרמב"ם כן, ופסק דמשערים כמו שהם בחוץ, דכן הוא מסקנת הירושלמי פ' כיצד צולין הלכה ו' ע"ש. {**וכן** משמע דהכסף משנה ג"כ אינו פוסק כגמ' דידן רק כהירושלמי, ודלמא גם העין משפט אינו מביאו אלא כמו שהביאו הכסף משנה, דהוא הלכה דומה, ולא דפסקינן כוותיה}.
ומ"מ מה דאיתא דהולכין אחר רוב העומדין בעזרה, אין לה הבנה, דאיך שייך לשער רוב טמאים או רוב טהורים לאותן העומדים בעזרה, הא הטמאים אסורים להיות בעזרה, **ואפילו** אם נאמר דלאו דווקא בעזרה, אלא בהר הבית או בחיל או גם בעזרת נשים, שטמאי מתים מותרים ליכנס לשם, מ"מ פשיטא שהטמאים לא יבואו לבהמ"ק, ולמה יבואו, הלא יודעים שטמא נדחה לפסח שני. **וצ"ל** שהיו רגילים לבא, דאולי יהיו הם הרוב ויקריבוהו בטומאה בראשון, **אך** באמת דוחק גדול הוא זה, דהא ודאי מקרה רחוקה היא שרוב ישראל יהיו טמאי מתים. **ולפיכך** נראה שהיו הב"ד שולחים מקודם כמה ימים שלוחים בכל ירושלים, ומבקשים שיבואו הטמאים ג"כ, למען לידע החשבון - ערוה"ש›

§ מסכת פסחים דף צה. §

אות א'

מה בין פסח הראשון לשני

רמב"ם פ"י מהל' קרבן פסח הט"ו - מה בין פסח ראשון לפסח שני: הראשון אסור בחמץ בבל יראה ובל ימצא, ואינו נשחט על חמץ, ואין מוציאין ממנו חוץ לחבורה, וטעון הלל באכילתו, ומביאין עמו חגיגה, ואפשר שיבא בטומאה אם נטמא רוב הקהל טומאת מת כמו שביארנו; אבל פסח שני חמץ ומצה עמו בבית, ואינו טעון הלל באכילתו, [א]ומוציאין אותו חוץ לחבורתו, ואין מביאין עמו חגיגה, ואינו בא בטומאה; ושניהם דוחין את השבת, וטעונין הלל בעשייתן, ונאכלין צלי [ב]בבית אחד על מצה ומרור, ואין מותירין מהן, ואין שוברין בהן את העצם. ולמה לא ישוה השני לראשון לכל הדברים מאחר שנאמר: ככל חקת הפסח יעשו, לפי שפירש בו מקצת חקת הפסח, ללמד שאינה שוה לראשון אלא בדברים שנתפרשו בו, והן המצות שבגופו והם חקת הפסח. [ג]שכלל זה שנאמר במצרים, שילקח הפסח מבעשור, ושהוא טעון הגעת דם באגודת אזוב למשקוף ולשתי המזוזות, ושיאכל בחפזון, אין אותן הדברים נוהגות לדורות, ולא נעשו אלא בפסח מצרים בלבד.

אות ב'

דכמה דאפשר לאהדורי מהדרינן

רמב"ם פ"ב מהל' קרבן פסח ה"ב - יחיד ששחט את הפסח לעצמו, כשר, [ד]והוא שיהיה ראוי לאכול את כולו, [ה]ומשתדלין שלא ישחט לכתחלה על יחיד, שנאמר: יעשו אותו.

אות ג' – ד'

לא תעשה מנין

לא תעשה גמור מנין

רמב"ם פ"י מהל' קרבן פסח הט"ו - עיין לעיל אות א'.

באר הגולה

[א] ‹יש לתמוה על זה, דהא תניא התם בגמ' ככל חקת הפסח יעשו אותו, יכול כשם שהראשון אסור בבל יראה ובל ימצא כך שני אסור וכו', ת"ל וכו', בכלליה דלא ישאירו ממנו עד בקר מאי קא מרבה ליה, לא תוציאו ממנו, דדמי ליה, דהאי מיפסיל בנותר והאי מיפסיל ביוצא, וא"כ קשה היכי ממעט רבינו יוצא. **וי"ל** דבגמ' קאמר דמרבי ליה משום דדמי ליה דהוי לאו שניתק לעשה דומיא דנותר. ופירש"י דלית ליה להאי תנא הא דתניא בפ' כיצד צולין, האוכלו ה"ז בלא תעשה דובשר בשדה טריפה, אלא מותר להחזירו ולאכלו, עכ"ל. **ומאחר** דקי"ל כההוא תנא דמוציא חייב משום ובשר בשדה טריפה, תו ליכא לרבויי יוצא מנותר, שזה ניתק לעשה וזה לא ניתק לעשה – כסף משנה› [ב] ‹אך דבריו בעצמו סותרין, במה שכתב ונאכלין צלי בבית אחד, הרי דווקא בבית אחד, כדכתיב: בבית אחד יאכל לא תוציא מן הבית וגו'. וצ"ע על הכ"מ שלא העיר בזה. **לפיכך** נלע"ד שכוונה אחרת לוטה בדבריו, וגירסתו בגמ' היה כמו בגירסתינו, והיינו דבגמ' איתא דלא ישאירו ממנו הוי ל"ת שניתק לעשה, ודכוותיה מרבה לא תוציא ממנו, והקשה רש"י הא אינה ניתק לעשה, שהרי נפסל כטריפה שיצא חוץ למחיצתו, וכתב דלית ליה להאי תנא הא דתניא שם האוכלו ה"ז בל"ת משום ובשר בשדה טריפה ע"ש, וכמה מהדוחק הוא זה. **ולכן** מפרש הרמב"ם, דבפסח שני לא מרבה אלא שמצוה לאכלו בבית אחד ולא להוציאו מן הבית, כלומר מן החבורה, אבל שיפסל מפני זה אינו דומה לראשון, וזה שכתב מוציאין אותו חוץ לחבורתו, כלומר שאינו נפסל בכך, דזהו כמצוה שלא על גופו, אבל חוזרין אותו ואוכלין בבית אחד דווקא, דזהו מצוה שעל גופו – ערוה"ש› [ג] ‹וקשה, דמה נתינת טעם הוא להא דפסח שני, והול"ל דין בפני עצמו שזה אינו נוהג לדורות. **ואולי** כוונתו לומר, דלא תימא דככל חוקת אתא למימר שיעשו הפסח שני כחוקות פסח מצרים, שבו נאמר בפ' בא: זאת חוקת הפסח, לזה ביאר דאינו כן, דכל הנהו אינם נוהגים לא בפסח ראשון ולא בשני – דברי מלכיאל› [ד] ‹והטעם הוא כדי שלא יבא לידי נותר – רש"ש› [ה] ‹קשה מאחר שפסק כר' יוסי, מאי האי דקאמר שלא ישחט לכתחלה על היחיד, דר' יוסי אפי' לכתחלה מתיר. **ותירץ** ה"ר אברהם בנו של רבינו, שלא כתב בפירוש אין שוחטין לכתחלה, אלא דרך זירוז שמשתדלין שלא ישחט לכתחלה על יחיד, ולא סמך בזה אלא על הכתוב שהביא, יעשו אותו, והוא הכתוב האמור בפסח ראשון, כל עדת ישראל יעשו אותו, עכ"ל. **ואני** אומר דאכתי קושיין לא מיתרצא, שאם רבי יוסי מתיר לכתחלה ולא הצריך לזרז, ולא דרש הפסוק לכך, מנין לו לרבינו לחוש דבר שלא אמרו ר' יוסי. **אבל** התירוץ הנכון הוא, שדברי רבינו מבוארים בפרק מי שהיה (דף צ"ה), דקאמר ורבנן האי יעשו אותו מאי עבדי ליה, מיבעי ליה שאין שוחטין את הפסח על היחיד, דכמה דאפשר לאהדורי מהדרינן, ומשמע לרבינו דכר' יוסי אתיא, דאילו לר' יהודה מאי כמה דאפשר לאהדורי מהדרינן, הא אמר דאין שוחטין על היחיד כלל – כסף משנה› ‹**ואצטריך** למכתביה בפסח שני, דמינה ילפינן ליעשו אותו דכתיב בפסח ראשון, דאל"ה הו"א לאו דוקא ואורחיה דקרא הוא, וכעין מ"ש רש"י ז"ל בהך שמעתתא – בתי כהונה›

מסורת הש״ס

עין משפט נר מצוה

יג א מיי׳ פ״י מהל׳ ק״פ הלכה טו:

יד ב מיי׳ פ״ה מהלכות ק״פ הלכה ב:

טו ג ד מיי׳ פ״י מהל׳ ק״פ הלכה טו:

מתני׳ *מה בין פסח הראשון לשני הראשון אסור בבל יראה ובל ימצא והשני חמץ ומצה עמו בבית הראשון טעון הלל באכילתו והשני אינו טעון הלל באכילתו זה וזה טעון* הלל בעשייתן ונאכלין צלי על מצה ומרורים ודוחין את השבת: **גמ׳** ת״ר ככל חוקת הפסח יעשו אותו במצוה שבגופו הכתוב מדבר מצוה שעל גופו מנין ת״ל על מצות ומרורים יאכלוהו יכול אפילו מצות שלא על גופו ת״ל ועצם לא ישברו בו מה שבירת העצם מיוחד מצוה שבגופו אף כל מצוה שבגופו איסי בן יהודה אומר יעשו אותו במצות שבגופו הכתוב מדבר אמר מר יכול אף מצוה שלא על גופו הא אמרת במצוה שבגופו הכתוב מדבר הכי קאמר השתא דאמרת על מצות ומרורים יאכלוהו אלמא יעשו אותו לאו דוקא הוא אימא הוה ליה כפרט וכלל ונעשה כלל מוסיף על הפרט ואפילו כל מילי נמי קמ״ל איסי בן יהודה האי עצם מאי עביד ליה מיבעי ליה *לאחד עצם שיש בו מוח ואחד עצם שאין בו מוח ורבנן האי יעשו אותו מאי עבדי ליה מיבעי ליה *שאין שוחטין את הפסח על היחיד דכמה דאפשר לאהדורי מהדרינן ת״ר ככל חוקת הפסח יעשו אותו יכול כשם שהראשון אסור בבל יראה ובל ימצא כך שני אסור בבל יראה ובל ימצא ת״ל על מצות ומרורים יאכלוהו ואין לי אלא מצות עשה מצות ל״ת מנין ת״ל לא ישאירו ממנו עד בקר ואין לי אלא מצות ל״ת שניתק לעשה מצות ל״ת גמור מנין ת״ל ועצם לא ישברו בו מה הפרט מפורש מ״ע ול״ת שניתק לעשה ול״ת גמור אף כל מ״ע ול״ת שניתק לעשה ול״ת גמור בכלליה דמצות ומרורים מאי קא מרבי צלי אש בפרטיה מאי ממעיט ליה השבתת שאור איפוך אנא מצוה דגופיה עדיף בכלליה ישאירו ממנו עד בקר מאי קא מרבה ליה לא תוציא ממנו (דדמי ליה דהאי מיפסל בנותר והאי מיפסל ביוצא) בפרטיה מאי קא ממעט ליה לא יראה ולא ימצא (דדמי ליה דהאי אינו לוקה דהוה לאו שניתק לעשה והאי אינו לוקה דהוה ליה לאו שניתק לעשה) איפוך אנא מצוה דגופיה עדיף בכלליה דעצם לא ישברו בו מאי

מתני׳ מצה וחמץ עמו בבית. בגמ׳ יליף לה לטעמא דכולה מתניתין: (א) **גמ׳ ככל חוקת הפסח וגו׳.** בפסח שני כתיב: **אותו.** משמע גופו: **במצוה שבגופו הכתוב מדבר.** לא ריבה את השני לדין ראשון אלא במצות שבגופו כגון סדר עבודותיו ואכילת צלי אבל לא למצות שאינן בגופו כגון השבתת שאור: **מצוה שעל גופו מנין.** כגון מצה ומרור שהן דברים אחרים ובאין חובה לו: **יכול אף מצוה שלא על גופו.** כגון השבתת שאור ולקמיה פריך מנא תיתי והאמרת אותו משמע מצות שבגופו: **מה שבירת העצם מיוחדת.** לקמן יליף לה בפרט וכלל דפרטי כתיבי ברישא והדר כלל על מצות ומרורים יאכלוהו וכן לא ישאירו ממנו עד בקר ועצם לא ישברו בו פרטי ככל חוקת הפסח יעשו אותו כלל ולקמיה מפרש לה: **איסי בן יהודה אומר.** אינו צריך לא ישברו לכך אלא ללימוד אחר כדלקמן דאותו מצות שבגופו משמע: **הא אמרת אותו במצות שבגופו** גרסי׳: **ה״ק.** השתא דכתיב מצות ומרורים ואיתרבי מצוה שאינה גופו אלמא אותו לאו דוקא: **והוה ליה פרט וכלל.** דפרטי כתיבי ברישא: **ואימא נעשה כלל מוסיף על הפרט.** ואיתרבי כל מילי אפילו השבתת שאור שאינה על גופו: **קמ״ל.** ועצם לא ישברו דלא תדרוש כלל מוסיף על הפרט לרבויי כל מילי אפי׳ השבתת שאור דאם כן כל הני פרטי למה לי אלא להכי כתבינהו לכולהו למידרש תוספתא דכללא לכל חד וחד ומרבי דומיא דפרטי ותו לא וכולהו פרטי הוו דגופו ודעל גופו והיינו דקאמר הכא דפרטי ועצם לא ישברו ממעט מצות שלא על גופו כגון לא תשחט על חמץ כדלקמן ולקמן בברייתא מפרש מאי מרבי כללא לכל חד וחד ומאי ממעט פרטא: **מאי עביד ליה.** מככל חוקת הפסח נפקא ליה דהא לדידיה אותו דוקא וממעט שלא על גופו וממילא מתרבה שבירת עצם דהא מצוה שבגופו היא ותמיהה לי אמאי לא בעי נמי לא ישאירו לאיסי מאי עביד ליה דהא מצוה שבגופו היא: **מיבעי ליה לאחד עצם כו׳.** דהכי דרשינן בכילד צולין (לעיל דף פה.) כשהוא אומר ועצם לא ישברו בפסח שני שאין ת״ל האי א׳ עצם כו׳: **ורבנן.** דאמרי אותו לאו דוקא למאי איכתב: **שאין שוחטין.** פסח שני על היחיד שנדחה לו להכי כתב יעשו לשון רבים דכמה דאפשר לאהדורי אחר טמא חבירו להמנותו עמו מהדרינן כגון לטמא אחד בשרץ ואידי דכתיב יעשו כתיב אותו דאע״ג דכתיב ברישא יעשו אותו אי לא כתביה זימנא אחריתי הוה אמינא אורחיה דקרא הוא: **ת״ל על מצות ומרורים וגו׳.** והדר כתיב כללא עליה לרבויי דומיא דידיה וכל מילי לא אמרינן דנירבי דא״כ כל הני פרטי למה לי ופרטא ממעט דכוותיה כדמפרש לקמן דכללא דכל חוקת הפסח מהדרינן אכולהו פרטא לרבויי בכל פרטא דומיא דידיה ולמעוטי מפרט׳ נמי דומיא דידיה ומחד מפרטיה ממעטינן בל יראה ובל ימצא לקמן ובברייתא רמוזי מרמזא והולא כללי מאי מרבו ופרטי מאי ממעטי ודכוותיה מרבו וממעטי: **ואין לי.** שיהא כלל מוסיף אלא על הפרט של עשה מצות ומרורים דכוותיה אבל אם שהוא מ״ע ופרט נמי ממעט דכוותיה השבתת שאור: **ל״ת מנין.** שירבה הכלל וכן הפרט ימעט ל״ת ת״ל לא ישאירו ממנו עד בקר וכתיב כללא לאהדורי עליה לרבויי דכוותיה לאו הניתק לעשה ולמעט בפרטיה לא יראה ולא ימצא דלאו שניתק לעשה נינהו כדמפרש במסקנא: **ואין לי אלא כו׳ ל״ת גמור מנין.** שירבה [הכלל] וימעט פרט ת״ל לא ישברו וכתב כללא לאהדורי עליה לרבויי דכוותיה בכללא ולמעוטי דכוותיה בפרטא כדלקמן: **בפרטיה מאי קא ממעט.** דכל פרטא משמע מיעוטא דכוותיה דהכי משמע האי ולא מידי אחרינא השבתת שאור דהויא נמי כמצות עשה: ל״ת דמותיר לאו הניתק לעשה הוא דכתיב גבי ראשון והנותר ממנו וגו׳: **לא תוציא.** לאו הניתק לעשה הוא דכתיב בבית אחד יאכל לא תוציא וגו׳ ומשמע לא תוציא לאוכלו אלא בבית אחד יאכל בעמוד והחזר קאי אם הוציאו ולית ליה להאי תנא הא דתני בכילד צולין (פה:) האוכלו הרי זה בל״ת דובשר בשדה טרפה (שמות כב) אלא מותר להחזירו ולאוכלו: **ולא יראה.** ואם נראה תשביתהו לעולם הוא בעמוד והשבת כל ימות המועד: **בכלליה דעצם לא ישברו בו.** דמרבי לא תעשה גמור מאי

מה בין ראשון לשני. בתוספ׳ (פרק ח) קתני נמי הראשון נשחט בג׳ כיתות ואין השני נשחט בג׳ כיתות והכא לא ושייר דשייר נמי ביקור ד׳ ימים דליתיה בשני כדאמר בגמ׳ (דף ס׳) ובתוספתא דלא קתני ביקור דלא קחשיב אלא הנך שנוהגין בפסח לבדו וביקור נוהג נמי בתמיד:

ואיסי בן יהודה עצם לא ישברו בו מאי עביד ליה. תימה לאיסי לא ישאירו ממנו עד בקר מאי עביד ליה דהא לדידי׳ לא צריך למעוטי בל יראה דמאותו מפיק מצוה שלא על גופו:

מיבעי ליה שאין שוחטין את הפסח על היחיד. קשה לרשב״א דתיפוק ליה מככל חקת הפסח והראשון נפקא לן בפרק האשה (לעיל דף צא.) דאין שוחטין אותו על היחיד מלא תוכל לזבוח את הפסח באחד וי״ל דלית ליה ההיא דרשה ובפסח ראשון נפקא ליה משום דלא גרע מפסח שני:

בכלליה דמצות ומרורים מאי קמרבי צלי אש. משמע משום מצות ומרורים דקאי כללא עליה מרבינן צלי אש ותימה כיון דפרט וכלל הוא בלא מצות ומרורים מרבינן צלי אש וכל מילי אפילו השבתת שאור ומפרטי ממעטי מכל חד וחד חדא מילתא כדאמר בריש מרובה (ב״ק דף סג:) דמסיק על כל דבר פשע כלל ריבויא וכל הני פרטי למה לי חד למעוטי עבדים כו׳ ויש לומר דודאי בלא מצות ומרורים ידעינן צלי אש *מכללא ומצות ומרורים לא אתא אלא למעוטי השבתת שאור ולא נקט האי לישנא בכלליה דמצות ומרורים מאי קמרבי צלי אש אלא משום דבעי למיפרך ואיפוך אנא: **לא** תוציא מן הבית. פי׳ בקונט׳ דלאו הניתק לעשה הוא דכתיב בבית אחד יאכל לא תוציא משמע לא תוציא לאוכלו בבית אחר אלא בבית אחד יאכל בעמוד והחזר קאי אם תוציאו וקשה לר״י היכי חשבינן ליה לאו הניתק לעשה והא לאו שקדמו עשה הוא ולא חשיב לאו הניתק לעשה כדאמרינן בפרק בתרא דמכות (דף טו׳):

בפרטיה קא ממעיט בל יראה. כאן משמע כמו שפירש ר״י בכל שעה (לעיל כח:*) דלא יראה הוי ניתק לעשה: פסח

רבינו חננאל

למה נקיר על ה״א לא מפני שרוקה וה״א אלא אפי׳ מאסקופת העזרה ולחוץ: **מתני׳** מה בין הראשון לשני הראשון אסור בבל יראה ובל ימצא והשני חמץ ומצה עמו בבית: **ת״ר** ככל חקת הפסח יעשו אותו במצוה שבגופו כגון צלייתו מצוה שעל גופו ואינה בגופו עצמו מנין ת״ל על מצות ומרורים יאכלוהו יכול אף מצוה שנוהגת בפסח ואינה לא בגופו ולא על גופו של פסח כגון השבתת שאור ת״ל ועצם לא תשברו בו מה שבירת עצם כו׳ ואקשי׳ אמאי צריך קרא למעוטי (מצה) [מצוה] שלא על גופו כגון השבתת שאור והא כתי׳ ככל חקת הפסח יעשו אותו ואוקים׳ במצוה שבגופו הכתוב מדבר כגון צלייתו מכלל שבמצוה אחרת אינה נוהגת בו ושני׳ הכי קא״ר השתא דאתא על מצות ומרורים יאכלוהו ורבי אפי׳ מצות שעל גופו אלמא האי דפשטנא ככל חקת הפסח במצוה שבגופו לאו דוקא הוא הוא״ל ואפקיה קרא איתא אפי׳ מצות שלא על גופו והא נוהגת בו קמ״ל ועצם לא תשברו בו מצוה שעל גופו אין מצוה שלא על גופו כגון השבתת שאור וחמץ וכיוצא בהן לא: **ואיסי** בן יהודה האי ועצם לא תשברו בו מבעי ליה׳ שאין שוברין בו כל עצם בין יש בו מוח בין אין בו מוח ות״ק סבר לה כר׳ דאמר מבעוד יום אין בו משום שבירת עצם הלכך כיון דאפשר ליה למתבריה מבעוד יום לאפוקיה למוחיה ולאכלה בלילא לא אתו עשה דאפשר לקיומיה כי האי גונא ודחי לא תעשה הלכך לא אתא ועצם לא תשברו בו אלא למעוטי מצוה שלא על גופו ותיפוק ליה דהאי סברא מיעשו אותו הוא בא ללמד דוקא רבים מכאן שאין שוחטין את הפסח על היחיד ומבעי׳ ליה דוקא יעשו רבים אבל יחיד לא מכאן שאין שוחטין את הפסח על היחיד: **ת״ר** ככל חקת הפסח יעשו אותו יכול כשם שהראשון כו׳. פי׳ מצאנו דפסח שני שכתב בין הערבים יעשו אותו וזה כלל פרט על מצות ומרורים יאכלוהו ועוד כתיב לא ישאירו ממנו עד בקר וכתיב עוד ועצם לא ישברו בו חזר וכלל ככל חקת הפסח יעשו אותו נמצא כלל פרט וכלל ואנו דורשים בכל אחד ואחד כלל ופרט וכלל אי אתה דן אלא כעין הפרט הלכך בין הערבים יעשו אותו כלל על מצות ומרורים יאכלוהו פרט ככל חקת הפסח יעשו אותו חזר וכלל עכשיו באין לדון כעין הפרט מה הפרט מפורש על מצות יאכלוהו דהיא עשה גרידתא אף אני ארבה דחייב לאכלו צלי דהוא עשה גרידתא וממעט השבתת שאור דאע״ג דהוא עשה גרידתא אינו על גופו לא ישאירו דהוא לאו שניתק לעשה שנאמר והנותר ממנו עד בקר באש תשרופו ריבה לא תוציא מן הבית מן הבשר חוצה שהוא כעין הפרט שזה נפסל בנותר וזה נפסל ביוצא וממעט יראה לך שאור דדמי ליה דהא

[עי׳ תוס׳ יומא כט סד״ה אלא]

[לעיל פה.]

[לעיל צא. וש״נ]

הגהות הב״ח

(א) רש״י ד״ה מצה וכו׳ דכולה מתניתין הס״ד ואח״כ נ״ל ד״ה צלי דאתרבי מכלליה דמצות ומרורי׳ הס״ד:

[ועי׳ בפרש״י דפסחים דף כח ד״ה כ״ז בל״מ]

מאי קא מרבה °אל תאכלו ממנו נא בפרטיה מאי קא ממעטי °לא תשחט על חמץ דם זבחי איפוך אנא מצוה דגופיה עדיף: הראשון טעון הלל באכילתו וכו': מנא הני מילי א"ר יוחנן משום ר' שמעון בן יהוצדק אמר קרא °*השיר יהיה לכם כליל התקדש חג לילה המקודש לחג טעון הלל לילה שאין מקודש לחג אין טעון הלל: זה וזה טעונין הלל בעשייתן כו': מ"ט איבעית אימא לילה קא ממעט יום לא קא ממעט ואיבעית אימא *אפשר ישראל שוחטין את פסחיהן ונוטלין את לולביהן ואין אומרים הלל: ונאכלין צלי וכו': שבת אין טומאה לא מתני' דלא כרבי יהודה *דתניא °דוחה את השבת ואין דוחה את הטומאה ר' יהודה אומר אף דוחה את הטומאה מ"ט דת"ק מפני טומאה דחיתיו יחזור ויעשה בטומאה ורבי יהודה התורה חזרה עליו לעשותו בטהרה לא זכה יעשה בטומאה ת"ר פסח ראשון דוחה את השבת פסח שני דוחה את השבת פסח ראשון דוחה את הטומאה פסח שני דוחה את הטומאה פסח ראשון טעון לינה פסח שני טעון לינה *דוחה את הטומאה כמאן כר' יהודה ולרבי יהודה טעון לינה והא *תניא ר' יהודה אומר מניין לפסח שני שאין טעון לינה שנאמר °ופנית בבקר והלכת לאהליך וכתיב °ששת ימים תאכל מצות הנאכל לששה טעון לינה שאין נאכל לששה אין טעון לינה תרי תנאי ואליבא דרבי יהודה: **מתני'** *°הפסח שבא בטומאה לא יאכלו ממנו זבין וזבות נדות ויולדות ואם אכלו פטורין מכרת ור' אליעזר פוטר אף על ביאת מקדש: **גמ'** ת"ר זבין וזבות נדות ויולדות שאכלו בפסח שבא בטומאה יכול יהו חייבין תלמוד לומר °כל טהור יאכל בשר °והנפש אשר תאכל בשר מזבח השלמים אשר לה' וטומאתו עליו ונכרתה *נאכל לטהורים חייבים עליו משום טמא ושאינו נאכל לטהורין אין טמאין חייבין עליו משום טמא *רבי אליעזר אומר יכול דחקו *זבין ונכנסו לעזרה בפסח הבא בטומאה יכול יהו חייבין תלמוד לומר °וישלחו מן המחנה כל צרוע וכל זב וכל טמא לנפש בזמן שטמאי מתים משתלחין זבין ומצורעין משתלחין אין טמאי מתים משתלחין אין זבין ומצורעין משתלחין בעי רב יוסף דחקו טמאי מתים ונכנסו להיכל בפסח הבא בטומאה מהו מדאישתרי טומאת עזרה אישתרי נמי טומאת היכל או דילמא מאי דאישתרי אישתרי מאי דלא אישתרי לא אישתרי אמר רבא אמר קרא °וישלחו מן המחנה אפילו מקצת מחנה °איכא דאמרי אמר רבא אמר קרא וישלחו מן המחנה אל מחוץ למחנה תשלחום כל היכא דקרינן ביה אל מחוץ למחנה תשלחום קרינן ביה וישלחו מן המחנה בעי רב יוסף דחקו טמאי מתים ואכלו אימורי פסח הבא בטומאה מהו

תורה אור: שמות יב / שם לד / ישעי' ל / דברים טז / שם / ויקרא ז / שם / במדבר ה / שם

רש"י

מאי קא מרבי אל תאכלו ממנו נא. דחייב בפסח שני: **לא תשחט על חמץ.** דמותר לשוחטו על חמץ כדתנן מצה וחמץ עמו בבית אע"ג דכבר מיעט ליה מהשבתת שאור ומבל יראה הוה אמינא הני מילי שלא בשעת שחיטה אבל בשעת שחיטה לא להכי איצטריך למעוטי מלא תשחט: **השיר יהיה לכם.** ביום שתגאלו מן הגלות: **כליל התקדש חג.** כמו שאתם נוהגים לשורר בליל התקדש חג ואין לך לילי חג להטעין שירה חוץ מלילי פסחים על אכילתו: **לילה המקודש לחג.** כגון פסח ראשון: **שאין מקודש לחג.** כגון ליל אכילת פסח שני שאינו י"ט: **לילה.** דפסח שני מיעט אבל יום שהוא זמן עשייתו לא מיעט והרי הוא כפסח ראשון שטעון הלל בשעת שחיטתו כדאמרן בתמיד נשחט (לעיל דף סד.) ולקמן (דף קיז.) אמרינן נביאים שביניהן תקנו להם שיהו אומרים על כל פרק ופרק וכל דבר חידוש: **אפשר כו'.** דכיון דדבר מצוה הוא טעון הלל: **נוטלין את לולביהן.** אגררא נסבה דברייתא היא הכי בפרק בתרא (שם): **גלי (א).** דאיתרבי מכלליה דמצות ומרורים: **דוחה את השבת.** דבשני כתיב ביה במועדו למ"ד *קרבן ה' לא הקריב במועדו בשני (לעיל דף צג.): **יחזור ויעשה בטומאה.** בתמיה אלא מוטב ידחה לגמרי: **טעון לינה.** לילה הראשון ילין בירושלים מיכן ואילך רשאי לדור חוץ לחומה בתוך התחום והיינו לאהליך לאהל שחוץ לחומה ולא לביתו ממש דהא י"ט דכריסהוא ועוד דקא בעי לאיתויי עולת ראייה: **הנאכל לששה.** שאוכלין עליו מצות ששה ימים ולישנא דקרא נקט וקרא לדרשה אתא ללמד על ימות הפסח שהן רשות באכילת מצה חוץ מלילה הראשון בפרק בתרא (דף קכ.): **טעון לינה.** לילה אחד בתוך העיר: **מתני' לא יאכלו ממנו זבין.** דגבי טמא לנפש כתיב איש איש נדחה ואין ציבור נדחין אבל גבי זיבה אף ציבור נדחין בפרק אלו דברים (לעיל דף סז.): **ואם אכלו פטורין מכרת.** דאוכל קדשים בטומאה כדיליף בברייתא בגמרא אבל מביאת מקדש לא פטרינהו רחמנא: **ורבי אליעזר פוטר.** אף מכרת דביאת מקדש וטעמא יליף בגמרא: **גמ' וישלחו מן המחנה כו'.** ות"ק לא דריש להכי דכולהו איצטריכו כדאמרינן באלו דברים (שם) לחלקם למחנותיהם: **ונכנסו להיכל.** מקום שלא הותרו שם דאין שם צרכי פסח (ב) ואלו כהנים אסורין ליכנס לשם אלא לצורך משום דכתיב אל יבא בכל עת וזה שנכנס בטומאה יכול יתחייב על ביאת מקדש בטומאה: **אפילו מקצת מחנה.** אע"פ שאין משתלחין מכל מחנה שכינה שהרי מותרין בעזרה טמאי מתים בפסח הבא בטומאה משתלחין מיהא ממקצתו מן ההיכל: **איכא דאמרי כו'.** ורבא לקולא פשט דאין חייבין על ביאת מקדש דהיכל: **אל מחוץ למחנה תשלחום.** היינו היכל כדסמיך ליה אשר אני שוכן בתוכם: **וישלחו מן המחנה.** עזרה כך קבל רבי וה"ל דאיפכא גרסי' לה כל היכא דקרינא אל מחוץ למחנה שצריך להוציאם לגמרי אף מן העזרה קרינא ביה מן המחנה היכל וכל היכא דלא קרינא ביה אל מחוץ לא קרינא ביה וישלחו מקצת מחנה: **אימורי פסח.** כגון כליות ויותרת הכבד:

תוספות

פסח שני אין טעון לינה. תימה לרשב"א אמאי איצטריך הא לא מרבינן מככל חקת הפסח מצוה שאינה על גופו: **טעון** לינה. פי' יום א' ואילך יום שני וקשה דבלולב וערבה (סוכה דף מז.) משמע דטעון לינה כל ז' דקאמר כשם ששבעת ימי החג טעונין קרבן שיר וברכה ולינה מאי ברכה לאו זמן לא ברכת המזון ותפלה ה"נ מסתברא דאי ס"ד זמן זמן כל ז' מי איכא משמע דקרבן ולינה ניחא ליה שיהיו כל שבעה וי"ל דהוה מצי למימר ולטעמיך לינה כל ז' מי איכא וכמו שמסיק אזמן דאי לא בריך יומא קמא זמן יברך שאר ימים ה"נ נפרש גבי לינה אם לא לן יום ראשון ילין שאר ימים ולעולם אין טעון לינה רק יום א' ובפ' דם חטאת (זבחים דף צו:) *כמי' דקאמר ר' טרפון ואם בישל בו בתחלת הרגל יבשל בו כל הרגל ומפרש בגמרא אמר רבי יצחק דאמר קרא ופנית בבקר שאין הכתוב עושה כולן בקר א' היינו דאגידי כולן זה בזה כמו בקר א' שאם לא כן אתמול ילין היום והדר ופנית בבקר וע"כ כן הוא דאי לינה כל ז' אם כן מאי קאמר שמיני רגל בפני עצמו לגבי לינה הלא כל שאר ימים שלפניו נמי טעונין לינה אלא ודאי יום ראשון ושמיני טעונין לינה ולא יותר וכן משמע בסיפרי בפרשת כל הבכור והלכת לאהליך מלמד שטעונין לינה פי' כל ג' רגלים מנין לרבות עופות ומנחות יין ולבונה ועצים ת"ל ופנית בבקר כל פנות שאתה פונה לא יהא אלא מבקר ואילך ר' יהודה אומר יכול יהא [פסח קטן טעון לינה ת"ל ועשית פסח כו' וחכמים אומרים הרי הם כעצים וכלבונה שטעונים לינה משמע שאינו טעון לינה אלא אותו] לילה בלבד שאחר הבאת קרבנו ומרבי ליה כמו לינה דרגלים אלמא יום אחד הוא ותו לא וא"ת דהכא ממעט פסח [קטן] מלינה ומי גרע ממביא קרבנו בימות החול דטעון לינה יום א' ושמא כיון דתשלומין דראשון הוא לא בעי לינה אפילו יום אחד וא"ת דתנן (סוכה דף מב:) ההלל והשמחה שמונה א"כ ע"כ יצטרך לינה כל ז' משום שלמי שמחה דדוקא בשבת אמרינן באלו דברים (לעיל דף עא.) משמחו בכסות נקיה ויין ישן וי"ל ישמח באותן שכשחטו אתמול או בשלמי חבירו: **כל** היכא דקרינא ביה אל מחוץ למחנה כו'. וא"ת כיון דאין חילוק בין היכל לעזרה למאי הלכתא איכתיב מן המחנה דמשמע מקצת מחנה וי"ל דעשה מיהא איכא בהיכל טפי מבעזרה דלא אישתרי מהיקשא אלא כרת למעוטי:

עין משפט נר מצוה

טז א מיי' פ"י מהל' ק"פ הלכה ו':

יז ב מיי' פ"ד מהל' ביאת מקדש הלכה יב ופ"ז מהל' ק"פ הל' ח:

יח ג מיי' פ"ד מהל' ביאת מקדש הל' יג:

רבינו חננאל

דהא לאו שאין בו מעשה אין לוקין עליו וזה לאו שאין בו מעשה ואע"ג דדמי ליה ממעט ליה דהאי לא יראה לך שאור לית ליה בגופיה דפסח מכלליה דעצם לא תשברו בו דהוא לאו שחייבין בו מלקות ריבה אל תאכלו ממנו נא דהוא לאו שחייבין מלקות כיוצא בו בגופיה דפסח וממעט לא תשחט על חמץ דאע"ג דהוא לאו שחייבין עליו מלקות ליתיה כעין הפרט דהא ליתיה בהדיה בגופיה דפסח ובהני כולהו כללי ופרטי דדרשי' אמרינן ואפוך אנא ופרקי' מסתברא הני מצוה דבגופיה והני ליתנהו בגופיה כדפרשי' להו כל חדא וחדא: לישנא אחרינא ת"ר ככל חקת הפסח יעשו אותו יכול כשם שהראשון כו' אמרי בכלליה דכתיב ככל חקת הפסח מאי מרבה מצוה שבגופו והיא צלייתו באש בפרטו ממעט השבתת שאור בכלליה דלא ישאירו ממנו קא מרבי לא תוציא מן הבית מן הבשר חוצה דדמי ליה דהאי מיפסל בנותר והאי מיפסל ביוצא בפרטים ממעט לא יראה ולא ימצא דדמי ליה דלא ישאירו ממנו לא לקי דהות ליה לאו שניתק לעשה לא יראה ולא ימצא נמי לא לקי דהוה ליה לאו שאין בו מעשה בכלליה ועצם לא תשברו בו מרבה אל תאכלו ממנו נא דדמי ליה בפרטיה קא ממעט לא תשחט על חמץ ובכלהו אמרי' איפוך אנא ושני' מצוה דגופיה עדיף: הראשון טעון הלל באכילתו דכתיב השיר יהיה לכם כליל התקדש חג כלומר אין טעון הלל אלא בלילי חג ופסח שני אינו נאכל בלילה מקודש לחג זה וזה טעונין הלל באכילתן ונאכלין הפסח הראשון והשני על מצות ומרורים ודוחין את השבת דייקי' מינה שבת אין אבל טומאה אין השני דוחה מתני' דלא כר' יהודה דתניא דוחה שבת ואינו דוחה טומאה מפני טומאה דחיתו מן הראשון יחזור בשני יעשנו בטומאה ר' יהודה אומר אף דוחה את הטומאה מאי טעמא התורה חזרה עליו לעשותו בטהרה לא זכה יעשנו בטומאה: ת"ר פסח ראשון ושני דוחין את השבת ואת הטומאה וטעונין לינה ואמרי' בשלמא פסח שני דוחה את הטומאה כר' יהודה אלא טעון לינה כמאן כר' יהודה והתניא ר' יהודה אומר ומנין לפסח שני שאין טעון לינה כו' ושני' תרי תנאים ואליבא דרבי יהודה חד תנא תני משמיה טעון לינה וחד תנא תני משמיה אין טעון לינה: מתני' הפסח שבא בטומאה לא יאכלו זבין וזבות נדות ויולדות ואם אכלו פטורין וכו' אוקימנא לר' יהושע דתאני פסח הבא שאכלו ממנו זבין וזבות נדות ויולדות יכול יהו חייבין ת"ל כל טהור יאכל בשר והנפש אשר תאכל בשר נאכלין לטהורין חייבין עליו משום טומאה וכו'. בעי רב יוסף דחקו טמאי מתים ונכנסו להיכל בפסח הבא בטומאה מהו מדאשתרי טומאת עזרה אשתרי נמי טומאת היכל כו' ופשט רבא בלישנא קמא דלא אשתרי ובלישנא בתרא משמע דאשתרי: בעי רב יוסף דחקו טמאי מתים ונגעו באימורי פסח והן חלבי פסח בטומאה מהו מדאשתרי

מסורת הש"ס

[ערכין י:]

[לקמן קיז.]

יומא דף נא.

[ועי' תוספות יומא נא. ד"ה דוחה]

ס"א אמר מר

סוכה דף מז:

לעיל דף סז: כריתות דף י' בכורות דף לג:

[מנחות כה: ע"ש]

לעיל דף סז: [מנחות לג:]

[יומא ו:]

[זבחים צו:]

הגהות הב"ח

(א) רש"י ד"ה גלי דאיתרבי נ"ב עמ"ק כל הדבור: (ב) שם ד"ה ונכנסו וכו' לרכי פסח ואפילו כהנים:

§ מסכת פסחים דף צה: §

אות א'

<u>דוחה את השבת ואין דוחה את הטומאה</u>

רמב"ם פ"י מהל' קרבן פסח [א]הט"ו - אבל פסח שני... ואינו בא בטומאה, ושניהם דוחין את השבת.

אות ב'

<u>הפסח שבא בטומאה, לא יאכלו ממנו זבין וזבות נדות ויולדות, ואם אכלו פטורין מכרת</u>

רמב"ם פ"ד מהל' ביאת המקדש הי"ב - אבל הטמאים בטומאה אחרת, כגון זבין וזבות ונדות [ויולדות] וטמאי שרץ ונבלה וכיוצא בהן, לא יתעסקו ולא יכנסו לעזרה ואף על פי שנעשה בטומאה; ואם עברו ועשו או נכנסו לעזרה, חייבין כרת על הביאה ומיתה על העבודה, שלא נדחית אלא טומאת המת בלבד.

רמב"ם פ"ז מהל' קרבן פסח ה"ח - פסח שהקריבוהו בטומאה, הרי זה נאכל בטומאה, שמתחילתו לא בא אלא לאכילה; ואינו נאכל לכל טמא, אלא לטמאי מת שנדחית להם הטומאה הזאת, [ב]ולכיוצא בהן מטמאי מגע טומאות; אבל הטמאים שהטומאה יוצאה עליהן מגופן, כגון זבים וזבות נדות ויולדות ומצורעים, לא יאכלו ממנו; ואם אכלו פטורין, מפי השמועה למדו, שהנאכל לטהורין חייבין עליו משום טומאה, והנאכל לטמאין אין חייבין עליו משום טומאה.

אות ג'

<u>איכא דאמרי אמר רבא אמר קרא: וישלחו מן המחנה, אל מחוץ למחנה תשלחום, כל היכא דקרינן ביה אל מחוץ למחנה תשלחום, קרינן ביה וישלחו מן המחנה</u>

רמב"ם פ"ד מהל' ביאת המקדש הי"ג - ופסח שבא בטומאה ודחקו טמאי מת ונכנסו להיכל, פטורין, אף על פי שלא הותרו אלא לעזרה, הואיל ואין אני קורא בהם [ג]אל מחוץ למחנה תשלחום, הרי אלו פטורין.

באר הגולה

[א] ‹כצ"ל› [ב] ‹משמע לרבינו דלא מיעטה המשנה אלא דוקא הני טמאים שטומאה יוצאה מגופם, אבל שאר טמאים שאין טומאה יוצאה מגופם יאכלו - כסף משנה› [ג] ‹כלשון שני ברש"י›

§ מסכת פסחים דף צו. §

אות א'

כל היכא דליתיה לטומאת בשר ליתיה לטומאת אימורין

רמב"ם פ"ז מהל' קרבן פסח ה"ח - אפילו אכלו טמאי המת מהאימורים שלו, פטורין.

אות ב'

מה בין פסח מצרים לפסח דורות וכו'

רמב"ם פ"י מהל' קרבן פסח הט"ו - שכלל זה שנאמר במצרים, שילקח הפסח מבעשור, ושהוא טעון הגעת דם באגודת אזוב למשקוף ולשתי המזוזות, ושיאכל בחפזון, אין אותן הדברים נוהגות לדורות, ולא נעשו אלא בפסח מצרים בלבד.

אות ג'

מניין לתמיד שטעון ביקור ארבעה ימים קודם שחיטה

רמב"ם פ"א מהל' תמידין ה"ט - אין פוחתין משׁשׁה טלאים המבוקרין בלשכת הטלאים שבמקדש, ויהיו מוכנים קודם יום הקרבה בארבעה ימים.

אות ד'

בו אינו אוכל, אבל הוא אוכל במצה ומרור

רמב"ם פ"ט מהל' קרבן פסח ה"ח - ערל שאכל כזית מבשר הפסח לוקה, שנאמר: כל ערל לא יאכל בו; בו הוא שאינו אוכל, אבל אוכל הוא מצה ומרור; [א]וכן מותר להאכיל מצה ומרור [ב]לגר תושב ולשכיר.

אות ה'

אמר קרא ועבדת

רמב"ם פ"ט מהל' קרבן פסח ה"ז - המאכיל כזית מן הפסח בין מפסח שני למומר לע"ז, או לגר תושב או לשכיר, הרי זה עובר בלא תעשה [ג]ואינו לוקה, אבל מכין אותו מכת מרדות; ובן נכר האמור בתורה, זה העובד אל נכר; ואין מאכילין ממנו לנכרי, אפילו [ד]גר תושב או שכיר, שנאמר: תושב ושכיר לא יאכל בו. השגת הראב"ד: המאכיל כזית מן הפסח וגו' עד תושב ושכיר לא יאכל בו. א"א [ה]ואפילו לישראל שאינו ממונה עמו, אף על פי שהוא תושבו או שכירו, ולכך בא מדרשו, [ו]ואין צורך לגר תושב שהוא ערל.

אות ו'

בן מילת זכריו ועבדיו מעכבת

רמב"ם פ"ט מהל' קרבן פסח ה"ט - כשם שמילת בניו ועבדיו מעכבתו מלשחוט הפסח, כך מעכבתו מלאכול, שנאמר: ומלתה אותו אז יאכל בו.

אות ז'

ואין מילת זכריו ועבדיו מעכבת בתרומה

רמב"ם פ"ז מהל' תרומות ה"י - [ז]כהן ערל אסור לאכול בתרומה מדין תורה, שהרי נאמר: תושב ושכיר בתרומה, ונאמר: תושב ושכיר בפסח, מה תושב ושכיר האמור בפסח ערל אסור בו, אף תושב ושכיר האמור בתרומה ערל אסור בו, ואם אכל לוקה מן התורה. משוך מותר לאכול בתרומה ואף על פי שנראה כערל, ומד"ס שימול פעם שנייה עד שיראה מהול.

רמב"ם פ"ז מהל' תרומות הי"ב - הערל וכל הטמאין אעפ"י שהן אסורין לאכול בתרומה, נשיהן ועבדיהן אוכלין.

באר הגולה

[א] ‹בפסחים צ"ו אמרינן בו דתושב ושכיר, בו המרת דת פוסלת, ובפרש"י שם כתב דלא גרסינן ליה, דהא קרא דתושב ושכיר אתי לגזירה שוה, ועקרינן ליה מפשטיה לגמרי, ובתוס' יבמות ע"א ד"ה בו מקיימין הגירסא, **ולשיטת** רבינו ז"ל שפיר י"ל, דבו דתושב ושכיר להתיר להאכיל מצה ומרור לנכרי, ואולי כן היה גירסת רבינו ז"ל בש"ס, דגם בו דתושב ושכיר אתי, בו אינו אוכל אבל אוכל במצה ומרור, **וזה** הכרח ג"כ לשיטתו דלא יאכל, היינו שלא יאכיל {עיין בהל' ז', הובא לקמן}, ושפיר בעי קרא להתיר להאכיל מצה ומרור, דאי נפרש כפשוטו, דלא אתי קרא רק לאסור את הנכרי באכילת פסח, למה לי קרא להתיר אכילתו במצה, והיכי ס"ד להוסיף על הנכרי איסור אכילת מצה, אם לא שהתורה אסרה להאכילו, וס"ד הואיל והישראל אוכל כולם, וכמו שאסור להאכילו פסח, גם מצה אסור להאכילו – חסד לאברהם› [ב] ‹עיין בהל' ז', הובא לקמן› [ג] ‹ואע"ג דלא כתיב אלא "כל בן נכר לא יאכל בו תושב ושכיר לא יאכל", משמע לרבינו דלאו לדידהו מזהיר, דעכו"ם לא חיישי למאי דמזהיר קרא, אלא לישראל מזהיר שלא יאכילום, וקרי ביה לא יאכיל, ומ"מ כיון דלא כתיב בהדיא לא תאכילום, אין לוקין עליו – כסף משנה› [ד] ‹י"ל דרבינו מפרש כפי' התוס' ז"ל, דסבר דהך קרא איירי בעכו"ם, וקרא לא איצטריך דלא עדיף מערל ובן נכר, ואייתר לג"ש, ואע"ג דלא איצטריך קרא להכי, מפיק ליה רבינו ז"ל מיניה, משום דהוא פשוט יותר – לחם משנה› [ה] ‹י"ל שאם לשאינו ממונה עמו, מ"לפי אכלו תכוסו" נפקא, וכדפירש"י בס"פ איזהו מקומן – כסף משנה› [ו] ‹כלומר ד"מכל ערל לא יאכל בו" נפקא, י"ל דאתא לתושב ושכיר שהוא גבעוני או ישמעאלי מהול, או לגר שמל ולא טבל, כדאיתא בפרק הערל. **ועוד** דאזהרת ערל אתא לערל ישראל, שהוא עצמו מוזהר מלאכול, ותושב הערל ושכיר איצטריך להזהיר לישראל שלא יאכילנו, כמו שנתבאר בסמוך – כסף משנה› [ז] ‹לכאורה העין משפט מביא מה דמשמיט הרמב"ם ענין של מילת זכריו ועבדיו, אלמא דלא מעכבי›

עין משפט נר מצוה

יט א מיי׳ פ״ו מהל׳ ק״פ הלכה ח:
כ ב מיי׳ פי״ מהלכות ק״פ הלכה טו:
כא ג מיי׳ פ״א מהל׳ תמידין הלכה ט:
כב ד מיי׳ פ״ט מהל׳ ק״פ הלכה ח:
כג ה שם הלכה ז:
כד ו מיי׳ פ״ט מהל׳ ק״פ הלכה ט:
כה ז מיי׳ פ״ז מהל׳ תרומות הל׳ י וי״ב:

מהו מדאישתרי טומאת בשר אישתרי נמי טומאת אימורין או דילמא מאי דאישתרי אישתרי מאי דלא אישתרי לא אישתרי אמר רבא מכדי טומאת אימורין מהיכא איתרבי מטומאת בשר דכתיב °אשר לה׳ *לרבות את האימורין כל היכא דאיתיה לטומאת בשר איתיה לטומאת אימורין *כל היכא דליתיה לטומאת בשר ליתיה לטומאת אימורין בעי רבי זירא אימורי פסח מצרים היכא אקטרינהו א״ל אביי ומאן לימא לן דלא שויסקי עבוד ועוד הא תנא רב יוסף ג׳ מזבחות היו שם על המשקוף ועל שתי המזוזות ותו מידי אחרינא לא הוה:

מתני׳ מה בין פסח מצרים לפסח דורות פסח מצרים מקחו מבעשור וטעון הזאה באגודת אזוב ועל המשקוף ועל שתי המזוזות ונאכל בחפזון בלילה אחד ופסח דורות נוהג כל שבעה:

גמ׳ מנא לן דכתיב °דברו אל כל עדת ישראל לאמר בעשור לחדש הזה ויקחו זה מקחו מבעשור ואין פסח דורות מקחו מבעשור אלא מעתה °והיה לכם למשמרת עד ארבעה עשר יום לחדש הזה הכי נמי זה טעון ביקור ד׳ ימים קודם שחיטה ואין אחר טעון ביקור *והתניא בן בג בג אומר מניין לתמיד שטעון ביקור ד׳ ימים קודם שחיטה שנא׳ °תשמרו להקריב לי במועדו ולהלן הוא אומר והיה לכם למשמרת עד ארבעה עשר מה להלן טעון ביקור ד׳ ימים קודם שחיטה אף כאן טעון ביקור ד׳ ימים קודם שחיטה שאני התם דכתיב תשמרו ופסח דורות נמי הכתיב °ועבדת את העבודה הזאת בחדש הזה *שיהו כל עבודות חדש זה כזה אלא ההוא הזה למעוטי פסח שני דכוותיה אלא מעתה דכתיב °ואכלו את הבשר בלילה הזה ה״נ דזה נאכל בלילה ואין אחר נאכל בלילה אמר קרא ועבדת את העבודה אלא הזה למה לי *לכדר׳ אלעזר בן עזריה ור״ע אלא מעתה דכתיב °כל ערל לא יאכל בו ה״נ דבו אינו אוכל אבל אוכל בפסח דורות אמר קרא °ועבדת אלא בו למה לי °בו אינו אוכל אבל הוא אוכל במצה ומרור אלא מעתה °(*וכל) בן נכר לא יאכל בו ה״נ דבו אינו אוכל אבל אוכל הוא בפסח לדורות אמר °קרא ועבדת אלא בו למה לי °בו המרת דת פוסלת ואין המרת דת פוסלת בתרומה *ואיצטריך למיכתב ערל ואיצטריך למכתב בן נכר *דאי כתב רחמנא ערל משום דמאיס אבל בן נכר לא מאיס אימא לא צריכא ואי אשמעינן בן נכר משום דאין לבו לשמים אבל ערל דלבו לשמים אימא לא צריכא אלא מעתה °תושב ושכיר לא יאכל בו הכי נמי דבו הוא אינו אוכל אבל אוכל הוא בפסח דורות אמר קרא ועבדת אלא בו למה לי בו המרת דת פוסלת ואין המרת דת פוסלת בתרומה אלא מעתה °ומלתה אותו אז יאכל בו ה״נ דבו אינו אוכל אבל אוכל בפסח דורות אמר קרא ועבדת אלא בו ל״ל *בו מילת זכריו ועבדיו מעכבת ואין מילת זכריו ועבדיו מעכבת בתרומה אלא מעתה דכתיב °ועצם לא ישברו בו ה״נ דבו אינו שובר אבל שובר בפסח דורות אמר קרא ועבדת אלא בו למה לי *בו בכשר ולא בפסול אלא מעתה דכתיב °אל תאכלו ממנו נא ממנו אי אתה אוכל אבל אתה אוכל נא בפסח דורות אמר קרא ועבדת אלא ממנו למה לי *לכדרבה א״ר יצחק: ונאכל בחפזון וכו׳: מנא לן דאמר קרא °ואכלתם אותו בחפזון אותו נאכל בחפזון ואין אחר נאכל בחפזון: ופסח דורות נוהג כל שבעה וכו׳: אמאי קאי אי לימא אפסח *פסח כל שבעה מי איכא אלא

רש״י

פסו׳ · מי מחייבי משום אוכלי קדשים בטומאה אי לא: איפטרי נמי טומאת אימורין · דלא מחייב בהו משום טומאה ואע״ג דאסירי משום זרות וכל זר לא יאכל קדש (ויקרא כב): מכדי · אוכל אימורין בטומאה מהיכא אתרבי לחיובא: מטומאת בשר · דכתיב גבי אוכל בשר בטומאת הגוף אשר לה׳ לרבות את האימורין והנפש אשר תאכל בשר מזבח השלמים אשר לה׳: היכא אקטרינהו · שלא הוזכר בו מזבח: שויסקי (א) · בשר צלי בשפוד: ג׳ מזבחות · להזאת הדם אבל להקטרת אימורין לא היה שם מזבח: מתני׳ מקחו מבעשור · אומר זה לשם פסח דכתיב בעשור לחדש הזה וגו׳ (שמות יב): וטעון הזאה באגודת אזוב גרסי׳: לילה אחד · מפרש בגמרא: גמ׳ למשמרת · ביקור שלא יהא בו מום מבקרין אותו כל ארבעה וכתיב הזה ה״נ דממעטי [פסח דורות וכל] שאר קרבנות: מה להלן כו׳ · וכי היכי דלדורות בתמיד בעי ביקור ה״ה והאי לפסח דורות: ופסח דורות נמי כו׳ · בניחותא: שיהו כל עבודות של חדש זה כזה · כל פסחי דורות הוקשו זה לזה ומיהו לענין מקחו מבעשור אמעיט מהזה והאי הזה דגבי ביקור דריש ליה למלתא אחריתא כדמפרש ואזיל: אלא הזה · דגבי ביקור למה לי: למעוטי פסח שני · מביקור ארבעה ימים: דכוותיה · דהוי יום אחד כמו פסח מצרים וכי קא ממעט דטוחה ממעט והזה דגבי מקחו מבעשור על כרחך למעוטי פסח דורות אתא דאילו למעוטי שני לא איצטריך דהא אימעיט מהאי הזה דגבי ביקור ומימעיט מביקור ארבעה ימים וממקח עשור דתרוייהו משתמעי מההוא קרא דלמשמרת משמע ביקור ומקח ואידך הזה ממעט פסח דורות ממקח בעשור אבל מביקור ארבעה ימים לא ממעט ליה אם לא הפרישו מבעשור יבקר שנים ושלשה טלאים מבעשור ובשעת שחיטה יקח א׳ מהן: לכדר׳ אליעזר בן עזריה ורבי עקיבא. בפ״ק דברכות נאמר כאן בלילה הזה ונאמר להלן ועברתי בארץ מצרים בלילה הזה כו׳: ערל · שמתו אחיו מחמת מילה: בן נכר · שנתנכרו מעשיו לאביו שבשמים נראה בעיני דלא גרסינן גבי הדדי כל ערל וגו׳ כל בן נכר וגו׳ הכי נמי כו׳ אלא הכי גרסי׳ כל ערל לא יאכל בו הכי כו׳ אמר קרא ועבדת אלא בו למה לי בו המרת דת פוסלת ואין המרת דת פוסלת בתרומה ואיצטריך למיכתב ערל כו׳ ולא גרסי׳ אלא מעתה תושב ושכיר כו׳ דהא תושב ושכיר טולי׳ קרא יתירא הוא דתושב ושכיר אוכל בפסח דתושב זה קנוי כסף קנין עולם ונרצע ושכיר זה עבד עברי הקנוי קנין שנים ותרוייהו ישראל מעליא נינהו ואכלי בפסח כדאמרינן ביבמות בהערל (דף ע׳) וקרא יתירא הוא ומופנה לגזירה שוה נאמר תושב ושכיר בפסח ונאמר תושב ושכיר בתרומה כדמפרש ליה התם ואידי דכתביה כתב בו דידיה וללשון הספרים לא ידענא מאי שיטיה דקא משני בו המרת דת פוסלת מאי שייך המרת דת גבי תושב ושכיר הא ישראל מעליא נינהו ועוד הא דרשה מבו דגבי בן נכר דרשינן לה בהערל (שם:) ומלתה אותו אז הבעלים יאכל בו ואי לא מל את עבדו לא יאכל איהו דמילת זכריו ועבדיו מעכבת בפסח אם יש לו בן העומד למול או עבד אינו אוכל פסח עד שימול אותם דכתיב המול לו כל זכר ואז יקרב לעשותו: כדרבה א״ר יצחק · בפ׳ הערל (דף עד׳) נאמר ממנו בפסח ונאמר ממנו במעשר מה להלן ערל אסור אף כאן ערל אסור במעשר: בחפזון · במהירות: ולאלתר

תוספות

למעוטי פסח שני דכוותיה · דפסח דורות מרבינן מועבדת דליכא למימר דהזה דמקחו מבעשור נמי בא למעט פסח שני דאין מקחו מבעשור ולא נמעט פסח דורות דהא לפסח שני לא איצטריך כיון דלא בעי ביקור לא בעי נמי שיהא מקחו מבעשור:

אבל אתה שובר בפסח דורות אמר קרא ועבדת · תימה לריב״א אמאי איצטריך להכי ועבדת הא כיון דכתיב בפסח שני ועצם לא ישברו בו כל שכן בראשון:

אותו בחפזון ואין אחר בחפזון · קשה לריב״א אמאי לא פריך ואימא אותו בחפזון ואין פסח שני נאכל בחפזון אבל פסח דורות הכי נמי נאכל בחפזון מועבדת: (שייך לעמוד ב):

נאכל בחפזון לילה אחד וה״ה לפסח דורות · ואם תאמר א״כ אמאי תנייה כלל במתניתין כיון דשוים בזה ויש לומר דתנייה אגב דבעי למיתני וחמוצו כל היום ופסח דורות נוהג כל שבעה:

הגהות הב״ח

(א) רש״י ד״ה שויסקי. נ״ב בקדושין דף פ״ב:

רבינו חננאל

מדאישתרי טומאת בשר אישתרי נמי טומאת החלבים או לא ופשט רבא טומאת אימורין מטומאת בשר איתרבו שנאמר אשר לה׳ לרבות האימורין וכיון דליתא לטומאת בשר ליתא לטומאת אימורין: בעי ר׳ זירא אימורי פסח מצרים היכא אקטרינהו אמר ליה ומאן לימא לן דלא שויסקי עבדינהו כלומר צלו אותם סיני מאכל ואכלום ועוד הא תאני רב יוסף שלש מזבחות היו שם אחד המשקוף ושתים בתי המזוזות [...]הם בין הדם ומזבח להקרבה לא הוה שם הלא משמע שאכלום: מה בין פסח מצרים לפסח דורות פסח מצרים מקחו מבעשור וכו׳ מנא לן דכתיב ויקחו להם זה מקחו מבעשור ולא לדורות מבעשור [...] הכי כל מה דכתיב ביה הוה אמרי׳ לזה ולא לדורות והא כתיב ביה לכם למשמרת עד ארבעה עשר יום וכו׳ ותניא מנין לתמיד שטעון ביקור ארבעה ימים קודם שחיטה שנאמר תשמרו להקריב לי תאמר [...]ים והיה לכם למשמרת עד ארבעה עשר יום מה להלן ארבעה ימים קודם שחיטה אף כאן בתמיד טעון ביקור שאין יש בו מום ארבעה ימים קודם שחיטה ושני׳ שאני תמיד דכתיב בית תשמרו מלמד [...]שר אקשי׳ תוב ופסח דורות אמאי אינו טעון ביקור ארבעה ימים והכתיב ועבדת את העבודה הזאת בחדש הזה שיהו כל עבודות של החדש הזה כזה ושני׳ אלא למעוטי מביקור ד׳ ימים קודם שחיטה לפסח שני דהא דמעטם דכיון דהוא נמי פסח כותיה הוה סלקא דעתך ליה קמ״ל א״א מעתה ואכלו את הבשר בלילה הזה הכי נמי דפסח מצרים נאכל בלילה הזה ולא פסח דורות ושני׳ שאני אכילת פסחים בלילה דאיתרבי מעוברת [...] עבודות של חדש הזה כזה אי הכי דאכילת בשר נוהג בזה כאשר נוהג בזה למה לי דכתב רחמנא הזה ושני׳ לא בא הזה אלא לכדר׳ אלעזר בן עזריה דיליף הזה הזה מועברתי בארץ מצרים [...] בחצות הלילה אני יוצא וגו׳ מה להלן עד חצות אף הזה דכתיב באכילת פסחים עד חצות ופירוש בסוף מסכתא זו אקשי׳ תוב אלא מעתה כל ערל לא יאכל בו וכל בן נכר לא יאכל בו דכתיב בפסח [...] פסח מצרים ובשרין הן בפסח דורות מעוברת אכילת הבשר בלילה הזה ודחית ערל ובן נכר ותושב ושכיר פי׳ גר תושב ושכיר ולא גר צדק (השאלות) [...]כילתו בפסח עי׳ שימול עצמו זכריו ועבדיו ושבירת עצם בו ואכילת נא ממנו אלו כולם נתרבו מועבדת את העבודה הזאת בחדש הזה שיהו כל עבודות של חדש הזה כזה פי׳ בפסח דורות וכיון דאתרבי [...] בפסח מצרים ממנו ממנו דכתיב בפסח מצרים דמשמע למעט למה לי ושני׳ תני ממנו ממנו בעינן להו כדדרשינן רבא משמיה דר׳ יצחק ביבמות פ׳ הערל דאמרי׳ מנין לערל שאסור במעשר אמר רבא אמר [...]תלתא ממנו כתיבי בפסח חד לגופיה וחד ליתן עשה אחר לא תעשה ושלשה ממנו כתיבי במעשר חד לגופיה וחד שאוסר למסך שמן של מעשר שני שנטמא כו׳ וחד מופנה לדון

כו א ב ג מיי' פ"ד מהל' ק"פ הלכה ו: כז ד שם הלכה ז: כח ה מיי' פ"ה מהל' מעשה הקרבנות הלכה יא:

רבינו חננאל

אלא אחמץ מכלל דפסח מצרים לילה אחד ותו לא *והתניא רבי יוסי הגלילי אומר מנין לפסח מצרים שאין חימוצו נוהג אלא יום אחד ת"ל °לא יאכל חמץ וסמיך ליה היום אתם יוצאים אלא ה"ק לילה אחד והוא הדין לפסח דורות וחימוצו כל היום ופסח דורות נוהג כל שבעה: **מתני׳** *א"ר יהושע שמעתי שתמורת פסח קריבה ותמורת פסח אינה קריבה ואין לי לפרש א"ר עקיבא אני אפרש *הפסח שנמצא קודם שחיטת הפסח ירעה עד שיסתאב וימכר ויביא בדמיו שלמים וכן תמורתו אחר שחיטת הפסח קרב שלמים וכן תמורתו: **גמ׳** ולימא פסח קרב ופסח אינו קרב הא קמ"ל דאיכא תמורת הפסח דלא קרבה איתמר רבה אמר קודם שחיטה ולאחר שחיטה שנינו רבי זירא אמר קודם חצות ולאחר חצות שנינו ולרבי זירא הא קתני קודם שחיטת הפסח אימא קודם זמן שחיטת הפסח כתנאי הפסח שנמצא קודם שחיטה ירעה לאחר שחיטה יקרב ר"א אומר קודם חצות ירעה לאחר חצות יקרב: **אחר** שחיטת הפסח יביא שלמים וכו': אמר רבא (א) לא שנו אלא שנמצא אחר שחיטה והמיר בו אחר שחיטה אבל נמצא קודם שחיטה והמיר בו אחר שחיטה תמורתו מכח קדושה דחויה קא אתא ולא קרבה איתיביה אביי °אם כשב מה ת"ל אם כשב לרבות תמורת הפסח אחר הפסח שקרבה שלמים היכי דמי אילימא שנמצא אחר שחיט' והמיר בו אחר שחיטה פשיטא למה לי קרא אלא לאו שנמצא קודם שחיטה והמיר בו אחר שחיטה לא לעולם שנמצא אחר שחיטה והמיר בו אחר שחיטה וקרא אסמכתא בעלמא אלא קרא למאי אתא (ב) *כדתניא כשב לרבות את הפסח לאליה כשהוא אומר אם כשב לרבות פסח שעברה שנתו ושלמים הבאין מחמת פסח לכל מצות שלמים שטעון סמיכה ונסכים ותנופת חזה ושוק וכשהוא אומר ואם עז הפסיק הענין °לימד על העז שאין טעונה אליה איכא דמתני לה ארישא הפסח שנמצא קודם שחיטת הפסח ירעה עד שיסתאב וימכר ויביא בדמיו שלמים וכן תמורתו אמר רבא לא שנו אלא שנמצא קודם שחיטה והמיר בו קודם שחיטה אבל נמצא קודם שחיטה והמיר בו אחר שחיטה תמורתו קריבה שלמים מאי טעמא כי קבעה שחיטה מידי דחזי ליה מידי דלא חזי ליה לא קבעה איתיביה אביי אם כשב מה תלמוד לומר לרבות תמורת הפסח אחר הפסח שקריבה שלמים יכול

תוספות

קודם שחיטת הפסח ירעה · וטעמא דדחייה בידים כדפירש רש"י ואפי' רב דאמר אין בעלי חיים נדחין ופליג אר' יוחנן בפ' שני שעירי (יומא דף סד·) היינו דוקא כגון דלא דחייה בידים כגון נטמאו בעלים או שמשכו ידיהם וא"ת והא משמע דפליג בפ"ק דקדושין (דף ז·) דא"ל יוחנן בהמה של ב' שותפין הקדיש חציה וחזר ולקחה והקדיש חציה קדושה ואינה קריבה משום דנדחת בתחלה כשהקדיש חציה ודייק מינה ש"מ בעלי חיים נדחין משמע דרב פליג וי"ל כיון דדרך הקדש דמי לה לא מיקרי כל כך דחוי בידים ובתוספתא [פ"ט] פליגי רבי יוסי ורבנן איזה מהן יקריב לכתחלה ומייתי לה בפ' שני שעירי (יומא דף סד·):

קמ"ל דאיכא תמורת הפסח דלא קרבה · דקבע לה חצות או שחיטה דס"ד דלא קבע הואיל ובאיסור הוקדשה ואין דעתו עליה לשוחטה לשם פסח קמ"ל דאפילו הכי קבע לה ור"י מפרש דס"ד הואיל ואינה קריבה לעולם לשם פסח מתחלתה שלמים היא קמ"ל ומתוך פרש"י דפי' אלא אף היא נקבעת בפסח ונדחה משמע שסובר שלפי האמת ראויה לפסח:

ושלמים הבאין מחמת הפסח · לפי אותו לשון דפירש בקונטרס דהכא שלמים היינו חגיגת י"ד אין לחוש מה (*שפירש) באלו דברים (דף ע·: ד"ה לימד) דשלמים הבאים מחמת פסח בפרק כל הפסולים (זבחים דף לו·) היינו מותר פסח דהתם כדאיתא והכא כדאיתא: **ואם** עז הפסיק הענין · פירש ריב"א מדלא כלל אותו בהדי כבש אלא הפסיק הענין וכתבו לבדו ולא שינה בו כלום אלא דלא כתיב ביה אליה להכי כתביה למעוטי מתורת אליה:

רש"י

ואלא אחמץ · דאיסור חימוצו נוהג כל שבעה מכלל דלילה אחד דקתני מתני' בפסח מצרים אחמץ קאי וה"ק ואין חימוצו נוהג אלא לילה אחד ופסח דורות נוהג כל שבעה: **יום א'** · משמע כל היום: **לא יאכל חמץ היום** · וסמיך ליה היום אתם יוצאים: **אלא** · הכי משמע ונאכל בחפזון בלילה אחד וה"ה דפסח דורות נמי לילה אחד ופסח מצרים חימוצו נוהג כל היום ופסח דורות כל שבעה: **מתני' שמעתי** · מרבותי: **שתמורת הפסח קריבה** · שלמים אחר הפסח: **ותמורת הפסח אינה קריבה** · ויש תמורת פסח שאינה קריבה היא עצמה שלמים אלא רועה עד שיסתאב במום ותמכר ויביא בדמיה שלמים דמותר הפסח קרב שלמים: **ואין לי לפרש** · שכחתי על איזה שמעתי תקרב ועל איזה שמעתי תרעה: **הפסח** · שאבד והפריש אחר תחתיו ונמצא הראשון קודם שחיטת השני דהיה עומד לפניו בשעת שחיטה הרי קבעתו שעת שחיטה בשם פסח וזה שלא הקריבו דחאו בידים לא יקרב עוד הוא עצמו שלמים דאין זה מותר הפסח אלא פסח [דחוי]: **וכן תמורתו** · אם המיר הוא בו בהמת חולין אחרי כן הרי הוא כמוהו אין קרב הוא עצמו שלמים אלא דמיו ואם לאחר שחיטת השני נמצא הרי לא קבעתו שעת שחיטה בשם פסח ולא נדחה בידים ויביא שלמים ויקרב הוא עצמו שלמים וה"ה דמצי למיתני רבי יהושע אומר פסח קרב ופסח אינו קרב ובגמרא פריך לה: **גמ' דאיכא תמורת הפסח דלא קרבה** · ולא אמרינן מתחלה שלמים היא ואפילו המיר קודם שחיטה לא קבעתה זמן השחיטה בשם פסח ואין בה דחוי אלא אף היא נקבעת בפסח ונדחת: **קודם שחיטה ולאחר שחיטה** · דוקא שנינו במשנתנו ולא שנינו בה זמן שחיטה דהיינו חצות ואשמעינן דאפילו היה אבוד בשעת חצות אם נמצא קודם שחיטת השני הוא נקבע ונדחה הואיל ונדחה להקריבו לפסח: **קודם חצות שנינו** · שעת חצות היא הקובעתו בפסח אם נמצא קודם חצות קבעתיה חצות שהרי נראה וכי לא אקרביה דחייה אבל נמצא אחר חצות אפי' נמצא קודם שחיטה אין כאן קביעות ולא דחוי: **קודם שחיטה** · של שני: **קודם חצות** · ונתכפר באחר ירעה: **אחר חצות** · ונתכפר באחר: **יקרב זה שלמים** · ואע"פ שבשעת שחיטת השני הרי הוא עומד בפניו: **לא שנו** · דתמורה קרבה אלא שנמצא אחר שחיטה שאפי' הפסח לא נדחה אבל נמצא קודם שחיטה שהוא עצמו נדחה אע"פ שתמורתו לא נדחית בידים אינה קריבה שהרי מכח קדושה דחויה באה: **אם כשב** · הוא מקריב גבי שלמים כתיב אם יתירא הוא דמצי למיכתב כשב הוא מקריב א"נ כשב קדריש דהא כתיב לעיל מיניה אם מן הצאן קרבנו ובפרשה התחתונה אמור ואם עז קרבנו מכלל דעד השתא בכשב איירי דאין לך עוד בצאן אלא כשב: **למה לי קרא** · הא מותר הפסח הוא ונפקא לן מוזבחת פסח דמותר הפסח *אחר חצות קרב שלמים כדאמרן באלו דברים (לעיל דף ע:) ותמורתו כ"ש דקריבה דלא עדיפא מיניה: **והמיר בו אחר שחיטה** · ואשמעינן דאע"ג דאיהו לא קרב תמורתו קריבה הואיל ולא הוקדשה קודם שחיטה: **כשב** · קרא יתירא כדפרישית מדכתיב בתריה ואם עז מכלל דעד השתא בכשב איירי: **לאליה** · דבכל קרבנות כשב אליה כתיבא עם האימורין בשלמים חלבו האליה (ויקרא ג) ובאשם כתיב (שם ז) את כל חלבו יקריב ממנו את האליה וגו' וחטאת כאשם אבל פסח אימורין גופייהו לא כתיבי בהדיא אלא כדנפקא לן (לעיל דף סד:) מאת דמם תזרוק ואת חלבם תקטיר הלכך אלייתו צריכה להתרבות בקרבנות שבשור לא הוזכרה אליה באימוריו: **ושלמים הבאין מחמת פסח** · מותר פסח כגון תמורתו ופסח שנתכפרו בעליו באחר כך שמעתי: **לכל מצות** · מצות שלמים גרסינן שיהא דין כל חומר שלמים עליהן לשון אחר הבאין מחמת פסח חגיגת ארבעה עשר וזו שמעתי [וכך קבל רבי]: **ואם** · הפסק הוא להפסיק בין כשב לעז שבכשב נתפרשה אליה כדכתיב האליה תמימה לעומת העצה ממקום שהכליות יועצות ובא הכתוב והפסיק ולמד על העז שאינה טעונה אליה להקריב אליה שלה למזבח יש מפרשין עז אין לו אליה וטעות הוא בידם שהרי ממקום שהכליות יועצות היא ניטלת ועוד מה לימד הכתוב הואיל ואין לו: **איכא דמתני** · להאי לא שנו דרבא: **לא שנו** · שאף תמורתו דחויה אלא שנמצא קודם שחיטה והמיר בו קודם שחיטה דכי שחיטה דחינהו לתרוייהו הני שהיו ראוין ועומדים לפסח ונקבעו: **אבל המיר בו אחר שחיטה** · אע"פ שהפסח שהיה רועה התמורה קריבה שהרי לא נדחית: **מידי דלא חזי ליה** · שעדיין לא הוקדש לא קבעה: יכול

תורה אור: שמות יג · ויקרא ג

מסורת הש"ס: לעיל ד' כח · זבחים דף לו: · זבחים דף ט: מנחות דף פג: [לקמן נג.] · צ"ל אחר הפסח · [ס"א]

הגהות הב"ח: (א) גמ' אמר רבה לא שנו: (ב) שם למאי אתא לכדתניא כשב:

§ מסכת פסחים דף צז: §

אות א׳ - ב׳ - ג׳

הפסח שנמצא קודם שחיטת הפסח, ירעה עד שיסתאב וימכר ויביא בדמיו שלמים, וכן תמורתו; אחר שחיטת הפסח, קרב שלמים, וכן תמורתו

קודם שחיטה ולאחר שחיטה שנינו

לא שנו אלא שנמצא אחר שחיטה והמיר בו אחר שחיטה, אבל נמצא קודם שחיטה והמיר בו אחר שחיטה, תמורתו מכח קדושה דחויה קא אתא, ולא קרבה

רמב״ם פ״ד מהל׳ קרבן פסח ה״ז - מי שאבד פסחו ומצאו אחר שהפריש פסח אחר, והרי שניהן עומדין, יקריב אי זה מהן שירצה לשם פסח, והשני יקרב שלמים. **השגת הראב״ד: א״א זה שיבוש אלא [א]ירעה עד שיסתאב ויביא בדמיו שלמים.** מצאו אחר ששחט פסחו, הרי זה יקרב שלמים; וכן אם המיר בזה הנמצא אחר שחיטה, הרי תמורה זו תקרב שלמים; אבל אם מצאו קודם שחיטת זה שהפריש, [ב]הואיל וזה הנמצא ראוי להקריבו פסח וראוי להקריבו שלמים כמו שביארנו, אם המיר בזה הנמצא, בין קודם שחיטת המופרש תחתיו בין אחר שחיטה, אין תמורתו קריבה, אלא תרעה עד שיפול בה מום ויביא בדמיה שלמים.

אות ד׳

לרבות פסח שעברה שנתו, ושלמים הבאין מחמת פסח, לכל מצות שלמים, שטעון סמיכה ונסכים ותנופת חזה ושוק

רמב״ם פ״ד מהל׳ קרבן פסח ה״ז - פסח שעברה שנתו, ושלמים הבאים מחמת הפסח, הרי הם כשלמים לכל דבר, טעונין סמיכה ונסכים ותנופת חזה ושוק, מה שאין כן בפסח.

אות ה׳

לימד על העז שאין טעונה אליה

רמב״ם פ״א מהל׳ מעשה הקרבנות [ג]הי״ח - האיברים ששורפין אותן ע״ג המזבח מן החטאות הנאכלות ומן האשמות ומן השלמים, הן הנקראין אימורין; ואלו הן האימורין של שור או של עז: החלב אשר על הקרב, ובכללו חלב שעל גבי הקבה; ושתי הכליות; וחלב שעליהן עם החלב אשר על הכסלים; ויותרת הכבד, ונוטל מן הכבד מעט עם היותרת. ואם היה הקרבן ממין הכבשים, מוסיף על אלו האליה תמימה עם החוליות מן השדרה עד מקום הכליות, שנאמר: לעומת העצה יסירנה. וכל האימורין נשרפין על מזבח החיצון.

באר הגולה

[א] ‹ואפשר לדחוק ולומר דאה״נ דסבר רבינו שירעה וכו׳, וקיצר בלשונו משום דלא נתכוין אלא ללמד שהשני לא יקרב לשם פסח - כסף משנה. וע״ש עוד›

[ב] ‹ותימה על הכסף משנה ז״ל שרצה להליץ בעדו, ואמר דהך יקרב ר״ל ירעה ויביא בדמיו שלמים, ואיך אפשר לומר, דהרי לקמיה כתב: הואיל וזה הנמצא ראוי להקריבו פסח וראוי להקריבו שלמים - לחם משנה.› ‹**אבל** הכוונה, כיון שהוא ראוי להקריבו פסח וראוי להקריבו שלמים, אין אנו אומרים שהוא עצמו יקרב שלמים, הואיל והיה ראוי להקריבו פסח ג״כ - נאם דוד›

[ג] ‹כצ״ל›

§ מסכת פסחים דף צז. §

אות א'*[א]

והרי חטאת שעברה שנתה דלרעיה אזלא

רמב"ם פ"ד מהל' פסולי המוקדשין ה"ז - המפריש חטאתו ועברה שנתה, תרעה עד שיפול בה מום ותמכר [ב]ויביא בדמיה אחרת; וכן אם הפריש חטאתו ונפל בה מום, יביא בדמיה אחרת.

אות א'

את הפסח שעברה שנתו, ושלמים הבאין מחמת פסח, לכל מצות שלמים, שטעונים סמיכה ונסכים ותנופת חזה ושוק

רמב"ם פ"ד מהל' קרבן פסח ה"ז - פסח שעברה שנתו, ושלמים הבאים מחמת הפסח, הרי הם כשלמים לכל דבר, טעונין סמיכה ונסכים ותנופת חזה ושוק, מה שאין כן בפסח.

אות ב'

אין חטאת מתה אלא שנמצאת לאחר שנתכפרו בעלים

רמב"ם פ"ד מהל' פסולי המוקדשין ה"ח - כל חטאת שאבדה ונמצאת קודם כפרה, [ג](אף על פי שנמצאת בעלת מום או שנמצאת אחר שעברה שנתה), אינה מתה, אלא תרעה עד שיפול בה מום ויפלו דמיה לנדבה; נמצאת אחר כפרה, [ד]אף על פי שנמצאת בעלת מום או עברה שנתה, הואיל והיתה אבודה בשעת כפרה, הרי זו תמות.

אות ג'

אבידת לילה לאו שמה אבידה

רמב"ם פ"ד מהל' פסולי המוקדשין ה"ט - [ה]היתה עיקר אבידתה בלילה, אף על פי שהיתה אבודה בשעת כפרה, אינה מתה אלא תרעה.

באר הגולה

א ‹ע"פ מהדורת נהרדעא› ב ‹עיין ברש"י ובתוס'› ג ‹ונראה שיש ייתור לשון בדברי רבינו וצריך למוחקו - כסף משנה›, ‹דאסיקנא בתמורה, דהיכא דאיכא תרתי לריעותא, מתה, וכמו שהביא רש"י› ד ‹דעת רבינו כפירוש התוס' ז"ל במס' תמורה, דכתבו בהפך מרש"י, דאדרבא ריבוי הריעותות מביאות לידי רעיה - לחם משנה› ה ‹כלומר לא מיבעיא כשנאבדה בלילה ובבוקר נמצאת, דוודאי אין עליה שם אבודה, שהרי לא היה עדיין זמן הקרבה כלל, אלא אפילו נאבדה כמה ימים, כיון שנאבדה בלילה שלא בזמן הקרבה, לא תמות אלא תרעה, וכל זה בתמורה (כ"ב:) - ערוה"ש. ‹**וזה** ודאי שלא כסוגייתנו, שהרי הפסח שאבד לפני חצות ונמצא אחר חצות נקרא אבוד, **והגמ'** כאן היא כלישנא א' בתמורה כ"ב: וכמו שפי' רש"י שנמצאת לאור הבוקר - חברותא›

יכול אף לפני הפסח כן תלמוד לומר הוא הוא קרב ואין תמורת הפסח קריבה היכי דמי אילימא שנמצא קודם שחיטה והמיר בו קודם שחיטה פשיטא למה לי קרא אלא לאו שנמצא קודם שחיטה והמיר בו אחר שחיטה תיובתא (א) דרבא תיובתא אמר שמואל כל שבחטאת מתה בפסח קרב שלמים וכל שבחטאת רועה בפסח נמי רועה ורבי יוחנן אמר אין הפסח קרב שלמים אלא שנמצא אחר שחיטה אבל קודם שחיטה לא מתקיף לה רב יוסף ובכלל הוא והרי חטאת שעברה שנתה דלרעיה אזלא *דא"ר שמעון בן לקיש חטאת שעברה שנתה רואין אותה כאילו היא עומדת בבית הקברות ורועה ואילו בפסח כי האי גוונא קרב שלמים *דתניא כשב לרבות את הפסח לאליה כשהוא אומר אם כשב לרבות *את הפסח שעברה שנתו ושלמים הבאין מחמת פסח לכל מצות שלמים שטעונים סמיכה ונסכים ותנופת חזה ושוק כשהוא אומר אם עז הפסיק הענין לימד על העז שאין טעון אליה א"ל כי קאמר שמואל באבודין בדחויין לא אמר ואבוד מי משכחת לה והרי אבודה בשעת הפרשה לרבנן דלרעיה אזלא *דתנן הפריש חטאתו ואבדה והפריש אחרת תחתיה ונמצאת הראשונה והרי שתיהן עומדות אחת מהן תקרב ושניה תמות דברי רבי וחכמים אומרים *אין חטאת מתה אלא שנמצאת לאחר שנתכפרו בעלים הא קודם שנתכפרו בעלים רועה ואילו בפסח היכא דאבד ונמצא אחר חצות קודם שחיטה קרב שלמים שמואל כר' סבירא ליה דאמר אבודה למיתה אזלא והא כל אבודה לרבי מתה ואילו בפסח היכא דאבד קודם חצות ונמצא קודם חצות רועה קודם חצות לאו אבוד הוא כדרבא *דאמר רבא *אבידת לילה לאו שמה אבידה אלא רועה לרבי היכי משכחת לה כדרבי

רש"י

יכול אף לפני פסחה כן · תמורת הפסח שנמצא לפני פסח (שני) תהא קריבה שלמים: **תלמוד לומר הוא** · פסח הוא הפסח כשר קרב ואין תמורתו קריבה לאו תמורת הפסח דקרב קא ממעט אלא הכי קאמר יש תמורת פסח שאינה קריבה: **פשיטא** · דלא קרבה דהא הוקבעה ונדחה בפסח ואע"ג דלעיל אמר מתני' הא קא משמע לן דאיכא תמורת פסח דלא קרבה קרא מיהא לא איצטריך לאשמעינן הכי: **ס"ג אמר שמואל כל שבחטאת מתה כו' ור' יוחנן אמר אין פסח קרב שלמים אלא שנמצא אחר שחיטה אבל קודם שחיטה לא** · כל שבחטאת מתה חמש חטאות מתות הלכה למשה מסיני כונסן לכיפה והן מתות ולד חטאת ותמורת חטאת וחטאת שמתו בעליה וחטאת שנתכפרו בעליה על ידי האחרת שאבדה זאת ואחר כך נמצאת ושעברה שנתה ונקט שמואל גבי פסח סימנא ביה ואמר כל שבחטאת מתה אי מיתרע הכי בפסח קרב שלמים וקא סלקא דעתך דלכולהו מתות דחטאת דאשכחן גבי פסח קרב שלמים דהיינו תמורת פסח ופסח שמתו בעליו ושכיפרו בעליו ושעברה שנתו קריבין שלמים: **וכל שבחטאת רועה** · לקמן מפרש מאי היא ומיתה ורעיה לאו קולא וחומרא איכא בחדא מאידך והאי דנקט גבי מיתה דחטאת בפסח קרב וגבי רעיה דחטאת בפסח רעיה לאו טעמא קא יהיב ביה דמשום דהכא מתה הכא קרב אלא סימנא בעלמא הוא: **ובכלל הוא** · דכל שבחטאת רועה בפסח רועה: **דריש לקיש** · במס' תמורה בפרק ולד חטאת (דף כב:) והתם מותיב לה ממתניתין דהתם דקתני ושעברה שנתה כו' ומתרץ לה דהכי קתני שעברה שנתה ואבדה [או אבדה] ונמצאת בעלת מום: **כאילו עומדת בבית קברות** · כל מקום שהיא רואין כאילו היא בבית הקברות שאין כהן נכנס שם לשוחטה ורועה עד שתסתאב ותימכר ויפלו דמיה נדבה לשופרות שכתוב עליהן נדבה ומקיילים בה את המזבח זה מדרשו של יהוידע הכהן במסכת תמורה (דף כג:*) שכלו מותר חטאת ואשם לקיץ המזבח חוץ מחטאות מתות שהן הלכה למשה מסיני: **כשב לרבו' כו'**. קתני מיהא פסח שעברה שנתו קרב: **ס"ג כי קאמר שמואל באבודין בדחוין לא אמר ובאבודין מי משכחת לה כו'** · כי אמר שמואל כל שבחטאת מתה לאו אכולהו קאי אלא אכיפרו בעליה לחודא שהיא על ידי איבוד ואמתו בעליה לא קאי דלא משכחת ביה רועה אלא אכיפרו בעליה לחוד קא משכחת ליה לרועה כדלקמן וגבי פסח נמי אכיפרו בעליו קאי וכללא הוא דכל פסח שכיפרו בעליו *באחר רועה אם כיוצא בו בחטאת רועה וקרב שלמים אם כיוצא בו בחטאת מתה אבל אם חטאת דחויה כגון עברה שנתה שעומדת בפניו והרי היא דחויה מהקריב לא אמר: **והרי אבודה בשעת הפרשה** · חטאת שאבדה עד שהפריש אחרת תחתיה ונמצאת קודם הקרבת השניה לרבנן דפליגי עליה דרבי במס' תמורה (דף כב:) ואמרי דלרעיה אזלא דתנן המפריש חטאת כו': **אין חטאת מתה** · משום כיפרו בעליה אלא האבודה בשעת כפרה ונמצאת אחר שנתכפרו הבעלים הא נמצאת קודם כפרה כיון דאמרי רבנן לא מתה הויא לה מותר חטאת ורועה ודמיה לשופרות: **ואילו בפסח** · כי האי גוונא אבד בשעת הפרשה ונמצא קודם שחיטה אחר חצות: **קרב שלמים** · כר' זירא דאמר קודם חצות ואחר חצות שניהו אלמא פסח שהיה לפניו בשעת כפרה ובלבד שיהא אבוד בחצות קרב שלמים: **שמואל כר' סבירא ליה** · ורועה בחטאת דקאמר שמואל לקמיה מפרש והוא הדין דמצי לתרוצי שמואל כרבה סבירא ליה דאמר קודם שחיטה שניהו ובפסח נמי אבוד בשעת הפרשה רועה ולקמן מפרש לה בלישנא אחרינא הכי: **נמצא קודם חצות** · אפי' לר' זירא רועה דקבעתיה חצות: **קודם חצות** · שהיא שעה שאינה ראויה לו להקרבה: **לאו אבוד הוא** · ואפי' הפריש אחר תחתיו קודם שנמצא לאו (מיתה) אבוד חשיב ליה: **דאמר רבא** · גבי חטאת אבידת לילה והפריש אחרת תחתיה בלילה ונמצאת (תחתיה) לאור הבוקר אפי' לר' לאו למיתה אזלא אלא לרעיה הואיל ולילה לאו שעת הקרבה היא: **אלא רועה לרבי** · באבודין היכי משכחת לה דתיקום כל שבחטאת רועה דשמואל לאחריות

תוספות

אילימא שנמצא קודם שחיטה והמיר בו קודם שחיטה פשיטא למה לי קרא · ואע"ג דקתני ליה במתני' לאשמעינן דאיכא תמורה דלא קרבה מ"מ לא איצטריך להכי: **פשיטא** · השתא לא שייך לשנויי דקרא אסמכתא בעלמא כדשני לעיל, דאם כן קרא למאי אתא: **אלא** לאו שנמצא קודם שחיטה · תימה לאביי קמא מאי מקשה אביי לרבה מהך ברייתא והלא סיפא מסייעתא לו בהדיא כדמסיק הש"ס והוא תימה לומר שלא ידע אביי סיפא דברייתא דמקשי מינה*: **אמר** שמואל כל שבחטאת מתה כו' · שמואל כרבי זירא סבר דלאחר חצות קבע מדלא"ר יוחנן אין הפסח קרב שלמים אלא שנמצא אחר שחיטה והכי [דייק] לקמן: **ובכלל** הוא והרי כו' · תימה דפריך אסיפא דמילתיה דכל שבחטאת רועה ולישא נמי איכא למיפרך דהא תמורת חטאת [או] שמתו בעליה דלמיתה אזלא ואלו בפסח אמרי' במתני' דתמורת הפסח רועה אם המיר קודם חצות דקבעיה חצות וכן מתו בעליו אמר לקמן דאי מת קודם חצות דקבעיה חצות: **רואין** אותה כאילו היא בבית הקברות · נקט הכי משום דתקיית בית הקברות לאו דחיה היא וכמו כן עברה שנתה לא חשיב דחוי כמו מתו או נתכפרו בעליה: **ורועה** · פירש רש"י ויפלו דמיה לקיץ המזבח ממדרשו של יהוידע ואין נראה לריב"א דלא נאמר מדרש יהוידע אלא בהפריש מעות לחטאתו או לאשמו ונשתייר מהם או אבדו והפריש אחרים ואחר כך נמצאו דמה שנשתייר יפלו לנדבה אבל בכי האי גוונא שלא נתכפרו עדיין בעלים אמרינן תימכר ויביא אחרת בדמיה והביא ר"י ראיה לדבריו דתנן בפרק ולד חטאת (תמורה דף כב:) ושאבדה אם משכיפרו כו' ואם עד שלא כפרו בעליה תרעה עד שתסתאב ותמכר ויביא אחרת בדמיה והשתא בדחויה גמורה כמו אבדה דמודי ריש לקיש לאחר כפרה דמתה קתני עד שלא כיפרו יביא בדמיה אחרת בעברה שנתה דלאו דחוי גמור הוא דאף לאחר שכיפרו בעליה אינה מתה לא כל שכן שאם נסתאבה קודם כפרה דיביא אחרת בדמיה: **קודם** חצות לאו אבוד הוא · פירוש ובכי האי גוונא לא איירי שמואל דהא שנינן כי קאמר שמואל באבודין קאמר: **אלא** רועה לרבי היכי משכחת לה · דליכא למימר כגון שנאבדה בלילה דאבידת לילה לאו שמה אבידה ושמואל באבודין איירי כדפרישית:

עין משפט נר מצוה

כט א מיי' פ"ד מהל' ק"פ הלכה ז:

ל ב מיי' פ"ד מהל' פסולי מוקדשין הלכה ח:

לא ג שם הלכה ט:

[וכן תמהו עוד בכ"ק ד"ה לאו ובחולין עד. ד"ה ולהאי ובנדה לד: ד"ה אילימא ויש מקום לעיין נתוס' מ"ק ה. ד"ה לאתויי ב"מ כד: סד"ה לענין ובע"ז י. ד"ה והתניא]

מסורת הש"ס

יומא דף סו. תמורה דף כג.

[לעיל צו:] זבחים דף פג. וכחים דף ט:

תמורה דף כב: [מנחות פ.]

תמורה שם.

הגהות הב"ח

(א) גמ' תיובתא דרבא תיובתא:

באחרת רועה אם כיוצא בו בחטאת רועה אבל אם חטאת כצ"ל רש"ל

רבינו חננאל

יכול אף לפני הפסח כן ת"ל וכו' ואסיקנא אלא לאו שנמצא קודם שחיטה והמיר בו קודם שחיטה קא ממעט לה תנא דלא קרבה (מיהא כלומר הנמצא) [מיהא שמעינן דהנמצא] אחר שחיטת הפסח הוא דקרב שלמים וכן תמורתו אבל הנמצא קודם שחיטה אינו קרב לא הוא ולא תמורתו תיובתא דרבה: אמר שמואל כל שבחטאת מתה בפסח קרב שלמים כל שבחטאת רועה בפסח נמי רועה ואתקיף עליה רב יוסף הרי חטאת שעברה שנתה דלרעיה אזלא דאמר ר"ל בתמורה פ"ד חטאת שעברה שנתה רואין כאלו עומדת בבית הקברות ורועה ואלו פסח שעברה שנתו קרב שלמים דתניא כשב לרבות פסח לאליה כשהוא אומר אם כשב לרבות פסח שעברה שנתו ושלמים הבאים וכו' ושני' כי קאמר שמואל כל שבחטאת רועה בפסח נמי רועה באבודין ונמצאו אבל בדחוין כגון שעברה שנתם ונדחו לא אמר שמואל: ובאבודין מי משכחת להא דשמואל והא אבודה בשעת הפרשת אחרת דלרבנן אע"פ שנמצאת הראשונה לרעיה אזלא דתנן בתמורה פ"ד המפריש חטאתו ואבדה והפריש אחרת תחתיה ונמצאת הראשונה והרי שתיהן עומדות תמימות וכו' ודייקי' מינה נמצא' אחר שנתכפרו בעלים מתה מכלל שאם נמצאת קודם שנתכפרו בעלים רועה ואלו בפסח היכא דאבד ונמצא אחר [חצות] (הפסח) קודם שחיט' קרב שלמים ושני' שמואל כרבא סבירה לי' *) דאמ' בשמעתא דקמי הא שחיטה קבעה והא מדאמר ר' יוחנן עלה אין לך פסח שקרב שלמים אלא שנמצא אחר שחיטה מכלל דשחיטה קבעה מכלל דשמואל סבר חצות קבעה ולא שחיטה ודחי' שמואל כרבי ס"ל דאמר אבודה בשעת הפרשה מתה והרי כל אבודה לרבי מתה דקתני בשינוי במסכת תמורה ושני' מתה דברי רבי ואלו פסח שאבד ונמצא קודם חצות רועה ודחי' אבודה ונמצאת קודם חצות לאו אבודה היא כדרבא דאמר בתמורה בתחלת פ"ד אמר רבא אבדת לילה לא שמה אבודה

*) עלה דבי' אחרת הי' לרבינו נגמ' והי' גורס שתי הלשונות דאיתא כאן ולהלן עמוד ב' הכל בלשון א' ועי'.

כדרבי אושעיא *דא"ר אושעיא *המפריש שתי חטאות לאחריות מתכפר באחת מהן ושניה תרעה והא אילו בפסח כי האי גוונא קרב שלמים אלא שמואל כר' שמעון סבירא ליה דאמר *חמש חטאות מתות והא רועה לרבי שמעון לית ליה כלל שמואל נמי הדא קאמר כל שבחטאת מתה בפסח קרב שלמים ומאי קמ"ל לאפוקי מדר' יוחנן דאמר אין הפסח קרב שלמים אלא שנמצא אחר שחיטה אבל קודם שחיטה לא אלמא שחיטה קבע קמ"ל חצות קבע לישנא אחרינא ואילו בפסח היכא דאבד ונמצא אחר חצות קודם שחיטה יקרב שלמים שמואל כרבה ס"ל דאמר שחיטה קבע והא מדקאמר רבי יוחנן עלה אין הפסח קרב שלמים אלא שנמצא אחר שחיטה אבל קודם שחיטה לא אלמא שחיטה קבע מכלל דשמואל סבר חצות קבע אלא שמואל כרבי סבירא ליה דאמר אבודה למיתה אזלא והא כל אבודין לר' מתין ואילו בפסח היכא דאבד קודם חצות ונמצא חצות רועה קסבר קודם חצות לאו אבוד הוא וקסבר חצות קבע: **מתני'** "המפריש נקבה לפסחו או זכר בן שתי שנים ירעה עד שיסתאב וימכר ויפלו דמיו לנדבה *לשלמים

המפריש

רש"י

לאחריות · שאם תאבד האחת יביא חבירתה והבא אינה לאקשויי הא לאו אבודה היא אלא דקא מותיב ליה קושיא אחריתי: **ס"ג והא אלו בפסח כי האי גוונא קרב שלמים** · דהיינו מותר הפסח גמור שהרי לכך הופרש ואין כאן דחוי: **אלא** · לא תיבעי רועה בחטאת היכא משכחת לה דשמואל כר"ש ס"ל דאמר במסכת תמורה חמש חטאות מתות הנזכרות למיתה מתות הן בכל ענינים שהוא מולד וחטאת שכיפרו בעליה מתה בכל שהיא בין שנמצאת קודם כפרה בין שנמצאת לאחר כפרה בין שהפרישה לאחריות מתה הגזרה: **וכא רועה לר' שמעון ליס** · ומאי היא דקאמר שמואל כל שבחטאת רועה: **שמואל נמי חדא קאמר כל שבחטאת מתה** · דהיינו כיפרו בעליה מ"מ בפסח קרב שלמים והו לא אמר מידי ועל כרחין כיון דכל אבודין בפסח קריבין שלמים ושמואל חדא קאמר מוקמי' לה כר"ש דאי כר' או כרבנן דאית להו רועה בחטאת מאי סימנא קא נקיט שמואל למימר חדא כל שבחטאת מתה בפסח קרב שלמים הלא אף הרועה בחטאת קריבה שלמים בפסח אבל השתא דס"ל כר"ש הוי סימן שלם דאין לך אבוד בחטאת שאינו מת ואין לך אבוד בפסח שאינו קרב: **ומאי קא משמע לן** · שמואל כיון דכל אבודין בחטאת מתין והאי שמואל למימר כל אבודין בפסח קריבין שלמים מתניתין היא הפסח שנמצא אחר שחיטה ומתרצינן לה לעיל אחר זמן שחיטה יקרב אלמא קסבר האבוד בחצות יקרב: **לאפוקי מדרבי יוחנן** · דפליג עליה ואמר אין הפסח קרב שלמים אלא שנמצא אחר שחיטה: **אבל נמצא קודם שחיטה** · ואע"ג דאבוד היה בחצות רועה דשחיטת השניה קבעה ליה לקמא בדחוי: **קא משמע לן** · שמואל דאמר כל שבחטאת מתה וכר' שמעון דאמר אבודה בשעת הפרשה מתה ואשמעינן שמואל אבוד בשעת הפרשה ובחצות שהוא נקרא אבוד אפי' נמצא קודם שחיטה קרב שלמים דחצות הוא דקבעיה בדחוי והשתא אע"ג דאוקימנא לשמואל חדא קאמר ליכא לאוקומא כל שבחטאת מתה אמתו לה בעליה דהא כל מתו בעליה מתות ואלו פסח מתו בעליו אחר חצות רועה וקבעתיה חצות וליכא למימר דסביר' ליה שמואל חצות לא קבעה דהא ר' יוחנן בר פלוגתיה הא סברא אית ליה הלכך על כרחיך באבודין מוקמינן ליה ועוד דר' יוחנן בר פלוגתיה אאבודין פליג דקאמר נמצא: **הכי גרסינן לישנא אחרינא ואלו בפסח היכא דאבד ונמצא אחר חצות קודם שחיטה קרב שלמים** · ולעיל קא מיהדר והרי אבודה בשעת הפרשה לרבנן וכו' ואלו בפסח האבוד בחצות והפריש אחר תחתיו ונמצא זה אחר חצות קרב שלמים כר' זירא ואע"ג דאבוד היה בשעת הפרשה: ומשני בלישנא אחרינא שמואל כרבה סבירא ליה דאמר קודם שחיטה שניטו שהנמצא קודם שחיטה רועה בפסח כרבנן בחטאת: **ופרכינן וקא מדאמר ר' יוחנן עלה אין פסח קרב שלמים אלא שנמצא אחר שחיטה** · מכלל דשמואל אמר אפילו נמצא קודם שחיטה קרב שלמים דלאו שחיטה קבעה אלא חצות קבעה וזה כיון דבחצות אבוד היה קרב שלמים אלמא לשמואל אבוד בשעת הפרשה אע"פ שהיה בשעת כפרה קרב שלמים: **אלא שמואל כר' סבירא ליה** · כדלעיל עד קא משמע לן חצות קבע: **מתני' או זכר בן שתי שנים** · דאינו ראוי לפסח: **ירעה עד שיסתאב ויביא בדמיו שלמים** · דקבעתיה הפרשה אע"פ שמעיקרו דחוי הוא הרי הוא כקבוע שנדחה שאין הוא עצמו קרב שלמים אלא דמיו:

המפריש

תוספות

כדרבי אושעיא דאמר המפריש שתי חטאות לאחריות כו' · מה שפרש"י דהוה מצי לאקשויי והא לא אבוד הוא אלא דלאקשי' קושיא אחריתי לא נהירא דאין זה סוגיית הגמרא דאמאי דפריך שמואל רועה באבודה היכי משכחת לה לא משני מידי במאי דקאמר כדר' אושעיא ונראה לר"י דרבי אושעיא דקאמר השניה תרעה בכל ענין קאמר ואפי' אבדה אחר כך דלא דמיא לשאר אבודין דמתין לרבי דשאר אבודין מתחלת הפרשתן להקרבה וכשאבדו נדחו מהקרבה ונדון הוא שימותו אבל מפריש ב' חטאות לאחריות דמתחלת הפרשתן לדחוי כמו שרועה בלא אבדה הכי נמי באבדה אי נמי איכא למימר דאפילו לא אבדה חשיב כאבודה הואיל וכשמפרישה לא חזיא להקרבה חשיב לה אבודה ולא דמיא לאבודת לילה דהתם לא נדחת בשעה הראוי' להקרבה והוי כאילו כל שעה ראוי' להקרבה אבל הכא איכא חדא ודאי דלא קרבה:

המפריש שתי חטאות לאחריות · קשה לריב"א היכי דמי אי דאמר הרי זו חטאת וחזר ואמר הרי זו חטאת אין קדושה חל על השניה דאין אדם מביא שתי חטאות על חטא אחד ואי דאמר הרי אלו בהמות חטאות דאמר רבה במי שהוציאוהו (עירובין ד' נ') כל שאינו בזה אחר זה אפי' בבת אחת אינו ואפי' אחת מהן לא קדשה וע"כ אית לן למימר כגון שאמר אחת מהן תהא חטאת והאחרת לאחריות וקשה לן בשלא נאבדה החטאת אמאי שני' תרע' והא לא הוקדשה אלא לאחריות החטאת דהיינו אם תאבד אבל אם לא נאבדה לא נתקדשה ונראה לר"י דכל כי האי גוונא גמירי לה דרועה: **אלא** שמואל כר' שמעון סביר' ליה · פרש"י דאי כרבי מאי סימנא דנקיט שמואל הלא אף הרועה בחטאת בפסח קריבה שלמים ולא נהירא לר"י דמאי קאמר הא באבודה לא משכחת לרבי דרועה דבהפריש שתי חטאות לאחריות פירש רש"י גופיה דלאו אבוד הוא ומיהו לפירוש ר"י דפירש דר' אושעיא מיירי אפי' באבודה אתי שפיר ונראה לר"י דכר' שמעון נמי לא מתוקם אלא באבודין דאם לא כן תיקשי דנאבד קודם חצות ונמצא קודם חצות בפסח רועה ואבודת לילה דלאו אבודה (היא) בפסח קודם חצות מתה לרבי שמעון ואע"ג דלרבי שמעון אית ליה לקמן (ד' צח·) בעלי חיים אינן נדחין וסבירא ליה בפסח [דמית] אחר חצות קרב שלמים אע"פ שנדחה שמואל לא קסבר לה בהא כר' שמעון ורשב"ם מפרש דהא דשנינן כי קאמר שמואל באבודין בדחויין לא אמר שנויא דחיקא הוא והשתא דמשני סבר לה כרבי שמעון מתרץ מילתיה דשמואל כמשמעות הראשון דמיירי בין באבודין בין בדחויין והשתא לא מצי שמואל סבר כרבי דאם כן קשיא חטאת שעברה שנתה והפריש שתי חטאות לאחריות דלרבי לאו למיתה אזלי ובפסח קריבה שלמים הלכך מוקי לה כרבי שמעון דאמר בכל חמש חטאות דלמיתה אזלי בכל ענין ואילו בפסח קרבי שלמים ואע"ג דנאבד ונמצא קודם חצות בפסח רועה לשמואל דהא קתני לה בהדיא במתני' מיהו חד לד באבד קרב שלמים כגון נמצא אחר חצות וה"ק בכל ענין שבחטאת מתה איכא לד דבפסח קרב שלמים וקא משמע לן לאפוקי מדרבי יוחנן דבע"א לא הוה קמשמע לן מידי דבעניים אוריס מיתנו או במשנה או בברייתא דקרב שלמים ואין ר"י יודע מנא ליה לגמרא דלר' שמעון חמש חטאות מתות בכל ענין ויש לדקדק מדקתני בפרק שני דתמורה (דף טו·) רבי שמעון אומר חמש חטאות מתות ולד חטאת תמורת חטאת כו' ולא מפליג כדמפליג בריש ולד חטאת (תמורה דף כא:) במתני' באבדה בין כיפרו הבעלים ללא כיפרו ואיהו לא מפליג לא בהא ולא באחריני משמע דבכל ענין קאמר:

המפריש נקבה לפסחו כו' ויביא בדמיה שלמים · אומר ר"ת דהא דקתני ויביא בדמיה שלמים היינו בשנשתיירה אחר הפסח כמו שהוא בבא דלעיל אבל קודם הפסח יביא בדמיה פסח וכן מחלק בהדיא בברייתא בתמורה באלו קדשים (דף יט·):

ויביא בדמיה שלמים · אבל היא עצמה אינה קריבה שלמים דיש דחוי בדמים כדאמר בגמרא שמתחלה לא הוקדשה ליקרב היא עצמה וא"ת ימכרנה כמות שהיא בלא מום כיון שמעולם לא נתקדשה קדושת הגוף ואור"י דלא מיבעיא מקדיש נקבה לפסחו דפסח קרב שלמים אחר הפסח והיא ראויה לשלמים אם תחלה הוקדשה לכך אלא אפי' מקדיש נקבה לאשמו אמר באלו קדשים (שם:) תרעה עד שתסתאב ותימכר ויביא אשם ואפילו רבי שמעון דאמר התם תימכר שלא במום מני מודה הכא כדפרישית:

שמע

עין משפט נר מצוה

לב א מיי' פ"ד מהל' פסולי מוקדשין הלכה ה:

לג ב מיי' פ"ד מהל' ק"פ הלכה ד:

רבינו חננאל

אבודה אינו [ואמרי' התם] אי הכי רועה לר' היכי משכחת לה ואמרי' רבי אושעיא דאמר בתמורה פ"ד המפריש שתי חטאות לאחריות ונתכפר באחת מהן שניה רועה ואלו בפסח כי האי גוונא קרב שלמים ודחי' שמואל כר' שמעון סבירא ליה דאמר הא נמי כיון שנתכפרו הבעלים מתה דתניא ר' שמעון אומר אף שכפרו בעליו ושעברה שנתן יהו מתות ותנן נמי ר' שמעון אומר חמש חטאות מתות אי הכי הא דתני שמואל כל שבחטאת רועה בפסח נמי רועה הא ר' שמעון לית ליה רועה כלל (אלא לעולם שמואל כר' סבירא ליה ובאבודין אמר אבל בדחויין לא אמר ופסח שאבד ונמצא קודם חצות לאו אבוד הוא כדרבא דאמר אבידת לילה לא שמה אבידה אלא רועה לרבי היכי משכחת לה) ושני' אלא לשמואל לא אמרי' כל שבחטאת רועה בפסח נמי רועה אלא חדא קאמר כל שבחטאת מתה בפסח קרב שלמים ומאי אתא לאשמעי' לאפוקי מדר' יוחנן דאמר אין לך פסח שקרב שלמים אלא שנמצא אחר שחיטה אלמא שחיטה קבעה מכלל דשמואל סבר חצות קבע זו דקדוקה של שמועה זו ועניניה כולן פשוטין: מתני' המפריש נקבה לפסחו כו'.

מסורת הש"ס

יומא דף סה. תמורה דף כה. [ע"ש כד. מנחות ס.]

תמורה דף טו. [הוריות ו:]

[במשנה שבמשניות ליתא תיבת לשלמים ועי' תוי"ט ודע דגם תוס' בזבחים ט: ד"ה חד העתיקו הגירסא ויביא בדמיו שלמים וכן במנחות פג: ד"ה מד]

§ מסכת פסחים דף צז: §

אות א'

הפריש שתי חטאות לאחריות, מתכפר באחת מהן ושניה תרעה

רמב"ם פ"ד מהל' פסולי המוקדשין ה"ה - המפריש שתי חטאות לאחריות, מתכפר באי זו שירצה, והשנייה תרעה עד שיפול בה מום ויפלו דמיה לנדבה.

אות ב'

המפריש נקבה לפסחו, או זכר בן שתי שנים, ירעה עד שיסתאב וימכר ויפלו דמיו לנדבה לשלמים

רמב"ם פ"ד מהל' פסולי המוקדשין ה"ד - המפריש נקבה לפסחו או זכר בן שתי שנים, ירעה עד שיפול בו מום וימכר [א]ויביא בדמיו פסח; ואם לא נפל בה מום עד שהקריב פסחו, [ב]יביא בדמיו שלמים.

באר הגולה

א ‹תנן המפריש נקבה לפסחו או זכר בן שתי שנים ירעה עד שיסתאב [וימכר] ויפלו דמיו לנדבה, ובגמ' ש"מ בעלי חיים נדחים ודחוי מעיקרא הוי דיחוי. ומאחר שנתבאר בפ"ג מהל' פסולי המוקדשין ופט"ו ממעשה הקרבנות שרבינו פוסק כמ"ד אין בעלי חיים נדחים, ממילא משמע שיביא בדמיו פסח - כסף משנה› ‹**ודברים** תמוהים הם, דמה ענין בעלי חיים נדחים לזה, דמאי דמפיק בגמרא בעלי חיים נדחים, הוא משום דלא אמרינן היא עצמה קרב שלמים, משמע דכיון דנדחית נדחית ולא יביא אלא בדמיו, אבל שיביא בדמיו פסח או שלמים, אין זה תלוי בפלוגתא דבעלי חיים נדחים, **והך** דינא נפקא ליה לרבינו ז"ל מברייתא דתמורה בפ' אלו קדשים, שאמרו כן בברייתא בהדיא, ע"ש - לחם משנה› ב ‹ומ"ש ואם לא נפל בו מום וכו' יביא בדמיו שלמים. הוא מדאמרינן בפרק (שני דשקלים) שמותר פסח יקרב שלמים - כסף משנה› ‹**ותימא** רבה, דהא לפי מה שפסק בעצמו בכל מקום, דבעלי חיים אין נדחין, ואפילו בנראה ונדחה, וכ"ש בדיחוי מעיקרו, הו"ל לפסוק דהוא קרב שלמים בעצמו, ועיין לח"מ ותוי"ט שנדחקו ליישב דבריו - ערוה"ש›

§ מסכת פסחים דף צח. §

אות א' - ב' - ג'

המפריש פסחו ומת, לא יביאנו בנו אחריו לשם פסח, אלא לשם שלמים

המפריש את פסחו ומת, אם בנו ממונה עמו, יביאנו לשום פסח; אין בנו ממונה עמו, יביאנו לשום שלמים לששה עשר לעולם דמית לאחר חצות

רמב"ם פ"ד מהל' קרבן פסח ה"ה - הפריש פסחו ומת, לא יביאנו בנו אחריו לשם הפסח אלא לשם שלמים; ואם היה ממונה עם אביו עליו, יביאנו לשם פסח; [א]במה דברים אמורים כשמת אביו אחר חצות ארבעה עשר, אבל קודם חצות, הרי זה נדחה לפסח שני, מפני שהוא אונן כמו שיתבאר, ויביא פסחו זה בשני.

אות ב'* [ב]

נדרים ונדבות אין קריבין ביום טוב

רמב"ם פ"א מהל' חגיגה ה"ח - עולת ראיה ושלמי חגיגה אינן דוחין לא את השבת ולא את הטומאה, לפי שאין להן זמן קבוע כקרבנות הצבור, שאם אינו חוגג היום חוגג למחר כמו שביארנו; אבל דוחין את יום טוב, ואף על פי שאין מקריבין ביום טוב נדרים ונדבות, מקריבין עולת ראייה ושלמי חגיגה ושלמי שמחה, שאין אלו נדרים ונדבות אלא חובות.

רמב"ם פ"א מהל' חגיגה ה"י - מותר להקריב בחולו של מועד נדרים ונדבות, שנאמר: אלה תעשו לה' במועדיכם לבד מנדריכם ונדבותיכם, מכלל שקרבין ברגל; לעולותיכם: כמו עולת מצורע ועולת יולדת, ולמנחותיכם: להביא מנחת חוטא ומנחת קנאות, ולשלמיכם: לרבות שלמי נזיר; הכל קריבין במועד ואין קריבין ביום טוב.

אות ג'* [ג]

אין בעלי חיים נדחין

רמב"ם פט"ו מהל' מעשה הקרבנות ה"ד - בהמת השותפין שהקדיש אחד מהן חצייה שלו, וחזר ולקח חצייה האחר והקדישו, הרי זה קדשה וקריבה, אף על פי שמתחילתה דחויה היתה כשהקדיש חציה, [ד]אין הדחוי מעיקרו דחוי; [ה]ואף על פי שהוא קדושת דמים, הואיל והיא בעלי חיים אין בעלי חיים נדחים, והרי נראית כולה להקרבה, לפיכך תקרב ועושה תמורה.

רמב"ם פ"ג מהל' פסולי המוקדשין הכ"ג - אבל קדשים חיים שהיו שם בעזרה כשנפגם, לא נפסלו, אלא כשיבנה המזבח יקרבו, שאין בעלי חיים נדחין.

אות ד'

הפסח שנתערב בזבחים, כולן ירעו עד שיסתאבו וימכרו ויביא בדמי היפה שבהן ממין זה ובדמי היפה שבהן ממין זה, [ויפסיד] המותר מביתו

רמב"ם פ"ד מהל' קרבן פסח ה"ח - פסח שנתערב בשלמים, יקרבו כולן שלמים; נתערב בזבחים אחרים, ירעו עד שיפול בהן מום ויביא בדמי היפה שבהן ממין זה [ו]ובדמי היפה שבהן שלמים, ויפסיד המותר מביתו, כמו שביארנו בפסולי המוקדשין.

באר הגולה

[א] ‹שם בגמרא וכאוקימתא דרב אשי - כסף משנה› [ב] ‹ע"פ מהדורת נהרדעא› [ג] ‹ע"פ מהדורת נהרדעא› [ד] ‹הקשה הקרן אורה זבחים יב: למה להרמב"ם לומר שני טעמים, דדיחוי מעיקרו לא הוי דיחוי ובע"ח אינן נדחין, דלכאורה בחד טעמא סגי, או בטעם דדיחוי מעיקרא לא הוי דיחוי, או בטעמא דבע"ח אינן נדחים› [ה] ‹מצאתי כתוב בשם המאירי: "אע"פ שהוא קדושת דמים", אין לשון זה ברור אצלי, שהרי בשאין בה אלא קדושת דמים ראוי לומר יותר שלא ידחה, עכ"ל - כסף משנה. ‹**גם** יש לתמוה, דכאן נראה שלא הספיק טעם דיחוי מעיקרו לבד גבי קדושת דמים, שכתב ואע"פ שהיא קדושת דמים, הואיל והיא בעלי חיים, משמע דהוצרך לטעם דהוו בעלי חיים - לחם משנה› [ו] ‹משנה בפרק מי שהיה טמא (דף צ"ח) וכתב רש"י ובדמי היפה שבהם פסח, אם קודם הפסח נסתאבו, אם לאחר הפסח נסתאבו, יביאנו שלמים - כסף משנה›

מסורת הש"ס

עין משפט נר מצוה

לד א ב ג מיי' פ"ד מהל' ק"פ הל' ה:
לה ד מיי' שם הל' ח:

*המפריש פסחו ומת לא יביאנו בנו אחריו לשם פסח אלא לשם שלמים: **גמ'** אמר רב הונא בריה דרב יהושע שמע מינה תלת *שמע מינה בעלי חיים נדחין וש"מ דחוי מעיקרא הוי דחוי ושמע מינה יש דחוי בדמים: המפריש פסחו וכו': ת"ר *המפריש את פסחו ומת אם בנו ממונה עמו יביאנו לשום פסח אין בנו ממונה עמו יביאנו לשום שלמים לששה עשר לי"ו אין לט"ו לא קא סבר *נדרים ונדבות אין קריבין בי"ט דמית האב אימת אילימא דמית קודם חצות בנו ממונה עמו יביאנו לשום פסח הא חלה אנינות עילויה מעיקרא אלא דמית אחר חצות אין בנו ממונה עמו יביאנו לשום שלמים הא קבעתיה חצות אמר (*רבא) לעולם דמית קודם חצות ומאי יביאנו לשום פסח לשום פסח שני אביי אמר לצדדין קתני מת אחר חצות בנו ממונה עמו יביאנו לשום פסח מת קודם חצות אין בנו ממונה עמו יביאנו לשום שלמים רב שרביא אמר לעולם דמית לאחר חצות וכגון שהיה אביו גוסס בחצות רב אשי אמר *לעולם דמית לאחר חצות ור"ש היא דאמר *אין בעלי חיים נדחין רבינא אמר כגון שהפרישו אחר חצות ומתו בעלים אחר חצות וקא סבר חצות קבע: **מתני'** *הפסח שנתערב בזבחים כולן ירעו עד שיסתאבו וימכרו ויביא בדמי היפה שבהן ממין זה ובדמי היפה שבהן ממין זה *[ויפסיד] המותר מביתו נתערב בבכורות ר"ש אומר אם חבורות כהנים יאכלו: **גמ'** והא

[תוספתא פ"ח]

רש"י

המפריש פסחו ומת. לקמיה מפרש אימת מית: **לא יביאנו בנו אחריו לשם פסח.** דהוה ליה פסח שמתו בעליו ואין כאן מנויין: **גמ' שמע מינה בעלי חיים נדחין.** בהמה שנדחית בחיים דהויא דיחוי גמור שאף לכשנראית למה שהיתה ראויה אינה קריבה אלא רועה דהא דתנן תרעה ולא קרבה שלמים היא גופה שזו היא ראייתה כמתחלה שכל מותר פסח קרב שלמים ולא כר"ש דאמר בעלי חיים אין נדחין בפ' שני שעירי (יומא דף סג:) דגמרי' מבעל מום שנדחה ולכשעבר מומו נרצה ומרישא נמי שמעינן לה אלא משום דמהא שמעינן תלת נקט לה הכא: **ושמע מינה דחוי מעיקרא הוי דחוי.** דהא נקבה או זכר בן שתי שנים מתחלתו לא נראה למה שהוקדש וקאמר ירעה ולא יקרב שלמים הוא עצמו ואיכא למאן דאמר במסכת סוכה (דף לג:) דלאו דחוי אלא הנראה ונדחה: **ושמע מינה יש דחוי בדמים.** כדפרישית בכמה מקומות בגמ' מצינו לשון זה גבי הא דאמר רבי יוחנן בהמה של שני שותפין הקדיש חציה וחזר ולקח חציה קדושה ואינה קריבה שמע מינה תלת כו' כי הכא ובמסכת קדושין (דף ז:) ובזבחים (דף יב:) ולמדתי פירושה ממסכת כריתות (דף כז:) דגרס התם בלשון הזה ש"מ קדושת דמים דחה כלומר שמע מינה אפילו דבר שלא קדש תחלה להקרבת גופו אלא לדמיו כגון הקדיש חציה וחציה השני חולין דחוי ליקרב לגופו בתחלת הקדישו אינו קרב עוד לעולם דהואיל ונדחה ידחה ולא תימא אין דחוי בקדשים אלא הקדיש לגופו ונדחה מהקריב אבל קדושת דמים לא אלימא למימר ביה תורת דחוי ואי אתיא לה שעת הכשר הקרבה כגון הכא דחזר ולקח חציה תקרב והכא נמי הכי פרישנא לה יש דחוי בדמים כגון נקיבה לפסח לא חזיא גופה לפסח אלא כי אקדשה לדמים אקדשה ואיידי דדחויה דלא חזיא לאקרובי גופה לדבר שהוקדשה לה אמרינן תדחה לעולם אפילו לאחר הפסח דכל מותר הפסח הוי שלמים ונקיבה לשלמים מחזא חזיא דקתני מתני' דמיה שלמים אבל גופה לא אלמא אלימא קדושת דמים לומר בה תורת דחוי ולא אשכחן דפליגי תנאי בהא מילתא מיהו טובא אשמעינן תשובת רבינו ע"כ ותמיהא לי אמאי גרע ממותר הפסח שראוי *לפסח כדאמרינן בהאשה (לעיל דף פט:) וכגרתו וכייתי במותר: **בנו נמנה עמו.** אם היה בנו נמנה עמו ועדיין יש לו בעלים: **אי נימא דמית קודם חצות.** וכו ביום הא חל אנינות עליה ברישא ותו לא חיילא עליה חובה דפסח להביאו בפני עצמן כדתנן (לעיל דף צא.) וכולן אין שוחטין עליהן בפני עצמן ומתני' קתני יביאנו דמשמע הוא עצמו: **אלא דמת אחר חצות.** דכיון דחיילא עליה דין פסח ברישא שוחט לעצמו ולא חיישינן שמא יביאוהו לבית הפסול דמוזהר זהיר משום חובת פסח דחייל עליה מעיקרא אבל כי חיילא אנינות ברישא לא זהיר ובמת יום או יומים קודם לא מצי לאוקמא אלא סתמא דמילתא בו ביום היו מפרישין פסחיהן: **הא קבעתו חצות.** לפסח ואידחי משלמים דהא תנן (לעיל דף צו:) הפסח העומד בחצות ולא הקריבו ירעה: **לפסח שני.** אם לא עשה את הראשון מפני אנינותו: **לצדדין קתני.** מת אחר חצות דחיילא עליה זמן חובת דפסח ברישא ובנו נמנה עמו ונשארו לו בעלים יביאנו לשם פסח אין בנו נמנה עמו לא מיירי בה מידי וממתני' שמעינן ירעה דהא קבעתי' חצות: **מת קודם חצות ואין בנו נמנה עמו יביאנו לשם שלמים.** דלא קבעתיה חצות ואם בנו נמנה עמו לא איצטריך לאורויי בה מידי דודאי מיקרב לפסח שני ואשמעינן מינה דהיכא דחל עליה חובת דפסח ברישא שוחטין עליו: **ל"א הא חל עליה אנינות ברישא.** ותו לא חיילא עליה חובת דפסח והא דתנן (לעיל דף צא:) שוחטין על האונן ה"מ היכא דחיילא חובת פסח עליה ברישא והדר חל עליה אנינות: **שהיה אביו גוסס בחצות.** ומת לאחר חצות בנו נמנה עמו יביאנו לשם פסח דהא חל עליה חובת דפסח ברישא אין בנו נמנה עמו יביאנו לשם שלמים דכיון דבחצות היה גוסס ורוב גוססין למיתה לא קבעתיה חצות: **לעולם דמית אחר חצות.** ודקשיא לך היאך יקרב שלמים הא קבעתיה חצות ואידחי ר' שמעון היא דאמר בסדר יומא בפ' ב' שעירי (דף סג:) בעלי חיים אין נדחין אלא מחמת מום או אתנן ומחיר שאינן ראויין אבל למה שהוא ראוי יקרב והאי חזי לשלמים: **ס"ג רבינא אמר כגון שהפרישו אחר חצות ומתו בעליו אחר חצות.** בנו נמנה עמו יביאנו לשם פסח דחובת פסח חיילא ברישא אין בנו נמנה עמו יביאנו לשלמים דכיון דבחצות עדיין לא הופרש אין כאן קבע לדחות וקסבר תנא דידן חצות קבע ולא כל שאר זמן שחיטה: **מתני' הפסח שנתערב בזבחים.** שלשה טלאים א' של פסח וא' של אשם וא' של עולה ונתערב הפסח ביניהן כולם ירעו עד שיסתאבו וימכרו ויביא בדמי היפה שבהן עולה דשמא היפה עולה היה ובדמי היפה שבהן אשם שמא היפה אשם היה ובדמי היפה שבהן פסח אם קודם הפסח [נסתאבו] ואם לאחר הפסח נסתאבו יביאו שלמים דשמא היפה פסח היה ואותו מותר שהוא צריך להוסיף על הפנים עד שיגיעו לדמי היפה שבהן יפסיד מביתו משלו וא"ת הרי הוא מחליף שמביא שלמים בדמי האשם או בדמי העולה והרי קדושת הבהמה חלתה על מעות דמיה ואין משנין מקדושה לקדושה כשבא לחללן להבהמות כך הוא עושה אם יפה שבהן שוה סלע מביא ג' סלעים מביתו ונוטל הסלע האחת ואומר כל מקום שהיא העולה הרי מחוללת על הסלע זו ויביא ממנו עולה ונוטל סלע השנית ואומר כל מקום שהוא האשם הרי הוא מחולל על סלע זו ומביא בו אשם וכן לשלמים: **נתערב בבכורות.** שמתן דמן ומתן דם הפסח שוה ואין טעונין תנופת חזה ושוק ולא סמיכה ונסכים: **ר"ש אומר.** אם כל החבורה כולה כהנים היו יאכלו את כולם בו בלילה ויקרב פסח לשם פסח כל מקום שהוא והבכורות לשם בכור בכל מקום שהן: **גמ'** והא

תוספות

שמע מינה דחוי מעיקרו הוי דחוי. תימה לר"י דבפרק לולב הגזול (סוכה דף לג:) מסיק גבי לולב דדחוי מעיקרו לא הוי דחוי ויש לחלק בין דחוי מעיקרו דגבי מצות לדחוי מעיקרו דהקרבה ועוד דשאני התם דמעיקרא אפשר למעוטי בהקנתא ולא דחוי גמור הוא וא"ת מאי קמ"ל ר' יוחנן בפ"ק דקדושין (דף ז:) גבי בהמה של שני שותפים דכל הנהו תלת מילי דמדקדק ממילתיה שמעינן ממתני' דהכא וי"ל דלהכי אשמעינן דעושה תמורה ותמורתה כיוצא בה אע"ג דאינה קריבה כלל והא דלא קאמר הכא וש"מ דעושה תמורה כיוצא בה לא חשיב אלא מילי דדחויה וא"ת ונילף ממחוסר זמן דדחוי מעיקרא הוא ולא הוי דחוי וי"ל שאני מחוסר זמן דלא איתחזי מעולם [א] לשום קרבן וזמן קבוע להיות ראוי ליום השמיני הלכך לא שייך למילף מיניה בעלמא: **ושמע מינה יש דחוי בדמים.** פרש"י בתשובתו דאפילו דבר שלא קדש מתחלה קדושת הגוף אלא לקדושת דמים דחוי הוא מלקרב לבסוף דלא תימא אין דחוי אלא בדבר הקדוש קדושת הגוף ונדחה מהקרבה אבל קדושת דמים לא אלימא למידחי ותימה לר"י הא כל דחוי מעיקרו הוא דחוי בדמים ואם כן כיון דאמר דדחוי מעיקרו הוי דחוי השתא שמעינן נמי דיש דחוי בדמים ואור"י דמשכחת ליה דחוי מעיקרו בקדושת הגוף כגון ששחטו וקיבל הדם בכלי שיש בו מים דמראשון ראשון דחוי הוא הלכך אפילו לבסוף רבה הדם ויש בו מראית דם הוי דחוי והכי איצטריך תו לאשמעינן דאפי' בדמים יש דחוי ובפ"ק דקדושין (דף ז:) מפורש כל הצורך: **הא** חייל עליה אנינות. אף על גב דקריגא ביה לפי אכלו בלילה מכל מקום אינו יכול לשלח קרבנותיו כדאמרינן *(זבחים דף נט:) שלמים בזמן שהוא שלם: ופטורין

רבינו חננאל

ש"מ מדקתני ירעה עד שיסתאב וימכר ויפלו דמיו לנדבה (כיון שאינן) קרבים שלמים ש"מ בעלי חיים נדחין ודחוי מעיקרא כי (היא) נקבה או זכר בן ב' שנים שאינן ראוין מעיקרא לשם פסח לא תימא כיון שאינן (שלמים) לשם פסח מעיקרא כי אקדשינהו לשלמים אקדשינהו אלא נדחו ומדלא קתני ויביא בדמיו שלמים אלא יפלו דמיו לנדבה ש"מ דיש דחוי בדמים: **המפריש** פסחו ומת וכו' ת"ר המפריש פסחו ומת אם בנו ממונה עמו יביאנו לשם פסח [אין בנו ממונה עמו יביאנו לשם שלמים] לששה עשר ואוקמא רבא בשמת קודם חצות וחל עליה אנינות דאורייתא והוא נדחה לפסח שני והא דתנן אונן טובל ואוכל פסחו לערב באנינות דרבנן אבל באנינות דאורי' לא ורב שרביא אמר כגון שהיה אביו גוסס בחצות ומת אחר חצות בנו ממונה עמו יביאנו לשם פסח דהא לא חל עליה אנינות אין בנו ממונה עמו יביאנו לשם שלמים דכיון דבחצות גוסס היה לא הוה חזי למעבד פסח ולא קבעתיה חצות. רב אשי אמר לעולם דמת אחר חצות ולא חל עליה אנינות דהא משעת הפסח כיום טוב חשוב שאומר בו הלל לפיכך לא חל עליה אנינות אין בנו ממונה עמו יביאנו לשם שלמים מאי אמרת קבעתיה חצות רבי שמעון הוא דאמר בעלי חיים אין נדחין ומשום הכי מקריב לה שלמים. רבינא אמר כגון שהפריש אחר חצות ומתו בעלים אחר חצות וקסבר לא קבעה: **מתני'** הפסח שנתערב בזבחים ירעו עד שיסתאבו וימכרו ויביא בדמי היפה שבהן ממין זה כו' עד שנתערב בבכורות רבי שמעון אומר אם חבורת כהנים

הגהות מהר"ב רנשבורג

[א] תוד"ה שמע מינה דיחוי מעיקרו כו' וי"ל דשאני מחוסר זמן דלא אתחזי מעולם וכו' נ"ב עיין יומא סד ע"א בתוס' ד"ה התם וכו' ובתוספות ישנים שם בד"ה מי דמי וכו' ובד"ס דיליף ודו"ק:

יומא סג: קדושין ז: זבחים יב: כריתות כז: ודף כח: תמורה כו: [זבחים נט:]

[סוכה לג: קידושין ז: סנהדרין ...]

[נ"ל רבה עי' שבת עב: מ"ש שם]

לעיל צו:

בנ"י ויפריש

[מ"ק טו.]

ל"א לשלמים ועי' במהרש"א

והא קא מייתי קדשים לבית הפסול רבי שמעון לטעמיה דאמר מביאין קדשים לבית הפסול *דתנן אשם שנתערב בשלמים רבי שמעון אומר ישחטו בצפון ויאכלו כחמור שבהן אמרו לו *אין מביאין קדשים לבית הפסול ורבנן היכי עבדינן אמר רבא *ממתין לו עד שיומם ויביא בהמה שמינה ולימא כל היכא דאיתיה לפסח תחול עליה דהאי ואכיל להו בתורת בכור בעל מום: מתני' *חבורה שאבד פסחה ואמרו לאחד צא ובקש ושחוט עלינו והלך ומצא ושחט והם לקחו ושחטו אם שלו נשחט ראשון הוא אוכל משלו והם אוכלין עמו משלו ואם שלהן נשחט ראשון הם אוכלין משלהן והוא אוכל משלו ואם אינו ידוע איזה מהן נשחט ראשון או ששחטו שניהם כאחד הוא אוכל משלו והם אינם אוכלין עמו ושלהן יצא לבית השריפה ופטורין מלעשות פסח שני *אמר להן אם אחרתי צאו ושחטו עלי הלך ומצא ושחט והן לקחו ושחטו אם שלהן נשחט ראשון הן אוכלין משלהן והוא אוכל עמהן ואם שלו נשחט ראשון הוא אוכל משלו והן אוכלין משלהן ואם אינו ידוע איזה מהן נשחט ראשון או ששחטו שניהם כאחד הן אוכלין משלהן והוא אינו אוכל עמהן ושלו יצא לבית השריפה ופטור מלעשות פסח שני *אמר להן ואמרו לו אוכלין כולן מן הראשון ואם אין ידוע איזה מהן נשחט ראשון שניהן יוצאין לבית השריפה *לא אמר להן ולא אמרו לו אין אחראין זה לזה *שתי חבורות שנתערבו פסחיהן אלו מושכין להן אחד ואלו מושכין להן אחד אחד מאלו בא לו אצל אלו ואחד מאלו בא לו אצל אלו וכך הם אומרים אם שלנו הוא הפסח הזה ידיך משוכות משלך ונמנית על שלנו ואם שלך הוא הפסח הזה ידינו משוכות משלנו ונמנינו על שלך וכן *חמש חבורות של חמשה חמשה ושל עשרה עשרה מושכין להן אחד מכל חבורה וחבורה וכן הם אומרים *שנים שנתערבו פסחיהן זה מושך לו אחד וזה מושך לו אחד זה ממנה עמו אחד מן השוק וזה ממנה עמו אחד מן השוק זה בא אצל זה וזה בא אצל זה וכך הם אומרים אם שלי הוא פסח זה ידיך משוכות משלך ונמנית על שלי ואם שלך הוא פסח זה ידי משוכות משלי ונמניתי על שלך: גמ' תנו רבנן *אמר להן ואמרו לו אוכל מן הראשון לא אמר להן ולא אמרו לו אינן אחראין זה לזה מכאן

ופטורין מלעשות פסח שני. לא דמי להא דאמר לעיל [א] (פח:) שכח לפני זריקה חייבין לעשות פסח שני:

הדרן עלך מי שהיה

והא קא מייתי קדשים לבית הפסול. לר"ש קא פריך דממעט בזמן אכילת הבשר ושורפו לנותר עד בקר שלא כדין משום ספק פסח והל"ל ירעו שדין הבכור לשני ימים ולילה אחד: **מביאין קדשים לבית הפסול**. למעט בזמן אכילתן מוטב מלנתקן לרעייה: **ישחטו בצפון**. כחומר אשם ולא כשלמים בכל מקום ויאכלו כחומר שבהן כתורת האשם לזכרי כהונה ליום ולילה לפנים מן הקלעים: **לבית הפסול**. שממעט בזמן אכילת השלמים אלא ירעו: **ורבנן**. דאמרי אין מביאין היכי עבדינן לפסח שנתערב בבכורות בשלמא גבי אשם שנתערב בשלמים או פסח שנתערב בעולה ואשם איכא למימר ירעו וימכרו ויביא בדמיהן אותן קרבנות כדאמרינן לעיל אבל בכור נאמר בו לא תפדה ואין לו פדיון ואינו תופס את דמיו ואינו יוצא מקדושתו לחול על המעות אלא נאכל במומו לכהן ופסח בר פדיון הוא ואינו נאכל בלא פדיון: **ממתין עד שיומם ויביא בהמה שמינה**. ביפה שבהן: **ונימא כל היכא דאיתיה לפסח תחול**. קדושתיה אהך מעות ומייתי בהך מעות שלמים כדין מותר הפסח: **ואכיל להו**. לכל התערובת: **בתורת בכור בעל מום**. ולאו היא תורתו אין נשחט באטליז ואין נמכר באטליז ואין נשקל בליטרא ואם היה מכיר בפסח שנפדה היה שוחטו ומוכרו באטליז אם ירצה: **מתני' צא ובקש**. את האבוד ושחוט עלינו: **אם שלו נשחט ראשון**. הואיל והם אמרו לו שחוט עלינו על שלו הם נמנין ושוב אין יכולין להימנות על שלהן ושלהן ישרף דפסח בלא בעלים הוא והאוכלין כולן משלו: **ואם שלהן נשחט ראשון הוא אוכל משלו**. שהרי לא נמנה על שלהן והם אוכלין משלהן שהרי חזרו בהן מן האבוד ומשכו ידיהן ממנו: **וכן אין אוכלין עמו**. שמא שלהן נשחט ראשון ונמשכו מזה: **ושלהן יצא לבית השריפה**. שמא שלו נשחט ראשון ואין נמנים על השני: **ופטורין מפסח שני**. דממה נפשך בראשון נימנו ואכילה לא מעכבא: **אמר להם אם איחרתי שחטו עלי**. יחיד שהלך לבקשו ואמר לבני חבורה אם איחרתי שחטו עלי והמנוני עמכם והן לא אמרו שחוט עלינו: **הוא אוכל משלהן**. ושלו ישרף דכיון שהמנוהו על שלהן הרי נמשך מן הראשון וחזר בו משליחותו: **ושלו יצא לבית השריפה**. שמא שלהן נשחט ראשון ונמשך משלו שהרי עשאן שלוחין: **ופטור מפסח שני**. ממה נפשך בראשון יצא: **אמר להם**. שחטו עלי אם איחרתי ואמרו לו בקש ושחוט עלינו יאכלו כולן מן הראשון דהכא שלוחיו והוא שלוחם: **ואם אין ידוע איזו נשחט ראשון**. ישרפו שניהם ופטורין מפסח שני: **אינן אחראין זה לזה**. אין אחריות ומנוגה זה על זה ואין זה וזה מושכין אלו נשחט ראשון אלא הן אוכלים משלהם והוא אוכל משלו: **אלו מושכין לפסח אחד**. מן הפסחים ואלו מושכין לפסח אחד: **אחד**. מבני חבורה זו בא לו אצל חבורה זו ואחד מזו בא לו אצל זו: **וכן הם אומרים**. לאותו יחיד הבא אצלן: **אם שלנו הוא פסח זה** שמשכנו אליו ויפה בירכנו את שלנו משוך ידיך משלך והימנה עמנו על שלנו ואם שלך הוא פסח זה הרי אתה עליו וידינו משוכות משלנו ויהא לבני חבורה האחרת ונמנינו על זה שלך נמלא אם החליפו הרי זה הומשכו כל חבורה וחבורה משלהן ונמנו על אותו שבירכו וכן בני חבורה השניה אומרים ליחיד הבא אצלן ועל כרחינו צריך אחד מאלו לבוא אצל אלו ולימנות עמהן ולא אמרינן ימשכו אלו משלהן בכל מקום שהוא ואלו משלהן ויחזרו וימנו אלו על האחד ואלו על האחד משום דאמרינן בברייתא בגמ' בין לרבי יהודה בין לר' יוסי אסור לימשך כל בני חבורה מן הפסח להניחו בלא בעלים ועכשיו כשאחד מבני החבורה זו בא אצל החבורה האחרת ממה נפשך אין כאן פסח בלא בעלים אם יפה בירכו הרי כל חבורתו עליו חוץ מן האחד שפירש מהן ומשך ידו ואם הם החליפו הרי הלך אחד מהם עם חבורה האחרת וכשמשכו האחרים את ידיהן ממנו נשאר הוא עליו: **וכן חמש חבורות של חמשה חמשה**. בני אדם שנתערבו פסחיהם כל חבורה וחבורה מושכים להם א' מן הפסחים וחמשה אנשים שבכל חבורה וחבורה מתחלקין לחמשה פסחים שאם החליפו לא יהא כאן פסח שלא יהא אחד מבעליו הראשונים עליו: **וכן הם אומרים**. כשנעשו עתה חבורות חדשים אומרים הארבעה לאחד אם שלך הוא פסח זה ידי ארבעתינו משוכין מארבעה פסחינו בכל מקום שהן ונימנינו עמך וכך הן חוזרין ואומרים לשני וכן הארבעה לכל א' שבחבורה וכן כל חבורה וחבורה: **שנתערבו פסחיהן**. ראובן ושמעון שנתערבו פסחיהן ראובן מושך לו אחד ושמעון מושך לו אחד ראובן הולך וממנה עמו את לוי מן השוק ואומר כל מקום שהוא פסח שלי הרי אתה נמנה עליו שמעון ממנה עמו את יהודה מן השוק דעכשיו יהו שנים על כל אחד כל מקום שהוא: **זה בא אצל זה**. ראובן בא לו אצל פסח שמשך לו שמעון ושמעון בא לו אצל פסח שמשך לו ראובן וכן אומר ראובן ליהודה הנשאר על פסח שבירר לו שמעון אם שלך הוא פסח זה שיפה בירר לו שמעון תחלה הרי ידי משוכות משלי והריני נמנה עמך על זה ואם שלי הוא פסח זה שלא כיוונו לברר תחלה יפה ואין זה פסח שנימנית עליו עם שמעון הרי ידיך משוכות משלך והמנה על זה ולכך הוצרך כל אחד להמנות אחד מן השוק שאם באו להתנות כשהן יחידין ולומר אם שלי הוא פסח זה ושלך שלך הרי יפה בירכנו ואם לאו הריני מושך משלי ונמנה על שלך נמלא כשהוא נמשך משלו הרי הוא מניח פסחו כמות שהוא כלומר בלא בעלים שעדיין לא נמנה אחר עליו ואפי' לר' יוסי *לית ליה והא ליכא למימר שימנה כל א' על של חבירו קודם שימשך משלו דהנמנה על שני פסחים אין זה מנין: **גמ'** מכאן

לו א מיי' פ"ד מהל' פסולי המוקדשין הלכה טו :
לז ב מיי' שם וסל' יב ופ"ד מהל' ק"פ הלכה ח :
לח ג מיי' פ"ג מהל' ק"פ הלכה ד :
לט ד מיי' שם הלכה ס :
מ ה ו מיי' שם הל' ו :
מא ז ח מיי' שם הל' ...
מב ט מיי' שם הלכה ח :

זבחים פא:
קדושין מה:
[תוספתא פ"ט]
[לקמן נט:]

רבינו חננאל

יאכלו ואקשי' והא קא מייתי קדשים לבית הפסול שדין הבכור לאכול שני ימים ולילה אחד כרבנן בב' איזהו מקומן של זבחים והפסח אינו נאכל אלא בלילה ומותר הפסח נמי אינו נאכל אלא ליום ולילה כמו שאמרנו בפרק שקודם זה וכיון שאתה אוכל הבכור בקדושת פסח אתה גורם לו להפסל הנותר בבקר כדין הפסח והוא כשר עדיין עד יום ב' והוה ליה מביאין קדשים לבית הפסול דתנן בזבחים פ"ח אשם שנתערב בשלמים רבי שמעון אומר שניהם ישחטו בצפון ויאכלו כחומר שבהן אמרו לו אין מביאין קדשים לבית הפסול אלא לרבנן היכי ליעביד אמר רבא ממתין להם עד שיומם ומביא בהמה שמינה ואומר כל היכי דאיתיה לפסח תחול קדושתיה עליה דהאי ואכיל להו בתורת בכור: מתני' חבורה שאבדה פסחה ואמרו לאחד צא ובקש ושחוט עלינו כו' ת"ר אמר להם ואמרו לו אוכלין מן הראשון לא אמר להם ולא אמרו לו אין אחראין זה לזה.

הגהות מהר"ב רנשבורג

[א] תוס' ד"ה ופטורין וכו' דלא דמי להא דאמר לעיל וכו'. ע' מהרש"א ולמ"ש פ"ג מהלכות ק"פ הלכה ד' וכו'

§ מסכת פסחים דף צח: §

אות א'

אין מביאין קדשים לבית הפסול

רמב"ם פ"ו מהל' פסולי המוקדשין הט"ו - **אשם שנתערב בשלמים, אף על פי שאין מקריבין משניהן אלא האימורין אבל הבשר נאכל, לא יקרבו, אלא ירעו עד שיפול בהן מום, ויביא בדמי היפה אשם ובדמי היפה שלמים, והמותר יפסיד מביתו; [א]ואם קדם והקריב אשמו, שניהן יפלו לנדבה.**

[ב]רמב"ם פ"ו מהל' פסולי המוקדשין ה"ה - **נתערבו מין בשאינו מינו, כגון עולה בשלמים, לא יקרבו אפילו כחמורה שבהן, שאין מביאין קדשים לבית הפסול.**

אות ב'

נמתין לו עד שיומּמו ויביא בהמה שמינה, ולימא כל היכא דאיתיה לפסח תחול עליה דהאי, ואכיל להו בתורת בכור בעל מום

רמב"ם פ"ו מהל' פסולי המוקדשין [ג]ה"ו - **וכשם שאין ממעטין בזמן אכילתן, כך אין ממעטין באוכליהן ולא במקום אכילתן, אלא כיצד יעשה, ירעו הכל עד שיפול בהם מום, וימכר כל אחד מהן לבדו ויביא בדמי היפה שבהן ממין זה ובדמי היפה שבהן ממין האחר, ויפסיד המותר מביתו.**

רמב"ם פ"ו מהל' פסולי המוקדשין הי"ב - **בכור שנתערב בפסח, שניהם ירעו עד שיפול בהם מום ויאכלו כבכור; ולמה לא יקרבו, לפי שהפסח [ד]נאכל לכל אדם עד חצות, והבכור לשני ימים ואינו נאכל אלא לכהנים, ואין מביאין קדשים לבית הפסול ואין ממעטין באכילתן.** השגת הראב"ד: בכור שנתערב ויאכלו כבכור. א"א והבכור בעל מום [ה]אי זה אכילה חמורה שבו, [ו]ועוד מה תיקן לבעל הפסח, והיה צריך לפרש תיקונו.

רמב"ם פ"ד מהל' קרבן פסח ה"ח - **נתערב בבכורות, ירעו הכל עד שיפול בהן מום, ויאכלו כבכור בעל מום, ויביא בהמה שהיא יפה כיפה שבתערובות, ויאמר: כל מקום שהוא הפסח קדושתו תחול על זו, ויקריבנה שלמים אם קרב פסחו.**

אות ג'

חבורה שאבד פסחה, ואמרו לאחד צא ובקש ושחוט עלינו, והלך ומצא ושחט והם לקחו ושחטו וכו'

רמב"ם פ"ג מהל' קרבן פסח ה"ד - **חבורה שאבד פסחה, ואמרו לאחד צא ובקש ושחוט עלינו, הלך ומצא פסח שאבד ושחטו, והם לקחו פסח אחר ושחטוהו: אם שלו נשחט ראשון, הוא אוכל משלו והן אוכלין עמו, והשני ישרף; ואם שלהן נשחט ראשון, הן אוכלין משלהן והוא אוכל משלו; אין ידוע אי זה מהן נשחט ראשון, או ששחטו שניהן כאחת, הוא אוכל משלו והן אינן אוכלין עמו, ושלהן יצא לבית השריפה, ופטורין מלעשות פסח שני.**

אות ד'

אמר להן אם אחרתי צאו ושחטו עלי, הלך ומצא ושחט והן לקחו ושחטו וכו'

רמב"ם פ"ג מהל' קרבן פסח ה"ה - **אמר להם זה ששלחוהו לבקש פסח שאבד [ז]ולשחטו, אם איחרתי שחטו אתם עלי, הלך ומצא ושחט, והם לקחו ושחטו: אם שלהן נשחט ראשון, הם אוכלין משלהם והוא אוכל עמהם, והשני ישרף; ואם שלו נשחט ראשון, הוא אוכל משלו והן אוכלין משלהן; אין ידוע אי זה מהן נשחט ראשון, או ששחטו שניהם כאחד, הן אוכלין משלהן, והוא אינו אוכל עמהן, ושלו יצא לבית השריפה, ופטור מלעשות פסח שני.**

אות ה' – ו'

אמר להן ואמרו לו, אוכלין כולן מן הראשון; ואם אין ידוע איזה מהן נשחט ראשון, שניהן יוצאין לבית השריפה

לא אמר להן ולא אמרו לו, אין אחראין זה לזה

רמב"ם פ"ג מהל' קרבן פסח ה"ו - **אבד להן פסחם [ח]ואבד לו פסחו, ואמר להן צאו ובקשו ושחטו עלי, ואמרו לו צא ובקש ושחוט עלינו, והלך ומצא ושחט, ומצאו הם ושחטו: כולם אוכלין מן הראשון והשני ישרף; ואם אין ידוע**

באר הגולה

[א] ‹תוספתא פ"ח דזבחים – כסף משנה› ‹**פלא**, הא מותר שלמים לשלמים, ואיך קרב מהן עולות, ובתוספתא איתא שנתערב בזבחים, ויתכן דהמה עולות, וצ"ע – אור שמח› [ב] ‹ע"פ מהדורת נהרדעא› [ג] ‹ע"פ מהדורת נהרדעא› [ד] ‹רש"י לא הזכיר שנאכל לכל אדם, להסביר מה שמביא קדשים לבית הפסול› [ה] ‹ואני תמה על מה שהשיג על רבינו, שאין תלונתו על רבינו, דרבינו לישנא דגמ' נקט, דקאמר דאכיל להו בתורת בכור בעל מום, כ"ש שלפי האמת אין כאן תלונה כלל, שהרי פירש"י ואכיל להו לכל התערובת בתורת בכור בעל מום, ואי זו היא תורתו, אינו נשחט באיטליז, ואינו נמכר באיטליז, ואינו נשקל בליטרא, ואם היה מכיר בפסח שנפדה, היה שוחטו ומוכרו באיטליז אם ירצה, עכ"ל – כסף משנה› [ו] ‹י"ל שרבינו סמך על מ"ש בפ"ד מקרבן פסח – כסף משנה› [ז] ‹לאו למימרא שאמרו לו "ושחוט עלינו", דא"כ היינו בבא "דאמר להם ואמרו לו", ולמה נשתנה דין זה, וזהו שמפני כך הוכרח רש"י לפרש, "והם לא אמרו לו שחוט עלינו", **אלא** ע"כ לומר ד"ולשחטו" ה"פ, שנשחטהו אנחנו, לא שישחטהו הוא עליהם, ודייקא לישנא דרבינו, שלא כתב "ולשחטו עליהם" – כסף משנה› [ח] ‹למה אינו מפרש הגמ' כרש"י, וכמו שכתוב הוא עצמו בהלכה ה', דהוא אמר להם אם אחרתי שחטו אתם עלי, ולמה צריך לומר שהוא אבד פסחו›

אי זה נשחט תחילה, או ששחטו שניהן כאחד, שניהן ישרפו ופטורין מלעשות פסח שני. הלך הוא לבקש והלכו הם לבקש, ולא אמרו זה לזה כלום, [ט]אף על פי שהיה בלבם שישחוט כל אחד מהן על חבירו, או שהיו שם רמיזות ודברים שאומדן הדעת בהן שכל אחד שימצא ישחוט על חבירו, הואיל ולא פירשו ולא אמרו זה לזה כלום, אינן אחראין זה לזה.

אות ז׳ – ח׳

שתי חבורות שנתערבו פסחיהן, אלו מושכין להן אחד ואלו מושכין להן אחד, אחד מאלו בא לו אצל אלו ואחד מאלו בא לו אצל אלו, וכך הם אומרים...

וכן חמש חבורות של חמשה חמשה ושל עשרה עשרה, מושכין להן אחד מכל חבורה וחבורה וכן הם אומרים

רמב״ם פ״ג מהל׳ קרבן פסח ה״ז - שתי חבורות שנתערבו פסחיהן קודם שישחטו, חבורה זו לוקחין כבש אחד מן התערובות, והשנייה לוקחין השני, ואחד מבני חבורה זו בא אצל אלו, ואחד מבני שנייה בא אצל הראשונה, וכל חבורה מהן אומרות לזה האחד שבא אצלם: אם שלנו הוא הפסח הזה, ידיך משוכות משלך ונמנית על שלנו, ואם שלך הוא הפסח הזה, ידינו משוכות משלנו ונמנינו על שלך; וכן חמש חבורות של חמשה חמשה בני אדם, או עשר חבורות של עשרה עשרה, מושכין להן אחד מכל חבורה לחבורה האחרת, וכך הם מתנים ואומרים, ואחר כך שוחטין.

אות ט׳

שנים שנתערבו פסחיהן, זה מושך לו אחד וזה מושך לו אחד, זה ממנה עמו אחד מן השוק וזה ממנה עמו אחד מן השוק, זה בא אצל זה וזה בא אצל זה, וכך הם אומרים...

רמב״ם פ״ג מהל׳ קרבן פסח ה״ח - שנים שנתערבו פסחיהן, זה לוקח פסח אחד מן התערובות וזה לוקח לו אחד, וזה ממנה על פסחו אחד מן השוק, והאחר ממנה עמו אחד מן השוק, [י]כדי שיהיו שתי חבורות, ואחר כך יבוא אחד משניהם אצל אלו, ויבוא אחד מאלו אצל האחר, ומתנה כל אחד עם חבירו שבא אצלו מחבורה שנייה, ואומר: אם שלי הוא פסח זה, ידיך משוכות משלך ונמנית על שלי, ואם שלך הוא, ידי משוכה מפסח שלי ונמניתי על שלך, ונמצא שלא הפסידו כלום.

באר הגולה

ט (נ״ל שלמד כן רבינו מייתורא דמתניתין, דאל״כ מאי קמ״ל פשיטא – כסף משנה) י (ואין הלשון מובן כל כך, וכבר תמהנו על השמטתו בדינו של ר׳ יוסי, ויש שרצה לומר שסמך על מה שבכאן (לח״מ), ואין זה מספיק כמובן, ובפרט לפי הטעם שכתב, וצ״ע – ערוה״ש).

מכאן אמרו. מפני דבר כזה אמרו יפה שתיקה כו' שלא אמר ולא אמרו השני אין לו תקנה לא אמר ולא אמרו שניהן ראוין זה אוכל משלו כו': **לימא מפני'.** דקתני שנים שנתערבו פסחיהן כו': **דלא כר' יוסי.** דבעי שיהא א' מבני חבורה הראשונה קיים עליו דהא ודאי אותן שנים שבאו מן השוק אין משוכין מבני חבורה האחרת ולא היו בשעת לקיחתן ועל כרחיך רבי יהודה אבני שעת לקיחתו קפיד דלא אמטיין בתר הכי סגי אי איכא בין דידיה לרבי יוסי ונמצא שאם הוחלפו בשעת שחיטה על ידי התאמה והמשכה אין אחד מן הראשונים קיים עליו וריש' דקתני דבעינן שהוחלפו מכל חבורה לכל הפסח טעמא משום דבעי אמטויי ומימר אם שלך הוא הפסח הזה ידינו משוכות משלנו ונמנית על שלך ואם לאו דאיכא חד מבעליו האם מאן קא ממני עליה והיאך יכולין לומר ונמנית על זה בלא רשות בעליו: (א) **ואם ימעטו.** משמע אם רצו מתמעטין ומושכין ובלבד שיהא אחד מבני החבורה קיים דאם ימעטו משמע שיש שיור: **כמות שהוא.** בלא בעלים ואם רצו כולן לימשך ימשכו עליו אחרים תחלה אבל לבני חבורה ראשונה לא קפיד קרא: **כיון דאמר ר' יהודה.** בפרקין דלעיל (דף צא.) מעיקרא לאימנויי אחריכא עליה קאי ואפילו אין שם תערובת הלכך זה הבא מן השוק ונמנה עליו בכל מקום שהוא הוה ליה אחד מבני חבורה ראשונה:

*מכאן אמרו חכמים יפה שתיקה לחכמים קל וחומר לטפשים שנאמר *אויל מחריש חכם יחשב: שנים שנתערבו פסחיהם וכו': לימא מתניתין דלא כר' יהודה דתניא *ואם ימעט הבית מהיות משה *מלמד שמתמעטין והולכין ובלבד שיהא אחד מבני חבורה קיים דברי רבי יהודה רבי יוסי אומר ובלבד שלא יניחו את הפסח כמות שהוא א"ר יוחנן אפילו תימא רבי יהודה כיון דאמר רבי יהודה *אין שוחטין את הפסח על היחיד מעיקרא לאמנויי אדרינא בהדיה קאי וכאחד מבני חבורה דמי א"ר אשי מתניתין נמי דייקא דקתני וכן חמש חבורות של חמשה חמשה של חמשה אין אבל של חמשה וארבעה לא לאו משום דלא פייש חד מבני חבורה גביה שמע מינה:

(תורה אור: משלי יז; שמות יב)

מסני' נמי דייקא. דר' יהודה היא: **חמשה וארבעה לא.** חמש חבורות שיש בהן אחת של ארבעה אנשים ואין בה כדי לתת חלק אחד לכל פסח ופסח לא שרי מתני': **מ"ט לאו משום דלא פש אחד מבני חבורה גביה.** שאם נתחלפו פסחן של אלו לאותה חבורה שנתחדשה אחרי כן שיש ארבעה מארבע חבורות ומאותה של ארבעה לא הי' בה דלרבי יוסי טעמא משום דצריך אחד מבעליו שימנה בו את האחרון אבל אחבורה ראשונה דשעת לקיחה לא קפיד אפילו איכא בהו חבורה של ד' נמי איכא תקנתא שימנו מן השוק אחד עמהן בכל מקום שהוא פסחן ונמנו עליו חמשה אנשים כדי לחלק אחד לכל פסח ופסח אלא שמעת מינה אבני חבורה קפיד:

הדרן עלך מי שהיה טמא

(מסורת הש"ס: פסי' ד"א תוספ' פ"ו; [תוספתא' פ"ו]; [לעיל צא:])

(הגהות הב"ח: (א) רש"י ד"ה דלא כרבי יוסי וכו' רשות בעליו הס"ד ואח"כ מ"ה מלמד שמתמעטין ואם ימעטו:)

הדרן עלך מי שהיה טמא וסליקא לה פסח שני

רבינו חננאל: [illegible]

פסקי הלכות פסח שני בקצרה

כתיב בתורה איש איש כי יהיה טמא לנפש או בדרך רחוקה לכם או לדורותיכם ועשה פסח לה' בחדש השני בארבעה עשר יום בין הערבים יעשו אותו וגו' ככל חקת הפסח יעשו אותו. ושניט שאף כל אונס במשמע שאם נאנס או שגג בראשון יעשה בשני אלא שטמא ודרך רחוקה פטורין מן הכרת אפילו הזיד בשני ושאר אונסין בראשון אם הזיד בשני חייב כרת. אבל הזיד בראשון בלא שום אונס ושגגה אפילו נאנס בשני חייב כרת: איזהו דרך רחוקה מי שהיה ביתו ובין ירושלים יום י"ד עם עליית השמש ט"ו מיל או יותר היה פחות מזה ולא הגיע לירושלים מפני שעכבוהו בהמות או שהיה בירושלים והיה חולה ברגליו ולא הגיע לעזרה עד שעבר זמן הקרבה הרי זה אנוס ואינו בדרך רחוקה. היה חבוש ביד ישראל חוץ לחומת ירושלים והבטיחוהו לצאת לערב שוחטין עליו אבל נחבש ביד נכרים אין שוחטין עליו עד שיצא ואם שחטו עליו ויצא הרי זה אוכל. שחטו עליו ולא יצא וכן האונן והחולה והזקן שיכולין לאכול ששחטו עליהן ואחר שנזרק הדם נטמאו במת ואינן יכולין לאכול פטורין מפסח שני [וכן כל מי שהיה ראוי בשעת שחיטה וזריקה ונדחה אחר כך פטור מפסח שני]. טמא שיכול להטהר בפסח ראשון ולא טבל וישב בטומאתו וכן הערל שלא מל בראשון הרי זה הזיד בראשון: ואיזהו טמא שנדחה לפסח שני כגון זבים וזבות נדות ויולדות ובועלי נדות אבל הנוגע בנבלה ושרץ וכיוצא בהם ביום י"ד הרי זה טובל ושוחטין עליו אחר שיטבול ואוכל לערב. וזב שראה ב' ראיות וטבל בשביעי שוחטין עליו ואוכל לערב וכן שומרת יום כנגד יום ואם ראו אחר זריקת הדם פטורין מפסח שני ואין שוחטין על הנדה בשביעי שלה: טמא מת שחל ז' שלו בע"פ אף על פי שהוזה עליו וטבל וראוי לאכול קדשים לערב אין שוחטין עליו ונדחה לשני בד"א שנטמא בטומאת מת שהנזיר מגלח עליהן אבל בטומאת מת שאין הנזיר מגלח עליהן שוחטין עליו בז' שלו אחר הזאה וטבילה. מי שעשה פסח בחזקת שהוא טהור ואח"כ נודע לו שהיה טמא בטומאת התהום פטור מפסח שני אבל נודע לו שנטמא בטומאת ודאי חייב בפסח שני. בד"א בטהור אבל טמא כגון *טמא מת שנטמא בטומאת התהום בשני שלו אע"פ שנודע לו אחר שעשה הפסח חייב בפסח שני שחזקת הטמא טמא עד שנטהר ספק טומאת התהום טהור לפסח: בטומאת מת בין ודאי בין ספקו יחידים שהן מיעוט הצבור נדחין ולא צבור אפילו הם מחצה קהל אין נדחין שאם היה בפסח ראשון רוב הקהל או הכהנים או כלי השרת טמאים בטומאת מת עושין הפסח הטמאים עם הטהורים בטומאה אפילו היה ברוב הטמאים רק א' [עודף]. היו מחצה על מחצה כולן עושין בראשון והטהורים עושין לעצמן בטהרה וטמאים לעצמן בטומאה. היו הנשים משלימין לרוב טהורים הטהורים עושין הראשון והטמאין אינן עושין לא הראשון ולא השני. היו רוב הקהל טמאים בשאר טומאות ומיעוטן טמאי מת אותן טמאי מת אינן עושין לא בראשון לפי שהן מיעוט וגם שני אינן עושין לפי שאין היחידים עושין בשני אלא בזמן שרוב הקהל עשו הראשון. וכן אם היו רוב הקהל טמאי מתים ומיעוטן בשאר טומאות הטמאי מתים עושין בראשון והמיעוטין אינן עושין לא בראשון לפי שאין טומאה דוחה בראשון אלא טומאת מת לבד ובשני אינן עושין לפי שאין עושין בפסח שני אלא אם נעשה הראשון בטהרה. היו שליש הקהל טהורים ושליש טמאי מתים ושליש טמאים בשאר טומאות הטמאי מתים אינן עשין לא בראשון שהרי הן מיעוטין לגבי טהורים עם הטמאים משאר טומאות ובשני אינן עושין שהרי מיעוט עשו בראשון. כילד משערין הפסח לידע אם רוב הקהל טמאים או טהורים אין משערין בכל האוכלין שאפשר שיהיו עשרים נמנים על פסח א' ומשלחין אותו לשחוט ביד א' אלא משערין בכל הנכנסין לעזרה. ועד שהן מבחוץ קודם שתכנס כת הראשונה משערין אותן. פסח שהקריבוהו בטומאה נאכל בטומאה שמתחלתו לא בא אלא לאכילה. ואינו נאכל אלא לטמאי מת שנדחית להם הטומאה ולכיוצא בהן מטמאי טומאת מגע אבל לא לטמאים שטומאה יוצאה מגופן ואם אכלו פטורין ואפילו אכלו טמאי מת מהאימורין שלו פטורין. *בד"א שהפסח נאכל בטומאה כשנטמאו הציבור קודם זריקת הדם אבל אם נטמאו לאחר זריקת הדם לא יאכל. שחטוהו בטהרה ונטמאו רוב הציבור קודם זריקה זורק את הדם והפסח לא יאכל. היו כלי שרת טמאים בשרץ וכיוצא בו אע"פ שמטמאין את הבשר לא יעשוהו אלא הטהורים ויאכל אע"פ שהוא טמא שמוטב שיאכל בטומאת בשר שהיא בלאו ולא יאכלוהו טמאי הגוף שהם בכרת: מה בין פסח ראשון לשני הראשון אסור בחמץ בבל יראה ובל ימצא ואינו נשחט על חמץ [*וצריך ביקור ד' ימים] ואין מוציאין ממנו חוץ לחבורה וטעון הלל באכילתו ומביאין עמו חגיגה ואפשר שיבא בטומאה אם נטמא רוב הקהל טומאת מת אבל פסח שני חמץ ומצה עמו בבית *[ואין נשחט בג' כתות ואין צריך ביקור] ואינו טעון הלל באכילתו ומוציאין אותו חוץ לחבורתו *ואין מביאין עמו חגיגה ואינו בא בטומאה ושניהם דוחין את השבת וטעונין הלל בעשייתן ונאכלין צלי בבית אחד על מצה ומרור ואין מותירין מהן ואין שוברין בהן את העצם: נשים שנדחו לשני בין מפני טומאה ודרך רחוקה בין משאר אונס ושגגה הרי פסח שני להן רשות לפיכך אינן שוחטין עליהן בפני עצמן בשבת בפסח שני. *האונן שמת לו מת אחר חצות בי"ד שכבר נתחייב בק"פ שוחטין עליו וטובל ואוכל שאנינות לילה מדרבנן וכן *מת לו מת בי"ג ונקבר בי"ד אבל מת לו מת קודם חצות ידחה לשני ואם שחטו וזרקו עליו טובל ואוכל לערב. גר שנתגייר בין פסח ראשון לשני וכן קטן שהגדיל בין ב' פסחים חייבין בפסח שני ואם שחטו עליו בראשון פטור. הזאה אינה דוחה שבת כגון (*זב) שהגיע ז' שלו בי"ד בשבת אין מזין עליו ואפילו חל הי"ג בשבת אין מזין עליו בי"ג אלא למחרת בי"ד ואין שוחטין עליו אלא ידחה לשני:

(שאר עניני סדר ותובת ליל ט"ו מבואר הכל בש"ע א"ח)

(בצד העמוד: פי' כסף משנה פ"ו הלכה ח מהל' ק"פ בד"ה; היינו לדעת רבי' ואין כן דעת התוספות והרמב"ם ז"ל תוספתא פ"ט; שם; נ"ל טמא מת)

בעזרת האל יתברך נשלם סדר פסח ראשון ושני

[illegible]

ערבי פסחים

ערב פסחים *סמוך למנחה לא יאכל אדם ב'עד שתחשך ג'אפילו עני שבישראל לא יאכל עד שיסב ד'ולא יפחתו לו מארבע כוסות של יין ואפילו מן התמחוי: **גמ'** מאי איריא ערבי פסחים אפי' ערבי שבתות וימים טובים נמי דתניא לא יאכל אדם בערבי שבתות ה'וימים טובים מן המנחה ולמעלה כדי שיכנס לשבת כשהוא תאוה דברי רבי יהודה רבי יוסי אומר ו'אוכל והולך עד שתחשך אמר רב הונא לא צריכא אלא לר' יוסי דאמר אוכל והולך עד שתחשך הני מילי בערבי שבתות וימים טובים אבל בערב הפסח משום חיובא דמצה מודה רב פפא אמר אפילו תימא רבי יהודה התם בערבי שבתות וימים טובים מן המנחה ולמעלה הוא דאסיר סמוך למנחה שרי אבל בערב הפסח אפילו סמוך למנחה נמי אסור ובערב שבת סמוך למנחה שרי והתניא לא יאכל אדם בערב שבת וימים טובים מתשע שעות ולמעלה כדי שיכנס לשבת כשהוא תאוה דברי רבי יהודה רבי יוסי אומר אוכל והולך עד שתחשך אמר מר זוטרא *מאן לימא לן דמתרצתא היא דילמא

ערב פסחים סמוך למנחה. קודם למנחה מעט: **לא יאכל**. כדי שיאכל מצה של מצוה לתיאבון משום הידור מצוה: **ואפילו עני שבישראל לא יאכל**. בלילי פסחים עד שיסב כדרך בני חורין (א) זכר לחירות במטה ועל השלחן: **ארבע כוסות**. כנגד ארבעה לשוני גאולה האמורים בגלות מצרים והוצאתי והצלתי וגאלתי אתכם ולקחתי אתכם בפרשת וארא: **ואפי'**. מתפרנס מתמחוי של לדקה דהיינו עני שבעניים דתנן במסכת פאה (פ"ח מ"ז) מי שיש לו מזון ב' סעודות לא יטול מן התמחוי: **גמ' כשהוא תאוה**. ולא תהא סעודת שבת על השובע: **לא צריכא**. דקתני ערב פסחים לא יאכל עד שתחשך אלא לרבי יוסי דאמר הולך ואוכל עד שתחשך: **אפילו תימא**. מתני' נמי רבי יהודה היא ובדין הוא דליתני ערבי פסחים לרבויי סמוך למנחה: **מתשע שעות**. הייט סמוך למנחה: משבשתא

פירוש רבינו שמואל תלמיד רש"י ז"ל

ערבי פסחים סמוך למנחה. מנחה קטנה קודם למנחה מעט חצי שעה בתחלת שעה עשירית דתנן (לעיל דף נח.) תמיד נשחט בשמונה ומחצה וקרב בתשעה ומחצה כמלאת מנחה קטנה בט' ומחצה וסמוך ליה היינו חצי שעה קודם בסוף שעה תשיעית ותחלת שעה עשירית: **לא יאכל אדם כו'**. כדי שיאכל מצה של מצוה לתיאבון משום הידור מצוה: **ואפילו עני שבישראל לא יאכל** *בערבי פסחים עד שיסב כדרך בני חורין במטה ועל השלחן זכר לחירות: **ולא יפחתו לו**. גבאי לדקה המפרנסים את העניים כדתנן (פאה פ"ח מ"ז) אין פוחתין לעני העובר ממקום כו' אלמא לישנא דלא יפחתו אגבאי לדקה קאי והוא הדין נמי אם לא יתנו לו שצריך שימכור בכל כחו אחריו אלא אורחא דמילתא נקט שרגילין ליתן לו ארבע כוסות וסדרן מפורש לפנינו ומליט בב"ר (פ' פח) רב הונא בשם רבי אבא אמר כנגד ארבע לשוני גאולה האמורין בגלות מצרים והוצאתי והצלתי וגאלתי ולקחתי בפ' וארא: **ואפילו**. הוא מתפרנס מתמחוי של לדקה דהיינו עני שבעניים דתנן במסכת פאה מי שיש לו מזון שתי סעודות לא יטול מן התמחוי אפילו הכי אם לא נתנו לו גבאי לדקה ימכור את מלבושו או ילוה או ישכיר את עצמו בשביל יין לארבע כוסות: **גמ' אפילו ערבי שבתות כו'**. אליבא דרבי יהודה כדי שיהא קידוש וסעודת שבת חביב עליו: **משום חיובא דמצה**. שלא תהא נאכלת על השובע וחיובא דמצה לילה הראשון חובה דכתיב (שמות יב) בערב תאכלו מצות: **הכי גרסינן אפילו תימא רבי יהודה התם מן המנחה ולמעלה כו'**. במילתיה דר' יהודה קתני מן המנחה ולמעלה ובמתניתין תנן סמוך למנחה: **מתשע שעות ולמעלה**. היינו חצי שעה סמוך למנחה: דילמא

(תוספות אחרים מערבי פסחים נמצאים בספר רב מרדכי)

ערב פסחים אי גרסינן ערבי פיסחא ואי גרסינן ערב ה"ק ערב ששוחטין בו (ב) פסחים א"נ ערב פסח ראשון ושני: **לא יאכל אדם**. פירוש אפילו התפלל ומשום מצה כדאמרינן בגמ' דבלא התפלל תפלת מנחה אפילו בשאר ימות השנה אסור כדתנן בפ"ק דשבת (ד' ט:) וא"ת ומה לא יאכל אי מצה אפילו קודם נמי אסור כדאמרינן בירושלמי כל האוכל מצה בערב הפסח כאילו בועל ארוסתו בבית חמיו ואי במיני תרגימא הא אמר בגמרא (ד' קז:) אבל מטבל הוא במיני תרגימא וי"ל דאיירי במצה עשירה דלא אסר בירושלמי אלא במצה הראויה לצאת בה חובתו ואוכלה קודם זמנה אבל מצה עשירה שריא וכן היה נוהג ר"ת:

סמוך למנחה לא יאכל. ואם קאמר והא אמר בכל שעה (לעיל ד' מ.) בליקות של נכרים ממלא אדם כריסו מהם ובלבד שיאכל כזית מצה באחרונה והכא אסר לאכול אפי' מבעוד יום וי"ל דבאותה הסעודה אדם נזהר ואינו אוכל כל שובעו כדי שיאכל מצה לתיאבון אבל מבעוד יום אין אדם נזהר ואוכל כל שובעו וסבר שעד הלילה יתאוה ולדרבה יהיה שבע יותר כי יתברך המאכל במעיו והא דדייק רבא לקמן (ד' קז:) דאמרה גריר דאי אמרת מיסעד סעיד בין הכוסות הללו אמאי ישתה אף על גב דבאותה סעודה נזהר מלאכול שובעו (ג) אבל בשתיה אי אפשר להזהר א"כ מבין ראשון לשני דאיכא אגדתא והלל דייק דדמי לסעודה אחרת:

עד שתחשך. מקשי' אמאי איצטריך עד שתחשך פשיטא ועוד דבגמרא גבי שבתות וימים טובים לא קתני ליה ואומר הר"י מקורבי"ל דגבי מצה דוקא בעינן עד שתחשך כדתניא בתוספתא* הפסח ומצה ומרור מצותן משתחשך וטעמא משום דכתיב (שמות יב) ואכלו את הבשר בלילה הזה ומצה ומרור איתקשו לפסח אבל סעודת שבת וימים טובים מצי אכיל להו מבעוד יום דהאמר בפרק תפלת השחר (ברכות דף כז:) מתפלל אדם של שבת בערב שבת ואומר קידוש היום מבעוד יום ואומר מהר"י יחיאל דכי פריך בגמרא מאי איריא ערבי פסחים כו' לא מצי לשנויי דנקט ערבי פסחים משום דבעי למיתני עד שתחשך דכבר שמעינן באיזהו מקומן (זבחים ד' נו:) דקתני הפסח אינו נאכל אלא בלילה והכא אגב אורחיה תנייה ורבינו יהודה תירץ אפילו אי בעינן גבי שבתות וימים טובים עד שתחשך הכא איצטריך למיתני דהאתא לאשמועינן דאע"ג דשחיטת פסחים מבעוד יום אינו נאכל מבעוד יום כשאר קדשים וכן יש בירושלמי בריש פירקין תני ערב שבת מן המנחה ולמעלה לא יטעום כלום עד שתחשך:

ואפילו עני שבישראל לא יאכל עד שיסב. דסלקא דעתך דהסיבת עני לא חשיבא הסיבה דאין לו על מה להסב ואין זה דרך חירות ויש מפרשים דאדלעיל קאי עד שתחשך ואפילו עני שבישראל פירוש אפי' עני שלא אכל כמה ימים לא יאכל עד שתחשך:

לא יפחתו לו. פי' רשב"ם גבאי לדקה וגרס (ד) לא יפחתו וכן נראה מדלא קתני לא יפחות ל' יחיד וליכא למימר דיפחתו אד' כוסות קאי דאם כן הוה ליה למיתני ארבע כוסות בלא מ"ם והא דקאמר מן התמחוי לא ימנע מלקבל כדי לקיים ארבע כוסות. וארבע כוסות פירש רשב"ם כנגד ארבעה לשוני גאולה וכן יש בירושלמי:

לא יפחתו לו מארבע כוסות. מתוך הלשון משמע קצת שאין נותנין לבניו ולבני ביתו כי אם לעצמו והוא מוליא את כולם בשלו וסברא הוא דמאי שנא ארבע כוסות מקידוש דכל השנה שאחד מוליא את כולם ומיהו גם בקידוש שמא היה לכל אחד כוס כדמשמע לקמן (דף קו:) גבי חזיה לההוא סבא דגחין ושתי אבל בפרק בכל מערבין (עירובין דף מ:) גבי זמן משמע קצת שלא היה לכל אחד כוסו ועוד דאמר בגמרא (לקמן דף קח:) השקה מהן לבניו ולבני ביתו יצא והא דשתה רובא דכסא משמע דהם יצאו בשמיעה דהא בעינן רובא דכסא ועוד דמשמע דלכתחלה אין רגילות להשקותם מיהו יש לדחות בשיש להם כוס לעצמם אי נמי בבניו ובני ביתו קטנים איירי שלא הגיעו לחינוך *ואין אשתו בכלל ומיהו בגמרא משמע שצריך כל אחד ארבע כוסות דקתני (שם) הכל חייבין בארבע כוסות אחד נשים ואחד תינוקות אמר רבי יהודה מה תועלת לתינוקות ביין משמע דלתנא קמא צריך כוס אף לתינוקות ויש לדחות דחייבין לשמוע ברכת ארבע כוסות קאמר ומשום חינוך ונראה להחמיר ולהצריך ארבע כוסות לכל אחד והמחמיר צריך ליזהר שלא יהא כוסס פגום דאמר בגמרא (לקמן ד' קה:) טעמו פגמו:

מאי איריא ערבי פסחים. ואם תאמר אמאי לא משני דתנא בפסח קאי כדמשני בפרק כל שעה (לעיל ד' לז:) גבי פת עבה ויש לומר משום דבפסח קאי אין לו להגיה ערבי שבתות דתדירי בכל שבוע אי נמי הכא דאיכא למיטעי ולמימר דדוקא נקט ערב פסח משום חיובא דמצה לא הוה ליה למיתני ערב פסח וכן בריש מקום שנהגו (לעיל ד' נ:) איכא למיטעי דדוקא בערב הפסח אסור לעשות מלאכה משום קרבן*:

מן המנחה ולמעלה. השתא סלקא דעתא דלאו דוקא אלא הוא הדין סמוך למנחה: דילמא

א א מיי' פ"ו מהל' מלה הלכה יב סמג עשין מה טוש"ע א"ח סי' תעא סעיף א:

ב ב מיי' שם טור ש"ע א"ח סימן תעב סעיף א:

ג ג מיי' פ"ז מהל' מלה הלכה ח סמג עשין מא טוש"ע א"ח סימן תעב סעיף ב בהג"ה:

ד ד מיי' שם הלכה ז טוש"ע א"ח שם סעיף יג:

ה ה מיי' שם פ"ו הלכה יב ופ"ל מהלכות שבת הל' ד ופ"ו מהל' י"ט הל' טו סמג עשין כט ולאוין עה טוש"ע א"ח סי' רמט סעיף ב* וסי' תקכט ס"א בהג"ה*:

רבינו חננאל

ערב פסחים סמוך למנחה לא יאכל אדם עד שתחשך וכו' ואמרי' מאי איריא ערב פסחים אפי' ערבי שבתות וערבי ימים טובים דתניא לא יאכל אדם בערבי שבתות ובערבי ימים טובים מן המנחה ולמעלה כדי שיכנס לשבת כשהוא תאב דברי רבי יהודה רבי יוסי אומר אוכל והולך עד שתחשך ועוד תניא לא יאכל אדם מתשע שעות ולמעלה בערבי שבתות ובערבי ימים טובים דברי רבי יהודה ר' יוסי אומר אוכל והולך עד שתחשך ושקלינן וטרינן

[ס"ב]

הגהות הב"ח

(א) רש"י ד"ה ואפילו עני וכו' בני חורין במטה ועל השלחן זכר לחירות הס"ד: (ב) תוס' ד"ה ערב וכו' ה"ק ערב ששוחטין בו הרבה פסחים: (ג) ד"ה סמוך וכו' מלאכול שובעו בשתיה כל"ל ותיבת אבל נמחק: (ד) ד"ה לא יפחתו פי' רשב"ם וכו' וגרס. נ"ב פי' השתא דרישא קאי על עצמו שלא יאכל עד שתחשך ועד שיסב וסיפא קאי אגבאי לדקה לא גרסינן ולא יפחתו אלא לא בלא וי"ו:

מסורת הש"ס

[עי' תוספות לקמן קי' ד"ה סמוך]

[שבת קכה:]

נ"ל בלילי פסחים

[עי' תוס' לעיל נז' ד"ה תנא]

גליון הש"ס

תוס' ד"ה לא יפחתו וכו' ואין אשתו בכלל. עיין ברכות כ' תו"ה והנשים:

§ מסכת פסחים דף צט: §

אות א'

ערב פסחים סמוך למנחה לא יאכל אדם

סימן תעא ס"א - [א]אסור לאכול פת - והיינו אפילו מצה עשירה, **משעה עשירית ולמעלה** - היינו מתחלת שעה ד' אחר חצות היום, **ואפילו** אם התחיל לאכול, פוסק, כיון שהתחיל באיסור, **כדי שיאכל מצה לתיאבון.**

[ב]אבל אוכל מעט פירות או ירקות - בין חי בין מבושל, [וכן נהגו העולם לאכול בערב פסח תפוחי אדמה].

וה"ה בשר ודגים וביצים וכה"ג, **אבל** מחמשת המינים שמבושל במי פירות, אסור, דסעיד.

[ג]אבל לא ימלא כריסו מהם. (ואם הוא איסטנים שאפילו אוכל מעט מזיק באכילתו, הכל אסור) (רבנו ירוחם) - וכמו לעיל בסי' ת"ע ס"ג, **אלא** שאיסטניס דהתם הוא אפילו אם יאכל בבקר לא יוכל לאכול בלילה לתיאבון, **וכאן** מיירי באיסטניס שאם אוכל משעה י' ואילך שוב לא יוכל לאכול בלילה לתיאבון.

[ד]ויין מעט לא ישתה, משום דמיסעד סעיד - ומסתברא דבפחות מכוס, או עכ"פ מרוב כוס, לא סעיד ושרי.

(בטור כתב, דבין מעט בין הרבה מותר, **אלא** שהב"י הקשה עליו, ולהכי סתם שלא כדבריו, אלא כדעת התוס' והמרדכי, **ומסתברא** שתלוי הכל לפי טבע אותו האדם, לפי מה שהוא מרגיש בנפשו, דבר שגורר לבו לתאות המאכל או להיפך).

אבל אם רצה לשתות יין הרבה, שותה, מפני שכשהוא שותה הרבה גורר תאות המאכל - ושתי כוסות של רביעית או רובן, יש לחשוב להרבה, ושרי, [**אף** דזה אינו ברור, מ"מ אין להחמיר מאחר שדעת הטור להקל אף במעט].

ומ"מ לא ישתה כ"כ עד שיהא שבע, כי ודאי יקלקל תאות המאכל, וגם יוכל להשתכר ויתבטל מצות הלילה, [**ומכ"ש** ביי"ש שלנו, בודאי צריך ליזהר שלא לשתות הרבה, שבודאי ישתכר, **וגם** אין ברור עיקר הדבר, אי שייך ביי"ש "טובא מגרר גריר" כמו ביין].

אות א'*[ה]

תוס' ד"ה לא יאכל אדם: דאיירי במצה עשירה, דלא אסר בירושלמי אלא במצה הראויה לצאת בה חובתו ואוכלה קודם זמנה, אבל מצה עשירה שריא, וכן היה נוהג ר"ת

סימן תעא ס"ב - [ו]וקודם שעה עשירית מותר לאכול מצה עשירה - אכן אם יודע שימשך סעודתו בתוך שעה עשירית, לא יתחיל לאכול אפי' קודם ט', [מ"א בשם רש"י ורשב"ם ק"ז: ד"ה רבותיה].

ומצה עשירה, היינו שנילושה במי פירות, ולהכי מותר לאכול, כיון שאין יוצאין בזה ידי מצה בלילה, כמבואר בסימן תס"ב, **ועיין** שם במ"ב, דאפילו לש במים ועירב בה קצת מי פירות, נמי אין יוצאין בה משום מצה, כל שטעם מי פירות נרגש בה, וא"כ לענין ערב פסח מותר באכילה, דהוי ג"כ מצה עשירה, **ועיין** שם בס"ד בהג"ה, דבמדינות אלו אין נוהגין ללוש במי פירות.

הגה: אבל מצה שיוצאין בה בלילה, אסורים לאכול כל יום ארבעה עשר (ר"ן בשם הרמב"ן והמגיד) - והיינו מעמוד השחר, מדרבנן, כדי שיהיה היכר לאכילתה בערב, **ויש** נוהגים שלא לאכול מצה מראש חודש.

וכתבו האחרונים, דמצה נפוחה או כפולה, אף שמחמירין בה לחשבה כחמץ, כמבואר בסימן תס"א, מכל מקום אסור לאכילה מעמוד השחר ואילך, דבכלל מצה היא מעיקר הדין.

וקטן שאינו יודע מה שמספרין בלילה מיציאת מצרים, מותר להאכילו (ת"ה) - כל היום, **אבל** אם יש בו דעת להבין, אין להאכילו מצה, דדרשינן: "והגדת לבנך וכו' בעבור זה", לא אמרתי אלא בשעה שמצה ומרור מונחים לפניך, ואם מילא הבן כבר כריסו במצה, לא שייך לומר "בעבור זה", שאינו חידוש לקטן, **ואין** חילוק בין קטן לקטנה.

ויש נוהגין שלא לאכול חזרת בערב פסח, כדי לאכול מרור לתיאבון (תא"ו), וכן ביום ראשון של פסח, כדי לאכל בליל שני לתיאבון - ואין למנהג זה טעם.

וכן נוהגין קצת למעט באכילת מצה ביום ראשון מהאי טעמא (כל בו) - ומן המנחה ולמעלה, מן הדין צריך ליזהר בכל יו"ט ראשון, מפני שהוא עיו"ט שני.

ויש מחמירין עוד שלא לאכול פירות, כדי לאכול החרוסת לתיאבון, ואין לחוש למנהג הזה.

ויש מחמירין שלא לפרר או לשבור המצות בערב פסח, שלא לבא לאכול מהם (נהרי"ו), ואין לחוש גם לזה - כיון שאינו רגיל באכילת מצה כל השנה.

מצה שנאפה כתקנה, ואח"כ נתפררה ונילושה ביין ושמן - בין שנאפית אח"כ שנית, בין שלא נאפית ורוצה לאכול כמו שהיא, [ודוקא שיש בה תואר לחם עדיין], **מיהו נקראת מצה עשירה,**

באר הגולה

[א] משנה פסחים צ"ט [ב] הרא"ש שם [ג] הרמב"ם ומדברי הרי"ף [ד] מהא דרבא ברכות ל"ה וכ"כ התוס' שם [ה] ע"פ הגר"א [ו] הרא"ש בריש פ' ערבי פסחים

ואסור לאכלה בערב פסח (מהרי"ב) - דלא נתבטלה ממנה שם מצה ע"י זה, **ומ"מ** לצאת בה ידי מצה בלילה אין כדאי, לפי מה שנתבאר לעיל בסימן קס"ח במ"ב, עיי"ש, [דבאפוי נמי אין נכון לאכול כי אם בתוך הסעודה]. **וגם** לחוש ליש מי שאומר, דגם זה בכלל מצה עשירה.

ובלא נילושה ביין ושמן, פשיטא דאסור, שיוצאין בפרורין בלילה ידי חובת מצה.

וכ"ז בשלא בשלה, אבל אם בשלה, וכמו שנוהגין במדינותינו לעשות כדורים ממצה, שקורין קניידלעך, או מצה מבושלת בכלי ראשון, מותר לאוכלה קודם שעה עשירית, [דלאח"כ אסור כיון שהוא מה' מינים וכדלעיל], דזה בודאי לא מיקרי מצה, וכדמבואר בסי' תס"א, [**ואפי'** אינן פרורין רק יש בהם כזית, שמברכין עליו המוציא, מ"מ לענין מצה אינו יוצא בה, משום דבעינן טעם מצה].

[**ואם** שורה המצה בקערה, אף שהיא רותח, לא מקרי בשול. **ולענין** טיגון, הגר"ז וח"א מקילין כמו בבשול, ובפמ"ג מסתפק בזה].

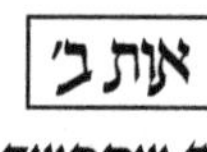

אות ב'

עד שתחשך

סימן תעב ס"א - ז'אבל לא יאמר קידוש עד שתחשך - ר"ל לאחר צאת הכוכבים, ולא בין השמשות, **דלא** תימא, כיון שמצוה למהר, יתחיל הקידוש וההגדה מבעוד יום, כמו שמצינו בשבת ויו"ט, שיכול להוסיף מחול על הקודש, ולקדש ולאכול מבעו"ל, **קמ"ל** דלגבי פסח אינו כן, לפי שאכילת מצה הוקשה לפסח, שנאמר: על מצות ומרורים יאכלוהו, ופסח אינו נאכל אלא בלילה, והקידוש צריך להיות בשעה הראויה למצה, **ועוד** דכוס של קידוש הוא אחד מד' כוסות, וכולהו בתר הגדה ומצה ומרור גרירי.

אות ג'

אפילו עני שבישראל לא יאכל עד שיסב

סימן תעב ס"ב - ח'יסדר שלחנו יפה בכלים נאים כפי כחו - ואע"ג דבכל השנה טוב למעט בזה משום זכר לחורבן, בליל פסח מצוה להרבות, שזהו בכלל דרך חירות, **ואמרו** על מהרי"ל, שכשהיו בידו משכונות של נכרים כלים נאים, לא היה משתמש בהם בשום פעם, רק בפסח היה מנהגו להשים אותם על שולחן מיוחד, לשמוח בראייתם.

ט'ויכין מקום מושבו שישב בהסיבה דרך חירות - ר"ל ראשו מוטה לצד שמאל על המטה, או על הספסל, וכרים תחת ראשו אצל השולחן.

י'הגה: ואפילו עני שאין לו כרים, ישב על הספסל (מרדכי) - "יסב על הספסל" כצ"ל, ולצד שמאלו, **ואם** אין לו ספסל והוא יושב על הקרקע, וכמו בארצות המזרח, גם כן צריך להסב על צד שמאל.

עוד כתבו הפוסקים, דאם סומך עצמו על ברכי חבירו, גם זה מיקרי הסיבה על פי הדחק, [והוא מגמרא דף ק"ח, ע"ש, ומשמע דדוקא בשעת הדחק כעין התם]. **אבל** לא על ברכי עצמו, דמיחזי כדואג.

אות ד'

ולא יפחתו לו מארבע כוסות של יין ואפילו מן התמחוי

סימן תעב סי"ג - יא'אפילו עני המתפרנס מן הצדקה, יב'ימכור מלבושו או ילוה או ישכיר עצמו בשביל יין לד' כוסות - או חמר מדינה, היינו אם הגבאים לא נתנו לו, אעפ"כ אין לו לפטור עצמו, **אכן** באמת הם מחויבים ליתן לעניים ארבע כוסות, ותמיהני על איזה מקומות שאין משגיחין ע"ז, הלא דבר זה פשוט ומבואר בכמה פוסקים, [רמב"ם וסמ"ג ורשב"ם ושאר פוסקים].

ומי שאין לו אלא ד' כוסות אחר המזיגה, יקחם הכל ללילה ראשונה.

ונר ביתו עדיף מארבע כוסות, משום שלום בית.

וארבע כוסות נתקנו כנגד ארבע לשונות של גאולה, "והוצאתי אתכם", "והצלתי אתכם", "וגאלתי אתכם", "ולקחתי אתכם".

אות ה'

אוכל והולך עד שתחשך

סימן רמט ס"ב - יג'אסור לקבוע בערב שבת - (ואפילו פעם אחת בימי חייו), **סעודה ומשתה שאינו רגיל בימי החול.**

ואפילו היא סעודת אירוסין - פי' אם אירס קודם לכן, אסור לעשות הסעודה בע"ש, דאף דסעודת אירוסין היא מצוה, מ"מ היה לו להקדימה, **אבל** אם אירס בע"ש, מותר לעשות הסעודה, דכיון דאירוסין שריא בע"ש משום שלא יקדמנו אחר, ממילא שרי הסעודה לזה ג"כ, וחשובה כמו סעודת מילה ופדיון הבן שזמנה קבוע, **וכן** אם היו הנשואין בע"ש, מותר לעשות הסעודה ג"כ, **ומ"מ** לכתחלה טוב ונכון אם אפשר לדחות הסעודה למחר או יום אחר, אפי' באירס בע"ש.

ודע דכ"ז בסעודת אירוסין, אבל בסעודה שעושין בשידוכין שלנו, לא הוי סעודת מצוה כ"כ, **ולפי"ז** אין לעשותה בע"ש, אפילו אם נגמר השידוך באותו יום, **ומה** שנוהגין לאכול מיני מרקחת בשעת כתיבת התנאים, לא מקרי סעודה.

באר הגולה

[ז] **משנה שם צ"ט וכמ"ש התרומת הדשן** [ח] **טור** [ט] **משנה שם צ"ט** [י] ‹תוס' שם ד"ה ואפילו, דס"ד כו' - גר"א› [יא] **משנה פסחים צ"ט בבבלי** [יב] **כפי' הרשב"ם שם** [יג] ‹אע"ג דקי"ל דבערב שבת מותר לאכול עד הלילה, כרבי יוסי דאמר בפרק ערבי פסחים אוכל והולך עד שתחשך, כלומר מתחיל לאכול עד שתחשך, וכן פירש הר"ן שם דברי הרי"ף, וכ"כ הרא"ש בשם הרמב"ן שכך הוא דעת הרי"ף, וכן הסכים הרא"ש, **ודלא** כבה"ג שכתב, דאפילו רבי יוסי מודה דמט' שעות ולמעלה אסור להתחיל, **מפרש** רבינו דהני מילי אכילה בעלמא, אבל קביעות סעודה שאינו רגיל בה בימות החול, אסור כל היום, מהריא דהשולח דבסמוך - ב"י›

מפני כבוד השבת, שיכנס לשבת כשהוא תאב לאכול - וה"ה בעיו"ט, דיו"ט נמי מצוה לענגו ולכבדו, **ואיתא** בגמרא (גיטין ל"ח:), דהיתה משפחה בירושלים שקבעה סעודתא בע"ש ונעקרה.

וכל היום בכלל האיסור - שאף שאוכלה בבוקר, כיון שהוא מרבה בסעודתו שלא כרגילותו, שוב לא יאכל בלילה לתיאבון.

(**ובפמ"ג** מצדד, דאין הטעם משום לתיאבון, אלא דעיקר הטעם הוא מפני שמזלזל בזה כבוד שבת, שעושה ע"ש שוה בזה לימי השבת).

ויש שכתבו הטעם, שמתוך טרדת הסעודה לא יתעסקו בצרכי שבת.

(**ואפי'** אם הוא עשיר ביותר, ועושה בכל יום סעודה רחבה כמו בשבת, מ"מ בע"ש יש למנוע מלעשות כן, כדי שיאכל לתיאבון בלילה, **ואיש** כזה צריך לעשות בשבת שינוי בסעודת היום, להקדים או לאחר, כדי שיהא מינכר יום השבת משאר ימי השבוע, עיין סי' רפ"ח).

הגה: וסעודה שזמנה ערב שבת, כגון ברית מילה או פדיון הבן, מותר, כן נ"ל וכן המנהג פשוט.

[יד]ולאכול ולשתות בלי קביעות סעודה, (כל היום מותר להתחיל - ואין בכלל זה אם הוא שותה כ"כ הרבה מיני משקה עד שיהא שבע, כי הוא בודאי מקלקל תאות המאכל, והחוש יעיד ע"ז, ולפעמים יוכל להבטל ע"י שכרותו מסעודת שבת לגמרי, וע"כ מצוה להמנע מזה עכ"פ מט' שעות ולמעלה, [**ועיין** בט"ז, דבסעודה ומשתה, אם קובע עצמו לשתות, אוסר כל היום, מפני שיוכל להבטל ע"ז מסעודת שבת, **אך** בשתיה לבד, באופן זה בודאי יש להחמיר מט' שעות ולמעלה עכ"פ].

אפילו סעודה שרגיל בה בחול - היינו כמו "ואפילו", ור"ל דלא מבעיא בלי קביעת סעודה כלל, דזה ודאי מותר כל היום, ואפילו מצוה להמנע ג"כ ליכא, **ואפילו** בקביעת סעודה, כיון שאינו עושה סעודה רחבה, רק כמו שרגיל בה בחול, **כל היום מותר להתחיל מן הדין; [טו]אבל מצוה להמנע מלקבוע סעודה שנהוג בה בחול מט' שעות ולמעלה** - היינו שעות זמניות, והוא רביעית היום עד הלילה. **ואם** התחיל אינו מפסיק.

(**והיינו** לאכול פת כדי שביעה כרגילותו בחול, אבל מעט להשקיט רעבונו אינו בכלל קביעת סעודה לענין זה).

ומ"מ נראה דבימות החורף בזמן שהימים קצרים מאד, מצוה להמנע מלקבוע סעודה הרגילה אפילו קודם ט' שעות, כל שהוא משער בנפשו שעי"ז לא יהיה תאב לאכול בלילה, (**דלא** עדיף דבר זה מאם היה איסטניס, דאיתא לקמן בסימן ת"ע ס"ג ובסימן תע"א ס"א בהג"ה דמחמרינן ביה, ונהי דשם לגבי מצה חמור מענינננו, היינו דלית ביה חיובא, אבל עכ"פ מצוה איכא, **ואף** שבאמת גם איסטניס א"צ להתענות בע"ש כי אם מצד מדת חסידות, היינו תענית גמור, משא"כ בנידון דידן דהוא רק בהקדמה בעלמא, בודאי מצוה לעשות כן).

סימן תקכ"ט ס"א - הגה: ואסור לאכול ממנחה ולמעלה בעיו"ט, כמו בשבת - היינו מזמן מנחה קטנה, (ולאו דוקא, דאף חצי שעה קודם זמן מנחה קטנה, דהיינו מתשע שעות ולמעלה). **והאי** לישנא ד"אסור" לאו דוקא, דגם בע"ש אינו איסור, אלא מצוה להמנע מלקבוע סעודה מתשע שעות ולמעלה.

שזהו מכלל הכבוד (רמב"ם) - כדי שיאכל בליל יו"ט לתיאבון.

(ועיין בא"ר ובש"א שכתבו, דאין לעשות מלאכה בעיו"ט מן המנחה ולמעלה, כמו בע"ש).

מיהו אם עיו"ט שבת, יכול לקיים סעודה שלישית, ויאכל מעט פת לכבוד יו"ט - ר"ל אפילו אם שכח או עבר ולא קיים סעודה שלישית קודם זמן מנחה קטנה, יכול לקיים אח"כ, **אך** אז מצוה לכתחלה ליזהר שיאכל רק מעט פת, כדי שיאכל בלילה לתיאבון, [והיינו יותר מכביצה פת, שהוא שיעור סעודה שלישית, **אכן** באמת הוא יכול לאכול יותר, אך שלא יהיה שיעור קביעת סעודה, דהיינו כרגילותו בחול, **ולכתחילה** טוב יותר שיאכל קודם זמן מנחה קטנה, שאז יוכל לאכול ולקבוע סעודה כמה שירצה]. **וה"ה** כשחל יו"ט ראשון בשבת, שייך כל אלו הדברים.

(**עיין** במ"א שכתב, דה"ה ביו"ט ראשון יש למנוע מלקבוע סעודה מט' שעות ולמעלה, שהוא עיו"ט שני, כדי שיאכל בלילה לתיאבון, והעתיקוהו האחרונים, **ולענ"ד** אין דין זה ברור, אחרי שבאמת העיקר הוא יו"ט ראשון, דאנן בקיאין בקביעא דירחא, **ואף** דבודאי אנו צריכין להחמיר בו מלעשות שום מלאכה, וכן כל השבותין כמו ביו"ט ראשון, אם לא לצורך חולה, היינו לענין עצם יו"ט כשכבר בא זמנו, **אבל** שנחמיר מלאכול ביו"ט ראשון בעת שתאב לאכול, כגון בחג השבועות שהיום גדול, ונשויהו לספיקא שמא היום חול והוא עיו"ט, וכדי שיאכל בלילה לתיאבון, מנין לנו דבר זה).

באר הגולה

יד (פסחים צ"ט ב' כר' יוסי, דמתני' שם כוותיה, {דקתני בע"פ אסור מן המנחה ולמעלה, ומשמע דבע"ש מותר עד שתחשך - דמשק אליעזר}, וע"כ בלי קביעות מיירי כמ"ש למטה, וכן משמע לשון אוכל כו', {בלי קביעות} - גר"א) **טו** (שם ק' א' הלכה כר' יוסי בהפסקה, {ש"מ דלכתחילה אסור}, ושם ר' יוסי אומר אין מפסיקין, משמע דאין מתחילין {לכתחילה, ולכאורה סותר דברי עצמו, דאמר אוכל והולך וכו', אלא ודאי דשם מיירי בלא קבע, והכא איירי בקובע, ולהכי אף בסעודה הרגיל אסור לכתחילה - דמשק אליעזר}, **ועיין** תוס' בשם בה"ג - גר"א)

§ מסכת פסחים דף ק. §

אות א'

פורס מפה ומקדש

סימן רעא ס"ד - [א]אסור לטעום כלום קודם שיקדש - וזהו רק איסור דרבנן, והטעם, כיון דחיוב של הקידוש חל עליו מיד בכניסת שבת, ואפילו לא קבל עליו שבת בהדיא, דכיון שנעשה ספק חשיכה ממילא חל עליו שבת, ואם קבל עליו שבת, אפי' עדיין יום גדול דינא הכי. **ואם** רוצה לקבל שבת מבע"י ולקדש ולאכול, ולהתפלל ערבית אח"כ בלילה, רשאי, ובתנאי שיהיה חצי שעה קודם זמן מעריב, כדלעיל בסי' רל"ה ס"ב.

ואפילו אין לו אלא כוס אחד, יקדש עליו ויברך בהמ"ז בלא כוס, היינו אפילו למאן דס"ל בהמ"ז טעונה כוס, ולא יאכל קודם שיקדש.

[ב]אפי' מים - ושרי לרחוץ פיו במים, כיון דאינו מכוין להנאת טעימה.

ואפי' אם התחיל מבעוד יום, [ג]צריך להפסיק - ואע"ג דהתחיל בהיתר, שאני הכא דהקידוש שייך לסעודה, ולכתחלה איתקון שיקדש קודם סעודה ובמקום סעודה.

שפורס מפה - לכסות הפת עד אחר הקידוש, ואח"כ יסירנה, כי היכי דתתראה דאתא הסעודה השתא ליקרא דשבתא, **ואף** אם לא ישב עדיין לאכול, ג"כ דינא הכי דצריך פריסת מפה בעת הקידוש, וכדלקמן בס"ט, **אלא** דקמ"ל בזה דאף שהוא באמצע אכילתו, די בפריסת מפה, [גמרא שם, דלא בעינן שיעקור השולחן לגמרי ויקבענו מחדש לכבוד שבת], **ומקדש.**

[ד]סימן תעא ס"ג - [ה]אם התחיל לאכול קודם שעה עשירית - היינו מצה עשירה, **ומשכה סעודתו עד הלילה, דינו כמו בשבתות ושאר ימים טובים, שנתבאר סימן רע"א סעיף ו'** - ור"ל דאף שהתחיל בזמן היתר, מ"מ צריך להפסיק, ואינו מותר לאכול רק עד בין השמשות, **ואח"כ** צריך להמתין עד שיהיה ודאי לילה, וכמו שנתבאר בסימן תע"ב, ופורס מפה על השולחן ומקדש, [**וה"ה** אפי' אם התחיל באיסור, אין צריך להפסיק, וסגי בפורס מפה ומקדש], **וזהו** שכתב המחבר דינו כמו בשבתות.

ולפי מסקנת הפוסקים לעיל שם, אם שתה יין מתחלה בתוך הסעודה, אינו צריך לחזור ולברך ברכת היין, רק קידוש לבד, **ואח"כ** אומר הגדה כנהוג, וכשמגיע לאכילה יברך רק "על אכילת מצה", ולא "המוציא", כיון שהוא בתוך הסעודה.

אכן לפי מנהגנו שמברכין על כל כוס וכוס, משום דכל כוס וכוס מצוה בפני עצמה, ותקנו חז"ל ברכה עליהם, נראה דאפילו בזה צריך לברך על כל כוס וכוס, ולא מיפטר במה שבירך מתחלה על היין בסעודה.

וכתבו האחרונים, דלפי מנהג רמ"א לעיל בסימן תמ"ד, דאין נוהגין לאכול מצה עשירה אפילו בע"פ, לא שייך כלל כל עיקר דינא דמחבר, דהרי לא אכל פת מתחלה, ולא שייך לומר התחיל בסעודה, [דבשהתחיל קודם זמן איסור חמץ, יש הפסק גדול].

(ומצוה לרחוץ ולגלח בערב יום טוב, וללבוש בגדים נאים כמו בשבת, וע"ל סי' ר"ס ורס"ב) - אחר חצות ילך לבית המרחץ, ויטבול לכבוד הרגל, **ואחר** תפלת המנחה נכון שיתעסק בדיני קרבן פסח, ויחשוב לו הקב"ה כאלו קיים בפועל, **ובשל"ה** העתיק מסדר היום מה שילמוד כל אדם.

אין מברין האבל בערב פסח, [בה"ט, **והעתיק** סתמא, ובאמת בב"י ביו"ד מבואר, דדוקא מן המנחה ולמעלה אין מברין, כדי שיוכל אח"כ לאכול מצה לתיאבון, **ואפשר** דהעתיק סתמא, משום מנהגנו דאין אוכלין מצה עשירה כלל, **אבל** מ"מ הלא יכול להברותו בבקר בלחם חמץ, בזמן היתר חמץ].

באר הגולה

[א] שם ק"ו [ב] **טור ורשב"א והגהות בשם ר"י** [ג] **שם ק' וכרב יהודה אמר שמואל** ‹צ"ע למה השתמש השו"ע בלשון רבי יהודה, אם פוסק כשמואל› [ד] ‹ע"פ הבאר הגולה› [ה] **טור בשם הרי"ף ולזה הסכים הרא"ש כהא דשמואל שם ק'** ‹פסק רשב"ם (ק. סוד"ה אמר לו), אע"ג דבשאר שבתות וימים טובים קימ"ל פורס מפה ומקדש, בפסח צריך להפסיק סעודתו בעקירת שולחן. **טעמו**, מדתניא בריש פרק ערבי פסחים (ק) מפסיקין לשבתות דברי רבי יהודה, רבי יוסי אומר אין מפסיקין, ואמר רבי יוחנן הלכה כרבי יהודה בערב פסח, והלכה כרבי יוסי בערב שבת, ופירש הוא ז"ל (ד"ה לא) דמפסיקין משמע עקירת שולחן, ולפיכך כתב (ד"ה אמר לו) שאם התחיל לאכול קודם תשע, ונמשך אכילתו עד שחשכה, צריך לעקור השולחן מיד כשיחשיך ולהחזירו לשם פסח. **והרי"ף** לא הביא הא דאמר רבי יוחנן הלכה כרבי יהודה בערב פסח, וכתב הרא"ש, דמדלא הביאה מכלל דאיהו לא מפליג בהפסקה בין פסח ובין שבתות וימים טובים, ובכולהו פסיק כשמואל דפורס מפה ומקדש, וטען הרא"ש להחזיק סברא זו, וכתב בסוף דבריו, שמה שכתב בזה דברים נכוחים הם ויש לסמוך עליהם, דאף בערב פסח סגי בפריסת מפה, וכן פסק הרז"ה והרמב"ן ז"ל, עכ"ל - ב"י. ‹**דמפרש** הא דאמר שם: אבל פורס כו', קאי גם אערב פסח, שהוא דעה שלישית דלא כר"י ולא כר' יוסי, {ודלא כהרשב"ם}, וכמ"ש שם בירושלמי {הובא בתוס'}: ר' יהודה בשם שמואל זו דברי ר' יהודה ור' יוסי, אבל דברי חכמים פורס מפה ומקדש, ופליג אר' יוסי בר' חנינא שאמר הלכה כו' - גר"א›

עין משפט
נר מצוה

ו א מיי' פכ"ט מהלכות שבת הלכה יב סמג עשין כט טוש"ע או"ח סימן רעא סעיף ד:

רבינו חננאל

ואוקמי' רב הונא למתני' כר' יוסי ובערב הפסח משום חובה דמצה אסור למיכל מן המנחה ולמעלה ומודה ליה לר' יהודה בערב הפסח והא דאמר ר' יוחנן הלכה כר' יהודה בערב הפסח והלכה כר' יוסי בערבי שבתות ובערבי ימים טובים אוקימנה להפסקה דתניא מפסיקין לשבת ועוקרין את השלחן ומקדשין ומברכין ברכת המזון דברי ר' יהודה ר' יוסי אומר אין מפסיקין אלא גומרין סעודתן ומברכין ברכת המזון ואחר כך מקדשין ומעשה בר"ג ור' יוסי ור' יהודה שהיו מסובין בעכו וכו' עד לא זזו משם עד שקבעו הלכה כר' יוסי: אמר רב יהודה אמר שמואל אין הלכה לא כר' יהודה ולא כר' יוסי אלא פורס מפה ומקדש תניא נמי הכי ושוין שאין מביאין השלחן אא"כ קידש ואם הביא פורס מפה ומקדש:

גליון הש"ס

תוס' ד"ה מכלל. ודייק מדאמרינן אין מפסיקין וכו' דבע"ש שרי ר"י אפי' להתחיל. קשה לי הא ר"י אמר דאין מפסיקין אפי' אחר שתחשך דלהתחיל אסור קודם קידוש דמ"מ אין מפסיקין וצ"ע:

דילמא משבשתא היא א"ל מרימר ואיתימא רב יימר אנא איקלעי לפירקיה דרב פנחס בריה דרב אמי וקם תנא ותני קמיה וקיבלה מיניה אי הכי קשיא אלא מחוורתא כדרב הונא ולרב הונא מי ניחא והאמר רבי ירמיה א"ר יוחנן ואיתימא א"ר אבהו א"ר יוסי בר רבי חנינא הלכה כר' יהודה בערב הפסח והלכה כר' יוסי בע"ש הלכה כר' יהודה בערב הפסח *מכלל דפליג רבי יוסי בתרוייהו לא הלכה מכלל דפליגי בהפסקה דתניא *מפסיקין לשבתות דברי רבי יהודה רבי יוסי אומר אין מפסיקין ומעשה ברשב"ג [ורבי יהודה] ורבי יוסי שהיו מסובין בעכו וקדש עליהם היום א"ל רשב"ג לרבי יוסי ברבי רצונך נפסיק וניחוש לדברי יהודה חבירנו אמר לו בכל יום ויום אתה מחבב דבריי לפני רבי יהודה ועכשיו אתה מחבב דברי רבי יהודה בפני °הגם לכבוש את המלכה עמי בבית א"ל א"כ לא נפסיק שמא יראו התלמידים ויקבעו הלכה לדורות אמרו לא זזו משם עד שקבעו הלכה כר' יוסי: אמר רב יהודה אמר שמואל אין הלכה לא כר' יהודה ולא כר' יוסי אלא *פורס מפה ומקדש איני והא אמר רב תחליפא בר אבדימי אמר שמואל כשם שמפסיקין לקידוש
כך

°אסתר ז

[שבת ק: וש"נ]

[תוספתא דברכות פ"ה]

משבשתא היא · והכי איבעי ליה למיתני מט' שעות ומחצה ואילך: **וקא סלקא קמיה** · להך מתניתא הכי מט' שעות ולמעלה אלמא מתרצתא היא: **אלא מחוורתא כרב הונא** · ומן המנחה דקתני מתניתא קמייתא סמוך למנחה קאמר: **הלכה מכלל דפליגי להפסקה** · הא דא"ר ירמיה הלכ' כר' יהודה בערב הפסח דמשמע דפליג נמי רבי יוסי בערב הפסח להפסקה הוא דפליג דאם התחיל לאכול אף בערב הפסח אינו מפסיק אבל להתחיל מודה ר' יוסי דאסור ומתניתין בהתחלה לרבי יוסי איצטריך דקמשמע לן דמודה רבי יוסי בערב הפסח דאין מתחילין: **דתניא** · דבהפסקה נמי פליגי: **אין הלכה כרבי יהודה** · דאמר מפסיקין דמשמע עקירת שולחן: **ולא כרבי יוסי** · דאמר אין מפסיקין כלל: **אלא פורס מפה** · על השולחן ומקדש היום וחוזר ואוכל:
כך

רשב"ם

דילמא משבשתא היא · דה"ל למיתני מט' שעות ומחצה ולמעלה א"נ מן המנחה ולמעלה כדתניא בההיא קמייתא: **אמר מרימר** · לאו משבשתא היא: **אלא קשיא** · הך ברייתא בתרייתא דקתני מט' ולמעלה אלמא סמוך למנחה כמי קאסר רבי יהודה בערבי שבתות ויו"ט וליכא לאוקמי השתא מתניתין כרבי יהודה דמאי שנא ערבי פסחים דנקט בהו סמוך למנחה טפי משבתות ויו"ט: **אלא מחוורתא כרב הונא** · דלרבי יוסי איצטריך ומן המנחה דקתני הך ברייתא סמוך למנחה קאמר: **מכלל דפליג רבי יוסי בתרווייהו** · אפי' בערב הפסח והיכי מוקי למתני' כר' יוסי: **מכלל דפליגי להפסקה** · הא דא"ר ירמיה הלכה כרבי יהודה בערב הפסח דמשמע דפליג נמי רבי יוסי בע"פ להפסקה הוא דפליג דאי התחיל לאכול אף בע"פ אינו מפסיק אבל להתחיל מודי ר' יוסי דאסור ומתני' בהתחלה ולר' יוסי איצטריך דקמ"ל דמודי ר' יוסי בערב הפסח דאין מתחילין: **דתניא** · דבהפסקה נמי פליגי: **מפסיקין לשבתות** · אם התחיל סעודתו בהיתר קודם המנחה והיה אוכל והולך עד שתחשך(א) אפי' לר' יהודה מפסיק סעודתו מיד כשיחשיך ומקדש היום: **וקדש עליהן** · שהחשיך: ה"ג בתוספתא דברכות אמר לו רבן גמליאל לר' יוסי בר' רצונך שנפסיק וניחוש לדברי יהודה חבירנו אמר לו בכל יום אתה מחבב דבריי לפני יהודה ועכשיו אתה מחבב דברי יהודה בפני הגם לכבוש את המלכה עמי בבית אמר לו א"כ לא נפסיק שמא יראו כו': **ברבי** · כך קראו רשב"ג לר' יוסי בר חלפתא כלומר גדול הדור: **הגם לכבוש** · כלומ' בפני אתה מביישני: **אמר לו רשב"ג א"כ לא נפסיק כו'** · שמעינן מהכא דבערבי פסחים אסור לאכול מסוף ט' שעות ולמעלה כסתם מתני' אבל בערבי שבתות וי"ט מותר לאכול מן המנחה ולמעלה דהא סתם לן תנא דמתני' כרבי יוסי מדנקט ערבי פסחים מכלל דבשאר י"ט שרי וקי"ל נמי (עירובין ד' מו:) הלכה כר' יוסי מחבירו דר' יוסי אפי' להתחיל ולאכול אחר ט' שרי בהדיא לקמן במתניתין דאמר אלא הא דתניא ושוין שמתחילין אימת אי בע"ש הא פליג ר' יהודה ומיהו לענין הפסקה אין הלכה כר' יוסי בערבי פסחים אלא כר' יהודה שאם התחיל לאכול קודם ט' ונמשך אכילתו עד שתחשיכה צריך לעקור את השולחן מיד כשיחשיך ולהחזירו לשם פסח ובשבתות ובי"ט לא יפסיק אלא פורס מפה ומקדש ואח"כ גומר סעודתו: **לא כר' יהודה** · דאמר מפסיקין דמשמע עקירת שולחן: **ולא כר' יוסי** · דאמר א"צ להפסיק כלל אלא יגמור סעודתו אפי' משחשיכה ויברכו בהמ"ז ואח"כ מביא לו כוס שני לקידוש היום כדתניא לקמן במתניתין אלא פורס מפה על המאכל כדין כל שבתות השנה שהביאו לחם על השולחן קודם קידוש כדתני' לקמן א"נ משום סילוק פתורא ואח"כ אומר קידוש היום על הכוס וחוזר ואוכל וגומר סעודתו ונראה בעיני דס"ל לשמואל דהלכה כרבי יוסי כדקתני בברייתא שקבעו הלכה כמותו אלא שבא להחמיר על עצמו קלת שלא יגמור סעודתו ויקדש אח"כ אלא יקדש תחלה ואח"כ יגמור סעודתו דאלת"ה שמואל דאמ' כמאן דהא בריית' דקתני פורס מפה ומקדש לא קאי אהפסקת אכיל' כלל אלא בבא לקדש עתה ולאכול בשבת לכתחלה מיירי:
כך

דילמא משבשתא היא · וברייתא קמייתא דקתני מן המנחה ולמעלה היא עיקר משום דלדידיה אתיא מתני' ככולי עלמא:

והאמר ר' ירמיה א"ר יוחנן ואיתימא רבי אבהו א"ר יוסי בר ר' חנינא ולא גרס רבי יוחנן א"ר אבהו דרבי אבהו תלמידיה דר' יוחנן הוה:

מכלל דפליגי בהפסקה דתניא · לא גרס דתניא דהא בברייתא לא פליגי בהפסקה דפסח אלא לדתניא גרס ומייתי כי היכי דפליגי נמי בהפסקה דשבת הכי קים ליה דפליגי נמי בהפסקה דפסח ומורי רבינו יחיאל אומר דגרס דתניא *ודייק מדקאמר ר' יוסי אין מפסיקין והיינו אפילו בערב הפסח דאין מתחילין דבע"ש שרי רבי יוסי אפי' להתחיל עוד נראה דאמר לקמן (ד' קא:) בני חבורה שהיו מסובין וקדש כו' וקתני פלוגתא דר' יהודה ורבי יוסי והתם סתמא קתני וקידש בין שבת בין פסח:

מפסיקין לשבתות · פי' בעקירת שולחן כדמוכח בסמוך והיינו שמברך ברכת המזון כדתניא לקמן (קב.) ראשון אומר עליו ברכת המזון והוו רגילין לסלק השולחן לפני ברכת המזון כדאמר בפרק [כילד מברכין] (ברכות דף מב.) סילק אסור מלאכול ולכך קאמר בסמוך דבעי לר' יהודה עקירת שולחן ולספרים דגרסי לקמן ראשון אומר עליו קידוש היום ושני ברכת המזון הוו עוקרין את השולחן לפני קידוש כדי להפסיק אלא שהקידוש עושה קודם לפי שאסור לשתות כוס של ברכת המזון בלא קידוש דע"כ עקירת שולחן איננו בין קידוש לברכת המזון מדקאמר פורס מפה ומקדש ופריסת המפה היא במקום עקירת שולחן לרבי יהודה: **רבי** יוסי אומר אין מפסיקין · וגומר כל הסעודה ומברך ברכת המזון ואח"כ מקדש כדמוכח בברייתא דלקמן (דף קב·) משמע דאין צריך לעשות סעודה לשם שבת דאי צריך מה לו להמתין יפסיק מיד וא"ת ואיך יעשו קידוש בלא סעודה הלא אין קידוש אלא במקום סעודה וי"ל דחשיב קידוש במקום סעודה כיון שמיד אחר הסעודה עושה קידוש ואותה סעודה עולה לו לסעודת שבת כדמוכח בתוספתא דקתני במילתיה דרבי יוסי ומזכיר של שבת בברכת המזון ומיהו קשה לר' יוסי איך יעשו ד' כוסות כיון שלא יקדשו אלא אחר ברכת המזון ולא יעשו סעודה אחרת וי"ל דיעשו ד' כוסות שלא כסדר הרגילין לעשות כוס ברכת המזון תחלה ואחריו כוס של קידוש וירקות ואחריו כוס שלישי למה נשתנה ואחריו מרור ועל כוס רביעי הלל: **אין** מפסיקין · בהתחילו בהיתר איירי דבהתחילו באיסור מודה ר' יוסי דמפסיקין ולרבי יהודה נמי דמפסיקין היינו כשכבר קידש היום כדמוכח בעובדא דמייתי דקתני וקידש עליהן היום אבל הגיע שעת מנחה אין מפסיקין והלכה כרבי יוסי ובערבי שבתות וי"ט אפי' להתחיל שרי כר' יוסי דרבי יהודה ור' יוסי הלכה כר' יוסי כדמוכח בעירובין (דף מו:) ובערבי פסחים אסור להתחיל ואם התחיל אפי' בהיתר מפסיקין בברכת המזון דבהא פסקינן כר' יהודה ומורי רבינו יחיאל אומר מדפסיק כר' יוסי בהפסקה בההוא עובדא מכלל דלכתחלה לא קי"ל כוותיה ועוד כתב בה"ג דבע"ש אין להתחיל לאכול מן המנחה ולמעלה דאפי' ר' יוסי לא קאמר אלא דלא יפסיק אבל לאתחולי לא וע"כ ה"פ דלא קי"ל כרבי יוסי אלא להפסקה אבל לא להתחיל: **שהיו** מסובין והתחילו בהיתר שהרי רבי יהודה היה שם· ה"ג בתוספתא אמר לו א"כ לא נפסיק וה"פ א"כ כיון שמחית לא נפסיק שמא יראו התלמידים: **אלא** פורס מפה ומקדש·פי' רשב"ם דאית ליה לשמואל דהלכה כר' יוסי אלא שבא להחמיר על דבריו שלא לגמור סעודה קודם קידוש דאי לא תימא הכי שמואל דאמר כמאן דברייתא דקתני פורס מפה ומקדש לא מיירי בהפסקת אכילה אלא בבא להתחיל לאכול ובהכי דחק דשמואל סבר כחכמים דהכי איתא בירושלמי רב יהודה בשם שמואל זו דברי ר' יהודה ור' יוסי אבל חכמים אומרים פורס מפה ומקדש וצריך לדקדק כמאן הלכה דאע"ג דאמר ר' יוחנן לעיל הלכה כר' יוסי ובמי שהוציאוהו (שם ד' מז:) משמע דהלכה כר' יוחנן לגבי שמואל איכא חד לישנא דלא א"ר יוחנן ורב נמי סבר לקמן (ד' קה·) כשמואל וקאמר שבת קבעה נפשה ואע"ג דבשל סופרים הלך אחר המיקל הייט דוקא בשוין כדאמר בפ"ק דמסכת ע"ג (ד' ז.):
כך

הגהות הב"ח

(א) רשב"ם ד"ה מפסיקין וכו' עד שתחשך לר' יהודה כצ"ל ותיבת אפילו נמחק:

כך מפסיקין להבדלה מאי מפסיקין לאו לעקירת שולחן לא למפה רבה בר רב הונא איקלע לבי ריש גלותא אייתו תבא קמיה פרס מפה וקידש תניא נמי הכי (ושוין) שאין מביאין את השולחן אלא אם כן קידש ואם הביא פורס מפה ומקדש תני חדא שוין שאין מתחילין ותניא אידך שוין שמתחילין בשלמא הא דתניא שוין שאין מתחילין משכחת לה בערב הפסח אלא הא דתניא שוין שמתחילין אימת אי נימא בערב שבת הא מיפלג פליגי לא קשיא כאן קודם תשעה כאן לאחר תשעה אותם בני אדם שקידשו בבית הכנסת אמר רב ידי יין לא יצאו ידי קידוש יצאו ושמואל אמר אף

כך מפסיקין להבדלה · רב אית ליה לקמן *דלהבדלה אינה קובעת ואם התחילו אין מפסיקין להבדלה בהבדלה פליג אשמואל: **לאו** לעקירת שלחן · היינו ברכת המזון כדפרישית לעיל שהיו רגילין לסלק שהיו להם שולחנות קטנים שכל אחד אוכל על שולחנו והיו מסלקין מלפני כולם ולא מלפני המברך ואנו שאנו אוכלים בשלחן אחד אין נכון לסלק: **איקלע** פירס מפה וקידש · בהתחלת סעודה איירי כדפי' רשב"ס: **ושוין** · אי גרסינן ושוין קאי ארבי יהודה ורבי יוסי כדפירש רשב"ס: **שאין** מביאין את השלחן אא"כ קידש · והא דאמר בכל כתבי (שבת דף קיט:) מלא שלחן ערוך מלאך טוב אומר כו' לא קשה דערוך הוא במקום אחר אך אין מביאין אותו למקום סעודה עד אחר קידוש ועכשיו שלחנות שלנו שהם גדולים יותר מדאי וקשה להביאם אחר קידוש שלא להפסיק כל כך בין קידוש לסעודה אנו רגילין לפרוס מפה ולקדש והטעם מפורש בשאלתות *כי היכי דתיתי סעודתא ביקרא דשבתא ויש מפרש זכר למן שלא היה יורד בשבתות *וי"ט והיה טל מלמעלה ומלמטה והמן *בינתים: **ידי** קידוש יצאו · אף על פי שלא שתו רק שיטעום המברך או אפילו אחד מהם כדמוכח בסוף בכל מערבין (עירובין דף מ:) ולכתחלה צריך שיטעמו כולם ונראה דהלכה כשמואל דאמר אין קידוש אלא במקום סעודה ואע"ג דבעלמא *הלכה כרב באיסורי וגם ר' יוחנן סבר לקמן כרב הכא הלכה כשמואל דרב הונא ורבה ואביי כולהו סברי בסמוך אין קידוש אלא במקום סעודה וכן פסק במגילת סתרים והמקדש שדעתו לאכול במקום אחר יכול להוציא את האוכלים שם דלדידהו הוי מקום סעודה וכן משמע ממסכתא אחד מבני העיר היה מקדש בבהכ"נ ומוליך האורחים והיכא דליכא אורחים סמוך לבהכ"נ אין לקדש דהויא ברכה לבטלה דקי"ל כשמואל ואין לומר במקדש כאן על דעת שרוצה לאכול במקום אחר מודה שמואל דיש קידוש והא דפליגי בסתמא מדפריך ולשמואל למה לי לקדושי בבי כנישתא ומיהו ממקום למקום בבית אחד כגון מאיגרא לארעא נראה דמודה שמואל אם קידש באיגרא כדי לאכול בארעא דחשיב קידוש במקום סעודה וכן מוכח בירושלמי דקאמר רבי יעקב בשם שמואל קידש בבית זה ונמלך לאכול בבית אחר צריך לקדש ר' אחא בשם ר' הושעיא אמר רב מי שסוכתו עריבה עליו מקדש ליל י"ט האחרון בביתו ועולה ואוכל בסוכתו א"ר בון ולא פליגי מה דאמר רב בשלא היה בדעתו לאכול בבית שקידש ומה דאמר שמואל בשהיה בדעתו לאכול בבית שקידש והא דקאמר ולא פליגי היינו ממקום למקום בחד בית ולאו דוקא נקט בירושלמי קידש בבית זה ונמלך לאכול בבית אחר ויושב שלא יחלוק הירושלמי עם הש"ס שלנו · כתב בשם רב נטרונאי גאון בתשובות מקדשין בבית הכנסת וטוען לתוך עיניו לרפואה כדאמר (ברכות ד' מג:) פסיעה גסה נוטלת אחד מת"ק מאור עיניו ואימא מהדרא ליה בקידושא דבי שימשי ומיהו בספרי הגאונים כתוב דהאי רפואה מלי למיעבד בקידוש שבביתו: **ידי** יין לא יצאו · וחייבין לברך בביתם בפה"ג משום שינוי מקום אבל משמע אם קידש בביתו על שולחנו שוב א"צ לברך על היין תוך הסעודה אע"ג דסבר יש קידוש שלא במקום סעודה ולא שייך קידוש לסעודה א"כ אם הבדיל על שולחנו פטור מלברך על היין שבתוך הסעודה אע"ג דיש הבדלה שלא במקום סעודה לכ"ע והכא יש לדחות דהיכא למימר דלא פטר א"כ רוצה לשתות לפני המזון אבל תוך המזון לא פטר אך יש להביא ראיה מכילד מברכין (שם ד' מב:) דתנן בירך על היין שלפני המזון פוטר את היין שלאחר המזון פי' שהיו רגילין לשתות אחר הסעודה לפני ברהמ"ז משמע דכ"ש שפוטר היין שבתוך המזון שלא בא אלא לשרות אכילה שבמעיו ואפילו למאן דאמר התם בגמרא יין שבתוך המזון לא פטר יין שלאחר המזון היינו משום דלאו יין שבא לשרות פוטר את היין הבא לשתות אבל יין שלפני המזון שבא לשתות דעדיף טפי כ"ע מודו דפוטר את היין שבתוך המזון ועוד אם צריך לברך בתוך המזון מאי קאמר · יין שלפני המזון פוטר את שלאחר המזון תיפוק ליה דפטרו יין שבתוך המזון למ"ד התם דפוטר ודוחק לומר בשלא שתו יין תוך הסעודה ואע"ג דהתם מוקי לה בשבתות וי"ט ובשעת הקזת דם שאדם קובע סעודתו על היין ה"ה בחול נמי אם דעתו לשתות יין בתוך הסעודה אלא נקט שבתות וי"ט דאז רגילות לקבוע סעודתו על היין ואדעתו אם נמלך ואין בדעתו לשתות יין לא פטר משמע דהכל תלוי בדעתו הלכך אם בירך על היין לפני המזון ודעתו לשתות בתוך המזון א"צ לברך אחריו על הגפן ולא תוך המזון בפה"ג אבל אם נמלך אינו פוטר וגם צריך לברך אחריו ברכה מעין שלש: אף

כך מפסיקין להבדלה · אם היו מסובין בשבת עד הלילה מפסיקין אכילתן ומבדילין: **אין מביאין את השולחן** · לאכול משקדש היום אא"כ קידש: **ואם הביא** · קודם לכן אי נמי אין מביאין את השולחן בערב הפסח אפילו מבעוד יום אא"כ קידש כדאמרן דאפי' רבי יוסי מודה בערב הפסח: (א) **איקלע לבי ריש גלותא** · והיו מסובין על השולחן בערב שבת וקידש עליהן היום ופרס מפה וקידש: **ידי יין לא יצאו** · שאם יש להם יין לשתות בביתם חייבין לברך בורא פרי הגפן שאינם פטורין בברכת הכוס (*על שתיית) יין בלא ברכה מאחר שעקרו ממקומן: אין קידוש

רשב"ם

כך מפסיקין להבדלה · אם היו מסובין בשבת עד הלילה מפסיקין אכילתן ומבדילין: **מאי לאו עקירת שולחן** · ומדקאמר כשם שמפסיקין מכלל דלא סגי במפה: **ס"ג רבה בר בר חנה איקלע לבי ריש גלותא אייתו תכא לקמיה פרס מפה וקידש תניא נמי הכי**. ולא גרסי' ושוין אלא ה"ג אין מביאין כו' והכי פירושה רבה בר בר חנה איקלע לבי ריש גלותא ולא היו אוכלין קודם חשיכה ולאחר שילאו מבית הכנסת התשיך אייתו תכא לקמיה הביאו את הפת על השולחן כמו שאנו עושין קודם קידוש פרס מפה על הלחם ואח"כ קידש לפי שסברלנו לא היו מביאין את הלחם על השולחן עד לאחר קידוש כדתניא לקמיה לפיכך פרס מפה על הלחם והיינו כעין סילוק שולחן וכמי שאינו דומה ונראה לדבר שכן עושין דקתני מתני' (לקמן דף קיד:) מזגו לו כוס ראשון ואח"כ הביאו לפניו ירקות וחזרת מטבל בחזרת מכלל דעד השתא לא אייתי וטעמא כדפרים בשאילתות דרב אחאי גאון בפרשת וישמע יתרו וכתוב בהו הכי וקרובי תכא מקמי דליקדיש לקדושא דשבתא לא מקרבינן מ"ט כי היכי דתיתי סעודה ליקרא דשבתא והיכי דקריבו לא מסלקינן ליה אלא פורס עליו מפה ומקדש דתניא ושוין שאין מביאין את השולחן אא"כ קידש ואם הביא פורס עליו מפה ומקדש והיכא דאתחיל סעודתא מדאינהר במעלי שבתא וקדיש עליה יומא פורס מפה ומקדש ומטעם זה נהגו לפרוס מפה ללחם עד לאחר קידוש בשבתות וי"ט · ויש מפרשין איקלע לבי ריש גלותא והיו מסובין על השלחן בע"ש וקדיש יומא ופריס מפה וקדיש ולא נהירא לי דהא ברייתא דלקמיה דמסייעין ליה מיניה לא מפרשא בהפסקה אלא בתחלת אכילת לילי שבת: **ושוין** · לא ידענא היכא קאי והיכא למימר ושוין רבי יוסי ור' יהודה דפליגי בהפסקה הכא מודי ר' יוסי דלכתחלה מיהת אין מביאין קודם קידוש אע"פ שלא אכלו עד לאחר קידוש ואית דמפרשי ושוין ב"ש וב"ה דפליגי באלו דברים (ברכות ד' נא:) דאמרי ב"ש נוטלין לידים ואח"כ מוזגין את הכוס לקידוש וב"ה אומרים איפכא אפ"ה היכא דנטל ידיו מודין ב"ש דאין מביאין את השולחן עם האוכלין אלא א"כ קידש וכדפרישית טעמא לעיל ונראה בעיני דאיידי דאמרינן לקמיה תנא חדא שוין שאין מתחילין כו' שיבשו למעלה הספרים וכתבו נמי ושוין שאין מביאין כו' וטעות הוא בידם ולא גרסי' ליה: **תני חדא שוין** · ר' יהודה ורבי יוסי דפליגי לעיל בין באכילת ערב שבת מן המנחה ולמעלה בין בהפסקה: **שאין מתחילין** · לאכול מן המנחה ולמעלה: **משכחת לה בערב הפסח** · כדקאמרת דאפי' רבי יוסי מודי בערב הפסח: **כאן קודם תשעה** · שוין שמתחילין לאכול ומשהתחילו בהיתר אוכלין עד שתחשך אפילו לרבי יהודה: **כאן לאחר ט'** · הוא דפליגי דלרבי יהודה אין מתחילין כדתניא לעיל בהדיא לא יאכל אדם בערבי שבתות ובערבי ימים טובים מט' שעות ולמעלה כו' רבי יוסי אומר כו': **שקידשו בבהכ"נ** · הוא קידוש שמקדש שליח ציבור בלילי שבתות וימים טובים בבהכ"נ: **ידי קידוש יצאו** · אע"פ שלא שתו דקי"ל דהמקדש צריך שיטעום אם לא טעם אלא א' מהם יצאו כולן ידי חובתן כדמוכח בעירובין בשילהי בכל מערבין (ד' מ:) ומיהו לכתחלה צריך שיטעמו כולן ולא צריכין תו לאקדושי בביתן דלא בעי רב קידוש במקום סעודה הלכך אע"ג דלא אכלי בבית הכנסת נפקי: **ידי יין לא יצאו** · שאם יש להם יין בביתם לשתות חייבין לברך בפה"ג שאינן פטורין בברכת הכוס של שתיית יין ששתו בבהכ"נ מאחר שעקרו ממקומן דה"ל היסח הדעת וצריך לברך אבל המקדש בביתו על שולחנו בשבת א"צ לברך על היין שבתוך הסעודה שהרי פוטרו יין שלפני הסעודה כדתנן בכילד מברכין (ברכות ד' מב:) בירך על היין שלפני המזון פטר את היין שלאחר המזון ומוקי לה בגמרא בשבתות ובימים טובים הואיל ואדם קובע סעודתו על היין: אף

רבה בר רב הונא איקלע לבית ריש גלותא פרס וקדש וכן הלכתא: **תאני** חדא ושוין שמתחילין ומוקמינן לה קודם תשע שעות. אותם בני אדם שקדשו בבית הכנסת אמר רב ידי קדוש יצאו ידי יין לא יצאו ושמואל אמר

[פרשת יתרו סימן כד]

[עי' תוספות ביצה ב: ד"ה וכיס]

[בכורות מט:]

הגהות הב"ח

(א) רשב"ם ד"ה איקלע נ"ל קודם ד"ה אין מביאין וכ"כ עיין במרדכי:

נ"ל לשתות

קידוש אלא במקום סעודה. ואם קידש ולא סעד לא יצא ידי קידוש: ממקום למקום. מבית לעליה לא צריך לחזור ולקדש אם קידש שבת בבית והלך לאכול בעליה: דילמא מיתעקרא לכו שרגא. ולא תאכלו ואפי' אתם הולכים לישן בלא אכילה בקידושא דהכא לא נפקיתו ידי קידוש (היום) דאין קידוש כו': כל מילי דמר. רבה: כחומרי דרב הוה עביד. בר מהני תלת דעביד לקולא כשמואל: כקולי דרב. כגון קידוש לא עביד: ה"ג ורבי יוחנן אמר אף ידי יין נמי יצאו: אחד שינוי יין. שהביאו לו יין מחבית אחרת: אין

אף ידי קידוש לא יצאו. דאין קידוש אלא במקום סעודה משום דכתיב וקראת לשבת עונג כלומר במקום קריאת קידוש שם תהא עונג:

ולשמואל למה לי לקדושי בבי כנישתא. לרב צריך לקדושי בבי כנישתא להוציא כל אותם שאין להם בני בית שלא יטעו לקדש בביתם:

אף ידי קידוש לא יצאו אלא לרב למה ליה לקדושי בביתיה כדי להוציא בניו ובני ביתו ושמואל למה לי לקדושי בבי כנישתא *לאפוקי אורחים ידי חובתן דאכלו ושתו וגנו בבי כנישתא ואזדא שמואל לטעמיה דאמר שמואל אין קידוש אלא במקום סעודה סבור מינה הני מילי מבית לבית אבל ממקום למקום בחד ביתא לא אמר להו רב ענן בר תחליפא זימנין סגיאין הוה קאימנא קמיה דשמואל ונחית מאיגרא לארעא והדר מקדש ואף רב הונא סבר אין קידוש אלא במקום סעודה דרב הונא קדיש ואיתעקרא ליה שרגא ועייל ליה למניה לבי גנניה דרבה בריה דהוה שרגא וקדיש וטעים מידי אלמא קסבר אין קידוש אלא במקום סעודה ואף רבה סבר אין קידוש אלא במקום סעודה דאמר אביי כי הוינא בי מר כי הוה מקדש אמר לן טעימו מידי דילמא אראזליתו לאושפיזא מתעקרא לכו שרגא ולא מקדש לכו בבית אבילה ובקידושא דהכא לא נפקיתו דאין קידוש אלא במקום סעודה איני *והאמר אביי כל מילי דמר הוה עביד כרב לבר מהני תלת דעביד כשמואל מתירין מבגד לבגד ומדליקין מנר לנר והלכה כר"ש בגרירה דתניא *ר"ש אומר גורר אדם מטה כסא וספסל בשבת ובלבד שלא יתכוין לעשות חריץ בחומרי דרב הוה עביד בקולי דרב לא הוה עביד ור' יוחנן אמר אף ידי יין נמי יצאו ואזדא ר' יוחנן לטעמיה דא"ר חנין בר אביי א"ר פדת אמר ר' יוחנן אחד שינוי יין ואחד

רשב"ם

אף ידי קידוש לא יצאו. כדפרשינן טעמיה לקמיה אין קידוש אלא במקום סעודה דכתיב (ישעיה נח) וקראת לשבת עונג במקום שאתה קורא לשבת כלומר קרייה דקידוש שם תהא עונג ומדרש הוא אי נמי סברא היא מדאיקבע קידוש על היין כדתניא לקמן (דף קו.) זכרהו על היין מסתמא על היין שבשעת סעודה הוקבע לחשיב: אין קידוש אלא במקום סעודה. ואם קידש ולא סעד באותו מקום לא יצא ידי קידוש: ס"ם. דאין קידוש אלא במקום סעודה אלא מבית לבית אבל ממקום למקום מבית לעליה א"צ לחזור ולקדש: איתעקרא ליה שרגא. נפל הנר וכבה קודם שאכל: לבי גננה דרבה בריה. בית חופה בנו שהיו שם נרות דולקין בבית המשתה: מר. רבה: כי הוה מקדש. ואנו רוצין היינו ליפטר משם ולילך לביתנו: דילמא מיתעקרא לכו שרגא. ולא תאכלו ואפי' אתם הולכין לישן בלא אכילה בקידוש דהכא לא נפקיתו ידי קידוש כו': כל מילי דמר. רבה: מתירין מבגד לבגד. מתירין ציצית של טלית זו ונותנין אותם לטלית אחרת: מדליקין. מנר חנוכה לנר אחרת של חנוכה וא"צ להדליק בנר אחרת שאינה של חנוכה: והלכה כר"ש בגרירה. גורר אדם מטה כסא וספסל כו' דדבר שאין מתכוין מותר והני ג' מילי פלוגתא דרב ושמואל בבמה מדליקין (שבת דף כב.) וכולהו עביד רבה כשמואל דמיקל והכא אמאי עביד כשמואל להצריך קידוש במקום סעודה הואיל ובכל מילי עביד כרב בר מהני תלת ומשני כחומרי דרב עביד בר מהני תלת דעביד כשמואל לקולא (א) וכגון קידוש דקולי דרב לא עביד ואע"ג דתניא (עירובין דף ו:) העושה כחומרי ב"ש כקוליהון ובחומריהון כו' הא קי"ל ה"מ היכא דסתרן אהדדי כגון כמה חסרון בשדרה כו' ואמר שמואל וכן לטריפה דחומרא דהתם קולא הוא הכא וקולא דהתם חומרא הוא הכא ומהכא שמעינן דהלכתא כשמואל דאין קידוש אלא במקום סעודה והמקדש לאחרים חוץ מביתו נראה בעיני שאין צריך לסעוד שם שאפילו לא סעד שם יצאו בני אותו הבית דלדידהו הוי מקום סעודה: ה"ג ורבי יוחנן אמר אף ידי יין נמי יצאו. שאין צריך לחזור ולברך על היין שבתוך הסעודה שהרי לא הסיח דעתו ביציאתו מבהכ"נ שעדיין דעתו לאכול ולשתות בביתו: אחד שינוי יין. שהביאו לו יין מחבית אחרת ויש לו טעם משונה או גרוע או משובח אין צריך לברך שנית על היין אבל הטוב והמטיב מיהא מברך אם משובח מן הראשון כדאמרי' בהרואה (ברכות דף נט:) אמר רב יוסף אמר רבי יוחנן אע"פ שאמרו שינוי יין אין צריך לברך אבל אומר הטוב והמטיב ושינוי יין היינו מחבית אחרת כדאמרינן בברכות ירושלמי בפרק כילד על כל חבית וחבית שהיה פותח היה מברך עליה ומה היה מברך ואמר רבי יצחק בשם רבי אומר ברוך הטוב והמטיב: ואחד

תוספות

דאכלו ושתו וגנו בבי כנישתא. וא"ת והא אמרי' בפ' בני העיר (מגילה דף כח.) בתי כנסיות אין אוכלין בהן ואין שותין בהן ואע"ג דאכילה ושתיה של מצוה מותר כדאמרי' בירושלמי שהיו אוכלים שם בקידוש החדש וגם עכשיו נוהגין לשתות כוס הבדלה וברית מילה מ"מ שינה של מצוה ושינה אסור ואפי' בשל בבל אין אוכלין בהן דקאמר התם* רבינא ורב אדא בר אהבה שאלו היו רוצים ליכנס בבית הכנסת מפני הגשמים אי לאו משום דשמעתתא בעיא צלותא והא דקאמר התם בתי כנסיות של בבל על תנאי עשויין היינו לאחר שיחרבו שאין נוהגין בהן קדושה וי"ל דלאו דוקא בבי כנישתא אלא חדרים שהיו סמוכין לבית הכנסת קרי בי כנישתא ומשם היו שומעים הקידוש ולפי מה שפירשתי דממקום למקום בחד בית כשדעתו לאכול במקום אחר יש קידוש כו' אתי שפיר:

אבל ממקום למקום בחד ביתא. פי' מחדר לבית או מבית לעליה כמו מאיגרא לארעא אבל מפינה לפינה יש קידוש כי היכי דלא חשוב שינוי מקום בסמוך ולקמן גבי שינוי מקום דקאמר לא שנו אלא מבית לבית ומיהו שני מקומות בחד בית קרי ליה מבית לבית ומיהו י"ס דגרסי' הכא מפינה לפינה כו':

טעימו מידי. נראה דהיינו טעימת לחם כדאמרינן בפ"ג דשבועות (דף כב:) כדאמרי אינשי ניטעום מידי ואזלי ואכלי ושתו ואם מועיל מיני תרגימא להשלים ג' סעודות שבת כמו בסוכה היינו דוקא בסעודה שלישית אבל לא בסעודת ערבית ושחרית שהם עיקר כבוד שבת: ובקידושא דהכא לא נפקיתו. ומה שלא היה מקפיד על סעודת שבת שלא לאכול בלא נר כדפי' בקונטרס היינו משום שיוכלו לעשות למחר שלש סעודות או שמא יוכלו לאכול במקום שיש שם נר ואין יין: מתירין מבגד לבגד. ואע"ג דשמואל אית ליה בפ' התכלת (מנחות דף מא.) כלי קופסא חייבין בציצית מודה אם אין ציצית לכל בגדיו שיתיר ציצית מבגד שמלבישו ליתן בבגד שרוצה ללבוש ותהא המצוה עליו: והלכה כר"ש בגרירה. קשה תיפוק ליה משום דרבי יוחנן סבר כר"ש דפריך בכמה דוכתי (שבת דף פח:) והא א"ר יוחנן הלכה כסתם משנה ותנן נזיר חופף ומפספס כו' אלמא ס"ל דדבר שאין מתכוין מותר וי"ל שמא רבי יוחנן לא סבר לה כוותיה בגרירה לפי שקרוב לעשות חריץ ודמי לפסיק רישיה: ורבי יוחנן אמר אף ידי יין יצאו. ומיירי ששתו בבית הכנסת אע"ג דלענין קידוש יצאו בשמיעה כדפי' לעיל (ב) לענין יין לא פטר אא"כ שתה דהוי הפסק כדאמרי' בפ' כילד מברכין (ברכות דף מ.) גבי המוציא שאם הפסיק שצריך לחזור ולברך: שינוי יין א"צ לברך. מיהו הטוב והמטיב צריך לברך כדאמרינן בהרואה (שם דף נט:) ופי' רשב"ם דווקא היכא דמשובח מן הראשון וכן בהלכות גדולות וכן משמע בירושלמי דסוף כילד מברכין דקאמר אבא בר רב הונא אמר יין חדש וישן צריך לברך שינוי יין אין צריך לברך שינוי מקום צריך לברך היסח הדעת כמו שהוא שינוי מקום משמע שרוצה לומר דיין חדש וישן צריך לברך לפי שהישן טוב מן החדש אבל שינוי יין סתם אין צריך לברך כיון שאין ידוע שהשני משובח מיהו עובדא דבתר הכי פליג עליה דקאמר דעל כל חבית וחבית מברך ואמר רבי יצחק בשם רבי ברוך הטוב והמטיב משמע בכל ענין אפילו מטבא לבישא מיהו יש לדחות שהיה מברך לפי שלא היה מכירו אבל אם ידוע שהשני גרוע לא ונראה דאפילו השני גרוע מברך דעל ריבוי ייטות הוא מברך ובלבד שלא יהיה האחרון רע יותר מדאי שאין יכולין לשתותו אלא מדוחק וצריך לברך הטוב והמטיב בין בשעת סעודה בין שלא בשעת סעודה ויחיד אין צריך לברך הי ליכא אחריני בהדיה כדמוכח בהרואה (שם) ודוקא ביין מברכין לפי שזיכו כרמיהן בדמיהן של ישראל והטוב שלא הסריחו והמטיב שניתנו לקבורה: [ועיין תוספות ברכות נט: ד"ה הטוב]

אלא

עין משפט נר מצוה

ז א מיי' פכ"ט מהלכות שבת הלכה ח סמג עשין כט טור ש"ע או"ח סימן רסט:

ח ב מיי' וסמג שם טוש"ע או"ח סימן רעג סעיף א:

ט ג שם סעיף (ג) [ו]:

י ד מיי' פ"א מהלכות ציצית הלכה יג סמג עשין כו טור ש"ע או"ח סימן טו סעיף א:

יא ה מיי' פ"ד מהלכות חנוכה הלכה ט סמג עשין ה טור ש"ע או"ח סימן תרעד סעיף א:

יב ו מיי' פ"א מהלכות שבת הלכה ה סמג לאוין סה טוש"ע או"ח סימן שלז סעיף א:

[דף כח:]

מסורת הש"ס

פ"מ מ"ו

שבת כב. מ' מנחות מא:

[שם ושבת כב: מו: בילה כב: תוספתא דבילה פ"ב]

רבינו חננאל

אפי' ידי קדוש לא יצאו אלא צריך לקדש בביתו ולברך נמי בורא פרי הגפן ורב מאחר שיצא ידי חובתו בבית הכנסת למה ליה למהדר קדושה בביתו ואמרינן להוציא בני ביתו ושמואל מאחר שאין אדם יוצא בקדוש בית הכנסת למה ליה לקדושי בבהכ"נ ואמרי' לאפוקי אורחין דאכלי בכנישתא וקיימא לן בהא כשמואל דאין קידוש אלא במקום סעודה: סבור מינה הני מילי מבית לבית אבל מפינה לפינה בחד ביתא לא ואמיקנא דשמואל אפי' מארעא לאינרא הוה הדר מקדש ואף רב הונא סבר אין קדוש אלא במקום סעודה דרב הונא קדיש בעא למיכל אתעקר שרגא ועייל' למאני' לבי גנניה דרבה בריה וקדיש ואכיל ואף רבה סבר אין קידוש אלא במקום סעודה דאמר (רב תנא) [אביי] כי הוינן בי מר הוה מקדש והוה אמר לן טעמו מידי הכא דילמא אדאזליתו לאושפיזיכו אתעקרו לכו שרגא ובקידושא דהכא לא נפקיתו דאין קידוש אלא במקום סעודה: איני והאמר אביי כל מילי דמר דהוא רבה בר נחמני רביה עביד כרב בר מהני תלת דעביד כשמואל מתירין הציצית מבגד לבגד ותולין אותו לבגד אחר ומדליקין מנר לנר של חנוכה והלכה כר' שמעון בגרירה דתניא גורר אדם מטה כסא וספסל ובלבד שלא יתכוין לעשות חריץ ואיך עביד רבא כשמואל ואוקמא כחומרית דרב עביד בחומרה כקולי לא עביד והכא מיקל הוא: א"ר יוחנן א' שינוי יין

אלא

הגהות הב"ח

(א) רשב"ם ד"ה והלכה כו' כר"ש וכו' כשמואל לקולא וכגון קידוש דקולי דרב לא עביד ואע"ג דתניא העושה כו' כר"ש כב"ש וכו' ותיבת כחומרא נמחק: (ב) תוס' ד"ה ורבי יוחנן וכו' כדפרישית לעיל. נ"ב במתני' בד"ה לא יפתחו:

‹ההלכות הן בעמוד הבא›

§ מסכת פסחים דף קא. §

אות א'

לאפוקי אורחים ידי חובתן דאכלו ושתו וגנו בבי כנישתא

סימן רסט ס"א - [א]נוהגין לקדש בבהכ"נ, ואין למקדש לטעום מיין הקידוש, אלא מטעימו לקטן, [ב]דאין קידוש אלא במקום סעודה - היינו דאין המקדש יוצא בקידוש זה, כיון שאינו במקום סעודתו, משו"ה אסור לו לטעום כלום עד שיקדש במקום סעודתו. **(וע"ל סי' רע"ג).**

הנה י"א שיזהר ליתן רק לקטן שלא הגיע לחינוך, **אבל** המ"א כתב בשם הפוסקים, דמותר ליתן אפילו לקטן שהגיע לחינוך, היינו כבר שית כבר שבע, כל חד לפום חורפיה, **ואדרבה** אם יתן רק לקטן שלא הגיע לחינוך, יהיה ברכת המברך לבטלה, דהא לא הגיע לחנכו בברכה, **ואפי'** לפי מה שמבואר לקמן בסי' שמ"ג, דאסור להאכיל בידים לקטן אפילו דברים שאסורים מדרבנן, הכא שרי מפני כמה טעמים, עיין במ"א, **וה"ה** דמותר להאכיל לקטנים בשבת בשחרית לפני קידוש, ואסור לענותו.

כתבו האחרונים, דאם אין קטן שהגיע לחינוך בבהכ"נ, אזי ישתה כשיעור רביעית, שיהא חשוב במקום סעודה, כמש"כ סי' רע"ג ס"ה, ויוצא בזה, ויברך אח"כ ברכה אחרונה, ויחשוב בדעתו לצאת בקידוש זה, **ומ"מ** יכול אח"כ לחזור ולקדש בביתו להוציא בני ביתו.

ומהדרין אחר יין, [**ובפמ"ג** מסתפק, דבביהכ"נ אפשר דוקא איין] **ונוהגין** לקנות בדמים המצוה מי שיתן יין לבהכ"נ לקידושא ואבדלתא.

ומעיקרא לא נתקן אלא בשביל אורחים דאכלי ושתי בבי כנישתא, להוציאם י"ח - ואע"ג דהמקדש עצמו לא יצא, מוציא את האחרים, כמ"ש סימן רע"ג, דבקידוש יכול לברך לאחרים אע"פ שאינו אוכל עמהם. ‹וכ"כ הרשב"ם ד"ה והלכה כר"ש›.

[ג]ועכשיו אע"ג דלא אכלי אורחים בבי כנישתא, לא בטלה התקנה, זהו טעם המקומות שנהגו לקדש בבהכ"נ.

[ד]אבל יותר טוב להנהיג שלא לקדש בבהכ"נ, וכן מנהג ארץ ישראל - ובמדינתנו נוהגין לקדש בבית הכנסת בשבת ויו"ט, מלבד בליל א' של פסח אין לקדש בבהכ"נ. **ואין** לבטל המנהג, כי הרבה גאונים יסדוהו.

הגה: ונהגו לעמוד בשעה שמקדשין בבית הכנסת - ואמרו הראשונים, שזה מועיל לעייפות הברכים.

אות ב'

אין קידוש אלא במקום סעודה

סימן רעג ס"א - [ה]אין קידוש אלא במקום סעודה - דכתיב: וקראת לשבת ענג, במקום ענג שהוא הסעודה, שם תהא הקריאה של קידוש, [רשב"ם].

ובבית אחד מפנה לפנה [ו]חשוב מקום אחד, שאם קידש לאכול בפנה זו ונמלך לאכול בפנה אחרת - וכ"ש אם קידש על דעת לאכול בפנה אחרת, **אפי' הוא טרקלין גדול, א"צ לחזור ולקדש** - ומ"מ לכתחלה טוב שלא לסור ממקום שקידש, דהא יש מחמירין גם במפנה לפנה, **אם** לא שהיתה דעתו בעת שקידש לאכול בפנה אחרת, אז מסתברא דאין להחמיר בזה.

אבל אם נמלך לאכול בחדר אחר, אף שהוא באותו בית, צריך לחזור ולקדש, כיון שלא היה דעתו לזה בעת שקידש.

הגה: ומבית לסוכה חשוב כמפנה לפנה (מרדכי) - כגון שירדו גשמים וקידש בבית, ואח"כ פסקו הגשמים ורוצה לאכול בסוכה, וה"ה להפך, שקידש בסוכה וירדו גשמים, ורוצה לאכול בבית, בכל זה אין צריך לקדש שנית, **ומיירי** שהסוכה בתוך הבית, שהוסר היציע, ואין שם הפסק מחיצה אחרת רק מחיצת הסוכה, וע"כ ס"ל דכיון שאין מחיצת הסוכה עשויה לתשמיש אלא לשם מצות סוכה, חשיב כמפנה לפנה בלא מחיצה, דקי"ל דאפי' לא היתה דעתו מתחלה לכך א"צ לקדש שנית, **אבל** אם הסוכה עשויה מחוץ לבית, שמחיצות הבית מפסיקות, הו"ל כמחדר לחדר, דכשאין דעתו מתחלה צריך לקדש שנית, **אם** לא שרואה את מקומו הראשון וכדלקמן, **זה** הוא באור דברי רמ"א לפי"מ שביארו המ"א.

ומפני שיש פוסקים החולקים על כל זה, (דא"ר והגר"א ומאמר מרדכי השיגו על רמ"א המקיל במבית לסוכה, וס"ל דסוכה כיון שהיא עשויה מחיצה בפני עצמה, **חשיבא** כמחדר לחדר, **וצריך** לחזור ולקדש אם לא היתה דעתו לזה מתחלה, **ומיהו** בעל דה"ח העתיק לדינא את דברי הלבוש שמיקל עוד יותר בענין זה, ולהלבוש אפי' כשהסוכה עשויה חוץ לביתו, שמחיצת הבית מפסקת ביניהן, א"צ לחזור ולקדש, אפילו לא היתה דעתו לזה מתחלה, דמסתמא כיון דדרך הוא ליכנס לסוכה כשפוסקין הגשמים, לכן אע"ג דלא אתני כאתני דמי, **ואם** הסוכה עשויה בחצר, דהוי לגמרי בית אחר, מוכח מדה"ח שס"ל דבעינן ג"כ שיראה מהבית מקום הסוכה, **ובשארי** אחרונים לא ראיתי לאחד שיתפוס דברי הלבוש לדינא), **ע"כ** (לאפוקי נפשיה מידי ספיקא), טוב כשרוצה לעקור אחר קידוש את דירתו לסעודה ‹אולי צ"ל "לסוכה"›, שישתה מתחלה רביעית יין במקום ההוא, דאז חשיב עי"ז כמקום סעודה וכדלקמן,

---

באר הגולה

[א] טור [ב] פסחים ק"א [ג] ר"ן ורמב"ם בתשובה והמגיד והרשב"א בתשובה [ד] ב"י כדעת התוס' ‹דף ק: ד"ה ידי קידוש› **והרא"ש שם בפסחים והטור ורבנו ירוחם** [ה] **פסחים ק"א וכשמואל, הרי"ף והרא"ש והתוס' והרמב"ם** [ו] **שם לגרסת הרא"ש והתוס' והרמב"ם** ‹גירסת התוס': הני מילי מבית לבית, אבל ממקום למקום לא, אמר להו רב ענן כו', וכתבו דלא גרסינן "אבל מפינה לפינה לא", דמשמע אפי' בבית אחד, ולא היא, דבהא מודה שמואל, דלקמן {דף ק"א: עיין בגירסא הכתוב בגליון הגמ'} אמרינן דמפינה לפינה לא הוי שינוי מקום, והשתא ניחא דהכא נקט "ממקום למקום", ולקמן אמרינן "מפינה לפינה", ע"כ, **ורבינו** אלפסי ז"ל גרים: אבל מפינה לפינה לא, אמר להו רב ענן כו' – חי' הריטב"א. **עיין** באריכות בבה"ל מובא דף ק"א: אות א' – ב'›

ולכו"ע אין צריך שוב לקדש שנית, [**ואם** עוקר מקומו מסוכה לבית מחמת הגשמים, יוכל לאכול כזית פת בסוכה, דאז חשוב במקום סעודה עי"ז].

[ז]וי"א שכל שרואה מקומו, אפילו מבית לחצר, א"צ לחזור ולקדש - שכיון שיכול במקום הסעודה לראות את המקום שקידש, אפילו דרך חלון, ואפילו רק מקצת מקומו, חשיב הכל כמקום אחד.

וה"ה מבית לבית אם רואה מקומו, ואין שביל היחיד קבוע בימות החמה ובימות הגשמים מפסיק ביניהן.

ואין לסמוך על דעת הי"א הזה רק לענין דיעבד, בשעת הדחק שלא יכול לסעוד במקום הקידוש, **אבל** בלא"ה יזהר מאד שלא להקל מבית לבית ע"י ראית המקום, כי יש אחרונים שמחמירין אפילו דיעבד.

[ח]וי"א שאם קידש במקום אחד על דעת לאכול במקום אחר, שפיר דמי, (וע"ל ריש סי' קע"ח), [ט]והוא שיהיו שני המקומות בבית אחד - היינו תחת גג אחד, אע"פ שאין רואה מקומו, **כגון מחדר לחדר או מאיגרא לארעא, (וכן עיקר).**

(ומ"מ לכתחלה לא יעשה כן אלא במקום דוחק, דהא המ"א מחמיר לכתחלה אפילו במפנה לפנה, ונהי דשם כתבנו דמסתברא דאין להחמיר בזה, מ"מ לענין מחדר לחדר בודאי נכון לחוש לכתחלה לדעת הר"ן שמחמיר בזה, מיהו אם גם רואה מקומו, נראה דיש להקל אפילו לכתחלה, אם דעתו לזה בעת הקידוש).

אות ג'

ואיתעקרא ליה שרגא, ועיילי ליה למניה לבי גנניה דרבה בריה דהוה שרגא, וקדיש וטעים מידי

סימן רע"ג ס"ב - [י]אם קידש בבית אחד ע"מ לאכול שם, ואח"כ נמלך לאכול במקום אחר - היינו אפילו בחדר אחר שבאותו בית, כיון שלא היתה דעתו לזה מתחלה, וכדלעיל בס"א, **צריך לחזור ולקדש במקום שרוצה לאכול שם** - ואיירי דלא אכל כזית בבית ראשון, אבל אם אכל כזית יצא, כדלקמן בסעיף ה'.

סימן רע"ג ס"ז - [יא]י"א שאין מקדשים אלא לאור הנר; [יב]וי"א שאין הקידוש תלוי בנר, ואם הוא נהנה בחצר יותר מפני האויר או מפני הזבובים, מקדש בחצר ואוכל שם אע"פ שאינו רואה הנר, שהנרות לעונג נצטוו ולא לצער, והכי מסתברא - והיינו במצטער הרבה, (דהכרעתו קאי רק אסיפא, שהוא נהנה בחצר יותר), דאל"ה צריך לאכול דוקא במקום נר, (דהרבה אחרונים ס"ל, דעיקר הסעודה תלויה בנר), **ועיין** בפמ"ג שמצדד, דיותר טוב שיקדש בבית ויאכל מעט, ואח"כ יגמור סעודתו בחצר, **ועיין** בסימן רס"ג ס"ט מה שכתוב שם מענין זה.

אבל לא יקדש בבית ויאכל בחצר, וכדלעיל בס"א.

מתירין מבגד לבגד

סימן טו ס"א - מותר להתיר ציציות מטלית זה וליתנם בטלית אחר - אפי' מטלית חדש לטלית חדש, וכ"ש מטלית ישן שמותר להתיר וליתנם בטלית חדש שרוצה ללבשו ולקיים בו המצוה.

גם אפי' מטלית גדול לטלית קטן, שטלית גדול וטלית קטן שוים, **אבל** אין להתיר ציצית מטלית של גדול וליתנם בטלית של קטן, דחיובו רק מדרבנן.

ובפמ"ג נסתפק, אם מותר להתיר ציצית מטלית של צמר, ליתנם בטלית של שאר מינים, להפוסקים דשאר מינים הוא רק מדרבנן, **והארצה"ח** מיקל בזה.

עיין בפמ"ג שכתב, דאם מצויים לו ציצית אחרים להשיג, [יג]נכון להחמיר שלא להתיר ציציותיו, אם לא באופן המבואר בסמוך.

אבל שלא להניחם בבגד אחר, לא - כי יש איסור שמבזה טלית של מצוה בחנם, **אם** לא שנתבלה הטלית, אז מותר להתיר ציציותיו בכל גווני, **או** שרוצה למכרו לנכרי, או לעשות מהטלית בגד שלא יהיה ד' כנפות, מותר ליטלן.

אבל אם רוצה למכור הטלית לישראל, אסור ליקח ציציותיו, אף שישראל השני יוכל להטיל ציצית בעצמו, אפ"ה אסור.

ומותר להסיר הציצית ולתת תחתיהם יותר נאים, משום הידור מצוה, או כשהם ישנים ומסירם כדי לחדשם, או כשנפסק חוט א' ולא נשאר בו אלא כדי עניבה, אע"פ שעדיין הציצית כשר, אעפ"כ מותר להסיר ולתת תחתיה שלמה.

ובמקום שהציצית הם שלמים, וראויים להנתן לבגד אחר, {לאפוקי אם הם רק כדי עניבה}, יש מן האחרונים שכתבו, דיזהר להתיר הקשרים והכריכות שלהם, ולא להפסיקן ולקרוע אותן, כדי שלא יכלה אותן, וכבר אחז"ל: לא ישפוך אדם מי בורו ואחרים צריכין להם, **והחיי** אדם כתב, במקום שקשה בעיניו הטרחה להתיר, מותר לנתקם, ואין בזה משום בל תשחית, כיון שאין עושה דרך השחתה.

הגה: ודוקא בטלית של בר חיובא - אפילו אינו חייב רק מדרבנן, **אבל מותר להתיר הלילית מטלית של מתים.**

באר הגולה

[ז] טור בשם רב שר שלום והמגיד בשם הגאונים [ח] טור בשם רבינו נסים [ט] לפירוש התוס' ‹דף ק: ד"ה ידי קידוש› והרא"ש [י] ב"י מהא דרב הונא שם דף ק"א [יא] רא"ש בריש פרק ערבי פסחים בשם י"א, ומרדכי מהא דאביי ק"א ‹יש רוצים להביא ראיה מכאן שאין מקדשין אלא לאור הנר, ומפרשים מתעקרא לכו שרגא, ולא תוכלו לקדש בלא נר - רא"ש› [יב] טור בשם גאון ומרדכי בשם רבינו שמחה וכ"כ הגהות ‹וליתא, דהכי פי', ולא תאכלו בלא נר, אבל אם היו רוצים לאכול בלא נר, היו יכולים לקדש - רא"ש› [יג] ‹דהא שמואל סבר כלי קופסא חייבין בציצית, ואף דלא קיי"ל כן, אין לבטל טלית ממצוה אם לא שאין מצוין ציצית - פמ"ג›

אות ה'

ומדליקין מנר לנר

סימן תרעד ס"א - מדליקין נר חנוכה מנר חנוכה - מיירי מליל ראשון ואילך, שיש יותר מנר אחד, ומדליק זה מזה, **א"נ** בליל ראשון, ויש שני אנשים בבית אחד, שכל אחד מדליק בפני עצמו, מותרין להדליק זה מזה, דשתיהן נרות של מצוה הן.

ואף דמבואר לקמן בסימן תרע"ה, שצריך להניחה תחלה על מקומה ואח"כ להדליקה, כבר כתב הט"ז לקמן, דעל זמן מועט אין להקפיד ע"ז, **ולדעת** שארי אחרונים דסוברין, דעל זמן מועט ג"כ יש להקפיד, הכא מיירי שהיו שניהן קבועין במקומן, אכן היה להן פתילות ארוכות, והפתילה מגיע לנר שלפניה, וא"צ להסירה ממקומה, [**ומסתברא** שאע"פ שמושך הנר שרוצה להדליק, ומדליקה מאחרת, דג"כ שפיר דמי, כל שאינה מסירה לגמרי מהנר, **ובא"ר** תירץ באופן אחר, דמיירי שמטלטל נר הדלוק, ומגיעה לנר המונח ומדליקה, **אכן** הפמ"ג מפקפק, דהא הביא בסי' תרע"ב בשם ליקוטי מהרי"ו, דאין לטלטל נר חנוכה ממקומה בתוך שיעורה, **ולענ"ד** נראה דסובר הא"ר, דהלא כל הטעם שלא יאמרו לצורכו הוא, והכא הלא רואין שמגיעה לצורך נר חנוכה אחרת].

ודוקא להדליק מזה לזה בלא אמצעי, אבל להדליק מזה לזה על ידי נר של חול, אסור - מפני שנראה כמבזה נר של מצוה, שמדליק ממנו נר של חול, אע"פ שהוא עושה לצורך מצוה, **אבל** בלא אמצעי אין בזה ביזוי מצוה, כיון דשתיהן של מצוה הן.

ואם כבה אחד מהנרות, אין להדליקה מן האחרים, אפי' בלא אמצעי, ואפילו כבתה בתוך שיעור הזמן, **דאין** בהדלקה זו מצוה מעיקר הדין, דקי"ל כבתה אין זקוק לה.

וכ"ש שאם נכבה השמש, שאין להדליקו מן נר חנוכה, שבכלל נר של חול לזה, **וכתב** רש"ל, שבבהכ"נ אין חילוק בין השמש לשאר נרות, שכל הנרות שבתוכה קרויים נר מצוה, **ומשו"ה** יש לגעור באותן שמדליקין נרותיהן ע"י השפחות מנר ביהכ"נ, אפילו מן השמש, חוץ ממוצאי שבת, כדי לילך לביתו להאיר במבואות האפילות.

ויש מתירים גם בזה - ס"ל, דכיון דעושה כדי להדליק תיכף ממנו נר של מצוה, לאו בכלל ביזוי הוא, **אא"כ הוא בענין שיש לחוש שיכבה הנר של חול קודם שידליק נר אחר של חנוכה.**

הגה: ונהגו להחמיר בנרות חנוכה שלא להדליק אפילו מנר לנר, דעיקר מצותו אינו אלא נר אחד, והשאר אינו למצוה כ"כ, ולכן אין להדליק זה מזה - היינו דמדינא הלא סגי בנר אחד לכל בני הבית, היכי דסמוכין כולן על שולחן אחד, **ולפי"ז** היכא דשני בעלי בתים דרין בבית א', דמדינא צריך הדלקת נר חנוכה לכל א', מדליקין זה מזה.

ודוקא בנרות חנוכה, ומטעם הנ"ל, **אבל** בנרות אחרים של מצוה, כגון של שבת ושל בית הכנסת וכדומה, מדליקין מנר לנר, ד"מ, וכן הסכים בספר חמד משה, דכן הוא עמא דבר, וכ"כ בחיי אדם, **וכן** משמע לעיל בסימן קנ"ד סי"ד, דדוקא נר של הדיוט אין מדליקין מנר של ביהכ"נ, אבל נר מנר שרי, ולא הגיה הרמ"א שם כלום להחמיר, משמע דפשיטא ליה דבזה לית כאן מנהג להחמיר, **ועיין** בפמ"ג, דע"י נר של חול אין כדאי, אפילו בשאר נרות של מצוה.

וכל זה אינו רק בעוד שדולקים למצותן, אבל אחר שעבר זמן המצוה מותרים בהנאה, כ"ש שמותר להדליק מהן - ולפי מש"כ לעיל בסי' תרע"ב, דיש פוסקים שסוברין דכל זמן שדולקין אסור להשתמש לאורן, ה"ה דאין להדליק מהן, **ומ"מ** נראה דאין להחמיר בזה רק לענין להדליק ממנו נרות של חול, **אבל** נר של מצוה דמדינא מותר אפילו בתוך השיעור, עכ"פ אין לנו להחמיר אחר שעבר השיעור.

אות ו'

גורר אדם מטה כסא וספסל בשבת

סימן שלז ס"א - אקדים לסימן זה הקדמה קצרה, והיא: חורש הוא אחד מל"ט אבות מלאכות, וכיון שכונת החורש לרפויי ארעא, דאז טוב לזריעה, וגם כוונתו להשוות הגומות וליפותו, כדי שיהיה המקום שוה, **ולכן** החופר בשדה או שעשה חריץ, או שהיה שם תל קטן והשפילו, או שהיה שם מקום נמוך והשוה אותו, וכן כל המשוה גומות במקום הראוי לזריעה, חייב משום חורש, וכן כל מה שעושה ליפות הקרקע הוא תולדת חורש, וחייב בכל שהוא, **ואם** היה זה בבית, חייב משום בונה, שמתקן הבנין עי"ז.

דבר שאין מתכוין, מותר - זה לשון הרמב"ם: דברים המותרים לעשותן בשבת, ובשעת עשייתן אפשר שתיעשה בגללן מלאכה אחרת, ואפשר שלא תיעשה, אם לא נתכוון לאותה מלאכה מותר, וכן כוונת המחבר, **והוא שלא יהא פסיק רישיה** - פירוש, שבודאי תיעשה המלאכה האחרת.

הלכך גורר אדם מטה כסא וספסל - פי' כיון דדבר שאינו מתכוין מותר, הלכך גורר, דאע"ג דבגרירתו מצוי שיעשו חריצים בקרקע, ואיכא בזה משום חשש חופר, דהוא תולדה דחורש, אפ"ה לאו פ"ר הוא, אפי' בקרקע שאינה מרוצפת, דאפשר שפיר שלא תחרוץ בקרקע.

[**וחופר** גמור לית בזה, דאינו חופר כדרכו במרא וחצינא, אלא כלאחר יד, ובפרט כשגורר בבית ולא בשדה, דמקלקל הוא ע"י החריצים, ומדרבנן הוא דאסור, **ומ"מ** דע, דהא דקי"ל דבר שאינו מתכוין מותר, הוא אפי' במקום דבמתכוין איכא איסור דאורייתא].

בין גדולים - דמיטרח ליה לישאם על כתפו, **בין קטנים** - דיכול ליקחם על כתפו, אפ"ה מותר לו לגררם על הארץ, **ובלבד שלא יתכוין לעשות חריץ.**

כתב המג"א, דגדולים ביותר אסור לגרור על הארץ, דפסיק רישא הוא, דבודאי יעשה חריץ, **ואפילו** מרוצף בקרקע של שיש אסור לגרור, דגזרינן מרוצף אטו אינו מרוצף, [**ומסתברא** דאם כל העיר מרוצף באבנים או בקרשים, יש להקל בזה, **ואפי'** אם נחמיר לקמן בכיבוד, הכא קיל טפי, דאפי' באינו מרוצף לית בזה גררא דאורייתא מכמה אנפי, אחד,

דההריץ שיעשה, הוא בזה רק חופר כלאחר יד, ועוד, דהוא מקלקל ע״י הגומות שנעשים בבית ולא מתקן, **ועל** כולם, הלא אינו מכוין לזה, והוא רק פסיק רישא דלא ניחא ליה, וגם בזה לכו״ע הוא רק איסור דרבנן, **ומבואר** לעיל בסי׳ שט״ז ס״ג בהג״ה, דדעת הרמ״א שם מוכח דס״ל בעלמא, דאם הוא תרי דרבנן, מותר בפסיק רישא דלא ניחא ליה].

ומותר לרבץ הבית - להזות מים על קרקע הבית כדי שלא יעלה האבק, **כיון שאינו מתכוין להשוות גומות, אלא שלא יעלה האבק** - ואע״ג דכמה פעמים מתמלאים הגומות בעפר ובאבק, לאו פסיק רישא הוא. **ואפילו** בקרקע שאינה מרוצפת מותר.

ואחד שינוי מקום א"צ לברך מיתיבי **שינוי מקום צריך לברך שינוי יין אין צריך לברך תיובתא דרבי יוחנן תיובתא יתיב רב אידי בר אבין קמיה דרב חסדא ויתיב רב חסדא וקאמר משמיה דרב הונא הא דאמרת שינוי מקום צריך לברך לא שנו אלא *מבית לבית אבל ממקום למקום לא א"ל רב אידי בר אבין הכי תנינא לי' במתניתא דבי רב הינק ואמרי ליה במתניתא דבי בר הינק כוותיך ואלא רב הונא *מתניתא קמ"ל רב הונא *מתניתא לא שמיע ליה ותו יתיב רב חסדא וקאמר משמיה דנפשיה הא דאמרת שינוי מקום צריך לברך לא אמרן אלא בדברים שאין טעונין ברכה לאחריהן במקומן אבל דברים הטעונין ברכה לאחריהן במקומן אין צריך לברך מאי טעמא לקיבעא קמא הדר ורב ששת אמר אחד זה ואחד זה צריך לברך מיתיבי גבני חבורה שהיו מסובין לשתות ועקרו רגליהן לצאת לקראת חתן או לקראת כלה כשהן יוצאין אין טעונין ברכה למפרע כשהן חוזרין אין טעונין ברכה לכתחלה בד"א שהניחו שם זקן או חולה אבל לא הניחו שם לא זקן ולא חולה כשהן יוצאין טעונין ברכה למפרע כשהן חוזרין טעונין ברכה לכתחלה מדקתני עקרו רגליהן מכלל דבדברים הטעונין ברכה לאחריהן במקומן עסקינן וטעמא דהניחו שם זקן או חולה הוא דכשהן יוצאין אין טעונין ברכה למפרע וכשהן חוזרין אין טעונין ברכה לכתחלה אבל לא הניחו שם זקן או חולה כשהן יוצאין טעונין ברכה למפרע וכשהן חוזרין טעונין ברכה לכתחלה קשיא לרב חסדא אמר רב נחמן בר יצחק מאן

אלא בדברים שאין טעונין ברכה לאחריהם במקומן. פירש רשב"ם כגון מים ופירות שאין צריכין אחריהם ברכה חשובה מעין שלש ומה"ט א"צ לברך במקומן הלכך עמידתו זו היא גמר סעודתו והך סעודה אחריתי היא וצריך לברך בתחלה אבל דברים הטעונין ברכה לאחריהם במקומן כגון יין וכל ז' מינין לקיבעא קמא הדר והא דתנן ברכות (דף נא:) מי שאכל ושכח ולא בירך לכתחלה צריך לברך במקומו בכל ז' מינים איירי ובריית' דמייתי בסמוך לא גרסינן לשתות יין מדמדקדק הגמ' דאיירי בדברים הטעונים ברכה לאחריהם במקומן מדקתני עקרו ולא דייק מדקתני יין שהוא מז' מינין אבל בברייתא דתניא כוותיה דרב חסדא גרסי' יין ומיהו קשה דאי הוה יין בכלל דברים הטעונין ברכה לאחריהן במקומן א"כ אמאי איצטריך ר' יוחנן לעיל לדרבי יוחנן איירי ביין דלאמרי דקאמר ר' יוחנן אף ידי יין נמי יצאו קאמר ואזדא ר' יוחנן לטעמיה דאמר שינוי מקום א"צ לברך ובברייתא איירי בדברים שאין טעונים ברכה לאחריהם במקומן ועוד דה"נ פליג רב חסדא ארב ושמואל דאמרי לעיל ידי יין לא יצאו ולכאורה משמע דלא פליג אלא עם רב ששת ועוד קשה דאמר בירושלמי פ"ו כילד מברכין היה אוכל במזרחה של תאנה ובא לו במערבה צריך לברך אלמא בז' מינין נמי שינוי מקום צריך לברך ודוחק לומר דלאית כרב ששת שאין הלכה כמותו לכך נראה דיין וכל ז' מינין לא הוו בכלל דברים הטעונין ברכה לאחריהם במקומן אלא פת וכל מיני פת שמברכין עליו המוציא או שמא כל מיני מזונות שיש בהם מה' מינין הוו בכלל דברים הטעונין ברכה לאחריהן במקומן ולהאי פי' נמי לא גרסינן בברייתא דבסמוך לשתות יין ולא בדתניא כוותיה דרב חסדא דבפת או בה' מינין מיירי מדקתני עקרו וכן הלכה בכל דבר חוץ מפת ומיני מזונות שהם מחמשת מינין א"צ ברכה אחריהם במקומן ושינוי מקום צריך לברך בהם ושינוי מקום היינו אפי' בחד בית כמו מאיגרא לארעא או מחדר לבית אבל מפינה לפינה לא ולכל הפירושים אם הלך באמצע סעודה למקום אחר יכול לשתות יין או מים בלא ברכה דכיון שהוא בתוך הסעודה לקיבעיה קמא הדר: **כשהן** יוצאין טעונין ברכה למפרע כו'. משמע היכא דליכא היסח הדעת לא סגי שיברך ברכת המוציא אלא צריך שיברך ברכת המזון וא"כ הא דאמר לקמן (דף קג:) כיון דאמר הב וניבריך איתסר לכו למישתי היינו עד שיברך ברהמ"ז וכן משמע בכילד מברכין (ברכות דף מב) דקאמר רבה ורבי זירא הוו אכלי סליקו תכא מקמייהו אייתי להו ריסתנא רבה אכל ורבי זירא לא אכל א"ל לא סבר לה מר סילק אסור מלאכול א"ל אנא אתכא דריש גלותא סמיכנא והשתא אם לא היה צריך לברך בהמ"ז למה לא אכל ויש לדחות דאותו מאכל היה מעורב בו לחם והיה לו טורח ליטול ידיו ולברך המוציא והא דקאמר הכא טעונין ברכה למפרע היינו משום שמא ישהו מלחזור עד שירעבו ואז לא יוכלו לברך ברהמ"ז כדאמר באלו דברים (שם דף נא:) ומיהו אם יצאו ולא בירכו למפרע כשיחזרו לא יברכו רק ברכת המוציא ותדע דאם לעולם טעונין ברכה למפרע אמאי איצטריך לאשמעינן כשהן חוזרין דמברכין ברכה לכתחלה פשיטא כיון דלעולם מברכין למפרע והא דאמר בשמעתין שינוי מקום צריך לברך

א"צ לברך. שניה על היין: **ממקום למקום**. מבית לעליה: **בדברים שאין טעונים ברכה לאחריהם** (א). כגון מים או פירות שאין טעונים ברכה חשובה בפני עצמן כגון (שבעת המינים) דודאי כיון דעמד והלך למקום אחר עמידתו זו היא גמר סעודתו והך סעודה אחריתי היא וצריך לברך בתחלה: **אבל דברים הטעונים ברכה לאחריהם במקומן**. כלומר ברכה חשובה בפני עצמן כגון שבעת המינין הואיל ולא בירך אחריהן ועמד לילך למקום אחר לסעוד על (ב) קביעות הראשון הלך לברך אחריהם ברכה אחת על שתיהן ולפניהם נמי אין צריך לחזור ולברך: **לקיבעיה קמא הדר**. כלומר על דעת סעודה הראשונה הוא אוכל עכשיו לסיים סעודתו: **אחד זה ואחד זה**. בין שטעונין ברכה לאחריהן במקומן בין שאינן צריכין: **כשהן יוצאין אין טעונין ברכה למפרע**. כלומר לברך ברכה של אחריהן הואיל ועתידין לחזור: **ס"ג כד"א כו'**. ולא גרס בהא רבי יהודה: **מדקתני עקרו מכלל דבדברים הטעונין כו'**. דעקירות (ג) משמע משום מהירות חתן וכלה הן נעקרין אבל אם לא כן עדיין היו צריכין לעמוד ולברך ברכה שלאחריהם: מאן

רשב"ם

ואחד שינוי מקום. לכל דבר האוכל אם אכל ממנו במקום זה וחוזר ואוכל במקום אחר א"צ לברך שניה וכגון שלא היה לו היסח הדעת בינתים: **שינוי מקום צריך לברך**. כרב ושמואל דאמרי ידי יין לא יצאו ותיובתא דרבי יוחנן: ה"ג במתני' דבי רב הינק כוותיך ותו יתיב רב חסדא וקאמר משמיה דנפשיה ולא גרסי' מתני' אתא לאשמועי' ושיבוש גמור הוא שכן הוא שיטת הגמרא להשמיעו האמורא דבר המפורש בברייתא דזימנין שאין הכל בקיאין בברייתא וגם האמורא עצמו זימנין דלא ידע לה להאי ברייתא עד דמייתי ליה סייעתא מיני' ולפי שראו דיתיב רב חסדא וקאמר משמיה דנפשיה וטעו לומר מכלל שחזר בו ממה שאמר למעלה משמיה דרב הונא והגיהו בספרים קושיא זו ואיכא אלא שני דברים אמר רב חסדא בההיא ברייתא חדא משמיה דרב הונא וחדא משמיה דנפשיה: **בדברים שאינן טעונין ברכה לאחריהן במקומן**. כגון מים או פירות שאינן טעונין ברכה חשובה בפני עצמם אלא בורא נפשות רבות הלכך א"צ לברך במקומן אחריהן דודאי כיון דעמד והלך במקום אחר עמידתו זו היא גמר סעודתו והך סעודה אחריתי היא וצריך לברך בתחלה: **אבל דברים שטעונין ברכה לאחריהן במקומן**. כלומר ברכה חשובה בפני עצמן (והלכך) צריכין במקומן כגון שבעת המינין דאית בהו ברכה אחת מעין שלש הואיל ולא בירך אחריהן והלך במקום אחר לסעוד על דעת קביעות הראשונה הלך לברך ברכה אחת על שתיהן ולפניהן נמי א"צ לחזור ולברך מהכא שמעינן דהא דתנן (ברכות דף נא:) מי שאכל ושכח ולא בירך ב"ש אומרים כו' ושמעינן מינה דלכתחלה צריך לברך במקומו בשבעת המינין מיירי דאיכא כעין ברכת המזון ברכה ארוכתא וחשיבותא מעין שלש: **לקיבעיה קמא הדר**. כלומר על דעת סעודה הראשונה הוא אוכל עכשיו לסיים סעודתו וא"ת אמאי אותיבניה לרבי יוחנן מהך ברייתא תיובתא הא איכא לתרוצי ברייתא כרב חסדא בשאינן טעונין ברכה לאחריהן במקומן ומילתיה דרבי יוחנן בשטעונין והלכך אין צריך לברך ליכא לתרוצי הכי דרבי יוחנן סתמא קאמר שינוי מקום אינו צריך לברך בכל דבר האוכל קאמר מדלא פירש שהאמורא יש לו לפרש דבריו יותר מן הברייתא ועוד יודעין היו האמוראין שהשיבו מהאי ברייתא לרבי יוחנן דבכל מקום קאמר רבי יוחנן שינוי מקום אינו צריך לברך אבל הברייתא שקדמה להם הרבה יש להם לפרש כן וכן: **אחד זה ואחד זה**. בין שטעונין ברכה לאחריהן במקומן בין שאינן טעונין משבעת המינין: **שהיו מסובין לשתות ועקרו רגליהן כו'**. גרסינן ולא גרסי' יין: **כשהן יוצאין אין טעונין ברכה** (ד) **לאחריהן למפרע**. כלומר לברך ברכה שלאחריה הואיל ועתידין לחזור: **ס"ג כד"א כו'**. ולא גרסי' בהא רבי יהודה: **מדקתני עקרו מכלל דבדברים הטעונין כו'**. דעקירות משמע דמשום מהירות חתן וכלה הן נעקרין אבל אם לא כן עדיין היו צריכין לעמוד ולברך ברכה שלאחריהן: **קשיא לרב חסדא**. דאילו לרב חסדא אפילו לא חזרו למקומן אלא גמרו סעודתן במקום אחר אין צריך לברך תחלה הואיל ועדיין לא בירך אחריהן והכא מוכח דאפילו חזרו למקומן הראשון צריך לברך תחלה:

עין משפט נר מצוה

יג א ב מיי' פ"ד מהל' ברכות הלכה ג וה' סמג עשין כז טוש"ע או"ח סימן קעח סעיף א:

יד ג מיי' שם הלכה ד טוש"ע שם סעיף ב:

רבינו חננאל

ואחד שינוי מקום אין צריך לברך ואיתותב ר' יוחנן תדחה. אמרי משמיה דרב הונא הא דאמר שנוי מקום צריך לברך לא אמרו אלא מבית לבית אבל מפנה לפנה לא ואשכחנא הכי תנינא לה במתניתא דבי בר הינק ומתמהי' וכי רב הונא מתניתא אתא לאשמעינן אלא כי הא דרב חסדא דאמר שנוי מקום צריך לברך ברכה אחרת לא אמרן אלא בדברים שאין טעונין ברכה ראשונה והיא ברכת הזימון לאחריהן במקומן [אבל דברים הטעונים ברכה לאחריהן במקומן] אם הלך למקום אחר וטעם שם עראי אין צריך שם לברך מאי טעמא לקבעיה הדר ורב ששת אמר א' זה ואחד זה צריך לברך ברכה במקום שהלך ואחר כך ישעום שם ואותבי' על רב חסדא מהא דתניא עקרו רגליהם לצאת לקראת חתן וכלה כשיוצאין אין [טעונין] ברכה למפרע על מה שאכלו וכשחוזרין אין טעונין ברכה על הפת לכתחלה בד"א בזמן שהניחו שם זקן או חולה ודעתן לחזור אליהם אבל אם לא הניחו שם אדם כלל כשיוצאין טעונין ברכת המזון למפרע וכשחוזרין טעונין ברכת המוציא לכתחלה ודייק' מדקתני עקרו מכלל דבדברים שהן מין דגן שטעונין ברכה לאחריהן במקומן עסקינן דאפילו ב"ה דאמרו מברך באיזה מקום שנזכר לא אמרו אלא מי שהחזיק בדרך שחזרתו למקום שאכל היא סכנה אבל אם לא החזיק בדרך וכ"ש מי שאינו עומד בדרך שאפי' ב"ה מודו דאינו מברך אלא במקום שאכל ושעמא דהניחו שם זקן או חולה אבל לא הניחו שם זקן או חולה צריך לברך ואע"ג דהדר לקבעיה קשיא לרב חסדא ופריק רב נחמן בר יצחק

מסורת הש"ס

[ברכו' שבלהם ליתא]

ברכות נב:

לא שנו אלא מבית לבית אבל מפינה לפינה לא כל"צ רש"א

[ר"ס ת. כתובות יז:]

הגהות הב"ח

(א) רש"י ד"ה בדברים וכו' לאחריהן במקומן כגון מים: (ב) ד"ה אבל וכו' לסעוד על דעת קביעות: (ג) ד"ה מדקתני וכו' דעקירה משמע וכו' ולברך תחלה ברכה שלאחריהם: (ד) רשב"ם ד"ה כשהן יוצאין אין טעונין ברכה למפרע כצ"ל ותיבת לאחריהן נמחק:

§ מסכת פסחים דף קא: §

אות א׳ - ב׳

שינוי מקום צריך לברך

הא דאמרת שינוי מקום צריך לברך, לא שנו אלא מבית לבית, אבל ממקום למקום לא

סימן קעח ס"א - הנה מפני שהסימן הזה יש בו פרטים רבים, ע"כ אקדים לזה הקדמה קצרה כדי להקל על המעיין: **הנה** בענין שינוי מקום, היינו שהתחיל לאכול והלך למקום אחר ורוצה לאכול שם, או שרוצה לחזור למקומו הראשון ולאכול שם, קי"ל דצריך לחזור ולברך, **ויש** בזה ג' דברים שצריך לבאר: א) מהו שינוי מקום, אם מבית לבית, או מחדר לחדר; ב) באיזה דברים שייך דין שינוי מקום; ג) אם שינה מקומו מה דינו בזה, ונחזור לבאר אחד אחד.

ענין שינוי מקום הוא, לא מיבעיא אם הלך באמצע אכילתו מבית זה לבית אחר, בודאי הוי שינוי מקום, ואפילו אם יצא רק חוץ לפתח ביתו בתוך אכילתו, ג"כ בכלל שינוי מקום הוא, ואינו מועיל אפילו היה דעתו לזה בשעת ברכה שישנה מקומו, **ואפילו** אם שינה רק מחדר לחדר, ג"כ סוברים הרבה פוסקים דהוא שינוי מקום, **אך** בזה יש חילוק, דאם היה דעתו בשעת ברכה לשנות המקום מחדר לחדר, מותר, כיון שהוא תחת גג אחד, **ומזוית** לזוית, אפילו טרקלין גדול לא הוי שינוי מקום כלל, כיון שהוא חדר אחד, ואין צריך כלל דעתו לזה.

ובאיזה דברים שייך שינוי מקום, איתא בזה פלוגתא בגמרא, דרב ששת סבר, בין אם אכל פת ובין שאכל פירות ושארי משקין, דינם שוה בזה, דצריך לחזור ולברך, **ורב** חסדא סבר, דוקא אם אכל דבר שאין טעון ברכה במקומו, ר"ל כגון פירות ומשקין שאין מחויב דוקא לברך ברכה אחרונה שלהן במקומו הראשון, וע"כ אמרינן דתיכף שעקר ממקומו נתבטל קביעתו, וצריך לחזור ולברך כשירצה לאכול עוד, **אבל** אם אכל פת, וי"א דה"ה כל דבר שהוא משבעת המינים, שהוא דבר שצריך לברך במקומו דוקא, וע"כ אמרינן בהו דאפילו אם עקר ממקומו, עדיין לא נתבטל קביעותו הראשונה, וכל היכא שאוכל, על דעת קביעות הראשונה הוא, וכאלו יושב במקומו דמי, וא"צ לברך עליו "המוציא", **ונחלקו** הפוסקים בזה,[א] הרמב"ם וסייעתו פסקו כרב ששת, דבכל גווני צריך לברך, וזהו טעם שני סעיפים הראשונים, **והרא"ש** וסייעתו פסקו כרב חסדא, וזהו דעת הגהת הרמ"א שהובא בסוף ס"ב, **וכ"ז** הוא לענין לחזור ולברך, אבל לכתחלה אין לעקור ממקומו לכו"ע בכל גווני.

ומה דינו של שינוי מקום, נחלקו הפוסקים ג"כ בזה, הרמב"ם וסייעתו סוברים, דמשחזר למקומו בתחלה צריך לברך בהמ"ז {או הברכה אחרונה כשאכל דבר שחייבין עליו לברך ברכה אחרונה} על האוכל שאכל מקודם, ואח"כ יחזור לברך ברכה ראשונה על מה שהוא רוצה לאכול עתה, וזהו המוזכר בסעיף א', **ושארי** פוסקים סוברים, דאין צריך לברך רק הברכה ראשונה על מה שהוא רוצה לאכול, אבל הברכה אחרונה יוצא במה שמברך אחר אכילה השניה, ויהיה קאי על שניהן, וזהו המוזכר בריש הג"ה שבסוף ס"ב, **ולמעשה** נקטינן הכל כדעת הפוסקים המובא בהג"ה.

[ב]**היה אוכל בבית זה, ופסק סעודתו והלך לבית אחר** - וה"ה לחדר אחר, ג"כ בכלל שינוי מקום הוא, אם לא שהיה דעתו מתחלה לשנות לחדר אחר, וכדלקמיה בהג"ה ע"ש.

ואפי' לא נשתהא שם כלל, שתיכף חזר למקומו הראשון, אפ"ה שינוי מקום מקרי, וכדלקמיה, **וכ"ש** אם רוצה לגמור סעודתו במקום השני.

ומיירי באוכל יחידי, דאם אכל ביחד עם עוד אנשים, ונשארו בני חבורתו במקומן, א"צ לחזור ולברך לכו"ע ע"י יציאתו, וכדלקמן בס"ב, [**ומסתברא** דה"ה אם נשארו בני ביתו מסובין על השלחן, ג"כ דינא הכי].

או שהיה אוכל, [ג]וקראו חבירו לדבר עמו, ויצא לו לפתח ביתו וחזר - ר"ל שיצא חוץ לפתחו, דאם מדבר עמו על הפתח, אין זה שינוי מקום, (**ולהמג"א** דכשרואה מקומו מהני, א"כ אמאי הוא שינוי מקום, **דלמא** מיירי כשהפתח נעול, **ובפרט** אם נימא דמבית לבית לא מהני רואה מקומו, בודאי לק"מ, דלהרמב"ם ביצא חוץ לפתח ביתו הוי כמבית לבית). **ואשמועינן** בזה, אע"פ שלא פסק מסעודתו כלל, אלא שקראו חבירו לדבר עמו דיבור בעלמא, ויצא לקראתו מפתח ביתו וחזר, הוי כמו שינוי מבית לבית.

הואיל ושינה מקומו, [ד]צריך לברך למפרע על מה שאכל - ובמקומו הראשון, **וחוזר ומברך בתחלה "המוציא", ואח"כ יגמור סעודתו** - דע"י היציאה ממקומו חשיב כנפסקה סעודתו לגמרי, ומה שאוכל אח"כ כסעודה אחרת דמיא, ולכן מברך בהמ"ז למפרע, ו"המוציא" על להבא, [**וגרע** מהיסח הדעת, דאינו מצריך רק ברכה לכתחילה, דהתם מ"מ סעודה אחת היא, אבל ע"י שנוי מקום, כסעודה אחרת לגמרי].

והיינו כשעומד באמצע סעודת פת, וכ"ש אם לא אכל מתחלה רק פירות או משקין, בודאי שייך בהו שינוי מקום, וכדלקמיה בס"ב.

ולכתחלה כשרוצה לצאת ממקומו, צריך לברך בהמ"ז קודם שיעקור, כמ"ש ס"ב, **ורק** בדיעבד כשלא בירך מתחלה, צריך אח"כ לחזור ולברך ברכת המזון במקומו, שכך הוא מצותו, ואח"כ יברך "המוציא" ויאכל במקום שירצה.

באר הגולה

[א] וכתב הרי"ף, וקאמרי רבוותא הלכתא כרב ששת דתניא כוותיה, ואע"ג דשני רב נחמן בר יצחק, לא סמכינן אשינויא. **וכתב** עליו הרא"ש ז"ל, ולא ידענא למה כתב הרי"ף לא סמכינן אשינויא דרב נחמן, אין שינויא בגמרא מבורר יותר מזה, דכיון דמצא ברייתא דעקירות רבי יהודה ופליג את"ק, וא"כ ברייתא קמייתא דפריך מינה לרב חסדא יחידאה היא, ואמאי פסיק כיחידאה, עכ"ל. **ונ"ל** דל"ק להרי"ף, דאיכא למימר מדלא אותבוה מינה לרב ששת, אלמא דלא קשיא ליה מההיא ברייתא, דיחידאה היא, ורב ששת כת"ק, א"נ דהוה קים ליה לגמרא דלא מיתניא בי רבי חייא ורבי אושעיא, ולפיכך לא היתה כדאי לאותובי מינה. כך נ"ל לדעת הרי"ף, ורבינו ז"ל כהרי"ף ז"ל – כסף משנה› [ב] פסחים ק"א [ג] לשון הרמב"ם [ד] ‹דברייתא "כשהם יוצאים טעונים ברכה למפרע, וכשהם חוזרים טעונים ברכה לכתחלה" דינא קתני, ולאו עצה טובה בלבד, כמו שהוא אליבא דהרא"ש, עיין לקמן בסמוך – מאמ"ר›

(ואם הפליג והסיח דעתו, נוטל ידיו ומברך גם נטילת ידים, ואם לא הסיח דעתו משמירת ידיו, יש לעיין בדבר לענין נטילה).

[ה]אבל אם דבר עמו בתוך הבית, אע"פ ששינה מקומו מפנה לפנה - היינו באותו חדר, **א"צ לברך** - ואף שאין נראה לפניו מקומו הראשון מחמת הפסק דבר מתשמישי הבית, כמו תנור או פאראוואן וכיו"ב, אין זה שינוי מקום, כיון שהוא בחדר אחד.

(ולפי"ז אם אכל פירות ומשקין שאין טעונין ברכה במקומן, ונכנס באמצע לחדר אחר שאין רואה מקומו הראשון, אסור לו לאכול שם בלא ברכה לכו"ע, ואף בחזר למקומו יהא טעון ברכה לכתחלה, והנה דבר זה אף שהוא כתוב בכמה אחרונים, קשה מאד להזהר בזה, וכמדומה שאין העולם נוהגין כן, וחפשתי במקורי הדין, ומצאתי שאין דין זה מבואר, דהמעיין בפסחים בתוס' וברא"ש שם, יראה דזהו רק לפי גירסתם, דגרסי בגמרא גבי קידוש (ק"א) "אבל ממקום למקום" וכו', ולדידהו דין קידוש במקום סעודה ושינוי מקום שוין, **אבל** אם נגרוס "אבל מפנה לפנה לא", נהיה מוכרחים לומר דסובר הגמרא דמפינה לפינה ומחדר לחדר שוים אחרי שהם תחת גג אחד, ואם נחמיר במחדר לחדר ה"ה דצריך להחמיר במפינה לפינה, דאל"ה מאי מייתי הגמרא ראיה מרב ענן, דהתם הוי מאיגרא לארעא, וא"כ כד מקילינן אח"כ במפינה לפינה לענין שינוי מקום, (ק"א: עיין בגירסא הכתוב בגליון הגמ': "אבל מפנה לפינה לא", והבה"ל הולך בגירסא זו, ואינו מזכיר כלל דבדף ק"א: יש גירסא אחרת, אבל לקמן מביא רש"י דגורס כן), נכלל בענין זה גם במחדר לחדר, דדוקא במבית לבית מקרי שינוי לענין שינוי מקום, וכלישנא דגמ' שם "ל"ש אלא מבית לבית", **דהא** לפי גירסא זו ע"כ דצריך לחלק בין דין שינוי מקום לדין קידוש במקום סעודה, וכמ"ש בחידושי מהר"ם חלאו"ה שהיה תלמיד הרשב"א, דלענין קידוש בעינן מקום סעודה ממש, ומקום פיתא גרים, לכך אפילו מפינה לפינה אסור, **אבל** לענין שינוי מקום בעקירה גמורה תליא מילתא, ומפינה לפינה לא הוי עקירה, ע"ש. והנה גירסא זו "סבור מינה וכו' אבל מפינה לפינה לא", מצאתי בכמה ראשונים, והוא בפירוש ר"ח ובבה"ג וברי"ף וכן בחידושי מהר"ם חלאו"ה. והנה אף מי שירצה לדחות ראיה זו, ויאמר דעכ"פ לא מצינו היתר בהדיא בגמרא לענין שינוי מקום אלא במפינה לפינה, וכמו שמסיים הגמרא "אבל מפינה לפינה לא", אשיב לו, גם איסור לא מצינו, דאדדייקת מסיפא דלישנא, דייק מראש המימרא, דקאמר הגמרא "לא שנו אלא במבית לבית", ומחדר לחדר לא הוי בכלל זה. והנה דעת הרמב"ם כתב בב"י, דהוא סובר ג"כ כהתוס' והרא"ש, דקידוש במקום סעודה ושינוי מקום דינם שוה, וכי היכי דמחמרינן במחדר לחדר לענין קידוש, ה"ה דמחמרינן לענין שינוי מקום, ולא מקילינן אלא מזוית לזוית באותו חדר, **אבל** מהרה"מ בפכ"ט מהלכות שבת מוכח בהדיא, דסובר דדעת הרמב"ם להיפך, דמחלקינן בין קידוש במקום סעודה ובין שינוי מקום בסעודה, ובשינוי מקום אף מחדר לחדר לא הוי שינוי מקום, דגם הוא גורס שם בגמרא לגבי קידוש "סבור מינה וכו' אבל מפנה לפנה לא" וכו', וכגירסת הגאונים הנ"ל, ומפרש שם דדבר זה קאי על מחדר לחדר, דמפנה לפנה, היינו מפנה אחד שבבית לפנה השני שבסוף הבית, אף שבאמצע מתחלקים חדרים הרבה, והוכיח פירוש זה מדברי הגאונים עי"ש, ובזה מתיישב שפיר הגמרא דמייתי ראיה מרב ענן דמיירי מאגרא לארעא, על מפנה לפנה, דגם מפנה לפנה הכונה מחדר לחדר, עי"ש, ואפשר דגם כל הגאונים הנ"ל דגרסי מפנה לפנה ס"ל כן, ומתפרש הסוגיא בפשיטות, **ולפיכך** היקל הרמב"ם גבי קידוש מזוית לזוית, דזהו אינו בכלל מפנה לפנה שבש"ס, וא"כ גבי שינוי מקום דקאמר בגמרא דדוקא מבית לבית, אבל מפנה לפנה מותר, ע"כ קאי נמי על מחדר לחדר, דזה נקרא מפנה לפנה וכנ"ל, ומיושב לשון הש"ס דקאמר רק מבית לבית הוי שינוי מקום, דמשמע דכל שבתוך הבית לא הוי שינוי, והרמב"ם שהעתיק נמי בענייננו גבי שינוי מקום כלשון הגמ', דמפנה לפנה בבית אחד מותר, לפי"ז בע"כ כונתו ג"כ אף על מחדר לחדר, דכיון שהוא בבית אחד מותר, ולא הזכיר בתחלה לאסור אלא מבית לבית, ומדויק מאד מה ששינה הרמב"ם לשונו, דלגבי קידוש קאמר מזוית לזוית, וכאן כתב מפנה לפנה. **היוצא** מדברינו דלהרה"מ דעת הרמב"ם דמחדר לחדר לא הוי שינוי מקום, וגם מדעת בה"ג ור"ח ורי"ף ע"פ גירסתם נראה כן, וגם מצינו לרש"י (ד"ה ממקום למקום) שסובר בהדיא לענין שינוי מקום דמבית לעליה לא הוי שינוי מקום, וה"ה מחדר לחדר, וכן באור זרוע העתיק דבריו לדינא, **וע"כ** אף דראוי ונכון לחוש לכתחלה לדעת האחרונים, שלא ליכנס אפילו מחדר לחדר באמצע אכילתו, בדברים שאין טעונין ברכה אחריהן במקומן, **אם לא** שהיה דעתו לזה מתחלה בשעת ברכה, מ"מ הנוהג להקל בזה אין למחות בידו, דיש לו על מי לסמוך וכנ"ל, **ועכ"פ** בדיעבד בודאי אין להצריך ברכה בהן, דמידי ספיקא לא נפקא, וספק ברכות להקל, **וביכול** לראות מקומו הראשון, בודאי יש להקל אף לכתחלה).

הגה: ועיין לקמן סימן רע"ג - ר"ל דשם מיירי לענין שינוי מקום גבי קידוש, וה"ה לענייננו.

אם היה דעתו לאכול במקום אחר - ר"ל שבשעת ברכה חשב לאכול גם במקום ההוא, **לא מיקרי שנוי מקום, והוא שיהיו שני המקומות בבית א'** - היינו תחת גג אחד, ואפילו מחדר לחדר או מבית לעליה, ואף שאין רואה מקומו, **וע"ל סימן קפ"ד.**

וה"ה אם רואה מקומו הראשון שאכל שם, אפילו דרך חלון, ואפילו מקצת מקומו, נמי מועיל, אף שלא היה דעתו מתחלה, **ודוקא** מחדר לחדר באותו בית, אבל מבית לבית אף שסמוכין זה לזה, מסתפקים האחרונים, דאפשר דאין להקל ע"י ראית מקום.

ודע שלפי המבואר לקמן בהג"ה, דאנו נוהגין כהפוסקים שלא לברך ע"י שינוי מקום כשעומד באמצע סעודת פת, **תו** אין נ"מ לדינא כל החילוקים האלו שהזכרנו לענין שינוי מקום, רק לענין מסובין לאכול פירות ושארי משקין, דבהם לכו"ע שייך דין שינוי מקום.

באר הגולה

ה ב"י מלשון הרמב"ם

אות א'*

שינוי יין אין צריך לברך

רמב"ם פ"ד מהל' ברכות ה"ט - היו מסובין לשתות יין ובא להן מין יין אחר, כגון שהיו שותין אדום והביאו שחור, או ישן והביאו חדש, אינן צריכין לברך ברכת היין פעם שנייה, אבל מברכין: ברוך אתה יי' אלהינו מלך העולם הטוב והמטיב.

[ו]סימן קעה ס"א - [ח]הביאו להם יין אחר, אינו מברך בפה"ג, אבל מברך עליו: הטוב והמטיב - ר"ל שמתחלה בירך על יין שבתוך המזון, ואח"כ הביאו לו עוד יין, אפילו הוא ממין אחר, אפ"ה נפטר בברכה ראשונה.

אות ג'

בני חבורה שהיו מסובין לשתות ועקרו רגליהן וכו'

סימן קעח ס"ב - [ט]חברים שהיו יושבים לאכול, ויצאו לקראת חתן או לקראת כלה - וה"ה כשיצא לדבר הרשות, והא דנקט לקראת חתן, לרבותא, דבלא הניחו שם אדם, צריך לברך בהמ"ז מקודם שיצאו, אף שיוצאין לדבר מצוה, **אם הניחו שם מקצתן, חוזרים למקומם וגומרין סעודתן ואינם צריכין לברך שניה** - היינו ברכת "המוציא", אף ששינו מקומן בינתים, דכיון שנשארו מקצתן במקומן, ואפילו רק אחד, לא פסקה סעודתן בהיציאה.

ואם לא הניחו שם אדם, כשהם יוצאים צריכים ברכה למפרע - דכיון שלא הניחו שם אדם, נפסקה סעודתן ע"י היציאה, וכשאוכל אח"כ הוי כסעודה חדשה.

וכשהם חוזרים צריכים ברכה לכתחלה - באמת כבר כתב זה בס"א, וכפל הדברים בשביל החידוש דהניח מקצת חברים, או למה שכתבנו בתחילת הסעיף.

וכן אם היו מסובין לשתות או לאכול פירות - אשמועינן דגם בזה מהני הניח מקצת חברים, כמו בסעודת פת.

שכל המשנה מקומו הרי פסק אכילתו, ולפיכך מברך למפרע על מה שאכל - היינו כשלא בירך ברכה אחרונה קודם יציאתו, מברך עתה כשחזר, וכמו לענין פת לעיל בס"א, **וגרע** מהיסח הדעת שאין מברכין רק ברכה לכתחלה כשחוזר לאכול, דזה נחשב כסעודה אחרת לגמרי.

ובזה א"צ לחזור למקומו דוקא, אלא יכול לברך אפילו במקום השני, **דרק** בפת מצותו לכו"ע לחזור ולברך במקומו, כדלקמן בס"ה.

וחוזר ומברך שנית על מה שהוא צריך לאכול. והמשנה מקומו מפנה לפנה בבית א' - פי' בחדר אחד, **אינו צריך לחזור ולברך** - ואף ששינה מקומו לגמרי לאכול בזוית האחרת, א"צ לחזור ולברך, דזה אינו נחשב שינוי מקום, **ואף** שאין רואה מקומו הראשון, כגון שמפסיק תנור וכיו"ב, כיון שהוא בחדר א'.

[י]אכל במזרחה של תאנה זו, ובא לאכול במערבה, צריך [יא]לברך - ואין חילוק בין שאכל שם פת ושארי דברים, או שאכל פירות התאנה עצמה, [**ואם** נסבור כדעת הי"א בסעיף ה', דכל ז' מינים טעונים ברכה במקומן, יהיה דין זה לדעת המחבר, דפסק דאפילו בדברים הטעונין ברכה במקומן נמי יש שנוי מקום, **משא"כ** לרמ"א, ע"כ יפרש דין זה דאכל במזרחה, בשאר פירות שאינם מז' מינים].

כיון שהתאנה מפסקת, ואינו רואה מקומו הראשון, **ומיירי** שלא עמדה התאנה בתוך היקף מחיצות, דאם עמדה בתוך היקף מחיצות, אף שאין רואה מקומו, א"צ לברך, דחשיב הכל מקום אחד, וכמש"כ לעיל בשינה מקומו בחדר אחד, **וע"ל** בס"ג לענין מאילן לאילן. **ואם** היה דעתו בשעת ברכה לאכול גם במערבו של אילן, י"א דמהני בכל גווני.

הגה: ויש חולקים בכל מה שכתוב בסי' זה - בתרתי פליגי על דעה ראשונה, אחד, דהם לא מצרכי ברכה למפרע לעולם מחמת שינוי מקום, ורק ברכה לכתחלה קודם שיאכל שנית, דחשיב רק כהיסח הדעת, ולא כמה שסילק סעודה הראשונה לגמרי, וע"כ הברכה אחרונה עולה לשניהם, **וגם** ס"ל דגם זה שצריך ברכה ראשונה, הוא רק בעומד בסעודת פירות או משקין, דתיכף ביציאתו חוץ לפתח ביתו נפסקה סעודתו, אם לא הניח שם מקצת חברים, ואפילו הלך רק לעשות צרכיו לקטנים, **אבל** בפת ומיני דגן שצריכין לחזור ולברך במקומן, לא נפסקה הסעודה בהיציאה, וא"צ אף ברכה ראשונה, וכאילו לא שינה מקומו כלל, **אם** לא שהסיח דעתו מלאכול עוד וכדלקמיה.

רק סוברים ששנוי מקום אינו אלא כהיסח הדעת, ולכן אם שינה מקומו למקום אחר, א"צ לברך אלא לפני מה שרוצה לאכול, [יב]אבל לא על מה שכבר אכל ([יג]תוס' [יד]ורשב"ם והרא"ש ומרדכי פרק ע"פ וטור). ודוקא שלא הניח מקצת חברים בסעודה, ואכל מדברים שאינן צריכין ברכה במקומם, אבל אם הניח מקצת חברים - דכיון שנשארו מקצתן, ואפילו אחד במקומו, לא נפסקה הסעודה, וחוזרין לאכול או לשתות בלי שום ברכה, אף שהיתה מסיבתן לאכול פירות או משקין.

או אפילו לא הניח, ואכל דברים שצריכין ברכה במקומם, אפי' מה שרוצה לאכול אחר כך א"צ לברך (סמ"ק ואו"ז) – (היינו

באר הגולה

[ח] (ע"פ מהדורת נהרדעא) [ז] (מילואים) [ח] ברכות נ"ט [ט] פסחים שם ולשון הרמב"ם [י] שם והוא מהירושלמי [יא] והוא שלא היה דעתו מתחילה לכך, הראב"ד, וכדלקמן ס"ג [יב] (דברייתא דקתני: "כשהם יוצאים טעונים ברכה למפרע, וכשהם חוזרים טעונים ברכה לכתחלה", לא בשביל שהסיח דעתו זוקק לברכה אחרונה, אלא עצה טובה קמ"ל, שמא ישהה כ"כ שיהיה רעב מחמת סעודה, ולא יעלה לו בהמ"ז על מה שאכל - ב"י, וכ"כ תוס' ד"ה כשהן, וכדברי הרמ"א לקמן בסמוך) [יג] (ק"א: ד"ה כשהן) [יד] (ק"ב. ד"ה ה"ג תניא, ועיין ברשב"ם דף ק"א: ד"ה בדברים, שכתב: והך סעודה אחריתי היא, וזהו ממש סברת הרמב"ם והמחבר על מה שצריך לברך למפרע על מה שאכל, וצ"ע)

שמתחלה אכל דברים הצריכים ברכה במקומן, אבל במקום שהלך עתה בתוך הסעודה, אפי' שתה יין [ומיירי שבירך מתחלה על היין בסעודת הפת] או מים, א"צ לברך, דהא ע"כ צריך לחזור לקביעותו הראשון, והוי כעומד באמצע הסעודה, מ"א בשם תוס' (דף קא: ד"ה אלא) וש"א).

כתב במ"א, דוקא כשאכל כזית, דאם אכל רק פחות מכזית פת קודם שיצא, דינו כמו פירות, דהא א"צ לברך אחריו, וממילא מיד שיצא לחוץ צריך ברכה ראשונה אף שחזר למקומו, **וע"כ** צריך ליזהר לכתחלה שלא לצאת ממקומו אף מחדר לחדר, היכי שאין רואה מקומו, קודם שיאכל כזית, [**והוי** רק "לכתחילה", דמחדר לחדר כמה פוסקים סוברין דלא הוי שנוי מקום].

ולכן מי שפסק סעודתו והלך לבית אחר, או שהיה אוכל וקראו חברו לדבר עמו אפי' לפתח ביתו או למקום אחר, כשחוזר לסעודה א"צ לברך כלל, דהא פת צריך ברכה במקומו לכולי עלמא - אף שלא אשמועינן בבבא זו שום רבותא, נקט לישנא דהמחבר בס"א, ופסק להיפך.

מיהו אם הסיח דעתו, כשחוזר ודאי צריך לברך על מה שרוצה לאכול אח"כ (ב"י ורשב"א) - ברכה ראשונה כדין היסח הדעת, (וצריך ג"כ ליטול ידיו ולא יברך), ואח"כ יברך בהמ"ז על הכל.

ואין חילוק בין חזר למקום שאכל כבר, ובין סיים סעודתו במקום אחר (רמב"ם ור"ן) - אלעיל קאי, והיינו באוכל דברים הטעונין ברכה במקומו, ולא הניח מקצת חברים, **ואשמעינן** דאף כשמסיים סעודתו במקום אחר, ג"כ א"צ לברך, דעל סמך סעודה ראשונה אוכל, **ואם** אכל גם שם פת, מבואר בס"ד דמברך שם בהמ"ז, כיון דשם הוא סיום סעודתו.

אבל כשאוכל דברים שאין טעונין ברכה במקומן, כגון פירות וכיו"ב, או ששותה משקין, **אף** שהניח מקצת חברים, לא מהני אלא כשחוזרין לחבורתן לסעודתן הראשונה, **אבל** לאכול או לשתות במקום אחר, צריכין ברכה לכתחלה.

וכן נוהגין במדינות אלו; מ"מ לכתחלה לא יעקר ממקומו בלא ברכה, דחיישינן שמא ישכח מלחזור ולאכול (הר"ר מנוח ור"ן) - ר"ל אף שעומד באמצע סעודת פת, ורוצה לצאת ע"מ לחזור ולאכול ולברך, דלדעה זו אינו מצריך שום ברכה ביציאתו, **מ"מ** לכתחלה לא יצא, דחיישינן שמא ישכח לחזור ולאכול ולברך במקומו, או שישהא עד שירעב, ויפסיד בהמ"ז לגמרי.

בתוספות ורא"ש משמע, דאין להחמיר בזה רק כשיוצא ע"מ להפליג, דאז חיישינן להנ"ל, אבל כשיוצא ע"מ לחזור לאלתר, מותר.

ואפילו אם לא אכל פת אלא פירות ושארי דברים, משמע מכמה אחרונים, דנכון ליזהר לכתחלה שלא לצאת ממקומו עד שיברך ברכה אחרונה, [**אבן** ביוצא ע"מ לחזור לאלתר, בודאי אין להחמיר.

וכשכבר יצא קילא מפת, דבפת קימ"ל דצריך לחזור למקומו ולברך, ובזה מותר לברך במקום שהוא].

ועיין בבה"ל שהכרענו לדינא, דאף דלכתחלה בודאי נכון לנהוג כהרמ"א, שלא לצאת לדבר הרשות, **מ"מ** כשיוצא אין לו לברך אם יציאתו הוא ע"מ לחזור ולגמור סעודתו, דחשיב כעומד באמצע סעודה, ויש בזה חששא דברכה שא"צ, (**ואפשר דגם כונת הרמ"א הוא כן**, דיגמור סעודתו ויברך, וצ"ע), **רק** אם הוא משער שאפשר שיפליג הרבה, נכון יותר שיברך בהמ"ז כשיוצא, (ובפרט אם לא הניח מקצת חברים, בודאי נכון לברך, **ואין** לחוש לברכה שא"צ, כי נוכל לצרף לזה דעת המחבר, דסתם כהרמב"ם והגאונים, דפסקו דבכל גווני משיצא מפתח ביתו צריך לחזור ולברך).

ואם מזמינים לו לאכול פת במקום אחר, דאז לא שייך האי חששא, כיון שהולך לאכול שם, ויברך שם אחר אכילתו כמ"ש בס"ד, **אפ"ה** לכתחלה לא יעקור ממקומו עד שיברך, דרק בדיעבד כשכבר יצא אמרינן דמותר לו לאכול ולברך במקום השני, דגם שם מקומו הוא, אבל לכתחלה מצותו לברך במקומו שאכל קודם שיצא, **אם** לא שהיה דעתו בשעת "המוציא" לאכול גם שם, דאז חשיבי שניהם מקומו, ומותר אף לכתחלה, **ואפילו** מבית לבית מהני מחשבתו לדעה זו, וכן נהגו כשהולכין לסעודת נשואין, שמכוון מתחלה לאכול שם.

מיהו לצורך מלוה עוברת, כגון שהגיע זמן תפלה, מותר (כל בו), ועיין סי' קפ"ד - (כ"כ בכלבו, אבל במאור לא משמע כן, דהוא לא כתב רק דלדבר הרשות אסור, והיכא דהוא לדבר מצוה, אפי' אינה עוברת, מותר).

---

§ מסכת פסחים דף קב. §

אות א'* [טו]

חברים שהיו מסובין לשתות יין

סימן קיח ס"ה - [טו]**י"א ששבעת המינים טעונים ברכה לאחריהם במקומם** - ואם הלך משם, צריך לחזור למקומו ולברך, כמו לגבי פת. [טז]**וי"א דדוקא מיני דגן** - מפני חשיבותן שנקרא מזון. **הגה: וי"א דוקא פת לבד (ב"י סימן קפ"ד בשם הרשב"א והגהות מיימוני)** - כתבו האחרונים, דלכתחלה יחמיר לברך במקומן אפילו בז' מינים, **וכן** לענין שינוי מקום, אין צריך לברך על כל השבעה מינים כמו על הפת, אם שינה מקומו, לפי מה שפסק בס"ב בהג"ה, [**בין** שהניח מקצת אנשים כשיצא מהן, ובין שלא הניח, ובין שחזר ואכל שם, ובין שאכל במקום שהלך, בכל גווני א"צ לחזור ולברך]. **ודעת** הגר"א, דדעה האמצעית היא העיקר לדינא, ולפ"ז פירות של שבעת המינים דומים לסתם פירות, דשייך בהו שינוי מקום לכולי עלמא.

באר הגולה

טו (ע"פ הב"י הבאר הגולה והגר"א) טז הרמב"ם וכדעת הרשב"ם (דף קא: ד"ה אבל דברים) יז הרא"ש (וכ"כ תוס' דף ק"א: ד"ה אלא)

מאן תנא עקירות רבי יהודה דתניא חברים שהיו מסובין ועקרו רגליהם לילך לבית הכנסת או לבית המדרש כשהן יוצאין אין טעונין ברכה למפרע וכשהן חוזרין אין טעונין ברכה לכתחלה אמר רב יהודה במה דברים אמורים בזמן שהניחו שם מקצת חברים אבל לא הניחו שם מקצת חברים כשהן יוצאין טעונין ברכה למפרע וכשהן חוזרין טעונין ברכה לכתחלה אלא טעמא דבדברים הטעונין ברכה לאחריהן במקומן דכשהן יוצאין אין טעונין ברכה למפרע וכשהן חוזרין אין טעונין ברכה לכתחלה אבל דברים שאין טעונין ברכה לאחריהן במקומן אפילו לרבנן כשהן יוצאין טעונין ברכה למפרע וכשהן חוזרין טעונין ברכה לכתחילה לימא תיהוי תיובתא דר' יוחנן *ולאו מי אותבינה חדא זימנא נימא מהא נמי תיהוי תיובתא °אמר לך ר' יוחנן הוא הדין דאפילו דברים שאין טעונין ברכה לאחריהם במקומן נמי אין צריכין לברך והא דקתני עקרו רגליהן להודיעך כחו דר' יהודה דאפילו דברים שטעונין ברכה לאחריהן במקומן טעמא דהניחו מקצת חברים אבל לא הניחו מקצת חברים כשהן יוצאין טעונין ברכה למפרע וכשהן חוזרין טעונין ברכה לכתחלה תניא כוותיה דרב חסדא חברים שהיו מסובין לשתות יין ועקרו רגליהן וחזרו אין צריכין לברך תנו רבנן בני חבורה שהיו מסובין וקדש עליהן היום מביאין לו כוס של יין ואומר עליו קדושת היום ושני אומר עליו ברכת המזון דברי רבי יהודה ר' יוסי אומר אוכל והולך עד שתחשך

גמרו

מאן תנא· להך ברייתא דקתני אע"ג דדברים הטעונין ברכה לאחריהן צריך לברך רבי יהודה היא: **חברים שהיו מסובין ועקרו כו'**· ולא גרסינן לשתות יין: **ומקשינן אלא טעמא דבדברים הטעונין ברכה לאחריהם**· משום הכי פליגי רבנן עליה דר' יהודה· הא בדברים שאין טעונין ברכה לאחריהן אפילו רבנן מודו דצריך לברך פעם אחרת בתחלה: **לימא תיהוי תיובתא דרבי יוחנן**· דאמר לעיל שינוי מקום אין צריך לברך ולא מפליג בין דברים הטעונין לדברים שאין טעונין: **ולאו אותבינהו חדא זימנא**· לעיל: **ה"ג תניא כוותיה דרב חסדא חברים שהיו מסובין לשתות יין כו'**· והיינו כרב חסדא דאמר דברים שטעונין ברכה לאחריהן(א) אין צריך לברך והא בהדיא מסייעא לרב חסדא מדקתני יין אבל בההיא דלעיל לא תנא יין בהדי': **ואומר עליו קידוש היום**· באמצע סעודתו: **ושני מיד אומר עליו ברהמ"ז ומפסיק** כדאמר ר' יהודה לעיל ומיהו הואיל והגיע שעת קידוש צריך לקדש תחלה לא גרסינן ראשון אומר עליו ברכת המזון שני אומר עליו קדושת היום: גמרו

[עירובין נ.]

רשב"ם

מאן תנא עקירות· מאן תנא להך ברייתא' דקתני אע"ג דדברים הטעונין ברכה לאחריהן במקומן צריך לברך רבי יהודה היא: **ת"ר חברים שהיו מסובין ועקרו רגליהם כו'**· ולא גרסי' לשתות יין: **א"ר יהודה במה דברים אמורים כו'**· מכלל דרבנן פליגי עליה ברישא דאע"ג דלא הניחו שם מקצת חברים אין צריך לברך כרב חסדא דא"ר יוחנן בעירובין בפרק חלון (דף סנ·) כל מקום שאמר ר' יהודה במה לחלוק אימתי לפרש דברי חכמים בא: **ומקשינן אלא טעמא דבדברים הטעונין ברכה לאחריהן**· משום הכי פליגי רבנן עליה דרבי יהודה הא בדברים שאין טעונין אפי' רבנן מודו דצריך לברך פעם אחרת בתחלה: **לימא תיהוי תיובתא דרבי יוחנן**· דאמר לעיל שינוי מקום אין צריך לברך ולא מפליג בין דברים הטעונין לדברים שאין טעונין: **ולאו אותביניה חדא זימנא**· לעיל: **נימא תיהוי תיובתא נמי מהא**· שאם יבא אדם ויתרץ להך קמייתא או ישבש אותה על ידי ברייתות אחרות נותביה מהך: **להודיעך כחו דר' יהודה כו'**· כשהן יוצאין טעונין ברכה למפרע כו' אבל בשאר דברים לא היה יכול לומר (ג) טעונין ברכה למפרע כו' דהא אין צריכין ברכה לאחריהן במקומן וליכא לאקשויי אדרבה לישמעינן דברים שאין צריכין ברכה לאחריהן במקומן להודיעך כחן דרבנן דמקילין כל כך שאפי' (הס) [עליה'] אין צריכין לברך ומשום דכח היתרא עדיף אין לומר כך דאין כחן כח ותשיבות אם אין מצריכין לברך דסברא הוא דכיון שלא היה היסח הדעת בינתים למה יחזור ויברך אבל כח דר' יהודה עדיף טפי שמחמיר שתי חומרות על דברי חכמים דלא מיבעיא דברים שאין צריכין ברכה לאחריהן במקומן שחייב (אחריהם) לברך אע"פ שחביריו פוטרין °אפילו דברים הצריכין ברכה אחריהן במקומן נמי דחייב הלכך הכא כח דאיסורא עדיף: **ה"ג תניא כוותיה דרב חסדא חברים שהיו מסובין לשתות יין כו'** והיינו כרב חסדא דאמר דברים שטעונין ברכה לאחריהן במקומן א"צ לברך והא בהדיא מסייעא לרב חסדא מדקתני יין אבל בההוא דלעיל לא תנא יין בהדיא מיהו שמעינן משמעתין שינוי יין אין צריך לברך ברכת היין אבל מברך הטוב והמטיב שינוי מקום בשבעת המינין שטעונין ברכה לאחריהן במקומן מצין שלא כגון אוכל בבית זה וחזר ואכל בבית אחר קודם שבירך אחריהן או שאכל בבית זה והלך לשוק וחזר וגמר סעודתו בבית אחר בכל אלו אין צריך לחזור ולברך תחלה דלקיבעיה קמא הדר דהא תניא כוותיה דר"ח אבל שאר פירות ומשקין שאינן משבעת המינין שאינן צריכין ברכה לאחריהן במקומן ואכל בבית זה וחזר ואכל בבית אחר צריך לברך תחילה אבל מפינה לפינה בבית אחד אין צריך לברך כדתניא במתניתא דבי רב הונא ומשום דקבעי למיתני ועקרו רגליהן כדי לילך לבית המדרש הלכך נקט חברים תלמידי חכמים: **ת"ר בני חבורה שהיו מסובין וקידש עליהן היום מביאין לו כוס של יין ואומר עליו קדושת היום באמצע סעודתו ושני מיד אומר עליו ברכת המזון ומפסיק כדאמר ר' יהודה לעיל ומיהו הואיל והגיע שעת קידוש צריך לקדש תחלה**· לשון אחר גרסינן ראשון אומר עליו ברכת המזון שני אומר עליו קידוש היום ובתוספתא דברכות מוכח כלשון ראשון: **ר' יוסי אומר אוכלין והולכין**· עד שתגמר סעודתן אי נמי הולכין ואוכלין משתחשך ור' יוסי לטעמיה דלדידיה אין מפסיקין כלל:

לברך היינו לפניו ולא למפרע וכן פירש רשב"ם ור"ח לקמן (ד' קג:) איתסר לכו למישתי עד דבריכיתו בפה"ג ואע"פ שלא היה יודע אם רוצים לשתות בלא ברכה מ"מ היה מורה להם שלא ישתו בלא ברכה וכן נראה עיקר דהא בפ' כל הבשר (חולין דף קז:) אמר השמש מברך על כל פרוסה ופרוסה לפי שמסיח דעתו ולא משמע שיצטרך בכל פעם לברך ברכת המזון ועוד דלקמן גבי חד בריך אכסא קמא ואכסא דברכתא בפה"ג ומייתי ראיה מהב וניבריך דאסור למישתי עד שיברך ואי בפה"ג מייתי שפיר אבל אי אסור למישתי עד שיברך ברהמ"ז מנא ליה דאחר ברכת המזון יצטרך לברך בפה"ג אף על פי שיש לדחות דמוכח שפיר דאי אחר ברהמ"ז אין מברך בפה"ג דלא הוי הפסק בהב וניבריך אמאי אתסר למישתי אבל לא משמע הכי מדלא פי' עד דבריכיתו ברכת המזון ובפה"ג וסברא הוא כיון דהב וניבריך הוי הפסק כאילו כבר בירכו סגי בברכת בפה"ג כמו אחר ברהמ"ז והא דתניא בתוספתא דברכות בעל הבית שהיה מיסב ואוכל קראו חבירו לדבר עמו אין צריך לברך כו' הפליג צריך ברכה למפרע וכשהוא חוזר צריך ברכה לכתחלה לאו כשחזר טעון ברכה למפרע אלא כשרוצה לאכול ומיירי שקראו להפליג ומברך שמא ישהה כדפרי' ותדע דאמר בפ"ג דיומא (ד' ל·) דיבר עם חבירו והפליג טעון נטילת ידים ומשמע דה"ה ברכת המוציא אבל ברהמ"ז לא קאמר דצריך ומיירי שלא ידע מתחלה שיפליג ואין הלכה כאותן ברייתות אלא אפילו ברכה לכתחלה לא צריך דקי"ל כרב חסדא דאמר לקיבעי' קמא הדר והנהו ברייתות וההיא דתוספתא אתו כרבי יהודה:

ועקרו רגליהם לילך לבהכ"נ כו'· מכאן משמע שאם שכח להתפלל ונזכר באמצע סעוד' והתפלל שא"צ ברכה אפי' לכתחל' ומה שהביא ה"ר יום טוב ראיה מפרק כיסוי הדם (חולין ד' פז·) דאמר מישתא ובריכי בהדי הדדי לא אפשר שצריך לברך ברהמ"ז וליטול ידיו אינה ראיה דדוקא גבי ברהמ"ז אמרינן הכי דהוי הפסק וגמר סעודה אבל תפלה אע"ג דמיכל וצלויי בהדי הדדי לא אפשר אין בכך כלום: **תניא** כוותיה דרב חסדא· פי' רשב"ם הא דלא מייתי כרב חסדא מרבנן דר' יהודה משום דבההיא לא קתני בהדיא יין וזה פי' לפי שיטתו דגרסי' הכא יין וי"ל משום הכי לא מייתי סייעתא מינה משום דאיכא דאמרי בסנהדרין (ד' כה·) דבמה נמי לפרש ואע"ג דחזרו מייתי ראיה לרב חסדא דטעמא דשינוי מקום דצריך לברך משום שעמידתו ממקומו היא גמר אכילתו וה"ה נמי חזרו:

ה"ג

רבינו חננאל

מאן תנא עקירו' שצריך [להניח] שם זקן או חולה ר' יהודה היא דתניא חברים שהיו מסובין עקרו רגליהם לילך לבית הכנסת או לבית המדרש כשיוצאין אין טעונין ברכה למפרע וכשחוזרין אין טעונין ברכה לכתחלה. א"ר יהודה בר"א כשהניחו שם זקן או חולה וכו' וכיון דסלקא לדרב חסדא בקשיא אע"ג דמוקמי לה כר' יהודה שניא הוא ולא סמכינן עלה אלא עבדינן כרב ששת דמחמיר וטפי עדיף וכן ר' יוחנן כיון דאיתותב גדרו וקימא לן דכל שנוי מקום צריך לברך וכן הלכה: **תניא** חברים שהיו מסובין לשתות יין ועקרו רגליהן וחזרו אין צריכין לברך. ת"ר בני חבורה שהיו מסובין וקדש עליהם היום מביאין לו כוס ראשון ומקדש שני מברך עליו ברכת המזון דברי ר' יהודה ר' יוסי אומר אוכלין עד שתחשך

הגהות הב"ח

(א) רש"י ד"ה ה"ג וכו' אחריהן במקומן אין צריך: (ג) רשב"ם ד"ה להודיעך וכו' לא היה יכול לומר כשהן יוצאין טעונין וכו' שאפילו הכי אין צריכין:

גליון הש"ס

גמ' א"ל ר"י ה"ה וכו'. ק"ל דאם כן גם מהתם ליכא תיובתא דיש לומר דהברייתא דשנוי מקום צריך לברך אתיא כר"י ואיהו סבר כת"ק: **רשב"ם** ד"ה ה"ג א"כ דר"ח ובתוס' ד"ה א"כ דר"ח. קשה לי למאי שנזכרו הא כפשטו ניחא דלא מייתי ראיה מברייתא דלעיל די"ל דנקט עקרו לרבותא דר"י וכדדחי' לעיל אליבא דר' יוחנן לזה מייתי סייעתא מהך ברייתא דלא קתני פלוגתא א"כ מדנקט עקרו מוכח דדוקא בטעונה ברכה במקומה:

מ א מיי' פכ"ט מהלכות שבת הלכה יג סמג עשין כט טור ש"ע אורח חיים סימן רעא סעיף ו:

גמרו כוס ראשון מברך עליו ברכת המזון והשני אומר עליו קדושת היום אמאי ונימרינהו לתרוייהו אחדא כסא אמר רב הונא אמר רב ששת אין אומרים שתי קדושות על כוס אחד מאי טעמא אמר רב נחמן בר יצחק *לפי שאין עושין מצות חבילות חבילות ולא והא תניא *הנכנס לביתו במוצאי שבת מברך על היין ועל המאור ועל הבשמים ואחר כך אומר הבדלה על הכוס ואם אין לו אלא כוס אחד מניחו לאחר המזון ומשלשלן כולן לאחריו אין לו שאני והא יו"ט שחל להיות אחר השבת ראית ליה ואמר רב יקנ"ה אמרי מדלא אמר זמן מכלל דבשביעי של פסח עסקינן דכל מאי דהוה ליה אכיל ליה ולית לי' והא יו"ט ראשון דאית ליה ואמר אביי יקונ"ה ורבא אמר יקנה"ז אלא הבדלה וקידוש חדא מילתא היא ברכת המזון וקידוש תרי מילי נינהו: גופא יום טוב שחל להיות אחר השבת רב אמר יקנ"ה ושמואל אמר ינה"ק ורבה

תוספות

ה"ג **ראשון** אומר עליו ברכת המזון · להפסיק והשני אומר עליו קידוש היום סמוך לסעודת שבת וגירסא זו אתי שפיר הא דמשמע לעיל (ד' ק: ושם) דמפסיק לר' יהודה בעקירת שלחן קודם קידוש לפי שהיו רגילין לעקור שלחן לפני ברכת המזון אבל ספרים דגר' ראשון אומר עליו קידוש היום וטעמא שאינו יכול לטעום מכום ברהמ"ז בלא קידוש קשה מנא ליה לעיל דמפסיקין לרבי יהודה בעקירת שלחן קודם קידוש · והא דקתני בתוספת' דברכות אורחין שהיו מסובין אצל בעל הבית וקדש עליהן היום עקרו עם חשיכה לבית המדרש חזרו ומזגו להם את הכוס אומר עליו קידוש דברי רבי יהודה וברכת המזון לא מזכיר כלל היינו משום דמתחלה עשו ברהמ"ז קודם יציאתם לעשות הפסק בין סעודת חול לסעודת שבת ולכך נמי עשו עקירה לבית המדרש:

ונימרינהו לתרוייהו אחד כסא · לר' יוסי פריך כיון דתרוייהו אסעודת שבת קאתו כדפרישית לעיל (ד' ק*) דהך סעודה עולה לו לסעודת שבת הוה ליה למימר תרוייהו אחד כסא אבל לר' יהודה לא פריך כיון דברכת המזון אסעודת חול וקידוש על סעודה הבאה אין לומר שניהם על כוס אחד:

שאין אומרי' שתי קדושות על כוס אחד · ויש נוהגין בחופה מטעם זה שלא לומר שבע ברכות על כוס ברכת המזון אלא מביאין כוס אחר ואין מברכין על השני בפה"ג כיון שכבר בירך על כוס ברכת המזון כי אין נכון לברך פעמים אך רבינו משולם היה אומר הכל על כוס אחד דלא דמי לברכת המזון וקידוש דתרי מילי נינהו כדאמרי' בסמוך אבל הכא חדא מלתא היא דברכת המזון גורם לברכת נישואין וברכת אירוסין ונישואין נהגו לומר על שתי כוסות וטעמא דרגילים זה בלא זה כדאמר בכתובות (ד' ז:) מברכין ברכת האירוסין בבית אירוסין וברכת חתנים בבית חתנים ועוד דנהגו לקרות כתובה בינתים והוי הפסק ולכך מתכוונים ולכך צריך ב' כוסות:

מיתיבי הנכנס לביתו כו'. הוה מצי למיפרך ממתני' דאלו דברים (ברכות ד' נא:) דמייתי בסמוך ב"ש אומר נר ומזון ובשמים והבדלה כו' אלא פריך מברייתא משום דבעי לשנויי אין לו שאני כדקתני בברייתא אין לו אלא כוס אחד כו' ודרך הש"ס להקשות ממקום שמואל לתרץ בפשיטות:

מניחו לאחר המזון · הקשה ה"ר נסים איך יאכל קודם הבדלה הא אמרי' לקמן אסור לאדם שיטעום כלום קודם שיבדיל ואימר נמי בת טוות כדאמר לקמן (ד' קי:) ותירץ דהכא מיירי כשאכל מבעו"י עד שחשיכה לו ואע"ג דמפסיקין להבדלה לשמואל(ב) וכ"ש לר' יהודה דמחמיר טפי והך ברייתא מוקי לה בסמוך(ג) כב"ש ואליבא דרבי יהודה הא דקאמר מניחו לאחר המזון לא שמותר לאכול אלא כלומר כשיפסיק סעודתו בברהמ"ז אז יבדיל וקשה דלשון הנכנס לביתו משמע שלא התחיל לאכול מבעו"י ועוד הקשה מורי ה"ר יחיאל דלקמן (ד' קה:) אמרי' על הך ברייתא ש"מ טעם מבדיל ולפירוש רבינו נסים דמיירי באכל מבעוד יום אין להוכיח כלום אלא י"ל דודאי בתנם אין לו לאכול קודם הבדלה אבל כשאין לו אלא כוס אחד מותר לאכול קודם הבדלה כדי לעשות על הכוס ברכת המזון:

דאית ליה ואמר רב יקנ"ה פי' בקונטר' דס"ד דביו"ט ראשון של פסח מיירי דאית ליה כוסות טובא כדתנן (לעיל ד' צט:) לא יפחתו לו מד' כוסות וקשה דהא כל ד' כוסות צריכי כל חד למילתיה ועוד דבסמוך דפריך מיקנה"ז לימא דבשמיני של חג מיירי דליכא זמן ואכיל ושתה כל מה דהוה ליה ועוד דאכיל כל מה דהוה ליה לשון אכילה לא היה לו להזכיר אכוסות לכך נראה לפרש דביום טוב ראשון מסתמא אדם מכין הרבה ובשמיני של חג נמי שהוא רגל בפני עצמו רגילין להכין הרבה כדתנן (חולין ד' פג:) ד' פרקים בשנה צריך הטבח להודיע אמה מכרתי לשחוט וחשיב יו"ט האחרון של חג:

רב אמר יקנ"ה · ומה שאין מזכיר בשמים פירש רשב"ם דטעם בשמים משום איבוד נשמה יתירה וביום טוב נמי איכא נשמה יתירה · וקשה דאם כן במוצאי יום טוב אמאי לא תקינו בשמים לכך נראה דביום טוב ליכא נשמה יתירה והכא אין מזכיר בשמים משום דשמחת יום טוב ואכילה ושתיה מועיל כמו בשמים ויש טעמים לא נכונים וזה הטעם נכון ועיקר:

יקנ"ה · יין ברישא ואח"ת אמאי לא תקינו נמי בברכת המזון יין ברישא כמו בכל מקום וליכא למימר דפטר ליה יין שבתוך הסעודה דכיון דלאמר רב וגבריך איתסר למישתי ויש לומר דברכת המזון בא לשם גמר סעודה ומפסיק לכל מה שלפניו כדאמר לקמן (ד' קג:) דברכתא מסתיא עיקר דעתיה משתיא צריך לברך אכסא דברכתא אף על גב דבירך אכסא קמא והשתא הכוס בידו ודעתו לשתות אח"כ אפילו הכי הוה הפסק לכך תיקנו לברך היין אחר ברכת המזון שאם יברך קודם יצטרך לברך שנית:

רשב"ם

גמרו · סעודתן : (א) אומר עליו כו' · ר' יוסי קאמר לה: משלשלן · עד לאחר המזון אלמא אמרי' שתי ברכות על כוס אחד הבדלה וברהמ"ז: ואמר רב יקנ"ה · כדמפרש בשביעי עסקינן ובשביעי ליכא זמן ומכל מקום שמעינן מינה קידוש והבדלה על כוס אחד: ומשנינן מדלא קאמר זמן · בשביעי של פסח עסקי' דשמא עני הוא ואין לו אלא כוס א': והא יום ראשון דאית ליה · דאפי' עני שבישראל לא יפחתו לו מד' כוסות: קידוש והבדלה חדא מלתא היא · דתרוייהו משום קדושת יו"ט נינהו וההבדלה עצמו הוא מזכיר קדוש' יו"ט דהמבדיל בין קדש לקדש קא מברך: ה"ג

גמרו · סעודתן : כוס ראשון אומר עליו ברכת המזון כו' · ר' יוסי קאמר לה ורבותא הוא שאינו צריך לקדש מיד אלא יגמור סעודתו ויברך ברכת המזון ואח"כ יקדש ומיהו אם פרס מפה וקידש מודה רבי יוסי דכל שכן דשפיר טפי דאי לא תימא הכי אלא דוקא קאמר רבי יוסי ראשון מברך עליו ברהמ"ז אם כן שמואל דאמר כמאן (לעיל דף ק:) : ולימרינהו תרוייהו אחד כסא קידוש היום וברכת המזון ולרבי יוסי קא פריך דאילו לרבי יהודה כיון דמפסיקין וצריך עקירת שלחן צריך שני כוסות : שני קדושות · ברכת המזון קורא קדושה כקידוש היום כלומר שתי מצות: חבילות חבילות · דמיחזי עליה כמשוי : מברך על היין · תחלה לפי שהוא תדיר ותדיר קודם : על המאור ועל הבשמים · כב"ש מוקמינן לה במסכת ברכות בפרק אלו דברים (ד' נב.) דאמר מאור ברישא ואחר כך בשמים והבדלה לבסוף לפי שאלו האותיות קצרות וברכת הבדלה ארוכה לפיכך אומרה לבסוף : משלשלן · לשון שלשלת שמחברם יחד עם ברכת המזון אלמא אמרינן שתי ברכות על כוס אחד הבדלה וברכת המזון: [אין לו שאני] · דלית ליה יין לשני כוסות ואנן בדאית ליה עסקינן · מוצאי השבת: דאית ליה וקאמר רב יקנ"ה · קס"ד ביו"ט הראשון של פסח שחל להיות אחר השבת עסקינן דאית ליה כוסות הרבה דתנן לעיל (ד' צט:) אפילו עני שבישראל לא יפחתו לו מארבע כוסות ואמר רב יקנ"ה אלמא קידוש והבדלה על כוס אחד מלי אמר : ומשני מדלא אמר רב יקנה"ז אלמא בשביעי של פסח עסקינן · דשמא עני הוא ואין לו אלא כוס אחד וטעמיה דרב לקמיה מפרשו במקומו וכן דרבה ודאביי : והא יו"ט ראשון דאית ליה · דאפי' עני שבישראל לא יפחתו לו מארבע כוסות : קידוש והבדלה חדא מילתא היא · תרוייהו משום קדושת ימים טובים נינהו וההבדלה עצמה הוא מזכיר קדושת יו"ט דהמבדיל בין קדש לקדש מברך : גופא יו"ט שחל להיות אחר השבת · צריך להבדיל ולקדש ומשמע שאם לא היה יום טוב לא היו חולקין האמוראין הללו אלא כולי עלמא מודו יין מאור והבדלה והשתא דאיכא קדושת היום פליגי ולפיכך צריך ליתן טעם לכל דבריהם ולומר שהקידוש גורם לשנות את הסדר מכמות שרגיל:רב אמר יקנ"ס · ס"ל קדושת היום עדיפא מהבדלה אי נמי דכי מבדיל ברישא מיחזי דהוי עליה קדושת היום כמשוי ולפיכך יין קודם לקידוש כבית הלל (ברכות דף נא:) דתדיר ושאינו תדיר תדיר קודם ואחר הקידוש נר והבדלה כסאר מוצאי שבתות שהנר קודם להבדלה:ושמואל אמר ינה"ק · שמואל סבירא ליה הבדלה קודם לקידוש כדמפרש טעמא לקמיה משל דרבי יהושע בן חנניא למה הדבר דומה למלך שילא ואפרכוס נכנס מלוין את המלך השבת להבדיל ואח"כ יוצאין לקראת אפרכוס לקראת יו"ט לקדשו ועל מלתיה דשמואל אמר לה בהדיא בברכות בירושלמי באלו דברים רבי חנינא אמר ינה"ק ואתי רבי חנינא כשמואל דא"ר חנינא בשם שמואל משל למלך יוצא ושלטון נכנס מלוין את המלך ואח"כ מכניסין את השלטון הלכך יין תחלה ואח"כ מאור ואח"כ הבדלה דכיון דהבדלה קודם לקידוש יעשה כל סדר הבדלה כדין מוצאי שבתות דעלמא ואח"כ יקדש ומה שאין נותנין האמוראין סימן לבשמים לפי שאין מברכין על הבשמים ביו"ט שהרי גם ביו"ט יש לנו נשמה יתירה כשבת: ורבה

רבינו חננאל

גמרו כוס ראשון אומר עליו בהמ"ז והשני מקדש עליו ואמרינן ונמרינהו כלהו בחד כסא ודחי' לפי שאין אומרים שתי קדושות על כוס אחד מאי טעמא לפי שאין עושין מצות חבילות ולא והתניא הנכנס לבית במוצאי שבת מברך על היין ועל המאור ועל הבשמים ואח"כ אומר הבדלה ואם אין לו אלא כוס אחד מניחו לאחר המזון ומשלשלן כולן אחריו הנה אומר שתי קדושות על כוס אחד ושני' לית ליה שני והא יו"ט דאית ליה ואמר רב יקנ"ה ודחי' מדלא אמר רב ש"מ דהאי יום טוב אחר שבת דקתני רב יקנ"ה בשביעי של פסח עסקי' דלית ליה יין דכל דהוה ליה שתיה והא יו"ט [ראשון] דאית ליה ואמר אביי [יקנ"ה] [יקונ"ה] ורבא אמר יקנה"ז ופריק כי קאמרי' שתי קדושות אבל קידושא ואבדלתא חדא קידושא היא כלומר וברכת המזון והקידוש של יום שתי קדושות הן ומאי שנא ופירוש קידוש היום והבדלה תרוייהו קודם אכילה הן קידוש וברכת המזון הקידוש קודם אכילה וברכת המזון אחר הסעודה לפיכך שתי קדושות הן ואסיקנא יום טוב שחל להיות אחר השבת הלכתא כרבא דאמר יקנה"ז:

הגהות הב"ח

(א) רשב"ם ד"ה גמרו סעודתן כוס ראשון אומר עליו כצ"ל והד"א: (ב) תוס' ד"ה מניחו וכו' כשמואל. נ"ב לעיל בד' ק' סוף ע"א: (ג) בא"ד מוקי לה בסמוך נ"ב בתחלת דף ק"ג:

מסורת הש"ס

[כד"ה ר"י אומר]

[ברכות מט. סוטה ח.] לקמן קה: ברכות נב. [תוספתא דברכות פ"ה]

[וכ"כ תוס' ביצה לג: ד"ה כי כוין]

§ מסכת פסחים דף קב: §

אות א'

גמרו, כוס ראשון מברך עליו ברכת המזון, והשני וכו'

סימן רעא ס"ו - [א]אם גמר סעודתו - ומיירי ג"כ שנטל ידיו למים אחרונים, **וקדש היום קודם שברך בהמ"ז** - שקודם שהתחיל בבהמ"ז ראה שקידש עליו היום, **מברך בהמ"ז על כוס ראשון** - דמכיון שנטל ידיו צריך לברך תיכף.

ואח"כ אומר קידוש היום על כוס שני - אבל אין אומר שניהם על כוס אחד, דאין עושין מצות חבילות חבילות.

[ב]**וצריך להזכיר של שבת בבהמ"ז, אע"פ שמברך קודם קידוש** - דאזלינן בתר השתא, כיון דבשעה שהוא מברך כבר נתקדש היום, **ומ"מ** פשוט דלכו"ע אם לא הזכיר של שבת אינו חוזר.

אבל אם לא נטל ידיו, גם הדעה ראשונה ס"ל דפורס מפה ומקדש מקודם, ולא יברך בפה"ג בעת הקידוש אם שתה יין מקודם באמצע הסעודה, וכנ"ל בס"ד, **ואפי'** אמר "הב לן ונברך", ג"כ מקדש מתחלה, כיון שלא נטל ידיו עדיין, **אך** בזה צריך לברך בפה"ג בעת הקידוש, כיון שאמר "הב לן ונברך", וכנ"ל בסי' קע"ט ס"א.

הגה: וי"א דאינו מזכיר של שבת, דאזלינן בתר תחלת הסעודה - שהיה בזמן חול, **וכן עיקר, כמו שנתבאר לעיל סוף סימן קפ"ח** - וכ"ז דוקא כשלא אכל משחשכה מאומה, אבל אם אכל מעט גם משחשכה, לכו"ע צריך להזכיר של שבת.

ויש מחלוקת אם יטעום מכוס של ברכת המזון קודם שיקדש - דאית דס"ל דמברך בפה"ג וטועם תיכף, כמו בכל כוס של בהמ"ז, **ולא** חשיב טועם קודם קידוש, משום דהכוס שייך לסעודה שהיה קודם חובת קידוש, **וממילא** שוב א"צ לברך לדידהו בפה"ג על כוס שני של קידוש, רק ברכת "אשר קדשנו" בלבד, **ואית** דס"ל שאינו טועם ממנו, משום דאסור לטעום קודם קידוש, וממילא אינו יכול לברך עליו בפה"ג, **אלא** מברך תחלה בפה"ג על כוס של קידוש, ומקדש ושותהו, ואח"כ שותה כוס זה של בהמ"ז בלא ברכה.

גם אם צריך לאכול מעט אחר הקידוש כדי שיהא הקידוש במקום סעודה - [ג]די"א כיון שאכל בתחלה, הוי קידוש במקום סעודה, ושוב א"צ לאכול, **וי"א** דאינו נחשב למקום סעודה, כיון שהיתה של חול, וצריך עתה בשבת לאכול עכ"פ מעט.

[ד]**וי"א דאף בגמר סעודתו אינו מברך בהמ"ז תחלה** - ס"ל דע"כ צריך לאכול מיד אחר הקידוש, כדי שיהא נחשב למקום סעודה, דסעודה שאכל מתחלה אינה מועלת לזה וכנ"ל, וכיון דע"כ צריך לאכול, בהמ"ז שבינתים למה לי, ודינו כמו המקדש באמצע סעודתו הנ"ל בס"ד, שפורס מפה ומקדש.

אלא פורס מפה ומקדש, ומברך "המוציא" - ולא דמי לדלעיל בס"ד, די"א דא"צ לברך "המוציא", דהכא שאני, דהא מיירי שנטל ידיו למים אחרונים וכנ"ל, וכבר נסתלק לגמרי בזה לכו"ע מאכילה ראשונה, **ומטעם** זה גם בפה"ג צריך לברך על הכוס של קידוש, ואינו יוצא בברכת בפה"ג שבירך על היין ששתה מתחלה בתוך הסעודה, **ואם** לא נטל ידיו, דינו כמו לעיל בס"ד. **ואוכל מעט** - היינו כזית עכ"פ כדי שיהא נחשב למקום סעודה, [**ולענין** לצאת בזה ידי שיעור סעודת שבת, משמע בסי' רצ"א דבעינן שיהיה כביצה] ‹היינו קצת יותר מכביצה, כמו שביאר שם›, **ואח"כ מברך בהמ"ז.**

הגה: והכי נהוג להוציא את נפשיה מפלוגתות שבסברא ראשונה - היינו דאם יעשה כדעה ראשונה יפול בספיקות, אם להזכיר של שבת, ואם יטעום מכוס בהמ"ז, ואם צריך לאכול אחר הקידוש, **ואף** דעתה אינו יוצא ידי דעה ראשונה, דס"ל דצריך לברך בהמ"ז מיד, ‹דכיון דנטל ידיו אסור לו לאכול עוד קודם בהמ"ז, וכדפסק המחבר לעיל סי' קע"ט - רעק"א›, **הא** עדיפא, דאם יעשה כדעה ראשונה, יש חשש ברכה שא"צ לדעה שניה, שיצטרך לברך בהמ"ז ב' פעמים.

אות א'* [ה]

והא יום טוב ראשון... ורבא אמר יקנה"ז

סימן תצא ס"א - [ו]במוצאי יום טוב, בין במוצאי יו"ט לחול בין במוצאי יו"ט לחולו של מועד, [ז]מבדיל בתפלה כמו במוצאי שבת, אלא שאינו מברך לא על הנר [ח]ולא על הבשמים - דענין הבשמים הוא כדי להשיב את הנפש, שכואבת על הנשמה היתירה שניטלה ממנו אחר שבת, וביו"ט ליכא נשמה יתירה. [ט]**וכתבו** הפוסקים, דה"ה דביו"ט שחל במו"ש, אין מברכין על הבשמים, והטעם, לפי שיש מאכלים טובים, מיישבים דעתו כמו בשמים.

באר הגולה

[א] **טור בשם הרי"ף מהא דפסחים ק"ב, וכ"כ הרמב"ם** ‹וכתב הרי"ף: דאע"ג דרישא דמתניתא אידחיא לה, {לשיטתו, עיין לעיל דף ק. דקי"ל כשמואל דפורס מפה, ולא כר' יוסי, ודלא כשיטת כהרשב"ם}, מ"מ גמרינן מינה, דהיכא דגמור סעודתיהו מקמי דקדיש יומא, ואדמשו ידיהו קדיש יומא, מקדימינן ומברכינן ברכת המזון על כוס ראשון, ואח"כ אומר קידוש היום על כוס שני, כרבי יוסי דאמר: גמרו, כוס ראשון מברך עליו ברכת המזון, והשני אומר עליו קידוש היום - ב"י› [ב] **הרא"ש שם** [ג] ‹ע"ש תוס' ד"ה ונימרינהו - גר"א› [ד] **טור בשם י"א והרא"ש** [ה] ‹ע"פ הבאר הגולה› [ו] **יומא פ"ח** [ז] **ברייתא פסחים ק"ד** [ח] **רמב"ם וכ"כ הטור ממשמעות הגמ' פסחים ק"ב דחשיב יקנה"ז ולא חשיב בשמים** ‹כ"כ מרן ז"ל וכ"כ הרב ב"ח גם הרב בעל באר הגולה ז"ל כתב כן. **ואני** בער ולא אדע ודעת קדושים לא אמצא, דלפום קלישת דעתי נראה דאיכא למשמע איפכא, דמדלא הזכירו בשמים במו"ש ליו"ט, מכלל דיו"ט שוה במעלה לשבת לענין בשמים, דאל"כ היו מתקנין רז"ל לברך על הבשמים במו"ש ליו"ט, ומדלא תקינו הנה יש לנו פתח פתוח כפתחו של אולם לומר דיו"ט שוה לשבת בענין זה, דכי היכי דבשבת איכא נשמה יתירא ה"נ ביו"ט, {וכמ"ש הרשב"ם}, וממילא יש לנו לברך עליהם במוצאי יו"ט לחול כמו במו"ש, ואיך א"כ מצאנו ידינו ורגלינו למילף איפכא מהתם, **וכך** היה להם למרן ולהרב ב"ח ז"ל לכתוב על דברי הטור והרמב"ם: דהא דלא תקנו לברך על הבשמים, כתבו התוס' {ד"ה רב} הטעם וכו', ואפי' במו"ש ליו"ט לא תקנו לברך עליהם, וכמו שביארו התוס', כך היה להם ז"ל לכתוב, אבל להוכיח עיקר דין זה ממה שלא הזכירו בש"ס בשמים במו"ש ליו"ט, לפי הנראה א"א לאומרו בשום פנים, ואדרבא איפכא מסתברא וכדכתיבנא, ותמהני שלא מצאתי הערה בזה בדברי האחרונים ז"ל - מאמ"ר› [ט] ‹תוס' ד"ה רב›

§ מסכת פסחים דף קג. §

אות א'

והילכתא כרבא

סימן תעג ס"א - [א]מוזגין לו כוס ראשון ומקדש עליו - קודם שיקדש יכוין: שרוצה לקיים מצות קידוש, וגם מצות ד' כוסות, שכוס של קידוש הוא אחד מארבעה כוסות, **ויש** נוהגין לומר: הריני מוכן לקדש ולקיים מצות ד' כוסות, רק שצריכין ליזהר שלא יאמרו זה לאחר קידוש, שהרי בירך על הכוס בפה"ג, אלא דוקא קודם קידוש. **וקודם** הגדה יכוין או יאמר: לצאת ידי מצות סיפור יציאת מצרים.

ומברך [ב]שהחיינו - קודם השתיה, ואם לא בירך קודם השתיה, מברך אח"כ אימתי שיזכור ביום א', ואפילו באמצע השוק, דהזמן ארגל קאי, **ואם** נזכר בליל ב' לאחר שקידש היום, יפטור עצמו ב"שהחיינו" שיברך על הכוס לאחר הקידוש.

ואם שכח לברך "שהחיינו" בקידוש ליל ב', אפילו אם בירך כבר בליל ראשון, חייב לברך אימתי שנזכר בכל החג, דהיינו עד סוף יו"ט האחרון של גליות, **וכן** ה"ה בשאר יו"ט, מחויב לברך עד סוף יו"ט. [אבל לא אחר יו"ט אפי' בעצרת. **אכן** במו"ק ונה"ש מגמגמין באם בירך כבר בליל ראשון, דאף דיו"ט שני כראשון לכל דבר, ואף לענין ברכה, כי היכי דלא ליתי לזלזולי ביה, **היינו** רק לכתחילה, אבל לא אם שכח. **וצ"ע** למעשה].

ואם חל בשבת, אומר: ויכולו - ומותר לומר ההגדה בספר אף שהוא ביחידי, ולא חיישינן שמא יטה, כמבואר לעיל סי' רע"ה ס"ט.

ואם חל במוצאי שבת אומר יקנה"ז - דהיינו בתחלה ברכת היין וקידוש ונר, דהיינו ברכת "בורא מאורי האש", והבדלה וזמן, **ואין** מברכין על הבשמים בכל מוצ"ש ליום טוב. **ואומרים** הבדלה זו מיושב כמו הקידוש.

[ג]ואם שכח להבדיל ולא נזכר עד שהתחיל ההגדה, ישלים ההגדה עד "גאל ישראל" ואחר כך יבדיל - היינו שמברך בפה"ג על כוס שני, וגם ברכת הנר והבדלה של יו"ט ושותהו, [**ואע"ג** דאין עושין מצות חבילות חבילות, הכא דא"א בענין אחר שרי]. **דלהבדיל** תיכף כשנזכר אינו יכול, שהרי הבדלה טעונה כוס, והמברך צריך שיטעום, ובאמצע הגדה אסור להפסיק בשתיה.

ומלשון המחבר שכתב "עד שהתחיל הגדה", משמע דאם נזכר קודם שהתחיל ההגדה, א"צ להמתין, אלא תיכף מוזג כוס ואומר עליו ברכת הבדלה ושותהו, **אכן** זהו רק לדעת המחבר, דאין מברכין על כל כוס, אבל לדעת הרמ"א וכמנהגנו, דמברכין על כל כוס, ויצטרך לברך עליו ברכת בפה"ג, א"כ נראה כמוסיף על הכוסות דאסור, א"כ אפשר דאף אם נזכר קודם שהתחיל ההגדה, ג"כ אין תקנה עד שישלים ההגדה, [**אבל** אפשר דברכת הבדלה מוכיח עליו, דאינו מכוין להוסיף על הכוסות, רק לשם הבדלה הוא נוטל, **ומן** הח"י משמע, דאף בזה נראה כמוסיף, ולא ברירא וצ"ע]. **אם** לא שבשעת ברכת כוס ראשון כוון שישתה בין הכוסות.

(והגר"ז הפליג יותר, **דאפילו** נזכר קודם שאכל הכרפס, **נמי** אוכל הכרפס בלי הבדלה מטעם זה, **ופרט** זה לכאורה לא ברירא כולי האי, דדינא דמוסיף על הכוסות ע"י ברכה, לא נזכר בכל הפוסקים, רק בדברי ראבי"ה ומשמעות הטור, דלהרא"ש לא חיישינן כלל לזה בין ב' כוסות הראשונים ואפילו כשמברך, **וא"כ** אפשר דמוטב שלא לחוש לחששא זו, ולא לטעום קודם הבדלה שהוא איסור גמור לכו"ע, **ובפרט** שאפשר שבזה גם אבי העזרי מודה, שההבדלה מוכיח על כוס זה שלא הובא להוסיף על הכוסות, וצ"ע לדינא).

ואם נזכר באמצע סעודתו שלא הבדיל, מחויב להפסיק תיכף מסעודתו ולהבדיל, ולא יברך עליו ברכת בפה"ג, שברכת כוס שני ששתה לפני האכילה פוטרתו, **אא"כ** לא היה דעתו אז לשתות בתוך האכילה, שבכגון זה צריך לברך עליו גם ברכת בפה"ג, [**וה"ה** אם נזכר מיד לאחר ששתה כוס השני, צריך למזוג מיד כוס ג' ויבדיל עליו, ולא יברך עליו בפה"ג, אא"כ לא היה דעתו לשתות עוד בתוך סעודה].

ואם נזכר תוך בהמ"ז שלא הבדיל, מברך ברכת המזון והבדלה על כוס אחד, **וכן** אם לא נזכר עד לאחר ששתה כוס של ברהמ"ז, ימתין עד לאחר גמר הלל והגדה, ואז יבדיל על הכוס הד', **ואם** לא נזכר עד לאחר ששתה כוס ד', יבדיל על כוס ה', וצריך לברך עליו גם בפה"ג, שהרי כבר הסיח דעתו משתיה.

אם שכח לומר ההגדה בלילה, אין לו תשלומין כלל, דכתיב: "בעבור זה", בשעה שמצה ומרור מונחים לפניך, **ואם** שכח לומר קידוש בלילה, דינו כדלעיל סימן רע"א ס"ח.

הגה: ואין ליטול ידיו כלל קודם קידוש (רבינו ירוחם והרא"ש בתשובה ומרדכי) - ר"ל אף להנוהגים בכל השנה ליטול ידיו לסעודה קודם קידוש, ולדידהו הקידוש לא חשיב הפסק בין נטילה לסעודה, הואיל והוא מצרכי סעודה, **מ"מ** בליל פסח שמפסיקין הרבה אחר הקידוש באמירת ההגדה, ובתוך כך מסיח דעתו משמירת ידיו, לכו"ע אין לעשות כן, **ואפילו** ליטול ידיו כדי שלא יצטרך לחזור וליטול ידיו אחר הקידוש לאכילת כרפס, ג"כ אינו נכון, כ"כ האחרונים, (דאין הקידוש צורך טיבול, והוי הפסק - ב"ח).

ואם אין ידיו נקיות, יטול מעט - כתב מעט, כדי לחוש להטעם שהביא בד"מ דאין ליטול ידים קודם קידוש, דמיחזי שסובר שקידוש צריך נטילה, וע"כ לא יטול נטילה גמורה.

אבל אין לברך על הנטילה - ר"ל אפילו אם יטול נטילה גמורה, יזהר עכ"פ שלא יברך עליה ענט"י, דנטילה זו אינו עולה לו לצורך אכילה וכנ"ל, ונמצא דהוא ברכה לבטלה.

ובעל הבית לא ימזוג בעצמו, רק אחר ימזוג לו דרך חירות (מהרי"ב) - אם אפשר לו.

<המשך ההלכות בעמוד הבא>

באר הגולה

א משנה פסחים קי"ד | ב כן משמע דף ק"ג גבי יקנה"ז | ג ספר ארחות חיים בשם רבו

הכי גרסינן שאמר משום רבי יהושע בן חנניה נהי"ק: ה"ג משל דרבי יהושע כו': **והלכתא כרבא.** דקדושא והדר אבדלתא דכי מבדיל ברישא מיחזי עליה קדושת שבת כמשאוי: **נר ומזון בשמים והבדלה.** היכא דאין לו אלא כוס א': **על המזון שהוא בתחלה.** כיון דגמר סעודתו בההוא איחייב ברישא ואין מעבירים על המצות: **אכסא קמא.** כשמתחיל לשתות (ב) על המזון שבתחלה: **והדר בריך.** בפה"ג אכסא דברכת המזון כמו שאנו עושין בכל סעודה וסעודה ובשאר סעודות עסקינן דלאו במוצאי שבת: **לא הוי ידעיתו** אי משקו לכו (ג) בתר כסא קמא אי לא ומשום הכי בעיתו למיהדר וברוכי:

קאי

ורבה אמר יהנ"ק ולוי אמר קנ"ה ורבנן אמרי קינ"ה מר בריה דרבנא אמר נקי"ה מרתא אמר משמיה דר' יהושע ניה"ק שלח ליה אבוה דשמואל לרבי ילמדנו רבינו סדר הבדלות היאך שלח ליה כך אמר רבי ישמעאל בר רבי יוסי שאמר משום אביו שאמר משום רבי יהושע בן חנניה נהי"ק אמר ר' חנינא משל דר' יהושע בן חנניה למלך שיוצא ואפרכוס נכנס מלווין את המלך ואח"כ יוצאים לקראת אפרכוס מאי הוי עלה אביי אמר יקונ"ה ורבא אמר יקנה"ז *והילכתא כרבא *רב הונא בר יהודה איקלע לבי רבא אייתו לקמייהו מאור ובשמים בריך רבא אבשמים ברישא והדר אמאור א"ל והא בין ב"ש ובין בית הילל מאור ברישא והדר אבשמים ומאי היא דתנן *בית שמאי אומרים נר ומזון בשמים והבדלה ובית הילל אומרים נר ובשמים ומזון והבדלה ענה רבא בתריה ואמר זו דברי ר' מאיר אבל *ר' יהודה אומר לא נחלקו בית שמאי ובית הילל על המזון שהוא בתחלה ועל הבדלה שהיא בסוף על מה נחלקו על המאור ועל הבשמים שב"ש אומרים מאור ואח"כ בשמים ובית הילל אומרים בשמים ואח"כ מאור ואמר רבי יוחנן (א)נהגו העם כבית הילל ואליבא דר' יהודה: רב יעקב בר אבא איקלע לבי רבא חזיה דבריך בורא פרי הגפן אכסא קמא והדר בריך אכסא דברכתא ואישתי א"ל למה לך כולי האי הא בריך לן מר חדא זימנא אמר ליה כי הוינן בי ריש גלותא הכי עבדינן אמר ליה תינח בי ריש גלותא דהכי עביד (א) דספק מייתי לן ספק לא מייתי לן הכא הא מנח כסא קמן ודעתן עילויה אמר ליה אנא עבדי כתלמידי דרב *דרב ברונא ורב חננאל תלמידי דרב הוו יתבי בסעודתא

קאי

רשב"ם

ורבה אמר יהנ"ק. סבירא ליה כרב דמשוי מאור בין קידוש להבדלה שאין נכון בעיניו של רבה לסמוך הבדלה לקידוש שזה מכחיש כחו של זה הקידוש עושהו קודש (ד)והבדלה עושהו קודש קל וסבירא ליה כשמואל דהבדלה קודם לקידוש ומיהו יין ברא"ש כולן דתדיר קודם והכי נמי בברכות ירושלמי יו"ט שחל להיות במוצ"ש רבי יוחנן אמר יקנ"ה ר' חנינא אמר יהנ"ק ולוי אמר יהנ"ק מסתברא דלוי דאמר מעין שניהן ונראה לי דהכא גרסינן [נמי] ולוי אמר יהנ"ק רבה אמר קני"ה שכן דרך האמוראין רב ולוי ושמואל חברים הם ורבה אחריהן: **קני"ס.** סבירא ליה דקידוש קודם להבדלה כרב (ה) ולמה אינו רוצה לומר יין ברישא לפי שא"כ אינו נראה שמבדיל על היין הואיל ומרחיק הבדלה מעל ברכת היין והרי עיקר הבדלה לא תיקנו אלא על היין אבל קידוש אפילו על הפת יכול לקדש כדלקמן (ד' קו:) הלכך קידוש ברישא והדר מאור לפי שאנו רוצין לסמוך יין להבדלה והבדלה על כרחך לבסוף תהיה כשאר כל מוצאי שבתות והאי דלא מקדים יין מקמי מאור כשאר מוצאי שבתות שאם כן היה נראה על הקידוש ולא על הבדלה אבל במוצ"ש דעלמא דליכא קידוש מקדמי ליה: **קינ"ס.** סבירא ליה כרב דקידוש קודם להבדלה ורוצה נמי לסמוך יין להבדלה טפי מקידוש הלכך קידוש ברישא והדר כל סדר הבדלה של סדר כל מוצאי שבת דהוי יין מאור והבדלה אי נמי רוצין להבדיל בין קידוש להבדלה בכל היכולת: **נקי"ס.** קידוש קודם להבדלה כרב ויין נמי רוצה לסמוך להבדלה כמו שפירשתי הלכך נקי"ה בעינן ומאור משוי ברישא מקמי קידוש דהא כל מוצאי שבת קודם להבדלה לפי שנהגה בו תחלה ה"נ קודם לקידוש שהרי נהגה בו תחלה והרי אי אפשר לאומרו בין יין להבדלה כדין שאר מוצאי שבת שהיין קודם לו בשביל שתדיר דא"כ יש כאן הפסק בין יין להבדלה: **ה"ג שאמר [משום] רבי יהושע בן חנניה נהי"ק.** וטעמא כדמפרש לקמן דהבדלה קודם לקידוש והלכך נר תחלה לפי שרוצה ליתן יין סמוך להבדלה ולקידוש ששניהן נתקנו על היין אבל מאור אומרו בלא יין אם אין לו כוס: **ה"ג משל דר' יהושע בן חנניה כו'.** אביי ורבא סבירא להו כרב דאמר יקנ"ה וכזמן הוא דפליגי אביי סבירא ליה יקונ"ה מאחר שמתחיל לקדש יגמור כל הקידוש ויאמר זמן שאם אין כאן קידוש אין כאן זמן אבל הבדלה אינה גורמת לומר זמן ורבא ס"ל מה מלינו בכ"מ זמן לבסוף הכא נמי זמן לבסוף וטעמו של דבר *דזמן אומרו אפילו בשוק ועיקרו אינו על הכוס הלכך אומר לבסוף: **והלכתא כרבא.** דאמר יקנה"ז דקידושא והדר הבדלה וכי (ו) מבדיל ברישא מיחזי דהוי עליה קדושת שבת כמשוי: **רב הונא בר יהודה איקלע לבי רבא.** במוצאי שבת של חול: **בריך אבשמים ברישא.** כמנהג שלנו: **א"ל.** רב הונא לרבא לאחר שגמר הבדלה והא בין ב"ש כו' ולא פליגי לא גרסינן: **נר ומזון בשמים והבדלה.** היכא דאין לו אלא כוס אחד: **זו דברי ר"מ.** דהכי הוו תני לפלוגתייהו דב"ש וב"ה דסתם מתני' ר"מ: **על המזון שהוא בתחלה.** דכיון דגמר סעודתו בההוא מחייב ברישא ואין מעבירין על המצות ואמר רבי יוחנן נהגו כו': **רב יעקב בר אבא איקלע לבי רבא.** שבת הוה כדאמרינן לקמיה כי מטא לאבדולי כו' אלמא דמעיקרא סעודת שבת ביום היו אוכלין: **אכסא דברכתא.** ברכת המזון בירך עליו לבסוף בפה"ג כמו שאנו עושין: **לא הוי ידעיתו** אי משקו לכו תו בתר כסא קמא אי לא וכי ברכיתו אקמא לא הוה דעתייכו אכסא אחרינא והוה ליה כל חד כתחלת סעודתו ומשום הכי בעיתו למיהדר וברוכי:

קאי

תוספות

רבה אמר יהנ"ק ולוי אמר קני"ה. רשב"ם מהפך הגירסא משום דרב ושמואל ולוי חברים היו ואין צריך להפך משום זה דגמ' נקט כל אותם שאומרים יין תחלה יקנ"ה יהנ"ק יהנ"ק ואח"כ אותם שאומרים קידוש ברישא קנ"ה קינ"ה ואח"כ נר תחלה נקי"ה ניה"ק ומיהו בירושל' משמע כפירוש רשב"ם:

קני"ה. פירש רשב"ם דרוצה לסמוך יין להבדלה משום דמקדשין על הפת ואין מבדילין על הפת ולפי מה שפירש ר"ת לקמן (ד' קו. בד"ה מקדש) דאין מקדשין על הפת יש לפרש שאם הי' מרחיק יין מן הבדלה יאמרו שאינו בא אלא בשביל קידוש שהוא לכבוד יו"ט:

והלכתא כרבא. משום [איך] אמוראין אצטריך לפסוק כרבא ולא משום אביי דקיי"ל (*ב"ק ד' עג.) בכולי גמרא כרבא לגבי אביי בר מיע"ל קג"ם:

ואמר רבי יוחנן נהגו העם כבית הלל. והשתא חולק רבי יוחנן אסתם משנה ואיכא למימר שבלשון יחיד היה שונה אותה והיה שונה בה דברי רבי מאיר בהדיא והאי נהגו לא הוי כהאי נהגו דבפרק בתרא דתענית (ד' כו:) דמפרש דאורויי לא מורינן ואי עבדי לא מחינן בידיהן*:

בריך אכסא קמא. של קידוש ואכסא דברכתא של בהמ"ז והא דתנן בכילד מברכין (ברכות דף מג.) בירך על היין שלפני המזון פטר יין שלאחר המזון היינו לאחר הסעודה וקודם ברכת המזון שהיו רגילי' לשתות יין אחר הסעודה קודם ברכת המזון:

לא הוי ידעיתו אי משקו. פרשב"ם כי ברכיתו אכסא קמא לא ידעיתו אי יהבו לכו כסא אחרינא והוה כל חד כתחלת סעודה ולפירושו משמע שהיו מברכין נמי תוך הסעודה וקשה דהא משמע שהיו עושים בי ריש גלותא כרבא דבריך אכסא קמא ואכסא דברכתא ולא על כל כסא וזהו דוחק לומר שלא היו שותים בבי ריש גלותא יין באמצע הסעודה לכך נראה לפרש שלא היו מברכין תוך הסעודה כי היו יודעים שיתנו להם יין כל צרכן אבל בבהמ"ז לא היה כוס כי אם למברך והיו מסתפקים אם יגיע להם לשתות ממנו:

אנא דעבדי כתלמידי דרב. פירש רשב"ם אף על גב דשמעינן מהכא דברכת המזון אפסוקי סעודתא הוא מכל מקום לא בעי לברוכי אחר יין שבסעודה מקמי דליבריך ברכת המזון לפי שברכת המזון פוטרתו דהשתא בברכה אחת מעין שלש סגי כל שכן בשלש ברכות והכי איתא בה"ג ומיהו אין זה ק"ו דהא פסקינן בברכות (דף מא:) דברים הבאים שלא מחמת הסעודה אחר הסעודה פי' וקודם ברכת המזון טעונין ברכה לפניהם ולאחריהם וכן תאנים וענבים בתוך הסעודה לרב ששת ולא מיפטרו בג' ברכות דבהמ"ז ורש"י פירש בתשובה דצריך לברך אחריו כמו תאנים וענבים לרב ששת ואין נראה דהא מסקינן התם אמר רב פפא הלכתא דברים הבאים שלא מחמת הסעודה בתוך הסעודה טעונין ברכה לפניהם ולא לאחריהם לאחר הסעודה טעונין בין לפניהם בין לאחריהם והיינו דלא כרב ששת ואע"ג דרש"י פירש התם לאחר הסעודה כלומר

דברים

עין משפט נר מצוה

טז א מיי' פכ"ט מהל' שבת הלכה כב סמג עשין כט טוש"ע או"ח סימן תעג סעיף א:

יז ב מיי' שם הלכה יג וכד וסמג שם טוש"ע או"ח סי' רצו סעיף א ג:

[קדושין נג.]

[וע"ע תוס' ברכות נב: ד"ה נהגו ותוס' ר"ה טו: ד"ה וכי]

רבינו חננאל

אמר רב יהודה לא נחלקו ב"ש וב"ה על המזון שהוא בתחלה ועל הבדלה שהיא בסוף לא נחלקו אלא על המאור ועל הבשמים שב"ש אומרים מאור ואחר כך בשמים וב"ה אומרים בשמים ואחר כך מאור. אמר ר' יוחנן נהגו העם כב"ה אליבא דר' יהודה דבשמים ואח"כ מאור: **רב** ברונא ורב חננאל תלמידי דרב הוו יתבי

הגהות הב"ח

(א) גמרא דהכי עבדינן דספק מייתי: (ב) רשב"ם ד"ה אכסא קמא כשמתחיל לשתות הס"ד ובשאר נמחק: (ג) ד"ה לא הוו ידעיתו אי משקו לכו תו בתר כסא קמא אי לא וכי ברכיתו אקמא לא הוה דעתייכו אכסא אחרינא וה"ל כל כוס כתחלת סעודה ומשום הכי בעיתו למיהדר וברוכי: (ד) רשב"ם ד"ה ורבה אמר וכו' הקידוש עושהו קודש חמור והבדלה: (ה) ד"ה קני"ה וכו' כרב ומה אינו רוצה וכו' ומרחיק הבדלה מברכת היין כצ"ל והיבת ולמה אינו רוצה נמחק: (ו) ד"ה והלכתא וכו' דכי מבדיל:

ברכות נב:

שם נה:

[ברכות נב: תוספתא ברכו' פ"ה]

חולין פו:

[עירובין מ:]

קאי עלייהו רב ייבא סבא א"ל הב לן וניבריך לסוף אמרו ליה הב לן ונישתי אמר להו הכי אמר רב *כיון דאמריתו הב לן וניבריך איתסרא לכו למישתי מאי טעמא דאסחיתו דעתייכו אמימר ומר זוטרא ורב אשי הוו יתבי בסעודה וקאי עלייהו רב אחא בריה דרבא אמימר בריך על כל כסא וכסא ומר זוטרא [ב]בריך אכסא קמא ואכסא בתרא רב אשי בריך אכסא קמא ותו לא בריך אמר להו רב אחא בר רבא אנן כמאן נעביד אמימר אמר (א) נמלך אנא מר זוטרא אמר אנא דעבדי כתלמידי דרב ורב אשי אמר לית הילכתא כתלמידי דרב דהא יו"ט שחל להיות אחר השבת ואמר רב יקנ"ה ולא היא התם עקר דעתיה ממשתיא הכא לא עקר דעתיה ממשתיא כי מטא לאבדולי קם שמעיה ואדליק אבוקה משרגא א"ל למה לך כולי האי הא מנהא שרגא א"ל שמעא מדעתיה דנפשיה קא עביד א"ל אי לא שמיע ליה מיניה דמר לא הוה עביד א"ל לא סבר ליה מר *אבוקה להבדלה מצוה מן המובחר פתח ואמר [ג]המבדיל בין קודש לחול בין אור לחשך בין ישראל לעמים בין יום השביעי לששת ימי המעשה א"ל למה לך כולי האי והאמר רב יהודה אמר רב המבדיל בין קודש לחול זו היא הבדלתו של רבי יהודה הנשיא א"ל אנא כהא סבירא לי דאמר ר"א אמר רבי אושעיא הפוחת לא יפחות מג' והמוסיף לא יוסיף על ז' אמר ליה והא

קאי עלייהו. משמש עליהו: **הב (ג) וניבריך.** ברכת המזון והדר אמליכו ואמרו הב בריש' ונישתי: **כיון דאמריתו הב (ג) וניבריך.** ברכת המזון אסחיתו דעתייכו משתיה ואסור למישתי עד לאחר ברכת המזון אלמא ברכת המזון אסוחי דעתא הוא וצריך לחזור ולברך: **ואמר רב יקנ"ה.** ולא בעי לברוכי ברכת היין תרי זימני חדא אקידוש וחדא אהבדלה וה"ה לתרי כסי דקידוש היום וברכת המזון: **כי מטא.** רבא לאבדולי במוצאי שבת ולעיל קאי אלא אגב גררא אייתינהו להגך תרתי עובדי ועובדא ראשונה בשבת הוה: **קא מסלי טרא בשרגא.** מדליק אבוקה בנר: **א"ל.** רב יעקב בר אבא למה ליה למר טולי האי הא איכא שרגא: **ודעפיה דנפשיה.** כלומר מעלמו אשר לא לויתיו: **על שבע.** מפרש להו לקמיה: והא

רשב"ם

קאי עלייהו. משמש עליהן והוא עומד עליהם (בראשית יח) מתרגמינן והוא משמש: **אסור לכו למישתי.** אלמא ברכת המזון אסוחי דעתא הוא וצריך לחזור ולברך לאחר ברכת המזון והכי נהיגינן ואע"ג דשמעי' מהכא דברכת המזון אפסוקי סעודתא הוא לא בעי ברוכי על היין לאחריו מיקמי דנבריך ברכת המזון לפי שברכת המזון פוטרתו דהשתא אתא מעין שלש שגי להו כ"ש שלש ברכות עלמן ובהלכות גדולות נמי כתב דלא בעי לברוכי ברכת היין לאחריו עד לאחר ברכת המזון: **הוו יתבי בסעודתא.** דחול: **על כל כסא וכסא.** על כל פעם שהיה שותה בתוך המזון: **ואכסא דבתרא.** ברכת המזון סבירא ליה כרבא דבריך נמי לעיל אכסא קמא ואכסא דברכתא: **נמלך אני.** בכוס שני נמלכתי לשתות שכבר הוי לי היסח הדעת משסתיתי כוס ראשון וכן כל פעם ופעם ששתיתי נמלכתי: **כתלמידי דרב.** כי ההוא עובדא דלעיל דיליף רבא מיניה דמיבעי לברוכי אכסא דברכתא אע"פ שכבר בירך אחין שבתוך המזון: **לית הלכתא כתלמידי דרב.** כלומר כעובדא דתלמידי דרב לעיל דברכת המזון לאו אסוחי דעתא הוא ואע"ג דאמר הב וניבריך שרי למישתי ואפילו הכי לית הילכתא כרב אשי דקמו להו רבא ומר זוטרא בחד שיטתא וצריך לחזור ולברך על היין של ברכת המזון בפה"ג כמנהג שלנו וכיון דאמר הב וניבריך אסור למישתי עד לאחר ברכת המזון ועוד מדקא מייתי רב אשי סייעתא ממילתיה דרב להקשות על תלמידי דרב להכחישן מדברי רבן וקא מהדר גמרא ולא היא מכלל דלית הילכתא כרב אשי: **ואמר רב יקנ"ה.** ולא בעי לברוכי ברכת בפה"ג תרי זימני חד אקידוש וחד אהבדלה והוא הדין לתרי כסי דקידוש היום וברכת המזון וקשיא לרב ייבא סבא דאמר להו הכי אמר רב הב וניבריך אסור לכו למישתי דא"כ קשיא דרב אדרב: **הכא.** גבי יקנ"ה לא עקר דעתיה ממישתיא שעדיין לא שתה וכל דעתו לשתות וי"ל דלא גרסי' כולהו חדא ברכתא אריכתא נינהו שריבוי לשון שלא לצורך הוא שכבר פירש טעמו יפה משום דלא עקר דעתו ממישתיא שעדיין לא שתה וכל דעתו לשתות: **כי מטא רבא לאבדולי.** לעיל קאי אהא דרב יעקב בר אבא איקלע לבי רבא וההוא עובדא בסעודת שבת אוקימנא לעיל משום הא מילתא דהכא דמשמע למוצאי שבת אתחיל רבא לברך ברכת הבדלה ואגב גררא אייתי להא עובדא דאמימר ומר זוטרא איח ליה דרבא ורב אשי לית ליה וליכא לפרושי אההוא עובדא קמא דרב הונא בר יהודה איקלע לבי רבא אייתי לקמייהו כסא דאבדלתא ובריך מאור ובשמים דלא שייך למימר כי מטא לאבדולי קם שמעיה וכו' והרי כבר אמרנו שהיה מבדיל ובירך כבר אבשמים ואמאור ועוד הא דרב יעקב בר אבא אמאי מפסיק בינתים: **קם שמעיה.** דרבא אדליק אבוקה בשרגא: **א"ל.** רבי יעקב בר אבא לרבא לאחר שהבדיל למה ליה למר דעביד טולי האי הא איכא שרגא: **ודעפיה דנפשיה.** מעלמו אשר לא לויתיו והא דקאמר ליה רבא לא גרסי' דהא רבא עצמו הוא דקא מהדר לרב יעקב בר אבא: **ס"ג המבדיל בין קודש לחול בין אור לחושך זו היא הבדלתו כו'.** ולא היה אומר יותר: **על שבע.** מפרשינן לקמיה: והא

דברים הרגילים לבא אחר הסעודה כגון אגוזים ועגבים אפי' באים בתוך הסעודה צריכים ברכה לפניהם ולאחריהם אין נראה פירוש זה כדמפרש שם ועוד דלא דמי לאגוזים ועגבים דיין חשיב בא מחמת הסעודה ולא צריך לברך אחריו לכולי עלמא ואע"ג דאמר התם שאלו את בן זומא מפני מה אמרו דברים הבאין מחמת הסעודה בתוך הסעוד' אין טעונין ברכה לא לפניהם ולא לאחריהם מפני שפת פוטרתן אי הכי יין (ד) נפטריה פת פירוש ולאכן תנן הביאו להם יין תוך המזון כל אחד מברך לעצמו ומשני שאני יין הואיל וקובע ברכה לעצמו התם לא מיירי אלא בברכה שלפניו אבל לענין ברכה שלאחריו לא אשכחן דחשיב ואין מנהג לברך אחר היין בתוך הסעודה ואפילו יין דלאחר הסעודה נראה שאין צריך לברך אחריו דלעולם חשוב מחמת הסעודה והא דקאמר דברים הבאים אחר הסעודה צריכין ברכה לפניהם ולאחריהם הייני חוץ מיין ומיהו אנו אין אנו מסלקין ידינו מפת עד ברכת המזון והכל קרוי תוך הסעודה ואין שום דבר טעון ברכה אחריו דברכת המזון פוטר וכימי החכמים היו מסיחין מן הפת בעקירת שלחן קודם ברכת המזון ואז היו רגילין לשתות יין ולאכול פירות:

כיון דאמר הב וניבריך איתסר למישתי. וא"ת בפ"ג שאכלו (ברכות דמ"ח:) גבי ינאי מלכא כו' דקאמר מאן יהיב לן גברא דמברך לן דהוי הב וניבריך היכי לטרף תו עמהן ר"ש בן שטח הא אמרי' לעיל בההוא פרקין (דף מז.) דרב ושמואל הוו יתבי בסעודתא על ואתא רב שימי בר חייא הוה קמסרהב ואכיל אמרו ליה מאי דעתך לאצטרופי בהדן אנן אכלינן אלמא כיון דגמרו מלאכול תו לא מצטרפי וי"ל בלאו הכי אמרי' התם הוא דעבד לגרמיה שהואיל ואע"פ שלא אכל כזית דגן:

בריך אכל כסא וכסא. אחריו לא היה מברך דברכת המזון פוטרת והא דשינוי מקום צריך לברך הייני דוקא לפניו ולא לאחריו כדפיר' לעיל: **רב** אשי בריך אכסא קמא ותו לא בריך. ואע"ג דברכת המזון טעונה כוס לא היה מברך ובירושלמי נמי קאמר דאם התחיל לסעוד בע"ש מבעוד יום אין צריך בקידוש לברך בפה"ג משמע דכל דבר מצוה הטעון כוס א"צ לברך בפה"ג היכא דלא הוי הפסק וא"ת א"כ אמאי מברכין בכוס שני שאחר הגדה בפה"ג אפילו אתה הגדה טעונה כוס אין צריך לברך דלא הוי הפסק כדאמר הכא וי"ל דהגדה והלילא כמו הוי הפסק ואע"ג דבין ראשון לשני אם רצה לשתות ישתה מכיון דהתחיל לשתות אשר גאלנו אסור לשתות והוי כמו ברכת המזון דמסקינן הכא דצריך לברך ומ"מ חשיב קידוש במקום סעודה דלענין זה לא חשיבא הגדה הפסק ולמאי דפרישית דהוי' הגדה הפסק צריך לברך אחר ירקות בורא נפשות וגם נראה לברך אחר כל ארבע כוסות על הגפן חוץ משום שני הסמוך לסעודה וגם אחר ב' כוסות של אירוסין ונשואין נראה דצריך לברך אחר כל אחד על הגפן:

וקאמר רב יקנ"ה. פי' בקונטרס דדייק מדלא מצריך לברך תרי זימני בפה"ג חד אקידוש וחד אהבדלה אלמא לא הוי קידוש הפסק והוא הדין נמי ברכת המזון וקשה דאיך יברך פעמים בפה"ג על כוס א' והא לא מיגו ונראה דדייק מדלא מיקט יין לבסוף ש"מ דלא הוי הפסק והוא הדין נמי ברכת המזון: **ולא** היא כו'. והכי מסקינן דמברכין אכסא דברכתא וקשה דאמרינן בכיסוי הדם (חולין דף פז.) דכוס של ברכה אתה שותה בו מ' זהובים אתה טעל והשתא האיכא ב' זהובים בשביל ברכת בורא פרי הגפן וי"ל דהתם לא נקט ג' משום רב אשי דלא בריך אכסא דברכתא ועוד פעמים מברכין ברכת המזון בלא כוס: ומר

רבינו חננאל

בסעודתא והוה קאי עלייהו רב ייבא סבא אמרו ליה שפוך כסא הב ונבריך [הדר] אמרו ליה הב לן ונשתי אמר להו הכי אמר רב כיון דאמריתו הב ונבריך איתסר לכו למשתי. אמימר ומר זוטרא ורב אשי הוו יתבי בסעודתא קאי עלייהו רב אחא בריה דרבא אמימר בריך אכל כוס וכוס דהוה שתי מר זוטרא בריך בורא פרי הגפן אכסא קמא ואכסא דבירכתא רב אשי בריך אכוס ראשון בלבד אמר להו רב אחא אנן כמאן נעביד אמימר אמר אנא נמלך אנא כלומר כיון שאני שותה הכוס אני מסיים בדעתי שלא לשתות כוס אחר וכבר פסק השתיה ונאסרתי לשתות וכשמפצירין אותי אחר כך לשתות כאלו אני מתחיל לפיכך אני צריך לברך בתחלה מר זוטרא אמר אנא עבדי כתלמידי דרב כיון דאמרי הב ונבריך איתסרו למשתי רב אשי אמר לית הילכתא כתלמידי דרב דהא דאמר רב יקנ"ה בפ"ה בתחלה אע"פ שהפסיק וברך קידוש ונר ואם הבדיל שותה בלא ברכת היין פעם אחרת ש"מ כי הברכה אינה מפסקת והא דתלמידי [דרב] אינה הלכה ודחי' לא דרב אשי ואמרי' לא היא בברכת המזון שהוא כוס אחר ולית הכוס שברך עליו בורא פרי הגפן ונעקר דעתיה משתי' וצריך ברכה אחרת אבל יקנ"ה שאין כולן בכוס אחד לא עקר דעתיה משתיה והלכתא כברכה א' אריכתא דמו וקיימא לן כרבא ומר זוטרא: כי ממא לאבדולי קם שמעיה ואדליק אבוקה משרגא אמר ר' יוחנן אבוקה להבדלה מצוה מן המובחר פתח ואמר המבדיל בין קדש לחול ובין אור לחשך ובין ישראל לעמים ובין יום השביעי לששת ימי המעשה ואשיקנא הא דעבד [הכי] בר' אלעזר [עביד] דאמר הפוחת לא יפחות מג' והמוסיף לא יוסיף על ז' ואקשינן

יח א מיי' פ"ד מהל' ברכות הלכה ח סמג עשין כז טוש"ע או"ח סי' קעד סעיף א [וברא"ש פ' כיסוי הדם סי' ה]:

יט ב מיי' שם פ"ד הל' יב (ופ"ז הל' טו) סמג שם טוש"ע או"ח סי' קפד סעיף ה וסי' קצ סעיף ה [רב אלפס ורא"ש כאן ובברכות פ"ו דף לד וברא"ש סי' לג]:

כ ג מיי' פכ"ט מהלכות שבת הלכה כו סמג עשין כט טוש"ע או"ח סי' רצ"ח סעיף ב:

כא ד מיי' שם הל' ג [טור או"ח סימן רצו]:

לעיל ח.

הגהות הב"ח

(א) גמ' אמימר אמר אנא נמלך אנא: (ב) רשב"ם ד"ה הב לן ונבריך וכו' ואמרו הב לן בריש': (ג) ד"ה כיון דאמריתו הב לן וניבריך: (ד) תוס' ד"ה אלא וכו' אי הכי יין נמי ניפטריה:

אות ב'

נהגו העם כבית הילל ואליבא דרבי יהודה

סימן רצו ס"א - [ד]**סדר הבדלה: יין, בשמים, נר, הבדלה, וסימנך: יבנ"ה.**

סימן רצו ס"ג - [ה]**ואם אין לו אלא כוס אחד, ואינו מצפה שיהיה לו למחר, מוטב שיאכל קודם שיבדיל, ויברך עליו בהמ"ז ואח"כ יבדיל עליו, ממה שיברך בהמ"ז בלא כוס, לדברי האומרים דבהמ"ז טעונה כוס** - אבל אם מצפה שיהיה לו למחר עוד כוס, יבדיל עכשיו על כוס זה, ובאכילה ימתין עד למחר, כדי שיברך על הכוס, למ"ד דבהמ"ז טעונה כוס, **מיהו** המ"א סי' קפ"ב חולק ע"ז, דבשביל כוס בהמ"ז שלא יהיה לו, אינו מחויב למנוע עצמו מלאכול.

ולדברי האומרים דאינה טעונה כוס, לא יאכל עד שיבדיל.

[ו]**ומיירי שכוס זה לא היה בו אלא רביעית בצמצום, וכבר היה מזוג כדינו, שאם היה משים בו מים יותר לא היה ראוי לשתייה; שאל"כ לד"ה מבדיל תחלה ושותה ממנו מעט** - היינו כמלא לוגמיו, **ומוסיף עליו להשלימו לרביעית** - היינו שימזגנו במים, **ומברך עליו בהמ"ז.**

אות ב'*

דספק מייתי לן ספק לא מייתי לן

סימן קעד ס"ד - [ח]**כשאדם נכנס לבית חבירו** - היינו שלא קראוהו להיות נקבע עמהם לשתות ככל המסובין, **ויש שם חבורות הרבה שאוכלים, וכל אחד מושיט לו כוס** - וה"ה בחבורה אחת כשכל אחד מושיט לו כוס, **יש מי שאומר שמברך על כל אחד בפה"ג, כי בכל פעם הוא נמלך** - דאינו יודע אם יושיטו לו כוס אחר, **ואפי'** אם הושיטו לו כוס אחר בשעה דעדיין לא גמר לשתות כוס הראשון, נמי דינא הכי, דצריך לחזור ולברך עליו בפני עצמו, כיון שבשעה שבירך לא היה דעתו על זה, שלא היה יודע שיושיטו לו עוד. **וכ"ז** דוקא בסתמא, אבל אם בשעת ברכתו היה דעתו שתעלה הברכה על כל מה שיתנו לו, א"צ לברך על כל כוס, אף שלא היה יודע אז אם יתנו לו, מ"מ מהני דעתו לזה, **ובמקום** שהמנהג שמושיטין כוסות הרבה למי שנכנס במסיבת הקבועים לשתיה, אז אפילו בירך בסתמא על כוס אחד, אמרינן דדעתו היה על כל מה שיתנו לו, וא"צ שוב לברך על כל כוס וכוס, **ומ"מ** טוב יותר שיכוין בשעת ברכה על כל מה שיתנו לו.

---

§ מסכת פסחים דף קג: §

אות א'

כיון דאמריתו הב לן וניבריך, איתסרא לכו למישתי

סימן קעט ס"א - [ט]**ואם אמר: הב לן ונברך** - פי' תן לנו כוס לברך, **הוי היסח הדעת, ואסור לו לשתות אלא א"כ יברך עליו תחלה** - וכשמברכין בלא כוס, אם אומרים: בואו ונברך, ג"כ דינא הכי, דהוי היסח הדעת, **וכן** אם הסיח דעתו בהדיא בלבו מלשתות עוד, ואח"כ רוצה לשתות, ג"כ צריך לברך מתחלה על המשקה. **ואם** מסובין רק לשתיה, ואמרו: בואו ונברך ברכה אחרונה, ג"כ דינא הכי דהוי היסח הדעת, ואסור לשתות עוד בלא ברכה.

ואכילה דינה כשתיה להרא"ש - דבגמרא לא נזכר בהדיא רק לענין שתיה, וס"ל דה"ה לאכילה.

(והנה בשו"ע לא מבואר בהדיא לדעת הרא"ש רק ב"הב לן ונברך", אבל בסתם אם הסיח דעתו מלאכול ולשתות עוד, ולא אמר "הב לן ונברך", לא הוזכר בשו"ע כלל לדעת הרא"ש, אם זה מצריכו לחזור ולברך או לא, **ומצאתי** בספר בית מאיר דמצדד, דהיסח הדעת מהני אף באכילה, להצריכו לחזור ולברך, וכ"כ הגר"ז).

אבל להר"ר יונה והר"ן אכילה שאני, שאע"פ שסילק ידו מלאכול - ר"ל אפילו גמר בדעתו שלא לאכול, **ואפילו סלקו השלחן** - (היינו שסילק הלחם ושארי מזון מעל השלחן), **אם רצה לחזור לאכילתו, א"צ לברך פעם אחרת, שכל שלא נטל ידיו לא נסתלק לגמרי מאכילה** - משום דדרך להגרר מאכילה קטנה לגדולה, לא חשיב היסח הדעת גמור אלא כשנטל ידיו, **מה** שאין כן בשתיה, בהיסח הדעת כל דהו כבר נסתלק משתייתו, וצריך לברך שנית כשנמלך.

(עיין בפמ"ג שכתב, דלאו דוקא בפת, הוא הדין בשאר מידי דמזון, ג"כ לא נסתלק להרר"י ור"ן באומר "נברך ברכה אחרונה", ואם רוצה לאכול עוד רשאי בלא ברכה ראשונה).

כתב הט"ז, דאם מחמת אכילה זו שחוזר לאכול נגרר לבו גם לשתיה, א"צ ברכה לדעה זו גם על השתיה, דבתר אכילה גריריא, אף שאמר מתחלה "הב לן ונברך", **ולא** מיירי השו"ע בתחלה לענין שתיה דמצריך לברך לכו"ע, רק כשלא חזר גם לאכילה.

ועיין בבה"ל שהבאנו הרבה פוסקים שסוברים כדעת הרא"ש, דב"הב לן ונברך" חשיב גמר סעודה, ואף באכילה אסור בלא ברכה, וכן סתם המחבר לקמן קצ"ז ס"א עי"ש, (**אמנם** בביאור הגר"א כתב, דנ"ל לעיקר לדינא כהרר"י והר"ן, וע"כ לא נוכל להכריע לדינא בזה), **וע"כ** לכתחלה בודאי יש ליזהר שלא לאכול אחר שאמר "הב לן ונברך", וכן פסק בדה"ח.

(וכן אם הסיח דעתו בהדיא שלא לאכול, אף שלא אמר "הב לן ונברך", ג"כ נכון מאד ליזהר לכתחלה שלא לאכול, דגם בזה יש הרבה ראשונים שסוברין להחמיר בזה וכנ"ל).

ודע, דמי שצריך ברכה באמצע סעודה, צריך נטילה ג"כ, דכיון דהסיח דעתו, לא שמר ידיו, **ורק** ברכת נט"י אין לו לברך.

באר הגולה

[ד] ברכות נ"ב וכרבי יהודה אליבא דב"ה [ה] פסחים ק"ה לתירוץ ר"י הביאו הרא"ש (עיין לקמן דף ק"ה: בהערה לדבריו) [ו] הרא"ש [ז] (ע"פ מהדורת נהרדעא) [ח] כל בו בשם הר"מ [ט] פסחים ק"ג

אות ב'

בריך אכסא קמא ואכסא בתרא

סימן קעד ס"ה - י'כל מה ששותה בתוך הסעודה - ר"ל אפילו שלא בבת אחת, **די לו בברכה אחת** - דמסתמא כשבירך בפה"ג על כוס האחד, דעתו היה ג"כ על כל מה שישתה בתוך הסעודה.

יא'אא"כ כשבירך לא היה דעתו לשתות אלא אותו הכוס, ונמלך לשתות אחר - ר"ל שהיה דעתו שלא לשתות אלא אותו הכוס ולא יותר, אלא שאח"כ נמלך לשתות עוד, [**דאם** היה בסתמא, בודאי אין צריך לחזור].

וכתב הט"ז, דה"ה לענין אכילה, כגון שקנה לעצמו לחם א' לאכלו כולו, ועל דעת זה בירך, ואח"כ נתאוה לאכול עוד, ושולח לקנות עוד, צריך לברך שנית "המוציא", **והטעם**, דמעשיו מוכיחין דלא היה בדעתו לאכול כי אם הלחם שקנה, דאל"כ היה קונה יותר, אלא שאח"כ נתאוה לאכול עוד, **אבל** אם יש לו בבית לחם, וחותך לו חתיכה לאכול אותה, ודעתו רק על חתיכה זו, כי חושב שדי לו בזה ולא יצטרך יותר, ואח"כ רוצה לחתוך עוד, אין זה נמלך, ולא הוי כמו שחושב שיותר לא יאכל - דברי סופרים, דדרך אדם כן הוא, דלפעמים בשעת ברכה חושב שיהיה די לו בחתיכה אחת, ואח"כ כשרואה שאינו שבע בזה, לוקח עוד, [**ומסתברא** דבשתיית יין הוי נמלך בכל גווני, אפי' אם לא היה צריך להביא כוס שני מן השוק].

הגה: וכן מי שבא לסעודה - היינו שאינו מן הקרואים, אלא שבא דרך עראי לשם, **ומושיטין לו הרבה כוסות** - ר"ל שלא בבת אחת, אלא בזה אחר זה, **מברך על כל אחד ואחד, דהוי נמלך (כל בו)** - דבשעה שבירך לא היה יודע אם יתנו לו עוד, **וע"ל סי' קע"ט**.

וכן מי שבירך על כוס ברכת נישואין - שיש שם הרבה מסובין, וכל כיוצא בזה, **ואינו יודע להיכן יגיע הכוס, כל אחד צריך לברך, דמקרי נמלך (אגודה פרק ערבי פסחים וע"ל סי' ק"ל)** - דמסתמא אינו מכוון לצאת בברכת המברך, מאחר שאינו יודע אם יגיע לו.

סימן קצ ס"ה - יב'כשמסובין בסעודה גדולה ואין יודעים עד היכן יגיע כוס של בהמ"ז, כל אחד מהמסופקים אם יגיע לו, צריך לברך "בורא פרי הגפן" - דמסתמא אינו מכוין לצאת בברכת המברך, מאחר שאינו יודע אם יגיע לו, **וכתב** המ"א, דאם המסובין נתכונו בהדיא אם יגיע להם הכוס שיצאו בברכתו, יוצאין בזה, אם גם המברך נתכוין להוציא בברכתו כל אחד מהמסובין, וכן הסכימו הרבה אחרונים, **ואך** יזהרו כולם, מי שרוצה לטעום מן הכוס על סמך ברכת המברך, שלא ישיחו עד שיטעמו מן הכוס, כדי שלא יהיה הפסק בין הברכה להטעימה. **(וע"ל סימן קע"ד סעיף ה' בהג"ה)**.

אות ג'

אבוקה להבדלה מצוה מן המובחר

סימן רחצ ס"ב - יג'מצוה מן המובחר לברך על אבוקה - שאורה רב, **וטוב** להדר שיהיה של שעוה - מ"א בשם כונת האר"י.

עוד כתב בשם ס"ח, דלא יקח עצי דמשחן שקורין קי"ן בל"א, מפני שריחו רע, ונראה דהיינו אותן שנשמע מהן ריח רע של זפת, **והנה** לעיל בסימן רס"ד איתא, דגם בנר של זפת גופא מדליקין בליל שבת, וכן בעיטרן שבודאי ריחו רע, אפ"ה היו מדליקין בו, אי לאו משום שמא יניח ויצא באמצע הסעודה, ובודאי לא עדיף אור הבדלה שאין צריך לחזור אחריו, מנר שבת שהוא חובה, **ואולי** דכונת הס"ח, שאין זה מן המובחר אף שאורו רב, מפני ריחו הרע, אבל לא גריע משאר נר שאינו אבוקה, **גם** בפמ"ג כתב, שאם אין לו נר אחר, יכול לברך עליו.

יד'ויש מי שאומר שאם אין לו אבוקה, צריך להדליק נר אחר לצורך הבדלה, חוץ מהנר המיוחד להאיר בבית - משום היכר שהוא לשם מצוה, **ונראה** דמיירי באופן שאינו יכול לקרב את הנר הזה לנר שבביתו, דאל"ה הרי יכול לקיים מצות אבוקה.

וכ"ז הוא רק למצוה בעלמא ולא לעיכובא.

הגה: ונר שיש לו שתי פתילות מיקרי אבוקה (אגודה) - סתם נר שבגמרא ופוסקים, היינו נר של שמן, וקמ"ל דכיון שאורותיהן מגיעין זה לזה למעלה, הוי אבוקה, **ובנר** שלנו אם מונח שם כמה פתילות, הוי כמו פתילה עבה ואינה חשובה אבוקה, **אך** אם מפריד ביניהם שעוה או חלב, כגון מה שעושין משעוה שהנרות קלועים יחד, או שמדביק יחד ב' נרות להדדי בעת הברכה, זהו ג"כ חשיב אבוקה, **ומשמע** מדברי המ"א, שיראה שיגיעו המאורות להדדי, דאז חשיב אבוקה.

(**ולפי"ז** לפני העששית של זכוכית שלנו שקורין לאמפ, **אף שהיא מאירה מאד יותר מכמה נרות, אפ"ה היא רק פתילה עבה ואינה חשיבא כאבוקה, אמנם** מדברי אגודה עצמו יש לומר דכונתו להיפך, **אמנם** מצד אחר נראה דיש למנוע לכתחלה מליקח את העששית של זכוכית בשביל אבוקה, דהרי מי שלוקח אבוקה הוא כדי לקיים מצוה מן המובחר, **דמדינא סגי בנר קטן יחידי, וכדאיתא בגמרא ושו"ע, ומצוה מן המובחר נראה דודאי לית בזה, דהרי דעת השו"ע לקמן בסוף הסימן, דאין לברך "בורא מאורי האש" על הנר הטמון באספקלריא, וכפשטות לשון הירושלמי, ונהי דדעת האחרונים לפסוק כהרשב"א שמקיל בזה, מ"מ יש כמה ראשונים דקיימי בשיטת הב"י, ומצוה מן המובחר בודאי לית בזה, ועיין בסוף הסימן מה שנכתוב בזה**).

אות ד'

המבדיל בין קודש לחול, בין אור לחשך, בין ישראל לעמים, בין יום השביעי לששת ימי המעשה

טור סי' רצט - נוסח הבדלה: בא"י אמ"ה המבדיל בין קודש לחול, ובין אור לחושך, ובין ישראל לעמים, בין יום השביעי לששת ימי המעשה, בא"י המבדיל בין קודש לחול.

באר הגולה

| י' פסחים ק"ג וברכות מ"א | יא שם פסחים וכאמימר | יב אגודה בפ"י דפסחים | יג פסחים ק"ג | יד ספר ארחות חיים בשם התוס' |

והא מר לא תלתא אמר ולא שבע אמר א"ל איברא בין יום השביעי לששת ימי המעשה מעין חתימה היא ואמר רב יהודה אמר שמואל המבדיל צריך שיאמר מעין חתימה סמוך לחתימתו ופומבדיתאי אמרי מעין פתיחתן (א) סמוך לחתימתן מאי בינייהו איכא בינייהו יום טוב שחל להיות אחר השבת דחתמינן בין קודש לקודש מ"ד מעין פתיחתן סמוך לחתימתן לא בעי למימר בין קדושת שבת לקדושת יום טוב הבדלת ומאן דאמר מעין חתימתן סמוך לחתימתן בעי למימר בין קדושת שבת לקדושת יום טוב הבדלת גופא אמר רבי אלעזר אמר רבי אושעיא הפוחת לא יפחות משלש והמוסיף לא יוסיף על שבע מיתיבי *אומר הבדלות במוצאי שבתות ובמוצאי ימים טובים ובמוצאי יום הכפורים ובמוצאי שבת ליום טוב ובמוצאי יום טוב לחולו של מועד אבל לא במוצאי יום טוב לשבת הרגיל אומר הרבה ושאינו רגיל אומר אחת תנאי היא דא"ר יוחנן בנן של קדושים אומר אחת ונהגו העם לומר שלש *מאן ניהו בנן של קדושים רבי מנחם בר סימאי *ואמאי קרו ליה בנן של קדושים דלא איסתכל בצורתא דזוזא שלח ליה רב שמואל בר אידי תנניא אחי אומר אחת ולית הלכתא כוותיה אמר רבי יהושע בן לוי המבדיל צריך שיאמר מעין הבדלות האמורות בתורה מיתיבי סדר הבדלות היאך אומר המבדיל בין קודש לחול בין אור לחושך בין ישראל לעמים ובין יום השביעי לששת ימי המעשה בין טמא לטהור בין הים לחרבה בין מים העליונים למים התחתונים בין כהנים ללוים וישראלים וחותם בסדר בראשית ואחרים אומרים ביוצר בראשית רבי יוסי ברבי יהודה אומר חותם מקדש ישראל ואם איתא הא בין הים לחרבה לא כתיבא ביה הבדלה סמי מכאן בין הים לחרבה אי הכי בין יום השביעי לששת ימי המעשה נמי מעין תתימה הוא בצר חדא וליכא שבע אמרי כהנים לוים וישראלים תרי מילי נינהו בין לוים לישראלים דכתיב °בעת ההיא הבדיל ה' את שבט הלוי בין הכהנים ללוים דכתיב °בני עמרם אהרן ומשה ויבדל אהרן להקדישו קדש קדשים מחתם מאי חתים רב אמר מקדש ישראל ושמואל אמר *המבדיל בין קודש לחול לייט עלה אביי ואיתימא רב יוסף אהא דרב תנא משמיה דרבי יהושע בן חנניא כל החותם מקדש ישראל והמבדיל בין קודש לחול מאריכין לו ימיו ושנותיו

ולית

תוספות

ומר לא תלתא אמר ולא שבע אמר. ומסתמא או ג' או ז' תיקנו כנגד שום דבר שלא לפחות או להוסיף כדאמר בהכלכה (מנחות דף לט:) לא יפחות מז' כנגד ז' רקיעים והמוסיף לא יוסיף על י"ג כנגד ז' רקיעים וששה אוירים: **מאי** בינייהו. דרוב הברכות הפתיחה והחתימה מענין אחד: **בעי** למימר בין קדושת שבת לקדושת יום טוב הבדלת. שאל ר' אפריים את ר"ת למה נהגו העולם להוסיף ולומר ואת יום השביעי מששת ימי המעשה קדשת הבדלת וקדשת את עמך ישראל בקדושתך דאין זה לא מעין פתיחה ולא מעין חתימה והשיב לו ר"ת משום חיבת היום האריכו כדי לומר פעם אחת מעין ז' הבדלות. בין קודש לחול אחד. בין אור לחשך ב'. בין ישראל לעמים ג'. בין יום השביעי לששת ימי המעשה ד'. בין קדושת שבת לקדושת י"ט הבדלת. פירוש שבי"ט שרי מידי דאוכל נפש. ואת יום השביעי מששת ימי המעשה קדשת הייט חולו של מועד דשרי דבר האבוד ובשבת אסור. זה חלוק שבת מי"ט והיא הבדלה אחת הרי ה'. הבדלת וקדשת את עמך ישראל בקדושתך שתי הבדלות בין כהנים לוים וישראלים ז' והוי מעין חתימה דבין קדש לקדש: **מיתיבי** אומרים הבדלות כו'. הוה מצי לאתויי מרבי יהודה הנשיא דלעיל אלא דניחא ליה למיפרך מברייתא: **דלא** מסתכל בצורתא דזוזא. ארבי מנחם קאי דאמר במועד קטן בפרק בתרא (דף כה:) כי קא ניחא נפשיה דר' מנחם בר רבי סימאי אישתעו כל צלמניא והוו למיחללייא פירוש חלקים בלא צורה ותולה קדושתו באביו שגם אביו היה קדוש*: **בין** יום השביעי לששת ימי המעשה מעין חתימה היא. ה"נ הוה מצי למיפרך הא לא כתיבא והא דלא קתני לה לבסוף פירש רשב"ם דנקט אחר ג' הבדלות דכשאינו אומר רק ג' הבדלות הויא סמוך לחתימה ואם תאמר לר' יוסי ברבי יהודה ולרב דחתמי מקדש ישראל היכי הויא מעין חתימה אדרבה כהנים ולוים וישראלים הוי טפי מעין חתימה ויש לומר דבין יום השביעי לששת ימי המעשה הוי שפיר מעין חתימה שקדשנו הקב"ה במצותיו ונתן לנו את השבת אבל כהנים לוים וישראלים לא הזכיר ישראל אלא להקל שקלים בקדושתן מכהנים ולוים ולא הוי מעין חתימה:

רשב"ם

והא מר לא שלש אמר. (ב) [כולן] ארבע: **מעין פתיחה**. ולא ממניינא הוא: **ה"ג י"ט שחל להיות אחר השבת**. דבעי למחתם המבדיל בין קודש לקודש: ה"ג מ"ד מעין חתימתן סמוך לחתימתן בעי למימר בין קדושת שבת לקדושת יום טוב כו': **האמורות בתורה**. כמו הנך דלקמן: **סדר הבדלות**. היינו שבע הבדלות ואף על גב דאיכא תמני בין [יום] השביעי לא קא חשיב דמעין חתימה: **וחותם בסדר בראשית**. ברוך סודר בראשית וכולהו הנך כתיבי והבדיל בין הקודש ובין החול ובין הטמא ובין הטהור (ויקרא י) ויבדל אלהים בין האור ובין החשך (בראשית א) ויבדל בין המים (שם) **ובין כהנים ללוים כו'**. מפרש להו לקמן אבל הבדלה דשבת לא כתיב' דמעין חתימה קא חשיב ליה לקמן ולאו ממנינא: **מעין חתימה היא**. דקאמר וחותם בסדר בראשית והויא ליה בין יום השביעי לששת ימי המעשה מעין חתימה וגלרי להו משבע: המבדיל

רשב"ם

והא מר לא שלש אמר ולא שבע אמר. דארבעה אמר ומה ראיה אם לפחות את המועט דייך בג' ואם לרבות באת היה לך לומר כל שבע: **איברא**. באמת: **מעין פתיחה**. ולאו ממניינא הוא: **חתימה**. סוף הברכה חותם בברוך: **פתיחתן**. התחלתן: **ומאי בינייהו**. דהא ברכת הבדלה מעין פתיחתן ומעין חתימתן איכא וכן רוב ברכות: **יום טוב שחל להיות אחר השבת**. דבעי למיחתם בין קודש לקודש: הכי גרסי' מאן דאמר מעין חתימתן סמוך לחתימתן בעי למימר בין קדושת שבת לקדושת יום טוב הבדלת והכי עבדינן לאפוקי נפשין מפלוגתא: **אבל לא במוצאי יום טוב לשבת**. דאפרכוס יוצא והמלך נכנס אין דרך ללוות האפרכוס שהכל נמשכין אחר המלך: **הרגיל**. שבקי בהן: **אומר אחת**. קשיא לר' אלעזר דאמר לא יפחות משלש: **הכי גרסינן תנאי היא דאמר רבי יוחנן בנן של קדושים כו'**. והיינו תנאי בנן של קדושים שהוא תנא: **ונהגו העם**. תנאים שהיו בימיו נחלקו עליו ועושין העם על פיהן הכי תנא אחר: **ר' מנחם בר רבי סימאי**. ואמרינן במסכת ע"ג פרק ר' ישמעאל (דף נ.) אמאי קרי ליה בנן של קדושים משום דלא אסתכל בצורתא דזוזא: **ולית הלכתא כוותיה**: **האמורות בתורה**. גמרא קאמר ליה: **האמורות בתורה**. כגון הנך דלקמן: **סדר הבדלות**. היינו שבע הבדלות אע"ג דאיכא שמונה בין יום השביעי לששת ימי המעשה לא חשיב דמעין חתימה היא: **וחותם בסדר בראשית**. ברוך סודר בראשית שבמוצאי שבת התחיל הקב"ה לסדר מעשה בראשית וכולהו הנך כתיבי והבדיל בין הקדש ובין החול ובין הטמא ובין הטהור ויבדל אלהים בין האור ובין החשך ויבדל בין המים ונומר ואבדיל אתכם מן העמים (ויקרא כ) אבל הבדלה דשבת לא כתיבא דמעין חתימה חשיבא לקמן ולאו ממניינא הוא והאי דלא חשיב לה לבסוף משום דלגבי שלש קתני לה דכי לא עביד אלא שלש הבדלות קאמר לה סמוך לחתימה: **בין הים לחרבה**. לקמן מסמי לה מברייתא: **בין כהנים ולוים וישראלים**. גרסינן ולקמן מפרש ליה: **מקדש ישראל**. מכל עולמו שילר לא קידש אלא ישראל ולפי פירוש זה שייכא חתימה זו במוצאי שבת: **מעין חתימה היא**. דקאמרת וחותם בסדר בראשית והויא לה בין יום השביעי לששת ימי המעשה מעין חתימה וגלרו להו משבעה: **רב אמר מקדש ישראל**. כר' יוסי בר' יהודה: **ושמואל אמר המבדיל בין קדש לחול**. שמואל לא סבירא ליה ככל הנך תנאי דלעיל אלא כרבנן סבירא ליה דתנן בסוף פרק קמא דחולין (דף כו:) גבי יום טוב שחל להיות במוצאי שבת כיצד מבדילין בין קדש *לחול כו' ואמרינן בגמרא היכא אמר לה להך ברכה בין קדש לקדש אמר רב יהודה בחתימתה רב ששא בריה דרב אידי אמר בפתיחתה

ולית

רבינו חננאל

והא מר ארבעה הוא דאמר וליתנהו לא תלת ולא שבע ואמר להו תלת קאמינא אבל בין יום השביעי לששת ימי המעשה מעין חתימתה היא דאמר שמואל כל הברכות צריך לומר מעין חתימתן סמוך לחתימתן וקיי"ל כותיה. פומבדיתאי אמרי מעין פתיחתן סמוך לחתימתן איכא בינייהו יום טוב שחל להיות אחר שבת דחתימתן בין קדש לקדש מאן דאמר מעין חתימתן סמוך לחתימתן צריך לומר בין קדושת שבת לקדושת יום טוב הבדלת מאן דאמר מעין פתיחתן סמוך לחתימתן לא צריך: אמר רבי יוחנן בנן של קדושים אומרים הבדלה אחת ומאי אותן ר' מנחם בר סימאי ואמאי קרי להו בנן של קדושים דלא אסתכל מימיו בצורתא דזוזא: נהגו העם לומר שלש הבדלות תנויה אומרה אחת ולית הלכתא כותיה: המבדיל צריך שיאמר מעין הבדלות שבתורה

עין משפט נר מצוה

כב א מיי' פכ"ט מהל' שבת הל' ג טור א"ח סי' רצט:

מסורת הש"ס

[תוספתא דברכות פ"ה]

ע"ז דף נ.

[לפני הרשב"ם לא היה הגירסא הך ואמאי וכו' עד דזוזא]

דברי' י

דה"א כג

[ועי' תוספות ע"ז נ. ד"ה ס"ג]

[לקודש כצ"ל]

הגהות הב"ח

(א) גמ' אמרי מעין פתיחתן סמוך לחתימתן כצ"ל וכן בכל העמוד: (ב) רשב"ם ד"ה והא מר לא שלש אמר כו' דארבע איכא הס"ד ותיבת כולן נמחק:

ולית הלכתא כוותיה עולא איקלע לפומבדיתא אמר ליה רב יהודה לרב יצחק ברי' זיל אמטי ליה כלכלה דפירי וחזי היכי אבדיל לא אזל שדר ליה לאביי כי אתא אביי א"ל היכי אמר א"ל ברוך המבדיל בין קודש לחול אמר ותו לא אתא לקמיה דאבוה א"ל היכי אמר אמר ליה אנא לא אזלי אנא שדריתיה לאביי ואמר לי המבדיל בין קודש לחול א"ל רברבנותיה דמר וסרדותיה דמר גרמא ליה למר דלא תימא שמעתיה מפומיה מיתיבי* *כל הברכות כולן פותח בברוך וחותם בהן בברוך חוץ מברכת מצות וברכת הפירות וברכה הסמוכה לחבירתה וברכה אחרונה שבקרית שמע שיש מהן פותח (בהן) בברוך ואין חותם בברוך ויש מהן שחותם בברוך ואין פותח בברוך והטוב והמטיב פותח בברוך ואינו חותם בברוך קשיא

ולית הלכתא כוותיה. וטעמא לפי שאין חותמין בשתים וברייתא סברה (כר')[כמאן] דאמר בפ' ג' שאכלו (ברכות ד' מט.) חותמין בשתים ופי' רשב"ם דהלכה כשמואל דחתים בין קודש לחול מדחתמינן במוצאי שבת לי"ט בין קודש לקודש ספ"ק דחולין (דף כו:) ש"מ במוצאי שבת דחול חותמין בין קודש לחול:

כל הברכות פותח בברוך וחותם בברוך. ותימה ברכה דאלהי נשמה אמאי לא פותחת בברוך דהא מעיקרא לא הוות סמוכה לחבירתה כדאמרינן בברכות (דף ס:) כי מתער אומר אלהי נשמה וכן קשה מאתה הוא עד שלא נברא העולם ותפלת הדרך שחותם ואינו פותח בברוך וי"ל לפי שאינן ברכות אלא שבח ותפלה בעלמא וברכה שאחר מגילה נראה דחתמינן בא"י האל הנפרע לעמו ישראל מכל צריהם האל המושיע שהיא ארוכה ולא דמיא לברכת פירות ומצות שהן קצרות וכן יש בירושלמי דמגילה ובגמרא דידן (דף כא:) בספרים ישנים דחותם בה בברוך האל הנפרע כו' וברכה דבורא נפשות רבות חותם בירושלמי בא"י חי העולמים: **חוץ** מברכה הסמוכה לחבירתה. פירוש לפי שאת' בראשונה אין צריך לפתוח השניה בברוך וברכה שלאחר הפטרה דצור כל העולמים עד שכל דבריו האמת והצדק ויש הפסק במחזורים ומתחיל נאמן אתה הוא ואין שם ברכה לא בחתימת הראשונה ולא בפתיחת השניה ונראה דכולה ברכה אחת היא דכולה משתעיא בנאמנות ובאמיתות המקום ומה שיש הפסק במחזורים לפי שהיו רגילים כל הציבור להפסיק שם ולומר שבח כדאמר במסכת סופרים (פרק יג הלכה י') וכן משמע התם דברכה אחת היא דקאמר דמפטיר מברך ז' ברכות כנגד ז' קרואים פי' בקריאת התורה בתחלה וסוף ואחת לפני הפטרה וד' אחריה הרי ז' ושבע ברכות של נישואין שהכל ברא לכבודו ויוצר האדם ואשר יצר את האדם כו' שפותחין בברוך פירש רש"י בכתובות (דף ח:) דשהכל ברא לכבודו נתקנה לאסיפת העם והיה ראוי לאומרה משעת אסיפה והיא ברכה בפני עצמה וכן יוצר האדם לא היתה צריכה שהרי יאמר אשר יצר אחריה אלא להזכיר שתי יצירות תיקונה והקדימוה לאשר יצר והרי היא כמו בעצמה ואשר ברא שפותחת בברוך לפי שאומר אותה לבדה כשאין פנים חדשות ור"ת אומר דשהכל ברא לכבודו ויוצר האדם לכך פותח בברוך בלא חתימה שהם קצרות כמו ברכת פירות ומצות ופתיחתן זו היא חתימתן ובאשר יצר את האדם צריך לפתוח בברוך שאם לא היה פותח היה נראה הכל ברכה אחת וברכת לעסוק בדברי תורה והערב נא אומר שהיא ברכה אחת כיון שאין פותח והערב נא בברוך והבדלה נמי שפותחת בברוך אע"פ שסמוכה לברכת מאור משום שלא תראה ברכה אחת ומיהו בירושלמי פריך והרי הבדלה ומשני רבי הוא מפזרן. וא"ת יהללוך שאחר הלל וירא עינינו וישתבח למה אין פותח בהן בברוך וי"ל דיהללוך היא סמוכה לברכה דלקרוא את ההלל וירא עינינו להשכיבנו וישתבח לברוך שאמר ולא הוו הפסוקים הפסק כמו ברכה אחרונה שבקריאת שמע דלא הוי קריאת שמע הפסק ואם כן נראה שאין להפסיק בין ברוך שאמר לישתבח ומיהו קשה מיהללוך דלילי פסח דאין מברכין לקרוא את ההלל לכך נראה דברכה שאחר פסוקים אין צריך פתיחה שבלא פתיחה ניכרת התחלה ובירושלמי (דברכות פ"א) פריך והרי גאולה פי' אשר גאלנו דסמוכה לברכה דקריאת הלל ומשני שנייה היא הלל אם שמע בבהכ"נ יצא פירוש שהיו קורין הלל בלילי פסח בבית הכנסת כדאיתא במס' סופרים (פ"כ הלכה ט') התיב ר' אלעזר בר ר' יוסי והרי סופה פירש רבינו שמואל בר ר' שמעי' סופה סוף ברכה דאשר גאלנו שחותם בברוך והיא כולה הודאה ומשני שתים הן אחת להבא ואחת לשעבר פירוש שתי גאולות אשר גאלנו גאולה דלשעבר וגאולה להבא שמחים בבנין עירך ולכך חותם בברוך דאין כולה הודאה דיש בה הפסק ותפלה שיגאל אותנו ופריך מהבדלה כדפרישית לעיל ופריך והרי נברך פי' ברוך הוא שאכלנו משלו ס' דהויא ברכה בפני עצמה כדאמרינן בפ' ג' שאכלו (ברכות ד' מו.) ומתחיל ברכת הזן בברוך אע"פ שסמוכה לנברך ומשני שנייה היא שאם היו שנים אוכלים אין אומר נברך ופריך והרי הזן פי' שאומר אחריו נודך ואין פותח בברוך אע"פ שפעמים אינה סמוכה לברכת הזן כשרצו השנים לזמן והשלישי מפסיק לרב ששת עד הזן צריך לשמוע והלכה כרב ששת באיסורי וכשיגמור סעודתו קאמר התם בסוף שמעתא דרבנן אמרי יחזור למקום שפסק קשיא ועוד פריך והרי הטוב והמטיב פי' בברכת המזון דסמוכה לחברתה ופותחת בברוך שנייה ביבנה תיקנוה ופריך והרי קידוש פירוש דסמוכה לבורא פרי הגפן ופותחין בברוך שנייה היא שאם היה אוכל מבעוד יום עד שיקדש היום אינו מברך בורא פרי הגפן ופריך והרי סופה של קידוש שחותמת בברוך וסלקא דעתך דכולה הודאה היא והויא כברכת פירות ומצות א"ר יונה טופס ברכה כך היא דאמר ר' יודן מטבע קצר פותח בברוך ואינו חותם בברוך מטבע ארוך פותח בברוך וחותם בברוך פי' וקידוש הוא מטבע ארוך ויש הפסק שאומר כי הוא יום תחלה למקראי קודש ולכך חותם בברוך: **הטוב** והמטיב פותח ואינו חותם בברוך. וא"ת והלא ארוכה היא ועוד דר"ת פי' שצריך לומר ג' גמולות ג' הטבות כמו ג' מלכיות דאמר בברכות (ד' מט:) צריכה ב' מלכיות לבד מדידיה וי"ל שאין זה אריכות אלא שמזכיר שם שמים בהרבה לשונות מלכנו יוצרנו קדושנו קדוש יעקב רוענו כו' ואין ראוי לחתום בברוך:

קשיא

סמבדיל בין קודש לחול. ותו לא אמר בה שאר הבדלות ולא חתם בה: **סיל גרמא ליה למר.** שלא הלכת אתה בעצמך: **וברכת המצות.** כגון להתעטף בציצית ועל נטילת לולב: וברכה הסמוכה לחברתה כגון אותם של שמונה עשרה: **וברכה אחרונה שבקריאת שמע.** אע"פ שאין ברכה אחרת למעלה הימנה שהתחיל בה בברוך: **יש מהן.** מאלו שהזכרנו שפותח בהן בברוך ואינו חותם בברוך כגון ברכת פירות ומצות: **ויש מהן שחותם ואינו פותח.** כגון ברכה הסמוכה לחבירתה שהרי פוטרתה ראשונה שנפתחה בברוך: **הטוב והמטיב.** אף על גב דסמוכה לחבירתה שהרי התחיל בברכת המזון בברוך משום דברכה באנפי נפשה איתקן משום הרוגי ביתר וכולה הודאה כברכת הפירות ומצות:

קשיא

רשב"ם

ולית הלכתא כוותיה אלא כרב יהודה ומדהתם במוצאי שבת ליום טוב חתמינן בין קדש לקדש הכא במוצאי שבת לחול חתמינן בין קדש לחול כך נראה בעיני דאי לא תימא הכי שמואל דאמר כמאן ואנן היכי קיימינן כוותיה כדלקמן: **ולית הלכתא כותיה.** כר' יהושע בן חנניה לפי שאין חותמין בשתים בפרק שלשה שאכלו (ברכות דף מט.) אלא כשמואל דהא לייטי עלה דרב: **זיל אמטי ליה.** לצעלא ובעלילה זו תראה היאך מבדיל: **המבדיל בין קדש לחול.** הוא דאמר ותו לא: **א"ל.** רב יהודה לרב יצחק בריה: **סרבנותיה דמר.** כעס עליו על שלא הלך הוא בעצמו: **דלא תימא שמעתיה מפומיה.** דרב יצחק אלא מפומיה דאביי ואמרינן (יבמות דף צז.) כל תלמיד חכם שאומרים דבר שמועה מפיו שפתותיו דובבות בקבר: **ברכת המצות.** כגון להתעטף בציצית ועל נטילת לולב וטעמו של דבר לפי שאין בהן ריבוי דברים: **וברכה הסמוכה לחבירתה.** כגון אותן של שמונה עשרה ברכות: **וברכה אחרונה שבקריאת שמע.** אע"פ שאין ברכה אחרת למעלה הימנה שהתחיל בה בברוך שהרי הפסיק קריאת שמע אעפ"כ אינו מתחיל בה בברוך וחשבינן לה ברכה הסמוכה לחבירתה לאותה שלפני ק"ש שהרי מחובר אמת ויציב על סופו של ק"ש וכדאמרינן בברכות (דף יד:) שצריך לסמוך אמת ויציב אחר אני ה' אלהיכם כדכתיב וה' אלהים אמת הלכך כחדא ברכתא אריכתא דמיא: **יש.** מאלו שהזכרנו שפותח בהן בברוך ואינו חותם כגון ברכת פירות ומצות: **ויש מהן.** שחותמין ואינו פותח כגון ברכה הסמוכה לחבירתה שהרי פוטרתה הראשונה שנפתחה בברוך: **וברכת הטוב והמטיב.** דברכת המזון אע"ג דסמוכה לחבירתה שהרי התחיל בברכת המזון אף על פי כן פותח בה בברוך משום דברכה באנפי נפשה איתקן משום הרוגי ביתר שניתנו לקבורה הטוב שלא הסריחו והמטיב שנתנו לקבורה אבל אנו מאריכין בה קצת כדי לומר בה שלש מלכויות כדמפרש בפ' שלשה שאכלו (שם דף מט.) הלכך כולה חדא הודאה היא כברכת הפירות וכברכת המצות ולא בעיא חתימה:

קשיא

עין משפט נר מצוה

כב א מיי' פ"א מהל' ברכות הלכה ה ופי"א הלכה א סמג עשין כז:

רבינו חננאל

עולא איקלע לפומבדיתא ואבדיל בין קדש לחול בלבד ולא אמר ברכה בתחלה וברכה בסוף אלא אמר בא"י המבדיל בין קדש לחול בלבד אותבי' עליה כל הברכות כלן פותח בהן בברוך וחותם בהן בברוך חוץ מברכת המצות וברכת הפירות וברכה הסמוכה לחברותה וברכה אחרונה שבק"ש שיש בהם פותח בברוך ואינו חותם בברוך ויש מהן חותם בברוך ואינו פותח בברוך הטוב ומטיב פותח בה בברוך

מסורת הש"ס

ברכות דף מו.

סי' שלא יאמרו שמעתתא מפומך וגי' ס"י מפומיה דרבנן

§ מסכת פסחים דף קד. §

אות א'* [א]

אומר הבדלות במוצאי שבתות, ובמוצאי ימים טובים, ובמוצאי יום הכפורים, ובמוצאי שבת ליום טוב, ובמוצאי יום טוב לחולו של מועד

סימן תצא ס"א - [ב]במוצאי יו"ט, בין במוצאי יו"ט לחול, בין במוצאי יו"ט לחוש"מ, [ג]מבדיל בתפלה כמו במו"ש - חסרון הניכר יש כאן, וצ"ל: "**ומבדיל על הכוס כמו במו"ש**", וכן מצאתי בשו"ע הראשון שהדפיס המחבר בחייו, **אלא שאינו מברך לא על הנר** - שאין מברכין על הנר אלא במו"ש, ובמוצאי יוה"כ שנאסר אור כל היום ועכשיו חוזר להתירו, **אבל** ביו"ט לא נאסר האור מעולם לצורך יו"ט.

[ד]ולא על הבשמים - דענין הבשמים הוא כדי להשיב את הנפש, שכואבת על הנשמה היתירה שניטלה ממנו אחר שבת, וביו"ט ליכא נשמה יתירה. **וכתבו** הפוסקים, דה"ה דביו"ט שחל במו"ש, אין מברכין על הבשמים, והטעם, לפי שיש מאכלים טובים, מיישבים דעתו כמו בשמים.

מי שהתחיל לאכול במוצאי פסח מבע"י עד הלילה, ועדיין לא התפלל והבדיל, מותר לאכול חמץ, דכיון שחשכה הוי לילה לכל מילי, אלא שחכמים אסרו במלאכה עד שיבדיל, **אמנם** אם עדיין לא בירך בהמ"ז, בודאי אין לו לאכול חמץ, דהרי יצטרך לומר "יעלה ויבוא", משום דאזלינן בתר התחלת הסעודה, וא"כ יהיה תרתי דסתרי.

[ה]סימן תצא ס"ב - יו"ט שחל להיות במו"ש, אומר באתה בחרתנו: ותודיענו - והוא דוגמת "אתה חוננתנו" שמזכירין במו"ש בברכת "אתה חונן", **וע"כ** דינו ג"כ כ"אתה חוננתנו", שאם טעה ולא אמרו אין מחזירין אותו, שיכול לומר אח"כ קידוש על הכוס, ושם נזכר הבדלה ג"כ.

אות א'

המבדיל בין קודש לחול

טור סי' רצט - נוסח הבדלה: בא"י אמ"ה המבדיל בין קודש לחול, ובין אור לחושך, ובין ישראל לעמים, בין יום השביעי לששת ימי המעשה, בא"י המבדיל בין קודש לחול.

---

§ מסכת פסחים דף קד: §

אות א'

כל הברכות כולן פותח בברוך וחותם בהן בברוך, חוץ מברכת מצות, וברכת הפירות, וברכה הסמוכה לחבירתה, וברכה אחרונה שבקרית שמע; שיש מהן פותח (בהן) בברוך ואין חותם בברוך, ויש מהן שחותם בברוך ואין פותח בברוך; והטוב והמטיב פותח בברוך ואינו חותם בברוך

רמב"ם פ"א מהל' ברכות ה"ה - ונוסח כל הברכות עזרא ובית דינו תקנום, ואין ראוי לשנותם ולא להוסיף על אחת מהם ולא לגרוע ממנה, וכל המשנה ממטבע שטבעו חכמים בברכות אינו אלא טועה; וכל ברכה שאין בה הזכרת השם ומלכות אינה ברכה, אלא אם כן היתה סמוכה לחבירתה.

רמב"ם פי"א מהל' ברכות ה"א - כל הברכות כולן פותח בהם בברוך וחותם בהם בברוך, חוץ מברכה אחרונה של קריאת שמע, וברכה הסמוכה לחבירתה, וברכת הפירות והדומה לה, וברכת עשיית המצות; ומאלו הברכות שאמרנו שהן דרך שבח והודיה, יש מהן פותח בברוך ואינו חותם בברוך, ויש מהן שהוא חותם בברוך ואינו פותח בברוך; [ז]אלא מעט מברכת המצות כגון ברכת ספר תורה, ורואה קברי ישראל מאלו שהן דרך שבח והודייה, אבל שאר ברכות המצות כולן פותח בהן בברוך ואינו חותם. השגת הראב"ד: כל הברכות כו' עד כגון ברכת ס"ת. כתב הראב"ד ז"ל: א"א ומה חסרה לו זו המדה ולא מלא ממנה אלא מעט, והנה [ח]קידוש והבדלה שהן שבח והודאה ופותח וחותם בברוך; [ט]אלא שאין הדבר תלוי אלא במטבע ארוך, לפי מה שיש בה להאריך, האריכה וחתמה, עכ"ל.

באר הגולה

א ‹ע"פ מהדורת נהרדעא› ב **יומא פ"ח** ג **ברייתא פסחים ק"ד** ד **רמב"ם וכ"כ הטור ממשמעות הגמר' פסחים ק"ב דחשיב יקנה"ז ולא חשיב בשמים** ה ‹מילואים› ו **ברכות ל"ג** ז ‹וביאור הלשון: כל הברכות כולן פותח בהן בברוך וחותם בברוך, חוץ מברכה אחרונה של ק"ש וברכה הסמוכה לחבירתה, ואעפ"י ששתי מינין אלו ענין אחד להם, מנאם כשתים, משום דברכה הסמוכה לחבירתה היינו סמוכה לה ממש. **וה"ה** לברכה אחרונה של הלל, אלא שרבינו חדא מינייהו נקט. **וברכת** הפירות והדומה לה וברכת עשיית המצות, **ואלו** שאמרנו שאין פותחות וחותמות, יש מהם פותח ואינו חותם וכו', והכלל הזה צודק בכל אלו הברכות, אלא במעט מברכת המצות, כגון ברכת ספר תורה שפותח וחותם, ומהברכות שהם דרך שבח והודאה, רואה קברי ישראל. **וה"ה** לקידוש והבדלה, אלא חדא מינייהו נקט, **אבל** שאר המצות כולן חוץ מברכת ספר תורה הכלל הזה צודק בהם שפותח ואינו חותם – כסף משנה› ח ‹כבר ישבתי דחדא מינייהו נקט – כסף משנה› ט ‹אינה טענה על רבינו, שלא בא רבינו ליתן טעם לדבר, אלא להודיענו כללי הדברים – כסף משנה›

§ מסכת פסחים דף קה. §

אות א'

שבתא קבעה נפשה

סימן רעא ס"ד - [א]אסור לטעום כלום קודם שיקדש - וזהו רק איסור דרבנן, והטעם, כיון דחיוב של הקידוש חל עליו מיד בכניסת שבת, ואפילו לא קבל עליו שבת בהדיא, דכיון שנעשה ספק חשיכה ממילא חל עליו שבת, ואם קבל עליו שבת, אפי' עדיין יום גדול דינא הכי. **ואם** רוצה לקבל שבת מבע"י ולקדש ולאכול, ולהתפלל ערבית אח"כ בלילה, רשאי, ובתנאי שיהיה חצי שעה קודם זמן מעריב, כדלעיל בסי' רל"ה ס"ב.

ואפילו אין לו אלא כוס אחד, יקדש עליו ויברך בהמ"ז בלא כוס, היינו אפילו למאן דס"ל בהמ"ז טעונה כוס, ולא יאכל קודם שיקדש.

[ב]אפי' מים - ושרי לרחוץ פיו במים, כיון דאינו מכוין להנאת טעימה.

ואפי' אם התחיל מבעוד יום, [ג]צריך להפסיק - ואע"ג דהתחיל בהיתר, שאני הכא דהקידוש שייך לסעודה, ולכתחלה איתקון שיקדש קודם סעודה ובמקום סעודה.

[ד]שפורס מפה - לכסות הפת עד אחר הקידוש, ואח"כ יסירנה, כי היכי דתתראה דאתא הסעודה השתא ליקרא דשבתא, **ואף** אם לא ישב עדיין לאכול, ג"כ דינא הכי דצריך פריסת מפה בעת הקידוש, וכדלקמן בס"ט, **אלא** דקמ"ל בזה דאף שהוא באמצע אכילתו, די בפריסת מפה, [גמרא שם, דלא בעינן שיעקור השולחן לגמרי ויקבענו מחדש לכבוד שבת], **ומקדש.**

אות ב'

ולא להבדלה קובעת

סימן רצט ס"א - [ה]אסור לאכול שום דבר, או אפילו לשתות יין או שאר משקין [ו]חוץ ממים, משתחשך עד שיבדיל - ואפילו בספק חשיכה, **ועיין** לעיל בסימן רס"א במ"ב, דנקטינן לספק חשיכה תיכף משקיעה החמה לענין הדלקת הנרות וכל מלאכה, **ומ"מ** נ"ל דלענין אכילת סעודה שלישית, אם לא אכל מקודם, בודאי צריך לאכול אפילו אחר שקיעה, [**כיון** שהוא דבר מצוה, יכול לסמוך על שיטת הרז"ה, וגם הרא"ש אפשר דסובר כן, **ואפשר** עוד, דאתי ספק עשה דרבנן ודוחה ספק איסור דרבנן, וגם מהטעמים שכתבנו בבה"ל, וגם העולם נוהגין להקל בזה], **ואפילו** לשאר אכילה אם הוא תאב לאכול ולשתות, ג"כ אין להחמיר עד חצי שעה שקודם צה"כ, [**דנראה** דיכול לסמוך על דעת השו"ע לעיל ברס"א, דעדיין לא התחיל בה"ש].

(והנה בסעודות גדולות של **נשואין**, המנהג בכמה מקומות להקל ולישב בספק חשכה, והב"ח מתמה ע"ז, **ונראה** שבמקום הדחק סומכין על הרז"ה, ואין למחות בידן, **ועוד** נ"ל ליישב קצת מנהגן, **דמפני** שהוא רק חשש דרבנן, והוא במקום מצוה, נקטו לקולא כר' יוסי, דזמן בה"ש דידיה מאוחר מבה"ש דר' יהודה).

כתב המ"א, דמש"כ המחבר "משתחשך", מיירי כשלא התפלל ערבית, **אבל** אם התפלל ערבית, אפי' אם התפלל מבע"י {דיש אופן שמותר וכבסי' רצ"ג} חלה עליו חובת הבדלה, ואסור לאכול עד שיבדיל על הכוס, [**ואף** אם הבדיל בתפלה אסור, **והפמ"ג** כתב שאין דינו מוכרח, דלא דמי לקידוש, דע"י הקבלה הוא שבת ואסור במלאכה, שנתקדש היום אצלו, ולכן חל חובת קידוש, **משא"כ** בהבדלה, דעדיין לאו חול הוא לשום דבר].

אבל אם היה יושב ואוכל מבעוד יום וחשכה לו - ואפילו רק התחלה בעלמא, שבירך ברכת "המוציא" מבע"י, ונשתהה לאכול עד שחשכה, **א"צ להפסיק, (אפילו משתייה) (ב"י).**

ואפילו לק"ש ותפלה א"צ להפסיק באמצע סעודתו, כיון שהתחיל מבע"י דהיה בהיתר, **ואין** להחמיר בזה להפסיק, שאם היה מפסיק באמצע, נראה כמגרש המלך, **ודומה** לזה דרשו במכילתא: "זכור" ו"שמור", שמרהו ביציאתו כאדם שאינו רוצה שילך אוהבו מאצלו כל זמן שיכול. (**עיין** רשב"ם ד"ה הבדלה אינה קובעת).

ואם הפסיק תוך הסעודה והתפלל, כתב המ"א דאפשר דחלה עליו חובת הבדלה, ואסור לאכול עד שיבדיל, [**ועיין** בא"ר שכתב דאין זה מוכרח, **ועכ"פ** במה שאמר תוך הסעודה תיבת "ברוך המבדיל בין קודש לחול", כדי שיוכל להדליק נר וכדומה, בזה לבד בודאי לא חל עליו חובת הבדלה, ומותר לגמור סעודתו].

ודוקא בזה שהתחיל לאכול בהיתר, אבל אם התחיל באיסור, פוסק ומבדיל, **אך** בלא"ה צריך לפסוק משום ק"ש של ערבית שהיא דאורייתא, אם התחיל לאכול בתוך חצי שעה שקודם צה"כ, וכדלעיל בסימן רל"ה, **ואין** לסמוך על קריאת השמש לבהכ"נ, ואפילו במקום שדרך לקרות, אלא אם רגיל לילך לבהכ"נ במו"ש.

באר הגולה

א **שם ק"ו** (בפרק ערבי פסחים (קו:) איכא מאן דאמר טעם אינו מקדש, ואע"ג דאסיקנא טעם מקדש, מ"מ משמע דלכתחלה אסור לטעום, מדלא אמרינן טועם ואח"כ מקדש, ואמרינן נמי התם (קה) דשבת קבעה נפשה, כלומר קובעת לקידוש, שאסור לטעום עד שיקדש - ב"י) ב **טור ורשב"א והגהות בשם ר"י** (ורשב"ם ד"ה לא קפדי) ג **שם ק' וכרב יהודה אמר שמואל** ד (וא"ת רב המנונא כמאן ס"ל, אי כרבי יהודה [לעיל ק א], הא בעי הפסקה דברכת המזון, ואי כרבי יוסי, הא שרי למיגמר סעודתו קודם קידוש, ואילו רב המנונא קאמר להו דצריך שיעשו קידוש קודם שיגמרו סעודתן, **ואומר** רבינו יחיאל, דס"ל כוותיה דשמואל דבעי פריסת מפה כי היכי דתיתי סעודתא ביקרא דשבתא, והכי קאמר להו, שבת קבעה לנפשיה ובעי פריסת מפה - מרדכי. **ובדף** ק. כתב המרדכי: תימה וכי [שמואל] תנא הוא לחלוק על ר' יהודה ור' יוסי, **י"ל** דאיכא תנא שלישי שסובר שמואל כמותו, כדאיתא בירושלמי זו דברי רבי יהודה ורבי יוסי, אבל חכמים אומרים פורס מפה ומקדש, ע"כ. **וכ"כ** הגר"א שם, ע"ש שהבאנו אותו שם, ודלא כהרשב"ם שם) ה **פסחים ק"ה** ו (פשוט שם, ודלא כרב הונא דאסר לשתות מים, והכי אמרינן תו התם, רבנן דבי רב אשי לא קפדי אמיא, וכן פסקו הפוסקים - ב"י)

מסורת הש"ס | ערבי פסחים פרק עשירי פסחים קה | עין משפט נר מצוה

קשיא לעולא אמר לך עולא הא נמי כברכת המצות דמיא ברכת המצות מאי טעמא משום דהודאה היא הא נמי הודאה היא רב חנניא בר שלמיא ותלמידי דרב הוו יתבי בסעודתא וקאי עלייהו רב המנונא סבא אמרו ליה זיל חזי אי מקדיש יומא נפסיק וניקבעיה לשבתא אמר להו לא צריכיתו °שבתא קבעה נפשה דאמר רב כשם שהשבת קובעת למעשר כך שבת קובעת לקידוש סבור מינה כי היכי דקבעה לקידוש כך קבעה להבדלה אמר להו רב עמרם הכי אמר רב לקידוש קובעת ולא להבדלה קובעת והני מילי לענין מיפסק דלא מפסקינן אבל אתחולי לא מתחלינן ומיפסק נמי לא אמרן אלא באכילה אבל בשתיה לא ושתיה נמי לא אמרן אלא בחמרא ושיכרא אבל מיא לית לן בה ופליגא דרב הונא דרב הונא חזייה להדוא גברא דשתה מיא קודם הבדלה אמר ליה לא מיסתפי מר מאסכרה דתנא משמיה דרבי עקיבא כל הטועם כלום קודם שיבדיל מיתתו באסכרה רבנן דבי רב אשי לא קפדי אמיא בעא מיניה רבינא מרב נחמן בר יצחק מי שלא קידש בערב שבת מהו שיקדש והולך כל היום כולו א"ל מדאמרי *בני רבי חייא מי שלא הבדיל במוצאי שבת מבדיל והולך כל השבת כולו הכא נמי מי שלא קידש בערב שבת מקדש והולך כל היום כולו איתיביה *לילי שבת ולילי יום טוב יש בהן קדושה על הכוס ויש בהן הזכרה בברכת המזון שבת ויום טוב אין בהם קדושה על הכוס ויש בהן הזכרה בברכת המזון ואי סלקא דעתך מי שלא קידש בערב שבת מקדש והולך כל היום כולו שבת ויום טוב נמי משכחת להו דיש בהן קדושה על הכוס דאי לא קידש מאורתא מקדש למחר אמר ליה *דאי לא קתני איתיביה* °כבוד יום וכבוד לילה כבוד יום קודם ואם אין לו אלא כוס אחד אומר עליו קידוש

[לקמן קו.] צ"ע אין [תוספתא ברכות פ"ג] [יבמות י. מנחות נב:]

קשיא לעולא · שפתח בברוך ולא חתם : הודאה היא · ואין בה הפסק דבר אחר לא הפסק תחנה ולא הפסק רצוי הלכך בפתיחתן סגי ולא דמו לברכת קידוש שצריך לספר בשבח שבת וברכת יוצר אור שיש בה הפסק תחנה כגון ברחמיך הרבים וברכת אבות יש בה רצוי לפיכך צריך לפתוח ולסיים בשבחו של מקום: הוו יתבי בסעודתא · בערב שבת והאריכו בה עד שחשיכה: ונפסיק · בעקירת השלחן: וניקבעיה · לסעודתינו: לשבתא · לשם שבת: לא צריכיתו · להפסיק בעקירת שלחן כדי להבדיל בין סעודת חול לסעודת שבת: שבת היא קבעה · מעצמה היא חשובה סעודת שבת ונבדלת מסעודת חול ודי לכם בפריסת מפה וקידוש: כשם שקובעת למעשר · אפילו אכילה עראי דשבת חשובה קבע למעשר במסכת ביצה (ד' לה:): כך קובעת לקידוש · שאסור לטעום עד שיקדש אלמא משחשיכה היא חשובה סעודת שבת מאליה (א) · כך: יציאתה קובעת להבדלה שאם יושבים על השלחן וחשיכה במוצאי שבת אסורין לאכול עד שיבדילו: והני מילי · דלהבדלה אינה קובעת לאפסוקי סעודתא אבל אתחולי לא מתחלינן משחשיכה עד שיבדילו: והני מילי · דאין מפסיקין לאכילה אבל לשתיה לאו דבר חשוב הוא ומפסקי: ולא אמרן · דלא מתחלי אלא בחמרא ושיכרא אבל מיא לית לן בה: מוכרים בברכת המזון · של שבת רצה והחליצנו וביום טוב יעלה ויבא: כבוד יום וכבוד לילה · אם (יש) לו יין הרבה לסעודה אחת או מיני מגדים יניחם עד היום : ולא

רשב"ם

קשיא לעולא · שפתח בברוך ולא חתם בברוך : הא נמי הודאה היא · ואין בה הפסק דבר אחר לא הפסק תחנה ולא הפסק רצוי הלכך בפתיחתן סגי ולא דמי לברכת קידוש שצריך לספר בשבח שבת וברכת יוצר אור שיש בה הפסק תחנה כגון ברחמיך הרבים רחם עלינו וברכת אבות יש בה דברי רצוי וצריך לפתוח ולסיים בשבחו של מקום : הוו יתבי בסעודתא · ערב שבת והאריכו בה עד שחשיכה : ונפסיק · בעקירת שלחן : וניקבעיה · לסעודתינו : לשבתא · לשם שבת : לא צריכיתו · להפסיק בעקירת שלחן כדי להבדיל בין סעודת חול לסעודת שבת : דשבת היא קבעה נפשה · לסעודתה דמאחר שהיא אוסרת עלינו לאכול מעתה בלא קידוש אין לך הפסק גדול מזה ומעצמה סעודת שבת חשיבא נבדלת מסעודת חול ודי לכם בפריסת מפה וקידוש : כשם שקובעת למעשר · פירוש אכילת עראי דשבת חשבי אותה קבע למעשר במסכת ביצה (דף לד:) משום דהוי עונג אפי' סעודת כל שהוא דידה קבע הוא ואין אוכלין בשבת אפילו עראי מתבואה [א] °שלא נגמרה מלאכתה למעשר אלא אם כן עישר מערב שבת : קובעת לקידוש · שאסור לטעום עד שיקדש אלמא משחשיכה היא חשובה אכילת שבת מאליה : כך קובעת להבדלה · כך יציאתה קובעת להבדלה שאם יושבין על השלחן וחשיכה במוצאי שבת אסור לאכול עד שיבדילו ואע"פ שלא הפסיקו סעודתן (ב) פורס מפה ומבדיל שיציאת שבת אוסרתן באכילה וקובעתן להבדלה : הבדלה אינה קובעת · דכיון שהתחיל בסעודת שבת מבעוד יום וזהו כבוד שבת שהיא גומר סעודתו אף לאחר שהחשיך ולאחר שגמר סעודתו יבדיל : והני מילי · דהבדלה אינה קובעת לאפסוקי סעודתא אבל לאתחולי לא מתחלינן : והני מילי · דלא מפסקי לאכילה אבל לשתיה לאו דבר חשוב הוא ומפסיק ומבדיל : ולא אמרן · אתחולי לא אלא חמרא ושיכרא אבל מיא לית לן בה : לא קפדי אמיא · קמי הבדלה אבל קמי קידושא קפדי משום כבוד שבת והכי הלכתא ושמעינן נמי שאם היו סועדים בשבת והחשיך גומרין כל סעודתן ומזמנין ואחר כך מבדילין : מבדיל והולך כל השבת כולו · עד רביעי בשבת כדלקמן : מוכרים בברכת המזון · רצה והחליצנו וביום טוב יעלה ויבא : שבת ויום טוב · ימים ולא לילות : אין בהן קדושה על הכוס · כי אם בורא פרי הגפן לבד : דאי לא קתני · דתנא לא בא להורות לנו דין אדם הפושע או שאירע לו מקרה ולא קיים דברי חכמים : כבוד יום וכבוד לילה · אם אין לו יין הרבה לסעודה או מיני מגדים יניחם עד היום :

תוספות

קשיא לעולא · לפירוש הקונטרס דפירש לעיל דלא אמר אלא המבדיל בין קודש לחול ותו לא קשה מאי ס"ד דמקשה הא פשיטא דלברכת הפירות דמיא דאין לך קצרה יותר מזו ועוד לימא דסבר עולא כר' יהודה הגשיא דמשמע נמי דלא הוי חתים ונראה דעולא אמר נמי כל שאר הבדלות ואשתיק בלא חתימה וס"ד דמקשה כיון דארוכה היא קצת הוה ליה למיחתם בברוך מידי דהוה אקידוש שחותמין בה אע"ג דהודאה היא כיון שיש בה אריכות קצת ומשני דדמיא שפיר לברכת פירות וכן משמע דרב יהודה לא היה שואל אלא לידע אם יחתום או כרב או כשמואל :

כך קובעת לקידוש · שאסור לאכול בלא קידוש אפילו התחיל לאכול מבעוד יום וה"נ קובעת למעשר אפי' התחיל לאכול עראי מבעוד יום כדאמרינן בסוף המביא כדי יין (ביצה ד' לה·) היה אוכל באשכול וחשכה לו שבת רבי אליעזר אומר יגמור רבי יהושע אומר לא יגמור : והנ"מ דאכלו ושתו מעיקרא · משמע שהיו אוכלים בשבת סמוך לחשיכה ותימה שלא נהגו לאכול בין מנחה למעריב וגם ר"ת כעס על רבינו משולם שהנהיג לאכול בין מנחה למעריב דאמר במדרש השותה מים בשבת בין השמשות גוזל את קרוביו המתים וכתב שפעם אחת אירע מעשה בלותיר ובא לידי סכנה ובקושי התירו ערב יום הכפורים לאכול אחר וידוי משום שכרות וגם תשעה באב שחל להיות בשבת ונדחה התירו בקושי ויש לדחות דמיירי הכא שהתחילו בהיתר ובאמצע סעודה התפללו מנחה והיכא דהתחילו בהיתר מותר להשלים : אבל לשתיה מפסיקין · פירוש שתיה בלא סעודה דאין בה קביעות ולכך מפסיקין : לא קפדי אמיא · ובריית' דכל הטועם מיתתו באסכרה לא מוקמי אמיא ומיתתו באסכרה מדה כנגד מדה הוא משביע גרונו יחנק ואסכרה במקום חנק כדאמרינן (כתובות ד' ל:) מי שנתחייב חנק או טובע בנהר או מת בסרונכי והיינו אסכרה :

שמע

עין משפט נר מצוה

כד א מיי' פכ"ט מהל' שבת הלכה יב סמג עשין כט טור ש"ע א"ח סי' רעא סי"ד :

כה ב מיי' שם וסמג שם טוש"ע א"ח סי' רעא ס"א :

כו ג מיי' שם הלכה ד וסמג שם טור ש"ע א"ח סי' רעא ס"ח :

כז ד מיי' שם טור ש"ע סעיף ג :

רבינו חננאל

קשיא לעולא דאמר הבדלה אינה חשובה בכל אלו ופריק ברכת הבדלה נמי כברכת המצות דמיא. רב חיננא בר שלמיא תלמידי דרב הוו יתבי בסעודתא והוה קאי עלייהו רב המנונא סבא אמרי ליה חזי אי נגה יומא נפסוק ונקבעה לשבתא אמר להו לא צריכיתו שבת היא קבעה נפשה דהכי אמר רב כשם שהשבת קובעת המוקצה לענין המעשר פי' העת שהיא ספק חשכה ספק לא חשכה אין מעשרין את הודאי וכל מה שהגיעה אותה עונה ולא עישר הרי נקבע מוקצה כל השבת ותנן בתרומות פ"ז היה אוכל באשכול ונכנס מן הגנה לחצר ר' אליעזר אומר יגמור ר' יהושע אומר לא יגמור חשכה לילי שבת רבי אליעזר אומר יגמור כלומר יאכל האשכול כולו ר' יהושע אומר לא יגמור פי' שכיון שנכנסה השבת נקבע למעשר דאמרי' דעתו של אדם לענג השבת בכל מידי דבר אכילה וזה האשכול כאלו דעתיה עלויה ואתלק מתורת עראי ונעשה קבע לפיכך אסור לאכול ממנו עד שיעשר ואע"פ שלא קבעו האדם השבת מעצמה נקבעה בחשיכת ערב שמש ונאסרו הפירות כי נקבעו למעשר ונעשו מוקצה כענין הזה כיון שחשכה נקבעה לקידוש ואע"פ שלא קדשוה בני אדם בפיהם מעצמה נתקדשה ואין אנו צריכין לחקור התגיע עת הקידוש מן החנויות ומראשי הדקלים ואתינן למימר כשם שמפסיקין לקידוש דשבת קבעה נפשה כך מפסיקין להבדלה ואסקה רב עמרם הכי אמר רב לקידוש קובעת להבדלה אינה קובעת ולא אמרן אלא לאפסוקי דלא מפסיק וסלק השלחן בעת דספק חשכה ספק לא חשכה אבל לאתחולי קבעה ולא מתחיל בסעודה בשבת עם חשכה עד דנפיק ומבדיל ומפסיק נמי דאמרן דלא מיחייב לאפסוקי סעודתיה ולסלק השלחן הני מילי אם היא סעודת אכילה אבל אם היא משתה

מפסיק ולא אמרן דמשתה [היין] מפסיק אלא משתיית יין ושכר אבל משתיית מים לית לן בה ואפי' לאתחולי. ודאע"ג דרב דתנא חזייה לההוא גברא דהוה שתי מיא מקמי הבדלה אמר לא מסתפית מאסכרה דתנא משמיה דרבי עקיבא הטועם קודם שיבדיל מיתתו באסכרה ולא היא דהא רבנן דבי רב אשי לא הוו קפדי אמיא · בעא מיניה רבינא מרב נחמן בר יצחק מי שלא קידש [בע"ש] מהו שיקדש כל היום כולו מדאמרי בני ר' חייא מי שלא הבדיל במוצאי שבת מבדיל והולך כל השבת כולו הכא נמי מי שלא קידש בערב שבת מקדש והולך כל היום כולו ואתיביה לילי שבת ולילי יום טוב יש בהן קדושה על הכוס ויש בהן הזכרה בברכת המזון פי' שצריך לומר אלהינו ואלהי אבותינו יעלה ויבוא שבת ויום טוב כלומר ביום ממש אין בהן קדושה ויש בהן הזכרה בברכת המזון ואם איתא דמי שלא קידש בערב שבת מקדש ביום השבת גם ביום השבת יש קדושה על הכוס כגון שלא קידש בערב שבת אינו

הגהות הב"ח

(א) רשב"ם ד"ה כך קובעת לקידוש וכו' מאליה הס"ד ואח"כ מ"ה כך קובעת להבדלה כך יציאתה: (ב) רשב"ם ד"ה כך קובעת וכו' סעודתן (פורס מפה) תא"מ ונ"ב ס"ס הוא ע"ש מס שמרשב"ם:

גליון הש"ס

ברשב"ם ד"ה כשם שקובעת וכו' שלא נגמרה מלאכתו. עי' ביצה לד ע"ב ודף לה ע"א :

הגהות מהר"ב רנשבורג

[א] ברשב"ם ד"ה כשם שקובעת למעשר וכו' מתבואה שלא נגמרה מלאכתה למעשר וכו'. נ"ב תימה לי דזהו נגד מסקנא דר' יוחנן בביצה דף לה ע"א דמפסיק דאינו קובע אלא בדבר שנגמרה מלאכתו ולולי דמסתפינא אמינא דצריך להיות שנגמרה מלאכתה למעשר וכו' ע"ש :

ואם היה יושב ושותה וחשכה לו - היינו שישב לשתות מבע"י, ולא בתוך הסעודה, וחשכה לו, **צריך להפסיק** – (ולהבדיל וחוזר לשתיתו), **ואפילו** אם רק נעשה ספק חשיכה, צריך להפסיק, דשתיה לאו דבר חשוב הוא שתועיל התחלתו מבע"י.

[ז]וי"א דהני מילי בספק חשיכה, אבל בודאי חשיכה, אפילו היה יושב ואוכל, פורס מפה ומבדיל וגומר סעודתו - קאי על מש"כ בדעה קמייתא, דבהתחיל מבע"י א"צ להפסיק אפילו כשנעשה ודאי חשיכה, ולדעה זו צריך להפסיק, **אבל** לענין לכתחלה אין נ"מ בין דעה זו לדעה קמייתא, דאף לדעה קמייתא אסור להתחיל לאכול אפילו בספק חשיכה.

הגה: והמנהג פשוט כסברא הראשונה.

אות ב'* [ח]

אבל אתחולי לא מתחלינן

סימן רצט ס"א - עיין לעיל אות ב'.

אות ג'

מי שלא קידש בערב שבת, מקדש והולך כל היום כולו

סימן רעא ס"ח - [ט]אם לא קידש בלילה, בין בשוגג בין במזיד, יש לו תשלומין למחר כל היום - עד ביה"ש, **ופשוט** דבעינן שיהיה ג"כ מקום סעודה כמו בלילה.

ובביה"ש מצדד הפמ"ג, דיאמר הנוסח של קידוש בלי הזכרת שם ומלכות בפתיחה וחתימה, [**והיינו** כשהתפלל, דחשש לדעת המ"א דיוצא בתפלה מדאורייתא, ותו הו"ל ספיקא דרבנן, **ואם** לא התפלל, יברך ברכה גמורה, דהו"ל ספיקא דאורייתא, ע"ש, **וצ"ל** דאף דהוא זמן הבדלה ואסור לטעום, ואיך יטעום מן הכוס, ואיך יאכל שיהיה הקידוש במקום סעודה, צ"ל דאיירי כשהוא באמצע סעודה שלישית, **א"נ** קידוש שמקורו מדאורייתא, דוחה לאיסור הטעימה שקודם הבדלה שהוא דרבנן].

הגה: ואומר כל הקידוש של לילה מלבד "ויכלו" (א"ח בשם תוס') - לפי שבלילה היתה גמר מלאכת השם יתברך.

אות ד'

כבוד יום וכבוד לילה, כבוד יום קודם; ואם אין לו אלא כוס אחד, אומר עליו קידוש היום, מפני שקידוש היום קודם לכבוד יום

סימן רעא ס"ג - [י]אם אין ידו משגת לקנות יין לקידוש, ולהכין צרכי סעודה לכבוד הלילה ולכבוד היום ולקידוש היום, מוטב שיקנה יין לקידוש הלילה, ממה שיכין צרכי הסעודה - דקידוש הוא מ"ע דאורייתא, ולהכין צרכי סעודה הוא מצות עונג מדברי קבלה, וכדכתיב: וקראת לשבת ענג, **ואע"ג** דהמ"ע של "זכור" נוכל לקיים בזכירת דברים של קדושת שבת בלבד, ועל היין אינו אלא מד"ס וכנ"ל, אפ"ה כיון דעיקר קידוש הוא מן התורה, גם יין שלו קודם לכל, **והסכימו** האחרונים, דכ"ז דוקא כשיש לו פת לצורך הלילה ולצורך היום, אבל כשאין לו פת, מוטב שיקנה לו פת ויקדש עליו, דהא חייב לאכול פת בלילה, וכן למחר ביום השבת, [**אך** מה שכתב הט"ז דלחם משנה הוא דאורייתא, דעת המ"א אינו כן].

(**ונראה** דאם ריפתא חביבא לו יותר מיין, יותר טוב שיקדש אריפתא, ויקנה צרכי סעודה, שיקיים שתי המצות, ממה שיקנה לו יין לקידוש, ויאכל פת לבד).

או ממה שיקנה יין לצורך היום - היינו לצורך קידוש היום, והטעם, דקידוש הלילה עיקרו הוא מדאורייתא, וקידוש היום הוא רק מדרבנן, **ואע"ג** דבלילה יוכל לומר ברכת קידוש אריפתא, וביום כשלא יהיה לו על מה לקדש ישאר בלי קידוש, **מ"מ** כיון דבמקום שיש יין אין מקדשין אריפתא, דלילה עדיפא.

באר הגולה

[ז] סמ"ג לדעת הרי"ף ומהר"י קולון ‹שהרי"ף מפרש שמועה זו בספק חשכה, אבל ודאי חשכה פורס מפה ומבדיל וגומר סעודתו - ב"י› [ח] ‹ע"פ מהדורת נהרדעא› [ט] פסחים ק"ז [י] פסחים ק"ה

והא דתניא: כבוד יום קודם לכבוד לילה, היינו דוקא בשאר צרכי סעודה - כגון שיש לו מעט מיני מגדים, [רש"י], טוב יותר שיניחם לצורך סעודת היום, **ובספר** ים של שלמה קורא תגר על שאין נזהרים בזה, ואדרבה מוסיפין בליל שבת, **אבל אם אין לו אלא כוס אחד לקידוש, כבוד לילה קודם לכבוד יום** - היינו בין לצרכי סעודה דיום, ובין לקידוש שעושין ביום, וכמו שכתב בריש הסעיף.

ואם יש לו לקידוש לילה, ואין לו לקידוש היום ולכבוד היום, אף דמסתבר דכבוד היום עדיף מקידוש היום, מ"מ אפשר דדי לו בפת, והמותר יקנה לו יין לקידוש היום, (מ"א, **ולכאורה הלא מצות עונג הוא מ"ע מדברי קבלה, וכדאיתא ברמב"ם, ובפת חרבה אין מקיים מצות עונג, וכדמוכח בשבת קי"ח ע"ב, ובמה מינכר כבוד היום בכך, ואולי דכונתו עם כסא דהרסנא, והשאר ליין).**

עין משפט נר מצוה

כח א מיי' פכ"ט מהל' שבת הלכה יג טוש"ע א"ח סי' רעא סעיף ד:

כט ב מיי' שם הלכה ו סמג עשין כט [טוש"ע א"ח סי' רצד ס"א]:

ל ג מיי' פ"א מהלכות ברכות הל' ב סמג עשין כז טוש"ע א"ח סי' קפב ס"א:

לא ד מיי' שם הלכה יד ופכ"ט מהל' שבת הלכה ז טוש"ע א"ח סי' רעא סעיף יא:

[ומשנה דהתם אם הבדיל בזו ולא הבדיל בזו ינוחו לו ברכות על ראשו]

לב ה מיי' שם הלכה ט ופכ"ט מהל' שבת הל"ז טוש"ע א"ח סי' קצ ס"ד וסי' רעא סעיף יד:

לג ו מיי' פכ"ט מהל' שבת הלכ' ... טוש"ע א"ח סי' קפב סי"ג:

לד ז מיי' שם הלכה ה סמג עשין כט טוש"ע א"ח סי' רצט ס"ה:

קידוש היום מפני שקידוש היום קודם לכבוד יום (וכבוד לילה) ואם איתא לישבקיה עד למחר וליעביד ביה תרתי א"ל *חביבה מצוה בשעתה ומי אמרינן חביבה מצוה בשעתה והא *תניא הנכנס לביתו במוצאי שבת מברך על היין ועל המאור ועל הבשמים ואחר כך אומר הבדלה על הכוס *ואם אין לו אלא כוס אחד מניחו עד לאחר המזון ומשלשלן כולן לאחריו ולא אמרינן חביבה מצוה בשעתה א"ל אנא לא חכימא' אנא ולא חוזאה אנא ולא יהודא' אנא אלא גמרנא וסדרנא אנא וכן מורין בבי מדרשא כוותי *שאני לן בין עיולי יומא לאפוקי יומא עיולי יומא כל כמה דמקדמינן ליה עדיף ומחבבינן ליה אפוקי יומא מאחרינן ליה כי היכי דלא לידוי עלן כטונא שמע מינה מיהא מתני' תמני ש"מ *המבדיל בתפלה צריך שיבדיל על הכוס וש"מ **ברכה טעונה כוס וש"מ *כוס של ברכה צריך שיעור וש"מ *המברך צריך שיטעו' וש"מ *טעמו פגמו וש"מ *טעם מבדיל ושמע

רשב"ם

ולא אמרינן חביבה מצוה בשעתה. דלא מבדיל מקמי סעודתא דהוי שעת הבדלה: **לא חכימא אנא.** דלא אמינא ליה אנא מדעתאי להא דחביבה מצוה בשעתה: **ולא חוזאה אנא.** מגיד: ולא אמינא ליה משמיה דגברא יחידאה: **אלא גמרנא אנא.** כך שמעתי בישיבה: **וסדרנא אנא.** מסדר שמועות לפני רבותי תמיד: **עיולי יומא.** מחבבינא ליה ועבדינן קידוש מאורתא כי היכי דלנקטיה עילוון הייא: **אפוקי יומא.** כגון אבדלתא: **מאחרינן ליה.** היכא דאין לו אלא כוס אחד עד לאחר המזון: **שמע מינה המבדיל בתפלה כו'.** דקתני הנכנס לביתו במוצאי שבת מבדיל אף על גב דסתם בני אדם מבדילין בתפלה: **וש"מ ברכה טעונה כוס.** ברכת המזון: **ושמע מינה.** (ברכת המזון) [כוס] (א) של ברכ' צריך שיעור דאי לא צריך שיעור ליחלקי' לתרי: **ושמע מינה צריך המברך שיטעום.** דאי לא טעים ליה ליברך עליה תרי זימני: **ושמע מינה טעמו פגמו.** כבר מברכת המזון:

קידוש היום. קידוש הלילה שמקדשין את היום על הכוס בלילה קודם לכבוד יום שלא ישתה אותו באמצע סעודה אלא יקדש בו בלילה קודם אכילה: **וליעביד ביה תרתי.** קידוש היום והאי נמי כבוד היום קצת אע"פ שאינה בתוך הסעודה: **חביבה מצוה בשעתה.** כדאמר באלו דברים (לעיל דף סח:) שהרי הקטר חלבים ואברים כשרים כל הלילה ואין ממתינין להם בשבת עד שתחשך שנא' (במדבר כח) עולת שבת בשבתו הלכך יקדש בו בלילה ולא ימתין בו עד מחר: **ומי אמרינן.** גבי ברכה חביבה מצוה בשעתה: **ומשלשלן כולן לאחריו.** לאחר ברכת המזון יין נר בשמים והבדלה כב"ש אליבא דר' יהודה והכי מפרשי' לקמיה ולא אמר חביבה מצוה בשעתה דלא מבדיל מקמי מזון דהוא שעת הבדלה: **לא חכימא אנא.** לא אמינא לה מדעתאי להא דחביבה מצוה בשעתה: **ולא חוזאה אנא.** מגיד: ולא אמינא לה משמיה דגברא יחידאה: **אלא גמרנא אנא.** כך שמעתי בישיבה: **וסדרנא אנא.** מסדר שמועותי לפני רבותי כך מפרש רבינו שלמה ובתלמידי רבינו יצחק כתב ה"ג לא חכימא ולא גמרנא אנא אלא מסדרנא אנא וכ"ל פי' הדבר כן לא חכימא אנא לומר מה שאמרתי מעצמי מקדש והולך כל היום כולו וגם לתרץ חביבה מצוה בשעתה ולא גמרנא אנא לא למדתי דבר זה מרבותי בסדר קידוש אלא סדרנא אנא כל סדרי ברכות קידוש והבדלה נתתי לב בהן לברר את טולן לא נתישבתי עד שעמדתי על עיקרן ועל סדרן להורות לעולם כן: **עיולי יומא.** מחבבינן ליה ועבדין קידושא מאורתא כי היכי דלינקטי עילוון הייא דחביבה מצוה בשעתה וזריזין מקדימין למצוה: **אפוקי יומא.** כגון הבדלה מאחרינן ליה היכא דאשכחן שום עילה לאחוריה כגון היכא דאין לו אלא כוס אחד דמאחרינן ליה עד לאחר המזון: **שמע מינה המבדיל בתפלה כו'.** דקתני הנכנס לביתו במוצאי שבת מבדיל ואע"ג דסתם בני אדם מבדילין בתפלה: **ש"מ ברכה טעונה כוס.** ברכת המזון: **וש"מ כוס של ברכה צריך שיעור.** רביעית לוג דאי לא תימא הכי דצריך שיעור לחלקיה לתרי: **וש"מ המברך צריך שיטעום.** או הוא או אחד מן השומעים ובשתיית אחד מהן יצאו כולן כדאמר בעירובין בפרק בכל מערבין (דף מ:) דאמר התם ליברך עליה וליניחיה ומשני המברך צריך שיטעום וליתביה ליטוקא לית הלכתא כרב אחא בר יעקב דאתי למיסרך וביום הכפורים קאי וש"מ דהמברך צריך שיטעום לכתחלה ואם לא טעם כי אם אחד מהן יצאו כולן ידי חובתן אבל אין מברכין על הכוס אם לא ישתה א' ממנו ואפילו בשתיית תינוק שפיר דמי ומברייתא זו שמעינן דצריך שיטעום דאי לא טעים ליה ליברך עליה תרי זימני הבדלה בשעתה בלא שתיה וברכת המזון בשעתה וישתה: **וש"מ טעמו פגמו.** לברכת המזון מדלא מבדיל ברישא קודם אכילה ושותה ומשייר המותר לברכת המזון: **וש"מ טעם מבדיל.** אף על פי שאכל מבדיל ולא ימתין עד למחר קודם אכילה דאיכא למאן דאמר לקמן (דף קו:) טעם אינו מבדיל הכא לא גרסי' טעם אינו מקדש:

ושמע

תוספות

שמע מינה תמני. תימה דהוה מלי למימר תשע שמע מינה שמותר לאכול קודם הבדלה כשאין לו אלא כוס אחד ולפירוש רבינו ניסים (ג) דמיירי כשהתחיל לאכול מבעוד יום ניחא אך קשה על פירושו כדפי' לעיל: **שמע** מינה המבדיל בתפלה צריך שיבדיל על הכוס. וא"ת בפרק אין עומדין (ברכות דף לג:) דאמר ליה רבינא לרבא הלכתא מאי א"ל כקידושא מה קידושא בתפלה ועל הכוס אף הבדלה אמאי לא פשיט ליה מברייתא דהכא וי"ל משום דאיכא ברייתא התם שסוברת שא"צ להבדיל בשניהם דקתני המבדיל בזו ובזו ינוחו לו ברכות על ראשו *והכא דמשמע ליה דודאי הבדיל בתפלה אף על גב דאיכא דלא מבדלי מדאמר המבדיל בזה ובזה כו' משום דרוב בני אדם מבדילים בתפלה: **שמע** מינה ברכה טעונה כוס. קצת משמע דאפילו ביחיד טעונה כוס דהנכנס משמע שהוא יחידי וכן משמע לקמן (דף קיז:) דתנן שלישי אומר עליו ברכת המזון וקאמר בגמ' שמע מינה בהמ"ז טעונה כוס וארבעה כוסות תיקנו אפילו ביחידי מיהו יש לדחות משום דבהמ"ז טעונה כוס בג' תיקנו בפסח אפילו ביחיד כוס לברכת המזון דאי בשום פעם אינה צריכה מה ענין כוס בבהמ"ז היה להם לתקן שיר לכוס שלישי והעולם אין נוהגין לברך בהמ"ז על הכוס אלא בג' ורבינו שלמה בן רבינו מאיר אומר להטעין כוס אפילו ביחיד וכן מוכח במדרש שוחר טוב על קרא דשני רשעים שברת ועוד מוכיח מורי הר"ר יחיאל דטעונה כוס אפילו ביחיד דאי אינה טעונה כוס למה מניחו אחר המזון יבדיל לפני המזון ויאכל כל אחד בעצמו ואז לא תהא טעונה כוס וא"ת לר"ג דאמר בכילד מברכין (ברכות דף מד.) דכל ז' מינין טעונין ג' ברכות דהיינו בהמ"ז ואם יצטרך כוס גם אותו כוס יצטרך כוס אחר א"כ לא יפטר לעולם וי"ל דלא תקנו כוס אלא אחר סעודה לחם ולה"ג שאין לברך על הגפן אחר בהמ"ז אתי נמי *שפיר ונראה דאין הלכה דבהמ"ז טעונה כוס ובאלו דברים (שם דף נג.) דאיכא ברייתא דסבירא אינה טעונה מוקי לה התם כתנאי אליבא דב"ש: **וש"מ** כוס של ברכה צריך שיעור. פי' מדלינו מחלקו לב' כוסות ותימה דהא מדקתני אין לו אלא כוס א' משמע דאין לו כלי אחר דהכי אמרי' בברכות באלו דברים (נ"ב שם) דקאמר התם וסברי ב"ש בהמ"ז טעונה כוס והתנן בא להם יין אחר המזון ואין לו אלא כוס אחד מברך על היין ואח"כ מברך על המזון מאי לאו למברך ומנח ליה ולא שתי ומניחו לבהמ"ז והאמר מר המברך צריך שיטעום דטעים ליה בידיה שיכה מטעם מן היין בידו וישתה ולא יפגום ומיירי שאין שם רביעית בצמצום משמע מדמוקי לה בטעים ליה בידיה ולא קאמר שיטה יותר מרביעית בכלי אחר משום דקתני אין לו אלא כוס אחד היינו אין לו אלא כלי אחד וי"ל דהתם כיון דמיירי דליכא טפי מרביעית א"כ אין לו אלא כוס אחד היינו על כרחך כלי אחד דאי לענין דליכא שני רביעיות קאמר הלא א"צ שיעור לברך על היין לשתות דאפילו אמשהו מברך שלא יצא בלא ברכה והרי יכול לברך ולשתות הטופל על הרביעית ורביעית הנשאר יניח לברכת המזון אלא אין לו אלא כלי אחד קאמר אבל הכא אין לו אלא כוס אחד אין נראה דכלי אחד קאמר דהא הנכנס לביתו קתני שלא התחיל לאכול ולא אפשר שלא ימצא כלי אחר דמסתמא לא מיירי בגברא ערטילאי הלכך ע"כ לענין דאין לו שני שיעורין קאמר ובברכות דמיירי בבא להם יין על השלחן אפשר שאין לו על השלחן אלא כלי אחד: **ש"מ** טעם מבדיל. ולא ימתין עד למחר קודם אכילה: **שמע** מינה טעמו פגמו. נראה דס"ד דאיכא טפי מרביעית ומשום דליכא שתי רביעיות קרי ליה כוס אחד והשתא מוכח שפיר דטעמו פגמו אף על גב דכוס של ברכה צריך שיעור דהכי דצריך שיעור יטעום מלא לוגמיו יותר על הרביעית יניח לבהמ"ז ורב אשי דחי דמיירי דליכא שיעור טעימה יותר מרביעית דלא טעמו חסר שיעורו ומיהו קשה היכי מוכח טעמו פגמו מדלא טעם הטועם אכתי תיקשי ליה אמאי לא בכלי אחר כדמוכח בהדיא באלו דברים ויש לומר ליה בידיה והבהמ"ז וקידוש צריך לשתות מלוא לוגמיו בכוס חובה כגון הבדלה ... וקידוש צריך לשתות מכוס שיש בו רביעית הלכך לא אפשר למיטעם בידיה ... אחר אבל בברכות דלא מיירי בכוס חובה אפשר לתקן ע"י דטעים ליה בידיה:

ושמע

רבינו חננאל

אנו מקדש ביום לאיתך לא פסיקא ליה לא תאני ליה: ת"ש כבוד יום וכבוד לילה כבוד יום קודם ואם איתא דמקדש ביום נשבקה עד למחר וליעביד ביה תרי קידושי וכבוד יום ופרקי' חביבה מצוה בשעתה כלומר כיון שהלילה קודם לקידושה מן היום אין מעבירין מצות הקידוש מן הלילה עד למחר: איני והתניא הנכנס לביתו במוצאי שבת מברך על היין ועל המאור ועל הבשמים ואומר הבדלה ואם אין לו אלא כוס אחד מניחו לאחר המזון ומשלשלן לאחריו הנה מאוחרת ההבדלה לאחר המזון ולא אמרי' חביבה מצוה בשעתה ופרקי' שאני עיולי יומא מאפוקי יומא עיולי יומא מחבבינן ליה ולא מאחרינן ליה אפוקי יומא מאחרינן ליה ש"מ מיהא מתניתא תמני ... שתי קדושות מדקתני שהמבדיל בתפלה צריך שיבדיל על הכוס ...

מסורת הש"ס

[לעיל קח. וש"נ] [לעיל דף קב: וש"נ] [ברכות נב.] שם נג. [שבת קב: לקמן קז.] [ברכות נב.] [שבועות יח:] [לקמן קו: קז.] [לקמן קיז:] [ברכות נב.] [ועי' תוס' ברכות נב. ד"ה נותן]

הגהות הב"ח

(א) רשב"ם ד"ה ושמע מינה כוס של ברכה צריך שיעור כצ"ל: (ב) תוס' ד"ה שמע מינה ... ולפירוש רבינו ניסים ... לעיל דף קב ע"ב בד"ה מניחו:

גליון הש"ס

גמ' וש"מ ברכה טעונה כוס. עי' פ"א מ"ד דדמאי וכו"ש שם:

...ואין לו אלא שיעור אחד ומדלא קתני מבדיל ומניחו לאחר המזון ומברך עוד עליו ברכת המזון ש"מ ... לו

§ מסכת פסחים דף קה: §

אות א'

ואם אין לו אלא כוס אחד, מניחו עד לאחר המזון ומשלשלן כולן לאחריו

סימן רצט ס"ד - [א]כשהיה אוכל וחשכה, שאמרנו שא"צ להפסיק - ואין לו כי אם כוס אחד, [ב]**גומר סעודתו ומברך בהמ"ז על הכוס** - היינו למ"ד בהמ"ז טעונה כוס, ועיין סימן קפ"ב ס"א, **ואינו** טועמו עד אחר הבדלה, כדי שלא יפגמנו, **ואח"כ מבדיל עליו** – (ומשמע מב"ח וא"ז, דיבדיל מיד קודם התפלה, והטעם, כדי שלא יתאחר שתיית הכוס הרבה מעת שבירך עליו בהמ"ז, **אבל** אין העולם נוהגין כן, אלא מתפללין ואח"כ מבדילין, וכן משמע קצת בדה"ח).

[ג]**ואם יש לו שני כוסות, מברך בהמ"ז על אחד ומבדיל על אחד** - הטעם, דאין אומרים שתי קדושות על כוס אחד, ורישא דאין לו כי אם אחד שאני.

ומותר לשתות מהכוס אף שהוא קודם הבדלה, דכוס של בהמ"ז שייך לסעודה, **וכ"ז** למי שנזהר תמיד לברך על כוס, אבל למי שמברך לפעמים בלא כוס, לפי שסומך על הפוסקים שס"ל דאין בהמ"ז טעונה כוס, אסור לו לשתות עתה מהכוס של בהמ"ז קודם הבדלה - מ"א.

וכתב הח"א דזה דוקא אם הוא כבר ודאי חשיכה, אבל אם הוא ספק חשיכה, נראה דיכול לשתות מכוס של בהמ"ז, אף מי שאינו נזהר תמיד לברך על הכוס, [**דסומך** בזה על הט"ז וא"ר בס"א, דמותר להתחיל בספק חשיכה, **וטעם** זה רפוי, דכמעט כל הראשונים אוסרים בזה, **אלא** דיש לצרף דעת התו"ש, שכתב דאין דברי המ"א מוכרחין, דלכו"ע מצוה מן המובחר מיהו איכא לברך על הכוס, ולכן יכול לטעום אף מי שאינו נזהר לברך על הכוס].

אות ב'

המבדיל בתפלה צריך שיבדיל על הכוס

סימן רצד ס"א - [ד]אומרים הבדלה ב"חונן הדעת" - ואפילו אם נזדמן שהבדיל על הכוס מקודם, מ"מ צריך להבדיל בתפלה ג"כ, **ואי** עיקר מצות הבדלה היא דאורייתא או דרבנן, עיין במה שנכתוב לקמן ריש סימן רצ"ו.

ואם טעה ולא הבדיל, משלים תפלתו ואינו חוזר, מפני שצריך להבדיל על הכוס - היינו דלכתחלה מצוה להבדיל בין בתפלה ובין בכוס, והכא בדיעבד סומך עצמו על מה שיבדיל אח"כ על הכוס, **ומ"מ** אסור לעת עתה במלאכה עד שיבדיל בכוס, או שיאמר עכ"פ "המבדיל בין קודש לחול", וכמ"ש סוף סימן רצ"ט.

אות ג'

ברכה טעונה כוס

סימן קפב ס"א - [ה]יש שאומרים שברכת המזון טעונה כוס אפילו ביחיד - שברוב הברכות שתקנו חז"ל, תקנום לסדר על הכוס, מפני שכן הוא דרך כבוד ושבח נאה להקב"ה, לסדר שבחו וברכתו ית' על הכוס, וכמו שכתוב: כוס ישועות אשא ובשם ה' אקרא.

וצריך לחזור עליו, ולא יאכל אם אין לו כוס לברך עליו, אם הוא מצפה ואפשר שיהיה לו, אפילו אם צריך לעבור זמן אכילה אחת - וכמו לענין הבדלה ברצ"ו, דאם מצפה שיהיה לו כוס למחר, מבטל סעודת לילה וימתין על הכוס, **ועיין** במ"א שחולק על זה, דמשום כוס בבהמ"ז אין למנוע מלאכול, ולא דמי להבדלה, ובביאור הגר"א משמע ג"כ דמסכים עם המ"א.

[ו]**ולפי זה אם שנים אוכלים יחד, צריך לקחת כל אחד כוס לברכת המזון** - דבשלשה ויותר שמזמנין יחד, אחד מברך על הכוס ומוציא את כולם, כמו שמוציאם בברכת הזימון, **אבל** בשנים דמצוה ליחלק, ואין אחד מוציא את חבירו, א"כ צריך כל אחד גם כוס בפני עצמו.

[ז]**וי"א שאינה טעונה כוס אלא בשלשה; [ח]ויש אומרים שאינה טעונה כוס כלל, אפילו בשלשה. הגה: ומ"מ מצוה מן המובחר לברך על הכוס (ר"ן)** - ר"ל דאף לדעה זו שאין טעון כוס כלל, היינו שאין בה חיוב, אבל כו"ע מודים דמצוה מן המובחר לברך על הכוס אם יש לו יין בביתו.

והנה המחבר לא הכריע בין הדעות, ודעת רש"ל וב"ח להחמיר, דבהמ"ז צריך כוס מדינא, **ומנהג** העולם להקל בזה כדעה השלישית, שלא לחזר אחר כוס, אם לא כשיש לו יין או שאר משקין דהוא חמר מדינה בביתו, דאז בודאי מצוה מן המובחר לכו"ע לברך על הכוס וכנ"ל, **ודוקא** כשהוא בזימון שלשה, אבל לענין יחיד מקילים כמה אחרונים לגמרי.

באר הגולה

א «הנכנס לביתו במוצאי שבת כו' עד אין לו אלא כוס אחד מניחו לאחר המזון ומשלשלן כולן לאחריו. הקשה רבינו ניסים, היכי מצי למיכל מקמי הבדלה, הא אמרינן לקמן (ק"ז א') אסור לאדם שיטעום כלום קודם שיבדיל, ותירץ דהכא מיירי באוכל בשבת מבעוד יום, ומשכה לו סעודתו עד מוצאי שבת, וסברא מתני' דשבת אינה קובעת להבדלה, אי נמי דמיירי שגמר סעודתו קודם שהחשיך, **וכתב** הרא"ש ז"ל, ועוד נראה לתרץ, דודאי אם אין לו שום כוס ומצפה למצוא כוס למחר, לא יאכל כל הלילה, אלא ממתין עד למחר שיבדיל על הכוס, אבל אם יש לו כוס אחד, ואינו מצפה שימצא למחר כוס אחר, מוטב שיאכל קודם שיבדיל, ויבדיל ויברך על אותו הכוס, ממה שיבדיל על כוס ויברך ברכת המזון בלא כוס, ע"כ – חי' הריטב"א», «**וכן** פסק השו"ע בסי' רצ"ו ס"ג, הובא לעיל דף ק"ג. אות ב'»

ב **הרמב"ם** ג **הרב המגיד** ד **ברכות ל"ג פסחים קי"ב** ה **פסחים ק"ה לדעת התוס' שם והטור** ו **כל בו** ז **במדרש רות הנעלם**

ח **הרי"ף ורמב"ם** «ולפי דבריהם, הא דאמרינן אברייתא (קה:) דהנכנס לביתו במוצאי שבת, שמע מינה ברכת המזון טעונה כוס, היינו למצוה מן המובחר – ב"י»

אות ד׳

כוס של ברכה צריך שיעור

סימן רעא סי״א - [ט]ואם לא היה בו אלא רביעית בצמצום, ונחסר ממנו בלילה - לאו דוקא בצמצום, אלא ה"ה אם אפילו יש לו יותר מזה, אלא דאחר טעימת מלא לוגמיו לא ישאר לו כשיעור רביעית, **אלא** דנקט הכי לרבותא, דאפילו בזה יש לו תקנה ע"י מזיגת מים, **מוזגו למחר להשלימו לרביעית** - ומיירי כשהיה היין חזק, שאחר המזיגה יוכל לקדש עליו, וע"ל בסימן רע"ב ס"ה.

אות ה׳

המברך צריך שיטעום

סימן רעא סי״ד - [י]אם לא טעם המקדש, וטעם אחד מהמסובין כמלא לוגמיו (פי׳ מלא פיו), יצא - דכיון שהמסובין שמעו מתחלה את הברכה, והוא כוון עליהם להוציאן, מהני טעימתן לכולם, **אבל** אם שתה אחר שלא כוון עליו בברכה, ואותו האחר בירך מחדש, משמע שאין יוצאין בטעימתו, ודינו כאלו נשפך הכוס לקמן.

ואין שתיית שנים מצטרפת למלא לוגמיו - דבעינן שיטעום בעצמו או אחד מהמסובין, שיעור הנאה שתתיישב דעתו עליו.

ומ"מ מצוה מן המובחר שיטעמו כולם - היינו טעימה בעלמא, וא"צ מלא לוגמיו רק לאחד, **וכתב** המג"א, דמי שיש לו יין מעט, מוטב שיטעום אחד כשיעור, והמסובין לא יטעמו כלל, כדי שישאר הנותר למחר לקידוש או להבדלה, [**ואף** דמצוה מן המובחר שיטעמו כולן, מוטב שידחה זה ולא ידחה טעימה כשיעור מלא לוגמיו לאחד, דדבר זה לעיכובא לכמה גדולי ראשונים].

[יא]וי"א דכיון שבין כולם טעמו כמלא לוגמיו, יצאו, דשתיית כולם מצטרפת לכשיעור - היינו בדיעבד, (**ובדה"ח** כתב, דבדיעבד מהני צירוף כל המסובין אפילו לא טעם המקדש כלל), **אבל** לכתחלה לכו"ע צריך שיטעום המקדש כשיעור.

[יב]והגאונים סוברים, שאם לא טעם המקדש לא יצא, וראוי לחוש לדבריהם - היינו ליזהר לכתחלה, **ובדיעבד** הסכימו הרבה אחרונים, דאפילו שתיית כל המסובין מצטרפין למלא לוגמיו, אך שלא ישהה על ידי שתיית כולם יותר מכדי אכילת פרס, (**ואף** שאין למחות ביד המקילין בזה אף לכתחילה, דיש להם על מה לסמוך, מכל מקום לכתחלה נכון ליזהר בזה מאד).

ודוקא בקידוש - שהוא ד"ת ואסמכו אקרא לקדש על היין, **אבל בשאר דברים הטעונים כוס, מודים הגאונים דסגי בטעימת אחר.**

אות ו׳

טעמו פגמו

סימן קפב ס״ג - [יג]צריך שלא יהא פגום, שאם שתה ממנו פגמו - ואינו ראוי עוד לברך עליו בהמ"ז, וה"ה לקידוש ולהבדלה, ואפילו טעם ממנו רק משהו בעלמא, [**אבל** שלא לכוס של ברכה, בודאי ראוי הוא, וצריך לברך עליו].

[יד]אבל אם שפך ממנו לתוך ידו או כלי, אין בכך כלום - וה"ה אם טעמו באצבעו, דדוקא אם שתה ממנו בפיו פגמו.

והוא שלא שפך אלא מעט, בענין שעדיין שם מלא עליו, **או** שאח"כ שפכו לתוך כוס קטן ממנו, והוא מלא, **או** שזרק לתוכו פירור פת להגביה היין שיהא הכוס מלא, שאצ"ל מלא כולו מיין, כי די ברביעית, רק שלא יהא הכוס חסר וכדלקמיה.

[טו]סימן רעא סי״א - [טז]אם אין לו אלא כוס אחד, מקדש בו בלילה ואינו טועם ממנו, שלא יפגימנו, [יז]אלא שופך ממנו לכוס אחר - כשיעור מלא לוגמיו, [דבפחות מזה לא יצא], **וטועם יין של קידוש מהכוס השני.**

ובמ"א הסכים לדעת התוספות (ד"ה ש"מ טעמו), דכוס של חובה צריך להיות הטעימה דוקא מכוס שיש בו רביעית יין, **וע"כ** הנכון שיעשה כך, ישפוך מתחלה מהכוס הראשון לתוך כוס אחר, ויזהר שישאר בו רביעית יין, ויטעם מהכוס הראשון כשיעור מלא לוגמיו, ואח"כ ישפוך היין שבכוס אחר לתוך כוס זה, דבזה נתקן פגימתו, וכדלעיל בסימן קפ"ב סעיף ו', ויוכל לקדש עליו אם יש בו עתה רביעית יין.

ולמחר מקדש במה שנשאר בכוס ראשון - מלשון זה משמע דמקדש בזה הכוס גופא, ואף דלעיל בס"י כתב דצריך להיות הכוס מלא, זהו רק למצוה, ואין מעכב אם אין לו, **ופשוט** דאם יש לו כוס אחר קטן מזה, צריך לשפוך היין לתוכו כדי שיהיה מלא.

באר הגולה

[ט] ב"י לדעת הטור בסי׳ רצ"ו [י] הרא"ש [יא] הריטב"א בשם התוס׳ (ומה שהזכיר הריטב"א בשם התוס׳, אינו בתוס׳ שלפנינו, דמוכח מהם (יומא דף פ. ד"ה הכי) איפכא - בה"ל) [יב] הטור בשמם [יג] פסחים ק"ו [יד] ברכות נ"ב [טו] (מילואים) [טז] רי"ו [יז] שם ורא"ש בפ"ח דברכות בשם הירושלמי

אות ז׳

טעם מבדיל

סימן רצט ס"ה - [יח] **טעה ואכל קודם שהבדיל, יכול להבדיל אח"כ** - וה"ה אם הזיד ואכל, אף דעבר במזיד, מ"מ צריך להבדיל אח"כ בלילה, אלא אורחא דמילתא נקט.

באר הגולה

יח פסחים ק"ה

§ מסכת פסחים דף קו. §

אות א'

אפילו אחביתא פגימתא

סימן קפב ס"ג - ואפי' שתה [א]מהכד או מחבית קטנה, הוי פגום - ר"ל כל מה שיש בזו החבית, אף ששפכו אח"כ לכלים אחרים. **אבל אם [ב]שתה מחבית של עץ גדולה, אין להקפיד** - [ג]ויש מחמירין אף בזה, **ויש** לחוש לדבריהם לכתחלה, שלא להניח לשתות אפילו מפי ברזא מחבית גדולה.

[ד]יש מי שאומר שאפי' מים פגומים, פסולים למזוג בהם כוס של ברכה - לכאורה אמאי לא אמרינן קמא קמא בטיל כמו בס"ה, **ואפשר** דמיירי שהיין חי דא"א לשתות בלי מזיגה, ולכך לא בטיל.

אות ב'

זכור את יום השבת לקדשו, זכרהו על היין בכניסתו

טור סימן רעא - וכשיבא לביתו ימהר לאכול מיד, דתניא: זכור את יום השבת לקדשו, זכרהו על היין בכניסתו.

[ה]סימן רעא ס"א - [ו]כשיבא לביתו, ימהר לאכול מיד - היינו לקדש, כדי שיזכור שבת בעת תחלת כניסתו, דכל כמה דמקדמינן ליה טפי עדיף, ומכיון שקידש, צריך לאכול מיד, כמבואר בסימן רע"ג ס"ג בהג"ה, **ואם** אינו תאב לאכול, יכול להמתין מלקדש עד שירעב, שכבר זכר את השבת בתפלתו בבהכ"נ, ויוצא בזה המ"ע דאורייתא להרמב"ם וכדלקמן, **ומ"מ** נראה דהיכא דיש בזה משום שלום בית, או שיש לו בביתו משרתים או שאר אורחים, ובפרט אורח עני, לא יאחר בכל גווני, דכיון דהם מוטלים עליו, לא יוכל לעכבם בשביל שהוא רוצה לקיים מצוה מן המובחר.

ומ"מ מהנכון לקרות ק"ש מקודם, אם מסתפק שבבהכ"נ לא קראה בזמנה, ועיין לעיל בסימן רס"ז במ"ב.

מיד – (ואפי' קודם חשכה, כ"כ הט"ז, **אבל** לפי מש"כ המ"א, יש להחמיר בתוך זמן חצי שעה דקודם לילה, משום חובת ק"ש, דלא נפיק במה שקרא מקודם בבהכ"נ להרבה פוסקים, ובפרט לדידן דנוהגין בכל יום להתפלל מעריב בזמנו, ולהתפלל מנחה אחר פלג המנחה, **וכ"ז** בתוך חצי שעה, אבל קודם שהגיע הזמן דחצי שעה, מותר לקדש ולאכול בשבת ע"י קידוש זה, דיוצא בו ידי קידוש כל שהוא מפלג המנחה ולמעלה, **ומ"מ** לפי מה שהתעורר המ"א להקשות, לדידן דמתפללין מעריב בזמנו ומנחה אחר פלג המנחה, אלמא דלא ס"ל כר"י, האיך אנו יוצאין בזה, **ואף** שמיישב זה, מ"מ לכתחלה יותר טוב למנוע מזה כנלענ"ד, **ואודות** דברי הט"ז הנ"ל, לענ"ד לולא דבריו הייתי אומר, דאין כונת הטור כלל במה שאמר "מיד" לזרז לדבר זה, רק שבא הטור לומר דבהגיע זמן חיוב קידוש, דהיינו אחר שהוא לילה שאז מתקדש היום, מצוה לעשות דבר זה תיכף ולא לאחר, דלשון "זכרהו על היין בכניסתו" משמע תיכף משמתקדש היום, **אבל** לא בא לומר שמצוה לזרז עצמו לקדש משום שהוא קבל מעצמו עליו השבת, דלא צריכינן לזרוזי כל זמן שלא הגיע עדיין זמן חיובא, **ואפשר** דיש לחלק בין מעט קודם חשיכה ובין הרבה, אף דהוא ג"כ אחר פלג המנחה, כי הרמב"ם משמע שס"ל, דאפי' לרבנן דר"י מותר לקדש מעט קודם זמן קודם חשיכה, ומקרי דבר זה שכבר הגיע זמן חובת המצוה של קידוש לכו"ע, וע"כ ממילא נכון להקדים לזמן זה, **משא"כ** בזמן הרבה קודם, אף שהוא אחר פלג המנחה, ומותר לסמוך על שיטת ר"י, לא מצינו אפי' לר"י שיהא נכון להדר אחר זה).

כתב הרמב"ם: מ"ע מן התורה לקדש את יום השבת בדברים, שנאמר: זכור את יום השבת לקדשו, כלומר, זכרהו זכירת שבת וקידוש וכו', ומדברי סופרים שתהא זכירה זו על כוס של יין, (**ועיין** בחדושי רע"א שהביא, דמדברי הר"ן מוכח דס"ל דקידוש על היין או על הפת הוא דאורייתא, **וכן** הביא שם עוד, דמדברי הרא"ש מוכח ג"כ דס"ל דבתפלה בלבד אינו יוצא בודאי, וביותר ס"ל, דאפילו בקידוש גמור שלא במקום סעודה תיכף, ג"כ אין יוצא מה"ת, **ולדעת** רבינו יונה, בקידוש גמור יוצא המ"ע דאורייתא אפילו שלא במקום סעודה).

וכתב המ"א, דלפי (מה שמבואר מהרמב"ם, והוזכר שיטתו עוד בכמה פוסקים ראשונים), מדאורייתא בקידוש שאומר בתפלה סגי, דקרא כתיב: זכור את יום השבת, והרי זכר אותו, וקידוש במקום סעודה מדרבנן, **ע"כ** אם ספק לו אם קידש או לא, א"צ לחזור ולקדש, דספיקא דרבנן לקולא, **גם** דקטן שהגיע לחינוך, יכול להוציא לפי"ז אפילו לגדול בקידוש, אם הגדול התפלל כבר, [**ודוקא** אם הקטן לא התפלל עדיין, אבל אם התפלל אין יכול להוציא הגדול בכל גוונא, דהוא תרי דרבנן, והגדול הוא חד מדרבנן, **והח"א** חולק ע"ז].

ואולם יש לפקפק בזה הרבה, דהא קי"ל לעיל בסימן ס' ס"ד, דמצות צריכות כונה לצאת בעשיית המצוה, ומסתמא אין מדרך העולם לכוין לצאת את המ"ע ד"זכור" בתפלה, כיון שיש לו יין או פת ויכול לקדש עליהן אח"כ בברכה כדין, וטוב יותר שיצא אז המ"ע דאורייתא, משיצא עתה ויהיה בלא כוס ושלא במקום סעודה, **ועוד** כמה טעמים אחרים שיש לפקפק בזה, וכמו שבארתי בבה"ל, **ע"כ** יש למנוע מלצאת ידי קידוש ע"י קטן, ואפילו אם יזהר השומע לומר עמו מלה במלה, ג"כ נכון למנוע מזה, (הוא משום דהלא כיון שאינו יוצא בהקידוש כלל, **צריך** להיות כוס לפניו, **ואפשר** לומר דכיון שהוא סומך ברעיוניו על הכוס שעומד לפני התינוק, די בזה, **אבל** בתשובת הגרע"א משמע, דאינו סובר לסברא זה כל עיקר, **ומדברי** התו"ש משמע, דכל שלא הגיע לי"ג שנה

באר הגולה

[א] **פסחים ק"ו** [ב] **הרשב"ם** [ג] ‹אבל רבינו ירוחם כתב, ויין פגום נקרא אפילו שתה מן החבית - ב"י, ‹וכ"כ המאירי וז"ל: ואף בחבית גדולה שטעמה פגמה, וכמו שאמרו רב אשי קפיד אפי' בחביתא› [ד] **ארחות חיים בשם רב האי גאון** ‹זהו מש"כ שם אחצבא כו' פגימא - גר"א. **וסתם** חצבא עשוייה למים, וע"כ כוונתו דקפיד גם למזוג מהמים שטעם, כוס של בהמ"ז, דלברך על מים אין קפידא בפגום - דמשק אליעזר. ‹**וז"ל** שבלי הלקט: רב שישא בריה דרב אידי קפיד אחצבא פגימא, ולא מבעיא על חמרא פגימא דלא מקדשינן, אלא אפי' מיא פגימא לממזג בהו חמרא לקידושא אסור, ‹**עיין** במעשה רוקח שכתב, שמסתמא חצבא הוא גדול מכוס, וקטן מחבית› [ה] ‹ע"פ הבאר הגולה› [ו] **טור מהא דזכרהו על היין וכו' בפסחים ק"ו, והרמב"ם והרא"ש מהא דברכות כ"ז**

ערבי פסחים פרק עשירי פסחים קו

ושמע מינה אומר ב' קדושות על כוס אחד וש"מ ב"ש היא ואליבא דרבי יהודה רב אשי אמר טעמו פגמו וכוס של ברכה צריך שיעור חדא מילתא היא וה"ק מ"ט טעמו פגמו משום דכוס של ברכה צריך שיעור רבי יעקב בר אידי קפיד אחצבא פגימא רב אדי בר שישא קפיד אכסא פגימא מר בר רב אשי קפיד אפילו אחביתא פגימתא ת"ר זכור את יום השבת לקדשו זוכרהו על היין אין לי אלא ביום בלילה מנין ת"ל זכור את יום השבת בלילה מנין אדרבה עיקר קדושא בלילה הוא קדיש דכי קדיש תחלת יומא בעי לקידושי ותו בלילה מנין ת"ל זכור את יום תנא מיהדר אלילה וקא נסיב ליה קרא דיממא ה"ק זכור את יום השבת לקדשו זוכרהו על היין בכניסתו אין לי אלא בלילה ביום מנין ת"ל זכור את יום השבת ביום מאי מברך אמר רב יהודה בפה"ג רב אשי איקלע למחוזא אמרו ליה ליקדיש לן מר קידושא רבה הבו ליה סבר מאי ניהו קידושא רבה אמר מכדי כל הברכות כולן בפה"ג אמרי ברישא אמר בפה"ג ואגיד ביה חזייה לההוא סבא דגחין ושתי קרי אנפשיה החכם עיניו בראשו אמרי בני רבי חייא מי שלא הבדיל במוצ"ש מבדיל והולך בכל השבת כולו ועד כמה א"ר זירא עד רביעי בשבת כי הא דיתיב רבי זירא קמיה דרב אסי ואמרי לה רב אסי קמיה דרבי יוחנן ויתיב וקאמר לענין גיטין חדא בשבתא תרי ותלתא בתר שבתא ארבע וחמשא ומעלי יומא קמי שבתא א"ר יעקב בר אידי אבל לא על האור אמר רב ברונא אמר רב הנוטל

[ואליבא דרבי יהודה. דאמר מאור ואח"כ בשמים: משום דכוס של ברכה טעון שיעור. אבל אי הוה ביה טפי מכשיעור טעמו לא פגמו]: קפיד. לקידוש והבדלה וברכת המזון אבל אם בא לשתות משום פגום מברך עליו ברכת היין: לקדשו. משמע משעה שמתקדש היום: אין לי אלא ביום. לקמן פריך אדרבה עיקר קדושה בלילה הוא דבכניסתו היא קדושתו: קידושא רבה. בורא פרי הגפן והכי קרי ליה קידושא רבה דלכולהו קידושי אמרי לה: ואגיד ביה. האריך בו: עד רביעי בשבת. אבל מרביעי ולהלן גבי שבת הבאה מתחשב: לענין גיטין. אמר לה ה"ז גיטך על מנת שתתני לי מאתים זוז אחר השבת או שאמר קודם השבת תתני לי: אבל לא על האור. אם לא בירך בורא מאורי האש במוצאי שבת שוב אינו מברך:
נטל

רשב"ם

ושמע מינה אומרים ב' קדושות על כוס אחד. היכא דלית ליה אלא כוס אחד כי הכא אע"ג דאמר לעיל (דף קב:) אין אומרים ב' קדושות על כוס אחד היכא דלית ליה שאני כדמתרצינן לעיל: **ושמעת מינה ב"ש היא ואליבא דרבי יהודה.** דאמר לעיל מאור ואח"כ בשמים דאלו לב"ה ברישא בשמים ואח"כ מאור והא ליכא למימר ר"מ ואליבא דב"ה כדאמר לעיל וב"ה אומרים נר ובשמים מזון והבדלה ועוני רבה זו דברי ר"מ הוא דה"ג פרכינן בברכות פרק אלו דברים (דף נב:) ומשני לא ס"ד מדקתני ומשלשלן לאחר המזון מכלל שמעת ליה דלית ליה האי סברא דמזון ברישא רבי יהודה דאמר לעיל רבי יהודה אומר לא נחלקו ב"ש וב"ה על המזון שבתחלה ועל הבדלה שבסוף כו' אלמא רבי יהודה היא ואליבא דב"ש דאלו לר"מ מי מצא למשלשלן לאחר המזון דלדידיה מאור ברישא בין לב"ש בין לב"ה ולא מזון כדאמר לעיל זו דברי ר"מ: **משום דכוס של ברכה צריך שיעור.** אבל אי הוה טפי מכשיעור וטעמו לא פגמו: **קפיד אכסא פגימא.** לקידוש ולהבדלה ולבהמ"ז ולכל ברכות שתקנו לסדרן על היין שלא יברך על כוס פגום אבל אם רוצה לשתות יין צריך לברך בורא פרי הגפן שאסור ליהנות מן העולם הזה בלא ברכה ומיהו אם אין לו אלא יין פגום מקדש עליו דקפיד לכתחלה משמע: **אפילו אחביתא.** חביות קטנות אבל אם חבית של עץ גדולה אין להקפיד: ה"ג ת"ר זכור את יום השבת לקדשו זוכרהו על היין אין לי אלא ביום בלילה מנין ת"ל זכור את יום השבת בלילה מנין אדרבה עיקר קדושה בלילה הוא דכי קדיש (א) יומא בעיא לקדושי ותו בלילה מנין תלמוד לומר זכור את יום השבת תנא מהדר אלילה ונסיב לה קרא ליממא הכי קאמר זכור את יום השבת לקדשו זוכרהו על היין בכניסתו אין לי אלא בלילה כו': **לקדשו.** משמע בשעה שמתקדש היום: **אין לי אלא ביום.** ולקמן פריך אדרבה עיקר קדושה בלילה הוא (ב) קדושתו: **הכי קאמר כו'.** אע"ג דלאין לפרש לשון השני בברייתא בענין זה אלא ע"י שלנו מסרסין אותה למפרע אפ"ה לא שייך למימר חסורי מיחסרא שהרי אין חסר ממנה כלום אלא שמשנים למפרע דבמקום שהיה לו לומר אין לי אלא בלילה ביום מנין וטעה התנא בשמועתו ושנה אין לי אלא ביום בלילה מנין הלכך לא שייך למימר חסורי מיחסרא: **ביום מאי מברך.** דלי אמרת קידוש מרישא והתניא* שבת ויום טוב אין בהן קדושה על הכוס: **אמר רב יהודה בפה"ג.** אמאי כסא דחמרא וברוכי ומשתי משום כבוד שבת לחלק בין מדת שבת למדת חול שהוא ענין שיר שאין אומרים שירה אלא על היין והכי מפרש בשאילתות דרב אחאי בפרשת וישמע יתרו*: **קידושא רבה.** בורא פרי הגפן וקרי ליה קידושא רבה דלכולהו קידושי קאמרי ליה: **ואגיד ביה.** האריך בו לדעת אם יתרחב אחד מהם לשתות ובכך יבין דבורא פרי הגפן רגילין לומר ותו לא שאם לא כן היה אומר (ג) לו [לקדש] קידוש גדול של לילה כמנהגן: **עד רביעי בשבת.** ולא עד בכלל אלא מרביעי ואילך גבי שבת הבאה מתחשב: **לענין גיטין.** אם אמר לה הרי זה גיטך על מנת שתתני לי ר' זוז אחר השבת או על מנת שתתקנם לי קודם השבת: **אבל לא על האור.** אם לא בירך על הנר בורא מאורי האש במוצ"ש שוב אינו מברך כך כ"ל טעם הדבר דכתיבה במקום שנהגו (דף נד:) אין מברכין בו לא במוצ"ש אלא בליל מוצ"ש הואיל ותחלת ברייתו הוא:
נטל

תוספות

ושמע מינה אומר שתי קדושות על כוס אחד. ובשאין לו כדאמר לעיל (ד' קב:): **משום דכוס של ברכה צריך שיעור.** רב אשי לא פליג אאמוראי דבסמוך ולית ליה שפיר טעמו פגמו אלא דמהא ליכא למשמע מינה קאמר: **קפיד אכסא פגימא.** פירש רשב"ם דקפיד לכתחלה דוקא ואם אין לו אלא פגום יקדש עליו ותימה א"כ איך התירו לאכול קודם הבדלה משום קפידא דפגימה מיהו ראוי רשב"ם לסמוך עליו בשעת הדחק: **זוכרהו על היין.** דזכירה כתיב על היין זכרו כיין לבנון (הושע יד) נזכירה דודיך מיין (שיר א) והאי זכירה היינו קידוש דויכולו לא מליט על הכוס אלא בתפלה כדאמר בשבת (ד' קיט:) ולא ניתקן על הכוס אלא להוציא בניו ובני ביתו ומה שרגילין לומר ויכולו אחר התפלה בקול רם היינו משום י"ט שחל להיות בשבת שמתפללין אתה בחרתנו ואין אומר ויכולו בתפלה ותקנו נמי לומר בכל שבתות שלא לחלק בין שבת לשבת ונראה דקידוש על היין אסמכתא היא והא דאמר במי שמתו (ברכות ד' כ:) נשים חייבות בקידוש היום דבר תורה היינו דוקא קידוש היום אבל על היין לא הויא אלא מדרבנן כדמשמע בריש נזיר (ד' ג:) דקאמר מיין ושכר יזיר לאסור יין מצוה כיין הרשות ופריך מאי ניהו קידושא והבדלה מושבע ועומד מהר סיני הוא דאיצטריך קרא למיסר אלא כי הא דאמר רבא שבועה שאשתה וחזר ואמר הריני נזיר איצטריך קרא דנזירות חל עליו אף על פי שמושבע ועומד הוא ועוד מליט למימר דקידוש על היין דבר תורה אבל הא דאמר המברך צריך שיטעום זהו מדרבנן: **הוה גחין ושתי.** וא"ת דבפרק שלשה שאכלו (ברכות ד' מז.) אמרינן אין המסובין רשאין לטעום עד שיטעום המברך וי"ל דהיינו דוקא בהמוציא שצריך לאכול כדאמרי' בפרק ראוהו ב"ד (ר"ה ד' כט:) לא יפרוס אדם פרוסה לאורחין אא"כ אוכל עמהן הלכך צריך להמתין עד שיטעום המברך אבל קידוש שאין חובה לשתות להמברך א"צ להמתין ומיהו בירושלמי דברכות א"ר אבא בשם רב מסובין אסורין לטעום עד שיטעום המברך ר' יהושע בן לוי אומר שותין אע"פ שלא שתה ולא פליגי מה דא"ר אבהו כשהיו כולן זקוקין לכוס אחד מה דאמר ר' יהושע כשיש לכל אחד כוסו בידו ומשמע נמי אם אין כוסו בידו אפי' שפך מכוס ברכה לכוסות אחרים אין להם לטעום עד שיטעום המברך אבל כשיש לכל אחד כוס א"צ להמתין ולכך הוה גחין ושתי ומכאן יש להוכיח שא"צ לשפוך מכוס של ברכה לשאר כוסות ומיהו היכא דפגימי צריך לשפוך ממנו לשאר כוסות כדי שיתקנו כולם מכוס שאינו פגום אע"ג דשתיה לא מעכבא כדאמרינן בפרק בכל מערבין (עירובין דף מ:) וגם בהמוציא יש להוכיח מירושלמי אם יש לכל אחד ככרו א"צ להמתין ואוכל כל אחד משלו והא דאמר טול ברוך (ברכות דף מ.) ואמרינן נמי (שם דף מו.) בעל הבית בוצע כדי שיבצע בעין יפה דמשמע שאין אוכלין אלא מה שמחלק להם מיירי בשאין ככר לפני כל אחד א"נ בשבת וכגון שאין להם לחם משנה דאז צריכין לאכול מבציעתו*:
הנוטל

עין משפט נר מצוה

לה א מיי' פכ"ט מהל' שבת הלכה יח טוש"ע א"ח סי' קפב סעיף ג:

לו ב מיי' שם הלכה א סמג עשין כט [טור א"ח סי' רעא]:

לז ג מיי' שם הלכה י וסמג שם טור ש"ע א"ח סי' רפט סעיף א:

לח ד מיי' שם הל' ד סמג שם טור ש"ע א"ח סי' רצט ס"ו:

לט ה מיי' פ"ט מהל' גירושין הלכה כג סמג עשין נ טוש"ע אה"ע סי' קמג ס"ז:

מ ו מיי' פכ"ט מהלכות שבת הלכה ד סמג עשין כט טוש"ע א"ח סי' רצט סעיף ו:

רבינו חננאל

לו לברך עד שיטעום וש"מ טעמו פגמו לברכה וש"מ טעם מבדיל מדקתני ומשלשלן כלן בברכת המזון ומדבריך בכוס אחד והבדלה ש"מ אומר שתי קדושות בכוס אחד וש"מ מדמקדים המאור לבשמים ב"ש היא דאי ב"ה בשמים ואח"כ מאור אמרי: ר' יעקב בר אידי קפיד אכסא פגימה רב ששת קפיד אפי' אחצבא פגימה לא הוה מברך. מר בר רב אשי קפיד אפילו אחביתא פגימה: ת"ר זכור את יום השבת לקדשו זכרהו על היין בכניסתו אין לי אלא ביום בלילה מנין ת"ל זכור ומסקנא ביום מאי ואמרי' בורא פרי הגפן והיא קידושא רבה: אמרי בני רבי חייא מי שלא הבדיל במוצאי שבת מבדיל והולך כל השבת ועד כמה עד רביעי בשבת דאמר ר' זירא בענין גיטין יום ראשון ויום שני ויום שלישי בתר שבתא יום רביעי ויום חמישי ויום ששי קמי שבתא. אמר ר' יעקב בר אידי אבל בשאר ימי השבוע המבדיל אינו מברך על האור וכן תאני שילא: ואמר רב

הגהות הב"ח

(א) רשב"ם ד"ה ה"ג וכו' דכי קדיש תחלת יומא: (ב) ד"ה אין לי אלא ביום וכו' בלילה הוא דבכניסתו היא קדושתו: (ג) ד"ה ואגיד וכו' אומר להם קידוש גדול:

מסורת הש"ס

[לעיל קה.] [לקמן קו.] גיטין דף מז. [לעיל קה.] [סימן מ.] [וע"ע תוס' ברכות דף מ. ד"ה הין]

אינו מועיל אפילו אם יאמר עמו מלה במלה), ‹כיון שאין הכוס בידו›, **אם** לא שמונח לפניו ג"כ פת או יין בעת הקידוש וכדלקמיה.

(**עוד ראיתי** לעורר בדין זה, דהא איתא בפסחים ‹דף קי"ז:› אמר רב אחא בר יעקב, וצריך להזכיר יציאת מצרים בקידוש היום, כתיב הכא זכור וגו', וכתיב התם למען תזכור וגו', והובא מימרא זו בר"ח שלפנינו וגם ברי"ף ורא"ש, ומשמע מהרמב"ם דהוא דאורייתא ולא אסמכתא בעלמא, **וא"כ** איך יוצא ידי קידוש בתפלה, הא לא נזכר בתפלת לילה יציאת מצרים כלל, **ועל** הרמב"ם לא קשה כלל, דמה שאמר דיוצא בזכירת דברים, היינו כשמזכיר בה גם יציאת מצרים, **אבל** על המ"א ושארי אחרונים שהעתיקו דבריו להלכה קשה, איך העלימו עין מזה, **ושמעתי** שבס' מנחת חינוך ג"כ הפליא בזה על המ"א, ומחמת זה מסיק להלכה דלא כוותיה, **ולענ"ד** יש ליישב דבריו קצת, או דסובר דהוא רק מדרבנן, והגז"ש הוא אסמכתא בעלמא, או דסובר דיוצא מן התורה במה שהזכיר יצ"מ סמוך לתפלה, ד"השכיבנו" כגאולה אריכתא דמיא, כמו שאמרו חז"ל, ולא צריכינן שיזכיר דוקא בקידושא גופא, **אבל** מ"מ הוא דוחק, דהא מפסיק בג' ראשונות, **ואולי** אפשר לומר, דכיון שמזכיר פסוק "ושמרו בני ישראל את השבת" וגו' תיכף ל"השכיבנו" שהיא גאולה אריכתא, די בזה מן התורה, שיש בזה שבחו של היום שבת, **ואף** שלא הזכיר עדיין קדושת היום, וברמב"ם נזכר "שבח וקידוש", זה הלא יזכיר תיכף אחר ג' ראשונות, ובודאי לא נגרע המ"ע במה שהפסיק בג' ראשונות, דהוא שבחו של הקב"ה, בין שבח שבת לקידושו, **זהו** הנ"ל ליישב דברי המ"א מפני חומר הקושיא, **אבל** מ"מ לדינא צ"ע, דאולי כונת הגמ' שיזכיר יצ"מ בתוך הקדוש, ובנוסח תפלתנו לא מצינו זה, ומפני כל הטעמים הנ"ל כתבנו בפנים, שיש לפקפק בזה הרבה, וגם בדה"ח כתב, דלכתחלה יש לחוש לגדולי הפוסקים שס"ל, דאין יוצא דבר תורה בתפלה).

(**וראיתי** בחי' רע"א שמסתפק, דאולי יוצא המ"ע באמירת "שבתא טבא" בלבד, **ולפלא**, דהרי הרמב"ם כתב דבעינן זכירת שבת וקידוש).

(**ודע** עוד, דאם הוא נער בן י"ג שנה, אף דכתב המ"א דלא חשבינן ליה כגדול, כיון שאין ידוע לנו שהביא שתי שערות, מ"מ אם האיש כבר התפלל, נראה דיכול הנער להוציאו מכח ס"ס, אחד, דשמא הביא שתי שערות, ועוד, דפן יצא האיש בתפלה, דאף לפי סברתנו דחוששין שמא לא כוון לצאת, ועוד שארי טעמים הנ"ל, מידי ספיקא לא נפקא).

ודע, דקידוש של יו"ט הוא מדרבנן, ומ"מ יש לו כל דין קידוש של שבת, **ואם** יו"ט חל בע"ש ואין לו אלא כוס א', מניחו לשבת שהוא מן התורה, [**ומסתברא** דאפי' אם כבר התפלל, מ"מ עיקרו הוא מן התורה], **וביו"ט** יקדש על הפת, [מ"א, **ועיין** בפמ"ג דמפקפק קצת בדין המ"א], ‹דאימא דמצוה דרבנן דהאידנא עדיף, והא דאין שום מצוה דבר תורה נדחית מפני "דרבנן", היינו בהגיע זמן שניהם – שם›.

אות ג'

ביום מאי מברך, אמר רב יהודה בורא פרי הגפן

סימן רפט ס"א - 'ויברך על היין בפה"ג - יש נוהגין לפתוח מתחלה פסוק "ושמרו בני ישראל" וגו', או "זכור את יום השבת" עד "ויקדשהו", **ויש** מההמון שפותחין מ"על כן ברך" וגו', ושלא כדין הוא, דכל פסוקא דלא פסקיה משה אנן לא פסקינן.

והוא נקרא קידושא רבא - ונקרא בלשון זה, שהוא כמו שקורין סגי נהור, מפני שזה הקידוש אינו כלל דאורייתא, רק שתקנוהו לכבוד שבת, ואסמכוהו אקרא כדאיתא בגמרא, [הר"ן והרב המגיד], ‹ועיין ברשב"ם›.

אות ד'

עד רביעי בשבת

סימן רצט ס"ו - [ח]שכח ולא הבדיל במו"ש - וה"ה בהזיד ולא הבדיל, **מבדיל עד סוף יום ג'** - דכל אלו הג' ימים שייכים עוד לשבת העבר, ומכאן והלאה שייכים לשבת הבאה, [גמרא], **ומ"מ** לכו"ע לכתחלה יקדים להבדיל ביום א', דזריזין מקדימין למצות, **וגם** דאסור לו לאכול קודם שיבדיל, כיון דבידו הוא להבדיל, [כן מוכח בגמרא ק"ז בעובדא דאמימר].

כתב בחידושי רע"א בשם ספר לשון חכמים, דבמוצאי יו"ט אין להבדלה תשלומין, דבשבת שייך לומר דהג' ימים ראשונים שייכים עוד לשבת שעבר, משא"כ ביו"ט, **ומ"מ** הגרע"א מצדד שם, דכל יום א' שאחר יו"ט יכול להבדיל.

[ט]וי"א שאינו מבדיל אלא כל יום ראשון ולא יותר - דלא ס"ל הסברא הנ"ל, אך ביום הראשון הטעם הוא, דהיום הולך אחר הלילה של מו"ש. ‹**קטע** החסר כאן נמצא לקמן אות ו'›.

[י]ויש מי שאומר דהא דקי"ל טעם מבדיל, הני מילי היכא דהבדיל בליל מו"ש, אבל אם לא הבדיל בלילה, כיון שטעם שוב אינו מבדיל.

הגה: והעיקר כסברא הראשונה - ואתרוייהו יש אומרים קאי.

ומי שמתענה ג' ימים וג' לילות, ישמע הבדלה מאחרים - וה"ה דיכול להבדיל בעצמו ויתן לאחרים לשתות, וכדלעיל בסימן רע"ב ס"ט, **אך** המ"א שדי בזה שם נרגא, דזה אינו מותר רק דוקא כשאחרים בעצמן אין יודעים לברך, ולכן עצה זו עדיף טפי.

עיין באחרונים שכתבו, דה"ה אם מתענה ב' ימים וב' לילות, ואפילו יום אחד ולילו, אף דיכול לקיים מצות הבדלה בעצמו אחר תענית, מ"מ

באר הגולה

[ז] **פסחים ק"ו בעובדא דרב אשי** [ח] **שם ק"ו** ‹לכאורה צ"ל ק"ז› **כרבא** ‹כלישנא קמא - גר"א› **לגירסת התוס' והרא"ש** ‹גורסים גם בדברי רבא (ק"ז) כל השבת כולה, ופירשו דהיינו עד יום רביעי, כדאמר רבי זירא - ב"י, ‹ואינו מזכיר דיש ב' לשונות, דע"ז מיוסד הכרח של תוס'› [ט] **הרי"ף והגאונים לפי גירסתם** ‹אמר רבא הלכתא טעם מקדש וכו', ומי שלא הבדיל במוצאי שבת מבדיל והולך כל היום כולו, הכי גריס הרי"ף , והיא גירסת הגאונים - ב"י. ‹**כלישנא** בתרא, והר"ן כתב שלא היה גורס רק לישנא קמא, והיה גורם בו כל היום - גר"א› [י] **טור בשם בה"ג** ‹מקושית תוס' הנ"ל ק"ב: ד"ה מניחו, מהא דאמימר, ע"כ

יותר טוב שישמע במו"ש הבדלה מאחרים, דקרובי אבדלתא לשבת עדיף טפי, דאז הוא עיקר מצות הבדלה, **והא** דנקט ג' ימים, משום סיפא, דבאין אחרים, יכול להבדיל מבע"י, וזהו דוקא בג' ימים, דיעבור הזמן ולא יוכל לקיים הבדלה כלל, **משא"כ** בשני ימים דלא יעבור הזמן, טוב יותר שימתין ויבדיל לבסוף שני ימים, משיבדיל מבע"י.

ואם אין אחרים אלנו, יכול להבדיל בשבת מבע"י ולשתות - היינו אחר פלג המנחה, ויתפלל ג"כ מעריב מקודם, וכדלעיל בסימן רצ"ג ס"ג, **ואפ"ה** מותר לאכול ולשתות אח"כ, ולא אמרינן דכיון דאבדיל כבר קיבל עליו את התענית ואסור בשתיה, (ואפי' כבר קיבל עליו התענית במנחה), **משום** דעיקר התענית אינו מחמת חובה כט' באב, (דחמיר, שלא יוכל להבדיל מבע"י, כשחל ט' באב ביום א', דזה נחשב לקבלה ויהיה אסור לו לשתות אח"כ), אלא מחמת נדרו, ובנדרים הולכים אחר לשון בני אדם, ובלשון בני אדם גם אחר שהבדיל מקרי יום, והתענית אינו מתחיל אלא מתחלת הלילה, ואפשר שגם בבה"ש שהוא ספק לילה, אבל לא מקודם, **וה"ה** כשמקבל עליו תענית של לילה ויום בשאר ימי החול, ג"כ אין חל עליו חובת תענית מבע"י, אף שכבר התפלל ערבית.

ולקבל אח"כ התענית עליו (ת"ה) - אין הכונה שיקבל תענית ממש, דהא כבר קיבל עליו היום במנחה, כדרך כל תענית שצריך קבלה במנחה שלפניו, (**והדבר** פשוט דהך קבלה לאו קבלת התענית במנחה היא, דפשיטא שכבר התפלל מנחה מקודם שהבדיל), **ואי** מיירי שיש עליו נדר מכבר להתענות כל ג' ימים שאחר שבת, ג"כ א"צ עתה קבלת תענית כלל, **אלא** ר"ל שיקבל אח"כ בדעתו שיתחיל התענית מעתה, (שאע"פ שהתפלל מנחה וקיבל התענית בתפלה, דהיינו שקיבל להתענות כל ג' ימים רצופים, מ"מ היה מותר לו לאכול כל הלילה כדין תענית נדבה דעלמא, שהולך ואוכל כל הלילה, אע"פ שקיבל התענית, **וכאן** שרוצה להתענות ג' ימים וג' לילות, היה מותר עכ"פ לאכול עד בין השמשות, וקאמר דמבדיל מבע"י ושותה ומקבל עליו תעניתו ליאסר באכילה ושתיה מאותה שעה, וצריך קבלה אחרת לשיאסר).

(מי שמתענה ב' ימים וב' לילות קודם ר"ה, ולא היה לו במו"ש ממי לשמוע הבדלה, {דאם היה לו, דעת האחרונים דטוב יותר לעשות כן}, ומבדיל בליל ג', ואירע בו ר"ה, **כתב המג"א**, דיעשה הבדלה על כוס אחד וקידוש על כוס אחר, ולא יעשה שניהם על כוס אחד, דאין אומרים שתי קדושות על כוס אחד, אלא ביו"ט שחל במו"ש דתרווייהו חדא מילתא היא, **ולענ"ד** יש לעיין בעיקר הענין טובא אם יכול עתה לעשות הבדלה, דהאיך יסיים עתה בהברכה "המבדיל בין קודש לחול" אחרי שעתה הוא קודש, **ולסיים** עתה "בין קודש לקודש" ג"כ לא יתכן, כמו ביו"ט שחל במו"ש, אחרי שזו הבדלה הוא על של ימי החול, **וכמו** דאמרינן בגמ', דאין להבדיל רק עד יום ג', משום דאח"כ כבר עבר השבת קודש שעבר, ותו מקרי יומא דקמי שבתא דלהבא, וע"כ אין לומר "המבדיל בין קודש לחול", דכבר עבר הקודש, **וא"כ** ה"נ בענינינו, איך יאמר "המבדיל בין קודש לחול", כיון דעתה הוא קודש, וכבר עברו ימי החול, וצע"ג).

אות ה'

לענין גיטין, חדא בשבתא תרי ותלתא, בתר שבתא; ארבע וחמשא ומעלי יומא, קמי שבתא

אה"ע סימן קמד ס"ו - אמר: לאחר השבת, כותבין עד סוף יום שלישי. אמר: כתבו ותנו לה קודם השבת, כותבין מיום רביעי עד סוף יום ששי, ונותנים לה.

אות ו'

אבל לא על האור

סימן רצט ס"ו - ודוקא בפה"ג והמבדיל בין קודש לחול, אבל על הנר ובשמים [יא] אינו מברך אלא במו"ש - דברכת על האור, משום דבמו"ש הוא זמן בריאתו, ועל הבשמים נמי, משום כדי להשיב נפש הכואבת ביציאת נשמה יתירה, וכ"ז לא שייך ממו"ש ואילך.

באר הגולה

תירץ, ה"מ היכא כו' - גר"א **[יא] שם לענין אור ומכ"ש לבשמים** ‹ולמד רבינו לבשמים מכ"ש, שהרי אינם אלא להשיב הנפש שדואגת על יציאת שבת, ולא שייך אלא סמוך ליציאתו - ב"י›

ᵃהנוטל ידיו לא יקדש (א) אמר להו רב יצחק בר שמואל בר מרתא אכתי לא נח נפשיה דרב שכחינהו לשמעתתיה זמנין סגיאין הוה קאימנא קמיה דרב ᵇזימנין דחביבא עליה ריפתא מקדש אריפתא זמנין דחביבא ליה חמרא מקדש אחמרא אמר רב הונא אמר רב טעם אינו מקדש בעא מיניה רב חנא בר חיננא מרב הונא טעם מהו שיבדיל א"ל אני אומר ᶜטעם מבדיל ורב אסי אמר טעם אינו מבדיל רב ירמיה בר אבא איקלע לבי רב אסי אישתלי וטעים מידי הבו ליה כסא ואבדיל אמרה ליה דביתהו והא מר לא עביד הכי אמר לה שבקיה כרביה סבירא ליה אמר רב יוסף אמר שמואל טעם אינו מקדש טעם אינו מבדיל ורבה אמר רב נחמן אמר שמואל ᵈטעם מקדש ᵉוטעם מבדיל אמר

רשב"ם

נטל ידיו לא יקדש. דקידושא מפסיק בין נטילה לאכילה והוי כהיסח הדעת ובעי נטילה אחריתי בתר קידושא: **דחביבא ליה ריפתא.** שהיה רעב מקדש אריפתא אלמא לא בעי נטילה אחריתי אלא מעיקרא משי ואכיל נהמא קידושא: **דחביבא ליה חמרא.** שהיה צמא: **טעם.** אם אכל שוב אינו מקדש כל הלילה: **אישתלי.** רב ירמיה: **אמרה ליה דביתהו.** דרב אסי לרב אסי: **והא מר לא עביד הכי.** דאמר רב אסי טעם אינו מבדיל: **כרביה.** כרב דרב הונא משמיה דרב הוה אמר שמעתתיה:

נטל ידיו לא יקדש. אלא אחר יקדש והוא ילא ידי חובתו בשמיעה ושתיה דאין כאן היסח הדעת מאחר שהוא עלמו אינו מברך אבל הוא עלמו לא יקדש אם נטל ידיו כדי שיאכל על סמך נטילה דלפני קידוש דקידוש מפסיק בין נטילה לאכילה והוי כהיסח הדעת ובעי נטילה אחריתי בתר קידושא דתקף לנטילת ידים סעודה ובשביל קידוש לא בעי נטילה דהנוטל ידיו לפירות ה"ז מגסי הרוח והא קמ"ל דנטילה שלפני קידוש אינה עולה לו לפיכך יקדש תחלה ואח"כ

תוספות

הנוטל ידיו לא יקדש. פירש רשב"ם ובסדר דרב עמרם משום היסח הדעת וקשה דהא רב גופיה קאמר בפ' כל הבשר (חולין דף קז:) נטל אדם ידיו שחרית ומתנה עליהם כל היום וי"ל דהתם לא מהני אלא היכא דלא שכיחי מיא כגון שאין לו מים בסמוך או יש לו וצריך לדברים אחרים אבל היכא דשכיחי מיא ויש לו בסמוך לא יועיל תנאי כדמשמע התם דקאמר אמר להו רבא להנהו בני פקתא דערבות כגון אתון דלא שכיחי לכו מיא משו ידייכו מצפרא ואתנו עלייהו כולי יומא היכא דאמרי בשעת הדחק ופליגא דרב והיכא דאמרי אף שלא בשעת הדחק והיינו דרב משמע דרב כמי איירי בלא שכיחי מיא כדקאמר כגון אתון דלא שכיחי לכו מיא וקאמר והיינו דרב וה"ר אלחנן מפרש (ב) נטל לא יקדש משום דמיחזי כנוטל ידיו לפירות הרי זה מגסי הרוח: **זימנין** סגיאין הוה קאימנא קמיה דרב כו'. השתא מסיק דקידוש לא הוי היסח הדעת וא"ת דבפרק אלו דברים (ברכות דף נב.) אמרי ב"ה מוזגין את הכוס ואח"כ נוטלין לידים ומפרש טעמא ᶠמשום דתכף לנטילת ידים סעודה וכי מזיגת הכוס הוי טפי היסח הדעת מקידוש וי"ל דשאני מזיגה שהיא בחנם וצריך דקדוק שלא יחסר ושלא יותיר והוי טפי היסח [הדעת] מקידוש ור"ת פירש דהתם איירי בחול ויש לחוש שאם יטול קודם מזיגה שיעסוק בשאר דברים ולא יאכל לאלתר ולאו אדעתיה אבל בשבת אין לחוש שיפליג לדבר אחר שהשלחן ערוך ויאכל מיד: **מקדש** אריפתא. פירש רשב"ם שהיה מקדש על הפת במקום יין כן היה נוטל תחלה ולא הוי קידוש הפסק וקשה לר"ת דקידוש על הפת ודאי לא הוי הפסק שהקידוש הוא לאחר המוציא והוי כמו גביל לתורי* דלא הוי הפסק בין ברכה לאכילה וכ"ש דלענין נטילה לא הוי הפסק אבל במקדש על היין שהוא קודם המוציא יהיה הפסק בין נטילה לאכילה ומיהו יש ליישב פירושו דפעמים היה דעתו לקדש אריפתא והיה נוטל ואח"כ לפעמים היה נמלך והוא מקדש אחמרא והיה סומך על אותה נטילה ואין להקשות לרשב"ם דהא משמע לקמן דאין מבדילין על הפת מדאמימר בת טוות וא"כ כל שכן דאין מקדשין על הפת דקידוש חמור מהבדלה כדאמרינן לעיל (דף קה.) דקובעת לקידוש ולא להבדלה ולקמן אמרינן סבור מינה קידושי הוא דלא מקדשינן הא אבדולי מבדלינן דאינה קשיא דאיכא טעמא דכיון שמלוה לסעוד סעודת שבת שייך קידוש על הפת אבל הבדלה אין ענינה אצל פת אלא דוקא על היין דשייך בכל דבר הודאה ושירה מ"מ נראה לר"ת דאין מקדשין על הפת כלל והכא ה"פ הנוטל ידיו לא יקדש משום דס"ל לרב יש קידוש שלא במקום סעודה וחיישינן שמא יפליג וילך לחוץ א"ל רב יצחק כו' זימנין נוטל ידיו וכ"ש דהנוטל ידיו לא יבדיל דהא אפילו קידוש דבמקום סעודה הוא ואיכא למימר דליכא היסח הדעת אפ"ה אין יכול לסמוך על נטילה דלפני קידוש והא דקאמר נטל לא יקדש ולא אמר מקדש וחוזר ונוטל ידיו היינו משום דלא בעינן נטילת ידים תרי זימני דתדא מינייהו ברכה לבטלה הלכך לא יקדש הוא אבל חבירו יקדש לו: **דחביבא ליה ריפתא.** שהיה רעב מקדש אריפתא אלמא לא בעי נטילה אחריתי אלא מעיקרא משי ידיה ואכיל נהמא אלמא דקידוש שלאחר נטילה לא חשיב היסח הדעת וכן הילכתא דמי שנטל ידיו קודם קידוש א"ל לחזור וליטלן אחר קידוש ולא אפליגו רבנן בין מקדש אריפתא למקדש אחמרא מדלא קא מהדר ליה לרב יצחק בר שמואל מידי ומיהו לכתחלה מוזגין ואח"כ נוטלין לידים כב"ה במסכת ברכות (דף נא:) ומדרב שמעינן שמקדשין על הפת ואומר ויכולו ומברך המוציא ואינו אוכל גם לא יפרוס עד שיקדש אחרי כן ודוקא קידוש אבל הבדלה אינה אלא על הכוס של יין כדאמרינן (שם דף לג.) העשירו קבעוה על הכוס ומי שאין לו כוס יין במקום שרגילין לשתות יין אל יבדיל על הפת ודי לו בהבדלת תפלה בסידור רב עמרם: **טעם.** אם אכל לא יקדש כל הלילה אלא למחר קודם סעודה: **אני אומר טעם מבדיל.** ואע"ג דלגבי קידוש אמינא טעם אינו מקדש בהבדלה אין להחמיר כל כך: **אשתלי.** רב ירמיה: **אמרה ליה דביתהו.** דרב אסי: **והא מר לא עביד הכי.** דאמר רב אסי טעם אינו מבדיל: **א"ל.** רב אסי: **שבקיה כרביה ס"ל.** דס"ל כרב ורב הונא משמיה דרב היה אומר וכן פרש"י: כל

דחביבא ליה ריפתא ומקדש אריפתא כלומר הוה מקדש אחמרא על דעת לאכול מיד ריפתא והיה נוטל מיד ידיו קודם קידוש ולא דמי למזיגת הכוס כדפרישית לעיל וזימנין דחביבא ליה חמרא הוה מקדש אחמרא שלא במקום ריפתא דהיינו סעודה דסבירא ליה דיש קידוש שלא במקום סעודה ומאן דסבר אין קידוש אלא במקום סעודה כ"ש דנטל ידיו ומקדש דלא הוי היסח (ג) ובירושלמי דברכות גבי פלוגתא דב"ש וב"ה מברך על היום ואחר כך מברך על היין משמע כפר"ת דאין מקדשין על הפת דא"ר זעירא מדברי שניהם נלמד מבדילין בלא יין ואין מקדשין בלא יין אמר רבי יוסי ב"ר בון נהגין תמן מקום שאין יין שליח צבור יורד לפני התיבה ואומר ברכה אחת מעין שבע וחותם במקדש ישראל ויום השבת משמע שאין מקדשין על הפת ול"ע אם מקדשין על השכר היכא דהוי חמר מדינה כמו שמבדילין וטלה שמעתין דאסרה לקדושי אשיכרא איכא לאוקמי בשאינו חמר מדינה ותדע מדקאמר רב כשם שאין מקדשין כך אין מבדילין ובחמר מדינה פשיטא דמבדילין ולקמן נמי דאמר אין מקדשין בלא יין וכן ההיא דירושלמי שהבאתי איכא לאוקמא דלא אתי למעוטי אלא כשאינו חמר מדינה ואי מקדשין על השכר היכא דהוי חמר מדינה אתי שפיר ביום טוב שאחר השבת שיעשו יקנה"ז על השכר אבל אי אין מקדשין על השכר ולרשב"ם שאומר לקדש על הפת תימה איך יעשו אי יקנה"ז על הפת ואי על השכר ומיהו בסדר דרב עמרם יש אע"ג דאין מבדילין על הפת ביו"ט שחל במוצאי שבת מבדילין כיון דקידוש עיקר כדפסקינן יקנה"ז ומקדשין על הפת נעשה הבדלה טפילה לה ומבדיל על הפת עם הקידוש וכוס ברכת המזון נראה דמברכין על השכר היכא דהוי חמר מדינה דהא אפילו הבדלה דטעונה כוס לכולי עלמא מבדילין כל שכן ברכת המזון דאיכא בריתא בהא דברים (ברכות נב.) שסוברת דאינה טעונה כוס ועוד דאמרינן בשמעתין אין אומרים הבא כוס של ברכה פירוש לברך ברכת המזון אלא על היין והני מילי דלא קבע סעודתיה עילויה אבל קבע סעודתיה עילויה לית לן בה משמע דאם קבע סעודתו עליו שמברכין עליו ברכת המזון וכל שכן אם הוא חמר מדינה מיהו רשב"ם מוחקו מן הספרים. מסקנא דמילתא מבדילין על השכר אם הוא חמר מדינה ולא על הפת ולר"ת אין מקדשין כמי על הפת אך יש להסתפק אם מקדשין על השכר: **טעם** אינו מקדש. פי' עד למחר קודם אכילה ואם תאמר למאי דפי' לעיל אף ידי יין יצאו כששתה בבית הכנסת א"כ איך יקדש שוב בביתו וי"ל דלא מיקרי טעם כיון שלא טעמו אלא מכוס של ברכה: **אישתלי** וטעים מידי. מה שמקשי' השתא בהאמתן של לדיקים אין הקב"ה מביא תקלה י"ל דהכא שהמאכל מותר אלא שהשעה אסורה אין שייך להקשות ובמקום אחר מפורש (גיטין ז.*): **שבקיה** כרביה ס"ל. פי' בקונטרס רב דרב הונא משמיה דרב הוה אמר שמעתתיה ותימה דרב אסי כמי תלמידו של רב והלשון משמע כרביה ולא רביה אלא נראה כרביה כרב הונא [כדאמר] בפ"ב דקדושין (דף מו.) דרב ירמיה תלמידו של רב הונא דקאמר גרסין דברי תלמיד ואע"ג דרב ירמיה בר אבא תלמיד חבר דרב הוה בפ' תפלת השחר (ברכות כז:) דקאמר ליה מי בדלת ולא קאמר ליה מר בברכות גרסינן ברוב ספרים רב ירמיה ובקדושין רבי ירמיה

עין משפט נר מצוה

מא א ב מיי' פכ"ט מהלכות שבת הל' ט סמ"ג עשין כט טוש"ע א"ח סי' רעא סעיף יב:

מב ג מיי' שם הל' ה וסמג שם טור ש"ע א"ח סי' ...:

מג ד מיי' וסמג שם טוש"ע א"ח סי' רעג ס"ס:

רבינו חננאל

ברונא אמר רב נטל ידיו לא יקדש ואסיקנא רב איבא דחביבא עליה ריפתא מקדש אריפתא איבא דחביבא עליה חמרא מקדש אחמרא:

הגהות הב"ח

(א) גמ' הנוטל ידיו לא יקדש וכן אמר רב הדא בר אהבה אמר רב נטל ידיו לא יקדש אמר להו ר' יצחק: (ב) תוס' ד"ה הנוטל וכו' והר"ר אלחנן מפרש הנוטל ידיו לא יקדש: (ג) ד"ה מקדש וכו' דלא הוי היסח הדעת ובירושלמי:

מסורת הש"ס

[לעיל קה: לקמן קז.]

[שם נב:]

[ברכות מ.]

[בד"ה השתא ובשבת יב: ד"ה ר' נתן]

[כרשות שלפניו איתא בברכות דף כז: בכל הסוגיא רבי ירמיה אבל בקדושין מה: איתא רב ירמיה]

§ מסכת פסחים דף קו: §

אות א׳ - ב׳

הנוטל ידיו לא יקדש

זימנין דחביבא עליה ריפתא מקדש אריפתא, זימנין דחביבא ליה חמרא מקדש אחמרא

סימן רע"ב ס"ב - [א]**אחר שקידש על כוס, נוטל ידיו ומברך ענט"י** - ולא קודם, כדי שלא יפסיק בהקידוש בין נט"י ל"המוציא", **אבל** בני ביתו שאינם מקדשין בעצמן, אלא יוצאין בשמיעתן מבעה"ב, יוכלו ליטול ידיהם קודם.

ואם נטל ידיו קודם קידוש, גלי דעתיה דריפתא חביבא ליה - היינו דלכך נוטל ידיו, שהוא רעב וממהר לאכול פת, **ולא יקדש על היין אלא על הפת** - [ב]ודוקא הכא דאיכא ג"כ חשש הפסק, שמקדש על היין אחר נטילה, וכמו שכתבנו, [מ"א], **אבל** בעלמא היכא דלא נטל ידיו, מותר לקדש על היין אף דריפתא חביבא ליה יותר מיין, ‹**ולא** סגי ליה בטעם הפסק לחוד, דאינו הפסק גמור, דהוא צורך סעודה, ולכך צירף לזה זה הטעם - מחה"ש›, **וע"ל** בסימן רע"ב ס"ט בהג"ה במה שכתבנו שם.

הגה: וי"א דלכתחלה יש ליטול ידיו קודם הקידוש ולקדש על היין (הרא"ש ומרדכי פרק ע"פ ורשב"א והגה"מ והטור), וכן המנהג פשוט במדינות אלו ואין לשנות - [ג]דס"ל דאין הקידוש מקרי הפסק כיון שהוא צורך סעודה, ולכך יקדש על היין וישתה הכוס ואח"כ יברך "המוציא" ויבצע הפת, **וכיון** דאינו הפסק ס"ל לרמ"א דטוב לנהוג כן לכתחלה, משום דכשאין לו יין ומקדש על הפת, בע"כ צריך ליטול ידיו קודם הקידוש, וע"כ טוב לנהוג כן תמיד באופן אחד, [א"ר], ‹ע"ש דבא לתרץ קושיית הט"ז, דהקשה אמאי "אין לשנות", הא לכו"ע מותר ליטול אח"כ.

רק בליל פסח, כמו שיתבאר סי' תע"ג - משום שאז מפסיקין הרבה באמירת הגדה עד הסעודה.

ולמזוג את הכוס בחמין אחר הנטילה קודם "המוציא", ודאי אין לעשות כן לכולי עלמא, כיון דצריך לדקדק יפה שימזוג כדרכו, שלא יחסר ושלא יותיר, הוי היסח הדעת.

וכמה אחרונים כתבו, דטפי עדיף לכתחלה לקדש על היין קודם נט"י, וכדעת המחבר, דבזה יוצא מדינא לכל הדעות, ובכמה מקומות נהגו כדבריהם, **מיהו** אם כבר נטל ידיו קודם קידוש, בזה יש לעשות כהרמ"א, דאעפ"כ יקדש על יין.

כתב בדה"ח, אם מקדש על הפת להוציא גם השומעים, צריכין השומעים שיכוונו לצאת גם בברכת "המוציא", **דאם** לא יכוונו לברכת "המוציא", רק יכוונו לצאת בקידוש היום, וברכת "המוציא" רוצין אח"כ לברך בעצמן בשעת אכילה, עושין איסור, דמהפכין סדר הקידוש, ע"ש, **ולפי"ז** צריכין ג"כ ליזהר ליטול ידיהם בשוה עם הבעה"ב כשמקדש על הפת, דאל"ה איך יכוונו לצאת בברכת "המוציא" שלו.

אות ג׳

טעם מקדש

סימן רע"א ס"ז - **אע"פ שאסור לו לטעום קודם קידוש,** [ד]**אם טעם, מקדש** - פי' כל אימת שנזכר אפילו בלילה, ולא נימא שימתין עד למחר בבוקר קודם האכילה, כדי שיהיה הקידוש קודם הטעימה, **ומשמע** בפוסקים, דלאו דוקא טעימה בעלמא, אפילו אם עבר ואכל ושתה, ג"כ צריך לקדש אח"כ.

באר הגולה

[א] **טור בשם רב עמרם והר"ן בפי' דברי הרי"ף מהא דפסחים ק"ו והרמב"ם** ‹וסיים בה הרי"ף: אלמא בחביבותא תליא מילתא וכן הלכתא. **וכתב** הר"ן שנראה שהוא מפרש כך, נטל ידיו לא יקדש, משום דכיון דאין נוטלין ידים לפירות, גלי דעתיה דחביבא ליה ריפתא, וס"ל לרב ברונא דאין מקדשין על הפת, הילכך לא יקדש, שעל הפת א"א לקדש, ואי מקדש אחמרא, נמצא מקדש על שאינו חביב, ואסיקנא דליתא, דהא רב כל אימת דחביבא ליה ריפתא מקדש אריפתא, **ומיהו** נפקא לן מדרב ברונא, דנטל ידיו לא יקדש אלא על הפת, דבמאי דאמר, דמכי משא ידיה גלי דעתיה דריפתא חביבא ליה, מיהא לא איתותב, וכך הם דברי הרמב"ם. **וזהו** דעת רב עמרם שכתב, אבל נטל ידיו קודם לא יקדש על יין אלא על פת, דאמר רב ברונא נטל ידיו לא יקדש, דבמאי דלא איתותב רב ברונא שפיר נקטינן כוותיה. **ורשב"ם** פירש נטל ידיו לא יקדש, כדי שלא יסיח דעתו ויצטרך ליטול ידיו שנית, ודחינן לה, מדחזינן דרב הוה מקדש אריפתא, ובודאי דהוה משי ידיה מעיקרא, אלמא אין הקידוש מפסיק בין נטילת ידים לאכילה, **ומיהו** לכתחלה מקדשין ואחר כך נוטלין, כבית הלל דאמרי בפרק אלו דברים (ברכות נא:) מוזגין את הכוס ואחר כך נוטלין לידים, דתיכף לנטילת ידים סעודה - ב"י› [ב] ‹לכאורה דבריו אין מובנים לי, שנתן טעם אחר ממה שכתב הרב ב"י, דלכאורה נראה דהרב ב"י העתיק שיטת הרי"ף, ומ"א העתיק עליו שיטת רשב"ם וטעמו, **ונראה** לענ"ד דהוי קשיא למ"א, ע"פ דברי הרב ב"י בספרו הארוך בסימן רע"ב, שכתב דמוכח מדברי רב ברונא הנ"ל, וכן כתב הרמב"ם להדיא, דאי חביבא ליה ריפתא, אפי' יש לו יין, מקדש על הפת, אע"ג דמצוה מדברי סופרים לקדש על היין, מ"מ חביב עדיף, וא"כ סתם בני אדם שמתאוים יותר לאכול מלשתות הוה להו לקדש על הפת. **ותירץ** וז"ל, ושמא י"ל שאע"פ שאם רצה להקדים החביב ולקדש על הפת הרשות בידו, מ"מ כשאינו מקדים החביב ומקדש על היין, כיון דמצוה מדברי סופרים לקדש על היין, שפיר דמי, עכ"ל הרב ב"י. **ולפי"ז** קשה, למה כתב פה אחר שקידש כו' ואם נטל ידיו קודם קידוש גלי אדעתיה דריפתא חביבא ליה ולא יקדש על היין כו', ולמה לא יקדש על היין, ניהו דפת חביב, מ"מ רשאי לקדש על היין כיון דמצוה מדברי סופרים לקדש לכתחלה על היין. **ומהכרח** זה הוי ס"ל למ"א, דהרב ב"י ניהו דהעתיק פי' הרי"ף, מ"מ מסכים לדינא לדברי רשב"ם, דהקידוש הוי הפסק, וכמו שהוכיח רשב"ם מהא דמוזגים את הכוס, ולכן צריך לקדש על הפת. **והא** דאיצטריך לומר דגלי אדעתיה דפת חביבא ליה, דבלא"ה ניהו דאיכא למיחש אם יקדש על היין יהיה הפסק, מ"מ הלא אין זה הפסק גמור, וביותר לדידן דקימ"ל אין קידוש אלא במקום סעודה, דהוי קידוש מצורכי סעודה, אלא דמ"מ לכתחלה אין להפסיק אפילו בקידוש וראוי לקדש על הפת, אלא שנגד זה יש סברא לקדש על היין, וכמ"ש הרב ב"י כנזכר לעיל, מכדי הסברות שקולים, וס"ד אם ירצה רשאי לקדש על היין, לכן כתב דגלי אדעתיה דריפתא חביבא ליה, וא"כ בלי חשש הפסק, לקדש על היין או על הפת שקולים, דפת יש לו מעלה דחביב, ויין יש לו מעלה דמצוה מדברי סופרים לקדש על היין, וכיון דיש סברא נוספת לקדש על הפת משום הפסק, לכן יש לקדש על הפת - מחה"ש› [ג] ‹כיון דקיי"ל אין קידוש אלא במקום סעודה, והוא דעת ר"ת [תוס' ד"ה מקדש], דס"ל דאפילו לכתחלה מותר ליטול ידיו תחלה, ולא חיישינן להפסקה אפילו לכתחלה, ומזיגה שאני, דמיירי מזיגה בחמין, וצריך דקדוק הרבה שלא יחסר, והוי היסח הדעת טובא - מחה"ש› [ד] **פסחים ק"ז**

אות ד'

וטעם מבדיל

סימן רצט ס"ה - [ה]טעה ואכל קודם שהבדיל, יכול להבדיל אח"כ - וה"ה אם הזיד ואכל, אף דעבר במזיד, מ"מ צריך להבדיל אח"כ בלילה, אלא אורחא דמילתא נקט.

---

§ מסכת פסחים דף קז. §

אות א'

חמר מדינה הוא

סימן קפב ס"ב - [א]ואם אין יין מצוי באותו מקום - היינו בכל העיר, אף שבשאר עיירות במדינה זו נמצא יין הרבה, **והשכר או שאר משקין הוו חמר מדינה, מברכין עליהם.**

ואפי' נמצא יין בעיר אלא שאינו מצוי הרבה, ומפני זה עיקר שתיית בני העיר הוא שכר ושאר משקין, יש להקל לברך בהמ"ז על שכר, **ועיין** בב"ח שכתב, דאף דאינו מחויב להדר שם אחר יין לקנותו מן החנוני, מ"מ אם יש לו יין בביתו יברך על היין.

ואם יש לו שני מיני משקין, כגון שכר ומי דבש וכיו"ב, ואחד מהן חביב עליו, יברך על אותו המין שהוא חביב עליו, **וכ"ש** אם מתחלה קודם בהמ"ז שתה ממנו מפני חביבותו, בודאי מהנכון לברך ג"כ עליו ולא על משקה האחר, שלא יהא שלחנך מלא ושלחן רבך ריקם.

אבל כ"ז דוקא אם אותו המין הוא חמר מדינה, דהיינו שרגילין לשתותו במקום ההוא, **אבל** אם אין שותין אותו אלא לפרקים, אף דבעצם הוא חשיב יותר מחבירו, לא הוי חמר מדינה, מידי דהוי אשאר משקין כגון יין תפוחים ויין רמונים, [**ואולי** דוקא אם מה דאין שותין אותו רק לפרקים, הוא מפני שאין חשוב להם למשקה, אבל אם מניעתו הוא רק מפני היוקר, חשיב חמר מדינה].

חוץ מן המים - אע"פ שרוב שתייתן מים, אין מברכין עליו, וה"ה קווא"ס ומי בארש"ט, אף על פי שרוב שתית ההמונים מהם, אפ"ה לא חשיבי יותר ממים, **וטישביר** אפשר דיש להקל בשעת הדחק, כשרוב ההמונים שותין מהם.

הגה: ומה שנוהגין במדינות אלו לברך על השכר - ר"ל שנוהגין לברך על השכר אע"ג דיין מצוי בעיר, **אין למחות, דהא י"א דאינו טעון כוס כלל, ועוד דהא עיקר חמר מדינה הוא שכר,** **וקובעין הסעודה עליו** - ר"ל אף אם לא נחשיב אותו לחמר מדינה כ"כ מפני שמצוי גם יין שם, מ"מ בלא"ה י"א דאם קבע סעודתו מתחלה על שאר משקין, מחשיב אותם בזה, ומברך עליהם בהמ"ז אף דאיכא יין, **אלא** דהמחבר סתם מעיקרא כהפוסקים דלא מהני קביעותא, מ"מ יש לצרף דעה זו להקל בזה שהיין ביוקר וקשה להשיגו.

ואע"ג דיין נמצא בעיר, מ"מ לא מיקרי מצוי לדבר זה, שהוא ביוקר ואי אפשר לקנות יין בכל סעודה לברך עליו - אבל אם יש לו יין בביתו, צריך לברך עליו, **ואם** יש לו יין בביתו רק מעט לצורך קידוש והבדלה, א"צ לברך עליו, דקידוש והבדלה לכו"ע טעון כוס וחמיר מבהמ"ז.

ולענין קידוש והבדלה, משמע דגם רמ"א מודה דצריך לחזר דוקא אחר יין, כיון דיין נמצא בעיר אלא שהוא ביוקר.

אמנם המלוה מן המובחר לברך על יין (ד"ע).

סימן רעב ס"ט - [ב]במקום שאין יין מצוי, י"א שמקדשים על שכר ושאר משקין - ודוקא במקום דהוי חמר מדינה, דהיינו שאין יין מצוי בכל העיר בשנה הזו, ועיקר שתייתן הוא משכר ושאר משקין, **ואם** יש שם יין אלא שהוא ביוקר, מקרי מצוי, **ואם** אין יין ישראל מצוי, אע"פ שיין א"י מצוי, לא מקרי מצוי עי"ז.

וחלב ושמן אין בכלל זה, דהא אינו חמר מדינה, דאין רגילין לשתותו למשקה.

[ג]חוץ מן המים - ר"ל אף אם שתיית כל המקום ההוא הוא רק מים, אפ"ה אין דינו לקרותו חמר מדינה עי"ז, **ואודות** י"ש עיין לקמיה.

[ד]וי"א שאין מקדשין. ולהרא"ש, בלילה לא יקדש על השכר אלא על הפת - ומניח ידיו עליו עד גמר הקידוש, **והטעם**, דכמו שצריך לאחוז בידו הכוס של קידוש, כך צריך לאחוז הפת בידו כשמקדש על הפת. **גם** הרא"ש ס"ל כהי"א הראשון, אלא דכיון שהפת לצורך סעודת שבת, חשיב טפי משכר לקדש בו בלילה.

ולדינא יש ליזהר לכתחלה שלא לקדש בלילה על שום משקה חוץ מן היין, או פת אם אין יין בעיר וכדלקמיה, **דהרבה** גדולי הראשונים מחמירין שאינו יוצא בזה ידי קידוש, וגם המחבר לא הכריע בזה להלכה.

ובבקר יותר טוב לקדש על השכר, שיברך עליו "שהכל" קודם ברכת "המוציא", שאם יברך על הפת תחלה אין כאן שום שינוי, ודברי טעם הם - דבשכר, הברכה שהוא מוסיף קודם הסעודה הוא היכר שהוא לכבוד השבת, משא"כ אם יברך על הפת אין כאן היכר כלל, שהרי בבוקר אין אומרים נוסח הקידוש.

באר הגולה

[ה] פסחים ק"ה [א] הרא"ש [ב] **הרא"ש לדעת הר"י ובשם הראב"ן ושכן הסכימו רוב הגאונים מהא דפסחים ק"ז** ‹דרבין {אמימר} אבדיל אשיכרא היכא דהוי חמר מדינה, וכי היכי דלא קיימא לן כוותיה {דרב חסדא} במאי דאמר אין מבדילין עליו, הכי נמי לא קימ"ל כוותיה במאי דאמר אין מקדשין עליו – ב"י› [ג] ‹ומיהו על המים כתב שם רשב"ם (ד"ה חמר מדינה) דאין מבדילין אפילו היכא דליכא יין ושכר – ב"י› [ד] **רמב"ם והמגיד בשם הרי"ץ גיאות ושכן עיקר, והגהות** ‹מיימוניות› **בשם רשב"ם** ‹ד"ה מהו לקדושי› **והגאונים והלכות גדולות ואלפסי וראבי"ה והר"מ והמרדכי בשם רבינו פרץ** ‹שם: מהו לקדושי אשיכרא, ופי' רשב"ם במקום שאין יין וכו', ע"ש דאסיק ורבי לא רצה להתיר אפילו שכר תאנים ואסובי, ואת אמרת שיכרא בעלמא, והיינו ת"ק דברייתא דאמר אין מקדשין, {אבל מבדילין עליו}, כאמימר ורב אשי דהוא בתרא, ודלא כרב דאמר כשם שאין מקדשין עליו כך אין מבדילין עליו – הגהות מיימוניות›

אמר רבא הילכתא טעם מקדש *וטעם מבדיל ומי שלא קידש בערב שבת מקדש והולך כל היום כולו עד מוצאי שבת *מי שלא הבדיל במוצאי שבת מבדיל והולך כל השבת כולו *אמימר פתח לה להא שמעתא דרבא בהאי לישנא אמר רבא הילכתא טעם מקדש טעם מבדיל מי שלא קידש בע"ש מקדש והולך כל היום כולו מי שלא הבדיל במוצ"ש מבדיל והולך כל היום כולו אמרי ליה *מר ינוקא ומר קשישא בריה דרב חסדא לרב אשי זימנא חדא איקלע *אמימר לאתרין ולא הוה לן חמרא אייתינא ליה שיכרא ולא אבדיל ובת טוות למחר טרחנא ואייתינא ליה חמרא ואבדיל וטעים מידי לשנה תו איקלע לאתרין לא הוה לן חמרא אייתינא שיכרא אמר אי הכי *חמר מדינה הוא אבדיל וטעים מידי שמע מינה תלת ש"מ *המבדיל בתפלה צריך שיבדיל על הכוס ושמע מינה אסור לו לאדם *שיאכל קודם שיבדיל ושמע מינה מי שלא הבדיל במוצ"ש מבדיל והולך כל השבת כולו בעא מיניה (א) רב הונא מרב חסדא מהו לקדושי אשיכרא אמר השתא ומה פירזומא ותאיני ואסני דבעאי מיניה מרב ורב מר' חייא ורבי חייא מרבי ולא פשט ליה שיכרא מיבעיא סבור מינה קדושי הוא דלא מקדשינן עילויה אבל אבדולי מבדלינן אמר להו רב חסדא הכי אמר רב כשם שאין מקדשין עליו כך אין מבדילין עליו איתמר נמי אמר רב תחליפא בר אבימי אמר שמואל כשם שאין מקדשין עליו כך אין מבדילין עליו לוי שדר ליה לר' שיכרא בר תליסר מגני טעמיה הוה בסים טובא אמר כגון זה ראוי לקדש עליו ולומר עליו כל שירות ותושבחות שבעולם בליליא צעריה אמר *מיסרן ומפיים אמר רב יוסף אדור ברבים דלא אישתי שיכרא אמר רבא אישתי מי זורין ולא אישתי שיכרא ואמר רבא תיהוי שקותיה שיכרא מאן דמקדש אשיכרא רב הונא אשכחיה רב הונא דקדיש אשיכרא אמר ליה שרי אבא למיקני איסתירי משיכרא ת"ר אין מקדשין אלא על היין ואין מברכין אלא על היין אטו אשיכרא ואמיא מי לא מברכין עליהו שהכל נהיה בדברו אמר אביי הכי קאמר אין אומרים הבא כוס של ברכה לברך אלא על היין ת"ר אין מקדשין על השכר משום ר' אלעזר בר רבי שמעון אמרו מקדשין מטעימת יין כל שהוא ר' יוסי בר יהודה אומר מלא לוגמא אמר רב הונא אמר רב וכן תני רב גידל דמן נרש *המקדש וטעם מלא לוגמא יצא ואם לאו לא יצא אמר רב נחמן בר יצחק אנא תנינא לה לא גידול בר מנשיא ולא גידול בר מניומי אלא גידול סתמא למאי נפקא מינה למירמא דידי' אדידיה: סמוך למנחה: איבעיא להו סמוך למנחה גדולה תנן או דילמא סמוך למנחה קטנה תנן סמוך למנחה גדולה תנן ומשום פסח דילמא אתי למימשך

ואתי

רש"י

כל השבת. כדאמרן לעיל עד יום רביעי: **פירזומא.** שכר שעורים בלשון לעז ברוי"ש: **ותאיני.** שכר תאנים: **ואסני.** שכר תותים: **שיכרא.** שכר תמרים: **בר תליסר מגני.** שנתנו מים על התמרים ואחר שזבו נתן על תמרים אחרים וכן הביא תמרים עד י"ג פעמים: **מייסרן ומפיים.** מצטערין (ג) ובשעת שתיה מפייסין הן כלומר טובים הן וראוי לומר עליהן קידוש והבדלה: **אדור ברבים.** נדר שאין לו הפרה: **מי זורין.** מי משרת הפשתן: **שרי ליה אבא.** התחלת לעשות שכר ולהשתכר בו (ג) מערב לכך הוא יפה בעיניך ומקדש אתה עליו: **כוס של ברכה.** ברהמ"ז: **מטעמת יין בכל שהוא.** אותה טעימה שאמרו המברך צריך שיטעום (ד) בכל שהוא: **מנחה גדולה.** (*משבע) שעות ומחצה ולמעלה זמן הקרבת תמיד כשאתה בא להקדימו: **ומשום פסח.** שמא ישב בסעודה וימנע ויפשע מעשות פסח:

או

רשב"ם

כל השבת כולה. כדאמרן לעיל עד יום רביעי והכי קי"ל כרבא דאמר טעם מקדש ואם שכח ולא קידש מקדש למחר כל היום כולו וכן טעם מבדיל ואם לא הבדיל מבדיל והולך עד יום רביעי: **ובת טוות.** לן מעונה שלא אכל וקרא הוא בדניאל (ו): **חמר מדינה.** אין יין אחר בעיר הזאת כי אם שכר הלכך מבדילין בו וכן הלכה אבל מים לא איקרו חמר מדינה ואין מבדילין על המים אפילו היכא דליכא שכר ויין: **שמעת מינה תלת.** ג' דברים בסידרי הבדלה ואף על גב דשמעינן מינה דמבדילין על חמר מדינה אע"פ שאינו יין לא חשיב דלא איירי אלא בסדר הבדלה אי נמי מילתא דפשיטא הוא דכיון דאין יין אחר בעיר טוב לו שיבדיל על השכר משלא יבדיל כלל: **מהו לקדושי אשכרא.** במקום שאין יין: **פירזומא.** שכר שעורין: **ותאיני.** שכר תאנים: **ואסני.** שעושין שכר מפרי סנה כגון תותין והללו חשובין יותר מכתם שכר שלהם שהיה של תמרים: **אבל אבדולי מבדלינן.** אליבא דרב: **תליסר מגני.** שנתן המים על התמרים ואח"כ נותנן על תמרים אחרים וכן הביא אחרים עד שלש עשרה פעמים ומגני נראה שהוא לשון אשר מגן צריך בידך (בראשית יד) ומתרגמינן ומסר והוא לשון מסר כך השיכרא היה נותם ג"כ ומשבר התמרים חדשים שלש עשרה פעמים: **צעריה.** שלשול דתמרים משלשלין כדאמרי' בכתובות (דף י:): **מיסרן ומפיים.** בתמיה וכי מי שמצער ראוי הוא לפיים ולרצות להקב"ה ולומר עליו קידוש: **אדור ברבים.** נדר שאין לו הפרה: **מי זורין.** מי משרת פשתן: **תיהוי שקותיה שיכרא.** עני יהיה שלא יוכל לקנות יין מדה כנגד מדה: **מקדש אשיכרא.** ואע"פ שהיה יין בעירו וטעמו משום דחביב ליה כדאמר לעיל זימנין דחביבא ליה ריפתא מקדש אריפתא: **שרי ליה אבא.** התחיל לעשות שכר ולהשתכר בו ויפה בעיניך ומקדש אתה עליו: **ואין מברכין.** ברכת המזון כדמפרש לקמן: **כוס של ברכה.** ברכת המזון: ה"מ דלא קבע עליה אבל קבע עליה לית לן בה לא גרסינן כלל: **מטעמת יין כל שהוא.** אותה טעימה שאמרו המברך צריך שיטעום אותה טעימה די בכל שהוא: **וטעם מלא לוגמא יצא ואם לאו לא יצא.** והכי הילכתא והוא שלא טעם אחד מכל המסובין אבל טעם אחד מהם יצאו כולן ידי חובתן ואע"פ שלא טעמו: **אמר רב נחמן בר יצחק אנא תנינא לה.** להאי מתניתא משמיה דרב גידל (דמנרש) אבל איני מזכיר מי הוא שמא גידול בר מנשיא או גידול דמן נרש: **מנחה גדולה.** משש שעות ומחצה ולמעלה דהיינו זמן עשיית תמיד הערב כשאתה בא להקדימו כגון בערב הפסח שחל להיות בערב שבת שנשחט בשש ומחצה והפסח אחריו כדאמרינן בתמיד נשחט (לעיל דף נח.): **ומשום פסח.** שמא ישב בסעודה ויפשע מעשות פסח:

או

תוספות

אמר רבא הילכתא טעם מקדש. וכן הלכה: **אמימר** מתני לה כו'. בסוף מילתיה גרסינן מבדיל והולך כל היום כולו דאי לאו הכי היינו לישנא קמא והלכה כלישנא קמא דמבדיל עד רביעי בשבת כדאמר רבי חייא לעיל ובתשעה באב שחל להיות במוצ"ש נמי רגילין להבדיל אחר התענית וכן בסדר דרב עמרם: **ושמע** מינה מבדיל כל השבת כולה. לא שמעינן מינה אלא כל היום אלא נקט הכי משום דהלכה כן: **אדור** ברבים כו'. דקסבר דברבים אין לו הפרה ואין הלכה כן אלא דוקא על דעת רבים אין לו הפרה ובמקום אחר מפורש (גיטין דף לו.): **אם** טעם מלא לוגמא יצא. וכדמפרש ביומא (דף פ.) כל שאילו מסלקו לצד אחד יראה כמלא לוגמיו והוי פחות מרביעית כדאמרינן התם אבל מלא לוגמיו אמרינן התם דהוי יותר מרביעית ונראה שהוא רוב רביעית דאמרינן לקמן והוא דשתה רובא דכסא ודוקא לאדם בינוני אבל לעוג מלך הבשן בעי טפי כדאמרינן התם*: *__סמוך__ למנחה. תימה אמאי קרי ליה מנחה דאי משום דמנחה היתה קריבה בין הערבים הא גם בשחר קריבה מנחת חביתין ומנחת תמיד וי"ל בשחר יש שם אחר תפלת שחרית ועוד דאמרינן בפרק קמא דברכות (דף ו:) הוי זהיר בתפלת מנחה שאף אליהו לא נענה אלא בתפלת מנחה ושמא בשעת הקרבת מנחה נענה ולכך קרי ליה תפלת מנחה שאז היא שעת רצון*:

ואתי

מסורת הש"ס

[לעיל קה:] [לעיל קו.] [מגלה ס"א מריטור] [מגש כש"כ"א כפי' הרשב"ם] [לעיל קה: וש"נ] [פי' תוס' שבת ע: ד"ה לימא וכו' נגרסה בכלא לטעום כלום] [פי' מסיר הדעת כמו המסית ...]

הגהות הב"ח

(א) גמ' בעי מיניה רב חסדא מרב הונא מהו לקדושי אשכרא כצ"ל: (ב) רש"י ד"ה מיסרן ומפיים מלטערין כן אבל בשעת שתיה: (ג) שם ד"ה שרי וכו' ולהשתכר בו לכך: (ד) שם ד"ה מטעמת וכו' שיטעום די בכל שהוא:

עין משפט נר מצוה

מד א מיי' פ"ט מהל' ברכות [פי' בהג'] מיי' שם סי' ס וסמ"ג ... טוש"ע א"ח סי' ... [illegible]

מה ב מיי' פכ"ט מהל' שבת הלכה ז טוש"ע א"ח סי' קצ סעיף ג וסי' רצה סעיף א:

[עי' תוס' ב"ב נד: ד"ה מר ינוקא]

ס"א רבין

[ועי' תוס' סוכות ... ד"ה אם ותוס' יומא דף ס. ד"ה כדי ותוס' שבת דף עו: ד"ה ויעמוד]

[וכאלכוזר ... דף ... ע"ד ... ונקראת זאת מנחה ... ומתרגמינן למנחת ... עכ"ל]

רבינו חננאל

אמר רבא הלכתא טעם מקדש טעם מבדיל ומי שלא קדש בערב שבת מקדש והולך כל היום ומי שלא הבדיל במוצאי שבת מבדיל כל היום כמריטור דמתני להא שמעתא דרבא לרומיה. פי' ובת טוות לן אותה הלילה בלא אכילה. פי' חמר מדינה כלו' שכר שעושין בני המדינה כלה והוא יינם ואין להם זולתו: שכרא בתתליסר מגני פי' שכר מסנן בשלש עשרה מסננות כלומר הורק מכלי אל כלי: מיסרן ומפייס פי' מסיר הדעת כמו המסית [illegible] ואחר מצערו מלשון הנפש מורסא בשבת: רבה בר בר חנה מקדש אשכרא. גרסינן במס' נזיר בתחלתו הריני נזיר מן הדרגנים כו' ור' שמעון נמי הכתיב [illegible]

מיין ושכר יזיר [illegible] ... [illegible]

*) [לעיל כש כיוד (ד' ד') הג"ה ... [illegible]]

והיינו דבשכר הוא יותר טוב מעל הפת, כמו שמפרש הטעם, אבל יין במקום שהוא מצוי, ודאי יברך עליו אפילו ביום, **ומ"מ** במדינתנו שהיין ביוקר, ורוב שתיית המדינה הוא משאר משקין, לא נהגו אפילו הגדולים להדר אחר יין ביום, שהקידוש שלו הוא רק מדרבנן לכו"ע, וסומכין עצמן על דברי המקילין בזה, **ומי** שמברך גם ביום על היין, ודאי עושה מצוה מן המובחר.

ואם חביב לו יין שרוף, יכול לקדש עליו ביום לכתחלה במדינתנו שהוא חמר מדינה, **אך** שיזהר ליקח כוס מחזיק רביעית, ולשתות ממנו מלא לוגמיו שהוא רוב רביעית, **ובדיעבד** או בשעת הדחק שאין יכול לשתות כמלא לוגמיו, ואין לו יין ושאר משקין, אפילו שתיית כל המסובין מצטרפין למלא לוגמיו. **ולענין** מי דבש ושאר משקים, עיין במה שכתבנו לקמן בסימן רצ"ו במ"ב.

הגה: וכן המנהג פשוט כדברי הרא"ש; ואם יין בעיר, לא יקדש על הפת – (והיינו אפי' אם הפת חביב עליו יותר מיין, וכדמוכח מהד"מ), [ח]כדי לחוש לדעת ר"ת, שסובר דאין מקדשין על הפת כלל, **ודע**, דאפילו להרא"ש ויתר הפוסקים דנקטינן כוותייהו, דמותר לקדש על הפת, ג"כ מודו דבמקום שיש יין בעיר אין מקדשין על הפת, דעיקר מצוה הוא על היין, **אך** דלדידהו אם הפת חביב לו יותר מיין, אז מותר לקדש על הפת אפילו יש לו יין, **וכן** פסק בדה"ח, **ואפשר** שע"ז סומכין העולם להקל בזה.

(והנה מהרמב"ם משמע דמפרש "דריפתא חביבא ליה", היינו יותר מיין, **ובטור** בשם רב האי משמע "דריפתא חביבא ליה", היינו שהיין אינו מקובל ונהנה ממנו, **ונראה** דבאופן זה שצייר רב האי, בודאי נוכל לסמוך לקדש על הפת לכתחלה).

אות א'*

אין אומרים הבא כוס של ברכה לברך אלא על היין

סימן קפב ס"ב - 'כוס ברכת המזון אינו אלא של יין, ולא משאר משקים - כמו לענין קידוש והבדלה, דאינו על שאר משקין לכו"ע, במקום דלא הויין חמר מדינה.

אפי' קבע סעודתו עליהם - ר"ל שתוך הסעודה סמך על משקה והיה עיקר שתייתו מהם, אפי' הכי אין זה מחשב אותם לברך עליהם בהמ"ז, כיון דאין אנשי העיר רגילין לשתותו תמיד במקום הזה.

אות ב'

המקדש וטעם מלא לוגמא יצא, ואם לאו לא יצא

סימן קצ ס"ג - שיעור שתיית יין - וה"ה בשאר משקין, **להתחייב בברכה אחרונה, יש ספק אם די בכזית** - כמו באכילה, דקי"ל בכל מקום שיעור אכילה בכזית, והוא כחצי ביצה, **ולפי"ז** במשקין יחוייב בברכה אחרונה בשליש רביעית, דרביעית הוא ביצה וחצי כידוע.

או ברביעית - כמו שמצינו בכמה דיני התורה לענין משקין, דשיעורן ברביעית.

לכך יזהר לשתות או פחות מכזית או רביעית, כדי להסתלק מן הספק; והכא א"א לשתות פחות מכזית, דכל דבר שצריך כוס צריך לשתות ממנו כמלא לוגמיו, שהוא רוב רביעית - היינו באדם בינוני מחזיק שיעורו כך, **אבל** באדם גדול ביותר, משערינן במלא לוגמיו דידיה, **ומ"מ** לא בעי לשתות טפי מרביעית.

הלכך ישתה רביעית שלם - עיין ט"ז שכתב, דלעיקר הדין קי"ל במלא לוגמיו, **ולפיכך** אם לא שתה רק כמלא לוגמיו, חייב לברך ברכה אחרונה, אלא דלכתחלה יראה לשתות רביעית כדי לצאת לכו"ע, **אכן** כל האחרונים דחו דבריו, והעלו דכל שלא שתה רביעית שלם בין ביין בין בשאר משקין, אין רשאי לברך ברכה אחרונה, וכדעת השו"ע.

עוד הסכימו, דאין חילוק בין שאר משקין ובין יין שרף, אע"פ דביי"ש מייתבא דעתיה דאינשי בפחות מרביעית, דלא חילקו חכמים בשיעורן, **ודלא** כט"ז.

סימן רעא סי"ג - [ח]צריך לשתות מכוס של קידוש כמלא לוגמיו - ואם לאו לא יצא, דבעינן שיעור חשוב שתתישב דעתו עי"ז, (**והאי** דנקט לישנא דלכתחלה, נראה דבא לאשמועינן, דאפי' לכתחלה די בזה, ולא בעינן שישתה כל הכוס, כמו לקמן לענין ד' כוסות בסי' תעב).

[ט]דהיינו כל שיסלקנו לצד אחד בפיו ויראה מלא לוגמיו - ר"ל ולא בעינן שיהא מלא פיו ממש משני הצדדים.

והוא רובו של רביעית - היינו באדם בינוני מחזיק שיעורו כך, ושיעור זה די אפילו אם היה הכוס גדול שמחזיק כמה רביעיות, **אבל** באדם גדול ביותר, משערינן כמלא לוגמיו דידיה לפי גדלו, ומ"מ לא בעי לשתות טפי מרביעית.

(**רובו** של רביעית, הוא שיטת התוס' וש"פ, **אבל** בסימן תרי"ב ס"ט העתיק המחבר, דשיעורו הוא פחות מרביעית, והוא כדעת הר"ן, ותימה למה לא הביא המחבר כאן דעת הר"ן אפילו בשם י"א, **ואפשר** לומר דשם דמיירי לענין חיוב חטאת, נקט השעור דהוא חייב לכו"ע, דלענין איסורא אפילו כל שהוא אסור מן התורה, **אבל הכא** לענין קידוש, דשיעור הטעימה הוא מדרבנן, סמך אתוס' ושארי פוסקים, דדי ברוב רביעית לאדם בינוני, דזהו שעורו).

באר הגולה

[ה] ‹והתוספות כתבו (קו: ד"ה מקדש) שנראה לר"ת שאין מקדשין על הפת כלל, והכא הכי פירושו, הנוטל ידיו לא יקדש, משום דס"ל לרב דיש קידוש שלא במקום סעודה, וחיישינן שמא יפליג ויצא לחוץ, א"ל רב יצחק וכו' זימנין דחביבא ליה ריפתא ומקדש אריפתא, כלומר הוה מקדש אחמרא על דעת לאכול מיד ריפתא, והיה נוטל מיד ידיו קודם קידוש, וזימנין דחביבא ליה חמרא הוה מקדש אחמרא שלא במקום ריפתא, דהיינו סעודה, דס"ל דיש קידוש שלא במקום סעודה – ב"י› [ו] ‹ע"פ מהדורת נהרדעא› [ז] פסחים ק"ז [ח] פסחים ק"ז [ט] תוס' והרא"ש מהא דיומא פ'

(**ומשמע** דבקטן לפי קטנו אף שהוא בן י"ג שנה, ולא בעינן אפי' רוב רביעית, **ולענ"ד** יש לעיין בזה, ואינו ראיה מיוה"כ, דשם טעם החיוב הוא משום יתובי דעתיה, משא"כ לענין קידוש, אפשר דתקנת חכמים הוא כך, שישתה דוקא רוב הכוס שהוא מקדש עליו, וצ"ע).

(**ודע** דלענין קטן ממש, כשמקדש משום מצות חינוך, בודאי יש לסמוך להקל דדי במלא לוגמיו דידיה, שהוא פחות מרוב רביעית).

(**ודע** עוד, דמה שכתבו הפוסקים דבגדול כמלא לוגמיו הוא כמלא לוגמיו דידיה, הוא דוקא מרווח ולא דחוק, **ולענין** יותר מרביעית אין נ"מ מזה, כמ"ש במ"ב דדי ברביעית בכל אדם, ונ"מ רק לענין פחות מרביעית).

ודע, דשיעור רביעית הוא כמעט מלא שתי קליפות מביצה בינונית של תרנגולת, והוא שיעור ביצה ומחצה עם הקליפה, דלוג הוא ששה ביצים כדאיתא בגמרא, וממילא רביעית הלוג הוא ביצה וחצי, **ויש** מחמירין מאד בענין השיעורין, והוכיחו דהביצים נתקטנו בזמנינו למחצית ממה שהיה בימי הגמרא, וע"כ שיעור רביעית הוא בכפלים, וכן נ"מ מזה לענין כזית מצה, דהוא כחצי ביצה כמבואר בסי' תפ"ו, **ועיין** בבה"ל מה שכתבנו בענין זה, דנכון לחוש לדבריהם לענין קידוש של לילה, (דלענין דאורייתא כגון כזית מצה בליל פסח, בודאי יש להחמיר כדבריהם, וכן לענין קידוש של לילה דעיקרו הוא דאורייתא), **ועכ"פ** יראה לכתחלה שיחזיק הכוס כשני ביצים, (דהנה בסוגיא דיומא מוכח, דשעור כמלא לוגמיו משני הצדדים באדם בינוני הוא יותר מרביעית, וזה כבר בחנתי ונסיתי בכמה אנשים בינונים המלא לוגמא שלהם משני הצדדים, ועלה לכל היותר רק עד שני ביצים בינונים בקליפה שלהם), **והשתיה** אף שהכוס גדול, די שישתה כמלא לוגמיו דידיה, (**ומיהו** לענין קידוש שחרית, ולשאר כוס של ברכה, יש לסמוך על מנהג העולם, **וע"כ** מי שאין לו יין כ"כ, ישתה רק כמלא לוגמיו דידיה, והיותר ישייר עד למחר, ובשחרית יכול לקדש על כוס קטן מזה).

ודע עוד, דהשיעור של מלא לוגמיו צריך לשתות בלי הפסק הרבה בינתים, דהיינו שלא ישהה מתחלת שתיה ראשונה עד סוף שתיה אחרונה יותר מכדי שתיית רביעית, ועכ"פ לא יפסיק זמן רב כדי אכילת פרס, **ואם** הפסיק בכדי אכילת פרס, אף בדיעבד לא יצא, וצריך ליזהר בזה כשמקדש בשחרית על יי"ש, שאז מצוי להכשל בזה.

עין משפט נר מצוה

מו א ב ג מיי' פ"ו מהל' מצה הלכה יב סמג עשין מ טוש"ע א"ח סי' תעא ס"א:

מסורת הש"ס

[וע"ע תוס' מ"ק כג. ד"ה פסח ותוס' יבמות מ. ד"ה אכילה ותוס' ב"ק דף קי. ד"ה אכילה]

נ"ל ופירוש א'

[כדאיתא לעיל יב:]

[ע"ע בגמ' ובתוס' שם ד"ה מיני ותוס' סוכה דף כו. ד"ה במיני]

[כרב אלפס איתא ר' אסי]

[תוספתא פ"י]

ברכות דף לה:

[ס"א ממלכי הורדוס]

תורה אור

ואתי לאימנועי מלמיעבד פסחא או דילמא סמוך למנחה קטנה תנן ומשום מצה דילמא אתי למיכלה אכילה גסה אמר רבינא ת"ש אפילו אגריפס המלך שהוא רגיל לאכול בתשע שעות אותו היום לא יאכל עד שתחשך אי אמרת בשלמא סמוך למנחה קטנה תנן היינו רבותיה דאגריפס אלא אי אמרת סמוך למנחה גדולה תנן מאי רבותיה דאגריפס הא איסור עליה מעיקרא (א) אלא *סמוך למנחה קטנה תנן סוף סוף מאי רבותיה דאגריפס הא מטיא ליה זמן איסורא מהו דתימא תשע שעות לאגריפס כארבע שעות (ב) דידן דמי קמ"ל אמר רבי (*יוסי) *אבל מטביל הוא במיני תרגימא ר' יצחק מטביל בירקי תניא נמי הכי *השמש מטביל בבני מעיים ונותן לפני האורחים ואע"פ שאין ראיה לדבר זכר לדבר שנאמר °נירו לכם ניר ואל תזרעו אל קוצים (ירמיה ד) *רבא *הוה שתי חמרא כולי מעלי יומא דפיסחא כי היכי דניגרריה לליביה דניכול מצה טפי לאורתא אמר רבא מנא אמינא לה דחמרא מיגרר גריר דתנן בין

או דילמא סמוך למנחה קטנה. בתשע שעות כשהוא מאוחר בפרק תמיד (לעיל דף נח.): **ומשום מצה**. שיכנס לה כשהוא תאוה: **אגריפס המלך**. לא היה אוכל עד תשע שעות: **אי אמרת בשלמא סמוך למנחה קטנה היינו רבותיה**. דאע"ג דעדיין לא אכל וזמן איסוריה אכתי לא מטא בשעה תשיעית עד לאחר תשע אפ"ה לא יאכל משום דמשיך ליה עד זמן איסורא ויתענג ולא יאכל: **אלא אי אמרת**. ממנחה גדולה ואילך אסור מאי רבותיה דאגריפס והא כבר חל זמן איסוריה משש שעות ואילך וצריכא למימר דלאסור בתמיה דהאו משום דלא אכל בעי למיעבד איסורא ונשרי למיכל מתחלת תשע: **אבל**. יכול אדם לטבול ולאכול מיני תרגימא פירות והאי דנקט מטביל לפי שמאכלם על ידי טיבול: **בירקי**. היה אוכל ירק מן המנחה ולמעלה לפי שאין משביע: **בבני מעים**. האחיל ועסוק בסעודה יכול הוא לאכול בבני מעים מה שדרך השמש לאכול רשאי הוא לעשות כן מן המנחה ולמעלה דהאחיל והאי עסוק בהן מגער ליה אי לא אכיל ואי אכיל לא משבעו ליה: **נירו לכם ניר**. כשאתם טורחים תטרחו בדבר שאתם יכולין ליהנות ממנו ושמש זה שעוסק בסעודה ובית המטבחים אם איט נהגה מגער ליה: בין

ואתי לאימנועי מפסח. ואפילו אחר שיעשה פסח אסור כדי שלא ימהר לאכול ויעשה פסח שלא כהלכו: **דילמא** אתי למיכל אכילה גסה. והוא אכילה דאמרינן בפרק בתרא דיומא (דף פ:) האוכל אכילה גסה ביום הכפורים פטור וקשה דאמרי' בנזיר (דף כג.) גבי פסח זה שאכלו אכילה גסה ופושעים יכשלו בם ופריך רשע קרית ליה נהי דלא עביד מצוה מן המובחר פסח מיהא קא עביד ואומר ר"ת דהרי גווני אכילה גסה אחת שנפשו קצה מלאכול ועל אותה פטור ביוה"כ ויש אכילה גסה שאינו מתאוה לאכול אך יש בה טעם והא דפסח נאכל על השבע היינו שמתאוה לאכול קצת ועוד י"ל דאין לו לקרותו רשע כיון שקיים מצות פסח אע"פ שלא קיים מצות אכילה דאכילת פסחים לא מעכבא *ומה שפירש רשב"ם דנקט מצה משום דשייכא אפילו בזמן הזה דליכא פסח לא נהירא דאפילו הוי טעמא משום פסח אסור בזמן הזה כדמוכח בסמוך גבי רב ששת דהוה יתיב כולי יומא בתעניתא ופירוש *אחר עיקר ספי' דנקט מצה דבאכילה מועטת הוי אכילה גסה: **אפי'** אגריפס המלך. פי' רשב"ם מלך כשר ומבני חשמונאי היה ולא דק דבסוטה (דף מא.) אמרי' כשהגיע למקרב אחיך תשים עליך מלך זלגו עיניו דמעות: **שהיה** רגיל לאכול בתשע שעות. °י"מ לפי שדרך מלכים לעמוד בג' שעות והיה מתנהג כתלמיד חכם לאכול בשעה ששית *אחרי קומו ואין נראה דא"כ הוה ליה למימר ט' שעות לאגריפס כשש שעות לת"ח: **מיני** תרגימא. פי' רשב"ם פירות ובשר בלא לחם ולא נהירא דאמרינן בתוספתא דכילד מברכין הביאו לפניו מיני תרגימא מברך בורא מיני מזונות ואין מברכין בורא מיני מזונות אלא על חמשת המינים ומיהו בפרק בתרא דיומא (דף עט:*) איכא חד שינויא דמשני ואיבעית אימא מאי מיני תרגימא פרי: **נירו** לכם ניר. פי' רשב"ם דעל ידי החרישה מקבלת הזריעה ה"נ ע"י אכילת תרגימא יאכל מצה מיהו חרישה וזריעה תרי מילי נינהו ולא דמי לשתי אכילות ונראה שזה הפסוק משל הוא כענין זה דכתיב (ירמיה ד) אם תשוב ישראל נאם ה' אלי תשוב אם תסיר שקוציך וגו' פי' לאחר שתסירו שקוצים אז תשובו אלי וכל זמן ששקוצים עמכם ונתייאשתם ממני לא תוכלו לשוב כי כה אמר ה' נירו לכם ניר ואל תזרעו אל קוצים כל זמן שהקוצים בחוכה אינה מועלת זריעתה כלום וה"נ מייתי זכר לדבר כשאכל קצת לבו נמשך יותר אבל כשלא אכל כלל ונתיאש אין לבו נמשך אחר אכילה והוי כזורק אבן לחמת: אלא

רשב"ם

או דילמא סמוך למנחה קטנה. והיינו בגמר ט' שעות דמתשע שעות ומחלה הוי זמן דהקרבת תמיד של כל השנה כשהוא מאוחר דהשתא משום אימנועי מפסח ליכא דערב הפסח היה התמיד קרב בשמונה ומחלה והפסח אחריו מיד לפיכך אם בא לאכול סמוך למנחה קטנה דהיינו בגמר תשעה וכבר נשחט הפסח ואין כאן לחוש אלא משום מצה שלא יאכלנה אכילה גסה והוי נמי דמשום פסח איכא למיחש לאכילה גסה דאף על גב דהוא נאכל על השובע אכילה גסה מיהא אינה אכילה ובקדשים מזיק הוא דחשבינן ליה ביבמות (דף מ.) אלא משום דלגבי לחם הויא אכילה גסה באכילה מועטת נקט מצה אי נמי רבותא קאמר והכי קאמר או דילמא סמוך למנחה קטנה ואפילו בזמן דליכא פסח דליכא למיחש לעשייתו ולא לאכילתו משום אכילת מצה מיהא איכא דלא ליהוי אכילה גסה חיישינן: **אגריפס המלך**. מלך כשר היה *ממלכי חשמונאי ולא היה אוכל עד שעה ט': **רבותיה דאגריפס**. כלומר היינו רבותא דקתני בברייתא אפי' אגריפס דאע"ג דעדיין לא אכל וזמן איסורא לא מטא אכתי בשעה תשיעית עד לאחר תשעה אפילו הכי לא יאכל משום דמשיך ליה עד זמן איסור ויתענה ולא יאכל: **אלא אי אמרת**. ממנחה גדולה ולמעלה אסור מאי אפילו אגריפס הא מטא כבר זמן איסוריה משש שעות ומחלה ואילך וצריכה למימר דאסור בתמיה דהאו משום דלא אכל בעי למיעבד איסורא: כדבעינן למימר לקמן לא גרס ליה: **סוף סוף מאי רבותיה דאגריפס הא מטא ליה עידן איסוריה**. קודם שיגמור סעודתו דאפילו רבי יוסי דפליג בהפסקת ערב הפסח בריש פירקא ואמר שלא להפסיק מאחר שהתחיל לאכול בהיתר הכא מודי דאסור דמעיקרא לדעת כן היה אוכל בתשע שעות שגמר סעודתו בתוך זמן איסוריה וכמתחיל לאכול אחר זמן איסורו דמי ואסיר: **מהו דתימא ט' דאגריפס כארבע לדידן דמי**. דכיון דלמוד לאכול בתשע שעות כארבע שעות לדידן דמי ויאכל גם הוא מצה לתיאבון גם הוא כמותינו שאוכלין בד' שעות ביום והלכך האיל ואכתי לא מטא זמן איסורא נישרי לאכול בתחלת ט' אע"פ שתמשך סעודתו לאחר ט' קמ"ל דאסור לאכול אבל אי הוה תנינן סמוך למנחה גדולה ליכא רבותא כלל ולא הוה שייך למיתני אפי' דכיון דטעמא משום דילמא אתו לאימנועי מפסח ולא משום אכילה גסה דמצה ליכא למימר הכי מהו דתימא ט' לאגריפס כד' לדידן דמי הלכך שמעינן מינה דמנחה קטנה תנן: **מטבל ואוכל**. מן המנחה ולמעלה: **תרגימא**. פירות ובשר בלא לחם והא דנקט מטבל שכל מאכלם ע"י טיבול: **בירקא**. היה אוכל ירק מן המנחה ולמעלה לפי שאינו משביע ונראה בעיני דמגרר ליבא למיכל ואכל מצה לתיאבון יותר ולפיכך היה אוכל [ירק] ולא היה טוהג כן כי אם ערב הפסח כדי להמשיך ולאכול בלילה כדאמרי' במס' שבת בפ' תולין (דף קמ:) אמר רב חסדא בר בי רב לא ליכול ירקא משום דמגררי ליבא כו' וכדאמר נמי בסמוך רבא הוי שתי חמרא במעלי יומא דפסחא כי היכי דנגריר לליביה והדברים הללו כגון מיני תרגימא וירקות ממשיכין את הלב לאכול כדמוכח נמי בברכות (ד' מג.) שהיו רגילין לאכול פרפרת קודם אכילת הפת לגרר את הלב כדתנן בירך על הפת פטר את הפרפרת על הפרפרת לא פטר את הפת אלמא דפרפרת קודם לפת: **תניא נמי הכי**. דאוכלין מיני תרגימא ערב הפסח כדי להמשיך את הלב: **השמש מטביל בבני מעיים**. כלומר בבני מעיים של בהמות הנשחטות לסעודת יו"ט וגם נותן מהם לפני האורחין המעויין יחד על הפסח כדי שיאכלו מצה ופסח לתיאבון ובערב הפסח קאי בתוספתא דפסחים ואפי' מן המנחה ולמעלה דלעיל מינה תניא ע"פ סמוך למנחה לא יאכל כו': **ואע"פ שאין ראיה לדבר**. דאכילה מושכת אכילה זכר לדבר יש קצת דכתיב נירו לכם ניר הראה לנו הנביא דוגמא שחורשין את הקרקע כדי לקבל את הזריעה ואם אינה חרושה אינה מקבלת הזריעה אף אדם האוכל דברים שאין משביעין את האדם פותחים בני מעים ומרחיבין אותן ויקבל המאכל של סעודה אחרי כן לתיאבון כך נראה בעיני שיטה זו ועיקר ורבינו שלמה זקני פירשה כן בני מעיים האיל ועסוק בסעודה יכול הוא לאכול בני מעיים מה שדרך השמש לאכול רשאי הוא לעשות כן מן המנחה ולמעלה דהאיל ועסוק בהן מגערי ליה אי לא אכיל ואי אכיל לא משבעי ליה: **נירו לכם ניר**. כשאתם טורחים תטרחו שתוכלו ליגות ממנו ושמש זה שעוסק בסעודה או בבית המטבחים אם אינו נהנה מגער ליה ולא נהירא עוד יש לשון אחר ואין בו ממש: בין

הגהות הב"ח

(א) גמ' אלא מאי סמוך למנחה קטנה תנן סוף: (ב) שם כארבע שעות לדידן דמי:

גליון הש"ס

תוס' ד"ה שהיה כו' י"מ. עי' תענית כה ע"ב רש"י ד"ה שכן מלים:

רבינו חננאל

אוקימנא סמוך למנחה קטנה מדתניא אפילו אגריפס המלך שרגיל לאכול בתשע לא יאכל עד שתחשך אמר רב יוסף אבל מטבל הוא במיני תרגימא. פי' רב האי תרגימא כענין של מיני מתיקה דתנינן בתוספתא דברכות הביאו לפניו מיני תרגימא מברך עליהן בורא מיני [מזונו']: רבי צדוק מטבל בירקי כלומר *) היה אוכל זה מיני תרגימא וזה היה אוכל מן המנחה ולמעלה תניא נמי הכי השמש טובל בבני מעים ונותן לפני האורחים רבא הוה שתי חמרא טבא במעלי דפסחא אמר כי היכי דנגרריה ללבית ונכפין [תאכל] למצה וכו':

*) [ואולי דצ"ל כלומר היה אוכל זה מן המנחה ולמעלה אבל לא היה מטבל במיני תרגימא]

§ מסכת פסחים דף קז: §

אות א׳ - ב׳ - ג׳

סמוך למנחה קטנה

אבל מטביל הוא במיני תרגימא

רבא הוה שתי חמרא כולי מעלי יומא דפיסחא, כי היכי דניגרריה לליביה דניכול מצה טפי לאורתא

סימן תעא ס״א - [א]אסור לאכול פת - והיינו אפילו מצה עשירה, **משעה עשירית ולמעלה** - היינו מתחלת שעה ד׳ אחר חצות היום, **ואפילו** אם התחיל לאכול, פוסק, כיון שהתחיל באיסור, **כדי שיאכל מצה לתיאבון.**

[ב]**אבל אוכל מעט פירות או ירקות** - בין חי בין מבושל, [וכן נהגו העולם לאכול בערב פסח תפוחי אדמה].

וה״ה בשר ודגים וביצים וכה״ג, **אבל** מחמשת המינים שמבושל במי פירות, אסור, דסעיד, [**כדעת** הרי״ף והרמב״ם ורש״י ורשב״ם, דמיני תרגימא הוא פירות, ולא הזכירו שום אחד מהם ה׳ מינים. **ודברי** חק יעקב שכתב דרוב פוסקים מסכימים להרא״ש, צ״ע].

[ג]**אבל לא ימלא כריסו מהם. (ואם הוא איסטניס שאפילו אוכל מעט מזיק באכילתו, הכל אסור) (רבנו ירוחם)** - וכמו לעיל בסי׳ ת״ע ס״ג, **אלא** שאיסטניס דהתם הוא אפילו אם יאכל בבקר לא יוכל לאכול בלילה לתיאבון, **וכאן** מיירי באיסטניס שאם אוכל משעה י׳ ואילך, שוב לא יוכל לאכול בלילה לתיאבון.

[ד]**ויין מעט לא ישתה, משום דמיסעד סעיד** - ומסתברא דבפחות מכוס, או עכ״פ מרוב כוס, לא סעיד ושרי.

[ה](**בטור** כתב, דבין מעט בין הרבה מותר, **אלא שהב״י** הקשה עליו, **ולהכי** סתם שלא כדבריו, אלא כדעת התוס׳ והמרדכי, **ומסתברא** שתלוי הכל לפי טבע אותו האדם, לפי מה שהוא מרגיש בנפשו, דבר שגורר לבו לתאות המאכל או להיפך).

אבל אם רצה לשתות יין הרבה, שותה, מפני שכשהוא שותה הרבה גורר תאות המאכל - [ו]ושתי כוסות של רביעית או רובן, יש לחשוב להרבה, ושרי, [**אף** דזה אינו ברור, מ״מ אין להחמיר מאחר שדעת הטור להקל אף במעט].

ומ״מ לא ישתה כ״כ עד שיהא שבע, כי ודאי יקלקל תאות המאכל, **וגם** יוכל להשתכר ויתבטל מצות הלילה, [**ומכ״ש** ביי״ש שלנו, בודאי צריך ליזהר שלא לשתות הרבה, שבודאי ישתכר, **וגם** אין ברור עיקר הדבר, אי שייך ביי״ש ״טובא מגרר גריר״ כמו ביין].

אות א׳*[ז]

רשב״ס ד״ה רבותיה: לא יאכל משום דמשיך ליה עד זמן איסור

סימן תעא ס״ב - [ח]וקודם שעה עשירית מותר לאכול מצה עשירה - אכן אם יודע שימשך סעודתו בתוך שעה עשירית, לא יתחיל לאכול אפי׳ קודם ט׳, [מ״א] ‹בשם רש״י ורשב״ם דף ק״ז: ד״ה רבותיה›.

באר הגולה

[א] **משנה פסחים צ״ט** [ב] **הרא״ש** ‹שם אבל מטבל הוא במיני תרגימא, ופירש הרי״ף, מעביר פתו במיני תרגימא, כגון פירות וכיוצא בהן, {כלומר מעביר ומסלק מאכלו היום ומחליפו במיני תרגימא כגון כו׳ - מו״ק}, וכן פירש רשב״ם מיני תרגימא, כגון פירות ובשר. **וכתב** הרא״ש ולא נהירא, דהא אמרינן בתוספתא דברכות: מברכין על מיני תרגימא בורא מיני מזונות, ואמרינן התם (ברכות לו:) דאין מברכין בורא מיני מזונות אלא על חמשת המינים לבד, אלמא מיני תרגימא לאו פירות נינהו, **וכ״כ** בתשובה: מיני תרגימא, דהיינו מיני תבשיל העשוי מחמשת המינים, או פירות וירקות, מותר לאכול. **ורבינו** סתם דבריו כדברי הרי״ף ורשב״ם, משום דמשמע ליה מכיון דחמשת המינים משביעים את האדם, היאך יאכל מצה לתיאבון אם יאכל מהם משעה עשירית ואילך - ב״י. **וצ״ע** על הבאר הגולה שמביא הרא״ש למקור להאי דינא. ‹**ולכאורה** אין שום משמעות שיש ענין לעשות כן, לאכול ירקות כדי לגרר ליבא למיכל מצה לתיאבון יותר, והיינו כפי׳ רש״י, ודלא כמו שפי׳ רשב״ם› [ג] **הרמב״ם ומדברי הרי״ף** [ד] **מהא דרבא ברכות ל״ה, וכ״כ התוס׳ שם** [ה] ‹והתמיה עליו ב״י מהא דפרק כיצד מברכין {דפריך ש״ס: וחמרא מי סעיד, והא רבא הוי שתי חמרא כל מעלי יומא דפסחא, ומשני טובא גריר, פורתא מסעיד סעיד} ע״ש. **ולענ״ד** נראה ליישב, הואיל דהרי״ף והרא״ש כתבו הא דרבא סתמא, ולא פירשו לחלק בין טובא למעט, א״כ משמע להו דמסוגיא דערבי פסחים משמע שאין לחלק, דאל״כ דיש סברא לחלק בין טובא למעט, א״כ מנא ליה לרבא להוכיח ממתני׳ זו דיין טובא מיגרר גריר, דילמא איפכא מסתברא דבמועט הוא דגריר ומתניתין איירי דוקא במועט, אלא ודאי דאיכא למידחי כיון דמתניתין סתמא תני הרוצה לשתות ישתה משמע מכל מקום, א״כ להיפך נמי, אם נאמר דוקא טובא גריר, הא מתניתין סתמא תני, ודוק. **אלא** ודאי דסוגיא דערבי פסחים משמע מכל מקום, א״כ ודאי סוגיא דפרק כיצד מברכין נידחית מפני סוגיא דערבי פסחים, לכן לא הזכירו הרי״ף והרא״ש בפרק כיצד מברכין וגם הכא האי חילוק - נחלת צבי› [ו] ‹וכתב המרדכי סוף פרק ערבי פסחים, דאע״ג דדוקא טובא גריר, שפיר מייתי ראיה מהא דבין הכוסות אם רצה לשתות ישתה, דהוי טובא, דהא שתה כוס ראשון, ומה ששותה בנתיים וכוס שני שישתה אחר כן, הוי טובא, **וכתב** הרמג״א, וצ״ל דב׳ כוסות ששותין לפני הסעודה מקרי ג״כ טובא ולא סעיד, **ולי** נראה דמעיקרא לק״מ, דכיון שהוא סמוך לסעודה, הכל הוא כאכילה אחת, אבל כשמפסיק בנתיים, נסתמה האצטומכא, **מיהו** קשה מאי מייתי ראיה בגמרא מדשרי לשתות בין הכוסות, דלמא שאני התם דהכל כאכילה אחת, **וי״ל** דעכ״פ כששותה הרבה, הוי כמי שאכל הרבה, שאי אפשר לאכול יותר, אלא ע״כ טובא מגרר גריר, ע״כ. **וק״ל** עמ״ש דב׳ כוסות מיקרי ג״כ טובא, דא״כ אדמייתי ראיה בגמרא דטובא מגרר גריר, מדשרי לשתות בין הכוסות, הוה ליה לאתויי מדתקינו רבנן ב׳ כוסות קודם אכילת מצה, דהוי טובא - נהר שלום› [ז] ‹ע״פ המ״א› [ח] **הרא״ש בריש פ׳ ערבי פסחים**

§ מסכת פסחים דף קח. §

אות א'

שאני רב ששת דאיסתניס הוה, דאי טעים בצפרא מידי, לאורתא לא הוה מהני ליה מיכלא

סימן תע"א ס"א - (ואם הוא איסטניס שאפילו אוכל מעט מזיק באכילתו, הכל אסור) (רבנו ירוחם) - וכמו לעיל בסי' ת"ע ס"ג, **אלא** שאיסטניס דהתם הוא אפילו אם יאכל בבקר לא יוכל לאכול בלילה לתיאבון, **וכאן** מיירי באיסטניס שאם אוכל משעה י' ואילך, שוב לא יוכל לאכול בלילה לתיאבון.

[א]**סימן תע"ג ס"ג - [ב]האיסטניס** - פי' איש מפונק, שאם יאכל ביום אינו תאב לאכול בלילה, **מתענה בע"פ, כדי שיאכל מצה לתיאבון** - ונראה דאם חל ע"פ בשבת, אין כדאי לדחות לגמרי סעודת שבת בשביל זה, [**דאפי'** אם לא יאכל אח"כ לתיאבון, מצוה קעביד, אלא שאינו מן המובחר], **רק** שיזהר לאכול מעט, לצאת ידי סעודת מצוה לבד.

אות א'*[ג]

תוס ד"ה רב ששת: והבכורות נהגו להתענות ערב פסח

סימן תע ס"א - [ד]הבכורות מתענין בערב פסח - זכר לנס שניצולו ממכת בכורות. **בין בכור מאב [ה]בין בכור מאם** - שמכת בכורות היתה בכולם כדאיתא במדרש, **ומ"מ** לגדול הבית לא הצריכו להתענות, אע"פ שגם בהם היתה המכה.

והבא אחר נפלים צריך להתענות, דהוי בכור לנחלה, **וכ"ז** דוקא בנפל ודאי, אבל במי שנולד אחר בן ט', אע"פ שמת תוך ל', א"צ להתענות.

ובכורים כהנים ולוים צריכים ג"כ להתענות, ואפילו אם היו רק בכורים מאם, ונמצא דאינם בכורים לנחלה ולא לפדיון, אפ"ה בכור מיקרי, [רק רחמנא פטרינהו מפדיון].

כתב מהרי"ל, דתענית בכורים צריך להשלים, היינו עד צה"כ, דהוי תענית ציבור.

ונראה דאם חש בראשו או בעיניו, אין צריך להתענות, **וכן** נראה עוד, דבאדם שהתענית קשה לו, ואחר התענית אין יכול לאכול רק דברים קלים, ובשיעור מועט מאד, וקרוב הדבר שעי"ז לא יוכל לקיים אכילת מצה ומרור ושתיית ד' כוסות כתיקונם, מוטב שלא להתענות, כדי שיקיים מצות הלילה כתיקונם, **ומ"מ** בזה ובזה טוב יותר שיאכל רק מיני תרגימא, [שיוצא ידי תענית על פי שיטת ר' יחיאל].

הבכורים אומרים "עננו" ב"שומע תפלה" במנחה כשמתענים, ואם עשרה בכורים מתפללים ביחד ואחד מהם ש"ץ, כשמחזיר התפלה יאמר "עננו" ב"שומע תפלה" כדין תענית יחיד, **ומ"מ** לכתחלה טוב שלא יהיה הבכור ש"ץ כשעשרה בכורים מתפללים יחד, כי י"א שאין נכון להזכיר התענית בצבור בחזרת התפלה, כיון שהוא חודש ניסן.

[ו]**ויש מי שאומר שאפילו נקבה בכורה מתענה** - שמכת בכורות היתה גם עליהן, כדאיתא במדרש, **(ואין המנהג כן) (מהרי"ל)** - שהתורה לא נתנה קדושת בכורות לנקבה לשום דבר.

[ז]**סימן תע ס"ב - [ח]אם חל ערב פסח בשבת, י"א שמתענים הבכורות ביום ה'** - ולא ביום ו"ו, כיון שאינו זמנו, טוב יותר לדחות על יום ה', **ואם** חל התענית בע"ש, יתענו באותו יום.

ואם קשה להם התענית ביום ה', משום דצריך לבדוק החמץ בלילה, ולפעמים יש לו הרבה חדרים לבדוק, ואינו רשאי לסעוד קודם הבדיקה, יטעום מעט קודם הבדיקה, או יצוה לאחר לבדוק והם יאכלו.

[ט]**וי"א שאינם מתענים כלל** - דבתענית זה שאינו אלא מנהגא, כיון דנדחה ידחה, [משא"כ בתענית חובה]. **הגה: אבל יש לנהוג כסברא הראשונה.**

ונוהגין כשהאב בכור - ותעניתו עולה לעצמו, **האם מתענה תחת בנה הבכור כשעדיין קטן** - ויש מהפוסקים שכתבו דא"צ להתענות, דתענית האב עולה גם בשביל בנו, ובמקום שמצטערת יש להקל, **וכ"ש** אם היא מעוברת או מניקה ומצטערת מן התענית, יש להקל אף אם אין לה בעל שיתענה בשביל בנה, **וכן** יולדת כל ל' יום, אין לה להתענות עבורו בכל גווני, **אכן** אם התחילה פעם א' להתענות עבורו, הוי נדר וצריך התרה.

ואם אין האב בכור, הוא מתענה בעד בנו עד שיגדל - ובעוד שלא נתמלאו לבנו ל' יום, אין צריך להתענות בשבילו.

ולענין אם מותרים הבכורים לאכול בסעודת מצוה, תלוי במנהג המקומות, יש מקומות שנהגו להחמיר, **ולפי"ז** אם רוצה לאכול על סעודת פדיון הבן או ברית מילה, צריך התרה, דהמנהג חשיב כמו נדר, **לבד** המוהל והסנדק ואבי הבן, יכולים לאכול אף בלי התרה, דיו"ט שלהם הוא, [וכן יכול לאכול שם מי שמתענה בעד בנו הבכור, אף שאיננו מבעלי הברית]. **ואעפ"כ** צריכים לפרוע תענית אחר הפסח.

ויש מקומות שנהגו הבכורים להקל ולאכול בסעודת מצוה, וכן נוהגין כהיום בכמה מקומות במדינתנו, להקל ולאכול אף בסעודת סיום מסכת, **ואף** שהבכורים בעצמן לא למדו את המסכת, מ"מ כיון שאצל המסיים הוא סעודת מצוה, מצטרפים לסעודתו, **והמנהג** שמתקבצים להמסיים קודם שסיים, ומסיים לפניהם המסכת, ושומעים ומצטרפים עמו בסיומו, ואח"כ עושין סעודה.

באר הגולה

[א] «ע"פ הבאר הגולה, ולכאורה פלא על העין משפט, דאינו מביא הא דסימן ת"ע, דהוי ממש נלמד מרב ששת, ומביא הא דסי' תע"א, דרק נלמד מדין של ת"ע» [ב] מהא דרב ששת פסחים ק"ח [ג] «ע"פ הגר"א» [ד] טור בשם מס' סופרים פרק אחרון [ה] שם בשם אבי העזרי והג' מיימוני [ו] תשו' אשכנזים בשם ספר אגודה [ז] «מילואים» [ח] תרומת הדשן וכ"כ הרוקח והאגור בשם מהר"י מולין [ט] שם בשם אביו

ערבי פסחים פרק עשירי פסחים

בין הכוסות הללו אם רצה לשתות ישתה בין שלישי לרביעי לא ישתה ואי אמרת מסעד סעיד אמאי ישתה הא קא אכיל למצה אבילה גסה אלא שמע מינה מגרר גריר רב ששת הוה יתיב בתעניתא כל מעלי יומא דפסחא נימא קא סבר רב ששת סמוך למנחה גדולה תנן ומשום פסחא הוא דילמא מימשך ואתי לאימנועי מלמעבד פיסחא הוא וסבר לה כי הא *דאמר רבי אושעיא אמר ר"א מכשיר היה בן בתירא בפסח ששחטו שחרית בארבעה עשר לשמו ומצפרא זמן פסחא הוא דכולי יומא חזי לפסחא דסבר °בין הערבים בין ערב דאתמול לערב דהאידנא אמרי לא *שאני רב ששת דאיסתנים הוה דאי טעים בצפרא מידי לאורת' לא הוה מהני ליה מיכלא: ואפילו עני שבישראל לא יאכל עד שיסב: איתמר °מצה צריך הסיבה מרור אין צריך הסיבה יין איתמר משמיה דרב נחמן צריך הסיבה ואיתמר משמיה דרב נחמן אין צריך הסיבה ולא פליגי הא בתרתי כסי קמאי הא בתרתי כסי בתראי °אמרי לה להאי גיסא ואמרי לה להאי גיסא אמרי לה להאי גיסא תרי כסי קמאי בעו הסיבה דהשתא הוא דקא מתחלא לה חירות תרי כסי בתראי לא בעו הסיבה מאי דהוה הוה ואמרי לה להאי גיסא אדרבה תרי כסי בתראי בעו הסיבה ההיא שעתא דקא הויא חירות תרי כסי קמאי לא בעו הסיבה דאכתי עבדים היינו קאמר השתא דאיתמר הכי ואיתמר הכי *°אידי ואידי בעו הסיבה [ד]פרקדן לא שמיה הסיבה הסיבת ימין לא שמה הסיבה ולא עוד אלא שמא יקדים קנה לוושט ויבא לידי סכנה *אשה אצל בעלה לא בעיא הסיבה ואם אשה חשובה היא צריכה הסיבה [ו]בן אצל אביו בעי הסיבה איבעיא להו תלמיד אצל רבו מאי ת"ש (אמר) אביי כי הוינן בי מר זגינן אבירכי דהדדי כי אתינן לבי רב יוסף אמר לן *לא צריכתו *מורא רבך כמורא שמים מיתיבי עם הכל אדם מיסב ואפילו תלמיד אצל רבו כי תניא ההיא בשוליא דנגרי איבעיא להו שמש מאי תא שמע דאמר ריב"ל השמש שאכל כזית מצה כשהוא מיסב יצא מיסב אין לא מיסב לא שמע מינה בעי הסיבה שמע מינה ואמר ר' יהושע בן לוי נשים חייבות בארבעה כוסות הללו שאף

בין הכוסות הללו. בין הראשון לשני: **נימא קא סבר רב ששת סמוך למנחה גדולה תנן ומשום פסח.** וקסבר כרבי יהודה בן בתירא דאמר כולי יומא זמן שחיטה הוא ומאי בין הערבים ערב דאתמול דהייט משעלה עמוד השחר לערב דהאידנא משום הכי מתענה כולי יומא ואע"פ שלא היה תורה אור פסח בימיו האיל ומיתסרא בכך: **לא רב ששת איסטנים.** מעונג היה ואי הוה טעים מצפרא לא מצי למיטעם מצה לאיתכון לאורתא: **עד שיסב.** הסיבה על צד שמאל: **מצה צריכה הסיבה.** כבני חורין שהוא זכר לגאולה: **מרור אין צריך הסיבה.** שהוא זכר לעבדות: **שמא יקדים.** אפרקדן קאי שמתוך שאוכל שוחה לאחוריו שיפוי כובע הסותם את פי הקנה נפתח ומתקפל למעלה והקנה פושט למעלה והמאכל נכנס לתוכו ונחנק: **הוה זגינן אבירכי דהדדי.** נסמכין כל אחד על ברכי חבירו: **בשוליא דנגרי.** תלמידו של נגר המלמדו אומנות: **ארבע כוסות.** שלשה כנגד ג' כוסות שנאמרו בפסוק זה וכוס פרעה בידי וגומר ורביעי ברכת המזון:

שאף

רשב"ם

בין הכוסות הללו. בין הראשון לשני בין השני לשלישי ומשום דחמרא מגרר גריר ליה הוא כדמפרש ואזיל: **בין שלישי לרביעי לא ישתה.** שלישי דברכת המזון דכיון דלא חיישינן עוד לגרירי ליבא לא שרינן ליה דנראה כמוסיף על ארבעה כוסות ובגמרא ירושלמי נמצא למה כדי שלא ישתכר דתו לא חזי למיגמר הלילא ופריך התם הלא כבר משוכר הוא שהרי שתה הרבה בסעודתו ומשני יין שבתוך המזון לא משכר שלאחר המזון משכר: **נימא קסבר רב ששת סמוך למנחה גדולה תנן ומשום פסח.** וקסבר לה בשחיטת פסח כר' יהודה בן בתירא דאמר כוליה יומא זמן שחיטה הוא ומאי בין הערבים דכתיב בפסח בין ערב דהאידנא לערב דאתמול משכלה ערב דאתמול דהייט משעלה עמוד השחר לערב דהאידנא משום הכי מתענה כוליה יומא ואע"פ שלא היה פסח בימיו האיל ואיתסר איתסר: **ואי טעם מידי בצפרא.** לא מצי למיכל מצה לתיאבון לאורתא: **עד שיסב.** הסיבה של צד שמאל: **מצה צריכה הסיבה.** כשאוכל מצה של מצוה לילה הראשון כבני חורין שהוא זכר לגאולה: **מרור אין צריך הסיבה.** שהוא זכר לעבדות: **דהשתא קמתחלא חירות.** ובגאולה שהוא אומר הגדה השתא שמעינן מינה דארבעה כוסות צריך הסיבה מרור אין צריך הסיבה: **פרקדן.** פניו (א) כלפי מעלה ושוכב על אחוריו: **הסיבת ימין לאו שמה הסיבה.** שהרי בימינו הוא צריך לאכול: **שמא יקדים.** אפרקדן קאי שמתוך שאוכל שוחה לאחוריו שפוי כובע הסותם את פי הקנה נפתח ומתקפל למעלה וקנה פושט למעלה והמאכל נכנס לתוכו ונחנק כך פירש רבינו שלמה וקשיא לי אמאי לא סמכיה להאי ולא אהסיבת ימין ורבותי פירשו שמא יקדים קנה לושט דושט הוי על (דרך) [צד] ימין ונפתח הכובע שעל פי הקנה מאליו כשהוא מטה כלפי ימין ואם יכנס בו המאכל הרי סכנה שאין אוכלין ומשקין נכנסין אלא דרך הושט ולכך נראה בעיני דאהסיבת ימין קאי מדסמכיה לדידיה: **אשה אינה צריכה הסיבה.** מפני אימת בעלה וכפופה לו ומפרש בשאילתות דרב אחאי *לאו דרכייהו דנשי למיזגא: **בן אצל אביו צריך הסיבה.** דלא הוי כפוף כל כך: **בי מר.** רבה: **הוה זגינן אבירכי דהדדי** · כל אחד נשען על ברכי חבירו: **כי אתינן לבי רב יוסף.** דרבה מלך מקמי דרב יוסף: **כמורא שמים.** דכתיב (דברים ו) את ה' אלהיך תירא לרבות תלמידי חכמים (לעיל דף כב:) השוה מורא רבו למורא שמים: **בשוליא דנגרי.** תלמידו של נגר שמלמדו אומנות: **שמש שאכל כזית מצה.** לא גרסינן באחרונה:

שאף

אלא אי אמרת מסעד סעיד. והא דאמרינן בפ' כילד מברכין (ברכות דף לה:) דחמרא סעיד ומשמח מפרש התם דטובא גריר פורתא סעיד: **רב** ששת הוה יתיב בתעניתא. לאו דוקא אלא שומר עצמו מלאכול אי נמי היה מקבל עליו ממש תענית כדי שיהא זוכר וזוכר מלאכול והבכורות נהגו להתענות ערב פסח דקתני במסכת סופרים (פרק כא הלכה ג) שאין מתענין בניסן אלא הבכורות בערב הפסח: **נימא** קא סבר רב ששת משום פסח. ואע"ג דהשתא ליכא פסח מכל מקום האיסור שהיה בזמן הבית לא בטל ואע"ג דרבי יהודה בן בתירא לא מכשר אלא בדיעבד אבל לכתחלה אסור משום לא תשחט על חמץ * לא תשחט הפסח ועדיין חמץ קיים עד ו' שעות ולא אשכחן תנא דפליג מכל מקום כיון דדיעבד כשר סבירא ליה להחמיר שלא לאכול מן הבקר: **מאי** דהוה הוה. שכבר אמרו גאולה לפני הסעודה ואף על גב דמצה צריכה הסיבה ולא אמר מאי דהוה הוה שאני מצה שהיא עיקר סעודה יותר מיין ועוד ביין הוסב כבר בשני כוסות הראשונים ועוד שכתובה בתורה זכר לחירות שלא הספיק בצקם להחמיץ עד שנגאלו ואע"ג דהויא לחם עוני יש לאוכלה דרך חירות ומה שצריך הסיבה במצה היינו כשמברכין על אכילת מצה ואפיקומן: **כולהו** נמי צריכי הסיבה. וכל ד' כוסות צריכים הסיבה בשעת שתיה וה"נ אם שכח ולא היסב אם יחזור וישתה וכן אם כוס שלישי לא היסב אם יכול לחזור ולשתות בהסיבה אף על גב דבין שלישי לרביעי לא ישתה: **פרקדן** פניו למעלה ולא כמפרש פניו למטה דאין דרך לאכול בענין זה וכן משמע בהמוכר את הספינה (ב"ב עד.) במתי מדבר דגנו אפרקיד וחזיל פרשא תותי ברעיה דנקיט רומחא בידיה: **בפני** רבו אין צריך הסיבה. נראה דאביו והוא רבו נמי אין צריך דלא גרע מרבו אחר מיהו סתם אב מלמד לבנו תורה כדאמרינן בפ"ק דקידושין (דף לא:) שהבן ירא מאביו יותר מאמו מפני שמלמדו תורה ואפי' הכי קאמר בפני אביו צריך הסיבה:

שאף

רבינו חננאל

רב ששת הוה יתיב בתעניתא במעלי דפסחא ומסקנא משום דהוה אסתנים ואי הוה טעים מידי לא הוה מצי למיכל באורתא: **אפילו** עני שבישראל לא יאכל עד שיסב איתמר מצה בעיא הסיבה מרור לא בעי הסיבה יין איתמר דבעי הסיבה ואיתמר דלא בעי הסיבה ואסיקנא ארבעה כסי כולהו בעו הסיבה: **פרקדן** פירוש רובץ לאחוריו ויש אומרים על פניו: **הסיבת** ימין לא שמה הסיבה ולא עוד אלא שמא יקדים קנה לושט ויבוא לידי סכנה ואנות הסיבה אלא כששאל · אשה חשובה בעיא הסיבה ולאחת לא · בן בפני אביו בעי הסיבה תלמיד בפני רבו לא בעי הסיבה מורא רבך כמורא שמים · אמר ר"י בן לוי נשים חייבות בארבעה כוסות כאנשים

עין משפט נר מצוה

מז א מיי' פ"ו מהל' חמץ ומצה הלכה (ג) [יג] טוש"ע א"ח סי' תעב סעיף ג וסי' תעג סעיף ג בהג"ה:

מח ב מיי' פ"ו שם הלכה ח סמג עשין מא טור ש"ע א"ח סי' תעב סעיף ?:

מט ג מיי' שם סמג שם טוש"ע א"ח סימן תעב סעיף ב וסי' תעג וסי' תפ:

נ ד מיי' וסמג שם טוש"ע א"ח סימן תעב סעיף ג:

נא ה מיי' שם טוש"ע שם סעיף ד:

[כדאיתא לעיל ס':]

נב ו ז מיי' שם טור ש"ע שם סעיף ה:

נג ח מיי' שם טוש"ע שם סעיף ו:

נד ט מיי' שם הלכה ז טור ש"ע שם סעיף יד:

[ועיע תוס' ב"ב עד. ד"ה וגנו ותוס' נדה יד: ד"ה אפרקיד]

מסורת הש"ס

לקמן קיז:

זבחים יא: [שם איתא א"ר אלעזר א"ר אושעיא וכצ"ל]

ס"א כולהו נמי בעו

[נ"ל דאמר]

אבות פ"ד מי"ב

הגהות הב"ח

(א) רשב"ם ד"ה פרקדן פניו ובכנו כלפי:

גליון הש"ס

גמרא אמרי לה להאי גיסא. עיין שבת קמ ע"ב:

אות ב'

מצה צריך הסיבה, מרור אין צריך הסיבה

סימן תעה ס"א - יטול ידיו ויברך על נטילת ידים, ויקח המצות כסדר שהניחם, הפרוסה בין שתי השלימות, ויאחזם בידו ויברך "המוציא" ו"על אכילת מצה", ואחר כך יבצע מהשלימה העליונה ומהפרוסה, משתיהן ביחד, ויטבלם במלח. הגה: ואין המנהג לטבלה במלח בלילה ראשונה, דפת נקי אין צריך מלח. ויאכלם בהסיבה ביחד כזית מכל אחד, ואם אינו יכול לאכול כשני זיתים ביחד, יאכל של "המוציא" תחלה ואחר כך של "אכילת מצה"; ואחר כך יקח כזית מרור וישקענו כולו בחרוסת, ולא ישהנו בתוכו שלא יבטל טעם מרירותו, ומטעם זה צריך לנער החרוסת מעליו, ויברך "על אכילת מרור" ויאכלנו בלא הסיבה - שהוא זכר לעבדות, ומכל מקום אם רוצה לאכול בהסיבה רשאי. **ואחר כך נוטל מצה שלישית ובוצע ממנה וכורכה עם המרור וטובלה בחרוסת. הגה: ויש אומרים דאין לטובלו, וכן הוא במנהגים וכן ראיתי נוהגין. ואומר: זכר למקדש כהלל, ואוכלן ביחד בהסיבה** - משום מצה שאוכל.

אות ג'

אידי ואידי בעו הסיבה

סימן תעג ס"ב - [י]שותה בהסיבה [יא]ואינו מברך אחריו - על הגפן וכו', אפי' שתה רביעית, דסומך על מה שיברך ברהמ"ז לבסוף, **ועוד** דהרי יברך ברכה אחרונה לסוף ד' כוסות, ובסי' תע"ד יתבאר היטב.

סימן תעט ס"א - [יב]אחר כך מוזגין לו כוס שלישי - וצריך הדחה ושטיפה אם אינו נקי, **ואף** מי שאינו נזהר בכל השנה לראות אם הוא נקי, מ"מ בזה הלילה יזהר משום הידור מצוה.

ומברך עליו ברכת המזון - אפילו אם מברך ביחידי, ואפילו למ"ד בעלמא דבהמ"ז אינה טעונה כוס, מ"מ הואיל שתקנו חכמים לשתות ארבעה כוסות בלילה זו, יש לעשות מצוה בכל כוס וכוס, להכי סומכין כוס שלישי לבהמ"ז.

ובורא פרי הגפן, ושותהו בהסיבה; [יג]ולא יברך אחריו - אפילו שתה כל הרביעית, דסומך על ברכה אחרונה שמברך על כוס רביעי.

סימן תפ ס"א - כוס רביעי... ושותהו בהסיבה [יד]בלא ברכה תחלה, (וככר נתבאר לעיל סימן תע"ד, דאנו נוהגין לברך), [טו]ומברך אחריו: על הגפן - ובברכה זו יפטור גם הכוס ג'.

ואם שותהו בלא הסיבה, [טז]צריך לשתות פעם אחרת בהסיבה - וה"ה בכוס ג', גם כן דינא הכי להמחבר, **[יז]ומברך לפניו: בורא פרי הגפן, לפי שהסיח דעתו מלשתות עוד** - דוקא בכוס רביעי, שלא חשב לשתות עוד כלל, משא"כ בכוס שלישי, שבלא"ה חשב לשתות עוד על סמך ברכה זו, לא מיקרי היסח הדעת, ואין צריך לברך, [דהא להמחבר אין מברך אלא ברכה אחת על כולם].

[**ולדידן** דמברכינן על כל כוס, א"כ כשבירך לא היה כוונתו רק עליו, וא"כ יש לברך גם בתחילה, **רק** משום דמספקא לן בעיקר הסיבה אם נוהגת כהיום, וכדמסיים רמ"א]: **(וע"ל סימן תע"ב ס"ז)** - ר"ל דהכריע שם בהג"ה, דלדידן שאין דרכנו להסב בכל השנה, אין לחזור ולשתות בהסיבה, [משום דנראה כמוסיף על הכוסות].

אות ד'

פרקדן לא שמיה הסיבה, הסיבת ימין לא שמה הסיבה, ולא עוד אלא שמא יקדים קנה לוושט ויבא לידי סכנה

סימן תעב ס"ג - [יח]כשהוא מיסב, לא יטה על גבו ולא על פניו - דזה לא מיקרי דרך חירות, **ולא על ימינו** - דלא שמה הסיבה, כיון שצריך לאכול בימינו, [גמרא], **ועוד** טעם אחר יש, דשמא יקדים קנה לוושט, דוושט הוא בצד ימין, וכשהוא מטה ראשו כלפי ימין, נפתח הכובע שעל פי הקנה מאליו, ויכנס שם המאכל ויבא לידי סכנה, **אלא על שמאלו.**

(ואין חילוק בין אטר לאחר) [יט](טור בשם רשב"ס ות"ה) - ר"ל דגם איטר צריך להסב על שמאל כל אדם, **ואע"ג** דהוא אוכל תמיד בשמאלו, וא"כ לטעם א' היה צריך להסב על ימינו, **מ"מ** אין לחלק מפני טעם ב', שמא יקדים קנה לוושט, והאי טעמא עדיפא לן משום דהוי סכנתא, וחמירא סכנתא מאיסורא, ויאכל אותו הפעם בימין כל אדם, [כ]**ובדיעבד** אם היסב על צד ימין יצא, דימין שלו הרי הוא כשמאל כל אדם, [כא][**ולפר"ח** אין דין זה ברור כ"כ].

(**והיכי שהוא גידם ביד ימינו, או שיש לו מום בידו הימנית שא"א לו לאכול בו, צ"ע איך יעשה, דאם יסב בימינו, יש לחוש שמא יקדים קנה לושט, ואי בשמאלו כמו שאר בני אדם, במה יאכל, ועד כאן לא הצריכו לאיטר לסמוך על שמאלו, משום דעכ"פ יש לו עוד יד, ואף שאינו רגיל לאכול בה תמיד, מ"מ יאכל בה בפעם הזאת, אבל בענייננו א"א לו לאכול רק בשמאלו שהוא מוטה עליה, וזה א"א, ואפשר דבכגון זה לא הצריכוהו חכמים כלל הסיבה, וצ"ע**).

באר הגולה

[י] מסקנא דגמ' ק"ח [יא] טור בסי' תע"ד בשם רב שרירא ורב האי ורא"ש והרבינו יונה [יב] משנה פסחים קי"ז [יג] ציינתיו לעיל סימן תע"ג ס"ב [יד] ציינתיו לעיל סימן תע"ד [טו] גם זה שם [טז] ציינתיו לעיל סימן תע"ב ס"ו [יז] ציינתיו לעיל בסימן תע"ד [יח] שם בגמרא ק"ח ‹פרקדן לא שמיה הסיבה, ויש מפרשים דפרקדן היינו על גבו {רשב"ם}, ויש מפרשים על פניו, {עיין פי' ר"ח}, ורבינו כתב כדברי שניהם - ב"י› [יט] ‹וז"ל הטור ע"פ הגהת הב"י: וכשהוא מיסב לא יטה על גבו ולא על פניו, ולא על ימינו אלא על שמאלו, ופי' רש"י, מפני שצריך לאכול בימינו, ולפי"ז איטר יד ימינו יטה על ימינו, ורשב"ם פי' הטעם, שלא יקדים קנה לושט, ולפי"ז אין חילוק בין איטר לאחר› [כ] ‹דלטעמא דשמא יקדים, איכא למימר דלא יחזור, דמאי דהוה הוה - פר"ח› [כא] ‹וליתא, דאפשר דכיון דתקון רבנן שלא יסב פרקדן או על ימינו מטעמא דסכנה, אף אם עבר והיסב, לא קיים מצות הסיבה כתקנת חכמים, ויחזור ויאכל בהסיבה. דהא לישנא דגמרא הוי, פרקדן לא שמיה הסיבה הסיבת ימין לאו שמיה הסיבה, אלמא דהוי ליה כאילו לא היסב כלל - פר"ח›

אות ה'

אשה אצל בעלה לא בעיא הסיבה, ואם אשה חשובה וכו'

סימן תעב ס"ד - [כב]**אשה אינה צריכה הסיבה** - דסתם אשה אין דרכה להסב בשום פעם, **אלא א"כ היא חשובה. הגה: וכל הנשים שלנו מיקרי חשובות (מרדכי ורבינו ירוחם), אך לא נהגו להסב, כי סמכו על דברי ראבי"ה דכתב דבזמן הזה אין [צריך] להסב (ד"ע)** - טעמו, כיון דאין רגילות בארצנו בשאר ימות השנה להסב, אלא יושב כדרכו.

אבל תוך י"ב חודש על אביו ואמו, או תוך שלשים על שאר קרובים, כגון שלא נהג שבעה לפני הרגל, אף שהוא חייב בהסיבה, [מכיון שעברה שעה אחת לפני הרגל], **מ"מ** הנכון שלא יסב על מטה כבודה וכלולה, אלא יסב בשינוי קצת, דהיינו על מטה וכר אחד תחת מראשותיו, או על ברכי חבירו. **וקיטל** נהגו שלא ללבוש, ומ"מ הלובש אין מוחין בידו.

אות ו' – ז'

בן אצל אביו בעי הסיבה

לא צריכתו, מורא רבך כמורא שמים

סימן תעב ס"ה - [כג]**בן אצל אביו צריך הסיבה,** [כד]**אפילו הוא רבו מובהק** - דאף דהבן חייב בכבודו ובמוראו, וכ"ש אם הוא רבו, מ"מ צריך הסיבה, דמסתמא אב מחיל לבניה.

[כה]**תלמיד לפני רבו אינו צריך הסיבה,** [כו]**אפי' אינו רבו מובהק** - משום דברישא אמר צריך, נקט הכא אינו צריך, אבל באמת איסורא נמי איכא להסב בפניו, דמורא רבו כמורא שמים.

אא"כ יתן לו רבו רשות - היינו שירשהו בפירוש, ואז מהני אפילו ברבו מובהק, ואז מחויב להסב.

[כז]**ותלמיד חכם מופלג בדורו, אעפ"י שלא למד ממנו כלום, חשוב כרבו וא"צ הסיבה.**

(ודוקא כשאוכלין על שלחן אחד, אבל אם אוכל על שלחן בפני עצמו, צריך להסב) - אע"פ שהוא בפני רבו, וטעמו, כיון דהוא בשולחן בפני עצמו, אין הסיבה שלו זלזול לכבוד הרב, **ופר"ח** חולק בזה, ולדידיה כל שרואהו רבו, אינו יכול להסב משום מוראו, **ופמ"ג** כתב, שבאופן זה טוב שיטול ממנו רשות.

אות ו*[כח]

כי הוינן בי מר זגינן אבירכי דהדדי

עוד כתבו הפוסקים, דאם סומך עצמו על ברכי חבירו, ג"ז מיקרי הסיבה על פי הדחק, [והוא מגמ' דף ק"ח, ע"ש, ומשמע דדוקא בשעת הדחק כעין התם]. **אבל** לא על ברכי עצמו, דמיחזי כדואג - סימן תע"ב ס"ב.

אות ח'

מיסב אין, לא מיסב לא

סימן תעב ס"ו - [כט]**השמש צריך הסיבה** - ואפי' בפני אדונו, דאע"פ שהוא תמיד משועבד להתעסק בצרכי הבית, מ"מ מחויב הוא להראות חירות בליל פסח, ולאכול עכ"פ כזית מצה וכזית אפיקומן וד' כוסות בהסיבה.

[ל]**וה"ה** פועל שיש לו תלמיד ללמדו אומנות, חייב התלמיד בהסיבה, [דאף שבכל יום חולק כבוד לרבו, ואינו מראה שררה לפניו, אפ"ה צריך להסב להראות חירות], **וכן** עבדים עברים, חייבים בהסיבה עכ"פ בכזית ראשון כשמש, **ולענין** עבד כנעני עיין באחרונים.

[לא]**סימן תעב ס"ז** - [לב]**כל מי שצריך הסיבה, אם אכל או שתה בלא הסיבה, לא יצא, וצריך לחזור לאכול ולשתות בהסיבה. הגה: ויש אומרים דבזמן הזה דאין דרך להסב, כדאי הוא ראבי"ה לסמוך עליו שבדיעבד יצא בלא הסיבה (אגודה)** – (נראה דלדעת המחבר, אם גמר כל הסעודה ובירך בהמ"ז, ואח"כ נזכר שלא היה בהסיבה, צריך לחזור ולברך "המוציא" ו"על אכילת מצה", משא"כ לי"א, א"צ לחזור ולברך "על אכילת מצה". **ופשוט** דאף דלכתחלה מצוה לאכול שני זיתים בהסיבה, כמבואר בסימן תע"ה, מ"מ בדיעבד יצא בכזית אחד).

ונראה לי, אם לא שתה כוס שלישי או רביעי בהסיבה, אין לחזור ולשתות בהסיבה, דיש בו חשש שנראה כמוסיף על הכוסות; אבל בשני כוסות ראשונות, יחזור וישתה בלא ברכה (מנהגים) - ר"ל דבין כוסות הראשונות דמותר לשתות כמה דבעי, כדמוכח לקמן סי' תע"ג, דבהו לא אמרינן שנראה כמוסיף על הכוסות, [משום דאז חמרא מיגרר גריר תאוות אבילה], צריך לחזור ולשתות אם לא עשה הסיבה, דלו יהא אלא שתיית רשות נמי שרי, **משא"כ** אם שכח להסב בכוסות אחרונות, אין לחזור ולשתות, שהרי שתיית רשות אסור שם, מפני שנראה כמוסיף על הכוסות, וא"כ כיון דלהראבי"ה אין צריך להסב, ממילא הוא שתיית רשות דאסור בין כוסות אחרונות.

יחזור וישתה בלא ברכה - כתב מג"א, דכל זה לעיקר הדין דרשות בידו לשתות כמה כוסות, אבל למנהגנו שאין שותין שום כוס אפילו בין כוסות ראשונות, וכדמבואר בסימן תע"ג ס"ג, הוי ליה כנמלך, ואם שותה צריך לברך, **והוסיף** עוד דלפי זה, אפילו בין ראשון לשני אין כדאי שיחזור וישתה, דכיון שמברך עליו, נראה כמוסיף עוד כוס על הכוסות, ולכן לא יחזור וישתה, ויסמוך על דעת ראבי"ה כמו בכוסות אחרונות.

‹המשך ההלכות בעמוד הבא›

באר הגולה

[כב] שם ‹כטעמא דשאלתות, {עיין רשב"ם}, וכן הרי"ף ל"ג אצל בעלה - גר"א› [כג] שם [כד] תוס' והרא"ש [כה] שם בגמרא [כו] הרא"ש והמרדכי מדקדוק סוגיות הגמ' ‹מדלא משכח לאוקמי ברייתא דאפי' תלמיד בפני רבו אלא בשוליא דנגרי - שם› [כז] תרומת הדשן [כח] ‹ע"פ השעה"צ› [כט] שם בגמרא בעיא ונפשטא וכן הסכמת הפוסקים [ל] ‹אמרינן בגמרא דתלמיד אומנים לפני רבו צריך הסיבה, ותימה שהשמיטו המחבר - עולת שבת› [לא] ‹ע"פ הבאר הגולה› [לב] **הרא"ש שם מדיוק לשון הגמרא** ‹וז"ל: כדאמר ריב"ל השמש שאכל כזית מצה כשהוא מיסב יצא, משמע מיסב אין לא מיסב לא, ואם אכל בלא הסיבה יחזור ויאכל בהסיבה, ע"כ›, **וכתב הרמב"ם בשעת אכילת כזית מצה, וכ"כ שאר פוסקים, ובהגהות כתבו וכן כזית אפיקומן**

נה א ב מיי' פ"ו מהל' מצה הלכה ט סמג עשין מ"א [טור או"ח סימן תעב]:

נו ג ד מיי' שם וסמג שם טוש"ע א"ח סי' תעב סעיף ח

[שבת כג. מגילה ד' ערכין ג']

נז ה שם סעיף טו:

נח ו מיי' שם הלכה ג' טוש"ע שם סעיף טו:

[ועיין תוספות מגילה ד' ד"ה שאף הן]

[ועי' תוספות ברכות נ: ד"ה מודים וכו']

ערך עצר

תורה אור

*שאף הן היו באותו הנס *א"ר יהודה אמר שמואל ארבעה כוסות הללו צריך שיהא בהן כדי מזיגת כוס יפה שתאן חי יצא שתאן בבת אחת יצא השקה מהן לבניו ולבני ביתו יצא שתאן חי יצא אמר רבא *ידי יין יצא ידי חירות לא יצא שתאן בבת אחת *רב אמר ידי יין יצא ידי ארבעה כוסות לא יצא השקה מהן לבניו ולבני ביתו יצא אמר רב נחמן בר יצחק והוא דאשתי רובא דכסא מיתיבי ד' כוסות הללו צריך שיהא בהן כדי רביעית אחד חי ואחד מזוג אחד חדש ואחד ישן רבי יהודה אומר צריך שיהא בו טעם ומראה יין קתני מיהת כדי רביעית ואת אמרת כוס יפה אמרי אידי ואידי חד שיעורא הוא °מאי כדי מזיגת כוס יפה דקאמר לכל חד וחד דהוי להו כולהו רביעית רבי יהודה אומר צריך שיהא בו טעם ומראה אמר רבא מאי טעמא דרבי יהודה דכתיב °אל תרא יין כי יתאדם ת"ר הכל חייבין בארבעה כוסות הללו אחד אנשים ואחד נשים °ואחד תינוקות א"ר יהודה וכי מה תועלת יש לתינוקות ביין °אלא מחלקין להן קליות

משלי כג

נזיר נה:

[ברי"ף ורא"ש ליתא תיבות רב אמר]

שאף הן היו באותו הנס. כדאמרינן (סוטה דף יא:) בשכר נשים צדקניות שבאותו הדור נגאלו וכן גבי מקרא מגילה נמי אמרינן הכי דמשום דע"י אסתר נגאלו וכן גבי נר חנוכה במסכת שבת (ד' כג:): [כדי מזיגת כוס יפה. שיעורו רובע] רביעית כדי שימזגנו ויעמוד על רביעית לוג דחמרא דלא דרי על חד תלת מיא לאו חמרא הוא והא סלקא דעתך דבין כולם קאמר שמואל דליהוי רובע רביעית יין: שתאן חי. שלא מזגו במים: בבת אחת. עירה ארבעתן לתוך כוס אחד: ידי יין יצא. ששתה ד' כוסות: ידי חירות לא יצא. כלומר אין זו מצוה שלימה: כדי רביעית. בין כולן קשיא לשמואל דאמר רובע רביעית דהיינו כוס יפה: ה"ג מאי כוס יפה דקאמר שמואל לכל חד וחד דהוו להו כולהו רביעית: אל תרא יין כי יתאדם. אלמא יין מראה בעי:
קליות

רשב"ם

שאף הן היו באותו הנס. דאמר במס' סוטה (ד' יא:) בשכר נשים צדקניות שהיו באותו הדור נגאלו וכן גבי מקרא מגילה אמר הכי משום דעל ידי אסתר הוה וכן גבי חנוכה במס' שבת (ד' כג:) לשון מורינו הלוי: אמר ר"י אמר שמואל ד' כוסות הללו צריך שיהא בהן. בכל אחד כדי שיהא בהן מזיגת כוס יפה של ברכה שיעורו רובע רביעית לוג כדי שימזגנו ויעמוד על רביעית לוג דכל חמרא דלא דרי על חד תלת מיא לאו חמרא הוא הכי מפרשינן לה במס' שבת בהמוציא יין (ד' עז.) והשתא קס"ד דמזיגת כוס יפה ורובע רביעית לאו חד שיעורא הוא כוס יפה כוס של בהמ"ז משום דעשרה דברים נאמרו בכוס של ברכה כו' כדאי' במס' ברכות (ד' נא.): שתאן חי. שלא מזגן במים יצא וכגון שיש בו רביעית לוג דבציר מרביעית לאו כלום הוא דכי היכי דמזוג בעינן רביעית בין הכל ה"נ חי בעינן רביעית: בבת אחת. עירה ארבעתן בתוך כוס אחד כך פירש רבינו שלמה ולא נהירא דאפי' שותה הרבה בכלי אחד לא חשיב אלא כוס אחד דהאי רביעית היינו אלא למעוטי פחות מרביעית אבל טפי מרביעית בכוס אחד חשוב כוס אחד ונ"ל דהכי פירושו בבת אחת שלא על סדר משנתינו אלא שתאן רצופין: השקה מהן. מכל כוס וכוס שלא שתה כולו כדמפרש לקמן: ידי יין יצא. ששתה ארבעה כוסות: ידי חירות לא יצא. כלומר אין זו מצוה שלימה שאין חשיבות אלא ביין מזוג והני מילי ביינות שלהן דדרו על חד תלת מיא אבל יינות שלנו לא בעי מזיגה: ידי יין יצא. משום שמחת יו"ט כדתניא לקמן (דף קט.) ושמחת בחגך במה משמחו ביין: אבל ידי ארבעה כוסות לא יצא. וכולן חשובין כוס ראשון ולא יותר וצריך להביא עוד שלשה כוסות על הסדר: צריך שיהא בהן כדי רביעית. כלומר בכל אחד ואחד כדי רביעית לוג: אחד חי. צריך רביעית דבציר מרביעית לא חשיבא שתייה כדנפקא לן מכל משקה אשר ישתה (ויקרא יא): ואחד מזוג. שיהא בו רובע רביעית יין ושלשה רבעין מים דהוי בין כולהו רביעית: ואחד ישן. שאין בו טעם יין כל כך שנעשה חלש אי נמי חדש אין בו טעם יין: צריך שיהא בו טעם יין. למעוטי חדש וישן: ומראה. שיהא אדום: קתני מיהת כדי רביעית. לכל אחד ואחד ואת אמרת כדי מזיגת כוס יפה לכל אחד ואחד וס"ד דשני שיעורים הן מדלא קאמר שמואל כדי רביעית כלשון הברייתא: הכי גרסינן כמו שכתוב בספרים אידי ואידי חד שיעורא כדי מזיגת כוס יפה היינו רביעית תירוצא היא לומר שלשון שמואל ולשון הברייתא אחד הן וכדי מזיגת כוס יפה דקאמר שמואל היינו רובע רביעית יין כדי שימזגנו ויעמוד על רביעית כדאמר בהמוציא יין (שבת ד' עו:) כך נראית שיטה בעיני ועיקר ורבינו (א)פי' שכך מקשה הגמ' דקס"ד דשמואל קאמר רביעית בין כולן וברייתא קאמר לכל אחד ואחד ותירץ הגמ' דשמואל נמי קאמר לכל אחד ואחד וקשיא לי והלא ברייתא סתמא קתני צריך שיהא בהן ואיכא לפרושי נמי דבין כולן קאמר: אל תרא יין. אל תחמוד להיות רגיל בו כי יתאדם מכלל דיין נמי מראה בעי וטעמא נמי בעי כדמוזהר עליה שלא להשתכר בו: ואחד תינוקות. שגם הם נגאלו: וכי מה תועלת יש לתינוקות. הלא פטורין מן המצות:
קליות

הגהות הב"ח
(א) רשב"ם ד"ה ה"ג וכו' ורבינו שלמה פי' שכך מקשה וכו' קאמר רובע רביעית בין כולן:

שאף הן היו באותו הנס. ואי לאו האי טעמא לא היו חייבות משום דנשים פטורות ממצות עשה שהזמן גרמא אף ע"ג דארבעה כוסות דרבנן כעין דאורייתא תיקון: היו באותו הנס. פי' רשב"ם שעל ידם נגאלו וכן במגילה ע"י אסתר ובחנוכה ע"י יהודית וקשה דאף משמע שאינן עיקר ועוד דבירושלמי גרים שאף הן היו באותו ספק משמע באותה סכנה דלהשמיד להרוג ולאבד והא דאמרינן דפטורות מסוכה אע"ג דאף הן היו באותו הנס כי בסוכות הושבתי התם בעשה דאורייתא אבל בארבעה כוסות דרבנן תיקנו גם לנשים כיון שהיו באותו הנס*: שתאן חי יצא. משמע לכתחלה בעי מזיגה וכן בפ' שלשה שאכלו (ברכות ד' נ:) אמרינן הכל מודים בכוס של ברכה שאין מברכין עליו עד שיתן לתוכו מים וקשה דבפ' שלשה שאכלו (שם נא.) אמר י' דברים נאמרו בכוס של ברכה וצריך חי ורש"י פי' שם דהא דקאמרינן דצריך חי היינו שימזגהו חי בכוס ברכת המזון לאפוקי שלא ימזגנו בכוס זה וישפוך בכוס אחר ויברך ור"ת פי' דחי דהתם היינו מזיג ולא מזיג כדאמר בבן סורר (סנהדרין ד' ע.) אינו נעשה בן סורר עד שישתה יין חי ומוקי לה במזיג ולא מזיג והא דמשמע בהמוציא יין (שבת ד' עו:) שמוזגו כראוי דקאמרינן כדי שימזגנו ויעמוד על רביעית היינו בברכת הארץ דאמר בפרק שלשה שאכלו (ברכות ד' נא.) ומוסיף בברכת הארץ ואומר ר"ת דמוסיף מים ולא כפרש"י דמוסיף יין וכן מפרש בערוך* ובני נרבונ"א מפרשי דחי קאי אכוס שיהא שלם ולא שבור כדאמרי' בפ' בתרא דמכות (ד' טז.) ריסק תשע נמלים וא' חיה והיינו שלם דאפילו מת נמי חשיב בריה כדאמרינן בסוף גיד הנשה (חולין ד' קב:) גבי צפור טמאה בין בחייה בין במיתתה בכל שהו ואמרינן נמי (ב"ק ד' נד.) שבירתן זו היא מיתתן ואתי שפיר דכולהו עשרה דברים אכוס קיימי ונראה דדוקא ביינות שלהם שהיו חזקים צריך מזיגה אבל בשלנו לא*: בבת אחת. נראה כפירוש רשב"ם ששתאן רצופין ולא כפירש"י שעירה ארבעתן לתוך כוס אחד דשתאן משמע הרבה כוסות: ידי יין יצא. פי' ידי שמחת יו"ט דס"ד הואיל ותיקנו ד' כוסות לא נפיק מידי שמחת יו"ט אלא אם כן יצא ידי ארבעה כוסות: אחד חדש ואחד ישן. פירש רשב"ם דישן עדיף הוא עיקר כדאמרינן (מגילה ד' טז:) ולאביו שלח כזאת וגו' יין ישן שרוח זקנים נוחה הימנו ואמרינן (ב"ב ד' צח:) כל מילי עתיקא מעלו והא דנקט שאינו פשוט קודם פירשו לעיל בכילד צולין (ד' פה.) גבי אחד עלם כו': רובא דכסא. היינו כמלא לוגמיו כדפרי' לעיל ומיהו לכתחילה צריך לשתות רביעית: ואת אמרת כדי מזיגת כוס יפה. אית ספרים דגרסי מאי כדי מזיג' כוס יפה לכל אחד ואחד ולפי זה ס"ד דמקשה דמזיגת כוס יפה דקאמר שמואל בין כולם קאמר דהיינו רובע רביעית הלוג וברייתא קתני רביעית הלוג יין חי בין כולן רובע רביעית לכל אחד והא דקתני אחד מזוג לא שדי ברביעית מזוג אלא כלומר אחד יכול לשתותו מזוג אבל מ"מ ברייתא לא מיירי אלא בחי דסגי רביעית לכל ד' אך קשה איך היה סבור המקשה דסגי לכולהו במזיגת כוס יפה והא איכא בהני ארבעה כוסות כוס של ברכה שהוא כוס יפה ורשב"ם נמי הקשה הלא ברייתא סתמא קתני לכך נראה כספרים דגרסי אידי ואידי חד שיעורא הוא דכדי מזיגת כוס יפה זהו רובע רביעית הלוג יין חי לכל אחד כדי שיהא רביעית עם המזיגה וה"נ מיירי ברייתא דמצרכא רביעית עם המזיגה ומתחילה היה סבור דמצרכינן יין חי הרביעית הלוג לכל אחד ואחד ומזוג אשתייה קאי ולא ארביעית דברייתא אבל לבתר דשני קאי שפיר ארביעית והך סוגיא כרב נחמן וכרבא דריש המוציא (שבת ד' עו:) דסברי כוס של ברכה צריך שיהא בו רובע רביעית הלוג יין חי כדי שימזגנו ויעמוד על רביעית הלוג ושיעור הוצאת יין תנן התם דהוי כמזיגת הכוס יפה דהיינו רובע רביעית וע"י מזיגה יעמוד על רביעית כשיעור כל המשקין דקתני סיפא ושאר כל המשקין ברביעית ואביי פריך עלה התם חדא דתנן ובמזוג שני חלקי מים ועוד מים בכד ומצטרפין ונראה לפרש דלאביי צריך רביעית שלימה להוצאת שבת וכן משמע התם בההיא שמעתא דקאמר אביי עד כאן לא קאמר רבי נתן הכא דכוס בעי רביעית ט' ופרש"י דהתם לא נהירא כמו שמפורש שם וסבר דכוס של ברכה בעי רביעית יין בין חי בין מזוג אבל מים בכד לא מצטרפים:

אל תרא יין כי יתאדם. הכא מייתי האי קרא לחשיבות יין אדום ובהמוכר פירות (ב"ב ד' צז:) פי' רשב"ם התם דמייתי לה לגריעותא ושם מפורש:
יוצן

רבינו חננאל

כאנשים שאף הן היו באותו הנס וארבעה כוסי' הללו צריך שיהא בהן כדי מזיגת כוס יפה וקיי"ל לן דכוס יפה הוא כוס של ברכה והוא רביעית: שתאן חי אמר רבא ידי יין יצא ידי חירות לא יצא שתאן בבת אחת אמר רבא ידי יין יצא ידי ארבעה כוסי' לא יצא · השקה מהן בניו ובני ביתו יצא והוא דשתה רובא דכסא: מיתיבי ארבעה כוסות הללו צריך שיהא בהן כדי רביעית אחד חי ואחד מזוג אחד חדש ואחד ישן ופרקי' כוס יפה הוא רביעית תרוייהו חדא שיעורא: ר' יהודה אומר צריך שיהא בהן מראה יין כדכתיב אל תרא יין כי יתאדם: ת"ר ארבעה כוסי' הללו צריך שיהא בהן כדי רביעית אחד אנשים ואחד נשים ואחד תינוקות ר' יהודה היה

(**כתב בדה"ח**, דדוקא לחזור ולמלאות כוס אחר, אבל אם יש לו כוס גדול ולא שתהו כולו, ונשאר בו שיעור, ונזכר ששתה אותו בלי הסיבה, אם נזכר קודם שהתחיל לומר הלל או שאר ההגדה, דלא הסיח דעתיה עדיין משתיית שאר הכוס, יכול לשתות השאר בהסיבה ובלא ברכה, דלא הוי כמוסיף, משום דכוס אחד יכול לשתות כמה פעמים, ומסתמא היה דעתו בשעת ברכה על כל הכוס, **אבל** אם התחיל לומר הלל או שאר הגדה, הוי כנמלך, ואם ירצה לשתות הנשאר שבכוס יצטרך לברך, אסור לשתותו דהוי כמוסיף, עכ"ל, והנה לדינא דבריו האחרונים אינם ברורים, דע"כ לא מצינו בטור, דמשום ברכה נראה כמוסיף על הכוסות, רק אם שותה כוס אחר חדש, משא"כ באותו כוס גופא, לא מינכר הוספה כלל, וכן משמע לענ"ד מד"מ, **ובפרט** דעיקר סברא דמוסיף על הכוס אינו ברור, דבירושלמי לא נזכר כלל רק הטעם דשכרות, ודי לנו אם ננקוט האי סברא לענין כוס חדש, ולא בשיורי כוסות, **וצ"ע**).

ומיהו אם שכח ולא היסב בכוס שני, יחזור וישתה בהסיבה בלי ברכה, דלא הוי כנמלך, שהרי גם בתוך הסעודה אם רוצה לשתות אין צריך לברך, וסומך על ברכת כוס שני, [אם לא שאין דעתו לשתות יין תוך הסעודה]. **ונכון** שקודם שמברך על כוס ראשון, יהיה בדעתו לחזור ולשתות בין הכוסות הראשונות, ואז אפילו יטעה וישתה כוס ראשון בלי הסיבה, יוכל לשתות כוס אחר בהסיבה ובלי ברכה, ולא יהא נראה כמוסיף, [**ולא** מהני עצה זו גם בין שלישי לרביעי, שלא יצטרך לברך ולא יהיה נראה כמוסיף, **דהתם** אסור לכמה פוסקים משום שכרות, ואין לחלק בין שיצטרך לברך או לא].

וכן באכילת מצה - היינו שיחזור ויאכל הכזית מצה ובלא ברכה, **מיהו** באפיקומן אם שכח לאכלו בהסיבה, לא יחזור ויאכלנו, דהא אסור לאכול שני פעמים אפיקומן, [וסומכין על הראבי"ה, או על דעת הרמב"ם, שלא הזכיר הסיבה באפיקומן]. **והיינו** כשבירך בהמ"ז, שאל"כ אין חשש אם אוכל כמה זיתים אפיקומן – אג"מ, וע"ל תחילת סי' תע"ז.

[לג]**ולכתחלה יסב כל הסעודה (מהרי"ב)** - באכילתו ובשתייתו, **ובדיעבד** יצא בשעת אכילת כזית מצה וד' כוסות, **ולגבי** שמש כיון שהוא טרוד, דיינינן ליה כדיעבד לגבי כל אדם, [ב"ח בשם מהר"ל מפראג וחק יעקב].

אות ט'

נשים חייבות בארבעה כוסות הללו, שאף הן היו באותו הנס

סימן תעב סי"ד - [לד]גם הנשים חייבות בארבע כוסות ובכל מצות הנוהגות באותו לילה - כגון מצה ומרור ואמירת הגדה, דאף שהוא מצוה שהזמן גרמא, מ"מ חייבות, שאף הן היו באותו הנס, [גמרא].

§ מסכת פסחים דף קח: §

אות א' - ב'

שתאן חי... ידי יין יצא, ידי חירות לא יצא

שתאן בבת אחת... ידי יין יצא, ידי ארבעה כוסות לא יצא

טור סימן תעב - וצריך כל אדם לשתות ד' כוסות על הסדר שנפרש, שתאן זה אחר זה שלא כסדר, לא יצא... ואם היין חזק צריך למזוגו, ושיעורו רביעית לאחר שימזגנו; ואם שתאו חי יצא - ‹וידי חירות לא יצא – ב"י›, **ובלבד שיהיה בו רביעית וישתה רובו; [א]ויין שלנו לכתחלה אינו צריך מזיגה.**

[ב]סימן תעב ס"ח - [ג]צריך לשתות ד' כוסות על הסדר - פירוש שיאמר ההגדה בינתים, (מ"א), **ואם שתאן [ד]זה אחר זה שלא כסדר, לא יצא** - וצריך לחזור ולשתות עוד ג' כוסות על הסדר, ונראה דצריך לברך עתה על כל כוס וכוס, **ולא** הוי כמוסיף על הכוסות, כיון דלא יצא בראשונה.

(**ומשמע** ממ"א לכאורה, דכשלא אמר ההגדה בינתים, אפילו שהה בין כוס לכוס, מיקרי שלא כסדר ולא יצא, **אכן** מלשון הש"ס משמע, דאיכא קפידא רק כששתה אותן בבת אחת, והיינו או כפירוש רש"י בפעם אחת, או עכ"פ כפירוש שארי מפרשים, אפילו בזה אחר זה רצופין, **אבל** אם שהה בינתים, אף דודאי עבר איסור מה שלא הסמיך אמירת ההגדה לכל כוס כמו שתקנו חכמים, מ"מ בדיעבד לא הפסיד הכוסות, **ומצאתי** פלוגתא בזה בין הב"י להפר"ח, דב"י דעתו דבדיעבד יצא וכמש"כ, ובפר"ח חולק שם עליו).

(**ודע** דלפי מה שפסק השו"ע, דנשים חייבות ג"כ בד' כוסות כאנשים, א"כ צריכות ליזהר שיאמרו סדר ההגדה על כל כוס וכוס, או שעכ"פ ישמעו מבעליהן, דאי לאו הכי לדעת הפר"ח אפילו בדיעבד לא יצאו בשתיית הכוסות, דהוו כמו ששתאו בבת אחת, **ואפי'** לדעת הב"י, שלא הפסידו בדיעבד מצות כוסות, מ"מ תקנת חכמים הוא לשתותן על סדר הגדה, דכל מצות הנוהגות באותו לילה נוהגות גם בנשים).

ופשוט דלאו דוקא אם שתאן כולן שלא על הסדר, דה"ה אם שתה כוס ד' תיכף אחר שלישית, גם כן לא יצא, דהא כולהו כסדר בעינן.

וכ"ש אם שפכן כולן בכוס אחד ושתאן, לא יצא, [ר"ן ושאר פוסקים]. ‹ע"ש בר"ן דקאמר כהרשב"ם, דבחדא כסא לא צריכה למימר›. **ובפמ"ג** מצדד, שאפילו הפסיק בינתים ואמר הגדה, נמי לא יצא, דארבע כוסות בעינן, (**ובאמת לא מסתברא כלל, וכי ד' כלים בעינן, ד' פעמים בעינן, וצ"ע**).

באר הגולה

[לג] ‹וכתב מהר"ל מפראג: דמדקאמר בגמ' השמש שאכל כזית מצה כשהוא מסב יצא, דמשמע דיעבד יצא, יראה דדוקא השמש שמשמש לבני הסעודה ואי אפשר לו להסב, יוצא באכילת כזית אחד בהסיבה, דלגבי השמש הוי דיעבד, אבל שאר כל אדם יסב לכתחלה כל פעם שאוכל מצה, דכל האכילה של המצה אפילו אוכל הרבה הכל הוא מצוה אחת, ויותר טוב שיהיה כל אכילתו במצוה – ב"ח›. ‹**מדאמרינן** שם השמש שאכל כזית כו', משמע דיעבד, ובמתני' לא יאכל כו', משמע כל הסעודה – הגר"א› [לד] **שם ק"ח** [א] ‹עיין לקמן בסמוך באות ג'-ד' מש"כ הרמ"א בס"ט "אם רוצה למזגו", וכ"כ הרשב"ם› [ב] ‹ע"פ הב"י ובאר הגולה והגר"א› [ג] **שם בגמרא ק"ח** [ד] **כן פי' הרא"ש ושאר פוסקים** ‹עיין רשב"ם ד"ה בבת אחת: וז"ל כו', ועיין רא"ש שם – גר"א›. ‹**וכתב** הרא"ש, שתאן בבת אחת, פי' שלא כסדר, אלא מזג ארבע כוסות ושתאן זה אחר זה, וכן פי' הר"ן והמרדכי – ב"י›

אות ג' – ד'

השקה מהן לבניו ולבני ביתו, יצא... והוא דאשתי רובא דכסא

מאי כדי מזיגת כוס יפה דקאמר, לכל חד וחד דהוי להו כולהו רביעית

סימן תעב [ה]**ס"ט** - [ו]**שיעור הכוס רביעית, לאחר שימזגנו** - [ז]היינו דלא בעינן רביעית יין חי, אלא רביעית ביחד עם המים שמזוג בו, **ואפילו** אם שותה יין חי וחזק, מ"מ צריך דוקא רביעית שלם, [רשב"ם ור"ן ושארי פוסקים], דלא חלקו חז"ל בשיעורים.

(אם רוצה למזגו) - ר"ל דבזמנינו שהיינות חלושים, אין חיוב למוזגו אפילו לכתחלה, ובזמניהם שהיו היינות חזקים מאד, היו מוזגין על חד תלת, [והיה מצוה לכתחילה דוקא במזוג, כדי שיהיה שתיה נוחה ועריבה].

[ח]**וישתה כולו או רובו** - היינו כולו לכתחלה, או רובו בדיעבד, **ובמדינות** שהיין ביוקר, אפי' לכתחלה סגי ברובו, **אך** כוס הרביעית ישתה כולו, כדי שיהא יכול לברך ברכה אחרונה לכו"ע.

(**והנה רוב רביעית הוא שיעור מלא לוגמא באדם בינוני, ואם הוא אדם גדול שמלא לוגמיו דידיה הוא יותר מרוב רביעית, צריך דוקא מלא לוגמיו דידיה, ואדם קטן שנעשה בן י"ג, דמלא לוגמיו דידיה הוא פחות מרוב רביעית, צריך דוקא רוב רביעית**).

יש שמקמצין וכועסין על המשרתים אם שותין הרבה, ועתידין ליתן את הדין, שמכשילן ומונען מן המצוה.

[ט]**ואם יש בו הרבה רביעיות, שותין ממנו כל כך בני אדם כמנין רביעיות שבו** - ובדיעבד סגי אפילו היה לכל אחד רק רוב רביעית.

מלשון זה משמע, דאפילו לכתחלה שרי כל שיש רביעית לכל אחד, ואע"ג דבעינן לכתחלה כוס מלא, וגם שלא יהיה פגום, הכא כיון דלהראשון היה כוס מלא, כולהו אתיין מכח הראשון, **ואפשר** עוד, דהמחבר עיקר דינא אתא לאשמועינן, דשניהם יוצאין בכוס אחד.

[י]**ויש אומרים שצריך לשתות רוב הכוס, אפי' מחזיק כמה רביעיות** - אף שבעלמא די ברוב רביעית אפילו מכוס גדול, הכא לענין כוסות חמיר טפי, דבעינן דוקא רוב כוס, ואם לאו לא יצא.

ולדינא קיי"ל כדעה הראשונה, ומ"מ אם אין בדעתו לשתות הרבה, לא יקח כוס גדול, רק כוס שמחזיק רביעית, כדי לחוש לדעה זו.

(וצריך לשתות השיעור שלא בהפסק גדול בנתיים (ב"י בשם רוקח) - דהיינו שלא ישהה בשתיית רוב הכוס יותר מכדי אכילת פרס, **ואם** שהה יותר משיעור זה, אין מצטרף תחלת השתיה לסופה, ואפילו בדיעבד לא יצא, וצריך לחזור ולשתות אפילו בכוסות אחרונות, דאין כאן משום מוסיף על הכוסות, כיון דלכו"ע לא יצא, [**ומסתברא** דצריך ג"כ לברך מחדש, דהוי כנמלך, לדידן דמברך על כל כוס].

ולכתחלה יש ליזהר שלא לשהות בשתיית רוב הכוס יותר מכדי שתיית רביעית, לחוש לדעה ראשונה המבואר בסימן תרי"ב, **ומ"מ** בדיעבד אם שהה בשתי כוסות אחרונות, לא יחזור וישתה, וכעין המבואר לעיל בס"ז בהג"ה, [דלהרבה פוסקים דוקא בכדי אכילת פרס, ולדידהו הוי כמוסיף על הכוסות].

ובשתי כוסות ראשונות יחזור וישתה, [מ"א, **ולפי** מה שכתבנו לעיל, דלדידן דלא נהיגין לשתות בין הכוסות, וצריך לברך כשחוזר ושותה, א"כ לא משכחת האי דינא דמ"א רק בשהיה דעתו לשתות בין כוס ראשון לשני, דא"צ לברך כשחוזר ושותה, דאל"ה בכוס ראשון לא יחזור וישתה, דהוי כמוסיף על הכוסות].

ולכתחלה נכון לשתות רוב הרביעית בבת אחת.

אות ה'

ואחד תינוקות

סימן תעב סט"ו - [יא]**תינוקות שהגיעו לחינוך, מצוה ליתן לכל אחד כוסו לפניו** - אבל אינו מעכב, [ומפני שלהרבה פוסקים לא נתקנו ארבע כוסות לקטנים [יב]וכר' יהודה].

[יג]**עיין** בסימן רע"א סי"ג, שצדדנו דקטן אינו צריך לשתות רוב רביעית, [יד]רק כמלא לוגמיו דידיה.

באר הגולה

[ה] ‹לכאורה כצ"ל› [ו] **שם בגמרא** [ז] ר"ל חוץ ממה שמוזג, או בזה"ז דאפי' חי הוי מן המובחר› [ח] ‹כתבו התוס' (ד"ה רובא) רובא דכסא היינו כמלא לוגמיו, ומיהו לכתחלה צריך לשתות רביעית, ע"כ. והיינו טעמא, דלא אמרינן רובו ככולו אלא לענין שיוצא ברובו דיעבד, אבל לכתחלה ודאי צריך כולו, ופשוט הוא - ב"ח› [ט] **כל בו וארחות חיים** ‹שמפרש השקה מהן כו' והוא כו', כמ"ש הר"ן שם, שכל אחד שתה רוב רביעית, שהרי כולן חייבין בד' כוסות, כמש"כ שם ת"ר הכל חייבין כו' - גר"א, ‹**הרי** דמוכח דאף מכוס אחד יוכלו הרבה לצאת, כשכל אחד ואחד ישתה רוב רביעית - דמשק אליעזר› [י] **הרמב"ן ומהר"ר שם טוב** ‹שמפרש {מש"כ והוא דשתה רובא דכסא}, על בעה"ב לבד, **וכמ"ש** תוס' צ"ט ב' ד"ה לא כו', {שס"ל דאין נותנין כוס לבניו לבני ביתו, כי אם לעצמו, והוא מוציא את כולם, ומביאין ראיה מהא דהשקה מהן לבניו ולבני ביתו והוא דשתה רובא דכסא, משמע דהם יוצאים בשמיעה, דהא בעינן רובא דכסא, ואין כאן רק לדידיה - דמשק אליעזר}, **ומדקאמר** רובא דכסא, ולא קאמר מלא לוגמיו כמש"כ שם ק"ז. ש"מ דוקא רוב כוס - גר"א› [יא] **הרא"ש שם ובתשובה והמרדכי** ‹וז"ל הרא"ש: משמע דלתנא קמא צריך כוס, ונהגו ליתן לפני כל אחד ואחד כוסו, וכן נכון לעשות› [יב] ‹כלומר, דבכי הא לא שייך לחנכן במצות, דכיון שאין נהנין ושמחין בו, אינו להן דרך חירות - ר"ן› [יג] ‹הגם דהתם אין חיוב לשתות רוב רביעית, ורק מלא לוגמיו, ולכן שייך להקל כשאינו רוב רביעית, משא"כ הכא, מ"מ סזר דיש לדמותו, וכמו דמקילין התם, ה"ה הכא› [יד] [ובזה אפשר ליישב קצת מה שהקשו בתוספות (ושאר מפרשים), בהא דאמר בש"ס: השקה לבניו וכו' והוא דשתה רובא דכסא, א"כ האיך יצאו במיעוט כוסו, למאן דס"ל שאף קטנים חייבין, ולדברינו אפשר שהמיעוט היה די להן למלא לוגמא דידהו]

הגה: ואין ליקח כוס שפיו צר כעין קלו"ג גלא"ז, מפני שלא יוכל לשתות רביעית כאחד (מהרי"ב) - וכעין שמבואר לקמן בסימן תע"ה ס"א לענין מצה, **ובדיעבד** אינו מעכב אם לא שהה הרבה וכדלעיל.

וכוס של ברכת המזון בלא"ה אין לוקחים אותו - שצריך ליתן עיניו בו, **וע"ל סי' קפ"ג ס"ד בהגה; וכן הכוס של קידוש, וע"ל סי' רע"א ס"י (ב"י).**

אות ו'

אלא מחלקין להן קליות ואגוזין בע"פ כדי שלא ישנו וישאלו

סימן תעב סט"ז - [טו]מצוה לחלק לתינוקות קליות ואגוזים, כדי שיראו שינוי וישאלו - ר"ל שעי"ז יתעוררו לשום לב על כל השנויים ומנהגי לילה זה, וישאלו שאלות המבוארים בנוסח "מה נשתנה".

ובש"ס איתא: כדי שלא יישנו וישאלו, וצריך לעוררם שלא יישנו עד אחר "עבדים היינו" וכו', שידעו ענין יציאת מצרים, דעיקר המצוה הוא התשובה על שאלת בנו, וכמו שנאמר: והגדת לבנך ביום ההוא לאמר בעבור זה וגו', **ולא** כמו שעושין איזה המון, שאחר אמירת "מה נשתנה" מניחים לילדים לילך ולישן, ואינם יודעים שום תשובה על שאלתם.

באר הגולה

טו בריי[תא] שם ק"ח

§ מסכת פסחים דף קט. §

אות א' - ב'

חוטפין מצות בלילי פסחים, בשביל תינוקות שלא ישנו חוץ מערבי פסחים

סימן תעב ס"א - [א]יהיה שלחנו ערוך מבעוד יום, כדי לאכול מיד כשתחשך - לאו דוקא, והכונה כדי שיהיה אפשר לו להתחיל הסדר תיכף משתחשך, ולא ישתהה.

[ב]**ואף אם הוא בבית המדרש** - ר"ל שעוסק בלמודו, **יקום** - וה"ה לענין תפלה, צריך לזרז עצמו לקרות ק"ש ולהתפלל, ולילך תיכף לביתו, **מפני שמצוה למהר ולאכול בשביל התינוקות שלא ישנו** - ר"ל לזרז לעשות הסדר, כדי שלא יישנו התינוקות כשידעו שלא ישתהה הרבה עד האכילה, וממילא ישאלו "מה נשתנה", וישיב להם ויקיים מה שכתוב: והגדת לבנך ביום ההוא, [**דא"א** לומר דהכוונה הוא שיקצרו בהגדה, דאטו האכילה הוא העיקר, **ואפשר** עוד לומר בכוונת המחבר, דשפיר יש למהר ולהגיע לידי "מוציא מצה", כדי שישאלו התינוקות: למה אוכלין מצה, וכשהן מסובין דוקא, ולמה אוכלין מרור, וענין הטיבול בחרוסת, **ואע"ג** דבסדר ההגדה תיקנו "מה נשתנה" בתחילת ההגדה, אין בכך כלום, דעיקר השאלה והתמיה של התינוק הוא בשעה שרואה המעשה בעיניו, וצ"ע].

[**ומקור** האי דינא הוא מברייתא, דחוטפין המצה בשביל התינוקות, וכפי' רש"י בחד לישנא, דממהרין לאכול, **וביבין** שמועה להרשב"ץ כתב בזה הלשון: וממהרים להאכילם כדי שלא יישנו, ואתינוקות קאי, ופירוש זה אתי שפיר טפי, **ומ"מ** אין להאכילם הרבה, שאדרבה טפי יש לחוש שיישנו עי"ז, וכמש"כ הרשב"ם בסוגיא].

אות ג'

חייב אדם לשמח בניו ובני ביתו ברגל

סימן תקכט ס"ב - [ג]חייב אדם להיות שמח וטוב לב במועד, הוא ואשתו ובניו וכל הנלוים אליו - והוא מצות עשה מן התורה, דכתיב: ושמחת בחגך, ונוהגת גם בנשים.

עיין ברמב"ם, דגם חוה"מ הוא בכלל מועד לענין שמחה, **אבל** לענין כבוד ועונג אין חייב בחוה"מ, דלא נאמר בהן "מקרא קודש".

כיצד משמחן, הקטנים נותן להם קליות ואגוזים; והנשים קונה להם בגדים ותכשיטין כפי ממונו - (ואם אין ידו משגת, יקנה להם לכל הפחות מנעלים חדשים לכבוד יו"ט).

(והאנשים, בזמן שבהמ"ק היה קיים, היו אוכלין בשר השלמים לשמחה, וכדכתיב: וזבחת שלמים ואכלת שם ושמחת וגו', **ועכשיו** שאין בהמ"ק קיים, אין יוצאין ידי חובת שמחה אלא ביין, שנאמר: ויין ישמח לבב אנוש, אבל בשר אין חובה לאכול עכשיו, כיון שאין לנו בשר שלמים, ומ"מ מצוה יש גם באכילת בשר, כיון שנאמר בו שמחה).

אות ג'*[ד]

רביעית של תורה, אצבעים על אצבעים ברום אצבעים וחצי אצבע וחומש אצבע

רמב"ם פט"ו מהל' נשיאת כפים ה"ד - וכמה היא רביעית, אצבעים על אצבעים ברום אצבעים וחצי אצבע וחומש אצבע [ה]בגודל; וזה האצבע שמושחין בו בכל התורה כולה, הוא הגודל, והוא הנקרא בהן יד.

רמב"ם פ"ו מהל' ביכורים הט"ו - והלוג ד' רביעיות, והרביעית אצבעיים על אצבעיים ברום אצבעיים וחצי אצבע וחומש אצבע; וכל האצבעות הם רוחב גודל אצבעות של יד.

אות ד'

שלא יהא דבר חוצץ בין בשרו למים

יו"ד סימן קצח ס"א - צריכה שתטבול כל גופה בפעם אחת - [דדרשינן רחץ וגו' ובא השמש וטהר, מה ביאת שמשו כולו כאחת, אף רחיצתו כולו כאחת - ט"ז], **לפיכך צריך שלא יהיה עליה שום דבר החוצץ, ואפילו כל שהוא** - (כלומר, שאילו לא היתה צריכה לטבול כל גופה בפעם אחת, אע"פ שהיה עליה דבר חוצץ בשעה שטבלה, לא היתה נפסלת אותה טבילה לגמרי, שאחר טבילת גופה היתה מעברת אותו דבר החוצץ מעל האבר שהוא בו, וטובלת אותו אבר, **אבל** השתא דצריכה שתטבול כל גופה בפעם אחת, צריך שלא יהא עליה שום דבר החוצץ, שאם לא כן לא עלתה לה טבילה כלל, דאין לה תקנה עד שאחר שתסיר דבר החוצץ מעליה, תחזור ותטבול כל גופה בפעם אחת - ב"י).

אות ה'

במים, במי מקוה; את כל בשרו, מים שכל גופו עולה בהן

יו"ד סימן רא ס"א - אין האשה עולה מטומאתה ברחיצה במרחץ; ואפילו עלו עליה כל מימות שבעולם, עדיין היא בטומאתה וחייבין עליה כרת, עד שתטבול כל גופה בבת אחת במי מקוה או מעיין שיש בהם ארבעים סאה; ושיעורם, אמה על אמה על רום שלש אמות במרובע, באמה בת ששה טפחים [ו]וחצי אצבע; ואם הוא רחב יותר ואינו גבוה כל כך, כשר אם יכולה להתכסות כל גופה בהן בבת אחת; וצריך שיעלה בתשבורת מ"ד אלף וקי"ח אצבעות בגודל ועוד חצי אצבע (ד"ע בב"ס); וצריך שיהיה החריץ שבו המים גדול יותר משיעור זה, כדי שכשתכנס הטובלת ויתפחו המים ישארו שם מ' סאה (תוס' פ' ערבי פסחים).

באר הגולה

[א] **ברייתא פסחים ק"ט וכפי רש"י** [ב] **ברייתא שם** [ג] **רמב"ם ומברייתא דפסחים ק"ט** [ד] ‹ע"פ מהדורת נהרדעא› [ה] ‹עיין בגירסא בצד הגמ', "ברברבתא"› [ו] ‹שיעור אמות מרווחים יותר על מצומצמות, הוא חצי אצבע לאמה - מ"ב סי' שס"ג סכ"ו›

קליות ואגוזין בערב פסח כדי שלא ישנו וישאלו אמרו עליו על רבי *עקיבא שהיה מחלק קליות ואגוזין לתינוקות בערב פסח כדי שלא ישנו וישאלו תניא רבי אליעזר אומר *חוטפין (א) מצות בלילי פסחים בשביל תינוקות *שלא ישנו (ב) תניא *אמרו עליו על ר' עקיבא מימיו לא אמר הגיע עת לעמוד בבהמ"ד חוץ מערבי פסחים *וערב יום הכפורים בע"פ בשביל תינוקות כדי שלא ישנו וערב יוה"כ כדי שיאכילו את בניהם ת"ר חייב אדם לשמח בניו ובני ביתו ברגל שנא' *ושמחת בחגך במה משמחם ביין רבי יהודה אומר אנשים בראוי להם ונשים בראוי להן אנשים בראוי להם ביין ונשים במאי תני רב יוסף בבבל בבגדי צבעונין בארץ ישראל בבגדי פשתן מגוהצין תניא רבי יהודה בן בתירא אומר בזמן שבית המקדש קיים אין שמחה אלא בבשר שנאמר וזבחת שלמים ואכלת שם ושמחת לפני ה' אלהיך ועכשיו שאין בית המקדש קיים אין שמחה אלא ביין שנאמר ויין ישמח לבב אנוש אמר רבי יצחק *קסתא דמוריסא דהוה בציפורי היא הות כמין לוגא דמקדשא ובה משערין רביעית של פסח אמר רבי יוחנן תמנייתא קדמייתא דהוה בטבריא הות יתירה על דא ריבעא ובה משערין רביעית של פסח א"ר חסדא רביעית של תורה אצבעים על אצבעים ברום אצבעים וחצי אצבע וחומש אצבע *כדתניא *ורחץ במים את כל בשרו שלא יהא דבר חוצץ בין בשרו למים במים במי מקוה את כל בשרו מים שכל גופו עולה בהן וכמה הן אמה

רשב"ם

קליות. קלי מחטים ישנים דחדש אסור עדיין בלילה הראשון של פסח ומקומות יש בספרד שמייבשין חטים ישנים במחבת על גבי האור ואוכלין אותם עם אגוזים בקיטת סעודה מפי רבינו שמואל החסיד וגם במשנה מצינו קליות מחטים ישנים ושנויה במסכת תרומות (פ"ה משנה ג) אגב גררא דתנן סאה תרומה טהורה שנפלה לפחות ממאה חולין טמאין תירום ותישרף רבי אליעזר אומר תעלה [א] ותאכל נקודים או קליות או תלוש במי פירות: **חוטפין מצה.** מגביהין את הקערה בשביל תינוקות שישאלו ואית דמפרשי חוטפין מצה אוכלין מהר שני לשונות הללו פירש רבינו ויש גורסין מצות מגביהין את הקערה שיש בה מצה ומרור וב' תבשילין ולי נראה חוטפין מסלקין את הלחם מיד מלפני התינוקות שלא יהו ישנים מתוך אכילה הרבה כדרך התינוק אחר אכילתו ושוב לא ישאלו אבל עכשיו כשחוטפים מהן לא ישנו וישאלו כלומר לא ישנו שלא אכלו כדי שבען וישאלו כשיראו השינויים שאנו עושין היכירא לתינוקות כדלקמן וכן מוכח לשון התוספתא דתניא רבי אליעזר אומר חוטפין מצה לתינוק כדי שלא יישן רבי יהודה אומר משמו אפילו לא אכל אלא חזרת אחת ולא טיבל אלא פרפרת אחת חוטפין מצה לתינוק כדי שלא יישן כלומר גוזלין ורבינו פי' שכן עיקר אותו הלשון שפירשתי חוטפין ממהרין לאכול מדקתני הא דר"ע בתרה ואיכא למימר דאגב גררא דקאמר כדי שלא יישן קא מייתי נמי להא עובדא דר' עקיבא דחייש שלא ישנו ותרי מילי נינהו רבי אליעזר איירי לחטוף מן התינוקות אחר שאכלו מעט כדי שלא יישנו ור"ע איירי שצריך למהר לעשות הסדר טרם יישנו: **חוץ מערבי פסחים.** כדי שיישנו את התינוקות ביום ולא בלילה בשעת הגדה א"נ כשמעכבין עד הלילה לאחר שהחשיך ישנים התינוקות: **אנשים כראוי להם ביין.** גמ' קאמר להא: **קיסתא דמורייסא.** מדה שמוכרין בה המוריים: **וכה משערין רביעית של פסח.** שממלאין אותה ומחלקין אותה לארבע כוסות דלוג ארבע רביעיות: **תמניתא.** מדה והיינו תומן ועוכלא דמסכת סוטה (דף ה:): **הות יתירה על דא.** תמניתא: **וכה משערין רביעית של פסח.** שהיו ממלאין אותה ומערין לתוך אותה של עכשיו עד שהיא מלאה ומים הנשארים בתומניתא היא רביעית: **[רביעית] של תורה.** כגון רביעית יין של נזיר הלכה למשה מסיני (סוכה דף ו') ורביעית דם הבאה משני מתים דנפקא לן מקרא (נזיר דף לח') וכגון רביעית שמן לרקיקי נזיר דאיכא דיליף לה מקראי במנחות (דף פט') ומדת חלל הכלי ברבוע הוי אצבעים אורך על אצבעים רוחב ברום אצבעים וחצי אצבע וחומש אצבע ומנא לן ממקוה: **כדתניא ורחץ במים את כל בשרו במים במי מקוה.** מים המיוחדים שנקוו מתחלה מעלמן מדלא כתב במים למעוטי שאובין דאזיל השתא ומייתי וטביל: **כל בשרו.** מדלא כתב בשרו משמע שכל גופו עולה בהן שאינו נראה אלא כולו מכוסה בהן:

תוספות

חוץ מערבי פסחים. פי' רבינו שמואל ולא נהירא דהא לא יוכלו ליסן בלא אביהם וטעם שני שפירש שמא יעכבו עד שיחשך הרבה אם כן לא היו צריכין לעמוד ביום כי אם בלילה לכך נראה דגרים לילי פסחים והיו רגילין בבית המדרש לילי י"ט כדאמרינן (ביצה דף כא.) מעשה בשמעון התימני שלא בא בלילי י"ט לבית המדרש למחר מצאו רבי יהודה בן בבא: **שנאמר ושמחת בחגך.** תימה דהאי קרא גבי מעשר שני כתיב בפ' ראה ולא מייתי קרא דכתיב בפ' ראה גבי רגל ושמחת אתה ובנך ובתך וי"ל דיליף ממעשר דכתיב ביה בהדיא: **בא"י בבגדי פשתן מגוהצין.** אבל בבבל לא היו בקיאים לגהץ כדאמר (תענית כט:) גיהוץ שלנו ככיבוס שלהם: **במה משמחו ביין.** היינו בזמן הזה אבל בזמן בית המקדש אין שמחה אלא בבשר: **וזבחת שלמים ושמחת.** תימה דהאי קרא בהר עיבל כתיב ולא מייתי קרא דושמחת בחגך דדרשינן מיניה בחגיגה (דף ח.) לרבות כל מיני שמחות לשמחה מכאן אמרו ישראל יוצאין ידי חובתן בנדרים ונדבות וי"ל משום דהכא בהדיא כתיב וזבחת שלמים ושמחת: **תמניתא.** פי' רשב"ם דהיינו תומן ועוכלא ולא נהירא דבהמוכר את הספינה (ב"ב דף צ.) חשיב לוג ורביעית הלוג תומן ועוכלא וכל מדה ומדה פוחתת והולכת ולכאן משמע שהיא יותר מרביעית: **רביעית של תורה אצבעים.** מכאן קשה על פירוש רבינו שלמה שפי' דרביעית בכל מקום היינו רובע הקב כי לפי זה החשבון הוא רביעית הלוג פר"ת רום המקוה ע"ב אצבעות השלך רביעית ישאר כ"ד קח מכל עשרים אחד יעלה אצבעים ואצבע וחומש וכן תקח ברוחב אחד מי"ב וכן באורך הרי אצבעים על אצבעים ברום אצבעים וחצי אצבע וחומש אצבע וכן תעשה במים ויעלה רביעית (ג) רביעית הגמלא השלך החוצה ומן הנותרים קח אחד מעשרים ופעמים יוסר חלק אחד מכ"ד והם ג' אצבעות חלק על חומשין והם שלשה עשר חומשין וחצי והם אצבעים וחצי וחומש רביעית והם י"ח אצבעים והשלך הרביעי ישארו י"ג אצבעות וחצי ומזל החמישית (ג) מהר"י. קחה רובע וככה תשלך וחלק החמישי קח ולך או השלך עשירית המים ישארו ל"ו יעלה ב' סאין לכל טפח ולג' אצבעות סאה וחצי השלך מג' אצבעות העשירית כאשר השלכנו מן המים(ד). ולפי תלמוד שלנו החשבון מכוון אבל על גירסא ירושלמי דקאמר אצבעים על אצבעים ברום אצבע ומחצה ושליש אצבע וכן עשה הפייט ועל גובה חסר שתות מאצבעים והכל א' קשה כי לפי שיעור המקוה אינו מכוון וי"ל דבירושלמי איירי באצבעות צפוריות והכא במדבריות ואצבעים וחצי וחומש הם י"א שתותים וחומש שתות באו לירושלים נכנס הכל בי"ג שתותים וחצי באו לצפורי נכנס הכל בי"א שתותים ורביע שתות שהם אצבעים חסר שתות ונשאר רביע שתות בתלמוד שלנו כן צריך למעט מרובע כי בתלמוד שלנו מיירי בעגולות כמו שיסד *הפייט הכום סובב אצבעים משמע עגול ואצבעים על אצבעים עגולות [אצבע] וחצי דמרובע יתר על העיגול רביע וחומש מרובעות מדבריות נכנסות באצבעים על אצבעים עגולות צפוריות ויש בעגולות יותר ד' שתותי שתות שהוא אחד מתשעה הסר ממט רביע שתות הנשאר

עין משפט נר מצוה

נט א ב מיי' פ"ז מהל' מצה הלכה ג סמג עשין מא טוש"ע א"ח סי' תעב סעיף א:

ס ג מיי' פ"ו מהל' י"ט הל' יז סמג לאוין עה טוש"ע א"ח סימן תקכ"ט ס"ב:

סא ד מיי' פי"א מהל' איסורי ביאה הלכה טז ופ"א מהל' מקוואות הל' יב סמג לאוין קיא ועשין רמח טור ש"ע י"ד סי' קצח ס"א:

סוכה כתי' ע"ש דליתא רבי עקיבא

סב ה מיי' פי"א מהל' אסו"ב שם ופ"ד מהל' מקוואות הלכה א סמג שם טוש"ע י"ד סי' רא סעיף א:

רבינו חננאל

מחלק לתינוקות קליות ואגוזים כדי שישאלו וכן היה רבי טרפון עושה: **תניא** רבי אליעזר הגדול אומר חוטפין מצה בלילי הפסח בשביל התינוקות שלא ישנו וישאלו אמרו על רבי עקיבא מימיו לא אמר הגיע זמן לעמוד מבית המדרש אלא לילי הפסח בשביל התינוקות שלא ישנו וערב יוה"כ כדי להאכיל בניו ובני ביתו: **ת"ר** חייב אדם לשמח ביתו ברגל רבי יהודה אומר שמחת אנשים ביין ושמחת הנשים בבבל בבגדי צבעונין ושבארץ ישראל בבגדי פשתן מגוהצין בזמן שבית המקדש קיים אין שמחה אלא בבשר ועכשיו אין שמחה אלא ביין שנאמר ויין ישמח לבב אנוש: **א"ר** חסדא רביעית של תורה אצבעים על אצבעים ברום [אצבעים] וחצי אצבע [וחומש אצבע] ובגודל כדתניא ורחץ במים את כל בשרו במים מי מקוה את כל בשרו מים שכל בשרו עולה

מסורת הש"ס

ס"א ר' טרפון

ס"א כדי שישאלו

[תוספתא יומא פ"ד]

ושמחת אתה וביתך במה משמחם רש"ש

[גי' הערוך קיסטא]

ס"א כברכרבתא

גליון הש"ס

גמרא אין שמחה אלא ביין. עי' ב"י א"ח סימן תקכ"ט ובש"ש פ"ב דביצה:

הגהות הב"ח

(א) גמרא חוטפין מצה בלילי פסחים בשביל תינוקות (שלא ישנו) הא"מ ונ"ב לפי גירסת הרשב"ם: (ב) [שם] [גירסא]: (ג) תוס' ד"ה רביעית וכו' וכן תעשה במים ויעלה רביעית הלוג כיצד רביעית הגמלא השלך החוצה ומן הנותרים קח אחד מעשרים ופעמים יוסר חלק: (ד) בא"ד כאשר השלכנו מן המים מהר"י ולפי תלמוד שלנו:

הגהות מהר"ב רנשבורג

[א] רשב"ם ד"ה קליות וכו' ר"א אומר תעלה וכו' ב"ב יש כאן מעות וכו' ע"ש בנדחק:

נמנום וערבוב בלשון הרשב"ם כי לשון הזה לא נמצא שם בכל המשניות באותו הפרק וצ"ע להגיהו

עין משפט נר מצוה

סג א טור א"ח סימן תעב ובש"ע סימן תפא סעי' ב בהגה"ה:

מסורת הש"ס

אמה על אמה ברום שלש אמות ושיערו חכמים שיעור מי מקוה ארבעים סאה אמר רב אשי אמר לי רבין בר חיננא שלחן של מקדש של פרקים הוה דאי ס"ד הדוקי הוה מיהדק אמתא באמתא היכי מטבליה מאי קושיא דילמא בים שעשה שלמה הוה מטביל ליה *דתני ר' חייא ים שעשה שלמה מחזיק מאה וחמשים מקוה טהרה: ולא יפחתו לו מארבעה: היכי מתקני רבנן מידי דאתי בה לידי סכנה והתניא לא יאכל אדם תרי ולא ישתה תרי ולא יקנח תרי ולא יעשה צרכיו תרי אמר רב נחמן אמר קרא *ליל שמורים ליל המשומר ובא מן המזיקין רבא אמר כוס של ברכה מצטרף לטובה ואינו מצטרף לרעה רבינא אמר ארבעה כסי תקינו רבנן דרך חירות כל חד וחד מצוה

תורה אור — שמות יב

אמה על אמה ברום שלש אמות. מחזיקין ארבעים סאה חלקהו תחלה טלו ברומו שלש אמות יש בהן שמונה עשר טפחים חלקם לי"ח חלקים ותמלא לכל חלק וחלק טפח וחצי אצבע ומחזיק אחד מי"ח במ' סאה כמה הן ב' סאין וחצי סאה טפח וחצי אצבע כמה חומשי אצבעות הן עשרים ושנים וחצי חומש(א) הטפח כ' חומשים וחצי אצבע ב' חומשין וחצי חלוק כ"ב חומשים וחצי לחמשה חלקים תמלא בכל חלק ד' חומשין וחצי חלוק ב' סאין וחצי סאה לחמשה חלקים תמלא בכל חלק חצי סאה נמצא דלארבע חומשין וחצי חומש מחזיק חצי סאה ועוד ד' חומשין וחצי חומש מחזיק חצי סאה [ועוד ד' חומשין וחצי חומש מחזיק חצי סאה] נמצא כל אמה על אמה ברום י"ג חומשין וחצי חומש מחזיק סאה וחצי סאה חשוב סאה וחצי סאה ללוגין תמצא ל"ו לוגין כיצד סאה וחצי סאה תשעה קבין ששה קבים לסאה והקב ד' לוגין הרי ל"ו לוגין בכלי של אמה על אמה ברום י"ג חומשים וחצי חומש חלוק הכלי לאורך ורוחב לטפחים תמצא האמה על אמה ל"ו טפחים בטפח על טפח שהאמה ו' טפחים וכשתחלקנו לאורכו ברצועות שכן רחבות טפח תמצא בו ו' רצועות כל אחת ואחת רחבה טפח וארכה ששה טפחים ואח"כ חלק כל רצועה לארכה לששה תמצא בה ששה פעמים טפח על טפח וכן לששה רצועות הרי ל"ו טפחים על טפח ומחזיק לוג נמצא כלי שהוא טפח על טפח ברום י"ג חומשים וחצי חומש מחזיק לוג וטפח ארבע אצבעות חלוק לארבע אצבעות על ד' אצבעות שתי וערב לד' נמצא כל רביעית לוג נמצא כל לאצבעים על אצבעים ברום י"ג חומשים וחצי חומש מחזיק רביעית הלוג חשוב י"ג חומשים וחצי ותמצא בהן אצבעים וחצי אצבע וחומש אצבע: **של פרקים הוה.** שיכולין לפרק רחבו לשנים: **דאי סלקא דעתך הדוקי מיהדק.** שאין יכולין לפרוק רחבו: **היכי מצי מטביל ליה.** הואיל ורחבו אמה בכלי שהוא אמה על אמה: **תרי.** זוגות: **ולא יעשה אדם צרכיו.** תשמיש: **כוס של ברכה סמנן.** שהוא (רביעי): **לרעה אין מצטרף.** אבל בעלמא מצטרף כגון אם שתה שני כוסות והוא שלישי ולרעה אין מצטרף כגון אם שתה שלש והוא רביעי:

מטה

הגשר בגובה שהוא אחד מכ"ד יתר שיעור הירושלמי יתר בדבר מועט ולחומרא לא דק ועוד מפרש דבירושלמי איירי בעגולות שיכול לרבע אצבעים על אצבעים מתוכם דהוי תילתא טפי כדאמר ריבועא מגו עיגולא פלגא פירוש פלגא של ריבוע הפנימי וכשתסיר שליש מגובה שהם י"ג חומשין וחצי ישארו ט' חומשין שהם אצבעים חסר חומש והתם נקט חסר שתות נקט כפי הירושלמי והירושלמי לא דק לחומרא והא דיהיב הפיוט (שם) לריבוע כוס ישועות לא שהוא מרובע אלא קאמר שאותו רביעית מוכן לד' כוסות של פסח שניקנו כנגד גאולה וישועה:

אמה על אמה. אדם מחזיק עם בגדיו אמה באמה כדאמרי' בעירובין* מקומו של אדם אמה ובשמעתא דסוכה (ב"ב דף קא:) משמע דסוך מחזיק אמה עם דופני הארון אלמא גוף האדם אין מחזיק אמה ובמקוה דבעינן אמה כדי שיכנס ברווח עם זרועותיו דאין נדבקין לגופו*: **ברום** שלש אמות. ואע"ג דקומת אדם שלש אמות בלא הראש ולכך מצריך בכוכין ארבע אמות בשביל הראש ועובי הדפין במקוה סגי בשלש אמות דכשטובל עולין המים למעלה ומיירי כשהכלי גבוה משלש אמות דאם לא כן כשיכנס יפלו המים למטה ויחסר השיעור ובתרגום (שני פ"ס) דמגילה דחשיב שלש אמות לכל א' קטוני ראש היא': **אמתא** באמתא היכי יטביל. *וא"ת אפילו אי אמתא באמתא יתיב תיקשי ליה היאך יכול להטביל השלחן שאמתים ארכו ואמה וחצי קומתו דהוי אמה על אמה וי"ל שעם הרגלים היתה קומתו אמה וחצי והרגלים לא היו מחוברין עם השלחן וכן פירש רש"י בפרשת תרומה: **בים** שעשה שלמה. ובירושלמי פריך והלא שאובין הן ואע"ג דכלי שמחזיק מ' סאה בלח שהן כורים ביבש אינו מקבל טומאה דאין מיטלטל מלא וריקן לענין שאיבה כלי הוא כדאמר בפ"ב דבר (שבת דף מז:) גבי המניח כלים תחת הצינור כו' ועוד יש שעשה שלמה היה של נחושת ומקבל טומאה אע"ג דאין מיטלטל מלא וריקן דדוקא כלי עץ איתקש לשק ומשני תיפתר בשהיו רגלי השוורים שהיה עומד עליו נקובים כמוליא רמון והיו מחוברין למעיין שתחתיהן והא דנקט כמוליא רמון היינו לבטל השוורים מתורת כלי שלא יקבל טומאה אבל להכשיר המים שבים סגי כשפופרת הנוד כדתנן בפ"ו דמקוואות (משנה ה) ומטבילין בשידה תיבה ומגדל שהן נקובין כשפופרת הנוד ומורי הר"ר יחיאל פי' דצריך כאן כמוליא רמון לפי שהשוורים מפסיקין בין הים למעיין והוה ליה כהורק מכלי אל כלי כיון דמרחקי טובא וצריך שיהא שם מים בשפע והביא ראיה מתוספתא: *ארבעה כוסות. ירושלמי תמן תנינן *אין מבשלים יין של תרומה מפני שהוא ממעיטו ר' יהודה מתיר מפני שמשביחו א"ר יוחנן מיחלפא שיטתיה דרבי יהודה פי' דקתני תורמין יין שאינו מבושל על המבושל אבל לא מן המבושל על שאינו מבושל ולכך מחליף ותני אין מבשלין יין של תרומה מפני שממעיטו דברי רבי יהודה וחכמים מתירין מפני שמשביחו ורבי אלעזר פליג עליה התם ולא מחליף והלכה כרבי יוחנן וכרבנן ואם כן יוצאין ארבע כוסות במבושל ומקדשין עליו ומברכין עליו בפה"ג:

רבא אמר כוס של ברכה אין מצטרף לרעה. אע"ג דרבא גופיה קאמר לקמן ושמרך לרעה לא מצטרף וד' אין בהם משום זוגות תירץ רשב"ם דהיינו דוקא ממזיקין אבל לכשפים איכא למיחש:

עשרה

רשב"ם

דהיינו אמה על אמה ברום שלש אמות. צריך שיהא הכלי מלא מים שיטבול בו האדם ושיערו חכמים דהיינו ארבעים סאה ומינה ילפינן לרביעית של תורה כיצד חלקהו מתחלה טלו לרומו רומו של מקוה שלש אמות דהיינו שמונה עשר טפחים וחלקם לשמונה עשר חלקים ותמלא בכל חלק וחלק טפח וחצי אצבע גובה ברוחב אמה על אמה ומחזיק אחד משמונה עשר בארבעים סאה דהיינו שני סאין וחצי סאה טפח וחצי אצבע כמה חומשי אצבעות הן עשרים ושנים וחצי חומש מד' אצבעות עשרים חומשין ומחצי אצבע ב' חומשין וחצי חלקם להני כ"ב חומשין וחצי לחמשה חלקים ותמלא בכל חלק וחלק ארבעה חומשין וחצי השלך מהן שני חלקים שהן תשעה חומשין ועכב בידך שלשה חלקים שהן שלשה עשר חומשין וחצי של רום הכלי דהיינו רום אצבעים וחצי אצבע וחומש אצבע וכאשר מיעטת רום הכלי שני חלקים מחמשה ונשארו שלשה חלקים כן תמעיט את המשקין שנשארו בידיך מארבעים סאה שני סאין וחצי דהיינו חמשה חצאין השלך השני חלקים ועכב השלשה חלקים שהן סאה וחצי נמצא כלי של אמה מרובע ברום (ב) [א]אצבע וחצי אצבע וחומש אצבע מחזיק סאה וחצי חלקהו לרחבו אמה על אמה יש בו ששה ושלשים חתיכות של טפח על טפח והסאה וחצי יש להם שלשים וששה לוגין נמצא כלי של טפח על טפח ברום אצבעים וחצי אצבע וחומש מחזיק לוג דהיינו ארבע רביעיות חלקהו לרחבו שתי וערב ותמצא בו ארבע פעמים אצבעים על אצבעים כנגד ארבע רביעיות נמצא כלי של אצבעים על אצבעים ברום אצבעים וחצי אצבע וחומש אצבע מחזיק רביעית דהיינו ביצה ומחצה לשון קצר ששמע רבינו מרבי יעקב בר יקר רבו זצ"ל איפה שלש סאין סאה ששה קבין קב ארבע לוגין לוג ששה ביצים דהיינו ארבע רביעיות פירושא דקבא לא גרסינן כלל עד אמר רב אשי ופירוש הוא מהלכות גדולות של רב יהודאי אמה על אמה יש בה שלשים וששה טפחים בטפח על טפח שהאמה ו' טפחים וכשתחלקנו לאורכו ברצועות שכן רחבות [טפח] תמצא בו ו' [רצועות] כל אחת ואחת רחבה טפח וארכה ו' טפחים ואח"כ חלק כל רצועה לארכה לששה תמצא בה ששה פעמים טפח על טפח וכן לששה רצועות הרי ל"ו טפחים: **שולחן של מקדש.** שולחן של זהב שעשה משה וכתיב ביה (שמות כה) אמתים ארכו ואמה רחבו ואמה וחצי קומתו: **של פרקים הוה.** שיכולין לפרק רוחבו לשנים וכן רגלי השלחן אינן מחוברין יפה ויכולין לפרקן: **דאי ס"ד סדוקי מיהדק.** שאין יכולין לפרק רחבו: **היכי מצי מטביל ליה.** הואיל ורחבו אמה בכלי שהוא אמה על אמה דמקוה היה שם בעזרה כדאי' בסדר יומא (ד' לא.) א"נ באמת המים שבעזרה שבה מטבילין כלי שרת שנטמאו והיתה רחבה אמה ועל שם כך נקראת אמה כדתנן (יומא דף נח:) אלו ואלו מתערבין באמה ולשון ראשון לשון רבינו יעקב מדאמר רב אשי למלתיה גבי מקוה: השלחן מקבל טומאה כדאמרינן בחומר בקודש (חגיגה ד' כו:) דאמר ר"ל מאי דכתיב השלחן הטהור מכלל שהוא טמא: **מסוק מלא ומפסיק מקום מסרה.** [illegible] **מי מקוה.** [illegible] **פרי.** זוגות [illegible] **רבא אמר כוס של ברכה.** [illegible]

רבינו חננאל

בכן וכמה הן אמה על אמה ברום שלש שיערו חכמי' מי מקוה ארבעים סאה פי' רביעית של תורה ביצה ומחצה כי הלוג הוא ששה ביצים רביעית היא ביצה ומחצה ותנן לוג וחצי לוג ורביעית אלמא רביעית רביע לוג הוא הין הוא שנים עשר לוג שנאמר שמן משחת קדש יהיה זה לי וזה בגימט' י"ב (הוא) נמצא שיעור ההין י"ב לוג והן מ"ח רביעיות שהן ע"ב ביצים ושיעור הקב ארבעת לוגין שהן ט"ז רביעיות כדתנן הלל אומר מלא הין מים שאובין פוסלין את המקוה וכמה שיעור ההין שנים עשר לוג ב"ש אומר תשעת קבין שהן ל"ו לוג אלמא קב ארבעת לוגין היא שיעור הסאה ששת קבין שהן שני הינין שהן כ"ד לוג שהן צ"ו רביעיות שהן קמ"ד ביצים איפה שלשת סאין שהן י"ח קבין שהן (ו') [ו"ו] הינין שהן (ר"ע) [ע"ב] לוגין שהן רפ"ח רביעיות שהן תל"ב ביצים שיעור חלה (מעשירית) [הוא עשירית] האיפה (ושמר) *וזה הוא מ"ג ביצים וחומש ביצה וכן שיעור חלת מצה בפסח: רביעית של תורה אצבעים על אצבעים ברום אצבעים וחצי אצבע [וחומש אצבע] ובגודל שהן בתבריתא י"א אצבעות חסר חומש אצבע באצבע רוחב ובאצבע רום. מי מקוה אמה על אמה ברום שלש שיעורם חכמים ארבעים סאה וכל סאה ששת קבין וכל קב ארבע לוגין [illegible]

[illegible]

עירובין יד:

[דף מח:] עי' סוכה ז:

[ר"ס יח:]

[וע"ע תוספות יומא לא: ד"ה אמה]

[וע"ע תוספות שבת לב: ד"ה לשתכת ובעירובין יד: ד"ה גופו וחגיגה כו: ד"ה כרום וביומא לא: ד"ה אמה ובכ"ב ק: ד"ה וכמוכין]

[שאילתות כ"ל]

הגהות הב"ח

(א) רש"י ד"ה אמה וכו' וחצי חומש כ' הטפח כו': (ב) רשב"ם ד"ה דהיינו וכו' נמצא כלי של אמה מרובע ברום אצבעים וחצי:

גליון הש"ס

תוס' ד"ה אמתא וכו' וא"ת אפילו אי אמתא. עיין בספר [illegible] שלום על [illegible] תרומה [illegible]

הגהות מהר"ב רנשבורג

[א] רשב"ם ד"ה דהיינו וכו' ברום אצבע וחצי אצבע. נ"ב אצבעים:

§ מסכת פסחים דף קט: §

אות א'* [א]

לא יאכל אדם תרי, ולא ישתה תרי, ולא יקנח תרי, ולא יעשה צרכיו תרי

טור או"ח סימן קע - גרסינן בפרק ערבי פסחים: לא יאכל אדם תרין, ולא ישתה תרין. פירוש, לא יאכל ולא ישתה זוגות, משום סכנה - «כלומר שבאותו זמן האוכל זוגות או שותה זוגות היה בא לידי סכנה, ומיהו כתבו התוספות בפרק כל הבשר, והאידנא לא קפדינן בהכי, לפי שאין סכנה מצויה לבוא בזמן הזה ע"י כך. **ולכן** לא ידעתי למה כתבו רבינו, ואם היה דעתו לחלוק ולומר דגם בזמן הזה יש ליזהר בכך, היה לו לכתוב כל החילוקים שנאמרו בגמרא בענין זה - ב"י».

אות א'

ליל המשומר ובא מן המזיקין

טור או"ח סימן תפז - כתב בעל העיטור על שם רבינו נסים, שכשחל בשבת, אין אומר ברכה מעין שבעה, שנתקנה בשביל המאחרים בבה"כ שלא יזיקום המזיקים, והאידנא אין צריך דליל שמורים הוא.

[ב]**סימן תפז ס"א - [ג]ואין אומרים ברכת מעין שבע** - דלא נתקנה אלא מפני המזיקין, ובפסח הוא ליל שמורים, **ואומרים** "ויכולו" בקול רם, וקדיש שלם אחריו.

סימן תפא ס"ב - ונוהגים שלא לקרות על מטתו רק פרשת שמע, ולא שאר דברים שקורין בשאר לילות כדי להגן, כי ליל שמורים הוא מן המזיקין - וצריך לברך ברכת "המפיל", **ואם** קרא ק"ש בבהכ"נ קודם הלילה, צריך לקרות כל הק"ש כדי לצאת.

אות א'** [ד]

ארבעה כסי תקינו רבנן דרך חירות, כל חד וחד מצוה באפי נפשה הוא

סימן תעד ס"א - שותה כוס שני [ה]ואין מברך עליו, לא ברכה ראשונה ולא ברכה אחרונה - ואע"ג דד' כוסות שתקנו רבנן כל אחד מצוה בפני עצמה היא, [כנגד ד' לשונות של גאולה], **מ"מ** כיון דליכא היסח הדעת משתיה, שהרי כשבירך על כוס א' היה יודע שישתה עוד כוס, הלכך לא בעי לברוכי על כל כסא וכסא.

שאין מברכין "בורא פרי הגפן" כי אם על כוס של קידוש, ועל כוס של ברכת המזון - והכוס רביעי נפטר בברכה של כוס שלישי.

[ו]**ואין מברכין "על הגפן" כי אם אחר כוס רביעי** - ואע"ג שבהמ"ז הוא גמר וסילוק, וחשיב כהפסק גמור לענין ברכה ראשונה של כוס ג', מ"מ לענין ברכה אחרונה לא מפסיד מידי, שאין היסח הדעת מחייב לברך תיכף ברכה אחרונה, ויכול להמתין עד שישתה כל הכוסות, ואז יפטר בברכה אחרונה כל הד' כוסות ביחד.

הגה: [ז]והמנהג בין האשכנזים לברך ברכה ראשונה על כל כוס וכוס - דמשהתחיל בהגדה אסור לשתות, ולהכי הוי הפסק לאצרוכי ברכה בכוס שני, [הגר"א]. **ואפילו** נימא דזה אינו מפסיק לענין ברכה, מ"מ כיון דכל חדא וחדא הוי מצוה בפני עצמו, יש לברך על כל כוס ברכה בפני עצמו, [מ"א, והט"ז כתב טעם על זה, והוא ג"כ כעין זה]. «וכן מובא טעם זה גם בהגר"א, עיין למטה».

אבל ברכה אחרונה אין מברכין רק אחר האחרון לבד - דאין היסח הדעת קובע ברכה לאחריו וכנ"ל, **וכן דעת רוב הגאונים.**

באר הגולה

א «ע"פ מהדורת נהרדעא» ב «ע"פ הבאר הגולה» ג **טור בשם בעל העיטור על שם רבינו נסים ושאר פוסקים** ד «ע"פ הגר"א» ה **טור בשם אביו הרא"ש ורב כהן צדק, וכתב הרא"ש שכן נהגו** «כמ"ש שם ק"ג ב', מר זוטרא בריך כו' - גר"א» ו **שם בשם רב שרירא ורב האי והרא"ש והר"י** ז «כדעת הרי"ף, ולמד ממש"כ שם ק"ט: ארבעה כסי כו', ויש לו דין נמלך לענין זוגות, וה"ה לענין ברכה. **והביא** ראיה ממש"כ בחולין פ"ו: מ"ש מתלמידי דרב כו' הכי השתא כו', וה"נ דלא אפשר למקרי ומשתי בהדדי. **והרז"ה** דחה ראייתו, דוקא בדבר שהוא סילוק אמרינן כן, כמו בהמ"ז וכיסוי הדם, וראיה ממש"כ ק"ב. חברים שהיו כו', ועיין תוס' שם ד"ה ועקרו ובחולין שם בתוס', **ועוד** שאם רצה לשתות שותה, כמ"ש בין הכוסות כו'. **ובמלחמות** ור"ן ישבו דבריו, דמשהתחיל ההגדה או אשר גאלנו, אסור לשתות, ועיין תוס' ק"ג: ד"ה רב כו', **וס"ל** דאפילו אינו דבר של סילוק מפסיק, רק דבר הקבוע חובה, או קודם התחלת הדבר, כמו טול ברוך וסח בין תפלה כו', **אבל** אחר התחלה ובדבר הרשות אינה הפסק, כמ"ש בהלל ובמגילה פוסק, ולכן אין ראיה מחברים כו', **ומה** שאין מברך בפה"א על המרור, כדעת ר"י שברכת המוציא פוטרתו - גר"א»

§ מסכת פסחים דף קי. §

אות א'* [א]

עשרה כוסות תיקנו חכמים בבית האבל

רמב"ם פי"ג מהל' אבל ה"ח - אין שותין בבית האבל יתר על [ב]עשרה כוסות לכל אחד ואחד, ג' קודם אכילה, וג' בתוך אכילה, וד' לאחר אכילה, ולא יוסיף שמא ישתכר.

אות ב'* [ג]

שהמלך פורץ גדר לעשות לו דרך ואין מוחין בידו

רמב"ם פ"ה מהל' מלכים ה"ג - ופורץ לעשות לו דרך ואין ממחין בידו, ודרך המלך אין לה שיעור, אלא כפי מה שהוא צריך, אינו מעקם הדרכים מפני כרמו של זה או מפני שדהו של זה, אלא הולך בשוה ועושה מלחמתו.

באר הגולה

א ‹ע"פ מהדורת נהרדעא› ב ‹אבל לא נהגו כן, ואף רבינו לא כתבה דרך חיוב אלא דרך שלילה – כסף משנה› ג ‹ע"פ מהדורת נהרדעא›

מצוה באנפי נפשה היא . ואין מצטרפין זה לזה : אמאי נמלך הוא . ולא מצטרפין לזוגות : הכי קאמר לא יאכל תרי ויעשה צרכיו אפילו פעם אחת או אם שתה לא ישמש : דילמא חליש . מחמת תשמיש ואידי דבזוגות קאי מיתרע : שלא ראה פני השוק . בין כוס לכוס : ולא אמרן . דמרעי ליה זוגות אלא לצאת לדרך אחר הזוגות אבל לעמוד בביתו לית לן בה : מני כשורי . כששותה כוס זה מסתכל בקורה זו וכשהוא שותה שני מסתכל בשאלה ולפי חשבון הקורות מזהר בזוגות : כי הוה שתי חד כסא מנקטא תרי כסי . דהוו להו תלתא : אדם חשוב שאני . דמסרי שדים נפשייהו לאזוקי : עשרה כוסות דבית האבל . מפרש טעמא בכתובות בפ"ק (דף ח:) : שלום . תיבה שביעית לישא ה' פניו אליך וגו': לטובה מצטרף (א) . אם שתה שבעה וחזר ושתה את השמיני אין שמיני מצטרף עמהן : אפקינהו לרבנן בארבעה . פעמים הרבה כשהיו נפטרים ממנו היה משקן ויש פעמים שלא היה משקן אלא ד' פעמים ונפטרין : דאותבן בפרקא הוה . שהיה רגיל להקשות בשעת הדרשה : לא אמקרי מזיק . ולא חיישינן לזוגות : בתרי . כסי קטלינא ליה משום זוגות : איקרי ונפיק . בזוגות מאי תקנתיה : זקפא . אגודל : ואי שמע קלא . ואפילו קול אדם או אשה דאמר ארבעה נימא איהו חמשה : רישתינהי דנשים כשפניות . השולטות עליהם אמרה לי דבר זה : חרי חמימי בדיקולי בזייא . צואה חמה בסלים נקובים וקרועים לפומייכו : נשי חרשייפא . יזדמנו לפיכם נשים כשפניות : קרח קרחייכי . יהי רצון שימרטו אותן שערות שלכם שאתן מכשפות בהן : פרח פרחייכי . ישא הרוח אותן פירורי לחם שאתן מכשפות בהן :

איבדור

[ס"א ויעשה צרכיו ולא ישתה תרי ויעשה צרכיו] [ברכות יט. וש"נ] [כתובות ח:]

מצוה באפי נפשה הוא לא יעשה צרכיו תרי אמאי נמלך הוא אמר אביי הכי קאמר לא יאכל תרי *ויעשה צרכיו ולא ישתה תרי ולא יעשה צרכיו אפילו פעם אחת דילמא חליש ומיתרע ת"ר שותה כפלים דמו בראשו אמר רב יהודה אימתי בזמן שלא ראה פני השוק אבל ראה פני השוק הרשות בידו אמר רב אשי חזינא ליה לרב חנניא בר ביבי דאכל כסא הוה נפיק וחזי אפי שוקא ולא אמרן אלא לצאת לדרך אבל בביתו לא אמר ר' זירא ולישן כלצאת לדרך דמי אמר רב פפא ולצאת לבית הכסא כלצאת לדרך דמי ובביתו לא והא רבא מני כשורי ואביי כי שתי חד כסא מנקיט ליה אימיה תרי כסי בתרי ידיה ורב נחמן בר יצחק כי הוה שתי תרי כסי מנקיט ליה שמעיה חד כסא חד כסא מנקיט ליה תרי כסי בתרי ידיה *אדם חשוב שאני אמר עולא עשרה כוסות אין בהם משום זוגות עולא לטעמיה דאמר עולא ואמרי לה במתניתא תנא *עשרה כוסות תיקנו חכמים בבית האבל ואי ס"ד עשרה כוסות יש בהן משום זוגות היכי קיימי רבנן ותקנו מילתא דאתי לידי סכנה אבל תמניא יש בהן משום זוגות רב חסדא ורבה בר רב הונא דאמרי תרווייהו שלום לטובה מצטרף לרעה לא מצטרף אבל שיתא יש בהן משום זוגות רבה ורב יוסף דאמרי תרווייהו ויחנך לטובה מצטרף לרעה לא מצטרף אבל ארבעה יש בהן משום זוגות אביי ורבא דאמרי תרווייהו וישמרך לטובה מצטרף לרעה לא מצטרף ואזדא רבא לטעמיה דרבא אפקינהו לרבנן בארבעה כוסות אע"ג דאיתזק רבא בר ליואי לא חש לה למילתא דאמר ההוא משום דאותבן בפירקא הוה אמר רב יוסף אמר לי יוסף שידא אשמדאי מלכא דשידי ממונה הוא אכולהו זוגי ומלכא לא איקרי מזיק איכא דאמרי לה להאי גיסא אדרבה מלכא [רתחנא הוא] מאי דבעי עביד *שהמלך פורץ גדר לעשות לו דרך ואין מוחין בידו אמר רב פפא אמר לי יוסף שידא בתרי קטלינן בארבעה לא קטלינן בארבעה מזקינן בתרי בין בשוגג בין במזיד בארבעה במזיד אין בשוגג לא ואי אישתלי ואיקרי ונפק מאי תקנתיה לינקוט זקפא דידיה דימיניה בידא דשמאליה וזקפא דשמאליה בידא דימיניה ונימא הכי אתון ואנא הא תלתא ואי שמיע ליה דאמר אתון ואנא הא ארבעה נימא ליה אתון ואנא הא חמשה ואי שמיע ליה דאמר אתון ואנא הא שיתא נימא ליה אתון ואנא הא שבעה הוה עובדא עד מאה וחד ופקע שידא אמר אמימר אמרה לי רישתינהי דנשים כשפניות האי מאן דפגע בהו בנשים כשפניות נימא הכי חרי חמימי בדיקולא בזייא לפומייכו נשי דחרשייא קרח קרחייכי פרח פרחייכי

איבדור

עשרה אין בהם משום זוגות . ולית ליה דרבא דאמר לעיל כוס של ברכה אין מצטרף לרעה דבאותן עשרה כוסות איכא ברכת המזון : **ומלכא** לא מקרי מזיק . והא דתניא לא יאכל תרי היינו משום כשפים ורשב"ם פירש דפעמים מזיק : (שייך לקמן דף קיא ע"א) : **האי** מאן דפגע באיתתא כו' . והא דאמר כמי שמתו (ברכות דף כ.) ר' יוחנן הוה קאזיל ויתיב אשערי טבילה כי היכי דילדן זרעא כוותיה הכא דפגע בעת שעולה מן המים ור' יוחנן אשערי טבילה יתיב אי נמי התם יתיב הכא פגע אי נמי רבי יוחנן היה אומר שופך בוז על וגו' :

נפתח

רבינו חננאל

נשארו ג' כוסות . רבינא אמר כל חדא וחדא מצוה בפני עצמה היא ואינן מצטרפין זה עם זה. השותה [שני]כוסות דמו בראשו ואם ראה פני השוק *או ישן או יצא לבית הכסא אינו חושש . עשרה (ותנות) כוסות אין בהן משום זוגות מדתקינינהו רבנן בבית האבל . וישמרך שהוא סוף ג' תיבות ויחנך שהוא סוף חמשה שלום שהיא תיבת שביעית הני כלהו לא מצטרפי לרעה כלומר כום הג' אינו מצטרף עם הד' ולא הה' עם הו' ולא הז' עם הח' . רבה בר לואי דאיתזק משום דאותביה לרבא בפרקא . אמר יוסף שידא אתרי קטלינן בין בשוגג בין במזיד ד' במזיד מזיקין

*) נראה דהיה לרבינו ג"י אחרת בגמרא דאם ישן או יוצא לבית הכסא אינו חושש משום זוגות וצ"ע :

הגהות הב"ח

(א) רש"י ד"ה לטובה מצטרף לרעה לא מצטרף אם שתה כו' :

רשב"ם

[סנהדרין כ: ב"ק ס: כ"ק: יבמות טו:]

מצוה באנפי נפשיה היא . ואין מצטרפין זה לזה : נמלך הוא . דתשמיש ראשון גמרה ביאתו ובטל תאותו : הכי קאמר לא יאכל תרי . ויעשה צרכיו אפי' פעם אחת כלומר אדם שאכל זוגות יזהר בעצמו שלא ישמש מטתו אחרי כן עד זמן מרובה דילמא חליש מחמת תשמיש ואידי דבזוגות קאי מיתרע מזליה : כפלים . כמו זוגות : דמו בראשו . עון מיתתו על ראשו מוטל שהוא ממית עצמו : בזמן שלא ראה פני השוק . בין כוס לכוס : ולא אמרן . דמרעי ליה זוגות אלא לצאת לדרך אבל לעמוד בביתו לית לן בה : מני כשורי . כששותה כוס זה מסתכל בקורה זו וכששותה שני מסתכל בשאלה ולפי חשבון הקורות יזהר בזוגות ובכל פעם ופעם עושה כן אע"פ שאינו יוצא לדרך : אביי כי הוה שתי חד כסא מנקטא ליה אימיה תרי כסי . דהוי להו תלתא ולכך מזמנים אותם ביחד שלא יבוא הדבר לידי שכחה ויעמוד בזוגות : אביי עיברתו אמו מת אביו ילדתו אמו מתה אמו והא דאמר אביי אמרה לי אם היא מרבינתיה הואי בקדושין (ד' לא:) : אדם חשוב שאני . דמסרי שדים נפשייהו לאזוקי : וכל שכן טפי : עשרה כוסות אין בהן משום זוגות . עשרה כוסות תיקנו בבית האבל . בפרק קמא דכתובות מפרש טעמא : שלום . תיבה שביעית היא דכתיב ישא ה' וגו' לטובה מצטרף אם שתה ששה ושתה השביעי מצטרף לבטל הזוגות : אבל לא לרעה . שאם ישתה כוס שמיני אחריו אין שמיני מצטרף על השביעי להזיק וסברא הוא כיון שבירכן בשלום שהוא תיבה שביעית אין שום היזק בעולם : רבה ורב יוסף . כמו שהיו הדורות זו אחר זו היו מקילין בזוגות והולכין ופוחתין : רבא אפקינהו בארבעה . פעמים הרבה כשהיו נפטרין ממנו היה משקן ופעמים שלא היה משקן אלא ארבעה כוסות ונפטרין ואף על גב דתריץ *רבה לעיל כוס של ברכה כו' אלמא סבירא ליה דארבע יש בהן משום זוגות אי לאו משום כוס של ברכה איכא לתרולי דנהי דארבע להזיק ליכא למיחש לכשפים מיהא איכא למיחש כדלקמן והלכך איצטריך רבא לתרולי לעיל הכי דלית להו לרבנן לתקוני מילתא דאתי בה לידי סכנה ואפילו סכנת כשפים : דאותבן בפירקא . שהקשה לי בשעת הדרשה וביישני ברבים שדרכו היה להקשות לו ברבים : לא איקרי מזיק . אין רגיל בכך דנגאי הוא לו ולא חיישינן לזוגות דמילתא דלא שכיחא היא ומיהו זימנין דניזוק והרוצה להחמיר ולעשות נטירותא יתירתא עביד : בתרי כסי קטלינן ליה . משום זוגות : איקרי ונפק . בזוגות מהו תקנתיה : זקפא . גודל : אי שמע . ואפילו קול אדם או קול אשה דאמר ד' נימא איהו חמשה שלא יעמוד בזוגות : עד מאה וחד . שהיה שד מונה זוגות והוא היה מוסיף אחת שלא לעמוד בזוגות : פקע שידא . מרוב צער : רישתינהי דנשים כשפניות . גבירתן של נשים כשפניות השולטת עליהן ומלמדתן אמרה לי דבר זה : חרי חמימי בדיקולי בזייא . צואה חמה בסלים קרועין ונקובין : לפומייכו חרשייפא . לפיכם נשים כשפניות : קרח קרחייכו . יהי רצון שימרטו אותן שערות שלכם שאתם מכשפין בהן : פרח פרחייכו . הרוח ישא אותם פירורי לחם שאתם מכשפות בו ונראה לי דהאי דכתיב בנשים כשפניות ביחזקאל (יג) הנני אל כסתותיכנה אשר אתנה מצודדות שם את הנפשות לפורחות אחד מכלי אומנות של כשוף :

[נ"ל רבה]

איבדור

איבדור תבלונייכי פרחא זיקא למוריקא חדתא דנקטיתו נשים כשפניות אדחנני ותנכבי לא אתיתי לגו השתא דאתיתי לגו קרחנני ותנכבי במערבא לא קפדי אזוגי רב דימי מנהרדעא קפיד אפילו ארושמא דחביתא הוה עובדא ופקע חביתא כללא דמילתא כל דקפיד קפדי בהדיה ודלא קפיד לא קפדי בהדיה ומיהו *למיחש מיבעי כי אתא רב דימי אמר שתי ביצים ושתי אגוזין שתי קישואין ודבר אחר הלכה למשה מסיני ומסתפקא להו לרבנן מאי ניהו דבר אחר וגזור רבנן בכולהו זוגי משום דבר אחר והא דאמרן עשרה תמניא שיתא ארבעה אין בהן משום זוגי לא אמרן אלא לענין מזיקין אבל לענין כשפים אפילו טובא נמי חיישינן כי הא דההוא גברא דגרשה לדביתהו (אזיל) אינסבה לחנואה כל יומא הוה אזיל ושתי חמרא הוה קא עבדא ליה כשפים ולא קא מהניא לה ביה משום דהוה מזדהר בנפשיה בזוגא יומא חד אשתי טובא ולא הוה ידע כמה שתי עד שיתסר הוה צייל ואיזדהר בנפשיה מכאן ואילך לא הוה צייל ולא איזדהר בנפשיה אפיקתיה בזוגא כי הוה אזיל גם ביה ההוא טייעא א"ל גברא קטילא הוא דאזיל הכא אזיל חבקיה לדיקלא *צווח דיקלא ופקע הוא אמר רב עוירא קערות וכברות אין בהם משום זוגות כללא דמילתא כל שגמרו בידי אדם אין בהן משום זוגות גמרו בידי שמים במילי מיני דמיכל חיישינן חנות אין בהן משום זוגות נמלך אין בהן משום זוגות אורח אין בו משום זוגות אשה אין בה משום זוגות ואי אשה חשובה חיישינן אמר רב חנינא בריה דרבי יהושע איספרגוס מצטרף לטובה ואין מצטרף לרעה אמר רבינא משמיה דרבא זוגי לחומרא ואמרי ליה זוגי לקולא אמר רב יוסף תרי דחמרא וחד דשיכרא לא מצטרף תרי דשיכרא וחד דחמרא מצטרף וסימניך *זה הכלל כל המחובר לו מן החמור ממנו טמא מן הקל ממנו טהור אמר רב נחמן אמר רב תרי קמא תכא וחד אתכא מצטרפי חד מקמי תכא ותרי אתכא לא מצטרפין מתקיף לה רב משרשיא אטו אנן לתקוני תכא קא בעינן לתקוני גברא בעינן וגברא קא מיתקן וקאי (אלא א"ר משרשיא) דכולי עלמא תרי אתכא וחד לבתר תכא לא מצטרפי כי ההיא מעשה דרבה בר נחמני אמר רב יהודה אמר שמואל כל המזוג מצטרף

חוץ

רשב"ם

איבדור תבלונייכי. יהו מפוזרין תבלין שלכם: פרחים זיקא למוריקא חדתא דנקטיתו. ישא הרוח אותו בושם חדש שאתן אוחזות בידכן לכסף בו: אדחנני ותנכבי לא אתיתי לגו. כל זמן שחסו עלי מן השמים ולא חסתן עלי לא באתי ביניכם: השתא דאתית לגו קרחנני ותנכבי. השתא שבאתי ביניכם יודע אני שנתקררו עלי רחמיכם וגם רחמי נתקררו שלא חסתי על עצמי: *ל"א גרס' חרי חמימי בדיקולי בזיא לולה רותחת בסלים קרועין יהא לפומייכו נשי חרשייתא אותן חרי יהא מזונות לפיכם כשפניות. בתשובות הגאונים: קפיד ארושמא דחביתא. כשמוכרים יין חוקקין פגימות בחבית למספר האיפות וקפיד עלייהו שלא יהיו בזוגות: כל דקפיד. יותר מדאי קפדי בהדיה השדים להזיקו ודלא קפיד כ"כ לא קפדי בהדיה להזיקו ומיהו למיחש מיבעי אפילו מאן דלא קפיד דלא קפדינן בהדיה דלאו חיימא דלא קפדי בהדיה כלל א"כ זוגות למה נזכרו בגמרא כך היה להם לחכמים לומר לא יזהר אדם בזוגות דלא לקפדו בהדיה: וד"א. עדיין יש פרי אחד שמקפידין בזוגותיו הלכה למשה מסיני דמזיקי: והא דאמרת לעיל עשרה אין בהן משום זוגות. ה"מ היכא דליכא נשים כשפניות: גם ביה. פגע בו לא הבין בו שהיה מסוכן: אזל חבקיה לדקלא. מתוך חולי ולאנה כסמך עליו: ה"ג לווח דיקלא ופקע בו והדקל יבש מכח הכשפים: קערות. אם אכל שתי קערות תבשיל: גמרו בידי שמים. חיישינן דההוא דבר אחר דגזרו בשבילו כל זוגות גמרו בידי שמים הוי פירות וכל דדמי ליה: חנות אין בה משום זוגות. אם שתה בשתי חנויות לא אמרי' כשני כוסות דמי לשון אחר ועיקר חנות השותה בו זוגות לא קפדי מזיקין עליה דלאו קביעותא היא וההוא עובדא דלעיל דההוא גברא דשתה בחנות כשפים שאני שעשתה לו גרושתו: אורח אין בו משום זוגות. דאינו יודע אם ישקוהו עוד הלכך אכל כסא הוה ליה כנמלך: אשה. שאינה חשובה כאורח דמיא דאינה קבועה לשתות: אספרגוס. בלשון פרסי קורין לכרוב אספרגוס וזהו ששנינו* הנודר מן הכרוב אסור באספרגוס ומשקין הוא שעושין מכרוב ומיין ורגילין היו לשתותו בכל בוקר לרפואה קודם אכילה והלכך מצטרף לטובה ולא לרעה דמידי דרפואה הוא: לטובה. אם שתה שנים ושתה זה שלישי מצטרף לאפוקי מזוגות: לרעה. אם שתה א' וזה שני לא יצטרף לראשון: זוגי לחומרא. אם אינו יודע אם שתה זוגות אם לאו ישתה ואם שתה זוגות הואיל ודעתו לצרפן מצטרפין לטובה ואם לא שתה זוגות כנמלך ואינו מצטרף לרעה: ואמרי לה זוגי לקולא. שלא ישתה דכיון דשתי גלי אדעתיה דקפיד אזוגות ואי מעיקרא לא בזוגות הוה קאי והשתא שתי מצטרפי להו בהדי הדדי הלכך לא ישתה דאפילו אי בזוגות הוה קאי דילמא כיון דלא קפיד לא קפדי בהדיה: כל המחובר לו. גבי טומאות קאי דתנן מפץ חמש על חמש מחללת ששה על ששה וה"ק אם יש מחללת חמשה ואינו מקבל טומאה וטפח ממפץ מחובר לו הואיל וחמור ממנו מצטרף לו ומקבל טומאה אבל אם יש מפץ ארבע וטפח מחללת מחובר לו הואיל וקל ממנו אין מצטרף לו הכא נמי הואיל ושתי תרי שיכרא והדר שתי חד חמרא מצטרף להם הואיל וחשוב יותר: ה"ג אמר רב נחמן תרי מקמי תכא וחד אתכא מצטרפין. חד מקמי תכא ותרי אתכא לא מצטרפי הואיל ושתי אתכא זוגות לא מהני ליה צירוף: ודכ"ע. אפי' לרב משרשיא תרי אתכא וחד בתר תכא לא מצטרפי משום מעשה דרבה בר נחמני דאצרכינהו לאהדורי תכא קמיה בב"מ בהשוכר את הפועלים* דאי חד דבתר תכא מצטרף לתרי דתכא לשקינהו כוס שלישי בתר תכא בלא אהדורי תכא: כל המזוג. אם שתה יין מזוג ואח"כ שתה משקה מזוג אחר המזוג מצטרף בין לרעה בין לטובה דכיון דתרווייהו מזוגין ניהו כמין אחד חשיבי ומצטרפי:

חוץ

איבדור תבלונייכי. יהו מפוזרים תבלין שלכם: פרחים זיקא למוריקא חדתא דנקטיתו. ישא הרוח אותו כבשום חדש שאתן אוחזות בידכן לכסף בו: אדחנני ותנכבי לא (א) אתי לגו. כל זמן שחסו עלי מן השמים ולא חסתי על עצמי ואתם חסתם על ביאתי לא באתי ביניכם: והשתא דאתיתי לגו קרחנני ותנכבי. הואיל ובאתי ביניכם יודע אני שנתקררו רחמיכן מעלי וגם רחמי נתקררו שלא חסתי על עצמי: קפיד ארושמא דחביתא. כשמוכרין יין חוקקין פגימות הרבה בחבית למספר האיפות וקפיד עלייהו רב דימי שלא יניחום בזוגות ויזיקו: וד"א. יש פרי אחד שמקפידין בזוגותיו: והא דאמרן לעיל עשרה תמניא כו' אין בהן משום זוגות. ה"מ היכא דליכא כשפים נשים כשפניות: גם ביה. פגע בו: ה"ג פקע הוא ולווח דקלא. יבש הדקל מכח כשפים: קערות. אם אכלה שתי קערות: חנות אין בה משום זוגות. אם שתה בשתי חנויות לא אמרינן כשתי כוסות דמי לשון אחר חנות השותה בה זוגות לא קפדי מזיקין עלה דלאו קביעותא היא וההוא עובדא דלעיל כשפים שאני: איספרגוס. משקין לשתות קודם אכילתו בבוקר: זוגי לחומרא. אם אינו יודע אם שתה זוגות אם לאו ישתה דאם שתה זוגות הואיל ודעתו לצרפן מצטרפין לטובה ואם לא שתה זוגות כנמלך הוא ואין מצטרפות לרעה: ואמרי לה זוגי לקולא. שלא ישתה דכיון דשתי גלי דעתיה דקפיד אזוגות ואי מעיקרא לאו בזוגות קאי והשתא שתי הוה מצטרפי להו וקפדי להו בהדיה: כל המחובר לו. גבי טומאות קאי דתנן (כלים פכ"ח *מ"ב) מפץ חמשה על חמשה מחללת ששה על ששה והכי קאמר אם יש מחללת חמשה ואינו מקבל טומאה וטפח מפץ מחובר לו הואיל וחמור הימנו מצטרף לו ומקבל טומאה אבל אם מפץ ארבעה וטפח מחללה מחובר לו הואיל וקל הוא ממנו אין מצטרף לו: ה"ג אמר רב נחמן תרי מקמי תכא וחדא אתכא מצטרפי חד מקמי תכא ותרי אתכא לא מצטרפי. הואיל ושתי אתכא זוגות לא מהני ליה צירוף: ודכ"ע. אפילו רב משרשיא תרתי אתכא וחד בתר תכא לא מצטרפי: משום מעשה דרבה בר נחמני. דאצרכינהו לאהדורי תכא קמיה בב"מ בהשוכר את הפועלים (דף פו.): כל המזוג. אם שתה יין מזוג ואח"כ שתה משקה אחר המזון מצטרף בין לטובה בין לרעה:

חוץ

רבינו חננאל

ראסך כל דקפיד קפדי בהדיה. שני ביצים שני אגוזים שני קישואים ודבר אחר הלכה למשה מסיני וגזרו רבנן על (ד"א) [כולהו זוגי] משום ד"א שלא נתפרש. ההוא דגרשה לדביתהו ואנסבא לחנואה שורא רגיל בעלה קדמאה למשתי גביה ואשקייה זוגות כו'. קערות וכוסות אין בהן משום זוגות זה הכלל כל שגמרו בידי שמים חיישינן בהן פירות וביצים נגמר בידי אדם לא חיישינן אמר רב יוסף תרי דחמרא (לא) מצטרף [תרי דחמרי וחד דשכרא לא מצטרף] וסימנך כרתנן כל המחובר לו [מן החמור] מן החמור ממנו טמא כמו היין (מן הקל) [מן הקל] ממנו כמו השכר טהור כולי עלמא תרי אתכא וחד בתר תכא לא מצטרף משום מעשה דרבה בר נחמני ופי' [ר'] בפרק השוכר:

הגהות הב"ח

(א) רש"י ד"ה אדחנני ותנכבי לא אתיתי לגו:

ערבי פסחים פרק עשירי פסחים קיא

מסורת הש"ס

תורה אור

חוץ מן המים ור' יוחנן אמר אפילו מים אמר רב פפא לא אמרן אלא חמימי לגו קרירי וקרירי לגו חמימי אבל חמימי לגו חמימי וקרירי לגו קרירי לא אמר ריש לקיש ארבעה דברים העושה אותן דמו *בראשו ומתחייב בנפשו אלו הן הנפנה בין דקל לכותל והעובר בין שני דקלים והשותה מים שאולין והעובר על מים שפוכין ואפילו שפכתו אשתו בפניו הנפנה בין דקל לכותל לא אמרן אלא דלית ליה ארבע אמות אבל אית ליה ארבע אמות לית לן בה וכי לית ליה ארבע אמות לא אמרן אלא דליכא דירכא אחרינא אבל איכא דירכא אחרינא לית לן בה והעובר בין שני דקלים לא אמרן אלא דלא פסקינהו רשות הרבים אבל פסקינהו רשות הרבים לית לן בה השותה מים שאולין לא אמרן אלא דשיילינהו קטן אבל גדול לית לן בה ואפילו שיילינהו קטן נמי לא אמרן אלא בשדה דלא שכיחי אבל בעיר דשכיחי לית לן בה ואפילו בשדה נמי לא אמרן אלא מיא אבל חמרא ושיכרא לית לן בה והעובר על מים שפוכין לא אמרן אלא דלא אפסקינהו בעפרא ולא תף בהו רוקא אבל אפסקינהו (א) או תף בהו רוקא לית לן בה ולא אמרן אלא דלא עבר עלייהו שימשא ולא עבר עלייהו שיתין ניגרי *אבל עבר עלייהו שימשא ועבר עלייהו שיתין ניגרי לית לן בה ולא אמרן אלא דלא רכיב חמרא ולא סיים מסני אבל רכיב חמרא וסיים מסני לית לן בה וה"מ היכא דליכא למיחש לכשפים אבל היכא דאיכא למיחש לכשפים אע"ג דאיכא כל הני חיישינן (*וההוא) (ב) גברא דרכיב חמרא וסיים מסני וגמוד מסאניה וצוו כרעיה. ת"ר שלשה אין ממצעין ולא מתמצעין ואלו הן הכלב והדקל והאשה וי"א אף החזיר וי"א אף הנחש ואי ממצעין מאי תקנתיה אמר רב פפא נפתח באל ונפסיק באל א"נ נפתח בלא ונפסיק בלא הני בי תרי דמצטעא להו אשה נדה אם תחלת נדתה היא הורגת א' מהן אם סוף נדתה היא מריבה עושה ביניהן מאי תקנתיה נפתח באל ונפסיק באל הני תרי נשי דיתבן בפרשת דרכים חדא בהאי גיסא דשבילא וחדא באידך גיסא ומכוונן אפייהו להדדי ודאי בכשפים עסיקן מאי תקנתיה אי איכא דירכא אחרינא ליזיל בה ואי ליכא דירכא אחרינא אי איכא איניש אחרינא בהדיה נינקטו לידייהו בהדי הדדי וניחלפו ואי ליכא איניש אחרינא נימא הכי אגרת אזלת אסיא בלוסיא מתקטלא בחיק קבל האי מאן *דפגע באיתתא בעידנא דסלקא מטבילת מצוה אי איהו קדים ומשמש אחדא ליה לדידיה רוח זנונים אי איהי קדמה ומשמשה אחדא לה לדידה רוח זנונים מאי תקנתיה *לימא הכי °שופך בוז על נדיבים ויתעם בתוהו לא דרך א"ר יצחק מאי דכתיב °גם כי אלך בגיא צלמות לא אירא רע כי אתה עמדי זה הישן בצל דקל יחידי ובצל לבנה ובצל דקל יחידי לא אמרן אלא דלא נפיל טולא דחבריה עילויה אבל נפל טולא דחבריה עילויה לית לן בה אלא הא דתניא הישן בצל דקל יחידי בחצר והישן בצל לבנה דמו בראשו היכי דמי אי לימא דלא נפל טולא דחבריה עילויה אפילו בשדה נמי אלא לאו שמע מינה בחצר אף על גב דנפיל טולא דחבריה עילויה שמע מינה ובצילה של לבנה לא אמרן אלא במערבה אבל במדינחתא לית לן בה
האי

תהלים קז · שם כג

רש"י

חוץ ממים. מזוגים כגון קרירי בחמימי וחמימי בקרירי דמיא לא מזיגא היא ואם היה שותה בתחלה יין אין אלו מצטרפות לו : **ולא אמרן**. (ג) מים מזוגין אין מצטרפין ליין מזוג : **ארבעה דברים**. כולן משום רוח רעה : **אלא דלא הוי ד' אמות**. דלא שביק רווחא [לשידא] לעבור בין דקל לכותל משום הכי מזקא ליה : **אלא דליכא דירכא אחרינא**. שתהא שידא יכולה להלך בו דעכשיו זה בא בגבולה והפסיד דרכה והכי מזקא ליה : **ולא אמרן**. דרוח רעה שורה על המים אלא בעיר המקום צר הן שואלין ושורה עליהן. לישנא אחרינא דשרי עלייהו אלא בשדה דלא שכיחי מיא דמסרה נפשה לאזוקא: **דלא אפסקינהו בעפרא**. שלא פיזר עליהן עפר : **גמוד מסאני**. נתכווץ המנעלין : **וצוו כרעיה**. ויבשו רגליו: **אין ממצעין**. לא יעברו בין שני אנשים : **ואין מתמצעין**. לא יעבור איש אחד בין ב' כלבים בין שתי נשים בין שתי דקלים : **נפתח באל ונסיים באל**. אל מוציאם ממצרים (במדבר כג) כי לא נחש ביעקב וגו' עד מה פעל אל: **נפתח בלא ונסיים בלא**. לא איש אל עד לא יקימנו (שם): **סורגת אחד מהן**. שמזיקתן במה שעברה ביניהן : **אגרת אזלת אסיא בלוסיא**. אותן שדים שאתם מתעסקות בהן:**מתקטלי בחיק קבל**. כבר הן הרוגים בחילים:**חיק קבל**. אר"ק בליסטר"א כמו ומחי קבלו יתן [בחומותיך] (בחרבותיו) (יחזקאל כו) מפי המורה [א] הגמ' ומקרא אשר שמע מפי רבו : **דקל יחידי**. שאין דקל אחר סמוך לו אבל כשיש דקל אחר מסתלקת השידא לדקל האחר ואינה מזיקתו:**בחצר**.שהמקום צר ואין לה דרך לנטות ימין ושמאל ושורה עליו ומזיקתו:
האי

רשב"ם

חוץ. מקרירי בחמימי וחמימי בקרירי דהא לא מזיגא היא דמין במין נינהו מה לי קרירי ומה לי חמימי מ"מ מין א' הוא ושם א' הוא ואם שתה בתחל' יין מזוג אין אלו מצטרפות לו : **אמר רב פפא לא אמרן כו'**. אדר' יוחנן קאי דאמר אפילו מים ובא רב פפא לפרש לא אמרן דמצטרפין אלא קרירי בחמימי וחמימי בקרירי דההיא חשיב ר' יוחנן מזוג אבל חמימי לגו חמימי וקרירי לגו קרירי דלכולי עלמא לא מיקרי מזוג ולא מצטרפי : **ארבעה דברים כו'**. משום רוח רעה ולקמן מפרש להו חדא חדא: **אלא דלא הוי ארבע אמות**. דלא שבק רווחא לשידא לעבור בין דקל לכותל משום הכי מזקא ליה : **אלא דליכא דירכא אחרינא**. שתהא יכולה שידא להלך בו דעכשיו בא זה בגבולה והפסידה את דרכה והכי מזקא ליה : **אבל פסקינהו**. דשכיחי רבים לית ליה רשות להזיק שאין לו לגזול את הרבים : **ולא אמרן**. דשורה על המים אלא בשדה דלא שכיחי מיא ומסרה נפשה לשתות : **דלא אפסקינהו בעפרא**. שלא פיזר עליהן עפר : **גמוד מסאני**. נתכווצו המנעלים : **וצוו כרעיה**. יבשו רגליו : **לא ממצעין**. לא יעברו בין אנשים : **ולא מתמצעין**. ולא יעבור איש אחד בין שני כלבים בין שתי נשים בין שני דקלים :**נפתח באל ונסיים באל**. אל מוציאם ממצרים וגו' כי לא נחש ביעקב וגו' עד מה פעל אל : **נפתח בלא ומסיים בלא**. לא איש אל ויכזב וגו' עד ולא יקימנה : **סורגת אחד מהן**. שמזיקתן במה שעברה ביניהן : **אגרת אזלא אוסיא בלוסיא**. אותן שדים שאתן עוסקות בהן בכשפים : **מתקטלין בחיק קבל**. כבר הרוגים הן בחלים כמו ומחי קבלו כך שמע רבינו מרבו ורבו מפי רבינו גרשום זצ"ל : **אגרת**. היא אגרת בת מחלת שם שידה : **דקל יחידי**. שאין דקל אחר סמוך לו : **בצלה של לבנה**. אי נמי ההולך בלילה כשהלבנה זורחת והוא הולך בצל הכתלים שדרך השדים להלוך בלילה ובזמן שהלבנה זורחת מתיראין לילך במקום האור והולכין במקום הצל : **טולא דחבריה**. אם יש דקל אחר סמוך לו מסתלקת השידא לדקל אחר ואינו מזיקתו : **בחצר**. שהמקום צר שאין לה דרך לנטות ימין ושמאל ושורה עליו ומזיקתו : **ובצלה של לבנה לא אמרן אלא במערבה**. היינו בסוף החודש שהלבנה זורחת במזרח ואם שוכב אצל כותל לצד המערב הוי הצל במערב : **אבל במדינחא**. היינו תחלת החדש שהלבנה זורחת במערב ועושה צל במזרח כגון ששוכב אצל כותל מצד המזרח :
דמפני

תוספות

נפתח באל. פי' רשב"ם אל מוציאם ממצרים ונפתח בלא לא איש אל ויכזב ואע"ג *דאסור להתרפאות בדברי תורה להגן שרי והא דאמרי' בפ' במה אשה (שבת דף סז:) לאישתא למירתא ליטקול סכינא וכו' ולימא ויאמר משה אסורה נא ואראה וגו' משום סכנה שרי ור"ח פי' נפתח באל לימא הכי אל אלהים ה' הצילנו מכל רע ומכל נזק אשר בידך כח וגבורה כי אתה אל ונפתח בלא לא תטשני אלהי ולא תעזבני שמרני כאישון בת עין טרם אקרא תענני ואל תאמר לא :

אם תחלת נדה היא הורגת. יש מפרש אם עושה להן כישוף :
ואזיל

רבינו חננאל

אמר ר' יוחנן כל המזוג מצטרף ואפי' מים והצ"ס חמימי לגו קרירי או קרירי לגו חמימי : **ארבעה** דברים העושה אותן דמו בראשו הנפנה בין דקל לכותל והעובר בין ב' דקלים והעובר על מים שפוכין ואפי' ששפכתן בתו והשותה מים שאולין ולא אמרן אלא דשיילינהו קטן בדברא [אבל שיילינהו גדול] או קטן בביתא או חמרא ושכרא לית לן בה. תרי דפסקינהו נדה אם תחלת נדה היא הורגת אחד מהן ואם סוף נדה היא עושה מריבה ביניהם מאי תקנתיה נפתח באל ונסיים באל [וי"א נפתח בלא ונסיים בלא] יש מי שאומר יפתח פסוק באל ויסיים באל כגון (במדבר כ"ג כ"ג) אל מוציאם ממצרים עד מה פעל אל [ונפתח בלא כגון לא איש אל וגו'] ויש מי שאומר דלא אלא יפתח אל ה' הצילני מכל רע ומכל נזק וחלי ובידך כח וגבורה כי אתה אל וכן יפתח ויאמר לא תטשני אלהי ולא תעזבני שמרני כאישון בת עין מלא שאלותי ותן לי בקשתי טרם אקראך תענני ואל תאמר לא : **מאן** דפגע בנדה כי סלקא מטבילת מצוה אי איהו קדים ומשמש אחד ליה רוח זנונים אי איהי קדמה ומשמשה אחדא לדידה רוח זנונים מאי תקנתיה נימא הכי שופך בוז על נדיבים וגו'

הגהות הב"ח

(א) גמ' אבל אפסקינהו בעפרא או תף : (ב) שם דההוא גברא דרכיב : (ג) רש"י ד"ה ולא אמרן למים מזוגין מצטרפין כצ"ל ותיבת אין נמחק :

הגהות מהר"ב רנשבורג

[א] כל מקום שמזכיר רש"י המורה הוא רבו של רש"י כן מוכח בלשון רש"י בד"ה חיק קבל וכו' ובלשון הרשב"ם שם בד"ה מתקטלין וכו' ומשם נלמוד נמי דרבו דרבו של רש"י היה רבינו גרשום :

גליון הש"ס

תוס' ד"ה נפתח כו'. ואף על גב דאסור להתרפאות בד"ת. שבועות טו ע"ב :

[עי' בפרש"י נדה יז. ד"ה דמו]

עי' לקמן קיב.

[צ"ל כההוא]

[עי' תוס' ב"מ פד. ד"ה יתיב אשערי טבילה]

[עי' ש"ך יו"ד סוף סי' קצח]

מסורת הש"ס

רבינו חננאל

הני תלת מילי יהבי ערבונא בנהורא מאן דסריק יבש ומאן דשתי טיף טיף ומאן דסאים ומאניה כי רטיבתא כרעיה תלא לחמא קשי לעניותא דאכיל תחלי ולא משי ידיה מפחד

האי מאן דמפני אגרדא (ג) **דדיקלא : אי מיקטל קטיל .** אם נקצץ האילן נהרג האיש ואם נעקר האילן האיש מת : ה"ג הני מילי היכא דלא מנח כרעיה עילויה ט' : (ד) האי מאן דמפני אגירדא דדיקלא אחדא ליה רוח פלגא : פלגדיי"ן בלע"ז : **צרדא .** כאב חצי הראש : **חמשה טולי הוו .** שרוח רעה שורה תחתיהם : **טולא דכנדא .** שם האילן : **טולא דפרחא .** צלף קפריי"ף בלע"ז : **ורדתא .** שונדביי"ר : **טולא דארבא .** ספינה : **טולא דערבתא .** צל אילן ערבה : **דקשה סילויה .** ענפיו : **דבי פרחי רוחי .** כך הוא שמם : **דבי ורדתא .** שדים שמן : **דבי אינרי .** המצויין בגנות רשפי שמם : **ונפקא מינה .** לכתוב קמיעא בשם אילן כגון אם הוזק תחת בי פרחא יכתוב לו קמיעא בשם רוחי : **למאי נפקא מינה לגזויי לה .** לברוח מפניה לפי שאין לה עינים ואינה רודפתו : **גזייה .** ברח מפניה : **כי אזלא נפקא אדיקלא .** כשהלכה אחריו נתקלה ונפלה על עיקר אילן : **ה"ג פקעה היא וצווח דיקלא .** יבש הדקל : **בר קשא .** שומר העיר : ה"ג סודרא דמר דומה כי צורבא מרבנן : **בדיקנא למר לא ידע ליה למימר ברוך .** שאינו יודע לברך על הסודר *ברוך עוטר ישראל : **בחשא .** כף הקדירה : **והדר בכדא דכמכא .** מתגלגל בתוך כד של כותח : **ומשתכחא בטולא דחצבא .** חבל שחילק יהושע בו לישראל את הארץ* : **דלא חצב גרמידא .** שלא גדל אמה : **ארבונא .** עירבון : **אדמיתנא כרעיה .** בעוד שרגליו לחים ממי הרחיצה : **תליא בביתא .** התולה פתו באויר בתוך סל אחד : **תלא סילתיה .** לסלו ופת בתוכו : **נשוורא .** פירורין : **איסרא דמזוני .** מלאך הממונה לזמן מזונות : **נקוד שמיה .** לשון נקידו כמו מנקד אגירו לפיכך אינו רוצה שיהא פרורים נשלכים לידרס ברגל : **איסרא דעניותא נבל שמיה .** (ה) ושמח נכנס לבית שהוא רואה שאין נוהגים מנהג נקיות בפת : **לברוקתי .** כליון עינים : **מפחד .** ואינו יודע למה :

דמסוכר

תורה אור

ואזיל רב פפא מימיניה . מלוד אלהודי זה דאמר בפרק הממונה (יומא דף לז.) המהלך לימין רבו הרי זה בור :

תליא בביתא קשי לעניותא . מכאן קשה לרש"י דפירש בפרק קמא דחגיגה (דף ה:) היינו דאמרי אינשי זוזי לתליתא שכיחי לפלגא לא שכיחי ופי' לתליתא לקנות פת לצורך היום שתולין בסל ואין דרך לתלותו בסל דהא אמרינן הכא דקשי לעניותא ור"ת מפרש שם לתליתא כשרוצין אותו לפרוע מוצא זוזין אבל לקנות תבואה לאכול אינו מוצא זוזין :

האי מאן דמפני אגירדא דדיקלא אחדא ליה לדידיה רוח פלגא והאי מאן דמצלי רישיה אגירדא דדיקלא אחדא ליה רוח צרדא האי מאן דפסעי אדיקלא אי מקטל קטיל אי איעקר מיעקר ומית (א) הנ"מ דלא מנח כרעיה עילויה אבל מנח כרעיה עילויה לית לן בה *חמשה טולי הוי טולא דדיקלא יחידא טולא *דכנדא טולא דפרחא טולא דורדתא [א] איכא דאמרי אף טולא דארבא וטולא דערבתא כללא דמילתא כל דנפיש ענפיה קשי טוליה וכל דקשי סילויה קשי טולי' לבר מכרו משא אע"ג דקשי סילויה לא קשי טוליה דאמרה לה שידא לברה פירחי נפשיך מכרו משא דאיהו הוא דקטיל לאבוך וקטיל לדידיה אמר רב אשי חזינא לרב כהנא דפריש מכולהו טולי בי פרחי רוחי דבי ורדתא שידא דבי אינרי רישפי למאי נפקא מינה לקמיעא דבי פרחי בריה שאין לה עינים למאי נפקא מינה לגזוי לה זימנא חדא הוה אזיל צורבא מרבנן לאפנויי לבי פרחי שמע דקא אתא עילויה וגזי לה כי אזלא חבקיה לדיקלא צווח דיקלא ופקעה היא [ג] פרחא דבי ורדתא שידי הא ורדתא דסמיכה למתא לא פחתא משיתין שידי למאי נפקא מינה למיכתב לה קמיעא *ההוא בר קשא דמתא דאזיל וקאי גבי ורדתא דהוה סמוך למתא עלו ביה שתין שידי ואיסתכן אתא לההוא מרבנן דלא ידע דורדתא דשיתין שידי היא כתב לה קמיע לחדא שידא שמע דתלו חינגא בגוויה וקא משרו הכי סודריה דמר כי צורבא מרבנן בדיקנא ביה במר דלא ידע ברוך אתא ההוא מרבנן דידע דורדתא שיתין שידי הוה כתב לה קמיעא דשיתין שידי שמע דקא אמרו פנו מניכו מהכא קטב מרירי תרי קטבי הוו חד מקמי טיהרא וחד מבתר טיהרא דמקמי טיהרא קטב מרירי שמו ומיחזי בי כדא דכמכא והדר ביה בחשא דבתר טיהרא °קטב ישוד צהרים שמו ומיחזי בי קרנא דעיזא והדר ביה כנפיא (תהלים צא) אביי הוה שקיל ואזיל ואזיל רב פפא מימיניה ורב הונא בריה דרב יהושע משמאליה חזייה להוא קטב מרירי דקא אתי לאפיה דשמאליה אהדרא לרב פפא לשמאליה ולרב הונא בריה דרב יהושע לימיניה אמר ליה רב פפא אנא מאי שנא דלא חשש לי אמר ליה את שעתא קיימת לך מחד בתמוז עד שיתסר ביה ודאי שכיחי מכאן ואילך ספק שכיחי ספק לא שכיחי ומשתכחי בטולי דחצבא דלא חצב גרמידא ובטולי דצפרא ופניא דלא הוי גרמידא ועיקר בטולי דבית הכסא אמר רב יוסף הני תלת מילי יהיב ארבונא לנהורא (ג) מן דסריק רישיה יבש ומן דשתי טיף טיף ומן דסיים מסני אדמייתניה כרעא תלאי בביתא קשי לעניותא כדאמרי אינשי תלא סילתא תלא מזוניה ולא אמרן אלא ריפתא אבל בישרא וכוורי לית לן בה אורחיה היא פארי בביתא קשי לעניותא *נשורא בביתא קשי לעניותא בלילי שבתות ובלילי רביעית שרו מזיקין עילויה איסרא דמזוני נקיד שמיה איסרא דעניותא נבל שמיה צעא אפומא דחצבא קשי לעניותא מאן דשתי מיא בצעי קשי לברוקתי דאביל תחלי ולא משי ידיה מפחיד תלתין יומין

דמסוכר

רשב"ם

דמפני אגירדא דדיקלא . דקל קטן : **רוח פלגא .** מורשיי"ן בלע"ז : **צרדא .** כאב חצי הראש : **אי מקטל קטיל .** אם נקצץ האילן נהרג האיש ואם נעקר האילן האיש מת : ה"ג הני מילי היכא דלא מנח כרעיה עילויה : **חמשה טולי הוו .** שהרוח רעה שורה תחתיהן : **טולא כנדא .** שם אילן : **טולא דפרחא .** צלף : **ורדתא .** שונדבי"ר : **טולא דארבא .** ספינה : **טולא דערבתא .** צל אילן ערבה : **נופיה .** ענפיו : **סילויה .** עצו : **דבי פרחי רוחי .** אותן שדים דבי פרחי שמן רוחי ולקמן מפרש למאי נפקא מינה : **דבי ורדתא שידי .** שמן : **דבי אינרי .** המצויין בגנות רשפי שמן : **למיכתב קמיעא .** בשם אלו כגון אם הוזק תחת בי פרחי יכתוב לו קמיעא בשם רוחי : **למאי נפקא מינה לגזויי מינה .** לברוח מפניה לפי שאין לה עינים ואינה רודפתו : **גזייה .** ברח מפניה : **כי אזלא נפקא אדיקלא .** כשהלכה אחריו נתקלה ונפלה על עיקר אילן : **הכי גרסינן פקע היא וצווח דיקלא .** יבש הדקל : **בר קשא .** שומר העיר : **דקא תלו ביה סינגא בגוויה .** דאילן : **הכי גרסינן סודריה דמר כצורבא מרבנן בדיקנא ליה למר ולא ידע למימר ברוך .** שאינו יודע לברך על הסודר *ברוך עוטר ישראל בתפארה : **בחשא בקדרא וסדר בכדא דכמכא .** מתגלגל בתוך כד של כותח : ואהדריה לרב הונא מימיניה ולרב פפא משמאליה : **מאי שנא .** כי אינך חושש בי אם אזוק : **שעתא קיימא לך .** עשיר אתה ויש לך מזל טוב ולא תיזוק : **ומשתכחא בטולא דחצבא .** חבל שחילק בו יהושע את הארץ לישראל* : **דלא חצב גרמידא .** שלא גדל אמה : **ארבונא .** עירבון : **ושתי טיף טיף .** יין המטפטף מן החבית : **אדמיתנא כרעיה .** בעוד שרגליו לחים במי הרחיצה : **תלאי בביתא .** התולה פתו באויר בתוך סל אחד : **תלא סילתיה .** סל ופת בתוכו : **פארי .** מורסן : **נשוורא .** פירורין של פת : **נקיד שמיה .** לשון נקיות לפיכך אינו רוצה שיהו פירורין נשלכין לידרס ברגל : **איסרא דעניותא נבל שמיה .** לשון לכלוך (ו) ושמח נכנס בבית שהוא רואה שאין נוהגין מנהג נקיון בפת : **בצעא .** בקערה : **לברוקתי .** כליון עינים : **מפחיד .** ואינו יודע למה :

דמסוכר

[לכתוב צ"ל ארבונא] [גי' הערוך דכינרא ופי' רשב"ם ב"ב מח: ד"ה פלי] [ברכות ס:] ב"ב ס. [שבת קי. וע"ש פרש"י ב"ב קי: וע"ע רשב"ם] [חולין קה:] [ברכות ס:] ב"ב ס.

הגהות הב"ח

(א) גמ' ומיית וכו"מ דלא : (ב) שם מאן דסריק וכו' ומאן דשתי וכו' ומאן דסיים מסני אדמתונא כרעא : (ג) רש"י ד"ה האי מאן וכו' דדיקלא דקל (קלוף) [קטן] הס"ד : (ד) ד"ה האי מאן וד"ה צרדא נ"ל קודם ד"ה אי מיקטל : (ה) ד"ה איסרא דעניותא נבל שמיה נכנס לבית שר ואם כצ"ל ותיבת ושמח נמחק : (ו) רשב"ם ד"ה איסרא וכו' לכלוך ואינו נכנס בבית וכו' מנהג נקיון בפת :

הגהות הגר"א

[א] גמ' טולא דורדתא טולא דערבתא א"ד אף טולא דארבא כללא כו' כצ"ל (וכזה מיושב מ"ש בהגהות הגרי"ב . וע"ע כ"א במנורת המאור) : [ב] שם פרחא . נמחק :

§ עניני הלכה שונים הקשורים להדף §

האי מאן דפגע באיתתא בעידנא דסלקא מטבילת מצוה[א]

גרסינן בפרק ערבי פסחים: האי מאן דפגע באיתתא בעידנא דסלקה מטבילת מצוה, אי איהו קדים ומשמש, אחדא ליה לדידיה רוח זנונית, אי איהי קדמה ומשמשה, אחדא לה לדידה רוח זנונית, מאי תקנתיה, לימא הכי: שופך בוז על נדיבים ויתעם בתוהו לא דרך, ע"כ, והוא בתהלים ק"ז, והכי מייתי לה ברוקח, **אבל** בעל תולדות אהרן ציין על מקרא, ד"שופך בוז על נדיבים ומזיח אפיקים רפה", באיוב י"ב, "פסחים קי"א", ובתהלים לא ציין כלום, **נראה** שלא היה גורס בש"ס אלא "שופך בוז על נדיבים וגו'", וכן משמע בילקוט, דמייתי ש"ס זה בתהלים ובאיוב, **הלכך** נמרינהו לתרווייהו - ש"ך סי' קצ"ח סמ"ח ס"ק ס"א.

מחד בתמוז עד שיתסר ביה ודאי שכיחי

סימן תקנא סי"ח - צריך ליזהר מי"ז בתמוז עד ט' באב שלא לילך יחידי, מד' שעות עד ט' שעות - היינו מסוף ד' עד סוף ט', **(משום שבהם קטב מרירי שולט)** - וכן יזהרו בימים אלו שלא לילך בין חמה לצל.

(**ולפי** מה שמבואר בפסחים קי"א ע"ב, יותר יש ליזהר מלילך יחידי, מחד בתמוז עד שיתסר, דודאי שכיחי).

מן דסריק רישיה יבש

ואמרינן בפסחים מי שמסרק ראשו יבש יבא לידי עוורון, ומי שלובש מנעלים על רגליו בעוד שרגליו לחים ג"כ יבא לידי עוורון, ע"ש, ולכן נהגו כל ישראל לרחוץ גופו בע"ש, ולסרוק הראש אחר רחיצה - ערוה"ש סי' רס ס"ד.

ומן דסיים מסני אדמייתניה כרעא

ובענין הרחיצה כתב בספר תוספת שבת וז"ל, איתא בערבי פסחים דף קי"א ע"ב, שלא ינעול מנעליו בעוד שרגליו לחות ממי הרחיצה, שהיא סכנה לעוורת דעינא. והעולם אין מקפידים בכך, ושומר פתאים ה', עכ"ל - מחה"ש סימן רס ס"א.

וכן הנועל מנעליו בעוד שרגליו לחות ממי הרחיצה, בימיהם שהיו נועלים על רגלים יחפים, וכן באנפלאות שלנו - שו"ע הרב הלכות שמירת הגוף ס"ט.

תלאי בביתא, קשי לעניותא

בספר עץ השדה הביא מהגרש"ז אויערבאך זצ"ל, דאין להחמיר מטעם זה לאסור לתינוקות לתלות ע"ג מסמר את התיק או השקית של התלמידים שיש בו פת, דלא אסרינן רק תלייה שהיא דרך בזיון. **וכתב** בספר עץ השדה דכן מבואר מהא דאמרינן דבבישרא וכוורי לית לן בה כיון דאורחיה הוא, דמשמע דהא דקשה לעניות הוא משום תלייה דלאו אורחיה, דהיינו בזיון.

נשורא בביתא, קשי לעניותא

פירורין שאין בהם כזית, אף שמצד הדין מותר לאבדם ביד, מ"מ ממדת חסידות צריך להקפיד שלא לזורקם על הארץ. ומקור הדבר בברכות (נב, ב) פסחים (קיא, ב) ובחולין (קה, ב) - הנהגות ופסקים הגרי"ח זוננפלד הלכות סעודה.

איסרא דעניותא נבל שמיה

סימן קנח ס"ט - צריך ליזהר בנט"י, שכל המזלזל בנטילת ידים חייב נידוי, ובא לידי עניות, ונעקר מן העולם - ויש קצת לתת טעם לעניות, משום דשידא דעניות נבל שמיה (פסחים קיא: וברש"י שם), ואוהב מקום מאוס כדאיתא בפרק כל הבשר (חולין קה ב), משום הכי נמשך לעניות הואיל ואוכל במיאוס ולכלוך הידים - פרישה שם ס"ו.

סימן רמא ס"א - אחד מהדברים ששונא הקב"ה, המשתין בפני מטתו ערום - לאו דוקא ערום, אלא ה"ה אם היה לבוש, אלא אורחא דמלתא נקט, מתוך שהוא ערום אינו יוצא לחוץ להשתין.

מפני שרצון הקב"ה שיהיה האדם מתנהג בדרך נקיות וקדושה, וזה מתנהג עצמו בדרך מיאוס וטינופת, ולא יוכל להשרות שכינתו אצלו.

ומכ"ש אם משתין מים לפני מקומות אחרים שצריכים להתנהג יותר בנקיות, כגון לפני שלחנו וכיוצא בזה.

המשתין לפני מטתו ערום, מביא לידי עניות - קיצור לשון הוא, וכונתו, עוד אחז"ל: המשתין וכו', **דאמרינן** בערבי פסחים קי"א, דשרא דעניותא נבל שמיה, ואוהב לשרות במקום מיאוס, ומשו"ה קרי ליה נבל, שחפץ לנבל את עצמו, ומשתין לפני מטתו היינו מיאוס.

ולא אמרן, אלא דמהדר אפיה לפוריא (פי' למטה), אבל לבראי לית לן בה - שהקלוח הולך וניתז למרחוק, **וממילא** באשה אסור אפילו בכה"ג.

ודמהדר אפיה לפוריא נמי לא אמרן, אלא בארעא, אבל במנא לית לן בה.

באר הגולה

א (שייך לעמוד א')

§ מסכת פסחים דף קיב. §

אות א'

דמסוכר ולא משי ידיה, מפחיד שבעה יומי וכו'

סימן ד סי"ט - [א]המקיז דם מהכתפים ולא נטל ידיו, מפחד ז' ימים - ואפשר עלוקה שקורין פייוקע"ס או ביינקע"ס, ג"כ צריך ליטול, וטוב להחמיר. **המגלח ולא נטל ידיו, מפחד ג' ימים; הנוטל צפרניו ולא נטל ידיו, מפחד יום אחד, ואינו יודע ממה מפחד.**

אות [א']

אפילו מחופין בכלי ברזל רוח רעה שורה עליהן

יו"ד סימן קטז ס"ה - ולא יתן [ב]תבשיל ולא [ג]משקים תחת המטה - אפי' מכוסים, ב"י - ש"ך, ‹ואפילו בברזל - ערוה"ש›, **מפני שרוח רעה שורה עליהם** - ‹עיין בתשו' שבות יעקב, שנשאל אם נתן אוכלין ומשקים תחת המטה, אי אסורין בדיעבד, והעלה דאין בזה רק אזהרה לכתחלה, אבל בדיעבד אין כאן חשש איסור, והוכיח כן מסוגיית הש"ס, ע"ש, **ובספר** בינת אדם כתב בשם הגר"א ז"ל, דעם עשה כן יזרקם במקום שלא ימצא אותם אדם, **והוא** ז"ל כתב ע"ז, דהאידנא כיון דדשים בה רבים ‹שומר פתאים ה'› כו', ע"ש עוד - פת"ש›. ‹**בספר** בינת אדם כתב בשם הגר"א ז"ל, דה"ה אוכלין חיין כמו צנון, **ובאמת** הכי משמע בגמרא דב"ב דף נ"ח, דאיתא התם מטה של ת"ח כיצד, כל שאין תחתיה אלא סנדלים כו', עיין בפירש"י שם - פת"ש›.

אות א'* [ד]

לא ישתה אדם מים לא מן הנהרות ולא מן האגמים וכו'

חו"מ סימן תכז ס"ט - הרבה דברים אסרו חכמים מפני שיש בהם סכנת נפשות - {מדכתיב השמר לך ושמור נפשך מאד - סמ"ע}, **וקצתם נתבארו בטור יו"ד סי' קט"ז, ועוד יש דברים אחרים ואלו הם: לא יניח פיו על הסילון המקלח וישתה, ולא ישתה בלילה מהבארות ומהאגמים, [ה]שמא יבלע עלוקה והוא אינו רואה. הגה: וככר כתבתי דברים אלו סימן קט"ז ביו"ד וע"ש.**

יו"ד סימן קטז ס"ה - וכן אסרו לשתות מים מן הנהרות בלילה, או להניח פיו על קלוח המים לשתות, כי דברים אלו יש בהן חשש סכנה.

אות ב'

עשה שבתך חול ואל תצטרך לבריות

סימן רמב ס"א - אפי' מי שצריך לאחרים - ‹כלומר שיש לו מעט משלו, אבל אינו יכול להתפרנס מן הריוח - עולת תמיד›, **אם יש לו מעט משלו צריך לזרז עצמו לכבד את השבת; ולא [ו]אמרו: עשה שבתך חול ואל תצטרך לבריות, אלא למי שהשעה דחוקה לו ביותר; על כן צריך לצמצם בשאר ימים כדי לכבד השבת** - דהיינו למאן דאפשר ליה, צריך לכבדו כפי יכלתו, **ומי** שהשעה דחוקה לו ביותר, היינו שאין לו רק מזון ב' סעודות לשבת, בזה אמר ר"ע: עשה שבתך חול ואל תצטרך לבריות, ואינו מחויב לא בג' סעודות ולא בכסא דהרסנא, **ומי** שיש לו ממון כדי לקנות מזה מזון ג' סעודות ויותר מזה קצת, מחויב להוציא אותן על שבת כדי שיקיים ג' סעודות וכסא דהרסנא, **וה"ה** מי שאין לו כלום והוא מוטל הכל על הצדקה, הרי הגבאים מחויבים ליתן לו ג' סעודות וכסא דהרסנא עכ"פ, ובאדם נכבד הכל לפי כבודו, וכמו שנתבאר ביו"ד בסי' רנ"ג, **ולא** אמרינן בזה: עשה שבתך חול ואל תצטרך לבריות, דלא אמרינן הכי אלא במי שעדיין לא נצטרך ליטול, אבל מי שכבר בא לידי מדה זו לפשוט ידו וליטול, נותנים לו הכל כנ"ל, **ובמקומות** שנוהגין הגבאים לקבוע לעניים רק שתי סעודות ולא הסעודה ג', לאו שפיר עבדי, ועכ"פ בימות הקיץ בודאי יזהרו בזה.

יו"ד סימן רנה ס"א - לעולם ירחיק אדם עצמו מהצדקה, ויגלגל עצמו בצער, שלא יצטרך לבריות; וכן [ז]צוו חכמים: עשה שבתך חול ואל תצטרך לבריות; ואפילו היה חכם מכובד והעני, יעסוק באומנות ואפי' באומנות מנוולת, ואל יצטרך לבריות - ‹אך אם יש בזה בזיון התורה, לא יעשה - ערוה"ש›.

אות ב'* [ח]

אע"פ שאמר ר"ע עשה שבתך חול... אבל עושה הוא דבר מועט בתוך ביתו, מאי נינהו, אמר רב פפא כסא דהרסנא

ועיין בט"ז ותוספות שבת ושארי אחרונים שכתבו, דאף מי שהשעה דחוקה לו ביותר, דהוא פטור מדינא מסעודה ג' וכסא דהרסנא, [ט]מ"מ נכון מאד שיראה להשתדל להיות עכ"פ מן הכת האמצעית, דהיינו בקיום ג' סעודות וכסא דהרסנא - משנה ברורה סימן רמב ס"ק א'.

באר הגולה

א **פסחים קי"ב** **ב** ‹תנא אוכלין ומשקין תחת המטה וכו', ולפי"ז משמע דאין חילוק בין אוכלין חיין או מבושלין, וכן שמעתי שהגאון החסיד ז"ל צוה בצנון שהניחו תחת המטה, לחתוך לחתיכות קטנות ולזרקה כדי שלא ימצאנה אדם, **ואפשר** כיון דדשי בה רבים שומר פתאים ה', כדאיתא בגמרא בדוכתי טובא, **ועוד** נראה לי דלפי הנראה לא גרסינן בפסחים אוכלין כלל, שהרי הרמב"ם וסמ"ג ורי"ף ורא"ש וראב"ד, כולם כתבו דין זה ע"פ הירושלמי שהביא רי"ף בפרק אין מעמידין, תבשילי תותא ערסא, וכתב הרמב"ם והסמ"ג הטעם, משום שמא יפול בו דבר, וראב"ד כתב מעצמו שהטעם משום רוח רעה, ש"מ דלא גרסינן בגמ' דידן אוכלין, **ואפשר** שלא גרסו כלל האי ברייתא אפילו משקין, שהרי לא כתב כלל דין דמשקין, וכיון שכולם כתבו רק תבשיל וכדאיתא בירושלמי, אין לנו אלא מה שחידשו, דוקא תבשיל ולא דברים חיין, והגאון החסיד חשש לגירסא שלנו. **ומה** שאמרו בגמ' אפי' מחופין בכלי ברזל, נראה לי ע"פ מש"כ בסי' קי"ו, בשעת התקופה שאם נתן ברזל אין רוח רעה שורה, ולכן קאמר דתחת המטה לא יועיל - בינת אדם› **ג** **ברייתא פסחים דף קי"ב.** **ד** ‹ע"פ מהדורת נהרדעא› **ה** ‹עיין בטוש"ע חו"מ סי' תכ"ז ס"ט, שכתב שמא יבלע עלוקה והוא אינו רואה, ע"ש, (כ"כ בגמ' ע"ז י"ב:) ולפי טעם זה משמע דאם מושך המים דרך מסוננת באופן דלא שייך סכנת עלוקה, מותר, **אמנם** יעוין בפר"ח שם שהביא מדברי הש"ס פ"ק דע"ז (שם י"ב:) עוד טעם לזה, מפני סכנת שברירי, והביא מדברי התוס' שם דיש לחוש להב' טעמים, וגם אם מסנן המים דליכא משום עלוקה, אפ"ה אסור לשתות משום שברירי, ע"ש, **ועיין** פסחים דף קי"ב. דאיתא שם ג"כ שלא ישתה בלילה משום שברירי, ואמר שם ואם צחי מאי תקנתיה, אי איכא איניש בהדיה לימא ליה וכו', ע"ש, ופשוט הוא דזה הוא רק לטעם דשברירי, אבל לסכנת עלוקה בודאי לא מהני לחש זה, אלא צריך לסנן המים - דרכי תשובה› **ו** **פסחים קי"ב וקי"ג** **ז** **פסחים דף קי"ג.** **ח** ‹ע"פ הט"ז› **ט** ‹התחזק במצות יותר משהיכולת בידך - רשב"ם›

דמסוכר. מקיז דם מן הכתפיים לשון סיכורי: **ידא אאוסיא**. שרגיל להגיח ידו אלא כחיריו על שפתיו: **דרגא לפחדא**. דרך הוא להביא לו פחד רוח רעה: **לול שפן אניגרון אנירדפי**. לחש הוא: **בי בליעי ושמיני**. הגה סביבותי אנשים כחושים ושמנים ותגיחוני: **ונימא ליה**. לחיגא מיא: **הוי עז**. התחזק במצוה יותר משיכולת בידך: **אל תשב בגובהה של עיר ותשנה**. מקום שבני העיר עוברים ושבין שמא כשהן עוברים ושבין *יבטלך ויפסיקך ממשנתך: **ואל תדור בעיר שראשיה תלמידי חכמים**. דטרוד בגרסיה ולא במילי דציבורא: **לא למיזבן מיניה ולא לזבוני** ליה. דאיידי דעדיף מזליה נגא וזכי ליה להאי: **אמר ליה ר"ש בן יוחי ומי בסכנה**. והלא העגל בסכנה ומה לך בכך: **אם בקשת ליחנק**. לומר דבר שיהיה נשמע לבריות ויקבלו ממך: **היתלה באילן גדול**. אמור בשם אדם גדול: **בחדתא**. כשהתינוק למד בחדש כשהוא מתחיל ללמוד: שאין

[דמסכר גר' כעדון ערך סכר]

[דרך בני אדם כשיגן ידו על פדחתו. ערוך ערך פג]

תורה אור

דמסוכר ולא משי ידיה מפחיד שבעה יומי דשקיל מזייה ולא משי ידיה מפחיד תלתא יומי דשקיל טופריה ולא משי ידיה מפחיד חד יומא ולא ידע מאי קא מפחיד ידא אאוסיא דרגא לפחדא *ידא אפותא דרגא לשינתא תנא אוכלין ומשקין תחת המטה [*] אפילו מחופין בכלי ברזל °רוח רעה שורה עליהן ת"ר לא ישתה אדם מים לא בלילי רביעיות ולא בלילי שבתות ואם שתה דמו בראשו מפני סכנה מאי סכנה רוח רעה ואם צחי מאי תקנתיה (*נימא) שבעה קולות שאמר דוד על המים והדר נישתי שנאמר °קול ה' על המים אל הכבוד הרעים ה' על מים רבים קול ה' בכח קול ה' בהדר קול ה' שובר ארזים וישבר ה' את ארזי הלבנון קול ה' חוצב להבות אש קול ה' יחיל מדבר יחיל ה' מדבר קדש קול ה' יחולל אילות ויחשוף יערות ובהיכלו כולו אומר כבוד ואי לא (*נימא) הכי לול שפן אניגרון אנירדפין בין כוכבי יתיבנא בין בליעי שמיני אזילנא ואי לא אי איכא איניש בהדיה ניתעריה ולימא ליה פלניא בר פלנתא צחינא מיא והדר נישתי ואי לא מקרקש נבתמא אחצבא והדר נישתי ואי לא נישדי בה מידי והדר נישתי *ת"ר לא ישתה אדם מים לא מן הנהרות ולא מן האגמים בלילה ואם שתה דמו בראשו מפני הסכנה מאי סכנה סכנת שברירי ואי צחי מאי תקנתיה אי איכא איניש בהדיה לימא ליה פלניא בר פלנתא צחינא מיא ואי לא (*נימא) איהו לנפשיה פלניא אמרה לי אימי איזדהר משברירי שברירי ברירי רירי ירי רי צחינא מיא בכסי חיורי: ואפילו מן התמחוי וכו': פשיטא לא נצרכא אלא אפילו לר"ע דאמר *עשה שבתך חול ואל תצטרך לבריות הכא משום פרסומי ניסא (*מודי) תנא דבי אליהו אע"פ שאמר ר"ע עשה שבתך חול ואל תצטרך לבריות אבל עושה הוא דבר מועט בתוך ביתו מאי ניהו (א) אמר רב פפא כסא דהרסנא *כדתנן *ר' יהודה בן תימא אומר הוי עז כנמר וקל כנשר רץ כצבי וגבור כארי לעשות רצון אביך שבשמים ת"ר שבעה דברים צוה ר"ע את רבי יהושע בנו בני אל תשב בגובהה של עיר ותשנה ואל תדור בעיר שראשיה תלמידי חכמים ואל תכנס לביתך *פתאום כ"ש לבית חבירך ואל תמנע מנעלים מרגליך *השכם ואכול בקיץ מפני החמה ובחורף מפני הצינה ועשה שבתך חול ואל תצטרך לבריות *והוי משתדל עם אדם שהשעה משחקת לו אמר רב פפא לא למיזבן מיניה ולא לזבוני ליה אלא למעבד שותפות בהדיה והשתא *דאמר רב שמואל בר יצחק מאי דכתיב °מעשה ידיו ברכת כל הנוטל פרוטה מאיוב מתברך אפילו למיזבן מיניה ולזבוני ליה שפיר דמי חמשה דברים צוה ר"ע את רבי שמעון בן יוחי כשהיה חבוש בבית האסורין אמר לו רבי למדני תורה אמר איני מלמדך אמר לו אם אין אתה מלמדני אני אומר ליוחי אבא ומוסרך למלכות אמר לו בני יותר ממה שהעגל רוצה לינק פרה רוצה להניק אמר לו ומי בסכנה והלא עגל בסכנה אמר לו *אם בקשת ליחנק היתלה באילן גדול וכשאתה מלמד את בנך למדהו בספר מוגה מאי היא אמר רבא ואיתימא רב משרשיא בחדתא *שבשתא כיון דעל על לא תבשל בקדירה שבישל בה חבירך מאי ניהו גרושה בחיי בעלה דאמר מר גרוש שנשא גרושה ארבע דעות במטה ואי בעית אימא אפילו באלמנה לפי שאין

תהלים כט | איוב א

[לימא] [מודה] אבות פ"ה מ"כ | ב"ק לב: ב"מ קז:

רשב"ם

דמסוכר. מקיז דם מן הכתפיים: **ידא אאוסיא**. שרגיל להגיח ידו על שפתו אלא כחיריו: **דרגא לפחדא**. סולם ודרך הוא לעלות עליו פחד רוח רעה: **אפותא**. מלח: **בלילי רביעיות**. בלא גרו: **לול שפן אניגרון**. לחש הוא: **בי בליעי ושמיני**. הגה סביבותי אנשים כחושים ושמנים בחרו וקחו לכם והניחוני: **שברירי**. סנורים (בראשית יט) מתרגמינן כן: **לימא ליה לחינא מיא בכסי חיורי**. ממוכה על כוסות של חרס: **הוי עז כנמר**. התחזק במצות יותר משהיכולת בידך: **ר' יהושע בן קרחה**. הוא בן ר"ע שרבי עקיבא קרח היה כדאמרי' במסכת [בכורות] (דף נח.) כל חכמי ישראל דומין לפני כקליפת השום חוץ מן הקרח הזה: **אל תשב בגובהה של עיר ותשנה**. מקום שבני העיר עוברין ושבין ויבטלוך ויפסיקוך ממשנתך: **ואל תדור בעיר שראשיה ת"ח**. דטריד בגירסא ולא טריד במילי דציבורא: **ולא תכנס בביתך פתאום**. אלא השמע את קולך להם קודם בואך דילמא עבדי מילתא דצניעותא [בויקרא רבה] (פכ"א) ר' יוחנן כי הוה עייל לביתא מנענע משום שנאמר ונשמע קולו בבואו אל הקודש: **ואל תמנע מנעלים מרגליך**. שגנאי הדבר לתלמיד חכם שילך יחף כדאמרינן התם (שבת דף קכט.) ימכור אדם כל מה שיש לו ויקח מנעלים לרגליו: **השכם ואכול כו'**. מקראי נפקא לן בבבא קמא (דף צב:) לא ירעבו ולא יצמאו ולא יכם שרב ושמש אי נמי מדכתיב וברך את לחמך ואת מימיך והדר והסירותי מחלה מקרבך: **לא למיזבן מיניה ולא לזבוני ליה**. דאיידי דעדיף מזליה נגא וזכי ליה להאי: **כשהיה חבוש בבית האסורין**. כדאיתא בברכות (דף סא:): **איני מלמדך**. שלפי שהיה עסוק בתורה נתפש כדאמרינן בברכות (שם): **אמר לו רבי שמעון בן יוחי ומי בסכנה**. והלא עגל בסכנה ומה לך בכך: **ואם בקשת ליחנק היתלה באילן גדול**. לומר דבר שישמע לבריות ויקבלו ממך ומשום דנקט ליחנק *דחניקה נקט היתלה באילן למוד בפני רב ואמור שמועותיו משמו: **בחדתא**. כשהתינוק מתחיל ללמוד מחדש: **ארבע דיעות**. בשעת תשמיש זה לבו לאשתו ראשונה וזאת לבעלה הראשון והגיא לא ישמש אדם עם אשתו ויתן עיניו באשה אחרת ויהיו בניו קרובין לממזירין הנקראין בני גרושת הלב במסכת נדרים (דף כ:): שאין

[לימא] | [לימא] | עי"ז יב: ע"ש [ונתוס' שם] | [לימא] | [לקמן קיג.] שבת קיח. | עי' בב"י בטוא"ח סימן רמ"ב דלא גרים ליה: | [נדה טז: מס' ד"א פ"ה] | [לקמן קיג.] | [ב"ב טו:] | פי' אם רצית לשאול בדבר איסור כלומר שאתה צריך לדון דין תמור בד"כ שאל לחכם גדול ועשה כהוראתו. ערוך ערך חנק] | ס"א משום דנקט ליחנק דסיתלה באילן נקט ליחנק דחניקה. ח"מ:

הגהות הב"ח

(א) גמ' מאי ניהו אמר רב פפא:

תוספות

צוה רבי עקיבא את רבי יהושע בנו. פירש רשב"ם דהוא ר' יהושע בן קרחה דר"ע קרח היה כדאמרינן [בבכורות] (דף נח.) שהיה בן עזאי אומר כל חכמי ישראל דומין לפני כקליפת השום חוץ מן הקרח הזה ואין נראה שיהיה הגמרא קורא אותו בן קרחה דרך גנאי שהרי נענשו הנערים שקראו לאלישע עלה קרח (מלכים ב ב) ובן עזאי קראו כן דרך *בדיחותא:

שבשתא דעל על. תימה דרבא גופא אית ליה בלא יחפור (ב"ב דף כא.) שבשתא ממילא נפקא ויש לומר דהיינו כשלומד קמי דגרים ולא דייק שיכול להבין מעצמו כשיגדל אבל כאן דאיירי בספר שאינו מוגה סומך על ספרו ואינו יוצא מידי טעותו: ולא

[ועי"ע תוס' שבת קנ. ותוספות ב"ב קיג. ד"ה ומטו ותוס' בכורות נח.]

עין משפט נר מצוה

סג א טוש"ע או"ח סי' ר סעיף יט:

סד [א] טוש"ע יו"ד סי' קט"ו סעיף ה ועיין רמב"ם פי"ב מהל' רוצח ושמירת נפש הל"ה [וברב אלפס פ"ב דע"ז דף שמ. וברא"ש שם סס' יג ונ"ע]:

סה ב מיי' פ"ל מהלכות שבת הלכה ז וס"י מהלכות מתנות עניים הלכה יח סמג עשין ל' טוש"ע או"ח סימן רמב טוש"ע יו"ד סימן רנה סעיף א:

רבינו חננאל

לתלתין יומין דמסוכר פי' מקיז דם ולא משי ידיה מפחד שבעה יומין שקל מזייה ולא משי ידית מפחד להלתין יומין שקל טופריה ולא משי ידית מפחד יום אחד דמשי רישיה ולא משי כרעיה מפחד יום אחד ולא ידע ממה מפחד ידא אפגא דירכא לפחדא ידא אפגא דירכא לשינתא. אוכלין ומשקין תחת המטה ואפי' מחופין בכלי ברזל רוח רעה שורה עליהן: ת"ר לא ישתה אדם בלילי רביעיות ובלילי שבתות במחשך ואי צחי למיא לימא שבעה קולות קול ה' על המים וכו' וישתה לא ישתה אדם מן הנהרות בלילה כו': **ואפי'** מן התמחוי. ואסיקנא אפילו לר' עקיבא דאמר עשה שבתך חול ואל תצטרך לבריות הכא משום ניסא מתיר שיקח אפילו מן התמחוי: **תנא** דבי אליהו אע"פ שאמר ר' עקיבא עשה שבתך חול ואל תצטרך לבריות עושה אדם דבר מועט בתוך ביתו כגון כסא דהרסנא כדתנן הוי עז כנמר קל כנשר ורץ כצבי וגבור כארי לעשות רצון אביך שבשמים: **ששה** דברים צוה ר' עקיבא לר' יהושע בנו אל תשב בגובהה של עיר ותשנה ואל תדור בעיר שראשיה תלמידי חכמים ואל תכנס לבית פתאום ואל תמנע מנעלים מרגליך השכם ואכול בין בקיץ בין בחורף. עשה שבתך חול ואל תצטרך לבריות פי' אל תאמר חייב אני לענג השבת אם אין ידך משגת אלא עשה שבתך כמאכל ובמשקה ובמלבוש [כמו יום החול] ואל תצטרך לבריות ותשתדל עם שהשעה משחקת לו להשתתף עמו ואפילו למזבן ולזבוני מיניה: **חמשה** דברים צוה ר' עקיבא את ר' שמעון בן יוחאי אם בקשת ליחנק התלה באילן גדול. פי' אם רצית לשאול בדבר איסור שאל חכם גדול ועשה כהוראתו וכשתבקש ללמד לבנך למדהו בספר מוגה דשבשתא דעל על כלומר אם יקרא בנך בטעות הטעות שנכנס בלבו כבר נכנס מי יסירהו מלבו ואל תבשל בקדירה שבשל בה חברך בין גרושה בין אלמנה:

גליון הש"ס גמ' רוח רעה שורה עליהן. עי' תורת חיים שבועות דף ט ע"ב ד"ה ריב"ל: רש"י ד"ה אל תשב. יבטלוך ויפסיק לך. עי' בסדר הדורות בסדר תנאים אות י דף קיא ע"ב:

עין משפט נר מצוה

סו א מיי' פכ"א מהלכות איסורי ביאה הלכה י סמג לאוין קכו טוש"ע או"ח סי' רמ סעיף יא וטוש"ע אה"ע סימן כה סעיף ה:

סז ב טוש"ע או"ח סי' רמ סעיף טו:

*שאין כל אצבעות שוות מצוה וגוף גדול אוכל פירות ולא שכר מצוה וגוף טהור נושא אשה ולו בנים ארבעה דברים צוה רבינו הקדוש את בניו אל תדור בשכנציב משום דליצני הוו ומשכו לך בליצנותא *ואל תשב על מטת ארמית איכא דאמרי דלא תיגני בלא קרית שמע ואיכא דאמרי דלא תינסב גיורתא ואיכא דאמרי ארמאית ממש ומשום מעשה דרב פפא ואל תבריח עצמך מן המכס דילמא משכחו לך ושקלי מנך כל דאית לך ואל תעמוד בפני השור בשעה שעולה מן האגם מפני שהשטן מרקד בין קרניו אמר רבי שמואל בשור שחור וביומי ניסן *תני רב אושעיא מרחיקין משור תם חמשים אמה משור מועד כמלא עיניו תנא משמיה דרבי מאיר ריש תורא בדיקולא סק לאיגרא ושדי דרגא מתותך אמר רב ניזהא דתורא הן הן ניזהא דאריה זה זה ניזהא דגמלא דא דא ניזהא דארבא הילני הייא הילא והילוק הוליא אמר אביי עור דג וכוס חמץ וביצים וכנים לבנים כולן קשין לדבר אחר עור מאן דגני אמשכא דצלא דג שיבוטא ביומי ניסן כוס שיורי כסא דהרסנא חמץ חמימי דחמימי משדרו עילויה ביצים מאן דמדרך אקליפים כינים לבנים מאן דמהוור לבושיה ולא נטיר ליה תמניא יומי והדר לבוש לה בריין הנך כינים וקשין לדבר אחר אמר רב פפא ביתא דאית ביה שונרא לא ניעול בה איניש בלא מסני מאי טעמא משום דשונרא קטיל לחוויא ואכיל ליה ואית ביה בחוויא גרמי קטיני ואי יתיב לה גרמא דחוויא אברעיה לא נפיק ואסתכן ליה איכא דאמרי ביתא דלית ביה שונרא לא ניעול ביה איניש *בהכרא מאי טעמא דילמא מיכריך ביה חויא ולא ידע ומסתכן ג' דברים צוה ר' ישמעאל בר' יוסי את רבי (מק"ש סימן) אל תעש מום בעצמך מאי היא לא תיהוי לך דינא בהדי תלתא דחד הוי בעל דינך ותרי סהדי *ואל תעמוד על המקח בשעה שאין לך דמים אשתך טבלה אל תזקק לה לילה הראשונה אמר רב ובנדה דאורייתא הואיל והוחזק מעין פתוח דילמא משכה זיבה שלשה דברים צוה רבי יוסי בר' יהודה את רבי אל תצא יחידי בלילה ואל תעמוד בפני הנר ערום ואל תכנס למרחץ חדש שמא תפחת עד כמה אריב"ל עד י"ב חדש ואל תעמוד בפני הנר ערום דתניא *העומד בפני הנר ערום הוי נכפה **והמשמש מטתו לאור הנר הויין לו בנים נכפין ת"ר המשמש מטתו על מטה שתינוק ישן עליה אותו תינוק נכפה ולא אמרן אלא דלא הוי בר שתא אבל בר שתא לית לן בה ולא אמרן אלא דגני להדי כרעיה אבל גני להדי רישיה לית לן בה ולא אמרן אלא דלא מנח ידיה עילויה אבל מנח ידיה עילויה לית לן בה *אל תצא יחידי בלילה דתניא לא יצא יחידי בלילה לא בלילי רביעיות ולא בלילי שבתות מפני שאגרת בת מחלת היא ושמונה עשרה רבוא של מלאכי חבלה יוצאין וכל אחד ואחד יש לו רשות לחבל בפני עצמו מעיקרא הוו שכיחי כולי יומא זמנא חדא פגעה ברבי חנינא בן דוסא אמרה ליה אי לאו דמכרזן עלך ברקיע הזהרו בחנינא ובתורתו סכנתיך אמר לה אי חשיבנא ברקיע גוזר אני עליך שלא תעבורי ביישוב לעולם אמרה ליה במטותא מינך שבק לי רווחא פורתא שבק לה לילי שבתות ולילי רביעיות ותו חדא זמנא פגעה ביה באביי אמרה ליה אי לאו דמכרזי עלך ברקיע הזהרו בנחמני ובתורתו הוה סכנתיך א"ל אי חשיבנא ברקיע גוזרני עלייכי שלא תעבורי ביישוב לעולם הא קא חזינן דעברה אמרי הני

גזייתא

רשב"ם

שאין כל האצבעות שוות. אבר תשמיש ומתוך שאין תשמישו של זה נוח לה כשל ראשון תשנא אותו: מצוה וגוף גדול. אם תרצה לעשות מצוה וגם תשתכר בה: אוכל פירות ולא שכר. הלוה מעות לחבירך על קרקע לאכול פירות בנכייתא בזול [שתנכה] לו דבר מועט מן הדמים כמשכנתא דסורא (ב"מ דף סז:) והייט ריוח גדול וגם מלוה היא שיש לו ללוה שכר ריוח שצריך למעות לסחורה: דלא תיגני בלא ק"ש. שזהו מנהג דארמאין: וא"ד. על מטה ארמית ממש משום מעשה דרב פפא שהיתה ארמית אחת חייבת לו מעות ונכנס בביתה לגבות הימנה חנקה את בנה ונתנתו על המטה וכשנכנס רב פפא אמרה לו שב על המטה עד שאביא מעותיך וכן עשה כשבאתה אמרה לו המתה את בני וברח לו מן המדינה: לא תינסב גיורתא. משום דאמרינן גיורא עד עשרה דרי לא תבזי ארמאה באפיה (סנהדרין צד.): מפני שהשטן מרקד. לאו דווקא אלא משוגע כדמפרש לקמן: וביומי ניסן. שהלמחים עולין וגם לבו וגוגח: ריש תורא בדיקולא. רבותא היא אפילו כשראש השור בתוך הסל שהוא אוכל בו וטרוד באכילתו: שדי דרגא. פן יעלה אחריך: ניזהא דתורא. לחש על השור שלא יגנחנו כך פירש רבינו ונראה בעיני שאינו לחש אלא גערה שגוער בו בלשון הזה להבריחו מעליו או כדי שיעשה מלאכה וכן כולן: ניזהא. גערה: ניזהא דארבא. כדי למושכה בחבל ולהוליכה לנהר: אמר אביי עור ודג כו'. לקמן מפרש להו ואזיל: משכא דצלא. הישן על העור קודם שתגמר עבודתו צלא הוא עבדן כדאמרי' בב"ב (דף ה.) ארבעה צלא וארבעה צללא: חמימי שדא עליה. אם רגיל לשפוך מים חמין יותר מדאי על בשרו: מאן דמהוור לבושים. ולבוש להו מקמי שמנה יומי דאכתי לא מטו שמנה יומי שכיבסן הנהו כנים הדרי ואיכא בהו חיותא וקשין לדבר אחר לרעת: בסכרא. בחושך: דחד הוי בעל דינך. ותרי לסהדו עלך ויחלקו בין שלשתן ומתוך שנהם שנחלקת עמהן יעשו עליך קנוניא זו לתבוע ממך: אל תעמוד על המקח. לסחור והמוכר ישראל הוא ואין לך דמים לקנות המקח ונמצא מפסידו הנם שלא יקחנו אחר מאחר שאתה מהפך בו: בנדה דאורייתא. קודם שהחמירו על עצמן לישב שבעה נקיים ואפילו רואות כל שבעה טובלות בליל שמונה ומשמשות ואל תזקק באותו הלילה הואיל והיום ראתה והוחזק מעין פתוח דילמא שפעה זיבה בשעת תשמיש: שמא תפחת. ותתחיה חלל מלא מים: בנחמני. אביי ולפי שגידלו רבה בר נחמני קרוי כן:

גזייתא

שאין כל האצבעות שוות. אבר תשמיש שלא יהא תשמיש זה טוב לה כראשון ותולה בו: מצוה וגוף גדול. אם תרצה לעשות מצוה וגם תשתכר בה שיגדל ממונך: אוכל פירות ולא שכר. הלוה תצריך מעות על הקרקע לאכול פירות בנכייתא בזול שתנכה לו דבר מועט מן הדמים והייט ריוח גדול וגם מלוה היא שיש ללוה שכר ריוח שצריך למעות ולסחורה: דלא תיגני בלא ק"ש. שזה מנהג הארמאין: איכא דאמרי אל תשב במטה ארמית ממש משום מעשה דרב פפא שהיתה ארמית אחת חייבת לו מעות ונכנס מדי יום יום בביתה לגבות הימנה יום אחד חנקה את בנה ונתנתו על המטה וכשנכנס רב פפא אמרה לו שב עד שאביא מעותיך וכן עשה כשבאתה אמרה המתה את בני וברח מןהמדינה: וביומי ניסן. שהלמחים עולין וגם לבו בהן ונוגח: בדיקולא. בטרסקל שהוא אוכל בו: ניזהא (א) דתורא. *לחש על השור שלא יגנחנו: אמשכא דגלא. הישן על עור בבית העבדנין קודם שתגמר מלאכתו: חמימי דחמימי דשדא עילויה. אם רגיל לשפוך עליו מים חמים יותר מדאי על בשרו: מאן דמחוור לבושי'. ולביש להו מקמי ח' יומי דאכתי לא מטי ח' יומי דאשלחינהו הנהו כנים הדרי ואכתי איכא בהו חיותא ואכלי ליה וקשין לדבר אחר: בהדי סהדא. דהוה חד בעל דינך ותרי ליהוי סהדך: ובנדה דאורייתא. קודם שהחמירו על עצמן לישב ז' נקיים וטובלת ביום שפסק המעין אל תזקק באותו לילה הואיל והיום ראתה והוחזק מעיין פתוח דילמא שפעה זיבה: שמא ספחת. ותתחיה חלל מלא מים:

גזייתא

מסורת הש"ס

[נדה טו.]

ברכות ח: [וע"ש כמה שנויים בין המעשה שהובא שם ובין מה שהביא רש"י ורשב"ם]

[ועי' רש"י סנהדרין מח: ד"ה מנזוזתא וכו' משמע כפי' שכתב הרשב"ם הכא לשון גערה]

כתובות נ.

[תמיד לב. איתא בהברא ופי' כמפרש בתוכן וכ"ה בערוך ערך הכר ע"ש ועי' הוריות יב. וכריתות ה: ובפירוש רש"י שם]

[ב"מ מח: פ"ש]

מס' ד"א פ"א ושם איתא דמו בראשו

מס' כלה פ"ו [?]

[ברכות מג: חולין לא.]

הגהות הב"ח

(א) רש"י ד"ה נזהא. נ"ב ולשון נזהא הוא המדבר בקושי ובחוזק

רבינו חננאל

מצוה וגוף גדול אוכל פירות ולו שכר. כלו' מלוה את חברו ועושה מצוה ומשתלם ממנו מן השכר מצוה והגוף נקי נושא אשה ולו בנים: ארבעה דברים צוה רבינו את בנו אל תדור בשכנציב דליצני נינהו דילמא משכו לך ואל תשב במטת ארמית משום מעשה דרב פפא שהיה נושה בארמאי ממון ובא לביתו לפרוע היה לאותו ארמאי בן ומת והיה מוטל על המטה כיון שנכנס רב פפא אמר ליה שב על המטה כיון שישב על המטה צעק כי אתה הרגת את בני כו' איכא דאמרי אל תשב אל תישן בלא ק"ש איכא דאמרי לא תנסב גיורתא ואל תבריח עצמך מן המכס דאי משכחי ליה בידך שקלי לכוליה עסקך ואל תעמוד בפני השור וכו' נזהא דתורא וכו': שלשה דברים צוה ר' ישמעאל בר' יוסי את רב אל תעש מום בעצמך מאי היא לא תיהוי לך דינא בהדי תלתא דחד הוי בעל דין ותרי מינייהו סהדי ואל תעמוד על המקח בשעה שאין לך דמים שנמצאת מפחית המקח בעיני בעליו אשתך טבלה אל תזדקק לה לילה הראשון אמר רבא בנדה דאורייתא שטובלת בתשלום שבעת ימים לראייתה הואיל והוחזק מעין פתוח אבל בסופרת שבעה נקיים לא וכן עוד צוה ר' יוסי בר' יהודה אל תצא יחידי בלילה ואל תעמוד בפני הנר ערום ואל תכנס במרחץ חדשה שמא תפחת העומד בפני הנר ערום נכפה והמשמש מטתו לאור הנר הויין לו בנים נכפים: ת"ר המשמש מטתו ותינוק קטן בה נכפה. אגרת בת מחלת שנראת לר' חנינא ולאביי פשוטה היא: אמר ליה

§ מסכת פסחים דף קיב: §

אות א'*[א]

מרחיקין משור תם חמשים אמה, משור מועד כמלא עיניו

סימן קד ס"ד - אם ראה שור בא כנגדו, פוסק, שמרחיקין משור תם, (פי' שם שאינו רגיל להזיק), נ' אמות, וממועד, (פי' שרגיל להזיק), מלא עיניו; ואם שוורים שבמקום ההוא מוחזקים שאינם מזיקים, אינו פוסק.

ושור המסורס, אפי' אם אינו יודע אינו פוסק, **ודוקא** שלא הזיק מעולם, אבל אם הזיק אפי' פעם אחת, פוסק אפילו במקומות שאין רגילין שאר השוורים להזיק.

אות א'**[ב]

אל תצא יחידי בלילה

רמב"ם פ"ה הל' דעות ה"ט - וכן לא יצא יחידי בלילה, אלא א"כ היה לו זמן קבוע לצאת בו לתלמודו, [ג]כל אלו מפני החשד.

אות א'

והמשמש מטתו לאור הנר הויין לו בנים נכפין

סימן רמ סי"א - אסור לשמש לאור הנר, אע"פ שמאפיל בטליתו - ואפילו אין שם אלא קצת אור, כגון שדולק הנר בתוך השפופרת שהנר מונח בתוכו, או שמאיר קצת דרך לאנטערנ"ע, אחר שאין שם מחיצה המפסקת, [**ואפי'** ע"י האפלת טלית אסור], (ועבור זה הויין ליה בנים נכפין).

וה"ה לאור הלבנה ג"כ אסור, ודוקא אם אור הלבנה מאיר עליהם להדיא, אבל אם אינה מאירה עליהם, אע"פ שמאירה לבית, מותר, **ומ"מ** נכון שיאפיל בטליתו, **ואם** הם תחת אויר השמים, אפי' אין אור הלבנה עליהם ממש, אלא הם בצלה, אפ"ה אסור, **והיינו** אפילו יש שם מחיצות סביבם, דבמקום מגולה שאין שם מחיצות, בלא"ה אסור לשמש, כמבואר באה"ע סימן כ"ה ס"ד.

הגה: אבל אם עושה מחיצה גבוה עשרה לפני הנר - ומיירי שקשר אותה מלמטה שלא ינוד ברוח מצויה, דאל"ה אין דין מחיצה עליה, **אע"פ שהאור נראה דרך המחיצה, כגון שהפסיק בסדין, שרי, (כן נראה לי מדברי רש"י בפ"ב דמסכת ביצה).**

וה"ה אם האור נראה למעלה מהמחיצה שרי, כיון שהיא מחיצה גמורה, **וכ"ז** דוקא כשמאפיל בטליתו, אבל בלא"ה אסור, דמאחר שהחדר מלא אור לא עדיף מביום, **ויש** שמחמירין אפילו ע"י האפלת טלית, כיון שמ"מ האור נראה באותו חדר, [**ואם** היריעות שסביב המטה עבות ומחשיכות, אפי' אין מחשיכות לגמרי, לכו"ע שרי, כיון דיש תרתי מעלות, אחד, שהוא הפסק מחיצה, ועוד, שאור הנר אינו משמש אורו, שהרי החשיך].

וכ"ש אם הנר בחדר אחר ומאיר לחדר זה דשרי, וכתב בחכ"א דמ"מ צריך האפלת טלית, [**ושרי** אפי' לדעת המקובלים דמחמירין בשהאור נראה דרך המחיצה, כאן דהוא חדר אחר עדיף טפי, **אכן** לא ביאר אם מותר אפי' כשמאיר עליהם להדיא, או דוקא כשאין מאיר עליהם להדיא, **ובפמ"ג** משמע דמותר ע"י האפלת טלית בכל גווני, ועכ"פ כשאין מאיר עליהם להדיא, בודאי יש להקל ע"י טלית].

גם אמרינן התם דשרי כשכופה כלי על הנר; ואם מותר לעשות מחילה זו בשבת, עיין לקמן ריש סימן שט"ו.

וכן אסור לשמש ביום - דאין זה דרך צניעות, **אלא אם כן הוא בית אפל. הגה: ותלמיד חכם מאפיל בטליתו ושרי** - שהוא צנוע בדרכיו ולא יבוא להסתכל, ע"כ מותר ע"י האפלת טלית, **אבל** מ"מ אין להקל בדבר זה אלא לצורך גדול, דהיינו כשיצרו מתגבר עליו, [**ומחכמ"א** משמע, דכשיצרו מתגבר עליו ויכול לבא ח"ו לידי חטא, מותר ע"י האפלת טלית לכל אדם].

[**והנה** בכל הדינים הנזכרים למעלה דמותר ע"י האפלת טלית, לא ביארו הפוסקים דדוקא בת"ח, ומשמע דלכו"ע שרי, **והטעם**, משום דכאן שהוא ביום חמיר טפי, משום דהוא נגד גדר הקדושה, ופשוט].

אה"ע סימן כה ס"ה - אסור לאדם לשמש מטתו לאור הנר, אפילו ע"י האפלת טלית - {אא"כ בהפסק מחיצה, ואז אפילו מאיר מותר אם מאפיל בטלית, כמ"ש באו"ח - ב"ש}, **הרי שהיתה שבת, ולא היה לו בית אחר, והיה הנר דלוק, לא ישמש כלל** - אם אין לו כלי לכפות על הנר - ח"מ, **וכן אסור לשמש מטתו ביום, שעזות פנים היא לו** - {ואם היה ת"ח ומאפיל בטליתו שרי, ולא הותר זה רק לצורך גדול שלא יבא לידי הוצאת זרע לבטלה - ערוה"ש}.

(ועיין באורח חיים סי' ר"מ סעיף י"א וסי' שט"ו סעיף א').

{**ואם** מאיר אור הלבנה דרך החלון, מותר, כ"כ בשל"ה, מיהו צריך האפלת טלית, **ואם** הנר בחדר אחר ומאיר לחדר זה, מותר לשמש, כמ"ש באו"ח סי' תר"ן, ואפשר דצריך האפלת טלית - ב"ש}.

אות ב'

המשמש מטתו על מטה שתינוק ישן עליה וכו'

סימן רמ סט"ז - [ד]המשמש מטתו על מטה שתינוק ישן עליה, אותו תינוק נכפה; ולא אמרן אלא דלא הוי בר שתא, אבל הוי בר שתא לית לן בה; ולא אמרן, אלא דגני להדי כרעיה (פי' סיפן לרגליו), אבל גני להדי רישיה לית לן בה; ולא אמרן אלא דלא מנח ידיה עליה, אבל מנח ידיה עליה, לית לן בה.

באר הגולה

א {ע"פ מהדורת נהרדעא} ב {ע"פ מהדורת נהרדעא} ג {עיין ברכות מ"ג: ובחולין צ"א. מפרש מפני מזיקין וצ"ע - ערוה"ש} ד פסחים קי"ב ע"ב

§ מסכת פסחים דף קיג. §

אות א'

פשוט נבילתא בשוקא ושקיל אגרא, ולא תימא כהנא אנא וגברא רבא אנא וסניא בי מלתא

יו"ד סימן רנה ס"א - לעולם ירחיק אדם עצמו מהצדקה, ויגלגל עצמו בצער, שלא יצטרך לבריות; וכן [א]**צוו חכמים: עשה שבתך חול, ואל תצטרך לבריות;** [ב]**ואפילו היה חכם מכובד והעני, יעסוק באומנות ואפי' באומנות מנוולת, ואל יצטרך לבריות** - ‹אך אם יש בזה בזיון התורה, לא יעשה - ערוה"ש›.

אות א'*[ג]

שלשה מנוחלי העולם הבא אלו הן: הדר בארץ ישראל, והמגדל בניו לתלמוד תורה, והמבדיל על היין במוצאי שבתות, מאי היא, דמשייר מקידושא לאבדלתא

טור סימן רצו - א"ר יוחנן: ג' מנוחלי העוה"ב, הדר בא"י, והמגדל בניו לתלמוד תורה, והמבדיל על היין במ"ש, והוא דשייר מקידושא לאבדלתא; [ד]**הלכך מאן דאית ליה חד כסא ולית ביה שיעור קידושא ואבדלתא, שבק ליה לאבדלתא, וקידושא מקדש אריפתא, דכי תקינו רבנן אבדלתא אחמרא תקינו; ונר חנוכה ויין להבדלה, נר חנוכה קודם, דאפשר לאבדולי בתפלה.**

[ה]**סימן רעא סי"א -** [ו]**והיינו דוקא כשיש לו כוס אחר להבדלה** - קאי אדלעיל, שכתב דכשיש לו כוס אחד מקדש בו בלילה, ואשמעינן דהיינו דוקא וכו', **שאל"כ מוטב שיניחנה להבדלה שא"א בפת, משיקדש עליו ולא יהא לו יין להבדלה.**

בזה איירי השו"ע שהכוס הוא שיעור מצומצם, וממוזג כבר, דאל"ה הלא יכול לקדש בלילה, ולמוזגו להשלימו גם להבדלה וכנ"ל.

וי"א דקידוש הלילה עדיף מהבדלה, ‹התוס' פרק ע"פ - מ"א›. **ואפילו** לדעת השו"ע, אם יש לו שכר להבדלה, מוטב לקדש על היין, דהא לכו"ע מבדילין אשיכרא, כמ"ש בסימן רצ"ו ס"ב, וקידוש אשכרא הרבה פוסקים אוסרים, וגם על הפת מחמיר ר"ת, **ולכן** אפילו בשחרית טוב יותר שיקדש על היין, אם יש לו שכר להבדלה.

מיהו מה שנהגו לקדש בבהכ"נ וגם להבדיל, בזה בודאי ההבדלה שהוא להוציא רבים י"ח, עדיף מקידוש שאינו אלא מנהג, כמ"ש סימן רס"ט, [מ"א, **ואינו** מבואר בדבריו, אם הדין כן גם כשיש לו שכר להבדלה, וצ"ע].

באר הגולה

[א] **פסחים דף קי"ג ע"א** [ב] **שם וב"ב דף ק"י ע"א** [ג] ‹ע"פ מהדורת נהרדעא› [ד] ‹נראה לי דר"ל, דלפעמים בחד כוס יש בו שיעור קידוש והבדלה, דהיינו כשיש בו יותר מרביעית, דמקדש עליו, דצריך להיות מלא, ואחר הקידוש מערה מעט ממנו לכלי אחר ושותה ממנו מלא לוגמיו, ואף שנעשה פגום, חוזר ומתקנו ביין שעירה, אי נמי אפילו אין בו אלא שיעור רביעית, והוא שתה ממנו ופגמו, אי לא היה מזוג מתחלה רק על חד תרין, אפשר למזגו ולתקנו במים, ואפשר דזהו נמי דקאמר, דמשייר מקידושא להבדלה, ר"ל אף שאין לו אלא חד כוס, משיירו על פי הדרכים שנתבארו, וכיון שמדקדק כל כך, לכך שכרו גדול וק"ל, והשתא אתי שפיר דקאמר, הלכך מאן דאית ליה חד כסא ולית ביה שיעור לעשות תקנות אלו, וק"ל - פרישה. ‹**עיין** תוס' וז"ל: ותירץ מורי הר"י, דקידוש היום קרי כיבוד היום. ר"ל, מאי דאמרינן קידוש לילה קודם לכיבוד יום, ר"ל קודם לקידוש היום, אבל לסעודת יום אפילו הבדלה קודמת. הרי מוכח מדברי התוס' דקידוש קודם להבדלה, דהא כן הוא תחלת קושייתם, דוקא קידוש לילה קודם כו', אבל לא הבדלה, משמע דקידוש עדיף מהבדלה - מחה"ש. ‹**דקידוש** יום ודאי קודם להבדלה, אבל כיבוד היום ממש, דהיינו שתייתו בסעודה... אפילו הבדלה קודמת לאותו כיבוד יום, כדקאמר הכא דמשייר מקידושא לאבדלתא, שמונע שתייתו בסעודתו אחר שקידש, ומניח מותרו להבדלה. {וכן משמעות הרשב"ם}. כך נראה לי בפשיטות לפרש דבריהם, ולפי זה אפי' קידוש היום קודם להבדלה לפי דרכם. **אבל** הטור אורח חיים סי' רצ"ו לא הבין השמועה כך, שכתב שם אהא דאמרינן הכא דמשייר מקידושא להבדלה, הלכך מאן דאית ליה חד כסא ולית ליה שיעור קידוש והבדלה, שבק ליה לאבדלתא וקידושא מקדש אריפתא, דכי כו', עכ"ל ע"ש, והוא מפרש דמשייר אותו כוס אחד ואינו עושה בו קידוש ומניחו להבדלה, ולפי דבריו אפילו הבדלה קודמת אפילו לקידוש לילה. **הגם** שאינני כדאי להכריע בזה, מ"מ נ"ל לדקדק על דברי הטור, דמש"כ דלכך הבדלה קודמת לקידוש, דקידושא מצי לקדש אריפתא, אבל הבדלה אחמרא תקינו, זה אינו, דאדרבה קידוש אסמכוה אקרא דבעי לקידושא איין, כדאמרינו זכרהו על היין, ואף לפי' רשב"ם דלעיל דמצי לקדש אפת, היינו דוקא במקום שאין יין, וה"נ מצי להבדיל בתפלה, דעיקר הבדלה בתפילה נתקן כדלעיל - מהרש"א› [ה] ‹עיין בהערה לעיל› [ו] **ב"י לדעת הטור בסי' רצ"ו**

מסורת השס | עין משפט נר מצוה

ולא תימא כהנא אנא · פירשתי בחלו עוברין (לעיל דף מט:*) [ד"ס אמר]

אמר רב פפא אי לאו דרמאי שיכרא לא איעתרי · ובשילהי אלו עוברין (שם) קאמר רב פפא אי לאו דנסיבי כהנתא לא איעתרי וי"ל דהא והא גרמא ליה:

עשה שבתך חול ולא תצטרך לבריות · והא דאמרינן בפ"ב דביצה (דף טו:) דהוצאת שבתות וימים טובים אם פוחת פוחתין לו היינו בשלו אם יש לו: **דמשייר** מקידושא לאבדלתא · שמונע שתייתו בשביל הבדלה ותימה דהא הוקק *קידוש לילה קודם לכיבוד יום אבל הבדלה אינה קודמת *ומפרש מורי הר"י דקידוש יום קרי כיבוד יום והכי איתא בירושלמי פרק שלשה שאכלו רבי יוסי בשם רבי יעקב בר אחא איזהו כיבוד יום בפה"ג:

סח א מיי' פ"י מהלכות מתנות עניים הלכה יג טור ש"ע יו"ד סימן רנא סעיף א:

[לעיל קט.] [עיין מהרש"א בחידושי אגדות]

גזייתא נינהו דשמשי סוסיא ואתו דברי להו *(וא"ל) רב לרב אסי לא תהדר במתא דלא צניף בה סוסיא ולא נבח בה כלבא ואל תדור בעיר *דריש מתא אסיא ולא תנסיב תרתי אי נסבת תרתי נסיב תלת א"ל רב לרב כהנא הפוך בנבילתא ולא תיפוך במילי **פשוט נבילתא בשוקא ושקיל אגרא ולא תימא כהנא אנא וגברא רבא אנא וסניא בי מלתא סלקת לאיגרא שירותך בהדך מאה קרי במתא בזוזא תותי כנפיך ניהו א"ל רב לחייא בריה לא תשתי סמא ולא תשוור ניגרא ולא תעקר ככא ולא תקנא בחוויא ולא תקנא בארמאה תנו רבנן ג' אין מתקנאין בהן ואלו הן נכרי קטן ונחש קטן ותלמיד קטן מ"ט דמלכותיהו אחורי אודנייהו קאי א"ל רב לאיבו בריה טרחי בך בשמעתא ולא מסתייע מילתא תא אגמרך מילי דעלמא אדחלא אכרעיך זבינך זבין כל מילי זבין ותתרט בר מחמרא דזבין ולא תתרט שרי כיסך פתח שקך קבא מארעא ולא כורא מאיגרא תמרא בחלוך לבית סודנא רהיט ועד כמה אמר רבא עד תלתא סאה אמר רב פפא אי לא דרמאי שכרא לא איעתרי א"ר חסדא אי לא דרמאי שכרא לא איעתרי מאי סודנא אמר רב חסדא סוד נאה וגמילות חסדים אמר רב פפא כל אגב גביא בעי כל אשראי ספק אתי ספק לא אתי ודאתי מעות רעות נינהו ג' דברים א"ר יוחנן משום אנשי ירושלים כשאתה יוצא למלחמה אל תצא בראשונה אלא תצא באחרונה כדי שתכנס בראשונה *ועשה שבתך חול ואל תצטרך לבריות *והוי משתדל עם מי שהשעה משחקת לו *(א"ר) שלשה דברים א"ר יהושע בן לוי משום אנשי ירושלים אל תרבה *בגגות משום מעשה שהיה בתך בגרה שחרר עבדך ותן לה *והוי זהיר באשתך מחתנה הראשון מ"ט רב חסדא אמר משום ערוה רב כהנא אמר משום ממון(א) הא והא איתנהו אמר רבי יוחנן שלשה מנוחלי העוה"ב אלו הן הדר בא"י והמגדל בניו לתלמוד תורה והמבדיל על היין במוצאי שבתות מאי היא דמשייר מקידושא לאבדלתא א"ר יוחנן שלשה מכריז עליהן הקב"ה בכל יום על רווק הדר בכרך ואינו חוטא ועל עני המחזיר אבידה לבעליה ועל עשיר המעשר פירותיו בצינעה רב ספרא רווק הדר בכרך הוה

תני

[לעיל קיב.] [ליתא בע"י]

גזייתא · כשמהלכים במבואות שבילי כרמים וסוסים משתמשין מכאן וטורחין ביישוב אתו ודברי להו: **שראשה אסיא** · רופא ואמרי לה ת"ח ותרוייהו חד טעמא: **סוסיא** · משום דהוא נטירותא בקרתא מאויבים ומגנבים: **ולא תינסב תרי** · כשים שמא תתעצגה עליך רעה: **נסיב תלת** · שאם תתעצגה השלישית מגלה לך: **פשוט נבילתא** · הפשט עורה: **סלקת לאיגרא שירותך בהדך** · כשתצא לדרך אפי' קרובה צא ומזונותיך עמך: **מאה קרי בזוזי תותי כנפיך לסוו** · אפילו המזונות בזול אעפ"כ הוליאם עמך: **לא תשתי סמא** · לא תלמד לשתות סמים מפני שתקבע להן ווסת ויהא לבך שואלך ותפזר מעות · ל"א לא תהא רגיל לשתות סממנים כדאמר (לעיל מב:) (*טולהו שקייני) דמעלי להאי קשה להאי: **לא תשוור ניגרא** · פסיעה גסה שנוטלת מאור עינים*: **ולא תעקר ככא** · שן ממש משום חולי: **דמלכותייהו אחורי אודנייהו קיימי** · כלומר עתידין לגדל ותגדל אימתן ויגקמו ממך: **אדחלא על כרעך זבינך זבין** · בעוד שהחול על רגליך כשבאת מן הדרך מכור מה שהבאת כדי שתחזור ותקנה ותביא: **שרי כיסך ופתח שקך** · כלומר תקבל תחלה המעות ותגס בכיסך ואח"כ פתח השק ותן התבואה ללוקחים: **קבא מארעא ולא כורא מאיגרא** · כלומר טוב לילך למקום קרוב ולהשתכר מעט מלהשתכר הרבה במדינת הים: **תמרי בחלוך לבי סודנא רהוט** · אם יש לך תמרים בחותו כלי שטותנים בו תמרים רוץ מיד לבית עושה שכר לעשות מהן שכר שאם תמתין תאכלם בין כך ובין כך ותפסיד: **מאי סודנא** · למה נקרא שם השכר סודנא: **סוד נאה** · עצה טובה שהרי מתעשרין הימנה: **וגמילות חסדים** · יכול לתת מתנה לעניים ולעשות צדקה וחסד: **כל אגב גביא בעי** · כל דבר שצריך לכתוב שטר עליו כגון מלוה ואמנה גביא בעייא כלומר עדיין עומד הוא לגבות ויש לו טורח בו: **מעות רעות** · דפרע להו נהליה זוזא זוזא: **לא באחרונה** · שאם תנוס תכנס לביתך בראשונה: **אל תרבה בגגות** · כלומר אל תהא רגיל לעשות בית בפרהסיא במקום מגולה: **משום מעשה שהיה** · דוד ובת שבע: **משום ממון** · שמבזבזת לו ממונך: **רווק** · פנוי:

תני

[ת"ל א"ל] | ב"ע ק. ע"ש | כל מילי | [כריתות מג:] | לעיל קיב. שבת קית. ע"ש | פ"א בגגות | [עי' בפירוש רשב"ם ב"ב נח: ד"ה בי תמה ופ"ש נח.]

הגהות הב"ח

(א) גמ' משום ממון והא:

רשב"ם

גזייתא · כשהולכין במבואות שבילי כרמים וסוסים משתמשין וטורחין ביישוב: **דריש מתא אסיא** · רופא *מפני שטרוד ברפואותיו ואינו עוסק בצרכי ציבור: **ולא תדור בה דלא צניף בה סוסיא** · כלומר שאין בה סוס משום דהוי נטירותא דקרתא מגנבי לרדוף אחריהן ולתופסן: **ולא תנסוב תרתי נשי** · שלא תתעצגה עליך רעה: **נסיב תלת** · שאם תתעצגה השלישית תגלה לך: **פשוט נבילתא בשוקא** · פשוט עורה בשכר: **סלקת לאיגרא שירותך בהדך** · כשתלא לדרך אפי' במקום קרוב יהו מזונותיך עמך: **מאה קרי בזוזי תותי כנפיך לסוו** · אפילו המזונות בזול יהיו עמך: **לא תשתי סמא** · לא תשתה סמים מפני שנקבע להם ווסת ויהא לבך שואלך ותפסיד מעות ואפילו לרפואה לא תשתה אם אפשר לרפואה אחרת: **לא תשוור ניגרא** · פסיעה גסה נוטלת אחד מחמש מאות ממאור העינים ולא תפרשי ניגרא אמת המים ורגילין בני אדם לקפוץ מעבר זה לעבר זה לקצר דרכן: **לא תעקר ככא** · שן ממש ומשום חולי שסופו תרפא: **דמלכותייהו אחורי אודנייהו קיימין** · כלומר עתידין לגדל ותגדל אימתן וינקמו ממך: **אדחלא אכרעך זבינך זבין** · בעוד החול על רגליך כשבאת מן הדרך מכור מה שהבאת כדי שתחזור מהרה ותקנה ותביא ותמכור: **זבין ותיתרט** · כלומר אם יוקיר יכול אתה להתחרט על שמכרת למכור: **בר מחמרא** · שמא אינו לא מכרו היה מחמיץ: **שרי כיסך ופתח שקיך** · קבל המעות תחלה ותגס בתוך כיסך ואח"כ פתח השק ותגס ללוקח: **קבא מארעא ולא כורא מאיגרא** · מוטב שילך למקום קרוב להשתכר דבר מועט מלהשתכר הרבה במקום רחוק: **תמרי בחלוך לבי סודנא רהוט** · אם יש תמרים בחותו כלי שטוחנין בו תמרים מהר לעשות מהם שכר שאם תמתין תאכלם ובין כך ובין כך תפסיד: **מאי סודנא** · למה נקרא עושה שכר סודנא: **סוד נאה** · עלה טובה היא שהרי מתעשרין הימנה: **וגמילות חסדים** · יכול לתת הימנה לעניים לעשות מהן לדקה וחסד שהרי אין בה קרן גדול: **כל אגב גביא בעי** · כל דבר שלריך לכתוב שטר עליו כגון מלוה ואמנה גביא בעי כלומר עדיין הוא לריך לגבות ויש בו טורח: **מעות רעות** · דפרע ליה ניהליה זוזא זוזא: **כדי שתכנס בראשונה** · אם תנוס: **אל תרבה בגגות** · כלומר אל תהי רגיל לעשות דבריך בפרהסיא במקום מגולה: **משום מעשה שהיה** · דוד ובת שבע דכתיב (שמואל ב יא) וירא (והנה) אשה רוחצת מעל הגג: **משום ממון** · שמבזבזת לו ממונך: **דמשייר מקידושא** · שיש לו מעט יין ומונע שתייתו בשביל הבדלה: **רווק** · פנוי:

תני

[וכב"ב קי. מס' ר"ה בגי' ע"ש ... ד"ס ולא]

גליון השס

גמ' דריש מתא אסיא. עי' תוס' ב"ב דף קי. ד"ה ולא תימא:

רבינו חננאל

רב לרב כהנא הפוך נבלה ולא תהפוך במילי נפוש נבלה ושקול אגרא ולא תימא אנא גברא רבא וזילא בי מילתא. סלקת לאיגרא שירותיך בהדך. כלומר כבר סעודתך תהיה עמך. קרי בזוזא במתא ונזדמן לך קרא בשדה אל תזלזל בו אלא הביאהו בידך. אמר ליה רב לחייא בריה לא תשתה סמא דמתגרע גופך בהאי ולא תשדי באיגרא כי המעלות מכחישות תנוף ואל תעקר ככא מפני העין פי' ככא המכתש והוא אל צרם בלשון ישמעאל ודכתיב (קהלת י"ב ג') ובטלו הטוחנות כי מיעטו כלומר אם יכאב לך אל תעקרהו שמא תכחש עיניך ואל תקני בחויא ולא בארמאה שמא יפגעו בך ולא תשוור ניגרא: אמר ליה רב לאיבו בריה טרחי בך בשמעתא ולא אסתייעא מילתא תא אגמרך מילי דעלמא ארחלא דאורחא פי' בעודנו אבק הדרך על רגליך קודם שתרחצם זבינך זבון כל מילי זבין ואיתרט וכו': שלשה דברים צוה ר' יהושע אל תרבה בגגות

משום מעשה שהיה דוד שעלה על הגג וראה בת שבע ושלח ולקחה ובתך בגרה שחרר עבדך ותן לה הוי זהיר באשתך מחתנה ראשון או בעבירה או בממון: א"ר יצחק שלשה מנוחלי העוה"ב הדר בארץ ישראל והמגדל בנו לתלמוד תורה והמשייר יין מן הקידוש כדי להבדיל עליו. שלשה הקב"ה מכריז עליהן על רווק הדר בכרך כנון ר' הושעיא ור' חנינא דהוו יתבי בשוק של זונות ולא מדלו עינייהו ומסתכלו בהו וכד אשתבעי אמרי חבי בחיי רבנן קדישי ארעא ועל העשיר המעשר פירותיו בצנעה ועל עני המחזיר אבדה לבעלה. רב ספרא רווק הדר בכרך הוה כו'. שלשה הקב"ה אוהבן מי שאינו כועס ומי שאינו משתכר ומי שאינו עומד על מדותיו.

שלשה

עין משפט נר מצוה

סט א מיי' פ"ג מהל' רוצח הלכה י"ד סמג לאוין רג טוש"ע חו"מ סימן רעב סעיף א [עי' בהגה"מ פ"ד מהלכות עדות הל' א]:

[א' שמת עי' פירש"י כתובות יח. סה: חולין ז:]

[שייך לאחר ד"ה שלשה]

ע ב מיי' פ"ו מהלכות דעות הלכה ה וסי"ג מהלכות רוצח הלכה יד טוש"ע חו"מ סימן רעב סעיף יא:

עא ג ד מיי' שם סמג עשין פא טור טוש"ע שם:

עב ה טוש"ע יו"ד סי' רסה סעיף יב בהג"ה:

עג ו מיי' פי"א מהלכות ע"ז הלכה טו סמג לאוין כו טוש"ע יו"ד סימן קעט סעיף א:

שראה בו דבר ערוה · ואם תאמר דבאלו מציאות (ב"מ דף לב: ושם) אמרינן אוהב לפרוק ושונא לטעון מצוה בשונא כדי לכוף את יצרו והשתא מה כפיית יצר שייך כיון דמצוה לשנאתו וי"ל כיון שהוא שונאו גם חבירו שונא אותו דכתיב (משלי כז) כמים הפנים לפנים כן לב האדם לאדם ובאין מתוך כך לידי שנאה גמורה ושייך כפיית יצר:

***ואין** לו בנים · נראה דוקא על ידי פשיעתו שאינו מתעסק בפרי' ורביה דומיא דאחריני ומי שאין לו תפילין בראשו ובזרועו וציצית בבגדו מיירי בשיש לו ואינו מניחן אי נמי אפי' אין לו °יש לחזר ולהביא עצמו לידי חיוב כדאשכחן (סוטה דף יד·) במשה שהיה תאב ליכנס לארץ ישראל כדי לקיים מצות שבה והא דאמרי' (שבת דף מט·) תפילין צריכין גוף נקי כאלישע היינו כדמפרש שלא יפיח בהן ולא יישן בהן ובשעת ק"ש כדי לקבל עליו מלכות שמים שלימה בקל יכול ליזהר:

שלשה חייהן אינם חיים הרתחנין כו' · תימה דבפרק המביא (ביצה דף לב·) תניא ג' חייהן אינם חיים המצפה לשלחן חבירו ומי שאשתו מושלת עליו ומי שייסורין מושלין בגופו ואמאי לא מני לכולהו הכא ויש לומר דהכא לא מיירי אלא בהנך דהוו תולדת האדם משום דלעיל נמי איירי דדמי להנך שלשה הקב"ה אוהבן מי שאינו כועס: ואין

תני תנא קמיה דרבא ורב ספרא *צהבו פניו דרב ספרא אמר לו רבא לאו כגון מר אלא כגון רב חנינא ורב אושעיא דהוו אושכפי בארעא דישראל והוו יתבי בשוקא דזונות ועבדי להו מסאני לזונות ועיילי להו *אינהו מסתכלי בהו ואינהו לא מדלן עינייהו לאיסתכולי בהו ומומתיהו הכי בחייהן רבנן קדישי דבארעא דישראל: שלשה הקדוש ברוך הוא אוהבן מי שאינו כועס ומי שאינו משתכר ומי שאינו מעמיד *על מדותיו שלשה הקדוש ברוך הוא שונאן *המדבר א' בפה ואחד בלב והיודע עדות בחבירו ואינו מעיד לו °והרואה דבר ערוה בחבירו ומעיד בו יחידי כי הא דטוביה חטא ואתא זיגוד לחודיה ואסהיד ביה קמיה דרב פפא נגדיה לזיגוד א"ל *טוביה חטא וזיגוד מינגד אמר ליה אין דכתיב °לא יקום עד אחד באיש ואת לחודך אסהדת ביה שם רע בעלמא קא מפקת ביה אמר רבי שמואל בר רב יצחק אמר רב מותר לשנאתו שנאמר °כי תראה חמור שנאך רובץ תחת משאו מאי שונא אילימא שונא נכרי והא *תניא שונא שאמרו שונא ישראל ולא שונא נכרי אלא פשיטא שונא ישראל °ומי שריא למסניה והכתיב °לא תשנא את אחיך בלבבך אלא דאיכא סהדי דעביד איסורא כולי עלמא נמי מיסני סני ליה מאי שנא האי אלא לאו °כי האי גוונא דחזיא ביה איהו דבר ערוה רב נחמן בר יצחק אמר °מצוה לשנאתו שנאמר °יראת ה' (שונאי) רע אמר רב אחא בריה דרבא לרב אשי מהו למימרא ליה לרביה למשנייה אמר ליה אי ידע דמהימן לרביה כבי תרי לימא ליה ואי לא לא לימא ליה תנו רבנן *שלשה חייהן אינם חיים הרחמנין והרתחנין ואניני הדעת ואמר רב יוסף כולהו איתנהו בי תנו רבנן שלשה שונאין זה את זה אלו הן הכלבים והתרנגולין °והחברין וי"א אף הזונות וי"א אף תלמידי חכמים שבבבל ת"ר שלשה אוהבין זה את זה אלו הן הגרים ועבדים ועורבין ארבעה אין הדעת סובלתן אלו הן דל גאה ועשיר מכחש וזקן מנאף ופרנס מתגאה על הציבור בחנם ויש אומרים אף המגרש את אשתו פעם ראשונה ושניה ומחזירה ותנא קמא זימנא *דכתובתה מרובה אי נמי יש לו בנים הימנה *ולא מצי מגרש לה חמשה דברים צוה כנען את בניו אהבו זה את זה ואהבו את הגזל ואהבו את הזמה ושנאו את אדוניכם ואל תדברו אמת ששה דברים נאמרים בסוס אוהב את הזנות ואוהב את המלחמה ורוחו גסה ומואס את השינה ואוכל הרבה ומוציא קמעה* וי"א אף מבקש להרוג בעליו במלחמה שבעה *מנודין לשמים אלו הן יהודי שאין לו אשה ושיש לו אשה ואין לו בנים* ומי שיש לו בנים ואין מגדלן לתלמוד תורה ומי שאין לו תפילין בראשו ותפילין בזרועו וציצית בבגדו ומזוזה בפתחו והמונע מנעלים מרגליו וי"א °אף *מי שאין מיסב בחבורה של מצוה אמר רבה בר בר חנה אמר רבי שמואל בר מרתא אמר רב משום רבי יוסי איש הוצל מניין °שאין שואלין בכלדיים שנאמר °תמים תהיה עם ה' אלהיך ומניין היודע בחבירו שהוא גדול ממנו אפילו בדבר אחד שחייב לנהוג בו כבוד שנאמר °כל קבל די רוח יתירא ביה [ומלכא *עשית להקמותיה על כל מלכותא] והיושבת על דם טהור אסורה לשמש עד כמה אמר רב עונה *תנא הוא יוסף איש הוצל הוא יוסף הבבלי (א) הוא איסי בן גור אריה הוא איסי בן יהודה הוא איסי בן גמליאל הוא איסי בן מהללאל ומה שמו איסי בן עקביה שמו הוא רבי יצחק בן טבלא הוא רבי יצחק בן חקלא הוא רבי יצחק בן אלעא (ג) הוא

רבי

פני תנא · להך מתניתא שלשה מכריז הקב"ה עליהן לשבח בכל יום: **מוסר לשנאתו** · הרואה דבר ערוה בחבירו יחידי אע"פ שאינו רשאי להעיד מותר לשנאתו: **אין הדעת סובלתן** · אפילו הן עצמן מתחרטין לאחר זמן ונבזין הן בפני עצמן: **בכלדיים** · *בעלי אוב: **היושבת על דם** · אף על פי שפסק המעין שלא ראתה: **עונה** · יום ולילה צריכין להמתין:

רבי

תורה אור

רשב"ם

פני תנא · להך מתני' שלשה הקב"ה מכריז עליהן לשבח: **ומופסייסו** · שבועה שלהן: **חטא** · בעבירה: **שם רע הוא דקא מפקת עילויה** · מאחר שאין אתה נאמן בעדות לא יתקבל עדותך אין לך עליך מצוה להעיד הרי אתה עובר על לאו דלא תלך רכיל (ויקרא יט): **דכתיב לא יקום עד אחד וגו'** · כלומר המקרא מעיד שאי אתה נאמן בעדות זו: **מותר לשנאתו** · הרואה יחידי דבר ערוה בחבירו אע"פ שאינו רשאי להעיד לו מותר לשנאתו שהרי הוא יודע בודאי שהוא רשע: **מאי שונא** · כלומר מי הוא שונא שאמר הכתוב: **אי נימא שונא ישראל** · כלומר שהוא שונא ישראל מי שרי למיסנייה ומסתמא לאו ברשעי איירי קרא: **הרחמנין** · יותר מדאי והני שלשה מילי דבר התדיר בהן כל שעה וכיון דהוא מקפיד עליהן אין חייו חיים שאין לו מנוחה: **אין הדעת סובלתן** · של בריות: **המתגאה על הציבור בחנם** · נוהג עליהם שררה ואינו עומד עליהן בשעת דוחקן: **צוה כנען את בניו** · כלומר מנהגן כן הוא כאילו צוה עליהן אביהן ונפקא מינה שצריך אדם ליזהר מהן: **בחבורת מצוה** · כגון משתה של ברית מילה או בת כהן לכהן: **כלדיים** · בעלי אוב כך פירש רבינו ולא נהירא דקרא כתיב בהדיא אל תפנו אל האובות ואני שמעתי חוזים בכוכבים °וכן עיקר: **תמים תהיה** · להיות בוטח בו בכל קורות ותולדות הבאות לך: **היושבת על דם טהור** · אשה שכלו ימי טוהר שלה והגיע ליל ארבעים ואחד לזכר או ליל שמונים ואחד לנקבה שאם תראה עכשיו תהא נדה אסורה לשמש ואע"פ שלא ראתה דהואיל ולמודה היא עד עכשיו להיות משמשת עם ראייתה גזירה שמא תראה ותשמש: **עונה** · יום ולילה כך פירש רבינו ולא נהירא אלא לילה אחד דהיינו ליל ארבעים ואחד כדמפרש רבה (נדה דף סג:) אזהרה לבני ישראל שיפרשו מנשותיהן סמוך לווסתן וכמה עונה ומפרש או יום או לילה:

רבי

מסורת הש"ס

[עי' תוס' שבת קנו: ד"ה כלדאי כו' שהשיגו על פי' רש"י דהכא]

[נ"ל אינהי]

[ו"ל רב"י מגילה כח. לא עמדתי על מדותי] ... אינה

מכות יח.

הגהות הב"ח

(א) גמ' יוסף איש הוצל הוא יוסף הבבלי הא"ל וכו' ...

[נ"ל שנאת]

[ביצה לב: ע"ב]

[עפרש"י שבת יא. ד"ה חבר]

[עירובין מא:]

[עי' תוס' לקמן ריש קיד.]

[פי' המלך כו' חושב בלבו]

רבינו חננאל

שלשה הקב"ה שונאן המדבר אחת בפה ואחת בלב והיודע עדות לחברו ואינו מעיד לו והרואה דבר ערוה יחידי ומעיד לו כי הא דטוביא חטא אתיא זיגוד ואסהיד עליה ונתחייב מלקות כו'. שלשה חייהם אינן חיים הרחמנין והרתחנין ואניני הדעת אמר רב יוסף כולהו איתנהו בי. ארבעה אין הדעת סובלתן דל גאה ועשיר מכחש וזקן מנאף פרנס המתגאה על הצבור בחנם ויש אומרים אף המגרש את אשתו פעם ראשונה ומחזירה. חמשה דברים צוה כנען את בניו אהבו זה את זה אהבו הגזל והזמה ושנאו אדוניכם ואל תדברו אמת: ת"ר שמונה*) הן כמנודין לשמים מי שאין לו אשה ומי שיש לו אשה ואין לו בנים ואינו נושא אשה אחרת ומי שיש לו בן ואינו מגדלו לתלמוד תורה ומי שאינו לובש תפילין ומי שאין לו ציצית בטליתו ומי שאין לו מזוזה בביתו והמהלך יחף ויש אומרי' אף מי שאינו יושב בחבורת מצות כגון קידוש וכיוצא בו. מנין שאין שואלים לכלדים שנאמר תמים תהיה עם ה' אלהיך. מנין ליודע בחברו שגדול ממנו אפי' בדבר אחד שצריך לנהוג בו כבוד שנאמר כל קבל די רוח יתירא ביה. והיושבת על דם טוהר. פי' צריך להמנע בתשלו' ימי טהרה מלשמש כסתו שכל דם שרואה אחרי מלאת שלשה ושלשים יום לזכר וששה וששים יום לנקבה דם נדה הוא כך צריך להתרחק ממנה וכמה רבא אמר עונה וכמה היא עונה או יום או לילה: הוא יוסף איש הוצל וכו' יצחק בר אחא דשמעתא יצחק חקלא יצחק בן אלעזר יצחק בן טבלא יצחק נפחא אלו כולן בעלי אגדות ומתנייתא ונזכר שמם פעם כך ופעם כך אבל כשמדברין ספיו שמועה ...

*) אולי תשיב הפילין כתרתי.

גליון הש"ס גמ' המדבר אחד בפה וכו'. עיין בבא מציעא דף מט ע"א: תוס' ד"ה ואין לו בנים כו' יש לחזר. עי' מנחות דף מא ע"א:

§ מסכת פסחים דף קיג: §

אות א'* [א]

המדבר אחד בפה ואחד בלב

רמב"ם פ"ב מהל' דעות ה"ו - אסור לאדם להנהיג עצמו בדברי חלקות ופיתוי, ולא יהיה אחד בפה ואחד בלב, אלא תוכו כברו, והענין שבלב הוא הדבר שבפה.

אות א'

והרואה דבר ערוה בחבירו ומעיד בו יחידי

חו"מ סימן כח ס"א - הגה: ועד אחד לא יעיד אלא בדבר ממון שמביא אחד לידי שבועה, או בדבר אסור ואפרושי מאיסורא - (עיין בתשובת נודע ביהודה שכתב, דהיינו אפילו אם יש ספק אם יאמינו דבריו, ע"ש - פת"ש). **אבל אם כבר נעשה האסור, לא יעיד, דאינו אלא כמוציא שם רע על חבירו** - [ועל כזה אמרו: טוביה חטא וזיגוד מנגיד - סמ"ע].

אות ב' - ג' - ד'

ומי שריא למסניה, והכתיב לא תשנא את אחיך בלבבך

כי האי גוונא, דחזיא ביה איהו דבר ערוה

מצוה לשנאתו, שנאמר: יראת ה' שנאת רע

חו"מ סימן רעב סי"א - השונא האמור בתורה, לא מעו"ג הוא - [דאין מצות פריקה וטעינה בחמור דאומות העולם - סמ"ע], **אלא מישראל; והיאך יהיה לישראל שונא (מישראל), והכתוב אומר: לא תשנא את אחיך בלבבך; אמרו חכמים: כגון שראהו לבדו שעבר עבירה והתרה בו ולא חזר, הרי מצוה לשנאותו עד שיעשה תשובה וישוב מרשעתו; ואף על פי שעדיין לא עשה תשובה, אם מצאו נבהל במשאו, מצוה לטעון ולפרוק עמו, ולא יניחנו נוטה למות, שמא ישהה בשביל ממונו ויבא לידי סכנה, והתורה הקפידה על נפשות ישראל בין רשעים בין צדיקים, מאחר שהם נלוים אל ה' ומאמינים בעיקר הדת, שנאמר: אמור אליהם חי אני נאם ה' אלהים אם אחפוץ במות הרשע כי אם בשוב רשע מדרכו וחיה.**

אות ה'

אף מי שאין מיסב בחבורה של מצוה

יו"ד סימן רסה סי"ב - הגה: ונהגו לקבץ מנין לסעודת מילה - (ואפשר דמשום פרסומי הוא, דכל פירסום הוא בי' - ערוה"ש). **ומקרי סעודת מצוה** - (ששמחין במצות ה' ית' - לבוש). **וכל מי שאינו אוכל בסעודת מילה, הוי כמנודה לשמים; ודוקא שנמצאו שם בני אדם מהוגנים, אבל אם נמצאו בני אדם שאינם מהוגנים, א"צ לאכול שם** - (ובתשו' מקום שמואל כתב בשם ספר שרביט הזהב, דטוב לבטל מה שהשמש קורא על סעודת ברית מילה, כי אולי לא ילכו מטעמים המתהוים, ויהיה ח"ו בכלל נידוי). (אך עתה בעוה"ר אין חשש, דע"פ רוב ימצאו גם שאינם מהוגנים, אך מ"מ נכון לילך, דאיתא במדרש, דהאוכל בסעודת מילה נצול מדינה של גיהנם - ערוה"ש).

אות ו'

שאין שואלין בכלדיים

יו"ד סימן קעט ס"א - [ב]אין שואלים בחוזים בכוכבים ולא בגורלות - (אע"פ שלפעמים אומרים אמת, וחכמה גדולה היא, וגזירה שגזר הקדוש ברוך הוא משששת ימי בראשית להנהיג עולמו בכך, מ"מ אמרו חז"ל שאסור לשאול בהם - לבוש). **הגה: משום שנאמר: תמים תהיה עם ה' אלהיך** - (כלומר שיתלה אדם עצמו במי שאמר והיה העולם, והוא ברחמיו יציל עבדיו מפגע רע - לבוש).

אות ו'* [ג]

והיושבת על דם טוהר אסורה לשמש... עונה

טור סי' קצד - יולדת זכר טמאה ז'... וצריכה לפרוש מבעלה ליל מ"א אפילו אם אינה רואה; והיולדת נקבה טמאה י"ד... וצריכה לפרוש מבעלה ליל פ"א אפי' אם אינה רואה.

[בטור כתוב, וצריכה לפרוש מבעלה ליל פ"א, והיא מימרא בגמ', ויש בה מחלוקת, **דבה"ג** מפרש הטעם, משום דנפקא אז מימי טוהר לימי טומאה, הוי לה כשעת וסתה, **אבל** שאר הפוסקים שהביא ב"י סבירא להו לכולהו הטעם, דמתוך שהורגלה לשמש כל ימי טוהר ואפי' תראה, חיישינן שמא גם עתה תראה ולאו אדעתה, לכן יודיענה בעלה שהוא פורש ממנה ליל זו, בשביל שכלו ימי טוהר שלה, **ולפי** טעם זה אין איסור אלא במקום שבועלין על דם טוהר, אבל לדידן שאין בועלין על דם טוהר, אין איסור בליל מ"א ופ"א, **משא"כ** לפי בה"ג אין חילוק זו, ואפי' לדידן שאין בועלין על דם טוהר, צריך לפרוש ליל מ"א (ופ"א), **וכיון** שרוב פוסקים סבירא להו הטעם משום גזירה שזכרנו, אין צריך לפרוש בליל (מ"א ו)פ"א, ומש"ה לא הביאו כאן בשו"ע, ולית מאן דחש לה. אחרי כתבי זאת נדפסו תשובות רמ"א, וכתוב שם... שאין צריך לפרוש ליל מ"א או פ"א מטעם שזכרתי לעיל - ט"ז שם ס"ק ב'].

ומשמע דבמפלת ליכא מאן דמחמיר להצריכה פ"א יום, וסגי לה בז' נקיים אחר י"ד יום, **ומ"מ** נראה דבעל נפש יחמיר, לפרוש ממנה ליל מ"א וליל פ"א, משום ספק זכר או נקבה - ש"ך שם ס"ק ד', (ודלא כהט"ז בס"א דבכלל אינו חושש להני לילות).

באר הגולה

[א] (ע"פ מהדורת נהרדעא) [ב] (פסחים קי"ג ב', וערש"י שם, ותוס' דשבת קנ"ו ב' ד"ה כלדאי כו', וז"ש ולא כו' - גר"א. (וז"ל תוס' שם בשבת: בכולה סוגיא משמע דהיינו חוזים בכוכבים, ולא כמו שפירש"י דהיינו אוב, ועוד קשה דבהדיא כתיב אל תפנו וגו'. ובספרי דרש, מנין שאין שואלין בגורלות, שנאמר תמים תהיה, וגורל וחוזה בכוכבים חדא מילתא היא) [ג] (פשוט)

§ מסכת פסחים דף קיד. §

אות א'

מברך על היין ואחר כך מברך על היום

טור סימן תעג - ומוזגין לו כוס ראשון ומקדש עליו, ומברך תחלה בפה"ג, ואחר כך קידוש היום ושהחיינו - ‹שם מחלוקת בית שמאי ובית הלל, והלכה כבית הלל דאמרי מברך על היין – ב"י›.

סימן תעג ס"א - [א]מוזגין לו כוס ראשון [ב]ומקדש עליו - קודם שיקדש יכוין: שרוצה לקיים מצות קידוש, וגם מצות ד' כוסות, שכוס של קידוש הוא אחד מארבעה כוסות, **ויש** נוהגין לומר: הריני מוכן לקדש ולקיים מצות ד' כוסות, רק שצריכין ליזהר שלא יאמרו זה לאחר קידוש, שהרי בירך על הכוס בפה"ג, אלא דוקא קודם קידוש. **וקודם** הגדה יכוין או יאמר: לצאת ידי מצות סיפור יציאת מצרים.

ומברך [ג]שהחיינו - קודם השתיה, ואם לא בירך קודם השתיה, מברך אח"כ אימתי שיזכור ביום א', ואפילו באמצע השוק, דהזמן ארגל קאי, **ואם** נזכר בליל ב' לאחר שקידש היום, יפטור עצמו ב"שהחיינו" שיברך על הכוס לאחר הקידוש.

ואם שכח לברך "שהחיינו" בקידוש ליל ב', אפילו אם בירך כבר בליל ראשון, חייב לברך אימתי שנזכר בכל החג, דהיינו עד סוף יו"ט האחרון של גליות, **וכן** ה"ה בשאר יו"ט, מחויב לברך עד סוף יו"ט, [אבל לא אחר יו"ט אפי' בעצרת. **אכן** במו"ק ונה"ש מגמגמין באם בירך כבר בליל ראשון, דאף דיו"ט שני כראשון לכל דבר, ואף לענין ברכה, כי היכי דלא ליתי לזלזולי ביה, **היינו** רק לכתחילה, אבל לא אם שכח. **וצ"ע** למעשה].

ואם חל בשבת, אומר: ויכולו - ומותר לומר ההגדה בספר אף שהוא ביחידי, ולא חיישינן שמא יטה, כמבואר לעיל סי' רע"ה ס"ט.

ואם חל במו"ש אומר יקנה"ז - דהיינו בתחלה ברכת היין וקידוש ונר, דהיינו ברכת "בורא מאורי האש", והבדלה וזמן, **ואין** מברכין על הבשמים בכל מוצ"ש ליו"ט. **ואומרים** הבדלה זו מיושב כמו הקידוש.

אות ב'

מברך על היין ואחר כך מברך על היום

סימן רעא ס"י - ואח"כ אומר בפה"ג ואח"כ קידוש.

אות ב*[ד]

הביאו לפניו מטבל בחזרת

סימן תעג ס"ו - [ה]ויקח מהכרפס [ו]פחות מכזית - לפי שבכזית יש ספק בברכה אחרונה, אם יברך אותה או לא, ע"כ טוב יותר שיאכל פחות מכזית, שלא יהא בו חיוב כלל לכו"ע.

ומטבלו בחומץ - או ביין, או במי מלח, ולא אתי אלא לאפוקי שלא יטבול בחרוסת, כי חרוסת אינו אלא לטיבול שני, שמטבל המרור בחרוסת.

ומברך: בורא פרי האדמה, ואוכל - ויכוין לפטור בברכה זו גם המרור שיאכל אח"כ.

אות ג'

הביאו לפניו מצה וחזרת וחרוסת ושני תבשילין

סימן תעג ס"ד - מביאין לפני בעל הבית קערה - אבל לפני שאר בני ביתו אין צריך להניח כסדר הזה, אלא כולן נוטלין משל בעל הבית, **וזה** אפילו במקומות שיש שולחן קטן לפני כל אחד ואחד, וכ"ש במקומנו שכולן יושבין על שולחן אחד.

שיש בה [ז]שלשה מצות - שנים בשביל לחם משנה כשאר יו"ט, **ואחת** כדי לבצעה לשתים, חציה לקיים בה מצות אכילת מצה, ד"לחם עוני" קרייה רחמנא, ומה דרכו של עני בפרוסה, **וחציה** השני בשביל אפיקומן.

ומרור וחרוסת - כדי לטבול בו את המרור, כדלקמן בסי' תע"ה,

וכרפס - הוא מין ירק שקורין אותו כרפס, ובחרו לכתחלה במין זה, שהוא נוטריקון ס' פרך, כלומר ס' רבוא עבדו עבודת פרך, **או ירק אחר** - מאיזה מין שהוא, אך לכתחלה טוב שיקח מאותו המין שמברכין עליו אותה ברכה שמברכין על המרור, כדי שיפטור בזה מרור שאוכל בתוך הסעודה, **אבל** לא יקח לזה אחד מחמשת מיני מרור, כי אחר שמילא כריסו ממרור איך יברך אח"כ "על אכילת מרור".

(וחומץ או מי מלח) - לטבול בהן הכרפס והירק, **ואם** חל בשבת, יעשה המי מלח קודם שבת, ולא יעשה בשבת, כמו שכתוב בסימן שכ"א ס"א, **ואם** לא עשה קודם שבת, ואין לו חומץ לטבול בהן, יש לעשות מי מלח מעט, כמו שכתוב שם.

והנה ענין טיבול הירק במשקה, הוא מתקנת חכמים, כדי להתמיה את התינוקות, שיראו שינוי שאוכלין הירקות בטיבול, שאין דרך לאכלם קודם הסעודה בכל ימות השנה, וישאלו על שינוי זה, **שאמירת** ההגדה מצותה לאומרה דרך תשובה על שאלות ששאלוהו, שנאמר: כי ישאלך בנך וגו', ואמרת לבנך עבדים היינו וגו'.

[ח]ושני תבשילין, אחד זכר לפסח, ואחד זכר לחגיגה - ואם חל ערב פסח בשבת, י"א דאין צריך ליקח רק תבשיל אחד כנגד פסח, דחגיגה אינה באה אז, שאינה דוחה שבת, **וי"א** דאעפ"כ צריך לעשות ב' תבשילין כמו בשאר שנים, ולא פלוג רבנן בזה מדאינה אלא לזכר בעלמא, וכן נוהגין.

‹**המשך ההלכות בעמוד הבא**›

באר הגולה

[א] **משנה פסחים קי"ד** [ב] ‹פי' שיברך תחלה בפה"ג ואח"כ על היום, דהכי קי"ל כב"ה, פסחים קיד. – עולת שבת›. ‹**ואולי** מה דהשמיטו המחבר, משום דנכלל במש"כ דאומר יקנה"ז› [ג] **כן משמע דף ק"ג** [ד] ‹ע"פ הגר"א› [ה] **שם בגמ' קי"א** ‹צ"ל קי"ד וכמש"כ הגר"א, וכן הוא בשו"ע פריעדמאן› [ו] **הרא"ש שם ר"י וש"פ ותשו' מהרי"ל, כדי לאפוקי נפשיה מפלוגתא דפוסקים בברכה אחרונה** [ז] **טור בסי' תע"ה בשם התוס' והרא"ש** ‹בס"ס תע"ה כתב שזהו לדעת התוס' (קטז. ד"ה מה) והרא"ש, אבל הרי"ף סובר דסגי בשתים, וכן דעת הרמב"ם, והעולם נוהגים כדעת התוס' והרא"ש – ב"י› [ח] **שם בגמ' קי"ד**

רבי יצחק בן אחא דשמעתא הוא רבי יצחק בן פנחס דאגדתא (א) וסימניך *(שמעו נא אחיי ורעיי) אמר רבה בר בר חנה א"ר יוחנן משמיה דר' יהודה בר' אילעי אכול בצל ושב בצל ולא תיכול אווזין ותרנגולין ויהא לבך רודף עליך פחות ממיכלך וממשתיך ותוסיף על דירתך כי אתא עולא אמר מתלא מתלין במערבא דאכיל אליתא טשי בעליתא דאכיל קקולי *אקיקלי דמתא שכיב:

מתני' מזגו לו כוס ראשון ב"ש אומרים מברך על היום ואחר כך מברך על היין וב"ה אומרים *מברך על היין ואחר כך מברך על היום: **גמ'** *ת"ר דברים שבין ב"ש וב"ה בסעודה ב"ש אומרים מברך על היום ואח"כ מברך על היין מפני שהיום גורם ליין שיבא וכבר קידש היום ועדיין יין לא בא וב"ה אומרים מברך על היין ואח"כ מברך על היום מפני שהיין גורם לקידוש שתאמר *דבר אחר ברכת היין תדירה וברכת היום אינה תדירה תדיר ושאינו תדיר תדיר קודם והילכתא כדברי ב"ה מאי ד"א וכ"ת התם תרתי והכא חדא הכא נמי תרתי נינהו תדיר ושאינו תדיר תדיר קודם והלכה כדברי ב"ה פשיטא דהא נפיק בת קול איבעית אימא קודם בת קול ואי בעית אימא לאחר בת קול *ורבי יהושע היא דאמר אין משגיחין בבת קול: **מתני'** הביאו לפניו *מטבל בחזרת עד שמגיע לפרפרת הפת הביאו לפניו מצה וחזרת וחרוסת* ושני תבשילין אע"פ שאין חרוסת מצוה ר"א (*בן) צדוק אומר מצוה ובמקדש היו מביאין לפניו גופו של פסח: **גמ'** אמר

רשב"ם

רבי יצחק ב"ר אחא דשמעתא. רבי יצחק סתם האמור באגדתא ר' יצחק בן פנחס הוא: דשמעתא בן אחא: **שמעו נא אחיי.** **ולכך רודף עליך.** מתאוה לאכול כל שעה שהורגלת: **קקולי.** ירקות: **אקיקלי דמתא.** על אשפות העיר מקום שאר בני העיר יושבין הואיל ואין תובעין לו כלום: **מתני' מברך על היין.** וה"ה למקדש על הפת: **גמ' שהיין גורם לקידוש שיאמר.** שאם אין לו יין או פת אינו מקדש: **מתני' הביאו לפניו.** ירקות: **מטבל בחזרת.** זהו לשון הגמרא כדתניא לעיל (דף קז:) השמש מטבל בבני מעים לפי שכל מאכלם ע"י טיבול: **מטבל בחזרת.** כלומר אם אין שם ירק אחר מטבל החזרת בחרוסת ואוכל: **עד שמגיע לפרפרת הפת.** קודם שיגיע לאותה חזרת שהוא אוכל אחר המצה שהוא מברך עליה על אכילת מרור וטיבול ראשון כדי שיכיר תינוק וישאל לפי שאין רגילין בני אדם לאכול ירק קודם סעודה: **הביאו לפניו.** אחר אותו טיבול: **מצה מרור וחרוסת ושני תבשילין ואף על פי שאין חרוסת מצוה.** ולקמיה פריך הואיל ולאו מצוה אמאי מייתי לה: **גמ'** זאת

רשב"ם

רבי יצחק ב"ר אחא דשמעתא. מילתא בעלמא נקטה היא כל רבי יצחק סתם הנזכר בשמעתא הוא רבי יצחק ב"ר אחא רבי יצחק סתם באגדתא הוא רבי יצחק בן פנחס: **שמעו נא אחיי.** דשמעתא בן אחא: **אכול בצל ושב בצל.** אכול בצל או ירקות ותשב בצל ביתך ולא תצטרך למכור ביתך: **ולכך רודף עליך.** ומתאוה לאכול כל שעה שהורגלת: **דאכיל אליתא.** אליה כלומר בשר שמן תמיד: **טשי בעליתא.** כשבאין לתובעו הקפותיו הוא נסתר שאין בידו מה לפרוע: **קקולי.** ירקות: **אקיקלי דמתא.** על אשפות (הנהר) [העיר] מקום שאר בני העיר יושבין הוא יושב ואין תובעין לו כלום: **מתני' על היין.** והוא הדין למקדש על הפת וטעמא מפרש בגמרא: **גמ' דברים שבין בית שמאי וב"ה בסעודה.** הכא לא חשיב אלא חדא מפלוגתייהו אבל במס' ברכות (דף נא:) איכא טובא: **גורם ליין שיבא.** קודם סעודה: **וכבר קידש היום.** טעם אחר נותן לדבריו דמשקיבלו עליו מיציאת הכוכבים קידש היום ועדיין לא בא יין לשלחן וכשם שקודם לכניסה כך קודם לברכה: **שהיין גורם לקידוש שיאמר.** שאם אין לו יין או פת אינו מקדש והמקדש על הפת כמקדש על היין וברכת הפת קודם: **תדיר קודם.** במס' זבחים *נפקא לן מהאי קרא דכתיב במוספין מלבד עולת הבוקר אשר לעולת התמיד מלבד משמע לאחר שהקרבת התמיד תקריב המוספין וקא דרשינן אשר לעולת התמיד קרא יתירא הוא אתא למילף דבשביל שהוא תדיר הקדימו הכתוב ומכאן אתה דן לכל התדירין: **דהא נפקא ב"ק.** במסכת עירובין בפ"ק*: **ור' יהושע היא.** בב"מ בפרק הזהב* גבי תנור שחתכו חוליות עמד ר' יהושע ואמר אין *(משהמשין) בב"ק והלכך לדידיה הוצרך לומר בזו הילכתא כב"ה שבשאר מחלוקת דב"ש וב"ה שלא הוקבע בפירוש הלכה כב"ה ס"ל שהרוצה לעשות כדברי ב"ש עושה וכדברי ב"ה עושה כדתניא באלו טריפות (דף מד.) ומוקמינן לה אליבא דר' יהושע: **מתני' הביאו לפניו.** הירקות אחר שבירך על היין: **מטבל בחזרת.** זהו לשון הגמרא כדתניא לעיל (דף קז:) השמש מטבל בבני מעיים לפי שכל מאכלם על ידי טיבול והאי טיבול לאו בחרוסת הוא כדקתני לקמן הביאו לפניו מצה וחזרת וחרוסת מכלל דעדיין לא הביאו והך חזרת לאו דוקא אלא אם (כן) אין שם ירק אחר מטבל בחזרת ואוכל: **עד שמגיע לפרפרת הפת.** קודם שיגיע לאותה חזרת שהוא אוכל אחר מצה שהוא מברך על אכילת מרור כדכתיב על מצות ומרורים (במדבר ט) בתחלה מצה ואח"כ מרור וטיבול ראשון זה כדי שיכיר תינוק וישאל לפי שאין בני אדם רגילין לאכול ירק קודם סעודה: **הביאו לפניו.** אחר אותו טיבול: **מצה וחזרת וב' תבשילין אע"פ שאין חרוסת מצוה.** ובגמרא פריך הואיל ולאו מצוה למה מייתי לה: **שני תבשילין.** בגמרא מפרש כנגד מי: **גמ'** זאת

תוספות

ואין מיסב בסעודת מצוה. הייט סעודת מילה דאמר במדרש דביטול מדינה של גיהנם וסעודת נישואין בת"ח ובת כהן לכהן והוקא שיש שם בני אדם מהוגנין כדאמרינן בזה בורר (סנהדרין דף כג.) נקיי הדעת שבירושלים לא היו מסובין בסעודה אלא כן יודעין מי מיסב עמהם:

צריך לנהוג בו כבוד. בשלא למד ממנו דבלמד ממנו אמרינן (אבות פ"ו) בדוד (עשאו) [קראו] רבו אלופו אע"פ שלא למד אלא שני דברים מאחיתופל:

דאמר אין משגיחים בבת קול. וא"ת מאי שנא דקי"ל כבת קול דב"ה ולא קי"ל *כב"ק דרבי אליעזר וי"ל דהכא ב"ה הוו רובא אלא דב"ש מחדדי טפי אבל התם דב"ק היה כנגד רבים לא קי"ל הכי ובת קול לא יצתה אלא לכבודו כדקאמרינן התם מן השמים יוכיחו וא"ת א"כ היכי קאמר רבי יהושע היא הא רבי יהושע קאי אבת קול דר"א וי"ל מדקאמר אין משגיחין בב"ק משום דלא (מן השמים) היא משמע דבכל דוכתא לית לן למיזל בתר בת קול:

הביאו לפניו. פי' רשב"ם ירקות. ואין נראה מדלא קתני בהדיא הביאו לפניו חזרת כדקתני בסמוך הביאו לפניו מצה ונראה כפי' ר"ח הביאו לפניו שלחן שהרי אין מביאין השלחן עד אחר קידוש ועל השלחן מונח החזרת:

מטבל בחזרת. כלומר אוכל החזרת בטיבול כמו השמש מטבל בבני מעים וכן מטבל בירקות ובקרא נמי משתעי הכי כי תקרעי בפוך עיניך (ירמיה ד) שמנחת הפוך בעינים ופי' רשב"ם דהאי טיבול לאו בחרוסת דהא אכתי לא בא כדקתני סיפא הביאו לפניו מצה וחזרת וחרוסת ואין זה ראיה דהא קתני הכא חזרת ותניא נמי בסיפא ועוד דחזרת צריך להטביל בחרוסת משום קפא ומיהו היכא שהטיבול ראשון הוי בשאר ירקות אין צריך לטבול בחרוסת אלא או בחומץ או במים ומלח כמו שהיה נוהג ר"ת דהא אמר בגמרא דחרוסת משום קפא וליכא קפא אלא במרור וכ"ש לר"א בר לדוק דקאמר מצוה זכר לטיט דלא שייך אלא במרור לזכר דוימררו את חייהם בחומר (שמות א) ועוד דלא שייך מצוה שטיבול ראשון אינו אלא להיכירא ודלא כה"ר יוסף שעשה בסדרו ויטבול בחרוסת וכן רבינו שלמה בסידרו וה"ר שמעיה:

עד שמגיע לפרפרת הפת. פרפרת קרי המרור שאוכל אחר המצה ופרפרת כלומר ממשכת המאכל כמו פרפראות לחכמה (אבות פ"ג מי"ח) שהירקות ממשיכות הלב למאכל ומדקרי למרור פרפרת הפת רמז במשנה דמצה קודמת למרור כדאמר בגמרא:

הביאו לפניו מצה. לפי שעקרו השלחן לפני מי שאומר הגדה ועושה הסדר קתני הביאו לפניו מצה ועקירת שלחן היא כדי שישאל הבן ואביו עונה ט עדיין יביאו שלחן לעשות טיבול שני והבן ישאל למה אנו מטבילין שתי פעמים ומיד כשעוקרין מחזירין לפניו והמצה והמרור עליו שהרי צריך לומר בהגדה מצה זו מרור זה וכדאמר (לעיל לו:ולקמן דף קטו:) לחם עוני שעונין עליו דברים הרבה:

אע"פ שאין חרוסת מצוה. ואם תאמר אמאי לא אתי חרוסת דרשות ומבטל חזרת דמצוה [א] וי"ל דכיון דכל עיקר מרור לא ניתקן רק בטיבול בחרוסת משום קפא לא מקרי ביטול בכך: זאת

עין משפט נר מצוה

עד א מיי' פ"ח מהלכות מצה הלכה א סמג עשין מא טוש"ע א"ח סי' תעג סעיף א:

עה ב מיי' פכ"ט מהל' שבת הלכה ז סמג עשין כט טוש"ע א"ח סי' רעא סעיף י:

עו ג מיי' פ"ח מהל' מצה הלכה א סמג עשין מא טוש"ע א"ח סי' תעג סעיף ד:

עז ד מיי' פ"ז מהל' מצה הלכה יא:

עח ה מיי' פ"ח מהל' מצה הלכה א:

[מאשפות ירים אביון (תהלים קיג) מתרגמינן מקלקלתא מרים תשוכא כך פרש"י בע"ז כח ד"ה ניקרא וכ"כ רש"י ב"ק כח. ד"ה אקילקלתא]

רבינו חננאל

רבי יצחק בר אחא וסימנך שמעוני אחי ועמי *) הנזכר בן אחא הוא בעל השמועה: **מאן** דאכל אליתא טשי בעליתא. כלומר מי שמנהגו לקנות בשר שומן באשראי ואוכל מתחבא בעליות שלא יבוא הקצב ויאמר לו איני מניחך עד שתתן לי דמי הבשר אבל מי שמנהגו לאכול ירקות שדה יושב על השוק באשפה ואינו חושש שאין מי שנושה בו: **מתני'** מזגו לו כוס ראשון ב"ש אומ' מברך על היום וכו' וב"ה אומ' מברך על היין ואחר כך מברך על היום: **ת"ר** דברים שבין ב"ש וב"ה בסעודה ב"ה אומר מברך על היין ואחר כך מברך על היום שהיין גורם לקדושה שתאמר ד"א ברכת היין תדירה ברכת היום אינה תדירה תדיר ושאינו תדיר תדיר קודם והלכתא כב"ה ואסיקנא דר' יהושע היא דאמר אין משגיחין בבת קול הוא דאמר הכא הלכה כב"ה: **הביאו** לפניו מטבל בחזרת. פי' הביאו לפניו השלחן מטבל החזרת בחרוסת ומברך בורא פרי האדמה ומפסיק עד שמגיע לפרפרת הפת והיא עת אכילת המצה הביאו לפניו מצה וחזרת וחרוסת:

הגהות מהר"ב רנשבורג

[א] תוס' ד"ה אע"פ שאין חרוסת מצוה וכו' וי"ל דכיון דכל עיקר מרור וכו'. נ"ב עיין מהר"מ ברבי המה על תירוצם שאינו מספיק לראב"ן דס"ל חרוסת מצוה זכר לטיט ולפענ"ד נראה ברור דכוונת התוס' בזה ג"כ כהר"ן דכיון דטיבול בעלמא הוא ואינו אכילה אינו מבטל וכמ"ש התוס' נמי במנחות דף כ"ב ע"ב ד"ה מכאן וכו' ועי' בס' מעין הבית מה שכתב מעין דברי אלה:

הגהות הב"ח

(א) גמרא דאגדתא הוא וסימנך:

[נ"ל שמעוני אחי ועמי]

ברכות דף נא: סוכה דף נו. [תוספתא דברכות פ"ה]

ג"ז שם בסוכה זבחים דף נא.

ברכות דף נב. עירובין דף ז. יבמות דף יד: ב"מ דף נט: חולין דף מד.

[נ"ל ברבי]

[דף פט.]

[דף יג:] [דף נט:]

[נ"ל משגיחין]

*) נראה דצ"ל ר' יצחק הנזכר בשמעתי' בן אחא הוא בעל השמועה

אמר ר"ל זאת אומרת *מצות צריכות כוונה כיון דלא בעידן חיובא דמרור הוא דאכיל ליה בבורא פה"א הוא דאכיל ליה ודילמא לא איכוון למרור הלכך בעי למהדר לאטבולי לשם מרור דאי סלקא דעתך מצוה לא בעיא כוונה למה לך תרי טיבולי והא טביל ליה חדא זימנא ממאי דילמא לעולם *מצות אין צריכות כוונה ודקאמרת תרי טיבולי למה לי כי היכי דליהוי היכירא לתינוקות וכי תימא א"כ לישמעינן שאר ירקות אי אשמעינן שאר ירקות הוה אמינא היכא דאיכא שאר ירקות הוא דבעינן תרי טיבולי אבל חזרת לחודא לא בעי תרי טיבולי קמשמע לן דאפי' חזרת בעינן תרי טיבולי כי היכי דליהוי ביה היכירא לתינוקות ועוד תניא אכלן דמאי יצא אכלן בלא מתכוין יצא אכלן לחצאין יצא ובלבד שלא ישהא בין אכילה לאכילה יותר מכדי אכילת פרס תנאי היא דתניא רבי יוסי אומר אע"פ שטיבל בחזרת מצוה להביא לפניו חזרת וחרוסת ושני תבשילין ואכתי ממאי דילמא קסבר רבי יוסי מצות אין צריכות כוונה והאי דבעינן תרי טיבולי כי היכי דתיהוי היכירא לתינוקות א"כ מאי מצוה: מאי שני תבשילין אמר רב הונא סילקא וארוזא רבא הוה מיהדר אסילקא וארוזא הואיל ונפיק מפומיה דרב הונא אמר רב אשי שמע מינה (א) דרב הונא לית דחייש להא דרבי יוחנן בן נורי דתניא רבי יוחנן בן נורי אומר *אורז מין דגן הוא וחייבין על חימוצו כרת ואדם יוצא בו ידי חובתו בפסח חזקיה אמר אפי' דג וביצה שעליו רב יוסף אמר צריך שני מיני בשר אחד זכר לפסח וא' זכר לחגיגה רבינא אמר אפילו גרמא ובישולא פשיטא היכא דאיכא שאר ירקות מברך אשאר ירקות בורא פרי האדמה ואכיל והדר מברך על אכילת מרור ואכיל היכא דליכא אלא חסא מאי אמר רב הונא מברך מעיקרא אמרור ב"פ האדמה ואכיל ולבסוף מברך עליה על אכילת מרור ואכיל

מתקיף

רבינו חננאל

אמר ר"ל זאת אומרת מצות צריכות כונה דכיון דהאי חזרת לאו בעידן חיובא דמרור אכיל ליה בבורא פרי האדמה אכיל ליה לפיכך בעי טבול אחרינא דלא אכון בקמייתא ואקשי' ודלמא מצות אין צריכות כונה ואמאי מטבלינן תרי זימני כי היכי דתהוי הכירא לתינוקות וישאלו אמאי מטבלינן תרי זימני ואסיקנא אפי' במרור לחודיה בעינן תרי טבולי כי היכא דלהוי הכירא לתינוקות ולאו משמע דמצות צריכות כונה: ועוד תניא אכלן דמאי או אכלן בלא כונה או חצאין יצא ובלבד שלא ישהא באכילת חצאין בין אכילה לאכילה יותר מכדי אכילת פרס הנה תניא בהדיא דלא בעו כונה ופרקי' תנאי היא דתניא ר' יוסי אומר אע"פ שטבל בחזרת מצוה להביא לפניו מצה וחזרת וחרוסת ושני תבשילין לאו מכלל דר' יוסי סבר מצות צריכות כונה ודחי' ודלמא ר' יוסי נמי צריך תרי טבולי כי היכי דלהוי הכירא לתינוקות ואמרי' אם כן אמאי קתני מצוה אלא משום דסבר מצות צריכות כונה: מאי שני תבשילין אמר רב הונא אפי' סלקא וארוזא אמר רב אשי ש"מ מדקאמר ארוז מבושל דלית הלכתא כר' יוחנן בן נורי דאמר אורז מין דגן הוא. חזקיה אמר אפי' דג וביצה רב יוסף אמר שני מיני בשר אחד זכר *) לצלי ואחד זכר לחגיגה מבושל ורבינא אמר אפי' גרמא ובישולא הן שני תבשילין. אסיקנא היכא דאיכא שאר ירקי מברך אשאר ירקי בורא פרי האדמה ואכיל וכי מטי לאכילת מרור מברך על אכילת מרור ואכיל ליה היכא דלית ליה אלא חזרת בלבד היכי עביד

תוספות

זאת אומרת מצות צריכות כוונה. ר"ש לקיש סבר דמתני' סתמא קתני ומיירי אפי' יכול למצוא שאר ירקות אין לו לטרוח אחר שאר ירקות אלא עושה שני טיבולין במרור והיינו משום דמצות צריכות כוונה וכיון דלא בעידן כו' ובבורא פרי האדמה הוא דאכיל ליה כלומר שלא בירך על אכילת מרור ודילמא לא איכוון ודילמא לאו דוקא כלומר ודאי לא איכוון למרור דאין מצוה אלא עד טיבול שני אחר מצה הלכך בעי למהדר ולאטבולי פי' ולברך על אכילת מרור ולא נקט וברוכי משום דרב חסדא אית ליה בשמעתין דמברך על אכילת מרור בטיבול ראשון והא דקאמר ובבורא פרי האדמה אכיל ליה היינו כלומר שאינו אוכל לשם אכילת מרור אלא אכלו לצאת בבורא פרי האדמה דאי סלקא דעתך לא בעי כוונה אם כן יצא חובת מרור בטיבול ראשון אע"ג דאכלו לפני מצה וכתיב על מצות ומרורים לא הוית עיכובא אמאי צריך תרי טיבולי במרור הוה ליה לאהדורי אשאר ירקות משום היכירא בטיבול ראשון ואחר מצה בטיבול שני יאכל מרור והגמרא דחי דלעולם אין צריכות כוונה ומהדרינן אשאר ירקי משום היכירא וכדי לאכול מרור אחר המצה ומתניתין קמ"ל היכא דליכא שאר ירקי דאפי' במרור בעינן תרי טיבולי כדי לאכול מרור כמצותו ומשום היכירא ולא אמרי' שלא יאכל מרור עד לבסוף ולא נחוש להיכירא:

אכלן דמאי יצא. אבל ודאי לא יצא אע"ג דמעשר ירק דרבנן כדאמרינן גבי מצה בכל שעה (לעיל דף לה:) אבל לא בטבל ומוקי לה בטבל טבול מדרבנן ואיתקש מרור למצה ובדמאי יצא נמי במצה משום דאי בעי מפקיר נכסיה וחזי ליה וטעמא דהחמירו בודאי דרבנן דטבל דאורייתא מפיק התם (לעיל דף לה:) מלא תאכל עליו חמץ יצא זה שאיסורו משום בל תאכל טבל ואיתקש מצה לחמץ:

אכלן בלא מתכוין יצא. קשיא לר"ש לקיש ואע"ג דר"ש לקיש דייק ממתניתין ע"כ מתניתין לא איירי בכל ענין אלא בדליכא שאר ירקות וקא משני תנאי היא וכיון דאיכא תנא דסבר כר"ש לקיש דייק שפיר ר"ש לקיש ממתניתין דלריכות כוונה כי מסתמא איירי בכל ענין אפי' איכא שאר ירקות:

סילקא וארוזא. וכ"ש שני מיני בשר:

לית דחש לה לדר' יוחנן בן נורי. וטעמא דאינו בא לידי חימוץ אלא לידי סרחון בפ' כל שעה (לעיל דף לה:):

שני מיני בשר. פירוש ר"ח צלי זכר לפסח ומבושל זכר לחגיגה ולא נהירא דקיימא לן כבן תימא (לעיל דף ע.) דאין חגיגה נאכלת אלא צלי דמתניתין* אתיא כוותיה לכך נראה דתרווייהו מבושלין וכן משמע לשון תבשילין:

אחד זכר לפסח ואחד לחגיגה. כשחל י"ד להיות בשבת אין צריך רק בישול אחד °דחגיגת י"ד אינה דוחה את השבת ומיהו אומר ר"י דמ"מ אין לחלק דדמי לחובה אם היינו מניחים מלעשות שני תבשילין וגם יש לחוש שמא לא יעשו בשאר פסחים ואין שום חשש אם אנו עושין אע"ג דלא צריך דליכא למיחש שמא יבנה בית המקדש ויאמרו אשתקד עשינו זכר לחגיגה בשבת והשתא נמי נקריבה בשבת דהקרבה מסורה לזריזין וכשיבנה משה ואהרן יהא עמנו וליכא למיטעי אך הבא להניח מלעשות שני תבשילין אין מזהירין אותו:

אמר רב הונא מברך כו'. רב הונא סבר כר"ש לקיש דבעי כוונה ואפי' אית ליה שאר ירקות עביד במרור שני טיבולי:

מתקיף

רשב"ם

זאת אומרת מצות צריכות כוונה. משום הכי בעי תרי טיבולי שמא לא נתכוון לשם מרור הואיל ובירך בורא פרי האדמה כשאר ירקות דעלמא: **דילמא הא קמשמע לן דבעינן תרי טיבולי.** משום תינוקות שישאלו ועבדינן היכירא טובא: **אכלו לחצאין.** חצי זית בפעם ראשונה וחצי זית בפעם שניה ובמרור קא איירי: **תנאי היא.** דהאי תנא לית ליה צריכות כוונה ורבי יוסי אית ליה צריכות כוונה: **ש"מ.** מדקאמר רב הונא דמבשלין אורז בפסח ולא חייש לחימוץ לית דחש לה לדרבי יוחנן: **אפילו דג וביצה שעליו.** שהיו רגילין להטיח את הדג בביצים: **ואחד זכר.** לחגיגת ארבעה עשר: **גרמא ובישולא.** חתיכת בשר ומן המרק: **פשיטא היכא דאיכא שאר ירקי.** מברך מעיקרא אירקי בורא פרי האדמה דאסור ליהנות מן העולם בלא ברכה וכיון דיש לו שאר ירקות הכי שפיר טפי שיברך בפה"א על הירקות תחלה דהיינו ברכה הראויה להם ויפטור את המרור הבא אחריו מברכת בפה"א ואח"כ יברך על החזרת על אכילת מרור:

ולבסוף

רשב"ם

זאת אומרת מצות צריכות כוונה. משום הכי בעי תרי טיבולי שמא לא נתכוון בראשון לשם מרור הואיל ובירך עליו בפה"א כשאר ירקות דעלמא שהרי אין עדיין אכילת מצות מרור לברך עליו על אכילת מרור עד לאחר המצה: **דילמא הא קמ"ל.** דבעינן תרי טיבולי משום תינוקות שישאלו ועבדי היכירא טובא ומיהו ממרור קמא יצא ידי חובתו ומהדר ר"ל א"כ דמשום היכירא דתינוקות לחוד נקט תרי טיבולי ולאו לאשמועינן מצות צריכות כוונה לאשמועינן שאר ירקות בטיבול ראשון ומרור בטיבול שני דאיכא נמי היכר לתינוקות אבל במרור לחודיה לא בעינן תרי טיבולי דכולי האי לא עבדינן משום היכירא דתינוקות להקדים אכילת מרור קודם זמנו: **ועוד תניא.** בהדיא דמצות אין צריכות כוונה ותיובתא דריש לקיש: **אכלן דמאי יצא.** דאי בעי מפקר לנכסיה והוי עני וחזי ליה השתא נמי חזי ליה: **אכלן לחצאין.** חצי זית בפעם ראשון וחצי זית בפעם שני ובמרור מיירי: **תנאי היא.** דהאי תנא לית ליה מצות צריכות כוונה ורבי יוסי אית ליה: **אע"ג שטיבל בחזרת.** טיבול קמא היכא דליכא שאר ירקות: **מצוה להביא כו'.** כלומר מצוה להביא מן התורה דאכתי לא קיים מצות אכילת מרור הואיל ולא נתכוון דמצות צריכות כוונה: **אי הכי מאי מצוה להביא כו'.** מביאין הוה ליה למיתני: **סילקא.** תרדין ורבותא היא וכל שכן שני מיני בשר: **הואיל ונפק מפומיה דרב הונא.** בשביל חיבתו להראות הלכה כמותו: **ש"מ.** מדקאמר רב הונא שמבשלין אורז בפסח ולא חייש לחימוץ לית דחש לדר' יוחנן בן נורי: **אפי' דג וביצה שעליו.** שהיו רגילין להטיח את הדג בביצים והיינו רבותא דאע"ג דדמי לתבשיל אחד חשיב שני תבשילין: **ואחד זכר.** לחגיגת ארבעה עשר הבאה עם הפסח: **שני מיני בשר.** צלי כנגד הפסח ומבושל כנגד חגיגה כך פירש רבינו חננאל מרומי: **גרמא ובשולא.** חתיכת בשר ומרק שנתבשלה בו: **פשיטא היכא דאיכא שאר ירקות.** מברך מעיקרא בטיבול ראשון אשאר ירקות בורא פרי האדמה דאסור ליהנו' מן העולם הזה בלא ברכה דכיון שיש לו שאר ירקות הכי שפיר טפי שיברך בפה"א תחלה דהיינו ברכה הראויה להן ויפטור את המרור מברכת פרי האדמה ואחר כך יברך על החזרת על אכילת מרור:

ולבסוף

[ברכות יג. עירובין לה:]

[עירובין סח ר"ה כח:]

הגהות הב"ח

(א) גמ' שמע מינה מדרב הונא דלית דחייש:

ברכות דף לג לעיל דף לה.

גליון הש"ס

תוס' ד"ה אחד זכר לפסח וכו' דחגיגת י"ד אינה דוחה את השבת. ע"ל גם ע"ג תוס' ד"ה כי"ד שחל ונדף ע"ג תוספות ד"ה מ"ט:

[לקמן קטו. עי' תוספות שם ד"ה כולן]

*) נ"ל אחד צלי זכר לפסח ואחד מבושל זכר לחגיגה כנ"ל וכ"כ הרשב"ם והתוס' משמו כאן

[ט]**ונהגו בבשר וביצה** - וכ"ש אי בעי לעשות שני מיני בשר, א' צלי וא' מבושל, זכר לפסח וחגיגה, דשפיר דמי, **אלא** דאף בביצה יצא בזה, [דלא גרע ממרק של הבשר שיוצא בזה לחגיגה], **ויש** שכתבו דמה שבחרו בביעא, כלומר: בעי רחמנא למפרק יתנא, **ויש** שכתבו משום דעושים אנו זכר לאבילות בית המקדש, שאין אנו יכולין להקריב קרבן פסח.

הגה: ויסדר הקערה לפניו בענין שאינו צריך לעבור על המצות - ר"ל שלא יצטרך לדלג עליהם, **דהיינו הכרפס יהא למעלה מן הכל** - פירוש בסמוך לו, **והחומץ סמוך לו יותר מן המצה, והמצות מן המרור והחרוסת, והם יהיו יותר קרובים אליו מן הבשר והביצה (מהרי"ל)** - ויש שכתבו שאין להקפיד על בשר וביצה, אם יצטרך לדלג עליהם, כיון שאינן מצוה אלא זכר בעלמא, **וגם** על מרור וחרוסת אפשר דלא שייך אין מעבירין, (דהחרוסת אינו אלא לזכר בעלמא, וגם על המרור כיון שאינו חביב על האדם ואין לו דין קדימה לענין ברכת הנהנין, לכן גם כאן אין מקפידין אם יצטרך לעבור עליו - הגר"ז, [**ועיין** בפמ"ג דמפקפק עליו]. **ועיין** באחרונים סדר הקערה של האר"י ז"ל.

[י]**והבשר נהגו שיהיה זרוע** - ע"ש זרוע נטויה שהראה הקב"ה במצרים, **וכתבו** הפוסקים, דבעינן שיהיה מעט בשר על הזרוע, שהוא זכר לבשר קרבן פסח, **ומי** שאין לו זרוע, יקח שאר בשר אף בלא עצם.

ונהגו שהבשר יהיה צלי על הגחלים - ולא מבושל, זכר לקרבן פסח, **ואף** שהיה הפסח נצלה לכתחלה בשפוד, מ"מ כיון שאין נצלה אלא בשפוד של רמון, שטורח לחזור אחריו, לפיכך די לנו בצלי ע"ג גחלים, שיוצאין מעיקר הדין גם בקרבן פסח.

והביצה תהיה מבושלת - שהיא זכר לחגיגה שא"צ צלי, [בחכמים דפליגי אבן תימא בדף ע', וכמו שפסק הרמב"ם]. **(וכ"ה ללויה)** - שהחגיגה באה בין צלי בין מבושל, [לכו"ע, אף לרבנן]. **(וכן נוהגין בעירנו)** - לצלות הביצה, [דחוששין לשיטת הפוסקים דסברי כבן תימא, דס"ל דוקא צלי, עיין בתוס' קי"ד ע"ב ד"ה שני].

ואסור לאכול הזרוע בלילה, דאין אוכלין צלי בלילה, אבל הביצה אף שהיא צלויה מותר, שאין איסור צלי בביצה, **ולפי"ז** אסור לצלות הזרוע בלילה אלא מבעוד יום, אם לא שדעתו לאכלו למחר באותו היום, [דמסתמא אין דעתו לאכול, רק להניחו לצורך למחר]. **וע"כ** אם שכח וצלאו בלילה, יזהר לאכלו מחר בבקר, כ"כ המ"א ושארי אחרונים, **ואם** דעתו שלא לאכול הביצה עד ליל ב', גם הביצה אסור לצלותה בלילה אלא מבעוד יום.

כתב בח"א: רע עלי המעשה שזורקין הזרוע, והוא ביזוי מצוה, ומצוה להניח ביו"ט שני בבקר לתוך הצלי שצולין ליו"ט, ואוכלין אותו.

אות ד'

רבי אליעזר ברבי צדוק אומר מצוה

רמב"ם פ"ז מהל' חמץ ומצה הי"א - החרוסת מצוה מדברי סופרים, [יא]זכר לטיט שהיו עובדין בו במצרים; וכיצד עושין אותה, לוקחין [יב]תמרים או גרוגרות או צמוקין וכיוצא בהן, ודורסין אותן, ונותנין לתוכן חומץ, ומתבלין אותן בתבלין כמו טיט בתבן, ומביאין אותה על השלחן בלילי הפסח.

אות ה'

ובמקדש היו מביאין לפניו גופו של פסח

רמב"ם פ"ח מהל' חמץ ומצה ה"א - סדור עשיית מצות אלו בליל ט"ו כך הוא: בתחלה מוזגין כוס לכל אחד ואחד, ומברך בורא פרי הגפן, ואומר עליו קדוש היום וזמן ושותה; [יג]ואח"כ מברך על נטילת ידים ונוטל ידיו, ומביאין שלחן ערוך ועליו מרור וירק אחר, ומצה וחרוסת, וגופו של כבש הפסח, ובשר חגיגה של יום י"ד; ובזמן הזה מביאין על השלחן שני מיני בשר, אחד זכר לפסח ואחד זכר לחגיגה.

---

§ מסכת פסחים דף קיד: §

אות א'*[א]

מצות אין צריכות כוונה

סימן ס ס"ד - י"א שאין מצות צריכות כוונה, וי"א שצריכות כוונה לצאת בעשיית אותה מצוה, וכן הלכה.

סימן תעה ס"ד - אכל מצה בלא כוונה, [ב]כגון שאנסוהו עכו"ם או לסטים לאכול, יצא ידי חובתו, [ג]כיון שהוא יודע שהלילה פסח ושהוא חייב באכילת מצה - וכ"ש היכא שכפאוהו ישראל לאכול כדי לקיים מצות מצה, דיצא.

ואע"ג דמצות צריכות כונה, וכ"ש הכא דאינו רוצה לאכול, הרי בודאי אינו מתכוין לצאת ידי המצוה, **תירצו** המפרשים, דבמידי דאכילה שעל כרחו נהנה גרונו, עדיף טפי, וכמתכוין דמי.

[ד](במשב"ז מסתפק, באנסוהו לאכול מרור, י"ל דלא יצא כיון שהוא מר ומזיק ואינו נהנה).

ומ"מ היכא שאומר בפירוש שמכוין שלא לצאת ידי המצוה, בזה אפשר דגרע טפי, אף שנהנה גרונו, ולא יצא, [**והיינו** אפי' בלא אנסוהו, כיון שהוא מכוין בהדיא שלא לצאת].

באר הגולה

ט ‹כרבינא שם, וכתב הר"ן דפליג אכולם, [דבישרא מיהא בעינן], ונוהגין ביצה במקום בישולא - גר"א› | י טור | יא ‹פסק כרבי יוחנן (קט"ז) שהוא זכר לטיט [דתניא כוותיה - ה"ה], ולא זכר לתפוח, ואעפ"כ כתב שנותנין לתוכן חומץ, כאביי דצריך לקהוייה, וכגירסת הרי"ף והרא"ש, דגרסי: אמר אביי הילכך צריך לקהוייה וצריך לסמוכיה, ותו לא, ומפרש דאביי קאי אדברי רבי יוחנן לחודיה, דכיון שהוא זכר לטיט צריך לסמוכיה שיהא דומה לטיט, וצריך לקהוייה זכר לוימררו את חייהם בעבודה קשה בחומר ובלבנים - ב"ח› | יב ‹עיין שם ברשב"ם ד"ה לסמוכיה, דכתב: לכתוש בו ירקות הרבה כדי שיהא עבה› | יג ‹עיין תוס' קט"ו. ד"ה כל שטיבולו: "ולפי"ז נראה דאין לברך על אותה נטילה"› | א ‹ע"פ מהדורת נהרדעא› | ב ר"ה כ"ח | ג פי' הר"ן שם לפי מה דקי"ל מצות צריכות כוונה | ד ‹לכאורה א"ת כזה הצד, דבמרור לא יצא אי מצות צריכות כוונה, הגם דהוה מידי דאכילה, שייך להסוגיא כאן להיות אליבא דהלכתא›

ודע דכמה פוסקים חולקין ע"ז, [תוס' בדף קט"ו] ‹ד"ה מתקיף›, וס"ל דלפי מאי דקי"ל דמצות צריכות כונה, אין לחלק בין מידי דאכילה לשאר מצות, וכל שלא נתכוין באכילה לצאת ידי המצוה, לא יצא, וכן פסק הפר"ח.

אבל אם סבור שהוא חול, או שאין זו מצה, לא יצא - כיון שלא ידע כלל שהוא עושה מעשה המצוה, ואפי' בלא כפאוהו עכו"ם, ומעצמו טעה, ג"כ לא יצא, [ח]**ואפי'** למ"ד מצות א"צ כוונה].

(עיין בח"י שדעתו, דבמרור אף אם לא ידע שהוא מרור, או שהוא סבור שהוא חול, ג"כ יצא, ועיקר סברתו, [ו]דמלתא דרבנן לכו"ע לא בעי כונה, ולפי מה שכתבנו לעיל בסי' ס' במ"ב בשם כמה פוסקים, דאין לחלק בהכי, א"כ ה"ה במרור, **ואפילו** לח"י שהוא מיקל במרור מטעם שהוא מלתא דרבנן, מ"מ ביו"ט שני שהוא ג"כ דרבנן, מודה דאין להקל באכל מצה וסבור שאינו מצה, כי היכי דלא לזלזלי ביה).

סימן תקפט ס"ח - המתעסק בתקיעת שופר להתלמד, לא יצא ידי חובתו; וכן השומע מן המתעסק, לא יצא; וכן התוקע לשורר ולא נתכוון לתקיעת מצוה, לא יצא - ואם מתכוין בזה גם לצאת ידי מצוה, כתב הא"ר דיצא, והיינו בעשה התקיעות כדין.

נתכוון שומע לצאת ידי חובתו, ולא נתכוון התוקע להוציאו; או שנתכוון התוקע להוציאו, ולא נתכוון השומע לצאת, לא יצא ידי חובתו, עד שיתכוון שומע ומשמיע - לא נתכוון השומע מיירי, כשבא לביהכ"נ בסתמא, **אבל** אם בא לביהכ"נ לצאת ידי חובה עם הצבור, אע"פ שבשעה ששמע לא כיון לבו אלא בסתמא, יצא.

סימן תרצ סי"ג - היה כותבה, שקורא פסוק במגילה שהוא מעתיק ממנה וכותבה, אם כיון לבו לצאת י"ח, יצא - היינו אפילו אם באופן זה היתה קריאת כל המגילה, כשרה, הואיל שכיון לצאת בזה י"ח, **ואם** לא כיון לצאת אפילו רק פסוק ראשון, אף שמשם ואילך התכוין לצאת, לא יצא, [דהוי כמי שלא קרא כלל, **וגרע** מקריאה בע"פ, דקימ"ל דבמקצתו יצא].

סתם בזה כהפוסקים דס"ל, מצות צריכות כונה לצאת ידי המצוה, **ועיין** לעיל בסימן ס' ס"ד, [ולפי מה שהכרענו שם, אין לחלק בין יממא, שהוא מדברי קבלה וכדבר תורה דמיא, וקריאה דלילה שהוא מדרבנן].

והוא שתהא כתובה כולה לפניו במגילה שהוא מעתיק ממנה; וכן אם היה מגיהה - ר"ל ובעת הגה קוראה ומכוין לצאת י"ח, **ודוקא** אם קרא בניקוד כראוי, אבל אם קרא להגיה ע"פ המסורת, ולא בניקוד כראוי, אינו יוצא.

וכן אם היה דורשה, שקורא פסוק במגילה שלימה ודורשו, אם כיון לבו לצאת י"ח, יצא; ולא יפסיק בה בענינים אחרים כשדורשה, שאסור להפסיק בה בענינים אחרים - היינו שלא מענינו של יום, [רא"ש, **ומשמע** דבענינו של יום לא חשוב הפסק כלל, ואפי' לכתחילה שרי, דבדי לפרסם ניסא שרי].

אות ב'*

אכלן לחצאין יצא, ובלבד שלא ישהא בין אכילה לחבירתה יותר מכדי אכילת פרס

סימן תעה ס"ו - [ח]אכל כחצי זית, וחזר ואכל כחצי זית, יצא - היינו בדיעבד, אבל לכתחלה צריך לאכול כזית ביחד ולבלוע, **ובלבד שלא ישהא בין אכילה לחברתה יותר מכדי אכילת פרס** - הלשון אינו מדוקדק כ"כ, דצריך שלא ישהה מתחלת אכילה ראשונה עד סוף אכילה אחרונה יותר מכדי אכילת פרס, דזה אין נחשב בכלל אכילה. **וה"ה** אפילו לא הפסיק בינתים, אלא ששהה באכילתו את הכזית יותר מכדי אכילת פרס, אין מצטרף יחד ואינו יוצא.

(וע"ל סימן תרי"ב ס"ג) - מהו שיעור פרס.

---

§ מסכת פסחים דף קטו. §

אות א'

והלכתא כוותיה דרב חסדא

סימן תעה ס"ב - [א]אם אין לו ירקות לטיבול ראשון אלא מרור - דלכתחלה צריך להיות הכרפס ממין שאינו מה' מיני מרור, **יברך עליו בטיבול ראשון: בורא פרי האדמה, ועל אכילת מרור** - דא"א בזה לנהוג כמו בשאר פעמים, לאכול בלי ברכה, ולברך "על אכילת מרור" אחר כזית מצה, דאחר שכבר מילא כריסו ממנו קודם לכן בלי ברכה, אינו הגון לברך אח"כ, [גמ'], **ע"כ** יברך בתחלה "על אכילת מרור", ואוכל ממנו מעט לשם כרפס, [תוס' בסוגיין ‹ד"ה מתקיף›], **ואינו** יכול לאכול לשם מצות מרור, דלכתחלה בעינן מצה והדר מרור, כדכתיב: על מצות ומרורים וכו', **ומ"מ** הברכה אינה לבטלה, שמברך אותה כדי לאכול המרור שאחר המצה, [תוס' דף ק"ב. ‹ד"ה באחרונה› **והתוס'** דף קט"ו ‹שם› כתבו, דמועלת הברכה, מאחר שאוכל ממנו מעט] **והגדה** לא חשיב הפסק, ובלבד שלא יפסיק בדבורים אחרים.

ובטיבול השני - היינו אכילת מרור שאחר כזית מצה, **יטבלנו בחרוסת** - דכיון שמרור זה אוכל כדי לקיים מצות מרור, צריך לטובלו בחרוסת, וכדין מרור בעלמא, וצריך לאכול ג"כ כזית מטעם זה. ‹המשך ההלכות בעמוד הבא›

באר הגולה

[ה] ‹וזהו דלא כמו שהביא העין משפט לעיל, דצריך לידע שהוא פסח רק למ"ד מצות צריכות כוונה› [ו] ‹לכאורה זה מובן רק כסברת העין משפט, ופלא דסותר הבה"ל סברת עצמו דלעיל [שכ"כ גם בבה"ל ממש לעיל], דאפי' מצות א"צ כוונה, אינו יוצא אם סובר שאינו פסח› [ז] ‹ע"פ מהדורת נהרדעא› [ח] ברייתא פסחים קי"ד [א] שם בגמ' קט"ו וכרב חסדא

ערבי פסחים פרק עשירי פסחים קטו

ולבסוף אכיל. בלא ברכה משום דבעינן תרי טבולין : **ומבטל ליה.** לטעם מצה דאורייתא : **שהיה כורכן בבת אחת.** פסח מצה ומרור : **זכר למקדש כהלל.** זכר למה שהיה עושה הלל בזמן שבהמ"ק קיים שהיו אוכלים פסחיהם : **צריך נטילת ידים.** משום המשקין שהידים שניות וכל הפוסל בתרומה מטמא משקין וכו' :

צריך

מתקיף לה רב חסדא לאחר שמילא כריסו הימנו חוזר ומברך עליה אלא אמר רב חסדא מעיקרא מברך עליה בורא פרי האדמה ועל אכילת מרור ואכיל ולבסוף אכיל אכילת חסא בלא ברכה בסוריא עבדי כרב הונא ורב ששת בריה דרב יהושע עביד כרב חסדא *והלכתא כוותיה דרב חסדא רב אחא בריה דרבא מהדר אשאר ירקות לאפוקי נפשיה מפלוגתא אמר רבינא אמר לי רב משרשיא בריה דרב נתן הכי אמר הלל *משמיה דגמרא לא ניכרוך איניש מצה ומרור בהדי הדדי וניכול משום דסבירא לן *מצה בזמן הזה דאורייתא ומרור דרבנן ואתי מרור דרבנן ומבטיל ליה למצה דאורייתא ואפילו למ"ד מצות אין מבטלות זו את זו ה"מ דאורייתא בדאורייתא או דרבנן בדרבנן אבל דאורייתא ודרבנן אתי דרבנן ומבטיל ליה לדאוריית' מאן תנא *דשמעת לי' מצות אין מבטלות זו את זו הלל היא [2]דתניא אמרו עליו על הלל שהיה כורכן בבת אחת ואוכלן שנאמר °על מצות ומרורים יאכלוהו (במדבר ט) אמר [א] רבי יוחנן חולקין עליו חביריו על הלל דתניא יכול יהא כורכן בבת אחת ואוכלן כדרך שהלל אוכלן תלמוד לומר [ב] על מצות ומרורים יאכלוהו אפילו זה בפני עצמו וזה בפני עצמו מתקיף לה רב אשי אי הכי מאי אפילו אלא אמר רב אשי האי תנא הכי קתני יכול לא יצא בהו ידי חובתו אא"כ כורכן בבת אחת ואוכלן כדרך שהלל אוכלן תלמוד לומר על מצות ומרורים יאכלוהו אפילו זה בפני עצמו וזה בפני עצמו השתא דלא איתמר הלכתא לא כהלל ולא כרבנן [3]מברך על אכילת מצה ואכיל והדר מברך על אכילת מרור ואכיל והדר אכיל מצה וחסא בהדי הדדי בלא ברכה זכר למקדש כהלל אמר רבי אלעזר אמר רב אושעיא [4]כל שטיבולו במשקה צריך נטילת ידים אמר רב פפא שמע מינה האי חסא

צריך

רשב"ם

ולבסוף אכיל. בלא ברכה משום דבעי' תרי טבולי : **מצה בזמן הזה דאורייתא ומרור דרבנן.** וטעמא מפרש בשילהי פירקין (דף קכ.) : **אפילו למ"ד כו'.** דכיון דכי הדדי נינהו טלהו קיום מצות נינהו ולא מבטלי אהדדי : **ומבטל לה.** לטעם מצה דאורייתא : **כורכן בבת אחת.** (מצה) פסח מצה ומרור כורכן בכרך אחד כמו טורכו בגמי (עירובין דף קג:) : **יאכלוהו.** כל אחד בפני עצמו מדלא כתיב יאכלו (אותו) ואנא ידענא דאפסח קאי דכתיב לעיל ואכלו את הבשר : **מתקיף לה רב אשי כו'.** ומיהא חולקין עליו חביריו כרבי יוחנן אבל מהכא לא שמעינן : **והשתא דלא איתמר הילכתא לא כהלל ולא כרבנן.** דהא רבנן דברייתא מודו להלל דכריכה נמי שפיר דמי אבל ר' יוחנן קאמר דפליגי עליה דרבנן לגמרי לית להו כריכה כלל : **מברך.** אמצה לחודא ט' : **זכר למקדש כהלל.** כמו שהיה עושה הלל בזמן שבית המקדש קיים שהיו אוכלים פסחים : **כל שטיבולו במשקין.** כגון ירק בטיבול או בחומץ צריך נטילת ידים משום משקה שהידים שניות וכל הפוסל את התרומה מטמא משקים להיות תחלה :

צריך

תוספות

מתקיף לה רב חסדא לאחר שמילא כריסו כו'. רב חסדא נמי נראה דסבר כר"ל דבעי כוונה אעפ"כ סבר דאין נכון לברך בטיבול שני כיון שכבר מילא כריסו דאי סבר אין צריכות כוונה ה"ל למימר בהדיא דנפיק בטיבול ראשון ואם יברך בטיבול שני הויא ברכה לבטלה ולא צריך לרב חסדא לאהדורי אשאר ירקי ומברך לרב חסדא בטיבול ראשון על אכילת מרור אע"ג דעיקר מצות מרור לא נפיק אלא בטיבול שני אחר מצה *מועלת הברכה שבירך בטיבול ראשון לטיבול שני מאחר שאכל ממנו מעט בטיבול ראשון מידי דהוה אברכת שופר דמברך אתקיעות דישיבה ומועלת ברכה לתקיעות שבעמידה שהם עיקר ונעשית על סדר ברכות והשתא כל אלו אמוראי סברי דבעי כוונה וסתמא דמסדר הש"ס סבר הכי מדאיצטריך לפסוק כרב חסדא ואי אין צריכות כוונה פשיטא דלא יברך בטיבול שני דאפילו לא בירך בטיבול ראשון נפק ביה ואי יברך בטיבול שני הויא ברכה לבטלה ולית הלכתא כוותיה דאבוה דשמואל דאית ליה בפרק ראוהו ב"ד (ר"ה דף כח.) אין צריכות כוונה דקאמר בכפאו ואכל מצה יצא ומוקי לה בכפאוהו פרסיים והתם לא מייתי מאכלו בלא מתכוין משום דלגבי אכילה לא בעינן כוונה כולי האי כמו בתפלה ותקיעה ומש"ה נמי לא מייתי הכא ברייתות דהתם דבעו כוונה דגבי תפלה ותקיעה בעי טובה טפי כדפרישית :

והדר אכיל חסא בלא ברכה. ונראה דאין צריך לברך בפה"א אע"ג דהגדה הוי הפסק כדפרישית לעיל ולא מיפטר בברכה של טיבול ראשון מ"מ ברכת המוציא פוטרתן דהוה להו דברים הבאים בתוך הסעודה מחמת הסעודה שהרי ירקות גוררין הלב וקרי ליה נמי למרור פרפרת הפת וכן אמר בכילד מברכין (ברכות ד' מב.) בירך על הפת פטר את הפרפרת פרפר' היינו דברים הממשיכים האכילה כגון דגים קטנים ותמרים וירקות והיו רגילים לאוכלם בתוך הסעודה בין מאכל למאכל ולכך פטר את הפרפרת לפי שבא לגורך שעל ידי כך אוכל יותר ואין לומר דפרפרת היינו דבר שבא ללפת בו את הפת דהא הוי בכלל הא דקתני התם דמברך על העיקר ופוטר את הטפילה וקאמר נמי רבי חייא פת פוטרת כל מיני מאכל ורב פפא נמי פסיק התם הלכתא דברים הבאים תוך הסעודה מחמת הסעודה והיינו הפרפרת כדפי' אין טעונין ברכה לא לפניהם ולא לאחריהם שלא מחמת הסעודה תוך הסעודה כגון תאנים וענבים שאין באין להמשיך המאכל ולא ללפת אלא לתענוג צריכין ברכה לפניהם ולא לאחריהם אחר הסעודה אפילו פרפרת טעונין ברכה בין לפניהם בין לאחריהם וה"ר יוסף טוב עלם כתב בסדרו למה שאר ירקות באין תחלה לפטור חזרת מברכה ראויה לה וליתא דהא משום היכירא באין [ו]לא שייך כאן חביבות אלא בתרי מילי ועוד דרב חסדא מברך שתיהן אחזרת ועוד דמשמע דלא פטר ליה פת ושמא אינו מחשיבו פרפרת הפת כיון שאינו אוכל ממנו אלא כזית : **אתי** מרור דרבנן ומבטל למצה דאורייתא. וכל שכן דאי לא הוי מרור אפי' מדרבנן דמבטל להמצה כדמשמע לקמן והא דשרי בהקומץ (מנחות דף כג:) מצה מתובלת לא אתו בשמים ומבטלו למצה דאין מן הבשמים כי אם דבר מועט *ודלא כאותן שאסרו מצה מתובלת בשם רש"י אף בימים אחרונים משום דמחמעי לה : **אלא** אמר רב אשי. אין נראה כפירוש הקונטרס דמשבש רב אשי מילתיה דרבי יוחנן שהרי טוב להגיה הברייתא אפילו לחסר כמו שאנו מגיהין כמה ברייתות מלשבש דברי ר' יוחנן אלא רב אשי מתקיף אבני ישיבה דמפרשי דחולקין רבנן ואסרי לכרוך דא"כ מאי אפילו אלא רבנן סברי דבכל ענין מצותן בין ע"י כריכה בין כל אחד לבדו ופליגי אהלל דמצריך לכרוך וקטי רבנן אפילו משום הלל וא"ת מנא לן דסבר הלל דאין מבטלות דילמא שאני הכא דגלי קרא ועוד הא לרבנן נמי אין מבטלות דהא אם כרכן נמי יצא וי"ל מדסבר דלכתחלה יש לו לכרוך ובדיעבד נפיק כי לא כריך אם כן בעלמא אין מבטלות דאי מבטלות א"כ אילטריך קרא הכא להתיר כריכה ולומר דהכא לא מבטלי והלכך לרבנן דמוקי קרא בדיעבד שמעינן דבעלמא מבטלות ושאני הכא דגלי קרא : **אלא** מברך אמצה ואכיל ומברך אמרור כו'. אם היה כורך שניהם יחד תחלה הוה אתי מרור דרבנן ומבטל למצה ואם היה אוכל מצה בלא מרור תחלה כשהיה כורכן אחר כך אתי מצה דרשות ומבטל מרור דרבנן ומיהו אי הוה קיימא לן כהלל הוה עבדינן הכי מצה לחודא והדר מצה ומרור בכריכה כיון שצריך לעשות מדרבנן מצות כריכה כהלל הוה דרבנן ודרבנן : **כל** שטיבולו במשקה צריך נטילה. פי' בקונ' אע"ג דקי"ל (חולין דף קו.) הנוטל ידיו לפירות ה"ז מגסי הרוח כיון דאיכא משקין וקי"ל (פרה פ"ח משנה ז) כל הפוסל את התרומה מטמא משקין להיות תחלה הוה להו הנך פירות כמו נהמא וצריך ליטול כמו בנהמא ואין נראה לפרש כן דאם כן כי פריך למה לי נטילת ידים הא לא נגע ומאי נפקא מיניה אפילו אי לא נגע כיון דסוף סוף אכיל משקה המטובל לא גרע מאוכל מחמת מאכיל דבעי נטילת ידים *ועוד וכי לא ידע המקשה דאיכא למיחש דילמא נגע כדאמר רב פפא ונראה דנטילה דהכא לא משום קדושה ונקיות כמו בנהמא אלא משום שלא יטמא המשקין להיות תחלה ויהא אסור לשתותן ולפסול את גופו כדתנן בפ"ב דחולין (דף לג.) השוחט ולא יצא מהן דם כו' הא ינא מהן דם אין נאכלין בידים מסואבות ואמר נמי בסדר הסיבה (*ברכות דף מג.) הביאו להן יין כל אחד נוטל ידו אחת פי' שלא יטמא היין ויפסול גופו והתם סגי ביד אחת

אבל

עין משפט נר מצוה

עט א מיי' פ"ח מהל' מצה הלכה יב סמג עשין מא טוש"ע א"ח סי' תעה סעיף ב :

פ ב מיי' שם הלכה ו טוש"ע שם סעיף א :

פא ג מיי' שם הלכה א וס"ו מהל' ברכות הלכה א סמג שם ועשין כז טוש"ע א"ח סי' תעג סעיף ו וסי' קנח סעי' ד [רב אלפס ברכות פ"ח דף מה. וברא"ש פ' כל הבשר סי' יו"ד] :

רבינו חננאל

ואסיקנא רב חסדא אמר מברך אחזרת בעיקרא בורא פרי האדמה ועל אכילת מרור ובסוף אוכל חזרת בלא ברכה והלכתא כרב חסדא. רב אחא מהדר אשאר ירקי לאפוקי נפשיה מפלגתא : אמר רבא לא ניכול איניש מצה ומרו' בהדי הדדי דסביר' לן (מצה) [דמרור] בזמן הזה דרבנן ואתי מרור דרבנן ומבטל מצה דאורייתא ואפי' למאן דאמר מצות אין מבטלות זו את זו ה"מ דאורייתא ודאורייתא כגון מצה ומרור בזמן שבית המקדש קיים דתרוייהו מדאורייתא אבל בזמן הזה דמרור דרבנן הוא לא. מאן תנא דאמר מצות אין מבטלות זו את זו הלל דתניא אמרו עליו על הלל שהיה כורך המרור על המצה ואוכל בבת אחת כו'. אמר ר' יוחנן חלוקין עליו חבריו על הלל דתניא יכול לא יהא אדם יוצא ידי חובתו בפסח אלא אם כן כורכן בבת אחת מצה ומרור ואוכל כדרך שהלל אוכלן ת"ל על מצות ומרורים יאכלוהו [אפי'] זה בפני עצמו וזה בפני עצמו השתא דלא אתמר הלכתא לא כרבנן ולא כהלל מברך אמצה לחודיה ואכיל ומברך אמרור לחודיה ואכיל והדר כריך ליה למרור אמצה ואכיל להו בבת אחת בלא ברכה זכר למקדש כהלל : אמר ר' אושעיא כל שטיבולו במשקין צריך נטילת ידים אמר רב פפא ש"מ מדקתני מרור צריך

מסורת הש"ס

[יבמות ס. יע"ש בפרש"י קידושין נג. ע"ש בפרש"י] [לקמן קטז: קכ.] [זבחים עט.] שם

גליון הש"ס

תוס' ד"ה מתקיף לה ר"ח וכו' מועלת הברכה שבירך בטיבול ראשון. ע"ל לקמן קכ. ע"א תוס' ד"ה בתרוכם. שם ד"ה והדר אכיל וכו' ולא שייך כאן חביבות. עי' ברכות לט ע"ב תוס' ד"ה הכל מודים :

[וע"ע תוספות זבחים עט. ד"ה אלא ותוספות מנחות כג: ד"ה אלא למ"ד]

[חולין קז.]

[פי' מ"ש תוס' שם ד"ה כל אחד כו' ועוס' חגיגה יח: ד"ה הטעל]

הגהות מהר"ב רנשבורג

[א] בגמ' אמר ר' יוחנן חולקין עליו חביריו על הלל. נ"ב עיין ביאור סוגיין ולשון רשב"ם ותוספות בטו"א שער אפרים סי' נ"א ג"כ ד"ה וכש"ח בית יעקב סי' ס"א כ אורך מאד וכמדומה שכוונו שם אחר הדלת לשון הרב"ם והרמב"ן בספר המלחמות בסוגיין יעש"ה: [ב] שם תלמוד לומר על מצות ומרורים יאכלוהו. נמחקו תיבות על מצות ומרורים ונ"ב [מצות על מרורים] כצ"ל כפרש"ב ד"ה יאכלוהו והבן ודו"ק :

ויאכלנו בלא ברכה - שיצא בברכת בפה"א ו"על אכילת מרור" שבירך על אכילת מרור הראשונה.

ודע, דהרבה פוסקים חולקים על זה, [וכן משמעות רש"י ורשב"ם, שכתבו דטיבול שני הוא רק כדי לקיים שני טיבולים], ולדידהו טפי עדיף בזה, לכוין באכילת מרור הראשונה לקיים מצות מרור, כיון שמברך אז "אשר קדשנו" וכו', ולדידהו חייב לאכול אז כזית ולטבול בחרוסת כדין מרור, **ומרור** השני שאוכל בלא ברכה, הוא לשם כרפס בעלמא, ואינו מחויב לאכול כזית, וא"צ לטבול ג"כ דוקא בחרוסת, ובחומץ או מי מלח נמי סגי, וכדלעיל בסימן תע"ג לענין כרפס. [**ועיין** בפמ"ג מש"כ עוד בזה, וז"ל: ולפי"ז א"צ אח"כ כי אם לאכול מצה ואח"כ הכריכה ומטבלו, די"א בלא"ה לטבל הכריכה, **ולתוס'** עיכוב הוא לאכול המרור אח"כ בפני עצמו תחלה, דזה עיקר המצוה - פמ"ג].

(**דעת מג"א, דאם אין לו ממיני מרור רק תמכא, שקורין אצלנו חריי"ן, אין מברך עליו ברכת הנהנין כלל, רק "על אכילת מרור", גם בנידון דידן שאוכלו קודם הסעודה, משום דאין דרך לאוכלו כמות שהוא, וחק יעקב כתב דמברך עליו בפה"א, מדראוי לאכול בחומץ וכיוצא בו, ובאמת דברי מג"א הם מוקשים קצת, דאי אינו ראוי לאכילה כלל, א"כ אמאי יוצאין בהם ידי חובת מרור, לפי מה שכתבנו לעיל בסימן תע"ג בשם הפוסקים, דבעינן במרור דבר הראוי לאכילה, {ואפשר משום דראוי לאכילה ע"י איזה תיקון, מיקרי בר אכילה}, וכ"ש לפי מנהגנו כהיום, שאנו אוכלים אותו מפורר, מיקרי שפיר ראוי לאכילה, ואנו רואין כמה בני אדם טובלין בו פתם בכל השנה, וא"כ עכ"פ מכלל "שהכל" לא יצא, ואפשר עוד, מדחייבו רחמנא לאוכלו בלילה הזה, הוי אכילה חשובה, דהא אחשביה רחמנא לאוכלו כמות שהוא, וע"כ יש לברך עליו ברכה הראויה לו, דהיינו בפה"א, ועכ"פ "שהכל" בודאי צריך לברך עליו, וכן נוטה דעת הגאון רעק"א בחידושיו).**

אות ב'

מברך על אכילת מצה, ואכיל, והדר מברך על אכילת מרור, ואכיל, והדר אכיל מצה וחסא בהדי הדדי בלא ברכה, זכר למקדש כהלל

סימן תעה ס"א - ואחר כך נוטל מצה שלישית - כדי לקיים מצוה בשלשתן, **ובוצע ממנה** [ב]**וכורכה עם המרור** - וצריך כזית מצה וכזית מרור.

וטעם כריכה זו, כדי לצאת דעת הלל, דס"ל דקרא ד"על מצות ומרורים יאכלהו", בהדי הדדי משמע, **ומ"מ** לצאת רק בזה ידי אכילת מצה ואכילת מרור אי אפשר בזה"ז, אפילו להלל, דכיון דמרור בזה"ז דליכא פסח אינו רק מדרבנן, וע"כ כשיאכלם ביחד, אתי טעם מרור ומבטל לה לטעם מצה, שהוא מדאורייתא אפילו בזה"ז, **ומשום** זה צריך לאכול מתחלה כל אחד בפני עצמו, ואח"כ אוכל שניהם ביחד, כדי לעשות זכר לזמן שהיה מקדש קיים והקריבו פסח, ואז לפי דעת הלל היו אוכלים מצה ומרור ביחד, [גמרא].

[ג]**וטובלה בחרוסת** - שהרי כריכה זו היא זכר למקדש כהלל, והלל היה מקיים מצות חרוסת במרור זה שבכריכה, שהרי לא היה אוכל מרור כלל קודם כריכה זו, **וגם** בזה צריך לנער החרוסת, כמו במרור שאכל מקודם.

הגה: ויש אומרים דאין לטובלו, וכן הוא במנהגים, וכן ראיתי נוהגין - טעמם, שכבר קיים מצות חרוסת בטיבול ראשון, וגם אין לחוש לארס שבמרור זה, כיון שאוכלו עם מצה בכריכה.

עיין באחרונים שהסכימו, דהעיקר כדעה הראשונה, ומ"מ היכי דנהוג נהוג.

ואומר: זכר למקדש כהלל - והנוסחא אצלנו בהגדה: כן עשה הלל בזמן שבית המקדש וכו', היה כורך מצה ומרור ואוכלם ביחד, **ויש** שכתבו שצ"ל: היה כורך פסח מצה ומרור.

(קשה, הלא אמירה זו הוי הפסק בין ברכה לכריכה, והמחבר בעצמו מסיים שאין לו להסיח וכו', כדי שתעלה ברכת אכילה וכו', ודוחק לומר דגם אמירה זו הוי מענין הסעודה, כמו "טול בריך", **ובאמת** לא מצאתי לשום פוסק האי לישנא שכתב המחבר, רק כתבו דכריכה זו הוא זכר למקדש, אבל לא הזכירו שיאמר זכר למקדש, **ואולי** לאו דוקא כתב המחבר "ואומר ואוכלן" וכו', אלא שצריך מתחלה להתחיל לאכול, ואח"כ יאמר הגדה זו, **ולולא** דמסתפינא הוי אמינא דצ"ל במחבר: "וטובלה בחרוסת זכר למקדש כהלל", וכלשון הש"ס וכל הפוסקים, והאי "ואומר" הוא שיטפא דלישנא, וצ"ע).

ואוכלן ביחד בהסיבה - משום מצה שאוכל, וא"צ לבלוע ביחד, רק להכניסם בפיהו בבת אחת וכנ"ל.

ומשבירך "על אכילת מצה" [ד]**לא יסיח בדבר שאינו מענין הסעודה, עד שיאכל כריכה זו, כדי שתעלה ברכת אכילת מצה וברכת אכילת מרור גם לכריכה זו** - ר"ל דהא עושין אנו זכר למקדש, ואז היה עיקר המצוה רק בכריכה, ולכן צריך שלא להפסיק, כדי שתחול הברכה על הכריכה, **ומ"מ** אין זה אלא לכתחלה, ובדיעבד אם סח בינתים, א"צ לחזור ולברך על הכריכה.

אות ג'

כל שטיבולו במשקה צריך נטילת ידים

סימן קנח ס"ד - [ה]**אם אוכל דבר** - היינו אפילו ירק ופירות ובשר, **שטיבולו באחד משבעה משקין, שסימנם: י"ד שח"ט ד"ם, (דהיינו: יין, דבש, שמן, חלב, טל, דם, מים)** - אבל שאר מיני משקין הנסחטין מן הפירות, אינם חשובין משקין, **ולא נתנגב,** [ו]**ואפילו אין ידיו נוגעות במקום המשקה, צריך נטילה** - גזרה

באר הגולה

ב בריייתא שם | ג טור בשם רבינו שמעיה בשם רש"י (סידור רש"י) והרא"ש | ד טור בשם המנהיג | ה פסחים קטו | ו (פסחים שם - גר"א

שמא יגע בו, (וכ"כ הלבוש), ואע"ג דעל פירות לא תקנו נט"י, התם הפירות עצמן לא נטמאו מהידים, שהידים שניות הן, ואין שני עושה שלישי בחולין, משא"כ כשטבולין במשקה, ובמשקה קי"ל דנגיעה בידים מטמא אותן להיות תחלה, תקנו ליטול את הידים, שלא יתטמאו המשקין על ידם, ויפסלו אח"כ גם האוכל.

בלא ברכה - כי יש מקצת הראשונים דסברי, שלא הצריכו חכמים נט"י לדבר שטיבולו במשקה, אלא בימיהם שהיו אוכלים בטהרה, משא"כ עכשיו שכולנו טמאי מתים, **ולכך** לא יברך ענט"י, שספק ברכות להקל.

ואותן ששוקעין פירות או ירק במים לנקותן, חשיב טיבולו במשקה. **ודבר** שאין דרכו לטובלו או להיות עליו משקה, א"צ נט"י, דמלתא דלא שכיחא היא ולא גזרו בה רבנן. **הטובל** אצבעו במשקה ומוצץ, א"צ נטילה, דלא תקנו נט"י לשתיית משקין, וכדלקמיה בס"ו.

[ז]הגה: ואפילו אינו מטבל רק ראש הירק או הפרי, אפילו הכי יטול בלא ברכה - דחיישינן שמא יטבלנו כולו.

והנה במ"א הביא בשם הל"ח, דהעולם נוהגים שלא ליטול, ויש להם על מה שיסמוכו, היינו על מקצת הראשונים הנ"ל, **אבל** הרבה אחרונים החמירו מאד בדבר, וכתבו דהעיקר כרוב הפוסקים דצריך נטילה מדינא אף בזה"ז, **ועיין** בביאור הגר"א, שגם דעתו כן, והחמיר מאד בזה, שאף צריך לברך ע"ז, **ולכן** אף דהעולם אין נוהגין לברך, עכ"פ אין להקל לאכול בלי נטילה.

וצריך לזה כל דיני נטילה כמו לפת, ומ"מ בפחות מכזית, נ"ל פשוט שאין להחמיר בזה כלל, דאפי' בפת הרבה אחרונים מקילין, וכנ"ל, [**הג"ה** - אמנם מהטור לא משמע כן, ובטלה דעתי מפני דעתו הרחבה, **ואפשר** שיש להקל בבורך ידיו במפה, או שלובש בתי ידים].

סימן תעג ס"ו - [ח]נוטל ידיו לצורך טבול ראשון - והטעם, דכל דבר שטיבולו במשקה צריך נטילה, [**ויש** מאחרונים שכתבו, דאפי' אותן שאין נוהגין בכל שנה ליטול ידיהם לדבר שטיבולו במשקה, היום יטלו, כדי שישאלו התינוקות על השנוי].

ולא יברך על הנטילה - וכמו שפסק המחבר לעיל בסימן קנ"ח ס"א, **ועיי"ש** במ"ב דעת הגר"א בענין זה, [דיברך, ומ"מ נראה דוקא אם אוכל כזית].

[ט]ויקח מהכרפס [י]פחות מכזית - לפי שבכזית יש ספק בברכה אחרונה, אם יברך אותה או לא, ע"כ טוב יותר שיאכל פחות מכזית, שלא יהא בו חיוב כלל לכו"ע.

(**מכאן** משמע דדבר שטיבולו במשקה, צריך נטילה אפי' בפחות מכזית, אף שבפת גמור כתב המחבר בסימן קנ"ח ס"ג בשם י"א, דאין צריך נטילה בפחות מכזית, וזהו שלא כמ"ש שם במ"ב, וכבר העירותי זאת בהדפסה שניה בשולי הגליון, **אכן** מצאתי תנא דמסייע לדברי הלא הוא הרשב"ץ בספר יבין שמועה שכתב בענין כרפס, דדעת הרמב"ם דבעינן כזית, וכתב דכן מסתבר, דכיון דצריך נטילה בודאי כזית בעינן, כבאוכל פת גמור, דמסתבר דאינו חייב בנטילה, דבודאי לא גזרו בכגון זה משום סרך תרומה, וכמו כן לענין פירות בדבר שטיבולו במשקה, **וצ"ע** לדינא).

ומטבלו בחומץ - או ביין, או במי מלח, ולא אתי אלא לאפוקי שלא יטבול בחרוסת, כי חרוסת אינו אלא לטיבול שני, שמטבל המרור בחרוסת.

ומברך: בורא פרי האדמה, ואוכל - ויכוין לפטור בברכה זו גם המרור שיאכל אח"כ. (וכמ"ש ברשב"ם קי"ד: ד"ה פשיטא).

ואינו מברך אחריו - אפילו אם אכל כזית, לפי שברכה ראשונה קאי גם על המרור וכנ"ל, וע"כ ברכת המזון שפוטר את המרור שאוכל בתוך הסעודה, קאי גם על הכרפס שאכל מקודם.

(**וכתב הגר"א**, דכ"ז הוא כפי שיטת המחבר בסי' תע"ד, דמברך רק ברכה א' על ב' כוסות הראשונים, ומשום דהלילא והגדה לא הוי הפסק, ולהכי אינו מברך ברכה אחרונה, דאסמך ברכת כרפס יאכל המרור בלי ברכה, **אבל** לפי שיטת הג"ה וכפי מנהגנו, דמברך אכל כוס וכוס, דא"א לסמוך אברכת כוס ראשון משום דהפסיק בהלילא והגדה, וא"כ א"א לומר דסומכין אנו באכילת מרור אברכת כרפס, שהרי הפסיק בהגדה והלילא, **אלא** דפטורא דמרור מברכה, משום דהוי כדברים הבאים בתוך הסעודה דנפטר בברכת המוציא, (ומ"ש התוס' קטו. ד"ה והדר), **וא"כ** הרי חייב לברך ברכה אחרונה אחר אכילת כרפס, כיון דלא שייך לסעודה הבאה אחר כן, **ובאמת** הרב מג"א נזהר מזה, וכתב דאכל כוס צריך לברוכי לכולי עלמא, ואפי' למאן דס"ל דהגדה והלילא לא הוי הפסק, ומשום דכל חדא וחדא מצוה בפני עצמו, **ולפי** דברי מג"א נדחו דברי הגר"א, וכמג"א כתבו הרבה אחרונים, **וצ"ל** דגם כאן י"ל סברא זו, דכרפס ומרור ב' מצות נינהו, ולהכי אין אחת פוטרת את חברתה, וצ"ע).

באר הגולה

תמוה לי ראיה זו, דהלא אדרבה משם משמע להיפך, מדאמרו דלמא משקע ליה, ולא אמרו שמא יגע במקום המשקה, ש"מ דבאוכל דבר שמקצתה מלוכלך במשקה והשאר אין מלוכלך, ואוחז במקום שאינו מלוכלך, א"צ נט"י, ורק כשטובל מאכל במשקה, וגם לשון הרמ"א שכתב, ואפי' אינו מטבל וכו', משמע דוקא כשמטבל עתה, ושמא ישקע כולה, ואפשר דגם דעת המחבר ורבינו כן - דמשק אליעזר [ז] (פסחים שם - גר"א) [ח] ציינתיו בסימן קנח ס"ד [ט] שם בגמרא קי"א (צ"ל קי"ד וכמש"כ הגר"א, וכן הוא במהדורת פרידמאן) [י] הרא"ש שם, ר"י ושאר פוסקים ותשו' מהרי"ל, כדי לאפוקי נפשיה מפלוגתא דפוסקים בברכה אחרונה

[א]צריך לשקועיה בחרוסת משום קפא דאי ס"ד לא צריך לשקועיה נטילת ידים למה לי הא לא נגע ודילמא לעולם אימא לך לא צריך לשקועיה וקפא מריחא מיית אלא למה לי נטילת ידים דילמא משקעו ליה ואמר רב פפא לא נישהי איניש מרור בחרוסת דילמא אגב חליה דתבלין מבטיל ליה למרוריה ובעינן טעם מרור וליכא אדבריה רב חסדא לרבנא עוקבא ודרש נטל ידיו בטיבול ראשון נוטל ידיו בטיבול שני אמרוה רבנן קמיה דרב פפא הא בעלמא איתמר דאי סלקא דעתך הכא איתמר למה לי נטילת ידים תרי זימני הא משא ליה ידיה חדא זימנא אמר להו רב פפא אדרבה הכא איתמר דאי ס"ד בעלמא איתמר למה לי תרי טיבולי אלא מאי הכא איתמר נטילת ידים תרי זימני למה לי הא משא ליה ידיה חדא זימנא אמרי כיון דבעי למימר אגדתא והלילא דילמא אסוחי אסחיה לדעתיה ונגע אמר רבא בלע מצה יצא בלע מרור לא יצא בלע מצה ומרור ידי מצה יצא ידי מרור לא יצא כרכן בסיב ובלען אף ידי מצה נמי לא יצא אמר רב שימי בר אשי מצה לפני כל אחד ואחד מרור לפני כל אחד ואחד וחרוסת לפני כל אחד ואחד ואין עוקרין את השלחן אלא לפני מי שאומר הגדה רב הונא אומר כולהו נמי לפני מי שאומר הגדה והלכתא כרב הונא למה עוקרין את השולחן אמרי דבי ר' ינאי כדי שיכירו תינוקות וישאלו אביי הוה יתיב קמיה דרבה חזא דקא מדלי תכא מקמיה אמר להו עדיין לא קא אכלינן אתו קא מעקרי תכא מיקמן אמר ליה רבה פטרתן מלומר מה נשתנה: *אמר שמואל לחם עוני (כתיב) לחם שעונין עליו דברים תניא נמי הכי לחם עוני לחם שעונין עליו דברים הרבה דבר אחר לחם עוני עני כתיב מה עני שדרכו בפרוסה אף

תוספות

אבל במרור נוגע בב' ידיו וקאמר הסיבו מביאין להם מים אע"פ שכל אחד כבר נטל ידו אחת חוזר ונוטל ב' ידיו אע"ג דאמרינן (ידים פ"ב מ"א) נטל ידו אחת משטיפה אחת טהורה צריך ליטול שתיהן ולפי שנטילה ראשונה לא היתה לשם קדושה לכך סבר המקשה דבהך נטילה ליכא למיגזר שמא יגע ולפי זה נראה דאין לברך על אותה נטילה כיון דליכא הכא מצוה לשמוע דברי ר"א בן ערך (חולין דף קו.) וכ"ש אנו שאין אנו זהירין מלטמאות עצמנו ומלאכול אוכלין טמאין ואין אנו צריכין לאותה נטילה והמברך הרי זה מברך ברכה לבטלה ובכל סדרים כתיב שצריך על הנטילה לברך ואין נראה כדפרישית:

קפא. פי' ר"ח תולעת כדתניא התולעת שבעיקרי זיתים ושבעיקרי גפנים והקפא שבירק והיבחושין שביין וחומץ הרי אלו מותרים וא"ת תיקשי מינה לשמואל דאמר בסוף אלו טריפות (חולין דף סז:) קישות שהתליע באביה אסור משום שרץ השורץ על הארץ ומיהו שמואל סבר כאידך ברייתא דמייתי התם ומיהו ק"ק דמ"מ אמאי לא מייתי הך ברייתא התם ועוד שמואל היכי אכיל מרור בפסח וכי תימא דבדיק להו שלא יהא שם קפא א"כ אמאי צריך חרוסת כיון דליכא קפא ושמא ברוב ירקות אין בהם קפא וסמיך שמואל ארובא ומשום סכנה דקפא חיישינן למיעוטא ולריך חרוסת: צריך שיטול בטיבול שני. לאו דוקא נקט בטיבול שני דהא עביד ליה בתר המוציא דבעי נטילת ידים אלא אגב טיבול ראשון נקט טיבול שני והנטילה כמי גם לצורך טיבול בעה: אסוחי מסח דעתיה ונגע. תימה מה צריך להאי טעמא תיפוק ליה דנטילה ראשונה לא היתה לשם קדושה אלא שלא יטמא את המשקין וי"ל דס"ד דכיון שנטל יוטיל אפילו לנהמא דחולין לא בעי כוונה לכך צריך להאי טעמא: ידי מצה יצא ידי מרור לא יצא. וא"ת כיון שאין במרור זה מצוה מדרבנן ליבטיל מרור להאי מצה דבהדיה וי"ל דלא שייך ביטול אלא כשלועסן יחד דאז מבטל טעם אחד את חבירו אבל כשהם שלמים אפילו יהיה יותר מחבירו לא מבטל ליה: מצה לפני כל אחד ואחד מרור כו'. נראה דטעמא כדי שיטעום תיכף לברכה מיד כיון שזאת הברכה היא לשם חובה אבל בשאר ימות השנה דאין הברכה חובה אין צריך לטעום תיכף לברכה מיד: למה עוקרין את השלחן. דוקא שלהן שהן קטנים אבל שלנו שהן גדולים איכא טורח גדול בעקירתו נהגו לסלק הקערה לצד אחד דליהוי כעקירת שלחן ומה שנוהגין לסלק שני תבשילין בשעת הגבהה כדי שלא יהא נראה כמקדיש קדשים בחוץ וכן יסד ה"ר יוסף בסדרו מושך מהקערה שני תבשילין ומגביה קערה ולימא הא לחמא עניא כו' ולא יתכן דהא דאמר בשר אינו צריך להגביה היינו בשעה שאומר פסח זה דאז ודאי נראה כאוכל קדשים: כדי שיכיר התינוק וישאל. כלומר ומתוך כך יבא לישאל בשאר דברים אבל במה ששאל למה אנו עוקרין השלחן לא יפטר ממה נשתנה והיאך דאביי לא פי' הגמ' אלא תחלת שאילתו מה דליהוי היכירא לתינוקות וה"מ לדידהו דהוי להו שלחן קטן לפני מי שאומר הגדה לבדו וכן לכל אחד אבל אנו מסלקין את הקערה שבה מצה ומרור ושני תבשילין לסוף השלחן ודי לנו בכך ויש שנוהגין להגביה את הקערה על הכף ומוציאין הבשר מן הקערה ולאו מלתא היא דהא דאמר לקמן בשר אין צריך להגביה ה"מ בשעה שאומר הגדה פסח שהיו אבותינו כו' וכיון דלא מצי למימר פסח זה אם היה מגביהו לתבשיל שהיה בידו נראה כמקדיש בהמתו מחיים אבל כשמגביה הקערה כדי שיכיר תינוק וישאל היאך נראה כמקדיש קדשים לפיכך אין צריך להוציא ממנה התבשיל וגם הגבהתה חנם ואין כאן היכר לתינוק אבל עוקרין הקערה לגמרי ויניחנה בקרן זוית כאילו כבר אכלו כדי שיכיר התינוק וישאל דדמי לעקירת שלחן: פטרתן מלומר מה נשתנה. דתניא לקמן חכם בנו שואלו ואם לאו שואל הוא לעצמו מה נשתנה וכיון ששאלו לנו מה נשתנה אין אנו צריכין לומר מה נשתנה אלא להשיב על דבריו (של בנו) לפי שנשתעבדנו במצרים אנו עושין כל הדברים הללו:

רש"י

צריך לשקועיה בחרוסת משום קפא. ארס שבחזרת שהסרף שבחזרת יש בו ארס כדרך הבצלים: הא לא נגע. ידו במשקה: הא בעלמא איתמר. בשאר טיבולין שאינן קבע צריך שיטול ידיו לטיבול דכשנטל ידיו לראשון לא היה יודע שסוף שני לבוא: דאי ס"ד הכא. גבי מרור איתמר אמאי הא משי ליה חדא זמנא בטיבול ראשון: אסחיה לדעתיה ונגע. בבשרו: בלע מצה. ולא לעסה יצא: בלע מרור (לא) יצא. [אי] אפשר שלא טעם בו טעם מרור: בלע מצה ומרור. יחד ולא אכל עדיין לא מזה ולא מזה יצא ידי מצה שאינה צריכה טעם אבל ידי מרור לא יצא הואיל ולא לעסו ואוכל מצה עמו אין לו שום טעם: כרכן. שניהם יחד בסיב הדקל לא יצא שהרי לא היה ממש בפיו לא זה ולא זה: ואין עוקרין את השלחן. א"צ להגביה קערה כשמתחיל הגדה אלא מלפני הגדול שבהן שעושה הסדר ואומר ההגדה: אף

רשב"ם

צריך לשקועיה בחרוסת משום קפא. ארס שחזרת יש בו ארס כדרך הבצלים והלכך צריך נט"י לטיבול ראשון כדלקמן שהרי נוגע במשקין כשמשקע את החזרת בחרוסת ור"ח פירש קפא תולעת דתניא בתרומות התולעים שבעיקרי אילנות ואת הקפא שבירק יבחושין שבחומץ ושביין מותרין סיננם במסננת אסורין דכיון דפריש ממקום רביתיה הוי ליה כשרץ השורץ על הארץ כדאמר בשילהי אלו טריפות (חולין דף סז:) ועיקר: הא לא נגע. ידו במשקה: אגב חולייה. שנותנין בו תפוחין כדמוכח לקמן זכר לתפוח: לטיבול ראשון של שאר ירקי: לטיבול שני. חזרת: הא בעלמא איתמר. בשאר טיבולין שבשאר ימות השנה שאינן קבע וכשנטל ידיו לראשון לא היה יודע שסוף שני לבוא והסיח דעתו: דאי ס"ד הכא. גבי מרור איתמר אמאי הא משא ליה ידיה חדא זמנא בטיבול ראשון: אסחיה לדעתיה. ונגע בשום דבר טינוף: בלע מצה. ולא לעסה יצא שהרי קיים בערב תאכלו מצות (שמות יב) שהרי אכילה היא לו ומיהו לכתחלה טעם מצה בעינן: בלע מרור לא יצא. דבעינן טעם מרור וליכא דמשום הכי קפיד רחמנא למרר את פיו של אוכל זכר לוימררו את חייהם (שם א) כך מצאתי כתוב בכל הספרים ובפי' ר"ח ורבינו פי' בלע מרור יצא א"א שלא יהא בו טעם מרור בלע מצה ומרור יחד ולא אכל עדיין לא מזה ולא מזה ידי מצה יצא ידי מרור לא יצא הואיל ולא לעסו ואכל מצה עמו אין לו שום טעם ולפי הכתוב בספרים צריך לפרש בלע מצה ומרור ידי מצה מיהו יצא דלא תימא אף ידי מצה לא יצא דאיכא תרתי לריעותא שלא טעם טעם מצה וגם לא נגע בגרונו שהמרור חוצץ בינתים: כרכן. שניהן יחד בסיב הגדל סביב הדקל לא יצא שהרי לא היה ממש בפיו לא זה ולא זה וכזורק אבן לחמת דמי: מצה לפני כל אחד ואחד. מנהג שלהן היה להסב על המטות והיה שלחן לפני כל אחד ואחד הלכך צריך מצה ומרור לפני כל אחד ואחד על שולחנו אבל לדידן אין צריך כי אם לפני מי שעושה הסדר והוא יחלק לכל אחד מצה ומרור: ואין עוקר את השלחן. שמצוה היא לעקור את השלחן כדלקמן כי היכי אף

עין משפט נר מצוה

פב א ב ג מיי' פ"ח מהל' מצה הל' ו וח סמג עשין מא טוש"ע א"ח סי' תעה סעיף א:

פג ד [מיי' פרק ו מהל' מצה דין ב] טוש"ע שם סעיף ג:

פד ה מיי' שם פ"ח הלכה א וסמג שם טוש"ע א"ח סי' תעג סעיף ד:

פה ו מיי' שם פ"ח הל' ג טוש"ע שם סעיף ו:

פו ז ח שם סעיף ז:

מסורת הש"ס

לעיל דף לו.

דברים טז

רבינו חננאל

נטילת ידים צריך לשקועיה משום קפא כדי שתמות הקפא שבאותו הירקין החריפין שבחרוסת פי' קפא תולעת דתניא [בתרומות] התרומות האוכל תולעים שבעיקרי אילנות ואת הקפא שבירק חייב ויבחושין שבחומץ ושביין מותרין סננן במסננת אסורין דאי לא משקע ליה למה לי נטילת ידים: אדבריה רב חסדא לרבנא עוקבא ודרש הנוטל ידיו בטבול ראשון צריך שיטול בטבול שני ואמרי למה לי נטילת ידים שני הא משא ידיה חדא זימנא ופרקי' כיון דמפסיק בינייהו ואמר אגדתא והלילא דלמא מסח דעתיה ונגע במידי דמטמא הלכך צריך נטילת ידים שניה: אמר רבא בלע מצה יצא בלע מרור לא יצא בלע מצה ומרור ידי מצה יצא ידי מרור לא יצא כרכן בסיב ובלען אף ידי מצה לא יצא. אמר רב שימי בר אשי מצה ומרור וחרוסת לפני כל אחד ואחד ואין עוקרין השלחן אלא לפני מי שאומר הגדה ולפני מי שאומר הגדה בלבד ה והלכתא כרב הונא אמר כלהו לפני מי שאומר הגדה ולמה עוקרין השלחן כדי שישאלו התינוקות כי הא דאביי הוה יתיב קמי רבא חזי דמגבה פתורא אמר אביי לא אכלינן כו' גרסי' בפ' כיצד מברכין על הפירות אמר רב פפא הכל מודים [בפסח] שמניח פרוסה בתוך שלימה ובוצע מ"ט לחם עוני כתיב וקיי"ל מפני שהוא יום טוב צריך לבצוע על שתי ככרות כשבת דכתיב ביה לקטו לחם משנה הלכך בפסח מניח פרוסה בתוך שלימה ובוצע ומסתברא אפרוסה ויש אומרים אשלימה: תניא לחם עוני לחם שעונין עליו דברים פי' אמר עליו הגדה מצה זו שאנו

*) בתוספתא שם שלפנינו הגי' אסורין אך הגר"א ז"ל הגיה מותרין וגי' רבינו מסייע ליה ודברי הגר"א ז"ל ביו"ד סי' פ"ד סק"ח תמוה לפי זה וצ"ע:

§ מסכת פסחים דף קטו: §

אות א' - ב' - ג'

צריך לשקועיה בחרוסת משום קפא

לא נישהי איניש מרור בחרוסת, דילמא אגב חלייה דתבלין מבטיל ליה למרוריה, ובעינן טעם מרור וליכא

נטל ידיו בטיבול ראשון, נוטל ידיו בטיבול שני

סימן תעה ס"א - [א]יטול ידיו ויברך על נטילת ידים - ר"ל אע"ג שנטל להירקות, מ"מ כיון דאמר בינתים הגדה והלל, חיישינן שמא הסיח דעתו ונגע במקום מטונף, שהידים עסקניות הן, [גמרא].

(וכתוב בשיבולי הלקט, כיון שתלוי הטעם בהיסח הדעת, אם ברור לו ששימר ידיו היטב, ולא נגע בכתבי הקודש או בשאר דברים המטמאין הידים, א"צ לחזור וליטול ידיו, שהרי ידיו טהורות מנטילה הראשונה, ואם נטל אין לו לברך, שמא יהיה ברכה לבטלה, עכ"ל, ואף דלדינא לדידן בודאי צריך לחזור וליטול ידיו, וכדלעיל בסימן קנ"ח ס"ז, ובפרט כשלא כוון מתחלה לאכילה, עכ"פ אין לו לברך, וכמבואר שם, והנכון שבאופן זה יטמא ידיו קודם הנטילה, כדי שיוכל לברך).

ויקח המצות כסדר שהניחם, הפרוסה בין שתי השלימות, ויאחזם בידו ויברך "המוציא" ו"על אכילת מצה", ואחר כך יבצע מהשלימה העליונה ומהפרוסה, משתיהן ביחד, ויטבלם במלח; הגה: ואין המנהג לטבלה במלח בלילה ראשונה, דפת נקי אין צריך מלח; ויאכלם בהסיבה ביחד כזית מכל אחד, ואם אינו יכול לאכול כשני זיתים ביחד, יאכל של "המוציא" תחלה ואחר כך של "אכילת מצה".

ואחר כך יקח כזית מרור [ב]וישקענו כולו בחרוסת - כדי להמית ארס שבתוכו, ויש מקומות שאין נוהגין לשקע כולו, אלא בטיבול מקצתו, [פר"ח, וכדהויא דש"ס, דבריה חרוסת סגי להמית הארס, [ג]ואינו אלא משום מצוה, זכר לתפוח].

ולא ישהנו בתוכו, שלא יבטל טעם מרירותו, [ד]ומטעם זה צריך לנער החרוסת מעליו; ויברך: על אכילת מרור, ויאכלנו בלא הסיבה - שהוא זכר לעבדות, ומכל מקום אם רוצה לאכול בהסיבה רשאי.

אות ד'

בלע מצה יצא; בלע מרור לא יצא; בלע מצה ומרור, ידי מצה יצא, ידי מרור לא יצא; כרכן בסיב ובלען, אף ידי מצה נמי לא יצא

סימן תעה ס"ג - [ה]בלע מצה, יצא - בדיעבד, דגם זה מיקרי אכילה, אע"פ שלא לעסה, ולא הרגיש טעם מצה, **ואע"ג** דלעיל בסימן תס"א ס"ד פסקינן, דאין יוצאין במבושל, ומשום דנתבטל טעם מצה, אלמא צריך טעם מצה, **יש** לומר דהתם גרע, משום דהפת בעצמה אבדה טעם מצה, אבל הכא יש בה טעם, אלא שהוא לא הרגיש הטעם בפיו, **ומ"מ** כ"ז בדיעבד, אבל לכתחלה יש ללעוס אותה עד שירגיש הטעם בפיו, [מג"א בשם רשב"ם].

[ו]אבל אם בלע מרור, לא יצא, דטעם מרור בעינן וליכא - דבעינן שירגיש המרירות בפיו, זכר ל"וימררו את חייהם".

ואפילו אם בלע מצה ומרור כאחד, ידי מצה יצא, ידי מרור לא יצא - ולא אמרינן דמבטל ליה המרור למצה, דלא שייך ביטול אלא כשלועסן ומתערבין ביחד, אבל בזה שלא לעסן, כל חד וחד לחודיה קאי, [ר"ן ותוס'].

[ז]ואם כרכם בסיב - היא הקליפה הגדל סביב הדקל, **ובלעו, אף ידי מצה לא יצא, [ח]לפי שאין דרך אכילה בכך.**

ואם כרך המצה בדבר מאכל ובלע, יצא, אע"פ שיש הפסק בין המצה לגרונו, כיון ששניהם מיני מאכל, דרך אכילה בכך, [ט]פר"ח.

אות ה'

והלכתא כרב הונא

סימן תעג ס"ד - מביאין לפני בעל הבית קערה - אבל לפני שאר בני ביתו אין צריך להניח כסדר הזה, אלא כולן נוטלין משל בעל הבית, **וזה** אפילו במקומות שיש שולחן קטן לפני כל אחד ואחד, וכ"ש במקומנו שכולן יושבין על שולחן אחד.

אות ו'

כדי שיכירו תינוקות וישאלו

סימן תעג ס"ו - [י]ואז יצוה להסירם מעל השלחן ולהניחם בסוף השלחן כאלו כבר אכלו, כדי שיראו התינוקות וישאלו - המצות המוכנות לאכילה למה מסלקין אותם, ויאמר להם: שאין רשאין לאכול עד שיספר ביציאת מצרים, [יא]והיינו דשאלת מה

באר הגולה

א **פסחים קט"ו** **ב** **מימרא דרב פפא קט"ו** ‹משום דלא שבקינן מאי דפשיטא ליה משום דיחוייא בעלמא. **אלא** קשה על המחבר ז"ל, שבב"י בסימן קנ"ח למד מכאן שאפילו שאינו מטבל אלא ראש הפרי ואינו נוגע במשקה, שצריך ליטול את ידיו, ופסקו בשו"ע [שם ס"ד, מובא לעיל קט"ו], אלמא דלא הויא דיחוייא אלא קושטא דדינא. **ושמא** י"ל דסבירא ליה להרב ז"ל, דאע"פ שהכרח רב פפא נדחה, מ"מ הדין דין אמת מטעמא דקפא, **ומ"מ** אנו לא נהגנו לשקעו כולו בחרוסת, ועל פי שיטת הרי"ף והרמב"ם שהשמיטוהו, ועוד שקפא זה אינו מצוי בינינו – פר"ח› **ג** ‹חיסר מלשון הפר"ח, וז"ל: ועוד שקפא זה אינו מצוי בינינו, ואינו אלא משום מצוה כו'› **ד** **טור בשם רבינו יונה** **ה** **שם בגמ'** **ו** ‹כגירסת רשב"ם, ודלא כגירסת רש"י› **ז** **שם** **ח** ‹פי' רשב"ם משום דלא היה ממש בפיו לא זה ולא זה, וכזורק אבן לחמת דמי, וגם הר"ן כתב דטעמא משום דאין דרך אכילה בכך – ב"י› **ט** ‹משום דכיון דמין מאכל הוא, מין במינו אינו חוצץ, משא"כ בסיב – פר"ח› **י** **שם בגמרא קט"ו, וכ"כ התוס' ורשב"ם שם** **יא** ‹עיין בתוס' ד"ה כדי›

נשתנה כו' שאנו אוכלים מצה ומרור כו', עליהם שייך תשובת עבדים היינו ומספר יציאת מצרים, משא"כ בשאלה זו שאין ענין לסיפור יציאת מצרים - מחה"ש.

‹לשון המ"א: "ולכן כתב מהרי"ל כו'› כתב מהרי"ל, דאין ליתן שום מצה על השולחן עד זמן הסעודה, ‹לבד מג' בקערה קודם הגדה - פמ"ג›.

ואם השולחן קטן, יסירם לגמרי מעל השולחן, כי בלא"ה ליכא שינוי לתינוק. ‹**ועכשיו** מכסין הפת במפה, וזהו במקום עקירת שלחן - ערוה"ש›.

אות ז' - ח'

פטרתן מלומר מה נשתנה

לחם שעונין עליו דברים

סימן תעג ס"ז - [יב]**(וכשהבן או האשה שואלת, אין צריך לומר: מה נשתנה, אלא מתחיל: עבדים) (מהרי"ל)** - וה"ה אם ת"ח אחד שואל לחבירו, הנשאל א"צ לומר "מה נשתנה".

[יג]**וכשמתחיל "עבדים היינו לפרעה", מחזיר הקערה שבה המצות לפניו, וקורא כל ההגדה** - ואין לומר בהסיבה רק באימה ויראה.

[יד]**ויהיה הפת מגולה בשעה שאומר ההגדה** - דלכן נקרא המצה "לחם עוני", שעונין עליו דברים, **עד "לפיכך" שאוחז הכוס בידו** - כדי לומר שירה על היין, **ואז יכסה הפת** - שלא יראה בושתו.

---

§ מסכת פסחים דף קטז. §

אות א'

אף כאן בפרוסה

סימן תעג ס"ו - **ויקח מצה** [א]**האמצעית ויבצענה לשתים** - כדי לקיים מה שקראה הכתוב "לחם עוני", ודרכו של עני בפרוסה, [גמרא], **ואמר** "האמצעית", כי ברכת "אכילת מצה" העיקר עלה קאי, וברכת "המוציא" שמברך מתחלה, קאי על העליונה המונחת לפניו.

ויתן חציה לאחד מהמסובין לשומרה לאפיקומן - כדי ששתי אכילות שאוכל לשם מצה יהא בפרוסה, **וטוב** שאותו חלק יהיה יותר גדול.

ונותנין אותה תחת המפה - זכר למה שאומר: משארותם צרורות בשמלותם, **ויש** שנותנין אותה על כתפיהם זכר ליציאת מצרים.

ויהיו נזהרין שיכרוך האפיקומן במפה שלא כיבסו בקראכמע"ל, כי הכרים מסתמא מכובסין בקראכמע"ל.

וחציה השני ישים בין שתי השלימות; [ב]**ויגביה הקערה** [ג]**שיש בה המצות** - [ד]עם כל מה שעליה, ואין צריך להסיר התבשילין, ‹**או** יגביה המצות לבדן - ערוה"ש›, ‹**א"צ** להגביה רק את המצה הפרוסה - כף החיים›, **ויאמר: הא לחמא עניא, עד "מה נשתנה"** - וי"א: כהא לחמא. **וצריך** לאומרו בקול רם.

הגה: ויאמרו בלשון שמבינים הנשים והקטנים, או יפרש להם הענין - ר"ל מ"הא לחמא" ואילך דהוא התחלת הגדה, ויקיים בזה מה שאמר הכתוב: והגדת לבנך וגו', **וכן עשה ר"י מלונדרי כל ההגדה בלשון לע"ז, כדי שיבינו הנשים והקטנים (כל בו ומהרי"ב)** - שהרי גם נשים חייבות במצות הלילה ובאמירת הגדה, **ולכן** החיוב גם על המשרתת שתשב אצל השולחן ותשמע כל ההגדה, **ואם** צריכות לצאת לחוץ לבשל, עכ"פ מחויבת לשמוע הקידוש, וכשיגיע ל"ר"ג אומר כל שלא אמר" וכו', תכנוס ותשמע עד לאחר שתיית כוס ב', שהרי מי שלא אמר ג' דברים הללו לא יצא, **ונוהגין** שגם קוראין אותן שתשמע סדר עשרה מכות שהביא הקב"ה על מצרים, כדי להגיד להם כמה נסים עשה הקב"ה בשביל ישראל.

סימן תעה ס"א - **ויקח המצות כסדר שהניחם, הפרוסה בין שתי השלימות,** [ה]**ויאחזם בידו** - כל שלשתן, העליונה והתחתונה בשביל לחם משנה, והפרוסה ע"ש לחם עוני.

ויברך: המוציא - ויניח השלישית להשמט מידו, **ועל אכילת מצה** - יברך על הפרוסה עם תפיסת העליונה, (**הטעם**, משום דאיכא פלוגתא, דאית פוסקים דסוברין שיברך "המוציא" על השלמה, ו"על אכילת מצה" על הפרוסה, ואית דסברי להיפך, **לכך** פסק המחבר שיאחז שתיהם בידו, לבד התחתונה בשביל לחם משנה, ויברך "המוציא" ו"על אכילת מצה", ויבצע משניהם), **ויברך** שתי הברכות טרם ישברם, וכמו שמסיים המחבר: ואח"כ וכו'.

ואח"כ יבצע מהשלימה העליונה ומהפרוסה, [ו]**משתיהן ביחד** - דהא לכתחלה צריך לאכול משניהם בבת אחת, וכדלקמיה, וע"כ נכון שיהיה הבציעה ג"כ בבת אחת, ולא בזה אחר זה, כדי שלא יהיה הפסק בין בציעה ראשונה לאכילה.

[ז]**ויטבלם במלח. הגה: ואין המנהג לטבלם במלח בלילה ראשונה** - ר"ל "בלילות ראשונות", **דפת נקי אין צריך מלח** - אף שבכל ימות הפסח מטבילין במלח, אע"פ שהיא נקיה ואינה צריכה טיבול מן הדין, **מ"מ** בלילות ראשונות של פסח אין נוהגין כן, דטפי הוא נראה לחם עוני כשאינו טבול במלח.

ויאכלם - לפי שבירך שתי הברכות, וכונתו היה על השלמה ועל הפרוסה, לפיכך צריך לאכול משניהם, **בהסיבה, ביחד**

באר הגולה

[יב] ‹שם קט"ו קט"ז פטרתן כו' - גר"א› [יג] טור מהא דלחם עני כו' קט"ו [יד] ‹הבאנו כאן סוף הסעיף, וכל אמצע הסעיף הובא בדף קטז.› [א] הרא"ש והמרדכי ושאר פוסקים [ב] טור והרוקח [ג] הרא"ש בתשובה ושאר פוסקים [ד] ‹כ"כ שם התוספות והרשב"ם - ב"י› [ה] ברכות ל"ט [ו] הרא"ש והמרדכי ושאר פוסקים ‹ועיין ברש"י והרשב"ם שכתבו: ובוצע מאחת מהשלימות› [ז] טור בשם הירושלמי

*אף כאן בפרוסה דבר אחר מה דרכו של עני הוא מסיק ואשתו אופה ²אף כאן נמי הוא מסיק ואשתו אופה: אע"פ שאין חרוסת מצוה: ואי לא מצוה משום מאי מייתי לה א"ר אמי משום קפא אמר רב אסי קפא דחסא חמא קפא דחמא כרתי [קפא דכרתי חמימי] קפא דכולהו חמימי אדהכי והכי נימא הכי קפא קפא דכירנא לך ולישב בנתיך ולתמני כלתך: רבי אלעזר בר' צדוק אומר מצוה וכו': מאי מצוה רבי לוי אומר ³זכר לתפוח ור' יוחנן אומר זכר לטיט אמר אביי ⁴הלכך צריך לקהוייה וצריך לסמוכיה לקהוייה זכר לתפוח וצריך לסמוכיה זכר לטיט תניא כוותיה דרבי יוחנן תבלין זכר לתבן חרוסת זכר לטיט אמר רבי אלעזר בר' צדוק כך היו אומרים תגרי *חרך [גירסת הערוך תרך] שבירושלים בואו וטלו לכם תבלין למצוה: **מתני'** ⁵מזגו לו כוס שני וכאן הבן שואל אביו ואם אין דעת בבן אביו מלמדו מה נשתנה הלילה הזה מכל הלילות שבכל הלילות אנו אוכלין חמץ ומצה הלילה הזה כולו מצה שבכל הלילות אנו אוכלין שאר ירקות הלילה הזה מרור שבכל הלילות אנו אוכלין בשר צלי שלוק ומבושל *הלילה הזה כולו צלי [לעיל ס.] שבכל הלילות (אין) אנו (*חייבים לטבל אפילו) [מטבילין ועי' הוי"ע ובמשנה שבמשניות וכן בפיסקא בגמ' דכסמון] פעם אחת הלילה הזה שתי פעמים ולפי דעתו של בן אביו מלמדו מתחיל בגנות ומסיים בשבח ודורש °מארמי אובד אבי (דברים כו) עד שיגמור כל הפרשה כולה: **גמ'** ת"ר ¹חכם בנו שואלו ואם אינו חכם אשתו שואלתו ואם לאו הוא שואל לעצמו ואפילו שני תלמידי חכמים שיודעין בהלכות הפסח שואלין זה לזה: מה נשתנה הלילה הזה מכל הלילות שבכל הלילות אנו מטבילין פעם אחת הלילה הזה שתי פעמים: מתקיף לה רבא אטו כל יומא לא סגיא דלא מטבלא חדא זימנא אלא אמר רבא הכי קתני שבכל הלילות אין אנו חייבין לטבל אפילו פעם אחת הלילה הזה שתי פעמים מתקיף לה רב ספרא חיובא לדרדקי אלא אמר רב ספרא הכי קתני אין אנו מטבילין אפילו פעם אחת הלילה הזה שתי פעמים: מתחיל בגנות ומסיים בשבח: מאי בגנות רב אמר מתחלה עובדי עבודת גלולים היו אבותינו [ושמואל] אמר עבדים היינו אמר ליה רב נחמן לדרו עבדיה עבדא דמפיק ליה מריה לחירות ויהיב ליה כספא ודהבא מאי בעי למימר ליה אמר ליה בעי לאודויי ולשבוחי א"ל [א] פטרתן מלומר מה נשתנה פתח ואמר עבדים היינו: **מתני'** רבן גמליאל היה אומר ²כל *שלא [נ"א מי] אמר שלשה

רש"י

אף כאן בפרוסה. לברך על אכילת מצה ושתי שלימות מייתי משום ברכת המוציא דלא גרע משאר ימים טובים שצריך לבצוע על שתי ככרות שלימות ובוצע מאחת מהשלימות: **אף כאן הוא מסיק ואשתו אופה.** כדי שלא תחמיץ: **משום קפא.** שרף החזרת קשה ויש בו ארס: **קפא דחסא חמא.** מי שאכל חזרת וחלה בשביל הקפא יאכל לנון וירפא: **קפא דחמא כרתי.** מי שאכל לנון וקשה לו יאכל כרתי: **חמימי.** ישתה מים חמין: **קפא דכולהו חמימי.** ארס של כל ירקות חמין רפואה להן: **זכר לתפוח.** שהיו יולדות בניהן שם בלא עצב שלא יכירו בהן מצריים דכתיב תחת התפוח עוררתיך (שיר ח): **לסמוכיה.** להטיל ולכתוש בו הרבה כדי שיהיה עב וצריך לקהוייה להטיל בו תפוחים ויין ומילתא דאית בו קיוהא. זכר לתפוח וצריך לסמוכיה זכר לטיט: **תבלין.** ירקות שמטילין בחרוסת זכר לתבן וחרוסת שכותשים בו הדק זכר לטיט: **תגרי חרך.** חנונים היושבים אצל חלונותיהם ומוכרין כמו מליץ מן החרכים (שם ב): **מתני' וכאן הבן שואל אביו.** כאן במזיגת כוס שני הבן שואל את אביו מה נשתנה עכשיו שמוזגין כוס שני קודם אכילה:

גמרא

רשב"ם

אף כאן בפרוסה. לברך על אכילת מצה ושתי שלימות מייתינן משום המוציא דלא גרע משאר ימים טובים שצריך לבצוע על שתי ככרות ובוצע מאחת מהשלימות: **דרכו של עני הוא מסיק ואשתו אופה.** ונותנו מיד לתנור כשנגמר היסקו שירא שמא יצטנן התנור קודם שיזדמן עוסקין שניהם זה בהיסק התנור וזו בעיסה אף כאן הוא מסיק ואשתו אופה כדי שלא תחמיץ: **משום קפא.** שרף החזרת קשה הוא והרי הוא כארס: **קפא דחסא.** מי שאכל חזרת וחלה בשביל הקפא יאכל לנון וירפא: **קפא דחמא כרתי.** מי שאכל לנון וקשה לו יאכל כרתי כרישים: **חמימי.** ישתה מים חמין: **קפא דכולהו חמימי.** ארס של כל הירקות מים חמין רפואה להם: **זכר לתפוח.** במסכת סוטה (דף יא:) שהיו יולדות שם בניהם בלא עצב שלא יכירו בהן מצריים דכתיב תחת התפוח עוררתיך (שיר ח): **לסמוכיה.** לכתוש בו ירקות הרבה כדי שיהא עבה: **וצריך לקהוייה.** להטיל בו תפוחין דאית ביה קיוהא זכר לתפוח וצריך לסמוכיה זכר לטיט: **תבלין.** בשמים שמטילין בחרוסת זכר לתבן (*וחרס) [צ"ל ותרוסת] שכותשין בו הדק זכר לטיט: **תגרי חרך.** כמו מליץ מן החרכים (שם ב) חנוונים היושבים אצל חנויותיהן ומוכרין: **מתני' וכאן הבן שואל את אביו.** כאן במזיגת כוס שני הבן שואל את אביו אם הוא חכם מה נשתנה עכשיו שמוזגין כוס שני קודם אכילה ורבינו קבל מרבו ר' יעקב בן יקר וכן הבן שואל כמו כן בנות צלפחד (במדבר כז) כלומר דין הוא שיהא שואל במזיגת כוס שני מה נשתנה: **מטבילין פעם אחת.** טיבול ירקות בתוך הסעודה ובגמרא פריך לה: **שתי פעמים.** טיבול ראשון דשאר ירקות וטיבול שני דמרור: **הלילה הזה כולו צלי.** בזמן שבית המקדש קיים היה שואל כן: **ולפי דעתו של בן אביו מלמדו.** אם מבין הרבה יפרש הכל: **מתחיל בגנות.** מפרש בגמרא: **גמ' אטו כל יומי לא סגיא דלא מטבלינן.** דקתני שבכל הלילות (אין) אנו מטבילין פעם אחת אבל אשבכל הלילות אנו אוכלין שאר ירקות ליכא למיפרך הכי דהתם ה"ק בכל הלילות אין אנו מחזרין אחר מרור: **חיובא לדרדקי.** בתמיה הא משום היכרא להתינוקות כדי שישאלו קעבדינן: **אלא אמר רב ספרא כו'.** מהכא שמעינן דהכי אית לן למימר שבכל הלילות אין אנו מטבילין [אפילו] פעם אחת והאומר אין אנו חייבין לטבל שיבוש הוא בידו: **פתח ואמר.** לאחר שאילת הבן התחיל לומר עבדים היינו וגומר הגדה בשבח והודאה כלומר כן עשה לנו הקב"ה שהיינו עבדים והוציאנו משם:

תוספות

מה דרכו של עני בפרוסה. נראה דגם המוציא צריך לברך על הפרוסה וכן משמע בפ' כיצד מברכין (ברכות דף לט:) דקאמר הכל מודים לענין פסח שמניח פרוסה בתוך השלימות ובוצע פי' אפילו למ"ד מברך על השלימה ופוטר את הפתיתין מודה לענין פסח דאינו מברך על השלימה אלא על הפרוסה משום מה דרכו של עני כו' ומניחה בתוך השלימה כדי שיהא נראה כבוצע על השלימה ומשמע דלענין המוציא קאמרי וקאמר בתר הכי *א"ר חייא בר אבא בשבת חייב לבצוע על שני ככרות שנאמר לקטו לחם משנה ועיקר מילתיה דר' חייא בר אבא בפרק כל כתבי (שבת ד' קיז:) אלא להכי מייתי התם אמר פסח לומר שצריך שם מצה שלישית משום לחם משנה וחייב לבצוע על שתי ככרות בין בשבת בין בי"ט דאי לאו הכי למה הביא שם מילתיה דר' חייא וכן פסק רב אלפס דצריך לבצוע על שתי ככרות ביום טוב והטעם לפי שהיה לחם משנה יורד בערבי ימים טובים וקשה שאנו מתפללים באתה קדשת וברכתו מכל הימים וקדשתו מכל הזמנים ואמר (במכילתא פרש' בשלח) במן ברכו במן קדשו משמע בי"ט היה מן יורד *וכן היה נוהג ה"ר מנחם מיוני והר"ר יוסף טוב שהיו מברכין הכל על הפרוסה אך ר"י היה מברך המוציא על השלימה והדר על אכילת מצה על הפרוסה ובוצע משתיהן יחד וכן עמא דבר ולכך עושין על השלישית כריכה כדי לקיים מצוה בשלשתן:

צריך לסמוכיה וצריך לקהוייה. ובירושלמי אמר אית דעבדי זכר לדם ומשום הכי קרי ליה טיבולו במשקה וכן עמא דבר לסמוכי ובשעת אכילה מקלשין אותו ביין וחומץ ובתשובת הגאונים מפרש לעשות חרוסת בפירות שנדמה לכנסת ישראל בשיר השירים (ח) תחת התפוח עוררתיך כפלח הרמון התאנה חנטה אמרתי אעלה בתמר אגוז אל גנת אגוז ושקדים על שם ששקד הקב"ה על הקץ: **תגרי** חרך שבירושלים. משמע דהלכה כר' אלעזר בר' צדוק וגם בספרים כתב ר' יוסי ונימוקו עמו וכן עשה ה"ר יוסף בסדרו חרוסת זכר לטיט:

הלילה הזה מרור. הא דלא אמר כולו מרור משום דאכלינן שאר ירקות בטיבול ראשון: **כולו** לי. רב חסדא מוקי לה באלו דברים (לעיל דף ע.) כבן תימא דאמר חגיגה הבאה עם הפסח אינה נאכלת אלא צלי ואע"ג דקאמר התם ואמר רב חסדא ובפרקין ליתיה דרך הגמרא כן:

[דברים ו] ***ואמרתם** זבח פסח הוא. פי' באמירה שצריך לומר פסח זה שאנו אוכלין ואיתקש מצה ומרור לפסח ול"ל נמי מצה זו מרור זה: [ג"י שם] ***לפיכך** אנחנו כו'. י"א שבע הודאות ולא יותר כנגד ז' רקיעים:

והוצא

שלשה

עין משפט נר מצוה

פז א מיי' פ"ח מהל' מצה הל' ו סמג עשין מא טוש"ע א"ח סי' תעה סעיף א וסי' תעג סעי' ו:

פח ב טוש"ע א"ח סי' תס סעיף ב:

פט ג ד מיי' פ"ז מהל' מצה הל' יא סמג עשין מא טוש"ע א"ח סי' תעג סעיף ה בהג"ה:

[בברכות שם ובשבת קיז: איתא רבי אבא]

צ ה ו מיי' פ"ז ופ"ח מהל' מצה הלכה ב סמג שם טוש"ע שם ס"ז:

צא ז שם סעי' ז בהג"ה:

צב ח מיי' פ"ז שם הל' ה ופ"ח הל' ד:

[וע"ע תוספות עירובין לח: ד"ה ואין ותוספות ביצה ב: ד"ה והי']

רבינו חננאל

אוכלין כו' ר"א לחם עוני מה דרכו של עני הוא מסיק ואשתו אופה וכו' אע"פ שאין חרוסת מצוה ואמאי מייתי ליה משום קפא כדפירשנו למעלה. ר' אליעזר בר' צדוק החרוסת מצוה והביא ראיה לדבריו שכך היו תגרי ירושלים אומרים קחו לכם תבלין [למצוה] מכלל שחרוסת מצוה מאי מצוה ר' לוי אמ' זכר לתפוח שנאמר (שיר ח ה) תחת התפוח עוררתיך וגו' ר' יוחנן אומר זכר לטיט אמר אביי הלכך צריך לקיוהא זכר לתפוח וצריך לסמוכיה זכר לטיט. תגרי חרך שבירושלים היו אומרין בואו וקחו לכם תבלין למצוה כגון קנמון וכיוצא בו זכר לתבן שבטיט: מתני' מזגו לו כוס שני וכאן הבן שואל וכו' ת"ר אם היה הבן חכם הבן שואל את אביו ואם לאו אשתו שואלתו ואפי' שני תלמידי חכמים הבקיאין בהלכות הפסח שואלין זה את זה מה נשתנה וכו' ואסיק' אמר רבא שבכל הלילות אין אנו מטבילין אפי' פעם אחת הלילה הזה שתי פעמים מתחיל בגנות מאי היא אמר רבא מתחלה עובדי כוכבים היו אבותינו רב יוסף אמר עבדים היינו לפרעה והאידנא עבדינן כתרוייהו:

הגהות מהר"ב רנשבורג

[א] גמ' אמר ליה פטרתן מלומר מה נשתנה. נ"ב עיין לעיל דף קטו ע"ב בתוספות ד"ה כדי שיכיר וכו' ובפר"ח סי' תע"ג ס"ק ז' ודו"ק:

כזית מכל אחד - מן הפרוסה בודאי צריך כזית, דהא מברכין "על אכילת מצה", ואין אכילה פחותה מכזית, **אבל** פרוסת "המוציא", הלא קי"ל ד"המוציא" מברכין אפילו על פחות מכזית, **אלא** משום דיש פוסקין שסוברין, דברכת "המוציא" קאי על הפרוסה, וברכת "על אכילת מצה" קאי על השלמה, לכך צריך מכל אחת כזית.

ביחד - שאם יאכל מתחלה כזית של "המוציא", דהיינו מן השלמה, הרי הוא כמפסיק בין ברכת "על אכילת מצה" לאכילת הפרוסה, שעלה קאי הברכה, **ואם** יאכל הפרוסה מקודם ואח"כ השלמה, ג"כ הוא כמפסיק להני פוסקים דסברי, דברכת "על אכילת מצה" קאי על השלמה, **וע"כ** יאכלם ביחד.

[**ועוד** בב"ח טעם אחר, דאם יאכל של "המוציא" תחילה (היינו השלמה, דמסתמא הברכה ראשונה עלה קאי העיקר שהיא העליונה) יצא בה ידי חובת מצה, ואנו בעינן לכתחילה לחם עוני לשם מצה, דהיא הפרוסה ולא השלמה, **ולאכול** של הפרוסה תחילה, ג"כ אין נכון, אחרי דהשלמה מונחת מלמעלה, ואין מעבירין על המצות].

והסכימו האחרונים, דצריך רק להכניס לפיהו את שני הזיתים בבת אחת ולרסקם, אבל אין מחויב לבולעם בבת אחת, אלא די שיבלע כזית לערך בבת אחת, ואח"כ יבלע השאר, **ובדיעבד** אפילו בלע הכזית מעט מעט, יצא, כל שלא שהה מתחלת אכילתו עד סופה, יותר מכדי אכילת פרס.

(**אכן בעיקר הדבר תמוה מאד, דלפי כל זה נפק לן דבר חדש, דבלילה ראשונה צריך לאכול ב' כזית, ולא מצינו זה בשום מקום, וכל הני פוסקים דסברי דצריך ג' מצות לסדר, לא הזכירו זה זולת הרא"ש והמרדכי, ובש"ס לא נזכר אלא כזית, וכל כי האי מילתא הוי ליה לתלמוד לפרושי, ובאמת אף להני דמצריכים ג' מצות, הוא רק משום לחם משנה, וגם הא דהצריכו לכוין בברכה ראשונה על מצה אחת, ובברכה ב' על מצה שניה, הוא משום שלא יהיו המצות חבילות חבילות, אבל גם לדידהו שתי המצות הם דבר אחד, וכמו בשבת לחם משנה, ומעיקר הדין יכול לאכול איזה שירצה, רק משום דעל כל אחד מהמצות כוון בברכה, טוב שיטעום מכל אחד, אבל בודאי די בכזית אחד בצירוף משתיהם, וכ"ש לפי פשרת הפוסקים וכפי פסק המחבר, שאוחז בשתיהם ומכוין בב' הברכות על שתיהם ביחד, מכש"כ דאין צריך רק כזית אחד משתיהם, גם ר' ירוחם שהעתיק ג"כ באחרונה דעת רבו הרא"ש, לא הזכיר רק שאוכל משתיהם, אבל ב' כזית לא הזכיר, וצ"ע).**

[ח] ואם אינו יכול לאכול כשני זיתים ביחד, יאכל של "המוציא" תחלה - היא השלמה העליונה, שמעיקר הדין עלה קאי ברכת "המוציא", **ולא** הוי כהפסק בדיעבד מה שאוכלה בין ברכת "אכילת מצה" לאכילת הפרוסה, כיון שהיא באה לצורך אותו כזית, דהיינו לצורך ברכת "המוציא" שצריך לברך גם על כזית של הפרוסה.

וכתבו הפוסקים, שצריך לאכול גם כזית ראשון של "המוציא" בהסיבה.

ואחר כך של "אכילת מצה" - ובדיעבד אם אכל כזית אחד בין מהשלמה ובין מהפרוסה, יצא.

אות ב'

אף כאן נמי הוא מסיק ואשתו אופה

סימן תס ס"ב - [ט] הרא"ש היה משתדל במצת מצוה ועומד על עשייתה ומזרז העוסקים בהם ומסייע בעריכתן, וכן ראוי לכל אדם לעשות להטפל הוא בעצמו במצוה - דמצוה בו יותר מבשלוחו, **ומהרי"ל** פסק ליזהר כן לכתחלה בכל המצות, וכ"כ הפר"ח, דגם באפיית שאר המצות הנעשות לכל ימי הפסח, היה נוהג לעמוד על גביהן, כי רבה המכשלה, **וכ"כ** בח"י בשם השב"ל, שאין להאמין לנשים בענין לישה ואפיה, כי כמה דברים יעלו על לב נשים שהן מותרות, או שמא שוכחות ועושות דבר שלא כהוגן, ואינן יודעות שכר מצוה והפסד עבירה, לכן רוב הת"ח והרבנים עומדים על רקידתה ועל לישתה ועל אפייתה.

ויטריח עצמו במצת מצוה עד שיתחמם ויזיע, וזה תיקון גדול לעון החמור - האר"י ז"ל.

[י] סימן תנט ס"ב [יא] "לא יניחו העיסה בלא עסק ואפילו רגע אחד - ר"ל לאחר לישתה קודם שהתחיל לערוך אותה, אע"פ שלא נתחממה עדיין במשמוש ידים הרבה, [**דלאחר** עריכתה, אפי' בפחות משיעור מיל נתחמץ, וכדמבואר לקמיה]. **ואפילו** אינו עוסק בדבר אחר רק בצרכי התנור, גם כן אסור לכתחלה, וצריך להסיק התנור ולגרוף אותה מקודם, כדי שלא יהא צריך להניח המצות בלא עסק, וכדמבואר לקמיה, [ב"ח [יב] ופר"ח].

אות ג' - ד'

זכר לתפוח... זכר לטיט

הלכך צריך לקהוייה וצריך לסמוכיה, לקהוייה זכר לתפוח, וצריך לסמוכיה זכר לטיט

סימן תעג ס"ה - וחרוסת יעשה עב, זכר לטיט - ויעשהו מעיו"ט, ואם שכח מותר לעשותו ביו"ט, **ואח"כ נותנין בו מעט חומץ** -

---

באר הגולה

[ח] טור [ט] (מה דרכו של עני הוא מסיק ואשתו אופה, אף כאן הוא מסיק ואשתו אופה. י"מ כדי שתמהר לאפות ולא תבוא לידי חימוץ. **ורבינו** האי גאון ז"ל כתב, מצה שאפאה גוי בפני ישראל על השמור כתקנה וכהלכה, מותר לישראל לאכול ממנה, ובעלי מעשים וחסידים מחמירין על עצמן, דגאונים מחמירין ולשין בעצמן ואופין בעצמן, וכההוא דאמרינן לחם עוני, מה דרכו של עני הוא מסיק ואשתו אופה, אף כאן הוא מסיק ואשתו אופה, ע"כ. **למדנו** שהוא מפרשה משום עסק מצוה - מהר"ם חלאווה. **וכן** נראה כוונת העין משפט, וכן הוא בלבוש ובביאור הגר"א ובעולת שבת) [י] (ע"פ הפר"ח) [יא] **מהא דרבא שם** (מ"ב) **וכפי' רש"י או ממשנה מ"ח וכחכמים** [יב] (וז"ל הפר"ח: והיינו דאמרינן בפרק ערבי פסחים: לחם עוני, מה דרכו של עני הוא מסיק ואשתו אופה, אף כאן נמי הוא מסיק ואשתו אופה, ופירש רשב"ם: שהעני לפי שירא שמא תצטנן התנור, עוסקין שניהם זה בעסק התנור וזו בעיסה, אף כאן הוא מסיק ואשתו אופה כדי שלא תחמיץ)

של יין, **או יין אדום** - כדי לרכך אותו, ויהיה [יג]**זכר לדם (טור)** - אם חל בשבת, יתן בו המשקה מע"ש, ואם שכח, ע"ל בסימן שכ"א סי"ו.

ועושין החרוסת [יד]מפירות שנמשלו בהם ישראל (תוס' פרק ע"פ) ‹ד"ה צריך לסמוכיה›, [טו]**כגון תפוחים** - ע"ש הכתוב: תחת התפוח עוררתיך, **תאנים, אגוזים, רימונים** - כולם כתובים בשיר השירים, **שקדים** - ע"ש ששקד הקב"ה על הקץ לעשות.

ונותנין עליו תבלין, כגון קנמון וזנגביל הדומים לתבן - שאין נידוכין היטב והם ארוכים, **שהיו מגבלין בו הטיט (טור)** - [ומהרי"ל כתב, דלא ידוך אותם ויהיו ארוכים].

אות ה' – ו'

מזגו לו כוס שני, וכאן הבן שואל אביו, ואם אין דעת בבן אביו מלמדו

חכם בנו שואלו, ואם אינו חכם אשתו שואלתו, ואם לאו הוא שואל לעצמו, ואפילו שני תלמידי חכמים שיודעין בהלכות הפסח שואלין זה לזה

סימן תעג ס"ז - [טז]**מוזגין לו "מיד כוס שני"** - ר"ל שלא ימתין במזיגת הכוס עד שיגיע ל"לפיכך", שאז צריך לאחוז הכוס בידו, אלא מיד שמסיר הקערה מעל השולחן מוזג, **כדי שישאלו התינוקות למה שותים כוס שני קודם סעודה** - ר"ל ועי"ז יתעורר לשאול יותר השאלות ותמיהות שרואה בלילה ההוא.

וא"צ שטיפה והדחה, שכבר שטפו לקידוש.

ואם אין חכמה בבן, אביו מלמדו; אם אין לו בן, אשתו שואלתו; ואם לאו, הוא שואל את עצמו; ואפילו תלמידי חכמים שואלים זה לזה: מה נשתנה וכו'.

אות ז'

פתח ואמר עבדים היינו

סימן תעג ס"ז - [יז]**(וכשהבן או האשה שואלת, אין צריך לומר: מה נשתנה, אלא מתחיל: עבדים) (מהרי"ל)** - וה"ה אם ת"ח אחד שואל לחבירו, הנשאל א"צ לומר "מה נשתנה".

אות ח'

כל שלא אמר שלשה דברים אלו בפסח, לא יצא ידי חובתו, ואלו הן: פסח מצה ומרור

רמב"ם פ"ז מהל' חמץ ומצה ה"ה - כל מי שלא אמר שלשה דברים אלו בליל חמשה עשר, לא יצא ידי חובתו, ואלו הן: פסח מצה ומרור; פסח, על שם שפסח המקום ב"ה על בתי אבותינו במצרים, שנאמר: ואמרתם זבח פסח הוא לה' וגו'; מרורים, על שם שמררו המצרים את חיי אבותינו במצרים; [יט]מצה, על שם שנגאלו, ודברים האלו כולן הן הנקראין הגדה.

רמב"ם פ"ח מהל' חמץ ומצה ה"ה - ומחזיר השלחן לפניו [כ]ואומר: פסח זה שאנו אוכלין, על שם שפסח המקום על בתי אבותינו במצרים, שנאמר: ואמרתם זבח פסח הוא לה'; [כא]ומגביה המרור בידו ואומר: מרור זה שאנו אוכלין, על שם שמררו המצרים את חיי אבותינו במצרים, שנאמר: וימררו את חייהם; ומגביה המצה בידו ואומר: מצה זו שאנו אוכלין, על שם שלא הספיק בצקם של אבותינו להחמיץ עד שנגלה עליהם מלך מלכי המלכים הקדוש ברוך הוא וגאלם מיד, שנאמר: ויאפו את הבצק אשר הוציאו ממצרים וכו'; ובזמן הזה אומר: פסח שהיו אבותינו אוכלין בזמן שבית המקדש קיים, על שם שפסח הקדוש ברוך הוא על בתי אבותינו וכו'.

באר הגולה

יג ‹ירושלמי – גר"א, וכן הוא בתוס' ד"ה צריך לסמוכיה› **יד** ‹עיין ברשב"ם ד"ה לסמוכיה, דכתב: לכתוש בו ירקות הרבה כדי שיהא עבה› **טו** ‹כמ"ש שם זכר לתפוח, ופי' הגאונים ע"ש שנמשלו ישראל לתפוח, וה"ה לשאר כו' - גר"א› **טז** **משנה ובריייתא שם קט"ז** **יז** ‹ר"ל אחר עקירת הקערה תיכף, כדי שישאל, וכמש"ש וכאן הבן שואל כו', {וכפי' ראשון בהרשב"ם}, וכמו שמבואר והולך - גר"א› **יח** ‹שם קט"ו קט"ז פטרתן כו' - גר"א› **יט** ‹לא נקט הסדר שהתחיל בו, ועיין בהערה בסמוך› **כ** ‹תמיהא לי, אמאי לא פסק רבינו בזמן שבית המקדש קיים צריך להגביה הבשר, דרבא לא אמר אלא בזמן הזה מב' טעמים, אי משום דלא מצי למימר פסח זה, ועוד דנראה כאוכל קדשים, אבל בזמן שבהמ"ק קיים ודאי צריך, ואמאי לא פסקו רבינו, ולא ראיתי שום מפרש שנתעורר בזה, **ולי** יראה, דרבינו מפרש בדברי רבא שאמר אין צריך, היינו אף בזמן שבית המקדש קיים, דאי לאו הכי היה לו לומר אסור להגביה, אלא ודאי דדברי רבא קאי {אף} אזמן שבהמ"ק קיים, והיינו טעמא, דוקא מצה זכר לחירות ומרור זכר לוימררו צריך להגביה, ועוד דגופו של כבש אין שייך להגביהו כולו, ולזה דוקא מצה ומרור – כרוב ממשח› **כא** ‹רבינו כתב כסדר המשנה, אבל בהגדה מצה זו קאמר תחלה, וטעם המשנה, שתחלה מררו חייהם ואח"כ נגאלו – כסף משנה. ‹**עיין** כ"מ דכן היא גירסת רבנו במשנה, מרור קודם למצה, וכן משמעות המ"מ לעיל פ"ז ה"ה. **ובכנסת** יחזקאל היה סבור דגירסת רבנו במשנה מצה קודם למרור, וליתא. **ומה** שהקשה דבסדר הגדה הקדים רבנו מצה למרור, ותירץ בדוחק עיין שם. **ולפי** מש"כ ניחא בפשיטות, דבזמן הבית דמרור דאורייתא, שפיר מקדים מרור כפמ"ש רבינו מנוח דגריס נמי במתני' מרור קודם למצה, דטעם המשנה שמתחלה מררו חייהם ואח"כ נגאלו, משא"כ בזה"ז דמרור דרבנן, מקדימין מצה דאורייתא – מרכבת המשנה›

עין משפט נר מצוה

צג א מיי' פ"ז מהל' מלה הלכה ו:

צד ב ג מיי' פ"ח שם הלכה ב:

צה ד מיי' שם הל' ד וסמג עשין מא טוש"ע א"ח סי' תעג סעיף ו:

מסורת הש"ס

תורה אור

שלשה דברים אלו בפסח לא יצא ידי חובתו ואלו הן פסח מצה ומרור פסח על שום שפסח המקום על בתי אבותינו במצרים [שנאמר °ואמרתם זבח פסח הוא לה' אשר פסח וגו'] מצה על שום שנגאלו אבותינו ממצרים [שנאמר °ויאפו את הבצק אשר הוציאו ממצרים וגו'] מרור על שום שמררו המצריים את חיי אבותינו במצרים שנאמר [°וימררו את חייהם וגו'] °בכל דור ודור חייב אדם לראות את עצמו כאילו הוא יצא ממצרים שנאמר °והגדת לבנך ביום ההוא לאמר בעבור זה עשה ה' לי בצאתי ממצרים [ג]לפיכך אנחנו חייבים להודות להלל לשבח לפאר לרומם להדר לברך לעלה ולקלס *למי שעשה לאבותינו ולנו את כל הנסים האלו הוציאנו מעבדות לחרות מיגון לשמחה ומאבל ליום טוב ומאפלה לאור גדול ומשעבוד לגאולה ונאמר לפניו הללויה *עד היכן הוא אומר בש"א עד אם הבנים שמחה ובה"א *עד חלמיש למעינו מים וחותם בגאולה ר"ט אומר אשר גאלנו וגאל את אבותינו ממצרים ולא היה חותם רבי עקיבא אומר כן ה' אלהינו ואלהי אבותינו יגיענו למועדים ולרגלים אחרים הבאים לקראתנו לשלום שמחים בבנין עירך וששים בעבודתך ונאכל שם (מן הפסחים ומן הזבחים) כו' עד בא"י גאל ישראל: **גמ'** אמר רבא [ד]מצה צריך להגביה ומרור צריך להגביה בשר א"צ להגביה ולא עוד אלא שנראה כאוכל קדשים בחוץ אמר רב אחא בר יעקב סומא פטור מלומר הגדה כתיב הכא בעבור זה וכתיב התם °בננו זה מה להלן פרט *לסומא אף כאן פרט *לסומין איני והאמר מרימר שאלתינהו לרבנן דבי רב יוסף מאן דאמר אגדתא בי רב יוסף אמרו רב יוסף מ"ד אגדתא בי רב ששת אמרו רב ששת *קסברי רבנן מצה בזמן הזה דרבנן מכלל דרב אחא בר יעקב סבר *מצה בזמן הזה דאורייתא והא *רב אחא בר יעקב הוא דאמר מצה בזמן הזה דרבנן קסבר כל דתקון רבנן כעין דאורייתא תיקון לרב ששת ולרב יוסף נמי הא ודאי כל דתקון רבנן *כעין דאורייתא תיקון הכי השתא בשלמא התם מדהוה ליה למיכתב *בננו הוא וכתיב בננו זה ש"מ פרט לסומין הוא דאתא אבל הכא אי לאו בעבור זה מאי לכתוב אלא בעבור מצה ומרור הוא דאתא: לפיכך אנחנו חייבין: א"ר

רשב"ם

גמ' צריך להגביה. כשהוא אומר מצה זו שאנו אוכלין: **בשר אין מגביה.** כשהוא אומר פסח שהיו אבותינו (במצרים) אוכלים לא יגביה הבשר שהוא זכר לפסח: ה"ג בשר אינו צריך להגביה ולא עוד אלא שנראה כמקדיש ס': **אין צריך להגביה.** דהא לא מצי למימר פסח זה: רב יוסף ורב ששת מאורי עיניים הוו: **סוף דאמר.** בסופה דהאי פירקא (דף קכ.) אחד זה ואחד זה דרבנן:

מתני' שלשה דברים הללו (שלא פירש) [שפירש] טעמן*: **גמ' צריך שיאמר.** פסוק זה ואותנו הוציא משם שצריך להראות את עצמו כאילו יצא משם שאף אותנו גאל הקב"ה: **צריך להגביה.** כשאומר מצה זו שאנו אוכלין מרור זה שאנו אוכלין כדי להראותן למסובים ותתחבב מצוה בעיניהם וכן בתשובת הגאונים דהא דאמר צריך להגביה הייתו במלה זו ובהגדת: **בשר.** של* מיני תבשילין אין צריך להגביה כשהן אומרים פסח שהיו אבותינו אוכלין ולא יגביה הבשר שהוא זכר לפסח: **ה"ג בשר אין צריך להגביה ולא עוד אלא שנראה כמקדיש בשמו.** אין צריך להגביה דהא לא מצי למימר פסח זה ולא עוד אלא אם היה מגביהו נראה כמי שמקדיש בהמתו מחיים לפסח: **פרט לסומין.** מדכתיב זה משמע שיכירוהו בראיית העין: רב ששת ורב יוסף מאורי עיניים הוו: **קסברי רבנן.** רב ששת ורב יוסף: **רב אחא בר יעקב סוף דאמר.** בסופה דהאי פירקא (דף קכ.) אחד זה ואחד זה מדרבנן: **כעין דאורייתא תקון.** וכשם שבזמן שבית המקדש קיים פטור הסומא נמי פטור ואינו מוציא אחרים ידי חובתן: **בעבור מצה ומרור סוף דאתא.** לכך אני אוכל מצה ומרור זכר למה שעשה לי בגאלתי ממצרים ורב ששת ורב יוסף גזירה שוה לא גמירי: **מתני' וחותם בגאולה.** מסיים את ההגדה בברכת גאולה והשתא לא מפרש היאך מברכין אותה ולקמן פליגי בה רבי טרפון ורבי עקיבא בהיות ברכה דלרבי טרפון פותח בברוך ואינו חותם בברוך מידי דהוה אברכת פירות וברכת המצות דכולה הודאה היא ולר' עקיבא חותם בה נמי בברוך לפי שמוסיף בה דברי ריצוי ובקשה: **כן יגיענו וגו'.** והיינו דעבדינן כר"ע מחבירו ות"ק דקאמר וחותם בגאולה אינו תנא שלישי דא"כ אמאי עבדינן כר"ע הואיל ורבנן פליגי עליה הא אין הלכה כר"ע מחבירו והא דקאמר ת"ק וחותם בגאולה ד"ה היא ולא בא למעט מילתייהו דר"ט ור"ע אלא לאשמעינן שמסיימין בברכת גאולה דלא תימא אין מברכין כלל בסיום הגדה כי אם ברכת היין לבד על הכוס השני וראיה לדבר במסכת כתובות בפרק אע"פ (דף נז:) דאיכא נמי פלוגתייהו דר' טרפון ור"ע כה"ג דפליגי בסתם משנה דתנן הגיע זמן ולא נישאו אוכלת משלו ואוכלת בתרומה ר' טרפון אומר נותנין לה הכל תרומה ר"ע אומר מחצה חולין ומחצה תרומה והיכי דפליגי התם ר"ט ור"ע בפירושא דאוכלת בתרומה ולאו תלתא תנאי הוו הכי נמי פליגי תרוייהו הכא בפירושא וחותם בגאולה ולא תלתא תנאי הוו שהתנא סתם דבריו בין הכא בין בכתובות והדר מפרש לה בפלוגתא דר"ט ור"ע וחותם דתנא קמא סיום בעלמא ואינו חותם דר"ט חתימה סוף ברכה היא: **הללויה.** תיבה אחת היא כמו הילולו כגון תחתיה [א] הגזרה והבניה (יחזקאל מא) וכמו כן כסיה: **ידידיה.** ויקרא שמו ידידיה (ש"ב יב) נתן הנביא קרא כן לשלמה: **מרחביה.** כמו מרחב: **אלא.** כלומר תיבה אחת היא ואין התיבה נחלקת לשנים: **לרב מלי.** מפלג פליג או הוספי מוסיף אבל רבה פסיקא דפליג מדקאמר בלבד: **סכיבי.** דודי ר' חייא: **סלנו בסך גיסא.** בסוף שיטה ויה בתחלת שיטה אחרת: **בכסלים סרכס.** בהללויה הרבה וכולהו הללויה דריש ליה הכי דאמצע תיבה אחת היא: **בכספלס.** תהלה לדוד: **בכספלס.** תפלה לעני כי יעטוף תפלה למשה: **בכודלוס.** הודו לה' כי טוב: **שיר שבמורום.** אז ישיר משה: **משה וישראל כו'.** כלומר באותו פסוקות לן דמשה וישראל באותה שעה שעלו מן הים תיקנוהו ולא היה מקודם לכן אבל הלל דראשי חדשים וימים טובים מי תיקנו: **על כל פרק ופרק ועל כל רגל ורגל ועל כל צרה שלא תבא עליהן.** לישנא מעליא נקט כלומר שאם ח"ו תבא צרה עליהן ויושעו ממנה אומר אותה על גאולתם כגון חנוכה: **דוד אמרו.** על המזמורות שלו: **כל אלו.** תפלות: **הלל זה.** בספר תהלים שאנו אומרים על כל פרק ופרק: **משה וישראל אמרוהו.** דכתיב ביה בצאת ישראל ממצרים הים ראה וינוס ואח"כ קבעו דוד בספרו: **לפסר ישראל שוחטין את פסחיהן.** מיציאת מצרים ועד דוד ולא אמרו עליו הלל: **ד"ה פסלו של מיכה עומד בככי.** באותו מקום דבימי דוד היה דכתיב ביה עד גלות כל הארץ (שופטים יח) וישראל אומרים הלל שכתוב בו כמוהם יהיו עושיהם בתמיה אלא ודאי על הים נאמר תחלה ושוב לא פסק כך שמעתי. ול"נ בבכי כיתי הוא לנגלו כלומר עומד בשמחה: **וישראל אמרו לפניו** ל"נ ולאו גרס ליה מפרשינן ליה כמו בפני הבית בעודו קיים: **כנגד ליבור.** כנסת ישראל שנתכבה על גלותן והתפללו עליהן: **ניצוח וניגון לעתיד לבא.** כל מקום שנאמר ניצוח למנצח בנגינות לעתיד לבא הוא מדבר ולא ידענא היכי משמע אלא הכי הוה קים להו: **ע"י תורגמן.** הוא אומר ואחר משמיע לרבים והיינו משכיל לוחש לתורגמן לדוד

תוספות

וחותם בגאולה. ת"ק לא פי' כילד ופליגי במילתיה ר"ט ור"ע ר' טרפון אינו חותם בברוך שלא היה מאריך בדברי בקשה ולא היה אומר אלא הודאה ור"ע סבר דחותם בה בברוך לפי שמאריך בדברי בקשה ואומר כן ה' אלהינו יגיענו כו' וקי"ל (עירובין דף מו:) הלכה כר' עקיבא מחבירו וכן מוכח בסנהדרין (דף כח.) גבי לא ירבה לו נשים וברים חזקת הבתים (ב"ב דף כח.) דפליגי תנאי במילתיה דתנא קמא*:

ה"ג **ונאמר** לפניו שירה חדשה (א) וכן נודה לך שיר חדש על גאולתנו*. דהכי תניא במכילתא כל השירות לשון נקבה חוץ משירה דלעתיד דלשון זכר כלומר שהנקבה יש לה צער לידה אף כל הנסים יש אחריהם צער חוץ מלעתיד שאין אחריה צער וכן יסד הפייט* בזולת אי פתרוס שירות אלה לשון נקבה מיוסדים כי תשועתם כיולדה וגו' תוקף שיר אחרון כזכרים לא יולדים שירו לה' שיר חדש כו' וגרסינן שם מן הזבחים ומן הפסחים שחגיגת ארבעה עשר נאכלת קודם לפסח לפי שהפסח נאכל על השובע:

[וע"ע תוספות לעיל סג. ד"ה ר"ש]

[כהל"ס ד' קמב: קמג. כאריך בביאור דברי תוס' הללו]

[שביעי ואחרון ש"פ]

רבינו חננאל

אמר רבא מצה צריך להגביה כשאום' מצה זו שאנו אוכלין וכו' וכן מרור צריך להגביהו אבל בשר אינו צריך להגביהו מפני שנראה כמקדיש בשר ואוכל קדשים בחוץ אמר רב אחא בר יעקב סומא פטור לומר הגדה כו' ואסיקנא כשר הוא לומר הגדה דמצה בזמן הזה דרבנן ואקשי' מכלל דרב אחא בר יעקב סבר מצה בזמן הזה דאורייתא והא איהו דאמר בסוף פירקי' מצה בזמן הזה דרבנן ופרקי' קסבר כל דתקינו רבנן כעין דאורי' תקן. מאי בעבור זה בעבור מצ' ומרו' הוא:

[סנהדרין פ"א]:

[לסומא כצ"ל]

הגהות הב"ח

(א) תוס' ד"ה ה"ג ונא' לפניו שירה חדשה ובסוף גרסינן ונודה לך:

גליון הש"ס

גמ' קסברי רבנן מצה בזה"ז דרבנן עי' מגילה יט ע"ב תוס' ד"ה ור"י:

[ברכות כ.]

לקמן קיז.

[לסומין כצ"ל]

[לעיל קטו.]

[לקמן קכ.]

[לעיל ל: וש"נ]

[סנהדרין צד.]

מכאן שייך לדף שלאחר זה

הגהות מהר"ב רנשבורג

[א] רשב"ם ד"ה הללויה וכו' כמו הילולו כו' כגון תחתיה הגזרה והבניה. עי' ביחזקאל מ"א

פ"א עמוד

§ מסכת פסחים דף קטז: §

אות א'

בכל דור ודור חייב אדם לראות את עצמו כאילו הוא יצא ממצרים

רמב"ם פ"ז מהל' חמץ ומצה ה"ו - בכל דור ודור חייב אדם [א]להראות את עצמו כאילו הוא בעצמו יצא עתה משעבוד מצרים, שנאמר: [ב]ואותנו הוציא משם וגו', ועל דבר זה צוה הקדוש ברוך הוא בתורה: [ג]וזכרת כי עבד היית, כלומר כאילו אתה בעצמך היית עבד ויצאת לחירות ונפדית.

אות ב' - ג'

לפיכך אנחנו חייבים להודות להלל לשבח לפאר וכו' עד: חלמיש למעינו מים

רמב"ם פ"ח מהל' חמץ ומצה ה"ה - ואומר: לפיכך אנו חייבין להודות להלל לשבח לפאר להדר לרומם לגדל ולנצח, למי שעשה לנו ולאבותינו את כל הנסים האלו, והוציאנו מעבדות לחירות, מיגון לשמחה, ומאפלה לאור גדול, ונאמר לפניו הללויה, הללויה הללו עבדי ה' וגו' עד: חלמיש למעינו מים; וחותם: ברוך אתה ה' אלהינו מלך העולם אשר גאלנו וגאל את אבותינו ממצרים, והגיענו ללילה הזה לאכול בו מצה ומרורים, [ד]ובזמן הזה מוסיף: כן ה' אלהינו ואלהי אבותינו יגיענו למועדים ולרגלים אחרים הבאים לקראתנו לשלום, שמחים בבנין עירך וששים בעבודתך, ונאכל שם מן הזבחים ומן הפסחים שיגיע דמם על קיר מזבחך לרצון, ונודה לך שיר חדש על גאולתנו ועל פדות נפשנו, ברוך אתה ה' גאל ישראל; ומברך: בורא פרי הגפן, ושותה הכוס השני.

אות ד'

מצה צריך להגביה, ומרור צריך להגביה

סימן תעג ס"ז - [ה]וכשיגיע ל"מצה זו", צריך להגביה, להראותה למסובין שתחבב המצוה עליהם, (ויש להגביה מלה הפרוסה שהיא כלחם עוני) (מהרי"ו); וכן כשיגיע ל"מרור זה" - אבל כשיגיע ל"פסח שהיו אבותינו" וכו', לא יאחז בידו הבשר שהוא זכר לפסח, דהוי כמגביה קדשים בחוץ, דנראה מזה שהקדישו לפסח.

[ו]וכשיגיע ל"לפיכך", מגביה כל אחד כוסו בידו עד שחותם "גאל ישראל" - ובשל"ה כתב, דגם כשיאמר הפיסקא "והיא שעמדה לאבותינו ולנו", עד "הקב"ה מצילנו מידם", יאחז הכוס בידו, **ואז** יהיה הפת מכוסה כשאוחז הכוס בידו.

כשיאמר: ונאמר לפניו שירה, צ"ל "ונאמר" בניקוד סגול, "ונֶאמר", שהוא לשון עבר דקאי על גאולת מצרים. **ובעמק** ברכה מבאר הנוסח ברוב ההגדות בחולם ולא בסגול, שהשירה וההודיה בליל פסח אינה רק על העבר, אלא על גאולתנו בהווה - פסקי תשובות.

כתב המרדכי, [ז]דצ"ל: ונאכל שם מן הזבחים ומן הפסחים, דהא אוכלין תחלה מן החגיגה, דהיינו הזבח, אבל הפסח נאכל על השובע.

[**עיין** בט"ז מה שהביא עוד בשם מהרי"ו, דכשחל פסח במוצ"ש, צ"ל באותה לילה, "מן הפסחים ומן הזבחים", שהרי אין חגיגה נאכלת בלילה זה, דאין חגיגה קריבה בשבת, 'והזבחים' הם חגיגה ושלמי שמחה שמקריבין למחר ביום זה, **ועיין** בתשו' כנסת יחזקאל מה שפי' שם, שאין מדקדקין בכך, שהרי אנו מבקשים שיגיענו ה' למועדים הבאים וששים בעבודתו, ושם נאכל לשנה הבאה, כשלא יהיה פסח במוצ"ש, מן הזבחים, דהיינו חגיגה, ואח"כ מן הפסחים].

הגה: ונוהגין לזרוק מעט מן הכוס באצבעו (ד"ע) כשמגיע ל"דם ואש ותמרות עשן", וכן כשמזכיר המכות דל"ך עד"ש באח"ב בכלל ובפרט, הכל ט"ז פעמים (מהרי"ל) - כנגד אותיות י"ו משמו של הקב"ה שהכה את פרעה.

נוהגין לזרוק באצבע, על שם: אצבע אלהים היא, דלא כמ"ש בהגהת מנהגים, לזרוק בזרת קטן, [**וי"א** שיזרוק בקמיצה, **ופשוט** שאם הוא איסטניס, ועי"ז יהיה נמאס בעיניו אח"כ לשתות הנותר מן הכוס, ויבוא לידי הפסד אוכלין, אין כדאי לזרוק ממנו באצבעו, אלא ע"י שפיכה מן הכוס, **אח"כ** מצאתי שי"א שלכתחילה נכון לנהוג כן ע"י שפיכה מן הכוס ולא באצבע, וע"כ באיסטניס בודאי יש לנהוג כן].

ויהיה הפת מגולה בשעה שאומר ההגדה - דלכן נקרא המצה "לחם עוני", שעונין עליו דברים, **עד "לפיכך" שאוחז הכוס בידו** - כדי לומר שירה על היין, **ואז יכסה הפת (אגור וב"י)** - שלא יראה בושתו.

אות ד*[ח]

פרט לסומא

רמב"ם פ"ז מהל' ממרים ה"י - היה אחד מהן גדם או חגר או אלם או סומא או חרש, אינו נעשה בן סורר ומורה, שנאמר: ותפשו בו, ולא גדמים; והוציאו אותו, ולא חגרים; ואמרו, ולא אלמים; בננו זה, ולא סומים; איננו שומע בקולנו, ולא חרשים.

באר הגולה

א ‹נ"א לראות (רד"ש) - קרית מלך›. ‹וצ"ע למה אין דין זה מובא בשו"ע› | ב ‹ולא הביא הרמב"ם והשו"ע דינא דרבא שצריך שיאמר ואותנו הוציא משם› | ג ‹וחידוש שלא הביא הקרא דוהגדת לבנך, דאיתא במתני' על זה - מנחת יצחק› | ד ‹משמע דבזמן המקדש לכו"ע לא היה מאריך וחותם› | ה שם קט"ז | ו טור בשם מנהג אשכנז ושאר פוסקים | ז ‹וכן הוא בטור הובא בדף קי"ז. אות ב'› | ח ‹ע"פ מהדורת נהרדעא›

§ מסכת פסחים דף קיז. §

אות א'* [א]

ידידיה נחלק לשנים, לפיכך ידיד חול יה קודש

אה"ע סימן קכט סל"ג - שם ידידיה, אם יחלוק לשתי תיבות (כשר, [ב]ובלבד בשטה אחת); ופדהצור ועמינדב, תיבה אחת.

אות א'

ללמדך שאין השכינה שורה לא מתוך עצלות ולא מתוך עצבות

רמב"ם פ"ז מהל' יסודי התורה ה"ד - כל הנביאים אין מתנבאין בכל עת שירצו, אלא מכוונים דעתם ויושבים שמחים וטובי לב ומתבודדים, שאין הנבואה שורה לא מתוך עצבות ולא מתוך עצלות אלא מתוך שמחה, לפיכך בני הנביאים לפניהם נבל ותוף וחליל וכנור, והם מבקשים הנבואה, וזהו שנאמר: והמה מתנבאים, כלומר מהלכין בדרך הנבואה עד שינבאו, כמו שאתה אומר פלוני מתגדל.

אות ב'

עד: חלמיש למעינו מים

טור סימן תעג - ומתחיל ההלל וקורא עד "למעינו מים", ומברך: "ברוך אתה ה' אלהינו מלך העולם אשר גאלנו" וחותם: "ברוך אתה ה' גאל ישראל"; וצריך לומר: "ונאכל שם מן הזבחים ומן הפסחים", שצריך להקדים זבח דהיינו חגיגה, קודם הפסח שהוא נאכל על השובע; "ונודה לך שיר חדש", ואין לומר "שירה חדשה", שהוא אומר על גאולה של עתיד, והיא נאמרה בלשון זכר כדאיתא במדרש.

באר הגולה

[א] ‹ע"פ מהדורת נהרדעא› [ב] ‹וכתב מהרי"א בכתביו וז"ל: ושם ידידיה אם כותבין אותו תיבה אחת או ב'... איתא בפ' ע"פ אליבא דרב דנחלק לב' ידיד חול יה קדש, ומסתמא ר"ל דומיא דהללויה דבתילים דר"ח דהוו כתבי בתרי שיטי, כדפירש רש"י שם, **אמנם** היה נראה דכיון דקאמר תלמודא ופליג ריב"ל בהללויה, ומצינו למימר דה"ה דפליג ריב"ל אידידיה, וכריב"ל קי"ל אפילו כנגד ר"י, אך לגבי ר' חייא לא ברירא כלל אי קי"ל כריב"ל. **ומ"מ** נוכל לומר דהא דקאמר רב דידידיה נחלק לב', ר"ל אם ירצה, אבל ה"ה אם יכתוב תיבה אחת שפיר דמי, ולכך יראה דכותבין ידידיה וכה"ג תיבה אחת בגט, לא הפסיד, עכ"ל - גט פשוט›

א"ר חסדא א"ר יוחנן הללויה וכסיה וידידיה אחת הן רב אמר כסיה ומרחביה אחת הן *רבה אמר מרחביה בלבד איבעיא להו מרחב יה לרב חסדא מאי תיקו איבעיא להו ידידיה לרב מאי ת"ש דאמר רב ידידיה נחלק לשנים לפיכך ידיד חול יה קודש איבעיא להו הללויה לרב מאי ת"ש דאמר רב חזינא תילי דבי חביבא דכתיב בהו הללו בחד גיסא ויה בחד גיסא ופליגא דריב"ל דאמר ריב"ל מאי הללויה הללוהו בהלולים הרבה ופליגא דידיה אדידיה דאמר ריב"ל בעשרה מאמרות של שבח נאמר ספר תהלים בניצוח בנגון במשכיל במזמור בשיר באשרי בתהלה בתפלה בהודאה בהללויה גדול מכולן הללויה שכולל שם ושבח בבת אחת אמר רב יהודה אמר שמואל שיר שבתורה משה וישראל אמרוהו בשעה שעלו מן הים והלל זה מי אמרו נביאים שביניהן תקנו להן לישראל שיהו אומרין אותו על כל פרק ופרק ועל כל צרה וצרה שלא תבא עליהן ולכשנגאלין אומרים אותו על גאולתן תניא היה ר"מ אומר כל תושבחות האמורות בספר תהלים כולן דוד אמרן שנאמר °כלו תפלות דוד בן ישי אל תיקרי כלו אלא כל אלו הלל זה מי אמרו רבי יוסי אומר אלעזר בני אומר משה וישראל אמרוהו בשעה שעלו מן הים וחלוקין עליו חביריו לומר שדוד אמרו ונראין דבריו מדבריהן *אפשר ישראל שחטו את פסחיהן ונטלו לולביהן ולא אמרו שירה ד"א פסלו של מיכה עומד בבכי וישראל אומרים את ההלל: ת"ר כל שירות ותושבחות שאמר דוד בספר תהלים ר"א אומר כנגד עצמו אמרן רבי יהושע אומר כנגד ציבור אמרן וחכ"א יש מהן כנגד ציבור ויש מהן כנגד עצמו האמורות בלשון יחיד כנגד עצמו האמורות בלשון רבים כנגד ציבור ניצוח וניגון לעתיד לבא משכיל על ידי תורגמן לדוד מזמור מלמד ששרתה עליו שכינה ואחר כך אמר שירה מזמור לדוד מלמד שאמר שירה ואחר כך שרתה עליו שכינה *ללמדך שאין השכינה שורה לא מתוך עצלות ולא מתוך עצבות ולא מתוך שחוק ולא מתוך קלות ראש ולא מתוך דברים בטלים אלא מתוך דבר שמחה של מצוה שנאמר °ועתה קחו לי מנגן והיה כנגן המנגן ותהי עליו יד ה' אמר רב יהודה אמר רב וכן לדבר הלכה אמר רב נחמן וכן לחלום טוב איני *והאמר רב גידל אמר רב כל ת"ח היושב לפני רבו ואין שפתותיו נוטפות מר תכוינה שנאמר °שפתותיו שושנים נוטפות מור עובר *אל תקרי שושנים אלא ששונים אל תקרי מור עובר אלא מר עבר לא קשיא הא ברבה הא בתלמידא ואי בעית אימא הא והא ברבה ולא קשיא הא מקמי דפתח והא לבתר דפתח כי הא דרבה מקמי דפתח להו לרבנן אמר מילתא דבדיחותא ובדחו רבנן ולבסוף יתיב באימתא ופתח בשמעתא ת"ר הלל זה מי אמרו ר"א אומר משה וישראל אמרוהו בשעה שעמדו על הים הם אמרו °לא לנו ה' לא לנו משיבה רוח הקודש ואמרה להן °למעני למעני אעשה רבי יהודה אומר יהושע וישראל אמרוהו בשעה שעמדו עליהן מלכי כנען הם אמרו לא לנו ומשיבה וכו' רבי אלעזר המודעי אומר דבורה וברק אמרוהו בשעה שעמד עליהם סיסרא הם אמרו לא לנו ורוח הקודש משיבה ואומרת להם למעני למעני אעשה ר' אלעזר בן עזריה אומר חזקיה וסייעתו אמרוהו בשעה שעמד עליהם סנחריב הם אמרו לא לנו ומשיבה וכו' רבי עקיבא אומר חנניה מישאל ועזריה אמרוהו בשעה שעמד עליהם נבוכדנצר הרשע הם אמרו לא לנו ומשיבה וכו' רבי יוסי הגלילי אומר מרדכי ואסתר אמרוהו בשעה שעמד עליהם המן הרשע הם אמרו לא לנו ומשיבה וכו' וחכמים אומרים נביאים שביניהן תיקנו להם לישראל שיהו אומרים אותו על כל פרק ופרק ועל כל צרה וצרה שלא תבא עליהם לישראל ולכשנגאלין אומרים אותו על גאולתן: אמר רב חסדא הללויה סוף פירקא רבה בר רב הונא אמר הללויה ריש פירקא אמר רב חסדא חזינא להו לתילי דבי רב חנין בר רב דכתיב בהו הללויה באמצע פירקא אלמא מספקא ליה אמר רב חנין בר רבא הכל מודים °בתהלת ה' ידבר פי ויברך כל בשר שם קדשו לעולם ועד (הללויה) הללויה דבתריה ריש פירקא °רשע יראה וכעס שניו יחרק ונמס תאות רשעים תאבד הללויה דבתריה ריש פירקא °ושעומדים בבית ה' הללויה דבתריה ריש פירקא קראי מוסיפין אף את אלו °מנחל בדרך ישתה על כן ירים ראש הללויה דבתריה ריש פירקא °ראשית חכמה יראת ה' שכל טוב לכל עושיהם הללויה דבתריה ריש פירקא נימא כתנאי *עד היכן הוא אומר בית שמאי אומרים עד °אם הבנים שמחה ובית הלל אומרים עד °חלמיש למעינו מים ותניא אידך עד היכן הוא אומר בית שמאי אומרים עד °בצאת ישראל ממצרים ובית הלל אומרים עד °לא לנו ה' לא לנו מאי

רש"י

אחת היא. כלומר תיבה אחת היא ואין התיבה נחלקת לשנים: הללו בחד גיסא. בסוף שיטה ויה בתחלת שיטה האחרת: שיר שבתורה. אז ישיר משה: ועל כל צרה שלא תבא עליהם. לישנא מעליא הוא דנקט כלומר שלא תבא להם ויושעו ממנה אומרים אותו על גאולתן כגון חנוכה: כל מזמורים הפותחים בתפלה כגון תפלה לעני כי יעטוף (תהלים קב): אפשר ישראל שוחטין את פסחיהן. מיציאת מצרים ועד דוד ולא אמרו עליו הלל: ד"א פסלו של מיכה עומד. בימי דוד בבכי באותו מקום וישראל אומרים הלל שכתוב בו כמוהם יהיו עושיהם וגו' אלא ודאי על הים נאמר תחלה ושוב לא פסק: נילוח וניגון לעתיד לבא. כל מקום שנאמר למנלח בנגינות מלעתיד הוא מדבר: ע"י מתורגמן. הוא אומר ואחר מפרש: יהושע וכל ישראל אמרוהו. כלומר אף יהושע וכל ישראל אמרוהו: הללויה. כולהו דבספר תהלים: קראי מוסיפין. בעלי מקרא מוסיפין אף אלו: רשב"ם קסבר

לדוד מזמור. משמע תחלה היה לדוד רוח הקודש ואח"כ מזמור: מזמור לדוד. משמע מתוך המזמור באה שכינה לדוד: ללמד מכאן כו'. מכאן אתה למד וגם מפסוק אחר מוכיח שנאמר ועתה קחו לי מנגן וגו': שמחה של מצוה. כי הך דקחו לי מנגן שהיה מתכוין שתשרה עליו שכינה: וכן לחלום. אם הולך לישן מתוך שמחה רואה חלום טוב: הא ברבה. צריך ללמוד מתוך דבר שמחה: שעמדו על הים. לאחר שעברו כדכתיב (תהלים קיד) הים ראה וינוס והתפללו לא לנו פן יעבור פרעה וחילו אחריהם: יהושע וכל ישראל אמרוהו. כלומר אף ישראל ויהושע אמרוהו וכן פירש רבינו ולא נהירא לי שאם כן בכולן אתה צריך לפרש כן ואם כן מאי בינייהו ובין חכמים שאומרים נביאים שביניהן אמרוהו וכו' ואתי למימר דכל הני דאמרן לעיל אמרוהו על צרתן שהרי תקנוה נביאים לכך אלא כל אחד מן התנאים הכי קים ליה מרביה: הללויה ריש פירקא. כולהו הנך דספר תהלים שאין בו כי אם אחת לבדו בין פרק לפרק אבל מקום שיש שני פעמים הללויה בין פרק לפרק לא פליגי רב חסדא ורבה בר רב הונא דחד מלעיל וחד מלרע: קראי מוסיפין. בעלי מקרא מוסיפין אף אלו: מאי

תוספות

ה"ג שעומדים בבית ה' בחצרות בית אלהינו הללויה דבתריה ריש פירקא. ולא גרסינן שעומדים בבית ה' בלילות דאם כן ה"ל למינקט יברכך ה' מציון שזהו פסוק למעלה מהללויה ולא ה"ל למינקט שלשה פסוקים למעלה לכך נראה דגרסינן כדפרישית ולפי זה אנו צריכין לומר בו הללויה הללו את שם ה' הללו עבדי ה' שעומדים בבית ה' וגו' שלמעלה מזה אינו תחלת המזמור דלא יתכן שיהיה המזמור שני פסוקים *ועוד דאמרי' *במדרש קמ"ז מזמורים יש בספר תהלים כנגד שנות יעקב אלא הוא סופו של שיר המעלות הנה ברכו וגו' ואתי שפיר דקאמרינן לקמן רב אחא בר יעקב דמתחיל הלל הגדול מכי יעקב בחר לו יה דהוי תחלת המזמור דבע"א לא יתכן שיהא מתחיל הלל מאמצע המזמור: למען

רבינו חננאל

ענין דהללויה כסיה ידידיה דבור אחד הוא. ת"ש ידידיה נחלק לשנים לפיכך ידיד חול יה קדש: אמר ר"י בן לוי בעשרה דברים נאמר ספר תהלים בנצוח בנגון במשכיל במזמור בשיר באשרי בתפלה בתהלה בהודאה בהלל גדול שבכלן הללויה שכולל שם ושבח בבת אחת: ת"ר שיר שבתורה משה וישראל אמרוה בשעה שעמדו על הים הלל זה הללויה הללו עבדי ה' נביאים תקנוהו שיהו אומרין על כל פרק ועל כל צרה שנגאלין ממנה וכו' ר"מ אומר כל שירות שבתילים דוד אמרן כו' עד וכי פסל מיכה עומד בבכי וישראל אומרין שירה ופשוטה היא: תניא כל שיר האמור בתלים בלשון יחיד דוד אמרו בפני עצמו וכל האמור בלשון רבים כנגד צבור אמרו וכל האמור בנצוח בנינון לעתיד לבוא וכל האמור במשכיל על ידי תורגמן אמרו וכל האמור לדוד מזמור שרתה שכינה עליו ואחר כך מזמור וכל האמור מזמור לדוד אמר שירה ואח"כ שרתה עליו שכינה ללמדך שאין השכינה שורה לא מתוך עצבות וכו' עד אלא מתוך שמחה שנא' ועתה קחו לי מנגן וכו' וכן להלכה וכן לחלום טוב ואסיקנא כי הא דרבא מקמי דלפתח בשמעתא הוה אמר מילתא דבדיחותא קמי רבנן לבדוחי לביהו והדר הוה יתיב באימתא ופתח בשמעתא וכל שכן תלמיד דלא ליתיב אלא באימתא: ת"ר רבי אליעזר אומר הלל זה משה וישראל אמרוהו בשעה שעמד עליהם פרעה אמרו הן לא לנו משיבה רוח הקדש למעני למעני אעשה ר' יהושע אומר יהושע וישראל אמרוהו וכו' ר' אלעזר המודעי אומר דבורה וברק אמרוהו כו' ר' אלעזר בן עזריה אומר חנניה מישאל ועזריה אמרוהו כו' ר' יוסי הגלילי אומר מרדכי ואסתר אמרוהו וחכמים אומרים נביאים שביניהם תקנוהו שיהו אומרין אותו על כל פרק ופרק ועל כל צרה וצרה שתבוא עליהן ולכשנגאלין אומרין אותו על גאולתן: מתני' עד היכן אומר ב"ה אומר עד חלמיש למעינו מים והלכה כב"ה

עין משפט נר מצוה

צו א מיי' פ"ז מהלכות יסודי התורה הל' ד:
צז ב מיי' פ"ח מהלכות מצה הל' ט סמג עשין מא טור א"ח סי' תעג:

מסורת הש"ס

[גירסת רש"ל ותוי"ט פ"ד מ"א מסכת סוכה רבא ע"ש]
לעיל דף סה.
שבת ל: בפ"ש (ברכות דף לא)
שבת ל:
שבת דף סג: [יומא לז:]
תהלים קטו ישעיה מח
תהלים עב
מ"ב ג
שיר ה
תהלים קמה
שם קיב
שם קלה
שם קי
שם קיא
[לעיל קטו:]
שם קיג
שם קיד
שם קטו

גליון הש"ס

תוס' ד"ה שעומדים וכו' ועוד דאמרינן במדרש. וכ"ה במס' סופרים פי"ח הלכה י"א ובירושלמי פס"ו דשבת:

עין משפט נר מצוה

צח א מיי' פ"ב מהלכות תפלה הל' ה' ופכ"ט מהלכות שבת הלכה ב והלכה יא סמג עשין יט טוש"ע א"ח סימן רפח וטוש"ע א"ח סימן תפז סעיף א:

צט ב מיי' פ"ז ופ"ח מהלכות חמץ ומצה הלכה י סמג עשין מא טוש"ע א"ח סימן תפא:

ק ג מיי' וסמג שם טוש"ע א"ח סי' תפ:

קא ד מיי' פ"ז שם וסמג שם טוש"ע א"ח סימן תעג סעיף ג:

קב ה מיי' וסמג שם טוש"ע א"ח סי' תעט:

למען תזכור את יום צאתך מארץ מצרים. לכך תקנו זכר ליציאת מצרים ושמעתי מהר"מ שיש במדרש לפי שבמצרים עבדו בהם בישראל בפרך ופריך בה"ג ב"ש וג"ל שהם מלאכות ארבעים חסר אחת וכשגאלו ממצרים הזהירם על השבת לשבות מהם מ' ל"ט מלאכות. **רביעי** אומר עליו הלל הגדול. רביעי גרסי' ולא גרסינן חמישי ולה"ר יוסף טוב עלם שכתב בסדרו* קימעא לשתות מים יכנס אם חולה הוא או איסטניס ואי בעי משקיה חמרא משום הכוס לומר בחמישי הלל הגדול ישתנם תימה כיון שאוסר לשתות איך תיקנו כוס חמישי הא ארבע כוסות תיקנו ולא חמישי וכן מה שאוסר לשתות אפי' מים הא לא מבטלי טעם מצה דאפילו אחר הפסח לא אסר לקמן רק מידי מיכלא אבל מידי משקיה אפילו יין לא מצינן לאסור והא דאמר בין שלישי לרביעי לא ישתה מפרש בירושלמי שלא ישתכר ושלא יוכל לומר הלל וכן פסק רבי' שמואל לקמן* דכל שתיה מותרת ואפי' לפי המפרשים בין שלישי לרביעי לא ישתה שלא יבטל טעם מצה מ"מ במים לא מיירי אלא ביין דומיא דבין ראשון לשני ישתה דמיירי ביין היכי דליגררה ללביה כדאמרי' לעיל [דף קח.] ומיהו רוב עמא דבר לשתות וגם רב אלפס התיר מים ולא אסר רק יין: מאי

[לשבת הגדול סמוך לסוף פיוט קרי' תשל כדור פסח]

[קכ. בסוף הסוגיא]

מאי לאו בהא קמיפלגי למ"ד עד אם הבנים שמחה סבר הללויה ריש פירקא ומאן דאמר עד בצאת ישראל סבר הללויה סוף פירקא רב חסדא מתרץ לטעמיה דכולי עלמא סברי הללויה סוף פירקא מ"ד עד בצאת ישראל שפיר ומאן דאמר עד אם הבנים שמחה *עד ועד בכלל ונימא עד הללויה וכי תימא דלא ידעינן הי הללויה ונימא הללויה של אם הבנים שמחה קשיא רבה בר רב הונא מתרץ לטעמיה דכולי עלמא הללויה ריש פירקא מאן דאמר עד אם הבנים שמחה שפיר ומאן דאמר עד בצאת ישראל סבר עד ולא עד בכלל ונימא עד הללויה וכי תימא דלא ידעינן הי הללויה ונימא עד הללויה שבצאת ישראל קשיא: וחותם בגאולה: אמר רבא ק"ש והלל גאל ישראל דצלותא גואל ישראל מ"ט דרחמי נינהו אמר רבי זירא דקידושא אשר קדשנו במצותיו [א] וצונו דצלותא קדשנו במצותיך מ"ט דרחמי נינהו אמר רב אחא בר יעקב וצריך שיזכיר יציאת מצרים בקידוש היום כתיב הכא °למען תזכור את יום וכתיב התם °זכור את יום השבת לקדשו אמר רבה בר שילא דצלותא מצמיח קרן ישועה דאפטרתא מגן דוד °ועשיתי לך שם גדול כשם הגדולים תני רב יוסף זהו שאומרים מגן דוד א"ר שמעון בן לקיש °ואעשך לגוי גדול זהו שאומרים אלהי אברהם ואברכך זהו שאומרים אלהי יצחק ואגדלה שמך זהו שאומרים אלהי יעקב יכול יהו חותמין בכולן ת"ל והיה ברכה בך חותמין ואין חותמין בכולן אמר רבא אשכחתינהו לסבי דפומבדיתא דיתבי וקאמרי *בשבתא בין בצלותא בין בקידושא מקדש השבת ביומא טבא בין בצלותא ובין בקידושא מקדש ישראל והזמנים ואמינא להו אנא אדרבה דצלותא בין בשבתא בין ביומא טבא מקדש ישראל בקידושא דשבתא מקדש השבת ביומא טבא מקדש ישראל והזמנים ואנא אמינא טעמא דידי וטעמא דידכו דידכו שבת דקביעא וקיימא בין בצלותא ובין בקידושא מקדש השבת יומא טבא דישראל הוא דקבעי ליה דקמעברי ירחי וקבעי לשני מקדש ישראל והזמנים טעמא דידי צלותא דברבים איתא מקדש ישראל קידוש דביחיד איתא בשבת מקדש השבת ביום טוב מקדש ישראל והזמנים ולא היא צלותא ביחיד מי ליתיה וקידושא ברבים מי ליתיה ורבא סבר זיל בתר עיקר עולא בר רב נחית קמיה דרבא אמר כסבי דפומבדיתא ולא א"ל ולא מידי אלמא הדר ביה רבא רב נתן אבוה דרב הונא *בריה דרב נתן נחית קמיה דרב פפא אמר כסבי דפומבדיתא ושבחיה רב פפא אמר רבינא אנא איקלע לסורא קמיה דמרימר ונחית קמיה שלוחא דציבורא ואמר כסבי דפומבדיתא והוו משתקי ליה כולי עלמא אמר להו שבקוהו הילכתא כסבי דפומבדיתא ולא הוו משתקו ליה*: **מתני'** ג מזגו לו כוס שלישי מברך על מזונו ד רביעי גומר עליו את הלל ואומר עליו ברכת השיר * ד בין הכוסות הללו אם רוצה לשתות ישתה ה בין שלישי לרביעי לא ישתה: **גמ'** א"ל רב חנן לרבא ש"מ *ברכת המזון טעונה כוס א"ל ארבע כסי תיקנו רבנן דרך חירות כל חד וחד נעביד ביה מצוה: רביעי גומר עליו את הלל ואומר עליו ברכת השיר: מאי

שמות כ

[עי' לעיל מג: מ"ש שם עס"ג]

ס"א והילכתא כסבי דפומבדיתא

קסבר עד ועד בכלל. ואי אמינא עד בצאת סברי עלמא דאף בצאת בכלל משום הכי אמר עד אם הבנים שמחה והוא לא: [**עד ולא עד בכלל**.] ואי הוה אמינא עד אם הבנים הוה משמע עד אם הבנים ולא אם הבנים בכלל: ה"נ כתיב הכא למען תזכור את יום צאתך וגו' תורה אור וכתיב התם זכור את יום השבת לקדשו: **כשם הגדולים**. כאברהם כיצחק ויעקב: **דברבים איתא**. משום כבוד רבים אומר מקדש ישראל: ה"ג

רשב"ם

מאי לאו בהא קמיפלגי. דהכא תנאי אליבא דב"ש בהללויה פליגי אי סוף פירקא הוא אי ריש פירקא הוא הלכך האי נקט מילתיה בהך לישנא והאי מילתיה באידך לישנא אבל אליבא דבית הלל דליכא הללויה עד חלמיש למעינו מים לא פליגי כו' אלא אידי דמיחלפי מילתיה דב"ש משום הללויה אי ריש פירקא הוא אי לא מיחלפי נמי מילתייהו דבית הלל למינקט האי מילתיה סוף פירקא ואידך ריש פירקא כי היכי דאמרי אליבא דב"ש: **מ"ד עד בצאת סבר עד ולא עד בכלל**. ואי הוה אמר עד אם הבנים הוה משמע ולא אם הבנים שמחה בכלל: **ומ"ד עד אם הבנים קסבר עד ועד בכלל**. ואי הוה אמר *בצאת הוה משמע דאף בצאת בכלל ופלוגתייהו אליבא דבית הלל איכא לפרושי נמי בכה"ג: **ונימא עד הללויה**. למ"ד עד ולא עד בכלל: **קרית שמע**. ברכת גאולה שאחר ק"ש: **והלל**. של ערבי פסחים שחותם גאל ישראל כר"ע דמתניתין שמספר ומשבח על גאולת ישראל שעברה: **דצלותא גואל ישראל**. שאנו מתפללין על העתיד: **דקידושא וקדשנו**. דהודאה היא על שעבר: **דצלותא קדשנו**. לפי שאנו אומרים אותה באמצע תפלה ראוי לאומרה בלשון בקשה: **צריך שיזכיר יציאת מצרים בקידוש היום**. בין בכוס בין בתפלה של שבת בגזירה שוה דפסח ובשאר מועדים במה מצינו מפסח: ה"ג כתיב הכא למען תזכור את יום צאתך וכתיב התם זכור את יום השבת: **דאפטרתא**. במסכת סופרים (*פרק יג) תניא להו לברכות דהפטרה ומפרש דמגן דוד אומר ובצלותא שייך לומר טפי מצמיח קרן ישועה משום דרחמי נינהו ואנו מבקשין שיצמיח קרן ישועה לישראל ורבינו שלמה היה אומר משום הכי לא שייך למימר בתפלה מגן דוד שכבר אמרנו מגן אברהם ותרי חתימות כהדדי לא שייך בתפלה: **כשם הגדולים אשר בארץ**. נתן הנביא אמר לדוד כן מפי הקב"ה שכשם שחותמים במגן אברהם חותמין במגן דוד הגדולים אברהם יצחק ויעקב ואע"ג דבשלשתן לא חתמינן היינו לפי שאין חותמין בשתים כדכתיב והיה ברכה מיהו שלשתן נזכרין בברכת אבות אבל דוד שהוא יחיד בברכה הקבועה לו במי יחתומו אם לא במגן דוד: **סבי דפומבדיתא**. רב יהודה ורב עינא בסוף פרק ראשון דסנהדרין (דף יז:): **בשבתא**. בשבת דעלמא שאינו י"ט: **יומא טבא**. בלא שבתא דאילו בשבת ויום טוב חתים תרוייהו מקדש השבת וישראל והזמנים כדמפרש במסכת ביצה (דף יז): **שבתא דקביעא וקיימא**. משששת ימי בראשית ואינה תלויה בקביעת החודש: **דברבים איתא**. משום כבוד רבים אומר מקדש ישראל: **קידוש ברבים מי ליתא**. בבית הכנסת ובסעודת חתן: **מתני' ברכת השיר**. בגמרא מפרש: **בין הכוסות הללו**. בין שנים הראשונים לשנים האחרונים אם רצה לשתות ישתה: **בין ג' לד' לא ישתה**. מצאתי בגמרת ירושלמי למה לא ישתה כדי שלא ישתכר דתו לא מצי למימר הלל ופריך התם והלא כבר משוכר הוא ששתה כבר הרבה בסעודתו ומשני יין שבתוך המזון אינו משכר שלאחר המזון משכר וה"ה נמי דיין שלפני המזון אינו משכר ואם רצה לשתות בין ראשון לשני ישתה דהא לא ממעט תנא אלא בין ג' לד': **גמ' ש"מ ברכת המזון טעונה כוס**. דהא במסכת ברכות לא מתני' בהדיא דטעונה כוס אלא מדיוקא שמעינן ליה דאמר בריש פירקא (דף קה:) שמעת מינה מהא מתני' תמני ש"מ ברכת המזון טעונה כוס ולימא נמי דממתני' שמעינן ליה: **ש"ג ארבע כוסות תקינו לסו רבנן וכל מד ומד נעביד ביה מצוה**. כלומר ראוי שיעשה בו מצוה אבל בשאר ימות השנה לא בעי כוס שאף כאן אין הכוס בא בשביל ברכת המזון: יהללוך

מסורת הש"ס

[ברכות כז: ושם]

ג"ל עד בצאת

[*הלכה ט ואילך]

[לעיל קח.]

[לעיל קה:]

הגהות הגר"א

[א] גמרא דקידושא אשר קדשנו במצותיו דצלותא כו'

רבינו חננאל

וחותם בגאולה אמרי ק"ש והלל חותמין גאל ישראל צלותא גואל ישראל מאי טעמא רחמי נינהו אמ' רבי זירא ברכה דקידוש אק"ב אבל של תפלה קדשנו במצותיך מאי טעמא דתפלה רחמי נינהו וצריך שיזכיר יציאת מצרים (בלילות) [בקידוש היום] כתיב הכא זכור את יום השבת לקדשו וכתיב התם למען תזכור את יום צאתך וגו'. אמר רבה בר זירא בצלותא חותמין מצמיח קרן ישועה בהפטרה מגן דוד שנאמר ועשיתי לך שם גדול כשם הגדולים אשר בארץ. תאני רב יוסף שחותמין בהפטרה מגן דוד כדרך שחותמין בתפלה מגן אברהם. אמר ריש לקיש ואעשך לגוי גדול זה שאומר אלהי אברהם ואברכך זהו שאומרים אלהי יצחק ואגדלה שמך זה שאומרים אלהי יעקב יכול יהו חותמין בכלן ת"ל והיה ברכה אין חותמין אלא בך בלבד. אמר רבא אשכחתינהו לסבי דפומבדיתא דהוו אמרו בשבתא בין בצלותא בין בקידושא מקדש השבת ביום טב בין בצלותא בין בקידושא מקדש ישראל והזמנים ואמינא להו אנא אדרבא כו'. ואסיקנא כסבי דפומבדיתא מדאמר רבינא אנא אקלעי לסורא לגבי מרימר ונחית שליח צבור לקמיה ואמר כסבי דפומבדיתא והוו כולי עלמא משתקי ליה ואמר להו מרימר שבקוה דהלכתא כסבי דפומבדיתא: מזגו לו כוס שלישי ברך על מזונו אמר לו רבינא לרבא ש"מ ברכת טעונה כוס אמר ליה ארבע כוסות דתקון רבנן דרך חירות כל חד וחד נעביד ביה מצוה. רביעי גומר עליו את ההלל ואומר עליו ברכת השיר מאי

§ מסכת פסחים דף קיז: §

אות א'* [א]

וצריך שיזכיר יציאת מצרים בקידוש היום

רמב"ם פכ"ט מהל' שבת ה"ב - וזה הוא נוסח קידוש היום: ברוך אתה ה' אלהינו מלך העולם אשר קדשנו במצותיו ורצה בנו ושבת קדשו באהבה וברצון הנחילנו זכרון למעשה בראשית, תחלה למקראי קדש זכר ליציאת מצרים, כי בנו בחרת ואותנו קדשת מכל העמים, ושבת קדשך באהבה וברצון הנחלתנו, ברוך אתה ה' מקדש השבת.

כתב הרמב"ם פכ"ט מהלכות שבת (הלכה א', ו'): מ"ע מן התורה לקדש את יום השבת בדברים, שנאמר: זכור את יום השבת לקדשו, כלומר זכרהו זכירת שבח וקידוש וכו', ומדברי סופרים שתהא זכירה זו על כוס של יין. **כתב** המ"א, דלפי"ז מדאורייתא בקידוש שאומר בתפלה סגי, דקרא כתיב: זכור את יום השבת, והרי זכר אותו, וקידוש במקום סעודה מדרבנן, **ע"כ** אם ספק לו אם קידש או לא, א"צ לחזור ולקדש, דספיקא דרבנן לקולא, **גם** דקטן שהגיע לחינוך, יכול להוציא לפי"ז אפילו לגדול בקידוש, אם הגדול התפלל כבר, [**ודוקא** אם הקטן לא התפלל עדיין, אבל אם התפלל אין יכול להוציא הגדול בכל גוונא, דהוא תרי דרבנן, והגדול הוא חד מדרבנן, **והח"א** חולק ע"ז] - סימן רעא ס"א.

ואולם יש לפקפק בזה הרבה... (**עוד** ראיתי לעורר בדין זה, דהא איתא בפסחים: אמר רב אחא בר יעקב, וצריך להזכיר יציאת מצרים בקידוש היום, כתיב הכא זכור וגו', וכתיב התם למען תזכור וגו', והובא מימרא זו בר"ח שלפנינו וגם ברי"ף ורא"ש, ומשמע מהרמב"ם {בסה"מ מצוה קנ"ה} דהוא דאורייתא ולא אסמכתא בעלמא, **וא"כ** איך יוצא ידי קידוש בתפלה, הא לא נזכר בתפלת לילה יציאת מצרים כלל, {**ואף** שברשב"ם כתב שם, דצריך להזכיר יצ"מ בצלותא ועל הכוס, אבל בנוסח תפלתנו לא נזכר יצ"מ כלל}, **ועל הרמב"ם** לא קשה כלל, דמה שאמר דיוצא בזכירת דברים, היינו כשמזכיר בה גם יציאת מצרים, **אבל** על המ"א ושארי אחרונים שהעתיקו דבריו להלכה קשה, איך העלימו עין מזה, **ושמעתי שבס'** מנחת חינוך ג"כ הפליא בזה על המ"א, ומחמת זה מסיק להלכה דלא כוותיה, **ולענ"ד** יש ליישב דבריו קצת, או דסובר דהוא רק מדרבנן, והגז"ש הוא אסמכתא בעלמא, או דסובר דיוצא מן התורה במה שהזכיר יצ"מ סמוך לתפלה, ד"השכיבנו" כגאולה אריכתא דמיא, כמו שאמרו חז"ל, ולא צריכינן שיזכיר דוקא בקידושא גופא, **אבל** מ"מ הוא דוחק, דהא מפסיק בג' ראשונות, **ואולי** אפשר לומר, דכיון שמזכיר פסוק "ושמרו בני ישראל את השבת" וגו' תיכף ל"השכיבנו" שהיא גאולה אריכתא, די בזה מן התורה, שיש בזה שבחו של היום שבת, **ואף** שלא הזכיר עדיין קדושת היום, וברמב"ם נזכר "שבח וקידוש", זה הלא יזכיר תיכף אחר ג' ראשונות, ובודאי לא נגרע המ"ע במה שהפסיק בג' ראשונות, דהוא שבחו של הקב"ה, בין שבח שבת לקידושו, זהו הנ"ל ליישב דברי המ"א מפני חומר הקושיא, **אבל** מ"מ לדינא צ"ע, דאולי כונת הגמ' שיזכיר יצ"מ בתוך הקדוש, ובנוסח תפלתנו לא מצינו זה, ומפני כל הטעמים הנ"ל כתבנו בפנים, שיש לפקפק בזה הרבה, וגם בדה"ח כתב, דלכתחלה יש לחוש לגדולי הפוסקים שס"ל, דאין יוצא דבר תורה בתפלה) - סימן רעא ס"א.

אות א'

בשבתא, בין בצלותא בין בקידושא: מקדש השבת; ביומא טבא, בין בצלותא ובין בקידושא: מקדש ישראל והזמנים

טור סימן רסח - וחותם: בא"י מקדש השבת.

סימן תפז ס"א - סדר היום, [ב]ערבית ושחרית ומנחה אומר שלש ראשונות ושלש אחרונות, וקדושת היום באמצע, "אתה בחרתנו" וכו', "ותתן לנו ה' אלהינו את יום חג המצות הזה, את יום טוב [ג]מקרא קדש הזה, (וע"ל סימן ת"ל סעיף ג'), זמן חרותנו" - ומנהגנו לומר: "את יום חג המצות הזה, זמן חירותינו מקרא קודש" וכו', **ואין** אומרים "באהבה מקרא קודש", שהרי כבר אמרו "ותתן לנו ה' אלהינו באהבה מועדים לשמחה", **אכן** כשחל בשבת, יש אומרים שאומרים שני פעמים "באהבה".

"יעלה ויבא", "והשיאנו", וחותם: [ד]"מקדש ישראל והזמנים" - ואם אמר "מקדש ישראל" לבד, לא יצא, **וכן** בשבת (כשאין יו"ט חל בו), אם לא אמר "מקדש השבת", ואמר "מקדש ישראל", ג"כ לא יצא, אף שהזכיר באמצע התפלה של שבת, כיון שלא חתם בשל שבת, **וכל** זה בין בקידושא בין בצלותא.

[ה]ואם אמר: "מקדש השבת", וחזר בו תוך כדי דיבור, יצא - היינו שחזר ואמר "מקדש ישראל והזמנים", ולא שהה משגמר "מקדש השבת" רק כדי ג' תיבות, **ואם** שהה יותר משיעור זה לא מהני חזרתו, וצריך לחזור לראש הברכה, כיון שהחתימה היתה שלא כהוגן, אף שהזכיר של יו"ט באמצע.

(**ועיין** בפמ"ג שכתב, דאפילו התחיל "רצה", כל שלא אמר ד' תיבות, יכול לחזור ולתקן, דהיינו שיאמר: מקדש ישראל והזמנים, **ולענ"ד** צע"ג בזה, כיון שהתחיל ברכה אחרת אפי' תיבה אחת, מסתברא דלא מהני תיקונו, **ואפילו** אם לא התחיל ברכה אחרת, רק שהפסיק באיזה דיבור, קודם שחזר ואמר: מקדש ישראל והזמנים, ג"כ יש לעיין טובא אם מהני שוב תיקונו, דאפשר דהשו"ע מיירי הכא רק בשתיקה לבד, **ודין** זה צ"ע למעשה, ובפרט בדין הנ"ל שהתחיל ברכה אחרת, ודאי מסתברא דלא מהני תיקונו).

אחרי שהוא יודע שהוא יום טוב - ר"ל בעת שאמר: ברוך אתה ה', היתה כהוגן על דעת לסיים בשל יום טוב, אלא שאח"כ נכשל

באר הגולה

א (ע"פ מהדורת נהרדעא)	ב טור מהא דרב שבת כ"ד ותוס' פ"ג
ג טור בסי' תקפ"ב בשם מסכת סופרים ומנהג ספרד, ולזה הסכים ב"י	ד ברכות מ"ט
ה תוס' דברכות י"ב	

בלשונו, **ומשמע** מלשון זה, דאם טעה בעת שאמר: ברוך אתה ה', שהיה סבור שהוא שבת, אפי' אם חזר בתוך כדי דיבור לאחר שסיים "מקדש השבת", וסיים כדין, לא יצא, **אבל** רוב הפוסקים ס"ל, אע"פ שלא ידע שהוא יו"ט, יצא, כיון שנזכר בתוך כדי דבור וחתם כדין, כן פסקו הרבה אחרונים, ועיין בביאור הגר"א, שגם הוא מכריע כן להלכה.

ואם חל בשבת [ו]אומר: את יום המנוח הזה - ומנהגנו לומר: את יום השבת הזה, ונהרא נהרא ופשטיה, **ואת יום חג המצות הזה, [ז]וחותם: מקדש השבת וישראל והזמנים** - וי"א שצריך לומר "ישראל" בלא וי"ו, וכן הסכים המהרש"ל, **אבל** מנהגנו כהשו"ע.

ובדיעבד אם לא הזכיר רק "שבת" או "ישראל והזמנים" לבד, יש דעות בין האחרונים אם צריך לחזור או לא, **ועיין** בבה"ל שהכרענו, דאם לא הזכיר רק "שבת" לבד, (והתחיל "רצה"), בודאי אין לחזור הברכה משום זה, (**ואם** הזכיר רק "ישראל והזמנים" לבד, צ"ע למעשה).

אות ב'

מזגו לו כוס שלישי מברך על מזונו

סימן תעט ס"א - [ח]אחר כך מוזגין לו כוס שלישי - וצריך הדחה ושטיפה אם אינו נקי, **ואף** מי שאינו נזהר בכל השנה לראות אם הוא נקי, מ"מ בזה הלילה יזהר משום הידור מצוה.

ומברך עליו ברכת המזון - אפילו אם מברך ביחידי, ואפילו למ"ד בעלמא דבהמ"ז אינה טעונה כוס, מ"מ הואיל שתקנו חכמים לשתות ארבעה כוסות בלילה זו, יש לעשות מצוה בכל כוס וכוס, להכי סומכין כוס שלישי לבהמ"ז, גמרא.

ובורא פרי הגפן, ושותהו בהסיבה; [ט]ולא יברך אחריו - אפילו שתה כל הרביעית, דסומך על ברכה אחרונה שמברך על כוס רביעי.

אות ג'

רביעי גומר עליו את הלל ואומר עליו ברכת השיר

סימן תפ ס"א - כוס רביעי [י]מתחיל: לא לנו - בלא ברכה, **וגומר עליו את ההלל** - ואומרים ההלל מיושב, אף שבכל השנה אומרים מעומד, בפסח שאני, מפני שמיושב הוא דרך הסיבה וחירות.

מי שאירע לו אבל ביו"ט, שלא נהג אבילותו קודם יו"ט, מ"מ גומר את ההלל.

ואינו אומר "יהללוך", אלא אומר אחר גמר ההלל, [יא]"הלל הגדול, שהוא מ"הודו לה'" עד "על נהרות בבל", שהם כ"ו "כי לעולם חסדו" - ואינו אומר "רננו צדיקים", **ואח"כ אומר: [יב]"נשמת כל חי", ו"ישתבח" עד "ומעולם ועד עולם אתה אל"** - ונוסחתנו בישתבח הוא: "מעתה ועד עולם", **[יג]ואז יאמר "יהללוך" עד "מלך מהולל בתשבחות"** - ובדיעבד אם חתם ישתבח בברכה, יאמר אח"כ "יהללוך" בלא חתימה. **ויש** נוהגין כהפוסקים, לומר תיכף אחר הלל "יהללוך", עד "כי מעולם ועד עולם אתה אל", ואח"כ אומר הלל הגדול ו"נשמת" ו"ישתבח", וחותם: בא"י מלך מהולל בתשבחות, **ויש** שחותמין: הבוחר בשירי זמרה וכו', כמו שאומרים בישתבח תמיד, [ובאיזה סידורים נדפס כהשו"ע, ובאיזה כמנהג הזה]. **ולפי** מנהג זה, אם בשעה שאומר "יהללוך" שכח וחתם: בא"י מלך מהולל בתשבחות, שוב לא יחתום ב"ישתבח", אלא יאמר הלל הגדול ו"נשמת" ו"ישתבח" עד "מעתה ועד עולם".

אות ד'

בין הכוסות הללו אם רוצה לשתות ישתה

סימן תעג ס"ג - [יד]אם ירצה לשתות כמה כוסות, הרשות בידו - בין ששותה בין א' לב', או לאחר כוס שני, וכ"ש בתוך אכילה, **אבל** בין ג' לד' אסור, כדלקמן בסימן תע"ט.

לפי מש"כ הרב סי' תע"ד, דמנהגנו לברך ברכה ראשונה על כל כוס וכוס, הא דמותר לשתות בין הכוסות, היינו דוקא אם היה דעתו בשעת ברכה לפטור על כל מה שיביאו לו אח"כ לשתות, **או** שהיה היין לפניו, דממילא נפטר כל זמן שלא חשב בהדיא שלא לשתות, [**ואולי** כיון שאין רגילות לשתות בין הכוסות, א"כ כל זמן שלא חשב בפירוש לשתות, הוי כהסיח דעתו]. **דאם** אין דעתו לשתות בין הכוסות ואח"כ נמלך לשתות, א"כ יצטרך לברך עליהם, וזה אסור, שנראה כמוסיף על הכוסות, כיון שמברך על כוס זה כמו על שאר ד' כוסות.

באר הגולה

[ו] ביצה י"ז **[ז] ברכות מ"ט** ‹וכ"כ הרשב"ם ד"ה יומא טבא› **[ח] משנה פסחים קי"ז** **[ט] ציינתיו לעיל סי' תע"ג ס"ב** **[י] משנה פסחים קי"ז וכמו שדקדק הרא"ש שם** ‹וז"ל: מאי ברכת השיר, רב יהודה אומר יהללוך, מכאן ראיה שאין לברך על ההלל לאחר סעודה, דאי מברכין עליו, א"כ מאי קאמר ואומר עליו ברכת השיר, פשיטא כיון דאמרינן גומרים עליו את ההלל, ממילא ידענא דמברך יהללוך, אבל אם אין מברכין עליו בתחלה, הוצרך לומר, אע"פ שלא בירך לפניו, יברך לאחריו, ומיהו יש לומר לפי שברכת הלל תליא במנהגא, כדאיתא לקמן (דף קיט), קתני במתניתין ובלילי פסח צריך לברך› **[יא] ברייתא שם וכרבי יהודה שם** **[יב] כרבי יוחנן שם וכמש"כ הטור בשם הרשב"ם** ‹וז"ל הרשב"ם: ור' יוחנן אמר נשמת כל חי, אף נשמת, דהיינו ברכת השיר דמתני'.. והיינו דאמר הלכה כרבי יוחנן בתרוייהו, ע"כ. **וכתב** המהרש"א: בשמעתין לא הוזכר דהלכה כר"י בתרוייהו, אלא דר"ל דהיינו מה דאמר בסדר הגדה לומר יהללוך ונשמת, משום דקי"ל כר"י לומר תרוייהו. ‹**והרב** בעל באר הגולה לא יצא ידי חובת עיונו בזה, והראה מקום לדברי השו"ע מדברי הטור בשם רשב"ם ז"ל, וליתא, דהא לרשב"ם חותם ב' פעמים, י"עוש, **וגם** הוא דלא כהר"ח והרא"ש ז"ל שהזכיר הטור ז"ל, דלדידהו אומר יהללוך קודם הלל הגדול בלא חתימה, וכן הוא מנהג האשכנזים, **ודברי** מרן ז"ל בשו"ע מבוארים, דאע"פ שאינם מכוונים ממש לדברי הפוסקים, מ"מ לצאת ידי מחלוקת בנוסח החתימה נכון הוא - מאמר מרדכי› **[יג] כרב יהודה שם** ‹לשון הרשב"ם: וקבעוהו לאחר הלל הגדול, שצריך לאומרן כדלקמן, דהשתא איכא ברכה בכל חדא וחדא, והכי הויא מילתא שפיר, כך נראה בעיני, ע"כ. **וכתב** המהרש"א: וקבעוה לחלק הברכות, דהיינו ברכת יהללוך אחר הלל, וברכת נשמת אחר הלל הגדול, זהו דעת הרשב"ם, דר"י בא להוסיף ברכה, **אבל** מנהגינו אינו כן, דאנן אין חותמים בברכה רק אחר נשמת, וכמ"ש התוספות בשם הר"ח כהן, ודו"ק, עכ"ל. **וכ"כ** הטור› **[יד] משנה קי"ז**

[ט]**ומכל מקום ראוי ליזהר** - וכן מנהגנו, **שלא לשתות בין ראשון לשני, אם לא לצורך גדול** - לחוש ליש מי שאומר, דהא דשרינן לשתות בין הכוסות, היינו בין כוס ב' לבין כוס ג', דהוא סמוך לאכילה או בתוך אכילה, דאז אינו משכר, אבל לא בין ראשון לשני, [ודלא כרשב"ם], **כדי שלא ישתכר וימנע מלעשות הסדר וקריאת ההגדה** - וכמו שאסור בין ג' לד', [והא דקתני בין ג' לד', ולא קתני בין א' לב', משום דבלא"ה אין דרך לשתות הרבה קודם אכילה, ועיין בביאור הגר"א שעשה סמוכין לדעה זו מן הירושלמי].

ומשמע דוקא יין, או שאר משקין כה"ג המשתכרין, אבל משקה שאין משתכר, מותר לשתות בין הכוסות.

(**וכ"ז בין הכוסות, אבל אם מזג הכוס והתחיל לדרוש עליו בהגדה, אינו רשאי להפסיק באמצע, כ"כ הרמב"ן והר"ן, ומשמע מדבריו עוד יותר, דאפילו לא התחיל עדיין בהגדה, רק שמזג הכוס והכין עצמו לאמירת הגדה, ג"כ אסור, ובעל המאור מתיר בכל גווני, וכ"כ התוס', דדוקא בהלל או בברכת "אשר גאלנו" אסור, והמחבר סתם בסעיף א' כדעת הרמב"ן ואפילו לענין כוס של מצוה, ומכ"ש בכוס של רשות).**

אות ה'

בין שלישי לרביעי לא ישתה

סימן תעט ס"א - [ט]**ולא ישתה יין בינו לכוס רביעי** - שמא ישתכר ויישן ולא יגמור את ההלל, [מירושלמי]. **ויש** שכתבו הטעם, מפני שהוא נראה כמוסיף על הכוסות, [רשב"ם דף ק"ח. ושארי פוסקים]. **וכתבו** האחרונים, דלאו דוקא יין, ה"ה שאר משקין המשכרין, מיהו אם אינו משכר מותר, **והוא** שלא היה חמר מדינה, דאם היה חמר מדינה יש להחמיר ולחוש לטעם השני, דנראה כמוסיף על הכוסות, [**אך** מוכח ממ"א, דאם היה דעתו בשעת ברכת היין לפטור שאר מיני משקים, א"כ א"צ לברך עליהן, בזה לא אמרינן דמיחזי כמוסיף על הכוסות].

(**ודע, דמסתימת לשון המשנה וכל הפוסקים, משמע דאפילו מעט לא ישתה, אכן כ"ז לפי טעם הירושלמי משום שכרות, להכי לא התירו חכמים אפילו משהו חוץ מד' כוסות, אכן לאידך טעם משום דנראה כמוסיף על הכוסות, א"כ אפשר דלא שייך זה רק בשותה שיעור כוס, ומש"כ הרמ"א "והכל מחשב שתיה אחת", ר"ל אפי' היה בהנשאר שיעור רביעית, וצ"ע).**

הגה: מיהו מכוס שלישי יכול לשתות כמה פעמים והכל מחשב שתייה אחת, אע"ג דהפסיק בנתיים (מהרי"ל ומהרי"ו ותשב"ץ) - ר"ל לאחר ששתה רוב רביעית בתחלה, הפסיק הרבה יותר מכדי אכילת פרס. **דלטעמא** קמא משום שכרות, בודאי לא שייך, שהרי אינו שותה יותר מארבעה כוסות, {**ומ"מ** אם הכוס גדול הרבה יותר מדאי, לא ישתנו כולו, שלא ישתכר}, **ולטעמא** דנראה כמוסיף נמי ליכא, שהרי אינו אלא כוס אחת. **ומ"מ** אם לאחר ששתה רוב רביעית לא היה בדעתו לשתות יותר, ואח"כ נמלך לשתות עוד, דעת מ"א וח"י, כיון שצריך לברך עליו מחדש, מחזי כמוסיף על הכוסות, **ועיין** לעיל בסי' תע"ב בבה"ל מש"כ בזה.

באר הגולה

טו כל בו בשם רבינו יהונתן | טז משנה קי"ז

§ מסכת פסחים דף קיח. §

אות א' - ב' - ג'

יהללוך ה' אלהינו

נשמת כל חי

מהודו עד נהרות בבל

סימן תפ ס"א - כוס רביעי [א]מתחיל: לא לנו - בלא ברכה, **וגומר עליו את ההלל** - ואומרים ההלל מיושב, אף שבכל השנה אומרים מעומד, בפסח שאני, מפני שמיושב הוא דרך הסיבה וחירות. **ואינו אומר "יהללוך", אלא אומר אחר גמר ההלל, [ב]הלל הגדול, שהוא מ"הודו לה'" עד "על נהרות בבל", שהם כ"ו "כי לעולם חסדו"** - ואינו אומר "רננו צדיקים" - **ואח"כ אומר: [ג]"נשמת כל חי", ו"ישתבח" עד "ומעולם ועד עולם אתה אל"** - ונוסחתנו בישתבח הוא: "מעתה ועד עולם", **[ד]ואז יאמר "יהללוך" עד "מלך מהולל בתשבחות"** - ובדיעבד אם חתם ישתבח בברכה, יאמר אח"כ "יהללוך" בלא חתימה. **ויש** נוהגין כהפוסקים, לומר תיכף אחר הלל "יהללוך", עד "כי מעולם ועד עולם אתה אל", ואח"כ אומר הלל הגדול ו"נשמת" ו"ישתבח", וחותם: בא"י מלך מהולל בתשבחות, **ויש** שחותמין: הבוחר בשירי זמרה וכו', כמו שאומרים בישתבח תמיד, [ובאיזה סידורים נדפס כהשו"ע, ובאיזה כמנהג הזה]. **ולפי** מנהג זה, אם בשעה שאומר "יהללוך" שכח וחתם: בא"י מלך מהולל בתשבחות, שוב לא יחתום ב"ישתבח", אלא יאמר הלל הגדול ו"נשמת" ו"ישתבח" עד "מעתה ועד עולם".

והפיוטים, דהיינו "אז רוב ניסים" וכו', אומר אחר שתיית הכוס, שאינו אלא מנהג, **ומהר"מ** היה שותה אחר הפיוטים, ואחר "כי לו נאה", כדי שלא יהיה צמא כשישכב, וכן הוא בסידורים. **בלילה א'** יאמר: "אז רוב נסים", ובלילה ב' יאמר: "אומץ גבורותיך", **ויש** נוהגין שאומרים הכל בשני לילות שוין.

אות ג'*[ה]

רביעי גומר עליו את ההלל

סימן תפא ס"א - [ו]אחר ארבע כוסות אינו רשאי לשתות יין, אלא מים. הגה: וכל המשקין דינן כיין (ב"י) - הרבה טעמים יש בזה בפוסקים, יש שכתבו, משום שמצוה לספר ביציאת מצרים ובנפלאותיו של הקב"ה, אפילו כל הלילה כל זמן שלא חטפתו שינה, ולהכי לא ישתה, שלא ישתכר ויתבטל ממצוה זו, **ולפי** סברא זו, דוקא יין או שאר משקה המשכר, **ויש** שכתבו, דלא יהא נראה כמוסיף על הכוסות, שנראה כמתחיל בסעודה אחרת, ולפי"ז כל חמר מדינה אסור אף שאינו משכר, **ויש** שכתבו, משום שלא יתבטל טעם מצה מפיו ע"י שתייתו, וכמו שאסרו לאכול אחר הסדר מטעם זה, **ולפי** טעם זה, כל משקה אפי' אינו חמר מדינה ואינו משכר אסור.

ומסתימת דברי המחבר ורמ"א משמע, שדעתם להחמיר ככל הני טעמי, **ומ"מ** כתבו האחרונים, דאינגבע"ר וואסע"ר, וה"ה טייא או עפיל טראנק, ויש שכתבו גם לאקרי"ץ, מותר, דזה אינו מבטל טעם מצה, וכמיא בעלמא הוא, **אכן** בעפיל טראנק שכותש את התפוחים בבית הבד, ויש להם טעם גדול, יש אוסרים. **והנה** אף דלכתחלה נכון להחמיר בכל דבר שמבטל טעם מצה, מכל מקום במקום צורך גדול יש לסמוך על סברא הראשונה, להתיר לו לשתות שאר משקין שאין משכרין, **ובפרט** בליל שני, בודאי יש להקל בשאר משקין שאין משכרין.

ומי שהוא איסטניס או תאב הרבה לשתות - יין, **יכול לשתות כוס חמישי, ויאמר עליו הלל הגדול (מרדכי)** - דוקא אם לא סיים עדיין הברכה ושתה כוס ד', אז יכול לומר הלל הגדול עד סוף, ולחתום בברכה ולשתות הכוס ה', [**ואפשר** דאפי' בשכבר אמר הלל הגדול, כל שלא סיים הברכה, יכול לומר עוד הפעם הלל הגדול ולחתום בברכה ולשתות], **אבל** אם כבר סיים סוף הברכה, אין לחזור ולומר הלל הגדול ולברך לבסוף, דלא תקנו כי אם ברכה אחת.

(**ולכאורה** משמע מדברי הטור דלא פליגי הגאונים, רק אם כוס ה' צריכה חתימה באפי נפשה או צריך לכלול אותה בחתימה דכוס ד', אבל בלי חתימה כלל, רק באמירת פסוקי "הלל הגדול", לא סגי להתיר לשתות כוס ה', **ולא משמע כן, דהא הם חתרו למצוא היתר זה למי שהוא איסטניס וצמא לשתות, וזה מצוי ביותר אחר שכבר גמר כל הסדר, ופסק כבר מלשתות, וכן משמע מפשטות דברי הרמב"ם ור' ירוחם, דבלי שום חתימה כלל, מותר לשתות כוס ה' באמירת הלל, ומצאתי להגר"ז שמפרש ג"כ כדברינו בכוונת השו"ע, שכתב שצריך לומר הלל הגדול ונשמת עד החתימה, ע"ש, אלא שהוסיף בזה חומרא, דכ"ז בשלא אמר הלל הגדול בכוס ד', הא אם אמר הלל הגדול בכוס ד' כמנהגנו, לא שרינן ליה לשתות כוס ה' באמירת הלל, והטעם נראה, מאחר שאין בזה שום התחדשות ותוספת שבח, שהרי כבר אמר פסוקים אלו פעם אחת, וכן משמע פשטות דברי מג"א להחמיר בזה, אלא שמצאתי לפמ"ג, דלא מסתברא ליה להחמיר בזה, וצ"ע).

‹המשך ההלכות מול קי"ט עמוד ב'›

באר הגולה

[א] **משנה פסחים קי"ז וכמו שדקדק הרא"ש שם** ‹עיין לעיל דף קי"ז: אות ג' בהערה› [ב] **ברייתא שם וכרבי יהודה שם** [ג] **כרבי יוחנן שם וכמש"כ הטור בשם הרשב"ם** ‹עיין לעיל דף קי"ז: אות ג' בהערה› [ד] **כרב יהודה שם** ‹עיין לעיל דף קי"ז: אות ג' בהערה› [ה] ‹ע"פ הגר"א› [ו] **טור בשם אביו מדברי רבי יוסף טוב עלם ושכן כתב הרי"ף ושכן כתבו כל הגאונים** ‹וז"ל הטור: כוס חמישי לא הוזכר לגירסת רשב"ם {ד"ה ה"ג} ואין לעשותו {אפילו לשם רשות - פרישה}, ולכך פי' שאומר הלל הגדול על כוס ד' {דוקא}, וכן יראה מדברי רבינו האי... {**אבל** הרי"ף והרמב"ם גורסים בברייתא, כוס חמישי אומר עליו הלל הגדול דברי רבי טרפון - ב"י}, והעולם נהגו בו לעשותו רשות, וכ"כ רב יוסף טוב עלם, שאם הוא תאב לשתות יעשה כוס ה'. **כתב** א"א ז"ל יראה מדברי רב יוסף טוב עלם שאסור לשתות אחר ד' כוסות {בלא הלל הגדול}, ותימא מנ"ל הא, דהא לא קאמר אלא אין מפטירין לאחר הפסח אפיקומן, היינו שלא לאכול, אבל למשתי שרי, {וכ"כ הרשב"ם בדף ק"כ. ד"ה הוי דבר}, ומנהג פשוט הוא שלא לשתות יין, **ופי'** ה"ר יונה טעם למנהג, לפי שחייב אדם לעסוק כל הלילה בהלכות פסח וביציאת מצרים, ולספר בנסים ונפלאות שעשה הקדוש ברוך הוא לאבותינו, עד שתחטפנו שינה, ואם ישתה ישתכר - טור, וכן הביא הגר"א בשם הרא"ש. ‹**רי"ף** וכפי גירסתו חמישי גומר כו', וכמ"ש למטה בהג"ה, אלמא שאין רשאי לשתות אא"כ אומר עליו כו' - גר"א. ‹**והיינו** שהשו"ע הולך עם שיטת הרי"ף, דיכול לשתות רשות על הלל הגדול דוקא, כמ"ש הרמ"א, ולכן כתב דבלא הלל הגדול אין רשאי לשתות›

מאי ברכת השיר רב יהודה אמר יהללוך . וקמ"ל דאפילו במקום שלא נהגו לברך אחריו בלילי פסח צריך לברך דאי נהגו פשיטא א"נ דאפילו במקום שנהגו ה"מ דוקא בימים אבל בלילה אין צריך לברך קא משמע לן : **רבי** יוחנן אמר נשמת כל חי . נראה ה"פ אף נשמת כל חי אחר יהללוך דאי לא תימא הכי אנן כמאן עבדינן וקורא נשמת כל חי ברכת השיר לפי שבשבתות אומרים אותו אחר פסוקי דזמרה ורבינו חיים כהן לא היה חותם ביהללוך כי אם בנשמת לבדו משום דלישנא דברכת השיר משמע חדא ברכה : **מהודו** עד על נהרות בבל . וכן אנו עושים ורננו צדיקים בה' אינו מן המזמור : מן

ה"ג רביעי גומר עליו את ההלל ואומר עליו הלל הגדול : **שהקדוש ברוך הוא יושב ברומו של עולם כו'** . דכתיב הודו לאל השמים נותן לחם לכל בשר והיינו דבר גדול : **עשיר בשורו** . מפסידו ממון [ומכפר] על גופו : **קשין נקביו של אדם** . כשהוא עצור כיום המיתה :

תורה אור

מאי ברכת השיר רב יהודה אמר *יהללוך ה' אלהינו ורבי יוחנן אמר נשמת כל חי ת"ר רביעי גומר עליו את ההלל ואומר הלל הגדול דברי ר"ט וי"א ה' רועי לא אחסר מהיכן הלל הגדול רבי יהודה אומר מהודו עד נהרות בבל ורבי יוחנן אומר משיר המעלות עד נהרות בבל רב אחא בר יעקב אמר מכי יעקב בחר לו יה עד נהרות בבל ולמה נקרא שמו הלל הגדול א"ר יוחנן מפני שהקב"ה יושב ברומו של עולם ומחלק מזונות לכל בריה א"ר יהושע בן לוי הני עשרים וששה הודו כנגד מי כנגד כ"ו דורות שברא הקב"ה בעולמו ולא נתן להם תורה וזן אותם בחסדו *אמר רב חסדא מאי דכתיב הודו לה' כי טוב הודו לה' שגובה חובתו של אדם בטובתו עשיר בשורו ועני בשיו יתום בביצתו אלמנה בתרנגולתה א"ר יוחנן קשין מזונותיו של אדם כפליים כיולדה דאילו ביולדה כתי' בעצב ובמזונות כתי' בעצבון* (א"ר) יוחנן קשין מזונותיו של אדם יותר מן הגאולה דאילו בגאולה כתיב המלאך הגואל אותי מכל רע מלאך בעלמא ואילו במזונות כתיב האלהים הרועה אותי א"ר יהושע בן לוי *בשעה שאמר הקב"ה לאדם וקוץ ודרדר תצמיח לך זלגו עיניו דמעות אמר לפניו רבש"ע אני וחמורי נאכל באבוס אחד כיון שאמר לו בזעת אפך תאכל לחם נתקררה דעתו אמר ר"ש בן לקיש אשרינו *אם עמדנו בראשונה ועדיין לא פלטינן מינה דקא אכלינן עיסבי דדברא אמר רב שיזבי משמיה דרבי אלעזר בן עזריה קשין מזונותיו של אדם כקריעת ים סוף דכתיב נותן לחם לכל בשר וסמיך ליה לגוזר ים סוף לגזרים אמר ר"א בן עזריה *קשין נקביו של אדם כיום המיתה וכקריעת ים סוף שנאמר מהר צועה להפתח וכתיב בתרי' רוגע הים ויהמו גליו *ואמר רב ששת משום ר"א בן עזריה כל המבזה את המועדות כאילו עובד ע"ז שנאמר אלהי מסכה לא תעשה לך וכתיב בתריה את חג המצות תשמור ואמר רב ששת משום ר"א בן עזריה כל המספר לשון הרע וכל המקבל לשון הרע וכל המעיד עדות שקר בחבירו ראוי להשליכו לכלבים שנאמר לכלב תשליכון אותו וכתיב בתריה לא תשא שמע שוא וקרי ביה לא תשיא וכי מאחר דאיכא הלל הגדול אנן מ"ט אמרינן האי משום שיש בו ה' דברים הללו יציאת מצרים וקריעת ים סוף ומתן תורה ותחיית המתים וחבלו של משיח יציאת מצרים דכתי' בצאת ישראל ממצרים וקריעת ים סוף דכתיב הים ראה וינוס מתן תורה דכתי' ההרים רקדו כאילים תחיית המתים דכתיב אתהלך לפני ה' חבלו של משיח דכתיב לא לנו ה' לא לנו וא"ר יוחנן לא לנו ה' לא לנו זו שעבוד מלכיות איכא דאמרי אמר רבי יוחנן לא לנו ה' לא לנו זו מלחמת גוג ומגוג רב נחמן בר יצחק אמר מפני שיש בו מילוט נפשות של צדיקים מגיהנם שנא' אנה ה' מלטה נפשי חזקיה אמר מפני שיש בו ירידתן של צדיקים לכבשן האש ועלייתן ממנו ירידתן דכתיב לא לנו ה' לא לנו אמר חנניה כי לשמך תן כבוד אמר מישאל על חסדך ועל אמיתך אמר עזריה למה יאמרו הגוים אמרו כולן עלייתן מכבשן האש דכתיב הללו את ה' כל גוים אמר חנניה שבחוהו כל האומים אמר מישאל כי גבר עלינו חסדו אמר עזריה ואמת ה' לעולם הללויה אמרו כולן ויש אומרים ואמת ה' לעולם גבריאל אמרו בשעה שהפיל נמרוד הרשע את אברהם אבינו לתוך כבשן האש אמר גבריאל לפני הקדוש ברוך הוא רבש"ע ארד ואצנן ואציל את הצדיק מכבשן האש אמר לו הקב"ה אני יחיד בעולמי והוא יחיד בעולמו נאה ליחיד להציל את היחיד ולפי שהקב"ה *אינו מקפח שכר כל בריה אמר תזכה ותציל שלשה מבני בניו דרש ר"ש השלוני בשעה שהפיל נבוכדנצר הרשע *חנניה מישאל ועזריה לתוך כבשן האש עמד יורקמו שר הברד לפני הקב"ה אמר לפניו רבש"ע ארד ואצנן את הכבשן ואציל לצדיקים הללו מכבשן האש אמר לו גבריאל אין גבורתו של הקב"ה בכך שאתה *שר ברד והכל יודעין שהמים מכבין את האש אלא אני שר של אש אירד ואקרר מבפנים ואקדיח

ואקדיח

רשב"ם

יהללוך . (*נשמת כל חי) וגומרין בו בא"י מלך מהולל בתשבחות וזו היא ברכת השיר דמתניתין כלומר ברכת השבח: **ור' יוחנן אמר נשמת כל חי** אף נשמת דהיינו ברכת השיר דמתני' דאילו יהללוך אנו אומרים בכל יום שאומרים בו את ההלל ומאי שנא ליל פסח דנקט אם לא לאוסיף עוד ברכה אחרת והיינו דאמר הלכה כרבי יוחנן בתרוייהו וקבעוה לאחר הלל הגדול שצריך לאומרן כדלקמן דהשתא איכא ברכה בכל חדא וחדא והכי הויא מילתא שפיר כך נראה בעיני : ה"ג ת"ר רביעי גומר עליו את ההלל ואומר עליו הלל הגדול : **ה' רועי** . על שם המזון שאכלנו צריך לומר : **שהקדוש ברוך הוא יושב ברומו של עולם כו'** . דכתיב ביה נותן לחם לכל בשר והיינו דבר גדול : **בטובתו** . בטובה שהשפיע לו והכי משמע כי טוב כי לעולם חסדו חסד הוא עושה לעולם בכי טוב כלומר בטוב שנתן לו : **עשיר בשורו עני בשיו** . מפסידו ממון ומכפר על גופו : **בעצבון** . תרי משמע : **כקריעת ים סוף** . כלומר נס גדול עושה לו הקדוש ברוך הוא למי שנותן לו מזונות כאשר עשה לישראל שקרע להם ים סוף ונפקא מיניה למבעי רחמי : **קשין נקביו של אדם** · כשהוא עצור : **צועה** . לשון עצור וחגור כמו צועה ברב כוחו (ישעיה סג) : **כל המבזה את המועדות** . שעושה מלאכה בחולו של מועד דכתיב את חג המצות תשמור ונפקא לן במסכת חגיגה (דף יח·) איסור מלאכה בחולו של מועד : **המקבל לשון הרע** . שמקבלו ומאמינו על חבירו אע"ג דלקבוליה לא מיבעי ליה למיחש ליה מיבעי כדמפרש במסכת נדה (דף סא·) : **וקרי ביה לא תשיא** . נראה בעיני דלא גרסינן ליה דכולהו משתמעי מלא תשא שכשמספר או מעיד הרי נושא בפיו שמע שוא : **וכי מאחר דאיכא הלל הגדול** · שמשובח יותר כמו שפירש רבי יוחנן למעלה משום דכתיב ביה נותן לחם לכל בשר אנן מאי טעמא אמרינן האי הלילא על כל פרק ופרק ועל כל צרה שלא תבא על הציבור לכשנגאלין : **חמשה דברים** . דמיירי נמי בגאולה : **ההרים רקדו כאילים** . בשעת מתן תורה דכתיב (תהלים סח) למה תרצדון הרים וגו' : **גבריאל אמרו** . כשניצולו חנניה מישאל ועזריה והוא היה שם דכתיב (דניאל ג) ורויה די רביעאה דמי לבר אלהין לפי שהקדוש ברוך הוא הבטיחו על כך כשנשלך אברהם באור כשדים וכשקיים לו אמר ואמת ה' לעולם שקיים הבטחתו : **בשעה שהפיל נמרוד** . שעל שם כן *נקרא אמרפל על שם שאמר והפיל את אברהם בכבשן :

תוספות

(see top)

עין משפט נר מצוה:
קג א ב ג מיי' פ"ח מהל' חו"מ הל' י' וסמג שם טוש"ע או"ח סימן תפ :
קד ד מיי' פ"ו מהל' יו"ט הלכה יז :

[עי' בעין יעקב ובילקוט ישעיה סימן כ"ח]

מסורת הש"ס:
עיין בטור סימן תפ
[ס"א ואמר ר' יהושע בן לוי]
[ג"ל ואמר]
[עיין אדר"נ ספ"א]
ס"א שלא עמדנו בראשונה אמר אביי ועדיין
מכות כג:
[מיר כב: ב"ק לח. הוריות י:]
נ"ל את חנניה
שר של ברד
[עירובין נג.]

גליון הש"ס
גמרא אמר חנניה כי לשמך תן כבוד עי' ירושלמי פ"ט דסוטה הל' ו' וכיו"ש : שם יורקמו שר הברד עי' ר"ש תענית תוד"ה וישמע :

הגהות מהר"ב רנשבורג
[א] גמ' מהר צועה להפתח · ב"ב מסר סיפא דקרא ולא ימות לשחת ועי' מהרש"א בח"א :

רבינו חננאל

מאי ברכת השיר ר' יהודה אומר יהללוך ר' יוחנן אומר נשמת כל חי : **ת"ר** (חמישי) [רביעי] אומר עליו הלל הגדול דברי ר"ט וי"א ה' רועי לא אחסר מהיכן הוא אומר הלל הגדול רב אמר מהודו עד על נהרות בבל רבי יוחנן אומר משיר המעלות עד על נהרות בבל רב אחא בר יעקב אמר מכי יעקב בחר לו יה ועד על נהרות בבל: **למה** נקרא הלל הגדול אמר רבי יוחנן מפני שהקב"ה יושב ברומו של עולם ומחלק מזון לכל בריה : **אמר** רבי יהושע בן לוי כ"ו הודו כנגד כ"ו דור שלא היתה להם תורה וזנם הקב"ה בחסדו · מאי דכתיב הודו לה' כי טוב הודו למי שגובה חובו של אדם בטובתו פי' מכל אדם כפי השג ידו עשיר בשורו עני בשיו אלמנה בתרנגולתה יתום בביצתו : **א"ר** יוחנן קשין מזונותיו של אדם כפלים כיולדה [דאילו] ביולדה כתיב בעצב תלדי בנים ובמזונות כתיב בעצבון תאכלנה · ר' אלעזר אומר כקריעת ים סוף שנאמר לגוזר ים סוף לגזרים וסמיך ליה נותן לחם לכל בשר · רבי לוי אמר יתר מן הגאולה שנאמר המלאך הגואל אותי מכל רע על ידי מלאך ובמזונות כתיב האלהים הרועה אותי · רבי אלעזר בן עזריה אומר כקריעת ים סוף שנאמר מהר צועה להפתח וכתיב בתריה רוגע הים ויהמו גליו ה' צבאות שמו רבי חמא ברבי חנינא אמר כיום המיתה שנאמר לא ימות לשחת ולא יחסר לחמו : **אמר** רב ששת קשין נקביו של אדם כקריעת ים סוף שנאמר מהר צועה להפתח וכתיב בתריה רוגע הים וגו' אמר רב ששת המבזה את המועדות כאלו עובד ע"ז שנא' אלהי מסכה וגו' וכתיב בתריה את חג המצות תשמור ועוד אמר [רב ששת משום ראב"ע] המספר לה"ר והמקבלו והמעיד עדות שקר ראוי להשליכו לכלבים שנא' לא תשא שמע שוא וסמיך ליה לכלב תשליכון אותו ואקשי' וכי מאחר דאיכא הלל הגדול מאי טעמא שבקי' ליה וקרינן להאי ופריק ר' יוחנן מפני שיש בו ה' דברים יציאת מצרים שנא' בצאת ישראל ממצרים קריעת ים סוף שנאמר הים ראה וינוס מתן תורה שנאמר ההרים רקדו כאילים תחיית המתים שנאמר אתהלך לפני ה' בארצות החיים חבלו של משיח שנאמר לא לנו ה' לא לנו · רב נחמן אמר מפני שיש בו מלוט הצדיקים מגיהנם שנאמר אנא ה' מלטה נפשי : **ענין** אברהם אבינו שהפילו נמרוד לכבשן

מסורת הש"ס

ואקדיה מבחוץ. לשרוף את הזורקים אותן לתוך האור דכתיב (דניאל ג) גובריא אילך די הסיקו לשדרך מישך ועבד נגו קטיל הימון שביבא דנורא: ואמת ה' לעולם. שקיים לי דברו ושמר לי הבטחתו שהבטיחני להציל מבני בניו של אברהם: שנתן לו רבו מתנה. פרנסה לדגים: ה"ג כיון דנחיתו כוכבי שמיא עלייהו נחיתו לאקורי נפשייהו בנחל קישון: ואמת ה' לעולם. שקיים לנו מתנותיו מחיל פרעה להתפרנס ממנו: שמוני בניך. מרוב חטאתם בגלות: כתולדה זו שדרה בעיקרי בתים. והיינו עקרת הבית: אומות העולם

תורה אור

מן שמים נלחמו הכוכבי' ממסילותם. במקומן היו עומדים וראשן מגיע עד לארץ וכן פירש"י בנימוקי מקרא ותימה למ"ד בפ' מי שהיה (לעיל דף צד:) כל העולם כולו תחת כוכב א' עומד היאך ירדו הכוכבים הלא מאחד נתמלא העולם וי"ל דלא איירי אלא בכוכבים של גלגל שהן מזלות קבועים אבל שאר כוכבים קטנים הם*: כמלודה

ואקדיה מבחוץ ואעשה *נס בתוך נס אמר לו הקב"ה רד באותה שעה פתח גבריאל ואמר ואמת ה' לעולם ר' נתן אומר ואמת ה' לעולם דגים שבים אמרוהו כדרב הונא דאמר רב הונא ישראל שבאותו הדור מקטני אמנה היו *וכדדרש רבה בר מרי מאי דכתיב °וימרו על ים בים סוף מלמד שהמרו ישראל באותה שעה ואמרו כשם שאנו עולין מצד אחד כך מצריים עולים מצד אחר אמר לו הקב"ה לשר של ים פלוט אותן ליבשה אמר לפניו רבש"ע כלום יש עבד שנותן לו רבו מתנה וחוזר ונוטל ממנו אמר לו אתן לך אחד ומחצה שבהן אמר לו רבש"ע יש עבד שתובע את רבו אמר לו נחל קישון יהא לי ערב מיד פלט אותן ליבשה ובאו ישראל וראו אותן שנאמר °וירא ישראל את מצרים מת על שפת הים מאי אחד ומחצה שבהן דאילו בפרעה כתיב °שש מאות רכב בחור ואילו בסיסרא כתיב °תשע מאות רכב ברזל כי אתא סיסרא [אתא עלייהו בדקרי דפרזלא הוציא הקב"ה עליהם כוכבים ממסילותם דכתיב] °מן שמים נלחמו הכוכבים כיון דנחיתו כוכבי שמים עלייהו אקדירו הני דקרי דפרזלא נחיתו לאקרורי למיסחי נפשייהו בנחל קישון אמר לו הקב"ה לנחל קישון לך והשלם ערבונך מיד גרפם נחל קישון והשליכן לים שנאמר °נחל קישון גרפם נחל קדומים מאי נחל קדומים נחל שנעשה ערב מקדם באותה שעה פתחו דגים של ים ואמרו ואמת ה' לעולם אמר רבי שמעון בן לקיש מאי דכתיב °מושיבי עקרת הבית אמרה כנסת ישראל לפני הקב"ה רבש"ע שמוני בניך* כחולדה זו הדרה בעיקרי בתים: דרש רבא *מאי דכתיב °אהבתי כי ישמע ה' אמרה כנסת ישראל רבש"ע אימת אני אהובה לפניך בזמן שתשמע קול תחנוני דלותי ולי יהושיע אמרה כנסת ישראל לפני הקב"ה רבש"ע אע"פ שדלה אני במצות לך אני ולי נאה להושיע אמר רב כהנא כשחלה רבי ישמעאל בר' יוסי שלח לו ר' אמור לנו שנים ושלשה דברים שאמרת לנו משום אביך שלח לו כך אמר אבא מאי דכתיב °הללו את ה' כל גוים אומות העולם מאי עבידתייהו ה"ק הללו את ה' כל גוים אגבורות ונפלאות דעביד בהדייהו כל שכן אנו דגבר עלינו חסדו (אמר לו) ועוד *(חדא) עתידה מצרים שתביא דורון למשיח כסבור אינו מקבל מהם אמר לו הקב"ה למשיח קבל מהם אכסניא עשו לבניי במצרים מיד °יאתיו חשמנים מני מצרים נשאה כוש ק"ו בעצמה ומה הללו שנשתעבדו בהן כך אני שלא נשתעבדתי בהן לא כ"ש אמר לו הקב"ה קבל מהם מיד °כוש תריץ ידיו לאלהים נשאה מלכות [רומי] הרשעה ק"ו בעצמה ומה הללו שאין אחיהן כך אנו שאנו אחיהן לא כ"ש אמר לו הקדוש ברוך הוא לגבריאל °גער חית קנה געור חיה וקנה לך עדה דבר אחר געור חית קנה שדרה בין הקנים דכתיב °יכרסמנה חזיר מיער וזיז שדי ירעננה *אמר רבי חייא בר אבא אמר רבי יוחנן געור בחיה שכל מעשיה נכתבין בקולמוס אחד °עדת אבירים בעגלי עמים ששחטו אבירים כעגלים שאין להם בעלים °מתרפס ברצי כסף שפושטין יד לקבל ממון ואין עושין רצון בעלים °*פיזר עמים קרבות יחפצון מי גרם להם לישראל שיתפזרו לבין אומות העולם קריבות שהיו חפצין בהן ועוד שלח לו ג' מאות וששים וחמשה שווקים בכרך גדול של רומי וכל אחד ואחד היו בו שלש מאות וששים וחמשה בירניות וכל בירנית ובירנית היו בו שלש מאות וששים וחמשה מעלות וכל מעלה ומעלה היו בו כדי לזון את כל העולם כולו אמר רבי *(ישמעאל) לרבי ואמרי לה *(לר' ישמעאל בר יוסי) הני למן לך ולחברך ולחברותך שנאמר °סחרה ואתננה קודש לה' לא יאצר ולא יחסן כי ליושבים לפני ה' יהיה וגו' מאי לא יאצר תני רב יוסף לא יאצר זה בית אוצר ולא יחסן זה בית גניזה מאי כי ליושבים לפני ה' אר"א

זה

מאי עבידתייהו. לשבוחי משום דגבר עלינו חסדו הא עלן לשבוחי: אגבורות ונפלאות. דחזיתו שעשה לי: וקנה. עדת ישראל בין הקנים ביער: חזיר מיער. זה אדום שכתוב בה (שם ז) אכלה ומדקה ושארא ברגלה רפסה וזה דרכו של חזיר: שכל מעשים נכתבים בקולמוס אחד. כלו' פה אחד להם להרע: מתרפס. מתיר פס פושט יד: ברצי. כלומר מתכים עם ישראל לעשות רצונם בשוחד שהם מקבלים ואין מקיימין דבריהם:

זה

רשב"ם

ואקדיה מבחוץ. לשרוף את הזורקין אותן לתוך האור כדכתיב גובריא אילך די הסיקו לשדרך וגו' עד קטיל הימון שביבא דנורא: פלוט אותן ליבשה. ויתנו לקבורה שם בזכות שאמרו (שמות יד) כי ה' נלחם להם במצרים והיינו דכתיב (שם טו) נטית ימינך תבלעמו ארץ שנשבע הקב"ה לארץ שלא תטעם על קבורתן: שנותן לו רבו מתנה. פרנסה לדגים: כיון דנחיתו כוכבי שמיא עלייהו. נחיתו לאקורי נפשייהו בנחל קישון: פתחו דגים. שבים: נחל קישון גרפם. לים כדכתיב (קהלת א) כל הנחלים הולכים אל הים: ואמת ה' לעולם. שקיים לנו מתנותיו מחיל פרעה להתפרנס ממנו: אמרה כנסת ישראל. הזקנים והחשובים שבהן אמרו על שאינם חשובים כל כך דכמשמע אם הבנים שהאם מוטלת על הבנים שמשמה עקרת הבית: שמוני בניך. מרוב חטאתם בגלות: כחולדה זו סדרה בעיקרי בתים. והיינו עקרת הבית: אני אהובה לפניך. אהבתי משמע כמו אהבתני כלומר אהבת אותי: לי נאה להושיע. יותר מכל האומות שהרי ישראל ייחודך: כשחלה רבי ישמעאל ברבי יוסי שלח כו'. בהרבה מקומות בש"ס מצינו ששלח לו רבי לרבי ישמעאל ברבי יוסי בחליו כן והדברים שהשיב לו כאן לא השיב לו פעם אחרת ושמא חלאים הרבה חלה רבי ישמעאל ובכל פעם ופעם שלח לו רבי והוא משיב לו אי נמי כולן השיבן בפעם אחת וכש"ס סידרן במסכתות כל אחת על מקומה: אומות העולם מאי עבידתייהו. לשבוחי משום דעליט גבר חסדו הא עלן לשבוחיה: אגבורות ונפלאות. דחזינן שעשה בעולם וכל שכן אנו כי גבר עלינו חסדו יותר מכל אומה ולשון: יאתיו חשמנים. דורונות למלך המשיח לירושלים כדכתיב לעיל מיניה מהיכלך על ירושלים לך יובילו מלכים שי: געור חיה. אומה הרשעה: וקנה לך עדה. ישראל ואית דמפרשי מצרים וכוש דכתיב אבירים ולא נהירא דסתם עדה ישראל: קנה. דריש לשון קנים: בין הקנים. ביער דחזיר ביער זו אדום שכתוב בה אכלה ומדקה ושארא ברגלה רפסה זה דרכו של חזיר: נכתבין בקולמוס אחד. כלומר כולן פה אחד להרע לישראל אם בא ישראל לדין לפניהם כולן מחייבין אותו מדכתיב קנה ולא כתיב קנים משמע קולמוס אחד: בעגלי עמים. עגלים של כל העולם הפקר שאין לה בעלים: מתרפס. מתיר פס פושט יד: ברצי. כלומר מתכין עם ישראל לעשות רצונם בשוחד שהן מקבלין ואין מקיימין דבריהן: בירניות. מגדלים: לחברותך. לחברי חבירך: בית אוצרות. של פירות דגן ויצהר: ולא יחסן. לשון חוסן זה בית גנזיהן של כסף וזהב הגנוזין וטמונים בחוזק ובחוסן:

זה

[שבת לג: חולין קכו:] [ערכין טו:] [חולין כ:] [שלח לו] [נקרא כתיב בור] [ר"י בר' יוסי לרבי כצ"ל]

[ופ"ע תוספות לעיל צד: ד"ה כל ותוספות חגיגה יב: ד"ה מסוף]

רבינו חננאל

לכבשן האש ועניין חנניה מישאל ועזריה שהפילן נבוכדנצר לכבשן האש ועניין וימרו על ים בים סוף ישראל שבאותו הדור קטני אמנה היו אמרו כשם שאנו עולין מצד זה כך המצרים עולין מן הצד האחר וכו': אמרה כנסת ישראל אע"פ שדלה אני מן המצות לי נאה להושיע אהבתי כי ישמע ה' הללו את ה' כל גוים וכל שכן אנו דגבר עלינו חסדו ועניין יאתיו חשמנים מני מצרים למלך המשיח לא יאצר ולא יחסן כי ליושבים

[אולי מלת אמר טעות סדפוס]

[ר"ש ברבי כצ"ל]

מסורת הש"ס

זה המכיר מקום חבירו בישיבה. שיודע לומר זה מקום מיושב לפלוני וזה של פלוני דהואיל ומכיר הוא מקום הלכה רגיל הוא לישב שם תמיד: ספרי סורס. מעשה מרכבה ומעשה בראשית: למנצח. מדלא כתיב לנצח משמע שנותן כח לבריות לנצחו: מפני מדת הדין. שמקטרגת ואומרת לא תקבלם והוא מקבלם בסתר: לולי משה בחירו. אלמא משתבח ביה קרא במשה וקרי ליה בחירו משום דהשיב חמתו מהשחית אלמא שמח הוא בכך: כמצודה זו. שפורסים לעופות לצוד ואין בה דגן ואין עוף נפנה אליה: מלחמתו של זרח במצרים גמרא אבל מלחמת זרח באסא קראי: ושיגרו להדרימון. מלך ארם לעזור לו על בעשא מלך ישראל וקראי נינהו ומלחמת יהושפט בעמונים קראי ודרך הראשונים להביא גנזיהם עמהם במלחמתם כדי שימשך לבם אחר ממונם ולא יברחו: שמעמידו על רגליו. שמשמח לבו: אקלידי. מפתחות: וקולפי. פותחות שקורין בלעז פרדור"א: דגלדי. של מרצופים של עור שמשאים על סוסים וחמורים וגמלים: אבן מאסו הבונים. כלומר דוד שהיו רועה לאן היה ונעשה ראש ונפלאת בעינינו לשון רבים אמרו אחיו: זה היום עשה ה'. שמואל היה מתנבא עליהם שסופן לגיל ולשמוח שיושיעם מיד אויביהם: הושיעה נא אמרו אחיו. כלומר על ידי דוד ודוד אמר הצליחה נא שיצליח במלכותו: ברכנוכם אמר שמואל. שיברך כולם כלומר מברכין אנו אתכם: לנו. לשון רבים: אסרו חג בעבותים. הביאו זבחים ושלמים הרבה לשמוח לכפול

תורה אור

זה המכיר מקום חבירו בישיבה איכא דאמרי אמר ר"א זה המקבל פני חבירו בישיבה מאי למכסה עתיק (יומין) זה המכסה דברים שכיסה עתיק יומין ומאי נינהו סתרי תורה ואיכא דאמרי זה המגלה דברים שכיסה עתיק יומין מאי נינהו טעמי תורה אמר רב כהנא משום רבי ישמעאל ברבי יוסי מאי דכתיב למנצח מזמור לדוד זמרו למי שנוצחין אותו ושמח בא וראה שלא כמדת הקב"ה מדת בשר ודם בשר ודם מנצחין אותו ועצב אבל הקב"ה נוצחין אותו ושמח שנאמר ויאמר להשמידם לולי משה בחירו עמד בפרץ לפניו אמר רב כהנא *משום רבי ישמעאל בר' יוסי אמר ר"ש בן לקיש משום רבי יהודה נשיאה מאי דכתיב וידי אדם מתחת כנפיהם ידו כתיב זה ידו של הקדוש ברוך הוא שפרוסה תחת כנפי החיות כדי לקבל בעלי תשובה *מיד מדת הדין אמר רב יהודה אמר שמואל כל כסף וזהב שבעולם יוסף לקטו והביאו למצרים שנאמר וילקט יוסף את כל הכסף הנמצא אין לי אלא שבארץ מצרים ושבארץ כנען בשאר ארצות מנין תלמוד לומר וכל הארץ באו מצרימה וכשעלו ישראל ממצרים העלוהו עמהן שנאמר וינצלו את מצרים *רב אסי אמר עשאוה כמצודה זו שאין בה דגן רבי שמעון *אמר כמצולה שאין בה דגים והיה מונח עד רחבעם בא שישק מלך מצרים ונטלו מרחבעם *שנאמר ויהי בשנה החמישית למלך רחבעם עלה שישק מלך מצרים [על ירושלים] ויקח את אוצרות בית ה' ואת אוצרות בית המלך בא זרח מלך כוש ונטלו משישק בא אסא ונטלו מזרח מלך כוש ושיגרו *להדרימון בן טברימון בן טברימון באו בני עמון ונטלום *מהדרימון בן טברימון בא יהושפט ונטלו מבני עמון והיה מונח עד אחז בא סנחריב ונטלו מאחז בא חזקיה ונטלו מסנחריב והיה מונח עד צדקיה באו כשדיים ונטלוהו מצדקיה באו פרסיים ונטלוהו מכשדיים באו יוונים ונטלוהו מפרסיים באו רומיים ונטלוהו מיד יוונים ועדיין מונח ברומי: *אמר רבי חמא (*בר) חנינא שלש מטמוניות הטמין יוסף במצרים אחת נתגלה לקרח ואחת נתגלה לאנטונינוס בן אסוירוס ואחת גנוזה לצדיקים לעתיד לבא עושר שמור לבעליו לרעתו אמר רבי שמעון בן לקיש זו עשרו של קרח (*שנאמר) ואת כל היקום אשר ברגליהם א"ר אלעזר זה ממונו של אדם שמעמידו על רגליו א"ר לוי משאוי שלש מאות פרדות לבנות היו מפתחות בית גנזיו של קרח וכולהו אקלידי וקליפי דגלדא: (דיא"ש אדי"ש כשד"ך מאוד"ך סימן) א"ר שמואל בר נחמני א"ר יונתן אודך כי עניתני אמר דוד אבן מאסו הבונים היתה לראש פנה אמר ישי מאת ה' היתה זאת אמרו אחיו זה היום עשה ה' אמר שמואל אנא ה' הושיעה נא אמרו אחיו אנא ה' הצליחה נא אמר דוד ברוך הבא בשם ה' אמר ישי ברכנוכם מבית ה' אמר שמואל אל ה' ויאר לנו אמרו כולן אסרו חג בעבותים אמר שמואל אלי אתה ואודך אמר דוד אלהי ארוממך אמרו כולן: *תנן התם מקום שנהגו לכפול

כמצודה שאין בה דגן. דרך ליידי עופות להשים דגן במצודה ודריש וינצלו וינצדו כי למ"ד מתחלפת בדל"ת במקומות הרבה: אבל

[משום רבי ישמעאל בר' יוסי ורבנן אמרי]

ס"א מפני

ברכות ט: ע"ש

לעיל פו:

[בן לקיש כצ"ל וכן איתא בברכות ט: וכ"ה בילקוט]

[צ"ל מהדרימון]

[צ"ל בר']

[בסנהדרין ליתא תיבת שנאמר]

רשב"ם

[צ"ל להדרימון]

חלק קי: ע"ש

ב"ק שם

סוכה נג:

זה המכיר מקום חבירו בישיבה. שיודע לומר זה מקום פלוני וזה מקום פלוני דהואיל ומכיר מקום חבירו רגיל הוא לישב תמיד שם: עתיק יומין. זה הקדוש ברוך הוא דכתיב (דניאל ז) ועתיק יומין יתיב: סתרי תורה. מעשה המרכבה ומעשה בראשית ופירושו של שם כדכתיב (שמות ג) זה שמי לעלם והמכסה היינו שאינו מוסר אותם לכל אדם אלא למי שלבו דואג כדאמרינן בפרק אין דורשין (חגיגה דף יג.) זה המגלה דברים שכיסן עתיק יומין והכי משמע למכסה סתרי תורה שהיו מכוסין מתחלה ועתיק יומיא גילן ונתן רשות לגלותן ומי שמגלה אותן זוכה למה שאמור בפסוק זה: למנצח. לשון מפעיל מדלא כתיב לנוצח משמע שנותן ניצוח לבריותיו שינצחוהו: לולי משה בחירו. אלמא קרי ליה בחירו משום דעומד בפרץ לפניו ומדמשבח ביה משמע שמח הוא בכך: מפני מדת הדין. שמקטרגת ואומרת לא תקבלם והוא מקבלם בסתר: גבי מצודה גרסינן דגן שדרך ליתן דגן במצודה שפורסין לפני העופות כשאין בה דגן אין עוף נפנה אליה גבי מצולה דהיינו מים גרסינן דגים: וינצלו. דרשינן לשון מצודה: מלחמתו של זרח במצרים גמרא אבל מלחמתו של זרח באסא קראי בד"ה (ב יד): ושיגרו להדרימון. מלך ארם לעזור לו על בעשא מלך ישראל וקראי נינהו (שם ב טז): באו בני עמון ונטלוהו כו'. גמרא מלחמת יהושפט בעמונים קראי ודרך הראשונים להביא גנזיהן עמם במלחמתם כדי שימשך לבם אחר ממונם ולא יברחו וכשהן מנצחין הנוצחין נוטלים ממונן: מלחמת סנחריב באחז קראי חזקיהו נטלו מסנחריב כשבא המלאך והכה המחנה: כשדיים נטלוהו מצדקיהו. קראי פרסיים קבלו המלכות מכשדים דכתיב (דניאל ה) פריסת מלכותך ויהיבת למדי ופרס ויוונים קיבלו המלכות מפרסיים מפורש בספר יוסיפון וגם רומיים שקיבלו המלכות מיוונים מפורש שם ובפ"ק דע"ז (דף ה:): זו עשרו של קרח. שעל ידי רוב ממונו נתגאה ונטרד מן העולם: משוי שלש מאות. לאו דוקא וכן כל שלש מאות שבש"ס: אקלידי. מפתחות: וקולפי. פותחות: דגילדי. מרצופין של עור ואעפ"כ היה משוי שלש מאות פרדות: אבן מאסו הבונים. זה דוד שהיה צעיר באחיו ורועה: נפלאת בעינינו. לשון רבים אמרו אחיו: זה היום עשה ה'. שמואל היה מתנבא שסופן לגיל ולשמוח בו שיושיעם מאויביהם: הצליחה נא אמר דוד. שיצליח במלכותו: אסרו חג בעבותים. הביאו זבחים ושלמים הרבה לשמוח ומהן דמן למזבח: לכפול

רבינו חננאל

לפני ה' זה המקבל פני חבירו בישיבה: וידי אדם מתחת כנפיהם ידו כתיב ידו של הקב"ה שהיא פשוטה לקבל שבים מפני מדת הדין כל אלו דברים פשוטין הן: ענין כל כסף שבעולם לקטו יוסף והביאו לפרעה כשעלו ישראל ממצרים נטלוהו שעשו מצרים כמצולה שאין בה דגן איכא דאמרי כמצודה: בא שישק נטלו מרחבעם בא זרח נטלו משישק וכו'. ואת כל היקום אשר ברגליהם זו עשרו של אדם שמעמידו על רגליו א"ר לוי משאוי שלש מאות פרדות היו מפתחות גנזיו של קרח וכלהו אקלידי קלפי דגלדאי: אמר רבי יונתן אודך כי עניתני אמר דוד אבן מאסו הבונים אמר ישי מאת ה' היתה זאת אמרו אחיו זה היום עשה ה' אמר שמואל: תנן התם מקום שנהגו לכפול

עין משפט נר מצוה

קה א מיי' פ"ג מהל' חנוכה הלכה יא טוש"ע א"ח סימן תכב סעיף ג:

קו ב ג מיי' פ"ח מהל' חמץ ומצה הלכה ט סמג עשין מא טוש"ע א"ח סי' תעח סעיף א:

מסורת הש"ס

תורה אור

*לכפול יכפול לפשוט יפשוט לברך אחריו יברך הכל כמנהג המדינה אמר אביי *לא שנו אלא לאחריו אבל לפניו [מצוה] לברך *דא"ר יהודה אמר שמואל כל המצות מברך עליהן עובר לעשייתן *מאי משמע דהאי עובר לישנא דאקדומי הוא א"ר נחמן בר יצחק דכתיב וירץ אחימעץ דרך הככר ויעבור את הכושי אביי אמר מהכא והוא עבר לפניהם איכא דאמרי מהכא ויעבור מלכם לפניהם וה' בראשם תניא *רבי כופל בה דברים רבי אלעזר בן פרטא מוסיף בה דברים מאי מוסיף אמר אביי מוסיף לכפול מאודך למטה דרש רב עוירא זימנין א"ל משמיה דרב *וזימנין א"ל משמיה דרב (אשי) מאי דכתיב ויגדל הילד ויגמל עתיד הקב"ה לעשות סעודה לצדיקים ביום שיגמל חסדו לזרעו של יצחק לאחר שאוכלין ושותין נותנין לו לאברהם אבינו כוס של ברכה לברך ואומר להן איני מברך שיצא ממני ישמעאל אומר לו ליצחק טול וברך אומר להן איני מברך שיצא ממני עשו אומר לו ליעקב טול וברך אומר להם איני מברך שנשאתי שתי אחיות בחייהן שעתידה תורה לאוסרן עלי אומר לו למשה טול וברך אומר להם איני מברך שלא זכיתי ליכנס לארץ ישראל לא בחיי ולא במותי אומר לו ליהושע טול וברך אומר להן איני מברך שלא זכיתי לבן דכתיב יהושע בן נון נון בנו יהושע בנו אומר לו לדוד טול וברך אומר להן אני אברך ולי נאה לברך שנאמר כוס ישועות אשא ובשם ה' אקרא: **מתני'** *אין מפטירין אחר הפסח אפיקומן: **גמ'** מאי אפיקומן אמר רב שלא יעקרו מחבורה לחבורה ושמואל אמר כגון *אורדילאי לי וגווזלייא לאבא ורב חנינא בר שילא ורבי יוחנן (אמר) כגון תמרים קליות ואגוזים תניא כוותיה דרבי יוחנן אין מפטירין אחר הפסח כגון תמרים קליות ואגוזים אמר רב יהודה אמר שמואל *אין מפטירין אחר מצה אפיקומן תנן אין מפטירין אחר הפסח אפיקומן אחר הפסח הוא דלא אבל לאחר מצה מפטירין לא מיבעיא קאמר לא מיבעיא אחר מצה דלא נפיש טעמיה אבל לאחר הפסח דנפיש טעמיה ולא מצי עבוריה לית לן בה קמשמע לן נימא מסייע ליה *הסופגנין והדובשנין והאיסקריטין אדם ממלא כריסו מהן ובלבד שיאכל כזית מצה באחרונה אין בראשונה

אבל לפניו מצוה לברך. לפי מה שפירש לעיל דהפסוקים לא הוו הפסק וברכה אחרונה היא חתימת הראשונה לא יתכן כאן דאיך יברך לפניו ולא יחתום אחריו מהר"י: **אמר** רב שלא יעקרו מחבורה לחבורה. רב מוקי למתניתין כר' יהודה דסבר דאין הפסח נאכל בשני מקומות והכי אוקימנא כתמא פרק כילד צולין (לעיל ד' פ"י) שתי חבורות שהיו אוכלות בבית אחד אלו הופכין פניהם ואוכלין ואלו הופכין פניהם ואוכלין והשמש באמצע פירוש משום היכרא וכשהשמש עומד למזוג קופץ את פיו עד שמגיע אצל חבורתו ומוקי לה בגמרא כרבי יהודה והיינו דוקא בפסח אבל מצה לא אשכחן בשום דוכתא דליתסר בשתי מקומות ואי משום דאתקש לפסח להא על כרחיך לא איתקש דאי לא תימא הכי ניפרך ממתני' לרב דאין מפטירין אחר הפסח אפיקומן הא אחר מצה מפטירין ולא מצי לשנויי כדמשני לשמואל דלגבי שני מקומות לא הוי רבותא פסח טפי ממצה אלא ודאי רב לא איירי אלא בפסח והא דקאמרינן לקמן אביי הוה יתיב קמיה דרבה והוה קא מנמנם פי' הקונטרס לקמן אע"ג דלא הוי בזמן הפסח הא איתקש מצה לפסח ולא נהירא ובירושלמי מפרש לה גבי תענית דאמרינן פ"ק דתענית ישן אסור לאכול ולא שנו אלא ישן ממש אבל מתנמנם לא ורבה הוה מתנמנם ובעי למיסר בתר הכי וקמייתי ראיה מפסח דכי היכי דפסח לא חשיב נמנום בעלמא שינה מעליא לענין שני מקומות ה"נ לא חשיב נמנום לענין תענית דלמחר לאיתסורי באכילה בתר הכי: באחרונה

לכפול. כל ההלל: **כופל דברים**. מעט היה כופל כגון מברוך הבא ולמטה: **נון בנו וגו'**. ממשפחת אפרים בן יוסף חשיב ואזיל עד יהושע ולא משכה ברא ליהושע: **מתני' מפטירין**. לשון *הנפטר מחבירו כשנפטרין מן הסעודה מביאין מיני המתיקה: **גמ' אורדילאי לי**. כגון אני שרגיל לאכול כמהין ופטריות לאחר סעודתי: **וגוזליא לאבא**. לרב שהיה רגיל לאכול גוזלים לאחר סעודתו ולשון אפיקומן הוציאו והביאו מיני מתיקה: **אין מפטירין אחר מצה אפיקומן**. שצריך לאכול מצה בגמר הסעודה זכר למצה הנאכלת עם הפסח וזו היא מצה הבלועה שאנו אוכלין באחרונה לשם חובת מצה אותה שלאחר אכילה ועל כרחינו אנו מברכין על אכילת מצה בראשונה (הואיל ו) [אע"פ שאינה] באה לשם חובה כדאמר רב חסדא לעיל (דף קט"ו) גבי מרור דלאחר שמילא כריסו הימנו היאך חוזר ומברך עליו הכי נמי גבי מצה הלכך(א) תרווייהו מברך ברישא והדר אכיל מצה באחרונה בלא ברכה דלאו מרור דלאו חובה הוא: בראשונה

רשב"ם

לכפול. את ההלל: **כופל בה דברים**. מעט היה כופל מברוך הבא ולמטה: מאודך ולמטה ולי נראה משום כבוד ישי ושמואל ודוד ואחיו שאמרוהו מאודך ולמטה כדאמרן לעיל כופלין אותו ויש לשונות אחרות ולא נהירא: **ולא במותי**. שנקבר מול בית פעור ולא זכו עצמותיו ליכנס בארץ כעצמות יוסף שנקברו בארץ כדכתיב (יהושע כד) ואת עצמות יוסף קברו בשכם והיינו דכתיב (דברים ד) כי אנכי מת בארץ הזאת בחוצה לארץ אינני עובר את הירדן אפילו לאחר מיתה לא יעברו עצמותי את הירדן: **נון בנו יהושע בנו**. ממשפחת אפרים חשיב בדברי הימים עד יהושע ולא משכה קרא ברא ליהושע: **מתני' מפטירין**. לשון הנפטר מחבירו כלומר כשנפטרין מן הסעודה אין מסיימין אותה באפיקומן ובגמרא מפרש: **גמ' אמר רב שלא יעקרו מחבורה לחבורה**. אחר שאכלו הפסח בחבורה לא ילכו בחבורה אחרת לאכול לא פת ולא שום דבר גזירה דילמא אתי למיכל את הפסח בשני מקומות ואנן תנן סתמא כר"י בכילד צולין (לעיל דף פו) דפסח נאכל בשתי חבורות ואין האוכל אוכל הפסח בשני מקומות והך מילתא דרב אוקימיה התם בשעת אכילה אבל לאחר אכילה יכול ליעקר לומר הלל בחבורה אחרת ולא קפיד אלא לאכול בב' מקומות אבל לאכול דברים אחרים במקומן הראשון שרי רב ובלבד שלא יעקור לאוכלן עם חבורה אחרת והיינו דפליג עליה שמואל ורבי יוחנן ואמרי כל דבר אסור לאכול אפילו בחבורתו ראשונה וליכא לפרושי שלא יעקרו מחבורה לחבורה דלאחר שאכלו קצת מן הפסח לא יאכלו ממנו בחבורה אחרת דהא סתם לן תנא בכילד צולין (שם) וכשהשמש עומד למזוג קופץ את פיו עד שמגיע אצל חבורתו ותרי סתמי למה ולרב הכי משמע ליה אפיקומן אפיקו מנייכו הוציאו כליכם מכאן ונלך ונאכל במקום אחר: **כגון אורדילאי לי וגוזליא לאבא**. לרב דשמואל הוה רגיל לאכול בקינוח סעודה כמהין ופטריות ורב רגיל לאכול אחר סעודתו גוזלות ולשון אפיקומן הוציאו והביאו מיני מתיקה ואתא שמואל למימר דלא מיבעיא שלא יעקור מחבורתו לחבורה אחרת אלא אפילו בחבורתו אסור לאכול כלום אחר הפסח שלא יאבד ממנו טעם הפסח ולפי שדינו ליאכל בסוף על השבע וכן כל קרבנות כדכתיב (במדבר יח) למשחה לגדולה כדרך שהמלכים *אוכלין: **אבא**. כך שמו של רב אלא בכבוד קורין אותו רב בבבל הכי כמו שקורין לרבי יהודה הנשיא בארץ ישראל רבינו וכן מוכיח בשחיטת חולין (דף קלז:) דאמרי' מאן ריש סידרא בבבל אבא אריכא וברב מיירי שהיה רב ארוך בדורו כדאמרינן במסכת נדה (דף כד:) ורבי יוחנן כשמואל סבירא ליה אלא שהיה רגיל באלו בקינוח סעודה: **אין מפטירין אחר מצה אפיקומן**. שצריך לאכול מצה בגמר סעודתו זכר למצה הנאכלת עם הפסח בכריכה וזו היא מצה הבלועה שאנו אוכלין באחרונה לשם חובה ועל כרחינו אנו מברכין על אכילת מצה בראשונה אע"פ שאינה לשם חובה כדאמר רב חסדא לעיל *גבי מרור דלאחר שמילא כריסו ממנו היאך חוזר ומברך עליו הלכך מברך אתרווייהו ברישא והדר אכיל מצה באחרונה ואחר אותה מצה אין נפטרין ממנה באכילת דבר אחר שלא לבטל טעמה ובמצה בזמן הזה מיירי דליכא פסח בהדה דאי בזמן דאיכא פסח הא בהדיא תנן אין מפטירין אחר הפסח אפיקומן והיינו אחר פסח ומצה הנאכלת עמו: **אחר הפסח הוא דלא**. אכיל בזמן דאיכא פסח דאין אוכלין אפיקומן אחר הפסח והמצה שעמו: **אחר מצה**. בלא פסח מפטירין: **סופגנין**. רקיקין העשוין כספוג מתוך שעיסתן רכה אין תורת לחם עליהן ואנן בעינן לחם דכתיב (דברים טז) לחם עוני: **דובשנין**. מטוגנין בשמן ודבש ואינו לחם עוני אלא לחם עשיר: בראשונה

הגהות הב"ח

(א) רשב"ם ד"ה אין מפטירין וכו' הלכך תרווייהו:

רבינו חננאל

לכפול יכפול לפשוט יפשוט לברך אחריו יברך · תניא ר' כופל בה דברים מאי היא מוסיף לכפול מאודך ולמטה: **ענין** שגומל הקב"ה חסד לזרע יצחק אחר שאוכלין ושותין אומר [לו] לאברהם טול ברך אומר איני מברך שיצא ממני ישמעאל וכו' עד נותנין לדוד ואומר אני אברך ולי נאה לברך שנא' כוס ישועות אשא וגו': **אין** מפטירין אחר הפסח אפיקומן מאי אפיקומן רב אמר שלא יעקרו מחבורה זו ויאכלו פסח בחבורה אחרת ושמואל אמר שלא יאכלו אחר הפסח אפילו באותה חבורה כגון קליות ואגוזים וכיוצא בהם וכל שכן בשר וכיוצא בו שמפיגין מתוך פיהם ומפכחין טעמו של פסח · תניא כותיה דרבי יוחנן אין מפטירין אחר הפסח אפיקומן כגון קליות ואגוזין: **אמר** רב יוסף אמר רב יהודה אמר שמואל אין מפטירין אחר מצה אפיקומן ואקשי' עליה והא אנן לא תנן אלא אין מפטירין אחר הפסח הא אחר מצה מפטירין ופרקי' לא מיבעיא קאמר לא מיבעיא מצה דלא נפיש טעמה ואתי טעמא דהני לפטוהי דמצה אלא פסח דנפיש טעמיה ולא אתו הני מפכחי טעמיה אימא מפטירין אחר הפסח קמ"ל דאין מפטירין · נימא מסייע ליה הסופגנין והדובשנין והאסקריטין אד"ם ממלא כריסו מהם ובלבד שיאכל כזית מצה באחרונה דייקי' מינה מדקתני באחרונה

סימן תפא ס"ב - [ז]חייב אדם לעסוק בהלכות הפסח וביציאת מצרים, ולספר בניסים ובנפלאות שעשה הקדוש ברוך הוא לאבותינו, עד שתחטפנו שינה. הגה: וכל דין ליל ראשון יש ג"כ בליל שני (אגור).

אות ד'

כל המבזה את המועדות, כאילו עובד עבודה זרה

רמב"ם פ"ו מהל' יום טוב הט"ז - כשם שמצוה לכבד שבת ולענגה, כך כל יו"ט, שנאמר: לקדוש ה' מכובד, וכל יו"ט נאמר בהן: מקרא קדש; וכבר בארנו הכיבוד והעינוג בהל' שבת; וכן ראוי לאדם שלא יסעוד בערבי יו"ט מן המנחה ולמעלה כע"ש, שדבר זה בכלל הכבוד; [ח]וכל המבזה את המועדות, כאילו נטפל לע"ז.

אות ד'* [ט]

וחבלו של משיח... זו מלחמת גוג ומגוג

סימן תפ ס"ב - הגה: [י]וי"א שיש לומר: "שפוך חמתך" וכו' קודם "לא לנו", ולפתוח הפתח, כדי לזכור שהוא ליל שמורים - ואין מתייראין משום דבר, **ובזכות אמונה זו יבא משיח וישפוך חמתו על העכו"ס, וכן נוהגין** - ונוהגין באלו מדינות, למזוג כוס אחד יותר מהמסובין, וקורין אותו כוס של אליהו הנביא, לרמז שאנו מאמינים שכשם שגאלנו השם יתברך ממצרים, הוא יגאלנו עוד, וישלח לנו את אליהו לבשרנו.

---

§ מסכת פסחים דף קיט: §

אות א'

לכפול יכפול, לפשוט יפשוט... הכל כמנהג המדינה

סימן תכב ס"ג - בענין הפסוקים שכופלין בו, וכן בפסוקים שש"צ אומר והקהל עונים אחריו, כל מקום כפי מנהגו - ובמקומותינו המנהג לכפול מ"אודך" עד סוף הלל.

עיין בטור, שהש"ץ אומר "הודו לד'" וגו', והקהל עונים אחריו "הודו" וגו', והוא אומר "יאמר נא" וגו', והקהל עונים אחריו "הודו" וגו', וכן ב"יאמרו נא בית אהרן", וב"יאמרו נא יראי ד'", **וכתבו** האחרונים, דאף דאמירת "יאמר נא ישראל" וגו' "יאמרו נא בית אהרן" וגו' "יאמרו נא יראי ד'" וגו', יוכלו הצבור לצאת במה ששומעין מפי הש"ץ, דשומע כעונה, מ"מ טוב יותר שיאמרו בעצמם בנחת, דלפעמים אינו מכוין, **וכן** נוהגין כהיום.

אות ב' - ג'

אין מפטירין אחר הפסח אפיקומן

אין מפטירין אחר מצה אפיקומן

סימן תעח ס"א - [א]אחר אפיקומן אין לאכול שום דבר - כדי [ב]שלא יעבור מפיו טעם מצה של אפיקומן שהוא מצוה, ע"י טעם אותו מאכל, **ובדיעבד** אם אכל אחריו שום דבר, יחזור ויאכל כזית מצה שמורה לשם אפיקומן. **ולענין** שתיה נחלקו הפוסקים, ויש להחמיר במשקה המשכר, **ולכתחלה** נכון ליזהר מכל משקה חוץ ממים וכה"ג, כמו שמבואר לקמן בסימן תפ"א במ"ב.

[ג]**הגה: ולא יאכלנו בשני מקומות** - וה"ה בחדר אחד, מקצתו בשולחן זה ומקצתו בשולחן אחר, דהוי כשני מקומות, **והטעם**, שאפיקומן זכר לפסח, ופסח אינו נאכל בשני מקומות, לפי שנאמר: בבית אחד יאכל. **ודוקא** להאפיקומן, אבל שאר הסעודה לית לן בה. ‹וע"ל סי' קע"ט, דלא נהגו עכשיו כן לאכול האפיקומן בבית אחר›, **דלא עדיף מאלו הפסיק בשינה, דאסור לאכלו משום דהוי כשני מקומות (טור)** - מביא ראיה שגם במצה מחמירין בשני מקומות כמו בפסח.

[ד]סימן תעז ס"א - [ה]לאחר גמר כל הסעודה אוכלים ממצה השמורה תחת המפה, כזית כל אחד - ואף נשים חייבות בזה, **זכר לפסח הנאכל על השובע** - ולכתחלה טוב שיקח שני זיתים, א' זכר לפסח, ואחד זכר למצה הנאכלת עמו.

[ו]ויאכלנו בהסיבה - ובדיעבד אם שכח ואכלו בלא הסיבה, א"צ לחזור ולאכול, אם קשה עליו האכילה, **‹משא"כ** אם אינו קשה עליו האכילה, צריך לחשוש› [ז][לדעת רש"י ורשב"ם קי"ט: דבאפיקומן יוצאין עצם המצוה דאכילת מצה, אלא שתקנו לברך בתחילת הסעודה, וצריך באמת לכוין בברכה לפטור גם האפיקומן, **ולדידהו** בודאי צריך לחזור ולאכול בהסיבה], ‹**אם** לא בירך בהמ"ז - אג"מ, וע"ל סי' תע"ב סוף ס"ז›.

ולא יברך עליו - שהוא רק לזכר וכנ"ל.

באר הגולה

[ז] **טור בשם תוספתא מהא דמעשה ברבי אליעזר ורבי יהושע וכו'** ‹הכי איתא בתוספתא, חייב אדם לעסוק בהלכות פסח וביציאת מצרים כל הלילה, וזהו ששנינו מעשה בר"א ורבי יהושע וכו' - טור› [ח] ‹הרי דלא פירשו לענין העושה מלאכה בחוה"מ {כהרשב"ם, אלא לענין מאכל ומשתה וכדומה ביו"ט - עבודת המלך}, והיינו דאזיל לשיטתיה דס"ל איסור מלאכות חוה"מ הם דרבנן - מחה"ש סי' תק"ל› [ט] ‹ע"פ הגר"א› [י] ‹משום ד"לא לנו" מדבר מחבלי משיח וגוג ומגוג - גר"א› [א] **משנה פסחים קי"ט וכדמפרש לה שם בגמ' שמואל ורבי יוחנן וכלישנא קמא דרב יהודה אמר שמואל** [ב] ‹והמשמרות כהונה מפרש, שרשב"ם פי' כאן שני טעמים נפרדים, הא' שלא יעבור טעם הפסח, שמכבוד המצוה שלא להעביר את טעמה, ע"פ חזון איש, והב' שצריך לאכול את הפסח על השובע, ושני הפירושים הם לפי שתי הלשונות להלן בדעת שמואל, האם לאחר מצה שאוכל לבדה בזה"ז מותר לאכול, שלפי הלשון הראשונה שאסור לאכול, פי' רשב"ם טעם א', ולפי הלשון השניה שמותר לאכול אחר מצה, פי' רשב"ם טעם ב', ולכן במצה שאינה קרבן מותר לאכול אחריה, ומה שמבואר בגמרא להלן כדי שלא יעביר טעמו, הוא לפי הלשון הראשונה בגמרא- מתיבתא› [ג] ‹אע"ג דרב קאמר לה, פסק כן, {ואפי' סיימו לא, כ"ש בלא סיימו, אלא שהתחילו לבד, שאוכל בשני מקומות ממש, דלא - ב"ח}, משום דשמואל ורבי יוחנן נמי ס"ל הכי שאסור ליעקר מחבורה לחבורה, ולא פליגי עליה דרב אלא להוסיף, לאכול כל דבר אפי' בחבורתו הראשונה, וכדפי' רשב"ם והר"ן, ומשמע לרבינו דמצה יש לה דין פסח גם לענין זה, וכ"כ הרשב"ם ז"ל, במשנת ישנו מקצתם (קכ). **אבל** התוס' כתבו, דרב לא איירי אלא בקרבן פסח, אבל מצה לא אשכחן בשום דוכתא דליתסר בשני מקומות, ואי משום דאיתקש לפסח, להא ע"כ לא איתקש, דאי לא תימא הכי ליפרוך ממתניתין לרב וכו' - ב"י› [ד] ‹לבאר שיטת הרשב"ם ד"ה אין מפטירין› [ה] **הרי"ף והרא"ש בסוף פרק ע"פ ורמב"ם** [ו] **ציינתיו לעיל בסי' תעב ס"ז** [ז] ‹וכתב עליו הרא"ש, ולפי"ז היה נראה שצריך לאכול עמה מרור וחרוסת, כיון שהוא זכר למצה הנאכלת עם הפסח בכריכה, ועליה היה ראוי לברך על אכילת מצה, אלא שכבר מילא כריסו ממנה, וא"כ צריך לעשות כמו בזמן המקדש, שהיו אוכלין הכל ביחד הלל וסיעתו, ואף לרבנן מצוה לאכלן ביחד, כלומר זה אחר זה בסמוך, **אמנם** תמיהני למה עושין כריכה בתחלה, יספיק בכריכה אחרונה זכר למקדש, **הילכך** נ"ל דאותה מצה אינה לשם חובה, אלא אוכלין אותה זכר לפסח שהיה נאכל על השובע באחרונה, ולפי שהיא זכר לפסח יש ליתן לה דין הפסח, שלא לאכול אחריה, וא"צ עמה מרור וחרוסת - ב"י›

§ מסכת פסחים דף קכ. §

אות א'*[א]

אכילה גסה

סימן תעז ס"א - הגה: ולא יאכל ולא ישתה הרבה יותר מדאי, [ב]שלא יאכל האפיקומן על אכילה גסה - דהיינו שאינו מתאוה כלל לאכול, שאז אינו עושה מצוה מן המובחר, **שאף** שאפיקומן הוא זכר לפסח, והפסח נאכל על השובע, דהיינו שהוא שבע כבר, ולכן אוכלין האפיקומן אחר גמר הסעודה, **מ"מ** צריך שיהא לו קצת תאוה לאכול, ואם לאו אין זה מן המובחר, **ואם** שבע כ"כ עד שנפשו קצה באכילה מרוב שובע, אף שדוחק עצמו לאכול, אינו יוצא י"ח כלל במצוה זו, שאכילה גסה כזו אינה נקראת אכילה כלל.

כתבו הפוסקים, אל יהיה אכילת אפיקומן עליו לטורח, דעי"ז אין מתקיים המצוה מן המובחר.

או ישתכר ויישן מיד (מהרי"ל) - ותניא בתוספתא: חייב אדם לעסוק בהלכות פסח כל הלילה.

אות א'**[ג]

הסופגנין והדובשנין והאיסקריטין, אדם ממלא כריסו מהן, ובלבד שיאכל כזית מצה באחרונה

סימן תעז ס"א - [ד]מי שאין לו מצה משומרת אלא כזית - וא"כ אם יאכלו בראשונה, לא יהיה לו לאפיקומן, ואם ירצה לצאת בו גם במקום אפיקומן, א"כ לא יהא רשאי לאכול אחריו, וע"כ צריך לעשות כמו שמבאר והולך.

(**ע"ל סי' תנ"ג ס"ד, דמעיקר הדין די בשימור משעת טחינה, ועל פי הדחק די משעת לישה, אלא שיש מחמירים שצריך שימור משעת קצירה**).

מברך על אכילת מרור ואוכל - ר"ל לאחר שמברך מתחלה ברכת "המוציא" לבד על מצה שאינה משומרת, מברך על המרור, וברכת "על אכילת מצה" יברך לבסוף, בשעה שאוכל כזית המשומרת, **ואע"ג** דלכתחלה צריך לאכול מצה של חיוב והדר מרור, משום שנאמר: על מצות ומרורים, בתחלה מצה והדר מרורים, היכא דלא אפשר שאני, [**וצ"ע**, שדעת המחבר בסי' תע"ה ס"ב אינו כן, דחש לסברא דעל מצות ומרורים, דבתחלה מצה והדר מרור, **ואפשר** משום שלא יפיג המרור טעם המצה, לא חיישינן לאקדומי מצה למרור].

והמחבר השמיט דין דכריכה, ומשמע דס"ל דלא מצרכינן ליה כריכה, משום דאין לו מצה שמורה רק כזית, ובמצה שאינה שמורה לא חשיב כריכה, שהרי אינה מצה כלל, [**ומ"מ** כמה אחרונים כתבו, דיקיים ג"כ כריכה עכ"פ במצה שאינה שמורה, תיכף אחר אכילתו מרור, וצ"ע לדינא].

וכשגומר סעודתו ממצה שאינה משומרת, מברך: על אכילת מצה - דברכת "המוציא" כבר בירך, **ואוכל אותו כזית** - המשומר, ועולה לו גם במקום אפיקומן, שהרי אוכלו על השובע, **ואינו טועם אחריו כלום** - וכמו בכל מקום לאחר אפיקומן.

והנה כ"ז בשאין לו רק כזית אחד שמורה, אבל אם יש לו שני זיתים, אוכל כזית אחד בתחלת אכילתו, ומברך עליו "המוציא" ו"על אכילת מצה", וכזית אחר יאכלנו אחר גמר סעודתו לשם אפיקומן.

(**ואם אין לו מצה משומרת משעת קצירה רק כזית, ושאר מצה שלו משומרות רק משעת לישה, בזה יש לו לנהוג כמו שנוהגים תדיר, והיינו שיברך על כזית המשומר משעת קצירה "המוציא" וגם "על אכילת מצה", וכריכה יעשה ממצה המשומרת משעת לישה, וכן האפיקומן ג"כ ממצה זו, כן מתבאר מדברי הט"ז, וכן דעת הגר"ז וח"א, וכן מצדד בפמ"ג**).

וחולה שאינו יכול לאכול רק כזית, או מי שאין לו שום מצה רק כזית, יאכל תבשילו בלא "המוציא", ואחר סעודתו יברך "המוציא" ו"על אכילת מצה", ויאכל אותו כזית, [**וכתב** הגר"ז שיאכל בלי נטילת ידים, והיינו משום דלא ברירא אם פחות מכביצה צריך נטילה], **אבל** אם אין לו גם כן יין, א"כ צריך לקדש על המצה תחלה, ואח"כ יאכל תבשילו.

הגה: ומי שאין לו ב' הלילות רק ג' מצות - דאם היה לו ארבעה מצות, היה מסתפק ביום הראשון משנים, ושנים לליל שני, **יברך ליל ראשון המוציא ועל אכילת מצה וכן הכריכה הכל מן הפרוסה** - שפרס ממנה כבר כזית לאפיקומן, **ושתי השלימות לליל ב' (אגודה בשם אבן ירחי)** - משום לחם משנה, **יש** מאחרונים שכתבו, שבזה לא יבצע פרוסה לאפיקומן בליל שני, עד לאחר ברכת "המוציא", קודם ברכת "על אכילת מצה", כדי שיברך "המוציא" על לחם משנה שלימות, ו"על אכילת מצה" יברך על הפרוסה, שהפרוסה היא לחם עוני.

כתב מ"א, אם אפשר לו לשייר בליל א' פרוסה קטנה של כזית, ישייר ויניחנה בליל ב' בין שתי השלימות, כדי שיהיה לו לחם משנה מלבד הפרוסה שמברך עליה "על אכילת מצה", **וכן** להיפך, אם אין מספיק לו ללילה הראשונה במצה אחת לכל בני ביתו, יקח פרוסה מן השניה, וישאיר מצה א' וחציה לליל שניה, **דכיון** שהוא שעת הדחק, יכול לסמוך על הפוסקים דס"ל, דבליל פסח סגי לכתחלה בפרוסה, ויברך "המוציא" ו"על אכילת מצה" על הפרוסה שעל גבי השלמה, ומהשלמה יעשה כריכה והאפיקומן.

‹המשך ההלכות בעמוד הבא›

באר הגולה

[א] ‹ע"פ מהדורת נהרדעא› [ב] ‹שהוא במקום פסח, ואמרינן בנזיר: ואחד אכלו לשם כו', ובע"פ ק"כ, דלמא אתי כו', ועיין תוס' ק"ז ב' ד"ה דלמא כו' - גר"א›

[ג] ‹ע"פ הגר"א› [ד] **טור בשם אביו הרא"ש לסברת הרי"ף בסוף פסחים ושכ"כ הר"ר יונה** ‹גמ' ק"כ א' ועיין תוס' שם ד"ה באחרונה - גר"א›

בראשונה לא לא מיבעיא קאמר לא מיבעיא בראשונה דקאכיל לתיאבון אבל באחרונה דילמא אתי למיכל אכילה גסה אימא לא קמ"ל מר זוטרא מתני הכי אמר רב יוסף אמר רב יהודה אמר שמואל מפטירין אחר המצה אפיקומן נימא מסייע ליה אין מפטירין אחר הפסח אפיקומן אחר הפסח הוא דלא אבל אחר מצה מפטירין לא מיבעיא קאמר לא מיבעיא אחר מצה דלא נפיש טעמיה אבל לאחר פסח אימא לא קמ"ל מיתיבי הסופגנין והדובשנין והאיסקריטין אדם ממלא כריסו מהן ובלבד שיאכל (אבילת) כזית מצה באחרונה באחרונה אין בראשונה לא לא מיבעיא קאמר לא מיבעיא בראשונה דקאכיל לתיאבון אבל באחרונה דאתי למיכלה אכילה גסה אימא לא קמ"ל: אמר רבא *מצה בזמן הזה דאורייתא ומרור דרבנן ומאי שנא מרור דכתיב °על מצות ומרורים (א) בזמן דאיכא פסח יש מרור ובזמן דליכא פסח ליכא מרור מצה נמי הא כתיב על מצות ומרורים (ב) מצה מיהדר הדר ביה קרא °בערב תאכלו (ג) מצות *ורב אחא בר יעקב אמר אחד זה ואחד זה דרבנן אלא הכתיב בערב תאכלו מצות ההיא *מיבעי ליה לטמא ושהיה בדרך רחוקה דס"ד אמינא כיון דפסח לא אכלי מצה ומרור נמי לא ניכול קמ"ל ורבא אמר לך טמא ושהיה בדרך רחוקה לא צריך קרא דלא גרעי מערל ובן נכר דתניא °כל ערל לא יאכל בו *בו אינו אוכל אבל אוכל במצה ומרור ואידך *כתיב בהאי וכתיב בהאי וצריכי תניא כוותיה דרבא °ששת ימים תאכל מצות וביום השביעי עצרת לה' אלהיך *מה שביעי רשות אף ששת ימים רשות מאי טעמא הוי דבר שהיה בכלל ויצא מן הכלל ללמד לא ללמד על עצמו יצא אלא ללמד על הכלל כולו יצא יכול אף לילה הראשון רשות תלמוד לומר על מצות ומרורים יאכלוהו אין לי אלא בזמן שבית המקדש קיים בזמן שאין בית המקדש קיים מנין ת"ל בערב תאכלו מצות הכתוב קבעו חובה:

מתני' ישנו מקצתן יאכלו כולן לא יאכלו ר'

במדבר ט | שמות יב | שם | דברים טז

רשב"ם

מה שביעי רשות. דכתיב וביום השביעי עצרת דלא כתיב תאכלו מצות שהרי הוציאו מן הכלל אף ששת ימים רשות שאם רוצה יכול לאכול בשר בלא לחם או להתענות: **מתני' כולם לא** (ד) **יאכלו.** אם התחילו לאכול פסחם וישנו ועדיין לא אכלו כל צרכן לא יאכלו דנראין כאוכלי פסחם בשתי *חבורות או בזמן הזה שאין פסח אם ישנו כולם: **גמ'**

בראשונה לא. דאין אדם רשאי לאכול כלום אחר מצת חובה: **מצה בזמן הזה דאורייתא.** לילה הראשון חובה: **הכא מבעי ליה לטמא ושהיה בדרך רחוקה.** ובזמן שביהמ"ק קיים: **כתיב בהאי וכתיב בהאי וצריכא.** דטמא ושהיה בדרך רחוקה לא יליף מערל ובן נכר דהא אית ליה תשלומין לפסח שני הלכך לא יאכל מצה בראשון עד שיעשה פסח שני ויקיים על מצות ומרורים יאכלוהו אבל ערל ובן נכר דין הוא שיאכלו מצה בראשון דהא לא אכלי בשני ואי לא כתב רחמנא בערב תאכלו מצות הוה מוקמי לה בערל ובן נכר משום דלית ליה תשלומין אבל טמא ודרך רחוקה דאית להו תשלומין לא ליחייבו בראשון הלכך כתב רחמנא טמא ושהיה בדרך רחוקה: **שביעי רשות.** דכתיב וביום השביעי עצרת ולא כתיב תאכל מצות שהרי הוציאו מן הכלל: **אף ששת ימים רשות.** שאם רצה לאכול בשר בלא לחם או להתענות בידו: **הוי דבר שהיה בכלל.** דכתיב שבעת ימים תאכל מצות ויצא מן הכלל בהאי קרא דששת ימים כתיב ללמד שהיא רשות ולא ללמד על עצמו לבדו אלא ללמד על הכלל כולו דהיינו ז' ימים דזו אחת מי"ג מדות שהתורה נדרשת בהן מהלכה שמעינן למצה בזמן הזה דאורייתא ומרור דרבנן דהא תניא כוותיה דרבא וקיימא לן נמי כר' יוחנן דאמר דאין אוכלין אחר מצת חובה שבאחרונה כלום דלא ליבטיל טעם מצה מיניה אבל שתיית יין לא מיבטליה דשתיה לא מבטלא אכילה מיניה: **מתני' ישנו כולן לא יאכלו.** אם התחילו לאכול פסחן וישנו לא יאכלו דנראה כאוכל פסחו בב' מקומות דמאחר שישנו הסיחו דעתן לאכול עוד וחשיב ליה תנא כאכילת שני מקומות וחומרא בעלמא הוא וליכא לפרושי משום דדמי לאכילת שתי חבורות משום דאם כן קשיא סתמא אסתמא דהא בכילד צולין (לעיל דף פו.) סתם לן כר' יהודה דפסח נאכל בשתי חבורות אבל אין האוכל אוכל בשני מקומות הלכך טעמא דמתני' משום אכילת שני מקומות והוא הדין נמי במצה בזמן הזה לאחר שהתחיל לאכול מצת חובה באחרונה וישן הפסק אכילה היא ושוב לא יאכל משום דעבידא זכר לפסח בזמן שבית המקדש קיים וכן מוכיח בגמרא דאפילו בזמן הזה מיירי תנא וליכא לפרושי טעמו משום דאין מפטירין אחר מצה אפיקומן דאם כן תקשי לאידך ליתנא דאמרינן מפטירין אמאי לא אותביה מיניה לעיל: רבי

תוספות

בראשונה לא. פי' בראשונה בלא אחרונה לא כגון דלית ליה אלא כזית מצה ותו לא דטוב להוציא על השובע ולהיות טעם מצה בפיו אבל ודאי אי אית ליה נמי מצה בתחלה לתיאבון ולברך עליה ואח"כ בגמר סעודתו יאכל כזית מצה ויהיה טעם מצה בפיו ועיקר מצוה על הראשונה שהיא באה לתיאבון וגם יהא לבסוף טעם מצה בפיו באותו כזית אחרון ואפילו אם עיקר מצוה באחרונה אין זה תימה אם אנו מברכין על הראשונה כדי לפטור המצה של אחרונה שהרי אין לברך על האחרונה משום שלאחר שמילא כריסו הוא אבל יכול הוא לברך על הראשונה ותיפטר האחרונה שהיא עיקר המצוה כדפרישית לעיל* גבי רב חסדא גבי תרי טיבולי דמרור וכן צ"ל להלל שהיה כורך מצה ופסח בסוף הסעודה והכי הוי אכיל מצה דאורייתא אם כן בתחלת סעודה היה מברך על המצה ואוכל דמועלת אותה ברכה לברכת מצה עם הפסח שבסוף ומיהו להאי פירוש' דלעיל דלרב חסדא בעי לחזור על שאר ירקות לטיבול ראשון כדי שיברך על המרור בטיבול שני א"כ ה"נ יחזור כמו כן על הסופגנין לאכול בתחלה כדי שיברך על אכילת מצה לבסוף מיהו לפי' אחר שגם לרב חסדא אין צריך לחזור על שאר ירקות אלא מברך על המרור בטיבול ראשון ובאותה ברכה יצא בטיבול שני ה"נ יברך על מצה דמתחלה ויצא בשל מצות מצה שלבסוף: **מפטירין אחר מצה אפיקומן.** וא"ת אחר הפסח מאי טעמא אין מפטירין הא נפיש טעמיה טפי ממצה יש לומר כדמפרש בירושלמי דמשום הכי נאכל על השובע שלא יבא לידי שבירת עצם וכתיב (שמות יב) ועצם לא תשברו בו ומש"ה אין אוכלין שום דבר וא"ת הא במנחה נמי אמרי' בתמורה (דף כג.) ובמנחות (דף כא:) דנאכלת על השובע וליכא למימר האי טעמא י"ל דהתם ה"ט שלא יצא משלחן רבו רעב אבל במצה לא שייך האי טעמא דלאו משלחן רבו הויא כולי האי וחגיגה הבאה עם הפסח אע"ג דאיכא למ"ד* דאית בה משום שבירת עצם ואפ"ה אינה נאכלת על השובע היינו משום דפסח בן שנתו הוא ורכיך וחיישינן לשבירת עצם אבל חגיגה לא ומאן דאמר אין מפטירין אחר מצה ופסח אם כן לא ס"ל כטעם הירושלמי אלא סבר דבעינן שיהא טעם מצה ופסח בפיו: **כל בן נכר לא יאכל בו בו אינו אוכל.** אין לפרש בו אינו חייב לאכול דהא ודאי חייב לאכול דהא חייב בכל המצות אלא שאינו רוצה ונראה לפרש דמיירי בישראל מומר בשעת שחיטה וחזר ועשה תשובה וקאמר אף על גב דישראל מעליא הוא כיון שלא נמנה עליו בשעת שחיטה שוב אינו אוכל בו אבל אוכל הוא במצה ובמרור וערל היינו שמתו אחיו מחמת מילה וחייב בכל המצות ומקיים כולן אלא שאינו בפסח ובפרק מי שהיה טמא (לעיל דף צו.) גרס תרוייהו כל ערל לא יאכל בו כל בן נכר לא יאכל בו למה לי ומשני צריכי דאי אתמר ערל משום דמאיס כו' לכאורה משמע דאיצטריך גופיה דקרא ולא נהירא דלמה לי צריכותא אפילו דמו להדדי לגמרי וכי מזהירין מן הדין פשיטא דתרוייהו צריכי למכתב אלא אדיוקא דקראי קאי דדייקינן בו הוא דאינו אוכל אבל אוכל הוא במצה ובמרור קיימא הך צריכותא והכי מיפרשא התם צריכא דאי אשמעינן כלומר תרוייהו צריכי לדיוקא דקרא אבל אוכל הוא במצה ובמרור דאי אשמעינן ערל משום דלבו לשמים אבל בן נכר אימא לא ואי אשמעינן בן נכר משום דלא מאיס אבל ערל אימא לא ואף על גב דגמרא לא קאמר הכי ליכא למיחש שלא בא להשמיענו אלא שחלוקים זה מזה והוי כאילו צריכי לגופייהו ודכוותה אשכחן בפ"ק דב"ק (דף ג.) גבי ושלח דמשמע שן ומשמע רגל כו': (שייך לעיל) **רב אחא בר יעקב אמר אחד זה ואחד זה מדרבנן.** צ"ע בההיא סוגיא דפרק כל שעה (לעיל דף כח:) דמשמע בין לר' יהודה בין לר"ש סבירא להו דהוי דאורייתא *מר נפקא לן מעליו מדכתיב שבעת ימים תאכל עליו מצות דעליו מיותר לומר דעליו של פסח הוא חייב לאכול מצות ומר נפקא לן מבערב תאכלו מצות כדרבא וצ"ל דההיא פלוגתא אליבא דרבא ולא כרב אחא בר יעקב ומ"מ תימה דרבי יהודה מצריך קרא לטמא ושהיה בדרך רחוקה וערל ובן נכר כסברת רב אחא בר יעקב דלית הילכתא כוותיה והכן קיימא לן *כרבי יהודה לגבי רבי שמעון:

עין משפט נר מצוה

קז א מיי' פ"ו מהלכות מצה הלכה א סמג עשין מ :

קח ב מיי' פ"ו מהל' מצה הלכה יב :

קט ג מיי' פ"ו מהלכות מצה הל' א סמג שם טוש"ע א"ח סי' תעה סעיף ז :

קי ד מיי' פ"ח מהל' מצה הלכה יד וס"ה מהל' קרבן פסח הל' יד סמג עשין רכג טוש"ע א"ח סי' תעח סעיף ב :

[קטו. בד"ה והדר]

רבינו חננאל

באחרונה ש"מ אין מפטירין אחר מצה אפיקומן ודחי' דלמא לעולם מפטירין וה"ק בראשונה דלתאבון קא אכיל(זה) לה למצה ודאי נפיק אלא אפי' באחרונה דאיכא למימר דלמא אתא למיכל למצה אכילה גסה קמ"ל: **מר** זוטרא מתני להא דשמואל מפטירין אחר מצה אפיקומן לימא מתני' מסייע ליה אין מפטירין אחר הפסח אפיקומן כו': **אמר** רבה מצה בזמן הזה דאורייתא מרור מדרבנן מאי שנא מרור דכתיב על מצות ומרורים יאכלוהו בזמן דאיכא פסח איכא מרור והאידנא דליכא פסח אמרור נמי לא איחייב אי הכי אמצה נמי דהא על מצות ומרורים כתיב מרור דומיא דמצה ופרקי' לא מצה הדר אהדרה קרא בערב תאכלו מצות הכתוב קבעו חובה אע"ג דליכא פסח רב אחא בר יעקב אמר אחד מצה ואחד מרור בזמן הזה דרבנן. תניא כותיה דרבא ששת ימים תאכל מצות וביום השביעי עצרת מה שביעי רשות אף ששי נמי רשות מאי טעמא שביעי הוה ליה דבר שהיה בכלל ויצא מן הכלל שנאמר ששת ימים תאכל מצות יצא שביעי ללמד לא ללמד על עצמו יצא אלא ללמד על הכלל כל ויצא שאכילת (פסח) [מצה] באלו הימים רשות יכול אף לילה הראשון רשות ת"ל על מצות ומרורים אין לי אלא בזמן שבית המקדש קיים אין בית המקדש קיים מנין ת"ל בערב תאכלו מצות הכתוב קבעו חובה וקיימא לן כרבה דמצה דאורייתא ומרור בזמן הזה דרבנן: **מתני'** ישנו מקצתן יאכלו כלן לא יאכלו נתנמנו יאכלו

מסורת הש"ס

[מקומות: עי' בפי' הרשב"ם דבי מוכח]

[לעיל קטו. קטז:]

[שם קטז:]

לעיל כח :

שם ודף צו. לעיל כח: פ"ש

מכילתא פ' בא

מר נפקא ליה כו' צ"ל גם בסמוך ר"ש

[עירובין מו:]

גליון הש"ס

תוס' ד"ה מפטירין וכו' דפסח בן שנתו הוא ורכיך. עי' תשובת מהר"ל נדפס סי' ו' :

הגהות הב"ח

(א) גמרא ומרורים יאכלוהו בזמן דאיכא : (ב) שם ומרורים יאכלוהו מצה מיהדר : (ג) שם הדר ביה קרא בערב תאכלו: נ"ב ע"ע בתוס' פ"ק דקידושין דף לז ע"ב ד"ה מושב ובד"ה בזמן משמע דגרסינן הכא קרא דבכל

מושבותיכם תאכלו מצות וע"ש וכן הקשו תוס' לעיל דף כח ע"ב: (ד) רשב"ם ד"ה כולם לא וכו' אם ישנו כולם אחר שני כוסות הראשונים שלאחר הסידור לכוסות האחרונים הפסק סעודה הוא לא יאכלו הס"ד:

קיא א מיי' שם טוש"ע שם:

קיב ב מיי' פ"ח מהל' שאר אבות הטומאות הלכה ג:

קיג ג טוש"ע א"ח סי' תנו סעיף א:

קיד ד מיי' פ"ח מהל' שאר אבות הטומאות הלכה ג:

תורה אור

ר' יוסי אומר *נתנמנמו יאכלו נרדמו לא יאכלו הפסח אחר חצות מטמא את הידים *הפגול והנותר מטמאין את הידים: **גמ'** ר' יוסי אומר נתנמנמו יאכלו נרדמו לא יאכלו *ה"ד נתנמנם אמר רב אשי *נים ולא נים תיר ולא תיר כגון דקרי ליה ועני ולא ידע לאהדורי סברא וכי מדכרו ליה מדכר אביי הוה יתיב קמיה דרבה חזא דקא נמנם א"ל מינם קא נאים מר א"ל מינמז קא מנמנם ותנן נתנמנמו יאכלו נרדמו לא יאכלו: הפסח אחר חצות מטמא את הידים וכו': אלמא מחצות ה"ל נותר מאן תנא אמר רב יוסף *ר"א בן עזריה הוא *דתניא °ואכלו את הבשר בלילה הזה ר"א בן עזריה אומר נאמר כאן בלילה הזה ונאמר להלן °ועברתי בארץ מצרים בלילה הזה מה להלן עד חצות אף כאן עד חצות אמר לו ר"ע *והלא (א) נאמר חפזון עד שעת חפזון אם כן מה ת"ל בלילה יכול יהא נאכל כקדשים ביום ת"ל בלילה *בלילה הוא נאכל ואינו נאכל ביום ור"ע האי הזה מאי עביד ליה מיבעי ליה למעוטי לילה אחר הוא דאתא ס"ד אמינא הואיל ופסח קדשים קלים ושלמים קדשים קלים מה שלמים נאכלים לשני ימים ולילה אחד אף פסח אוקים לילות במקום ימים ויהא נאכל לשני לילות ויום אחד כתב רחמנא הזה ור"א בן עזריה אמר לך °מלא תותירו עד בקר נפקא הא ור"ע אמר לך אי לא כתב רחמנא הזה הוה אמינא מאי בקר *בקר שני ור"א אמר לך כל היכא דכתב בקר בקר ראשון הוא אמר רבא 'אכל מצה בזמן הזה אחר חצות לר"א בן עזריה לא יצא ידי חובתו פשיטא דכיון דאיתקש לפסח כפסח דמי מהו דתימא הא אפקיה קרא מהיקישא קמשמע לן דכי אהדריה קרא למילתא קמייתא אהדריה: הפיגול והנותר מטמא את הידים וכו': *רב הונא ורב חסדא חד אמר משום חשדי כהונה וחד אמר משום עצלי כהונה חד אמר כזית וחד אמר 'כביצה

חד

שמות יב | שם | שם

מלא תותירו עד בקר נפקא. וא"ג דדרשינן מיניה (לעיל דף סג:) ליתן לו בקר שני לשריפתו דנפקא לן מהתם דאין שורפין קדשים בי"ט אית מאן דמפיק ליה בפ"ב דשבת (דף כד:) ובמכילתין *מדוכתא אחריתא: **אמר** רבא אכל מצה בזמן הזה כו'. יש מפרשים דקי הלכה דהא סתם מתני' כוותיה ולאו זה ראיה דהא פרק ב' דמגילה (דף כ:) אשכחן סתמא אחריתא דלא כוותיה דתנן זה הכלל כל דבר שמצותו בלילה כשר כל הלילה לאתויי אכילת פסחים ודלא כר"א בן עזריה *דלאמר אכילת פסחים עד חצות היינו ודאי מדאורייתא ובתר הכי פסול למיכל אבל הא דאמרינן הקטר חלבים ואימורים עד חצות כדאמרינן בריש ברכות (דף ב.) לא הוי אלא מדרבנן אפילו לראב"ע משום הכי אם עיכב להקטיר עד חצות לא נפסל בכך דהא מן התורה הוו כשירים עד הבקר וחכמים לא עשו סייג לדבר להביאם לבית הפסול קודם הזמן ובפ' המזבח מקדש (זבחים פו:) כמו מוכח הא דחצות עושה (פיגול) [עיכול] מדרבנן והוכח דבפרק איזהו מקומן (שם נז:) דקאמר מתני' דהפסח אינו נאכל אלא עד חצות ר"א בן עזריה היא ופריך ממאי דלאורייתא דלמא מדרבנן ור"ע היא ומשני א"כ מאי אלא פירוש אי הוי מדרבנן לא ה"ל למיתני אלא דהא לעיל גבי תודה וחטאת תנא עד חצות ולא תנא אלא דאפילו אירע דעבר על דברי חכמים ולא אכל קודם חצות לא נפסל ואוכלו לאחר חצות כדמשמע פ"ק דברכות (דף ט.) גבי ק"ש בההיא מעשה דבאו בניו של ר"ג מבית המשתה ומ"מ איכא סייג דעבר על דברי חכמים אם לא אכל קודם חצות וה"נ התם א"כ מאי אלא ותו כי הנך מה הנך דאורייתא כלומר מה הכא דאינו נאכל אלא למנויו ולא היינו דאורייתא אף הנך נמי דעד חצות דאורייתא ורבי אלעזר בן עזריה היא: [עי' תוס' זבחים נז: ד"ה ולא ותוס' מגי' דף כא. ד"ה לאתויי]

כשתמצא

עד שעת חפזון. שנבהלו לצאת והייתו עד הבקר: **ויום אחד**. ע"ו המפסיק בין הלילות דלא ליהוי נותר עד ע"ז: **הא אפקיה קרא מהיקישא**. דפסח דכתיב (שמות יב) (בערב תאכלו מצות) [ששת ימים כו'] ואקשיה בהיקישא דעל מצות ומרורים יאכלוהו (במדבר ט): **קמ"ל דכי אהדריה קרא**. (שבעת ימים תאכל מצות) [בערב ט'] (שמות יג) למילתיה קמייתא אהדריה לעמוד במקום הפסח ולאכול עד חצות:

חד

רשב"ם

רבי יוסי אומר נתנמנמו יאכלו. ארישא קאי דקאמר ת"ק ישנו מקצתן יאכלו ואתא למימר ה"מ אם נתנמנמו אבל אם נרדמו אפילו מקצתן לא יאכלו לכשיעורו הכי מוכח בגמרא והכי הילכתא דהא רבה קאי כוותיה כדאמר בגמרא: **הפסח אחר חצות מטמא את הידים**. דה"ל נותר מחצות ואילך ורבנן גזרו על הנותר לטמא את הידים כדמפרש טעמא בגמרא:

גמ' לאהדורי סברא. במילתא דצריכא סברא כגון ששואלין אותו היכן הנחת כלי זה וכי מדכרו ליה הנחתו במקום פלוני מידכר ואומר הן או לאו: **הוה מנמנם**. רבה לאחר שהתחיל לאכול מצת חובה באחרונה: **נתנמנמו יאכלו**. תנן אבל אם הוא ישן אפילו הוא לבדו שוב לא היה אוכל דס"ל כרבי יוסי דאמר נרדמו אפילו מקצתן לא יאכלו: **אלמא מחצות הוא דה"ל נותר**. והא כתיב (שמות יב) לא תותירו ממנו עד בקר אלמא עד בקר לא הוי נותר: **ר"א בן עזריה היא**. דנפקא ליה מקרא דאכילת פסח עד חצות ומחצות הוי נותר והאי דכתיב לא תותירו ממנו עד בקר לשריפה אתא דעד בקר לאו בר שריפה הוא כדתניא בפ"ק דברכות (דף ט.) ר"א בן עזריה אומר בערב אתה זובח וכבא השמש אתה אוכל מועד לאתך ממצרים אתה שורף אבל כר"ע דפליג עליה לא מיתוקמא דלדידיה לא ה"ל נותר עד הבקר ולא מטמא ידים אלא מבוקר ואילך ואף על גב דלדידיה נמי אכילת פסחים עד חצות כדין לכל הנאכלין ליום ולילה רבנן הוא דעבדי הרחקה יתירה להרחיק את האדם מן העבירה כדתנן בפ"ק דברכות (דף ב.) שמא יאכל ממנו לאחר שעלה עמוד השחר ויתחייב כרת ומוטב שיבואו קדשים לבית הפסול למעט זמן אכילתו שלא לאכול אחר חצות משיאכל עד בקר ויבא לידי כרת: **שעת חפזון**. שנחפזו לצאת והיינו עמוד השחר כדכתיב (שמות יב) לא תצאו איש מפתח ביתו עד בקר ור"א בן עזריה סבר חפזון דמצרים בשעת מכת בכורות שעל ידיה נחפזו למהר לשלחם מן הארץ הכי מפ' בברכות (דף ט.): **יכול יהא נאכל כבשר קדשים**. ביום שחיטתו כדרך תודה שאף היא זמן אכילתה יום אחד ואוכל כל יום שחיטתה והלילה עד הבוקר מן התורה דכתיב (ויקרא ז) ביום קרבנו יאכל לא יניח ממנו עד בקר: **שלמים נאכלין לשני ימים ולילה אחד**. שבינתים דכתיב (שם יט) ביום זבחכם יאכל וממחרת אף פסח נמי הואיל ואינו נאכל אלא בלילה נוקים שני לילות במקום שני ימים של שלמים ויהא נאכל לשני לילות ויום אחד לא שיאכלנו ביום אלא שיהא שהות זמן שלא יפסל באכילה בשביל המתנת היום ויאכלנו בליל השני קמ"ל כן פירש רבינו במסכת ברכות (שם) ולי נראה שאף ביום שבינתים יאכל דהא בלילה הזה לא בא למעט אלא יום שחיטתו שלפני לילה הראשון של פסח אבל מכאן ואילך יאכלנו עד עמוד השחר של ליל שני קמ"ל: **מהו דתימא אפקיה**. רחמנא לחובת מצה בלילה הראשון מהיקישא דאקשיה רחמנא כפסח בהאי קרא דעל מצות ומרורים יאכלוהו ואפקיה רחמנא בהאי קרא ששת ימים תאכל (עליו) מצות וביום השביעי מה שביעי רשות אף ששת ימים רשות ולילה הראשון נמי במשמע אלמא אפקיה רחמנא מהיקישא דעל מצות ומרורים לחובת מצה לילה הראשון ואוקמיה ארשות: **קמ"ל**. דכי אהדריה קרא לחובת מצה בלילה הראשון בזמן הזה דכתיב בערב תאכלו מצות דהכי נפקא לן לעיל למילתא קמייתא אהדריה לאכילה עד חצות כבזמן דאיכא פסח: **חד אמר משום חשדי כהונה**. לקמן מפרש דאנותר קאי: **וחד אמר משום עצלי כהונה**. לקמן מפרש דאפיגול קאי: ולא פליגי אלא חד מפרש טעמא דפיגול וחד מפרש טעמא דנותר:

חד

רבינו חננאל

היכי דמי נתנמנמו אמר רב אשי נים ולא נים תיר ולא תיר כגון דקרי ליה ועני ולא ידע לאהדורי סברא וכי מדכרי ליה מדכר. אביי הוה יתיב קמיה דרבא חזייה דהוה קא מנמנם אמר ליה מינם קא ניים מר אמר ליה מתנמנמי קא מנמנם ותנמנמו יאכלו תנן: **הפסח** אחר חצות מטמא את הידים אלמא חצות הוה ליה נותר מאן תנא אמר רב יוסף ר' אלעזר בן עזריה הוא דתניא ואכלו את הבשר בלילה הזה כתיב הכא בלילה הזה וכתיב התם ועברתי בארץ מצרים בלילה הזה מה להלן עד חצות שנ' כחצות הלילה אף כאן נמי עד חצות: **אמר** רבא לא (יאכל) [אכל] מצה בזמנהזה אלא לאחר חצות לר' אלעזר בן עזריה לא יצא ידי אכילת מצה פשיטא כיון דאתקש לפסח שנא' על מצות ומרורים יאכלוהו כפסח דמי מהו דתימא אפקה קרא מהקישא דפסח שנאמר בערב תאכלו מצות קמ"ל דכי אהדריה קרא למלתיה קביעתא כלומר לדוכתיה אהדריה עד חצות כפסח ואע"ג דר' עקיבא פליג עליה טותיה קייבא לן דסתם מתני' כותיה: **הפיגול** והנותר מטמאין את הידים רב הונא ורב חסדא חד אמר משום חשדי כהונה שלא יגע בו הכהן לפלטלו ויחשדו אותו הכהנים כי לאכלו מפלטלו לפיכך גזרו בו טומאה שלא יגע בו כלל וחד אמר משום עצלי כהונה כלומר גזרו עליו טומאה מפני שנתעצלו הכהנים באכילתו ובא לידי נותר:

הגהות הב"ח

(א) גמ' אמר לו ר"ע והלא כבר נאמר בחפזון:

(עיין בא"ר שמצדד, דאפשר דהפוסקים מיירי כשאין לו אלא ג' מצות שמורות לבד, אבל מצות שלנו כולם מקרי שמורות, דהם שמורות משעת לישה, יש לו ליקח בלילה שניה משאר מצות, **וכתב** הפמ"ג ע"ז וצע"ק, כי משמע שמצת מצוה שיוצא י"ח, צריך שיאמר בעת עשיה: הריני עושה לשם מצוה לצאת בה י"ח, ובדיעבד במחשבה סגי, **ומצות** שלנו, אע"פ שנעשה על ידי גדול בן דעת ומשומרת מחימוץ, אין נעשה לצאת בה י"ח, אם לא שיאמר תחלה: כל מה שאעשה יהיה לשום מצוה, לצאת בה ידי חובה, וצ"ע, עכ"ל, ועי"כ נלענ"ד, דבזה יותר טוב שישאיר מצה אחת מן השלשה לליל שני, כדי שיקיים בה מ"ע דאכילת מצה, וגם על אפיקומן, ומשום לחם משנה יצרף מצה אחרת שאיננה שמורה).

אות א'

מצה בזמן הזה דאורייתא

רמב"ם פ"ו מהל' חמץ ומצה ה"א - מצות עשה מן התורה לאכול מצה בליל חמשה עשר, שנאמר: בערב תאכלו מצות, בכל מקום ובכל זמן, ולא תלה אכילה זו בקרבן הפסח, אלא זו מצוה בפני עצמה, ומצותה כל הלילה; אבל בשאר הרגל אכילת מצה רשות, רצה אוכל מצה, רצה אוכל אורז או דוחן או קליות או פירות; אבל בליל חמשה עשר בלבד חובה, [ה]ומשאכל כזית יצא ידי חובתו.

אות ב'

ומרור דרבנן

רמב"ם פ"ז מהל' חמץ ומצה הי"ב - אכילת מרור אינה מצוה מן התורה בפני עצמה, אלא תלויה היא באכילת הפסח, שמצות עשה אחת לאכול בשר הפסח על מצה ומרורים; ומדברי סופרים לאכול המרור לבדו בליל זה אפילו אין שם קרבן פסח.

אות ב'*

בזמן דאיכא פסח יש מרור, ובזמן דליכא פסח ליכא מרור

רמב"ם פ"ח מהל' קרבן פסח ה"ב - ואין מצה ומרור מעכבין, אם לא מצאו מצה ומרור, יוצאין ידי חובתן באכילת בשר הפסח לבדו; אבל מרור בלא פסח אינו מצוה, שנאמר: על מצות ומרורים יאכלוהו.

אות ג'

מה שביעי רשות אף ששת ימים רשות

סימן תעה ס"ז - [ו]אין חיוב אכילת מצה אלא בלילה הראשון בלבד - דכתיב: בערב תאכלו מצות, אבל שאר כל הלילות וכל הימים אינו מוזהר אלא שלא לאכול חמץ, **ואף** דמחוייב לאכול פת ביו"ט, יכול לצאת במצה עשירה, דהיינו שנילושה במי פירות, **אבל** לחם עוני אינו מחוייב מן התורה כי אם בלילה הראשון, ומשום ספיקא דיומא חייב לדידן אף בלילה שניה.

ובשם הגר"א כתבו, דעכ"פ מצוה איכא לאכול מצה כל שבעה, אלא שאינו חיוב.

אות ד'

ישנו מקצתן יאכלו, כולן לא יאכלו

סימן תעח ס"ב - [ח]מי שישן בתוך הסעודה - עיין בדברי הרמ"א בהג"ה, **והקיץ, אינו חוזר לאכול** - דהשינה חשובה הפסק, ועשאוהו רבנן כאוכל בשני מקומות.

בני חבורה שישנו מקצתן בתוך הסעודה, חוזרים ואוכלים - דכיון שיתר בני החבורה היו נעורים, לא חשב הפסק אפילו לגבי הישינים.

נרדמו כולם, ונעורו, לא יאכלו; נתנמנמו כולם, יאכלו - היינו שלא נשקע בשינה כולי האי, ואם שואלים אותו: היכן הנחת כלי זה, וכשמזכירין לו: הנחתו במקום פלוני, נזכר ואומר: הן או לאו, זהו קרוי מתנמנם.

הגה: וכל זה אינו אלא שישנו לאחר שהתחילו לאכול האפיקומן, אבל שינה קודם לזה לא הוי הפסק (טור ורבינו ירוחם) - ר"ל דלא חיישינן להפסק זו, כיון שאינו בתוך האפיקומן, אף שהיה בתוך האכילה, **ולענין** אם צריך לברך "המוציא" עוד הפעם משום השינה, עיין לעיל בסימן קע"ח ס"ז ובמ"ב שם.

---

§ מסכת פסחים דף קכ: §

אות א'

נתנמנמו יאכלו נרדמו לא יאכלו

סימן תעח ס"ב - עיין לעיל ק"כ. אות ד'.

אות ב'

הפגול והנותר מטמאין את הידים

רמב"ם פ"ח מהל' שאר אבות הטומאה ה"ג - הפיגול והנותר [א]וצריד של מנחות, הרי הן כראשון לטומאה, ומונין בהן ראשון ושני, לפיכך מטמאין את הידים בכביצה.

באר הגולה

ה (משמע שבכל מה שאוכל בליל זה מקיים מצוה, אלא שיוצא ידי חובתו בכזית – אור לציון) ו (ע"פ מהדורת נהרדעא) ז פשוט שם בגמרא ק"כ ח משנה שם ק"כ וכרבי יוסי, וכפי' הרמב"ם דרבי יוסי אסיפא קאי, וה"ה לענין מצה מעובדא דרבה שם (הרשב"ם מפרש דקאי ארישא, משום דקשה ליה עובדא דרבה, אבל הרמב"ם מפרש דרבה יחיד היה, וזהו שכתב מי שישן. **וצ"ע**, {דאין לומר שאביי לא היה מבעלי הסעודה, אלא שהיה יושב לפני רבו לכבודו עד שהיה גומר סעודתו}, דהא אביי נתגדל שם בביתו, וכמ"ש כי הוינן בי רבה הוה זגינן כו' - גר"א, {וא"כ בודאי היה אוכל עמו – דמשק אליעזר} א (דחיבת הקדש מכשרתו, אם נטמא – כסף משנה)

אות ב'*[ב]

עד שעת חפזון

רמב"ם פ"ח מהל' קרבן פסח הט"ו - כבר ביארנו בכמה מקומות, שאין הפסח נאכל אלא עד חצות, כדי להרחיק מן העבירה, ודין תורה שיאכל כל הלילה עד שיעלה עמוד השחר.

אות ג'

אכל מצה בזמן הזה אחר חצות, לרבי אלעזר בן עזריה לא יצא ידי חובתו

סימן תעז ס"א - [ג]לאחר גמר כל הסעודה אוכלים ממצה השמורה תחת המפה, כזית כל אחד - ואף נשים חייבות בזה, **זכר לפסח הנאכל על השובע** - ולכתחלה טוב שיקח שני זיתים, א' זכר לפסח, ואחד זכר למצה הנאכלת עמו.

[ד]ויאכלנו בהסיבה - ובדיעבד אם שכח ואכלו בלא הסיבה, א"צ לחזור ולאכול, אם קשה עליו האכילה, ‹**משא"כ** אם אינו קשה עליו האכילה, צריך לחשוש› [לדעת רש"י ורשב"ם קי"ט: דבאפיקומן יוצאין עצם המצוה דאכילת מצה, אלא שתקנו לברך בתחילת הסעודה, וצריך באמת לכוין בברכה לפטור גם האפיקומן, **ולדידהו** בודאי צריך לחזור ולאכול בהסיבה], ‹**אם** לא בירך בהמ"ז - אג"מ, ועי"ל סי' תע"ב סוף ס"ז›.

ולא יברך עליו - שהוא רק לזכר וכנ"ל.

[ה]ויהא זהיר לאכלו קודם חצות - שכיון שהוא זכר לפסח, צריך לאכלו בזמן פסח, והפסח אינו נאכל אלא עד חצות, **וכ"ש** כזית הראשון שמברכין עליו על אכילת מצה, שצריך ליזהר מאד שלא לאחרו עד חצות, **ובדיעבד** אם איחר, מסתפקים הראשונים אם יצא ידי חובתו, וע"כ יאכלנו ולא יברך עליו "על אכילת מצה", **וגם** מרור אף שהוא מדרבנן, יזהר לאכלו קודם חצות, ואם איחר יאכלנו בלא ברכה.

ואם החשיך לו קודם אמירת הגדה עד סמוך לחצות, יקדש וישתה כוס ראשון, ויטול ידיו ויברך "המוציא" ו"על אכילת מצה" ויאכל, וגם יברך על המרור תיכף קודם חצות, ואח"כ יאמר הגדה, ואח"כ יסעוד סעודתו.

(כי בגמרא איתא, דלדעת ראב"ע דפסח מן התורה אינו נאכל אלא עד חצות, ה"ה מצה דאיתקש לפסח, ור"ע פליג עליו, וסבר דפסח זמן אכילתו הוא כל הלילה, וממילא ה"ה מצה, **ויש** פלוגתא בין הראשונים אם הלכה כראב"ע, משום דיש הרבה סתמי משנה כוותיה, או כר"ע, משום דהלכה כר"ע מחבירו, {ובפסחים ק"כ ע"ב מסתפקים התוספות}, וכתבו דע"כ יש ליזהר שלא לאחר יותר מחצות, **ויש** מהראשונים שכתבו, דאפילו לר"ע הוא רק לענין דאורייתא, אבל משום הרחקה מודה דאסור לכתחלה לאחר יותר מחצות, **וכ"כ** הגר"א, ‹וכ"כ הרשב"ם, והרמב"ם המובא לעיל, לענין פסח, וא"כ ה"ה נמי לענין מצה›, **והנה** משום זה החליטו הרבה אחרונים, דאף דבודאי חייב לאכול מצה אף כשאיחר לאחר חצות, דשמא הלכה דמן התורה זמנו כל הלילה, עכ"פ לא יברך "על אכילת מצה", דספק ברכות להקל).

(ויקדים עצמו שגם הכלל יקרא קודם חצות) (ר"ן) - ר"ל עם ברכתו שמברך לאחריה, יאמר לכתחלה קודם חצות. ‹בשביל כוס ד' - גר"א, שאחר ההלל, שהד' כוסות ג"כ יש לשתות קודם חצות, דהכל זכר לפסח - דמשק אליעזר›.

כתב של"ה: ראיתי מבני עליה שהיו מנשקין המצות והמרור, וכן הסוכה בכניסתו וביציאתו, וכן ארבעה מינים שבלולב, והכל לחבוב המצוה, ואשרי מי שעובד ה' בשמחה.

אות ד'

כביצה

רמב"ם פ"ח מהל' שאר אבות הטומאה ה"ג - ע"ל אות ב'.

---

§ מסכת פסחים דף קכא. §

אות א'

לא זו פוטרת זו ולא זו פוטרת זו

רמב"ם פ"ח מהל' חמץ ומצה ה"ז - ואחר כך מברך: ברוך אתה ה' אלהינו מלך העולם אשר קדשנו במצותיו וצונו על אכילת הזבח, ואוכל מבשר חגיגת ארבעה עשר תחלה; ומברך: ברוך אתה ה' אלהינו מלך העולם אשר קדשנו במצותיו וצונו על אכילת הפסח, ואוכל מגופו של פסח; ולא ברכת הפסח פוטרת של זבח, ולא של זבח פוטרת של פסח.

באר הגולה

ב ‹ע"פ מהדורת נהרדעא› ג הרי"ף והרא"ש בסוף פרק ע"פ ורמב"ם ד ציינתיו לעיל בסי' תע"ב ס"ז ה מימרא דרבא אליבא דרבי אלעזר בן עזריה ק"כ, וכתב הרא"ש שנכון להחמיר, ושאר פוסקים

חד תני אפיגול וחד תני אנותר מאן דתני אפיגול משום חשדי כהונה מאן דתני אנותר משום עצלי כהונה חד אמר כזית וחד אמר כביצה מאן דאמר כזית *כאיסורו ומאן דאמר כביצה כטומאתו: **מתני'** *בירך ברכת הפסח פטר את של זבח בירך את של זבח לא פטר את של פסח דברי רבי ישמעאל רבי עקיבא אומר [*] לא זו פוטרת זו ולא זו פוטרת זו: **גמ'** כשתמצא לומר לדברי רבי ישמעאל זריקה בכלל שפיכה ולא שפיכה בכלל זריקה לדברי רבי עקיבא *לא שפיכה בכלל זריקה ולא זריקה בכלל שפיכה:

חד תני אפיגול וחד תני אנותר. חד מפרש טעמא דמתניתין מאי טעמא מטמא פיגול את הידים וחד מפרש טעמא דנותר מאי טעמא נותר מטמא את הידים: **משום חשדי כהונה.** גזרו עליו טומאה שלא יפגלוהו ברצון להפסיד את הבעלים ועוד דשלמים הן ואין לכהן בהן אלא חזה ושוק וישחטם במזיד לשם תועלת כדי לאוכלן כולם ומשום הכי גזרו טומאה: **משום עצלי כהונה.** שלא יתעצלו באכילתן: **חד אמר כזית.** מהן מטמא את הידים וח"א כביצה: **מתני' ברכת הפסח.** על אכילת פסחים על של זבח חגיגת ארבעה עשר ומברכין על אכילת שלמים: **גמ'** שירי דם בזריקה מרחוק דלא איכפת ליה אם נופלים שיריים על היסוד או לא שירי דם הפסח בשפיכה בנחת כדי שיפלו על היסוד: **לא שפיכה בכלל זריקה.** כלומר שאם נותן פסח בזריקה ושלמים בשפיכה לא עשה כלום וכיון דאין דומין זה לזה במתן דמים אין ברכת האחד פוטרת האחר: הכי גרסינן במתניתין בירך על הזבח לא פטר את הפסח בירך על הפסח פטר את של זבח דברי ר' ישמעאל והכא גרסינן לדברי ר' ישמעאל זריקה בכלל שפיכה ולא שפיכה בכלל זריקה ופירוש אם נתן פסח בזריקה לא עשה כלום אבל אם נתן שלמים בשפיכה יצא לפיכך ברכת הפסח פוטרת את של שלמים ששלמים בכלל פסח במתן דמים ושל שלמים אינה פוטרת את של פסח לפי שאין פסח במתן דמו בכלל שלמים:

הדרן עלך ערבי פסחים וסליקא לה מסכת פסחים

רשב"ם

חד תני אפיגול וחד תני אנותר. חד מפרש טעמא דמתניתין מ"ט פיגול מטמא את הידים וחד מפרש טעמא דמתניתין מאי טעמא נותר מטמא את הידים: **משום חשדי כהונה.** גזרו חכמים טומאה שלא יפגלוהו ברצון להפסיד את הבעלים ויאמרו שוגגין הייטו ורבינו פירש עוד טעם אחר לפי ששלמים הם ואין לכהן בהן אלא חזה ושוק וישחטם במזיד לשם הנאת כדי לאוכלן טלן ולא נהירא דאין פיגול אלא בשוחט על מנת לאכול ממנו חוץ לזמנו והשוחט שלמים לשם חגיגה אין כאן פיגול אלא שלא עלו לבעלים לשם חובה: **משום עצלי כהונה.** שלא יתעצלו באכילה וה"ה לישראל: **חד אמר כזית.** מהן מטמא את הידים וחד אמר כביצה ובהא לחוד הוא דפליגי: **כאיסורו.** איסור אכילתו בכזית: **כטומאתו.** טומאת אוכלין בכביצה לטמא אחרים: **מתני'** ברכת הפסח וברכת הזבח מפרש בתוספתא (זבחים) איזה ברכת הפסח בא"י אמ"ה אשר קדשנו במצותיו וצונו לאכול הפסח אי זו היא ברכת הזבח בא"י אמ"ה אשר קדשנו במצותיו וצונו לאכול הזבח והאי זבח הייטו חגיגת י"ד הבאה עם הפסח אי נמי נדרים ונדבות שהקריב ערב הפסח ואוכלן בלילי הפסח: פלוגתא דרבי ישמעאל ור' עקיבא מפרשינן טעמא בגמ': הכי גרסינן בירך על הזבח לא פטר את הפסח בירך על הפסח פטר את הזבח דברי ר' ישמעאל: **גמ'** ה"ג כשת"ל לדברי ר"י זריקה בכלל שפיכה ולא שפיכה בכלל זריקה במס' זבחים בפ' בית שמאי (דף לז:) שמעינן ליה לר' ישמעאל דאמר דפסח בשפיכה ולא בזריקה דתניא ר' ישמעאל אומר מתוך שנאמר אך בכור שור וגו' למדנו לבכור שטעון מתן דמים ואימורין לגבי מזבח מעשר ופסח מנין תלמוד לומר ודם זבחיך ישפך דאלו לשאר קרבנות לא צריך דבכולהו כתיב זריקה והשתא דקאמר רבי ישמעאל דפסח בשפיכה ושמעינן ליה במתניתין דאמר בברכת הפסח הוא נפטר מברכת הזבח ואינו נפטר משל פסח בברכת הזבח אמור מעתה הניתנין בזריקה כגון שאר זבחים שניתנו בשפיכה כפסח יצא כדתניא בהדיא בפרק בית שמאי (שם) מנין לניתנין בזריקה שנתנן בשפיכה יצא תלמוד לומר ודם זבחיך ישפך אבל הניתנין בשפיכה כגון פסח שנתנן בזריקה כשלמים וכל שאר זבחים לא יצא דומיא דברכת פסח והזבח דקאמר נמי ר' ישמעאל במתניתין כי האי גוונא: **ולדברי ר' עקיבא כו'.** כדאמרינן נמי במתני' גבי ברכת הפסח והזבח שאין זו פוטרת את זו ור"ע נמי סבר דפסח (נמי) בשפיכה דלא אשכחן תנא דאמר בזריקה אלא לר' יוסי הגלילי בפרק תמיד נשחט (לעיל סד:) דנפקא ליה מאת דמם תזרוק על המזבח דבכור את דמו לא נאמר אלא דמם לימד על בכור מעשר ופסח שטעונין זריקה והיא זריקה דפסח מתנה אחת היא כנגד היסוד מרחוק ולא כזריקת שאר קרבנות שהן שתי מתנות שהן ארבע ומקראי מפיק להו במסכת זבחים בפרק איזהו מקומן (דף נג:) מדכתיב סביב בעולה סביב בחטאת סביב באשם דשלש כתובין הבאין כאחד אין מלמדין וזריקה מרחוק ושתי מתנות שהן ארבע ופסח מתנה אחת מרחוק כדפרישית שפיכה מקרוב עומד על היסוד ושופך שם בכולהו קרבנות כתיב זריקה לבר מחטאת שמתנותיהן באצבע על הקרנות כדכתיבי קראי:

כשתמצא לומר לדברי ר' ישמעאל זריקה בכלל שפיכה ולא שפיכה בכלל זריקה לדברי ר' עקיבא כו'. אם כן מוכח מכאן דלר' ישמעאל הניתנין בזריקה שנתנן בשפיכה יצא וכן מוכיח נמי כאן דס"ל דפסח בשפיכה הוא והכי נמי מוכח בפסחים בפרק האשה (דף פט:) דפריך דלאו פסח בשפיכה ושלמים בזריקה ומשני מאי נפקא מינה והתניא מנין לניתנין בזריקה שנתנן בשפיכה שיצא כו' אלמא אית ליה תרתי פסח בשפיכה וזריקה בכלל שפיכה דזריקה עומד מרחוק וזורק את הדם ליסוד ושפיכה עומד על היסוד ושופך וקשה דבזבחים פרק בית שמאי (דף לז.) משמע מאן דלית ליה פסח בשפיכה לא מצי סבר נזרקין שנתנן בשפיכה יצא וכן איפכא מאן דלית ליה נזרקין שנתנן בשפיכה יצא לית ליה פסח בשפיכה דקאמר ודם זבחיך ישפך והאי מיבעי ליה לכדתניא מנין לניתנין בזריקה שנתנן בשפיכה יצא ת"ל ודם זבחיך ישפך ומשני סבר לה כרבי עקיבא דאמר לא זריקה בכלל שפיכה וכו' פי' וההיא דרשה מנין לניתנין בזריקה לר' ישמעאל היא ופריך ולכתי מיבעיא ליה לכדתניא ר' ישמעאל אומר מתוך שנאמר אך בכור שור או בכור כשב וגו' את דמם תזרוק למדנו לבכור שטעון מתן דמים למזבח מעשר ופסח מנין ת"ל ודם זבחיך ישפך ומשני סבר לה כרבי [ור' ישמעאל] האי קרא מפיק ליה הכי ומפיק ליה הכי וקאמר תרי תנאי אליבא דר' ישמעאל אלמא הוה תנא דר' ישמעאל דלעיל דנזרקין שנתנן בשפיכה יצא ויליף מודם זבחיך ישפך לית ליה להאי תנא לדרבי ישמעאל דיליף מההוא קרא פסח בשפיכה וי"ל דהאי ר' ישמעאל אית ליה תרתי וניתנין בזריקה שנתנן בשפיכה יצא נפיק ליה מסברא דמה לי זריקה מרחוק ומה לי שפיכה בקרוב קרא כי אתא [לפסח] בשפיכה הוא דאתא והאי דלא משני ליה הכי כדפריך ליה ור' ישמעאל האי קרא היכי מפיק ליה הכי וכו' משום דדרשה של רבי יוסי הגלילי פשוט ליה טפי והתם פי' הקונט' ור' ישמעאל האי קרא דודם זבחיך ישפך מפיק ליה להכי לניתנין בזריקה שנתנן בשפיכה יצא וע"כ ההיא דניתנין לא אתיא כרבי עקיבא דהא אתיא אמאי קאמר רבי עקיבא אין ברכת פסח פוטרת של זבח והלא שלמים בכלל פסח והכל בשפיכה מההיא דניתנין ואי נמי הוה ס"ל לרבי עקיבא פסח בזריקה כרבי יוסי הגלילי כל שכן דשניהם פוטרין זה את זה ולכתי קדריש ליה [מו] ולההוא קרא לפסח בשפיכה ומשני תרי תנאי וכו' האי תנא דר' ישמעאל דיליף מודם זבחיך ישפך פסח בשפיכה לית ליה פסח פוטר את הזבח והכא לא פליג רבי ישמעאל אדרבי עקיבא דהא כיון דדריש מיניה פסח בשפיכה תו לית ליה למילף מיניה לניתנין בזריקה שנתנן בשפיכה יצא והאי תנא דר' ישמעאל דיליף מיניה לניתנין בזריקה שנתנן בשפיכה יצא לית ליה פסח בשפיכה אלא בזריקה כשלמים מיהו הא סברא דידיה דפליג ארבי עקיבא דפסח עיקר וזבח טפל ע"כ פסח פוטר את הזבח ולא ברכת זבח את הפסח ובפסחים דירושלמי אמר האי טעמא עכ"ל וקשה דלעיל אוכחנו מההוא דפסחים דלית להו תרווייהו ולכדכתבינן לעיל ורשב"ם פירש הכי כשתמצא לומר לדברי ר' ישמעאל זריקה בכלל כו' מתוך דבריו למדנו דקאמר בירך על הפסח וכו' א"כ ס"ל דפסח בזריקה ומעתה איתר ליה ודם זבחיך ישפך לומר דזריקה בכלל שפיכה וכל הנזרקין אם נתנן בשפיכה יצא *ול"ג ושפיכה בכלל זריקה דהא אין שום קרבן דמתנתו לכתחלה בשפיכה וקשה ההיא דפ' האשה ור' חיים כהן פי' כשתמצא לומר לדברי ר' ישמעאל זריקה בכלל שפיכה ושפיכה בכלל זריקה כך היא גירסא בספרים ישנים כלומר כל הקרבנות בזריקה ובשפיכה ואין להקפיד וברכת פסחים על עיקר לפטור את הטפל ולא הטפל את העיקר [וקשה] והלא אית ליה נמי דפסחים מתנתו בשפיכה דוקא אם כן אין זה זריקה: (וע"ע תוס' זבחים לז: ד"ה תרי תנאי וכו'):

הדרן עלך ערבי פסחים וסליקא לה מסכת פסחים

רבי

[לעיל מט.] [ברכות מט:] זבחים לז. [שם] [פסחים פ"י]

קטו א [מיי' פ"ח מהל' חמץ ומצה דין ז]:

ול"א ולא שפיכה בכלל רש"א

רש"א

רבינו חננאל

הא דתנן מטמאין את הידים רב הונא ורב חסדא חד מתני טומאה אפגול וחד מתני אנותר חד מתני כזית כאיסורו וחד מתני כביצה כטומאתו: **ברך** ברכת הפסח פטר את של זבח וכו' תאנא איזו היא ברכת הזבח אומר אקב"ו לאכול הזבח וקי"ל הפסח דמו בשפיכה כדתנן כהן הקרוב אצל המזבח וזרקה זריקה אחת כנגד היסוד והזבח כגון השלמים וכיוצא בהן דמן בזריקה ואמרינן כשתמצא לומר לדברי רבי ישמעאל דאמר ברכת הפסח פוטרת של זבח ואינו צריך לברך על הזבח ברכה בפני עצמה אבל ברכת הזבח אינה פוטרת של פסח הרי זריקה בכלל שפיכה כלומר הטעון זריקה אם זורקו בשפיכה יצא אבל אין שפיכה בכלל זריקה הטעון שפיכה ואם זורקו לא יצא אלא טעון שפיכה לדברי ר' עקיבא דאמר לא זו פוטרת זו ולא זו פוטרת זו לא שפיכה בכלל זריקה ולא זריקה בכלל שפיכה:

קטז א מיי' פי"א מהל' ביכורים הלכה ס סמג עשין קמד טור ש"ע י"ד סי' שה סעי' י:

רבי שמלאי איקלע לפדיון הבן בעו מיניה פשיטא על פדיון הבן אשר קדשנו במצותיו וצונו על פדיון הבן אבי הבן מברך ברוך שהחיינו וקיימנו והגיענו לזמן הזה כהן מברך או אבי הבן מברך כהן מברך דקמטי הנאה לידיה או אבי הבן מברך דקא עביד מצוה לא הוה בידיה אתא שאיל ביה מדרשא אמרו ליה *אבי הבן מברך שתים והילכתא אבי הבן מברך שתים:

[עיין תוספות בכורות מט. ד"ה לאח'וכו']

הדרן עלך ערבי פסחים וסליקא לך מסכת פסחים

רשב"ם

רבי שמלאי איקלע כו'. משום דאיירי מתניתין בשני מיני ברכות באדם אחד ומעשה אחד התלוי זה בזה כגון פסח וזבח שחגיגה באה עם הפסח משום הכי נקט נמי להאי עובדא דאבי הבן מברך שתים:

רבינו חננאל

הדרן עלך ערבי פסחים וסליקא לך מסכת פסחים

רבי שמלאי איקלע לפדיון הבן אמרו ליה על פדיון הבן פשיטא לן דודאי אבי הבן מברך אלא שהחיינו מאן מברך הכהן מברך או אבי הבן מברך ופשטוה מבי מדרשא אבי הבן מברך שתים על פדיון הבן ושהחיינו:

סליקא מסכתא ברחמי שמיא וסימנהא נהור"א דכל שעת"א עב"ר לאת"ר תדיר"א אילי"ן איכדי"ן איתת"א דאיסתאב"ת ברמש"א

אחר השלמת המסכת יאמר זה

ויועיל לשכחה בעזרת השם יתברך

*הדרן עלך מסכת פסחים והדרך עלן דעתן עלך מסכת פסחים ודעתך עלן לא נתנשי מינך מסכת פסחים ולא תתנשי מינן לא בעלמא הדין ולא בעלמא דאתי:

[פירוש סגון על זה תמצא בספר חתים שחיבר אחי סגאון מהרב"ל מפראג בספר זכיות ח"א פ"ג]

יאמר כן שלשה פעמים ואחר כך יאמר

יהי רצון מלפניך יי אלהינו ואלהי אבותינו שתהא תורתך אומנותינו בעולם הזה ותהא עמנו לעולם הבא *חנינא בר פפא רמי בר פפא נחמן בר פפא אחאי בר פפא אבא מרי בר פפא רפרם בר פפא רכיש בר פפא סורחב בר פפא אדא בר פפא דרו בר פפא:

[נסימות וסוף תשובת הרמ"א ז"ל וכן בסוף יש"ש בב"ק כתוב לשום על הזכרת שמות סגלון:]

הערב נא יי אלהינו את דברי תורתך בפינו ובפיפיות עמך בית ישראל ונהיה כולנו אנחנו וצאצאינו וצאצאי עמך בית ישראל כולנו יודעי שמך ולומדי תורתך: מאויבי תחכמני מצותיך כי לעולם היא לי: יהי לבי תמים בחקיך למען לא אבוש: לעולם לא אשכח פקודיך כי בם חייתני: ברוך אתה יי למדני חקיך: אמן אמן סלה ועד:

מודים אנחנו לפניך ה' אלהינו ואלהי אבותינו ששמת חלקנו מיושבי בית המדרש ולא שמת חלקנו מיושבי קרנות שאנו משכימים והם משכימים אנו משכימים לדברי תורה והם משכימים לדברים בטלים אנו עמלים והם עמלים אנו עמלים ומקבלים שכר והם עמלים ואינן מקבלים שכר אנו רצים והם רצים אנו רצים לחיי העולם הבא והם רצים לבאר שחת שנאמר ואתה אלהים תורידם לבאר שחת אנשי דמים ומרמה לא יחצו ימיהם ואני אבטח בך:

יהי רצון לפניך יי אלהי כשם שעזרתני לסיים מסכת פסחים כן תעזרני להתחיל מסכתות וספרים אחרים ולסיימם ללמוד וללמד לשמור ולעשות ולקיים את כל דברי תלמוד תורתך באהבה וזכות כל התנאים ואמוראים ותלמידי חכמים יעמוד לי ולזרעי שלא תמוש התורה מפי ומפי זרעי וזרע זרעי עד עולם ותתקיים בי בהתהלכך תנחה אותך בשכבך תשמור עליך והקיצות היא תשיחך כי בי ירבו ימיך ויוסיפו לך שנות חיים: אורך ימים בימינה בשמאלה עושר וכבוד: יי עוז לעמו יתן יי יברך את עמו בשלום:

יתגדל ויתקדש שמיה רבא בעלמא דהוא עתיד לאתחדתא ולאחיא מתיא ולאסקא לחיי עלמא ולמבני קרתא דירושלם ולשכלל היכליה בגוה ולמעקר פולחנא נוכראה מארעא ולאתבא פולחנא דשמיא לאתריה וימליך קודשא בריך הוא במלכותיה ויקריה בחייכון וביומיכון ובחיי דכל בית ישראל בעגלא ובזמן קריב ואמרו אמן: יהא שמיה רבא וכו' יתברך וכו' על ישראל וכו' יהא שלמא וכו':

§ מסכת פסחים דף קכא: §

אות א'

אבי הבן מברך שתים

יו"ד סימן שה ס"י - [א]בשעה שנותן הפדיון לכהן [ב]מברך: אקב"ו [ג]על פדיון הבן - כלומר בשעה שהאב מחזיק בידו חמשה סלעים והושיטן לכהן, קודם שיוציא מידו ליד כהן, מברך ואח"כ נותנן לו, כדי שיברך עובר לעשייתן, כ"כ ב"י והאחרונים, וכן משמע מדברי הטור והרב לקמן, שכתבו "בהדי שנותן לו המעות כו'" - ש"ך, **וחוזר ומברך: שהחיינו, ואח"כ נותן הפדיון לכהן.**

ואם פודה עצמו, מברך: אשר קדשנו במצותיו וצונו לפדות הבכור, ומברך: שהחיינו (רמב"ם). הגה: וי"א דאף הפודה עצמו מברך: על פדיון הבכור, וכן נוהגין (טור וריב"ש). וע"ל סי' רס"ה.

[**הטעם** שברכה זו ב"על", לפי שאינה דומה לאותן מצות שהן בלמ"ד, ‹לפי שזו נעשית בסיוע הכהן שמקבל הפדיון, **ולדעת** הרמב"ם שבאב הפודה אומר "על", ובפודה עצמו אומר בלמ"ד, אפשר לתת טעם, לפי שבאב› **אפשר להעשות מצוה זו על ידי הבן כשיגדל, וכשיגדל אז אי אפשר לעשותו אלא על ידי עצמו**, ב"י בשם ריב"ש – ט"ז]. ‹ע"פ לשון הב"י›

באר הגולה

[א] לשון הטור, פי' שיברך תחלה כדי שיהא הברכה עובר לעשייתה [ב] מסקנת הגמרא סוף פסחים קכ"א ב [ג] כתב הריב"ש סי' קל"א, אע"ג דס"ל להרמב"ם שמצוה המוטלת עליו מברך בלמ"ד, וכמ"ש לעיל בסי' רס"ה סעיף ב', י"ל משום דעיקר מצוה על עצמו, אלא שבקטנותו אי אפשר, דהא קי"ל הוא קודם לבנו, כמו שנתבאר לקמן סעיף ט"ז

מילואים להלכות פסח

§ סימן תכט – שאין נופלין על פניהם בכל חדש ניסן §

סעיף ב - אין נופלין על פניהם בכל חדש ניסן - מפני שי"ב נשיאים הקריבו בי"ב ימים, וכל ימי הקרבן היה יו"ט שלו, וערב פסח וימי הפסח גופא ואסרו חג, א"כ יצא רוב החודש בקדושה, לפיכך עושין כולו קודש.

ואין אומרים "צדקתך" בשבת במנחה, ואין מספידין בו - גם אין אומרים בחודש ניסן ה"יהי רצון" שאחר קריאת התורה, ואין מזכירין בו נשמות.

וטוב לקרות בניסן בכל יום הנשיא שלו, וביום י"ג פרשת בהעלתך עד "כן עשה את המנורה".

ולהטיל איסור בבהכ"נ לצורך גדול מותר בניסן, אף שאסור בתשרי.

ואין מתענין בו להזכיר בצבור - פי' דאין מזכירין התענית בצבור, **אבל** מ"מ היחיד שנהג להתענות בה"ב, מותר להתענות בו לדעת המחבר, **ומנהגנו** כהרמ"א שאין להתענות כלל.

והבכורות מתענין בו בערב פסח.

הגה: גם אין אומרים צדוק הדין - והקדיש שאחריו, **בכל חדש ניסן** - והכלל: דצדוק הדין ו"צדקתך צדק" ו"רחום וחנון", שוין, **וכן** בע"ש ועיו"ט אחר חצות אין אומרים, **אבל** בער"ח וערב חנוכה אחר חצות אומרים צדוק הדין.

ונהגו שאין מתענין בו תענית כלל, אפילו יום שמת בו אביו או אמו - היינו בכל החודש ניסן, **וכן** ער"ח אייר ג"כ אין מתענין, אפילו הנוהגים להתענות בכל ער"ח, **אבל** החתן והכלה ביום חופתם נוהגים להתענות אפי' בר"ח ניסן, מטעם שיתבאר בסי' תקע"ג.

אבל תענית חלום, מתענין - ואין צריך למיתב תענית לתעניתו בחודש אייר, כדי שיכופר לו על מה שהתענה בחודש ניסן על חלומו, כמו שצריך לעשות מי שמתענה תענית חלום בשבת ויו"ט ור"ח וחוש"מ, שהוא צריך לישב בתענית על תעניתו, **ואם** התענה בשבת שבתוך ניסן תענית חלום, מותר להתענות ליום מחר ביום א' על מה שהתענה בשבת, כיון שאיסור תענית זה אינו אלא מנהג, **ואפילו** אם חל ר"ח ניסן באחד בשבת, ובשבת שלפניו התענה תענית חלום, מותר לו לישב בתענית בר"ח ניסן, על מה שהתענה בשבת.

ואין אומרים "מזמור לתודה" ו"אל ארך אפים" ו"למנצח" בערב פסח, ולא ביום טוב.

ואין אומרים מזמור לתודה וכו' - שלחמי תודה היו חמץ, ואפילו בער"פ אסור להקריבה, שיבוא לידי נותר.

ומשכימין לבהכ"נ בערב פסח, כדי שיגמור סעודתו קודם ד' שעות.

ונוהגין להרבות קצת באכילה ושתיה ביום אחר החג, והוא אסרו חג - המנהג שלא להתענות בכל אסרו חג.

§ סימן תל §

סעיף א - שבת שלפני הפסח קורין אותו שבת הגדול, מפני הנס שנעשה בו - שבשנה שיצאו ממצרים היה עשרה בניסן ביום שבת, ולקחו כל אחד מישראל שה לפסחו וקשרו בכרעי המטה, כמו שכתוב: בעשור לחודש הזה ויקחו להם איש שה לבית אבות וגו', והמצרים ראו זה ושאלום: למה זה לכם, והשיבו: לשוחטו לשם פסח במצות ה' עלינו, והיו שיניהם קהות על ששוחטין את אלהיהם, ולא היו רשאין לומר להם דבר, **ומפני** שאז היה עשירי בחודש בשבת, על כן קבעו לקרות שבת שלפני הפסח לעולם שבת הגדול.

הגה: והמנהג לומר במנחה ההגדה, מתחלת "עבדים היינו" עד "לכפר על כל עונותינו" - לפי שהיתה בו התחלת הגאולה והניסים, ואפילו אם חל שבת הגדול בע"פ, **ואז** דורשין בשבת הקודם.

(**ובשם** הגר"א כתבו שלא היה נוהג בזה, משום דאיתא בהגדה: יכול מבעוד יום וכו').

ופוסקים לומר "ברכי נפשי".

§ סימן תלב – דין ברכת בדיקת החמץ §

סעיף ב - בברכה אחת יכול לבדוק כמה בתים - וההליכה מבית לבית לא הוי הפסק, **ועיין** בח"א שכתב, דאם בודק ביתו וחנותו, והחנות הוא בחצר אחרת, צריך לחזור ולברך, **אמנם** מצאתי בחק יוסף ובמאמר מרדכי, שדעתם דכולהו חדא מצוה היא, שמחויב לילך ולבדוק כל המקומות שיש בהם חמץ, ואין שייך לומר דהליכה הוי הפסק בזה.

ואם בעל הבית רוצה, יעמיד מבני ביתו אצלו בשעה שהוא מברך - כדי שיצאו בברכתו, ויענו אמן על ברכתו, **ויתפזרו לבדוק איש איש במקומו על סמך ברכה שבירך בעה"ב.**

והוא הדין אחר שאינו מבני ביתו, אלא דבר בהוה, וכדאיתא בש"ס, דיש מקומות ששוכרין לבדוק, **ועכ"פ** יסייע לדבר, כי מצוה בו יותר מבשלוחו.

ואם לא שמעו ברכתו, לכתחלה אין לשלחם לבדוק, **ומ"מ** אם קשה לו לגמור הבדיקה בעצמו, יכול לבקש לאחר שיסייענו, ואותו אחר א"צ לברך, שכל הבדיקה מצוה אחת היא, וכבר בירך הבעה"ב עליה.

ואם הבעה"ב אינו בודק כלל, ומְצַוֶּה לאחר לבדוק, אותו אחר מברך, דהוי כשלוחו גם לענין הברכה.

והנה מדינא יכול לסמוך בבדיקה אפילו על נשים ועבדים {ולא על שפחה נכרית שלנו} וקטנים, [דבדיקת חמץ דרבנן הוא, והימנוהו רבנן בדרבנן]. **ומ"מ** לכתחלה נכון שלא לסמוך אלא על אנשים בני חורין, שהגיעו לכלל מצות, דהיינו מי"ג שנה ואילך, לפי שהבדיקה כהלכתה יש בה טורח גדול, ויש לחוש שמא יתעצלו ולא יבדקו יפה.

הגה: ונוהגים להניח פתיתי חמץ במקום שימצאם הבודק - היינו חמץ קשה שלא יתפרר, וגם במקום משומר מפני התינוקות והעכברים, **כדי שלא יהא ברכתו לבטלה, (מהר"י ברי"ן).**

ומיהו אם לא נתן לא עכב, דדעת כל אדם עם הברכה לבער אם נמלא - חולק {על מהר"י ברי"ן}, דאין כאן חשש ברכה לבטלה, דכן הוא המצוה, לבדוק החמץ ולחפש אחריו שמא ימצא, ואם לא ימצא אין בכך כלום, **והט"ז** כתב עוד, דהברכה קאי על מה שיבער למחר בודאי, מה שישייר מאכילתו, אלא שמהיום מתחיל ע"י הבדיקה, וכן הסכימו אחרונים לדינא, [**ולדעת** הט"ז יותר טוב לכתחילה שלא להניח, שמא תאבד].

ועיין בח"י שכתב, דמ"מ אין כדאי לבטל מנהג של ישראל, ועיי"ש שנתן טעמים להמנהג, [**ובפת"ש** הביא בשם עמק הלכה, דכהיום שהמנהג לכבד ולנקות הבית מכל חשש חמץ קודם ליל י"ד, יש למנהג זה יסוד מדינא], **וגם** האר"י ז"ל כתב מנהג זה, ושיניח יו"ד פתיתים, **אכן** יש ליזהר הרבה שלא יאבד אחד מן הפתיתין.

§ סימן תלג – דיני בדיקת חמץ §

סעיף י - בתי כנסיות ובתי מדרשות צריכים בדיקה - בליל י"ד לאור הנר, **מפני שהתינוקות מכניסים בהם חמץ** - והשמשים אינם נזהרים לבדוק בלילה, אלא מכבדין היטב ביום, ולא יפה הם עושים, וצריך להזהירם על כך, שיקיימו מצות חכמים כתיקונה, **ויכולים** לברך על בדיקה זו, **אבל** א"צ לבטל אחר הבדיקה, לפי שאינם יכולים לבטל ולהפקיר חמץ שאינו שלהם.

ואם עבר ולא בדק הבתי כנסיות ובתי מדרשות בליל י"ד, יכול לבודקם לכתחלה ביום י"ד לאור היום, וא"צ לבדוק לאור הנר, לפי שדרך להרבות בהם חלונות, ויש בהם אורה גדולה, ודינם כדין אכסדרה, [**מ"מ** בחורין ובסדקין צריך לבדוק בנר, דלא עדיפא מחצר דאין לו גג למעלה, ואפ"ה צריך לבדוק בחורין ובסדקין]. **אכן** לפי מה שכתבנו לעיל, דאם יש זכוכית בחלונות, שוב אפילו נגד החלון ממש אין דינו כאכסדרה, א"כ ה"נ בענין שכשבודקם ביום לאור החמה, יפתח החלונות.

סעיף יא - המכבד חדרו בי"ג בניסן ומכוין לבדוק החמץ ולבערו, ונזהר שלא להכניס שם עוד חמץ, אעפ"כ צריך לבדוק בליל י"ד - ר"ל לא מיבעיא בסתם, שאין חזקתו מתכבד, אלא אפי' אם מכוין לשם בדיקה, ג"כ לא מהני, שהכיבוד אינו בדיקה גמורה, שמא נשתייר חמץ באיזה גומא.

ואפילו אם בדק לאור הנר בחורין ובסדקין, ג"כ צריך לחזור ולבדוק בלילה ככל ישראל, שלא לחלק בין בדיקה לבדיקה, [**ולטעם** זה, אם שייר חדר אחד לבדוק אותו כדין בלילה, שפיר דמי, כ"כ בתה"ד, **ואינו** ברור כ"כ, די"ל שלא תחלוק קאי על כל בית ובית], **ולפי** מש"כ לעיל בס"א, בלא"ה אין לסמוך אבדיקת היום, אפי' היה לאור הנר, שהנר אין מאיר ביום כ"כ כמו בלילה, [**ולפי"ז** לא מהני מה שיבדוק בלילה רק חדר א'].

הגה: וכל אדם לריך לכבד חדריו קודם הבדיקה - דלא מיבדק שפיר בלא כיבוד, **והמנהג** לכבד כל הבית והחדרים ביום י"ג, כדי שיוכל לעשות הבדיקה כדין בתחלת ליל י"ד, **ובשעת** בדיקה המנהג ליטול נוצות, ולכבד היטב במקום החורים והסדקים, לגרור משם החמץ עם הנוצה.

והכיסים או בתי יד של בגדים שנותנים בהם לפעמים חמץ, לריכין בדיקה - בין משלו ובין משל התינוקות שבבית, **ואפילו** הוא אומר: ברי לי שלא ניתן בהם חמץ, דמילתא דלא רמיא עליה הוא ולאו אדעתיה, ולכן צריך בדיקה, **והעולם** נוהגין רק לנער הכיסים בשעת הביעור, ונכון לבדוק אותם בשעת הבדיקה, **ומ"מ** צריך לחזור ולנערם בשעת הביעור, שמא חזר והכניס בהם מחמץ שאכל אחר הבדיקה.

§ סימן תלד – דינים הנוהגים תיכף אחר הבדיקה §

סעיף ד - שלוחו יכול לבטל - דאע"ג דבטול הוא מטעם הפקר, והאומר לחבירו: לך והפקר נכסי, אין בכך כלום עד שיפקירם הוא בעצמו, **הכא** לענין חמץ יש להקל, שהרי החמץ בשעה שעובר עליו בבל יראה ובל ימצא אינו שלו, שהרי אסור בהנאה, אלא שהתורה העמידו ברשותו לענין שיעבור עליו, לפיכך בגילוי דעת בלבד, שהוא מגלה דעתו דלא ניחא ליה דליהוי ליה זכותא כלל בגויה, סגי, **ויש** מחמירין בזה, ובשעת הדחק יש להקל, דרוב הפוסקים הסכימו לדעת המחבר.

ומ"מ כ"ז דוקא כשעשה שליח ע"ז, ובלא שליחות אין יכול לבטל חמצו של חבירו, אף היכא דזכות הוא לו, כגון שהוא בדרך ושכח לבטל.

ודוקא כשצוה לשליח לבטל חמצו, אבל אם צוה לו לבדוק, לכו"ע אינו יכול לבטלו, (**ובספר מגן האלף מפקפק ע"ז, דלמה לא יבטל, הלא מסתמא עשאו שליח לבדוק כנהוג, וע"כ מצדד שיבטל השליח עכ"פ, דשמא סמך המשלח עליו, וגם המשלח צריך לבטל, ובלא זה אינו מועיל, ומ"מ נראה דכ"ז אם נסע בדרך, ועשה שליח קודם נסיעתו לבדוק חמצו, אבל כשהוא בביתו ומבקש לאחר לבדוק, בודאי צריך לבטל בעצמו, אם לא שצוהו בהדיא על הביטול ג"כ**).

(ואין לעשות קטן לשליח).

(וכשמבטל שליח, צריך שיאמר: חמצו של פלוני יהא בטל וכו') - דהיינו שלא יאמר "דאיכא בביתא הדין", דלמא יש לו במקום אחר, **וכתבו** האחרונים שיאמר ביום "כל חמירא דאיכא ברשותיה דפלוני, דידע ביה ודלא ידע ביה" וכו', **ובלילה** יאמר "דלא ידע ביה".

אפוטרופוס של יתומים חייב לבדוק ולבער ולבטל, ובמקום שנותנין שכר על הבדיקה, נותן שכר, **ואם** עבר ולא ביער ולא ביטל, ועבר עליו הפסח, אין לחייבו, כיון שאינו חייב אלא בפשיעה, **ויתום** קטן שאין לו אפוטרופוס, ועבר עליו הפסח, אפשר שאין לאסור החמץ שלו, דלמאן נקנסיה.

אם אין האיש בביתו, יבטל במקום שהוא - אם לא מינה שליח לבטלו, **ולפי** מה שכתבנו מקודם, דיש מחמירין דלא מהני שליח לבטל, נכון שיבטל שם במקום שהוא בעצמו ג"כ, אפילו אם עשה שליח לבדיקה ובטול, [**וגם** לפי מה דנקטינן, דבדאורייתא לא אמרינן חזקה שליח עושה שליחותו, בודאי יזהר לבטל במקום שהוא, דכיון שאינו בביתו, ואינו יכול לקיים בדיקה וביטול, יש עליו מצות עשה דתשביתו, ושמא לא יעשה השליח שליחותו].

ואם אינו עושה כן, טוב שתבטל אשתו - לכאורה מנא ידעה האשה שאין הבעל מבטל במקומו, **אלא** הכונה, שאין הבעל רגיל לעשות כן, וא"כ חיישינן שמא ישכח, לכן טוב שתבטל אשתו אף שלא צוה לה לבטל, דמסתמא כמו שנתן לה רשות דמי, וראוי להזהירה ע"ז, **ומ"מ** אין כדאי לכתחלה לסמוך לגמרי על בטול אשתו, כיון שמ"מ אינו שלה, ויבטל במקום שהוא, (**דעיקר הדין של בטול אשתו במקום שלא צוה אותה ע"ז, מפקפקים האחרונים בזה, ומ"מ במקום הדחק יש לסמוך ע"ז, דאשתו כגופו לענין זה, ומסתמא כמו שנתן לה רשות דמי**).

ותאמר: כל חמירא דאיכא ברשות בעלי, דידע ביה וכו', ואם אינה מבינה לשון הקודש, תאמר בלשון שמבינה, **ואפילו** אם אינה יודעת בעצמה לבדוק, ומינתה שליח לבדוק חדריה מחמץ, מ"מ הבטול טוב יותר שתעשה בעצמה בלשון שמבינה, **שאף** להבעל בעצמו יש מפקפקים על מינוי השליחות על הבטול, וכ"ש לאשתו, שהחמץ בעצם אינו שלה, **ואלמנה** כיון שהחמץ שלה, תוכל לבטל בעצמה, או לעשות שליח, וכנ"ל לגבי איש.

§ סימן תמב – דין תערובת חמץ §

סעיף ג- בגדים שכבסו אותם בחלב חטה - ר"ל אפילו סמוך לפסח, [היינו אפי' תוך שלשה], **והיינו** אפי' אם נראה עליהן קצת ממשות החמץ, **וכן ניירות שדבקו אותם בחמץ, וכל כיוצא בזה** - היינו ג"כ אפילו אם ממשות החמץ נראה קצת מבחוץ, **מותר לקיימן בפסח, שאין צורת החמץ עומדת** - שכבר נפסדה צורתו.

מ"מ אסור להציע בגדים המכובסים בחלב חטה על השלחן, דלפעמים נמצא עליהן קצת ממשות מהחמץ, ויש לחוש שמא יפרך קצת מהן לתוך המאכל, וכ"ש שאסור להניח בתוכן קמח של פסח, **וצעיפי** נשים הרגילין לתקנן עם קמח עד שנעשין עבין קצת, שדרך ליפרך מהן, אין ללובשן בשעת אכילה, **והמדקדקים** נוהגים שלא לכבס בגדים וצעיפים בתוך ל' בחלב חטה, אלא בשאר מינים שאינם מחמשה מיני דגן.

הגה: ולכן מותר לדבק ניירות בחלון תוך שלשים לפסח; ויש מחמירים אם נראה מבחוץ - דס"ל דכשניכר מבחוץ, מקרי צורת החמץ עומדת עדיין, אף שנתייבש, ואין היתר לדידהו לענין דיבוק ניירות בחמץ, אלא באופן שאין נראה מבחוץ ממשות החמץ, **ובדיבוק** הניירות בחלון, צריך לדידהו לעשות הבצק בלילתו רכה מאד, ויכניס כל הבצק בין הדבקים, שלא יהיה מבצבץ לחוץ כלל, [**והמחמיר** לטוח בטיט תע"ב].

מיהו אם נעשו קודם שלשים יום, לכו"ע אין לחוש, [אף בבצק עבה], אף שנראה מבחוץ, מפני שבודאי כבר נתקשו ומאיסי, ודמיין לפת שנתעפש עד שנפסל מאכילת כלב, **וכן** אם כל הדיבוק של חמץ בנייר היה פחות מכזית, אף בתוך ל' יום א"צ לבער לכו"ע.

(**מסתימת האחרונים נראה, דנקטינן לכתחלה כדעת היש מחמירין, זולת הפר"ח כתב דהעיקר כדעה הראשונה, וגם מהט"ז משמע דלדינא עיקר כדעה ראשונה, דאין קפידא אם נראה מבחוץ כיון שנתייבש, ובזה הוא נפסל מאכילת כלב, ולענין כיבוס בגדים מבואר כן גם בטור בשם ראשונים להתיר מטעם זה, ומדכלל שם גם דין דניירות דבוקים, משמע דהכל מטעם אחד כדברי הפר"ח**).

(**והנה מה שמדבקין כורכי ספרים הניירות בדבק של חמץ אף קודם פסח, לדעה ראשונה בודאי מותר דמתייבש תיכף, ולדעת היש מחמירין נמי י"ל דמותר, דהא אין ניכר החמץ מבחוץ, ומש"כ התה"ד בדעת היש מחמירין לעשות בלילה רכה, י"ל דדוקא בחלונות כתב כן, כדי שיהא נבלע בין הסדקים ולא יבצבץ מבחוץ, ובפרט לפמש"כ הח"י, דכיון דעיקרו הוא חמץ נוקשה, אינו אסור אלא בשנראה מחוץ, ולא הזכיר התנאי שיהא בלילתו רכה, וכן בח"א לא הזכיר תנאי זה, ובר מכל זה אפשר לומר, דעניננו אינו דומה לחלונות, דשם סופו עומד לגרר החמץ מן החלונות, וכן לענין ניירות דבוקים, אפשר ג"כ שיפרידם, משא"כ לענין כורכי ספרים דמכוסה מבחוץ, ונעשה לכתחלה ע"מ שישאר כך, אפשר דהוא בכלל חמץ שנפלה עליו מפולת, שהוא כמבוער**).

סעיף ד - דבר שנתערב בו חמץ - ר"ל קודם הפסח, **ואינו מאכל אדם כלל, או שאינו מאכל כל אדם** - רק לחולים, **כגון התריאק"ה וכיוצא בו, אע"פ שמותר לקיימו, אסור לאכלו עד אחר הפסח** - ואף שאינו ראוי לאכילה, מ"מ כיון דהוא אכלו, אחשביה.

והיינו כשנתערב בו חמץ מעליא, ורק ע"י שנתערב אינו ראוי למאכל, **דאי** היה חמץ נוקשה קודם שנתערב, מותר להרבה אחרונים לאכול, ואפילו כשנתערב תוך הפסח.

ואף ע"פ שאין בו מן החמץ אלא כל שהוא, הרי זה אסור לאכלו - ואף שנתערב קודם הפסח, אפ"ה אסור לאכלו, דחוזר וניעור בפסח. **ומ"מ** בהנאה מותר כשנעשה התערובות קודם פסח, וכמו בפת שעיפשה לעיל בס"ג, **ולענין** רפואה עיין בסימן תס"ו שם באחרונים.

הגה: ולקמן סימן תמ"ז סעיף ד' בהגה יתבאר, דיש חולקים ומתירים אם נתבטל קודם הפסח - ס"ל דכיון שכבר נתבטל קודם פסח, לא אמרינן דחוזר וניעור. **והכי קיימא לן** - הוא פלא, דהרי הוא כתב שם, דהמנהג להקל בזה ולומר שכבר נתבטל, הוא רק דוקא כשנתערב לח בלח, ולא כשנתערב יבש ביבש, אח"כ מצאתי שכבר התעורר בזה החמד משה.

סעיף ה - שכר שעושים מחטים ושעורים חייבים לבערו - ועובר משום בל יראה אם לא ביער, וגם יש בו כרת בשתייתו, אם איכא כזית בכדי אכילת פרס, **ואפילו** אי לית ביה שיעור זה, עכ"פ טעם חמץ יש בו, וקי"ל טעם כעיקר דאורייתא.

אם נתערב השכר בדבר אחר, אותו התערובות אסור בפסח.

וכן אם העמיד גבינות בחלא משכר שעורים או חטים - או ביי"ש הנעשה מתבואה ‹לכאורה שאינה חמוצה› שהעמידוה בשמרי שכר, **חייב לבערם** - בערב פסח, ואפילו יש בהגבינות ששים נגד החלא, לא בטיל החלא, דדבר המעמיד אפילו באלף לא בטיל, **ולא** עוד, שכל דבר המעמיד הרי הוא חשוב כאלו הוא בעין ממש, **ולפיכך** מי דבש שקורין מע"ד, שהחמיצו בשמרי דבש שבישל כל השנה, ודבש הראשון שבישל היה מחומץ משמרי שכר, וזה שבישל עתה רביעי או חמישי, וכן לעולם, חייב לבער אפילו מי דבש האחרון, שכל אחד מהן ע"י המעמיד נעשה כולו חמץ, [**ועיין** בשע"ת, שאם עבר ולא מכרו, יש להתירו בהנאה, ויש לסמוך ע"ז].

וכן אם שפכו על הגבינות אחר שנעשו כבר, יי"ש כדי לחזקם, אף שיש ס' בגבינות כנגדם, דלטעמא עבידי ולא בטלי.

ובזה אין להקל לשתות אפי' ביו"ט אחרון של פסח, רק באותו מע"ד שאין בו חשש זה, רק שנתבשל בכלי חמץ, יש מקילין ביו"ט אחרון לשתותו, מטעם דסתם כלים אינן בני יומן, **אכן** במקומות שמבשלין המע"ד בכל השנה ביורות שמבשלין בו יין שרף, דהוי דבר חריף וחזק ונותנין טעם לשבח במע"ד כידוע, לא מהני מה שאינו בן יומו.

וכל זה כשמע"ד הראשון הועמד בשמרי שכר לבד, וכן מי דבש השני בשמרי מי דבש הראשון בלבד, וכן כולם, **אבל** אם בשמרי שכר בלבד לא היה די להעמידו, וערבו בו גם דבר אחר המעמיד שאינו חמץ, ובהצטרפותם הועמד, הרי הוא מותר אף בשתיה בפסח, אם יש בו ס' כנגד שמרי השכר, דכל זה וזה גורם להעמידו {פירוש איסור והיתר} הרי זה מותר, אם אין בכח האיסור בלבד להעמידו, כמו שנתבאר ביו"ד סימן פ"ז, [**דאם** יש בו די, אף שצירפו לו עוד מעמיד, לא הוי דבר זה בכלל "זה וזה גורם"].

ואם העמיד הגבינה ע"י קיבה, והיא נכבש תחלה בכלי חמץ מעל"ע, אסור לאוכלה ומותר להשהותה, **ועיין** באחרונים שמצדדים, דאם הועמד קודם פסח, אין לאסור רק אם לא היה בגבינה ששים נגד הקיבה, **ובפסח** דאיסורו במשהו, אסור בכל גווני.

ומיהו כ"ז אינו אלא מדרבנן, ובדיעבד אם שכח ולא ביערו, בין בדבר המעמיד בין בדבר דלטעמא עבידא, ועבר עליו הפסח, יש להתיר במקום הפסד מרובה בהנאה, ע"י השלכת הנאת המעמיד לים המלח, **וכן** בעיסה שנתחמצה לאחר הפסח בשמרי שכר שעבר עליהן הפסח, חייב לבערה מן הדין אפילו יש בעיסה ששים נגדה, ומטעם מעמיד דאין בטל אפילו באלף, וכנ"ל, ובמקום הפסד מרובה יש להתיר בהנאה ע"י השלכת הנאת המעמיד לים המלח.

סעיף ו - נהגו לגרר הכתלים והכסאות שנגע בהם חמץ, ויש להם על מה שיסמוכו - ר"ל דאין ללעוג על המנהג, לומר שהוא מנהג שטות וחומרא יתירא, אלא יש לזה סמך מן הירושלמי, דאיתא שם: הטח ביתו בצק חייב לבער, [**ומ"מ** ראיה גמורה ליכא, דהתם כשטח על הכותל כעין שטחין בטיט, דיכול להתקבץ כזית במקום אחד, אבל לא בנגיעה מועטת, **והענין**, דישראל קדושים הם, ונהגו להחמיר אפי' במשהו].

ואם יש חמץ בסדק שאינו יכול לחטט אחריו, יטיח עליו מעט טיט - וזה מהני אפילו יש במקום ההוא כזית ויותר.

§ סימן תמד – דין ערב פסח שחל להיות בשבת §

סעיף ב - טוב לבער בערב שבת קודם חצות - לאו דוקא, ור"ל בתחלת שעה ששית כמו בשאר שנים, **כדי שלא יבואו לטעות בשאר שנים לבער אחר חצות.**

(וביום השבת יבטלנו) - ואינו צריך לבטל בע"ש בשעת ביעורו, דסוף סוף יהיה צריך לבטל ביום מחר, שהרי חוזר וזוכה בפת שמשייר לצורך השבת, ויש לחוש שמא ישאר מהם מעט.

(ביאור הלכה) [שער הציון] ‹הוספה›

סעיף ג - אין מבשלין לשבת זה דייסא וכיוצא בזה - דבר שדרכו לידבק בכלי, **ואין עושין בו פת הצנומה** - יבשה, **בקערה** - כי יצטרך להדיחם אחר האכילה משום איסור חמץ, ואסור כיון שאין צריך להם שוב באותו היום.

הגה: ואם עבר ובשל, והמאכל דבוק בקדירה וא"א לקנחו, יש לכדיחו מעט להעביר החמץ - ואע"ג שהוא שלא לצורך שבת, שרינן בדיעבד משום איסור חמץ, אם א"א לקנחו, **דאם** אפשר בקינוח לבד, אסור להדיח שלא לצורך, **ומ"מ** אם אפשר להדיח ע"י עכו"ם, עדיף, אם א"א בקינוח.

כתבו הפוסקים, שטוב שיבשלו בכלים חדשים המוכנים לפסח, [**ואין** לערות רותח לתוך כלי חמץ מכלי פסח, אם לא שרוצה שלא לשמש בקדירה זו שעירה מתוכה עד לאחר הפסח], **וכהיום** נהגו בכמה מקומות במדינתנו, שאחר התפלה אוכלים מאכלים קרים של חמץ, ואחר חצי היום אוכלים תבשילים חמים שעמדו בתנור, ושנתבשלו בכלים של פסח, ויוצאים בזה סעודה ג'.

סעיף ד - אחר שאכל בשבת זה סעודת שחרית, ינער המפה שאכלו בה, ויקנח הקערות באצבעו - ואותן פירורין דקים וקינוח הקערות, אין צריך להוציאן מרשותו, דנדרסין ברגלים, ומתבערים מאליהן, **ומ"מ** טוב שיכבד הבית אח"כ ע"י עכו"ם, **ואם** אין לו עכו"ם, יכבד בעצמו ע"י שינוי בבגד.

ויטמנם מן העין עם שאר כלי החמץ, ואם נשאר פת יכול ליתנו לא"י - במתנה גמורה, ושרינן זה בשבת לצורך מצוה, כדי שלא יהיה החמץ ברשותו, **על מנת שלא לצאת בו לר"ה, דרך הערמה** - ר"ל אף דדעתו היה שיוציאנו לחוץ, מ"מ שרי כיון שאינו אומר לו בהדיא, **וע"מ** שלא לצאת" לאו דוקא, ור"ל שלא ע"מ לצאת בו, ואפילו בסתמא שרי, ולאפוקי היכא דאמר לו ישראל בהדיא, דאסור משום שבות דאמירה לעכו"ם, **ומ"מ** בעל נפש ראוי שיתנה עמו ע"מ שלא להוציא.

אבל לכרמלית דאינו אלא שבות, מותר אפילו לומר לו בהדיא להוציאו, דשבות דשבות במקום מצוה שרי, **ועיין** בסימן שמ"ה דיש דעות בפוסקים, דר"ה הוא דוקא בששים רבוא, ולדידהו כל עיירות שלנו כרמלית הן.

ודבר מועט - אבל הרבה אסור, דמוכחא מילתא שנותן לו להוציאם, **מיהו** דבר מועט מותר ליתן לו אפי' כמה פעמים, דעכ"פ אינו אלא הערמה ושרי, **ודבר** מועט הוא כדי סעודה אחת, **ובכרמלית** מותר בכל גווני וכנ"ל.

אם יש לו חמץ הרבה בחדר מיוחד, ושכח למכור אותו בע"ש, צריך ליתנו במתנה לנכרי, ויכול ליתנו לנכרי מכירו ומיודעו, שיודע בו שיחזיר לו אחר הפסח, רק דצריך להקנות לו בקנין המועיל, דהיינו בהגבהה או במשיכה, שימשכנו העכו"ם לרשותו, **ואם** החמץ רב שא"א למושכו, יקנה לו במסירת המפתח, **ואף** שאסור ליתן מתנה בשבת, לצורך מצוה מותר.

ואם ירא ליתן במתנה שמא לא יחזירו לו, יש מהאחרונים שמצדדים, דיכול גם למכור לעכו"ם, ולא מיקרי מקח וממכר בשבת, כיון שאינו עושה אלא להנצל מאיסור חמץ, **אבל** כמה אחרונים חולקים ע"ז, ודעתם, דמכירה אסור בכל גווני, אפילו אינו לוקח מעות ממנו כלל, אלא קוצץ עמו סכום המקח, או מוכרו לו כשער שבשוק בלי קציצת סכום המקח, ומקנה לו החמץ באחד מדרכי הקניה, אע"פ שמכירה זו היא לצורך מצות ביעור חמץ, לא התירו חכמים בשבת מקח וממכר גמור אפילו לצורך מצוה.

סעיף ה - אם נשאר חמץ אחר שאכלו, מבטלו, וכופה עליו כלי עד מוצאי יום טוב, ומבערו - ומיירי דלית כותי או כלב ליתנו לו, דאל"ה אף שכבר עברו ארבע שעות ועומד בשעה חמישית, יטלטלו ויתן להם, **וכן** מותר לטלטלו ולהשליכו לביה"כ, אם יש לו ביה"כ בחצירו, **ואם** נשתהה עד שעה ששית, דאז אסור בהנאה, ואסור בטלטול, אפ"ה שרי ע"י עכו"ם, שיזרקו בנהר או לביה"כ.

סעיף ו - אעפ"י שלא ישאר החמץ בבית אחר סעודת שחרית, צריך לבטל החמץ כדרך שהוא מבטל בשאר שנים - היינו בסוף שעה חמישית, ואפילו אם כבר ביטל מאתמול.

§ סימן תמה – דין ביעור חמץ §

סעיף ג - קודם זמן איסורו יכול להשליכו במקום שהעורבים מצויים שם - ותלינן שיאכלוהו, **ועיין** לעיל בסימן תל"ג ס"ו, שהעתקנו דדעת כמה אחרונים, דדין זה אינו אלא ברחוב שהוא מקום הפקר, ולא בחצרו.

ולאחר זמן איסורו לא מהני שיפקירו, שהרי בלא"ה הוציא הכתוב מרשותו ואסרו בהנאה, אלא חייב להשביתו ולבערו.

ואם מצאו אחר זמן איסורו, שלא אכלוהו העורבים, אף על פי שהמקום הפקר, לא יניחנו שם אלא יבערנו - והאחרונים חולקין ע"ז, דאם הפקירו וזרקו למקום הפקר קודם זמן האיסור, שוב אין עליו חובת ביעור, כמ"ש סי' תל"ג - **ויש** מצדדין לפרש דגם דעת השו"ע כן הוא, אלא דמיירי בגוונא אחריתא - **אלא** דאפילו אם הניחו במקום המופקר לכל, צריך שיפקירנו לגמרי בפיו ובלבו, ולא יהיה בדעתו בשעת הפקר לחזור ולזכות בו לאחר הפסח, **שאם** יש בדעתו כן, אינו הפקר גמור כל זמן שלא זכה בו אחר.

(ואם לא מלא חמץ כשבדק, ישרוף הכלי שלקח לבדיקה, כדי שלא ישכח חובת ביעור).

§ סימן תמז – דיני תערובת חמץ בתוך הפסח §

סעיף ב - חמץ שנתערב משש שעות (ולמעלה) עד הלילה, אינו אוסר במשהו - אע"ג דלוקין עליו בזמן ההוא על אכילתו, וגם אסור בהנאה מן התורה, מ"מ כיון דאין חיוב כרת על הזמן ההוא, לא החמירו בו חכמים לאסור במשהו, **וכן** בחומרא דנותן טעם לפגם, (וה"ה לענין ריחא, לכו"ע לא חמיר בע"פ משאר איסורין).

אלא דינו כשאר איסורין - וע"כ אם נתערב לח בלח מתבטל בששים, **ואם** נתערב יבש ביבש מתבטל לחד בתרי, **אך** צריך לאכלו קודם הפסח, דבפסח חוזר וניעור, כמבואר בהג"ה לקמן בס"ד.

(מדסתם המחבר משמע, דאפילו במינו נמי דינו הכי, דסגי בששים, ולא מקרי חמץ דבר שיש לו מתירין, מטעם דלשנה הבאה חוזר ונאסר).

ואם עירבו במזיד, כגון שצריך הדבר לעשותו ולתקנו עם חמץ, כגון מורייס, פי' שומן דגים, שמשימין בו לחם וקלוי, אע"פ שיש בו ס' כנגד הלחם, אסור, וחייב לבערו מד"ס קודם הפסח, [ואפי' אם עשה זה קודם ערב פסח], **ואם** לא ביערו ועבר עליו הפסח, י"א שאסור בהנאה, אא"כ מוכר לנכרי חוץ מדמי איסור שבו. (עיין לקמן סי"א, והגר"ז בסי' תמ"ב מחלק, דכיון שדרך תיקון המורייס הוא על ידי לחם, הרי הוא חשוב ואינו בטל במורייס אפילו באלף).

ולענין חמץ נוקשה תוך הפסח, יש שמחמירין לאסרו במשהו, [משום לא פלוג], **אבל** דעת המ"א ועוד הרבה אחרונים, כיון דאין בו כרת לכו"ע, ולדעת הרבה פוסקים אין בו רק איסור דרבנן, בטל בששים אפילו תוך הפסח, **ויש** לסמוך עליהם בשעת הדחק.

ודע דביו"ט האחרון, אף שהוא ג"כ מדרבנן, מ"מ כיון שנתקן משום ספיקא דיומא, אסור באכילה ע"י תערובות משהו כמו בפסח.

(ונותן טעם לפגם נמי שרי) - היינו אפילו לדעת המחמירין לקמן בס"י בהג"ה, מ"מ בערב פסח בודאי אין להחמיר, ואפילו בפחות מששים.

(**כתב** שיבולי לקט, שאור או חמץ שנפל בקדרה, או שנתבשל עם בשר צלי, מידע ידע ביה דנותן טעם לפגם הוא, ומשהו {לשון שהיה} באותו מאכל, ומותר, ואע"פ שיש באותו מאכל טעם חמץ, דחמץ בעיניה שראוי לחמע ואינו פגום, דחזיא למילתיה, הוא דאסר וכו', כיון דטעמו פגום ופוגם במאכל זה, מותר, עכ"ל, **ומשמע** מלשונו דדקדק לכתוב בבישול עם בשר צלי, אבל עם בשר מבושל לאו לפגם הוא, **ואף** אם נפל בתבשיל, לאו בכל עיסה שנפל לתבשיל נאמר דלפגם הוא, אלא בדבר שמחומץ הרבה, שאין דרכו לתתו בתבשיל, בזה אמרינן דמסתמא פוגם הוא).

סעיף ג - חטה שנמצאת בע"פ - אפילו אחר שש, **בתרנגולת מבושלת, מותר** - לאכלה אפילו בפסח, והיינו אם נצטננה קודם פסח, וכדלקמיה, **לבטלה בס'** - צ"ל "דבטלה בס'", וכן מצאתי הגירסא בשו"ע הנדפס עם נחלת צבי, ובשו"ע הראשון שהדפיס המחבר בעצמו, **ובדפוסים** האחרונים נשתבש הגירסא, [דהא מיירי אחר שש, ובודאי אסור אז להוסיף עד ס', דאין מבטלין איסור לכתחילה, **וגם** דלא מהני ההוספה, דהחתיכה נעשה נבילה].

כתבו הפוסקים, דה"ה בחטה שנמצאת בע"פ במצה שנאפה היום, בטילה בס', אפי' אם לא הסירה, אך שנתקררה קודם הפסח, מותר לאכול המצה, ויסיר החטה משם אף בפסח.

אבל אם חממו התרנגולת בפסח בעוד שהחטה בתוכה, חוזרת ליתן טעם בתוכה בפסח והוי במשהו - ואפילו למ"ד בס"ד דאינו חוזר וניעור, היינו היכא שאין האיסור ניכר בעין, אבל הכא החמץ בעין.

אבל אם נטלה החטה מתוכה, ואח"כ חממו התרנגולת, מותר, ואע"ג דבס"ד י"א דחוזר וניעור, היינו כשיש בתוכו ממשות האיסור, כגון שכר שנתערב בדבש, אבל הכא אינו אלא טעם בעלמא.

הגה: ומיהו בחימום כלי שני אין לחוש - כגון שעירו מים רותחין בקערה, והניחו בה התרנגולת, ס"ל דכלי שני אין בכחו להפליט ולהבליע.

ואם הניחו חתיכת בשר רותח בקערה של חמץ, ואפשר דה"ה אם הניחו אותה מקערה לטעלע"ר, יש להחמיר, דכתבו הפוסקים ביו"ד סי' צ"ד, דבדבר עב כזה, לעולם הוא ככלי ראשון כל זמן שהיד סולדת בו, [ועיין במקו"ח דמשמע מניה, דאין לאסור ממנה רק כדי קליפה].

ויש מחמירין בכלי שני בפסח - ר"ל אף דנקטינן לעיקר הלכה, דכ"ש אין מפליט ומבליע, מ"מ לענין פסח יש לחוש לדעת המחמירים שם, דס"ל דכ"ש מפליט ומבליע.

וטוב להחמיר אם היד סולדת בו, דבלאו הכי לא מקרי כלי שני - ואף דבסימן תס"ז סי"ב משמע מרמ"א דאוסר הבשר שנשרה אף בצונן, כשנמצא שם חטה, **תירץ** המ"א דהתם מיירי בבשר דאית ביה פילי, ונאסר גם הבשר ע"י המים שנכנס בתוך הפילי, **וכאן** מיירי בדופן שלם, שאז אין הבשר נאסר אלא ממים חמוץ, וחמוץ לא מקרי רק כשהיד סולדת בו, **אבל** המים בעצמן אסורין ע"י החטה, **והבגדי** ישע חולק עליו, ודעתו דמפשיטות דברי רמ"א הכא משמע, דצונן אינו בולע כלל, **אלא** העיקר דהכא איירי רמ"א מצד ההלכה, דטוב להחמיר לחוש לדעת המחמירים, **ושם** הוא רק ממנהגא, שנהגו להחמיר אף בצונן, ובענין מנהגא המקיל במקום הדחק לא הפסיד.

[**לא** ידענא מה כל החרדה הזאת שכל האחרונים מתפלאין, דלענין שיהא המים צוננין מתחמצין ע"י החטה, בודאי בעינן שהייה קצת, שיהיה נשרה החטה במים עכ"פ עד שיתרכך, דלא מסתברא שע"י שיניח רגע, אפי' חטה בקועה, במים צוננים, שיתחמצו המים, **משא"כ** לענין מים חמין, בודאי תיכף משחממו התרנגולת אפי' רגע בחמין, נבלע בה משהו של חטה חמוצה].

וטוב להחמיר - ואם החטה אינה בקועה רק נתרככה, ויש הפסד מרובה ומניעת שמחת יו"ט, יש לסמוך להקל, [**כי** הא"ר כתב, דבעיקר דינא דב"ש יש להקל בהפסד מרובה ומניעת שמחת יו"ט, **ומפר"ח** משמע דהוא סובר לעיקר הדין, דבפסח דהוא במשהו יש להחמיר בו בב"ש, **וע"כ** נ"ל דאם החטה לא נתבקעה, בודאי יש לסמוך להקל בזה, **ובפרט** שידוע מפוסקים, דכל היכא דאיכא כמה צדדין להקל, יש לצרף דעת השאילתות, דס"ל דבפסח ג"כ בששים].

סעיף ד - אם נתערב החמץ קודם הפסח - אפילו אחר שש, **ונתבטל בס', אינו חוזר ונעור בפסח לאסור במשהו** – (נקט הציור לענין דבר לח שביטולו בס', וה"ה לענין יבש שנתערב, ואפי' אם נתבטל רק חד בתרי).

ויש חולקים - ולדעתם מש"כ בס"ב דבטל בששים, צריך לאוכלו קודם הפסח, **או** דמיירי שלא היה בו אלא טעמא לבד, וכנ"ל.

(**וה"ה גם לענין יבש ביבש, דהיינו אפילו נתבטל קודם פסח אחד באלף, חוזר וניעור בפסח ואסור**).

(**וה"ה כשלא היו ששים, אך שהיה נותן טעם לפגם, ויש לעיין אולי דבזה לית פלוגתא דחוזר וניעור, אף לדעת הרמ"א בס"י, דרק לחומרא בעלמא חשש שם לדעה זו**).

מעשה שנמצאת חלה אחת של בצק, בתוך הסל שהיו נותנין המצות אפויות ביציאתן מן התנור, והריקו הסל ולא נודע באיזה מצות נגע הבצק, **ופסקו** הפוסקים דחד בתרי בטל, כיון שהיה התערובות קודם פסח, ומותר לחמם המצות בפסח כיון דליכא אלא טעמא בעלמא, **ומיהו** כל המצות שידוע שנגעו בבצק, צריכין קליפה, לפי שאין ביטול לאיסור הידוע.

הגה: ונוהגין כסברא הראשונה בכל תערובות שהוא לח בלח - כגון שכר שנתערב ביין וכה"ג, וקמח בקמח ג"כ מקרי לח בלח. **ומותר** אפילו חזרו וחממו בפסח.

(**ועיין בחמד משה שהוכיח, דמה שכתב הרמ"א לח בלח, לאו דוקא ששניהם היו לחים, אלא אם רק החמץ היה לח, אפי' ההיתר יבש, ג"כ אין חוזר וניעור**).

כתבו האחרונים, דבדבר שהוא לח בלח, אפילו לא נודע התערובות עד הפסח, ג"כ אמרינן דכבר נתבטל.

ומיהו בדבר יבש שנתערב - קודם פסח, בין שנתערב חמץ במצה חד בתרי, או שנתערב בששים ויותר, אמרינן דחוזר ונעור בפסח, משום שהחמץ בעין, וע"כ צריך לאכלו קודם פסח.

ואם היה חד בתרי, אסור אף להשהות מדרבנן, [דמן התורה, אף לדעת הרשב"א מותר לאכלם יחד, **ובמקום** הפסד סמכינן אדעת הרא"ש, ‹דסבר שכשהאיסור בטל ברוב, הריהו נהפך להיות היתר›, ואין איסור בהשהיה]. **ואם** היה ששים, יכול לבשלו קודם פסח עד שיהא נימוח, ויהיה חשיב כלח, ואז מותר אף לאוכלו בפסח.

ויש כמה אחרונים שסוברין, דאף יבש ביבש דאמרינן דחוזר וניעור, אינו אא"כ יאפה או יבשל אותם בפסח, דאז חוזר החמץ ונותן טעם בהשאר, אבל לאכול כך שרי.

הו שיש לחוש לתערובת, כגון פת שנפל ליין, אע"פ שנטלו משם - קודם הפסח, **אסור בפסח, דחיישינן שמא נשארו בו פירורין, ונותנין טעם בפסח** - ר"ל דמשום הטעם שיש בהיין ע"י הפת שנשרה בתוכו, לא היו אוסרין, דהטעם כבר נתבטל בששים קודם הפסח, ואינו חוזר וניעור, רק דחיישינן שמא נשארו אז פירורין בעת הנטילה, (**ונראה** פשוט, דהאי דינא דרמ"א לא שייך לפלוגתא דחוזר וניעור, דאפילו **אם** נסבור דבעלמא אין חוזר וניעור, ג"כ אסור הכא, דדמיא להא דלעיל בס"ג בעוד שהחטה בתוכה, דלכו"ע אסור).

(**ואע"ג** דספק משהו הוא, מ"מ החמירו בו, משום דהאי ספיקא קרוב לודאי הוא, דמסתמא נשארו בו פירורין).

ואף דבצונן יש הרבה מתירים לקמן בסימן תס"ז סי"ב, הכא לכו"ע אסור, דמיירי שעבר מעל"ע מנפילת הפת עד עכשיו - מ"א, **ולפי** מה שמבואר לקמן בסימן תס"ז סי"ב במ"ב שם בשם האחרונים, דאם נפל פרוסת לחם לתוך מים בפסח, לכו"ע אסור, משום דדרכו להתפרר ולהיות נמס בתוך המים, ואפילו סינון המים לא מהני, ה"נ אפילו ליכא מעל"ע מעת שנפל הפת לתוך המים, ג"כ אסור, **אם** לא שסיננו קודם הפסח, דאז מה שנימס בטל בששים.

ואפי' לקח קודם הפסח מאותו חבית יין, לאחר שהוציא הפת ממנו, ועירבו בחבית אחרת של יין, ג"כ נאסר כולה, דשמא נפל הפירורין גם שם. **ומה** שאסור היינו לשתותו, אבל מותר בהנאה, ומכ"ש דמותר לקיימו, כיון שהוא רק חשש בעלמא.

ועיין באחרונים שהסכימו, דלא מחמרינן אלא כשלא סיננו קודם הפסח, **אבל** אם סיננו שרי, אף דנשרה מעל"ע, אם יש ששים ביין נגד כל הפת, [בדקימ"ל בעלמא דמשערין בבולה], **ודוקא** ביין שהוא צלול, ומסתנן ע"י מסננת שנקביה דקין מאד, שא"א לפירורי פת לעבור דרך שם, **אבל** אם נפל הפת במי דבש, שלפעמים הם עבים, ואינו עובר אלא במסננת שנקביה אינם דקין כ"כ, חיישינן שמא יעבור גם הפירורין דרך שם.

ומה שסיננו בפסח, לא מהני, דכבר נאסר ע"י הפירורין תיכף בתחלת הפסח, שנתנו טעם בהיין, [**עיין** במחצה"ש בשם החמד משה שמצדד, דאפי' אם לא נמצא שום פירורין על המסננת, ג"כ אסור, דאפשר שהיו פירורין, ונימוחו בתוך היין בפסח].

אם שאב הזוהמא של מי דבש בנפה שניפו בה קמח, שרי לשתותו בפסח, דבטל בס' דהוי לח בלח.

סעיף ה - בשר יבש וגבינה ודגים שנמלחו קודם הפסח, ולא נזהרו בהם - לבדוק המלח שמא נמצא בהם קצת פירור חמץ, **מותר לאכלם בפסח** - דאף אם היה בהמלח קצת חמץ ובלעו מהם, נתבטל קודם הפסח, ושוב אינו חוזר וניעור, ‹לכו"ע, כיון דליכא רק טעם בעלמא – מחה"ש›. ‹**והקשה** הא"ר, אמאי אין הפירור חוזר

וניעור, ותירץ דמיירי שאין רותח עתה מהמלח, רק שנמלח קודם פסח, ולכן אין חשש אלא ע"י שרייה, וגם חששא זו רחוקה, שיהא שם חמץ ויתן טעם משהו ע"י צונן›. ‹ועיין במקו"ח שכתב, דמ"מ צריך להדיחו מתחלה מהמלח, רק דלדעת המחבר מותר להדיחו אפילו בפסח, והרמ"א ‹לקמן› מחמיר להדיחו דוקא קודם פסח›.

ואפילו נמלחו בכלי חמץ, דאין מליחה לכלים להפליט, **ועוד** דסתם כלים אינו בן יומו, ונותן טעם לפגם קודם פסח לכו"ע שרי, **ומטעם** זה, אפילו נכבשו כל אלו מעל"ע בתוך הכלי, [במים, דכבישה לא שייך בדבר יבש], אין לאסור, דאף דכבוש כמבושל, מ"מ הלא לפגם הוא, **ואפילו** הוא בן יומו, יש לצדד בדיעבד להקל, דאימתי מקבל טעם מן הכבישה, אחר מעל"ע, ואז כבר נעשה הטעם שבתוך הכלי לפגם, דהמעל"ע של שימוש החמץ כבר נשלם מקודם.

[**ועיין** בח"י שמצדד עוד טעם להקל, דסתם פליטת כלים של חמץ הוא משהו, דאין רגילין להשתמש בו חמץ בשפע, ומתבטל קודם הפסח, **ואין** לאסור אא"כ נשתמש בו חמץ בכלי בשפע, ושיהא הנכבש מלוח הרבה, דכח המלח משוי ליה להטעם לשבח אף אחר מעל"ע, וצריך ששים לבטלו, ואין במה שבתוך הכלי ס' נגד כל הכלי].

ואם היו מונחים בכלי של חמץ בציר שנעשה ע"י המלח, יש אומרים שאפילו מונח שם זמן מועט, כדי שיתן על האור ויתחיל להרתיח, יש לו דין כבוש עי"ז, [וחמור בזה מדין כבוש הנזכר מקודם, דשם ע"י מעל"ע נעשה לפגם, משא"כ בזה], **וע"כ** אם היה בן יומו מבליעת החמץ, או שהיה מלוח הרבה, כדרך שמולחין בשר לזמן מרובה, [דזה משוי ליה לשבח], אסור מה שמונח בתוך הציר - דמה שלמעלה מן הציר אינו בכלל כבוש - **וי"א** שאף בזה אינו אסור, אא"כ ישהה מעל"ע בתוך הציר, וגם יהיה מלוח הרבה, [דאל"ה ע"י המעל"ע נעשה לפגם, רק היכי דמלוח הרבה משוי ליה לשבח], **ובמקום** הפסד יש לסמוך להקל במה שנעשה קודם פסח, [**ובפרט** לפי מה שכתב הח"י, דסתם כלי חמץ שאינו משתמש בו בשפע, אינו אוסר מה שנכבש בו קודם הפסח].

מיהו דגים מלוחים השרוים במים בפסח בכלי חמץ, יש להחמיר ליזהר מהן מפני שהם בולעים בפסח מפליטת הכלים, וחמץ בפסח במשהו - היינו בדגים מלוחים שקורין הערינ"ג, מפני שהוא מלוח הרבה, [והפמ"ג מחמיר אף בשאר דגים מלוחים], **ואפילו** הכלי אינו בן יומו מבליעת החמץ, [ומשום דהחריפות משוי ליה לשבח, **ובפרט** לרמ"א דמחמיר בכל נט"ל בפסח].

וכ"ז הוא רק לכתחלה, [פמ"ג, ומפשטות לשונו משמע, דאפי' הכלי ב"י מבליעת החמץ, ואפי' בהערינ"ג יש להקל בדיעבד, **ולפי"ז** מה שכתב המחבר, יש להחמיר ליזהר, היינו רק לכתחילה, **ועכ"פ** באינו ב"י נראה דיש להקל בדיעבד, אפי בהערינ"ג].

משמע דאם שרו בכלי יו"ט, שרי, ואין לחוש לפירור חמץ שבתוך המלח.

אבל קודם פסח אין להחמיר אף לכתחלה, אף אם היה הכלי בן יומו מבליעת החמץ, דהא צונן הוא, **ואף** לדעת המחמירין, דבציר היוצא ע"י מליחה נחשב ככבוש אף בזמן מועט, הכא כיון ששרוי במים, המים מבטלין כח הציר, **ומ"מ** בפסח גופא דאיסורו בכל שהוא, מחמירין אפילו שרה זמן מועט, דעכ"פ ע"י חריפות המלח נבלע כל שהוא, **ועיין** במ"א שמצדד, דדגים מלוחים שקורין הערינ"ג, שרייתן עזים וחזקים הם, ואין המים מבטלין כח הציר, וע"כ אפילו היו שרויין קודם הפסח בכלי חמץ, יש להחמיר לכתחלה שלא לאכלן.

(**אבל אם לא היו שרוים במים, אלא מונחים יבשים בתוך כלי חמץ, אין** בולע מכלי החמץ, דהוו יבשים, **ואפילו נשתהה מעת לעת בכלי חמץ, דלא שייך כבוש כי אם בדבר לח וצלול**).

הגה: וי"א חולקין ומחמירין - אתחלת הסעיף קאי, והטעם, דאף דנתבטל קודם הפסח, **חוזר וניעור בפסח**, ‹דאפשר שיש חמץ בעין בין המלח – ט"ז, ואפי' למ"ד בס"ד דאינו חוזר וניעור, היינו היכא שאין האיסור ניכר בעין, אבל הכא החמץ בעין – מ"ב לעיל ס"ג›.

ובמדינות אלו המנהג להחמיר לכתחלה שלא לאכול גבינות ודגים ובשר יבש - והטעם, מפני שלא נזהרו לבדוק המלח מחמץ בשעת עשייתו, ואפילו הם כבושים בכלי יו"ט.

וכן בשר מלוח מחדש כה"ג, ושאר מיני מלוחים וכבושים, כגון אוגערקע"ס, וכרוב שקורין קרוי"ט, ולימינע"ס, אם לא נזהרו לבדוק המלח מחמץ בשעת עשייתו, נזהרים שלא לאוכלו חוץ מיו"ט האחרון של פסח, [**ולכאורה** אין להקל ביו"ט האחרון, רק מפני המלח שלא נבדק שבטל בששים, אבל אם היו כבושים בכלי חמץ, אפשר דאין להקל].

אבל אם הדיחו הבשר - היינו לשפשף ביד ולהסיר הנדבק בהם, **ג' פעמים קודם פסח, נוהגין לאכלו** – (עיין בחי' רע"א שהעתיק בשם הד"מ, בכל יום פעם אחת, **אבל כל האחרונים לא זכרו דבר זה, וכן מהגר"א משמע דדי אפי' ג' פעמים זה אחר זה ביום אחד**).

ודוקא קודם פסח, (**ואפילו** בערב פסח עד הלילה), **אבל** תוך הפסח אין לשרותו, **ובדיעבד** ידיח אף בפסח.

ועיין באחרונים שכתבו, דהמנהג לשרותו ג"כ קצת בנהר, או בכלי פסח בצוננת, ע"י מים מחולפים ג"פ, אבל לא בכלי חמץ לכתחלה, [**ועיין** בפמ"ג שמסתפק, לענין דגים מלוחים בשריה בכלי חמץ, אף דיעבד, ואפי' באינו ב"י]. (**ובא"ר כתב, העולם אומרים דשורין שלשה שעות** ‹והוי כהדחה ג"פ›, **אבל בדיעבד די בשריה חצי שעה, דזה עדיף מהדחה ג"פ**).

והיינו בבשר יבש, או אפילו מלוח מחדש הרבה ממלח שלא נבדק, שאלו דרכן להדיח, וכן דגים יבשים, **אבל** דגים לחים מלוחים, אפילו רוצה להדיח, אסור, שאלו אין דרכן תמיד בהדחה, וגזרינן שמא ישכח ולא ידיח, **וכן** כל דברים הכבושים, כגון אוגערקע"ס ולימינע"ס וכיוצא בהם, אין מתירים כלל ע"י הדחה, כיון שאין דרכן להדיחן, **ומטעם** זה היה ראוי להקל בלאקסי"ן שדרכו בהדחה, וכן בדגים מלוחים שמביאין בחביות, שקורין הערינ"ג, שדרכן להדיח.

וכתבו האחרונים, דמ"מ לא נהגו להקל בשום מין דגים מלוחים לאכלם תוך הפסח, אף ע"י הדחה, חוץ מיו"ט אחרון של פסח, **אכן** בשעת הדחק, או במקום מניעת שמחת יו"ט, יש להקל באלו, [**ועיין** בא"ר שדעתו, דבדבר שאין דרכו להדיח, אפי' בשעת הדחק אין להקל, **ומח"י** משמע לכאורה דאין סובר כן].

ובכרכשות אין מועיל הדחה - ר"ל אפילו יבשות דדרכן בהדחה, מ"מ כיון שממולאין מבפנים בבשר הנחתך דק דק, ולא נבדק המלח שנמלח בו, אין מועיל הדחה שבחוץ למה שבפנים, **וכ"ז** אפילו לא ניתן שום בתוכו, [**ואם** המנהג שמהפכין הכרכשתא בעת שממלאים בתוכו המולייתא, שצד החיצון שנמלח הוא מבפנים, אז אפי אם מילאו אותו בבשר שנמלח ונכבש לשם פסח, אפ"ה אין מועיל הדחה שמדיחין אותו מבחוץ, כיון שצד החיצון שנמלח במלח שלא נבדק הוא מבפנים], **וכן** בגבינה אין מועיל הדחה מבחוץ מהאי טעמא, שמא יש קצת פירור בתוכו.

לפיכך אין להשרות הטבחות היבשות - היינו הך דכרכשתא שקורין טבחיי"א.

כתבו האחרונים, דאם היה תלוי הבשר יבש תוך החדר שמנהלין שם קמח, לא מהני הדחה, דאדרבא ע"י הדחה הוא מתדבק, ונעשה פירורי בצק דקין מאוד, ונדבקין בבשר, **לכן** יש ליזהר שלא לנהל קמחא דפיסחא, סמוך למאכלים ומשקים או כלים של פסח, מקום שהאבק יכול להגיע.

ובדיעבד אין להחמיר בהלו - ר"ל כל הדברים האמורים בהג"ה שנהגו להחמיר הוא רק לכתחלה, אבל בדיעבד שכבר בישל אותם, ואפילו בלי הדחה ושריה, וא"א לקיימם עד אחר הפסח, אין להשליכם לאיבוד, ומותר לאכלם בפסח, **וכ"ש** שאין אוסרין תערובתן אפילו בפחות משישים, כיון שהוא רק חשש ספק משהו דרבנן.

ואם יש שום או שאר דבר חריף בטבחייא, אוסרין אפילו התערובות בפסח כחמץ גמור במשהו, שהרי נחתך בסכין של חמץ, ואפילו היה הסכין מקונח ונקי ואינו בן יומו, ג"כ אסור, [ואפי ביו"ט אחרון של פסח אסור], **ויש** מתירין בהפסד מרובה, התערובות שנתערב פחות מס' מן הטבחייא, אם היה הסכין מקונח ואינו בן יומו.

בד"א בשום ובצל שבתוך המולייתא, אבל שום שחותכין אותו דק דק ומערבין אותו במלח שמולחין בו בשר ליבש, כדי שיהיה ריח השום נודף לתוך הבשר, מותר לאכול הבשר בפסח ע"י שריה והדחה, כמו שאר בשר יבש, [דע"י הדחה הלא נופל השום ממנו, ומה שנותן טעם בבשר ע"י, כבר נתבטל בס' קודם הפסח בבשר], **ודוקא** אם הדיחו קודם פסח, אבל בתוך הפסח אינו מועיל הדחה, אלא קליפה, [דהלא נותן טעם בפסח].

אבל בשומן מהותך בכלי חמץ, אסור מדינא - היינו באכילה אבל בהנאה מותר, **אם לא היו נזהרין** - פי' אם לא כשיהיו נזהרים בשני דברים, אז אינו אסור: **בשעת עשייתו מחמץ** - דחיישינן שמא נתערב בו פירורי חמץ, והוי בעין תוך השומן, **ואפילו** אם ירצה לסנן השומן ע"י בגד עב קודם הפסח, מ"מ אסור, משום חשש שמא היה המחבת בן יומו מבליעת החמץ, (ולכן צריך ליזהר ג"כ), **ושלא התיכו אותו בכלי חמץ שהם בני יומן** - דמשום חומרא דחמץ לא אמרינן סתם כלים אינן בני יומן.

ואפילו אומר עכשיו: ברי לי שלא היה הכלי בן יומו מבליעת חמץ, וגם ברי לי שלא נתערב פירור חמץ בתוך השומן, מ"מ אסור, כיון דבעת התכת השומן לא היה לשם פסח, אמרינן מילתא דלא רמיא עליה דאינש לאו אדעתיה, [**ועיין** בא"ר, דבמקום הפסד מרובה יש לסמוך באומר ברי לי, **והפמ"ג** כתב, דאין לסמוך רק לענין שהיה הכלי אינו ב"י, אבל לענין שלא נתערב פירור חמץ, אין לסמוך מה שאומר אח"כ ברי לי, **ונראה** דבאופן זה דהוא משום פירור לחוד, יכול לסנן השומן קודם הפסח, ומהני כמו שכתב הח"י].

אכן אם בישלו אותו מתחלה לשם פסח, אלא שהיה הכלי אינו בן יומו, מותר לאכלו בפסח, ובלבד שיערה אותו קודם פסח לכלי פסח, [**וכתב** הפמ"ג, דבדיעבד אינו אוסר אף אם עירו לכלי חמץ, אם נקרש השומן, וכן דעת השלחן שלמה, דכבוש לא אמרינן כי אם בלח, ולא בנקרש], **ומ"מ** לכתחלה אין להתיך השומן בכלי חמץ, אפילו אם ידוע לו שהוא אינו בן יומו.

(**דע דיש מן הפוסקים שסוברין**, (מהרי"ט וסייעתו), **דדוקא לענין שומן**, שהמחבת שמתיכין בו דרכו להשתמש בו תמיד, וכן כה"ג לענין קדרות שמשתמשין בהן תדיר, מסתמא היא בת יומא עד שיודע לך שאינה בת יומא, **אבל בשאר כלים אמרינן מסתמא אינה בת יומא**, ומ"מ מסתימת השו"ע והאחרונים משמע, דמשום חומרא דחמץ מחמרינן בכל גוונא).

(**וצריך ביאור**, דמ"ש בגבינות לא חשש בדיעבד משום פירור חמץ, ורק להחמיר לכתחלה, (והכא אסור מדינא), **וראיתי** בספר מטה יהודה שהאריך בזה, ודעתו דעיקר מה שכתב רמ"א דמדינא אסור, היינו רק משום חשש דפליטת כלי חמץ, ונדחק מאד בלשון רמ"א ע"ש, **ונלע"ד** דרק בשומן החמיר הרמ"א אף דיעבד מטעם פירורי חמץ, דמצוי בו פירורי חמץ, אבל בשארי דברים באמת לא הזכיר הרמ"א רק חשש דכלי חמץ, **אכן** מהח"י משמע דאינו מחלק בזה, וצ"ע).

וכן כל דבר שמבשלים בכלי חמץ, כגון יין מבושל או מרקחת וכדומה, אסור בפסח - ר"ל אפילו נעשה הכל קודם פסח, והכל דינו כנ"ל לענין שומן.

כתבו האחרונים, אם דרך בני אותו מקום לבשל מרקחת בכלים מיוחדים, וגם כף מיוחד לנער בו, הוי כאומר ברי לי, [**וברי** זה עדיף משאר ברי, דאיתא לעיל דלא מהימנין ליה], **עוד** כתבו, דאם בשעת ההתכה מכוין עצמו בשביל איזה דבר להתיכו בכלי חדש דוקא, אף שלא התיכו לשם פסח, מהני.

הנה מדברי הט"ז משמע, דמרקחת כיון שהוא דבר קיוהא וחריף, אפילו בידוע שלא היה הכלי בן יומו מבליעת חמץ, אסור משום דחורפיה משוי ליה לשבח, וע"כ אפילו ביו"ט אחרון אסור, **אבל** כמה אחרונים השיגו עליו, דאפילו המרקחת הוא מדברים חריפים, כגון צנון וכה"ג, כיון דמטגנין אותן בדבש, בטל חורפייהו, [**ואפי'** הנוהגין לבשל תחילה הדברים החריפים עם מים, ואח"כ שופכים המים ומבשלין אותו עם דבש, כיון שרובו אינו דבר חריף מבטלין כח החריפות, **וע"ש** בחמד משה שכתב,

דאולי הט"ז מיירי ביש בו הרבה תבלין כ"כ, שאין הדבש יכול לבטל חריפותם, אבל סתם מרקחת אינו חריף].

(**עיין בב"מ שהאריך בזה, וכתב, דר"ל בידוע עכ"פ שנתבשל, אף שספק**

אם היה כלי חמץ, מחזקינן כל הכלים סתמא בשל חמץ, אם לא בידוע שיש להם כלים מיוחדים, אבל אם ספק אם נתבשל כלל בכלי, כמו העשב שקורין טהעע, איני יודע מה חשש איסור יש בו, וסיים לענ"ד אינו אלא כדברים המותרים ואחרים נהגו בהן איסור בטעות, ומ"מ במקום שמצוי למכור טהעע מזויף מבושל, נראה דיש ליזהר בזה).

אבל ביום טוב האחרון יש להקל בו - הטעם, דכיון שהוא מדרבנן, אמרינן ביה סתם כלים אינם בני יומן, כמו בשאר איסורין, וגם לא חיישינן ביה לפירורים.

והיינו בנעשה הכל קודם הפסח, אבל בפסח, אפי' אם ידוע שאינו בן יומו, אסור לאכול אף ביו"ט אחרון.

ויש מקילין לשתות ביום האחרון מי דבש של כל השנה מהאי טעמא, **ואם** יש לספק שמא החמיצוהו בשמרי שכר, אסור, **ודוקא** במקום שדרך להעמיד בשמרים חיישינן לזה, **ואם** עשאוהו ביורות שמבשלין בו יי"ש, אסור בכל גווני, והיינו אפילו שזה כמה פעמים שבישלו בו שאר דברים בינתים, אסור.

ועיין באחרונים שכתבו, דאם ידעינן שהם בני יומן, אין להקל אפילו ביו"ט אחרון, [**דמטעם** נ"ט בר נ"ט בלבד אין להתיר, משום דחמץ שמו עליו, והוי כנ"ט בר נ"ט דאיסורא, **ועיין** בח"א, דדוקא בנתבשל בכלים דדרכן להשתמש בהן חמץ בשפע, כגון מחבות וקדירות שמבשלין בהן מיני קמחין, וא"כ אין ששים נגד הבלוע בו, **אבל** בכלים שידוע בודאי שבלעו רק מעט חמץ, וידוע שיש ס' נגדו, ונתבטל קודם פסח, בודאי קימ"ל דאינו חוזר וניעור, **ומדברי** הגר"א בביאורו לכאורה משמע, דאפי' בבן יומו מתיר השו"ע ביו"ט אחרון, משום דמעיקר הדין נקרא חמץ שנבלע קודם הפסח, התירא בלע].

(**ועיין פר"ח דמפקפק על עיקר קולא דמקילין בזה ביו"ט אחרון, דאתי לזלזולי ביה).**

וה"ה אם נתערב משהו מדברים אלו תוך המאכל, שאין להחמיר לאסור התערובות, כן נ"ל - חדא, דיש פוסקים שסוברים, דפליטת כלים דהוי נ"ט בר נ"ט, מותר קודם הפסח, שהחמץ נתן טעם בהכלי, והכלי נתן בשומן והיין, **ועוד** דאיכא לספוקי שמא לא היה הכלי בן יומו, וקודם הפסח לכו"ע שרי נותן טעם לפגם, **ונוכל** לסמוך אטעמים אלו, עכ"פ לענין שלא לאסור התערובות.

וכמה אחרונים הסכימו, דבמקום הפסד מרובה, יש להקל אפילו אם נתערב הרבה, שאין ששים כנגדו, (הוא דעת הח"י), **ויש** מקילין בכל הדברים שאין לחוש לפירורים, דהיינו חוץ משומן, אפילו שלא במקום הפסד מרובה, (**הוא דעת המ"א, מפני שאין דרך להתערב בהן פירורין, ונראה דיש לסמוך להקל אדעת מ"א, מאחר דדעת מהרי"ט וסייעתו להקל בסתם כלים אפילו שלא בתערובות, וכן בשומן יש לסמוך** אדעת ח"י להקל במקום הפסד מרובה, שכמה אחרונים העתיקו דבריו להלכה, **וגם משמע בבי' הגר"א דעיקר הדין הוא חומרא).**

אכן אם ידוע שהכלי שנתבשל היה ב"י מבליעת החמץ, משמע מאחרונים דאוסר התערובות, דמשום סברת נ"ט בר נ"ט לחוד אין להתיר, דלכמה פוסקים נ"ט בר נ"ט אסור בחמץ, אף קודם פסח, [**ועיין** בפמ"ג דלא פסיקא ליה, דאפשר דיש לסמוך בדיעבד לענין תערובות, אסברת נ"ט בר נ"ט לחוד, **ועכ"פ** היכא דיש ששים, אפשר שיש להקל במקום הפסד מרובה].

יש מחמירין להסתפק מחומץ יין שמסתפקין ממנו כל השנה - ואפילו אם נעשה החומץ בכלי חדש, וגם נשאבו ממנו בכלי פסח, אפ"ה אסור, **דחיישינן שמא נתנו בו מן הנשאר מן הסעודה, ולפעמים יש בו פירורי לחם** - ואם סיננו קודם פסח מותר.

שמסתפקין ממנו כל השנה - לאפוקי מן החומץ שמונח בבית האוצר דשרי.

ובמקומות אלו שאין חומץ יין מצוי, לא ראיתי מחמירין בזה - וע"כ אפילו נסתפקו ממנו שרי, דלא אפשר בקל למצוא אחרים, [**ובחי'** רעק"א גמגם, דהא אפשר לקנות קודם יו"ט ולסננן].

עוד יש מחמירין לכתחלה שלא למלאות מן יין וחומץ יין תוך ל' לפסח בכלי חמץ - ר"ל כשבא למלאות חבית יין לפסח, לא ימלאנו ע"י כלי חמץ, אף שסתם כלים נקיים הן, ואין בהן לכלוך בעין רק בלוע בתוכו, ובלוע אינו נפלט ע"י צונן.

ואם מלאוהו תוך שלשים, נוהגין שלא לשתותו בפסח, והמיקל לא הפסיד, כל שכן במקום שאין יין וחומץ מצוי, כן נראה לי.

ואם הכלי היה מורק ושוטף, שרי לכו"ע, **אם** לא ששהה החומץ בתוכו מעל"ע, דבחומץ בעינן ג"כ מעל"ע, ואז אפילו אינו ב"י אסור, דחורפיה משוי ליה לשבח.

במקומות שמערבין צוקער בחומץ יין, אין להסתפק ממנו בפסח, אא"כ סיננו קודם הפסח, **ובמקום** הפסד מרובה מותר בדיעבד אפילו לא סיננו.

חבית יין שדבקו נסריו בבצק, אם הוא תוך שני חדשים קודם פסח, עדיין רך הוא ונותן טעם בפסח, ואסור לשתותו - פי' דהטעם שנתן קודם הפסח כבר נתבטל בס', אלא דאסור משום דנותן טעם בפסח עצמו, דהוא במשהו, **ואף** דבצק הזה הוא חמץ נוקשה, ובנוקשה ס"ל לכמה פוסקים דבטל בס' אף בתוך הפסח, **הכא** גרע, דכיון שנותן היין ע"מ להשהותו בתוך החבית בפסח, הוי כמבטל איסור לכתחלה.

ודוקא לשתותו, אבל לקיימו שרי, כיון שעבר עליו שלשים יום, [**ועיין** בפמ"ג שכתב, דממ"א משמע דאפי' בתוך שלשים ג"כ מותר לשהותו, שהבצק נעשה לחזק החבית ובטל לגבי החבית, ומותר לקיימו,

והיין נמי מותר לקיימו, **ובאמת** כן משמע מתה"ד, דהיכא דליכא כזית מותר אפי' בתוך שלשים].

ואם נתנוהו קודם לכן - היינו שנתנו הבצק לדבק קודם שני חדשים, **כבר נתייבש ואינו נותן טעם בפסח, ושרי** - ועיין בט"ז שדעתו לדינא, דדי בשלשים יום, אבל המ"א וח"י דעתם לדינא כמשמעות הרמ"א, דלענין שיהא מותר לשתות היין, בעינן דוקא ב' חדשים.

מיהו אם יש כזית בצק במקום אחד - ר"ל שאין חוט הבצק נפסק בינתים, וראוי להנטל כאחת אלו היה לח, **חייב לבערו** - אא"כ טחו בטיט, **אע"פ שעשוי לחזק, כדלעיל סימן תמ"ב סעיף ז'** - ומסתברא דר"ל אפילו הוא קודם ב' חדשים.

(ולענין היין אם מותר לשתותו, לכאורה הדבר פשוט, דקודם שני חדשים שכבר נתייבש, ואינו נותן טעם ביין, יריק היין מן החבית, ומותר לשתותו, וכ"ש להשהותו, ואם בתוך שני חדשים שנותן טעם ביין, דאסר הרמ"א לשתותו, לענין להשהותו תלוי בשני התירוצים שבמ"א, דלתירוץ קמא אסור, ולתירוץ בתרא שרי, ונראה דתירוץ בתרא עיקר).

סעיף ו - מלח ששמו במדוכה, מותר למלוח בו בשר בפסח - ואפילו היא בת יומא, שביום זה דכו בה, ורק שהיא כעת נקיה, **ואפילו** המלח מונח שם מעל"ע, דלא שייך כבוש כי אם בדבר לח, ולא ביבש, **ואפילו** מונח המלח במדוכה בפסח עצמו.

(משום דאינו מפליט בצונן) - ר"ל דאם היו נותנין בו דבר רותח, בודאי אסור, דמפליט בו בליעת הכלי, אבל נתינת המלח, אף דאמרינן בעלמא מליח כרותח, לענין פליטת כלים אינו מפליט בצונן, **ודוקא** ביבש, אבל בצונן לח וע"י שריה, חושש לעיל בס"ה להחמיר.

(ודוקא במדוכה, אבל מלח שמונח בשארי כלים שרגילין להשתמש בהם הרבה חמץ, אין כדאי לכתחלה להשתמש בהם בפסח).

ואם נידוך המלח בתוכו, דאיכא חורפא ודוחקא דדיכה, מפליט מן הכלי אפילו אם היה יבש המלח לגמרי, ואפילו היה המדוכה אינו בן יומא, וגם קודם הפסח, **וכתבו** האחרונים, דבמדוכות שלנו שרוב תשמישה בבשמים וכה"ג, דליכא חמץ רק חשש לטעם משהו, אם נידך קודם פסח דנתבטל, יש להתיר למלוח בו.

סעיף ז - בוסר שדכין קודם פסח במדוכות מחומצות, מותר לאכלו בפסח, הגה: משום דאינו מפליט בצונן - ס"ל דבוסר לא הוי חריף, **אבל** לפי מאי דפסק ביו"ד סימן צ"ו, דאפי' פירות חמוצים הוא בכלל דבר חריף, א"כ אף בוסר בכלל, **וא"כ** ע"י חריף ודוחקא נבלע בבוסר החימוץ של המדוכה, ואין בבוסר ששים נגד כל המדוכה לבטלו, וע"כ אפילו קודם פסח יש להחמיר, **ועיין** באחרונים שכתבו, דבמקום הפסד מרובה יש לסמוך על הפוסקים דס"ל, דפירות חמוצים לא הוי בכלל דבר חריף.

ודע, דאפילו שלא במקום הפסד שהחמרנו במדוכה, הוא דוקא במדוכה שרגילין לדוך בה חמץ, **אבל** במדוכות שלנו שרוב תשמישן בבשמים וכה"ג, וליכא רק חשש שמא נמצא משהו חמץ בתוך התבלין, ונבלע יחד במדוכה והדר נפלט בתוך הבוסר, הרי מתבטל בששים קודם הפסח.

ואפילו אם נעשה בפסח, אינו אוסר אם היה הכלי נקי - דכיון דס"ל דבוסר אינו דבר חריף, ע"י דוחקא לבד אינו מפליט מן המדוכה אפילו משהו.

ובסתמא מחזיקין להמדוכה שהיא נקיה, ואתי לאפוקי רק אם ידעינן שהיא מלוכלכת, **ואז** אסור לדעת כמה אחרונים, אפילו אם דכו קודם פסח, דאפילו אם נסבור דבוסר לא הוי דבר חריף, מ"מ ע"י דוחקא דדיכה נכנס בתוכו קצת, וא"א להדיחם, [מ"א, **ודע** דא"ר חולק על המ"א, ודעתו, דקודם פסח מותר אפי' אם לא היה הכלי נקי, ומטעם, דכיון דנידוך ודאי מתערב יפה ובטל קודם פסח, וכן דעת נ"צ, **ואתי** שפיר לדידהו, מה דבסכין אינו מקפיד הרמ"א לאסור משום אינו נקי רק בתוך הפסח, וצ"ע למעשה].

(משמע מלשון המחבר, דבתוך הפסח אין להקל, וטעמו משום דהוא חשש לפליטה, ולפי"ז אין מותר אלא קודם פסח, והרמ"א החליט דאינו מפליט בצונן, וע"כ אפילו בתוך הפסח שרי – מאמר מרדכי, אכן קשה, דהו"ל לרמ"א לכתוב בלשון "וי"א", או "ונ"ל", ולא לכתוב סתמא, ולענ"ד אם נתפוס לדינא כדברי הא"ר ונ"צ, דקודם פסח מותר בשדכו אפילו לא היה המדוכה נקיה, אתי שפיר בפשיטות, דהמחבר מיירי בשלא היה הכלי נקי, ולכך לא מתירין אלא בקודם פסח).

אבל אם חתכו בסכין של חמץ תוך הפסח - היינו שחתכו אותו בוסר, אפילו לדעתו שאינו נקרא חריף, וכל כה"ג שאינו דבר חריף, **יש להחמיר, דסתם סכין אינו נקי ויש לחוש לחמץ הדבוק עליו** - אף דע"י דוחקא של החיתוך לבד אינו מפליט, מ"מ יש לחוש לחמץ הדבוק על הסכין.

אבל אם נתערב אותו דבר בתבשיל - אפי' בפחות מס', **אין לחוש ולהחמיר ולאסור מספק** - שמא יש פירור על הסכין, ונדבק בדבר שחתכוהו, **כן נ"ל** - ואף דסתם סכין אינו נקי, מ"מ אינו ודאי שהיה שם חמץ דבוק עליו, ואין להחמיר אלא דבר שחתכוהו בו, אבל לא תערובתו, כיון דמשהו אינו אלא מדרבנן, [**היינו** אף אם לא הדיחו הסכין מקודם], **ויש** מאחרונים שמחמירין אפי' התערובות, אם לא הודח הסכין מקודם, **ובהפסד** מרובה או לצורך שמחת יו"ט יש להקל, **וכתב** הח"א, דבסכינים שחותכין בו לחם במדינותינו, ידוע שנדבק בו פירורי חמץ, ולכן אפילו התערובות אסור, אם לא הדיחו את הסכין מקודם.

וקודם הפסח שרי הבוסר ע"י הדחה שידיחוהו, [**ואף** דבדיכה מסיק המ"א, דאין להתיר אפי' קודם פסח ע"י הדחה, התם ע"י הדיכה נכנס המשהו חמץ מבפנים, וא"א בהדחה, משא"כ בחתיכה בעלמא, מהני הדחה], **אבל תוך** הפסח דבמשהו, יש להחמיר לכתחלה שלא לאכלו,

[דאף אחר הגרידה חיישינן דנשאר עוד משהו, ובשארי איסורין או קודם פסח מקילינן, משא"כ בפסח].

ועיין במ"א שדעתו, דאין להחמיר אף בפסח, רק בדברים שנעשים ע"י עכו"ם בקביעות, כגון לקנות מהם דגים שחותכים בסכיניהם של חמץ, **אבל** אם נעשה כן בביתו של ישראל באקראי, כגון שחתך בסכין חמץ דבר שאינו חריף בפסח, סגי בהדחה או בגרידה, [ואפי' ידוע שאין הסכין נקי, **ויש** לסמוך ע"ז, כיון דהוא רק חשש משהו בעלמא].

וכ"ז אם חתכו בו דבר שאינו חריף, אבל בדבר חריף, וה"ה בוסר לדידן דס"ל דהוא דבר חריף, אפילו אם הסכין היה ודאי נקי, וחתכו בו קודם הפסח, אסור לאכלו בפסח, **אכן** זה אינו אלא דוקא בסכין שרגילין להשתמש בו חמין לפעמים, ויש בתוכו בליעת חמץ, **אבל** אם אינו רגיל להשתמש בו בחמין כלל, כגון בצל שחתכוהו בסכין שגוררין בו בצק מן העריבה, והיה נקי, מותר הבצל, ואף אם חתכוהו בפסח, כיון שאותו סכין לא שמשו בו חמין מעולם, וצונן לא מבליע ולא מפליט.

סעיף ח - אם חתכו זיתים וה"ה צנון ובצל, בסכין ישן, אפילו הוא נקי, ואינו בן יומו מבליעת חמץ, [דחורפיה משוי ליה לשבח], ואפי' הוא קודם פסח, אסור, כיון שהוא דבר חריף, [**ולא** שייך ביה ביטול, שיתבטל הבלוע שבזיתים בששים קודם פסח, דבכל הסכין משערינן, דלא ידעינן כמה נפק מיניה, וא"כ כל זית וזית בלוע מחמץ, **ולא** אמרינן דלאחר שכבש כל הזיתים בכלי, יצרפנו כולם יחד לבטל בליעת הסכין שבהם, שיש בכולם בודאי ששים נגדו, שאין בכבישה כח להפליט מזה לזה].

ודוקא שנחתכו קודם שנתנו אותם לכבוש, שאז הם עדיין בחריפתן, או אפילו לאחר שנכבשו ונתחמצו, שאז מקרי גם כן דבר חריף, **מה** שאין כן בנחתכו לאחר שנתנו עליהן מים, קודם גמר כבישתן, דאז לא מקרי דבר חריף, דמים מבטל חריפתן.

ומי הזיתים שנכבשו קודם פסח, אפילו חתכן בסכין בן יומו, גם כן מותר לשתותן בפסח, אם סיננן מן הזיתים קודם הפסח, לפי שכבר נתבטל החמץ בהן בששים קודם הפסח, [**והח"י** פקפק ע"ז אם לא היה הסכין נקי, הלא יש לחוש לפירור, וכמו שכתב הרמ"א בסעיף הקודם, ואין להתיר לדבריו אלא אם היה הסכין נקי, **ומשו"ע** הגר"ז משמע דאפי' באין נקי, וקושיית הח"י אפשר לתרץ בפשיטות, דהכא במי זיתים דומה להא דהקיל הרמ"א לעיל, בשנתערב הבוסר בתבשיל, דאין לאסור התבשיל, דמה לי תבשיל ומה לי מים].

[**ואם** סיננם בפסח, כבר נבלעו בפסח גופיה מן הזיתים, ואז הלא איסורן במשהו ולא שייך ביטול].

ואם נתבשלו הזיתים קודם הפסח, גם הזיתים עצמן חוזרין להיות מותרין, דע"י הבישול נפלט הטעם מכל זית מאחד לחבירו, ומצטרפין כולן יחד לבטל פליטת הסכין בששים, **ויש** מאחרונים שמחמירין, לאסור הזיתים אף לאחר הבישול, ‹דאין הגעלה באוכלין›, **ובמקום** מניעת שמחת יו"ט יש להקל, אם ידוע שהסכין היה נקי, [אפי' כשהוא בן יומו, **דאפי'** אם לא נתבשל כלל, סמכינן בהפ"מ על הפוסקים דפירות חמוצים לא הוי דבר חריף, ‹אפי' בזיתים›, וכ"ש בזה שנתבשל, ודיינו שנחמיר שיהיה הסכין נקי].

זיתים שנזהרו לחתכם בסכין חדשה, אפילו לא נזהרו לכבשם בקדירה חדשה, אם אינה בת יומא מותרת לכולי עלמא - דאז פליטת הקדירה שנבלע בהזיתים ע"י הכבישה הוא לפגם, **ואע"ג** דדבר חריף אסור אף באין בן יומו, הכא כיון שנותנין בהם מים לצורך כבישה, בטל חורפייהו, **ודוקא** כשהמים היו יותר מהזיתים, הא לא"ה נשאר הזיתים בחריפותן.

ורק בעינן שלא ישהו שם בכלי חמץ זמן רב שיתחמצו בו, דאז חוזר ונעשה חריף, ומשוה טעם חמץ הבלוע בכלי לשבח, אלא יסלקם מקודם לכלי פסח, [**ואין** להקשות, אפי' אם יסלקם לכלי פסח מאי מהני, כיון דעב"פ יתחמצו לבסוף, הלא יחזור הטעם הבלוע בהם מתחילה שהיה לפגם, ויהיה עתה ע"י החימוץ שנעשה חריף יהפך לשבח, **תירץ** הח"י, כיון שבעת עיקר קבלת טעמו מתחילה, היה זה הטעם לפגם, שלא היה אז דבר חריף, לא אמרינן תו דחורפיה מחליא ליה].

‹**לכו"ע** – ר"ל דנהי דגם כשלא נזהרו לחתכם בסכין חדשה יש מקום להתיר לדעת קצת פוסקים, מ"מ כמה אוסרים, משום דס"ל דחורפיה דזית מחליא ליה לטעם הבלוע ומשוי ליה לשבח, ואוסרים, אבל כשנזהרו בסכין, אפילו לא נזהרו בקדרה, אין לחוש לכלי שאינה בת יומא, משום דאגב מיא דיהבי בקדרה בטל חורפיה›.

והנה מדברי המחבר משמע, דאם הקדירה שנתנו בה הזיתים היתה בת יומא מבליעת החמץ, אסורין הזיתים לאכלן בפסח, אם שהו בתוכה מעל"ע, דנעשין כבוש והרי הוא כמבושל, **ואף** דבשעה שנעשין כבוש אחר מעל"ע, כבר נעשה הבליעה שבתוך הכלי לפגם, ‹**והמ"א** כתב, דלא יצוייר לאסור ע"י כבישה, אלא כשהיה בבת אחת, שברגע זו שהוציאו החמץ, באותו רגע נתנו דבר הנכבש, ודוחק, דא"כ היה לו להטור והמחבר לפרש ולא לסתום, **והבית** הלל ופר"ח תירצו, דכלי שעומד עם רוטב לא נפגם טעמו לעולם, ורק כשהוא ריקם נפגם, לדידהו אתו דברי השו"ע להלכה כפשטיה, **ובח"י** כתב, דבענינינו אסור מטעם מעל"ע כיון שיש בזה חריפות קצת›, [ואע"ג דלא הוי חריף גמור, דהמים מבטל החורפא], מ"מ כיון שחריפין קצת יש להחמיר, ‹וזהו דוחק, **מ"מ** להלכה נראה להחמיר, **אכן** בשעת הדחק נראה דיש לסמוך להקל גם בזה, דבלא"ה דעת הח"י, שאין לאסור ע"י כבושה אלא בכלי שמשתמשין בה חמץ בשפע, דאז צריך לשער נגד כולה, ואי לא"ה אמרינן שיש ס' נגד פליטתה›.

והנה לפי המבואר לקמן בס"י בהג"ה, דאנו מחמירין בנותן טעם לפגם בפסח, אין להתיר אא"כ סילקן מהכלי חמץ קודם הלילה בערב פסח.

סעיף ט - **יבש ביבש, אע"ג דבשאר איסורים חד בתרי בטיל, חמץ במצה אפילו באלף לא בטיל** - כיון דאם נתערב לח בלח איסורו במשהו, גם ביבש החמירו, **ואין** חילוק בין אם נתערב מין במינו, או נתערב מין בשא"מ. **ור"ל** שנתערב פרוסה של חמץ בתוך פרוסות מצה ואינו ניכר, דאלו נתערב ככר בתוך ככרות, לכו"ע לא בטיל, [אפי' נתערב קודם פסח], דהוי דבר שבמנין, [פי'

שצריך למכרו במנין מחמת חשיבותו, ואינו נמכר באומד], ואינו בטיל אפילו באלף.

ולפי"ז דוקא כשנתערב בפסח, אבל אם נתערב בע"פ עד הלילה, דקי"ל לעיל בס"ב, דדינו כשאר איסורין, וא"כ בלח שיעורו בנ"ט כשאר איסורין, ה"ה ביבש ג"כ דינו כשאר איסורין, ובטל ברוב, [**והיינו** מין במינו, דאילו בשאינו מינו, גם בשאר איסורין קימ"ל דבעינן ששים, דאם יבשלם יתן טעם]. **ומ"מ** צריך שיהיו נאכלין כולם קודם הלילה, דאל"ה אמרינן דחוזר וניעור בפסח, כדמוכח לעיל בס"ד בהג"ה.

יש שכתבו, דאימתי לא בטיל יבש ביבש לדעה קמייתא, דוקא כשהאיסור הוא מחמת עצמו שהוא חמץ, **אבל** אם היה היתר בעצמו, ורק שנבלע בו חמץ משהו, כגון מצה שמצאו בה חטה חמוצה שנאפית בתוכה, ונתערבה אח"כ באחרות, בטל חד בתרי אפילו תוך הפסח, **אבל** כמה אחרונים חולקים ע"ז, ודעתם, דלדעה קמייתא בכל גווני לא בטיל, [**אבל** לדעה בתרייתא שרי, ואף דהמצה היא ככר שלם, לא מקרי דבר שבמנין, כיון דאין איסורו מחמת עצמו, אלא מחמת בלוע].

עוד כתבו, דכלי חמץ שנתערב בתוך כלי פסח, בפסח, דינו כמו יבש ביבש דלא בטיל, ואסור להשתמש בהם בפסח, [**ואפי'** אם הכלי חמץ היה אינו בן יומו, ואף לדעת המחבר המתיר נט"ל בס"י, דהא עכ"פ לכתחילה אסור להשתמש בכלי שאינו ב"י, **וכ"ז** לדעת האחרונים החולקים שנזכר מקודם, דלדעה קמייתא בודאי נתבטל, דרק נבלע בו החמץ].

ואף כשנתערב בע"פ, נכון להחמיר שלא להשתמש בם, [אף דבע"פ קימ"ל דיבש ביבש מותר, מ"מ בכלים יש להחמיר, דהוי דבר שיש לו מתירין]. **אכן** אם הכלי חמץ היה אינו בן יומו, במקום מניעת שמחת יו"ט יש להקל, אם נתערב בע"פ, [**וכיון** שנתערב קודם פסח, וקודם פסח נט"ל מותר, לא אמרינן אח"כ בפסח חוזר וניעור].

וי"א דחמץ שוה לשאר איסורין בזה - טעמם, דדוקא בדבר לח המתערב, דבשאר איסורים שיעורו בנ"ט, החמירו חכמים בחמץ דהוי במשהו, **אבל** בדבר יבש, דבשאר איסורים חד בתרי בטל, ה"ה בחמץ בפסח.

והסכימו אחרונים דהלכה כדעה קמייתא, (**ועיין** בפמ"ג, **דאפשר דמותר למכור לעכו"ם חוץ מדמי איסור שבו**).

ואם נאכל אחד מהם, אפילו נתערב רק חד בתרי, מותר לאכול השאר לכו"ע, דכיון דמן התורה בטיל, רק מדרבנן אסור, ובדרבנן תלינן שזה שנאכל היה החמץ.

סעיף י - נותן טעם לפגם, מותר גם בפסח - הטעם, דנהי דהחמירו חכמים לאסור חמץ בפסח במשהו, היינו משום דאע"ג דמשהו הוא, מ"מ יש שם איסור עליו, **אבל** כשהטעם פגום, פקע איסורו לגמרי, ואינו יכול לאסור התערובות אפילו באכילה, ואפילו אין בתערובות ס' נגדו, ודינו בפסח ככל הפרטים המבוארים ביו"ד סימן ק"ג לענין שאר איסורים.

והנה כ"ז הוא לענין התערובות, אבל לענין החמץ עצמו, מבואר לעיל בסימן תמ"ב ס"ט.

הגה: ויש מחמירין - וטעמם הוא, דהא אין לך ביטול טעם יותר ממשהו באלף, ואפ"ה אסרו חכמים בפסח, וה"ה נמי נטל"פ בפסח, אסור באכילה ובהנאה.

וכתבו הפוסקים, דמ"מ אם נפסד לגמרי עד שיהא כעפרא בעלמא, אין בו איסור כלל, **ואפשר** דאף שנפסד לאחר זמן איסורו, דאסור בהנאה כמבואר לעיל סימן תמ"ה, מ"מ אינו יכול לאסור התערובות, דזה לא נקרא הנאה, דמפסיד המאכל.

וכן נוהגין באלו המדינות - ובמקום שאין המנהג ידוע, יש להורות דהמיקל לא הפסיד, והמחמיר תבא עליו ברכה.

ובמקום שיש מנהג להחמיר, אפילו משהו ונותן טעם לפגם, אסור - ומ"מ לענין הנאה למכור לעכו"ם, יש להקל בזה שהוא גם משהו, [**דבלא"ה** בתערובות משהו, פסק המחבר בסי' תס"ז ס"י, להקל למכור לעכו"ם, משום שאין נמכר ביוקר בשביל המשהו, **רק** שהרמ"א כתב שם דהמנהג לאסור, והיכא שהוא ג"כ לפגם, בודאי אין להחמיר בזה].

ועיין בפמ"ג שמצדד, דביום טוב האחרון יש להקל, אם מתרמי שתיהן יחדו, אפילו באכילה.

ולענין ריח, המתבאר לעיל בס"א דיש מחמירין, אם מצטרף לזה ג"כ נטל"פ ממשהו, יש להקל.

סעיף יב - חמץ נוקשה, אפילו בעיניה אינו אסור בהנאה אחר הפסח - מפני שלא עבר על איסור של תורה, לא קנסוהו חכמים, **וכתב** המ"א, דה"ה דאפילו באכילה שרי, אך מפני שנוקשה אינו ראוי לאכילה, לפיכך נקט הנאה, **אבל** רוב אחרונים סברי, דבאכילה אסור, דמ"מ שם חמץ שעבר עליו פסח ע"ז החמץ.

והפידאו"ש, חמץ גמור הן, ואסורים בהנאה אחר הפסח.

הגה: יש נמנעין לשחוק על השלחן עם קלפים הנקראין קרטי"ן בפסח, דחוששין שמא יפול מחמץ נוקשה שבהן לתוך מאכל - ובדיעבד אם נפל ויש ששים כנגדו, יש דעות בין אחרונים אם אוסר במשהו, ועיין לעיל במ"ב בסעיף ב', **ולשהותו** עד לאחר הפסח לכו"ע שרי, [דנוקשה ע"י תערובות, לכו"ע מותר לשהותו].

§ סימן תמח – דין חמץ שעבר עליו הפסח §

סעיף ב - אם אינו יהודי מביא לישראל דורון חמץ ביום אחרון של פסח, לא יקבלנו הישראל - משום בל יראה, ואף שהוא דרבנן, וכ"ש בפסח גופיה.

ואם קבלו, אסור בהנאה לאחר פסח, משום דהוי חמץ של ישראל שעבר עליו הפסח, [ואף דיו"ט אחרון הוא דרבנן, לא פלוג רבנן בין זיי"ן לחיי"ת בכל מילין].

וגם לא יהא ניכר מתוך מעשיו שחפץ בו - דאם יהא ניכר שחפץ בו, כגון שאומר לו: הנח במקום צנוע פלוני בחצרי, חצרו קונה לו, **אבל** אם אינו ניכר, אף שעכו"ם משאירו להדורון בתוך ביתו, שרי, דמסתמא איסורא לא ניחא ליה, וחצרו אינו קונה לו בע"כ, וע"כ אפילו אם היה זה ביו"ט ראשון, נמי שרי.

[**ואם** אמר לו שיניחנו בבית עכו"ם עד למחר, שרי, דאע"פ שגילה דעתו שחפץ בו, לית לן בה, דהא לא קיבלה בידו לזכותו, ולא השאירו בחצירו].

וטוב שיאמר שאינו רוצה שיקנה לו רשותו - היינו אף דמצד הדין אפילו בסתמא נמי שרי, מ"מ לרווחא דמלתא יאמר בפירוש שאינו רוצה וכו', ובאופן זה אפילו אם מראה לו מקום להניחו שרי, **וצריך** ליזהר לכפות עליו כלי עד הערב, אם הוא שבת או יו"ט, אפילו יו"ט האחרון, **אא"כ** הביאו ביו"ט האחרון סמוך לחשיכה, שבשעה מועטת אין לחוש שמא ישכח ויאכלנו, **ואם** הוא חוה"מ, צריך לעשות לפניו מחיצה גבוה י"ט.

סעיף ג - ואם מכרו או נתנו לאינו יהודי שמחוץ לבית קודם הפסח, ‹מותר› - כתבו האחרונים, שאין קפידא בעכו"ם גופא, אם הוא דר בביתו או לא, **אלא** עיקר הקפידא שיוציא העכו"ם החמץ מבית ישראל, **אבל** עכו"ם גופא אפילו הוא משרת לישראל ודר בביתו, לית לן בה, **אם** לא שהוא קנוי לו לצמיתות, דאז ידו כיד רבו, ולא מהני שימכור לו, דלא יצא הדבר מרשותו בזה.

ומה שהצריכו הכא להוציא החמץ מרשותו, אע"פ שמכרו כבר והוא אצלו פקדון בעלמא ובלא אחריות, ובעלמא לא מצרכינן בכה"ג אלא מחיצה בעלמא, **כתב** בח"י, דגם בכאן הדין כן, ולא הצריכו הכא להוציא מרשותו, אלא כדי שיקנה העכו"ם החמץ במשיכה, **ואה"נ** אם כבר הוציא העכו"ם החמץ וקנהו במשיכה, לביתו או לסימטא כדין, מותר לו אח"כ להכניס החמץ לביתו של ישראל, ודי במחיצה עשרה בלבד, **אבל** כמה אחרונים כתבו, דהכא מגרע גרע, כיון דעיקר החמץ יודע העכו"ם שהוא של ישראל, ולא יגע בו אע"פ שקנהו, מחזי כחמצו של ישראל אם היה בביתו, **וגם** איכא למיחש שמא יבא לאכלו, דכיון דדידיה הוי מעיקרא, לא בדיל מינה, **ולסברא** זו אפילו אם יחד לו בביתו זוית בפני עצמו, או שעשה מחיצה עשרה, נמי לא מהני, [**ואף** דבשביל חששא דשמא יאכלנו, די במחיצה גבוה י', הכא דמעיקרא לא בדיל חמיר טפי], **אלא** דכ"ז אינו אלא לכתחלה, אבל בדיעבד פשוט דאין לאסור כלל, ואפי' לא יחד לו נמי מקום, כל שהיה המכירה כדין.

וכתבו האחרונים, דאם יש לו חמץ הרבה, וא"א לו להוציאו מביתו, ימכור לו גם החדר, והוי כמו שמכר לו חוץ לביתו, וקנין החדר הוא בכסף עם שטר, **ואם** ירא לתת לו שטר, שמא יעלה בדעתו להחזיק בחמץ, ואיכא הפסד מרובה, יש לו להתנות עמו שיקנה בכסף בלבד בלי שטר, ותנאי מהני בזה לכמה פוסקים, ויש לסמוך להקל בכגון זה, [**ואף** שב"ח פליג וסובר דלא מהני תנאי, הכא קילא, שהרי המטלטלין הקנה כבר, וקנין הקרקע הוא רק כדי שיהיה החמץ חוץ לבית, שאינו אלא משום חומרא].

וצריך למסור לו המפתח מחדר שמונח בו החמץ, כדי שיוכל לכנוס בשעה שירצה, וליטול את חמצו שנמכר או ניתן לו, **או** שעכ"פ יאמר לו הישראל: בכל עת שתרצה תוכל ליקח המפתח מחדרך וליכנס בו ליטול את חמצך, **ואיסור** גמור הוא להניח שום חותם או מסגר על החדר או על החמץ, כדי שלא יוכל הנכרי ליטול את החמץ, דמוכח מזה דכל המכירה לא היה רק הערמה בעלמא, **ואם** עשה כן מתחלה בשעה שמכר, אפילו בדיעבד אסור החמץ, דלא סמכה דעתיה דעכו"ם.

(**ועיין** בפמ"ג שמצדד, דזה דוקא במכירה מועטת, היינו שמוכר לו כל החמץ בדבר מועט, דזה הלא הוי בטול מקח, ורק שההיתר הוא משום דבאמת החמץ אינו ברשותו, שהתורה אסרתו בהנאה, ורחמנא אוקמיה ברשותיה לענין בל יראה, ולפיכך כל שמגלה דעתו שאין רוצה בהן ומתרצה שיצאו מרשותו, אף בדבר מועט סגי, וע"כ כל שמניח חותם קודם, נראה לעין כל שאין רוצה במכירה, **משא"כ** במכירות דידן שאנו עושין שטר כראוי, כל מדה פלונית בסך כך וכך, וזוקף עליו יתר המעות במלוה, והחמץ הוא שלו מעתה, והעכו"ם אם רוצה פותח החותם ועושה מה שרוצה, והחותם הוא רק עד למדידה, בדיעבד בודאי שרי, ואפשר אף לכתחלה).

(**וכן** לא"ר שכתב הטעם, משום דעכו"ם לא סמכא דעתיה על המכירה כשרואה שהישראל מניח חותם, וזה ג"כ לא שייך רק במכירה מועטת, שהעכו"ם רואה שמוכרין לו כל החמץ בדבר מועט, ואח"כ רואה שמניחין חותם, **משא"כ** במכירה שלנו שהוא כראוי וכנ"ל, והחותם הוא רק עד למדידה וכנ"ל, **וכ"ש** אם היהודי מכר להעכו"ם בכפר היי"ש שיש לו בעיר, ומונח שם עליהם חותם ולא ידע העכו"ם מזה, בודאי שרי, דלא שייך לא סמכא דעתיה, **אלא** אפילו שידע, כה"ג דיעבד ודאי שרי וכנ"ל, עכ"ל, **והנה** כל סברתו לכאורה לא שייך רק במניח חותם על החמץ, ולא במניח מסגרת על החדר).

(**וכתב** עוד למעשה, באחד שמכר חמץ ויי"ש לעכו"ם כראוי, וזקף הדמים במלוה, ובתוך הפסח הפסיד העכו"ם הרבה מיי"ש, **אם** יקח העכו"ם אוהבו של ישראל המפתח מיד העכו"ם, לית חששא, **ואפשר** דרשאי הישראל לקבול לפני השר שיקח המפתח מיד העכו"ם, שלא יפסיד לגמרי, כי הוא עני, **אבל** אם יקח הישראל בעצמו המפתח מיד העכו"ם, יש לומר דמעתה יהיה האחריות על הישראל, ואסור לאחר הפסח, וצ"ע, עכ"ל, **ועיין** בשו"ע של הגר"ז, שגם הוא מחמיר באופן זה).

ומ"מ אם בתחלה מכר כדין, ואח"כ נתן מסגר על החדר, או חותם על החמץ, אף שאסור לעשות כן, [ויש לגעור בהעושין כן], מ"מ אין החמץ נאסר בשביל מה שעשה שלא כהוגן אחר המכירה, [**וכתב** הגר"ז, דפעמים אפי' בדיעבד אסור בחותם על החדר, כגון במכירתנו שמוכרין במעט מעות, והשאר זוקפין עליו במלוה, וכשיתן חותם על החדר, ולא יכול העכו"ם ליכנס שם, הרי נפטר העכו"ם מן האחריות, ואם יגנב החמץ לא יצטרך העכו"ם לשלם לו חובו שחייב לו בעד החמץ, וכל חמץ שיגיע ממנו הפסד לישראל אם יגנב, הרי הוא כבאחריות ישראל, שעובר עליו

בב"י, וכן כתב הפמ"ג כעין זה והעתקנו בבה"ל, וכן הוא דעת מקו"ח, **אכן** לפי מה שנביא לקמן בבה"ל, דעת אחרונים שחולקים אמקו"ח, אפשר דלפי"ז נדחה גם דינא דהגר"ז].

ולישראל מומר אסור למכור, דדינו כישראל לכל דבר, [וה"ה בן מומרת אפי' אביו נכרי, דולדה כמוה], ועובר עוד משום "לפני עור", והחמץ אסור לאחר הפסח בהנאה, **ובדיעבד** אם מכר לישראל מומר בדבר מועט, מפני שהוא מכירו ויודע בו שיחזיר לו אחר הפסח, מאחר שטעה וסבר דמומר דינו כעכו"ם, יש להתיר לו במקום הפסד מרובה, לאמר למומר שיחליף החמץ עם עכו"ם על חמץ אחר, או שימכרנו, ויהיו אותם החליפין או הדמים מותרים.

אע"פ שהישראל מכירו לאינו יהודי ויודע בו שלא יגע בו כלל, אלא ישמרנו לו עד לאחר הפסח ויחזור ויתננו לו, מותר.

ואם הנכרי אינו רוצה להחזיר לו, אסור לתבוע אותו בדיניהם, או לכוף אותו בשאר כפיות, **ואם** נתן לו רק מקצת דמים, והשאר זקף עליו במלוה, ואינו רוצה לשלם לו המותר, בודאי מותר לתבוע אותו בדיניהם שישלם לו המגיע, או שיתן לו החמץ בתורת תשלומין על חובו.

כתבו האחרונים, אסור לישראל אחר לקנות החמץ מן העכו"ם אחר הפסח, ואם קנה צריך להחזיר לבעלים הראשונים, [**ובאמת** נראה דאינו מן הדין אלא תקנת גדולים, ובאמת לא גרע מעני המהפך בחררה, שאסור לאחר ליטול ממנו, וכ"ש הכא דסמיך עליה מתחילתו], **ואם** שילם לעכו"ם יותר מן הראוי לתת, באופן כזה א"צ להחזיר לו אלא בשיעור שראוי לתת.

ובלבד שיתננו לו מתנה גמורה בלי שום תנאי - דשמא יעבור הנכרי על התנאי, ותבטל המתנה למפרע, ועבר על בל יראה.

וקנין מתנה הוא ע"י הגבהה, או משיכה דבר שאי אפשר להגביה.

ואפילו על ידי שלוחו או אשתו יכול להקנות החמץ לנכרי, [ולא אמרינן דאשה לא ידעה לאקנויי], **אבל** לא ע"י עכו"ם, דאין שליחות לעכו"ם, ואין מכירתו כלום, **וכן** אין יכול להקנות לשלוחו של עכו"ם, דלא ריבתה התורה שליחות אלא בישראל, **ואפילו** היה השליח ג"כ עכו"ם, דאין שליחות לעכו"ם, בין מעכו"ם לישראל, ובין מעכו"ם לעכו"ם.

(**ועיין** במטה יהודה שכתב, דעכ"פ היכי שהובא כבר החמץ לבית העכו"ם המשלח, בודאי המכירה קיימת, שהרי מדעת המוכר הובא החמץ לבית העכו"ם הלוקח, והעכו"ם מדעתו קיבלם בביתו, ומעשה השליח לא מגרע, דהרי הוא כקוף בעלמא, **ומסיים**, דבזה אפילו היה השליח ישראל, דלכו"ע אמרינן ביה אין שליחות לעכו"ם, אפ"ה מהני, ומטעם הנ"ל, **ופשוט** הוא דדבריו לא שייכים רק אם הוליך החמץ לבית הלוקח ממש, אבל לפי מנהגנו שמזכים את החמץ ביחד עם הבית לעכו"ם, לא שייכא זה, דהרי אם אין שליחות לעכו"ם, א"כ גם הבית אינו קנוי לו).

(**ובעל** מחנה אפרים חידש עוד סברא, דהיכי אמרינן אין שליחות לעכו"ם, דוקא היכי דהקנין הוא ע"י השליח, אבל בכסף לא שייכא זה, דהיינו היכא שהקנין היה בכסף, לא משגחינן כלל אשליח, דדל שליח מהכא, הכסף בעצמו קונה הדבר, ובעל החפץ מקנה לבעל הכסף בלי אמצעות השליח, **ולפי"ז** יהיה קולא גדולה לדידן דסמכינן בדיעבד אדעת איזה פוסקים דכסף קונה, א"כ בזה אפשר להקנות החמץ לעכו"ם אף ע"י שלוחו, אם רק שלח העכו"ם הכסף בעד החמץ, **איברא** דאין דברי מחנה אפרים מוסכמים, שיש חולקים עליו).

או שימכרנו לו מכירה גמורה - ובאיזה קנינים קונה העכו"ם, יש בזה דעות בין הפוסקים: יש מי שאומר דקנינו של עכו"ם הוא בכסף דוקא, **ויש** אומרים שאין העכו"ם קונה אלא במשיכה לרשותו, או בהגבהה דבר שאפשר להגביה, **ויש** שכתבו עוד, דגם שארי קנינים נוהגין בעכו"ם, כגון קניית מטלטלין אגב קרקע, וקנין חצר, וקנין חליפין, דהיינו קנין סודר, **אלא** דצריך ליזהר בזה שיהא הסודר של עכו"ם, ולא סגי שעדי הקנין יתנו סודרם כמו בישראל, דזה אינו אלא מטעם זכיה שמזכין להמקנה, וגבי עכו"ם אין דין זכיה, **ויש** מפקפקים בקנינים אלו, ואומרים דלא מצינו קנינים אלו רק בישראל.

ולענין דינא, לכתחלה בודאי צריך להקנות בקנין גמור ומוסכם לכו"ע, דהיינו בכסף ובמשיכה ביחד, מאחר שנוגע באיסור דאורייתא דבל יראה, **ועכ"פ** במשיכה בלבד, דיוצא בזה ג"כ עכ"פ לרוב הפוסקים, **אבל** בדיעבד אף אם לא מכר אלא בכסף בלבד, או שמכר באחד משארי קנינים שהזכרנו, ועבר עליו הפסח, מותר, **דמאחר** דחמץ לאחר הפסח אינו אסור אלא מקנסא דרבנן, **ועוד** כיון דחמץ לאחר זמן איסורו בלא"ה אינו ברשותו, אלא שעשה הכתוב כאלו היה ברשותו, בקנין כל דהו סגי, דעכ"פ מגלי דעתיה דלא ניחא ליה, ואפקיה מרשותו, [**וכתב** הגר"ז, וכן אם נזכר לאחר שהגיע שעה ששית, שאז אינו יכול להקנותו לעכו"ם, א"צ לפדותו מהעכו"ם ולבערו מן העולם].

בדבר מועט - ואין לחוש לביטול מקח, שהרי יודע בעצמו ששוה יותר, ומתרצה להקנות לו כדי שלא ישאר ברשותו ויהא אסור בהנאה, וטפי עדיף ליה שמוכרו למכירו, דבזה מסתמא יחזור הנכרי ויתננו לו לאחר הפסח, [**ובח"י** כתב, דבודאי גמר ומקני כדי שלא יעבור בבל יראה].

(**וכהיום** מנהג כל ישראל, **שאין מוכרין בדבר מועט, אלא במקח הסמוך לשויו של חמץ, ומקבלין מן הנכרי איזה זהובים, שקורין אויף גאב, לתחלת פרעון, והשאר זוקפין עליו במלוה**).

(**וכתבו** האחרונים דטוב ליזהר, **שלא יעלה על המקח הרבה יותר משויו בסך רב, די"ל דהוי בטול מקח, ומשמע בפמ"ג דלהכי בדיעבד אינו מעכב, משום דבדיניהם אינו יכול לחזור, ומשמע מזה דאם מנהג אותו המקום לחזור משום ביטול מקח, הוא לעיכובא, וצ"ע בזה**).

(**עוד כתבו, דלא מהני כשיאמר לו: אני מוכר לך בית זה, או חמץ שלי, אא"כ יאמר לו: אני מוכר לך בית זה בכך וכך, וחמץ זה כל מדה בעד סך כך וכך, דבלא פסיקת דמים אין כאן קנין כלל, אא"כ שיאמר: כפי שישום אותו פלוני או ג' בקיאין**).

(**וצריך** לפרש כל מין חמץ שיש לו, ולא יכתוב סתם: אני מוכר לך כל שיש בו חשש חימוץ, דהוי כאין מינו ידוע, שהרי אינו יודע אם שוה הרבה או מעט, אלא יפרוט כל מין ומין, **רק המדידה** א"צ שיהיה דוקא קודם פסח, אלא יכול להתנות עם הנכרי, שהמדידה או השומא יהיה אחר הפסח, **ובדיעבד** אם אמר סתם: כל שיש בו חשש חמץ, ועבר עליו הפסח, עיין בספר שדי חמד בשם כמה אחרונים, שמצדדים להקל בדיעבד).

(**וצריך** לפרוט שם הלוקח בשטר). (**והיכא** שעושה כמה קנינים, מהנכון שיאמר לו בפירוש, שהוא מקנה לו אפי' בא' מהקנינים, ואף כי בכולם).

(**וטוב** שיפקיר ג"כ לפני ב"ד, וכמו שכתב הח"י בכעין זה, וז"ל, אם יודע שיביאו לו חמץ בפסח על עגלה או ספינה, ויצטרך לשלם מכס ושכר עגלה וכה"ג, ימכור לנכרי בכסף, ושארי קנינים הנ"ל, וכשיביאו אח"כ בפסח, יקח הנכרי הכל אצלו ברשותו, והוא ישלם ג"כ המכס ושכר עגלה, ואחר המכירה יאמר: **שאם הנכרי אינו קונה באלו הקנינים, עכ"פ יהיה הפקר גמור**).

כתבו האחרונים, דאע"ג דלכתחלה יש למכור בכסף ובמשיכה, מ"מ אם החמץ מרובה וא"א למשוך החמץ כולו, וכן אם אין החמץ כאן שיכול העכו"ם למושכו, אלא הוא בעיר אחרת או בדרך, יש לו להקנותו לנכרי בשאר קנינים, **כגון** על ידי רושם, שנהגו בקצת מקומות שהלוקח רושם על דבר הנקנה, כדי שיהיה לו סימן ידוע, ועי"ז קנוי לו הדבר, **או** ע"י תקיעת כף, שקורין צו שלאג, דהיינו שמכין כפיהם זה על זה.

או ע"י נתינת פרוטה, במקומות שנהגו שכשהלוקח נותן פרוטה למוכר נגמר המקח, [**וזה** אינו בכלל קנין כסף, דקנין כסף הוא שנותן לו פרוטה לשם התחלת פרעון, והשאר זקוף עליו במלוה, וכאן הוא בתורת השתעבדות, שע"י פרוטה זו משתעבדים זה לזה, זה לקנות וזה למכור, דומיא דקנין שטר וחזקה וקנין סודר].

או במקום שנהגו שמסירת המפתח הוי גמר המקח, **מיהו** עכ"פ צריך שיאמר: הריני מוכר לך חמץ פלוני ופלוני, בעד סך כך וכך, ולא כמו שאומרים ההמון: הריני מוכר לך המפתח, דזה לא חשיב כלום.

וכן כל כיוצא בו, כל מקום ומקום כפי מנהג הסוחרים, חשיב הדבר כקנין ע"פ דין תורה, ושפיר יש להקנות גם החמץ בקנין כזה. [**כמה** אחרונים כתבו מנהגי הסוחרים לקנין גמור אף לכתחילה, אכן בא"ר ופמ"ג נזכר קנין זה רק לענין דיעבד, **ועיין** בנחלת שבעה שחולק על עיקר קנין זה, ואף דלא חשו אחרונים לדבריו, עכ"פ במקום שאפשר בקנינים אחרים יותר מוסכמים, בודאי טוב יותר, לכן כתבנו עצה זו רק היכא דא"א לו במשיכה].

(**ולענין** קנין שהוא בדיניהם, אם סומכין ע"ז גם לענין איסורא כמו במכירת חמץ, יש פלוגתא בזה, ועיין במג"א שמפקפק על תשו' משאת בנימין, שדעתו דמהני, במכ"ש ממנהגי הסוחרים שמהני, **אכן** דעת הגאון מהר"ש קאידנאווער כמשאת בנימין, וכן הוא דעת תשו' משיבת נפש בפשיטות, וכן כתב הרב חת"ס בכמה מקומות בתשובותיו, דעדיפא מסיטומתא, **ובהגהות** חת"ס ציין לעיין בתשו' הרשב"א, ועיינתי שם, וכתב בתחלה ג"כ לדבר פשוט דמהני, במכ"ש מסיטומתא דהוא מנהגא בעלמא, וכ"ש מנהג קבוע וחוק, **אכן** לבסוף מספקא ליה, דאפשר לענין מצות, כגון להתחייב בבכורה שהיא דאורייתא, אינו מתחייב עד דקני כדינא דאורייתא, **ואיך** שיהיה על כל פנים מוכח מניה, דקנין סיטומתא לא עדיף מקנין שהוא בדיניהם, ולפי זה גם קנין סיטומתא לא ברירא לכתחלה לסמוך עליו, **ועל** כן מהנכון לכתחלה שלא לסמוך על מנהג הסוחרים לבד, אלא יראה לצרף עמו עוד קנין).

או יש למכור החמץ ע"י אגב, דהיינו שימכור לנכרי קרקע או חדר, או ישכיר לו, ואגבן יאמר לו: קני החמץ שיש לי במקום הקרקע, או בכל מקום שהוא, דבקנין אגב קונה אפילו אינן צבורין כאן.

(**ולפי** דעת מקו"ח לא שייכא דליקני באגב ואע"ג שאינם צבורין במקום הקרקע, רק במכר החמץ ונטל כל הדמים, אבל בנטל מקצת והשאר זקף עליו במלוה, לא מהני, שהרי אם יאבד החמץ לא ירצה העכו"ם לשלם לו המגיע ממנו, ולפי מה דקיי"ל בסימן ת"מ, דהיכי דהעכו"ם אלם וכופהו לשלם, הרי הוא כבאחריות ישראל, וא"כ ה"ה הכא, שהרי צריך לשמור אותו, דאם יאבד יפסיד המגיע לו מן העכו"ם, **וא"כ** אם זקף עליו השאר במלוה, אינו מותר אא"כ החמץ הוא במקום הקרקע, וכשמקנה לו הקרקע הרי החמץ כבביתו של עכו"ם, ויוצאין עכ"פ לדעת הפוסקים דסברי, דחמץ של ישראל בביתו של עכו"ם אינו עובר עליו, **אכן** כמה אחרונים פליגי עליה דמקו"ח, וכתבו דבשביל זה שלא ירצה העכו"ם לשלם לו המגיע ממנו, לא מיקרי עי"ז החמץ באחריותו).

(**ולענין** עצם קנין אגב, הגם דכללנו אותו בין שאר קנינים דאין סומכין עליהם לכתחלה, מאחר דיש מפקפקים על כל אחד מהם, מ"מ היכי שהוא שעת הדחק, כגון שהחמץ מרובה, וביותר היכי שהחמץ בדרך, לא רצינו להחמיר ולמנוע מקנין זה אף לכתחלה, מפני שכמעט כל האחרונים החזיקו בקנין זה למובחר שבקנינים, אף לענין לכתחלה, ואף בלי שעת הדחק, מ"מ לכתחלה יראה לצרף עוד איזה קנין, כמו סיטומתא או קנין סודר, וכמו שנוהגין כהיום לכפול כמה קנינים, מאחר דהתומים והקצות וכן במחה"ש כתבו לגמגם בקנין זה).

והקרקע נקנית לנכרי בכסף עם שטר, ובשכירות די בכסף בלבד, ואפילו אם אין הנכרי נותן לו כל הכסף, רק איזה זהובים, שקורין אוי"ף גא"ב, סגי, **ויתנה** עמו הישראל שיקנה בזה האוי"ף גא"ב החדר והחמץ, ושאר הכסף יזקוף עליו במלוה, [**וה"ה** אם החזיק בקרקע באחד מדרכי קניית קרקע, דהיינו בחדר שיש לו מנעול, ונכנס בתוכו על דעת להחזיק בו].

וכתבו עוד, דאם הבית שהחמץ שם אינו שלו, אלא ששכורה בידו, אז לא יועיל מכירתו, דאיך ימכור דבר שאינו שלו, אלא ישכיר לנכרי אותו החדר, **וישכיר** לו סתם להחזיק בו כליו ומטלטליו, [דאילו להשכיר לו לדור, אין לו רשות, אם היא שכורה לו מישראל], ולא יאמר לו בהדיא שמשכירו להניח בתוכו חמץ.

ישראל שקנה חמץ מהעכו"ם, ונתן כסף ולא משך עדיין, אע"ג דלכתחלה בודאי יש לו למכור קודם הפסח, שהרי לפי דעת כמה פוסקים

כסף קונה בין ישראל לנכרי, **מ"מ** אם לא מכר ועבר עליו הפסח, מותר, דהא לרוב הפוסקים אינו קונה אלא במשיכה, **אכן** אם לפי מנהג הסוחרים לקנות בכסף, מצדד הפמ"ג להחמיר.

אבל כשמשך, אפילו לא נתן כסף, ועבר עליו הפסח, יש לאסור, [מטעם דרוב פוסקים ס"ל דמשיכה קונה בעכו"ם, **ואע"ג** דכתבנו לעיל, שאם מכר לעכו"ם בכסף, בדיעבד מותר, אלמא דסמכינן בחמץ שעבר עליו הפסח אאיזה פוסקים דס"ל דבכסף קונה, וא"כ ה"ה בענינינו, היה לנו לסמוך על דעה זו, **לא** דמי, משום דכמה פוסקים יש דס"ל, שכסף נמי קונה בעכו"ם, וסמכינן עלייהו, **משא"כ** בענינינו, דמוכרחים לנו לסמוך אאיזה פוסקים, דמשיכה אינה קונה, בזה לא סמכינן עלייהו, דכמעט כל הפוסקים ס"ל דמשיכה עכ"פ נמי קונה].

אם ישראל מניח חמצו בחדר של חבירו המוכר את חמצו, צריך להודיע לישראל המוכר, ויעשהו שליח למכור, **ואם** הניח שלא מדעתו, אסור לאחר הפסח, מאחר דישראל לא ידע לאקנויי, והנכרי לא ידע לקנותו, [**ואפי'** אם חצר קונה לעכו"ם, הוא דוקא מדעתו].

עוד כתבו, שמותר לאדם לומר לנכרי: הא לך חמץ זה, ותתן לי לאחר פסח חמץ אחר.

(**כתב** הרב בגדי ישע, דכיון שמכירת החמץ לעכו"ם צריך להיות מכירה גמורה בלי הערמה, נראה דאחר הפסח כשיחזיר הנכרי החמץ לישראל, צריך לקנותו באחד מדרכי הקנאה, ולא לקבל ממנו בחזרה סתם, **ונראה** דאחר הפסח די בזה, שיקנה מהנכרי החמץ והחדרים בכסף לחוד, והנכרי יחזיר השטר מכירה שקיבל, ודי בזה, **דאף** שישראל מנכרי אינו קונה קרקע בכסף לחוד כי אם בשטרא, התם משום דלא סמכא דעתיה דישראל, משא"כ הכא שמחזיר לו השטר).

אבל מתנה על מנת להחזיר - לאחר הפסח, **לא מהני** - (וה"ה מכירה ע"מ להחזיר).

אע"ג דבכל התורה מתנה ע"מ להחזיר שמה מתנה אם נתקיים התנאי, הכא הצריכו חכמים מתנה גמורה משום חומרא דחמץ - (הגהת מיימוני).

(**ומלשון** הפוסקים שתלו זה בחומרא דעלמא, משמע דאי לאו משום חומרא דחמץ, מותר אפילו לכתחלה לנהוג כן, **ובמחנה** אפרים כתב, שלכתחלה בודאי אסור לעשות כן, כיון דתלי מתנתו בתנאי, וכשלא יתקיים התנאי שלא יחזירו, למפרע החמץ שלו, וא"כ הרי הוא מכניס עצמו בספק באיסורא דאורייתא של לאו דבל יראה, ובפרט שאין התנאי תלוי בו אלא באחריני, ושמא פלוני לא יקיים התנאי, **ובאמת** צ"ע על הני פוסקים, **ואם** נחזיק עוד בדעת האחרונים, דמחמרי בזה אפילו בדיעבד, וכפשטות לשון המחבר, (עיין לקמן בסמוך), ניחא, **דאפשר** עיקר דינא דהגהת מיימוני הוא לענין דיעבד, אם כבר נתקיים התנאי, **אכן** להני אחרונים דכתבו, דבדיעבד מותר לכו"ע, וכל האי דינא אינו אלא לענין לכתחלה, הדבר צ"ע, **ואח"כ** מצאתי בחידושי רע"א, שמתמה כעין זה על המ"א, ומצדד דיוכל לומר: הריני כאלו התקבלתי, והוי כאלו קיים התנאי).

ולענין דיעבד אם נתקיים התנאי שהחזירו, אם מותר, נחלקו האחרונים בזה, [**ולשון** המחבר מסייע לצד דאינו מותר, **דאפשר** משום חומרא דחמץ, וגם משום דהכניס עצמו בספק דב"י, החמירו חכמים אפי' בדיעבד].

[**ואם** לא החזירו, פשוט הוא שעובר בבל יראה, שהרי הוא פקדון ביד עכו"ם, **ואין** לומר דאם אין מחזירו הרי הוא גזל ביד עכו"ם למפרע, ולא יעבור הישראל, כמו בעלמא שאין הנגזל עובר, **אינו** כן, שאפי' אם לא יחזור, אין הדבר בגזילה ביד עכו"ם עד אחר הפסח, שיגיע הזמן שעליו להחזיר ולא החזיר, משעה זו ואילך הוא בגזילה תחת ידו, אבל כל ימי פסח ליכא למיחשביה בגזילה, שהרי מדעתו נתן לו].

והיכא שאמר: הריני נותן לך ותחזירנה לי, (כתב המ"א דבזה פשיטא דשרי מדינא, ועדיפא מע"מ להחזיר, דהא אי בעי לא היה מחזיר לו, ואין המתנה תלויה בחזרה, אם לא משום חומרא דחמץ, עכ"ד, **ונראה** דבזה לדידיה בודאי אין להחמיר בדיעבד, **אכן** בח"י השיג על המ"א מיו"ד ש"ה, דמוכח דבלשון זה לא הוי מתנה כלל, **ועיין** בא"ר ובמחה"ש שכתבו, דהתם שאני דכיון שאומר: ותחזירם לי, לא חל המתנה אף שעה אחת, **משא"כ** הכא דעכ"פ עד אחר הפסח בודאי גמר ומקני ליה, כדי שלא יעבור על ב"י, ומכ"ש כשאמר בפירוש: ותחזירהו לי לאחר הפסח, **אכן** לפי דעת הגר"א שם, דמתנה על זמן לא הוי מתנה, בודאי לכאורה אין מקום לדברי מג"א, ואפילו אם יאמר בהדיא: ותחזירהו לי לאחר פסח, **אכן** בא"ר כתב לחד תירוצא לחלק, דשאני התם גבי בכור, דתלוי בכוונת הנותן ובמחשבתו, ובלשון זה שאומר: ותחזירהו לי, מוכח שלא כוון בדעתו לתת לו באמת, **משא"כ** הכא בחמץ, אין הכוונה מעכב כלל, שהרי אפילו ביודע שלא יגע בו, ודעת שניהם שיחזיר לו אחר הפסח, נמי שרי).

סעיף ד - רשאי ישראל לומר לאינו יהודי בשעה חמישית או קודם: עד שאתה לוקח חמץ במנה קח במאתים, שמא אצטרך ואקחנו ממך אחר הפסח - ר"ל שיקח חמץ הרבה בסך מאתים, אע"פ שא"צ ליקח אלא במנה, שכשאצטרך אחר הפסח אקחנו ממך, ואתן לך ריוח על כל הסך.

והאחרונים כתבו, דרשאי אפילו להבטיח שיחזור ויקנה ממנו ויתן לו ריוח.

אבל לא ימכור לו ולא יתן לו על תנאי, ואם עשה כן הרי זה עובר בבל יראה ובל ימצא - מיירי שאמר בלשון "אם", דהיינו: אם תעשה דבר פלוני בתוך הפסח או לאחר הפסח, החמץ נתון לך או מכור לך, דכל זמן שלא נתקיים התנאי עדיין אין החמץ מכור ונתון, ולפיכך עובר בבל יראה, **אבל** אם אמר לו: הריני נותן לך מעכשיו ע"מ שתעשה דבר פלוני, שייך החמץ לעכו"ם תיכף אם יתקיים התנאי לבסוף, ואינו אסור רק משום חומרא דחמץ, וכדלעיל בסוף ס"ג, **א"נ** מיירי אפילו ב"מעכשיו", רק התנאי היה שאימתי שיביא מעות יחזירם לו, ובתנאי זה לא חל המכירה והמתנה כלל, כיון שכל שעה הרשות בידו לפדותו, וכמבואר בחו"מ סימן ר"ז ס"ו.

ודע עוד דהסכימו אחרונים, דה"ה שאסור לומר לעכו"ם: אני מוכר לך החמץ ע"מ שתחזיקנו לעצמך, ולא תמכור לאדם אחר חוץ ממני,

דכיון דבלשון תנאי הוא, כשיעבור העכו"ם וימכרנו לאדם אחר, תבטל המכירה למפרע, ונמצא שלא היה החמץ קנוי לעכו"ם מעולם, וחיישינן שמא ימכרנו, ויעבור הישראל על בל יראה.

אבל אם אמר לו: הריני מוכר לך מכירה גמורה לחלוטין, וזכות זה שיירתי לי בו, שאם תרצה למוכרו לא תמכרנו לשום אדם חוץ ממני, י"א דזה מותר אפילו לכתחלה, **דאפילו** אם יעבור העכו"ם וימכור, לא תבטל המכירה בשביל זה, כיון דלא אמר בלשון תנאי, רק שמכירת העכו"ם תהיה בטלה, [**ומ"מ** לענ"ד לא ברירא הדבר כ"כ להיתר, מאחר ששייר לעצמו זכות בגוף החמץ].

סעיף ה - חמץ שנמצא בבית ישראל אחר הפסח, אסור אע"פ שביטל - או הפקירו, ואיסורו הוא אפילו בהנאה,

ואע"ג דכשביטלו אינו עובר בב"י, מ"מ חששו חכמים, שאם נתירו כשביטלו, יש לחוש שיניח כל אדם חמצו אלאחר הפסח, ויאמר שהפקירו קודם הפסח כדי שנתיר לו.

ודע דכמה אחרונים כתבו, דאפילו בדק ג"כ כמנהגנו, ונמצא חמץ לאחר הפסח, ג"כ אסור בהנאה, דלא חילקו בדבר, **ויש** מן האחרונים שמקילים בבדק וביטל ונמצא אח"כ, דמאי הוי ליה למעבד, הרי עשה הכל כדין, ודעתם דעכ"פ בהנאה אין לאסור, **ובמקום** הפסד מרובה יש לסמוך עליהן, ועיין בבה"ל ס"ג מ"ש בזה.

מי שהיה בספינה או בדרך, ויש אתו חמץ, ואין אתו נכרי שיוכל למכור לו, ועמד והפקירו בפני עדים, אם יוכל אחר הפסח לזכות בו וליהנות ממנו, נחלקו האחרונים בדבר, ורובם מצדדים לאיסור, **ומ"מ** בהפסד מרובה יש לסמוך, [דמ"מ יש הרבה שמתירין]. ולהתיר שימכרנו לעכו"ם, או שיחליפנו עמו בדבר אחר, [וכמבואר בסי' תמ"ג, דחמץ אינו תופס דמיו בדיעבד].

ואם היה בדרך ונזכר שיש לו חמץ בתוך ביתו, ולא היה לו למי למכור בע"פ כתיקון, ועמד והפקיר החמץ בפני עדים, נראה דיוכל לסמוך בזה אדעת המקילין, ולחזור ולזכות בו אחר הפסח וליהנות ממנו, **שכיון** שלא היה החמץ בידו, וא"כ לא היה יכול למכור ולא לבער כתיקון חז"ל, הרי מחויב היה להפקיר מצד הדין, כדי שלא יעבור בב"י, וא"כ אין לנו לקונסו לאסור חמצו כשחוזר וזוכה בו.

סעיף ו - אסור להאכיל חמצו בפסח - ומיירי שמצא חמץ בביתו בתוך הפסח, וה"ה בע"פ משעה ששית ומעלה, **אפילו לבהמת אחרים** - של עכו"ם, **או של הפקר** - דכשם שאסור להאכיל לבהמתו דמקרי הנאה, כן אסור להאכיל לבהמת הפקר, דיש לו הנאה במה שממלא רצונו להשביע לבהמה, [**ומשמע** לכאורה דהוא דאורייתא, ולא משום חומרא דחמץ, ולפי"ז גם בשאר איסורי הנאה אסור, **ובפמ"ג** מסתפק בזה, **אכן** בביאור הגר"א לפי פי' דמשק אליעזר, מוכח דלדעתו דוקא גבי חמץ אסור], ‹בירושלמי דייק לה מלא יֵאָכֵל בצירי, כר' אבהו [כא:], אף לכלבים אחרים - פמ"ג›.

וכ' האחרונים, דה"ה דאסור בזה בחמץ שעבר עליו הפסח.

ועיין בב"י, דאפילו במוצא חמץ שאינו שלו, ג"כ אסור להשליך לפני כלב, [דגם מחמץ של אחרים אסור ליהנות, ואפי' משל עכו"ם,

ובמטה יהודה מצדד, דאפשר דעובר בזה ג"כ על בל יראה, דמכיון דאגבהיה קנייה, ולא שייך בזה לומר איסורא לא ניחא ליה דליקני, דהרי רוצה בו להנות לכלב].

סעיף ז - אסור ליתן בהמתו לאינו יהודי להאכילה בימי הפסח - בין בחנם בין בשכר, **אם הוא יודע שמאכיל אותה פסולת שעורים שהוא חמץ** - שהרי הוא נהנה מחמץ בפסח, שמפטם בו הא"י את בהמתו, וחמץ אפי' של א"י אסור ליהנות ממנו בפסח, **ובדיעבד** אם אכלה חמץ בפסח, אין לאסור בשרה בשביל זה, כדמוכח ביו"ד סי' קמ"ב סי"א.

אבל אם אין ידוע שיאכילנה חמץ, מותר ליתנה לו, ואין לו לחוש שמא יאכילנה.

ואסור דוקא באופן זה, אבל אותן שמעמידין בהמתן אצל נכרי זמן רב קודם פסח, ושהנכרי יזין אותן משלו, ואין מתנין בפירוש על חמץ, ובתוך המשך חל פסח, מותר, אף שנודע לו שמאכילה חמץ.

ואם א"א לו באופן אחר, המנהג במדינתנו למכור הבהמה לנכרי כדין, ע"פ הקנינים המבוארים ביו"ד סימן ש"כ, והבהמה תהיה אצל הנכרי בפסח, או יקנה לו הבהמה עם הרפת, והנכרי יאכילנה, ולא יהיה לו שום עסק עמהם בפסח, [**ועכ"פ** במקום שמקילין בודאי אין למחות בידם], **ובלבד** שלא יאמר לו שיאכילנה חמץ.

וכ"ז ביש לו לנכרי מזונות משלו, אבל אם אין לו מזונות, והישראל מוכר לו ביחד עם בהמתו גם מזונותיה שהם חמץ, יש מחמירין בזה, דמחזי כהערמה, ושכל עיקר המכירה לא היה אלא כדי שיזין אותה העכו"ם בחמץ, **וכתבו** שיעשה באופן זה, שימכור המזונות לנכרי אחר, ומותר לסרסר לנכרי הקונה בהמותיו, שיוכל לקנות מאל"ץ אצל נכרי פלוני, [**ולהנכרי** שיש לו החמץ יאמר, דיוכל להקיף להשני, כי איש מהימן הוא].

והמנהג במדינתנו, שאפילו אם אין מאכילה חמץ גמור, ורק שרוצה ליתן לבהמתו תבואה בפסח, שמוכרה ג"כ לנכרי עם הרפת, והנכרי מאכילה, **דאם** לא ימכרנה, יצטרך ליתן לה מעט מעט ובמקום נגוב, ויעמוד עליה בשעה שאוכלת לבער המותר, כדי שלא תחמיץ מהריר שלה.

ולענין חלב של בהמה שאוכלת חמץ, אפילו היא של נכרי, נחלקו אחרונים בזה, ודעת הפמ"ג להתיר החלב שחלבו אחר מעל"ע שאכלה חמץ, **ויש** מקילין אפילו בו ביום, אם אוכלת שחרית וערבית מדברים המותרים.

§ סימן תג – דין ישראל וא"י שיש להם שותפות §

סעיף א - ישראל שלוה ככר מחבירו קודם הפסח, צריך לפורעו אחר הפסח, ויש בו משום גזל אם אינו פורעו - ר"ל אפילו לוה ממנו ככר זה בע"פ סמוך לזמן הביעור, שאם לא הלוהו בלא"ה היה צריך לבערו, ואם לא ביערו היה נאסר בהנאה, **אעפ"כ** צריך להחזיר לו ככר אחר אחה"פ, שהרי עכ"פ לוה ממנו בשעת היתר, ואז היה החמץ ממון גמור, שהיה עדיין קודם זמן הביעור.

[**דרשאי** אדם להלוות ככר בע"פ ע"מ ליקח אחה"פ, ואין בזה חשש איסור, לומר שמבטל מצות התורה שלא לבער חמצו, דלא אסרה תורה אלא שלא יהיה בעין בשעה שהחיוב לבער, והכא הרי הלוה מקודם, וא"כ אינה בעין].

ומשום חשש רבית, דאסור ללוות סאה בסאה, ליכא בככרות, משום דהחילוק הוא בדבר מועט ע"פ רוב, ולא קפדי אינשי בזה, [**ובחמד** משה מפקפק בזה, דבע"פ חמץ בזול, ויש חילוק גדול לעומת אחה"פ, ע"ש, **ונראה** דמיירי כאן בלוה חמץ דבר מועט].

וכתבו האחרונים, דאפילו אם עבר ישראל הלוה, והשהה החמץ עד לאחר פסח, ונאסר, מ"מ צריך לשלם, ולא אמרינן שלא יכול המלוה לקבל דמיו משום חליפי חמץ, **דאין** זה חליפי חמץ, שכיון שלוה הככר הרי הוא שלו, ואין לו למלוה עליו אלא דמים בעלמא.

ישראל שהלוה חמץ לעכו"ם לפני הפסח, ושילם לו חמץ כיוצא בו לאחר הפסח, הואיל ואינו מחזיר לו חמץ הראשון בעיניה, מותר, כ"כ בשלטי הגבורים בשם הריא"ז, **ומוכח** מדבריו, דאם מחזיר לו אותו חמץ אסור, **ופר"ח** חולק על זה, דלא מיקרי חמץ שעבר עליו הפסח, שהרי עד עתה היה שייך להעכו"ם, דכיון שהלוהו קם ליה ברשותיה, והו"ל חמץ של נכרי שעבר עליו הפסח, דשרי אף באכילה, **ולמעשה** יש להחמיר כדעה קמייתא, דמחזי כחמץ של ישראל שעבר עליו הפסח, כיון שהחזיר לו אותו החמץ גופא, [**דלאו** כו"ע דיני גמירי, ואינם יודעים שכיון שלוה הככר הרי הוא שלו, וכשמחזיר אפי' אותו ככר בעצמו, דמי כמו שהחזיר ככר אחר, אלא יאמרו חמץ של ישראל שעבר עליו הפסח מותר, שהרי הככר של ישראל לא נאכל, והיה קיים כל ימי הפסח, ומתירין אותו להחזירו לבעלים, **וכן** מצאנו לעיל סי' תמ"ח, לענין מתנה ע"מ להחזיר, אע"ג דבכל התורה שמה מתנה].

סעיף ב - ישראל שמקבל מא"י ברבית ככרות בכל שבוע, יאמר לו קודם פסח שיתן לו בשבוע של פסח קמח או מעות - הטעם, דכיון שנתחייב ליתן לו בכל שבוע ככר, א"כ כשמיחד העכו"ם הככר בפסח בעבור הישראל, הוי כאלו כבר זכה בו, והוי כאלו עבר הפסח על חמץ של ישראל, **להכי** צריך להתנות עמו, שבעבור שבוע של פסח אינו רוצה ככרות, רק הקמח שלהם, או דמי שוין, או שיתן לו ככרות שיאפה אחר הפסח.

(**עיין** ט"ז שכתב לחלק בזה, דלא מהני תנאי קודם הפסח אלא בשלא הלוה לו לזמן קצוב, רק שכל שבוע שמחזיק מעותיו ישלם לו רבית, ובזה מהני תנאי קודם פסח, והרי הוא כמתנה בתחלת ההלואה, שהרי אם היה רוצה היה מסלק לו מעותיו, **אבל** בהלוה לו למשך זמן, ושבתוך הזמן אין אחד מהם יכול לחזור, ושמחויב לתת לו ככרות בכל שבוע, בזה לא מהני תנאי קודם פסח, רק צריך להתנות בתחלת ההלואה, **אכן** ממג"א משמע דאין לחלק בזה, וכ"כ בנה"ש ובח"מ לדחות דברי הט"ז, **ונראה** דאין דבריהם מוכרחים, אלא במתרצים שניהם שבפסח יתן לו מעות, אבל כשמתנה הישראל לחוד, ואין העכו"ם מסכים לו לשנות מתנאם הקודם, אפשר שיש שפיר מקום לדברי הט"ז, דאין הישראל יכול לשנות מתנאי הראשון, **ועיין** בפמ"ג שגמגם ג"כ בדברי הט"ז, וכתב דאין התנאי הראשון אלים כיון דלא היה משיכה, והוא דבר שלא בא לעולם, עיי"ש, **ומסיים** דמ"מ במקום שדינא דמלכותא הוא שהתנאים קיימים, יש להחמיר כט"ז).

וכיון שהתנה עמו כך, אף ע"פ שאחר הפסח נותן לו ככרות חמץ, חליפי הקמח והמעות הן ושרי - אף אם העכו"ם הכין לו ככרות בפסח, לא איכפת לן, שהרי אינם משועבדים כלל לישראל, והם לגמרי ברשות העכו"ם לעת עתה.

והסכימו האחרונים דכ"ז לכתחלה, אבל בדיעבד אפילו אם לא התנה כלל, נמי שרי לו לקבל הככרות אחר הפסח בשביל שבוע של פסח, ואע"ג דיחדם לו לישראל בפסח, **דכל** זמן שלא באו לרשות ישראל, לא זכה בהם, ואין לו עליו אלא חוב בעלמא של ככרות, ולא אותן גופא, והרי הן של עכו"ם עדיין כל ימי הפסח.

סעיף ג - ישראל ואינו יהודי שיש להם תנור בשותפות, אומר לא"י קודם הפסח: טול אתה של פסח ואני אטול אח"כ - ואם לא אמר, אסור לקבל אחר פסח עבור חלקו אפילו מעות, וכדלקמיה.

יש מאחרונים שכתבו, דדוקא כשאומר לו: ואני אטול אח"כ דמים נגד הככר שנטלת, דזה נחשב כאומר שאינו רוצה להשכיר תנורו למלאכה לפסח רק בעד דמים, [וכיון שהתנה, מותר אחר פסח לקבל אפי' ככרות חמץ חלופי דמיו], **או** דמיירי כשאומר לו: טול אתה שבוע זו של פסח את התנור, בין יהיה בו בין לא יהיה בו, ואני אטול שבוע שלפניה או שאח"כ מה שיזדמן לי, דזה מותר, דחולקין הזמן, ואין לזה על זה כלום, **אבל** כשאומר לו: טול אתה הככרות מה שיהיה בפסח, ואני אטול כסכום זה אחר כך, אם כן הרי ניחא ליה בהככרות שבתנור, דאם לא יזדמן לאפות בפסח בתנורו, לא יתן לו העכו"ם אחר פסח, וזוכה לו התנור, אלא שמחליפו עם העכו"ם שותפו, אם כן הרי נהנה הוא מחמצו שבפסח, שתחת חלקו שיש לו באותן ככרות, העכו"ם נותן לו את חלק ככרותיו שיש לו בשבוע שאחר פסח, ואסור, **ויש** שאוסרין אפילו כשאומר לו: ואני אטול אחר כך דמים נגד הככרות שנטלתה, דמ"מ נהנה הוא דמי שיווי חמצו שבפסח, **והסכימו** האחרונים, דנכון למעשה לנהוג, שימכור להעכו"ם התנור על שבוע של פסח, שיהיה לגמרי ברשותו, ויקצוב עמו מקח עבור זה, ויטול ממנו הדמים מתחלה קודם

פסח, ובזה אין שום איסור מה שחל בשבוע זו שבת ויו"ט, אחרי שהוא בהבלעה.

סעיף ד - ישראל שהיה לו תנור, ואפו בו אינו יהודי חמץ בפסח - ומשמע דאפילו שלא בידיעת הבעלים, וכ"כ האחרונים, **אפילו מעות אסור לקבל בשכרו, דהוה ליה משתכר באיסורי הנאה** - דאסור לכתחלה מדרבנן בכל איסורי הנאה, ואפילו נותן לו המעות קודם פסח או אחר פסח, **וכ"ש** ככרות מאותן שאפו בפסח, דאסור לו לקבל ואפילו לאחר הפסח.

ולא דמי לס"ג, דהתם התנור היה של שותפים, וכשמחלקים בזמן, הו"ל בעת ההיא התנור של עכו"ם לגמרי.

[**וזה** לפי שיטת המ"א והגר"א ועוד איזה אחרונים, דמסקי לאיסור בזה לקמן בס"ז, וכדעת הרמ"א בהג"ה ס"ה, **אבל** באמת דעת המחבר בעצמו בס"ז, מוכח דס"ל כדעת הפוסקים שמקילין בזה, **והאי** דקאמר: והו"ל משתכר כו', דוקא בזה, משום דדרכן היה לתת ככרות, ואלו המעות הם חליפי ככרות, **ואף** דאינו תופס דמיו, היינו רק בדיעבד, אבל לכתחילה אסור].

ואם קבל כבר המעות, מותר ליהנות מהם - דמשתכר באיסורי הנאה אינו אסור בדיעבד בשום מקום, שאין זה גופו של חמץ ולא חליפיו, רק המעות בא ע"י גרם חמץ, ולא החמירו בזה רק ביין נסך, משום חומרא דע"ז.

[**ואפי'** נעשה הדבר בידיעתו נמי מותר, **והאחרונים** שכתבו, דאם היה בידיעתו תלוי בהא דלעיל סוף סי' תמ"ג פלוגתת רש"י ורמב"ם, ‹אם חלופי חמץ אסור לבעליו›, הם מיירי בהיה המנהג לתת ככרות, וא"כ כשנותן לו מעות, המעות הוא חליפי הככרות שכבר זכה בהם, וא"כ להני דאסרי לעיל תמ"ג, ה"ה הכא, **וע"כ** בשנעשה בלא ידיעתו, דבזה לכו"ע שרי].

וכ"ז בקיבל מעות, אבל אם נתנו לו איזה ככרות מככרות שאפו בתנורו, אסור ליהנות מהם, דזכה בהם כבר בפסח בשכר תנורו, אם דרכן לעולם לתת ככרות, והוי ליה חמץ של ישראל שעבר עליו הפסח.

סעיף ה - ויש מי שמתיר להשכיר תנורו לאינו יהודי על מנת שיאפה בו מצה, ואם יאפה בו חמץ אין זקוק לו - ואין זה משתכר באיסורי הנאה, שאסור לכתחלה עכ"פ, **כיון** שאף אם לא היה אופה בו הנכרי כלום, ג"כ היה צריך לפרוע לו לישראל שכרו משלם, שהרי השכירו לו לזמן, וא"כ אין הישראל משתכר כלום במה שהעכו"ם אופה חמץ, **ומ"מ** לכתחלה צריך לומר לו שיאפה מצה, דאל"כ כיון שידוע שדרכו לאפות בו חמץ, הוי כאילו השכיר לו לאפיית חמץ, דאסור.

הגה: וכן מותר להשכיר לו בית לדור בו, ואע"פ שמכניס בו אחר כך חמץ, שרי - היינו אע"ג שמשכירו סתמא, לדור בו הוא, **ולא** אתי לאפוקי אלא היכי שמשכירו בפירוש לשום בו חמץ, ומשום דמשתכר באיסורי הנאה.

ומשמע מדברי אחרונים, דאין לאסור משום משתכר באיסורי הנאה, אלא דוקא היכי שהגיע זמן איסורו, כגון בפסח או ע"פ ‹מו' שעות ולמעלה – בה"ט›, אבל קודם אינו אסור אפי' לכתחלה, [האגור, **ומוכח** מגר"א, דה"ה לשאר דברים שאיסורן משום משתכר באיסורי הנאה]. **ויש** מחמירין בזה אפי' תוך ל' קודם לפסח, ‹דיש ב' גרסאות באגור, דמותר "קודם פסח" או "קודם ל' יום"›.

סעיף ו - מותר לומר לעבד בפסח: הילך דינר זה וקנה ואכול, אף על פי שיודע שיקנה חמץ - אף שמזונותיו עליו, הואיל ולא אמר לו שיקנה חמץ.

ואם הוא מושכר אצלו לשנה, לא יאכל בביתו משום חשדא.

אבל לא יאמר לו: הילך דינר זה, וקנה לך חמץ מן החנוני ואכול, אפי' אם הוא נכרי דעלמא שאין מזונותיו עליו, דכיון שהישראל בעצמו אסור לו לקנות חמץ בפסח, אסור לו לומר לעכו"ם לקנותו, **דאף** שהנכרי קונה אותו לעצמו ולא בשביל הישראל, כיון שהישראל נותן לו דינר ואומר לו שיקנה בו חמץ, והעכו"ם קונה אותו בדיבורו, הרי נראה כשלוחו, **אבל** מותר לומר לו: קנה לך חמץ בדינר שלך ואכול.

אבל לא יאמר לו: צא ואכול ואני פורע - ודוקא שאמר לו: צא ואכול חמץ, או עכ"פ שיודע בודאי שיאכל חמץ, **והטעם**, **שכיון** שנותן לו החנוני לעבד על דעת שיפרע הוא להחנוני, הוי החנוני שלוחו, והוי כאלו הוא מאכילו חמץ בידים, וכיון שמזונותיו עליו, נמצא שנהנה הוא מן החמץ שמאכילו.

ויש מתירים גם בזה - שכיון שעדיין לא נתן המעות לחנוני, לא חשיב כחמצו מה שנותן לו החנוני לעבדו, אלא חוב בעלמא נתחייב להעכו"ם בעבור שערב בעדו, **ולדעה** זו מותר ג"כ לומר לחנוני: תן לפועלי חמץ ואני פורע, ומטעם הנ"ל, [**וליכא** בזה משום שבות דאמירה לעכו"ם, כיון שאין נותן לו דינר מזומן].

ולדינא עיקר כדעה זו, ומ"מ לכתחלה נכון לחוש לסברא הראשונה בעבדו ושפחתו שמזונותיהן עליו, שלא לומר לו שילך ויקיף על חשבונו, אלא יתן לו מעות מזומן, והוא יקנה מה שירצה.

אא"כ הקדים דינר - לחנוני, וצוהו לתת מזונות לעבדו כשיבוא, אז הו"ל כמאכילו בידים החמץ, שהחנוני הוא שלוחו של בעה"ב, **ובזה** אסור אפילו אינו יודע בודאי שיקנה חמץ.

ודע, דהקדים לו דינר לאו דוקא, דה"ה אם נתן לו דינר בשעה שנתן החנוני החמץ לעבדו, דג"כ אסור, ולא אתי בזה למעוטי רק אם פרע לו לאחר זמן.

ועיין ביו"ד סימן קל"ב ס"ד שכתב, דגם בהקדים לו דינר אינו אסור, אא"כ כשאמר לו: יהא דינר זה בידך עד שתתן להפועל שלי, **אבל** אם הרשהו להוציאו עכשיו בהוצאה, מותר, דבשעה שנותן להפועל אין כאן דינר שיקנה לבעה"ב, **אבל** כמה אחרונים חלקו עליו, והסכימו דאסור בכל גווני.

או שנשא ונתן ביד - ר"ל שבעה"ב בעצמו לקח החמץ מן החנוני העכו"ם לצורך עבדו ונתנו לו, **ובזה** אפי' לא נתן לו מעות כלל, אפ"ה

אסור, דקנה החמץ במשיכתו מן העכו"ם, [**והיכא** שהיה ג"כ נתינת מעות, והמעות קיבל מיד העבד, לדעת תוס' שרי, דהחנוני מקנה חמצו למי שנתן המעות, והבעה"ב אינו אלא שלוחו של בעל המעות, להביא לו החמץ].

ולענין תינוק שנחוץ לו לאכול ולשתות חמץ, צריך לישא אותו לבית נכרי, ויבקש להנכרי שיאכיל חמץ להתינוק, אך יזהר שלא יקחו בידו, דזוכה בו, **ואם** אין הנכרי רוצה ליתן לו בחנם, יכול להבטיחו שישלם לו אח"כ, דמותר מעיקר הדין וכנ"ל, **אבל** לא יתן לו מעות קודם או בשעה שנותנו לו לאכול, דקונה החמץ בזה ואסור לכו"ע, **ואם** א"א לו לשאתו לחוץ, ובע"כ צריך העכו"ם להביא החמץ לביתו של ישראל ולהאכילו שם, יש לו לומר להנכרי שיקבץ החמץ הנשאר וישאנו לביתו, וכשיצטרך לאכול עוד הפעם יחזור ויביאנו ויאכילנו.

ואם א"א למצא נכרי על כל פעם ופעם, יש להקל שישאיר העכו"ם חמץ בביתו, כדי שיספיק לתינוק לכמה פעמים, ויאמר בפירוש שאינו רוצה לקנות את החמץ, דאל"ה קני ליה רשותו, **ויצוה** לקטן שיאכיל לתינוק, אבל הוא בעצמו אין לו להאכילו, חדא, דאסור לכתחלה ליגע בו, וכדלעיל בסימן תמ"ו, ועוד, משום לתא דקנין, **ואם** יכול להטמין החמץ במקום שמונח חמצו המכור, יטמינו שם, וישא התינוק לשם לאכול, **ואם** לא, יעשה מחיצה עשרה בפני החמץ, ועכ"פ יכפה עליו כלי, **וכ"ז** אם אין התינוק מסוכן לזה, דביש סכנה אין צריך לדקדק בכ"ז, כדי למהר באכילתו.

הגה: ואסור לקנות חמץ לאינו יהודי בפסח, אפילו במעותיו של אינו יהודי - דאיכא למיחש שמא יאכל ממנו, **ועוד** דהוא רוצה בקיומו של החמץ, **ועוד** דהא אין שליחות לעכו"ם, ונמצא דהישראל קונה אותם ועובר בבל יראה, [**וכתב** הריב"ש עוד, דאפי' אם נימא שאין הישראל רוצה שיקנה לעצמו משום איסורא, מ"מ חמצו של עכו"ם ביד ישראל ואחריותו עליו אסור, וזה נמי אם יאבד החמץ, יגיע לישראל הפסד מזה, דיצטרך להחזיר הדמים לעכו"ם השולחו]. **ואפילו** אינו מושך החמץ מרשות המוכר, אלא נותן לו דמים בלבד בפסח, ג"כ אסור, לפי שי"א שישראל קונה מטלטלין מעכו"ם בכסף בלבד.

ומ"מ אם לא כוון לקנותו לעצמו, וגם לא קיבל עליו אחריות כלל, יש לצדד להקל באכילה ובהנאה לאחר הפסח, [**ודוקא** שלא קיבל עליו אחריות בין מפשיעה בין מגניבה ואבידה, **ונראה** דבעינן שיתנה שאינו מקבל אחריות, דבסתמא כיון דנתן לו העכו"ם מעות, דעתו שיתן לו עבור זה הסחורה, או שיחזיר לו מעותיו, **ולענ"ד** דדי אפי' אם מתנה שאינו מקבל עליו מגניבה ואבידה, דיש מרבוותא דס"ל דדי בזה, ובלאחר פסח שהוא רק קנסא דרבנן, יש להקל בזה].

וכן אסור לומר לעכו"ם בחוה"מ פסח שיקנה חמץ בשבילו, [או לקבוע לו קודם פסח ע"ז], ואפילו לא ימשוך החמץ לתוך ביתו של ישראל, דיש פוסקים שסוברין דיש שליחות לעכו"ם לחומרא, **ובדיעבד** אם קנה ולא משך לרשותו, אין לאסור לאחר הפסח.

כתב הפמ"ג, בעכו"ם שקונה מעכו"ם תבואה שיש בתוכה קצת חמוצים, שרי לישראל להיות סרסור ביניהם, כי לא בעד החמוצים הוא נותן דמים.

אם היתה בהמת עכו"ם טעונה חמץ, מותר לפורקה במקום שיש צער בע"ח, דאף דהעכו"ם מחזיק לו טובה עבור זה, וזה מקרי בעלמא כרוצה בקיומו של חמץ, כדי שיחזיק לו טובה, כיון דאין הישראל מכוין שיחזיק לו טובה, שרי.

סעיף ז - אסור להשכיר כלי לאינו יהודי בפסח כדי שיבשל בו חמץ - משום שהוא רוצה בקיומו של חמץ, שאם ישפך החמץ בשעה שהכלי עומד ע"ג האש, יבקע הכלי, והרי הוא כנהנה מן החמץ, (ויש דעות בין אחרונים, אם דוקא בשכירות, או אפילו בשאלה נמי איכא איסור רוצה בקיומו).

(ומוכח משו"ע הגר"ז, דברוצה בקיומו ליכא היתר דהאגור, במשכירו קודם פסח, ובכל גווני אסור, **אכן** מב"ח משמע, דבין במשתכר ובין ברוצה בקיומו, בכל גווני איכא להתיר היכי שהיה קודם ל', **והוא** כ"כ כפי גירסתו באגור, וה"ה להני דגרסי בו "קודם פסח"), (ע"ל ס"ה).

(ואיסור רוצה בקיומו, היינו דוקא לכתחלה, אבל בדיעבד אין להחמיר, וכמו לעיל סעיף ד' במשתכר באיסורי הנאה).

אבל משכיר לו חמור להביא עליו חמץ - שהרי לא איכפת ליה אם יאבד החמץ.

והקשו האחרונים, דלאסר בין בכלי בין בחמור משום משתכר באיסורי הנאה, שאסור לכתחלה, וכמ"ש בסעיפים הקודמים, **ומסקי** דדין זה הוא להאי שיטה, דאין אסור להשתכר באיסורי הנאה רק בע"ז וכדומה, **אבל** לפי מה דנקטינן להחמיר, לאסור להשתכר לכתחלה בכל מקום, ה"ה דאסור גם גבי חמור להביא עליו חמץ.

ודע דגם לשיטה זו, דוקא שהשכיר בפירוש להביא עליו חמץ, אבל אם השכיר סתם לזמן, והביא עליו חמץ, מותר, שהרי אם לא הוליך עליו שום דבר ג"כ היה צריך לשלם לו שכרו, וכמו שכתבנו לעיל גבי תנור, [**ואפי'** אם הישראל יודע שיביא עליו חמץ, מ"מ כל זמן שלא פירש מותר, **אבל** כלים כיון שמסתמא עומדים לבשל בהן חמץ, אפי' סתם אסור להשכיר].

הגה: ויש מתירין להחם חמין בכלי חמץ ולרחוץ בהן - או לחוף בו הראש, **וכן שאר צרכי הנאה בכלי חמץ, וכן הוא המנהג** - שהרי אינו נהנה אלא מן הכלי, ולא מחמץ הבלוע בתוכה, אע"פ שהוא נפלט מן הכלי לתוך החמין.

ור"ל דלא נימא דזה ג"כ כעין רוצה בקיומו של חמץ המובלע בדופני הכלי בשביל הכלי, שבשעה שמשתמש בה הרי הוא רוצה שתהיה שלמה, וממילא כמי שרוצה בחמץ הבלוע בתוכה, שהרי א"א זה בלי זה, **דלא** אמרינן כן בחמץ המובלע שאינו בעין.

וכתבו האחרונים, דדוקא בכלי המיוחד לרחיצה ולכביסה, שאין דרך להשתמש בו לאכילה, **אבל** בכלי שדרך לפעמים להשתמש בו לאכילה ושתיה, צריך להצניע במקום צנוע, ואין להשתמש בו אפילו לרחיצה וכביסה, גזירה שמא ישתמש בו לאכילה, **ומ"מ** דרך ארעי אין להחמיר גם בזה.

ולענין למכור לנכרי בפסח כלים חמוצים, יש מתירים, וגם כן מטעם הנ"ל, שהרי נהנה רק מגוף הכלי, ולא מבלוע, {**אם** לא שהעכו"ם נותן לו יותר בשביל שהוא בלוע וישנה, דאז נהנה מחמץ}, **ויש** אוסרים בזה, [ח"א, וז"ל: כיון דעומד לאכילה, ומוכרו לנכרי ונהנה ממנו, הוי כאילו הוא בעצמו נהנה ממנו, עכ"ל].

כתבו האחרונים, ישראל מחזיק ארענדע משר, ויש שם בית שעושין שכר, שקורין מאל"ץ הוי"ז, ומנהג שכל מי שצריך לעשות שכר עושה בבית הנ"ל, וישראל נוטל השכירות, ואם יניח לנכרים לעשות שכר בפסח, וא"כ הרי הוא רוצה בקיומו של חמץ, מחמת הכלים שבמאל"ץ הוי"ז, שאם ישפך המאל"ץ יבקע היורה כשעומדת על האור, וכשיקבל שכר הרי הוא משתכר באיסורי הנאה, **ועוד** יותר, כיון שהמנהג תמיד לתת מדה מאלץ בשכר ולא מעות, א"כ כשעושה העכו"ם השכר, כבר זכה ישראל במדה מאלץ, ואף שנותן לו זאת אחר פסח, אסור, דהוי ליה חמץ של ישראל שעבר עליו הפסח, **וכתבו** שימכור הזכות שיש לו במאלץ הויז לא"י, או ישכיר על איזה שבועות, כדי שיהיו ימי הפסח בהבלעה, ושרי.

ואם לא חכר מן השר גוף המאלץ הויז, רק חכר ממנו שכר המדות, דהיינו שהמדות שנותנים העושים יהיו שייכים לו, **די** שיצוה להעושים שכר שלא יפרישו המדות בפסח, רק יכתבו בפנקסם לו שטחנו בפסח, ואחר הפסח יגבה מהם, **וכן** הדין במחזיק רחיים בארענדע, [**ומ"מ** אינו ברור, דאף שבאופן זה לא שייך רוצה בקיומו, שהרי אין לו שום שייכות להבית וכליו, וכמו כן חליפי חמץ לא שייכא, **מ"מ** הרי משתכר הוא באיסורי הנאה, שאסור, ואפי' נותן לו שכירותו לאחה"פ, **ובשו"ע** הגר"ז מתקן זה קצת, דאינו זוכה המדות מיד הנכרים, אלא המדות שייכים להשר, והוא זוכה ממנו, וא"כ הוא אינו משתכר באיסורי הנאה, רק השר, **ועדיין** אינו ברור וצ"ע].

§ סימן תנא – דיני הגעלת כלים §

סעיף ד - אקדים הקדמה קצרה, ויצטרך בכמה מקומות: דע דאיתא בגמרא, דדוקא דבר איסור הנבלע בכלי ע"י אור צריך ליבון, **אבל** דבר היתר הנבלע בכלי ע"י אור, אף שאח"כ נאסר, כגון בשר קדשים שצלהו בשפוד ע"ג האור, אף שלבסוף נעשה הבליעה בשפוד נותר, אפ"ה הכשרו של שפוד זה די בהגעלה, **ונחלקו** הפוסקים לענין חמץ הבלוע בכלי, י"א דזה ג"כ מקרי התירא בלע, שבאמצע השנה כשנבלע החמץ של המולייתא בשפוד היה היתר, וע"כ סגי בהגעלה, ולדידהו כל כלים שתשמישן ע"י אור, לענין פסח די בהגעלה, **וי"א** דוקא נותר, שבעת הבליעה לא היה שם נותר על הבשר כלל, לכן נקרא דבר זה בשם היתירא בלע, **אבל** חמץ דבעת השתמשות השפוד בחמץ, היה שם חמץ על הבליעה, ועכשיו ג"כ שמו חמץ, אלא שעתה נתעורר האיסור למפרע על שם חמץ זה, לא מקרי בשם התירא בלע, דחמץ בלע בתוכו וגם עכשיו הוא חמץ, ובכלל איסורא בלע הוא, וצריכין ליבון, **ולזה** הסכימו רוב הפוסקים, וע"כ פסק המחבר כוותייהו, **ומ"מ** אין ללמוד מדין זה למקומות אחרים, דלפעמים היכא שיש עוד צדדים להקל, מצרפינן ג"כ לזה דעת הפוסקים דס"ל דחמץ מקרי התירא בלע.

כלים שמשתמשים בהם על ידי האור - פי' בלי מים, **כגון שפודים ואסכלאות וכיוצא בהם** - שצולין עליו מולייתא של חמץ, **צריכים ליבון** - לפי שגוף החמץ נוגע בהן בשעת צלייתו, ואין ביניהם שום משקה שיוליך טעם החמץ לתוך השפוד והאסכלא, אלא ע"י חום האש לבלבד נבלע בהן טעם החמץ, לפיכך אינו נפלט מהן ג"כ ע"י הגעלה במים רותחין, אלא ע"י חום האש, דכבולעו כך פולטו.

ואע"פ שאסכלא כשצולין ע"ג טשין אותה באליה, או מושחין פניה בשומן, אין רטיבות מעט זה מצילה מהיות האש שולט בה לגמרי, **ואינו** דומה למחבת המבואר לקמן בסי"א.

אבל אם ידוע לו שלא צלו עליו חמץ, רק שצלו עליו בשר עם מלח שלא נבדק מחמץ, בזה די בהגעלה ואפילו לכתחלה, [**ואם** אין ידוע לו, רק בסתמא, בודאי יש ללבנו מחמת ספק, מכל מקום בדיעבד אם הגעילו ונשתמש בו, אפשר דאין להחמיר, **ובפרט** כשהוא אינו בן יומו, בודאי יש להקל בדיעבד].

והליבון הוא עד שיהיו ניצוצות ניתזין מהם - או עד שתסור קליפתו העליונה.

הגה: ויש מקילין אם נתלבן כל כך שקש נשרף עליו מבחוץ - ר"ל שאם ישימו עליו קש מצד חוץ, ישרף הקש מכח הליבון, **דליבון** זה אף שהוא גרוע מליבון הראשון, מ"מ מהני עכ"פ חמימותו לפלוט הבליעה כמו הגעלה בודאי, **ודעה** זו ס"ל דחמץ מקרי התירא בלע, וע"כ מקילין בליבון כזה.

ונוהגין כסברא ראשונה בכל דבר שדינו בליבון - דלדינא עיקר כדעת המחבר, דחמץ מקרי איסורא בלע, וע"כ צריך ליבון טוב שיהו ניצוצות נתזין ממנו, **ואפילו** בדיעבד יש לאסור, אם נשתמשו בו בפסח בעוד שלא ליבנו אותו כ"כ, או ע"י הגעלה, **אכן** במקום הפסד מרובה, או מניעת שמחת יו"ט, והוא אינו ב"י מעת שנשתמשו בו החמץ, יש לסמוך בדיעבד על הפוסקים דסוברים, דחמץ מקרי התירא בלע, ודי במה שהכשירו בהגעלה, או בליבון קל.

אבל דבר שדינו בהגעלה, רק שיש בו סדקים - ר"ל ומבואר לעיל דצריך ליבון באותו המקום, דהיינו שישים שם גחלים בוערות, **או שמחמירין ללבנו, סגי בליבון קל כזה** - די שישהה הגחלים שם עד שקש נשרף עליו מבחוץ, שבזה השיעור בודאי נשרף כל ממשות האיסור, שימצא בעומק הסדקים והגומות.

חצובה צריך ליבון - הוא כלי שיש לה ג' רגלים, ומעמידין עליה קדרה או מחבת בתנור על האור כל השנה, **ואם** רוצה להשתמש בה בפסח צריך ללבנה באור, לפי שלפעמים נשפך עליה עיסה, ונבלע בה טעם חמץ ע"י האור, **וזהו** רק לכתחלה משום חומרא דחמץ, דבאמת שתי קדרות הנוגעות זו בזו אין יוצאת הבליעה מזו לזו, כמבואר ביו"ד סימן צ"ב ס"ז, **וגם** יש לתלות, שאף עם נשפך כבר נשרף והלך לו, כיון

שבכל שעה היא על האש, **וע"כ** בודאי די לזה בליבון קל, **ובדיעבד** אף אם נשתמש עליו בלי ליבון כלל, ג"כ אין לאסור.

סעיף ה - כלים שנשתמש בהם בחמין, כפי תשמישן הכשרן - דכבולעו כך פולטו.

אם תשמישן בכלי ראשון, כגון כף שמגיסין בו בקדירה, צריך להכשירן בכלי ראשון - לדעת הי"א המובא בטור יו"ד סימן קכ"א, דבדבר שתשמישו בכלי ראשון על האש, הכשרו ג"כ בכלי ראשון העומד אצל האש דוקא, והכף הזה שמגיסין בו הקדירה בעודו על האש, צריך להגעיל ג"כ באופן זה.

ואם תשמישן בכלי שני - כגון כפות קטנים שתשמישן רק בקערות, **הכשרן בכלי שני** - ובדיעבד אם לא הכשירן כלל ונשתמש בהם, עיין לעיל בס"א במ"ב.

וכלי שמשתמשין בו בעירוי שמערה מכלי ראשון - ואפילו כלי חדשה שלא נשתמשו בה מעולם, רק פעם אחת נשפך עליה עירוי של חמץ מכלי ראשון, **לא סגי ליה בהכשר דכלי שני** - דהיינו לשפוך מים רותחין בתוך כלי, ואח"כ יכניסם, **ואפילו** בדיעבד לא מהני ע"י הכשר דכלי שני, **אלא צריך לערות עליו מכלי ראשון** - והטעם, דבלוע שנתהוה ע"י עירוי החמין מכלי ראשון, אינו נפלט מן הכלי כי אם ע"י עירוי ג"כ, [דערוי מבשל כדי קליפה].

וצריך ליזהר שלא יפסיק הקילוח.

ודע, דעירוי לא מהני אלא בזה, שתשמישו ג"כ היה ע"י עירוי, אבל כלי שתשמישו היה ע"י כלי ראשון, לא סגי להכשירו בעירוי, אלא בכלי ראשון ממש, [דערוי אינו מבליע ומפליט רק כדי קליפה].

הגה: כל הכלים שיש בהן סדקים או גומות או חלודה, והוא בתוך הכלי, ולא יוכל לנקרן ולנקותן, אין להגעילן, וצריכין ליבון במקום הסדק והחלודה - דלחמץ בעין אין מי הגעלה פולטין.

והוא בתוך הכלי - דמבחוץ לכלי, אין צריך להחזיק שיש שם חמץ בעין בהגומות, [כיון שאין עיקר התשמיש שם]. **ואם** שואבים בכלי מיורה גדולה, ודרך להתדבק גם מבחוץ חמץ, אז יש קפידא אף מבחוץ.

וה"ה כיסוי כלים המחובר ע"י צירים שא"א לנקות, או קערות עם אזנים כעין צירים, אף מבחוץ החמץ נכנס שם כידוע, וא"א לנקות, אין להגעילם כלל.

סעיף ו - כל כלי הולכין בו אחר רוב תשמישו; הלכך קערות אע"פ שלפעמים משתמשין בהם בכלי ראשון על האש, כיון שרוב תשמישן הוא בעירוי שמערה עליהן מכלי ראשון, כך הוא הכשרן - וה"ה כלים שמשתמשין בהן בצונן, די להן בשטיפה לדעה זו, אף על פי שלפעמים השתמש בהן בחמין.

ומכל מקום אם ידוע שתוך מעת לעת השתמשו בו חמץ בכלי ראשון ממש, אף על פי שעיקר תשמיש שלו תמיד הוא על ידי עירוי או בכלי שני, צריכין הגעלה בכלי ראשון דוקא אליבא דכו"ע, ואם ע"י אור צריך ליבון.

הגה: ויש מחמירין להגעיל הקערות בכלי ראשון, וכן הוא המנהג - ומ"מ בדיעבד סמכינן אדעה ראשונה, [**עיין** פמ"ג דמפקפק גם לענין דיעבד, **אבל** פשוט דבאינו בן יומו נוכל לסמוך על כל אלו הפוסקים].

וכן בכל דבר שיש לחוש שמא נשתמש בו בכלי ראשון, כגון כפות וכדומה לזה - וה"ה אם יש לחוש שנשתמש בו לפעמים ע"י האור, צריך ליבון דוקא, ובליבון קל, כדלעיל ס"ד בהג"ה, [**כתב** הפמ"ג, דלפי"ז קערות של בדיל שאופין בו לפעמים עוגות על תנור גרוף מן הגחלים, אין לו תקנה, דהלא צריך לכתחילה ללבנו, ויהיה ניתך ע"י הליבון, **ובספר** בית מאיר מצאתי, דמ"מ בקערות אלו, אם ידוע שאינן בני יומן מתשמיש זה של אפיית עוגות, נוכל לסמוך על דעה ראשונה, וסגי בהגעלה לכתחילה, **וכתב** דכן ראוי להורות].

ויש מחמירין להגעיל כל כלי שתיה אעפ"י שמשתמשין בצונן, משום שלפעמים משתמשין בהם בחמין; וכן הוא המנהג להגעילן, ובדיעבד סגי להו בשטיפה - דהיינו ששפשפו תחלה היטב במים, כדי להסיר כל הדבוק עליו, ואח"כ שטפו במים.

וקערות גדולות שלא יוכל להכניס תוך כלי ראשון, יתן עליהם אבן מלובן, ויערה עליהם רותחין מכלי ראשון, והוי ככלי ראשון - ר"ל אע"ג דאין זה אלא עירוי, מ"מ כיון שהוא ע"י אבן מלובן, אין מניח המים להצטנן, והוי כאלו נתנן בתוך כלי ראשון.

וכן נוהגין לענין הכשר השלחנות והספסלין, וינגב השלחן תחלה, כדי שלא יצטנן המים הרותחין ששופך.

וכן כל כיוצא בזה - כגון דפי מולייתות של בשר או גבינה, דלפעמים נותנין עליהם חמין.

ויעביר האבן על כל הכלי, שאז מגעיל כולו - ואע"ג דבאיזה מקום אינו נוגע האבן, מי הרתיחה העולים מן האבן נוגעים שם, ושרי, **ומ"מ** בקערות שיש להם אוגנים ובליטות, כעין כפתורים ופרחים, שאז א"א להעביר האבן על פני כולו, ואפשר שגם מי הרתיחה לא יגיעו תיכף שם, **נכון** להחמיר שלא להגעיל ע"י אבנים, כי אם יכניסם ליורה.

ועיין בא"ר שהכריע לדינא, דעכ"פ אינו מועיל הגעלה ע"י אבנים, אלא בקערה וכיו"ב, שרוב תשמישן הוא רק ע"י עירוי מכלי ראשון, **משא"כ** בדבר שרוב תשמישן הוא בכלי ראשון, אינו מועיל להגעיל באופן זה, דלא הוי ככלי ראשון ממש, **ולענ"ד** נראה, דאפילו בקערה וכיו"ב, אין להקל לכתחלה להגעיל ע"י אבנים, אלא בידוע שהוא אינו בן יומו מתשמיש כלי ראשון.

סעיף ז - יש מי שאומר דכפות העשויות מקרן, אין להם תקנה בהגעלה - כבר כתבתי לעיל, דה"ה אם רק הקתא

שלהם עשויות מקרן, **דכיון שמתקלקלין במים חמין, חיישינן דלמא חייס עלייהו** - והעשויה מפערי"ל מוטע"ר, כיון שהוא קשה מאד אינו דומה לקרן.

סעיף ח - אחד כלי עץ - ודוקא אם הכלי עץ חלק בלי שום סדק וגומא, **ואחד כלי אבן ואחד כלי מתכת** – (וכן כלי גללים), **דינם להכשירם בהגעלה.**

הגה: וכן כלי עצם צריכים הגעלה - חוץ מקרן דהוא רך, וחייס שלא יתקלקל, אין מועיל הגעלה וכנ"ל.

סעיף ט - המגעיל קודם שעה חמישית, יכול להגעיל ביחד כלי ראשון וכלי שני, וכלים שבלעו דבר מועט, ואינו חושש, (גם כן אם מגעיל מקלת הכלי שני פעמים) - יתבאר לקמן בסימן תנ"ב.

סעיף י - סלים שמולחים בהם הבשר, יש מצריכין להם הגעלה - כיון דאינו נזהר כל השנה במלח מחמץ, שמא היה שם מעט חמץ, וקבל הכלי טעם מעט, וחוזר ונותן טעם בפסח.

ויש מי שחולק, ונראין דבריו - דאחזוקי איסורא לא מחזקינן.

(וטוב להגעילן) - ע"י עירוי מכלי ראשון, **ואף** דמבואר לקמן בסעיף י"ח בהג"ה, דלא מהני להן הגעלה, **היינו** משום דשם מיירי שמשתמשין בהן חמץ כל השנה, ומצוי שמתדבק בנצרים פירורי חמץ, משא"כ בזה.

(או לקנות חדשים) - פי' אם אי אפשר להגעילן, לפי שיש בהן גומות.

וכ"ז לכתחלה, אבל בדיעבד אף אם לא הגעילן, ומלח בהן בשר בפסח, מותר לאכול הבשר, אפילו אם ידוע לו שנבלע חמץ בסלים ע"י מליחה, מפני שאין המלח מפליט מה שבלוע בתוך הכלי.

סעיף יא - מחבת שמטגנין בה, (פי' שיולקין בה שמן לאפותו), מותרת בהגעלה - דדוקא בתנור שנאפה בו החמץ בלי משקה צריך ליבון, אבל לא המחבת, שהרי אופין בו עם משקה, מה לי שמן או מים, **ולא** חיישינן שמא נתייבש השמן, והחמץ נאפה בלא משקה, אלא אפילו אם נשרף ונדבק לדופן המחבת, עדיין יש לחלוחית משקה שם, **וכן** הדין בקדירה של מתכת שמבשלין בה, אף שנדבק לפעמים לדופני הקדרה.

וה"ה אם נתן שם שומן, **ויש** שרצו לומר דשומן אינו בכלל משקה, וכגופא דבשרא הוא, ונחשב תשמישו ע"י אור, **אבל** מלשון הפוסקים לא משמע כן.

אבל האגנות שאופין בו עוגות בעין, אף שמושחין תחתיו בשומן או שמן או חמאה, כגון פורימש שאופין בו טארטין, או בעקין קוכען, צריכין ליבון מדינא, **וכן** הסקאווראדעס, שפעמים מחמין בהן סובין לחולה, צריכין ליבון מדינא, [והיינו אליבא דפוסקים שסוברים, דאזלינן אף בתר מיעוט תשמישן].

ואם היא ארוכה, משים חציה והופך עוד ומשים חציה האחר. ואם היא ארוכה ביותר, מלבנה באמצע, (ובליבון כל דהו סגי שנשרף עליו מבחוץ סגי ליה).

(ויש מחמירין ללבן המחבת) - דלפעמים נתייבש השומן, והעיסה נאפית בעין על המחבת, **(אך בלבון כל דהו, דהיינו שישרוף עליו קש מבחוץ, סגי).**

(ונוהגין ללבנו לכתחלה, מיהו סגי ליה בהגעלה אם אין בו גומות) - ר"ל מדינא, **ובפר"ח** מצדד דמדינא צריך ליבון, (ועכ"פ רוב הפוסקים ס"ל להקל, ובדיעבד בודאי סגי בהגעלה).

סעיף יד - כסוי של ברזל שמכסים בו הקדירה, צריך הגעלה, כיון שמזיע בכל שעה מחום הקדירה - ר"ל וא"כ נבלע בו החמץ ע"י חום כלי ראשון, וע"כ צריך הגעלה ג"כ בכלי ראשון, ולא מהני עירוי.

לאפוקי אותו כיסוי שאופין עליו בצק, צריך ליבון.

ואם נתנוהו בפסח על הקדירה בלא הגעלה, כל התבשיל והקדרה, **אסור** - ואפילו אם הכיסוי הודח היטב, שאין בו חשש משום חמץ בעין, **שזיעת הכסוי מתערב בתבשיל** - ע"י ההבל העולה מהתבשיל להכיסוי כשהוא רותח, ובפסח איסורו במשהו, [**וכ"ש** במקום שיש לחוש, שע"י הרתיחה נגע התבשיל בכסוי המחומץ, בודאי אסור].

ואם נתנוה בע"פ אחר שש שעות, אז אם יש ס' בתבשיל נגד כל הכיסוי מותר, **וכן** אם הכיסוי אינו בן יומו מעת שכיסו בו קדרת חמץ, מותר בשעת הדחק לכו"ע, דנותן טעם לפגם בע"פ מותר, [**דבלא** שעת הדחק יש מחמירין (ביו"ד סי' צ"ג) בכיסוי, אפי' אינו בן יומו], **משא"כ** בפסח, אפילו אם הוא אינו בן יומו, אסור לדעת הרמ"א לעיל בסימן תמ"ז ס"י בהג"ה, [**דלדעת** המחבר שם, ע"כ מיירי המחבר בענינו, כשהכיסוי הוא בן יומו, או בשאינו הודח, ויש לחוש לחמץ בעין שעליו].

ואם נזכר מיד והסירו מן הקדרה, וראה שהוא יבש עדיין, שלא התחיל להזיע מחום התבשיל שבקדרה, הרי התבשיל מותר באכילה, וגם הקדרה מותרת, **אף** ששניהם רותחים ונגע אחד בחבירו, שאין איסור יוצא מכלי לכלי בלא רוטב, כדאיתא ביו"ד סי' ק"ה, [ובפרט כשהכסוי אינו בן יומו], **אבל** אם שהה הכיסוי מעט על הקדרה, בענין שיש לחוש שמא כבר התחיל צד הפנימי של הכיסוי להזיע, עד שהיה יד סולדת בזיעה זו, הרי התבשיל והקדירה אסורין.

סעיף טו - כסוי של ברזל שמשימים אותו על החררה כשנאפית על הכירה, צריך ליבון - לפי שברוב

הפעמים נוגע הכיסוי בגוף החררה שתחתיו, ובולע ממנה טעם החמץ שלא ע"י משקה, אלא ע"י חום האש.

ועיין בפמ"ג, דליבון זה לא מהני ליבון קל, אלא עד שיהא ניצוצות ניתזין הימנו, [**ויש** לעיין אם היה אינו בן יומו, אפשר אף דאנן נוהגין להחמיר באינו בן יומו, אולי נוכל לצרף לזה דעת הפוסקים, דחמץ מקרי היתירא בלע, וסגי הגעלה אף במקום דצריך ליבון, וממילא מהני ליבון קל, **אח"כ** מצאתי ענין זה באשל אברהם, ומוכח דבלאו הפסד מרובה אין להקל אף בדיעבד].

סעיף יח - הנפה צריך לדקדק בה מאד לנקותה מפתיתי החמץ הנדבק בה ונסרך ונדבק בנקבי אריגת הנפה ובעץ שבה, וישפשפו אותה במים יפה יפה - ר"ל לאחר שניקו אותה היטב, דאם יבוא עליה מים מקודם אפילו על מקצתה, שוב אין לה תקנה להשתמש בה בפסח לכו"ע.

והוא הדין לכל שאר כלי הלישה, שהשפשוף בהם עיקר גדול - ואודות הגעלה לא הזכיר בזה הסעיף, דכבר ביאר לעיל בסי"ז, דאם לשין בה כל השנה, צריכה הגעלה, והכא אשמועינן דלא נימא דיוצא בהגעלה לחוד, **א"נ** דהכא איירי שלשין בה רק לפרקים, דמן הדין א"צ הגעלה.

הגה: ונהגו שלא להשתמש בנפה ע"י הגעלה, ואין לשנות - ר"ל אף ע"י שפשוף והגעלה, מטעם דקשה מאד לנקות נקבי הנפה, אלא צריך לקנות נפה חדשה.

ובדיעבד אם עבר ונשתמש בה בפסח, ע"י שפשוף היטב לחוד, (אפי' בלא הגעלה), יש לסמוך על פסק המחבר דס"ל דבשפשוף לחוד סגי, [א"ר], (שלא הזכיר בשו"ע הגעלה בנפה כלל – א"ר. **והיינו** דלא כמו שפי' המ"ב לעיל, וצ"ע).

ואם אינו מוצא לקנות חדשה, מוטב שלא לרקד הקמח כלל, **אכן** אם נמצא גרגרי חטה בקמח, וא"כ אם ימצא אותם בפסח במצה מבושלת יאסור, אפשר דיש לסמוך אף לכתחלה להקל, ע"י שישפשפו אותה היטב מתחלה, ואח"כ יגעילנה דהוי כחליטה.

ואם א"א לנקותה ואין לו נפה, אזי ישמור שלא יאכל המצות כי אם יבשים, ולא יבשלם ולא יתנם ברוטב ובדבר לח.

ודע, דאם באו מים על נפה, אין לה תקנה להשתמש בה בפסח, אף לדעת המחבר, [**ור"ל** שהיתה נפה חמוצה, ובא עליה מים עד שלא שפשפה מתחילה לנקותה, א"כ נעשית עתה חמוצה בודאי, וע"כ אנו חוששין שמא לא ינקוה יפה]. **ומ"מ** אם ניפו קמח בפסח, בנפה שבא עליה מים אחר פסח של שנה שעברה, מותר בדיעבד, דשוב הוי חמץ נוקשה ובטל בס'.

וכן בכל כיוצא בזה, כגון הכלי שקורין רי"ב אייזי"ן, או הכיס של רחיים, בכולן לא מהני להו הגעלה.

רי"ב אייזי"ן - דלפעמים מפררין עליו לחם חמץ, וא"א שלא נשתייר פירור משהו בתוך נקביו, **וגם** התמכא שקורין חריי"ן שגררו עליו כל השנה, ונחתך בסכין של חמץ, והתמכא הוא דבר חריף ונבלע בו טעם החמץ, ואח"כ כשמוללין עליו נמצא בו טעם החמץ.

ובזה אפילו בדיעבד יש לאסור אם נשתמשו בו בפסח, אפילו אם נשתמשו בו בצונן, כגון שפירררו עליו מצה, וכ"ש חריי"ן שהוא דבר חריף, **ואפילו** אם ניקרו אותו היטב מתחלה, משום שא"א שלא נדבק בו פירור חמץ, או פירור חריי"ן שהוא נבלע מחמץ.

אבל כשנשתמשו בו בע"פ יש בזה חילוקים, והוא: דאם נשתמשו בו רק מצה בע"פ, אף אם נתערב בתוכו פירור חמץ, הרי נתבטלו בתוכו בס', ומותר לאכלו עד הלילה, אבל כשהגיע הלילה הרי הפירור חוזר וניעור, ואוסר במשהו, [**וכ"ז** כשמפררין עליו גם לחם חמץ, אבל אם ידוע שלא שמשו בו מתחילה רק חריי"ן שנחתך בסכין של חמץ, א"כ אין עתה חשש של חמץ בעין, רק מבליעת חמץ, לא אמרינן דחוזר וניעור, ח"א] (בשם המ"א, וכמ"ש בשמו בסי' תמ"ז, דס"ל דביבש אע"ג דקימ"ל דחוזר וניעור, זה דוקא באיסור מחמת עצמו, משא"כ בבלוע).

ואם פירר עליו חריין בע"פ שהוא דבר חריף, צריך ס' נגד כל הרי"ב אייזי"ן, שנעשה כולו חמץ ע"י הבליעה שבלע מהחריין שפיררו עליו ונחתך בסכין חמץ כנ"ל, ואם לא כולו אסור.

וכן סלים - של נצרים, **שמשתמשין בהן חמץ, דינם כנפה** - שמלאים נקבים וא"א לנקרן.

אבל שקים ישנים נוהגין בהן היתר ע"י כבוס - ר"ל בחמין ואפר וחביטה. **ושם** בנפה וכיס של ריחיים שאני, שעובר תמיד הקמח של חמץ דרך הנקבים, וא"א שלא יהיה נסרך בו משהו.

שקים ישנים לאו דוקא, אלא אפילו בשק חדש ששם בו פעם אחת קמח חמץ, **וה"ה** אם שמו בו פעם אחת קמחא לפסחא, ורוצה לכבסו לתת בו פעם שנית קמח לפסח, ג"כ צריך כיבוס והיתר התפירות.

וצריך להתיר כל התפירות שבהן קודם הכבוס - וגם צריך לגרור שם מתחלה בסכין היטב את החמץ שנמצא שם.

עוד כתבו, דהסדין שעושין המצות עליהן, שצריך להחליפן בין לישה ללישה, דהיינו לאחר שיעור מיל, אם רוצה ללוש על אותן סדינין עצמן עוד, צריך כיבוס גמור כנ"ל, ולא מהני הדחה לבד, דהבצק נדבק בהן, **וכ"ש** דלא מהני אם רוצה להפוך אותן לצד השני, שהחמץ מבצבץ ויוצא מעבר לעבר, **וגם** התפירות שבאמצע המפה צריך להתירן.

ובדיעבד אם עבר ועשה המצות על הסדין בלא כיבוס כלל, אם הוא תוך הפסח, אף בדיעבד יש לאסור, **אך** אם הפך הסדין או כיבסו, אף שלא התיר התפירות, אין להחמיר.

סעיף יט - הרחת שקורים פאל"ה - הוא מרדה שמכניסין בה עוגות לתנור ומוציאין בה מן התנור, **יש אומרים שאין מועיל לה הגעלה וצריך לקנות חדשה** - משום דבולעת מן החמץ ע"י אור בלי שום משקה, וללבנה א"א דהא של עץ היא, ואפילו קליפה בכלי אומנות מקודם ג"כ לא מהני.

ועיין בא"ר שכתב דכ"ז לכתחלה, אבל בדיעבד אם נשתמש מצה ברחת של חמץ אחר הגעלה, מותר.

ובדיעבד אם הוציא מצה חמה מן התנור ברחת של חמץ, אם לא היתה הרחת נקיה, אלא היה בה לכלוך חמץ בעין, אוסר בתחתוניות המצה כדי נטילה, שהוא כרוחב גודל, **ולפי** מה שאנו נוהגין לאפות מצות דקות, נאסר כולו.

ואם אפו על ידי מרדה זו עוגות חמץ עם שומן, נאסרה המצה כולה, דע"י השומן מפעפע החמץ בכולה, **ודוקא** תוך הפסח, אבל קודם הפסח עד הלילה, בטל בששים אותו מעט הבעין שיש על המרדה, [**ולכאורה** נראה דזהו דוקא לענין שע"י השומן שהוא בעין אינו נאסר המצה כולו, שבטל הבעין בששים, **אבל** עכ"פ הבלוע שבתוך המרדה אוסר כדי קליפה, אף קודם הפסח, וצ"ע].

אבל אם הדיחו המרדה מקודם, ואין עליה חמץ בעין, רק הבלועה בה, אין אוסר רק כדי קליפה, בין שנשתמש בה מקודם עם שומן, או בלא שומן, דאיסור הבלוע בכלי אין יכול לאסור יותר מכדי קליפה.

אם הוציא מצה חמוצה במרדה של פסח, ואח"כ רדו בה מצות אחרות, ונאסרו ע"י המרדה, ואח"כ נתערבו אלו בהרבה אחרות כשרות, כולן אסורות, דכבר נתבאר בסימן תמ"ז, דבפסח לא נתבטל יבש ביבש, **ואפילו** אם נתערב בע"פ, מ"מ חוזר וניעור תוך הפסח, ואסור לאכלם בפסח, **ורק** בע"פ מותר להאכילן לתינוק, **וי"א** דכיון שלא נאסר רק מצד בלוע, אינו חוזר וניעור בפסח.

[**אם** הוציא מצה חמוצה במרדה, עיין במ"א שדעתו, דמצה ראשונה שרדו בה מיד אחר מצה החמוצה, אם היא בשמנונית, נאסרה כולה, ואם לאו נאסרה בכדי נטילה, **ושאר** מצות שרדו אח"כ, לא נאסרו רק כדי קליפה, משום שכבר נתקנח הבעין של המרדה שנדבק בה מהמצה חמוצה ע"י הראשונה, ושוב אין בה רק בליעה, ואינה אוסרת רק כדי קליפה, **ובנהר** שלום מפקפק על סברא דנתקנח].

וכ"ז בחמץ גמור, אבל במרדה שהוציאו בה מצה כפולה ונפוחה, די לאסור הרחת לכתחלה, אבל בדיעבד אינו אוסר, **ויותר** מזה כתב הח"י, דאם א"א למצוא בקל רחת אחרת, מותר להוציא לכתחלה בה המצות, דא"כ יצטרך תמיד מרדה חדשה, והוי כדיעבד.

ואם נסתפקו במרדה אם היתה של חמץ או חדשה, מותרים כל המצות.

ואם מחזיק רחת של פסח משנה זו לשנה האחרת, מותר וא"צ הגעלה, רק שיראה שתהיה נקיה היטב.

סעיף כ - השלחנות והתיבות שמצניעים בהם אוכלין - חמין, **כל השנה, רגילים לערות עליהם רותחין** - מכלי ראשון, **לפי שלפעמים נשפך מרק מן הקדירה לתוכן** - אבל סתם תיבות א"צ הגעלה, [היינו אף שמצניעים בהם אוכלים, אבל אינם חמים].

ומהרי"ו פסק, דלא מהני עירוי, מפני שלפעמים משים עליו פשטיד"א חם, והוי כאלו נשתמש בכלי ראשון, **אלא** יכשירם ע"י אבן מלובן, וישפוך עליו רותחין, ויגלגל למקום אחר וישפוך עליו, כדי שילכו הרותחין בכולו, **ובזה** די אפילו אם הרותחין הוא מכלי שני, דהא נרתחין על הדף והוי ככלי ראשון, ואז מותר להניח עליהם אפילו מצה חמה, **ובדיעבד** מותר ע"י עירוי לבד, [דמדינא צריך לילך בתר רוב תשמישו].

ויש שכתבו, שצריך להניח עליהם עוד מפה או ד"א החוצץ, שמא נדבק בו עדיין עוד חמץ בעין, **ועיין** בא"ר שמסיק, דכן ראוי לנהוג בתיבות ומגדלים, דכמעט א"א לטהרן שלא ישאר מאומה בין הדבקים, **אבל** בשלחנות פשוטין אין להחמיר.

סעיף כד - כלי עץ המצופים בסמנים שקורים ברניס, דינם ככלי חרס - שאין הגעלה מועלת להם, אם נשתמש בהם חמץ בחמין, שהסמנים מעכבין על מי הגעלה שלא יפליטו מה שבלוע בתוך העץ, [**אבל** אם נשתמשו בהם בצונן, אין להחמיר רק במקום שנהגו להחמיר בחדשים].

הגה: ויש מקומות שמחמירים שלא להשתמש בכלים לצועים - בכרכום וכדומה, **אפילו הן חדשים** - דחיישינן שמא היה ע"י סובין, או שצבע כלים ישנים, **וכן המחופין בבדיל** - ר"ל אפילו הן חדשים, וג"כ מטעם הנ"ל, שפעמים הציפוי ע"י סובין, או שחיפה כלים ישנים, [**בפמ"ג** מצדד, שאפי' ע"י הגעלה אין כדאי, **ובחמד** משה מקיל ע"י הגעלה].

ואין להחמיר בזה רק במקום שנהגו איסור.

סעיף כה - כל כלי השתיה, בין צלוחיות בין כוסות, מותרים בשטיפה. בין שהם של זכוכית - נקט זה אפילו לדעת המחמירין בזכוכית, כשנשתמש בהן בחמין או במכניסו לקיום, כדלקמיה בסכ"ו בהג"ה, **הכא** כשנשתמש בהן בצונן, לכו"ע לא בלעי, וסגי בשטיפה, ומותר אח"כ להשתמש בהן אפילו בחמין, **בין שהם של עץ, בין שהם של מתכת, בין שהם של חרס, ואעפ"י שלפעמים נותנים בהם לחם חם, כיון שרוב תשמישן אינו אלא בצונן, סגי בשטיפה, שלא הלכו בכל כלי אלא אחר רוב תשמישו.**

הגה: מיהו יש מחמירים ומצריכים הגעלה, וכן נוהגין (ועי"ל סעיף ו') - והיינו לכתחלה, אבל בדיעבד סגי להו בשטיפה.

ומצריכים הגעלה – וה"ה ע"י מילוי ועירוי וכדלעיל בסכ"א, [**ואף** ששם לא מיירי אלא בכלי שמכניסו לקיום ומשום כבישה, וכאן יש חשש חמין, ובחמין לא מהני ערוי, **מ"מ** יש להקל בזה, משום דרוב תשמישו הוא רק בצונן, ואף שלא ע"י כבישה, וגם דמיירי דאינו בן יומו].

סעיף כו - כלי זכוכית אפילו מכניסן לקיום - היינו שהכניס חמץ לתוכן שיתקיים שם, **ואפילו משתמש בהם בחמין** - היינו שבקביעות משתמש בהם בחמין, **אין צריכים שום הכשר, שאינם בולעים** - לפי שחלקים וקשים הם, **ובשטיפה בעלמא סגי להו.**

הגה: ויש מחמירין ואומרים דכלי זכוכית אפילו הגעלה לא מהני להו, וכן המנהג באשכנז ובמדינות אלו - הטעם, דס"ל דכלי זכוכית הואיל ותחלת ברייתו מן החול, הרי הוא ככלי חרס שאינו יוצא מידי דופיו לעולם, ואפילו ע"י הגעלה, **ואע"ג** דתשמישו בצונן, מ"מ לפעמים משתמשין בהן בחמין, וכמ"ש בסכ"ה בהג"ה, דחוששין אף לתשמיש שאינו קבוע, [**ולפי"ז**, שם שמקילין בדיעבד לילך אחר רוב תשמישו, וכנ"ל בס"ו בהג"ה, אין להחמיר גם בזה].

ובדיעבד אם היה רוב תשמיש חמץ שלו בצונן, ועתה נשתמש בו מצה בחמין בלא שום הכשר, מותר, **ואם** היה רוב תשמישו בחמין, או אפילו בצונן, אלא שרוב הפעמים דרך להשהות משקה חמץ בתוכו מעל"ע, אז אף בדיעבד אסור החמין שנשתמשו בו, **אא"כ** הכשירו מתחלה ע"י הגעלה, [אם היה תשמישו בחמין]. או ע"י מילוי ועירוי, [אם היה תשמישו ע"י כבישה מעל"ע]. וכנ"ל בסעיף כ"א, [וכשיטת הראשונים דכלי זכוכית בולע ומהני להו הגעלה]. **ובהפסד** מרובה יש לצדד להקל אף בזה «בלא הכשר», אם היה אחר מעל"ע, שהוא נותן טעם לפגם, [**ועיין** בפמ"ג דמסתפק להקל אף בתוך מעל"ע, ועכ"פ יש לסמוך ע"ז לאחר מעל"ע, דרוב פוסקים מתירין נותן טעם לפגם בפסח].

ומ"מ במקום שאין בנמצא כלי זכוכית, ואין לו כוסות ושאר כלים, כתב הח"א דיכול לסמוך להקל, לנקותן יפה יפה, ולהכשירו ע"י עירוי ג' ימים, [**ומה** שלא הצריך הגעלה, שמא השתמש בו בחמין, נראה משום דאינו מצוי שישתמש בכוסות בחמין של חמץ ממש]. **וזהו** דוקא בכלי שפיהן שלהן רחב מלמעלה, אבל בוטעלקע"ס שפיהן שלהן צר מלמעלה, והשמרים נדבק בתחתיתן, ואין יכול להכניס ידיו לתוכן לנקותן יפה, וכן כל כלי שא"א להכניס ידו לתוכו, אין להם תקנה להכשירן, **ואפילו** בכוסות, במקום שנמצא לקנות חדשים, אין לשנות המנהג שנהגו שלא להשתמש בהן.

וכן כלי כסף שיש בתוכן התוך זכוכית שקורין גישמעלי"ט, אין להגעילו - כדין כלי זכוכית וכנ"ל, (והגר"א ביאר, דקאי אף לדעת המחבר דמתיר בזכוכית, דהכא אינו אלא התוך בעלמא), «הובא מסכ"ג».

אבל מבחוץ - היינו בין שהיה על גוף הכלי מבחוץ, או שהיה מלמעלה על כיסויו, או על ידו, **אינו מזיק** - שאין משתמשין בכלים חשובין כאלו ברותחין אצל האש, שניחוש דע"ז נבלע חמץ בכל הכלי, **וע"י** עירוי שעירו לתוכה רותחין, הא אינו מבליע רק כדי קליפה, ולא נכנס בליעת החמץ לתוך הזכוכית כלל, ולכן מהני הגעלה כשאר כלי מתכות.

סעיף כז - שפוד ישן שצלו בו עופות בפסח, מותרין, אע"פ שמקודם - ר"ל שבכל השנה, **צלו בו בשר מלוח ממלח שלא נבדק** - מפרורי חמץ, **ואף** שאם היה ידוע לנו שהיה במלח חמץ, אע"פ שהיה לפני פסח, מ"מ היה אסור, [שהרי בכלי לא שייך ביטול איסור], «אע"ג דבשר עצמו שרי, כמ"ש סי' תמ"ז ס"ה, היינו משום דאפי' את"ל שהיה בו חמץ, בטל בס', אבל בכלי לא שייך ביטול – מ"א», «כדאיתא ביו"ד סי' צ"ב ס"ה, בטפת חלב שנפלה על הקדרה כו', שכתב סמ"ק דמספקא לן אי מפעפע בכל הכלי – מחה"ש», **עתה** שאין ידוע לנו, מספיקא לא מחזקינן איסורא, שהיה חמץ על הכלי. **הגה: מיהו אין להתיר רק בדיעבד.**

ואם צלו עליו מולייתא, או שאר חמץ, כגון שייבשו עליו לחם, אפילו משהו, ולא ליבנוהו בינתים, אף שהגעילו, ואח"כ צלו עליו בשר בפסח, אף בדיעבד אסור, **אכן** אם היה הפסד מרובה, או שהוא אינו בן יומו, יש להקל אחר שהגעילו, ויש בתוך הבשר ששים לבטל הבליעה, [**בהפסד** מרובה - משום דיש פוסקים דס"ל, דחמץ מקרי היתירא בלע, וסגי תמיד בהגעלה, וגם שהוא איסור משהו, **ואף** דלדינא קימ"ל דאין שייך ביטול בכלי, מ"מ בצירוף דהתירא בלע, והוא הפסד מרובה, סמכינן להקל. **ובאינו** בן יומו - סמכינן להקל מטעם דהוא נט"ל, שהרבה פוסקים מקילין, וגם הסברא דהתירא בלע, והוא איסור משהו].

וכן הברזות שבחביות של יין, נוהגין להדיחן - מפני שממשמשין בהם בידים המדובקים מחמץ, **וטוב** יותר ליקח ברזות חדשות, שמא היה כבר הברזא בחבית של שכר.

וברזא שבחביות שכר, אם תחבו במי דבש בפסח ושהה מעל"ע, אסור המי דבש בשתיה ובהנאה, **ואם** אינו בן יומו, יש להקל, **ואם** הברזא הוא של יי"ש, אף באינו בן יומו אסור, ואף בהנאה.

וכן העלים שתוחבין בהם כלי שתיה - של שכר ויי"ש, והיינו במקום שתוחבין בהם תוך הכלי, ולא הבית יד, **צריכין הדחה לשום בהם כלים בפסח** - [מפני שנתלחלחו ממשקין שבתוכן].

כלי פרפור"י שקורין פרצעלאיי, דין כלי חרס יש להם, ולא כלי זכוכית.

§ סימן תנב – זמן הגעלת כלים §

סעיף א - יש ליזהר להגעיל קודם שעה חמישית, כדי שלא יצטרך לדקדק אם הכלים בני יומן או לאו, (או אם יש ששים במים נגד כלי שמגעיל או לאו) - טעם לזה, דהנה ענין הגעלה הוא, דרתיחת המים מוציא את הבלוע בכלי, אבל יש לחוש דאחר שמוציאה את הבלוע, יחזור ויבלע בכלי מה שפלטה, **ומפני** חשש זה כתבו הפוסקים, דאין להגעיל רק כלי שאינו בן יומו, דאז אף אם יבלע מה שפלט, הרי לפגם הוא, **או** שיהיה במים ששים לבטל את פליטת האיסור, **וע"ז** קאמר המחבר, דאם מגעיל קודם שעה חמישית, דאין צריך ליזהר בכל זה, משום דאז הלא הוא עדיין זמן היתר חמץ, והו"ל נותן טעם בר נותן טעם דהתירא, והיינו דהטעם של חמץ שקבלו הכלים מתחלה היה של היתר, וטעם של מים שקבלו עתה מן הכלים ג"כ דהתירא הוא, ומה שחוזרין ונותנין בכלים ג"כ דהתירא הוא.

קודם שעה חמישית - דמתחלת חמישית כיון דנאסר עכ"פ מדרבנן, תו לא מקרי נ"ט בר נ"ט דהתירא.

וכן אם מגעיל כלים שבליעתן מועטת עם כלים שבליעתן מרובה - כגון כפות וכוסות עם קערות וקדירות, דיש לחוש דאחר

שיגמרו להפליט את בליעתן המועטה, יחזרו ויבלעו מפליטות כלים האחרים שבליעתן מרובה, **אבל** קודם שעה ה' דהוא כולו היתר, אין לחוש אפילו אם יבלעו, דהוי נ"ט בר נ"ט דהתירא.

וכן אם משהה הכלים בתוך היורה יותר מדאי, ואינו משהה אותם כל כך - ר"ל דאם מגעיל כלי איסור להכשירו, או כלי חמץ לאחר זמן איסורו, צריך לדקדק שלא ישהה אותם הרבה במים, משום דיש לחוש שאחר גמר פליטתו יחזור ויבלע, **וגם** שלא להשהות אותם כלל אלא להוציאו תיכף ג"כ אין נכון, דצריך לשהות מעט עד שיפלוט את בליעתו, והוא קשה לצמצם, [**והנה** בטור כתב, דנוהגין להכניסן ולהוציאן מיד, ועיין בט"ז שכתב, דמיד לאו דוקא, והפר"ח הסכים לדברי הטור כפשטיה, ומ"מ לכתחילה טוב להשהות מעט]. **אבל** אם מגעיל אותם קודם זמן איסורו, א"צ לצמצם, ויכול להשהות יותר במים, **ואם** מגעיל אותם לאחר זמן איסורו, דהיינו משעה חמישית בערב פסח עד הערב, או בעלמא בכלי איסור, צריך לדקדק שיהיה הכלי אינו בן יומו, או שיהיה במים ששים לבטל הבליעה, דאז ג"כ אין קפידא אם ישהה אותם הרבה במים.

וכן כדי שלא יצטרך ליזהר שלא ינוחו המים מרתיחתן - ר"ל דכל זמן שהם רותחין, טרידי למיפלט ולא בלעי ממי הגעלה, וכשנחו מרתיחתן בלעי.

הגה: אך רבים חולקים וסבירא להו דאין הגעלה מועלת כלום אם אין המים רותחים - ר"ל אפילו היד סולדת בהם, כל זמן שאין המים מעלים רתיחה אינם מפליטין.

האחרונים השיגו על הרמ"א, דגם דעת המחבר כן הוא, דאין הגעלה מועלת אלא בשעה שהמים רותחין, **אלא** דכתב דאחר זמן איסורו אסור להשהות הכלים לאחר שינוחו המים מרתיחתן, דאז חוזרין ובולעין ממי הגעלה, משא"כ מקודם אין לחוש לזה, כיון דעצם הגעלה היה בעת רתיחתן, [**והרמ"א** חשב דכונת המחבר הוא, דביורה הגדולה שמכניסין בה כמה כלים זה אחר זה, צריך ליזהר שלא ינוחו מרתיחתן, דיתרמי הכנסת הכלי והוצאתו בעת שאין המים מעלין רתיחה, ומשמע דקודם זמן איסורו אין לחוש לזה, ומשו"ה השיג הרמ"א, **אבל** באמת אין כונת המחבר כן].

ע"כ יש ליזהר אפילו קודם זמן איסורו שלא ינוחו מרתיחתן כל זמן שמגעיל - ר"ל שהיורה הגדולה שמניחין בה כלים כל שעה להגעיל, לא תנוח המים מרתיחתן כל הזמן שהולך ומגעיל בה, דאותו כלי שיניח בה אחר שנח המים, אין עולה לה הגעלה, אם לא שישהה הכלי בה עד שיחזור וירתיח המים, **והנה** טבע המים דניחי מרתיחתן כשמכניסין בם כלים צוננים להגעיל, ע"כ צריך להמתין בכל כלי עד שיעלו המים אבעבועות, ויש להזהיר למגעילין בזה, כי הם נוהגים בזה קלות, ומגעילין במהירות זה אחר זה, ואינם מדקדקים לראות אם מעלין רתיחה, **ואפשר** ללמוד עליהם זכות, כי אין דרך להגעיל רק קערות וכפות שמשתמשין ע"י עירוי, דבהם מהני הגעלה במים שהיד סולדת בהם לבד, **אכן** בקדרת נחושת, ודברים שתשמישן ע"י כלי ראשון, נראה דאפילו בדיעבד לא מהני הגעלה זו, וצריך לחזור ולהגעיל.

אך לענין לאסור המאכל אם נשתמש בו בפסח, מסתפק הפמ"ג, ונראה דאם הוא אינו בן יומו מעת שנשתמש בו החמץ, יש לצדד להקל.

וכתבו האחרונים, דנכון להעמיד אצל הגעלה בעל תורה, הבקי בדיני הגעלה.

ושלא יכניס הכלים עד שירתיחו המים - ר"ל דאם מגעיל לאחר זמן איסור, אין נכון להכניס הכלי קודם שירתיחו המים, אף שישהה בתוכו עד שירתיחו, **מטעם** שלא יבלע אז ממי הגעלה שיש בהם פליטת הכלים, ואף דאח"כ כשירתיחו המים יפליט גם בליעה זו, מ"מ לכתחלה אין כדאי להוסיף בה בליעת חמץ, **משא"כ** אם מגעיל קודם זמן איסורו, אין לחוש לזה, [**כן** הוא ביאור דברי השו"ע, ומ"מ רבים מהאחרונים מפקפקים ע"ז, וגם המחה"ש כתב דהוא חומרא יתירא].

וכן כדי שלא יצטרך להגעיל היורה הגדולה שמגעילים בה, תחלה וסוף - ר"ל דאם יגעיל לאחר זמן איסור, צריך להגעיל מתחלה היורה שמגעיל בה הכלים, וישפוך מי הגעלה לחוץ, וירתיח בה מים אחרים, ויכניס בתוכה את הכלים, **שאם** לא יגעילה מתחלה, הרי המים שביורה נאסרין מחמת היורה [אם הוא בן יומו], שאין במים ששים כנגד כל היורה, וחוזרין המים הנאסרין ואוסרין הכלים הנגעלים בתוכו, **וגם** בסוף לאחר הגעלת כל הכלים, כשרוצה להשתמש בהיורה, צריך להגעילה שנית, שתפליט מי הגעלה הנבלעין בתוכה, **משא"כ** אם מגעיל הכלים קודם זמן האיסור, א"צ להגעיל היורה בתחלה, דאז הוא נ"ט בר נ"ט דהתירא, **ורק** אם רוצה להשתמש בהיורה לאחר זמן איסור, צריך שיגעילנה בסוף.

(והנה כמה אחרונים נתקשו בדברי המחבר, דמשמע מיניה, דלאחר זמן איסורו צריך ליזהר בכל אלה, והיינו משעה חמישית עד הלילה, **ובאמת** זה אינו, דאם הוא אינו בן יומא, או יש במים ששים, שוב אינו צריך ליזהר כלל באינך, דמה לנו אם מגעיל שני מיני כלים, או אם משהה אותם יותר מדאי, או שאר דברים דקחשיב, כיון שיש ששים או אינו בן יומא, אפילו אם חזר ונכנס הבליעה בתוך הכלי, ה"ל נ"ט בר נ"ט דהיתרא, **ואין** לומר דמש"כ המחבר, כדי שלא יצטרך לדקדק וכו', וכן אם משהה וכו', וכן שלא ינוחו וכו', כונתו דקודם שעה ה' אין צריך ליזהר כלל, ולאחר שעה ה' צריך ליזהר באיזה מהם, דהיינו שיהיה ששים, או אינו בן יומא, או שלא להשהות יותר מדאי, או שלא ינוחו המים מרתיחתן, דזה אינו, דאם הוא בן יומא, ואין ששים לבטל הפליטה, אף אם יהיה זהיר שלא להשהות, או שלא ינוחו המים מרתיחתן, ג"כ אסור, דנקטינן כהפוסקים, דלעולם בולע, **והגר"א** פירש דברי המחבר, דלרווחא דמילתא כתב כולן, וקאי אפילו להמקילין באלו הטעמים לבד, אף בבן יומא ואין ס', משום דכיון דאינו משהה הרבה, והמים לא נחו, אינו בולע, מ"מ קודם חמש טוב יותר להגעיל, שאז אין צריך ליזהר כלל, **אבל** לדינא אין נ"מ באלו הדברים, דאף אם יזהר בהם, אינו מועיל לאחר זמן איסורו, והעיקר תלוי שיהיה ס', או אינו בן יומא, ואז אף אם משהה אותם יותר מדאי, או שנחו אח"כ המים, לא איכפת לן).

הגה: ואם לא הגעיל קודם זמן איסורו, יכול להגעיל עד הפסח, שאז חמץ במשהו ואינו מועיל הגעלה, שחוזר ובולע - ר"ל ואינו מועיל אף אם ירצה להגעילה בתוך כלי גדול, שיש בה ס' במימיה נגד הכלי לבטל הפליטה, ואף שהכלי אינו ב"י מעת שנשתמשו בה החמץ, וגם הכלי גדול אינו ב"י, אפ"ה אסור לדידן דקי"ל בסימן תמ"ז ס"י, להחמיר בפסח אף בנט"ל.

משום חוה"מ הוצרך לטעם זה, דאלו ביו"ט עצמו, אפילו בשאר יו"ט אסור להגעיל.

אבל מותר ללבן כלי תוך הפסח.

וכשמגעיל קודם פסח לאחר שש צריך ליזהר בכל הדברים הנזכרים – (עיין בט"ז שכתב, דיש עוד דבר אחר שצריך ליזהר, דהיינו שלא יגעיל מקצת הכלי שני פעמים, כמבואר לעיל בסימן תנ"א ס"ט, כגון כשמגעיל כלים גדולים שא"א להכניס הכלי ביורה בבת אחת, לא יגלגלו בידו סביב במים, שלא יחזור ויכניס במים ממקצת שכבר הוגעלו פ"א ופלט כל גיעולו, ועכשיו כשיחזור ומכניס במים הוא חוזר ובולע מה שפלט כבר, **ואפילו** אם ירצה להכניס במים רק חצי הכלי, ולהוציאו לאחר שפלט גיעולו, ולחזור ולהכניס חצי האחר, ולצמצם שלא יכניס מקצת אחד שני פעמים, ג"כ קשה מאוד הצמצום בזה, וכן כשהוא עושה דבר זה בצבת, ג"כ א"א ליזהר בזה, **וע"כ** יעץ הט"ז, שיגעיל בשבכה או בכלי מנוקב, כדי שיהא ההגעלה בבת אחת, או שיש ששים במים נגד הכלי, דאז מתבטל הפליטה תוך המים, ואפילו אם חוזר ויבלע אין בכך כלום, **אכן** בזה לא יוכל להגעיל כמה כלים ביורה, כמו שהמנהג בימינו, דחוזרין ומצטרפין הפליטות זה עם זה, וצריך ששים נגד כל הכלים, **ויש** עוד עצה מה שהסכימו האחרונים, כגון שהכלי אינו בן יומא, דהוי נותן טעם לפגם, ומה שפקפק הט"ז, דהלא נט"ל אסור לכתחלה, כבר השיגו עליו, דזהו דוקא בעלמא שהקדרה נבלע בה טעם משובח מתחלה, ואח"כ נפגם, משא"כ בהגעלה, דאפי' אם חוזר ונבלע בכלי, הרי לא נבלע אלא טעם פגום, וכן המנהג להקל בזה).

שאין צריך ליזהר בכך קודם שש - לאו דוקא, דאף לאחר ד' צריך ליזהר וכנ"ל, כן כתבו כמה אחרונים, **אלא** שכתבו, דמה שכתב הרמ"א דצריך ליזהר בכל הדברים, לאו בדוקא, דמדינא די מד' שעות עד הלילה בא' משני הדברים, וכדלקמיה, [**ובביאור** הגר"א וכן הפמ"ג מצדד, דיתר הדברים הוא על צד היותר טוב].

ויש מתרצים דלהכי נקט לאחר שש, דאז מהנכון ליזהר בכל הדברים הנזכרים בדברי המחבר, [דלכתחילה לענין הגעלה, טוב לחוש לדעת הפוסקים שסוברין, דלאחר שש עד הלילה ג"כ אסור נותן טעם לפגם ומשהו, א"כ עכ"פ יש ליזהר באלו החומרות הנ"ל], **משא"כ** אם מגעיל לאחר ד' עד שש, די שיהיה זהיר באחד משני הדברים, דהיינו, **א)** שיראה שלא יהיה הכלי שמגעיל, וגם היורה הגדולה שמגעיל בתוכה, שניהם לא יהיו בני יומן, **ב)** אם הכלי שמגעיל הוא בן יומו, צריך שיהיה במים ששים נגד כל אותו הכלי לבטלו, ואם מגעיל הרבה כלים זה אחר זה, צריך שיהיה במים ס' נגד כולם, דהאיסור של חמץ שיש בתוך הפליטה, חוזר וניעור ומצטרף יחד, [**ועיין** בחי' רעק"א דמפקפק ע"ז, **ועיין** במ"א שכתב, דאם בכלי אחד של חמץ נתבשל בשר, ובאחד דגים, אין מצטרפין יחד, וכמה אחרונים השיגו עליו, ועיין מחה"ש שמיישבו]. **אכן** אם היורה הגדולה הוא בן יומו, אין שום תקנה להגעיל בה, אא"כ יכשירה מקודם כדין, דמים שבתוכה אין בם ששים נגד הכלי גופא, כמבואר ביו"ד בכמה מקומות.

וכ"ז מדינא, אבל כבר נהגו לכתחלה להחמיר בכל החומרות, ואפילו אם מגעיל בשעה ד' או קודם, [ואף היורה שמגעילין בה, נוהגין להגעיל אותם מקודם, אף כשהיא אינה בן יומא], **ועיין** בבה"ל שביארנו בשם כמה אחרונים, שסוברים דשני דברים אלו, היינו מה שמצריכין שלא יהיו הכלים בני יומן, או שיהיה במים ששים לבטלן, הוא מדינא אפילו קודם זמן איסור חמץ, (**דהנה הרמ"א והמחבר בכל סעיף זה**, קיימא בחדא שיטתא, דבזמן שמותר, החמץ מקרי נ"ט בר נ"ט **דהתירא, וא"צ** ליזהר בשום דבר, וכל זה הוא לדעת הפוסקים שסוברין דחמץ מיקרי התירא בלע, **אבל** לדעת הסוברין דחמץ מיקרי איסורא **בלע**, וכן סתם המחבר לעיל בסימן תנ"א ס"ד, **א"כ אין חילוק בין קודם שעה ה' או כל היום**).

(**ובמדינתנו שנוהגין להגעיל ביורה גדולה כל כלי אנשי העיר, שהיתר ששים א"א להיות נגד כל הכלים, שהרי מצטרפין יחד כל הפליטות, ע"כ יש ליזהר שלא להגעיל שום כלי אא"כ עבר מעל"ע מעת שנשתמש בה חמץ, ויש מהדרין שכשרוצין להגעיל כליהם מחמץ, פוסקין להשתמש בהם חמץ ג' ימים מקודם**).

מותר להגעיל סכין אסור בקדרה כשרה, [והקדירה אינה נטרפת בכך], אם יש ששים במים נגדו, [**ולפי** המבואר דנהגו שלא להגעיל שום כלי כשהוא בן יומא, אלא דוקא כשאינו בן יומו, מותר ממילא אפי' אין ס' נגדו], **ולא** הוי כמבטל איסור, כיון שאין כונתו אלא להוציא הבליעה, ומ"מ אין להשתמש אח"כ בהמים שבקדרה.

סעיף ב - יש ליזהר מלהגעיל כלי הבשר וכלי חלב ביחד - פי' שתוחב אותם בפעם אחת ביורה, **ואפילו** קודם שעה חמישית, כיון שהוא מטעם בשר וחלב, **והטעם**, דפליטת הבשר וחלב מתערבים ביחד, ונבלעין בתוך הכלים, ונאסרין, [**דאם** היו בזה אחר זה, כל אחד לעצמו הוא נ"ט בר נ"ט דהתירא, ואין איסור בבליעתן]. **ולדעת** רמ"א ביו"ד, אפילו בדיעבד אסור.

אא"כ אחד מהם אינו בן יומו - דבן יומו מותר, שמקבל מאינו בן יומו רק טעם פגום, ושאינו בן יומו ג"כ מותר, שהטעם שבולע מבן יומו הוא נ"ט בר נ"ט דהתירא, ולא חשיב טעם, **ויכול** לעשות אחר הגעלה מכל אחד מה שירצה, בשר או חלב, [**ואף** דבעלמא המנהג שלא לשנות ע"י ההגעלה מבשר לחלב, הכא כיון שאין כונתו אלא להוציא הבליעת חמץ, שפיר דמי].

וה"ה אפילו שניהם בני יומן, אלא שיש ס' נגד כלי אחד מהם, דאז פליטתו נתבטל והוי כמאן דליתא, **וכ"ז** בשאר ימות השנה ומשום איסור בשר וחלב, או בערב פסח קודם שעה ה', **משא"כ** אח"כ, צריך ליזהר בכל אחד שלא יהיה בן יומו, או שיהיה ששים נגד כולם.

(כל שכן כלי של איסור) - פי' אף שמגעילה בעצמה, יש ליזהר שלא יהיה בן יומו מעט שנשתמש בה האיסור, או שיהיה במים ששים נגדו, כדי שלא יאסר אם יחזור ויבלע את פליטתו, [**ומה** שאמר "כל שכן", משום דבכלי של איסור לא שייך לכו"ע היתר דנ"ט בר נ"ט, דהוי נ"ט בר נ"ט דאיסורא].

(ע"כ נהגו שלא להגעיל שום כלי בן יומו) - ר"ל בין מבשר לחלב, או מחמץ למצה, ואפילו מגעילו לבדו, וקודם שעה ה', ויש ס', משום גזירה שמא יגעיל כלי של איסור בפחות מששים, דשם לא מהני ליה הגעלה כל זמן שהוא בן יומו, שחוזר ובולע ממי הגעלה.

ואפילו שלחנות ישפשף יפה, וישהה אחר השפשוף מעל"ע שלא יהיו בני יומן, [והח"י כתב דדי מעל"ע מעת שנשתמש עליו חמץ]. **ויהיו** מנוגבין יפה מן המים הצוננים, שמא יצטננו מהן הרותחין, **ויזהר** לשפוך עליהם בזריזות, ולא ע"י זריקה באויר, דזה לא חשיב עירוי, **ויזהר** שישפוך עליהם מן הכלי שבישל בו המים, אבל לא ישאוב עם כלי אחר מהקדרה ולערות עליהן להגעיל, דזה מקרי כלי שני אם מגעיל בלא אבן מלובן, **אם** לא ששוהה הכלי ששואב עמו תוך הקדירה, עד שהמים מעלין רתיחה בקדרה קטנה, אז מקרי שפיר כ"ר.

סעיף ג - לא יניח כלים הרבה לתוך כלי ויגעילם יחד, (אם נוגעים זה בזה) - דבמקום נגיעתן לא סלקי הרתיחה, אע"ג דלענין טבילה אין חוצצין, לענין רתיחה שאני.

והיינו תוך סל מנוקב או שבכה, דבתוך כלי שאינו מנוקב לא יגעיל אפילו כלי אחד, אפילו כשהוא צף ואינו נוגע בשולו, **אא"כ** משהה אותם בתוך היורה, עד שהמים מעלים רתיחה בכלי שהוא רוצה להגעיל.

סעיף ד - אם מגעיל בצבת, יגלגל הכלי - ר"ל שיפתח את הצבת בתוך הרותחין, ויאחוז הכלי במקום אחר, כדי שיעלו הרותחין על מקום אחיזת הצבת, **דאם לא כן, במקום הצבת לא סליק דיקולא דמיא.**

וטוב יותר להגעיל בשבכה או בסל מנוקב, [**והט"ז** מצדד ג"כ שבזה טוב יותר, שבאופן זה אין לחוש כלל שיחזור ויבלע, **ואף** שכלים שלנו המנהג שאין מגעילין בני יומן, מ"מ טוב יותר שלא יבלע כלל].

סעיף ה - אין מגעילין בחמי טבריה אפילו כלים שדינם ככלי שני, מפני שאינה תולדות האור, וכבולעו כך פולטו, מה בולעו ע"י תולדות האור, אף פולטו ע"י תולדות האור. הגה: מיהו אם נשתמש בו רק במי טבריה, מגעילו בכן - או בחמי האור.

ואין מגעילין בשום משקה, רק במים - דשום משקה אין טבען להפליט את הבלוע, **מיהו בדיעבד מהני הגעלה בכל משקה** - משום דיש חולקין דגם משקין מפליטין כמו מים, וסמכינן עלייהו לענין דיעבד, **ועיין** בפמ"ג שדעתו, דאם הוא קודם פסח, יראה להגעילו פעם שני במים לבד, **אכן** אם הגיע פסח, מותר להשתמש לכתחלה בהגעלה זו.

וכתבו הפוסקים, דה"ה מים המעורבים באפר שקורין לוי"ג, או מה שנוהגין הצורפין, שמרתיחין הכלי על ידי שמרי יין או ווי"ן שטיי"ן מעורב במים, אין להגעיל בהן לכתחלה, רק במים לבד, **ובדיעבד** מהני ההגעלה בהן.

[**וכתב** עוד הח"א, דאין לאסור הכלי מפני שבלע מווי"ן שטיי"ן, אם הוא לאחר י"ב חדש].

אם הגעיל הרבה כלים ביורה, עד שמרוב פליטת הכלים נעשו המים כציר, אין להגעיל עוד באותן המים - ואפילו הגעיל בהן כלים שאינן בני יומן הדין כן, דשוב אין כח בהן להפליט הבלוע, **ואפשר** דאפילו בדיעבד לא מהני הגעלה זו.

סעיף ו - כלי גדול שאינו יכול להכניסו לתוך כלי אחר מחמת גודלו - פי' שרוצה להכשירו, וחושש שמא יש על שפתו בליעת חמץ במקום שאין המים עולים שם, **עושה שפה לפיו בטיט** - ר"ל סביב לפיו ולא עליו ממש, כי צריך שיהיה פי הכלי מגולה, כדי שיגיעו שם מי הרתיחה, **כדי שיתמלא היטב ויגיעו המים בשפתו, וממלאו מים ומרתיחו** - ובשאר כל ימות השנה כשרוצה להכשירו מאיסור, עושה שפה מבצק.

וטעם של עשיית השפה, משום שאי אפשר שלא ניתז פעם אחת ניצוצות מחמץ שנתבשל בו על השפה מלמעלה, ושמא בשעת הגעלה לא יתיז עליו כ"כ מי הרתיחה להפליט החמץ שנבלע בו, ומשום הכי עושה השפה, כדי שיגיעו שם המים.

או - ימלאנו בתחלה היטב, ואח"כ **יקח אבן רותחת** - דצוננת מצנן המים, **או לפיד אש וישליכנו לתוכו בעודו רותח, ומתוך כך ירתיחו המים יותר ויעלו על שפתו.**

וכן הדין ביורה אחר שהכשירו בו כלים, ורוצה להשתמש בו בפסח, צריך לעשות לו שפה או אבן רותח, **אבל** בתחלה קודם שמכשיר הכלים, ומכשיר היורה תחלה מן האיסור שבו, אין צריך לעשות לו שפה.

וכל זה בכלי שאין דרך להכניסו לתוך כלי ראשון של חמץ, רק שמשתמשין בתוכו ברותחין, ולכן סגי בתקנה זו, **אבל** כלי שתשמישו מבחוץ, כגון קערה שכופין לפעמים על הקדרה, או כלי ששואבין בה מהקדרה, אין לה תקנה באופן זה, דצד חיצון לא נגעל, לכן צריך להכניס כולה ליורה.

וכלי שפיו צר שא"א לשפשפו בפנים, או שיש לה קנים שקורין רערי"ן, אסור בהגעלה.

סעיף ז - נוהגין לשטוף הכלי במים קרים אחר הגעלה מיד - כדי שלא יחזור ויבלע ממים רותחין שעליהם שיש בהן פליטת החמץ, **ומ"מ** בדיעבד אף אם לא שטף כלל אין לחוש, דהא אין מגעילין אלא קודם זמן איסור, או שהוא אינו בן יומו, או שיש במים ששים נגדו, וכנ"ל.

§ סימן תנג – דיני החטים וטחינתם למצות §

סעיף ב - העושה עיסה מן החטים ומן האורז, אם יש בה טעם דגן, יוצא בה ידי חובתו בפסח - ומשמע דאפי' אין בעיסה שיעור חטים, שיהא כזית בכדי אכילת פרס, ג"כ יוצא בה כשאוכל כזית מן העיסה, אע"פ שהעיקר בו הוא האורז, ובאורז אינו יוצא משום מצה, **שאני** הכא, כיון שמחוברים ביחד, טבע האורז להיות נגרר אחר החטים, וכשמתחמץ החטים, מתחמץ ג"כ האורז, ולהכי דינו כחטים, **וכ"ז** בחטים ואורז, אבל אם עירב קמח חטין עם קמח דוחן וכה"ג, או אם עירב קמח של שאר מיני דגן עם קמח אורז, ועשה ממנו מצה, אינו יוצא בה ידי חובתו בשיש בה טעם דגן, **אא"כ** יש בה קמח דגן שיהא כזית בכדי אכילת פרס, דהיינו שבכל פרס ממנה יהא בה כזית מקמח דגן, שבשיעור כזה חשבינן כל העיסה כולה כדגן, ויוצא ידי חובתו בשאוכל כזית מן העיסה, [היינו דלא בעינן שיאכל כל אכילת פרס].

וי"א שאפילו בחטין ואורז, אין יוצאין ידי חובת מצה אלא בשיש חטים באורז כדי אכילת פרס, **ובשאר** מיני דגן, אפילו בכדי אכילת פרס נמי לא מהני לאחשובי כל העיסה ככולא דגן, אא"כ יש רוב דגן ומיעוט אורז או שאר מינים, דאז בטל האורז ברובא, והוי ככולא דגן, **ולכתחלה** נכון להחמיר בשל תורה כסברא האחרונה, ובשעת הדחק יש לסמוך אסברא ראשונה.

סעיף ג - אם לא בירר החטים - וה"ה שאר מיני דגן, **מאכילת עכבר, אין בכך כלום** - שאין הגרגיר מחמיץ ממיעוט רוק שבפי העכבר, ולכן אפילו אין ששים נגדן, שרי בדיעבד.

(מלשון זה משמע, דלכתחלה צריך לברר אותם הנשוכים מעכברים, **אבל** בטור וכן בלבוש איתא, שא"צ אפילו לכתחלה, וכ"כ המאמר מרדכי, **ואפשר** דמיירי המחבר כשאין ס' נגדם, ולהכי נכון לכתחלה לבררם).

הגה: וכן אם לא ביררו ממנו אותו דגן שצמח - שקורין אויס גיוואקסין, ר"ל דאף שדגן שצמח מחמת לחלוחית הארץ הוא חמץ גמור, מ"מ כשלא בירר אין לאסור, לפי שמתבטלין בתוך החטים הכשרים, ומותר לטוחנן הכל ביחד, [**ואין** זה בכלל מבטל איסור, שאין כוונתו בטחינתו לבטלם, אלא לטחון את החטים].

והסכמת הרבה אחרונים, דמותר לאפות אפילו בפסח, ואף דבפסח איסורו במשהו, כבר נתבטל קודם פסח בששים, וקמח בקמח מקרי לח בלח, ואינו חוזר וניעור, **מיהו** בעל נפש יחמיר לעצמו, לאפות קודם פסח כשיש מצומחים, [לחוש לדעת הפוסקים, דקמח בקמח מקרי יבש ביבש, וחוזר וניעור, **וכתב** הגר"ז, דמטעם זה רוב בני אדם אופין המצה קודם פסח, דרוב דגן מצוי בהם קצת מצומחים, ‹**אבל** כשאופה קודם הפסח, הרי נעשה כל הקמח שבכל מצה ומצה חתיכה אחת ממש ע"י האפיה, ולכך אינו חוזר וניער בפסח - הגר"ז›.

מיהו צריך לראות שאין בו כ"כ שלא יהא ס' כנגדו מן הכיתר - קאי רק אדגן שצמח, ולא אדלעיל. **דאם** ליכא ס' כנגדם, אפילו בדיעבד אסורים בהנאה, דדגן שצמח הוא חמץ גמור, **ואפילו** אם ספק אם היה ס' נגד המצומחים, ג"כ אסור, **וצריך** לבערם קודם הפסח, **ואם** עבר עליהם הפסח ולא ביערם, ימכרם לעכו"ם חוץ מדמי איסור שבו.

ואם יראה לו שאין ששים כנגדו, צריך לברור המצומחים, ואינו מחויב לנקות כולם, אלא לפחות מהם עד שיהיו ששים כנגדם.

ואם לא היה ס' נגד המצומחים, י"א שמותר להוסיף עליהם עוד חטים כשרים, כדי לבטלן בששים, ולטחנן קודם פסח, **ולא** מקרי זה מבטל איסור לכתחלה שאסור, כיון דהוא קודם פסח, ועדיין לא הגיע זמן איסורו, **ורוב** הפוסקים אוסרין, דכיון דמערב אדעתא דלאכול אותם בפסח, הו"ל כמבטל בזמן איסורו, **ומ"מ** בשעת הדחק אפשר דיש לסמוך על המקילין, [והטעם, דלהרבה פוסקים ביטול איסור לכתחילה אינו אלא איסור דרבנן, ובדרבנן יש לסמוך במקום הדחק על דעת המקילים].

סעיף ו - שקים שנותנים בהם קמח כל השנה, אם רוצה ליתן בהם קמח ומכבסים אותם יפה - והכבוס לפסח צריך להיות דוקא בשפשוף בחמין, ולא בצונן, וגם באפר וחביטה, **צריכים להתיר קודם הכבוס כל התפירות שבהם בקצוות או אם הם מטולאים** - וה"ה אימרא שקורין זוי"ם, **הטעם**, שהקמח שבתוך התפירות אינו יוצא ע"י כיבוס, וגרע עוד יותר, שהמים נכנסים שם במקצת, ומרטיב להקמח הנמצא שם, ונדבק שם בהקמטים, ויוכל להתערב אח"כ משהו מהם בהקמח, **וכתב** המ"א, דגם צריך לגרור בסכין היטב את החמץ קודם הכבוס, במקום שהיו התפירות.

וה"ה בנותן בו קמח פעם אחת, צריך להתיר התפירות, **וה"ה** שק שנתן בו פ"א קמח של פסח, ורוצה לכבסם וליתן בהם קמח, צריך להתיר ג"כ התפירות והטלאים, דאל"כ יתחמץ הקמח שבתוך הקמטים ע"י הכביסה.

כתבו האחרונים, דלכתחלה יותר טוב לקנות חדשים, דאפילו כל השק קשה לכבסו היטב, שלא ישאר בו מעט חמץ בנקבי האריגה.

ובדיעבד אפילו לא התיר התפירות כלל קודם הכביסה, ונתן קמח, אין לאסור הקמח, [ומשמע דאפי' תוך הפסח יש להקל, **וקודם** הפסח י"ל, דאף ‹בלא כיבוס›, אם נתן בשק ישן קמחא דפסחא, יערה מיד וירקד, שמא יש בצק בעין, ושרי, דקודם פסח קמח בקמח מקרי לח בלח ושרי], ‹**אבל** תוך הפסח, ועשה המצות על הסדין בלא כיבוס כלל, אף דיעבד יש לאסור - חק יעקב›, **וכתב** הח"א, דאם נמצא בתוך התפירות כמו עיסה שנתייבש, אפי' בדיעבד אסור, אפי' קודם פסח, שהרי פרורין לא נקרא לח, וחוזר וניעור. **ולענין** אם מהני ריקוד הקמח בזה, ע"ל בסי' תס"ו ס"ד במ"ב ובה"ל.

סעיף ז - כשמוליכים השקים שיש בהם קמח מהרחיים, אסור להניחם על גבי בהמה שאין אוכף או עור עב תחת השק - כי הקמח מתחמם מגוף הבהמה שהוא חם, ועי"כ הוא ממהר להחמיץ בשעת הלישה, **ועוד** שרגילות הבהמה להזיע תחת כובד המשא, ואפשר שזיעת הבהמה מחמצת כמו מים.

ואם עבר והניח ע"ג בהמה, אין לאסור בדיעבד, [ומטעם, דעיקר הדין זיעת בהמה אינו מחמיץ, **ומ"מ** לכתחילה טוב יותר להסיר הקמח במקום שנתלחלח מן הזיעה], **ועכ"פ** צריך להמתין מעל"ע עד הלישה, שיתקרר הקמח, וכדלקמן ס"ט.

הגה: וכן יזהר לכתחלה שלא להניח הרבה שקין עם קמח זה על זה, במקום שאפשר - ג"כ מטעם שמתחמם הקמח וכנ"ל, **ואם** הניח, צריך ג"כ להמתין מעל"ע וכנ"ל.

וה"ה שלא ישב על השקים של קמח וכנ"ל.

סעיף ח - נוהגים לנקר הריחים, משום דזמנין נתנו בהם תבואה לתותה לסולת - וכ"ש במקומות שכל השנה טוחנין בהם שעורים חמוצים, שקורין מאל"ץ, ועודם לחים קצת ונדבקין ברחיים.

וגם נוהגים לכסות כל הכלים בבגד פשתן, [וכיסוי בלא ניקור אין מועיל], או שירחצו את הכלים היטב, שלא ישאר בהם קמח מחומץ מכל השנה.

ונכון לעשות כיס חדש לרקד בו הקמח לצורך פסח, ולא להצניע משנה לשנה כיס הרחיים, **וכ"ש** שאין משתמשין בכיס ישן, אפילו ע"י הדחה ושפשוף והגעלה, וכדלעיל בסי' תנ"א סי"ח בהג"ה, **ואין** חילוק בכל זה, בין אם הוא טוחן לצורך פסח אחר פורים, או קודם פורים.

וכתבו האחרונים, שמכל מקום בדיעבד או בשעת הדחק, שא"א לנקר הרחיים כי הוא סמוך לפסח וכיו"ב, מותר לטחון בלי נקור, רק שיאפה הכל קודם פסח, [ועכ"פ יטחון הכל קודם פסח], **ונראה** דעכ"פ צריך לרקד הקמח, שמא נתערב איזה פירור יבש בתוך הקמח, [ובפרט במקומות שמצוי טחינת המאל"ץ, שנדבקין בריחיים, בודאי יש לחוש לזה, **ואע"פ** שהריקוד אין עצה גמורה לזה, כי כמה אחרונים סוברין, שלענין פירור יבש לא מהני ריקוד, הכא דאינו אלא ספיקא ובמקום הדחק, אין להחמיר, **ובאמת** מן הנכון שלא להקל כל הני קולות של דיעבד עכ"פ לענין כזית של מצת מצוה, דנהי דאחזוקי איסורא לא מחזקינן, מ"מ שימור גמור לא הוי, **אחר** כתבי זה מצאתי בס' מחה"ש, שמפקפק על עיקר קולא זה של טחינה בלא ניקור, וע"כ בודאי על מצת מצוה יקח אחרים].

וכן צריך ליזהר ג"כ, כשטוחנן ברחיים תבואה לתותה, לא יטחון באותו בית לפסח אפילו ברחיים אחרות, שהאבק פורח ומתערב יחד, ואפילו אם נאמר דיש ששים, מ"מ לכתחלה יש ליזהר, ולכן יעשה מחיצה ביניהם, מן הקרקע ממטה עד התקרה, **ואם** טחנו לפסח, ובאותו בית טחנו בריחיים תבואה לתותה, אף שהאבק נתערב יחד, אין לאסור בדיעבד, כיון שהוא קודם פסח דאז בטל.

ונוהגים שקמח הראשון שנטחן אחר הניקור, שומרים אותו עד לאחר הרגל - או אוכלים אותו קודם פסח, והטעם בכ"ז, שמא נתערב בהם מעט ממה שנדבק בריחיים.

הגה: ואנשי מעשה רגילים לילך בעצמם אל מקום הרחיים לראות הם בעצמם לטחינת קמחיהם - שמצוה בו יותר מבשלוחו, **ועכ"פ** ראוי להניח ברחיים שומר, איש יר"ש ובקי בדינים קצת, ולא ע"ה, כדי שלא יביא הדבר לידי חשש חימוץ, **וכ"ש** שלא יושיב קטן לשומר.

סעיף ט - צריך לטחון החטים יום או יומים לפני הלישה - ועכ"פ לינת לילה לפחות, **ואפילו** בנטחן ע"י בהמות, ג"כ צריך להמתין, דבזה ג"כ הקמח חם, [ואפי' בריחיים של יד טוב להחמיר], **ואפילו** אם מרקד הקמח, לא אמרינן דמתקרר עי"ז.

ואם טחנו בערב פסח, יש אומרים שאסור ללוש מצה בו ביום, לפי שהקמח בשעת טחינה רותח ומחמם המים, והעיסה נוחה להחמיץ - ואם עבר ולש, אין לאסור בדיעבד, רק שישמרנו היטב מחימוץ, דהיינו שיעסוק בה בזריזות יותר מבשאר עיסות.

§ סימן תנה – דין מים שלנו §

סעיף ה - נוהגין שלא ליתן מלח במצה, ונכון הדבר - לפי שי"א שהמלח מחמם את העיסה, ועל ידי כן העיסה נוחה להחמיץ, **והיינו** קודם אפייה, אבל אחר אפיה ודאי שרי לקטוף פני המצה במי המלח ולהחזירם לתנור, כמו שעושין בחוה"מ, **ומ"מ** למצת מצוה בשתי הלילות יש ליזהר.

(הנה מלשון זה משמע דאינו אלא לכתחלה, אבל בדיעבד אין לאסור, וע"כ דלא פסיקא להו דמלח מעט שנותנין במצה כדי ליתן טעם, יהיה מחמם העיסה, דאף דקי"ל דמליח הרי הוא כרותח, הוא דוקא כשאינו נאכל מחמת מלחו, ולא חש לדברי המחמירין רק לענין לכתחלה).

(ואפילו בדיעבד יש לאסור) – (הוא אזיל לטעמיה שכתב בד"מ, דלפי מה שכתב הטור לקמן בסימן תס"ב, דמי מלח הוי מי פירות, א"כ הוי מי פירות עם מים, דקי"ל דממהרות להחמיץ).

ועיין באחרונים שהסכימו, דאם נתן בה מעט מלח, ואפה אותה מיד - דהיינו לא כשאר מצות דקי"ל בהו, שהעסק שעוסקין בם בידים אינו מניחם להחמיץ - אין נאסר בדיעבד, **(ומה שכתב רמ"א דאפילו בדיעבד אסור, ר"ל אם לא היה נזהר לאפות מיד).**

ועיין בבה"ל שכתבנו, דבמלח שלנו שהוא תולדות המים, אפשר דאין לאסור בדיעבד, אפי' לא אפה אותה מיד, **(אם לא שנתן מלח מרובה, דלפי מה שכתב הרמ"א לקמן, הטור לא מיירי כי אם במלח שחופרין מהקרקע, אבל במלח שנעשה ממי הים, כמו מלח שלנו, לכו"ע הוי כמים, ואפילו לפי מה שמשיג המ"א עליו, דהטור מיירי במלח שלנו, ואפ"ה ס"ל דמי פירות הן, הלא מ"מ לדינא מסיק שם הב"י דלא כהטור, וכן נפסק בהשו"ע שם דהוא בכלל מים).**

ואפילו בדיעבד יש לאסור - והפר"ח חולק, וסובר דאין להחמיר בדיעבד במעט מלח, **(ודע, דאף אם נפרש הרמ"א, דחשש לדעת המחמירין מטעם חימום העיסה, מ"מ להלכה יש לעיין)**, **ונראה** דאם היה

שוגג בזה, בודאי יש לסמוך להקל. [דבלא"ה יש חולקים ומתירים אפי' בלש בחמין בשוגג, וע"כ מסתברא דבזה יש לסמוך על הפר"ח להקל, אפי' שלא בשעת הדחק].

וכ"ז לענין אכילה, אבל לענין הנאה, אפילו להרמ"א שרי בדיעבד, [ומטעם, דאפי' בלש בחמין ג"כ מקילין בזה, כל שאין בו סימני חימוץ, **ולפי"ז** אפי' בנתן לתוכו הרבה מי מלח, ג"כ שרי בהנאה].

סעיף ו - לש המצה בקצח - קימ"ל בל"א, **ושומשמין ובמיני תבלין, כשרה, כיון שיש בה טעם מצה** - מלשון זה משמע, דאפילו אין בה רק כזית בכדי אכילת פרס, ויש בה טעם מצה, יוצא בה, **ועיין** בפר"ח ובמ"א שדעתם, דצריך לאכול כל אכילת פרס, כדי שיהיה בזה כזית מצה חוץ מתבלין, **ועיין** לעיל בסימן תנ"ג ס"ב במ"ב שם, לענין תערובות דגן עם שאר מינים, דלכתחלה בעינן שיהיה רוב מן הדגן, וה"נ בענייננו.

ומשמע דיוצאין בה י"ח בלילה הראשונה, משום דלא חשיבא מצה עשירה, [דמצה עשירה היא כשנילושה ביין ושמן ודבש], וממילא אסור לאכלה בערב פסח, **ומיהו** י"א דאינה כשרה אלא בשאר ימים, דאין בה משום חימוץ משום התבלין, אבל היא בכלל מצה עשירה, ואין יוצאין בה ידי חובתו בשני לילות הראשונים, **ויש** להחמיר.

ומ"מ אין ליתן בה תבלין - ר"ל דלכתחלה אין נכון, **לפי שהוא חד ומחמם העיסה. הגה: ופלפלין** - אפי' קורט א' של פלפלין עושה כל העיסה חמץ, **אפי' בדיעבד אסור** - היינו באכילה ולא בהנאה, **וכן אם נפל בה סיד** - מעט, והיינו סיד חי, אבל סיד שבכותל שכבר נתייבש ונתקשה כאבן, נראה פשוט דאין אוסר. **ודוקא** כשנילוש הסיד והפלפלין בתוכו, אבל אם נפל עליו, יסלקנו ומותר.

וזנגבי"ל דינו כפלפלין, ואפשר דה"ה נעגעלי"ך וכרכום, **וי"א** דכל מיני תבלין חוץ מפלפלין וסיד, מותר בדיעבד אפילו באכילה.

§ סימן תנח – מצוה ללוש המצה בערב פסח §

סעיף א - נוהגים שלא ללוש מצת מצוה - היינו המצה הצריך לו לצאת ידי חובתו בשני לילות הראשונים, אבל שאר המצות אין נוהגין ליזהר בזה, **בערב פסח עד אחר שש שעות, שהוא זמן הקרבת קרבן פסח** - הנה הח"י מצדד כהב"ח, דאחר שש ומחצה דוקא, **אמנם** במ"א ובא"ר מצדד כהשו"ע, דאחר שש, וכן פסק בב"מ, וכן מוכח בביאור הגר"א.

ובי"ד שחל להיות בשבת, לשין בערב שבת אחר שש שעות - זכר לשאר שנים, ודלא כהמחמירין לאפות בליל יו"ט וכדלקמן.

משמע דאינו אלא מנהג, והמנהג נסמך משום דאיתקש אכילת מצה לקרבן פסח, דכתיב: וזבחת פסח לה' אלהיך וגו', שבעת ימים תאכל עליו מצות וגו', ואמרינן כמו ששחיטת הפסח היה אחר שש, כן עשיית מצות של מצוה אחר שש שעות, **אבל** מעצם הדין הוכיחו הפוסקים דאין לחוש לזה, דעיקר היקש נאמר לענין אכילת מצה בלילה הראשונה, שיהא זהיר לאכול קודם חצות, כמו הפסח שהוא נאכל עד חצות, אבל לא לענין עשיית המצה, **וע"כ** בדיעבד אם אפה המצה קודם שש, ואפילו חודש או שני חדשים קודם פסח, ועשאן לשם מצה, כשר. **ועיין** לקמן בסימן ת"ס ס"ג, מה שצריך ליזהר הלש בזמן איסור חמץ.

והנה רוב ישראל אין נוהגין ליזהר אפילו במצת מצוה, ללוש בע"פ, כי אם איזה מהם, וחפשתי באחרונים ומצאתי בבגדי ישע טעם להליץ בעד המנהג, מפני שיש כמה דעות שאפילו בע"פ במשהו, כאשר מבואר לעיל בסי' תנ"ב, וזה קשה ליזהר שלא ימצאו אף משהו חמץ בהחטים שלא יהיו מצומחים, וע"כ אופין מקודם כדי שיתבטל החמץ, **ובמאמר** מרדכי מצאתי שכתב, וז"ל: האידנא מקילין הרבה בדבר מפני הדוחק, זולת קצת שנזהרין בזה ללוש ולאפות אחר שש המצות שיוצאין בהם בשני הלילות, וכן ראוי לעשות.

ופשוט דכשנאפה קודם פסח, אפילו היה בו משהו חמץ בהקמח כבר נתערב ונתבטל, ומותר אח"כ לבשל המצות בפסח, דאין חימוץ אחר אפיה, **ויש** אנשי מעשה שמחמירין על עצמן, ואין שורין ואין מבשלין מצות בפסח, מחשש שמא נשאר מעט קמח בתוך המצות מבפנים שלא נילוש יפה, וע"י השריה יתחמץ, **ועיין** בשע"ת, דמצד הדין אין לחוש לזה, דאחזוקי איסורא לא מחזקינן, ובפרט בימינו שנוהגין לעשות רקיקין דקים, ומ"מ מי שנוהג בחומרא זו אין מזניחין אותו.

ודע, דמצד הדין מותר לאפות מצה בפסח, אך המדקדקים נוהגים לאפות הכל קודם פסח, שאם יתערב משהו חמץ בתוכם יתבטל, משא"כ בפסח איסורו במשהו.

כתבו הפוסקים, האופה בליל יו"ט מצת מצוה, לא יאפה אלא מה שצריך לאותו לילה, ולא על ליל שני, **מיהו** אם אפה מבע"י, בליל א' יכול לומר: אוכל היום פת חמה, ויכול לאפות אחרים בליל ראשון, ואותה שאפה מבע"י יצניעם לליל שני, **וכתבו** האחרונים, דלכתחלה אין כדאי לאפות ביו"ט, שלא יבוא לידי קלקול בהפרשת חלה ביו"ט, וכן במדידת קמח וברחיצת כלים, ושלא יישנו התינוקות, ושלא יבוא עי"ז לאכול אפיקומן אחר חצות.

§ סימן תנט – מקום וסדר לישת המצות §

סעיף ו - אם העיסה רכה, לא יוסיף בה קמח - לפי שאותו הוספה אינה נילושה יפה, ונשאר מעט בעין תוך העיסה, ושמא לא נאפה אותו קמח יפה, ויש לחוש שמא יפול במרק בקערה ויתחמץ. **אלא עושה עיסה קטנה מגיבול קשה, ויערבנה עם העיסה הרכה** - כ' האחרונים, דאדם אחר יעשה העיסה הקשה, דהוא בעצמו א"א לו ללוש שתי עיסות כא', ולהתעסק בהן יפה, **ולהניח** העיסה הראשונה בלי עסק, אין נכון לכתחלה, אפי' רגע אחד, וכדלעיל בס"ב, **ומ"מ** בדיעבד אם עבר ועשה אדם א', אין לאסור.

ואם א"א לו לעשות עוד עיסה קשה, אין איסור להוסיף קמח בעיסה הרכה, רק יזהר שלא יתן אותן המצות בדבר לח, **ומ"מ** בדיעבד אם נפלו תוך התבשיל, הסכימו האחרונים להתיר, שהרי אין ידוע בודאי שנשאר בעיסה קמח בעין, ואף אם נשאר אפשר נאפה ונקלה יפה, [**ובידוע** שנשאר בה קמח, יש לאסור אף בדיעבד אם נפלה לתבשיל].

כ' האחרונים, שצריך ליזהר לבער הפירורין מעל השולחן אחר כל עיסה.

הגה: וירחיק המלות מהקמח, כי הקמח הנדבק בכן בא אח"כ בתבשיל, ומחמץ - לכן אותו המודד קמח, לא יקרב אל העיסות עד שינקה מלבושיו מן הקמח, וידיח ידיו תחלה, **וכן** צריך ליזהר שהמודד הקמח לא יתן מים לתוך העריבה, כי מתדבק רטיבת המים על ידיו, **וכן** הנותן מים לא יהיה מודד הקמח, אלא כל אחד יהיה על משמרתו.

§ סימן תסא – דיני אפיית המצה §

סעיף א - תנור שאופים בו חמץ, צריך ליזהר כשיסיקוהו כדי לאפות בו מצה, שילכו הגחלים על פני כולו, ואין די לו בלהבה, דכמו שבולע על ידי גחלים כך פולט על ידי גחלים, ושיהו נצוצות נתזין ממנו - ודי בהיסק זה גופא שמכשירו לאפות בו מצה.

ואף שהתנורים שלנו נעשו מלבנים הנשרפים בכבשן, ויש להן דין כלי חרס שאינו יוצא מידי דופיו, מ"מ מהני היסק, כיון דהסיקן מבפנים, ולא חייס עליהו דלמא פקעי, **ואין** חילוק בין תנורים שפיהן מן הצד כמו שלנו, ובין תנורים קטנים שפיהן למעלה.

הילכך אם הסיקוהו כמה פעמים קודם הפסח, אינו מספיק אא"כ כוון להתירו לצורך פסח, כי שמא לא הלכו הגחלים על פני כולו כל זמן שלא כוון לכך - ואם ספק לו בהיסק זה אם הלכו הגחלים על פני כולו, יש לאסור בדיעבד המצות שאפו בו, [**ואם** במקום שאפה המצות, יודע בודאי שאותו מקום נתלבן היטב, מצדד הפמ"ג להתיר בדיעבד], **ודוקא** אם הוא עדיין בתוך מעת לעת שנשתמשו בו החמץ, דאל"ה מותר בדיעבד אם הוא קודם פסח, **אך** אם הסיקו כמה פעמים, אף שלא כוון להתירו לצורך פסח, מותר בדיעבד, דבכמה פעמים תלינן שמסתמא הוסק כל התנור.

ויש נוהגים להטיל בו קרקע חדש - כעובי אצבע, (וכתב הפמ"ג, בדיעבד יש להתיר אף בפחות מזה), **כדי שלא יצטרכו היסק; ומנהג יפה הוא** - והחמץ הבלוע בגגו ובקירותיו, הוא נפלט ע"י ליבון השלהבת כשמסיקין אותו לאפות בו המצות.

וכן הכירה צריך להסיק ושילכו הגחלים על פני כולו, [היינו שילבן קרקעיתו וגם צדדיו], **או** שיטיח בטיט קרקעיתו, וגם בצדדיו בגובה המקום שעומדין הקדירות.

וקאכלין העשוי בתוך התנורים, צריך שילבינו ע"י גחלים, או שיטיח בטיט קרקעיתו וסביביו וגם למעלה, **ובבית** מאיר מקיל, שאין צריך להטיח למעלה כלל, ובצדדין מצריך רק בגובה טפח.

הגה: וכשמכשירו על ידי היסק, טוב ויפר הוא לחזור ולהסיק לצורך האפייה, ולא לעשות הכל בהיסק אחד - ר"ל אף דמן הדין די בהיסק אחד להכשר ולאפיה, מ"מ טוב וישר וכו', **והטעם**, אולי נשאר בפעם ראשון מקום אחד מבלי גחלים ולאו אדעתיה, **ועוד** דבהיסק אחד יש לחוש שלא ילבן יפה, מטעם שיתיירא שישרף הפת, **ולפי** טעם זה צריך להמתין מלהסיק פעם שני עד שיצטנן קצת, וכן נהגו.

וכתבו האחרונים, דאם שכח להסיק התנור ולהכשירו קודם יו"ט, וצריך להכשירו ביו"ט, דמותר לעשות הכל בהיסק א', ושלא לעשות הבערה שלא לצורך יו"ט, כיון דמן הדין מותר, **רק** שיזהר שילכו הגחלים ע"פ כולה.

סעיף ה - אם אפו חמץ עם מצה - בתנור אחד, אפי' בתנור קטן וסתום, דמחמירין לעיל בסי' תמ"ז סוף ס"א, **לא נאסרה** - אפי' תוך הפסח, דריח פת איסור בפת היתר אין נחשב לכלום, **והסכימו** האחרונים להתיר בזה אפילו היו נילושים בשמן או שומן, (דאעפ"כ הן נקראין כחושים – הגר"ז), **ומ"מ** אותו מקום שעמד החמץ בתנור צריך היסק כדי להכשירו, **אבל** שארי מקומות בתנור א"צ הכשר, דאין מוליך ומתפשט בליעתו בכולו, בכחוש בלי רוטב.

אא"כ נגעה בחמץ - היינו בתנור כשהם חמין, **ונוטל ממקום שנגעה כדי נטילת מקום** - היינו כעובי רוחב אצבע אגודל בינוני, **והשאר מותר** - ויש מאחרונים שמחמירין בנעשה תוך הפסח, לאסור כולו, **ולפי** מש"כ הגר"א [לענין מצה כפולה], יש להקל גם בזה.

הגה: מלה שנתכפלה בתנור ודבוקה עד שאין שולט שם האש - ר"ל דכיון שנדבק, ואין האש יכול לשלוט שם בכח לאפות מיד, חיישינן שאדהכי והכי נתחמצה, **אוסרים אותה** - כולה, דכיון שהחמץ מחובר במצה בחתיכה אחת, חוששין שמא נתפשט טעם החמץ בכל המצה, ואע"פ שיש במצה ששים נגדו, אין מתבטל בתוכה, **תוך הפסח** - ר"ל אם האפיה היה תוך הפסח, דאז דינו במשהו.

(ומ"מ אינו אלא חומרא בעלמא, וכמו שכתב הט"ז, דהא ירד שצלאו בגידו א"צ מדינא אלא כדי נטילה, ועיין בביאור הגר"א שכתב, דלפי מאי דמבואר לעיל סימן תמ"ז סוף ס"א, (וז"ל השו"ע שם: אבל אם בשאר תערובות לא היה צריך ששים אלא קליפה או נטילת מקום, אף בחמץ כן), גם בתוך הפסח אין לאסור אלא מקום דיבוקו, וכן הסכים הפר"ח לדינא, ואפשר דמצד המנהג גם הם מודו דיש להחמיר, אמנם אם יש לו ספק בעצם הכפל, בודאי אין להחמיר חוץ לאותו מקום).

אבל באינה דבוקה ממש, אין לאסור, [היינו אפי' אם הם סמוכים כ"כ, עד שבמעט נדבק הכפל להדדי, כיון שאין נדבק ממש], **ומ"מ** אם לא קרמו פניה דלמטה במקום הכפל, ואפי' יש לו ספק בזה, אסור.

אבל שאר מצות שבתנור מותרים - אפי' אם נוגעים ונושכים בזו, ואפי' אם נגעו בה במקום הכפל, דאין איסור כחוש יוצא מחתיכה לחתיכה בלא רוטב, **ורק** צריך ליזהר, שיניח מעט מן היתר עם האיסור במקום הנגיעה כדי נטילה, [**ועיין** בפמ"ג שכתב, דאם נגעו שלא במקום הכפל אפי' קליפה לא צריך, דאין בלוע יוצא כלל מחתיכה לחתיכה בלי רוטב, **אבל** אם נגעו במקום הכפל, או שנשכו זו בזו ואפי' שלא במקום הכפל, אז צריך נטילה].

ואם היתה אחת מהן משוחה שומן, אפילו ההיתר שמן, אם נגע במקום הכפל, כולו אסור, דאזיל ההיתר ומפטם לאיסור, והוי כאלו הוא ג"כ שמן, ומתפשט האיסור בכולו, **אבל** שלא במקום הכפל, סגי לה בכדי נטילה, **ואם** היתה המצה הכפולה שמן, אוסרת לחברתה הנוגע בה בכולה.

וקודם פסח - [היינו אפי' בע"פ אחר זמן איסורו], **אין לאסור רק מקום דבוקה** - וסביבו כדי נטילה, והשאר מותר אף דלית בהו ששים נגד מקום הכפל.

והיינו אפי' בנמצא תוך הפסח, כיון שנאפית קודם פסח, (**ועיין במ"א, שיש מחמירין אז לשרוף, כשנמצא תוך הפסח, אע"פ שאינו חמץ ברור אלא חשש בעלמא**).

וטוב להוציא מצה כפולה או נפוחה במרדה אחרת, אם יש באפשרו.

אם נמצא בביתו מצה כפולה ונפוחה לאחר הפסח, אין להחמיר.

מצה נפוחה באמצעיתה, אסורה - יש בזה שני פירושים, **א)** שנחלקה עובי המצה באמצע, וחלק העליון עלה למעלה, **ב)** שלא נחלקה כלל, אלא שתפח גוף המצה באמצעיתה ועלה, כמו בלחם חמץ שמתחמץ ומתנשא למעלה באמצעיתה, **והסכימו** האחרונים בשניהם להחמיר.

ואסורה כל המצה, אף במקום שלא נפחה, ואפילו אם הנפיחה היתה רק באחת מן הקצוות, כיון שנעשה חלל בעוביה תלינן שנתחמצה כולה, [**ומה** שכתב הרמ"א "באמצעיתה", היינו שנחלק העובי, ולא ע"י קרום דק, א"נ אורחא דמילתא נקט, שדרך להתנפח באמצע], **ואפילו** יש ס' במצה נגד מקום הזה לא מהני, ואין חילוק בין קודם פסח או בפסח.

ועיין באחרונים שהסכימו, שאין לאסור אא"כ החלל הוא גדול כ"כ כמו אגוז לוז, שקורין האזיל נוס, או כמו אצבע גודל בינוני, **ודוקא** כשעלה החלק העליון מן המצה בגובה למעלה, **אבל** אם לא עלה למעלה, אלא שבתוך עובי המצה יש נקב חלול כשיעור שנתבאר, אוסרים מקום הנקב לבד, שאותו מקום דומה למצה כפולה, שאין חום האש שולט שם, [**וכתב** החמד משה שהוא חומרא בעלמא, ואין לאסור הכלים משום זה], **והשאר** מותר אפילו תוך הפסח.

ואין אוסרין אפילו במקום הנקב, אלא כשיש בתוכו אבעבועות, שקורין בלעזליך, שהוא סימן לחימוץ, אבל אם הוא חלק, מותר, **ואם** יש במצה שני נקבים, נקב בתוך נקב, חוששין לאסור כולה.

וכ"ז אם הנפיחה נעשה בתנור בפעם ראשון, אבל אם לאחר שנאפה טחו אותה בשומן, והחזירוה לתנור ונתפחה, שרי לכו"ע.

[**והנה** דרך האופים, כשרואים בתוך התנור שהמצה התחיל להתנפח, מכה עליה במרדה שלא תעלה למעלה, משמע מדברי הח"י שאין חשש בזה].

אבל אם עלה עליה קרום כדרך שעולה על הפת בשעת אפייה - היינו קרום דק מלמעלה, ולא באמצע עובי המצה, **מותרת.**

יש מאחרונים שכתבו, דבמצות דקות שלנו, אין לחוש להאבעבועות והחללים הנכרים מבחוץ ומבפנים, כדרך רובא דרובא הנעשים מחמת האור, שאפילו אינם קרומים דקים, רק קצת בעובי, אין לחוש, **ונפוח** באמצעיתא דאסרינן, היינו שנפרד חצי העובי העליון מהתחתון, דזהו שכיח רק במצות העבות קצת.

ודע דאפילו באופן שהיא נפוחה לכו"ע, דעת הח"י שאין לאסור תערובתה, כי אם אותה מצה עצמה שנתפחה, וה"ה לענין כפולה, **ובא"ר** מחמיר לאסור התערובות בנפוחה, אך בהנאה יש להקל, [**וכן** הכלים כשאין בו ס' יש לאסרו, וכן הריב אייזי"ן, אך אם כבר נשתמשו בו יש להקל]. **ונראה** דעכ"פ בששים יש להקל, **ובפרט** ברקיקין דקין כמו מצות שלנו, אפי' מי שירצה להחמיר, עכ"פ אין להחמיר בתערובות כדעת הח"י.

אם שני מצות שוכבות זו על זו בתנור - והיינו אפילו רק מקצת מצה זו, היה מונח בתנור על מקצת מצה זו, **קודם אפייתן** - ר"ל והניח שם עד שנאפו כך, **אסורים, דהוי כמצה כפולה** - והטעם, לפי שמקום הדבוק אין האש שולט שם, וע"כ דינו כמצה שנתכפלה במקצת, ונאסרה כל מצה עליונה ומצה שתחתונה, **ואם** היה זה קודם פסח, מסיר מקום הדבוק עם רוחב גודל ממצה זו, וכן כה"ג ממצה שתחתיה.

אבל אם האופה הפרידן תיכף, נראה להתיר.

(**כתב בספר חמד משה וז"ל, בדין זה וכן בדין כפולה, היה נראה דכל שדבוקים יחד בנשיכה, אין איסור בזה, והרי זה כמצה עבה הרבה, ואין בזה רק אם שוכבות זה ע"ז או דבוקה, וכשמפרידים זה מזה יתפרדו בלי נשיכה, אבל אם הם בנשיכה יחדו ידובקו, זה יבוא ע"פ רוב כשהגיבול רך, וידבק בלי פירוד כאלו נילושות כאחד, ומ"מ לא מלאני לבי להחליט היתר בזה, הואיל ולא פירשו הפוסקים, ואולי מתחלה היו מדובקים בפירוד, ואח"כ ע"י חמימות הרב פלטו לחותן ונדבקו יחד, ומ"מ אם יהיה עוד איזה צד להקל, יש להקל ולהתיר בענין כזה, כן נ"ל, עכ"ל**).

וכן יש ליזהר שלא יגעו זה בזה בתנור בעודן לחין, כי אין האור שולט במקום נגיעתן ובאין לידי חימוץ - ובדיעבד אם נגעו ונשכו זה בזה, כיון ששניהם נוגעין למטה בחום התנור, חום האש שולט למטה שפיר, ונאפה כדינו ומותר.

§ סימן תסב – דין מי פירות אם מחמיצין §

סעיף ג - מותר ללוש ביין, אעפ"י שאי אפשר לו בלא טיפת מים שנופלת בשעת הבציר, ואף לכתחלה רגילים ליתן מים בשעת הבציר כדי להתיר נצוק - דגבי יין נסך ניצוק חיבור, דהיינו אם מערה ישראל יין מכדו לכדו של עכו"ם, ובו משקה טופח, נאסר היין שבכדו של ישראל, שעמוד הניצוק מחבר בין היין שבכלי העליון ליין שבכלי התחתון, ורואים כאלו היין של איסור מעורב בהיתר, **אבל** כשיש גם מים בכלי של ישראל, כשיעור שיכול לבטל היין בכלי של עכו"ם, והיינו ס' פעמים, ולחד דעה בששה פעמים סגי, עיין ביו"ד סימן קכ"ו, שרי, דכל מינו ומינו ושאינו מינו, אמרינן סלק את מינו כמי שאינו, ושאינו מינו רבה עליו ומבטלו.

ואף על פי כן אין לחוש להם, הואיל וכבר נתבטלו המים ביין קודם שלשו העיסה - דאם נתערב מים כל שהוא במי פירות בשעת לישה, לכו"ע לא נתבטל המים.

רוב האחרונים הסכימו, דבעלמא לא מהני ביטול במים שנתערבו במי פירות, וכל שיש במי פירות אפי' משהו מים, כבר נשתנה טבעו ויכול להחמיץ עיסה, וממהר עוד להחמיץ יותר, וע"כ צריך להחמיר לכתחלה שלא ללוש בהם וכנ"ל, **והכא** שאני, שמתערב המים ביין עד שלא נגמרה עשייתה, דהיינו בעודנה תירוש, [דהוא בתוך ג' ימים לדריכתו, ונקרא יין מגיתו, **אבל** אחר ג' ימים, אף שעד מ' יום נקרא תירוש לענין נסכים, מ"מ לענייננו מקרי יין גמור, ושוב לא יתבטל בו], **ואח"כ** תוסס היין ונתהפך המים ג"כ ליין, ולהכי נחשב הכל ליין, [**אבל** אסור ללוש ביין זה בשעה שהוא תוסס עדיין, כיון שהמים שבו עדיין לא נשתנה להיות יין], **ולפי"ז** אם נתערב המים ביין אחר התסיסה, בודאי אין עוד לאותו יין דין מי פירות.

ולשון המחבר "קודם שלשו העיסה", אינו מדוקדק כ"כ לפי מסקנת רוב אחרונים הנ"ל, דאפי' בקודם לישה לא נתבטל, דכל טעם הביטול הוא רק משום שנתערב ביין בשעה שהיין תוסס, ונתהפך המים ליין.

(**ודע**, דמ"מ יש ג"כ כמה אחרונים שמפרשים דברי השו"ע כפשוטו, דאפילו ביין גמור נמי מיעוט המים מתבטלים במי פירות, **וכפי** שמשמע באמת מפשטות לשון המחבר, שסיים: הואיל וכבר נתבטלו קודם שלשו העיסה, אלמא דוקא בשעת לישת העיסה, אם עירב מעט מים בהעיסה שנילושה ביין לא מתבטל, ומשום דלא שייכא שם ביטול, שתיכף בהצטרפם יחד עם העיסה מתחילין לעשות פעולת החימוץ, עוד קודם שמספיקין היין לבטל המים, **משא"כ** קודם שבאו להעיסה, שפיר מבטלים המרובים למועטין, וכשבא אח"כ היין לעיסה הרי היא כמי פירות לבד, **וכן** נראה דעת הגר"א בכוונת המחבר, דלא מטעם שתסיסת היין מהפך המים ליין, אלא מטעם ביטול בעלמא, וכן הסכים בעל בית מאיר, שפירוש זה הוא היותר נכון בכוונת המחבר, **וע"כ** אף שרוב המפרשים לא פירשו כן, מ"מ אפשר לסמוך אהני פוסקים שהבאתי, עכ"פ לענין להתיר ללוש לכתחלה ולשומרן מחימוץ, כשאר עיסה שנילושה במים, **מאחר** שלדעת הרי"ף והרמב"ם, בכל מקום מותר לערב אפילו הרבה מים עם יין וללוש לכתחלה, רק שצריך לשמור מחימוץ כשאר עיסה שנילושה במים, **וא"כ** עכ"פ בנידון דידן שנתערב מעט וכבר נתבטל, יכולין אנו לסמוך עליהם, וכן פסק הח"י ובעל מגן אלף).

(**ודוקא** ללוש ביין, אבל בשמרי יין, הוי חמץ גמור).

וכתבו האחרונים, דיין צמוקים או דבש צמוקים, אף שנעשים על ידי מים, [ששורין אותו במים תחילה, ואחר כך סוחטין אותם, ויוצא מהם דובשן עם המים שנבלעו בהן, ואח"כ מבשלין את המוהל הנסחטין מהם, עד שנעשה דבש], **כיון** שנשתנה טעמו לגמרי, הוי כמי פירות גרידא, כי המים ששרו בהם הצמוקים נשתנה ברייתם, **ודוקא** אחר שכבר נגמר תסיסתם, וכנ"ל לענין יין ענבים, דאי לאו הכי לא מקרי מי פירות, **וגם** שלא נשפך בו עוד מים אח"כ, **ודוקא** כשהצמוקים הם הרבה, שאם הם אחד מששה במים, פשיטא דנחשב זה כמי פירות עם מים ומחמיץ, **ויש** מאחרונים שמחמירין בצמוקין בכל גווני, [והוא הדין בדבש צמוקין], וסוברין דמי צמוקין לא נחשב מי פירות, **וע"כ** כל בעל נפש יחמיר שלא לאכול מצה שנילושה בהן, רק למכור או לשהות עד אחר פסח.

סעיף ה - הלש עיסה במי פירות - היינו במי ביצים ושאר מי פירות, דברים שאינם משבעה משקין, שסימנם י"ד שח"ט ד"ם, ומבוארים לעיל בסימן קנ"ח, **טוב לעשותה פחות משיעור עשרון, כדי שלא תתחייב בחלה** - והטעם, דע"י מי פירות אין העיסה מוכשרת לקבל טומאה, ונשארת החלה טהורה, ואין לו שום עצה אח"כ מה לעשות בה, לשורפה אינו יכול, שאין שורפין קדשים טהורים, ולאכלה אינו יכול, שרובן טמאי מתים הן, **ובשאר** ימות השנה יש עצה, שיתן בעת הלישה גם מעט מים, וממילא הוכשר, **אבל** עתה לצורך פסח, הלא יהיה מי פירות עם מים, ואסור ללוש וכנ"ל בס"ב, [**ומיירי** שיין ודבש ושאר דברים מז' משקין אין לו, דאל"כ יערב עמהם], **לכן** העצה שילוש פחות מכשיעור.

ובדיעבד אם לש כשיעור, יראה ליתן החלה לכהן קטן, שלא יצא טומאה מגופו.

[**ויש** מאחרונים שכתבו, דטעם המחבר, משום דיש מקצת פוסקים שסוברים, דאם לש במי פירות שאינם מז' משקים, אינו חייב בחלה, **ואף** דבדיעבד אם לש, קימ"ל דחייב בחלה, מ"מ לכתחילה טוב לצאת גם דעה זו, וע"כ ילוש פחות מכשיעור].

סעיף ו - חטה שנמצאת בדבש או ביין וחומץ, מותר - הדבש והיין, ולא אמרינן שנתחמצו על ידי החטה, אפילו נתרככה ונתבקעה שם, שאין מי פירות מחמיצין.

ומיירי שבישלו הדבש והיין, או שהיה כבוש מעל"ע, דבשריה בעלמא בצונן, להרבה פוסקים אפילו נמצא במים גרידא נמי אינו אוסר.

‹אפי' למנהגינו שאנו חוששין בכל מי פירות שמא נתערב בהם מים, אעפ"כ אין להחמיר בחטה הנמצאת בתוכם, כי חששא זו אינה כדאי אלא לאסור לכתחלה שלא ללוש בהם עיסה, ושלא לעשות מהם תבשיל עם קמח, אבל

בדיעבד לא היה כדאי לאסור בשביל חששא זו, **ואין** אנו מחמירין אף בדיעבד אלא כדי שלא יעשה כן פעם אחרת לכתחלה, **אבל** בדבר הנעשה מאיליו, כגון חטה שנפלה לתוך מי פירות, אין להחמיר בדיעבד - הגר"ז.

ובלבד שלא נתערב בהם מים - דאז אדרבה מחמיצין טפי וכנ"ל בס"ב, **והא** דמבואר לעיל בס"ג, דמותר ללוש ביין, אע"פ שא"א לו בלא טיפת מים, שאני התם שנפלו המים קודם תסיסת היין, ובתסיסת היין נתהפכו המים להיות יין, **משא"כ** היכי שמתערב אח"כ.

וחטה שנמצאת במי דבש, שקורין מע"ד, או ביין שרף הנעשין מפירות, או בשכר של תמרים ופירות, וידוע שלא נתערב בהם שום מים אחר עשייתן, אם אוסר או לא, **נסתפקו** האחרונים בזה, אם יש לדמותן ליין של צמוקים, דע"י התסיסה נהפך המים להיות יין, וה"נ ע"י הבישול ותסיסת הדבש, נהפך המים ונעשו מי פירות, וכן בשארי דברים הנ"ל, **או** דילמא שאני ענבים שכחם חזק להפך המים ליין, וכן בדבש צמוקים הנ"ל, ע"י הבישול נשתנה בריתן לגמרי ונעשים דבר גוש, משא"כ בכל אלו, אף לאחר עשייתן ובישולן עיקרן מים, **וע"כ** יש להחמיר היכי שנפל בהם שלא לשתותן, **אבל** לשהותן עד אחר פסח, או למכור לעכו"ם, יש להקל.

אכן אם ידוע שהחטה לא היה מעל"ע במים, אין להחמיר אפי' לשתיה, דצונן אינו נותן טעם, [**אף** דלקמן בסי' תס"ז סי"ב, יש מחמירין אף בצונן, הכא דבלא"ה יש סברא דהוי מי פירות, בודאי אין להחמיר]. **וכן** אם החטה לא נתבקעה רק נתרככה לבד, יש להקל אפילו אם אינו ידוע לו כמה שהתה, אם לא שידוע לו ששהתה החטה מעל"ע במים דנעשה כבוש, (**אף** **דיש לספק שמא שהתה מעל"ע, והיינו משום דהו"ל ס"ס באיסור משהו, ספק כבוש, וספק שמא לא הוי חמץ כלל, דנתרככה אינו אלא ספק חמץ, לבד הספק דמי פירות, והנה אף דהמשב"ז מסתפק להחמיר לענין שתיה אף בנתרככה, מ"מ לענ"ד הסומך להקל לא הפסיד, ובפרט בזה, שדעת הבית מאיר, שחטה במי דבש או ביין צמוקים הוי נותן טעם לפגם, בודאי יש להקל עכ"פ בנתרככה, שיש כמה ספיקות להתירא**).

כתבו הפוסקים, דשומן הוי נמי מי פירות, לפיכך חטה שנפל לתוך שומן אפילו רותח, אינו אוסר, שמי פירות אינו מחמיץ, ואפילו נתבקע החטה, ובלבד שלא נתערב מים בתוך השומן אחר שהתיכו אותו, **ואף** שבלא"ה יש בכל שומן תערובת מים, שהרי מדיחין אותו בשעת מליחתו, מ"מ אין לחוש לזה, לפי שכשנתבשל שומן בקדירה בישול יפה, נשרפו המים בבישול והלכו להם לגמרי, **ולכן** אפילו ידוע שעירב להדיא תוך השומן מים מעט קודם שהתיכו אותו, אין לחוש.

וכ"ז בידוע שנפלה אחר שהתיכו השומן, אבל אם נמצא חטה בתוך שומן, ואינו ידוע אם נפלה מקודם או אח"כ, **אם** הריקו השומן מקדירה שבישל בה לכלי אחר, ושם נמצא החטה, אף שהיה השומן עדיין רותח, מותר, דלא מחזקינן איסורא, ואמרינן בכלי שני נמצא ושם היה גם מקודם, וכשהריקו השומן עליה כבר לא היו מים בהם, **וכן** אפילו אם נמצאת החטה באותו כלי שהתיכו בה, רק שהיה לאחר שהסירוה מן הכירה והעמידוה במקום אחר, ושם נמצאת החטה בה, אפילו בעוד השומן רותח, מותר, דלא מחזקינן איסורא ממקום למקום, ואמרינן החטה נפלה במקום זה, שכבר התיכוה ונעשית הכל מי פירות,

[**ואף** שבמקו"ח השיג ע"ז, ודעתו דזה לא מקרי ממקום למקום, **כבר** כתבנו בשם הבית מאיר, דעיקר הדין דמחזיקין מזמן לזמן ג"כ לאו דבר ברור, וא"כ **אין** לנו להחמיר בזה יותר מדאי באיסור משהו, **ומ"מ** אם השומן היה מכוסה משעה שהעבירה למקום זה, א"כ א"א לתלות שנפלה עכשיו, ובע"כ מקודם נפלה].

אבל אם נמצאת החטה הבקועה בכלי ראשונה שהתיכו בה השומן בפסח, [ואם אינה בקועה יש לצדד להקל], והיא במקומה עומדת, אסור השומן, דחיישינן שמא נפלה קודם ההתכה, או בתחלת הרתיחה, שעדיין היו מי הדחה בעין על השומן, ומיד החמיצה, כדין מים עם מי פירות שממהרים להחמיץ, ואוסרת השומן, **ואם** אומר בבירור שיודע שלא התיך תיכף אחר ההדחה, רק שכבר נתייבש המים מקודם, בזה אפילו נמצאת החטה קודם שנתבשל השומן בישול יפה, ג"כ מותר, שאין כאן אלא מי פירות בלבד.

[**ובהתיכו** קודם פסח, לפעמים מותר אפי' נמצאת החטה בכלי ראשונה, וכגון שנקרש השומן לפני הפסח, דאפי' אם נחזיק שהחטה מונחת כאן משעה ראשונה ונחמצה, מ"מ אינה אוסרת השומן, דבטלה בששים, **וכשמגיע** הפסח דהיא במשהו, כבר נקרשה ואינה אוסרת, דליכא כבוש].

ואם עשו בשומן עגולים שקורין קניידליך ממצה טחונה, ונמצא חטה בהם, אם לא עירב בהם מים רק שומן וביצים, פשיטא דמותר, דמי פירות הן ואינן מחמיצין, **אבל** אם יש בהעגולים מים ג"כ אפילו מעט, הוי מי פירות עם מים ואסור, **וה"ה** המצה ששורין אותה במים לאחר אפייתה, וסוחטין אותה, ואח"כ לשין אותה בשומן, אם נפלה חטה לתוכה, יש להחמיר ולאוסרה, לפי שאי אפשר לסוחטה כל כך, ונשארו בתוכה מים בעין.

סעיף ז - יש לברר המלח מחטים שלא יהיו בתוכו, כי כשהמלח מתלחלח הוא נכנס מעט מעט בחטים ומתחמץ - החטה, ושוב פולטת החטה טעם החמץ במלח, **והיינו** במלח של ים דכמים דמי, אבל במלח שחופרין מן הקרקע, מצדדים כמה אחרונים דאינן בכלל מים, אלא הם כמי פירות דאינן מחמיצין, **ומ"מ** ראוי גם בזה לבדוק אותם, [לחוש לדעת הד"מ, דכל מלח תולדות מים הם, **ועוד** שמצוי שימצא בהם גרעינים מלוחלחים ממים, ויחמיצו המלח לכו"ע].

ואם לא בירר, ונמצא חטין במלח, הסכימו האחרונים, דאם יבשים, מותר המלח אפילו בפסח, **ואם** מצאן שנתרככו, אם הוא בע"פ אחר חצות, צריך ליטול כדי נטילה, דהיינו כעובי אגודל סביבות המקום שהיו החטין, וזורקן, [**ובדיעבד** אם נשתמש בהם אין לאסור, דבטל טעם החטה בששים], **והשאר** מותר.

[**ואם** הוא קודם חצות, משמע ממ"א דבטל בששים, ולפי"ז לא יצטרך לזרוק אף בכדי נטילה, דלקולא אזלינן, וחשבינן לכולו כאילו היתה חתיכה אחת, **והגר"ז** כתב, דגם בקודם חצות דצריך לזרוק כדי נטילה, **והכי** מסתברא טפי, דמעיקר הדין הלא אינו מתפשט כ"כ, דהלא מקילינן בפסח בדיעבד בכדי נטילה, וא"כ אם נסמוך קודם הפסח אששים לקולא דנתבטל, הלא ישתמשו בפסח בכל המלח, אף באותם שהיו סביבות החטה כדי נטילה, וצ"ע].

אבל אם מצאן בפסח, לכתחלה אין להשתמש בכל המלח שבכלי, ויזרוק כדי נטילה סביבן, והשאר משהן עד לאחר פסח, **ובדיעבד** אם נשתמש בהם, אין לאסור המאכל, אא"כ ששמו מאותו כדי נטילה תוך המאכל, דאז אסור כל המאכל.

כתבו האחרונים, דגם התבלין יש לברר, ולהשליך גרעיני תבואה שימצא בהם, קודם שישימם בתבשיל, וקודם שידוך אותם, שלא יתערבו תוך התבלין, **אבל** התבלין פשוט הוא שאין בהם חשש, אפילו נמצאו הרבה בהם, דהרי הם יבש ביבש.

§ סימן תסה – דיני מורסן בפסח §

סעיף ג- אם שפשפו מורסן באווז לח ממים, יש מי שאומר שהאווז אסור - [אף בהפסד מרובה], מפני שיש בה בעורה נקבי נקבי, ונשאר שם המורסן, ואפילו אם ירצה לשפשף אח"כ ולהדיחו, לא מהני.

בטור איתא, שרו המורסן מתחלה במים, והמחבר נקט דיניה אפילו במורסן יבש, רק שהאווז לח ממים, **והוי** רבותא טפי, שאפילו במעט לחות שיש על העוף ג"כ מחמיץ המורסן, ואסור האווז, אפילו לא ידיחו אח"כ במים רק במי פירות.

וכתבו האחרונים, דאפילו אם ירצה להפשיט העור כולו ממנה, אסור, דהמורסן נכנס דרך העור בעומק הבשר.

[**ודע**, דבלבוש צייר דינא דשו"ע במורסן יבש, וגם האווז לא היה לח, ואיסורו הוא מפני שאח"כ מדיחו במים, כגון למליחה ולבישול, ויתחמץ המורסן, ושפשוף לא מהני, מפני שכבר נכנס המורסן בעומק הנקבים, **וכתב** בא"ר, דבזה שהיה המורסן והאווז יבש, מהני אם יפשיט העור קודם הדחה, דביבש לא נכנס רק בעור מלמעלה, ולא בבשר בעומק, ומהני הפשט].

הגה: והכי נהוג לענין איסור חמץ שהוא במשהו - ר"ל אע"ג דלענין שאר איסורים לא מהני טעמא דנקבי נקבי לאסור, אלא א"כ היה הבשר רותח, או עכ"פ מבושל או צלי, דרכיכי ונכנס בעומק, **הכא** לענין חמץ דאיסורו במשהו, חיישינן אפילו בחי, שנשאר משהו חמץ תוך הנקבים שיש באווז.

וכתבו האחרונים, דכיון דעיקר הטעם משום שאיסורו במשהו, א"כ בע"פ משש שעות ולמעלה עד הפסח, דשיעורו אז בששים, יש להתיר האווז בשפשוף והדחה היטב במים, **ובתנאי** שיאכלנו קודם הפסח, דשמא ישאר משהו בעין, וחוזר וניעור בפסח, **ויש** מקילין אף לאכלו תוך הפסח במקום הפסד מרובה, [הגר"ז], וטעמו משום דלא נבלע בבשר האווז אלא טעם המורסן, ולא המורסן עצמו, ולכן אינו חוזר ונעור בפסח - מ"ב המבואר›.

ויש ליזהר שלא להבהב העופות בקש, שמא יהיו שם חטים או דגן מחומץ - פי' שנפלו עליו מים לאחר שנתלש ונתחמץ, **ויתן טעם בעופות בשעת ההבהוב** - והסכימו האחרונים, דכ"ז אינו אלא זהירות בעלמא לכתחלה, אבל מעיקר הדין אפילו היו שם חטים, לא מחזקינן שהיו מחומצים, **ואפי'** ידעינן שהיו מחומצים, נמי אין לאסור, כיון שאין נוגע העוף בהדגן, שמחזיק את העוף מלמעלה, והלהב עולה מלמטה.

אם נמצא שבולת ריקנית בתבשיל נימוח, אין חוששין שמא היה דגן מחומץ בשבולת ונפל לתוך התבשיל ונימוח שם.

§ סימן תסו – אם הרוק ומי רגלים ודומיו מחמיצין §

סעיף ב- הנותן שעורים לבהמתו ומצא בהם ריר, צריך לבערם - דרוק מחמיץ, וע"כ צריך לבערם, ואף שלא שהתה הבהמה באכילתה כשיעור מיל, מ"מ כשלא יבער תבא לידי חימוץ ויעבור על ב"י.

הגה: אבל מספק אין לחוש, הואיל וכבר בטל - וא"כ יצא מחשש דאורייתא, דאף בודאי חמץ שוב אינו חייב בביעורו רק מדרבנן, ולהכי כל זמן שאין יודע ברור שיש ריר, לא מחזקינן איסורא.

ותמהו עליו האחרונים, דמאי מהני ביטול של כל חמירא בערב פסח, לחמץ שעתה בפסח נתחמץ, **וכתבו** דהלשון מגומגם, והכוונה אם ביטל בהדיא קודם שנתן לבהמתו, ואמר: כל השעורים שישארו מבהמתי, מבטל אנכי, [**ואף** שמג"א מפקפק, דמ"מ לא ימלט מנהנה מאיסורי הנאה, שהרי בהמתו תאכל אח"כ אם לא יבער, אין לחוש לזה מספיקא, כמו שכתבו האחרונים].

ויש מחמירין לבער כל הנותר מן הבהמה, אע"פ שאין רואה עליו ריר - דמסתמא אית בהו רירי.

וכתבו האחרונים, דכל זה בסוס וכה"ג, אבל בשור ופרה בודאי יש להחמיר אפילו מן הסתם, דידוע שמוציאין ריר באכילתם, **ונכון** להחמיר בכל הבהמות לבער הנותר, אף שאין רואה עליו רוק, **וע"כ** טוב לכתחלה שיתן לבהמתו מעט מעט, כדי שלא ישתייר כלום מאכילתו.

סעיף ג- שק מלא קמח שנתלחלח מזיעת החומה - וה"ה כותל של עץ שמזיע, **מותר** - ואין חילוק בין אם הזיעה באה מפני מיעוט אויר, כמו שמצוי במרתפים ובמערות, שהכותלים והאבנים מזיעים, **בין** אם באה מכח מים שיש בה, כגון בחומה של לבנים חדשים, שלפעמים מזיעים מחמת שלא נתייבשו עדיין הכתלים, או בכותל של עץ, שהעצים לחים ומזיעים, **בכל** גווני אין הזיעה מחמיץ, כמו דמצינו לענין הכשר טומאה, דזיעה אינה חשובה כמים להכשיר, [**והטעם** כמו שכתב התשב"ץ, דאע"ג שכל זיעה אינה אלא מחמת רטיבות המים, כיון שנבלע בכתלים יצא לו מתורת מים לענין הכשר, וה"ה לענין חימוץ].

ומ"מ לא עדיף ממי פירות, וא"כ לפי מה דפסקינן לעיל בסימן תס"ב ‹ס"ב, דמי פירות עם מים ממהרים להחמיץ, אין ללוש בהם

לכתחלה, (ואם לש בהם יאפה מיד, ע"ש), **ואם** הוא מלוחלח עדיין, ירקדנו ויקיים המלוחלח עד אחר פסח, והנותר ילוש ויאפה לפסח.

וכתבו הפוסקים, דכל זה בזיעה הבאה מכתלים, אבל אם הזיעה באה מחום והבל דמים חמין הנמצא בה, כגון שיש שם גיגית של מים חמין, ועי"ז נתלחלח השק, לכו"ע הוי תולדות המים ומחמיץ, [**וזיעה** הבאה ע"י חום האש, אינו בכלל זה].

ויש אוסרים - ס"ל דלא ילפינן חמץ מהכשר טומאה, ולגבי חמץ כל שהוא רטיבות של מים יש בו כח להחמיץ, **ויש** שכתבו טעם סברא זו, לפי שהחומה מזיע מכח המים שיש בה, ואף זיעת כותל של עץ גם כן דינו כמים, כי על פי רוב יש בו ג"כ בליעה ממי גשמים שנוטפים על הכתלים, ולפעמים ג"כ נוטפים עליהם מי גשמים לאחר שנקצצו מן הארץ, [**דמי** לחלוחית העץ בעצמו הוא בודאי מי פירות, כמו כן המים הנבלעים בו בעודו מחובר, ג"כ כמי העץ בעצמו חשיבי, דהא מועיל לגידולו]. **ולפי** טעם זה, בזיעה של אבנים או מתכות או זכוכית, גם לסברא זו איננה מחמיץ, וכמי פירות דמי.

ולדינא העיקר כדעה הראשונה, וכמו שסתם המחבר בתחלה, ומי פירות הן, **ומ"מ** יש לחוש לכתחלה לדעת האוסרין, ואעפ"כ להשהותו לאחר הפסח שרי, **ואם** רוצה להשתמש בקמח זו לפסח, יש להתירו ע"י ריקוד, ואפילו נתייבש, והקמח המלוחלח יזרקנו, והשאר ישתמש בו, [**דאע"ג** דאם נפל מים על הקמח, לא מקילינן בריקוד בנתייבש, וכבסעיף שאחר זה, **מ"מ** כיון דהוא רק חששא דאיסור משהו, נ"ל דנוכל לסמוך להקל אדעה קמייתא, דלא נתחמץ כלל, **ואף** דעב"פ מכלל מי פירות לא יצאו, וא"כ אם הריקוד אינו מועיל לפירורין, הלא אסור ללוש קמח זה אח"כ במים, וכדין מי פירות עם מים שממהרים להחמיץ, **זה** אינו, דבכגון זה יש לסמוך אדעת הרי"ף והרמב"ם, שמתירין ללוש במי פירות עם מים כשאר עיסה, ובפרט בדבר מועט כזה, **גם** יש לצרף מה שנתייבש כבר המי פירות, ולהרבה פוסקים בכה"ג מותר לכתחילה ללוש, ובמשהו יש עוד להקל ביותר, **ואח"כ** מצאתי במגן אלף שכתב כדברינו, וכן מצאתי להגאון בעל עין יצחק, אח"כ מצאתי בח"א שהסכים לדינא ג"כ כדברינו, **אך** מדבריו משמע שאין להקל רק קודם פסח, וגם שצריך לזה אח"כ שימור רב, כדין מי פירות עם מים, **ולפי** הגאונים הנ"ל, אפי' בנתייבש בפסח אין להחמיר, וגם החשש דיצטרך שימור רב כמי פירות עם מים, משמע דאין לחוש לזה, **ומ"מ** מהיות טוב, אם יכול לאפות קודם פסח, וגם בשימור רב, בודאי מן הנכון לעשות כן].

(**כתב הפר"ח, שק מלא קמח שהיה מוטמן בחול, ומצא הקמח מלוחלח, הוי חמץ, דתנן בפ"ג דמכשירין, המטנן בחול הרי זה בכי יותן, וכתב הרע"ב, דאין חול בלי מים**).

סעיף ד - נפלו מים על קמח - אפילו בפסח גופא, **או נתלחלח השק** - ממים, ולדעת היש אוסרים בסעיף הקודם, אפי' נתלחלח מזיעת החומה, וכיון שנתלחלח השק, מסתמא הגיע הלחות אף לקמח שבמקום הזה, **יאחוז בידו כל המקום המלוחלח בשק** - עם הקמח שבמקום זה, וצריך לאחוז מן הקמח עם השק סביב הלחלות, כפי אומד הדעת עד היכן שהגיע הלחלות, ומעט יותר, **עד שיריק כל הקמח שבשק** - ונכון לכתחלה לרקד אח"כ גם לכל הקמח הנשאר.

ויש מי שכתב, דכ"ז אם הלחלות היה לצד מטה של השק, דבזה מהני תקנה זו, שיאחז ממקום המלוחלח עד קצה השק, **אבל** בנפלו המים על השק מלמעלה, מאי מהני במה שיאחז מלמעלה במקום המלוחלח, אולי הגיעו המים בעומק השק, כדרך מים שנכנסים בעומק למטה, ואפשר נתיבשו שם ג"כ, ואי אפשר להכיר עד היכן מקום המלוחלח, **וע"כ** באופן זה אין להקל בלי ריקוד מדינא, אף בדיעבד, **ומ"מ** אפשר דבקודם פסח אין להחמיר בזה בדיעבד אם לא ריקד, [דכיון דצריך ליקח סביב באומד הדעת, ועוד מעט יותר מכפי האומד, א"כ הוא חששא בעלמא, **ובזה** אפשר לצרף סברת איזה פוסקים (לקמן), שמגמגמים אעיקר פסקא דמחבר בזה, לפי מה דקימ"ל דקמח הוא לח בלח, וא"כ אינו חוזר וניעור אחר שכבר נתבטל בס' קודם לפסח, **ובאליהו** זוטא כתב ג"כ להדיא, דהיכא דאיכא ספיקא, בשעת הדחק יש לסמוך להקל ולדון בזה לח בלח].

ואם אי אפשר לעשות כן - כגון שנתלחלח מצדו בהרבה מקומות, או שחלק גדול משק נתלחלח, או שזרקו השק ממקום למקום, ומסתמא נתערב הקמח בתוכו, **ירקד הקמח והשאר מותר** - דבמקום שנתלחלח יתדבק הקמח ויהיה כמו עיסה, וישאר למעלה בנפה, והקמח שעובר דרך נקבי הנפה בודאי לא נגעו בהן המים, **ואם** הוא ביו"ט, שאסור לרקד קמח יותר מכפי הצורך לו, ירקדנו ע"י עכו"ם כדי לבער החמץ, [ומתבער ע"י שזורקו לחוץ ונדרס ברגלים]. **ואם** נפלו המים ביו"ט, ולא שהו המים בקמח עדיין שיעור מיל, יכול ליתן לנכרי במתנה, [ובלבד שימסור לו החמץ, וע"פ המבואר בסי' תמ"ח]. ויצא בזה, כיון שלא נתחמץ עדיין.

ודוקא כל זמן שהוא מלוחלח, אבל אם נתייבש הלחלוחית, לא מהני ריקוד - ואפילו קודם פסח, **דמיפרך ומתערב עם השאר** - ר"ל דמיפרך לפירורים דקים, וירד דרך נקבי הנפה, ויתערב עם הקמח, [ולא כינו זה בשם ספק דרבנן, דרגיל הוא להתפרר]. **ואסור לאכלו בפסח.**

ואפילו אם אפו קודם הפסח, שאף שהפירור נאפה, הרי הוא חמץ ולא נתבטל.

ואע"ג דבודאי יש ס' כנגדו, ומתבטלים קודם הפסח, מ"מ כשיגיעו ימי הפסח שאסורין במשהו, יהיה חוזר וניעור, **ואע"ג** דבלח בלח לא אמרינן חוזר וניעור, וכדלעיל סימן תמ"ז ס"ד, וקמח בקמח הוא לח בלח, י"ל דפירורים אינם מתבוללים היטב בקמח, ובאפי נפשייהו קיימין, ואפשר דאפילו בשעה שלש העיסה ג"כ לא נימוחו ונתערבו, וכשמגיעים ימי הפסח חוזרים ואוסרים.

אלא ירקדנו - כדי לבער החמץ שימצא בו, **וישמרנו עד אחר הפסח.**

וכתבו האחרונים, דדוקא ריקוד לא מהני בנתייבש, אבל תיקון הראשון שהזכיר המחבר, לאחוז במקום המלוחלח, ובאופן שלא טלטלו השק ממקום למקום, ויש להכיר מקום המלוחלח היטב, שפיר מהני, ואפי' בנתיבש בפסח, ויאחז בידו מקום המלוחלח עם הקמח סביב הלחלוח, והשאר מותר באכילה, ומ"מ ראוי לרקד הנשאר וכנ"ל, [**עיין** בח"א, דדעתו דיש להתיר זה דוקא בעני, או במקום הפסד גדול, וטעמו נראה, משום דהא"ר מפקפק מאד ע"ז, ואפי' בקודם לפסח, וע"כ החמיר הח"א עכ"פ בנתייבש בפסח, שלא להתיר כי אם במקום הפס"מ].

ועיין בפר"ח, שדעתו דמקרי לח בלח ואינו חוזר וניעור, ועכ"פ מותר לאפות קודם פסח, [דהמאמר מרדכי אינו מיקל למעשה רק בנאפה קודם פסח, גם באליהו זוטא אינו מצדד להקל רק ביש עוד ספק], **וכן** הסכימו הרבה אחרונים, דאחר שנאפה נעשה גוש אחד ונתבטל, ואינו חוזר וניעור, **ועיין** במגן אלף שכתב עוד סניף לזה, שיקח קצת מן הקמח ויאכלנו קודם פסח, ונתלה החמץ במה שאכל, **ויש** לסמוך ע"ז במקום הפסד, **ומ"מ** יקח מצות אחרות ללילות ראשונות, דעכ"פ אין זה שמור כהוגן, **וה"ה** בכל היכי דמכשרינן מטעם ס"ס וכדומה.

[**ומשמע** מפוסקים, דבענינו בעת הרקדת הקמח, לא יכניס יד לתוך הנפה למעך בקמח, דעי"ז יכול לצאת פירור יבש דרך נקבי הנפה, **אלא** שינענע הנפה בלבד, דאז אם יש איזה פירור ישאר בנפה, כמו שהנפה קולט המורסן, **ולכן** אף אם היה מלמעלה בנפה פירור עיסה יבש, ונתמעך קצת ממנו עד שנעשה פירור דק מן הדק בקמח, ויצא מעצמו עם שאר הקמח, לא איכפית לן, דהוי לח בלח ובטל קודם הפסח].

ואם נתייבש בפסח, אסור להשהותו - והטעם, דקי"ל חמץ שנתערב בפסח במשהו, ואם נתערב שלא בזמנו בנותן טעם, וע"כ אם נתייבש בפסח, אף שהלחלוח היה מקודם, מ"מ כל זמן שהוא מלוחלח לא היה מתערב, ומתי התחיל להתערב, כשנתייבש ונפרד פירורים לתוך הקמח, א"כ נעשה התערובות בפסח שהוא במשהו, ואסור להשהותו, **ואף** דירקדנו, הרי חיישינן שירדו פירורים קטנים דרך נקבי הנפה וכנ"ל, **משא"כ** אם נתייבש קודם פסח, הרי קי"ל דהוא בכדי נתינת טעם בכל הקמח, וכאן אין בו שיעור זה.

(**והנה משמע מלשון השו"ע, דאפילו אם הריקוד היה בפסח**, ‹בציור שנתייבש קודם פסח›, **ג"כ מותר לשהותו, והמגן אלף מפקפק בזה, כיון דעכ"פ צריך לרקד, הרי ג"כ נעשה בזה עתה התערובות בקמח דרך נקבי הנפה, ואמאי מותר לשהותו, ועיין בפמ"ג שגם הוא נדחק מאד בסברת המחבר, וע"כ הסכים המגן אלף לפרש, שגם כונת המחבר הוא כן, דבנתייבש קודם פסח יש לו תקנה בהרקדה, ואם נתייבש בפסח אין לו תקנה בהרקדה ואסור לשהותו, ורק אורחא דמלתא נקט, דבנתייבש קודם פסח נזהרין לרקדו ג"כ קודם פסח).**

אסור להשהותו - ולא כתב שיזרקנו לחוץ, דהוא אזיל לשיטתו לקמן בסי' תס"ז ס"י, ולדידיה יכול למכור לעכו"ם חוץ מדמי איסור שבו, **אבל** לדעת הרמ"א שם דנוהגין לשרוף הכל, ה"ה בזה, **ודע**, דלפי מה שהסכימו האחרונים, דבמקום הפסד גדול יוכל לסמוך על דעת המחבר בס"י, יכול למכור כל השק לעכו"ם חוץ ממעט הקמח המחומץ שבו, **ופשוט** דהוא ביש עכו"ם לפניו, [דאי לאו הכי הלא אסור לשהותו].

כתבו האחרונים, דכל הסעיף הזה מיירי דידעינן שנתלחלח השק ממים, אבל אם ספק שמא לחלוחו הוא ממי פירות, יש להקל לאכלו בפסח ע"י ריקוד, אף אם נתייבש בתוך הפסח, **דהוי** ס"ס, שמא נתלחלח ממי פירות, ואת"ל מדברים המחמיצין, שמא לא נתערב כלום בהקמח מלחלוחית שנתייבש, **ומ"מ** אם אפשר לו בקל למצוא קמח אחר לפסח, אין כדאי לכתחלה לסמוך על ס"ס לאכלו בפסח, אלא יצניענו לאחר הפסח, **וה"ה** אם נתלחלח באיזה דבר שיש דעות בין הפוסקים אם הוא בכלל מי פירות או מים, [כגון בהשתנת עכברים וכיו"ב], ג"כ מותר ע"י ריקוד.

[**ולפי** מה שכתבנו לעיל, דהעיקר כדעת המחבר, דזיעת החומה אינו כמים, והוא בכלל מי פירות, מסתברא דה"ה אם הספק שמא הוא מזיעת החומה, ג"כ נכלל בכלל ספק, **ורק** לדעת המ"א דסובר כדעת האוסרין, אין זה בכלל ספק, **ועכ"פ** לענין לאפות קודם פסח ע"י ריקוד, בודאי אין להחמיר בזה].

[**ועיין** במקו"ח, שאין להתיר מטעם ס"ס, רק ללוש לחולה ולזקן, דלדידהו מותר אח"כ ללוש במי פירות לבד, כדלעיל סי' תס"ב, **דאי** עם מים ולשאר אינשי, הלא קימ"ל דמי פירות עם מים ממהרים להחמיץ, **ולפי** מ"ש לעיל סוף סעיף ג', אין דבריו מוכרחין, **ואפשר** דבזה יש להחמיר יותר, משום דשמא נתלחלח ממים גמורים, **ואולם** לענין לאפות קודם פסח, דהרבה אחרונים מתירין ע"י ריקוד, אפי' בודאי נתלחלח ממים, יש להתיר גם בזה, **ואף** דלענין חשש שמא הוא ממי פירות וממהר להחמיץ אין נ"מ בין קודם פסח לתוך פסח, מ"מ נלענ"ד פשוט דאין להחמיר בזה, מטעם דמי פירות הוי משהו, וגם כבר נתייבש, וגם שמא לא נתערב בו כלום, כנלענ"ד].

ועכברים שנשכו השקים, אם ניכר שאכלו מן הקמח ונתיבש הלחלוחית, יש אומרים שאם הוא תוך הפסח, כולו אסור, דתלינן שהלכו בכמה מקומות בשק, ורוק שבפי העכבר מחמיץ, כמו רוק של שאר בהמה וחיה, וע"כ לא מהני אחיזת אותו מקום, **ואם** הוא לפני הפסח, ירקד הקמח וישהנו עד אחר הפסח, או ימכרנו, וכדין נתלחלח במים הנ"ל, **אבל** הרבה אחרונים תופסים לדינא, דגם בזה מהני לאחוז סביב מקום הנשוך עם הקמח שאצלו היטב, והשאר ירקדנו ויאכל בפסח, ומהני עצה זו אפי' אם הוא תוך הפסח, **ומ"מ** ראוי להחמיר כהי"א שלא במקום הדחק או הפסד, [ובפרט כשנמצא זה בחבית, בודאי יש להחמיר שלא במקום הדחק, דיש לתלות שהלך העכבר דרך אבילתו בכמה מקומות]. **וכ"ז** כשהשק מונח במקומו בלא נענוע, ולא נתערב הקמח, אבל אם טלטל השק ממקום למקום, או שנשכו בכמה מקומות בשק, וא"א לתפוס ולנהל, לא מהני עצה זו אף לדעת המקילין, ודינו כדין נתלחלח במים וכנ"ל, **אמנם** לפי מש"כ לעיל, דגם בנתלחלח השק במים מהני הרקידה במקום הפסד לאפות קודם פסח, פשוט דה"ה גם בזה.

סעיף ה - הטל מחמיץ - כל הני דמחמיצין, היינו אם שהה בלא עסק שיעור חימוץ, דלא גרע ממים דע"י התעסקות אינו בא לידי חימוץ.

וכן מי רגלים - היינו דאדם, בין שהוא גדול בין שהוא קטן, **אבל** דבהמה ושאר בעלי חיים, יש דעות בין הפוסקים אם מחמיץ, [**ומ"מ** אם נראו החיטים מבוקעים, לכו"ע חיישינן לחימוץ, **אולם** אף למאן דס"ל דאינו מחמיץ, בודאי יש לחשבו עכ"פ כמי פירות].

ומי הפה והחוטם והעין והאוזן - בין של אדם בין של שאר בעלי חיים, והטעם בכ"ז, דכל אלו הם תולדת המים, והוו כמים.

(אבל דם) ‹אינו מחמיץ› - וה"ה דמי המרה ג"כ אין מחמיצין, דהוו כדם וליחה סרוחה, וא"כ מותר לעשות ממנו עיסה לרפואה.

וחלב - בקמ"ץ, ‹אינו מחמיץ› - וה"ה חלב בציר"י, וכן שומן, אפי' רותח וצלול, וכ"ש נקרש, **ואע"ג** דחלב ודם בלא"ה אסורין, מ"מ בטל בששים, משא"כ חמץ בפסח שהוא במשהו.

והטעם בכ"ז, דאינו אלא כמי פירות ואין מחמיצין.

וזיעת אדם אינו מחמיץ - וזיעת בהמה, עיין לעיל בסימן תנ"ג ס"ז ובמ"ב שם.

וצואה, בין דאדם בין דשאר בע"ח, אינו מחמיץ, **ולפיכך** אם נתלחלח שק של קמח בצואה, מרקד הקמח, והבצק הנמצא שם יזרקנו לחוץ, [משום מאיסותא, או משום "הקריבהו נא לפחתך", ואינו נאה זה למצה], והשאר מותר.

הנה הם שוים כולם לזה שאינו מחמיץ כשהוא לבדו, אבל מ"מ יש חילוק ביניהן, דחָלָב, וכן חֵלֶב ושומן ודם, דינו כמי פירות לכו"ע, ועם מים ממהר להחמיץ, ודינו כדלעיל בסימן תס"ב ס"ב, **אבל** זיעת אדם, וכן צואה של כל בע"ח, כמה אחרונים סוברים דאינו מחמיץ כלל, **ויש** שמחמירין גם בזה.

(**וכתב** בספר מאמר מרדכי, שהורה לאחד שקנה שק של חטים, ונמצא בהם צואת תתולים יבשה, דשרי לפסח, **ואף** דאין ללמוד היתר לזה מדין צואת תרנגולים, די"ל שאני עופות שאין לחוש למי רגלים, שהרי אינם משתינים, דכל מי שאינו יונק אין לו מקום השתן, כמו שכתב בספר שערי שמים, אבל בחתולים יש לחוש שהשתינו כמו שהטילו שם רעי, ובאו לידי חימוץ, מ"מ לא מחזקינן איסורא, ושמא לא הטילו מי רגלים כלל, או שהטילו רחוק מהחטים, או שמא לא נתחמצו החטים, ואף אם נתחמצו קצת אינו אלא מיעוטא דמיעוטא, **ועוד** עיקר דין מי רגלים שנוי במחלוקת, ונוסף ע"ז דעת הפר"ח וח"י, דדוקא מי רגלי אדם מחמיץ, ולכן כל שאין רואין שום ריעותא בחטים אין להחמיר כלל, דאל"כ אין לך מגורה שלא תפול בה ספק זה, וכן עיקר, עכ"ל).

כתבו הפוסקים, דחטים הנמצאים בגללי בהמה, אפילו הם מרוככים, לא אמרינן שנתחמצו על ידי הלחות הנמצא שם, דגללים אינו מחמיץ וכנ"ל, [**וכתב** המגן אלף, ולפי"ז אם שרו עופות עם שאר בשר, ונמצא בהם חטה שנתרככה, אין לאסור בצונן אם לא שהה שיעור מיל, **דהא** במעי התרנגולת לא נתחמצה, ובחוץ לא שהה עדיין שיעור מיל כששרוהו במים, א"כ לא נתחמצה, דלא גרע מעיסה שאינה מתחמצת בפחות משיעור מיל].

ודוקא בצואה, אבל במים היוצא מפי הטבעת, וכן בצואה שהיא רכה מאוד, י"א דדינו כמי רגלים הנ"ל, (**ויש** מקילין, ועכ"פ בהצטרף עוד איזה ספק בודאי יש להקל).

§ סימן תסז – דין חטים שנפל עליהם מים ותבשיל שנמצא לתוכו חטה §

סעיף ב - דגן זה שנטבע בנהר או שנפל עליו מים - ואפילו מעט, (**דבב"י איתא**, דיש פוסקים שסוברין דיש חילוק בין שריה מרובה לזליפה מועטת, **אכן** המחבר סתם בזה, **וכתב** הט"ז דאף זליפה מועטת אוסר, **אמנם** בב"ח משמע דדעתו, דרק לכתחלה יש ליזהר בזליפה מועטת, שלא לקנותם לאכלם בפסח, **ומשמע** בבית מאיר, דבדיעבד במקום הפסד מרובה יש לסמוך ע"ז).

אעפ"י שלא נתבקע, אסור - הנה בסעיף ט' כתב המחבר: אע"פ שלא נתבקע ממש, דהיינו אף שנתרככה, שקרובות להתבקע, **וכאן** שינה לשונו וכתב: אע"פ שלא נתבקע, להורות דאע"פ שלא נתרכך כלל, גם כן אסור.

דכיון דמינח נייחי אתי לידי חימוץ - ר"ל אף דלענין לתיתה יש פוסקים דס"ל, דאינו אסור אא"כ נתבקעו, ועכ"פ בעינן לכו"ע שיהיו קרובות להתבקע, **שאני** התם דבעת לתיתה עסיק בה, ואינו מניח כ"כ להחמיץ, משא"כ הכא דמינח נייחי, [א"צ כלל לביקוע וריכוך, **ואולי** עוד, דאף שראינו שהם קשים, אולי ימצא איזה גרעינים שהם רכים, ואין ס' נגדם, **ומ"מ** נלפענ"ד, דלמוכרו לעכו"ם שרי באופן זה שהם קשים].

(הנה בב"י איתא, דיש מחלקים בין חטים לשעורים בענין זה, ומדסתם המחבר, משמע דס"ל דכל מיני דגן דינם שוה).

ודוקא בדשהה שיעור מיל, אבל אם לא שהה עדיין שיעור מיל, לא החמיץ עדיין, וא"כ אפילו נעשה בפסח, מותר למוכרו לנכרי קודם ששהה שיעור מיל, **ודוקא** ע"מ לאכול תיכף, [כדי שלא יבא למכור לישראל].

הגה: ולכן יש ליזהר שלא יבואו מים או גשמים מזלפים על החטים, כי אז אפילו לא נתבקעו אסורות.

ודגן שהיה מונח בעלייה, וירדו גשמים דרך הגג בקצת המקומות ונתלחלחו, אותן שנתלחלחו אסורות; אבל שאר מקומות מותר להשהותן מכח ספק ספיקא, שמא לא ירדו עליהם גשמים, ואם תמצי לומר ירדו, שמא לא נתחמץ; אבל לאכלן בפסח אסור, ולא מהני ספק ספיקא.

ועיין באחרונים שהסכימו, דאין להחמיר בזה רק במקום שאין הפסד בשהייתן אחר פסח, אבל במקום הפסד או מניעת שמחת יו"ט, יש להתיר אף באכילה, [**דהנה** סברת הרמ"א שהחמיר לענין אכילה, חתרו האחרונים למצוא טעם לדבריו, ולכן הסכימו להתיר במקום הדחק, **ובביאור** הגר"א כתב טעם פשוט לדבריו, דהוא משום שהוא דבר שיש לו מתירין, ולא מהני בזה ס"ס, **אכן** לפי מה שסתם המחבר בסי' תמ"ז ס"ב וס"ג, מוכח דס"ל דחמץ לא מקרי דבר שיש לו מתירין, וע"כ בודאי יש להקל במקום הדחק].

וכ"ז אם ירדו גשמים בכדי שיש לספק שמא נתלחלח הרבה, אבל אם נפל מעט מים או שלג על התבואה קודם הטחינה, ויודע מקומו, יגרוף החטים העליונים, והשאר מותר.

עכו"ם שאמר לישראל אחר שקנה ממנו החטים, שהם לתותים, אינו נאמן, ואפילו אם הוא מסיח לפי תומו, כיון שאמר זה לאחר שמכרם ויצאו מתחת ידו, [**ומוכח** מזה, דאם אמר זה קודם שמכרם, היה נאמן, והיינו אפי' לא היה מסיח לפי תומו], **מיהו** אם העכו"ם מוחזק לנאמן בעיניו, אסור, ואפי' אם לא היה מסיח לפי תומו.

סעיף ג - חטים שבאו בספינה, אם הם יבשות וקשות ולא נשתנה מראיהן, אחזוקי איסורא לא מחזקינן - ר"ל ובודאי לא בא עליהן מים, ומותר אפילו באכילה.

אבל אם נשתנה מראיתו, או שהם לחות, אסור אפילו להשהותן, [**וכתב** הפמ"ג, דדוקא חטים שבאו בספינה מחמרינן בנשתנה מראיתו, אבל סתם חטים, י"ל דשרי באכילה אף כשנשתנה מראיתו, כשאין לו אחרים].

ואם ידוע שבא עליהם מים, יש לאסור החטה עצמה, אף שלא נשתנה כלל.

ועיין בס' בית מאיר שכתב, דכל זה מיירי באותן הספינות שהחטים מונחים על עליות שבאמצע הספינה, ואין החטים באים לתוך המים מה שתחתית הספינה שואבת, וגם למעלה היא מכוסה, **מה** שאין כן בספינות שקורין קאנין, שתחתית הספינה ידוע שתמיד הוא מלא מים, והחטים שקועים בהמים, וגם למעלה היא מפורעת, וקרוב הדבר שבזמן שהיא על הדרך הוגשם עליהם מטר השמים, וגם כשהמלחים מגביהים תמיד המשוטות מן המים להוליך הספינה, בודאי ניתז עליהם מי הנהר בכל צדדי הספינה, **ע"כ** לכתחלה בודאי אסור לקנות אותן חטים לפסח בכל גווני, **ובדיעבד** במקום הפסד מרובה אפשר היה להקל, מפני חשש גשמים מלמעלה או מה שניתז עליהם מן המשוטות, דאולי הוא רק זליפה מועטת, **אמנם** מפני שידוע שהחטים המונחים בתחתית הספינה, ששם יש מים תמיד, ובודאי היה שרוי בתוכם זמן רב, אלא שעתה נתנגבו, והם אסורים אפי' לא נתבקעו, **וע"כ** צריך דרישה מן הסוחרים הבקיאים, אם ידוע להם שיש ששים בהחטים שלמעלה נגד מה שתחתית הספינה, מותר בדיעבד לאוכלם בפסח, ואם לאו אסורים אפי' בדיעבד.

סעיף ד - שנה שרבו גשמים וירדו על ערימות שבשדות, עד שהיו קצת מהשבלים שעל הערימות מעלים צמחים, אין חוששין לסתם חטים של אותה שנה - כל שאין רואין בהם סימן חימוץ, לפי שהולכין אחר הרוב, ואין הרוב מחמיצין, **ואף** אותן ערימות שראינו שנפלו עליהן גשמים, תולין להקל, שמא לא נכנסו הגשמים אלא בשבלים העליונים, אבל לא בבטן הערימה, ואת"ל נכנסו, שמא לא הספיקו להחמיץ, **ומ"מ** אם רואה בהחטים שהובא לפניו שיש בהם מצומחים, גם המחבר מודה דצריך לבדוק אם יש שם ששים נגדם.

ופשיטא כשמוליכין החטים למכור, והגשמים יורדין על השקים, עד שהשק כמעט כולו שרוי במים, וגם החטים נתלחלחו, אסורים מדינא בפסח, שהרי הריעותא נגלה לעינים, **וצריכין** להזהיר ע"ז, כי המוכרים אין מקפידין ע"ז, כי רובן אינן בני תורה, **וגם** צריך להזהיר להמוכרי תבואות, בשנה שרבו גשמים, או שירדו מים על השקין, דאזי מחויבים למכור התבואות כדין מכירת חמץ, ואסורים למכור מהם לנכרי אחר זמן איסורו.

כתב בשכנה"ג הלכה למעשה, שהתיר לקנות חטים לפסח אף שהיו נעצרים בבורות, כל שלא ראינו בהם שינוי במראיתן, ואינם לחות, והעתיקוהו האחרונים.

סעיף ו - חטים שנמצאו בהם מבוקעות, אותן שאין מבוקעות מותרות - ודוקא כשאינן לחות, **מפני שהדבר מצוי שבשעת גשמים עליונות הגדיש ותחתיתו מתחמץ ומתבקע, ואין המים נוגעים באמצעיתו כלל** - ומ"מ צריכין לברר מהן המבוקעות, או שיהיה עכ"פ ששים נגדם.

סעיף ח - דבש של אינו יהודי, אין מחזיקים בו איסור - לומר שהוא מזויף בסולת שעירבו בו, **ואוכלים אותו בפסח** - דאחזוקי איסורא לא מחזקינן, **ועוד** דאפי' עירבו, הרי דבש מי פירות הוא ואין מחמיצין, [**ולומר** שמא מים וגם קמח, חששא רחוקה היא], ‹לערב בו שני דברים – ב"י›.

יש שכתבו, דהיינו דוקא לאכול הדבש בעין כמות שהוא, אבל ללוש בו עיסה אסור, כי מצוי הוא בעת הוצאת השעוה מהדבש להתערב שם מים, והו"ל מים עם מי פירות, ומחמיצין, ‹דלעירוב שני דברים לא חיישינן, אבל לעירוב דבר אחד חיישינן, או סולת או מים – כנה"ג›, [**והיינו** שצריך אז שמירה יתירה, ולכך אין ללוש בהם לכתחילה].

הגה: מיהו יש מחמירין - שרגילין לערב בו סולת לתותה, **והמנהג במדינות אלו שלא לאכול דבש, רק אותו שמביאים בחביות מן הכוורת, שעושין ממנו משקה שקורין מע"ד** - פירוש שבדבש זה שמביאין בחבית מן הכורת, שמעורב בו עדיין השעוה, נוהגים לאכלו אף בעין, וכן לעשות ממנו משקה מע"ד, משום דאין דרך לזייף, **ואפילו** לעשות ממנו משקה מע"ד בפסח, שרי משום שמחת יו"ט, אם אין לו משקה אחרת, ‹די"ל משקה חמוד, דשמא יש קמח בתוכו ולא נבלל יפה, ונותן טעם במים במשהו בפסח – פמ"ג›, **אבל** מה שמביאין בכלים קטנים שמנוקה מן השעוה, דרך העכו"ם לערב בהן קמח, ולכן אסור לאוכלו, ואף לעשות ממנו משקה בפסח, **ויש** מהאחרונים שמחמירין בזה אף

קודם פסח, משום דמצוי שמערבין בהן קמח הרבה, עד שלא יהיה אף בתערובות המים ששים נגד הקמח לבטלם, **וכן** מחמירין שלא לאכול דבש בעין בפסח, אף מאותן הבאין מחביות גדולות, משום דאתי לאחלופי להקל בכל דבש, **אם** לא אותן שמביאין עם החדרים הקטנים שלם, כמו שהוא מונח בכורת, שעדיין לא נתרסק, [דבזה לא שייך דאתי לאחלופי להקל בדבש אחר].

ולענין מעשה, בעשיית משקה מע"ד קודם הפסח, משמע מדברי האחרונים דנוהגין עכשיו להקל, אף מאותן שבאין בכלים קטנים, דתלינן שיתבטל הקמח בששים, אם לא שידוע שבאותן מקומות הדרך לערב קמח הרבה, **ומ"מ** המחמיר בזה שלא לעשות משקה מע"ד, כי אם מהדבש הבא בחבית עם השעוה, תע"ב.

ולענין לאכול בפסח דבש בעין הבא מן החביות, תלוי במנהג המקומות, **ובמדינתינו** המנהג להקל, **ומ"מ** צריך לחקור ולידע מנהג המקומות, כי יש מקומות שנותנין לחם בכורת בשעת רדייה, או שאר דברים של חמץ, ובמקום שיש לחוש לזה, אסור הדבש לאכלו בעין בפסח, [**ולכאורה** אף אם ירצה לסנן לא מהני, כדלעיל סי' תמ"ז ס"ד, ואפשר דהכא שהוא רק חשש בעלמא, יש להקל], **אבל** מותר לעשות ממנו משקה מע"ד קודם פסח.

ותאנים יבשים וענבים יבשים שקורין רוזינ"י גדולים או קטנים, תלוי במנהג המקומות, כי יש מחמירים שלא לאכלן, ויש מקילין - דיש חשש שמפזרים על התאנים קמח בשעה שמיבשין אותן, וענבים רגילין ליבשן בתנור אצל הפת או אחר שהוציאו הפת מן התנור, ויש מקומות שאין מפזרין עליהם קמח, ומיבשין אותן בשמש, וזהו שכתב שתלוי במנהג המקומות.

ולכן נהגו במדינות אלו להחמיר שלא לאכול שום פירות יבשים, אם לא שידוע שנתייבשו בדרך שאין לחוש לחמץ - כגון שידוע לו שנתייבש בשמש, או בתנור לאחר הכשירו.

ומ"מ נוהגין היתר לעשות מהם משקה בפסח, דהיינו ששורין אותם במים עד שנקלט טעמן בתוך המים, ושותין המים בפסח, דכיון שאין בהם אלא חשש בעלמא, אין מחמירין כ"כ לאסור אף מי שרייתן, **אבל** אין מקילין כ"כ לבשל אותם בפסח, כדי לשתות מי בישולם בפסח, לפי שע"י הבישול נקלט טעמם במים יותר מע"י שריה, **ובקצת** מקומות נוהגין להחמיר במי שרייתן כמו במי בישולם, אא"כ שראן ובישלן קודם פסח, **וכן** בשע"ת בשם הנודע ביהודה מסכים, שלכתחלה נכון להחמיר, וע"כ טוב לסנן הרוטב מן הפירות בע"פ קודם הלילה, דאז אפילו היה מעט קמח נדבק על הפירות, ונתערב בתוך הרוטב, בטל בששים, [**ומ"מ** במקום שנהגו להקל לשרות גם בפסח, אין למחות בידם, דהרבה אחרונים העתיקו דברי המ"א שמיקל בזה].

וצוקר אסור לאכלו, אפילו להשהותו אסור - כי יש חשש שמערבין בו קמח, **והאחרונים** הסכימו, דאותו שאנו קורין הו"ט צוקער, שעשוי כבובע, נתברר ע"פ חקירת האומנים, שאין מערבין בו קמח, **ומ"מ** נהגו למכרו לכתחלה, ובדיעבד מותר לאחר הפסח, וגם ביו"ט האחרון אוכלין אותו, **ואותו** שיש לו כתב הכשר מהרב ממקום עשייתו, נוהגין לאכלו לכתחלה, **אכן** הצוקער שעשוי דק דק, יש בו יותר חשש חמץ מתערובות קמח, ואסור להשהותו, **ומ"מ** בדיעבד שעבר והשהה אותם, משמע מאחרונים דאין לאסור גם בזה, **ועיין** בשע"ת אופני ההכשר בזה לענין לאכלו לכתחלה.

ודע, דמיני בלילות צוקער שמחפין בהם מיני פירות ובשמים, וכ"ש אותן העשויין כמין חררות קטנות מבלילות צוקער, הסכימו האחרונים, דודאי יש לחוש שמא יש בהם תערובת חמץ, ואסור להשהות מדינא, וכ"ש לאכלם, אפילו ביו"ט האחרון של גליות.

וביום טוב האחרון - של גליות, **אוכלין פירות יבשים** - כיון שהוא דרבנן, לא מחמרינן בדבר שאין בו רק חשש בעלמא.

וצוק"ר קנדי"ל שאין בו חשש חימוץ - אין זה הצוקר המבושל הנחתך לחתיכות, שאנו קורין צוק"ר קנדי"ל, דאותו יש בהם חשש חימוץ יותר, ואסור להשהותם, ואין לאכלם אפי' ביו"ט האחרון, [שמבשלין אותם ביורות חמוצות], **אלא** הוא צוקער הבא ממדינת קנדי"א, והוא כעין הו"ט צוקע"ר שלנו, והיה ברור להם שאין בו שום חשש חימוץ, **ומ"מ** בשאר ימים אין לאכלם כי אם ע"י הכשר, כדי שלא יבואו להקל גם בבלילות צוקער, [**ועיין** בפמ"ג שכתב, דחולה שאין בו סכנה מותר לאכלו, אם אין לו צוקר אחר].

וכתבו האחרונים, דאף דלכתחלה בודאי יש ליזהר שלא להשהות צוקע"ר קנדי"ל שלנו, ובלילות צוקע"ר, מ"מ אם עבר והשהה אותן, אין לאסרו אחר הפסח, דיש כמה ספיקות בזה.

והמנהג במדינות אלו שלא לאכול כרכום שקורין זפרי"ן - שמזייפין אותן בסלת להעמיד מראיתו, וכן מניחין עליו שאור לחזור למראיתו, **ודוקא** שלא לאכול, אבל לשהותן מותר.

וכתבו האחרונים, דאף כרכום הגדל בגינת ביתו, ונזהר בו מחמץ, נוהגין בו איסור, מפני מראית העין, שהכרכום אינו מצוי במדינות אלו, ויסברו שהוא כרכום הבא ממרחקים, **משא"כ** שאר כל הפירות שנתייבשו על ידי ישראל, ונזהר בהם מחמץ, שאין חוששים בהם למראית העין, לפי שהן מצויין, והכל יודעין שלפעמים מייבשין אותם ע"י ישראל.

עוד כתבו, כי הטאב"ק דרך לשרותו בשכר בקצת מקומות, וצריך לסוגרו בחדר, או לעשות מחיצה לפניו, וכן הכרכום במקומות שנוהגין בו איסור.

וכתב הח"א, שחקר אצל האומנין שעושין שנו"ף טבא"ק, דהיינו ששואפין בחוטם, מלחלחים הפעקיל טבא"ק ביי"ן, וידוע שיי"ן אסור בהנאה מדינא, [ומה שנוהגין להקל בסתם יינם, אינו אלא מטעם הפסד מרובה], וא"כ ראוי ליזהר שלא לשאוף אותו טבא"ק אף כל השנה, **והנה** כ"ז כתב הח"א בזמנו, אבל עתה יש לחקור אצל האומנין אם עושין כן.

או נעגלי"ך - מפני ששורין אותן במי שעורין קודם שמייבשין אותן.

מיהו אינן אוסרין תערובתן, וכן נראה לי - מדסתם משמע אפילו בפחות מס', וקאי על כל הנ"ל בהג"ה זו, והטעם, דלא מחמרינן כ"כ מחמת חשש בעלמא, **מיהו** לענין דבש ובלילת צוקער, [ובחמד משה

משמע, דצוקר קנדיל שלנו דינו כמו בלילת צוקער]. יש מחמירין לאסור אם לא היה ששים בתבשיל נגדו, ומ"מ במקום הפסד מרובה או מניעת שמחת יו"ט, יש להקל.

סעיף י - תרנגולת מבושלת שנמצא בה בפסח חטה מבוקעת, מותר למוכרה לאינו יהודי - אחרי שהסיר החטה ממנה, ולא נשאר אלא טעם החמץ שהפליטה החטה בהתרנגולת, **שאינה נמכרת יותר ביוקר בשביל החטה שנמצאת בתוכה** - ולא ישהנה בביתו דילמא אתי למיכלה.

[**ולא** דמי למה שסתם המחבר בריש סי' תמ"ז, דתערובות חמץ משהו אסור בהנאה, ומשמע דלא מהני שום עצה, **התם** מיירי קודם שהסיר ממשות החמץ משם, או שא"א להסיר, וגוף החמץ מעורב בו].

הגה: ובמדינות אלו נוהגין לשרוף הכל, (וע"ל סי' תמ"ו ס"ג) - ובמקום שיש הפסד מרובה מאוד, הסכימו האחרונים להקל כדעת המחבר, [**ועיין** בס' בית מאיר שהוכיח, דאם ע"י מכירה לעכו"ם יגיע לו ג"כ הפסד גדול מאד, יוכל להשהות עד אחר פסח].

ואם נמצאת ביום שמיני של פסח - היינו אפילו נעשה התערובות מקודם יום השמיני, **וה"ה** אף אם עבר ושהה עד יום זה, **מותר להשהותה עד אחר הפסח** - משום דהוי ספק יו"ט ספק חול, ותערובת משהו הוי דרבנן, לכן מקילינן להשהותה עד אחר פסח, ואז מותר אפי' באכילה, **וי"א** שאף בשביעי של פסח, אם נמצא חטה בקועה בתבשיל או בתרנגולת, כופה עליהם כלי עד מוצאי יו"ט, ‹ולא תימא דהוי כמשהה חמץ ע"מ לקיימו, עיין לעיל סימן תמ"ו ס"א›, ואז אוכל התבשיל או התרנגולת, ושורף את החטה, **ובמקום** הפסד יש לסמוך ע"ז.

וה"ה לענין נותן טעם לפגם, אף דאנו מחמירין בפסח, מ"מ מותר לשהותו ‹ביום ח'›, אבל בחמץ גמור דאסור מדאורייתא, אף ביום אחרון אסור לשהותו, [**ועיין** בפמ"ג שמצדד, דאם נתערב מין בשאינו מינו פחות מששים, דאנן קימ"ל טעם כעיקר מדאורייתא, אף ביום שמיני אסור להשהותו, **ומין** במינו דמן התורה ברובא בטל אף בפחות מששים, מותר ביום ח' ‹לשהותו›, **וכתב** עוד שם בשם הלבוש, דה"ה לענין נוקשה ושאר ענינים שהוא דרבנן, ג"כ מותר לשהותו ביום ח'].

סעיף יא - אם נמצאת חטה בקועה בעיסה או במצה אפויה, יסיר ממנה כדי נטילת מקום - דאפיה דינה כצלי דאוסר כדי נטילה, **ובעיסה** אף דצונן הוא, מ"מ אמרינן דע"י דוחק הלישה נפלט ממנה משהו סביב מקומה, **והשאר מותר.**

חטה בקועה - ולדידן אם נתרככה אע"פ שלא נתבקע, [**ובדמשק** אליעזר מצדד להקל בלא נתבקע לכו"ע], **ודוקא** לענין אכילה, אבל בהנאה יש להקל בהפסד מרובה בלא נתבקע, אף בלא נטילת מקום.

ויש מי שאוסר כל העיסה או אותה מצה - דע"י הלישה מתחממת קצת, והמים שבעיסה מוליכין את פליטת החטה, שנפלט ע"י דוחק הלישה, בכל העיסה, [**וקאי** דעה זו אף לדעת הפוסקים, דחמץ אינו אוסר בצונן כמו שאר איסורים, **וברשב"א** כתב עוד טעם לאסור כולה, משום דשלא במקום אחד בלבד נגעה החטה, אלא כאן וכאן דרך גלגולה של העיסה בשעת לישה]. **וראוי לחוש לדבריו אם לא במקום הפסד מרובה או בשעת הדחק.**

הגה: וכן נוהגין תוך הפסח, לאסור אותה מלה שנמלא בה החטה - ואף דמסתימת הרמ"א משמע, דאוסר כולה אפילו בהפסד מרובה, **מ"מ** בנתרככה ולא נתבקע, אפשר שיש להקל בהפסד מרובה ע"י נטילת מקום, [**דס"ס**, דלמא בעינן דוקא נתבקע, ודלמא הלכה כדעה ראשונה, **וגם** נוכל לצרף לזה דעת השאלתות, דס"ל לעולם בס'].

ומתירין את האחרות, בין שנמלא בה אפויה או חיה - בין שנמצא בה כשהיא אפויה או חיה - כצ"ל, **ואמרינן כאן נמלאת כאן היתה** - והיינו בין שנמצאת החטה במצה לאחר אפייתה, או כשהיא עדיין בצק לאחר שנערכה, או בחתיכת עיסה, **ולא** אמרינן שהיתה החטה מתחלה בעיסה הגדולה ונאסרה כולה, אלא כאן נמצא כאן היה, דהיינו שכאן נמצאת החטה עכשיו, במצה זו או בחתיכת עיסה זו, כאן היתה בתחלה כשנפלה, דהיינו לאחר שנחתכה ממנה המצה נפלה החטה לתוכה, ולא נפלה מעולם לתוך עיסה הגדולה, שאין מחזיקין איסור ממקום למקום.

ואם החטה היא מלאה מים, ומלוחלח מעבר אל עבר, א"כ ניכר שהיה במים ובעיסה, יש לאסור כל העיסה, **ומ"מ** אי איכא למיתלי שהיתה בלועה ממקום אחר ממים, ונפלה לתוך המצה, הכל לפי הענין, כי תולין במצוי בין להקל בין להחמיר, ולא מקרי ספק כלל.

‹**כתב** בספר חמד משה, **אם עדיין לא גיבלה וגלגלה, ונמצא החטה מלמעלה על חתיכת העיסה שהיה בידו, כיון דאמרינן כאן נמצא וכו', א"כ עדיין לא נתנה טעם בזו החתיכה, ומותרת, והיינו אם נמצאת על החתיכה מלמעלה, ואפילו דבוקה בעיסה, אבל אם נמצאת בתוך העיסה, יש לאסור כל העיסה, דאם נאמר שבזו החתיכה נפלה, כיון דעדיין לא גיבלה, על החתיכה מיבעי ליה לאשכוחי ולא בתוכה, אלא ודאי שהיתה בעיסה השלמה, וא"כ נאסרה כולה, ולא שייך בזה לומר כאן נמצא וכו'**›.

ואם נמלאת בעיסה, אוסר כל העיסה - ומי שהיה בידו עיסה, וחתך ממנה כמה מצות ונתן לאחרים, ונשארה מצה אחת בידו, ונמצאת עליה חטה, כל המצות שמאותה עיסה אסורות, דאמרינן שמא היתה באותה עיסה קודם שחתכה לחתיכות, **דאף** דלא מחזקינן איסורא ממקום למקום, ואמרינן כאן נמצא וכו', ולא מחתיכה לחתיכה, מזמן לזמן מחזקינן איסורא, ואמרינן שמא היתה בעיסה זו מקודם שנחתכה, מ"א וש"א.

ויש מאחרונים דס"ל, דאף בכאן יש להקל בשאר מצות, משום ס"ס, שמא עתה נפלה, ואת"ל מקודם, שמא לא נתחמצה עד עתה, **ובמקום** הפסד מרובה יש לסמוך להקל, [**ואף** דהמ"א השיג על לשון הב"ח, דכתב "שמא לא נתחמצה", דמחמת חסרון ידיעה לא נחשב ס"ס, בהפ"מ סמכינן גם על ס"ס כזה, **וגם** בא"ר דעתו, דיש כאן ס"ס גמורה, אף דנחשוב דנתחמצה, שמא עתה נתחמצה, **ומטעם** זה שניתי הלשון, וכתבתי "שמא לא נתחמצה עד עתה"].

[**ודע** דאף לדעת מ"א, דוקא כשנמצאת החטה באותה מצה, כשעודה בידו, באותו מקום שחתך ממנו שאר המצות, **אבל** אם אחר שחתכה, נטל מה שנשאר בידו למקום אחר, ושם נמצאת החטה עליה, אותה מצה לבדה אסורה, והשאר מותרות, דלא מחזקינן איסורא ממקום למקום, ואמרינן כאן נמצא וכו', ובמקום זה נפלה החטה, ולא היתה בה מקודם לכן].

וכתב מ"א הנ"ל, שכן הדין באחד שלקח מחבית כרוב בקערה, והוליכו לבית אחר או למקום אחר, ושם נמצא חטה בקועה, הכרוב שבחבית מותר, דאין מחזיקין ממקום למקום, ואמרינן כאן נמצא כאן היה, ר"ל השתא בקערה נפל, **אבל** אם נמצא החטה בחבית, אז אף מה שבקערה בבית אחר אסור, [והיינו דוקא כשהחבית במקומה עומדת, במקום שלקחה ממנה הכרוב בקערה], דזה הוא מזמן לזמן, ומחזקינן למפרע, [**דשמא** היתה החטה בחבית קודם שנתנו ממנה לקערה, ונאסר אז כל מה שבחבית, **ואף** להאומרים שחמץ בפסח אינו אסור בצונן, יש לחוש שמא נכבשה החטה מעל"ע בתוך החבית, וכל כבוש מעל"ע הרי הוא כמבושל].

ומכל מקום במקום הפסד מרובה יש להקל, אפילו אם נמצא בחבית, לאותן הבעלי בתים שלקחו מקודם, דיש ספק ספיקא, שמא עכשיו נפל בחבית, ואם תמצא לומר מקודם, שמא לא נתחמצה החטה עד עכשיו, **אם** לא כשלקחו תיכף נמצא בחבית, שלא היה שהות להתחמץ בזה הזמן, **ויש** מאחרונים שכתבו, דכל זה כשהחטה בקועה, אבל אם לא נתבקעה רק כשנתרככה, יש להתיר אפילו הכרוב שבחבית, אם יש שם הפסד מרובה, מכח ספק ספיקא, [היינו שמא נפלה שם תוך מעל"ע, ולא הוי עדיין כבוש, ואת"ל נפלה קודם לכן, שמא לא נתרככה עד תוך מעל"ע].

ואם אין הציר עולה ע"ג הכרוב, בלא"ה יש להתיר הכרוב שבחבית, דלא הוי עלה שם כבוש, רק דין מלוח, ואינו אסור רק מקום שנמצא עליו, והשאר מותר, כמ"ש רמ"א בהג"ה בסי"ד.

כתב הח"א, דיגעדע"ס קווא"ס שנוהגין במדינתנו לעשות על פסח, יש ליזהר לברור היגדעס קודם נתינת המים, דמצוי להמצא בהם גרעינין.

ודוקא תוך הפסח, אבל קודם הפסח אין אוסרין רק כדי נטילה, והכי נהוג - דחמץ בתוך פסח במשהו, אבל קודם הפסח נתבטל טעם החטה בששים, ואפ"ה כדי נטילה צריך ליטול ממנה, דילמא לא פלטה רק בסביבותיה, **ואפי'** נמצאת במצה אפויה, די בכדי נטילה.

סעיף יב - אם מלגו תרנגולת (פי' שהרתיחוהו במים להעביר הנוצה) - אף דנתבאר ביו"ד סימן ס"ח סי"א, דאין למלוג אפילו בכלי שני, הכא מיירי שנמלח מקודם ע"ג הנוצה.

(**עיין** בט"ז שכתב, דסתם מליגה בכלי שני, **והנה** לפי מה שכתב המחבר ביו"ד סימן ס"ח, דבדיעבד בכלי שני אינו מבליע, לכאורה ע"כ צ"ל דמיירי בכלי ראשון, **אך** אפשר דדעת המחבר כהיש מחמירין שהביא הרמ"א לעיל בסימן תמ"ז ס"ג בהג"ה, דאפילו בכלי שני אסור, **וכן** מצאתי בפר"ח שמסתפק בדעת המחבר, **ובעיקר** דינא דכלי שני, דעת הפר"ח להחמיר בפסח).

ואח"כ מצאו במים גרעין חטה בקועה, אסורה התרנגולת - דאמרינן שמא היתה החטה במים בשעת מליגה, דלא אמרינן כאן נמצא וכאן היה, אלא לענין ממקום למקום, או מחתיכה לחתיכה, וכנ"ל בסי"א, **אבל** במקום אחד, כגון דיש לספק בזמן, ולומר שמא היתה החטה במים קודם לכן, לא אמרינן השתא נפלה.

והנה המחבר כתב כאן חטה בקועה, והרמ"א לא הגיה ע"ז כלום, כמו שהגיה לעיל בס"ט, **יש** אומרים דכאן מודה להמחבר, דדוקא בקועה ולא בנתרככה, משום דיש עוד ספק, שמא עכשיו נפל, **ויש** אומרים דהרמ"א סמך אהגהתו לעיל בס"ט, וכן משמע בט"ז, דלא התיר בענייננו בנתרככו, רק בהנאה ולא באכילה, **אכן** מצאתי בבית מאיר, דדין זה שסתם המחבר במחלוקת שנויה, לבד הדעה שמוזכר בהרמ"א, **וע"כ** נראה לענ"ד, דהסומך להתיר בזה בנתרככה בכלי שני אף לאכילה, לא הפסיד.

ואם לא נתרככה, אפילו אם היתה המליגה בכלי ראשון, ג"כ מותר.

ואם נמצאת חטה בקועה או לחם חמץ בכלי של מים, ואין בו כדי ליתן טעם, שהמים צוננים, ובישלו באותם מים תבשיל או לשו עיסה, מותר - ר"ל "והמים צוננים", דתרתי בעי, שהחמץ מועט שאין בו שיעור ליתן טעם במים, שיש ששים במים כנגדו, וגם שהמים צוננים, ולכן מקילינן אפילו תוך הפסח, דכיון דמשהו מדרבנן, לא מחמרינן בצונן, [**ובביאור** הגר"א מבאר, דלדעה ראשונה, מטעם מים צוננים לבד מתיר, ואפי' באין בו ששים].

ואם ידוע שנשרה החטה מעל"ע במים, אסור, דכבוש כמבושל, **ואפילו** אם יש לספק שמא נשרה מעל"ע במים, ג"כ דעת איזה אחרונים להחמיר, **ומ"מ** בחטה שאינה בקועה רק נתרככה, אין להחמיר בספיקא, **ואפי'** בחטה בקועה, דוקא כשנמצאה החטה ואח"כ בשלו באותן מים, אבל אם נמצאת החטה במים «הנשאר», אחר שבישלו «במים שלקחו משם», יש להקל באיסור משהו, דס"ס הוא, שמא נפלה החטה אח"כ, ואת"ל מקודם, שמא לא נשרה מעל"ע במים ולא הוי כבוש, דמותר לדעה זו בצונן, **ואפי'** לדעת היש מי שאומר, דאוסר בצונן תוך הפסח, עכ"פ במקום הדחק או הפסד מרובה אין להחמיר, וכדלקמיה. «**לקמן** בסמוך לענין הנידון של צונן גרידא, לא הצריך שעת הדחק או הפסד מרובה, והיינו משום שיש שם ס"ס, ספק כהמקילים בצונן, וספק שנפל אח"כ, **אבל** כאן שיש גם ספק של מעל"ע, א"כ יש ס"ס לחומרא, שמא היה מעל"ע, וגם אם לא היה מעל"ע, שמא כמחמירים דצונן, **ע"כ** בעינן שעת הדחק או הפסד מרובה, שאז הרי כבר לא חיישינן למחמירים בצונן, וכדלקמן – אליבא דהלכתא».

ויש מי שאוסר, אם הוא בתוך הפסח - דס"ל דאף דבצונן אינו נותן טעם, מ"מ משהו מיהו איכא, ולכן תוך הפסח דאיסורו במשהו אסור, **ודוקא** כשנמצא החטה ואח"כ בישלו באותן המים, אבל אם נמצא אחר שבישלו, אין להחמיר בצונן מספיקא.

(**ושעורה במים, הוא נותן טעם לפגם**).

הגה: ויש מי שמתיר אפילו במליגת תרנגולים, משום דאמרינן שמא אחר כך נפלה לשם - ר"ל כיון דמשהו מדרבנן, מקילינן

בספיקו, ותלינן שאח"כ נפלה, וה"ה אם התרנגולת עדיין במים, אלא שהמים נצטנן, תלינן שנפלה בעת שנצטנן המים, ומותר לדעת המתירין בצונן.

ויש מי שאוסר בשאר בשר - בכה"ג שהניחוה בחמין אחר המליחה וההדחה, ואחר שלקחוה משם נמצא שם חטה בקועה, מחזיקין מזמן לזמן, ואמרינן שהיתה שם החטה מקודם שלקחו הבשר.

ומתיר בתרנגולת מכח ספק ספיקא - שמא היתה בתרנגולת עצמה וכבר נתעכלה, ואין שייך בה חימוץ, ואת"ל שאיננה מתרנגולת, שמא עתה נפלה, **ודעה** ראשונה של המחבר ס"ל, דאף בחטה שהיא מתרנגולת שייך בה חימוץ.

ולענין מנהג נראה לאסור בשאר בשר, או בחטה שלימה אפילו בתרנגולת - דבשלמה נקטינן דיש בה חימוץ, מפני שניכר שלא נתעכל.

ודווקא אם נמלגו תרנגולים, דהיינו שהיו המים חמין, אבל אם היו צוננין ושרו שם התרנגולים - ולאחר שנלקחו משם התרנגולים, מצאו שם חטה בקועה אפילו שלמה, **ולאו** דוקא נקט תרנגולים, דה"ה שאר בשר ג"כ, **אין לאסור מספיקא** - ותלינן שאחר לקיחת הבשר משם נפל החטה, כיון שהמים היו צוננין, ויש מתירין לגמרי בצונן.

אבל אם בודאי היתה החטה בשעה שנשרה הבשר במים, דעתו דיש לנהוג כדעת היש מי שאוסר בצונן בתוך הפסח, **ועיין** בלבוש וט"ז ועוד אחרונים, שדעתם כדעה ראשונה המוזכר במחבר, דאין לאסור בצונן בכל גווני, **וע"כ** בשעת הדחק או בהפסד מרובה, יש לסמוך להקל כדעתם, [כן הכריע המ"א ואפשר דגם הרמ"א מודה לזה, ועיין בבה"ל (בסוף הסעיף), **ובפרט** אם החטה אינה בקועה רק נתרככה, בודאי אין להחמיר.

וכ"ז בחטה, [ולחם שלם דדינו כחטה בקועה], אבל פרוסת לחם או עיסה שנמצאת בתוך המים, כתבו האחרונים לאסור אף בצונן, כי טבע פרוסת הלחם והעיסה להתפרר ולהיות נמס בתוך המים, [ואפי' סינון לא מהני, **ונראה** לכאורה דדוקא אם בישלו במים לאחר שנמצא הלחם, אבל אם נמצא הפרוסה לאחר שבישלו במים, דיש ספק שמא עתה נפל, אין להחמיר במקום הפסד מרובה, **ומ"מ** צ"ע דאפשר דלחם גרע טפי].

ובמקום דליכא למימר שמא נתעכל החטה בתרנגולת, כגון שהיא שבורה, אפילו במליגה יש להתיר מכח ספק ספיקא - וזה מותר אף בלא הפסד מרובה, **וכ"ז** בס"ס דאיסור משהו שהוא דרבנן, הא בס"ס דאיסור תורה, יש להתיר רק בשהיה, ומכ"ש למוכרה לנכרי, אבל לא באכילה, **ודוקא** היכא דאפשר בשהיה, אבל אם א"א בשהיה שיתקלקל עי"ז, מותר אף באכילה, ובפרט היכא דאיכא הפסד מרובה, בודאי אין להחמיר.

מיהו אם נתערבו התערובות, ויש הפסד מרובה ומניעת שמחת יום טוב, יש להקל בכל זה בספיקות איסור דרבנן שהוא משהו, ויש להתיר שאר תבשילין שיש בהן תערובות מאותה תבשיל של הבשר שנשרה במים או נמלג, כך נראה לי.

לאו בחדא גוונא הוא, דנשרה הבשר בצונן, אף אם מצאו הגרעין בעוד הבשר שם, ג"כ מותר, דיש ספק דרבנן, דשמא צונן אין מפליט ומבליע כלל, **ונמלג** שהוא בחמין, מיירי שמצאו אח"כ חטה במים, לאחר שהסירו הבשר או התרנגולת משם, ומותר אפילו נמלג בכלי ראשון, ומטעם דיש ספק שמא עתה נפלה, והוא איסור משהו שהוא דרבנן, לכך מתירין בהפסד מרובה.

משמע הא אותו תבשיל, אף בהפסד מרובה ומניעת שמחת יו"ט, אסור בספק אחד דרבנן, (**אכן בביאור הגר"א משמע, דמטעם הפסד מרובה לחוד מתיר, ואפילו בחמין, דנקטינן אז כדעה ראשונה שברמ"א המתרת במליגה, וצ"ל לדידיה, דמה שמזכיר הרמ"א תערובות, היינו דע"י תערובות מצוי הפסד מרובה, וצ"ע).**

סעיף יג - אם הגעילו יורה מחומצת בת יומא - ומיירי שהגעילו קודם זמן איסורו, דאל"ה אין להגעיל כלי שהוא בן יומו, כמבואר לעיל בסימן תנ"ב, **ונקט** המחבר בן יומו, דאם היורה לא היתה בת יומא, אף המי הגעלה עצמן מותרין בפסח, כיון שהגעילו קודם פסח והם אינם בני יומן, כמבואר לעיל סי' תנ"א, וסימן תמ"ז ס"ה בהג"ה, ע"ש.

וירדו המים (המחומצים) לבור בתוך הפסח - היינו הירידה היה בתוך הפסח, אבל ההגעלה היה קודם פסח, **אסור לשתות מימיו בפסח, (בשביל שנתערבו)** - פי' אף להמתירין צונן לעיל משום דאינו נותן טעם כלל, מ"מ הכא אסור, דע"י שנתערבו הרי גוף החמץ מעורב בו.

ואם עבר ובישל מהם תבשיל, כתב הפמ"ג, דיש להתיר אם הוא הפסד מרובה, כיון דההגעלה היה קודם פסח, [ר"ל והוי נ"ט בר נ"ט דהתירא, **ומשמע** מפמ"ג, דאפי' אין ס' נגדם, ג"כ מותר בדיעבד].

ואם הירידה היה ג"כ קודם הפסח, נתבטלו המים בששים במים שבבור, **ויש** מחמירין, דאפי' אם יש ששים נגדם, אין להשתמש באותן מים לכתחלה, כיון דאפשר בקל למצוא מים אחרים, אסור לשתות מימיו.

ודע, דאם ההגעלה היה בתוך הפסח, אז אפילו אם היורה אינה בת יומא, אסור המים שבבור, לדעת רמ"א לעיל בסימן תמ"ז ס"י בהג"ה, [**והיינו** אפי' יש ס' נגדם, כמבואר לעיל בסי' תמ"ז ס"י בהג"ה, דבמקום שנוהגין להחמיר, הוא אפי' בנותן טעם לפגם ומשהו, שתיהן יחדיו, ג"כ אסור].

[**ודע** דשיטת הגר"א, דהמחבר מיירי דגם ההגעלה היה תוך הפסח, ומה שכתב יורה מחומצת בת יומא, אזיל לשיטתיה, דסבר נט"ל מותר בתוך הפסח, וכן הוא ג"כ דעת הלבוש, **וכתב** שם, דאם ההגעלה היתה קודם פסח בזמן היתר, אף אם הירידה היה בתוך פסח, מותר לשתות מימיו, משום דהוי ג' נ"ט בר נ"ט, **ולפי"ז** בתבשיל בודאי אין להחמיר].

אם נמצא גרעיני תבואה בבאר מים בפסח, כתבו האחרונים, שראוי ליזהר בכל מה דאפשר שלא להשתמש באותן מים בפסח, אפילו

להמתירין בצונן, דשמא נכבש בתוכו מעל"ע והוי כבוש, **ומ"מ** אם אין לו מים אחרים, כיון שחייו תלוים בו, יש להתיר מטעם ס"ס [אפי' בנתבקעה], שמא עכשיו נפלה, ואת"ל שנפלה מעל"ע מקודם, שמא לא נתבקעה ונתרככה עד תוך מעל"ע, ולא נעשה כבוש משעה שנעשה חמץ, וסמכינן על הפוסקים דצונן אינו אוסר בלי כבישה.

מי שרוצה לשאוב בפסח מבארות של עכו"ם, או מבארות של ישראל שלא נזהר בהן מחמץ כל השנה, נכון שיסנן המים בבגד נקי בכל פעם ששואב.

סעיף יד - אם נמצאת חטה מבוקעת בתרנגולת - עיין בביאור הלכה, דלדידן שייך זה הסעיף אפילו בנתרככה לבד.

קודם מליחה, די בשטיפה - דצונן בלי רוטב לכו"ע אינו אוסר, ואפי' אם הודח התרנגולת, מ"מ כיון שלא היתה שרויה החטה במים, אינה אוסרת, **ומ"מ** הדחה בעי, ואין לו לסמוך על ההדחה שמדיחו אחר המליחה, [**שאם** אירע זה קודם הדחה ראשונה, יכול לסמוך על הדחה ראשונה שמדיחו להכשירו מדמו, **אבל** אחר הדחה קודם המליחה, אפשר אם לא יעביר אותו משהו לחלוחית שיש על הבשר מן החטה, יבלע בבשר ע"י המליחה].

ואם אחר מליחה, די בקליפה - ומ"מ קליפה בעי אף שהוא צונן, דקי"ל מליח הרי הוא כרותח, ונבלע לחלוחית החטה בתוך הבשר כדי קליפה.

(**וכתבו האחרונים, דדוקא אם חזינן שהחטה היא לחה, אבל אם חזינן דלא נתלחלחה מן המלח, כגון שהיא נגובה, אפילו שהיא נתרככה, אינה אוסרת, דאינה פולטת כל עיקר, דהוי טהור מליח וטמא תפל, וכן אם נפל חמץ על בשר מלוח אף בפסח, יש להקל במקום הפסד מרובה כמו בשאר איסורין**).

ומ"מ כל זה כשנמצא בעוד שמלח עליו, אבל אם נמצא לאחר שנמלח והודח, אמרינן השתא נפל, ודי בשטיפה בעלמא, דאם איתא שהיתה עליה קודם לכן, היתה נופלת בהדחה כשהדיחו הבשר במים, **ודוקא** כשנמצא על התרנגולת מבחוץ, אבל אם נמצא בתוך התרנגולת, מסתמא היתה קודם לכן אף בשעת מליחה, ומה שלא נפלה בהדחה שעכבוה שולי התרנגולת.

ויש מחמירין לומר שמעמיק כל סביבותיה וחותך ומשליך - ר"ל דלא כדעה ראשונה, דסגי לקלוף הבשר, ונגד מקום החטה בלבד, אלא שמעמיק בכל סביבותיה וחותך, **והטעם**, דהואיל בפסח איסורו במשהו, אמרינן שמתפשט משהו בכל סביבותיה של מקום החטה.

ואם נמלחו עמה תרנגולות אחרות, קולף את כולם - ומיירי כשנמצא החטה על התרנגולת, דיש לספק שמא נגעה החטה בכולם, **אבל** אם נמצא תוך התרנגולת, אין האחרות צריכין קליפה.

הגה: ויש מחמירים לאסור כל מה שנמלח ביחד - משום דאנן מחמירינן לאסור בכל איסורין במליחה בששים, משום דלא בקיאים בין איסור כחוש לשמן, [**היינו** דבשמן מצד הדין אוסר במליחה עד ששים, וכיון דאין אנו בקיאין, מחמרינן בשאר איסורים אפי' בכחוש עד ס'], **אלמא** דנתפשט בכולו, א"כ ממילא בחמץ דאיסורו במשהו נמי אוסר בכולן, [**ואף** דמחתיכה לחתיכה, קי"ל דאין יוצא מזה לזה בלי רוטב בדבר כחוש, הכא דאסרינן לכולן, הוא משום שמא נגעה החטה בכל אחת מהן, ונאסרו כולם במשהו - גר"א].

[**ומשארי** אחרונים משמע טעם היש מחמירין, דלא חילקו בין חמץ לשאר איסורין, וכמו בשאר איסורין לא מחלקינן בין כחוש לשמן, ואסרינן במליחה כל החתיכות שנמלחו ביחד עד ששים, ה"ה בחמץ]. **ואף** דבבלוע בקיאינן בין כחוש לשמן, מ"מ כיון דהאיסור בעין בשעת נגיעת חתיכה לחתיכה, ומשוינן האיסור לשמן נגד החתיכה הנוגעת לאוסרה כולה, משוינן אותו לשמן נגד כל החתיכות, כיון דבשעה אחת הן – חוו"ד סי' ק"ה ס"ק י"ח).

אבל העיקר לאסור אותה חתיכה כולה שנמלחה החטה עליה,

ולהתיר האחרות ע"י קליפה קצת - משום דס"ל, דלא אמרינן באיסור משהו שהוא דרבנן, שיהא יוצא מחתיכה לחתיכה ע"י מליחה, בחמץ שהוא כחוש, ורק בשיעור ס' החמירו לאסור מחתיכה לחתיכה אף בכחוש, ולא במשהו, **ועוד** דדוקא באיסור ששייך בו שמנונית, משערינן בכחוש אף בס', משום דאין אנו בקיאים בין כחוש לשמן, ואמרינן דמפעפע עד ס', **משא"כ** באיסור חמץ דלא שייך בו פעפוע כלל, ודיינו אם נחמיר לאסור אותה חתיכה כולה.

(**והנה בהפסד מרובה, כגון שהוא עני והיא חתיכה גדולה וחשובה, או שהוא מניעת שמחת יו"ט, משמע מהגר"ז, דיש להקל ולסמוך על דעת המחבר דדי בקליפה, וכן דעת הפר"ח, דדי להעמיק ולהשליך כל סביבותיה, ומותרת באכילה, והנה כל שארי האחרונים לא הזכירו למעשה כדעה זו, אכן בנתרככה ולא נתבקעה, אפשר דיש לסמוך ע"ז, ויתכן דגם דעת הגר"ז שמקיל בהפסד מרובה, הוא ג"כ דוקא בנתרככה, ועיין בתשובת רמ"א, מוכח שם, דאף בנתרככה נוהגין לאסור אותה חתיכה כולה, ואפשר דבהפסד מרובה גם הוא מודה להקל, וצ"ע, ודע עוד, דבספק נתרככה אין להחמיר כלל**).

ומה דצריך קליפה, היינו באופן שיש לספק שמא נגעה החטה גם בהן, וכנ"ל, **ואף** אם ידעינן בודאי שלא נגע אלא באחד מהם, ולא ידעינן באיזה נגע, כולן טעונין קליפה, דחמץ בפסח לא בטיל ברוב, (**וכתב בעולת שבת, דחתיכה שיש בה ספק אם נגע כלל באותה חתיכה שנמצא בה החטה, אפילו קליפה אינו צריך**).

ואם נתבשלו בלי קליפה, אוסרת תערובתן.

ואם רוצה יוכל למכור הכל לא"י - עיין בא"ר שדעתו, דהרמ"א לא קאי רק אשאר חתיכות, אבל אותה החתיכה שנמצאת עליה החטה, אין להתיר למוכרה לדעת ההג"ה לעיל בס"י, **ומשארי** אחרונים משמע, דכאן שהוא רק ע"י מליחה, מקילינן למכור אפי' אותה חתיכה, ורק שיקלוף תחלה מן הבשר במקום שנמצאת עליו החטה.

עיין בט"ז שכתב שהורה למעשה, דה"ה דמותר להשהות שאר החתיכות עד אחר הפסח, כיון שאינן אלא ספק נגיעה, וגם אותה החתיכה יוכל להשהות אותה, רק שבה צריך לקלוף מתחלה מקום החטה, [**וסברתו** הוא, דמדאורייתא בודאי אינו עובר בבל יראה על הבליעה שנבלע, רק

סימן תסז – דין חטים שנפל עליהם מים ותבשיל שנמצא לתוכו חטה

מדרבנן בעלמא אסור להשהות אפי' על משהו חמץ הנבלע בבשר, משום דלמא אתי למיכל מיניה, **ובעניננו** דהוא רק ספק בעלמא שמא נגע, הוי ספיקא דרבנן, ולכן מותר להשהותן אף בלי קליפה, ורק אותה חתיכה שבודאי נגע צריך קליפה מקודם]. **ומדברי** המ"א משמע, דדעתו כדעת הרמ"א, דאותה החתיכה אסורה להשהות, **ונראה** דבנתרככה ולא נתבקעה יש לסמוך אדברי הט"ז, וכן הח"י מסכים לדברי הט"ז.

(**ועיין מ"א, ששמע שנמצאת חטה בחבית דגים שנמלחו לשם פסח, וצוה הגאון מהר"ר בנימין להשליך אותה שורה לנהר, והשאר למכור לנכרי, ועיין בחמד משה שתמה ע"ז, ולא היה די לאסור רק אותו הדג שנמצא החטה עליו, ותירץ דאפשר שהיה בענין שנסתפק אולי נגעה החטה בכל השורה, דאי לא"ה לא מחזקינן איסורא מחתיכה לחתיכה, ואמרינן כאן נמצא כאן היה, עכ"ל, ולדברי הט"ז שכתבנו במ"ב, אפילו באופן זה אין לאסור כל השורה**).

כמו שנתבאר סימן תמ"ז סעיף א', אף על גב דאין נוהגין כן בשאר תערובות חמץ, כן נראה לי - ט"ס הוא, וצ"ל "אע"ג דאין נוהגין כן בשאר תערובות חמץ, כמש"כ סימן תמ"ז ס"א", ופירושו, דשם מבואר דבבליעת משהו חמץ אינו יכול למכור לעכו"ם, אף אחר שיפדה דמי החמץ, כאן במליחה מקילינן בזה.

ודע, דכל זה דמקיל הרמ"א בחתיכות האחרות, ע"י קליפה או ע"י מכירה לעכו"ם, דוקא כשנמצא החטה על בשר מלוח בעת המליחה, או אחר מליחה והדחה, ומלחו פעם שנית לקדרה, ומצאו החטה על הבשר בלא ציר, **אבל** אם נמצא החטה בתוך הציר, אז חשיב הכל כמבושל, דבשיעור מועט הוי כבוש ע"י ציר, ואז כל מה שמונח בציר יש לאסור וצריך בעור, **אבל** מה שמונח למעלה מן הציר, יעשה כמו שכתב הרמ"א, או שישהנו עד אחר הפסח, וכמו שכתבנו למעלה בדעת הט"ז, דבציר אין אומרים שמפעפע למעלה, **וכן** אם נמצא חטה מונחת בחבית של כרוב מלוח, אסור כל החבית, דכבוש כמבושל, **ודוקא** כשהציר עולה ע"ג, דאם אין הציר עולה ע"ג, הו"ל דין מליחה בעלמא, ודינו כנ"ל.

אם נשאר מעט שכר בכלי, ונטלו בתוכו מים, והדיחו בהן בשר אחר מליחתו בפסח, דעת הח"י, דיש להתיר הבשר אף בלא קליפה מעיקר הדין, שאף שהמים נאסרו מחמת השכר שנתערב בתוכם, מכל מקום הבשר לא בלע כלום ממים הללו כיון שהוא צונן, **ואף** על פי שהבשר היה מלוח עדיין בשעה שהדיחו, והמליח הוא כרותח, מכל מקום לא בלע כלום מן המים, לפי שהמים שהדיחו בהם מבטלים כח המלח, ואין לו כח להבליע המים בבשר, **אכן** מחמת חומרת חמץ בפסח, יש לקלוף מעט הבשר במקום שנגעו בו המים הללו, **ודעת** הח"א, דמדינא צריך הבשר קליפה, כיון דאית ביה פילי, ואפילו לא נמלח הבשר כלל.

סעיף טו - תרנגולת צלויה שנמצאת בה חטה מבוקעת בתוך הפסח - ולפי דברי הרמ"א לעיל בס"ט, ה"ה אפילו לא נתבקעה רק נתרככה, אבל לא נתרככה א"צ כלום, **חותך מקום פיעפועו, לפי אומד הדעת** - היינו כמו שכתב לעיל, שמעמיק כל סביבותיה, דבצלי לכו"ע יש להחמיר יותר, **ודוקא** אם היה התרנגולת כחושה, אבל אם הוא שמן במקום מגעו של החטה, כולו אסור, דאזיל ההיתר ומפטם להחטה, ואח"כ מפעפע החטה משהו בכל התרנגולת, [**ולדידן** דאין אנו בקיאין בין כחוש לשמן, אפי' בכחוש אסורה כולה, **והרב** שלא הגיה כן על המחבר, דלדידיה בלא"ה אסורה כולה, דלא גרע צלי ממליחה].

כתב הח"א, דר"ל דוקא שנמצאת בתוכה, דיש לפרש שנתחמצה במים שהודחה בו, **אבל** אם נמצאת על התרנגולת, אם כן אם איתא דהוי בשעת הדחה היה נופל, וע"כ עכשיו נפל, ושומן התרנגולת הוי כמי פירות ואינו מחמיץ.

ויש אוסרים את כולה, לפי שכשמהפכים השפוד מתפשט הטעם בכל התרנגולת - ודוקא באיסור חמץ שהוא במשהו חיישינן לזה, משא"כ בשאר איסורים.

משמע דאם נצלה ע"ג גחלים, אין לאסור יותר מכדי פעפועו, **ולדעת** הרב בהג"ה הנ"ל, ודאי דאין להקל בצלי יותר ממליחה.

וכן יש מי שאוסר כל התרנגולות הצלויות עמה באותה שפוד הנוגעות זו בזו, כי ע"י היפוך השפוד מתפשט מזו לזו - ובלא היפוך מותרות האחרות אפילו בלי קליפה.

ואם אינן נוגעות אינן אסורות, ולא אמרינן דהבליעת משהו הולך ומתפשט מזו לזו ע"י השפוד, **ואם** התרנגולת שמינה, אוסרת הכל אפילו אינן נוגעות - מ"א, [**עיין** במחה"ש, דאוסרת אותן רק כדי קליפה], **והמקור** חיים מיקל בדבר, ואפילו לדעת המ"א, אין להחמיר בזה אלא במבוקעת, ולא בנתרככה.

וכתב הפמ"ג, דלפי דעת הרב לעיל, יש להורות דצלי לא גרע ממליחה, ואף כשהתרנגולת כחוש לגמרי אסורה כולה, ואפילו בלא היפוך השפוד, **אבל** אחרות יש להתיר בהפ"מ, בידע שלא היפך השפוד.

סעיף טז - חטה או שעורה שנמצאת בזפק העוף לאחר שהבהבו אותו, העוף מותר - דאין צלי אוסר יותר מכדי קליפה, והזפק הוא במקום הקליפה, ומשליכין אותו, **ואפילו** לדידן דאוסרין בצלי עד ששים, מ"מ אין להחמיר בזה יותר מכדי קליפה, כי ההבהוב אינו דומה כלל לצלי, הואיל ואינו מהבהבו הרבה במקום א', אלא מעבירו תמיד הנה והנה.

ואם נמצאת החטה חוץ לזפק לאחר ההבהוב, לכתחלה צריך לקלוף באותו מקום, **ובדיעבד** אם בישל כך בלי קליפה, מותר, [פמ"ג, **וטעמו**, דמעיקר הדין מסכים לח"י ועו"ש, דאפילו אם נמצא חוץ לזפק ג"כ מותר, דהבהוב אינו דומה כלל לצלי, רק חומרא בעלמא חשש קצת לדעת המחמירין].

המדקדקים נזהרים בפסח, קודם ההבהוב וקודם המליחה, לפתוח התרנגולת היטב, או לחתכו לשנים, ולבדוק היטב שלא ימצא בתוכו חטה, ומי שעושה כן הרי זה זריז ונשכר.

והחטה והשעורה צריך לשורפם, דלא חשיבי כמעוכלים - ותלינן שנתחמצו מלחות שנמצא בזפק. **ואף** דלענין טומאה חשיבי כמעוכלים, לענין איסור שאני, **ועיין** בביאור הגר"א שכתב, דלפי"ז אין חילוק בין שלמה או שבורה, **וע"ל** בסי"ב דהרמ"א מחלק בין

שלמה לשבורה, וצ"ע – שונה הלכות). **אבל** בעיקר הדין מצדד לבסוף, דאין לחלק בין איסור לטומאה, ואפילו שלמין חשובין כמעוכלין.

כתב בספר תניא, כל עניני הפסח לא יעשה ע"י עכו"ם, וכן ראוי שלא יעשה על ידי קטנים.

§ סימן תעב – דיני הסיבה וד' כוסות §

סעיף י - מי שאינו שותה יין מפני שמזיקו - ר"ל שמצטער בשתייתו, וכואב בראשו מזה, **או שונאו, צריך לדחוק עצמו ולשתות, לקיים מצות ארבע כוסות** - ואין בכלל זה כשיפול למשכב מזה, [דאין זה דרך חירות].

משא"כ בשבתות ויו"ט, יכול לשמוע קידוש מאחר ויוצא בזה, אבל הכא חל חיוב השתייה על כל אדם.

ויכול למזגו היטב, אכן בעינן שיהא עדיין ראוי לקידוש, **וגם** יכול ליקח יין צמוקים, או חמר מדינה.

סעיף יא - מצוה לחזור אחר יין אדום, (אם אין הלבן משובח ממנו) - דכתיב: אל תרא יין כי יתאדם, אלמא דהאדמימות מעלה וחשיבות, **ועוד** זכר לדם, שהיה פרעה שוחט בני ישראל, **ובמקומות** שמצויין הגוים להעליל עלילות שקרים, נמנעים מליקח יין אדום.

סעיף יב - יוצאים ביין מבושל, ובקונדיטון - פי' שמעורב בו דבש ופלפלין, **ולכתחלה** טוב יותר ליקח יין שאינו מבושל, **אם** לא שהמבושל טוב יותר, **וכן** כה"ג לענין קונדיטון.

§ סימן תעה – יתר דיני הסדר §

סעיף ה - אכל כזית מצה והוא נכפה בעת שטותו, ואח"כ נתרפא, חייב לאכול אחר שנתרפא - ר"ל באותו הלילה, דלמחר בודאי אינו מברך שוב ברכת אכילת מצה, דביום אינה אלא רשות, וכדלקמיה, ואין תשלומין למצוה זו. **לפי שאותה אכילה היתה בשעה שהיה פטור מכל המצות** - ר"ל שהיה אז בכלל שוטה ואינו איש, [**לאפוקי** שומר אבידה או משמר המת, אף דהוא ג"כ פטור אז מכל המצות - ואפי' אם יכול לקיים שניהם, אם צריך לטרוח אחר זה - אם אכל אז מצה יצא ידי חובתו, דהוא איש, אלא דאז לא חייבתו התורה מפני שהוא עוסק במצוה אחרת, **ומ"מ** מסתפיקנא אם יוכל אז לברך ברכת אכילת מצה "אקב"ו" וכו', כיון שהוא אז אינו מצווה ע"ז].

סעיף ז - הגה: ונהגו לעשות שלש מלות של סדר מעשרון, זכר ללחמי תודה, ועושים בהם סימן לידע איזה ראשונה או שניה או שלישית - ואין לעשות אותיות להכירא, שכששוברין אותה הוי מוחק ביו"ט.

ומניחים הראשונה עליונה, והשניה באמלע, והשלישית בתחתונה לכריכה, ואם שינה לא עכב. ואופין אותם ג"כ כסדר. ואם נשברה אחת מהן לוקחין אותה לשניה, דבלאו הכי פורסין אותה - פי' אפילו אם השלישית נשברה, ואם כן מקדימין עכשיו השלישית קודם לשניה, מ"מ משום הקדמה למצוה א"צ לאפות אחרת.

עיין בספר בית מאיר שמפקפק על המנהג, ובכמה מקומות כהיום נשתקע המנהג.

ואף בלילה הראשון יוצא בכזית. (ושיעור כזית עיין לקמן סימן תפ"ו).

(ומי שאין לו מצה, לא יצא ביו"ט חוץ לתחום עבור זה, **וע"י** עכו"ם להביאו שרי, **ואפשר** אף כשלא יביא לו כי אם אחר חצות).

§ סימן תעו – מנהג אכילת צלי בליל פסח §

סעיף ב - הגה: נוהגים בקלת מקומות לאכול בסעודה ביצים, זכר לאבלות, ונראה לי הטעם משום שליל תשעה באב נקבע בליל פסח - פי' כמו שחל יום א' של פסח, יהיה לעולם באותו יום ת"ב.

ועוד זכר לחורבן, שהיו מקריבין קרבן פסח - ומתאבלין על זה, ולפי טעם זה שייך המנהג גם ביום השני.

והגר"א כתב עוד טעם, מפני שהביצה הוא זכר לחגיגה, וע"כ צריך לאכלו ג"כ, **ומה** שאין אוכלין הזרוע, לפי שעושין אותו צלי, ואין אוכלין צלי, ויוצאין באפיקומן שאוכלין, עכ"ד, **ולפי"ז** נראה, דיהדר לאכול גם בליל א' אותה ביצה שעל הקערה, ושאר ביצים שאוכלין הוא משום שנשתרבב המנהג, **ושייך** המנהג גם ביום השני לטעם הגר"א ג"כ.

ומ"מ צריך לידע שלכל הטעמים, הביצים שאוכלין בתוך הסעודה הוא רק זכר בעלמא, [**ובפרט** לפי טעם הגר"א, הוא רק לביצה אחת שמונח על הקערה], **ודלא** כההמון שחושבים זה למצוה, ומחמת זה ממלאים כרסם עד שאוכלין אפיקומן על אכילה גסה, **ולכן** צריך אדם לידע בנפשו.

ויש נוהגין שלא לאכול שום טבול בלילה, רק ב' טבולים שעושים בסדר - ומה שטובלין גם המרור שעל הכריכה בחרוסת, אין זה טיבול שלישי, דהוא רק משום ספק בלבד.

§ סימן תעז – דיני אכילת האפיקומן §

סעיף ב - אם שכח ולא אכל אפיקומן, ולא נזכר עד שנטל ידיו או שאמר: הב לן ונברך, אוכל אפיקומן בלא ברכת המוציא - דאף דבסימן קע"ט, י"א דאם אמר "הב לן ונברך" הוי היסח הדעת, ואם ירצה לאכול צריך לחזור ולברך, **הכא** אתכא דרחמנא סמכינן, דאין תלוי בדעתו, דהא צריך לקיים רצון ה', ובודאי השכחה גרמה לו שיטול ידיו או לומר "הב לן ונברך", ולא הסיח דעתו לגמרי.

ואם לא נזכר עד שבירך ברכת המזון, אם נזכר קודם שבירך בורא פרי הגפן, יטול ידיו - דכיון שבירך ברכת המזון, אסח דעתיה, **ועיין** בפמ"ג שכתב, דיטול בלא ברכה, ובפרט היכא שיודע שלא הסיח דעתו, שלא יברך, [**והגר"ז** כתב דמברך ענט"י, ונראה היכא שיודע שלא הסיח דעתו, גם הוא מודה דלא יברך].

ויברך המוציא ויאכל האפיקומן, (ויחזור ויברך ברכת המזון, ויברך בפה"ג וישתה הכוס) - וזהו כוס שלישי, ולא הצריכו ליה לשתות כוס זה סמוך לברכת המזון הראשון, דלא תקנו כוס ג' אלא בגמר אכילתו, וזה ששכח לאכול אפיקומן, כמי שלא גמר.

ואם לא נזכר עד אחר שבירך בורא פרי הגפן, לא יאכל האפיקומן - דאם יאכל, יצטרך לברך ברכת המזון, וברכת המזון צריך כוס, וא"כ הוא כמוסיף על הכוסות, **ויסמוך על מצה שאכל בתוך הסעודה, שכולן שמורות הן משעת לישה** - ר"ל שזה יהיה נחשב לשם אפיקומן, אע"פ שלא כוון אז לשם זה, **ואף** דקי"ל בסימן תע"ט, דאחר אפיקומן אין לאכול שום דבר, ואיהו הלא אכל אחר המצה עוד דברים אחרים, **מ"מ** בדיעבד יצא.

וכתבו כמה אחרונים, דכ"ז הוא להני פוסקים דס"ל לעיל סימן קפ"ד, ברכת המזון טעונה כוס, **אמנם** לפי מנהגנו כמ"ד בהמ"ז בעלמא אינה טעונה כוס, גם עכשיו יאכל האפיקומן ויברך בהמ"ז בלי כוס.

אבל במקום שנהגו לעשות שימור למצת מצוה משעת קצירה - ולא אכל מאותה מצה תוך הסעודה, שיהיה יכול לסמוך ע"ז לשם אפיקומן, וכן אם לא היה לו שמורה כלל בתוך הסעודה, **אפילו לא נזכר עד אחר ההלל** - ר"ל וגם בירך בפה"ג על כוס רביעי ששותה אחריו, **יטול ידיו ויברך המוציא ויאכל האפיקומן** - ואף שבתחלת הסעודה אכל הכזית מצה שמורה כדין, לא יצא מצות אפיקומן בזה, דהא בעינן שיהא נאכל על השובע.

הגה: ויחזור ויברך על הכוס, ואין לחוש דמה שמוסיף על הכוסות - שכיון שמתחלה היה הכוס שלישי בטעות, נחשב זה הכוס לכוס שלישי, **ואף** שא"כ הוא שלא כסדרן, שהקדים לזה הכוס של הלל שהוא ראוי להיות אחרון, אין הסדר מעכב.

וכ"ש אם נזכר קודם שהתחיל לומר הלל, בודאי אוכל אפיקומן ומברך בהמ"ז על הכוס, [**ואם** התחיל לומר הלל, ועדיין הוא קודם נשמת, או קודם החתימה, יברך המוציא ויאכל אפיקומן, ויברך ברכת המזון על הכוס, ויחזור ויאמר הלל על הכוס עם החתימה, והוי ד' כוסות כסדרן], **ואין** כאן משום שתיה בין כוס שלישי לרביעי, דאסור כדלקמן בסי' תע"ט, שכיון שהשלישי היה בטעות, חוזר הכוס שהוא מברך עתה עליו להיות שלישי.

ודע, דלפי מה דנוהגין בכל השנה לברך בהמ"ז בלא כוס, גם בזה יאכל האפיקומן בלא כוס.

ואם נאבד האפיקומן, יאכל כזית אחד ממצה שמורה אחרת.

§ סימן תעט – ברכת המזון על כוס שלישי §

סעיף א - אחר כך מוזגין לו כוס שלישי - מצוה לחזור אחר זימון - הסכימו האחרונים, דהאי זימון אינו לענין בהמ"ז, דבשביל זה אינו מחוייב להדר יותר מבשאר ימות השנה, והכא לענין הלל מיירי, שמצוה להדר לומר הלל בשלשה, כדי שיהא אחד אומר לשנים "הודו", והם יענו פסוק שאחר זה, **ואותו** שיקראוהו לזימון זה, לא יאכל ולא ישתה ולא יסייע לברך ברכת הזימון, אלא ישמע "הודו" ויענה עמהם, ויחזור לביתו, **וגם** בזה הסכימו, דאף שמצוה מן המובחר לומר הלל בשלשה גברים גדולים, ועל כן אם יש בביתו על שולחן אחר גברא בר חיובא, בודאי מהנכון לצרף אותו לאמירת "הודו", **מ"מ** אין קפידא כ"כ, שיכול לצאת בזה באשתו ובניו, דהיינו שהוא יאמר והם יענו.

וה"ה שאשתו יכולה לומר "הודו", שהרי גם נשים מחויבות בהלל זה, כמו שהם מחויבות בד' כוסות, [לאפוקי הלל של סוכות ועצרת,

וכתב הח"י, דלפי מה שנוהגין לומר "הודו" בניגון נעימת קול, יש לחוש למאי דאמרינן בגמרא: זמרן נשי ועניין גברי כאש בנעורת.

ואם רוצה לחזור אחר זימון לבהמ"ז, ורוצה לילך לשכנו לברך שם, לא יאכל האפיקומן בביתו, דהא ע"כ יהא צריך לאכול שם דבר מה כדי להצטרף לבהמ"ז, ואסור לאכול אחר האפיקומן שום דבר, וגם האפיקומן גופא אסור לחלק ולאכול בשני מקומות, **אלא** יאכל האפיקומן במקום שמזמן, ומברך שם וגם ישתה שם הכוס, וישאר שם עד גמר הסדר, **ואם** רוצה, יחזור לביתו אחר בהמ"ז, ויגמור ההלל וישתה כוס רביעי. **אבל** מ"מ לא נהגו עכשיו כן, לילך לאכול האפיקומן בבית אחר, [ט"ז], ‹דמתחזי כאוכל שני פסחים ובשני מקומות, אע"ג דאין נפקותא בזה רק לענין אכילת אפיקומן, כמבואר לעיל ס"ס תע"ח בהג"ה, מ"מ לכתחלה אף בשאר מצות אין לעשות כן, ועיין שם במ"א {וז"ל: דלא כמהרי"ל שכתב דשינה קודם האפיקומן הוה הפסק, דכל האכילה של הלילה הזה הוי כפסח דיליה} – חק יעקב סי' תפד›, וע"כ טוב יותר לברך בביתו יחידי, מלילך

באמצע סעודתו לבית אחר ולחפש אחר זימון, **אכן** אם רוצה להדר ולקיים הכל מן המובחר, ואין לו בביתו זימון שלם של ג' אנשים, יראה להזמין לכתחלה לסעודה איזה אורח, כדי שיהא לו זימון שלם לבהמ"ז, וגם לאמירת "הודו", [**דבלא"ה** מבואר בכמה ספרים בשם הזוהר הקדוש, דמצוה להזמין אורח עני בחג, ובפרט בפסח שאומר כל אחד "כל דכפין ייתי וייכול"].

הגה: והגדול שבהן אומר "הודו" ו"אנא", והאחרים עונין אחריו - הוא רק מצוה לכתחלה ואינו לעיכובא, **ואם** אין שם כי אם שנים, שניהם יאמרו "הודו". **והגדול יכול ליתן לקטן רשות** - שהוא יאמר, כדי שלא יישנו, וגם כדי לחנכם במצות, **וזהו** דוקא באמירת "אנא", מפני שהם עונין אחריו אותו פסוק גופא, אבל לא ב"הודו".

ויכול לצרף לזימון לענין הלל אע"ג שלא אכל עמהם.

ונהגו שבעל הבית מברך בהמ"ז בליל פסח - ואף אם יש לו אורח, **שנאמר: טוב עין הוא יבורך, והוא מיקרי טוב עין, שאמר: כל דכפין ייתי וייכול וכו'** - ומ"מ אין קפידא בזה אם בירך אחר.

§ סימן תפג – דין מי שאין לו יין §

סעיף א - מי שאין לו יין בליל פסח - היינו שאין לו כלל, אבל אם יש לו יין אפי' רק על כוס אחד, וה"ה שאר משקין אם הוא חמר מדינה, יקדש עליו ולא יקדש על הפת, **אף** אם דרכו בשארי שבתות ויו"ט לקדש על הפת, מ"מ בלילה זה כשתקנו חכמים ד' כוסות, תקנו לקדש על היין ולא על הפת, **ואם** יש לו ב' כוסות, יקדש על הראשון, ואח"כ יאמר ההגדה בלא כוס, ובהמ"ז יברך על כוס השני, ויצא בזה גם דעת הי"א בסי' קפ"ב, דבהמ"ז טעונה כוס, [ולא ישאיר ללילה שניה]. **ואם** יש לו ג' כוסות, מקדש על אחד, ואומר הגדה על אחד, ובהמ"ז על אחד, וחצי הלל שאחר בהמ"ז יאמר בלא כוס.

מקדש על הפת, שמברך המוציא ובוצע – (דברי המחבר לקוחים מדברי הרי"ף, והרי"ף אזיל לשיטתיה דס"ל, דא"צ להניח על הסדר כי אם שתי מצות, **וע"כ** אף דבעלמא כשמקדש בשבת ויו"ט על הפת, לא יפרוס הפת עד שיגמור הקידוש, **הכא** דקריה רחמנא "לחם עוני", ומה דרכו של עני בפרוסה, לכן בוצע קודם הקידוש, **ורק** בשעת "המוציא" טוב שיהיו שניהם שלמים, כדי שיקיים בזה לחם משנה, **וגם** זה אינו לעיכובא, **אבל** לדידן דנהגינן לסדר הסדר על ג' מצות, פורסין המצה האמצעית לשתים בתחלת הסדר, והעליונה לא יבצע עד לאחר ברכת "אכילת מצה").

ומניח ידיו עליו עד שגומר הקידוש - שכיון שמקדש עליו, מצוה לאוחזו בידו, כשם שאוחז בכוס שמקדש עליו.

(עיין בס' מאמר מרדכי שמכריע, דברכת זמן בכלל קידוש הוא, וע"כ מברך זמן ואח"כ "על אכילת מצה").

ומברך על אכילת מצה, ואוכל, ואח"כ אוכל שאר ירקות - זהו הכרפס, וטובל במי מלח או בחומץ, וקודם מצה כנהוג שאר שנים א"א לאכול, דהא אסור לטעום קודם קידוש.

ולענין ברכה עליהם תלוי הדבר, דאם הוא דבר שממשיך תאות המאכל, אין מברך עליהם, דהוא בא בכלל הסעודה, **ואם** לאו, מברך עליהם "בורא פרי האדמה".

ומסלק השלחן ואומר: מה נשתנה - וה"ה דאומר "הא לחמא עניא" וכו', **וכל ההגדה עד "גאל ישראל", ומברך על המרור** - וטובלו בחרוסת, **ואוכל, ואח"כ כורך מצה ומרור, ואוכל. הגה: בלא ברכה** - ר"ל שא"צ לברך שנית על המצה, אע"ג דהפסיק הרבה באמירת הגדה אחר הברכה ראשונה שבירך על המצה.

ולענין נטילה שנית, מסיק במאמ"ר דצריך ליטול ידיו מדינא, דהא הפסיק בהגדה והלילא, ודומיא דפסקינן לעיל, דצריך ליטול ידיו לאכילה, אע"ג דנטל מתחלה כדין לדבר שטיבולו במשקה, משום דהפסיק באמירת הגדה, וה"נ דכוותיה, **אכן** אם כוון בנטילה ראשונה לגמור סעודתו, ולשמור ידיו שלא לטנפם, מסיק שם דא"צ ליטול שנית.

ואח"כ גומר הסעודה וכל הסדר בלא כוס יין.

עיין במ"א שכתב, ד"יהללוך" לא יאמר בחתימה, שנתקנה על הכוס דוקא, והעתיק הח"י את דבריו, **אבל** בפר"ח מסיק, דנראה יותר שיאמרנה, וכמו שכתב הד"מ דאין הכוס מעכב לזה, דהא בבהכ"נ אומרים הלל בלא כוס, **וכן** הסכימו כמה אחרונים.

(**ולענין** חולה שאינו יכול לאכול כזית מצה, כתב בח"א דיכול לומר "יהללוך" לכו"ע, **אכן** בברכת "אשר גאלנו", לא יאמר "לאכול בו מצה ומרור", רק יאמר "והגיענו הלילה הזה, כן ה' אלהינו יגיענו" וכו').

ובמקומות שנוהגים לשתות משקה הנעשה מדבש שקורין מע"ד, יכול ליקח אותו משקה לארבע כוסות אם אין לו יין. וי"א שאין עושין קידוש על שאר משקין, כמו שנתבאר לעיל סי' ער"ב סעיף ט' - ר"ל כמו שהסכים שם בהג"ה, דבלילה אין לקדש על שאר משקין.

ולי נראה דלענין ד' כוסות יש לסמוך אמ"ד דמקדשין על שאר משקין אם הוא חמר מדינה, כמו שנתבאר לעיל סי' ער"ב - כדי שיוכל לעשות הסדר כסדרו, ולקיים ד' כוסות, **ואפי'** במקום שכל השנה אין רוב שתיית העם במי דבש, ורק בפסח, ג"כ יש להקל.

ואפשר עוד, דאם שתיית רוב ההמון לאקרי"ץ, או עפי"ל טראנ"ק, מותר ליקח אותו לארבעה כוסות, אם אין לו יין, [**וזהו"א** לא כתבו בלשון "אפשר", **והגר"ז** משמע שמחמיר בזה, **ונראה** דהכל תלוי לפי שעת הדחק].

[**ועיין** בפמ"ג שמצדד, דבעפיל טראנק וכדומה, אין כדאי לברך ברכה ראשונה על כל כוס וכוס, כי אם על כוס ראשון וכוס ברהמ"ז].

(משום שכיון שיש אומרים שאינו יכול לצאת במי תפוחים, א"כ יש חשש ברכה לבטלה אם יברך כמה פעמים, ולכן יברך רק על כוס ראשון ושלישי כשיטת המחבר – מ"ב המבואר).

§ סימן תפד – מי שרוצה לעשות הסדר בהרבה בתים §

סעיף א - מאן דבעי לברוכי בתרי או בתלת בתי - משום שאין בהם מי שיודע לקדש ולומר הגדה, [דאם יודעים, אין נכון לכתחילה להוציאן, ובפרט הכא לעקור באמצע הסדר ולהפסיק]. (**ואין נ"מ** בכל זה בין לאנשים ובין לנשים, דגם נשים חייבות בכל הדברים ששייך להסדר), **מברך ברישא בביתיה, ואכיל כל מאי דצריך** - היינו שמקדש ואומר הגדה הכל כסדר, ואוכל מצה ומרור ואפיקומן עד בהמ"ז, **ומברך בהמ"ז** - ושותה הכוס, **ובלא** בהמ"ז אסור לעקור ממקומו לילך למקום אחר, ואפי' בדעתו לאכול שם יותר, ‹אם לא שהיה דעתו בשעת נט"י לזה, ועיין לקמן›, [**ואף** דמשום מצוה עוברת שרי, הכא יכול לילך אחר בהמ"ז].

והדר מברך לכל חד וחד בביתיה - ר"ל שמקדש להם ומברך להם גם בפה"ג, ומברך להם ברכת כרפס, ואומר לפניהם ההגדה וברכת כוס שני, וגם ברכת המוציא, וברכת אכילת מצה ומרור, **ושתי אינהו כסא דקידושא ודאגדתא, ואכלי ירקי** - היינו כרפס ומרור, **ומצה, ואיהו לא אכיל ושתי בהדייהו** - שהרי כבר אכל אפיקומן, ואסור לו לטעום שוב, וגם שתיה אסור לכו"ע, שהרי הוא עומד בין כוס ג' לד'.

ואע"ג דבשאר ברכות הנהנין קיימ"ל, שאין יכול לברך לאחרים אא"כ יהנה עמהן, שאני ברכת הלחם של מצה, וקידוש היום, שהם חובה, הלכך יכול לברך להוציא אחרים אף שאינו נהנה, וכן ברכת הירקות חשיב ג"כ מצוה, ויכול להוציא אחרים.

ושביק להו למגמר סעודתייהו, ומברכי אינהו ברכת המזון; ואי לא ידעי, יקרא מלה במלה - והם יענו אחריו, דכל שקורא מלה במלה והאחר עונה עמו, לא הוי ברכה לבטלה, אע"פ שיצא מכבר, דהרי הוא רק מלמדו לברך. **אבל** הוא אסור לברך בשבילם בהמ"ז, דבבהמ"ז אין להוציא אחר, אא"כ אכל ונתחייב ג"כ, דכתיב: ואכלת ושבעת וברכת, מי שאכל הוא יברך, [**ומשמע** מדברי האחרונים, דהוא אסמכתא בעלמא ומדרבנן, **ובבגדי** ישע ובמאמ"ר מפקפקים מאד בעיקר הדין, וצ"ע].

(**וה"ה דיאמר ג"כ להם אח"כ גמר ההלל, ויברך להם ושתו כסא דהלילא**).

והדר אזיל לביתא אחרינא ועביד הכי, והדר אזיל לביתיה וגמר הלילא ושתי כסא דהלילא - [ואם רוצה ‹לילך באמצע הסעודה›, ולהניח מלאכול אפיקומן עד שיאכל וישתה בבית אחר, ויחזור ויברך שם ברהמ"ז, ‹אם היה דעתו בשעת נט"י לזה›, רשאי, דעיקר הקפידא הוא שלא לאכול אפיקומן בב' מקומות, אבל שאר הסעודה מותר, ‹**וע"ל** סי' קע"ט, דלא נהגו עכשיו כן, לאכול האפיקומן בבית אחר›, **אבל** לילך אחר שבירך ברהמ"ז ‹קודם האפיקומן, ואח"כ ליטול ידיו, ולאכול האפיקומן ולברך ברהמ"ז עוד פעם›, הט"ז מחמיר]. ‹ע"פ השונה הלכות›. ‹**וז"ל** הט"ז: דכיון שהוא מברך פעם הא' [בהמ"ז], נסתלק ממנו אכילת מצה, ואע"ג דלא אכיל אפיקומן, דחשבינן הכזית מצה שאכל כבר לחיוב שלו, וא"כ מה מועיל לו שיאכל בפעם השנית כזית מצה באחרונה לשם אפיקומן, והוא כבר יצא›.

ואי בעי לאקדומי להנך בתי ברישא, בריך להו ולא אכיל ולא טעים - דאסור לטעום קודם קידוש, ואם יכוין לצאת ג"כ בהקידוש שאומר לפניהם, יצטרך לאכול שם כזית, ולברך בהמ"ז ג"כ, **והדר אזיל לביתיה ומקדש.**

ואם ירצה, יגמור הכל בביתו - אפילו הלל, **ואחר כך ילך לקדש בבתים האחרים, ולא יאכל וישתה עמהם.**

§ סימן תפה – דין מי שנשבע שלא לאכול מצה §

סעיף א - אמר: שבועה שלא אוכל מצה סתם, אסור לאכול מצה בליל פסח - בין אם אמר זה קודם הפסח, בין אמר בליל פסח גופא, כיון דלא אמר בשבועתו דמשתבע רק אמצת מצוה, אלא כולל בשבועתו כל מצה, ולאו דוקא מצה של לילה זו, חיילא שבועתו, דשבועה חל בכולל דברים המותרים עם דברים האסורים בשב ואל תעשה, **ומ"מ** כתבו הפוסקים, דמצוה להתיר שבועתו, כדי שיוכל לקיים מצות עשה דאכילת מצה, [**אבל** אין כופין אותו אלא בנשבע בהדיא לעבור ‹אף› על מצוה דרבנן, ב"ח], ‹וז"ל: אבל בנשבע סתם שלא לאכול מרור ומצה, כיון דהשבועה היא בכולל, לאו נשבע לבטל את המצוה הוא, אין עליו דין כפייה, אבל ודאי ראוי שישאל על שבועתו›.

אמר: שבועה שלא אוכל מצה בליל פסח, לוקה ואוכל מצה בליל פסח - דכיון דאמר "ליל פסח", מסתמא כוונתו אמצת מצוה בלחוד, ולוקה משום שבועת שוא, [בין יאכל אח"כ או לא, דכבר יצא מפיו שבועה לשוה], דאין שבועה חלה על דבר מצוה, **ומ"מ** אם אמר: קונם אכילת מצת מצוה עלי, אסור באכילת מצה, דנדר חל אדבר מצוה, [וכופין אותו שישאל על נדרו, כדי שיוכל לקיים המצוה].

(**ודע, דאם אמר: שלא אוכל כל שבוע של פסח, חל השבועה בכולל לפי דעת רוב פוסקים, אף שהזכיר פסח בהדיא, ולפי"ז יש לעיין להני פוסקים דזמן אכילת מצה הוא מן התורה רק עד חצות, אם כן כשאומר: שלא אוכל מצה בליל פסח, הרי כולל זמן הפטור עם זמן החיוב, וחלה השבועה בכולל ואיננו שבועת שוא, אם לא שנדחוק לומר, דכיון שהזכיר מצה של ליל פסח, כונתו רק על השעה שבני אדם מקיימין המ"ע של מצה, ולא אלאחר זמן, והוא דוחק, דלפי"ז יהיה מותר לאכול אחר חצות, וצ"ע**).

(**ועיין במו"ק שכתב, דאם אמר: שלא אוכל מצה זו, אסור אפילו לית ליה אחריתא, ויתירו ליה שבועתו**).

אם אמר: שבועה שלא אוכל מרור של מצוה, אסור באכילת מרור, דמרור בזמן הזה דרבנן, ושבועה חיילא אמצוה דרבנן, **וה"ה** באמר שלא ישתה ד' כוסות, **וה"ה** אם אמר: שבועה שלא אוכל מצה בליל שני, שהוא ג"כ מדרבנן, לדידן דבקיאין אנו בקביעא דירחא, דנמי חיילא ואסור, **ומ"מ** כופין אותו שישאל על שבועתו.

§ סימן תפו §

סעיף א - שיעור כזית, יש אומרים דהוי כחצי ביצה - בינונית עם קליפתה, **ודעת** הרמב"ם, דכזית הוא כשליש ביצה.

ולענין דינא, במצוה דאורייתא כגון במ"ע דאכילת מצה, יש להחמיר ולאכול עכ"פ כחצי ביצה, אם לא שהוא חולה, וקשה לו לאכול כחצי ביצה, יכול לסמוך על הרמב"ם, **ולענין** מרור וכה"ג שהוא דרבנן, יש לסמוך בדיעבד אם אכל כשליש ביצה, **אך** לכתחלה כיון שצריך לברך על המרור, נראה דאין להקל בזה, אם לא שהוא אדם חלש וקשה לו, יכול לסמוך ולאכול רק כשליש וכנ"ל.

ולענין בהמ"ז ששיעורו מד"ס בכזית, וכן לענין ברכה אחרונה, ספק ברכות להקל, ולא יברך עד שידע שאכל כחצי ביצה, **ולכתחלה** נכון ליזהר שלא יכניס עצמו בספק ברכות, ויאכל כחצי ביצה או פחות הרבה משליש ביצה - פמ"ג, **ולענ"ד** נראה, דנכון לכתחלה שיאכל כביצה פת, דאל"ה יש חשש ברכה לבטלה, על הברכה שבירך מתחלה על הנטילה לאיזה פוסקים.

ועתה נחזור לעניננו, דע דמש"כ המחבר כזית כחצי ביצה, לאו מלתא פסיקתא היא בזמנינו, דיש מאחרונים שהוכיחו, דביצים המצויים בזמנינו נתקטנו הרבה, עד למחצה מכפי שהיו בימים הקדמונים שבהם שיערו חכמים, ולפי"ז בכל מקום שהשיעור הוא כחצי ביצה, צריך לשער בכביצה בזמנינו, **ועיין** בשע"ת שהכריע, שיש לחלק בזה לענין שיעורין בין דבר שחיובו מן התורה לדבר שחיובו מדרבנן, כגון מרור בזה"ז ואפיקומן וכוסות, [דלענין שתיית רביעית יש ג"כ נ"מ, דקי"ל דרביעית הוא ביצה ומחצה, וצריך לידע שיעור ביצה]. **ונמצא** לפי"ז בזמנינו יתחייב לאכול מצה עד כשיעור ביצה, ומרור יצא בדיעבד אף אם לא אכל רק כשליש ביצה.

הגה: ויאכלנו ביחד ולא מעט מעט; ובירקות צריך למעך חלל האויר שבין הירק, ולשער שיעור הכזית בירקות עצמן, ולא באויר שביניהם - וה"ה אם יש חלל במצה, אינו מצטרף החלל לשיעור כזית וצריך למעכו, **אבל** אם אין חלל במצה, אפילו היא רכה ועשויה כספוג, א"צ למעכו, [**ונראה** פשוט, דה"ה לענין בהמ"ז בפת ספוגית, משתערת בכמות שהיא]. **ועיין** בסי' ר"י ס"א, וצ"ע.

§ סימן תפז – סדר תפלת ערבית של פסח §

סעיף ב - אין שליח צבור מקדש בבהכ"נ - דענין הקידוש הוא כדי להוציא מי שאין לו יין, ובפסח אין עני בישראל שאין לו יין, **והסכימו** האחרונים, דאפי' כשאין יין בעיר כי אם בביהכ"נ, אפ"ה אין לקדש.

סעיף ג - שכח לומר: אתה בחרתנו, ואמר: יעלה ויבא, יצא - דהרי מזכיר ענינו של יום ב"יעלה ויבוא", **ואפילו** אם נזכר קודם שחתם הברכה, א"צ לחזור ל"אתה בחרתנו" - דה"ח, [**ולענ"ד** אין דין זה ברור].

ומיירי שחתם כל הברכה כדין, דאם לא חתם, אפילו אמר גם "אתה בחרתנו" לא יצא, ואם נזכר אחר שהתחיל "רצה", חוזר ל"אתה בחרתנו", **ואם** עקר רגליו, חוזר לראש התפלה.

ואם לא אמר "אתה בחרתנו" וגם לא "יעלה ויבוא", רק "והשיאנו", אף ע"פ שאמר "מועדי קדשיך", אם לא הזכיר חג פלוני בפרט, לא יצא - דה"ח, **אבל** בפמ"ג מסתפק בזה.

הגה: ואפי' היה שבת, אם הזכיר ב"יעלה ויבא", יצא - ר"ל דכיון שלא אמר "אתה בחרתנו" "ותתן לנו", ממילא לא הזכיר גם של שבת, מ"מ כיון שחזר והזכירו ב"יעלה ויבוא", שאומר: ביום השבת הזה וביום חג פלוני הזה, יצא, דהא עכ"פ הזכיר של שבת בתוך הברכה.

ומשמע מלשון זה, דאם גם ב"יעלה ויבוא" לא הזכיר של שבת, לא יצא, **ויש** לעיין, דהא מזכיר שבת ב"והשיאנו", שאומר: והנחילנו וכו', שבת ומועדי קדשך, **ואולי** משום דהוא מזכירו רק סמוך לחתימה לבד, ואנן בעינן שיהא פותח נמי בשל שבת, כדאיתא בגמרא, וצ"ע.

ואם אמר "אתה בחרתנו" והזכיר בו שבת, אפילו הכי צריך לחזור ולהזכירו ב"יעלה ויבא" - כמו שמזכיר שניהם ב"אתה בחרתנו". **מיהו אם לא הזכירו ב"יעלה ויבא", אין צריך לחזור** - דיש בזה פלוגתא דרבוותא אם צריך להזכירו, ולכן בדיעבד אין צריך לחזור, **וגם** בלא"ה הרי הזכיר פעם אחת ב"אתה בחרתנו", ואיננו לעיכובא בדיעבד לכו"ע.

ודע דהרבה אחרונים הסכימו, שאפילו לכתחלה אין להזכיר של שבת ב"יעלה ויבוא", וכן המנהג, **ועיין** בלבוש שכתב טעם נכון לזה, שעיקר "יעלה ויבוא" נתיסד על הזכירה ועל הפקידה, ואין שייך זכרון אלא ביו"ט ובר"ח, דכתיב: וביום שמחתכם ובמועדיכם ובר"ח וגו', ונזכרתם, ולא נזכר שם שבת כלל.

וה"ה בשכח להזכיר של יו"ט בשחרית, עיין לעיל סימן קכ"ו.

סעיף ד - בליל ראשון של פסח גומרין ההלל בצבור בנעימה, בברכה תחלה וסוף, וכן בליל שני של שני ימים טובים של גליות. הגה: וכל זה אין אנו נוהגים כן, כי אין אנו אומרים בלילה בבית הכנסת ההלל כלל - היינו במדינות אלו, ומנהג ספרדים לומר.

§ סימן תפח – סדר תפלת שחרית של פסח §

סעיף א - שחרית נכנסים לבית הכנסת, וקורים הזמירות של שבת - היינו המזמורים שאומרים קודם פסוקי דזמרה, **וגם** "מזמור שיר ליום השבת" אומרים, דיו"ט נמי אקרי שבת, **וכן** אומרים ברכת "נשמת" כמו בשבת, **ואחר** "ברכו" אומרים ברכת "יוצר אור" כמו בחול.

[**ובכניסת** יו"ט אין אומרים "מזמור שיר ליום השבת", רק כשחל יו"ט בשבת. **ויש** מקומות שאין אומרים "לכה דודי", כשחל יו"ט בשבת או בחוה"מ שחל בשבת, רק "מזמור שיר ליום השבת" אומרים].

ומתפללין תפלת שחרית, וגומרין ההלל, (ומברכין "לקרות הכלל") - ר"ל שלא יאמר "לגמור ההלל", דשמא ידלג תיבה או אות אחת, ויש חשש ברכה לבטלה, [לשון הטור בשם הר"מ, **ולכאורה** אף אם יברך "לקרות", אם ידלג מההלל ג"כ לא יצא, **ואפשר** לומר דסבר הר"מ, דאף אם לא קרא התיבה כתיקונה ג"כ יצא, ולזה אמר, אם יאמר "לקרות" לא יהיה חשש ברכה לבטלה, **משא"כ** אם יאמר "לגמור", אף אם ידלג אות אחת, הרי לא גמר, ויש כאן חשש ברכה לבטלה]. **ואם** אמר "לגמור" יצא, ובמקום שנהגו לומר "לגמור", אין לבטל מנהגם.

ואם חיסר פסוק אחד או תיבה אחת, צריך להתחיל אח"כ מאותו פסוק ולגמור עד סוף ההלל, דאם יאמרנו במקום שנזכר, הו"ל קריאה למפרע, ולא יצא, [**וצריך** ליזהר מאוד בימים שגומרין ההלל, שלא יקרא התיבות בטעות שמשתנה הענין עי"ז].

אם בא לבהכ"נ סמוך להלל, יקרא תחלה הלל עם הצבור, ואח"כ יתפלל, והוא שלא יעבור זמן ק"ש ותפלה עי"ז, [**ואם** הוא עומד באמצע פסוקי דזמרה, לא יפסיק, **אבן** הם הוא עומד בין "ישתבח" ל"יוצר", יפסיק כדי שיאמר הלל בציבור, והיינו אם הוא יודע שאח"כ לא יזדמן לו ציבור שיאמרו הלל].

ואין מפסיקין בו אלא כדרך שאמרו בקריאת שמע, באמצע הפרק שואל בשלום אביו או רבו, ומשיב שלום לאדם נכבד שנתן לו שלום; ובין הפרקים שואל בשלום אדם נכבד, ומשיב שלום לכל אדם - ופרטי דינים אלו ע"ל סימן ס"ו.

הגה: (ודוקא בב' ימים הראשונים שגומרים בהם ההלל, דינא הכי לענין הפסקה, אבל בימים שאין גומרין, ע"ל סי' תכ"ב ס"ד).

ואם פסק באמצע - היינו אפי' באמצע הפרק, **ושהה אפילו כדי לגמור את כולו, אינו צריך לחזור אלא למקום שפסק** - ומדסתם משמע אפי' שהה באונס, ועיין לעיל בסימן תכ"ב במ"ב.

ואלו הן הפרקים: "הללויה הללו עבדי ה'" וגו', "בצאת ישראל ממצרים" וגו', "לא לנו ה' לא לנו" וגו', "אהבתי" וגו', "הללו את ה' כל גוים" וגו', "מן המצר" וגו', **ורד"ק** כתב, ד"מן המצר" אינו תחלת המזמור, אלא מתחיל "הודו לה' כי טוב" וגו'.

סעיף ב - בהלל, אפילו עשרה קורין כאחד - ר"ל אפילו היכא שמוציאין לאחרים ידי חובה באמירתן, ולא אמרינן תרי קלא לא משתמעי, כדאשכחן לענין קה"ת, דהלל חביבי להו משום זכרון הנס, ויהבי דעתייהו ושמעי, **ומה"ט** ג"כ המנהג, שמקדשין שנים או יותר יחד בשבת ויו"ט, או כשיושבין בסוכה כמה בעלי בתים ומקדשין להוציא בני ביתם, משום דהקידוש חביב להם, ויהבי דעתייהו ושמעי, **ומ"מ** יותר טוב שלא יקדשו בבת אחת, היכי שצריכין להוציא בני ביתם, אלא זה אחר זה.

[**והפמ"ג** כתב, דבשאר דברים חוץ ממה שהוזכר כאן, אין כדאי אף במקום שאין מוציאין אחד את חבירו, דמבלבלין זה את זה, **חוץ** מר"ה ויוה"כ מפני שכל אחד סידורו בידו, **ולא** ידעתי, הלא בבהמ"ז מן "נודה לך" והלאה, המנהג שמברכין ביחד בכל מקום].

סעיף ג - מוציאין שני ספרים, וקורין בראשון חמשה גברי, (ואם מוסיפין ביום טוב ע"ל ריש סימן רפ"ב), בפרשת בא, מן: "משכו" עד "מארץ מצרים על צבאותם", ומפטיר קורא בשני בפרשת פנחס "ובחודש הראשון", ומפטיר ביהושע "בעת ההיא" - ויש מתחילין "ויאמר יהושע אל העם התקדשו", וכן נוהגין עכשיו.

ומתפללין תפלת מוסף, ואין מזכירין גשם מכאן ואילך, (וע"ל סימן קי"ד) - דעת המחבר דהוא מנהג ספרד, שאפילו במוסף גופא אין מזכירין גשם, **ולזה** כתב רמ"א: ועיין לעיל סימן קי"ד ס"ג, דשם מבואר בהג"ה, דמנהגנו הוא כפוסקים דס"ל, דהצבור מזכירין במוסף, עד שישמעו שהש"ץ אינו מזכיר בתפלתו שחוזר בקול רם, [דבלחש גם הוא צריך להזכיר כמו שאר העם]. אז הם פוסקין במנחה, **וה"ה** היחיד שאיחר תפלתו במוסף, עד אחר שהתפלל הש"ץ ופסק לומר: משיב הרוח ומוריד הגשם, ג"כ שוב לא יזכיר גשם.

וכן פוסקים משם ואילך מלשאול בברכת השנים - היינו בחוה"מ שוב לא יבקש על מטר, **ובדיעבד** אם שכח ועבר, ע"ל בסימן קי"ז ס"ג ובבה"ל.

והנה אף שהסכימו הפוסקים, שאין נכון שיכריז השמש דבר זה בצבור, ששוב לא יזכירו גשם ומטר, שנראה כאלו ממאנים על הגשמים, ועל דרך שאמרו: אין מתפללין על רוב גשמים, **מ"מ** נ"ל שנכון מאוד, שהשמש יזכיר בחשאי לרוב העולם קודם תפלת מעריב של לילה ראשונה של חוה"מ, שיאמרו "ותן ברכה" וכו', כי האנשים פשוטין רובן נכשלין בלילה ראשונה, וכן למחר בתפלת שחרית, עד שישמעו מן הש"ץ שפסק, ויש בזה חשש כמה מאות ברכות לבטלה, [**או** יכתוב מקודם יו"ט על הנייר: שמליל א' חוה"מ ואילך יאמרו "ותן ברכה", וידביקנו בכותל,

והגם שידעתי שימצאו מפקפקין גם ע"ז, אפ"ה נ"ל שזה עדיף, משיבואו כמה עשרות אנשים ולפעמים מאות, לידי ברכה לבטלה].

הגה: ונוהגין לומר בכל יו"ט בתפלת מוסף פסוקי מוסף היום, אחר שאמר: על ידי משה עבדך כאמור - ובדיעבד אף אם לא הזכיר אותם כלל, יצא, **ואם** טעה במוספין והזכיר של יום אחר, וכן בסוכות שאמר ביום א' דחוה"מ מה שאינו שייך כלל לאותו יום, כגון שאמר "ביום הרביעי", **אם** לא סיים הברכה, יתחיל מפסוקי הקרבנות, **ואם** סיים הברכה א"צ לחזור.

§ סימן תפט – סדר תפלת ליל שני של פסח וספירת העומר §

סעיף א - בליל שני אחר תפלת ערבית מתחילין לספור העומר - קודם "עלינו", דכל מה דאפשר לאקדומי מקדמינן, כדי שיתקיים יותר מה שכתוב: תמימות תהיינה.

(**כתב** בספר מור וקציעה, בטעם דסופרין אחר התפלה, **משום** דבדורות הראשונים היה המנהג להתפלל ערבית קודם הלילה, ובסיום המעריב התחילה הלילה, **ואז** היו סופרין כדין בתחלת הלילה, **אכן** בחק יעקב כתב, דמדינא צריך להקדים ק"ש ותפלה, שהוא תדיר).

נשים ועבדים פטורות ממצוה זו, דהוי מ"ע שהזמן גרמא, **וכתב** המ"א, מיהו כבר שויא עלייהו חובה, **וכמדומה** דבמדינותינו לא נהגי נשי כלל לספור, **וכתב** בספר שולחן שלמה, דעכ"פ לא יברכו, דהא בודאי יטעו ביום אחד, וגם על פי רוב אינם יודעים פירוש המלות.

(**הנה** דעת הרמב"ם והחינוך, שהוא נוהג מן התורה גם עתה, **אכן** דעת הטור ושו"ע וכמה פוסקים, שאינה בזה"ז אלא זכר למקדש שהקריבו עומר, וכן הוא סוגית הפוסקים בסימן זה, **אכן** באמת הרמב"ם ג"כ לאו יחידאה הוא בדעתו, **ולפי"ז** יש סעד גדול למנהגנו, שאנו זהירים שלא לספור עד צאת הכוכבים, אחרי דלדעת כמה רבוותא הוא דאורייתא).

כתבו האחרונים, דאומרים מערבית השייך ליום ב', אפילו חל ליל שני במו"ש, **ואע"פ** דבשארי חגים שחל יום ראשון בשבת, אומרים מערבית של יום א' בליל שני, **שאני** הכא דהמערבית הוא מענין של ספירה.

ואם שכח לספור בתחלת הלילה, הולך וסופר כל הלילה - דכל שלא עבר הלילה, לא נפיק עדיין מכלל הכתוב: תמימות תהיינה.

ומצוה על כל אחד לספור לעצמו - דכתיב: וספרתם לכם, משמע שהמצוה חל על כל יחיד ויחיד, **והנה** משמע מזה, דבספירה אינו כמו בשאר מצות התלוי באמירה, לענין קידוש והבדלה וכיו"ב, דאם שמע לחבירו ונתכוין לצאת, דיוצא בזה משום דשומע כעונה, והכא גילתה התורה דלא יצא כל כמה דלא ספר בעצמו, **אבל** יש מאחרונים שכתבו, דכונת התורה הוא רק, דלא נימא דמצוה זו אב"ד לבד קאי, כמו בשמיטין ויובלות, דכתיב שם: וספרת לך, אלא קאי אציבור, **אבל** באמת אם שמע מחבירו שספר, והתכוין לצאת וגם חבירו כוון להוציאו, יצא, כמו בכל מקום דקיי"ל שומע כעונה, (**וע"כ** לכתחלה בודאי צריך כל אחד לספור בעצמו, **אכן** בדיעבד אם שמע מחבירו וכוון לצאת, **יחזור** ויספור בלי ברכה).

וכל זה בספירה, אבל בברכה שמברכין על הספירה, דכו"ע אפשר לצאת ע"י חבירו אפילו הוא בקי, וכמו בכל הברכות, **מיהו** מנהג בכל ישראל שכל אחד מברך וסופר לעצמו, ואין סומכין על הש"ץ, [**ומיהו** אם יש לו ספק באיזה ענין, דצריך לספור בלי ברכה, אם יכול לשמוע הברכה מפי אחרים, ויחשוב בדעתו לצאת בהברכה אם הוא מחוייב בדבר, בודאי נכון לעשות כן].

כתבו האחרונים, דספירה מותר בכל לשון, ובלבד שיבין אותו הלשון, **ואם** אינו מבין, אפילו סיפר בלשה"ק, אינו יוצא, [ואף שבכל מקום יוצאין בלה"ק אע"פ שאינו מבין], דכיון דלא ידע מאי קאמר, אין זה ספירה.

וצריך לספור מעומד ולברך תחלה - וצריך לעמוד משעה שמתחיל הברכה, [**דכל** ברכת המצות צריך להיות לכתחילה בעמידה, ובפרט הספירה גופא כתבו כל הראשונים אסמכתא לזה, מדכתיב: מהחל חרמש בקמה, אל תקרי "בקמה", אלא "בקומה"], **ובדיעבד** אפילו אם סיפר מיושב יצא.

וסופר הימים והשבועות - דכתיב: תספרו חמשים יום, וכתיב: שבעה שבועות תספר לך, **ואם** סיפר ימים לחוד ולא הזכיר שבועות, י"א שיצא בדיעבד, [משום דספירה בזה"ז דרבנן], **וי"א** שצריך לחזור ולספור ימים ושבועות כדין, [או משום דס"ל דספירה בזה"ז דאורייתא, **או** אפי' נימא דהוי דרבנן, כל דתקון רבנן כעין דאורייתא תקון], **וע"כ** חוזר וסופר בלא ברכה, **ואם** שכח לחזור ולספור, מונה שאר ימים בברכה.

ואם מנה שבועות ולא ימים, כגון שאמר ביום השביעי: היום שבוע א', ולא הזכיר ימים כלל, לכו"ע לא יצא, [**דלכו"ע** צריך להזכיר ימים, וכדכתיב: תספרו חמשים יום].

כיצד, ביום הראשון אומר: היום יום אחד (בעומר), עד שמגיע לשבעה ימים, ואז יאמר: היום שבעה ימים שהם שבוע אחד (בעומר) - וברוב פוסקים הנוסח "לעומר", **מיהו** עיקר דבר זה אינו אלא לכתחלה, כדי לבאר שהוא מונה מיום שהקריבו את העומר והלאה, **ואם** לא אמר אלא "היום כך וכך", נמי יצא.

וביום שמיני יאמר: היום שמונה ימים שהם שבוע אחד ויום אחד (בעומר) - ואם לא אמר אלא "היום שמונה ימים", ולא סיים: "שהם שבוע אחד" וכו', נמי יצא, שהרי הזכיר שבועות אתמול ביום השביעי, **וכן** אם לא אמר אלא "היום שבוע אחד ויום אחד" בלחוד, נמי יצא, שהרי כבר הזכיר הימים שעברו כל אחד ביומו.

אומרים "שבוע אחד", ולא "אחת", וכן אומרים "שני שבועות", ולא "שתי", ד"שבוע" לשון זכר, **עד** עשרה אומר "ימים", ומי"א ואילך אומר "יום", **כן** יש לומר מנין המועט מתחלה, כגון "אחד ועשרים יום", **וכל** אלו הדברים אינן לעיכובא, אלא לצחות הלשון.

וכן עד שיגיע לארבעה עשר יאמר: היום ארבעה עשר ימים שהם שני שבועות (בעומר), ועל דרך זה מונה והולך עד מ"ט יום.

כתבו האחרונים, דאם אמר בלשון אחר, כגון ביום ל"ט אמר: היום ארבעים חסר אחת, נמי יצא.

(**עיין באחרונים שנחלקו באם מנה בראשי תיבות, כגון שאמר "היום ב' ימים" וכדומה, אם יצא, וכתב הח"י, כיון דלרוב הפוסקים עיקר ספירה בזה"ז אינו אלא דרבנן, אין להחמיר מספיקא, ויחזור לספור בלי ברכה**).

(**ודע דעכ"פ אם בירך בלבו, בודאי לא יצא כלל, דהרהור לאו כדבור דמי, וכ"כ פר"ח להדיא**).

ומנהג לומר אחר הספירה: יהי רצון וכו', שיבנה בהמ"ק וכו', כלומר ואז נקיים מצות הבאת העומר, [כ"כ השב"ל, **וכתב** עוד טעם, משום יום הנף, דהיינו כל יום ט"ז שאסורים באכילת חדש מתקנת ר"י בן זכאי, לכך ראוי להזכיר עבודת ביהמ"ק, ולהתפלל עליה להחזיר הדבר ליושנה, **וכ"ז** אם נימא דספירה בזה"ז דאורייתא ואינו תלוי במקדש, אבל אם נימא דהוא דרבנן זכר למקדש, אתי שפיר טפי, שמתפללין שיבנה בהמ"ק], **ויש** נוהגים ג"כ לומר מזמור "אלהים יחננו" וגו'.

סעיף ב - אם טעו ביום המעונן וברכו על ספירת העומר, חוזרים לספור כשתחשך - ובברכה כדין, והוא מדברי הרשב"א, **ומבואר** שם, שהקהל התפללו גם מעריב קודם, ולענין מעריב אין להם לחזור ולהתפלל, משום טרחא דציבורא, **רק** לענין ספירה לא משגחינן בטרחא דידהו, כי איך יאמר למשל עשרה ימים, ואינן אלא תשעה, כי אותו היום תשיעי הוא ולא עשירי עד צאת הכוכבים, עכ"ד שם, [**ובביאור** הגר"א כתב סברא אחרת לחלק בין הא דתפלה, משום דכאן א"צ ציבור, עכ"ל, **ולא** אבין מדוע חידש טעם אחר, וכי בעורה זו שכתב הרשב"א, דלא משגחינן כלל בטרחא בדבר שהוא נגד החוש, וצ"ע].

[**ועיין** בא"ר בשם עו"ש, דהיכי שהתפללו מפלג המנחה ולמעלה, ואח"כ ברכו על הספירה, אינו חוזר ומברך, וסופר בלי ברכה, ומסיים בצ"ע, **ובאמת** דבריו צע"ג, שהרי גם המחבר בסעיף זה מיירי מפלג המנחה ולמעלה, דלא אמרינן אין חוזרין ומתפללין אפי' בציבור, רק מפלג המנחה ולמעלה, **אלא** דמ"מ אין לדחות דברי הא"ר בזה לגמרי, שעכ"פ יש להם מקום לפי שיטות אחרות המבוארות בס"ג בבה"ל].

והמדקדקים אינם סופרים עד צאת הכוכבים - דמן הדין היה אפשר להקל לספור משתחשך אף קודם צה"כ, דבה"ש הוא ספק לילה, ואזלינן לקולא בספק דרבנן, בספירה בזה"ז שהוא מדרבנן לרוב הפוסקים, **אלא** דמ"מ אינו נכון להכניס עצמו לספק לכתחלה, ולהכי המדקדקים ממתינים עד צה"כ, שהוא בודאי לילה.

וכן ראוי לעשות - ר"ל לכתחלה, ומ"מ בדיעבד אם בירך ביה"ש, יצא וכנ"ל, **אבל** הא"ר מפקפק בזה, ומצדד דנכון שיחזור ויספור בצה"כ בלי ברכה, [משום דלהרבה פוסקים ספירה בזה"ז דאורייתא, ולהכי אין לסמוך על ספק לילה].

(**ומתי נקרא ביה"ש, עיין סימן רס"א, דדעת השו"ע שם, דביה"ש הוא ג' רביעי מיל קודם צה"כ, והוא קרוב לרבע שעה בערך, ומקודם הוי ודאי יום, ועי"ש בבה"ל, דאפילו להסוברים דביה"ש מתחיל מיד אחר שקיעה, היינו לענין שבת דנקטינן לחומרא כר' יהודה, אבל להקל אף במילי דרבנן, צ"ע אם נוכל להקל ולומר תרתי קולי, אחד דהוא בה"ש כר' יהודה, וגם דספיקא דרבנן לקולא, כיון דלר' יוסי הוי ודאי יום כל הזמן שמן שקיעה עד סמוך לצה"כ, וצ"ע**).

סעיף ג - המתפלל עם הצבור מבעוד יום - יש מאחרונים שפירשו, דהיינו בין השמשות, דהוא ספק לילה, ויוצאין אז ידי ספירה לפוסקים דס"ל דספירה בזה"ז דרבנן, אכן הוא רוצה לדקדק ולספור מצה"כ וכנ"ל, **מונה עמהם בלא ברכה** - פן ישכח אח"כ, ויחשוב בדעתו: אם אזכור אח"כ בלילה למנות, אין אני רוצה לצאת בספירה זו, וכדלקמיה בהג"ה, **ואם יזכור בלילה יברך ויספור** –

(**ומשמע מהני אחרונים, דמפלג המנחה לכו"ע אינו יכול למנות**).

(**ודע דיש הרבה אחרונים, דמפרשי "מבעוד יום", היינו מפלג המנחה ולמעלה, ומאי דקאמר "מונה עמהם", היינו משום דאע"ג דמעיקר הדין כל זמן שאינו לילה אינו זמן ספירה, וכדלעיל בסעיף הקודם, מ"מ יש מקומות שנהגו להקל בזה, משום שהיו רגילין להתפלל מעריב קודם חשיכה, וחששו שאם לא יספרו אז בצבור וילכו כל אחד לביתו, ישכחו מחמת טרדא ולא יספרו, ותתבטל עיקר תורת ספירה, ועי"כ סמכו במקום הדחק איש מי שאומר, דבספירה בזה"ז שהוא רק זכר למקדש לרוב הפוסקים, אין להחמיר בה יותר מבק"ש ותפלה, וכיון דחשבי זו להתחלת לילה וקורין שמע ומתפללין מעריב, כמו כן יש לנו לחשוב ללילה לענין ספירה, וקאמר דאף מי שהוא ת"ח, אם לבו נוקפו שמא יטרד וישכח לספור ביחידות, יכול לספור עם הצבור, אך לא יברך אז עכ"פ, דמעיקר הדין אין זמן ספירה אז, אלא שלא מחינן במנהג אותן המקומות, וכדי שלא יתבטלו לגמרי ממצוה זו, וכשיגיע הזמן בלילה יברך ויספור, ואינו ברכה לבטלה, דספירה קמייתא לאו כלום הוא מעיקר דינא**).

הגה: ואפילו ענה אמן על ברכת הקהל, אם היה דעתו שלא לצאת, יחזור ויברך ויספור בלילה – (ר"ל דהיה מנהגם שהש"ץ היה מברך ומוציא כל הקהל בברכתו, והספירה היו מונין כל אחד לעצמו, וסד"א דכיון שענה אמן יחד עם הצבור, ודאי כוון לצאת בהברכה על הספירה שמנה, וממילא מוכח דכוון לצאת בהספירה ידי המצוה, קמ"ל דלא אמרינן הכי, כיון שכוון בהדיא שלא לצאת).

ודוקא אם מתכוין שלא לצאת, אבל בסתמא יצא למ"ד דמצות א"צ כונה, **ואף** דפסקינן לעיל בסימן ס' דמצות צריכות כונה, אפשר

לענין ברכה שצריך להזכיר שם שמים, צריך לחוש להך דעה, [**וא"ר** תירץ, משום דהוא מילתא דרבנן, יש דעה שסובר דבזה יש לנו לפסוק להקל, דאין צריך כוונה].

ואפילו בע"ש, שכבר קיבל שבת וגם התפלל עם הצבור, אפ"ה יברך ויספור בלילה, כיון שלא רצה לצאת במה שסיפר עמהן ביה"ש.

כתבו האחרונים, דאם יצאו הכוכבים מותר לו לספור, אפילו לא התפלל עדיין מעריב, ואפילו הוא במו"ש, דהא לילה הוא לכל מילי, ואפי' לקדש ולהבדיל מותר קודם תפלה, אלא שאסור במלאכה עד שיבדיל.

סעיף ד - מי ששואל אותו חבירו בין השמשות כמה ימי הספירה בזה הלילה, יאמר לו: אתמול היה כך וכך - נקט בין השמשות, משום דבדיעבד אם בירך ביה"ש יצא, **וכ"ש** אם שאל אותו אחר צה"כ, שצריך ליזהר מלהשיב: היום כך וכך.

שאם יאמר לו: היום כך וכך - ואפי' בלשון לע"ז, **אינו יכול לחזור ולמנות בברכה** - שכבר יצא בזה ידי ספירה למ"ד מצות א"צ כונה, **ואע"ג** דלא אמר "בעומר", יצא בדיעבד, **ואף** דאנן קי"ל דצריכות כונה, וזה הלא לא כוון לצאת בזה ידי מצוה, לענין ברכה צריך להחמיר ולחוש להך דעה, ולא יברך על הספירה שימנה אח"כ, [**וא"ר** תירץ, לפי שהוא מילתא דרבנן].

(**אבל בלא ברכה, בודאי צריך לחזור ולמנות, דהא מ"מ איכא פלוגתא במצות צריכות כונה, ומה גם בבין השמשות, דדעת א"ר דאפילו בעלמא שסופר כדרך ספירה, יש לו לחזור אח"כ ולמנות בלי ברכה, וכ"ש כאן**).

ואם לא אמר "היום" לית לן בה, משום דעיקר מצות ספירה הוא שיאמר: היום כך וכך, **ויש** עוד עצה, שיכוין בפירוש שלא לצאת בזה ידי ספירה.

(**ומ"מ בעיקר הדין יש לעיין טובא, דדעת הגר"א, דסעיף זה קאי רק אליבא דמ"ד מצות א"צ כונה, וכן הוא ג"כ דעת הפר"ח, דלדידן דקי"ל דמצות צריכות כונה, צריך לחזור ולברך, ועוד נלענ"ד, שאם היה זה בין השמשות, והאיש הזה המשיב רגיל תמיד לברך דוקא בצאת הכוכבים, מסתברא דבאופן זה הוי כמכוין בהדיא שלא לצאת, ומותר לו לחזור אח"כ ולמנות בברכה, ולמעשה צ"ע**).

כתבו האחרונים, דמיירי ששאל אתו קודם שהגיע לשבועות, הא אי שאל לו בשעה שהגיע לשבועות, אפילו אמר לו: היום כך וכך, לאו כלום הוא כל שלא הזכיר שבועות, וצריך לחזור ולספור בברכה, [**מיהו** מפר"ח משמע, דדוקא היכי דשבועי הוא לעיכובא, כגון במשלם שבועי, אבל אחר השלמת השבוע שאינו אלא מנהג להזכיר שבועות, אפי' לא הזכיר אלא הימים יצא, **ובא"ר** מבואר להדיא, דבכל גווני כל שלא הזכיר שבועות כמנהגנו, יכול לחזור ולספור בברכה, דמוכחא מלתא שמתכוין שלא לצאת, ודי לנו להחמיר היכי דהזכיר ימים ושבועות, שהרי הט"ז חוכך גם בזה, עכ"ל, **וגם** לדברי הגר"א, דסעיף זה הוא רק למ"ד דמצות א"צ כוונה, מוכח דלמ"ד צריכות כוונה א"צ ליזהר בכל זה, ועכ"פ באופן זה בודאי נוכל לסמוך להקל כדעת הא"ר].

אבל קודם בין השמשות, כיון שאינו זמן ספירה אין בכך כלום - (ונ"ל פשוט אפילו היה אחר פלג המנחה, וכבר התפלל המשיב מעריב, אפ"ה אין להחמיר בכגון זה, ויכול לחזור אח"כ ולמנות בברכה כשיגיע זמן הספירה, דדעה זו של אחר פלג נדחית היא מעיקר הדין, וא"צ להחמיר בכגון זה).

הגה: וכשהגיע הזמן, אסורין לאכול עד שיספור - וה"ה שאר מלאכות, וכדלעיל בסימן רל"ב ורל"ה.

ר"ל שהגיע צאת הכוכבים, [דבביה"ש אף שמותר לספור מטעם ספיקא דרבנן, עכ"פ איננו מחויב עדיין], ואפילו אם כבר התפללו ק"ש ותפלה, דאל"כ בלא"ה אסור משום ק"ש ותפלה.

והסכימו האחרונים, דלפי מאי דפסקינן לעיל בסימן רל"ה, להחמיר מחצי שעה קודם הזמן, ה"ה הכא יש לנו להחמיר שלא לאכול מחצי שעה הסמוך לספירה והלאה, אפילו אם כבר הקדים והתפלל, **אך** במקום שהמנהג שהשמש קורא לספור ספירה, אין להחמיר בקודם זמנו.

ואפילו התחיל לאכול, פוסק וסופר - היינו למ"ד ספירה בזה"ז דאורייתא, וכדמצריך בהג"ה, **וא"כ** לדידן דנקטינן ספירה בזה"ז דרבנן, אינו פוסק, **ויש** מאחרונים שכתבו, דלפיכך חשש הרמ"א פה בעניננו להחמיר כאותו דעה שהוא דאורייתא, משום דהוא דבר שאין בו טורח כלל, להפסיק מעט ולספור.

מיהו אם התחיל לאכול קודם שהגיע הזמן - ולפי מה דכתבנו לעיל, דמחצי שעה סמוך לזמן מתחיל האיסור, יהיה שייך דינא דרמ"א כשהתחיל לאכול ביותר מחצי שעה קודם הזמן, **אינו צריך להפסיק** - אפילו למ"ד ספירה בזה"ז דאורייתא, כיון שיש עוד שהות לספור, **אלא גומר אכילתו וסופר אחר כך, (ד"ע למאן דאמר ספירה בזמן הזה דאורייתא).**

סעיף ה - אם אינו יודע החשבון, ופתח אדעתא דלסיים כמו שישמע מחבירו, ושתק עד ששמע מחבירו וסיים כמוהו, יצא - ר"ל אף בברכה, דאדעתא דהכי פתח הברכה וסיים, ואיכא סיום ופתיחה, **ומ"מ** לכתחלה אין לו לברך אלא א"כ יודע מתחלה איזה יום היום, דאסור להפסיק אפילו בשתיקה בין הברכה להמצוה, יותר מכדי דיבור, [**ולכאורה** לפי"ז אם לא הפסיק בשתיקה כלל, אלא אמר מלה במלה עם חבירו, שפיר דמי, **אבל** מלשון הט"ז משמע, דצריך בשעת הברכה לכתחילה לידע איזה יום הוא מהספירה].

[**ובחק** יעקב כתב, שהעולם מקילין בזה אף לכתחילה, **ואין** דבריו מחוורים בזה, להקל לברך על סמך שישמע אח"כ, ושמא לא ישמע, או יצטרך להפסיק בשאלתו לאחרים].

סעיף ו - אם פתח ואמר: בא"י אמ"ה אדעתא דלימא היום ד', שהוא סבור שהם ד', ונזכר וסיים בה', והם ה'.

או איפכא, שהם ד', ופתח אדעתא דלימא ארבעה, וטעה וסיים בה', אינו חוזר ומברך - האחרונים תמהו על דין זה, דבשלמא ברישא שסיים בה' והוא ה', ניחא דיצא, שהרי סיפר כדין, אע"ג דבשעת ברכתו סבור שהוא ד', לאו כלום הוא, שהרי אף בלא בירך כלל יצא, **אבל** בסיפא מאי מהני לן שבשעת ברכה ידע איזה יום הוא, הלא עכ"פ בפיו סיפר יום שאינו, **והסכימו** דבזה צריך לספור מחדש ולברך, דברכתו ראשונה היתה לבטלה כיון שסיים אחריה יום אחר, **אם** לא שנזכר תוך כדי דיבור לספירתו, שאז חוזר וסופר כדין והברכה עולה לו.

(**והנה הט"ז תירץ, דאין כונת המחבר "וסיים" על הספירה גופא, אלא על הברכה, ור"ל שבתחלת הברכה, כשאמר: ברוך אתה ה' אלהינו מלך העולם, חישב אדעתא שיספור אח"כ ד', ורק בעת סיום הברכה נדמה לו שהיום הוא יום חמישי לעומר, וסיים גמר הברכה אדעתא לספור ה' לעומר, אינו חוזר ומברך, דבזה אזלינן בתר פתיחה, ובדין הראשון שצייר המחבר הוא נמי בכהאי גוונא, ושם הטעם דאזלינן בתר חתימה, ומשום דהוא מלתא דרבנן אזלינן בתרוייהו לקולא, ואינו חוזר ומברך, ודין זה העתיקו האחרונים להלכה, אך הט"ז הוליד מזה דין חדש, דהיכא דהפתיחה והחתימה היה אדעתא לספור יום ה', ואחר שגמר הברכה נודע לו שהיום יום ד', חוזר ומברך, ובדין זה לא הסכימו עמו כמה אחרונים**, [דהברכה אינו קאי על היום, אלא הודאה לד' על עצם המצוה, וכיון שתכ"ד נזכר וסיים כהוגן, שפיר דמי].

ודע עוד, דאף דבשו"ע מיירי שבעת הברכה היה יודע יום הספירה, ובירך אדעת לספור כהוגן, אלא שאח"כ טעה וסיים שלא כהוגן, **אבל** כמה אחרונים הסכימו, דאף אם בעת הברכה היה דעתו ג"כ על יום אחר, וכן סיפר בטעות, מ"מ אם בתוך כדי דיבור נזכר שטעה, יסיים תיכף כהוגן ויוצא בזה.

עוד כתבו, דאם טעה ואמר: היום יום ד' בעומר, ובתוך כדי דיבור נזכר שהוא יום חמישי, די שיסיים: חמישי בעומר, ויוצא בזה, אף שלא אמר: היום יום ה', כיון שהוא עדיין תוך כדי דיבור.

סעיף ז - שכח ולא בירך כל הלילה – (וה"ה אם יש לו ספק ביום אם ספר בלילה או לא), **יספור ביום** - כדעת הרבה פוסקים, דבדיעבד ספירת יום עולה לספירה, **בלא ברכה** - דיש לחוש לדעת הפוסקים, דאין זמן ספירה אלא בלילה, וכשמברך ביום הוא לבטלה.

מיהו מכאן ולהבא סופר בכל לילה בברכה, ולא הוי כדילג יום אחד לגמרי, שאינו סופר עוד בברכה, [**משום** דהוי ס"ס לחיובא, ספק דבדיעבד ספירה זמנה כל המעת לעת, ואת"ל כדעת הפוסקים דאין ספירה ביום, אעפ"כ הרבה פוסקים מסכימים, דאין הימים מעכבין זה את זה, ולענין זה לא בעינן תמימות, **ודלא** כפר"ח שסובר, דלצד דלא מברכין ביום משום דבעינן תמימות, ה"ה אם דילג יום אחד אינו רשאי לברך משום דבעינן תמימות, **דזה** אינו הכרח].

סעיף ח - אם שכח לברך - ר"ל שלא סיפר, **באחד מהימים, בין יום ראשון בין משאר ימים** - ולא נזכר עד ספירה שאחריה, **וה"ה** אם נודע לו שאתמול טעה במנין וספר ספירה אחרת, דינו כמו שלא סיפר כלל.

סופר בשאר ימים - כדעת הרבה פוסקים, דאין ספירת הימים מעכבין זה את זה, וכל יומא ויומא מצוה בפני עצמה היא, **בלא ברכה** - לחוש למ"ד דספירת שבע שבתות תמימות בעינן, והא ליכא דהא חסר חד יומא, **ונכון** בזה שישמע הברכה מן הש"ץ או מאחד מהמברכין, ויענה אמן בכונה לצאת, ואח"כ יספור.

(**סופר בשאר ימים – ואע"ג דכתיב: תמימות תהיינה, כתב הרי"ץ גיאות בשם ר"ה גאון, דמקיים תמימות בשבועי, דהיינו שבכל משלם שבועי כשאומר חשבון השבוע, מקיים: שבעה שבועות תמימות תהיינה, ועוד תירץ שם, דהיכי דאישתלי יום אחד, יספור בליל שני שתי הספירות, כגון בשכח ספירה ראשונה, יאמר בספירה שניה: אתמול היה אחד בעומר, ויומא דין תרי בעומרא, וכיון דמני גם של אתמול, לא נפק מכלל "תמימות תהיינה", אכן שארי פוסקים לא הזכירו סברא זו, וכתבו דהאי "תמימות תהיינה", קאי אכל יומא שהתחיל לספור מבערב, וכמו דדרשינן במנחות, אבל לא לענין שכל הימים יעכבו זה את זה, ובא"ר מצאתי שכתב, שטוב לחוש לדברי רב האי גאון בתירוצו השני, ולספור גם הספירה של אתמול ביחד, ובלי ברכה וכנ"ל, ושארי אחרונים לא הזכירו דבר זה).**

אבל אם הוא מסופק אם דילג יום אחד ולא ספר, יספור בשאר ימים בברכה - דאיכא ספק ספיקא, שמא לא דילג כלל, ואת"ל שדילג, שמא הלכה כאותן פוסקים, דכל יום הוא מצוה בפני עצמו, [**וכ"ש** אם ספק זה שדילג לא היה על יום ראשון, כי אם על שאר הימים, בודאי יספור שאר הימים בברכה, דבזה דעת רוב ראשונים, דמחויב מדינא לספור שאר הימים], **וה"ה** בכל דבר שדינו לחזור ולספור בלי ברכה מחמת ספק, אם לא חזר וסיפר, יספור שארי לילות בברכה.

ולכן אם טעה בימים ולא טעה בשבועות, או טעה בשבועות ולא טעה בימים, דדינו לחזור ולספור בלא ברכה, אם לא חזר וסיפר, אפ"ה מונה שאר ימים בברכה, (והוא מדברי הט"ז), **אכן** לפי הסברא היה נראה, **דהט"ז מיירי רק בשאר ימי השבוע, דאינו לעיכובא שיזכיר גם הימים, וכמו שהסכימו האחרונים, ולהכי יש לומר דה"ה אם טעה בו, דלא גרע מלא הזכיר כלל, משא"כ ביומא דמשלם שבועי, דהתם מן הדין צריך להזכיר גם ימים והוא לעיכובא, א"כ פשוט דה"ה אם טעה בחשבון הימים, ספירתו לאו כלום הוא והוי כדילג לגמרי, וסופר שאר הימים בלא ברכה, ואפשר דדעת הט"ז, דאפילו ביומי דמשלם שבועי, נמי יש להקל לענין ספירות של ימים הבאים, כיון דלכמה פוסקים בלא"ה אין הימים מעכבין זה את זה, וא"כ עכ"פ יש להקל בכגון זה, שעכ"פ הזכיר אחד**

המספרים, או יומי או שבועי, ועיין בא"ר שפקפק ג"כ על עיקר דינו של הט"ז, **וצ"ע למעשה**).

(**כתב** בנהר שלום, מי שמתו מוטל לפניו בא' מימי העומר, יספור ביום לאחר קבורת מתו בלא ברכה, **ולא** דמי לתפלה דאין מתפלל בתורת תשלומין, כיון דבעיקר זמנה הוי פטור, דהכא למ"ד דמונה אותה אף ביום, לאו בתורת תשלומין הוא ללילה, אלא דחיובה נמשך עד סוף מעל"ע, ודמי להבדלה שמבדיל ביום א' אחר קבורת מתו, דעיקר זמנה הוא עד יום ד', **ולפי"ז** שסופר ביום, יוכל לספור שאר ימים בברכה, **מיהו** אם נמשך קבורתו כל היום, באופן שלא נשאר לו פנאי לספור אחר קבורת מתו, אין לו לספור עוד בימים הבאים בברכה, דמה לי אם שכח לספור, ומה לי אם נפטר לספור, אידי ואידי לא הוי תמימות, ע"ש, **והנה** מה שהחליט, דלמאן דמחייב לספור ביום, אינו מטעם השלמה, אין זה ברור כ"כ, עיין באו"ז מש"כ בשם אבי העזרי, **ובעיקר** הדין מאי דפסיקא ליה דאונן פטור מספירה, הרב נוב"י מסתפק בזה ע"פ מש"כ מהרש"ל, דלא מכל הדברים אונן פטור, ומגבב שם איזה סברות דאיכא למימר דגם מספירה לא פטור, **ובעיקר** משום דבזה לא מיטרד, ולא מתבטל בשביל רגע זו מלעסוק במתו, ומצרף גם דעת איזה פוסקים, דאונן פטור אבל רשאי לקיים, **וע"פ** כל זה דעתו דיספור בשעה שמתו מוטל לפניו בלא ברכה, ושוב יכול לספור בכל הימים בברכה, מאחר דבלא זה יש פוסקים דלא בעינן כלל תמימות, והעתיקו הגאון רעק"א בהגהותיו).

סעיף ט - ליל שבת וליל יום טוב, מברכים וסופרים אחר קידוש בבית הכנסת - שכל מה שנוכל להקדים קדושת היום יש לנו להקדים, **ואם** סופר בביתו, יספור קודם קידוש, דאסור לאכול קודם ספירה.

ובמוצאי שבת ויו"ט, קודם הבדלה - דאפוקי יומא מאחרינן ליה כל מה דאפשר, **אחר קדיש תתקבל** - ר"ל מה שאומרים אחר "ויהי נועם" "ואתה קדוש", דאז הוא גמר התפלה, דקדיש קמא אינו גומר שאינו שלם, "**ויתן** לך" אומרים אחר הספירה.

וכשחל יו"ט האחרון של פסח במוצאי שבת, דאז אומר קידוש והבדלה בפעם אחת, יש לספור קודם שמברכין על הכוס בבית הכנסת - כנ"ל דאפוקי יומא מאחרינן כמה דאפשר, אע"ג שמקבל הכא קדושת יו"ט בקידושו, מ"מ קדושת שבת גדולה מקדושת יו"ט, **ולהכי** נקט יו"ט אחרון, דשביעי של פסח אינו חל במו"ש, וליל שני של פסח אין מקדשין בבהכ"נ, כמ"ש בסי' תפ"ז.

ודעת הט"ז, דלאו דוקא אם חל יו"ט אחרון במו"ש, דה"ה אפילו בחול נמי, יש להקדים ספירה לקידוש, דטפי עדיף לאחר קדושת יום השביעי שהוא מן התורה, מלקבל קדושת יו"ט אחרון שאינו אלא מדרבנן, **אבל** האחרונים חלקו עליו, [דלא ליתי לזלזולי ביו"ט שני].

הגה: ואם אין לו יין וצריך לקדש יקנה"ז, ע"ל סימן רצ"ו.

סעיף י - אסור לאכול חדש - היינו תבואה שנשרשה אחר ט"ז בניסן, שהוא זמן הקרבת העומר, דאם נשרשה קודם העומר, העומר מתירה. **ושייך** רק בחמשת המינים, חטים ושעורים וכוסמין ושבולת שועל ושיפון.

אף בזמן הזה - מדכתיב: ולחם וקלי וכרמל לא תאכלו עד עצם היום הזה וגו', בכל מושבותיכם, משמע מזה דאף בחוץ לארץ נוהג איסור עד עצם היום, דהיינו יום הבאת קרבן, שהוא ט"ז בניסן, ומשום ספיקא דיומא מחמרינן עוד על יום אחד.

בין לחם, בין קלי - גרעינים של חמשת המינים הנ"ל הקלויין באור, **בין כרמל** - היינו שנתמולל ביד, ולא הובהב באור, [**ובספר** החינוך פי', דהיינו תבואה קלויה בשבלים].

עד תחלת ליל י"ח בניסן, ובארץ ישראל, עד תחלת ליל י"ז בניסן - דשם אינו אלא יום אחד, והא דמחמרינן כל יום ט"ז, משום דכתיב: עד עצם היום הזה, וקי"ל דעד ועד בכלל.

והנה ביו"ד סימן רצ"ג כתב רמ"א היתר לחדש, דהוי ס"ס, חדא שמא התבואה היא משנה שעברה, ואת"ל משנה זו, דלמא נשרשה קודם לעומר, **וה"ה** אם הוא מקום שמביאים תבואה ממקומות אחרים שתבואתן נשרשת קודם לעומר, **וכתבו** האחרונים, דבמדינת פולין אין להקל כי אם בחטין ושיפון, דרובא דרובא נזרעים בחודש חשון, ואין שייך בהם חדש, אם לא אותן שידועין שנזרעו בקיץ, **אבל** שעורים ושבולת שועל וכוסמין, רובן וכמעט כולם נזרעים אחר הפסח, וגם אין רגיל להביא שם תבואה ממדינות אחרות, אין להקל בם, **וכהיום** שדרך להביא על דרך מסלת הברזל קמח חטים ממקומות הרחוקין, וידוע שבפנים רוסיא נמצא הרבה מקומות שנזרעו החטין בקיץ, ומצוי שם חדש כמעט יותר מן הישן, אם יודע שבא הקמח משם, צריך ליזהר בזה בימות החורף, שאז כבר נעשין הקמח מתבואה חדשה.

ומ"מ רוב העולם אין נזהרין כלל באיסור חדש, ויש שלמדו עליהם זכות, לפי שהוא דבר קשה להיות זהיר בזה, ולכן סומכין מפני הדחק על מקצת הראשונים שסוברין, שחדש בחו"ל אינה אלא מד"ס, שגזרו משום א"י, ולא גזרו אלא במקומות הסמוכין לא"י, כגון מצרים ובבל, **ויש** שלמדו עליהם זכות, שסוברין שחדש אינו נוהג אלא בתבואה של ישראל, אבל לא בשל עכו"ם, **ולפי"ז** צריך להזהיר לישראלים שיש להם תבואה זרועה בשדות שלהם, שינהגו בה איסור חדש.

והנה אף שאין בידינו למחות ביד המקילין, מ"מ כל בעל נפש לא יסמוך על התירים הללו, ויחמיר לעצמו בכל מה שאפשר לו, כי להרבה גדולי הראשונים הוא איסור דאורייתא בכל גווני, [וגם הגר"א היה מחמיר באיסור חדש בכל איסורי תורה].

וכתבו האחרונים, דאף הנזהרים מחדש, אינם נזהרים בפליטת כלים, **אם** לא שברור לו שנתבשל בו מתבואה חדשה, **ונראה** שאף בזה, אין להחמיר רק בתוך מעת לעת מן הבישול הראשון, [**דלאחר** מעת לעת שהוא נותן טעם לפגם, יש לסמוך על המקילין, כן נ"ל. **ועיין** במ"א שמצדד, דאם בישל עתה מין אחר, יש להחמיר גם בפליטת כלים].

(ומ"מ באשר ידוע, שכמה וכמה מן הנזהרין מחשש איסור כל דהו בשארי איסורים, מקילין ג"כ בזה, וסיבת הדבר ראיתי, מפני שסוברין שמי שרוצה לזהר צריך לזהר בכל החומרות, משמרים ושכר ויי"ש וכן בפליטת כלים, והוא דבר קשה לזהר במדינות אלו, ע"כ סומך כל אחד עצמו על מנהג העולם להקל לגמרי, **אבל** לענ"ד אין נכון הדבר, דכי בשביל שקשה לו לזהר בכל החומרות יקל לגמרי, דהלא בקמח נקל לזהר כהיום, שמצוי בכל המקומות קמח מחטים הנזרעים בחשוון, וגם מן הסתם אפשר דרובן ישן הם, וכן בשכר יש כמה אחרונים שמצדדין להקל, «דדינו כזיעה בעלמא», וגם דשכר אינו ודאי חדש, דאף בימות החורף כמה פעמים נעשה השכר ממאל"ץ משעורים ישנים, **ואף** דכמה גדולי אחרונים מחמירין אף בשכר, כמבואר ביו"ד ובאחרונים שם, מ"מ המיקל יש לו על מי לסמוך, **ובספק**, כבר יש לנו דעת האו"ז, שכתב דיש לסמוך בשעת הדחק על הסוברין דחדש דרבנן, והוי ספק דרבנן, וכן בפליטת כלים ושמרים יש צדדים להקל, **אבל** בגרויפין עצמם של שעורים ושבולת שועל במדינתנו, שהם ודאי חדש בחורף, אף דלא נוכל גם בזה למחות בהעולם שנהגו להקל, אבל ראוי ונכון להחמיר לעצמו עכ"פ בזה, דהלא לגדולי הראשונים הוא דאורייתא, **ואף** להאו"ז שמצדד דהוא מדרבנן בחו"ל, לא סמך ע"ז להקל אלא בספק, דאז יש לסמוך בשעת הדחק על דעת הסוברין דרבנן, והוי ספיקא דרבנן, אבל לא בודאי חדש, **ובפסקי** תוס' במנחות דכתב, דבשל עכו"ם הוא מדרבנן, א"כ מדרבנן עכ"פ מיהו אסור, **ואין** לנו מקילין רק יחידאי נגד כל הני רבוותא הנ"ל, וגם כמה מן האחרונים המקילין לא רצו להקל אלא בספק ולא בודאי, וגם בשו"ע כאן וביו"ד הלא סתמו כהפוסקים דהוא דאורייתא בכל גווני, וגם הרבה מן האחרונים תפסו כן לעיקר, **ע"כ** בודאי מן הראוי ונכון לחוש לכל זה, ולפרוש עכ"פ מן ודאי חדש, ומי שירצה לתת לב ע"ז, יוכל להשיג גם בחורף ממינים אלו מתבואה ישנה).

§ סימן תצ – סדר תפילת יום שני ותפלת חוש"מ §

סעיף א - ביום שני קורין בפרשת אמור: "שור או כשב" עד סוף הענין - דהיינו עד "וידבר משה את מועדי ה'" וגו', דמיירי שם מעניני כל המועדים וגם של פסח.

ומפטיר קורא כמו ביום ראשון, ומפטיר במלכים בפסח דיאשיהו, מ"וישלח המלך" עד "ואחריו לא קם כמוהו".

וכתבו הספרים, דטוב לעשות ביום ב' בסעודה איזה דבר לזכר סעודת אסתר, שביום ההוא נתלה המן.

סעיף ב - יום ג' שהוא חוש"מ, ערבית ושחרית ומנחה מתפלל כדרכו, ואומר יעלה ויבא בעבודה, ואם לא אמרו מחזירין אותו; וכן מזכירו בברכת המזון, ואם לא אמרו אין מחזירין אותו - דדוקא בתפלה דלא סגי דלא יתפלל, וכיון שלא התפלל כראוי יחזור, **דהיינו** אם נזכר לאחר שעקר רגליו חוזר לראש, ואם עד שלא סיים תפלתו חוזר ל"רצה", **משא"כ** בברכת המזון בחול המועד, דאי בעי לא אכיל דבר המחייב לבהמ"ז, שיאכל בשר ופירות, ע"כ אין מחזירין אותו בכל גווני.

ובמוסף מתפלל כדרך שמתפלל במוסף של יו"ט. הגה: אלא כשמגיע ל"על ידי משה עבדך מפי כבודך כאמור", אומר: "והקרבתם עולה" וגו', עד "ושני תמידין כהלכתן" - ר"ל שלא יאמר "ובחודש הראשון", דכבר עבר.

סעיף ג - נוהגים שביום טוב אומר: את יום טוב מקרא קדש הזה, ובחולו של מועד אומר: את יום מקרא קודש הזה - ש"מ דחוש"מ לא מקרי יו"ט, ואין לומר בחוש"מ בבהמ"ז "הרחמן הוא ינחילנו יום שכולו טוב". **וביו"ט** שחל להיות בשבת, כתב הא"ר, שיאמר "הרחמן" על כל אחד בפני עצמו.

(ואנו אין נוהגין לומר "מקרא קדש" כלל, לא ביו"ט ולא בחוה"מ) - וכתבו האחרונים, דמנהגנו לומר "מקרא קודש" בין ביו"ט ובין בחוש"מ, ואין אומרים "את יו"ט" אפילו ביו"ט.

סעיף ד - כל הימים של חולו של מועד, ושני ימים אחרונים של יום טוב, קורים ההלל בדילוג כמו בראש חודש - מפני שביום שבעה של פסח נטבעו המצרים, אמר הקב"ה: מעשי ידי טובעין בים ואתם אומרים שירה לפני, **וכיון** שבז' אין אומרים אותו, ע"כ בחוה"מ ג"כ אין אומרים אותו, שלא יהיה עדיף מיו"ט אחרון.

סעיף ה - סימן הפרשיות של שמונת ימי הפסח: משך - דהיינו יום ראשון: משכו וקחו וגו', **תורא** - יום ב': שור או כשב, **קדש** - יום ג': קדש לי כל בכור, **בכספא** - יום ד': אם כסף תלוה, **פסל** - יום ה': פסל לך, **במדברא** - יום ו': וידבר וגו' במדבר סיני ויעשו בני ישראל את הפסח, **שלח** - ביום ז': פ' בשלח, **בוכרא** - ביום ח': כל הבכור אשר יולד וגו'.

וזה הסדר לא ישתנה, כי אם כשחל פסח ביום ה', שביום שלישי שהוא שבת קורא: ראה אתה אומר אלי - מפני שכתוב בו מעניני דשבת, **שהוא פסל, וביום א' ב' ג' קורין: קדש, בכספא, במדברא.**

(בפמ"ג בשם הפר"ח: **אם טעה ושינה הסדר בד' ימי חול המועד, קורין ביום שלאחריו פרשה שדילג, ונסתפק הפמ"ג גם ביו"ט**, אם קרא ביום א' פרשת "שור", למה לא יקרא ביום ב' פרשת "משכו" שדילג).

סעיף ו - בכל ימי חוה"מ ושני ימים טובים אחרונים, קורים (ברביעי) - קאי על חוה"מ, **בספר שני, בקרבנות המוספין שבפנחס, ומתחיל: והקרבתם עד סוף פיסקא** - ואין

אומרים קדיש עד אחר שקרא הרביעי, שנשלם מנין הקרואים, **משא"כ** בשבת ויו"ט ויוה"כ, נשלם מנין הקרואים קודם שקורא מפטיר, וע"כ אומרים תיכף קדיש.

סעיף ז - בליל יום טוב האחרון - בין בז' בין בח', **מקדשין על היין** - ור"ל בבהכ"נ, וכונתו, דאף דבב' לילות הראשונים אין מקדשין בבהכ"נ, והטעם, לפי שאין לך עני בישראל שאין לו ד' כוסות, משא"כ הכא לא שייך זה.

ואין אומרין זמן - דהיינו "שהחיינו", שאינו רגל בפני עצמו כמו שמיני עצרת של החג.

הגה: ואומרים בתפלה ובקידוש: זמן חרותינו, כמו ביו"ט ראשון.

מילה כשחל בשביעי של פסח או בשמיני, אומרים "יום ליבשה נהפכו מצולים" קודם "גאל ישראל", [שאז היה קריעת ים סוף], **ואם** חל בשבת, אומרים קודם "שירה חדשה", משום שאז נוהגין לומר הפיוט של "ברח דודי" קודם "גאל ישראל", **משא"כ** בשאר יו"ט, דאין אומרים "יום ליבשה" מחמת מילה, אא"כ כשחלו בשבת, [ואז אומרים "יָם ליבשה"] - מ"א בשם הלבוש.

עוד כתב, דאם חל יום ז' בשבת, אומרים ביוצר הפיוטים של שבת חוה"מ, מפני שאז אומרים "שיר השירים" באותו יום, והפיוטים של שבת חוה"מ מיוסדים על "שיר השירים", **ואם** חל יום אחרון בשבת, אומרים ביוצר הפיוטים של שבת חוה"מ, ובשמו"ע מהפכין ואומרים הפיוט של יום ז'.

סעיף ח - מפטירין ביום שביעי: וידבר דוד, וביום שמיני: עוד היום בנוב לעמוד.

סעיף ט - שבת שחל בחול המועד, ערבית שחרית ומנחה מתפלל כדרכו של שבת, ואומר יעלה ויבא בעבודה - ואומרים במנחה "ואני תפלתי", וקורין בסדר השבוע.

(וכתב בברכי יוסף בשם מהר"י מולכו, אם חתם בשחרית שבת וחוה"מ "מקדש השבת וישראל והזמנים", א"צ לחזור, **ואם** חתם "ישראל והזמנים" ולא הזכיר שבת, לא יצא, **ואם** תוך כדי דיבור חזר ואמר "מקדש השבת", יצא).

ובמוסף אומר סדר מוסף יום חוה"מ, אלא שמזכיר של שבת ואומר: ותתן לנו את יום המנוח הזה ויום חג המצות הזה, וכן אומר: את מוספי יום המנוח הזה ויום חג המצות הזה, וחותם: מקדש השבת וישראל והזמנים - (וכתב בר"י, שאם בסדר מוסף התפלל מוסף שבת לחוד, לא יצא).

ומפטירים: היתה עלי - האמורה לענין תחית המתים, והטעם, כי תחית המתים יהא בניסן, וגוג ומגוג בתשרי, ע"כ מפטירין בניסן "העצמות היבשות", ובתשרי "ביום בוא גוג".

הגה: ואין מזכירין בברכת ההפטרה לפסח, לא באמצע ולא בחתימה - דהיינו שאינו חותם רק "מקדש השבת", דבשבת שחל בחוה"מ פסח, אין הפטרה באה אלא בשביל שבת בלבד, שהרי אין מפטירין בנביא בשאר ימי חוה"מ, לפיכך אומרים ברכת הפטרה כמו בשאר שבתות השנה.

וכתבו האחרונים, דבשבת חוה"מ סוכות, מסיים "מקדש השבת וישראל והזמנים", וכן מזכיר של סוכות באמצע הברכה, כמו ביו"ט ראשון של סוכות, **והטעם**, שכל יום ויום מחוה"מ סוכות הוא כמועד בפני עצמו, משום דחלוקין בקרבנות המוספין.

ונוהגין לומר שיר השירים בשבת של חוה"מ - מפני שמפורש בו ענין יציאת מצרים, ובשבת של חוה"מ, מפני שהפיוטים של אותו שבת מיוסדים על שה"ש.

ואם חל שבת ביום טוב האחרון, אומרים אותו באותו שבת; וכן הדין בסוכות עם קהלת - ונוהגין לומר קהלת בסוכות מפני שהם ימי שמחה, וכתיב בקהלת: ולשמחה מה זו עושה.

ונוהגין לומר רות בשבועות - דאיתא בילקוט רות: מה ענין רות אצל עצרת, שנקראת בזמן מתן תורה, ללמדך שלא ניתנה תורה אלא ע"י יסורין ועוני וכו', ונהגו לקרותה ביום שני.

והעם נהגו שלא לברך עליהם "על מקרא מגילה" ולא "על מקרא כתובים" - וכן הסכים הט"ז, **ומ"א** הסכים עם אותן הפוסקים, המצריכין לברך על כולם חוץ מקהלת, **והגר"א** בביאורו כתב, דאף על קהלת יש לברך, **ולכן** הנוהג לברך עכ"פ כשכתובין על קלף, בודאי אין למחות בידו.

§ סימן תצב – תענית שני וחמישי ושני אחר המועדים §

סעיף א - יש נוהגים להתענות שני וחמישי ושני אחר הפסח, וכן אחר חג הסוכות - שחוששין שמא מתוך משתה ושמחה באו לידי עבירה, כמו שמצינו באיוב שהביא קרבנות, והתענית במקום קרבן, **אבל** בעצרת דאינו אלא יום אחד, אין חוששין.

וממתינים עד שיעבור כל חדש ניסן ותשרי - דבניסן המנהג שאין מתענים בו כלל, **ובתשרי** לא, משום דרובו הוא מועדות, וע"כ אין נכון לקבוע בו תענית בתחלה.

ואז מתענים. הגה: מיד שני וחמישי ושני שאפשר להתענות - ר"ל כיון שהגיע הזמן שאפשר להתענות, אין לאחר יותר, **ולאפוקי** ממה שכתבו בשם מהרי"ו, שימתינו מלהתענות עד י"ז חשון, דליתא.

ומברכין בבהכ"נ בשבת הראשון שאחר ר"ח למי שיתענה בה"ב, ואחר אותו שבת מתחילין להתענות הבה"ב, **וצריך** לקבל התענית במנחה שלפניהם, **אכן** מי שענה אמן על אותו "מי שבירך", ודעתו להתענות, אין צריך לקבל עוד במנחה שלפני יום התענית, **ומ"מ** אם אח"כ

נמלך שלא להתענות, אינו מחוייב להתענות מחמת עניית אמן, כל זמן שלא קיבל עליו התענית בפירוש בפיו, **וכשיש** מילה או חתונה באותו שבת שמברכין בה"ב, נוהגין לברכו במנחה, משום "מהיות טוב" וגו'.

ואם אירע בהם ברית מילה או פדיון הבן או שאר סעודת מצוה, מצוה לאכול וא"צ התרה, כי כל המתענה אדעתא דמנהגא מתענה, ולא נהגו להתענות בהם כשיש סעודת מצוה, [**אבל** כשרוצה לאכול מחמת שאינו בריא, צריך התרה בג', אם היה מורגל להתענות עד עתה, דלא מסיק אדעתיה כשלא יהיה בריא לא יתענה].

ויכולים לומר סליחות אפילו אין בבהכ"נ עשרה מתענים, רק שלא יאמרו הסליחה של "תענית צבור קבעו" וכו' - בה"ט, **ובפמ"ג** כתב, שידלג רק תיבת "צבור", **ומ"מ** הסליחה של "אפפונו מים" וכו', בודאי אין נכון לאומרה כל שאין צבור מתענין.

ובאשכנז ולרפת נהגו להתענות, ועושין אותו כמו תענית לבור לקרות ויחל - היינו בשחרית ומנחה, כל שיש בבהכ"נ עשרה שמתענין. **ויתר** דיני תענית בה"ב יבואר לקמן בסימן תקס"ו ס"ב.

§ סימן תצג – דינים הנוהגים בימי העומר §

סעיף א - נוהגים שלא לישא אשה בין פסח לעצרת עד ל"ג לעומר - ואין חילוק בין נשואין של מצוה, כגון שאין לו בנים, או יש לו, כי כן פשט המנהג במדינתנו שלא לחלק, **ולהחזיר** גרושה שרי, שאינו כ"כ שמחה.

מפני שבאותו זמן מתו תלמידי רבי עקיבא - ר"ל ואין ראוי להרבות בשמחה. **ומ"מ** אם נזדמן לו איזה ענין שצריך לברך עליו "שהחיינו", יברך.

אבל לארס ולקדש, שפיר דמי - שמא יקדמנו אחר, ומותר לעשות ג"כ סעודת אירוסין, **ועכשיו** שאין מקדשין אלא בשעת נשואין, מ"מ מותר לעשות שידוכין, ולעשות סעודה, **אבל** לעשות ריקודין ומחולות נהגו איסור, וכ"ש בשאר ריקודין ומחולות של רשות, בודאי יש ליזהר, [**ואפי'** עד ר"ח אייר, ומר"ח סיון עד עצרת, לאותן הנוהגין להסתפר, יש להסתפק אם יש להקל בריקודין ומחולות של רשות].

ונשואין נמי, מי שקפץ וכנס אין עונשין אותו - היינו דוקא בנשואין, שעשה עכ"פ מצוה, אבל אם נסתפר בימי העומר, היו נוהגין לקנסו ולהענישו.

הגה: מיהו מל"ג בעומר ואילך הכל שרי - היינו לאותן הנוהגין לספר מל"ג בעומר ואילך, וכדלקמיה בס"ב, **אבל** לדידן שנוהגין איסור בתספורת, וכדלקמיה בס"ג, אסור ג"כ לישא, דנשואין ותספורת דין אחד להם, **ולעומת** זה יש קולא למנהגנו, שיהא מותר לישא ולהסתפר עד ר"ח אייר.

סעיף ב - נוהגים שלא להסתפר עד ל"ג לעומר - עד ועד בכלל, והיינו עד ל"ג ימים שלמים, כל אחד לילו ויומו, **משא"כ** יום ל"ד, לא החמירו בו כי אם בלילה בלבד, אבל משיאור היום לאחר נץ החמה מותר, דמקצת היום ככולו, (**ס"ל דתלמידי ר"ע מתו ל"ד יום, וראיה ממדרש שמתו מפסח עד פרוס עצרת, והוא ט"ו יום קודם עצרת, וכשתסיר ט"ו יום ממ"ט, נשארו ל"ד יום שלמים שמתו, אלא דמקצת היום ככולו**).

(**ומ"מ אותן המותרין להסתפר בחוה"מ, י"ל דגם בספירה שרי, דלא עדיף מחוה"מ**).

שאומרים שאז פסקו מלמות - ואף דגם ביום ל"ד מתו, דמשום זה החמירו גם כל ליל ל"ד עד הנץ, **אפשר** דעיקר ההפסקה היה ביום ל"ג, וביום ל"ד מתו רק מעט.

ואין להסתפר עד יום ל"ד בבקר, אלא א"כ חל יום ל"ג ערב שבת, שאז מסתפרין בו מפני כבוד השבת.

הגה: ובמדינות אלו אין נוהגין כדבריו, אלא מסתפרין ביום ל"ג - דס"ל דביום ל"ג פסקו לגמרי מלמות, **ומרבים בו קלת שמחה, ואין אומרים בו תחנון** - גם בערב של ל"ב.

ואין להסתפר עד ל"ג בעלמו - דהיינו לאחר שתנץ החמה, **ולא מבערב** - והטעם לדידהו ג"כ, משום דמקצת היום ככולו, [**ולפי"ז** לדידהו אין להקל בלילה שלפניו, אפי' אם נסבור דבערב שלפניו אין אומרים תחנון].

ויש מאחרונים שמקילין להסתפר מבערב, וסיים א"ר, דמ"מ לענין נשואין לא ראיתי מקילין, כי אם ביום ל"ג בעומר בעצמו, ולא בלילה שלפניו, **אכן** כשחל ל"ג בעומר בע"ש, והוא לו שעת הדחק לעשות ביום, אפשר שיש להקל לו לעשות בלילה שלפניו.

מיהו אם חל ביום ראשון, נוהגין להסתפר ביום ו' לכבוד שבת.

ומי שהוא בעל ברית - היינו הסנדק והמוהל, אבל לא המוציא והמביא, **או מל בנו** - אף שאינו מוהלו בעצמו, ומ"ש הרמ"א "או מל בנו", היינו שיש לו בן שצריך למול אותו, **מותר להסתפר בספירה לכבוד המילה** - היינו אפילו ביום שלפני המילה, סמוך לערב קודם הליכה לבהכ"נ, **ואם** חל המילה בשבת, מותרים להסתפר בע"ש אפי' קודם חצות.

סעיף ג - יש נוהגים להסתפר בר"ח אייר, וטעות הוא בידם - דלכו"ע נוהגין איסור ל"ג ימים, אך יש בזה מנהגים שונים, ויש לכל אחד טעם למנהגו, **יש** שבחרו אותן מיום ב' של פסח עד ל"ג בעומר, ומשם והלאה עד שבועות לא קבלו עלייהו שום איסור, אמנם עד ל"ג בעומר אין מתירין שום יום, **ויש** שניכו ממ"ט ימי העומר ט"ז ימים הראשונים, דהיינו עד יום שני של ר"ח אייר, ומשם והלאה עד שבועות שהוא ל"ג ימים, אין מתירין שום יום, לבד מל"ג בעומר עצמו התירוהו

במקצתו, ומשום דמקצת יום ככולו, **ונמצא** מי שאוחז החבל בשני ראשין, דהיינו שמיקל בר"ח אייר, וגם מיקל מל"ג והלאה, טעות הוא בידו.

ואף להנוהגין איסור גם עד ר"ח אייר, מ"מ אם חל ר"ח בשבת, כיון שיש כאן תוספת שמחה, שבת ור"ח, יש להתיר להסתפר בע"ש מפני כבוד השבת, **וגם** לישא אשה בו ביום, כיון שעיקר הסעודה יהיה בשבת ור"ח.

הגה: מיהו בהרבה מקומות נוהגים להסתפר עד ראש חדש אייר, ואותן לא יספרו מל"ג בעומר ואילך - ר"ל עד שבועות ממש, **אעפ"י שמותר להסתפר בל"ג בעומר בעצמו** – (ס"ל דתלמידי ר"ע מתו ל"ג ימים שלמים, דהיינו ביום שא"א תחנון לא מתו, א"כ כשתוציא ז' ימי הפסח, דהיינו מיום שני של פסח, ועוד ו' שבתות, ושני ימים ר"ח אייר, ויום אחד ר"ח סיון שלא מתו, **א"כ** הרי נשארו ל"ג שלימין שמתו, ולפי"ז מתו עד עצרת, ולנגד אלו הל"ג ימים קבלו ישראל על עצמם קצת אבילות ל"ג ימים לענין ספירה ונשואין, **אלא** שיום אחד מהן יש להקל במקצת יום דהוא ככולו, ובחרו ביום ל"ג בעומר, ואולי מאיזה טעם, דהיינו לנכות ממ"ט יום של העומר ט"ז ימים הראשונים, דהיינו מיום ב' של פסח עד יום ב' של ר"ח אייר יש ט"ז ימים, שאותן ימים מקילין בהן, ונשארו ל"ג שלימין עד עצרת ומתאבלין בהן).

והנה במדינתנו המנהג לישא ולהסתפר בג' ימי הגבלה, ע"כ מסיק המ"א, דצריך ליזהר שלא לישא ולהסתפר בהשני ימים של ראש חודש אייר, **וגם** בראשון של ימי הגבלה בבוקר דוקא, דאמרינן מקצת היום ככולו, וא"כ עי"ז יושלם ל"ג ימים שאנו נוהגים אבילות עבורם, **וכתב** הח"א שכן המנהג ג"כ בק"ק ווילנא, שנוהגים איסור מיום א' דר"ח אייר עד ג' סיון בבוקר, מלבד בל"ג בעומר נוהגין בו היתר.

ואותן מקומות שנוהגין להסתפר מל"ג בעומר ואילך, לא יסתפרו כלל אחר פסח עד ל"ג בעומר - ויש מקומות שנוהגין להקל רק בר"ח אייר, ובל"ג בעומר, ובר"ח סיון עד שבועות, ובעניינים אלו יתפוס כל אחד כפי מנהג מקומו.

ולא ינהגו בעיר אחת מקצת מנהג זה ומקצת מנהג זה - ר"ל שמקצת בני אדם ינהגו כך ומקצת ינהגו כך, **משום לא תתגודדו.**

וכל שכן שאין לנהוג היתר בשתיהן - דהיינו שינהג היתר עד ר"ח אייר כסברא אחרונה, וגם ינהג היתר מל"ג בעומר ואילך עד עצרת כסברא ראשונה, כיון ששתי קולות אלו סותרות זו לזו, וכנ"ל.

אבל יכול לתפוס חומרי המנהגים, דהיינו שינהג איסור מפסח עד ערב שבועות, או עד יום א' של הגבלה, חוץ מל"ג בעומר, ואף שנוהג ב' חומרות הסותרות זו לזו, אינו ככסיל ההולך בחושך, כיון שעושה כן רק מחמת ספק, שאינו יודע איזה מנהג הוא העיקר, **ומ"מ** א"צ לעשות כן, אלא יכול לתפוס איזה מנהג שירצה, ואין לו לחוש שמא מנהג המקום ההוא אינו כן, דכיון שהוא רק מנהג בעלמא, אין להחמיר בספיקא, **אבל** אם ידוע לו מנהג המקום, אין לו לשנות בין להקל ובין להחמיר.

סעיף ד - נהגו הנשים - וה"ה אנשים, **שלא לעשות מלאכה מפסח ועד עצרת, משקיעת החמה ואילך** - הטעם, שנקברו אחר שקיעת החמה, והיו העם בטלים ממלאכה, [**ולענ"ד** נראה, דאין להחמיר משקיעת החמה ואילך רק כדי קבורה, **ובפרט** לאחר ל"ג בעומר בודאי אין להחמיר, דלטעם זה יש להתיר אז לגמרי].

ויש עוד טעם בטור, לפי שאז זמן ספירת העומר, ובעומר כתיב: שבע שבתות, מלשון שבות, דהיינו שבזמן הספירה יש לשבות ממלאכה, **ולפי** טעם זה, אחר שספר מותר תיכף במלאכה.

(ולא ראיתי נזהרים בזה אף הנשים – חזק יעקב, **והביא** הכף החיים, דאין חיוב כלל לקיים מנהג זה, אלא במקום שנהגו נהגו, ואין למחות במי שאינו נוהג כן).

§ סימן תצד – סדר תפלת חג השבועות §

סעיף א - ביום חמישים לספירת העומר הוא חג שבועות - ומאחרין להתפלל ערבית בכניסת שבועות בצאת הכוכבים, כדי שיהיו ימי הספירה מ"ט יום תמימות.

איתא בזוהר, שחסידים הראשונים היו נעורים כל הלילה ועוסקים בתורה, וכבר נהגו רוב הלומדים לעשות כן, **ואיתא** בשו"ע האר"י ז"ל: דע שכל מי שבלילה לא ישן כלל ועיקר והיה עוסק בתורה, מובטח לו שישלים שנתו ולא יארע לו שום נזק, **והטעם** כתב מ"א ע"פ פשוטו, שישראל היו ישנים כל הלילה, והוצרך הקב"ה להעיר אותם לקבל התורה, כדאיתא במדרש, לכך אנו צריכין לתקן זה.

וצריכין ליזהר אותם הנעורים כל הלילה, שלא לברך "על נטילת ידים" בבוקר, רק אחר שעשה צרכיו קודם התפלה, ואז מברך "על נט"י" ו"אשר יצר", **ולענין** ברכה על טלית קטן יש דעות בין הפוסקים, וע"כ יראה לכוין לפטור אותה בברכה שמברך על טלית גדול, **ולענין** ברכת התורה, עיין לעיל בסימן מ"ז במ"ב, **ולענין** ברכת "אלהי נשמה" וברכת "המעביר שנה", עיין בסי' מ"ו במ"ב.

נכון ליזהר ע"פ קבלה מלשמש בליל שבועות, אם לא בליל טבילה.

וסדר התפלה כמו ביום טוב של פסח, אלא שאומרים: את יום חג השבועות הזה זמן מתן תורתנו, וגומרים ההלל, ומוציאין שני ספרים, וקורים בראשון חמשה מ"בחדש השלישי" עד סוף הסדר.

וקורין הדברות בטעם העליון, (שבעשרת הדברות יש ב' מיני נגינות, הא' עושה מכל דיבור פסוק אחד, אף שהוא ארוך או קצר מאד, דהיינו ש"אנכי" ו"לא יהיה לך" ו"לא תעשה לך" ו"לא תשתחוה" ו"עושה חסד" הם פסוק אחד, ש"אנכי" ו"לא יהיה לך" בדיבור אחד נאמרו, ולפיכך תיבת "פני", הנו"ן נקודה פתח ולא קמץ, שהרי אין שם אתנחתא ולא סוף פסוק, **וכן** "זכור" ו"ששת ימים" ו"יום השביעי" ו"כי ששת" הם פסוק אחד, ולפיכך הכ' של תיבת "כל" הסמוכה לתיבת "ועשית", היא רפויה ולא דגושה, וב' תיבות "לא תרצח", הם פסוק אחד שלם, ולפיכך הצד"י היא נקודה קמץ, כיון שיש שם סוף פסוק, והתיו

דגושה, לפי שתיבת "לא" היא מוטעמת בטעם מפסיק, דהיינו טפחא, וכן "לא תנאף" הוא פסוק אחד שלם, והתיו דגושה, והאל"ף נקודה קמץ, וכן "לא תגנב", התיו דגושה).

(והשני, עושה מ"אנכי" פסוק אחד, ו"מלא יהיה לך" פסוק ב׳, ולפי"ז הנו"ן של "פני" הוא בקמץ, שיש שם סוף פסוק, וכן "זכור" הוא פסוק א׳, ו"ששת ימים" הוא פסוק ב׳, ולפי"ז הכ"ף של תיבת "כל" היא דגושה, "לא תרצח" ו"לא תנאף" ו"לא תגנוב" ו"לא תענה", הכל פסוק א׳, ולפי"ז כל תיו מהם רפויה, והצד"י של "תרצח" היא בפתח, והאלף של "תנאף" היא בקמץ, לפי שיש שם אתנחתא).

(וטעם ב׳ נגינות הוא, שהראשון הוא מסודר לפי הכתוב, שנכתב כל דיבור ודיבור בפרשה בפני עצמו, שמ"אנכי" עד "לא תשא" היא פרשה א׳ סתומה, ודיבור א׳, לכך נעשה ממנו פסוק א׳, וכן מ"זכור" עד "לא תרצח", אבל מ"לא תרצח" עד "לא תחמוד", נכתב בד׳ פרשיות סתומות, והם ד׳ דיבורים, לכך נעשה מהם ד׳ פסוקים, והשני, הוא מסודר לפי הקרי, שלענין הקריאה אין מ"לא תרצח" עד "לא תחמוד" אלא פסוק א׳ בלבד, דהיינו שאסור להפסיק קריאתו לגמרי בתוך אמצע פסוק זה, אפי׳ כשקורא ביחיד, שא"א לומר שתיבת "לא תרצח" הוא פסוק בפני עצמו, שאין לנו בכל התורה פסוק פחות מג׳ תיבות).

(וע"כ בשבועות נוהגין לקרות בצבור בהראשון, דהיינו בטעם העליון, לעשות מכל דיבור פסוק אחד, לפי שבו ביום נתנו עשרת הדברות, ובפ׳ יתרו ובפ׳ ואתחנן, קורין אף בצבור בטעם התחתון, ויש נוהגין לקרות בצבור לעולם בטעם העליון, דהיינו אף בפרשת יתרו ובפרשת ואתחנן, רק היחיד הקורא לעצמו קורא בשני).

והמנהג לומר "אקדמות", והסכימו כמה אחרונים לומר זה קודם שמתחיל הכהן לברך על התורה, וכן המנהג כהיום בכמה קהלות, **אכן** "יציב פתגם" שאומרים ביום שני בעת קריאת הפטרה, נתפשט באיזה מקומות לאמרו אחר פסוק ראשון של הפטרה.

ומפטיר קורא בשני: וביום הבכורים, ומפטיר במרכבה דיחזקאל, ומסיים בפסוק: ותשאני רוח - ונוהגין במקצת מקומות, שגדול וחכם קורא זאת ההפטרה, וסמך לדבר: ולא במעשה מרכבה אא"כ היה חכם ומבין מדעתו, **וגם** יש נוהגין, שכל מי שקורא אותה עם המפטיר בלחש, אומר אותה ג"כ מעומד מפני כבודה.

כתב פמ"ג בנוסח ברכת הפטרה: על התורה ועל העבודה וכו׳, את יום חג השבועות הזה, אבל אין מזכירין לומר "מקרא קודש" וכו׳.

סעיף ב - ביום השני קורים בפרשת כל הבכור עד סוף סידרא - ואם חל בשבת שצריכין לקרות יותר, דהא בשבת צריך ז׳ קרואים, מתחילין: עשר תעשר, **ומפטיר קורא כמו אתמול.**

ומפטיר בחבקוק, מן "וה׳ בהיכל קדשו" עד "למנצח בנגינותי" - ומזכירין נשמות ואומרים "אב הרחמים" ביום שני, **ובכל** מקום שקורין "כל הבכור" מזכירין נשמות, שיש בו מתנת יד, ונודרים צדקה.

כשחל שבועות ביום וי"ו זיי"ן, אין אומרים פרקים, וכשחל שבועות במו"ש, אומרים פרקים במנחה בשבת.

סעיף ג - אסור להתענות במוצאי חג השבועות - מפני כשחל עצרת בשבת, היה יום זביחת הקרבנות אחר השבת, והוא כעין יו"ט - מ"א, **ולפי** טעם זה, באסרו חג שאחר סוכות מותר להתענות, **אכן** מדברי הגר"א משמע, דגם שם אין להתענות, וכן מוכח בב"י.

הגה: ואין אומרים תחנון מתחילת ראש חדש סיון עד ח׳ בו, דהיינו אחר אסרו חג - וגם אין מתענים בם, דמיד בשני בסיון אמר להם משה לקדשם לתורה, כדכתיב: אם שמוע תשמעו בקולי ושמרתם את בריתי וגו׳, ואח"כ מתחיל ג׳ ימי הגבלה.

ונוהגין לשטוח עשבים בשבועות בבהכ"נ והבתים, זכר לשמחת מתן תורה - שהיו שם עשבים סביב הר סיני, כדכתיב: הצאן והבקר אל ירעו וגו׳.

היינו בין ששוטחן בעיו"ט, או ביו"ט גופא, ואפילו אם אותן עשבים אין ראויין למאכל בהמה, כיון שחשב עליהן מבעוד יום שרי לטלטלן, ובפרט אם הם עשבים המריחין, **אכן** אם חל שבועות ביום א׳, אין לשוטחן בשבת, כיון שכונתו לצורך יו"ט, ואין שבת מכין ליו"ט, אלא ישטחם ביו"ט גופא, או בערב שבת.

כתבו האחרונים, במקום שנוהגין לחלק עשבים המריחים בבהכ"נ, לא יחלקו מ"ברוך שאמר" עד אחר תפלת י"ח, כדי שיוכל לברך עליהן, דבינתים אסור להפסיק.

נוהגין להעמיד אילנות בבהכ"נ ובבתים, זכר שבעצרת נידונו על פירות האילן - מ"א, **והגר"א** ביטל מנהג זה, משום שעכשיו הוא חק העמים, להעמיד אילנות בחג שלהם.

ונוהגין בכמה מקומות לאכול מאכלי חלב ביום ראשון של שבועות, ונ"ל הטעם, שהוא כמו השני תבשילין שלוקחים בליל פסח, זכר לפסח וזכר לחגיגה - ר"ל כשם שבפסח עושין זכר לקרבן, **כן** - אנו צריכים לעשות בשבועות זכר לשתי הלחם שהיו מביאין, וע"כ **אוכלים מאכל חלב ואח"כ מאכל בשר, וצריכין להביא עמהם ב׳ לחם** - דאסור לאכול בשר וחלב מלחם אחד, **על השלחן שהוא במקום המזבח, ויש בזה זכרון לשני הלחם שהיו מקריבין ביום הבכורים** - וא"כ יהיו של חטין דוגמת שתי הלחם.

ולכן נהגו לאפות לחם אחד עם חמאה, דאז בודאי יצטרך להביא לחם אחר לאכול עם בשר, **ויזהר** אז להסיק התנור יפה בין לחם ללחם, **וגם** צריך מרדה חדשה, דלא כמקצת נשים שמהפכין אותה על צד השני, דהא בלוע מעבר אל עבר משמנונית.

ויזהר ליקח מפה אחרת כשרוצה לאכול בשר, וא"צ להפסיק בבהמ"ז אם אינו אוכל גבינה קשה, אלא יקנח פיו יפה וידיח, [**ואם** אוכל גבינה קשה צריך להפסיק בבהמ"ז, וימתין שש שעות].

וכתב הפמ"ג, יש ליזהר בענין מאכלי בשר וחלב, בכל מה שנזהרין בכל השנה, ושלא לצאת שכרם בהפסדם.

מאכלי חלב - ואני שמעתי עוד בשם גדול א' שאמר טעם נכון לזה, כי בעת שעמדו על הר סיני וקבלו התורה - כי בעשרת הדברות נתגלה להם עי"ז כל חלקי התורה, כמ"ש רב סעדיה גאון, שבי' הדברות כלולה כל התורה - וירדו מן ההר לביתם, לא מצאו מה לאכול תיכף כי אם מאכלי חלב, **כי** לבשר צריך הכנה רבה, לשחוט בסכין בדוק כאשר צוה ה', ולנקר חוטי החלב והדם, ולהדיח ולמלוח, ולבשל בכלים חדשים, כי הכלים שהיו להם מקודם שבישלו בהם באותו מעל"ע נאסרו להם, **ע"כ** בחרו להם לפי שעה מאכלי חלב, ואנו עושין זכר לזה.

גם נוהגין בקצת מקומות לאכול דבש וחלב, מפני התורה שנמשלה לדבש וחלב, כמש"כ: דבש וחלב תחת לשונך וגו'.

ואם מותר להתענות תענית חלום בשבועות, עיין לקמן בסימן תר"ד.

www.ingramcontent.com/pod-product-compliance
Lightning Source LLC
Chambersburg PA
CBHW080653110426
42813CB00005B/1173
* 9 7 8 1 9 5 1 9 4 8 9 1 7 *